D1689621

VERSICHERUNGSENZYKLOPÄDIE
Band 3

Autoren

Dr. W. Asmus, Köln – Dr. M. von Bargen, Düsseldorf – Dr. E. Benner, München – Dr. A. Doerry, Aachen – Prof. Dr. R. Eisen, München – Dr. H. J. Enge, Bremen – Prof. Dr. D. Farny, Köln – Dr. P. Hagelschuer, Aachen – Prof. Dr. M. Haller, St. Gallen – Prof. Dr. E. Helten, Mannheim – Dr. Dr. E. Höft, Köln – Prof. Dr. W. Karten, Hamburg – Prof. Dr. P. Koch, Aachen – H. Köhler, Ramsau – Dr. G. Lukarsch, München – Prof. Dr. W. Mahr, München – Dipl.-Ing. W. Meyer-Rassow, München – Dr. H. Moser, Köln – Prof. Dr. H. L. Müller-Lutz, München – Dr. J. Müller-Stein, Köln – K. Nipperdey, München – Dr. J. Richter, Hamburg – G. Ridder, Düsseldorf – Dr. H. Riebesell, Hamburg – Dipl.-Kfm. H. Rössler, Oberursel – H. Schildmann, München – Prof. Dr. Dr.-Ing. E. h. R. Schmidt, Aachen – H. Schreiber, Köln – Dr. R. Seifert, München – Prof. Dr. K. Sieg, Hamburg – Dr. H. Stech, Hannover – H. Stöppel, Oberursel – Dr. G. Voß, Düsseldorf – Dipl.-Betriebswirt L. Wenzl, München – H. J. Wilke, Köln

VERSICHERUNGSENZYKLOPÄDIE

4., neubearbeitete Auflage

Herausgeber

Professor Dr. rer. pol. Walter Große †, Köln und Aachen
Professor Dr. rer. pol. Heinz Leo Müller-Lutz, München
Professor Dr. jur. Dr.-Ing. E. h. Reimer Schmidt, Aachen

Band 3

Rechtslehre des Versicherungswesens

GABLER

Die Deutsche Bibliothek – CIP-Einheitsaufnahme

Versicherungsenzyklopädie/Hrsg. Walter Grosse ... –
Wiesbaden: Gabler
Ausg. in Studienh. u. d. T.: Versicherungswirtschaftliches Studienwerk.
– Teilw. verf. von W. Asmus ...
  ISBN 3-409-29920-3 Gb.
  ISBN 3-409-19920-9 (3. Aufl.)
NE: Grosse, Walter [Hrsg.]: Asmus Werner

Rechtslehre des Versicherungswesens. – 4., neubearb. Aufl. –
Wiesbaden: Gabler, 1991
(Versicherungsenzyklopädie; Bd. 3)
  ISBN 3-409-29923-8
  ISBN 3-409-29920-3 (Gesamtw.)

1. Auflage 1965
2. Auflage 1976
3. Auflage 1984
4. Auflage 1991

Der Gabler Verlag ist ein Unternehmen der Verlagsgruppe Bertelsmann International.

© Betriebswirtschaftlicher Verlag Dr. Th. Gabler GmbH, Wiesbaden 1991
Lektorat: Dipl.-Kfm. Hans-Ulrich Bauer

Das Werk einschließlich aller seiner Teile ist urheberrechtlich geschützt. Jede Verwertung außerhalb der engen Grenzen des Urheberrechtsgesetzes ist ohne Zustimmung des Verlags unzulässig und strafbar. Das gilt insbesondere für Vervielfältigungen, Übersetzungen, Mikroverfilmungen und die Einspeicherung und Verarbeitung in elektronischen Systemen.

Höchste inhaltliche und technische Qualität unserer Produkte ist unser Ziel. Bei der Produktion und Verbreitung unserer Bücher wollen wir die Umwelt schonen: Dieses Buch ist auf säurefreiem und chlorfrei gebleichtem Papier gedruckt. Die Einschweißfolie besteht aus Polyäthylen und damit aus organischen Grundstoffen, die weder bei der Herstellung noch bei der Verbrennung Schadstoffe freisetzen.

Die Wiedergabe von Gebrauchsnamen, Handelsnamen, Warenbezeichnungen usw. in diesem Werk berechtigt auch ohne besondere Kennzeichnung nicht zu der Annahme, daß solche Namen im Sinne der Warenzeichen- und Markenschutz-Gesetzgebung als frei zu betrachten wären und daher von jedermann benutzt werden dürften.

Druck und Bindung: Lengericher Handelsdruckerei, Lengerich/Westf.
Printed in Germany

ISBN 3-409-29923-8

Vorwort

Das aus den Studienheften des Versicherungswirtschaftlichen Studienwerkes vom Betriebswirtschaftlichen Verlag Dr. Th. Gabler GmbH, Wiesbaden, zusammen mit den unterzeichnenden Herausgebern entwickelte fünfbändige Sammelwerk „Versicherungsenzyklopädie" hat seit seinem Erscheinen großen Anklang gefunden. Nachdem auch die 1984 erschienene 3. Auflage seit einiger Zeit vergriffen ist, hat sich der Verlag auf Grund der anhaltenden Nachfrage im Einvernehmen mit den Herausgebern entschlossen, eine 4. auf den neuesten Stand gebrachte Auflage herauszubringen. Die fünf Bände behandeln die Allgemeine Versicherungslehre (Band 1), die Versicherungsbetriebslehre (Band 2), die Rechtslehre des Versicherungswesens (Band 3) sowie die Besondere Versicherungslehre (Bände 4 und 5). Unter der Besonderen Versicherungslehre sind die einzelnen Versicherungszweige dargestellt.

Verlag und Herausgeber hoffen auf diese Weise allen, dem um die Erarbeitung des Stoffes bemühten Nachwuchs ebenso wie den interessierten Fachleuten der Versicherungspraxis ein umfassendes systematisches Werk zur Verfügung zu stellen, das nach Kenntnis der Beteiligten in den Versicherungsländern weltweit nach Umfang und Inhalt eine Sonderstellung unter den einschlägigen Darstellungen einnimmt.

Aachen/München 1991

Prof. Dr. rer. pol. Heinz Leo Müller-Lutz   Prof. Dr. jur. Dr.-Ing. E. h. Reimer Schmidt

Benutzerhinweise

Aufbau der Versicherungsenzyklopädie

Der Inhalt der Versicherungsenzyklopädie ist in vier Fachgebiete gegliedert:

- Allgemeine Versicherungslehre mit Grundzügen der Volks- und Betriebswirtschaftslehre (AVL) (Band 1)
- Versicherungsbetriebslehre (VBL) (Band 2)
- Rechtslehre des Versicherungswesens (RLV) (Band 3)
- Besondere Versicherungslehre (BVL) (Bände 4 und 5)

Im Anschluß an diese Hinweise vermittelt ein Gesamtinhaltsverzeichnis eine Übersicht über alle Beiträge des fünfbändigen Werkes.

Im Interesse der Übersichtlichkeit enthält das darauf folgende Inhaltsverzeichnis des vorliegenden Bandes nur eine Grobgliederung aller zugehörigen Beiträge. Die in diesem Zusammenhang angegebenen Seitenzahlen beziehen sich auf die Pagina am Fußende des Buches. Die Zählung beginnt beim Haupttitel dieses Bandes, der den Textteil einleitet.

Die Feingliederung jedes einzelnen Beitrages ist aus einem dort voranstehenden Inhaltsverzeichnis ersichtlich. Dabei ist zu berücksichtigen, daß die Seitenangaben auf die am oberen Rand des Buches befindliche Pagina Bezug nehmen. Diese Pagina ist im Aufbau spezifisch für den jeweiligen Beitrag und orientiert sich folgerichtig an dessen Umfang. Sobald ein Beitrag aus mehreren Teilen besteht (der Titel des Beitrags ist dann durch den Hinweis „Teil I, Teil II, ..." etc. ergänzt), enthält gleichwohl jeder Beitragsteil ein vollständiges Inhaltsverzeichnis. Nicht in dem betrachteten Beitragsteil enthaltene Abschnitte sind in diesem Fall durch Kursivdruck kenntlich gemacht.

Die Textseiten beinhalten oben – neben der beitragsspezifischen Pagina – die Kurzbezeichnung des zugehörigen Fachgebiets (in Band 1 beispielsweise AVL), die laufende Nummer des Beitrags sowie dessen Kurztitel.

Einzelne Beiträge der Versicherungsenzyklopädie sind durch einen Anhang ergänzt, der nicht in die durchgehende Seitenzählung und die oben genannte Struktur der Textseiten integriert ist. Der einzelne Anhang verfügt vielmehr über eine in sich geschlossene römische Pagina am unteren Seitenrand.

Abkürzungsverzeichnis

Vor dem Textteil ist ein für alle Bände der Versicherungsenzyklopädie einheitliches Abkürzungsverzeichnis abgedruckt. Es enthält eine Übersicht aller im Rahmen des Werkes verwendeten Abkürzungen. Kurzbezeichnungen, die lediglich als Konvention im Rahmen bestimmter Ausführungen vereinbart sind, werden in den entsprechenden Beiträgen definiert.

Stichwortverzeichnis

Die Bände der Versicherungsenzyklopädie sind jeweils am Schluß durch ein Stichwortverzeichnis vervollständigt. Die Angaben beziehen sich auf den Inhalt des jeweiligen Bandes. Die Fundstellen verweisen auf die Pagina am unteren Seitenrand.

Querverweise/Fußnoten

Verweise auf Gliederungspunkte innerhalb desselben Beitrags erfolgen immer im laufenden Text. Hinweise auf andere Beiträge sind in den Fußnoten enthalten, die je Beitrag (bzw. bei mehrteiligen Beiträgen je Beitragsteil) durchgehend numeriert sind. Das nachfolgende Beispiel dient der Verdeutlichung der Gliederungssystematik.

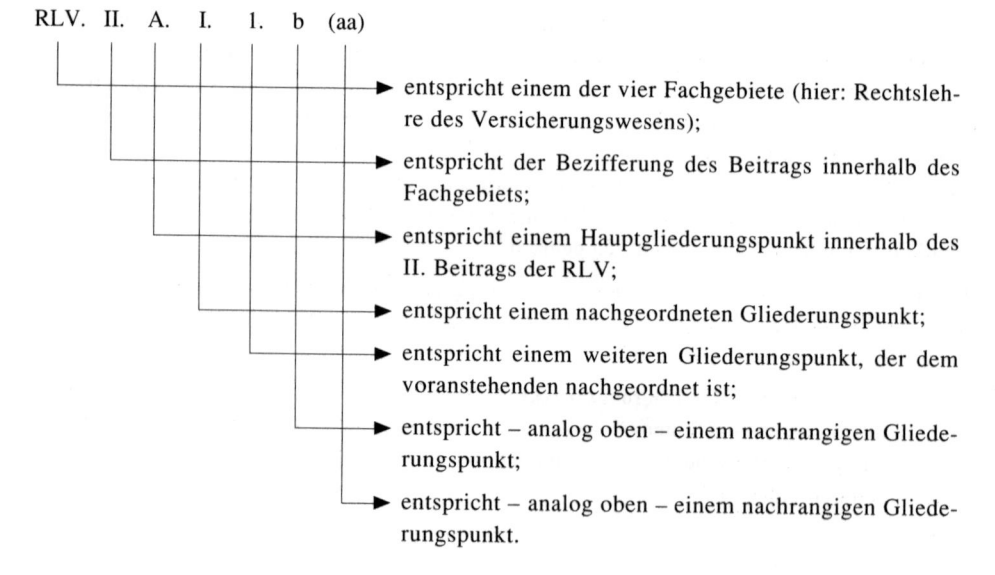

RLV. II. A. I. 1. b (aa)

- entspricht einem der vier Fachgebiete (hier: Rechtslehre des Versicherungswesens);
- entspricht der Bezifferung des Beitrags innerhalb des Fachgebiets;
- entspricht einem Hauptgliederungspunkt innerhalb des II. Beitrags der RLV;
- entspricht einem nachgeordneten Gliederungspunkt;
- entspricht einem weiteren Gliederungspunkt, der dem voranstehenden nachgeordnet ist;
- entspricht – analog oben – einem nachrangigen Gliederungspunkt;
- entspricht – analog oben – einem nachrangigen Gliederungspunkt.

Daraus ergibt sich, daß in der Fußnote unter Umständen auf einen Beitrag verwiesen wird, der in einem anderen Band der Versicherungsenzyklopädie enthalten ist. Die Zuordnung kann jedoch mit Hilfe des Gesamtinhaltsverzeichnisses, das nach diesen Benutzerhinweisen folgt, eindeutig nachvollzogen werden.

Bei Querverweisen innerhalb desselben Beitrags entfallen die Angabe des Fachgebietes und die Bezifferung des Beitrags innerhalb des Fachgebietes.

Gesamtinhaltsverzeichnis zur
VERSICHERUNGSENZYKLOPÄDIE
(Bände 1–5)

Band 1

Allgemeine Versicherungslehre

- I. Allgemeine Volkswirtschaftslehre
- II. Allgemeine Betriebswirtschaftslehre
- III. Allgemeine Versicherungslehre
- IV. Das Verbandswesen in der Versicherungswirtschaft
- V. Risiko-Management und Versicherung

Band 2

Versicherungsbetriebslehre

- I. Vorbemerkungen zur Versicherungsbetriebslehre
- II. Der Aufbau des Versicherungsbetriebes
- III. Die Arbeitsabläufe im Versicherungsbetrieb
- IV. Die Werbung in der Versicherungswirtschaft
- V. Das Risiko und seine Kalkulation
- VI. Das Rechnungswesen im Versicherungsbetrieb
- VII. Vermögensanlage in der Versicherungswirtschaft
- VIII. Die elektronische Datenverarbeitung im Versicherungsbetrieb
- IX. Personal- und Führungswesen

Band 3

Rechtslehre des Versicherungswesens

I. Einführung in das private und öffentliche Recht
II. Bürgerliches Recht für das Versicherungswesen
III. Handelsrecht
IV. Wertpapierrecht
V. Allgemeines Versicherungsvertragsrecht
VI. Versicherungsunternehmensrecht
VII. Versicherungsaufsichtsrecht
VIII. Das Recht der Versicherungsvermittlung
IX. Prozeßrecht, Zwangsvollstreckung, Konkurs und Vergleich
X. Wettbewerbsrecht
XI. Steuer und Versicherung
XII. Arbeitsrecht

Band 4

Besondere Versicherungslehre (I)

I. Feuerversicherung
II. Feuer-Betriebsunterbrechungsversicherung
III. Nebenzweige der Feuerversicherung
IV. Technische Versicherungen
V. Haftpflichtversicherung
VI. Unfallversicherung
VII. Kraftfahrtversicherung

Band 5

Besondere Versicherungslehre (II)

VIII. Lebensversicherung
IX. Private Krankenversicherung
X. Transportversicherung
XI. Rechtsschutzversicherung

Inhaltsverzeichnis zu Band 3

I. Einführung in das private und öffentliche Recht ... 3

- A. Funktionen des Rechts ... 5
- B. Wertungsgesichtspunkte ... 5
- C. Abgrenzung zu Sittlichkeit (Moral) und Sitte ... 6
- D. Rechtsnormen ... 7
- E. Einteilung der Rechtsnormen ... 8
- F. Funktion und Aufbau der Einzelnormen ... 10
- G. Auslegung von Normen ... 12
- H. Ermittlung des Sachverhalts ... 13
- I. Erzwingbarkeit ... 14
- J. Rechtssubjekte ... 15
- K. Willenserklärung und Vertrag als Strukturelemente des Privatrechts ... 16
- L. Auslegung von Rechtsgeschäften ... 17
- M. Allgemeine Geschäftsbedingungen ... 17

II. Bürgerliches Recht für das Versicherungswesen ... 19

- A. Allgemeiner Teil des BGB ... 21
  - I. Personen ... 22
  - II. Gegenstände des Rechtsverkehrs ... 31
  - III. Das Rechtsgeschäft ... 34
- B. Recht der Schuldverhältnisse ... 59
  - I. Allgemeine Grundlagen des Schuldrechts ... 60
  - II. Einzelne Schuldverhältnisse ... 91
  - III. Haftpflichtrecht ... 107

C.	**Sachenrecht**	135
	I. Grundsätze des Sachenrechts	136
	II. Besitz	138
	III. Eigentum	140
	IV. Beschränkt dingliche Rechte	154
D.	**Familienrecht**	162
	I. Ehe	163
	II. Verwandschaft	173
	III. Vormundschaft und Pflegschaft	177
E.	**Erbrecht**	179
	I. Grundprinzipien des Erbrechts	179
	II. Erbfolge	181
	III. Rechtsstellung des Erben	184

Literaturhinweise 188

III. Handelsrecht 191

A.	**Einleitung**	195
	I. Wesenszüge des Handelsrechts	196
	II. Quellen und Brauch	198
B.	**Der Kaufmann und sein Unternehmen**	202
	I. Der Kaufmannsbegriff	202
	II. Das kaufmännische Unternehmen	207
	III. Stellvertreter des Kaufmanns	220
	IV. Hilfspersonen des Kaufmanns	226
C.	**Die Handelsbücher**	233
	I. Überblick	233
	II. Inhalt	233
	III. Rechnungslegung in der Versicherungswirtschaft	236

D.	**Die Handelsgeschäfte**		237
	I. Allgemeines		237
	II. Handelskauf		240
	III. Spedition (Sonderfall der Kommission)		242
	IV. Lagergeschäft		246
	V. Frachtgeschäft		248
	VI. Bankgeschäfte		251

Literaturhinweise 255

IV. Wertpapierrecht 257

A. Einführung 263

B. Wesen der Wertpapiere 264

    I. Charakteristik der Wertpapiere 264
    II. Haupteinteilung der Wertpapiere 265

C. Bedeutung der Wertpapiere 266

    I. Legitimationsfunktion 266
    II. Wirtschaftliche Funktionen 266
    III. Börsenzulassung 267
    IV. Anbietung nichtzugelassener Wertpapiere 269

D. Arten der Wertpapiere (zugleich Rechtsquellen) 269

    I. Unterscheidung nach der Umlaufsfähigkeit 269
    II. Unterscheidung nach der Art des verbrieften Rechts 271
    III. Gang der weiteren Untersuchung 271

E. Der Wechsel 271

    I. Arten 271
    II. Eigentümlichkeiten 272
    III. Ausstellung 274
    IV. Übertragung 276
    V. Annahme 277
    VI. Wechselbürgschaft 278
    VII. Rechte aus dem Wechsel 279
    VIII. Rückgriff 280
    IX. Wechselverjährung 281

F. Der Scheck 282

    I. Grundlagen 282
    II. Ausstellung 284
    III. Rechte aus dem Scheck 284
    IV. Rechtliche Bedeutung der Scheckzahlung im Versicherungsverhältnis .. 286
    V. Euroscheck-Service 286

G. Die Traditionspapiere 288

    I. Stellung im Wertpapierrecht 288
    II. Gemeinsame Vorschriften 288
    III. Insbesondere das Konnossement 290
    IV. Insbesondere der Ladeschein 291
    V. Insbesondere der Orderlagerschein 292

H. Die Inhaberschuldverschreibung 293

    I. Begriff 293
    II. Vorkommen 293
    III. Verpflichtungen und Rechte aus der Inhaberschuldverschreibung 294
    IV. Einlösung 295
    V. Nebenpapiere 296
    VI. Inhaberzeichen 297

J. Die Aktie und das Investmentzertifikat 297

    I. Bedeutung des Aktienwesens für die Versicherungswirtschaft 297
    II. Begriffe und Arten der Aktie 298
    III. Legitimation des Inhabers 300
    IV. Vinkulation von Namensaktien 300
    V. Nebenpapiere 301
    VI. Investmentzertifikate 301
    VII. Vermögensanlagen der Versicherungsunternehmungen in Aktien und Investmentzertifikaten 302

K. Der Versicherungsschein 302

    I. Versicherungsschein als Beweisurkunde 302
    II. Versicherungsscheine mit Inhaberklausel 303
    III. Versicherungsschein als Orderpapier 304

L.	Verfahrensrecht		304
I.	Vorbemerkung		304
II.	Urkunden-, Wechsel- und Scheckprozeß		304
III.	Zwangsvollstreckung in Wertpapiere		305

Literaturhinweise 307

V. Allgemeines Versicherungsvertragsrecht 309

A. Grundlegung 313

I.	Wesen des Versicherungsvertragsrechts	313
II.	Begriff der Versicherung	315
III.	Begriff des Versicherungsvertrages	319
IV.	Rechtsquellen	321
V.	Sachlicher Geltungsbereich des VVG	325
VI.	AVB und geschäftsplanmäßige Erklärungen	326
VII.	Einteilung der Versicherungsverträge	333
VIII.	Verfahrensrechtliche Bestimmungen	340

B. Beteiligte 341

I.	Versicherer	341
II.	Versicherte in weiterem Sinne	344
III.	Drittbeteiligte	348
IV.	Scheinbare Drittbeteiligte	349
V.	Versicherungsvermittler	351

C. Zustandekommen 359

I.	Abschluß des Versicherungsvertrages	359
II.	Änderung des Vertrages	365
III.	Verbriefung des Versicherungsvertrages	367
IV.	Dauer des Versicherungsvertrages	371

D. Rechtspflichten des Versicherungsnehmers 379

I.	Prämienzahlungspflicht	379
II.	Sonstige Rechtspflichten	399

E.	Obliegenheiten des Versicherungsnehmers		399
	I. Allgemeine Grundsätze		399
	II. Obliegenheiten vor dem Versicherungsfall		418
	III. Obliegenheiten nach dem Versicherungsfall		436
F.	Rechtspflichten des Versicherers		441
	I. Überblick		441
	II. Das Risiko		441
	III. Versicherungssumme, Versicherungsschaden, Versicherungswert (leistungsbegrenzende Faktoren)		457
	IV. Versicherungsfall		470
G.	Obliegenheiten des Versicherers		485
	I. Gesetzlich		485
	II. Aus Treu und Glauben folgend		485
H.	Veräußerung der versicherten Sache		486
	I. Gesetzliche Regelung		486
	II. Veräußerungsbegriff		487
	III. Verwandte Fälle		488
Literaturhinweise			489

VI. Versicherungsunternehmensrecht — 491

A.	Einführung	495
	I. Mehrheit von Menschen im Recht	495
	II. Juristische Personen des Versicherungsrechts	497
	III. Verhältnis zwischen Versicherungsunternehmensrecht und anderen Rechtsgebieten	503
B.	Die einzelnen Unternehmensformen	505
	I. Versicherungsaktiengesellschaft	505
	II. Versicherungsverein auf Gegenseitigkeit	521
	III. Öffentlich-rechtliche Versicherungsanstalten und -körperschaften	529
	IV. Arbeitsweise und Wettbewerb der drei Unternehmensformen	533

C.	Verbundene Unternehmen	535
	I. Grundsätzliches	535
	II. Einige Hauptfragen	536
Literaturhinweise		541

VII. Versicherungsaufsichtsrecht 543

A.	Grundfragen der Versicherungsaufsicht	547
	I. Einige Einführungsgedanken	547
	II. Aufsichtssysteme	553
	III. Aufsichtspflichtige Tatbestände und aufsichtsführende Behörden	563
	IV. Mittel der Aufsichtsführung	571
	V. Allgemeine Aufsichtsgrundsätze	575
B.	Zugang zum Betrieb von Versicherungsgeschäften	580
	I. Vorbemerkung: Versicherungsaufsichtsrechtlicher Versicherungsbegriff	580
	II. Vorbemerkung: Geschäftsplan	584
	III. Erteilung und Versagung der Erlaubnis	592
C.	Laufende Aufsicht	609
	I. Grundlagen und Gegenstände	609
	II. Tatsachenfeststellung im Rahmen der laufenden Aufsicht	630
	III. Beschwerden	633
	IV. Örtliche Prüfung durch die Aufsichtsbehörde	634
	V. Eingriffe der Versicherungsaufsichtsbehörden	636
	VI. Besonderheiten für bestimmte Bereiche	648
D.	Ergänzende und abschließende Bemerkungen	650
	I. Nicht behandelter Inhalt des VAG	650
	II. Beurteilung des VAG, Reformfragen	652
Literaturhinweise		653

VIII. Das Recht der Versicherungsvermittlung ... 655

A. Arten der Versicherungsvermittler – Rechtliche Abgrenzung ... 662

- I. Allgemeine Übersicht ... 662
- II. Der selbständige Versicherungsvertreter (§§ 92 I, 84 I HGB) ... 665
- III. Der angestellte Versicherungsvertreter (§§ 92 I, 84 II HGB) ... 678
- IV. Der Versicherungsmakler ... 680
- V. „Industrie-" oder „firmenverbundene" Versicherungsvermittler ... 683

B. Zur Rechtsstellung des selbständigen Versicherungsvertreters ... 685

- I. Rechtsnatur, Abschluß und Inhalt des Versicherungsvertretervertrages ... 685
- II. Der Versicherungsvertreter als Gewerbetreibender und Unternehmer ... 689
- III. Kaufmannseigenschaft des Versicherungsvertreters ... 690
- IV. Selbständigkeit des Versicherungsvertreters und Vertreteraufgabe ... 691
- V. Vertretertätigkeit und Versicherungsaufsicht – Keine gesetzliche Berufsregelung ... 693
- VI. Alleinverantwortlichkeit des Versicherungsvertreters für die Erfüllung seiner öffentlich-rechtlichen Pflichten ... 694

C. Die Pflichten des selbständigen Versicherungsvertreters gegenüber dem Versicherungsunternehmen ... 695

- I. Die Grundpflicht zur Wahrung der Interessen des Versicherungsunternehmens ... 695
- II. Die Pflicht zur persönlichen Dienstleistung ... 696
- III. Die Hauptpflicht zur Versicherungsvermittlung ... 697
- IV. Zusätzliche Pflichten zur Verwaltung von Versicherungsverträgen und zur laufenden Kundenbetreuung ... 700
- V. Spezielle Interessenwahrungspflichten und Pflicht zur Befolgung von Weisungen des Versicherungsunternehmens ... 705
- VI. Wettbewerbsverbot ... 708
- VII. Nebenpflichten ... 711
- VIII. Nachvertragliche Pflichten ... 719
- IX. Rechtsfolgen bei Verletzung der Vertreterpflichten ... 721

D. Die Rechte des selbständigen Versicherungsvertreters gegenüber dem Versicherungsunternehmen ... 724

- I. Der Vergütungsanspruch ... 725
- II. Freiwillige Leistungen des Versicherungsunternehmens zur Alters- und Hinterbliebenenversorgung ... 748
- III. Sonstige Rechte ... 750

	IV.	Abtretung und Pfändung der Ansprüche	754
	V.	Verjährung und Verwirkung der Ansprüche	754
	VI.	Verantwortlichkeit für die Urlaubsregelung	756
	VII.	Kein Anspruch auf Erteilung eines Dienstzeugnisses – Tätigkeitsbescheinigung	756
	VIII.	Keine Rechte am Versicherungsbestand und an der Kundschaft	757

E. Die Rechtsstellung des Versicherungsvertreters gegenüber dem Versicherungsnehmer ... 762

	I.	Zur gesetzlichen Regelung	762
	II.	Die Rechtsstellung des Vermittlungsagenten nach §§ 43, 44 VVG	764
	III.	Der Abschlußagent (§ 45 VVG)	766
	IV.	Örtliche Grenzen der Vollmacht (§ 46 VAG)	767
	V.	Änderungen der Vertretungsmacht	768
	VI.	Die Haftung des Versicherungsunternehmens für das Verhalten des Versicherungsagenten	769
	VII.	Arglistiges Verhalten des Agenten	772
	VIII.	Persönliche Haftung des Agenten – Haftungsfreistellung durch das Versicherungsunternehmen	773
	IX.	Gerichtsstand der Agentur (§ 48 VVG)	774

F. Der Versicherungsmakler ... 775

	I.	Rechtsstellung und Aufgaben	775
	II.	Rechtsverhältnis Versicherungsmakler – Versicherungsnehmer	776
	III.	Rechtsverhältnis Versicherungsmakler – Versicherungsunternehmen	780
	IV.	Haftung des Versicherungsmaklers	782
	V.	Maklertätigkeit und Rechtsberatungsgesetz	782
	VI.	Keine Verpflichtung des Versicherers zur Zusammenarbeit mit einem Versicherungsmakler/Korrespondenzpflicht?	784
	VII.	Die Vergütung des Versicherungsmaklers	784

G. Das Recht der Versicherungsvermittlung in der Europäischen Wirtschaftsgemeinschaft ... 788

	I.	EG-Richtlinie zur Niederlassungs- und Dienstleistungsfreiheit der Versicherungsvermittler	788
	II.	Koordinierung der nationalen Vertreterrechte	789
	III.	Rechtsprechung des Europäischen Gerichtshofes	790
	IV.	Allgemeines EG-Recht und Versicherungsvermittlung	791

Literaturhinweise ... 793

IX. Prozeßrecht, Zwangsvollstreckung, Konkurs und Vergleich 797

A. Einleitung 801

- I. Bedeutung für den Versicherungskaufmann 801
- II. Stellung der ordentlichen Gerichtsbarkeit im Rechtsschutzsystem 801
- III. Beratungshilfe 804

B. Prozeßrecht 806

- I. Klagevoraussetzungen 806
- II. Gang des Verfahrens 812
- III. Abschluß des Verfahrens 818
- IV. Rechtsmittel 819
- V. Besondere Verfahren 822

C. Zwangsvollstreckung 825

- I. Voraussetzungen der Zwangsvollstreckung 825
- II. Vollstreckung wegen Geldforderungen 825
- III. Rechtsbehelfe in der Zwangsvollstreckung 830

D. Konkurs 832

- I. Wesen des Konkursrechts 832
- II. Konkurs des Versicherungsnehmers 832
- III. Konkurs des Versicherers (materielles Konkursrecht) 835
- IV. Konkursverfahrensrecht 836

E. Vergleichsverfahren 838

- I. Wesen 838
- II. Verfahren 838
- III. Besonderheiten für Versicherungsunterlagen 839

Literaturhinweise 840

X. Wettbewerbsrecht 841

A. Allgemeiner Teil 845

    I. Die Wettbewerbsordnung 845
    II. Der Gegenstand des Wettbewerbsrechts 846
    III. Das Regelungssystem des Wettbewerbsrechts 846
    IV. Das besondere Regelungssystem des Versicherungswettbewerbs 849
    V. Der Anwendungsbereich des Wettbewerbsrechts 854
    VI. Verbotene Wettbewerbshandlungen 856

B. Das Wettbewerbsrecht im einzelnen 858

    I. Kundenfang 858
    II. Behinderung 865
    III. Ausbeutung 870
    IV. Rechtsbruch 873
    V. Marktstörung 874

C. Wettbewerbsschutz 875

    I. Der Abwehranspruch 875
    II. Der Widerrufsanspruch 876
    III. Der Schadenersatzanspruch 876
    IV. Auskunfterteilung und Rechnungslegung 878
    V. Verjährung 878
    VI. Haftung für Dritte 878
    VII. Der Wettbewerbsprozeß 879
    VIII. Strafrechtsschutz 880

Literaturhinweise 881

XI. Steuer und Versicherung 883

A. Der systematische Aufbau unserer Steuerrechtsordnung 885

    I. Die Stellung des Steuerrechtes in unserer Rechtsordnung 885
    II. Einteilung der speziellen Steuergesetze 888
    III. Der Begriff „Steuer" 892
    IV. Steuergesetze und ihre Auslegung 892
    V. Steuerpflicht und Steuerschuld 894
    VI. Festsetzung und Erhebung der Steuer 895

B.	Besteuerung des Versicherungsvertrages	896
	I. Der Versicherungsvertrag im Einkommensteuerrecht	896
	II. Der Versicherungsvertrag im Vermögensteuerrecht	954
	III. Der Versicherungsvertrag im Gewerbesteuerrecht	975
	IV. Der Versicherungsvertrag im Erbschaftsteuerrecht	977
	V. Der Versicherungsvertrag im Verkehrsteuerrecht	987
C.	Steuerfragen des Versicherungsaußendienstes	1000
	I. Abgrenzung zwischen selbständigem und unselbständigem Versicherungsaußendienst	1001
	II. Steuerfragen beim unselbständigen Versicherungsaußendienst	1002
	III. Steuerfragen des selbständigen Versicherungsaußendienstes	1004
	IV. Die steuerrechtliche Behandlung des Ausgleichsanspruchs beim Versicherungsvertreter	1009
	V. Gelegentliche Vermittlung	1010
D.	**Die Besteuerung des Versicherungsunternehmens**	1013
	I. Die Stellung der Versicherungsunternehmen im Steuerrecht	1014
	II. Die Steuern der Versicherungsaktiengesellschaften und Versicherungsvereine auf Gegenseitigkeit	1016
	III. Die Besteuerung der öffentlich-rechtlichen Versicherungsanstalten und der Pensionskassen	1056

Literaturhinweise

1.	Zu Abschnitt A	1058
2.	Zu Abschnitt B	1058
3.	Zu Abschnitt C	1060
4.	Zu Abschnitt D	1061

Anhang

XII. Arbeitsrecht — 1063

A.	Grundlagen und System des Arbeitsrechts	1067
	I. Begriff und Wesen	1067
	II. Entstehung und Entwicklung	1068

	III.	Rechtsquellen	1070
	IV.	Grundbegriffe des Arbeitsrechts	1073

B. Individualarbeitsrecht 1077

    I. Zustandekommen des Arbeitsvertrages 1077
    II. Durchführung des Arbeitsverhältnisses 1082
    III. Beendigung des Arbeitsverhältnisses 1092

C. Arbeitnehmerschutzrecht 1098

    I. Gesundheits- und Gefahrenschutz 1099
    II. Arbeitszeitrecht 1100
    III. Jugendarbeitsschutzrecht 1101
    IV. Frauenarbeitsschutz und Mutterschutz 1103
    V. Schwerbehindertenschutz 1104
    VI. Schutz des Wehrdienstleistenden 1105

D. Kollektives Arbeitsrecht 1106

    I. Tarif- und Arbeitskampfrecht 1106
    II. Betriebsverfassung 1111
    III. Unternehmensverfassung 1126

E. Verfahrensrecht 1128

Literaturhinweise 1130

Stichwortverzeichnis 1131

Abkürzungsverzeichnis

A	Aktivposten
a. A.	anderer Ansicht
a. a. O.	am angegebenen Ort
AB	Allgemeine Bedingungen
Abb.	Abbildung
ABBR	Allgemeine Bedingungen für die Versicherung von Beistandsleistungen auf Reisen und Rücktransportkosten
ABG.	Allgemeine Bedingungen für die Kaskoversicherung von Baugeräten
ABKStRV	Allgemeine Bedingungen für die Kraftfahrt-Strafrechtsschutzversicherung
ABMG	Allgemeine Bedingungen für die Maschinen- und Kaskoversicherung von fahrbaren Geräten
ABN	Allgemeine Bedingungen für die Bauwesenversicherung von Gebäudeneubauten durch Auftraggeber
ABRK	Allgemeine Bedingungen für die Reparaturkostenversicherung von Kraftfahrzeugen
Abs.	Absatz
Abt.	Abteilung
ABU	Allgemeine Bedingungen für die Bauwesenversicherung von Unternehmerleistungen
ABUB (E)	Allgemeine Bedingungen für die Versicherung gegen Schäden durch Betriebsunterbrechung infolge des Ausfalls der öffentlichen Elektrizitätsversorgung
ABUVB	Allgemeine Versicherungsbedingungen für die Versicherung gegen Schäden durch Betriebsunterbrechung infolge Brand, Blitzschlag oder Explosion (= BUB 1911)
ADAC	Allgemeiner Deutscher Automobil-Club
ADB	Allgemeine Deutsche Binnen-Transport-Versicherungsbedingungen
ADS	Allgemeine Deutsche Seeversicherungsbedingungen
ADSp	Allgemeine Deutsche Spediteurbedingungen
AEB	Allgemeine Einbruchdiebstahl-Versicherungsbedingungen
AERB	Allgemeine Bedingungen für die Versicherung gegen Schäden durch Einbruchdiebstahl und Raub
AERB 87	Allgemeine Bedingungen für die Einbruchdiebstahl- und Raubversicherung
a.F.	alte Fassung
AfA	Absetzung für Abnutzung
AFB	Allgemeine Feuerversicherungsbedingungen

AFG	Arbeitsförderungsgesetz
a. G.	auf Gegenseitigkeit
AG	Aktiengesellschaft, Amtsgericht
AGB	Allgemeine Geschäftsbedingungen
AGBG	Gesetz zur Regelung des Rechts der Allgemeinen Geschäftsbedingungen (AGB-Gesetz)
AGlB	Allgemeine Versicherungsbedingungen für Glasversicherung
AGNB	Allgemeine Beförderungsbedingungen für den gewerblichen Güterverkehr mit Kraftfahrzeugen
AHagB	Allgemeine Hagelversicherungsbedingungen
AHB	Allgemeine Versicherungsbedingungen für die Haftpflichtversicherung
AHB/KA	Allgemeine Versicherungsbedingungen für die Nuklear-Haftpflichtversicherung von Kernanlagen
AHBStr	Allgemeine Versicherungsbedingungen für die Haftpflichtversicherung von genehmigter Tätigkeit mit Kernbrennstoffen und sonstigen radioaktiven Stoffen außerhalb von Atomanlagen
AHB/V	Allgemeine Versicherungsbedingungen für die Haftpflichtversicherung von Vermögensschäden
AIAG	Association Internationale des Assureurs contre la Grêle (Internationale Vereinigung der Hagelversicherer)
AIDA	Association Internationale de Droit des Assurances (Internationale Vereinigung für Versicherungsrecht)
AISAM	Association Internationale des Sociétés d'Assurance Mutuelle (Internationale Vereinigung der Versicherungsvereine auf Gegenseitigkeit)
AKB	Allgemeine Bedingungen für die Kraftfahrtversicherung
AKiUB	Allgemeine Kinder-Unfallversicherungs-Bedingungen
AktG	Aktiengesetz
ALB (n. F.)	Musterbedingungen für die Großlebensversicherung
allg.	allgemein
ALR	Allgemeines Landrecht (Preußen)
a. M.	anderer Meinung
AMB	Allgemeine Maschinenversicherungsbedingungen
AMBUB	Allgemeine Maschinen-Betriebsunterbrechungs-Versicherungsbedingungen
AMG	Arzneimittelgesetz
AMKB	Allgemeine Mehrkosten-Versicherungs-Bedingungen
AMoB	Allgemeine Montageversicherungs-Bedingungen
AMoBUB	Allgemeine Montage-Betriebsunterbrechungs-Versicherungsbedingungen
Angest.	Angestellte(r)
Anh.	Anhang
Anm.	Anmerkung(en)
AnwBl	Anwaltsblatt

AO	Abgabenordnung
AOK	Allgemeine Ortskrankenkasse
ARB	Allgemeine Bedingungen für die Rechtschutzversicherung
ArbGG	Arbeitsgerichtsgesetz
ArbPlSchG	Arbeitsplatzschutzgesetz
Art.	Artikel
ASF	Allgemeine Sicherheitsvorschriften der Feuerversicherer für Fabriken und gewerbliche Anlagen
AStB	Allgemeine Bedingungen für die Versicherung von Sturmschäden
AStB 87	Allgemeine Bedingungen für die Sturm-Versicherung
ASVB	Allgemeine Seeversicherungsbedingungen (Vorgänger der ADS)
ATB	Allgemeine Tarifbestimmungen
AtG	Atomgesetz
ATO	Allgemeine Tarifordnung
AUB	Allgemeine Unfallversicherungsbedingungen
Aufl.	Auflage
Aufw.	Aufwendungen
AuslPflVG	Gesetz über Haftpflichtversicherung für ausländische Kraftfahrzeuge und Kraftfahrzeuganhänger (Ausländer-Pflichtversicherungsgesetz)
AVAD	Auskunftsstelle über den Versicherungsaußendienst
AVB	Allgemeine Versicherungsbedingungen
AvD	Automobilclub von Deutschland
AVFE 76	Allgemeine Versicherungsbedingungen für Fernmelde- und sonstige elektrotechnische Anlagen
AVFEBU	Allgemeine Betriebsunterbrechungsversicherungs-Bedingungen bei Fernmelde- und sonstigen elektrotechnischen Anlagen
AVFEM	Allgemeine Bedingungen für die Mehrkostenversicherung bei Fernmelde- und sonstigen elektronischen Anlagen
AVG	Angestelltenversicherungsgesetz
AVL	Allgemeine Versicherungslehre
AVUB	Allgemeine Volks-Unfallversicherungsbedingungen
AVSB	Allgemeine Bedingungen für die Verkehrsservice-Versicherung
AWB	Allgemeine Bedingungen für die Versicherung gegen Wasserleitungsschäden
AWB 87	Allgemeine Bedingungen für die Leitungswasserversicherung
AWSB	Allgemeine Bedingungen für die Schäden durch bestimmungswidrigen Wasseraustritt aus Sprinkler-Anlagen
AZO	Arbeitszeitordnung
BAB	Betriebsabrechnungsbogen
BAG	Gesetz über die Errichtung eines Bundesaufsichtsamtes für das Versicherungswesen
BAnz	Bundesanzeiger
BArbG	Bundesarbeitsgericht

BAV	Bundesaufsichtsamt für das Versicherungswesen
BB	Der Betriebsberater
BBergG	Bundesberggesetz
BBG	Bundesbeamtengesetz
Bd.	Band
BdF	Bundesministerium der Finanzen
BDI	Bundesverband der Deutschen Industrie
BDSG	Bundesdatenschutzgesetz
BefBeMö	Beförderungsbedingungen für Möbelfernverkehr
BEG	Bundesentschädigungsgesetz
bes.	besonders
bestr.	bestritten
betr.	betreffend
BetrAVG	Gesetz zur Verbesserung der betrieblichen Altersversorgung
BetrVG (BetrVerfG)	Betriebsverfassungsgesetz
BewDV	Durchführungsverordnung zum Bewertungsgesetz
BewG	Bewertungsgesetz
BF	Belgische Francs
BfA	Bundesanstalt für Arbeit
BFH	Bundesfinanzhof
BFM	Bundesfinanzminister
BFuP	Betriebswirtschaftliche Forschung und Praxis
BG	Berufsgenossenschaft
BGB	Bürgerliches Gesetzbuch
BGBl	Bundesgesetzblatt
BGB-Gesellschaft	Gesellschaft des Bürgerlichen Rechts
BGH	Bundesgerichtshof
BGHZ	Entscheidung des Bundesgerichtshofs in Zivilsachen
BGL	Baugeräteliste
BHG	Beratungshilfegesetz
BIPAR	Bureau International des Producteurs d'Assurances et de Réassurances (Internationale Vereinigung der Versicherungs- und Rückversicherungsvermittler)
BiRiLiG	Bilanzrichtliniengesetz
BiRiLiVU	Versicherungsbilanzrichtlinie
bit	binary digital term
BJagdG	Bundesjagdgesetz
BKA	Bundeskartellamt
BörsenG	Börsengesetz
BP	Bruttoprämie
BRAGO	Bundesgebührenordnung für Rechtsanwälte
BRAO	Bundesrechtsanwaltsordnung
BRD	Bundesrepublik Deutschland
BRP	Bruttorisikoprämie
BRRG	Beamtenrechtsrahmengesetz

BRT	Bruttoregistertonne(n)
BSchG	Gesetz betreffend die privatwirtschaftlichen Verhältnisse in der Binnenschiffahrt (Binnenschiffahrtsgesetz)
BSeuchG	Bundesseuchengesetz
BSHG	Bundessozialhilfegesetz
BSM	Mitteilungen des Instituts für Betriebswirtschaft an der Hochschule St. Gallen für Wirtschafts- und Sozialwissenschaften
BSozG	Bundessozialgericht
BSozGE	Entscheidungen des Bundessozialgerichts
BStBl	Bundessteuerblatt
BT	Bundestag(s)
BTB	Besondere Tarifbestimmungen
BU	Betriebsunterbrechung(s)
BUB 1911	Allgemeine Versicherungsbedingungen für die Versicherung gegen Schäden durch Betriebsunterbrechung infolge Brand, Blitzschlag oder Explosion
BVerfG	Bundesverfassungsgericht
BVerfGE	Entscheidungen des Bundesverfasssungsgerichts
BVerwG	Bundesverwaltungsgericht
BVerwGE	Entscheidungen des Bundesverwaltungsgerichts
BVG (BVersG)	Bundesversorgungsgesetz
BVK	Bundesverband Deutscher Versicherungskaufleute
BVL	Besondere Versicherungslehre
BWAKG	Berechnungsgrundlage für die Wiederherstellungs- und Aufräumungskosten bei Baugeräten
BWL	Betriebswirtschaftslehre
BWV	Berufsbildungswerk der Versicherungswirtschaft
BWZ	Bewertungszeitraum
bzw.	beziehungsweise
ca.	cirka
cbm	Kubikmeter
CEA	Comité Européen des Assurances (Europäischer Versicherungsverband)
c & f	cost and freight
CGB	Christlicher Gewerkschaftsbund
cif	cost, insurance, freight
CIM	Internationale Übereinkommen über den Eisenbahnfrachtverkehr
CIP	carriage and insurance paid to
cm	Zentimeter
CMR	Übereinkommen über den Beförderungsvertrag im internationalen Straßengüterverkehr mit Kraftfahrzeugen
COBOL	common business oriented language
CPM	critical path method

DAG	Deutsche Angesetelltengewerkschaft
DAR	Deutsches Autorecht
DB	Der Betrieb
DDR	Deutsche Demokratische Republik
DFV	Datenfernverarbeitung
DGB	Deutscher Gewerkschaftsbund
DGFP	Deutsche Gesellschaft für Personalführung
dgl.	dergleichen
d. h.	das heißt
DHV	Deutscher Handels- und Industrieangestellten-Verband
DIHT	Deutscher Industrie- und Handelstag
DKVG	Deutsche Kernreaktor-Versicherungsgemeinschaft
DM	Deutsche Mark
DStZ	Deutsche Steuer-Zeitung
dto.	dito
DTV	Deutscher Transport-Versicherungs-Verband
DV	Datenverarbeitung(s)
DVA	Deutsche Versicherungs-Akademie
DVO	Durchführungsverordnung
DVR	Deutscher Verkehrssicherheitsrat
EC	exented coverage
ECB	Exented Coverage-Bedingungen für die Versicherung zusätzlicher Gefahren zur Feuerversicheurng für Industrie- und Handelsbetriebe
ED	Einbruch-Diebstahl
EDV	Elektronische Datenverarbeitung
EDVA	Elektronische Datenverarbeitungsanlage
EFG	Entscheidungen des Finanzgerichts
EFTA	European Free Trade Association (Europäische Freihandels-Assoziation)
eG	eingetragene Genossenschaft
EG	Europäische Gemeinschaft
EGBGB	Einführungsgesetz zum Bürgerlichen Gesetzbuch
EGG	Allgemeine Bedingungen für die Versicherung der Elektro- und Gasgeräte des Hausrates
EGHGB	Einführungsgesetz zum Handelsgesetzbuch
eGmbH	Genossenschaft mit beschränkter Haftung
eGmuH	Genossenschaft mit unbeschränkter Haftung
EGVVG	Einführungsgesetz zu dem Gesetz über den Versicherungsvertrag
EGZPO	Einführungsgesetz zur Zivilprozeßordnung
EheG	Ehegesetz
Eink.	Einkommen
einschl.	einschließlich
EK	Eigenkapital

EKG	Elektrokardiogramm
engl.	englisch
EnWG	Gesetz zur Förderung der Energiewirtschaft (Energiewirtschaftsgesetz)
ERB	Ergänzende Bedingungen für die Rechtsschutzversicherung
ErbbRVO	Verordnung über das Erbbaurecht
ErbStG	Erbschaftsteuer- und Schenkungsteuergesetz
ErgG	Ergänzungsgesetz
ErsDiG	Gesetz über den zivilen Ersatzdienst
ESt	Einkommensteuer
EStDV	Einkommensteuer-Durchführungsverordnung
EStG	Einkommensteuergesetz
EStKart	Einkommensteuerkartei
EStR	Einkommensteuer-Richtlinien
etc.	et cetera
EuGH	Europäischer Gerichtshof
EUV	Eigenunfallversicherung
e. V.	eingetragener Verein
evtl.	eventuell
EVO	Eisenbahnverkehrsordnung
EWG	Europäische Wirtschaftsgemeinschaft
EWGV	Vertrag zur Gründung der Europäischen Wirtschaftsgemeinschaft
f.	folgende (Seite), für
Fa.	Firma
fas	free alongside ship
FAZ	Frankfurter Allgemeine Zeitung
FBU	Feuer-Betriebsunterbrechung(s)
FBUB	Allgemeine Feuer-Betriebsunterbrechungs-Versicherungsbedingungen
FBUV	Feuer-Betriebsunterbrechungsversicherung
F. C. & S. Clause	Free of Capture and Seizure Clause
feR	für eigene Rechnung
ff.	folgende (Seiten)
FF	Französische Francs
FG	Finanzgericht
FGG	Gesetz über die Angelegenheiten der freiwilligen Gerichtsbarkeit
FGO	Finanzgerichtsordnung
FGV	Gesetz über die Finanzverwaltung
fifo	first in – first out
FinMin	Finanzministerium
fob	free on board
FOD	free of damage
FORTRAN	formula translation

FPA	free of particular average
FR	Finanzrundschau
franz.	französisch
FSRCC	Free of Strikes, Riots and Civil Commotion
FUST	Familien-, Unfall- und Sterbegeld
FV	Fahrzeugvollversicherung
G	Gesetz
GAL	Gesetz über eine Altershilfe für Landwirte
GB	Geschäftsbericht, Grundbedingungen
GBBAV	Geschäftsbericht des Bundesaufsichtsamtes für das Versicherungswesen
GBKK	Grundbedingungen (Private Krankenversicherung)
GBO	Grundbuchordnung
GDV	Gesamtverband der Deutschen Versicherungswirtschaft
geb.	geboren(e)
Geb.	Gebäude
gem.	gemäß
GenG	Gesetz betreffend die Erwerbs- und Wirtschaftsgenossenschaften
GenTG	Gesetz zur Regelung der Gentechnik
GeschlG	Gesetz zur Bekämpfung der Geschlechtskrankheiten
gest.	gestorben
GewO	Gewerbeordnung
GewStDV	Gewerbesteuer-Durchführungsverordnung
GewStG	Gewerbesteuergesetz
GewStR	Gewerbesteuer-Richtlinien
gez.	gezeichnet
GG	Grundgesetz
ggf.	gegebenenfalls
GGO	Geschäftsordnung der Bundesministerien
GKG	Gerichtskostengesetz
GKV	Gesetzliche Krankenversicherung
GmbH	Gesellschaft mit beschränkter Haftung
GmbHG	Gesetz betreffend die Gesellschaften mit beschränkter Haftung
GOÄ	Gebührenordnung für Ärzte
GOZ	Gebührenordnung für Zahnärzte
GoB	Grundsätze ordnungsmäßiger Buchführung
GOBT	Geschäftsordnung des Bundestages
GRG	Gesundheits-Reformgesetz
GRUR	Gewerblicher Rechtsschutz und Urheberrecht
GüKG	Güterkraftverkehrsgesetz
GuV	Gewinn- und Verlustrechnung
GUV	Gemeindeunfallversicherungsverband
GVG	Gerichtsverfassungsgesetz
GWB	Gesetz gegen Wettbewerbsbeschränkungen

h	Stunde
Hans.	Hanseatische(s)
HBV	Gewerkschaft Handel, Banken und Versicherungen
HdSW	Handwörterbuch der Sozialwissenschaften
HdV	Handwörterbuch des Versicherungswesens
HFA	Haftpflicht-Fachausschuß
HFR	Höchstrichterliche Finanzrechtsprechung
HG	Handelsgericht
HGB	Handelsgesetzbuch
HGZ	Hamburger Gerichtszeitung (1861–1868)
	Hamburger Handelsgerichtszeitung (1868–1879)
	Hanseatische Gerichtszeitung (1880–1927)
HH	Haushalt(e)
hifo	highest in – first out
HPflG	Haftpflichtgesetz
Hrsg.	Herausgeber
HRV	Handelsregisterverfügung
HUK-Verband	Verband der Haftpflichtversicherer, Unfallversicherer, Autoversicherer und Rechtsschutzversicherer
HVR	Handelsvertretergesetz
HypbkG	Hypothekenbankgesetz
IAA	International Actuarial Association (Internationale Aktuarvereinigung)
i. Abw.	in Abwicklung
IACS	International Association of Classification Societies
ICC	Institute Cargo Clauses
ICIA	International Credit Insurance Association (Internationale Kreditversicherungs-Vereinigung)
I. D. A.	Indemnisation Directe des Assurés
i. d. F.	in der Fassung
i. d. R.	in der Regel
i. e. S.	im engeren Sinne
IMIA	International Machinery Insurers' Association (Internationale Vereinigung der Maschinenversicherer)
incl.	inclusive
insb.	insbesondere
i. S.	im Sinne
ITC	Institute Time Clauses
ITV	Internationaler Transport-Versicherungs-Verband
IUAI	International Union of Aviation Insurers (Internationale Vereinigung der Luftfahrtversicherer)
IÜZ	Internationales Übereinkommen zur einheitlichen Feststellung von Regeln über den Zusammenstoß von Schiffen
i. V.	in Vertretung, in Vollmacht

i. Vbdg.	in Verbindung
i. V. m.	in Verbindung mit
IVR	Internationale Vereinigung des Rheinschiffregisters
i. w. S.	im weiteren Sinne
JArbSchG	Gesetz zum Schutze der arbeitenden Jugend (Jugendarbeitsschutzgesetz)
JfB	Journal für Betriebswirtschaft
Jg.	Jahrgang
JGG	Jugendgerichtsgesetz
jr.	junior
JRPV	Juristische Rundschau für die Privatversicherung
JW	Juristische Wochenschrift
JWG	Gesetz für Jugendwohlfahrt
K	Krankenversicherungsunternehmen
KB	Kilobyte
KBU	Klein-BU-Versicherung
KG	Kommanditgesellschaft
KGaA	Kommanditgesellschaft auf Aktien
KH	Kraftfahrzeug-Haftpflicht
KfHs	Kammer für Handelssachen
Kfz	Kraftfahrzeug
kg	Kilogramm
km	Kilometer
KO	Konkursordnung
KostO	Kostenordnung
KSchG	Kündigungsschutzgesetz
KSt	Körperschaftsteuer
KStDV	Körperschaftsteuer-Durchführungsverordnung
KStER	Körperschaftsteuer-Ergänzungsrichtlinien
KStG	Körperschaftsteuergesetz
KStR	Körperschaftsteuer-Richtlinien
KT	Krankentagegeld
kVA	Kilovoltampere
KVÄG	Krankenversicherungs-Änderungsgesetz
KVO	Kraftverkehrsordnung
kW	Kilowatt
KWG	Gesetz über das Kreditwesen
l	Liter
L	Lebensversicherungsunternehmen
LAFU	Landesausführungsbehörde für Unfallversicherung
LAG	Landesarbeitsgericht, Lastenausgleichsgesetz
lat.	lateinisch

lfd.	laufend(e)
LFZG	Gesetz über die Fortzahlung des Arbeitsentgelts im Krankheitsfall
LG	Landgericht
lifo	last in – first out
Lkw	Lastkraftwagen
Log	Logarithmus
LSt	Lohnsteuer
LStDV	Lohnsteuer-Durchführungsverordnung
LStR	Lohnsteuer-Richtlinien
Ltd.	Limited
LV	Lebensversicherung
LVA	Landesversicherungsanstalt
LVG (Luft VG)	Luftverkehrsgesetz
Lw	Leitungswasser
LZB	Zusatzbedingungen für landwirtschaftliche Versicherungen
m	Meter
M	Mark
MB	Megabyte, Musterbedingungen
MB/KK	Musterbedingungen für die Krankheitskosten- und Krankenhaustagegeldversicherung
MB/KT	Musterbedingungen für die Krankentagegeldversicherung
MBU	Maschinen-Betriebsunterbrechung(s)
MBUV	Maschinen-Betriebsunterbrechungsversicherung
MDR	Monatszeitschrift für Deutsches Recht
MIA	Marine Insurance Act
mind.	mindestens
Mio.	Million(en)
MIS	Management-Informationssystem
MitbestG	Mitbestimmungsgesetz
mm	moulded measurement
Mrd.	Milliarde(n)
MTV	Manteltarifvertrag
MuSchG	Gesetz zum Schutz der erwerbstätigen Mutter (Mutterschutzgesetz)
m. w. N.	mit weiteren Nachweisen
N. B.	nota bene
n. Chr.	nach Christus
NEP	Neue Ökonomische Politik
n. F.	neue Fassung
NJW	Neue Juristische Wochenschrift
nkr	Norwegische Kronen
NN	Normalnull

NoB	Normativbedingungen
NORA	Holländischer Verband der Rechtsschutzversicherer
Nr.	Nummer
NRP	Nettorisikoprämie
NRT	Nettoregistertonne(n)
o.	ohne
O	Ordnung
o. a.	oben angegeben
o. ä.	oder ähnliche(s)
OECD	Organization for Economic Cooperation and Development (Organisation für wirtschaftliche Zusammenarbeit und Entwicklung)
ÖRB	Bedingungen für die Rechtschutzversicherung von Trägern öffentlicher Aufgaben
OFD	Oberfinanzdirektion
OHG	Offene Handesgesellschaft
OLG	Oberlandesgericht
OLSchVO	Orderlagerschein-Verordnung
OWiG	Gesetz über Ordnungswidrigkeiten
P	Passivposten
p. a.	per annum
PERT	program evaluation and review technique
PersAuswG	Personalausweisgesetz
Pes.	Peseta
Pf	Pfennig
PflVG (PflichtVersG)	Gesetz über die Pflichtversicherung für Kraftfahrzeughalter (Pflichtversicherungsgesetz)
P.-Franken	Poincaré-Franken
PH	Privathaftflicht
P. &. I.	Protection and Indemnity
PKV	Private Krankenversicherung
Pkw	Personenkraftwagen
PL/1	programming language one
PML	probable maximum loss (wahrscheinlicher Höchstschaden)
pol.	politisch(e)
pol. R.	politische Risiken
PostG	Gesetz über das Postwesen
ppa.	per procura
PPI	Policy Proof of Interest
PR	Praxis des Versicherungsrechts
ProdHG	Gesetz über die Haftung für fehlerhafte Produkte
Proz.	Prozent
PS	Pferdestärke
PSKV	Private Studentische Krankenversicherung

PStG		Personenstandsgesetz
PSVaG		Pensions-Sicherungs-Verein
PVC		Polyvinylchlorid
R		Rundschreiben
RabattG		Rabattgesetz
RAP		Rechnungsabgrenzungsposten
RBerG		Gesetz zur Verhütung von Mißbräuchen auf dem Gebiet der Rechtsberatung (Rechtsberatungsgesetz)
RBewDB		Durchführungsbestimmungen zum Reichsbewertungsgesetz
rd.		rund
RdA		Recht der Arbeit
Rdnr(n)		Randnummer(n)
Rdz.		Randziffer
RechVUVO		Verordnung über die Rechnungslegung von Versicherungsunternehmen
RelKErzG		Gesetz über die religiöse Kindererziehung
RE-Quote		Rückerstattungsquote
ReV		Rechnungslegungsvorschriften
RfB		Rückstellung für Beitragsrückerstattung
RFH		Reichsfinanzhof
RG		Reichsgericht
RGBl		Reichsgesetzblatt
RGZ		Entscheidung des Reichsgerichts in Zivilsachen
RIW		Recht der internationalen Wirtschaft
RKT		Reichskraftwagentarif
RKW		Rationalisierungskuratorium der deutschen Wirtschaft
RLV		Rechtslehre des Versicherungswesens
RM		Reichsmark, Risiko-Management
ROA		Reinsurance Offices Association (Internationaler Rückversicherungsverband)
RPG		report program generator
R-Quote		Rückgewährsquote
RRVU		Richtlinien für die Aufstellung des zu veröffentlichenden Jahresabschlusses von Versicherungsunternehmen
RS		Rechtsschutz
RStBl		Reichsteuerblatt
RV		Rückversicherung(s)
RVO		Reichsversicherungsordnung
RVS		Rollfuhr-Versicherungsschein
s.		siehe
S		Staat
S.		Seite(n)
SB		Sonderbedingung(en)

Sch	Schaden/Unfallversicherungsunternehmen
ScheckG	Scheckgesetz
sec.	Sekunde
sfr.	Schweizer Franken
SFR	Schadenfreiheitsrabatt
SG	Sozialgericht
SGB	Sozialgesetzbuch
SGG	Sozialgerichtsgesetz
skr	Schwedische Kronen
Slg.	Sammlung
s. o.	siehe oben
sog.	sogenannt
Sp.	Spalten
spez.	speziell
Sp-Police	Speditions-Police
SRÄG	Seerechtsänderungsgesetz
S/SF-Klasse	Schaden/Schadenfreiheitsklasse
St	Sturm
StabG	Stabilitätsgesetz
StAnpG	Steueranpassungsgesetz
Stat. Kto.	Statistisches Konto
StB	Steuerbilanz
StG	Stille Gesellschaft
StGB	Strafgesetzbuch
StHG	Staatshaftungsgesetz
StPO	Strafprozeßordnung
str.	strittig
StRK	Steuerrechtsprechung in Karteiform
StVG	Straßenverkehrsgesetz
StVO	Straßenverkehrsordnung
StVZO	Verordnung über die Zulassung von Personen und Fahrzeugen zum Straßenverkehr (Straßen-Verkehrs-Zulassungs-Ordnung)
StW(StuW)	Steuer und Wirtschaft
SVG	Soldatenversorgungsgesetz
SVS	Speditionsversicherungsschein
SVZ	Schweizerische Versicherungs-Zeitschrift
t	Tonne(n)
TarifVO	Tarifverordnung
TB	Tarifbestimmungen
TDM	Tausend Deutsche Mark
tdw	tons deadweight
tdw-a. t.	tons deadweight – all told
TÜV	Technischer Überwachungsverein
TV	Technische Versicherungen

TVG	Tarifgesetz
TVO	Verordnung über die Tarife in der Kraftfahrtversicherung (Tarifverordnung)
Tz	Textziffer
u.	und
U	Unternehmung(en)
u. a.	und andere, unter anderem
u. a. m.	und andere mehr
u. ä.	und ähnliche(s)
UdSSR	Union der Sozialistischen Sowjet-Republiken (Sowjetunion)
ÜRH	Internationales Übereinkommen über die Beschränkung der Haftung der Eigentümer von Seeschiffen
UK	United Kingdom
UmweltHG	Gesetz über die Umwelthaftung
UNCTAD	United Nations Conference on Trade and Development (Welthandelskonferenz)
UNO	United Nations Organization (Vereinte Nationen)
UrhG	Urheberrechtsgesetz
US	United States
USA	United States of America (Vereinigte Staaten von Amerika)
USG	Unterhaltssicherungsgesetz
UStG	Umsatzsteuergesetz
usw.	und so weiter
u. U.	unter Umständen
u. v. a. m.	und viele andere mehr
UWG	Gesetz gegen den unlauteren Wettbewerb
v.	von
V.	Versicherung(s)
VA	Veröffentlichungen des Reichsaufsichtsamtes für Privatversicherung bzw. des Zonenamtes des Reichsaufsichtsamtes für das Versicherungswesen
VAG	Versicherungsaufsichtsgesetz
VBL	Versicherungsbetriebslehre
VBS	Verein Bremer Seeversicherer
v. Chr.	vor Christus
VDEW	Vereinigung Deutscher Elektrizitätswerke
VdVM	Verein Deutscher Versicherungsmakler
VdS	Verband der Sachversicherer
VerAfP	Veröffentlichungen des Reichsaufsichtsamtes für Privatversicherung
VerBAV	Veröffentlichungen des Bundesaufsichtsamtes für das Versicherungswesen
verh.	verheiratet

VermBG	Vermögensbildungsgesetz
VerRAV	Veröffentlichungen des Reichsaufsichtsamtes für Privatversicherung
Vers.	Versicherung(en)
VersAG	Versicherungsaktiengesellschaft
VersArch	Versicherungswissenschaftliches Archiv
VerschG	Verschollenheitsgesetz
VersR	Versicherungsrecht
VersStG	Versicherungssteuergesetz
vers.-techn.	versicherungstechnisch
VGA	Bundesverband der Geschäftstellenleiter der Assekuranz
VGB	Allgemeine Bedingungen für die Neuwertversicherung von Wohngebäuden gegen Feuer-, Leitungswasser- und Sturmschäden
VGB 88	Allgemeine Wohngebäude-Versicherungsbedingungen
vgl.	vergleiche
VglO (VerglO)	Vergleichsordnung
v. H.	vom Hundert
VHA	Verein Hamburger Assecuradeure
VHB	Allgemeine Bedingungen für die Neuwertversicherung des Hausrats gegen Feuer-, Einbruch-Diebstahl-, Beraubungs-, Leitungswasser-, Sturm- und Glasbruchschäden
VHB 84	Allgemeine Hausratversicherungsbedingungen
VIV	Verband industrieverbundener Versicherungsvermittler
VK	Versicherungskaufmann
VN	Versicherungsnehmer
VO	Verordnung(en)
VOB	Verdingungsordnung für Bauleistungen
Vol.	Volume
Vorbem.	Vorbemerkung(en)
VP	Versicherungspraxis
VPöV	Verordnung über die Preise bei öffentlichen Aufträgen
VRB	Versicherungsbedingungen für den Vermögensrechtsschutz der Aufsichtsräte, Beiräte, Vorstände, Unternehmensleiter und Geschäftsführer
VStG	Vermögensteuergesetz
VStR	Vermögensteuerrichtlinien
VU	Versicherungsunternehmen
VVaG	Versicherungsverein auf Gegenseitigkeit
vvAnzPfl	vorvertragliche Anzeigepflicht
VVG	Versicherungsvertragsgesetz
VVS	Allgemeine Bedingungen zur Versicherung von Selbstfahrervermietfahrzeugen gegen Veruntreuung
VW	Versicherungswirtschaft
VW-Beiträge	Beiträge des Instituts für Versicherungswirtschaft an der Hochschule St. Gallen

VwGO	Verwaltungsgerichtsordnung
VWL	Volkswirtschaftslehre
VW-Schriftenreihe	Schriftenreihe des Institut für Versicherungswirtschaft an der Hochschule St. Gallen
VwVG	Verwaltungsvollstreckungsgesetz
VwZG	Verwaltungszustellungsgesetz
WA	with average
Waba	Warenversicherung bei Abzahlungsgeschäften
WährG	Währungsgesetz
WAK	Warschauer Abkommen zur Vereinheitlichung von Regeln über die Beförderung im internationalen Luftverkehr
WBS	without benefit of salvage
WEG	Wohnungseigentumsgesetz
WehrpflG	Wehrpflichtgesetz
WG (WechselG)	Wechselgesetz
WHG	Wasserhaushaltsgesetz
WI	Informationen zum Versicherungs- und Haftpflichtrecht (Wussow-Information)
WJ	Wirtschaftsjahr
WKZ	Wagniskennziffer
WKZG	Gruppe von Wagniskennziffern (Wagnisgruppe)
WZG	Gesetz zum Schutz der Warenbezeichnungen (Warenzeichengesetz)
YAR	York Antwerp Rules
Z	Zwischensumme
ZAW	Zentralausschuß der Werbewirtschaft
z. B.	zum Beispiel
ZDK	Zentralverband des Kraftfahrzeug-Handels
ZfS	Zeitschrift für Schadenrecht
ZfV	Zeitschrift für das Versicherungswesen
ZHR	Zeitschrift für das gesamte Handelsrecht und Wirtschaftsrecht
Ziff.	Ziffer(n)
ZPO	Zivilprozeßordnung
ZR	Revision in Zivilsachen
z. T.	zum Teil
ZVersWiss	Zeitschrift für die gesamte Versicherungswissenschaft
ZVG	Gesetz über die Zwangsversteigerung und Zwangsverwaltung (Zwangsversteigerungsgesetz)
ZVK	Zentralverband des Kraftfahrzeug-Handwerks
ZwSu	Zwischensumme
z. Zt.	zur Zeit

Rechtslehre des Versicherungswesens (RLV)

Inhaltsverzeichnis
(RLV)

I. Einführung in das private und öffentliche Recht
II. Bürgerliches Recht für das Versicherungswesen
III. Handelsrecht
IV. Wertpapierrecht
V. Allgemeines Versicherungsvertragsrecht
VI. Versicherungsunternehmensrecht
VII. Versicherungsaufsichtsrecht
VIII. Das Recht der Versicherungsvermittlung
IX. Prozeßrecht, Zwangsvollstreckung, Konkurs, Vergleich
X. Wettbewerbsrecht
XI. Steuer und Versicherung
XII. Arbeitsrecht

Einführung
in das private und öffentliche Recht

Von Professor Dr. jur. Dr.-Ing. E.h. Reimer S c h m i d t[1]

---

[1] In der ersten Auflage wurde dieser Abschnitt von Rechtsanwalt Dr. jur. W. Weimar bearbeitet.

Inhaltsverzeichnis

Seite

A. Funktionen des Rechts 3
B. Wertungsgesichtspunkte 3
C. Abgrenzung zu Sittlichkeit (Moral) und Sitte 4
D. Rechtsnormen 5
E. Einteilung der Rechtsnormen 6
F. Funktion und Aufbau der Einzelnormen 8
G. Auslegung von Normen 10
H. Ermittlung des Sachverhalts 11
I. Erzwingbarkeit 12
J. Rechtssubjekte 13
K. Willenserklärung und Vertrag als Strukturelemente des Privatrechts 14
L. Auslegung von Rechtsgeschäften 15
M. Allgemeine Geschäftsbedingungen 15

Die das Recht, vor allem das Versicherungsrecht, behandelnden Kapitel dieses Studienwerkes können insgesamt nicht mehr als eine Einführung sein. Dieses erste Kapitel bringt einige allgemeine Gedanken über die Funktion und die Gliederung des Rechts, ohne die die speziellen Versicherungsrechtsfragen nicht verstanden werden können.

A. Funktionen des Rechts

Im Anschluß an *Gustav Radbruch*[2], der als Rechtsphilosoph nach dem ersten Weltkrieg bekanntgeworden ist und auch Rechtsjustizminister war, hat man dem Recht **verschiedene Funktionen** zugeschrieben, die je nach Normenzweck und Interessenlagen in unterschiedlicher Gewichtung „vorkommen", die **Gerechtigkeits-**, d. **Rechtssicherheits-** und die **Zweckerreichungsfunktion.**

Im Vordergrund steht die Gerechtigkeitsfunktion, wie dies bereits im Strafurteil oder der richterlichen Streitentscheidung deutlich ist. Aber selbst dann, wenn die Einzelentscheidung der Gerechtigkeitsvorstellung nicht voll entspricht, als solche aber vorhersehbar ist, steht sie im System der legitimen Funktionen der Rechtsordnung; denn sie dient der Rechtssicherheit. Bei ganzen Bereichen der Rechtsordnung kommt ihrer Rechtssicherheitsfunktion besondere Bedeutung zu, man denke z. B. an das Straßenverkehrsrecht, das Prozeßrecht, erhebliche Teile des Verwaltungsrechts („Skatregelfunktion" des Rechts). Die dritte Funktion, die Zweckerreichungsfunktion, kann gleichfalls nicht hinweggedacht werden; auch sie tritt in einzelnen Bereichen der Rechtsordnung besonders hervor, z. B. im Steuerrecht (Finanzierung der Aufgaben des Staats) oder im Sozialversicherungsrecht, aber auch in der Privatversicherung (Daseinsvorsorge); denn sie dient der Verwirklichung des sozialen Rechtsstaats. Die drei Funktionen der Rechtsordnung sind nicht etwa widerspruchslos ineinandergefügt: sie stehen vielfach im Spannungsverhältnis.

B. Wertungsgesichtspunkte

Recht ist, wie jedermann weiß, nicht notwendig identisch mit Gerechtigkeit. Es hängt z. B. vom jeweiligen religiösen und politischen Standpunkt ab, was der Einzelmensch als Gerechtigkeit empfindet. Doch gibt es für das Recht, das primär der Gerechtigkeit zu dienen hat, Bezugssysteme von allgemeinem Wert und allgemeiner Anerkennung, die sozusagen seine innere Gestalt bestimmen. Von der Religion her sind es die Zehn Gebote, vom naturwissenschaftlichen Denken her ist es die sogenannte Natur der Sache. Unser

---

2 Gustav Radbruch, Einführung in die Rechtswissenschaft, 12. Aufl., Stuttgart 1969, herausgegeben von Konrad Zweigert, S. 36.

Wert- und Wertungssystem wird von solchen Überlegungen her insbesondere auf die Grundrechte des Grundgesetzes gestützt, die ebenso wie in den wesentlichen Teilen der Welt, auf dem Gedankengut der französischen Revolution beruhend, die Maßstäbe der Gerechtigkeit umreißen. In diesem Zusammenhang ist auch die Konvention zum Schutze der Menschenrechte und Grundfreiheiten zu nennen, die gleichfalls zum geltenden deutschen Recht gehört.

Dabei ist Gerechtigkeit als Vorstellung untrennbar, mit dem **Gleichheitsgedanken** verbunden, der konkret bedeutet, daß das Recht gleichgelagerte Tatbestände nach gleichen Gesichtspunkten beurteilen muß. Eine derartige Gerechtigkeitsvorstellung der Rechtsordnung geht aber weiterhin von der Freiheit, der Bestimmbarkeit, des Wollens aus; sie betrachtet daher das Grundrecht der **freien Entfaltung der Persönlichkeit** als eine weitere Eckpfeilernorm – obwohl die Grenzziehung stets problematisch ist. Sie schließt das Verpflichtetsein aus rechtlichen Bindungen ein. Schließlich ist unsere in der Rechtsordnung begründete Vorstellung von Gerechtigkeit durch die **Unverletzlichkeit** bestimmt, d. h. die Freiheit vor Willkür.

Weil die entscheidende soziologische Besonderheit des modernen Staats in dem Widerspruch zwischen den Freiheitsrechten der Person und der Unterworfenheit gerade des Einzelnen unter faktische Marktsituationen gekennzeichnet ist, kommt den sogenannten **Sozialstaatsklauseln** des Grundgesetzes (Art. 20, 28) großes Gewicht zu. Sie stellen einen Auftrag an alle staatlichen Gewalten zum Schutz des sozial Schwächeren dar und bringen zugleich den verfassungsrechtlichen Grundsatz der Gleichheit der Staatsbürger zum Ausdruck. Hier geht es um eine gewisse „Minimalgarantie" der menschlichen Existenz, die übrigens nur in einem Teil der modernen Staaten verwirklicht ist.

Das im Grundsatz niedergelegte Wertungssystem stellt nicht nur eine „Anweisung" an den Gesetzgeber, die Recht sprechende Gewalt und die Verwaltung dar, sondern begründet unmittelbare „Drittwirkungen" unter den Rechtsgenossen. Insbesondere aber haben die Gerichte die Rechtsnormen „grundrechtskonform" auszulegen.

C. Abgrenzung zu Sittlichkeit (Moral) und Sitte

Der Bereich des Rechts in einem derart verstandenen Sinne deckt sich nicht mit demjenigen der Sittlichkeit (Ethik, Moral) und der Sitte (Üblichkeit). Die Sitte verkörpert Verhaltensgewohnheiten, denen als solche keine Verbindlichkeit zukommt (so hat die Mutter der Verlobten keinen Rechtsanspruch auf den sonntäglichen Besuchsblumenstrauß). Die Sittlichkeit überdeckt sich nur in einem (häufig umstrittenen) Teilbereich mit der Rechtsordnung. Etwas, was sich lediglich „nicht gehört", ist nicht schon deshalb rechtlich verboten. Verbindlichkeit i. S. der Möglichkeit, ein Verhalten zu erzwingen, kommt weder der Sitte noch der Sittlichkeit zu, wenngleich eine Mißachtung von Sitte oder Sittlichkeit Nachteile im Zusammenleben mit sich bringen kann.

Obwohl sich Sittlichkeit und Sitte einerseits und die Rechtsordnung andererseits nicht decken, **greift das Recht** – gleichsam auf Sitte und Sittlichkeit beruhend – **auf diese vielfältig zurück.** Das zeigte sich bereits bei der Betrachtung der Werteordnungen (s. o. Abschnitt B), kommt aber auch im sogenannten **Gewohnheitsrecht** zum Ausdruck, das nicht nur eine allgemeine Übung, sondern auch das Rechtsgeltungsbewußtsein voraussetzt. Aber auch das geschriebene Recht kennt solche Bezugnahmen, z. B. in den §§ 138, 157 und 242 HGB oder § 346 HGB[3]. Derartige Vorschriften, die auf „gute Sitten", „Treu und Glauben", Handelsbräuche oder andere außerhalb der Rechtsordnung i.e.S. stehende Wertungsgesichtspunkte zurückgreifen, nennt man wegen ihrer allgemeinen „offenen" Formulierung „**Generalklauseln**", sie stellen sozusagen „Fenster" in dem Gebäude des Rechts dar, durch die Gesichtspunkte der Moral und der Sitte hereinströmen.

Beispiele:

Gem. § 138 BGB ist es z. B. sittenwidrig, wenn eine Versicherungsgesellschaft die geschäftsunkundige Witwe eines Verunglückten veranlaßt, auf Entschädigungsansprüche gegen eine ungenügende Abfindung zu verzichten.

Die Frage, ob z. B. ein Mieter an der Außenwand des von ihm gemieteten Hauses eine Geschäftsreklame anbringen darf, entscheidet die Verkehrssitte (§ 157 BGB).

Der Vermieter muß z. B. den Mieter auf eine schadhafte Treppe aufmerksam machen (§ 242 BGB).

D. Rechtsnormen

Wegen der Rücksichtslosigkeit des immer wieder zur Anarchie neigenden Menschen bedarf es eines rechtlichen **Regelsystems**, zu dessen Durchsetzung auf Zwang nicht verzichtet werden kann. Wenn **Zwang** vorgesehen ist, ist sein Einsatz von einer rationalen Regelung abhängig. Dieses Regelsystem nennen wir **Rechtsnormen**. Das Gesamtsystem der Rechtsnormen nennen wir **objektives Recht** (im Gegensatz zum subjektiven Recht, nämlich dem von einem Rechtsgenossen gegen einen anderen gerichteten Recht). Aus dem objektiven Recht ergibt sich z. B., daß der Verkäufer vom Käufer den Kaufpreis und die Abnahme der Ware verlangen, der Käufer hingegen die Lieferung fordern kann (§ 433 BGB). Aus dem objektiven Recht folgen hier also verschiedene subjektive Rechte der Vertragsparteien.

Von dem bereits behandelten Gewohnheitsrecht abgesehen, bestehen die Rechtsnormen regelmäßig aus **Gesetzen** im materiellen Sinne. In der Bundesrepublik kann es sich um Bundes- oder um Landesgesetze handeln, die vom Gesetzgeber (im Bund beschlossen vom Bundestag in Zusammenarbeit mit dem Bundesrat und ausgefertigt vom Bundespräsiden-

---

[3] Wer die genannten Paragraphen nicht liest, befindet sich in der Lage eines Menschen, der über einen Film diskutiert, den er nicht gesehen hat.

ten) erlassen werden. Auch die anerkannten Regeln des Völkerrrechts sind Bestandteil des deutschen Bundesrechts. Dort, wo auf Grund einer gesetzlichen Ermächtigung **Rechtsverordnungen** erlassen werden, stehen sie als Rechtsnormen den Gesetzen gleich. Die „Aufteilung" der Gesetzgebungszuständigkeit auf Bund und Länder ergibt sich gleichfalls aus dem Grundgesetz, das seinerseits das im Range höchste Gesetze ist. Durch die Errichtung der Europäischen Wirtschaftsgemeinschaft ist in Gestalt der vom Rat und der Kommission der Europäischen Gemeinschaft zu erlassenden Verordnungen zudem sozusagen eine europäische Rechtsquelle hinzugetreten. Diese Verordnungen sind voll verbindlich und gelten unmittelbar in jedem Mitgliedstaat der Europäischen Wirtschaftsgemeinschaft.

Die **Rechtskraft von Gerichtsentscheidungen** betrifft, sieht man von den Funktionen des Bundesverfassungsgerichts ab, nur den Einzelfall, der jeweils zur Beurteilung ansteht. Im Gegensatz zum angelsächsischen Recht sieht die deutsche Rechtsordnung, von der erwähnten Ausnahme abgesehen, keine Bindung der Gerichte an die Entscheidung höherrangiger oder anderer Gerichte vor; denn der Richter ist nach dem Grundgesetz nur Gesetz und Recht unterworfen. Nach deutschem Recht stehen also sogenannte Präjudizien den Rechtsnormen nicht gleich. Allerdings besteht insofern eine gewisse faktische Bindung an die Rechtsauffassung des Bundesgerichtshofs und der jeweils zuständigen Oberlandesgerichte dadurch, daß diese Gerichte dann, wenn eine Rechtssache im Wege der Revision an sie gelangt, die gleichen Rechtsgrundsätze anwenden werden, die sie bisher in gleichgelagerten Sachen angewandt haben. Wenn ein Vergleich mit wirtschaftlichen Vorgängen erlaubt wäre, könnte man insofern von einer juristischen „Marktführerschaft" sprechen.

E. Einteilung der Rechtsnormen

Die Rechtsordnung zerfällt in zwei grundsätzlich voneinander zu unterscheidende Normenkomplexe, nämlich das **Privatrecht** einerseits und das **öffentliche Recht** andererseits.

Das **Privatrecht** betrifft die Interessen- und Machtsituationen, die Konflikte und ihre Lösungen unter den einzelnen Rechtsgenossen. Hier stehen sich die Beteiligten gleichberechtigt gegenüber: der Verkäufer und der Käufer, der Vermieter und der Mieter, der Gesellschafter und seine Mitgesellschafter, der Autofahrer und der Fußgänger unter dem Gesichtspunkt des Schadenersatzes. Das Privatrecht umfaßt das **Schuldrecht** (II. Buch des BGB), das **Sachenrecht** (III. Buch), das **Familienrecht** (IV. Buch) und das **Erbrecht** (V. Buch), aber auch das gesamte **Handelsrecht** (HGB) und **Gesellschaftsrecht** (insbes. AktG, GmbHG) einschließlich des **Wechsel- und Scheckrechts** und zahlreicher Nebengesetze, zu denen auch das **Versicherungsvertragsgesetz** (VVG) zu zählen ist.

Das **öffentliche Recht** umfaßt das Recht der Körperschaften des öffentlichen Rechts, insbesondere des Staats selbst, ihre Beziehungen zu anderen Körperschaften und insbesondere zu den Menschen als ihren Mitgliedern. Kennzeichen des öffentlichen Rechts ist das Verhältnis der Über- und Unterordnung.

Zum öffentlichen Recht gehören das **Völkerrecht**, das **Staats- und Verfassungsrecht**, das

Strafrecht, das Verwaltungsrecht, das Kirchenrecht sowie das Steuerrecht und das Sozial- und Sozialversicherungsrecht. Teil des öffentlichen Rechts sind aber auch jene Normenkomplexe, die das Gerichtsverfahren betreffen, also das Zivil-, Straf- und Verwaltungsprozeßrecht sowie das Recht der sogenannten freiwilligen Gerichtsbarkeit (Verfahrensrecht in Grundbuch- und sonstigen Registersachen, in Vormundschafts- und Nachlaßsachen usw.).

Die formalen Kategorien des Privatrechts einerseits und des öffentlichen Rechts andererseits befinden sich allerdings im modernen Staat in einer **Gemengelage**. Es wurde bereits gezeigt (s. o. Abschnitt B), daß das Verfassungsrecht mit seinem Grundrechtskatalog auch das Privatrecht durchdringt. In weiten Bereichen des wirtschaftlichen und sozialen Lebens sind die Rechtsordnungen des privaten und des öffentlichen Rechts darüber hinaus **innig miteinander verwoben**. So gehört z. B. das Arbeitsvertragsrecht zum erstgenannten Bereich, das Tarifvertragsrecht und das Arbeitsschutzrecht zum zweiten. Während, um ein weiteres Beispiel zu nennen, das Versicherungsvertragsrecht Privatrecht ist, ist das Versicherungsaufsichtsrecht ein Teil des öffentlichen Rechts.

Trotz der Verzahnung und Verwobenheit der beiden großen Normenkomplexe ist ihre Unterscheidung nicht etwa nur von theoretischer Bedeutung. Denn grundsätzlich ergibt sich die **Gerichtszuständigkeit** für eine Streitentscheidung von der Zuordnung des Streitgegenstandes: so sind die ordentlichen (Zivil-)Gerichte für die bürgerlichen Rechtsstreitigkeiten und Strafsachen zuständig, § 13 GerichtsverfassungsG, während die (ordentlichen) Verwaltungsgerichte über die Anfechtung von Verwaltungsakten und sonstige öffentlich-rechtliche Streitigkeiten zu entscheiden haben. Doch sind die Zuständigkeitsregelungen heute überaus differenziert.

Übersicht

ordentliche (Zivil-)Gerichte (Amtsgericht, Landgericht, Oberlandesgericht, Bundesgerichtshof)	für	**bürgerlichrechtliche Streitigkeiten** (maßgebend die Zivilprozeßordnung)
Arbeitsgerichte (Arbeitsgericht, Landesarbeitsgericht, Bundesarbeitsgericht)	für	**Streitigkeiten aus dem Arbeitsverhältnis** (maßgebend das Arbeitsgerichtsgesetz)
Strafgerichte (Gerichtsorganisation wie Zivilgerichte)	für	**Strafsachen** (mit Ausnahme der sog. Ordnungswidrigkeiten) (maßgebend die Strafprozeßordnung)
(ordentliche) Verwaltungsgerichte (Verwaltungsgericht, Oberverwaltungsgericht, Bundesverwaltungsgericht)	für	**Anfechtung von Verwaltungsakten und sonstige öffentlich-rechtliche Streitigkeiten** (maßgebend die Verwaltungsgerichtsordnung)
Sozialgerichte (Sozialgericht, Landessozialgericht, Bundessozialgericht)	für	**Sozialversicherungsstreitigkeiten** und Verwandtes (maßgebend das Sozialgerichtsgesetz)

Finanzgerichte (Finanzgericht, Bundesfinanzhof)	für	Anfechtung von Steuerbescheiden und Verwandtes (maßgebend das Finanzgerichtsgesetz)
Bundesverfassungsgericht (bzw. Verfassungsgerichte der Länder)	für	Verfassungsrechtliche Fragen kraft besonderer gesetzlicher Zuweisung (Gesetz über das Bundesverfassungsgericht)

F. Funktion und Aufbau der Einzelnormen

Im folgenden stehen die Einzelnormen des Privatrechts im Vordergrund. Bei ihnen kann man verschiedene Gruppen danach unterscheiden, ob es sich um **zwingendes** oder um (vertraglich) **abdingbares Recht** handelt. So ist z. B. § 138 BGB zwingend: die Vertragsparteien können sich nicht vertraglich von einem Verstoß gegen die guten Sitten „befreien". Andererseits ist ein großer Teil des Vertragsrechts selbst frei abdingbar: die Parteien können vereinbaren, daß der Käufer abweichend von § 433 Abs. 2 BGB nicht verpflichtet sein soll, die Kaufsache abzunehmen oder daß der Käufer von der Gewährleistung nach §§ 459 ff. BGB teilweise frei sein soll.

Im Versicherungsvertragsrecht gibt es neben zwingenden und abdingbaren auch noch sogenannte **halbzwingende Vorschriften**. Hier ist es gem. § 15a VVG nur ausgeschlossen, Vereinbarungen zur Abweichung von den Vorschriften der §§ 3 III, 5 I–III, 6 I–III, 8 II, 11 II, 12, 14 VVG zu Lasten des Versicherungsnehmers abzuschließen.

> **Beispiele:**
>
> Der Versicherer kann z. B. nicht mit einem Kunden vereinbaren, daß im Versicherungsvertrag gegenüber dem Antrag Abweichungen (Änderung der Prämienhöhe, Umfang des Versicherungsschutzes usw.) enthalten sein dürfen, ohne daß der Kunde hierauf ausdrücklich aufmerksam gemacht wird (§§ 15a, 5 II VVG).
>
> Der Versicherer kann nicht mit einem Versicherungsnehmer vereinbaren, daß z. B. ein Anspruch aus einer Feuerversicherung bereits ein Jahr nach Abschluß des Jahres, in dem die Entschädigung verlangt werden konnte, verjähren soll (§ 12 I VVG).

Die Einzelnormen sind Bausteine der gesamten Rechtsordnung, Insofern haben sie ganz unterschiedliche Funktionen. So handelt es sich bei einer Kategorie um **Gebote**

Beispiel:

§ 433 II BGB: Der Käufer ist verpflichtet, dem Verkäufer den vereinbarten Kaufpreis zu zahlen und die gekaufte Sache abzunehmen,

bei einer anderen um **Verbote**

Beispiel:

§ 30 Abs. 3 Satz 1 StVO: An Sonn- und gesetzlichen Feiertagen dürfen in der Zeit von 0 bis 22 Uhr zur Beförderung von Gütern bestimmte Kraftfahrzeuge mit einem zulässigen Gesamtgewicht von siebeneinhalb Tonnen und darüber sowie Anhänger hinter Lastkraftwagen auf öffentlichen Straßen nicht verkehren,

und bei der dritten um **Gewährungen**

Beispiel:

§ 2 BGB: Die Volljährigkeit tritt mit der Vollendung des achtzehnten Lebensjahres ein,

die einem Rechtsgenossen eine bestimmte Rechtsposition verleihen. Teilweise sind es aber auch nur **Hilfsnormen**, z. B. solche, die bestimmte Definitionen beisteuern.

Beispiel:

§ 276 Satz 2: Fahrlässig handelt, wer die im Verkehr erforderliche Sorgfalt außer acht läßt.

Eckpfeiler der Rechtsordnung sind jene Normen, die **Ansprüche**

Beispiel:

§ 823 I BGB: Wer vorsätzlich oder fahrlässig das Leben, den Körper, die Gesundheit, die Freiheit, das Eigentum oder ein sonstiges Recht eines anderen widerrechtlich verletzt, ist dem anderen zum Ersatz des daraus entstehenden Schadens verpflichtet.

oder sonstige Rechte begründen. (Ein Anspruch ist nach der Definitionsnorm des § 194 BGB das Recht, von einem anderen ein Tun oder Unterlassen zu verlangen.)

Weil die anspruchsbegründenden Normen die Grundlage der außergerichtlichen und gerichtlichen (Zivilprozeß) Rechtsdurchsetzung sind, ist es so wichtig, ihren Aufbau und ihre Funktion zu verstehen. Anspruchsbegründende Normen enthalten eine **Rechtsfolge**, die besagt, was gegeben ist, wenn der Tatbestand (die tatsächlichen Voraussetzungen) erfüllt ist. In der Ebene der Ethik: „Wer anderen eine Grube gräbt" (= Tatbestand), „fällt selbst hinein" (= Rechtsfolge). In der Ebene des Rechts: § 985 BGB: der Eigentümer kann von dem Besitzer eine Sache deren **Herausgabe verlangen**[4]. Eine Klage ist schlüssig, wenn das mit der Klage Begehrte zugleich die Rechtsfolge einer Norm ist, deren Tatbestand mit dem zu beurteilenden Lebenssachverhalt übereinstimmt. Einfacher: Wenn man klagen will, z. B. Schadenersatz wegen einer Körperverletzung von dem „Erzfeind" F verlangen will, ist dies nach § 823 I nur dann möglich, wenn F den Kläger schuldhaft und widerrechtlich an Körper oder Gesundheit verletzt hat. Die Norm muß dem Kläger also in Gestalt ihrer Rechtsfolge das liefern, was er in einem etwaigen Prozeß begehrt.

Das Verständnis des **Verhältnisses von (gesetzlichem) Tatbestand und Rechtsfolge** ist also ein Schlüssel für das „technische" Funktionieren der Rechtsordnung. So wie (gleichsam „automatisch") z. B. Chlor und Natrium in bestimmter Zusammensetzung Kochsalz ergeben, folgt auch aus dem Gegebensein bestimmter Tatbestandsmerkmale (ohne daß der Richter etwas „zuspricht") eine bestimmte (gesetzliche) Rechtsfolge. Logisch gesehen ist also der Tatbestand die Voraussetzung (die Prämisse) für die Rechtsfolge.

Der Tatbestand besteht regelmäßig aus mehreren **Tatbestandsmerkmalen**, deren Vorhandensein im Einzelfall genau zu prüfen ist.

G. Auslegung von Normen

Will man prüfen, ob ein bestimmter gesetzlicher Tatbestand in der Lebenswirklichkeit gegeben ist, so muß zunächst der rechtliche Inhalt derjenigen Norm ermittelt werden, auf deren Rechtsfolge es nach dem Gesagten ankommt. Eine solche Ermittlung des rechtlichen Inhalts einer Rechtsnorm nennt man **Auslegung** (oder Interpretation). Die Rechtsnormen sind nämlich als Ergebnisse der historischen Entwicklung und des politischen Willensbildungsprozesses der Gesetzgeber durchaus nicht immer eindeutig, häufig also auslegungsbedürftig.

Die Auslegung geht naturgemäß vom Wortlaut des Gesetzes aus (**Wortauslegung, grammatikalische Interpretation**) und berücksichtigt dann die Stellung der Norm im Gesetzeszusammenhang (**systematische, logische Interpretation**). Häufig greift sie auf die Entstehungsgeschichte der Norm zurück (**historische Interpretation**), doch muß sie sich dabei den sozialen Wertungen der heutigen verfassungsrechtlichen Situation anpassen (**aktualisieren**). Bei der Auslegung ist zudem stets der Zweck der einzelnen Norm zu berücksichtigen (**teleologische Interpretation**). Bisweilen ist es erforderlich, im Zusammenhang mit der Auslegung fremde Rechtsordnungen zu Rate zu ziehen (**rechtsvergleichende**

---

[4] Die Rechtsfolge ist halbfett gedruckt, das übrige ist Tatbestand.

Methode). In allen Fällen aber wird der auslegende Jurist prüfen, was die **höchstrichterliche Rechtsprechung** zur Interpretation der betreffenden Rechtsnorm gesagt hat. Denn die Auslegungsergebnisse des Bundesgerichtshofs und der Oberlandesgerichte (vgl. auch oben D) bilden das Recht gleichsam derart fort, daß sie eine Plattform bilden, von der die weitere Gesetzesauslegung ausgeht. Die **Kommentare** als systematische Nachweissammlungen der Äußerungen von Rechtsprechung und Wissenschaft zur Gesetzesauslegung und -fortbildung sind das unentbehrliche, aber auch nicht unkontrolliert anwendbare Hilfsmittel. Die juristischen Zeitschriften (speziell z. B. das *„Versicherungsrecht"*) liefern das aktuelle Material.

Von unendlich vielen denkbaren Fällen, die man sich in einer „gleitenden" aneinander anschließenden Systematik vorstellen möge, kann der Gesetzgeber nur sozusagen die „Standardinteressenkollisionen" regeln. Der Gesetzgeber liefert also ein Gitterwerk, ein Koordinatensystem, wobei die Schnittpunkte der „senkrechten" und der „waagerechten" Gitterlinien als „Paragraphen" vorgestellt werden können, allerdings nicht in mathematisch-logischer Systematik, sondern eher mit einem „erheblich verbogenen" Gitterwerk. Dieses Bild soll veranschaulichen, daß man für sehr zahlreiche Lebenssachverhalte die Rechtsfolgen nicht aus dem Gesetz „ablesen" kann. Vielmehr muß man sich entscheiden, entweder (bei ähnlicher Interessenlage und sich deckendem Gesetzeszweck) eine „an sich" nicht passende Bestimmung entsprechend **(analog)** anzuwenden oder eine in mehreren gesetzlichen Bestimmungen zum Ausdruck gebrachten allgemeinen Rechtsgedanken heranzuziehen **(Rechtsanalogie)** oder den nicht geregelten Fall wegen einer gegenüber dem geregelten „entgegengesetzten" Interessenlage auch „entgegengesetzt" zu entscheiden **(Umkehrschluß**, argumentum e contrario). Bei solchen „Gesetzeslücken" muß also eine schwerwiegende Entscheidung getroffen werden, für die wiederum die höchstrichterliche Rechtsprechung eine Leitlinie gibt. Bei dieser Gelegenheit wird angemerkt, daß im Strafrecht eine Analogie zuungunsten des Angeklagten ausgeschlossen ist.

Die heutige Jurisprudenz versteht das **Lückenproblem** weniger als ein logisches Problem als ein **Wertungsproblem**, für dessen Lösung jene Gesichtspunkte maßgebend sind, von denen diese Einführung ausgegangen ist.

Mit der Problematik der Füllung sogenannter Gesetzeslücken ist eng ein weiteres Problem verwandt, nämlich dasjenige der das Gesetz ergänzenden oder es gar abändernden Rechtsprechung, auf das hier nur hingewiesen werden kann.

H. Ermittlung des Sachverhalts

Die Auslegung der in Frage kommenden Norm, ein vordergründig logischer (Subsumtion) und der Sache nach wertender Vorgang, ist nur ein Teilvorgang der Rechtsanwendung im Einzelfall. Denn es kommt nunmehr darauf an, die im einzelnen Fall **rechtserheblichen Tatsachen** (den Sachverhalt – gegenüber dem Tatbestand der Norm) **zu ermitteln**. War, so ist z. B. zu § 823 BGB zu fragen, hier der Körper oder die Gesundheit eines Menschen verletzt und ist diesem hierdurch (Kausalität) derjenige Schaden erwachsen, der mit dieser Klage begehrt wird? Hat der Beklagte die schädigende Handlung begangen, und zwar ohne Rechtfertigungsgrund darüber hinaus auch schuldhaft (vorsätzlich oder fahrlässig)?

Sind im Prozeß rechtserhebliche Tatsachen von der Gegenseite bestritten, so gilt als allgemeine Regel, daß diejenige Partei sie zu beweisen hat, deren Begehren die betreffende Tatsache stützt, also der Kläger die klagbegründenden rechtserheblichen, beweisbedürftigen Tatsachen.

Hier soll angemerkt werden, daß es im Straf- und im Verwaltungsprozeß nicht den Parteibetrieb und den Beibringungsgrundsatz des Zivilprozesses gibt, sondern das dort der Amtsermittlungsgrundsatz (die Inquisitionsmaxime) herrscht.

I. Erzwingbarkeit

Im Gegensatz zu Sittlichkeit und Sitte ist das Recht erzwingbar. Diese allgemeine Regel findet darin ihre Bestätigung, daß der Kläger, der wegen seines Anspruchs ein obsiegendes Urteil erstritten hat, grundsätzlich aus diesem Urteil, sofern es vorläufig oder endgültig vollstreckbar ist, die Zwangsvollstreckung betreiben kann. Dem **Erkenntnisverfahren** schließt sich das **Vollstreckungsverfahren** an. Vollstreckungsorgane sind das Vollstreckungsgericht und der Gerichtsvollzieher.

Aus dem **Gläubiger**	und	**Schuldner** des Anspruchs werden
im Erkenntnisverfahren **Kläger**	und	**Beklagter** und
im Vollstreckungsverfahren **Vollstreckungsgläubiger**	und	**Vollstreckungsschuldner**

Der Staat leiht also dem Rechtsgenossen seinen „Apparat", nämlich die Gerichte, nicht nur zur Feststellung dessen, was im Einzelfall rechtens ist, sondern darüber hinaus auch zur Durchsetzung des einzelnen Anspruchs. Der grundsätzlichen Klag- und Vollstreckbarkeit zivilrechtlicher Ansprüche entspricht es andererseits, daß regelmäßig bei schuldhafter Verletzung derartiger Ansprüche Schadenersatzansprüche gegen den Verletzer gewährt werden. Es kann nach allem z. B. der Versicherer im Regelfall die rückständige Prämie einklagen, ebenso wie der Versicherungsnehmer die Leistungsklage gegen den Versicherer erheben und zudem den durch Nichterfüllung des Leistungsanspruchs entstandenen Schaden ersetzt verlangen kann.

Es gibt indessen „Pflichten", die **nicht mit Klage und/oder Zwangsvollstreckung** durchgesetzt werden können. Im Versicherungsrecht gehören hierher die gesetzlichen (vgl. z. B. §§ 16 ff., 23 ff. VVG) und vertraglichen (§ 6 VVG) Obliegenheiten. Aber auch das allgemeine bürgerliche Recht kennt „unklagbare" Ansprüche, wie denjenigen aus einem Verlöbnis auf Eingehung der Ehe (§ 1297 BGB), aus dem Ehemäklervertrag (§ 656 BGB) oder aus Spiel, Wette und Differenzgeschäft (§§ 762, 764 BGB). Außerdem gibt es Ansprüche, die zwar klagbar aber nicht vollstreckbar sind, wie der Anspruch aus einem

Dienst- oder Arbeitsvertrag auf Leistung der Dienste oder Arbeit oder der Anspruch auf Herstellung des ehelichen Lebens bei bestehender Ehe (§§ 888 ZPO, 61 II ArbGG).

In einem nur äußeren Zusammenhang zu den hier erörterten Fragen steht die praktisch interessante Ersetzung der ordentlichen Gerichtsbarkeit durch Schiedsgerichte auf Grund eines sogenannten **Schiedsgerichtsvertrages.** Sind die Parteien keine Vollkaufleute, bedarf die Schiedsgerichtsvereinbarung der Schrittform und der Niederlegung in einer besonderen Urkunde (§ 1027 ZPO). Entscheidungen in Schiedsgerichtsverfahren (Schiedssprüche) können in einem besonderen Verfahren von den ordentlichen Gerichten für vollstreckbar erklärt werden. Sie haben den Vorteil schnellerer Entscheidung und sachkundiger Schiedsrichter, jedoch den Nachteil mangelnder Publizität.

J. Rechtssubjekte

Nur Rechtssubjekte können Träger von Rechten und Pflichten sein. Rechtssubjekt ist in erster Linie der **Mensch** (in der juristischen Fachsprache **natürliche Person** genannt). Entsprechend seiner körperlichen und geistigen Entwicklung ist der mit Vollendung der Geburt **rechtsfähige** Mensch (§ 1 BGB) mit Vollendung des 18. Lebensjahres voll **geschäftsfähig.**

Aber nicht nur der Einzelmensch ist als Gläubiger oder Schuldner, als Mitglied des Familienverbandes oder als Erbe rechtlich von Interesse. Vielmehr kennt die Rechtsordnung auch Personenmehrheiten, insbesondere die sogenannten Gesamthandsgemeinschaften wie die Gesellschaft des bürgerlichen Rechts und die sogenannte Gemeinschaft.

Neben den natürlichen Personen sind aber in den im Gesetz ausdrücklich bestimmten Fällen **Personenmehrheiten** als solche rechtsfähig, insbesondere der rechtsfähige Verein (§§ 21 ff. BGB), die Aktiengesellschaft (§§ 1, 41 AktG), die Gesellschaft mit beschränkter Haftung (§ 13 GmbHG), der Versicherungsverein auf Gegenseitigkeit (VVaG, § 15 VAG) und die Genossenschaft (§ 17 GenG). Diese Personenmehrheiten werden von der Rechtsordnung als Personen sozusagen fingiert. Man nennt sie deshalb **juristische Personen.** Ihnen ist, wie den natürlichen Personen, Rechtsfähigkeit verliehen. Die Bedeutung der wirtschaftenden juristischen Personen des Privatrechts ist groß.

Neben den Personenmehrheiten sind in beschränktem Umfange auch Sachzusammenfassungen (Zweckvermögen) juristisch verselbständigt. So ist z. B. auch die Stiftung (§§ 80 ff. BGB) eine juristische Person. Im öffentlichen Recht ist die bedeutsamste juristische Person der Staat selbst, der sozusagen mitgliedschaftlich organisiert im juristischen Sinne eine Körperschaft des öffentlichen Rechts ist. Sog. Gebietskörperschaften sind z. B. die Gemeinden, die Länder und die Bundesrepublik. Außer der Körperschaft des öffentlichen Rechts sind auch die selbständigen rechtsfähigen Anstalten des öffentlichen Rechts juristische Personen. Sie sind z. B. als Individualversicherungseinrichtungen und als Sozialversicherungsträger bedeutsam.

Bei der natürlichen Person ist, wie ausgeführt, von der Rechtsfähigkeit die **Geschäftsfähigkeit** zu unterscheiden, welche die Fähigkeit darstellt, selbst Rechtsgeschäfte abzuschließen. Diese Geschäftsfähigkeit kommt nur natürlichen Personen zu und ist auch hier von bestimmten Voraussetzungen abhängig. Geschäftsunfähig ist gem. § 104 BGB, wer noch nicht das siebende Lebensjahr vollendet hat, wer sich in einem dauernden Zustande krankhafter Störung der Geistestätigkeit befindet oder entmündigt ist, beschränkt geschäftsfähig ist gem. § 106 BGB ein Mensch im Alter von sieben bis zur Vollendung des achtzehnten Lebensjahres[5].

K. Willenserklärung und Vertrag als Strukturelemente des Privatrechts

Das Grundrecht der Freiheit der Person enthält zugleich den Rechtsgrundgedanken der Vertragsfreiheit. Sie betrifft grundsätzlich die Frage, „ob" überhaupt ein Vertrag geschlossen wird (**Abschlußfreiheit**), „mit wem" er gegebenenfalls geschlossen wird (**Partnerfreiheit**) und „welchen Inhalt" er hat (**Inhaltsfreiheit**). Ein wie wichtiges Gestaltungsmittel der Vertrag ist, ergibt sich einerseits aus § 305 BGB, nach welchem Verbindlichkeiten (außerhalb des Gesetzes) grundsätzlich überhaupt nur durch Vertrag begründet werden können, und andererseits aus dem weiten Bereich der abdingbaren Normen (s. o. Abschnitt F). Gesetzliche Ausnahmen, zu denen der Auslobungsparagraph (§ 657 BGB) gehört („Wer mir meinen Hund Fiffi wiederbringt, erhält 100 DM"), fallen kaum ins Gewicht. Allerdings behandeln Rechtsprechung und Wissenschaft gewisse sozialtypische Interessenlagen, in denen kein oder kein wirksamer Vertrag geschlossen worden ist, so als ob dies der Fall wäre (sog. **faktischer Vertrag**), z. B. das Arbeitsverhältnis der minderjährigen Arbeiterin, die ohne Zustimmung des gesetzlichen Vertreters tätig ist, im Hinblick auf das Lohnpfändungsrecht, oder den Schwarzfahrer der Straßenbahn bezüglich der Haftungsbeschränkungen der Allgemeinen Beförderungsbedingungen, oder den Wohnungsinhaber, der ohne Stromlieferungsvertrag dem Lichtnetz unerlaubt Strom entnimmt, im Hinblick auf das Entgelt.

Der Grundsatz der Vertragsfeiheit, auf dessen Durchbrechungen an dieser Stelle nur hingewiesen werden kann, hat in dem Grundsatz der **Vertragstreue** seine Entsprechung (pacta sunt servanda: Verträge müssen eingehalten werden). Vertragliche Ansprüche sind grundsätzlich ebenso durchsetzbar wie gesetzliche; an ihre Verletzung ist, wie ausgeführt, die Sanktion des Schadenersatzes geknüpft.

Es verdient der Hervorhebung, daß Verträge auf den **verschiedensten Rechtsgebieten** vorkommen. Sie finden sich auch auf dem Gebiet des öffentlichen Rechts, z. B. zwischen einem Wasserwirtschaftsverband und Gemeinden oder zwischen mehreren Gemeinden über den gemeinsamen Unterhalt einer Schule. Sein Hauptanwendungsgebiet hat der Vertrag im Privatrecht, nicht nur im **Schuldrecht**, wo durch die §§ 433 ff. BGB eine lange

---

5 Vgl. im einzelnen RLV. II

Kette von „Standardmodellen" schuldrechtlicher Verträge bereitgehalten wird (z. B. Kauf, Miete, Pacht, Leihe, Verwahrung, Dienst- und Werkvertrag, Gesellschaft), sondern auch im **Sachenrecht**, wo die Einigung als sachenrechtlicher Vertrag besonders wichtiger Bestandteil dinglicher Geschäfte, an ihrer Spitze die Eigentumsübertragung, ist. Im **Familienrecht** findet der Vertrag seine (in der Regel existentiell bedeutsamen) Vertreter z. B. in Gestalt von Verlöbnis, Eheschließung, Adoptionsvertrag und güterrechtlichen Verträgen i.w.S. Für das **Erbrecht**, bei dem das Testament als einseitiges Rechtsgeschäft eine berühmte Ausnahme darstellt, sind insbesondere der Erbvertrag und der Erbverzichtsvertrag zu nennen. Das sind nur Beispiele, durch welche die ungeheure Bedeutung des Rechtsinstituts Vertrag beleuchtet wird.

Deswegen beschäftigt sich das Bürgerliche Gesetzbuch eingehend mit den **allgemeinen Grundsätzen des Vertragsrechts** (§§ 145 ff.), mit dem Zustandekommen durch zwei **Willenserklärungen**, das Angebot oder die Offerte, und die Annahme, mit den Fällen des offenen oder versteckten Dissenses (dem „nicht Einiggewordensein"). Die Bausteine des Vertrages, eben die Willenserklärungen, sind eingehend besonders im Hinblick auf eine etwaige Nichtigkeit oder Anfechtbarkeit (§§ 104 ff.) geregelt, weil nur auf ihrem sicheren Fundament Verträge bestehen können. Willenserklärungen, abgegeben durch schlüssiges Verhalten (einfacher Fall: Kopfnicken) gehören in diesen Zusammenhang (vgl. §§ 133, 157 BGB).

L. Auslegung von Rechtsgeschäften

Während die Auslegung der Rechtsnormen (s. o. Abschnitt G) auf der Grundlage des Gesetzes nach objektiven Gesichtspunkten erfolgt, bietet die Auslegung von Willenserklärungen und Verträgen wegen ihrer Subjektivität Schwierigkeiten. Willenserklärungen müssen daher grundsätzlich so ausgelegt werden, wie sie der Adressat (Empfänger) unter den gegebenen Umständen verstehen konnte und durfte. Eine Grenze bildet andererseits, daß eine Willenserklärung mit einer solchen Bedeutung dem Erklärenden überhaupt zugerechnet werden kann. Man kann von einer objektiviert-subjektiven Auslegung sprechen. Dabei ist auf die Verkehrssitte (vgl. §§ 133, 157 BGB), im Handelsrecht auf Handelsbräuche (vgl. § 346 HGB) Rücksicht zu nehmen. Ein großer Teil der juristischen Arbeit auf dem Gebiet des Vertragsrechts betrifft die Vertragsauslegung, die jeweils am Anfang der Beschäftigung mit einem Vertrage stehen muß.

M. Allgemeine Geschäftsbedingungen

Allgemeine Geschäftsbedingungen sind „alle für eine Vielzahl von Verträgen vorformulierten Vertragsbedingungen, die eine Vertragspartei (Verwender) der anderen Vertragspartei bei Abschluß eines Vertrages stellt" (§ 1 des Gesetzes zur Regelung des Rechts der Allgemeinen Geschäftsbedingungen (AGBG) aus dem Jahre 1976). Es handelt sich also um einen für Massengeschäfte bestimmten, sozusagen „vor die Klammer gezogenen" Standardvertragsinhalt, der für den einzelnen Vertrag nur durch die jeweiligen konkreten Daten, z. B. die Menge der bestellten Waren und den Preis ergänzt zu werden braucht.

Daraus ergibt sich, daß Allgemeine Geschäftsbedingungen nur dann nicht vorliegen, soweit diese Bedingungen im einzelnen zwischen den Vertragsparteien ausgehandelt worden sind, wobei die globale Anerkennung durch den Vertragspartner des Verwenders nicht ausreicht.

Die Allgemeinen Geschäftsbedingungen für den Bereich der Privatversicherung, die Allgemeinen Versicherungsbedingungen (AVB), unterliegen gewissen Besonderheiten, vor allem, weil sie in den aufsichtspflichtigen Zweigen (mit Ausnahme der Transportversicherung) zum Geschäftsplan des Versicherers gehören und genehmigungsbedürftig sind.

Die Schöpfer des Bürgerlichen Gesetzbuches hatten ihre Gesetzgebungsaufgabe stark individualistisch gesehen. Daher ist es zu erklären, daß sie den Komplex der Allgemeinen Geschäftsbedingungen nicht behandelt haben. Der in den letzten Jahren verstärkt hervorgetretene Verbraucherschutzgedanke hat zur Schaffung des AGBG geführt.

Allgemeine Geschäftsbedingungen sind Instrumente der Rationalisierung und finden sich auf vielen Gebieten des modernen Wirtschafts- und Soziallebens (Allgemeine Herstellungs-, Lieferungs- und Vertriebsbedingungen, Allgemeine Ankaufbedingungen, Standardmietverträge, Allgemeine Beförderungsbedingungen, Allgemeine Geschäftsbedingungen der Kreditinstitute, Allgemeine Versicherungsbedingungen, Muster von Pensions- und Pensionsausgleichskassen, aber z. B. auch Musterverträge für Handelsvertreterverträge usw.). Vertragsbestandteil werden Allgemeine Geschäftsbedingungen nur dann, wenn der Verwender die andere Vertragspartei bei Vertragsabschluß ausdrücklich auf die Bedingungen aufmerksam gemacht hat und diese andere Vertragspartei sich mit ihrer Geltung einverstanden erklärt hat. Genehmigte Allgemeine Versicherungsbedingungen werden allerdings auch dann Vertragsbestandteil, wenn auf sie nicht besonders hingewiesen worden ist.[6]

---

6 Vgl. auch RLV. II. A sowie RLV. III. A

Bürgerliches Recht für das Versicherungswesen (Teil I)[1]

Von Professor Dr. jur Peter K o c h

---

[1] Der Beitrag besteht insgesamt aus 3 Teilen.

Inhaltsverzeichnis
(Teil I)

Seite

A. Allgemeiner Teil des BGB 3

    I. Personen 4
        1. Natürliche Personen 4
        2. Juristische Personen 11

    II. Gegenstände des Rechtsverkehrs 13
        1. Sachen 13
        2. Rechte 15

    III. Das Rechtsgeschäft 16
        1. Begriff des Rechtsgeschäftes 16
        2. Arten der Rechtsgeschäfte 18
        3. Voraussetzungen der Wirksamkeit von Rechtsgeschäften 20
        4. Zustandekommen des Vertrages 27
        5. Vertretung 30
        6. Bedingte Rechtsgeschäfte 35
        7. Unwirksamkeit von Rechtsgeschäften 36

B. Recht der Schuldverhältnisse *(Teil II)*

C. Sachenrecht *(Teil III)*

D. Familienrecht *(Teil III)*

E. Erbrecht *(Teil III)*

Die Kenntnis der Grundzüge des bürgerlichen Rechts ist für den in der Versicherungswirtschaft Tätigen unerläßlich, weil die versicherungsrechtlichen Spezialgesetze und die Allgemeinen Versicherungsbedingungen auf diesem Rechtsgebiet aufbauen. Dies gilt beispielsweise für den Abschluß des Versicherungsvertrages, die Verbindung des allgemeinen Schadenersatzrechts mit der Haftpflichtversicherung, die Behandlung von Hypotheken im Rahmen der Feuerversicherung sowie die Verknüpfung familien- und erbrechtlicher Fragen mit der Lebensversicherung. Aufgabe der folgenden Übersicht soll es deshalb im wesentlichen sein, den Zusammenhang zwischen den **versicherungsrechtlichen Tatbeständen** und dem bürgerlichen Recht herzustellen.

Maßgebende Rechtsgrundlage ist nach wie vor das Bürgerliche Gesetzbuch (BGB) vom 18.8.1896, in Kraft getreten am 1.1.1900. Es gliedert sich in fünf Bücher:

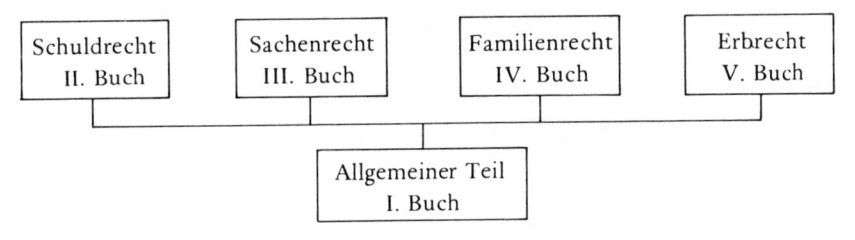

Schuldrecht	Sachenrecht	Familienrecht	Erbrecht
II. Buch	III. Buch	IV. Buch	V. Buch

Allgemeiner Teil
I. Buch

A. Allgemeiner Teil des BGB

Das erste Buch des BGB (Allgemeiner Teil) enthält Vorschriften, die für alle Teilbereiche des bürgerlichen Rechts gelten. Der Aufbau der Regelung entspricht dem Ablauf des Rechts- und Wirtschaftslebens.

Natürliche Personen §§ 1–12	Sachen, Tiere (Begriffe) §§ 90–103	Rechts- geschäfte §§ 104–185	Sonstige Regelungen §§ 186–240
Juristische Personen §§ 21–89			

Es werden die Fragen beantwortet, wer am Rechtsverkehr beteiligt ist, was Gegenstand des rechtsgeschäftlichen Verkehrs ist und wie man am Rechtsleben teilnehmen kann. Danach zerfällt das Gesetz in drei Hauptabschnitte, die sich mit den Personen oder

Rechtssubjekten, den Gegenständen des Rechtsverkehrs oder Rechtsobjekten und den rechtserheblichen Erklärungen oder Rechtsgeschäften befassen.

I. Personen

Die Fähigkeit, Träger von Rechten und Pflichten zu sein, heißt **Rechtsfähigkeit**. Sie kommt allen Personen zu und ist somit an den Begriff der Person geknüpft.

Im Zivilprozeßrecht entspricht ihr die Parteifähigkeit (§ 50 ZPO). Darunter versteht man die Fähigkeit, in einem Zivilprozeß Kläger oder Beklagter sein zu können. Gegenüber der Rechtsfähigkeit bestehen aber insofern Unterschiede, als ein nicht rechtsfähiger Verein passiv parteifähig ist, also als solcher verklagt werden kann (§ 50 Abs. 2 ZPO), und die offene Handelsgesellschaft unter ihrer Firma klagen und verklagt werden kann (§ 124 Abs. 1 HGB), somit aktiv und passiv parteifähig ist.

Nach ihrem Wesen werden die Personen eingeteilt in natürliche und juristische Personen.

1. Natürliche Personen

Natürliche Personen sind die Menschen. Sie besitzen stets die Rechtsfähigkeit.

Ihre aktive Teilnahme am Rechtsleben erfordert jedoch weitere Eigenschaften. Näher bestimmt wird die natürliche Person durch Name und Wohnsitz.

a) Beginn und Ende der Rechtsfähigkeit

Die Rechtsfähigkeit des Menschen beginnt nach § 1 BGB mit der Vollendung der Geburt. Mit der Trennung des Kindes vom Mutterleib ist die Geburt vollendet.

Für gewisse Fälle bezieht das Gesetz die Rechtsfähigkeit eines Kindes auf den Zeitpunkt der **Empfängnis** zurück, um ihm bestimmte Ansprüche zu sichern. So kann Erbe nur werden, wer zur Zeit des Erbfalles lebt (§ 1923 Abs. 1 BGB). Lebte ein Kind zur Zeit des Erbfalles noch nicht, war es aber bereits gezeugt (Embryo, Leibesfrucht), so gilt es als vor dem Erbfall geboren (§ 1923 Abs. 2 BGB) und kann somit Erbe sein. Eine entsprechende Regelung trifft § 844 Abs. 2 Satz 2 BGB für den Fall, daß sein Versorger nach seiner Erzeugung, aber vor der Geburt, getötet worden ist. Es kann dann Schadenersatzansprüche wegen des entgehenden Unterhalts geltend machen, obwohl es zur Zeit der Schädigung noch nicht lebte und infolgedessen auch noch nicht rechtsfähig war.

Die Rechtsfähigkeit endet mit dem Tod. Der **Leichnam** ist eine Sache. Er steht in niemandes Eigentum, unterliegt aber dem Verfügungsrecht der nächsten Angehörigen des Verstorbenen und bestimmten öffentlich-rechtlichen Vorschriften (Bestattung). Im Falle des Unfalltodes ist dem Versicherer nach 9 VII AUB 88 das Recht zu verschaffen, durch einen von ihm beauftragten Arzt eine Obduktion vornehmen zu lassen.

Dem **Beweis von Leben und Tod** dienen die beim Standesamt geführten Personenstandsregister, auf deren Grundlage der Standesbeamte Geburts- und Sterbeurkunden ausstellt

(§§ 60, 61a PStG). Beispielsweise hat derjenige, der nach dem Tode der versicherten Person die Auszahlung der Lebensversicherungssumme verlangt, gemäß § 11 Abs. 1 und 2 ALB a. F. eine amtliche Geburts- und Sterbeurkunde, nach § 9 Abs. 2 ALB n. F. dem Versicherer lediglich eine Sterbeurkunde vorzulegen. Die Vorlage der **Sterbeurkunde** wird durch die amtsgerichtliche **Todeserklärung** ersetzt. Nach § 2 VerschG kann ein Verschollener, dessen Aufenthalt während längerer Zeit unbekannt ist, ohne daß Nachrichten darüber vorliegen, ob er in dieser Zeit noch gelebt hat oder gestorben ist, unter bestimmten Voraussetzungen für tot erklärt werden, wenn ernsthafte Zweifel an seinem Fortleben bestehen. Die Todeserklärung begründet die Vermutung, daß der Verschollene zu dem im Gerichtsbeschluß festgestellten Zeitpunkt verstorben ist (§ 9 Abs. 1 Satz 1 VerschG) und damit den Anspruch auf die Todesfallversicherungssumme.

b) Handlungsfähigkeit

Von der Rechtsfähigkeit ist die Handlungsfähigkeit zu unterscheiden. Während die Rechtsfähigkeit statischen Charakter hat, ist die Handlungsfähigkeit etwas Dynamisches. Das Kind in der Wiege ist rechtsfähig, kann also Träger von Rechten und Pflichten sein, beispielsweise ein Grundstück erben.

Die Handlungsfähigkeit bedeutet demgegenüber die Fähigkeit zur aktiven Teilnahme am Rechts- und Wirtschaftsleben durch die selbständige Begründung, Aufhebung oder Änderung von Rechten und Verpflichtungen.

Die Rechtsfähigkeit kommt allen Personen zu, die Handlungsfähigkeit jedoch nur bestimmten Personen, weil die **Fähigkeit, rechtswirksam zu handeln,** eine gewisse Einsicht voraussetzt. Eingeteilt wird die Handlungsfähigkeit in die Geschäfts- und die Deliktsfähigkeit.

aa) Geschäftsfähigkeit

Geschäftsfähigkeit ist die Fähigkeit, Rechtsgeschäfte selbständig wirksam vorzunehmen. Ihr entspricht im Zivilprozeßrecht die Prozeßfähigkeit (§ 52 Abs. 1 ZPO), d. h. die Fähigkeit, einen Prozeß selbst oder durch einen selbst bestellten Vertreter führen zu können.

Das BGB unterscheidet **drei Stufen** der Geschäftsfähigkeit.

(1) Geschäftsunfähigkeit

Geschäftsunfähig sind (§ 104 BGB):

Kinder unter 7 Jahren;

Geisteskranke und Geistesschwache, die sich in einem dauernden Zustand einer krankhaften Störung ihrer Geistestätigkeit befinden;

wegen Geisteskrankheit entmündigte Personen.

(2) Beschränkte Geschäftsfähigkeit

Beschränkt geschäftsfähig sind:

Minderjährige vom 7. Lebensjahr bis zum Eintritt der Volljährigkeit (§ 106 BGB);

Personen, die wegen folgender Eigenschaften entmündigt worden sind (§§ 6, 114 BGB):
Geistesschwäche
Verschwendung
Trunk- oder Rauschgiftsucht.

(3) Volle Geschäftsfähigkeit

Die **volle Geschäftsfähigkeit** tritt mit **Vollendung des 18. Lebensjahres** ein (§ 2 BGB).

In zwei Fällen kennt das Gesetz eine volle Geschäftsfähigkeit des Minderjährigen für bestimmte Rechtsgeschäfte. Es handelt sich einerseits um Rechtsgeschäfte im Rahmen des Betriebes eines **Erwerbsgeschäftes**, zu dem der gesetzliche Vertreter des Minderjährigen diesen mit Genehmigung des Vormundschaftsgerichtes ermächtigt hat (§ 112 BGB), andererseits um Rechtsgeschäfte, welche die Eingehung oder Aufhebung eines **Arbeitsverhältnisses** und die Erfüllung der sich daraus ergebenden Verpflichtungen mit sich bringt, sofern der gesetzliche Vertreter den Minderjährigen ermächtigt hat, in Dienst oder Arbeit zu treten (§ 113 BGB). Die Regelung gilt nicht für Ausbildungsverträge.

Beispiel:

Die Eltern eines 17jährigen haben ihre Ermächtigung dazu erteilt, daß er ein Anstellungsverhältnis in einem Versicherungsunternehmen antritt. Er ist dann für alle im Zusammenhang mit dieser Stellung stehenden Geschäfte geschäftsfähig, kann sie insbesondere kündigen und eine neue Tätigkeit als Versicherungsangestellter übernehmen, nicht jedoch ohne erneute Zustimmung der Eltern eine Position im Gaststättengewerbe annehmen, weil es sich dabei nicht um ein Arbeitsverhältnis der gestatteten Art handelt (§ 113 Abs. 1 Satz 1 BGB).

bb) Deliktsfähigkeit

Deliktsfähigkeit ist die Fähigkeit, schuldhaft handeln und somit für einen Schaden verantwortlich gemacht werden zu können.

Sie bezieht sich nicht nur auf unerlaubte Handlungen (§§ 827, 828 BGB), sondern auch auf die vertragliche Haftung (§ 276 Abs. 1 Satz 3 BGB) und die Verantwortlichkeit für ein mitwirkendes Verschulden bei der Entstehung eines Schadens.

(1) Deliktsunfähigkeit

Deliktsunfähig sind:

Kinder unter 7 Jahren (§ 828 Abs. 1 BGB);

Bewußtlose und Geistesgestörte, die im Zustande der Bewußtlosigkeit oder einer die freie Willensbestimmung ausschließenden Störung der Geistestätigkeit handeln (§ 827 Satz 1 BGB).

(2) Beschränkte Deliktsfähigkeit

Beschränkt deliktsfähig sind:

Minderjährige zwischen 7 und 18 Jahren;

Taubstumme.

Sie sind für einen Schaden nicht verantwortlich, wenn sie bei Begehung der Tat nicht die zur Erkenntnis der Verantwortlichkeit erforderliche Einsicht besessen haben (§ 828 Abs. 2 BGB).

c) Altersstufen

Außer bei den Abstufungen im Bereich der Geschäfts- und Deliktsfähigkeit spielen weitere **Lebensabschnitte** der natürlichen Person eine Rolle; einige vor allem für den Bereich des Versicherungswesens wichtige sind in dem folgenden Schema zusammengestellt.

6. Jahr:
Beginn der Schulpflicht nach den Schulgesetzen der Länder.

7. Jahr:
Beginn der beschränkten Geschäftsfähigkeit (§ 106 BGB).
Beginn der beschränkten Deliktsfähigkeit (§ 828 Abs. 2 Satz 1 BGB).
Wegfall des Zustimmungserfordernisses bei Abschluß einer Versicherung auf das Leben des Kindes durch die Eltern, sofern die Versicherungssumme die gewöhnlichen Beerdigungskosten nicht übersteigt (§ 159 Abs. 3 VVG).
Höchstalter für die Mitnahme von Kindern auf Fahrrädern mit Hilfsmotor (§ 4 Abs. 1 Nr. 1 StVZO).

10. Jahr:
Anhörung des Kindes bei Änderung des religiösen Bekenntnisses (§ 3 Abs. 2 RelKErzG).
Höchsteintrittsalter eines zu versorgenden Mädchens in die Kapitalversicherung auf den Heiratsfall.
Ende des Einschlusses von Vergiftungen in der Kinder-Unfallversicherung.

12. Jahr:
Kein Religionswechsel gegen den Willen des Kindes (§ 5 Satz 2 RelKErzG).
Höchstaufnahmealter für Jungen in der Ausbildungsversicherung.

14. Jahr:
Freie Wahl des religiösen Bekenntnisses (§ 5 Satz 1 RelKErzG).
Beginn der Eigenschaft als Jugendlicher im Sinne des Arbeitsschutzrechtes (§ 2 Abs. 2 JArbSchG).
Beginn der strafrechtlichen Verantwortlichkeit (§ 1 Abs. 2 JGG).
Beendigung der Grundschulpflicht und Beginn der Berufsschulpflicht nach den Schulgesetzen der meisten Länder.
Erfordernis der Einwilligung des Kindes zur Annahme als Kind (§ 1746 BGB).
Weitgehende Mitwirkung des Jugendlichen in Vormundschafts- und Jugendwohlfahrtssachen (§ 59 FGG).

Wegfall der aufsichtsbehördlichen Höchstgrenzen für Todesfall-Leistungen in der Lebens- und Unfallversicherung.

15. Jahr:

Mindesteintrittsalter für Großlebens- und Berufsunfähigkeitsversicherungen.
Mindestalter für den Betrieb von Fahrrädern mit Hilfsmotor unter 25 km/h (§ 7 Abs. 1 Nr. 5 StVZO).

16. Jahr:

Pflicht zum Besitz eines Personalausweises (§ 1 PersAuswG).
Mindestalter für die Erteilung der Ehemündigkeit auf Antrag, sofern der künftige Ehegatte volljährig ist (§ 1 Abs. 2 EheG).
Beginn der Fähigkeit, ein öffentliches Testament zu errichten (§§ 2229 Abs. 1, 2247 Abs. 4 BGB).
Beginn der Eidesmündigkeit (§§ 393, 455 Abs. 2 ZPO, 60 Nr. 1 StPO).
Mindestalter für das Führen von Fahrzeugen der Klassen 1b, 4 und 5 (§ 7 Abs. 1 Nr. 4 StVZO).

18. Jahr:

Eintritt der Volljährigkeit und Beginn der vollen Geschäfts- und Testierfähigkeit (§§ 2, 106, 2229 BGB).
Beginn der Wehrpflicht (§ 1 WehrpflG).
Beginn der Deliktsfähigkeit (§ 828 Abs. 2 Satz 1 BGB).
Beginn der strafrechtlichen Verantwortlichkeit als Heranwachsender (§ 1 Abs. 2 JGG).
Ende der Eigenschaft als Jugendlicher im Sinne des Arbeitsschutzrechtes (§ 2 Abs. 2 JArbSchG).
Beginn des Wahlrechtes für den Betriebsrat (§§ 7, 8 BetrVG).
Ende der Berufsschulpflicht nach den Landesgesetzen.
Mindestalter für das Führen von Kraftfahrzeugen der Klassen 1a und 3 (§ 7 Abs. 1 Nr. 3 StVZO).
Beginn der Prozeßfähigkeit (§ 52 Abs. 1 ZPO).
Beginn der Ehemündigkeit (§§ 1 Abs. 1 EheG, 2 BGB).
Beginn des aktiven und passiven Wahlrechts für den Deutschen Bundestag (Art. 38 Abs. 2 GG).
Üblicherweise frühester Auszahlungstermin in der Heiratsversicherung.
Regelmäßige Beendigung des Versicherungsschutzes der Kinder in der Privat-Haftpflichtversicherung des Haushaltungsvorstandes, soweit sie nicht unverheiratet sind und sich in einer Schul- bzw. Berufsausbildung befinden.
Umstellung der Kinder-Unfallversicherung auf den Erwachsenentarif.
Beginn der Zählung der Berufsjahre (§ 5 des Tarifvertrages für das private Versicherungsgewerbe).

20. Jahr:

Mindestalter für das Führen von Kraftfahrzeugen der Klasse 1 (§ 7 Abs. 1 Nr. 2 StVZO).

21. Jahr:
Mindestalter für das Führen von Kraftfahrzeugen der Klasse 2 (§ 7 Abs. 1 Nr. 1 StVZO).
Volle strafrechtliche Verantwortlichkeit als Erwachsener (§ 1 Abs. 2 JGG).

24. Jahr:
Ende des passiven Wahlrechts als Jugendvertreter im Betrieb (§ 61 Abs. 2 BetrVG).

25. Jahr:
Frühestmöglicher Zeitpunkt für die Todeserklärung bei allgemeiner Verschollenheit (§ 3 Abs. 2 VerschG).
Grundsätzliches Mindestalter für die Annahme eines Kindes (§ 1743 BGB).
Fähigkeit zum Arbeits- und Sozialrichter (§§ 21 Abs. 1 ArbGG, 16 Abs. 1 SGG).
Fähigkeit zum Schöffen (§ 33 Nr. 1 GVG).
Üblicherweise spätester Auszahlungstermin in der Heiratsversicherung.
Beendigung des Versicherungsschutzes von Kindern in der Rechtsschutzversicherung des Haushaltungsvorstandes (§§ 25 Abs. 1, 26 Abs. 1 ARB).

27. Jahr:
Möglichkeit der Ernennung zum Beamten auf Lebenszeit (§ 9 Abs. 1 Nr. 2 BBG).

30. Jahr:
Fähigkeit zum Handelsrichter, ehrenamtlichen Richter beim Verwaltungs- und Finanzgericht, Landesarbeits- und Landessozialrichter (§§ 109 GVG, 20 VwGO, 17 FGO, 37 Abs. 1 ArbGG, 35 SGG).

60. Jahr:
Allgemeine Altersgrenze für Berufssoldaten (§ 45 SG).
Gewährung von Altersruhegeld auf Antrag in der Rentenversicherung der Arbeiter und Angestellten für Schwerbehinderte, Berufs- oder Erwerbsunfähige (§§ 1248 Abs. 1 RVO, 25 Abs. 1 AVG).
Gewährung von Altersruhegeld auf Antrag, wenn der versicherte Mann seit mindestens einem Jahr ununterbrochen arbeitslos ist oder die versicherte Frau in den letzten zwanzig Jahren eine rentenversicherungspflichtige Tätigkeit ausgeübt hat (§§ 1248 Abs. 2 und 3 RVO, 25 Abs. 2 und 3 AVG).
Grundsätzliches Ende der Versicherungsfähigkeit in der privaten Krankenversicherung (§ 2 der Normativbedingungen).
Regelmäßiges Ende des Versicherungsschutzes in der Berufsunfähigkeits-Zusatzversicherung für Frauen.

63. Jahr:
Gewährung von Altersruhegeld auf Antrag (§§ 1248 Abs. 1 RVO, 25 Abs. 1 AVG).
Versetzung von Beamten in den Ruhestand auf Antrag (§ 42 Abs. 3 BBG).
Versicherungsfreiheit in der Arbeitslosenversicherung (§ 169 AFG).

65. Jahr:
Gewährung von Altersruhegeld in der Rentenversicherung der Arbeiter und Angestellten sowie der Altershilfe für Landwirte (§§ 1248 Abs. 4 und 5 RVO, 25 Abs. 4 und 5 AVG, 2 GAL).

> Regelmäßige Altersgrenze für Beamte und Angehörige des öffentlichen Dienstes (§§ 41 Abs. 1 BBG, 18 Abs. 1 ATO).
> Üblicher Auszahlungstermin in der Erlebensfall- und gemischten Versicherung.
> Häufiger Beginn von aufgeschobenen Renten in der Pensions- und Rentenversicherung.
> Ende des Versicherungsschutzes in der Berufsunfähigkeits-Zusatzversicherung für Männer.
> Gewährung der Invaliditätsleistung in der Unfallversicherung als Rente (§§ 7 I, 14 AUB 88).
>
> 68. Jahr:
> Altersgrenze für Richter der obersten Gerichtshöfe und des Bundesrechnungshofes (§§ 48 DRiG, 11 Abs. 3 BRechnungshofG).
>
> 70. Jahr:
> Höchstgrenze bei Hinausschiebung des Eintritts in den Ruhestand für Beamte (§ 41 Abs. 2 BBG).
> Ende der Aufnahmefähigkeit in der Kapital-Lebens- und Unfallversicherung (mitunter auch früher).
> Grundsätzliches Ende der Prämienzahlung für die Unfall-Zusatzversicherung.
>
> 75. Jahr:
> Regelmäßige Beendigung der Unfallversicherung mit Fortführungsmöglichkeit zu veränderten Bedingungen und Beiträgen.
>
> 80. Jahr:
> Höchstaufnahmealter für die Großlebensversicherung.
> Möglicher Beginn einer Altersrente in der Pflegerentenversicherung.
>
> 85. Jahr:
> Üblicherweise Auszahlung der Versicherungssumme in der Todesfallversicherung bzw. Ende der Beitragszahlungen.

d) Wohnsitz

Der Wohnsitz ist die wichtigste örtliche Beziehung des Menschen. Er bildet den räumlichen Schwerpunkt seines Lebens.

Begründet wird der Wohnsitz durch ständige Niederlassung an einem Ort mit dem rechtsgeschäftlichen Willen, diesen zum Wohnsitz zu machen (§ 7 BGB). Die Begründung des Wohnsitzes setzt volle Geschäftsfähigkeit voraus. Minderjährige Kinder teilen den Wohnsitz der Eltern (§ 11 BGB). Demgegenüber stellt das Steuerrecht für den Wohnsitzbegriff auf die tatsächliche Gestaltung der Verhältnisse ab (§ 8 AO). Bei Geschäftsleuten entspricht dem Wohnsitz der Ort der gewerblichen Niederlassung.

Wohnsitz ist nicht die Wohnung als solche, sondern die örtliche Verwaltungseinheit. Vom Wohnsitz zu unterscheiden sind der Ort der tatsächlichen Anwesenheit und der Ort des dauernden oder gewöhnlichen Aufenthaltes, z.B. der Studienort sowie der Ort eines Sanatoriums. Hauptbevollmächtige ausländischer Versicherungsunternehmen haben ihren

Wohnsitz und ständigen Aufenthalt in der Bundesrepublik Deutschland zu unterhalten (§ 106 Abs. 3 Satz 1 VAG).

Der Wohnsitz hat Bedeutung als Erfüllungsort für Verbindlichkeiten (§ 269 BGB) sowie als allgemeiner Gerichtsstand (§ 13 ZPO).

Für das Versicherungswesen besteht eine Reihe von Besonderheiten. Nach § 36 Abs. 1 VVG ist Leistungsort für die Entrichtung der Prämie im Gegensatz zu § 269 Abs. 1 BGB nicht der Wohnsitz des Versicherungsnehmers zur Zeit der Begründung des Versicherungsverhältnisses, sondern sein jeweiliger Wohnsitz, an dem er auch wegen der Prämienschuld zu verklagen ist (§ 29 ZPO). Der Versicherungsnehmer seinerseits braucht den Versicherer nicht an dessen Sitz zu verklagen, sondern er kann sämtliche Ansprüche aus dem Versicherungsvertrag auch am Wohnsitz oder der gewerblichen Niederlassung des Agenten (Gerichtsstand der Agentur), der den Vertrag vermittelt oder abgeschlossen hat, gerichtlich geltend machen (§ 48 VVG). Teilt der Versicherungsnehmer dem Versicherer eine Wohnungsänderung nicht mit, so genügt für die Abgabe von Willensänderungen, beispielsweise einer Kündigung, deren Absendung an die letzte bekannte Anschrift des Versicherungsnehmers (§ 10 VVG). Der Versicherungsschutz in der Hausratversicherung bleibt nach §§ 6 Abs. 1 VHB 74, 11 Abs. 1 VHB 84 grundsätzlich auch bei einem Wohnungswechsel innerhalb der Bundesrepublik Deutschland bestehen.

c) Name

Der Name dient zur Unterscheidung der natürlichen Personen. Darüber hinaus besteht ein Recht des Menschen an seinem Namen.

Er hat nach § 12 BGB die Befugnis, seinen Namen zu gebrauchen und andere am unberechtigten Gebrauch zu hindern.

2. Juristische Personen

Juristische Personen sind Personenvereinigungen oder Vermögensmassen, also rechtlich geregelte soziale Organisationen, denen von der Rechtsordnung Rechtsfähigkeit verliehen worden ist. Sie haben einen Namen (Firma) und einen Sitz, der dem Wohnsitz der natürlichen Person entspricht.

a) Arten der juristischen Personen

Eingeteilt werden die juristischen Personen in solche des öffentlichen und privaten Rechts. Die juristischen Personen des Privatrechts sind teils im BGB, teils in Spezialgesetzen geregelt.

Die Versicherer sind regelmäßig juristische Personen des öffentlichen Rechts (Körperschaften oder Anstalten) und des Privatrechts (Aktiengesellschaften und Versicherungsvereine auf Gegenseitigkeit nach § 7 Abs. 1 VAG). Als Versicherungsnehmer treten sowohl natürliche als auch juristische Personen aller Art auf. Keine juristischen Personen sind die offene Handelsgesellschaft und die Kommanditgesellschaft, die aber gemäß §§ 124 Abs. 1, 161 Abs. 2 HGB unter ihrer Firma Rechte erwerben und Verbindlichkeiten eingehen, somit auch Versicherungsverträge abschließen können. Im Rahmen der Haftpflichtversicherung von Gesellschaften und juristischen Personen sind Schadenersatzansprüche von persönlich haftenden Gesellschaftern und gesetzlichen Vertretern ausgeschlossen (§ 4 II Nr. 2e AHB).

Juristische Personen des öffentlichen Rechts	Juristische Personen des Privatrechts

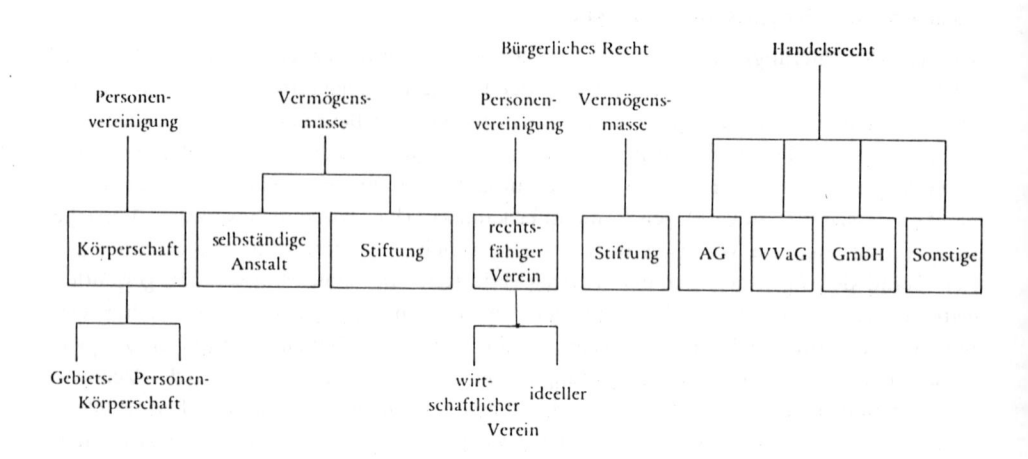

	Bürgerliches Recht	Handelsrecht
Personenvereinigung / Vermögensmasse	Personenvereinigung / Vermögensmasse	

| Körperschaft | selbständige Anstalt | Stiftung | rechtsfähiger Verein | Stiftung | AG | VVaG | GmbH | Sonstige |

Gebiets-Körperschaft / Personen-Körperschaft

wirtschaftlicher Verein / ideeller Verein

b) Erwerb der Rechtsfähigkeit

Alle juristischen Personen erlangen die Rechtsfähigkeit durch einen staatlichen Akt, der zur privatrechtlichen Gründung hinzutreten muß.

Dabei wird entweder eine staatliche Konzession bzw. Genehmigung gefordert, oder es genügt die Eintragung in ein öffentliches Register.

Nach bürgerlichem Recht erlangen **Vereine**, die ausschließlich einem ideellen Zweck dienen, wie Sportvereine oder Verbände (z. B. Gesamtverband der Deutschen Versicherungswirtschaft e. V.), die Rechtsfähigkeit durch Eintragung in das beim Amtsgericht geführte Vereinsregister. Sie führen zu ihrem Namen den Zusatz „e. V." (§§ 21, 65 BGB). Wirtschaftliche Vereine, deren Zweck auf einen wirtschaftlichen Geschäftsbetrieb und somit auf Gewinnerzielung gerichtet ist, bedürfen der staatlichen Konzession (§ 22 BGB); im Hinblick auf die einfachere Gestaltung der handelsrechtlichen Kapitalgesellschaften kommen sie in der Praxis selten vor. Die **Stiftung** entsteht nach § 80 Satz 1 BGB mit der Genehmigung des Bundeslandes, in dem sie ihren Sitz haben soll.

Aktiengesellschaften erwerben die Rechtsfähigkeit durch Eintragung in das Handelsregister (§ 41 Abs. 1 AktG), **Versicherungsvereine auf Gegenseitigkeit** durch aufsichtsbehördliche Erlaubnis (§ 15 VAG).

c) Organisation und Haftung

Von der Rechtsfähigkeit der juristischen Person ist die **Handlungsfähigkeit** zu unterscheiden.

Handeln können nur natürliche Personen; dies tun für die juristische Person ihre Organe. Vertreten werden die juristischen Personen durch den aus einer oder mehreren Personen bestehenden Vorstand, dessen rechtsgeschäftliche Erklärungen im Rahmen seines Amtes als solche der juristischen Person selbst gelten (§ 26 Abs. 2 BGB). Weitere Organe sind die Mitgliederversammlung (bei der AG Hauptversammlung), in der die Mitglieder ihre Rechte ausüben, und bei bestimmten Rechtsformen der Aufsichtsrat als Kontrolleinrichtung. Im einzelnen richtet sich die Verfassung der juristischen Person nach ihrer Satzung.

Da die juristische Person durch ihre Organe handelt, ist sie grundsätzlich auch für deren Verhalten haftbar.

Nach § 31 BGB ist der rechtsfähige Verein für den Schaden verantwortlich, den der Vorstand, ein Mitglied des Vorstands oder ein anderer verfassungsmäßig berufener Vertreter, dessen Funktion also durch die Satzung bestimmt wird (§ 30 Satz 1 BGB), durch eine in Ausführung der ihm zustehenden Verrichtungen begangene zum Schadenersatz verpflichtende Handlung einem Dritten zufügt. Bei dieser Regelung handelt es sich nicht um eine selbständige Anspruchsgrundlage, vielmehr wird vorausgesetzt, daß das Organ nach anderen zivilrechtlichen Vorschriften schadenersatzpflichtig ist. Soweit es in seiner Eigenschaft als Vereinsorgan tätig geworden ist, haftet der Verein somit neben dem Handelnden. Diese Bestimmung über die Organhaftung wird nicht nur auf den rechtsfähigen Verein, sondern auf alle juristischen Personen angewandt, sogar auf die offene Handelsgesellschaft.

II. Gegenstände des Rechtsverkehrs

Gegenstände des Rechtsverkehrs oder Rechtsobjekte sind Sachen und Rechte.
Das bedeutet, daß man einen Kaufvertrag sowohl über eine Sache als auch über ein Recht, z. B. ein Patentrecht, abschließen kann.

Auch die **Versicherung** bezieht sich auf Sachen und Rechte, indem Aktiva unterschiedlicher Art unter den Versicherungsschutz fallen können (Aktivenversicherung).

Die Summe aller Sachen, Rechte und sonstigen Werte einer Person bezeichnet man als sein **Vermögen**, wobei zwischen dem ganzen Vermögen und einem Sondervermögen (z. B. Geschäftsvermögen) unterschieden werden kann.

1. Sachen

Sachen sind körperliche Gegenstände (§ 90 BGB), wie beispielsweise ein Kraftfahrzeug, ein Versicherungsschein oder ein Grundstück. Nicht unter den Begriff der Sache im Rechtssinne fallen unkörperliche Gegenstände, wie Energie. An der einzelnen Sache können bestimmte Rechte (dingliche Rechte) bestehen. Tiere sind nach § 90 a BGB keine Sachen. Sie werden durch besondere Gesetze geschützt und können Gegenstand der Tierversicherung, als Vieh der landwirtschaftlichen Feuerversicherung sein.

a) Wesen des Sachinbegriffes

Mehrere einzelne Sachen können aufgrund eines gemeinschaftlichen Zweckes wirtschaftlich als Einheit betrachtet und unter einem einheitlichen Begriff zusammengefaßt werden, wie z. B. ein Warenlager (§ 92 Abs. 2 BGB), eine Bibliothek, Hausrat und Arbeitsgerät. Man spricht dann von einer **Sachgesamtheit** oder einem **Sachinbegriff**. Dingliche Rechte bestehen aber nicht an der Sachgemeinschaft als solcher, sondern nur an den einzelnen zu ihr gehörenden Sachen, die einzeln übertragen und erworben werden.

Nach § 54 VVG umfaßt die **Versicherung** eines Sachinbegriffes die jeweils dazugehörigen Sachen. Werden also einzelne Gegenstände des Hausrats ausgetauscht, so erstreckt sich die Versicherung auch auf die neuen Sachen, weil nicht einzelne Gegenstände, sondern der ganze Hausrat als solcher versichert sind. Aus diesem Grunde ist bei der Versicherung einer Sachgesamtheit die Gefahr der Unterversicherung besonders groß. Umgekehrt scheiden einzelne Gegenstände des Sachinbegriffs, die vom Versicherungsnehmer veräußert werden, aus der Versicherung aus, weil insoweit das versicherte Interesse gemäß § 68 Abs. 2 VVG wegfällt. Die Versicherung geht nicht auf den Erwerber der Einzelsache nach § 69 Abs. 1 VVG über; denn es handelt sich nicht um die Veräußerung der „versicherten Sache". Zum Sachinbegriff können auch fremde Sachen, etwa unter Eigentumsvorbehalt gekaufte oder sicherungshalber übereignete Gegenstände gehören, die unter dem Begriff der Sachgesamtheit versichert sind (§§ 2 Abs. 1 Satz 2 AFB, 2 Abs. 3 AFB 87). Im Bereich der Feuerversicherung umfaßt die Versicherung von Hausrat und Arbeitsgerät auch die Sachen der Familienangehörigen und Arbeitnehmer, die mit dem Versicherungsnehmer in häuslicher Gemeinschaft leben oder am Versicherungsort ihren Beruf ausüben (§§ 85 VVG, 2 Abs. 1 Satz 3 AFB, 2 Abs. 7 AFB 87).

b) Wesentliche Bestandteile und Zubehör

Die wichtigste Einteilung der Sachen ist die in **bewegliche** (Mobilien) und **unbewegliche** (Immobilien oder Grundstücke).

Diese Unterscheidung ist deshalb von erheblicher Bedeutung, weil das Gesetz bewegliche Sachen einerseits und Grundstücke andererseits einer verschiedenen Regelung unterstellt, insbesondere hinsichtlich ihrer Übertragung und der an ihnen bestehenden Rechte. Auch versicherungsrechtlich ist es erheblich, ob eine Sache unter die Mobiliar- oder die Gebäudeversicherung fällt, für die wichtige Sondervorschriften nach Bundes- und Landesrecht bestehen. Der Abgrenzung dieser Begriffe können die Bestimmungen über wesentliche Bestandteile und Zubehör dienen.

Wesentliche Bestandteile sind nach § 93 BGB die Teile einer Sache, die voneinander nicht getrennt werden können, ohne daß der eine oder andere in seinem Wesen verändert wird. Dazu gehören gemäß § 94 BGB namentlich die mit dem Grund und Boden fest verbundenen Sachen (Gebäude), die zur Herstellung des auf dem Grundstück stehenden Gebäudes eingefügten Sachen (Türen und Fenster) sowie die Erzeugnisse eines Grundstücks, solange sie mit dem Boden zusammenhängen (Pflanzen). An den Begriff der Bodenerzeugnisse knüpft die Hagelversicherung an (§§ 108 VVG, 1 AHagB, 99 BGB). Wesentliche Bestandteile können im Interesse der Erhaltung wirtschaftlicher Werte nicht Gegenstand besonderer Rechte sein. Infolgedessen erstreckt sich das Eigentum an der Hauptsache, aber auch die Versicherung dafür, grundsätzlich ohne weiteres auf deren wesentliche Bestandteile. Diese Regelung bezieht sich jedoch nicht auf die übrigen Teile einer Sache, die aber dennoch unter die Versicherung der Hauptsache fallen können, wie im Falle der Kraftfahrt-Fahrzeugversicherung (Kasko) die unter Verschluß verwahrten oder an ihm befestigten Teile des Fahrzeugs (§ 12 Abs. 1 AKB).

Zubehör sind demgegenüber nach § 97 BGB bewegliche Sachen, die, ohne Bestandteile der Hauptsache zu sein, dem wirtschaftlichen Zweck der Hauptsache zu dienen bestimmt sind, zu ihr in einem dieser Bestimmung entsprechenden Verhältnis stehen und üblicherweise als Zubehör angesehen werden. Darunter fallen vor allem die Maschinen und sonstigen Gerätschaften eines Betriebes sowie das Inventar eines Landgutes (§ 98 BGB). Zubehör teilt mit Rücksicht auf den wirtschaftlichen Zusammenhang grundsätzlich das rechtliche Schicksal der Hauptsache. Beim Kauf einer Fabrik sind deshalb im Zweifel auch die Maschinen Gegenstand des Kaufvertrages und gehen mit der Übereignung des Grundstücks auf den Erwerber über, ohne daß es besonderer Maßnahmen bedarf (§§ 314, 926 BGB). Eine derartige einheitliche Behandlung gibt es versicherungsrechtlich im Hinblick auf die versicherungstechnischen Gegebenheiten nicht, so daß im konkreten Falle jeweils zu prüfen ist, unter welchen Vertrag die betreffende Sache fällt.

2. Rechte

Als subjektive Rechte bezeichnet man die dem einzelnen von der Rechtsordnung (Rechtsnormen oder Recht im objektiven Sinne) verliehenen Befugnisse.

Träger von Rechten kann nur sein, wer rechtsfähig ist, also eine Person. Eine Vorstellung von den unterschiedlichen Rechten kann man durch einen Überblick über die Einteilungsmöglichkeiten gewinnen. Im wesentlichen lassen sich die Rechte nach ihrem Gegenstand und ihrer Wirkung gliedern.

a) Gegenstand der Rechte

Gegenstand der subjektiven Rechte kann eine Person, eine Sache oder ein sogenanntes immaterielles Gut sein.

Rechte können an der eigenen oder einer fremden **Person** bestehen. An der eigenen Person kommen das Namens- oder Firmenrecht (§§ 12 BGB, 37 HGB) sowie das von der Rechtsprechung anerkannte allgemeine Persönlichkeitsrecht, das sich auf Art. 2 GG stützt und im wesentlichen die Ehre, die Privatsphäre und die Identität zum Inhalt hat, in Betracht. Ein Recht, das sich auf eine fremde Person bezieht, ist beispielsweise die elterliche Sorge gemäß § 1626 BGB.

An **Sachen** bestehen vor allem die dinglichen Rechte, etwa das Eigentum oder das Pfandrecht an einer beweglichen Sache bzw. die Hypothek an einem Grundstück.

Daneben gibt es Rechte an **immateriellen Gütern** (geistigen Leistungen), unter denen das Patentrecht eine wichtige Rolle spielt.

b) Wirkung der Rechte

Nach ihrer Wirkung werden die absoluten den relativen Rechten gegenübergestellt.

Absolute Rechte wirken gegenüber jedermann, relative Rechte nur gegen bestimmte Personen.

33

Beispiel:

Eines der wichtigsten absoluten Rechte ist das Eigentum; nach § 903 BGB kann der Eigentümer jedermann von der Einwirkung auf die ihm gehörige Sache ausschließen, also z. B. jedem das Betreten seines Grundstücks verbieten. Demgegenüber wirkt eine Forderung nur zwischen zwei Personen, nämlich Gläubiger und Schuldner. Der Käufer einer Sache, die noch nicht übereignet wurde, hat gegen den Verkäufer einen Anspruch auf Übereignung der Sache, nicht aber ein Recht an der Sache selbst, das gegenüber jedermann wirkt. Ein solches Recht erlangt er erst dann, wenn er Eigentümer der betreffenden Sache wird.

Eine Sonderstellung nehmen die **Gestaltungsrechte** ein. Sie verleihen dem Berechtigten die Befugnis, durch einseitige Erklärung eine Rechtsänderung herbeizuführen, insbesondere ein Rechtsverhältnis zu begründen, aufzuheben oder zu verändern. Hierher gehören namentlich die Rechte zum Rücktritt, zur Anfechtung und zur Kündigung eines Vertrages, zum Widerruf eines Versicherungsantrages, aber auch das Recht des Versicherungsnehmers, Beitrag und Versicherungssumme einer dynamischen Lebensversicherung alljährlich ohne erneute Gesundheitsprüfung zu erhöhen.

III. Das Rechtsgeschäft

Die aktive Teilnahme der Personen am Rechts- und Wirtschaftsleben in Form der Begründung, Veränderung oder Aufhebung von Rechten und Verpflichtungen erfolgt durch die Abgabe von Willenserklärungen.

Erklärungen im Rechtssinne sind aber nur diejenigen, die zum Zwecke der Beteiligung am rechtsgeschäftlichen Verkehr abgegeben werden. Das BGB bezeichnet sie zum Unterschied von den Äußerungen des reinen Privat- und Gesellschaftslebens als Rechtsgeschäfte, versteht darunter aber manchmal auch einen Tatbestand, der sich aus mehreren Willenserklärungen zusammensetzt, so daß der Sprachgebrauch des Gesetzes nicht einheitlich ist. Wesentlicher Bestandteil eines Rechtsgeschäftes ist stets die Willenserklärung.

1. Begriff des Rechtsgeschäftes

Rechtsgeschäfte sind privatrechtliche Willenserklärungen, die auf die Herbeiführung eines rechtserheblichen Erfolges abzielen, der deshalb eintritt, weil er von dem Erklärenden gewollt ist und von der Rechtsordnung gebilligt wird. Nach dieser Definition gehören zum Rechtsgeschäft ein **Wille**, die **Erklärung** dieses Willens und der **Eintritt eines Rechtserfolges**.

a) Wille des Erklärenden

Der Erklärende muß etwas Rechtserhebliches wollen, beispielsweise den Abschluß oder die Kündigung eines Versicherungsvertrages. An einem solchen Willen fehlt es, wenn jemandem z. B. die Hand mit Gewalt zur Unterschrift geführt wird. Der Erklärende muß also die Absicht haben, am rechtsgeschäftlichen Verkehr teilzunehmen.

Keine Willenserklärung liegt vor, wenn lediglich gestellte Fragen beantwortet oder Auskünfte erteilt werden. Man spricht dann im Gegensatz zur Willenserklärung von einer **Wissenserklärung**. Sie spielt im **Versicherungswesen** u. a. eine Rolle zur Erfüllung der vorvertraglichen Anzeigepflicht und bezieht sich beispielsweise auf Angaben des Versicherungsnehmers über seinen Gesundheitszustand, etwaige Vorerkrankungen oder den Zustand des zu versichernden Wagnisses. Da bei der Wissenserklärung kein auf die Herbeiführung einer bestimmten Wirkung gerichteter Wille besteht, unterliegt sie nicht den gleichen Vorschriften wie die Willenserklärung. So ist keine Geschäftsfähigkeit erforderlich, und für die Vertretung bei der Abgabe der Wissenserklärung gelten Besonderheiten.

b) Erklärung des Willens

Die Äußerung des Willens kann entweder ausdrücklich oder durch schlüssiges Verhalten geschehen. **Ausdrückliche Willenserklärungen** erfolgen regelmäßig in mündlicher oder schriftlicher Form, indem jemand z. B. eine telefonische Erklärung abgibt oder ein ausgefülltes Antragsformular unterschreibt.

Unter einer **schlüssigen oder konkludenten Handlung** versteht man ein Verhalten, aus dem auf die Abgabe einer Willenserklärung zu schließen ist. Beispielsweise gilt das Vorzeigen eines Warenkorbes an der Kasse des Selbstbedienungsladens als Kaufangebot des Kunden, auch wenn dieser nichts sagt.

Bloßes **Schweigen** ist regelmäßig nicht als Willenserklärung anzusehen. Es ist nur dann einer ausdrücklichen Erklärung oder einer konkludenten Handlung gleichzusetzen, wenn das Gesetz dies ausnahmsweise bestimmt und das Schweigen nach der Verkehrsauffassung als Willenserklärung betrachtet werden kann.

Beispiele:

Weicht der Inhalt des Versicherungsscheins vom Antrag ab und nimmt der Antragsteller dies nach ausdrücklicher Kennzeichnung und Belehrung durch den Versicherer über die Rechtsfolgen unwidersprochen hin, so gilt sein Schweigen nach § 5 VVG als Genehmigung der Abweichung. – Widerspricht ein Kaufmann der schriftlichen Bestätigung eines mündlichen Vertrages nicht, wird sein Schweigen als Einverständnis mit dem Inhalt des Bestätigungsschreibens aufgefaßt.

Grundsätzlich braucht niemand auf Erklärungen, die ihm gegenüber abgegeben werden, zu antworten; man kann also schweigen, ohne daß sich daraus Rechtsnachteile ergeben. Dies gilt jedoch nicht für den **Versicherer,** den als den geschäftsgewandteren Vertragspartner im Verhältnis zum Versicherungsnehmer weitgehende Auskunfts- und Belehrungspflichten treffen, wonach er z. B. nicht fristgerechte Kündigungen ausdrücklich zurückzuweisen hat.

c) Herbeiführung eines rechtserheblichen Erfolges

Jedes Rechtsgeschäft ist auf eine bestimmte Rechtswirkung ausgerichtet, beispielsweise der Antrag auf den Abschluß des Versicherungsvertrages und die Kündigung auf die Aufhebung eines solchen Vertrages. Dieser vom Erklärenden erstrebte Erfolg tritt nur dann ein, wenn ihn auch die Rechtsordnung billigt, er also in Einklang mit den gesetzlichen Vorschriften und der vertraglichen Vereinbarung steht.

Beispiel:

Kündigt der Versicherungsnehmer den bestehenden Vertrag am 15.10. telefonisch zum 20.10. ohne besonderen Anlaß, so kann der gewollte Erfolg nicht eintreten, da Gesetz und Allgemeine Versicherungsbedingungen einerseits die Schriftform der Kündigungserklärung vorsehen, andererseits die Einhaltung bestimmter Kündigungsfristen und -termine verlangen.

2. Arten der Rechtsgeschäfte

Die zahlreichen Rechtsgeschäfte des Wirtschaftslebens lassen sich unter verschiedenen Gesichtspunkten einteilen, namentlich nach der Zahl der an einem Rechtsgeschäft beteiligten Personen, dem Zeitpunkt der beabsichtigten Regelung und den Wirkungen des Rechtsgeschäftes.

a) Einteilung nach der Zahl der beteiligten Personen

An einem Rechtsgeschäft können eine, zwei oder mehrere Personen beteiligt sein. Danach unterscheidet man ein- und zweiseitige Rechtsgeschäfte sowie Gesamtakte.

Einseitige Rechtsgeschäfte erfordern nur die Willenserklärung einer Person. Es gibt streng einseitige Rechtsgeschäfte, bei denen lediglich die Äußerung des Willens erforderlich ist, ohne daß ein anderer mitwirkt, wie z. B. beim privatschriftlichen Testament. Die Mehrzahl der einseitigen Willenserklärungen ist aber nur wirksam, wenn sie einer bestimmten Person gegenüber abgegeben werden. Man bezeichnet sie als empfangsbedürftige Willenserklärungen; darunter fallen als wichtige Anwendungsfälle der Vertragsantrag sowie die Kündigungs-, Widerrufs-Rücktrittserklärung.

Zweiseitige Rechtsgeschäfte heißen Verträge. Sie kommen durch die Abgabe zusammenstimmender wechselseitiger Willenserklärungen mindestens zweier Personen, die auf den Abschluß eines Vertrages gerichtet sind, zustande. Im Wirtschaftsleben spielt diese Art der Rechtsgeschäfte in Form von Kauf-, Miet- und Arbeitsverträgen eine überragende Rolle; auch der Versicherungsvertrag gehört in diesen Zusammenhang.

Vom Vertrag, an dem auf jeder Seite mehrere Personen, z. B. ein Ehepaar, beteiligt sein können, unterscheidet sich der sogenannte **Gesamtakt** dadurch, daß sich bei ihm die von den Erklärenden abgegebenen Willenserklärungen nicht als Angebot und Annahme entsprechen, sondern in die gleiche Richtung zielen und denselben Inhalt haben, wie dies bei der Vereinsgründung der Fall ist. Entsprechendes gilt für die Beschlüsse von Mitglieder- und Hauptversammlungen, bei denen jedoch zum Unterschied von den Verträgen nicht die Übereinstimmung aller Beteiligten, sondern nur eine solche der Mehrheit erforderlich ist.

b) Einteilung nach dem Zeitpunkt der Regelung

Es gibt Rechtsgeschäfte unter Lebenden und solche von Todes wegen. Rechtsgeschäfte unter Lebenden dienen der Regelung von Rechtsverhältnissen zu Lebzeiten des Erklärenden. Darunter fallen die meisten Rechtsgeschäfte, insbesondere die Verträge, auch der **Versicherungsvertrag**, sogar die Todesfallversicherung, weil der Bezugsberechtigte den Anspruch auf die Versicherungssumme nicht „von Todes wegen", sondern aufgrund des unter Lebenden zu seinen Gunsten geschlossenen Vertrages erwirbt.

Rechtsgeschäfte von Todes wegen bezwecken die Regelung der Rechtsverhältnisse nach dem Tode des Erklärenden, wie Testament und Erbvertrag.

c) Einteilung nach der Wirkung des Rechtsgeschäftes

Die wichtigste Einteilung der Rechtsgeschäfte ist die in Verpflichtungs- und Verfügungsgeschäfte.

Die **Verpflichtungsgeschäfte** (auch obligatorische Geschäfte genannt) verpflichten den Schuldner lediglich zur Vornahme einer Handlung. Diese Verpflichtung erzeugt auf seiten des Berechtigten (Gläubiger) einen **Anspruch**, von dem Verpflichteten die Ausführung dieser Handlung, also ein Tun oder Unterlassen, zu verlangen. Beispielsweise wird der Verkäufer einer Sache nach § 433 Abs. 1 Satz 1 BGB verpflichtet, dem Käufer die Sache zu verschaffen; für den Käufer begründet der Kaufvertrag gemäß § 433 Abs. 2 BGB die Verpflichtung, dem Verkäufer den vereinbarten Kaufpreis zu zahlen und die gekaufte Sache abzunehmen. Der Kaufvertrag als solcher führt somit noch keine Änderung der Rechtslage herbei; denn bis zur Übereignung des Kaufgegenstandes bleibt der Verkäufer Eigentümer der Sache und bis zur Zahlung des Kaufpreises der Käufer Eigentümer des Geldes. Es besteht für die Vertragspartner lediglich die Verpflichtung, die Eigentumsübertragung bzw. die Zahlung des Geldes vorzunehmen. Im täglichen Leben fallen allerdings der Abschluß des Kaufvertrages und seine Erfüllung zeitlich regelmäßig zusammen.

Diejenigen Rechtsgeschäfte, welche eine unmittelbare Änderung der Rechtslage herbeiführen, nennt man **Verfügungen**. Das sind nach dem gegebenen Beispiel die Eigentumsübertragung an dem Kaufgegenstand und die Übereignung des Geldes. Sie vollziehen sich gemäß § 929 Satz 1 BGB dadurch, daß der Verkäufer die Kaufsache und der Käufer das Geld dem Erwerber übergeben und beide darüber einig sind, daß das Eigentum an dem Kaufgegenstand bzw. dem Geld übergehen soll. Wichtiger Bestandteil der Übereignung einer Sache ist somit die „Einigung", also ein Vertrag. Hinzu kommt die Übergabe als äußeres Zeichen des Eigentumswechsels. Soweit sich Verfügungen auf die Änderung der Rechtslage an einer Sache beziehen, bezeichnet man sie im Gegensatz zum **obligatorischen** Geschäft, d. h. zu dem Kaufvertrag, auch als **dingliche** Rechtsgeschäfte. Verfügungen können aber auch die Rechtslage eines Rechtes ändern und dieses beispielsweise übertragen (Abtretung). Die Berechtigung zur Vornahme einer Verfügung über einen Gegenstand heißt **Verfügungsmacht**; sie steht grundsätzlich dem Eigentümer der betreffenden Sache oder dem Inhaber des Rechts zu, ausnahmsweise auch einer anderen Person, wie dem Testamentsvollstrecker (§ 2205 Satz 2 BGB) oder dem Konkursverwalter (§ 6 Abs. 2 KO). Soweit die Befugnisse dieser Personen reichen, ist die Verfügungsmacht des Rechtsinhabers eingeschränkt.

Diese Trennung von Verfügungs- und Verpflichtungsgeschäften durchzieht die gesamte Privatrechtsordnung. Der **Versicherungsvertrag** ist ein Verpflichtungsgeschäft, weil er den Anspruch des Versicherungsnehmers auf den Versicherungsschutz und des Versicherers auf die Zahlung der Prämie erzeugt. Verfügungen sind die Auszahlung der Entschädigungsleistung bzw. der vereinbarten Versicherungssumme und die Entrichtung der Prämie.

3. Voraussetzungen der Wirksamkeit von Rechtsgeschäften

Rechtsgeschäfte müssen bestimmte Voraussetzungen aufweisen, um von der Rechtsordnung als wirksam anerkannt zu werden. So sind die Geschäftsfähigkeit des Erklärenden, der Zugang empfangsbedürftiger Willenserklärungen beim Erklärungsgegner sowie häufig die Einhaltung bestimmter Formen und Fristen notwendig.

a) Geschäftsfähigkeit

Die Abgabe von Willenserklärungen erfordert Geschäftsfähigkeit, weil Willenserklärungen stets auf die Herbeiführung einer bestimmten Rechtswirkung gerichtet sind, die der Erklärende nur dann vernünftig abschätzen kann, wenn er ein gewisses Alter und eine normale geistige Verfassung besitzt. **Grundsätzlich sind deshalb nur die Willensänderungen geschäftsfähiger Personen wirksam.**

Hinsichtlich der Behandlung von Erklärungen nicht Vollgeschäftsfähiger hat das Gesetz eine unterschiedliche Regelung getroffen, je nachdem, ob es sich um einen Fall der Geschäftsunfähigkeit oder der beschränkten Geschäftsfähigkeit handelt. Die gesetzliche Regelung ist von erheblicher praktischer Bedeutung, weil der Schutz des nicht Geschäftsfähigen allen übrigen Interessen vorgeht und kein Grundsatz besteht, daß man auf die Geschäftsfähigkeit seines Erklärungsgegners vertrauen kann. Infolgedessen finden die betreffenden Vorschriften auch dann Anwendung, wenn dem Versicherer die fehlende Geschäftsfähigkeit seines Vertragspartners unbekannt ist.

aa) *Willenserklärungen Geschäftsunfähiger*
Willenserklärungen Geschäftsunfähiger sind gemäß § 105 Abs. 1 BGB nichtig.

Nichtig ist nach § 105 Abs. 2 BGB auch eine Willenserklärung, die im Zustand der Bewußtlosigkeit, wie Fieber oder hochgradiger Trunkenheit, oder einer vorübergehenden Störung der Geistestätigkeit abgegeben wird, obwohl durch eine solche kurzfristige Beeinträchtigung keine Geschäftsunfähigkeit als solche eintritt.

Für den Geschäftsunfähigen handelt dessen gesetzlicher Vertreter. Dies sind bei ehelichen Kindern nach § 1629 Abs. 1 BGB regelmäßig die Eltern, also Vater und Mutter, die das Kind gemeinschaftlich vertreten, bei nichtehelichen Kindern gemäß § 1705 BGB die Mutter, der für bestimmte Angelegenheiten das Jugendamt als Pfleger zur Seite steht (§§ 1706, 1709 BGB, 40 JWG). Beim Tod eines Elternteils steht die gesetzliche Vertretung dem überlebenden zu (§ 1681 Abs. 1 BGB). Im Falle des Todes beider Elternteile oder der Mutter des nichtehelichen Kindes (§ 1773 Abs. 1 BGB) sowie der Entmündigung eines Volljährigen (§ 1896 BGB) ist ein Vormund als gesetzlicher Vertreter zu bestellen.

bb) Willenserklärungen beschränkt Geschäftsfähiger

Beschränkt Geschäftsfähige können nur solche Willenserklärungen selbständig abgeben, die ihnen lediglich einen rechtlichen Vorteil bringen (§ 107 BGB). Das sind Rechtsgeschäfte, die weder einen Rechtsverlust noch eine Verpflichtung zur Folge haben, also beispielsweise die Annahme eines Schenkungsversprechens. Nicht wirksam ist der Abschluß eines wirtschaftlich noch so günstigen Kaufvertrages durch den beschränkt Geschäftsfähigen, weil er stets eine Kaufpreisverbindlichkeit begründet. Auch einen **Versicherungsvertrag** kann der beschränkt Geschäftsfähige nicht eingehen, da er als entgeltliches Geschäft stets zur Prämienzahlung verpflichtet.

Die Mitwirkung des gesetzlichen Vertreters hängt davon ab, ob der Minderjährige einen Vertrag abschließen oder ein einseitiges Rechtsgeschäft vornehmen will.

(1) Verträge beschränkt Geschäftsfähiger

Zum Abschluß von Verträgen bedarf der beschränkt Geschäftsfähige der Zustimmung seines gesetzlichen Vertreters.

Geht die Zustimmung der Vornahme des Rechtsgeschäftes durch den beschränkt Geschäftsfähigen voraus, so heißt sie Einwilligung (§ 183 Satz 1 BGB), folgt sie ihr nach, wird sie Genehmigung genannt (§ 184 Abs. 1 BGB).

Die Einwilligung ist eine einseitige empfangsbedürftige Willenserklärung des Vertreters, die entweder dem beschränkt Geschäftsfähigen oder seinem Vertragspartner gegenüber abgegeben werden kann (§ 182 Abs. 1 BGB).

Die Äußerung der Einwilligung kann ausdrücklich (mündlich oder schriftlich), aber auch durch konkludentes Verhalten erfolgen. So erstreckt sich die Zustimmung des gesetzlichen Vertreters zum Erwerb eines Mopeds regelmäßig auf den Abschluß der gesetzlichen Haftpflichtversicherung (Führen des Versicherungskennzeichens im Sinne von § 60a StVZO). Ferner kann die Einwilligung darin liegen, daß der gesetzliche Vertreter oder mit dessen Zustimmung ein Dritter einem Minderjährigen Mittel zu einem bestimmten Zweck oder zur freien Verfügung (**Taschengeld**) überlassen. Es sind dann nach § 110 BGB die von ihm eingegangenen Verträge wirksam, wenn er die vertragsmäßige Leistung tatsächlich voll aus diesen Mitteln bewirkt. Ratenzahlungsverpflichtungen werden durch diese Vorschrift ebensowenig gedeckt wie Versicherungsverträge mit laufender Prämienzahlung, wohl aber solche mit Einmalprämie. Verträge mit laufender Prämie sind jedoch hinsichtlich des Zeitraums wirksam, für den der Beitrag beglichen wurde.

In manchen Fällen reicht die Einwilligung des gesetzlichen Vertreters allein nicht aus, und er bedarf der Genehmigung des Vormundschaftsgerichts (§§ 1643, 1821, 1822 BGB). Dies trifft für Eltern und Vormund beispielsweise zu, wenn der Minderjährige zu wiederkehrenden Leistungen verpflichtet wird und das Vertragsverhältnis länger als ein Jahr nach der Vollendung des 18. Lebensjahres des beschränkt Geschäftsfähigen fortdauern soll, also regelmäßig bei einem Lebensversicherungsvertrag des Minderjährigen, sofern nicht ausnahmsweise Einmalprämie vereinbart ist (§ 1822 Nr. 5 BGB). Umgekehrt können Eltern auch nicht ohne weiteres Versicherungsverträge auf das Leben ihrer minderjährigen Kinder abschließen, die eine Leistungspflicht des Versicherers vor der Vollendung des 7. Lebensjahres begründen und eine höhere Versicherungssumme als den Betrag der gewöhnlichen Beerdigungskosten vorsehen. Gemäß § 159 Abs. 3 VVG bedarf ein solcher Vertrag der Einwilligung des Minderjährigen, bei deren Erklärung ihn seine Eltern zur Vermeidung von Spekulationen auf das Leben des Kindes nach § 159 Abs. 2 Satz 2 VVG nicht vertreten können. Zur Wirksamkeit eines derartigen Vertrages ist deshalb die Erteilung der Zustimmung durch einen gemäß § 1909 BGB vom Vormundschaftsgericht zu bestellenden Ergänzungspfleger erforderlich.

Liegt die Einwilligung des gesetzlichen Vertreters beim Vertragsabschluß vor, indem die Eltern beispielsweise den Versicherungsantrag mit unterschrieben haben, so ist der Vertrag wirksam. Wenn die Einwilligung dagegen bei der Vornahme des Rechtsgeschäfts fehlt, hängt die Wirksamkeit des Vertrages nach § 108 Abs. 1 BGB von der **Genehmigung** des gesetzlichen Vertreters ab. Bis zur Entscheidung hierüber ist der Vertrag **schwebend unwirksam**. Während des Schwebezustandes kann der Vertragspartner des Minderjährigen den Vertrag widerrufen, sofern ihm die mangelnde Geschäftsfähigkeit unbekannt war (§ 109 BGB). Er kann aber auch den gesetzlichen Vertreter des beschränkt Geschäftsfähigen zur Erklärung über die Genehmigung auffordern (§ 108 Abs. 2 BGB). Dann kann die Erklärung nur noch ihm gegenüber abgegeben werden. Wird die Genehmigung nicht innerhalb von zwei Wochen nach der Aufforderung erteilt, so gilt sie gemäß § 108 Abs. 2 Satz 2 BGB als verweigert. Die Erteilung der Genehmigung macht den Vertrag von Anfang an wirksam, bei ihrer Verweigerung ist er von Anfang an nichtig. Wird der Minderjährige während der Dauer des Schwebezustandes voll geschäftsfähig, so tritt seine Genehmigung an die Stelle der Genehmigung des gesetzlichen Vertreters (§ 108 Abs. 3 BGB). In der bloßen Weiterzahlung der Versicherungsprämie nach Vollendung des 18. Lebensjahres wird keine konkludente Genehmigung des volljährig Gewordenen gesehen.

(2) Einseitige Rechtsgeschäfte beschränkt Geschäftsfähiger

Einseitige Rechtsgeschäfte beschränkt Geschäftsfähiger bedürfen zu ihrer Wirksamkeit der Einwilligung des gesetzlichen Vertreters.

Im Gegensatz zu Verträgen sind deshalb einseitige Rechtsgeschäfte, die ohne die erforderliche Zustimmung vorgenommen werden, nicht schwebend unwirksam, sondern **nichtig** und deshalb auch nicht genehmigungsfähig (§ 111 Satz 1 BGB).

Ein Minderjähriger kann einen Versicherungsvertrag infolgedessen nur mit Einwilligung der Eltern kündigen. Ist dem Kündigungsschreiben diese Einwilligung nicht in schriftlicher Form beigefügt, so kann der Versicherer die Erklärung des beschränkt Geschäftsfähigen aus diesem Grunde unverzüglich zurückweisen (§ 111 Satz 2 BGB).

b) Zugang von Willenserklärungen

Streng einseitige Willenserklärungen werden mit der Äußerung wirksam, ein Testament also mit der Unterschrift des Erblassers. Bei empfangsbedürftigen Willenserklärungen ist zwischen der Abgabe unter Abwesenden sowie unter Anwesenden zu unterscheiden.

Die **Willenserklärung unter Abwesenden** stellt ein Schriftstück dar, das mit der Äußerung des Willens existent wird. Infolgedessen hat es nach § 130 Abs. 2 BGB auf die Wirksamkeit der Willenserklärung keinen Einfluß, wenn der Erklärende nach der Abgabe stirbt oder geschäftsunfähig wird; der Antrag auf eine Sachversicherung oder die Kündigung werden deshalb durch den Tod des Erklärenden nicht gegenstandslos. Wirksam wird die empfangsbedürftige Willenserklärung unter Abwesenden aber erst mit dem Zugang (§ 130 Abs. 1 Satz 1 BGB). Bis zu diesem Zeitpunkt kann der Erklärende eine abgegebene Willenserklärung widerrufen, wenn der Widerruf spätestens gleichzeitig mit der ursprünglichen Willenserklärung zugeht (§ 130 Abs. 1 Satz 2 BGB); unabhängig davon besteht ein befristetes Widerrufsrecht gemäß § 8 Abs. 4 VVG.

Zugegangen ist eine Willenserklärung dann, wenn sie derart in den Machtbereich des Erklärungsempfängers gelangt ist, daß dieser unter normalen Umständen die Möglichkeit der Kenntnisnahme hat. Danach ist ein Brief mit der Abgabe beim Empfänger, dem Einlauf in der Poststelle oder dem Einwurf in den Briefkasten zugegangen, wenn mit der baldigen Entnahme des Briefes zu rechnen ist, bei Einwurf zur Nachtzeit also erst am anderen Tag und bei Geschäftsbriefkästen nur während der üblichen Geschäftszeit. Entsprechendes gilt für das Einlegen in ein Postschließfach. Die Vereinbarung besonderer Zugangserfordernisse in AVB, daß z. B. Erklärungen an bestimmte Stellen, wie den Vorstand oder eine Niederlassung zu senden seien, dürfte nach § 11 Nr. 16 AGB-Gesetz unwirksam sein. Willenserklärungen an Versicherungsnehmer, auch die Mahnung nach § 39 VVG, kann der Versicherer an die letzte ihm bekannte Wohnung des Versicherungsnehmers richten, wenn dieser ihm eine Wohnungsänderung nicht mitgeteilt hat. Sie werden dann in dem Zeitpunkt wirksam, in dem sie ihm ohne die Wohnungsänderung bei regelmäßiger Beförderung zugegangen wären (§ 10 VVG). Die **Beweislast** für den Zugang von einfachen und Einschreibbriefen trägt der Erklärende. Es gibt keine Vermutung dafür, daß ein abgesandter Brief dem Adressaten tatsächlich innerhalb eines bestimmten Zeitraumes zugegangen sei.

Willenserklärungen unter Anwesenden erfolgen entweder mündlich oder schriftlich. Mündliche und telefonische Erklärungen werden dadurch wirksam, daß der Erklärungsgegner sie vernimmt. Eine schriftliche Willenserklärung wird wirksam mit der Übergabe des Schriftstückes, der Versicherungsantrag mit der Aushändigung des ausgefüllten und unterschriebenen Vordrucks an den Vertreter.

Sind Willenserklärungen Personen gegenüber abzugeben, die **nicht voll geschäftsfähig** sind, so werden sie nach § 131 BGB nur wirksam, wenn sie dem gesetzlichen Vertreter zugehen. Hat er dem Vertragsschluß als solchem zugestimmt, müssen einseitige Willenserklärungen, die während der Vertragsdauer abgegeben werden, wie Mahnungen und Kündigungen, dennoch dem gesetzlichen Vertreter, also den Eltern eines Minderjährigen, zugehen; sonst sind sie unwirksam.

c) Auslegung von Willenserklärungen

Die Auslegung von Willenserklärungen, die schwierige rechtliche Probleme aufwirft, ist an sich kein Wirksamkeitserfordernis. Eine Beziehung ergibt sich aber insofern, als unklare Willenserklärungen, wie sie von Versicherungsnehmern häufig abgegeben werden, nicht schlechthin unbeachtlich sind. Vielmehr ist nach § 133 BGB der **wirkliche Wille** des Erklärenden zu erforschen und nicht an dem buchstäblichen Sinn des Ausdrucks zu haften. Es ist zu untersuchen, was als erklärter Wille und damit als Inhalt der Willenserklärung anzusehen ist. Im Zweifel soll eine Erklärung so aufgefaßt werden, daß sie nach Möglichkeit als wirksam aufrechterhalten werden kann. Schreibt ein Kunde an seinen geschäftsgewandteren Vertragspartner, er wolle von ihm nichts mehr wissen, so ist die Frage aufzuwerfen, inwieweit darin eine Kündigung liegt.

Auch bei **Wissenserklärungen** spielt die Auslegung eine Rolle. Die Rechtsprechung neigt dazu, Erklärungen des Versicherungsnehmers zur Erfüllung der vorvertraglichen Anzeigepflicht im Sinne der §§ 16, 17 VVG nach Möglichkeit als richtig und vollständig zu betrachten. Ein Strich in einem Fragebogen gilt dabei grundsätzlich nicht als Verneinung, sondern als Unbeantwortetlassen der betreffenden Frage.

d) Form der Willenserklärungen

Privatrechtliche Willenserklärungen können grundsätzlich formlos abgegeben werden, d. h. mündlich, telefonisch, schriftlich oder durch konkludentes Handeln. Zum Schutz vor Übereilung und zur Sicherung des Beweises sehen jedoch zahlreiche Vorschriften des BGB und insbesondere des Versicherungsvertragsrechtes bestimmte Formen vor, bei deren Nichteinhaltung das betreffende Rechtsgeschäft grundsätzlich unwirksam ist. Man hat insoweit zwischen der Schriftform sowie der notariellen Beglaubigung und Beurkundung zu unterscheiden.

aa) Schriftform

Das Erfordernis der Schriftform kann auf Gesetz oder vertraglicher Vereinbarung beruhen.

Fälle der **gesetzlichen Schriftform** sehen §§ 780, 766 BGB für das Schuld- und Bürgschaftsversprechen sowie verschiedene Bestimmungen des VVG vor, z. B. § 12 Abs. 3 Satz 2 VVG für die Verweigerung der Versicherungsleistung und § 39 Abs. 1 VVG für das Anmahnen einer Folgeprämie. Der Versicherungsvertrag als solcher bedarf zu seiner Wirksamkeit keiner Form, jedoch ist der Versicherer nach § 3 Abs. 1 Satz 1 VVG verpflichtet, dem Versicherungsnehmer eine Urkunde über den zustande gekommenen Vertrag (Versicherungsschein) auszuhändigen.

Der **vertraglich vereinbarten (gewillkürten) Schriftform** kommt in der Versicherungspraxis große Bedeutung zu, weil die AVB regelmäßig bestimmen, daß sämtliche Anzeigen und Erklärungen des Versicherungsnehmers der Schriftform bedürfen (vgl. §§ 11 AHB, 9 AKB, 16 MBKK).

Die Schriftform erfordert, daß der Aussteller die seine Erklärung enthaltende Urkunde eigenhändig mit seiner **Namensunterschrift** versieht (§§ 126 Abs. 1, 127 Satz 1 BGB). Allerdings genügt gemäß § 127 Satz 2 BGB bei der gewillkürten Schriftform auch die telegraphische (fernschriftliche oder fernkopierte) Übermittlung. Aus Rationalisierungsgründen hat das Gesetz dem Versicherer ausnahmsweise gestattet, Versicherungsscheine, Mahnschreiben und Prämienquittungen (§§ 3 Abs. 1 Satz 2, 39 Abs. 1 Satz 1, 43 Nr. 4 VVG) mit einer Nachbildung der eigenhändigen Unterschrift (Faksimile) zu versehen.

Ein Verstoß gegen die gesetzliche oder vertragliche Schriftform macht das betreffende Rechtsgeschäft nach § 125 BGB **nichtig**.

Unzulässig sind gemäß § 11 Nr. 16 AGB-Gesetz Regelungen in Allgemeinen Geschäfts- oder Versicherungsbedingungen, die Anzeigen oder Erklärungen an eine strengere Form als die Schriftform binden. Dies gilt beispielsweise für das Verlangen einer Mitteilung durch **eingeschriebenen Brief**; in einem solchen Falle genügt es, wenn der Versicherer von der betreffenden Erklärung oder Anzeige rechtzeitig durch einfachen Brief Kenntnis erlangt hat. Jedoch steht es dem Versicherer frei, die Schriftform beispielsweise insofern zu konkretisieren, als Erklärungen auf bestimmten Vordrucken abzugeben sind.

bb) Öffentliche Beglaubigung

Die öffentliche Beglaubigung erfordert gemäß § 129 Abs. 1 Satz 1 BGB eine schriftliche Erklärung und außerdem die Beglaubigung der Unterschrift durch einen Notar.

Vorgesehen ist die öffentliche Beglaubigung für Anträge auf Eintragung in bestimmte Register, insbesondere das Grundbuch (§ 29 GBO) und das Handelsregister (§ 12 HGB).

cc) Notarielle Beurkundung

Von der öffentlichen Beglaubigung unterscheidet sich die notarielle Beurkundung dadurch, daß die abgegebenen Willenserklärungen als Protokoll in Form einer öffentlichen Urkunde aufgenommen werden und somit der ganze Erklärungsinhalt beurkundet wird (§ 8 BeurkG).

Der wichtigste Anwendungsfall ist der auf die Veräußerung und den Erwerb eines Grundstücks gerichtete schuldrechtliche Vertrag (§ 313 Satz 1 BGB). Die Beschlüsse der Hauptversammlung einer Aktiengesellschaft und der obersten Vertretung eines Versicherungsvereins auf Gegenseitigkeit sind nach §§ 130 AktG, 36 VAG durch eine über die Verhandlung notariell aufgenommene Niederschrift zu beurkunden.

e) Termine und Fristen

Die Einhaltung bestimmter Fristen und Termine kann sowohl für die Wirksamkeit von Rechtsgeschäften als auch für die Ausübung von Rechten bedeutsam sein.

aa) Zeitberechnung

Eine Frist ist ein Zeitraum, der für die Vornahme einer rechtserheblichen Handlung gesetzt ist.

Berechnet wird die Frist durch die Bestimmung ihres Anfangs- und Endpunktes. Für den Beginn einer Frist kann ein in den Lauf eines Tages fallendes Ereignis maßgebend sein; es wird dann dieser Tag nicht mitgerechnet, sondern die Frist beginnt erst mit dem folgenden Tag zu laufen (§ 187 Abs. 1 BGB). Die Frist endet bei einer Bemessung nach Wochen, Monaten oder Jahren zu dem kalendermäßig entsprechenden Zeitpunkt. Fällt der letzte Tag einer Frist auf einen Sonntag, allgemeinen Feiertag oder einen Sonnabend, so tritt an die Stelle dieses Tages der nächste Werktag (§ 193 BGB).

Beispiel:

Der Versicherungsnehmer erhält am Freitag, dem 5.4., ein Mahnschreiben des Versicherers, in dem er entsprechend der Vorschrift des § 39 Abs. 1 VVG aufgefordert wird, eine rückständige Folgeprämie innerhalb von zwei Wochen zu begleichen. Die Frist beginnt am 6.4. zu laufen und endet am Freitag, dem 19.4., 24 Uhr. Ist dieser Tag zufällig Karfreitag, so endet die Frist erst am Dienstag, dem 23.4.

Ein Termin ist demgegenüber ein Zeitpunkt, der für die Vornahme einer rechtserheblichen Handlung gesetzt ist.

Fällt der Termin auf einen Sonn- oder Feiertag bzw. einen Sonnabend, so gilt das für den Ablauf einer Frist Gesagte entsprechend. Häufig hängt die Wirksamkeit einer Willenserklärung davon ab, daß sowohl eine Frist als auch ein Termin eingehalten sind. Beispielsweise erfolgen ordentliche Kündigungen regelmäßig in der Weise, daß eine bestimmte Kündigungsfrist gewahrt und die Kündigung zu einem bestimmten Termin ausgesprochen sein muß, etwa drei Monate vor Ablauf der Versicherungsperiode (vgl. § 8 Abs. 2 VVG).

bb) Verjährung

Ansprüche unterliegen nach § 194 Abs. 1 BGB der Verjährung.

Das bedeutet, daß der Verpflichtete mit dem Ablauf der Verjährungsfrist die **Einrede der Verjährung** erwirbt und sie der Geltendmachung des Anspruches entgegensetzen kann (§ 222 Abs. 1 BGB). Der Anspruch ist jedoch nicht erloschen, sondern er kann nur dann nicht mehr durchgesetzt werden, wenn sich der Schuldner auf den Eintritt der Verjährung beruft. Tut er das nicht, so bleibt sie unberücksichtigt. Der Einrede der Verjährung ist die Einrede der **Stundung** verwandt, die sich von der Verjährung jedoch dadurch unterscheidet, daß sie dem Anspruch, beispielsweise der Prämienforderung, nur für die Dauer des gewährten Zahlungsaufschubes entgegengehalten werden kann, während die Einrede der Verjährung die Geltendmachung des Anspruches für alle Zeit ausschließt.

Unterbrochen wird die Verjährung, wenn der Verpflichtete den Anspruch anerkennt, auch durch konkludente Handlung, wie Abschlagzahlungen und dergleichen (§ 208 BGB), oder durch Klageerhebung seitens des Gläubigers, der insbesondere die Einreichung des Antrags auf Erlaß eines Mahnbescheides gleichsteht (§§ 209 BGB, 693 Abs. 2 ZPO). Die private Mahnung des Gläubigers genügt nicht.

Regelmäßig beträgt die **Verjährungsfrist** nach § 195 BGB 30 Jahre. Für die meisten Ansprüche des täglichen Lebens, insbesondere der Kaufleute, Fabrikanten und Handwerker, besteht aber nach § 196 BGB eine kürzere Verjährungsfrist von zwei Jahren. Eine derartige Frist von zwei Jahren gilt nach § 12 Abs. 1 Satz 1 VVG auch für die Ansprüche aus dem Versicherungsvertrag; bei der Lebensversicherung beläuft sie sich auf 5 Jahre. Diese kürzeren Verjährungsfristen beginnen erst mit dem Ende des Jahres zu laufen, in dem der Anspruch entstanden ist (§§ 201 BGB, 12 Abs. 1 Satz 2 VVG). Zu beachten ist allerdings, daß Ansprüche auf die Versicherungsleistung nach § 11 Abs. 1 VVG erst mit Beendigung der nötigen Erhebungen des Versicherers fällig werden und die Verjährung bis zu dessen schriftlicher Entscheidung gehemmt ist.

cc) Verwirkung

Ausnahmsweise kann ein Recht unabhängig vom Ablauf einer Verjährungsfrist verwirkt werden, wenn jemand mit der Geltendmachung so lange wartet, daß er durch sein Schweigen beim Gegner das berechtigte Vertrauen erweckt, er werde das Recht nicht mehr ausüben. Die verspätete Geltendmachung muß in einem solchen Fall nach dem **Grundsatz von Treu und Glauben** als illoyal empfunden werden. Infolgedessen genügt der Zeitablauf als solcher für die Annahme einer Verwirkung nicht; es müssen vielmehr besondere Umstände hinzutreten, aufgrund derer die verspätete Rechtsausübung als treuwidrig angesehen wird. Erhebliche Bedeutung kommt dem Verwirkungsgedanken nicht zu, weil grundsätzlich jeder Schuldner seine Verpflichtung zu erfüllen hat und der Einwand der Verwirkung nicht zu einer Umgehung der Verjährungsvorschriften mißbraucht werden darf.

Im Rahmen des **Versicherungsvertragsrechtes** wird der Begriff im Sinne einer Verwirkung des Anspruches auf die Versicherungsleistung, nicht wegen Zeitablaufs, sondern infolge eines Verstoßes gegen Obliegenheiten (§§ 6 VVG, 13 Abs. 2 AFB) sowie wegen vorsätzlicher oder grobfahrlässiger Herbeiführung des Versicherungsfalles (§ 16 AFB) verwandt.

4. Zustandekommen des Vertrages

Der Abschluß eines Vertrages erfordert zwei inhaltlich zusammenstimmende Willenserklärungen, die als Antrag und Annahme bezeichnet werden (§§ 145–157 BGB).

a) Antrag

Der Antrag ist eine einseitige empfangsbedürftige Willenserklärung, die auf den Abschluß eines Vertrages gerichtet ist und so bestimmt sein muß, daß der Erklärungsgegner sie durch ein einfaches „Ja" annehmen kann.

Der Antrag erzeugt auf seiten des Erklärenden eine **Bindung** in der Weise, daß die Annahme ohne weiteres den Vertragsschluß herbeiführt (§ 145 BGB). Erklärungen, die keine derartige Bindungswirkung hervorrufen, gehören in das Stadium der Vorverhandlungen und sind grundsätzlich nicht als Antrag aufzufassen, sondern nur als Aufforderung an einen anderen, seinerseits ein Angebot abzugeben. Darunter fallen die Auslage von Ware im Schaufenster, aber auch die Übersendung von Werbedruckstücken und Angebotsschreiben im Bereich des Versicherungswesens.

Anträge sind regelmäßig an keine **Form** gebunden. Der Antrag auf Abschluß eines Versicherungsvertrages wird aber üblicherweise vom Kunden auf einem durch den Versicherer ausgestalteten **Vordruck** gestellt. Mündliche Nebenabreden sind dann unwirksam.

Inhaltlich ist der Antrag durch die Fassung des Formulars stets hinreichend bestimmt. Regelmäßig wird auf die in Betracht kommenden Allgemeinen Versicherungsbedingungen ausdrücklich Bezug genommen. Fehlt die Angabe der Prämienhöhe, so ist der aufsichtsbehördliche Geschäftsplan bzw. der Prämientarif des Versicherers maßgebend. Juristisch gesehen besteht der ausgefüllte und unterschriebene Vordruck aus **drei Teilen:** dem eigentlichen, auf den Abschluß des Vertrages gerichteten Antrag, der Abgabe von Ermächtigungserklärungen sowie der Beantwortung von Fragen über das Risiko in Erfüllung der vorvertraglichen Anzeigepflicht. Rechtsgeschäftlichen Charakter haben nur der **Antrag auf Eingehung der Versicherung** und die **Ermächtigungserklärungen.** Der Antragsteller gibt auf der Grundlage des Vordruckes eine Einwilligungserklärung nach dem Bundesdatenschutzgesetz, in den Zweigen der Personenversicherung eine Schweigepflichtentbindungserklärung gegenüber Ärzten, Zahnärzten, Krankenhäusern und ähnlichen Institutionen sowie regelmäßig eine Einzugsermächtigung für den Abruf der Beiträge im Rahmen des Lastschriftverfahrens ab. Im Gegensatz zum Antrag und der Abgabe dieser Ermächtigungserklärungen stellt die **Erteilung der sonstigen Auskünfte** eine Wissenserklärung dar.

Aufgrund aufsichtsbehördlicher Anordnung ist dem Antragsteller bei der Aufnahme des Antrags oder unverzüglich nach Antragstellung eine **Antragsdurchschrift auszuhändigen.** Die **Bindung** des Antragstellers beginnt mit dem Zugang des Antrags beim Antragsgegner und erlischt nach § 146 BGB mit der Ablehnung des Antrages oder dem Verstreichen der Bindungsfrist. Für Versicherungsanträge räumt § 8 Abs. 4 VVG ein auf 10 Tage ab Unterzeichnung befristetes **Widerrufsrecht** ein, sofern sie auf den Abschluß eines Vertrages mit einer längeren Laufzeit als ein Jahr gerichtet sind. Es besteht nicht, wenn der Versicherungsnehmer Vollkaufmann ist oder der Versicherer auf dessen Wunsch sofortigen Versicherungsschutz gewährt. Das Gesetz über den Widerruf von Haustürgeschäften und ähnlichen Geschäften findet beim Abschluß von Versicherungsverträgen nach seinem § 6 Nr. 2 keine Anwendung.

Anträge unter Anwesenden oder am Telefon können nur sofort angenommen werden, d. h. während des betreffenden Gespräches (§ 147 Abs. 1 BGB). Eine derartige Annahme unter Anwesenden erfolgt beispielsweise bei Gebrauch von Blockpolicen, die im einfachen Geschäft (Hausrat, Reiseunfall, Auslandsreisekranken usw.) verwendet werden. An einen **Antrag unter Abwesenden,** wozu in aller Regel auch der Versicherungsantrag gehört, ist der Antragsteller nach der allgemeinen Regelung des § 147 Abs. 2 BGB so lange gebunden, wie er den Eingang der Antwort unter regelmäßigen Umständen erwarten darf. Bei der Berechnung dieses Zeitraums sind die Frist für den Weg des Antrages zum Erklärungsgegner (dem Versicherer), eine angemessene Überlegungszeit sowie der Weg der Antwort vom Antragsgegner zum Antragsteller zu berücksichtigen. Aus Gründen der Rechtssicherheit sieht jedoch § 81 Abs. 1 Satz 1 VVG eine gesetzliche Annahmefrist in der Sachversicherung von zwei Wochen vor, und § 5 Abs. 3 PflVG bestimmt, daß der Kraftfahrt-Haftpflicht-Antrag als angenommen gilt, wenn er nicht innerhalb von zwei Wochen schriftlich abgelehnt wird. Auch die Anträge enthalten mitunter Bindefristen, so in der Kranken- und Lebensversicherung von jeweils 6 Wochen, wobei die Frist im Falle einer Versicherung mit ärztlicher Untersuchung erst am Tage der Untersuchung zu laufen beginnt. Häufig bestimmt auch der Antrag selbst eine Gebundenheitsfrist (§ 148 BGB).

b) Annahme

Durch die Annahmeerklärung gegenüber dem Antragsteller kommt der Vertrag zustande.
Die Annahme ist ebenso wie der Antrag eine einseitige empfangsbedürftige Willenserklärung, die mit dem Zugang wirksam wird. Sie kann in der Versicherungspraxis durch ein

ausdrückliches Annahmeschreiben, aber auch, wie es regelmäßig geschieht, durch die Übersendung des Versicherungsscheines erfolgen. Ihrem **Inhalt** nach darf die Annahme gegenüber dem Antrag keine Erweiterungen, Einschränkungen oder sonstige Abweichungen enthalten; sie muß innerhalb der Bindefrist des Antragstellers erfolgen, die für den Annehmenden somit zur Annahmefrist wird. Mitunter besteht ein **Annahmezwang,** beispielsweise bei öffentlichen Versorgungsbetrieben, aber auch für Kraftfahrzeug-Haftpflichtversicherer gemäß § 5 Abs. 2 PflVG sowie für öffentlich-rechtliche Gebäudebrandversicherungs-Einrichtungen nach Landesrecht.

Die **verspätete Annahme** und die **Annahme unter Abweichungen** gelten gemäß § 150 Abs. 1 und 2 BGB als **neuer Antrag,** dessen Annahme nunmehr dem Antragsteller freigestellt ist. In einem solchen Fall kann der Antrag also ausnahmsweise einmal vom Versicherer ausgehen; ein weiteres Beispiel wäre das Angebot einer Umstellung des bestehenden Versicherungsvertrages auf günstigere Bedingungen oder eine prämienfreie Erweiterung des Versicherungsschutzes, die der Versicherungsnehmer nach § 151 BGB stillschweigend annehmen kann, ohne dies dem Versicherer gegenüber ausdrücklich erklären zu müssen.

c) Übereinstimmung von Antrag und Annahme

Voraussetzung für den wirksamen Vertragsschluß ist die Übereinstimmung von Antrag und Annahme.

Decken sich die Erklärungen der Vertragspartner nicht, so liegt ein **Dissens** vor. Im Falle des offenen Dissenses sind sich die Parteien der fehlenden Übereinstimmung bewußt, wissen also beispielsweise, daß über einen zu regelnden Punkt keine Einigung erzielt wurde. Dagegen sind sie sich beim versteckten Dissens der mangelnden Übereinstimmung nicht bewußt geworden. Wenn der Dissens einen wesentlichen Bestandteil des zu schließenden Vertrages betrifft, ist dieser gemäß §§ 154, 155 BGB nicht zustande gekommen. Im Bereich des **Versicherungswesens** spielt der Dissens praktisch keine Rolle, weil der Antrag den wesentlichen Vertragsinhalt umfaßt und als solcher die Grundlage für die Annahmeerklärung des Versicherers bildet. Es kommt hinzu, daß § 5 VVG eine Sonderregelung für den Tatbestand der Abweichung des Versicherungsscheines vom Inhalt des Antrages trifft.

d) Allgemeine Geschäftsbedingungen

Verträgen werden häufig Allgemeine Geschäftsbedingungen (AGB) zugrunde gelegt. Nach der gesetzlichen Definition handelt es sich dabei um die **für eine Vielzahl von Verträgen vorformulierten Vertragsbedingungen, die eine Vertragspartei (Verwender) der anderen bei Abschluß eines Vertrages stellt** (§ 1 Abs. 1 Satz 1 AGB-Gesetz).

Allgemeine Geschäftsbedingungen werden entweder von Verbänden oder von einzelnen Unternehmen aufgestellt. Sie dienen im Zuge des Massenverkehrs der **Rationalisierung** des **Vertragsschlusses** in zahlreichen Wirtschaftszweigen, insbesondere des Kredit- und Versicherungsgewerbes, der Verkehrs- und Versorgungsunternehmen, des Reinigungsgewerbes, des Handels mit gebrauchten Kraftfahrzeugen usw. Ihre Gefahr für den Vertragspartner liegt darin, daß sie häufig einseitig zugunsten des Verwenders formuliert sind und die billigere, aber durchaus abdingbare Regelung des Gesetzes beiseite schieben. Einen weitgehenden **Schutz des Verbrauchers** bezweckt nunmehr das AGB-Gesetz. Voraussetzung für die **Geltung** von AGB im Einzelfall ist ihre Einbeziehung in den Vertrag. Sie kann durch Vereinbarung im voraus erfolgen, aber auch dadurch, daß der Verwender die andere Vertragspartei ausdrücklich bei Vertragsabschluß oder durch sichtbaren Aushang auf sie hinweist bzw. ihr die Möglichkeit verschafft, in zumutbarer Weise von ihrem Inhalt Kenntnis zu nehmen, und die andere Vertragspartei mit ihrer Geltung einverstanden ist (§ 2 AGB-Gesetz). Nach § 3 AGB-Gesetz werden Bestimmungen, die so ungewöhnlich sind, daß der Vertragspartner nicht mit ihnen zu rechnen braucht (überraschende Klauseln), nicht Vertragsbestandteil. Für die Inhaltskontrolle Allgemeiner Geschäftsbedingungen gelten die Generalklausel des § 9 AGB-Gesetz mit dem Verbot von Bestimmungen, die den Vertragspartner entgegen den Geboten von Treu und Glauben unangemessen benachteiligen, sowie ein umfassender Katalog einzelner unzulässiger Klauseln (§§ 10, 11 AGB-Gesetz).

Ein Unterfall der AGB sind die **Allgemeinen Versicherungsbedingungen (AVB)**. Zu ihnen gehören auch Besondere Bedingungen, Zusatzbedingungen und Klauseln. Darüber hinaus werden die Rechtsbeziehungen zwischen Versicherungsnehmer und Versicherer weitgehend durch die gegenüber der Aufsichtsbehörde abgegebenen sogenannten geschäftsplanmäßigen Erklärungen beherrscht. AVB unterscheiden sich in wesentlichen Gesichtspunkten von den AGB, unterliegen aber dennoch deren gesetzlicher Regelung.

Im Gegensatz zur Vorstellung des BGB kennt das Versicherungswesen aus betriebstechnischen Gründen prinzipiell keine individuell ausgestalteten Verträge und ist deshalb auf die AVB zur Umschreibung des Versicherungsschutzes (Produktgestaltung) angewiesen. Das VVG setzt die AVB ausdrücklich voraus, weshalb ein grundlegender Unterschied zu den AGB anderer Vertragstypen besteht, die lediglich die gesetzlichen Normen durch eine abweichende Regelung ersetzen. Für die Wirksamkeit der AVB bieten VVG und AGB-Gesetz sowie die staatliche Versicherungsaufsicht einen engen Rahmen. In der Rechtsprechung gewinnt die Überprüfung der AVB am Maßstab des AGB-Gesetzes indes zunehmend an Bedeutung. Nach § 23 Abs. 3 AGB-Gesetz unterliegen Versicherungsverträge in jedem Fall den von der zuständigen Behörde genehmigten Allgemeinen Geschäftsbedingungen des Versicherers.

Aufgrund aufsichtsbehördlicher Anordnung sind dem Versicherungsnehmer die AVB, die Risikobeschreibung und die Satzungsbestimmungen, die für den Vertrag wesentlich sind, auszuhändigen.
auszuhändigen.

5. Vertretung

Im Wirtschaftsleben werden Rechtsgeschäfte häufig in der Weise vorgenommen, daß eine Person die Willenserklärung abgibt, ihre Wirkungen aber in der Person eines anderen eintreten sollen. Man spricht dann von Vertretung. Darunter ist die **Abgabe oder Entgegennahme von Willenserklärungen innerhalb bestehender Vertretungsmacht im Namen eines anderen und mit Wirkung für und gegen ihn zu verstehen.**

a) Voraussetzungen der Vertretung

Eine wirksame Vertretung setzt somit das Vorliegen von Willenserklärungen, das Handeln im fremden Namen und das Bestehen der Vertretungsmacht voraus (§ 164 Abs. 1 BGB).

aa) Abgabe und Entgegennahme von Willenserklärungen

Nach dem Wortlaut des Gesetzes bezieht sich die Stellvertretung nur auf die Abgabe oder Entgegennahme von Willenserklärungen. Der Vertreter erklärt seinen **eigenen Willen**, jedoch mit der Absicht, daß die Rechtsfolgen seiner Erklärung einen anderen (Vertretener) treffen sollen. Aus diesem Grunde muß der Vertreter mindestens beschränkt geschäftsfähig sein (§ 165 BGB); voll geschäftsfähig braucht er nicht zu sein, weil die Wirkungen der abgegebenen Erklärungen ihn nicht treffen.

Vom Vertreter unterscheidet sich der **Bote** dadurch, daß er nicht seinen eigenen Willen äußert, sondern nur eine fremde Willenserklärung überbringt. Infolgedessen kann auch ein Geschäftsunfähiger Bote sein, weil das Rechtsgeschäft durch den Willen des Auftraggebers zustande kommt. Wenn der Bote die ihm aufgetragene Willenserklärung unrichtig übermittelt, kann sie vom Auftraggeber nach § 120 BGB angefochten werden.

Im **Versicherungswesen** spielt nicht nur die Vertretung bei der Abgabe und Entgegennahme von Willenserklärungen eine Rolle, sondern es kommt darüber hinaus ein Einstehenmüssen für Hilfspersonen bei der Abgabe von Wissenserklärungen und der Verletzung von Obliegenheiten in Betracht. Es wurden hierfür speziell die Begriffe des Wissenserklärungsvertreters sowie des Repräsentanten entwickelt, die wohl an die zivilrechtliche Figur des Stellvertreters anknüpfen, aber ihre eigene versicherungsrechtliche Ausgestaltung erfahren haben.

bb) Handeln im fremden Namen

Der Vertreter muß im Namen des Vertretenen handeln (Offenheitsprinzip). Dies braucht er nicht ausdrücklich zu erklären, vielmehr kann es sich aus den Umständen ergeben (§ 164 Abs. 1 Satz 2 BGB). Beispielsweise handelt der in einem Laden angestellte Verkäufer stets im Namen des Geschäftsinhabers; bei einem Handelsvertreter kann sich das Handeln im fremden Namen aus der Vorlage von Druckstücken ergeben, welche die Firma des Vertretenen tragen.

Tritt der Wille des Vertreters, für einen anderen zu handeln, nicht erkennbar hervor, so wird der Erklärende aus dem Rechtsgeschäft selbst berechtigt und verpflichtet (§ 164 Abs. 2 BGB), haftet also beim Abschluß eines Kaufvertrages z. B. auf die Zahlung des Kaufpreises.

cc) Vertretungsmacht

Erforderlich ist in jedem Falle das Vorliegen der Vertretungsmacht, d. h. der Befugnis, für einen anderen handeln zu können. Vertretungsmacht kann auf dem Gesetz oder auf rechtsgeschäftlicher Erklärung beruhen.

(1) Gesetzliche Vertretungsmacht

Gesetzliche Vertretungsmacht haben die **Eltern** für ihre minderjährigen Kinder, der **Vormund** für das Mündel und der **Pfleger** für bestimmte Rechtsgeschäfte. Gemäß § 1357 Abs. 1 Satz 1 BGB ist jeder **Ehegatte** berechtigt, Geschäfte zur angemessenen Deckung des Lebensbedarfs der Familie auch mit Wirkung für den anderen Ehegatten zu besorgen. Unter diese Regelung wird regelmäßig nicht der Abschluß von Versicherungsverträgen fallen.

Die Stellung eines gesetzlichen Vertreters haben die **Organe juristischer Personen** (§ 26 Abs. 2 Satz 1 BGB). Eine Parteistellung kraft Amtes kommt dem Konkurs-, Vergleichs- und Zwangsverwalter sowie dem Testamentsvollstrecker zu.

Der Umfang der gesetzlichen Vertretungsmacht ergibt sich jeweils aus den gesetzlichen Vorschriften, darüber hinaus aus der Satzung der juristischen Person.

(2) Vollmacht

Die durch Rechtsgeschäft begründete Vertretungsmacht heißt Vollmacht (§ 166 Abs. 2 Satz 1 BGB). Regelmäßig liegt ihr ein Rechtsverhältnis zugrunde, wie z. B. ein Dienst- oder Arbeitsvertrag, das zwar die Rechtsbeziehungen zwischen Vertreter und Vertretenem regelt, von dem die Dritten gegenüber wirkende Vollmacht aber grundsätzlich unabhängig ist.

Erteilt wird die Vollmacht durch einseitige empfangsbedürftige Willenserklärung gegenüber dem Vertreter oder dem Dritten, demgegenüber die Vollmacht gebraucht werden soll (§ 167 Abs. 1 BGB). Einer Form bedarf die Bevollmächtigung gemäß § 167 Abs. 2 BGB grundsätzlich nicht. Infolgedessen kann die Vollmacht entweder **ausdrücklich** (mündlich oder durch Ausstellen einer Vollmachtsurkunde gemäß § 172 BGB) oder **stillschweigend** (nach § 48 Abs. 1 HGB nicht im Falle der Prokura) erteilt werden. Fälle der Bevollmächtigung durch konkludentes Handeln sind die Anscheins- und Duldungsvollmacht.

Eine **Duldungsvollmacht** liegt vor, wenn jemand das ihm bekannte Verhalten einer anderen Person duldet, das vom Geschäftsgegner dahingehend verstanden werden mußte, daß dem Betreffenden Vertretungsmacht erteilt worden sei, beispielsweise ihm die Benutzung von Telekommunikations-Einrichtungen sowie den Gebrauch von Briefbogen, Formularen und Stempeln überläßt (vgl. auch § 56 HGB für den Ladenangestellten).

Dagegen kennt der Vertretene im Falle der **Anscheinsvollmacht** das Verhalten des anderen nicht, er hätte es aber bei pflichtgemäßer Sorgfalt erkennen und verhindern können, z. B. durch sorgfältigere Verwahrung bestimmter Geschäftspapiere. Bei beiden Tatbeständen wirkt der Schein der Vollmacht zugunsten des Erklärungsgegners.

Eine erteilte Vollmacht erlischt mit der Beendigung des ihr zugrunde liegenden Rechtsverhältnisses, also mit Kündigung des Arbeitsvertrages, oder durch jederzeit zulässigen Widerruf (§ 168 BGB). Bei einer schriftlich erteilten Vollmachtsurkunde bleibt die Vertretungsmacht aber im Interesse eines gutgläubigen Dritten so lange bestehen, bis die Vollmachtsurkunde dem Vollmachtgeber zurückgegeben oder für kraftlos erklärt wird (§ 172 Abs. 2 BGB).

Der **Umfang der rechtsgeschäftlichen Vertretungsmacht** ergibt sich entweder aus individueller Festlegung, z. B. dem Inhalt der Vollmachtsurkunde, oder aus dem Gesetz. Eine rechtsgeschäftliche Vertretungsmacht mit gesetzlichem Umfang haben insbesondere der Prokurist (§ 49 HGB), der Handlungsbevollmächtigte (§ 54 HGB), der Handelsvertreter (§ 55 HGB) und speziell der Versicherungsvertreter (§§ 43—46 VVG). Häufig beschränken jedoch AVB (vgl. § 47 VVG) die Vollmacht des Agenten, indem sie beispielsweise vorsehen, daß alle für den Versicherer bestimmten Anzeigen und Erklärungen an die Hauptverwaltung des Versicherers oder an die im Versicherungsschein oder in dessen Nachträgen als zuständig bezeichnete Geschäftsstelle gerichtet werden sollen (z. B. § 13 AUB 88). Gewohnheitsrechtlich hat sich eine weitgehende Haftung des Versicherers für Erklärungen des Versicherungsvertreters entwickelt.

b) Wirkung der Vertretung

Liegen die genannten Voraussetzungen vor, so wirken die vom Vertreter abgegebenen oder entgegengenommenen Willenserklärungen unmittelbar für und gegen den Vertretenen (§ 164 Abs. 1 Satz 1 BGB). Ein Vertreter kann also den Versicherungsantrag für einen anderen unterschreiben, wobei es keinen Unterschied macht, ob er dies mit seinem eigenen oder dem Namen des Vertretenen tut, aber auch die Versicherungsleistung wirksam in Empfang nehmen. Ebenso handeln auch auf seiten des Versicherers Vertreter für ihn, deren Erklärungen ihn unmittelbar treffen. Der Vertrag kommt jeweils zwischen dem Versicherungsnehmer und dem Versicherer zustande. Diese Form der Vertretung, deren Wirkungen in der Person des Vertretenen eintreten, bezeichnet man als unmittelbare Stellvertretung. Den Gegensatz bildet die mittelbare Stellvertretung, bei welcher der Erklärende im eigenen Namen, aber für fremde Rechnung handelt, so daß er selbst Partner der abgeschlossenen Verträge wird, wie der Kommissionär und Spediteur.

aa) Vertretung ohne Vertretungsmacht

Ein Handeln ohne Vertretungsmacht liegt vor, wenn der Erklärende keine Vertretungsmacht besessen hat, weil sie entweder von Anfang an fehlte oder später erloschen ist, oder er die Grenzen seiner Vertretungsmacht überschritten hat. Die Rechtsfolgen beurteilen sich ähnlich wie im Falle beschränkter Geschäftsfähigkeit unterschiedlich danach, ob der Vertreter ohne Vertretungsmacht einen Vertrag geschlossen oder ein einseitiges Rechtsgeschäft vorgenommen hat.

Verträge, die ohne Vertretungsmacht abgeschlossen werden, sind nach § 177 Abs. 1 BGB **schwebend unwirksam**; sie können durch Genehmigung des Vertretenen Wirkung erlangen (§ 177 Abs. 2 BGB). Bis zu diesem Zeitpunkt kann der Geschäftsgegner den Vertrag gemäß § 178 BGB widerrufen. Im Falle der Verweigerung der Genehmigung durch den Vertretenen hat der Vertragspartner die Wahl, von dem vollmachtslosen Vertreter entweder Erfüllung des Vertrages oder Schadenersatz zu verlangen (§ 179 BGB).

Einseitige Rechtsgeschäfte, die ein Vertreter ohne Vertretungsmacht gegenüber einem anderen vornimmt, sind nach § 180 Satz 1 BGB grundsätzlich **nichtig**. Zu beachten ist jedoch, daß auch ein einseitiges Rechtsgeschäft, welches ein bevollmächtigter Vertreter einem Dritten gegenüber vornimmt, nach § 174 BGB von dem Erklärungsgegner zurückgewiesen werden kann, wenn der Handelnde keine schriftliche Vollmachtsurkunde vorlegt. Eine derartige Zurückweisung kann vor allem bei Kündigungen angebracht sein.

bb) Kenntnis des Vertreters

Bei wirksamer Stellvertretung kommt es gemäß § 166 Abs. 1 BGB für Willensmängel, wie Irrtum, Betrug oder Drohung, und die Kenntnis oder das Kennenmüssen gewisser Umstände nicht auf die Person des Vertretenen, sondern nur auf die Person des Vertreters an. Ausnahmsweise kann sich der Vertretene dann nicht auf die Unkenntnis des Vertreters berufen, wenn er selbst die betreffenden Umstände kannte und der Vertreter nach seinen Weisungen gehandelt hat (§ 166 Abs. 2 BGB).

Beispiele:

Hat ein Vertreter des Versicherungsnehmers den Antrag unterschrieben, sich aber über die Höhe der Versicherungssumme geirrt, so kann der vertretene Versicherungsnehmer anfechten, auch wenn in seiner Person kein Irrtum vorliegt. − Der Versicherer kann sich auf das Verschweigen eines gefahrerheblichen Umstandes nicht berufen, wenn sein Abschlußvertreter diesen Umstand kannte (z. B. eine Vorerkrankung).

Versicherungsrechtliche Modifikationen der Kenntniszurechnung bringen die Regelungen der §§ 2 Abs. 3, 19, 44 VVG, die im Rahmen des Versicherungsvertragsrechts zu erörtern sind.

cc) Selbstkontrahieren

Vertreter dürfen nur Verträge zwischen dem Vertretenen und dritten Personen schließen, zur Vermeidung einer Interessenkollision nicht dagegen in der Weise, daß der Vertrag zwischen dem Vertretenen und dem Vertreter oder zwischen zwei Personen, die beide von dem Vertreter vertreten werden, zustande kommt (§ 181 BGB). Man bezeichnet diese Fälle als Selbstkontrahieren. Die geschlossenen Verträge sind schwebend unwirksam, können aber von dem Vertretenen genehmigt werden. Ausnahmsweise ist das Selbstkontrahieren zulässig, wenn es von dem Vertretenen ausdrücklich gestattet ist oder es lediglich in der Erfüllung einer Verbindlichkeit besteht.

Beispiele:

Jemand, der Handlungsbevollmächtigter eines Fuhrunternehmers und zugleich Abschlußagent eines Versicherers ist, kann für den Fuhrunternehmer keinen wirksamen Versicherungsvertrag mit dem Versicherer abschließen, den er selbst vertritt. Der Vertrag ist jedoch wirksam, wenn der Fuhrunternehmer den Abschluß von Anfang an gestattet oder nachträglich genehmigt hat. − Ein gesetzliches Beispiel verbotenen Selbstkontrahierens bietet die Vorschrift des § 159 Abs. 2 Satz 2 VVG.

6. Bedingte Rechtsgeschäfte

Die mit jeder Willenserklärung beabsichtigte Rechtswirkung braucht nicht schon mit der Vornahme des Rechtsgeschäftes einzutreten. Sie kann vielmehr vom **Eintritt eines künftigen Ereignisses** abhängig gemacht werden. Hängt der Eintritt des beabsichtigten Erfolges von einem ungewissen Ereignis ab, so spricht man von einer **Bedingung** (bedingtes Rechtsgeschäft), handelt es sich dagegen um ein gewisses Ereignis, von einer **Befristung**.

Die Bedingungen werden eingeteilt in aufschiebende und auflösende. Bei einer **aufschiebenden** Bedingung tritt gemäß § 158 Abs. 1 BGB die von der Bedingung abhängig gemachte Wirkung mit ihrem Eintritt ein, wohingegen bei einem unter einer **auflösenden** Bedingung vorgenommenen Rechtsgeschäft mit dem Eintritt der Bedingung die Wirkung des Rechtsgeschäfts endet und der frühere Rechtszustand wieder eintritt (§ 158 Abs. 2 BGB).

Beispiele:

Sowohl obligatorische als auch dingliche Geschäfte können bedingt abgeschlossen werden. Bei einem Kauf auf Probe hängt dessen Wirksamkeit von der aufschiebenden Bedingung der Billigung des Käufers ab (§ 495 Abs. 1 BGB). Billigt der Käufer den gekauften Gegenstand nicht, so wird der Kaufvertrag nicht wirksam. Seine Wirkungen hängen also ab von der Bedingung der Billigung der Ware durch den Käufer. – In ähnlicher Weise kann auch eine Verfügung bedingt vorgenommen werden. Wenn sich der Verkäufer bei einem Ratenzahlungskauf das Eigentum an dem Kaufgegenstand gemäß § 455 BGB vorbehält, so ist wohl der Kaufvertrag unbedingt geschlossen, die Übereignung der Ware aber nur unter der aufschiebenen Bedingung vollständiger Zahlung des Kaufpreises erfolgt. Bis zu diesem Zeitpunkt treten die Rechtswirkungen der Übereignung, nämlich der Übergang des Eigentums auf den Käufer, nicht ein. – Demgegenüber ist bei der auflösenden Bedingung der Fortbestand der Rechtswirkungen von dem Eintritt der Bedingung abhängig: Eine Schenkung soll hinfällig sein, wenn der Beschenkte das Examen nicht besteht.

Gewisse Rechtsgeschäfte können nicht unter einer Bedingung vorgenommen werden. Dazu gehören kraft Gesetzes die Aufrechnungserklärung (§ 388 Satz 2 BGB), die Auflassung eines Grundstücks (§ 925 Abs. 2 BGB) und die Eingehung der Ehe (§ 13 Abs. 2 EheG). Im Interesse einer sofortigen Klarstellung der Rechtsfolgen werden auch die Anfechtung, Rücktrittserklärung und Kündigung als bedingungsfeindlich angesehen. Jedoch kann der **Versicherer** nach § 39 Abs. 3 Satz 2 VVG im Falle des Verzuges des Versicherungsnehmers mit einer Folgeprämie bereits die Mahnung mit der Kündigung des Versicherungsvertrages verbinden, wobei die Wirkungen der Kündigung wegfallen, wenn der Versicherungsnehmer zahlt. Es handelt sich also um eine durch Zahlung der geschuldeten Beträge innerhalb einer bestimmten Frist auflösend bedingte Kündigung.

Ferner spielt der Begriff der Bedingung **versicherungsrechtlich** insofern eine Rolle, als diejenige Lehrmeinung, welche die Gegenleistung des Versicherers nicht in der Gefahrtragung sieht, von einer durch den Eintritt des Versicherungsfalles bedingten Haftung des

Versicherers ausgeht. Es kann aber auch der ganze Versicherungsvertrag von einer Bedingung abhängig gemacht werden, was in der Praxis jedoch selten vorkommt. Wenn es in den AVB heißt, daß der Versicherungsschutz von bestimmten Handlungen oder Unterlassungen des Versicherungsnehmers abhängig sei, beispielsweise der Anbringung einer Alarmanlage, so stellt diese Formulierung keine bürgerlich-rechtliche Bedingung, sondern eine Obliegenheit dar, bei deren Verletzung nicht § 158 BGB, sondern § 6 VVG mit den einschlägigen AVB Anwendung findet.

7. Unwirksamkeit von Rechtsgeschäften

Rechtsgeschäfte können aus verschiedenen Gründen unwirksam sein. Das BGB unterscheidet die Formen der Nichtigkeit, Anfechtbarkeit und schwebenden Unwirksamkeit.

a) Nichtigkeit

Ein nichtiges Rechtsgeschäft hat keine Rechtswirkung. Nichtig sind außer den bereits behandelten Fällen der Geschäftsunfähigkeit und des Formmangels namentlich solche Willenserklärungen, die gegen ein gesetzliches Verbot (§ 134 BGB) oder gegen die guten Sitten (§ 138 BGB) verstoßen.

Ein **Versicherungsvertrag** als ganzer oder einzelne Bestimmungen daraus können vor allem deshalb nach § 134 BGB nichtig sein, weil sie gegen bestimmte Normen des VVG (zwingende und halbzwingende Vorschriften) oder des AGB-Gesetzes verstoßen, so daß die Regelung des § 134 BGB im Versicherungsrecht einen wichtigen Anwendungsbereich hat. Manche **gesetzlichen Verbote**, die sich auf die Ausfuhr bestimmter Waren beziehen, können unter Umständen auch für die Transportversicherung von Bedeutung sein.

Als Beispiel für einen **Verstoß gegen die guten Sitten** nennt § 138 Abs. 2 BGB den Wucher, der nicht schon bei einem auffälligen Mißverhältnis zwischen Leistung und Gegenleistung gegeben ist, sondern zusätzlich in subjektiver Hinsicht die Ausbeutung der Notlage, des Leichtsinns oder der Unerfahrenheit eines anderen erfordert. Unter Umständen kann die Zuwendung der Bezugsberechtigung aus einer Lebensversicherung an die Geliebte gegen die guten Sitten verstoßen, wenn sie nicht aus überwiegend beachtenswerten Beweggründen erfolgte. Es ist dann nicht der ganze Versicherungsvertrag nichtig, sondern nur die Begünstigungserklärung, und die Versicherungssumme fällt in den Nachlaß.

b) Anfechtbarkeit

Ein anfechtbares Rechtsgeschäft ist an sich wirksam; es kann aber durch Ausübung des Anfechtungsrechtes vernichtet werden. Anfechtungsgründe sind Irrtum, Täuschung und Drohung.

aa) Irrtum

Nicht jeder Irrtum berechtigt zur Anfechtung. Juristisch unerheblich ist der Irrtum im

Beweggrund (Motivirrtum), wenn der Erklärende den Willen zur Abgabe einer Willenserklärung unter irrigen Vorstellungen gefaßt hat, beispielsweise geglaubt hat, die Prämie für eine Hausratversicherung sei steuerlich absetzbar. Beachtlich ist nur der Geschäftsirrtum, das unbewußte Abweichen von Wille und Erklärung, indem etwas anderes erklärt wird, als gewollt war.

Das BGB betrachtet folgende Irrtumsfälle als Anfechtungsgründe:

Irrtum über den Inhalt der Erklärung (§ 119 Abs. 1 BGB, 1. Fall)

Der Erklärende irrt über die Tragweite des Inhalts seiner Erklärung, indem er z. B. glaubt, daß die von ihm unterschriebene Urkunde den Inhalt mündlicher Vereinbarungen richtig wiedergibt.

Irrtum in der Erklärungshandlung (§ 119 Abs. 1 BGB, 2. Fall)

Der Erklärende vergreift sich im Ausdruck und wollte eine Erklärung dieses Inhalts nicht abgeben, indem er sich z. B. verschreibt oder verspricht (100 000,– DM statt 10 000,– DM).

Irrtum über eine verkehrswesentliche Eigenschaft (§ 119 Abs. 2 BGB)

Als Irrtum über den Inhalt der Erklärung gilt auch der Irrtum über solche Eigenschaften der Person oder Sache, die im Verkehr als wesentliche angesehen werden, wie z. B. die Zahlungsfähigkeit eines Kreditnehmers oder die Echtheit eines Bildes, nicht der Preis.

Für den Bereich des **Versicherungsrechts** ist die Anfechtung wegen Irrtums stark eingeschränkt. Durch die Spezialvorschriften der §§ 16–22 VVG über die vorvertragliche Anzeigepflicht des Versicherungsnehmers wird das Anfechtungsrecht des Versicherers wegen Irrtums über gefahrerhebliche Umstände des versicherten Risikos nach § 119 Abs. 2 BGB verdrängt, weil die Sonderregelung vorgeht. Jedoch bleibt die Anfechtungsmöglichkeit nach § 119 Abs. 1 BGB bestehen.

bb) Arglistige Täuschung und Drohung (§ 123 BGB)

Arglistige Täuschung ist das Vorspiegeln falscher Behauptungen oder das Verschweigen wahrer Tatsachen — sofern eine Aufklärungspflicht besteht —, das einen Irrtum erregt und zur Abgabe einer Willenserklärung bestimmt.

Eine Täuschung durch den Vertreter gilt als eine solche des Geschäftsgegners selbst (§ 123 Abs. 2 BGB).

Der Anfechtungsgrund der arglistigen Täuschung kann sowohl dem **Versicherer** als auch dem Versicherungsnehmer zustehen. Verschweigt der Versicherungsnehmer eine Krankheit, obwohl der Lebensversicherer bei Abschluß des Vertrages ausdrücklich danach gefragt hatte, so kann er trotz der versicherungsrechtlichen Sonderregelung anfechten, weil § 22 VVG dies ausdrücklich vorsieht. Den **Versicherungsnehmer** kann auch ein arglistiges Verhalten des Vermittlungs- oder Abschlußvertreters zur Anfechtung berechtigen, wenn dieser beispielsweise wahrheitswidrig erklärt hat, eine bestimmte Versicherungsform werde für selbständige Meister von der Handwerkskammer ausdrücklich empfohlen. Auch im Verschweigen besonderer Umstände durch den Versicherungsvertreter kann eine arglistige Täuschung liegen, weil dieser im Verhältnis zum Kunden eine weitgehende Vertrauensstellung einnimmt.

Unter **Drohung** versteht man die Beeinflussung des Willens durch die Androhung eines Übels. Widerrechtlich ist die Drohung, wenn der Drohende kein Recht auf die Abgabe der Erklärung hat, das angedrohte Mittel unerlaubt ist oder ein Mißverhältnis zwischen Mittel und Zweck besteht.

cc) Wirkung der Anfechtung

Bei Vorliegen eines Anfechtungsgrundes kann das betreffende Rechtsgeschäft angefochten werden. Die Anfechtung erfolgt durch einseitige empfangsbedürftige Willenserklärung und hat die Nichtigkeit zur Folge (§§ 142, 143 BGB). Im Falle des Irrtums muß die Anfechtung unverzüglich, d. h. ohne schuldhaftes Zögern (§ 121 Abs. 1 Satz 1 BGB), erklärt werden, bei Täuschung und Drohung innerhalb eines Jahres (§ 124 Abs. 1 BGB).

Wer wegen Irrtums anficht, hat dem anderen Teil den Schaden zu ersetzen, den dieser dadurch erlitten hat, daß er auf die Wirksamkeit der Erklärung vertraut hat, also beispielsweise Vertrags- und Reisekosten (Vertrauensschaden gemäß § 122 Abs. 1 BGB). Bei arglistiger Täuschung kann umgekehrt der Getäuschte unter Umständen Schadenersatz nach §§ 823 Abs. 2 BGB i. V. mit 263 StGB, 826 BGB verlangen. Die Nichtigkeit des angefochtenen Rechtsgeschäftes löst grundsätzlich einen **Bereicherungsanspruch** auf Erstattung der erbrachten Leistungen gemäß § 812 BGB aus. Bei Anfechtung durch den Versicherer gebührt diesem jedoch gemäß § 40 Abs. 1 Satz 1 VVG dennoch die Prämie für die laufende Versicherungsperiode. In der Lebensversicherung erhält der Versicherungsnehmer nach § 176 VVG die Prämienreserve.

c) Schwebende Unwirksamkeit

Schwebend unwirksam sind die erörterten Verträge der beschränkt Geschäftsfähigen und Vertreter ohne Vertretungsmacht. Ihre Wirksamkeit hängt jeweils von einer **Genehmigung** im Sinne des § 184 Abs. 1 BGB ab, deren Erteilung rückwirkende Kraft hat.

Bürgerliches Recht für das Versicherungswesen (Teil II)[1]

Von Professor Dr. jur. Peter K o c h

---

[1] Der Beitrag besteht insgesamt aus 3 Teilen.

Inhaltsverzeichnis
(Teil II)

Seite

A. *Allgemeiner Teil des BGB (Teil I)*

B. **Recht der Schuldverhältnisse** 41
   I. Allgemeine Grundlagen des Schuldrechts 42
      1. Begriff und Entstehung der Schuldverhältnisse 42
      2. Leistungsstörungen 54
      3. Veränderungen der Schuldverhältnisse 62
      4. Beendigung des Schuldverhältnisses 66
   II. Einzelne Schuldverhältnisse 73
      1. Rechtsgeschäftliche Schuldverhältnisse 73
      2. Gesetzliche Schuldverhältnisse 87
   III. Haftpflichtrecht 89
      1. Haftung für eigenes Verhalten 91
      2. Haftung für fremdes Verhalten 99
      3. Haftung für Sachen 101
      4. Amtshaftung 105
      5. Schadenersatzanspruch 107

C. *Sachenrecht (Teil III)*

D. *Familienrecht (Teil III)*

E. *Erbrecht (Teil III)*

B. Recht der Schuldverhältnisse

Das zweite Buch des BGB behandelt das Recht der Schuldverhältnisse. Es ist gegliedert in einen **allgemeinen Teil**, der sich mit den für alle Schuldverhältnisse gemeinsamen Grundlagen befaßt, und einen **besonderen Teil**, welcher die speziellen Regelungen der einzelnen Schuldverhältnisse enthält.

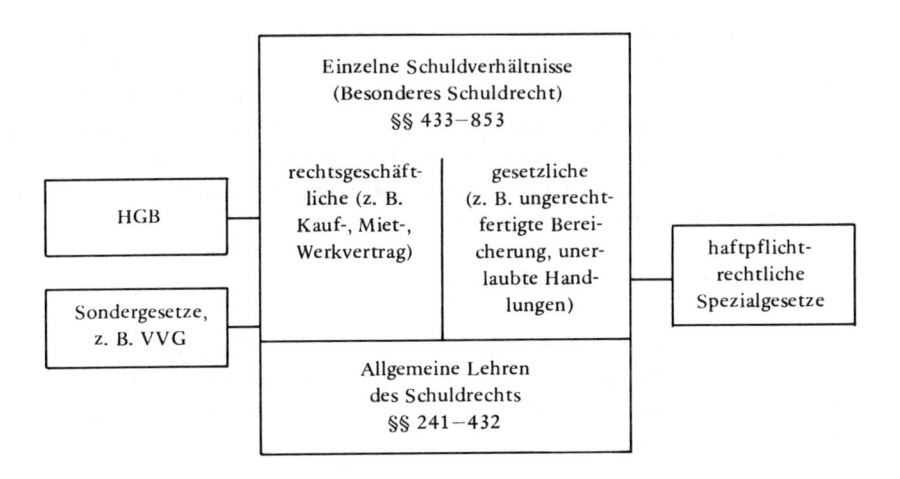

HGB	Einzelne Schuldverhältnisse (Besonderes Schuldrecht) §§ 433–853		haftpflicht-rechtliche Spezialgesetze
	rechtsgeschäftliche (z. B. Kauf-, Miet-, Werkvertrag)	gesetzliche (z. B. ungerechtfertigte Bereicherung, unerlaubte Handlungen)	
Sondergesetze, z. B. VVG	Allgemeine Lehren des Schuldrechts §§ 241–432		

Die Vorschriften des Schuldrechts haben im Gegensatz zur statischen Eigentumsordnung des Sachenrechts **dynamischen Charakter**. Sie bilden die **Rechtsgrundlage für die Geltendmachung von Ansprüchen** im Wirtschaftsleben. Ergänzt werden die schuldrechtlichen Bestimmungen des BGB durch eine Reihe von Sondergesetzen.

Auch der **Versicherungsvertrag** stellt ein Schuldverhältnis dar. Er unterliegt infolgedessen der schuldrechtlichen Regelung des BGB, soweit das VVG und die AVB keine Sondervorschriften enthalten. Von seiner systematischen Einordnung her hätte der Versicherungsvertrag im besonderen Schuldrecht des BGB geregelt werden müssen, so wie manche Zivilgesetzbücher ausländischer Staaten diesen Vertragstyp in ihre Kodifikation einbeziehen. Der Versicherungsvertrag hat deshalb keine Aufnahme in das deutsche BGB gefunden, weil man bei der Schaffung dieses Gesetzbuches zunächst die Regelung des am 12.5.1901 ergangenen Versicherungsaufsichtsgesetzes (VAG) abwarten wollte. Aus dieser Tatsache erklärt sich seine Behandlung in einem Sondergesetz, nämlich dem Gesetz über den Versicherungsvertrag (VVG) vom 30.5.1908.

I. Allgemeine Grundlagen des Schuldrechts

Zu den allgemeinen Grundlehren des Schuldrechts, die sich auf alle Schuldverhältnisse beziehen, gehören der Begriff und die Begründung der Schuldverhältnisse, Störungen in ihrer Abwicklung, Veränderungen in ihrer Ausgestaltung und das Erlöschen der Schuldverhältnisse.

1. Begriff und Entstehung der Schuldverhältnisse

Unter einem Schuldverhältnis versteht man ein Rechtsverhältnis zwischen zwei Personen (Gläubiger und Schuldner), das mindestens einen Anspruch erzeugt. Der Gläubiger kann von dem Schuldner etwas verlangen.

Verwirklicht werden diese Ansprüche, die das Recht darstellen, von dem Schuldner eine Leistung (Tun oder Unterlassen) zu fordern (§ 241 BGB), durch Erfüllung. Beispielsweise begründet der Versicherungsvertrag den Anspruch des Versicherers auf Prämienzahlung durch den Versicherungsnehmer, wohingegen dieser von dem Versicherungsunternehmen die sogenannte Gefahrtragung verlangen kann, die sich nach Eintritt des Versicherungsfalles regelmäßig in einer Geldzahlung konkretisiert. Infolgedessen ruft das Schuldverhältnis Verpflichtungen hervor, die vom Schuldner zu befriedigen sind.

a) Begründung der Schuldverhältnisse

Begründet werden können Schuldverhältnisse entweder durch **Rechtsgeschäft** oder **kraft Gesetzes**, indem der Schuldner einen bestimmten gesetzlichen Tatbestand verwirklicht. Nach der Art ihrer Entstehung lassen sich die Schuldverhältnisse somit einteilen in rechtsgeschäftliche und gesetzliche.

aa) *Rechtsgeschäftliche Schuldverhältnisse*

Grundsätzlich ist nach § 305 BGB zur Begründung eines Schuldverhältnisses durch Rechtsgeschäft ein Vertrag erforderlich.

Gläubiger und Schuldner müssen also durch Antrag und Annahme nach Maßgabe der §§ 145 ff. BGB zusammenwirken, damit ein Schuldverhältnis entsteht. Das gilt auch für diejenigen Fälle, in denen nur die Leistungspflicht einer Partei begründet wird, wie beispielsweise bei der Schenkung.

Nur ausnahmsweise kann ein einseitiges Rechtsgeschäft zur Entstehung eines Schuldverhältnisses führen. Das BGB kennt lediglich den Fall der sogenannten Auslobung des § 657 BGB. Danach ist derjenige, der für die Vornahme einer Handlung, z. B. die Wiederherbeischaffung einer verlorenen Sache, durch öffentliche Bekanntmachung eine Belohnung aussetzt, verpflichtet, demjenigen die Belohnung zu entrichten, der die Handlung vorgenommen hat. Praktische Anwendungsfälle sind das Preisausschreiben im Sinne des § 661 BGB sowie das Aussetzen von Büchern durch Zeitungsverlage für die Vermittlung neuer

Abonnenten, die Erklärung eines VVaG, Werbeprämien für die Gewinnung weiterer Mitglieder zahlen zu wollen, und das Ausschreiben von Wettbewerben für die Außendienst-Mitarbeiter eines Versicherungsunternehmens.

(1) Prinzip der Vertragsfreiheit

Das Recht der Schuldverhältnisse wird vom Grundsatz der Vertragsfreiheit (sogenannte Privatautonomie) beherrscht. Dazu gehört sowohl die Abschluß- als auch die Gestaltungsfreiheit.

Abschlußfreiheit ist die Möglichkeit des einzelnen, frei darüber zu entscheiden, ob und mit wem er einen Vertrag schließen will. **Gestaltungsfreiheit** ist die Möglichkeit der Beteiligten, den Inhalt der abzuschließenden Verträge frei zu vereinbaren.

Beide Formen der Vertragsfreiheit werden häufig eingeschränkt. Bestimmte Verkehrs- und Versorgungsbetriebe, wie Bahn, Post, Gas- und Elektrizitätswerke, sind teils kraft Gesetzes, teils aufgrund ihrer Monopolstellung verpflichtet, Verträge abzuschließen. Der inhaltlichen Vertragsgestaltung setzt die Rechtsordnung insofern gewisse Schranken, als sie bestimmte Verträge verbietet (§§ 134, 138 BGB). Ein Eingriff in die Vertragsfreiheit ist auch immer dann gegeben, wenn die Wirksamkeit des Rechtsgeschäftes von einer staatlichen Genehmigung abhängt, wie häufig im Grundstücksverkehr; bis zur Erteilung oder Versagung der Genehmigung sind die Verträge schwebend unwirksam.

Das Versicherungswesen kennt zahlreiche Beschränkungen der Vertragsfreiheit. In die Abschlußfreiheit des Versicherungsnehmers wird durch die Zwangs- und Monopolrechte öffentlich-rechtlicher Gebäude-Brandversicherungs-Anstalten nach Landesrecht sowie die gesetzlichen Versicherungspflichten, häufig zum Abschluß von Haftpflichtversicherungen, beispielsweise für Kraftfahrzeughalter (§ 1 PflVG), eingegriffen. Dem **Inhalt** Allgemeiner Versicherungsbedingungen werden durch die Vorschriften des AGB-Gesetzes und des VVG Schranken gesetzt. Verträge der Versicherungsunternehmen im Bereich der Kapitalanlagen bedürfen zu ihrer Wirksamkeit der Genehmigung der Aufsichtsbehörde, für Anlagen, die dem gesetzlichen Anlagen-Katalog des § 54a VAG sowie den dort genannten Begrenzungen nicht entsprechen (§ 54a Abs. 5 VAG). Der Aufsichtsbehörde sind jeder Erwerb von Grundstücken und grundstücksgleichen Rechten (Erbbaurechte), von Beteiligungen ab 10 % des Grundkapitals einer Gesellschaft sowie von Anlagen bei verbundenen Unternehmen und von Pensions- und Sterbekassen bei ihren Trägerunternehmen nach § 54 Abs. 2 VAG anzuzeigen.

(2) Arten der Schuldverhältnisse

Die Schuldverhältnisse sind stets Verpflichtungsgeschäfte, weil sie den Schuldner zur Vornahme einer Handlung verpflichten und auf seiten des Gläubigers einen Anspruch auf die Leistung erzeugen.

Einteilen lassen sich die Schuldverhältnisse unter dem Gesichtspunkt, ob sich ihre Abwicklung in einer einmaligen Leistung erschöpft oder ob sie einen längeren Zeitraum ausfüllt, sowie danach, ob nur einer der Beteiligten zu einer Leistung verpflichtet ist oder sich beide etwas schulden.

(a) Dauerschuldverhältnis

Es gibt Schuldverhältnisse, bei denen die Leistung des Schuldners in einem **einmaligen Vorgang** besteht, wie z. B. beim Kaufvertrag in der Übereignung der Ware bzw. der Zahlung des Kaufpreises.

Ihnen stehen die sogenannten **Dauerschuldverhältnisse** gegenüber, die entweder ein dauerndes Verhalten oder in bestimmten Zeitabschnitten wiederkehrende einzelne Leistungen zum Inhalt haben. Typisch für sie ist, daß der Umfang der zu erbringenden Leistungen von der Länge der Vertragsdauer abhängt.

Zu diesen Dauerschuldverhältnissen gehören vor allem Miet-, Pacht-, Arbeits- und Gesellschaftsverträge, aber auch solche Verträge, die auf den laufenden Bezug von Gas, Wasser, Strom und ähnlichen Leistungen gerichtet sind. Das Dauerschuldverhältnis erfordert in besonderem Maße ein **vertrauensvolles Zusammenwirken** der Vertragsteile. Es kann, sofern es nicht von vornherein auf eine bestimmte Zeit abgeschlossen war, von jedem Vertragspartner fristlos aus wichtigem Grund gekündigt, also unter der Voraussetzung beendet werden, daß einem Partner eine Fortsetzung nicht mehr zuzumuten ist.

Auch der **Versicherungsvertrag** ist ein Dauerschuldverhältnis, weil der Versicherungsschutz während der gesamten Vertragsdauer zu gewähren und der Versicherungsnehmer regelmäßig zu periodischer Prämienzahlung (§ 9 VVG) verpflichtet ist. Von allen Beteiligten wird eine diesem Dauercharakter angemessene Verhaltensweise gefordert, die sich in Aufklärungspflichten des Versicherers sowie den gesetzlichen und vertraglich vereinbarten Obliegenheiten des Versicherungsnehmers ausdrückt. Bei Vorliegen eines wichtigen Grundes besteht ein außerordentliches Kündigungsrecht.

(b) Ein- und zweiseitig verpflichtende Verträge

Einseitig verpflichtende Schuldverhältnisse begründen nur für einen der Beteiligten eine Leistungspflicht, so daß der andere lediglich berechtigt ist, wie beispielsweise bei einem Schenkungsvertrag.

Demgegenüber sind die **zweiseitig verpflichtenden Schuldverhältnisse** dadurch gekennzeichnet, daß jeder dem anderen etwas schuldet und daher hinsichtlich seiner eigenen Leistung Schuldner, hinsichtlich der des anderen Gläubiger ist. Ein Beispiel bietet der Auftrag, der den Beauftragten zur unentgeltlichen Ausführung der übernommenen Geschäftsbesorgung (§ 662 BGB) und den Auftraggeber zum Ersatz der erforderlichen Aufwendungen (§ 670 BGB) verpflichtet.

Ein wichtiger Unterfall sind die **gegenseitigen Verträge**, bei denen die beiderseitigen Leistungen in der Weise miteinander verknüpft sind, daß jeder Vertragspartner dem anderen eine Leistung um der Gegenleistung willen verspricht, also der Austausch der Leistungen als gegenseitiges Entgelt erfolgt, wie beim Kauf-, Tausch-, Miet- und Arbeitsvertrag.

Wegen dieses Verhältnisses der beiderseitigen Verpflichtungen kann der Gläubiger bei einem gegenseitigen Vertrag nicht schlechthin die ihm zustehende Leistung verlangen, sondern nur Zug um Zug gegen die Gegenleistung. Bis zur Bewirkung der ihm zustehenden Gegenleistung kann der Schuldner die ihm obliegende Leistung verweigern (Einrede des nicht erfüllten Vertrages im Sinne von § 320 Abs. 1 Satz 1 BGB). Erhebt der Gläubiger Klage auf Erfüllung, so ist der Schuldner zur Erfüllung Zug um Zug zu verurteilen (§ 322 Abs. 1 BGB).

Beispiel:

Der Abschluß eines Kaufvertrages über ein Kraftfahrzeug löst einen Anspruch des Käufers auf Übereignung des Wagens (§ 433 Abs. 1 Satz 1 BGB) und einen solchen des Verkäufers auf Zahlung des Kaufpreises aus (§ 433 Abs. 2 BGB). Es handelt sich um einen gegenseitigen Vertrag; denn der Verkäufer will das Auto nur liefern, um ein Entgelt dafür zu erhalten. Die Erfüllung erfolgt Zug um Zug, also Übergabe des Fahrzeugs gegen Zahlung des Preises.

Ausnahmsweise kann sich beim gegenseitigen Vertrag eine **Vorleistungspflicht des Schuldners** ergeben, wenn sie ausdrücklich vereinbart wurde, wie z. B. beim Ratenkauf, oder sie auf dem Wesen des Schuldverhältnisses beruht, wie beispielsweise bei den auf Dauer gerichteten Verträgen, wenn der eine Teil jeweils für einen bestimmten Zeitabschnitt vorzuleisten hat, etwa der Mieter den Mietzins.

Von der Wirkung her ist der Einrede des nicht erfüllten Vertrages das **Zurückbehaltungsrecht** verwandt. Nach § 273 Abs. 1 BGB hat der Schuldner das Recht, die geschuldete Leistung so lange zu verweigern, bis eine ihm gebührende Leistung bewirkt wird, wenn er aus demselben rechtlichen Verhältnis (Konnexität), auf dem seine Verpflichtung beruht, einen fälligen Anspruch gegen seinen Gläubiger hat. Weiter als das zivilrechtliche geht das kaufmännische Zurückbehaltungsrecht, das die Möglichkeit gewährt, sich aus dem zurückbehaltenen Gegenstand zu befriedigen, sich aber nur auf bewegliche Sachen und Wertpapiere erstreckt (§§ 369, 371 HGB), wohingegen das allgemeine Zurückbehaltungsrecht alle Leistungen umfaßt.

Der **Versicherungsvertrag** ist ein zweiseitig verpflichtendes Schuldverhältnis, da die Verpflichtung zu einer Leistung sowohl für den Versicherer (§ 1 Abs. 1 VVG) als auch für den Versicherungsnehmer (§ 1 Abs. 2 VVG) begründet wird. Geht man von der sogenannten Gefahrtragungstheorie aus, so handelt es sich auch um einen gegenseitigen Vertrag, weil der Versicherungsnehmer die Prämie zahlt, um hierfür das Risiko auf den Versicherer abwälzen zu können, also Versicherungsschutz zu erhalten. Abweichend von der Regel sind die Verpflichtungen beim Versicherungsvertrag jedoch nicht auf Leistung Zug um Zug gerichtet, sondern es besteht eine Vorleistungspflicht des Versicherungsnehmers zur Entrichtung der Prämie. Nach § 35 Satz 1 VVG ist die Prämie sofort nach Vertragsabschluß zu zahlen; vorher besteht kein Versicherungsschutz (§ 38 Abs. 2 VVG). Solange dem Versicherungsnehmer der Versicherungsschein aber noch nicht ausgehändigt ist, hat er gemäß § 35 Satz 2 VVG ein Zurückbehaltungsrecht an der Prämie (Einlösungsklausel). Aus diesem Grunde haben die Versicherer für die unverzügliche Aushändigung bzw. Zusendung des Versicherungsscheins Sorge zu tragen.

bb) Gesetzliche Schuldverhältnisse

Gesetzliche Schuldverhältnisse entstehen unabhängig von einem darauf gerichteten rechtsgeschäftlichen Willen der Beteiligten kraft Gesetzes durch die Verwirklichung eines bestimmten Tatbestandes.

(1) Gesetzlich geregelte Tatbestände

Das BGB kennt eine Reihe gesetzlicher Leistungspflichten, die jeweils auf einem bestimmten Verhalten des Schuldners beruhen und in der Mehrzahl der Fälle im Rahmen der „Einzelnen Schuldverhältnisse", zum Teil aber auch in den folgenden Büchern des BGB und Sondergesetzen geregelt sind. An dieser Stelle seien genannt:

— die **Geschäftsführung ohne Auftrag** (§§ 677 ff. BGB), wenn jemand, ohne dazu verpflichtet zu sein, für einen anderen tätig wird; es entsteht ein gesetzliches Schuldverhältnis, das unter Umständen eine Haftung des Geschäftsführers (§ 678 BGB), gegebenenfalls aber auch einen Anspruch auf Ersatz seiner Aufwendungen, z. B. verauslagter Beträge (§ 683 BGB), hervorrufen kann;

— die **Haftung des Gastwirts** (Hoteliers) für eingebrachte Sachen (§§ 701 ff. BGB);

— die **ungerechtfertigte Bereicherung** (§§ 812 ff. BGB), die auf die Erstattung dessen gerichtet ist, was man von einem anderen ohne rechtlichen Grund erlangt hat;

— die **unerlaubten Handlungen** (§§ 823 ff. BGB und Sondergesetze), deren Verwirklichung Schadenersatzansprüche auslöst.

(2) Culpa in contrahendo

Es ist heute gewohnheitsrechtlich anerkannt, daß bereits die Aufnahme von Vertragsverhandlungen oder eines sonstigen geschäftlichen Kontaktes ohne Rücksicht auf einen späteren Vertragsabschluß ein gesetzliches Schuldverhältnis begründet, welches zwar noch keine echten Leistungspflichten, wohl aber Pflichten zur Obhut, Rücksichtnahme und Aufklärung des Verhandlungspartners erzeugt. Eine schuldhafte Verletzung dieser Pflichten löst einen Schadenersatzanspruch aus.

Man spricht von einer Haftung für das Verschulden bei den Vertragsverhandlungen (culpa in contrahendo).

> **Beispiele:**
>
> Wer mit einem auswärtigen Interessenten über den Verkauf eines Hauses Gespräche führt, ist verpflichtet, diesen von dem Vertragsschluß mit einem Dritten zu unterrichten, sofern der Interessent ihm seine Absicht mitteilt, das Anwesen an Ort und Stelle besichtigen zu wollen. Unterläßt er das, hat er dem Interessenten die unnütz aufgewendeten Reisekosten zu ersetzen, obwohl er zu ihm nicht in vertraglichen Beziehungen steht. — Eine Frau läßt sich in einem Kaufhaus Linoleumteppiche zeigen. Infolge einer Unachtsamkeit des Verkäufers wird sie durch eine umfallende Teppichrolle verletzt. Das Kaufhaus ist der Frau aufgrund dieses schuldhaften Verhaltens des Verkäufers zum Schadenersatz verpflichtet (§ 278 Satz 1 BGB).

Für das **Versicherungsrecht** ist das Rechtsinstitut der culpa in contrahendo von Bedeutung, weil es für die Verletzung der sogenannten vorvertraglichen Anzeigepflicht in den §§ 16–22 VVG eine spezielle gesetzliche Regelung gefunden hat. Der Antragsteller hat dem Versicherer bestimmte Umstände anzuzeigen, obwohl noch kein Versicherungsvertrag zustande gekommen ist. Ein schuldhafter Verstoß gegen diese Obliegenheit löst im Gesetz einzeln festgelegte Rechtsfolgen aus. Eine verbreitete, aber nicht unumstrittene Meinung gewährt dem Antragsteller nach den Grundsätzen der culpa in contrahendo einen Schadenersatzanspruch, wenn der Versicherer seine Antwort auf den Antrag unangemessen verzögert und er bei früherer Annahme für einen Versicherungsfall gedeckt gewesen wäre oder bei früherer Ablehnung bei einem anderen Versicherer Versicherungsschutz gefunden hätte.

b) Inhalt der Schuldverhältnisse

Der Inhalt der Schuldverhältnisse bestimmt sich nach Art und Umfang der Leistungspflichten. Maßgebend sind in erster Linie die getroffenen Vereinbarungen, die durch den Grundsatz von Treu und Glauben und die gesetzliche Regelung ergänzt werden. Bestimmte Leistungen, wie z. B. Geldzahlung und Schadenersatz, sind vom Gesetz generell umschrieben, andere richten sich danach, um was für ein Schuldverhältnis es sich im speziellen Fall handelt.

Mit dem Anspruch des Gläubigers auf die Leistung ist im allgemeinen die Möglichkeit verbunden, die Forderung auch zwangsweise durchzusetzen. Diese klageweise Geltendmachung von Ansprüchen besteht nicht für verjährte Forderungen, gegen welche die Einrede der Verjährung erhoben wurde (§ 222 BGB), sowie für Spiel- und Wettschulden (§ 762 BGB) und die Vergütung von Heiratsvermittlern (§ 656 BGB). Hat der Schuldner aber zur Erfüllung derartiger Ansprüche Leistungen erbracht, so kann er diese nicht mit der Begründung zurückfordern, es habe keine Verbindlichkeit bestanden. Man spricht in diesem Zusammenhang von sogenannten Naturalobligationen.

aa) Vereinbarung des Inhaltes der Leistungspflichten

Grundsätzlich bestimmen die Parteien Inhalt und Umfang der Leistungen im **beiderseitigen Einvernehmen**. Beispielsweise sind bei einem Kaufvertrag Vereinbarungen über die Art des Kaufgegenstandes und die Höhe des Kaufpreises zu treffen. Der übrige Vertragsinhalt richtet sich nach der gesetzlichen Regelung, sofern nichts Abweichendes vereinbart wurde.

Mitunter kommt es vor, daß die Vertragschließenden die Bestimmung der Leistung **einem der Beteiligten** überlassen. In diesem Fall hat sie gemäß § 315 Abs. 1 BGB nach billigem Ermessen zu erfolgen. Danach ist beispielsweise für die Höhe des Preises von Speisen und Getränken in Gastwirtschaften in erster Linie die Speisekarte maßgebend. Grundsätzlich besteht bei dem gewerbs- oder geschäftsmäßigen Angebot von Waren und Leistungen gegenüber Letztverbrauchern eine weitreichende Preisangabepflicht (Verordnung über Preisangaben vom 14.3.1985).

Auch im Bereich des **Versicherungswesens** richten sich der Umfang des Versicherungsschutzes und die Höhe der Prämie nach der zwischen beiden Vertragspartnern getroffenen

Absprache. Besonderheiten ergeben sich aus dem Massencharakter des Versicherungsgeschäftes und den Grundsätzen der Versicherungstechnik. Regelmäßig unterwirft sich der Antragsteller formularmäßig den Allgemeinen Versicherungsbedingungen der Gesellschaft, die der Sache nach eine einseitige Umschreibung des Deckungsumfangs durch den Versicherer im Sinne von § 315 Abs. 1 BGB darstellen. Fehlt eine Vereinbarung über die Höhe der Prämie, so bestimmt sich diese nach dem Prämientarif des Versicherers.

bb) Grundsatz von Treu und Glauben

Die Leistungspflicht des Schuldners und darüber hinaus das gesamte Verhalten der am Schuldverhältnis Beteiligten werden von der Vorschrift des § 242 BGB beherrscht, wonach der Schuldner verpflichtet ist, die Leistung so zu bewirken, wie es Treu und Glauben mit Rücksicht auf die Verkehrssitte erfordern. Dem Prinzip von Treu und Glauben, das sich im wesentlichen auf den Grundsatz des **Vertrauens** in ein bestimmtes Verhalten der an einem Schuldverhältnis Beteiligten zurückführen läßt, hat die Rechtsprechung gewisse Funktionen zugewiesen. Danach regelt § 242 BGB die Art und Weise der Leistung unter dem Gesichtspunkt der Zumutbarkeit, schafft zusätzliche Nebenpflichten zum Schutze der Vertragspartner und beschränkt den Umfang der Rechte aus der Sicht des Verbots einer unzulässigen Rechtsausübung.

Der **Versicherungsvertrag** wird mit Recht als ein in besonderem Maße von Treu und Glauben geprägtes Rechtsverhältnis bezeichnet, weil die Parteien im Hinblick auf den Charakter des Versicherungsschutzes als abstrakte und erklärungsbedürftige Dienstleistung sowie die bestehende Gefahr einer Vortäuschung des Versicherungsfalles durch den Versicherungsnehmer auf gegenseitiges Vertrauen angewiesen sind. Diese Tatsache hat einerseits dazu geführt, daß der Versicherungsnehmer beim Verstoß gegen bestimmte Obliegenheiten den Versicherungsschutz verliert, belastet aber andererseits auch den Versicherer mit zahlreichen Auskunfts-, Aufklärungs- und Belehrungspflichten.

cc) Haupt- und Nebenpflichten

Aus jedem Schuldverhältnis können sich Haupt- und Nebenpflichten ergeben.

Die eigentlichen **Leistungspflichten** bestimmen den Typus des betreffenden Schuldverhältnisses. So kann der Schuldner z. B. gegen Entgelt zur Übereignung einer Sache (Kaufvertrag), zur Gebrauchsüberlassung (Mietvertrag), zur Leistung von Diensten (Dienstvertrag) oder zur Gewährung von Versicherungsschutz (Versicherungsvertrag) verpflichtet sein. Bei einer Störung in der Abwicklung des Vertrages tritt an die Stelle dieser primären Leistungspflicht häufig eine sekundäre Verpflichtung anderen Inhalts, indem der Schuldner beispielsweise schadenersatzpflichtig wird, wenn er die primäre Leistungspflicht nicht ordnungsgemäß erfüllt.

Neben den Leistungspflichten gibt es weitere **Verhaltenspflichten,** die über die Leistungspflichten hinausgehen und außer den Schuldner auch den Gläubiger treffen. Diese Nebenpflichten können unabhängig vom Typ des Schuldverhältnisses bei allen Vertragsarten auftreten. Sie beruhen auf der Überlegung, daß die Parteien einander nicht nur zur Erbringung der vereinbarten Leistungen, sondern auch zu gegenseitiger Sorgfalt, Obhut und Rücksichtnahme verpflichtet sind. Im Einzelfall haben diese Pflichten, die von den Beteiligten ein bestimmtes Verhalten fordern, einen unterschiedlichen Inhalt, der auf der

Dauer der bestehenden Beziehungen und dem besonderen Charakter des Schuldverhältnisses beruht. Beispielsweise ergeben sich aus einem langfristigen Arbeits- oder Gesellschaftsvertrag weiterreichende Treuepflichten als aus der Übernahme einer einmaligen Dienstleistung.

Versicherungsrechtlich hat diese Unterscheidung zwischen Haupt- und Nebenpflichten ihren Niederschlag in der Abgrenzung der Prämienzahlungspflicht des Versicherungsnehmers von den Obliegenheiten gefunden. Aber auch den Versicherer treffen außer der Gewährung des Versicherungsschutzes als echte Leistungspflicht zusätzliche Aufklärungspflichten, die teils im Gesetz geregelt sind, darüber hinaus aber auch von der Rechtsprechung entwickelt wurden.

dd) Gattungsschuld

Hat der Schuldner eine Sachleistung zu erbringen, so kann der zu liefernde Gegenstand entweder individuell, z. B. als näher bezeichnetes Grundstück nach Maßgabe der Eintragung im Grundbuch, oder nur der Gattung nach, etwa 10 Zentner Weizen, bestimmt sein. Danach unterscheidet man zwischen der Stück- und der Gattungsschuld. **Bei der Stückschuld wird die konkret benannte Sache geschuldet, wohingegen der Schuldner bei der Gattungsschuld nur irgendein Exemplar aus der Gattung zu liefern hat.**
In der Praxis des Wirtschaftslebens kommt der Gattungsschuld die größere Bedeutung zu. Das Gesetz geht jedoch von der Stückschuld aus und stellt für die Gattungsschuld Sondervorschriften auf. Im Falle der Gattungsschuld sind gemäß § 243 Abs. 1 BGB Sachen mittlerer Art und Güte zu leisten. Wird die geschuldete Sache im Falle einer Stückschuld vor der Erfüllung ohne Verschulden des Schuldners vernichtet, so wird er von seiner Leistungspflicht frei, weil ihm die Leistung unmöglich geworden ist (§ 275 BGB). Dies gilt nicht für den Untergang einer nur der Gattung nach bezeichneten Sache, weil der Schuldner notfalls verpflichtet ist, sich einen solchen Gegenstand zu beschaffen (§ 279 BGB). Hat der Schuldner im Falle einer Gattungsschuld aber das zur Erfüllung seinerseits Erforderliche getan, so beschränkt sich das Schuldverhältnis nach § 243 Abs. 2 BGB auf die betreffende Sache; denn durch die Auswahl und Lieferung wurde der Leistungsgegenstand nunmehr individuell bestimmt, und die Schuld hat sich von der Gattungs- zur Stückschuld gewandelt. Dieser Vorgang, der Konzentration oder Konkretisierung der Gattungsschuld genannt wird, hat zur Folge, daß der Schuldner bei einem Untergang des Leistungsgegenstandes ohne sein Verschulden nach der Konzentration leistungsfrei wird, weil er nicht mehr nur irgendein Stück der Gattung, sondern nur noch diesen Gegenstand schuldet.

Beispiel:

Ein Kunsthändler hat ein bestimmtes Kokoschka-Gemälde an einen Liebhaber verkauft. Das Bild verbrennt ohne Verschulden des Händlers in der Nacht vor der Auslieferung an den Käufer. Der Verkäufer ist nach § 275 Abs. 2 BGB von seiner Leistungspflicht frei geworden. – Handelt es sich dagegen nicht um das Original, sondern nur um einen Druck dieses Gemäldes, so hat der Händler ein Exemplar mittlerer Art und Güte zu liefern und es sich gegebenenfalls zu beschaffen. Wenn es der Verkäufer auf Wunsch des Käufers übernommen hatte, diesem das Bild zuzuschicken (Versendungskauf), und es auf dem Transport verlorengeht, wird der Händler von seiner Verpflichtung befreit (§ 447 BGB).

ee) Geld- und Zinsschuld

Geld ist das gesetzliche Zahlungsmittel. Man versteht darunter diejenigen Geldzeichen (Banknoten oder Münzen), die dem Gläubiger zur Erfüllung der Geldschuld übereignet werden. Die Leistung kann aber auch in der Weise erfolgen, daß dem Gläubiger im Wege des **bargeldlosen Zahlungsverkehrs** ein Guthaben bei seinem Kreditinstitut verschafft wird (Überweisung). Infolgedessen erstreckt sich die Geldschuld jeweils auf einen bestimmten Geldbetrag (Summe). Geldschulden unterliegen mitunter der Gefahr einer Entwertung. Nach § 3 Satz 2 WährG dürfen sie aber nur mit Genehmigung der Deutschen Bundesbank von dem Kurs einer anderen Währung, dem Preis des Goldes oder anderen Gütern und Leistungen abhängig gemacht werden (**Wertsicherungsklauseln**).

Von der Art und Weise der Geldleistung her ist zwischen **Kapital- und Rentenzahlungen** zu unterscheiden. Während die Kapitalschuld in einem einmaligen Betrag besteht, sind Renten gleichartige, regelmäßig wiederkehrende Leistungen. Renten können meistens kapitalisiert werden. Gesetzlich ergibt sich eine Verpflichtung zur Rentenzahlung bei Schadenersatzansprüchen (§§ 843, 844 Abs. 2 BGB) und Unterhaltsleistungen (§ 1612 Abs. 1 BGB), vertraglich im Falle der Leibrente (§§ 759 ff. BGB) sowie bei Renten- und Tagegeld-Versicherungen.

Eine Geldschuld ist insbesondere die **Prämienzahlungspflicht** des Versicherungsnehmers, aber auch die Verpflichtung des Versicherers zur **Erbringung der Versicherungsleistung**, da bei der Summenversicherung nach § 1 Abs. 1 Satz 2 VVG ohnehin eine bestimmte Geldsumme als Kapital oder Rente geschuldet wird und bei der Schadenversicherung der Versicherer den Schadenersatz grundsätzlich in Geld zu leisten hat (§ 49 VVG).

Zinsen setzen stets eine Gelschuld voraus. Sie werden in einem Prozentsatz des geschuldeten Kapitals bemessen. Eine Verpflichtung zur Zinszahlung kann auf vertraglicher Vereinbarung, wie z. B. beim Darlehen (§ 608 BGB), oder auf gesetzlicher Anordnung, etwa im Falle des Verzuges (§ 288 BGB), beruhen. Die Verzinsung der Versicherungsleistung richtet sich nach §§ 11 Abs. 4, 94 VVG.

Für die **Zinshöhe** ist regelmäßig die getroffene Absprache maßgebend. Fehlt es an einer solchen, so ist gemäß § 246 BGB ein jährlicher Zins von 4 %, unter Kaufleuten nach § 352 HGB ein Satz von 5 % zu entrichten. Dem Schuldner steht aufgrund der mit Wirkung vom 1.1.1987 eingefügten Vorschrift des § 609a BGB ein gesetzliches Kündigungsrecht zu, das für Darlehen mit festen oder variablen Zinssätzen unterschiedlich geregelt ist. Bei Realkrediten und Investitionsfinanzierungen gewerblicher Unternehmen bestehen längere Bindungen. Eine Vereinbarung von Zinseszinsen im voraus ist nach § 248 Abs. 1 BGB nichtig. Ausnahmen bestehen jedoch für die praktisch wichtigen Fälle der Behandlung nicht abgehobener Zinsen als neue verzinsliche Einlage bei Kreditinstituten (§ 248 Abs. 2 Satz 1 BGB) sowie im kaufmännischen Kontokorrentverkehr (§ 355 HGB).

ff) Schaden- und Aufwendungsersatz

Eine besondere Art der Leistung stellt die **Schadenersatzverbindlichkeit** dar, die auf den Ausgleich eines erlittenen Schadens gerichtet ist und im Zusammenhang mit dem Haftpflichtrecht behandelt wird.

Vom Schadenersatz unterscheidet sich der **Aufwendungsersatz** dadurch, daß er nicht die Beseitigung unfreiwillig erlittener Einbußen, sondern den Ersatz freiwilliger Vermögensopfer bezweckt. Ein Anspruch auf Aufwendungsersatz steht regelmäßig demjenigen zu, der fremde Geschäfte (§ 670 BGB) besorgt, wie etwa einem Vermögensverwalter, aber auch dem Versicherungsnehmer im Rahmen der Erfüllung seiner sogenannten Rettungspflicht (§§ 63, 144, 185 VVG, 14 AFB, 3 Abs. 1 AFB 87).

c) Beteiligte Personen

An jedem Schuldverhältnis sind mindestens zwei Personen als Gläubiger und Schuldner beteiligt. Es kommt aber auch vor, daß sich jeweils mehrere Personen gegenüberstehen oder Dritte in das Schuldverhältnis einbezogen werden.

aa) Gläubiger und Schuldner

Gläubiger ist derjenige, der auf die Leistung vertraut und sie beanspruchen kann, Schuldner derjenige, der sie zu erbringen hat.

Bei zweiseitig verpflichtenden Schuldverhältnissen ist jeder der Beteiligten in Ansehung der beiden Leistungen sowohl Gläubiger als auch Schuldner. Beispielsweise kann der Käufer die Übereignung der Ware verlangen und schuldet seinerseits die Zahlung des Kaufpreises, wohingegen beim Verkäufer dieses Rollenverhältnis vertauscht ist. Auch im Rahmen des Versicherungsvertrages hat jede der Parteien eine Leistung zu beanspruchen und zu erbringen, nämlich einerseits die Gefahrtragung und andererseits die Prämienzahlung. Schuldner der Prämie gegenüber dem Versicherer ist stets der Versicherungsnehmer, niemals eine andere am Vertragsverhältnis beteiligte Person.

bb) Mehrheit von Gläubigern und Schuldnern

Sind bei einem Schuldverhältnis auf einer oder beiden Seiten mehrere Personen beteiligt, so gibt es verschiedene Möglichkeiten der Konstruktion. Es ist denkbar, daß jeder Schuldner nur zu einer Teilleistung verpflichtet ist und jeder Gläubiger auch nur eine Teilforderung hat, indem er beispielsweise von drei Schuldnern je DM 50,– verlangen kann.

Ein in der Praxis wichtiger Fall ist die sogenannte Gesamtschuld, bei der mehrere Personen eine Leistung in der Weise schulden, daß jeder die ganze Leistung zu bewirken verpflichtet, der Gläubiger sie aber nur einmal zu fordern berechtigt ist (§ 421 Satz 1 BGB).

Er kann dann die Leistung nach seinem Belieben von jedem der Schuldner ganz oder teilweise verlangen. Durch die Erfüllung eines der Schuldner werden auch die übrigen befreit (§ 422 Abs. 1 BGB). Gesamtschuldverhältnisse entstehen, wenn sich mehrere Personen gemeinsam durch einen Vertrag verpflichten (§ 427 BGB) oder im Bereich der unerlaubten Handlungen mehrere Schädiger nebeneinander für einen Schaden verantwortlich sind (§ 840 Abs. 1 BGB).

Beispiele:

Ein Ehepaar schließt gemeinsam einen Mietvertrag ab oder nimmt einen Kredit auf. Beide Ehegatten haften dann gesamtschuldnerisch für die Miet- bzw. Darlehensrückzahlung. — Der Kraftfahrzeughalter überläßt einem Dritten, von dem er weiß, daß er keinen Führerschein besitzt, sein Fahrzeug, und dieser verursacht damit einen Unfall. Beide haften dem Verletzten auf Schadenersatz (§§ 823 Abs. 1 und 2 BGB, 7, 18 StVG).

Im Innenverhältnis sind die Gesamtschuldner grundsätzlich zu gleichen Anteilen verpflichtet; hat ein Schuldner den Gläubiger befriedigt, so kann er von den übrigen entsprechende Ausgleichung verlangen (§ 426 BGB). Eine Ausnahme besteht im Bereich des Haftpflichtrechtes, wo regelmäßig der eigentliche Täter allein zum Schadenersatz verpflichtet ist (§ 840 Abs. 3 BGB).

Versicherungsrechtlich kann die Gesamtschuld auf seiten des Versicherungsnehmers und des Versicherers auftreten. Haben mehrere Personen den Versicherungsvertrag, beispielsweise eine Hausratversicherung, abgeschlossen, so haften sie gesamtschuldnerisch für die Prämie. Regelmäßig genügt die Erfüllung der Anzeige- und Auskunftspflichten durch einen der Versicherungsnehmer, während umgekehrt die Verletzung bestimmter Obliegenheiten durch einen Beteiligten zum Verlust der gesamten Versicherungsleistung führen kann. Mehrere Versicherer sind im Falle der Doppelversicherung gemäß § 59 Abs. 1 VVG nach Maßgabe der Grundsätze über die Gesamtschuld zu Leistungen verpflichtet. Dagegen besteht bei der Mitversicherung keine Gesamtschuld, sondern es liegen so viele Verträge vor, wie Versicherer an dem betreffenden Wagnis beteiligt sind. Gegen einen Rückversicherer sind niemals Ansprüche des Versicherungsnehmers begründet.

cc) Drittbeteiligte

Außer Gläubiger und Schuldner können weitere Personen an dem Vertragsverhältnis beteiligt werden. Das geschieht in der Weise, daß ihnen nach dem Willen der Parteien auf irgendeine Art Vergünstigungen eingeräumt werden. Das Hauptbeispiel bildet der Vertrag zugunsten Dritter, aus dem die Rechtsprechung das Institut des Vertrages mit Schutzwirkung zugunsten Dritter entwickelt hat. Beim Versicherungsvertrag spielen derartige Drittwirkungen eine ganz erhebliche Rolle.

(1) Vertrag zugunsten Dritter

Der Vertrag zugunsten Dritter schafft dem Gläubiger die Möglichkeit, Personen, die beim Vertragsschluß nicht beteiligt sind, Rechte zuzuwenden. Das Gegenstück des Vertrages zu Lasten Dritter, durch den der Dritte nur Pflichten erhält, gibt es nicht, weil der Schuldner zu diesem Zweck bei der Begründung des Vertragsverhältnisses selbst mitwirken muß.

Nach der dem Dritten eingeräumten Rechtsstellung unterscheidet man zwischen echten oder berechtigenden Verträgen zugunsten Dritter einerseits und unechten oder ermächtigenden Verträgen zugunsten Dritter andererseits.

Beim **echten** Vertrag zugunsten Dritter erwirbt der Dritte aus dem Vertrag unmittelbar das Recht, eine Leistung zu verlangen (§ 328 Abs. 1 BGB). Demgegenüber ist der Schuldner beim **unechten Vertrag** zugunsten Dritter nur ermächtigt, an den Dritten mit befreiender Wirkung zu leisten, ohne daß diesem ein selbständiges Forderungsrecht aus dem Vertrag zusteht. Die Frage, welcher Typ im Einzelfall vorliegt, beantwortet sich nach der Vertragsauslegung. So soll derjenige, dem Blumen geschickt werden, im allgemeinen keinen eigenen Anspruch gegen den Blumenhändler erwerben (§ 328 Abs. 2 BGB).

(2) Vertrag mit Schutzwirkung zugunsten Dritter

Von dem gesetzlich geregelten Vertrag zugunsten Dritter unterscheidet sich der inzwischen gewohnheitsrechtlich anerkannte Vertrag mit Schutzwirkung zugunsten Dritter dadurch, daß der Dritte keinen Anspruch auf die Leistung erwirbt. Vielmehr werden nur die sich aus dem Vertrag ergebenden Verhaltenspflichten auf weitere Personen ausgedehnt.

Diese Konstruktion beruht auf der Überlegung, daß die Vertragschließenden die vertraglichen Schutz- und Obhutspflichten nicht nur auf sich selbst beschränken, sondern offensichtlich auch dem Personenkreis zugute kommen lassen wollen, für den sie in gewisser Weise verantwortlich sind, wie Familienangehörigen, Hausgenossen und Arbeitnehmern. Wird durch eine Verletzung vertraglicher Nebenpflichten ein in dieser Weise Begünstigter verletzt, so steht ihm ein Schadenersatzanspruch zu. Der Schuldner soll also nicht an diese Personen leisten, aber ihnen gegenüber ein Verhalten beobachten, das ihrem Schutzbedürfnis Rechnung trägt. Praktische Bedeutung erlangt dieser Gedanke vor allem bei Miet- und Werkverträgen.

Beispiel:

In einem Einfamilienhaus war der Gasbadeofen schadhaft geworden. Der Hauseigentümer beauftragte einen Installateur mit der Reparatur. Dieser schickte seinen Gesellen, der aus Unachtsamkeit eine falsche Düse einsetzte. Als die Tochter den Gasofen in Betrieb nahm, explodierte er, und sie zog sich erhebliche Verletzungen zu. Die Schutz- und Obhutspflichten aus dem zwischen dem Vater und dem Installateur geschlossenen Werkvertrag (§ 631 BGB) erstrecken sich auch auf die Tochter mit der Folge, daß sie aufgrund des schuldhaften Verhaltens des Gesellen von dem Installateur Schadenersatz verlangen kann (§ 278 Satz 1 BGB).

(3) Versicherungsrechtliche Besonderheiten

Einen der wichtigsten Anwendungsfälle des Vertrages zugunsten Dritter bildet der Versicherungsvertrag.

Ist in einem **Lebens- oder Unfallversicherungsvertrag** vereinbart, daß die Versicherungssumme an einen Dritten gezahlt werden soll, so hat man nach § 330 Satz 1 BGB im Zweifel einen echten Vertrag zugunsten Dritter anzunehmen. Die allgemeine zivilrechtliche Regelung dieses Rechtsinstituts wird durch die Vorschriften der §§ 166–168, 180, 181 Abs. 2 VVG, 13 ALB ergänzt. Es ist zu unterscheiden zwischen widerruflicher **Bezugsberechtigung** oder Begünstigung, welche die Regel bildet, und unwiderruflicher Bezugsberechtigung. Im ersten Fall erwirbt der Begünstigte den Anspruch auf die Versicherungsleistung mit dem Eintritt des Versicherungsfalles (§ 166 Abs. 2 VVG), im letzteren sofort. Gegenüber der allgemeinen Behandlung des Vertrages zugunsten Dritter ergibt sich insofern eine wesentliche Abweichung, als Einsetzung, Widerruf und Änderung der Bezugsberechtigung einseitige empfangsbedürftige Willenserklärungen sind, die nach § 166 Abs. 1 VVG einer Zustimmung des Versicherers nicht bedürfen, während das BGB eine Einigung der Vertragspartner fordert. Für die unwiderrufliche Begünstigung verlangt allerdings § 13 Abs. 2 ALB im Gegensatz zur abdingbaren Vorschrift des § 166 Abs. 1 VVG eine vertragliche Einigung zwischen Versicherungsnehmer und Versicherer. Führt ein Bezugsberechtigter den Versicherungsfall vorsätzlich durch eine rechtswidrige Handlung herbei, beispielsweise durch Ermordung des Versicherten, so gilt die Begünstigung als nicht erfolgt, und die Versicherungssumme fällt in den Nachlaß (§§ 170 Abs. 2, 181 Abs. 2 VVG).

Nicht nur in der Lebens- und Unfallversicherung, sondern auch in der **Schadenversicherung** treten Drittbeteiligte auf. So ist die Versicherung für fremde Rechnung ein Vertrag zugunsten des Versicherten, dem die Rechte aus dem Versicherungsvertrag mit einer speziellen Ausgestaltung ihrer Geltendmachung zustehen (§§ 74 ff. VVG). Eine besondere Stellung nimmt der Drittgeschädigte in der Haftpflichtversicherung ein, dem für den Bereich der Kraftfahrzeug-Haftpflichtversicherung durch § 3 Nr. 1 PflVG sogar ein unmittelbarer Anspruch gegen den Versicherer eingeräumt wird. Häufig sind auch mitversicherte Personen in den Versicherungsschutz einbezogen, die entweder ihre Versicherungsansprüche selbständig geltend machen können, wie der berechtigte Fahrer in der Kraftfahrzeug-Haftpflichtversicherung nach § 10 Abs. 2 und 4 AKB, oder kein eigenes Forderungsrecht gegen den Versicherer erwerben, wie die mitversicherten Familienangehörigen in der Krankenversicherung.

2. Leistungsstörungen

Normalerweise werden die sich aus einem Schuldverhältnis ergebenden Ansprüche ordnungsgemäß abgewickelt. Es kann aber auch vorkommen, daß der Schuldner gegen seine Pflichten verstößt. Man spricht dann beim Schuldverhältnis allgemein von **Leistungsstörungen** oder speziell aus der Sicht des Vertrages von **Vertragsverletzungen**.

Drei verschiedene Arten der Störung in der Abwicklung des Schuldverhältnisses sind zu unterscheiden:

Der Schuldner kann nicht leisten (Unmöglichkeit);

der Schuldner erbringt eine mögliche Leistung nicht oder zu spät (Schuldnerverzug);

der Schuldner leistet, aber er schädigt den Gläubiger im Zusammenhang mit der Leistung (positive Vertragsverletzung).

Das BGB regelt nur die Tatbestände der Unmöglichkeit und des Verzuges, das Institut der positiven Vertragsverletzung wurde von der Rechtslehre und der Judikatur entwickelt.

a) Unmöglichkeit

Unmöglichkeit liegt vor, wenn der Schuldner nicht leisten kann.

Es sind zwei verschiedene **Arten** der Unmöglichkeit auseinanderzuhalten, deren Unterscheidung vor allem für die Rechtsfolgen von Bedeutung ist. Vom Zeitpunkt des Unmöglichwerdens der Leistung her gesehen gibt es ursprüngliche und nachträgliche Unmöglichkeit. **Ursprüngliche Unmöglichkeit** liegt vor, wenn die Leistung von vornherein, also schon vor Vertragsschluß, unmöglich war, während **nachträgliche Unmöglichkeit** gegeben ist, sofern sie erst danach unmöglich wird. Aus der Sicht der Person des Schuldners ist zwischen objektiver und subjektiver Unmöglichkeit zu trennen. **Objektive Unmöglichkeit** liegt vor, wenn die Leistung aus tatsächlichen oder rechtlichen Gründen für jedermann unmöglich ist, wobei auf den Gedanken der wirtschaftlichen Unzumutbarkeit abgestellt wird; dagegen kann bei der **subjektiven Unmöglichkeit (Unvermögen)** nur der Schuldner die Leistung nicht erbringen.

aa) Ursprüngliche Unmöglichkeit

Im Falle der ursprünglichen **objektiven** Unmöglichkeit wird **keine Leistungspflicht** des Schuldners begründet; denn nach § 306 BGB ist ein auf eine unmögliche Leistung gerichteter Vertrag nichtig. Die praktische Bedeutung dieser Vorschrift ist allerdings gering.

> **Beispiel:**
>
> Es wird ein Schiff verkauft, das bereits untergegangen ist. Kannte der Verkäufer beim Vertragsschluß die Unmöglichkeit oder mußte er sie kennen, so hat er dem Käufer den durch das Vertrauen auf die Gültigkeit des Vertrages entstehenden Schaden zu ersetzen. Dies gilt jedoch nicht, wenn auch die andere Partei die Unmöglichkeit kannte oder kennen mußte (§ 307 BGB).

Der Vertrag ist aber dann wirksam, falls der Schuldner eine Garantie für die Leistung übernommen hat, wie z. B. beim Verkauf eines nicht bestehenden Rechtes (§ 437 Abs. 1 BGB).

Im Falle der ursprünglichen **subjektiven** Unmöglichkeit ist der Schuldner **leistungspflichtig**, etwa beim Verkauf einer ihm nicht gehörigen Sache oder der Vermietung einer Wohnung, die ein Dritter langfristig rechtswirksam gemietet hat. Der Schuldner hat hier für seine Leistungspflicht einzustehen mit der Folge, daß der Gläubiger Schadenersatz verlangen oder vom Vertrag zurücktreten kann (vgl. z. B. §§ 440 Abs. 1, 325 BGB für den Kaufvertrag).

Versicherungsrechtliche Tatbestände der ursprünglichen objektiven Unmöglichkeit sind die Rückwärtsversicherung und der Interessemangel. Bei der **Rückwärtsversicherung** liegen materieller und technischer Versicherungsbeginn vor dem Vertragsschluß (§ 2 VVG). Ihr Hauptanwendungsgebiet ist die Transport- und Haftpflichtversicherung, indem beispielsweise Schiffe, die sich auf hoher See befinden, rückwirkend vom Tag der Abreise an versichert oder in der Vermögensschaden-Haftpflichtversicherung das Risiko eines fahrlässigen Gesetzesverstoßes durch den Rechtsanwalt rückwirkend übernommen wird. Da der Versicherungsfall bei Abschluß des Vertrages bereits eingetreten sein kann, kommt es für die Wirksamkeit der Versicherung auf die Kenntnis der Beteiligten an. Beim **Interessemangel** im Sinne von § 68 Abs. 1 VVG (1. Alternative) besteht das versicherte Interesse zur Zeit des Beginnes der Haftung nicht oder nicht mehr, weil z. B. das zu versichernde Gebäude schon abgebrannt ist. Der Versicherungsnehmer kann keine Leistung fordern; er ist auch nicht zur Entrichtung der Prämie, wohl aber einer angemessenen Geschäftsgebühr für die Aufwendungen des Versicherers, verpflichtet.

bb) Nachträgliche Unmöglichkeit

Die Rechtsfolgen der nachträglichen Unmöglichkeit bestimmen sich danach, ob sie von dem Schuldner zu vertreten ist oder nicht. Zu vertreten hat der Schuldner bei der Stückschuld nach § 276 Abs. 1 Satz 1 BGB grundsätzlich Vorsatz und Fahrlässigkeit, bei der Gattungsschuld jede auf seinem Unvermögen beruhende Nichtleistung, weil er sich gegebenenfalls Ersatzgegenstände beschaffen kann (§ 279 BGB). Dies gilt auch für die Geldschuld, so daß der Versicherungsnehmer für seine Zahlungsunfähigkeit hinsichtlich der Prämie stets haftet. Die Beweislast dafür, ob die Unmöglichkeit die Folge eines vom Schuldner zu vertretenden Umstandes ist, trifft nach § 282 BGB den Schuldner, der also darzutun hat, daß ihm kein Verschulden zur Last fällt.

Nicht zu vertretende Unmöglichkeit führt zur Leistungsfreiheit des Schuldners; dabei stellt das Gesetz die objektive der subjektiven Unmöglichkeit gleich (§ 275 Abs. 1 und 2 BGB).

Beispiele:

Die verkaufte Louis XVI.-Kommode verbrennt am Tage vor der Lieferung, weil der Blitz in das Geschäft des Antiquitätenhändlers eingeschlagen hatte (**objektive Unmöglichkeit**). – Die verkaufte Empire-Vase wird in der Nacht vor der Lieferung aus dem ordnungsgemäß verschlossenen und abgesicherten Ladenlokal des Antiquitätenhändlers gestohlen (**subjektive Unmöglichkeit**). In beiden Fällen wird der Händler von seiner Leistungspflicht frei.

Hat der Schuldner die nachträgliche Unmöglichkeit zu vertreten, indem er eine bei Vertragsschluß mögliche und fällig gewordene Leistung schuldhaft nicht erbringt, so ist er dem Gläubiger nach § 280 Abs. 1 BGB zum Schadenersatz verpflichtet.

Beispiel:

Ein Gebrauchtwagenhändler hat einen PKW, der einige Tage später vom Käufer abgeholt werden sollte, zum Preise von DM 1500,– verkauft und veräußert ihn vor der Übergabe an den Erstkäufer zum Preise von DM 1700,– an einen Dritten, der das Fahrzeug sofort mitnimmt. An die Stelle des Anspruchs auf Erfüllung tritt das Recht des Käufers, von dem Verkäufer Schadenersatz zu verlangen.

Erlangt der Schuldner infolge des Umstandes, der die Leistung unmöglich macht, für den geschuldeten Gegenstand einen Ersatz oder Ersatzanspruch, so kann der Gläubiger Herausgabe des als Ersatz Empfangenen oder Abtretung des Herausgabeanspruches verlangen (§ 281 Abs. 1 BGB).

Beispiele:

Im Falle der Veräußerung der verkauften Ware an einen Dritten unter Erzielung eines höheren Kaufpreises kann der erste Käufer die Herausgabe des Mehrbetrages verlangen. — Ist eine **versicherte** Ware, die verkauft war, untergegangen, so kann der Käufer anstelle der Ware die Abtretung der Forderung auf die Versicherungsleistung beanspruchen.

Beim **gegenseitigen Vertrag** ist nicht nur das Schicksal der Leistung von Bedeutung, sondern es fragt sich, welchen Einfluß die Unmöglichkeit der Leistung des Schuldners auf die Gegenleistung des Gläubigers hat. Die einschlägige gesetzliche Regelung findet sich in den §§ 323—325 BGB. Hat keiner der Vertragspartner die Unmöglichkeit zu vertreten, so erlischt auch der Anspruch auf die Gegenleistung (§ 323 Abs. 1 BGB). Wenn ausnahmsweise einmal der Gläubiger das Unmöglichwerden der Leistung des Schuldners zu vertreten hat, weil er z. B. die verkaufte Sache vor der Lieferung schuldhaft zerstört hat, behält der Schuldner den Anspruch auf die Gegenleistung, ohne seinerseits zur Erfüllung des Vertrages verpflichtet zu sein (§ 324 Abs. 1 BGB). **Der praktisch bedeutsamste Fall ist die vom Schuldner zu vertretende Unmöglichkeit, die § 325 BGB behandelt. Der Gläubiger hat ein dreifaches Wahlrecht: Er kann Schadenersatz wegen Nichterfüllung verlangen, vom Vertrag zurücktreten oder die Ansprüche aus § 323 BGB geltend machen.**

Die nicht zu vertretende nachträgliche Unmöglichkeit kann auch beim **Versicherungsvertrag** eine Rolle spielen, so beispielsweise dann, wenn der Versicherungsnehmer bei einer Fremdwährungsversicherung wegen fehlender Genehmigung der Devisenbewirtschaftungsstelle die Prämie nicht mehr in ausländischer Währung zahlen kann. Gesetzlich geregelt ist der nachträgliche Interessewegfall durch § 68 Abs. 2—4 VVG. Beispiele dafür sind die völlige Zerstörung eines versicherten Fahrzeuges in der Kaskoversicherung, die Auflösung oder Verteilung des versicherten Hausrats in der Hausratversicherung oder die Aufgabe einer bestimmten Tätigkeit (Architekten-Beruf) in der Haftpflichtversicherung.

b) **Verzug**

Verzug liegt vor, wenn der Schuldner eine fällige Leistung trotz Mahnung schuldhaft nicht erbringt. Von der Unmöglichkeit unterscheidet sich der Verzug dadurch, daß die Leistung möglich, also nachholbar ist.

Es ist zwischen den Voraussetzungen des Verzugstatbestandes und seinen Rechtsfolgen zu unterscheiden. Für den Versicherungsvertrag gelten verhältnismäßig komplizierte Spezialvorschriften.

aa) Verzugstatbestand

Nach seiner Definition erfordert der Schuldnerverzug Fälligkeit der Leistung, Mahnung durch den Gläubiger und Verschulden des Schuldners (§§ 284, 285 BGB).

Fälligkeit der Leistung bedeutet, daß der Gläubiger sie fordern kann. Regelmäßig ergibt sich die Leistungszeit aus der vertraglichen Vereinbarung. Fehlt es an einer Absprache, so kann der Gläubiger die Leistung sofort verlangen (§ 271 Abs. 1 BGB). Beim Versicherungsvertrag ist die Erstprämie sofort nach dem Vertragsschluß (§ 35 Satz 1 VVG), die Folgeprämie zu den im Vertrag vorgesehenen Zeitpunkten fällig. Die Fälligkeit der Versicherungsleistung richtet sich nach § 11 VVG. Durch eine Stundungsvereinbarung wird die Fälligkeit hinausgeschoben.

Die **Mahnung** ist eine einseitige empfangsbedürftige Aufforderung des Gläubigers an den Schuldner, die ausgebliebene Leistung nachzuholen. Sie muß so eindeutig und bestimmt sein, daß für den Schuldner Klarheit herrscht. Der Mahnung steht die Erhebung der Klage sowie die Zustellung eines Mahnbescheides im Mahnverfahren gleich (§ 284 Abs. 1 Satz 2 BGB). Entbehrlich ist die Mahnung, wenn die Zeit der Leistung nach dem Kalender bestimmt ist, also die Leistung vereinbarungsgemäß am 15.3. oder eine Woche nach ausgesprochener Kündigung zu erbringen ist (§ 284 Abs. 2 BGB).

Verzug tritt nur bei **schuldhaftem Ausbleiben der Leistung** ein, wobei der Schuldner dafür beweispflichtig ist, daß er den Umstand, auf dem die Verspätung beruht, nicht zu vertreten hat. Ebenso wie bei der nachträglichen Unmöglichkeit hat der Schuldner für die Erbringung von Gattungs- und Geldschulden stets einzustehen; die Vorschrift des § 279 BGB wird entsprechend angewandt.

Liegen die genannten Voraussetzungen vor, so bringt die Nichtleistung den Schuldner in Verzug.

bb) Rechtsfolgen des Verzuges

Im Gegensatz zur Unmöglichkeit bleibt der Schuldner beim Verzug zur Leistung verpflichtet. Jedoch erfährt das Schuldverhältnis insofern eine Ausweitung, als der Gläubiger Schadenersatz und Verzugszinsen verlangen kann und sich die Haftung des Schuldners verschärft.

Dem Gläubiger ist der durch den Verzug entstehende **Schaden** (Verspätungsschaden) zu ersetzen (§ 286 Abs. 1 BGB). Bei einer Geldschuld kann er ohne Nachweis eines Schadens 4 % **Verzugszinsen** verlangen (§ 288 Abs. 1 Satz 1 BGB). Das schließt indes die Geltendmachung eines weiteren Schadens nicht aus, wenn der Gläubiger z. B. gezwungen war, einen höher verzinslichen Bankkredit in Anspruch zu nehmen (§ 288 Abs. 2 BGB). Während des Verzuges hat der Schuldner nach § 287 BGB jede Fahrlässigkeit und sogar Zufall zu vertreten; er haftet also beispielsweise, wenn der geschuldete Gegenstand zufällig verlorengeht. Darüber hinaus kann die Verwirkung einer **Vertragsstrafe** für den Fall vereinbart werden, daß der Schuldner seine Verbindlichkeit nicht oder nicht in gehöriger Weise erfüllt (§ 339 BGB).

Beim gegenseitigen Vertrag wird das Schicksal der Gegenleistung durch § 326 BGB geregelt. Der Gläubiger hat ein dreifaches Wahlrecht: Er kann die Leistung und außerdem Ersatz des Verspätungsschadens verlangen (§ 286 BGB); er kann aber auch die Leistung ablehnen und Schadenersatz wegen Nichterfüllung verlangen oder vom Vertrag zurücktreten. Zur Ablehnung der Leistung ist er nur befugt, wenn er dem Schuldner vorher eine angemessene Nachfrist mit der Erklärung gesetzt hat, daß er nach dem Ablauf der Frist die Leistung ablehne. Einer solchen Nachfristsetzung bedarf es nicht, sofern die Erfüllung für den Gläubiger infolge des Verzuges kein Interesse mehr hat (§ 326 Abs. 2 BGB) oder der Schuldner eindeutig erklärt hat, er werde keinesfalls leisten.

Beispiel:

> Ein Modehaus hat für den Sommerschlußverkauf Ausverkaufsware bestellt, die am 10.7. geliefert werden sollte. Fünf Tage vor Beginn des Schlußverkaufs am 30.7. war die Ware noch nicht eingetroffen. Bevor Ansprüche des Modehauses geprüft werden können, muß zunächst untersucht werden, ob Verzug vorliegt. Die Lieferung war am 10.7. fällig, eine Mahnung nicht erforderlich, weil die Leistungszeit nach dem Kalender bestimmt ist. Der Schuldner hat die Nichtleistung im Zweifel zu vertreten. Da somit Verzug gegeben ist, kann das Modehaus Lieferung verlangen und zusätzlich den Schaden geltend machen, der darauf beruht, daß die Ware nach dem Ausverkauf mit erhöhtem Werbeaufwand vertrieben werden muß. Es kann aber auch die Lieferung ablehnen, ohne eine Nachfrist setzen zu müssen, weil es an der Ausverkaufsware nach Beendigung des Schlußverkaufes kein Interesse mehr hat. Anstelle der Lieferung kann es dann Schadenersatz wegen Nichterfüllung des Vertrages, z. B. in Gestalt des Gewinnentganges, fordern oder vom Vertrag zurücktreten.

Dem Schuldnerverzug steht der **Gläubigerverzug** gegenüber, der darin besteht, daß der Gläubiger die ihm angebotene Leistung nicht annimmt (§ 293 BGB). Der Gläubigerverzug bleibt ohne Einfluß auf die eigentliche Leistungspflicht des Schuldners, erleichtert aber dessen Haftung. Für die Versicherungspraxis kommt dem Gläubigerverzug keine Bedeutung zu.

cc) Prämienzahlungsverzug

Eine besondere Regelung hat der Prämienzahlungsverzug des Versicherungsnehmers in den §§ 38, 39 VVG gefunden. Es wird zwischen Erst- und Folgeprämie unterschieden. Bei **Nichtzahlung der Erstprämie** kann der Versicherer Leistung und Ersatz des Verzugsschadens verlangen (§§ 286, 288 BGB). Er kann aber auch vom Vertrag zurücktreten, indem er dies entweder ausdrücklich dem Versicherungsnehmer gegenüber erklärt (echter Rücktritt) oder den Prämienanspruch nicht innerhalb von drei Monaten gerichtlich geltend macht (fingierter Rücktritt). In jedem Fall ist der Versicherer leistungsfrei, wenn die Prämie bei Eintritt des Versicherungsfalles noch nicht entrichtet war.

Bei **Nichtzahlung einer Folgeprämie** kann der Versicherer wiederum Leistung und Ersatz des Verzugsschadens verlangen. Will er aber Rechtsfolgen für seine Leistungspflicht herleiten, hat er den Versicherungsnehmer zunächst in bestimmter Weise zu mahnen (qualifizierte Mahnung), weil das Gesetz der versicherten Person den Versicherungsschutz nach Möglichkeit erhalten will. Dem Versicherer steht auch ein Recht zur fristlosen Kündigung des Vertrages zu.

c) Positive Vertragsverletzung

Neben der Unmöglichkeit und dem Verzug hat sich als dritter Tatbestand der Leistungsstörungen gewohnheitsrechtlich die sogenannte positive Vertragsverletzung herausgebildet. Diese Rechtsfigur hat wohl in einigen Unterfällen des besonderen Schuldrechts, wie z. B. bei den Gewährleistungsansprüchen des Kaufvertrages, ihren gesetzlichen Niederschlag gefunden; aber es fehlt eine allgemeine Regelung.

Eine positive Vertragsverletzung liegt vor, wenn der Schuldner den Vertrag schuldhaft entweder schlecht erfüllt oder eine sogenannte Verhaltenspflicht verletzt und dadurch dem Gläubiger einen zusätzlichen Schaden (Begleitschaden) verursacht, der über das eigentliche Erfüllungsinteresse hinausgeht.

Es muß also ein Schaden gegeben sein, der durch die Nachholung einer ordnungsgemäßen Leistung nicht behoben wird und sich dadurch von den Schädigungen im Falle der Unmöglichkeit oder des Verzuges unterscheidet; denn die Nachteile des Gläubigers treten an anderen Rechtsgütern als dem Leistungsgegenstand ein. Dieser Begleitschaden kann auf der Tatsache einer Schlechterfüllung, z. B. der Lieferung einer mangelhaften Ware, oder auf der Verletzung einer Verhaltenspflicht beruhen, indem der Schuldner die Obhuts- und Rücksichtspflichten gegenüber der Person oder dem Eigentum des Gläubigers nicht eingehalten hat. Daneben muß Vorsatz oder Fahrlässigkeit des Schuldners vorliegen. Rechtsfolge der positiven Vertragsverletzung ist ein Schadenersatzanspruch des Gläubigers, der neben die weiterbestehende Leistungspflicht des Schuldners tritt. Bei einem gegenseitigen Vertrag kann der Gläubiger aber auch von dem Vertrag zurücktreten, bei einem Dauerschuldverhältnis stattdessen aus wichtigem Grund kündigen.

Beispiele:

Ein Fabrikant bezieht für seine Produktionsstätte in Flaschen abgefüllten Sauerstoff. Eine dieser Flaschen war mangelhaft abgefüllt; sie explodierte und verursachte erheblichen Sachschaden im Betrieb sowie Personenschaden durch Verletzung von Arbeitnehmern. Es handelt sich um einen Begleitschaden, der durch die Lieferung einer einwandfreien Sauerstoffflasche nicht wiedergutgemacht ist. Er beruht auf der Schlechterfüllung des Verkäufers. Sein Verschulden wird wie bei Unmöglichkeit und Verzug (§§ 282, 285 BGB) vermutet. Schadenersatzansprüche stehen sowohl dem Unternehmer als Vertragspartner als auch seinen Arbeitnehmern (Vertrag mit Schutzwirkung zugunsten Dritter) zu. – Ein Malermeister hat den Außenanstrich eines Hauses übernommen. Aus Unachtsamkeit beschädigt sein Geselle dabei eine große Fensterscheibe. In diesem Falle ist der Begleitschaden schuldhaft (§ 278 Satz 1 BGB) durch eine Verletzung der Obhutspflicht gegenüber dem Eigentum des Gläubigers verursacht worden. Ihm steht ebenfalls ein Schadenersatzanspruch aus positiver Vertragsverletzung zu.

Der Rechtsfigur der positiven Vertragsverletzung kommt große praktische Bedeutung zu. Sie beschränkt sich nicht nur auf das Verhältnis zwischen Gläubiger und Schuldner während des bestehenden Vertragsverhältnisses, sondern sie wurde in Gestalt der culpa in contrahendo auf einen gewissen Zeitraum vor Vertragsschluß ausgedehnt und erstreckt sich durch die Nachwirkung von Treuepflichten unter Umständen auch auf die Zeit nach Beendigung des Vertrages. Über den Vertrag mit Schutzwirkung zugunsten Dritter bezieht sie sich auf bestimmte Personen, die außerhalb des Schuldverhältnisses stehen. Ihre häufige Anwendung erklärt sich aus der Tatsache, daß der Schuldner für das schuldhafte Verhalten der Personen, deren er sich zur Erfüllung der ihm obliegenden Verhaltenspflichten bedient, ohne die Möglichkeit einer Entlastung verantwortlich ist.

Das **Versicherungsrecht** kennt die positive Vertragsverletzung in doppelter Weise. Gewisse **Anwendungsfälle** haben eine spezielle gesetzliche Regelung gefunden. Hierher gehören z. B. das Verbot der gewillkürten Gefahrerhöhung (§§ 23—26 VVG), der Verstoß gegen vertragliche Obliegenheiten (§ 6 VVG) sowie die vorsätzliche oder grobfahrlässige Herbeiführung des Versicherungsfalles (§§ 61, 152 VVG). Rechtsfolge ist allerdings nicht ein Schadenersatzanspruch, sondern die Leistungsfreiheit des Versicherers. Daneben gibt es aber auch den **allgemeinen Rechtsgedanken** der positiven Vertragsverletzung, die auf seiten des Versicherungsnehmers z. B. in der Bestimmung eines anderen zur Herbeiführung des Versicherungsfalles und auf seiten des Versicherers in der unberechtigten Verweigerung des Versicherungsschutzes bzw. in der Tatsache, daß er sich ganz allgemein als säumig erweist, liegen kann. Den Vertragspartnern wird ein Recht auf fristlose Kündigung des Vertrages eingeräumt.

d) Haftung für Erfüllungsgehilfen

Bei der Erfüllung seiner Verbindlichkeiten bedient sich der Schuldner häufig sogenannter **Erfüllungsgehilfen.** Darunter versteht man **diejenigen Personen, die für den Schuldner sowohl die Hauptpflicht,** z. B. die Vornahme einer Reparatur, als auch die sogenannten **Verhaltenspflichten,** beispielsweise die Rücksichtnahme gegenüber dem Eigentum des Gläubigers, einzuhalten haben. Es sind dies der gesetzliche Vertreter des Schuldners, wie die Eltern eines Minderjährigen, und diejenigen Hilfspersonen, die mit Willen des Schuldners bei der Erfüllung sämtlicher Verpflichtungen aus dem Schuldverhältnis mitwirken, etwa die Gesellen eines Handwerksmeisters, Angestellte einer Bank oder der Bürovorsteher eines Rechtsanwalts.

Ein Verschulden dieser Erfüllungsgehilfen hat der Schuldner in gleicher Weise zu vertreten wie sein eigenes Verschulden (§ 278 Satz 1 BGB). Das bedeutet einerseits, daß es für die Annahme eines Tatbestandes der Leistungsstörungen keinen Unterschied macht, ob der Schuldner selbst oder eine Hilfsperson gehandelt hat, und andererseits daß der Schuldner sich im vertraglichen Bereich nicht mit dem Hinweis auf das Tätigwerden einer Hilfsperson entlasten kann, wie dies für die Delikthaftung nach § 831 BGB möglich ist.

Sofern sich der Versicherungsnehmer zur Erfüllung seiner Obliegenheiten dritter Personen bedient, nimmt die Rechtsprechung eine sogenannte **Repräsentantenhaftung** an, weil die Obliegenheiten keine Verbindlichkeiten im Sinne von § 278 Satz 1 BGB sind und durch eine Heranziehung dieser Vorschrift der Versicherungsschutz ausgehöhlt würde. Repräsentant ist im Gegensatz zum Erfüllungsgehilfen nur derjenige, der in dem Geschäftsbereich, zu dem das versicherte Risiko gehört, aufgrund eines Vertretungs- oder eines ähnlichen Verhältnisses an die Stelle des Versicherungsnehmers getreten ist, also für ihn die laufende Obhut und Betreuung der versicherten Sachen ausübt, wie Betriebs- und Abteilungsleiter, Prokuristen, Lagerverwalter usw.

3. Veränderungen der Schuldverhältnisse

Schuldverhältnisse können im Laufe ihrer Dauer verschiedenen Änderungen ausgesetzt sein. Diese können sich entweder auf den Inhalt der getroffenen Vereinbarungen oder auf die beteiligten Vertragspartner beziehen.

a) Umgestaltung des Inhalts

Nach § 305 BGB kann der Inhalt eines Schuldverhältnisses jederzeit durch **Vertrag** zwischen den Beteiligten geändert werden. Es ist also das Zusammenwirken beider Teile erforderlich. In dieser Weise kann durch nachträgliche Vereinbarung zwischen dem Versicherer und dem Versicherungsnehmer auch der **Versicherungsvertrag** geändert werden. Das wird beispielsweise notwendig, wenn in der Hausratversicherung eine höhere Versicherungssumme in Betracht kommt, weil der Wert des Hausrats durch Preissteigerungen oder Neuanschaffungen gestiegen ist. Derartige Änderungen werden regelmäßig in einem Nachtrag zum Versicherungsschein beurkundet.

Ohne eine Vereinbarung der Vertragspartner kann der Inhalt des Schuldverhältnisses nur aufgrund eines **Gesetzes** umgestaltet werden. Da die Allgemeinen Versicherungsbedingungen keinen gesetzlichen Charakter haben, können neue AVB grundsätzlich nur mit Zustimmung des Versicherungsnehmers Vertragsinhalt werden (vgl. § 41 Abs. 3 VAG). Beispiele eines gesetzlichen Eingriffes in bestehende Schuldverhältnisse bieten vor allem die Währungs- und Mietgesetze. Wenn es zur Wahrung der Belange der Versicherten notwendig erscheint, kann die Aufsichtsbehörde nach § 81a Satz 2 VAG einen Geschäftsplan mit Wirkung für bestehende oder noch nicht abgewickelte Versicherungsverhältnisse ändern bzw. aufheben.

b) Wechsel der Vertragspartner

Ein Wechsel der Vertragspartner ergibt sich, wenn entweder der gesamte Vertrag mit seinen Rechten und Pflichten auf einen anderen übergeht oder nur die Forderung auf die Leistung. Dem Übergang der Forderung entspricht in der Person des Schuldners die Übernahme der Schuld durch einen Dritten.

aa) Vertragsübernahme

Den Übergang eines Vertrages als ganzen auf eine dritte Person kennt die Rechtsordnung nur ausnahmsweise, weil Schuldverhältnisse in ihrer Wirkung auf die Begründung von Rechtsbeziehungen zwischen Gläubiger und Schuldner beschränkt sind.

Ein wichtiger Anwendungsfall ist die unter der Formulierung „**Kauf bricht nicht Miete**" bekannt gewordene Vorschrift des § 571 BGB. Danach tritt derjenige, der ein vermietetes Grundstück, insbesondere eine Wohnung (§ 580 BGB), nach der Überlassung an den Mieter als Eigentümer erwirbt, anstelle des Vermieters in die Rechte und Verpflichtungen aus dem Mietverhältnis ein. Er muß dem Mieter also den Besitz der Räume weiterhin überlassen, hat aber dafür Anspruch auf den Mietzins. In entsprechender Weise tritt beim Übergang eines Betriebes auf einen neuen Inhaber dieser nach § 613 a BGB in die bestehenden **Arbeitsverhältnisse** ein.

Versicherungsrechtlich hat diese Regelung eine Parallele im Übergang des Versicherungsverhältnisses auf den Erwerber (§ 69 Abs. 1 VVG) oder Ersteher (§ 73 VVG) einer versicherten Sache. Dies gilt auch bei der Veräußerung oder Verpachtung eines Unternehmens für die Betriebshaftpflichtversicherung (§ 151 Abs. 2 VVG) sowie im Falle des Bestehens einer Pflicht-Haftpflichtversicherung (§ 158h VVG), also z. B. beim Wechsel des Kraftfahrzeughalters. Auf ein anderes Versicherungsunternehmen gehen Verträge über durch Bestandsübertragung im Sinne des § 14 Abs. 1 VAG oder Fusion (§§ 346 Abs. 3, 353 Abs. 5 AktG).

bb) Übertragung der Forderung

Forderungen des Gläubigers aus einem Schuldverhältnis können aufgrund Rechtsgeschäftes oder kraft Gesetzes auf einen Dritten übergehen.

(1) Abtretung

Die rechtsgeschäftliche Forderungsübertragung heißt Abtretung (Zession). Sie erfolgt durch Vertrag zwischen dem bisherigen (Zedent) und dem neuen Gläubiger (Zessionar). Der neue Gläubiger erwirbt die Forderung mit dem Abschluß des Abtretungsvertrages (§ 398 BGB). Da die Zession somit eine Rechtsänderung herbeiführt, handelt es sich um eine **Verfügung**. Mit der Forderung gehen nach § 401 Abs. 1 BGB auch die Sicherungsrechte, wie Bürgschaften, Pfandrechte und Hypotheken, auf den neuen Gläubiger über.

Praktische Bedeutung hat die Abtretung vor allem durch die **Sicherungs- und Inkassozession** erlangt. Bei der Sicherungszession tritt der Gläubiger die Forderung zur Sicherheit an einen Kreditgeber ab, der sich aus der ihm übertragenen Forderung aber erst dann befriedigen darf, wenn sein Anspruch gegen den Sicherungsgeber fällig wird. Die Inkassozession dient demgegenüber dazu, dem Zessionar die Einziehung der Forderung für Rechnung des Abtretenden im eigenen Namen zu ermöglichen.

Beispiele:

Ein Kaufmann erhält von seiner Bank einen Kredit in Höhe von DM 50.000,–. Als Sicherheit tritt er an die Bank Forderungen in Höhe von DM 60.000,– aus Warenlieferungen ab. Die Bank wird Inhaberin dieser Forderungen, ohne daß die Kunden des Kaufmanns etwas davon erfahren. Einziehen darf sie die Forderungen jedoch nur dann, wenn der Kaufmann seine Darlehensrückzahlungs- und Zinsverpflichtungen nicht ordnungsgemäß erfüllt. – Ein Geschäftsmann hat hohe Außenstände bei seinen Kunden. Er möchte die Forderungen nicht selbst eintreiben und tritt sie deshalb an ein Inkassobüro ab, das dadurch in der Lage ist, die Beträge selbst einzuklagen. Nach Abzug des vereinbarten Entgeltes und der Aufwendungen (§ 675 BGB) sind sie an den Geschäftsmann abzuführen.

Grundsätzlich können alle Forderungen abgetreten werden, auch solche, die noch nicht entstanden sind (künftige Forderungen), wie z. B. Mietansprüche des nächsten Vierteljahres oder künftige Forderungen aus einer Geschäftsverbindung mit einem Dritten. In bestimmten Fällen ist die Abtretung von Forderungen **unzulässig**. Dies gilt für Forderungen auf Leistungen, die mit der Person des Schuldners eng verknüpft sind, wie Ansprüche auf Dienstleistungen, Mietüberlassung und Kreditgewährung, aber auch für den vertraglichen Ausschluß der Zession zwischen Gläubiger und Schuldner, wenn beispielsweise im Arbeitsvertrag vereinbart wird, daß der Arbeitnehmer seine Gehalts- und Lohnansprüche nicht an einen Dritten abtreten darf (§ 399 BGB). Aus sozialen Gründen bestimmt § 400 BGB, daß eine Forderung nicht abgetreten werden kann, soweit sie der Pfändung nicht unterworfen ist. Dazu gehören namentlich das Arbeitseinkommen unter einer bestimmten Höhe, Renten, Bezüge aus Unterstützungskassen sowie die Leistung aus einer Lebensversicherung auf den Todesfall, die DM 3.600,- nicht übersteigt (§ 850b Abs. 1 Nr. 4 ZPO).

Die **Rechtsstellung** des Schuldners wird durch die Abtretung der Forderung nicht berührt. Insbesondere behält er alle Einwendungen, die ihm gegen den früheren Gläubiger zustanden (§ 404 BGB). Eine Anzeige an ihn über die Zession ist deshalb auch nicht erforderlich. Leistet er in Unkenntnis einer erfolgten Abtretung an den bisherigen Gläubiger, so wird er dadurch von seiner Verbindlichkeit befreit (§ 407 Abs. 1 BGB). Diese Regelung ist nach § 69 Abs. 3 VVG auf den Versicherer anzuwenden, der die Versicherungsleistung nach Veräußerung der versicherten Sache an den bisherigen Versicherungsnehmer erbringt. Sobald dem Schuldner die Zession mitgeteilt wird, kann er nur noch an den neuen Gläubiger mit befreiender Wirkung leisten.

Auch die **Ansprüche des Versicherungsnehmers** auf die Versicherungsleistung sind abtretbar, soweit nicht die Schutzvorschriften der ZPO eingreifen. Handelt es sich um die Versicherung unpfändbarer Sachen im Sinne von § 811 ZPO, wie Gegenstände des persönlichen Gebrauchs und Arbeitsgeräte, so kann der Versicherungsnehmer die Entschädigungsforderung nur an denjenigen abtreten, der ihm zum Ersatz der zerstörten oder beschädigten Sachen andere geliefert hat (§§ 15, 98 VVG). Allgemeine Versicherungsbedingungen machen die Wirksamkeit einer Abtretung der Versicherungsleistung häufig von der Zustimmung des Versicherers (§§ 7 Abs. 3 AHB, 3 Abs. 4 AKB, 12 Abs. 3 AUB 88) oder wenigstens von einer Anzeige an den Vorstand der Gesellschaft (§ 13 Abs. 3 ALB) abhängig. Die Zession der Versicherungsleistung hat keinen Einfluß auf das Versicherungsverhältnis als solches. Der Versicherungsnehmer verliert zwar seine Gläubigerstellung gegenüber dem Versicherer, bleibt aber Prämienschuldner.

Im Bereich der **Rückversicherung** werden die Abgaben des Erstversicherers Zessionen und die Vertragspartner Zedent und Zessionar genannt. Die nächste Stufe der Risikoverteilung bezeichnet man dementsprechend als Retrozession.

(2) Gesetzlicher Übergang von Forderungen

Auf den gesetzlichen Forderungsübergang finden nach § 412 BGB die Vorschriften über die Abtretung grundsätzlich Anwendung. Das Gesetz ordnet den Forderungsübergang vor allem dann an, wenn ein Dritter die Schuld eines anderen beglichen hat und im Innenverhältnis eine Ausgleichung stattfinden soll (§§ 268 Abs. 3, 426 Abs. 2, 774 BGB).

Versicherungsrechtlich bedeutsam ist der gesetzliche Forderungsübergang gemäß §§ 67

VVG, 116 SGB X. Danach geht in der Schadenversicherung der Schadenersatzanspruch, der dem Versicherten gegen den Schädiger zusteht, auf den Versicherer über, soweit dieser dem Versicherungsnehmer den Schaden ersetzt. In ähnlicher Weise gibt es einen Forderungsübergang auf den Sozialversicherungs- und Sozialhilfeträger, wobei aber im Gegensatz zur Individualversicherung nicht auf die tatsächliche Schadenersatzleistung, sondern auf das Bestehen der Leistungspflicht abgestellt wird.

Gerichtlich wird ein Forderungsübergang im Falle der Pfändung eines Anspruchs durch den sogenannten Pfändungs- und Überweisungsbeschluß bewirkt (§§ 829, 835 ZPO).

cc) Schuldübernahme

So wie es einen Wechsel in der Person des Gläubigers durch den Übergang der Forderung gibt, kann auch eine Rechtsnachfolge in die Schuld und somit ein Wechsel in der Person des Schuldners vorkommen. Von der Wirkung her kennt das Gesetz zwei Fälle der Schuldübernahme, nämlich die befreiende Schuldübernahme und den Schuldbeitritt.

(1) Befreiende Schuldübernahme

Bei der befreienden Schuldübernahme tritt der neue Schuldner in der Weise an die Stelle des bisherigen, daß dieser dadurch von seiner Leistungspflicht befreit wird.

Wegen der Bedeutung der Person des Schuldners für die Erfüllung der Leistung ist ein derartiger Vorgang nicht ohne **Mitwirkung des Gläubigers** möglich. Eine Schuld kann in zweifacher Form übernommen werden: durch Vertrag zwischen dem Übernehmer und dem Gläubiger (§ 414 BGB) oder durch Vertrag zwischen dem Übernehmer und dem bisherigen Schuldner, der aber zu seiner Wirksamkeit der Zustimmung des Gläubigers bedarf (§ 415 Abs. 1 Satz 1 BGB).

> Beispiel:
>
> Jemand kauft ein Grundstück unter Anrechnung bestehender Hypotheken auf den Kaufpreis. Der Gläubiger kann die Schuldübernahme durch den Erwerber mit befreiender Wirkung für den Veräußerer nur genehmigen, wenn dieser sie ihm mitteilt (§ 416 Abs. 1 Satz 1 BGB).

Die für die Forderung bestellten **Sicherungsrechte**, wie Bürgschaften und Pfandrechte, erlöschen im Gegensatz zur Abtretung mit der Schuldübernahme (§ 418 Abs. 1 Satz 1 BGB). Der Grund für diese Regelung liegt darin, daß es z. B. für einen Bürgen nicht gleichgültig ist, für wessen Schuld er sich verbürgt hat; infolgedessen verändert der Wechsel in der Person des Schuldners die Voraussetzungen für seine Bereitschaft zur Bürgschaftserklärung. Ein Bürge haftet nur dann weiter, wenn er in die Schuldübernahme einwilligt (§ 418 Abs. 1 Satz 3 BGB).

(2) Schuldbeitritt

Von der befreienden Schuldübernahme unterscheidet sich der Schuldbeitritt dadurch, daß

der Übernehmer neben den bisherigen Schuldner, der von seiner Verpflichtung nicht befreit wird, in das Schuldverhältnis eintritt. **Alter und neuer Schuldner haften dem Gläubiger als Gesamtschuldner.**

Der Schuldbeitritt ist im Gesetz nicht geregelt. Er kommt **rechtsgeschäftlich** zustande durch Vereinbarung der beiden Schuldner, die der Zustimmung des Gläubigers nicht bedarf, weil der bisherige Schuldner nicht aus seiner Haftung entlassen wird. Ein **gesetzlicher** Schuldbeitritt ist mit der Übernahme eines ganzen Vermögens verbunden, da dieses den Gläubigern als Haftungsobjekt dient. Sie können unbeschadet der Fortdauer der Haftung des bisherigen Schuldners ihre Ansprüche auch gegen denjenigen geltend machen, der das Vermögen eines anderen, beispielsweise sein einziges Grundstück oder den gesamten Hausrat, durch Vertrag übernommen hat (§ 419 Abs. 1 BGB). Eine entsprechende Regelung trifft § 25 HGB für die Übernahme eines Handelsgeschäftes unter Fortführung der Firma, wobei jedoch die Haftung im Gegensatz zu § 419 BGB durch Vereinbarung ausgeschlossen werden kann.

Aus versicherungsrechtlicher Sicht kommt der **Haftpflichtversicherung** die Funktion einer Befreiung des Versicherungsnehmers von Schadenersatzverbindlichkeiten zu. Ein echter Fall des gesetzlich angeordneten Schuldbeitritts ist der durch § 3 Nr. 1 PflVG geschaffene unmittelbare Anspruch des geschädigten Dritten gegen den Kraftfahrzeug-Haftpflichtversicherer des Schädigers.

4. Beendigung des Schuldverhältnisses

Ein Schuldverhältnis kann aus den verschiedensten Gründen beendet werden. Regelmäßig erlischt es durch Erfüllung. Es kann aber auch von den Beteiligten durch Vereinbarung im gegenseitigen Einvernehmen aufgehoben werden. Bei Dauerschuldverhältnissen, insbesondere Versicherungsverträgen, kommen als Beendigungsgründe darüber hinaus vor allem Zeitablauf, Kündigung und Rücktritt in Betracht.

a) Erfüllung

Durch Erfüllung erlischt das Schuldverhältnis (§ 362 Abs. 1 BGB). Erfüllung bedeutet die ordnungsgemäße Bewirkung der geschuldeten Leistung.

aa) Erbringung der Leistung

Ordnungsgemäß ist die Leistung, wenn sie in der gehörigen Weise, zur rechten Zeit und am richtigen Ort erbracht wird.

Die **Art und Weise der Leistung**, beispielsweise der Umfang des Versicherungsschutzes, richtet sich in erster Linie nach den getroffenen individuellen Vereinbarungen, etwa über die Höhe der Versicherungssumme, den dem Vertrag zugrundeliegenden Allgemeinen Geschäftsbedingungen und den einschlägigen gesetzlichen Vorschriften. Zu Teilleistungen ist der Schuldner nach § 266 BGB nicht berechtigt. Der Gläubiger kann also verlangen, daß die gesamte Leistung, z. B. die Prämienzahlung, auf einmal erbracht wird, nimmt aber in der Praxis vernünftigerweise auch Teilbeträge an. Soweit der Schuldner den Vertrag nicht persönlich zu erfüllen hat, wie bei einer Dienstleistung (§ 613 Satz 1 BGB), kann die Leistung auch durch einen Dritten mit befreiender Wirkung für den Schuldner erfolgen (§ 267 Abs. 1 BGB). Dies gilt vor allem für die Erfüllung von Geldschulden. Wenn der Schuldner der Leistung durch den Dritten widerspricht, kann der Gläubiger sie nach § 267 Abs. 2 BGB ablehnen, muß dies aber nicht tun. Eine derartige Zurückweisung ist ausgeschlossen, falls dem Dritten ein Rechtsverlust durch die vom Gläubiger betriebene Zwangsvollstreckung droht (§ 268 BGB). Versicherungsprämien muß der Versicherer vom Versicherten bei der Versicherung für fremde Rechnung, vom Bezugsberechtigten und vom Pfandgläubiger annehmen (§ 35a VVG).

Nach der **Leistungszeit** beurteilt sich die Fälligkeit der Forderung, die zu den Verzugsvoraussetzungen gehört.

Der Ort, an dem der Schuldner die Leistungshandlung vorzunehmen hat, heißt **Erfüllungsort**. Nach ihrer Beziehung zum Erfüllungsort unterscheidet man Hol-, Schick- und Bringschulden. Bei der **Holschuld** hat der Schuldner den Leistungsgegenstand nur zur Abholung durch den Gläubiger bereitzuhalten, während er ihn im Falle der **Schickschuld** an den Gläubiger abzusenden hat. Bei beiden Tatbeständen liegt der Erfüllungsort beim Schuldner. Demgegenüber hat er die Sache bei der **Bringschuld** dem Gläubiger an dessen Wohnsitz, der zugleich Erfüllungsort ist, zu übergeben. Von prozessualer Bedeutung ist der Erfüllungsort, weil er nach § 29 ZPO einen besonderen Gerichtsstand begründet. Bestimmt wird der Erfüllungsort in erster Linie durch die zwischen den Parteien getroffenen Vereinbarungen (§ 269 Abs. 1 BGB). So sind nach § 10 Satz 1 ALB Erfüllungsort für beide Teile die Geschäftsräume des Vorstandes des Versicherers. Fehlt eine entsprechende Abmachung, sind die Umstände, insbesondere die Natur des Schuldverhältnisses maßgebend, so daß der Arbeitnehmer seine Dienste im Betrieb des Arbeitgebers zu leisten hat. Gibt auch dieser Maßstab keinen Anhalt, ist Erfüllungsort der Wohnsitz oder Ort der gewerblichen Niederlassung des Schuldners.

Besonderheiten bestehen für **Geldschulden**. Geld hat der Schuldner im Zweifel auf seine Gefahr und seine Kosten dem Gläubiger an dessen Wohnsitz zu übermitteln (§ 270 Abs. 1 BGB). Da der Wohnsitz der Schuldner nach § 270 Abs. 4 BGB Erfüllungsort bleibt, ist die Geldschuld eine Schickschuld mit der Modifikation, daß die Übermittlung nicht nur auf Kosten, sondern auch auf Gefahr des Schuldners erfolgt. Eine entsprechende Regelung trifft § 36 Abs. 1 VVG für die Prämienschuld. Leistungen aus Lebensversicherungen werden dem Empfangsberechtigten nach § 10 Satz 2 ALB auf seine Kosten übersandt; die Gefahr bei der Überweisung in das Ausland trägt der Empfangsberechtigte. Getilgt ist die Geldschuld bei Barzahlung mit der Übereignung der Geldzeichen an den Gläubiger, im bargeldlosen Zahlungsverkehr mit der Gutschrift auf dessen Konto, bei der Hingabe eines Wechsels oder Schecks mit deren Einlösung. Für die Rechtzeitigkeit der Zahlung genügt es, daß der betreffende Geldbetrag den Verfügungsbereich des Schuldners verläßt. Dies spielt vor allem eine Rolle für die Erhaltung des Versicherungsschutzes beim Verzug mit einer Folgeprämie.

Der Schuldner braucht nur gegen Erteilung einer **Quittung** (schriftliches Empfangsbekenntnis im Sinne von § 368 BGB) zu leisten. Der Überbringer einer Quittung gilt nach § 370 BGB als ermächtigt, die Leistung für den Gläubiger in Empfang zu nehmen. Ein Unterfall ist die Regelung des § 43 Nr. 4 VVG, wonach ein Versicherungsvertreter, der sich im Besitz einer vom Versicherer, wenn auch nur faksimiliert, unterzeichneten Prämienrechnung befindet, als zur Annahme der Prämie bevollmächtigt gilt. Stets muß die Quittung echt sein, also vom Gläubiger stammen.

bb) Anderweitige Befriedigung des Gläubigers

Das Schuldverhältnis kann nicht nur durch Erfüllung, sondern auch durch anderweitige Befriedigung des Gläubigers erlöschen. Dazu gehören namentlich die Leistung an Erfüllungs Statt, die Hinterlegung und die Aufrechnung.

(1) Leistung an Erfüllungs Statt

Eine Leistung an Erfüllungs Statt liegt vor, wenn der Gläubiger eine andere als die geschuldete Leistung anstelle der Erfüllung annimmt (§ 364 Abs. 1 BGB).

> Beispiel:
>
> Der Verkäufer bietet dem Käufer anstelle des ursprünglich gekauften Gebrauchtwagens ein anderes Modell an. Das Schuldverhältnis erlischt nur dann, wenn der Gläubiger damit einverstanden ist.

Übernimmt der Schuldner zur Befriedigung des Gläubigers eine neue Verbindlichkeit, z. B. in Gestalt eines Wechselakzepts, so erlischt dadurch das Schuldverhältnis nicht. Es tritt vielmehr neben die bisherige Schuld noch eine neue (Leistung erfüllungshalber im Sinne von § 364 Abs. 2 BGB).

(2) Hinterlegung

Sofern der Erfüllung Hinderungsgründe entgegenstehen, die in der Person des Gläubigers liegen, wie insbesondere Annahmeverzug und eine nicht auf Fahrlässigkeit beruhende Unkenntnis über den Gläubiger, kann sich der Schuldner durch Hinterlegung beim Amtsgericht befreien. Hinterlegungsfähig sind jedoch nur Geld, Wertpapiere, sonstige Urkunden und Kostbarkeiten; alle übrigen Sachen hat der Schuldner versteigern zu lassen und kann dann den Erlös hinterlegen (§§ 372 ff. BGB).

(3) Aufrechnung

Aufrechnung ist die Tilgung einer Forderung durch Ausgleichung mit einer Gegenforderung.

> Beispiel:
>
> Der Käufer schuldet dem Verkäufer einen Kaufpreis in Höhe von DM 7000,–; der Verkäufer hat dem Käufer noch eine Reparaturrechnung in Höhe von DM 2000,– zu begleichen. Zur Erleichterung der Tilgung und zur Sicherung seiner eigenen Forderung gestattet das Gesetz dem Käufer, mit seiner Forderung von DM 2000,– gegenüber dem Verkäufer aufzurechnen, so daß er nur noch DM 5000,– zu zahlen hat.

(a) Voraussetzungen der Aufrechnung

Das Recht zur Aufrechnung setzt voraus, daß die beiden Forderungen gegenseitig, gleichartig, gültig und fällig sind (§ 387 BGB).
Eine Aufrechnung kommt nur in Betracht, wenn die Forderungen **zwischen denselben Personen bestehen.** Der Gläubiger der einen muß also Schuldner der anderen Forderung sein und umgekehrt. Infolgedessen erfolgt die Aufrechnung grundsätzlich zwischen den beiden Vertragspartnern; der Schuldner kann nicht mit einer Forderung aufrechnen, die ihm einem Dritten gegenüber zusteht. Für den Versicherungsnehmer besteht die Möglichkeit, mit Entschädigungsansprüchen, die er gegenüber dem Versicherer hat, gegen dessen Prämienforderung aufzurechnen, wie umgekehrt der Versicherer von der Versicherungsleistung die fällige Prämie abziehen kann. Das Prinzip der Gegenseitigkeit der Forderungen ist für den Bereich des Versicherungswesens aber insofern durchbrochen, als der Versicherer die Beitragsrückstände auch dann von der Versicherungsleistung in Abzug bringen kann, wenn er sie nicht dem Versicherungsnehmer, sondern einem Dritten schuldet, z. B. dem Versicherten bei der Versicherung für fremde Rechnung oder dem Bezugsberechtigten in der Lebensversicherung (§ 35b VVG).

Die beiden geschuldeten Leistungen müssen ihrem Gegenstand nach **gleichartig** sein, was vor allem für Geldforderungen zutrifft. Sie brauchen jedoch nicht in der Höhe übereinzustimmen, so daß der Gläubiger zwar keine Teilzahlungen annehmen, sich aber eine teilweise Tilgung seiner Forderung durch Aufrechnung gefallen lassen muß.

Die Forderung, mit der aufgerechnet wird, muß vollgültig, durchsetzbar und fällig sein. Der Schuldner kann also nur mit solchen Forderungen aufrechnen, deren Erfüllung er von dem Gläubiger erzwingen kann, weil er durch die Aufrechnungsmöglichkeit nicht besser gestellt werden soll als sonst. Aus diesem Grunde muß die Forderung mit der aufgerechnet wird, klagbar sein, und es darf ihr keine Einrede entgegenstehen (§ 390 Satz 1 BGB).
Die Forderung, gegen die aufgerechnet wird, muß existieren. Wer gegen eine nichtige Forderung aufrechnet, behält seine eigene Forderung. Es genügt jedoch für die Forderung, gegen die aufgerechnet wird, daß sie erfüllbar ist. Sie kann sogar mit einer Einrede behaftet sein (z. B. Verjährung), die der Schuldner nicht geltend zu machen braucht.

Ausgeschlossen ist die Aufrechnung entweder im Falle einer entsprechenden Vereinbarung oder kraft Gesetzes. In Allgemeinen Geschäftsbedingungen ist nach § 11 Nr. 3 AGB-Gesetz das Verbot, mit einer unbestrittenen oder rechtskräftig festgestellten Forderung aufzurechnen, unwirksam. Gesetzliche Aufrechnungsverbote bestehen gegen Forderungen aus vorsätzlich begangenen unerlaubten Handlungen (§ 393 BGB), gegen unpfändbare Forderungen (§ 394 BGB) sowie zur Vermeidung von kassentechnischen Schwierigkeiten gegen eine Forderung des Bundes, eines Landes oder einer Gemeinde, wenn die geschuldete Leistung an eine andere Kasse zu erfolgen hat als die, aus der die Forderung des Aufrechnenden zu berichtigen ist (§ 395 BGB).

(b) Erklärung und Wirkungen der Aufrechnung

Die Aufrechnung erfolgt durch einseitige Willenserklärung gegenüber dem anderen Teil. Sie darf, da sie klare Verhältnisse schaffen soll, nicht mit einer Bedingung oder Zeitbestimmung verbunden sein (§ 388 BGB). Durch die Aufrechnung gelten die beiderseitigen Forderungen, soweit sie sich decken, als in dem Zeitpunkt erloschen, in dem sie erstmals zur Aufrechnung geeignet einander gegenübergetreten sind (§ 389 BGB).

b) Aufhebung des Schuldverhältnisses

Stets haben die Partner die Möglichkeit, ein Schuldverhältnis durch Vereinbarung im gegenseitigen Einvernehmen aufzuheben.

Ein solcher **Aufhebungsvertrag** kann mit **rückwirkender Kraft** geschlossen werden, so daß das Schuldverhältnis als nicht entstanden anzusehen ist und die Beteiligten sich einander bereits erbrachte Leistungen zurückzugewähren haben. Es kann ein Vertrag aber auch für die Zukunft in der Weise beendet werden, daß die Partner von einem bestimmten Zeitpunkt an keine Leistungen mehr zu erbringen haben, die bisherigen Rechte und Pflichten aber unberührt bleiben sollen, was vor allem bei Dauerschuldverhältnissen und damit auch beim Versicherungsvertrag regelmäßig anzunehmen sein wird.

Von der Aufhebung des ganzen Vertrages unterscheidet sich der **Erlaß der Schuld** dadurch, daß nur die Forderung und damit insoweit das Schuldverhältnis erlischt, weil der Gläubiger auf sein Recht verzichtet. Nach § 397 Abs. 1 BGB ist hierzu ein Vertrag zwischen dem Gläubiger und dem Schuldner erforderlich.

c) Zeitablauf

Ein rechtsgeschäftliches Schuldverhältnis endet mit dem Ablauf der vereinbarten Vertragsdauer. Derartige Absprachen finden sich in Miet- und Dienstverträgen. Die vertragliche Bindung der Parteien hört dann zu dem vorgesehenen Zeitpunkt auf, ohne daß es einer Kündigung bedarf. Auch der Versicherungsvertrag kann befristet sein. So besteht im Falle des Abschlusses einer Reisegepäckversicherung für die Zeit vom 1.7. bis 15.8. nach Beendigung der Vertragsdauer kein Versicherungsschutz mehr.

Ein befristeter Vertrag kann aber **verlängert** werden. Häufig ist die Vereinbarung, daß sich ein befristeter Miet- oder Dienstvertrag jeweils um einen bestimmten Zeitraum verlängert, wenn er nicht zum Ablauf gekündigt wird. Solche Verlängerungsklauseln enthalten auch die meisten Allgemeinen Versicherungsbedingungen. Nach § 8 Abs. 1 VVG darf sich die stillschweigende Verlängerung nur auf jeweils ein Jahr erstrecken (vgl. auch § 11 Nr. 12 b AGB-Gesetz).

d) Kündigung

Unter einer Kündigung versteht man eine einseitige empfangsbedürftige Willenserklärung, die darauf gerichtet ist, ein Dauerschuldverhältnis für die Zukunft zu beenden. Nach den Voraussetzungen ist zwischen ordentlicher und außerordentlicher Kündigung zu unterscheiden.

Die **ordentliche Kündigung** kommt in Betracht zur Beendigung von Dauerschuldverhältnissen, wie Miet-, Dienst- und Versicherungsverträgen, die auf unbestimmte Zeit eingegangen sind. Sie ist in der Regel an die Einhaltung einer bestimmten Kündigungsfrist gebunden, die sich aus dem Gesetz oder der vertraglichen Vereinbarung ergibt. Beispielsweise kann die Kündigungsfrist 6 Wochen zum Quartalsende betragen. Der **Versicherungsvertrag** kann nach § 8 Abs. 2 VVG jeweils für den Schluß der laufenden Versicherungsperiode gekündigt werden. Die in den AVB vorgesehene Kündigungsfrist muß für beide Teile gleich sein und darf nicht weniger als einen Monat und nicht mehr als drei Monate betragen (vgl. z. B. §§ 9 Abs. 1 Satz 2 AHB, 4 Abs. 1a AKB). Für längerfristige Verträge richtet sich die Kündigungsmöglichkeit nach § 8 Abs. 3 VVG. Ein Kündigungsgrund ist nicht erforderlich und braucht deshalb auch nicht angegeben zu werden.

Eine **außerordentliche Kündigung** gibt es bei Verträgen, die auf bestimmte oder unbestimmte Zeit eingegangen sind. Sie erfolgt meistens ohne Einhaltung einer Frist und ist nur zulässig, wenn bestimmte gesetzliche oder vertragliche Kündigungsgründe gegeben sind. Es gilt der Grundsatz, daß jedes Dauerschuldverhältnis bei Vorliegen eines **wichtigen Grundes** gekündigt werden kann. Unter einem wichtigen Grund versteht man einen Umstand, der einem oder beiden Teilen die Fortsetzung des Vertrages nicht mehr zumutbar erscheinen läßt. Für den Versicherungsvertrag sind zahlreiche Fälle der außerordentlichen Kündigung im VVG und den AVB geregelt. So besteht nach eingetretenem Versicherungsfall in den meisten Sparten der Schadenversicherung für beide Parteien ein Kündigungsrecht, das deshalb eingeführt wurde, weil bei der Schadenabwicklung Erfahrungen gemacht werden können, die eine Fortsetzung des Vertrages nicht wünschenswert erscheinen lassen. Auch Beitragserhöhungen aufgrund einer Prämienanpassungsklausel können ein Kündigungsrecht begründen (vgl. § 31 VVG).

Die Kündigung muß **inhaltlich** so bestimmt sein, daß für den Erklärungsgegner kein Zweifel an der beabsichtigten Auflösung des Vertragsverhältnisses besteht. Sie bedarf zu ihrer Wirksamkeit keiner gesetzlichen Form. Regelmäßig verlangen aber die AVB Schriftform, wie z. B. § 13 AUB 88. Nach § 11 Nr. 16 AGB-Gesetz sind Bestimmungen in Allgemeinen Geschäftsbedingungen, durch die Erklärungen an eine strengere Form als die Schriftform oder an besondere Zugangserfordernisse gebunden werden, nichtig. Als einseitige empfangsbedürftige Willenserklärung wird die Kündigung in dem Zeitpunkt wirksam, in welchem sie dem Vertragspartner zugeht. Eine aus irgendeinem Grund unwirksame Kündigung hat der **Versicherer** ausdrücklich zurückzuweisen; sonst muß er sich so behandeln lassen, als sei wirksam gekündigt worden.

e) Rücktritt

Der Rücktritt bewirkt die einseitige Auflösung eines Vertrages, die im Gegensatz zur Kündigung rückwirkend erfolgt und an seiner Stelle ein gesetzliches Rückgewährschuldverhältnis begründet. Im Hinblick auf die bereits erbrachten Leistungen wird der Rücktritt bei Dauerschuldverhältnissen häufig durch die Kündigung ersetzt.

Das **Recht zum Rücktritt** kann auf einem **Vorbehalt im Vertrag** oder auf **gesetzlicher Bestimmung** beruhen. Voraussetzung des vertraglichen Rücktrittsrechtes ist eine entsprechende Vereinbarung im Vertrag, die es einem Partner beispielsweise gestattet, beim Ausbleiben gewisser Umstände, wie der Erteilung einer Baugenehmigung, von einem Grundstückskaufvertrag zurückzutreten. Rücktrittsvorbehalte in Allgemeinen Geschäftsbedingungen ohne sachlich gerechtfertigten und im Vertrag angegebenen Grund sind außer bei Dauerschuldverhältnissen nach § 10 Nr. 3 AGB-Gesetz unwirksam. Auf gesetzlicher Anordnung beruht das Rücktrittsrecht beim gegenseitigen Vertrag im Falle des Verzuges oder nachträglicher Unmöglichkeit (§ 327 BGB) sowie der Wandelung (§ 467 BGB). Der **Versicherer** kann vom Vertrag zurücktreten, wenn der Versicherungsnehmer gegen die vorvertragliche Anzeigepflicht verstößt (§§ 16 Abs. 2, 17 Abs. 1 VVG) oder die Erstprämie nicht rechtzeitig bezahlt (§ 38 Abs. 1 VVG).

Der Rücktritt erfolgt durch einseitige empfangsbedürftige Willenserklärung gegenüber dem anderen Teil (§§ 349 BGB, 20 Abs. 2 Satz 1 VVG). Mit dem Zugang der Rücktrittserklärung wird der Vertrag rückwirkend aufgelöst, und die Parteien haben einander die empfangenen Leistungen Zug um Zug **zurückzugewähren** (§§ 346 BGB, 20 Abs. 2 Satz 2 VVG).

Beispiel:

Der Käufer eines Grundstücks hat sich im notariellen Kaufvertrag den Rücktritt für den Fall vorbehalten, daß er keine Baugenehmigung erhält. Lehnt die Behörde einen entsprechenden Antrag ab, so kann der Käufer durch einseitige Erklärung gegenüber dem Verkäufer den Vertrag auflösen und Erstattung des Kaufpreises Zug um Zug gegen Rückgabe des Grundstücks verlangen.

Für den **Versicherungsvertrag** besteht insofern eine Besonderheit, als dem Versicherer bei Rücktritt wegen Verstoßes gegen die vorvertragliche Anzeigepflicht die Prämie für die erste Versicherungsperiode gebührt und er bei Rücktritt wegen Nichtzahlung der Erstprämie eine angemessene Geschäftsgebühr verlangen kann (§ 40 Abs. 1 und 2 VVG).

Die Rechtsprechung räumt jedem Vertragspartner ein Rücktrittsrecht ein, wenn die **Geschäftsgrundlage** weggefallen ist. Darunter versteht man diejenigen Vorstellungen, die zwar nicht Vertragsinhalt geworden sind, aber doch entweder von beiden oder von einer Seite unter Billigung durch die andere zur Grundlage des abgeschlossenen Geschäftes gemacht worden sind.

Beispiel:

Jemand mietet für die zweite Septemberhälfte 5 qm Grund auf der Theresienwiese in München, um dort während der Oktoberfestzeit einen Bratwurststand zu errichten. Aus politischen Gründen findet das Oktoberfest nicht statt. Der Mieter kann von dem Vertrag zurücktreten, ohne eine Vergütung zahlen zu müssen.

Geschäftsgrundlage des Versicherungsvertrages sind gewisse Gefahrumstände, von denen der Versicherer zur Beurteilung des Risikos ausgeht. Erweisen sie sich als unrichtig oder wird die Gefahrenlage nachträglich erhöht, so kann sich der Versicherer von dem Vertrag lösen. Es greifen insoweit die Spezialvorschriften des VVG über die Verletzung der vorvertraglichen Anzeigepflicht und die Gefahrerhöhung ein.

f) Tod

Ob der Tod eines Vertragspartners das Schuldverhältnis berührt, regelt sich unterschiedlich nach der Art des in Betracht kommenden Vertrages. Gemäß § 153 BGB wird das Zustandekommen des Vertrages nicht dadurch gehindert, daß der Antragende vor der Annahme stirbt, es sei denn, daß ein anderer Wille des Antragenden anzunehmen ist. Infolgedessen beendet der Tod eines Vertragspartners grundsätzlich das Vertragsverhältnis nicht; dieses geht vielmehr nach § 1922 Abs. 1 BGB auf die Erben über.

Etwas anderes gilt nur dann, wenn der Vertrag auf die **Person eines der Beteiligten** abgestellt war, es sich also beispielsweise um einen Dienstvertrag oder den Vertrag über die Errichtung einer Personengesellschaft ohne Fortsetzungsklausel (§ 131 Nr. 4 HGB) handelt. In diesen Fällen beendet der Tod das Vertragsverhältnis.

Im Bereich des **Versicherungswesens** gehen die Sachversicherungen auf die Erben über, während personengebundene Verträge, wie Berufshaftpflicht-, Unfall- und Lebensversicherungen naturgemäß enden. In der Personenversicherung kann der Tod auch den Eintritt des Versicherungsfalles bedeuten.

II. Einzelne Schuldverhältnisse

Dem die Grundlehren enthaltenden allgemeinen Teil des Schuldrechts folgen Spezialvorschriften zur Regelung der einzelnen Schuldverhältnisse, die sich nach ihrer Entstehung in rechtsgeschäftliche und gesetzliche gliedern.

1. Rechtsgeschäftliche Schuldverhältnisse

Die regelmäßig durch Vertrag begründeten rechtsgeschäftlichen Schuldverhältnisse dienen der Abwicklung von Rechtsbeziehungen im Wirtschaftsleben. Sie lassen sich nach der **Art der geschuldeten Leistung** in sechs Gruppen einteilen, je nachdem, ob Gegenstand des Vertrages ist

    die **Veräußerung einer Sache**,

    die **Überlassung des Gebrauches an einer Sache**,

    eine **Arbeitsleistung**,

    Kreditgewährung und -sicherung,

    Klarstellung oder

    das **Risiko**.

Dabei handelt es sich um typische Geschäftszwecke, wobei die Bestimmungen des BGB für manche Vertragsarten durch das HGB und die handelsrechtlichen Sondergesetze, z. B. für das Bank-, Transport- und Versicherungsrecht, ergänzt werden.

Die Parteien sind nicht an die gesetzlich vorgesehenen Vertragstypen gebunden; deren Vorschriften finden vielmehr nur dann Anwendung, wenn die Beteiligten weder individuell noch durch Allgemeine Geschäftsbedingungen etwas anderes vereinbaren, also schlechthin beispielsweise einen Kaufvertrag abschließen, ohne sich Gedanken über dessen rechtliche Abwicklung zu machen. Die Partner haben aber nach dem Prinzip der Vertragsfreiheit auch die Möglichkeit, dem Vertrag einen anderen Inhalt zu geben, als es das BGB vorsieht, soweit nicht zwingende Vorschriften, etwa die Schutzbestimmungen des AGB-Gesetzes, entgegenstehen.

Es können ferner mehrere Vertragstypen in der Weise zusammengefaßt werden, daß das von den Parteien begründete Schuldverhältnis Elemente verschiedener Vertragsformen enthält, wie bei dem Vertrag des Urlaubers, der sich in Vollpension begibt. Hinsichtlich des Zimmers handelt es sich um Miete, hinsichtlich der gewährten Mahlzeiten um Kauf. Man spricht dann von einem **gemischten Vertrag**. Im Einzelfall ist zu fragen, welche Vorschriften auf das betreffende Vertragsverhältnis sinngemäß passen. Die moderne Wirtschaft hat sich jedoch nicht mit den vom Gesetz angebotenen Vertragsarten und deren Kombination begnügt, sondern darüber hinaus neue Vertragstypen außerhalb des Gesetzes geschaffen, bei denen es dann häufig streitig ist, ob diese neue Vertragsform einem gesetzlich geregelten Typ zugeordnet werden kann, es sich um einen gemischten Vertrag handelt oder ein völlig neues Gebilde vorliegt, das sich an kein gesetzlich geregeltes Schuldverhältnis anlehnt. Ein interessantes Beispiel in diesem Zusammenhang bietet der sogenannte Leasing-Vertrag, eine neuzeitliche Form der Industriefinanzierung, die sich von der reinen Vermietung dadurch unterscheidet, daß nach Ablauf der Vertragsdauer die Möglichkeit besteht, das Objekt gegen geringere Zahlungen weiter zu benutzen oder käuflich zu erwerben.

Auch die **Versicherungswirtschaft** kennt gemischte Verträge in Gestalt der verbreiteten kombinierten oder gebündelten Versicherungen. Unter einer **kombinierten Versicherung** versteht man die Zusammenfassung mehrerer Versicherungszweige in einem Versicherungsvertrag unter Zugrundelegung eines Bedingungswerkes, das eine Kombination der Bedingungen der einzelnen im Vertrag zusammengefaßten Versicherungssparten darstellt, wie die verbundene Hausratversicherung, die durch die VHB Schutz gegen Feuer-, Einbruchdiebstahl-, Beraubungs-, Leitungswasser- und Sturmschäden bietet. Da es sich um einen Vertrag handelt, genügt die Unterschrift auf einem Antragsformular und die Ausfertigung eines Versicherungsscheines; die Kündigung betrifft den ganzen Vertrag und damit die kombinierten Zweige. Demgegenüber ist eine **gebündelte Versicherung** die Zusammenfassung mehrerer Versicherungsverträge unter Zugrundelegung der für jeden einzelnen in Betracht kommenden Allgemeinen Versicherungsbedingungen aufgrund eines Antrages in einem Versicherungsschein. Unter diese Form fallen die sogenannten Familienversicherungen, die eine Verbindung der Hausrat- mit der Privathaftpflicht- und Unfallversicherung darstellen. Nach aufsichtsbehördlicher Anordnung muß die Prämie für jeden Versicherungszweig getrennt ausgewiesen werden. Entrichtet der Versicherungsnehmer im Mahnverfahren nach § 39 VVG nur einen Teilbetrag, so hat er gemäß § 366 Abs. 1 BGB anzugeben, für welchen Zweig die Zahlung bestimmt sein soll. Weil es sich um mehrere selbständige Verträge handelt, können diese auch unabhängig voneinander gekündigt werden.

Ein versicherungsrechtliches Beispiel für die **Neuschaffung eines Vertragstyps** außerhalb der gesetzlichen Regelung bildet die **private Krankenversicherung**.

a) Veräußerungsverträge

Auf die Veräußerung einer Sache sind der Kauf-, Tausch- und Schenkungsvertrag gerichtet.

Als Verpflichtungsgeschäfte begründen sie jeweils einen Anspruch auf Übertragung des Eigentums an einer Sache gegen Entgelt, gegen eine andere Sache oder unentgeltlich. Von dieser schuldrechtlichen Verpflichtung ist die Übereignung zu unterscheiden, die im 3. Buch des BGB geregelt ist. Durch die Eigentumsübertragung wird der Veräußerungsvertrag erfüllt, und es geht das Eigentum an der betreffenden Sache auf den Erwerber über.

aa) Kaufvertrag

Gegenstand des Kaufvertrages können bewegliche und unbewegliche Sachen (Grundstücke), Rechte sowie sonstige Gegenstände (§ 445 BGB), wie z. B. ein Unternehmen, sein. Da es sich um einen gegenseitigen Vertrag handelt, werden auf beiden Seiten Rechte und Pflichten begründet.

(1) Pflichten des Verkäufers

Die Pflichten des Verkäufers gliedern sich in Leistungspflichten und eine Haftung für Sachmängel des Kaufgegenstandes.

(a) Leistungspflichten des Verkäufers

Der Verkäufer ist nach § 433 Abs. 1 BGB verpflichtet, dem Käufer die Sache zu übergeben und ihm lastenfreies Eigentum daran zu verschaffen (§ 434 BGB), bei einem Rechtskauf ihm das Recht zu verschaffen.

Die **Kosten der Übergabe**, wie z. B. des Messens, Wiegens und Verpackens, hat der Verkäufer zu tragen, während dem Käufer die Kosten der Versendung an einen anderen Ort als den Erfüllungsort sowie der Beurkundung und Eintragung beim Grundstückskauf zur Last fallen (§§ 448, 449 BGB). Von dieser gesetzlichen Regelung werden vor allem im **Überseehandel** abweichende Vereinbarungen getroffen. So bedeutet die Klausel „fob" (free on board), daß der Verkäufer die zu verschiffende Ware auf seine Rechnung und Gefahr an Bord des Schiffes im Abgangshafen zu liefern hat und der anschließende Seetransport zu Lasten und auf die Gefahr des Käufers geht. Bei der Klausel „cif" (cost, insurance, freight) trägt der Verkäufer auch die Kosten des Transports bis zum Bestimmungshafen und der **Seeversicherung**; beides ist im Kaufpreis eingeschlossen, so daß den Verkäufer die rechtsgeschäftliche Pflicht trifft, die Transportversicherung abzuschließen.

Kommt der Verkäufer seiner Leistungspflicht nicht oder nicht rechtzeitig nach, so bestimmen sich die Rechte des Käufers nach den allgemeinen Vorschriften über Leistungsstörungen (§ 440 Abs. 1 BGB). Diese Regelung findet auch Anwendung bei Vorliegen eines sogenannten **Rechtsmangels**. Darunter versteht man den Umstand, daß der Verkäufer das Eigentum an dem Kaufgegenstand nicht verschaffen kann oder er mit Rechten dritter Personen belastet ist.

(b) Haftung für Sachmängel

Wenn der Verkäufer einen Kaufgegenstand geliefert und übereignet hat, der mit Mängeln behaftet ist, so hat er zwar seine Leistungspflicht gemäß § 433 Abs. 1 Satz 1 BGB erfüllt; dem Käufer stehen aber unter bestimmten Voraussetzungen wegen der mangelhaften Beschaffenheit des Kaufobjektes sogenannte Gewährleistungsansprüche zu.

Der Verkäufer haftet nach § 459 BGB für Mängel. Darunter fallen einerseits Fehler und andererseits das Fehlen einer zugesicherten Eigenschaft.

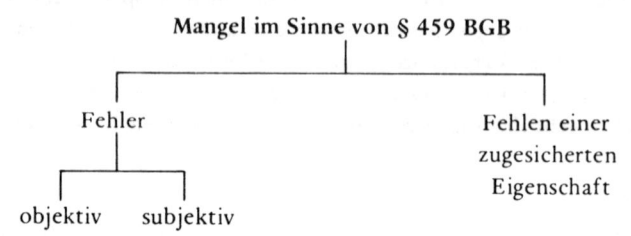

```
              Mangel im Sinne von § 459 BGB
                       |
           ┌───────────┴───────────┐
         Fehler              Fehlen einer
           |                  zugesicherten
     ┌─────┴─────┐             Eigenschaft
  objektiv   subjektiv
```

Ein **Fehler** mindert oder beseitigt den Wert oder die Tauglichkeit der Sache zu dem gewöhnlichen (objektiver Maßstab) oder dem nach dem Vertrag vorausgesetzten Gebrauch (subjektiver Maßstab). Objektiv handelt es sich also um die Abweichung von der normalen Beschaffenheit derartiger Sachen, wie z. B. Rostflecken und Kratzer bei einem als fabrikneu verkauften Auto. Subjektiv muß der beiden Teilen bekannte Verwendungszweck zur Vertragsgrundlage gemacht worden sein, wie z. B. die Bebaubarkeit eines Grundstücks. **Eigenschaften** im Sinne von § 459 Abs. 2 BGB sind alle wertbildenden Faktoren; als zugesichert können sie angesehen werden, wenn eine entsprechende Erklärung des Verkäufers Vertragsinhalt geworden ist, beispielsweise über die Herkunft eines Bildes. Der Mangel muß im Zeitpunkt des Gefahrüberganges, also der Übergabe einer beweglichen Sache oder der Eintragung ins Grundbuch bei Grundstücken (§ 446 BGB), bereits vorgelegen haben.

Sind die genannten Voraussetzungen erfüllt, so bestimmen sich die Rechte des Käufers nach §§ 462, 463, 480 BGB. Er hat die Wahl zwischen **Wandelung**, d. h. Rückgängigmachung des Kaufvertrages nach Maßgabe der Vorschriften über den Rücktritt (§ 467 BGB), und **Minderung**, d. h. verhältnismäßiger Herabsetzung des Kaufpreises (§ 472 BGB). Handelt es sich um einen Gattungskauf, so kann er stattdessen **Lieferung einer mangelfreien Ware** verlangen. Beim Fehlen einer zugesicherten Eigenschaft, dem arglistigen Verschweigen eines Fehlers oder der Vorspiegelung einer nicht vorhandenen günstigen Eigenschaft kommt **Schadenersatz wegen Nichterfüllung** in Betracht.

Beispiel:

Jemand hat einen fabrikneuen Personenkraftwagen eines bestimmten Typs gekauft. Bei der Benutzung stellt sich heraus, daß der Tank leckt. Dem Käufer stehen folgende Rechte zu: Er kann den Vertrag rückgängig machen und Erstattung des Kaufpreises verlangen; er kann, soweit das wirtschaftlich sinnvoll ist, eine entsprechende Herabsetzung des Preises fordern; er kann aber auch auf der Lieferung eines mangelfreien Wagens bestehen.

Die Haftung des Verkäufers für Sachmängel kann im Vertrag **ausgeschlossen** oder beschränkt werden, falls der Verkäufer nicht einen ihm bekannten Mangel arglistig verschweigt (§ 476 BGB). In Allgemeinen Geschäftsbedingungen ist der Ausschluß der Gewährleistungsansprüche oder ihre Beschränkung auf ein Nachbesserungsrecht gemäß § 11 Nr. 10 und 11 AGB-Gesetz unwirksam. Eine Mängelhaftung entfällt, wenn der Käufer den Mangel beim Kaufabschluß kennt (§ 460 BGB) oder eine mangelhafte Sache in Kenntnis des Mangels annimmt, ohne sich seine Rechte vorzubehalten (§ 464 BGB). Unter Kaufleuten besteht beim beiderseitigen Handelskauf eine Obliegenheit zur unverzüglichen Rüge festgestellter Mängel, deren Unterlassung zum Verlust der Gewährleistungsansprüche führt (§ 377 HGB). Die Mängelansprüche verjähren nach § 477 Abs. 1 BGB grundsätzlich bei beweglichen Sachen in 6 Monaten von der Ablieferung, bei Grundstücken in einem Jahr von der Übergabe an.

Aufgrund ihrer **Sonderregelung** schließen die Gewährleistungsansprüche eine Anfechtungsmöglichkeit des Käufers nach § 119 Abs. 2 BGB wegen Irrtums über eine verkehrswesentliche Eigenschaft aus, gestatten aber die Anfechtung wegen arglistiger Täuschung gemäß § 123 BGB sowie die Geltendmachung von Schadenersatzansprüchen unter dem Gesichtspunkt der positiven Vertragsverletzung und der unerlaubten Handlung, was für die Problematik der sogenannten Produkte- oder Produzentenhaftung des Warenherstellers von Bedeutung ist.

Versicherungsrechtlich ist die Abgrenzung der Ansprüche insofern von Bedeutung, als Erfüllungs- und die an ihre Stelle tretenden Ersatzansprüche im Gegensatz zu den anderen Schadenersatzverbindlichkeiten nicht Gegenstand der **Haftpflichtversicherung** sein können (§ 4 Abs. 1 Nr. 6 b AHB). Dagegen sind die Gewährleistungsansprüche des Viehkaufes (§§ 481 ff. BGB) in der **Tierversicherung** dadurch relevant, daß auf den Versicherer, der dem Versicherungsnehmer Leistungen erbracht hat, nicht nur die Schadenersatzansprüche, die ihm gegenüber einem Dritten zustehen, sondern über § 67 VVG hinaus auch die Gewährleistungsansprüche wegen eines Mangels des versicherten Tieres übergehen (§ 118 VVG). Der Versicherungsschutz erstreckt sich unter bestimmten Voraussetzungen auch auf die Mängelhaftung, zu welcher der Versicherungsnehmer dem Käufer eines versicherten Tieres gesetzlich verpflichtet ist (§ 128 VVG).

(2) Pflichten des Käufers

Der Käufer ist nach § 433 Abs. 2 BGB verpflichtet, den vereinbarten Kaufpreis zu zahlen und die gekaufte Sache abzunehmen.

Mit der Übergabe des Kaufgegenstandes geht die Gefahr des zufälligen Untergangs und einer zufälligen Verschlechterung nach § 446 Abs. 1 BGB auf den Käufer über. Man spricht vom **Übergang der Preisgefahr** und meint damit, daß der Käufer den Preis auch dann zu zahlen hat, wenn beispielsweise das gekaufte und noch nicht bezahlte Auto während der ersten Fahrt des Käufers beschädigt oder zerstört wird.

Grundsätzlich sind die sich aus dem Kaufvertrag ergebenden Verpflichtungen Zug um Zug zu erfüllen. Es wird jedoch in der Praxis häufig vereinbart, daß dem Käufer das Kaufobjekt schon übergeben wird, er aber den Kaufpreis erst später zu entrichten braucht. In diesen Fällen behält sich der Verkäufer regelmäßig das Eigentum bis zur vollständigen Zahlung des Kaufpreises vor (§ 455 BGB). Infolgedessen bleibt der Verkäufer zunächst

Eigentümer der verkauften Ware, und der Käufer erwirbt lediglich ein Anwartschaftsrecht auf die Eigentumsübertragung, das sich mit der Entrichtung der letzten Kaufpreisrate in Eigentum verwandelt. Für den sogenannten **Ratenkauf,** bei dem der Kaufpreis nach der Übergabe in mehreren Teilbeträgen (Raten) bezahlt wird, enthält das Verbrauchergesetz Schutzvorschriften zugunsten des Käufers. Der Vertrag bedarf der Schriftform und muß den Bar- und Teilzahlungspreis, die einzelnen Teilzahlungen sowie den effektiven Jahreszins enthalten. Innerhalb einer Frist von einer Woche besteht ein Widerrufsrecht des Käufers. Von der modernen Wirtschaftspraxis wurde der sogenannte **finanzierte Kauf** entwickelt. Bei ihm ist durch Vermittlung des Verkäufers ein Kreditinstitut eingeschaltet, das dem Käufer ein an den Verkäufer auszuzahlendes Darlehen in Höhe des Kaufpreises gewährt, welches in Raten an das Finanzierungsinstitut zurückzuzahlen ist.

Den Unternehmern, die Waren auf Kredit verkaufen, bietet die **Warenkreditversicherung** Versicherungsschutz gegen Ausfälle infolge der Zahlungsunfähigkeit ihrer Kunden. Auf Teilzahlung verkaufte langlebige Wirtschaftsgüter können von den Verkäuferfirmen oder Finanzierungsinstituten durch die Warenversicherung bei Abzahlungsgeschäften (Waba) versichert werden.

bb) Tausch- und Schenkungsvertrag

Der **Tauschvertrag** unterscheidet sich vom Kauf dadurch, daß die Verpflichtung zur Übereignung einer Sache nicht gegen Zahlung eines Preises, sondern gegen die Übertragung einer anderen Sache begründet wird. Die wirtschaftliche Bedeutung des Tausches, auf den nach § 515 BGB die kaufrechtlichen Vorschriften entsprechende Anwendung finden, ist gering.

Unter einer Schenkung versteht § 516 Abs. 1 BGB eine unentgeltliche Vermögenszuwendung. Es handelt sich um einen einseitig verpflichtenden schuldrechtlichen Vertrag, welcher der Mitwirkung des **Beschenkten bedarf.** Formlos wirksam ist die Schenkung nur, wenn sie sofort vollzogen wird. Der Schenkungsvertrag als Verpflichtungsgeschäft bedarf zu seiner Wirksamkeit der **notariellen Beurkundung** des Schenkungsversprechens (§ 518 Abs. 1 BGB). Nach den Grundsätzen über den Wegfall der Geschäftsgrundlage ist der Schenker nicht in jedem Fall an sein Versprechen gebunden. Im Falle der Verarmung kann er entweder die Schenkung rückgängig machen (§ 528 BGB) oder ihre Vollziehung verweigern (§ 519 BGB). Wegen groben Undanks kann die Schenkung nach § 530 BGB widerrufen werden. Dem Schutze der Gläubiger dienen die Vorschriften des Anfechtungsgesetzes sowie des § 32 KO, wonach unentgeltliche Verfügungen, die innerhalb eines bestimmten Zeitraumes vor der fruchtlosen Zwangsvollstreckung oder der Eröffnung des Konkursverfahrens erfolgt sind, angefochten werden können.

b) Gebrauchsüberlassungsverträge

Auf die Überlassung des Gebrauches an einer Sache zielen der Miet-, Pacht- und Leihvertrag ab.

Der **Mietvertrag** verpflichtet den Vermieter zur Überlassung des Gebrauches einer Sache an den Mieter gegen Entrichtung des Mietzinses (§ 535 BGB). Gegenstand der Miete sind in erster Linie Immobilien, namentlich Grundstücke, insbesondere Wohnungen und Geschäftsräume (§ 580 BGB), neuerdings aber auch zunehmend bewegliche Sachen, wie Kraftfahrzeuge und Maschinen aller Art. Der sozialen Bedeutung der Wohnungsmiete trägt der Gesetzgeber durch entsprechende Regelungen Rechnung. So ist die Kündigung von Wohnraummietverhältnissen zum Zwecke der Mieterhöhung ausgeschlossen. Der Vermieter kann ein Mieterhöhungsverlangen nur unter Berufung auf die sogenannte Vergleichsmiete (Mietspiegel oder Benennung dreier vergleichbarer Wohnungen) innerhalb eines engen gesetzlichen Rahmens durchsetzen (Zweites Wohnraumkündigungsschutzgesetz). Der Wohnungsbau stellt eine wichtige **Kapitalanlage** der Versicherungsunternehmen dar, setzt aber voraus, daß die mietrechtlichen Vorschriften eine angemessene Verzinsung der erbrachten Investitionen ermöglichen. Neben den Gewährleistungsansprüchen des Mieters für Mängel des Mietobjektes (§§ 537, 538 BGB) können sich unter dem Gesichtspunkt der positiven Vertragsverletzung aus dem Mietvertrag Schadenersatzverbindlichkeiten des Mieters und Vermieters ergeben.

Von der Miete unterscheidet sich die **Leihe** dadurch, daß diese unentgeltlich erfolgt und der Entleiher somit nicht verpflichtet ist, eine Vergütung zu entrichten (§ 598 BGB). Im täglichen Leben wird die Bezeichnung Leihe häufig fälschlicherweise für Miet- (Kostümverleih, Leihbücher) und Darlehensverträge (Geldleihe) gebraucht.

Miete und **Pacht** unterscheiden sich dadurch, daß Gegenstand des Pachtvertrages nicht nur Sachen, sondern auch Rechte sein können und dem Pächter außer dem Gebrauch des Pachtgegenstandes auch der Ertrag, also alle Nutzungen (§§ 581, 100 BGB), zu gewähren sind. Infolgedessen können ein Unternehmen oder eine Jagd gepachtet werden.

Schadenersatzverbindlichkeiten des Vermieters, die nicht auf Erfüllung oder Gewährleistung beruhen, sind durch die Haftpflichtversicherung gedeckt. Dagegen bezieht sich der **Versicherungsschutz** nicht auf Haftpflichtansprüche wegen Schäden an gemieteten, gepachteten oder geliehenen Sachen (§ 4 Abs. 1 Nr. 6 a AHB). In die Privathaftpflichtversicherung ist jedoch die gesetzliche Haftpflicht aus Mietsachschäden grundsätzlich eingeschlossen. Im Rahmen von Mietverträgen wird dem Mieter häufig die Verpflichtung auferlegt, das Mietobjekt auf seine Kosten gegen bestimmte Gefahren zu versichern.

c) Dienstleistungsverträge

Zu den Schuldverhältnissen, die auf eine Tätigkeit im Dienst oder Interesse eines anderen gerichtet sind, gehören der Dienst-, Werk-, Reise-, Geschäftsbesorgungs- und Maklervertrag sowie Auftrag und Verwahrung.

aa) Dienst- und Werkvertrag

Der **Dienstvertrag** verpflichtet zur Erbringung einer Arbeit oder Dienstleistung gegen Entgelt (§ 611 Abs. 1 BGB). Handelt es sich um das Dienstverhältnis eines den Weisungen des Arbeitgebers unterliegenden, in abhängiger Stellung tätigen Arbeitnehmers, so greifen die Vorschriften des Arbeitsrechtes ein. Die Höhe der Vergütung bestimmt sich nach der Dauer der geleisteten Arbeit. Demgegenüber wird beim **Werkvertrag** ein durch Arbeit herbeizuführender Erfolg geschuldet (§ 631 Abs. 2 BGB). Infolgedessen ist er nicht zeit-, sondern erfolgsbetont. Führen die Bemühungen des Werkunternehmers nicht zum Erfolg, so braucht der Besteller keine Vergütung zu entrichten.

Beispiele:

Dienstverträge sind der Vertrag des Patienten mit dem Arzt über die ärztliche Behandlung sowie die Vereinbarung über die Erteilung von Privatunterricht. In beiden Fällen werden nur die Bemühungen des Arztes bzw. Privatlehrers geschuldet, die keinen Erfolg (Heilung der Krankheit oder Erlernen eines Musikinstruments) zusagen können, aber dennoch für die erbrachten Dienste nach dem Umfang der aufgewandten Zeit eine Vergütung beanspruchen können. — Werkverträge sind der Architektenvertrag, der im weitesten Sinne auf die Erstellung eines Bauwerkes abzielt, die auf Herstellung oder Reparatur einer Sache gerichteten Verträge sowie die Transport- und Beförderungsverträge, die jedoch weitgehend einer spezialgesetzlichen Sonderregelung unterliegen.

Leistet der Dienstverpflichtete mangelhafte Arbeit, indem der Arzt z. B. eine Krankheit falsch behandelt, so hat dies auf seinen Vergütungsanspruch grundsätzlich keinen Einfluß. Dem Dienstberechtigten steht jedoch unter Umständen eine Schadenersatzforderung aus positiver Vertragsverletzung und/oder unerlaubter Handlung zu, mit der er gegen die Honorarforderung aufrechnen kann. **Ist beim Werkvertrag das hergestellte Werk mangelhaft,** ein Kraftfahrzeug von der Werkstatt beispielsweise nicht richtig repariert worden, so braucht der Besteller das mangelhafte Werk nicht abzunehmen (§ 640 BGB) und kann dem Vergütungsanspruch des Werkunternehmers die Einrede des nichterfüllten Vertrages (§ 320 BGB) entgegensetzen. Darüber hinaus gibt § 633 Abs. 2 BGB dem Besteller das Recht, die Beseitigung des Mangels (Nachbesserung) zu verlangen. Er kann dem Unternehmer dazu eine angemessene Frist mit der Erklärung bestimmen, daß er die Nachbesserung nach dem Ablauf der Frist ablehne. Wird der Mangel daraufhin nicht fristgemäß beseitigt, kann der Besteller nach Kaufregeln nunmehr Wandelung oder Minderung verlangen, d. h. den Werkvertrag rückgängig machen oder die geforderte Vergütung verhältnismäßig herabsetzen. Ein Anspruch auf Beseitigung des Mangels ist nach Fristablauf ausgeschlossen (§ 634 Abs. 1 und 4 BGB). Der Fristsetzung bedarf es nicht, wenn die Nachbesserung unmöglich ist, sie von dem Unternehmer verweigert wird oder die sofortige Geltendmachung des Anspruchs auf Wandelung oder Minderung durch ein besonderes Interesse des Bestellers gerechtfertigt ist, weil z. B. sein Vertrauen zu dem Unternehmer durch die Art der Ausführung des Werkes (eine Reparatur) erschüttert ist (§ 634 Abs. 2 BGB). Wenn der Unternehmer den Mangel schuldhaft herbeigeführt hat, kann der Besteller statt der Wandelung oder Minderung nach § 635 BGB Schadenersatz wegen Nichterfüllung verlangen. Daneben kommt auch ein Schadenersatzanspruch aus positiver Vertragsverletzung in Betracht.

Beispiel:

Für eine Fabrik wird eine Spezialwerkzeugmaschine bestellt, die zu diesem Zweck von der Lieferfirma nach deren Plänen angefertigt wird. Nach der Aufstellung der Maschine stellt sich heraus, daß sie aufgrund eines Konstruktionsfehlers nicht zu dem vorgesehenen Zweck geeignet ist. Außerdem fehlt eine erforderliche Sicherheitsvorkehrung, so daß bei der Inbetriebnahme Personen- und Sachschaden entsteht. Der Besteller kann Beseitigung des Mangels, d. h. einen entsprechenden Umbau der Maschine verlangen, gegebenenfalls Neuherstellung einer einwandfrei funktionierenden Maschine. Nach erfolgloser Fristsetzung kann er den Werkvertrag rückgängig machen; eine Minderung wäre wirtschaftlich wenig sinnvoll. Sofern der Fabrikant durch den Ausfall der einkalkulierten Produktion von Werkzeugen geschädigt ist, kann er statt Wandelung oder Minderung Schadenersatz wegen Nichterfüllung verlangen, da ein Konstruktionsfehler regelmäßig vom Unternehmer zu vertreten ist. Der Schadensersatzanspruch wegen des Personen- und Sachschadens aufgrund der fehlenden Sicherheitsvorkehrung ergibt sich aus positiver Vertragsverletzung.

Keinen eigenen Vertragstyp, sondern lediglich eine Weichenstellung (Verweisungstatbestand) begründet die Regelung des **Werklieferungsvertrages** durch § 651 BGB. Ist die Herstellung einer Sache aus dem vom Unternehmer zu beschaffenden Stoff (Material) geschuldet, so handelt es sich im Falle vertretbarer Sachen, etwa der Herstellung von Konfektionsanzügen für ein Bekleidungshaus, um einen Kaufvertrag, bei nicht vertretbaren Sachen, z. B. der Anfertigung eines Maßanzuges durch den Schneider, um einen Werkvertrag.

bb) Reisevertrag

Der Reisevertrag ist ein gegenseitiger Vertrag, durch den sich der Reiseveranstalter zur Erbringung einer **Gesamtheit von Reiseleistungen (Reise)** und der Reisende sich zur Zahlung des vereinbarten Reisepreises verpflichtet (§ 651 a Abs. 1 BGB). Es handelt sich um einen Vertrag eigener Art, der dem Werkvertrag nahesteht und seine gesetzliche Regelung im Interesse des Verbraucherschutzes gefunden hat. Von den einschlägigen Vorschriften darf deshalb nach § 651 k BGB nicht zum Nachteil des Reisenden abgewichen werden.

Gegenstand des Vertrages ist die Erbringung einer Gesamtheit von Reiseleistungen, wie sie namentlich bei sogenannten Pauschalreisen vorkommt, die in der Regel die Beförderung, Unterkunft und Verpflegung umfassen. Bis zum Beginn der Reise hat der Reisende das Recht, sich durch einen Dritten ersetzen zu lassen (§ 651 b Abs. 1 BGB) oder vom Vertrag **zurückzutreten** (§ 651 i BGB). Im Falle des Rücktritts verliert der Reiseveranstalter den Anspruch auf den vereinbarten Reisepreis, kann aber stattdessen eine angemessene Entschädigung verlangen, die bedingungsgemäß auf einen Prozentsatz des Reisepreises festgesetzt werden kann. Die geschuldeten Rücktrittskosten sowie entstehende Rückreisekosten sind im Rahmen der **Reise-Rücktrittskosten-Versicherung** gedeckt, sofern eine gebuchte Reise wegen Todes, Unfalls oder schwerer Krankheit des Versicherungsnehmers oder naher Angehöriger nicht angetreten werden kann oder abgebrochen werden muß. Für die Nichtbenutzung oder vorzeitige Aufgabe von Ferienwohnungen gelten Sonderbedingungen.

Fehlen der Reise die zugesicherten Eigenschaften oder ist sie mit Fehlern behaftet (Schlechterfüllung im Sinne von § 651 c Abs. 1 BGB), wie z. B. Ausbleiben der Verpflegung an mehreren Tagen, Unbewohnbarkeit des Hotels wegen Ungeziefer, Auslassung wichtiger Zielpunkte einer Kreuzfahrt oder Unterbringung in einem anderen als dem gebuchten Hotel, so hat der Reisende das Recht auf **Abhilfe** (§ 651 c BGB), **Minderung**

des Reisepreises (§ 651 d BGB), **Kündigung** (§ 651 e BGB) und **Schadenersatz** (§ 651 f BGB). Bei Vereitelung oder erheblicher Beeinträchtigung der Reise kann der Reisende auch eine angemessene **Entschädigung in Geld** wegen nutzlos aufgewendeter Urlaubszeit nach § 651 f Abs. 2 BGB verlangen. Eine vertragliche Haftungsbeschränkung auf den dreifachen Reisepreis ist gemäß § 651 h BGB für die Fälle zulässig, in denen den Reiseveranstalter nur leichte Fahrlässigkeit trifft oder er für das Verschulden von Leistungsträgern (Hotel, Busunternehmer) einzustehen hat.

cc) Maklervertrag

Ein Maklervertrag liegt vor, wenn eine Partei (Auftraggeber) der anderen (Makler) für den Nachweis der Gelegenheit zum Abschluß eines Vertrages oder für die Vermittlung eines Vertrages einen Maklerlohn verspricht (§ 652 BGB), was auch stillschweigend geschehen kann (§ 653 Abs. 1 BGB).

Vom Dienst- und Werkvertrag unterscheidet sich der Maklervertrag dadurch, daß der Makler nicht zu einer Tätigkeit verpflichtet ist; aber auch eine Verpflichtung des Auftraggebers zum Abschluß des ihm vom Makler angebotenen Vertrages mit dem Dritten besteht nicht. Der Anspruch des Maklers auf Vergütung (Provision, Courtage) setzt voraus, daß der in Aussicht genommene Vertrag, z. B. über den Kauf eines Grundstücks, abgeschlossen und infolge der Tätigkeit des Maklers (Kausalität) zustande gekommen ist.

Die zivilrechtliche Regelung des Maklers durch das BGB ist in erster Linie für den **Immobilienmakler** von Bedeutung. Sondervorschriften zum Schutze des Mieters trifft das Gesetz zur Regelung der Wohnungsvermittlung vom 4.11.1971. Der **Handelsmakler**, der sich mit der Vermittlung von Verträgen über die Anschaffung oder Veräußerung von Waren und Wertpapieren, Versicherungen, Güterbeförderungen, Bodmerei, Schiffsmiete und sonstigen Gegenständen des Handelsverkehrs befaßt, hat seine Rechtsgrundlage in § 93 HGB.

dd) Auftrag und Geschäftsbesorgung

Der Auftrag verpflichtet den Beauftragten, ein ihm vom Auftraggeber übertragenes Geschäft unentgeltlich zu besorgen (§ 662 BGB). Besteht ein Anspruch auf Entgelt, so liegt ein Dienst- oder Werkvertrag (Geschäftsbesorgungsvertrag) gemäß § 675 BGB vor, auf den die auftragsrechtlichen Bestimmungen Anwendung finden. Unter Geschäftsbesorgung in diesem Sinne versteht man die selbständige Wahrnehmung fremder Vermögensinteressen.

Beispiele:

Geschäftsbesorgungsverträge liegen zugrunde der Vermögensverwaltung, der Beratung in Rechts- und Steuerangelegenheiten sowie der Tätigkeit der Banken.

Der Beauftragte ist zur ordnungsgemäßen persönlichen Ausführung des Auftrages verpflichtet und darf ihn als ganzen nicht einem Dritten übertragen, wohl aber Erfüllungsgehilfen heranziehen (§ 664 BGB). Alles, was er aus der Geschäftsbesorgung erlangt, beispielsweise eingezogene Mietzinsen, hat er an den Auftraggeber herauszugeben (§ 667 BGB). Dem Beauftragten sind die Aufwendungen zu ersetzen, die zur Ausführung des

Auftrages erforderlich waren, wie z. B. ein Prozeßkostenvorschuß (§ 670 BGB). Im Falle des Geschäftsbesorgungsvertrages hat der Beauftragte einen Anspruch auf Entgelt. Wegen des höchstpersönlichen Charakters dieses Vertragsverhältnisses kann es vom Auftraggeber jederzeit widerrufen, vom Beauftragten grundsätzlich jederzeit gekündigt werden (§ 671 BGB).

ee) Verwahrung

Beim Verwahrungsvertrag verpflichtet sich der Verwahrer, eine ihm vom Hinterleger übergebene **bewegliche Sache** aufzubewahren (§ 688 BGB). Weil der Verwahrer die Obhut übernimmt, gehört dieser Vertragstyp zu den Dienstleistungsverträgen. Für Grundstücke kommt keine Verwahrung, sondern ein Auftrag oder Geschäftsbesorgungsvertrag in Betracht. Im Falle der unentgeltlichen Verwahrung beschränkt sich die Haftung des Verwahrers auf die Sorgfalt, die er in eigenen Angelegenheiten anzuwenden pflegt (§ 690 BGB).

Sonderregelungen gelten für den handelsrechtlichen Lagervertrag und die Verwahrungsgeschäfte der Banken (Depot- und Depositengeschäft). Die Überlassung eines Schrankfaches (Safe) stellt keine Verwahrung der darin enthaltenen Gegenstände, sondern Miete dar.

ff) Versicherungswirtschaftliche Beziehungen

Zwischen den Dienstleistungsverträgen und dem Versicherungswesen bestehen mannigfache Beziehungen. Die vom Versicherer übernommene **Gefahrtragung** wird mit Recht als besonders ausgestaltete **Geschäftsbesorgungspflicht** gekennzeichnet. Diese Charakterisierung bringt den Versicherungsvertrag dem Bankvertrag nahe und ordnet ihn zugleich den Dienstleistungsverträgen zu, was für die **Dienstleistungsfreiheit** im Rahmen der Europäischen Wirtschaftsgemeinschaft (Art. 59 ff. EWGV) und die betriebswirtschaftliche Einordnung der Versicherungswirtschaft als Dienstleistungsgewerbe von Bedeutung ist. Darüber hinaus schließen die Versicherungsunternehmen Dienstleistungsverträge mit Arbeitnehmern, Versicherungsvertretern und -maklern ab, auf die zumindest subsidiär die einschlägigen zivilrechtlichen Vorschriften Anwendung finden.

Für den Bereich der **Haftpflichtversicherung** spielen die Dienstleistungsverträge insofern eine Rolle, als Haftpflichtansprüche wegen Schäden, die an fremden Sachen durch eine gewerbliche oder berufliche Tätigkeit an oder mit diesen Sachen (z. B. Bearbeitung, Reparatur, Beförderung, Prüfung und dergleichen) entstanden sind, sowie an verwahrten Sachen (§ 4 Abs. 1 Nr. 6 a und b AHB) nicht unter den Versicherungsschutz fallen. Sie sind Bestandteil des Unternehmerrisikos und damit regelmäßig nicht versicherbar.

d) Kredit und Kreditsicherung

Der Kreditgewährung dient der Darlehensvertrag. **Nach neuerer Lehre versteht man unter einem Darlehensvertrag ein Schuldverhältnis, das die Verpflichtung des Kreditgebers zur Überlassung eines Kapitals auf bestimmte Zeit gegen Bestellung der vereinbarten Sicherheiten und Zinszahlung begründet.** Die wirtschaftliche Bedeutung erstreckt sich von Gefälligkeitsdarlehen über die Kreditgeschäfte der Banken bis zu langfristigen Finanzierungen der Wirtschaft und öffentlichen Hand. § 607 BGB regelt den Rückzahlungsanspruch des Kreditgebers. Im Interesse des Schuldners sieht § 609a BGB ein gesetzliches Kündigungsrecht vor. Schutzvorschriften für private Darlehensnehmer enthält das Verbraucherkreditgesetz vom 17. 12. 1990.

Eine besondere Ausgestaltung haben die **Schuldscheindarlehen** im eigentlichen Sinne als Großkredite von Kapitalsammelstellen an bestimmte Unternehmen oder die öffentliche Hand gefunden. Sie werden am Kapitalmarkt plaziert und dienen dem Darlehensnehmer als Finanzierungsinstrument, dem Darlehensgeber als Kapitalanlage. Aufgrund ihrer Plazierung am Kapitalmarkt ist an der Kreditgewährung in der Regel eine Vielzahl meist institutioneller Anleger beteiligt, die ihre Darlehensteilforderung durch Abtretung auf der Grundlage des zwischen den Darlehensvertragsparteien geschlossenen Vertrages (Schuldschein) erwerben.

Der Sicherung von Krediten dienen entweder die Bestellung dinglicher Rechte, die in den Bereich des Sachenrechts gehören, oder Bürgschaften. **Der Bürgschaftsvertrag verpflichtet den Bürgen, gegenüber dem Gläubiger eines Dritten für die Verbindlichkeit des Dritten einzustehen (§ 765 Abs. 1 BGB).** Infolgedessen setzt ein Anspruch des Kreditgebers gegen den Bürgen stets das Bestehen der Schuld eines Dritten, des sogenannten Hauptschuldners, voraus. Die Verbindlichkeit des Bürgen gegenüber dem Gläubiger ist grundsätzlich sekundär. Er kann im Wege der Einrede der Vorausklage die Befriedigung des Gläubigers verweigern, solange dieser nicht eine Zwangsvollstreckung gegen den Hauptschuldner ohne Erfolg versucht hat (§ 771 BGB). Ausgeschlossen ist die Einrede der Vorausklage für Vollkaufleute (§§ 349, 351 HGB) sowie im Falle einer selbstschuldnerischen Bürgschaft. Eine Sonderform stellt die Ausfallbürgschaft dar, bei welcher der Bürge nur in Anspruch genommen werden kann, wenn der Gläubiger jede mögliche Art der Befriedigung versucht und dennoch einen Ausfall erlitten hat. Zur Begründung der Bürgschaftsverpflichtung bedarf es eines Vertrages zwischen dem Gläubiger und dem Bürgen, für den das Gesetz die Schriftform der Erklärung des Bürgen verlangt (§ 766 BGB), soweit es sich nicht um einen Vollkaufmann handelt (§ 350 HGB). In dem Umfang, in dem der Bürge den Gläubiger befriedigt, geht die Forderung auf den Bürgen über mit der Folge, daß dieser nunmehr einen Anspruch gegen den Schuldner hat (§ 774 BGB).

Zur Förderung des Exportgeschäftes übernimmt der Bund **Ausfuhrgarantien und Ausfuhrbürgschaften**, die der Hermes Kreditversicherungs-Aktiengesellschaft zur Bearbeitung übertragen sind. Der Garantie- bzw. Bürgschaftsnehmer ist in jedem Falle mit einer bestimmten Quote am Ausfall selbst beteiligt.

In der **Lebensversicherung** kann der Versicherer bis zur Höhe des Rückkaufswertes eine zu verzinsende Vorauszahlung **(Policendarlehen)** gewähren, ohne daß ein Rechtsanspruch darauf besteht (§ 54a Abs. 2 Nr. 12 VAG). Zum Zwecke der Kapitalanlage spielen die von den **Versicherungsunternehmen** ausgereichten **Schuldscheindarlehen** eine erhebliche Rolle. Sie sind nach § 54a Abs. 2 Nr. 8 VAG zur Anlage für das gebundene Vermögen geeignet, sofern sie der öffentlichen Hand gewährt bzw. von ihr verbürgt oder inländischen Unternehmen aufgrund ihrer bisherigen und der zu erwartenden künftigen Entwicklung der Ertragslage bei ausreichender Besicherung durch erststellige Grundpfandrechte oder Negativerklärung zur Verfügung gestellt werden.

e) Klarstellung

Die Klarstellung von Schuldverhältnissen bezwecken der Vergleich sowie das Schuldanerkenntnis und das Schuldversprechen.

aa) *Vergleich*

Der Vergleich ist ein Vertrag, durch den der Streit oder die Ungewißheit der Parteien über ein Rechtsverhältnis im Wege gegenseitigen Nachgebens beseitigt wird (§ 779 Abs. 1 BGB). Dabei kann der Streit oder die Ungewißheit rechtlicher oder tatsächlicher Natur sein. Stets muß ein gegenseitiges Nachgeben erfolgen. Wenn der Schuldner ohne Gegenleistung den ganzen Anspruch anerkennt oder der Gläubiger ohne Gegenleistung darauf verzichtet, so liegt kein Vergleich, sondern ein Anerkenntnis oder ein Verzicht vor.

Beispiel:

Nach einem Kraftfahrzeugzusammenstoß herrscht Streit darüber, welcher Fahrer den Schaden zu tragen hat. Er kann darauf beruhen, daß die Beteiligten sich im unklaren sind über den tatsächlichen Unfallhergang oder ihnen der Ausgang eines Haftpflichtprozesses aus juristischen Gründen ungewiß erscheint. Hat der eine Fahrer vom anderen zunächst DM 2000,– verlangt, deren Zahlung verweigert wurde, und einigt man sich dann auf DM 1000,–, so ist ein Vergleich zustande gekommen.

Der Vergleich schafft für den Berechtigten einen neuen Klagegrund, der beide Parteien bindet. Unwirksam ist ein Vergleich nach § 779 Abs. 1 BGB dann, wenn ein nach dem Inhalt des Vergleichs von beiden Teilen als feststehend angenommener Sachverhalt der Wirklichkeit nicht entspricht und bei Kenntnis des wahren Sachverhalts der Streit oder die Ungewißheit gar nicht entstanden wäre. Es handelt sich dabei um einen Fall des Fehlens der Geschäftsgrundlage. Wenn Verwandte also den Streit um die Auslegung eines mehrdeutigen Testaments durch die Einigung über eine bestimmte Verteilung des Nachlasses beendet haben und sich später ein jüngeres eindeutiges Testament findet, durch das ein Dritter zum Alleinerben bestellt wird, ist der geschlossene Vergleich unwirksam.

Im Zusammenhang mit der Geltendmachung von Haftpflichtansprüchen werden häufig **Abfindungsvergleiche** geschlossen, durch die auf alle weiteren Ansprüche jeglicher Art verzichtet wird. Sie haben im Bereich der Haftpflicht-, Unfall- und Kraftfahrtversicherung einen weiten Anwendungsbereich gefunden. Grundsätzlich braucht der Geschädigte bei eindeutiger Sach- und Rechtslage nicht auf einen Vergleich einzugehen und somit keine Abfindungserklärung zu unterschreiben. Für diese besteht vielmehr nur dann ein sachliches und rechtliches Bedürfnis, wenn ein echtes Nachgeben der Beteiligten erfolgt, so z. B. im Falle des Mitverschuldens oder bei ursprünglich überhöhten Schmerzensgeldforderungen. Aus den genannten Gründen kann auch für die Leistung in anderen Versicherungszweigen nur eine Quittung und keine Abfindungserklärung verlangt werden, es sei denn, daß ein echter Streit über die Eintrittspflicht des Versicherers geherrscht hat, z. B. über den Grad des Verschuldens des Versicherungsnehmers. Hat der Geschädigte einen Rechtsanwalt zur Führung der Verhandlungen mit dem Versicherer beauftragt, so steht diesem die Vergleichsgebühr im Sinne von § 23 Abs. 1 BRAGO nur dann zu, wenn ein Vergleich im Rechtssinne zustande gekommen ist. Ein Vergleich über Schadenersatzansprüche ist für den Geschädigten nicht bindend, wenn ein Festhalten an ihm einen Verstoß gegen Treu und Glauben darstellen würde. So kann sich der Schädiger bzw. dessen Haftpflichtversicherer nach der Rechtsprechung gegenüber Nachforderungen des Verletzten nicht auf einen geschlossenen Vergleich berufen, falls sich nach dem Auftreten nicht vorhergesehener Spätfolgen ein krasses und unzumutbares Mißverhältnis zwischen dem Schaden einerseits und der Abfindungssumme andererseits ergibt.

bb) Anerkenntnis

Das Schuldversprechen und das Schuldanerkenntnis begründen eine vom Rechtsgrund losgelöste Leistungspflicht des Erklärenden. Sie bedürfen zu ihrer Wirksamkeit der Schriftform (§§ 780, 781 BGB) und unterscheiden sich nur durch die Art der Formulierung. Für Vollkaufleute besteht nach §§ 350, 351 HGB das Formerfordernis nicht.

Beispiel:

Nach einem Verkehrsunfall, bei dem ein Fußgänger verletzt wurde, gibt der Autofahrer die schriftliche Erklärung ab, daß er schuld und bereit sei, den Schaden zu ersetzen. Je nach der Formulierung kann ein Schuldversprechen oder -anerkenntnis vorliegen, wobei die Wirkung der selbständigen Begründung einer Leistungsverpflichtung die gleiche ist.

Dem Versicherungsnehmer ist es in der Haftpflichtversicherung verboten, ohne vorherige Zustimmung des Versicherers einen Haftpflichtanspruch ganz oder zum Teil oder vergleichsweise anzuerkennen, weil dadurch die Ermittlungen und die Beweisführung des Versicherers erschwert werden (§§ 5 Abs. 5 AHB, 7 Abs. 2 Nr. 1 AKB, 154 Abs. 2 VVG).

f) Verträge mit dem Risiko

Es gibt Verträge, welche der Ausnutzung des Risikos dienen, und solche, durch die ein Risiko abgewälzt werden soll. Man spricht von aleatorischen Geschäften (von dem lateinischen Wort alea = der Würfel).

Die Ausnutzung des Zufalls bezwecken **Spiel und Wette**. Beide Verträge erzeugen aber nur dann eine Verbindlichkeit wenn sie staatlich genehmigt sind, wie z. B. Staatslotterien, öffentliche Spielbanken, Sportwetten sowie Lotto und Toto (§§ 762, 763 BGB).

Der **Versicherungsvertrag** ist früher zu den Glücks- oder gewagten Verträgen sowohl von wirtschaftlicher als auch von juristischer Seite gerechnet worden. Diese Lehre erklärt sich aus der Anwendung der dem Glücksspiel entstammenden Wahrscheinlichkeitsrechnung im Versicherungswesen und der Vorstellung, daß der Versicherte wie ein Spieler das Risiko laufe, die Versicherungsleistung trotz vorhergegangener Prämienzahlung nicht zu erhalten. Aufgrund dieser Überlegungen haben der französische Code civile, das preußische Allgemeine Landrecht und das österreichische Allgemeine bürgerliche Gesetzbuch die Versicherung den Glücksverträgen zugeordnet. Richtig ist, daß die Versicherung mit dem Risiko verknüpft ist. Aber es besteht insofern ein wesentlicher Unterschied, als der Spieler das Risiko selbst sucht, während der Versicherungsnehmer den Ausgleich der Folgen einer ihm drohenden Gefahr durch Abwälzung des Risikos auf den Versicherer nach kaufmännischen Gesichtspunkten anstrebt.

2. Gesetzliche Schuldverhältnisse

Als praktisch bedeutsame gesetzliche Schuldverhältnisse sind im besonderen Schuldrecht des BGB die Geschäftsführung ohne Auftrag, die Gastwirtshaftung, die ungerechtfertigte Bereicherung und die unerlaubten Handlungen geregelt.

a) Haftung des Gastwirts (Hoteliers)

Mit der **Aufnahme des Gastes** und der Einbringung seiner Sachen entsteht unabhängig vom Abschluß des Beherbergungsvertrages ein gesetzliches Schuldverhältnis. **In dessen Rahmen hat der Hotelier nach § 701 Abs. 1 BGB ohne Rücksicht auf ein Verschulden den Schaden zu ersetzen, der durch den Verlust, die Zerstörung oder die Beschädigung von Sachen entsteht, die ein aufgenommener Gast eingebracht hat.**

Dieser Schadenersatzanspruch setzt zunächst voraus, daß es sich um einen Gastwirt handelt, der gewerbsmäßig Fremde zur Beherbergung aufnimmt, also um einen Hotelier. Damit scheiden Schank- und Speisewirtschaften aus, so daß deren Inhaber für das Abhandenkommen der Garderobe eines Gastes grundsätzlich nicht verantwortlich sind. **Der Gast muß in das Hotel zum Zwecke der Beherbergung aufgenommen sein**, darf es also nicht nur zur Einnahme einer Mahlzeit oder dergleichen aufgesucht haben. Die Aufnahme stellt einen tatsächlichen Vorgang dar, der schon durch die Übergabe des Gepäcks an einen am Bahnhof wartenden Hausdiener erfolgen kann.

Den **Begriff der eingebrachten Sachen** umschreibt § 701 Abs. 2 BGB. Es wird unterschieden zwischen Sachen, die sich in der Gastwirtschaft befinden, und solchen, die außerhalb abgestellt oder in Obhut gegeben wurden. Die vom Gast in das Hotel selbst eingebrachten Sachen gelten ohne weitere Voraussetzungen als eingebracht. Außerhalb der Gastwirtschaft erlangen sie diese Eigenschaft nur, wenn sie an einen von dem Gastwirt oder dessen Leuten bestimmten Ort, wie einen Gepäckabstellraum, gebracht oder sonst in Obhut genommen werden, z. B. durch Übergabe der Koffer an das Hotelpersonal. Eingebracht sind die betreffenden Sachen nicht nur während der Zeit der Beherbergung, sondern auch innerhalb einer angemessenen Frist vor- und nachher. Der Gast braucht nicht Eigentümer der Sachen zu sein, so daß beispielsweise ein Handelsvertreter Ersatz für den ihm aus dem Zimmer gestohlenen Musterkoffer verlangen kann. Die Ersatzpflicht erstreckt sich **nicht auf Fahrzeuge** und Sachen, die darin belassen worden sind, zumal der Gast sich hinsichtlich des Wagens durch den Abschluß einer Kraftfahrt-Fahrzeugversicherung schützen kann (§ 701 Abs. 4 BGB).

Ausgeschlossen ist die Haftung bei einem Mitverschulden des Gastes oder höherer Gewalt,

z. B. einem Lawinenunglück (§ 701 Abs. 3 BGB). Durch § 702 Abs. 1 BGB wird die Haftung des Hoteliers **der Höhe nach beschränkt**. Der Gastwirt haftet nur bis zum Hundertfachen des Beherbergungspreises (Übernachtung ohne Frühstück und Zuschläge), so daß eine gewisse Beziehung zu dem Rang des Hotels und der Art des zur Verfügung gestellten Zimmers besteht. Es sind jedoch Mindest- und Höchstbeträge festgesetzt; der Hotelier haftet mindestens bis DM 1000,-, höchstens bis DM 6000,-, für Geld, Wertpapiere und Kostbarkeiten nur bis DM 1500,-. Die Haftung ist der Höhe nach unbeschränkt, wenn der Schaden vom Gastwirt oder seinen Leuten schuldhaft verursacht wurde oder es sich um Sachen handelt, die er zur Aufbewahrung übernommen hatte (§ 702 Abs. 2 BGB). Bestimmte Wertgegenstände muß der Gastwirt zur Aufbewahrung annehmen. Der Schadenersatzanspruch erlischt regelmäßig, wenn der Gast den Schaden nicht unverzüglich, d. h. ohne schuldhaftes Zögern im Sinne von § 121 Abs. 1 Satz 1 BGB, anzeigt (§ 703 BGB).

Innerhalb der gesetzlichen Höchstbeträge kann die Haftung des Gastwirts **nicht im voraus erlassen werden**. Soweit sie darüber hinausgeht, ist ein vertraglicher Ausschluß möglich, jedoch nicht für vorsätzliches oder grob fahrlässiges Verhalten des Gastwirts oder seiner Leute sowie für Sachen, deren Aufbewahrung zu Unrecht abgelehnt wurde. Selbst in den Fällen, in denen eine Freizeichnung zulässig ist, kann sie nur wirksam erfolgen, wenn die Erklärung des Gastes in schriftlicher Form erteilt ist und keine weiteren Bestimmungen enthält; sie darf also insbesondere nicht Bestandteil des Anmeldeformulars sein (§ 702 a BGB).

b) Ungerechtfertigte Bereicherung

Das Rechtsinstitut der ungerechtfertigten Bereicherung beruht auf der für die Rechtsordnung entscheidenden Trennung zwischen Verpflichtungs- und Verfügungsgeschäft. Die in Erfüllung eines schuldrechtlichen Vertrages vorgenommene Rechtsänderung bleibt auch dann von Bestand, wenn dieser aus irgendeinem Grunde unwirksam ist. Dem Ausgleich der somit ohne rechtlichen Grund vorgenommenen Vermögensverschiebung dienen die **Vorschriften der §§ 812 ff. BGB**.

Der Anspruch auf Erstattung der ungerechtfertigten Bereicherung setzt voraus, daß der Anspruchsgegner etwas durch Leistung des Berechtigten erlangt hat. Dabei kann es sich um eine Übereignung, eine Besitzverschaffung, eine Zahlung oder dergleichen handeln. Durch diese Vermögensverschiebung muß auf der einen Seite eine Entreicherung und auf der anderen eine Bereicherung eingetreten sein, also derselbe Vorgang diese Wirkung erzielt haben. Schließlich muß die Vermögensverschiebung ohne rechtlichen Grund erfolgt sein; das bedeutet, es darf ihr keine wirksame schuldrechtliche Verpflichtung zugrunde gelegen haben, sei es daß ein entsprechender Vertrag von Anfang an nicht zustande gekommen, später weggefallen oder nichtig ist.

Beispiel:

Jemand kauft mündlich ein Grundstück zum Preise von DM 100 000,- und überweist den Betrag auf das Konto des Verkäufers. Der Verkäufer verweigert unter

Berufung auf die Nichteinhaltung der Vorschrift des § 313 BGB die Übereignung des Grundstücks. Er ist somit um den Kaufpreis ungerechtfertigt bereichert. Aus diesem Grunde kann der Käufer die Rückzahlung der überwiesenen DM 100 000,– fordern.

Im Bereich des **Versicherungswesens** kann eine Rückforderung der Prämie durch den Versicherungsnehmer in Betracht kommen, weil der Versicherungsvertrag von Anfang an nichtig oder vom Versicherungsnehmer angefochten worden ist. Bei einer Anfechtung des Vertrages durch den Versicherer gebührt diesem abweichend von § 812 BGB dennoch die Prämie bis zum Schluß der Versicherungsperiode, in der er von dem Anfechtungsgrund Kenntnis erlangt hat (§ 40 Abs. 1 Satz 1 VVG).

III. Haftpflichtrecht

Haftpflicht bedeutet Verpflichtung zum Schadenersatz. Schadenersatzansprüche können sich sowohl auf rechtsgeschäftliche wie auf gesetzliche Schuldverhältnisse stützen.

Ein Überblick über die verschiedenen Rechtsgründe einer Schadenersatzverpflichtung läßt sich am besten in der Weise gewinnen, daß man die Haftpflichtansprüche nach ihrer Entstehungsursache systematisiert.

Schadenersatz kann **aufgrund eines Vertrages** geschuldet sein, wobei zwei Fälle zu unterscheiden sind. Es ist denkbar, daß sich der Vertragspartner von vornherein verpflichtet, einem anderen den ihm entstandenen Schaden zu ersetzen (**primäre Leistungspflicht**), wie dies der Versicherer bei der Schadenversicherung tut. Aus versicherungstechnischen Gründen ist er aber nicht in der Lage, den gesamten durch ein bestimmtes Ereignis hervorgerufenen Schaden zu ersetzen, sondern nur im voraus bestimmte Einzelschäden, etwa die durch Brand, Explosion oder Leitungswasser an den versicherten Gegenständen verursachten Schäden. Bei allen anderen Vertragstypen wird in erster Linie eine andere Leistung geschuldet, wie beispielsweise die Übereignung einer Sache oder die Einräumung des Gebrauches an einer Wohnung. Nur wenn diese Leistung nicht ordnungsgemäß erbracht wird, kann an ihre Stelle oder neben sie eine Schadenersatzpflicht (**sekundäre Leistungspflicht**) treten. Den auf Vertrag beruhenden Schadenersatzansprüchen stehen die sich aus einem **gesetzlichen** Schuldverhältnis ergebenden gegenüber. In diesem Bereich ist zu trennen zwischen den Fällen, in denen bereits ein gesetzliches Schuldverhältnis besteht, aus dessen Verletzung sich der Haftpflichtanspruch ergibt, und denjenigen gesetzlichen Tatbeständen, deren Verwirklichung erst das Schuldverhältnis und damit die Schadenersatzverpflichtung entstehen läßt.

Die Schadenersatzansprüche aufgrund Vertrages sowie aus culpa in contrahendo und der Gastwirtshaftung als Fälle der gesetzlichen Schuldverhältnisse wurden bereits erörtert. Einen wesentlichen Anwendungsbereich des Haftpflichtrechts stellen die **unerlaubten Handlungen (Delikte)** dar, also diejenigen Tatbestände, bei denen zugleich mit der Entstehung des Schuldverhältnisses auch die Schadenersatzverpflichtung begründet wird.

II. Bürgerliches Recht Seite 90

System der Schadenersatzansprüche

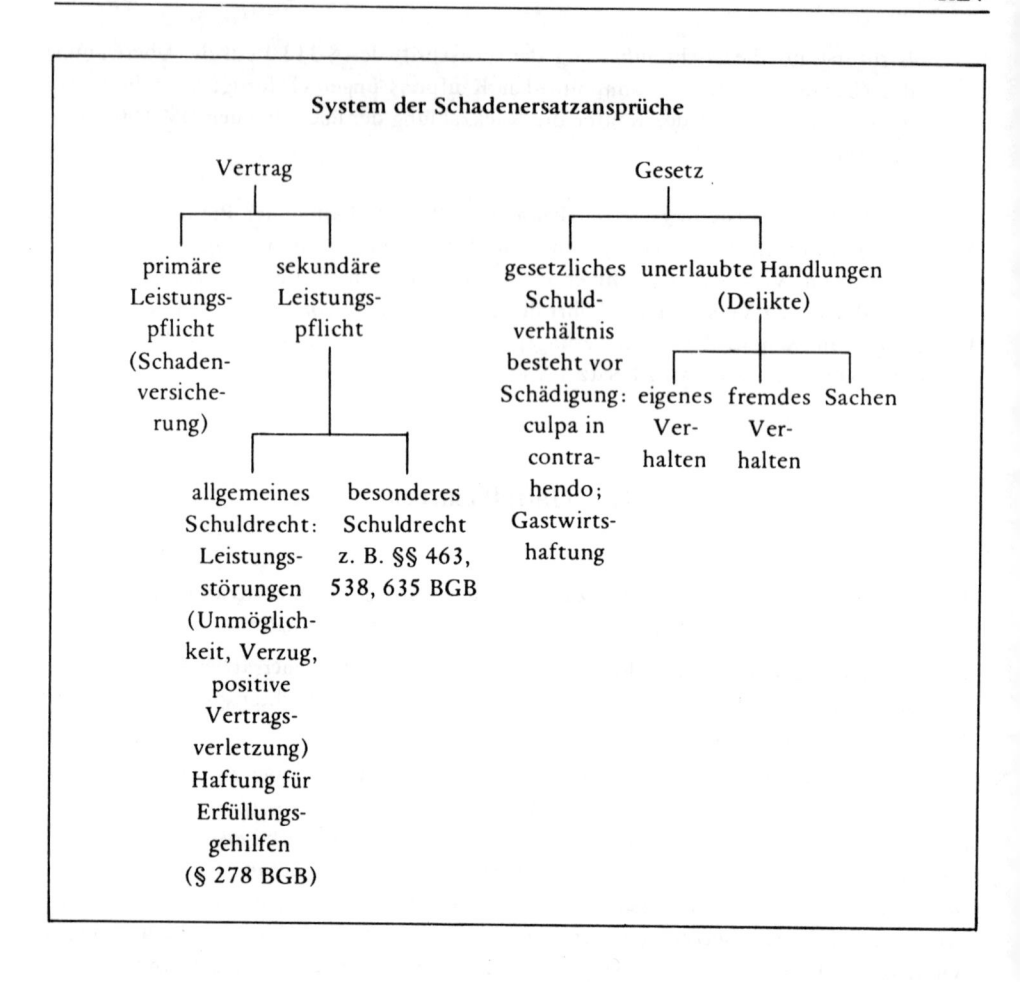

```
                Vertrag                                    Gesetz
         ┌─────────┴─────────┐                    ┌──────────┴──────────┐
      primäre              sekundäre        gesetzliches           unerlaubte Handlungen
      Leistungs-           Leistungs-       Schuld-                (Delikte)
      pflicht              pflicht          verhältnis           ┌──────────┴──────────┐
      (Schaden-                             besteht vor
      versiche-                             Schädigung:      eigenes    fremdes    Sachen
      rung)                                 culpa in         Ver-       Ver-
                    ┌─────────┴─────────┐   contra-          halten     halten
               allgemeines          besonderes  hendo;
               Schuldrecht:         Schuldrecht Gastwirts-
               Leistungs-           z. B. §§ 463, haftung
               störungen            538, 635 BGB
               (Unmöglich-
               keit, Verzug,
               positive
               Vertrags-
               verletzung)
               Haftung für
               Erfüllungs-
               gehilfen
               (§ 278 BGB)
```

Haftpflicht- und Versicherungsrecht sind in Gestalt der Haftpflichtversicherung zu einer Einheit verbunden. Der Schaden wird von dem Geschädigten zunächst auf den Schädiger und von diesem auf den Haftpflichtversicherer abgewälzt (§§ 149 VVG, 1 AHB). Zum Schutze des Geschädigten bestehen zahlreiche gesetzliche Pflichten zum Abschluß einer Haftpflichtversicherung, bei denen hinsichtlich ihrer Auswirkung auf die Beteiligten drei Stufen denkbar sind: es wird zugunsten des geschädigten Dritten das Bestehen der Forderung des Versicherungsnehmers gegen den Haftpflichtversicherer unterstellt, auch wenn dieser aufgrund des Versicherungsvertrages leistungsfrei ist (§§ 158 b bis 158 k VVG); es wird dem geschädigten Dritten ein unmittelbarer Anspruch gegen den Versicherer eingeräumt, wie im Falle der Kraftfahrzeug-Haftpflichtversicherung nach § 3 Nr. 1 PflVG; es wird auf eine Schadenersatzhaftung überhaupt verzichtet und diese durch Versicherungsschutz ersetzt, was allerdings erhebliche Probleme aufwirft.

Die Tatbestände der Delikte (unerlaubte Handlungen) lassen sich danach **einteilen**, ob der Haftpflichtige in Anspruch genommen wird für eigenes Verhalten, für fremdes Verhalten oder für Schädigungen durch Sachen.

1. Haftung für eigenes Verhalten

Für sein eigenes Verhalten kann jemand nur dann ersatzpflichtig gemacht werden, wenn er durch eine **Handlung (positives Tun oder Unterlassen)** die Voraussetzungen eines bestimmten gesetzlichen Tatbestandes schuldhaft erfüllt hat.

a) Deliktstatbestände

Zu diesen Tatbeständen gehören in erster Linie die Personen- und Rechtsverletzung gemäß § 823 Abs. 1 BGB, der Verstoß gegen ein Schutzgesetz im Sinne von § 823 Abs. 2 BGB sowie die sittenwidrige Schädigung nach § 826 BGB.

aa) Personen- und Rechtsverletzung gemäß § 823 Abs. 1 BGB

Nach der grundlegenden Vorschrift des § 823 Abs. 1 BGB ist derjenige, der vorsätzlich oder fahrlässig das Leben, den Körper, die Gesundheit, die Freiheit, das Eigentum oder ein sonstiges Recht eines anderen widerrechtlich verletzt, dem anderen zum Ersatz des daraus entstehenden Schadens verpflichtet.

Der Schadenersatzanspruch setzt also eine Handlung des Schädigers voraus, durch die in ein **Rechtsgut** (Leben, Körper, Gesundheit, Freiheit) oder **Recht** (Eigentum oder ein sonstiges Recht) eingegriffen wird. Das Leben ist durch den Tod verletzt, der Körper durch Eingriffe in die körperliche Unversehrtheit, während die Gesundheit zur Erfassung derjenigen Fälle aufgeführt wurde, in denen der Körper als solcher nicht beeinträchtigt ist, wie beispielsweise bei einem seelischen Schock. Der Schutz der Person ist durch die Rechtsprechung über den engen gesetzlichen Rahmen hinaus dadurch erweitert worden, daß ein sogenanntes **allgemeines Persönlichkeitsrecht** herausgebildet wurde, das sich auf bestimmte Persönlichkeitsgüter erstreckt, wie die Ehre, die Privatsphäre und die Identität.

Zu den durch § 823 Abs. 1 BGB geschützten Rechten gehören außer dem ausdrücklich genannten Eigentum insbesondere die dinglichen Rechte an Sachen und die Rechte an geistigen Leistungen (Immaterialgüterrechte), wie Patentrechte, nicht jedoch Forderungen und das Vermögen als solches. Die Rechtsprechung hat ein **Recht am eingerichteten und ausgeübten Gewerbebetrieb** entwickelt, das den Schutz des kaufmännischen Unternehmens bezweckt.

Beispiele:

Das Eigentum wird in erster Linie verletzt durch Eingriffe in die Sachen, die Gegenstand des Eigentumsrechtes sind. Sie können entzogen (Diebstahl), beschädigt oder zerstört werden. – Der Kranführer eines Bauunternehmers beschädigt bei Ausschachtungsarbeiten das Stromzuleitungskabel zu einer Bäckerei. Dadurch fällt der

Strom aus. Das im Backofen befindliche Brot verdirbt. Die weitere Backtätigkeit muß wegen des Stromausfalles eingestellt werden. Der Schaden an dem Brot im Backofen beruht auf einer Eigentumsverletzung, während die Einstellung des Backbetriebes eine Verletzung des Rechts am Unternehmen darstellt. Für beide Schäden wird gehaftet.

bb) Verstoß gegen ein Schutzgesetz

In seiner praktischen Auswirkung nicht so bedeutsam wie der Tatbestand des § 823 Abs. 1 BGB ist der Verstoß „gegen ein den Schutz eines anderen bezweckendes Gesetz" (§ 823 Abs. 2 BGB).

Schutzgesetze im Sinne dieser Bestimmung sind alle Rechtsnormen, die ein bestimmtes Verhalten gebieten oder verbieten, insbesondere unter Strafe stellen, um hierdurch einzelne Personen oder einen bestimmten Kreis von Personen in ihren Lebensgütern zu schützen. Es genügt für die Annahme eines Schutzgesetzes, daß die betreffende Norm nicht nur die Allgemeinheit, sondern daneben auch den einzelnen schützen will. **Zu den Schutzgesetzen** gehören namentlich Strafvorschriften sowie die Bestimmungen des Arbeitsschutz-, Lebensmittel-, Gesundheits-, Straßenverkehrs- und Datenschutzrechtes. Das Verschulden des Schädigers braucht sich im Gegensatz zu § 823 Abs. 1 BGB nicht auf die Rechtsverletzung zu beziehen, sondern es genügt, wenn der Verstoß gegen die Schutzvorschrift als solche schuldhaft ist.

Beispiel:

Es besteht eine Vorschrift, welche die Hauseigentümer zum Streuen der Bürgersteige bei Glatteis verpflichtet. Ein Hauseigentümer, der dies vergißt, hat schuldhaft gegen die Verordnung verstoßen. Wenn ein Passant ausrutscht und sich das Bein bricht, ist er diesem schadenersatzpflichtig, ohne daß es darauf ankommt, ob er den konkreten Fall vorhersehen konnte oder nicht.

cc) Sittenwidrige Schädigung

Nach § 826 BGB begründet eine sittenwidrige vorsätzliche Schadenzufügung einen Schadenersatzanspruch.

Die Rechtsprechung versteht unter einem Verstoß gegen die guten Sitten ein solches Verhalten, welches gegen das „Anstandsgefühl aller billig und gerecht Denkenden" verstößt. Es ist also nicht schon jede vorsätzliche Schädigung sittenwidrig, sondern nur diejenige, die wegen ihres Zwecks, der Verwerflichkeit des angewandten Mittels oder eines Mißverhältnisses zwischen Mittel und Zweck mit dem allgemeinen Anstands- und Billigkeitsgefühl nicht in Einklang steht.

Beispiele:

Sittenwidrig sind insbesondere die Erteilung wissentlich falscher Auskünfte durch eine Bank, ein bestimmtes Vorgehen im Wettbewerb, wie die Zahlung von Schmiergeldern an den Vertreter des Geschäftspartners, der Mißbrauch einer Monopolstellung und Denunziationen. – Als sittenwidrig sieht die Rechtsprechung ferner die Ausnutzung eines zwar rechtskräftigen, aber sachlich unrichtigen Urteils an, sofern die Zwangsvollstreckung in Kenntnis der sachlichen Unrichtigkeit erfolgt und das Urteil entweder durch Prozeßbetrug erschlichen ist oder seine nachträgliche Ausnutzung nach den sonstigen Umständen sittenwidrig erscheint.

b) Schaden

Außer der Verwirklichung des Deliktstatbestandes setzt der Haftpflichtanspruch die Entstehung eines Schadens voraus. **Unter einem Schaden ist die Einbuße zu verstehen, die jemand infolge eines bestimmten Ereignisses oder Vorganges an seinen Rechtsgütern erleidet.**

Je nachdem, ob die Schäden Auswirkungen auf den Vermögensstand des Geschädigten haben oder nicht, unterscheidet man aus der Sicht des Haftpflichtrechtes **materielle und immaterielle Schäden (Vermögens- und Nichtvermögensschäden).** Immaterielle Schäden sind beispielsweise eine Ehrenkränkung und Schmerzen. Materielle Schäden beeinträchtigen das Vermögen des Geschädigten. Sie werden eingeteilt in den **positiven** Schaden, der in der Minderung vorhandener Vermögenswerte und der Entstehung von Aufwendungen zum Ausdruck kommt, sowie den sogenannten **entgangenen Gewinn**, der das Ausbleiben eines erwarteten Vermögenszuwachses bedeutet.

Beispiel:

Bei einem Autounfall wird eine Fußgängerin angefahren. Sie erleidet Knochenbrüche und Prellungen, muß sich einer dreiwöchigen Behandlung im Krankenhaus unterziehen, hat erhebliche Schmerzen und behält entstellende Narben im Gesicht zurück. Als Handelsvertreterin entgehen ihr Provisionsbezüge. Die Schmerzen und die entstellenden Narben sind immaterielle Schäden; der Kleiderschaden und die Heilungskosten (positiver Schaden) sowie der Provisionsverlust (entgangener Gewinn) sind Vermögensschäden.

Die **Haftpflichtversicherung** kennt demgegenüber einen engeren Begriff des Vermögensschadens. Sie versteht darunter diejenigen Schäden, die weder Personenschaden (Tod, Verletzung oder Gesundheitsschädigung von Menschen) noch Sachschaden (Beschädigung oder Vernichtung von Sachen) sind, also reine Vermögensschäden darstellen, wie sie sich beispielsweise im Zusammenhang mit einer falschen Rechts- oder Steuerberatung ereignen können (§ 1 Abs. 1 und 3 AHB). Sie beeinträchtigen das Vermögen des Geschädigten, ohne ein konkretes Recht oder Rechtsgut verletzt zu haben. Versichert sind sie nicht durch die allgemeine Haftpflichtversicherung, sondern nur durch eine spezielle Vermögensschaden-Haftpflichtversicherung. Während der Einteilung der Vermögensschäden im weiteren Sinne in positiven Schaden und entgangenen Gewinn für den Bereich des Haftpflichtrechtes keine praktische Bedeutung zukommt, weil beide Unterarten des materiellen Schadens zu ersetzen sind (§ 252 BGB), spielt die Abgrenzung für das Versicherungsrecht eine erhebliche Rolle. Denn die **Schadenversicherung** umfaßt den durch den Eintritt des Versicherungsfalles entgehenden Gewinn nur, soweit dies besonders vereinbart ist

111

(§ 53 VVG), wie beispielsweise bei der Feuer-Betriebsunterbrechungs-Versicherung (§§ 4, 6 FBUB). Für die Haftpflichtversicherung gilt diese Einschränkung selbstverständlich nicht, weil der Versicherer den Versicherungsnehmer von seiner Verbindlichkeit gegenüber dem geschädigten Dritten freizustellen hat.

c) Ursächlicher Zusammenhang

Der Haftpflichtanspruch setzt einen ursächlichen Zusammenhang (Kausalität) zwischen der Verwirklichung des Haftpflichttatbestandes und dem eingetretenen Schaden voraus. Die sogenannte **haftungsbegründende** Kausalität stellt den Zusammenhang zwischen der schädigenden Handlung und dem eingetretenen Schaden her; demgegenüber gibt die sogenannte **haftungsausfüllende** Kausalität den Rahmen für den Umfang des zu ersetzenden Schadens ab.

Beispiel:

Ein Kind wird von einem Hund gebissen. Infolge eines Versehens des behandelnden Arztes tritt eine Wundinfektion ein, und das Kind stirbt. Die haftungsbegründende Kausalität zwischen dem Hundebiß und der Verletzung des Kindes ist gegeben. Es fragt sich, ob auch ein Zusammenhang zwischen der Bißverletzung und dem Tod besteht. Diesen Zusammenhang stellt die haftungsausfüllende Kausalität her.

Kausalität im logischen Sinne liegt immer dann vor, wenn der Schaden ohne das schädigende Ereignis nicht eingetreten wäre. Anders ausgedrückt bedeutet dies: denkt man sich die betreffende Handlung fort, so muß auch der Schaden wegfallen. Da dieser Zusammenhang ein sehr weiter ist — er besteht beispielsweise zwischen der Herstellung und dem Vertrieb einer Mordwaffe einerseits sowie der mit ihr vorgenommenen Tötung eines Menschen andererseits — bedarf der **Kausalitätsbegriff im juristischen Sinne einer Einschränkung.**

Kausal im Rechtssinne sind deshalb nur sogenannte adäquate (angemessene) Ursachen, die bei objektiver nachträglicher Betrachtung nach der Lebenserfahrung geeignet sind, einen derartigen Schaden herbeizuführen. Es wird also auf die Wahrscheinlichkeit des Schadeneintrittes abgestellt. Voraussetzung ist jedoch stets das Vorliegen eines logischen Zusammenhangs, der nach naturwissenschaftlich-exakten Überlegungen ermittelt werden muß, und nur in seltenen Fällen zweifelhaft ist, wie beispielsweise bei der Prüfung der Frage, ob ein Medikament bestimmte Gesundheitsschäden verursacht hat. Erst dann ist die sogenannte Adäquanz zu untersuchen.

Bei der Bejahung des adäquaten Kausalzusammenhangs geht die Rechtsprechung sehr weit.

Beispiele:

Es wird Kausalität angenommen zwischen der Tötung eines Kindes durch ein Kraftfahrzeug und dem Nervenzusammenbruch (Gesundheitsverletzung), den die Mutter erlitt, als sie die Nachricht erhielt. — Selbst eine Verschlimmerung der Leiden des

Verletzten, die auf einem Fehler des behandelnden Arztes beruht, ist nach der Rechtsprechung adäquat verursacht, da solche Fehler gelegentlich vorkommen und deshalb nicht als ungewöhnlich bezeichnet werden können, sofern nicht der Arzt „gegen alle ärztliche Regel und Erfahrung schon die ersten Anforderungen an ein vernünftiges ärztliches Verfahren in gröblichstem Maße außer acht gelassen hat".

Auch im **Versicherungsrecht** gilt die Lehre von der adäquaten Verursachung. Es muß infolgedessen ein adäquater Kausalzusammenhang zwischen dem Schadenereignis und dem ersatzpflichtigen Schaden bestehen, also in der Sturmversicherung der Schaden auf dem versicherten Gefahrereignis Sturm beruhen. Beweispflichtig hierfür ist grundsätzlich der Versicherungsnehmer. Des weiteren spielt der ursächliche Zusammenhang eine Rolle bei den sogenannten kausalen Risikobeschränkungen. Für die Seeversicherung ist die aus dem angelsächsischen Rechtskreis stammende sogenannte causa proxima-Regel maßgebend, wonach auf die wirkungsmäßig nächste Ursache abgestellt wird.

d) Rechtswidrigkeit

Die eingetretene Schädigung muß rechtswidrig sein. Jede auf positivem Tun beruhende Verletzung von Rechtsgütern oder Rechten eines anderen ist widerrechtlich.

Ausnahmsweise entfällt die Rechtswidrigkeit bei Vorliegen eines **Rechtfertigungsgrundes**. Zu diesen gehören die ausdrückliche oder mutmaßliche Einwilligung des Verletzten, z. B. in eine Heilmaßnahme, eine ausdrückliche gesetzliche Ermächtigung, beispielsweise zu Vollstreckungshandlungen des Gerichtsvollziehers, sowie Verteidigungs- und Selbsthilfehandlungen, wie Notwehr und Notstand (§§ 227, 228, 904 BGB). Nach der Rechtsprechung erfüllt jeder, auch der kunstgerechte ärztliche Eingriff den Tatbestand der Körperverletzung, deren Rechtswidrigkeit nur durch Einwilligung ausgeschlossen wird. Die Wirksamkeit der Einwilligung hängt von einer ausreichenden Aufklärung des Arztes über die typischen Gefahren des Eingriffes ab, weil die Einwilligungserklärung auf zutreffenden Vorstellungen des Patienten beruhen muß.

Eine Unterlassung ist nur dann rechtswidrig, wenn eine Rechtspflicht zum Handeln bestanden hat. Eine derartige Rechtspflicht kann auf gesetzlicher Vorschrift, vertraglichen Beziehungen, der Berufsstellung des Handelnden oder vorangegangenem Tun beruhen.

Beispiele:

Ein Kind ertrinkt in einer Badeanstalt. Eine Rechtspflicht zur Rettung ergibt sich für die Eltern aufgrund der ihnen obliegenden Personensorge (§§ 1626 Abs. 1, 1631 Abs. 1 BGB) sowie für den Bademeister aufgrund des mit der Badeanstalt abgeschlossenen Vertrages und seiner Berufsstellung. — Jemand, der Freunde zu einer Party eingeladen hat, kann unter Umständen aus diesem vorangegangenen Tun gehalten sein, sie am anschließenden Autofahren zu hindern.

Von der Rechtsprechung ist darüber hinaus im Rahmen des § 823 Abs. 1 BGB eine sogenannte **allgemeine Verkehrssicherungspflicht** für Grundstücke entwickelt worden. Danach hat derjenige, der auf dem ihm gehörigen oder seiner Verfügung unterstellten Grund und Boden einen, wenn auch nur beschränkten Verkehr für Menschen eröffnet, dafür zu sorgen, daß sich das betreffende Grundstück in einem verkehrssicheren Zustand befindet. Dieser Grundsatz gilt auch für Straßen, Plätze, Brücken und Hafenanlagen sowie das Innere von Gebäuden. Im einzelnen bewirkt die Verkehrssicherungspflicht beispielsweise, daß das Grundstück instandzuhalten, zu beleuchten, zu reinigen und bei Glatteis zu bestreuen ist.

e) **Verschulden**

Die Verantwortlichkeit für eigenes Verhalten setzt Verschulden voraus. Verschulden bedeutet, daß dem Handelnden ein Vorwurf aus seiner Tat gemacht werden kann.

Schuldhaft handeln kann nur derjenige, der die Deliktsfähigkeit besitzt. Deliktsunfähige sind daher grundsätzlich nicht haftpflichtig, beschränkt Deliktsfähige nur dann, wenn sie bei Begehung der Tat die zur Erkenntnis der Verantwortlichkeit erforderliche Einsicht besessen haben (§ 828 Abs. 2 BGB). Diese Einsichtsfähigkeit wird individuell bestimmt; sie ist anzunehmen, wenn die geistige Entwicklung des Jugendlichen ausreicht, das Unrecht seiner Handlung zu erkennen und sich bewußt zu werden, für ihre Folgen in irgendeiner Weise einstehen zu müssen. Nur wenn diese Einsichtsfähigkeit vorliegt, kann den beschränkt Deliktsfähigen ein Verschulden treffen, wobei sich die an ihn zu stellenden Anforderungen nach dem allgemein an Jugendliche seiner Altersstufe anzulegenden Maßstab bemessen.

Deliktsunfähige sind für einen von ihnen verursachten Schaden nur im Rahmen der sogenannten **Billigkeitshaftung** des § 829 BGB verantwortlich. Sie setzt voraus, daß der Betreffende objektiv den Tatbestand einer unerlaubten Handlung erfüllt hat, von einem Aufsichtspflichtigen kein Schadenersatz zu erlangen ist und die Billigkeit eine Entschädigung erfordert. Dabei wird im wesentlichen auf die Vermögensverhältnisse der Beteiligten abgestellt, so daß ein aufgrund Erbschaft reicher Sechsjähriger, der ein armes Kind beim Spielen am Auge verletzt, diesem schadenersatzpflichtig ist. Das Bestehen einer **Haftpflichtversicherung** für den Schädiger hat außer Betracht zu bleiben, wenn bei der Abschätzung aller anderen Umstände keine Ersatzpflicht angenommen werden kann; ergibt sich aber eine Billigkeitshaftung schon aus anderen Gründen, so kommt der Gesichtspunkt des Haftpflichtversicherungsschutzes für die Bemessung der Höhe hinzu.

aa) Schuldformen

Schuldformen sind Vorsatz und Fahrlässigkeit.

Vorsatz bedeutet Wissen und Wollen des schädigenden Erfolges.

Fahrlässig handelt nach der gesetzlichen Definition des § 276 Abs. 1 Satz 2 BGB derjenige, der die im Verkehr erforderliche Sorgfalt außer acht läßt. Verlangt wird also die Möglichkeit der Voraussehbarkeit eines Schadens und seine Abwendung durch die Einhaltung einer bestimmten Sorgfalt. Der anzulegende Maßstab ergibt sich aus derjenigen Sorgfalt, die von einem tüchtigen und gewissenhaften Menschen des Bevölkerungskreises, dem der Schädiger angehört, bei einer Angelegenheit der fraglichen Art für erforderlich zu halten ist. Dabei reicht die Anwendung der im Verkehr üblichen Sorgfalt nicht aus, so daß sich der Handelnde nicht auf einen „im Verkehr eingerissenen Schlendrian" berufen kann. In diesem Sinne verlangen beispielsweise § 347 Abs. 1 HGB die Sorgfalt eines ordentlichen Kaufmanns und §§ 93 Abs. 1 AktG, 34 Abs. 1 VAG von Vorstandsmitgliedern die Sorgfalt eines ordentlichen und gewissenhaften Geschäftsleiters.

Beispiele:

Vom Arzt ist eine andere Sorgfalt zu fordern als von der Krankenschwester, von einem erfahrenen Bankier eine größere Sorgfalt in finanziellen Angelegenheiten als von einem jüngeren Versicherungsangestellten. – Ein Architekt, dem die technische Oberleitung eines Baus übertragen wurde, ist für die statische Berechnung nicht verantwortlich; bemerkt er aber Fehler, so erfordert es die Sorgfalt eines ordentlichen Architekten, eine entsprechende Nachprüfung zu veranlassen. – Ein Rechtsanwalt hat dafür Sorge zu tragen, daß der Terminkalender in seiner Kanzlei sorgfältig geführt wird.

Die **Abgrenzung von Vorsatz und Fahrlässigkeit** bereitet gewisse Schwierigkeiten. Vorsatz liegt nicht nur vor, wenn der Schaden als sicher, sondern auch dann, wenn er nur als möglich vorausgesehen, aber billigend in Kauf genommen wurde **(bedingter Vorsatz)**. Die Grenze zum bedingten Vorsatz bildet die **bewußte Fahrlässigkeit**; bei ihr erkennt der Täter ebenfalls die Möglichkeit des Schadeneintrittes, vertraut aber aufgrund von Überlegungen, die einen Sorgfaltsverstoß darstellen, auf sein Ausbleiben. Demgegenüber denkt der Schädiger bei der normalen (unbewußten) Fahrlässigkeit überhaupt nicht an die Möglichkeit der Schädigung, obwohl er sie bei Anwendung der im Verkehr erforderlichen Sorgfalt hätte erkennen können.

Beispiel:

Der Hausbesitzer unterläßt bei Glatteis das Streuen: Er tut dies, weil er vom Fenster aus mit Vergnügen zusehen will, wie die Passanten auf der Straße hinfallen (bedingter Vorsatz). Er unterläßt das Streuen, weil er meint, es werde schon nichts passieren (bewußte Fahrlässigkeit). Er streut nicht, weil er überhaupt nicht daran denkt (unbewußte Fahrlässigkeit).

Für das allgemeine Haftpflichtrecht ist die Unterscheidung zwischen Vorsatz und Fahrlässigkeit grundsätzlich ohne Bedeutung, weil der Täter für beide Schuldformen haftet (§§ 276 Abs. 1 Satz 1, 823 Abs. 1 BGB). Dies gilt auch für die weitere graduelle Abstufung in grobe und leichte Fahrlässigkeit. **Grobe Fahrlässigkeit** liegt vor, wenn die erforderliche Sorgfalt in ungewöhnlich grobem Maße verletzt worden und das unbeachtet geblieben ist, was im gegebenen Falle jedem einleuchten mußte, also beispielsweise in der Nähe eines Öltanks mit offenem Feuer hantiert oder ein kaskoversichertes Kraftfahrzeug unverschlossen über Nacht auf der Straße stehen gelassen wird.

Die verschiedenen Schuldformen spielen im Versicherungsrecht eine entscheidende Rolle. Der Haftpflichtversicherer haftet nicht für Vorsatz des Versicherungsnehmers (§§ 152 VVG, 4 Abs. 2 Nr. 1 AHB), wohl aber für alle Arten der Fahrlässigkeit. Demgegenüber entfällt die Leistungspflicht des Versicherers in allen übrigen Zweigen der Schadenversicherung bei vorsätzlicher oder grob fahrlässiger Herbeiführung des Versicherungsfalles (§ 61 VVG). Die für den Fall einer Obliegenheitsverletzung in den AVB vereinbarte Leistungsfreiheit tritt nach § 6 Abs. 3 VVG nicht ein, wenn der Versicherungsnehmer weder vorsätzlich noch grob fahrlässig gehandelt hat. Somit bleibt ihm bei nur leicht fahrlässigem Verstoß, z. B. gegen die Anzeigepflicht des § 33 VVG, deren Einhaltung wegen der herrschenden Aufregung unterblieben ist, der Versicherungsschutz erhalten. Dies gilt auch für die Verletzung der Rettungspflicht des § 62 VVG.

Ferner wirken sich die Abstufungen der Fahrlässigkeit im Gebiet des Arbeitsrechtes aus. Hat der Arbeitnehmer bei der Ausübung einer sogenannten schadens- oder gefahrengeneigten Tätigkeit einen Schaden verursacht, so entfällt eine Haftpflicht des Arbeitnehmers, wenn und soweit ihm eine derartige Belastung deshalb nicht zugemutet werden kann, weil seine Schuld im Hinblick auf die besondere Gefahr der ihm übertragenen Arbeit nach den Umständen des Falles nicht schwer ist. Bei nur leicht fahrlässig herbeigeführten Schäden kann der Arbeitgeber daher von dem Arbeitnehmer nur eine nach den Umständen angemessene Beteiligung an der Wiedergutmachung des Schadens verlangen und muß ihn im übrigen selbst tragen bzw. den Arbeitnehmer von Schadenersatzansprüchen dritter Personen freistellen.

bb) Mitwirkendes Verschulden des Geschädigten

Außer dem Verschulden des Schädigers kann ein sogenanntes mitwirkendes Verschulden des Verletzten für die Entstehung und den Umfang des Schadenersatzanspruches von Bedeutung sein. Maßgebende Rechtsgrundlage ist die Vorschrift des § 254 BGB, die zunächst ein ursächliches Verhalten des Geschädigten, das für die Entstehung des Schadens oder die Erhöhung seines Umfanges kausal ist, voraussetzt. Den Geschädigten trifft die **Obliegenheit, einen Schaden nach Möglichkeit abzuwenden oder zu mindern.** Verletzt er diesen Grundsatz und verlangt er trotzdem den vollen Schadenersatz, so verstößt dieses Begehren dann gegen Treu und Glauben, wenn sich der Geschädigte unter Außerachtlassung zumutbarer Sorgfalt selbst in die Lage gebracht hat, in der sich das Verhalten des anderen für ihn schädigend auswirken konnte.

Es ist zwischen mitwirkendem Verschulden bei der Entstehung des Schadens sowie bei seiner Abwendung oder Minderung zu unterscheiden.

Beispiele:

Mitverschulden bei der Entstehung eines Schadens sind beispielsweise das Eintreten in einen unbekannten dunklen Keller, das Überschreiten einer Hauptverkehrsstraße, ohne auf herankommende Fahrzeuge zu achten, sowie die Fälle des sich Aussetzens einer erkannten oder erkennbaren Gefahr, wie die Fahrt mit einem offensichtlich übermüdeten oder angetrunkenen Fahrer. Auch der Verstoß gegen die Gurtanlegepflicht stellt ein Mitverschulden dar. — Mitverschulden bei der Abwendung oder Minderung des Schadens liegt vor, wenn der Geschädigte bei der Reparatur eines Fahrzeuges nicht auf deren Beschleunigung hinwirkt, es nach einer Verletzung ablehnt, sich ärztlicher Behandlung bzw. einer zumutbaren Operation zu unterziehen oder eine Umschulung ohne ersichtliche Gründe verweigert.

Das Mitverschulden setzt Deliktsfähigkeit des Geschädigten im Sinne der §§ 827, 828 BGB voraus. Personen, denen ein Schadenersatzanspruch aus der Verletzung oder Tötung eines Dritten zusteht, haben sich ein mitwirkendes Verschulden des unmittelbar Verletzten gemäß § 846 BGB wie eigenes Verschulden anrechnen zu lassen, so daß sich der Schadenersatzanspruch der Witwe bei einem Mitverschulden des getöteten Ehemannes entsprechend mindert. Das Mitverschulden seines gesetzlichen Vertreters oder seines Erfüllungsgehilfen hat sich der Geschädigte nach § 254 Abs. 2 Satz 2 BGB entgegenhalten zu lassen. Uneingeschränkt gilt dies allerdings nur für eine Verletzung der Schadenabwendungs- und Minderungspflicht. Bei der Entstehung eines Schadens im Rahmen der Deliktshaftung findet § 831 BGB Anwendung.

Die Auswirkung des Mitverschuldens besteht darin, daß das beiderseitige Verschulden gegeneinander abzuwägen ist und demzufolge der Schaden entweder zwischen den Beteiligten aufgeteilt wird, beispielsweise in dem Verhältnis, daß der Schädiger zwei Drittel, der Geschädigte ein Drittel zu tragen hat, oder der Schadenersatzanspruch ganz entfällt. Auch in den Fällen, in denen ohne Rücksicht auf ein Verschulden gehaftet wird, findet aufgrund einer entsprechenden Verweisung (§§ 9 StVG, 4 HPflG, 27 AtG) die Vorschrift des § 254 BGB Anwendung. Über ihre ursprüngliche Bedeutung hinaus wird sie von der Rechtsprechung stets dann herangezogen, wenn es ihr erforderlich und gerecht erscheint, einen Schaden zwischen Schädiger und Geschädigtem aufzuteilen.

2. Haftung für fremdes Verhalten

Eine Haftung für das Verhalten dritter Personen besteht innerhalb des Rechts der unerlaubten Handlungen nur in engen Grenzen. Auch für diese Dritthaftung hält das BGB grundsätzlich am **Verschuldensprinzip** fest. Es bedient sich jedoch einer **Umkehr der Beweislast** in Form einer doppelten Vermutung. Vermutet wird das Verschulden des Ersatzpflichtigen sowie dessen Ursächlichkeit für den Eintritt des Schadens. Der Haftpflichtige hat stets die Möglichkeit, durch **Führung eines sogenannten Exkulpations- oder Entlastungsbeweises** seine Schuldlosigkeit nachzuweisen und sich dadurch von der Haftung zu befreien. Das Gesetz hat den Kreis der Personen, für deren Verhalten ein Dritter haftpflichtig gemacht werden kann, auf Verrichtungsgehilfen und Aufsichtsbedürftige beschränkt.

Davon ist die **Haftung der juristischen Personen** des privaten und öffentlichen Rechts sowie der ihnen gleichgestellten Einrichtungen für die unerlaubten Handlungen ihrer Organe gemäß §§ 31, 89 BGB zu unterscheiden, weil diese als durch ihre Organe selbst handelnd angesehen werden und es sich deshalb um eine Haftung für eigenes Verhalten handelt.

a) Haftung des Geschäftsherrn für den Verrichtungsgehilfen

Die Haftung des Geschäftsherrn für den Verrichtungsgehilfen ist in § 831 BGB geregelt. **Verrichtungsgehilfe** in diesem Sinne ist derjenige, der von dem Geschäftsherrn zu einer Verrichtung bestellt wurde und bei deren Ausführung weisungsgebunden ist, also in einem sozialen und wirtschaftlichen Abhängigkeitsverhältnis steht, wie ein Angestellter oder Arbeiter. Die schadenstiftende Handlung des Verrichtungsgehilfen muß den **objektiven Tatbestand einer unerlaubten Handlung** erfüllen und somit rechtswidrig sein, wohingegen ein **Verschulden des Gehilfen nicht erforderlich** ist. Das Tatbestandsmerkmal der Schadenzufügung „**in Ausführung der Verrichtung**" wird eng ausgelegt. Die Handlung muß in den Kreis derjenigen Maßnahmen fallen, die zur Ausführung der Verrichtung gehören und mit ihr in einem inneren Zusammenhang stehen, wie im Falle der Beschädigung von Möbeln durch Angestellte eines Handwerksmeisters bei der Ausführung von Arbeiten in einem Haus. Den Gegensatz dazu bildet die Schadenzufügung bei Gelegenheit der Verrichtung, z. B. durch Diebstahl seitens eines Gesellen während der Durchführung von Reparaturarbeiten, für den der Meister regelmäßig nicht haftet.

Das vermutete Verschulden des Geschäftsherrn kann nach § 831 Abs. 1 Satz 2 BGB durch den Nachweis widerlegt werden, daß er bei der Auswahl des Gehilfen und, sofern er Vorrichtungen und Gerätschaften zu beschaffen oder die Ausführung der Verrichtung zu leiten hat, die im Verkehr erforderliche Sorgfalt beobachtet habe oder daß der Schaden auch bei Anwendung dieser Sorgfalt entstanden sein würde. Das Maß der im Einzelfall anzuwendenden Sorgfalt ergibt sich aus der Art der betreffenden Verrichtung, insbesondere ihrer Schwierigkeit und Gefährlichkeit. Die erforderlichen Maßnahmen bei der Einstellung eines Kraftfahrers können danach von der Vorlage des Führerscheins über die Prüfung von Zeugnissen bis zu unmittelbaren Erkundigungen beim früheren Arbeitgeber reichen. Es genügt aber nicht, daß der Geschäftsherr nur die Beobachtung der erforderlichen Sorgfalt bei der Anstellung nachweist. Vielmehr muß der Gehilfe auch im Zeitpunkt der Verrichtung aufgrund des Nachweises fortdauernder planmäßiger Überwachung durch unerwartete Kontrollen als sorgfältig ausgewählt anzusehen sein. Bei Großbetrieben genügt ein sogenannter dezentralisierter Entlastungsbeweis, der durch den Nachweis einer ausreichenden Organisation, die durch eine ordnungsgemäße Geschäftsführung und Beaufsichtigung gewährleistet ist, geführt wird.

Die Haftung für Verrichtungsgehilfen unterscheidet sich von derjenigen für Erfüllungsgehilfen in ihren Voraussetzungen und Wirkungen. Für Erfüllungsgehilfen im Sinne von § 278 BGB haftet der Schuldner nur im Rahmen bestehender Rechtsbeziehungen, also z. B. bei culpa in contrahendo oder einer Leistungsstörung, während die Verantwortlichkeit für einen Verrichtungsgehilfen noch nicht das Vorhandensein eines Schuldverhältnisses voraussetzt. Das Verschulden eines Erfüllungsgehilfen hat der Schuldner ohne die Möglichkeit einer Entlastung wie eigene Schuld zu vertreten, wohingegen sich der Geschäftsherr im Falle des § 831 BGB exkulpieren kann. Wegen dieser Erschwerung der deliktischen Haftung hat die Rechtsprechung zahlreiche typische Deliktstatbestände in den vertraglichen Bereich gezogen, um den Entlastungsbeweis auszuschließen und die Verantwortlichkeit des Haftpflichtigen über § 278 BGB zu begründen. Diese Überlegungen erklären auch den weiten Anwendungsbereich der gewohnheitsrechtlich geschaffenen Institute der culpa in contrahendo, der positiven Vertragsverletzung und des Vertrages mit Schutzwirkung zugunsten Dritter.

b) Haftung des Aufsichtspflichtigen

§ 832 BGB sieht eine allgemeine Haftung aufsichtspflichtiger Personen vor für das Verhalten derjenigen, die wegen ihrer Minderjährigkeit oder ihres geistigen bzw. körperlichen Zustandes aufsichtsbedürftig sind.

Diese **Aufsichtspflicht** kann auf Gesetz, wie beispielsweise bei den Eltern (§ 1631 Abs. 1 BGB), oder Vertrag, wie bei Kindermädchen und Pflegern, beruhen (§ 832 Abs. 2 BGB). Die tatsächliche Übernahme der Beaufsichtigung, z. B. von fremden Kindern, die mit den eigenen in der Wohnung spielen, genügt jedoch nicht zur Begründung einer vertraglichen Aufsichtspflicht. Inhaltlich bestimmt sich die Aufsichtspflicht nach dem Erfordernis der Verhütung von Schädigungen dritter Personen. Danach sind Kinder beispielsweise über die Folgen gefährlicher Spiele zu belehren und in entsprechender Weise zu überwachen.

Ebenso wie im Falle der Geschäftsherrnhaftung braucht das Verhalten des Aufsichtsbedürftigen nur den objektiven Tatbestand einer unerlaubten Handlung zu erfüllen. Auch die Möglichkeit des **Entlastungsbeweises** hinsichtlich der Einhaltung der Aufsichtspflicht gewährt § 832 Abs. 1 Satz 2 BGB.

3. Haftung für Sachen

Eine Reihe von Tatbeständen knüpft an Schädigungen durch Sachen eine Ersatzpflicht, die entweder auf dem Verschuldensgrundsatz, häufig mit umgekehrter Beweislast, oder dem Prinzip der Gefährdungshaftung beruht.

Unter Gefährdungshaftung versteht man die Verantwortlichkeit für einen bestimmten Gefahrenbereich, die durch die Überlegung gerechtfertigt ist, daß derjenige, der gewisse Gefahren setzt, auch für die von ihnen verursachten Schäden ohne Rücksicht auf ein Verschulden aufzukommen hat. Eine Gefährdungshaftung tritt nur ein, wenn sie durch eine spezielle gesetzliche Vorschrift angeordnet wird. In der Regel führt sie nur zum Ersatz des materiellen Schadens, so daß mit Ausnahme der Haftung nach § 833 BGB kein Schmerzensgeld verlangt werden kann. Häufig ist der Umfang der Ersatzpflicht durch Haftungshöchstsummen begrenzt, deren Aufgabe im wesentlichen darin liegt, das Risiko kalkulierbar und damit gegen angemessene Prämienzahlung **versicherbar** zu machen. Mitunter wird, vor allem im Interesse des Geschädigten, eine gesetzliche **Pflicht zum Abschluß einer Haftpflichtversicherung** statuiert.

Neben der Gefährdungshaftung kommt der Haftung aus § 823 BGB erhebliche Bedeutung zu, weil der Geschädigte bei Vorliegen der Voraussetzungen dieser Vorschrift vollen Schadenersatz ohne Begrenzung durch Höchstsummen sowie Schmerzensgeld im Sinne von § 847 BGB verlangen kann.

a) Haftung für Tiere

Die Haftung für Tiere ist durch § 833 BGB teils als Verschuldens-, teils als Gefährdungshaftung konstruiert. Wird ein Schaden durch ein **Haustier** verursacht, **das dem Beruf, der Erwerbstätigkeit oder dem Unterhalt des Tierhalters zu dienen bestimmt ist, wie das Vieh** des Landwirtes, der Jagdhund des Försters oder Polizeihunde, so besteht eine Haftung, sofern der Tierhalter nicht beweist, daß er bei der Beaufsichtigung des Tieres die im Verkehr erforderliche Sorgfalt beobachtet hat oder der Schaden auch bei Anwendung dieser Sorgfalt entstanden sein würde (§ 833 Satz 2 BGB). Für **alle anderen Tiere** wird nach § 833 Satz 1 BGB ohne Rückicht auf ein Verschulden gehaftet, wenn der Schaden auf der typischen tierischen Gefahr beruht, also beispielsweise ein Pferd ausgeschlagen oder ein Hund einen Menschen gebissen hat. **Tierhalter** in diesem Sinne ist derjenige, der über das Tier im eigenen Interesse eine nicht nur vorübergehende Herrschaft ausübt. Von ihm unterscheidet sich der Tierhüter dadurch, daß er die Aufsicht über das Tier vertraglich übernommen hat, wie z. B. ein Hirte oder ein Viehkommissionär, dem das Tier zum Verkauf übergeben worden ist. Diese Personen haften nach § 834 BGB für vermutetes Verschulden, ohne Rücksicht darauf, ob es sich um ein Haus- oder ein anderes Tier handelt.

Eine Sonderregelung besteht gemäß § 29 BJagdG für **Wildschäden** an Grundstücken und deren Erzeugnissen; die Ersatzpflicht der Jagdgenossenschaft oder des Jagdberechtigten bestimmt sich nach den Grundsätzen der Gefährdungshaftung. Demgegenüber wird für **Jagdschaden**, der einem Grundstück bei Ausübung der Jagd zugefügt wird, nur bei Verschulden gehaftet (§ 33 BJagdG).

b) Haftung für Gebäude

§ 836 Abs. 1 BGB normiert eine Haftung für Schäden durch den **Einsturz eines Gebäudes** oder eines anderen mit einem Grundstück verbundenen Werkes sowie durch **Ablösung von Teilen**, sofern dieser Vorgang auf fehlerhafte Errichtung oder mangelhafte Unterhaltung des Gebäudes zurückzuführen ist. Werke im Sinne dieser Vorschrift sind beispielsweise Zäune, Masten und Denkmäler, Gebäudeteile, Dachziegel und Fensterläden, nicht jedoch Blumentöpfe und Schneemassen, die bei Tauwetter vom Dach stürzen. Für diese Gegenstände wird nicht nach § 836 BGB, sondern nach § 823 BGB gehaftet. Von der Konstruktion her handelt es sich bei § 836 BGB um eine Verschuldenshaftung mit der Möglichkeit des Entlastungsbeweises. Haftpflichtig sind der **Gebäudebesitzer** sowie die in den §§ 836 Abs. 2 bis 838 BGB näher bezeichneten Personen.

c) Haftung für Verkehrsmittel

Wichtige Tatbestände der Gefährdungshaftung stellen die Verantwortlichkeit des Bahnbetriebsunternehmers, des Kraftfahrzeug- und Luftfahrzeug-Halters dar.

Der Betriebsunternehmer einer Schienen- oder Schwebebahn haftet gemäß § 1 Abs. 1 HPflG für Personen- und Sachschäden, die beim Bahnbetrieb verursacht werden. Im Falle höherer Gewalt ist die Ersatzpflicht ausgeschlossen (§ 1 Abs. 2 Satz 1 HPflG).

Nach § 7 Abs. 1 StVG ist der **Halter eines Kraftfahrzeuges** dann, wenn bei dem Betrieb des Fahrzeugs ein Mensch getötet, der Körper oder die Gesundheit eines Menschen verletzt oder eine Sache beschädigt wird, verpflichtet, dem Verletzten den daraus entstandenen Schaden zu ersetzen. Kraftfahrzeughalter ist derjenige, der das Fahrzeug für eigene Rechnung in Gebrauch hat und die hierfür erforderliche tatsächliche Verfügungsgewalt besitzt, also einerseits die Gebrauchsvorteile genießt, andererseits die Betriebs- und Unterhaltungskosten bestreitet. Der Zusammenhang mit dem Betrieb des Kraftfahrzeuges wird sehr weit ausgelegt, so daß auch noch das kurze Anhalten während einer Fahrt und das Öffnen der Tür dabei zum Betrieb des Fahrzeugs gehören. Ausgeschlossen ist die Gefährdungshaftung, wenn der Unfall durch ein unabwendbares Ereignis verursacht wird, das auf einer von außen kommenden Einwirkung beruht (§ 7 Abs. 2 StVG). Insassen gegenüber besteht die strenge Haftung nur, wenn es sich um eine entgeltliche geschäftsmäßige Personenbeförderung, wie z. B. bei Omnibussen und Taxis, handelt (§ 8 a StVG), nicht jedoch den aus Gefälligkeit Mitgenommenen gegenüber. Versicherungsschutz für Insassen bietet die Kraftfahrt-Unfallversicherung. Neben dem Halter haftet auch der Fahrer nach § 18 Abs. 1 StVG, soweit er den Unfall schuldhaft verursacht hat; seine Verkehrspflichten, für deren Einhaltung er beweispflichtig ist, ergeben sich aus der StVO. **Die Kraftfahrzeug-Haftpflichtversicherung,** zu deren Abschluß eine gesetzliche Pflicht besteht (§ 1 PflVG), schließt gemäß § 10 AKB die Haftpflicht des Halters und Fahrers ein.

Die Haftung für **Unfälle im Luftverkehr** beruht auf dem Luftverkehrsgesetz (LuftVG) in der Fassung vom 14.1.1981. Es wird unterschieden zwischen der Verantwortlichkeit gegenüber unbeteiligten Personen, die nicht im Luftfahrzeug befördert werden (§ 33 LuftVG), sowie gegenüber Fluggästen (§ 44 LuftVG). Ist der Schaden bei einer internationalen Luftbeförderung entstanden, so gelten das Warschauer Abkommen zur Vereinheitlichung des Luftprivatrechts vom 12.10.1929, das Haager Protokoll vom 28.9.1955 und das Zusatzabkommen von Guadalajara vom 18.9.1961 zum Warschauer Abkommen (§ 51 LuftVG). Den Halter eines Luftfahrzeuges trifft die gesetzliche Pflicht zum Abschluß einer Haftpflichtversicherung (§ 43 LuftVG); die Luftfahrtunternehmen sind verpflichtet, die Fluggäste gegen Unfälle mit der Mindestversicherungssumme von DM 35 000,– für den Fall des Todes oder der dauernden Erwerbsunfähigkeit zu versichern (§ 50 LuftVG). Soweit aus der **Unfallversicherung** geleistet wird, erlischt der Anspruch auf Schadenersatz.

d) Haftung für Energieanlagen

Für Schäden, die durch die **Wirkungen von Elektrizität, Gasen, Dämpfen oder Flüssigkeiten,** einer Strom- oder Rohrleitungsanlage oder einer **Energieanlage** ausgehen, trifft den Inhaber der Anlage eine Gefährdungshaftung nach § 2 HPflG. Rechtsgrundlage für die **Haftpflicht der Versorgungsunternehmen gegenüber ihren Tarifkunden** ist jeweils § 6 der Verordnungen über Allgemeine Bedingungen für die Versorgung mit Elektrizität, Gas, Wasser und Fernwärme von 1979/80, die aufgrund der Ermächtigungen in den §§ 7 EnWG, 27 AGB-Gesetz erlassen worden sind. Danach haften die Versorgungsunternehmen für Schäden, die ein Kunde durch Unterbrechung der Versorgung oder durch Unregelmäßigkeiten in der Belieferung erleidet. Für Personenschäden wird bereits bei einfacher, für Sachschäden bei grober Fahrlässigkeit gehaftet. Darüber hinaus haften diese Unternehmen bei grober Fahrlässigkeit des Inhabers oder eines vertretungsberechtigten Organs oder Gesellschafters auch für Vermögensschäden.

Die **Verantwortlichkeit für Atomschäden** ist durch das Gesetz über die friedliche Verwendung der Kernenergie und den Schutz gegen ihre Gefahren (Atomgesetz) in Verbindung mit dem Pariser Übereinkommen über die Haftung gegenüber Dritten auf dem Gebiet der

Kernenergie geregelt. Es sind die **drei Tatbestände** der **Anlagenhaftung** (Haftung für ein von einer Kernanlage ausgehendes nukleares Ereignis — § 25 AtG), der **Haftung für Reaktorschiffe** (§ 25 a AtG) sowie der **Verwenderhaftung** (Haftung für die Wirkung eines Kernspaltungsvorganges, der Strahlen eines radioaktiven Stoffes oder der von einem Beschleuniger ausgehenden ionisierenden Strahlen — § 26 AtG) zu unterscheiden. Dabei sind die Haftung für Kernenergieanlagen und Kernreaktorschiffe wegen der bestehenden Gefahren als Gefährdungshaftung unter Einschluß der Haftung für schädliche Ereignisse höherer Gewalt ausgestaltet, während die Verwenderhaftung lediglich Verschuldenshaftung mit umgekehrter Beweislast ist. Im Genehmigungsverfahren setzt die Verwaltungsbehörde die für die Erfüllung gesetzlicher Schadenersatzverpflichtungen zu treffende sogenannte Deckungsvorsorge fest. Nach § 13 Abs. 2 AtG muß sie in einem angemessenen Verhältnis zur Gefährlichkeit der Anlage oder der Tätigkeit stehen; sie soll im Regelfall nicht hinter dem Höchstmaß des **Versicherungsschutzes** zurückbleiben, der auf dem Versicherungsmarkt zu zumutbaren Bedingungen erhältlich ist. Die Anlagenhaftung wird von der Deutschen Kernreaktor-Versicherungs-Gemeinschaft in Köln gedeckt, die auf der Grundlage der Allgemeinen Versicherungsbedingungen für die Nuklear-Haftpflichtversicherung von Kernanlagen (AHBKA) arbeitet. Dagegen wird die sogenannte Verwenderhaftung von einzelnen Haftpflichtversicherern nach Maßgabe der Allgemeinen Versicherungsbedingungen für die Haftpflichtversicherung von genehmigter Tätigkeit mit Kernbrennstoffen und sonstigen radioaktiven Stoffen außerhalb von Atomanlagen (AHBStr) in Deckung genommen. Versicherungsunternehmen, die Kernenergieschäden im Rahmen der Sach- und Haftpflichtversicherung decken, haben eine Atomanlagenrückstellung zu bilden. In den übrigen Zweigen der Schadenversicherung ist das Kernenergierisiko regelmäßig ausgeschlossen (z. B. §§ 1 Abs. 7 AFB 87, 4 Abs. 1 Nr. 7 AHB).

Eine verwandte Haftung hat das **Wasserhaushaltsgesetz** (WHG) eingeführt. Es unterscheidet zwei Tatbestände, nämlich die Handlungshaftung für das Einbringen schädlicher Stoffe in Gewässer (§§ 22 Abs. 1 WHG) sowie eine Anlagenhaftung (§ 22 Abs. 2 WHG), z. B. für Öl- und Benzintanks. Das Gesetz kennt keine Haftungshöchstsummen. Das **Umwelthaftungsgesetz** (UmweltHG) vom 10. 12. 1990 begründet eine verschuldensunabhängige Anlagenhaftung für Schäden durch Ausbreitung von Stoffen, Erschütterungen, Geräuschen, Druck, Strahlen, Gasen, Dämpfen, Wärme oder sonstigen Erscheinungen in Boden, Luft oder Wasser (Umwelteinwirkung) im Rahmen von Haftungshöchstgrenzen. Zugunsten des Geschädigten bestehen eine Ursachenvermutung und Auskunftsansprüche. Für bestimmte Anlagen ist eine Deckungsvorsorge vorgesehen, die durch Abschluß einer Haftpflichtversicherung getroffen werden kann.

e) Haftung für Produkte

Die Haftung des Warenherstellers für Schäden aus der Benutzung seiner Produkte beruht zunächst auf der Vorschrift des § 823 Abs. 1 BGB und unterliegt damit dem Verschuldensprinzip. Der Unternehmer wird also für den **Verstoß gegen Verhaltens- und Unterlassungspflichten** haftbar gemacht, die auch **außerhalb eines Vertragsverhältnisses** gegenüber jedermann bestehen. Nach den von der Rechtsprechung des Bundesgerichtshofes zur Produzentenhaftung entwickelten Grundsätzen genügt für den Nachweis eines Warenfehlers der bloße Anscheinsbeweis, und der Produzent hat den Entlastungsbeweis seiner Schuldlosigkeit an dem Fehler des Produkts zu führen, weil er die Produktionssphäre überblickt sowie den Herstellungsprozeß und die Auslieferungskontrolle der fertigen Produkte bestimmt und organisiert. Mit dieser **Kombination von Anscheinsbeweis und Beweislastumkehr** wurden die typischen Arten von Fehlern erfaßt, wie Konstruktionsfehler (mangelhafte Bremsen eines Kraftwagens), Fabrikationsfehler (Ungeeignetheit eines Impfstoffes) und Instruktionsfehler (unzureichende Belehrung über die Verwendung eines Gerätes in der Gebrauchsanleitung).

Darüber hinaus sieht das **Produkthaftungsgesetz** (ProdHaftG) vom 15. 12. 1989 eine vom Verschulden unabhängige Haftung des Herstellers oder Importeurs aus Drittländern außerhalb der EG für durch Fehler eines Produkts verursachte Schäden vor. Anknüpfungspunkt ist danach nicht eine Pflichtverletzung, sondern die Fehlerhaftigkeit des Produkts, die dann angenommen wird, wenn es nicht die Sicherheit bietet, die unter Berücksichtigung aller Umstände berechtigterweise erwartet werden kann. Für Personenschäden durch ein Produkt oder gleiche Produkte mit demselben Fehler wird nur bis zu einem Höchstbetrag von DM 160 Millionen gehaftet; im Falle der Sachbeschädigung hat der Geschädigte einen Schaden bis zu DM 1125,- selbst zu tragen.

Wegen der Rahmen der allgemeinen Betriebs-Haftpflichtversicherung bestehenden Ausschlüsse wurde ein spezielles Vertragskonzept für die **Versicherung der Produkthaftung** entwickelt.

Nach § 84 des Arzneimittelgesetzes (AMG) vom 24.8.1976 haftet der pharmazeutische Unternehmer für Gesundheitsschäden durch von ihm in Verkehr gebrachte **Arzneimittel**, ohne daß ein Verschulden gefordert wird. Dieser Regelung kommt insofern besondere Bedeutung zu, als erstmals die Haftung für Produkteschäden in einem Gesetz nach den Grundsätzen der Gefährdungshaftung festgelegt und dem Arzneimittelhersteller außerdem gemäß § 94 AMG auferlegt wird, für seine Haftung den Nachweis einer Deckungsvorsorge zu erbringen. Sie kann durch eine **Haftpflichtversicherung** gestellt werden, wobei sich die Versicherer zur gemeinsamen Tragung der Rückversicherung in der Pharma-Rückversicherungs-Gemeinschaft (Pharma-Pool) zusammengeschlossen haben. Im Falle der Tötung oder Verletzung mehrerer Menschen durch das gleiche Arzneimittel ist die Haftung auf einen Kapitalbetrag von DM 200 Millionen begrenzt. Die klinische Prüfung eines Medikaments darf nach § 40 Abs. 1 Nr. 8 und Abs. 3 AMG bei Menschen nur durchgeführt werden, wenn eine sogenannte **Probandenversicherung** für den Fall einer Schädigung besteht, die auch Leistungen gewährt, wenn kein anderer für den Schaden haftet.

4. Amtshaftung

Im Bereich der Amtshaftung trennt das deutsche Recht streng zwischen Beamten- und Staatshaftung. Nach § 839 Abs. 1 Satz 1 BGB hat ein Beamter, der schuldhaft die ihm einem Dritten gegenüber obliegende Amtspflicht verletzt, diesem den daraus entstandenen Schaden zu ersetzen. Hierfür kann gemäß Art. 34 Satz 1 GG vom Geschädigten jedoch nicht der Beamte selbst, sondern nur der Staat oder die sonstige öffentlich-rechtliche Körperschaft, in deren Dienst der Beamte steht, auf Schadenersatz in Anspruch genommen werden.

a) Beamtenhaftung

Eine Staatshaftung kommt nach geltendem Recht somit nur in Betracht, wenn ein Beamter den Tatbestand des § 839 BGB verwirklicht hat. **Beamte** in diesem Sinne sind nur die

123

staatsrechtlichen Beamten nach Maßgabe der Beamtengesetze des Bundes und der Länder. Der Beamte muß eine **Amtspflicht** verletzt haben, die ihm gegenüber dem Geschädigten und nicht lediglich gegenüber seinem Dienstherrn oblag. Um unbillig erscheinende Ergebnisse durch Anwendung der Geschäftsherrnhaftung des § 831 BGB mit der Möglichkeit des Entlastungsbeweises zu vermeiden, hat die Rechtsprechung den Kreis der Amtspflichten auf die Teilnahme am allgemeinen Verkehr, auf Verkehrssicherungspflichten sowie das Erfordernis einer allgemeinen Rücksichtnahme auf die Interessen des betroffenen Staatsbürgers ausgedehnt. Nach dem **Verschuldensprinzip** muß der Beamte die ihm obliegende Amtspflicht vorsätzlich oder fahrlässig verletzt haben.

Der Beamte haftet jedoch bei Fahrlässigkeit nur **subsidiär**, also nur dann, wenn der Geschädigte nicht in anderer Weise Ersatz zu erlangen vermag (§ 839 Abs. 1 Satz 2 BGB), auch durch Leistungen aus einer **Versicherung**.

Beispiel:

Der Gerichtsvollzieher, der eine Pfändung fahrlässig unterlassen hat, haftet nur, wenn weitere Pfändungen gegen den Schuldner fruchtlos sind.

Ausgeschlossen ist die Ersatzpflicht, wenn der Geschädigte es vorsätzlich oder fahrlässig unterlassen hat, den Schaden durch Einlegung eines Rechtsmittels abzuwenden (§ 839 Abs. 3 BGB). Im Interesse der Unabhängigkeit der Rechtsprechung sieht § 839 Abs. 2 BGB vor, daß ein Spruchrichter, der bei einem Urteil seine Amtspflicht verletzt, nur haftet, wenn er sich einer strafbaren Pflichtverletzung, namentlich einer Rechtsbeugung im Sinne des § 336 StGB, schuldig macht. Diese Haftungsbeschränkung bezieht sich jedoch nur auf Entscheidungen, die in den Verfahrensgesetzen (ZPO und StPO) ausdrücklich als „*Urteile*" bezeichnet werden, nicht dagegen auch auf urteilsähnliche Entscheidungen, wie z. B. Arrestbeschlüsse.

b) Staatshaftung

Anstelle des Beamten haftet dem geschädigten Dritten der Staat oder die Körperschaft, in deren Dienst er steht. Als Beamte im Sinne dieser Vorschrift gelten nicht nur die staatsrechtlichen Beamten, sondern alle Bediensteten einer öffentlich-rechtlichen Körperschaft, denen ein öffentliches Amt anvertraut ist, also auch Angestellte, die **hoheitliche Funktionen** ausüben, und Soldaten. Die Amtspflicht muß der Beamte in Ausübung des ihm anvertrauten öffentlichen Amtes verletzt haben. Bei Schädigungen im Falle der Wahrnehmung bürgerlich-rechtlicher Belange seines Dienstherrn haftet der Beamte nach allgemeinen Deliktsgrundsätzen persönlich; auch der Dienstherr ist für sein Verhalten nur nach zivilrechtlichen Vorschriften verantwortlich.

Im Gegensatz zu § 249 BGB nimmt die Rechtsprechung an, daß der **Schadenersatzanspruch** gegen den Staat oder den sonst in Betracht kommenden Hoheitsträger nicht auf Naturalersatz gerichtet ist, sondern nur auf eine **Geldzahlung**, weil seine Geltendmachung zum Bereich der ordentlichen Gerichtsbarkeit gehört und deshalb nicht auf Vornahme eines Verwaltungsaktes oder einer sonstigen Amtshandlung erkannt werden kann.

Gegen den handelnden Beamten kann der Dienstherr nur dann **Rückgriff** nehmen, wenn ihm Vorsatz oder grobe Fahrlässigkeit zur Last fällt (Art. 34 Satz 2 GG in Verbindung mit § 78 Abs. 2 BBG und den Landesbeamtengesetzen).

5. Schadenersatzanspruch

Der Schadenersatzanspruch richtet sich in erster Linie nach den allgemeinen Bestimmungen der §§ 249 bis 255 BGB; hinzu kommen die Sondervorschriften der §§ 842 bis 851 BGB sowie der haftpflichtrechtlichen Spezialgesetze. Diese Regelungen befassen sich jedoch nur mit der Art und dem Umfang des Schadenersatzes. Sie setzen das Bestehen einer selbständigen Anspruchsgrundlage voraus.

a) Träger der Schadenersatzforderung

Inhaber des Schadenersatzanspruches ist grundsätzlich nur der Geschädigte, d. h. derjenige, der den Schaden erlitten hat, oder dessen Rechtsnachfolger. Stirbt der unmittelbar Verletzte, so geht der Schadenersatzanspruch, der in seiner Person entstanden ist, gemäß § 1922 Abs. 1 BGB auf die **Erben** über. Das gilt ohne Rücksicht darauf, ob er im Zeitpunkt des Erbfalles bereits rechtshängig war oder nicht, sowie auch für Schmerzensgeld.

Ein Schadenersatzanspruch kann auch an einen Dritten **abgetreten** werden, soweit nicht die §§ 400 BGB, 850 b Abs. 1 Nr. 1 ZPO entgegenstehen, es sich also um eine Rente aus einer Gesundheits- oder Körperverletzung handelt.

Im Hinblick auf das weitverzweigte Versorgungssystem hat der unmittelbare Verletzte bei Personenschäden häufig die Möglichkeit, diesen auf einen privaten Versicherer, einen Sozialversicherungsträger oder eine sonstige öffentlich-rechtliche Versorgungseinrichtung abzuwälzen. In diesen Fällen sehen Spezialvorschriften regelmäßig einen **Übergang der Ersatzforderung des Geschädigten auf diejenige juristische Person vor, welche Leistungen aufgrund des Unfalls erbringt**. Sitz der Regelung ist § 67 VVG für die private Schadenversicherung, § 116 SGB X für die Sozialversicherung und Sozialhilfe sowie § 87 a BBG, **52 BRRG für die Beamten-Versorgung**. Richtet sich bei Bestehen einer privaten **Schadenversicherung** der Ersatzanspruch des Versicherungsnehmers gegen einen mit ihm in häuslicher Gemeinschaft lebenden Familienangehörigen, so geht dieser Anspruch gemäß § 67 Abs. 2 VVG nur dann auf den Versicherer über, wenn der Hausgenosse vorsätzlich gehandelt hat. Der Grund für diese Regelung liegt darin, daß durch den Abschluß des Versicherungsvertrages nicht nur der Versicherungsnehmer, sondern auch seine Familie geschützt werden soll. Dieser Gedanke gilt auch für die aufgezählten übrigen Fälle des gesetzlichen Forderungsüberganges. Aus der Tötung eines Versicherten erwächst dem **Lebensversicherer** kein Ersatzanspruch.

Ähnliche Probleme ergeben sich, wenn der verletzte Arbeitnehmer **Ansprüche auf Weiterzahlung des Lohnes** gegen seinen Arbeitgeber hat (z. B. §§ 616 BGB, 63 HGB, 1 Lohnfortzahlungsgesetz). Aus dem Arbeitsvertrag steht dem Arbeitgeber dann ein Anspruch gegen den Arbeitnehmer auf Abtretung seines Schadenersatzanspruches gegen den Schädiger in Höhe des Arbeitsentgeltes zu.

b) Gestalt des Schadenersatzes

Der Ausgleich des Schadens kann durch Naturalherstellung oder Geldzahlung erfolgen.

aa) Grundsatz der Naturalrestitution

Die Schadenersatzforderung ist nach § 249 Satz 1 BGB grundsätzlich auf **Naturalrestitution** gerichtet. Der Ersatzpflichtige hat den Zustand herzustellen, der bestehen würde, wenn der zum Ersatz verpflichtende Umstand nicht eingetreten wäre. Von praktischer Bedeutung ist die Naturalrestitution allerdings im modernen Wirtschaftsleben nur noch bei gewissen Sach- und immateriellen Schäden, z. B. in Form des Widerrufs einer kreditschädigenden Behauptung.

Im Rahmen des **Datenschutzes** hat der Betroffene nach § 4 BDSG ein Recht auf Auskunft, Berichtigung, Sperrung und Löschung. Die **Haftpflichtversicherung für Vermögensschäden** aus der Verletzung des BDSG erstreckt sich nicht auf diese Ansprüche. Der **Daten-Rechtsschutz** bietet jedoch mit Datenverarbeitungssystemen ausgestatteten Unternehmen eine Absicherung ihrer Rechtskostenrisiken.

bb) Geldersatz

Obwohl der Geldersatz nach dem Aufbau des Gesetzes nur eine Ausnahme darstellen soll, bildet er praktisch die Regel. Sowohl das Verlangen des Geschädigten als auch ein solches des Ersatzpflichtigen können das Prinzip der Naturalrestitution durchbrechen. So kann der **Gläubiger** nach § 249 Satz 2 BGB den zur Herstellung erforderlichen Geldbetrag verlangen, wenn wegen Verletzung einer Person oder Beschädigung einer Sache Schadenersatz zu leisten ist. Diese Regelung beruht auf dem Gedanken, daß es dem Geschädigten selbst überlassen bleiben muß, die Beseitigung des Schadens vorzunehmen oder vornehmen zu lassen. Ein Vermögensschaden ist nach § 251 Abs. 1 BGB durch eine Geldzahlung auszugleichen, wenn und soweit die Naturalrestitution nicht möglich oder zur Entschädigung des Gläubigers nicht genügend ist. Dies gilt beispielsweise für den entgangenen Gewinn, den Verlust einer nicht vertretbaren Sache, eine nicht zu behebende Gesundheitsschädigung oder einen nach der Reparatur verbleibenden Minderwert. Ein Anspruch des Gläubigers auf Geldersatz kann sich auch dadurch ergeben, daß er dem Ersatzpflichtigen eine angemessene Frist zur Naturalrestitution mit Ablehnungsandrohung gesetzt hat und diese erfolglos verstrichen ist (§ 250 BGB).

Der **Ersatzpflichtige** hat nach § 251 Abs. 2 BGB das Recht, den Berechtigten in Geld zu entschädigen, auch wenn dieser Naturalrestitution verlangt, sofern die Herstellung nur mit unverhältnismäßigen Aufwendungen möglich ist. Die Frage der Unverhältnismäßigkeit ist eine solche der Zumutbarkeit auf beiden Seiten.

Beispiel:

Unverhältnismäßig sind die Reparaturkosten für ein bei einem Verkehrsunfall beschädigtes Fahrzeug, wenn sie den sogenannten Zeitwert übersteigen. Der Schädiger braucht dann nur den Wert des beschädigten Kraftwagens zu ersetzen. Eine entsprechende Begrenzung der Entschädigung trifft § 13 Abs. 4 AKB für die Fahrzeugversicherung.

Im Gegensatz zum bürgerlichen Recht wird die **Schadenversicherung** gemäß § 49 VVG vom **Prinzip des Geldersatzes** beherrscht, weil im Versicherungswesen Geld den Maßstab für die betriebswirtschaftliche Prämienkalkulation und Schadenberechnung bildet. Ausnahmsweise tritt in manchen Versicherungszweigen Naturalersatz an die Stelle der Geldzahlung, wie beispielsweise in der Glas- und Fahrradversicherung sowie vor allem in der Haftpflichtversicherung hinsichtlich der Schuldbefreiung. In diesen Fällen trägt der Versicherer zusätzlich die Gefahr einer Minderung der Kaufkraft des Geldes. Mit einer Zweckbestimmung ist die Geldzahlung bei der Wiederaufbauklausel in der Gebäude-Feuerversicherung (§ 97 VVG) verbunden.

c) Umfang des Schadenersatzes

Der Umfang des Schadenersatzes stimmt regelmäßig mit der Höhe des gesamten entstandenen Schadens überein.

Der **Schadenversicherer** hat jedoch im Gegensatz zum Haftpflichtigen nicht den gesamten entstandenen Schaden, sondern nur die durch Gesetz, Bedingungen und Vertrag näher bezeichneten Vermögensschäden (Einzelschäden) auszugleichen, die sich entweder als Verminderung der Aktiva (Aktivenversicherung) oder als Vermehrung der Passiva (Passivenversicherung) darstellen. Für die Haftpflichtversicherung gilt diese Einschränkung selbstverständlich nicht.

aa) Personenschaden

Personenschäden werden entweder durch Körperverletzung oder durch Tötung verursacht.

(1) Körperverletzung

Zu ersetzen sind bei einem Schaden durch Körperverletzung in erster Linie die **Heilungskosten** (vgl. §§ 249 Satz 2 BGB, 10, 11 StVG). Dazu gehören alle Geldaufwendungen, die zur Herstellung der Gesundheit des Verletzten erforderlich sind, wie Arzt-, Arznei- und Kurkosten sowie die Aufwendungen naher Verwandter zum Besuch des Geschädigten im Krankenhaus. Neben den Heilungskosten sind die **vermehrten Bedürfnisse** erstattungspflichtig (§ 843 Abs. 1 BGB), die dem Verletzten infolge der Störung seines körperlichen Wohlbefindens entstehen, wie Mehraufwendungen durch bessere Verpflegung, Stärkungsmittel, Kuren und Pflegebedürftigkeit nach der Entlassung aus dem Krankenhaus.

Der Körperschaden umfaßt des weiteren den auf der körperlichen Behinderung beruhenden Verdienst- oder Erwerbsausfall (§§ 252, 842, 843 Abs. 1 BGB, 10, 11 StVG). Dem

Begriff der Erwerbsunfähigkeit kommt dabei eine andere Funktion für die Schadenberechnung zu als dem der Invalidität in der privaten Unfallversicherung (§ 7 I AUB 88). Außer dem gegenwärtigen und künftigen Verdienstausfall sind auch Nachteile für das **Fortkommen des Verletzten** zu ersetzen (§ 842 BGB), also der Schaden, der sich aus der Erschwerung der Verdienstmöglichkeit ergibt, wie z. B. die Einschränkung beruflicher Aufstiegsmöglichkeiten und die Ausübung einer schlechter bezahlten Tätigkeit nach Beendigung der Erwerbsunfähigkeit. Als Folge einer Körper- oder Gesundheitsverletzung kann einem anderen als dem Verletzten selbst dadurch ein ersatzpflichtiger Schaden entstehen, daß ihm **Dienste** entgehen, zu deren Leistung der Verletzte kraft Gesetzes verpflichtet war (§ 845 BGB), wie die Kinder im elterlichen Hauswesen oder Geschäft (§ 1619 BGB). Einer verletzten Hausfrau gewährt die Rechtsprechung wegen einer Verminderung ihrer Arbeitskraft einen eigenen Schadenersatzanspruch; ihr Schaden liegt darin, daß sie gehindert ist, ihre Arbeitskraft zur Führung des Haushalts als ihren Beitrag zum Familienunterhalt (§ 1360 Satz 2 BGB) zu verwerten.

Auch die **Herbeiführung einer ungewollten Schwangerschaft** bei einer Frau durch fehlerhaften Sterilisationseingriff stellt eine Körperverletzung dar. Den Eltern wird ein familienrechtlicher Ersatzanspruch zugestanden, dessen Höhe an die Sätze des Regelbedarfs für nichteheliche Kinder angelehnt ist. Dieser Entschädigungsbetrag wird zum Ausgleich der pflegerischen Dienstleistungen des den Haushalt und die Kinder betreuenden Elternteils angemessen erhöht; er vermindert sich jedoch um das Kindergeld, das die Eltern wegen der Geburt des ungewollten Kindes erhalten.

(2) Tötung

Als Tötung im schadenersatzrechtlichen Sinne kommt nicht nur die Verursachung des sofortigen Todes, sondern auch eine Körperverletzung mit Todesfolge in Betracht. Es ist zwischen dem Schaden zu unterscheiden, der dem Getöteten noch selbst entstanden und auf die Erben übergegangen ist, wie die **Kosten der versuchten Heilung** und der **Verdienstausfall zwischen Verletzung und Tod**, und demjenigen, der dritte Personen belastet. Dieser letztere Schaden aus der Tötung eines Menschen trifft unmittelbar die Hinterbliebenen. Sie können nach § 844 Abs. 1 BGB den Ersatz der **Kosten einer standesgemäßen Beerdigung** verlangen. Dazu gehören auch die Kosten der Feuerbestattung, des Grabsteines, der ersten Blumenausstattung des Grabes und der Trauerkleider. Anspruchsberechtigt sind diejenigen Personen, denen die Verpflichtung obliegt, diese Aufwendungen zu tragen, wie die Erben (§ 1968 BGB) und die Unterhaltsverpflichteten. Der Ausgleich für **entgangene Dienste** bestimmt sich ebenso wie bei der Körperverletzung nach § 845 BGB. Gemäß § 844 Abs. 2 BGB besteht schließlich ein Anspruch der Ehegatten, Verwandten in gerader Linie, nichtehelichen Kinder und Adoptivkinder auf Ersatz des Schadens, den sie durch den Verlust ihres gesetzlichen Versorgers in Höhe des **entgangenen Unterhalts** erleiden.

bb) Sachschaden

Ein Sachschaden kann sich als **Substanzschaden** (Teilsubstanzschaden = Beschädigung, Totalsubstanzschaden = Zerstörung) oder als **Entziehungsschaden** darstellen. Die Begriffe des Totalverlustes und Teilschadens einerseits sowie des Entziehungsschadens andererseits, z. B. im Falle des unrettbaren Sinkens, der Verfügung von hoher Hand oder der Verschollenheit (§§ 71 bis 73 ADS), spielen eine erhebliche Rolle in der Seeversicherung. Durch das Atomrisiko hat der Begriff des Sachschadens insofern eine Erweiterung erfahren, als auch die Beeinträchtigung einer Sache in ihrer Brauchbarkeit durch radioaktive Strahlen als Sachbeschädigung angesehen wird. Im Rahmen der Spezialhaftpflichtgesetze und der allgemeinen Haftpflichtversicherung sind Entziehungsschäden regelmäßig nicht zu ersetzen.

Zerstörungs- und Entziehungsschäden werden durch die Leistung von **Wertersatz** ausgeglichen, wobei sich der Geschädigte auf den Wiederbeschaffungspreis einer neuen Sache unter Umständen einen Abzug „neu für alt" gefallen lassen muß. Ein Teilschaden beläuft sich grundsätzlich auf die erforderlichen **Reparaturkosten** für den beschädigten Gegenstand im Sinne von § 249 Satz 2 BGB. Dazu kommt der Ausgleich des sogenannten **merkantilen Minderwertes**, der von der Rechtsprechung insbesondere bei der Beschädigung von Kraftfahrzeugen anerkannt wird. Er ist, ausgedrückt in einer bestimmten Geldsumme, auch dann zu erstatten, wenn der Geschädigte das Fahrzeug nach der Reparatur weiter benutzt, ohne es zu veräußern, sofern es sich um eine erhebliche Beschädigung des betreffenden Kraftfahrzeuges gehandelt hat.

Neben dem eigentlichen Substanzschaden können dem Geschädigten dadurch Nachteile entstehen, daß ihm **Nutzungen** des betreffenden Gegenstandes entgehen. Diese Unterscheidung ist auch für das **Versicherungsrecht** wesentlich, indem beispielsweise die Feuerversicherung den Substanzschaden (§§ 83 Abs. 1 VVG, 1 AFB 87) und die Feuer-Betriebsunterbrechungs-Versicherung den als Folge davon entstehenden, sogenannten Unterbrechungsschaden (§ 1 FBUB) deckt. Nach haftpflichtrechtlichen Grundsätzen hat der Geschädigte den gesamten **Nutzungsentgang** auszugleichen. Dazu gehören z. B. der Einnahmeausfall bei der Zerstörung einer Maschine in einem Betrieb als **entgangener Gewinn** (§ 252 BGB) sowie die **Mietkosten eines Ersatzgegenstandes**, insbesondere eines Ersatzfahrzeuges unter Berücksichtigung der ersparten Betriebskosten für den eigenen Wagen. Die Rechtsprechung gewährt dem Geschädigten aber auch unabhängig von der Anmietung eines Ersatzwagens einen Ersatzanspruch für den vorübergehenden Verlust der Gebrauchsmöglichkeit seines Kraftwagens. Eine derartige **Nutzungsausfallentschädigung** erhalten Autohalter, die für die notwendige Dauer der Reparatur bzw. bei Totalschäden für die Beschaffungszeit des Ersatzfahrzeuges auf den ihnen zustehenden Mietwagen verzichten. Ihre Höhe wird auf der Grundlage von Tabellen in Tagessätzen je nach Wagentyp berechnet.

cc) Geldersatz für immaterielle Schäden

Gemäß § 253 BGB kann wegen eines immateriellen Schadens eine Geldentschädigung nur in den durch das Gesetz bestimmten Fällen verlangt werden. Als sogenanntes **Schmerzensgeld** wird Geldersatz bei einer Körper- oder Gesundheitsverletzung, Freiheitsberaubung und gewissen Sittlichkeitsdelikten nach § 847 BGB gewährt. Es setzt die Verwirklichung eines der im BGB behandelten Deliktstatbestände voraus. Für die in Sondergesetzen geregelten Fälle der Gefährdungshaftung fehlt regelmäßig eine entsprechende Bestimmung.

Der Anspruch auf Schmerzensgeld ist kein gewöhnlicher Schadenersatzanspruch, sondern ein Anspruch eigener Art mit einer doppelten Funktion. Er soll dem Geschädigten einen angemessenen Ausgleich für diejenigen Schäden bieten, die nicht vermögensrechtlicher Art sind, und zugleich dem Gedanken Rechnung tragen, daß der Schädiger dem Geschädigten Genugtuung schuldet für das, was er ihm angetan hat. Bei seiner Bemessung sind insbesondere die persönlichen Verhältnisse der Beteiligten, auf seiten des Verletzten Art und Ausmaß der Beeinträchtigung, vor allem Größe, Heftigkeit und Dauer der Schmerzen, Leiden und Entstellungen, sowie der persönliche Lebensstandard des Betroffenen, auf seiten des Schädigers der Grad des Verschuldens und seine Vermögensverhältnisse, zu denen auch das Bestehen einer **Haftpflichtversicherung** gerechnet wird, zu berücksichtigen. Nach anfänglichem Zögern neigt die Rechtsprechung neuerdings zu einer großzügigeren Bemessung der Schmerzensgeldbeträge. Die Praxis bedient sich sogenannter Schmerzensgeldtabellen, die in Anlehnung an Gerichtsentscheidungen entwickelt wurden.

Beispiel:

Armbruch DM 500,– bis DM 1000,–; Oberschenkelhalsbruch DM 5000,– bis DM 8000,–; Querschnittlähmung mit lebenslänglicher Behinderung DM 200 000,– bis DM 500 000,–.

Auch für eine Verletzung des **allgemeinen Persönlichkeitsrechtes**, z. B. des Rechtes am eigenen Bild, billigt die Rechtsprechung ein sogenanntes Schmerzensgeld zu, wenn den Schädiger der Vorwurf einer schweren Schuld trifft und es sich um eine objektiv erhebliche Beeinträchtigung handelt.

d) Schadenersatzbemessung

Da die Schadenersatzleistung einen Ausgleichszweck verfolgt, ist sie nach geltendem Recht von den wirtschaftlichen Verhältnissen der Beteiligten und dem Verschuldensgrad grundsätzlich unabhängig. Sowohl das Haftpflicht- als auch das Versicherungsrecht werden von dem sogenannten **Alles- oder Nichts-Prinzip** beherrscht, wonach entweder der gesamte Schaden zu ersetzen ist, sofern die Voraussetzungen hierfür erfüllt sind, oder ein Ersatz des Schadens überhaupt entfällt. Nunmehr wird in dieser Hinsicht jedoch eine gewisse Elastizität angestrebt.

Nach dem Gedanken des Bereicherungsverbotes hat sich der Geschädigte diejenigen Vorteile, die er durch das haftungsbegründende Ereignis erlangt hat, auf die Ersatzleistung anrechnen zu lassen. Unter diesem Gesichtspunkt der **Vorteilsausgleichung** werden die unterschiedlichsten Tatbestände zusammengefaßt. Außer dem Kausalzusammenhang zu dem haftungsbegründenden Sachverhalt setzt die Anrechnung eines Vorteils im Einzelfall voraus, daß sie dem Sinn und Zweck der Schadenersatzpflicht entspricht. Somit entscheidet also die freie Wertung des Richters über die Vorteilsausgleichung. Danach werden freiwillige Zuwendungen dritter Personen, beispielsweise Spenden und Unterstützungsmaßnahmen aller Art, nicht auf die Ersatzleistung angerechnet, da der Geber regelmäßig nicht den Haftpflichtigen, sondern den Geschädigten begünstigen will. Dagegen werden Leistungen aus einer vom Schädiger abgeschlossenen **Versicherung** berücksichtigt, weil dieser die Prämien für die Versicherungsleistung entrichtet und dem Geschädigten dadurch einen Ausgleich verschafft hat, wie z. B. im Falle einer Insassen-Unfallversicherung (§ 16 AKB).

Eine zunehmende Bedeutung hat in der Judikatur die Schadenverteilung zwischen Schädiger und Geschädigtem bei Vorliegen eines mitwirkenden Verschuldens gemäß § 254 Abs. 1 BGB erlangt. Nach dieser Vorschrift hängt der Umfang des zu leistenden Ersatzes von den Umständen, insbesondere davon ab, inwieweit der Schaden vorwiegend von dem einen oder dem anderen Teil verursacht worden ist. Die Überbeanspruchung dieser Regelung erklärt sich durch das Alles- oder Nichts-Prinzip, das die Rechtsprechung auf diese Weise aufzulockern versucht.

Als gewissen Ausgleich für die von ihnen eingeführte Gefährdungshaftung sieht die Mehrzahl der diesbezüglichen Sondergesetze **Haftungshöchstsummen** vor, die den zu leistenden Schadenersatz summenmäßig auf einen bestimmten Betrag begrenzen. Das System ist jedoch nicht einheitlich durchgeführt. Haftungshöchstsummen finden sich nicht in allen Fällen. Im übrigen sind die Beträge unterschiedlich festgesetzt. Beispielsweise ist die Haftung des Kraftfahrzeughalters nach § 12 Abs. 1 StVG für Personenschäden auf einen Kapitalbetrag von DM 500 000,− oder eine jährliche Rente von DM 30 000,− und für Sachschäden, auch bei Beeinträchtigung mehrerer Sachen, auf DM 100 000,− begrenzt.

e) Geltendmachung des Schadenersatzanspruches

Die prozessuale Durchsetzung des Schadenersatzanspruches wird dem Geschädigten durch die Möglichkeit der gerichtlichen Schadenschätzung gemäß § 287 ZPO und den **Beweis des sogenannten ersten Anscheins** erleichtert. Danach sieht das Gericht bei typischen Geschehensabläufen, die nach der Lebenserfahrung auf eine bestimmte Ursache schließen lassen, diese aufgrund der freien richterlichen Beweiswürdigung als gegeben an, sofern nicht der Beklagte diese Annahme dadurch entkräftet, daß er die ernsthaft in Betracht zu ziehende Möglichkeit einer anderen Ursache oder eines anderen Ablaufs nachweist.

> **Beispiele:**
>
> Wird ein Kraftwagen von einem überholenden Fahrzeug angefahren oder gestreift, so spricht der erste Anschein dafür, daß das überholende Fahrzeug die beim Überholen erforderliche Sorgfalt nicht beobachtet und insbesondere den notwendigen Abstand nicht eingehalten hat. − In gleicher Weise ist ein Verschulden des Kraftfahrers anzunehmen, wenn er ohne erkennbaren Anlaß gegen einen Baum fährt, auf den Bürgersteig gerät oder unter Abweichung von seiner ursprünglichen rechten Fahrbahn mit einem Kraftfahrzeug auf der linken Fahrbahnseite zusammenstößt. − Muß ein Kraftfahrer bei einer Geschwindigkeit von 150 km/h auf der Autobahn plötzlich bremsen, kommt sein Fahrzeug dabei ins Schleudern, fährt über den Grünstreifen und kippt auf der Gegenfahrbahn um, so kann er nicht scharf gebremst haben, wenn nach dem Unfall keine Brems- und Blockierspuren festzustellen sind. In diesem Fall spricht die Wahrscheinlichkeit nach der Lebenserfahrung dafür, daß der Wagen nur infolge ungleichmäßiger Bremstätigkeit nach links gezogen hat (Produkt-Haftpflicht).

Für die Deliktstatbestände des BGB sowie die Haftung nach dem Straßenverkehrs-, Luftverkehrs- und Haftpflichtgesetz gilt eine einheitliche **Verjährungsregelung** (§§ 852 BGB,

14 StVG, 39 LuftVG, 11 HPflG). Die Verjährungsfrist beträgt drei Jahre seit Kenntnis vom Schaden und der Person des Ersatzpflichtigen bzw. 30 Jahre ohne diese Kenntnis. Der Ablauf der Verjährung ist nach § 852 Abs. 2 BGB gehemmt, solange Vergleichsverhandlungen schweben.

Nach dem Gedanken der **Haftungsersetzung durch Versicherungsschutz** ist die Schadenersatzhaftung kraft Gesetzes für Ansprüche der Arbeitnehmer gegen den Arbeitgeber aus Berufsunfällen ausgeschlossen; an ihre Stelle treten die Leistungen der gesetzlichen Unfallversicherung (§ 636 RVO). Aber auch durch ausdrückliche oder stillschweigende Vereinbarung kann die Haftpflicht **ausgeschlossen** werden, im vorhinein gemäß § 276 Abs. 2 BGB nicht für Vorsatz. Ein Ausschluß oder eine Begrenzung der Haftung für grobe Fahrlässigkeit in Allgemeinen Geschäftsbedingungen ist nach § 11 Nr. 7 AGB-Gesetz unwirksam.

Eine wichtige Rolle spielt das Problem des **Zusammentreffens deliktischer mit vertraglichen Schadenersatzansprüchen**. Dies erklärt sich daher, daß die Rechtsprechung auf zahlreiche typische Deliktstatbestände die Grundsätze der Vertragshaftung, insbesondere in Gestalt der culpa in contrahendo und der positiven Vertragsverletzung, anwendet, um dem Geschädigten den Vorteil der Erfüllungsgehilfenhaftung des § 278 BGB zu verschaffen, welche nicht die Möglichkeit des Exkulpationsbeweises, wie die deliktische Verrichtungsgehilfenhaftung des § 831 BGB, vorsieht. Damit ist der legitime Bereich der Vertragshaftung zum Teil allerdings weitgehend verlassen worden. Läßt sich der Schadenersatz sowohl aus einer vertraglichen Haftung als auch aus einer unerlaubten Handlung ableiten, so handelt es sich richtiger Ansicht nach nicht um eine Mehrheit von Ansprüchen, sondern um eine einheitliche Schadenersatzforderung, die auf verschiedenen rechtlichen Gründen basiert. Unterschiede zwischen Vertrags- und Deliktshaftung bestehen hinsichtlich der Voraussetzungen und der Rechtsfolgen. Neben der verschiedenen Behandlung des Einsatzes von Gehilfen weicht der Haftungsumfang insofern voneinander ab, als vertragliche Schadenersatzansprüche niemals Schmerzensgeld umfassen (§ 253 BGB).

Beispiel:

Eine Frau will in einem Kaufhaus einen Linoleumteppich kaufen. Infolge einer Unachtsamkeit eines Verkäufers, der ihr die verschiedenen Muster vorführt, fällt eine Rolle um, und die Frau wird dadurch erheblich körperlich verletzt. Unter dem Gesichtspunkt der culpa in contrahendo hat das Kaufhaus für das Verschulden des Verkäufers in seiner Eigenschaft als Erfüllungsgehilfe ohne die Möglichkeit eines Entlastungsbeweises einzustehen (§ 278 BGB), braucht jedoch kein Schmerzensgeld zu entrichten. Demgegenüber erstreckt sich der Schadenersatzanspruch bei der Verrichtungsgehilfenhaftung gemäß § 831 BGB auch auf Schmerzensgeld, jedoch besteht für das Kaufhaus die Möglichkeit, einen Entlastungsbeweis zu führen.

Bürgerliches Recht für das Versicherungswesen (Teil III)[1]

Von Professor Dr. jur. Peter K o c h

---

1 Der Beitrag besteht insgesamt aus 3 Teilen.

Inhaltsverzeichnis
(Teil III)

		Seite
A.	*Allgemeiner Teil des BGB (Teil I)*	
B.	*Recht der Schuldverhältnisse (Teil II)*	
C.	**Sachenrecht**	117
	I. **Grundsätze des Sachenrechts**	118
	1. Unterscheidung zwischen beweglichen und unbeweglichen Sachen	118
	2. Eigentum und beschränkt dingliche Rechte	118
	3. Typenzwang der Sachenrechte	119
	4. Publizitätsprinzip	119
	5. Spezialitätsprinzip	119
	II. **Besitz**	120
	1. Wesen des Besitzes	120
	2. Schutz des Besitzes	122
	III. **Eigentum**	122
	1. Begriff und Inhalt des Eigentums	123
	2. Erwerb und Verlust des Eigentums	126
	3. Ansprüche aus dem Eigentum	135
	IV. **Beschränkt dingliche Rechte**	136
	1. Nutzungsrechte	136
	2. Verwertungsrechte	138
D.	**Familienrecht**	144
	I. **Ehe**	145
	1. Eingehung der Ehe	145
	2. Wirkungen der Ehe	147
	3. Scheidung	151
	II. **Verwandtschaft**	155
	1. Unterhaltspflicht	156
	2. Kindschaftsrecht	156
	III. **Vormundschaft und Pflegschaft**	159
	1. Rechtsstellung des Vormunds	159
	2. Pfleger	160
E.	**Erbrecht**	161
	I. **Grundprinzipien des Erbrechts**	161
	1. Gesamtrechtsnachfolge	161
	2. Testierfreiheit	162
	3. Verwandtenerbrecht	162
	II. **Erbfolge**	163
	1. Gewillkürte Erbfolge	163
	2. Gesetzliche Erbfolge	164
	III. **Rechtsstellung des Erben**	166
	1. Erbfähigkeit	166
	2. Erwerb der Erbschaft	166
	3. Haftung für Nachlaßverbindlichkeiten	167
	4. Mehrheit von Erben	168
	5. Testamentsvollstreckung	168
	6. Pflichtteil und Vermächtnis	169
Literaturhinweise		170

C. Sachenrecht

Das dritte Buch des BGB regelt die Beziehungen der Personen zu Sachen. Im Gegensatz zum Schuldrecht werden nicht Ansprüche der Parteien auf bestimmte Leistungen, sondern, ergänzt durch Sondergesetze, die an beweglichen und unbeweglichen Sachen bestehenden sogenannten **dinglichen Rechte** behandelt. Das Gesetz erörtert vorab Besitz und Eigentum und schließt die Regelung der beschränkt dinglichen Rechte an.

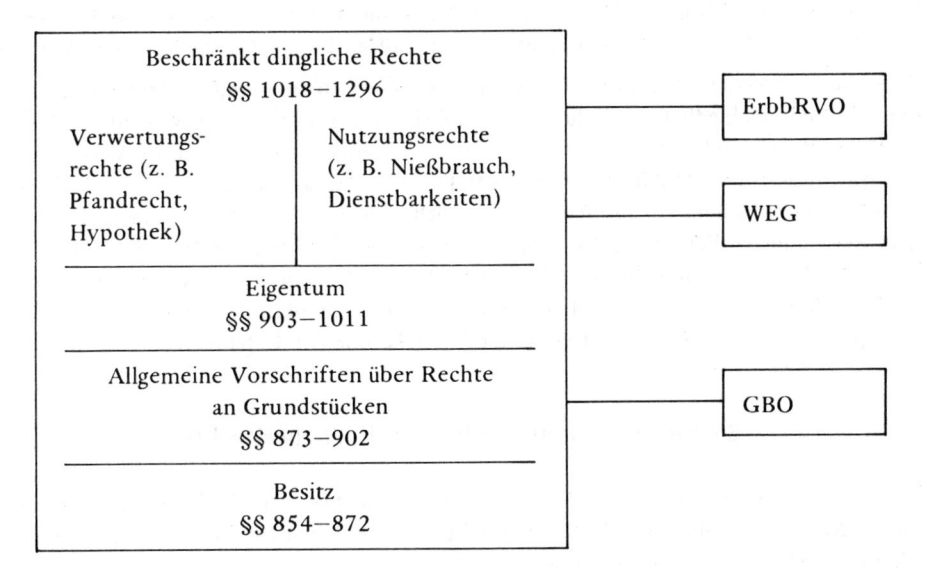

	Beschränkt dingliche Rechte §§ 1018–1296	
Verwertungs-rechte (z. B. Pfandrecht, Hypothek)	Nutzungsrechte (z. B. Nießbrauch, Dienstbarkeiten)	ErbbRVO
		WEG
	Eigentum §§ 903–1011	
	Allgemeine Vorschriften über Rechte an Grundstücken §§ 873–902	GBO
	Besitz §§ 854–872	

Getragen wird das Sachenrecht von einigen **Grundsätzen**, deren Verständnis für die Beherrschung dieser Materie wichtig ist. Versicherungsrechtliche Regelungen knüpfen häufig an zwingende sachenrechtliche Bestimmungen an. Die Sache ist das interesseverknüpfte Gut in der **Sachversicherung**. Versichert wird das Interesse als die geldwerte Beziehung einer Person zu einer Sache, die sich jedoch nicht notwendig mit sachenrechtlichen Kategorien zu decken braucht. Regelmäßig geht man von der Versicherung des sogenannten Eigentümerinteresses aus, das aber auch von einem Nichteigentümer, z. B. einem Besitzer oder Pfandgläubiger, in Deckung gegeben werden kann. Grundzweig der Sachversicherung ist die Feuerversicherung, nach deren Vorbild alle anderen auf Sachen bezogenen Sparten ausgestaltet sind.

I. Grundsätze des Sachenrechts

Zu den Grundprinzipien des Sachenrechts gehören die unterschiedliche Behandlung beweglicher und unbeweglicher Sachen, das Verhältnis des Eigentums zu den beschränkt dinglichen Rechten, die Begrenzung der Zahl und des Inhalts der Sachenrechte sowie das sogenannte Publizitäts- und Spezialitätsprinzip.

1. Unterscheidung zwischen beweglichen und unbeweglichen Sachen

Unbewegliche Sachen (Grundstücke) unterliegen einer grundsätzlich anderen Regelung als bewegliche Sachen. Diese Unterscheidung beruht auf der Tatsache, daß Grundstücke einerseits von größerer wirtschaftlicher und sozialer Bedeutung sind als bewegliche Sachen und andererseits nicht wie Waren (bewegliche Sachen im Sinne von § 1 Abs. 2 Nr. 1 HGB) Gegenstand des Handelsverkehrs sind. Aus diesem Grunde gelten für die Übertragung und Belastung der Grundstücke andere Vorschriften als für bewegliche Sachen. Darüber hinaus unterliegt das Eigentum an Immobilien wichtigen öffentlich-rechtlichen Beschränkungen.

Auch die Sachversicherung trennt scharf zwischen der **Gebäude- und der Mobiliarversicherung**. Die unterschiedliche Regelung erklärt sich zum Teil aus der geschichtlichen Entwicklung, da die Gebäude-Feuerversicherung zuerst entstanden ist und die Versicherung von Warenlagern und Mobiliar erst später folgte, zum Teil aus rechtlicher und praktischer Notwendigkeit. Sondervorschriften im Bereich der Gebäudeversicherung gelten beispielsweise hinsichtlich der Ermittlung des Versicherungswertes (§ 88 VVG), der Zahlungsfrist beim Prämienzahlungsverzug (§ 91 VVG), der Wiederaufbauklausel (§ 97 VVG) sowie zum Schutz der Realgläubiger. Nach Landesrecht bestehen häufig Zwangs- und Monopolrechte staatlicher Anstalten für die Versicherung von Gebäuden.

2. Eigentum und beschränkt dingliche Rechte

Die an einer Sache (Ding) bestehenden absoluten Rechte werden dingliche Rechte genannt. Nach dem Umfang der Rechtsmacht ist zwischen dem Eigentum und den beschränkt dinglichen Rechten zu unterscheiden.

Das **Eigentum** gewährt als Grundtyp der dinglichen Rechte die umfassendsten Befugnisse. Zu ihm stehen die **beschränkt dinglichen Rechte**, wie z. B. das Pfandrecht oder die Hypothek, in doppelter Beziehung: Sie heißen einerseits beschränkt dingliche Rechte, weil sie die Stellung des Eigentümers, etwa hinsichtlich der Verwertbarkeit der Sache, beschränken, und andererseits, weil sie ihrem Rechtsinhaber im Verhältnis zum Vollrecht (Eigentum) nur beschränkte Befugnisse verleihen. Wirtschaftlich betrachtet wird dem Eigentümer durch das beschränkt dingliche Recht der Gebrauchs- oder Veräußerungswert der Sache teilweise entzogen. Eine solche Belastung kann so weit gehen, daß das Eigentum, wie im Falle überschuldeter Grundstücke, wertlos wird.

Versicherungsrechtlich kann sich das Bestehen beschränkt dinglicher Rechte etwa in der Weise auswirken, daß der Versicherer kraft Gesetzes in Rechtsbeziehungen zum Hypothekengläubiger tritt, obwohl die Gebäudeversicherung nur mit dem Grundstückseigentümer abgeschlossen ist.

3. Typenzwang der Sachenrechte

Das Gesetz kennt nur eine bestimmte Zahl (numerus clausus) der Sachenrechte mit jeweils zwingend vorgeschriebenem Inhalt. Infolgedessen wird das Sachenrecht im Gegensatz zum Schuldrecht nicht von der Gestaltungsfreiheit beherrscht. Es besteht ein geschlossener Kreis dinglicher Rechte, der nur durch das Gesetz (vgl. z. B. das Wohnungseigentumsgesetz vom 15.3.1951), nicht jedoch durch vertragliche Vereinbarung erweitert werden kann.

Daher ist es den Parteien zwar freigestellt, ob sie bestimmte dingliche Rechte begründen wollen. In deren Auswahl sind sie aber an die gesetzlichen Typen gebunden, so daß ein Grundstück beispielsweise nur in der gesetzlich vorgesehenen Weise belastet werden kann.

Außer dem Eigentum kennt das BGB als dingliche Rechte an **beweglichen Sachen** Nießbrauch und Pfandrechte, an **Grundstücken** Erbbaurecht, Vorkaufsrecht, Dienstbarkeiten, Reallasten, Hypotheken, Grund- und Rentenschulden.

Auch die **versicherungsvertragsrechtlichen Regelungen** sind an diese sachenrechtlichen Kategorien, auf die sie Rücksicht nehmen müssen, gebunden.

4. Publizitätsprinzip

Dingliche Rechte wirken als absolute Rechte gegenüber jedermann. Sie müssen deshalb auch für jedermann erkennbar sein. Diesem Zweck dient bei beweglichen Sachen der **Besitz**, bei Grundstücken die Eintragung im **Grundbuch**.

Die Entschädigungsleistung des Sachversicherers setzt außer dieser Kundmachung des Eigentums durch Besitz oder Grundbucheintragung regelmäßig weitere Legitimationsnachweise voraus (§§ 17 AFB, 16 AFB 87, 16 AERB).

5. Spezialitätsprinzip

Gegenstand der dinglichen Rechte ist stets die Einzelsache. Allerdings werden wesentliche Bestandteile und Zubehör grundsätzlich dem rechtlichen Schicksal der Hauptsache unterworfen. Bei einem sogenannten Sachinbegriff, wie dem Hausrat, bestehen die dinglichen Rechte nicht an der Sachgesamtheit, sondern an den einzelnen zu ihr gehörigen Sachen.

Ausnahmsweise können dingliche Rechte nicht nur an Sachen, sondern auch an **Rechten** bestehen, so daß sich z. B. der Anspruch aus einem Lebensversicherungsvertrag verpfänden läßt.

In jedem Falle müssen die dinglichen Rechte nach Art, Gegenstand und Umfang genau bestimmbar sein. Jedermann muß feststellen können, welche einzelnen Rechte an der betreffenden Sache bestehen.

Beispiel:

Ein Großhändler unterhält ein Warenlager mit 100 Sack Zucker. Zur Sicherung eines Bankkredites übereignet er der Bank schriftlich 20 Sack davon. Die Übereignung ist unwirksam, weil sich die Eigentumsverhältnisse an den einzelnen Säcken nicht genau bestimmen lassen. Werden einige Sack Zucker gestohlen, so weiß man nicht, wer geschädigt ist. Aus diesem Grunde ist es in einem solchen Falle erforderlich, die übereigneten Gegenstände genau zu kennzeichnen, z. B. in der Weise, daß die gesamten Waren in einem bestimmten Lagerraum übereignet werden

II. Besitz

Eigentum und Besitz sind aus juristischer Sicht scharf zu trennen, obwohl der Sprachgebrauch des täglichen Lebens dies nicht immer tut. Das Eigentum stellt ein dingliches Recht dar, während der Besitz eine bloße Tatsache ist. Regelmäßig liegen Eigentum und Besitz in einer Hand, so daß der Besitzer einer Sache zugleich ihr Eigentümer ist. Das braucht aber nicht stets der Fall zu sein; denn auch der Mieter, der Nießbraucher und der Dieb haben den Besitz.

1. Wesen des Besitzes

Der Besitz hat verschiedene Rechtswirkungen, die ihm wesentliche Aufgaben zuweisen. Er ist übertragbar und vererblich sowie gegen Störungen geschützt. Darüber hinaus bildet er bei beweglichen Sachen die Grundlage für den gutgläubigen Erwerb und die Ersitzung. Ferner begründet der Besitz beweglicher Sachen nach § 1006 BGB die Vermutung des Eigentums.

a) Begriff des Besitzes

Besitz ist die tatsächliche Gewalt einer Person über eine Sache (§ 854 Abs. 1 BGB). Auf eine rechtliche Beziehung zu der Sache kommt es dabei nicht an. In der Mehrzahl der Fälle beruht die tatsächliche Gewalt aber auf einem Recht zum Besitz, wie beim Mieter, Entleiher und Pächter.

Der Besitztatbestand ist für die Besitz-, Obhuts-, Tätigkeits- und Gewahrsamsklauseln der **Haftpflichtversicherung** von Bedeutung, die Schäden an fremden Sachen ausschließen (§ 4 I Nr. 6 AHB). Auch hier wird übrigens für unbewegliche Sachen eine besondere Regelung getroffen.

Keinen Besitz hat der sogenannte **Besitzdiener** im Sinne von § 855 BGB. Darunter versteht man diejenigen Personen, welche die tatsächliche Gewalt über eine Sache für einen anderen ausüben und aufgrund eines persönlichen oder sozialen Abhängigkeitsverhältnisses dessen Weisungen hinsichtlich der Sache zu folgen haben, wie z. B. Arbeiter und

Angestellte in einem Betrieb. Besitzer ist dann nur derjenige, für den die tatsächliche Gewalt ausgeübt wird, also der Arbeitgeber. **Versicherungsrechtlich** können Besitzdiener Repräsentanten des Versicherungsnehmers in der Sachversicherung sein, wie beispielsweise ein Betriebs- und Abteilungsleiter oder ein Lagerverwalter.

b) Erwerb und Verlust des Besitzes

Erworben wird der Besitz entweder durch einseitige Besitzergreifung oder durch Übergabe der Sache seitens des bisherigen Besitzers. Nach § 857 BGB geht der Besitz ohne besondere Besitzergreifung im Todesfall auf die Erben über.

Demzufolge endet der Besitz durch den Verlust der tatsächlichen Gewalt, der auf freiwilliger Aufgabe oder unfreiwilligem Verlust beruhen kann (§ 856 Abs. 1 BGB). Jedoch tritt kein Besitzverlust ein, wenn es sich nur um eine vorübergehende Verhinderung des Besitzers in der Ausübung der tatsächlichen Gewalt handelt (§ 856 Abs. 2 BGB).

Beispiel:

Der Autofahrer läßt ein beschädigtes Fahrzeug auf der Straße stehen, um Hilfe zu holen. Da es sich nur um eine vorübergehende Aufgabe der tatsächlichen Gewalt handelt, bleibt der Besitz bestehen.

Ein Besitzwechsel ohne Rücksicht auf eine Eigentumsübertragung, z. B. durch Verpachtung, bewirkt bei der **Betriebshaftpflichtversicherung** nach § 151 Abs. 2 VVG, daß der neue Inhaber des Betriebes als Versicherungsnehmer in den Vertrag eintritt.

c) Arten des Besitzes

Nach der Beziehung des Inhabers der tatsächlichen Gewalt zu der betreffenden Sache unterscheidet das Gesetz verschiedene Arten des Besitzes.

Die wichtigste Einteilung ist die in **mittelbaren und unmittelbaren Besitz.** Unmittelbarer Besitzer ist derjenige, der den Besitz einer Sache aufgrund eines sogenannten Besitzmittlungsverhältnisses, wie Nießbrauch, Pfand, Pacht, Miete oder Verwahrung, innehat. Mittelbarer Besitzer ist derjenige, dem der unmittelbare Besitzer durch dieses Rechtsverhältnis den Besitz vermittelt, wie z. B. der Vermieter (§ 868 BGB).

Beim **Mitbesitz** üben mehrere gemeinschaftlich die tatsächliche Gewalt über eine Sache aus, wie beispielsweise die mehreren Mieter eines Hauses an den gemeinsam benutzten Räumen. Im Gegensatz zu dinglichen Rechten gibt es einen Teilbesitz an Teilen einer Sache, wie z. B. abgesonderten Wohnräumen (§ 865 BGB). Ein sogenanntes Wohnungseigentum kann demgegenüber im Hinblick auf die Vorschrift des § 94 BGB nur nach Maßgabe des WEG begründet werden.

Wer mit dem Willen, als Eigentümer zu besitzen, den Besitz ausübt (§ 872 BGB), ist **Eigenbesitzer**, auch der Dieb; wer auch für einen anderen, z. B. als Mieter besitzt, ist **Fremdbesitzer.**

2. Schutz des Besitzes

Im Interesse des Rechtsfriedens werden Störungen des Besitzes ohne Rücksicht darauf geschützt, ob er auf einem Recht zum Besitz beruht oder nicht. Voraussetzung ist das Vorliegen verbotener Eigenmacht.

a) Verbotene Eigenmacht

Verbotene Eigenmacht wird dadurch verübt, daß dem Besitzer ohne seinen Willen der Besitz entzogen oder er im Besitz gestört wird, z. B. durch Behinderung der Besitzausübung (§ 858 Abs. 1 BGB). Nur ausnahmsweise gestattet das Gesetz einen Eingriff in fremden Besitz durch Entziehung oder Störung, etwa bei Maßnahmen der Polizei oder rechtmäßiger Pfändung seitens des Gerichtsvollziehers. Der durch verbotene Eigenmacht erlangte Besitz ist **fehlerhaft** (§ 858 Abs. 2 Satz 1 BGB). Diese Fehlerhaftigkeit des Besitzes müssen auch Rechtsnachfolger gegen sich gelten lassen, und zwar Erben unbedingt, sonstige Erwerber nur dann, wenn sie von dem fehlerhaften Besitz ihres Vorgängers beim Erwerb Kenntnis hatten, wie z. B. im Falle eines Hehlers, der weiß, daß er eine gestohlene Sache erwirbt.

b) Rechtsbehelfe des Besitzers

Gegenüber verbotener Eigenmacht stehen dem Besitzer ein Selbsthilferecht und bestimmte Besitzklagen zu.

Nach § 859 Abs. 1 BGB darf sich der Besitzer verbotener Eigenmacht mit Gewalt erwehren. Er darf insbesondere eine ihm weggenommene bewegliche Sache dem auf frischer Tat betroffenen oder verfolgten Täter mit Gewalt wieder abnehmen. Wurde ihm der Besitz eines Grundstücks entzogen, so darf er sich des Besitzes durch Entsetzung des Täters wieder bemächtigen. Diese Befugnis steht auch dem Besitzdiener zu (§ 860 BGB).

Bei Entziehung des Besitzes kann der Besitzer nach § 861 BGB auf Wiedereinräumung, bei Besitzstörung nach § 862 BGB auf Beseitigung und bei Wiederholungsgefahr auf Unterlassung klagen. Diese Besitzstörungsklage ist vor allem für Mieter und Pächter im Falle einer widerrechtlichen Beeinträchtigung des ihnen vom mittelbaren Besitzer eingeräumten Besitzes von Bedeutung.

III. Eigentum

Eigentum ist im Gegensatz zum Besitz nicht nur die tatsächliche Gewalt über eine Sache, sondern ein absolutes Recht an ihr. Besitz und Eigentum können in einer Hand zusammenliegen. Dies braucht jedoch nicht der Fall zu sein, wie die Beispiele des Vermietens, Diebstahls und sonstigen Verlierens zeigen. Von den übrigen beschränkt dinglichen Rechten unterscheidet sich das Eigentum dadurch, daß es als umfassendstes Herrschaftsrecht zugleich die Verfügungsmacht über die Sache gewährt.

1. Begriff und Inhalt des Eigentums

Vom Rechtsbegriff des Eigentums sind diejenigen Befugnisse zu trennen, die es gewährt. Regelmäßig ist die Ausübung des Eigentumsrechtes im Interesse der Allgemeinheit gewissen öffentlich-rechtlichen Beschränkungen unterworfen.

a) Definition des Eigentums

Eigentum bedeutet die rechtliche Zuordnung einer Sache an eine Person. Infolgedessen kann das Eigentumsrecht grundsätzlich nur natürlichen oder juristischen Personen zustehen, nicht sonstigen Zwischengebilden. Nach § 124 Abs. 1 HGB kann die offene Handelsgesellschaft jedoch unter ihrer Firma Eigentum erwerben. Eigentümer im Rechtssinne ist derjenige, dem die betreffende Sache gehört.

Ein Eigentum gibt es nur an beweglichen Sachen und Grundstücken, nicht an Rechten; bei ihnen spricht man vom Rechtsträger oder Inhaber. Gegenstand des Eigentums ist stets eine genau abgegrenzte und bestimmte Einzelsache, nicht ein Vermögen als solches oder ein Unternehmen. Es handelt sich dann um Eigentum an den einzelnen zum Vermögen gehörenden Sachen. Wenn es auch kein Eigentum an einer Sachgesamtheit als solcher gibt, kann sie dennoch unter einem Sammelbegriff, wie z. B. Hausrat oder Warenlager, Gegenstand schuldrechtlicher Verträge sein und auch versichert werden.

Die Einzelsache kann mit beschränkt dinglichen Rechten, z. B. einer Hypothek, belastet sein, ohne daß diese Tatsache das Eigentumsrecht berührt. Fällt das beschränkt dingliche Recht weg, so gewinnt das Eigentum regelmäßig seinen vollen Inhalt wieder.

b) Befugnisse des Eigentümers

Das Eigentum gewährt nach § 903 BGB die Befugnis, mit der betreffenden Sache nach Belieben zu verfahren (positive Wirkung) und andere von jeder Einwirkung auszuschließen (negative Wirkung).

Die **positive Wirkung** umfaßt eine **tatsächliche Seite**, wie das Besitzen, Nutzen, Verändern und Zerstören der Sache, und einen rechtlichen Aspekt, nämlich die **Verfügung** über die Sache durch Veräußerung oder Verpfändung. Eigentum und Verfügungsmacht fallen somit grundsätzlich zusammen. Ausnahmsweise steht die Verfügungsmacht einem Dritten zu, wie beispielsweise dem rechtsgeschäftlich beauftragten Kommissionär (§ 383 HGB) oder kraft Gesetzes dem Konkursverwalter (§ 6 KO) und dem Testamentsvollstrecker (§ 2205 Satz 2 BGB). Im letzteren Falle ist dem Eigentümer die Verfügungsmacht entzogen.

Die **negative Wirkung** des Eigentums erstreckt sich vor allem auf den Ausschluß fremder Einwirkungen, soweit sie nicht kraft Gesetzes oder aufgrund von Rechten Dritter erlaubt sind. Unter dem Gesichtspunkt des **Notstandes** ist der Eigentümer nicht berechtigt, die Einwirkung eines anderen auf die Sache zu verbieten, wenn sie zur Abwendung einer gegenwärtigen Gefahr notwendig und der drohende Schaden gegenüber dem aus der Einwirkung dem Eigentümer entstehenden Schaden unverhältnismäßig groß ist (§ 904 BGB). Jedoch kann der Eigentümer Ersatz des ihm entstandenen Schadens verlangen.

Beispiel:

In einem Hotel bricht ein Feuer aus. Ein Gast, der dies bemerkt hat, erstickt die Flammen mit dem in der Nähe hängenden Mantel eines anderen Hotelbewohners. Nach § 904 Satz 2 BGB kann der Manteleigentümer Schadenersatz verlangen. Das Gesetz sagt jedoch nicht, von wem. Im allgemeinen wird angenommen, daß sich der Anspruch gegen den Retter richtet, der seinerseits Regreß bei demjenigen nehmen kann, in dessen Interesse er tätig geworden ist (§ 683 BGB).

Der Schadenersatzanspruch gegen den im Notstand Handelnden fällt unter den Schutz der **Haftpflichtversicherung**, weil die Schädigung nicht widerrechtlich war (§ 152 VVG). Nicht dagegen ist der Regreßanspruch gegen den Geretteten durch § 1 Abs. 1 AHB gedeckt, weil es sich nicht um eine Schadenersatzleistung, sondern um Aufwendungsersatz im Sinne von § 683 BGB handelt. Bei Bestehen einer **Schadenversicherung** (z. B. Feuerversicherung) gehört der Aufwendungsersatz jedoch zu den vom Versicherer zu tragenden Rettungskosten gemäß § 63 Abs. 1 VVG, wobei der Dritte seinen Anspruch aber nur gegen den Versicherungsnehmer, nicht unmittelbar gegenüber dem Versicherer geltend machen kann.

Von besonderer Bedeutung ist der Ausschluß negativer Einwirkungen bei Grundstücken. Das Eigentum erstreckt sich nach der Regel des § 905 Satz 1 BGB auch auf den Raum über der Oberfläche und den Erdkörper darunter. Jedoch hat der Grundeigentümer einerseits den Luftverkehr zu dulden (§ 1 Abs. 1 LuftVG) und sich andererseits der Aneignung bestimmter Bodenschätze zu enthalten (§ 6 BBergG).

Das **Verhältnis der Grundstückseigentümer zueinander** wird durch die Vorschriften des **Nachbarrechts** bestimmt. Im Interesse des Nachbarn kann der Grundstückseigentümer die Zuführung unwägbarer Stoffe (Immissionen), wie Gase, Dämpfe, Gerüche, Rauch, Ruß, Wärme, Lärm, Geräusche und Erschütterungen, nicht verbieten, wenn die Einwirkungen die Benutzung seines Grundstücks nur unwesentlich beeinträchtigen oder ortsüblich sind, wie der Kohlenstaub in einer Fabrikgegend (§ 906 BGB). Auch ortsübliche Beeinträchtigungen müssen durch Maßnahmen wirtschaftlich zumutbarer Art verhindert werden. Soweit der Grundstückseigentümer in diesem Falle zur Duldung verpflichtet ist, kann er unter Umständen einen angemessenen Ausgleich in Geld verlangen. Gehen benachteiligende Einwirkungen von einer behördlich genehmigten Anlage aus, so kann nach § 14 Bundes-Immissionsschutzgesetz nicht das Einstellen ihres Betriebes, sondern nur das Treffen solcher Vorkehrungen verlangt werden, die nach dem Stand der Technik durchführbar und wirtschaftlich vertretbar sind. Anderenfalls verbleibt dem Geschädigten nur der Schadenersatzanspruch.

Ins einzelne gehende Regelungen befassen sich mit dem Schutz gegenüber gefährlichen Anlagen (§ 907 BGB), dem drohenden Einsturz von Gebäuden und dem Herabfallen von Gebäudeteilen (§ 908 BGB) sowie gegen Abgrabungen (§ 909 BGB). Eingedrungene Wurzeln und überhängende Zweige dürfen grundsätzlich abgeschnitten werden (§ 910 BGB); Früchte, die auf das Nachbargrundstück fallen, gehören dessen Eigentümer (§ 911 BGB). Ein Grenzüberbau bei der Errichtung eines Gebäudes infolge leichter Fahrlässigkeit ist nach § 912 BGB gegen Zahlung einer Überbaurente zu dulden, sofern der beeinträchtigte Grundstückseigentümer nicht vor oder sofort nach der Grenzüberschreitung Widerspruch erhoben hat.

c) Arten des Eigentums

Von der Zahl der Berechtigten her ist zwischen Allein- und Miteigentum zu unterscheiden. **Gemeinsames Eigentum mehrerer Personen an einer Sache** ist in zwei Formen denkbar. Beim einfachen **Miteigentum nach Bruchteilen** im Sinne von § 1008 BGB gehört eine Sache mehreren in der Weise, daß jedem ein bestimmter Teil an der Sache zusteht. Jeder Miteigentümer kann über seinen Anteil frei verfügen und jederzeit Teilung verlangen. Die Verwaltung und Verfügung über die gemeinschaftliche Sache steht allen gemeinsam zu; die Mehrheit kann eine bestimmte Form der Verwaltung beschließen. Bei **gesamthänderischem Eigentum**, das im Gesellschaftsrecht und bei der Erbengemeinschaft vorkommt, sind die Einzelfälle verschieden ausgestaltet. Grundsätzlich können nur alle Gesamthänder gemeinsam über die Sache verfügen, und der einzelne kann weder über seinen Anteil an der Rechtsgemeinschaft im ganzen noch über seinen Anteil an den einzelnen Sachen verfügen; er ist nicht berechtigt, jederzeit Teilung zu verlangen.

Ist das gemeinschaftliche Eigentum **versichert**, so genügt die Erfüllung der Anzeige-, Mitteilungs- und Auskunftspflichten durch einen Miteigentümer, wie umgekehrt der Verstoß gegen Gefahrstands-, Rettungs- und Schadenminderungsobliegenheiten durch einen Miteigentümer zum Verlust des Versicherungsschutzes führt. Handelt es sich um die Versicherung von Gesamthandseigentum, so sind diejenigen Gesamthänder, die nicht Versicherungsnehmer sind, „wahre wirtschaftlich Versicherte", weil sie neben dem Versicherungsnehmer Mitinhaber des versicherten Interesses sind. Ist Miteigentum nach Bruchteilen in einem Vertrag versichert, so wirkt das Verhalten desjenigen Miteigentümers, der nicht Versicherungsnehmer ist, nicht gegen die übrigen.

d) Öffentlich-rechtliche Eigentumsbindungen und -entziehungen

Die **verfassungsrechtliche Eigentumsgarantie** des Art. 14 Abs. 1 Satz 1 GG schützt nicht nur die konkreten Vermögensrechte des einzelnen, sondern auch das Eigentum als Rechtsinstitut. Der Gesetzgeber ist durch Art. 14 Abs. 1 Satz 2 GG berufen, Inhalt und Schranken des Eigentums zu bestimmen. Diese durch Gesetz zulässigerweise erfolgenden Eigentumsbindungen unterscheiden sich von den Eigentumsentziehungen vor allem dadurch, daß inhaltliche Eigentumsbegrenzungen auch ohne Entschädigung angeordnet werden können.

Die wichtigste **Eigentumsbeschränkung** enthält Art. 14 Abs. 2 GG als soziale Eigentumsbindung: „*Eigentum verpflichtet. Sein Gebrauch soll zugleich dem Wohle der Allgemeinheit dienen*". Von derartigen Eigentumsbindungen ist die gesamte moderne Wirtschafts- und Sozialordnung durchsetzt. Sie finden sich in der Städtebau- und Raumordnungsgesetzgebung, der Wirtschaftslenkung und Wettbewerbsregelung sowie im Bereich der Mitbestimmung. Auch verschiedene der zahlreichen aus unterschiedlichen Gründen angeordneten Versicherungspflichten des öffentlichen Rechtes gehören hierher.

Soweit eine Eigentumsbeschränkung über die Eigentumsbindung hinausgeht, liegt eine **Eigentumsentziehung** vor, wobei allerdings die Abgrenzung fließend ist. Den Hauptanwendungsfall der öffentlich-rechtlichen Eigentumsentziehung stellt die Enteignung im Sinne des Art. 14 Abs. 3 GG dar. Eine Enteignung ist nur zum Wohle der Allgemeinheit zulässig. Sie darf nur durch Gesetz oder aufgrund eines Gesetzes erfolgen, das Art und Ausmaß der Entschädigung regelt. Die Enteignung hat nicht einen Übergang des Versicherungsverhältnisses auf den neuen Eigentümer zur Folge.

2. Erwerb und Verlust des Eigentums

Der Eigentumserwerb ist unterschiedlich für bewegliche und unbewegliche Sachen geregelt. Innerhalb der beiden Sachgruppen ist wiederum zwischen rechtsgeschäftlichem oder abgeleitetem Erwerb einerseits und ursprünglichem oder originärem Erwerb andererseits zu trennen.

Die rechtsgeschäftliche Übertragung des Eigentums auf einen anderen heißt Veräußerung. Sie bewirkt in einem Akt Erwerb und Verlust des Eigentums an der Sache. **Versicherungsrechtlich** hat der Eigentumswechsel zur Folge, daß der Erwerber in einen über die Sache abgeschlossenen Versicherungsvertrag mit allen Rechten und Pflichten eintritt (§§ 69 VVG, 13 VGB, 6 AKB). Für die laufende Versicherungsperiode sind sowohl der Veräußerer als auch der Erwerber Prämienschuldner; beide sind zur Anzeige der Veräußerung an den Versicherer verpflichtet (§ 71 VVG). Der Vertrag kann von dem Erwerber und vom Versicherer nach § 70 VVG gekündigt werden. Gemäß § 73 VVG gilt dies auch für den Eigentumserwerb in der Zwangsvollstreckung, so daß die Immobilienversicherung mit dem Zuschlag (§ 90 ZVG), die Mobiliarversicherung mit der Übergabe der Sachen durch den Gerichtsvollzieher (§§ 817, 825 ZPO) übergeht.

a) Bewegliche Sachen

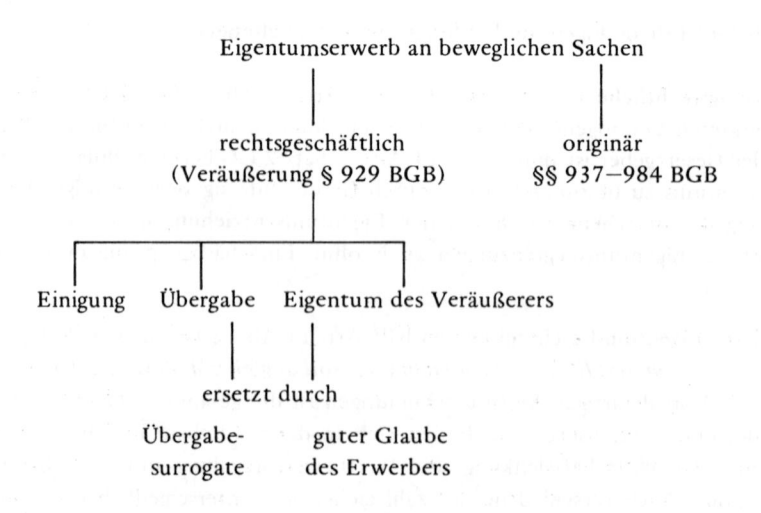

```
            Eigentumserwerb an beweglichen Sachen
                    |                    |
            rechtsgeschäftlich        originär
         (Veräußerung § 929 BGB)   §§ 937–984 BGB
                    |
     ┌──────────┬──────────────┐
  Einigung   Übergabe   Eigentum des Veräußerers
                 |              |
             ersetzt durch
                 |              |
           Übergabe-        guter Glaube
           surrogate        des Erwerbers
```

aa) Rechtsgeschäftlicher Erwerb

Die Veräußerung beweglicher Sachen ist nach § 929 BGB an drei Voraussetzungen geknüpft:

**Einigung über den Eigentumsübergang,
Übergabe der Sache an den Erwerber,
Eigentum des Veräußerers.**

Eine wirksame Einigung muß stets vorliegen. Die fehlende Übergabe kann durch sogenannte Übergabesurrogate, mangelndes Eigentum des Veräußerers durch guten Glauben des Erwerbers ersetzt werden.

(1) Einigung

Die Einigung ist der unmittelbar auf Übertragung des Eigentums gerichtete dingliche Vertrag. Sie ist von dem ihr zugrundeliegenden Verpflichtungsgeschäft, das lediglich den Anspruch auf die Übereignung erzeugt, streng zu trennen. Im Gegensatz zum Kauf- oder Schenkungsvertrag führt die Übereignung als deren Erfüllung eine unmittelbare Änderung der Eigentumslage herbei (Verfügung). Bei den Geschäften des täglichen Lebens fallen das Verpflichtungsgeschäft und die Übereignung regelmäßig zusammen.

Die Einigung kann auch bedingt erklärt werden. Der praktisch wichtigste Fall der bedingten Einigung ist die Veräußerung unter **Eigentumsvorbehalt.** Bei einer solchen Vereinbarung erfolgt die Einigung gemäß § 455 BGB unter der Bedingung der vollständigen Zahlung des Kaufpreises. Die Sache ist dem Erwerber bereits übergeben; der Eigentumserwerb tritt aber erst mit der Zahlung der letzten Kaufpreisrate ein. In diesem Zeitpunkt geht auch das **Versicherungsverhältnis** auf den Erwerber nach § 69 VVG über. Die unter Eigentumsvorbehalt stehende Sache ist gemäß § 2 Abs. 3 b AFB 87 durch die Feuerversicherung des Käufers gedeckt; bis zum Eigentumswechsel ist der Käufer für die Erfüllung der Obliegenheiten Repräsentant des Verkäufers. Aus dessen Feuerversicherung scheidet sie wegen des Ortswechsels grundsätzlich aus (§ 4 Abs. 1 AFB 87).

(2) Übergabe

Neben der Einigung ist die Übergabe der Sache wesentlicher Bestandteil der Übereignung. Die Übergabe erfolgt durch Verschaffung des Besitzes. Ist der Erwerber bereits im Besitz der Sache, wie beispielsweise der Mieter einer Maschine, so genügt zum Eigentumserwerb die bloße Einigung über den Eigentumsübergang (§ 929 Satz 2 BGB).

Die Übergabe der Sache kann durch die Vereinbarung eines sogenannten Besitzkonstituts oder die Abtretung des Herausgabeanspruchs ersetzt werden. Unter Besitzkonstitut versteht man die Vereinbarung eines Besitzmittlungsverhältnisses im Sinne von § 868 BGB, durch das der Erwerber den mittelbaren Besitz erhält, während der Veräußerer unmittelbarer Besitzer bleibt. Den Hauptanwendungsfall dieser Konstruktion bildet die sogenannte **Sicherungsübereignung,** die in der Wirtschaftspraxis an die Stelle der Verpfändung getreten ist. Weil das Pfandrecht die Übergabe der verpfändeten Sache voraussetzt, bedient man sich in den Fällen, in denen ein Schuldner dem Kreditgeber einerseits eine Sicherheit zu leisten hat, andererseits in seinem Geschäftsinteresse auf den weiteren Besitz des Sicherungsgutes, z. B. einer Betriebseinrichtung oder eines Warenlagers, angewiesen ist, der Sicherungsübereignung. Der Sicherungsgeber (Veräußerer) behält den unmittelbaren Besitz und übt ihn aufgrund der Vereinbarung eines Rechtsverhältnisses mit dem Sicherungsnehmer (mittelbarer Besitzer) für diesen aus. Als Veräußerung im Sinne des § 69 VVG hat die Sicherungsübereignung ebenso wie die Rücknahme des Sicherungsgutes jeweils einen Übergang des **Versicherungsverhältnisses** zur Folge. Durch die Ausstellung eines Waren-Sicherungsscheines oder einer Sicherungsbestätigung für Maschinen und Einrichtungsgegenstände wird eine Versicherung für fremde Rechnung (§ 2 Abs. 1 Satz 2 AFB) vereinbart, bei der nur der Sicherungsnehmer im Gegensatz zu § 76 VVG zur Verfügung über die Versicherungsleistung berechtigt ist.

An die Stelle der Übergabe der Sache kann auch die **Abtretung des Herausgabeanspruches** treten, wenn der Veräußerer nicht im unmittelbaren Besitz der Sache ist (§ 931 BGB). Statt des Besitzes wird dem Erwerber auf diese Weise vom Veräußerer der Anspruch auf Herausgabe der Sache abgetreten. Dies ist auch in der Weise denkbar, daß der Bestohlene die gestohlene Sache durch Abtretung des dinglichen Herausgabeanspruchs gegen den Dieb veräußert. Nach dieser Konstruktion gehen beispielsweise entwendete und wieder herbeigeschaffte Gegenstände im Rahmen der **Fahrzeugversicherung** in das Eigentum des Versicherers über, sofern seit Eingang der Schadenanzeige ein Monat vergangen ist (§ 13 Abs. 7 AKB).

(3) Eigentum des Veräußerers

Grundsätzlich kann eine Sache nur vom Eigentümer erworben werden. Derjenige, dem der Nichteigentümer eine Sache übereignet, erwirbt jedoch das Eigentum, es sei denn, daß er bösgläubig ist oder die Sache dem wirklichen Eigentümer abhanden gekommen war.

Der gutgläubige Eigentumserwerb setzt nach § 932 BGB eine Einigung mit dem Nichtberechtigten, eine Übergabe der Sache und den guten Glauben des Erwerbers an das Eigentum des Veräußerers voraus. Dieser gute Glaube, der im Zeitpunkt des Eigentumsüberganges vorhanden gewesen sein muß, wird vermutet. Gutgläubig ist der Erwerber, wenn ihm weder bekannt noch infolge grober Fahrlässigkeit unbekannt ist, daß die Sache nicht dem Veräußerer gehört. Das fehlende Eigentum kann sich beispielsweise aus den Umständen (Verkauf eines Kraftfahrzeuges ohne Vorlage des Kraftfahrzeugbriefes), der Person des Veräußerers (ein Verdächtiger verkauft auf dem Bahnhof wertvollen Schmuck) oder der Höhe des Preises ergeben.

Ausgeschlossen ist der gutgläubige Erwerb nach § 935 Abs. 1 BGB an Sachen, die dem Eigentümer gestohlen, verlorengegangen oder sonst abhanden gekommen sind. Abhanden gekommen ist eine Sache, wenn der Eigentümer den unmittelbaren Besitz an ihr unfreiwillig verloren hat. Dieser Regelung liegt die Vorstellung zugrunde, daß der Eigentümer, der eine Sache freiwillig aus der Hand gegeben hat, nicht schutzwürdig ist für den Fall, daß der Dritte sie veräußert, aber im Falle eines unfreiwilligen Besitzverlustes das Eigentum auf jeden Fall behalten soll. Von diesem Ausschluß des gutgläubigen Erwerbes an abhandengekommenen Sachen besteht im Interesse der Verkehrssicherheit eine **Ausnahme** für Geld, Inhaberpapiere und in öffentlicher Versteigerung erworbene Sachen, an denen ein gutgläubiger Erwerb möglich ist (§ 935 Abs. 2 BGB).

bb) Originärer Eigentumserwerb

An eine Reihe von Tatbeständen knüpft das Gesetz einen Eigentumserwerb, der sich nicht vom Voreigentümer ableitet. Die wirtschaftliche Bedeutung dieser Fälle ist allerdings gering.

Wer eine bewegliche Sache 10 Jahre im Eigenbesitz hat, erwirbt nach § 937 BGB das Eigentum an ihr durch **Ersitzung**.

Aufgrund der Regelung, daß an wesentlichen Bestandteilen einer Sache keine selbständigen dinglichen Rechte bestehen können, erwirbt der Eigentümer eines Grundstücks das Eigentum an denjenigen beweglichen Sachen, die durch Verbindung mit dem Grund und Boden deren **wesentlicher Bestandteil** geworden sind, wie das Baumaterial bei der Errichtung eines Hauses, auch wenn sich der Bauunternehmer das Eigentum daran vorbehalten hat (§ 946 BGB). Bei der Verbindung von beweglichen Sachen erwirbt der Eigentümer der Hauptsache das Alleineigentum; ist keine der Sachen als Hauptsache anzusehen, wie bei der Zusammensetzung einer Maschine aus mehreren Teilen, entsteht Miteigentum der früheren Eigentümer an der neuen Sache. **Durch Verarbeitung erwirbt der Verfertiger gemäß § 950 BGB Eigentum**, wenn aus dem Stoff eine neue bewegliche Sache hergestellt worden ist und der Wert der Verarbeitung nicht erheblich geringer ist als der des verwendeten Materials. Eine neue Sache liegt regelmäßig vor, falls sie im Sprachgebrauch anders bezeichnet wird als der verarbeitete Stoff, wie beispielsweise bei der Herstellung eines Anzuges aus Stoff, aber auch beim Bemalen einer Leinwand (Gemälde).

Das **Eigentum an Schuldscheinen** und sonstigen Urkunden über Rechte, kraft deren eine Leistung gefordert werden kann, wie Hypothekenbriefe, Sparbücher und **Lebensversicherungspolicen**, erwirbt der Gläubiger nach § 952 BGB mit der Ausstellung der Urkunde bzw. der Entstehung der Forderung. Mit deren Abtretung geht das Eigentum ohne weiteres auf den neuen Gläubiger über. Diese Regelung wird auf den Kraftfahrzeugbrief entsprechend angewendet.

Beispiel:

Der Versicherungsnehmer tritt seine Ansprüche aus einem Lebensversicherungsvertrag wirksam an einen Dritten ab. Mit dem Übergang dieser Rechte auf den Dritten erwirbt dieser das Eigentum an dem Versicherungsschein und kann dessen Herausgabe verlangen.

An **Erzeugnissen und Früchten** einer Sache, die deren wesentliche Bestandteile sind, können nach § 93 BGB keine selbständigen Rechte bestehen. Auch nach ihrer Trennung gehören sie grundsätzlich gemäß § 953 BGB dem Eigentümer der Muttersache, so daß das vom Baum fallende Obst dem Grundstückseigentümer gehört. An Stelle des Eigentümers der Hauptsache erwirbt ein Dritter das Eigentum an ihren Erzeugnissen und Bestandteilen, wenn ein dingliches Nutzungsrecht besteht oder jemandem deren Aneignung schuldrechtlich gestattet ist, wie beispielsweise einem Pächter (§ 956 BGB). Diese sachenrechtlichen Vorschriften sind von Bedeutung für die rechtliche Behandlung der **Bodenerzeugnisse in der Hagelversicherung** (§§ 114, 115 VVG).

Eigentum kann ferner im Wege der **Aneignung einer herrenlosen Sache** durch Ergreifung des Eigenbesitzes erlangt werden. Herrenlos sind Sachen, die noch niemals in jemandes Eigentum gestanden haben, was aber praktisch selten vorkommt, z. B. bei Hochseefischen, und solche Sachen, deren Besitz der Eigentümer in der Absicht, auf das Eigentum zu verzichten, aufgegeben hat, wie beispielsweise eine gelesene Zeitung oder auf der Straße abgestellter Sperrmüll (Dereliktion im Sinne von § 959 BGB). Jagdbare Tiere, Fische in Binnengewässern und Bodenschätze unterliegen dem Aneignungsrecht des Jagd- und Fischereiberechtigten bzw. Inhabers einer Bewilligung oder des Bergwerkseigentums, die allein durch Aneignung Eigentum erwerben können. Maßgebende Rechtsgrundlagen sind das Bundesjagdgesetz vom 29.9.1976, das Bundesberggesetz vom 13.8.1980 und die Landesfischereigesetze.

Beispiel:

Auf der Autobahn läuft ein Reh in ein Kraftfahrzeug, das dadurch beschädigt wird. Der Autofahrer ist nicht berechtigt, sich das getötete Reh anzueignen, weil dadurch das Jagdrecht verletzt würde. Für den Schaden an dem Kraftfahrzeug haftet der Jagdberechtigte nicht, weil sich die Verantwortlichkeit für Wildschäden nach § 29 BjagdG nur auf Schäden an Grundstücken bezieht. Es besteht jedoch Versicherungsschutz im Rahmen der Fahrzeugversicherung (§ 12 Abs. 1 I d AKB).

Der **Finder** einer verlorenen Sache erwirbt das Eigentum an ihr mit Ablauf von 6 Monaten seit Erstattung der für Funde im Werte von über DM 10,— vorgeschriebenen Anzeige bei der zuständigen Behörde (Fundbüro), sofern sich der Berechtigte nicht vorher gemeldet hat (§§ 965, 973 BGB). Gegen den Empfangsberechtigten besteht ein Anspruch auf Finderlohn (5 % bis DM 1000,—, 3 % vom Mehrwert und bei Tieren) sowie auf Ersatz der Aufwendungen, etwa der Kosten einer Zeitungsanzeige (§§ 970, 971 BGB). Eine Sonderregelung gilt für den Fund von Sachen in den Geschäftsräumen oder Beförderungsmitteln einer Behörde oder öffentlichen Anstalt, wie Postamt, Straßenbahn usw., die der zuständigen Dienststelle unverzüglich abzuliefern sind. Der Finder kann bei Gegenständen im Wert von über DM 100,— vom Empfangsberechtigten Finderlohn in Höhe der Hälfte des sonst vorgesehenen Satzes verlangen, soweit es sich nicht um einen Bediensteten der Behörde oder Verkehrsanstalt handelt. Meldet sich der Berechtigte nach öffentlicher Aufforderung nicht, so werden die Fundgegenstände öffentlich versteigert, und der Erlös fällt der Behörde nach drei Jahren zu (§§ 978 bis 983 BGB).

b) Grundstücke

Eigentum an Grundstücken wird regelmäßig durch Rechtsgeschäft oder im Erbwege erworben.

Ausnahmsweise kommt ein originärer Eigentumserwerb durch Buchersitzung in Betracht, wenn jemand zu Unrecht 30 Jahre lang im Grundbuch eingetragen war und während dieser Zeit den Eigenbesitz gehabt hat (§ 900 BGB), sowie durch Zuschlag im Zwangsversteigerungsverfahren (§ 90 ZVG).

Der rechtsgeschäftliche Erwerb von Grundstücken vollzieht sich durch Einigung (Auflassung) und Eintragung im Grundbuch (§§ 873, 925 BGB). Der Veräußerung geht regelmäßig ein schuldrechtliches Verpflichtungsgeschäft voraus, in dessen Erfüllung die Eigentumsübertragung vorgenommen wird.

Das gebundene Vermögen der **Versicherungsunternehmen** kann nach § 54a Abs. 2 Nr. 10 VAG in bebauten, in der Bebauung befindlichen oder zur alsbaldigen Bebauung bestimmten Grundstücken angelegt werden, sofern die Angemessenheit des Kaufpreises auf der Grundlage des Gutachtens eines vereidigten Sachverständigen oder in vergleichbarer Weise geprüft ist. Jeder Grundstückserwerb muß der Aufsichtsbehörde gemäß § 54 Abs. 2a VAG angezeigt werden.

aa) Verpflichtungsgeschäft

Von der dinglichen Übereignung ist das Verpflichtungsgeschäft zu trennen. Die Eigentumsübertragung ist auch dann wirksam, wenn das schuldrechtliche Geschäft aus irgendwelchen Gründen nichtig ist.

Der auf die Übertragung oder den Erwerb des Eigentums an einem Grundstück gerichtete **Verpflichtungsvertrag bedarf nach § 313 Satz 1 BGB der notariellen Beurkundung.** Solche Verträge sind beispielsweise Grundstückskauf, -tausch und -schenkung (Hofübergabe). Ein unter Verletzung dieser Formvorschrift abgeschlossener Vertrag ist seinem ganzen Inhalt nach nichtig. Der Mangel der Form wird jedoch geheilt, wenn die Auflassung und die Eintragung in das Grundbuch erfolgen (§ 313 Satz 2 BGB). In der Praxis sind Verpflichtungsgeschäft und Auflassung meistens in einer Urkunde enthalten.

bb) Auflassung

Auflassung wird der auf die Übertragung des Grundstückseigentums gerichtete dingliche Vertrag (Einigung) genannt. Sie muß bei gleichzeitiger Anwesenheit des Veräußerers und des Erwerbers vor einem Notar erklärt werden (§ 925 Abs. 1 BGB). Eine Stellvertretung ist jedoch zulässig, da das Gesetz nur die gleichzeitige, nicht die persönliche Anwesenheit beider Teile verlangt. Nach § 925a BGB soll die Auflassung nur entgegengenommen werden, wenn die gemäß § 313 Satz 1 BGB erforderliche Urkunde über den schuldrechtlichen Vertrag vorgelegt oder gleichzeitig errichtet wird.

Beispiel eines notariellen Kaufvertrages mit Auflassung:

Vor dem unterzeichneten Notar erschienen heute

1. der Kaufmann Friedrich Müller, Josefstraße 19, München, dem Notar persönlich bekannt,
2. die Eheleute Alfons Meier, Angestellter, und Doris, geb. Keller, Hausfrau, Vogelweg 18, Feldkirchen, ausgewiesen durch Vorlage der Bundespersonalausweise,

und gaben folgende Erklärungen ab:

Wir schließen den nachstehenden Kauf- und Übereignungsvertrag.

I. Gegenstand des Vertrages

Herr Friedrich Müller verkauft den Eheleuten Meier je zur Hälfte das ihm gehörende, im Grundbuch von Feldkirchen, Blatt 0365, eingetragene Grundstück in Feldkirchen, Müchener Straße 22, Flur 12, Parzelle 422, in einer Größe von 703 qm nebst darauf stehenden Gebäuden und Zubehör.

Als Tag der Übergabe gilt der 1.1.1980. Mit diesem Tage gehen Gefahr, öffentliche und private Lasten, die Abgaben, Gebühren und Steuern sowie Nutzungen auf die Erwerber über.

Die Erwerber erkennen an, daß ihnen der Zustand der Gebäude bekannt ist. Für Größe und Beschaffenheit des Grundstücks wird keine Gewähr übernommen.

Dieser Grundbesitz ist in Abteilung II des Grundbuches unbelastet; in Abteilung III bestehen folgende Eintragungen:

lfd. Nr. 1: DM 120 000,– Hypothek zugunsten der Fränkischen Hypothekenbank AG, Nürnberg

lfd. Nr. 2: DM 50 000,– Grundschuld für die Westfalia Bausparkasse AG, Dortmund.

II. Kaufpreis

Der Kaufpreis beträgt DM 350 000,–.

In Anrechnung auf den Kaufpreis übernehmen die Erwerber als Gesamtschuldner die unter Nr. I Abs. 4 genannten dinglich gesicherten Schulden in Höhe der Restvaluta von DM 110 000,– und DM 45 000,–. Die Erwerber unterwerfen sich wegen der Kapitalforderungen aus diesen Darlehen samt Zinsen und geldwerten Nebenleistungen der sofortigen Zwangsvollstreckung in ihr gesamtes Vermögen.

Der Restkaufpreis in Höhe von DM 195 000,– ist am 31.12.1979 auf das Konto Nr. 25315 des Verkäufers bei der Münchener Bank AG zu überweisen.

III. Auflassung, Eintragungsantrag und Bewilligung

Die Vertragsschließenden sind darüber einig, daß das Eigentum an dem unter Nr. I genannten Grundstück auf die Eheleute Meier zu je ½ Anteil übergehen soll. Sie beantragen und bewilligen, den Eigentumsübergang in das Grundbuch einzutragen.

IV. Kosten

Alle mit dieser Urkunde jetzt und in der Folge verbundenen Kosten sowie die Grunderwerbsteuer tragen die Käufer.

Diese Niederschrift wurde vorgelesen, genehmigt und unterschrieben.

cc) Eintragung im Grundbuch

Die Eintragung des Eigentumsüberganges im Grundbuch erfolgt, sofern die Auflassung nachgewiesen ist und die Eintragung bewilligt und beantragt wird. Für die Umschreibung des Grundbuchs auf den Erwerber ist ferner eine Unbedenklichkeitsbescheinigung des zuständigen Finanzamts erforderlich, die erteilt wird, wenn die **Grundsteuer** entrichtet,

Beispiel eines Grundbuchauszuges:

Amtsgericht Würzburg Grundbuch von Könighügel Blatt 7842

Bestandsverzeichnis

lfd. Nr.	Gemarkung	Flur	Flurstück	Wirtschaftsart und Lage	Größe
1	Würzburg	7	175	Gartenland, Hofraum	1 a 5 qm
2	Würzburg	7	252	Hof- und Gebäudefläche	11 a 96 qm

Erste Abteilung

lfd. Nr.	Eigentümer	lfd. Nr. des Bestandsverzeichnisses	Grundlage der Eintragung
1 a)	Manfred Metz, Kaufmann	1,2	aufgelassen am 15.12.1969
b)	seine Ehefrau Maria, geb. Ilz. beide in Würzburg − je zu 1/2 Anteil −		eingetragen am 18.2.1970

Zweite Abteilung

lfd. Nr.	lfd. Nr. des Bestandsverzeichnisses	Lasten und Beschränkungen
1	1	Die jeweiligen Eigentümer des Grundstücks Flur 7 Nr. 81 haben das Recht, das Grundstück Flur 7 Nr. 175 in jeder Beziehung als Weg zum Gehen und Fahren mit zu benutzen. Eingetragen und beim herrschenden Grundstück in Blatt 15 268 vermerkt am 15.5.1953.

Dritte Abteilung

lfd. Nr.	lfd. Nr. des belasteten Grundstücks im Bestandsverzeichnis	Betrag DM	Hypotheken, Grund- und Rentenschulden
1	1,2	50 000,−	Fünfzigtausend DM Hypothek nebst bis zu 9 vom Hundert Jahreszinsen und unter Umständen einer Nebenleistung von 1 vom Hundert für die Aurelia Versicherungs-AG in Hamburg. Der jeweilige Grundstückseigentümer ist der sofortigen Zwangsvollstreckung unterworfen. Unter Bezug auf die Bewilligung vom 14.2.1969 − mit Brief − eingetragen am 2.4.1969.

sichergestellt oder gestundet worden ist oder wenn Steuerfreiheit besteht. Für bestimmte Grundstücke steht den Gemeinden ein **gesetzliches Vorkaufsrecht** nach dem Bundesbau- und dem Städtebauförderungsgesetz zu, das nur binnen zwei Monaten nach Mitteilung des Kaufvertrages ausgeübt werden kann. Hängt die Wirksamkeit einer Grundstücksveräußerung von einer **behördlichen Genehmigung** ab, so kann der Eigentumswechsel erst nach Vorlage dieser Genehmigung eingetragen werden. Dies gilt nach dem Grundstücksverkehrsgesetz für land- und forstwirtschaftliche Grundstücke.

Das Grundbuch ist ein vom zuständigen Amtsgericht geführtes öffentliches Register, das Auskunft gibt über die Rechtsverhältnisse eines jeden Grundstücks. Rechtsgrundlage für die Einrichtung und Führung der Grundbücher ist die Grundbuchordnung. Jedes Grundstück erhält ein besonderes **Grundbuchblatt**. Dieses Grundbuchblatt besteht aus dem **Bestandsverzeichnis**, d. h. der Bezeichnung des Grundstückes entsprechend den Angaben des amtlichen Katasters, und **drei Abteilungen**, in denen die Rechte an Grundstücken und ihre Löschungen eingetragen werden.

Die **Erste Abteilung** enthält den Namen des Eigentümers und den Rechtsgrund des Grundstückserwerbs.

Die **Zweite Abteilung** enthält die Beschränkungen und Lasten, soweit sie nicht in der Dritten Abteilung eingetragen werden, wie Beschränkungen der Verfügungsmacht durch Anordnung der Zwangsversteigerung und Konkurseröffnung sowie Dienstbarkeiten und Reallasten.

Die **Dritte Abteilung** enthält die Hypotheken, Grund- und Rentenschulden.

Jede Grundbucheintragung erfordert einen Eintragungsantrag und eine Eintragungsbewilligung in öffentlich beglaubigter Form. Nach der Reihenfolge der Eintragungen im Grundbuch bestimmt sich das Rangverhältnis der ein Grundstück belastenden Rechte (§ 879 BGB). Vorläufige Eintragungen im Grundbuch sind die Vormerkung und der Widerspruch. Die Vormerkung kündigt eine Rechtsänderung an und dient der Sicherung eines entsprechenden schuldrechtlichen Anspruchs, wie beispielsweise die Auflassungsvormerkung (§ 883 BGB). Demgegenüber kündigt der Widerspruch eine Berichtigung des hinsichtlich eines bestimmten Rechtes unrichtigen Grundbuches an (§ 899 BGB).

Nach § 891 BGB besteht eine Vermutung dafür, daß das Grundbuch die Grundstücksrechte richtig und vollständig wiedergibt. Im rechtsgeschäftlichen Verkehr gilt der Inhalt des Grundbuchs kraft unwiderlegbarer Fiktion als richtig (öffentlicher Glaube des Grundbuches im Sinne von § 892 BGB). Die Hauptbedeutung dieser Regelung liegt darin, daß sie einen **gutgläubigen Erwerb von Grundstücksrechten** ermöglicht, der an die Grundbucheintragung anknüpft. Wer ein eingetragenes Grundstücksrecht von demjenigen erwirbt, der als Berechtigter eingetragen ist, erwirbt das Recht grundsätzlich auch dann, wenn der Eingetragene nicht Inhaber des Rechts ist oder das eingetragene Recht nicht so, wie es eingetragen ist, besteht. Wegen dieser weitgehenden Wirkungen unrichtiger Grundbucheintragungen hat jeder, dessen Recht nicht oder nicht richtig eingetragen ist, nach § 894 BGB einen **Anspruch auf Berichtigung des Grundbuches,** der durch einen Widerspruch vorläufig gesichert werden kann.

Mit dem Vollzug der Grundbucheintragung, von dem die Beteiligten durch das Grundbuchamt unterrichtet werden, geht das Eigentum an dem betreffenden Grundstück auf

den Erwerber über. Dieser formelle Vorgang stellt bei Grundstücken zugleich die Veräußerung im Sinne von § 69 VVG dar, mit der Folge, daß der Erwerber in ein bestehendes Versicherungsverhältnis eintritt. Im Zeitpunkt des Eigentumswechsels an dem Grundstück geht im Zweifel auch das Zubehör, wie z. B. gewerbliches und landwirtschaftliches Inventar im Sinne von § 98 BGB, zusammen mit den sich darauf erstreckenden Versicherungen auf den Erwerber über (§ 926 BGB).

3. Ansprüche aus dem Eigentum

Aus einer Verletzung des Eigentums ergeben sich bestimmte Ansprüche, die je nach der Art der Störung auf Herausgabe, Schadenersatz, Beseitigung oder Unterlassung gerichtet sind.

a) Herausgabeanspruch

§ 985 BGB gewährt dem Eigentümer einen dinglichen Herausgabeanspruch.

Anspruchsberechtigt ist der nichtbesitzende Eigentümer, der von dem besitzenden Nichteigentümer die Herausgabe der Sache verlangen kann. Der Besitzer kann die Herausgabe verweigern, wenn ihm ein Recht zum Besitz zusteht (§ 986 BGB), er also beispielsweise als Nießbraucher, Mieter oder Käufer dem Eigentümer gegenüber berechtigt ist, die Sache zu besitzen.

b) Anspruch auf Schadenersatz und Herausgabe von Nutzungen

Im Falle einer schuldhaften Beschädigung, Zerstörung oder Entziehung der Sache billigt § 823 Abs. 1 BGB dem Eigentümer einen Schadenersatzanspruch zu.

Für die Haftung des Besitzers einer Sache auf **Ersatz des Schadens**, der dem Eigentümer durch eine Verschlechterung, den Untergang oder eine sonstige Unmöglichkeit der Herausgabe der Sache entsteht, gelten Sondervorschriften, die zwischen gut- und bösgläubigen Besitzern unterscheiden. Der gutgläubige Besitzer haftet erst nach Rechtshängigkeit der Herausgabeklage für Verschulden jeder Art (§ 989 BGB), während der bösgläubige Besitzer vom Zeitpunkt des Erwerbes der Sache an oder, wenn er erst später bösgläubig geworden ist, vom Eintritt der Bösgläubigkeit an für die Beeinträchtigungen der Sache verantwortlich ist (§ 990 BGB).

Auch hinsichtlich der **Herausgabe entgangener Nutzungen** stellt das Gesetz auf die Gut- bzw. Bösgläubigkeit des Besitzers ab. Für die auf die Sache gemachten notwendigen Verwendungen kann der Besitzer nach § 994 BGB vom Eigentümer Ersatz verlangen.

c) Eigentumsfreiheitsklage

Nach § 1004 Abs. 1 BGB kann der Eigentümer die Beseitigung jeder anderen Störung rechtlicher oder tatsächlicher Art, die nicht in der Entziehung oder Vorenthaltung des Besitzes besteht, von dem Störer verlangen, ohne daß es auf dessen Verschulden ankommt.

Beispiele:

Unberechtigte Wegebenutzung, unberechtigte Zufuhr von Rauch, Errichten einer Anlage auf fremdem Boden.

Außer der Beseitigung der Beeinträchtigung durch Wiederherstellung des früheren Zustandes kann der Eigentümer Unterlassung verlangen, falls weitere Beeinträchtigungen zu fürchten sind, z. B. bei Immissionen.

Der Anspruch ist ausgeschlossen, wenn der Eigentümer zur **Duldung der Beeinträchtigung** verpflichtet ist (§ 1004 Abs. 2 BGB). Eine derartige Duldungspflicht kann sich ergeben aus dem öffentlichen Recht, beispielsweise gegenüber dem Eisenbahnbetrieb oder einer behördlich genehmigten Anlage, oder aus den Vorschriften des Nachbarrechtes, wonach der Eigentümer gewisse ortsübliche Immissionen in Kauf zu nehmen hat.

IV. Beschränkt dingliche Rechte

Beschränkt dingliche Rechte belasten das Eigentum an der Sache, an der sie bestehen, und gewähren dem Rechtsinhaber gewisse Befugnisse, die sonst dem Eigentümer zustehen. **Sie werden an beweglichen Sachen durch Einigung und Übergabe, an Grundstücken durch Einigung und Eintragung in das Grundbuch (§ 873 BGB) begründet.**

Nach ihrer wirtschaftlichen Bedeutung lassen sie sich in Nutzungs- und Verwertungsrechte einteilen.

1. Nutzungsrechte

Zu den Nutzungsrechten gehören an beweglichen Sachen der Nießbrauch, an Grundstücken Erbbaurecht und Dienstbarkeiten. Eine Sonderstellung nehmen das Wohnungseigentum und das Vorkaufsrecht ein.

a) Nießbrauch

Der Nießbrauch ist das höchstpersönliche dingliche Recht auf die gesamten Nutzungen eines Gegenstandes (§ 1030 Abs. 1 BGB). Er kann an beweglichen Sachen, an Grundstücken, an Rechten und ausnahmsweise auch an einem Vermögen bestellt werden. Die praktische Bedeutung des Nießbrauches ist gering; er kommt hauptsächlich in der Weise vor, daß erbrechtlich einem Familienmitglied der Nießbrauch am Nachlaß eingeräumt wird.

Nach § 1045 Abs. 1 BGB trifft den Nießbraucher die Pflicht, die Sache für die Dauer des Nießbrauchs gegen Brandschaden und sonstige Unfälle auf seine Kosten zu **versichern**, falls dies einer ordnungsmäßigen Wirtschaft entspricht. Der Anspruch auf die Versicherungsleistung muß dem Eigentümer zustehen (Fremdversicherung). Ist die Sache bereits versichert, so hat der Nießbraucher unter den Voraussetzungen des § 1045 Abs. 1 BGB die Prämien zu tragen.

b) Erbbaurecht

Das Erbbaurecht ist das ein Grundstück belastende vererbliche und veräußerliche Recht, ein Bauwerk auf oder unter der Oberfläche des Grundstücks zu haben. Obwohl es sich um ein Nutzungsrecht an einem fremden Grundstück handelt, wird es selbst wie ein Grundstück behandelt. Es kann deshalb in gleicher Weise wie ein Grundstück belastet werden. Als Entgelt für die Bestellung des Erbbaurechtes wird regelmäßig ein sogenannter Erbbauzins vereinbart. Rechtsgrundlage ist die Verordnung über das Erbbaurecht vom 15.1.1919.

c) Dienstbarkeiten

Dienstbarkeiten sind auf eine inhaltlich oder zeitlich beschränkte Nutzung eines fremden Grundstücks gerichtet. Eine Dienstbarkeit kann nach § 1018 BGB das Recht gewähren, ein Grundstück in einzelnen Beziehungen zu benutzen, z. B. Wege-, Wasser-, Fahrt- und Weiderecht, die Vornahme gewisser Handlungen auf dem Grundstück zu verbieten, beispielsweise die Errichtung eines Konkurrenzgewerbebetriebes, oder die Ausübung eines Rechtes, das sich aus dem Grundstückseigentum ergibt, auszuschließen, etwa es zu bebauen.

Von der Person des Berechtigten her wird zwischen **Grunddienstbarkeiten** und **beschränkt persönlichen Dienstbarkeiten** unterschieden. Eine Grunddienstbarkeit steht dem jeweiligen Eigentümer eines fremden Grundstücks zu, während bei der persönlichen Dienstbarkeit eine namentlich bezeichnete Person höchstens auf Lebenszeit berechtigt ist.

d) Wohnungseigentum

Echtes Eigentum, das aber von seiner wirtschaftlichen Funktion her den Nutzungsrechten verwandt ist, stellt das Wohnungseigentum dar. Es wurde durch das Wohnungseigentumsgesetz (WEG) vom 15.3.1951 geschaffen, um die Wohnungsnot zu bekämpfen und zur Eigentumsbildung anzuregen. Eine Sonderregelung war erforderlich, weil § 93 BGB besondere dingliche Rechte an Wohn- und Geschäftsräumen nicht zuläßt.

Das Wohnungseigentum besteht aus dem Sondereigentum an einer Wohnung sowie einem Miteigentumsanteil an dem gemeinschaftlichen Eigentum, zu dem das Grundstück, alle für den Bestand oder die Sicherheit des Gebäudes wesentlichen Teile, wie Hauptmauern und Dach, sowie die dem gemeinschaftlichen Gebrauch der Eigentümer dienenden Einrichtungen gehören (§§ 1 Abs. 2 und 4, 5 WEG).

Mit den in seinem Sondereigentum stehenden Räumen kann der Wohnungseigentümer nach seinem Belieben verfahren, sie insbesondere bewohnen, vermieten, verpachten oder in sonstiger Weise nutzen und andere von Einwirkungen ausschließen. An dem gemeinschaftlichen Eigentum hat der Wohnungseigentümer einen beschränkten Mitgebrauch. Die Wohnungseigentümer stehen in einer unauflösbaren Gemeinschaft (§ 11 WEG). Es kann verlangt werden, daß ein pflichtwidrig handelnder Wohnungseigentümer sein Wohnungseigentum veräußert. Von den Wohnungseigentümern ist ein **Verwalter** zu bestellen, dem bestimmte Befugnisse zustehen. Im übrigen unterliegt die Verwaltung der Beschlußfassung durch die vom Verwalter einzuberufende **Wohnungseigentümerversammlung**.

Nach § 21 Abs. 5 Nr. 3 WEG gehören zur ordnungsmäßigen Verwaltung die **Feuerversicherung** des gemeinschaftlichen Eigentums zum Neuwert sowie die angemessene Versicherung der Wohnungseigentümer gegen **Haus- und Grundbesitzerhaftpflicht**. Nach einer besonderen Klausel der Gebäudeversicherung für Wohnungseigentum treffen die Rechtsfolgen der Verletzung von Obliegenheiten nur den betreffenden Wohnungseigentümer, nicht die übrigen; sie beziehen sich auch nicht auf das gemeinschaftliche Eigentum.

e) Vorkaufsrecht

An einem Grundstück kann mit dinglicher Wirkung ein Vorkaufsrecht bestellt werden. Es handelt sich um eine Grundstücksbelastung des Inhalts, daß der Rechtsinhaber dem Eigentümer gegenüber zum Vorkauf berechtigt ist (§ 1094 BGB). Dritten gegenüber hat das dingliche Vorkaufsrecht die Wirkung einer Vormerkung. Der Rechtserwerb des Käufers ist somit dem Vorkaufsberechtigten gegenüber unwirksam, der von den Vertragspartnern die Zustimmung zu seiner Eintragung als Eigentümer verlangen kann.

In einigen Fällen bestehen gesetzliche Vorkaufsrechte zugunsten der öffentlichen Hand.

2. Verwertungsrechte

Die Verwertungsrechte entziehen dem Eigentümer den Veräußerungswert der Sache. Sie können an beweglichen Sachen und Rechten als Pfandrecht, an Grundstücken als Hypothek, Grund- und Rentenschuld (Grundpfandrechte) sowie Reallast bestellt werden.

a) Pfandrecht

Unter einem Pfandrecht versteht man ein dingliches Recht, kraft dessen sich der Berechtigte wegen einer Forderung aus dem Pfandobjekt befriedigen darf. Gegenstand des Pfandrechtes können bewegliche Sachen aller Art, Rechte und Wertpapiere sein.

Pfandrechte entstehen durch Rechtsgeschäft, kraft Gesetzes oder durch Pfändung.

aa) Rechtsgeschäftliche Pfandrechte

Die rechtsgeschäftliche Bestellung eines Pfandrechtes wird Verpfändung genannt. Sie erfolgt nach § 1205 Abs. 1 BGB an **beweglichen Sachen** durch Einigung und Übergabe. Wegen des zwingend vorgeschriebenen Erfordernisses der Übergabe ist die Verpfändung beweglicher Sachen in der Wirtschaftspraxis weitgehend durch die Sicherungsübereignung verdrängt worden.

Dagegen kommt der **Verpfändung von Rechten** eine gewisse Bedeutung zu. Unübertragbare Rechte können auch nicht verpfändet werden (§§ 1274 Abs. 2, 400 BGB, 850 ZPO). Gegenstand der Verpfändung kann insbesondere der **Anspruch auf die Versicherungsleistung (Versicherungsforderung)** sein. Die Verpfändung vollzieht sich durch einen formlosen Vertrag zwischen dem Versicherungsnehmer und dem Pfandgläubiger (§§ 1274 Abs. 1 Satz 1, 398 Satz 1 BGB) sowie eine Anzeige des Versicherungsnehmers an den

Versicherer (§ 1280 BGB). Bei der Lebensversicherung bedarf die Verpfändungsanzeige der Schriftform (§ 13 Abs. 3 ALB). In manchen Versicherungssparten ist die Verpfändung ausgeschlossen (vgl. z. B. § 6 Abs. 5 MB/KK). Der Pfandgläubiger ist grundsätzlich nicht zur Erfüllung von Obliegenheiten verpflichtet; eine Ausnahme gilt für die Anzeige des Versicherungsfalles in der Lebensversicherung (§ 171 Abs. 2 VVG). Zu einer Mitteilung über einen Prämienzahlungsverzug des Versicherungsnehmers an den Pfandgläubiger ist der Versicherer im Gegensatz zur Hypothek nicht verpflichtet. Sicherungsscheine sehen aber häufig eine derartige Benachrichtigung vor. Von dem Pfandgläubiger muß der Versicherer nach § 35a Abs. 1 VVG die Prämienzahlung annehmen. Die **Rechtsstellung des Pfandgläubigers** hinsichtlich der Versicherungsleistung beurteilt sich danach, ob die Pfandreife eingetreten, also die gesicherte Forderung fällig ist. Vor der Pfandreife darf der Versicherer nur an den Versicherungsnehmer und den Pfandgläubiger gemeinschaftlich leisten (§ 1281 Satz 1 BGB). Nach der Pfandreife ist der Pfandgläubiger zur Einziehung der Versicherungsleistung berechtigt und kann von dem Versicherer die Auszahlung der Versicherungssumme verlangen, soweit sie zu seiner Befriedigung dient (§ 1282 Abs. 1 BGB).

Zur Sicherung von Darlehensforderungen spielt auch die **Verpfändung von Wertpapieren** eine Rolle.

bb) Gesetzliche Pfandrechte

Ein gesetzliches Pfandrecht an bestimmten Sachen ihres Schuldners haben nach dem BGB der Vermieter, der Verpächter, der Pächter, der Werkunternehmer und der Gastwirt, nach dem HGB der Kommissionär, der Spediteur, der Lagerhalter und der Frachtführer.

Beispiel:

Jemand hat sich von einem Freund ein Auto geliehen und es unterwegs beschädigt. Er bringt es zur Reparatur in eine Kraftfahrzeugwerkstatt, ohne sich weiter darum zu kümmern. Der Fahrzeugeigentümer verlangt nach § 985 BGB von dem Werkstattinhaber Herausgabe des Fahrzeuges, die dieser unter Hinweis auf die nicht bezahlten Reparaturkosten verweigert. Hätte der Eigentümer das Fahrzeug in Reparatur gegeben, so stünde dem Werkstattinhaber ein Pfandrecht für seine Forderung an dem Fahrzeug zu (§ 647 BGB), das ein Recht zum Besitz im Sinne von § 986 BGB darstellt und somit dem Herausgabeanspruch entgegengehalten werden könnte. Da es sich hier nicht um das Fahrzeug des Bestellers handelte, ist aber kein Pfandrecht zugunsten des Werkunternehmers entstanden (vgl. aber § 994 BGB).

cc) Pfändungspfandrecht

Ein Pfändungspfandrecht entsteht im Rahmen der Zwangsvollstreckung durch Pfändung von Sachen oder Rechten.

b) Hypothek

Die Hypothek ist eine Grundstücksbelastung des Inhalts, daß an denjenigen, zu dessen Gunsten die Belastung erfolgt (Hypothekengläubiger), eine bestimmte Geldsumme zur Befriedigung wegen einer ihm zustehenden Forderung aus dem Grundstück zu zahlen ist (§ 1113 Abs. 1 BGB).

Somit setzt die Hypothek stets das Bestehen einer persönlichen Forderung voraus, regelmäßig aus einem Darlehen, zu deren Sicherung die Hypothek als dingliches Pfand bestellt wird (Akzessorietät der Hypothek). Für die Hypothek bestehen also nebeneinander die persönliche Haftung des Schuldners und die dingliche Haftung des Grundstücks, wobei der persönliche Schuldner und der Eigentümer des belasteten Grundstücks durchaus zwei verschiedene Personen sein können. Nach der Art der Begleichung der Forderung unterscheidet man die Fest- und die Tilgungshypothek. Bei der **Tilgungshypothek**, welche die Regel bildet, ist das gewährte Darlehen nebst Zinsen nach einem bestimmten Zins- und Tilgungsplan in Raten zurückzuzahlen. Demgegenüber ist die Forderung bei einer **Festhypothek** in einer Summe fällig. Sie wird häufig mit einer sogenannten **Tilgungs-Lebensversicherung** in der Weise kombiniert, daß die Leistung aus dieser Versicherung zur Darlehenstilgung bestimmt ist. Der Schuldner hat dann nur die Zinsen und die Versicherungsprämien, keine Tilgungsraten zu entrichten.

Die Hypothek besteht nur während der Dauer und nur in der Höhe der Forderung. Mit der Übertragung der Forderung geht die Hypothek ebenfalls auf den neuen Gläubiger über. Ist die Forderung, für welche die Hypothek bestellt wurde, aus irgendeinem Grund nicht entstanden, so steht die Hypothek kraft Gesetzes dem Eigentümer zu (§ 1163 BGB). Sobald die Forderung erlischt, erwirbt der Eigentümer die Hypothek als Eigentümergrundschuld (§ 1177 BGB). Bei einer Veräußerung belasteter Grundstücke kann die Übernahme von Hypotheken in Betracht kommen; sie ist jedoch nach § 416 BGB an die Genehmigung des Gläubigers geknüpft. Die Genehmigung gilt als erteilt, wenn er nicht innerhalb von 6 Monaten seit dem Empfang der schriftlichen Mitteilung des Veräußerers über die Übernahme der Schuld widerspricht.

Der Hypothek an Grundstücken entsprechen der Sache nach die **Schiffshypothek** nach dem Gesetz über Rechte an eingetragenen Schiffen und Schiffsbauwerken vom 15.11.1940 sowie das **Registerpfandrecht** an **Luftfahrzeugen** nach dem Gesetz über Rechte an Luftfahrzeugen vom 26.2.1959.

aa) Gegenstand der Hypothek

Das mit einer Hypothek belastete Grundstück haftet für die eingetragene Kapitalsumme, für die eingetragenen Zinsen und für andere eingetragene geldwerte Nebenleistungen. Auch ohne Eintragung haftet das Grundstück kraft Gesetzes für die gesetzlichen Zinsen und die Kosten der Befriedigung.

Die Hypothek erstreckt sich auf das gesamte Grundstück, seine wesentlichen Bestandteile und diejenigen Zubehörstücke, die dem Grundstückseigentümer gehören, wie z. B. eine Hoteleinrichtung mit Möbeln und Wäsche oder die für einen gewerblichen Betrieb bestimmten Maschinen (§ 1120 BGB). Ferner unterliegen der Haftung vom Zeitpunkt der Beschlagnahme an **Miet- und Pachtzinsforderungen**. Hypothek (§§ 1127 bis 1130 BGB),

Schiffshypothek und Registerpfandrecht an Luftfahrzeugen erstrecken sich kraft Gesetzes im Interesse der Kreditgeber auf die **Versicherungsentschädigung**. Der Realgläubiger bleibt deshalb auch dann gesichert, wenn das Gebäude, dessen Wert für die Hypothekengewährung maßgebend war, abbrennt. Die Erstreckung der Hypothek auf die Versicherungsforderung setzt jedoch voraus, daß überhaupt ein Entschädigungsanspruch des Gebäudeeigentümers besteht. Der Schutz des Hypothekengläubigers, der seine Hypothek dem Gebäudeversicherer angemeldet hat, wird durch die §§ 100 bis 107 c VVG insofern erweitert, als dem Hypothekengläubiger von einem Prämienzahlungsverzug Mitteilung zu machen ist und im Falle der Leistungsfreiheit des Versicherers gegenüber dem Gebäudeeigentümer seine Verpflichtung im Verhältnis zum Hypothekengläubiger dennoch bestehen bleibt. Ähnliche Wirkungen können für Zubehör durch einen Sicherungsschein erreicht werden. Soweit der Versicherer den Hypothekengläubiger befriedigt, ohne dem Versicherungsnehmer gegenüber zur Leistung verpflichtet zu sein, kann er bei diesem Regreß nehmen.

Der Gegenstand der Hypothek spielt für ihre Sicherheit, die nicht nur von ihrer Rangstelle, sondern vor allem von der Genauigkeit der Wertschätzung des Grundstücks und der Gebäude abhängt, eine entscheidende Rolle. **Versicherungsunternehmen** dürfen Hypothekendarlehen, die zur Anlage für das gebundene Vermögen bestimmt sind, nur gewähren, wenn sie an einem inländischen Grundstück oder Erbbaurecht dinglich besichert sind und den Erfordernissen der §§ 11, 12 des Hypothekenbankgesetzes sowie des § 21 der Verordnung über das Erbbaurecht entsprechen (§ 54 a Abs. 2 Nr. 1 a VAG). Danach darf die Beleihung die ersten drei Fünftel des Wertes des Grundstücks nicht übersteigen. Die von dem Gesamtverband der Deutschen Versicherungswirtschaft e.V. und dem Verband der Lebensversicherungs-Unternehmen e.V. aufgestellten Beleihungsgrundsätze für Grundstücke und grundstücksgleiche Rechte verlangen, daß für das Darlehen eine kreditwürdige Person haftet und das belastete Objekt einen dauerhaften Ertrag gewährt. Grundsätzlich soll nur zur ersten Rangstelle beliehen werden, sofern die Vorbelastung nicht nur von verhältnismäßig geringem Wert ist. Das Beleihungsobjekt muß ausreichend zum gleitenden Neuwert gegen Feuer versichert sein. Die Einhaltung von Beleihungsvorschriften und -grenzen ist nicht erforderlich, wenn eine inländische Körperschaft oder Anstalt des öffentlichen Rechts die volle Gewährleistung übernommen hat (§ 54 a Abs. 2 Nr. 1 b VAG). Eine Ausleihung von Schiffshypotheken ist den Versicherungsunternehmen im Rahmen der Grundsätze des Schiffsbankgesetzes gestattet (§ 54 a Abs. 2 Nr. 2 VAG).

Hypothekenbanken und sonstige Realkreditinstitute beschaffen sich die für die Hypothekengewährung erforderlichen Mittel durch die Ausgabe von **Pfandbriefen** und Schuldverschreibungen. Eine Anlage des gebundenen Vermögens der Versicherungsunternehmen in diesen Papieren ist zulässig, soweit für sie eine staatliche Emissionsgenehmigung oder eine entsprechende Deckung durch Hypotheken besteht (§ 54 a Abs. 2 Nr. 3 VAG).

bb) Entstehung und Arten der Hypothek

Zur Entstehung der Hypothek ist die Einigung zwischen dem Hypothekengläubiger und dem Grundstückseigentümer sowie die Eintragung der Hypothek in das Grundbuch erforderlich. Die Eintragung muß den Namen des Gläubigers, den Geldbetrag der Forderung, den Zinssatz und sonstige geldwerte Nebenleistungen enthalten.

Als wichtigste Arten der Hypotheken unterscheidet man zwischen der gewöhnlichen Hypothek (Verkehrshypothek) und der Sicherungshypothek.

(1) Verkehrshypothek

Bei der Verkehrshypothek sind Forderung und Grundstücksbelastung zu einer Einheit verbunden, so daß der allgemeine Sprachgebrauch für beides die Bezeichnung Hypothek verwendet. Die Verkehrshypothek ist die übliche Form der Hypothek. Sie dient der Sicherung einer Forderung und ist zugleich eine Kapitalanlage für den Gläubiger. Es gehört zu ihrem Wesen, daß sich der Hypothekengläubiger bei der Übertragung und Geltendmachung der Hypothek auf die Grundbucheintragung berufen kann, ohne das Bestehen seiner Forderung und deren Höhe nachweisen zu müssen. Die Verkehrshypothek ist entweder Brief- oder Buchhypothek.

Regelmäßig wird über die Hypothek ein **Hypothekenbrief** ausgestellt (§ 1116 Abs. 1 BGB). Darunter versteht man eine vom Grundbuchamt erteilte öffentliche Urkunde über die hypothekarische Belastung des Grundstücks. Alle Eintragungen, welche die Hypothek betreffen, sollen auch im Hypothekenbrief vermerkt werden, so daß der Antragsteller bei jedem Eintragungsantrag, der eine Briefhypothek betrifft, den Brief vorzulegen hat. Erworben wird die Briefhypothek durch den Gläubiger erst mit der Entstehung der Forderung und der Übergabe des Hypothekenbriefes. Vor diesem Zeitpunkt steht die Hypothek dem Eigentümer des Grundstücks als Eigentümergrundschuld zu.

Im Falle der sogenannten **Buchhypothek** ist die Erteilung eines Hypothekenbriefes durch Einigung der Parteien ausgeschlossen. Grundlage der Buchhypothek ist somit allein das Grundbuch (§ 1116 Abs. 2 BGB).

(2) Sicherungshypothek

Bei der Sicherungshypothek bestimmt sich demgegenüber das Recht des Gläubigers aus der Hypothek nur nach der Forderung, d. h. der Gläubiger kann sich im Gegensatz zur Verkehrshypothek zum Beweis der Forderung nicht auf die Eintragung berufen (§ 1184 Abs. 1 BGB). Die Sicherungshypothek muß im Grundbuch als solche bezeichnet sein; die Erteilung eines Hypothekenbriefes ist ausgeschlossen (§§ 1184 Abs. 2, 1185 BGB).

cc) Übertragung und Löschung der Hypothek

Die Übertragung der Hypothek auf einen Dritten kann nur im Zusammenhang mit der gesicherten Forderung erfolgen (§ 1153 Abs. 2 BGB).

Zur **Abtretung einer Briefhypothek** ist die schriftliche Abtretungserklärung des Zedenten und die Übergabe des Hypothekenbriefes erforderlich (§ 1154 Abs. 1 BGB). Da die Geltendmachung der Hypothek von einer öffentlich beglaubigten Abtretungserklärung abhängig ist, kann der Zessionar auf dieser Form bestehen. Die Schriftform der Abtretung kann durch Eintragung in das Grundbuch ersetzt werden.

Zur **Übertragung einer Buchhypothek** ist neben der Einigung über den Forderungsübergang im Gegensatz zur Briefhypothek stets die Eintragung im Grundbuch erforderlich.

Die Hypothek erlischt durch die Aufgabeerklärung des Hypothekengläubigers und die Löschung der Hypothek im Grundbuch (§ 875 BGB). Regelmäßig erfolgt diese Aufgabeerklärung in Form einer öffentlich beglaubigten **Löschungsbewilligung**.

dd) Geltendmachung der Hypothek

Hinsichtlich der Geltendmachung der Hypothek ist zwischen der persönlichen Forderung und dem dinglichen Anspruch aus der Hypothek zu unterscheiden.

Die persönliche Forderung richtet sich gegen den persönlichen Schuldner und kann in sein gesamtes Vermögen vollstreckt werden.

Der dingliche Anspruch richtet sich gegen den Grundstückseigentümer und kann nur in das belastete Grundstück vollstreckt werden.

Die Geltendmachung des dinglichen Anspruches setzt die Fälligkeit der Forderung sowie die Klage auf Duldung der **Zwangsvollstreckung** in das Grundstück voraus. Wenn sich der Grundstückseigentümer bereits in der Hypothekenbestellungsurkunde der sofortigen Zwangsvollstreckung unterworfen hat, ist die Klage entbehrlich.

Die Zwangsvollstreckung in das Grundstück besteht entweder in der Zwangsverwaltung oder in der Zwangsversteigerung. Bei der **Zwangsverwaltung** wird gerichtlich ein Verwalter bestellt, der die Hypothekengläubiger aus den Nutzungen des Grundstücks zu befriedigen hat; ein Eigentumswechsel tritt nicht ein. Im Falle der **Zwangsversteigerung** wird dem Eigentümer das Grundstückseigentum in einem gerichtlichen Verfahren durch Versteigerung und Zuschlag an einen Ersteher entzogen, damit die Gläubiger aus dem Erlös befriedigt werden können. Diese Befriedigung erfolgt nach Abzug der Kosten entsprechend der im Grundbuch eingetragenen Rangstelle. Für den Fall der Tilgung vorrangiger Hypotheken kann der nachrangige Hypothekengläubiger mit dem Grundstückseigentümer gemäß § 1179 BGB deren Löschung vereinbaren und zur Sicherung dieses Anspruchs eine sogenannte Löschungsvormerkung im Grundbuch eintragen lassen. Nach § 1179 a Abs. 1 BGB steht dem Hypothekengläubiger grundsätzlich das Recht zu, von dem Grundstückseigentümer die Löschung vorrangiger oder gleichrangiger Hypotheken zu verlangen, wenn sie sich im Zeitpunkt der Eintragung der Hypothek oder später mit dem Eigentum in einer Person vereinigen.

c) Grund- und Rentenschuld

Die Grundschuld ist eine von ihrem Rechtsgrund losgelöste Grundstücksbelastung des Inhalts, daß an denjenigen, zu dessen Gunsten die Belastung erfolgt, eine bestimmte Geldsumme aus dem Grundstück zu zahlen ist (§ 1191 Abs. 1 BGB).

Im Gegensatz zur Hypothek setzt die Entstehung und das Erlöschen einer Grundschuld nicht das Bestehen einer gesicherten Forderung voraus. Das schließt jedoch nicht aus, daß die Belastung auch in der Weise erfolgen kann, daß Zinsen von der Geldsumme sowie andere Nebenleistungen aus dem Grundstück zu entrichten sind. Auf die Grundschuld finden nach § 1192 Abs. 1 BGB die Vorschriften über die Hypothek insoweit Anwendung, als sich nicht daraus ein anderes ergibt, daß die Grundschuld keine Forderung voraussetzt.

In neuerer Zeit hat die Grundschuld (Sicherungsgrundschuld) die Hypothek zur Abdeckung kurzfristiger Kredite in laufender Rechnung weitgehend verdrängt, aber auch im langfristigen Kreditgeschäft (Wohnungsbau) gewinnt sie immer mehr an Bedeutung. Forderungen zur Anlage für das gebundene Vermögen der **Versicherungsunterneh-**

men können sowohl durch Hypotheken als auch durch Grundschulden besichert werden (§ 54 a Abs. 2 Nr. 1 VAG). Die in § 54 a Abs. 2 Nr. 8 d VAG genannten erststelligen Grundpfandrechte zur Sicherung von Darlehen an inländische Unternehmen sind in der Regel Grundschulden.

Von der Grundschuld unterscheidet sich die **Rentenschuld** dadurch, daß kein bestimmtes Kapital, sondern eine Geldrente an regelmäßig wiederkehrenden Terminen aus dem Grundstück zu zahlen ist (§ 1199 Abs. 1 BGB). Die wirtschaftliche Bedeutung der Rentenschuld ist gering.

d) **Reallast**

Unter einer Reallast versteht man die Belastung eines Grundstückes mit dem Recht auf wiederkehrende Leistungen aus diesem Grundstück (§ 1105 BGB). Praktische Anwendung findet die Reallast vor allem in Altenteilsverträgen der Landwirtschaft, indem für den Auszügler bei der Hofübergabe bestimmte Leistungen an Vieh, Getreide und sonstigen Lebensmitteln aus dem Grundstück dinglich gesichert werden.

D. Familienrecht

Das vierte Buch des BGB regelt die Rechtsverhältnisse zwischen den durch Ehe und Verwandtschaft verbundenen Personen. Wegen ihrer sozialen Bedeutung stehen Ehe und Familie unter dem besonderen Schutz der staatlichen Ordnung (Art. 6 Abs. 1 GG). Die Rechtsbeziehungen der Familienangehörigen sind entweder personenrechtlicher (z. B. Eheschließung, elterliche Sorge) oder vermögensrechtlicher Art (z. B. Unterhaltsanspruch, Verwaltung des Mündelvermögens).

Familien- und Versicherungsrecht haben ihre gemeinsame Grundlage in dem Gedanken der Vorsorge. Die den Familienangehörigen gegenüber obliegende Schutzaufgabe wird häufig durch den Abschluß privater Versicherungsverträge erfüllt, die einerseits der Vermögensbildung dienen, andererseits die Sicherung der Existenz bezwecken. Das wichtigste Beispiel in dieser Hinsicht bildet die Lebensversicherung, deren wesentliches Ziel die Vorsorge für die Hinterbliebenen nach dem Tode des Ernährers ist; infolge der mit ihr verbundenen Sparfunktion entsteht aus der Ansammlung der Sparprämienanteile das sogenannte Deckungskapital, das wirtschaftlich gesehen dem Versicherten gehört und von ihm unter bestimmten Voraussetzungen jederzeit verwertet werden kann (§§ 173 bis 176 VVG). Da die Leistung aus der Lebensversicherung in erster Linie für die Hinterbliebenen bestimmt ist und die Prämie nicht nur aus einem Risikoanteil besteht wie in der Schadenversicherung, sondern aus dem Sparanteil, bleibt dieses angesammelte Sparkapital sogar bei Obliegenheitsverletzungen grundsätzlich erhalten.

Die Vorstellung, daß die Familie eine in sich geschlossene soziologische Einheit darstellt, durchzieht alle Bereiche des Versicherungswesens. Auf der einen Seite soll der Versicherungsschutz nach Möglichkeit allen Gliedern der Familie zukommen; es besteht aber auf der anderen Seite die Gefahr, daß Familienangehörige in betrügerischer Weise zusammenwirken (Kollusion) können, um den Versicherer zu schädigen.

Die gesetzliche Regelung des Familienrechts gliedert sich in drei Abschnitte: Ehe, Verwandtschaft (insbesondere Kindschaftsrecht) und Vormundschaftsrecht.

I. Ehe

Das Eherecht wird hinsichtlich der Eheschließung, Nichtigkeit und Aufhebung der Ehe durch das Ehegesetz (EheG) vom 20.2.1946, im übrigen durch die Vorschriften des BGB bestimmt.

1. Eingehung der Ehe

Der Eheschließung geht ein Verlöbnis voraus. Das Gesetz regelt eingehend die Ehevoraussetzungen sowie die Form des Vollzuges der Eheschließung.

a) Verlöbnis

Unter einem Verlöbnis versteht man den durch einen Vertrag begründeten personenrechtlichen Zusammenschluß, der auf die spätere Eingehung der Ehe abzielt.

Als **Vertrag** unterliegt die Verlobung den allgemeinen Vorschriften über Rechtsgeschäfte, so daß beschränkt Geschäftsfähige der Zustimmung des gesetzlichen Vertreters bedürfen. Erforderlich ist ein ernstliches gegenseitiges Eheversprechen, wobei es jedoch nicht auf die Einhaltung der in den Kreisen der Beteiligten üblichen Formen, wie z. B. Ringwechsel, Anzeigen, Verlobungsfeier, ankommt. Das Verlöbnis begründet die Verpflichtung zur Eingehung der Ehe, die jedoch in keiner Weise erzwungen werden kann (§ 1297 Abs. 1 BGB). Darüber hinaus werden bestimmte Wirkungen personenrechtlicher Art hervorgerufen. Die Verlobten sind Angehörige im Sinne der entsprechenden gesetzlichen Bestimmungen und haben ein Zeugnisverweigerungsrecht im Zivil- und Strafprozeß. Enger ist indes der Begriff der Angehörigen im Sinne von § 4 II Nr. 2 AHB, deren Haftpflichtansprüche aus Schadenfällen gegen den Versicherungsnehmer zur Vermeidung der Kollusionsgefahr vom **Versicherungsschutz** ausgeschlossen sind; Verlobte fallen nicht unter diese Ausschlußklausel, da sie nicht ausdrücklich genannt werden. Ein gesetzlicher Unterhaltsanspruch der Verlobten untereinander besteht nicht, weshalb im Falle der Tötung eines Verlobten auch der Schadenersatzanspruch gemäß § 844 Abs. 2 BGB entfällt.

Der einseitige **Rücktritt vom Verlöbnis** ist jederzeit zulässig. Jedoch ergibt sich eine Schadenersatzpflicht des Verlobten, wenn er entweder ohne wichtigen Grund von dem Verlöbnis zurückgetreten ist (§ 1298 BGB) oder durch schuldhaftes Verhalten den Rücktritt des anderen veranlaßt hat (§ 1299 BGB). Der Schaden besteht in den Aufwendungen, die der Verlobte, seine Eltern oder dritte Personen an deren Stelle in Erwartung der Ehe gemacht haben, wie z. B. die Miete einer Wohnung für das Brautpaar, sowie in sonstigen Maßnahmen des Verlobten, die sein Vermögen oder seine Erwerbsstellung betreffen, wie die Aufgabe einer beruflichen Position. Einer unbescholtenen Braut steht darüber hinaus der sogenannte Deflorationsanspruch des § 1300 BGB zu, der auf Ersatz des immateriellen Schadens gerichtet ist. Unterbleibt die Eheschließung aus irgendeinem Grunde, so können die Verlobten nach § 1301 BGB die gegenseitigen Geschenke zurückverlangen.

b) Eheschließung

Die Eheschließung ist von gewissen persönlichen Erfordernissen der Partner abhängig. Sie verlangt die Einhaltung einer gesetzlichen Form, und ihre Unwirksamkeit kann nur im Rahmen eines gerichtlichen Verfahrens geltend gemacht werden.

aa) Voraussetzungen der Eheschließung

Die Voraussetzungen der Eheschließung gliedern sich in die Ehefähigkeit, die bei beiden Partnern gegeben sein muß, und gewisse Eheverbote, die nicht vorliegen dürfen. Das Fehlen der Ehefähigkeit sowie die Eheverbote werden auch als Ehehindernisse bezeichnet.

Die Ehefähigkeit erfordert grundsätzlich die Volljährigkeit (§ 1 Abs. 1 EheG). Von dieser Regelung kann Befreiung erteilt werden, wenn der Antragsteller das 16. Lebensjahr vollendet hat und sein künftiger Ehegatte volljährig ist (§ 1 Abs. 2 EheG). Minderjährige bedürfen zur Eingehung einer Ehe der Einwilligung des gesetzlichen Vertreters, die nach § 3 Abs. 3 EheG durch das Vormundschaftsgericht ersetzt werden kann.

Eheverbote sind teils zwingend, zum Teil kann Befreiung von ihnen gewährt werden. Im einzelnen ist die Eheschließung verboten zwischen Verwandten in gerader Linie und Geschwistern, Verschwägerten in gerader Linie, im Falle der Doppelehe sowie zwischen Personen, deren Verwandtschaft durch Annahme an Kindes Statt begründet worden ist. Eine verheiratet gewesene Frau soll erst 10 Monate nach Beendigung ihrer Ehe eine neue Ehe eingehen (§§ 4 bis 8 EheG).

bb) Form der Eheschließung

Nach dem Grundsatz der obligatorischen Zivilehe erfolgt die Eheschließung durch entsprechende Erklärungen der Partner vor einem Standesbeamten (§ 11 Abs. 1 EheG). Eine kirchliche Trauung ist ohne bürgerlich-rechtliche Wirkung; sie darf gemäß § 67 PStG erst nach Vornahme der standesamtlichen Eheschließung stattfinden.

Der Eheschließung soll eine öffentliche Bekanntmachung (Aufgebot) vorangehen. Die Ehe wird dadurch geschlossen, daß die Verlobten vor dem Standesbeamten persönlich und bei gleichzeitiger Anwesenheit in Gegenwart zweier Zeugen auf dessen Fragen erklären, die Ehe miteinander eingehen zu wollen (§§ 13, 14 EheG). Infolgedessen ist die Stellvertretung ebenso unzulässig wie getrennte Abgabe der beiden Erklärungen.

Beurkundet wird die Eheschließung durch Eintragung in das Heiratsbuch und Anlegung des Familienbuches. Einen Auszug daraus stellt die **Heiratsurkunde** dar, die den Beweis über Ort und Tag der Eheschließung erbringt (§ 63 PStG). Die Vorlage einer solchen Urkunde ist die Voraussetzung für die Leistung in der **Heiratsversicherung**.

c) Nichtigkeit und Aufhebung der Ehe

Grundsätzlich wird die Ehe erst durch den Tod eines Ehegatten beendet (§ 1353 Abs. 1 Satz 1 BGB). Vor diesem Zeitpunkt kann sie im Interesse der Rechtssicherheit nur durch gerichtliches Urteil aufgelöst werden.

Bei Mängeln, die bereits zur Zeit der Eheschließung vorlagen, kommen die Nichtigkeits- und Aufhebungsklage in Betracht, während die Ehescheidung auf einem Grund beruht, der sich erst während der Dauer der Ehe ergeben hat.

Im Verhältnis zur Ehescheidung sind Ehenichtigkeits- und -aufhebungsklagen von geringerer praktischer Bedeutung. Ihre Voraussetzungen werden in den §§ 16 bis 21, 28 bis 34 EheG abschließend aufgezählt.

Nichtigkeitsgründe sind wesentliche Formmängel, Geschäftsunfähigkeit eines Ehegatten, Bestehen einer Doppelehe und Verwandtschaft zwischen den Ehegatten.

Aufhebungsgründe sind die fehlende Einwilligung des gesetzlichen Vertreters, ein Irrtum eines Ehepartners, z. B. über bestimmte wesentliche Eigenschaften des anderen, wie frühere Straftaten von nicht unerheblichem Ausmaß, sowie arglistige Täuschung und Drohung. In bestimmten Fällen ist eine Heilung durch Fortsetzung der Ehe möglich.

Eine **Bezugsberechtigung des Ehegatten in der Lebensversicherung** endet grundsätzlich, wenn die Ehe durch Urteil rechtskräftig für nichtig erklärt oder aufgelöst wurde.

2. Wirkungen der Ehe

Die Eheschließung löst personen- und vermögensrechtliche Wirkungen aus. Der **Grundsatz der Gleichberechtigung** von Mann und Frau gemäß Art. 3 Abs. 2 GG bezieht sich auf das Verhältnis der Ehegatten zueinander.

Nach § 1353 Abs. 1 Satz 2 BGB begründet die Eheschließung die Pflicht zur ehelichen **Lebensgemeinschaft**. Die Partner sind Angehörige im Sinne des Zivilprozeß- und Strafrechtes, aber auch gemäß § 4 II Nr. 2 AHB, so daß etwaige Schadenersatzansprüche der Ehegatten untereinander nicht von der **Haftpflichtversicherung** gedeckt werden. Für Schädigungen des anderen Partners sind sie ohnehin nur verantwortlich, wenn sie gegen die Sorgfalt verstoßen haben, die sie in eigenen Angelegenheiten anzuwenden pflegen (§ 1359 BGB); der Sorgfaltsmaßstab zur Beurteilung der Fahrlässigkeit ist also ein anderer als Dritten gegenüber. **Versicherungsrechtlich** ist ein Ehegatte bei der Erfüllung von Obliegenheiten nicht ohne weiteres Repräsentant des anderen. Dies dient ebenso der Sicherung der Ehegemeinschaft wie die Einbeziehung des Ehegatten in die Hausrat-, Privathaftpflicht- und Krankenversicherung des Haushaltungsvorstandes. Schadenersatzansprüche der Ehegatten untereinander wegen fahrlässigen Verhaltens gehen nach § 67 Abs. 2 VVG nicht auf den Versicherer über. Den Bedürfnissen der Ehegatten ist die Versicherung auf zwei verbundene Leben angepaßt, bei der sie sich gegenseitig als bezugsberechtigt einsetzen. Durch den Abschluß eines solchen Vertrages soll ein bestimmter Geldbetrag für den Fall sichergestellt werden, daß entweder beide Ehegatten einen bestimmten Zeitpunkt erleben, z. B. das 65. Lebensjahr des Mannes, oder einer von ihnen vorher stirbt und dadurch ein Vermögensbedarf auftritt.

Für **unverheiratet zusammenlebende Partner** (Ehe ohne Trauschein) gibt es neuerdings spezielle Vertragsformen. Bei der Privat-Haftpflichtversicherung für eine eheähnliche Gemeinschaft ist der mitversicherte Partner im Vertrag namentlich aufzuführen, und es werden gegenseitige Ansprüche vom Versicherungsschutz ausgeschlossen. Die Rechtsschutzversicherung bietet nichtehelichen Lebensgemeinschaften die gleiche Deckung wie Eheleuten.

a) Personenrechtliche Ausgestaltung der ehelichen Lebensgemeinschaft

Die personenrechtliche Ausgestaltung der ehelichen Lebensgemeinschaft bezieht sich auf die Führung des Ehenamens, die Haushaltsführung und Erwerbstätigkeit sowie die Schlüsselgewalt.

aa) Ehename

Die Ehegatten führen einen gemeinsamen Ehenamen (§ 1355 Abs. 1 BGB). Zum Ehenamen können die Ehegatten bei der Eheschließung durch Erklärung gegenüber dem Standesbeamten, der sie in dieser Hinsicht nach § 13 a Abs. 1 EheG zu befragen hat, den Geburtsnamen des Mannes oder den Geburtsnamen der Frau bestimmen. Treffen sie keine Bestimmung, so ist Ehename der Geburtsname des Mannes (§ 1355 Abs. 2 BGB). Ein Ehegatte, dessen Geburtsname nicht Ehename wird, kann durch Erklärung gegenüber dem Standesbeamten dem Ehenamen seinen Geburtsnamen oder den zur Zeit der Eheschließung geführten Namen voranstellen.

bb) Haushaltsführung und Erwerbstätigkeit

Die Ehegatten regeln die Haushaltsführung im gegenseitigen Einvernehmen. Ist die Haushaltsführung einem Partner überlassen, so leitet dieser den Haushalt in eigener Verantwortung (§ 1356 Abs. 1 BGB).

Beide Ehegatten sind berechtigt, erwerbstätig zu sein. Bei der Wahl und Ausübung einer Erwerbstätigkeit haben sie auf die Belange des anderen und der Familie die gebotene Rücksicht zu nehmen (§ 1356 Abs. 2 BGB).

cc) Schlüsselgewalt

Unter der sogenannten Schlüsselgewalt versteht man die den Ehegatten durch § 1357 Abs. 1 BGB gesetzlich eingeräumte Befugnis, Geschäfte zur angemessenen Deckung des Lebensbedarfs der Familie mit Wirkung auch für den anderen Ehegatten zu besorgen. Durch solche Geschäfte werden beide Ehegatten berechtigt und verpflichtet, es sei denn, daß sich aus den Umständen etwas anderes ergibt. Der Umfang dieser Befugnis richtet sich nach dem tatsächlichen Lebenszuschnitt der Familie. Er umfaßt die laufenden Ausgaben für die Beschaffung von Lebensmitteln, Heizungsmaterial und Hausrat, für die Kindererziehung und die Zuziehung eines Arztes, nicht dagegen außergewöhnliche Aufwendungen, beispielsweise Kredit- und Teilzahlungsverträge sowie der Vermögensanlage dienende Geschäfte. Infolgedessen ist grundsätzlich auch der **Abschluß von Versicherungsverträgen** nicht durch diese Regelung gedeckt, weil die Vorsorge durch Privatversicherung im allgemeinen zur Finanzplanung beider Ehegatten gehört; dies gilt auf jeden Fall für Großlebensversicherungen. Kleinlebens-, Hausrat- und Krankenversicherungen dürften jedoch zur Deckung des Lebensbedarfs der Familie zu zählen sein.

b) **Vermögensrechtliche Ausgestaltung der ehelichen Lebensgemeinschaft**

Vermögensrechtlich wirkt sich die eheliche Gemeinschaft durch eine Unterhaltspflicht und die Ordnung des Güterstandes aus.

aa) Unterhaltspflicht

Nach § 1360 Satz 1 BGB sind beide Ehegatten einander verpflichtet, durch ihre Arbeit und mit ihrem Vermögen die Familie angemessen zu unterhalten. Ist einem Ehegatten die Haushaltsführung übertragen, so erfüllt er seine Verpflichtung, durch Arbeit zum Unterhalt der Familie beizutragen, in der Regel durch die Führung des Haushalts und ist insoweit dem erwerbstätigen gleichgestellt.

Die **Angemessenheit des Unterhaltes** beurteilt sich nach der Lebensstellung der Eheleute. Zum Familienunterhalt gehört alles, was zur Bestreitung der Haushaltskosten, der persönlichen Bedürfnisse der Ehegatten und ihrer unterhaltsberechtigten Kinder erforderlich ist (§ 1360 a Abs. 1 BGB), wie das sogenannte Wirtschaftsgeld, die Anschaffung und Erhaltung des Hausrates, ein Taschengeld, Kleidung, Kosten von Krankheiten, Ferienreisen sowie Aufwendungen für kulturelle und gesellschaftliche Bedürfnisse. Unter den Begriff des Unterhaltes können auch gewisse **Versicherungsprämien** fallen, z. B. für die Hausrat-, Privathaftpflicht- und Krankenversicherung unter Einbeziehung der Familienangehörigen sowie für die neuerdings in zunehmendem Maße unter der Bezeichnung Familienversicherung angebotenen Bündelungen verschiedener Versicherungssparten. Der Unterhaltssicherung über den Tod des Versorgers hinaus dient die Lebensversicherung unter Zuwendung der Bezugsberechtigung an den Ehegatten. Eine Begünstigung der Geliebten kann unter Umständen nach § 138 Abs. 1 BGB sittenwidrig sein.

Der Unterhalt ist in der durch die eheliche Lebensgemeinschaft gebotenen Weise, also regelmäßig in natura, zu gewähren. Die Ehegatten sind verpflichtet, die zum gemeinsamen Unterhalt der Familie erforderlichen Mittel, wie beispielsweise das sogenannte Haushaltsgeld, für einen angemessenen Zeitraum im voraus zur Verfügung zu stellen (§ 1360 a Abs. 2 Satz 2 BGB). Wenn ein Ehegatte außerstande ist, die Kosten eines Rechtsstreits in persönlichen Angelegenheiten, auch eines Scheidungsprozesses, zu tragen, so hat ihm der andere einen Prozeßkostenvorschuß zu leisten (§ 1360 a Abs. 4 BGB). Durch eine **Rechtsschutzversicherung** können auch die Kosten einer notwendigen Rechtsverfolgung oder Strafverteidigung des Ehegatten, soweit sie in seinem privaten Lebensbereich entstehen, im Rahmen des § 25 ARB (Familienrechtsschutz) abgedeckt werden.

Die Unterhaltsansprüche **getrennt lebender Ehegatten** bestimmen sich gemäß § 1361 BGB nach ihren Erwerbs- und Vermögensverhältnissen. Ist zwischen den getrennt lebenden Ehegatten ein Scheidungsverfahren rechtshängig, so gehören zum Unterhalt vom Eintritt der Rechtshängigkeit an auch die Kosten einer angemessenen **Versicherung** für den Fall des Alters sowie der Berufs- oder Erwerbsunfähigkeit.

bb) Güterrecht

Unter Güterrecht versteht man die Regelung der Vermögensverhältnisse der Eheleute, die unter verschiedenen Gesichtspunkten (Güterstände) geordnet sein können.

Der gesetzliche Güterstand ist maßgebend, sofern die Ehegatten ihre güterrechtlichen Verhältnisse nicht durch Vertrag anderweitig regeln.

(1) Zugewinngemeinschaft als gesetzlicher Güterstand

Gesetzlicher Güterstand ist die Zugewinngemeinschaft. Dabei handelt es sich um Gütertrennung mit Ausgleich des während der Ehe eingetretenen Zugewinns.

Die in die Ehe eingebrachten Vermögen beider Ehegatten sowie der während der Dauer der Ehe gemachte Erwerb bleiben rechtlich getrennt (§ 1363 Abs. 2 BGB). Jeder Ehegatte ist deshalb Alleineigentümer seines Vermögens, das er gemäß § 1364 BGB selbständig verwaltet. Im Interesse der Familiengemeinschaft bedürfen jedoch Verpflichtungs- und Verfügungsgeschäfte eines Ehegatten, die sich auf sein Vermögen im ganzen beziehen, der Zustimmung des Ehepartners (§ 1365 Abs. 1 BGB). Ein ohne diese Einwilligung abgeschlossener Vertrag ist schwebend unwirksam und somit von der Genehmigung des anderen Ehegatten abhängig. Als Verfügung über das ganze Vermögen in diesem Sinne wird nicht nur die Übertragung des gesamten gegenwärtigen Vermögens als solchen angesehen, sondern auch die Veräußerung von Einzelstücken, die wirtschaftlich gesehen das ganze Vermögen ausmachen, wie die Hofübergabe, ein Geschäftsverkauf und die Übertragung eines Grundstücks, wenn es das wesentliche Vermögen des Ehegatten darstellt.

Diejenigen Teile des beiderseitigen Vermögens, die zur ehelichen Lebensführung dienen, wie der Hausrat, genießen einen besonderen Schutz. **Haushaltsgegenstände**, die anstelle nicht mehr vorhandener oder wertlos gewordener Gegenstände angeschafft werden, wie z. B. eine Waschmaschine, werden Eigentum des Ehegatten, dem die ersetzten Sachen gehört haben (§ 1370 BGB). Über ihm gehörende Haushaltsgegenstände, beispielsweise die Wohnungseinrichtung, Haushaltswäsche oder ein Fernsehgerät, kann ein Ehegatte gemäß § 1369 Abs. 1 BGB nur mit Zustimmung des anderen verfügen. Dieser Gedanke der einheitlichen Behandlung des Hausrats trotz unterschiedlichen Eigentums kommt auch bei seiner **Versicherung** zum Ausdruck, die sich nicht nur auf Sachen des Versicherungsnehmers, sondern auch auf diejenigen der Familienangehörigen erstreckt, sofern sie in häuslicher Gemeinschaft mit ihm leben (§ 2 Abs. 1 Satz 2 AFB). Speziell für die Hausratversicherung sprechen §§ 2 Abs. 2 VHB 74, 1 Abs. 3 VHB 84 allgemein von der Mitversicherung fremden Eigentums.

Im Falle einer **Aufhebung der Zugewinngemeinschaft** unter Lebenden durch Scheidung der Ehe oder gerichtliches Urteil auf vorzeitigen Ausgleich des Zugewinns, beispielsweise nach dreijährigem Getrenntleben oder schuldhafter Verletzung bestimmter wirtschaftlicher Verpflichtungen aus dem ehelichen Verhältnis, hat jeder Ehegatte einen Anspruch auf Teilung des Zugewinns zur Hälfte. Zugewinn ist nach § 1373 BGB der Betrag, um den das Endvermögen eines Ehegatten das Anfangsvermögen übersteigt. Für beide Ehegatten ist der Zugewinn zu errechnen. Übersteigt der Zugewinn des einen Ehegatten den Zugewinn des anderen, so steht diesem die Hälfte des Überschusses als Ausgleichsforderung zu (§ 1378 Abs. 1 BGB).

Beispiel:

Der Ehemann hatte bei der Eheschließung ein Sparguthaben von DM 1.000,–, dem Schulden in Höhe von DM 10.000,– gegenüberstanden. Sein Anfangsvermögen belief sich gemäß § 1374 Abs. 1 BGB auf DM 0,–. Im Zeitpunkt der Scheidung (Rechtshängigkeit des Scheidungsantrags, sofern die Ehe geschieden wird) betrug sein durch freiberufliche Tätigkeit erworbenes Endvermögen DM 100.000,–. Die Ehefrau hatte Hausratgegenstände im Werte von DM 10.000,– in die Ehe eingebracht und verfügte zur Zeit der Scheidung über ein Vermögen von insgesamt DM 15.000,–. Der Zugewinn des Mannes beträgt somit DM 100.000,–, derjenige der Ehefrau DM 5.000,–. Infolgedessen kann sie eine Ausgleichsforderung in Höhe von DM 95.000,– : 2 = DM 47.500,– geltend machen.

Beim **Tod eines Ehegatten** wird der Zugewinn schematisch durch Erhöhung des gesetzlichen Erbteils des überlebenden Ehegatten um ein Viertel der Erbschaft ausgeglichen, auch wenn im Einzelfall kein Zugewinn erzielt wurde (§ 1371 Abs. 1 BGB). Wird der überlebende Ehegatte nicht Erbe, z. B. wegen Ausschlagung der Erbschaft, so kann er neben dem Ausgleich des Zugewinns den Pflichtteil verlangen.

(2) Vertragsmäßige Güterstände

Durch **Ehevertrag** können Verlobte und Ehegatten ihre güterrechtlichen Verhältnisse abweichend vom gesetzlichen Güterstand bestimmen. Die getroffene Regelung bedarf der notariellen Beurkundung und der Eintragung in das beim Amtsgericht geführte Güterrechtsregister, sofern sie Dritten gegenüber wirken soll. Als vertragsmäßige Güterstände sind nur die Gütertrennung und die Gütergemeinschaft zugelassen. Sie spielen in der Praxis jedoch keine erhebliche Rolle, da die Eheleute meistens von einer vertraglichen Vereinbarung absehen.

3. Scheidung

Unter Scheidung versteht man die Auflösung der Ehe für die Zukunft durch Scheidungsurteil aus Gründen, die während der Ehe eingetreten sind.

a) Scheidungsgrund

Nach dem sogenannten **Zerrüttungsprinzip** kann die Ehe gemäß § 1565 Abs. 1 Satz 1 BGB **ohne Rücksicht auf Verschulden** geschieden werden, wenn die Ehe gescheitert ist. Scheitern der Ehe in diesem Sinne bedeutet das Ende der ehelichen Lebensgemeinschaft ohne Aussicht auf ihre Wiederherstellung (§ 1565 Abs. 1 Satz 2 BGB).

Das **Scheitern der Ehe** wird nach dreijährigem Getrenntleben, bei Einverständnis der Ehegatten mit der Scheidung schon nach einjähriger Trennung unwiderlegbar vermutet. Leben die Ehegatten aber noch nicht ein Jahr getrennt, so darf die Ehe nur geschieden werden, wenn ihre Fortsetzung für den Scheidungswilligen aus Gründen, die in der Person des anderen Ehegatten liegen, eine unzumutbare Härte sein würde. Eine weitere Härteklausel enthält § 1568 BGB unabhängig von der Dauer des Getrenntlebens für den Fall, daß besondere Gesichtspunkte für die Aufrechterhaltung der zerrütteten Ehe sprechen, nämlich wenn ihre Fortsetzung im Interesse gemeinsamer Kinder notwendig ist oder die Scheidung für den mit ihr nicht einverstandenen Ehegatten wegen ganz besonderer Umstände eine unzumutbare schwere Härte darstellen würde, beispielsweise während einer schweren Krankheit.

b) Verfahren

Für die Ehescheidung ist die bei den Amtsgerichten nach § 23 b GVG gebildete **Abteilung für Familiensachen** (Familiengericht) zuständig. Die Ehe wird durch gerichtliches Urteil auf **Antrag eines oder beider Ehegatten** geschieden (§§ 1564 Satz 1 BGB, 622 Abs. 1 ZPO).

Das Gericht soll in Verbindung mit dem Hauptprozeß auch über die sogenannten **Folgesachen** (Regelung des Unterhalts, der elterlichen Sorge für die Kinder, Versorgungsausgleich, Hausratverteilung) im Rahmen des Scheidungsverbundes entscheiden. Unabhängig von der Scheidung kann das Verfahren in einer Folgesache anhängig gemacht werden; es richtet sich dann nach den Grundsätzen der freiwilligen Gerichtsbarkeit.

c) Folgen der Scheidung

Mit der Rechtskraft des Scheidungsurteils wird die Ehe aufgelöst. Der geschiedene Ehegatte behält nach § 1355 Abs. 4 BGB den **Ehenamen.** Er kann durch Erklärung gegenüber dem Standesbeamten seinen Geburtsnamen oder den Namen wieder annehmen, den er zur Zeit der Eheschließung geführt hat.

Wie die Scheidung richten sich auch ihre Folgen nicht nach Verschulden, sondern nach **objektiven Merkmalen.**

aa) Unterhalt

Für seinen Unterhalt hat grundsätzlich jeder geschiedene Ehegatte selbst zu sorgen (§ 1569 BGB). Einen **Unterhaltsanspruch** gegen den anderen hat aber der Ehegatte, von dem eine Erwerbstätigkeit wegen Alters oder Krankheit oder, weil ihm die Pflege eines gemeinsamen Kindes obliegt, nicht erwartet werden kann. Das gleiche gilt, soweit er keinen angemessenen Erwerb findet oder seine Einkünfte nicht ausreichen. Auch andere schwerwiegende Gründe können die Verweisung auf eigene Erwerbstätigkeit grob unbillig erscheinen lassen. Umgekehrt stehen Gesichtspunkte, wie z. B. kurze Dauer der Ehe oder schwere Straftaten des Unterhaltsberechtigten gegen den Verpflichteten, dessen Inanspruchnahme auf Unterhalt gemäß § 1579 BGB entgegen.

bb) Versorgungsausgleich

Zwischen den geschiedenen Ehegatten findet ein Versorgungsausgleich statt, soweit für sie oder einen von ihnen in der Ehezeit Anwartschaften oder Aussichten auf eine Versorgung wegen Alters oder Berufs- bzw. Erwerbsunfähigkeit begründet oder aufrechterhalten worden sind (§ 1587 BGB). Ausgleichspflichtig ist nach § 1587 a BGB der Ehegatte mit den werthöheren Anwartschaften oder Aussichten auf eine auszugleichende Versorgung. Dem berechtigten Ehegatten steht als Ausgleich die Hälfte des Wertunterschiedes zu.

Im einzelnen sind auszugleichen:

— Renten oder Rentenanwartschaften aus der gesetzlichen Rentenversicherung, die den gesetzlichen Rentenanpassungen unterliegen;

— Versorgungen oder Versorgungsanwartschaften aus öffentlich-rechtlichen Dienstverhältnissen oder aus Arbeitsverhältnissen mit Anspruch auf Versorgung nach beamtenrechtlichen Vorschriften oder Grundsätzen;

— Leistungen, Anwartschaften oder Aussichten auf Leistungen der betrieblichen Altersversorgung. Hierunter fallen außer Rechten des Arbeitnehmers aus unmittelbaren Versorgungszusagen des Arbeitgebers auch Rechte aus betrieblicher Altersversorgung gegen Unterstützungs- und Pensionskassen sowie aus Lebensversicherungsverträgen, soweit diese im Rahmen der betrieblichen Altersversorgung abgeschlossen wurden;

— Renten und Anwartschaften aufgrund von Versicherungsverträgen, die zur Versorgung des Versicherten eingegangen wurden;

— sonstige Renten oder ähnliche wiederkehrende Leistungen, die der Versorgung wegen Alters oder Berufs- bzw. Erwerbsunfähigkeit zu dienen bestimmt sind, sowie Anwartschaften oder Aussichten auf solche Leistungen.

Nicht ausgleichspflichtig sind dagegen zum Beispiel:

— Anwartschaften oder Aussichten, die weder mit Hilfe des Vermögens noch durch Arbeit der Ehegatten begründet oder aufrecht erhalten worden sind;

— private Kapital-Lebensversicherungen ohne Rücksicht darauf, zu welchem Zweck sie abgeschlossen worden sind, soweit sie nicht als betriebliche Altersversorgung ausgleichspflichtig sind.

Zur Feststellung des Wertunterschiedes der Versorgungsansprüche beider Ehegatten bedarf es der **Bewertung jedes einzelnen Versorgungsanrechts.** Als Wert sind grundsätzlich die Versorgungsleistungen anzusetzen, die aufgrund bereits erworbener Anrechte oder Aussichten fiktiv errechnet werden. Dabei sind für die vom Ausgleich erfaßten Versorgungsarten Umrechnungsmaßstäbe vorgesehen, die jeweils der Eigenart der betroffenen Versorgung angepaßt sind. Beispielsweise sind bei Renten und Anwartschaften aufgrund eines privaten Versicherungsvertrages, also insbesondere bei Lebensversicherungen auf Rentenbasis, diejenigen Fälle zu unterscheiden, in denen die Beitragszahlungspflicht aus dem Versicherungsverhältnis über den Beginn des Scheidungsverfahrens hinaus fortbesteht, von denjenigen, in denen die Beitragszahlungspflicht aus dem Versicherungsverhältnis bei Beginn des Scheidungsverfahrens bereits beendet ist. Besteht die Beitragszahlungspflicht über den Beginn des Scheidungsverfahrens hinaus fort, so ist von dem Rentenbetrag auszugehen, der sich nach vorheriger Umwandlung in eine beitragsfreie Versicherung als Leistung des Versicherers ergäbe, wenn in diesem Zeitpunkt der Versicherungsfall bereits eingetreten wäre. Ist die Beitragszahlungspflicht bei Beginn des Scheidungsverfahrens dagegen bereits beendet, so wird von dem Rentenbetrag ausgegangen, der sich als Leistung des Versicherers ergäbe, wenn in diesem Zeitpunkt der Versicherungsfall eingetreten wäre.

Gemäß § 1587 c Nr. 1 BGB findet der Versorgungsausgleich nicht statt, sofern die Inanspruchnahme des Verpflichteten unter den gegebenen Umständen grob unbillig erscheint. Die Entscheidung darüber kann nur im Einzelfall getroffen werden. So könnte etwa ein Versorgungsausgleichsanspruch als grob unbillig angesehen werden, wenn ein Ehepartner während der Ehe auf Kosten des anderen studiert hat, nach Abschluß des Studiums die Scheidung verlangt und alsdann seinem Beruf nachgeht.

Um die Durchführung des Versorgungsausgleichs zu erleichtern, hat der Gesetzgeber grundsätzlich den Ausgleich über die **Träger der gesetzlichen Rentenversicherung** bestimmt (öffentlich-rechtlicher Versorgungsausgleich im Sinne von § 1587 b BGB). Er geht dabei davon aus, daß die meisten Ehepartner Rentenanwartschaften in der gesetzlichen Rentenversicherung erworben haben, so daß eine Aufteilung möglich ist, ohne daß hierfür Bargeld aufgewandt werden müßte (Rentensplitting). Bei ausgleichspflichtigen Anrechten aus der beamtenrechtlichen oder dieser gleichgestellten Versorgung hat der Dienstherr dem Träger der gesetzlichen Rentenversicherung die Leistungen zu erstatten, die dieser aus der neubegründeten Rentenanwartschaft erbringen muß (Quasisplitting). Werden Ausgleichsrenten aus anderen ausgleichspflichtigen Anrechten, wie Renten oder Anwartschaften aus der Höherversicherung in der gesetzlichen Rentenversicherung oder aus der betrieblichen Altersversorgung, erworben, so sind hierfür vom Ausgleichspflichtigen Barleistungen zu erbringen, mit denen Rentenansprüche in der gesetzlichen Rentenversicherung aufgebaut werden (Ausgleichsnachentrichtung).

Neben dem öffentlich-rechtlichen Versorgungsausgleich sieht das Gesetz den sogenannten **schuldrechtlichen Versorgungsausgleich** vor, der insbesondere dann eingreift, wenn eine Begründung von Rentenanwartschaften in der gesetzlichen Rentenversicherung nicht möglich ist oder die Parteien ihn im Zusammenhang mit der Scheidung vereinbart haben (§§ 1587 f und o BGB). Im Rahmen derartiger Vereinbarungen kann die Abfindung künftiger Ausgleichsansprüche in Form der Zahlung von Beiträgen zu einer privaten **Lebens- oder Rentenversicherung** gewählt werden. Das Gesetz zur Regelung von **Härten** im Versorgungsausgleich räumt dem Familiengericht anstelle der Ausgleichsnachentrichtung bestimmte Befugnisse ein und gewährt ihm insbesondere auch ein Auskunftsrecht gegenüber Versicherungsunternehmen (§ 11 Abs. 2 VAHRG).

Von vornherein kann der Versorgungsausgleich gemäß § 1408 Abs. 2 BGB in einem Ehevertrag durch ausdrückliche Vereinbarung **ausgeschlossen** werden. Der Ausschluß ist unwirksam, wenn innerhalb eines Jahres nach Vertragsschluß Antrag auf Scheidung der Ehe gestellt wird.

Hat ein Ehepartner dem anderen eine unwiderrufliche **Bezugsberechtigung aus einer Lebensversicherung** eingeräumt, so wird diese durch die Ehescheidung nicht beeinträchtigt, weil der Ehepartner das Recht bereits mit der Erteilung der Begünstigung erworben hat. Im Falle der widerruflichen Bezugsberechtigung ist nach dem Willen des Versicherungsnehmers davon auszugehen, daß ein geschiedener Ehepartner nicht mehr als bezugsberechtigt anzusehen sein soll, wobei es grundsätzlich keinen Unterschied macht, ob der Ehepartner mit oder ohne Namensnennung eingesetzt war. Denn nach der Lebenserfahrung soll die Versicherungssumme nicht einem geschiedenen Ehegatten zugewendet sein, sondern der Versicherungsnehmer will regelmäßig denjenigen Ehepartner begünstigen, mit dem er zum Zeitpunkt des Versicherungsfalles in gültiger Ehe lebt. Im Einzelfall kann sich jedoch, vor allem bei einer namentlichen Begünstigung, aus den Umständen ergeben, daß die Versicherungssumme dem geschiedenen Ehegatten zugewendet bleiben soll, so daß beim Eintritt des Versicherungsfalles die erste und nicht eine etwaige zweite Frau bezugsberechtigt ist.

cc) Ehewohnung und Hausrat

Über die weitere **Benutzung der Ehewohnung und die Verteilung ihres Hausrates** haben sich die geschiedenen Ehegatten zu einigen. Kommt keine Vereinbarung zustande, so entscheidet aufgrund der Verordnung über die Behandlung der Ehewohnung und des Hausrats vom 21.10.1944 das Familiengericht im Wege der freiwilligen Gerichtsbarkeit nach billigem Ermessen. Dabei hat es alle Umstände des Einzelfalles zu berücksichtigen, insbesondere das Wohl der Kinder und die Erfordernisse des Gemeinschaftslebens. War der Hausrat **versichert,** so bedeutet die Teilung keine Veräußerung mit der Folge eines Überganges des Versicherungsverhältnisses, sondern hinsichtlich des entfernten Gegenstandes einen Interessewegfall im Sinne von § 68 Abs. 2 VVG. Diejenigen Hausratgegenstände, die bisher im Rahmen der Versicherung eines Ehegatten gedeckt waren und nach der Scheidung auf den anderen übertragen werden, scheiden somit aus dem Versicherungsschutz aus.

dd) Gemeinschaftliche Kinder

Welchem Ehegatten im Falle der Scheidung die **elterliche Sorge** für ein gemeinschaftliches Kind zustehen soll, bestimmt das Familiengericht. Von einem gemeinsamen Vorschlag der Eltern soll es nur abweichen, wenn dies zum Wohle des Kindes erforderlich ist. Haben die Eltern keinen Vorschlag gemacht, so trifft das Familiengericht die Regelung, die dem Wohle des Kindes am besten entspricht (§ 1671 BGB). Jeder Elternteil behält aber die **Befugnis zum persönlichen Umgang** mit dem Kind, die das Familiengericht näher regeln kann (§ 1634 BGB).

II. Verwandtschaft

Verwandtschaft besteht zwischen Personen, die durch Abstammung miteinander verbunden sind (§ 1589 BGB). Demgegenüber ist Schwägerschaft das Verhältnis eines Ehegatten zu den Verwandten des anderen Ehegatten (§ 1590 BGB).

Während die **Familie im engeren Sinne** aus den Ehegatten und den Kindern besteht, ist der Begriff der **Familienangehörigen** weiter, indem er auch die übrigen Verwandten und Verschwägerten umfaßt. Die Verwandtschaft ist über das Kindschaftsverhältnis hinaus bedeutsam für die Unterhaltspflicht und das Erbrecht.

Versicherungsrechtlich spielt die **Familie im engeren Sinne** eine Rolle bei der Mitversicherung der Ehefrau und der Kinder im Rahmen der privaten Krankenversicherung, die beim Tod des Versicherungsnehmers sogar den Vertrag fortsetzen können (§ 15 Abs. 1 Satz 2 MB/KK). Angehörige, deren Schadenersatzansprüche gegen den Versicherungsnehmer nicht unter die Haftpflichtversicherung fallen, umschreibt § 4 II Nr. 2 AHB als Ehegatten, Eltern, Schwieger- und Großeltern, Kinder (Schwiegerkinder und Enkel, Adoptiv-, Pflege- und Stiefeltern und -kinder), ferner auch die mit dem Versicherungsnehmer in häuslicher Gemeinschaft lebenden Geschwister, deren Ehegatten und Kinder sowie Geschwister des

Ehegatten des Versicherungsnehmers. Voraussetzung ist aber ebenso wie bei der Regelung des § 67 Abs. 2 VVG, daß sie mit ihm in häuslicher Gemeinschaft leben. Eine Erweiterung über Verwandtschaft und Schwägerschaft hinaus wird dann vorgenommen, wenn allgemein von Personen die Rede ist, die mit dem Versicherungsnehmer in häuslicher Gemeinschaft leben, wozu außer Angehörigen auch Hausangestellte und sonstige Arbeitnehmer gehören. Auf diesen Personenkreis der Hausgenossen erstreckt sich der Versicherungsschutz mit unterschiedlicher Ausgestaltung in der Feuer-, Privathaftpflicht- und Rechtsschutzversicherung (vgl. z. B. § 2 Abs. 1 Satz 2 AFB). Ihnen gegenüber besteht auch zivilrechtlich eine gewisse Fürsorgepflicht (§§ 617 bis 619 BGB). In der Einbruchdiebstahl-Versicherung sind gemäß § 1 Abs. 6 a AERB Einbruchdiebstahl-Schäden, die durch Hausgenossen herbeigeführt wurden, ausgeschlossen.

Die Verwandtschaft äußert sich in der Unterhaltspflicht und in Rechtsbeziehungen zu den Kindern.

1. Unterhaltspflicht

Außer den Ehegatten sind Verwandte in gerader Linie verpflichtet, einander Unterhalt zu gewähren (§ 1601 BGB). Unter Verwandten in gerader Linie versteht man Personen, bei denen eine von der anderen abstammt, wie Großeltern, Kinder und Enkel (§ 1589 BGB).

Der Unterhaltsanspruch setzt die Bedürftigkeit des Berechtigten und die Leistungsfähigkeit des Verpflichteten voraus. Bedürftig ist derjenige, der außerstande ist, sich selbst zu unterhalten, leistungsfähig, wer bei Berücksichtigung seiner sonstigen Verpflichtungen imstande ist, ohne Gefährdung seines eigenen angemessenen Unterhalts den Unterhalt zu gewähren (§§ 1602 Abs. 1, 1603 Abs. 1 BGB). Eltern sind ihren minderjährigen unverheirateten Kindern gegenüber auch bei Leistungsunfähigkeit unterhaltspflichtig; sie müssen nach § 1603 Abs. 2 BGB alle verfügbaren Mittel zu ihrem und der Kinder Unterhalt gleichmäßig verwenden. Sie haben Unterhaltsleistungen anteilig nach ihren Erwerbs- und Vermögensverhältnissen zu erbringen, wobei die Mutter ihre Verpflichtung, zum Unterhalt eines minderjährigen unverheirateten Kindes beizutragen, in der Regel durch die Pflege und Erziehung des Kindes erfüllt (§ 1606 Abs. 3 Satz 2 BGB).

Inhaltlich ist der Anspruch auf den angemessenen Unterhalt gerichtet, der sich nach der Lebensstellung des Bedürftigen bestimmt und den gesamten Lebensbedarf einschließlich der Kosten der Erziehung und der Vorbildung zu einem Beruf umfaßt (§ 1610 BGB). Gewährt wird der Unterhalt durch Entrichtung einer Geldrente. Jedoch können die Eltern unverheirateter Kinder nach § 1612 Abs. 2 BGB die Art und Weise der Unterhaltsleistung frei bestimmen und sie namentlich in natura erbringen. Für die Vergangenheit kann regelmäßig kein Unterhalt verlangt werden. Der Unterhaltsanspruch erlischt mit dem Tode des Berechtigten, für dessen Todesmonat aber noch der volle Unterhaltsbetrag zu gewähren ist, oder des Verpflichteten, der durch die Zuwendung der Bezugsberechtigung aus einer Lebensversicherung den Unterhalt über seinen Tod hinaus sichern kann.

2. Kindschaftsrecht

Von ihrer Rechtsstellung her unterscheidet das Gesetz zwischen ehelichen, nichtehelichen und Adoptivkindern. Das Bestehen eines Kindschaftsverhältnisses in diesem Sinne spielt versicherungsrechtlich eine Rolle für die Versicherung auf das Leben minderjähriger Kinder durch die Eltern. Zur Vermeidung von Spekulationen ist eine solche Versicherung gemäß § 159 Abs. 3 VVG ohne weiteres nur dann zulässig, wenn die vereinbarte Versicherungssumme den Betrag der gewöhnlichen Beerdigungskosten nicht übersteigt. Eine spezielle Versicherungsform für die Bedürfnisse des Kindes stellt die Kinder-Unfallversicherung dar.

a) Eheliche Kinder

Ehelich sind Kinder, die nach Eingehung der Ehe geboren werden. Die Vaterschaft des Ehemannes wird unter bestimmten Voraussetzungen vermutet; sie kann durch den Nachweis widerlegt werden, daß das Kind offenbar unmöglich durch die Beiwohnung des Ehemannes erzeugt sein kann (§ 1591 BGB). Der Beweis hierfür kann insbesondere durch eine Blutgruppenuntersuchung oder ein erbbiologisches Gutachten erbracht werden. Die Nichtehelichkeit eines nach der Eheschließung geborenen Kindes kann nur geltend gemacht werden, wenn sie innerhalb einer bestimmten Frist in einem besonderen gerichtlichen Verfahren (Anfechtung der Ehelichkeit) festgestellt ist (§§ 1593 bis 1600 BGB).

aa) Allgemeines Rechtsverhältnis zwischen Eltern und Kind

Das eheliche Kind erhält nach § 1616 BGB den **Ehenamen** seiner Eltern. Es teilt grundsätzlich den **Wohnsitz** der Eltern (§ 11 BGB).

Nach § 1619 BGB ist das Kind, solange es dem elterlichen Hausstand angehört und von den Eltern erzogen oder unterhalten wird, verpflichtet, in einer seinen Kräften und seiner Lebensstellung entsprechenden Weise den Eltern in ihrem **Hauswesen oder Geschäft Dienste zu leisten.** Diese Regelung gilt auch für volljährige Kinder. Im Falle der Körperverletzung oder Tötung des Kindes durch einen Dritten steht den Eltern ein Schadenersatzanspruch gemäß § 845 BGB für die entgangenen Dienste zu. Zwischen Eltern und Kindern kann aber auch ein Arbeitsverhältnis vorliegen, namentlich dann, wenn die nähere Art der Dienste und eine über den Unterhalt hinausgehende Vergütung vereinbart werden.

Im Verhältnis der Eltern zu den Kindern kommt dem Begriff der **Ausstattung** eine gewisse Bedeutung zu. Man versteht darunter alle Zuwendungen, die einem Kinde mit Rücksicht auf seine Verheiratung oder die Erlangung einer selbständigen Lebensstellung gemacht werden (§ 1624 Abs. 1 BGB). Dazu gehören beispielsweise die Studienkosten des Sohnes, das Kapital zur Eröffnung eines Geschäftes oder die Aussteuer der Tochter zur Einrichtung des Haushalts. Auf diese Leistungen besteht kein Rechtsanspruch der Kinder. Da aber eine moralische Verpflichtung der Eltern angenommen werden kann, gilt die Ausstattung grundsätzlich nicht als Schenkung mit der Folge, daß die Vorschriften über die Form sowie den Widerruf der Schenkung keine Anwendung finden. Der Sicherstellung einer Ausstattung für die Kinder dient der Abschluß einer **Berufsausbildungs- oder Heiratsversicherung,** die besondere Formen der Lebensversicherung darstellen.

bb) Elterliche Sorge

Das minderjährige Kind unterliegt nach § 1626 Abs. 1 BGB der elterlichen Sorge des Vaters und der Mutter, die im Interesse des Kindes nicht nur als Recht, sondern in erster Linie als Pflicht der Eltern ausgestaltet ist.

Inhaltlich umfaßt sie die Sorge für die Person und das Vermögen des Kindes. In beiden Bereichen gehört zu ihr nicht nur die tatsächliche Fürsorge, sondern auch die **Vertretung des Kindes**, die nach § 1629 Abs. 1 Satz 2 BGB beiden Eltern gemeinschaftlich zusteht. Sie sind der gesetzliche Vertreter des Kindes und haben es in allen Rechtsangelegenheiten zu vertreten. Dies gilt auch für den Abschluß eines Versicherungsvertrages und die Entgegennahme der Versicherungsleistung. Der Antrag bedarf daher der Unterschrift beider Elternteile, sofern nicht einer den anderen bevollmächtigt hat.

Die **Sorge für die Person** des Kindes erstreckt sich auf die Erziehung, Beaufsichtigung und Aufenthaltsbestimmung (§ 1631 Abs. 1 BGB). Die Aufsichtspflicht soll nicht nur das Kind selbst vor Gefahren schützen, sondern auch Schädigungen Dritter verhüten. Eine schuldhafte Verletzung der Aufsichtspflicht begründet einen Schadenersatzanspruch nach § 832 BGB, der ebenso wie eine etwaige eigene Haftung des Kindes durch die **Privathaftpflichtversicherung** gedeckt ist. In Angelegenheiten der **Ausbildung und des Berufes** haben die Eltern gemäß § 1631 a BGB insbesondere auf Eignung und Neigung des Kindes Rücksicht zu nehmen; bestehen Zweifel, so soll der Rat eines Lehrers oder einer anderen geeigneten Person eingeholt werden. Die Eltern können nach § 1632 Abs. 1 BGB die Herausgabe des Kindes von jedem verlangen, der es ihnen widerrechtlich vorenthält.

Die **Sorge für das Vermögen** des Kindes äußert sich in der Verwaltung des Kindesvermögens. Verpflichtungs- und Verfügungsgeschäfte darüber nehmen die Eltern mit Wirkung für und gegen das Kind vor, sind jedoch hinsichtlich der Verwaltung gewissen Beschränkungen unterworfen. Schenkungen sind ihnen verboten. Geld ist nach den für einen Vormund geltenden Vorschriften verzinslich und mündelsicher anzulegen, soweit es nicht zur Bestreitung von Ausgaben bereitzuhalten ist. Zu manchen Rechtsgeschäften bedürfen die Eltern der vormundschaftsgerichtlichen Genehmigung. Dazu gehören insbesondere Grundstücksgeschäfte, Verfügungen über eine Erbschaft, Verträge über den Erwerb oder die Veräußerung von Geschäften, Miet- und Pachtverträge sowie andere Verträge, die das Kind zu wiederkehrenden Leistungen verpflichten und länger als ein Jahr über die Volljährigkeit hinaus fortdauern sollen, wie z. B. **eine Lebensversicherung,** ferner Wechsel- und Wertpapiergeschäfte, Bürgschaften und die Erteilung der Prokura (§§ 1642, 1643, 1821 Abs. 1 Nr. 1 bis 4 und Abs. 2, 1822 Nr. 1, 3, 5, 8 bis 11 BGB).

Die elterliche Sorge endet mit der Volljährigkeit des Kindes oder durch Entziehung seitens des Vormundschaftsgerichtes (§§ 1666, 1666 a BGB). Stirbt ein Elternteil, so steht die elterliche Sorge nach § 1681 Abs. 1 BGB allein dem anderen zu. Ist auch der andere Elternteil verstorben oder für tot erklärt, erhält das Kind einen Vormund.

b) Nichteheliche Kinder

Aufgrund des in Art. 6 Abs. 5 GG enthaltenen Verfassungsauftrages waren den unehelichen Kindern die gleichen Bedingungen für ihre leibliche und seelische Entwicklung sowie ihre Stellung in der Gesellschaft zu schaffen wie den ehelichen Kindern. Das Gesetz spricht nunmehr von nichtehelichen Kindern und hat die rechtliche Diskriminierung beseitigt, die darin lag, daß sie nach der früheren Regelung als mit ihrem Vater nicht verwandt galten.

Das Rechtsverhältnis des nichtehelichen Kindes zu seinen Eltern ist im wesentlichen dem des ehelichen Kindes gleichgestellt worden. Dabei war jedoch der Tatsache Rechnung zu tragen, daß es im Falle des nichtehelichen Kindes regelmäßig an der häuslichen Gemeinschaft beider Elternteile fehlt und das Kind bei der **Mutter** aufwächst. Es erhält deshalb nach § 1617 Abs. 1 BGB den **Familiennamen** der Mutter und unterliegt **ihrer elterlichen Sorge** (§ 1705 BGB). Infolgedessen vertritt sie das Kind, z. B. beim Abschluß von Versicherungsverträgen, allein. Für die Feststellung der Vaterschaft und die Geltendmachung der Unterhaltsansprüche gegen den Vater steht ihr ein Pfleger bei. Das Ausmaß des Unterhalts bemißt sich nach der Lebensstellung beider Eltern (§ 1615 c BGB). Die Vaterschaft wird durch Anerkennung oder gerichtliche Entscheidung festgestellt (§§ 1600 a bis o BGB).

Die rechtliche Stellung eines ehelichen Kindes kann das nichteheliche Kind durch Eheschließung seiner Eltern (§ 1719 BGB) oder Ehelicherklärung seitens des Vormundschaftsgerichtes auf Antrag des Vaters (§ 1723 BGB) erlangen.

c) Annahme als Kind

Die Annahme als Kind begründet ein Eltern-Kind-Verhältnis durch Vertrag. Er ist an bestimmte persönliche Voraussetzungen der Beteiligten und gewisse Formvorschriften gebunden. Durch die Annahme als Kind erlangt es die rechtliche Stellung eines ehelichen Kindes (§ 1754 BGB).

III. Vormundschaft und Pflegschaft

Vormundschaft und Pflegschaft dienen dem Schutz von Personen, die außerstande sind, ihre Angelegenheiten selbst zu erledigen (Mündel). Ein Vormund wird entweder für einen Minderjährigen oder einen Entmündigten bestellt. Er unterscheidet sich vom Pfleger dadurch, daß er zur Besorgung aller Angelegenheiten berufen ist, während sich das Amt des Pflegers nur auf die Erledigung einzelner Aufgaben oder einen vorübergehenden Zweck erstreckt.

1. Rechtsstellung des Vormunds

Der Vormund hat die Personen- und Vermögenssorge für das Mündel und damit auch die Vertretungsmacht (§ 1793 BGB). Er ist somit sein **gesetzlicher Vertreter.**

Das **Mündelvermögen** unterliegt seiner Verwaltung, die jedoch stärkeren Beschränkungen unterworfen ist, als sie den Inhaber der elterlichen Sorge treffen. Nach §§ 1806, 1807 BGB hat der Vormund das Geld des Mündels verzinslich und **mündelsicher** anzulegen.

Eine Anlage ist mündelsicher, wenn sie in sicheren inländischen Hypotheken, bestimmten Wertpapieren, wie öffentlichen Anleihen, Schuldverschreibungen der öffentlichen Hand, Pfandbriefen und Kommunalobligationen, bei einer öffentlichen Sparkasse, einer Landeszentralbank, einer Staatsbank oder einer anderen durch Landesgesetz für mündelsicher erklärten Bank mit Sperrvermerk erfolgt. Der in seiner sachlichen Rechtfertigung heute umstrittene Begriff der Mündelsicherheit hat eine gewisse Parallele in der Anlage des gebundenen Vermögens der Versicherungsunternehmen gemäß §§ 54 ff. VAG. Das Vormundschaftsgericht kann dem Vormund eine andere Art der Anlage, z. B. in Bankguthaben, Aktien oder Investmentanteilen, gestatten (§ 1811 BGB). Inhaberpapiere hat der Vormund nach § 1814 BGB mit Sperrvermerk zu hinterlegen. Für schuldhafte Pflichtverletzungen innerhalb seines Wirkungskreises haftet der Vormund dem Mündel gemäß § 1833 Abs. 1 BGB. Zu seinen Aufgaben gehört insbesondere die ausreichende **Versicherung** des Mündelvermögens. Seine eigene Haftung kann durch den Abschluß einer Haftpflichtversicherung abgedeckt werden.

Zu bestimmten Rechtsgeschäften bedarf der Vormund der **Genehmigung des Vormundschaftsgerichtes**. Genehmigungsbedürftig sind nach §§ 1821, 1822 BGB über die auch für Eltern genehmigungspflichtigen Geschäfte hinaus insbesondere Grundstückskäufe, die Ausschlagung einer Erbschaft, Pachtverträge über ein Landgut oder einen gewerblichen Betrieb, Lehr-, Arbeits- und Dienstverhältnisse mit einer Dauer von über einem Jahr, Vergleiche mit einem Streitwert über DM 300,— sowie die Aufgabe bestehender Sicherheiten.

2. Pfleger

Im Gegensatz zur Vormundschaft dient die Pflegschaft nicht dem dauernden Ausgleich der fehlenden Geschäftsfähigkeit, sondern der vorübergehenden Besorgung einzelner Angelegenheiten.

Von praktischer Bedeutung ist die **Ergänzungspflegschaft**, die neben der elterlichen Sorge oder Vormundschaft angeordnet wird für Aufgaben, an deren Erledigung die Eltern oder der Vormund aus rechtlichen oder tatsächlichen Gründen verhindert sind (§ 1909 BGB). So erhält ein Minderjähriger z. B. einen Pfleger, wenn die Eltern infolge längerer Krankheit nicht in der Lage sind, die Angelegenheiten des Kindes zu besorgen, oder wegen einer Interessenkollision nicht befugt sind, es zu vertreten. Ein Beispiel hierfür bietet die Vorschrift des § 159 Abs. 3 VVG, wonach eine Versicherung, welche die Eltern **auf die Person eines minderjährigen Kindes** nehmen, dessen Einwilligung bedarf, sofern die Versicherungssumme die Beerdigungskosten übersteigt. Bei der Abgabe dieser Einwilligungserklärung können die Eltern das Kind nicht selbst vertreten, sondern es bedarf der Bestellung eines Pflegers, der die Einwilligung im Namen des Kindes erteilt.

E. Erbrecht

Das fünfte Buch des BGB regelt den Übergang der Rechte und Pflichten eines Verstorbenen auf andere Personen und ordnet somit die Rechtsverhältnisse nach dem Tode. Zwischen dem Erbrecht und dem Versicherungsvertragsrecht bestehen wichtige Beziehungen, die sich vor allem im Übergang des Versicherungsverhältnisses sowie in der Zuwendung der Lebensversicherungssumme äußern.

Das Gesetz bezeichnet den Verstorbenen als **Erblasser**, seinen Tod, der die Erbschaft begründet, als **Erbfall** und das hinterlassene Vermögen als **Nachlaß**. Beherrscht wird das Erbrecht durch eine Reihe von Grundsätzen, deren Kenntnis manche Spezialregelungen leichter verstehen läßt. Das Erbrecht gliedert sich in Vorschriften über die Erbfolge und die Rechtsstellung des Erben.

I. Grundprinzipien des Erbrechts

Als Grundprinzipien des Erbrechts werden die Grundsätze der Gesamtrechtsnachfolge, der Testierfreiheit und des Verwandtenerbrechts bezeichnet.

1. Gesamtrechtsnachfolge

Der Übergang des Vermögens vollzieht sich ohne weiteres im Zeitpunkt des Erbfalles (§ 1922 Abs. 1 BGB). Dabei gehen die gesamten Rechtsbeziehungen des Erblassers ohne Einzelübertragung als Ganzes auf die Erben über.

Der Nachlaß umfaßt alle Vermögensrechte (Aktiva) und Verbindlichkeiten (Passiva) des Verstorbenen. Ausgenommen sind lediglich die höchstperönlichen Rechte und Pflichten des Erblassers, wie z. B. der Nießbrauch oder die Verpflichtung zu einer Dienstleistung. Nach diesem Grundsatz der Gesamtrechtsnachfolge geht auch ein bestehendes **Versicherungsverhältnis** mit dem Anspruch auf den Versicherungsschutz und der Prämienzahlungspflicht auf die Erben über, ohne daß der Erbfall ein Recht zur außerordentlichen Kündigung des Vertrages begründet. Dies gilt jedoch nur für die Fälle, in denen das versicherte Interesse nach dem Tode bestehen bleibt, wie bei einer Sach- oder Betriebshaftpflichtversicherung, nicht dagegen dann, wenn das versicherte Interesse mit der Person des Verstorbenen verknüpft war, z. B. bei einer Kranken-, Unfall- oder Berufshaftpflichtversicherung. Für die Personenversicherung bedeutet der Tod aber nicht nur den Wegfall des Risikos, sondern regelmäßig auch den Eintritt des Versicherungsfalles, der den Anspruch auf die Versicherungsleistung auslöst. In der Haftpflichtversicherung kann der Tod mittelbar eine Leistungspflicht des Versicherers begründen.

Nicht zum Nachlaß gehören diejenigen Gegenstände, die einem Dritten aufgrund von Rechtsgeschäften unter Lebenden beim Tod des Verstorbenen unmittelbar zufallen. Dabei handelt es sich in erster Linie um Verträge zugunsten Dritter (§ 328 Abs. 1 BGB), wie die Begründung eines Sparguthabens für einen anderen und vor allem die **Zuwendung einer**

Bezugsberechtigung. Der aus einer Lebens- oder Unfallversicherung Begünstigte erwirbt die Versicherungssumme nicht von Todes wegen, sondern unabhängig vom Erbgang aufgrund des unter Lebenden zwischen dem Versicherungsnehmer und dem Versicherer abgeschlossenen Vertrages. Aus diesem Grunde fällt die Versicherungssumme nicht in den Nachlaß, so daß sie auch nicht dem Zugriff etwaiger Gläubiger unterliegt. Dies dient zugleich einer Sicherung der Hinterbliebenen. Erbrechtliche Grundsätze können aber für die Auslegung einer Bezugsberechtigung von Bedeutung sein, falls der Erblasser die Auszahlung der Versicherungssumme an die Erben ohne ihre nähere Bestimmung verfügt hat. Nach § 167 Abs. 2 VVG sind dann die zur Zeit des Todes berufenen Erben bezugsberechtigt. Sie erwerben die Versicherungssumme aber aufgrund des Vertrages zugunsten Dritter, nicht im Erbwege; nur die Ermittlung ihrer Berechtigung bestimmt sich nach Erbrecht. Eine Ausschlagung der Erbschaft bleibt ohne Einfluß auf den Erwerb der Versicherungssumme. Besteht zur Zeit des Versicherungsfalles keine wirksame Bezugsberechtigung, weil der Versicherungsnehmer eine solche nicht erteilt hat, die Begünstigung aus irgendeinem Grunde nichtig oder die eingesetzte Person vor dem Versicherungsfall gestorben ist, so fällt die Versicherungssumme in den Nachlaß mit der Folge, daß sie durch die Erben von Todes wegen erworben wird (§ 168 VVG).

Der Erwerb von Todes wegen unterliegt der Erbschaftsteuer. Nach dem persönlichen Verhältnis zwischen Erblasser und Erwerber bestehen vier Steuerklassen mit unterschiedlichen Versorgungsfreibeträgen und Steuersätzen. Zur Vermeidung einer Umgehung der Steuerpflicht wird die **Lebensversicherungssumme** nach § 3 Abs. 1 Nr. 4 ErbStG erbschaftsteuerrechtlich dem Nachlaß zugerechnet. Durch den Abschluß einer **Erbschaftsteuerversicherung** kann der Erblasser die Mittel für die Bezahlung der durch den Erbfall begründeten Erbschaftsteuer bereitstellen; die Erbschaft kommt dadurch den Erben ungeschmälert zugute.

2. Testierfreiheit

Testierfreiheit bedeutet, daß jeder das Recht hat, durch Verfügung von Todes wegen seine Erben nach seinem eigenen Entschluß zu bestimmen und Einzelgegenstände seines Vermögens dritten Personen zuzuwenden. Der Erblasser kann somit seine Erben nach freiem Belieben berufen. Die gesetzliche Erbfolge tritt nur dann ein, soweit der Verstorbene keine wirksame Bestimmung getroffen hat.

3. Verwandtenerbrecht

Der Grundsatz des Verwandtenerbrechts besagt, daß bei fehlender Verfügung des Erblassers die Blutsverwandten und sein Ehegatte vom Gesetz zu Erben berufen werden. Infolgedessen verwirklicht die gesetzliche Erbfolge das Interesse der Familie, den Nachlaß den nächsten Angehörigen des Erblassers zu erhalten. Nach diesem Prinzip haben auch gewisse nächste Verwandte und der Ehegatte einen Anspruch darauf, in jedem Falle einen gewissen Geldbetrag aus dem Nachlaß als sogenannten Pflichtteil zu erhalten, den der Erblasser nur aus bestimmten Gründen entziehen kann.

II. Erbfolge

Der Erbe wird entweder vom Erblasser durch Verfügung von Todes wegen bestimmt (gewillkürte Erbfolge) oder mangels solcher Bestimmung vom Gesetz berufen (gesetzliche Erbfolge).

1. Gewillkürte Erbfolge

Verfügungen von Todes wegen sind Testament und Erbvertrag. Sie können vom Erblasser nur persönlich, also nicht im Wege der Stellvertretung, getroffen werden.

Testament und Erbvertrag unterscheiden sich dadurch, daß das Testament eine einseitige, jederzeit widerrufliche Verfügung von Todes wegen darstellt, während der Erbvertrag eine vertragsmäßige und deshalb nicht widerrufliche Verfügung von Todes wegen ist.

a) Testament

Die **Fähigkeit, ein Testament zu errichten,** besitzen Minderjährige bereits ab 16 Jahren, nicht dagegen Entmündigte sowie Geistes- und Bewußtseinsgestörte (§ 2229 BGB).

Hinsichtlich des Errichtungsvorganges unterscheidet das Gesetz zwischen dem privatschriftlichen und dem öffentlichen Testament. **Das privatschriftliche Testament wird vom Erblasser durch eigenhändig geschriebene und unterschriebene Erklärung errichtet.** Es soll die Angabe des Tages und Ortes seiner Errichtung enthalten (§ 2247 BGB). Ein unterschriebener Schreibmaschinen-Text reicht danach nicht aus. **Das öffentliche Testament wird zur Niederschrift eines Notars errichtet,** indem der Erblasser entweder seinen letzten Willen mündlich erklärt oder ihm ein Schriftstück (offen oder verschlossen) mit der Erklärung übergibt, daß dieses seinen letzten Willen enthalte (§ 2232 BGB). **Eheleuten ist die Errichtung eines gemeinschaftlichen Testamentes gestattet,** bei dem es für die privatschriftliche Form genügt, daß es von einem Ehegatten eigenhändig geschrieben und unterschrieben, von dem anderen dagegen nur mitunterzeichnet wird (§ 2267 BGB). Setzen sich die Ehegatten gegenseitig als Erben ein, so ist der Widerruf zu Lebzeiten nur durch ein neues gemeinschaftliches Testament möglich, während mit dem Tode eines Ehegatten das Widerrufsrecht des anderen grundsätzlich erlischt (§ 2271 BGB).

Beispiel:

Für den Fall unseres Todes setzen wir uns gegenseitig als Erben ein. Nach dem Tode des Überlebenden soll unser Nachlaß an unsere gemeinsame Tochter Johanna fallen.

München, den 15. Januar 1980   Alois Huber

Dieses soll auch mein letzter Wille sein.
München, den 15. Januar 1980   Kreszentia Huber
                                                                                                                          geb. Hintermeier

Der Erblasser kann das Testament als ganzes oder einzelne darin enthaltene Verfügungen jederzeit widerrufen (§ 2253 Abs. 1 BGB). Ein Widerruf erfolgt in Form eines Testamentes, durch Vernichtung oder Veränderung der Testamentsurkunde in der Absicht, das Testament aufzuheben, durch Rücknahme des öffentlichen Testamentes sowie durch Errichtung eines neuen widersprechenden Testamentes oder Erbvertrages (§§ 2254 bis 2258). Das frühere Testament wird aber nur insoweit aufgehoben, als das spätere Testament mit dem früheren in Widerspruch steht. Wird das spätere widerrufen, so gilt das frühere Testament.

Ein Testament kann wegen Verstoßes gegen zwingende gesetzliche Vorschriften oder die guten Sitten (§ 138 BGB), z. B. im Falle der Erbeinsetzung einer Geliebten unter Vernachlässigung der Familie, nichtig sein. Unter bestimmten Voraussetzungen kann das Testament auch nach dem Tode des Erblassers von jedem angefochten werden, dem die Aufhebung der letztwilligen Verfügung unmittelbar zustatten kommt (§§ 2078 bis 2083 BGB). Es tritt dann die gesetzliche Erbfolge ein.

b) Erbvertrag

Der Erbvertrag ist ein Vertrag, durch den der Erblasser in bindender Form seinen letzten Willen festlegt. Als Erbe kann sowohl der andere Vertragsteil als auch ein Dritter bedacht werden (§ 1941 BGB). Nach § 2276 BGB bedarf der Erbvertrag der notariellen Beurkundung. Zwischen Ehegatten oder Verlobten kann er mit dem Ehevertrag in einer Urkunde verbunden werden. Der Erbvertrag beschränkt die Testierfreiheit des Erblassers; denn weitere letztwillige Verfügungen sind nur wirksam, soweit sie das Recht der vertraglich eingesetzten Erben nicht beeinträchtigen. Dagegen wird das Recht des Erblassers, über sein Vermögen durch Rechtsgeschäft unter Lebenden zu verfügen, durch den Erbvertrag grundsätzlich nicht beschränkt (§ 2286 BGB).

2. Gesetzliche Erbfolge

Die gesetzliche Erbfolge tritt nur ein, wenn und soweit der Erblasser über seinen Nachlaß nicht wirksam anderweitig verfügt hat oder der eingesetzte Erbe nicht zur Erbfolge gelangt, weil er z. B. vor dem Erbfall gestorben ist oder die Erbschaft ausgeschlagen hat. Ein gesetzliches Erbrecht steht den Verwandten nach einer bestimmten Ordnung, dem Ehegatten und dem Fiskus zu (§§ 1924 bis 1936 BGB).

a) Verwandte

Zur ersten Ordnung gehören die Abkömmlinge des Erblassers, zur zweiten die Eltern des Erblassers und deren Abkömmlinge, also namentlich seine Geschwister, zur dritten die Großeltern und deren Abkömmlinge. **Die Angehörigen der zweiten und jeder ferneren Ordnung sind nur dann als Erben berufen, wenn Glieder einer früheren Ordnung nicht vorhanden sind (§ 1930 BGB)**, d. h. nicht mehr leben oder aus besonderen Gründen von der Erbfolge ausgeschlossen sind bzw. diese ausgeschlagen haben. Ein zur Zeit des Erbfalles lebender Abkömmling schließt die durch ihn mit dem Erblasser verwandten Abkömmlinge von der Erbfolge aus, während an die Stelle eines nicht mehr lebenden Abkömmlings die durch ihn mit dem Erblasser verwandten Abkömmlinge treten (§ 1924 BGB). Man spricht insoweit von einer **Erbfolge nach Stämmen.** Kinder erben stets zu gleichen Teilen. Eltern sind nur dann zu Erben berufen, wenn kein Kind oder Enkel vorhanden ist. Die Geschwister werden nur unter der Voraussetzung berücksichtigt, daß ein Elternteil verstorben ist (§ 1925 Abs. 3 BGB).

b) Ehegatte

Der überlebende Ehegatte ist neben Verwandten der ersten Ordnung zu einem Viertel, neben solchen der zweiten Ordnung oder neben Großeltern zur Hälfte der Erbschaft gesetzlicher Erbe. Sind weder Verwandte der beiden Ordnungen noch Großeltern vorhanden, so erhält der Ehegatte die ganze Erbschaft (§ 1931 BGB). Haben die Ehegatten jedoch, wie in der Mehrzahl der Fälle, im gesetzlichen Güterstand der Zugewinngemeinschaft gelebt, erhöht sich der Erbteil des überlebenden Ehegatten nach § 1371 BGB um ein Viertel, auch wenn kein Zugewinn erzielt wurde.

Beispiel:

Der verstorbene Ehemann, der mit seiner Frau in gesetzlichem Güterstand der Zugewinngemeinschaft gelebt hatte, hinterließ außer ihr eine 20jährige unverheiratete Tochter. Vom Sohn, der mit 30 Jahren verstorben war, stammen drei Enkelkinder. Neben Kindern erbt die Ehefrau gemäß § 1931 Abs. 1 BGB ein Viertel des Nachlasses; dieses Viertel erhöht sich gemäß §§ 1931 Abs. 1, 1371 Abs. 1 BGB um ein Viertel der Erbschaft, also auf die Hälfte des Nachlasses. Wenn der Sohn noch lebte, würde beiden Kindern nach §§ 1924 Abs. 1 und 4, 1931 Abs. 1 BGB die übrige Hälfte des Nachlasses zu gleichen Teilen, somit je einem Viertel zustehen. An die Stelle des verstorbenen Sohnes treten nach § 1924 Abs. 3 BGB seine Kinder, die dessen Viertel zu gleichen Teilen, also je ein Zwölftel, erben.

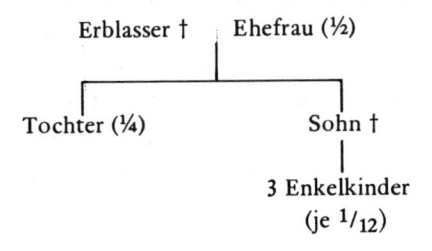

```
          Erblasser †     Ehefrau (½)
          ┌─────────────┐
     Tochter (¼)      Sohn †
                         │
                   3 Enkelkinder
                    (je ¹/₁₂)
```

Neben Verwandten der zweiten Ordnung oder Großeltern erhält der Ehegatte außerdem die zum **ehelichen Haushalt** gehörenden Gegenstände, soweit sie nicht Zubehör eines Grundstücks sind, und die Hochzeitsgeschenke als sogenannten Voraus. Neben Verwandten der ersten Ordnung gebühren ihm diese Gegenstände, soweit er sie zur Führung eines angemessenen Haushalts benötigt (§ 1932 BGB). Das Erbrecht des Ehegatten setzt voraus, daß die Ehe zur Zeit des Erbfalles bestanden hat, ist aber schon dann ausgeschlossen, wenn zur Zeit des Todes die Voraussetzungen für die Scheidung gegeben waren und der Erblasser sie beantragt hatte (§ 1933 BGB).

c) Nichteheliche Kinder

Nichteheliche Kinder haben ein gesetzliches Erbrecht gegenüber der **Mutter** und deren Verwandten. Beim Tode des **Vaters** steht ihnen nach § 1934 a BGB ein sogenannter Erbersatzanspruch gegen die Erben zu, dessen Höhe dem Wert des gesetzlichen Erbteils eines ehelichen Kindes gleichkommt.

d) Fiskus

Ist weder ein Ehegatte noch ein Verwandter vorhanden oder zu ermitteln, so wird nach § 1936 BGB der Fiskus des Bundeslandes Erbe, dem der Verstorbene zur Zeit seines Todes angehörte. Als gesetzlicher Erbe hat der Fiskus alle Rechte und Pflichten eines wirklichen Erben. Zur Vermeidung herrenloser Erbschaften kann er aber weder ausschlagen noch verzichten. Für Nachlaßverbindlichkeiten haftet er auf den Nachlaß beschränkt.

III. Rechtsstellung des Erben

Mit dem Erbfall erwirbt der Erbe das Vermögen des Erblassers. Dabei ist die Fähigkeit, Erbe zu werden, an bestimmte Voraussetzungen geknüpft. Da auf den Erben nicht nur die Aktiva, sondern auch die Passiva des Verstorbenen übergehen, haftet er für Nachlaßverbindlichkeiten. Besondere Probleme entstehen im Falle einer Mehrheit von Erben. Mitunter wird die Verwaltung des Nachlasses einem Testamentsvollstrecker übertragen. Die Erben können schließlich mit Pflichtteils- und Vermächtnisansprüchen belastet sein.

1. Erbfähigkeit

Erbe kann nur werden, wer zur Zeit des Erbfalles die Rechtsfähigkeit besitzt, also lebt (§ 1923 Abs. 1 BGB). Wer zur Zeit des Erbfalles bereits erzeugt, aber noch nicht geboren war, gilt als vor dem Erbfall geboren, so daß er mit seiner Geburt die Erbschaft erwirbt.

Personen, die sich gewisser schwerer Vergehen gegenüber dem Erblasser oder seinem letzten Willen schuldig gemacht haben, kann die bereits erworbene Erbschaft wegen **Erbunwürdigkeit** durch Erhebung der Anfechtungsklage wieder entzogen werden. Die Erbunwürdigkeit wird durch Urteil ausgesprochen; der Erbteil fällt dann an den Nächstberufenen (§§ 2339 bis 2345 BGB).

2. Erwerb der Erbschaft

Die Erbschaft geht nach dem Grundsatz der Gesamtrechtsnachfolge unmittelbar kraft Gesetzes auf den Erben über, ohne daß es einer Annahme der Erbschaft bedarf. Der Erbe kann sie jedoch binnen einer Frist von 6 Wochen noch ausschlagen, sofern er sie nicht bereits angenommen hat.

Die Ausschlagung erfolgt nach § 1945 BGB durch Erklärung gegenüber dem Nachlaßgericht in öffentlich-beglaubigter Form. Sie erstreckt sich im Zweifel auf alle Berufungsgründe, die dem Erben zur Zeit der Erklärung bekannt sind (§ 1949 Abs. 2 BGB). Die Ausschlagung bewirkt, daß der Anfall an den Ausschlagenden als nicht erfolgt gilt. Infolgedessen fällt die Erbschaft an denjenigen, der berufen sein würde, wenn der Ausschlagende zur Zeit des Erbfalles nicht gelebt hätte; der Erbschaftserwerb tritt für ihn rückwirkend mit dem Zeitpunkt des Erbfalles ein.

Dem Nachweis des Erbrechtes dient der Erbschein. Es handelt sich dabei um ein vom Nachlaßgericht auf Antrag ausgestelltes amtliches Zeugnis über das Erbrecht und die Größe des Erbteils. Mehreren Erben ist auf Antrag ein gemeinschaftlicher Erbschein zu erteilen (§§ 2353 bis 2370 BGB).

Beispiel eines Erbscheines:

„Es wird hierdurch bezeugt, daß der am 15.12.1980 in Köln verstorbene Weingroßhändler Jupp Schmitz von seiner Ehefrau Karoline, geb. Kuckelkorn, zu 1/2, von seiner Tochter Klara Schmitz zu 1/4 und seinen Enkelkindern Klaus, Peter und Eva Schmitz zu je 1/12 beerbt worden ist."

Der Erbschein begründet die Vermutung, daß den darin als Erben bezeichneten Personen das angegebene Erbrecht zusteht. Gutgläubige Dritte, die von dem durch Erbschein ausgewiesenen Erben Erbschaftsgegenstände erwerben oder Leistungen an ihn erbringen, werden weitgehend geschützt. Einen unrichtigen Erbschein hat das Nachlaßgericht einzuziehen. Praktische Bedeutung hat der Erbschein vor allem für die **Umschreibung des Grundstückseigentums** durch das Grundbuchamt, die **Geltendmachung von Ansprüchen gegenüber Banken,** falls der Erblasser keine spezielle Verfügung getroffen hat, sowie die **Auszahlung der Todesfallversicherungssumme** durch den Versicherer bei fehlender Bezugsberechtigung.

3. Haftung für Nachlaßverbindlichkeiten

Der Erbe haftet nach § 1967 Abs. 1 BGB für die Nachlaßverbindlichkeiten. Zu ihnen gehören sowohl die vom Erblasser herrührenden Schulden als auch die den Erben durch Verfügung von Todes wegen oder Gesetz auferlegten Verpflichtungen, wie Pflichtteile und Vermächtnisse, sowie gemäß § 1968 die Beerdigungskosten (Erbfallschulden). Die Erblasserschulden umfassen z. B. Mietrückstände, Arzt- und Krankenhauskosten. Auch Versicherungsprämien für die Zeit bis zum Eintritt des Erbfalles fallen darunter, wohingegen die Beiträge von diesem Zeitpunkt ab von dem Erben, auf den das Versicherungsverhältnis übergegangen ist, als eigene Verbindlichkeiten zu tragen sind.

Die wichtigste Frage des Erbenhaftungsrechtes ist die, ob der Erbe den Nachlaßgläubigern nur beschränkt mit dem Nachlaß oder unbeschränkt auch mit seinem persönlichen Vermögen außerhalb des Nachlasses haftet. Grundsätzlich ist der Erbe für die Nachlaßverbindlichkeiten unbeschränkt haftbar (§ 1967 BGB). Er kann aber seine Haftung auf den Nachlaß beschränken, wenn er eine getrennte Verwaltung des Nachlasses durch einen gerichtlich bestellten Pfleger zur Befriedigung der Nachlaßgläubiger herbeiführt. Ist der Nachlaß zu gering, um die Kosten einer solchen Verwaltung zu tragen, so haftet der Erbe nach § 1990 BGB nur beschränkt. Im Falle einer Verurteilung wegen einer Nachlaßverbindlichkeit muß sich der Erbe die beschränkte Haftung vom Gericht im Urteil vorbehalten lassen, um sie in der Zwangsvollstreckung geltend machen zu können (§ 780 ZPO).

Zur Gewinnung einer Übersicht über die Gläubiger kann der Erbe ihr **amtliches Aufgebot** beantragen. Den in diesem Aufgebotsverfahren ausgeschlossenen Gläubigern haftet er ebenso beschränkt wie jemandem, der sich mit seiner Forderung erst fünf Jahre nach dem Erbfall meldet. Jeder Nachlaßgläubiger kann beantragen, daß dem Erben vom Nachlaßgericht eine Frist zur Errichtung eines Inventars über den Nachlaß gesetzt wird. Wird es nicht fristgerecht oder absichtlich falsch errichtet, so haftet der Erbe dem betreffenden Gläubiger unbeschränkt.

4. Mehrheit von Erben

Wenn die Erbschaft an mehrere Erben fällt, spricht man von Miterben. Sie bilden bis zur Erbteilung (Auseinandersetzung) eine sogenannte Erbengemeinschaft. Der einzelne Miterbe kann zwar nicht über Nachlaßgegenstände verfügen, wohl aber über seinen Erbteil. Es steht ihm das Recht zu, jederzeit die Auseinandersetzung zu verlangen, die entweder im Wege gütlicher Einigung oder durch Erbteilungsklage erfolgt.

Ist ein **Versicherungsvertrag** auf die Erbengemeinschaft übergegangen, so steht ihr der Anspruch auf die Versicherungsleistung zur gesamten Hand zu, und sie schuldet die Prämie gesamtschuldnerisch (§ 2058 BGB). Die Übertragung eines Nachlaßgegenstandes durch Erbteilung auf einen Miterben stellt eine Veräußerung im Sinne von § 69 VVG mit den dadurch verbundenen Rechtsfolgen dar.

Mehrere Erben können nicht nur nebeneinander, sondern auch zeitlich nacheinander berufen sein, indem der Erblasser z. B. zunächst seine Frau bis zu deren Tod und danach seine Kinder einsetzt. Man spricht in diesem Falle von **Vor- und Nacherben.** Der Vorerbe kann grundsätzlich über die zur Erbschaft gehörenden Gegenstände verfügen, unterliegt dabei aber starken Beschränkungen zugunsten der Nacherben. Der Erblasser kann den Vorerben indes von diesen Beschränkungen weitgehend befreien (befreite Vorerbschaft); ausgenommen sind aber die unentgeltliche Verfügung und die Verminderung der Erbschaft in der Absicht, den Nacherben zu benachteiligen (§§ 2100 bis 2146 BGB).

Für den Fall, daß der zunächst Berufene wegfällt, kann der Erblasser nach § 2096 BGB einen sogenannten **Ersatzerben** einsetzen.

5. Testamentsvollstreckung

Zur Sicherung der Ausführung seiner letztwilligen Verfügungen kann der Erblasser durch Testament oder Erbvertrag einen Testamentsvollstrecker ernennen. **Kraft des ihm vom Erblasser übertragenen Amtes verwaltet er den Nachlaß im eigenen Namen (§ 2205 BGB).** Zu seinen Aufgaben gehört deshalb grundsätzlich auch die Begleichung von Nachlaßverbindlichkeiten, beispielsweise rückständiger **Versicherungsprämien,** und die Bewirkung der

Auseinandersetzung. Soweit dies zur ordnungsmäßigen Verwaltung des Nachlasses erforderlich ist, kann er auch Verbindlichkeiten für den Nachlaß eingehen (§ 2206 Abs. 1 Satz 1 BGB), also z. B. Erbschaftsgegenstände versichern.

6. Pflichtteil und Vermächtnis

Zugunsten dritter Personen, die nicht Erben sind, kann der Nachlaß mit Pflichtteilsrechten und Vermächtnissen belastet sein. Pflichtteilsberechtigte und Vermächtnisnehmer sind nicht unmittelbar am Nachlaß beteiligt, sondern sie haben nur einen **schuldrechtlichen Anspruch gegen den Erben.**

Das Pflichtteilsrecht sichert den nächsten Angehörigen einen Anteil am Nachlaß und beschränkt somit die Testierfreiheit. Pflichtteilsberechtigt sind nach § 2303 BGB die Abkömmlinge, die Eltern und der Ehegatte des Erblassers. Der Pflichtteil beträgt die Hälfte des Wertes des gesetzlichen Erbteils, zu dem der Berechtigte ohne die anderslautende Verfügung des Erblassers berufen wäre. Ist ein Pflichtteilsberechtigter durch Verfügung von Todes wegen von der Erbfolge ausgeschlossen, so entsteht für ihn ein Anspruch gegen den Erben auf Zahlung des dem Pflichtteil entsprechenden Geldbetrages. Der Pflichtteil kann nach § 2333 BGB nur wegen bestimmter schwerer Verfehlungen entzogen werden.

Ein Vermächtnis liegt vor, wenn der Erblasser durch Testament oder Erbvertrag einem anderen einen Vermögensvorteil zuwendet, ohne ihn als Erben einzusetzen (§ 1939 BGB). Von der Erbeinsetzung unterscheidet sich das Vermächtnis dadurch, daß der Erbe unmittelbar Gesamtrechtsnachfolger in den Nachlaß wird, während der Vermächtnisnehmer nur einen schuldrechtlichen Anspruch gegen den Beschwerten auf Leistung einzelner Nachlaßgegenstände erwirbt. Bei der Auslegung eines Testamentes kommt es nach § 2087 BGB hinsichtlich der Prüfung der Frage, ob eine Erbeinsetzung oder ein Vermächtnis vorliegt, nicht auf die vom Erblasser verwandten Begriffe, sondern darauf an, ob dem Bedachten wirtschaftlich gesehen das Vermögen als solches bzw. ein Bruchteil davon (Erbeinsetzung) oder einzelne Gegenstände zugewendet worden sind (Vermächtnis). Wird also in einem Testament z. B. jemand als Erbe bezeichnet und einem anderen ein Grundstück vermacht, das den eigentlichen Wert der Erbschaft ausmacht, so ist derjenige, dem das Grundstück zugedacht wurde, in Wirklichkeit Erbe. Gegenstand eines Vermächtnisses kann jeder Vermögensvorteil, wie das Eigentum oder die Nutzung von Sachen, die Zahlung einer bestimmten Geldsumme oder eine Forderung, z. B. ein Bankguthaben, sein. Mit dem Erbfall erwirbt der Vermächtnisnehmer einen schuldrechtlichen Anspruch gegen den Beschwerten auf Leistung des vermachten Gegenstandes (§§ 2174, 2176 BGB). Die **Zuwendung einer Bezugsberechtigung aus einer Lebensversicherung** stellt **kein Vermächtnis** dar, weil sie nicht aufgrund einer Verfügung von Todes wegen, sondern durch einen Vertrag zugunsten Dritter und damit durch ein Rechtsgeschäft unter Lebenden erfolgt.

Literaturhinweise

Mit Rücksicht auf den Umfang des Schrifttums zum bürgerlichen Recht und die zahlreichen Gesetzesänderungen seit Inkrafttreten des BGB, insbesondere in jüngster Zeit, werden nur neuere Werke genannt.

1. Kommentare

Die von der Praxis im wesentlichen herangezogenen mehrbändigen Großkommentare und Kurzkommentare erläutern die einzelnen Vorschriften des BGB in ihrer Reihenfolge.

a) Großkommentare

Münchener Kommentar zum Bürgerlichen Gesetzbuch, 2. Auflage ab 1984

Soergel, Bürgerliches Gesetzbuch, 12. Auflage ab 1987

Staudinger, Kommentar zum Bürgerlichen Gesetzbuch, 12. Auflage ab 1978

b) Kurzkommentare

Jauernig, Bürgerliches Gesetzbuch, 5. Auflage 1990

Palandt, Bürgerliches Gesetzbuch, 50. Auflage 1991

2. Lehrbücher

Systematische Darstellungen des Stoffes bieten die verschiedenen Lehrbücher unterschiedlichen Umfangs.

a) Allgemeiner Teil

Köhler, BGB Allgemeiner Teil, Kurzlehrbuch, 21. Auflage 1991

Larenz, Allgemeiner Teil des deutschen Bürgerlichen Rechts, 7. Auflage 1989

Rüthers, Allgemeiner Teil des BGB, 7. Auflage 1989

b) Schuldrecht

Brox, Allgemeines Schuldrecht, 18. Auflage 1990, Besonderes Schuldrecht, 16. Auflage 1990

Esser/Schmidt, Schuldrecht, Bd. I, Allgemeiner Teil 6. Auflage 1984

Esser/Weyers, Schuldrecht, Bd. II, Besonderer Teil, 6. Auflage 1984

Geigel, Der Haftpflichtprozeß, 20. Auflage 1990

Larenz, Lehrbuch des Schuldrechts, Bd. I Allgemeiner Teil, 14. Auflage 1987; Bd. II Besonderer Teil, 1. Halbbd., 13. Auflage 1986, 2. Halbbd., 13. Auflage in Vorbereitung

c) Sachenrecht

Baur, Lehrbuch des Sachenrechts, 15. Auflage 1989

Schwab/Prütting, Sachenrecht, Kurzlehrbuch, 22. Auflage 1991

Wolf, Sachenrecht, 9. Auflage 1990

d) Familienrecht

Beitzke/Lüderitz, Familienrecht, Kurzlehrbuch, 26. Auflage 1991

Gernhuber, Lehrbuch des Familienrechts, 3. Auflage 1980

Schwab, Familienrecht, 5. Auflage 1989

e) Erbrecht

Bartholomeyczik/Schlüter, Erbrecht, Kurzlehrbuch, 12. Auflage 1986

Lange/Kuchinke, Lehrbuch des Erbrechts, 3. Auflage 1989

3. Versicherungsrechtliche Beziehungen

Den Zusammenhang zwischen bürgerlichem und Versicherungsrecht stellen die Kommentare zum VAG (Prölss/Schmidt/Frey, 10. Auflage 1989) sowie zum VVG (Prölss/Martin, 24. Auflage 1988) her. Darüber hinaus sind zu nennen:

Koch, Versicherungswirtschaft – Ein einführender Überblick, 3. Auflage 1991

Schmidt, R., Verbindungslinien zwischen dem Allgemeinen Teil, Allgemeinen Schuldrecht, Sachenrecht, Familien- und Erbrecht des BGB einerseits und dem Versicherungsvertragsrecht andererseits, in: Die Versicherung, 1. Bd., 1962/64, Studienplan A III, S. 67–80, 117–124 und 153–162

Schmidt, R., Versicherungsalphabet, 8. Auflage 1991

Schulz, Rechtsfragen der Versicherungspraxis, 3. Auflage 1977

(Stand: 31. 5. 1991)

Handelsrecht

(ohne Gesellschafts- und Seehandelsrecht)

Von Professor Dr. Karl S i e g

Inhaltsverzeichnis

Seite

- **A. Einleitung** 5
  - **I. Wesenszüge des Handelsrechts** 6
    1. Teil des Privatrechts 6
    2. Rechtlicher Begriff des Handels 6
    3. Verhältnis zum bürgerlichen Recht 6
  - **II. Quellen und Brauch** 8
    1. Geschriebenes Recht 8
    2. Gewohnheitsrecht 8
    3. Handelsbräuche 9
    4. Allgemeine Geschäftsbedingungen (AGB) 10

- **B. Der Kaufmann und sein Unternehmen** 12
  - **I. Der Kaufmannsbegriff** 12
    1. Mußkaufmann 12
    2. Sonstige Arten des Kaufmanns 14
    3. Sonderfälle 16
  - **II. Das kaufmännische Unternehmen** 17
    1. Begriff 17
    2. Inhaberwechsel 19
    3. Firma 22
    4. Schutz des kaufmännischen Unternehmens 25
  - **III. Stellvertreter des Kaufmanns** 30
    1. Prokura 30
    2. Handlungsvollmacht 33
  - **IV. Hilfspersonen des Kaufmanns** 36
    1. Unselbständige Hilfspersonen 36
    2. Selbständige Hilfspersonen 40
    3. Abgrenzung zwischen selbständigen und unselbständigen Hilfspersonen .. 42

- **C. Die Handelsbücher** 43
  - **I. Überblick** 43
    1. Entstehung des Gesetzes vom 19.12.1985 43
    2. Bedeutung 43
    3. Aufbau 43

	Seite
II. Inhalt	43
1. Allgemeines	43
2. Beziehung zum Prozeßrecht	44
3. Sonstige Schwerpunkte	45
III. Rechnungslegung der Versicherungswirtschaft	46

D. Die Handelsgeschäfte 47

    I. **Allgemeines** 47
       1. Begriff 47
       2. Abschluß 48
       3. Inhalt 49
       4. Transportversicherungspolicen 49
   II. **Handelskauf** 50
       1. Allgemeines 50
       2. Überseekauf 51
       3. Sonstiger internationaler Kauf 52
  III. **Spedition (Sonderfall der Kommission)** 52
       1. Begriff 52
       2. Rechtliche Grundlage 53
       3. Pflichten des Spediteurs 53
       4. Haftung des Spediteurs und Speditionsversicherung . . 54
       5. Rechte des Spediteurs 55
  IV. **Lagergeschäft** 56
       1. Rechtsquellen 56
       2. Rechtssätze 56
       3. Lagergeschäft und Versicherung 57
   V. **Frachtgeschäft** 58
       1. Einleitung 58
       2. Gemeinsame Grundzüge 58
       3. Rechtsquellen 59
       4. Güterfernverkehr mit Kraftfahrzeugen und KVO-Versicherung 60
  VI. **Bankgeschäfte** 61
       1. Rechtsquellen 61
       2. Einzelne Geschäfte 61
       3. Geschäftsbesorgungen 63
       4. Insbesondere Postbankgeschäfte 64

Literaturhinweise 65

A. Einleitung

Für jeden in der Versicherungswirtschaft Tätigen sind Grundkenntnisse im Handelsrecht unerläßlich. Auf Schritt und Tritt begegnen ihm Erscheinungen, die er nur verstehen kann, wenn er wenigstens mit den Wesenszügen des Handelsrechts vertraut ist. Die Versicherungsunternehmen sind in aller Regel **Kaufleute**, wovon noch zu sprechen sein wird. An die Beteiligung von **Kaufleuten** knüpft das HGB seine Regeln, wie die Überschrift zum 1. Buch und § 343 zeigen. Das HGB geht somit von einem **subjektiven** Merkmal aus, d. h. die Anwendung wird abhängig gemacht von einer Voraussetzung in der **Person** eines beteiligten Rechtssubjekts. Den Gegensatz bildet das **objektive** System, das auf die Natur des betreffenden Geschäfts abstellt, wie es z. B. im WechselG, im ScheckG und im Seehandelsrecht der Fall ist. Welches System maßgebend sein soll, ist eine Zweckmäßigkeitsfrage. Das HGB hat sich, wie erwähnt, für das subjektive System entschieden.

Mehr und mehr dringt aber die Ansicht durch, daß eine **objektive** Anknüpfung, nämlich an das **Unternehmen**, sinnvoller wäre. Einen Schritt in die objektive Anknüpfung bedeutet § 2 HGB. Eine Annäherung der beiden Systeme wird durch eine weite Auslegung des Scheinkaufmanns (vgl. unten b. I.3 b) oder durch Analogie zu bestimmten Vorschriften des HGB erreicht (vgl. BGH NJW 1952 S. 287 zu § 346 HGB).

Der Kaufmannsbegriff ist aber nicht nur für die Anwendung des HGB von Bedeutung, sondern auch andere Gesetze verwenden ihn, so z. B. § 196 I Ziff. 1 BGB (kurze Verjährung der kaufmännischen Ansprüche), § 24 AGB-G (Kaufleuten gegenüber nur beschränkte Anwendung des Gesetzes), § 29 II ZPO (die Vereinbarung des Erfüllungsorts zwischen Kaufleuten begründet den Gerichtsstand des Erfüllungsorts), § 38 I ZPO (Kaufleute können ausdrücklich oder stillschweigend die Zuständigkeit eines an sich unzuständigen Gerichts vereinbaren). Das VerbraucherkreditG vom 17. 12. 1990 schützt u. a. nicht Kaufleute.

Kehren wir zurück zum HGB: Es greift tief in die Rechtsbeziehungen des Versicherers ein: Die Unternehmung selbst erfährt dadurch ihre Formung (Firma, Buchführung), die Verhältnisse zum Personal werden vom HGB ebenso geprägt (Handlungsgehilfen), wie die Beziehungen zum Außendienst (Versicherungsvertreter, -makler). Die Regeln über die Handelsgeschäfte sind nicht nur wichtig wegen der unmittelbaren Beteiligung der Versicherer an ihnen, sondern auch weil die **Handelsgeschäfte** den **Ausgangspunkt für die Gestaltung mancher Versicherungszweige bilden (Beispiele:** Haftpflichtversicherung, Speditionsversicherung, Lagerversicherung, Transportversicherung).

Dieser kleine Überblick muß hier genügen, um die **Bedeutung des Handelsrechts für den Versicherungskaufmann** anzudeuten.

I. Wesenszüge des Handelsrechts

1. Teil des Privatrechts

Das Handelsrecht ist insofern dem bürgerlichen Recht verwandt, als es ebenfalls zum Privatrecht gehört, d. h. es stehen sich hier gleichgeordnete Partner gegenüber, ein Teil übt gegenüber dem anderen keinerlei staatliche oder staatlich abgeleitete Gewalt aus[1].

Das hat zur Folge, daß etwa notwendig werdende gerichtliche Verfahren auf diesem Gebiet vor die ordentlichen Gerichte (Amtsgericht, Landgericht, Oberlandesgericht, Bundesgerichtshof) gehören. Das gilt nicht nur für Streitigkeiten zwischen zwei Personen im Prozeß, sondern auch für die sogenannte freiwillige Gerichtsbarkeit.

Beispiel:

Der Kaufmann K beschwert sich dagegen, daß das Gericht des Handelsregisters sich weigert, die von ihm gewählte Firma einzutragen.

Soweit der Staat lenkend und ordnend in die Wirtschaft eingreift (z. B. Versicherungsaufsichtsrecht), haben wir es nicht mehr mit dem Handelsrecht zu tun, sondern mit einer Unterart des Verwaltungsrechts. Auch der seit über 50 Jahren verwendete Begriff „Wirtschaftsrecht" deckt sich nicht mit dem des Handelsrechts. Er ist zu keiner allgemein anerkannten Abgrenzung gelangt. Vielfach versteht man unter Wirtschaftsrecht die Zusammenfassung der Normen über die staatliche Beeinflussung der Wirtschaft und über Unternehmenszusammenschlüsse.

2. Rechtlicher Begriff des Handels

Das Wort „Handel" ist schillernd. Im Leben versteht man hierunter den Umsatz von Waren oder Wertpapieren, sei es, daß der Kaufmann eigene Erzeugnisse umsetzt (Industrie), sei es, daß er erworbene Waren oder Wertpapiere weiterveräußert (Zwischenhandel). Unser deutsches Recht begnügt sich hiermit nicht, gerade die Prämienversicherung zeigt das. Sie gilt nach § 1 Abs. 2 Ziff. 3 HGB als Handelsgewerbe. Dieselbe Feststellung läßt sich auch für andere Hilfsgewerbe des Handels treffen, nämlich für die Bank-, Beförderungsgeschäfte und das Vermittlergewerbe. Mit dieser weiten Grenzziehung des Handels deckt sich das Anwendungsgebiet des Handelsrechts.

3. Verhältnis zum bürgerlichen Recht

Das Handelsrecht ist, wie oben festgestellt, mit dem bürgerlichen Recht[2] verwandt. Es verdrängt aber nicht etwa völlig das bürgerliche Recht aus dem Gebiet des Handels. Die

---

1 Vgl. RLV.I.E.
2 Vgl. RLV.II.

Vorstellung, daß der Kaufmann seine Rechtsbeziehungen lediglich nach dem Handelsrecht abwickele und das bürgerliche Recht (vor allem das BGB) hierauf niemals Anwendung fände, wäre verfehlt. Es gibt manche Bereiche des Handels, die das HGB nicht oder nicht vollständig regelt. Letzteres liegt namentlich beim Handelskauf vor, wo das HGB dem BGB nur einige ergänzende Bestimmungen hinzufügt.

Das HGB verdrängt also das BGB nur insoweit, als es Spezialbestimmungen enthält (vgl. Art. 2 EG HGB), im übrigen bleibt es auch für den Kaufmann und seine Geschäfte von Bedeutung. In diesem Sinne ist der Satz zu verstehen: **Das Handelsrecht ist ein Sonderrecht des Kaufmanns.**

Seine Besonderheit wird dadurch charakterisiert, daß an den Kaufmann in mehreren Beziehungen größere Anforderungen gestellt werden als an einen sonstigen Teilnehmer am Rechtsverkehr.

Beispiel:

Der Kaufmann muß unverzüglich rügen, wenn er Rechtsfolgen aus gekaufter mangelhaft gelieferter Ware herleiten will (§ 377 HGB); der gesetzliche Zinssatz beträgt hier 5 % (§ 352 HGB) gegenüber 4 % nach § 288 BGB; der Kaufmann schuldet Zinsen bereits ab Fälligkeit seiner Verpflichtung (§ 353 HGB), er braucht nicht erst gemahnt zu werden (wie nach § 284 BGB); gewisse Geschäfte, die das bürgerliche Recht für risikoreich ansieht und die vom BGB deshalb an die Einhaltung der Schriftform geknüpft sind, kann ein Kaufmann formfrei eingehen. Hierher gehören Bürgschaftsübernahme, Schuldversprechen oder Schuldanerkenntnis (vgl. § 350 HGB).

Der Grund dafür, daß der Kaufmann härter angefaßt wird als der Bürger nach dem BGB, liegt auf der Hand: Das kaufmännische Leben ist auf Schnelligkeit der Geschäftsabwicklung, auf Solidität aufgebaut. Vom Kaufmann kann man verlangen, daß er sich der rechtlichen Tragweite seines Handelns bewußt ist.

Das Wesen des Handelsrechts erschließt sich gut, wenn man es mit dem Recht der Arbeitsverhältnisse vergleicht: Beides sind Sonderrechtsgebiete gegenüber dem bürgerlichen Recht. Während das **Handelsrecht** die Bestimmungen des bürgerlichen Rechts in mancherlei Beziehungen **verschärft, mildert** umgekehrt das **Arbeitsrecht** dessen Regeln zugunsten des Arbeitnehmers. Das soziale Prinzip der Fürsorge, der besonderen Rücksichtnahme kennzeichnet das Arbeitsrecht. Dies ist dem Handelsrecht fremd. Scheinbare Ausnahme: §§ 59—75h, die aber dem Arbeitsrecht angehören.

II. Quellen und Brauch

1. Geschriebenes Recht

Bedeutsamste Rechtsquelle für das Handelsrecht ist das HGB vom 10.5.1897. Es ist inzwischen mehrfach geändert worden. Aus neuerer Zeit sind vor allem zwei Novellen aus dem Jahre 1953 zu nennen, die sich mit der Kaufmannseigenschaft der Handwerker und den Handelsvertretern (auch Versicherungsvertretern!) befassen. Ferner haben folgende Gesetze das HGB abgeändert: Arbeitsrechtsbereinigungsgesetz (1969), Berufsbildungsgesetz (1969), Gesetz über die Kaufmannseigenschaft von Land- und Forstwirten und den Ausgleichsanspruch des Handelsvertreters (1976), Bilanzrichtliniengesetz (1985).

Das HGB ist in fünf **Bücher** eingeteilt, die folgende Überschriften haben:

Handelsstand (1. Buch),
Handelsgesellschaften und stille Gesellschaft (2. Buch),
Handelsbücher (3. Buch),
Handelsgeschäfte (4. Buch),
Seehandel (5. Buch).

Das Seehandelsrecht hat sich zu einer besonderen Materie entwickelt. Wir lassen sie hier außer Betracht, ebenso das Gesellschaftsrecht, dem eine eigene Darstellung gilt.

Neben dem HGB sind an wichtigen Quellen zu nennen:

das **BGB** vom 18. 8. 1896 mit zahlreichen Änderungen bis in die neueste Zeit,

das **Aktiengesetz** vom 6.9.1965 (wichtige Änderungen durch das Mitbestimmungsgesetz vom 4.5.1976, das Gesetz zur Änderung des Betriebsverfassungsgesetzes vom 20.12.1988 und das Bilanzrichtliniengesetz vom 19.12.1985),

das **GmbH-Gesetz** vom 20.5.1898 (wichtige Änderungen durch das **Betriebsverfassungsgesetz** vom 11.10.1952, das Gesetz zur Änderung des GmbH-Gesetzes vom 4.7.1980, das 2. Gesetz zur Bekämpfung der Wirtschaftskriminalität vom 15.5.1986 und durch das Bilanzrichtliniengesetz vom 19.12.1985),

das **Genossenschaftsgesetz** vom 20.5.1898 mit zahlreichen Änderungen, zuletzt durch das Bilanzrichtliniengesetz vom 19.12.1985.

Das Bilanzrichtliniengesetz vom 19.12.1985 hat also mehrere handels- und gesellschaftsrechtliche Gesetze beeinflußt. Schrittmacher hierfür waren die 4., 7. und 8. gesellschaftsrechtliche Richtlinie des Rats der Europäischen Gemeinschaften; das Bilanzrichtliniengesetz transformiert diese Richtlinien in deutsches Recht, ein markantes Beispiel für die Beeinflussung des nationalen Rechts durch Europarecht. – Sämtliche Gesetze sind Bundesrecht, Landesrecht spielt hier keine Rolle.

2. Gewohnheitsrecht

Eine gleichmäßige länger dauernde Übung, getragen von der Überzeugung, daß man damit das Recht befolge, kann hier wie überall zum Gewohnheitsrecht führen. Tatsächlich spielt es auch, zum Teil fußend auf der ständigen Rechtsprechung der Gerichte zu einer bestimmten Frage, im Handelsrecht eine Rolle.

Beispiele:

Die offene Handelsgesellschaft (OHG) haftet für Schäden, die ihr geschäftsführender Gesellschafter in Ausführung dieser seiner Tätigkeit einem Dritten zufügt (analog § 31 BGB); der Kommissionär und der Spediteur können Schäden ihres Auftraggebers Dritten gegenüber im eigenen Namen geltend machen; wer handelsrechtliche Erklärungen abgibt, muß sich gutgläubigen Dritten gegenüber daran gebunden halten, auch wenn sie nicht zutreffen; der Versicherer haftet in gewissem Umfang für Erklärungen seines Agenten, auch wenn dieser nicht zu ihrer Abgabe befugt war (vgl. auch unten B. I. 3b).

In prozessualer Hinsicht ist § 293 ZPO von Bedeutung. Danach braucht der Richter das Gewohnheitsrecht nicht zu kennen, er muß es aber von Amts wegen, also nicht nur auf Antrag einer Partei, ermitteln.

3. Handelsbräuche

Der Handelsbrauch ist eine in der Praxis herausgebildete und befolgte Regel. Er ist keine Rechtsquelle, denn er beansprucht keine selbständige Geltung, sondern dient lediglich der Auslegung und der Ergänzung der Rechtsgeschäfte (vgl. § 346 HGB).

Während sich ein Gewohnheitsrecht auch gegen den Wortlaut eines zwingenden Gesetzes[3] bilden kann, ist solches beim Handelsbrauch nicht denkbar. Wohl aber kann er von nachgiebigem Recht, d. h. solchem, was durch Vereinbarung abgeändert werden könnte, abweichen (bestritten). Bestimmte Handelsbräuche haben sich z. B. herausgebildet beim Abschluß von Versicherungsverträgen an der Börse, namentlich in der Transportversicherung.

Handelsbräuche können auch dazu dienen, gängigen Handelsklauseln ihren Inhalt zu geben. Das spielt im Seehandel eine große Rolle. Bedeutung hat z. B. die Klausel „Kasse gegen Dokumente"; sie begründet eine Vorleistungspflicht des Käufers, er schuldet den Kaufpreis, wenn ihm Konnossement und Versicherungsurkunde angedient werden, ohne daß er die Möglichkeit hat, die Ware vorher nachprüfen zu können. Über Handelsbräuche enthält § 114 GVG eine wichtige Regel: Die beim Landgericht gebildeten Kammern für Handelssachen können über Handelsbräuche entscheiden, ohne Sachverständigenbeweis hierüber zu erheben.

Die besonders an Seeplätzen häufig anzutreffende Arbitrage-Klausel besagt, daß die Parteien gehalten sind, beim Streit über gewisse Vertragselemente (z. B. Mangelhaftigkeit der Ware, Mindergewicht, Lieferbarkeit) zunächst die Entscheidung einer vereinbarten Stelle, die etwa bei der Industrie- und Handelskammer lokalisiert sein kann, einzuholen, ehe der Rechtsweg beschritten werden darf.

Zu den Handelsbräuchen gehören die Incoterms, eine Zusammenstellung der im **internationalen** Warenverkehr gebräuchlichen Vertragsklauseln betreffend Gefahrtragung und

---

3 Vgl. RLV.I.

Kosten, von der Internationalen Handelskammer Paris aufgestellt (vgl. unten D. II.2); neueste Fassung: 1990. Ergänzend für jedes **einzelne Land** treten die Trade Terms hinzu, auch sie sind von der Internationalen Handelskammer Paris veröffentlicht.

4. Allgemeine Geschäftsbedingungen (AGB)

a) Grundlegung

Allgemeine Geschäftsbedingungen sind von Unternehmungen oder von Wirtschaftsverbänden aufgestellte Muster, die Kaufleute den von ihnen abzuschließenden Verträgen zugrunde legen. Objektives Recht sind sie schon deshalb nicht, weil es an einer parlamentarischen Kontrolle fehlt. AGB kommen in allen Wirtschaftszweigen vor, u. a. auch in der Versicherungswirtschaft, wo sie als AVB bekannt sind.

Mit der zunehmenden Besinnung auf den Verbraucherschutz sind AGB Gegenstand der Kritik geworden. Sie entzündet sich daran, daß AGB nachgiebige Gesetzesbestimmungen einseitig zu Lasten der Kunden ändern, ohne daß letzteren ein Verhandlungsspielraum bleibt. Mit dem AGB-Gesetz vom 9.12.1976, das mit wenigen Ausnahmen auch für AVB gilt, hat der Gesetzgeber eingetretene Mißstände beseitigt. Neben den Verboten der §§ 10 und 11, die bestimmte Klauseln für unwirksam erklären, findet sich in § 9 der generelle Satz, daß Bestimmungen in AGB unwirksam sind, wenn sie den Vertragspartner des Verwenders entgegen den Geboten von Treu und Glauben unangemessen benachteiligen. (vgl. unten A. II 4b).

Die gesetzlichen Bestimmungen entfalten ihre Wirksamkeit nicht nur im Einzelrechtsstreit zwischen Kunden und AGB-Verwender, es ist vielmehr auch eine abstrakte Kontrolle eingeführt worden: Verbraucherverbände, Industrie- und Handelskammern, Handwerkskammern können generell auf Unterlassung der Verwendung bestimmter Klauseln klagen (§§ 13–17). Das stattgebende Urteil kann im Bundesanzeiger veröffentlicht werden (§ 18), beim Bundeskartellamt wird ein Register über einschlägige Klagen und deren Ausgang geführt (§ 20). Auf das Unterlassungsurteil kann sich der Kunde in einem späteren Einzelrechtsstreit berufen (§ 21).[4]

Das AGB-G hat eine Wirksamkeit entfaltet, an die die Schöpfer selbst nicht gedacht haben. Mit seiner Hilfe ist die gesetzlich vorgesehene Gleichgewichtslage des gegenseitigen Vertrages wiederhergestellt worden, soweit sie durch AGB gestört wurde. Durch **Einzelvereinbarungen** kann nach wie vor vom nachgiebigen Gesetzesrecht abgewichen werden.

b) Problematik der AVB

Nach § 8 AGB-G gelten die §§ 9–11 nur für diejenigen Bestimmungen in AGB, durch die von Rechtsvorschriften abweichende oder diese ergänzende Regelungen vereinbart werden. Wie aber soll verfahren werden, wenn der hiernach maßgebende Kontrollmaßstab, das Gesetz, fehlt? Das ist gerade für das Gebiet der Versicherung sehr wichtig, wo ja

---

[4] Vgl. auch RVL I. M.

zahlreiche Sparten ein Dasein ohne normative Grundlage führen. Man denke an so wichtige Zweige wie die Kranken-, die Kraftfahr-, die Betriebsunterbrechungs-, die Kreditversicherung sowie die technischen Versicherungen. Es gilt jetzt als ausgemacht, daß auch hier die Inhaltskontrolle nicht versagen dürfe, die Grundgedanken der **gesamten Rechtsordnung** bilden dann den Beurteilungsmaßstab, wobei im Hintergrund steht, daß die berechtigte Erwartung des VN darüber, was sein Vertrag hergibt, nicht enttäuscht werden darf, vgl. § 9 II Ziff. 2 AGB-G. Eine unangemessene Benachteiligung im Sinne dieser Vorschrift ist im Zweifel anzunehmen, wenn eine Bestimmung wesentliche Rechte so einschränkt, daß die Erreichung des Vertragszwecks gefährdet ist.

Ein VVaG kann den Inhalt der Versicherungsverträge in seiner **Satzung** regeln (§ 10 II VAG). Auch diese stellt dann AVB dar, ist also kontrollfähig. Dasselbe gilt für einschlägige Geschäftsplanmäßige Erklärungen. Auch Klauseln, die nicht nur im Einzelfall verwendet werden, gehören juristisch zu den AVB.

c) Aufsichtsbehörde und AVB

In Durchführung des AGB-G hat das BAV den Verbänden der Versicherer lange Kataloge von AVB-Bestimmungen übermittelt, die nach Ansicht des Amtes gegen das AGB-G verstoßen. Die Versicherer haben sich überwiegend dem Standpunkt des Aufsichtsamts angeschlossen und ihre AVB daraufhin revidiert. Diese Entwicklung ist im wesentlichen abgeschlossen, vgl. letztlich die Veröffentlichung der Neufassung von AVB und Klauseln der Sachversicherung VerBAV 1987 S. 330 f.
Die Legitimation des BAV zur AVB-Kontrolle ist aus § 8 I Ziff. 2 VAG abzuleiten, wonach das Amt auf ausreichende Wahrung der Versichertenbelange zu sehen hat. Das BVerwG (VersR 1981 S. 221, 223) hat auf die Übereinstimmung dieser Gesetzesbestimmung mit § 9 I AGB-G hingewiesen.

d) Rechtsprechung und AVB

Auch die Rechtsprechung hatte sich mehrfach mit der Frage zu beschäftigen, ob gewisse AVB-Bestimmungen der Kontrolle nach dem AGB-G standhalten. In seinen Entscheidungen VersR 1983 S. 848 und VersR 1986 S. 257 hat der BGH zur Krankentagegeldversicherung ausgeführt, daß ein zeitlich unbeschränktes Kündigungsrecht des Versicherers zu beanstanden sei, während gegen ein auf 3 Jahre befristetes Kündigungsrecht keine Bedenken bestünden. Zur Bauleistungsversicherung hat der BGH entschieden, daß die dem VN ungünstige Repräsentantenklausel nicht an § 9 II AGB-G scheitere: VersR 1983 S. 821. Erhebliche Abweichungen von § 6 III VVG zu Lasten des VN sind in der Entscheidung BGH BetrBer 1984 S. 1320 beanstandet worden. In der Entscheidung BGH VerBAV 1985 S. 139 = VersR 1985 S. 129 wird eine Klausel in der Hausratversicherung beanstandet, wonach die Versicherungssumme für **alle** hierdurch versicherten Risiken insoweit abschmilzt, als nur für **ein** Risiko Deckung gewährt worden ist.

In der Frage der **Auslegung** der AVB hat sich der BGH, wie schon vorher das RG, zur **objektiven** Methode bekannt (VersR 1983, S. 850), d. h. er legt AVB wie Gesetze aus.

B. Der Kaufmann und sein Unternehmen

I. Der Kaufmannsbegriff

1. Mußkaufmann

Nach § 1 Abs. 1 HGB ist Kaufmann, wer ein Handelsgewerbe betreibt.

Da hier allein die Betätigung ohne Rücksicht auf Eintragung im Handelsregister, ohne Rücksicht darauf, ob der Betreibende Kaufmann sein will oder nicht, ihn zu einem solchen macht, spricht man anschaulich vom **Mußkaufmann**. Mit den einzelnen Merkmalen dieses Begriffs müssen wir uns jetzt befassen.

a) Gewerbe

Hierunter versteht die Rechtsordnung eine auf Dauer angelegte Tätigkeit mit der Absicht der Gewinnerzielung.

Wer soziale, künstlerische oder wissenschaftliche Ziele mit seiner Tätigkeit anstrebt, betreibt kein Gewerbe. Das Gewerbe wird charakterisiert durch ein planvolles Wirken. Wer nur gelegentlich aus altem Bestand alte Möbel verkauft, ist kein Kaufmann, ebensowenig derjenige, der sein altes Kraftfahrzeug beim Erwerb eines neuen in Zahlung gibt. Anders liegt es bei dem Unternehmer, dessen Tätigkeit darauf abzielt, sich aus dem An- und Verkauf gebrauchter Sachen eine dauernde Einnahmequelle zu verschaffen. Es genügt aber, wenn die Gewinnerzielung auf längere Dauer **im Plane** lag. Sieht der Gewerbetreibende schon nach kurzer Zeit, daß er nicht zurechtkommen kann und stellt er deshalb seinen Betrieb alsbald ein, so war er doch Kaufmann. Bedeutungslos ist auch, ob ein Gewinn tatsächlich erzielt werden konnte. Auch der erfolglose, mit Verlust arbeitende Gewerbetreibende ist Kaufmann.

b) Betreiben

Kaufmann ist nur derjenige, der das Handelsgewerbe betreibt, d. h. auf dessen Namen das Geschäft geht.

Daher kann Kaufmann im Rechtssinn nur ein Selbständiger sein, niemals ein kaufmännischer Angestellter, obwohl der Sprachgebrauch auch ihn oft Kaufmann nennt.

Gerade die **Versicherungswirtschaft** bietet hierfür ein Beispiel. Versicherungsangestellte, die die Lehre erfolgreich abgeschlossen haben, werden Versicherungskaufleute genannt, sind es aber nach dem Gesetz nicht. Sie sind vielmehr Handlungsgehilfen im Sinne der §§ 59 ff. HGB.

Nicht einmal leitende Angestellte, mögen sie auch Prokura oder Handlungsvollmacht haben, ja nicht einmal die Vorstandsmitglieder einer AG oder einer sonstigen juristischen Person des Handelsrechts sind Kaufleute.

Umgekehrt erkennt das Gesetz manchen Personengruppen Kaufmannseigenschaft zu, denen im Wirtschaftsleben diese Bezeichnung nicht oder nur zögernd gewährt wird. Das gilt vor allem für die selbständigen Vertreter und Makler (auch in der Versicherungswirtschaft). Mögen sie selbst auch nicht Handel treiben, so genügt ihre Hilfstätigkeit für den Handel.

Selbstverständlich braucht der Kaufmann nicht selbst seine Geschäfte zu führen. Er kann sich Bevollmächtigter bedienen. Es kommt eben nur darauf an, daß in seinem (des Kaufmanns) Namen das Geschäft betrieben wird.

Der Konkursverwalter, der das Unternehmen des Eigentümers zunächst weiterführt, ist nicht Kaufmann, ebenso wenig der Testamentsvollstrecker, wenn er das Unternehmen im Namen der Erben führt (anders, wenn er es im **eigenen** Namen führt: Bundesfinanzhof BB 1991 S. 537). Wohl aber ist Kaufmann der **Pächter** eines Handelsgeschäfts.

Ob der Kaufmann eigenes oder fremdes Kapital einsetzt, ist gleichgültig. Der Unternehmer, der in fremden Räumen mit ihm nicht gehörigen Betriebsmitteln zu arbeiten beginnt (diese stehen etwa noch unter Eigentumsvorbehalt des Verkäufers oder sind einem Geldgeber sicherungsübereignet), ist gleichwohl Kaufmann.

Daß die Frau im Handelsrecht dem Mann völlig gleichgestellt ist, versteht sich nach dem Grundrecht der Gleichberechtigung (Art. 3 Abs. 2 GG) von selbst.

c) Handelsgewerbe

Das betriebene Gewerbe muß ein Handelsgewerbe sein. § 1 Abs. 2 HGB zählt einen Katalog von neun Gruppen auf, die hierunter verstanden werden sollen.

Die wichtigsten sind jetzt zu erörtern. Sie werden in Literatur und Rechtsprechung als **Grundhandelsgewerbe** bezeichnet. Eine nähere Betrachtung zeigt, daß der Kreis viel weiter gezogen ist, als sich nach dem Sprachgebrauch vermuten läßt (vgl. oben A. I. 2).

Bei der Ziff. 1 des § 1 Abs. 2 HGB deckt sich allerdings die Lebensanschauung mit dem Gesetz: **Die Anschaffung und Weiterveräußerung von beweglichen Sachen und Wertpapieren** sind typisch für den Handel. Wohlgemerkt fällt der Handel mit Grundstücken nicht unter diese Ziffer. Typisch ist, daß Umsatzgeschäfte geschlossen werden müssen im Unterschied zu Gebrauchsüberlassungs- oder Werkverträgen. Der gewerbsmäßige Vermieter oder Verpächter ist nicht nach Ziff. 1 Kaufmann. Da die Waren **angeschafft** sein müssen, fällt die Urproduktion, also Land- oder Forstwirtschaft, nicht hierunter, ebenso nicht der Steinbruchbetrieb oder die Fischerei. Die weiterveräußerte Ware kann vorher einem Veränderungs- oder Bearbeitungsprozeß unterzogen worden sein, ohne daß das der Kaufmannseigenschaft im Wege stünde. Wer Rohstoffe anschafft, sie verarbeitet und dann als Halb- oder Fertigfabrikate veräußert, ist Kaufmann nach dieser Bestimmung.

Ganz anders liegt es bei der Ziffer 2 des § 1 Abs. 2 HGB. Hier werden keine Umsatzgeschäfte geschlossen, sondern **im wesentlichen Werkverträge.** Der Kunde liefert die Stoffe, die der Kaufmann bearbeitet oder verarbeitet und dann zurückgibt. Reparaturanstalten, Wäschereien, Färbereien, Reinigungsanstalten sind die Hauptbeispiele.

Der Nachsatz zu § 1 Abs. 2 Ziff. 2 HGB darf nicht übersehen werden: Es muß sich um **Großbetriebe** handeln. Wer nur handwerksmäßig derartige Aufträge ausführt, ist nicht Mußkaufmann.

Von besonderer Bedeutung für das Versicherungswesen ist Ziff. 3 des § 1 Abs. 2 HGB: Der Betrieb der Prämienversicherung macht zum Kaufmann.

Wie steht es aber mit der anderen großen Unternehmensform der Versicherung, dem VVaG? Er arbeitet nicht mit Prämien, sondern mit **Beiträgen** (oder sogar noch mit Umlagen). Nach § 16 VAG gelten die Vorschriften des 1. Buchs, des 1. Abschnitts des 3. Buchs und des 4. Buchs HGB (mit Ausnahme der §§ 1—7 HGB) entsprechend für den VVaG, *„soweit dieses Gesetz nichts anderes vorschreibt"*. Eine Ausnahme ist in § 53 Abs. 1 VAG für die kleineren Vereine gemacht, denn hier wird § 16 VAG nicht mitzitiert.

Es ergibt sich also folgendes Bild: Der kleinere Versicherungsverein auf Gegenseitigkeit ist nicht Kaufmann, der größere Versicherungsverein auf Gegenseitigkeit ist es, obwohl er nicht auf Gewinnerzielung gerichtet ist (vgl. oben B. I. 1a).

Grundhandelsgeschäfte sind schließlich Hilfstätigkeiten für den eigentlichen Handel: Die **Bankier-** und **Geldwechselgeschäfte** (Ziff. 4) die **Beförderungsgeschäfte** ohne Rücksicht darauf, ob Güter oder Reisende zu befördern sind oder ob der Transport zur See, zu Lande oder auf Binnengewässern stattfindet (Ziff. 5). Die Beförderung zur Luft ist hier nicht genannt, sie fällt unter den noch zu besprechenden § 2 HGB oder man wendet § 1 Abs. 2 Ziff. 5 HGB analog an. Ziff. 5 findet keine Anwendung, soweit die Post als Beförderer auftritt. Ergänzend zu den postalischen Spezialbestimmungen kann das Werkvertragsrecht des BGB angewendet werden, ob auch das Frachtrecht des HGB ist bestritten.

Zu den Grundhandelsgeschäften gehören auch die **Gewerbe der Kommissionäre, Spediteure und Lagerhalter** (Ziff. 6) sowie das **Gewerbe** der schon erwähnten **Handelsvertreter** und **Handelsmakler** (Ziff. 7). Auf die Gruppen der Ziff. 8 und 9 (Verlagsgeschäfte, Buch- und Kunsthandel, Druckereien) sei lediglich hingewiesen. Bemerkenswert ist nur, daß sich bei den Druckereien (Ziff. 9) dieselbe Einschränkung findet wie in Ziff. 2: das Gewerbe darf nicht nur handwerksmäßig betrieben werden.

2. Sonstige Arten des Kaufmanns

Im wissenschaftlichen Sprachgebrauch hat es sich eingebürgert, außer vom Muß-, vom Soll-, Kann- und Formkaufmann zu sprechen. Da diese Begriffe prägnant sind, sollen sie auch hier verwendet werden.

a) Sollkaufmann

Dieser Typus unterscheidet sich vom Mußkaufmann dadurch, daß nicht allein die unternehmerische Betätigung zum Kaufmann macht, sondern daß eine **Eintragung in das Handelsregister** hinzukommen muß, daß aber eine **Pflicht** für den Unternehmer besteht, diese Eintragung herbeizuführen. Gesetzliche Grundlage ist § 2 HGB. Der Gesetzgeber hat hiermit eine **Generalklausel** geschaffen: Alle Unternehmen, die wegen ihres Umfangs oder ihrer Art eine kaufmännische Einrichtung benötigen, fallen hierunter, sofern sie nicht zu den Grundhandelsgewerben des § 1 Abs. 2 HGB gehören. Hier ist also von einem bestimmten Handelszweig abgesehen und die **Größe des Unternehmens** entsprechend der Lebensanschauung zum Kriterium für den Kaufmannsbegriff gemacht worden.

Hierher gehören u. a. die Unternehmen, die wir wegen der engen Fassung des § 1 Abs. 2 HGB dort als Handelsgewerbe ausklammern mußten: Steinbruchbetriebe, Hochseefischerei, Bergbau, Grundstückshandel, Grundstücksmakelei, Theater, aber auch das mittelständische Handwerk (wichtig insbesondere für Bauunternehmen). Diese werden jedoch erst mit der Eintragung im Handelsregister zum Handelsgewerbe und der Betreibende damit zum Kaufmann. Solche Eintragung, die nicht nur **vorhandene** Rechtsverhältnisse nach außen hin erkennbar macht (wie im Falle des § 1 Abs. 2 HGB), sondern solche Verhältnisse erst **schafft**, nennt man **konstitutiv**. Nach § 2 Satz 2 HGB steht es nicht im Belieben des Unternehmers, die Eintragung zu beantragen. Der Registerbeamte hat einem gestellten Antrag nicht ohne weiteres zu folgen, sondern prüft in eigener Verantwortung, ob die Voraussetzungen des § 2 HGB gegeben sind.

b) Kannkaufmann

Der Land- und Forstwirt kann nach § 3 Abs. 1 HGB nicht Mußkaufmann sein. Wenn aber der Betrieb ein in kaufmännischer Weise eingerichtetes Geschäft erfordert (vgl. § 2 HGB), kann er durch Eintragung ins Handelsregister bewirken, daß er zum Kaufmann wird. Im Unterschied zu den Sollkaufleuten ist aber der Land- und Forstwirt **nicht verpflichtet**, einen Eintragungsantrag zu stellen, er hat vielmehr Entscheidungsfreiheit (§ 3 Abs. 2 HGB).

Die Entscheidung kann er auch in der Richtung ausüben, daß er nur das **Nebengewerbe** seines land- oder forstwirtschaftlichen Betriebes zur Eintragung anmeldet, wenn das Nebengewerbe die Voraussetzungen des § 2 HGB erfüllt (§ 3 Abs. 3 HGB). Beispiele sind Brennerei oder Brauerei. Veräußerung der Feldfrüchte oder des Holzes ist aber kein Nebengewerbe, hier greift § 3 Abs. 2 HGB ein.

c) Formkaufmann (§ 6 HGB)

Vom Formkaufmann spricht man dann, wenn eine Unternehmung wegen der bestimmten **Rechtsform**, in der sie betrieben wird, Kaufmann ist, ohne Rücksicht darauf, was den Inhalt ihrer Geschäfte ausmacht. Formkaufleute kommen vor bei juristischen Personen, nämlich bei der AG, der Kommanditgesellschaft auf Aktien (KGaA), der GmbH, der eingetragenen Genossenschaft (eG) und dem größeren VVaG. In diesen Fällen ist nur die juristische Person als solche Kaufmann, nicht etwa ihre Gesellschafter, Genossen oder Mitglieder, auch nicht ihre Organe (Vorstand, Geschäftsführer).

Wer die Anteile dieser juristischen Personen besitzt, ist gleichgültig. Auch dann, wenn die öffentliche Hand Anteilseigner ist (Gemeinden, Länder, Bundesrepublik) ist nicht etwa die Gebietskörperschaft Kaufmann, sondern die juristische Person. Da die Kaufmannseigenschaft allein an die Unternehmensform anknüpft, kommt es nicht darauf an, was für Geschäfte betrieben werden, ja, ob überhaupt eine gewerbliche Betätigung vorliegt. Auch zu karitativen, sozialen oder Forschungszwecken gegründete Aktiengesellschaften oder Gesellschaften mit beschränkter Haftung sind also Kaufleute (vgl. § 6 Abs. 2 HGB).

Die Rechtsordnung kennt auch Handelsgesellschaften, die nicht juristische Personen sind, nämlich die OHG und die Kommanditgesellschaft (KG). Auch diese sind um ihrer Form willen Kaufmann. Bei ihnen sind auch die Gesellschafter anders als bei den juristischen

Personen Kaufleute, bei der OHG sämtliche Gesellschafter, bei der KG die persönlich haftenden (Komplementäre) (vgl. § 6 Abs. 1 HGB). Das gilt aber nur für den Geschäftskreis der betreffenden Handelsgesellschaft.

3. Sonderfälle

a) Minderkaufmann

Aus den **Mußkaufleuten** nach § 1 HGB bildet das Gesetz noch eine besondere Gruppe, für die **nicht alle Vorschriften des Handelsrechts gelten, die Minderkaufleute.** Nach § 4 Abs. 1 HGB gehören zu ihnen diejenigen, **deren Gewerbe nach Art und Umfang einen in kaufmännischer Weise eingerichteten Betrieb nicht erfordert.**

Was hier negativ gesagt wird, ist in positiver Form bei den Soll- und Kannkaufleuten Voraussetzung für die Kaufmannseigenschaft. Wenn es an dem in kaufmännischer Weise eingerichteten Geschäftsbetrieb fehlt, kommt in den Fällen der §§ 2, 3 Abs. 2, 3 HGB eine Kaufmannseigenschaft überhaupt nicht in Frage, also können die Betreibenden auch nicht Minderkaufleute sein. Für Formkaufleute sagt § 6 Abs. 2 HGB ausdrücklich, daß auf sie § 4 Abs. 1 HGB keine Anwendung findet. Diese Überlegungen bestätigen die Richtigkeit des Eingangssatzes, daß Minderkaufleute nur bei den Mußkaufleuten vorkommen können.

Hierunter fallen vor allem die **Kleinhändler** (Inhaber von Einzelhandelsgeschäften) und **Kleinhandwerker**, die Waren nach Verarbeitung veräußern (Schlachter, Bäcker). Andere Handwerker, die lediglich ausbessern oder ändern (Schuster, Schneider) oder Inhaber kleiner Druckereien können nicht einmal Minderkaufleute sein, da sie nach § 1 Abs. 2 Ziff. 2, 9 HGB überhaupt nicht Kaufleute sind.

§ 4 HGB läßt ferner erkennen, worin die **Sonderstellung der Minderkaufleute** besteht: Sie können keine Firma führen, brauchen keine Handelsbücher einzurichten und können keine Prokura erteilen. Weitere Ausnahmen für sie ergeben sich aus §§ 348–351 HGB.

Der Minderkaufmann genießt nicht den Schutz des VerbraucherkreditG vom 17. 12. 1990. – Allgemein wird die Rechtsfigur des Minderkaufmanns als unzeitgemäß empfunden.

b) Scheinkaufmann

Unser ganzes Recht durchzieht ein letztlich auf § 242 BGB (Treu und Glauben) zurückgehender ungeschriebener Satz, daß derjenige, der im Rechtsleben einen falschen Anschein erweckt, sich einem Gutgläubigen gegenüber so behandeln lassen muß, als sei das Verlautbarte Wirklichkeit.

Einen begrenzten Anwendungsfall dieses Satzes enthält § 5 HGB. Er setzt voraus, daß ein **Unternehmer zu Unrecht als Kaufmann im Handelsregister eingetragen ist.** Hierzu kann es kommen, weil etwa bei dem Gewerbetreibenden nach § 1 Abs. 2 Ziff. 2 oder 9 HGB nicht erkannt worden ist, daß er sich lediglich als Handwerker betätigt, oder weil bei einem Gewerbetreibenden nach § 2 oder § 3 Abs. 2, 3 HGB zu Unrecht angenommen worden ist, daß die Größe seines Unternehmens einen kaufmännisch eingerichteten Gewerbebetrieb erfordert, oder schließlich, weil übersehen worden ist, daß ein Mußkaufmann nur Minderkaufmann ist (vgl. oben B. I. 3a). Der Rechtsverkehr muß auf die Eintragung im Handelsregister vertrauen dürfen. Deshalb kann sich der Eingetragene nicht darauf berufen, er sei in Wahrheit kein Kaufmann oder nur Minderkaufmann. Das wird etwa bedeutsam, wenn der Eingetragene seine Rügepflicht nach § 377 HGB verletzt hat und gleichwohl Sachmängelansprüche stellt. Dem Verkäufer gegenüber, der diese Ansprüche bekämpft mit der Einlassung, der Käufer habe nicht gerügt, kann sich der eingetragene Käufer nicht darauf berufen, als Nichtkaufmann habe er nicht zu rügen brauchen. Desgleichen kann z. B. ein eingetragener Minderkaufmann nicht geltend machen, daß die von ihm mündlich gegebene Bürgschaftserklärung mangels Erfüllung der Schriftform nicht verbindlich sei (vgl. §§ 350, 351 HGB).

Obwohl nicht unbestritten, wird man auch dem Eingetragenen selbst die Berufung auf § 5 HGB gestatten müssen. Er kann daher, auch wenn objektiv die Voraussetzungen seiner Kaufmannseigenschaft nicht vorliegen, die für ihn günstigen Vorschriften des HGB in Anspruch nehmen. Das kann von Bedeutung werden für das kaufmännische Zurückbehaltungsrecht nach §§ 369—372 HGB, das in seinen Wirkungen über das Zurückbehaltungsrecht des § 273 BGB hinausgeht. Nach herrschender Lehre findet § 5 auch auf Deliktsansprüche Anwendung, sofern sie mit dem Geschäftsverkehr im Zusammenhang stehen.

§ 5 HGB erfordert, daß jemand als Kaufmann eingetragen ist. Er findet daher keine unmittelbare Anwendung auf den Fall, daß ein Gewerbetreibender zwar nicht eingetragen ist, sich aber den Anschein eines Kaufmanns verleiht. Das kann z. B. dadurch geschehen, daß er in vorgedruckten Briefbögen eine Firma führt, mehrere Konten angibt, sich auf einen Code bezieht, eine Telegrammadresse nennt oder auf seine Teilnahme am Fernschreibverkehr hinweist. Hierdurch ruft er den Anschein des Kaufmanns hervor. In Rechtsprechung und Schrifttum ist anerkannt, daß sich der Verkehr hierauf verlassen darf. „Wer sich als Kaufmann geriert, muß sich als Kaufmann behandeln lassen" lautet der in Erweiterung von § 5 HGB entwickelte gewohnheitsrechtliche Satz. Die Frage, wann der Schein eines Kaufmanns hergestellt ist, ist nach den gegebenen Verhältnissen zu beurteilen. Unter Umständen genügt schon **eine** auf die Kaufmannseigenschaft hinweisende Angabe. Wer allerdings wußte, daß hinter den täuschenden Angaben nichts steckt, verdient den Schutz nicht, er ist nicht gutgläubig. Im Unterschied zu dem im vorigen Absatz behandelten, direkt durch § 5 HGB gedeckten Fall, kann sich hier aber niemals derjenige auf den falschen Schein berufen, der ihn selbst erzeugt hat.

II. Das kaufmännische Unternehmen

1. Begriff

a) Allgemeines

Nach § 1 Abs. 1 HGB ist Kaufmann, wer ein Handelsgewerbe betreibt. Dieses kaufmännische Unternehmen steht daher in unlöslichem Zusammenhang mit dem Kaufmannsbegriff. Unter einem Unternehmen (das Gesetz spricht in den §§ 22—28 HGB vom Handelsgeschäft) wird die Zusammenfassung der sachlichen und persönlichen Betriebsmittel zu einem einheitlichen Organismus verstanden. Es gehören oder können dazu gehören:

Grundstücke, Gebäude, Inventar, Waren, Rohstoffe, aber auch Rechte, wie etwa Forderungen gegen den Kunden, den Vermieter oder die Angestellten (auf Arbeitsleistung). Von besonderer Bedeutung sind die typischen mit dem Handelsunternehmen verbundenen Rechte wie Firmen- und Warenzeichenrecht. Aber auch die Passiven, die Geschäftsverbindlichkeiten, gehören zum Unternehmen. All das muß verbunden sein zu einer Organisation, die auf Erreichung des gesetzten Unternehmenszweckes gerichtet ist. Zu dieser Organisation gehören nicht nur die innerbetrieblichen Beziehungen (Gliederung des Unternehmens in Abteilungen, Arbeitsteilung innerhalb der Abteilungen, berufliche Fortbildung der Arbeitnehmer), sondern vor allem auch die schwer wägbaren Außenbeziehungen, deren Wert sich nicht in Gegenständen niederschlägt, nämlich die Chancen, die sich ergeben aus dem guten Ruf des Unternehmens, seinen Absatzmöglichkeiten, seinen Bezugsquellen. Gerade diese Chancen, auch good will, Firmenwert oder innerer Geschäftswert genannt, spielen in der Versicherungswirtschaft eine erhebliche Rolle. Namentlich bei den Versicherungsvertretern und -maklern sind sie wichtiger als die Gegenstände (Sachen und Rechte) des Betriebsvermögens.

Nach alledem ist also das Unternehmen ein Rechtsgut, das sich nicht im Betriebsvermögen erschöpft, das vielmehr als geschlossene Einheit verschiedenartiger Rechte und Beziehungen des Rechtsschutzes bedarf. Diese Einheit wird repräsentiert durch den Kaufmann: Er allein ist Träger der Rechte und Pflichten.

Das Unternehmen als solches ist also nicht eine juristische Person. Wenn es auch eine Einheit darstellt, so ist es in bezug auf den vollstreckungsrechtlichen Zugriff nicht etwa nur den Geschäftsgläubigern vorbehalten, wie umgekehrt auch Geschäftsgläubiger in das Privatvermögen des Einzelkaufmanns, des Gesellschafters der OHG oder des Komplementärs vollstrecken können; einen entsprechenden Titel vorausgesetzt (§§ 704, 794 ZPO).

Beispiele:

1. K kauft eine Schreibmaschine für sein Unternehmen bei V. Er zahlt den Kaufpreis nicht. V erwirkt ein Urteil gegen K. Auf Grund dieses Urteils kann V die Möbel der Privatwohnung des K pfänden lassen (selbstverständlich auch das Geschäftsinventar).

2. Der Schneidermeister S hat gegen den Kaufmann K eine Forderung aus der Anfertigung eines Anzugs. Auf Grund des gegen K erstrittenen Urteils kann S in das Geschäftsvermögen vollstrecken (selbstverständlich auch in das Privatvermögen).

Daß das Unternehmen kein echtes Sondervermögen darstellt, zeigt sich auch im Konkurs des Einzelkaufmanns:

Wird über das Vermögen des K der Konkurs eröffnet, so fallen sein Geschäftsvermögen und sein Privatvermögen in die Konkursmasse.

b) Zweigniederlassung

Ein Kaufmann kann Inhaber mehrerer voneinander völlig getrennter Geschäfte sein.

Beispiel:

K betätigt sich als Versicherungsmakler einerseits (§ 1 Abs. 2 Ziff. 7 HGB), er betreibt ein landwirtschaftliches Nebengewerbe auf seinem Gut (§ 3 Abs. 2 HGB) andererseits.

Dann gelten für jedes einzelne Unternehmen die noch zu behandelnden Sätze über Firma, Warenzeichen, Buchführung usw.

Möglich ist auch, daß ein Kaufmann ein Unternehmen betreibt, aber außerhalb der Zentrale noch räumlich getrennte Nebenstellen einrichtet, von denen ebenfalls Geschäfte desselben Unternehmens getätigt werden. Man spricht hier von einer Zweigniederlassung (Filiale). Sie kommt häufig bei Versicherungsunternehmen und Versicherungsmaklern vor. Ihre Abhängigkeit von der Hauptniederlassung zeigt sich, abgesehen von der Weisungsgebundenheit, deren Ausgestaltung in der Entschließung des Kaufmanns liegt, bei der Registereintragung: Keine Eintragung der Zweigniederlassung ohne entsprechenden Vermerk im Register der Hauptniederlassung (§ 13 Abs. 4 HGB). Die Filiale besitzt auch kein eigenes Vermögen. Ihre Gläubiger können sich auch an das Vermögen der Hauptniederlassung halten (wie oben schon ausgeführt, auch an das Privatvermögen des Kaufmanns), wie umgekehrt die Gläubiger der Hauptniederlassung auf die Vermögenswerte der Filiale zurückgreifen können.

Andererseits ist aber die Zweigniederlassung mehr als nur eine Abteilung, Verkaufsstelle oder Zahlstelle des Unternehmens. Das zeigt sich darin, daß sie an ihrem Sitz in das Handelsregister eingetragen wird (vgl. § 13 HGB). Prokura und Handlungsvollmacht können nur auf die Zweigniederlassung beschränkt werden, alles Zeichen für eine gewisse Selbständigkeit.

2. Inhaberwechsel

a) Veräußerung des Unternehmens

Wie bei jeder Veräußerung, so ist auch bei der Veräußerung eines Unternehmens das Verpflichtungsgeschäft vom Erfüllungsgeschäft zu trennen. Der **Kaufvertrag**, durch den sich beide Parteien verpflichten (der Verkäufer zur Übergabe und Eigentumsverschaffung, der Käufer zur Abnahme und Zahlung des Kaufpreises: § 433 BGB), kann global und einheitlich für das gesamte Unternehmen abgeschlossen werden. Er bedarf der notariellen Beurkundung, wenn Grundstücke zum Geschäft gehören (§ 313 BGB). Bildet das Unternehmen das ganze oder fast das ganze Vermögen eines Ehegatten, so ist bereits zum Verpflichtungsvertrag die Zustimmung des anderen Ehegatten nach § 1365 BGB nötig. Die **Erfüllung dieses Vertrages**, d. h. die Rechtsverschaffung an den Käufer (die Zahlung des Kaufpreises an den Verkäufer ist unproblematisch), ist aber nur möglich durch Einzelakte. Die Forderungen müssen dem Erwerber abgetreten, die beweglichen Sachen ihm übergeben werden (man hilft sich mit symbolischer Übergabe: Überreichung des Inventarverzeichnisses oder Schlüsselübergabe).

Besondere Bedeutung hat dieser Einzelaktsgrundsatz für den **Grundstücksverkehr**: Jedes einzelne Geschäftsgrundstück muß dem Erwerber aufgelassen, und er muß in das Grundbuch jedes Grundstücks eingetragen werden, um Eigentümer zu werden.

Die Veräußerung des Unternehmens hat aber nicht nur Auswirkungen auf die Vertragschließenden selbst, sondern auch auf die Gläubiger. Für diese ist bedeutsam, ob sie sich auch weiterhin an den Veräußerer halten können, oder ob ihnen statt seiner oder neben ihm auch der Erwerber haftet. Das Gesetz löst diese Frage wie folgt: Stets haftet der Veräußerer weiter. Nach allgemeinen bürgerlich-rechtlichen Grundsätzen kann sich ein Schuldner nicht seiner Inanspruchnahme dadurch entziehen, daß er Verfügungen über sein Vermögen trifft. Nicht so einheitlich ist die Antwort auf die Frage, ob neben ihm auch der Erwerber haftet. Das ist nur dann der Fall, wenn er entweder die bisherige Firma fortführt (mit oder ohne Nachfolgezusatz, mit oder ohne Zustimmung des Veräußerers), oder wenn er sonst kundgetan hat, daß er für die früheren Geschäftsverbindlichkeiten aufkommen wolle, z. B. durch Rundschreiben an die Gläubiger oder Inserate (§ 25 Abs. 1 Satz 1, Abs. 3 HGB).

Eine Schuldübernahme kraft Gesetzes kann sich auch dann ergeben (unabhängig von der Firmenführung oder der Kundbarmachung), wenn das Unternehmen das gesamte oder fast das gesamte Vermögen des Veräußerers ausmacht. Hier ergibt sich die Haftung des Erwerbers aus § 419 BGB. In diesem Fall bedarf bereits der Verpflichtungsvertrag der Form des § 311 BGB.

Im Falle des § 25 HGB haftet der Erwerber auch mit seinem Privatvermögen für die alten Geschäftsschulden.

Allerdings ist die Firmenfortführung nicht unausweichlich mit der Haftungsübernahme verbunden. Ist der Übergang der Passiven zwischen Erwerber und Veräußerer ausgeschlossen und ist dieser Ausschluß in das Handelsregister eingetragen und bekanntgemacht oder den Gläubigern mitgeteilt worden, so entfällt die Haftung des Erwerbers (§ 25 Abs. 2 HGB). Zu beachten ist also, daß ein Ausschließungsvertrag zwischen Erwerber und Veräußerer nicht genügt, es muß eine Kundbarmachung nach außen hinzukommen. Nach der Rechtsprechung muß die letztere unverzüglich nach der Geschäftsübernahme erfolgen. Andernfalls gebietet es der Vertrauensschutz, daß sich die Gläubiger an den Erwerber halten können, eine spätere Verlautbarung des Haftungsausschlusses nützt dem Erwerber dann nichts mehr.

Soweit nach dem Gesagten der Erwerber mithaftet, ist er zusammen mit dem Veräußerer Gesamtschuldner. Der Gläubiger kann nach seiner Wahl jeden von ihnen oder beide zusammen bis zum Betrage seiner Forderung in Anspruch nehmen, aber er darf insgesamt nur dasjenige erhalten, was ihm gebührt (§ 421 BGB). Dem Veräußerer gewährt das Gesetz in diesem Fall den Vorteil, daß er sich schon nach fünf Jahren auf Verjährung berufen kann, wenn nicht ohnedies die Verjährungsfrist eine kürzere ist (vgl. hierzu §§ 26 HGB, 196, 197 BGB).

Beispiel:

G hat dem K für dessen Geschäft ein Darlehen von 5000 DM gegeben. Die Rückzahlung sollte am 31. 12. 1991 erfolgen. K. veräußerte am 1. 4. 1992 sein Geschäft an E, der es unter der alten Firma fortführt und alsbald in das Handelsregister eingetragen wird. G hat sein Geld Ende 1997 noch nicht erhalten. Er kann gegen K oder gegen E oder gegen beide zugleich auf Zahlung von 5000 DM klagen (meist geschieht das letztere). Zahlt einer von ihnen ganz oder zum Teil, so kommt das auch dem anderen Schuldner zustatten. Die Klage gegen E verspricht mehr Aussicht auf Erfolg als die gegen K, weil zu befürchten ist, daß K die Einrede der Verjährung erhebt. Unterläßt er dies, so wird er verurteilt. Das Urteil lautet dann: E und K werden als Gesamtschuldner verurteilt, an G 5000 DM zuzüglich 5 % Zinsen seit dem 1. 1. 1992 zu zahlen und die Kosten des Rechtsstreits zu tragen.

Bisher wurde der Einfluß der **Geschäftsveräußerung** auf die Gläubiger behandelt. Welche **Bedeutung** kommt diesem Vorgang **für die Schuldner** zu? Müssen sie an den Veräußerer leisten, oder können sie sich nur befreien durch Leistung an den Erwerber? Das hängt zunächst davon ab, ob der Veräußerer seine Forderungen an den Erwerber abgetreten hatte und dies den Schuldnern bekannt war. Dann befreit nur die Leistung an den Erwerber. Dasselbe ist dann der Fall, wenn der Erwerber das Geschäft mit Zustimmung des Veräußerers (hier kommt es also auf dessen Einverständnis an!) unter der alten Firma fortführt (§ 25 Abs. 1 Satz 2 HGB). Hier gilt den Schuldnern gegenüber der Erwerber als der neue Gläubiger, mag auch im Verhältnis von Veräußerer und Erwerber keine Abtretung vorgenommen worden sein.

Die §§ 25, 26 HGB behandeln nur das Schicksal von einzelnen Forderungen und einzelnen Verbindlichkeiten bei der Unternehmensveräußerung. Darüber hinaus kennen §§ 69 ff. VVG, §§ 571 ff. BGB, § 613 a BGB den Eintritt des Erwerbers in ein **gesamtes** Schuldverhältnis. Diese Bestimmungen treten neben §§ 25, 26 HGB, sofern im Rahmen der Unternehmensveräußerung

(a) Gegenstände veräußert werden, die mit Versicherungsverhältnissen verknüpft sind,

(b) Immobilien veräußert werden, die mit Mietverhältnissen verknüpft sind,

(c) ein Betrieb oder Betriebsteile den Inhaber wechseln, sofern eine Verknüpfung mit Arbeitsverhältnissen besteht. Im letzterem Fall ist sehr umstritten, ob § 613 a BGB auch bei Veräußerungen im Konkurs bzw. auf Grund Liquidationsvergleichs gilt.

b) Ähnliche Fälle

Nimmt ein Einzelkaufmann einen oder mehrere Gesellschafter auf, so haftet nunmehr die Gesellschaft für die Geschäftsverbindlichkeiten des früheren Alleininhabers. Hier kommt es nicht einmal darauf an, ob die Gesellschaft unter der alten Firma weiterbetrieben wird. Umgekehrt gelten die Geschäftsforderungen des früheren Inhabers als auf die Gesellschaft übergegangen (§ 28 Abs. 1 HGB). Abweichende Vereinbarungen sind aber auch hier möglich unter den gleichen Voraussetzungen, wie oben zu § 25 Abs. 2 erörtert: § 28 Abs. 2 HGB.

Hinsichtlich der Haftung beim Eintritt in eine schon bestehende Handelsgesellschaft sei auf § 130 HGB Bezug genommen.

c) Erbrechtlicher Erwerb

Hier gelten ähnliche Grundsätze wie bei der Veräußerung. Der Erbe, der das Geschäft unter der bisherigen Firma fortführt oder seine Haftung besonders kundtut, haftet für die Geschäftsverbindlichkeiten im vollen Umfang, d. h. auch mit seinem eigenen Vermögen (§ 27 Abs. 1 HGB). Er hat in diesem Falle nicht die Möglichkeit der Beschränkung seiner Haftung auf den Nachlaß, die ihm das BGB unter gewissen Voraussetzungen gestattet.

Die unbeschränkte Haftung ist für den Erben recht hart, denn er ist im Unterschied zu einem Erwerber, der das Geschäft kauft, in der Regel nicht in der Lage, sich über die Verbindlichkeiten ausreichend zu orientieren. Deshalb bietet ihm das Gesetz die Möglichkeit, sich durch Einstellung des Geschäftsbetriebes innerhalb von drei Monaten seit seiner Kenntnis vom Anfall der Erbschaft von der schweren handelsrechtlichen Haftung zu befreien. Der Erbe, der in dieser Weise den Geschäftsbetrieb einstellt, bleibt zwar Erbe (Einstellung ist nicht gleich Ausschlagung der Erbschaft), aber er haftet nur nach den bürgerlich-rechtlichen Vorschriften, d. h., er kann seine Haftung auf den Nachlaß beschränken, also sein Eigenvermögen schonen.

Zu a)–c):

Alle diese Rechtssätze haben besonders für Versicherungsvertreter und -makler unmittelbare Bedeutung. Für die Versicherer selbst, die überwiegend juristische Personen sind, gelten zum Teil Sondersätze.

3. Firma

a) Begriff:

Im Unterschied zum Sprachgebrauch ist die **Firma** nach § 17 Abs. 1 HGB der Name eines Kaufmanns, unter dem er Handelsgeschäfte betreibt, also nicht der Name eines Unternehmens.

Aus § 4 Abs. 1 HGB ergibt sich, daß **nur der Vollkaufmann** eine Firma führen kann. Sowenig wie der bürgerliche Name neben der Person steht, die ihn führen darf, so wenig ist die Firma vom Kaufmann zu trennen. Wer eine Forderung gegen den Kaufmann hat, kann ihn unter seinem Namen oder unter seiner Firma, er kann aber nicht die Firma und den Kaufmann als verschiedene Prozeßsubjekte verklagen (§ 17 Abs. 2 HGB).

Da im Grundstücksverkehr ein besonderes Interesse der Öffentlichkeit an Klarheit besteht, ist im Grundbuch nicht der Kaufmann unter seiner Firma einzutragen, sondern mit seinem bürgerlichen Namen (und Vornamen).

b) Firmenbildung

Für die Frage, wie die Firma des Kaufmanns zu lauten hat, steht im Vordergrund das Prinzip der **Firmenwahrheit**. Es bedeutet, daß der Einzelkaufmann seinen Familiennamen und mindestens einen ausgeschriebenen Vornamen als Firma zu führen hat (§ 18 Abs. 1 HGB).

Beispiel:

Der Kaufmann Schulze, der laut Personenstandsregister die Vornamen Friedrich (Rufname), Karl, Georg hat, darf etwa firmieren: Friedrich Schulze, Georg Schulze, Friedrich K. G. Schulze, Friedrich K. Schulze; **nicht** z. B.: F. Schulze, F. K. G. Schulze.

Bei der OHG gehört der Name mindestens eines Gesellschafters mit Zusatz, der auf das Gesellschaftsverhältnis hindeutet, zur Firma. Es können aber auch mehrere oder alle Gesellschafternamen in die Firma aufgenommen werden (§ 19 Abs. 1 HGB).

Beispiel:

Wenn die Gesellschaft aus A, B und C besteht, gibt es also folgende Möglichkeiten: A & Co.; A, B & Co.; A, B, C; B & Co.; B, C & Co.; C & Co.; A, C & Co.

A, B und C müssen jeweils ausgeschriebene Familiennamen sein.

Die Firma einer KG muß den Namen mindestens eines persönlich haftenden Gesellschafters (Komplementärs) mit Gesellschaftszusatz enthalten. Ist C im vorigen Beispiel nur Kommanditist, so scheiden von den dort gebrachten Möglichkeiten alle diejenigen aus, in denen der Name C's in der Firma steht (§ 19 Abs. 2 HGB).

Die Firmen der juristischen Personen des Handelsrechts (AG, KGaA, GmbH, eG) werden nach folgenden Grundsätzen gebildet: Bei der eG muß der Firmenname vom Gegenstand gebildet werden (dasselbe gilt für den größeren VVaG) mit Zusatz der Rechtsform.

Bei der AG und der KGaA ist die Firma in der Regel aus dem Gegenstand des Unternehmens zu bilden (§§ 4, 279 AktG), es können hier auch Personalfirmen vorkommen. Stets aber muß ein Zusatz aufgenommen werden, der auf das Gesellschaftsverhältnis hinweist.

Betrachtet man die Firmen der Aktiengesellschaften in der Versicherungswirtschaft, so stellt man fest, daß es sich überwiegend um Gegenstandsfirmen handelt, aber auch Personalfirmen vorkommen. Bei der GmbH schließlich besteht Wahlfreiheit. Die Firma kann vom Gegenstand des Unternehmens entlehnt, sie kann aber auch durch Namen eines oder mehrerer Gesellschafter gebildet werden (§ 4 GmbHG). Auch hier muß aber stets ein Zusatz über die Gesellschaftsform vorhanden sein.

Andere Zusätze als diejenigen, die sich aus dem Gesellschafts- oder Genossenschaftsverhältnis notwendig ergeben, sind überall zulässig, zur Unterscheidung sonst gleichlautender Firmen (Einzelkaufleute können ja nicht in die Gegenstandsfirma ausweichen) oft geradezu geboten. Nur dürfen sie keine Täuschung des Publikums herbeiführen (§ 18 Abs. 2 HGB). Die Rechtsprechung kämpft hier vor allem gegen die großsprecherischen Zusätze an, wie etwa „Zentrale" für ein kleines Unternehmen oder „Deutsche . . ." für ein Unternehmen, das nur lokale Bedeutung hat.

Den Grundsatz der Firmenwahrheit hat das Gesetz bewußt nicht überspannt. Er gilt uneingeschränkt nur bei der Firmenbildung, nicht aber beim Firmenfortbestand. Da sich an die Firma häufig der Ruf des Unternehmens knüpft und sie daher ein wirtschaftlicher Wert ist, darf sie beibehalten werden, auch wenn der Inhaber seinen Namen wechselt, etwa die Kauffrau heiratet (§ 21 HGB), oder wenn das Unternehmen den Inhaber wechselt (§ 22 HGB). Hier ist allerdings erforderlich, daß der Vorgänger in die Fortführung einwilligt. Der Firmenname darf in diesem Falle unverändert oder mit Nachfolgezusatz verwendet werden. Wenn eine juristische Person des Handelsrechts von einem Einzelkaufmann oder einer Personalgesellschaft (OHG, KG) übernommen wird, dann muß künftig der auf die betreffende Gesellschaftsform hinweisende bisherige Zusatz fortgelassen werden. Umgekehrt muß dieser Zusatz aufgenommen werden, wenn eine juristische Person ein Unternehmen erwirbt, das bisher einem Einzelkaufmann oder einer Personalgesellschaft gehörte. Mit anderen Worten: Auf die Zusatzbezeichnung AG, KGaA, GmbH, eG, VVaG kann man sich stets verlassen.

c) Firmenschutz

In verschiedenartiger Weise sucht das Gesetz, den berechtigten Gebrauch der Firma zu schützen. Nach § 30 Abs. 1 HGB muß sich **jede neue Firma von allen schon bestehenden und in das Handelsregister eingetragenen Firmen am gleichen Ort deutlich unterscheiden.**

Eine Verwechslungsgefahr besteht vor allem, wenn Kaufleute dieselben Vor- und Zunamen haben. Um ihr zu begegnen, schreibt § 30 Abs. 2 HGB vor, daß dann der später Einzutragende (wie lange sein Unternehmen besteht, ist gleichgültig) seiner Firma einen Unterscheidungszusatz beifügen muß. Ein zulässiger (und vielfach gebotener) Zusatz ist derjenige, der auf den Geschäftszweig hinweist (etwa Friedrich Schulze, Mineralwasserfabrik; Alfred Lehmann, Versicherungsmakler).

Das Vorgehen gegen denjenigen, der eine ihm nicht gebührende Firma führt, ist doppelspurig: Es kann von Amts wegen gegen ihn eingeschritten werden (öffentlich-rechtlicher Schutz), und außerdem kann der berechtigte Firmeninhaber gegen den unberechtigten vorgehen. Das erstere ergibt sich aus § 37 Abs. 1 HGB. Danach hat das Registergericht durch Ordnungsgeld auf Unterlassung einer unberechtigten Firmenführung hinzuwirken. Hierher gehören die Fälle, daß etwa ein Minderkaufmann eine Firma führt, oder daß eine verwechselbare Firma oder ein täuschender Firmenzusatz gebraucht wird. Ist die unberechtigt geführte Firma eingetragen, so kann das Registergericht sie von Amts wegen löschen, § 142 FGG. — Hier ergibt sich ein sinnvoller Bereich der Zusammenarbeit zwischen Registergerichten und den örtlichen Industrie- und Handelskammern. Diesen werden fehlerhafte Firmenführungen eher auffallen als dem Registergericht, namentlich in Großstädten. Die Industrie- und Handelskammer macht dann dem Registergericht Mitteilung von ihren Wahrnehmungen, damit dieses seinen Aufgaben nach § 37 Abs. 1 HGB gerecht werden kann.

Wer in seinen Rechten durch Verstöße gegen das Firmenführungsrecht beeinträchtigt ist, kann auf Unterlassung gegen den Störer klagen (privatrechtlicher Schutz). Er kann etwa verlangen, daß der Störer seine Löschung beim Handelsregister beantragt (§ 37 Abs. 2 HGB). Bei Verschulden des Störers kann der Berechtigte außerdem Schadensersatz nach § 823 Abs. 1 BGB fordern.

Auf den weitergehenden Schutz nach dem Gesetz gegen unlauteren Wettbewerb (UWG), der namentlich eine Rolle spielt, wenn die Streitparteien ihren Sitz nicht am gleichen Ort haben, sei hier hingewiesen; vgl. § 16 UWG.

d) Erlöschen der Firma

Die Firma erlischt mit der endgültigen Einstellung des Geschäftsbetriebes.

Die nur vorübergehende Einstellung hat diese Wirkung nicht, weil dem Inhaber des Unternehmens die Möglichkeit bleiben soll, den in der Firma steckenden Wert sich evtl. wieder nutzbar zu machen.

Durch Veräußerung des Unternehmens erlischt die Firma nicht zwangsläufig. Es wurde bereits der Fall behandelt, daß der Erwerber die frühere Firma mit oder ohne Nachfolgezusatz fortführt. Verboten ist es aber, die Firma für sich allein, d. h. ohne das Handelsgeschäft, zu veräußern (§ 23 HGB).

Bei Einzelkaufleuten und juristischen Personen fehlt dem Konkursverwalter die Befugnis, die Firma mit dem Unternehmen zu veräußern ohne Zustimmung des Gemeinschuldners, sofern dessen Name in der Firma enthalten ist. Bei Firmen der juristischen Personen hat der Konkursverwalter insoweit freie Hand.

4. Schutz des kaufmännischen Unternehmens

a) Handelsregister

Die Einrichtung des Handelsregisters dient gleichermaßen dem **Schutz des Unternehmens** wie auch dem **Schutz Dritter**, die sich mittels des Registers über die rechtlich bedeutsamen Verhältnisse eines Kaufmanns informieren wollen.

Eingetragen werden können nur **(Voll-)kaufleute** und deren Rechtsverhältnisse, nicht Minderkaufleute. Das ergibt sich aus § 4 HGB, der die Vorschriften über die Firma nicht auf die letzteren anwendbar sein läßt. Da zu den Vollkaufleuten die Aktiengesellschaften und die größeren Versicherungsvereine auf Gegenseitigkeit gehören, ist die überwiegende Anzahl von Versicherungsunternehmen im Handelsregister eingetragen; vgl. auch § 36 HGB.

Das Registergericht darf nur die im Gesetz vorgesehenen Tatsachen eintragen, wozu vor allem die folgenden nicht gehören: Höhe des Geschäftskapitals eines Einzelkaufmanns oder der Personalgesellschaften, Handlungsvollmacht. **Eintragungsfähige Tatsachen** sind vor allem: die Firma und deren Inhaber, der Ort der Niederlassung (§ 29 HGB), die Prokuren (§ 53 HGB), der etwaige Ausschluß des Übergangs von Aktiven und Passiven bei der Veräußerung (§ 25 Abs. 2 HGB), die Höhe der Einlage des Kommanditisten (vgl. §§ 172, 174, 175 HGB), Abweichungen von der gesetzlichen Vertretungsmacht der Gesellschafter (§ 125 Abs. 4 HGB). Bei den juristischen Personen sind u. a. einzutragen die Vorstandsmitglieder, die Geschäftsführer, das Grund- bzw. Stammkapital. Aus dem Handelsregister kann also z. B. der Name der Direktoren und das Grundkapital der Versicherungsgesellschaft ersehen werden, nicht jedoch etwa der Versicherungsbestand oder die Gewinne der letzten Jahre.

Zu unterscheiden sind konstitutive und deklaratorische Eintragungen.

Von den ersteren sprechen wir dann, wenn die Eintragung rechtsbegründend wirkt. Die wichtigsten hierher gehörenden Fälle sind die Eintragung des Soll- (§ 2 HGB) und Kannkaufmanns (§ 3 Abs. 2, 3 HGB) und die Entstehung der juristischen Personen des Handelsrechts. Insbesondere erlangt also eine Versicherungs-AG Rechtsfähigkeit mit der Eintragung in das Handelsregister. Beim VVaG besteht die Besonderheit, daß er Rechtsfähigkeit mit der Erlaubnis zum Geschäftsbetrieb seitens der Aufsichtsbehörde erlangt (§ 15 VAG).

Meist sind die Eintragungen lediglich deklaratorisch, d. h. sie bekunden nur Rechtsverhältnisse, die ohne Rücksicht auf die Eintragung ohnehin bestehen.

Die Wirkungen des Registereintrags können sich für, aber auch gegen Außenstehende richten. Was eingetragen ist, muß ein Dritter in der Regel gegen sich gelten lassen (§ 15 Abs. 2 HGB, wobei diese Vorschrift an ein **richtiges** Handelsregister denkt).

Beispiel:

Der Mieter A kündigt seinen Mietvertrag gegenüber dem früheren Prokuristen P seines Vermieters. Der Mieter hat nicht beachtet, daß sein Vermieter das Erlöschen der Prokura hatte eintragen lassen. Leitet P die Kündigung nicht einem empfangsberechtigten Vertreter des Vermieters zu, so ist sie unwirksam.

Umgekehrt kann sich der Kaufmann nicht auf Tatsachen berufen, die eintragungsfähig, aber nicht eingetragen sind (§ 15 Abs. 1 HGB).

War im vorigen Fall die Prokura entzogen, das Erlöschen aber noch nicht eingetragen, kannte auch der Mieter die Entziehung nicht, so hat er wirksam gekündigt, wobei es keinen Unterschied macht, ob P die Kündigung an die zuständige Stelle weitergeleitet hatte oder nicht. Das gilt nach herrschender Lehre sogar dann, wenn die Prokura, solange sie bestand, aus irgendeinem Grund nicht eingetragen war. — § 15 I soll auch im Prozeßrecht gelten, im rein deliktischen Bereich, also ohne Zusammenhang mit einem geschäftlichen Kontakt, allerdings nicht, vgl. oben B. I. 3 b.

Aus diesen Beispielen ist zugleich zu ersehen, daß nicht nur die **Entstehung** irgendwelcher **Rechtspositionen**, sondern auch deren **Erlöschen** (hier der Prokura) eintragspflichtige Tatsachen sein können. § 15 Abs. 1, der von dem **unrichtigen** Handelsregister ausgeht, ließ eine Lücke: Nur auf das **Schweigen** des Handelsregisters darf der Dritte vertrauen. Diese Lücke schließt § 15 Abs. 3 HGB, der allerdings nicht auf die unrichtige Eintragung, sondern auf die unrichtige Bekanntmachung abstellt.

Ob § 15 Abs. 1 analog zu Lasten eines Geschäftsunfähigen gilt, ist umstritten; OLG München BB 1990 S. 1581 = Jur. RdSch 1991 S. 245 bejaht. Hier wurde ein Dritter geschützt, dem nicht bekannt war, daß der Geschäftsführer der GmbH., mit der er konrahiert hatte, geschäftsunfähig war.

Das Handelsregister wird von den Amtsgerichten geführt (§ 8 HGB). Es besteht aus den Abteilungen A (Einzelkaufleute, Personengesellschaften) und B (juristische Personen des Handelsrechts). Daneben wird ein Genossenschaftsregister geführt, ebenfalls vom Amtsgericht. Über die Rechtsverhältnisse einer Versicherungs-AG oder eines größeren VVaG unterrichtet also die Abteilung B des Handelsregisters.

Wenn ein **Eintragungsantrag** beim Handelsregister eingeht, hat das Registergericht zu prüfen, ob ihm stattgegeben werden kann. In diesem Prüfungsverfahren unterstützen die Industrie- und Handelskammern die Gerichte. Bei den Versicherungsvereinen soll die Eintragung erst dann erfolgen, wenn die Erlaubnis nach dem VAG nachgewiesen worden ist, § 31 I Ziff. 1 VAG. Abgesehen hiervon ist streitig, inwieweit Registerbeamte gewerberechtliche Sperren zu berücksichtigen haben. Wer § 7 HGB wörtlich nimmt, muß die Frage verneinen. Es finden sich indes Stimmen, daß der Registerbeamte nicht einzutragen habe, wenn sich eine klare Unzulässigkeit des Gewerbes aus den Akten ergibt.

Wird der **Eintragungsantrag abgelehnt**, so kann sich der Antragsteller mit der Beschwerde an das Landgericht und unter Umständen mit der weiteren Beschwerde an das Oberlandesgericht wenden. Das Verfahren im einzelnen ist im Gesetz über die Angelegenheiten der freiwilligen Gerichtsbarkeit (FGG) geregelt. Die Eintragungen werden im Bundesanzeiger und in bestimmten Tageszeitungen bekannt gemacht. Die Einsicht in das Handelsregister steht jedem frei (§ 9 HGB).

b) **Warenzeichen**

Das Warenzeichen ist die Kennzeichnung der Ware, die auf ihre Herkunft aus einem bestimmten Geschäftsbetrieb hinweist.

Das Recht am Warenzeichen kann nicht nur von einem Vollkaufmann erworben werden. Nach dem Gesetz zum Schutz der Warenbezeichnungen (WZG) ist das eingetragene vom nichteingetragenen Warenzeichen zu unterscheiden.

Wir behandeln zunächst das **eingetragene Warenzeichen**. Dieses Recht wird erworben durch Eintragung in die Zeichenrolle (§ 1 WZG). Daraus ergibt sich, daß diese Eintragung konstitutiv wirkt. Das Warenzeichen kann aus Wort oder Bild oder einer Verbindung beider bestehen. Der Gewerbetreibende hat grundsätzlich freien Spielraum in der Wahl seines Warenzeichens. Immerhin zählt das WZG verschiedene Fälle **unzulässiger Zeichen** auf.

Hierher gehören vor allem die sogenannten Freizeichen (§ 4 Abs. 1 WZG), d. h. solche, die sich allgemein für einen bestimmten Gewerbezweig eingebürgert haben (z. B. gekreuzte Schlegel für Kohlenhandel, Chinese für Teehandel, Taube für Briefpapier). Ausgeschlossen sind ferner Zeichen, die keine Unterscheidungskraft haben (z. B. einfacher Stern, einfacher Kreis) oder nur aus Zahlen oder Buchstaben bestehen (§ 4 Abs. 2 WZG). Immerhin macht das Gesetz hier eine wichtige Einschränkung: Derartige Zeichen sind nämlich schutzfähig, wenn sie sich im Verkehr als Kennzeichen einer bestimmten Ware durchgesetzt haben (§ 4 Abs. 3 WZG). Beispiel hierfür ist das Zeichen 4711 für Kölnischwasser und Parfumerien.

Nicht eintragungsfähig sind ferner Zeichen, die im Verkehr eine Verwechslungsgefahr mit gleichen oder gleichartigen Waren hervorrufen könnten (§ 31 WZG). Die meisten Prozesse aus dem Warenzeichenrecht haben Meinungsverschiedenheiten über die Verwechslungsfähigkeit zum Gegenstand.

Die Rechtsprechung geht in der Bejahung einer solchen recht weit: Auch bei verschiedenen Wortzeichen kann Verwechslungsgefahr gegeben sein, wenn das Wortbild dem flüchtigen Leser gleich oder ähnlich erscheinen muß (z. B. Kupffender Gold verwechslungsfähig mit Kupferberg Gold). Selbst bei ganz verschiedener Wortprägung ist Verwechslungsgefahr angenommen worden, wenn der **Sinn der Worte** Gleichartigkeitsvorstellungen beim Publikum hervorrufen kann (z. B. „Phöbus" verwechslungsfähig mit „Apollo").

Zugelassen sind auch sogenannte Vorratszeichen, d. h. Zeichen für den künftigen Gebrauch, sei es, daß die betreffende Ware schon hergestellt ist, sei es, daß mit der Herstellung erst begonnen werden soll. Wenn aber von solchen Zeichen innerhalb von fünf Jahren kein Gebrauch gemacht worden ist, können aus ihnen keine besonderen Abwehrrechte hergeleitet werden (§ 5 Abs. 7, § 11 Abs. 5 WZG).

Wie die Firma ist auch das Warenzeichenrecht nur mit dem Geschäft zusammen veräußerlich und vererblich (§ 8 WZG).

Das eingetragene Zeichen gewährt das ausschließliche Recht, es zu gebrauchen, d. h. es auf der Ware, deren Verpackung oder Umhüllung anzubringen, es auf Geschäftsbögen zu verwenden (§ 15 WZG). Der berechtigte Zeicheninhaber kann gegen jeden Dritten vorgehen, der sein Zeichen unbefugt gebraucht.

Wie im Wettbewerbsrecht besteht der Schutz hier in dem Anspruch auf Unterlassung, beim Verschulden des Gegners auch in einem Anspruch auf Schadenersatz. Bei vorsätzlichem Handeln kann ferner eine Bestrafung in Betracht kommen (§ 25 d, 25 e WZG). Der in seinen Rechten Verletzte kann ferner die Löschungsklage unter den Voraussetzungen des § 11 WZG erheben.

Neben den eingetragenen Warenzeichen genießt aber auch das **nichteingetragene** einen gewissen Schutz, wie sich aus § 25 WZG ergibt, sogenannter **Ausstattungsschutz**.

Hierher gehören etwa eigenartige plastische Formen, die wegen ihrer Dreidimensionalität nicht in die Zeichenrolle eingetragen werden können (z. B. Kugelform). Eine im Leben häufig anzutreffende Ausstattung sind ferner Farbzusammenstellungen, aus denen der Verkehr auf eine bestimmte Marke schließt, z. B. rot-gelb oder blau-weiß für bestimmte Treibstoffe. Auch was sonst als Warenzeichen nicht eintragbar ist, kann Ausstattungsschutz erlangen: Zahlen und Buchstaben zum Beispiel.

Der Schutz beginnt hier mit der tatsächlichen Durchsetzung der Ausstattung als Kennzeichen einer bestimmten Ware. Dieser Zeitpunkt ist natürlich viel schwieriger festzustellen als der der Eintragung beim echten Warenzeichen. Der Berechtigte hat hier ähnliche Ansprüche wie beim eingetragenen Warenzeichen (§ 25 WZG). Manchmal ist der Ausstattungsschutz sogar stärker als der des eingetragenen Warenzeichens: Es entscheidet nämlich die Priorität. Hatte sich also eine bestimmte Ausstattung schon früher durchgesetzt, als ein Konkurrent dasselbe oder ein ähnliches Zeichen eintragen ließ, so geht der Ausstattungsschutz vor.

Seit dem 1.4.1979 genießen auch die Marken von **Dienstleistungs**betrieben zeichenrechtlichen Schutz.

c) Schutz gegen Eingriffe

Das Recht am eingerichteten und ausgeübten Gewerbebetrieb wird nach ständiger Rechtsprechung des RG und des BGH einem absoluten Recht im Sinne des § 823 I BGB gleichgestellt, d. h. schuldhafte Eingriffe machen schadensersatzpflichtig. Hierzu gehören etwa

Verhinderung des Betriebes durch ungerechtfertigte Abmahnungen, Verbreitung nachteiliger Werturteile in scharfer Form, Boykott. Die Rechtsprechung setzt voraus einen Eingriff in den Betrieb als ganzen, nicht in einzelne Elemente. Deshalb fallen also Beschädigung einer Maschine, Verletzung von leitenden Angestellten oder sogar von Gesellschaftern nicht hierunter.

III. Stellvertreter des Kaufmanns

1. Prokura

a) Grundsätzliches

Die Prokura ist eine besondere Art der bürgerlich-rechtlichen Vollmacht. Sie wird wie diese durch ein einseitiges Rechtsgeschäft vom Kaufmann erteilt (vgl. § 166 Abs. 2 BGB), d. h., sie bedarf keines Vertrages zwischen dem Kaufmann und dem Prokuristen.

Es mag zunächst befremdlich erscheinen, daß der Prokurist keine Zustimmung zu seiner Bevollmächtigung zu geben braucht. Das wird aber verständlich, wenn man sich vergegenwärtigt, daß aus der Prokura (wie aus jeder Vollmacht) dem Bevollmächtigten nur ein Recht, keine Verpflichtung erwächst. Im Leben ist allerdings der Prokurist auch **verpflichtet**, für den Kaufmann tätig zu werden, aber diese Verpflichtung folgt nicht aus der Prokura, sondern aus dem mit ihr einhergehenden Handlungsgehilfenvertrag. Wir erkennen hierbei gleichzeitig, wie wichtig die Unterscheidung zwischen Innen- und Außenbeziehung ist. Die **Innenbeziehung** (der Handlungsgehilfenvertrag) ist der Anlaß zur Bestellung der Prokura. Diese selbst betrifft nur das **Außenverhältnis**, d. h. das Tätigwerden gegenüber Dritten für den Kaufmann. Diese Vollmacht ist rechtlich unabhängig vom Handlungsgehilfenvertrag. Selbst wenn dieser aus irgendwelchen Umständen nicht wirksam abgeschlossen worden ist, wird die Prokura davon nicht betroffen (Grundsatz der Abstraktheit der Vollmacht).

Wie bei jeder Vollmacht ist der Prokurist kraft ihrer ermächtigt, im Namen des Kaufmanns und für dessen Rechnung zu handeln. Die Wirkungen treffen also unmittelbar den Kaufmann (vgl. § 164 Abs. 1 BGB). Die Besonderheit der Prokura liegt darin, daß sie einen gesetzlich festgelegten, sehr weiten Umfang hat. Wenn sie auch durch **Rechtsgeschäft** erteilt wird, so ist ihr Umfang durch das **Gesetz** vorgeschrieben, hier ist dem Parteiwillen nur geringer Spielraum gelassen. Wegen des weiten Umfangs seiner Vertretungsmacht wird der Prokurist bezeichnend das zweite Ich des Kaufmanns genannt.

b) Erteilung

Die Entschließung darüber, ob und wem Prokura erteilt wird, ist dem **Kaufmann** oder seinem **gesetzlichen Vertreter** (Eltern, Vormund) vorbehalten (§ 48 Abs. 1 HGB). Das bedeutet, daß ein Prokurist nicht seinerseits Prokura erteilen kann, schon gar nicht der Handlungsbevollmächtigte, auch nicht der Konkursverwalter (bestr.). Steht der Inhaber des Handelsgeschäfts unter gesetzlicher Vertretung, so muß zu der Erteilung noch die vormundschaftsgerichtliche Genehmigung kommen, und zwar auch dann, wenn gesetzlicher Vertreter die Eltern sind (§§ 1643 Abs. 1, 1822 Ziff. 11 BGB). Das ist Ausfluß der starken Stellung, die der Prokurist nach außen einnimmt und die für den Geschäftsinhaber gefährlich werden könnte.

Wenn es an den eben geschilderten Erteilungsvoraussetzungen fehlt, wird ein Dritter nicht geschützt, auch wenn er darauf vertraute, daß der als Prokurist Scheinende wirklich Prokura hat (im Falle der Eintragung – vgl. § 15 Abs. 1 HGB – bestr.). Das bedeutet praktisch, daß bei fehlender Prokura der Inhaber des Handelsgeschäfts an den vom Scheinprokuristen geschlossenen Vertrag nur gebunden ist, sofern er ihn genehmigt (§ 177 Abs. 1 BGB), andernfalls haftet unter Umständen der Scheinprokurist selbst (§ 179 Abs. 1 BGB).

§ 48 Abs. 1 HGB schreibt ferner **ausdrückliche Erklärung** vor. Das bedeutet **nicht**, daß die Prokura **schriftlich** erteilt sein müßte. Gemeint ist, daß eine Prokura nicht durch stillschweigendes Gewährenlassen (Dulden) zustande kommen kann. Bei Behandlung der Minderkaufleute wurde schon darauf hingewiesen, daß diese eine Prokura nicht erteilen können (§ 4 Abs. 1 HGB).

Die Prokura ist zur **Eintragung in das Handelsregister** anzumelden (§ 53 Abs. 1 HGB). Die Eintragung ist aber nur deklaratorisch, sie begründet nicht erst die Prokura. Der Prokurist zeichnet nach § 51 HGB in der Weise, daß er der Firma seinen Namen hinzusetzt mit der Beifügung eines Prokurahinweises.

Die übliche Form ist die, daß etwa der Prokurist Schulze unter dem Firmenstempel zeichnet „ppa. Schulze". Nach der Rechtsprechung ist aber auch eine Zeichnung nicht zu beanstanden, bei der der Prokurazusatz fehlt (also wenn im vorigen Beispiel nur „Schulze" unterschrieben worden wäre).

Für die Versicherungsgesellschaften ergeben sich zu dem bisher Gesagten keine Besonderheiten. Die behandelten Erfordernisse sind sowohl dann zu beachten, wenn die Versicherungsunternehmung einen Prokuristen bestellt, als auch dann, wenn mit dem Prokuristen eines Versicherungsnehmers oder eines Versicherungsinteressenten verhandelt wird.

c) Umfang

Der Kern der Prokura liegt in ihrem weiten gesetzlich festgelegten Umfang. Sie ermächtigt zu allen Arten von gerichtlichen und außergerichtlichen Geschäften und Rechtshandlungen, die der Betrieb eines Handelsgewerbes mit sich bringt (§ 49 HGB). Der Prokurist kann den Geschäftsinhaber also nicht nur bei der Vertragschließung vertreten, sondern auch bei einseitigen Rechtsgeschäften.

Beispiele:

Er kann Angestellten kündigen, er kann einen Versicherungsvertrag anfechten, den Rücktritt von solchem Vertrag erklären; umgekehrt können auch ihm gegenüber solche Erklärungen mit Wirkung gegen den Prinzipal abgegeben werden.

Die gerichtliche Vertretung bedeutet, daß er beim Amtsgericht auftreten und von ihm unterschriebene Schriftsätze einreichen, daß er im Anwaltsprozeß Vollmacht geben, daß er einen Prozeßvergleich abschließen kann, alles mit Wirkung für und gegen den Inhaber. Auch Handlungsvollmachten kann er erteilen, Prokuren – wie bereits erwähnt – nicht.

Da das Gesetz abstellt auf den Betrieb eines Handelsgewerbes (schlechthin), so kann der Prokurist alle diese Geschäfte auch dann vornehmen, wenn sie dem betreffenden Geschäft, in dem er tätig ist, wesensfremd sind. So kann er z. B. wirksam für den Geschäftsinhaber auf das Geschäft bezügliche Versicherungsverträge abschließen, auch wenn solche für die betreffenden Risiken nicht üblich sein mögen. Umgekehrt kann der Prokurist einer Versicherungsunternehmung etwa auch Einkäufe, selbst wenn sie mit dem Geschäft nichts zu tun haben, mit Wirkung für das von ihm vertretene Versicherungsunternehmen tätigen. Auch auf die Wechselzeichnung erstreckt sich die Prokura.

Der so näher erläuterte, von § 48 HGB umschriebene Umfang der Vollmacht kann Dritten gegenüber grundsätzlich nicht beschränkt werden (§ 50 Abs. 1 HGB). Gerade darauf beruht das Wesen der Prokura. Der Handelsverkehr kann sich nicht darum kümmern, welche Vertretungsmacht der Prokurist nach seinen internen Abmachungen mit dem Prinzipal haben soll. Für den Außenstehenden gilt stets der gesetzliche Umfang. Überschreitet der Prokurist seine Abmachungen mit dem Geschäftsherrn, so ist das Geschäft gleichwohl dem letzteren gegenüber wirksam, nur macht sich der Prokurist im Innenverhältnis dem Prinzipal unter Umständen ersatzpflichtig.

Beispiel:

Der Prokurist war angewiesen worden, keine Versicherungsverträge abzuschließen, da der Inhaber sich größere Fachkenntnisse auf diesem Gebiet zutraute. Der Prokurist schließt doch einen Versicherungsvertrag ab mit ungünstigerer Prämie als der Kaufmann selbst herausgeholt hätte. Ergebnis: Der Versicherungsvertrag ist voll wirksam, der Prokurist haftet dem Inhaber des Geschäfts auf Schadenersatz wegen der überhöhten Prämie.

Anders wäre es nur dann, wenn der Versicherer gewußt hätte, daß der Prokurist seine Vollmacht überschreitet und er mit dem Prokuristen zusammenwirkt zum Nachteil des Geschäftsherrn.

Der Grundsatz des fest umrissenen Umfangs der Prokura macht vor einem arglistigen Vollmachtsmißbrauch halt.

d) Beschränkungen

Immerhin gibt es einige **gesetzliche Beschränkungen** des Prokuraumfanges. Sie folgen zum Teil aus § 49 Abs. 1 HGB. Wenn hier auf den Betrieb eines Handelsgewerbes abgestellt wird, so ist damit gesagt, daß die Vollmacht nicht die Einstellung des Geschäftsbetriebes oder dessen Veräußerung deckt. Diese Entschließungen sind dem Inhaber vorbehalten. Auch in der persönlichen Sphäre des Kaufmanns kann der Prokurist ihn nicht vertreten, etwa in einem Unterhaltsrechtsstreit.

Gewisse Anmeldungen zum Handelsregister muß der Kaufmann persönlich vornehmen, wie § 29 HGB zeigt. Schließlich ergibt sich eine gesetzliche Beschränkung aus § 49 Abs. 2 HGB, nämlich die Veräußerung und Belastung von Grundstücken kann der Prokurist nur dann vornehmen, wenn ihm diese Befugnis besonders erteilt ist. Grundstücke erwerben darf er hingegen für den Geschäftsherrn.

In personeller Hinsicht ist eine Beschränkungsmöglichkeit in § 48 Abs. 2 HGB vorgesehen, die aber eingetragen werden muß (§ 53 Abs. 1 Satz 2 HGB): Der Geschäftsinhaber kann nämlich bestimmen, daß mehrere Prokuristen nur gemeinschaftlich handeln dürfen (**Gesamtprokura**). Dadurch schränkt er das Risiko, das für ihn wegen des weiten Umfanges der Prokura vorhanden ist, ein. Besteht Gesamtprokura, so brauchen die mehreren Prokuristen nicht **zeitlich** zusammenzuhandeln. Es kann z. B. P 1 den Versicherungsantrag am 2. 1. 1992 einreichen und P 2 einige Tage später seine Bestätigung geben.

In räumlicher Beziehung kann die Prokura **auf eine Niederlassung beschränkt** werden, sogenannte Filialprokura (§ 50 Abs. 3 HGB). An dem sachlichen Rahmen des § 49 Abs. 1 HGB wird dadurch nichts geändert, nur daß der Prokurist in solchem Falle lediglich im Rahmen seiner Filiale handeln darf. Die Filialprokura spielt auch bei Versicherungsunternehmen in der Praxis eine Rolle.

e) Erlöschen

Die Prokura erlischt durch den Tod des Prokuristen oder durch die Beendigung des ihrer Erteilung zugrunde liegenden Rechtsverhältnisses (§ 168 BGB), also des Anstellungsvertrages. Unabhängig davon ist die Prokura jederzeit widerrufbar (§ 52 Abs. 1 HGB). Der Widerruf bedarf keiner Begründung, auch braucht der Kaufmann keine Frist zu beachten (die ordentliche Kündigung des Anstellungsvertrages ist hingegen an Fristen gebunden und sie bedarf der sozialen Rechtfertigung, sofern das Kündigungsschutzgesetz gilt).

Weitere Beendigungsgründe für die Prokura sind Aufgabe des Geschäfts und Herabsinken des Geschäftsvolumens auf die Ebene eines minderkaufmännischen Gewerbes.

Die Löschung im Register wirkt nur deklaratorisch. Für den Geschäftsinhaber ist es wichtig, daß er das Erlöschen alsbald eintragen läßt, weil andernfalls gutgläubige Dritte kraft § 15 HGB geschützt werden (vgl. die Beispiele oben B. II. 4a).

Der Tod des Geschäftsinhabers läßt die Prokura unberührt (§ 52 Abs. 3 HGB). Die Konkurseröffnung über das Vermögen des Kaufmanns beendet die Prokura in aller Regel nicht. Der Konkursverwalter hat das Recht zur Kündigung des Anstellungsvertrages nach § 22 KO, mit dem Auslauf dieses Verhältnisses erlischt die Prokura nach § 168 BGB.

2. Handlungsvollmacht

a) Wesen

Auch die Handlungsvollmacht ist, wie ihr Name sagt, eine **Vollmacht des bürgerlichen Rechts**, berechtigt also zur Vornahme von Rechtsgeschäften im **Namen** des Geschäftsinhabers, so daß die Wirkungen diesen unmittelbar treffen (§ 164 BGB).

Der wesentliche **Unterschied zur Prokura** liegt darin, daß sie keinen starren, gesetzlich festgelegten Umfang hat. Daraus ergeben sich verschiedene Abweichungen von der Prokura, die auf den gemeinsamen Nenner gebracht werden können, daß die Handlungsvollmacht für den Geschäftsinhaber weniger gefährlich ist als die Prokura.

Deshalb kann Handlungsvollmacht auch von einem Minderkaufmann oder einem Prokuristen erteilt werden. Es fehlt ferner das Erfordernis der ausdrücklichen Erteilung, so daß sie **auch stillschweigend möglich ist.** Die Rechtsprechung geht hier recht weit. Der Kaufmann, der seinen Angestellten Briefe unterzeichnen läßt, hat ihn dadurch bevollmächtigt zur Abgabe der darin enthaltenen Erklärungen. Wer einen Angestellten den Fernschreiber bedienen läßt, bevollmächtigt ihn mindestens zur **Entgegennahme von Erklärungen.** Die stillschweigende Vollmacht ist also eng verwandt mit der Duldungsvollmacht. Davon ist die Anscheinsvollmacht zu unterscheiden. Hier liegt es so, daß der Kaufmann keine Kenntnis davon hatte, daß sich ein Angehöriger des Personals wie ein Bevollmächtigter aufführt, daß er aber diese Kenntnis hätte haben müssen. Voraussetzung ist, daß der Dritte schutzwürdig ist, d. h. auf eine Bevollmächtigung schließen durfte.

Die Handlungsvollmacht ist nicht in das Register eintragbar. Mit Zustimmung des Geschäftsinhabers kann der Bevollmächtigte seine Befugnis weitergeben (§ 58 HGB). Der Handlungsbevollmächtigte zeichnet als Zusatz zum Firmennamen meist mit „i. V." (vgl. § 57 HGB).

Zu dem Bisherigen ergeben sich keine Besonderheiten für die Versicherungswirtschaft.

b) Umfang

Die Handlungsvollmacht ist elastischer gestaltet als die Prokura. Der Geschäftsinhaber hat es in der Hand, wie weit er den Umfang ziehen will. Aus § 54 Abs. 1 HGB ergibt sich, daß sie in dreierlei Gestalt vorkommen kann:

Zum Betriebe eines Handelsgewerbes (Generalhandlungsvollmacht), zur Vornahme einer bestimmten Art von Geschäften (Arthandlungsvollmacht) oder zur Vornahme einzelner Geschäfte (Spezialhandlungsvollmacht).

Die **Generalhandlungsvollmacht** kommt der Prokura am nächsten.

> Beispiele für die Arthandlungsvollmacht:
>
> H erhält Vollmacht für die Versicherungsabteilung eines großen Unternehmens. Dann ist H berechtigt, sämtliche Versicherungsverträge, die das Geschäft betreffen, abzuschließen und aufzuheben, sie auch abzuändern; eine Versicherungsunternehmung hat dem H für eine bestimmte Abteilung (Feuer-, HUK-Versicherung) Handlungsvollmacht erteilt.
>
> H ist in einem Im- und Exportgeschäft bevollmächtigt für die Einfuhrabteilung. Arthandlungsvollmacht hat auch der Kassierer.

Sie ist die häufigste der hier besprochenen Formen.

Die **Spezialhandlungsvollmacht** ermächtigt nur zu einem bestimmten Geschäft: H wird vom Kaufmann K beauftragt, einen Feuerversicherungsvertrag für die Warenvorräte abzuschließen.

Namentlich bei der General- und der Arthandlungsvollmacht schützt das Gesetz den guten

Glauben Dritter: Selbst wenn der Geschäftsinhaber gewisse Einschränkungen den Bevollmächtigten gegenüber gemacht hat, braucht der Außenstehende sie nur gegen sich gelten zu lassen, wenn er sie kannte oder sie bei gehöriger Sorgfalt hätte kennen müssen (§ 54 Abs. 3 HGB). Das bezieht sich nicht auf sogenannte gefährliche Geschäfte, die § 54 Abs. 2 HGB nennt (Veräußerung und Belastung von Grundstücken, Eingehung von Wechselverbindlichkeiten, Aufnahme von Darlehen, Prozeßführung). Auf sie erstreckt sich nämlich die Handlungsvollmacht, mag sie sogar Generalhandlungsvollmacht sein, nur dann, wenn solche Befugnisse besonders übertragen sind. Vergleicht man § 54 Abs. 2 mit § 49 Abs. 2 HGB, so wird deutlich, wie stark der normale Umfang der Handlungsvollmacht hinter dem der Prokura zurückbleibt.

c) Sonderfälle

Für reisende Handlungsgehilfen (oder selbständige Handelsvertreter) mit Abschlußvollmacht ergänzt § 55 den § 54 HGB insofern, als er den Umfang der Vollmacht näher umreißt, und zwar zunächst nach der positiven Seite. Der Bevollmächtigte kann Mängelanzeigen und ähnliche Erklärungen entgegennehmen, er kann eine Beweissicherung veranlassen.

Diese Bestimmung wird ergänzt durch §§ 75 g und 91 Abs. 2 HGB. Danach gilt § 55 Abs. 4 HGB auch für diejenigen reisenden Handlungsgehilfen und Vertreter, die nur Vermittlungsvollmacht haben.

In negativer Hinsicht sind selbst abschlußbevollmächtigte Reisende nicht befugt, Vertragsänderungen zu bewilligen, wozu auch die nachträgliche Stundung gehört (§ 55 Abs. 2 HGB). Auch zur Entgegennahme von Zahlungen ist der Reisende nur befugt, wenn er dazu besonders bevollmächtigt worden ist (§ 55 Abs. 3 HGB).

Für Versicherungsvertreter greifen aber hier die Spezialvorschriften der §§ 43 ff. VVG ein, und zwar in dem Sinne, daß ihre Vollmacht weiter reicht als nach HGB (vgl. insbesondere §§ 43 Ziff. 1, 2; 45 VVG)[5].

Eine Vermutung für den Umfang der Handlungsvollmacht gilt ferner in Ergänzung von § 54 HGB für den **Ladenangestellten** (§ 56 HGB). Er gilt als ermächtigt zu Verkäufen und Empfangnahmen, die in einem derartigen Laden gewöhnlich geschehen. Das hat insbesondere für die Einkassierung des Kaufpreises Bedeutung.

Von einem Kunden, der an einen Ladenangestellten gezahlt hat, kann der Geschäftsinhaber später nicht nochmals den Kaufpreis fordern mit der Behauptung, der Ladenangestellte habe keine Inkassovollmacht gehabt. Anders ist es dann, wenn ein deutlich sichtbares Schild im Laden darauf hinweist, daß nur an der Kasse bezahlt werden soll.

Die Rechtsprechung lehnt eine analoge Anwendung des § 56 HGB auf den **Einkäufer** ab: BGH Jur. RdSch 1990 S. 59.

---

5 Vgl. RLV. V. und RLV. VIII

IV. Hilfspersonen des Kaufmanns

1. Unselbständige Hilfspersonen

a) **Handlungsgehilfen**

aa) Begriff

Während Prokura und Handlungsvollmacht die Befugnisse des Angestellten nach außen regeln, haben wir es im Handlungsgehilfenrecht mit der Beziehung nach innen, zum Geschäftsinhaber zu tun. In aller Regel sind Prokuristen und Handlungsbevollmächtigte gleichzeitig Handlungsgehilfen, umgekehrt ist natürlich nur eine kleine Zahl von Handlungsgehilfen mit Prokura oder Handlungsvollmacht ausgestattet.

Das Handlungsgehilfenrecht ist Teil des Arbeitsrechts, das, soweit es die Versicherungswirtschaft angeht, einer besonderen Abhandlung vorbehalten bleibt[6]. Deshalb wollen wir nur die Grundlinien des Handlungsgehilfenrechts aufzeigen. Diese gelten wohlgemerkt nicht nur für Angestellte der **Versicherungsunternehmen**, sondern für das kaufmännische Personal in Handelsbetrieben schlechthin.

§ 59 HGB definiert den Begriff des Handlungsgehilfen. Für ihn ist zunächst kennzeichnend, daß er in einem **Handelsgewerbe** tätig ist, das auch ein minderkaufmännisches sein kann. Insoweit kann auf die Ausführungen oben unter B.I. Bezug genommen werden. Nicht jeder, der in einem Handelsgewerbe tätig ist, ist aber deshalb Handlungsgehilfe. Er muß vielmehr **kaufmännische Dienste** leisten. Was hierunter zu verstehen ist, ergibt weitgehend die Verkehrsanschauung.

Beispiele für Versicherungsunternehmen:

Korrespondenten, Sekretäre, Stenotypistinnen, Kassierer, Buchhalter, Abteilungsleiter, Filialleiter, Angestellte im Werbeaußendienst.

Ob die kaufmännischen Dienste höherer oder einfacher Art sind, spielt also keine Rolle. Auszuscheiden hat aber das sogenannte technische oder gewerbliche Personal, wie etwa in einem Versicherungsbetrieb die Drucker, Heizer, Wächter, Fahrer, Boten und das Reinigungspersonal. Nicht hierher gehören ferner diejenigen, die zwar geistige Arbeit im Handelsgewerbe leisten, aber nicht kaufmännische Arbeiten. Hierzu zählen etwa der Werksarzt, der angestellte Chemiker oder Architekt.

Der Handlungsgehilfe muß ferner **gegen Entgelt angestellt** sein, also in einem Dienstverhältnis stehen. Deshalb scheiden Angehörige des Kaufmanns, die er in seinem Betrieb beschäftigt, aus, wie etwa Ehegatte und Kinder, die auf Grund Familienrechts tätig sind (vgl. §§ 1360, 1619 BGB). Das schließt aber nicht aus, daß der Kaufmann auch mit ihnen Anstellungsverträge abschließt, was sich manchmal aus steuerlichen Gründen empfiehlt. Dann gilt auch für diese Angehörigen Handlungsgehilfenrecht.

6 Vgl. RLV. XII

Zu beachten ist mithin: Nicht jede Leistung kaufmännischer Dienste in einem Anstellungsverhältnis macht zum Handlungsgehilfen. Die Angestellten eines Anwalts oder eines Architekten sind keine Handlungsgehilfen, weil sie nicht in einem Handelsgewerbe tätig sind.

bb) Pflichten des Handlungsgehilfen

Das Gesetz verweist für die Frage nach Art und Umfang der Dienstpflichten auf den Vertrag, ergänzend auf den Ortsgebrauch oder auf die Angemessenheit (§ 59 HGB). Wenn eine besondere Vereinbarung mit dem Gehilfen nicht getroffen worden ist, richten sich heute diese Fragen überwiegend nach der Betriebsvereinbarung und dem Tarifvertrag, wozu noch einige spezielle gesetzliche Bestimmungen treten, z. B. für die Höchstarbeitszeit die Arbeitszeitordnung.

Grundlegende Verpflichtung aus jedem Dienstverhältnis, so auch aus dem Handlungsgehilfenvertrag, ist die Treuepflicht. Aus ihr fließen im einzelnen die Pflicht zur Verschwiegenheit über geschäftliche Vorkommnisse, zur Unterrichtung des Prinzipals über drohende oder entstandene Schäden, zur vorübergehenden Verrichtung anderer als der übernommenen Arbeiten in Notfällen.

So darf sich also etwa der Korrespondent einer Versicherungsfirma nicht weigern, nach einem Brandschaden oder einer Flutkatastrophe an den Aufräumungsarbeiten teilzunehmen, damit der Betrieb wieder in Gang kommt.

Aus der Treuepflicht folgt weiter, daß der Gehilfe seine volle Arbeitskraft dem Prinzipal zur Verfügung zu stellen hat (sofern nicht etwa Halbtagsarbeit oder stundenweise Beschäftigung vereinbart worden ist).

Damit hängt wieder das Wettbewerbsverbot zusammen: Der Handlungsgehilfe darf während des Dienstverhältnisses weder selbst ein Handelsgewerbe betreiben noch in einem Handelszweige des Prinzipals Geschäfte auf eigene Rechnung oder für Dritte machen (§ 60 Abs. 1 HGB).

Der Versicherungsangestellte darf also, wenn ihm dies nicht besonders gestattet ist, sich nicht gleichzeitig als Versicherungsmakler betätigen oder als Versicherungsvermittler für ein anderes Versicherungsunternehmen. Ein Verstoß hiergegen macht den Angestellten schadenersatzpflichtig. Das Gesetz kennt aber in diesem Fall noch einen besonderen Rechtsbehelf. Der Prinzipal kann die Überleitung dieser Geschäfte auf sich selbst fordern (§ 61 HGB). Macht er dieses Recht geltend, so muß der Angestellte die erlangte Vergütung herausgeben oder, wenn er sie noch nicht erhalten hat, den Anspruch hierauf abtreten.

cc) Insbesondere: Wettbewerbsabrede

Das gesetzliche Wettbewerbsverbot des § 60 HGB gilt nicht für die Zeit nach Beendigung des Dienstverhältnisses. Hier kann lediglich im Wege der Vereinbarung eine Bindung des Handlungsgehilfen dahin erzielt werden, daß er eine gewisse Zeit nach Ausscheiden und in begrenzter räumlicher Ausdehnung keine gleichartige oder ähnliche Tätigkeit, wie bisher ausgeübt, annimmt. Das Gesetz enthält in §§ 74, 74 a HGB einige Schutzvorschriften zugunsten des Angestellten. Vor allem muß sich der Prinzipal verpflichten, für die Dauer des Verbots eine sogenannte Karenzentschädigung zu zahlen, die mindestens die Hälfte der zuletzt empfangenen Bezüge des Gehilfen erreicht (§ 74 Abs. 2 HGB).

Der soziale Schutzcharakter der besprochenen Bestimmungen wird dadurch unterstrichen, daß sich der Prinzipal auf abweichende Vereinbarungen, die den Handlungsgehilfen schlechter stellen als das Gesetz, nicht berufen kann (§ 75 d HGB). Wir haben es also hier mit sogenannten halbzwingenden Normen zu tun.

dd) Pflichten des Prinzipals

Grundpflicht ist die Fürsorgepflicht (§ 62 HGB), die der Treuepflicht auf seiten des Angestellten entspricht (vgl. oben (2)). Den Kern bildet die Gewährung der **Vergütung**. Wenn nichts anderes vereinbart ist, ist sie nachträglich zu zahlen (§ 64 HGB). Neben festen Bezügen kommen gerade in der Versicherungswirtschaft mancherlei sonstige Leistungen vor, so etwa die **Provisionen**, die den im Außendienst tätigen Angestellten (zu unterscheiden von den selbständigen Versicherungsvertretern) gewährt werden (auch Provisionen für die Handlungsgehilfen im Innendienst, die gelegentlich einen Versicherungsabschluß vermitteln, gehören hierher); die **Tantiemen**, die namentlich leitenden Versicherungsangestellten bei günstiger Entwicklung des Geschäfts bewilligt werden, sowie die **Gratifikationen** (zu Weihnachten, nach Verabschiedung des Jahresabschlusses, zum Beginn der Haupturlaubszeit). Für die den Handlungsgehilfen geschuldeten Provisionen verweist § 65 HGB auf einige Bestimmungen des Handelsvertreter- (und damit Versicherungsvertreter-)rechts. Alle diese Lohnteile genießen im Konkurs des Arbeitgebers den Schutz der §§ 141 b ff., 186 b AFG (Lohnausfallgeld, vom Arbeitsamt ausgezahlt, über die Berufsgenossenschaften auf die Unternehmer umgelegt, für die Lohnrückstände der letzten 3 Monate vor Konkurseröffnung), § 59 Abs. 1 Ziff. 3 a KO (Lohnrückstände für 3 weitere Monate sind Masseschulden), § 61 Abs. 1 Ziff. 1 a (Lohnrückstände für 6 weitere Monate sind bevorrechtigte Konkursforderungen). Das gleiche gilt auch für Bezüge aus einem Berufsausbildungsverhältnis. — In der Zwangsvollstreckung gegen den Arbeitnehmer genießen die Lohnteile den Schutz der §§ 850 ff. ZPO[7].

Ein Anspruch auf **Ruhegeld** besteht nur, wenn es im Einzelvertrag, im Tarifvertrag, in der Betriebsvereinbarung vorgesehen ist oder sich aus einer Betriebsübung bzw. dem Gleichbehandlungsgebot ergibt.

ee) Beendigung des Arbeitsverhältnisses

Der Handlungsgehilfenvertrag kann durch Fristablauf, Aufhebungsvertrag, Tod des Handlungsgehilfen (nicht des Prinzipals), vor allem aber durch Kündigung sein Ende erreichen. Die Kündigung ist immer dann erforderlich, wenn nicht von vornherein ein Endzeitpunkt des Vertrages vorgesehen war. Letzteres geschieht häufig für Aushilfstätigkeiten.

Zu unterscheiden sind die **ordentliche und die außerordentliche Kündigung**. Letztere ist auch beim befristeten Arbeitsvertrag möglich. Sie ist fristlos und darf nur ausgesprochen

---

[7] Vgl. Prozeßrecht, Zwangsvollstreckung, Konkurs und Vergleich, RLV.IX.C. II. 3b

werden, wenn dem Kündigenden das Festhalten am Vertrage aus zwingenden Gründen nicht einmal bis zum Ablauf der Kündigungsfrist zuzumuten ist (§ 626 BGB).

Die wichtigsten Fälle sind: Nichtgewährung des Gehalts, Ehrverletzungen und Tätlichkeiten, Vertrauensmißbrauch, beharrliche Arbeitsverweigerung.

Verschulden des Kündigungsgegners ist nicht immer notwendig. Bei der außerordentlichen Kündigung entfällt grundsätzlich jeder Kündigungsschutz.

Bei der ordentlichen Kündigung sind Fristen einzuhalten, nach dem Gesetz sechs Wochen zum Quartalsschluß (§ 622 Abs. 1 BGB). Abweichende Vereinbarungen sind nach Maßgabe des § 622 Abs. 3, 4, 5 BGB zulässig.

Die Kündigungsfristen sind noch länger für sogenannte ältere Angestellte, d. h. für diejenigen, die mindestens 5 Jahre dem Unternehmen verbunden sind (Angestelltenkündigungsschutzgesetz vom 9. 7. 1926). Einen noch stärkeren Schutz, nämlich nicht nur Verlängerung der Kündigungsfrist, sondern Erhaltung des Arbeitsplatzes überhaupt, gewährt im Falle der Arbeitgeberkündigung das Kündigungsschutzgesetz. Der individualrechtliche Kündigungsschutz wird in Betrieben mit Betriebsrat noch ergänzt durch den kollektivrechtlichen Schutz der §§ 102 und 103 BetrVG. Die Einzelheiten gehören in das Arbeitsrecht, Mutterschutzgesetz und Schwerbehindertengesetz enthalten besondere Schutznormen für diese Personenkreise. Der durch Wehrdienst bedingte Kündigungsschutz hat seinen Niederschlag in dem Arbeitsplatzschutzgesetz vom 21. 5. 1968 und in dem Eignungsübungsgesetz vom 10. 8. 1966 gefunden. Für Zivildienstleistende gilt Entsprechendes nach dem Zivildienstgesetz.

d) Handlungslehrlinge

Der Handlungslehrling, jetzt „Auszubildender", arbeitet nicht um des Verdienstes willen, sondern um eine **Ausbildung zum kaufmännischen Beruf in einem Handelsgewerbe** zu erhalten. Der Ausbildende schuldet eine Erziehungsbeihilfe, die dem Lehrling in nach Lehrjahren steigender Höhe zu zahlen ist. Sie ist Ausfluß der im berufsständischen Interesse liegenden Nachwuchsförderung, hat also nicht den Charakter des Entgelts für die Dienste des Lehrlings.

Der Lehrling ist in aller Regel bei Eingehung des Lehrverhältnisses minderjährig. Für ihn schließt in seiner Vertretung der gesetzliche Vertreter (Eltern, Vormund) den Lehrvertrag ab. Der **Abschluß durch einen Minderjährigen** ist denkbar, bedarf aber der Zustimmung des gesetzlichen Vertreters (§§ 107, 108 BGB). Steht der Lehrling unter Vormundschaft, so genügt nicht einmal Vertretung oder Zustimmung durch den Vormund, sondern es ist nach § 1822 Ziff. 6 BGB die vormundschaftsgerichtliche Genehmigung erforderlich. Auf diese Formvorschriften muß jeder Personalsachbearbeiter eines Handelsunternehmens, also auch eines Versicherers, achten.

Hauptverpflichtung ist die Ausbildung, wozu auch gehört, daß der Ausbildende sich um den regelmäßigen Besuch der Berufsschule kümmert. Allerdings braucht der Ausbildende die Ausbildung nicht persönlich zu leiten, was bei großen Unternehmen gar nicht möglich wäre. Er kann hierfür geeignete Vertreter, etwa die Abteilungsleiter, bestimmen. In großen Betrieben kommt es auch vor, daß besondere Lehrlingsausbilder bestellt werden.

In der Versicherungswirtschaft ist im allgemeinen die Lehrlingsausbildung, für die das Gesetz Einzelheiten nicht vorschreibt und auch nicht vorschreiben kann, sehr gediegen. Neben der praktischen Ausbildung ist die Zusammenfassung der Lehrlinge zu Kursen und Arbeitsgemeinschaften keine Seltenheit[8].

Der Lehrling muß die ihm übertragenen Aufgaben gewissenhaft erfüllen.

Der Lehrvertrag wird auf bestimmte Zeit (die Lehrzeit) abgeschlossen, die meist drei Jahre beträgt. Wenn der Lehrling vorher schon die Gehilfenprüfung ablegt, endet das Lehrverhältnis früher. Eine Verlängerung der Lehrzeit kann erfolgen, wenn der Lehrling etwa die Abschlußprüfung nicht besteht.

Da eine bestimmte Lehrzeit vorgesehen ist, spielt die ordentliche Kündigung, jedenfalls des Arbeitgebers, hier keine Rolle. Für die außerordentliche Kündigung enthält § 15 Abs. 2—4 Berufsbildungsgesetz Einzelheiten[9].

Eigenartig ist hier die **gesetzliche Probezeit** (die bei Handungsgehilfen nur vertraglich festgelegt werden kann). Sie beträgt mindestens einen, höchstens drei Monate. Innerhalb ihrer können beide Teile fristlos kündigen.

Von erheblicher Bedeutung für Lehrlinge ist das Berufsbildungsgesetz vom 14. 8. 1969, in Kraft getreten am 1. 9. 1969. Es faßt nach langer Rechtszersplitterung das Recht der Berufsausbildung in einem einheitlichen Gesetz zusammen und gibt eine umfassende und bundeseinheitliche Grundlage für die berufliche Bildung.

Ziel der Berufsausbildung ist es, den Lehrlingen in einem geordneten Ausbildungsgang die zur Berufsausübung notwendigen Fertigkeiten, Kenntnisse und Erfahrungen zu vermitteln. Die Ausbildung erfolgt in den Betrieben der Wirtschaft, in den berufsbildenden Schulen und in anderen Ausbildungsstätten. Auch die berufliche Fortbildung und die berufliche Umschulung werden geregelt. Das Gesetz bestimmt die Erfordernisse und Mindestanforderungen bei Abschluß eines Ausbildungsvertrages, die Pflichten der Beteiligten werden normiert, die Mitbestimmung der Gewerkschaften in der Berufsausbildung verankert.

2. Selbständige Hilfspersonen

Zu den Personen, die zwar dem Kaufmann Dienste leisten, für ihn aber nicht in einem Angestelltenverhältnis tätig sind, zählt man Handelsvertreter und Handelsmakler. Von ihnen braucht hier nicht ausführlich die Rede zu sein, da deren Rechtsbeziehungen einem gesonderten Beitrag vorbehalten bleiben[10]. Die folgenden Ausführungen beschränken sich daher auf die Grundzüge.

a) Handelsvertreter

Ihre Rechtsverhältnisse sind in den §§ 84—92 c HGB behandelt. Die sogenannte Handelsvertreternovelle vom 6. 8. 1953 ist in das HGB eingebaut worden. Begrifflich ist anzu-

---

8 Vgl. VBL. IX
9 Vgl. VBL. IX
10 Vgl. RLV. VIII

merken, daß die Handelsvertreter bis zu der Novelle von 1953 in der Gesetzessprache Handlungsagenten hießen. Den letzteren Ausdruck hat die kaufmännische Praxis vielfach beibehalten.

Von den Bestimmungen der §§ 84 ff. HGB ist hier besonders auf § 92 hinzuweisen, der von den Versicherungs- und Bausparkassenvertretern handelt. § 92 Abs. 1 unterscheidet, dem tatsächlichen Leben entsprechend, zwischen Vermittlungs- und Abschlußvertretern. Nach § 92 Abs. 2 findet auf die Versicherungsvertreter grundsätzlich das allgemeine Handelsvertreterrecht Anwendung mit gewissen Ausnahmen, die sich aus § 92 Abs. 3 und 4 ergeben. Danach hat ein Versicherungsvertreter Anspruch auf Provision nur für Geschäfte, die auf seine Tätigkeit zurückzuführen sind (Einschränkung von § 87 Abs. 1 Satz 1 HGB). Das bedeutet, daß spätere Versicherungsabschlüsse der von ihm geworbenen Kunden nur provisionspflichtig sind, wenn er auch hierbei wieder tätig geworden ist.

§ 87 Abs. 2 HGB gilt nicht für Versicherungsvertreter. Der Bezirksvertreter erhält also keine Provision für Direktabschlüsse zwischen Versicherungsnehmer und Versicherer, mag der Versicherungsnehmer auch in dem dem Vertreter zugewiesenen Bezirk ansässig sein.

Nach § 92 Abs. 4 HGB hat der Vertreter Anspruch auf Provision, sobald der Versicherungsnehmer die Prämie gezahlt hat.

Auf die sonstigen Sondervorschriften des HGB für Versicherungsvertreter (§ 89 b betreffend Ausgleichsanspruch, § 92 a Abs. 2 betreffend ministerielle Festsetzung von Mindestbedingungen) kann hier nur hingewiesen werden. Schließlich werden die §§ 84 ff. HGB ergänzt durch die §§ 43 ff. VVG.

b) Handelsmakler

Der Handelsmakler unterscheidet sich vom Handelsvertreter dadurch, daß das Betrauungsverhältnis zwischen dem Vermittler und dem Unternehmer fehlt. Der Makler steht zwischen den beiden Parteien des vermittelten Vertrages, oft (so namentlich im Versicherungsbereich) ist er der **Vertrauensmann des Kunden.** Deshalb gelten für ihn eigene Rechtssätze, insbesondere hat er keinen Ausgleichsanspruch. Wie sich aus § 93 HGB ergibt, ist der Versicherungsmakler[11] echter Handelsmakler und Mußkaufmann nach § 1 Abs. 2 Ziff. 7 HGB. Nach dem Gesetz besteht die Tätigkeit des Maklers lediglich in der Vermittlung, also nicht im Abschluß von Verträgen. In der Praxis kommen aber auch Abschlußmakler vor, zumal in der Versicherungswirtschaft, was nicht gegen das Gesetz verstößt, da die betreffenden Bestimmungen nachgiebiger Natur sind. Auch sonst sind die Vorschriften über den Handelsmakler für den Versicherungsmakler durch Brauch oder Gewohnheitsrecht mehrfach beiseitegeschoben. So ist er in verschiedener Hinsicht Vertreter des Versicherungsnehmers, erhält aber seine Provision (auch Courtage oder Maklergebühr genannt) vom Versicherer, nicht von beiden Seiten zur Hälfte, wie der Handelsmakler nach § 99 HGB.

Zur Einziehung der Entschädigung für den **Versicherungsnehmer** ist der Versicherungsmakler nur befugt, wenn er hierzu besonders bevollmächtigt ist. Zum Empfang der Prämie für den **Versicherer** kann er durch längere Übung oder durch Inkassovollmacht berechtigt sein.

11 Vgl. RLV. VIII

3. Abgrenzung zwischen selbständigen und unselbständigen Hilfspersonen

Namentlich bei Außendienstmitarbeitern eines Versicherers fällt es oft schwer, festzustellen, ob es sich um **Angestellte** (vgl. § 65 HGB) oder um **Handelsvertreter** (§ 92 HGB) handelt. Die Entscheidung ist von erheblicher Bedeutung: Nur der selbständige Vertreter hat den Ausgleichsanspruch beim Ausscheiden (§ 89 b HGB), nur der Angestellte genießt den unter B. IV. 1a (ee) umschriebenen Kündigungsschutz, nur er hat Anspruch auf Gehaltsfortzahlung im Krankheitsfall, auf bezahlten Urlaub. Auch steuerlich ist die Abgrenzung von erheblichem Gewicht: Der Angestellte unterliegt der im Abzugsverfahren einbehaltenen Lohnsteuer, der Selbständige wird auf Grund seiner Erklärung zur Einkommensteuer veranlagt, nur letzterer ist gewerbe- und umsatzsteuerpflichtig. Der Sozialversicherungspflicht unterliegt allein der Arbeitnehmer, wie auch nur er vom kollektiven Arbeitsrecht (Tarif-, Betriebsverfassungsrecht) erfaßt wird. Es versteht sich auch von selbst, daß nur der selbständige Vertreter (sofern er Vollkaufmann ist) in das Handelsregister eingetragen wird und der zuständigen Industrie- und Handelskammer angehört.

Aus dem Gesagten ergibt sich schon, daß die Abgrenzung nicht ausschlaggebend danach vorgenommen werden kann, ob etwa Sozialversicherungsbeiträge abgeführt, Lohnsteuern einbehalten werden, ob jemand im Handelsregister eingetragen ist. Das sind alles **Folgeerscheinungen**, die sich erst aus der Zugehörigkeit zu der einen oder anderen Gruppe ergeben. Immerhin: Eine längere Zeit praktizierte, ohne Widerspruch hingenommene Übung zwischen den Parteien läßt den Schluß zu, was ernstlich gewollt war. Bedeutungsvoll ist auch, wie die Parteien im Vertrage ihr Verhältnis umschrieben haben (etwa: „*durch diesen Vertrag wird ein Anstellungsverhältnis nicht begründet*"); allerdings ist der Wortlaut der Vereinbarung dann nicht maßgeblich, wenn die **tatsächliche** Gestaltung des Vertragsverhältnisses ihm nicht entspricht.

Von Bedeutung ist auch die Art der Bezahlung: Zwar schließen gewisse Fixa (Geschäftsraummiete, Telefongebühren, Kilometergelder für den PKW) die Selbständigkeit des Handelsvertreters nicht aus, wo aber die Fixa den **wesentlichen** Teil der Entlohnung darstellen und die Provision nur eine geringe Rolle spielt, spricht vieles für ein Angestelltenverhältnis, denn in letzterem Fall wird kein kaufmännisches Risiko getragen, was für den Selbständigen charakteristisch ist.

Maßgeblich kommt es auf das Weisungsrecht des Unternehmers an, das arbeitsrechtliche Direktionsrecht. Je intensiver es gestaltet ist, desto mehr spricht für ein abhängiges Arbeitsverhältnis. Hingegen ist das Weisungsrecht des Unternehmers gegenüber einem selbständigen Vertreter, das nach § 86 Abs. 3 HGB in Verbindung mit § 665 BGB besteht, viel lockerer (vgl. § 84 Abs. 1 S. 2 HGB).

C. Die Handelsbücher

I. Überblick

1. Entstehung des Gesetzes vom 19. 12. 1985

Das 3. Buch des HGB, überschrieben „Handelsbücher", ist durch das Bilanzrichtliniengesetz vom 19. 12. 1985 eingefügt worden. Das bisherige 3. Buch (Handelsgeschäfte) wurde dadurch 4. Buch. Das bisherige 4. Buch wurde 5. Buch (Seehandel).

Das Recht der Handelsbücher war bis dahin vor allem in den §§ 38—47b HGB, §§ 150— 176 AktG geordnet. Die erstere Normengruppe ist völlig aufgehoben, die einschlägigen Bestimmungen des AktG sind durch das Gesetz vom 19. 12. 1985 vielfältig geändert worden.

2. Bedeutung

Der Ausdruck „Handelsbücher", mit dem das 3. Buch des HGB überschrieben ist, greift zu kurz. Geregelt wird das, was allgemein unter „Rechnungslegung" verstanden wird. Die Überschrift ist insofern vertretbar, als die Handelsbücher die Grundlage bilden für Inventar und Jahresabschluß (Bilanz, Gewinn- und Verlustrechnung). Inventar und Bilanz haben gemeinsam, daß es sich um Vermögensübersichten handelt. Die Bilanz als summarische Gegenüberstellung der Aktiven und Passiven ist gewissermaßen ein verkürztes Inventar, erweitert um den Saldo, den Ausgleichsposten, der Aktiven und Passiven in Übereinstimmung bringt.

3. Aufbau

Das 3. Buch des HGB enthält im 1. Abschnitt Vorschriften für alle Kaufleute (§§ 238— 263), während der 2. Abschnitt ergänzende Vorschriften für Kapitalgesellschaften, der 3. Abschnitt ergänzende Vorschriften für eingetragene Genossenschaften gibt. Bewußt beschränkt sich die folgende Darstellung auf den 1. Abschnitt des 3. Buchs. Er regelt für Einzelkaufleute und Personalgesellschaften (OHG, KG) die Rechnungslegung **vollständig**.

II. Inhalt

1. Allgemeines

Der 1. Unterabschnitt (§§ 238—241) handelt von Buchführung und Inventar. Es ergeben sich keine Unterschiede zum bisherigen Recht, das auf langer Praxis beruhte. Schon in § 238 wie auch in den folgenden Vorschriften häufig wird auf die Grundsätze ordnungsmäßiger Buchführung Bezug genommen, also letztlich die seriöse kaufmännische Übung für maßgebend erklärt.

Die Handelsbücher, zu denen etwa für den Außendienst bestimmte Bestellbücher, Kommissionsbücher, nicht gehören, müssen in einer lebenden Sprache geführt werden (§ 239 I), auf die Verwendung von Datenträgern wird Rücksicht genommen (§§ 238 II, 239 IV). Ein Inventar ist zu Beginn des Handelsgewerbes und für den Schluß jeden Geschäftsjahres aufzunehmen (§ 240 I, II). Gewisse Erleichterungen der körperlichen Bestandsaufnahme enthalten § 240 III, IV und § 241. Sie werden übertragen auf die Bewertungsvorschriften: § 256. Eine Verletzung der Buchführungspflicht ist für den Fall unter Strafe gestellt, daß über das Vermögen des Kaufmanns oder der Personalgesellschaft der Konkurs eröffnet wird: § 283 I Ziff. 5 und 6, § 283 b StGB.

Der 2. Unterabschnitt (§§ 242–256) handelt von der Eröffnungsbilanz und dem Jahresabschluß, wobei unter Jahresabschluß die Bilanz (entwickelt aus der Eröffnungsbilanz) und die Gewinn- und Verlustrechnung zu verstehen ist: § 242 III. Daß auch für Einzelkaufleute und für Personalgesellschaften die Aufstellung einer Gewinn- und Verlustrechnung (sie gibt Einblick in das **Zustandekommen** von Erfolg oder Mißerfolg) obligatorisch ist, ist formell neu, entsprach aber praktisch schon bisheriger Übung. Während für die Handelsbücher eine lebende Sprache vorgeschrieben ist, verlangt das Gesetz für den Jahresabschluß die deutsche Sprache und die Wertangaben in DM (§ 244). Nach § 245 hat der Kaufmann, bei Handelsgesellschaften jeder persönlich haftende Gesellschafter, den Jahresabschluß zu unterzeichnen, Unterzeichnung durch einen Prokuristen genügt also nicht. Auf die Schwerpunkte der Ansatz- und Bewertungsvorschriften, die das Gesetz in §§ 246–256 enthält, wird unter C. II. 3 eingegangen werden.

Der 3. Unterabschnitt (§§ 257–261) regelt Aufbewahrung und Vorlegung im Rechtsstreit. Die Handelsbücher sind 10 Jahre, die Korrespondenz und die Buchungsbelege sind 6 Jahre aufzubewahren. Der modernen Bürotechnik (Bild- und Datenträger) wird auch hier Rechnung getragen: § 257.

2. Beziehung zum Prozeßrecht

Auch in einem Rechtsstreit können die Handelsbücher eine bedeutende Rolle spielen. Nach § 258 I kann das Gericht auf Antrag einer Partei oder von Amts wegen die Vorlegung der Handelsbücher anordnen. Kommt der Kaufmann solcher Anordnung nicht nach, ergeben sich die prozessualen Nachteile aus § 427 ZPO, d.h. die vom Gegner erbrachte **Abschrift** kann als richtig angesehen werden, die Behauptungen des Gegners über den Inhalt der Urkunde als bewiesen angenommen werden. § 259 HGB enthält Bestimmungen über die Durchführung der Vorlegung, wobei Satz 2 der Wahrung der Geschäftsgeheimnisse Rechnung trägt.

Die Beweiskraft der Handelsbücher beurteilt sich nach § 286 ZPO, d.h. es herrscht freie richterliche Würdigung, ob die Tatsache, über die gestritten wird, durch die Handelsbücher als erwiesen gelten kann. Dabei spielt der Gesamteindruck der Buchführung eine wesentliche Rolle. Eine vollständige und geordnete Buchführung hat die Vermutung der Richtigkeit der sich daraus ergebenden Geschäftsvorfälle für sich. Wenn sich Zweifel ergeben, wird das Gericht einen Buchsachverständigen hinzuziehen. Bei den Kammern für Handelssachen der Landgerichte werden die dem Kaufmannstand angehörenden Laienbeisitzer oft die nötige Sachkunde besitzen, so daß sich ein Sachverständigenbeweis erübrigt. Änderungen in den ursprünglichen Bucheintragungen hält § 239 III HGB nur in Grenzen für erlaubt. Sind diese überschritten, sinkt der Beweiswert der Handelsbücher erheblich.

3. Sonstige Schwerpunkte

a) Ansatzvorschriften

Die Handelsbilanz hat schon bisher große Bedeutung für die Steuerbilanz gehabt (Maßgeblichkeitsgrundsatz). Diese Bedeutung wird durch das neue Recht verstärkt, wie sich insbesondere aus §§ 247 III, 254 HGB ergibt. Bilanzierungs- und Bewertungswahlrechte sind in beiden Rechenwerken grundsätzlich identisch auszuüben.

§ 248 II verbietet eine Aktivierung für den sogenannten goodwill eines Unternehmens, sofern er nicht entgeltlich erworben wurde. Ist er entgeltlich erworben worden, so enthält § 255 IV eine Bewertungs- und eine Abschreibungsvorschrift.

§ 249 macht nunmehr Verpflichtungen aus unmittelbaren Pensionszusagen passivierungspflichtig, allerdings nach Maßgabe einer Übergangsregelung (Art. 28 EG HGB). Nach weit verbreiteter Meinung gehört diese Passivierungspflicht ohnehin zu den Grundsätzen ordnungsmäßiger Buchführung, was auch für die Steuerbilanz gilt. Die fehlende Passivierungspflicht hat in der Vergangenheit zu Verschleppungen des Konkursantrages und mittelbar zu einer hohen Inanspruchnahme des Pensionssicherungsvereins geführt.

Interessant ist die Rückstellungserlaubnis für unterlassene Aufwendungen für Instandhaltung. Die Vorschrift ist wirtschaftspolitisch zu verstehen, sie soll zu Investitionen Anlaß geben (§ 249 II).

b) Bewertungsvorschriften

§ 252 I Ziff. 1 schreibt das (an sich selbstverständliche) Identitätsprinzip fest: Die Wertansätze der Eröffnungsbilanz eines Geschäftsjahres müssen mit denen der Schlußbilanz des vorhergehenden Jahres übereinstimmen. Verwandt hiermit ist der in § 252 I Ziff. 6 niedergelegte Grundsatz der Bewertungs**stetigkeit**: Die Bewertungsmethode soll erhalten bleiben einschließlich der Abschreibungsmethode.

§ 252 I Ziff. 3 enthält den **Einzel**bewertungsgrundsatz zum Abschluß-Stichtag. Indessen können wertmindernde Tatsachen, die zwischen Abschlußstichtag und Bilanzerstellungszeitpunkt erkennbar geworden sind, berücksichtigt werden. — Der Grundsatz der **vorsichtigen** Bewertung (§ 252 I Ziff. 4) ist nicht neu. Von den Bewertungsvorschriften des § 252 I darf in begründeten Ausnahmefällen abgewichen werden (§ 252 II), was aber nach herrschender Ansicht nicht für § 252 I Ziff. 1 gilt.

Mit den Abschreibungen befaßt sich ausgiebig § 253. Bemerkenswert an dieser Vorschrift ist vor allem, daß einem Einzelkaufmann und einer Personengesellschaft ausdrücklich die Bildung stiller Reserven ermöglicht wird.

III. Rechnungslegung der Versicherungswirtschaft

Für die Rechnungslegung der Versicherungswirtschaft enthalten die §§ 36a, 55–64 VAG besondere Vorschriften. Die §§ 55–59 sind durch das Bilanzrichtliniengesetz vom 19. 12. 1985 neu gefaßt worden.

Das VAG wird ergänzt durch die externe RechnungslegungsVO vom 11.7.1973, zuletzt geändert durch VO des Bundesministers der Justiz vom 23. 12. 1986 (VerBAV 1987 S. 98). Die Ermächtigung zu dieser VO ergibt sich aus § 330 HGB, § 55 V VAG. Hinzu treten die Bilanzierungsrichtlinien für Versicherungsunternehmen 1987 des BAV: VerBAV 1988 S. 102.

Auf EG-Ebene bereitet die Kommission eine Versicherungsbilanz-Richtlinie vor. Sie wird wahrscheinlich von der Abneigung gegen stille Reserven (vgl. oben C. II. 3b) geprägt sein.

Für die 14 öffentlich-rechtlichen Monopolanstalten, die Art. 4 der 1. Koordinierungsrichtlinie Schadensversicherung vom 24.7.1973 aufführt, gilt das VAG nicht (§ 1 III Ziff. 4), sondern Landesrecht. Der Begriff „Rechnungslegung" kommt im öffentlich-rechtlichen Bereich dem Begriff der Rechenschaftslegung nach § 259 BGB nahe, d.h. es wird über die Einnahmen und die Verwendung der Gelder berichtet, meist öffentlich.

D. Die Handelsgeschäfte

I. Allgemeines

1. Begriff

Wenn das HGB im vierten Buch von den Handelsgeschäften spricht, so ist hier Geschäft nicht gleich „Unternehmen" zu verstehen.

Handelsgeschäft bedeutet hier ein **Rechtsgeschäft** i.w.S., das gewisse Beziehungen zu einem **Handelsgewerbe** hat.

Die richtige Erkenntnis dieses Begriffs ist deshalb wichtig, weil das HGB für die Handelsgeschäfte einige Sonderregeln gegenüber dem BGB gibt. § 343 HGB definiert:

Handelsgeschäfte sind alle Geschäfte eines Kaufmanns, die zum Betriebe seines Handelsgewerbes gehören.

Daraus ergibt sich ein persönliches und ein sachliches Erfordernis: Der **Kaufmann** muß das Geschäft abgeschlossen haben (oder es muß in seiner Vertretung für ihn abgeschlossen worden sein); **Privatgeschäfte** eines Kaufmanns sind **keine Handelsgeschäfte**.

Beispiele:

Auf seiten des Kaufmanns liegt kein Handelsgeschäft vor, wenn er für seine Tochter eine Aussteuerversicherung, für seinen Sohn eine Studiengeldversicherung, für seinen Hausrat eine Hausratversicherung abschließt.

Da der Versicherer in aller Regel Kaufmann ist, sind die Versicherungsverträge auf seiner Seite fast stets Handelsgeschäfte. Damit haben wir den Begriff des einseitigen Handelsgeschäfts gewonnen: Bei einem Partner liegt Handelsgeschäft, beim anderen Privatgeschäft vor.

Variieren wir die obigen Beispiele so, daß der Kaufmann den Versicherungsabschluß für sein **Geschäft** tätigt (er bringt Warenvorräte, Transporte, den Lagerhausinhalt unter Deckung), so liegt ein zweiseitiges Handelsgeschäft vor. Vielfach kann zweifelhaft sein, ob das Rechtsgeschäft eines Kaufmanns zu seinem Unternehmen oder zur Privatsphäre gehört (er versichert den Transport einer seemäßig verpackten Kiste, in der sich außer Handelsware auch seine private Briefmarkensammlung befindet).

Hier greift das Gesetz klarstellend ein: Im Zweifel gilt das Geschäft als zum Handelsgewerbe gehörig (§ 344 HGB). Will der Kaufmann es nicht als Handelsgeschäft gelten lassen, muß er die Zugehörigkeit zur Privatsphäre beweisen und ferner, daß dieser Umstand dem Vertragspartner erkennbar war.

Zu den Handelsgeschäften zählen nicht nur solche, die für ein schon bestehendes Handelsgewerbe abgeschlossen werden, sondern auch die Vorbereitungsgeschäfte.

Beispiele:

Der Kauf von Inventar für das zu eröffnende Geschäft, die Mietung von Räumen hierfür, der Abschluß von Versicherungsverträgen für noch anzuschaffende Waren.

Die Sondersätze, die das HGB über Handelsgeschäfte enthält, greifen im allgemeinen schon dann ein, wenn ein einseitiges Handelsgeschäft vorliegt (§ 345 HGB).

Wenn ein beiderseitiges Handelsgeschäft gefordert wird, spricht es das Gesetz besonders aus, so etwa für die Mängelrüge beim Kauf (§§ 377 bis 379 HGB), bei der Zinspflicht (vgl. unten D.I.3).

2. Abschluß

Die Formvorschriften, die das BGB für Bürgschaft, Schuldversprechen, Schuldanerkenntnis enthält (§§ 766, 780, 781 BGB), gelten nicht, wenn die betreffende Erklärung vom Kaufmann im Rahmen seines Handelsgewerbes gegeben wird (§ 350 HGB). Der Kaufmann kann also diese Erklärungen mündlich abgeben. Für den Minderkaufmann gilt aber diese Formerleichterung nicht (§ 351 HGB).

Nach § 151 BGB kommt ein Vertrag, also auch ein Versicherungsvertrag, durch Angebot und Annahme zustande. Allerdings braucht schon nach BGB die Annahme nicht ausdrücklich erklärt zu werden, sie kann sich aus den Umständen ergeben (zur Besichtigung übersandte Ware wird vom Empfänger weiterveräußert; vom Kunden bestellte Ware wird an diesen abgesandt; in beiden Fällen ist damit die Verkaufs- oder Kaufofferte angenommen worden). Hierüber geht § 362 HGB noch hinaus. Wer gewerbsmäßig fremde Geschäfte besorgt, muß einem Kunden, mit dem er schon in Geschäftsverbindung steht, ausdrücklich abschreiben, wenn er einen neuen Auftrag nicht annehmen will. Das bloße Schweigen läßt also hier ausnahmsweise einen Vertrag zustande kommen (nach BGB ist immerhin noch eine schlüssige Annahmehandlung nötig). Geschäftsbesorger im Sinne von § 362 HGB sind etwa Spediteur, Kommissionär, Frachtführer, Lagerhalter und Handelsmakler (einschließlich Versicherungsmakler). Geschäftsbesorgung ist also nicht jeder (beabsichtigte) Geschäftsabschluß des Antragenden mit dem Antragsgegner. D. h.: Schweigt der Antragsgegner auf ein **Kauf**angebot, kommt kein Vertrag zustande.

Schweigt z. B. der Versicherungsmakler auf einen Auftrag, so kommt nicht etwa dadurch der **Versicherungsvertrag**, sondern der Vertrag zustande, kraft dessen der Makler sich um den Abschluß einer Versicherung bemühen soll, also der Geschäftsbesorgungsvertrag.

Mit dem Gedanken des § 362 HGB verwandt ist die Lehre vom **kaufmännischen Bestätigungsschreiben**. Bei dessen Abfassung kommt es häufig vor, daß es sich nicht völlig mit den mündlichen Abmachungen deckt oder nichtvereinbarte Zusätze enthält (z. B. über den Gerichtsstand, die Lieferfrist, die Zahlungsweise). Nach der ständigen Rechtsprechung muß ein Kaufmann das Bestätigungsschreiben genau lesen und protestieren, wenn er mit dem Inhalt nicht einverstanden ist, sonst gilt der Inhalt als genehmigt. Das gilt nur dann nicht, wenn das Bestätigungsschreiben aus Arglist des Absenders von den mündlichen Verhandlungen abweicht, oder wenn es ganz grob von diesen differiert, so daß der Absender nicht damit rechnen durfte, der Empfänger werde es stillschweigend genehmigen.

Wichtig ist der Unterschied zur sogenannten Auftragsbestätigung. Die letztere ist Annahme eines Angebots, bringt den Vertrag also erst zustande. Weicht sie vom Angebot ab, gilt der Antrag als abgelehnt und die Annahme als neues Angebot (§ 150 II BGB). Beim Bestätigungsschreiben hingegen geht der Bestätigende davon aus, daß bereits ein Vertrag geschlossen worden ist, der nur noch in Nebenpunkten einer Ergänzung bedarf, vgl. BGH BetrBer 1987 S. 1348 = NJW 1987 S. 1940.

Einen besonderen Anwendungsfall der Lehre vom Bestätigungsschreiben enthält § 5 VVG.

3. Inhalt

Von großer Bedeutung im Wirtschaftsleben sind die **gegenüber dem BGB schärferen Zinsbestimmungen des HGB**. Nach dem BGB kommt der Schuldner normalerweise in Verzug, wenn er nach der Fälligkeit vom Gläubiger gemahnt worden ist (§ 284 BGB). Der Kaufmann hingegen hat Forderungen aus beiderseitigen Handelsgeschäften schon ab **Fälligkeit** zu verzinsen (§ 353 HGB). Im Bereich des bürgerlichen Rechts beträgt der gesetzliche Zinsfuß 4 % (§ 246 BGB). Ist jedoch eine Forderung aus beiderseitigem Handelsgeschäft zu verzinsen, so werden 5 % geschuldet (§ 352 HGB). Die gesetzlichen Zinsen werden ohne Nachweis eines Schadens des Gläubigers berechnet. Sowohl nach bürgerlichem Recht als auch nach Handelsrecht kann der Gläubiger einen höheren Betrag geltend machen, wenn er einen größeren Schaden nachzuweisen vermag (Hauptfall: Der Gläubiger mußte wegen der Säumigkeit des Schuldners zu höherem Zinsfuß als dem gesetzlichen Bankkredit aufnehmen).

Diese Sätze sind auch für die Versicherungswirtschaft von Bedeutung, etwa wenn der Versicherer seinem Versicherungsnehmer zum Ausbau des Geschäfts ein Darlehen gewährt hatte, oder wenn der Versicherungsnehmer die fällige Prämie nicht zahlt.

Oft ist der durch einen Vertragsverstoß seines Partners geschädigte Kaufmann nicht oder nur schwer in der Lage, seinen **Schaden nachzuweisen**. Solchen Mißhelligkeiten beugt die Vereinbarung einer Vertragsstrafe vor. Sofern ein Vollkaufmann die Vertragsstrafe versprochen hat, kann sie nach § 348 HGB selbst dann nicht vom Gericht herabgesetzt werden, wenn sie unverhältnismäßig hoch ist (vgl. demgegenüber § 343 BGB). Allerdings darf die Strafe nicht sittenwidrig hoch sein. In solchem Falle wäre die Abrede nach § 138 BGB nichtig, ob vollständig nichtig oder nur hinsichtlich des Übermaßes, ist bestritten.

Schließlich trägt § 354 HGB dem allgemein bekannten Satz Rechnung: **Der Kaufmann tut nichts umsonst**. Bei kaufmännischen Geschäftsbesorgungen und Dienstleistungen ist also auch dann das übliche Entgelt zu zahlen, wenn eine Abmachung hierüber nicht getroffen worden ist.

4. Transportversicherungspolicen

§ 363 Abs. 2 HGB enthält an recht versteckter Stelle eine Bestimmung über Transportversicherungspolicen. Hiernach können diese als Orderpapiere vorkommen. Sie stehen dann, was ihre Übertragbarkeit und den Schutz des Erwerbers angeht, dem Wechsel, dem Scheck und der Namensaktie nahe, die von Hause aus Orderpapiere sind (geborene Orderpapiere). Die Transportversicherungspolice hat nicht ohne weiteres diese Qualität, sie kann an Order gestellt werden (gekorenes Orderpapier). Ist das geschehen, so werden die Rechte aus der Police durch Indossament und Übergabe des Papiers übertragen (§ 364 Abs. 1 HGB). Der Erwerber ist dann gegen Einwendungen des Versicherers weitgehend geschützt (§ 364 Abs. 2 HGB), der Versicherer braucht nur gegen Vorlage der Police zu leisten (§ 364 Abs. 3 HGB). § 365 HGB verweist hinsichtlich der Orderpolicen aus der Transportversicherung auf mehrere Bestimmungen des Wechselgesetzes. Das Nähere gehört in das Wertpapierrecht.

II. Handelskauf

1. Allgemeines

Der Handelskauf ist ein Kauf, der wenigstens auf einer Seite ein Handelsgeschäft ist.

Er hat Waren oder Wertpapiere zum Gegenstand. Ein Grundstückskauf oder ein Kauf von Rechten, die nicht in Wertpapieren verbrieft sind, wird nach §§ 433 ff. BGB, §§ 343 ff. HGB abgewickelt. Für den Handelskauf enthält das HGB in den §§ 373 ff. eine Reihe von Spezialvorschriften, die dem BGB (§§ 433 ff.), aber auch den Vorschriften über die allgemeinen Handelsgeschäfte (§§ 343–372 HGB) vorgehen. Die beiden letztgenannten Normengruppen bleiben aber ergänzend von Bedeutung.

Charakteristisch für die handelsrechtliche Regelung des Kaufs ist, daß die Pflichten beider Parteien im Interesse der zügigen Abwicklung verstärkt sind. Der gesetzlichen Regelung gehen wir nicht in allen Einzelheiten nach, weil es sich um nachgiebiges Recht handelt und gerade hier abweichende Vereinbarungen häufig sind.

Kernpunkte der gesetzlichen Regelung sind folgende: Liefert bei einem **Fixgeschäft** (d. h. einem solchen, bei dem es nach der Vereinbarung auf einen bestimmten **Liefertermin entscheidend** ankommt, z. B. Nüsse für das Weihnachtsgeschäft), der Verkäufer nicht pünktlich, kann der Käufer ohne weiteres zurücktreten. Wenn sich der Verkäufer im Verzuge befindet, kann der Käufer auch Schadenersatz wegen Nichterfüllung verlangen, ohne eine Nachfrist setzen zu müssen. Bei Nichteinhaltung der Lieferzeit entfällt also im allgemeinen der ursprüngliche Erfüllungsanspruch. Will der Käufer doch auf Erfüllung bestehen, so muß er das sofort anzeigen (§ 376 HGB).

Nimmt der Käufer die gekaufte, angediente Ware nicht ab, so kann der Verkäufer sie hinterlegen und auf Rechnung des Käufers den Selbsthilfeverkauf betreiben. War der Kaufpreis noch nicht bezahlt, so kann der Verkäufer mit seinem Kaufpreisanspruch aufrechnen gegen den Anspruch des Käufers auf Auskehrung des Erlöses aus dem Selbsthilfeverkauf (§ 373 HGB). War der Kaufpreis gezahlt, so muß der Verkäufer den Erlös nach Abzug seiner Unkosten an den Käufer weiterleiten.

Typisch für den **beiderseitigen Handelskauf** ist die kaufmännische **Rügepflicht** (§§ 377, 378 HGB). Danach hat der Käufer die Ware unverzüglich zu untersuchen und einen festgestellten Mangel dem Verkäufer unverzüglich anzuzeigen. Nur wenn der Käufer diesen Obliegenheiten nachgekommen ist, kann er die Mängelgewähransprüche geltend machen, die ihm das BGB zur Verfügung stellt. Versäumt er die Rüge, so ist die Ware genehmigt. Das gilt nur dann nicht, wenn der Verkäufer arglistig einen Mangel verschwiegen hat.

Diese Regeln finden auch dann Anwendung, wenn der Verkäufer **etwas Anderes** als das Bestellte geliefert hat (z. B. Heringe in Dosen statt Ölsardinen; Nägel von 5 cm Länge statt solchen von 4 cm). Auch hier muß also der Käufer rügen, es sei denn, daß die Abweichung so erheblich ist, daß der Verkäufer die Genehmigung als ausgeschlossen betrachten mußte. Eine Streitfrage geht dahin, ob die Falschlieferung der fehlerhaften Lieferung nur in bezug auf die Mängelrüge gleichsteht, oder auch in bezug auf die **Rechtsbehelfe**. Die höchstrichterliche Rechtsprechung bejaht das letztere, gibt also auch hier das im BGB bei Sachmängeln vorgesehene Recht auf Wandlung, Minderung, Nachlieferung fehlerfreier Sachen oder unter Umständen Schadensersatz. Nach § 377 IV HGB genügt zur Erhaltung der Rechte des Käufers die rechtzeitige **Absendung** der Anzeige. Behauptet aber der Verkäufer, die Anzeige nicht erhalten zu haben, so ist der Käufer beweispflichtig für den Zugang der Rüge beim Gegner: BGH BetrBer 1987 S. 1418.

2. Überseekauf

Einen Unterfall des Handelskaufs bildet der Überseekauf. Da er weitgehend versicherungsrechtlichen Einschlag hat, sei er hier besonders behandelt. Er kommt im wesentlichen in drei Typen vor: cif-, fob- und Ankunftsvertrag.

Beim **cif-Vertrag** (Abkürzung für cost, insurance, freight) hat der Verkäufer auf seine Kosten im Verschiffungshafen anzuliefern, den Seefrachtvertrag abzuschließen und die Transportversicherung für die Seereise zu besorgen. Die Kosten hierfür stecken im cif-Preis der Ware, der deshalb höher ist als der fob-Preis. Die Gefahrtragung des Verkäufers endet aber schon (wie nach § 447 BGB für das innerdeutsche Recht), wenn er die Ware beim Verfrachter abgeliefert hat. Geht sie also auf der Reise verloren, oder wird sie beschädigt, so hat das auf seinen Kaufpreisanspruch keinen Einfluß. Die Frage, welchen Inhalt dieser vom Verkäufer zu beschaffende Versicherungsschutz haben muß, beantwortet sich nach Handelsbrauch, wenn der Kaufvertrag keine näheren Bestimmungen trifft. Nach diesem Brauch entscheidet sich also, ob nur das Güter- oder auch das Gewinninteresse zu decken ist, gegen welche Gefahren Versicherung zu nehmen ist (auch Kriegsgefahr?), welche Dauer die Versicherung haben muß, ob mit oder ohne Selbstbehalt zu decken ist.

Beim **fob-Vertrag** (Abkürzung für free on board) hat der Verkäufer lediglich an das vom Käufer zu benennende Schiff zu liefern. Es ist Sache des Käufers, für Abschluß des Seefrachtvertrages und der Seeversicherung zu sorgen. Hier liegt die Versicherungsnahme im eigenen Interesse des Käufers, nach dem Kaufvertrag ist er dazu nicht verpflichtet. Der Verkäufer hat auch an solcher Verpflichtung kein Interesse, weil beim fob- wie beim cif-Vertrag die Gefahr mit der Übergabe an den Verfrachter auf den Käufer übergeht. Lediglich beim **erweiterten fob-Geschäft** kommt es vor, daß der Verkäufer dem Käufer, etwa weil ersterer die Versicherungsmöglickeiten besser übersehen kann, eine Versicherung besorgt, diesmal aber auf Kosten des Käufers. Für das erweiterte fob-Geschäft ist auch die Bezeichnung CIP (Carriage and Insurance Paid to) üblich.

Der **Ankunftsvertrag** schließlich ist für den Käufer der günstigste. Die Ware reist bei diesem Vertragstypus auf Gefahr und Kosten des Verkäufers. Geht sie unterwegs verloren, so geht der Kaufpreisanspruch unter, der Käufer hat nur zu zahlen, *„glückliche Ankunft* *vorbehalten"*. Wenn der Verkäufer für Versicherungsschutz sorgt, tut er es also in seinem eigenen Interesse (Unterschied zum cif- und zum erweiterten fob-Vertrag).

Vgl. zu den Trade Terms und Incoterms oben A. II. 3.

3. Sonstiger internationaler Kauf

Bei internationalen Kaufverträgen, soweit sie nicht von Standardbedingungen beeinflußt werden, oben D. II. 2, taucht die Frage auf, nach welcher Rechtsordnung sie behandelt werden.

Beispiel:

Der in Hamburg ansässige Weinimporteur kauft Wein in Bordeaux.

Die Frage beantwortet sich nach dem sogenannten Internationalen Privatrecht. Danach kommt es zunächst darauf an, welche Rechtsordnung die Parteien **vereinbart** haben (Parteiautonomie). Liegt solche Vereinbarung nicht vor, wird allgemein das Recht des Ortes als maßgeblich angesehen, an dem der Schuldner der **vertragstypischen** Leistung seine Erfüllungshandlung zu erbringen hat. Vertragstypisch ist in obigem Beispiel die Weinleistung. Der Verkäufer hat die Erfüllungshandlung in Bordeaux vorzunehmen (vgl. für das deutsche Recht § 269 BGB) also gilt für den Vertrag französisches Recht, vgl. Art. 28 EG BGB.

Die Haager Abkommen von 1964 streben eine Vereinheitlichung des Kaufrechts in den verschiedenen Staaten an, so daß insoweit das Internationale Privatrecht überflüssig wäre. Die Bundesrepublik Deutschland hat durch Gesetz vom 17.7.1973 die Einheitlichen Kaufgesetze übernommen. Sie gelten aber nur im Verhältnis zu Parteien derjenigen Staaten, die ihrerseits das Einheitsrecht übernommen haben.

Die Vertragsparteien können aber das einheitliche Kaufrecht abbedingen und ein nationales Recht vereinbaren (vgl. oben). Aus diesen Gründen hat das Einheitliche Kaufgesetz, das stark vom deutschen nationalen Kaufrecht abweicht, keine große Bedeutung in der Wirtschaftspraxis erlangt.

III. Spedition (Sonderfall der Kommission)

1. Begriff

Nach § 407 Abs. 1 HGB ist Spediteur, wer es gewerbsmäßig übernimmt, Güterversendungen für Rechnung eines anderen (des Versenders) in eigenem Namen zu besorgen.

Der Spediteur ist **Mußkaufmann** nach § 1 Abs. 2 Ziff. 6 HGB. Im Unterschied zum Sprachgebrauch befördert also der Spediteur nicht die Güter (Unterschied zum Frachtführer), sondern er besorgt die Beförderung, d. h. er schließt im eigenen Namen (also nicht in Vertretung seines Kunden) einen Frachtvertrag ab. Er ist frachtrechtlich gesprochen der Absender. Der Frachtvertrag wird für Rechnung des Kunden abgeschlossen. Der Spediteur hat seinen Auftrag erfüllt mit dem Abschluß dieses Vertrages und mit der

Übergabe des Guts an den Frachtführer. Dieser ist nicht Erfüllungsgehilfe des Spediteurs, der Spediteur haftet nicht für ihn.

In dem Tätigwerden im eigenen Namen für Rechnung eines anderen gleicht der Spediteur dem Kommissionär. Zwar nennt § 383 HGB als Grundfall der Kommission, daß der Kommissionär für einen anderen kauft oder verkauft, aber § 406 Abs. 1 HGB erstreckt den Begriff auf denjenigen, der andere Handelsgeschäfte im eigenen Namen für Rechnung eines Dritten abschließt. Aus diesem Grund ist die Spedition ein Unterfall der Kommission, weshalb die letztere hier nicht im einzelnen dargestellt zu werden braucht, zumal sie auch für die Versicherungswirtschaft nicht annähernd die Bedeutung hat wie die anderen ausführlich vom HGB geregelten Typen der Handelsgeschäfte.

Der Speditionsvertrag ist Geschäftsbesorgung, die im Kern einen Werkvertrag enthält (§ 675 BGB), denn der Spediteur schuldet als Erfolg den Abschluß eines Frachtvertrages (§ 631 Abs. 2 BGB).

2. Rechtliche Grundlage

Das Speditionsgeschäft ist in den §§ 407—415 HGB geregelt. Diese Rechtssätze sind aber weitgehend verdrängt durch die ADSp, mit denen wir uns im folgenden vor allem zu befassen haben. Die ADSp gehören zu den Allgemeinen Geschäftsbedingungen, sind also kein Gesetzesrecht, sondern eine von den beteiligten Wirtschaftsverbänden geschaffene Ordnung. Wenn auch die am 29. 12. 1939 vom damaligen Reichsverkehrsminister ausgesprochene Verbindlichkeitserklärung, wonach der Spediteur verpflichtet war, Verträge nur nach Maßgabe der ADSp abzuschließen, nicht mehr gilt, so legen die Spediteure doch tatsächlich in der Regel ihren Verträgen die ADSp '78 zugrunde. Das geschieht meist durch Aufdruck auf den Geschäftsbögen mit folgendem Inhalt: *„Wir arbeiten nach den ADSp"* oder *„Unsere Verträge gelten als nach Maßgabe der ADSp geschlossen".*

Zweifelhaft kann deren Geltung dann sein, wenn sie **nicht** in dieser oder ähnlicher Weise in Bezug genommen worden sind. Ob sie dann gleichwohl gelten, ist umstritten. Ist Auftraggeber ein Kaufmann, so neigt die Rechtsprechung dazu, viele Bestimmungen der ADSp als Handelsbrauch anzusehen und sie daher für anwendbar zu erklären (§ 346 HGB). Das gilt aber nicht, wenn ein Nichtkaufmann Auftraggeber ist. Hier bedarf es also einer Vereinbarung (vgl. § 2 Abs. 1 AGB-Gesetz). Sicher ist, daß die ADSp *ausdrücklich* abbedungen werden können.

3. Pflichten des Spediteurs

Hauptpflicht ist die **Versendung des Gutes**. Der Spediteur nimmt das Gut in Empfang und macht es für den Transport fertig, insbesondere verpackt es, stellt die Begleitpapiere aus, übernimmt die Verzollung (§§ 16, 25 ADSp) und hat das Gut dem Frachtführer zu übergeben. Das macht manchmal einen Transport des Spediteurs bis zum Frachtführer oder eine kurzfristige Einlagerung erforderlich. Es kann ihm auch übertragen werden, Nachnahmen einzuziehen und das Gut unter Transportversicherungsschutz zu bringen (§ 35 ADSp). Bei alledem hat der Spediteur die Sorgfalt eines ordentlichen Kaufmanns zu beachten (§ 408 HGB), dem Kunden die erforderlichen Informationen zu erteilen und das

Erlangte herauszugeben (etwa die eingezogene Nachnahme oder die Transportversicherungsentschädigung nach § 37 a ADSp).

Die Pflichten des Spediteurs sind also mannigfaltig, ihre Verletzung wirft die Frage nach seiner Haftung auf. Sie ist in den ADSp in besonderer Weise mit dem Versicherungsschutz des Spediteurs verquickt.

4. Haftung des Spediteurs und Speditionsversicherung

a) Haftungsausschluß

Nach § 41 a ADSp ist der Spediteur von der Haftung frei, wenn er die Speditionsversicherung abgeschlossen hat. Er hat nämlich dadurch dem Kunden einen direkten Anspruch gegen die Speditionsversicherer verschafft: § 1 Speditionsversicherungsschein (SVS). Diese haben dem Kunden den Schaden zu ersetzen, für den der Spediteur nach den gesetzlichen Bestimmungen einzustehen hätte, wenn seine Haftung nicht nach § 41 a ADSp ausgeschlossen wäre (§§ 2, 3 SVS), d. h. also den Schaden, der durch schuldhafte Verletzung der *Spediteur*pflichten entstanden ist. Wegen dieser begrenzten Wirkung macht also die Speditionsversicherung eine Haftpflichtversicherung des Spediteurs nicht überflüssig.

Die Speditionsversicherung enthält manche Ausschlüsse (§ 5 SVS). Hier interessiert vor allem, daß ein Schaden nicht ersetzt wird, der durch Transport- oder Lagerversicherung gedeckt ist. Daraus folgt, daß die Speditionsversicherung vor allem die sogenannten indirekten Schäden deckt, d. h. solche, die nicht Substanzschäden sind (etwa: Verspätungsschaden, Schaden durch Falschauslieferung, durch unterlassene Nachnahmeeinziehung). Die Speditionsversicherung hat viel Verwandtschaft mit der Haftpflichtversicherung, sie hat aber deren Gewand abgestreift. Bei der Haftpflichtversicherung hat der Geschädigte, abgesehen von der Kraftfahrt-Haftpflichtversicherung, keinen direkten Anspruch gegen den Versicherer, während der Kunde nach dem SVS „Versicherter", also direkter Anspruchsträger ist. Die Speditionsversicherung ist auch keine Transportversicherung, denn sie ersetzt nur Schäden, für deren Entstehung der Spediteur an sich nach dem Gesetz verantwortlich ist. Der in der Transportversicherung übliche Grundsatz der Universalität der gedeckten Gefahren fehlt. Sie ist also eine Versicherung eigener Art. Gleichwohl behandelt die Aufsichtsbehörde sie als Transportversicherung.

Die Kosten für die Speditionsversicherung legt der Spediteur auf den Kunden um.

b) Haftung nach Maßgabe der ADSp

Für die sogenannten Verbotskunden gilt der Haftungsausschluß nach § 41 a ADSp nicht. Unter „Verbotskunden" werden diejenigen verstanden, die den Abschluß der Speditionsversicherung ausdrücklich untersagt haben. Das kommt bei großen Unternehmungen vor, die durch die Vielzahl ihrer Risiken einen Ausgleich für Schäden im eigenen Betrieb finden (sogenannte Selbstversicherung) oder selbst für Versicherungsschutz sorgen und deshalb die Kosten für die Speditionsversicherung sparen wollen. Solchen Kunden haftet der Spediteur nach einer eigenen, in den ADSp vorgesehenen Haftungsordnung (§§ 51–63 ADSp). Diese ist für den Spediteur günstiger als die gesetzliche Haftung nach dem HGB, vor allem wegen der summenmäßigen Begrenzung (§§ 54–56 ADSp), wegen der Ausschlüsse nach § 57 ADSp und weil dem Kunden eine unverzügliche Rügepflicht auferlegt worden ist (§ 60 ADSp).

Diese Haftungsordnung gilt ohne Rücksicht darauf, ob sich der Kunde auf die Vertragshaftung oder auf die Haftung aus unerlaubter Handlung stützt (§ 63 ADSp).

Diese Haftung tritt vorbehaltlich § 37 ADSp auch dann ein, wenn es sich zwar nicht um einen Verbotskunden handelt, der Schaden aber nach § 5 SVS durch die Speditionsversicherer nicht gedeckt ist.

c) Vollhaftung

Hat der Spediteur es ohne ausdrückliche Anweisung unterlassen, den SVS zu zeichnen, so kann er sich nicht auf die ADSp berufen (§ 41 c ADSp), also weder auf § 41 a noch auf §§ 51–63 ADSp. Das bedeutet, daß er hier voll nach dem HGB haftet (§§ 390, 407 Abs. 2 HGB). Das spielt allerdings praktisch keine Rolle, weil der Spediteur die Speditionsversicherung als laufende Versicherung zu nehmen pflegt.

Zu a)–c)

Das Angeführte gilt entsprechend, wenn der Spediteur statt des SVS die Sp-Police gezeichnet hat.

5. Rechte des Spediteurs

Der Spediteur hat Anspruch auf Provision gegenüber seinem Auftraggeber, sobald er das Gut dem Frachtführer zur Beförderung übergeben hat (im Seeverkehr dem Verfrachter). Er kann ferner Ersatz seiner Aufwendungen verlangen, wozu vor allem die Fracht (das ist die Vergütung des Frachtführers oder Verfrachters), die Versicherungsprämie und die Verzollungskosten gehören.

Für seine Forderungen hat der Spediteur ein gesetzliches Pfandrecht an der Ware, und zwar nicht nur wegen Forderungen, die gerade mit diesem Speditionsauftrag zusammenhängen, sondern u. U. auch wegen sonstiger Forderungen (§ 50 c ADSp).

Der Spediteur hat das Recht, selbst die Beförderung auszuführen, das Selbsteintrittsrecht. Dieses ist dem des Kommissionärs nachgebildet. Nach ihrem § 2 c sind die ADSp aber dann nicht anzuwenden, wenn der Spediteur mit eigenem Kraftfahrzeug im Güterfernverkehr oder im internationalen Straßengüterverkehr befördert. Die ADSp behaupten aber ihre Geltung, wenn der Spediteur sich als Lagerhalter betätigt, oder wenn er sonstige mit dem Speditionsgewerbe zusammenhängende Geschäfte betreibt., etwa die Rollfuhr.

IV. Lagergeschäft

1. Rechtsquellen

Der Lagervertrag ist im Prinzip ein Verwahrungsvertrag, weshalb als subsidiäre Rechtsquelle, d. h., wenn die Spezialbestimmungen im Stich lassen, die §§ 688 ff. BGB gelten. Mit dem handelsrechtlichen Lagervertrag befassen sich §§ 416–424 HGB. Wenn der Lagerhalter ermächtigt ist, Orderlagerscheine auszustellen, richtet sich das Rechtsverhältnis ausschließlich nach der Orderlagerschein-Verordnung (OLSchVO) vom 16. 12. 1931. Wenn ein **Spediteur** das Lagergeschäft betreibt, gelten kraft § 2 ADSp diese auch für die Lagerei (vgl. oben D.III). Die §§ 43 ff. ADSp enthalten hierüber nähere Bestimmungen. Dazu kommen noch Allgemeine Lagerbedingungen, die für die einzelnen Lagergüter (z. B. für Möbel, Getreide), aber auch in örtlicher Hinsicht verschieden sind.

2. Rechtssätze

a) Gegenstand des Lagervertrages

Das Lagergeschäft setzt voraus, daß **Güter gewerbsmäßig eingelagert** werden, also gehört hierher nicht die Unterstellung lebender Tiere oder die Aufbewahrung von Wertpapieren (§ 416 HGB). Der Lagerhalter ist Mußkaufmann nach § 1 Abs. 2 Ziff. 6 HGB.

Man unterscheidet die Einzellagerung einerseits, die Misch- und Sammellagerung andererseits. Bei der ersteren hat der Auftraggeber einen Anspruch auf Herausgabe der individuellen Güter, die er eingelagert hat, denn er bleibt Alleineigentümer. Bei Misch- und Sammellagerung (vgl. §§ 23, 28 ff. OLSchVO, 419 HGB) hat der Lagerhalter das Recht, das eingelagerte Gut mit anderen gleichartigen zu vermischen, z. B. Getreide verschiedener Einlagerer zusammenzuschütten. Dann werden die letzteren Miteigentümer nach Bruchteilen, der Lagerhalter **darf** jedem von ihnen seinen Anteil ohne Zustimmung der übrigen ausliefern und **muß** das auf Verlangen tun. Die Misch- und Sammellagerung ist billiger als die Einzellagerung.

b) Pflichten des Lagerhalters

Der Lagerhalter ist zur **Aufbewahrung der Güter** sowie zu den **Arbeiten** verpflichtet, **die zur Erhaltung des Lagerguts notwendig sind** (Durchlüftung, Umschaufelung). Darüber hinaus trifft ihn eine Verpflichtung zur Pflege des Gutes nur, wenn dies vereinbart worden ist. Meist ist in den Lagerbedingungen vorgesehen, daß der Lagerhalter die Einlagerung auch bei einem anderen Lagerhalter vornehmen darf (so ausdrücklich § 43 ADSp). Ist das der Fall, so haftet er nicht für Verschulden des anderen Lagerhalters (dieser ist nicht Erfüllungsgehilfe nach § 278 BGB), sondern nur für sorgfältige Auswahl (§ 691 BGB).

Bei drohenden oder eingetretenen Veränderungen am Gut trifft den Lagerhalter eine **Anzeigepflicht**. Er muß die Besichtigung des Gutes durch den Einlagerer oder dessen Beauftragte gestatten, ebenso die Probenahme. Er ist nach Beendigung der Lagerzeit zur Auslieferung verpflichtet gegen Rückgabe des Lagerscheins. Für Verluste oder Beschädigungen des Gutes von der Empfangnahme bis zur Auslieferung haftet der Lagerhalter, wenn er nicht beweist, daß Verluste oder Schäden durch die Sorgfalt eines ordentlichen Kaufmanns nicht abwendbar waren.

c) Pflichten des Einlagerers

Die Hauptpflicht besteht in der **Entrichtung des Lagergeldes** und in der **Erstattung etwaiger Aufwendungen**, etwa für Pflegearbeiten an dem Gut. Wegen dieser Forderungen hat der Lagerhalter ein gesetzliches Pfandrecht, wie wir es schon beim Spediteur kennengelernt haben. Dieses Pfandrecht verringert sich aber, wenn ein anderer als der Einlagerer gutgläubig Eigentum am Orderlagerschein erlangt hat: § 22 Abs. 2 OLSchVO. Neben dem Pfandrecht hat der Lagerhalter, bis er für seine Forderung befriedigt ist, ein Zurückbehaltungsrecht nach §§ 273 BGB, 369 HGB.

d) Lagerschein

Der Einlagerer erhält vom Lagerhalter eine **Bescheinigung über Art und Menge der eingelagerten Güter**, den Lagerschein. Er kann an Order gestellt werden, sofern der Lagerhalter hierzu staatlich ermächtigt worden ist. Diese Art des Lagerscheins ist die bedeutendste in der Praxis. Der Orderlagerschein steht in einer Reihe mit den Transportversicherungspolicen (§ 363 Abs. 2 HGB). Es gelten für ihn die bereits behandelten Sätze (vgl. oben D.I.4). Hier kommt noch eine Besonderheit hinzu: Der Orderlagerschein ist Traditionspapier, d. h. mit seiner Hilfe kann das Eigentum am Lagergut übertragen werden. Wie nach § 929 BGB zur Übertragung des Eigentums Einigung und Übergabe der Sache gehören, so hier Einigung und Übergabe des Lagerscheins. (Das Nähere gehört in das Wertpapierrecht.)

3. Lagergeschäft und Versicherung

Betreibt ein Spediteur die Lagerei, so gilt auch für dieses Geschäft die bereits entwickelte Haftungsordnung (vgl. oben D.III.4).

Der Lagerhalter ist zur Versicherung des Gutes für den Kunden nur verpflichtet, wenn ihm ein besonderer Auftrag hierzu erteilt worden ist (etwa zur Einbruchdiebstahl- oder zur Feuerversicherung). Der Abschluß einer Feuerversicherung ist für den Einlagerer insbesondere dann geboten, wenn die Lagerordnung eine Haftung des Lagerhalters für Feuerschäden, auch fahrlässig verursachte, ausschließt, was nach § 19 Abs. 4 OLSchVO möglich ist. Steht die Lagerung in Verbindung mit einem Transport (Vor-, Zwischen- und Nachlagerung), so wird in die Transportversicherung meist auch diese kurzfristige Lagerung eingeschlossen.

Aufsichtsrechtlich wird die Reiselagerversicherung als Transportversicherung behandelt.

V. Frachtgeschäft

1. Einleitung

Das Frachtgeschäft bildet heute **rechtlich keine Einheit** mehr; je nach dem Beförderungsmittel greifen, als Spezialbestimmungen den §§ 425—452 HGB vorgehend, verschiedene Gesetze ein, die die Rechte und Pflichten der Parteien unterschiedlich regeln. Wegen dieser Zersplitterung kann hier das Frachtrecht nicht vollständig dargestellt werden. Wir beschränken uns daher darauf, die gemeinsame Grundlage darzustellen, die Rechtsquellen für die verschiedenen Typen des Frachtvertrages aufzuzeigen und uns daraufhin dem versicherungswirtschaftlich bedeutsamsten Teil des Frachtverkehrs, dem Güterfernverkehr mit Kraftfahrzeugen, zuzuwenden.

2. Gemeinsame Grundzüge

Nach § 425 HGB ist Frachtführer, wer es gewerbsmäßig übernimmt, die Beförderung von Gütern zu Lande, auf Flüssen oder sonstigen Binnengewässern auszuführen.

Im **Unterschied zum Spediteur** besorgt also der Frachtführer nicht den Frachtvertrag, sondern er führt die Beförderung aus. Wie lange diese dauert und über welche Entfernung sie sich erstreckt, ist gleichgültig. Auch wenn innerhalb derselben Straße eine Kiste vom Haus Nr. 3 in das Haus Nr. 4 gewerbsmäßig befördert wird, liegt Frachtvertrag vor.

Dieser wird abgeschlossen zwischen Absender und Frachtführer. Absender kann, wie gezeigt wurde, ein Spediteur sein. Der Frachtvertrag ist Werkvertrag nach §§ 631 ff. BGB, die ergänzend heranzuziehen sind, wenn die §§ 425 ff. HGB und die noch zu erörternden Spezialgesetze Lücken lassen. Der Frachtführer ist Mußkaufmann nach § 1 Abs. 2 Ziff. 5 HGB.

Sehr häufig ist der Frachtvertrag ein Vertrag zugunsten Dritter nach §§ 328 ff. BGB, nämlich des Empfängers. Je mehr sich das Gut dem Geschäfts- oder Wohnsitz des Empfängers nähert, desto mehr wachsen ihm Rechte aus dem Vertrag zu, bei dessen Abschluß er nicht beteiligt war. Ist der Absender allerdings mit dem Empfänger identisch (ein Kaufmann versendet Waren an seine eigene Filiale), so kommt natürlich ein Vertrag zugunsten Dritter nicht in Frage.

3. Rechtsquellen

Je nachdem, mit welchem Beförderungsmittel der Frachtvertrag erfüllt wird, greifen Spezialbestimmungen ein. Für die Beförderung auf **Eisenbahnen** gelten die §§ 453—459 HGB und die Eisenbahn-Verkehrsordnung (EVO; auch für Personenbeförderung) vom 8. 9. 1938 mit mehrfachen Änderungen. Für den grenzüberschreitenden Verkehr ist das Internationale Übereinkommen über den Eisenbahnfrachtverkehr vom 25.2.1961 (CIM) maßgebend.

Für die **Transportgeschäfte der Deutschen Bundespost** gilt das HGB nicht (§ 452 HGB), sondern vielmehr das Postgesetz in der Fassung vom 3. 7. 1989. Die durch die Einrichtung des Postwesens entstehenden Rechtsbeziehungen sind privatrechtlicher Natur, ausgenommen die hoheitliche Tätigkeit der Deutschen Bundespost „Postdienste" (§ 7 Postgesetz). Über streitige Haftpflichtansprüche entscheiden die ordentlichen Gerichte. — Sowohl die Bundespost als auch die Bundesbahn unterliegen einem Abschlußzwang.

Für den **Güterfernverkehr mit Kraftfahrzeugen** ist das Güterkraftverkehrsgesetz (GüKG) i. d. Fassung vom 10.3.1983 maßgebend, das zum Teil öffentliches Recht enthält (Verhältnis des Fernlastunternehmers zum Staat), zum Teil aber auch Privatrecht. § 106 Abs. 2 GüKG hält den Rechskraftwagentarif (RKT) vom 30.3.1036 mit seinen Änderungen aufrecht. Dieser RKT enthält nicht nur die einzelnen **Tarifsätze** (Beförderungsentgelte), sondern auch die **Beförderungsbedingungen** als Kraftverkehrsordnung (KVO). Grenzüberschreitend gilt die CMR, in Kraft seit 5.2.1962.

Für den Güternahverkehr mit Kraftfahrzeugen existieren die Allgemeinen Beförderungsbedingungen für den gewerblichen Güternahverkehr mit Kraftfahrzeugen (AGNB 1955/56). Im Unterschied zur KVO, die eine staatliche Rechtsquelle darstellt, sind die AGNB Allgemeine Geschäftsbedingungen. Häufig verwenden diese Unternehmer aber die ADSp. — Neben KVO, AGNB und CMR haben die §§ 425 ff. HGB keine große praktische Bedeutung.

Der Güterbeförderungsvertrag auf **Binnengewässern** richtet sich nach §§ 27 ff. Binnenschiffahrtsgesetz und dem Gesetz über den gewerblichen Binnenschiffsverkehr vom 8.1.1969 (letzteres behandelt die Verteilung des Frachtguts und die Höhe der Frachten). Hervorzuheben ist der hier vorkommende Ladeschein, den der Frachtführer auf Verlangen des Absenders auszustellen hat (§ 72 BinnenschiffahrtsG). Auf ihn ist im Wertpapierrecht zurückzukommen. Ergänzend gelten die §§ 425 ff. HGB. Die nähere Ausgestaltung des Frachtvertrags geschieht durch Konnossementsbedingungen. Sofern diese vorformuliert sind und für eine Vielzahl von Verträgen verwendet werden, handelt es sich um Allgemeine Geschäftsbedingungen.

Der **Seefrachtvertrag** ist Teil des Seerechts (§§ 556—663b HGB).

Was schließlich die **Beförderung** durch die **Luft** angeht, so ist maßgebend das Luftverkehrsgesetz vom 4.11.1968 (§§ 44—52). Die Deutsche Lufthansa verwendet Beförderungsbedingungen für Fracht 1958, die vom Bundesminister für Verkehr genehmigt worden sind. Gleichwohl handelt es sich nicht um objektives Recht, sondern um Allgemeine Geschäftsbedingungen. Man wendet lückenfüllend die §§ 425 ff. HGB analog an.

Für internationale Beförderungen gilt das Warschauer Abkommen vom 12.10.1929 nebst Ergänzungen durch das Haager Protokoll vom 1955 und das Abkommen von Guadalajara 1961. Hinsichtlich der Haftungsbestimmungen hat das Warschauer Abkommen zwingenden Charakter. Es wird ergänzt durch die von der IATA empfohlenen Bedingungen, die ebenfalls AGB-Charakter haben.

4. Güterfernverkehr mit Kraftfahrzeugen und KVO-Versicherung

Aus dem Frachtvertrag erwächst dem Fernverkehrsunternehmer seinen Kunden gegenüber nach der KVO eine sehr strenge Haftung. Die KVO ist bindend, auch wenn die Parteien sich ihr nicht unterworfen haben, weil es sich hier nicht um Allgemeine Geschäftsbedingungen der Wirtschaftsverbände handelt, sondern um eine Rechtsverordnung. Nach § 29 KVO ersetzt der Unternehmer alle an den beförderten Gütern entstandenen direkten Schäden durch Transportmittelunfall und Betriebsunfall, sowie Schäden, die durch ganzen oder teilweisen Verlust oder durch Beschädigung des Gutes in der Zeit von der Annahme bis zur Auslieferung entstehen. Nach § 30 KVO werden sogar u. a. Schäden und Verluste durch Regen, Schnee, Hagel und Sturm ersetzt. § 31 KVO behandelt die sogenannten indirekten Schäden, nämlich solche aus Überschreitung der Lagerfrist, Falschauslieferung, Fehlern bei der Einziehung von Nachnahmen.

Grenzen der Ersatzpflicht ergeben sich aus § 34 KVO: Die wichtigsten Ausschlußfälle sind höhere Gewalt, Kriegsereignisse, Schäden durch Verschulden des Verfügungsberechtigten, Beschaffenheitsschäden und innerer Verderb. Daneben bleiben die §§ 823 ff. BGB anwendbar.

Nach § 38 KVO ist der Unternehmer für Schäden dieser Art durch die KVO-Versicherung gedeckt. § 27 GüKG verpflichtet ihn, eine solche Versicherung einzugehen (Pflichtversicherung, also sind §§ 158b ff. VVG zugunsten des geschädigten Kunden anzuwenden!).

Welcher Natur ist die KVO-Versicherung?

Da sie Deckung auch dann gewährt, wenn der Schaden nicht auf Verschulden des Unternehmers zurückgeht, könnte man geneigt sein, sie als eine **Aktivenversicherung zugunsten des Kunden** anzusehen. Immerhin: Das Gesetz hat dem **Unternehmer eine Haftung auferlegt** und die KVO-Versicherung nimmt ihm diese ab. Deshalb handelt es sich um eine Art der Haftpflichtversicherung. Das ist jetzt allgemein anerkannt. Die KVO-Versicherung deckt jedoch nur die Haftung des Unternehmers gegenüber seinem Kunden oder dem Empfänger. Eine allgemeine Betriebshaftpflichtversicherung ersetzt sie daher nicht, ebensowenig selbstverständlich die Pflichthaftpflichtversicherung für das befördernde Fahrzeug.

VI. Bankgeschäfte

1. Rechtsquellen

So wichtige Dienstleistungszweige wie Banken und Versicherungen haben im 4. Buch des HGB keine Regelung gefunden. Für das Versicherungsgeschäft ist das einleuchtend, weil bei Schaffung des HGB ein Versicherungsaufsichtsgesetz geplant war, wovon man auch eine Beeinflussung des Versicherungsvertragsrechts erwartete. Indes ist dieses Konzept wieder verworfen worden, das VAG sparte das Vertragsrecht aus; es bekam erst durch das VVG vom 30.5.1908 seine gesetzliche Verankerung. Hierauf ist an dieser Stelle nicht näher einzugehen, da die Materie innerhalb des Studienwerks gesondert dargestellt wird.

Für den Bankbereich fehlt eine Parallele zum VVG. Die Rechtsquellen für die Beziehung zwischen Bank und Kunde sind unterschiedlich, je nach den verschiedenen Geschäften, die die Banken betreiben. Diese Geschäfte sind im wesentlichen in § 1 KreditwesenG aufgezählt. Dieses ist die Grundlage für die staatliche Bankenaufsicht, vergleichbar dem VAG für den Versicherungsbereich. Es besteht aber insofern ein Unterschied, als die Bankenaufsicht nicht so intensiv wie die Versicherungsaufsicht ausgestaltet ist, obwohl gerade die erstere auch **volkswirtschaftliche** Zielsetzungen zu beachten hat.

Nach § 1 II Ziff. 4 HGB sind die Kreditinstitute stets Kaufmann. Da sie Anschaffung und Veräußerung von Wertpapieren betreiben, fallen sie auch unter § 1 II Ziff. 1. Da sie — wie zu zeigen sein wird — häufig als Kommissionäre tätig sind, ist auch § 1 II Ziff. 6 HGB einschlägig. Überall treten zu den aufzuzeigenden gesetzlichen Vorschriften die AGB der Banken hinzu.

2. Einzelne Geschäfte

a) Einlagengeschäft

Das Einlagengeschäft ist dadurch gekennzeichnet, daß die Bank Gelder hereinnimmt. Grundlagen sind der Giro- und der Sparvertrag. Bei beiden handelt es sich um uneigentliche Verwahrung nach § 700 BGB. Echte Verwahrung liegt deshalb nicht vor, weil die Bank nicht **dieselben** Stücke herauszugeben hat.

Der Sparvertrag wird durch das Sparbuch dokumentiert, ein hinkendes Inhaberpapier im Sinne des § 808 BGB (Näheres siehe Wertpapierrecht)[12]. — Dem Girovertrag liegt

---

12 Vgl. RLV. IV

gleichzeitig eine Kontokorrentabrede im Sinne der §§ 355–357 HGB zugrunde, d. h. die einzelnen Zu- und Abgänge auf dem Konto werden am Ende eines bestimmten Zeitabschnitts saldiert, und nur dieser Saldo wird geschuldet, nicht das Ergebnis eines **jeweiligen Kontostandes.**

b) Kreditgeschäft

Hier tritt die Bank als **Geldgeber** auf. Es liegt ein Darlehensgeschäft nach §§ 607–610 BGB vor. Die Bank verlangt im allgemeinen Sicherheiten. Bei beweglichen Sachen bietet sich die Sicherungsübereignung (§ 930 BGB), bei Immobilien die Bestellung eines Grundpfandrechts an. Der Grundschuld- bzw. Hypothekenbrief ist Rectapapier, der Grundschuldbrief kann auch als Inhaberpapier ausgestellt werden: § 1195 BGB. Als Sicherungen kommen auch Forderungen in Betracht, die der Bank sicherungshalber zediert werden.

Zu den Kreditgeschäften gehört auch der Akzeptkredit (die Bank akzeptiert einen von ihrem Kunden ausgestellten Wechsel, um diesem die Hingabe des Wechsels erfüllungshalber – etwa an seinen Lieferanten – zu ermöglichen) und die Diskontierung eines Wechsels, d. h. dessen Ankauf vor Fälligkeit (vgl. § 437 BGB).

Besondere Rechtssätze gelten für Hypothekenbanken (HypothekenbankG vom 5. 2. 1963). Sie geben Darlehen gegen Hypothekenbestellung aus und refinanzieren sich durch Ausgabe von Hypothekenpfandbriefen, Inhaberpapieren nach §§ 793 ff. BGB. Deren Inhaber haben im Konkurs der Hypothekenbank ein Spezialbefriedigungsrecht an den für die Bank eingetragenen Hypotheken.

c) Effektengeschäft

Unter das Effektengeschäft fallen die Wertpapiergeschäfte der Banken, vor allem der An- und Verkauf im Auftrage ihrer Kunden. Die Bank erledigt solche Aufträge in Kommission (§§ 383 ff. HGB), oft kommt ein Selbsteintritt vor (§ 400 HGB). In der Regel gibt der Kunde seine Wertpapiere in das offene Depot seiner Bank. Hierauf reagiert anstelle der §§ 688 ff. BGB das Bankdepotgesetz vom 4.2.1937, zuletzt geändert durch Gesetz vom 17.7.1985. Bemerkenswert ist dessen § 18: Bei der Einkaufskommission geht das Eigentum an den Wertpapieren bereits mit der Absendung des Stückeverzeichnisses auf den Kunden, den Kommittenten, über. Sehr umstritten ist die innere Berechtigung des Depotstimmrechts. Es besagt, daß die Bank, obwohl sie nicht Eigentümerin der Wertpapiere ist, mit den in ihrem Depot befindlichen Aktien das Stimmrecht ausüben darf. Mißbräuchen will § 135 AktG entgegenwirken, der strenge Anforderungen an die vom Kunden zu erteilende Vollmacht stellt.

d) Garantiegeschäft

Hierher gehören Garantien oder Bürgschaften, die eine Bank übernimmt, um ihrem Kunden eine anderweitige Kreditaufnahme zu ermöglichen. Oft dient die Bürgschaft auch dazu, den Kunden in den Stand zu setzen, aus einem erst vorläufig vollstreckbaren Urteil zu vollstrecken bzw. die ihm als Schuldner drohende Vollstreckung eines solchen Urteils abzuwenden (§§ 709, 711, 712 ZPO). Rechtsgrundlage für das Bürgschaftsgeschäft sind §§ 765 ff. BGB.

Die Garantie hat keine Regelung im BGB erfahren. Einer ihrer Anwendungsfälle ist die Euroscheckkarte. — Das Bürgschaftsgeschäft der Banken konkurriert mit dem der Versicherungen (Kautionsversicherung).

e) Rat und Auskunft

Umstritten ist, inwieweit die Bank zu Rat und Auskunft verpflichtet ist und wie weit ihre Haftung reicht bei Verletzung dieser Pflicht. § 676 BGB scheidet hier aus. — Die Beratung der Bank gegenüber dem **Kunden** beruht auf nebenvertraglicher Verpflichtung aus der Bankverbindung. Ein stillschweigender Auskunftsvertrag kann vorliegen, wenn die Bank einem **Dritten** Kreditauskünfte gibt. Die Banken haben sich verpflichtet, Auskünfte über Privatkunden nur zu erteilen, wenn deren ausdrückliche Zustimmung vorliegt, andernfalls würden datenschutzrechtliche Bedenken bestehen. Bei der Auskunft gegenüber Dritten darf die Bank im Interesse ihres Kunden dessen Lage nicht zu pessimistisch, im Interesse des Anfragers aber auch nicht zu optimistisch beurteilen. Die AGB der Banken sehen vor, daß diese nur bei grobem Verschulden haften. Ob sich das gegenüber dem AGB-G behauptet, ist fraglich, wie überhaupt auf diesem Gebiet vieles umstritten ist.

3. Geschäftsbesorgungen

In manchen der oben unter 2. behandelten Fälle tritt als Rechtsgrundlage § 675 BGB hinzu. Das gilt für den Girovertrag, der die Banken zu Gutschriften bzw. zu Lastschriften, zur Scheckeinziehung für den Kunden und Einlösung von Schecks, die vom Kunden ausgestellt sind, verpflichtet, ebenso zu Barauszahlungen und zu Mitteilungen über den Kontostand. Die Überweisung auf ein Bankkonto des Gläubigers ist Erfüllung (§ 362 BGB) oder Leistung an Erfüllungsstatt (§ 364 Abs. 1 BGB), jedenfalls wird der Schuldner frei: Buchgeld tritt an Stelle des Bargelds.

Deutlich wird die Rolle der Bank als Geschäftsbesorger auch im Effektengeschäft (vgl. oben D.VI.2c). Sie wird hier — wie erwähnt — als Kommissionär tätig, Kommission ist ein Unterfall der Geschäftsbesorgung.

Außerdem sind die Verwaltungsgeschäfte, die sie hinsichtlich der in ihrem Depot befindlichen Wertpapiere vornimmt, Geschäftsbesorgung.

Hierzu gehört auch das Emissionsgeschäft der Kreditinstitute, d. h. die Unterbringung von neuen Anleihen der Großunternehmungen oder der öffentlichen Hand, sei es, daß die Bank einen bestimmten Anteil fest, sei es, daß sie ihn als Kommissionär übernimmt. Entsprechendes gilt auch bei der Ausgabe neuer Aktien im Zuge der Kapitalerhöhung.

4. Insbesondere Postbankgeschäfte

Das PoststrukturG vom 8. 6. 1989 gibt den Rahmen für die Bankgeschäfte der Bundespost. Nach Art. 1 § 1 Abs. 2 dieses Gesetzes wird „Die Deutsche Bundespost POSTBANK" als Unternehmen geführt. Dieses betrieb allerdings bisher nur das Giro- und das Spargeschäft (maßgeblich sind die Postgiroordnung vom 5. 12. 1984 und die Postsparkassenordnung vom 22. 3. 1989). Innerhalb des Girogeschäfts eröffnet die Postbank ihren Kunden auch die Teilnahme am Euroscheckdienst. Die Haftungsverhältnisse richten sich auch hier nach dem Privatrecht (vgl. oben D. V. 3). Das ergibt sich im einzelnen aus § 19 PostG für den Girodienst, aus § 20 PostG für den Sparkassendienst und aus § 21 Abs. 2 für unrichtige Auskünfte. Die Privatisierung zeigt sich auch darin, daß nicht mehr von Gebühren, sondern von Leistungsentgelten, nicht mehr von Postbenutzern, sondern von Postkunden gesprochen wird.

Nach § 8 PostG darf die Postbank die Inanspruchnahme ihrer Dienste nur verweigern, wenn die verlangte Leistung mit den zur Verfügung stehenden Verkehrs- und Beförderungsmitteln nicht erbracht werden kann, oder wenn dies aus Gründen des öffentlichen Interesses notwendig ist.

Ab. 1. 7. 1991 gelten Allgemeine Geschäftsbedingungen. Aus diesem Anlaß ist das AGB-G in § 23 Abs. 2 um die Nr. 1 a erweitert worden: § 2 dieses Gesetzes (eine Einbeziehung der AGB in den Einzelvertrag ist nötig) gilt nicht für die Geschäftsbedingungen der Deutschen Bundespost.

Die Postbank erstrebt eine Ausweitung ihrer Geschäftstätigkeit auf das Wertpapier- und das Kreditgeschäft an. Die herkömmlichen Banken, Sparkassen und Kreditgenossenschaften haben Bedenken angemeldet, daß solche Ausdehnung mit dem Grundgesetz nicht vereinbar sei.

Nach § 2 Abs. 1 Nr. 2 KreditwesenG ist die Postbank im wesentlichen von der Kreditaufsicht freigestellt.

Literaturhinweise

1. Grundrisse

Bülow, Handelsrecht 119. Tsd. 1986
Capelle/Canaris, Handelsrecht, 21. Auflage 1989
Gaul, Handelsrecht, 1978
Goldmann, Europäisches Handelsrecht, 1973 (aus dem Französischen übersetzt)
Hofmann Handelsrecht, 7. Auflage 1990
Klunzinger, Grundzüge des Handelsrechts, 4. Auflage 1988
Lottich, Lernprogramm Handelsrecht, 1974
Schmidt, Karsten, Handelsrecht, 3. Auflage 1987

2. Sonstiges Lernmaterial

Harms, Wolfgang, Wiederholungs- und Vertiefungskurs im Handelsrecht, 3. Auflage 1983
Hübner, Handelsrecht, Schwerpunkte, 2. Auflage 1985
Müller (Klaus), BGB und HGB für Wirtschaftswissenschaftler, 1977
Nawratil, HGB leicht gemacht, 7. Auflage 1976

3. Zeitschriften

Betriebs-Berater, erscheint 10-täglich
Der Betrieb, erscheint wöchentlich
Zeitschrift für das gesamte Handelsrecht und Wirtschaftsrecht, erscheint 2-monatlich

Wertpapierrecht

Von Professor Dr. Karl S i e g

Inhaltsverzeichnis

A. **Einführung** 7
B. **Wesen der Wertpapiere** 8
  I. **Charakteristik der Wertpapiere** 8
    1. Definition 8
    2. Unterschied von einfachen Beweisurkunden 8
    3. Unterschied von einfachen Legitimationspapieren 8
  II. **Haupteinteilung der Wertpapiere** 9
    1. Verbindung zwischen Papier und Recht 9
    2. Skriptur-rechtliche und einfache Wertpapiere 9
C. **Bedeutung der Wertpapiere** 10
  I. **Legitimationsfunktion** 10
  II. **Wirtschaftliche Funktionen** 10
    1. Wechsel und Scheck 10
    2. Inhaberschuldverschreibungen 11
    3. Hypotheken- und Grundschuldbriefe 11
    4. Kaufmännische Traditionspapiere 11
  III. **Börsenzulassung** 11
    1. Allgemeines 11
    2. Bedeutung 12
    3. Zulassung vinkulierter Namensaktien 12
  IV. **Anbietung nichtzugelassener Wertpapiere** 13
D. **Arten der Wertpapiere (zugleich Rechtsquellen)** 13
  I. **Unterscheidung nach der Umlaufsfähigkeit** 13
    1. Rektapapiere 13
    2. Orderpapiere 13
    3. Inhaberpapiere 14
  II. **Unterscheidung nach der Art des verbrieften Rechts** 15
  III. **Gang der weiteren Untersuchung** 15
E. **Der Wechsel** 15
  I. **Arten** 15
    1. Eigener Wechsel 15
    2. Gezogener Wechsel (Tratte) 16
  II. **Eigentümlichkeiten** 16
    1. Lösung von zugrundeliegendem Rechtsverhältnis 16
    2. Wechselstrenge 17
  III. **Ausstellung** 18
    1. Wesentliche Erfordernisse des Wechsels 18
    2. Insbesondere der Blankowechsel 19
    3. Wirkung der Ausstellung (Begebungsvertrag) 19

- **IV. Übertragung** ... 20
    1. Indossament ... 20
    2. Wirkungen des Indossaments ... 20
    3. Insbesondere das Blanko-Indossament ... 21
- **V. Annahme** ... 21
    1. Vorlegung zur Annahme ... 21
    2. Annahmeerklärung und deren Wirkungen ... 21
- **VI. Wechselbürgschaft** ... 22
    1. Erfordernisse ... 22
    2. Wirkungen ... 22
- **VII. Rechte aus dem Wechsel** ... 23
    1. Stellung des Wechselgläubigers ... 23
    2. Zahlung des Wechsels ... 23
- **VIII. Rückgriff** ... 24
    1. Voraussetzungen ... 24
    2. Durchführung ... 24
- **IX. Wechselverjährung** ... 25

F. Der Scheck ... 26

- **I. Grundlagen** ... 26
    1. Arten des Schecks ... 26
    2. Verpflichtungen aus der Scheckausstellung ... 27
    3. Wirtschaftliche Bedeutung ... 27
- **II. Ausstellung** ... 28
    1. Wesentliche Erfordernisse des Schecks ... 28
    2. Zusätze ... 28
- **III. Rechte aus dem Scheck** ... 28
    1. Berechtigung und Vorlegung ... 28
    2. Einlösung ... 29
    3. Gefälschte Schecks ... 29
    4. Rückgriff ... 30
- **IV. Rechtliche Bedeutung der Scheckzahlung im Versicherungsverhältnis** ... 30
- **V. Euroscheck-Service** ... 30
    1. Banken ... 30
    2. Sparkassen ... 31
    3. Postbank ... 31

Zu E und F ... 31

G. Die Traditionspapiere ... 32

- **I. Stellung im Wertpapierrecht** ... 32
- **II. Gemeinsame Vorschriften** ... 32
    1. Übereinstimmungen mit dem Wechsel ... 32
    2. Unterschiede zum Wechsel ... 33
    3. Insbesondere Traditionsfunktion ... 33

III.	**Insbesondere das Konnossement**	34
	1. Wesen	34
	2. Haftung des Verfrachters	34
	3. Haftung des Empfängers, Durchfrachtkonnossement	35
IV.	**Insbesondere der Ladeschein**	35
	1. Übereinstimmungen mit dem Konnossement	35
	2. Unterschiede gegenüber dem Konnossement	36
V.	**Insbesondere der Orderlagerschein**	36
	1. Grundlage	36
	2. Haftung des Lagerhalters	36
H.	**Die Inhaberschuldverschreibung**	37
I.	**Begriff**	37
II.	**Vorkommen**	37
III.	**Verpflichtungen und Rechte aus der Inhaberschuldverschreibung**	38
	1. Verpflichtung des Ausstellers	38
	2. Rechte des Inhabers	38
IV.	**Einlösung**	39
	1. Prüfung der Legitimation	39
	2. Modalitäten der Einlösung	39
	3. Umschreibung auf Rektapapier	39
V.	**Nebenpapiere**	40
	1. Zinsscheine (Kupons)	40
	2. Erneuerungsscheine (Talons)	40
	3. Gemeinsames	40
VI.	**Inhaberzeichen**	41
	1. Arten	41
	2. Rechtliche Regelung	41
J.	**Die Aktie und das Investmentzertifikat**	41
I.	**Bedeutung des Aktienwesens für die Versicherungswirtschaft**	41
	1. Allgemeines	41
	2. Besonderheiten der Versicherungs-AG	42
II.	**Begriffe und Arten der Aktie**	42
	1. Wesen der Aktie	42
	2. Inhaber- und Namensaktien	43
	3. Aktiengattungen	43
III.	**Legitimation des Inhabers**	44
	1. Allgemeines	44
	2. Spaltung der Stellung des Namensaktionärs	44
IV.	**Vinkulation von Namensaktien**	44
V.	**Nebenpapiere**	45
VI.	**Investmentzertifikate**	45
	1. Begriff	45
	2. Rechtsnatur	46

VII. Vermögensanlagen der Versicherungsunternehmungen in Aktien und Investmentzertifikaten 46
K. **Der Versicherungsschein** 46
   I. **Versicherungschein als Beweisurkunde** 46
   II. **Versicherungsschein mit Inhaberklausel** 47
      1. Rechtsgrundlage 47
      2. Einzelheiten 47
   III. **Versicherungsschein als Orderpapier** 48
L. **Verfahrensrecht** 48
   I. **Vorbemerkung** 48
   II. **Urkunden-, Wechsel- und Scheckprozeß** 48
      1. Überblick 48
      2. Besonderheiten des Verfahrens 49
      3. Insbesondere Wechsel- und Scheckprozeß 49
   III. **Zwangsvollstreckung in Wertpapiere** 49
      1. Inhaber- und Orderpapiere 49
      2. Rekta-Papiere 50

Literaturhinweise 51

A. Einführung

Auf den ersten Blick scheint das Wertpapierrecht, das als schwieriges Rechtsgebiet gilt, dem Versicherungskaufmann ziemlich fernzuliegen. Es gibt indessen eine ganze Reihe von wichtigen Berührungspunkten zwischen Versicherungspraxis und Wertpapierrecht, vor allem weil man mit Wertpapieren täglich, häufig unbewußt, zu tun hat.

Wesentlich ist dem Wertpapier die Verbindung zwischen einem Recht (Forderung, Mitgliedschaft oder Sachenrecht) und dem Papier, das dieses Recht verbrieft. Unter wertpapierrechtlichen Gesichtspunkten ist zunächst der **Versicherungsschein**[1] zu betrachten, der im Sonderfall der Transportversicherungspolice sogenanntes Orderpapier sein kann. Die Inhaberklausel, die z. B. für den Lebensversicherungsschein gewisse Bedeutung besitzt, wirft die Frage nach der wertpapierrechtlichen Einordnung auch hier auf. Der Gedanke, Rechte mit Hilfe der Verbriefung in Wertpapieren beweglich zu machen, kommt auch bei den **Dokumenten der Fracht- und Lagerverträge** verschiedener Typen zum Ausdruck, mit denen der Transportversicherer laufend umgehen muß.

Praktische Anschauung von den Fragen des Wertpapierrechts vermittelt weiterhin die **Aktie** etwa von Versicherungsaktiengesellschaften[2], die ein verbrieftes Mitgliedschaftsrecht und zugleich ein Wertpapier darstellt. Der Leser denkt an die Unterscheidung von Inhaber- und Namensaktien und deren Sonderform, die sogenannten vinkulierten Namensaktien, die – u. U. nur zum Teil eingezahlt – an der Börse besonderen Gesichtspunkten unterliegen. Hier wird eine enge Verbindung zwischen dem zum Privatrecht gehörenden Wertpapieren und dem (öffentlichen) Börsenrecht erkennbar.

Eine große praktische Bedeutung hat fernerhin der gesamte Bereich der Wertpapiere für die **Kapitalanlagen**[3] im weitesten Sinne: Nach den Rechnungslegungsvorschriften ist eine besondere Bilanzposition „Wertpapiere und Beteiligungen" zu bilden. Das steht in engem Zusammenhang mit den Kapitalanlagevorschriften. Schließlich spielt naturgemäß bei allen Zahlungen, die der Versicherer leistet und empfängt, nicht nur die Überweisung, sondern auch der Scheck, ein Wertpapier, eine große Rolle.

Bereits diese wenigen Beispiele machen nicht nur die praktische Bedeutung des Wertpapierwesens in der Versicherungswirtschaft anschaulich, sondern fordern dazu heraus, seine wirtschaftliche Funktion und rechtliche Einordnung zu durchdenken.

---

1 Vgl. RLV. V.
2 Vgl. RLV. VI.
3 Vgl. VBL. VII

B. Wesen der Wertpapiere

I. Charakteristik der Wertpapiere

1. Definition

Unter einem **Wertpapier** wird eine Urkunde verstanden, in der ein privates Recht so verbrieft ist, daß zur Ausübung des Rechts die Innehabung der Urkunde erforderlich ist.

Das Gesetz spricht zwar an vielen Stellen von Wertpapieren (z. B. in §§ 232, 234, 372, 437 BGB; §§ 1 II Ziff. 1, 369, 381 HGB; §§ 592, 821, 822 ZPO), gibt aber keine Begriffsbestimmung. Diese ist daher Rechtsprechung und Wissenschaft vorbehalten.

Nach unserer Definition muß die Urkunde ein privates Recht verbriefen. Verlautbarungen über **öffentlich**-rechtliche Gegebenheiten, wie etwa die Beamtenernennungsurkunde oder das Staatsangehörigkeitszeugnis, gehören nicht hierher.

2. Unterschied von einfachen Beweisurkunden

Nicht jede Urkunde, die über ein privates Recht ausgestellt worden ist, ist ein Wertpapier. Der Darlehensschuldner, der seinem Gläubiger gegenüber bekennt, 10 000,– DM als Darlehen empfangen zu haben, hat damit kein Wertpapier ausgestellt. Es fehlt nämlich daran, daß die Innehabung der Urkunde erforderlich ist, um das Recht auszuüben. Der Darlehensgläubiger kann seine Forderung bei Fälligkeit auch ohne Vorlegung des Schuldscheins geltend machen. Er muß, wenn der Schuldner bestreitet, ein Darlehen empfangen zu haben, allerdings die Hergabe beweisen, z. B. durch Zeugen. Aber keineswegs steht und fällt die Forderung mit der Möglichkeit, den Schuldschein zu präsentieren (vgl. § 371 S. 2 BGB), wie es bei einem Wertpapier der Fall wäre. Wir sehen also: Es gibt Urkunden, die lediglich Beweiszwecken dienen.

Außer dem Schuldschein gehören zu den Beweisurkunden gewöhnliche Vertragsausfertigungen, aus dem Handelsleben z. B. der vom Absender ausgestellte Frachtbrief (§ 426 HGB). Mit ihnen haben wir uns, da sie keine Wertpapiere sind, nicht weiter zu befassen.

3. Unterschied von einfachen Legitimationspapieren

Papiere, auf Grund deren der Schuldner den Inhaber ohne nähere Prüfung als seinen Gläubiger behandeln kann, bezeichnen wir als Legitimations- oder Ausweispapiere. Manchmal handelt es sich zugleich auch um Wertpapiere, aber es muß nicht so sein. Es gibt nämlich Papiere, auf Grund deren der Schuldner zwar frei wird, wenn er an den Inhaber leistet, bei denen aber der Gläubiger sein Recht auch ohne Papier geltend machen kann (hierin liegt der Unterschied zum Wertpapier). Hier her gehören z. B. Garderobenmarken und Gepäckscheine (über eigentliche Inhaberzeichen i. S. des § 807 BGB vgl. unten H. VI.).

Zu 2. und 3.

Um kein Mißverständnis aufkommen zu lassen, sei betont: Auch Wertpapiere haben Beweis- und Legitimationsfunktion, sie erschöpfen sich jedoch darin nicht, wie es bei den einfachen Beweis- und Legitimationsurkunden der Fall ist.

II. Haupteinteilung der Wertpapiere

1. Verbindung zwischen Papier und Recht

Das Wertpapier **verbrieft ein Recht**, ist aber gleichzeitig als Urkunde eine **Sache**. Damit keine Komplikationen eintreten, muß die Rechtsordnung darauf bedacht sein, daß Inhaberschaft am Recht und Eigentum an der Sache zusammenfallen. Zur Herstellung dieser Einheit gibt es zwei Möglichkeiten, je nachdem, ob man an das Sacheigentum oder an die Rechtsinhaberschaft anknüpft.

Die Rechtsordnung kann also sagen:

a) wer immer auch Eigentümer der Sache „Wertpapier" ist, dem steht das darin verbriefte Recht zu (vgl. § 793 BGB).

Dann steht der **sachenrechtliche** Charakter im Vordergrund: Das Recht wird dadurch erworben, daß die Urkunde als Sache dem Erwerber übergeben wird und beide einig sind, daß dieser Eigentümer werden soll (§§ 929 ff. BGB);

b) wer immer auch der Gläubiger des Rechts ist, dem steht deshalb das Eigentum am Wertpapier zu. Dann steht die Forderungsübertragung nach §§ 398 ff. BGB im Vordergrund: Durch Abtretung des Rechts wird auch das Eigentum am Wertpapier erworben (vgl. § 952 II BGB).

2. Skriptur-rechtliche und einfache Wertpapiere

Beide der unter 1. aufgezeigten Lösungen kommen vor, je nach dem Charakter der Wertpapiere. Deren Funktion, im Rechtsverkehr leicht übertragbar zu sein und den guten Glauben des Erwerbers an das Eigentum des Veräußerers zu schützen (vgl. §§ 932–934 BGB), wird am besten die Lösung oben 1. a) gerecht. Wir finden sie bei den Inhaberpapieren und den Orderpapieren (vgl. unten D. I. 2,3). Diese sind darüber hinaus noch mit skriptur-rechtlicher Wirkung ausgestattet, d. h. der gute Glaube schützt den Erwerber nicht nur in dem Sinn, daß er überhaupt ein Recht vom Veräußerer erwirbt, sondern daß er es mit dem Inhalt erwirbt, der sich aus der Urkunde ergibt. Mit anderen Worten sind, wenn auch unterschiedlich, Einwendungen des Schuldners ausgeschlossen, soweit sie nicht aus der Urkunde ersichtlich sind. § 404 BGB gilt also bei den skriptur-rechtlichen Papieren nicht.

Urkunden, die nach der Lösung oben 1. b) behandelt werden, sind einfache Wertpapiere oder Wertpapiere im weiteren Sinn. Darunter fallen die Namens- oder Rektapapiere (vgl. unten D. I. 1). Bei ihnen bleibt der Schutz des Erwerbers auch insoweit unvollkommen, als dieser auf Einwendungen gefaßt sein muß, die sich nicht aus der Urkunde ergeben. Hier behält also § 404 BGB sein Anwendungsgebiet.

C. Bedeutung der Wertpapiere

I. Legitimationsfunktion

Der Verkehr rechnet mit einer starken Fluktuation der Wertpapiere, es ist von vornherein einkalkuliert, daß der ursprüngliche Gläubiger des Rechts diese Stellung nicht bis zur Fälligkeit innehat, sondern daß eine Kette von Gläubigern nacheinander das Recht erwirbt. Ohne wertpapiermäßige Verbriefung wäre der Rechtserwerber nicht geschützt; er müßte nach § 407 BGB jedes Rechtsgeschäft, das der Schuldner mit dem ursprünglichen Gläubiger vornimmt, gegen sich gelten lassen, sofern der Schuldner von der Abtretung nichts wußte. Der neue Gläubiger hätte also das Nachsehen, wenn etwa der Schuldner an den Zedenten zahlt oder wenn er mit dem letzteren eine Stundung vereinbart. Bei allenWertpapieren ist § 407 BGB ausgeschlossen, darin liegt ihre wesentliche rechtliche Bedeutung. Der Schuldner wird nur befreit, wenn er an den Inhaber des Papiers leistet. So wirkt sich also die Ausschließung von § 407 BGB eindeutig zugunsten des Rechtserwerbers aus.

Aber auch der Schuldner hat einen Vorteil von der wertpapierrechtlichen Verbriefung: Er kann jeden, der sich als Gläubiger aufspielt, aber das Papier nicht vorlegt, abweisen. Er braucht entgegen § 410 BGB selbst nicht an den zu zahlen, den der ursprüngliche Gläubiger ihm als neuen Berechtigten benannt hat, er kann verlangen, daß ihm das Wertpapier vorgelegt wird.

Der Ausschluß der §§ 407 und 410 II BGB ist **allen Wertpapierarten gemeinsam**. Sonstige Abweichungen von den §§ 398 ff. BGB unterstützen die Verkehrsfähigkeit der Wertpapiere, jedoch unterschiedlich nach deren einzelnen Arten. Die Rechtsordnung nimmt vor allem die Massenpapiere (Inhaberschuldverschreibungen, Zinsscheine) von der Geltung der Zessionsvorschriften des BGB weithin aus, weil bei ihnen eine Kontrolle hinsichtlich des wahren Gläubigers oft gar nicht möglich wäre.

II. Wirtschaftliche Funktionen

Die wirtschaftlichen Funktionen der Wertpapiere sind, entsprechend ihrer Vielfalt, mannigfach. Das soll an den Hauptarten gezeigt werden.

1. Wechsel und Scheck

Gehen wir zunächst von den häufigsten Wertpapieren aus, so ist mit Scheck und Wechsel zu beginnen. Sie gewinnen als **Zahlungsmittel** immer stärkere Bedeutung. Im inländischen Warenverkehr liegt die Bedeutung der Wechselzahlung darin, daß der Käufer die Ware erst bei Fälligkeit des Wechsels zu zahlen braucht, der Verkäufer aber schon vorher über die Geldsumme verfügen kann, indem er seiner Bank den Wechsel zum Diskont gibt. Im internationalen Handel erübrigt die Begebung des Wechsels die Transferierung von Bargeld.

Die Zahlung mittels **Scheck** ist deshalb beliebt, weil sie billiger und gefahrloser als die Bargeldzahlung ist und den Schuldner überdies davon befreit, Barmittel größeren Umfanges zur Verfügung zu halten.

Die Bedeutung des **Wechsels** geht aber darüber hinaus. Er kann die Funktion eines Kreditmittels ausüben. Häufig gewähren Banken ihrem Kunden dadurch Kredit, daß sie ihm einen Wechsel (Bankazept) zur Verfügung stellen.

Beispiel:

Der Kaufmann A kann einen günstigen Ankauf tätigen, ihm fehlen aber die Mittel hierfür. Das von der Bank gegebene Wechselakzept, das A seinem Verkäufer übergibt, befähigt ihn, den Kauf gleichwohl zu tätigen. Der Bank gegenüber muß A sich verpflichten, bei Fälligkeit für die Einlösung des Wechsels zu sorgen.

Verwandt hiermit ist die Funktion des Wechsels als eines **Sicherungsmittels**. Die Bank gibt ihrem Kunden A ein Darlehen gegen dessen eigenes Akzept (Kautionswechsel). – (Einzelheiten zum Scheck und zum Wechsel vgl. Abschnitte E. und F.).

2. Inhaberschuldverschreibungen

Während der **Wechsel** (vornehmlich als Dreimonatsakzept) dem **kurzfristigen Kredit** dient, eignen sich die **Schuldverschreibungen auf den Inhaber** zur Kreditschöpfung auf längere Sicht. Sie sind vor allem unter dem Namen Pfandbriefe, Industrieobligationen oder öffentliche Anleihen bekannt. Es handelt sich bei ihnen, wenn ein bestimmter Zinssatz zugesichert wird, um fest verzinsliche Wertrpapiere (Unterschied zur Aktie und zum Kux, die die Berechtigung auf veränderlichen Gewinn geben. Kux ist der Anteil an einer bergrechtlichen Gewerkschaft. Diese Rechtsform bestand nur bis 1985). (Einzelheiten zu den Inhaberschuldverschreibungen s. Abschnitt H).

3. Hypotheken- und Grundschuldbriefe

Hier liegt die Verbriefung einer Grundschuld oder Hypothek, die zur **Sicherung einer Forderung** bestellt worden ist, vor. Grundlage bildet also ein Sachenrecht, so daß auch diese Kategorie von Wertpapieren eine Kreditsicherungsfunktion erfüllt. Der Brief verschafft dem Hypothekar oder Grundschuldgläubiger die Legitimation für die Geltendmachung seiner Rechte gegenüber dem Grundstückseigentümer, wie auch umgekehrt der Eigentümer befreit wird, wenn er an den Briefinhaber leistet.

4. Kaufmännische Traditionspapiere

Hierzu gehören der Ladeschein des Frachtführers (vor allem in der Binnenschiffahrt), das Konnossement des Verfrachters im Seerecht, der Orderlagerschein des Lagerhalters. Diese Papiere haben die Gemeinsamkeit, daß sie die in ihnen bezeichnete Ware repräsentieren: Durch Transferierung des Papiers kann man das Recht an der Ware übertragen (Traditionsfunktion), und zwar nicht nur das Eigentum, sondern auch Pfandrechte oder Sicherungseigentum. Deshalb kann auch diese Gruppe von Wertpapieren Kreditsicherungszwecken dienen (Einzelheiten zu den Traditionspapieren vgl. Abschnitt G).

III. Börsenzulassung

1. Allgemeines

Erst durch die Börsenfähigkeit der Wertpapiere wird diesen, soweit es sich um Umlaufpapiere (unten D.I.2. und 3.) handelt, ein weiter Markt eröffnet. Die Zulassung zum Börsenhandel richtet sich nach dem BörsenG (geändert durch Gesetz vom 11. 7. 1989) und einer bundeseinheitlichen

VO, die auf Grund § 44 BörsenG erlassen worden ist. Der Antrag auf Zulassung zum Börsenhandel eines Wertpapiers kann nur von einem Kreditinstitut gestellt werden. Jede Börse erläßt eine Börsenordnung, die u. a. zu bestimmen hat, wie sich die Kommission zusammensetzt, die als Zulassungsstelle für Wertpapiere an der betreffenden Börse fungiert. Die entsprechenden Bestimmungen weichen von Börse zu Börse kaum voneinander ab. Nach §§ 36 ff. BörsenG hat die Zulassungsstelle die Pflicht, dafür zu sorgen, daß das Publikum über alle zur Beurteilung des betreffenden Wertpapiers notwendigen Tatsachen und rechtlichen Verhältnissen informiert wird; sie hat die Grundlagen der betreffenden Emission zu prüfen. Vor der Einführung an der Börse ist ein Prospekt zu veröffentlichen, der die für die Beurteilung des Papiers wesentlichen Informationen enthält. Für unrichtige Angaben in diesem Prospekt haften diejenigen, die sie veranlaßt haben, gegenüber jedem Besitzer eines solchen Papiers (Prospekthaftung, § 45 BörsenG). Die Prospekthaftung gilt nach BGH nicht nur für Tatsachen, sondern auch für Wertungen, aber nur zugunsten derjenigen, die Papiere **nach** Veröffentlichung des Prospekts erwerben: BGH BB 1982 S. 1626 = NJW 1982 S. 2823. Diese Einschränkung wird kritisiert. Andererseits dehnt der BGH die Prospekthaftung auf die Publikums-**kommmanditgesellschaft** aus: BB 1978 S. 979; BB 1981 S. 865.

Anleihen des Bundes und der Länder sind ohne weiteres an jeder Börse zugelassen.

Bisher war von den **Wertpapier**börsen die Rede. In Hamburg existiert auch eine **Versicherungs**börse. Hier treffen sich Versicherer, Assekuradeure und Makler, um sich zu einigen, in welchem Maße sich Versicherer an einem von den Vermittlern herangeholten Großrisiko beteiligen wollen. Die hier erteilten Deckungszusagen werden in besonderer Form, den Slips, erteilt, die nicht Wertpapier sind.

2. Bedeutung

Nur die zum Börsenhandel zugelassenen Papiere dürfen amtlich notiert werden (vgl. § 29 BörsenG). Eine solche Notierung ist wiederum Voraussetzung für den Selbsteintritt des Kommissionärs nach § 400 HGB. Das hat namentlich Bedeutung für die Banken: Sie können den Auftrag des Kunden auf Kauf von Wertpapieren bei amtlich notierten Effekten dadurch erfüllen, daß sie selbst als Verkäufer auftreten; umgekehrt können sie bei einer Verkaufskommission selbst als Käufer fungieren. (Im übrigen sind die Wertpapierkommission und die Wertpapierverwahrung im sogenannten Depotgesetz vom 4.2.1937 mit ÄnderungsG vom 17.7.1985 geregelt). Über eine andere Bedeutung des Börsenpreises vgl. Abschnitt L. III.1. sowie § 56 VAG in Vbdg. mit dem HGB.

3. Zulassung vinkulierter Namensaktien

Die Börsenzulassung von Aktien scheitert nicht daran, daß sie vinkuliert sind (vgl. unten J. IV). Hier ergeben sich allerdings Schwierigkeiten, weil der Börsenhandel anonym (d. h. die Kontrahenten brauchen namentlich nicht bekannt zu sein) und auf sofortige Erfüllung gerichtet ist. Was soll geschehen, wenn die Aktiengesellschaft (AG) später dem Übergang auf den Käufer nicht zustimmt? Abhilfe läßt sich nur schaffen, wenn man annimmt, daß die AG in derartigen Fällen die Aufnahme neuer Aktionäre nur aus bestimmten bekanntgegebenen Gründen (etwa bei Insolvenz des Erwerbers oder bei dessen früherem Handeln zum Schaden der Gesellschaft) ablehnen darf. An sich sind Vinkulierung der Aktien und Zulassung derselben zum Börsenhandel schwer miteinander vereinbar: Durch die Vinkulierung will die Gesellschaft die Zusammensetzung des Gesellschafterkreises steuern, wähend sie sich durch den Antrag auf Zulassung zum Börsenhandel an jedermann als potentiellen Erwerber der Aktien wendet.

IV. Anbietung nichtzugelassener Wertpapiere

Nach dem Gesetz über Wertpapierverkaufsprospekte und zur Änderung von Vorschriften über Wertpapiere vom 19. 12. 1990 sind alle diejenigen, die Wertpapiere erstmals im Inland öffentlich anbieten, sofern es sich nicht um bereits an einer Börse zugelassene Papiere handelt, grundsätzlich verpflichtet, einen Verkaufsprospekt zu veröffentlichen (§ 1). Ausnahmen ergeben sich aus §§ 2–4, den notwendigen Inhalt des Prospekts umschreiben §§ 5–7. An die Verletzung dieser Prospektpflicht ist ein Ersatzanspruch geknüpft. Diese Bestimmungen ähneln den Vorschriften der Börsenzulassung (vgl. oben C.III.1).

D. Arten der Wertpapiere (zugleich Rechtsquellen)

I. Unterscheidung nach der Umlaufsfähigkeit

Die wichtigste Gruppierung der Wertpapiere geht davon aus, wie die Person des Berechtigten bestimmt wird. Unter diesem Gesichtspunkt unterscheiden wir zwischen Rekta-, Order- und Inhaberpapieren.

1. Rektapapiere

Bei den Rekta- und Namenspapieren ist eine bestimmte **Person als Berechtigter** benannt. Gleichwohl kann ein Rechtsnachfolger des ursprünglichen Gläubigers berechtigt sein. Die Rechtsnachfolge vollzieht sich hier nicht nach Sachenrecht, sondern nach Forderungsrecht, d. h. das Recht muß übertragen werden (§§ 398 ff. BGB), und damit steht zugleich das Eigentum am Wertpapier dem Erwerber zu (§ 952 II BGB).

Beispiele für Rektapapiere sind der Hypothekenbrief und der auf den Namen lautende Grundschuldbrief (§§ 1116, 1154, 1192, 1200 BGB), ferner die Anweisung (§§ 783–792 BGB) sowie der Sparkassen- oder Banksparbrief. Da er kein Inhaberpapier, auch kein hinkendes Inhaberpapier (vgl. unten K. II. 1) ist, kann die Bank nicht mit befreiender Wirkung an den unrechtmäßigen Briefbesitzer zahlen, sondern muß die Legitimation prüfen: OLG Hamm BB 1991 S. 95. Manche zählen auch die qualifizierten Legitimationspapiere, auch hinkende Inhaberpapiere genannt (§ 808 BGB), zu den Rektapapieren (vgl. unter K. II).

Wechsel und Namensschecks sind „geborene" Orderpapiere, sie können aber zu Rektapapieren werden, indem die Übertragung durch Indossament ausdrücklich ausgeschlossen wird (Art. 11 II WechselG, Art. 5 I ScheckG). Das kommt jedoch selten vor.

2. Orderpapiere

a) Wesen

Bei einem Orderpapier nennt der **Aussteller** zwar auch eine **bestimmte Person als Gläubiger; er verspricht aber darüberhinaus die Leistung demjenigen, den der ursprüngliche Gläubiger im Wege eines Indossaments als den neuen Gläubiger bezeichnet.** Das Leistungsversprechen „an A *oder dessen Order"* bedeutet also, daß A den B als Berechtigten nennen darf, auf den alle Rechte aus dem Papier übergehen, auch das Recht, einen weiteren Gläubiger (C) namhaft zu machen. Der Unterschied zum Rektapapier liegt also in der besonderen Übertragungsform, dem Indossament, wozu die Übergabe des Papiers kommen muß. Entgegen § 952 II BGB folgt das Recht aus dem Papier dem Recht am Papier. Unter Indossament verstehen wir den vom bisherigen Berechtigten auf den Rücken des Papiers gesetzten Vermerk, daß nunmehr ein anderer berechtigt sein soll. Das Indossament heißt in der Praxis Giro (= Kreis), weil es den Umlauf des Papiers bewirkt.

b) Geborene und gekorene Orderpapiere

Einige Papiere sind ohne weiteres Orderpapiere (geborene Orderpapiere). Wenn sie es nicht sein sollen, müssen sie ausdrücklich die negative Orderklausel enthalten (*"nicht an Order"*). Hierher gehören der **Wechsel** (WechselG, beruhend auf den Beschlüssen der Genfer Wechselrechtskonferenz von 1930), der Namensscheck im Unterschied zum Inhaberscheck (Art. 5 I ScheckG), die Namensaktie (§§ 10, 68 I AktG), der Zwischenschein (§ 68 V AktG, Verbriefung des Mitgliedschaftsrechts bis zur vollen Zahlung der Einlage).

Außerdem gibt es Papiere, die an sich nicht Orderpapiere sind, aber dazu geschaffen werden können (gekorene Orderpapiere). Dazu gehören die vier in § 363 II HGB genannten Urkunden, nämlich das Konnossement (§§ 642–663a HGB), der Ladeschein (§§ 72–75 BinnenschiffahrtsG), der Lagerschein (§ 424 HGB, Orderlagerschein-VO) und die Transportversicherungspolice (vgl. unten K. III). Hinzu kommen der kaufmännische Verpflichtungsschein und die kaufmännische Anweisung (§ 363 I HGB), praktisch ersetzt durch den Wechsel. Auch Schuldverschreibungen können an Order gestellt werden. Sie sind ein Sonderfall des kaufmännischen Verpflichtungsscheins.

Andere Wertpapiere als die gesetzlich vorgesehenen können nicht zu Orderpapieren ausgestaltet werden, es besteht also ein numerus clausus. Würden sonstige Papiere mit der Orderklausel versehen werden, so wären sie zwar nicht ungültig, aber das Indossament hätte nur die Bedeutung einer gewöhnlichen Abtretungserklärung nach §§ 398 ff. BGB ohne die besondere Gutglaubenswirkung, die sich an ein echtes Indossament knüpft (vgl. oben B. II).

3. Inhaberpapiere

Beim Inhaberpapier kann das **verbriefte Recht vom jeweiligen Inhaber geltend gemacht** werden. Der Aussteller muß an ihn leisten, wenn er nicht seinerseits nachweist, daß der Inhaber in Wahrheit nicht berechtigt ist. Hier ist der Grundsatz, daß das Recht aus dem Papier dem Recht am Papier folgt, am reinsten durchgeführt. Dementsprechend werden Inhaberpapiere wie bewegliche Sachen behandelt, d. h. das Eigentum am Papier geht durch Einigung und Übergabe auf den Erwerber über, damit wird dieser auch Gläubiger.

Hierzu gehören die Schuldverschreibungen auf den Inhaber (§§ 793 bis 806), der Inhaberscheck (Art. 5 ScheckG), die Inhaberaktie (§ 10 I AktG), der Gewinnanteilschein (vgl. § 72 II AktG). Auch Grundschuld- und Rentenschuldbriefe können auf den Inhaber gestellt werden (§§ 1195, 1199 BGB).

II. Unterscheidung nach der Art des verbrieften Rechts

Die meisten Wertpapiere verbriefen ein **Forderungsrecht**.
Dieses kann auf Geld gerichtet sein (Beispiel: Inhaberschuldverschreibung, insbes. Obligation, Wechsel, Scheck, Anweisung, Gewinnanteilschein, Transportversicherungspolice, kaufmännischer Verpflichtungsschein) oder auf eine bestimmte Ware (Beispiele: Lagerschein, Ladeschein, Konnossement). Einige Papiere der ersten Gruppe können auch Forderungen auf Lieferung von Wertpapieren verbriefen (z. B. Wandelschuldverschreibung).

Es gibt aber auch Wertpapiere, die ein **Sachenrecht** (z. B. Hypotheken- und Grundschuldbrief) oder ein **Mitgliedschaftsrecht** (z. B. Aktie, Zwischenschein; vgl. oben C. II. 2) zum Gegenstand haben.

Wichtig ist der Unterschied zwischen dem Inhaber einer Obligation und dem Aktionär. Der erstere hat lediglich eine Geldforderung gegen den Aussteller, der Aktionär hat einen Anteil am Vermögen der AG, wird also von Geldentwertungen nicht betroffen. Während der Obligationsinhaber als einfacher Gläubiger nicht an der Beschlußfassung der Unternehmung teilnimmt, hat der Aktionär ein Stimmrecht in deren Hauptversammlung.

Zwischen Obligationen und Aktien stehen die Wandelschuldverschreibungen. Sie sind zunächst verbriefte Forderungsrechte, bis der Gläubiger von seinem Umtausch- oder Bezugsrecht auf die Aktie Gebrauch macht. Dann verwandelt er sich in einen Aktionär. Diese Berechtigung, auch Option genannt, kann gesondert abtretbar gestaltet sein, vgl. BGH BB 1991, S. 1216.

III. Gang der weiteren Untersuchung

Der Platz verbietet es, das Recht **aller** Wertpapiere im einzelnen darzustellen, was auch für die Zwecke dieser Abhandlung nicht notwendig erscheint. Es gilt also, eine Auswahl zu treffen.

Wir beginnen mit den **wichtigsten Orderpapieren**: dem Wechsel, dem Scheck und den Traditionspapieren. Von den **Inhaberpapieren** behandeln wir die bedeutsamste Kategorie, die Inhaberschuldverschreibungen. Alsdann wenden wir uns den **Aktien** und den **Investmentzertifikaten** zu, die als Inhaber- oder Orderpapiere vorkommen können. Ein besonderer Abschnitt wird den **Versicherungspolicen** gewidmet, deren rechtliche Natur ebenfalls nicht einheitlich ist.

E. Der Wechsel

I. Arten

1. Eigener Wechsel

Zu unterscheiden sind der eigene und der gezogene Wechsel, auch Tratte genannt. Der eigene Wechsel ist ein **Schuldversprechen**. Er lautet in der einfachsten Form:

Frankfurt/M., 1.7.1991

Gegen diesen Wechsel zahle ich am 1. Oktober 1991 an Herrn Schulz in Köln eintausend DM.

Fritz Krause

Beim eigenen Wechsel haben wir es also mit zwei Personen zu tun, dem Aussteller und dem Wechselnehmer. Er spielt im praktischen Leben kaum eine Rolle. Wir übergehen ihn hier, die folgenden Ausführungen beziehen sich ausschließlich auf den gezogenen Wechsel.

2. Gezogener Wechsel (Tratte)

Von erheblich größerer Bedeutung ist der gezogene Wechsel. Er lautet in einfachster Form:

Frankfurt/M., 1.7.1991 *für 1 000,– DM*

Gegen diesen Wechsel zahlen Sie am 1. Oktober 1991 an Herrn Schulz in Köln oder dessen Order eintausend DM.

An Herrn Georg Lehmann, Düsseldorf. *Fritz Krause*

Für den gezogenen Wechsel sind also drei Personen wesentlich: **der Aussteller** (Fritz Krause), der **Wechselnehmer**, auch Remittent genannt, (Schulz) und der **Bezogene** (Georg Lehmann). Grundform ist die Anweisung des BGB (§§ 783–792). Hier sind die Haftungsverhältnisse anders als beim eigenen Wechsel gestaltet. Als Hauptschuldner haftet der Bezogene, aber erst nachdem er den Wechsel angenommen hat (er heißt dann „Annehmer" oder „Akzeptant"). Der Aussteller haftet nur als Rückgriffsschuldner, d. h. dann, wenn entweder der Bezogene den Wechsel nicht annimmt oder wenn er ihn zwar angenommen hat, aber später nicht einlöst.

II. Eigentümlichkeiten

1. Lösung von zugrunde liegendem Rechtsverhältnis

a) Prinzip

Jede Eingehung einer Wechselverpflichtung hat natürlich ihren Grund. In unserem Beispiel mag Krause den Wechsel ausgestellt haben, weil er von Schulz ein Darlehen erhalten soll. Lehmann mag den Wechsel deshalb annehmen, weil er dem Krause eine Warenlieferung zu bezahlen hat. Schulze mag den Wechsel an den Versicherer X indossieren, weil er Prämie schuldet.
Die **Verbindlichkeiten, die sich aus dem Wechsel ergeben**, sind aber völlig **gelöst von ihrem rechtlichen Grund**. Wenn der Versicherer X etwa am Verfalltag den Annehmer Lehmann in Anspruch nimmt, kann dieser nicht einwenden, daß er die Warenlieferung von Krause schon anderweit bezahlt hat. Wendet sich der Versicherer X an Krause, so wird dieser nicht damit gehört, Schulze habe ihm das versprochene Darlehen nicht gegeben. Das wäre nur anders, wenn X bewußt zum Nachteil des Krause erworben hätte (Art. 17 WG). Diese Lösung von den Kausalverhältnissen bezeichnet man als die abstrakte Natur des Wechsels. Sie ist einer der Gründe für dessen Umlaufsfähigkeit.

b) Einwendungen des Wechselschuldners

Einwendungen aus dem Kausalverhältnis sind nur zulässig, wenn der Wechselgläubiger und der in Anspruch genommene Wechselschuldner an diesem Verhältnis beteiligt sind. Wenn also in unserem Beispiel Schulz den Aussteller Krause in Anspruch nimmt, kann dieser sich Schulz gegenüber (aber keinem anderen gegenüber) darauf berufen, das versprochene Darlehen sei nicht gewährt worden. Krause hat in diesem Fall einen Anspruch auf Herausgabe des Wechsels auf Grund § 812 II BGB, demgegenüber Schulz kein Zurückbehaltungsrecht hat, etwa weil er aus anderem Grunde noch eine Forderung gegen Krause hat: BGH BB 1983 S. 1632. Ebenso könnte Schulz, wenn er als Indossant von dem Versicherer X belangt wird, die Einwendung geltend machen, das Versicherungsverhältnis sei unwirksam oder er habe inzwischen schon die Prämie bezahlt (Art. 17 WechselG).

Wenn also auch der erste Wechselnehmer nach dem Gesagten Einwendungen aus dem Grundverhältnis ausgesetzt ist, so hat der Wechsel doch einen Vorteil für ihn hinsichtlich der Beweislast: Er braucht nicht zu beweisen, daß das Grundverhältnis **entstanden** ist, vielmehr muß der Gegner beweisen, daß es nicht entstanden oder untergegangen ist, z. B. infolge Anfechtung, Wandlung, Rücktritt. Der Gegner erzielt dann, auch wenn aus dem Wechsel geklagt wird, die Klagabweisung. Der BGH (BB 1983 S. 859) hat generell den Satz bestätigt: eine Vertragspartei darf als Wechselgläubiger nicht mehr Rechte für sich aus dem Wechsel beanspruchen, als ihr aus dem Grundgeschäft zustehen. Daraus folgt, daß der Beklagte auch die **verzögerliche** Einrede des nichterfüllten Vertrags (§§ 273, 320 BGH) geltend machen kann. Diese führt dann zur Verurteilung Zug um Zug: Zahlung gegen Erfüllung des Grundgeschäfts durch den Wechselnehmer.

Die hier behandelten Fragen sind häufig erörtert worden bei Wechselklagen eines Verkäufers oder Werkvertragsunternehmers gegen Käufer oder Besteller. – Eine Verbindung zwischen Kausalgeschäft und Wechselbegebung stellen §§ 656 II, 762 II BGB her. Diese Einwendungen können dem ersten Wechselnehmer stets, einem späteren Erwerber gegenüber nur bei dessen Bösgläubigkeit im Sinne des Art. 17 WG entgegengesetzt werden.

Wer durch Wechselhingabe seinen Gläubiger „bezahlt", hat damit, wenn die Parteien des Schuldverhältnisses nicht ausdrücklich etwas anderes ausmachen, seine Schuld nicht beglichen. Vielmehr tritt die neue Wechselschuld zu der alten hinzu (§ 364 II BGB). Der Gläubiger nimmt den Wechsel also normalerweise nicht an Erfüllungs Statt, sondern nur erfüllungshalber entgegen. Die Sicherheiten, die etwa für die Altschuld gegeben worden sind, bleiben daher erhalten. Der Gläubiger muß allerdings zunächst versuchen, sich bei Fälligkeit aus dem Wechsel zu befriedigen. Bis dahin gilt die Grundforderung als gestundet. Zahlt der Wechselschuldner, so erlischt damit auch die Hauptschuld. Erleidet der Gläubiger dadurch einen **Nachteil**, daß die Wechselentgegennahme als Stundung gilt, so bestehen andererseits seine Vorteile darin, daß er mit der Wechselforderung einen Beweisvorteil erhält und daß er diese im Klagewege sehr schnell durchsetzen kann (vgl. unten Abschnitt L).

2. Wechselstrenge

Für den Wechsel bestehen strenge Formerfordernisse. Sie sind in Art. 1 WechselG aufgezählt. Fehlt eine dieser Voraussetzungen, so ist grundsätzlich ein gültiger Wechsel nicht vorhanden. (Lediglich geringfügige Ausnahmen gelten nach Art. 2 WechselG). Weitere Erklärungen auf einem unvollständigen Wechsel (etwa Annahmeerklärung oder Indossament) begründen keine wechselmäßige Haftung.

Die Wechselstrenge zeigt sich ferner darin, daß jede Unterschrift auf einem Wechsel, sei es als Aussteller, sei es als Akzeptant, sei es als Indossant, wechselmäßig verpflichtet, mag der Wechsel auch im übrigen gefälschte Unterschriften oder Unterschriften von erdichteten Personen tragen (Grundsatz der Unabhängigkeit der Wechselerklärungen, Art. 7 WechselG). Vorausgesetzt ist lediglich, daß der Wechsel **vollständig** ist. Das liegt auch vor, wenn etwa die Unterschrift des Ausstellers gefälscht war, denn der Wechsel trägt auch in diesem Falle eine Unterschrift.

Schließlich sind die Formen und Fristen, an die die Ausübung der Wechselrechte gebunden ist, Zeichen seiner Formstrenge. Vgl. Art. 38 WechselG, wonach der Wechsel am Zahlungstag oder an einem der beiden folgenden Werktage zur Zahlung vorzulegen ist; siehe ferner Art. 44 WechselG, wonach Verweigerung der Annahme oder der Zahlung durch förmlichen Protest festgestellt werden muß. Bei Nichtbeachtung gefährdet der Wechselinhaber den Rückgriff gegen andere Wechselschuldner. Der Sachbearbeiter eines Versicherers, der einen Wechsel an dessen Verfalltag im Besitz hat, muß also an Vorlegung und Protesterhebung denken!

III. Ausstellung

1. Wesentliche Erfordernisse des Wechsels

Unter dem Gesichtspunkt der Wechselstrenge wurde bereits darauf hingewiesen, daß der Wechsel bestimmten Anforderungen genügen müsse, diese gilt es, näher zu betrachten. Nach Art. 1 WechselG muß die Urkunde

a) im Text als **Wechsel** bezeichnet sein,

b) die unbedingte Anweisung auf eine **bestimmte Geldsumme** enthalten: die Wechselsumme braucht nicht in der Bundeswährung angegeben zu sein, der Wechsel kann auch auf Auslandswährung lauten. Bei den gängigen Formularen wird die Geldsumme innerhalb des Textes in Buchstaben angegeben und in der rechten oberen Ecke als Zahl. Da die Anweisung **unbedingt** sein muß, wäre z. B. einWechsel mit folgendem Text ungültig: *„Zahlen Sie gegen Vorlage des Konnossementes..."*;

c) den **Namen des Bezogenen** angeben (in unserem Beispiel oben E. I. 2: Georg Lehmann). Nach Art. 3 II WechselG kann sich der Aussteller selbst als Bezogenen bezeichnen (trassiert-eigener Wechsel). Ob der Bezogene später annimmt, ist für die Gültigkeit des Wechsels ohne Bedeutung. Zwar haftet der Bezogene ohne Annahme nicht, wohl aber die übrigen Wechselschuldner;

d) die **Verfallzeit** nennen. Sie muß für die ganze Wechselsumme einheitlich sein, es gibt keine Ratenwechsel (Art. 33 II WechselG). Verfallzeit kann ein bestimmter **Tag** sein (so in unserem Beispiel oben E. I. 2.), der Aussteller kann aber auch bestimmen, daß der Wechsel bei Vorzeigung fällig wird (Sichtwechsel) oder eine bestimmte Zeit nach der Vorzeigung (Nachsichtwechsel) oder eine bestimmte Zeit nach der Ausstellung (*„Zahlen Sie heute in drei Monaten"*). Diese Modalitäten ergeben sich aus Art. 33 I WechselG. Fehlt die Angabe der Verfallzeit, so ist der Wechsel nicht nichtig, sondern er gilt als Sichtwechsel (Art. 2 II WechselG);

e) den **Zahlungsort** angeben. Der beim Namen des Bezogenen angegebene Ort gilt als Zahlungsort (Art. 2 III WechselG). Zahlungsort und Wohnort des Bezogenen brauchen nicht übereinzustimmen. Letzteres kommt vor allem vor, wenn der Wechsel bei einem Dritten, vor allem bei einer Bank, zahlbar gestellt wird. Dann würde in unserem Beispiel oben E. I. 2. unter *„Georg Lehmann, Düsseldorf"* etwa stehen *„zahlbar bei der Deutschen Bank in Köln"* (Art. 4 WechselG). Man spricht hier von einem echten Domizilwechsel; „echten" deshalb, weil der Wechsel nicht beim Bezogenen selbst, sondern bei einer Bank zahlbar ist, deren Zahlstelle nicht mit dem Wohnort des Bezogenen identisch ist;

f) den Namen des ersten Gläubigers, auch **Wechselnehmer oder Remittent** genannt, anführen (in unserem Beispiel oben E. I. 2.: Schulz, Köln). Der Aussteller kann sich selbst als Remittent benennen (Art. 3 I WechselG): Wechsel an eigene Order. Häufig ist die Klausel *„oder dessen Order"*, notwendig ist der Orderzusatz nicht, denn der Wechsel ist geborenes Orderpapier (vgl.

oben D. I. 2). Sofern die Angabe des Wechselnehmers fehlt, kann Wechsel an eigene Order angenommen werden, wenn der Name des Ausstellers auf der Rückseite als Indossant erscheint und damit eine Indossamentenkette eröffnet werden kann;

g) **Tag und Ort der Ausstellung** bezeichnen. Meist werden diese Angaben in die linke obere Ecke gesetzt. Es handelt sich um rein formelle Erfordernisse, d. h. der Wechsel ist auch dann gültig, wenn er in unserem Beispiel nicht in Frankfurt/M. oder an einem anderen Tag als dem 1.7.1991 ausgestellt worden ist. Der vordatierte Wechsel ist also voll wirksam;

h) die **Unterschrift des Ausstellers** mit Namen oder Firma enthalten (in unserem Beispiel oben E. I. 2.: Fritz Krause). Es genügt nicht Faksimile-Stempel oder ein Namensvordruck. Das schließt aber nicht aus, daß der Wechsel von einem Vertreter unterschrieben wird. Beispiel: *„In Vertretung für Fritz Krause, Abel"*.

2. Insbesondere der Blankowechsel

Ein Blankowechsel ist dadurch gekennzeichnet, daß er nicht alle wesensmäßigen Erfordernisse (vgl. oben E.III.1) aufweist, insbesondere die **Wechselsumme nicht enthält**. Er unterscheidet sich vom unvollständigen Wechsel dadurch, daß hier die spätere Ausfüllung von vornherein beabsichtigt ist. Durch sie entsteht alsdann ein gültiger Wechsel, und zwar rückwirkend. Läßt z. B. in dem (oben E. I. 2.) gegebenen Beispiel der Aussteller Krause die Wechselsumme noch offen, nachdem er sich vor Begebung an Schulz das Akzept des Lehmann beschafft hat, so haften Krause und Lehmann, sobald Schulz oder ein anderer die noch offene Summe eingesetzt hat. Derartiges kommt in der Praxis vor, wenn ein Wechsel erfüllungshalber für eine Schuld gegeben wird, deren Umfang noch nicht feststeht.

Beispiele:

Krause weiß zunächst noch nicht, welches Darlehen ihm Schulz bewilligen wird; der Versicherungsnehmer gibt seinem Versicherer ein Blankoakzept, weil er die genaue Prämienhöhe nicht im Kopf hat.

Wenn der Wechsel abredewidrig ausgefüllt wird, steht das der Haftung aller Wechselbeteiligten nicht im Wege. Lediglich einem bösgläubigen Inhaber gegenüber können sich die Wechselschuldner darauf berufen, daß eine höhere als die erlaubte Summe in den Wechsel eingesetzt worden ist (Art. 10 WechselG). Hieraus wird ersichtlich, daß die Abgabe von Blankoerklärungen auf einem Wechsel gefährlich ist und größtes Vertrauen in die Person dessen voraussetzt, der die Ausfüllung vornehmen soll.

3. Wirkung der Ausstellung (Begebungsvertrag)

Damit die wechselmäßigen Wirkungen eintreten, ist außer der Herstellung der Wechselurkunde noch ein Vertrag nötig, d. h. das Papier muß vom Aussteller dem Remittenten, dem ersten Wechselnehmer, einverständlich übergeben werden. Was hier für die Ausstellung gesagt wurde, gilt auch für die sonstigen wechselmäßigen Erklärungen: So wird der Bezogene zum Annehmer nicht nur durch seine Annahmeerklärung, sondern durch zusätzlichen Begebungsvertrag zwischen ihm und dem vorlegenden Wechselinhaber (vgl. Art. 29 WechselG). Der Wechsel wird übertragen durch Indossament und **Übergabe** des Papiers an den Erwerber.

Jedoch erwirbt der Gutgläubige wechselmäßige Ansprüche auch gegen die Beteiligten, denen der Wechsel irgendwie abhanden gekommen ist, das ergibt die Auslegung des Art. 16 II WechselG. Der Aussteller, der Annehmer oder der Indossant kann sich also gegenüber dem gutgläubigen Wechselinhaber nicht darauf berufen, er habe das Papier nicht begeben, es sei ihm gestohlen worden oder verlorengegangen. Er haftet gleichwohl wechselmäßig. Auch das erhöht natürlich die Verkehrsfähigkeit eines Wechsels, zeigt aber zugleich die mit ihm verbundenen Gefahren.

IV. Übertragung

1. Indossament

Der Wechselnehmer verwertet den Wechsel oft nicht dadurch, daß er das Fälligkeitsdatum abwartet und ihn dann (nach Annahme durch den Bezogenen) einzieht, sondern daß er ihn weiter an einen Dritten begibt. Schulz müßte in unserem Beispiel bis zum 1.10.1991 warten, wenn er sich aus dem Wechsel bezahlt machen wollte. Das wäre unökonomisch. Er wird daher versuchen, den Wechsel früher zu verwerten, sei es durch Verkauf, sei es dadurch, daß er damit Verbindlichkeiten abdeckt.

Die wechselmäßige Form der Übertragung ist das Indossament. Dieses wird auf die Rückseite des Wechsels gesetzt, und zwar in folgender Form:

Für mich an die Order der X-Versicherungsgesellschaft.

Köln, den 5.7.1991 *Schulz*

Der Wechselnehmer Schulz wird damit zum Indossanten, die Versicherungsgesellschaft zum Indossatar. Dadurch, daß Schulz das indossierte Papier an die X-Gesellschaft übergibt, erwirbt diese die Rechte aus dem Wechsel (Art. 14 I WechselG).

2. Wirkungen des Indossaments

Die X-Versicherungsgesellschaft erwirbt die Rechte so, wie sie sich in dem Papier darstellen, unabhängig von der Rechtsstellung ihres Vormannes Schulz (sogenannte **Transportfunktion des Indossaments**). Andererseits entsteht durch das Indossament auch eine Verpflichtung des Schulz, denn **jeder Indossant** haftet als **Rückgriffsschuldner** für die Einlösung des Wechsels (**Garantiefunktion des Indossaments**): Art. 15 I WechselG. Je mehr Indossamente also ein Wechsel aufweist, desto größer ist die Zahl der Rückgriffsschuldner. Allerdings kann der Indossant diese Haftung ganz oder jedenfalls gegenüber den Nachmännern des Indossatars ausschließen (Art. 15 II WechselG).

Schließlich hat das Indossament noch eine **Legitimationsfunktion**: Der Besitzer wird durch eine zusammenhängende Reihe von Indossamenten als Eigentümer des Wechsels legitimiert (Art. 16 I WechselG). Eine ununterbrochene Kette von Indossamenten liegt vor, wenn das erste Indossament vom Wechselnehmer stammt und jedes folgende Indossament von der Person geschrieben ist, die im vorangegangenen Indossament als Indossatar bezeichnet wurde.

Die Legitimationsfunktion ist nicht nur zugunsten des **Wechselbesitzers** von Bedeutung, sondern auch zugunsten des **Wechselschuldners**: Wenn er an den legitimierten Inhaber zahlt, wird er frei (Art. 40 III S. 1 WechselG), außer bei Arglist und grober Fahrlässigkeit (z. B. der Zahlende weiß oder hätte leicht erkennen können, daß der Inhaber des Wechsels diesen gestohlen hat). Die Echtheit der Indossamente braucht der Wechselschuldner nicht nachzuprüfen (Art. 40 III S. 2 WechselG).

3. Insbesondere das Blanko-Indossament

Zulässig ist auch, daß die Person des Indossatars seitens des Indossanten nicht angegeben wird (Art. 13 II WechselG). Steht an letzter Stelle auf der Rückseite ein solches Blanko-Indossament, so kann der Wechsel wie ein Inhaberpapier durch Einigung und Übergabe weitergegeben werden, also ohne Indossament (Art. 14 II Ziff. 3 WechselG). Da in solchem Fall der Name des Veräußerers auf der Rückseite des Wechsels nicht erscheint, trifft diesen auch nicht die Rückgriffshaftung aus dem Indossament. Dieser Umstand erhöht natürlich noch die Umlaufsfähigkeit des Wechsels.

Ist das letzte auf dem Wechsel befindliche Indossament ein Blanko-Indossament, so legitimiert es jeden Inhaber des Wechsels als Berechtigten (Art. 16 I WechselG).

V. Annahme

1. Vorlegung zur Annahme

Jeder Wechselinhaber hat ein Interesse daran, den Bezogenen zur Annahme zu veranlassen, wenn die Annahme nicht bereits erfolgt ist. Mit ihr gewinnt der Inhaber einen weiteren Wechselschuldner. Unterbleibt die Annahme, wird der Weg zu den Rückgriffsschuldnern (Indossanten, Aussteller) frei. Nach Art. 21 WechselG ist jeder Wechselinhaber berechtigt, dem Bezogenen den Wechsel zur Annahme vorzulegen. **Diese** Vorlegung ist bis zur Verfallszeit des Wechsels möglich, danach kommt nur noch eine Vorlegung zur **Zahlung** in Frage. Der Bezogene hat eine Überlegungsfrist. Er kann verlangen, daß ihm der Wechsel am folgenden Tag nochmals vorgelegt wird (Art. 24 WechselG). Bei Verweigerung der Annahme kann der Wechselinhaber Protest mangels Annahme erheben und sodann gegen die Vormänner Rückgriff nehmen.

Bisher haben wir von dem Normfall gesprochen, daß der Wechselinhaber ein **Recht** zur Vorlegung hat. Zulässig ist aber auch, daß Aussteller oder Indossant ein **Vorlegungsgebot** auf den Wechsel setzt (Art. 22 I, IV WechselG). Bei einem Nachsichtwechsel ist auch ohne solches Gebot die Vorlegung zur Annahme Pflicht, weil ja von da ab die Verfallfrist läuft (Art. 23 WechselG). Umgekehrt kann der Aussteller ein **Vorlegungsverbot** verfügen (Art. 22 II WechselG).

2. Annahmeerklärung und deren Wirkungen

Die Annahme erfolgt durch Unterschriftsleistung des Bezogenen, meist durch Querschrift auf der linken Vorderseite des Wechsels (Art. 25 WechselG). Für die Unterzeichnung in Vollmacht gilt dasselbe wie oben ausgeführt (vgl. E. III. 1). Die Annahme kann auch lediglich für einen Teilbetrag erfolgen, so wenn im Beispiel (oben E. I. 2) Lehmann quer schreibt „*Angenommen für 500,–*" (Art. 26 WechselG). Soweit er nicht annimmt, treten dann die Folgen der Annahmeverweigerung (vgl. oben E. V. 1) ein.

Durch die Annahme wird der Bezogene zum Hauptwechselschuldner (Art. 28 I WechselG). Zahlt der Annehmer am Verfalltag nicht, so haftet er jedem rechtmäßigen Inhaber des Wechsels, auch dem Aussteller, wie ein Rückgriffsschuldner (Art. 28 WechselG). Umgekehrt hat aber der Annehmer nicht etwa einen wechselmäßigen Anspruch gegen den Aussteller auf vorherige Deckung oder auf nachträgliche Erstattung der Wechselsumme. Ein solcher Anspruch kann ihm jedoch nach dem zugrundeliegenden Schuldvertrag zustehen.

Beispiel:

> Lehmann hatte aus Gefälligkeit dem Krause versprochen, einen auf ihn (Lehmann) gezogenen Wechsel zu akzeptieren, was auch geschieht. Hier ist Krause dem Lehmann verpflichtet, vor Verfall Deckung bereitzustellen oder ihn nach Zahlung der Wechselsumme schadlos zu halten. Anders ist es, wenn Lehmann dem Krause etwas schuldete, etwas aus Kaufvertrag. In diesem Fall wird ja, wenn Lehmann den Wechsel am Verfalltag zahlt, damit zugleich seine Schuld gegenüber Krause getilgt.

VI. Wechselbürgschaft

1. Erfordernisse

Jede Wechselverbindlichkeit, z. B. des Ausstellers, des Annehmers, des Indossanten kann durch Wechselbürgschaft (**Aval**) gesichert werden (Art. 30 I WechselG). Die Bürgschaftserklärung muß auf den Wechsel oder einen Anhang zu ihm (**Allonge**) gesetzt werden (Art. 31 I WechselG). Wer aber auf der Vorderseite des Wechsels unterschreibt, gilt als Wechselbürge, sofern es sich nicht um die Unterschrift des Ausstellers oder des Bezogenen handelt (die Unterschrift des Ausstellers gehört ja zu den Wechselerfordernissen überhaupt (vgl. oben E. III. 1); die Unterschrift des Bezogenen macht diesen zum Annehmer (Art. 31 III WechselG).

Die Bürgschaftserklärung soll angeben, für welchen Wechselverpflichteten die Bürgschaft geleistet wird (Art. 31 IV WechselG). Meist wird die Unterschrift unmittelbar unter oder neben den Namen desjenigen gesetzt, für den die Bürgschaft geleistet wird. Würde also in unserem Beispiel (oben E. I. 2.) unter der Querschrift des Georg Lehmann (also unter dem Akzept) stehen: „*Alfred Bürg*", so würde daraus folgen, daß Bürg sich für den Akzeptanten verbürgen wollte. Sicherer ist es aber, wenn Bürg vor seinen Namen setzt „per aval", was auch meist geschieht. Ist aus dem äußeren Bild des Wechsels nicht ersichtlich, für wen sich der Bürge verbürgen wollte, so gilt die Bürgschaft für den Aussteller (Art. 31 IV letzter Satzteil WechselG).

2. Wirkungen

Der Wechselbürge haftet in gleicher Weise wie derjenige, für den er sich verbürgt hat (Art. 32 I WechselG). Seine Haftung ist im Unterschied zur bürgerlich-rechtlichen Bürgschaft nicht streng akzessorisch, d. h. sie ist auch dann wirksam, wenn die Verbindlichkeit, für die er sich verbürgt hat, aus einem anderen Grund als wegen eines Formfehlers nichtig ist (vgl. Art. 32 II WechselG, im Unterschied zu § 767 BGB).

Der Wechselbürge, der zahlt, erwirbt die Ansprüche aus dem Wechsel gegen den Hauptschuldner und gegen alle, die diesem haften (Art. 32 III WechselG).

Beispiel:

> Löst in unserem Falle Bürg den Wechsel ein, so hat er einen wechselmäßigen Rückgriffsanspruch gegen Georg Lehmann.
>
> Wir wollen das obige **Beispiel** zu E. IV. 1. etwas ausbauen, um die Bedeutung der Wechselbürgschaft noch klarer zu machen. Zu diesem Zweck sei angenommen, daß die X-Versicherungsgesellschaft den Wechsel weiter indossiert an den Bauunternehmer U und ihn dieser nach Indossierung an seine Bank zum Diskont gibt. Vorher hatte sich Bürg für U ver-

bürgt. Löst Bürg den Wechsel ein, so hat er Regreßansprüche gegen U, gegen die Indossanten X-Versicherungsgesellschaft und Schulz sowie gegen den Aussteller Krause und den Akzeptanten Lehmann.

VII. Rechte aus dem Wechsel

1. Stellung des Wechselgläubigers

Wir haben bereits gesehen, daß der Inhaber des Wechsels als legitimiert gilt, Zahlung bei Verfall zu verlangen, sofern er sich durch eine zusammenhängende Kette von Indossamenten ausweist (vgl. oben E. IV. 2). Die bloße Inhaberschaft genügt, wenn das letzte Indossament blanko gegeben worden ist (vgl. oben E. IV. 3). Auch der Erwerb des Wechsels von einem Nichtberechtigten, z. B. von einem Dieb, kann den Erwerber zum Wechselgläubiger machen, sofern er gutgläubig ist.

Als bösgläubig wird er angesehen, wenn er die Nichtberechtigung seines Vormannes kennt oder infolge grober Fahrlässigkeit nicht kennt (vgl. Art. 16 II WechselG). Voraussetzung für den Schutz des guten Glaubens ist ein formell wirksamer Erwerb, also die Indossierung und Übergabe des Wechsels oder die schlichte Übergabe, sofern ein Blanko-Indossament auf dem Wechsel steht.

Beispiel:

Dem A wird ein blanko indossierter Wechsel von D gestohlen. D gibt den Wechsel weiter an den gutgläubigen G. G erwirbt die Wechselrechte gegen alle Verpflichteten (Akzeptant, Aussteller, Indossant). G kann auch A in Anspruch nehmen, sofern er es war, der das Blanko-Indossament auf den Wechsel gesetzt hatte. (Der Diebstahl hat ihn also gehindert, den Wechsel weiterzugeben, wie es seine Absicht war.)

Indem der Erwerber auch dann geschützt wird, wenn der Wechsel dem wirklich Berechtigten abhanden gekommen war, geht Art. 16 II WechselG über das BGB (§ 935 I) hinaus. Das zeigt sich auch in anderer Weise: Im BGB wird lediglich der gute Glaube an das **Eigentum** des Veräußerers geschützt (vgl. §§ 892, 932). Hier indes deckt der gute Glaube des Erwerbers auch sonstige Mängel, z. B. die fehlende Geschäftsfähigkeit des Veräußerers (bestr.), sonstige Mängel im Begebungsvertrag (vgl. oben E. III. 3).

2. Zahlung des Wechsels

a) Vorlegung des Wechsels

Im allgemeinen ist der Verfalltag eines Wechsels (vgl. oben E. III. 1) auch der Tag, an dem die Zahlung verlangt werden kann. Lediglich wenn Verfalltag ein gesetzlicher Feiertag oder ein Sonnabend ist, kann die Zahlung erst am nächsten Werktag verlangt werden (Art. 72 I WechselG). Der Wechselgläubiger ist gehalten, den Wechsel spätestens am zweiten Werktag nach dem Zahltag vorzulegen (Art. 38 I WechselG). Bei Sichtwechseln fällt die Vorlegung mit der Fälligkeit zusammen, sie müssen spätestens ein Jahr nach der Ausstellung vorgelegt werden (Art. 34 WechselG). Es genügt nicht, daß der Gläubiger lediglich Zahlung begehrt, er muß die Urkunde präsentieren.

Wird die Vorlegungsfrist vom Inhaber des Wechsels versäumt, so erlöschen alle Rückgriffsansprüche gegen seine Vormänner, nur der Annehmer des Wechsels bleibt noch verpflichtet (Art. 53 WechselG). Ist der Wechsel nicht angenommen worden, so bestehen nunmehr überhaupt keine wechselmäßigen Rechte des Inhabers.

b) Durchführung der Zahlung

Der Wechselgläubiger muß auch Teilzahlungen entgegennehmen (Art. 39 II WechselG, anders § 266 BGB!). Der Schuldner ist nur gegen Aushändigung des quittierten Wechsels zur Zahlung verpflichtet (Art. 39 I WechselG), sofern er die volle Wechselsumme erbringt. Wenn der **Annehmer** den Wechsel einlöst, erlischt er, sämtliche übrigen Wechselschuldner (Aussteller, Indossanten, Bürgen) haben in diesem Fall einen Rückgriff nicht zu befürchten. Anders ist es, wenn ein anderer Wechselschuldner zahlt. Hier bleibt der Wechsel von Bedeutung wegen des Rückgriffs, der nunmehr zu behandeln ist.

VIII. Rückgriff

1. Voraussetzungen

Das WechselG kennt verschiedene Fälle des Rückgriffs, von denen uns hier nur der praktisch wichtigste interessiert, der **Rückgriff mangels Zahlung**. Art. 43 I WechselG eröffnet dem Inhaber des Wechsels den Rückgriff, wenn dieser bei Fälligkeit nicht bezahlt worden ist.

Formelle Voraussetzung ist ein gegen den Bezogenen am ersten oder zweiten Werktag nach dem Zahlungstag erhobener Protest (Art. 44 WechselG). Er hat den Zweck, durch öffentliche Urkunde festzustellen, daß ein Rückgriffsgrund vorhanden ist. Die in Betracht kommenden Protestbeamten nennt Art. 79 WechselG, Art. 80 WechselG gibt den Inhalt der Protesturkunde an, Art. 81 WechselG behandelt die äußerliche Verbindung des Protests mit der Wechselurkunde. Bedeutsam ist die gesetzliche Vollmacht des Protestbeamten: Er kann die Wechselsumme in Empfang nehmen (Art. 84 WechselG). Ist der Protest nicht rechtzeitig erfolgt, so erlöschen die Rückgriffsansprüche, nur der Annehmer bleibt verpflichtet.

Ausnahmsweise ist kein Protest erforderlich, nämlich wenn der Aussteller diesen (etwa zur Ersparnis von Kosten) erlassen hat (Art. 46 I WechselG, negative Protestklausel; Formel: *„ohne Protest"* oder *„ohne Kosten"*). Trotz Protesterlasses muß aber der Wechselinhaber zur Wahrung seiner Rückgriffsrechte den Wechsel rechtzeitig vorlegen (Art. 46 II WechselG). Der Protest ist ferner nicht erforderlich, wenn über das Vermögen des Bezogenen bzw. des Annehmers das Konkurs- oder Vergleichsverfahren eröffnet worden ist (Art. 44 VI WechselG).

2. Durchführung

a) Benachrichtigung

Der Wechselinhaber muß vom Protest seinen unmittelbaren Vormann und den Aussteller innerhalb von vier Tagen benachrichtigen (Art. 45 I WechselG). Für diese Benachrichtigung sieht das Gesetz keine Form vor. Deren Zweck liegt darin, den Rückgriff anzukündigen und evtl. einen der Rückgriffsschuldner zu veranlassen, den Wechsel einzulösen. Aus diesem Grund muß der unmittelbare Vormann des Wechselinhabers innerhalb weiterer zweier Tage **seinen** Vormann benachrichtigen usw. bis zum ersten Indossanten. Mit dem Hauptschuldner ist gleichzeitig dessen Wechselbürge zu benachrichtigen (Art. 45 II WechelG).

b) Haftung der Rückgriffsschuldner

Rückgriffsschuldner sind alle Vorindossanten des Wechselinhabers, der Aussteller und die Wechselbürgen. Sie alle haften als Gesamtschuldner (Art. 47 WechselG). Das bedeutet, daß der Wechselinhaber jeden einzelnen (ohne an eine Reihenfolge gebunden zu sein) oder alle zusammen in Anspruch nehmen kann (Art. 47 II WechselG), wobei er aber selbstverständlich die Wechselsumme nur einmal zu beanspruchen hat (vgl. § 421 BGB). Wird einer der Indossanten beim Rückgriff ausgespart, so spricht man vom Sprungregreß. So kann z. B. der Wechselinhaber sogleich den Aussteller in Anspruch nehmen. Erlangt er von diesem keine Zahlung, so kann er nunmehr gegen dessen Nachmänner, also die Indossanten, vorgehen (Art. 47 IV WechselG).

Auch der Annehmer haftet in Gesamtschuldnerschaft mit den anderen Wechselschuldnern (Art. 28 II WechelG). Ob auch der Aussteller, der den Wechsel eingelöst hat, gegen den Annehmer vorgehen kann (bejahend Art. 28 II), richtet sich letzten Endes nach deren Verhältnis zueinander. Die Frage ist z. B. zu verneinen bei einem Gefälligkeitsakzept.

Der Rückgriffsschuldner, der den Wechsel eingelöst hat, kann seinerseits gegen seine Vorindossanten, den Aussteller und den Annehmer vorgehen (Art. 47 III WechselG Remboursregreß). Auch diese haften wieder als Gesamtschuldner. Dieser Einlösungsrückgriff unterscheidet sich also in der **Begrenzung** der Verpflichteten vom Erstrückgriff des Indossatars: Diesem stehen **alle** Rückgriffsverpflichteten zur Auswahl.

c) Zahlung der Rückgriffsschuldner

Jeder Rückgriffsschuldner und auch der Annehmer kann jederzeit den Wechsel einlösen, auch wenn er noch nicht in Anspruch genommen worden ist (Art. 50 WechselG). Dieses Einlösungsrecht gewährt das Gesetz, weil jeder einzelne Rückgriff die Kosten erhöht und daher der Wechselschuldner, der viele Nachmänner hat, daran interessiert ist, den Wechsel unmittelbar in die Hand zu bekommen. Um welche Beträge Wechselsumme und Zinsen durch Rückgriffe anwachsen können, zeigen Art. 48, 49 WechselG.

Jeder Rückgriffsschuldner braucht nur gegen Aushändigung des Wechsels einschließlich Protesturkunde und einer quittierten Rechnung zu zahlen (Art. 50 WechselG).

Durch den Besitz des Wechsels wird der Zahlende legitimiert, weitere Rückgriffsschuldner (seine Vorindossanten und den Aussteller, aber auch den Annehmer) in Anspruch zu nehmen. Er kann sein Indossament und das seiner Nachmänner streichen, um weitere Kosten zu vermeiden.

IX. Wechselverjährung

Der Wechselanspruch gegen den Annehmer verjährt in drei Jahren, von dem Verfalltag des Wechsels an gerechnet (Art. 70 I WechselG). Die Rückgriffsansprüche des Wechselinhabers verjähren, sofern es sich um den ersten Rückgriff handelt, in einem Jahr seit Protesterhebung (Art. 70 II WechselG). War der Protest erlassen (vgl. oben E. VIII. 1), beginnt die Verjährungsfrist mit dem Verfalltag. Die weiteren Rückgriffsansprüche verjähren in sechs Monaten seit dem Tage, an dem der Anspruchsteller den Wechsel eingelöst hat oder an dem der Wechsel ihm gegenüber gerichtlich geltend gemacht worden ist (Art. 70 III WechselG).

Beispiel:

Es sei auf das Beispiel oben E. VI. 2. Bezug genommen. Nachdem die Bank von Georg Lehmann am 1. Oktober 1991 (Verfalltag) keine Zahlung erhalten hat, erhebt sie Protest und benachrichtigt den U, dieser wiederum seinen Vormann, die X-Versicherungsgesellschaft. Diese löst den Wechsel am 8.10.1991 ein. Von da an läuft die sechsmonatige Verjährungsfrist gegen die Rückgriffsschuldner (Schulz als Indossant, Krause als Aussteller).

Auch wenn **Wechsel**ansprüche verjährt sind, können noch einredefreie Ansprüche aus dem **Grundgeschäft** bestehen: OLG Frankfurt/M BB 1980 S. 495. Deshalb tritt die Frage, ob die **Wechsel**klage auch die Verjährung des **Grund**anspruchs nach § 209 I BGB unterbricht, an Bedeutung zurück.

F. Der Scheck

I. Grundlagen

Infolge der Propagierung des bargeldlosen Verkehrs kommt es immer häufiger vor, daß ein Versicherungsnehmer die Prämie mittels Scheck bezahlt, wie umgekehrt auch der Versicherer seine Verpflichtungen mittels Scheck abdecken kann. Für den in der Versicherungswirtschaft Tätigen ist es daher erforderlich, sich mit den Funktionen und den Rechtssätzen dieses Papiers bekanntzumachen. Der Scheck ist wie der Wechsel ein abstraktes Papier. Es finden daher auf ihn die Ausführungen oben E. II. 1 entsprechende Anwendung. So kann dem Scheckvorleger von der garantierenden Bank entgegengehalten werden, er sei nicht Eigentümer geworden, weil ein Wuchergeschäft zugrunde liege: BGH NJW 1990 S. 384.

Die Hingabe eines Schecks ersetzt im Geschäftsleben die Barzahlung: BSG NJW 1988 S. 2501. Statt über **Bargeld** verfügt also der Schuldner über **Buchgeld**. Allerdings ist mit der Hingabe und der Entgegennahme eines Schecks die Schuld noch nicht getilgt, wie § 364 II BGB zeigt. Wird der Scheck aber eingelöst, so gilt die Schuld zeitlich als mit der Hingabe des Schecks, auch des Verrechnungsschecks, als rechtzeitig bewirkt, vgl. BGH BB 1965 S. 1329.

Vgl. auch unten F. IV. und F. V. am Ende.

1. Arten des Schecks

a) Inhaber- und Namensscheck

Der Scheck gehört, wie der gezogene Wechsel, zu den Anweisungen. **Angewiesener = Bezogener ist stets ein Kreditinstitut, bei dem der Scheckaussteller ein Konto unterhält** (Art. 3 S. 1, Art. 54 ScheckG). Nach dem ScheckG vom 14.8.1933 gibt es Namens- und Inhaberschecks. Letzterer liegt nach Art. 5 II, III ScheckG vor, wenn der Scheck überhaupt keinen Zahlungsempfänger benennt oder dem Namen des Empfängers der Zusatz „*oder Überbringer*" beigefügt worden ist. Nach ihren Geschäftsbedingungen lösen die Banken im Inlandsverkehr Schecks nicht ein, in denen die Überbringerklausel gestrichen worden ist. Wir handeln daher im folgenden nur vom Inhaberscheck, der Inhaberpapier ist (vgl. oben D. I. 3). Hierin liegt ein wesentlicher Unterschied zum Wechsel, der nicht auf den Inhaber gestellt werden kann, wenngleich ein Blanko-Indossament ihn dem Inhaberpapier annähert (vgl. oben E. III. 2).

b) Zahlungs- und Verrechnungsschecks

Beim Zahlungsscheck wird der Bezogene angewiesen, die Einlösung in bar vorzunehmen; der Aussteller oder ein Scheckinhaber kann aber die **Bareinlösung** untersagen, indem er quer über die Vorderseite des Schecks die Worte setzt „*Nur zur Verrechnung*" (Art. 39 I ScheckG). Ein Verrechnungsscheck kann nicht durch Streichung dieses Vermerks zum Barscheck gemacht werden (Art. 39 III ScheckG).

Der Zweck der Verrechnungsklausel besteht darin, die Einlösung des Schecks durch einen unredlichen Inhaber zu verhindern. Dieses Ziel läßt sich jedoch nicht vollkommen erreichen, denn der unberechtigte Inhaber kann sich ein Konto bei einer Bank einrichten lassen und nach Gutschrift der Schecksumme auf seinem Konto diese abheben. Denkbar ist auch, daß der unredliche Besitzer den Scheck an einen Dritten gegen Barzahlung verkauft und dieser ihn im Wege der Verrechnung einlösen läßt. Die letztere Gefahr ist jedoch dadurch gebannt, daß der Verkauf eines Verrechnungsschecks so ungewöhnlich ist, daß der Erwerber als bösgläubig gilt und daher nach Art. 21 ScheckG keine Scheckrechte erwirbt. Sicherungszwecken dient auch der gekreuzte Scheck. Es besteht die Bankusance, gekreuzte Inlandschecks wie Verrechnungsschecks zu behandeln; die einschlägigen Art. 37, 38 ScheckG sind noch nicht in Kraft getreten.

Die Bank, die einen Verrechnungsscheck in bar auszahlt, haftet für einen dadurch entstehenden Schaden (Art. 39 IV ScheckG), ebenso, wenn sie den Scheckbetrag einem **Sparkonto** des nicht benannten Inhabers gutschreibt.

2. Verpflichtungen aus der Scheckausstellung

Der Scheck enthält nicht nur die Anweisung an die Bank, die Schecksumme an den Inhaber zu zahlen, sondern zugleich ein Zahlungsversprechen des Ausstellers für den Fall, daß die bezogene Bank ihn nicht einlöst. Im Unterschied zum Wechsel kann der Scheck vom Bezogenen nicht angenommen werden (Art. 4 S. 1 ScheckG), so daß eine Scheckhaftung der Bank gegenüber dem Vorleger nicht in Betracht kommt. Selbst wenn ein Annahmevermerk auf die Urkunde gesetzt sein würde, wäre er bedeutungslos (Art. 4 S. 2 ScheckG). Allerdings kann der Bezogene außerhalb des Schecks, also mit bürgerlich-rechtlicher Wirkung, die Einlösung versprechen. Die Erklärung der Bank, sie garantiere die Einlösung des Schecks, gilt als Zusage, unter allen Umständen für die Einlösung einstehen zu wollen, vgl. BGH BB 1980 S. 753; einschränkend BGH BB 1990 S. 657.

Voraussetzung für die Scheckausstellung ist das Bestehen eines Bankvertrages zwischen Aussteller und Bezogenem. Aus diesem Vertrag ist die Bank ihrem Kunden gegenüber verpflichtet, den Scheck einzulösen, sofern dessen Konto genügende Deckung aufweist.

Wie der Wechsel, so hat auch der Scheck skriptur-rechtlichen Charakter. Damit stimmt es überein, daß er losgelöst ist von dem ihm zugrunde liegenden Rechtsgeschäft (vgl. oben B. II. 2 und E. II. 1).

3. Wirtschaftliche Bedeutung

Der Scheck ist **lediglich Zahlungsmittel**, nicht – wie der Wechsel – Kreditmittel. Der Bezogene soll nur Zahlstelle des Schuldners sein, weshalb die Annahme des Schecks ausgeschlossen ist. Aus seiner Funktion erklärt sich auch, daß der Scheck stets bei Sicht zahlbar ist und alsbald nach der Ausstellung zur Einlösung vorgelegt werden soll. Im Unterschied zum Wechsel ist der Scheck nicht auf Umlauf gerichtet. Das schließt aber nicht aus, daß ihn der Schecknehmer weitergibt, etwa um auf diese Weise seinem Gläubiger Befriedigung zu verschaffen.

Für den Aussteller liegt der Vorteil einer Zahlung mittels Schecks darin, daß sie billiger und gefahrloser ist als die Barzahlung und daß er nicht gezwungen ist, Geldvorräte für seine demnächst fälligen Verbindlichkeiten zur Verfügung zu halten.

II. Ausstellung

1. Wesentliche Erfordernisse des Schecks

Der Mindestinhalt des Schecks ergibt sich aus Art. 1 ScheckG. Erforderlich sind nämlich: ausdrückliche **Bezeichnung als Scheck**, Anweisung über bestimmte **Geldsumme** (es gibt also keine Effekten-Schecks), **Name des Bezogenen, Zahlungsort** (fehlt diese Angabe, so ist der Scheck zahlbar bei der Hauptniederlassung des Bezogenen: Art. 2 ScheckG), **Ort und Datum der Ausstellung, Unterschrift des Ausstellers**. Wegen der Einzelheiten wird auf die Ausführungen zum Wechsel verwiesen (E. III.), die hier entsprechend gelten. Im Vergleich zum Wechsel fehlen hier also die Angabe des Schecknehmers und der Verfallzeit. Erstere erklärt sich daraus, daß der Scheck Inhaberscheck sein kann (und es praktisch auch immer ist), letztere daraus, daß der Scheck bei Sicht zahlbar ist.

Der Scheck darf nur auf ein Kreditinstitut gezogen werden, bei dem der Aussteller ein Guthaben hat (Art. 3 ScheckG). Jedoch ist der Scheck nicht ungültig, wenn er keine Deckung aufweist. Den Aussteller trifft alsdann eine Schadenersatzverpflichtung, u. U. kann er sich wegen Betruges strafbar machen. Das Guthaben des Bankkunden kann auf seinen Einzahlungen oder auf Einzahlungen Dritter zu seinen Gunsten beruhen (Barguthaben). Es kann auch dadurch entstehen, daß die Bank dem Kunden Kredit bis zu einer gewissen Höhe einräumt (Kreditguthaben).

Vordatierte Schecks sind zulässig. Die Vordatierung ist jedoch nutzlos, weil der Scheck gleichwohl schon vor dem angegebenen Ausstellungstag zur Einlösung vorgelegt werden kann (Art. 28 II ScheckG).

Blankoschecks sind erlaubt. Es finden hier die für den Blankowechsel geltenden Sätze entsprechende Anwendung (Art. 13 ScheckG).

2. Zusätze

Die Guthabenklausel (*„Zahlen Sie aus meinem Guthaben"*) ist nicht mehr vorgeschrieben, aber in manchen Formularen enthalten. Sie soll den Aussteller daran erinnern, daß er keine ungedeckten Schecks ausstellen darf.

Der Scheck ist stets bei Sicht zahlbar (Art. 28 II ScheckG). Sollte der Scheck einen Zahlungstag angeben, so ist er wirksam, nur gilt dieses Datum als nicht geschrieben (Art. 28 I S. 2 ScheckG).

III. Rechte aus dem Scheck

1. Berechtigung und Vorlegung

Der Eigentümer des Schecks ist Inhaber der Rechte aus ihm, was aus deren Rechtsnatur als Inhaberpapier folgt. Was den gutgläubigen Erwerb angeht, so gilt für den Scheck das Entsprechende wie für den Wechsel (Art. 21 ScheckG). Übertragen werden die Rechte aus dem Scheck durch Einigung zwischen Erwerber und Veräußerer und Übergabe des Papiers an den ersteren.

Die Vorlegungsfrist beträgt bei Inlandsschecks acht Tage, gerechnet vom Ablauf des angegebenen Ausstellungstages an (Art. 29 I, IV ScheckG), Einzelheiten ergeben sich aus Art. 55 ScheckG. Bei Versäumung der Vorlegungsfrist erlischt der Rückgriffsanspruch gegen den Aussteller (mit der sich aus Art. 58 ScheckG ergebenden Einschränkung) sowie gegen etwaige Indossanten und Scheckbürgen (Art. 40 ScheckG). An dieser Stelle sei erwähnt, daß Indossamente auch auf Inhaberschecks zulässig sind, wenngleich sie kaum vorkommen (vgl. aber unten III. 2). Sie machen den Scheck aber nicht zum Orderpapier. Allerdings wird der Indossant Rückgriffsschuldner (Art. 20 ScheckG).

Der Bezogene bleibt trotz Ablauf der Vorlegungsfrist zur Einlösung berechtigt, außer wenn der Aussteller den Scheck widerruft (Art. 32 ScheckG). Letzteres kann aber mit gegenüber dem Bezogenen bindender Wirkung erst nach Ablauf der Vorlegungsfrist geschehen. In der Regel beachten aber die Banken auch einen Widerruf ihres Kunden, der **vor** Ablauf der Vorlegungsfrist erfolgt. Sie können sich sogar **verpflichten**, so zu handeln. Einzelheiten BGH BB 1988 S. 1773. Der Inhaber eines Schecks ist also aus doppeltem Grunde interessiert an der rechtzeitigen Vorlegung: Ihm drohen anderenfalls Verlust des Rückgriffs und Widerruf des Schecks.

Zahlt das bezogene Kreditinstitut die Schuldsumme an den Vorleger aus, obwohl der Scheck wirksam widerrufen worden war, so kann der Aussteller (Kunde) Rückbuchung zu seinen Gunsten verlangen; die Bank hat einen Anspruch aus ungerechtfertigter Bereicherung gegen den Zahlungsempfänger.

2. Einlösung

Der Scheck erlischt, wenn der Bezogene die Schecksumme an den berechtigten Inhaber zahlt gegen Aushändigung der quittierten Urkunde (Art. 34 I ScheckG). Meist wird die Quittung in Gestalt eines Indossaments des Inhabers erteilt; das Indossament an den Bezogenen gilt nach Art. 15 I ScheckG als Quittung. Indes ist das Indossament des **Bezogenen** nichtig (Art. 15 III ScheckG). Der Grund hierfür liegt darin, daß der Bezogene aus einem Indossament scheckrechtlich haften würde (vgl. oben E. IV). Das soll aber nicht eintreten, sonst könnte das Annahmeverbot umgangen werden. Aus dem gleichen Grund darf der Bezogene nicht Scheckbürge sein (Art. 25 II ScheckG).

Eine Teilzahlung darf der Scheckgläubiger sowenig wie der Wechselgläubiger zurückweisen (Art. 34 II ScheckG).

Beim Verrechnungsscheck (vgl. oben F. I. 1b) besteht die Einlösung in der Gutschrift, die als Zahlung gilt (Art. 39 II ScheckG). Hat der Inhaber des Schecks kein Konto beim Bezogenen, sondern bei einer anderen Bank, so geschieht die Einlösung des Schecks dadurch, daß die Schecksumme zwischen den beiden Banken verrechnet wird und alsdann auf dem Konto des Ausstellers bei der Bank A eine Lastschrift, auf dem Konto des Inhabers bei der Bank B eine Gutschrift erfolgt.

3. Gefälschte Schecks

Eine Gefahr für den Rechtsverkehr bilden die gefälschten Schecks. Die bezogene Bank ist vor Einlösung verpflichtet, die ihr vorgelegten Schecks sorgfältig auf Fälschungen nachzuprüfen. Handelt sie dem zuwider, so trägt sie die Gefahr der Einlösung, denn aus dem Guthaben des Ausstellers darf ja die Bank nur zahlen, soweit sie hierzu vom **Berechtigten** angewiesen worden ist. In ähnlicher Weise haftet die Bank, wenn sie grobfahrlässig nicht erkennt, daß dem wahren Berechtigten der Scheck abhanden gekommen war: BGH BB 1987 S. 572, OLG Düsseldorf BB 1984 S. 631. Wenn aber der Aussteller die Fälschung durch Außerachtlassung der gebotenen Sorgfalt bei der Aufbewahrung von Scheckformularen ermöglicht oder wenn er die Bank von dem Verlust des Scheckformulars nicht alsbald unterrichtet hat, so braucht die letztere nicht oder nicht voll den von ihr aus dem Konto des Ausstellers gezahlten Betrag zu erstatten. Es kommt auf den **Verschuldensanteil** beider (**Bank und Aussteller**) an (§ 254 BGB). Lehrreich: OLG Köln NJW 1987 S. 654; BGH BB 1984 S. 1773. Die Einziehung eines erkennbar kaufmännischen Zwecken dienenden Verrechnungsschecks über ein erkennbar privates Girokonto ist per se kein ungewöhnlicher Vorgang, anders bei Einziehung über ein Sparkonto: BGH BB 1989 S. 1364.

4. Rückgriff

Der Scheckinhaber kann, wenn der Bezogene den Scheck nicht einlöst, Rückgriff nehmen gegen den **Aussteller**, etwaige **Indossanten und Scheckbürgen** (die allerdings praktisch selten vorkommen). Voraussetzung hierfür ist, daß der Scheck dem Bezogenen vorgelegt und daß die Verweigerung der Zahlung in bestimmter Form (vgl. Art. 40 ScheckG) festgestellt worden ist. Der förmliche Protest, den wir vom Wechsel her kennen (vgl. oben E. VIII), ist hier nicht notwendig. Es genügt eine entsprechende schriftliche Erklärung des Bezogenen auf dem Scheck, die datiert sein muß (BGH BB 1989 S. 871). Die Rückgriffsschuldner sind auch hier wie beim Wechsel Gesamtschuldner (Art. 44 I ScheckG).

Die Durchführung des Rückgriffs ist im übrigen den wechselrechtlichen Vorschriften angepaßt (vgl. oben E. VIII).

IV. Rechtliche Bedeutung der Scheckzahlung im Versicherungsverhältnis

Wie wir es beim Wechsel kennengelernt haben, bedeutet auch die Entgegennahme des Schecks durch den Versicherer noch keine Tilgung der Prämienverbindlichkeit. Vielmehr tritt die Scheckverpflichtung zu der schon bestehenden Prämienschuld hinzu. **Getilgt ist die Prämienschuld** erst dann, wenn der **Scheck eingelöst** worden ist, sei es durch Barzahlung, sei es durch Gutschrift auf dem Konto des Versicherers (die Anzeige von dieser Gutschrift ist also bedeutungslos).

Von der Erfüllung ist zu unterscheiden die Frage, unter welchen Voraussetzungen die Zahlung mittels Scheck als **rechtzeitig** gelten kann, was namentlich für die §§ 38, 39 VVG von erheblicher Bedeutung ist. Hier kommt es auf die Leistungshandlung des Versicherungsnehmers an seinem Wohnsitz an (vgl. § 270 I, IV BGB). Der Bundesgerichtshof (BGHZ Bd. 44 S. 178) betrachtet den Zeitpunkt der Hingabe bzw. der Absendung eines gedeckten Schecks als Zeitpunkt der Zahlung, wobei es keine Rolle spielt, ob es sich um einen Bar- oder um einen Verrechnungsscheck handelt. Auch beim vordatierten Scheck ist es nicht anders, denn dieser kann ja jederzeit zur Einlösung vorgelegt werden. Die Meinungen gehen jedoch hier in der Literatur im einzelnen auseinander.

V. Euroscheck-Service

1. Banken

Eine qualifizierte Form des Schecks ist der Euroscheck in Verbindung mit der Euroscheckkarte. Die Besonderheiten bestehen darin, daß jeder dieser Schecks von der die Vordrucke ausgebenden Bank bis zu 400,– DM garantiert wird und daß die Scheckkarte in Verbindung mit einer persönlichen Geheimzahl zur bargeldlosen Bezahlung an automatisierten Kassen und zur Abhebung von Geldautomaten verwendet werden kann. (Hier nähert sich die Scheckkarte der Funktion der Kreditkarte). Die letzteren Funktionen haben mit dem Wertpapier „Scheck" nichts mehr zu tun. Sie zeigen die Abwendung vom Wertpapiersystem zu anderen Formen finanzieller Transaktionen (vgl. auch unten H. II).

Der ec-Service beruht auf den von den Geschäfts- und Genossenschaftsbanken der Bundesrepublik einheitlich herausgegebenen Bedingungen (jetzige Fassung vom 1. 1. 1989), die von dem Verbot wettbewerbsbehindernder Vereinbarungen (Art. 85 EWG-Vertrag) freigestellt worden sind. Die

Haftung aus der mißbräuchlichen Verwendung von ec-Scheck und ec-Karte ist so geregelt (Ziff. 8.1. und 9. 1. der Bedingungen), daß die Bank 90 %, der Kunde 10 % des Schadens trägt. Da letzteres auch gelten soll, wenn den Kunden kein Verschulden trifft, wird die Wirksamkeit dieser Regelung im Lichte des § 9 AGB-G angezweifelt. Die Banken können ihr Risiko durch eine Scheckkartenversicherung abdecken (die AVB sind in VerBAV 1990 S. 434 veröffentlicht). Durch eine Klausel zu den AVB kann auch die Kundenselbstbeteiligung (also 10 % des Schadens) mitversichert werden. In diesem Fall liegt eine Versicherung für fremde Rechnung (§§ 74 ff. VVG) vor.

2. Sparkassen

Hier besteht nicht das Prinzip der Aufteilung des Schadens bei mißbräuchlicher Benutzung von Scheck und Scheckkarte, sondern die Sparkasse übernimmt die Schadensdeckung bis zu 6.000,- DM (15 Schecks à 400,- DM), wenn die Garantiebedingungen eingehalten und die Anzeigepflicht erfüllt worden sind.

3. Postbank

Nach § 16 der Postgiroordnung vom 5. 12. 1984/28. 3. 1989 vergibt die Post nach den Allgemeinen Bedingungen der Banken ebenfalls ec-Schecks und ec-Karten. Die Postgiroordnung bringt aber keine abschließende Regelung des Scheckverkehrs, sondern ist als Ergänzung zum ScheckG konzipiert. Nach § 19 PostG haftet die Post dem Giroteilnehmer nach den allgemeinen privatrechtlichen Vorschriften (§§ 675, 278, 280 ff. BGB), für Ansprüche ist der ordentliche Rechtsweg eröffnet, vgl. BGH BB 1982 S. 701.

Zu. 1. – 3:

Auch die Vorlage eines ec-Schecks muß das Kreditinstitut mit derselben Sorgfalt prüfen wie die eines gewöhnlichen Schecks, vgl. F III. 3.

Die Entgegennahme eines garantierten Schecks ist nach § 364 I BGB wie Barzahlung anzusehen, also nicht nur als Leistung erfüllungs**halber** im Sinne des § 364 II.

Zu E und F

Das WechselG und das ScheckG beruhen auf internationalen Vereinbarungen (daher die Zählung nach Artikeln, nicht nach §§). Im Bereich zu Ländern, die die betreffenden internationalen Abkommen nicht ratifiziert haben, ist eine Regelung nötig, nach welchem Recht sich Beziehungen aus einem Papier, sofern dieses Auslandsberührung hat, richten sollen. Die betreffenden Bestimmungen finden sich in Art. 90–98 WechselG, Art. 60–66 ScheckG (Internationales Wechsel- bzw. Scheckrecht). Umstritten ist, ob die maßgebende Rechtsordnung von den Parteien **gewählt** werden kann. Eine Mehrheit bejaht das, sofern die Bestimmung des betreffenden Rechts in die Wechsel- bzw. Scheckurkunde aufgenommen worden ist.

G. Die Traditionspapiere

I. Stellung im Wertpapierrecht

Die Traditionspapiere haben mit Wechsel und Scheck gemeinsam, daß sie zu den **Orderpapieren** (wenngleich der Inlandsscheck praktisch nur als Inhaberpapier vorkommt) gehören, allerdings nicht zu den geborenen, sondern zu den **gekorenen**, d. h. sie **können** zu Orderpapieren ausgestaltet werden. Während Wechsel und Scheck auch von Nichtkaufleuten ausgestellt (ebenso auch indossiert und angenommen) werden können, sind die Schöpfer der Traditionspapiere Kaufleute. § 363 HGB nennt sechs kaufmännische Wertpapiere: kaufmännische Anweisung und kaufmännischen Verpflichtungsschein nach § 363 I HGB und die übrigen vier Papiere des § 363 II HGB, die wir bereits behandelt haben (vgl. oben D. I. 2b). Von diesen greifen wir hier wegen ihrer Bedeutung das **Konnossement**, den **Ladeschein** und den **Lagerschein** heraus, die man unter dem Namen „Traditionspapiere" zusammenfaßt. Was die übrigen kaufmännischen Orderpapiere angeht, die § 363 HGB nennt, so haben die kaufmännischen Anweisungen neben dem gezogenen Wechsel und dem Scheck kaum ein Anwendungsgebiet. Die kaufmännischen Verpflichtungsscheine haben wir bereits gestreift, mit den Transportversicherungspolicen werden wir uns noch beschäftigen. Nach höchstrichterlicher Rechtsprechung ist der Kraftfahrzeugbrief kein Traditionspapier, auch kein sonstiges Wertpapier, BGH NJW 1978 S. 1854.

II. Gemeinsame Vorschriften

1. Übereinstimmungen mit dem Wechsel

Das HGB gibt in §§ 364, 365 nur wenige, den Traditionspapieren gemeinsame Vorschriften. Dabei geht das Gesetz davon aus, daß sie an Order gestellt sind. Ob das der Fall sein soll, haben die Beteiligten in der Hand.

§§ 364, 365 HGB erinnern an die entsprechenden Vorschriften des WechselG, von dem in § 365 I HGB einige Bestimmungen ausdrücklich erwähnt werden. Von Bedeutung ist insbesondere, daß das Indossament auch hier Transport- und Legitimationsfunktion hat, wie auch die Form des Indossaments dieselbe wie beim Wechsel ist (§ 365 I HGB).

Im einzelnen gilt folgendes: Der Schuldner muß die Kette der Indossamente, jedoch nicht deren Echtheit nachprüfen (§ 365 I HGB in Verbindung mit Art. 16 I, 40 III S. 2 WechselG). Die Wertpapierschuld besteht in dem Sinne unabhängig von dem zugrundeliegenden Schuldverhältnis, daß die Nichtigkeit des Grundgeschäfts nicht die Nichtigkeit der Wertpapierverpflichtung zur Folge hat (§ 364 II HGB). Blankoindossamente sind zulässig (§ 365 I HGB in Verbindung mit Art. 14 II WechselG).

Der Schutz des gutgläubigen Papierhabers ist entsprechend dem Wechsel gestaltet (§ 365 I HGB in Verbindung mit Art. 16 II WechselG). Schließlich ist der Schuldner auch hier nur gegen Aushändigung der quittierten Urkunde zur Leistung verpflichtet (§ 364 III HGB in Verbindung mit Art. 39 I WechselG).

2. Unterschiede zum Wechsel

Trotz der aufgezeigten Verwandtschaft mit dem Wechsel dürfen die Unterschiede zu ihm nicht übersehen werden. Der wichtigste liegt darin, daß hier **dem Indossament die Garantiefunktion** fehlt. Der Indossant haftet also nicht aus dem Papier im Rückgriffswege. Der Inhaber kann entweder den Aussteller auf die Leistung verklagen oder sich an seinen Vormann halten auf Grund des Rechtsverhältnisses, das der Indossierung an den Inhaber zugrunde liegt.

Beispiel:

Ein von dem Lagerhalter L ausgestellter Orderlagerschein zugunsten des A war von diesem an B und von B infolge eines Kaufvertrages weiterindossiert worden an C. Löst L den Lagerschein nicht ein, kann C ihn darauf verklagen. C kann sich auch aus dem Kaufvertrage an B halten, nicht jedoch an A.

Inhalt der Urkunde, wenn auch nicht ausdrücklich, bilden die gesetzlichen Bestimmungen über den zugrundeliegenden Vertrag (Frachtvertrag, Lagervertrag). Daraus ergibt sich hier eine Gruppe von Einwendungen, die wir beim Wechsel nicht kennen. – Schließlich ist hier der Inhaber nicht verpflichtet, Teilleistungen entgegenzunehmen (vgl. aber zum Wechsel oben E. VII. 2).

3. Insbesondere Traditionsfunktion

a) Prinzip

Was die hier zu besprechenden Papiere ferner vom Wechsel unterscheidet, ist ihre Traditionsfunktion, d. h.: Sobald das im Papier bezeichnete Gut in den Besitz des Schiffers (= Kapitäns) bzw. seines Vertreters oder in den Besitz des Lagerhalters oder seines Vertreters gelangt, ersetzt die Übergabe des Traditionspapiers die Übergabe des Gutes. Einigung und Übergabe des Papiers genügen also, um den Erwerber nach § 929 S. 1 BGB zum Eigentümer zu machen oder um zugunsten des Erwerbers ein Pfandrecht zu bestellen. Das ergibt sich für das Konnossement aus § 650 HGB, für den Ladeschein der Binnenschiffahrt aus § 26 Binnenschiffahrtgesetz in Verbindung mit § 450 HGB, für den Lagerschein aus § 424 HGB.

Dabei kommt die Traditonsfunktion den Konnossementen und den Ladescheinen auch dann zu, wenn sie nicht an Order gestellt sind; der Lagerschein hat nur dann Traditonsfunktion, wenn er an Order gestellt ist. Nach heute herrschender Ansicht dauert aber diese Funktion nur so lange an, wie der Lagerhalter oder Frachtführer das Gut in Besitz hat.

b) Gutgläubiger Erwerb

Der gutgläubige Indossatar eines Traditionspapiers erwirbt das Eigentum an dem **Papier** auch dann, wenn es gestohlen oder sonst dem Berechtigten abhanden gekommen war (§ 365 I HGB mit Art. 16 II WechselG). Nach heute herrschender Lehre ist aber davon die Frage zu unterscheiden, wann der Erwerber Eigentum an der **Ware** erhält. Sofern der Einlagerer oder Befrachter (das ist der Auftraggeber im Frachtvertrag) nicht Eigentümer war, erwirbt der Indossatar des Papiers nur dann das Eigentum, wenn er den Indossanten für den Eigentümer oder den Verfügungsberechtigten halten durfte. War das nicht der Fall oder war die Ware dem Eigentümer gestohlen worden, scheidet Eigentumswerwerb an der Ware aus (§§ 932, 935 BGB, 366 HGB).

Beispiel:

K hat Ware unter Eigentumsvorbehalt gekauft (§ 455 BGB). Ehe er sie voll bezahlt hat, lagert er sie bei L ein. Den Lagerschein indossiert er an die Bank B. Diese erwirbt zwar das Eigentum am Papier, das Eigentum an der Ware aber nur dann, wenn sie ohne grobe Fahrlässigkeit den K für den Eigentümer halten durfte; wann das der Fall ist, läßt sich nicht generell sagen, sondern ergibt sich aus den Umständen. Bei solcher Gestaltung können Eigentum am Papier und Eigentum an der Ware auseinanderfallen. Das letztere ist das stärkere, der Waren-eigentümer hat gegen den Papiereigentümer einen Anspruch auf Herausgabe. Dasselbe gilt, wenn die Bank im Exportgeschäft den Kaufpreis zugunsten ihres Kunden, des Exporteurs, vorfinanziert und sich deshalb das **Konnossement** indossieren und die **Ware** sicherungsüber-eignen läßt.

III. Insbesondere das Konnossement

1. Wesen

Im Konnossement **verpflichtet sich der Verfrachter** (Reeder oder Charterer), **das zur Beförderung über See übernommene Gut an den durch das Papier als Empfänger Legitimierten gegen Hergabe des Konnossements auszuhändigen** (§ 642 HGB); der Ablader kann nach § 647 I HGB verlangen, daß das Papier an Order gestellt wird.

Man unterscheidet das Bord- und das Übernahmekonnossement je nachdem, ob es erst ausgestellt wird, wenn die Güter an Bord genommen sind (§ 642 I HGB) oder schon dann, wenn der Verfrachter die Ware am Kai übernommen hat und sie noch nicht gleich in einem Schiff unterbringen kann.

Das Konnossement ist also anders als der Frachtbrief nicht Begleitpapier der Ware, sondern Empfangspapier, das der Ablader, der es zunächst erhält, dem Empfänger übersendet. Der Inhaber des Konnossements ist zur Empfangnahme des Gutes nach Beendigung der Reise legitimiert (§ 648 HGB). Der Verfrachter, der das Gut einem nicht durch Konnossement Ausgewiesenen aushändigt, handelt auf eigenes Risiko: OLG Hamburg VersR 1980, S. 254. Ablader ist der Vertreter des Befrachters, wenn er nicht mit diesem identisch ist.

2. Haftung des Verfrachters

a) Allgemein

Im Unterschied zu Wechsel und Scheck begründet das Konnossement keine skripturmäßige Haftung, d. h. nach § 656 II HGB kann der Verfrachter gegenüber dem Empfänger geltend machen, daß er andersartige Güter als im Konnossement bezeichnet erhalten habe. Das Konnossement ist also im Unterschied zu den geborenen Orderpapieren ein kausales Papier. Aber der Verfrachter **trägt** hierfür die Beweislast. Die Vermutung, daß die übernommenen Güter den im Konnossement angegebenen entsprochen haben, gilt u. a. dann nicht, wenn sie in Verpackung oder in geschlossenen Gefäßen dem Kapitän übergeben worden sind, sofern das Konnossement die Klausel „*Inhalt unbekannt*" enthält.

Dem Befrachter, also dem Vertragspartner des Verfrachters, gegenüber haftet der Verfrachter ohnehin nur nach dem Frachtvertrag, hier kommt es auf das Konnossement nicht an. Die vorangegangenen Sätze beziehen sich also auf die Haftung gegenüber dem **Empfänger**.

b) Haager Regeln

Dessen Anspruch richtet sich nicht nur auf Herausgabe des Gutes, sondern gegenbenenfalls auf Schadenersatz bei Verlust oder Beschädigung der Güter während der Beförderung. – Gegen übertriebene Haftungsfreizeichnungen der Reedereien in den Konnossementen ist die neuere Gesetzgebung eingeschritten, und zwar in Gestalt des § 662 HGB, der auf internationale Übereinkommen, die Haager Regeln, zurückgeht. § 662 I HGB führt eine Reihe von Haftungsvorschriften an, die vertraglich nicht wegbedungen werden können, sofern ein Konnossement ausgestellt worden ist. Interessant ist, daß sich der Verfrachter auch nicht den Anspruch der Ladungsbeteiligten gegen die Transportversicherer abtreten lassen kann, denn das würde auf eine Umgehung der zwingenden Natur der Haftungsvorschriften hinauslaufen (§ 662 II HGB). Zulässig sind beschränkende Haftungsvereinbarungen nur in den Ausnahmefällen des § 663 HGB, z. B. wenn lebende Tiere oder Decklast befördert werden oder soweit es sich um die Haftung vor der Einladung oder nach der Ausladung handelt.

Das deutsche Einheitskonnossement, das im Zusammenwirken von Reedern und Befrachtern 1940 eingeführt worden ist, hat sich bemüht, den Haager Regeln und damit u. a. den §§ 662, 663 HGB gerecht zu werden. Es hat sich jedoch nicht allgemein durchgesetzt, kommt aber in abgewandelter Form mit Zusätzen für das betreffende Fahrtgebiet vor.

3. Haftung des Empfängers, Durchfrachtkonnossement

Der Empfänger hat aber nicht nur Rechte aus dem Konnossement. Durch die Annahme der Güter wird er nämlich verpflichtet, nach Maßgabe des Frachtvertrages oder des Konnossements die Fracht zu zahlen (§ 614 HGB). Liefert der Verfrachter aus, ohne sich die Fracht vom Empfänger zahlen zu lassen, so kann er sich nicht rückgriffsweise an seinen Vertragspartner, den Befrachter, halten (§ 625 S. 1 HGB).

Eine Sonderform ist das Durchfrachtkonnossement. Es kommt vor, wenn die Gesamtbeförderung von verschiedenen Frachtführern im See- und Binnenschiffsverkehr ausgeführt wird.

IV. Insbesondere der Ladeschein

1. Übereinstimmungen mit dem Konnossement

Die Einrichtung des Ladescheins kennt das Gesetz sowohl beim Landfrachtgeschäft (§§ 444 ff. HGB) als auch bei der Beförderung durch Binnenschiffe (§ 26 Binnenschiffahrtsgesetz). Da im Landfrachtgeschäft keine Ladescheine ausgestellt zu werden pflegen (einen gewissen nicht wertpapiermäßigen Ersatz bildet das Frachtbriefdoppel im Eisenbahnfrachtverkehr), behandeln wir nur den Ladeschein der Binnenschiffahrt, der erhebliche Bedeutung hat. Wegen seiner Verwandtschaft mit dem Konnossement spricht man hier von einem Fluß- oder Binnenkonnossement.

Der **Binnenschiffs-Frachtführer** ist gehalten, einen **Ladeschein auf Verlangen** des **Absenders** auszustellen (§ 72 Binnenschiffahrtsgesetz). In ihm **verpflichtet er sich** (wie der Verfrachter im Konnossement) **zur Auslieferung der Güter an den legitimierten Besitzer des Scheins**. Der Ladeschein ist entsprechend dem Konnossement Empfangs-, Forderungs- und Traditionspapier (vgl. oben G. II. 3). Er begründet ein Rechtsverhältnis zwischen Frachtführer und Empfänger; Einschränkungen, die der Frachtführer hinsichtlich des Empfangsbekenntnisses machen will, müssen daher in den Ladeschein aufgenommen werden, damit sie Verbindlichkeit gegenüber dem Empfänger haben. – Der Empfänger ist dem Frachtführer gegenüber nur verpflichtet, soweit sich die Gegenleistung, insbesondere die Fracht, aus dem Ladeschein ergibt.

2. Unterschiede gegenüber dem Konnossement

Auch beim Ladeschein sind – wie früher bei den Konnossementen – zahlreiche Freizeichnungen aufgekommen, der Gesetzgeber ist hier aber noch nicht speziell eingeschritten. Soweit **zwingende** Gesetzesbestimmungen fehlen, könnten Ladescheinbedingungen die Rechtsstellung des Beteiligten verschlechtern; eine Grenze ergibt sich aber aus den Vorschriften des Gesetzes zur Regelung des Rechts der Allgemeinen Geschäftsbedingugnen vom 9.12.1976. Der Ladeschein unterscheidet sich vom Konnossement darin, daß er mit größerer skripturmäßiger Haftung ausgestattet ist, d. h. der Frachtführer kann grundsätzlich nicht einwenden, er habe die Güter nicht so übernommen, wie es im Ladeschein bezeichnet ist (§ 73 Binnenschiffahrtsgesetz). Etwas anderes gilt nur, wenn der Frachtführer einen Unbekannt-Zusatz aufgenommen hat (was ihm jedoch im Falle des § 73 II Binnenschiffahrtsgesetz nicht gestattet ist) oder wenn er nach § 76 Binnenschiffahrtsgesetz vermerkt hat, daß die Güter bei der Übernahme erkennbare Mängel aufwiesen. Allerdings steht dem Frachtführer nach § 74 Binnenschiffahrtsgesetz der Nachweis offen, daß die Unrichtigkeit der Bezeichnung der Güter bei Anwendung der gewöhnlichen Sorgfalt eines Frachtführers nicht zu erkennen war. Auch trifft ihn dann keine Verantwortlichkeit, wenn ihm die Güter in Verpackung oder geschlossenen Gefäßen übergeben worden sind (§ 74 II Binnenschiffahrtsgesetz).

Die Haftung aus dem Ladeschein ist nach § 75 Binnenschiffahrtsgesetz beschränkt auf den Ersatz des Minderwertes, welcher sich aus der Nichtübereinstimmung der Güter mit der Bezeichnung im Ladeschein ergibt.

V. Insbesondere der Orderlagerschein

1. Grundlage

Der **Orderlagerschein ist ein vom Lagerhalter ausgestelltes Wertpapier, in welchem dieser die Herausgabe des Gutes an den legitimierten Inhaber verspricht** (§ 26 VO über Orderlagerscheine vom 16.12.1931, OLSchVO). Lagerscheine können nach HGB auf den Inhaber, auf den Namen (Rektalagerschein) oder an Order lauten. Nur die letzteren sind Traditionspapiere und nur mit ihnen werden wir uns im Folgenden befassen. Orderlagerscheine dürfen nur von den staatlich hierzu ermächtigten Anstalten ausgestellt werden (§ 1 OLSchVO). Für ihren Inhalt ist ein einheitliches Muster vorgeschrieben. Der Lagerhalter ist zur Ausstellung des Lagerscheins verpflichtet, wenn sein Vertragspartner es verlangt (§ 33 OLSchVO).

Die Rechte und Pflichten des Lagerhalters ergeben sich aus zwingenden Vorschriften der OLSchVO. Diese können zwar vom Lagerhalter durch eine Lagerordnung ergänzt, grundsätzlich aber nicht abgeändert werden (§ 14 III OLSchVO). Auf diese Weise ist hier das Problem der Haftungsfreizeichnung gelöst, und zwar im Interesse des Kunden.

2. Haftung des Lagerhalters

Wir finden hier die strenge skripturmäßige Haftung wieder, die für Wechsel und Scheck charakteristisch, beim Konnossement aber eingeschränkt ist. Dem legitimierten Lagerscheininhaber haftet der Lagerhalter nicht nur für Verlust und Beschädigung des Lagerguts (§ 19 OLSchVO), sondern auch für die Richtigkeit der Angaben über Menge, Art und Beschaffenheit des Gutes (§ 40 OLSchVO). Dem Umfang nach ist aber die Haftung wie im Binnenschiffahrtsrecht auf den Minderwert beschränkt. Außerdem muß der Lagerscheininhaber Einwendungen gegen sich gelten lassen, die sich aus dem Gesetz ergeben (z. B. § 19 II–V OLSchVO). Der Lagerhalter kann allerdings, um seine Haftung dem Grunde nach einzuschränken, durch einen Vermerk auf dem Lagerschein klarstellen, daß dessen Angaben lediglich auf Mitteilungen des Einlagerers beruhen. Er haftet aber selbst in diesem Fall, wenn er die Unrichtigkeit der Angaben gekannt hat. Nach § 20 OLSchVO hat der Lagerhalter auf Verlangen des Einlagerers das Lagergut gegen Feuergefahr zu versichern. Es handelt sich um eine Versicherung für fremde Rechnung (§§ 74 ff. VVG), für Rechnung des Einlagerers. Das gesetzliche Pfandrecht des Lagerhalters am Pfandgut erstreckt sich auf die Feuerversicherungsforderung, die anstelle des beschädigten oder vernichteten Lagerguts tritt: § 22 OLSchVO.

Der Besitzer des Lagerscheins ist nicht nur berechtigt, das Gut in Empfang zu nehmen, sondern er ist auch berechtigt, es zu besichtigen, Proben zu ziehen, Maßnahmen zur Pflege des Lagergutes zu treffen, wenn der Lagerhalter nicht selbst zur Vornahme der letzteren Arbeiten bereit ist (§ 17 OLSchVO).

H. Die Inhaberschuldverschreibung

I. Begriff

Die Inhaberschuldverschreibung ist ein **Papier, in dem der Aussteller dem Inhaber eine Leistung verspricht** (§ 793 BGB). Schuldverschreibungen brauchen nach dem Gesetz nicht auf Geld zu lauten, praktisch ist das aber die Regel. Es handelt sich hier um Inhaberpapiere, die ein Forderungsrecht verbriefen, im Unterschied zu den Inhaberpapieren, die **Mitgliedschaftsrechte** zum Gegenstand haben. Von den letzteren ist unten unter J. zu sprechen.

Da die Inhaberschuldverschreibungen abstrakt sind, gilt § 609 a BGB nicht für sie, ebenso nicht für Orderschuldverschreibungen.

Da die Inhaberschuldverschreibung eine **Urkunde** ist, versteht sich von selbst, daß sie die Schriftform erfüllen muß. § 793 II BGB bringt insofern eine Erleichterung, als die Faksimileunterschrift genügt (vgl. in demselben Sinne für Versicherungsscheine: § 3 I Satz 2 VVG).

II. Vorkommen

Inhaberschuldverschreibungen kommen namentlich als Massenpapiere vor, z. B. Anleihen der Länder, Pfandbriefe der Hypothekenbanken, Obligationen von industriellen Unternehmungen oder Gemeinden, Lotterielose.

Pfandbriefe werden von Hypothekenbanken ausgegeben. Im Falle des Konkurses der Bank haben die Inhaber der Pfandbriefe ein Konkursvorrecht an den für die Bank bestellten Hypotheken. Häufig werden sie nach einem Plan, den der Aussteller aufstellt, zu verschiedenen Zeitpunkten getilgt. Oft kommt hier die Auslosung innerhalb festgelegter Mindest- und Höchstlaufzeiten vor. Die Hypothek, die die Bank für ihre Darlehen an Geldsuchende sich bestellen läßt (und durch die mittelbar auch die Pfandbriefinhaber geschützt sind, wie gezeigt), kann auf Grundstücken oder Schiffen lasten (Schiffspfandbriefe).

Wichtig sind ferner die Industrieobligationen. Auch sie sind häufig durch Hypotheken oder Grundschulden gesichert (vgl. §§ 1187–89, 1192 BGB). Eine Sonderstellung nehmen Wandelschuldverschreibungen (vgl. oben D. II) ein.

In neuerer Zeit spielen auf den Inhaber gestellte Genußscheine, die Genußrechte verbriefen, eine erhebliche Rolle (§ 221 AktG). In der Versicherungswirtschaft sind sie namentlich für die Versicherungsvereine a. G. interessant, die sich ja im Unterschied zu den Aktiengesellschaften nicht durch Erhöhung des Grundkapitals Mittel beschaffen können. Laut § 54 a II Nr. 5 a VAG kann das gebundene Vermögen unter den dort bezeichneten Voraussetzungen auch in Genußrechten angelegt werden. Im Rahmen der Kapitalausstattung ist das Kapital, das gegen Gewährung von Genußrechten eingezahlt ist, unter den Voraussetzungen des § 53 c III Nr. 3a VAG den Eigenmitteln zuzurechnen.

Damit spricht der Gesetzgeber gleichzeitig aus, daß solche Mittelbeschaffung kein versicherungsfremdes Geschäft im Sinne des § 7 II VAG darstellt (vgl. VerBAV 1988 S. 248).

Genußrechte sind Vermögensrechte. Sie sind dadurch charakterisiert, daß die Rendite in Beziehung gesetzt wird zum **Gewinn** der Schuldnergesellschaft. Oft ist auch vorgesehen, daß das Kapital am **Verlust** teilnimmt. Genußrechte stehen stimmrechtslosen Vorzugsaktien nahe, jedoch hat der Aktionär im Unterschied zum Genußrechtsinhaber alle Verwaltungsrechte außer dem Stimmrecht. Auch Genußrechte können mit Umtausch- bzw. Optionsrechten verbunden sein (vgl. oben D.II).

Die Entwicklung geht bei den Massenpapieren vom Wert**papier** zum Wert**recht**, d. h. die Verbriefung der Rechte wird durch Eintragung in ein besonderes Register ersetzt, Buchungsvorgänge treten an die Stelle sachenrechtlicher Verfügungen. Hauptbeispiel bilden Anleihen des Bundes und Bundesschatzbriefe. Dadurch wird das sachenrechtliche Element zurückgedrängt.

Auf derselben Linie liegt es, wenn Aktiengesellschaften für neue Aktien zunächst keine Einzelurkunden ausstellen, sondern eine **Globalurkunde**, die bei einer angesehenen Bank hinterlegt wird.

III. Verpflichtungen und Rechte aus der Inhaberschuldverschreibung

1. Verpflichtung des Ausstellers

Sie entsteht durch einseitiges Leistungsversprechen. Der Aussteller ist auch dann verpflichtet (§ 794 BGB), wenn die Schuldverschreibung nach ihrer Ausstellung abhanden kommt, also z. B. gestohlen wird oder verloren geht. Eine Verpflichtung entsteht aber in diesem Fall nur gegenüber dem gutgläubigen Erwerber. Aus diesem Grunde ist der Unterschied zum Wechsel, wo ein Begebungsvertrag gefordert wird, nicht so erheblich, wie es auf den ersten Blick scheint.

Der gute Glaube des Erwerbers deckt aber nicht die fehlende Geschäftsfähigkeit des **Ausstellers** beim Ausstellungsakt (vgl. die Parallele unten 2. für den Fall der mangelnden Geschäftsfähigkeit des **Veräußerers**).

2. Rechte des Inhabers

Dem jeweiligen Eigentümer der Urkunde steht der Anspruch aus der Inhaberschuldverschreibung zu: § 793 BGB (Legitimationsfunktion). Das Urkundeneigentum geht über nach rein sachenrechtlichen Grundsätzen, nämlich durch Einigung und Übergabe (§ 929 BGB). Der gute Glaube des Erwerbers an das Eigentum seines Vormannes wird sogar dann geschützt, wenn die Urkunde dem wahren Berechtigten abhanden gekommen ist (§ 935 II BGB). Nach der herrschenden Lehre wird der Erwerber aber nicht in seinem guten Glauben an die Geschäftsfähigkeit des Veräußerers geschützt (vgl. den Parallelfall oben H. III. 1).

Bei der Inhaberschuldverschreibung ist die Skripturhaftung voll ausgebildet, d. h. der Aussteller kann dem Inhaber der Urkunde nur solche Einwendungen entgegensetzen, die sich aus der Urkunde selbst ergeben. Hinzu kommen allerdings Einwendungen, die die Gültigkeit der Ausstellung betreffen (z. B. fehlende Geschäftsfähigkeit, Fälschung der Urkunde) oder die ihren Grund in Vereinbarungen zwischen dem Aussteller und dem Inhaber haben (§ 796 BGB). Zu den letzteren, auch persönliche Einwendungen genannt, gehört etwa die Stundung über den sich aus der Urkunde ergebenden Fälligkeitstag hinaus oder der Einwand der Aufrechnung (dem Aussteller steht eine Gegenforderung gegen den Inhaber zu, mit der er nach § 387 BGB aufrechnen kann).

IV. Einlösung

1. Prüfung der Legitimation

Der Aussteller ist **nicht verpflichtet**, das Verfügungsrecht des Inhabers nachzuprüfen. Er wird also durch Leistung an den Inhaber auch dann frei, wenn dieser nicht Eigentümer der Urkunde oder nicht Verfügungsberechtigter ist (also z. B. durch Zahlung an den Dieb der Urkunde oder an einen Minderjährigen, § 793 I S. 2 BGB). Nur dann braucht der wirkliche Eigentümer die Leistung an einen Nichtberechtigten nicht gegen sich gelten zu lassen, wenn der Aussteller das mangelnde Recht des Inhabers kannte und nachweisen konnte.

Daraus ergibt sich gleichzeitig, daß der Aussteller **berechtigt** ist, das Eigentum des Inhabers nachzuprüfen. Aber ihn trifft die Beweislast für die Nichtberechtigung des letzteren. Durch die Urkunde hat also der Inhaber zunächst den Rechtsschein der Eigentümerschaft auf seiner Seite. Das wirkt sich nicht nur zu **seinen** Gunsten, sondern auch zugunsten des **Ausstellers** aus, der, wie wir gesehen haben, grundsätzlich frei wird, wenn er an den Inhaber zahlt.

2. Modalitäten der Einlösung

Nach § 797 S. 1 BGB braucht der Aussteller nur gegen **Aushändigung der Urkunde** zu leisten. Die Inhaberschuldverschreibung ist also Einlösungspapier. Damit wird der Aussteller Eigentümer der Urkunde (§ 797 S. 2 BGB). Anders ist es nur dann, wenn er an einen Inhaber zahlte, dessen mangelnde Berechtigung er kannte und nachweisen konnte. In diesem Fall wird das Eigentum des wahren Berechtigten an der Urkunde nicht angetastet.

Wie bei Wechsel und Scheck gibt es auch hier eine Vorlegungsfrist. Sie kann vom Aussteller bestimmt werden (§ 801 III BGB). Ist sie nicht bestimmt, beträgt sie 30 Jahre von dem Zeitpunkt ab, der für die Leistung vorgesehen ist. Ist innerhalb dieser Zeit nicht vorgelegt worden, so erlischt der Anspruch. Die Vorlegungsfrist ist also eine Ausschlußfrist.

Von ihr, die von Amts wegen in einem Rechtsstreit beachtet wird, ist die Verjährung zu unterscheiden, die nur auf eine entsprechende Einrede des Ausstellers berücksichtigt wird. Die Verjährungsfrist beträgt zwei Jahre nach Ablauf der Vorlegungsfrist. Voraussetzung ist, daß die Urkunde vorgelegt (anderenfalls greift ja die stärkere Ausschlußfrist ein), aber nicht eingelöst wurde. Das alles ergibt sich aus § 801 I BGB.

Beispiel:

Eine Anleihe nennt als Einlösungstag den 31.12.80. Wird bis zum 31.12.2010 die Urkunde nicht vorgelegt, erlischt der Anspruch. Ist das Papier bis zu diesem Tage vorgelegt worden, so verjährt er am 31.12.2012.

3. Umschreibung auf Rektapapier

Die Inhaberschuldverschreibung ist – wie erwähnt – geborenes Inhaberpapier. Sie kann aber vom Aussteller nach § 806 BGB zum Rektapapier gemacht werden, indem sie auf den Namen eines bestimmten Gläubigers umgeschrieben wird. Der Aussteller ist hierzu aber nicht verpflichtet. Der Gläubiger kann ein Interesse an der Umschreibung haben, wenn er das Papier längere Zeit behalten will. Beim Rektapapier ist er dagegen geschützt, daß ihm etwa das Papier abhanden kommt und der Dritte es zur Einlösung vorlegt oder es an einen Gutgläubigen weitergibt.

Bei Bundes- und Länderanleihen ist zwar nicht die Umwandlung in ein Rektapapier vorgesehen, deren Ziel wird aber erreicht durch Eintragung in das Bundesschuldbuch bzw. die Landesschuldbücher.

V. Nebenpapiere

1. Zinsscheine (Kupons)

Die Zinsscheine (vgl. § 803 BGB) sind echte Inhaberschuldverschreibungen und unterstehen deshalb den oben zu H. III. und H. IV. erörterten Regeln. Die Vorlegungsfrist beträgt hier vier Jahre (§ 801 II BGB).

Der Zinsschein hat den Zweck, die Abhebung der Zinsen zu erleichtern. Ohne ihn müßte jeweils das Hauptpapier vorgelegt werden, was die Gefahr des Verlustes auf dem Transport und damit die Gefahr des Verlustes des Rechts mit sich bringt. Der Zinsschein bedeutet aber auch eine Erleichterung für den Aussteller: Er ist nur gegen Vorzeigung desselben zur Leistung verpflichtet. Da die Zinsscheine selbständige Wertpapiere sind, wird die separate Übertragung der Zinsansprüche erleichtert.

Wenn die Hauptforderung zwar entstanden ist, aber später erlischt, bleibt der Zinsschein in Kraft (§ 803 BGB). Das hat namentlich Bedeutung für die Anleihen, die jährlich mit einem bestimmten Prozentsatz getilgt werden. Dadurch geht die Hauptschuld in dem betreffenden Umfang unter. Soweit aber Kupons über Zinsen ausgestellt waren, bleiben diese wirksam.

2. Erneuerungsscheine (Talons)

Wenn ein Wertpapier mit Zinsscheinen versehen ist, so wird in der Regel mit ihm zusammen ein Erneuerungsschein ausgegeben. Dieser dient zur Legitimation für den Empfang neuer Zinsscheine und eines weiteren Talons. Dem Hauptpapier werden Zinsscheine nur für eine bestimmte Zahl von Jahren beigegeben. Nach Ablauf dieser Zeit erhält der Inhaber auf Grund des Erneuerungsscheins einen Bogen mit neuen Zinsscheinen. Der Talon hat, ähnlich wie der Zinsschein, die Aufgabe, die Vorlage des Hauptpapiers zu ersetzen. Gäbe es einen Talon nicht, müßte das Hauptpapier zum Empfang weiterer Zinsscheine präsentiert werden.

Der Talon ist aber im Unterschied zum Zinsschein kein Inhaberpapier. Der Inhaber des Hauptpapiers kann der Ausgabe von Zinsscheinen an den Taloninhaber widersprechen (§ 805 BGB). Damit steht es im Zusammenhang, daß der Talon nur mit dem Hauptpapier übertragen werden kann und daß er bei Erlöschen des Hauptrechts ebenfalls unwirksam wird. Er ist also völlig abhängig vom Hauptpapier.

3. Gemeinsames

Zins- und Erneuerungsscheine werden nur im Gefolge eines Hauptpapiers ausgegeben. Deshalb gilt die Regel, daß derjenige, der das Stammpapier kauft, im Zweifel auch die Nebenpapiere gekauft hat.

VI. Inhaberzeichen

1. Arten

Im täglichen Verkehr werden häufig Marken, Karten oder ähnliche Urkunden ausgegeben, die als Ausweis für den Gläubiger dienen sollen. Sie nennen oft nicht einmal den Gegenstand der Leistung, manchmal auch nicht den Aussteller, unterzeichnet sind sie in der Regel nicht. Hierher gehören etwa Einzelfahrkarten, Eintrittskarten, Badekarten, Speisemarken, Gutscheine.

Gemeinsam ist diesen Zeichen, daß der Aussteller gegenüber dem jeweiligen Inhaber verpflichtet sein will und daß umgekehrt der Besitz des Zeichens zur Geltendmachung des Rechts notwendig ist. Beides läßt sich häufig aus den Marken oder Papieren nicht ausdrücklich entnehmen, sondern ergibt sich aus den Gesamtumständen, wobei der Verkehrssitte besondere Bedeutung zukommt.

2. Rechtliche Regelung

Nach § 807 BGB sind solche Zeichen (im Unterschied zu den oben B. I. 3. behandelten einfachen Legitimationspapieren) Inhaberschuldverschreibungen, da sie dem Inhaber ein wirkliches Gläubigerrecht geben. Deshalb erklärt das Gesetz verschiedene Bestimmungen der §§ 793 ff. BGB für anwendbar.

Das bedeutet: Der Inhaber kann die Leistung verlangen; wenn der Schuldner nicht leisten will, muß er seinerseits nachweisen, daß der Inhaber nicht verfügungsberechtigt ist. Der Aussteller ist auch dann einem gutgläubigen Inhaber verpflichtet, wenn die betreffende Marke bzw. Karte wider seinen Willen in den Verkehr gekommen war. Ebenso gilt auch hier die Einredebeschränkung des Ausstellers.

Aber nicht alle Vorschriften über die Inhaberschuldverschreibungen sind auf die Inhaberzeichen anwendbar. Wegen der relativen Geringwertigkeit gelten hier die Bestimmungen über Ausschluß- und Verjährungsfristen nicht, ebensowenig diejenigen über die Nebenpapiere oder die Umschreibung in ein Rekta-Papier.

Auch können diese Papiere nicht für kraftlos erklärt werden, denn § 807 zitiert nicht die §§ 799, 800 BGB.

J. Die Aktie und das Investmentzertifikat

I. Bedeutung des Aktienwesens für die Versicherungswirtschaft

1. Allgemeines

Da die bedeutendsten Versicherungsunternehmungen in der Rechtsform der AG arbeiten[4], muß jeder am Versicherungswesen Interessierte mit dem hiermit korrespondierenden Papier, der Aktie, zumindest in großen Zügen vertraut sein. Aktien spielen darüber hinaus insofern eine Rolle für das Leben einer Versicherungsunternehmung, als es bestimmte Grundsätze gibt, inwieweit die Vermögensanlagen in solchen Beteiligungen und in Investmentzertifikaten bestehen können. Vorerst aber

---

4 Vgl. auch RLV. VI.

gilt es, auf einige Vorschriften hinzuweisen, die den Versicherungs-Aktiengesellschaften eigentümlich sind und die ein Licht auf deren Struktur werfen.

2. Besonderheiten der Versicherungs-AG

Da bei Versicherungsunternehmungen das Grundkapital weniger die Rolle eines Betriebskapitals als die eines Garantiefonds spielt, ist hier eine Satzungsbestimmung zulässig, wonach das **Grundkapital** auch dann **erhöht** werden darf, wenn die Aktien noch nicht voll einbezahlt sind (§ 182 IV S. 2 AktG).

Gewöhnlich ist den Gläubigern bei einer **Kapitalherabsetzung** Sicherheit nach Maßgabe des § 225 I S. 1 AktG zu leisten. Das gilt nach § 225 I S. 3 AktG in Verbindung mit §§ 77 III, 79 VAG nicht gegenüber den deckungsstockberechtigten Versicherungsnehmern in der Personenversicherung. Diese Versicherungsnehmer sind durch die bevorzugte Befriedigung aus dem Deckungsstock und dessen staatliche Überwachung genügend geschützt. Aus dem gleichen Grund ist diesen Gläubigern einer Versicherungs-Aktiengesellschaft auch dann keine Sicherheit zu leisten, wenn ihre Gesellschaft im Wege der **Verschmelzung** ihr Vermögen auf eine andere überträgt (§ 347 II AktG).

Das Hineinspielen aufsichtsrechtlicher Vorschriften ist auch beim **Konkursantrag** bedeutungsvoll. Nach § 92 II AktG hat der Vorstand bei Zahlungsunfähigkeit oder Überschuldung Konkursantrag zu stellen. Bei Versicherungs-Aktiengesellschaften hat der Vorstand diese Umstände lediglich der Aufsichtsbehörde anzuzeigen und diese befindet darüber, ob sie Konkursantrag stellt (§ 88 VAG). Der Grund für diese Sondervorschrift liegt darin, daß die Aufsichtsbehörde zunächst versuchen soll, eine Sanierung etwa durch Anregung einer Bestandübertragung oder durch Maßnahmen nach §§ 81, 81 a, 89 VAG herbeizuführen.

Schließlich ist noch zu erwähnen, daß das Grundkapital einer AG nach § 7 AktG mindestens 100 000,- DM betragen muß. Für Versicherungsaktiengesellschaften hingegen gilt kein **genereller** Mindestbetrag, vielmehr ist § 2 KapitalausstattungsVO vom 3.12.1983/7.10.1987 (Neufassung: VerBAV 1990 S. 493) zu beachten, der je nach den betriebenen Sparten die Höhe des Mindestgarantiefonds bestimmt, zu dem als eigene Mittel auch das eingezahlte und die Hälfte des nicht eingezahlten Grundkapitals sowie das gegen Gewährung von Genußrechten eingezahlte Kapital gehören (vgl. §§ 5 IV, 8 I Nr. 2, 53 c III, 53 c III a VAG).

II. Begriffe und Arten der Aktie

1. Wesen der Aktie

Unter der Bezeichnung Aktie kann dreierlei verstanden werden: der **Anteil am Grundkapital der Unternehmung**, das **Mitgliedschaftsrecht** und schließlich die **Urkunde**, die als Verbriefung darüber dient. Wir sprechen im folgenden vornehmlich von der Aktie in letzterer Bedeutung. Maßgebliche Rechtsgrundlage ist das AktG vom 6.9.1965 mit vielen Änderungen, vor allem durch das BilanzrichtlinienG vom 19.12.1985. Die Aktie lautet auf einen ziffernmäßigen Teilbetrag des Grundkapitals. Das Gesetz schreibt in § 6 AktG Nennwertaktien vor, Aktien auf eine Quote des Grundkapitals sind also nicht zulässig. Darin unterscheidet sich das deutsche Recht von vielen ausländischen. So kennen z. B. Italien, Belgien, die USA und Kanada nennwertlose Quotenaktien (no par value shares). Der Mindestbetrag der Aktie beträgt 50,- DM (§ 8 AktG). Die Nennbeträge aller Aktien ergeben das Grundkapital.

Über den wirklichen Wert der Aktie sagt der Nennbetrag nichts. Er kann höher (z. B. bei großen Reserven), aber auch tiefer liegen als der Nennbetrag, z. B. bei Verlusten. Die Aktie verbrieft einen Anteil am Vermögen der AG, repräsentiert also einen Sachwert (im Unterschied zur Obligation, die über eine ziffernmäßig feststehende Forderung ausgestellt ist).

2. Inhaber- und Namensaktien

Wir unterscheiden Inhaber- und Namensaktien. Die ersteren sind **Inhaberpapiere**, die letzteren **Orderpapiere**. Sofern die Aktien vor der vollen Zahlung ihres Nennwertes ausgegeben werden, können sie nur auf den Namen lauten (§ 10 II AktG). Aus diesem Grund sind die Aktien vieler Versicherungsunternehmungen Namensaktien. Auf diese sind in der Versicherungswirtschaft zur Zeit im Durchschnitt etwa 80 % eingezahlt, während dieser Prozentsatz vor dem ersten Weltkrieg bei 26 lag. Das Gesetz stellt sich bei voll eingezahlten Aktien die Inhaberaktie als Regel vor (§ 24 AktG).

Inhaberaktien werden übertragen durch Einigung und Übergabe (§§ 929 ff. BGB). Auf sie finden die Regeln der Inhaberschuldverschreibung (§§ 793 ff. BGB) entsprechende Anwendung, soweit das die Aktie als Mitgliedspapier zuläßt.

Bei Namensaktien erfolgt die Übertragung durch Indossierung in Verbindung mit der Übergabe des Papiers in Einigkeit über den Eigentumsübergang. Für die Namensaktie verweist § 68 I AktG auf wesentliche Vorschriften des WechselG, so für die Form des Indossaments, für die Legitimation des Inhabers und seine Herausgabepflicht. Das Indossament hat hier aber keine Garantiefunktion, insoweit also wie bei den Traditionspapieren.

Die Satzung kann bestimmen, daß auf Verlangen des Aktionärs seine Inhaberaktie in eine Namensaktie umgeschrieben wird und umgekehrt (§ 24 AktG).

Nach § 8 III AktG sind sowohl Inhaber- als auch Namensaktien unteilbar. Wenn sich etwa durch Erbgang das Recht an der Aktie spaltet, muß ein gemeinsamer Vertreter bestellt werden, der die Rechte aus der Aktie wahrnimmt.

Jeder Aktionär hat Anspruch auf Aushändigung der Aktienurkunde, die Gesellschaft hat aber ein Zurückbehaltungsrecht, bis die statutenmäßige Einlage erbracht worden ist, bei Inhaberaktien bis zur Zahlung der vollen Einlage.

3. Aktiengattungen

Wirtschaftlich werden **Stamm- und Vorzugsaktien** unterschieden (§ 11 AktG). Der Vorzug, der satzungsmäßig vorgesehen sein muß, kann z. B. in dem Recht auf höhere Dividende bestehen (häufig: stimmrechtslose Vorzugsaktie, §§ 12 I, 139–141 AktG, die sich den Gewinnschuldverschreibungen nähert) oder in einem erhöhten Stimmrecht, letzteres aber nur, wenn es die oberste Wirtschaftsbehörde des Landes zuläßt (§ 12 II AktG). Der Kampf gegen Mehrstimmrechtsaktien ist alt. Der Gesetzgeber wollte auf sie nicht ganz verzichten, da sie im Einzelfall gerechtfertigt sein können zur Abwehr einer drohenden Überfremdung oder um der öffentlichen Hand, etwa bei Versorgungsaktiengesellschaften, den nötigen Einfluß zu sichern.

Andere Wege zur Erreichung dieses Ziels lassen sich beschreiten in Gestalt der vinkulierten Namensaktie (davon unten J. IV) oder des satzungsmäßig vorgesehenen Höchststimmrechts desjenigen Aktionärs, dem mehrere Aktien gehören: § 134 I S. 1 AktG.

Gelegentlich liest man, daß eine AG Gratisaktien ausgegeben habe. Das bedeutet nicht etwa, daß Aktien gratis verteilt werden, vielmehr handelt es sich um eine Form der Gewinnausschüttung an die Aktionäre, bei der während verschiedener Jahre angesammelte offene Reserven in Grundkapital verwandelt werden.

Exkurs: Partizipationsscheine stehen den stimmrechtlosen Vorzugsaktien nahe. Sie eignen sich u. a. zur Beteiligung der Belegschaft am Unternehmungsgewinn. Sie kommen auch als Namenspapiere vor, die Ausgabe ist nicht auf Aktiengesellschaften beschränkt.

III. Legitimation des Inhabers

1. Allgemeines

Zur Ausübung der Mitgliedschaftsrechte bedarf der Aktionär der Legitimation. Ist die Aktie ein **Inhaberpapier**, so wird die Legitimation durch die **Urkunde** erbracht. Die Aktiengesellschaft müßte dem Inhaber nachweisen, daß er nicht Eigentümer ist, wenn sie ihn nicht als Mitglied gelten lassen will. Die Rechtslage ist insofern verwandt mit der bei Inhaberschuldverschreibungen.

Bei **Namensaktien und bei Zwischenscheinen** (§ 8 IV AktG) wird die Legitimation gegenüber der Gesellschaft durch das **Aktienbuch** erbracht. Hierunter wird ein Verzeichnis aller Namensaktionäre verstanden, das die Aktiengesellschaft führt (§ 67 I, II AktG). Die Übertragung der Aktie ist der Aktiengesellschaft unter Vorlegung der Urkunde anzumelden, der Übergang ihr nachzuweisen. Wie beim Wechsel hat die Aktiengesellschaft die äußere Ordnungsmäßigkeit der Indossamente nachzuprüfen, nicht aber die Echtheit der Unterschriften. Ergeben sich keine Bedenken, so wird der Übergang im Aktienbuch eingetragen (§ 68 III, IV AktG).

2. Spaltung der Stellung des Namensaktionärs

Hierbei ist anzumerken, daß die Umschreibung im Aktienbuch für den **Erwerb** der Namensaktie ohne Bedeutung ist, hier genügen Indossament und Übergabe, aber im Verhältnis zur Aktiengesellschaft kann die Mitgliedsrechte nur ausüben, wer im Aktienbuch vermerkt ist (§ 67 II AktG). Bis zu seiner Eintragung im Aktienbuch ist also die Stellung des Erwerbers einer Namensaktie gespalten. Ob die Aktiengesellschaft auch dem Eingetragenen gegenüber zum Nachweis zuzulassen ist, daß er nicht der Berechtigte sei, ist bestritten, aber wohl entsprechend der Rechtslage bei der Inhaberaktie zu bejahen. Aus der Einrichtung des Aktienbuches ergibt sich, daß die Aktiengesellschaft bei Namensaktien anders als bei Inhaberaktien stets feststellen kann, wer ihre Mitglieder sind.

IV. Vinkulation von Namensaktien

Die Satzung kann die Übertragbarkeit von Namensaktien dadurch einschränken, daß sie den Übergang von der Zustimmung der Gesellschaft abhängig macht (**vinkulierte Aktie**). In diesem Fall kann die Satzung auch darüber bestimmen, welches Organ (Vorstand, Aufsichtsrat, Hauptversammlung) über die **Zustimmung** beschließt, im Zweifel steht sie dem Vorstand zu. **Erklärt** wird die Zustimmung gegenüber dem Nachsuchenden in jedem Fall durch den Vorstand. Die Satzung kann weiterhin auch die Gründe nennen, aus denen die Zustimmung verweigert werden kann. All das ergibt sich aus § 68 II AktG. Gerade in der Versicherungswirtschaft sind vinkulierte Aktien häufig. Grund: die früher übliche **Teil**einzahlung des Grundkapitals. Die Vinkulierung erlaubt eine Solvenzprüfung des Erwerbers. Sie gilt nur bei rechtsgeschäftlicher Übertragung, nicht bei Gesamtnachfolge und eingeschränkt bei Pfändung, vgl. hierzu BGH BB 1987 S. 435. Fehlt die Zustimmung, ist die Übertragung nichtig gegenüber jedermann. Im allgemeinen ist ein Anspruch des Veräußerers gegen die Gesellschaft auf Zustimmung nicht gegeben.

Die Vinkulierung ist nötig bei der Nebenleistungs-Aktiengesellschaft, also wenn die Aktionäre verpflichtet sind, außer den Einlagen auf das Grundkapital wiederkehrende andersartige Leistungen als Geldleistungen zu erbringen (§§ 55 ff. AktG). Sie ist ferner nötig, wenn nach der Satzung den Inhabern bestimmter Aktien ein Recht auf Entsendung eines Mitgliedes in den Aufsichtsrat zusteht (§ 101 II AktG).

Nachträglich kann die Vinkulierung in die Satzung nur aufgenommen werden, wenn alle betroffenen Aktionäre zustimmen (§ 180 II AktG). – Auf die Schwierigkeiten, die sich im Börsenhandel bei vinkulierten Aktien ergeben, ist bereits hingewiesen worden (vgl. oben C. III 3).

V. Nebenpapiere

Vor Ausgabe der Aktie kann die Ausgabe von Zwischenscheinen vorgesehen sein. Das kommt namentlich bei Inhaberaktien vor, ehe der volle Nennbetrag eingezahlt worden ist. Die Zwischenscheine müssen auf Namen lauten und unterstehen den Vorschriften über die Namensaktien (§ 10 AktG). Sie gewähren die vollen Rechte wie eine Aktie. Ist der Nennbetrag bezahlt, kann der Aktionär die Aushändigung von Aktien verlangen.

Für die Dividendenscheine und die Talons gelten im wesentlichen die Sätze, die zu den Inhaberschuldverschreibungen entwickelt worden sind (vgl. oben H. V).

VI. Investmentzertifikate

1. Begriff

Investmentzertifikate verbriefen einen **Anteil an einem Fonds, der aus Wertpapieren oder aus einer Immobiliengesamtheit besteht.** Rechtsquelle für die offenen Investmentfonds (Ausgabe von Zertifikaten ist nicht beschränkt) ist das Gesetz über Kapitalanlagegesellschaften in der Neufassung vom 21. 2. 1991. Die Stückelung großer Wertpapier- oder Grundstücksbeteiligungen in gleichmäßige Anteile bringt den Vorteil einer Risikostreuung sowie einer Anlegung auch kleiner Beträge mit sich.

Zwischen die Kapitalanlagegesellschaft und das Publikum sind die Depotbanken geschaltet. Sie üben Kontrollrechte gegenüber der Anlagegesellschaft und Treuhandfunktionen für die Anteilseigner aus. Deshalb stellt das Gesetz an die Depotbanken gewisse finanzielle und personelle Anforderungen.

Bei den Wertpapierfonds ist in der Regel vorgesehen, daß die in ihnen ruhenden Werte der Gesamtheit der Anteilseigner gehören. Bei den Grundstücksfonds stehen die ihnen zugeordneten Gegenstände der Kapitalanlagegesellschaft zu, was grundbuchtechnische Gründe hat. – Sämtliche Kapitalanlagegesellschaften, die nur in Rechtsform einer Aktiengesellschaft oder einer GmbH bestehen können, unterliegen der Aufsicht nach dem Kreditwesengesetz. – Der Wert eines Zertifikats richtet sich nach dem Kurs der im Fonds ruhenden Werte.

2. Rechtsnatur

Im folgenden wollen wir uns nur mit den Zertifikaten der Wertpapierfonds befassen. Sie können auf den Inhaber oder auf den Namen lauten, sie sind letzterenfalls Orderpapiere (praktisch überwiegen die Inhaberpapiere). Man erkennt deutlich das Modell der Aktie. Daher gelten für Übertragung und Geltendmachung der im Zertifikat verbrieften Rechte weitgehend dieselben Grundsätze, die wir im vorhergehenden für die Aktie kennengelernt haben. Allerdings verbriefen Zertifikate im Unterschied zu Aktien keine Mitgliedschaftsrechte, sondern das Recht auf eine bestimmte Quote des Fondsvermögens sowie das Recht gegen die Kapitalanlagegesellschaft auf Auskehrung des Wertes des Anteils (abzüglich Spesen und Provision) nach den näheren Vertragsbedingungen gegen Rückgabe des Zertifikats. Häufig kommt es jedoch nicht zur Rücknahme, weil die zwischengeschalteten Kreditinstitute den Anteil freihändig kaufen, um ihn wieder weiter zu veräußern.

VII. Vermögensanlagen der Versicherungsunternehmungen in Aktien und Investmentzertifikaten

Es ist hier nicht der Platz, das weitverzweigte Gebiet der Kapitalanlagen der Versicherungsunternehmen vollständig darzustellen. Hingewiesen werden muß an dieser Stelle auf die sogenannte kleine VAG-Novelle vom 20.12.1974 (§§ 54–54 d VAG) nebst Erläuterungen des Bundesaufsichtsamts in dessen Rundschreiben R 2/75 vom 11.3.1975. Für die Anlage von Vermögen sind drei Kategorien zu unterscheiden: Der Deckungsstock (Gegenstück: Deckungsrückstellung in der Lebens- und Krankenversicherung, §§ 65 ff.), das übrige gebundene Vermögen und das freie Vermögen. Mit dem gebundenen Vermögen befassen sich § 54 a VAG und das Rundschreiben R 2/75, beide erwähnen auch Aktien und Investmentzertifikate. Auf § 54 a VAG nimmt § 54 c VAG (ausländische Bestände) Bezug. Die §§ 54a bis 54c gelten jetzt in der Fassung des Gesetzes vom 17. 12. 1990.

K. Der Versicherungsschein

I. Versicherungsschein als Beweisurkunde

Die Rechtsnatur der Versicherungsscheine ist nicht einheitlich. Stets sind sie Beweisurkunden, d. h. die echte (nicht gefälschte), mit wirklicher oder faksimilierter Unterschrift (§ 3 I S. 2 VVG) versehene Police erbringt den **Beweis** dafür, daß der Versicherer die in ihr enthaltenen **Erklärungen abgegeben hat** (§ 416 ZPO). Es wird darüber hinaus vermutet, daß diese Erklärungen auch **inhaltlich** zutreffen und daß sie **vollständig** sind.

Bei den meisten Versicherungsscheinen hat es mit dieser Beweisfunktion sein Bewenden, sie sind **keine Wertpapiere**. Übertragen wird die Versicherungsforderung hier (soweit nicht die AVB die Abtretung einschränken) durch Zession nach §§ 398 ff. BGB. Der neue Gläubiger erwirbt mit der Abtretung nach § 952 BGB das Eigentum an der Police, auch wenn sie ihm noch nicht übergeben worden ist. Ein gutgläubiger Forderungserwerb ist nicht möglich.

II. Versicherungsschein mit Inhaberklausel

1. Rechtsgrundlage

Nach § 4 VVG kann ein Versicherungsschein auf den Inhaber ausgestellt werden, was namentlich in der Lebensversicherung (§ 11 ALB) und in der Seeversicherung (§ 14 ADS) vorkommt. Er ist aber auch dann kein Inhaberpapier im Sinne der obigen Ausführungen D. I. 3., sondern ein sogenanntes **hinkendes** Inhaberpapier, auch qualifiziertes Legitimationspapier genannt. Das ergibt die Verweisung in § 4 VVG auf § 808 BGB.

Danach wird der Versicherer zwar grundsätzlich frei, wenn er an den nichtberechtigten Inhaber der Police zahlt, aber der Inhaber ist nicht berechtigt, die Leistung zu fordern (§ 808 I S. 2 BGB). Der Versicherer kann vielmehr verlangen, daß der Inhaber ihm seine Berechtigung nachweist (beachte die umgekehrte Beweislage bei den Inhaberschuldverschreibungen). Diese Police gibt also einen Rechtsschein zugunsten des Versicherers, aber nicht zugunsten des Urkunde-Inhabers. Angesichts des § 13 (3) ALB in Verbindung mit §§ 409 BGB, 836 II ZPO hat der Versicherungsschein viel von seiner Bedeutung verloren, denn der Schutz, den dieses Papier dem Versicherer gewährleisten soll, wird bereits durch die genannten Bestimmungen erzielt.

Die Policen mit Inhaberklausel stehen den Sparkassenbüchern, den Pfandscheinen der öffentlichen Pfandleiher, den Depotscheinen und den Zeitkarten der Verkehrsmittel gleich. Auch die Post beteiligt sich am Sparverkehr, Postsparkassenordnung vom 22.3.1989. Auch für den Postsparverkehr gilt § 808 BGB; Ansprüche daraus werden im ordentlichen Rechtsweg entschieden: BGH NJW 1986 S. 2104. Nicht zu den hinkenden Inhaberpapieren gehören die Kundenkreditkarten, weil der Aussteller keine Leistung verspricht: BGH BB 1990 S. 1146.

2. Einzelheiten

Da die qualifizierten Legitimationspapiere keine echten Wertpapiere sind, gilt für die Übertragung der Versicherungsforderung hier dasselbe, als wenn ein einfacher Versicherungsschein (ohne Inhaberklausel) ausgehändigt worden wäre. Über die schlichte Beweisurkunde geht die Police mit Inhaberklausel insofern hinaus, als der Versicherer nur gegen Aushändigung der Police zur Zahlung verpflichtet ist (§ 808 II S. 1 BGB). Die Leistung an den nichtberechtigten Inhaber der Urkunde befreit den Schuldner (Bank, Versicherer) dann nicht, wenn er die Nichtberechtigung kennt oder infolge grober Fahrlässigkeit nicht kennt. Der Berechtigte behält also seinen Anspruch gegen Bank oder Versicherung; Näheres: LG Hamburg NJW 1983 S. 1860. Diese hat einen Bereicherungsanspruch gegen den Vorleger der Urkunde. Die Prüfungspflicht in diesen Fällen ist also ähnlich wie bei der Scheckeinlösung.

Wir unterscheiden die einfache von der qualifizierten Inhaberklausel. Bei der ersteren, auf die bisher abgestellt worden ist, kann der Versicherer nur in bezug auf seine Leistung den Inhaber als Gläubiger ansehen. Bei der qualifizierten Inhaberklausel (wie nach § 11 ALB) wird der Versicherer auch dann geschützt, wenn der Inhaber **andere Verfügungen** vornimmt als die Einziehung der Leistung, z. B. Umwandlung der Versicherung in eine prämienfreie, Kündigung, Verpfändung.

III. Versicherungsschein als Orderpapier

Nach § 363 II HGB **kann** der Versicherungsschein in der **Transportversicherung** (also auch in der Binnentransportversicherung) die Orderklausel enthalten. Er ist dann gekorenes **Order- und echtes Wertpapier**. Orderpolicen kommen hauptsächlich bei der Versicherung schwimmender Ware vor.

Das bedeutet im einzelnen: Die Rechte aus dem Versicherungsschein werden durch Indossament und Übergabe der Urkunde übertragen (§ 364 I HGB), also die Rechte aus dem Papier folgen entgegen § 952 BGB dem Recht am Papier. Der Versicherungsschein schafft dem Inhaber die Legitimation, die Leistung in Empfang zu nehmen. Einwendungen braucht er sich nur im Rahmen des § 364 II HGB entgegenhalten zu lassen. Dazu kommt aber eine Gruppe von zulässigen Einwendungen, die das Gesetz nicht nennt. Es sind solche, die etwa auf dem VVG oder den ADS beruhen. Das ergibt sich daraus, daß der Inhaber aus der Urkunde ersieht, daß er eine Forderung aus dem **Versicherungsvertrag** erwirbt. Das Papier ist also kausales, nicht abstraktes Wertpapier.

Als Transportversicherungspolice im Sinne des § 363 II HGB sollte auch das bei der laufenden Versicherung ausgestellte Versicherungszertifikat gelten. Indes behandelt es die Rechtsprechung als Papier nach § 808 BGB, was aber den Intentionen der Beteiligten nicht ganz gerecht wird.

L. Verfahrensrecht

I. Vorbemerkung

Der Versicherungskaufmann muß auch einige Kenntnisse von den Sonderbestimmungen haben, die die ZPO über Wertpapiere enthält. So muß er z. B. wissen, auf welchem Wege der Versicherer schnell zu seinem Geld kommt, wenn ein in seinem Besitz befindlicher Wechsel oder Scheck nicht eingelöst worden ist. Hat der Versicherer bereits eine ausgeklagte Forderung gegen seinen Versicherungsnehmer oder einen anderen Schuldner und ist der Schuldner im Besitz von Wertpapieren, so taucht die Frage auf, wie die Zwangsvollstreckung in solche Urkunde zu betreiben ist[5].

II. Urkunden-, Wechsel- und Scheckprozeß

1. Überblick

Wertpapiere sind stets Urkunden. Für den Inhaber einer Urkunde stellt die ZPO ein besonders zügiges Verfahren zur Verfügung, damit der Gläubiger recht schnell zu einem Leistungsurteil gegen den Schuldner kommt. Unter Umständen endet aber dieser Prozeß, da beide Parteien in ihren Beweismitteln beschränkt sind, nicht mit einem endgültigen, sondern nur mit einem Vorbehaltsurteil.

Der Wechselprozeß ist eine Abart des Urkundenprozesses. Das fünfte Buch der ZPO ist „**Urkunden- und Wechselprozeß**" überschrieben, die Grundsätze des Wechselprozesses gelten aber auch für den Scheckprozeß (§ 605 a ZPO).

---

5 Vgl. im übrigen auch RLV. IX

Schließlich lassen sich die Vorteile des Urkunden-, Scheck- und Wechselverfahrens mit denen des Mahnverfahrens verbinden (§ 703 a ZPO). Für das Mahnverfahren ist ohne Rücksicht auf die Höhe des Streitgegenstandes immer das Amtsgericht zuständig.

2. Besonderheiten des Verfahrens

Die Beschleunigung des Urkunden-, Wechsel- und Scheckprozesses wird u. a. dadurch erreicht, daß als Beweismittel nur die Urkunde und Antrag auf Parteivernehmung zugelassen sind (§ 595 ZPO). Damit ist also insbesondere der Zeugen- oder der Sachverständigenbeweis abgeschnitten. Macht der Beklagte Einwendungen, die er nur mit den letzteren Beweismitteln beweisen könnte, so kann der Kläger nur ein Vorbehaltsurteil erzielen (§ 599 ZPO), aus dem aber bereits vollstreckt werden kann (§ 599 III ZPO).

Im Nachverfahren, das ein gewöhnliches Verfahren (also kein Urkundenprozeß) ist, wird dann geprüft, ob die Einwendungen des Beklagten zu Recht bestehen (§ 600 ZPO).

Der Kläger hat die Wahl, ob er im Urkundenprozeß oder im ordentlichen Verfahren klagen will. Wählt er ersteren, muß er das ausdrücklich erklären (§§ 593 I, 604 I, 605 a ZPO).

3. Insbesondere Wechsel- und Scheckprozeß

Für ihn gelten die Vorschriften des Urkundenprozesses entsprechend mit folgenden Besonderheiten: Örtlich zuständig ist das Gericht des Zahlungsortes oder das Gericht, bei dem der Beklagte seinen allgemeinen Gerichtsstand hat (Wohnsitz bei natürlichen Personen, § 13 ZPO; Sitz bei juristischen Personen, § 17 ZPO); § 603 ZPO. Eine besondere Beschleunigung wird dadurch erzielt, daß die sonst zu wahrenden Fristen für die Ladung zum ersten Termin oder zu weiteren Terminen gemäß § 604 II, III ZPO erheblich abgekürzt sind.

Wegen der Schneidigkeit des Wechsel- und Scheckprozesses spielt das Arrestverfahren (vgl. § 916 ZPO) hier kaum eine Rolle.

III. Zwangsvollstreckung in Wertpapiere

1. Inhaber- und Orderpapiere

Obwohl Wertpapiere **Rechte** verkörpern, werden Inhaber- und Orderpapiere in der Zwangsvollstreckung weitgehend wie bewegliche **Sachen** behandelt: Das ergibt sich für die **Pfändung** von Orderpapieren aus § 831 ZPO, für die Pfändung von Inhaberpapieren daraus, daß bei ihnen ganz allgemein das Recht aus dem Papier dem Recht am Papier folgt. Inhaber- und Orderpapiere werden also gepfändet, indem sie der Gerichtsvollzieher dem Schuldner wegnimmt (vgl. § 808 ZPO). Damit ist auch die verbriefte Forderung gepfändet.

Für die **Verwertung** gilt folgendes: Der Gerichtsvollzieher darf die Papiere nicht ohne weiteres dem Gläubiger aushändigen. Handelt es sich um Inhaber- oder Orderpapiere, die keine **Forderung** verbriefen (z. B. Aktien), so hat er sie zu versteigern bzw. – wenn sie einen Börsen- oder Marktpreis haben – sie aus freier Hand zu verkaufen (§ 821 ZPO).

Handelt es sich um Papiere, die eine Forderung verbriefen (Hauptfall, aber streitig: Wechsel), muß der Gläubiger wie bei gewöhnlichen Forderungen vom Amtsgericht einen Überweisungsbeschluß nach § 835 erwirken. Wenn er diesen in Händen und der Gerichtsvollzieher ihm daraufhin das

Papier übergeben hat, kann der Gläubiger die Rechte geltend machen, die seinem Vollstreckungsschuldner aus der Urkunde zustanden.

2. Rekta-Papiere

Die Rekta-Papiere folgen in der Zwangsvollstreckung vollständig dem Forderungsrecht, d. h. hier muß der Gläubiger hinsichtlich der im Papier verbrieften Forderung einen Pfändungs- und Überweisungsbeschluß herbeiführen, ehe er die Rechte aus dem Papier wahrnehmen kann. Das Rekta-Papier selbst beschafft sich der Gläubiger durch die Hilfspfändung seitens des Gerichtsvollziehers, die darin besteht, daß dieser dem Schuldner das Papier wegnimmt und es dem Gläubiger übergibt (§ 836 ZPO).

Das gilt auch für die hinkenden Inhaberpapiere des § 808 BGB, also den Versicherungsschein mit Inhaberklausel.

Literaturhinweise

1. Grundrisse

Baumbach/Hefermehl, Wechselgesetz und Scheckgesetz, 17. Auflage 1991.
Gursky, Wertpapierrecht, 1989.
Hueck/Canaris, Recht der Wertpapiere, 12. Auflage 1986.
Meyer=Cording, Wertpapierrecht, 2. Auflage 1990.
Richardi, Wertpapierrecht, 1987.
Sedatis, Einführung in das Wertpapierrecht, 1988.
Zöllner, Wertpapierrecht, 14. Auflage 1987.

2. Sonstiges Lernmaterial

Harms, Wertpapierrecht, Wiederholungs- und Vertiefungskurs, 2. Auflage 1978.
Hatzelmann, Wertpapierrecht, Lexikon, 2. Auflage 1977.

3. Zeitschriften

Wertpapiermitteilungen, Teil IV Wirtschafts-, Wertpapier- und Bankrecht, erscheint wöchentlich.

Allgemeines Versicherungsvertragsrecht (Teil I)[1]

Von Professor Dr. jur. Karl S i e g

---

[1] Der Beitrag besteht insgesamt aus 3 Teilen.

Inhaltsverzeichnis
(Teil I)

Seite

A. **Grundlegung** 5

   I. Wesen des Versicherungsvertragsrechts 5
       1. Verhältnis zu anderen Rechtsgebieten 5
       2. Treu und Glauben im Versicherungsrecht 6

   II. Begriff der Versicherung 7
       1. Gemeinschaft (Zusammenschluß Gefährdeter) 7
       2. Gefahr (ungewisses Ereignis) 7
       3. Bedarfsdeckung 8
       4. Selbständigkeit der Bedarfsdeckung 8
       5. Wechselseitigkeit (Entgeltlichkeit) 8
       6. Rechtsanspruch 8
       7. Gleichartigkeit der Gefährdeten? 9
       8. Einheitlicher Begriff: Individual-, Sozialversicherung 9
       9. Markante Urteile zum Versicherungsbegriff 9

   III. Begriff des Versicherungsvertrages 11
       1. Schuldrechtliches Verhältnis 11
       2. Zweiseitiges Rechtsgeschäft 11
       3. Gegenseitiger Vertrag 12

   IV. Rechtsquellen 13
       1. Geschriebenes Bundesrecht 13
       2. Sonstiges deutsches Recht 15
       3. Supranationales Recht (EWG-Recht) 15
       4. Internationales Recht 16

   V. Sachlicher Geltungsbereich des VVG 17
       1. See- und Rückversicherung, Anlehnung an öffentlich-rechtliche Körperschaften 17
       2. Verhältnis zum VAG 17
       3. Halbzwingende Normen 17
       4. Versicherungsähnliche Verträge 18

		Seite
VI.	AVB und geschäftsplanmäßige Erklärungen	18
	1. Geschichte und Zweck der AVB	18
	2. Schöpfung	19
	3. Rangordnung	20
	4. Einfluß der Aufsichtsbehörde	20
	5. Revisibilität	21
	6. Einfluß des AGB-Gesetzes (AGBG)	22
	7. Geschäftsplanmäßige Erklärungen	24
VII.	Einteilung der Versicherungsverträge	25
	1. Schadens- und Summen-, Personen- und Nichtpersonenversicherung	25
	2. Aktiven- und Passivenversicherung	27
	3. Binnen- und Seeversicherung	32
VIII.	Verfahrensrechtliche Besonderheiten	32
B.	Beteiligte	33
I.	Versicherer	33
	1. Inländische und ausländische Versicherer	33
	2. Private und öffentlich-rechtliche Versicherungseinrichtungen	34
	3. Neben- und Mitversicherung	35
II.	Versicherte in weiterem Sinne	36
	1. Versicherungsnehmer	36
	2. Versicherter im engeren Sinne	37
III.	Drittbeteiligte	40
	1. Sachversicherung	40
	2. Haftpflichtversicherung	40
	3. Lebens- und Unfallversicherung (Bezugsberechtigung)	41
IV.	Scheinbare Drittbeteiligte	41
	1. Universalnachfolge	41
	2. Nachfolge in Versicherungsverhältnis	42
	3. Nachfolge in Versicherungsforderung	42
V.	Versicherungsvermittler	43
	1. Überblick	43
	2. Versicherungsvertreter	43
	3. Versicherungsmakler	50

  Seite

C. Zustandekommen   51

   I.   Abschluß des Versicherungsvertrages   51
        1. Allgemeine Grundsätze   51
        2. Pflichtversicherung, Versicherungspflicht   53
        3. Besondere Vertragsformen   54
   II. Änderung des Vertrages   57
        1. Gesetzlich vorgesehene Änderungen   57
        2. Vertragliche Änderungen   58
   III. Verbriefung des Versicherungsvertrages   59
        1. Wesen des Versicherungsscheins   59
        2. Aushändigung des Versicherungsscheins   59
        3. Rechtsnatur des Versicherungsscheins   60
   IV. Dauer des Versicherungsvertrages   63
        1. Dreifacher Beginn-Begriff   63
        2. Laufzeit   64
        3. Rückwärtsversicherung   66
        4. Beendigung des Vertrages   67

D. *Rechtspflichten des Versicherungsnehmers (Teil II)*

E. *Obliegenheiten des Versicherungsnehmers (Teil II)*

F. *Hauptpflicht des Versicherers (Teil III)*

G. *Obliegenheiten des Versicherers (Teil III)*

H. *Veräußerung der versicherten Sache (Teil III)*

A. Grundlegung

I. Wesen des Versicherungsvertragsrechtes

1. Verhältnis zu anderen Rechtsgebieten

Die Rechtsordnung muß sich vielfältig mit dem Versicherungswesen befassen. Der sehr umfangreichen **Sozialversicherungsgesetzgebung** steht das **Privatversicherungsrecht** gegenüber, das sich nicht nur mit den Rechtsproblemen der privatrechtlich organisierten Versicherungswirtschaft, also der privaten Versicherungsunternehmen (Privatversicherung i.e.S.), beschäftigt, sondern auch mit jenen der öffentlich-rechtlichen Versicherung.

Das Privatversicherungsrecht umfaßt eine Fülle von **Rechtsgebieten** des privaten und öffentlichen Rechtes[2], die nicht selten ineinander verzahnt sind. Der Versicherungsschutz wird gewährt von Versicherungsunternehmen (**Versicherungsunternehmensrecht**)[3], welche durchweg der Staatsaufsicht unterstehen (**Versicherungsaufsichtsrecht**)[4] und deren Rechtsbeziehungen zu Versicherungsnehmern als Versicherungsverträge zu kennzeichnen sind (**Versicherungsvertragsrecht**).

Bei der Entstehung und Abwicklung der Versicherungsverhältnisse sind oft Versicherungsvertreter und -makler eingeschaltet (man spricht vom **Recht der Versicherungsvermittlung**)[5]. Praktisch bedeutsam sind auch **unlauterer Wettbewerb, Kartellrecht** und **Recht des Gemeinsamen Marktes**[6]. Daneben muß der Versicherungsjurist mit dem **Arbeitsvertrags-** und **Tarifvertragsrecht**[7] der Versicherungswirtschaft und den Wechselbeziehungen von **Steuer und Versicherung**[8] vertraut sein.

Hier soll nur das allgemeine **Versicherungsvertragsrecht** behandelt werden, mit einigen Ausblicken auf das **Versicherungsvermittlerrecht**.

---

2 Vgl. RLV. I
3 Vgl. RLV. VI
4 Vgl. RLV. VII
5 Vgl. RLV. VIII
6 Vgl. RLV. X
7 Vgl. RLV. XII
8 Vgl. RLV. XI

2. Treu und Glauben im Versicherungsrecht

a) Bedeutung

Das Versicherungsverhältnis ist gegenüber der Mehrzahl von anderen Schuldverhältnissen in besonderem Maße von Treu und Glauben beherrscht, was die Rechtsprechung bis in die neueste Zeit anerkennt. Grund für diese Prägung ist weniger der Dauercharakter des Versicherungsvertrages (der ja durchaus nicht immer ein langfristiger ist) als vielmehr die Tatsache, daß der Versicherer während des gesamten Laufs der Versicherungszeit auf die von ihm schwer oder gar nicht zu kontrollierenden Angaben und das Verhalten des Versicherungsnehmers angewiesen ist. Man denke insbesondere an die Ausfüllung des Antrages, an die Beherrschung der Gefahr, an die Schadenanzeige — und -minderungspflicht. Andererseits ist aber auch der Versicherungsnehmer dem Versicherer unterlegen, denn dieser tritt ihm mit seiner differenzierten Technik und seinem großen Erfahrungsschatz gegenüber.

b) Inhalt

Treu und Glauben bestimmen zunächst die **Auslegung** der Vertragserklärungen. Deshalb wurde die Führerscheinklausel als Obliegenheitsregelung, nicht als Risikoausschluß angesehen; deshalb wurden auch sonst manche als Risikoausschlüsse formulierten Bestimmungen als Obliegenheiten gedeutet, um dem Versicherungsnehmer den Nachweis offen zu halten, seine Zuwiderhandlung sei unverschuldet oder habe keinen Einfluß auf die Leistungspflicht des Versicherers gehabt (vgl. unten E. I. 2d).

Treu und Glauben können zu **ergänzenden** Hinweispflichten führen. So hat der Versicherer den Versicherungsnehmer auf die Folgen von Obliegenheitsverletzungen oder auf Ausschlußklauseln hinzuweisen (ob eine allgemeine Belehrungspflicht besteht, ist bestritten, *vgl. Möller* in: *Festschrift zum 60. Geburtstag von E. Klingmüller*, 1974, S. 301 ff.), ihm erschöpfende Auskünfte auf Fragen zu erteilen, erkennbar unrichtige Vorstellungen des Versicherungsnehmers zu berichtigen (vgl. auch unten G. II).

Beispiele:

Hinweispflicht des Versicherers, daß die Kündigung des Versicherungsnehmers noch rechtfertigender Unterlagen bedürfe (OLG Hamm, VersR 1977, S. 999).

Hinweispflicht des Versicherers auf Genehmigungseinholung vor Abschluß weiterer Tagegeldversicherungen (OLG Hamm, VersR 1979, S. 78).

Obliegenheiten des Versicherers gehen in echte Nebenverpflichtungen über, zu denen die individuelle Aufklärung des Versicherungsnehmers bei Vertragsschluß gehört.

Schließlich wird die **Arglisteinrede** auf Treu und Glauben gestützt: Bei minimalem Prämienrest kann sich der Versicherer nicht auf Leistungsfreiheit nach § 38 oder § 39 VVG berufen.

c) Grenzen

Allerdings dürfen Treu und Glauben zugunsten des Versicherungsnehmers nicht in einem Maße angewendet werden, daß die sogen. Gefahrengemeinschaft, also die übrigen Versicherungsnehmer, darunter zu leiden haben. Auch das BGB weist in diese Richtung: Treu und Glauben sind nicht allein am konkreten Vertragsverhältnis zu messen, sondern nur zu berücksichtigen, soweit es die **Verkehrssitte** gestattet, also eine gewisse Generalisierung hat Platz zu greifen (vgl. §§ 157, 242 BGB). Deshalb kann der Versicherungsnehmer z. B. nicht verlangen, daß der Versicherer ihm gegenüber auf die Anwendung einer Ausschlußklausel verzichtet, mag ihn diese auch hart treffen. Hier ist zu bedenken, daß die Ausschlußklausel bei der Prämienkalkulation eine Rolle gespielt hat und es durchaus vernünftig sein kann, den Ausschluß bestehen zu lassen, statt ihn zu streichen (unter Prämienanhebung), woran vielleicht nur ganz wenige Versicherungsnehmer interessiert sind.

Vergleiche zum Fragenkreis: *Fischer*, VersR 1965, S. 197–202.

II. Begriff der Versicherung

Man muß den Begriff der Versicherung von jenem des Versicherungsvertrages unterscheiden. Bei der **Versicherung** handelt es sich um einen Inbegriff zahlreicher Versicherungsverhältnisse, die entweder kraft Vertrages oder kraft Gesetzes entstehen.

Der Versicherungsbegriff ist nicht notwendig für alle Rechtsgebiete identisch, z. B. könnte der Steuergesetzgeber einen spezielleren Begriff verwenden als den für das Versicherungsvertragsrecht maßgeblichen. Aber es läßt sich doch eine Kerndefinition mit sechs Merkmalen herausstellen:

1. Gemeinschaft
(Zusammenschluß Gefährdeter)

Jede Versicherung beruht auf dem **Gesetz der großen Zahl** und setzt eine Gemeinschaft, einen Zusammenschluß Gefährdeter, voraus. Die Vielzahl von Versicherungsverhältnissen kann beruhen auf den planmäßigen Anwerbearbeiten einer Versicherungsaktiengesellschaft, auf genossenschaftlicher Selbsthilfe beim VVaG oder ausnahmsweise auf Gesetz bei gewissen öffentlich-rechtlichen Versicherungseinrichtungen (vgl. § 192 I VVG). Der Geschäftsplan ist eine Eigentümlichkeit jedes Versicherungsunternehmens.

2. Gefahr (ungewisses Ereignis)

In der Gemeinschaft werden **Gefährdete** zusammengeschlossen. Gefahr ist die **Möglichkeit der Entstehung eines Bedarfes**. Regelmäßig ist ungewiß, **ob** ein Bedarf entsteht (z. B. in der Feuerversicherung). Jedoch kann die Ungewißheit sich auch darauf erstrecken, **wann** ein (gewisses) Ereignis (Todesfallversicherung) entsteht. Subjektive Ungewißheit genügt, deshalb ist eine Rückwärtsversicherung zulässig (vgl. § 2 VVG). Interessant: AG Krefeld, VersR 1990, S. 850: Es fehlt an Ungewißheit des Schadeneintritts, wenn der bereits kranke Versicherungsnehmer eine Reise bucht, die er wegen dieser Krankheit später nicht antreten kann. (Reiserücktrittskostenversicherung). LG München I,

VersR 1990, S. 850 arbeitet in einem vergleichbaren Fall mit grobfahrlässiger Herbeiführung des Versicherungsfalles.

3. Bedarfsdeckung

Die Gefahr ruft im Falle ihrer Verwirklichung einen Nachteil, häufig einen Vermögensschaden, hervor. Jeder Nachteil, jede Schädigung weckt den **Wunsch nach Ausgleich**, also einen Bedarf. Die Versicherungsgemeinschaft dient der Bedarfsdeckung. Hierin liegt der Unterschied zu Spiel und Wette. Schwierigkeiten macht dies Erfordernis bei der Lebensversicherung. Man hilft sich hier mit der Vorstellung, daß bei der großen Zahl der Versicherungsnehmer auch hier im Todes- oder Erlebensfall ein Bedarf entsteht (abstrakte Bedarfsdeckung).

4. Selbständigkeit der Bedarfsdeckung

Der Rechtsanspruch auf Gefahrtragung darf nicht mit Rechtsansprüchen auf Leistungen anderen Inhalts derart verbunden sein, daß die Gefahrtragung bloße Nebenleistung wird. Ein Glaslieferant, der für Glasbruchschäden haftet, ist kein Glasversicherer; der Versicherungsvertreter, der das Delcredere für die Prämien übernimmt, wird nicht deshalb selbst zum Versicherer; bei dem Verkäufer, der eine übergesetzliche Garantie übernimmt, liegt es ebenso.

Beispiele:

Eine Auskunftei übernimmt die Gewährleistung für die Richtigkeit ihrer Informationen; ein Mieter erklärt sich bereit, jegliche Glasschäden am Mietobjekt zu beseitigen; eine Bank gibt Amortisationshypotheken mit der Abrede, daß sie auf restierende Rückzahlungsraten verzichte, wenn der Schuldner gegen Ende der Laufzeit des Darlehens verstirbt, letzterer Fall bestr., vgl. BVerwG, VersR 1980, S. 1013.

5. Wechselseitigkeit (Entgeltlichkeit)

Entgeltlichkeit kennzeichnet jede Versicherung insofern, als die Mittel für die Bedarfsdeckung von den Gliedern der Versicherungsgemeinschaft aufgebracht werden oder für diese (Versicherung für fremde Rechnung). Für jede Versicherung ist also die **Verpflichtung zur Zahlung von Prämien oder Beiträgen** wesentlich (§ 1 II VVG). Unentgeltlichen Versicherungsschutz gibt es nicht. Der Verein Verkehrsopferhilfe e. V. fällt deshalb **nicht** unter den Versicherungsbegriff, ebenso wenig der Solidarhilfeverein (beides Institutionen der Kraftfahrthaftpflichtversicherer).

6. Rechtsanspruch

Versicherung setzt einen Rechtsanspruch auf die Versicherungsleistung voraus. Unterstützungseinrichtungen, die ihn ausschließen, sind keine Versicherer. § 1 III Ziff. 1 VAG enthält also lediglich eine Klarstellung.

7. Gleichartigkeit der Gefährdeten?

Früher wurde allgemein angenommen, daß die Gefahrengemeinschaft aus **gleichartig Gefährdeten** bestehen müsse. Dann wären große Einzelrisiken wie etwa ein Airbus oder ein Supertanker kaum versicherungsfähig. Die neuere Wirtschaftswissenschaft sieht daher von diesem Merkmal ab (*vgl. Braeß*, VersR 1963, S. 313–317; *Prölss-Schmidt-Frey*, VAG, 10. Auflage 1989 § 1 Rdnr. 8; *Karten*, ZVersWiss 1972, S. 290–296). Auch juristisch ist der Begriff der Gefahrengemeinschaft entbehrlich (*Sieg*, ZVersWiss 1985, S. 321–326). Die vorangegangene Darstellung folgt der in der Rechtswissenschaft herrschenden Lehre.

Statt des Ausgleichs in der **Reihe** (Gleichartigkeit) tritt der Ausgleich in der **Zeit**. Verzichtet man auf das Merkmal der Gleichartigkeit, so ist auch die Bildung von Sparten und deren Unterarten nicht wesentlich für den Begriff der Versicherung.

Zu 1.–7.: Zusammenfassung:

Hiernach läßt sich die **Versicherung** definieren als eine **Gemeinschaft Gefährdeter, gebildet zur selbständigen Bedarfsdeckung, mit gegenseitigen Rechtsansprüchen.**

8. Einheitlicher Begriff: Individual-, Sozialversicherung

Auch die Sozialversicherung erfüllt wohl noch die Voraussetzungen der Versicherung, obwohl sie mehr und mehr als Instrument der sozialen Umverteilung angesehen wird. Versicherungsfremd sind hier die Staatszuschüsse, die vor allem in der Rentenversicherung erheblich sind. So wird die knappschaftliche Rentenversicherung etwa zur Hälfte, die Altershilfe für Landwirte etwa zu ¾ durch Zuweisung aus öffentlichen Mitteln finanziert.

Es ist dem Begriff der Versicherung nicht abträglich, daß die Sozialversicherung nicht nach dem Prinzip der **Einzeläquivalenz** (jedes einzelne Versicherungsverhältnis muß in Leistung und Gegenleistung ausgewogen sein), sondern nach dem Prinzip der **Gesamtäquivalenz** arbeitet.

Eine Mittelstellung zwischen Privat- und Sozialversicherung nehmen die berufsständischen Versorgungswerke, namentlich der freien Berufe, ein. Es handelt sich meist um öffentliche Anstalten, die eine Versorgung oder eine Zusatzversorgung (so für Arbeitnehmer im öffentlichen Dienst) schaffen. Der Grundsatz der Einzeläquivalenz ist bei manchen dieser Gebilde verlassen.

Literatur zur Abgrenzung zwischen Privat- und Sozialversicherung: *Hug, Privatversicherung und Sozialversicherung*, Schweiz. Zeitschr. f. Sozialvers., 1963, S. 1 ff.; *Möller, Stellung der Sozialversicherung im Gesamtgefüge des Versicherungswesens*, Festschrift für H. Schmitz zum 70. Geburtstag.

9. Markante Urteile zum Versicherungsbegriff

BVerwG., VersR 1960 S. 1105: Es ging um die Frage, ob ein „Verein gegenseitige Hilfe bei Sterbefällen" aufsichtsunterworfen sei. Der Verein hatte keine förmliche Satzung, die Grundsätze seiner Praxis waren in einem Rundschreiben des Vorstandes festgelegt. Beim

Tode eines Mitglieds oder eines seiner Familienangehörigen führte der Vorstand eine Sammlung unter den Mitgliedern durch, deren Ertrag den Hinterbliebenen ausgezahlt wurde. Ein Rechtsanspruch auf das Sterbegeld war ausdrücklich ausgeschlossen. Bei einem Todesfall kamen etwa 400,— DM zusammen. — Das BVerwG stellte auf folgende Gesichtspunkte ab: In einer solchen Vereinigung sei enge persönliche Verbindung der Beteiligten vorhanden. Das Mitglied könne **nicht** mit Sicherheit damit rechnen, daß ein Sterbegeld **ausgezahlt werde**. Deshalb liege keine Versicherung vor (vgl. auch die unten referierte Entscheidung vom 22.III.1956).

Im Urteil **BVerwG, VersR 1961, S. 306 = NJW 1961 S. 1130** wurde eine Beamtengewerkschaft, die in ihrer Satzung bestimmte Sterbebeihilfen in Aussicht gestellt hatte, ebenfalls aufsichtsfrei gestellt. Das Gericht meinte, es fehle an der **Selbständigkeit der Leistungen** im Sterbefall.

Anders haben die Gerichte bei Begräbniskassen entschieden (**BVerwG, VersR 1961, S. 109**): Wenn auch der Kreis der Mitglieder klein sei, so reiche er doch aus, um die Voraussetzung der Bildung einer **Gefahrengemeinschaft** zu bejahen.

Der **Bundesgerichtshof** (BGH 23.IX.1965 BGHZ Bd. 44, S.168—169) sagt über die soziale **Arbeitslosenversicherung**, sie weise „*alle Wesensmerkmale einer echten Versicherung auf, gleichviel, ob man die Versicherung als ‚eine Gefahrengemeinschaft mit selbständigen Rechtsansprüchen auf wechselseitige Bedarfsdeckung'* (so *Bruck-Möller* ...) *definiert oder unter Versicherung ‚die gemeinsame Deckung eines möglichen, in seiner Gesamtheit schätzbaren Bedarfs durch Verteilung auf eine organisierte Vielheit' versteht* (so *Bogs* ...).*"* Der letztgenannten Definition hatten sich auch das **Bundesverfassungsgericht** (BVerfG 10.VI.1960 BVerfGE Bd. 11 S. 112) und das **Bundessozialgericht** (20.XII.1957 BSozGE Bd. 6 S. 228) — beide im Hinblick auf die (soziale) Gesetzgebung zur Gewährung von **Kindergeld** — angeschlossen. Hinsichtlich des Merkmals der Schätzbarkeit des Bedarfs dürfen jedoch keine scharfen Anforderungen gestellt werden, auch z. B. die Kernenergieversicherung ist trotz mangelnder Erfahrungen echte Versicherung.

BGH 16.XI.1967 VersR 1968, S. 138—140 hat einen **Kommunalen Schadensausgleich**, einen Zusammenschluß von Städten und Gemeinden, der Unfallschäden ausgleicht und die Aufwendungen nach einem Schlüssel auf alle umlegt, als Versicherungsunternehmen betrachtet, weil er „*sich gegen Entgelt verpflichtet, einem anderen ... eine vermögenswerte Leistung für den Fall eines ungewissen Ereignisses zu erbringen*" und weil er „*das damit übernommene Risiko auf eine Mehrzahl von der gleichen Gefahr bedrohter Personen verteilt und der Risikoübernahme eine Kalkulation über die aufzubringenden Mittel zugrunde liegt*" (vgl. jetzt § 1 III Ziff. 3 VAG).

Oft muß das **Bundesverwaltungsgericht** prüfen, ob ein Unternehmen aufsichtspflichtig ist, weil es Versicherungsgeschäfte betreibt. Das BVerwG 22.III.1956 BVerwGE Bd. 3 S. 220—222 = VersR 1956, S. 362 hat bei einem Verein, der im Fall des Todes eines Mitgliedes **Spenden einsammelt** und den Hinterbliebenen auszahlt, den Versicherungscharakter und damit die Aufsichtspflichtigkeit verneint, weil keine von der Höhe der eingesammelten Spenden unabhängige Verpflichtung übernommen wurde. Eine Versicherung liege nur vor, „*wenn der Versicherer ein Risiko übernimmt, wenn er gegen Entgelt eine bestimmte Leistung für den Fall des Eintritts eines ungewissen Ereignisses über-*

nimmt, wobei dieses Risiko auf eine Mehrzahl durch die gleiche Gefahr bedrohter Personen verteilt wird und der Risikoübernahme eine auf dem Gesetz der großen Zahl beruhende Kalkulation zugrunde liegt".

Seitdem hat sich das BVerwG oft mit der Frage der Aufsichtspflichtigkeit befaßt, z. B. auch in BVerwG 19.VI.1969 VersR 1969, S. 819–821, wo es um eine sogenannte **Dauergarantie bei Fernsehgeräten** ging. Das Gericht ist „*der Auffassung, daß sich das eine Versicherungsunternehmung kennzeichnende Merkmal der Ungewißheit, das aleatorische Versicherungselement, nicht darauf zu erstrecken braucht, ob und wann der Versicherungsfall eintritt; bei der Schadensversicherung können Versicherungsgeschäfte auch dann betrieben werden, wenn -- wie im gegenwärtigen Fall -- ungewiß ist, wie hoch der Schaden sein wird*". Selbständigkeit der Bedarfsdeckung und damit Aufsichtspflichtigkeit wurden bejaht. Soweit die Urteile von gleichartig Gefährdeten sprechen, vgl. oben A.II.7.

In zwei neueren Beschlußkammerentscheidungen des BAV (VerBAV 1984, S. 139: Verbindung der Verpflichtung zur Wartung und zur Reparatur von Videorecordern; VerBAV 1986, S. 455: Wartungs- und Garantieverträge für Kraftfahrzeuge) ist die Aufsichtspflicht bejaht worden. Das BVerwG hat in zwei Entscheidungen entgegen der Auffassung des Bundesaufsichtsamts für das Versicherungswesen die Versichereigenschaft bei Flugrettungsvereinen verneint, weil kein **Rechtsanspruch** der fördernden Mitglieder auf Befreiung von Beförderungskosten bestand: VersR 1987, S. 273; VersR 1987, S. 453.

III. Begriff des Versicherungsvertrages

1. Schuldrechtliches Verhältnis

Neuerdings sind Bestrebungen zu verzeichnen, den Zusammenhang zwischen Versicherungsvertragsrecht und allgemeinem Schuldrecht stärker als bisher zu betonen (*Weyers, Versicherungsvertragsrecht,* 1986, Rdnrn. 2–6; *Sieg, Wechselwirkungen zwischen Versicherungsvertragsrecht und bürgerlichem Vertragsrecht,* 1985; derselbe, VersR 1986, S. 929–932).

Der Versicherungsvertrag zählt zu den schuldrechtlichen Verträgen, weil der Versicherungsnehmer berechtigt ist, vom Versicherer eine **Leistung** zu fordern, und weil umgekehrt auch der Versicherer den **Prämienanspruch** gegen den Versicherungsnehmer besitzt. Die bürgerlich-rechtlichen Vorschriften zum Recht der Schuldverhältnisse (§§ 241–432 BGB) sind hiernach auf Versicherungsverträge ergänzend anzuwenden.

2. Zweiseitiges Rechtsgeschäft

Ein **Vertrag** ist ein zweiseitiges Rechtsgeschäft; das Gesetz nennt die beiden Partner Versicherer und Versicherungsnehmer. Der Ausdruck Versicherer umfaßt alle Arten von Unternehmungsformen (Aktiengesellschaften, Versicherungsvereine auf Gegenseitigkeit, öffentlich-rechtliche Versicherungseinrichtungen). (Nur der Nichtfachmann sagt, er wende sich an „die Versicherung", statt an den Versicherer.) Fehlt es an zwei Beteiligten, so liegt rechtlich keine Versicherung vor; die „**Selbstversicherung**" (eine Reederei bildet intern Schadensreserven) führt zu keinem Vertrag; anders ist es schon, wenn ein Konzern ein eigenes Versicherungsunternehmen als besondere juristische Person schafft. Meistens geht beim Versicherungsvertrag der Antrag vom Versicherungsnehmer aus, der Versicherer nimmt den Antrag an. **Antrag** und **Annahme** müssen übereinstimmen, sich also

„vertragen". An einem Vertrag fehlt es nicht, wenn Versicherungsnehmer eine **Versicherungspflicht** trifft; die Besonderheit liegt nur darin, daß z. B. der Halter eines Kraftfahrzeugs **verpflichtet** ist, eine Haftpflichtversicherung zu beantragen. Dagegen fehlt es an einem Vertragsabschluß, sofern ein Versicherungsverhältnis unmittelbar **kraft Gesetzes** entsteht, was (nicht nur bei der Sozialversicherung, sondern) kraft Landesrechtes bei einigen öffentlich-rechtlichen Feuerversicherungseinrichtungen vorkommt (§ 192 Abs. 1 VVG), z. B. ist in Hamburg jedes Gebäude gemäß FeuerkassenG ohne Antragstellung bei der Hamburger Feuerkasse (gegründet 1676) versichert.

3. Gegenseitiger Vertrag

Während es feststeht, daß der **Versicherungsnehmer** die **Prämie** schuldet (§ 1 Abs. 2 Satz 1 VVG), ist es juristisch umstritten, welche Leistung der **Versicherer** erbringt. § 1 Abs. 1 VVG erweckt den Eindruck, die Leistung des Versicherers setze erst *„nach dem Eintritt des Versicherungsfalls"* ein, also z. B. in der Feuerversicherung nach einem Brande. Da nunmehr der Versicherer meistens Geld zu leisten hat (vgl. § 49 VVG), spricht man bei dieser Ansicht, welche besonders von *Prölss-Martin* vertreten wird, von der **Geldleistungstheorie**, welche zu dem Ergebnis kommen muß, der Versicherer leiste z. B. in der Feuerversicherung nicht unbedingt, sondern nur unter der aufschiebenden Bedingung eines Brandfalles. Der Geldleistungstheorie steht die **Gefahrtragungstheorie** gegenüber, die sich auf den Wortlaut des § 68 Abs. 3 VVG berufen kann, besonders aber auch darauf, daß der Versicherer schon vor dem Eintritt des Versicherungsfalls ein bestimmtes Verhalten zu beobachten hat (man denke an die Rückversicherungsnahme oder an die Bildung der Prämienreserve in der Lebensversicherung). Für den Versicherungsnehmer hat der „Versicherungsschutz" auch dann, wenn der Versicherungsfall nicht eintritt, einen nicht nur psychologischen, sondern auch wirtschaftlichen Wert (z. B. braucht eine versicherte Reederei keine liquiden Schadenreserven zu unterhalten); dem Versicherungsnehmer wird vom Versicherungsbeginn an eine Anwartschaft verschafft. Mit dem Versicherungsfall tritt die Gefahrtragung aus einem latenten (ruhenden) Stadium in ein akutes Stadium über; die Anwartschaft realisiert sich. Der Gefahrtragungstheorie entspricht es, daß dem Versicherer auch dann die Prämie gebührt, wenn das Versicherungsverhältnis nach einer Verletzung der vorvertraglichen Anzeigepflicht durch Rücktritt oder Anfechtung wegen arglistiger Täuschung aufgelöst wird (§ 40 Abs. 1 Satz 1 VVG). Nur wenn man sich der besonders von *Bruck* begründeten Gefahrtragungstheorie anschließt, ist der Versicherungsvertrag zweifellos ein **gegenseitiger** Vertrag, bei welchem Leistung und Gegenleistung stets und unbedingt gegeneinander ausgetauscht werden.

Schon früh ging auch das **Reichsgericht** (RG 20.VI.1902 RGZ Bd. 52, S. 52–53) davon aus, daß ein Versicherer *„die ständige Leistung der Gefahrstragung"* schulde, also eine auch schon vor dem Versicherungsfall zu erbringende **Dauerleistung**, nicht nur eine (ein- oder mehrmalige) Geldleistung nach Eintritt eines etwaigen Versicherungsfalls.

Da das positive Recht Zweifelsfälle regelt, ist der Theoriestreit ohne große praktische Bedeutung.

IV. Rechtsquellen

1. Geschriebenes Bundesrecht

a) Art. 74 Ziff. 11 GG

Danach gehört das privatrechtliche Versicherungswesen zur konkurrierenden Gesetzgebung. Das bedeutet, daß die Länder die Befugnis zur Gesetzgebung nur haben, solange und soweit der Bund von seinem Gesetzgebungsrecht keinen Gebrauch macht (Art. 72 GG). Da die Materie (vor allem durch das VVG) bundesrechtlich geregelt ist, ist für Landesrecht nur insoweit Raum, als das VVG es ausdrücklich vorsieht (§§ 192, 193 VVG), hingegen nicht in den in §§ 186, 190 genannten Arten.

b) VVG vom 30.5.1908

Als Spezialgesetz der Binnenversicherung steht das Gesetz **über den Versicherungsvertrag** vom 30. 5. 1908 (VVG) im Vordergrund. Es gehört zu den gelungenen Werken der Zivilrechtsgesetzgebung und ist trotz achtzigjähriger Geltung nicht veraltet, weil es kraft seiner Allgemeinbegriffe und der zugunsten des Versicherungsnehmers vorgesehen Abänderbarkeit den Fortschritt nicht hemmt.

Nur wenige **Änderungen** waren erforderlich. Erwähnt seien deren zwei aus 1939 im Zusammenhang mit der Einführung der Pflichtversicherung für Kraftfahrzeughalter und der Rechtsangleichung mit Österreich und eine aus 1942 zum Hypothekenrecht. 1965 brachte das „Gesetz zur Änderung von Vorschriften über die Pflichtversicherung für Kraftfahrzeughalter" (Art. 4) auch einige Änderungen des VVG zur Stellung des geschädigten Dritten. 1967 wurde das Recht der Unfallversicherung besonders zur Frage der Beweislast für Unfreiwilligkeit des Unfalls geändert. Das Gesetz zur Durchführung versicherungsrechtlicher Richtlinien des Rats der Europäischen Gemeinschaften vom 28. 6. 1990 hat auch das VVG geändert: Als §§ 158 l - 158 o wurde die Rechtsschutzversicherung geregelt; § 187 VVG wurde neu gefaßt in dem Sinne, daß Beschränkungen der Vertragsfreiheit, die das VVG enthält, für Großrisiken nicht gelten. Die letzte Änderung erfuhr das VVG durch das Gesetz vom 27.12.1990.

Das VVG gilt mit geringfügigen Abweichungen auch in **Österreich**. Allerdings weicht die Rechtsprechung des Österreichischen OGH von der des BGH in Versicherungssachen erheblich ab.

Inhaltlich gilt das VVG für alle Versicherungszweige der **Binnenversicherung**, auch für solche, die im Gesetz nicht erwähnt sind, z. B. weil es sie 1908 noch nicht gab, oder weil sie keine Bedeutung hatten (wie die private Krankenversicherung). Dagegen gilt das VVG nicht für die **Seeversicherung**, die **Rückversicherung** und solche Versicherungsverhältnisse, die bei **öffentlich-rechtlichen Versicherungseinrichtungen** unmittelbar kraft Gesetzes entstehen oder infolge eines gesetzlichen Zwanges genommen werden (§§ 186, 192 Abs. 1 VVG) sowie für die Einrichtungen des § 190 VVG.

§ 190 VVG bezieht sich auf die Haftpflichtversicherungseinrichtungen der Berufsgenossenschaften nach §§ 762–764 RVO sowie auf die Innungsunterstützungskassen nach der

Handwerksordnung (§§ 54 III Nr. 2, 57); diese gewähren **Rechts**ansprüche, sind also keine Unterstützungseinrichtungen im Sinne des VAG, trotzdem aber aufsichtsfrei: § 1 Abs. 3 Nr. 1a VAG.

c) HGB

Nach § 1 I Ziff. 3 HGB ist der Prämienversicherer Mußkaufmann. Das ist ohne Bedeutung wegen § 6 II HGB (der große VVaG ist Kaufmann nach § 16 in Verbindung mit § 53 I VAG. Der öffentlichrechtliche Versicherer und der kleinere VVaG sind keine Kaufleute); vgl. ferner: § 362 II HGB; §§ 778–900, 905 HGB (letztere Bestimmungen sind ersetzt durch die ADS mit Besonderen Bestimmungen für die Güterversicherung 1973/1984 und mit DTV-Kaskoklauseln 1978/1982).

d) BGB

§ 330 (Die Lebensversicherung mit Bezugsberechtigung ist also echter Vertrag zugunsten Dritter), §§ 1045 ff. BGB, §§ 1127–1130 BGB.

Zu c) und d):

Aus HGB und BGB wurden nur die Vorschriften zitiert, die sich **ausdrücklich** auf die Versicherung beziehen. Die Bedeutung für das Versicherungsvertragsrecht ist erheblich größer. Das VVG ist Spezialgesetz zum HGB und zum BGB, das HGB Spezialgesetz gegenüber dem BGB. Das Spezialitätsverhältnis gilt aber nur, soweit sich die Rechtsvorschriften überdecken: Vgl. Art. 2 EG HGB. Deshalb bleiben, wie erwähnt, große Teile des HGB und des BGB für das Versicherungsvertragsrecht maßgeblich.

Beispiele:

§§ 16–21 VVG gehen § 119 BGB vor; §§ 38, 39 VVG gehen § 326 BGB vor, vgl. RGZ Bd. 132, S. 386 ff.

e) VAG

Nach § 14 VAG gehen mit der (genehmigten) Bestandsübertragung die Versicherungsverhältnisse kraft Gesetzes vom übertragenden auf den aufnehmenden Versicherer über.

Nach § 81 a Satz 2 VAG kann die Aufsichtsbehörde einen Geschäftsplan für bestehende Versicherungsverhältnisse ändern oder aufheben.

Nach § 89 II VAG kann die Aufsichtsbehörde unter Umständen die Verpflichtungen einer Lebensversicherungsunternehmung herabsetzen;

nach § 89 I Satz 2 VAG kann sie in allen Sparten dem Versicherer jegliche Zahlungen einstweilen verbieten.

2. Sonstiges deutsches Recht

a) Landesrechtliche Vorschriften

Hinsichtlich der öffentlich-rechtlichen Versicherungseinrichtungen gilt weitgehend Landesrecht (vgl. § 192 Abs. 1, 2 VVG), das recht zersplittert ist. Auch die Satzungen der einzelnen Körperschaften und Anstalten sind wichtig (vgl. *Schmidt-Boeck, Das Recht der öffentlich-rechtlichen Sachversicherung*, 3. Auflage, Karlsruhe 1979). Der Rechtsweg ist im Falle des § 192 Abs. 1 meist der verwaltungsgerichtliche.

b) Gewohnheitsrecht

Neben den Gesetzen und Satzungen spielt das ungeschriebene Recht, besonders das Gewohnheitsrecht, keine große Rolle.

Immerhin darf z. B. kraft anerkannten Gewohnheitsrechts der Versicherungsnehmer auf Belehrungen und Aufklärungen eines Versicherungsagenten vertrauen (BGH 9.V.1951, BGHZ Bd. 2, S. 92), woraus sich die Einstandspflicht des Versicherers ergibt (BGHZ Bd. 40, S. 22–24; siehe auch unten B.V.2g). Im hansestädtischen Verkehr ist der Versicherungsmakler kraft fortdauernder Übung und Rechtsüberzeugung in bestimmten Grenzen als Vertreter des **Versicherungsnehmers** anzusehen, obwohl er den Provisionsanspruch gegen den **Versicherer** hat.

c) Rechtsprechungsrecht

Die Rechtsprechung, obgleich nicht Rechtsquelle i.e.S., kann doch schöpferisch wirken, besonders als ständige Judikatur der obersten Gerichte, also früher des Reichsgerichts, Leipzig, jetzt des Bundesgerichtshofes, Karlsruhe.

Von der Rechtsprechung ist z. B. die sogenannte Repräsentantenhaftung entwickelt worden, wonach bei Obliegenheitsverletzungen und Herbeiführung des Versicherungsfalls der Versicherungsnehmer – trotz des engen Wortlauts von § 61 VVG – für gewisse dritte Personen einzustehen hat.

Man kann zweifeln, ob nicht hier bereits die Schwelle zum Gewohnheitsrecht überschritten ist (vgl. RGZ Bd. 83, S. 43, RGZ Bd. 135, S. 370). Bedeutungsvoll ist die Rechtsprechung zu § 7 V AKB a. F. geworden, die die Versicherer im Falle vorsätzlicher Obliegenheitsverletzung nach dem Versicherungsfall von der absoluten Leistungsfreiheit abgehen ließ (vgl. unten E. I. 1d).

d) Verhältnis zum DDR-Recht

Eine erhebliche Anzahl bundesdeutscher Versicherungsunternehmen arbeitet bereits in der DDR. Diese wollen in der Regel bei Verträgen mit Versicherungsnehmern aus der DDR bundesdeutsches Recht vereinbaren. Das Bundesaufsichtsamt läßt dies in Übereinstimmung mit dem Staatsvertrag zu, verlangt aber, daß im Geschäft mit DDR-Bürgern bei Deckung privater Risiken bestimmte Regelungen des DDR-Rechts während eines Übergangszeitraums in Form von Sonderbedingungen vereinbart werden, vgl. VerBAV 1990, S. 275.

3. Supranationales Recht (EWG-Recht)

Innerhalb der EWG wird an der Harmonisierung der Versicherungsvertragsrechte der Mitgliedsstaaten gearbeitet. Die Kommission hat dem Rat unter dem 6.7.1979 den Vorschlag einer Richtlinie vorgelegt, nach dem folgende Materien einheitlich geregelt werden sollen: Vorläufige Deckungszusage, vorvertragliche Anzeigepflicht, Anzeigepflicht bei Gefahrerhöhung (kein **Verbot** der Gefahrerhöhung), Nichtzahlung der Prämie, Pflichten des Versicherungsnehmers bei Eintritt des Versicherungsfalles, Kündigungsfristen; der Vertrag soll in der Sprache des Mitgliedsstaats abgefaßt sein, nach dessen Recht er sich beurteilt, der Versicherungsnehmer kann aber eine Übersetzung in seine Sprache verlangen. Das Europäische Parlament hat den Entwurf Ende 1980 abgeändert (Amts-Blatt 1980 C 335/30 vom 31.12.1980).

Wenn der Vorschlag geltendes Recht wird, bleibt den **Mitgliedsstaaten** wenig Spielraum für eine differenzierte Regelung auf den erwähnten Gebieten. Es wird aber möglich bleiben, im **Einzelvertrag** zugunsten des Versicherungsnehmers vom gesetzten Recht abzuweichen. — Die Rechtsfigur der Obliegenheiten des Versicherungsnehmers wird weitgehend durch das Institut der Rechtspflichten verdrängt.

Bedeutende Gebiete des Versicherungsvertragsrechts sind von dem Vorschlag nicht erfaßt. Das hängt damit zusammen, daß man sich eine Harmonisierung **in Etappen** vorstellt.

4. Internationales Recht

Die Versicherungswirtschaft überschreitet häufig die nationalen Grenzen, sei es zum Zweck der weltweiten Verteilung („Atomisierung") der Risiken wie in der internationalen Rückversicherung, sei es deshalb, weil die versicherten Gefahren über die Landesgrenzen hinausreichen, besonders im See-, Luft- und Kraftverkehr.

Solange die Rechtsordnungen Unterschiede aufweisen, ist es die Aufgabe des **internationalen Privatrechts,** zu bestimmen, welche Rechtsordnung angewendet werden soll, falls ein Versicherungsverhältnis mehrere Staaten berührt. Der deutsche Richter hat das internationale Privatrecht auf dem Gebiet der Vertragsversicherung nach Maßgabe des EG VVG anzuwenden. Die wichtigsten Bestimmungen auf die Nichtlebensversicherung enthalten Art. 8–14, nämlich das Kollisionsrecht innerhalb der EG-Partnerstaaten. Weitgehend ist den Vertragsparteien die Befugnis eingeräumt, **das** Recht zu wählen, von dem der Versicherungsvertrag beherrscht sein soll (Art. 9–11). Haben sie keine Wahl getroffen, so sagt § 8: *„Hat der Versicherungsnehmer seinen gewöhnlichen Aufenthalt oder seine Hauptverwaltung im Gebiet des Mitgliedsstaats, in dem das Risiko belegen ist, so ist das Recht dieses Staates anzuwenden".* Nach Art. 12 unterliegt ein über eine Pflichtversicherung abgeschlossener Vertrag deutschem Recht, wenn die gesetzliche Verpflichtung zu seinem Abschluß auf deutschem Recht beruht. Für die Rückversicherng gilt eine Besonderheit (maßgeblich soll Niederlassung oder **Sitz des Erstversicherers** sein). Schließlich richtet sich die Rechts- und Geschäftsfähigkeit des Versicherungsnehmers nach seinem **Heimatrecht.** — Typische Klauseln sollen so ausgelegt werden, wie es im **Ursprungsland** geschieht. Das hat namentlich Bedeutung für Klauseln in englischer Sprache, die in der Seeversicherung häufig sind. — Ist im Vertrage ein **Schiedsgericht** an einem bestimmten Platz vereinbart, so spricht die Vermutung dafür, daß die Rechtsordnung jenes Platzes das Vertragsverhältnis beherrschen soll.

Das G zur Neuregelung des Internationalen Privatrechts vom 25. 7. 1986 bestimmt in Art. 37, daß seine Vorschriften über vertragliche Schuldverhältnisse nicht gelten für Erstversicherungsverträge, die in dem Geltungsbereich des Vertrages zur Gründung der EWG belegene Risiken decken. Vgl. zu alledem: Roth, *Internationales Versicherungsvertragsrecht, 1985.*

V. Sachlicher Geltungsbereich des VVG

1. See- und Rückversicherung, Anlehnung an öffentlich-rechtliche Körperschaften

Nach § 186 VVG findet dies Gesetz keine Anwendung auf die See- und auf die Rückversicherung, auch nach §§ 190, 192, 193 VVG tritt das VVG zurück, wie oben unter A. IV. 1a und 1b erwähnt. Kernsätze des VVG müssen aber auch in der Seeversicherung unangetastet bleiben: BGHZ Bd. 2, S. 336 ff.; OLG Hamburg, VersR 1970, S. 1150. Unter § 186 VVG fallen nicht die Luftfahrzeugversicherungen, obwohl z. B. im italienischen Recht Seeschiffahrt und Luftschiffahrt in einem einheitlichen Gesetz behandelt werden.

2. Verhältnis zum VAG

Der Bereich des VVG deckt sich nicht mit dem Bereich des VAG. Es handelt sich um zwei sich schneidende Kreise. Das VAG bezieht sich nämlich, wenn auch mit Einschränkungen, auch auf die See- und die Rückversicherung sowie auf die in § 192 Abs. 2 VVG behandelten öffentlich-rechtlichen Anstalten (Fachaufsicht).

Andererseits handelt es sich bei den Gebilden, die § 1 III VAG von der Aufsicht ausnimmt, zum Teil um solche, die individualrechtlich Versicherung betreiben.

3. Halbzwingende Normen

Grundsätzlich herrscht im Schuldrecht Vertragsfreiheit. Aber im VVG gibt es eine ganze Reihe von halbzwingenden Normen, d. h. von solchen, von denen vertraglich nur zugunsten des Versicherungsnehmers abgewichen werden kann. Beispiele: §§ 15a, 34a, 42, 65, 68a.

Diese Beschränkung der Vertragsfreiheit gilt nicht in der See- und in der Rückversicherung, weil das VVG hier keine Geltung hat. Aber auch in den Versicherungssparten, die dem VVG unterliegen, erlaubt das Gesetz nach § 187 VVG, daß auch **zu Lasten** des Versicherungsnehmers vom VVG abgewichen wird. Dem liegt die Erwägung zugrunde, daß in diesem Bereich dem Versicherer geschäftsgewandte Kaufleute gegenüberstehen, vgl. auch § 192 II VVG.

Auf einige **absolut** zwingende Normen, die überhaupt nicht abgeändert werden können, sei hier hingewiesen: Betrügerische Über- oder Doppelversicherung (§§ 51 III, 59 III VVG); eine erheblich übersetzte Taxe nützt dem Versicherungsnehmer nach § 57 Satz 3 VVG nicht.

Bestritten ist, ob das Bundesaufsichtsamt für das Versicherungswesen den Schutz des Versicherungsnehmers dadurch erweitern kann, daß es die Ausnutzung dispositiver Vorschriften durch die Versicherer unterbindet. Das VVG als Schutzgesetz des Versicherungsnehmers hat bereits eine Abwägung vorgenommen. Ist diese dahin ausgefallen, daß den Versicherern Spielraum bleibt, sollte die Aufsichtsbehörde nicht schärfere Anforderungen stellen, nicht dem Gesetzgeber eine schlechte Note erteilen. Das Bundesaufsichtsamt ist indes anderer Auffassung, und das Bundesverwaltungsgericht ist seiner These gefolgt (vgl. auch unten A.VI. 4).

Zugegeben ist allerdings, daß nach dem AGB-Gesetz der Rahmen, den das VVG den Versicherern läßt, durch **Allgemeine Versicherungsbedingungen (AVB)** nicht immer ausgeschöpft werden kann.

4. Versicherungsähnliche Verträge

Es wird neuerdings anerkannt, daß einzelne Teile des VVG auch auf Verträge angewendet werden können, die im strengen Sinne nicht dem Versicherungsrecht angehören, aber versicherungsähnlichen Charakter haben. Das gilt etwa für Instandsetzungsverträge, die Nebeninhalt anderer Rechtsgeschäfte sind, für die Unterstützungskassen. Die Regeln des VVG über Herbeiführung des Versicherungsfalls, Anzeige des Versicherungsfalls, Schadenabwendungs- und -minderungspflichten sind hier übernehmbar. Einzelheiten: *R. Schmidt* in: *Festschrift zum 50. Geburtstag von E. R. Prölss*, 1975, S. 252, ff.; Prölss-Martin, VVG, 24. Auflage 1988, § 1 Anm. 1 A b.

VI. AVB und geschäftsplanmäßige Erklärungen

1. Geschichte und Zweck der AVB

Die AVB lassen sich auf die Anfänge der **Seeversicherung**, des ersten auf Gewinnerzielung gerichteten Versicherungszweiges, zurückführen. Bereits im 15. Jahrhundert wurden in den Policen enthaltene, häufig wiederkehrende Vertragsinhalte gesammelt und von den beurkundenden Notaren als Muster, *formulae*, für weitere Vertragsabschlüsse bereitgehalten, namentlich in den oberitalienischen Städten. Man konnte sicher sein, daß die auf Grund der formulae abgeschlossenen Verträge spätere Differenzen zwischen den Vertragspartnern ausschlossen, spiegelte sich doch in ihnen eine langjährige Erfahrung wider.

Innerhalb der Binnenversicherung ist die **Feuerversicherung** Schrittmacher der AVB. Vorbildlich waren hier die *propositiones* des Londoner Phönix, die Ende des 18. Jahrhunderts auf den deutschen Markt übernommen wurden. Sie gingen zum Teil weit darüber hinaus, lediglich das Versicherungsverhältnis zu regeln; gesellschaftsrechtliche Bestimmungen, auch Vermittlerrecht finden sich in ihnen. Die Entwicklungslinie zeigt eine immer stärkere Differenzierung und Liberalisierung des Inhalts, die dem Versicherungsnehmer zugute kommt. Erstmals hat es um 1885 eine Mitwirkung der Versicherungsnehmer-Repräsentanten bei der Formulierung von AVB gegeben, wiederum in der Feuerversicherung.

Diesem Versicherungszweig war es auch vorbehalten, zum ersten Mal **Verbandsbedingungen** zu formulieren (1874). An die ausgeprägten AVB der Feuerversicherung konnte der Gesetzgeber des Jahres 1908 anknüpfen.

Der **Zweck** der AVB liegt auf der Hand: Rationalisierung des Geschäftsbetriebes und Erzielung gleichförmiger Verträge im Interesse einer möglichst gleichen Behandlung der Versicherungsnehmer. Vielfach erfüllen die AVB gesetzesvertretende Funktionen, denn wichtige Sparten, wie die Kranken-, die sogenannte kleine Sach-, die Kredit-, die Betriebsunterbrechungs-, die technischen Versicherungen haben im VVG keine eigenständige Regelung erfahren.

Die Ordnungsfunktion der AVB erkennt das VVG in einigen Bestimmungen ausdrücklich an, so z. B. in den §§ 40 II Satz 2, 174, 176, 189 (sogenannte Öffnungsklauseln, d. h. das Gesetz eröffnet ausschließlich den AVB die Möglichkeit verbindlicher Regelung). Andere Bestimmungen setzen die Regelung (vornehmlich) durch AVB voraus, wenn es heißt: „*Ist im Vertrage bestimmt, daß...*" (vgl. §§ 6, 32, 64, 184 VVG).

2. Schöpfung

Immer seltener sind die AVB das Werk **einzelner Versicherer**, meistens handelt es sich um **Verbandsbedingungen**. Die Versicherungsnehmer (genauer: ihre Organisationen) werden zuweilen angehört, bei den ADS von 1919 waren sie geradezu paritätisch beteiligt. **Normativbedingungen** (Musterbedingungen) sind solche von der Aufsichtsbehörde geprüfte und genehmigte AVB, bei denen sie erklärt: Ein Versicherer, der einen Antrag auf Erlaubnis zum Geschäftsbetriebe mit diesen AVB vorlegt, kann damit rechnen, daß ihm die Erlaubnis erteilt wird. Auch typische Klauseln sind juristisch AVB.

Beispiele:

Neben den ADS (Seeversicherung) und den sogar im Bundesanzeiger veröffentlichten AKB, die für allgemein verbindlich erklärt werden können (Kraftverkehrsversicherung; vgl. § 4 Abs. 1 PflVG), sind die AFB (Feuerversicherung) als besonders sorgfältiges Bedingungswerk zu nennen (als „kleiner Bruder" die AERB für die Einbruchdiebstahlversicherung). Die 1932 als Verbandsbedingungen entstandenen ALB (Lebensversicherung) wurden 1981 durch neue Musterbedingungen ersetzt. Den 1950 geschaffenen Grundbedingungen der Krankheitskostenversicherung sind 1966 neue Musterbedingungen des Verbandes der privaten Krankenversicherung mit späteren Änderungen gefolgt (1976); in diesem Versicherungszweig ist die Markttransparenz besonders schwer erreichbar.

Die **Verbandsbedingungen** aller wichtigen Versicherungssparten sind kommentiert worden. – Die ADS nebst Besonderen Bedingungen und Klauseln sind derart verbreitet, daß man ihren Inhalt wohl schon als Gewohnheitsrecht ansehen kann.

Besonderer Erwähnung bedürfen die **Maklerbedingungen**, auch Hausbedingungen genannt, die vor allem in der Feuerindustrieversicherung eine Rolle spielen. Es handelt sich um von den Maklern verfaßte, für den Versicherungsnehmer günstige Bedingungen, deren Annahme der Makler vom Versicherer verlangt. Das Aufsichtsamt hat von jeher die Auffassung vertreten, daß es unzulässig sei, von den allgemein genehmigten Bedingungen zugunsten von Maklerbedingungen abzuweichen. Organe eines Versicherers, die dagegen zuwiderhandeln, begehen eine Ordnungswidrigkeit nach § 144 I Ziff. 4 VAG, ferner kann das Aufsichtsamt nach § 81 VAG einschreiten. Auch kann ein Verstoß gegen die Begünstigungsverbote (vgl. § 81 II Satz 3 VAG) vorliegen.

3. Rangordnung

Man unterscheidet allgemeine Versicherungsbedingungen (AVB) und besondere Versicherungsbedingungen.

Erstere sind dazu bestimmt, in eine unbegrenzte Zahl gleichliegender Versicherungsverträge als Bestandteil aufgenommen zu werden, stellen also soziologisch eine fertig bereitliegende Rechtsordnung mit generellen, gesetzesähnlichen Zügen dar. Nicht nur die grundlegenden AVB gehören hierher, sondern auch Zusatzbedingungen, z. B. in der Feuerversicherung jene für Fabriken und gewerbliche Anlagen, ferner Sonderbedingungen, z. B. für die Neuwertversicherung, ferner typische, also öfters verwendete Klauseln, auch wenn solche spezielleren AVB fälschlich als *besondere* Bedingungen bezeichnet werden. Wirkliche, echte besondere Versicherungsbedingungen sind auf ein einzelnes spezielles Wagnis zugeschnitten.

Es gilt folgende **Rangordnung**: Maschinengeschriebene Bestimmungen gehen hektographierten Bestimmungen vor (insoweit handelt es sich nicht um AVB im technischen Sinne). Hektographierte Bestimmungen gehen ihrerseits wieder sogenannten Besonderen Bedingungen vor, diese schließlich den „AVB" genannten.

Das Verhältnis zwischen besonderen Bedingungen und Klauseln ist nicht generell zu umschreiben. In der Feuerversicherung z. B. haben die Feuerklauseln den Vorrang vor den Zusatzbedingungen, beides sind **juristisch** AVB.

4. Einfluß der Aufsichtsbehörde

AVB sind Teil des Geschäftsplans und unterliegen deshalb bei der Zulassung des Versicherers der staatlichen Genehmigung (Ausnahme: Transportversicherung: § 5 VI VAG): § 5 III Satz 2 VAG. Jede Neueinführung von AVB sowie eine Änderung derselben ist Änderung des Geschäftsplans und daher nach § 13 VAG genehmigungspflichtig. Den Sollinhalt von AVB umschreibt § 10 I VAG. Der VVaG kann das, was bei der AG Inhalt der AVB ist, in die Satzung aufnehmen (§ 10 II VAG). Nach § 4 I Satz 1 PflichtVersG **muß** der Versicherungsvertrag für inländische Fahrzeuge den von der Aufsichtsbehörde genehmigten AVB (AKB) entsprechen.

Eine Änderung der AVB wirkt normalerweise nur für Verträge, die **nach** Inkrafttreten der Änderung abgeschlossen worden sind. Eine Ausnahme gilt für den VVaG unter den Vor-

aussetzungen des § 41 III Satz 2 VAG. Ferner kann die Aufsichtsbehörde in Geschäftspläne auch mit Wirkung für bestehende Verträge eingreifen (§ 81 a Satz 2 VAG).
Der BGH 2.V.1951 BGHZ, Bd. 2 S. 56—58 hatte sich mit einem der zahlreichen Fälle zu befassen, in denen sich nach dem Krieg bei einem Feuerschaden nicht klären ließ, ob das Feuer im Zusammenhang mit Kriegsereignissen entstanden und der Versicherer deshalb leistungsfrei war. Nach einer Anordnung des früheren Reichsaufsichtsamts vom 14.II.1940 war der Versicherer für den ursächlichen Zusammenhang des Brandschadens mit Kriegsereignissen beweispflichtig. Obwohl die Feuerversicherungsbedingungen dieser Anordnung nicht angepaßt waren, entschied der BGH, daß die Beweislastanordnung einen unmittelbaren Einfluß auf die AFB und damit auch auf die bereits bestehenden Verträge besessen hätte, so daß den Versicherer die Beweislast treffe.

Die Eingriffsmöglichkeit nach § 81 a Satz 2 VAG kann auch zur **Schlechterstellung** der Versicherungsnehmer führen, z. B. Ausschluß bisher gedeckten Risikos.

Auch § 89 VAG eröffnet ein Eingreifen der Aufsichtsbehörde in laufende Verträge.

Zulässig ist es auch, daß **AVB** vorsehen, daß deren Änderung auch laufende Verträge ergreift (vgl. etwa § 9a AKB). Insoweit ist dem Sinne nach § 41 III Satz 2 VAG nicht auf den VVaG beschränkt. Im übrigen können den Versicherungsnehmer **schlechterstellende** neue Bedingungen nur dann auf laufende Verträge angewendet werden, wenn die betreffenden Versicherungsnehmer zustimmen (§ 305 BGB). Den Versicherungsnehmer **begünstigende** neue Bedingungen bedürfen nicht seiner ausdrücklichen Zustimmung (§ 151 Satz 1 BGB).

Die Aufsichtsbehörde nimmt in Anspruch, daß sie auf einen AVB-Inhalt hinwirken kann, der den Versicherungsnehmer günstiger stellt als das Gesetz, also „nach oben" vom VVG abweicht (vgl. zur Parallelfrage der Ausnutzung nachgiebigen VVG-Rechts oben A.V.3). — Als Aufsichtsgrundsatz gilt das Prinzip der Markttransparenz, d. h. die AVB müssen so aufgebaut sein, daß deren Inhalte miteinander verglichen werden können (vgl. § 4 I Satz 4 PflichtVersG).

Sollten ausnahmsweise AVB angewandt werden, die nicht genehmigt worden sind, so sind sie gleichwohl zivilrechtlich wirksam. Zur Sanktion gegenüber den Organen und der Unternehmung vgl. oben A. VI. 2.

5. Revisibilität

Nach § 549 Abs. 1 ZPO kann das Rechtsmittel der Revision nur darauf gestützt werden, daß die vorinstanzliche Entscheidung auf der Verletzung von Bundesrecht oder der Verletzung einer sonstigen „Vorschrift" beruht, deren Geltungsbereich sich über den Bezirk des Berufungsgerichts hinaus erstreckt. AVB sind — rechtsdogmatisch gesehen — keine „Vorschrift", denn sie sind nicht Rechtsquelle i.e.S. Wohl aber sind sie es für eine soziologische Betrachtungsweise. Deshalb hat schon das RG (seit RG 13.XII.1912 RGZ Bd. 81 S. 117—120) mit Recht im Wege der Analogie § 549 Abs. 1 ZPO auch auf AVB angewendet, sofern diese nicht nur in einem einzelnen Oberlandesgerichtsbezirk in Gebrauch sind. Auf diese Weise konnten sich RG und BGH im Interesse der Rechtseinheit vielfach mit der Frage beschäftigen, ob AVB nicht oder nicht richtig angewendet worden sind (§ 550 ZPO).

Vgl. BGH VersR 1980, S. 373: Es handelt sich um die Frage, ob Versicherungsbedingungen einer Landesbrandkasse revisibel sind. Diese Frage wäre nur dann zu bejahen, wenn sich der Geltungsbereich dieser AVB über die Grenzen eines OLG-Bezirks hinaus erstrecken würde; das war hier nicht der Fall. Daß die Beklagte in Zukunft Anwesen außerhalb Schleswig-Holsteins versichern wolle, sei ohne Bedeutung, denn die hier in Rede stehenden AVB würden jenen Verträgen nicht zugrunde gelegt.

6. Einfluß des AGB-Gesetzes (AGBG)

a) Geltungsbereich des AGBG vom 9.12.1976

Dieses Gesetz hat AVB von seiner Geltung nicht ausgenommen (abgesehen von wenigen Sondervorschriften, über die noch zu sprechen sein wird), obwohl das Bundesaufsichtsamt für das Versicherungswesen bereits im Genehmigungsverfahren darauf zu achten hat, daß den Interessen der Versicherungsnehmer in billiger Weise Rechnung getragen wird. Nach § 24 finden einige Vorschriften des AGBG keine Anwendung, wenn AGB gegenüber einem **Kaufmann** im Rahmen seines **Handelsgewerbes** verwendet werden. Diese Vorschrift ist jedoch für das Versicherungsrecht problematisch, denn sie könnte dazu führen, daß in derselben Sparte einem kaufmännischen Versicherungsnehmer gegenüber ein anderer Vertragsinhalt gilt als gegenüber einem Privaten. Dem § 24 AGBG liegt derselbe Gedanke zugrunde wie den §§ 186, 187 VVG: Da an Verträgen der dort genannten Versicherungen meist Kaufleute beteiligt sind, kann eher Vertragsfreiheit eingeräumt werden.

b) Einbeziehung in den Vertrag, Auslegung

Nach § 2 I AGBG werden AGB nur dann Vertragsbestandteil, wenn der Verwender den anderen Teil ausdrücklich auf sie hinweist und ihm Gelegenheit gibt, von den AGB Kenntnis zu nehmen. Nach § 23 III AGBG unterliegt aber ein **Versicherungs**vertrag den von der Aufsichtsbehörde genehmigten AVB auch dann, wenn die Erfordernisse des § 2 I AGBG nicht erfüllt sind.

Überraschende Klauseln, mit denen also der Partner nicht rechnen konnte, werden nach § 3 AGBG nicht Bestandteil des Vertrages. Überraschend in diesem Sinne kann auch eine AVB-Bestimmung deshalb sein, weil sie an einer Stelle innerhalb der AVB steht, wo sie der unbefangene Leser nicht erwarten kann.

Wichtig ist die **Unklarheitenregel** des § 5 AGBG: Zweifel bei der Auslegung der AGB gehen zu Lasten des Verwenders. Der Gesetzestext entspricht hier, was die AVB angeht, gefestigter Rechtsprechung. Man muß sich aber vergegenwärtigen, daß der Feststellung einer Unklarheit die **Auslegung** vorangehen muß. Nur wenn eine AVB-Bestimmung auch dann noch unklar bleibt, wenn man versucht hat, sie nach Wortlaut, Zweck und Sinn zu interpretieren, kann § 5 AGBG eingreifen. Das wird bei AVB realtiv selten sein, weil die oben zu A.I.2b erörterte Auslegung meist zum Ziel führen wird.

c) Inhaltskontrolle

Allgemeine Geschäftsbedingungen werden nach § 8 AGBG nur insoweit auf ihren Inhalt kontrolliert, als sie vom Gesetz abweichen oder es ergänzen. Das AGBG kennt in §§ 10, 11 einen langen Katalog von einzelnen Klauseln, die unwirksam sind. Dazu gehört nach § 11 Ziff. 12 AGBG die Dauer des Vertrages (nicht länger als 2 Jahre) und die Klausel stillschweigender Verlängerung. Gerade diese Bestimmung gilt aber nach § 23 II Ziff. 6 AGBG nicht für AVB.

§§ 10, 11 AGBG enthalten Spezialvorschriften gegenüber § 9 AGBG, der Generalklausel. Sie findet auch auf AVB Anwendung und lautet:

> „*I. Bestimmungen in AGB sind unwirksam, wenn sie den Vertragspartner des Verwenders entgegen den Geboten von Treu und Glauben unangemessen benachteiligen.*
>
> *II. Eine unangemessene Benachteiligung ist im Zweifel anzunehmen, wenn eine Bestimmung mit wesentlichen Grundgedanken der gesetzlichen Regelung, von der abgewichen wird, nicht zu vereinbaren ist. . . . .*"

Auf Grund dieser Vorschrift hat das Bundesaufsichtsamt die AVB aller Sparten durchgeforstet und über die zuständigen Versichererverbände auf eine Bereinigung der AVB hingewirkt.

Entgegen der Vermutung des § 139 BGB bleibt der Versicherungsvertrag auch dann wirksam, wenn einige Klauseln unwirksam sind (§ 6 AGBG), die gesetzliche Regelung tritt an Stelle der indizierten AVB-Bestimmung.

d) Verfahren

Neu ist, daß die Unwirksamkeit einer AGB-Bestimmung nicht nur im Einzelstreit zwischen Verwender und Kunden geltend gemacht werden kann, sondern daß Verbraucherschutz- und Wirtschaftsverbände **ohne konkreten** Anlaß gegen den **Verwender** eine (abstrakte) Unterlassungsklage erheben können. Gegen **Empfehler** ist neben der Unterlassungs- die Widerrufsklage vorgesehen (§ 13 I, II AGBG). In Klagen dieser Art ist das Bundesaufsichtsamt zu hören (§ 16 AGBG). Über Klagen und deren Ausgang wird beim Bundeskartellamt ein Verzeichnis geführt (§ 20 AGBG). Ist in solchem Verfahren eine Klausel für unwirksam erklärt worden, so kann sich später jeder Kunde im einzelnen Rechtsstreit auf die Unwirksamkeit berufen (§ 21 AGBG), auch wenn er nicht Mitglied des seinerzeit klagenden Verbandes ist.

Damit Urteile, die der Klage stattgegeben haben, Publizität erlangen, kann dem klagenden Verband die Veröffentlichungsbefugnis im Bundesanzeiger auf Kosten des Verwenders bzw. Empfehlers zugesprochen werden: § 18 AGBG.

e) Einzelfragen

Das AGBG wirft gerade im Hinblick auf AVB eine Reihe von Fragen auf, die für die Versicherungswirtschaft von erheblicher Bedeutung sind. Das Gesetz spricht vom „Verwender" und vom „Empfehler". **Verwender** kann sowohl die AG als auch der VVaG sein, ebenso öffentlich-rechtliche Wettbewerbsanstalten, nicht hingegen öffentlich-rechtliche Zwangs- und Monopolanstalten (§ 192 VVG). Die letzteren regeln die Rechtsbeziehungen durch Gesetze oder öffentlich-rechtliche Satzungen, nicht durch privatrechtliche AVB.

Bei den **Empfehlern** ist vor allem an die Verbände zu denken. (Es gibt auch **Prämien**empfehlungen von Verbänden; insoweit ist jedoch nicht das AGBG, sondern das GWB einschlägig). Soweit es sich um Musterbedingungen handelt, könnte rein sprachlich auch das Bundesaufsichtsamt für das Versicherungswesen als Empfehler angesehen werden, aber da es sich bei ihm um eine **Behörde** handelt, kann das Amt nicht auf Unterlassung oder Widerruf im Sinne des § 13 AGBG in Anspruch genommen werden. Aber auch in Bezug auf Musterbedingungen ist die Unterlassungsklage gegen den **Verwender** denkbar.

Der Inhalt der AVB ist vielgestaltig: Sie können das **Risiko umschreiben**, sie können z. B. vom generellen Deckungsbereich **Risiken** (sekundär) **ausschließen**. Sie können **Obliegenheiten** und deren **Verletzungsfolgen** statuieren. Gelten für alle diese Bereiche die Vorschriften des AGBG? Diese Fragen sind noch weitgehend im Fluß, ebenso ob im **Einzelfall** eine Bestimmung, die nicht dem AGBG zuwiderläuft, nach § 242 BGB gegen Treu und Glauben verstoßen kann. Wegen der Ungeklärtheit der Einzelfragen sei hier weiterführende Spezialliteratur angeführt:

Sieg, VersR 1977 S. 489 ff.
Schaefer, VersR 1978 S. 4 ff.
Bauer, Betriebs-Berater 1978 S. 476 ff.
Frenz, VersR 1979 S. 394 ff.
Prölss-Martin, VVG, 24. Auflage 1988 Vorbemerkung 16 C)
Rassow, VersR 1983 S. 893 ff.
Martin, VersR 1984 S. 1107 ff.
Hübner, AVB und AGB-G, 3. Aufl., 1989
Schirmer, ZVersWiss 1986, S. 509 ff.
Werber, VersR 1986, S. 1 ff.

Urteile, in denen aufsichtsbehördlich genehmigte AVB wegen Verstoßes gegen das AGB-G nicht angewendet wurden: BGH, VersR 1983, S. 850; OLG Hamburg, VersR 1980, S. 38; OLG Hamburg, VersR 1981, S. 125, BGH, VersR 1990, S. 896.

Oben unter A.VI.2 war von den **Maklerbedingungen** die Rede. Da sie in aller Regel zugunsten des Versicherungsnehmers von den gewöhnlichen AVB abweichen, ist der Schutzzweck des AGBG von vornherein erreicht, d. h. eine Kontrolle nach Maßgabe dieses Gesetzes braucht nicht stattzufinden, vgl. § 1 II AGBG.

7. Geschäftsplanmäßige Erklärungen

In neuerer Zeit hat sich eine Abart der AVB herausgebildet, die geschäftsplanmäßigen Erklärungen. Es handelt sich hierbei um von der Aufsichtsbehörde den Versicherern abverlangte Erklärungen, die teils wettbewerblichen Inhalt haben, teils das Verhältnis des Versicherers zum Amt behandeln, aber auch die **Einzelverträge** beeinflussen können (vgl. etwa für die Sachversicherung VerBAV 1969 S. 300 ff.). Die letztere Art interessiert hier. Die Form der AVB erscheint für diesen Zweck oft nicht praktikabel, weil der AVB-Inhalt ausufern würde oder auch, weil es sich um Gestaltungen handelt, die erst erprobt werden sollen.

Die Frage, ob sich der Versicherungsnehmer gegenüber dem Versicherer auf die Erklärung berufen kann, ist streitig. Das OLG Oldenburg hat sie bejaht (VersR 1979 S. 949). Wer sie verneint, gibt dem Versicherungsnehmer das Recht, an die Aufsichtsbehörde zu appellieren, damit diese den Versicherer zur Einhaltung der geschäftsplanmäßigen Erklärung anhält. Voraussetzung ist natürlich immer, daß der Versicherungsnehmer überhaupt jene geschäftsplanmäßige Erklärung kennt, was häufig nicht der Fall ist, weil sie ja nicht ihm gegenüber erteilt wurde.

Man ist sich darüber klar, daß die geschäftsplanmäßige Erklärung über das hinausgeht, was dem Gesetzgeber als Aufsichtsrahmen vorschwebte, kann aber aus praktischen Gründen schwerlich auf sie verzichten.

Nach Inkrafttreten des AGBG ist zweifelhaft geworden, ob auch geschäftsplanmäßige Erklärungen dem Unterlassungs- und Widerrufsverfahren der §§ 13 ff. AGBG (vgl. oben A. VI. 6d) unterliegen. Das wird vom BGH, VersR 1988, S. 1062 bejaht.

VII. Einteilung der Versicherungsverträge

1. Schadens- und Summen-, Personen- und Nichtpersonenversicherung

Statt einen allgemeinen Begriff des Versicherungsvertrages an die Spitze zu setzen, unterscheidet § 1 Abs. 1 VVG von vornherein die **Schadensversicherung**, bei der der Versicherer verpflichtet sein soll, nach Eintritt des Versicherungsfalls den dadurch verursachten Vermögensschaden zu ersetzen, und die **Personenversicherung**, bei der diese Verpflichtung dahin gehen soll, den vereinbarten Betrag an Kapital oder Rente zu zahlen oder die sonst vereinbarte Leistung zu bewirken. Leider ist diese Gegenüberstellung mißglückt, da sie zwei **Begriffspaare** miteinander **verquickt**.

Wenn man dem Vermögensschadensersatz der **Schadensversicherung** (der sog. **konkreten Bedarfsdeckung**) die Zahlung eines vereinbarten festen Betrages gegenüberstellt, so ist für den letztgenannten Fall (der sog. **abstrakten Bedarfsdeckung**) nur der Ausdruck **Summenversicherung** angebracht.

Der statt dessen vom Gesetz benutzte Ausdruck **Personenversicherung** — als Beispiele nennt § 1 Abs. 1 Satz 2 VVG Lebens- und Unfallversicherung — bringt nur zum Ausdruck, daß das Risiko „in einer Person läuft", daß sich also bei Eintritt des Versicherungsfalles unmittelbar bei dieser Person, in deren körperlicher Sphäre ein Ereignis vollzieht (Tod, Erleben eines gewissen Zeitpunktes, Unfall, Krankheit). Der Personenversicherung läßt sich nur die **Nichtpersonenversicherung** gegenüberstellen, zu der in erster Linie die Sachversicherung, aber z. B. auch die Haftpflichtversicherung gehört.

Die Trennung der Begriffspaare war zur Zeit der Schaffung des § 1 Abs. 1 VVG (1908) noch nicht so naheliegend, weil damals die Personenversicherung nur als Summenversicherung vorkam. Seitdem aber wird die Personenversicherung in wachsendem Maße auch als Schadensversicherung betrieben, man denke an den Ersatz der konkreten Beerdigungskosten in der Lebensversicherung (aufsichtsrechtlich unerwünscht), der Heilkosten in der Unfallversicherung, der Arzt- und Arzneikosten in der Krankheitskostenversicherung. Überall ersetzt hier der Versicherer den konkreten Vermögensschaden (konkrete Bedarfsdeckung = Schadensversicherung), er leistet nicht eine abstrakte Summe (abstrakte Bedarfsdeckung = Summenversicherung).

BGH 24.IX.1969 BGHZ Bd. 52 S. 335—350 schließt sich dieser Auffassung mit eingehender Begründung an und zieht daraus eine wichtige Folgerung; der Leitsatz lautet:

> *„Die Krankenversicherung ist, soweit sie den Schaden ersetzt, der durch notwendige Krankenpflege einer versicherten Person (Krankheitskostenversicherung) entsteht, eine Schadensversicherung und unterliegt damit auch den Vorschriften der §§ 67, 68a VVG. Soweit der gesetzliche Übergang eines Ersatzanspruchs, der dem Versicherungsnehmer gegen einen mit ihm in häuslicher Gemeinschaft lebenden Familienangehörigen zusteht, ausgeschlossen ist, kann ein solcher Anspruch auch nicht rechtswirksam an den Versicherer abgetreten werden."*

Hat hiernach eine krankenversicherte Person Schadensersatzansprüche gegen einen Dritten, so gehen diese grundsätzlich auf den Versicherer über. Das gilt aber nicht bei gewissen Familienangehörigen, z. B. wenn die Tochter einen Autounfall der krankenversicherten Mutter verschuldet (vgl. unten F. IV. 7).

Die **Nichtpersonenversicherung**, insbesondere die Sachversicherung, **darf nur als Schadens-, nie als Summenversicherung betrieben werden**: Ein Feuerversicherer kann sich nicht verpflichten, bei jedem Brand des Hauses ohne Rücksicht auf die Höhe des Schadens rund 50 000 DM zu zahlen. Das würde dem sog. **versicherungsrechtlichen Bereicherungsverbot** widerstreiten, welches ableitbar ist aus den §§ 1 Abs. 1 Satz 1, 51, 55, 59, 67 Abs. 1 Satz 1 VVG und als absolut zwingender Rechtssatz zu betrachten ist. Letzteres ist allerdings neuestens streitig geworden, vgl. *Gärtner, Das Bereicherungsverbot*, 1970, S. 46, 51, 63, 68 ff., 80. Vom Bereicherungsverbot entfernen sich die Neuwertversicherung (vgl. BGH, VerBAV 1986, S. 390 und LG Köln DAR 1986, S. 294 zu § 13 Abs. 10 AKB) und die taxierte Police, u. U. auch die Gewinnversicherung.

So gibt es also die Schadensversicherung im Bereich der Nichtpersonen- und Personenversicherung, die Summenversicherung im Bereich der Personenversicherung. Dabei kann ein einheitlicher Versicherungsvertrag der Personenversicherung teils der Schadens-, teils der Summenversicherung zugeordnet sein, z. B. leistet der Krankenversicherer oft neben dem konkreten Ersatz der Arzt- und Arzneikosten ein abstrakt bemessenes Sterbegeld oder Tagegeld.

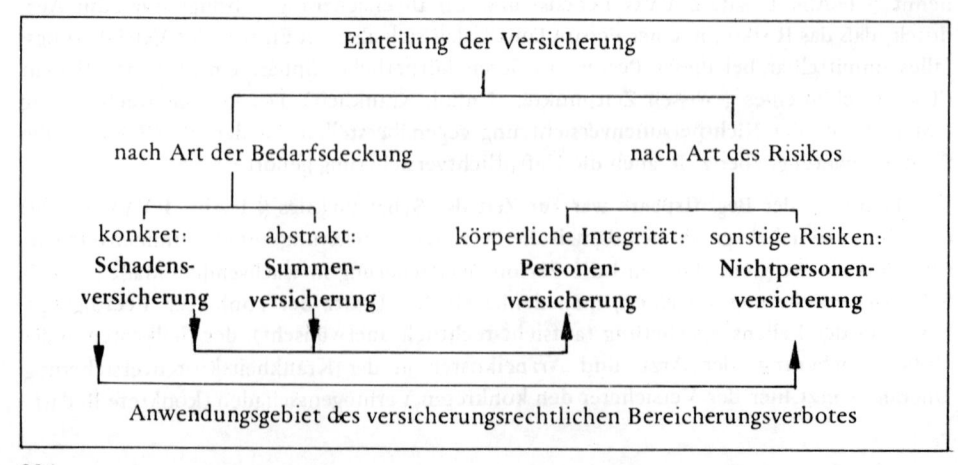

```
                       Einteilung der Versicherung
                                  |
              ┌───────────────────┴───────────────────┐
       nach Art der Bedarfsdeckung              nach Art des Risikos
              |                                        |
       ┌──────┴──────┐                         ┌───────┴───────┐
   konkret:       abstrakt:              körperliche Integrität:   sonstige Risiken:
   Schadens-      Summen-                     Personen-           Nichtpersonen-
   versicherung   versicherung                versicherung         versicherung
       ↓              ↓                            ↑                    ↑
       └──────────────┴────────────────────────────┴────────────────────┘
            Anwendungsgebiet des versicherungsrechtlichen Bereicherungsverbotes
```

Für die **Anwendung des VVG** gilt hiernach: Die §§ 1–48 VVG gelten generell. Die §§ 49–80 VVG bringen Vorschriften für die gesamte Schadensversicherung, gleichgültig ob eine Nichtpersonen- oder Personenversicherung vorliegt: Deshalb können bei einer Doppelversicherung von Krankheitskosten z. B. die §§ 59, 60 VVG angewendet werden, ferner ist – wie der BGHZ Bd. 52 S. 335 ff. entschieden hat – § 67 VVG anwendbar. Nachdem sodann die §§ 81–1580 VVG einzelne Schadensversicherungszweige betreffen, widmen sich die §§ 159–178 VVG der Lebensversicherung, die §§ 179–185 VVG der Unfallversicherung. Es gibt keine Vorschriften für die gesamte Personenversicherung, auch keine speziellen Normen für die Krankenversicherung, eine angesichts der Bedeutung dieses Versicherungszweiges bedauerliche Lücke.

2. Aktiven- und Passivenversicherung

Die **Schadensversicherung** hat es nach § 1 Abs. 1 VVG mit dem Ersatz von Vermögensschäden zu tun. **Ein Vermögensschaden tritt ein, wenn entweder die Aktiven einer Person vermindert oder die Passiven erhöht sind.** Tritt ein solcher Schaden infolge Verwirklichung einer Gefahr ein, so kann man sich dagegen versichern. Während nach § 249 Satz 1 BGB im sonstigen Zivilrecht der Schadensersatzpflichtige **den gesamten** verursachten Vermögensschaden ersetzen muß (**Differenzschadenprinzip**), muß im Versicherungsbereich der Schadensersatz aus risikotechnischen Gründen genau begrenzt werden, **man versichert sich gegen die Beeinträchtigung ganz bestimmter Aktiven, gegen die Entstehung ganz bestimmter Passiven** (Einzelschadensprinzip des Versicherungsvertragsrechts). Läßt die versicherte Gefahr die Beeinträchtigung eines bestimmten Aktivums befürchten, so spricht man von **Aktivenversicherung,** läßt sie die Entstehung eines bestimmten Passivums befürchten, so spricht man von **Passivenversicherung.** Aus wirtschaftswissenschaftlicher Sicht wird die Unterscheidung zwischen Aktiven- und Passiven-Versicherung abgelehnt (*Braeß,* ZVersWiss 1970, S. 1–15).

a) Aktivenversicherung (Interesseversicherung)

Der Mensch kann zu **verschiedenen Arten von Aktiven** in Beziehung stehen, zu **Sachen,** zu **Forderungen,** zu **Gewinnanwartschaften** usw. Zwischen der Person und diesen Gütern besteht eine **Wertbeziehung,** die infolge zahlreicher Gefahren beeinträchtigt werden kann, sei es, daß die Güter selbst untergehen oder beschädigt werden (z. B. bei Feuer), sei es, daß die Beziehung der Person zu den Gütern beeinträchtigt wird, mögen auch die Güter selbst unbeeinträchtigt bleiben (z. B. bei Diebstahl). Versichert wird die **Wertbeziehung einer bestimmten Person zu einem bestimmten Gut,** z. B. zu einem Haus. Man nennt diese Wertbeziehung das **versicherte Interesse** – ein technischer Ausdruck des Versicherungsvertragsrechtes. Das bürgerlichrechtliche Interesse wird akut **nach** Störung von Beziehungen, das versicherungsrechtliche Interesse indes auch **vor** dem schadenbringenden Ereignis.

Man kann z. B. an einer Sache sowohl Aktivinteressen als auch Passiven decken. Zu den ersteren gehört das Eigentums-, das Anwartschafts-, das Verwertungsinteresse (etwa des Hypothekengläubigers). Mieter und Pächter können ihr Nutzungsinteresse versichern, wobei allerdings die Berechnung des Versicherungswerts schwierig ist. Zu den Passiven, die man mittels einer Sachversicherung decken kann, gehören die Aufräumungs- und Abbruchskosten oder der Fall, daß ein Nichteigentümer die Sachversicherung zugunsten des Eigentümers abschließt, weil er andernfalls haftpflichtig würde.

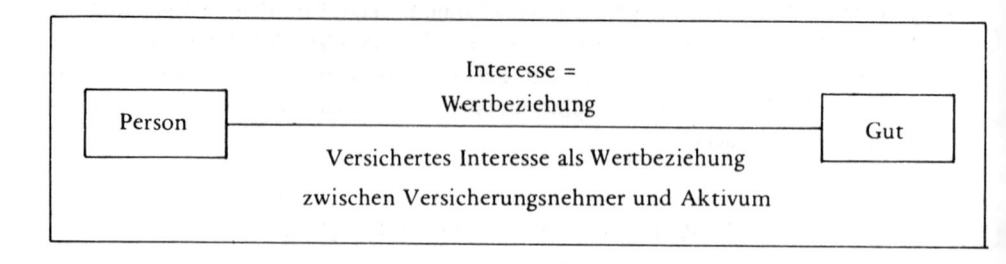

```
┌─────────────────────────────────────────────────────────────────────┐
│                           Interesse =                               │
│   ┌─────────┐           Wertbeziehung              ┌─────────┐      │
│   │ Person  │───────────────────────────────────── │   Gut   │      │
│   └─────────┘   Versichertes Interesse als Wertbeziehung└───────┘   │
│                 zwischen Versicherungsnehmer und Aktivum            │
└─────────────────────────────────────────────────────────────────────┘
```

Warum wird im Versicherungsrecht das Interesse, nicht das Gut selbst, z. B. eine Sache, als versichert betrachtet?

Der Vermögensschaden trifft stets eine bestimmte **Person**. Erst die Wertbeziehung dieser bestimmten Person zu der Sache löst den Schaden aus, die Zerstörung einer herrenlosen Sache wäre versicherungsrechtlich unerheblich. Schließlich ist auch die Verwirklichung der versicherten Gefahr stark davon abhängig, **wem** die Sache gehört — der Eigentümer A behandelt seine Sache besser als der unvorsichtige B —, so daß es auch aus Gründen des sog. **subjektiven Risikos** für den Versicherer bedeutsam ist, daß Wertbeziehungen **bestimmter** Personen zu **bestimmten** Sachen versichert sind. Wird das feuerversicherte Haus veräußert, so **fällt das Interesse des Versicherungsnehmers weg**, und der Versicherungsschutz würde erlöschen (vgl. § 68 Abs. 2 VVG), wenn nicht § 69 Abs. 1 VVG eine Ausnahmeregelung böte, nach der jedoch immerhin sowohl der Versicherer als auch der Erwerber das Versicherungsverhältnis kündigen können (§ 70 Abs. 2 Satz 1 VVG) (vgl. unten H. I).

Der Interessebegriff ist nicht unumstritten. Die Rechtsprechung hat für die Seeversicherung stets den (wirtschaftlichen) Interessebegriff anerkannt (vgl. schon RG 11.XII. 1884 RGZ Bd. 13, S. 100). Aber auch in der Binnenversicherung wird in der neueren höchstrichterlichen Judikatur das Interesse, nicht z. B die Sache, als versichert betrachtet (vgl. z. B. RG 9.XI.1934 RGZ Bd. 145, S. 387, 15.X.1935 RGZ Bd. 149, S. 73–74, 28.VIII.1942 RGZ Bd. 169, S. 373, BGH 28.X.1953 BGHZ Bd. 10, S. 376–385).

Jedes Interesse hat einen bestimmten Wert, den sog. **Versicherungswert**, und bei einem Schaden erleidet der Versicherungsnehmer hinsichtlich des versicherten Interesses einen Vermögensschaden in Höhe dieses Wertes. Hier stehen **Interesse und Versicherungswert** in einer **Wechselbeziehung**.

Unterarten der Aktivenversicherung

Je nach dem interesseverknüpften Gut kann man als Unterarten der Aktivenversicherung insbesondere unterscheiden:

aa) Sachversicherungen

Bei dieser wichtigsten Art der Interesseversicherung knüpft die Wertbeziehung an eine **Sache** an. Das normale Sachinteresse, auch **Eigentumsinteresse** genannt, hat einen Versicherungswert in Höhe des Preises, des Wertes der Sache (§ 52 VVG). Zur Sachversicherung gehören z. B. die Feuer- und Einbruchdiebstahlversicherung.

bb) Forderungsversicherungen

Sie können den Versicherungsnehmer als Forderungsinhaber dagegen schützen, daß die Forderung **juristisch untergeht** oder **wirtschaftlich wertlos** wird. Man denke einerseits an die **Frachtversicherung** des Reeders im Falle des § 617 Abs. 1 HGB, wonach für Güter, die durch irgendeinen Unfall verlorengegangen sind, keine Fracht geschuldet wird, andererseits an die **Kreditversicherung** des Warenhändlers gegen Insolvenz seines Schuldners.

cc) Versicherungen sonstiger Rechte

Auch andere Rechte als Forderungsrechte können interesseverknüpfte versicherbare Güter sein, z. B. Hypotheken- oder andere Grundpfandrechte, so daß der Versicherungsfall eintritt bei Ausfällen in der Zwangsversteigerung. Gedeckt ist hier das Verwertungsinteresse des Grundpfandgläubigers.

dd) Gewinnversicherungen

Bei ihnen besteht das Interesse des Versicherungsnehmers nicht an einem Gut des bereits vorhandenen Vermögens, sondern der Versicherungsnehmer hat nur eine **Gewinnanwartschaft**, die er bei einer Gefahrenverwirklichung verliert. Zum Beispiel hat der Einfuhrhändler die Aussicht, Gewinn zu erzielen, wenn die von ihm gekaufte Ware gut ankommt. Dieses Gewinninteresse steht neben dem Sachinteresse an der Ware und dementsprechend ist der **entgehende oder imaginäre Gewinn** gesondert versicherbar (letzterer in der See- und Binnentransportversicherung). Die Versicherung des Gewinninteresses muß nach dem Einzelschadensprinzip besonders vereinbart werden (§ 53 VVG).

Große Bedeutung hat die **Feuerbetriebsunterbrechungsversicherung,** bei welcher die **Bruttoertragsanwartschaft** als interesseverknüpftes Gut anzusehen ist; denn der ersatzpflichtige Unterbrechungsschaden umfaßt nicht nur den entgehenden Geschäftsgewinn, sondern auch den Aufwand an fortlaufenden (fixen) Geschäftskosten. Hier ist ein Nutzungsinteresse versichert. – Bei der Versicherung **imaginären Gewinns** genügt es, wenn bei der Schließung des Versicherungsvertrages ein Gewinn nur möglicherweise zu erwarten war (vgl. § 100 Abs. 2 ADS). „Gewinnversicherung" knüpft also an die **Schadenart** an und ist ein Gegenstück zur **Substanzversicherung**.

b) Passivenversicherung

Im Gegensatz zur Aktiven- (Interesse-)versicherung steht die Passivenversicherung, bei welcher ein Vermögensschaden von dem Versicherer ersetzt wird, der durch **Entstehung von Passiven** dem Versicherungsnehmer erwachsen ist. Der Versicherungsnehmer kann z. B. dadurch geschädigt werden, daß für ihn **gesetzliche oder vertragliche Verpflichtungen** entstehen, aber auch die Belastung mit faktisch **notwendigen Aufwendungen** gehört hierher. Auch im Bereich der Passivversicherung gibt es ein Interesse (bestritten; vgl. *Sieg*, VersR 1986, S. 1137–1139), denn man kann sagen, das Interesse an der Erhaltung des Vermögens sei dagegen versichert, daß es aus bestimmten Gründen in Anspruch genommen wird. Da sich die Passivenversicherung nicht auf ein bestimmtes Gut bezieht, fallen Versicherungswert und Versicherungssumme zusammen, Über- und Unterversicherung gibt es hier nicht.

Unterarten der Passivenversicherung

Entsprechend den erwähnten Arten von Passiven kann man folgende Unterarten der Passivenversicherung unterscheiden:

aa) Versicherung gegen gesetzliche Schulden

Hierher gehören die meisten Formen der **Haftpflichtversicherung**, z. B. die des Kraftfahrzeughalters, der aus dem Straßenverkehrsgesetz oder aus unerlaubter Handlung von Dritten in Anspruch genommen wird.

bb) Versicherung gegen vertragliche Schulden

Der wichtigste Fall ist jener der **Rückversicherung**, bei der sich ein Erstversicherer dagegen versichert, daß er aus Erstversicherungen, also vertraglich, in Anspruch genommen wird. Die im VVG ungeregelte Rückversicherung ist auch an anderer Stelle – von der Seerückversicherung abgesehen – **gesetzlich nicht normiert**; es gelten die Vertragsvereinbarungen, die meistens von den „Originalbedingungen" der Erstversicherung ausgehen. Eine Rückversicherung, die ein Rückversicherer nimmt, nennt man auch **Retrozession**. – Das RG hatte bei der Rückversicherung zwar zunächst angenommen, daß ihr lediglich ein Gesellschaftsverhältnis zwischen Erst- und Rückversicherer zugrundeliege (z. B. RG 25.IX.1897 RGZ Bd. 39, S. 195–196), entschied jedoch später, daß auch die Rückversicherung eine echte Versicherung sei (RG 22.VII.1939, RGZ. Bd. 162, S. 145). Zweifel sind angebracht.

cc) Versicherung gegen notwendige Aufwendungen

Hierher zählt die Krankenversicherung, soweit sie Schadensversicherung ist; denn eine Erkrankung macht es faktisch notwendig, z. B. den Arzt aufzusuchen. Der Versicherungsfall tritt nicht erst ein, wenn eine vertragliche Honorarschuld gegenüber dem Arzt entsteht. Weiter gehört hierher die Rechtsschutzversicherung.

Auch die **Neuwertversicherung** ist nach Auffassung mancher nicht nur Sach-, sondern auch Versicherung gegen notwendige Aufwendungen. Falls ein älteres Warenhaus abbrennt, so entsteht für den Eigentümer primär ein Sachschaden, der aber nur dem Zeitwert des Hauses entspricht. Der Feuerversicherer als Sachversicherer ersetzte früher deshalb nur den Zeitwert. Aber der Eigentümer muß am gleichen Platz ein neues Warenhaus aufbauen, und das neue Haus darf auch nicht kleiner als das alte sein. Deshalb ist es faktisch — nicht allerdings rechtlich — notwendig, daß der Eigentümer für den Neubau auch eine Aufwendung in Höhe der Differenz zwischen Neu- und Zeitwert macht. Er kann sich gegen diese notwendige Aufwendung versichern im Wege der Neuwertversicherung, die dem Bereicherungsverbot — wegen des eingetretenen Aufwandschadens — nicht widerstreitet.

Eichler, Versicherungsrecht, 2. Auflage 1976, S: 236, zählt die Neuwertversicherung auch in Höhe der Differenz zum Zeitwert **nicht** zu den notwendigen **Aufwendungen,** sondern zum (**aktiven**) Sacherhaltungsinteresse; ähnlich *Prölss-Martin,* VVG, 24. Auflage 1988 § 55 Anm. 1 B. Dem ist zu folgen, es liegt eine bestimmte **Wertvereinbarung** zugrunde.

Zu a) und b) Kombinationen von Aktiven- und Passivenversicherung

Das Beispiel der **Haftpflichtversicherung** zeigt bereits, daß Kombinationen verschiedener Unterarten der Aktiven- und Passivenversicherung in einem einheitlichen Versicherungsvertrag vorkommen: Die Haftpflichtversicherung ist Passivenversicherung gegen die Entstehung erstens von Schulden (Befriedigung begründeter Ansprüche des geschädigten Dritten), zweitens von notwendigen Aufwendungen (Abwehr unbegründeter Ansprüche). In der **Seegüterversicherung** wird häufig das Sachinteresse an den Gütern gemeinschaftlich mit imaginärem Gewinn versichert (§ 101 ADS), und auch bei der **Hagelversicherung** liegt eine Kombination einer Sachversicherung (hinsichtlich des schon Gewachsenen) mit einer Gewinnversicherung (hinsichtlich des noch nicht Gewachsenen) vor, da bei Hagelschlag der zu erwartende Erntewert entschädigt wird. Die Abwehrkosten in der Haftpflichtversicherung sind den Rettungskosten verwandt.

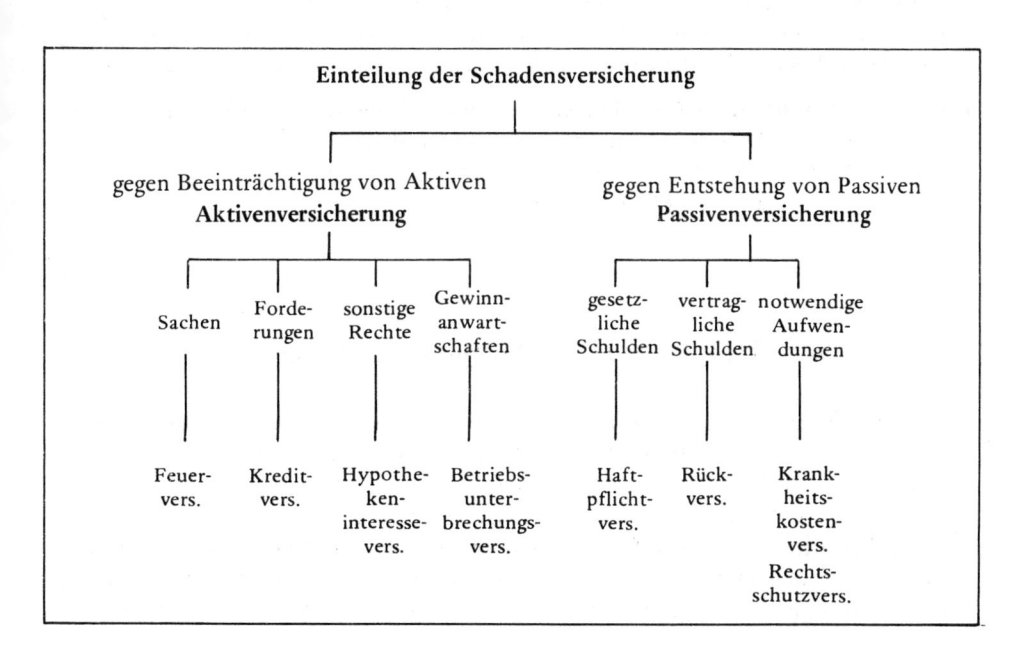

```
                    Einteilung der Schadensversicherung
                                  |
            ┌─────────────────────┴─────────────────────┐
    gegen Beeinträchtigung von Aktiven       gegen Entstehung von Passiven
         Aktivenversicherung                    Passivenversicherung
                    |                                   |
      ┌──────┬──────┬──────┐                 ┌──────┬──────┐
   Sachen  Forde- sonstige Gewinn-        gesetz- vertrag- notwendige
          rungen  Rechte  anwart-         liche   liche    Aufwen-
                          schaften        Schulden Schulden dungen
      |      |      |      |                 |       |       |
   Feuer- Kredit- Hypothe- Betriebs-      Haft-   Rück-   Krank-
   vers.  vers.   ken-     unter-         pflicht- vers.   heits-
                  interesse-brechungs-    vers.            kosten-
                  vers.   vers.                            vers.
                                                           Rechts-
                                                           schutzvers.
```

3. Binnen- und Seeversicherung

Die Abgrenzung ist wichtig, weil die deutsche Gesetzgebung die **Seeversicherung** aus dem Anwendungsbereich des VVG herausgenommen hat (§ 186 VVG); ihre Regelung findet sich in den §§ 778—900, 905 HGB. Alles, was nicht Seeversicherung ist, kann man **Binnenversicherung** nennen.

Die **Seeversicherung** ist stets **Nichtpersonenversicherung**. Als es noch Sklavenhandel gab, waren die Sklaven Sachen, ihr Selbstmord auf der Seereise wurde wie innerer Verderb von Sachen behandelt. Wenn heute ein Passagier sich gegen Tod und Unfall auf See versichert, so ist das keine Seeversicherung (über die Entwicklung einer Unterart der Lebensversicherung aus der Seeversicherung vgl. *Ebel*, ZVersWiss 1963, S. 222).

Die Seeversicherung muß als Nichtpersonenversicherung Schadensversicherung sein und kommt sowohl als Aktiven- als auch als Passivenversicherung vor. § 1 II ADS nennt z. B. die Versicherung des Schiffes und der Güter (Sachversicherung), der Fracht (Forderungsversicherung), des imaginären **Gewinnes** und die Seerückversicherung (als Versicherung gegen vertragliche Schulden). Die Haftpflichtversicherung wegen Beschädigung oder Verlustes beförderter Güter wird in Deutschland nicht gedeckt. In diese Bresche springen die in England und Skandinavien domizilierenden *Protection and Indemnity Clubs*. Hingegen kommt eine **Seerechtsschutzversicherung** auch in Deutschland vor.

Die Seeversicherung ist gekennzeichnet dadurch, daß sie Deckung bietet gegen die Gefahren der Seeschiffahrt (§ 1 I ADS). Wenn ein Reeder etwa seine Frachtforderung einbüßt, weil sein Schuldner zahlungsunfähig wird, der Kaufmann seine Gewinnanwartschaft verliert, weil die Preise fallen, so kann dies Risiko nicht durch die Seeversicherung abgedeckt werden. Wohl aber gehören die Kollisionshaftpflichtversicherung des Reeders und die Seerückversicherung zur Seeversicherung, denn in beiden Fällen beruhen die Ansprüche gegen Reeder oder Erstversicherer letztlich auf der Verwirklichung einer Gefahr der Seeschiffahrt. Entsprechendes gilt für die Rechtsschutzversicherung des Reeders.

Die Seeversicherung ist älter, erfahrener, weltweiter als die Binnenversicherung. Sie überragt die letztere deshalb. So nimmt es nicht Wunder, daß bei gemischten Reisen, die teils zur See, teils zu Lande oder auf Binnengewässern durchgeführt werden, die Seeversicherung den Ausschlag gibt: § 147 I VVG, § 125 ADS.

VIII. Verfahrensrechtliche Besonderheiten

Sofern der Versicherer Kaufmann ist (AG, großer VVaG), und auch der Versicherungsnehmer diese Eigenschaft hat und außerdem der Versicherungsvertrag zum Betriebe seines Handelsgewerbes gehört, entscheidet bei landgerichtlicher Zuständigkeit die Kammer für Handelssachen, wenn der Kläger das beantragt (§§ 93 ff. GVG). Die meisten Sondervorschriften betreffen **die örtliche Zuständigkeit** der Gerichte: Direktklagen gegen den Kraftfahrzeughaftpflichtversicherer können auch bei dem Gericht erhoben werden, das für den Ort der unerlaubten Handlung zuständig ist (§ 32 ZPO; BGH, NJW 1983, S. 1799).

Hat ein Vertreter den Vertrag vermittelt oder abgeschlossen, so ist für Klagen gegen den Versicherer auch das Gericht des Ortes zuständig, wo der Agent seine gewerbliche Niederlassung oder seinen Wohnsitz bei Vertragsabschluß hatte (§ 48 VVG). Auch das gilt für die Direktklage des Dritten in der Kraftfahrzeughaftpflichtversicherung.

Klagen **gegen** ausländische **Versicherer**, die im Inland eine Niederlassung haben, können am Ort der Niederlassung anhängig gemacht werden (§ 109 VAG). Ob das auch für Mahnbescheide solcher Versicherer **gegen ihre Versicherungsnehmer** gilt, ist zweifelhaft: wird aber von BGH NJW 1979, S. 1785, bejaht, vgl. § 689 Abs. 2 ZPO.

Nach § 22 ZPO kann ein Verein an seinem Sitz gegen seine Mitglieder klagen. Das Bundesaufsichtsamt für das Versicherungswesen hat jedoch die VVaG aufgefordert, von diesem Gerichtsstand keinen **Gebrauch zu machen**.

Erwähnenswert ist schließlich das Übereinkommen der Europäischen Gemeinschaft über die gerichtliche Zuständigkeit und die Vollstreckung gerichtlicher Entscheidungen in Zivil- und Handelssachen, in der Bundesrepublik in Kraft seit 1.2.1973. Das Übereinkommen gilt auch für Versicherungssachen. Sein Wert liegt darin, daß grundsätzlich die gerichtlichen Titel eines Mitgliedsstaats in einem anderen vollstreckbar sind ohne nochmalige Sachprüfung.

Zur Beweislast und Beweisführung siehe unten F.IV.4b, c.

B. Beteiligte

I. Versicherer

1. Inländische und ausländische Versicherer

In Deutschland arbeiten inländische und ausländische Versicherer. Ausländische Versicherer außerhalb der EG müssen in Deutschland eine Niederlassung unterhalten und dafür einen **Hauptbevollmächtigten** bestellen, der eine sehr umfassende, gesetzlich umschriebene und unbeschränkbare Vertretungsmacht besitzt (vgl. § 106 Abs. 3 VAG).

Nach der Rechtsprechung sind die ausländischen Zweigniederlassungen im inländischen Rechtsverkehr *„wie eine selbständige Rechtspersönlichkeit"* zu behandeln. Doch hat der BGH für die Zweigniederlassung eines schweizerischen Versicherers dazu einschränkend entschieden, diese Auffassung könne nicht bedeuten, *„daß für die von der inländischen Zweigniederlassung begründeten Versicherungsforderungen nur diese Zweigniederlassung hafte oder daß die Haftung des ausländischen Versicherers auf seine inländischen Rücklagen oder auf sein inländisches Vermögen beschränkt sei. An der genannten Auffassung ist aber jedenfalls soviel richtig, daß die zum Inlandsbestand der Zweigniederlassung gehörenden Versicherungsforderungen im Inland ihren entscheidenden Schwerpunkt haben* und demgemäß als hier gelegen angesehen werden müssen. Daraus folgt, daß sie auch der Hoheitsgewalt, also auch der Enteignungsbefugnis des Staates der Zweigniederlassung genau so unterliegen wie die gegen einen inländischen Versicherer begründeten Versicherungsforderungen" (BGH 11.II.1953 BGHZ Bd. 9, S. 42–43).

Das VAG unterscheidet bei der Erlaubnis zwischen ausländischen Versicherern mit Sitz innerhalb der EWG (§§ 110a ff. VAG) und außerhalb der EWG (§§ 105 ff. VAG).

2. Private und öffentlich-rechtliche Versicherungseinrichtungen

Bei den inländischen Versicherern sind grundlegend die privaten und die öffentlich-rechtlichen Versicherungseinrichtungen auseinanderzuhalten.

a) Private Versicherungsunternehmen

Als private Versicherungsunternehmen dürfen nur **Aktiengesellschaften** und **Versicherungsvereine auf Gegenseitigkeit** arbeiten (§ 7 Abs. 1 VAG). Beide sind bundesgesetzlich geregelt: AktG v. 6.9.1965 bzw. §§ 15–53b VAG.

aa) Aktiengesellschaft

Die Versicherungsaktiengesellschaft weist im Vergleich zu anderen Aktiengesellschaften rechtlich geringfügige Besonderheiten auf. Da das Grundkapital weniger die Funktion eines Betriebs- denn eines Garantiekapitals besitzt, sind die Aktienbeträge meistens nicht voll eingezahlt. Dann müssen die Aktien auf Namen lauten (§ 10 Abs. 2 AktG), und die Satzung kann die Übertragung der Aktien an die Zustimmung der Gesellschaft binden (§ 68 Abs. 2 AktG). Spezialvorschriften für Versicherungs-Aktiengesellschaften enthält das AktG in § 182 IV (Erhöhung des Grundkapitals, auch wenn Einlagen auf das bisherige Grundkapital noch nicht voll geleistet sind) und in §§ 225 I Satz 3, 347 II (Kapitalherabsetzung und Verschmelzung bei Lebensversicherern ohne Sicherheitsleistung). Abgesehen davon ergeben sich auf Grund des VAG Besonderheiten bei der Kapitalausstattung und bei der Rechnungslegung sowie bei der Zuständigkeit zur Stellung des Konkursantrages: § 88 VAG im Gegensatz zu § 92 AktG.

bb) Gegenseitigkeitsverein

Auseinanderzuhalten sind „**reine**" und **gemischte** Gegenseitigkeitsvereine; letztere versichern auch Nichtmitglieder „*gegen feste Entgelte*" (§ 21 Abs. 2 VAG). Daneben steht die Unterscheidung zwischen **großen** und „**kleineren**" Gegenseitigkeitsvereinen. Während die großen Gegenseitigkeitsvereine den Aktiengesellschaften sehr angenähert sind und z. B. notwendigerweise einen Aufsichtsrat besitzen, ist der kleinere Verein einfacher, nämlich weithin nach allgemeinem Vereinsrecht organisiert; er hat ja bestimmungsgemäß einen sachlich, örtlich oder dem Personenkreise nach eng begrenzten Wirkungskreis (§ 53 Abs. 1 Satz 1 VAG). Der große Versicherungsverein wird prinzipiell wie ein Kaufmann behandelt (§ 16 VAG), der kleinere nicht (§ 53 Abs. 1 Satz 1 VAG). Ein kleinerer Gegenseitigkeitsverein ist stets ein „reiner Verein" (§ 53 Abs. 1 Satz 2 VAG).

Zu aa) und bb) Mittelaufbringung

Was die Mittelaufbringung anlangt, so kennt die Aktiengesellschaft feste **Prämien**, der Gegenseitigkeitsverein kann bei seinen Mitgliedern entweder nachträgliche **Umlagen** oder **Vorbeiträge** erheben. Die Vorbeiträge werden korrigiert durch **Nachschüsse** (die satzungsgemäß begrenzt oder ausgeschlossen werden dürfen) bzw. durch **Kürzung der Versicherungsansprüche** einerseits oder durch **Überschußverteilung** andererseits. (Vgl. §§ 24—27, 38, 53 Abs. 1 Satz 1 VAG.) Praktisch besteht heute für Versicherungsnehmer kein nennenswerter Unterschied mehr zwischen einem Gegenseitigkeitsverein mit Vorbeiträgen und ausgeschlossener Nachschußpflicht einerseits und einer Aktiengesellschaft andererseits. Zivilrechtlich werden alle **Beiträge** den **Prämien gleichgestellt** (§ 1 Abs. 2 Satz 2 VVG), oft spricht man übrigens heute auch bei Aktiengesellschaften von Beiträgen.

b) Öffentlich-rechtliche Versicherungseinrichtungen

Die öffentlich-rechtlichen Versicherungseinrichtungen sind inländische **juristische Personen des öffentlichen Rechtes**, die nicht nur unter der Versicherungs**fach**aufsicht, sondern auch unter der **Aufsicht ihres Muttergemeinwesens** (Land, ehemalige Provinz, Regierungsbezirk) stehen (Dienstaufsicht). Ihre Organisation ergibt sich aus Landesrecht.

Eine **Körperschaft** liegt vor, falls in der Selbstverwaltung die Versicherten dominieren, eine **Anstalt**, falls das Muttergemeinwesen vorherrscht (Anstalten spielen mit Abstand die größere Rolle). Entstehen die Versicherungsverhältnisse unmittelbar kraft Gesetzes, oder müssen Versicherungen bei einer öffentlich-rechtlichen Einrichtung infolge eines gesetzlichen Zwanges genommen werden, so gilt bei diesen Zwangsanstalten das VVG nicht, Landesrecht ist maßgebend (§ 192 I VVG). Das BVerfG (VersR 1976 S. 354 = VerBAV 1976, S. 191) hat die Verfassungsmäßigkeit der Zwangs- und Monopolanstalten der Gebäudefeuerversicherung festgestellt.

Bei öffentlich-rechtlichen Wettbewerbseinrichtungen, die also mit privatrechtlichen Versicherern konkurrieren, findet das VVG nach Maßgabe des § 192 II Anwendung. Es gibt auch Anstalten, die zugleich Wettbewerbs- und Monopolanstalten sind.

3. Neben- und Mitversicherung

Wird dasselbe Risiko unter mehrere Versicherer aufgeteilt, ohne daß die Addition der Versicherungssummen einen höheren Betrag ergibt als den Versicherungswert (anderenfalls Doppelversicherung, vgl. unten F. III. 5b) so spricht man von **Nebenversicherung**. Der Versicherungsnehmer ist gehalten, jedem der Beteiligten Versicherer von ihr Anzeige zu machen (Obliegenheit): § 58 VVG (Zweck: Vermeidung einer Doppelversicherung).

Obwohl § 58 nur für die Schadensversicherung gilt, verlangen die Versicherer zuweilen auch in der Summenversicherung eine entsprechende Anzeige, vor allem bei der Versicherung von Kranken- und Krankenhaustagegeld.

Gesetzlich knüpfen sich an die Verletzung der Anzeigepflicht vor allem Folgen, wenn es sich um die **vorvertragliche** Anzeigepflicht handelt. Wird die Anzeigepflicht verletzt gegenüber demjenigen Versicherer, mit dem der Versicherungsnehmer schon im Vertragsverhältnis steht, so sehen manche **AVB** Leistungsfreiheit vor, dabei ist aber § 6 I VVG zu beachten.

Oft wird ein großes Risiko (meist durch einen Makler) systematisch unter verschiedene Versicherer in gewolltem Zusammenwirken aufgeteilt derart, daß jeder nur einen bestimmten Teil des Risikos zeichnet: **Mitversicherung** (keine Gesamtschuld der Versicherer!). Praktisch ist in solchem Fall für beide Vertragsteile die Führungsklausel etwa mit folgendem Wortlaut: „*Der führende Versicherer ist bevollmächtigt, Anzeigen und Willenserklärungen des Versicherungsnehmers für alle beteiligten Versicherer in Empfang zu nehmen.*"

Es handelt sich hierbei um die **Anzeigenklausel**; weiter geht die **Anschlußklausel**, bei der der Führende auch Schäden mit Wirkung für die Mitversicherer abwickeln kann. In ständiger Mitversicherung werden z. B. gedeckt die Film-, die Speditions-, die Güterfernverkehrsversicherung.

Die Mitversicherung ist vom Pool zu unterscheiden. Bei letzterem hat es der Versicherungsnehmer nur mit **einem** Versicherer zu tun. Der Pool wird durch ein Rechtsverhältnis der einschlägigen Versicherer untereinander gebildet. Beispiele: Luftpool, Pharmapool.

Stille Mitversicherung (ein Versicherer gibt einen Teil des Risikos an einen anderen ab) ist Rückversicherung.

Die Mitversicherung ist also ein qualifizierter Fall der Nebenversicherung.

II. Versicherte in weiterem Sinne

1. Versicherungsnehmer

Im Sprachgebrauch gehen oft die Begriffe Versicherungsnehmer und Versicherter durcheinander. Wir verstehen unter Versicherten diejenigen, deren Risiken gedeckt sind (Versicherte im weiteren Sinne). Das kann der Versicherungsnehmer sein (er versichert seinen Hausrat), das kann ein Dritter sein (der Versicherungsnehmer versichert den Hausrat seines getrennt von ihm lebenden Kindes), der Versicherte im engeren Sinne. Versicherungsnehmer ist also derjenige, der Partei des Versicherungsvertrages ist. Ihn treffen die noch zu besprechenden Rechtspflichten, er gibt auch diejenigen Erklärungen ab, die den gesamten Vertrag betreffen (Anfechtung, Kündigung, Vertragsänderung, Verlängerung), an ihn sind umgekehrt die Erklärungen des Versicherers zu richten, die den gesamten Vertrag angehen.

Bei der AG ist der Versicherungsnehmer Partner des **schuldrechtlichen** Vertrages, beim VVaG ist er in der Regel **zugleich Mitglied**.

2. Versicherter im engeren Sinne

a) Versicherung für fremde Rechnung

Der Versicherte im engeren Sinn ist nicht Vertragspartei: sein Risiko hat ein anderer, der Versicherungsnehmer, für ihn gedeckt derart, daß der Versicherte den Versicherungsanspruch im Schadenfall erwirbt. Rechtspflichten hat er nicht zu erfüllen, wohl aber Obliegenheiten (vgl. § 79 VVG). Erklärungen kann er im Hinblick auf einen Schadenfall abgeben, wie er auch insoweit der richtige Empfänger für Erklärungen des Versicherers ist. Diese Rechtsfigur wird Versicherung für fremde Rechnung genannt (§§ 74 ff., VVG, §§ 52 ff. ADS, Vorbild sind §§ 328 ff. BGB).

Beispiel:

Ein Lagerhalter nimmt eine (laufende) Versicherung zugunsten der Einlagerer (Kundenversicherung). Den Versicherungsschein erhält der Lagerhalter. Aber etwaige Entschädigungsansprüche nach einem Lagerbrand stehen den betroffenen Einlagerern zu.

Die Rechtsstellung des **Versicherten** ist nach dem **Gesetz** dadurch geschwächt, daß er über seine Rechte nur verfügen kann, wenn er entweder im Besitz des **Versicherungsscheins** ist **oder** der Versicherungsnehmer **zustimmt** (§ 75 Abs. 2 VVG). Der Versicherungsnehmer wird zu solcher Mitwirkung nur bereit sein, nachdem er wegen der ihm gegen den Versicherten zustehenden Ansprüche befriedigt ist (vgl. § 77 VVG).

Im Beispielsfalle muß demnach der Einlagerer das Lagergeld und die Auslagen für den Versicherungsschutz zahlen, bevor der Lagerhalter zustimmen oder das Versicherungszertifikat aushändigen wird. Zahlt der Einlagerer nicht, so könnte der Lagerhalter sogar von seinem Recht Gebrauch machen, die dem Einlagerer zustehende Versicherungsleistung einzukassieren (vgl. § 76 VVG).

In den **Versicherungsbedingungen** wird die Rechtsstellung des Versicherten und Versicherungsnehmers oft verändert. So steht z. B. bei der Kraftverkehrshaftpflichtversicherung nach § 10 Abs. 4 AKB den mitversicherten Personen, also besonders den berechtigten Fahrern, das **Recht** zu, ihre **Versicherungsansprüche selbständig**, d. h. ohne Zustimmung des Versicherungsnehmers und ohne Besitz des Versicherungsscheins, **geltend zu machen**. Das bedeutet eine Besserstellung der Versicherten. Ihre Rechte können gegenüber der gesetzlichen Regelung aber auch abgeschwächt werden, wie § 7 Abs. 1 Satz 2 AHB zeigt: Danach steht die **Ausübung** der Rechte aus dem Versicherungsvertrag **ausschließlich dem Versicherungsnehmer** zu. Auch mit dessen Zustimmung soll der Versicherte nicht über seine Ansprüche verfügen oder sie gerichtlich geltend machen. Diese Regelung soll — etwa bei einer Betriebshaftpflichtversicherung — den Versicherer der Notwendigkeit entheben, im Schadensfall mit einer unbestimmten Vielzahl ihm unbekannter Personen das Vertragsverhältnis abwickeln zu müssen. Der Versicherer ist daran interessiert, sich allein mit dem Versicherungsnehmer als seinem Vertragspartner auseinanderzusetzen.

BGH 4.V.1964 BGHZ Bd. 41, S. 329—333 hat dazu allerdings entschieden, die Bestimmung des § 7 Abs. 1 Satz 2 AHB verliere ihre Berechtigung, wenn der Versicherer einen vom Versicherungsnehmer für einen mitversicherten Betriebsangehörigen erhobenen Deckungsanspruch abgelehnt und der Versicherungsnehmer daraufhin zu erkennen gegeben habe, daß er den Anspruch von sich aus nicht weiter verfolgen wolle. Der BGH gab der Klage des Versicherten statt und wies die Berufung auf § 7 Abs. 1 Satz 2 AHB als unzulässige Rechtsausübung zurück.

Auch § 85 VVG führt zur Versicherung für fremde Rechnung. – Wenn Versicherte den **Versicherungsfall schuldhaft herbeiführen,** treten gegen sie die gleichen Wirkungen ein, wie wenn der Versicherungsnehmer dies tut (§ 79 Abs. 1 VVG). Indes schließt die Herbeiführung des Versicherungsfalls durch den Versicherten den Versicherungsschutz des Versicherungsnehmers nicht automatisch aus, sondern nur, wenn der Versicherte Repräsentant des letzteren war (OLG Karlsruhe, VersR 1986, S. 985: Haftpflichtversicherung). Der Versicherer soll aus der Rollenspaltung auf der Gegenseite keinen Nachteil haben; er kann mit einer Prämienforderung gegen den Versicherungsnehmer dem Versicherten gegenüber aufrechnen: § 35b VVG; übrigens auch gegenüber dem geschädigten Dritten in der allgemeinen Haftpflichtversicherung, nicht jedoch in der Pflichtversicherung: § 158g VVG.

b) Unfallversicherung

Die Versicherung für fremde Rechnung kommt nur in der Schadenversicherung vor, eine entsprechende Anwendung der §§ 75–79 VVG (also mit **Anspruch** der Gefahrsperson) ordnet allerdings § 179 II VVG für die **Unfallversicherung** an, auch soweit sie Summenversicherung ist (Beispiel: Der Unternehmer versichert sein Personal gegen Unfälle; Insassenunfallversicherung der Kraftverkehrsversicherung).

Mit dem Wesen der **Insassenunfallversicherung** hat sich der BGH 8.II.1960 BGHZ Bd. 32 S. 44–53 eingehend auseinandergesetzt. *„Ihre Besonderheit gegenüber der sonstigen Unfallversicherung besteht nur darin, daß sich hier erst bei Eintritt des Versicherungsfalles ergibt, wer Versicherter gewesen ist... Sie ist hinsichtlich der Personen, die sich z. Z. des Unfalles außer dem Versicherungsnehmer selbst in dem Fahrzeug befanden, Fremdversicherung im Sinn von § 179 Abs. 2 VVG. Da im vorliegenden Fall, wie in aller Regel, der verunglückte Insasse nicht schriftlich in den Abschluß einer Unfallversicherung eingewilligt hatte, ist nur er Versicherter im Sinne von § 75 VVG, so daß der Versicherungsanspruch allein ihm zusteht und als Bestandteil seines Vermögens in seinen Nachlaß fällt."* Obwohl der Versicherungsanspruch danach materiell-rechtlich dem Versicherten zusteht, kann nach § 76 VVG in Verbindung mit § 3 Abs. 2 AKB nur der Versicherungsnehmer darüber verfügen. Mit der Zahlung der Versicherungssumme an den Versicherungsnehmer erlischt daher die Versicherungsforderung. Ob der Versicherungsnehmer den Betrag an den Versicherten weiterzuleiten hat, ergibt sich aus dem Innenverhältnis zwischen Versicherungsnehmer und Versicherten. Bestehen keine vertraglichen Abmachungen, so wendet der BGH die Regeln über die Geschäftsführung ohne Auftrag des Versicherten an; *„denn dadurch, daß der Versicherungsnehmer die Gefahrsperson ohne deren Einwilligung gegen Unfälle versichert, die ihr zustoßen, greift er in deren Geschäftsbereich ein, ohne ihr gegenüber hierzu berechtigt zu sein.... Hat der Versicherungsnehmer nach Eintritt des Versicherungsfalles die Versicherungssumme eingezogen, so hat er sie nach §§ 681, 667 BGB an den Versicherten herauszugeben. Da der Auskehrungsanspruch aus § 667 BGB zum Vermögen des Versicherten gehört, fällt er in seinen Nachlaß".*

Kritisch gegenüber diesem Urteil: BGH, VersR 1975, S. 703: VN als gesetzlicher Treuhänder.

Eine Unfallfremdversicherung für fremde Rechnung (Versicherungsnehmer (VN) = Unternehmer, Gefahrsperson und Versicherter = Arbeitnehmer) stellt auch die gesetzliche Unfallversicherung dar. Da der Unternehmer allein die Beiträge hierfür zahlt, erkauft er sich Haftungsfreiheit (§ 636 RVO). Es gibt Reformvorschläge, das bewährte System der Haftpflicht und deren Abdeckung durch die Haftpflichtversicherung zumindest im Verkehrsbereich zu ersetzen durch eine Unfallversicherung nach Maßgabe der RVO. Vor solchen Plänen ist zu warnen. Die damit notwendige Pauschalierung der Ansprüche würde den Geschädigten in den meisten Fällen schlechter stellen als bisher. Über die Finanzierbarkeit des Projekts liegen keine Untersuchungen vor; die ohnehin schon beklagte Bürokratisierung unseres Lebens würde um eine erhebliche Dimension erweitert werden.

c) Sonstige Personenversicherung

In der **Lebensversicherung** fehlt eine entsprechende Vorschrift zu § 179 II VVG. Nach § 159 II VVG ist folgerichtig in der Todesfallversicherung die Einwilligung der Person notwendig, auf deren Leben der Versicherungsnehmer die Versicherung nimmt, er soll nicht auf den Tod eines Dritten spekulieren (verwandt: § 179 III VVG, Unfallfremdversicherung für eigene Rechnung des Versicherungsnehmers). Ob von dieser Einwilligung bei der **Gruppenversicherung** dann abgesehen werden kann, wenn dem Gruppenmitglied der Anspruch zusteht oder er wenigstens über die Einzelheiten des Versicherungsvertrages unterrichtet worden ist, ist bestritten.

Die **Krankenversicherung** ist nach der Ausgestaltung der AVB auch dann keine Versicherung für fremde Rechnung, wenn sie Schadensversicherung ist (Krankheitskostenversicherung). Wenn hier die Familienmitglieder des Versicherungsnehmers „mitversichert" sind, so steht diesen gleichwohl der Versicherungsanspruch nicht zu, sondern dem Versicherungsnehmer. Bei Tagegeldversicherungen werden aber die §§ 75, 76 VVG für analog anwendbar gehalten: OLG Hamm, VersR 1972 S. 968; OLG Köln, VersR 1975, S. 1094. Zunehmend bricht sich auch hier die Versicherung für fremde Rechnung Bahn, Grund: In der Ehe trägt nicht nur ein Ehegatte die Unterhaltspflicht. OLG Köln, VersR 1983, S. 772 geht noch von dem traditionellen Standpunkt der Familienkrankenversicherung als Versicherung für eigene Rechnung aus. Die Entscheidung ist interessant, weil §§ 161, 179 Abs. 4 VVG analog angewendet werden.

d) Versicherung für Rechnung wen es angeht

Grundsätzlich ist in der Aktivenversicherung eine bestimmte Beziehung einer bestimmten Person zu einem bestimmten Gegenstand gedeckt (unten F. II. 2). § 80 II VVG erlaubt eine Erweiterung: Es kann anfangs offen bleiben, ob eigenes oder fremdes Interesse gedeckt ist.

> **Beispiel:**
> Ein Kaufmann versichert Ware, die er demnächst zu veräußern hofft, er rechnet von vornherein damit, daß sein Käufer sie wiederum alsbald veräußern wird.

Hier wäre die Anwendbarkeit der §§ 69 ff. VVG (vgl. unten H. I) zu schwerfällig (Anzeigepflichten, Kündigungsmöglichkeit des Versicherers). Dem Bedürfnis der Deckung ohne Modalitäten entspricht die Versicherung für Rechnung wen es angeht, mit der die an Order gestellte Transportversicherungspolice korrespondiert (unten C. III. 3d). Erst im Schadenfall stellt sich heraus, ob es Versicherung für eigene Rechnung war (der Versicherungsnehmer hatte noch nicht weiterveräußert), oder Versicherung für fremde Rechnung.

Hierher gehört auch die Insassenunfallversicherung (vgl. oben B. II. 2b).

III. Drittbeteiligte

1. Sachversicherung

In einzelnen Zweigen kommt es vor, daß das Gesetz Dritten, die mit dem Vertrage nichts zu tun haben, Rechte aus ihm gewährt. Hierzu gehören die Realgläubiger (Gläubiger einer Hypothek, Grundschuld, Rentenschuld, Reallast). So erstreckt sich die Hypothek auch auf die Versicherungsforderung (also **nicht nur** auf die Forderung aus der **Feuerversicherung**: §§ 1127 ff. BGB), und in der **Feuerversicherung** ist der Realgläubiger unter Umständen sogar dann geschützt, wenn der **Versicherungsnehmer** keine Deckung beanspruchen könnte (§§ 102, 103, 107b VVG). Da der Versicherer hier für seinen Versicherungsnehmer eingesprungen ist, ohne vertraglich verpflichtet zu sein, geht das Recht des Realgläubigers auf den Versicherer über: § 104 VVG. Entsprechend sind auch Schiffshypothekengläubiger geschützt (SchiffsrechteG).

2. Haftpflichtversicherung

Die Haftpflichtversicherungsforderung ist generell für den geschädigten Dritten reserviert, weder Versicherungsnehmer noch Versicherer können sie ihm entziehen (§ 156 VVG). Folgerichtig steht im Konkurs des Versicherungsnehmers dem Dritten an der Versicherungsforderung ein Absonderungsrecht zu (§ 157 VVG).

In der Pflichtversicherung gilt darüber hinaus, ähnlich wie in der Feuerversicherung zugunsten der Realgläubiger (oben B. III. 1), der Versicherungsschutz dem Dritten gegenüber in gewissen Grenzen sogar dann als bestehend, wenn der Versicherer seinem Versicherungsnehmer gegenüber frei ist (§ 158c VVG; § 3 Nr. 4 und 5 PflichtVersG).

> **Beispiel:**
>
> Ein Jäger (Versicherungsnehmer = VN) hat den **Treiber D** mit einem Schuß auf der Jagd verletzt, aber den Haftpflichtversicherungsschutz wegen Versäumung der Klagefrist (§ 12 Abs. 3 VVG) verwirkt. D erwirkt ein Urteil gegen den Versicherungsnehmer über 3000 DM, aber der Versicherungsnehmer ist vermögenslos. Ohne daß D zunächst eine Mobiliarvollstreckung bei dem Versicherungsnehmer versuchen müßte, kann er sogleich beim Amtsgericht einen Beschluß erwirken, wonach eine (fingierte) Forderung des Versicherungsnehmers gegen den Versicherer gepfändet und ihm, D, überwiesen wird. Kraft dieser Überweisung kann D sich an den Versicherer halten, auf den im Augenblick der Zahlung von 3000 DM an D die Entschädigungsforderung des D gegen den Versicherungsnehmer übergeht.

Auch hier wieder geht also der Anspruch des Geschädigten auf den Versicherer über (§ 158 f. VVG) bzw. kann der Versicherer Rückgriff nehmen gegen seinen Versicherungsnehmer (§ 3 Nr. 9 S. 2 PflichtVersG).

In der Pflichtversicherung für Kraftfahrzeughalter hat der geschädigte Dritte sogar ein eigenes Klagerecht gegen den Versicherer: § 3 Ziff. 1 PflichtVersG.

3. Lebens- und Unfallversicherung (Bezugsberechtigung)

In beiden Zweigen kann der Versicherungsnehmer, selbst Gefahrsperson (das ist die Person, auf die der Versicherungsfall abgestellt ist), einen Dritten als **Bezugsberechtigten** einsetzen: §§ 166–168, 180 VVG. Möglich ist auch eine geteilte Anspruchsberechtigung, was namentlich bei der in der Praxis häufigen gemischten Versicherung auf den Todes- und den Erlebensfall vorkommt: Im Erlebensfall will der Versicherungsnehmer selbst gesichert sein, für den Todesfall räumt er eine Bezugsberechtigung ein.

Wir unterscheiden **widerrufliche** (Regelfall) und unwiderrufliche Bezugsberechtigung. Im ersteren Fall gehört die Anwartschaft noch zum Vermögen des Versicherungsnehmers, kann also von ihm abgetreten werden, kann also von seinen Gläubigern gepfändet werden. Die **unwiderrufliche** Bezugsberechtigung ergibt bereits einen Vermögensteil des Dritten, er kann die Anwartschaft zedieren, seine Gläubiger können in diese vollstrecken. Jeder Bezugsberechtigte erwirbt beim Tode des Versicherungsnehmers die Versicherungsforderung nicht aus dem Nachlaß. Das ist günstig für ihn, weil er damit die Versicherungssumme der Haftung für Nachlaß-Schulden fernhalten kann. Bei der **widerruflichen** Bezugsberechtigung erwirbt der Dritte erst mit dem Todesfall.

Im einzelnen ist vieles streitig. Benachteiligt durch den Erwerb des Bezugsberechtigten sind ja nicht nur die Gläubiger des Versicherungsnehmers und seine Erben, sondern auch Pflichtteilsberechtigte. Ist keine Bezugsberechtigung vorhanden, erwirbt der Erbe die Versicherungsforderung als Teil des Nachlasses.

Setzt der Ehemann bei „gemischter" Lebensversicherung nur für den Todesfall seine Ehefrau als unwiderruflich Bezugsberechtigte ein, so erwirbt diese sofort das Recht auf die Versicherungssumme, allerdings auflösend bedingt durch den Eintritt des Erlebensfalles (für den sich der Ehemann als Versicherungsnehmer die Versicherungsleistung vorbehalten hat). Bis zum Eintritt des Erlebensfalls steht der Anspruch auf den Rückkaufswert der Ehefrau als unwiderruflich Bezugsberechtigter zu, so daß Gläubiger des Ehemannes keinen Zugriff haben (BGH 17.II.1966 BGHZ Bd. 45, S. 162–168).

IV. Scheinbare Drittbeteiligte

1. Universalnachfolge

Von einer Drittbeteiligung kann man nicht reden, wenn der Versicherungsvertrag durch **Rechtsnachfolge** auf einen anderen als den ursprünglichen Versicherungsnehmer übergeht. So liegt es z. B. bei der Erbfolge oder der Verschmelzung juristischer Personen. Hier geht nach dem Prinzip der Universalsukzession der Versicherungsvertrag auf den Erben

(§§ 1922, 1967 BGB) bzw. auf die übernehmende oder sich neu bildende Gesellschaft über. Wenn der Versicherungsvertrag für den Erben keinen Sinn hat, erlischt er nach § 68 VVG.

2. Nachfolge in Versicherungsverhältnis

Eine eingeschränkte Nachfolge ergibt sich aus §§ 69 ff. VVG: Der Erwerber einer versicherten Sache tritt in das Versicherungsverhältnis ein. Darauf ist später zurückzukommen (H. I., II.).

Das Gegenstück (Eintritt eines neuen **Versicherers** in bestehende Verträge) tritt bei der Bestandsübernahme nach § 14 VAG ein. Mit der Bestandsübertragung wird der übertragende Versicherer frei, der übernehmende Versicherer tritt in die Versicherungsverhältnisse kraft Gesetzes ein, auf die Zustimmung der Versicherungsnehmer des ersteren kommt es nicht an.

Der **widerruflich Bezugsberechtigte** der Lebensversicherung, insbesondere ein Familienangehöriger, ist gefährdet, wenn Gläubiger des Versicherungsnehmers in den Versicherungsvertrag vollstrecken, d. h. den Vertrag kündigen und den Rückkaufswert einziehen. Hier können die namentlich bezeichneten Bezugsberechtigten, Ehegatte und Kinder auch wenn sie nicht namentlich genannt sind, mit Zustimmung des Versicherungsnehmers in den Versicherungsvertrag eintreten (§ 177 VVG), müssen aber den Pfändungsgläubiger in Höhe des Rückkaufswert befriedigen. – Im **Konkurs** des Versicherungsnehmers gilt Entsprechendes.

3. Nachfolge in Versicherungsforderung

Erst recht kann von einer Drittbeteiligung keine Rede sein, wenn nur eine **einzelne Forderung** aus dem Versicherungsvertrag abgetreten oder verpfändet oder gepfändet wird (unselbständige Rechte, wie das Kündigungsrecht, können nicht ohne das Stammrecht übertragen werden).

Abtretungsverbote in den AVB (vgl. § 399 2. Halbsatz BGB) sind ebenso zu beachten wie gesetzliche Abtretungshindernisse (vgl. §§ 15, 98 VVG, § 851 ZPO). Nach § 400 BGB kann eine Forderung nicht abgetreten werden, soweit sie der Pfändung nicht unterworfen ist (Spiegelbildliches gilt nach § 1274 II BGB und § 851 ZPO). Pfändungsbeschränkungen für Versicherungsforderungen ergeben sich aus §§ 850 II, 850 III b, 850b I Ziff. 1 und Ziff. 4 ZPO in Verbindung mit § 850b II ZPO. Alle diese Bestimmungen betreffen Leistungen aus Personenversicherungen, § 850b I Ziff. 1 erfaßt auch Haftpflichtversicherungsrenten.

Besonderheiten gelten für die Pfändung **wegen** Unterhaltsforderungen nach § 850d ZPO: Solcher Pfändungsgläubiger steht sich günstiger als ein sonstiger. – Da der **Konkurs** das gesamte der Zwangsvollstreckung unterliegende Vermögen des Gemeinschuldners erfaßt, sind die angeführten Pfändungsbeschränkungen auch für den Konkurs wichtig.

V. Versicherungsvermittler

1. Überblick

Man faßt unter der Bezeichnung Versicherungsvermittler[9] die **Versicherungsvertreter** und die **Versicherungsmakler** zusammen. Bei der rechtlichen Behandlung sind jeweils das **Innen-** und das **Außenverhältnis** zu unterscheiden. – Im Innenverhältnis zum Versicherer sind die Versicherungsvertreter entweder selbständige **Handelsvertreter** (§§ 84–92c HGB) oder unselbständige **Angestellte**, deren Dienstvertrag als Handlungsgehilfenvertrag (§§ 59–75h HGB) zu qualifizieren ist, falls der Versicherer Kaufmann ist, dagegen als BGB-Dienstvertrag in den Restfällen, z. B. bei Versicherungsvertretern kleinerer Gegenseitigkeitsvereine oder öffentlich-rechtlicher Versicherungseinrichtungen (wo allerdings ausnahmsweise auch Beamte des Außendienstes vorkommen). – Aus dem Innenverhältnis ergeben sich die Pflichten und Rechte der **Versicherungsvertreter**, z. B. die Ansprüche auf Abschluß-(Vermittlungs-)provision, auf sonstige Provisionen, auf „Ausgleich" nach Beendigung des Innenverhältnisses (der Ausgleichsanspruch ist in § 89b HGB für hauptberufliche Handelsvertreter vorgesehen, § 92 I, II HGB. Angestellte sind durch das Sozialrecht geschützt). – Der **Versicherungsmakler** ist Handelsmakler (§§ 93–103 HGB). Er steht im Unterschied zum Versicherungsvertreter nicht in einem ständigen Betrauungsverhältnis zu einem Versicherer. Grundsätzlich erstreckt sich die Aufsicht nur auf die Versicherer, nicht auf die Vermittler. Immerhin enthält das VAG auch einige Rechtssätze, die Vermittler betreffen: §§ 81 II Satz 3, 83 II, 144a.

Im Zusammenhang mit dem Versicherungsvertragsrecht sind nur Fragen des **Außenverhältnisses** zu behandeln: Wie wirkt sich die Beteiligung eines Versicherungsvermittlers auf die Entstehung und Abwicklung eines Versicherungsvertrages aus?

2. Versicherungsvertreter

Die Versicherungsvertreter wurden früher überwiegend Versicherungs**agenten** genannt. Entsprechend lautet die Überschrift vor den §§ 43–48 VVG, welche das Außenverhältnis, also die Rolle des Versicherungsvertreters im Rahmen des Versicherungsvertrages behandeln. Es ist allgemein anerkannt, daß die §§ 43–48 VVG nicht nur anwendbar sind bei selbständigen, sondern auch bei angestellten Versicherungsvertretern. Ferner kommt es für die Anwendbarkeit nicht darauf an, ob die Versicherungsagenten haupt- oder nebenberuflich, als Einfirmenvertreter oder Mehrfachagenten tätig sind. Sogar bei Unteragenten müssen die Vorschriften, die weithin dem Schutz des Versicherungsnehmers dienen, angewendet werden, selbst dann, wenn die Unteragenten nicht vom Versicherer, sondern im eigenen Namen von einem Generalagenten betraut worden sind (echte Unteragenten, vgl. § 84 Abs. 3 HGB).

Die Vorschriften der §§ 43–48 VVG sind in der Rechtspraxis stark ausgeweitet worden. Insgesamt muß man **sieben Gruppen von Zurechnungsfällen** unterscheiden.

---

9 Vgl. RLV. VIII

a) Gesetzliche Vertretungsmacht

Auch wenn ein Versicherungsagent nur mit der **Vermittlung** von Versicherungsverträgen betraut ist (**Vermittlungsagent**) hat er die vier Vollmachten des § 43 VVG (zwei passive, zwei aktive Befugnisse), aber nur in dem Zweig, für den er bestellt ist:

Ziff. 1: Er kann **Anträge entgegennehmen** (auf den Antragscheinen werden auch **vorvertragliche Anzeigen** gemacht). Deshalb ist ein Antrag dem Versicherer bereits zugegangen, wenn er dem Agenten zugegangen ist; der Antragsteller kann den Antrag nicht mehr widerrufen (§ 130 Abs. 1 Satz 2 BGB); aber der Antrag bedarf noch der Annahme des Versicherers. Die Anzeigepflicht ist erfüllt, wenn sie dem Agenten gegenüber erfüllt ist.

Ziff. 2: Auch **spätere Anzeigen**, ferner **Kündigungs- und Rücktrittserklärungen** kann jeder Agent (passiv) **entgegennehmen**.

Ziff. 3: Der Agent kann **Versicherungsscheine aushändigen**, aber diese Aktivität kann er nur entfalten, nachdem der **Versicherer** den Versicherungsschein ausgefertigt hat.

Ziff. 4: Der Agent kann auch **Prämien kassieren**, aber wiederum nur, wenn vorher der Versicherer selbst eine Prämienrechnung unterzeichnet und dem Agenten übergeben hat.

Ein **Abschlußagent** hat **nicht nur** die vier **Befugnisse des § 43 VVG**, sondern auf Grund seiner besonderen Vollmacht kann er gemäß **§ 45 VVG** Verträge in Vertretung des Versicherers sogleich abschließen (auch im Wege vorläufiger Deckungszusagen), ferner Verträge ändern oder verlängern, Kündigungs- und Rücktrittserklärungen auch abgeben.

Alle diese Vollmachten beschränken sich bei Bezirksagenten auf den Bezirk (§ 46 VVG).

b) Rechtsgeschäftliche Vertretungsmacht

Bei allen seinen Vertretern kann der Versicherer die gesetzliche Vertretungsmacht **beschränken**, jedoch wirkt das gegenüber dem Versicherungsnehmer nur, soweit diesem die Beschränkung bekannt oder infolge grober Fahrlässigkeit unbekannt ist (§ 47 VVG), zwingendes Recht. (Es steht indes nichts im Wege, daß der Versicherer die gesetzliche Vertretungsmacht des Vertreters **erweitert**).

AVB können also bestimmen, daß alle Anzeigen und Erklärungen des Versicherungsnehmers **schriftlich** an die im Versicherungsschein bezeichneten Vermittler zu richten sind (hierzu § 9 AKB), vgl. auch § 11 Ziff. 16 AGBG.

c) Rechtsschein- und Duldungsvollmacht

Fehlt es am Willen des Versicherers, dem Agenten Vertretungsmacht zu erteilen, ist auch eine stillschweigend erteilte (Duldungs-)Vollmacht nicht anzunehmen, so muß doch der Versicherer haften, wenn er einen Rechtsschein bestehen lassen hat.

Beispiel für Duldungsvollmacht:

Lieferung von irreführenden Firmenschildern, Briefbögen, Stempeln, oder Verleihung irreführender Titel.

Beispiel für Rechtsscheinhaftung:

Der Versicherer schreitet nicht gegen eine mißleitende eigenmächtige Titelführung des Agenten ein, weil er von ihr nichts weiß, aber bei ausreichender Organisation von ihr hätte wissen können. Bei solchem Rechtsschein haftet der Versicherer gegenüber Versicherungsnehmern nur dann, wenn letztere durch den Schein veranlaßt wurden, darauf zu vertrauen, und zwar gutgläubig, d. h. in Unkenntnis der wahren Rechtslage und ohne grobe Fahrlässigkeit. Intern kann der Versicherer gegen den Rechtsscheinbevollmächtigten Regreß nehmen.

Wie erwähnt, ist der **Rechtsschein** dem Versicherer zuzurechnen, wenn er nichts von der Titelführung wußte. Hat er von ihr erfahren, ist er aber nicht eingeschritten, liegt **Duldungsvollmacht** vor, in beiden Fällen Gutgläubigkeit des Versicherungsnehmers vorausgesetzt (vgl. RGZ Band 73, S. 302 ff.). Die Rechtsscheinvollmacht kann also in Duldungsvollmacht übergehen.

d) Kenntniszurechnung

Der oft mißverstandene § 44 VVG erschließt sich, wenn man sich folgendes vergegenwärtigt: nach § 166 Abs. 1 BGB analog gilt alles, was der Vertreter weiß, als dem Versicherer bekannt. Dies nimmt § 44 VVG etwas zurück; Kenntnis des **Vermittlungsvertreters** ist nicht gleich Kenntnis des Versicherers. Diese Einschränkung gilt aber nach der Rechtsprechung nur für das **private** Wissen des Vermittlungsvertreters; was er im Zusammenhang mit der Antragsaufnahme erfährt, gilt als Kenntnis des Versicherers: BGH, VersR 1988, S. 234; BGH, VersR 1989, S. 833. Praktisch bedeutet das eine Einschränkung des Anfechtungs- bzw. Rücktrittsrechts des Versicherers wegen Verletzung der vorvertraglichen Anzeigepflicht.

Aus § 44 VVG ergibt sich weiter: Täuschte der Versicherungsnehmer den Versicherer, so kann letzterer nach § 123 BGB (vgl. § 22 VVG) selbst dann anfechten, wenn der **Vermittlungsvertreter** die wahre Lage durchschaute (seine private Kenntnis ist nicht gleich der des Versicherers). Anders, wenn der **Abschluß**vertreter den wahren Sachverhalt kannte: Jede Kenntnis ist der des Versicherers gleichzusetzen, dieser ist also nicht getäuscht worden.

e) Arglistanfechtung des Versicherungsnehmers

Hat ein Versicherungsvertreter den Versicherungsnehmer arglistig getäuscht, z. B. durch eine falsche Auskunft über den Umfang des Versicherungsschutzes, und ist daraufhin die Versicherung zustandegekommen, so kann der Versicherungsnehmer den Vertrag dem Versicherer gegenüber nach § 123 Abs. 1 BGB anfechten. Der **Vertreter** ist nicht etwa **Dritter** i. S. des § 123 Abs. 2 BGB, so daß es nicht darauf ankommt, ob der Versicherer die Täuschung kannte oder kennen mußte. Das folgert man daraus, daß der Agent vom Versicherer betraut ist und in seine Sphäre gehört.

In RG 15.III.1904 JW 1904, S. 232 hatte der Versicherungsvertreter den Versicherungsnehmer arglistig darüber getäuscht, daß es sich bei der abgeschlossenen Versicherung, deren Antrag der Versicherungsnehmer blanko unterschrieben hatte, nicht um eine Lebensversicherung auf den Todesfall, sondern auf den Erlebensfall handelte. Der beklagte Versicherer hielt die Voraussetzung einer Anfechtung nicht für erfüllt, da die Täuschung durch den Agenten und damit einem Dritten bewirkt worden sei, er selbst aber nichts davon gewußt habe. Das Reichsgericht pflichtete dem nicht bei. *„Die Sache hier liegt anders als in dem Falle, daß der Antragsteller die Antworten auf die im Antrag gestellten Fragen durch den Agenten ausfüllen läßt. Im letzteren Falle ist der Agent Beauftragter oder Gehilfe des Antragstellers. Wenn dagegen der Agent einen anderen durch Aufforderung oder Überredung zur Eingehung einer Versicherung zu bestimmen bemüht ist, tritt er diesem zwar nicht als Vertreter der Gesellschaft im gesetzlichen Sinne, wohl aber als deren Vertrauensmann, als Vertreter der Interessen der Gesellschaft gegenüber"*, nicht als ein Dritter i. S. des § 123 Abs. 2 BGB.

Auch bei **unselbständigen** Versicherungsvertretern, bloßen Vermittlungsagenten, nebenberuflichen Versicherungsvertretern und Angestellten von Versicherungsvertretern ist die Rechtslage so, als ob der Versicherer selbst die Täuschung verübt habe.

f) Verschuldensbeeinflussung bei Agentenmitwirkung

aa) Bei Vertragsschluß

Nicht selten kommt es im Versicherungsvertragsrecht auf ein Verschulden des Versicherungsnehmers an, z. B. bei Verletzung der vorvertraglichen Anzeigepflicht oder sonstiger

Obliegenheiten. Es kann geschehen, daß ein **Verschulden des Versicherungsnehmers** entfällt oder gemindert wird, weil ein Versicherungsagent das Verhalten des Versicherungsnehmers beeinflußt hat.

Solche Verschuldensbeeinflussung spielt besonders bei der **vorvertraglichen Anzeigepflicht** eine Rolle; es gibt zu diesem Fragenkreis eine große Reihe von Entscheidungen. Auf Grund der höchstrichterlichen Rechtsprechung ist primär darauf abzustellen, ob der Versicherungsnehmer gestellte Fragen selbst beantwortet oder die Beantwortung dem Versicherungsagenten überläßt.

Bei **eigener Fragenbeantwortung** durch den Versicherungsnehmer kann dessen Verschulden entfallen, falls der Versicherungsagent unklare Fragen in bestimmter Weise auslegt oder bei klaren Fragen Beantwortungszweifel des Versicherungsnehmers behebt. Ein blindes Vertrauen auf die Erklärungen des Versicherungsagenten ist aber nicht gestattet; es kommt auf die Individualität des Versicherungsnehmers, speziell seine ,,Verständnismöglichkeit" (Geistesgaben, Bildungsgrad, Geschäftsgewandtheit, Erfahrung, Lebensstellung, Gemütsverfassung) an.

Überläßt der Versicherungsnehmer dem **Versicherungsagenten** die **Ausfüllung des Fragebogens**, so kommt es darauf an, ob die Wahrnehmung und Feststellung der maßgeblichen Tatsachen ohne weiteres für jedermann möglich ist, was speziell für Fragen hinsichtlich der Örtlichkeit zutrifft. Bei solchen **Wahrnehmungstatsachen** darf sich der Versicherungsnehmer eher darauf verlassen, daß der Versicherungsagent die Angaben richtig machen werde. Bei **Individualtatsachen** dagegen, die nur aus den persönlichen Verhältnissen und dem eigenen besonderen Wissen des Versicherungsnehmers zu beantworten sind, liegt ein Verschulden des Versicherungsnehmers darin, daß er den selbständig vom Versicherungsagenten unvollständig oder unrichtig beantworteten Fragebogen ungeprüft aus seinen Händen läßt (Unterschrift im Vorwege in blanko oder nachträglich ungelesen).

Die Leitentscheidung zu alledem wurde durch das RG 30.III.1900 RGZ Bd. 46 S. 184–192 gefällt. Dort hatte der Kläger eine Lebensversicherung abgeschlossen. In dem Antragsformular des beklagten Versicherers wurde unter anderem danach gefragt, bei welcher Gesellschaft der Kläger schon einen Lebensversicherungsantrag gestellt habe und ob dieser Antrag gemäß Prämientabelle oder mit einer erhöhten Prämie angenommen oder ob er abgelehnt worden sei. Der Kläger füllte den Antrag nicht persönlich aus, sondern ließ die Fragen durch einen Agenten ausfüllen und unterschrieb den Antrag, ohne die Anworten vorher durchzulesen. Der Agent führte in dem Antragsformular zwar auf, daß der Kläger bei einem Leipziger Versicherer gemäß beantragter Tabelle versichert sei, verschwieg aber, daß kurz zuvor ein Lebensversicherungsantrag bei einer Berliner Gesellschaft abgelehnt worden sei. Als der beklagte Versicherer von dieser Ablehnung erfuhr, teilte er dem Kläger mit, daß er das Versicherungsverhältnis als gelöst erachte, weil die Frage nach den sonstigen Anträgen auf eine Lebensversicherung nicht wahrheitsgemäß beantwortet sei. Der Kläger verteidigte sich damit, daß der Agent den Antrag an die Berliner Gesellschaft selbst vermittelt und daher von ihm gewußt habe, ihm aber erklärt habe, der beklagte Versicherer, den er ebenfalls vertrete, übernehme auch abgelehnte Risiken. Das RG entschied in diesem Falle aber, daß der Kläger **nicht** entschuldigt und der Vertrag daher nicht wirksam sei. Der BGH würde heute wahrscheinlich anders entscheiden; vgl. die oben unter B.V.2d angeführten Urteile.

Aus dem Stadium des Vertragsschlusses kann der Versicherer wegen **culpa in contrahendo** schadenersatzpflichtig werden. Er muß entsprechend § 278 BGB für jedes Verschulden des Vertreters, seines Abschlußgehilfen, einstehen. **Beispiele:** Unterlassener Hinweis auf Möglichkeit vorläufiger Deckungszusage; unsachliche Beratung über Zweckmäßigkeit des Vertrages; lässige Behandlung des Antrags, insbesondere, wenn der Agent rasche Erledigung zugesagt hatte.

bb) Im bestehenden Vertrage

Nicht nur im Stadium des Vertragsabschlusses, sondern auch während des Vertragslaufs hat der Versicherungsagent als Erfüllungshilfe des Versicherers gewisse Verbindlichkeiten des Versicherers zu erfüllen. Verletzt der Versicherungsagent schuldhaft seine Verpflichtungen, so hat der Versicherer den Versicherungsnehmer im Wege des Schadenersatzes so zu stellen, wie wenn die Verbindlichkeit ordnungsmäßig erfüllt wäre: § 278 BGB. So sind z. B. Änderungsanträge ordnungsgemäß zu behandeln.

Im Falle BGH 9.V.1951 BGHZ Bd. 2, S. 87–93 hatte die klagende Versicherungsnehmerin ihren Fabrikationsbetrieb in einer süddeutschen Großstadt seit vielen Jahren bei dem beklagten Versicherer gegen Feuerschäden versichert; der Vertrag lief bis 1952. Am 26. Januar 1949 begann die Klägerin mit einer Verlegung ihres Betriebes in einen Vorort. Als am 28. Januar 1949 ein Vermittlungsagent der Beklagten bei der Klägerin zum Einkassieren von Prämien aus einer anderen Versicherung erschien, teilte sie ihm die Verlegung ihres Betriebes mit und erklärte, daß sie die Versicherungssumme auf 65 000 DM erhöhen wolle. Der Agent nahm dazu einen Antrag auf Abschluß einer Ersatzversicherung für den Betrieb in den neuen Räumen auf. Die Klägerin ging bei den Verhandlungen davon aus, daß der bisherige Versicherungsschutz für den Betrieb in den neuen Räumen ohne Unterbrechung weiterlaufe. Der Agent bestärkte sie in dieser Annahme durch die ausdrückliche Bestätigung, die Sache sei jetzt in Ordnung. Noch bevor der Agent den Antrag an den Versicherer weitergeleitet hatte, brach am 31. Januar 1949 in dem neuen Betriebsgebäude der Klägerin Feuer aus. Der Versicherer lehnte den Versicherungsschutz ab, weil sich die Versicherung aus dem alten Vertrag nicht auf das neue Betriebsgebäude erstrecke, der alte Vertrag also erloschen, ein neuer aber noch nicht zustande gekommen sei. Hier entschied der BGH, daß der Agent als Erfüllungsgehilfe des Versicherers verpflichtet gewesen sei, die Ansicht der Klägerin, daß der Versicherungsschutz ohne Unterbrechung fortbestehe, richtigzustellen, und leitete aus der Unterlassung des Agenten eine Ersatzpflicht des Versicherers her. Da es auf den *neuen* Antrag ankam, kann man auch hier von Verschulden bei Vertragsschluß sprechen; in einer schon bestehenden Geschäftsverbindung ist aber ein Pflichtverstoß eher anzunehmen als oben im Falle (aa). – Vgl. neuerdings BGH, VersR 1986, S. 329; BGH, VersR 1987, S. 147.

Zu aa) und bb)

Ein **mitwirkendes Verschulden** des Versicherungsnehmers kann nach § 254 BGB die Schadensersatzpflicht des Versicherers mindern oder aufheben. Eine konkurrierende Fahrlässigkeit kann z. B. darin liegen, daß sich der Antragsteller nicht um das Schicksal seines Antrages oder Änderungsantrages kümmert.

So z. B. in dem Fall einer 62jährigen Bäuerin, die einen Antrag auf Abschluß einer Haftpflichtversicherung gestellt, sich aber während der folgenden Monate nicht mehr um den Antrag gekümmert hatte. Da der Vermittlungsagent der Ratschreiber einer benachbarten Gemeinde war, glaubte sie ihren Antrag in den besten Händen. Das RG 26.II.1935 RGZ Bd. 147, S. 103–111 nahm ein Mitverschulden der Bäuerin mit der – ein wenig pathetischen – Begründung an: *„Der Landbevölkerung wird kein Dienst erwiesen, wenn man sie ... von eigener Verantwortlichkeit in Versicherungssachen freispricht. Das würde gerade auf dem Gebiet der ländlichen Versicherung zu wenig guten Ergebnissen führen. Jeder Bauer und jeder Landwirt muß ohne Rücksicht auf Alter und Geschlecht bestrebt sein, rechtzeitig gegen Feuer und womöglich auch gegen Haftpflicht versichert zu sein, sonst wird das Allgemeinwohl sehr bald Schaden leiden. Nach § 254 BGB ... könnte bei der völligen Untätigkeit der Klägerin die Ersatzpflicht der Beklagten unter Umständen sogar ganz entfallen."*

g) Vertrauenshaftung für den Versicherungsagenten (oben A.IV. 2b)

Die Rechtssätze des allgemeinen Zivil- und Versicherungsrechtes reichen nicht aus, um im Hinblick auf das Verhalten der Versicherungsagenten einen Schutz der Antragsteller und Versicherungsnehmer zu gewährleisten, der den Anforderungen der Gerechtigkeit und Billigkeit voll entspricht. So hat sich ein durch ständige Rechtsprechung erhärteter **Gewohnheitsrechtssatz** gebildet, den der BGH 9.V.1951 BGHZ Bd. 2, S. 92 mit den Worten umschreibt:

Es darf ein Versicherungsnehmer *„auf die Richtigkeit einer ... Auskunft des Agenten über den Umfang der Versicherung vertrauen, weil dessen Aufgabe gerade darin besteht, dem Versicherungsnehmer für die Versicherungsgesellschaft die erforderliche Belehrung und Aufklärung über den Inhalt und die Bedeutung der Versicherungsbedingungen und der sonstigen Anforderungen der Gesellschaft zu gewähren. Wenn die Versicherungsgesellschaften ihre Agenten mit solchen Aufgaben betrauen, müssen sie auch für deren Erklärungen einstehen und diese gegen sich gelten lassen ... Gegenüber einer falschen Aufklärung über den Inhalt und die Bedeutung der Versicherungsbedingungen durch den Vermittlungsagenten kann sich der Versicherer nur dann auf den der Aufklärung entgegenstehenden Wortlaut der Bedingungen selbst berufen, wenn dieser so klar ist, daß der Wideruch dem Versicherungsnehmer erkennbar war und ihm damit ein erhebliches eigenes Verschulden zur Last fällt."*

Der Gewohnheitsrechtssatz hat Verwandtschaft mit dem Recht der Stellvertretung; bei den meisten Urteilen handelte es sich um Belehrungen und Aufklärungen durch bloße Vermittlungsagenten. Von der Erfüllungsgehilfenhaftung hebt sich der Gewohnheitsrechtssatz dadurch ab, daß es bei ihm nicht auf ein Verschulden des Versicherungsagenten ankommt und kein bloßer Schadensersatzanspruch ausgelöst wird.

Eine Lebensversicherungsnehmerin konnte sich auf die Auskunft eines Bezirksagenten verlassen, *„sie könne nach Ablauf von drei Jahren ... die bis dahin eingezahlten Beiträge unverkürzt, aber ohne Zinsen zurückfordern"* (RG 26.IV.1910 RGZ Bd. 73, S. 302–306).

Am berühmtesten ist der sogenannte **Sturmflutfall**. Es handelte sich um die Sturmversicherung eines Kurhauses an der Ostseeküste. Der Antragsteller wollte auch gegen Sturmflutschäden versichert sein. Der Versicherungsagent hatte seine Ansicht geäußert, Wasserschäden seien mitgedeckt, wollte aber zur Vorsicht noch einmal bei der Direktion anfragen. Die Direktion schrieb dem Versicherungsagenten, eine Sturmflutversicherung könnte nicht gewährt werden. Der Versicherungsagent verschwieg dies dem Antragsteller, übergab ihm vielmehr den Versicherungsschein mit der Erklärung, die Gesellschaft habe den Antrag angenommen. Ergebnis: Die Gesellschaft hat die Erklärung des Versicherungsagenten als ihre eigene gelten zu lassen, der Versicherungsnehmer genießt Sturmflutversicherungsschutz (RG 19.I.1915 RGZ Bd. 86, S. 128–135). Dieses weitreichende Ergebnis ist mit Schadensersatzgrundsätzen, speziell der Lehre von der culpa in contrahendo, nicht zu erzielen. Denn hätte der Versicherungsagent richtig aufgeklärt, so hätte der Versicherungsnehmer zwar vielleicht die Versicherung nicht abgeschlossen, aber er hätte nirgends in Deutschland Versicherungsschutz gegen Sturmfluten erlangen können.

Zur Abgrenzung der verschiedenen Zurechnungsfälle ist auch das Urteil BGH 23.IV.1963 BGHZ Bd. 40, S. 23–27 aufschlußreich: Eine Autokaskoversicherung bezieht sich nach § 2 Abs. 1 AKB nur auf Europa, also nicht auf den außereuropäischen Teil der Türkei. Den Irrtum des türkischen Versicherungsnehmers, der glaubte, die Versicherung beziehe sich auf die gesamte Türkei, sah der BGH angesichts der klaren AVB als unerheblich an. Er verneinte in diesem Fall die gewohnheitsrechtliche Haftung des Versicherers, da den Versicherungsnehmer an seinem Irrtum ein erhebliches eigenes Verschulden getroffen habe. Davon unabhängig bejahte der BGH aber eine Haftung des Versicherers aus Verschulden bei Vertragsschluß, weil der Versicherungsagent als Erfüllungsgehilfe des Versicherers den Versicherungsnehmer über den Umfang der Versicherung nicht genügend aufgeklärt hatte. Der BGH führte aus, die gewohnheitsrechtliche Haftung des Versicherers sei von der Haftung aus culpa in contrahendo deutlich zu scheiden. Die gewohnheitsrechtliche Haftung sei eine Erfüllungshaftung und wolle dem Versicherungsnehmer Rechte gewähren. Sie wolle ihn besserstellen, als er stünde, wenn ausschließlich die gesetzliche Regelung gelte. Daher sei es gerechtfertigt, daß sie in vollem Umfange wegfalle, wenn den Versicherungsnehmer ein erhebliches eigenes Verschulden an seinem Irrtum treffe. Die Haftung aus culpa in contrahendo sei dagegen keine Erfüllungshaftung und abhängig vom Verschulden des Versicherers oder seines Erfüllungsgehilfen (Agenten). Die Haftung des Versicherers sei also weniger streng. Es sei daher berechtigt, daß die Haftung des Versicherers nicht in vollem Umfange wegfalle, falls den Versicherungsnehmer an seinem Irrtum ein erhebliches eigenes Verschulden treffe. – Der gewohnheitsrechtliche Satz fällt aus dem Rahmen der Rechtsgeschäftslehre. Die Begründung ist bisher nicht befriedigend gelungen. Letztlich handelt es sich doch um eine Art Haftung aus dem Handeln eines Vertreters. Die §§ 48 ff. VVG geben einen Fingerzeig dafür, daß Vertretungsmacht kraft Rechtsscheins im Versicherungsbereich großzügig anzunehmen, daß Wissenserklärungen den Willenserklärungen entsprechend zu behandeln sind. Im Falle OLG Karlsruhe, VersR 1990, S. 889, hätte das Gericht daher auf die gewohnheitsrechtliche Vertrauenshaftung nicht einzugehen brauchen.

3. Versicherungsmakler

Der Versicherungsmakler kann – mindestens im hansestädtischen Verkehr – den Versicherungsnehmer beim Abschluß von Verträgen, auch vorläufigen Deckungszusagen, vertreten. Er ist soziologisch Bundesgenosse des Versicherungsnehmers. Zuweilen wird die Vollmacht des Maklers noch weiter erstreckt, so z. B. auf das Inkasso im Schadenfall, auf Erklärungen des Versicherungsnehmers (Kündigung, Rücktritt, Anfechtung) oder darauf, daß er Erklärungen des Versicherers für den Versicherungsnehmer empfangen kann.

Andererseits kann der Makler auch Bevollmächtigter des Versicherers sein, z. B. beim Prämieninkasso, bei der Bearbeitung kleinerer Schäden oder beim Empfang von Gestaltungserklärungen des Versicherungsnehmers.

Eine gesetzliche Vertretungsmacht, wie sie §§ 43 ff. VVG für den Versicherungsvertreter anordnen, hat er nicht. Ebensowenig gelten die übrigen (oben B. V. 2) entwickelten Sätze für ihn. Obwohl der Makler Vertrauensmann des Versicherungsnehmers ist, hat er (entgegen § 99 HGB) einen Provisionsanspruch nur gegen den Versicherer, was auf Gewohnheitsrecht beruht.

Bei schuldhafter Vernachlässigung seiner Pflichten kann er sich beiden Teilen gegenüber ersatzpflichtig machen.

C. Zustandekommen

I. Abschluß des Versicherungsvertrages

1. Allgemeine Grundsätze

Da jeder Versicherungsvertrag ein zweiseitiges Rechtsgeschäft, ein Vertrag, ist, gelten die allgemeinen zivilrechtlichen Vorschriften über Rechtsgeschäfte, speziell über die Willenserklärung (§§ 116—144 BGB) und über den Vertrag (§§ 145—157 BGB). Ein Vertrag kommt durch den Zusammenklang zweier Willenserklärungen, nämlich Antrag und Annahme zustande.

Während es beim Kaufvertrag sowohl der Verkäufer als auch der Käufer sein kann, der den Antrag stellt, pflegt in der Versicherungswirtschaft infolge des üblichen Formularwesens (Antragschein nebst Erfüllung der vorvertraglichen Anzeigepflicht) der Versicherungsnehmer die Rolle des Antragstellers zu übernehmen, und der Versicherer nimmt (durch die Direktion oder einen Abschlußagenten) den Antrag an. Demzufolge ist es rechtlich nur als eine Aufforderung zu einem Antrag (zu einer Offerte) zu würdigen, falls ein Versicherungsagent, mag er auch Abschlußvollmacht besitzen, einen Versicherungskandidaten „bearbeitet".

Den Fall, daß der Versicherer den Antrag erst verspätet oder unter Änderungen annimmt, behandelt § 5 VVG, vgl. unten C.III.2.

Nach § 8 Abs. 4 VVG kann der Versicherungsnehmer seinen Antrag auf Abschluß eines Versicherungsvertrages innerhalb von 10 Tagen schriftlich widerrufen, sofern der Versicherungsvertrag länger als ein Jahr laufen soll. Das Widerrufsrecht besteht nicht, wenn der Versicherungsnehmer Vollkaufmann ist oder wenn der Versicherer auf Wunsch des Versicherungsnehmers sofortige Deckung gewährt. Der Versicherungsnehmer ist über sein Widerrufsrecht zu belehren.

Die Annahmefrist für den Versicherer, die in der Feuerversicherung nach § 81 VVG grundsätzlich 2 Wochen beträgt, beginnt erst zu laufen, nachdem die 10-tägige Widerrufsfrist verstrichen ist. Eine analoge Anwendung des § 81 auch nur auf andere **Sach**versicherungszweige hat der BGH bisher abgelehnt. **Vertraglich** wird die Annahmefrist oft länger bemessen. – Schon vor Einfügung des § 8 Abs. 4 in das VVG hatten die Lebensversicherer auf Grund geschäftsplanmäßiger Erklärungen dem Versicherungsnehmer ein Widerrufsrecht eingeräumt. Die neue Bestimmung stellt also das Widerrufsrecht auf eine breitere Basis.

Die Ausnutzung der Annahmefrist kann dem Versicherer nicht zum Verschulden angerechnet werden. Ist die Frist abgelaufen, so weiß der Versicherungsnehmer, daß er anderweitig einen Vertrag eingehen kann. Diese Rechtslage sowie die Üblichkeit der vorläufigen Deckungszusage während der Überlegungszeit beim Versicherer erübrigen eine Haftung aus culpa in contrahendo wegen verspäteter Antragsbearbeitung (vgl. aber auch unten C. IV. 3).

Auch § 5 III PflichtVersG kennt eine feste Annahmefrist, aber die Wirkung des Schweigens des Versicherers ist eine andere als nach § 81 VVG. In letzterem Falle gilt Schweigen als Ablehnung, im Rahmen des PflichtVersG als Annahme.

Eine wirksame Antragstellung setzt Geschäftsfähigkeit voraus. Vom 7. bis zur Vollendung des 18. Lebensjahres (§ 2 BGB) liegt beschränkte Geschäftsfähigkeit vor, und die Wirksamkeit des abgeschlossenen Versicherungsvertrages hängt von der vorherigen oder nachträglichen Zustimmung des gesetzlichen Vertreters ab (vgl. §§ 106–109 BGB). Da ein Versicherungsnehmer stets Prämie zu zahlen hat, bringt der Vertragsabschluß nicht lediglich einen rechtlichen Vorteil (§ 107 BGB). Ausnahmsweise ist eine Zustimmung der Eltern oder des Vormundes nicht erforderlich nach dem „Taschengeldparagraphen" § 110 BGB (ein Minderjähriger erhält Geld für ein Motorrad einschl. Versicherungsprämie) oder nach § 112 BGB (selbständiger Betrieb eines Erwerbsgeschäfts umfaßt Geschäftsversicherungen). Nach § 1357 BGB ist jeder Ehegatte berechtigt, Geschäfte zur angemessenen Deckung des Lebensbedarfs der Familie mit Wirkung auch für den anderen Ehegatten abzuschließen. § 1357 BGB wird eng ausgelegt, der Abschluß von Hausratsversicherungen dürfte aber durch diese Vorschrift gedeckt sein.

In gewissen Fällen bedürfen die gesetzlichen Vertreter noch der **vormundschaftsgerichtlichen Genehmigung** (vgl. für die Eltern: § 1643 BGB, für den Vormund: §§ 1821, 1822, 1902 BGB). Der BGH 30.VI.1958 BGHZ Bd. 28, S. 79–84 befaßte sich mit der Frage, ob der Vormund eines Volljährigen beim Abschluß eines Lebensversicherungsvertrages der Genehmigung des Vormundschaftsgerichts bedarf. Der Kläger, der wegen Verschwendung entmündigt war, hatte mit Zustimmung seines Vormunds – aber ohne Genehmigung des Vormundschaftsgerichts – einen Lebensversicherungsvertrag abgeschlossen. Er hielt den Vertrag für unwirksam und verlangte jetzt von dem Versicherer die Rückzahlung der Prämien. Der BGH gab der Klage statt. Der Lebensversicherungsvertrag war für länger als vier Jahre geschlossen und mußte daher nach § 1902 Abs. 2 Satz 1 BGB durch das Vormundschaftsgericht genehmigt werden. Der von einem Teil der Lehre vertretenen Auffassung, daß der Abschluß von Lebensversicherungsverträgen nicht der vormundschaftsgerichtlichen Genehmigung bedürfe, weil die länger dauernde Wirkung dieser Verträge durch die dem Versicherungsnehmer in § 165 Abs. 1 VVG unabdingbar eingeräumte Möglichkeit einer jederzeitigen Kündigung zum Schluß eines jeden Versicherungsjahres wieder lösbar sei, trat der BGH nicht bei.

Antrag und Annahme müssen übereinstimmen (Konsens), sonst liegt **Dissens** vor, und ein Vertrag kommt nicht zustande (vgl. §§ 154, 155 BGB). Der Antrag nimmt meistens Bezug auf die maßgebenden AVB. Ist die Prämienhöhe nicht angegeben, so kann sie regelmäßig vom Prämientarif des Versicherers her bestimmt werden.

Schon im Zeitpunkt der **Vertragsverhandlungen** treffen die Parteien gewisse Pflichten der Rücksichtnahme auf die Belange des Gegners. Bei Verletzung dieser Pflichten haften sie im Falle eigenen Verschuldens oder des Verschuldens von Abschlußgehilfen (§§ 276 Abs. 1 Satz 1, 278 Satz 1 BGB) auf Ersatz des Schadens, der durch die Pflichtverletzung entstanden ist. Jeder Versicherungsagent, auch ein Vermittlungsagent, ist bei solcher **culpa in contrahendo** als Abschlußgehilfe des Versicherers anzusehen (vgl. B. V. 2 f.). Trifft den Versicherungsnehmer oder seine Abschlußgehilfen ein Verschulden, so ist zu beachten, daß die Regeln über die vorvertragliche Anzeigepflicht (§§ 16–21 VVG) eine Sonderregelung für den Fall treffen, daß gefahrerhebliche Umstände nicht oder falsch angezeigt werden: Neben diesen versicherungsrechtlichen Sondernormen können die allgemein-bürgerlich-rechtlichen Grundsätze über die culpa in contrahendo nicht angewendet werden.

2. Pflichtversicherung, Versicherungspflicht

Zuweilen ist ein **Versicherungsnehmer** verpflichtet, einen Antrag zu stellen, ein **Versicherer** verpflichtet, einen Antrag anzunehmen (Kontrahierungszwang).

Antrags- und Annahmepflicht finden sich besonders bei der **Pflichtversicherung für Kraftfahrzeughalter:** Der Halter ist verpflichtet, für sich und den berechtigten Fahrer eine Haftpflichtversicherung abzuschließen und aufrechtzuerhalten (§ 1 PflVG). Der Antrag gilt als angenommen, wenn der Versicherer ihn nicht innerhalb einer Frist von zwei Wochen vom Empfang des Antrags an dem Antragsteller gegenüber schriftlich ablehnt; durch die Absendung der Ablehnungserklärung wird die Frist gewahrt; die Ablehnung ist nur aus ganz bestimmten Gründen zulässig (§ 5 Abs. 2–4 PflVG).

Pflichtversicherungen im Bereiche der **Haftpflichtversicherung** dienen zugleich den Interessen der Drittgeschädigten, und die Rechtsordnung trägt deren Schutzbedürfnis in den §§ 158b–158k VVG sowie im PflVG (Direktanspruch!) besonders Rechnung (vgl. oben B. III.2).

Neben gesetzlich stehen **vertraglich** Versicherungspflichtige, z. B. verpflichtet ein Cifvertrag den Cifverkäufer zum Abschluß einer Gütertransportversicherung, ein Kreditvertrag oft zum Abschluß einer Lebensversicherung (Restschuldversicherung).

Von Fällen der Verpflichtung zum Abschluß einer Versicherung sind solche zu unterscheiden, in denen das Versicherungsverhältnis – besonders bei öffentlich-rechtlichen Feuerversicherungseinrichtungen – nach Landesrecht **unmittelbar kraft Gesetzes** entsteht (vgl. § 192 Abs. 1 VVG).

3. Besondere Vertragsformen

Für Versicherungsverträge kommen zuweilen besondere Vertragsformen in Betracht, von denen einige Erwähnung finden sollen:

a) Vorläufige Deckungszusage

Die vorläufige Deckungszusage kommt — abgesehen von der Krankenversicherung — fast in allen Versicherungszweigen vor. Sie schafft provisorisch einen Versicherungsvertrag und Versicherungsschutz vor endgültiger Risikoprüfung oder vor völliger Einigung (z. B. über die Prämienhöhe). In der Praxis wird der Ausdruck „vorläufige Deckung" auch bei **endgültig** abgeschlossenen Versicherungsverträgen verwendet, sofern der Versicherungsschutz abweichend von § 38 II VVG schon vor der Zahlung einer Prämie beginnen soll, also eine (deckende) Stundung vereinbart ist (vgl. § 1 Ziff. 2 Satz 1 AKB).

Ein solcher Vertragsschluß ist mit BGHZ Band 21, S. 122 ff. regelmäßig darin zu sehen, daß der Versicherer dem Versicherungsnehmer eine zur Vorlage bei der Zulassungsstelle bestimmte Bestätigung über das Bestehen einer Kfz.-Haftpflichtversicherung aushändigt. In dieser Entscheidung betont der BGH ferner, daß ein Versicherer unter dem Gesichtspunkt der Duldungsvollmacht einzustehen habe, wenn er Bestätigungskarten in blanko aus der Hand gebe.

Die Aushändigung der Bestätigungskarte sollte sogar vorläufige Deckung für die **Kaskoversicherung** bewirken; vgl. aber jetzt § 1 II Satz 2 AKB.

Bei einer echten vorläufigen Deckungszusage kommt ein vorläufiger Vertrag zustande, und zwar dergestalt, daß der Versicherungsschutz ohne Rücksicht auf die Prämienzahlung beginnt. Der vorläufige Vertrag endet, falls die Deckungszusage zeitlich beschränkt ist, oder wenn der Versicherer oder der Versicherungsnehmer den Abschluß eines endgültigen Vertrages ablehnt, oder wenn sonst die Verhandlungen scheitern, meist mit Respektfrist für den Versicherungsinteressenten, damit er sich nach anderweitiger Deckung umsehen kann.

Kommt es dagegen zur **endgültigen** Versicherung, so fragt es sich, ob letztere zusammen mit der vorläufigen Deckung einen einheitlichen Versicherungsvertrag bildet (Einheitstheorie), oder ob zwei selbständige Versicherungsverträge anzunehmen sind (Trennungstheorie). Für erstere spricht die technische Handhabung (gesamtheitliche Prämienberechnung, einheitliche Versicherungszeit). Dennoch hat die höchstrichterliche Rechtsprechung für die Trennungstheorie entschieden. Das hat besonders die Folge, daß die vorläufige Deckung mit der endgültigen Einigung (zuzüglich kurzer Frist zur Zahlung der Erstprämie) endet und daß auf die erste Prämie des endgültigen Versicherungsvertrages § 38 II VVG anzuwenden ist: Erst mit der Zahlung setzt der Versicherungsschutz ein.

Der Entscheidung RG 12.V.1933 RGZ Bd. 140, S. 318—322 lag folgender Fall zugrunde: Die Eigentümerin eines Kalkwerks war bei dem beklagten Versicherer gegen Feuerschaden versichert. Der Versicherungsvertrag endete im Januar 1930. Vor Vertragsende verhandelte die Klägerin mit dem Beklagten über den Abschluß eines neuen Versicherungsvertrages und erhielt von einem Inspektor des Beklagten eine vorläufige Deckungszusage. Am

21. Februar brach im Werk der Klägerin Feuer aus; am 22. Februar führte sie mit dem Beklagten weitere Vertragsverhandlungen, die zum Abschluß eines neuen Feuerversicherungsvertrages führten. Bei diesen Verhandlungen hat die Klägerin den Brand vom Tage zuvor nicht erwähnt. Das RG – von der Trennungstheorie ausgehend – entschied, daß der Beklagte zwar von dem **neuen** Vertrag habe zurücktreten können, weil die Klägerin nicht alle ihr bekannten Umstände, die für die Übernahme der Gefahr erheblich gewesen seien, angezeigt habe (§ 16 Abs. 2 Satz 1 VVG). Die Wirksamkeit der vorläufigen Deckungszusage sei dadurch jedoch nicht berührt worden, so daß der Beklagte zum Ersatz verpflichtet sei. Auch BGH 9.V.1951 BGHZ Bd. 2, S. 91 vertritt die Trennungstheorie.

Umgekehrt ist auch selbständiger Rücktritt (oder Anfechtung) von der vorläufigen Deckung möglich. Die vorläufige Deckung büßt durch Einlösungsklauseln (vgl. unten C.IV.1 zu a–c) an Bedeutung ein.

b) Laufende Versicherung

Eine Schadensversicherung kann dergestalt angenommen werden, daß die versicherten Interessen (auch Passiven) bei der Schließung des Vertrages nur der Gattung noch bezeichnet und erst nach ihrer Entstehung dem Versicherer einzeln aufgegeben werden. Besonders **Gütertransportversicherungen** und **Rückversicherungen** werden oft als laufende Versicherungen genommen, aber auch z. B. Haftpflichtversicherungen von Güterkraftverkehrsunternehmen, Feuerversicherungen von Lagerhaltern, Einheitsversicherungen, Speditionsversicherungen.

Die **Deklaration** seitens des Versicherungsnehmers, z. B. des Cifverkäufers oder Erstversicherers, ist durchweg obligatorisch, und der Versicherer muß das gattungsmäßig im Vorwege umrissene Risiko übernehmen (**beiderseits obligatorische** laufende Versicherung). Aber es kommen auch **beiderseits fakultative** laufende Versicherungen vor (z. B. in der Rückversicherung) oder Versicherungen, die **auf einer Seite obligatorisch, auf der anderen Seite fakultativ sind,** fakultativ auf Versicherungsnehmerseite.

Der Fall einer beiderseits obligatorischen laufenden Versicherung lag RG 11.II.1938 RGZ Bd. 157, S. 67–77 zugrunde: Eine Herrenwäschefabrik hatte für die von ihr hergestellten, bezogenen und vertriebenen Waren eine Einheitsversicherung abgeschlossen. Sie war verpflichtet, am Ende eines jeden Monats dem Versicherer den Umsatz anzugeben, wonach sich die Prämie berechnen sollte. Bei den Ermittlungen wegen eines Einbruchdiebstahls stellte sich heraus, daß die Versicherungsnehmerin laufend falsche Angaben über den Umsatz gemacht hatte. Das RG hatte darüber zu entscheiden, ob die Wäschefabrik dadurch ihren Anspruch auf Versicherungsschutz verwirkt hat. Das wurde im Prinzip bejaht.

Der **laufenden Police** als Urkunde über den Gesamtvertrag stehen besonders in der Gütertransportversicherung **Einzelpolicen** (Zertifikate) über die einzelnen Deklarationen zur Seite. Die Deklaration ist nicht Bestandteil des Vertragsschlusses, sondern Rechtshandlung im bestehenden Vertrag.

c) Begünstigungsverträge

§ 81 Abs. 2 Satz 3, 4 VAG gestattet der Aufsichtsbehörde,den Abschluß und die Verlängerung von Begünstigungsverträgen zu untersagen. Das ist jüngst wieder durch VO vom 17.8.1982 VerBAV 1982, S. 456, geschehen. Die Verordnung verbietet auch Sondervergütungen, womit in erster Linie Provisionsabgaben vom Vermittler an den Versicherungsnehmer gemeint sind. Ältere Verordnungen betreffend die Lebens- und Krankenversicherung sind bestehen geblieben.

Die **Ausnahmeregelungen** — Gestattung von Begünstigungsverträgen — sind außerordentlich verwickelt und unübersichtlich; sie finden sich in zahlreichen aufsichtsbehördlichen Rundschreiben. Gestattet sind z. B. in der **Lebensversicherung**: gewisse Arbeitnehmerversicherungen, Vereinsgruppenversicherungen, Versicherungsverträge von Versorgungseinrichtungen.

Allen **Begünstigungsverträgen** ist es eigentümlich, daß unmittelbar oder mittelbar gewisse Vorteile eingeräumt werden, also ermäßigte geldliche Leistungen des Versicherungsnehmers oder günstigere Versicherungsbedingungen (Versicherungsleistungen). Die Versicherung nach normalem Geschäftsplan ist also stets aufsichtsrechtlich unbedenklich, auch wenn es sich um eine Gruppenlebensversicherung (Kollektivlebensversicherung) handelt, bei welcher eine „Gruppenspitze" als Versicherungsnehmer kraft eines einheitlichen Vertrages — mit einem Versicherungsschein — eine Mehrheit von Personen versichert. Erst bei Einräumung einer Begünstigung fragt es sich, ob eine aufsichtsrechtliche Gestattung Platz greift. Das kann besonders bei Arbeitnehmerversicherungen zutreffen, also bei Gruppenversicherungsverträgen, die von einem Arbeitgeber derart abgeschlossen werden, daß Arbeitnehmer (Arbeiter und/oder Angestellte) die Gefahrspersonen sind. Hier können die Arbeitnehmer (für den Erlebensfall) oder deren Hinterbliebene (für den Todesfall) als Bezugsberechtigte eingesetzt werden; die Einsetzung wird aufsichtsbehördlich gefordert, soweit intern die Arbeitnehmer die Prämie aufbringen. Die Begünstigung ist hier sachlich gerechtfertigt, soweit der Versicherer durch die Gruppenzusammenfassung Ersparnisse an Verwaltungskosten erzielt.

d) Zusammengefaßte Versicherung

Wie bereits die Beispiele der laufenden Versicherung und der Gruppenversicherung zeigen, werden nicht selten mehrere Deckungen zusammengefaßt. Man muß unterscheiden, ob es sich — wie in den beiden genannten Fällen — um einen **einheitlichen** (einzigen) **Versicherungsvertrag** handelt (aa) oder um die **Zusammenfassung mehrerer Versicherungsverträge** (bb).

aa) Einheitlicher Versicherungsvertrag (kombinierte Versicherung)

Bei einem **einheitlichen Versicherungsvertrag**, für welchen es nur einen Versicherungsnehmer und nur einen (echten) Versicherungsschein gibt, kann man von einer Zusammenfassung dann sprechen,

wenn eine **einzelne Person** versichert ist

hinsichtlich **mehrerer Gegenstände** (vgl. § 30 VVG), z. B. Feuerversicherung mehrerer Häuser oder eines Gebäudes und seiner Einrichtung;

gegen **mehrere Gefahren**, z. B. Versicherung von Wohngebäuden gegen Feuer, Leitungswasser, Sturm;

hinsichtlich **verschiedener Aktiven (oder Passiven)**, z. B. Kraftverkehrsversicherung des Fahrzeugs, der Haftpflicht und gegen Unfall;

wenn **mehrere Personen** versichert sind (vgl. § 30 VVG), z. B. Gruppenversicherung, Familienkrankenversicherung, Kundenversicherung).

Beispiel:

Eine Reinigungsunternehmung versichert die eingelieferten Bekleidungsstücke ihrer Kunden; ein Parkplatzunternehmen versichert die untergestellten Fahrzeuge und deren Inhalt gegen Diebstahl; Haftpflichtversicherung des Halters und des Fahrers; Insassenunfallversicherung.

Bei solchem einheitlichen Versicherungsvertrag kann die Verbundenheit mehr oder weniger eng sein. Bei einer kombinierten Kraftverkehrsversicherung kann im Falle der Veräußerung des Kraftwagens z. B. eine Unfallversicherung nicht auf den Erwerber übergehen (vgl. § 6 Abs. 1 AKB). Der § 30 VVG stellt darauf ab, ob der Versicherer für den übrigbleibenden Teil die Versicherung unter den gleichen Bedingungen geschlossen haben würde.

bb) Mehrere Versicherungsverträge

Eine bloße Zusammenfassung **mehrerer** gesonderter **Versicherungsverträge** liegt vor,

falls auf Grund von **Mantel-, Listen-, Rahmen- oder Empfehlungsverträgen** eine Vielzahl von Einzelversicherungen zustandekommt;

falls zwei Versicherungsverträge durch eine **Bedingungsvereinbarung** untereinander gekoppelt sind, z. B. falls ein Versicherer eine risikoreiche Versicherung nur unter der Bedingung übernimmt, daß auch eine andere günstigere Versicherung geschlossen wird;

falls mehrere Versicherungen „**gebündelt**" werden, dergestalt, daß in einem Antragsformular zwei Anträge enthalten sind; zuweilen wird über solche Vereinbarungen ein einziger Versicherungsschein ausgestellt, meist werden die für jeden Versicherungsteil maßgeblichen AVB beibehalten, aber zusammengefaßt. Die Bündelung ist also lockerer als die Kombination. Zu Kombination und Bündelung vgl. VerBAV 1954, S. 52.

II. Änderung des Vertrages

1. Gesetzlich vorgesehene Änderungen

Eine Gesetzesänderung, eine Satzungsänderung, eine AVB-Änderung kann auf den Einzelvertrag durchschlagen, vgl. oben A. VI. 4. Auch kann das Gesetz vorsehen, daß **eine** Partei eine Vertragsänderung verlangen kann. Beispiele bilden § 51 I VVG (Beseitigung der Überversicherung), § 41 VVG (Verlangen einer höheren Prämie), § 41a VVG (Verlangen einer Prämienminderung), § 60 II VVG (Beseitigung der Doppelversicherung).

Jede Veränderung der Gefahrslage ist Vertragsänderung, hier enthält das Gesetz in §§ 23-32 VVG Sondervorschriften für den Fall einer Gefahrerhöhung. Die Veräußerung der versicherten Sache (§§ 69 ff. VVG), die Bestandsübertragung (§ 14 VAG) bedeuten Parteienänderung. Zur Veräußerung folgende lehrreiche Entscheidung:

RG 5.VIII.1929 RGZ Bd. 125, S. 193—196. Dort hatte ein Gutsbesitzer sein Gut mit allem Inventar an seine Tochter veräußert, unter anderem auch ein Auto, für das eine Kraftfahrzeugkaskoversicherung bestand. Die Tochter trat auf Grund des Gutsüberlassungsvertrags in den Versicherungsvertrag ein, und zwar nach § 69 Abs. 1 VVG, nicht im Wege der Gesamtrechtsnachfolge, was wegen der notwendigen Veräußerungsanzeige (§ 71 Abs. 1 VVG) und wegen der Kündigungsrechte (§ 70 VVG) bedeutsam ist.

Siehe im übrigen unten H. I, II.

2. Vertragliche Änderungen

Die Parteien können vorbehaltlich gesetzlicher Bindung im Wege der individuellen Vereinbarung jeden Teil des Vertrages abändern (§ 305 BGB). Der Versicherungsnehmer wird oft ein Interesse daran haben, eine solche Vertragsänderung herbeizuführen, etwa wenn neue **Gefahren** eingeschlossen, bisher gedeckte Gefahren ausgeschlossen werden sollen, was entsprechend für die versicherten **Interessen** gilt.

Das gleiche ist der Fall, wenn Versicherungssummen erhöht oder herabgesetzt werden sollen, wenn sich der Versicherungsort geändert hat. Hierzu eine interessante Entscheidung:

RG 31.I.1922 RGZ Bd. 104, S. 20—23: Der Inhaber eines Antiquitätengeschäfts in Berlin hatte sich gegen Einbruchdiebstahl versichert. Nach den Versicherungsbedingungen bedurfte die *„Änderung des räumlichen Geltungsbereichs der Versicherung . . . der besonderen Vereinbarung"*. Als der Versicherungsnehmer sein Geschäft in die Lützowstraße verlegte, war daher eine Vertragsänderung erforderlich. Für einen Einbruchdiebstahl, der in der Lützowstraße verübt wurde, bevor der Vertrag geändert war, brauchte der Versicherer also grundsätzlich nicht einzustehen. Aber da der Versicherungsnehmer eine „Veränderungsanzeige" erstattet hatte, die der Versicherer nicht unverzüglich bearbeitet hatte, wurde der Versicherer unter dem Gesichtspunkt der culpa in contrahendo doch verurteilt.

Möglich sind selbstverständlich auch Änderungsverträge über Prämienhöhe, Prämienfälligkeit, Obliegenheiten, sekundäre Risikobeschränkungen, sei es, daß der Versicherer, sei es, daß der Versicherungsnehmer hierzu die Anregung gibt.

III. Verbriefung des Versicherungsvertrages

1. Wesen des Versicherungsscheins

Ein Versicherungsvertrag ist in Deutschland **nicht formbedürftig**, kann also auch mündlich (z. B. telefonisch) abgeschlossen werden. Aber es ist doch üblich, den Vertrag zu verbriefen, und zwar im Versicherungsschein, in der Praxis durchweg **Police** genannt. Sie ist oft also **kein konstitutives** Papier, das Rechtsbeziehungen **schafft**.

Die Urkunde kann über den endgültigen Abschluß, eventuell aber auch schon über eine vorläufige Deckungszusage gezeichnet werden. Sie ist insofern eine **einseitige Urkunde**, als sie nur vom Versicherer unterzeichnet zu werden pflegt, wobei aus Rationalisierungsgründen die Nachbildung der eigenhändigen Unterschrift (ein Faksimile) ausreicht (§ 3 Abs. 1 Satz 2 VVG). Als Urkunde über den Versicherungsvertrag muß die Police den Vertragsinhalt vollständig wiedergeben. AVB und besondere Versicherungsbedingungen bilden einen Bestandteil.

Bei einer laufenden Versicherung ist die laufende Police die Urkunde über den Gesamtvertrag; aber daneben pflegen **Einzelpolicen** (Zertifikate) zu stehen.

Bei Gruppenversicherungsverträgen gibt es neben der Police regelmäßig **Versicherungsausweise**, welche z. B. bei einer Gefolgschaftsversicherung den Arbeitnehmer über seine Rechtsstellung informieren.

Besonders wichtig ist die **Versicherungsbestätigung** aus dem Bereich der Kraftverkehrshaftpflichtversicherung: Ohne dieses vom Versicherer (neben der Police) kostenlos auszustellende Dokument wird kein zulassungspflichtiges Kraftfahrzeug zugelassen. Die Versicherungsbestätigung wird Bestandteil der Akten der Zulassungsstelle.

Sonderformen von Policen sind **Block- oder Kuponpolicen**, die den Inhalt weitgehend standardisieren. Bei der Automatenversicherung erhält der Versicherungsnehmer meistens nur ein mit Datums- und Stundenstempel versehenes Pappkärtchen, das auch als **Ticketpolice** bezeichnet wird.

Wird ein Versicherungsvertrag nachträglich geändert, so wird ein **Nachtrag** oder **Anhang** zur Police ausgefertigt.

2. Aushändigung des Versicherungsscheins

Wegen der Formlosigkeit des Versicherungsvertrages ist die Aushändigung der Police **keine Gültigkeitsvoraussetzung**. Vielmehr geht § 3 Abs. 1 Satz 1 VVG davon aus, daß die Aushändigung auf einer (Neben-)**Verpflichtung** des Versicherers aus dem bereits bestehenden Vertrag beruhe.

Aber in der Praxis hat die Aushändigung der Police oft **unmittelbare Bedeutung** für das Zustandekommen des Vertrages.

Hat — wie üblich — der Versicherungsnehmer den Antrag gestellt, so kommt es häufig vor, daß der Versicherer diesen Antrag durch die Aushändigung des Versicherungsscheins annimmt; aus Vereinfachungsgründen gibt der Versicherer also keine gesonderte weitere Annahmeerklärung ab. In der Kraftverkehrsversicherung liegt oft schon in der Überlassung einer Versicherungsbestätigung eine Antragsannahme.

Hat der Versicherer die Annahmefrist versäumt, so liegt im Angebot oder in der Aushändigung des Versicherungsscheins ein **neuer Antrag** (§ 150 Abs. 1 BGB), den der Versicherungsnehmer z. B. dadurch annehmen kann, daß er die Prämie bezahlt, den Versicherungsschein also „einlöst". Bestritten ist, ob diese Wirkung nur eintritt, wenn der Versicherungsnehmer nach § 5 Abs. 2, S. 2 2. Halbs. VVG analog belehrt worden ist. Wer, wie OLG Hamm, VersR 1989, S. 946, § 5 VVG als lex specialis zu § 150 BGB ansieht, muß diese Frage bejahen.

Ein neuer Antrag des Versicherers liegt auch dann vor, wenn die Police inhaltlich von dem Antrag des Versicherungsnehmers abweicht. Hier greift § 5 VVG ein (der zugleich den Fall behandelt, daß zunächst der Versicherer den Antrag des Versicherungsnehmers ordnungsgemäß durch gesonderte Willenserklärung angenommen hatte, dann aber einen Versicherungsschein aushändigt, dessen Inhalt von den getroffenen Vereinbarungen abweicht). In solchen Fällen ist der Policeninhalt maßgeblich, wenn der Versicherungsnehmer nicht innerhalb eines Monats schriftlich widerspricht (widerspricht er, ist kein Vertrag zustande gekommen, denn Angebot und Annahme decken sich nicht). Jedoch ist eine Genehmigung der Abweichung nur dann anzunehmen, wenn der Versicherer den Versicherungsnehmer unter Herausstellung der einzelnen Abweichungen auf die Rechtsfolge hingewiesen hat. Genügt der Versicherer dieser Hinweispflicht nicht, so ist der Inhalt des Antrages als vereinbart anzusehen trotz des abweichenden Policeninhalts. Man spricht davon, daß § 5 VVG die Billigungsklausel enthalte.

Diese Bestimmung gilt auch für Nachträge, die meist Vertragsänderungen dokumentieren. — Der mißglückte § 5 IV VVG will besagen, daß der Versicherungsnehmer die in seinem Schweigen liegende Genehmigung anfechten kann, was wie nachträglicher Widerspruch wirkt.

Den Anspruch auf die Police hat stets der Versicherungsnehmer, auch bei einer Versicherung für fremde Rechnung (§ 75 I Satz 2 VVG). Aber aus dem Rechtsverhältnis des Versicherungsnehmers zum Versicherten kann sich ergeben, daß der Versicherungsnehmer den Versicherungsschein weiterzuleiten hat.

3. Rechtsnatur des Versicherungsscheins

a) Überblick

Die Police ist stets **Beweisurkunde** und **Schuldschein** (bestr.), möglicherweise Ausweispapier oder echtes Wertpapier.

Das Eigentum an der Police steht dem Träger der Versicherungsforderung zu, sofern die Police kein echtes Wertpapier ist: § 952 I Satz 1 BGB. Hiernach hat im Falle einer Versicherung für fremde Rechnung der Versicherte, im Falle einer Abtretung der Zessionar einen Anspruch auf Herausgabe der Police gegen den Versicherungsnehmer (§ 985 BGB). Der Zessionar kann indes eine Versicherungsforderung nur erwerben, wenn sie wirklich besteht, ein **gutgläubiger** Erwerb ist bei Forderungen grundsätzlich ausgeschlossen (vgl. aber § 935 II BGB für den Fall der echten Inhaberpapiere in der Seeversicherung).

Das Innenverhältnis kann dem Anspruch aus § 985 entgegenstehen: § 986.

§ 952 BGB folgt also dem Satz: Das Recht am Papier (Eigentum) folgt dem Recht aus dem Papier (Forderung). Bei einem echten Wertpapier dagegen folgt umgekehrt das Recht aus dem Papier dem Recht am Papier, das primäre ist also in letzterem Fall die Übereignung des Papiers.

Wie ist nun ein Versicherungsschein rechtlich einzuordnen?

b) Police als Beweisurkunde

Die Police ist stets eine **Beweisurkunde**, d. h. sie begründet die widerlegbare **Vermutung der Richtigkeit** und der **Vollständigkeit** der vom Versicherer abgegebenen Erklärungen.

Es wird also erstens vermutet, daß der Versicherungsvertrag wie beurkundet zustande gekommen ist; wer das Gegenteil behauptet, muß den entsprechenden Beweis führen, z. B. wäre der Versicherer beweispflichtig, wenn er geltend machen will, trotz des von ihm unterzeichneten Versicherungsscheins sei der Vertrag nicht mit ihm oder nicht mit dem beurkundeten Inhalt zustande gekommen.

So hatte sich das RG 8.VI.1920 JW 1920, S. 896–897 mit dem Fall zu beschäftigen, daß bei einer Lebensversicherung der Versicherungsschein besagte, die Versicherungssumme sollte am 15. Dezember 1918 oder, falls der Versicherte vorher sterbe, beim Tode gezahlt werden. Als der Versicherungsnehmer 1918 die Auszahlung der Versicherungssumme verlangte, wandte der Versicherer ein, die Daten in der Police beruhten auf einem Schreibfehler und müßten richtig – dem der Versicherung zugrunde gelegten Tarife entsprechend – auf den 15. Dezember 1925 lauten. Das RG betonte den Charakter des Versicherungsscheins als einer Beweisurkunde und verwies den Versicherer auf den Weg der Anfechtung.

Zweitens wird vermutet, daß keine weiteren als die beurkundeten Abreden getroffen worden sind; wer das Gegenteil behauptet, muß den Beweis führen, z. B. müßte der Versicherungsnehmer dartun, er habe mit einem Abschlußagenten eine unbeurkundete, aber gültige Nebenabrede getroffen. Üblich ist allerdings die Klausel *„Mündliche Abreden sind nur mit Zustimmung der Gesellschaft wirksam"*. Sie schränkt die Vertretungsmacht des Vermittlers ein und ist nach Maßgabe des § 47 VVG wirksam. Deshalb ist dem Versicherer zu empfehlen, die Klausel im Antragsformular deutlich sichtbar zu machen.

c) Police als Schuldschein

Die Police ist auch **stets** ein **Schuldschein** (bestr.), was bedeutet, daß der Versicherer deren **Vorlage** und – nach dem Ende der Versicherung – auch deren **Rückgabe** verlangen kann (§ 371 Satz 1 BGB; einfacher Schuldschein) und bei entsprechender Vereinbarung sogar verlangen **muß** (vgl. § 4 Abs. 2 Satz 1 VVG; qualifizierter Schuldschein), wenn er Nachteile vermeiden will.

Das **Verlangenkönnen** dient allein dem Interesse des Versicherers, während durch das **Verlangenmüssen** auch die Belange solcher Gläubiger (z. B. Zessionare) geschützt werden, die sich im Besitz der Police befinden: Der Versicherer kann niemals mit befreiender Wirkung an jemanden leisten, der ihm die Police weder vorlegt noch zurückgibt. Meistens sind übrigens Policen nur einfache Schuldscheine.

d) Police als Ausweispapier

Während z. B. eine Feuerversicherungspolice nur Beweisurkunde und (einfacher) Schuldschein zu sein pflegt, sind die meisten Lebensversicherungspolicen Ausweispapier (auch Legitimations- oder hinkendes Inhaberpapier genannt), und zwar kraft der in den AVB getroffenen **Vereinbarung** (§ 11 ALB):

> *„Der Versicherer kann den Inhaber des Versicherungsscheines als verfügungs-, insbesondere empfangsberechtigt ansehen. Er hat das Recht, den Nachweis der Berechtigung zu verlangen."*

Es handelt sich hier um die **qualifizierte** Inhaber-Klausel, sie deckt z. B. auch Umwandlung in eine prämienfreie Versicherung, Kündigung und Verpfändung. Bei der **einfachen** Inhaberklausel darf der Versicherer nur im Hinblick auf seine **Leistung** den Inhaber als berechtigt ansehen. Ähnlich § 14 ADS.

In einem Ausweispapier ist zwar der Gläubiger benannt oder sonstwie, z. B. auf Grund einer Zession oder Bezugsberechtigung bestimmt, aber doch **kann** die in der Urkunde versprochene Leistung mit befreiender Wirkung an jeden Inhaber der Urkunde bewirkt werden (§ 808 Abs. 1 BGB, vgl. auch § 4 Abs. 1 VVG).

Die Legitimationsklausel begünstigt den Versicherer, der sich z. B. bei Lebensversicherungen ohne Bezugsberechtigung nicht zu bemühen braucht, die wahren Erben genau zu ermitteln, sondern jener Person, die den Versicherungsschein vorlegt (z. B. der Witwe) unbedenklich die Versicherungssumme auszahlen kann, auch ohne Erbschein. Das ist wegen der anfallenden Beerdigungskosten und für den weiteren Lebensunterhalt der Hinterbliebenen besonders erwünscht, auch werden dem Lebensversicherungsgedanken abträgliche Verzögerungen und Schwierigkeiten vermieden. Verlangt allerdings jemand die Leistung, der offenbar nicht der Gläubiger ist, so darf der Versicherer nicht wider besseres Wissen und gegen Treu und Glauben, gestützt auf die Legitimationsklausel, leisten.

Bei solchem Ausweispapier kann der Inhaber seinerseits die Leistung nur dann verlangen, wenn er sein Gläubigerrecht dartut. Die Inhaberschaft begründet keine Vermutung für die Forderungsberechtigung. Wenn der Versicherer es für richtig erachtet, kann er z. B. einen Erbschein verlangen und sodann auch mit befreiender Wirkung an den materiell berechtigten Nichtinhaber der Police leisten.

So ausführlich RG 6.XI.1934 RGZ Bd. 145, S. 322—326. Dort hatten die Klägerinnen, Töchter des Versicherungsnehmers, der bei einem ungeklärten Unfall zu Tode gekommen war, lediglich den Versicherungsschein über die Lebensversicherung vorgelegt. Das RG hielt das mit Recht nicht für ausreichend, die Sachberechtigung der Klägerinnen sei damit nicht ausreichend begründet. — Wegen § 808 II BGB ist das hinkende Inhaberpapier stets Schuldschein.

Der Versicherungsschein als Ausweispapier wird also rechtlich wie ein Sparkassenbuch, ein Pfandschein, ein Gepäckschein behandelt.

e) Police als Wertpapier

Policen können nur in seltenen Fällen echte Wertpapiere, und zwar **Order- oder Inhaberpapiere** sein.

§ 363 Abs. 2 HGB sieht vor, daß **Transport**versicherungspolicen **an Order** gestellt und dann durch Indossament übertragen werden können. Die Vorschrift hat Bedeutung für die Gütertransportversicherung, sei es die Binnentransport-, sei es die Seeversicherung. Bei einer laufenden Versicherung lauten häufig die **Zertifikate** an Order (gleichwohl wertet der BGH die Zertifikate nur als Ausweispapiere). Die Versicherungsforderung wird dann übertragen durch Übereignung der Police in Verbindung mit einer Indossierung; *„in dosso"*, d. h. auf dem Rücken. Auf der Rückseite überträgt der bisherige Eigentümer und Gläubiger seine Rechte auf den Nachfolger, z. B. den Käufer der Partie (wobei die Nennung des Namens des Nachfolgers nicht erforderlich ist: Blankoindossament). Solche Indossierung ist etwas anderes als eine bloße Abtretung, da die Einwendungen des Versicherers gegenüber dem legitimierten Besitzer der Urkunde sehr beschränkt sind (vgl. § 364 Abs. 2 HGB), wenngleich auch nicht so beschränkt, wie bei den **abstrakten** Orderpapieren, z. B. dem Wechsel.

Inhaberwertpapiere, bei denen das Eigentum und die Gläubigerstellung (wie bei einem Geldschein) durch bloße Übergabe übertragen werden, sind im Versicherungsbereich selten, da sie wegen ihrer Gefährlichkeit für die Binnenversicherung durch § 4 Abs. 1 VVG verboten sind (bestr.). Sonst könnte ja z. B. durch Weitergabe einer Todesfallversicherungspolice die Spekulation auf den Tod begünstigt werden. In der Seeversicherung kommen allerdings Inhaberwertpapiere in wohl steigendem Umfange vor; hier sind sie auch nicht verboten.

Trotzdem hat der BGH 24.V.1962 VersR 1962, S. 659–660 bei einer *„in favour of the bearer"* ausgestellten Seegüterversicherungspolice, welche in die Hände einer kreditgewährenden Bank gelangt war, nicht angenommen, es handle sich um ein Inhaberwertpapier. Bei einem bloßen Ausweispapier sind aber die Einwendungen des Versicherers nicht beschränkt.

IV. Dauer des Versicherungsvertrages

1. Dreifacher Beginn-Begriff

Man hat die formelle, materielle und technische Versicherungsdauer, also jeweils Beginn und Ende derselben, zu unterscheiden.

a) Formelle Versicherungsdauer

Die Versicherung **beginnt** formell mit dem Zustandekommen des Vertrages, regelmäßig also dann, wenn die Annahmeerklärung des Versicherers dem antragstellenden Versicherungsnehmer zugegangen ist.

b) Materielle Versicherungsdauer

Bei der materiellen Dauer handelt es sich um den Zeitraum, während dessen der Versicherer die **Gefahrtragungsleistung** erbringt, also (gedeckte) Versicherungsfälle einzutreten vermögen.

c) Technische Versicherungsdauer

Die technische Dauer ist der **prämienbelastete Zeitraum**.

Beispiel:

Verletzt der Versicherungsnehmer schuldhaft die vorvertragliche Anzeigepflicht, so daß der Versicherer zurücktritt (§ 16 Abs. 2, 3, § 17 VVG), *„so gebührt dem Versicherer gleichwohl die Prämie bis zum Schluß der Versicherungsperiode, in der er von der Verletzung der Obliegenheit Kenntnis erlangt hat"* (§ 40 Abs. 1 Satz 1 VVG).

Das ist für die Zeit bis zum Rücktritt gerecht, weil der Versicherer bis dahin materiell die Gefahr getragen hat und bei mangelnder Kausalität trotz des Rücktritts für bis dahin eingetretene Versicherungsfälle leisten muß (etwa dann, wenn der Lebensversicherungsnehmer, welcher ein Herzleiden verschwiegen hat, unabhängig davon durch einen Unfall stirbt; vgl. § 21 VVG).

Für die Zeit nach dem Rücktritt kann man darüber streiten, ob der Prämienanspruch gerechtfertigt ist; hier sprechen für die Lösung des Gesetzes versicherungstechnische Gesichtspunkte. Die Auswirkung kommt einer Vertragsstrafe gleich.

Zu a) – c)

Der Unterschied zwischen materiellem und technischem Versicherungsbeginn wird teils durch Klauseln, teils durch die Rechtsprechung eingeebnet. Nach § 35 VVG ist die Prämie sofort mit dem formellen Versicherungsbeginn fällig. Die **einfache Einlösungsklausel** entbindet hiervon und verlegt die Fälligkeit der Erstprämie auf die Aushändigung des Versicherungsscheins (so nach Vorbild von § 8 AFB in vielen Sachversicherungssparten).
Die **erweiterte Einlösungsklausel** stellt eine Abweichung von § 38 Abs. 2 VVG dar: Die Haftung beginnt mit dem *nach* dem formellen Beginn liegenden technischen Beginn, wenn die Prämie erst danach angefordert, aber dann unverzüglich bezahlt wird. Die **verbesserte Einlösungsklausel** gewährt bei unverzüglicher Zahlung der Prämie nach Präsentation des Versicherungsscheins Deckung ab technischem Beginn, auch wenn dieser *vor* dem formellen liegt. Es liegt unechte Rückwärtsversicherung vor, unechte deshalb, weil die Deckung nicht auf einen Zeitraum vor *Antragstellung* erstreckt wird.
Der BGH hat in seinem Urteil vom 16.6.1982, VersR 1982, S. 141 f. so entschieden, als wenn in dem betreffenden Fall die verbesserte Einlösungsklausel vereinbart worden wäre (kritisch: *Sieg*, VersR 1986, S. 929). Vorausgesetzt ist aber, daß der Antrag vom Versicherer *angenommen* wird, einen Anspruch hierauf hat der Antragsteller nicht.

2. Laufzeit

Man kann die materielle Versicherungsdauer zuweilen nicht nur kalendermäßig, sondern auch anderweitig bestimmen:

In der Transportversicherung gibt es neben Zeit- auch **Reiseversicherungen** (vgl. z. B. §§ 134, 138 VVG). Eine Reiseversicherung von Gütern kann als durchgehende (durchstehende) Versicherung auch für kombinierte Reisen in mehreren Transportmitteln genommen werden. Durch eine „Von-Haus-zu-Haus-Klausel" läßt sich die materielle Versicherungsdauer noch weiter erstrecken.

Bei den Zeitversicherungen pflegt auch die **Stunde des materiellen Beginns** vereinbart zu werden. Fehlt eine solche Vereinbarung, so stellt § 7 VVG auf die Mittagsstunde ab, wohl deshalb, weil bei Tage eher Zeugen zu der Frage gefunden werden können, ob z. B. ein Feuer vor oder nach 12.00 Uhr die versicherten Sachen ergriffen hat.

Nach seinem Wortlaut läßt § 7 Abs. 1 VVG die Versicherung beginnen „*am Mittage des Tages, an welchem der Vertrag geschlossen wird*". Wie aber ist die Rechtslage, falls am 25. November ein Vertrag derart geschlossen wird, daß der Versicherungsschutz erst am 1. Dezember (ohne Stundenangabe) beginnen soll? *Prölss-Martin* wollen § 7 Satz 1 VVG analog anwenden, also die Versicherung am 1. Dezember erst um 12.00 Uhr mittags beginnen lassen. Demgegenüber dürfte sich aber aus allgemeinen Grundsätzen des bürgerlichen Rechts ergeben, daß hier der Versicherungsschutz bereits um 0 Uhr einsetzt. Meistens wird eine ausdrückliche Vereinbarung im Versicherungsschein das Problem lösen.

Während Transport(zeit-)versicherungen nur auf ein Jahr genommen zu werden pflegen, kommen in der sonstigen Sachversicherung häufig längere Bindungen vor; jedoch wurden aufsichtsbehördlich längstens zehnjährige Verträge geduldet. Üblich ist die sogenannte **Verlängerungsklausel**, d. h. eine Vereinbarung, nach welcher das Versicherungsverhältnis als stillschweigend verlängert gilt, wenn es nicht vor dem Ablaufe der Vertragszeit gekündigt wird. Solche Klausel kann dann aber nicht vorsehen, die Versicherung solle bei Nichtkündigung für weitere zehn Jahre gelten, sondern zwingend bestimmt § 8 Abs. 1 VVG, die Verlängerungsklausel sei „*insoweit nichtig, als sich die jedesmalige Verängerung auf mehr als ein Jahr erstrecken soll*". Kraft der Verlängerungsklausel erweisen sich viele Sachversicherungsverträge sowieso als sehr „bestandsfest".

Mit einem Fall stillschweigender Verlängerung beschäftigte sich RG 3.II.1926 RGZ Bd. 112, S. 384–388. Dort waren zwei eiserne Schuten *für die Beschäftigung und den Aufenthalt auf der Warnow zwischen Rostock und Bützow sowie auf der Unterwarnow zwischen Rostock und Warnemünderhafen* versichert. Die Versicherung war zunächst für die Zeit vom 3. Juni 1913 bis 3. Juni 1914 mit der Maßgabe abgeschlossen worden, daß, wenn nicht drei Monate vor Ablauf der Versicherungszeit von einem der Vertragspartner gekündigt würde, die Versicherung sich jedesmal stillschweigend auf ein Jahr „erneuerte". Das RG setzte sich in dieser Entscheidung mit dem Rechtscharakter der stillschweigenden Verlängerung auseinander und stellte fest, daß darin nicht jeweils der Abschluß eines neuen Versicherungsvertrages zu erblicken sei. (Daher ist z. B. die vorvertragliche Anzeigepflicht nicht jedesmal neu zu erfüllen.) Mit der zeitlichen Dauer des Versicherungsvertrages befaßt sich § 8 Abs. 3 VVG. Er gewährt dem Versicherungsnehmer bei Verträgen, die auf mehr als 3 Jahre abgeschlossen sind, ein vorzeitiges Kündigungsrecht. Dieses entfällt nur dann, wenn der Versicherer dem Versicherungsnehmer vor Abschluß des Vertrages auch Verträge auf die Dauer von einem Jahr, 3, 5 und 10 Jahren angeboten und dabei für 5- und mehrjährige Versicherungen einen Prämiennachlaß eingeräumt hat.

373

In der Lebens- und Krankenversicherung gibt es auf **unbestimmte Zeit** eingegangene Versicherungen, zu denen auch die lebenslänglichen Versicherungen zählen. Es entspricht einer allgemeinen Tendenz der Gesetzgebung, allzu langfristige Bindungen möglichst zu verhüten. Deshalb hat in der Lebensversicherung der Versicherungsnehmer das Kündigungsrecht des § 165 VVG, während für den Versicherungsnehmer in der Krankenversicherng § 8 Abs. 2 VVG Bedeutung besitzt.

Laut BGHZ Bd. 88, S. 78 sind AVB-Klauseln, die dem Versicherer in der Krankentagegeld- und in der Krankheitskostenversicherung ein zeitlich unbegrenztes Kündigungsrecht geben, trotz § 8 VVG nach § 9 AGBG unwirksam. Hingegen behaupten sich in diesen Versicherungsarten Klauseln, die das Kündigungsrecht zeitlich auf die ersten drei Jahre begrenzen (BGH, VersR 1986, S. 257).

3. Rückwärtsversicherung

Wie oben C. IV. 1 zu a bis c dargestellt, führt die verbesserte Einlösungsklausel faktisch zur Rückwärtsversicherung. Diese kann auch ausdrücklich vereinbart werden. Hier besteht natürlich die Gefahr, daß der Versicherungsnehmer weiß, der Versicherungsfall ist bereits eingetreten, oder daß umgekehrt der Versicherer weiß, die Gefahr (der Vergangenheit) ist glücklich überstanden. So ergibt sich folgendes Bild:

Schema der Rückwärtsversicherung:

	daß Versicherungsfall bereits eingetreten ist	daß Versicherungsfall nicht mehr eintreten kann
Versicherungsnehmer weiß,	Versicherer leistungsfrei, Prämie geschuldet § 2 Abs. 2 Satz 2 VVG	Versicherungsnehmer schuldet Geschäftsgebühr nach § 68 I VVG
Versicherer weiß,	Vertrag wirksam	Da keine Gefahrtragung, Prämie nicht geschuldet § 2 Abs. 2 Satz 1 VVG
Beide wissen,	Da keine Gefahrtragung, Prämie nicht geschuldet § 2 Abs. 2 Satz 2 VVG	Vertrag unwirksam
Beide wissen nicht,	Vertrag wirksam	Vertrag wirksam

§ 2 Abs. 2, S. 2 stellt eine Sanktion zu Lasten des unredlichen Versicherungsnehmers dar. Bei echter Rückwärtsversicherung (Versicherungsbeginn vor Antragstellung) soll in der Sachversicherung § 2 Abs. 2 S. 2 VVG laut OLG Hamm, VersR 1988, S. 1014, ausgeschlossen sein.

Von der Rückwärtsversicherung ist die sogenannte **Rückdatierung** zu unterscheiden, bei welcher nur der technische, nicht der materielle Beginn vor den formellen Beginn gelegt wird.

Beispiel:

Ein Mann, der gerade das 65. Lebensjahr vollendet hat und deshalb nach AVB nicht mehr versicherungsfähig ist, datiert den technischen Beginn um ein halbes Jahr zurück. Durch die für die Vergangenheit zu zahlende Prämie erkauft er sich den künftigen laufenden Versicherungsschutz.

4. Beendigung des Vertrages

a) Allgemein

Versicherungsverträge können wie andere Verträge durch Anfechtung und Rücktritt rückwirkend beendet werden. Dazu siehe B. V. 2d, e; D. I. 7a(cc); E. II. 1d, f. Selbstverständlich kann auch der Versicherungsvertrag in beiderseitigem Einvernehmen gelöst werden (§ 305 BGB). Er endet ferner, wenn er nur für eine bestimmte Veranstaltung eingegangen war, mit dem Schluß dieser Veranstaltung. Beendigungsgrund ist ferner Zeitablauf, es sei denn, der Vertrag sieht – wie üblich – die Verlängerung um ein Jahr vor, wenn er nicht ein Vierteljahr vor seinem jeweiligen Ablauf gekündigt worden ist.

b) Kündigung

Die meisten AVB geben den Parteien ein besonderes Kündigungsrecht auf Grund eines Schadensfalles, in der Feuer-, Hagel- und Haftpflichtversicherung ist solches Kündigungsrecht gesetzlich vorgesehen: §§ 96, 113, 158 VVG.

Ferner wird dem Versicherungsnehmer ein außerordentliches Kündigungsrecht zugestanden, wenn auf Grund einer Prämienanpassungsklausel die Prämie um einen bestimmten Prozentsatz angehoben wird. Das BVerwG VersR 1981, S. 221, hat verlangt, daß das außerordentliche Kündigungsrecht vorgesehen wird, wenn die Prämie um mehr als 15 % erhöht wird. Wichtige Entscheidung für die Grenzen der Versicherungsaufsicht!

§ 70 VVG kennt ein außerordentliches Kündigungsrecht des Versicherers und des Erwerbers, wenn das Versicherungsverhältnis zunächst nach § 69 VVG auf den Erwerber einer versicherten Sache übergegangen ist. – Wegen des Kündigungsrechts des Versicherers bei Verletzung der Gefahrstandspflicht, der schuldlosen Verletzung der vorvertraglichen Anzeigepflicht oder wegen Nichtzahlung der Folgeprämie wird hingewiesen auf D. I. 7b(cc) E. II.1d(bb) und E. II. 2c.

c) Interessewegfall

Nach § 68 VVG endet der Vertrag mit Wegfall des Interesses, also z. B. wenn die versicherte Sache untergeht, wenn der Versicherungsnehmer seine Beziehung zu der Sache aufgibt (Sonderfall: Veräußerung, die nach §§ 69 ff. VVG behandelt wird), wenn die Gefahr nicht mehr eintreten kann, an die die Versicherung geknüpft war, wenn die Gefahrsperson in der Heilkostenversicherung (Kranken- oder Unfallversicherung) stirbt, wenn der Versicherungsnehmer der Haftpflichtversicherung stirbt, sein Erbe diejenige Tätigkeit nicht ausübt, an die der Vertrag anknüpfte (etwa Vermögenshaftpflichtversicherung der freien Berufe) — In der Haftpflichtversicherung liegt ferner Interessewegfall vor, wenn das beziehungsverknüpfte Objekt, etwa das Haus, veräußert wird (die §§ 69 ff. VVG ergreifen grundsätzlich nicht die **Passiven**versicherung).

Beim Interessewegfall schuldet der Versicherungsnehmer Prämie nach Kurztarif bis zu dem Zeitpunkt, zu dem der Versicherer Kenntnis vom Wegfall erlangt. Ist Wegfallsgrund Krieg oder Kriegsfolge, so schuldet der Versicherungsnehmer nur die niedrigere ratierliche Prämie (ebenso wenn kein Kurztarif existiert). Lediglich dann, wenn der **Versicherungsfall** Grund des Interessewegfalls ist, bleibt die volle Jahresprämie der laufenden Versicherungsperiode geschuldet.

d) Konkurs

Nach § 14 VVG kann sich der Versicherer ausbedingen, daß ihm im **Konkurs des Versicherungsnehmers** ein Kündigungsrecht mit Monatsfrist zusteht. Fehlt es an solcher Vereinbarung, hat der Konkursverwalter nach § 17 KO das Wahlrecht, ob er Erfüllung verlangt oder diese ablehnt. Handelt es sich um eine **Lebensversicherung**, geht das Eintrittsrecht der in § 177 VVG genannten Bezugsberechtigten vor.

Auf den **Konkurs des Versicherers** wird, weil erfreulicherweise kaum praktisch werdend, hier nicht eingegangen (vgl. immerhin: §§ 13 VVG, 80 VAG für die Nichtpersonenversicherung, §§ 77–79 VAG für die Personenversicherung. Diese Vorschriften werden für den VVaG ergänzt durch §§ 51, 52 VAG).

Allgemeines Versicherungsvertragsrecht (Teil II)[1]

Von Professor Dr. jur. Karl S i e g

---

[1] Der Beitrag besteht insgesamt aus 3 Teilen.

Inhaltsverzeichnis
(Teil II)

	Seite
A. *Grundlagen (Teil I)*	
B. *Beteiligte (Teil I)*	
C. *Zustandekommen (Teil I)*	
D. Rechtspflichten des Versicherungsnehmers	71
I. Prämienzahlungspflicht	71
1. Echte Rechtspflicht	71
2. Arten der Prämie	71
3. Höhe der Prämie	76
4. Gläubiger und Schuldner	76
5. Fälligkeit der Prämie	77
6. Leistungsort und Leistungszeit	79
7. Folgen der Nichtzahlung	82
II. Sonstige Rechtspflichten	91
1. Deklarationspflicht	91
2. Duldung der Bucheinsicht	91
E. Obliegenheiten des Versicherungsnehmers	91
I. Allgemeine Grundsätze	91
1. Einteilung der Obliegenheiten	92
2. Rechtsbehandlung der Obliegenheiten	96
3. Verantwortlichkeit für Dritte	104
II. Obliegenheiten vor dem Versicherungsfall	110
1. Vorvertragliche Anzeigepflicht	110
2. Obliegenheiten bei Gefahrerhöhung	122
3. Teilrücktritt, -kündigung, -leistungsfreiheit	127
III. Obliegenheiten nach dem Versicherungsfall	128
1. Abwendungs- und Minderungspflicht	128
2. Anzeige des Versicherungsfalles	129
3. Auskunfts- und Belegpflicht	129
4. Unspezifische Obliegenheiten	130
F. *Hauptpflicht des Versicherers (Teil III)*	
G. *Obliegenheiten des Versicherers (Teil III)*	
H. *Veräußerung der versicherten Sache (Teil III)*	

Vorbemerkung zu Teil II und II

Die AFB sind 1987 neu gefaßt worden (VerBAV 1987 S. 330). Da viele Verträge noch von den alten AFB beherrscht werden, wird nach deren Fassung zitiert, wenn nicht ausdrücklich angegeben ist „AFB 87".
Die AUB sind nach der Fassung 1961 zitiert, weil viele Unfallversicherungsverträge nach diesen Bedingungen leben. Die AUB 88 (VerBAV 1987 S. 417 ff.) enthalten nur unwesentliche Abweichungen von der vorangegangenen Fassung.

D. Rechtspflichten des Versicherungsnehmers

I. Prämienzahlungspflicht

Der Versicherungsnehmer muß eine Fülle von **Verhaltensnormen** beachten: Vieles hat der Versicherungsnehmer zu **tun** oder zu **unterlassen**.

Die Verhaltensnormen, die sich teils im Gesetz, teils in ausführlichen Vorschriften der AVB finden, weisen **unterschiedliche Zwangsintensität** auf:

Zahlt z. B. der Versicherungsnehmer die Prämie nicht, so kann der Versicherer auf Erfüllung klagen und Schadensersatz wegen Verzuges fordern. Zeigt dagegen der Versicherungsnehmer z. B. eine Gefahrerhöhung nicht an, so kann die Anzeige nicht etwa durch Klage erzwungen werden, auch macht sich der Versicherungsnehmer nicht schadensersatzpflichtig, wohl aber „schneidet er sich ins eigene Fleisch" insofern, als der Versicherer leistungsfrei und kündigungsberechtigt werden kann.

Angesichts dieser verschiedenen Zwangsintensität unterscheidet die herrschende Meinung **echte Rechtspflichten** (wie die Prämienzahlungspflicht) von bloßen **Obliegenheiten**. Diese sind meistens Voraussetzungen für die Bewirkung oder den Umfang der Leistung des Versicherers, also für die Erhaltung des Anspruchs aus dem Versicherungsvertrag.

2. Arten der Prämie

Die wichtigste echte Rechtspflicht des Versicherungsnehmers hat die Prämienzahlung zum Gegenstand. Die Prämie ist die Gegenleistung für die Gefahrtragungsleistung des Versicherers. Es gibt begrifflich keinen unentgeltlichen Versicherungsschutz, und es gilt, die Prämie abzugrenzen und gewisse Unterscheidungen zu treffen.

a) Abgrenzung von Nebengebühren

Zuweilen hat der Versicherungsnehmer Geldleistungen zu erbringen, die nicht für die Gefahrtragung, sondern für andere Zwecke erbracht werden. Es handelt sich um die sogenannten Nebengebühren, seien sie Abschlußkosten (z. B. Ausfertigungsgebühr, Aufnahmegebühr oder Eintrittsgeld beim Gegenseitigkeitsverein), seien sie nach dem Vertragsabschluß zahlbar (wie Kosten einer Ersatzurkunde oder Inkassogebühren = Hebegebühren oder Mahnkosten).

Aufsichtsbehördlich wird besonders darauf gedrungen, daß der Versicherungsnehmer Klarheit gewinnt, z. B. durch Gebührenübersichten in den AVB. Privatrechtlich müssen die Nebengebühren wie Prämien behandelt werden (vgl. § 39 Abs. 2 VVG).

b) **Zinsen und Steuern**

Verzugs-, Prozeß- oder Fälligkeits**zinsen**, ferner Darlehenszinsen auf Vorauszahlungen in der Lebensversicherung sind privatrechtlich regelmäßig wie Prämien zu behandeln (vgl. § 39 Abs. 2 VVG).

Als öffentliche Abgabe kommt die **Versicherungsteuer** in Betracht, die vom Versicherungsnehmer geschuldet wird, aber vom Versicherer zu entrichten ist. Der Versicherungsnehmer muß die Versicherungsteuer also zunächst dem Versicherer zahlen, und zwar zusammen mit der Prämie, wobei es gestattet ist, die Steuer in die Prämie einzurechnen. Auch die Versicherungsteuer ist demnach wie die Prämie zu behandeln.

Wegen der Versicherungsteuer sind die Umsätze auf Grund von Versicherungsverträgen nicht mehrwertsteuerpflichtig.

c) **Prämie und Beitrag**

Beim **Gegenseitigkeitsverein** wird die Prämie Beitrag genannt; allerdings kommen beim sogenannten gemischten Verein auch Versicherungsgeschäfte mit Nichtmitgliedern, also „**gegen feste Entgelte**" (§ 21 Abs. 2 VAG) in Betracht. Neuerdings verwischt sich die Terminologie dadurch, daß man auch bei Aktiengesellschaften von Beitrag spricht.

Es gibt beim Gegenseitigkeitsverein verschiedene **Beitragssysteme**:

Grundlegend ist die Unterscheidung zwischen dem **Umlageverfahren**, bei dem die Beiträge nachträglich festgesetzt werden (Umlagen), und dem Verfahren der Erhebung von **Vorbeiträgen**, die sich als zu niedrig oder als zu hoch erweisen können, so daß neben den Vorbeiträgen **Nachschüsse** (sowie umgekehrt Überschußanteile) in Betracht kommen. Die Satzung hat zu bestimmen, ob Nachschüsse (unbeschränkt oder beschränkt) vorbehalten oder ausgeschlossen sind und ob in letzterem Fall die Versicherungsansprüche gekürzt werden dürfen (§ 24 VAG).

Gemäß § 1 Abs. 2 Satz 2 VVG werden die Beiträge ebenso behandelt wie Prämien.

d) **Einmalprämie und laufende Prämie**

Einmalprämien spielen besonders in der Lebensversicherung eine Rolle, kommen aber auch im übrigen nicht nur bei kurzfristigen Versicherungen vor.

Regelmäßig aber ist die technische Versicherungsdauer in Versicherungsperioden eingeteilt (§ 9 VVG), und entsprechend sind **laufende Prämien** zu zahlen. Letzteres trifft auch zu bei einer einjährigen Versicherung mit ratenweiser, unterjähriger Prämienzahlung.

e) Erstprämie und Folgeprämie

Diese Unterscheidung ist wegen der unterschiedlichen **Konsequenzen einer Nichtzahlung** höchst bedeutungsvoll:
Während § 39 VVG die nicht rechtzeitige Zahlung einer **Folgeprämie** behandelt, wird in § 38 VVG das gleiche Problem für *„die erste oder einmalige Prämie"* geregelt, ohne daß der rechtstechnische Ausdruck „**Erstprämie**" Verwendung findet. Die Abgrenzung zwischen Erst- und Folgeprämie ist umstritten.

Die unterschiedliche Behandlung der Rechtsfolgen eines Prämienverzuges in den §§ 38, 39 VVG beruht auf der **rechtspolitischen** Erwägung, die Gefahrtragung des Versicherers könne regelmäßig nicht beginnen, bevor wenigstens **eine** Prämie gezahlt sei (**Einlösungsprinzip**; § 38 Abs. 2 VVG). Habe aber der Versicherungsschutz eingesetzt, so solle der Versicherungsnehmer ihn trotz Prämienverzuges nicht verlieren, bevor er durch eine qualifizierte Mahnung (§ 39 Abs. 1 VVG) auf die schwerwiegende Gefahr des Verlustes hingewiesen sei.

Von diesem Ausgangspunkt her muß man als Erstprämie die Einmalprämie oder die erste laufende Prämie (oder Prämienrate) ansehen, es sei denn, daß der Versicherer diese Erstprämie gestundet hat bis zu einem Zeitpunkt, der nach dem Beginn der Gefahrtragung liegt (z. B. durch eine Deckungszusage). Im Falle einer solchen freiwilligen Stundung müßte der Versicherungsnehmer der Rechtswohltat des § 39 VVG teilhaftig werden; die erste Prämie wird infolge der (deckenden) Stundung zur Folgeprämie. Fraglos sind Folgeprämien ferner zweite und spätere laufende Prämien (oder Prämienraten). Beim Gegenseitigkeitsverein ist der Vorbeitrag des ersten Jahres Erstprämie, dagegen sind alle anderen Beiträge und speziell Umlagen oder Nachschüsse Folgeprämien.
Der BGH 25.VI.1956 BGHZ Bd. 21, S. 131–133 hat leider in Verkennung des rechtspolitischen Sinnes der Unterscheidung der §§ 38, 39 VVG angenommen, eine (deckend) gestundete erste Prämie bleibe eine Prämie im Sinne des § 38 VVG, so daß bei Nichtzahlung am vereinbarten Fälligkeitstage der bislang gewährte **Versicherungsschutz plötzlich** (ohne Warnung durch eine Mahnung) **erlösche**. Das Gesetz gehe davon aus, *„daß der Versicherungsnehmer an der Aufrechterhaltung der Versicherung kein berechtigtes Interesse hat, wenn er schon die erste Prämie nicht pünktlich zahlt, und daß er nur dann eines stärkeren Schutzes bedarf, wenn ihm durch die säumige Zahlung späterer Prämien Nachteile drohen."* – Ebenso LG Osnabrück VersR 1987, S. 62.

Die neuere Praxis des BGH 17.IV.1967 BGHZ Bd. 47, S. 352–364 hat zwar die These aufrechterhalten, eine gestundete Prämie werde nicht zur Folgeprämie, sondern bleibe Erstprämie, so daß § 39 VVG keine Anwendung finde (S. 361). Aber im Endergebnis fordert der BGH jetzt **auch bei gestundeten ersten Prämien** eine warnende **Mahnung** gegenüber dem Versicherungsnehmer, ohne welche er den Versicherungsschutz nicht (womöglich rückwirkend) verlieren soll (S. 362–363):

„Ein solches Schutzbedürfnis ist vorhanden. Im allgemeinen ist ein Versicherungsnehmer, der bereits Versicherungsschutz erhält, schutzbedürftiger und schutzwürdiger als ein Versicherungsnehmer, der sich nur die Möglichkeit geschaffen hat, Ver-

381

sicherungsschutz zu erhalten, diesen aber noch nicht genutzt hat. Es ist ein Unterschied, ob eine Rechtsposition entzogen oder vorenthalten wird. Bruck — und Möller — sehen deshalb bei deckender Stundung in der zeitlich ersten Prämie eine Folgeprämie im Sinne des § 39 VVG. Das ist — abgesehen von dem Meinungsstreit um den Begriff Erst- oder Folgeprämie — sachlich nicht gerechtfertigt, weil der Versicherungsnehmer bei deckender Stundung seinen Versicherungsschutz nicht der eigenen früheren Leistung, sondern der Vorleistung des Versicherers verdankt. Ist ein solcher Versicherungsnehmer auch nicht so schutzbedürftig wie ein Versicherungsnehmer, der mit der Zahlung einer Folgeprämie in Verzug kommt, so ist anderseitig die Vorleistung des Versicherers noch kein hinreichender Grund, jedes Schutzbedürfnis des Versicherungsnehmers gegen einen rückwirkenden Wegfall des Versicherungsschutzes zu verneinen. Denn die Vorleistung des Versicherers ist kein jederzeit frei zurücknehmbares Entgegenkommen, sondern ist zum verkehrsüblichen Regelfall geworden.

Auch bei der vorläufigen Deckungszusage hat der Versicherer deshalb in angemessener Weise darauf Rücksicht zu nehmen, daß der Versicherungsnehmer von sich aus kaum auf den Gedanken kommen wird, er könnte den ihm gewährten Versicherungsschutz rückwirkend verlieren, wenn er die Prämienrechnung, die ihm oft erst Wochen oder Monate nach Vertragsschluß zugeht, nicht in zwei bis drei Tagen bezahlt. Dabei ist zugunsten des Versicherungsnehmers zu berücksichtigen, daß die Regelung des § 1 Nr. 2 Satz 4 AKB zwar noch rechtlich zulässig ist —, aber doch wegen des rückwirkend entfallenden Versicherungsschutzes ungewöhnlich ist. Denn das Versicherungsrecht kennt den Wegfall eines einmal entstandenen Anspruchs auf Versicherungsschutz sonst nur unter einschränkenden Voraussetzungen, wie § 6 Abs. 3 VVG beweist.

Dem § 39 VVG ist über sein Anwendungsgebiet hinaus der allgemeine Rechtsgrundsatz zu entnehmen, daß eine notwendige Zahlungsaufforderung auf die Rechtsfolgen hinweisen muß, die eintreten, wenn die verlangte Zahlung nicht innerhalb der in Lauf gesetzten Frist geleistet wird. Im Versicherungsrechtsverkehr soll eine Mahnung vor allem Warnung vor den Folgen nicht rechtzeitiger Zahlung sein. — Die Warnung des Prämienschuldners ist wegen seiner Schutzbedürftigkeit auch dann nicht entbehrlich, wenn die Folgen verspäteter Zahlung aus dem Gesetz oder aus den Versicherungsbedingungen zu ersehen sind.

Hiernach muß der Versicherer bei einer vorläufigen Deckungszusage den Versicherungsnehmer durch eine Rechtsbelehrung davor bewahren, sich mit der Zahlung der verlangten Erstprämie Zeit zu lassen, weil er nicht weiß, daß sein Versicherungsschutz bei nicht unverzüglicher Zahlung wegfällt, und zwar nicht nur für die Zukunft, wie nach § 39 Abs. 2 VVG, sondern rückwirkend auch für die Vergangenheit. Ein solcher Hinweis erfordert keinen besonderen Aufwand und dient zugleich den Interessen des Versicherers, dem mehr an einem ordnungsgemäßen als an einem gestörten Ablauf des Versicherungsverhältnisses gelegen ist, selbst wenn er dadurch einmal leistungsfrei werden sollte."

Vgl. auch unten D. I. 5!

f) Aufgliederung der Lebensversicherungsprämie

Die von einem Versicherungsnehmer der Lebensversicherung zu zahlenden Beträge setzen sich zusammen aus der eigentlichen (Brutto-)Prämie und Nebengebühren, evtl. Zinsen (Versicherungsteuer wird für sämtliche Lebensversicherungen seit 1959 nicht mehr erhoben). Die **Bruttoprämie** enthält die mathematisch errechnete Nettoprämie und die dem Versicherungsnehmer nicht ersichtlichen Zuschläge, insbesondere für Verwaltungskosten (unter denen die Abschlußkosten die Hauptrolle spielen). Die **Nettoprämie**, die zur Deckung der Leistungen des Versicherers erforderlich ist, zerfällt bei Lebensversicherungen mit unbedingter Leistungspflicht in **Spar- und Risikoprämie**: Ein Teil der Nettoprämie muß bei einer gemischten Versicherung (Versicherungssumme fällig bei Tod oder Erreichung des 65. Lebensjahres) beiseite gelegt und angesammelt werden, da die Leistungspflicht des Versicherers eine unbedingte ist und da die Todesgefahr laufend zunimmt, die Prämie aber gleichbleibt. Die Sparprämienanteile dienen der Bildung der Prämienreserve, deren Addition die Deckungsrückstellung bildet, einen Passivposten, der in bestimmten Werten des Deckungsstocks belegt sein muß. Statt „Prämienreserve" findet sich auch die Bezeichnung „Deckungskapital", statt „Deckungsrückstellung" die Bezeichnung „Deckungsrücklage". Die Risikoprämienanteile stehen zur Verfügung für die Erbringung der Versicherungsleistungen bei vorzeitigen Todesfällen (unter Hinzunahme der bis dahin entstandenen Prämienreserve). Wird solche Lebensversicherung durch Kündigung beendet, so stünde die Prämienreserve zur Verfügung, aber der Versicherer ist berechtigt, hiervon einen Abzug zu machen (vgl. § 176 Abs. 1, 4 VVG). Den verbleibenden Betrag nennt man **Rückvergütung** (= Rückkaufswert).

In den ALB 1940 fand sich in einer Fußnote zu § 5 eine **Definition des Deckungskapitals**: *„Das Deckungskapital einer Versicherung wird durch verzinsliche Ansammlung eines Teils der für die Versicherung bezahlten Prämien gebildet. Der zur Ansammlung verwendete Teil jeder Prämie ist ebenso wie der Zinsfuß durch den von der Aufsichtsbehörde genehmigten Geschäftsplan der Gesellschaft bestimmt. Der Rest der Prämie dient besonders dazu, die durch Tod fällig werdenden Versicherungssummen zu zahlen und die Kosten der Verwaltung, vor allem die Abschlußkosten, zu decken."* Diese Definition gilt auch heute noch.

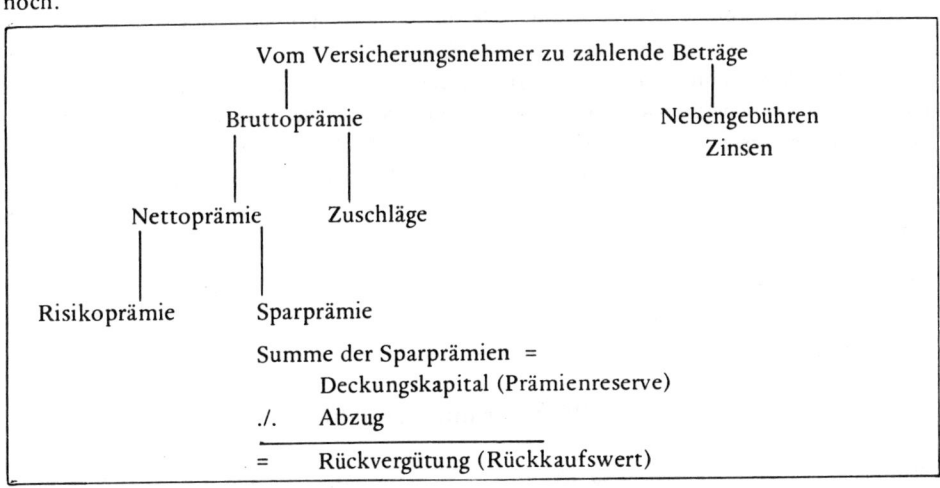

```
                    Vom Versicherungsnehmer zu zahlende Beträge
                                    |
              Bruttoprämie                          Nebengebühren
                                                    Zinsen
     Nettoprämie      Zuschläge

Risikoprämie   Sparprämie
               Summe der Sparprämien =
                    Deckungskapital (Prämienreserve)
               ./.  Abzug
               =    Rückvergütung (Rückkaufswert)
```

Im ganzen ergibt sich obiges **Schema**, welches zeigt, daß ein Versicherungsnehmer, der die Rückvergütung fordert, folgende Beträge nicht zurückerhält: Nebengebühren, Zuschläge zur Nettoprämie, Risikoprämien, Abzug vom Deckungskapital.

Auch die Krankenversicherung arbeitet mit dem Begriffspaar Risiko-/Sparprämie. Die Sparprämie führt hier aber nicht zu einer dem einzelnen Versicherungsnehmer zustehenden Prämienreserve, weshalb es hier auch keinen Rückkaufswert gibt.

3. Höhe der Prämie

Die Versicherer haben durchweg einen Prämientarif, der in der Lebens- und Krankenversicherung zu dem aufsichtsbehördlich zu genehmigenden Geschäftsplan gehört (§§ 11, 12 VAG). Inwieweit die Aufsichtsbehörde allgemein Einfluß auf die Höhe der Prämie nehmen kann, ist umstritten. Da es primäre Aufgabe der Aufsichtsbehörde ist, auf die dauernde Erfüllbarkeit der Verträge zu achten, die durch zu niedrige, aber nicht durch überhöhte Prämie gefährdet ist, wird das Amt bei Einschreiten in letzterem Fall große Zurückhaltung üben müssen. Es soll ja den Versicherungsnehmer in erster Linie als **Gläubiger** schützen, **nicht** als **Schuldner**, was eher Aufgabe der Kartellbehörden ist.

Wird eine höhere oder niedrigere Prämie vereinbart, als genehmigt, so ist dennoch die Vereinbarung zivilrechtlich gültig. Eine Einigung über die Prämienhöhe kann auch stillschweigend und ohne Zahlenangabe erfolgen, dann entscheidet die übliche Prämie. Nebengebühren, welche nicht vereinbart sind, können nicht gefordert werden.

Modifikationen der Normalprämie ergeben sich einerseits aus Zuschlägen (z. B. wegen Ratenzahlung), andererseits aus Rabatten (z. B. wegen Prämienvorauszahlung oder wegen Schadenfreiheit).

Hinzuweisen ist auch an dieser Stelle auf § 81 II Satz 3 VAG. Gestützt auf diese Vorschrift, hat die Aufsichtsbehörde im Verordnungswege für die wichtigsten Sparten Begünstigungsverbote ausgesprochen, vgl. oben C. I. 3.

Die AVB mehrerer Versicherungssparten enthalten Prämienanpassungsklauseln: Die Versicherer werden ermächtigt, die Prämie für die Zukunft um einen gewissen Prozentsatz anzuheben, nachdem ein neutraler Dritter festgestellt hat, daß sich die Eckdaten der Branche mindestens um jenen Prozentsatz erhöht haben. Umstritten zwischen Aufsichtsbehörde und Versicherungswirtschaft war, ob dem VN bei jeder Anhebung ein außerordentliches Kündigungsrecht zuzubilligen sei, was die Aufsichtsbehörde forderte. Jetzt ist die Frage durch § 31 VVG geklärt: Das Kündigungsrecht steht dem Versicherungsnehmer zu, sofern die Prämie jeweils um mehr als 5 % bzw. um mehr als 25 % des Erstbetrages angehoben wurde.

Stellt der neutrale Dritte fest, daß sich die betreffenden Eckdaten ermäßigt haben, so sind die Versicherer verpflichtet, die Prämie entsprechend zu senken. Jetzt regelt also § 31 VVG i. d. Fassung vom Dezember 1990 die Materie.

4. Gläubiger und Schuldner

Gläubiger der Prämienforderung ist der Versicherer. Mitversicherer sind Teilgläubiger (§ 420 BGB). Bei vereinbarter Führungsklausel kann der Führende zur Einziehung der gesamten Prämie ermächtigt sein, er hat die Anteile der Mitversicherer weiterzuleiten. Bei einer Bestandsübertragung wird der übernehmende Versicherer Prämiengläubiger (§ 14 I VAG).

Für den Versicherer hat ein Agent Empfangsvollmacht, sofern er sich im Besitz einer vom Versicherer (wenn auch nur faksimiliert) unterzeichneten Prämienrechnung befindet (§ 43 Ziff. 4 VVG). Sogar ein Abschlußagent ist nicht ohne weiteres zum Prämieninkasso bevollmächtigt.

Prämienschuldner ist grundsätzlich nur der Kontrahent des Versicherers, also der Versicherungsnehmer. Mehrere Versicherungsnehmer sind Gesamtschuldner (§ 427 BGB). Bei einem Versicherungsvertrag zugunsten Dritter schuldet der Dritte die Prämie nicht, ebensowenig der Bezugsberechtigte bei der Lebens- oder Unfallversicherung. Wohl aber kann der Versicherer dem Dritten gegenüber einwenden, die Prämie sei nicht beglichen (§ 334 BGB), und der Versicherer kann den Betrag einer fälligen Prämienforderung von der ihm obliegenden Leistung in Abzug bringen, obwohl er die Leistung dem Dritten und nicht dem Versicherungsnehmer schuldet (§ 35b VVG: Abzugsrecht im Gegensatz zum Aufrechnungsrecht, das Gegenseitigkeit voraussetzt). Wegen § 156 I VVG muß sich der geschädigte Dritte die Aufrechnung nur mit solchen Prämienforderungen gefallen lassen, die **vor** dem Versicherungsfall fällig waren (BGH, VersR 1987, S. 655). Für die Pflichthaftpflichtversicherung ist dieses Abzugsrecht laut § 158g VVG ganz ausgeschlossen; dem geschädigten Dritten gegenüber kann also der Pflichthaftpflichtversicherer nicht eine Prämienforderung gegen den Versicherungsnehmer von der Entschädigungsleistung kürzen.

Wenngleich die Dritten die Prämien nicht schulden, steht es ihnen doch frei, zwecks Erhaltung der Versicherungsforderung anstelle des Versicherungsnehmers die Prämie zu leisten; der Versicherer darf solche Zahlung nicht zurückweisen (§ 35a I VVG, vgl. auch § 268 BGB).

In Fällen der Gesamtrechtsnachfolge tritt der Nachfolger, der Erbe, an die Stelle des Versicherungsnehmers. Er schuldet als Nachlaßschuld die bis zum Erbfall fällige Prämie, künftige Prämie nur, wenn der Versicherungsvertrag für ihn einen Sinn hat, anderenfalls liegt Interessewegfall nach § 68 VVG vor.

Schließt ein Ehegatte eine Versicherung ab, die zur angemessenen Deckung des Lebensbedarfs der Familie anzusehen ist, haften beide Ehegatten für die Prämie als Gesamtschuldner: § 1357 BGB, über den Anwendungsbereich oben C. I. 1.

5. Fälligkeit der Prämie

Der Versicherungsnehmer ist vorleistungspflichtig, was sich schon aus dem Wortteil „prae" ergibt. Der Versicherungsnehmer hat die **erste** laufende **Prämie** oder Prämienrate oder die Einmalprämie „*sofort nach dem Abschluß des Vertrags*", also nach dem formellen Versicherungsbeginn zu zahlen (§ 35 Satz 1 VVG), es sei denn, daß eine Prämienstundung erfolgt ist. Sofort ist nicht gleichbedeutend mit unverzüglich (was nach § 121 Abs. 1 Satz 1 BGB „*ohne schuldhaftes Zögern*" bedeutet). Das Wort „*sofort*" stellt nicht auf ein Verschuldenselement ab, vielmehr ist objektiv zu beurteilen, ob unmittelbar nach Vertragsabschluß gezahlt worden ist. Auch wenn der Versicherungsschutz erst später beginnen soll, der materielle Versicherungsbeginn demnach aufgeschoben worden ist, muß dennoch die Prämie sofort nach Vertragsabschluß beglichen werden.

Der Versicherungsnehmer ist zur Zahlung allerdings nur gegen Aushändigung des Versicherungsscheins verpflichtet (§ 35 Satz 2 VVG). Der Versicherungsnehmer hat also ein Zurückbehaltungsrecht, eine Einrede. Der Versicherungsnehmer gerät nicht in Verzug, solange er das Einrederecht hat, solange ihm also der Versicherungsschein nicht angeboten wird. Aber am Einlösungsprinzip (§ 38 Abs. 2 VVG) ändert sich nichts: Auch wenn der Versicherer den Versicherungsschein nicht angeboten hat, beginnt der Versicherungsschutz nicht.

In RG 24.IX.1926 RGZ Bd. 114, S. 321–324 hatte eine Reederei ihren Dampfbagger „Ritter" versichert. Nach den AVB hatte der Versicherungsnehmer die Prämie sofort nach Abschluß der Versicherung gegen Aushändigung des Versicherungsscheins zu zahlen. Der Schein wurde der Reederei am 31. Mai 1924 ausgehändigt; am 1. August wurde die Prämienzahlung angemahnt. Die Reederei zahlte die Prämie jedoch erst am 11. September, nachdem der Bagger am 8. September gekentert und gesunken war. Das RG billigte dem Versicherungsnehmer hier zwar – entgegen dem Wortlaut der AVB – eine „angemessene Zeit" zur Zahlung der Prämie zu, stellte dann aber fest, daß die für die Zahlung angemessene Zeit am 11. September längst verstrichen war. Was das RG unter dem Begriff der „angemessenen Zeit" verstanden wissen wollte, geht aus der Entscheidung nicht hervor.

Hier war also die einfache Einlösungsklausel vereinbart worden (vgl. oben C.IV.1), d. h. die Fälligkeit der Erstprämie trat mit der Präsentierung des Versicherungsscheins ein; deshalb bedurfte es keiner Einrede des Versicherungsnehmers wie nach § 35 S. 2 VVG.

Über die Fälligkeit der **Folgeprämien** sagt das Gesetz nichts. Fehlt es an einer Vereinbarung, so wird man entsprechend § 271 Abs. 1 BGB annehmen müssen, daß jeweils am ersten Tag des neuen versicherungstechnischen Abschnitts (der neuen Versicherungsperiode, des neuen Ratenzeitraumes) die Folgeprämie fällig wird, und zwar gleichfalls sofort.

Die Fälligkeit jeder Prämie kann sich durch **Prämienstundung** verschieben. Wird eine erste Prämie so gestundet, daß sie erst nach dem materiellen Versicherungsbeginn beglichen werden soll, so wird das Einlösungsprinzip beiseite geschoben, es handelt sich um die **deckende** Stundung. Bei einer Folgeprämie kann man unterscheiden, ob eine Stundung das Entstehen des Verzuges hindert (verzugshindernde Stundung), oder ob eine nachträgliche Stundung den Verzug wieder beseitigt (verzugsheilende Stundung). Deckende Stundung bewirken die erweiterte und die verbesserte Einlösungsklausel, vgl. oben C. IV. 1.

Alle Arten der Stundung erfordern einen Vertrag (§ 305 BGB), der die ursprüngliche Fälligkeitsvereinbarung ändert und auch von einem Abschlußagenten für den Versicherer geschlossen werden kann (§ 45 VVG), wenn die AVB diese Vollmacht nicht aufheben.
Lehrreich der Fall RGZ Band 80, S. 138 ff.: Dort war dem Versicherungsnehmer einer Unfallversicherung zur Zahlung der Erstprämie eine Frist von zwei Wochen nach Empfang der Zahlungsaufforderung und damit Stundung über den vorgesehenen materiellen Versicherungsbeginn hinaus gewährt worden. Hier wurde angenommen, daß ein Recht des Versicherungsnehmers darauf, daß die Gesellschaft die Gefahr eines Versicherungsfalles trage, erst mit der Tatsache der Einlösung zur Entstehung komme, daß also diese Stundung keine deckende Wirkung habe. − Vgl. auch oben D. I. 2e.

Gibt der Versicherungsnehmer zum Zwecke der Prämientilgung einen Scheck oder einen Wechsel, so erfolgt zwar die Annahme durch den Versicherer in aller Regel nicht an Erfüllungs Statt, sondern nur erfüllungshalber (§ 364 II BGB). Aber mit der Annahme des Wechsels oder Schecks wird die Prämie unter der auflösenden Bedingung der Nichteinlösung des Wertpapiers gestundet (Stundung durch konkludente Handlung). − Vgl. hierzu auch sogleich D. I. 6.

Zur Verjährung siehe unten F. IV. 6.

6. Leistungsort und Leistungszeit

Der Versicherungsnehmer schuldet Geldleistung, aber die Erfüllungssurrogate der §§ 372−397 BGB gelten auch hier. Besonders wichtig ist die Aufrechnung. Sie kann allerdings durch AVB eingeschränkt sein und ist gesetzlich ausgeschlossen beim VVaG nach § 26 VAG. Hier muß also der Versicherungsnehmer = Mitglied die Prämie zahlen, mag er auch einen Gegenanspruch aus noch nicht erledigtem Schadenfall haben. Eine Aufrechnungseinschränkung in AVB findet ihre Grenze in § 11 Nr. 3 AGBG: Die Aufrechnung bleibt zulässig mit einer unbestrittenen oder rechtskräftig festgestellten Forderung.

Regelmäßig ist die Prämienschuld eine qualifizierte **Schickschuld**, denn nach § 36 I VVG hat der Versicherungsnehmer die Prämie auf seine Kosten dem Versicherer zu übermitteln. Allerdings ist − anders als bei normalen Schickschulden − der Versicherungsnehmer noch mit der Gefahrtragung belastet: Wenn also infolge eines zufälligen Ereignisses, auch infolge eines Verschuldens der Post, die Prämie nicht ankommt, muß der Versicherungsnehmer sie noch einmal begleichen. Das entspricht § 270 BGB.

Liegt kraft tatsächlicher Übung **ausnahmsweise** eine **Holschuld** vor, zieht also z. B. bei einer Kleinlebensversicherung der Versicherer die Prämie durch Inkassanten ein, so kann der Versicherer doch für die Zukunft zu einem anderen Inkassosystem übergehen. Das setzt aber nach § 37 VVG voraus, daß er dem Versicherungsnehmer schriftlich anzeigt, er verlange künftig die Übermittlung der Prämie.

Die Feststellung, daß eine Prämienschuld regelmäßig eine Schickschuld ist, umschließt den Rechtssatz, daß der Versicherungsnehmer seine **Leistungshandlung** (Absendung) an seinem jeweiligen **Wohnsitz** bzw. an seiner **gewerblichen Niederlassung** zu vollziehen habe (§ 36 VVG).

Im Blick auf die **Leistungszeit** kommt es infolgedessen nur darauf an, ob der Versicherungsnehmer die Prämie **rechtzeitig abgesandt** hat.

Maßgebend ist demnach für die Zahlung im Sinne des § 38 Abs. 2 VVG, also für den materiellen Versicherungsbeginn, die Hingabe des Geldes an den Schalterbeamten der Post, vorausgesetzt, daß das Geld später ankommt. Das gilt nicht nur bei einer Postanweisung, sondern auch bei einer Leistung mittels Zahlscheins, also bei Einzahlung auf ein Postscheckkonto des Versicherers, während bei einer Überweisung auf ein Bank- oder Postscheckkonto das Leistungsverhalten des Versicherungsnehmers mit der Beauftragung der Bank oder Post noch nicht abgeschlossen ist: Der Versicherungsnehmer könnte bis zur Gutschrift auf dem Konto des Versicherers die Überweisung noch widerrufen. Unter diesem Gesichtspunkte läßt es sich rechtfertigen, daß man in Überweisungsfällen annimmt, erst die **Gutschrift** auf dem Konto des Versicherers sei entscheidend, es sei denn, der Versicherungsnehmer hätte auf Widerruf verzichtet.

Mit diesen Fragen hat sich der BGH 7.X.1965 BGHZ Bd. 44, S. 178–183 eingehend auseinandergesetzt. Ein Kaufmann hatte eine Lebensversicherung abgeschlossen und war am 24. Juli 1960 tödlich verunglückt; die Zahlungspflicht des Versicherers war davon abhängig, ob der Kaufmann bei Eintritt des Versicherungsfalls mit der Zahlung der Folgeprämien für Juni im Verzuge war (§ 39 Abs. 2 VVG). Die Bezirksdirektion des Versicherers hatte den Kaufmann durch eingeschriebenen Brief vom 8. Juli 1960 aufgefordert, die für Juni fällige Prämienrate innerhalb von zwei Wochen zu entrichten. Das Schreiben wurde der Mutter des Versicherungsnehmers am 9. Juli ausgehändigt, so daß die Prämie bis zum 23. Juli hätte bezahlt sein müssen. Der 23. Juli war zwar ein Sonnabend; da damals jedoch die Neufassung des § 193 BGB noch nicht galt, verlängerte sich die Frist nicht bis zum nächsten Montag. Am 20. Juli erhielt nun ein Bezirksinspektor des Versicherers von dem Vater des Versicherungsnehmers einen Verrechnungsscheck über die Prämie. Am Nachmittage des 22. Juli, also am Freitag, fuhr der Bezirksinspektor vor Antritt einer Urlaubsreise zu seiner Bezirksdirektion und gab dort kurz vor Büroschluß den empfangenen Scheck ab. Der Scheck wurde dann am 2. August zur Bank gegeben und dem Versicherer am 5. August gutgeschrieben. Der BGH entschied, die Hingabe eines Schecks stelle allerdings im Zweifel keine Zahlung dar, weil die Erfüllung erst eintrete, wenn der Gläubiger den Gegenwert des nur zahlungshalber angenommenen Schecks erhalte. *„Für die Rechtzeitigkeit der Leistung kommt es aber auf den Zeitpunkt der Leistungshandlung, nicht auf den des Leistungserfolges an ... Beide Zeitpunkte fallen bei der Barzahlung*

(Übersendung von Geld, Einzahlung bei der Post) und bei der bargeldlosen Zahlung (Bank- oder Postscheckü berweisung) häufig auseinander. Diese zeitliche Differenz ist bei der Zahlung mit einem Scheck heute – wenn überhaupt – nur unwesentlich größer. Hinsichtlich der Rechtzeitigkeit der Leistung ist es deshalb gerechtfertigt, die Hingabe eines Schecks bereits als Zahlung zu behandeln, vorausgesetzt, daß der Leistungserfolg eintritt, d. h. der Scheck vom Gläubiger angenommen und von der bezogenen Bank eingelöst wird. Das ist für die Zahlung mit einem Barscheck schon lange anerkannt, weil der Gläubiger hier in der Lage ist, die Schecksumme sofort zu erheben... Für den heute weit häufigeren und wichtigeren Verrechnungsscheck kann nichts anderes gelten... Das ist nur die notwendige Folge des Wandels, den der Zahlungsverkehr in den letzten Jahrzehnten erfahren hat; denn an die Stelle der früher verbreiteten Barzahlung ist mehr und mehr die bargeldlose Zahlung getreten, die regelmäßig im Interesse aller Beteiligten, des Gläubigers wie des Schuldners, liegt. Erst der Verrechnungsscheck ermöglicht aber eine volle bargeldlose Zahlung. Im Wirtschaftsleben hat man dieser Entwicklung dadurch Rechnung getragen, daß ein zur Bank gegebener Verrechnungsscheck heute in der Regel dem Einreicher sofort – mit vordatierter Wertstellung – gutgeschrieben wird... Der Gläubiger kann damit beim Verrechnungsscheck über den Gegenwert praktisch ebenso schnell wie beim Barscheck verfügen." Die Prämie sei daher am Freitagnachmittag noch rechtzeitig entrichtet worden, als der Scheck bei der Bezirksdirektion abgegeben worden sei. Der Versicherer sei daher nicht nach § 39 Abs. 2 VVG leistungsfrei. (Alles das gilt nach dem Urteil auch bei Entgegennahme eines **vordatierten** Schecks.)

Mit der Vereinbarung eines Prämieneinzugsermächtigungsverfahrens befaßt sich BGH, VersR 1985, S. 447: Hierdurch wird die Schickschuld zur Holschuld. Die Anforderung der Prämie liegt darin, daß sich der Versicherer an die Bank des Versicherungsnehmers (nicht an diesen selbst) wendet, um die Abbuchung zu veranlassen. Der Versicherer muß die Prämien zu verschiedenen Versicherungssparten je Sparte gesondert anfordern. Laut OLG Hamm, VersR 1984, S. 231 (mit Anmerkung *Eike Lorenz*, VersR 1984, S. 729) wird die Erstprämie im Einzugsermächtigungsverfahren nur dann ordnungsgemäß angefordert, wenn sie getrennt von und nicht zusammen mit der Folgeprämie eingezogen wird. Auch LG Oldenburg, VersR 1986, S. 1012 vertritt diese Ansicht. Eine gesonderte **Einziehung** ist also nötig, ein gesonderter **Ausweis** genügt nicht (OLG München, VersR 1987, S. 554).

Entsprechendes, also getrennte Anforderungen, gilt bei Bündelung von Versicherungssparten, mögen diese auch einheitlich beurkundet sein. In allen diesen Fällen genügt nicht einmal eine **aufgeschlüsselte** zusammenfassende Anforderung. – Nicht geklärt ist die Frage, welche Rechtsfolgen die **verspätete** Anforderung durch den Versicherer hat. Man wird davon ausgehen müssen, daß er sich dadurch in Annahmeverzug setzt u. a. mit der Folge des § 322 Abs. 2 BGB.

Von der Leistungshandlung des Versicherungsnehmers ist also die **Tilgung** der Prämienschuld scharf zu unterscheiden. Schickt der Versicherungsnehmer Bargeld (etwa durch

Postanweisung oder Wertbrief) oder benutzt er einen Zahlschein, so ist zwar die Leistungshandlung mit der Absendung abgeschlossen, aber getilgt ist die Prämienschuld erst mit Eingang des Geldes beim Versicherer. Schuldet der Versicherungsnehmer Prämie aus **mehreren** Verträgen und reicht seine Zahlung nicht aus zur Tilgung sämtlicher Schulden, so gilt § 366 BGB: Der Schuldner kann bestimmen, welche Forderung getilgt sein soll; trifft er keine Bestimmung, gilt die Regel des § 366 II BGB.

Diese wird zum Teil durch die Rechtsprechung überdeckt:

Reicht der überwiesene Betrag nicht aus, um Rückstände aus verschiedenen Sparten zu decken, so soll der Prämieneingang so verwendet werden, daß wenigstens für **eine** Sparte Deckung besteht. Sind Prämien für die verschiedenen Arten der Kraftfahrtversicherung geschuldet, so soll eine nicht ausreichende Zahlung zuerst auf die Haftpflichtversicherung verwendet werden.

Vgl. dazu auch unten G. II.

7. Folgen der Nichtzahlung

Die sehr wichtigen §§ 38, 39 VVG unterscheiden die nicht rechtzeitige Zahlung der ersten oder einmaligen Prämie einerseits, der Folgeprämie andererseits.

Im Blicke auf beide Fülle ergeben sich jeweils **drei Fragenkreise:**

Welchen Einfluß übt die Nichtzahlung auf die **Prämienzahlungspflicht** des Versicherungsnehmers?

Welchen Einfluß übt die Nichtzahlung auf die **Gefahrtragungspflicht** des Versicherers?

Welchen Einfluß übt die Nichtzahlung auf den **gesamten Versicherungsvertrag?**

a) Folgen des Prämienverzugs bei Erstprämie

aa) Einfluß auf die Prämienzahlungspflicht des Versicherungsnehmers
Der Versicherer kann auf Vertragserfüllung, also Prämienzahlung, **klagen.**

An und für sich verjährt der Anspruch erst in zwei Jahren, bei der Lebensversicherung gar erst in fünf Jahren (§ 12 Abs. 1 Satz 1 VVG), aber wegen § 38 Abs. 1 Satz 2 VVG muß der Versicherer **innerhalb von drei Monaten** klagen; denn es gilt als Rücktritt, wenn der Anspruch auf Prämie nicht innerhalb von drei Monaten vom Fälligkeitstage an gerichtlich geltend gemacht wird.

Nach der Rechtsprechung ist der Lebensversicherer nicht verpflichtet, die Erstprämie **einzuklagen**, um dem Vertreter den Provisionsanspruch zu sichern. Das Aufsichtsamt dringt sogar darauf, daß der Lebensversicherer von der Einklagung der Erstprämie Abstand nimmt, weshalb das dem Versicherungsnehmer eingeräumte befristete Widerrufsrecht bei der kapitalbildenden Einzellebensversicherung weniger Bedeutung hat, als es auf den ersten Blick erscheint. Wohl ist der Versicherer verpflichtet, sich nachhaltig um den Eingang der Erstprämie zu bemühen. Ob er gehalten ist, dem Vertreter eine Stornogefahrmitteilung zu machen (damit der Vertreter den Versicherungsnehmer zur Zahlung der Prämie anhalten kann), ist umstritten.

Neben der Hauptsumme kommen Zinsen und Kosten (Versicherungsteuer, Nebengebühren) in Frage (bestritten, weil § 38 VVG im Unterschied zu § 39 II VVG Zinsen und Kosten nicht erwähnt).

Prozeßzinsen werden vom Eintritt der Rechtshängigkeit an geschuldet, und zwar mit 4 %, unter Kaufleuten mit 5 % (§§ 291, 288 Abs. 1 Satz 1 BGB, 352 Abs. 1 Satz 1 HGB).

Fälligkeitszinsen gibt es auch ohne Klageerhebung bei beiderseitigen Handelsgeschäften in Höhe von 5 % (§§ 353 Satz 1, 352 Abs. 1 Satz 1 HGB).

Verzugszinsen (wieder in Höhe von 4 %, unter Kaufleuten 5 %) setzen einfachen, bürgerlich-rechtlichen Verzug des Prämienschuldners voraus, also neben der Fälligkeit eine Mahnung (der die Klageerhebung gleichsteht) und ein Vertretenmüssen (zu allem §§ 284 Abs. 1 Satz 1, 285 BGB). Eine Mahnung ist nicht notwendig, wenn für die Leistung ein bestimmter Kalendertag vereinbart worden ist (§ 284 Abs. 2 BGB).

Verzugszinsen sind standardisierter Mindestschadensersatz. Die Geltendmachung eines **weiteren Schadens** ist nicht ausgeschlossen (§ 288 Abs. 2 BGB); wird aber von § 38 VVG nicht erfaßt, aber auch nicht verboten.

bb) Einfluß auf die Gefahrtragungspflicht des Versicherers

Nach dem sogenannten **Einlösungsprinzip** des § 38 Abs. 2 VVG ist der Versicherer „**von der Verpflichtung zur Leistung frei**", falls die Erstprämie zur Zeit des Eintritts des Versicherungsfalls noch nicht gezahlt ist. Besser: Die Versicherung beginnt materiell mit der Zahlung der Erstprämie, und zwar mit der Leistungshandlung (z. B. Absendung per Wertbrief, Postanweisung, Zahlschein).

RG 26.I.1911 RGZ Bd. 75, S. 377—378 spricht in diesem Zusammenhang von einer aufschiebend bedingten Gefahrtragung. Es war dort eine Feuerversicherung abgeschlossen worden, die Erstprämie aber noch nicht bezahlt. Die Police sei dabei in der Erwartung, daß die Einlösung erfolgen und die Bedingung eintreten werde, ausgestellt worden.

„Solange diese Bedingung aber nicht eingetreten ist, trägt die Gesellschaft ... im Regelfalle auch noch keine Gefahr."

Von „Einlösung" spricht man, weil bei Barzahlung der Versicherungsnehmer Zug um Zug den Versicherungsschein erhält. Aber der Ausdruck „Einlösungsprinzip" darf nicht irreführen: Z. B. kommt es bei bargeldloser Zahlung nicht auf den Moment an, in welchem der Versicherungsnehmer den Besitz am Versicherungsschein erlangt; erheblich ist vielmehr allein die Tatsache der Zahlung oder Nichtzahlung: Die Verschuldensfrage ist unbeachtlich. Auf Geldmangel könnte sich der Versicherungsnehmer schon nach § 279 BGB nicht berufen.

Bei einigen Versicherungszweigen kann es zweifelhaft sein, wann der Versicherungsfall eintritt. Man denke besonders an die Haftpflicht- oder Krankenversicherung. Bei der Haftpflichtversicherung wird man darauf abstellen müssen, ob die Tatsache, welche die Verantwortlichkeit zur Folge haben könnte (z. B. das Ausgleiten eines Passanten auf Grundstück des Versicherungsnehmers), als solche vor der Zahlung der Erstprämie eingetreten ist. Trifft das zu, so hat er aus dem gesamten (gedehnten) „Versicherungsfall" keinen Anspruch auf Versicherungsschutz.

Da nach der oben geschilderten und kritisierten Rechtsprechung des BGH (vgl. D. I. 2e) § 38 Abs. 2 VVG auch bei (deckend) **gestundeten** ersten Prämien anzuwenden ist, gilt insoweit nicht das Einlösungsprinzip, und die Zahlung wirkt nicht wie eine aufschiebende, sondern die Nichtzahlung wie eine auflösende Bedingung der Gefahrtragung. Immerhin sieht aber der BGH 17.IV.1967 BGHZ Bd. 47, S. 352–364 ja eine „Warnung" des Versicherungsnehmers als erforderlich an, und solche warnende Zahlungsaufforderung mit Rechtsfolgenbelehrung muß bei minderjährigen Versicherungsnehmern dem gesetzlichen Vertreter zugehen, sofern dessen Zustimmung zur Wirksamkeit des Vertrages nötig war.

cc) Einfluß auf den gesamten Versicherungsvertrag

Während die bisher behandelten Rechtsfolgen entweder nur die Prämienzahlungspflicht des Versicherungsnehmers oder nur die Gefahrtragungspflicht des Versicherers betreffen, gibt es auch Rechtsfolgen, welche den **Gesamtvertrag** angehen.

Diese Rechtsfolgen sind in § 38 Abs. 1 VVG abschließend geregelt: Die Vorschrift unterscheidet einen echten und einen fingierten **Rücktritt**.

Ein Rücktritt löst den Vertrag dergestalt auf, daß schon erbrachte Leistungen zurückzugewähren sind (§ 346 Satz 1 BGB), man denke an die erfolgte Zahlung eines Prämienteilbetrages oder an eine vorzeitige Aushändigung des Versicherungsscheins. Trotz des Rücktritts hat aber der Versicherer Anspruch auf eine angemessene **Geschäftsgebühr** (§ 40 Abs. 2 Satz 2, 3 VVG). Das ist ein Betrag, der zur Deckung erwachsener spezieller und genereller Unkosten geschuldet wird.

Der **echte Rücktritt** setzt die objektive Tatsache der nicht rechtzeitigen Zahlung der Erstprämie (keinen Verzug) sowie die Abgabe einer Rücktrittserklärung des Versicherers (oder seines Abschlußagenten: § 45 VVG) voraus. Die formlose Rücktrittserklärung muß grundsätzlich dem Versicherungsnehmer zugehen, nach dessen Tod dem Erben oder Testamentsvollstrecker oder Nachlaßverwalter. Je nachdem, wer den Nachlaß, zu dem der betreffende Versicherungsvertrag gehört, verwaltet.

Voraussetzung für die Wirksamkeit des Rücktritts ist eine **zutreffende** Erstprämienanforderung: BGH VerBAV 1987, S. 54 (betrifft eine nach § 5 III PflichtVersG zustande gekommene Kraftfahrt-Haftpflichtversicherung).

Der **fingierte Rücktritt** liegt vor, *„wenn der Anspruch auf die Prämie nicht innerhalb von drei Monaten vom Fälligkeitstage an gerichtlich geltend gemacht wird"*. Die 1939 eingeführte Vorschrift soll bewirken, daß bei einem von vornherein zahlungsunwilligen Kunden nicht noch Schreib- und Portokosten „hinterhergeworfen" werden müssen. Zugleich ermöglicht die Bestimmung eine schnelle Bereinigung der Versicherungsnehmerkarteien (Ausscheidung von „Papiersoldaten").

§ 38 VVG verdrängt § 326 BGB und zwar zu Lasten des Versicherungsnehmers.

b) Folgen des Prämienverzugs bei Folgeprämien

aa) *Einfluß auf die Prämienzahlungspflicht des Versicherungsnehmers*

Der Versicherer kann auf Vertragserfüllung, also Prämienzahlung **klagen**. (Die Dreimonatsfrist des § 38 Abs. 1 Satz 2 VVG gilt für Folgeprämien nicht, jedoch sehen zuweilen AVB eine Ausschlußfrist vor.) Ein Versicherer, der nur klagt, bleibt doch leistungspflichtig. Für die Zinszahlung und die Kosten gilt das gleiche: § 39 Abs. 2 VVG.

bb) *Einfluß auf die Gefahrtragungspflicht des Versicherers*

Während bei der Erstprämie das Einlösungsprinzip gilt, soll bei Nichtzahlung einer Folgeprämie dem Versicherungsnehmer der Versicherungsschutz möglichst erhalten bleiben: Erst nach einer vergeblichen qualifizierten Mahnung soll der Versicherungsnehmer den Versicherungsschutz verlieren.

An die **qualifizierte Mahnung** sind strenge formale Anforderungen zu stellen; § 39 Abs. 1 VVG verlangt die schriftliche Bestimmung einer Zahlungsfrist mit Rechtsfolgenbelehrung.

Das Mahnschreiben, welches durch Klage oder Mahnbescheid nicht ersetzt werden kann, muß primär die **Prämienschuld benennen**. Daneben müssen die Höhe der **Zinsen** und der Betrag der **Kosten** angeführt werden. Werden die geschuldeten Beträge fälschlich **zu hoch** angegeben, dann ist die qualifizierte Mahnung unwirksam (BGH 13.II.1967 BGHZ Bd. 47, S. 88—94). Bei einer zu **niedrigen** Angabe der geschuldeten Beträge treten die Wirkungen der Mahnung nicht ein, wenn der Versicherungsnehmer den ihm aufgegebenen Betrag innerhalb der Nachfrist zahlt. Wegen der Differenz muß der Versicherer erneut mahnen. Die Rechtsprechung nimmt es also zu Lasten des Versicherers mit der Anforderung der Prämie sehr genau. Die Mahnung nach § 39 I ist nur dann wirksam, wenn die Prämie aufgeschlüsselt nach den verschiedenen Sparten (z. B. Haftpflicht-, Unfall-, Kaskoversicherung) angefordert wird (BGH, VersR 1986, S. 54; BGH, VersR 1978, S. 436). Laut BGH, VersR 1985, S. 533 und BGH, VersR 1985, S. 981, 983 führen schon minimale Mehranforderungen dazu, die Verzugsfolgen zu verhindern. Umgekehrt sollen nach der Rechtsprechung ganz geringe Prämienrückstände die Rechtsfolgen der §§ 38, 39 VVG nicht auslösen (vgl. unten D.1.7b (bb) (2)).

Das Mahnschreiben muß weiterhin eine **Zahlungsfrist** setzen, die mindestens zwei Wochen, bei der Gebäudeversicherung (§ 91 VVG) mindestens einen Monat zu betragen hat. Bei kürzerer Frist ist die Mahnung wiederum unwirksam. Die Frist beginnt mit dem Anfang des auf den Tag des Zugehens der Mahnung folgenden Tages und endigt mit dem Ablauf des letzten Tages (vorbehaltlich einer Verlängerung nach § 193 BGB, falls der letzte Tag ein Sonnabend, Sonn- oder Feiertag ist).

Die eigentliche **Aufforderung zur Zahlung** besagt, daß innerhalb der Zahlungsfrist an den Versicherer oder an die in der Aufforderung genannte Stelle der Rückstand nebst Zinsen und Kosten zu begleichen sei.

Schwierig wird die Formulierung eines ordnungsgemäßen Mahnschreibens besonders dadurch, daß alle **Rechtsfolgen anzugeben** sind, die mit dem fruchtlosen Ablauf der Frist verbunden sind. Bei einer umwandlungsfähigen Lebensversicherung ist auf die eintretende Umwandlung der Versicherung in eine prämienfreie hinzuweisen (§ 175 Abs. 1—3 VVG). In jedem Falle sind die jeweils in Betracht kommenden Rechtsfolgen (Leistungsfreiheit bzw. Umwandlung sowie Kündigungsrecht des Versicherers) vollständig anzugeben, auch dann, wenn der Versicherer von vornherein beabsichtigt, nur eine dieser Rechtsfolgen geltend zu machen. Statt Leistungsfreiheit darf nicht Ruhen der Versicherung angedroht werden, statt von Kündigung darf nicht davon gesprochen werden, der Vertrag werde als aufgehoben betrachtet. Im übrigen aber kommt es auf den Gebrauch der Worte des Gesetzes nicht an. Zur Angabe der Rechtsfolgen gehören auch deren Voraussetzungen, z. B. bei der Leistungsfreiheit: Eintritt des Versicherungsfalls und Bestehen des Verzugs bei Eintritt des Versicherungsfalls; denn sonst könnte der Versicherungsnehmer glauben, daß eine Zahlung nach Fristablauf ihm in allen Fällen nichts mehr nützt. Auch auf § 39 Abs. 3 Satz 3 VVG (Wegfall der Kündigungswirkungen) ist hinzuweisen, selbst wenn die Kündigung noch nicht mit der Mahnung verbunden ist.

Als **Beispiel** mag der in RG 13.XI.1914 RGZ Bd. 86, S. 25—28 behandelte Fall dienen. Hier hatte eine Lebensversicherungsgesellschaft dem Versicherungsnehmer zur Bezahlung einer am 10. Mai 1912 fällig gewordenen Prämie lediglich eine Nachfrist von zwei Wochen gesetzt unter Hinweis auf ihre Berechtigung, *„die Police für verfallen zu erklären"*, wenn die Prämie nicht innerhalb der Nachfrist gezahlt werde. Das RG erklärte eine solche Fristbestimmung für unwirksam und führte dabei aus:

„Die Vorschriften in § 39 des Gesetzes bezwecken den Schutz des Versicherungsnehmers und sind insofern zwingend, als sich der Versicherer auf eine Vereinbarung, durch welche zum Nachteile des Versicherungsnehmers davon abgewichen wird, nicht berufen kann (§ 42 Ges.). Das Gesetz macht nach dem klaren Wortlaut des § 39 dem Versicherer ganz allgemein und ohne Rücksicht auf die besondere Gestaltung des einzelnen Falles zur Pflicht, bei Bestimmung der Zahlungsfrist die Rechtsfolgen anzugeben, welche nach Abs. 1 mit dem Ablaufe der Frist verbunden sind, und erklärt eine Fristbestimmung, die ohne Beobachtung dieser Vorschriften erfolgt, für unwirksam. Es bezweckt offensichtlich, wie auch aus der Begründung des Entwurfs hervorgeht, dem Versicherungsnehmer bei der Fristbestimmung deren schwerwiegende Bedeutung sowie die mit der Versäumung der Frist für ihn verknüpften nachteiligen Folgen zum Bewußtsein zu bringen und ihn dadurch möglichst vor weiterer Säumnis und vor dem möglicherweise damit verbundenen Verluste seines Versicherungsanspruchs zu bewahren. Demgemäß macht es den Hinweis auf die nach Abs. 1 mit dem Ablaufe der Frist verbundenen Rechtsfolgen, nämlich auf das Freiwerden des Versicherers von der Verpflichtung zur Zahlung der Versicherungssumme im Falle des Eintritts des Versicherungsfalles und auf den Eintritt des Kündigungsrechts des Versicherers, zur Voraussetzung der Wirksamkeit der Fristbestimmung. Mit dem Hinweis auf die eine oder andere dieser Rechtsfolgen ist mithin dem Gesetze nicht genügt."

Die strengen Anforderungen an die qualifizierte Mahnung nach § 39 I VVG hat der BGH jüngst wieder präzisiert: VersR 1988, S. 484. Danach genügt eine nicht ganz vollständige Belehrung des Versicherungsnehmers selbst dann nicht, wenn auf die Rückseite des Mahnschreibens verwiesen wird, wo der **vollständige** Text des § 39 I abgedruckt ist.

Für die qualifizierte Mahnung schreibt § 39 Abs. 1 Satz 1 VVG die **Schriftform** vor, stellt aber ausdrücklich klar, daß zur Unterzeichnung eine Nachbildung der eigenhändigen Unterschrift genügt, also ein **Faksimile**, nicht aber der Name in Druckbuchstaben. Vertraglich kann die Mahnung durch eingeschriebenen Brief vereinbart werden.

Der Versicherer darf **frühestens** mahnen, nachdem die Folgeprämie fällig geworden ist, bei Zubilligung einer Fälligkeitsfrist also erst nach deren Ablauf.

Der Versicherer hat zu **beweisen**, daß dem Prämienschuldner eine inhaltlich und förmlich wirksame Mahnung zugegangen ist.

Gemäß BGH 27.V.1957 BGHZ Bd. 24, S. 308–315 soll sogar bei nachweislicher Absendung eines Einschreibebriefes den Versicherer die volle Beweislast für den Zugang der Mahnung treffen; ein Beweis des ersten Anscheins genügt nicht.

Ist qualifiziert gemahnt worden, so ist die Rechtslage während der Zahlungsfrist und nach Fristablauf zu unterscheiden.

(1) Rechtslage während Zahlungsfrist

Während des Laufes der Zahlungsfrist wird die Gefahrtragung des Versicherers nicht berührt. Der Eintritt eines Versicherungsfalles läßt also den Versicherer leistungspflichtig werden. Zahlt der Versicherungsnehmer während der Zahlungsfrist, so werden auch die Verzugsfolgen für die Zukunft beseitigt.

(2) Rechtslage nach Fristablauf

Nach Fristablauf kann der Versicherungsnehmer die Prämie noch mit der Wirkung begleichen, daß die Verzugsfolgen für die Zukunft beseitigt werden. Vorauszusetzen ist aber eine volle, auch Zinsen und Kosten mitumfassende Zahlung. Die Zahlung braucht sich aber nur auf das Angemahnte zu beziehen, damit der Versicherer wieder die Gefahr trägt. Sind inzwischen neue Folgeprämien fällig, so bedarf es insoweit einer weiteren qualifizierten Mahnung.

Ist nach fruchtlosem Fristablauf der **Versicherungsfall** eingetreten, so ist der Versicherer unter den Voraussetzungen des § 39 Abs. 2 VVG **von der Verpflichtung zur Leistung frei**. Ein Lebensversicherer ist nach längerem Bestehen der Versicherung zu der Leistung verpflichtet, die ihm obliegen würde, wenn sich mit dem Eintritt des Versicherungsfalles die Versicherung in eine prämienfreie **umgewandelt** hätte (§§ 173, 175 Abs. 2 VVG).

Es kommt darauf an, ob der Versicherungsnehmer nach dem Fristablauf bis zum Eintritt des Versicherungsfalls den vollen geschuldeten Betrag abgesandt hat; eine nach Eintritt des Versicherungsfalls erfolgende Zahlung nützt nichts, wirkt insbesondere nicht zurück. Vorauszusetzen ist weiterhin, daß zur Zeit des Eintritts des Versicherungsfalls der Versicherungsnehmer im Verzuge ist, sei es auch nur mit einem Teilbetrage. Geringfügige Rückstände hat die Rechtsprechung allerdings nach Treu und Glauben für unbeachtlich erklärt. In jüngster Zeit ist der BGH bemüht, die Toleranzgrenze zu senken, Versicherungsnehmer und Versicherer sollen möglichst nach gleichem Maßstab beurteilt werden (BGH, VersR 1986, S. 54; BGH, VersR 1988, S. 484).

Zur Illustration mag der in RG 14.I.1938 RGZ Bd. 156, S. 378–384 entschiedene Fall wiedergegeben werden. Ein Landwirt hatte eine Betriebshaftpflichtversicherung abgeschlossen. Der Versicherungsvertrag lief für die Zeit vom 1. September 1931 bis zum 1. September 1941; der bei Beginn eines jeden Versicherungsjahres fällig werdende Beitrag wurde 1935 zunächst nicht gezahlt. Der Versicherer mahnte den Landwirt ordnungsgemäß, aber erfolglos am 10. September und am 14. Oktober 1935. Am 22. November erlitt eine Besucherin des Landwirts einen Unfall, für dessen sehr schwere Folgen sie den Landwirt später verantwortlich machte. Am 23. November zahlte der Landwirt die rückständige Prämie. Das RG stellte fest, daß nach der damaligen ständigen Rechtsprechung in der Haftpflichtversicherung nicht schon die Tatsache, für die der Versicherungsnehmer von dem geschädigten Dritten verantwortlich gemacht werde, also das Schadensereignis, als Versicherungsfall anzusehen sei; der Versicherungsfall trete vielmehr erst ein, wenn von dem geschädigten Dritten ein Ersatzanspruch gegen den Versicherungsnehmer geltend gemacht werde. Das sei am 23. November zwar noch nicht geschehen; nach Treu und Glauben aber könne der Landwirt dennoch keinen Versicherungsschutz mehr verlangen, da er länger als zweieinhalb Monate mit der Prämienzahlung im Rückstand gewesen sei und die Prämie erst entrichtet habe, als ihm Schadensersatzansprüche drohten.

Die Entscheidung ist im Ergebnis richtig. Ganz allgemein versteht man heute unter dem Eintritt des Versicherungsfalls in der Haftpflichtversicherung bereits das äußere Ereignis, das den Personen- oder Sachschaden unmittelbar ausgelöst hat (Schadenereignistheorie: BGH 27.VI.1957 BGHZ Bd. 25, S. 34–47). Dabei ist es geblieben (nachdem eine spätere Entscheidung zunächst Verwirrung gestiftet hatte): VO des BAV vom 15.1.1982 VerBAV 1983, S. 122. Der Versicherungsfall wäre also bereits mit dem Unfall der Besucherin eingetreten, die nachträgliche Zahlung der Prämie ist also ohne Bedeutung.

Auf den **Verzug im Zeitpunkte des Versicherungsfalles** muß § 39 Abs. 2 VVG abheben, weil die qualifizierte Mahnung ihrerseits noch keinen Verzug voraussetzt. Auch auf den Verzug im Zeitpunkt des Ablaufes der Zahlungsfrist wird nicht abgestellt, sondern eben auf jenen im Zeitpunkt des Eintritts des Versicherungsfalls. Die Vorschrift läßt Auslegungsschwierigkeiten auftreten, falls der Versicherungsnehmer sich zunächst in Verzug befunden hat, dann aber (wie oft in der Todesfallversicherung) vor dem Versicherungsfall (Tod) einige Tage so schwer krank darniederliegt, daß er entschuldigt ist. Der Gesetzeswortlaut führt zu einem für die Lebensversicherer schwer tragbaren Ergebnis, welches ihnen nahelegt, mit der Mahnung sogleich eine Kündigung zu verbinden (§ 39 Abs. 3 Satz 2 VVG) mit der Wirkung des § 175 VVG.

Die Leistungsfreiheit bezieht sich nur auf den einzelnen nach Fristablauf eintretenden Versicherungsfall. Bei Versicherungszweigen, in denen **mehrere Versicherungsfälle** denkbar sind (z. B. Kranken- oder Sachversicherung), kann es vorkommen, daß der Versicherungsnehmer nach dem ersten Versicherungsfall den Prämienrückstand begleicht, so daß er für die Zukunft wieder gedeckt ist.

cc) *Einfluß auf den gesamten Versicherungsvertrag*

Die bislang behandelten Rechtsfolgen betreffen entweder nur die Prämienzahlungspflicht des Versicherungsnehmers oder nur die Gefahrtragungspflicht des Versicherers. Dagegen beeinflußt die in § 39 Abs. 3 VVG geregelte **Kündigung** das Schicksal des Gesamtvertrages. (Während bei der Erstprämie der rückwirkende Rücktritt vorgesehen ist, kommt bei Folgeprämien nur eine für die Zukunft wirkende Kündigung in Frage, ist doch möglicherweise das Vertragsverhältnis bislang während langer Jahre ordnungsgemäß abgewickelt.)

Die Kündigung kann entweder **nach Fristablauf** erfolgen (isolierte Kündigung) oder bereits **vor Fristablauf** in Verbindung mit der qualifizierten Mahnung (verbundene Kündigung).

(1) Isolierte Kündigung

"Der Versicherer kann nach dem Ablaufe der Frist, wenn der Versicherungsnehmer mit der Zahlung im Verzuge ist, das Versicherungsverhältnis ... kündigen" (§ 39 Abs. 3 Satz 1 VVG).

Diese isolierte Kündigung, welche jederzeit nach Fristablauf erfolgen kann, ist eine fristlose. Das Gesetz enthält keine Formvorschrift, es würde also Mündlichkeit ausreichen, sofern nicht die AVB die Schriftform vorsehen.

Ist Schriftform **vereinbart**, so ist streitig, ob sich der Versicherer einer faksimilierten Unterschrift bedienen darf. Bereits RG 27.II.1923 RGZ Bd. 106, S. 330–333 hat die Frage mit Recht bejaht, darauf hinweisend, *„daß die Unterzeichnung mittels mechanisch vervielfältigter Namensunterschrift sich im amtlichen, behördlichen, aber auch im privaten geschäftlichen Verkehr im großen Umfange durchgesetzt und praktisch bewährt hat und geradezu als eine den Rechtsverkehr im Rahmen des § 127 (BGB) erleichternde Form der persönlichen Namensunterschrift beliebt geworden ist und gehandhabt wird, namentlich in solchen Fällen, wo rechtsgeschäftliche Erklärungen von Privatpersonen an eine große Anzahl einzelner bestimmter Personen abgefertigt werden müssen".*

(2) Verbundene Kündigung

Es dient der Rationalisierung des Geschäftsbetriebes, daß nach § 39 Abs. 3 Satz 2 VVG die Kündigung bereits **mit der qualifizierten Mahnung** verbunden werden kann. Zwar ist grundsätzlich eine Kündigung ein bedingungsfeindliches Rechtsgeschäft; hier aber konnte sie zugelassen werden, weil der Eintritt der Bedingung von dem eigenen Verhalten des Versicherungsnehmers, nämlich der Prämienzahlung innerhalb der Mahnfrist, abhängt.

In **einer** Urkunde werden qualifizierte Mahnung und Kündigung miteinander verbunden. Dadurch erweitert sich der Inhalt des Mahnschreibens: Es ist ausdrücklich darauf hinzuweisen, daß die Kündigung mit Fristablauf wirksam wird, wenn der Versicherungsnehmer in diesem Zeitpunkt mit der Zahlung im Verzuge ist. Für die verbundene Kündigung ist notwendig die Schriftform zu wahren, da sie ja mit der qualifizierten Mahnung gekoppelt ist. Man wird annehmen müssen, daß die für die Mahnung ausreichende faksimilierte Unterschrift auch für die damit verbundene Kündigung genügt (bestritten).

(3) Wirkungen der Kündigung

Die Kündigung hat die **Beendigung** des Versicherungsverhältnisses zur Folge, ausnahmsweise in der Lebensversicherung nach §§ 173, 175 Abs. 1 Satz 1 VVG die **Umwandlung** der Versicherung in eine prämienfreie (nicht etwa nach § 176 Abs. 1 VVG die Erstattung des Rückkaufswertes).

Nach § 40 Abs. 2 Satz 1 VVG gebührt dem Versicherer die **Prämie** bis zur Beendigung der laufenden Versicherungsperiode. Mit dem Zugang der Kündigungserklärung (§ 39 Abs. 3 Satz 1 VVG) oder dem Fristablauf (§ 39 Abs. 3 Satz 2 VVG) treten aber bereits die Kündigungswirkungen insofern ein, als die Gefahrtragung des Versicherers endet, bei einer umwandlungsfähigen Lebensversicherung sich reduziert.

Es handelt sich also um einen jener Fälle, in denen die technische Versicherungsdauer länger währt als die materielle Versicherungsdauer; man spricht von Unteilbarkeit der Prämie.

(4) Wegfall der Kündigung

Nach der eigenartigen Vorschrift des § 39 Abs. 3 Satz 3 VVG fallen die Wirkungen der Kündigung unter gewissen Voraussetzungen wieder fort:

Erforderlich ist die Nachholung der Zahlung **innerhalb eines Monats** nach der Kündigung oder — bei verbundener Kündigung — nach dem Ablauf der Zahlungsfrist. Selbstverständlich können aber für einen zwischenzeitlich eingetretenen Versicherungsfall die Kündigungswirkungen nicht mehr entfallen. Infolge der Möglichkeit, die Wirkungen der Kündigung durch einfache Zahlung wiederaufzuheben, kann man sagen, daß die Kündigungswirkung eine auflösend bedingte ist.

Nach Beendigung der Monatsfrist des § 39 Abs. 3 Satz 3 VVG kommt eine sogenannte **Wiederherstellung** oder Wiederinkraftsetzung der Versicherung nur durch Vereinbarung in Frage. Die erste Prämie für die wiederhergestellte Versicherung ist grundsätzlich Erstprämie im Sinne des § 38 VVG.

c) Zusammenfassung

Einfluß auf:	Nichtzahlung der	
	Erstprämie (§ 38 VVG)	Folgeprämie (§ 39 VVG)
Prämie	Klage in 3 Monaten Zinsen Kosten	Klage Zinsen Kosten
Gefahrtragung	Leistungsfreiheit	Leistungsfreiheit nach fruchtloser qualifizierter Mahnung (LV: Umwandlung § 175 Abs. 2 VVG)
Vertrag	Rücktritt fingierter echter	Kündigung isolierte verbundene (LV: Umwandlung § 175 Abs. 1 VVG)

§ 39 VVG verdrängt § 326 BGB, und zwar zugunsten des Versicherungsnehmers. Während die §§ 35, 36 VVG nachgiebiger Natur sind, gehören §§ 37—40 zu den halbzwingenden (§ 42 VVG). Wenn die §§ 35 und 36 also laut VVG zum Nachteil des Versicherungsnehmers durch AVB abgeändert werden könnten, ist doch die Wirksamkeit solcher Abweichungen vom Gesetz an § 9 Abs. 1, Abs. 2 Nr. 1 AGBG zu messen. Das gilt namentlich für Vereinbarungen, wonach die Schickschuld des § 36 in eine Bringschuld verwandelt werden soll. In der Haftpflicht- und in der Sachversicherung hat das Aufsichtsamt eine Abänderung des § 36 zu Lasten des Versicherungsnehmers verboten.

II. Sonstige Rechtspflichten

1. Deklarationspflicht

Wegen des Vorkommens laufender Versicherungen sei auf die Ausführungen oben C. I. 3b verwiesen. Gleichgültig ist an sich, ob der Versicherungsnehmer die Wahl hat, welche Risiken er auf die Mantelpolice in Deckung gibt, oder ob er verpflichtet ist, alle einschlägigen Risiken anzumelden. In letzterem Falle bildet die Deklarationspflicht eine echte Rechtspflicht. Ihre Verletzung führt zur Leistungsfreiheit des Versicherers nur dann, wenn diese Rechtsfolge vereinbart worden ist. Sonst gelten die allgemeinen Grundsätze über Verzug (§ 326 BGB) und positive Forderungsverletzung (§ 325 BGB analog), denn die Deklarationspflicht ist Hauptpflicht, nicht nur Nebenpflicht. Allerdings dürfte der Rücktritt durch die Kündigung zu ersetzen sein.

Die falsche oder fehlende Deklaration ist nicht Verletzung der vorvertraglichen Anzeigepflicht nach §§ 16 ff. VVG, denn die Deklaration will nicht erst ein Versicherungsverhältnis **begründen**, sondern es **ausfüllen**, mag auch die Deklaration für das **Einzel**risiko konstitutiv sein.

2. Duldung der Bucheinsicht

Eine weitere Rechtspflicht ergibt sich bei der laufenden Versicherung für den Versicherungsnehmer insofern, als er zur Gestattung der Bucheinsicht verpflichtet ist. Aber diese Pflicht steht zur Leistungspflicht des Versicherers nicht im Gegenseitigkeitsverhältnis, weshalb der Versicherer kein Zurückbehaltungsrecht hat, bis ihm Bucheinsicht gewährt wird. Nach Ausklagung dieses Anspruches erfolgt die Vollstreckung nach § 890 ZPO, d. h. durch Verurteilung zu Ordnungsgeld (bis zu 500.000,- DM).

Das über die Bucheinsicht Ausgeführte gilt für die Rückversicherung, auch soweit sie nicht laufende Versicherung ist; d. h. der Rückversicherer hat ein Recht auf Bucheinsicht beim Erstversicherer.

E. Obliegenheiten des Versicherungsnehmers

I. Allgemeine Grundsätze

Es ist bereits (vgl. D. I) geschildert worden, daß der Versicherungsnehmer sehr verschiedenartige Verhaltensnormen zu beachten hat, nämlich einerseits die erzwingbaren, durch Schadensersatzpflichten sanktionierten echten Rechtspflichten — besonders die Prämienzahlungspflicht — und andererseits die versicherungsrechtlichen Obliegenheiten, Verhaltensnormen von schwächerer Zwangsintensität, deren Erfüllung dem eigenen Interesse des Versicherungsnehmers dient. Obliegenheiten kommen nicht nur im Versicherungsvertragsrecht vor, sondern auch im sonstigen Zivilrecht. Z. B. erlegen §§ 254 BGB, 377 HGB Obliegenheiten auf. Die Regeln über den Annahmeverzug (§§ 300 ff. BGB), Scheck- und Wechselprotest sind ebenfalls hierher zu rechnen. Im Prozeßrecht sind die Obliegenheiten als **Lasten** bekannt (Darlegungslast, Beweislast). Im Versicherungsvertragsrecht sind Obliegenheiten besonders häufig, und deshalb sind die Rechtssätze über sie hier zuerst zusammenhängend herausgearbeitet worden.

Auf die Erfüllung von Obliegenheiten, z. B. auf Erstattung einer Gefahrerhöhungs- oder Schadensanzeige, kann der Versicherer nicht klagen. Zeigt der Versicherungsnehmer nicht an, so können ihn aber Verwirkungsfolgen treffen.

Die Auffassung, wonach die Obliegenheiten von den echten Rechtspflichten streng zu unterscheiden sind, hat sich besonders in der Judikatur voll durchgesetzt. RG 19.VI.1931 RGZ Bd. 133, S. 122: *„Eine ‚Obliegenheit' ist nach der feststehenden Rechtsprechung des Reichsgerichts ... keine in irgendeiner Art erzwingbare, bei Nichterfüllung in eine Schadensersatzpflicht übergehende Verbindlichkeit, sondern nur eine Voraussetzung für die Erhaltung des Anspruchs aus dem Versicherungsvertrage."* Ähnlich BGH 13.VI.1957 BGHZ Bd. 24, S. 382.

Es gibt eine Fülle von Obliegenheiten, die unter verschiedenen Gesichtspunkten **geordnet** werden können. Interessant ist die rechtliche **Behandlung** der Obliegenheiten. Besonders wichtig ist das Problem, auf **wessen Verhalten** (Tun oder Unterlassen) es bei der Erfüllung oder Verletzung der Obliegenheiten ankommt.

1. Einteilung der Obliegenheiten

a) Inhalt des Verhaltens

Nach dem Inhalt der Obliegenheiten kann man solche unterscheiden, die auf ein Tun, und solche, die auf ein Unterlassen gerichtet sind.

Das Tun kann insbesondere die Abgabe einer **Wissenserklärung** sein, sei es, daß der Versicherungsnehmer solche Wissenserklärung spontan abzugeben hat (**Anzeige**), sei es, daß es vorher eines Verlangens des Versicherers bedarf (**Auskunft**). Für die Anzeigen und Auskünfte gelten gewisse Besonderheiten, z. B. läßt sich der allgemeine Grundsatz aufstellen, daß ein Umstand, von dem der Versicherer bereits Kenntnis hat, nicht mehr angezeigt zu werden braucht; solche Anzeige hieße „Eulen nach Athen tragen" (vgl. §§ 16 Abs. 3, 17 Abs. 2, 25 Abs. 2 Satz 2, 28 Abs. 2 Satz 1, 33 Abs. 2, 71 Abs. 2 Satz 1 VVG).

Ein Verhalten, welches nicht in der Abgabe von Wissenserklärungen besteht, kann – wie gesagt – ein Tun oder Unterlassen zum Gegenstand haben, als **Tun** z. B. ein Verhalten zum Zwecke der Verminderung der Gefahr oder der Verhütung einer Gefahrerhöhung (§§ 6 Abs. 2, 32 VVG) oder die Abwendung und Minderung des Schadens (§ 62 Abs. 1 Satz 1 VVG), als **Unterlassen** die Nichtvornahme einer Gefahrerhöhung (§ 23 Abs. 1 VVG) oder die Nichtveränderung der Schadensstätte (§ 93 VVG).

Die Obliegenheiten, welche Anzeigen oder Auskünfte zum Gegenstand haben, fordern ein einmaliges oder mehrmaliges **kurzfristiges Verhalten.** Das gilt z. B. auch bei der gefahrmindernden Obliegenheit zur Anbringung (einmalig) und Benutzung (regelmäßig, also mehrmalig) eines Sicherheitsschlosses. Es gibt aber auch Obliegenheiten, die ein dauerndes Verhalten fordern (**Dauerobliegenheiten**), sei dieses ununterbrochen, sei es wiederkehrend (Bewachung jeweils bei Nacht).

Bei den **gesetzlich** auferlegten Obliegenheiten sind die Verletzungsfolgen durchweg im Gesetz vollständig geregelt. Man spricht dann von einer **lex perfecta,** von einem vollständigen Gesetz. So ist z. B. in den §§ 16—22 VVG geregelt, daß der Versicherer bei einer schuldhaften Verletzung der vorvertraglichen Anzeigepflicht zurücktreten könne.

Aber es gibt auch gesetzlich auferlegte Obliegenheiten, für welche die Verletzungsfolgen im Gesetz nicht oder nicht vollständig geregelt worden sind (**lex imperfecta**). Verwiesen sei z. B. auf die §§ 33, 34, 93 VVG. Die Rechtslage ist hier streitig, falls auch der Vertrag (insb. AVB) über die Verletzungsfolgen schweigt. Nach richtiger Auffassung erleidet der Versicherungsnehmer keine Rechtsnachteile, falls er eine bloße lex imperfecta verletzt.

Bei **vertraglich** auferlegten Obliegenheiten müssen auch die Verletzungsfolgen vertraglich vereinbart sein, widrigenfalls auch hier dem Versicherungsnehmer kein Rechtsnachteil erwächst. Finden sich — wie ziemlich häufig — in AVB oder in besonderen Versicherungsbedingungen spezielle vertragliche Obliegenheiten, bei denen man vergessen hat, eine Verletzungssanktion vorzusehen, so bedient sich der Versicherer eines Schwertes mit stumpfer Klinge.

So betonte auch das RG 11.II.1938 RGZ Bd. 157, S. 72—73 in einer Entscheidung über die Klage einer Herrenwäschefabrik, die eine Einbruchsdiebstahlversicherung abgeschlossen und vor Eintritt des Versicherungsfalles gegen vertragliche Obliegenheiten verstoßen hatte: *„Es steht indessen in der Rechtsprechung des erkennenden Senats fest, daß bei Verletzung vertraglich vorgesehener Obliegenheiten Leistungsfreiheit grundsätzlich nur dann eintritt, wenn sie im Versicherungsvertrag als Folge der Verletzung besonders vorgesehen ist".* Anders RGZ Bd. 160, S. 3 ff. (Fahrerflucht in der Haftpflichtversicherung; jetzt § 7 V AKB).

b) Zeitpunkt der Erfüllung

Die **gesetzlich** auferlegten Obliegenheiten lassen jeweils ersehen, **wann** sie zu erfüllen sind. In merkwürdiger Weise überdecken sich die vorvertragliche Anzeigepflicht und die Gefahrstandspflicht in der Zeit zwischen Stellung und Annahme des Antrages (§§ 16 Abs. 1 Satz 1, 29a VVG). Die Abwendungs- und Minderungspflicht des § 62 Abs. 1 Satz 1 VVG ist, *„bei dem Eintritte des Versicherungsfalles"* zu erfüllen, und zwar hinsichtlich der Abwendung auch schon unmittelbar vor dem Versicherungsfall, z. B. in dem Augenblick, in welchem ein Waldbrand das versicherte Försterhaus zu ergreifen droht (bestritten).

Bei den **vertraglich** auferlegten Obliegenheiten unterscheidet § 6 VVG solche, die **vor** und **nach** dem **Eintritt des Versicherungsfalles** zu erfüllen sind. Die Verletzungsfolgen sind bei den letzteren milder. Somit gewinnt die Frage, wann der Versicherungsfall eintritt, Bedeutung.

c) Gesetzliche und vertragliche Obliegenheiten

Das **Gesetz** erlegt dem Versicherungsnehmer eine Fülle von Obliegenheiten auf, die entweder vor oder nach dem Eintritt des Versicherungsfalls zu erfüllen sind und die entweder für sämtliche Versicherungszweige oder für alle Zweige der Schadensversicherung oder für einzelne Versicherungszweige gelten.

Um Fälle von Obliegenheiten **für sämtliche Versicherungszweige** handelt es sich bei der vorvertraglichen Anzeigepflicht (§§ 16–22 VVG), bei der Gefahrstandspflicht (§§ 23–29a VVG), bei der Obliegenheit zur Anzeige des Versicherungsfalles (§ 33 VVG) und bei der Auskunfts- und Belegpflicht (§ 34 VVG).

Für die **gesamte Schadensversicherung** besteht die Obliegenheit zur Anzeige einer mehrfachen Versicherung (§ 58 VVG), zur Abwendung und Minderung des Schadens (§ 62 VVG) und zur Anzeige einer Veräußerung (§ 71 VVG).

Beispiele für gesetzliche Obliegenheiten in **einzelnen Versicherungszweigen** bieten die §§ 93, 111, 121, 122, 153 VVG.

Durch den **Versicherungsvertrag** können dem Versicherungsnehmer weitere Obliegenheiten auferlegt werden.

Die §§ 32, 6 Abs. 2 VVG sprechen z. B. von Obliegenheiten zum Zwecke der Verminderung der Gefahr oder zum Zwecke der Verhütung einer Gefahrerhöhung, die besonders vereinbart werden. Die wichtigen Vorschriften des § 6 Abs. 1, 3 VVG gelten für alle übrigen vertraglich auferlegten Obliegenheiten, man denke an die Anzeige einer Veränderung des Versicherungsortes oder an die Anzeige der Wiedererlangung gestohlener Sachen.

Vertragliche Obliegenheiten im Stadium des Vertragsschlusses kommen angesichts der eingehenden §§ 16–22 VVG kaum vor.

d) Verletzungsfolgen

Es ergibt sich aus dem Wesen der Obliegenheiten, daß irgendwo gesagt werden muß, was geschehen solle, falls die Obliegenheit verletzt werde.

Die **Leistungsfreiheit** des Versicherers läßt den Versicherungsvertrag und damit die Prämienzahlungspflicht des Versicherungsnehmers fortbestehen, aber die an und für sich bestehende Leistungspflicht des Versicherers kommt in Wegfall, aber nicht ohne weiteres, sondern erst auf Grund einer Willenserklärung des Versicherers, der Ausübung eines Leistungsverweigerungsrechtes (früher offengelassen von BGH 6.V.1965 BGHZ Bd. 44 S. 3). Das Gesagte bedeutet vor Eintritt des Versicherungsfalles, daß die Gefahrtragungspflicht des Versicherers praktisch erlischt. Nach Eintritt eines Versicherungsfalles wird sich die Leistungsfreiheit normalerweise darauf beschränken, daß die Leistungspflicht des Versicherers nur für eine speziellen Versicherungsfall wegfällt, es sei denn, daß die Obliegenheitsverletzung einen Dauerzustand geschaffen hat.

Dem **Rücktritt**, der wirtschaftlich auch für die Vergangenheit wirkt, begegnet das Gesetz mit Zurückhaltung: Nach § 6 Abs. 4 VVG ist eine Vereinbarung, nach welcher der Versicherer zum Rücktritt berechtigt sein soll, unwirksam. Als gesetzliche Verwirkungsfolge ist der Rücktritt nur bei Verletzung der vorvertraglichen Anzeigepflicht in den §§ 16 Abs. 2, 3, 17 VVG vorgesehen; er ist jedoch hier seiner scharfen Wirkung überdies durch die §§ 21, 40 Abs. 1 Satz 1 VVG entkleidet.

Die **Kündigung** wirkt nur für die Zukunft, sie ist z. B. vorgesehen in §§ 24 Abs. 1 Satz 1, 27 Abs. 1 Satz 1, 41 Abs. 2 Satz 1 VVG.

Das Gesetz war früher beherrscht von dem **Alles-oder-Nichts-Prinzip**: Auch eine geringfügige Obliegenheitsverletzung löste die vollen Verwirkungsfolgen aus. Die neuere Gesetzgebung hat das Alles-oder-Nichts-Prinzip gemildert, indem sie neben die Fälle der Totalverwirkung solche der **Teilverwirkung** gesetzt hat, und zwar speziell bei Tatbeständen geringeren Verschuldens des Versicherungsnehmers.

Man vergleiche für den Fall grobfahrlässiger Verletzung der Abwendungs- und Minderungspflicht § 62 Abs. 2 Satz 2 VVG: Während bei vorsätzlicher Nichtrettung der Versicherungsnehmer alle Rechte verliert, wird er bei grobfahrlässiger Nichtrettung milder behandelt. Generell bestimmt für vertragliche Obliegenheiten, die nach Eintritt des Versicherungsfalles zu erfüllen sind, § 6 Abs. 3 Satz 2 VVG in ähnlicher Weise: *„Bei grobfahrlässiger Verletzung bleibt der Versicherer zur Leistung insoweit verpflichtet, als die Verletzung Einfluß weder auf die Feststellung des Versicherungsfalls noch auf die Feststellung oder den Umfang der dem Versicherer obliegenden Leistung gehabt hat."*

Gegen „die starre Handhabung" des Alles-oder-Nichts-Prinzips in **Vorsatz**fällen wendet sich kritisch der BGH 16.X.1968 VersR 1968, S. 1156; ferner BGHZ Band 53, S. 164 ff.; BGH VersR 1970, S. 411, 561.

Obwohl in den Vorsatzfällen das **Gesetz** nicht gehindert hätte, in den AVB **völlige** Leistungsfreiheit auszusprechen (Umkehrschluß zu § 6 III. S. 2 VVG), haben sich die Kraftfahrzeughaftpflichtversicherer unter dem Einfluß der soeben zitierten Rechtsprechung entschlossen, den § 7 V AKB a. F., der Stein des Anstoßes war, zu ändern. § 7 V Ziff. 2 und Ziff. 3 Satz 1 lauten jetzt: *„Die Leistungsfreiheit des Versicherers ist auf einen Betrag von DM 1.000,- beschränkt. Bei vorsätzlich begangener Verletzung der Aufklärungs- oder Schadenminderungspflicht (z. B. bei unerlaubtem Entfernen vom Unfallort, unterlassener Hilfeleistung, Abgabe wahrheitswidriger Angaben gegenüber dem Versicherer), wenn diese besonders schwerwiegend ist, erweitert sich die Leistungsfreiheit des Versicherers auf einen Betrag von 5.000,- DM.*

Wird eine Obliegenheitsverletzung in der Absicht begangen, sich oder einen Dritten dadurch einen rechtswidrigen Vermögensvorteil zu verschaffen, ist die Leistungsfreiheit des Versicherers hinsichtlich des erlangten rechtswidrigen Vermögensvorteils abweichend von Abs. 2 unbeschränkt."

Auch die Rechtsprechung zu dem dem § 7 V. a. F. AKB verwandten § 16 AFB zeigt ähnliche Milde gegenüber dem Versicherungsnehmer: BGHZ Bd. 40, S. 387 ff.; BGHZ Bd. 44, S. 1 ff. Vgl. unten E. I. 2b.

2. Rechtsbehandlung der Obliegenheiten

a) Verschuldenserfordernis

Es gibt Obliegenheiten, bei denen ausnahmsweise an einen rein objektiven Tatbestand Verletzungsfolgen anknüpfen.

Beispielsweise setzt § 10 Abs. 1 Satz 1 VVG kein Verschulden des Versicherungsnehmers voraus; die objektive Nichtmitteilung der Wohnungsänderung genügt.

Die Regel bildet bei Obliegenheiten das **Verschuldensprinzip**. Schon die vorgesetzliche Rechtsprechung hatte im Interesse des Schutzes der Versicherungsnehmer den Grundsatz entwickelt, daß den Versicherungsnehmer bei Obliegenheitsverletzungen keine Rechtsnachteile treffen können, wenn er nicht schuldhaft gehandelt hat.

Grundlegend hat für **vertragliche Obliegenheiten** § 6 Abs. 1 Satz 1, Abs. 3 Satz 1 VVG das Verschuldensprinzip aufgerichtet. Zu unterscheiden sind danach Obliegenheiten, die vor und solche, die nach dem Eintritt des Versicherungsfalles zu erfüllen sind. Bei ersteren genügt **leichte** Fahrlässigkeit des Versicherungsnehmers, bei letzteren muß **grobe** Fahrlässigkeit oder Vorsatz des Versicherungsnehmers gegeben sein, damit die Leistungsfreiheit des Versicherers eintreten kann. Die Unterscheidung beruht darauf, daß mit dem Versicherungsfall die Gefahrtragung an und für sich schon akut geworden ist; der Versicherungsnehmer soll seinen Geldanspruch nur unter erschwerten Voraussetzungen wieder verlieren können, zumal ein Versicherungsfall nicht selten eine gewisse Nervosität, Aufregung oder Verwirrung hervorruft, welche leichte Fahrlässigkeit erklärlich macht.

Eine schwere Verschuldensform ist der **Vorsatz**. Er erfordert das Wollen der Obliegenheitsverletzung im Bewußtsein des Vorhandenseins der Verhaltensnorm (BGH 18.II.1970 VersR 1970, S. 411). Rechtsirrtum über Existenz oder Umfang einer Obliegenheit – vielleicht bestärkt oder hervorgerufen durch einen Versicherungsvertreter – schließt den Vorsatz aus. Bedingter Vorsatz *(dolus eventualis)* genügt; er liegt vor, wenn der Versicherungsnehmer bei seinem Verhalten in Kauf nimmt, daß es sich möglicherweise um eine Obliegenheitsverletzung handelt.

Der geringere Verschuldensgrad ist **Fahrlässigkeit**. *„Fahrlässig handelt, wer die* **im Verkehr erforderliche Sorgfalt** *außer acht läßt"* (§ 276 Abs. 1 Satz 2 BGB). Dadurch, daß auf das im Verkehr Erforderliche abgestellt wird, kommt ein objektivierendes Moment in den Fahrlässigkeitsbegriff hinein: Atypische Dummheit geht z. B. zu Lasten des Versicherungsnehmers. Aber doch sind die Anforderungen für die verschiedenen Menschen- und Versicherungsnehmer**typen** nicht gleichmäßig zu stellen. Es kommt auf Alter, Bildung, Lebensstellung und Lebenstätigkeit verkehrsmäßig an.

Dies betonte **beispielsweise** RG 14.III.1922 JW 1924, S. 1430:

„War der Kläger um die Zeit des Versicherungsfalles ein 70 Jahre alter, kleiner, geschäftlich ungewandter Bauer und schon sehr schwachsichtig und schwerhörig, so bestehen hier Umstände, die den Grad der ... Fahrlässigkeit in ihm günstiger Richtung zu beeinflussen vermögen."

Die Rechtsprechung zeigt die Tendenz, Fahrlässigkeit kraft allzu individueller Umstände oft ganz zu verneinen, was im Interesse der Versicherungsnehmerschaft nicht selten zu unträgbaren Ergebnissen führt. Auch bei Mitwirken von Versicherungsagenten bei der Obliegenheitserfüllung wird oft angenommen, es liege auf seiten des Versicherungsnehmers keine Fahrlässigkeit vor. Dies sollte aber nur bei **erheblichem** Verschulden des Agenten gelten.

Zur Verwendungsklausel als vorbeugender Obliegenheit hat der BGH 28.I.1958 BGHZ Bd. 26, S. 282—294 eingehend Stellung genommen. Der Eigentümer eines Personenwagens hatte den Wagen nur als Privatwagen gegen Haftpflicht versichert. Er überließ ihn einem gewerbsmäßigen Autovermieter zu dem Zweck, den Wagen gelegentlich als Selbstfahrerwagen zu vermieten. Der BGH entschied, der Versicherer sei von seiner Verpflichtung zur Leistung frei, als ein Mieter des Wagens einen Unfall verursachte und dabei einen Menschen tötete. Er führte dazu aus: *„Nach § 2 Abs. 2a AKB . . . ist der Versicherer von der Verpflichtung zur Leistung gegenüber dem Versicherungsnehmer frei, wenn das Fahrzeug zu einem anderen als dem im Antrag angegebenen Zweck verwendet wird. Eine Zweckänderung im Sinne dieser Vorschrift ist nach dem für die AKB gültigen Antragsformular . . . dann anzunehmen, wenn ein Personenkraftwagen gewerbsmäßig ohne Stellung eines Fahrers vermietet wird, ohne daß er für diesen Zweck versichert worden ist. Bei der Verwendungsklausel des § 2 Abs. 2a handelt es sich nicht um eine objektive Risikobeschränkung, sondern um eine Obliegenheit des Versicherungsnehmers. . . . Aus § 6 Abs. 1 Satz 1 VVG folgt, daß die Leistungsfreiheit nicht eintritt, wenn die Verletzung der Obliegenheit des Versicherungsnehmers als unverschuldet anzusehen ist. Unverschuldet ist die Verletzung der Obliegenheit nur dann, wenn den Versicherungsnehmer auch nicht der Vorwurf einer leichten Fahrlässigkeit trifft. Die in § 2 Abs. 2a AKB getroffene Bestimmung gilt sinngemäß für mitversicherte Personen, also auch für den berechtigten Fahrer (§ 3 Abs. 1 AKB) . . . Die Bestimmung des § 2 Abs. 2 AKB hat ihren Grund darin, daß die unterschiedliche Verwendung des Fahrzeugs für die Höhe des von dem Versicherer übernommenen Risikos von wesentlicher Bedeutung ist. Die Gefahr der Entstehung von Haftpflichtfällen ist bei der gewerblichen Vermietung größer als bei der Verwendung des Fahrzeugs ohne Vermietung. Daraus folgt, daß es unerheblich ist, ob der Versicherungsnehmer selbst gewerbsmäßig gehandelt hat. Es kommt vielmehr darauf an, ob der Mieter das Fahrzeug im Rahmen gewerblicher Vermietung überlassen erhalten hat."*

Leistungsfreiheit gegenüber Versicherungsnehmer und Mieter = Fahrer war das Ergebnis, weil Fahrlässigkeit zu bejahen war, vgl. auch § 6 Abs. 2 VVG.

Grobe Fahrlässigkeit — bedeutsam nach §§ 6 Abs. 3, 62 Abs. 2 VVG — ist eine besonders schwere Außerachtlassung der im Verkehr erforderlichen Sorgfalt, bei der einfachste, ganz naheliegende Überlegungen nicht angestellt werden.

Von der Judikatur wird grobe Fahrlässigkeit nur selten angenommen. Sie ist z. B. vom BGH 10.XI.1966 VersR 1967, S. 53—54 verneint bei Weiterbeschäftigung eines mehrfach betrunkenen Fernfahrers, weil er von einem vertrauenswürdigen Beifahrer begleitet worden sei.

b) Kausalitätserfordernis

Die Verletzung einer Obliegenheit löst Rechtsfolgen ohne Rücksicht darauf aus, ob ein ursächlicher Zusammenhang zwischen der Verletzung der Obliegenheit und dem Eintritt des Versicherungsfalles oder der Feststellung des Versicherungsfalles oder anderen Umständen besteht. So kann z. B. die Nichtanzeige einer mehrfachen Versicherung oder einer Veräußerung zur Leistungsfreiheit des Versicherers auch dann führen, wenn diese Nichtanzeige keinerlei Folgen ausgelöst hat; vgl. aber auch unten H.I.

Aber in steigendem Maße wird neben dem Verschulden neuerdings auch die **Kausalität** beachtet, und zwar für Obliegenheiten

vor Eintritt des Versicherungsfalles in §§ 6 Abs. 2, 21, 25 Abs. 3, 28 Abs. 2 Satz 2 VVG,

nach Eintritt des Versicherungsfalles in §§ 6 Abs. 3 Satz 2, 62 Abs. 2 Satz 2, 67 Abs. 1 Satz 3, 125, 158e Abs. 1 Satz 1, Abs. 2 VVG.

In den Fällen des § 6 Abs. 2, 3 Satz 2 VVG, also bei vertraglichen Obliegenheiten, ist das Kausalitätserfordernis auch dann zu berücksichtigen, wenn die Versicherungsbedingungen darüber nichts sagen. Im Unterschied zu dem für den Versicherungsnehmer milderen § 6 Abs. 3, S. 2 reicht für § 6 Abs. 2 eine **Mit**verursachung bereits zur völligen Verwirkung des Versicherungsanspruchs aus (BGH, VersR 1964, S. 156).

§ 6 Abs. 2 VVG betrifft den Fall der Verletzung einer Obliegenheit, *„die von dem Versicherungsnehmer zum Zwecke der Verminderung der Gefahr oder der Verhütung einer Gefahrerhöhung dem Versicherer gegenüber zu erfüllen ist"*.

Man spricht von einer **vorbeugenden Obliegenheit**.

Beispiele:

Hat z. B. bei einer Einbruchsdiebstahlversicherung ein Versicherungsnehmer ein Sicherheitsschloß anzubringen, so muß nach einem Einbruchdiebstahl geprüft werden, ob die Verletzung der Obliegenheit Einfluß auf den Eintritt des Versicherungsfalles oder den Umfang der vom Versicherer zu erbringenden Geldleistung gehabt hat. Bejahendenfalls greift die Verwirkungsfolge voll Platz. Hat aber der Einbrecher gar nicht den Weg durch die zu sichernde Tür, sondern etwa durch ein Fenster genommen, so fehlt es an der Kausalität, und der Versicherungsnehmer wird durch § 6 Abs. 2 VVG selbst dann geschützt, wenn ihn bei der Obliegenheitsverletzung, also bei der Nichtanbringung des Sicherheitsschlosses, der Vorwurf des Vorsatzes traf.

Beim Fall BGH 14.II.1951 BGHZ Bd. 1, S. 159–170 ging es um die Verwendungsklausel des § 2 Abs. 2a AKB, wonach der Kraftverkehrsversicherer von der Verpflichtung zur Leistung frei ist, wenn das Fahrzeug zu einem anderen als dem im Antrag gegebenen Zweck verwendet wird. Ein Fuhrunternehmer hatte auf seinem Lastwagen zehn Personen befördert, obwohl er nur acht hätte mitnehmen dürfen. Während der Fahrt rutschte der Wagen über die Straßenböschung und überschlug sich. Zwei Mitfahrer waren vor dem Umsturz des Wagens abgesprungen. Die Beförderung der zehn Personen stellte einen Verstoß gegen die Verwendungsklausel des § 2 Abs. 2a AKB dar. Der Versicherungsnehmer verletzte damit eine Obliegenheit, die ihm zur Verhütung einer Gefahrerhöhung auferlegt war. Der Versicherer aber konnte sich nach § 6 Abs. 2 VVG auf seine Leistungsfreiheit nicht berufen, *„wenn die in der Beförderung von mehr als acht Personen liegende Verletzung der Verwen-*

> dungsklausel weder auf den Eintritt des Versicherungsfalles noch auf den Umfang der Versicherungsleistung Einfluß hatte. Dies ist dann der Fall, wenn die beiden Arbeiter von dem Wagen abgesprungen sein sollten, bevor dieser beim Befahren des etwas erhöhten Asphaltstückes ins Rutschen oder Schwanken kam; denn dann kann die mit dem Absprung beendete Verletzung der Klausel keinen Einfluß auf den Eintritt des Schadensfalles oder den Umfang der Versicherungsleistung ... mehr gehabt haben. Die Rechtslage ist dann nicht anders, als wenn der Kläger schon beim Antritt der Fahrt nur die zulässige Zahl von Personen zur ‚Beförderung' mitgenommen hätte."

Bei **nach Eintritt des Versicherungsfalles** vorgekommenen Verletzungen vertraglicher Obliegenheiten ist gemäß § 6 Abs. 3 Satz 2 VVG in Fällen **grober Fahrlässigkeit** (bei leichter Fahrlässigkeit treten keine Verwirkungsfolgen ein) zu prüfen, ob die Verletzung **Einfluß auf die Feststellung** des Versicherungsfalles oder auf die Feststellung oder den Umfang der vom Versicherer zu erbringenden Geldleistung gehabt hat.

Der BGH 4.V.1964 BGHZ Bd. 41, S. 335–337 meint in einem Fall, in welchem bei einer Haftpflichtversicherung der Unfall, der sich am 6. Juli 1957 ereignet hatte, erst am 8. November 1957 angezeigt wurde, es komme auf *„eine für den Versicherer im Ergebnis nachteilige Beeinflussung der Feststellung selbst"* an. Es reiche aus, wenn sich später durch die Ermittlungen im Strafverfahren oder die Beweiserhebungen im Haftpflichtprozeß das Unfallgeschehen habe aufklären lassen. Wenn auch den Versicherungsnehmer die Beweislast für die mangelnde Kausalität treffe, so müsse doch zunächst der Versicherer Behauptungen über Art und Maß der Kausalität aufstellen, die der Versicherungsnehmer dann zu widerlegen habe. Der (grobfahrlässige) Versicherungsnehmer wird also recht milde behandelt.

Hat der Versicherungsnehmer **vorsätzlich** eine nach dem Eintritt des Versicherungsfalles zu erfüllende Obliegenheit verletzt, so soll es nach dem klaren Wortlaut des § 6 Abs. 3 VVG auf die **Kausalität** nicht ankommen.

Aber auch hier hilft die neuere Rechtsprechung des BGH dem Versicherungsnehmer, hart an der Grenze der Legalität.

Einige **Beispiele:**

Vorsätzlich unrichtige und unvollständige Unfallschilderung, also Verletzung der Aufklärungspflicht nach § 7 Abs. 1 Unterabs. 1 Satz 2 AKB: Der Versicherungsnehmer macht in der örtlichen Agentur des Versicherers unrichtige Angaben über seinen Alkoholgenuß. Der Versicherer oder sein Agent müsse *„den Versicherungsnehmer ausdrücklich darauf hinweisen, daß er durch unwahre oder unvollständige Angaben seinen Anspruch auf Versicherungsschutz aufs Spiel setzt".* Unterbleibt der Hinweis, so soll dem Versicherer der Einwand der Arglist (genauer gesagt: Der Gegeneinwand der Arglist gegenüber dem Einwand der Leistungsfreiheit) entgegengesetzt werden können, wenn er sich auf die Leistungsfreiheit in Fällen beruft, in denen ihm *„letztlich kein Nachteil entstanden ist":* BGH 16.II.1967 BGHZ Bd. 47, S. 101–109. Solche „Hinweispflicht" hat wenig später der BGH 8.V.1967 BGHZ

Bd. 48, S. 7—11 auch für den Fall konstruiert, daß bei der Ausfüllung des Schadensanzeigevordrucks weder der Haftpflichtversicherer noch sein Agent mitgewirkt hat: Vorsätzlich unrichtige Angaben über die beiderseitige Fahrgeschwindigkeit. Vgl. ferner noch BGH 16.X.1968 VersR 1968, S. 1156. Die Versicherer müssen hiernach ihren Vordrucken künftig einen deutlichen Hinweis aufdrucken oder beifügen: *„Bei vorsätzlich unwahren oder unvollständigen Angaben: Verlust des Versicherungsschutzes!"*

Aber sogar dann, wenn eine Hinweismöglichkeit für den Versicherer gar nicht besteht, soll trotz Vorsatzes des Versicherungsnehmers keine Verwirkungsfolge eintreten, falls die Obliegenheitsverletzung *„ohne jede Relevanz für den Versicherer war".* So im Falle vorsätzlicher, allerdings abgebrochener Fahrerflucht: BGH 5.V.1969 VersR 1969 S. 651—652; vgl. auch BGH 18.II.1970 VersR 1970, S. 410—412: vorsätzliche Fahrerflucht eines 20jährigen nach längerem Warten auf die Polizei, Vortäuschung eines „Nachtrunks"; BGH 22.IV.1970 VersR 1970, S. 561—562: vorsätzliche Fahrerflucht mit baldiger Rückkehr (anscheinend nach Zurückholung durch einen anderen Fahrer).

Vgl. oben E. I. 1d.

Von besonderer praktischer Bedeutung ist die Kausalitätsvorschrift des § 21 VVG: Tritt der Versicherer wegen schuldhafter Verletzung der **vorvertraglichen Anzeigepflicht** zurück, nachdem der Versicherungsfall eingetreten ist, so bleibt seine Verpflichtung zur Leistung gleichwohl bestehen, wenn der Umstand, in Ansehung dessen die Anzeigepflicht verletzt ist, keinen Einfluß auf den Eintritt des Versicherungsfalls und auf den Umfang der Leistung des Versicherers gehabt hat.

Falls also der Versicherungsnehmer einer Todesfallversicherung ein sehr schweres Herzleiden verschwiegen hat, dann aber unabhängig hiervon einem Verkehrsunglück zum Opfer fällt, so nützt dem Versicherer der Rücktritt wegen Verletzung der vorvertraglichen Anzeigepflicht nichts; infolge des Kausalitätserfordernisses bleibt die Verpflichtung des Versicherers zur Leistung bestehen. Sachgerechter wäre es gewesen, dem Versicherer ein **Kündigungs**recht zu geben und ihm hinsichtlich der Vergangenheit ein Leistungsverweigerungsrecht einzuräumen, soweit der Versicherungsfall auf dem nichtangezeigten Umstand beruht. Ein ganz anderes Problem ist es, ob der Versicherer den Versicherungsvertrag gemäß § 123 Abs. 1 BGB wegen arglistiger Täuschung anfechten kann (vgl. unten E.II.1d(aa)).

c) Klarstellungserfordernis

Liegt eine Obliegenheitsverletzung vor, die den Versicherer leistungsfrei macht, ist aber ein Versicherungsfall noch nicht eingetreten, so könnte der Versicherer zunächst davon absehen, sich auf die Obliegenheitsverletzung zu berufen. Er könnte versucht sein, zwecks Prämienerlangung auf dem Rücken des Versicherungsnehmers zu spekulieren, also die Leistungsfreiheit „auf Eis zu legen" und erst nach Eintritt eines Versicherungsfalles hervorzukehren.

Solches Verhalten, dem Treu und Glauben entgegenstehen würden, wird verhindert durch die 1939 geschaffene Vorschrift des § 6 Abs. 1 Satz 2, 3 VVG. Hiernach kann der Versicherer den Vertrag **innerhalb eines Monats**, nachdem er von der Verletzung einer vertraglichen Obliegenheit Kenntnis erlangt hat, ohne Einhaltung einer Kündigungsfrist **kündigen**. Kündigt aber der **Versicherer** innerhalb dieses Monats **nicht, so kann er sich auf die vereinbarte Leistungsfreiheit nicht berufen.** Die Kündigung soll einer Klarstellung der Rechtslage dienen.

Auch diese Vorschrift legt der BGH in einer den Versicherer stark belastenden Weise aus: BGH 31.I.1952 BGHZ Bd. 4, S. 369—380: Der Lastwagen eines Versicherungsnehmers war während einer kurzen Strecke von einem Angestellten gefahren worden, der nicht den erforderlichen Führerschein besaß. Der Angestellte verursachte einen schweren Verkehrsunfall. Der Versicherer verweigerte die Leistung, weil gegen die Führerscheinklausel des § 2 Abs. 2b AKB verstoßen worden sei. Eine Kündigung erfolgte jedoch nicht. Der BGH entschied, der Versicherer könne sich *„auch dann, wenn der Versicherungsnehmer nur eine einmalige, vorübergehende Obliegenheitsverletzung begangen hat, und auch dann, wenn der Versicherungsfall in dem Zeitpunkt, in dem der Versicherer von der Verletzung erfährt, bereits eingetreten ist, nur dann auf seine Leistungsfreiheit berufen, wenn er den Versicherungsvertrag innerhalb eines Monats, nachdem er von der Verletzung Kenntnis erlangt hat, kündigt".* Hier kann doch nicht davon die Rede sein, daß der Versicherer die Obliegenheitsverletzung treuwidrig „auf Eis gelegt" haben könnte, und der Versicherer wird gezwungen, sich von einem möglicherweise im übrigen günstigen Risiko durch Kündigung zu trennen. Trotz aller Kritik hält der BGH seine Auffassung aufrecht (BGH 17.XI.1955 BGHZ Bd. 19, S. 31—39).

BGH 14.XI.1960 BGHZ Bd. 33, S. 281—286 legte ergänzend dar, daß die Monatsfrist schon in dem Zeitpunkt beginne, in dem dem Versicherer der objektive Tatbestand einer Obliegenheitsverletzung bekannt geworden sei. Der BGH hatte sich auch hier mit dem Fall zu befassen, daß der Halter eines Kraftfahrzeuges seinen Wagen von seinem Angestellten fahren ließ, der nicht den erforderlichen Führerschein besaß. Der Angestellte verursachte einen Unfall. Erst im Verlaufe der polizeilichen Ermittlungen stellte sich heraus, daß der Halter des Wagens sich fahrlässigerweise keine Gewißheit darüber verschafft hatte, ob sein Angestellter auch den erforderlichen Führerschein besaß. Der Versicherer erfuhr davon etwa 2 Monate nach dem Unfall, kündigte den Versicherungsvertrag und versagte den Versicherungsschutz. Der BGH entschied, eine positive Kenntnis des Verschuldens des Versicherungsnehmers sei für den Beginn der Monatsfrist nicht erforderlich. § 6 Abs. 1 VVG unterscheide klar zwischen der (objektiven) Obliegenheitsverletzung selbst, dem Verschulden des Versicherungsnehmers und der sich aus der Obliegenheitsverletzung ergebenden Leistungsfreiheit des Versicherers. Den Beginn der Monatsfrist knüpfe er allein an den objektiven Verstoß. Da die subjektiven Tatsachen *„in aller Regel im Bereich des Versicherungsnehmers liegen und der Versicherer in den meisten Fällen gar nicht zu übersehen vermag, welche Tatsachen der Versicherungsnehmer zu seiner Entschuldigung anführen kann und wird, würde der Beginn der Monatsfrist dann häufig bis zur Beendigung der Tatsacheninstanzen des Deckungsprozesses hinausgeschoben und dadurch der mit dem Kündigungserfordernis verfolgte Zweck einer raschen Klärung in weitem Umfang* *hinfällig werden."* Der Versicherer ist nach dieser Entscheidung des BGH gezwungen, schon auf den bloßen Verdacht eines Verschuldens hin die schwerwiegende Kündigung auszusprechen!

In zahlreichen Prozessen unterliegen nach dieser Rechtsprechung die Versicherer, weil sie ihrer „Kündigungspflicht" (genauer gesagt: Klarstellungsobliegenheit) nicht genügt haben.

d) „Verhüllte" Obliegenheiten

Die gesetzlichen Bestimmungen über die Rechtsbehandlung der Obliegenheiten, insbesondere zum Verschuldens-, Kausalitäts- und Klarstellungserfordernis sind fast ausnahmslos (relativ) **zwingend** (§§ 15a, 34a Satz 1, 68a, 72 Satz 1 VVG). Dies wirkt sich aus, falls Versicherer, welche ja den Wortlaut der Versicherungsbedingungen zu gestalten pflegen, den Versuch unternehmen sollten, das für die Versicherungsnehmer recht milde Gesetz zu umgehen und anstelle einer Obliegenheit eine andere juristische Erscheinungsform, die „Risikobeschränkung", zu wählen.

Rechtslehre und Rechtsprechung sind solchen Versuchen entgegengetreten und haben solche **Risikobeschränkungen als „verhüllte" oder „getarnte" Obliegenheiten** entlarvt, nach dieser Enthüllung das zwingende Obliegenheitsrecht angewendet und so die Vertragsvereinbarungen ihrer Härte entkleidet.

Immer wenn es bei einer Risikobeschränkung auf ein Tun oder Unterlassen des Versicherungsnehmers ankommt, das mit der Gefahrtragung des Versicherers in engerem Zusammenhang steht, liegt die Annahme einer Obliegenheit nahe, selbst wenn der Wortlaut der Risikobeschränkung und ihre systematische Stellung irreführend sind; auch eine aufsichtsbehördliche Genehmigung von AVB schließt nicht aus, daß sie zivilrechtlich einen Gesetzesverstoß enthalten.

Bei einer zu prüfenden Klausel muß zunächst auf ihren **Wortlaut** abgestellt werden. Wenn dieser auf eine sekundäre Risikobeschränkung hindeutet („*Versicherungsschutz wird nicht gewährt, wenn ...*", „*Der Versicherer haftet nicht für ...*"), taucht die Frage auf, ob die **Wirksamkeit** der Klausel bejaht werden kann oder eine Umgehung von § 15a VVG vorliegt. Ersteres ist der Fall, wenn **versicherungstechnische** Gründe die Vereinbarung der Risikobeschränkung als gerechtfertigt erscheinen lassen; bei Großunternehmungen kommt der Versicherer häufig mit der Auferlegung von Obliegenheiten nicht aus, weil das Verschulden einfacher Gehilfen dem Verschulden des Versicherungsnehmers (oder seiner Organe) nicht gleichsteht (vgl. unten E. I. 3c(cc)), die Sanktion der Leistungsfreiheit also auf dem Papier stehen bliebe. In kommerziellen Versicherungsarten wird man daher eher eine sekundäre Risikobeschränkung akzeptieren können als in den sogenannten Jedermann-Zweigen.

Bei zweifelhaftem Wortlaut der Klausel wird die Auslegung für Obliegenheit sprechen, zumal in den Jedermann-Zweigen. — In diesem Bereich eröffnet sich der Versicherungsaufsicht ein fruchtbares Feld: Sie sollte bei der Genehmigung der AVB darauf achten, daß keine Auslegungsschwierigkeiten (Obliegenheit oder sekundäre Risikobeschränkung?) entstehen und daß Risikobeschränkungen, die vom Verhalten des Versicherungsnehmers abhängen, aus der Versicherungstechnik gerechtfertigt sein müssen.

Die Problematik der verhüllten Obliegenheiten taucht vor allem bei der **Gefahrstandspflicht** auf, denn die **vorvertragliche** Anzeigepflicht ist vom Gesetz derart eingehend geregelt, daß daneben Vertragsvereinbarungen keine Rolle spielen. Obliegenheiten nach Eintritt des Versicherungsfalls können mit Risikobeschränkungen nicht kollidieren, denn die Wirkung der letzteren liegt im Vorfeld des Versicherungsfalles.

Ist z. B. Einbruchsdiebstahlversicherungsschutz (also nicht der ganze Versicherungsvertrag) aufschiebend bedingt durch die Anbringung eines Scherengitters, so verbirgt sich hinter dieser **Bedingung** eine nach § 6 Abs. 1, 2 VVG zu behandelnde vorbeugende Obliegenheit. Es ist also z. B. zu fragen: Ist schuldhaft das Scherengitter nicht angebracht? Wäre der Einbruch auch bei Vorhandensein des Scherengitters gelungen, etwa weil die Diebe einen anderen Weg genommen haben?

Nach § 4 Abs. II Ziff. 3 AHB sind von der Versicherung ausgeschlossen *„Haftpflichtansprüche, die darauf zurückzuführen sind, daß der Versicherungsnehmer besonders gefahrdrohende Umstände, deren Beseitigung der Versicherer ... verlangt hatte, nicht innerhalb einer angemessenen Frist beseitigte".* Diese als **Ausschluß** aufsichtsbehördlich genehmigte Vorschrift enthält in Wahrheit eine die Gefahr vermindernde Obliegenheit (§ 6 Abs. 1, 2 VVG). Hat nach mehreren Schadensereignissen durch vom Dach herabstürzende Schneemassen der Haftpflichtversicherer z. B. verlangt, daß ein Schneegitter anzubringen sei, so könnte bei einem weiteren Unfall vor Anbringung des Gitters der Versicherungsnehmer sich dadurch exkulpieren, daß er die Handwerker schon lange bestellt und öfters vergeblich gemahnt habe.

BGH 26.II.1969 BGHZ Bd. 51, S. 356–363: Eine Juwelenversicherung sollte gelten, wenn die Juwelen getragen würden, und im übrigen war vereinbart: *„Für den Inhalt von Kassetten ... besteht Versicherungsschutz nur, wenn diese Behältnisse selbst so weggeschlossen sind, daß eine erhöhte Sicherheit auch gegen ihre Wegnahme gewährleistet ist."* Der Versicherungsnehmer unternahm mit seiner Ehefrau eine Italienreise, auf der Rückreise wurde die Kassette mit Schmuck aus einem nicht verschließbaren Nachtschränkchen in einem Hotelzimmer gestohlen. Der BGH erblickte in der Vorschrift nicht etwa eine zulässige Bestimmung über den **Versicherungsort**, sondern eine verhüllte vorbeugende Obliegenheit. Obgleich es sich um eine schuldhafte und wohl auch um eine kausale Obliegenheitsverletzung gehandelt hatte, wurde die beklagte Gesellschaft zum Schadensersatz verurteilt: *„Da die Beklagte wegen der Verletzung das Versicherungsverhältnis nicht gekündigt hat, kann sie sich nicht auf ihre Leistungsfreiheit berufen"* (§ 6 Abs. 1 Satz 2, 3 VVG in der durch den BGH praktizierten Auslegung). (Bei reinen Vereinbarungen über den Versicherungsort – versichert ist z. B. nur Geldschrankinhalt – liegt keine Obliegenheit vor.)

Weitere Urteile zu verhüllten Obliegenheiten: BGH 22.VI.1967 VersR 1967, S. 771–772 (Betriebshaftpflichtversicherung), 24.IV.1967 VersR 1967, S. 774–775 (Rechtsschutzversicherung).

Daß eine gefahrmindernde Obliegenheit erfüllt worden ist, hat der Versicherungsnehmer zu beweisen (LG Stade VersR 1988, S. 712).

3. Verantwortlichkeit für Dritte

a) Gesetzlich normierte Sonderfälle

Die zahlreichen versicherungsrechtlichen Obliegenheiten belasten in erster Linie den Vertragspartner des Versicherers, den Versicherungsnehmer. Aber in gesetzlich normierten **Sonderfällen** kommen neben dem Versicherungsnehmer auch **dritte Personen** in Betracht, z. B. bei Versicherungsverträgen zugunsten Dritter die Dritten (Versicherte, Bezugsberechtigte), bei Veräußerung der versicherten Sache der Erwerber.

Bei einer Schadens- oder Unfallversicherung für fremde Rechnung steht die Versicherungsforderung nicht dem Versicherungsnehmer, sondern dem **Versicherten** zu. Zwar gibt es keine Verträge zu Lasten Dritter dergestalt, daß die Vertragspartner einen Dritten (gegen seinen Willen) mit echten, also erzwingbaren Rechtspflichten belasten könnten, wohl aber können bei einer Versicherung zugunsten Dritter den Dritten Obliegenheiten treffen, so daß bei deren Verletzung Verwirkungsfolgen eintreten. So bestimmt denn auch § 79 Abs. 1 VVG ganz generell: *„Soweit nach den Vorschriften dieses Gesetzes . . . das Verhalten des Versicherungsnehmers von rechtlicher Bedeutung ist, kommt bei der Versicherung für fremde Rechnung auch . . . das Verhalten des Versicherten in Betracht."*

Hat ein Lagerhalter Güter der Einlagerer für fremde Rechnung feuerversichert und wird ein Brand verspätet angezeigt, so kann der Versicherer leistungsfrei sein, wenn entweder der Lagerhalter (Versicherungsnehmer) oder der Einlagerer (Versicherter) grobfahrlässig gehandelt hat. Umgekehrt würde die Erfüllung der Anzeigepflicht durch einen der beiden ausreichen.

Eine Lebens- oder Unfallversicherung wird ein Vertrag zugunsten Dritter, falls ein **Bezugsberechtigter** eingesetzt worden ist. § 171 Abs. 2 VVG belastet bei einer Lebensversicherung für den Todesfall den Bezugsberechtigten mit Obliegenheiten, § 182 VVG sieht Obliegenheiten des Bezugsberechtigten in der Unfallversicherung vor.

Bei einer Lebens- oder Unfall**fremd**versicherung hat auch die **Gefahrsperson** Obliegenheiten zu erfüllen (§§ 161, 179 Abs. 4 VVG).

Hat also ein Unternehmer (Versicherungsnehmer) für eigene Rechnung Arbeitnehmer (Gefahrspersonen) unfallversichert und die Angehörigen der Arbeitnehmer für den Todesfall begünstigt (Bezugsberechtigte), so ist ein eingetretener Unfall stets vom Versicherungsnehmer (§ 33 Abs. 1 VVG), ferner vom Verletzten (§ 179 Abs. 4 VVG) und im Todesfall von den Angehörigen (§ 182 VVG) anzuzeigen.

Bei einer Veräußerung der versicherten Sache hat entweder der Veräußerer (Versicherungsnehmer) oder der **Erwerber** die Veräußerungsanzeige zu machen (vgl. § 71 Abs. 1 VVG).

Das Hypothekenrecht sieht im Rahmen der Feuerversicherung besondere Obliegenheiten der **Grundpfandgläubiger** vor. Besonders wichtig ist die Anmeldung der Hypothek (vgl. §§ 101, 102 Abs. 2 Satz 2, 103 Abs. 1 Satz 1, Abs. 3 Satz 1, 106 Abs. 1, 107 VVG).

Bei einer Haftpflichtversicherung, die sich als Pflichtversicherung darstellt, also besonders bei einer Kraftverkehrs-Haftpflichtversicherung, bestehen besondere Obliegenheiten des **Drittgeschädigten** (vgl. §§ 158d, 158e VVG, 3 Nr. 7 PflVG).

b) Mehrheit von Versicherten

Sind **mehrere Personen** versichert, so ist die Rechtslage hinsichtlich der Obliegenheiten recht verwickelt. Sind z. B. bei der Kraftverkehrsversicherung der Halter (als Versicherungsnehmer) und der Fahrer (als Versicherter) haftpflichtversichert, so kann man die Faustregel aufstellen, daß eine Obliegenheitsverletzung des Halters neben seinen eigenen Rechten auch die Rechte des Fahrers beeinträchtige, eine Obliegenheitsverletzung des Fahrers dagegen nur dessen eigene Rechte.

Indes wird diese Regel immer mehr durchlöchert: Hat nur der **Halter** eine Obliegenheit verletzt, nicht der Fahrer, so genießt dieser zwar keinen Versicherungsschutz, ist aber vor dem Regreß des Haftpflichtversicherers bewahrt nach § 158i VVG. Der BGH wendet diese Bestimmung analog auf den rückgreifenden Sozialversicherungsträger an: BGHZ Bd. 67, S. 138, 148 = VersR 1976, S. 870–872. – Hat der **Fahrer** eine Obliegenheit vor Eintritt des Versicherungsfalles verletzt, so ist der Regreß des Haftpflichtversicherers gegen ihn auf 5.000 DM beschränkt (geschäftsplanmäßige Erklärung VerBAV 1973, S. 103; analoge Anwendung auf Regreß des Sozialversicherungsträgers wird verneint). Hat der Fahrer gegen eine Obliegenheit **nach** Eintritt des Versicherungsfalles verstoßen, so ist ihm über die Grenze von 1.000 DM bzw. 5.000 DM hinaus sogar Deckung zu gewähren nach Maßgabe von § 7 V AKB. – In diesen Fällen ist der Fahrer ebenso gestellt wie der **Halter**, der eine Obliegenheit verletzt hat.

Bei der Sachversicherung sind **Gesamthandseigentum** und **Miteigentum** nach Bruchteilen zu unterscheiden. Bei Gesamthandseigentum, z. B. bei einer offenen Handelsgesellschaft, schadet nicht nur das Verhalten des Versicherungsnehmers (oder der Versicherungsnehmer), sondern auch dasjenige des Gesamthänders, der nicht Versicherungsnehmer ist, allen übrigen; denn das versicherte Interesse ist ein einheitliches. Bei Bruchteilseigentum dagegen, z. B. bei Sammellagern, hat jeder Miteigentümer ein eigenes Interesse. Eine Obliegenheitsverletzung eines der Miteigentümer ist nur diesem selbst zuzurechnen.

c) Übrige Fälle

aa) Das Problem

Steht dem Versicherer an und für sich nur der Versicherungsnehmer gegenüber, so ist zunächst von Bedeutung, daß Obliegenheiten, insbesondere Anzeige- und Auskunftspflichten, auch **von Dritten erfüllt** werden können: Es ist gleichgültig, auf welche Weise der Versicherer die Kenntnis erlangt.

Ist der **Versicherungsnehmer** eine **juristische Person,** so kommt es auf das Tun oder Unterlassen der Vertretungsorgane an (vgl. §§ 31, 86, 89 BGB). Jedoch sind etwaige Vorschriften über eine Gesamtvertretung nicht anzuwenden.

Schon für das vorgesetzliche Recht entschied RG 4.VI.1907 RGZ Bd. 66,S. 181–186, daß eine Aktiengesellschaft das Verhalten ihres Vorstandsmitgliedes gegen sich gelten lassen müsse: Hier hatte ein Vorstandsmitglied die Fabrikationsräume seiner Gesellschaft in Brand gesetzt, um ihr die Versicherungssumme zufließen zu lassen und dadurch ihre finanziellen Schwierigkeiten zu überwinden. Ferner waren die Abwendungs- und Minderungsobliegenheit und die Auskunftsobliegenheit verletzt worden. — Sind zwei Vorstandsmitglieder einer Aktiengesellschaft nur gesamtvertretungsberechtigt, so reicht es doch aus, wenn einer der Direktoren den anzeigepflichtigen Umstand kennt oder wenn einer schuldhaft gehandelt hat.

Bei natürlichen Personen mit **gesetzlichem Vertreter** ist neben dem Versicherungsnehmer oder statt seiner der gesetzliche Vertreter mit den Obliegenheiten belastet, also Vater, Mutter, Vormund, Pfleger.

Auch die **gesetzlichen Verwalter** haben die Obliegenheiten zu erfüllen, so z. B. Konkursverwalter neben dem Gemeinschuldner, Nachlaßverwalter, Testamentsvollstrecker neben dem Erben.

Was nun die restlichen Normalfälle anlangt, so war die rechtliche Lage lange Zeit umstritten. Heute aber steht **negativ** zweierlei fest: Das **Selbstverschuldensprinzip** ist ebenso abzulehnen wie die Anwendbarkeit des § 278 Satz 1 BGB (**Erfüllungsgehilfenhaftung**).

Es würde zu unbilligen, für die Versicherungsnehmerschaft untragbaren Ergebnissen führen, wenn nur im bisher behandelten Rahmen (oben E.I.3a, b) das Verhalten Dritter, neben dem Versicherungsnehmer stehender Personen beachtlich wäre (Selbstverschuldensprinzip). Da Obliegenheiten andererseits von echten Rechtspflichten streng zu unterscheiden sind, kommt auch eine unmittelbare oder analoge Anwendung des § 278 Satz 1 BGB nicht in Frage. Ist eine Obliegenheit verletzt, so kann man die Frage, ob sich der Versicherungsnehmer eines anderen „*zur Erfüllung ... bedient*" habe, regelmäßig nicht stellen; auch beschwört eine Anwendung der Erfüllungsgehilfenhaftung die Gefahr einer allzu starken Entwertung des Versicherungsschutzes herauf (vgl. RG 21.X.1932 VA 1932 S. 331).

Die Rechtsprechung hat — unterstützt von der Rechtslehre — bei Obliegenheiten ganz **spezielle Grundsätze** hinsichtlich der Verantwortlichkeit für Dritte herausgearbeitet. Man muß Obliegenheiten betreffend Wissenserklärungen (Anzeige- und Auskunftspflichten) und sonstige Obliegenheiten trennen.

bb) Anzeige- und Auskunftspflichten (Wissensvertreter, Wissenserklärungsvertreter)

Bei den Wissenserklärungen, die tatbestandlich ein bestimmtes Wissen voraussetzen, müssen mehrere Fragen voneinander geschieden werden.

In erster Linie taucht das Problem der **Wissenszurechnung** auf: Wann gilt der Versicherungsnehmer als wissend, sofern nicht er, sondern ein Dritter die fragliche Kenntnis besitzt? Die Frage der Wissenszurechnung ist im Grunde keine Frage des Einstehens des Versicherungsnehmers für Dritte. Wenn sich zeigt, daß ein Dritter Wissensvertreter ist, so ergibt sich daraus nur, daß in der Person des Versicherungsnehmers, also nicht des Dritten, ein Tatbestand als gegeben gilt, der den Versicherungsnehmer mit einer Obliegenheit belastet.

Der Dritte kann außerdem mit der Erfüllung der Anzeige- oder Auskunftspflicht aus eigenem Wissen betraut werden. Der Wissensvertreter wird damit zum **Wissenserklärungsvertreter**. Für ihn hat der Versicherungsnehmer einzustehen, weil er ihm die Erfüllung der Obliegenheit aufgetragen hat.

Neben dem Wissenserklärungsvertreter steht schließlich noch der **Bote**.

Die **Wissenszurechnung** ist aus allgemeinen rechtlichen Prinzipien abzuleiten. Kann sich z. B. ein Einzelkaufmann, der ein großes Unternehmen, womöglich mit Zweigniederlassungen besitzt, darauf berufen, die Nichtanzeige eines gefahrerheblichen Umstandes gehe bei einer Feuerversicherung nicht zu seinen Lasten, da er bei dem Umfang seines Unternehmens nicht alle Einzelheiten erfahre? Das RG 8.III.1921 RGZ Bd. 101, S. 402 bis 403 antwortet: *„Wenn der verantwortliche Leiter eines geschäftlichen Unternehmens dessen Innenbetrieb in der Weise regelt, daß Tatsachen, deren Kenntnis von Rechtserheblichkeit ist, nicht von ihm selbst, sondern von einem bestimmten Angestellten zur Kenntnis genommen werden, so muß er sich ... die Kenntnis des Angestellten wie eine eigene anrechnen lassen. Wenn auch der Angestellte nicht sein Stellvertreter im Willen ist, eine Willenserklärung überhaupt nicht in Betracht kommt, so ist er doch zum Wissensvertreter bestellt, und der Leiter des Unternehmens würde in einem solchen Fall gegen Treu und Glauben im geschäftlichen Verkehr verstoßen, wenn er aus der inneren Geschäftsverteilung dem Dritten gegenüber den Einwand der Unkenntnis herleiten wollte."* Der Vergleich mit der Duldungsvollmacht liegt nahe (oben B. V. 2c). Zuzurechnen ist das Wissen des Angestellten, der ressortmäßig zuständig ist. Das Wissen anderer Angestellter ist dem Versicherungsnehmer nicht anzulasten.

Während die Wissenszurechnung unabhängig von dem Willen des Versicherungsnehmers bei Gegebensein einer gewissen objektiven Sachlage erfolgt, kann jemand Wissenserklärungsvertreter nur kraft einer Willenserklärung des Versicherungsnehmers sein, also kraft einer Bevollmächtigung. Die Vollmachtsregeln, primär für Willenserklärungen geltend, sind auf Wissenserklärungen analog anzuwenden.

Wissenszurechnung und Wissenserklärungsvertretung müssen in ihrem **Verhältnis** zueinander betrachtet werden. Wissensvertreter, die nicht auch zum Wissenserklärungsvertreter gemacht werden, sind für den Versicherungsnehmer gefährlich. Er läuft Gefahr, daß er selbst nicht früh genug Mitteilung von dem Vorgefallenen erhält, um die nachteiligen Folgen der Wissenszurechnung abwenden zu können. Wenn z. B. der Wissensvertreter dem Versicherungsnehmer erst einen Bericht schicken muß, so kann eine kurze Schadensanzeigefrist leicht versäumt werden. Ist nun der Wissensvertreter nicht zum Wissenserklärungsvertreter bestellt, so hat es mit der Wissenszurechnung sein Bewenden: Unterläßt der Versicherungsnehmer die Anzeige, etwa weil er nicht benachrichtigt worden ist, so gilt dennoch der Versicherungsnehmer als wissend, und es ist regelmäßig ein Verschulden des Versicherungsnehmers anzunehmen, so daß die Verwirkungsfolge eintreten kann. Ist dagegen der Wissensvertreter zugleich Wissenserklärungsvertreter, so ist seine Obliegenheitsverletzung als solche schon rechtserheblich, ohne daß es auf die Wissenszurechnung ankommt. Schließlich kann es auch reine Wissenserklärungsvertreter in Fällen geben, in denen eine Wissenszurechnung deshalb überhaupt nicht in Frage kommt, weil auch der

Versicherungsnehmer für den von ihm bestellten Wissenserklärungsvertreter einstehen muß insbesondere für schuldhafte Nicht- und Falschanzeigen.

Im folgenden Fall hat das RG 12.XII.1919 RGZ Bd. 97 S. 279–282 Wissenserklärungsvertretung angenommen:

Ein Landwirt, der sein Grundstück gegen Feuer versichert hatte, wurde zum Heeresdienst einberufen. Er machte einem Ingenieur ein Kaufangebot und verpachtete ihm das Grundstück bis zur Annahme des Angebots. Der Ingenieur vermietete einige der Gutsgebäude zur Unterbringung von Kriegsgefangenen ohne Wissen des Landwirts. Dabei wurden neue Feuerstätten angelegt. Die vermieteten Gebäude brannten ab. Der Versicherer verweigerte die Auszahlung der Versicherungssumme, weil ihm die Anlegung der Feuerstätten nicht angezeigt worden, der Brand aber auch auf Mängel der neuen Anlage zurückzuführen sei. – Über einen Ehemann als Wissenserklärungsvertreter BGH 19.I.1967 VersR 1967, S. 344.

Wenn es auch bei der Wissenserklärungsvertretung an einer Parallele zur Duldungsvollmacht fehlt, so ist doch zu beachten, daß der Versicherungsnehmer sich seinen Obliegenheiten nicht dadurch entziehen kann, daß er keinen Wissenserklärungsvertreter bestellt; in der Unterlassung läge eine **eigene** Sorgfaltspflichtverletzung. Wissenszurechnung und Wissenserklärungsvertretung wirken sich für den Versicherungsnehmer ungünstiger aus als Repräsentanz (vgl. unten E. I. 3c (cc)), denn das Fehlverhalten von Gehilfen ist dem Versicherungsnehmer auch dann zuzurechnen, wenn diese nicht die umfänglichen Befugnisse eines Repräsentanten haben.

Ein bloßer **Bote** darf mit einem Wissenserklärungsvertreter nicht verwechselt werden. Er übermittelt nur das eigene Wissen des Versicherungsnehmers, ohne daß bezüglich des Inhaltes der Erklärung seiner eigenen Entschließung etwas überlassen bleibt. Der Bote wirkt nur wie ein mechanisches Werkzeug. Was der Bote erklärt, gilt als vom Versicherungsnehmer persönlich erklärt.

Als Bote kommt auch ein Versicherungsvermittler in Frage, wie RG 30.XII.1901 RGZ Bd. 50, S. 295–297 zeigt. Nach dem Tode des Versicherungsnehmers, der sich gegen Radunfälle versichert hatte, beauftragten die Erben den Agenten mit der telegraphischen Benachrichtigung des Versicherers.

cc) Sonstige Obliegenheiten (Repräsentantenhaftung)

Sieht man von den Anzeige- und Auskunftspflichten ab und denkt man an die sonstigen Obliegenheiten, die ein Tun oder Unterlassen des Versicherungsnehmers erfordern, z. B. die Abwendungs- und Minderungspflicht oder die Nichtvornahme einer Gefahrerhöhung, so haftet der Versicherungsnehmer für seinen **Repräsentanten**. Diese Rechtsfigur wird auch bei schuldhafter Herbeiführung des Versicherungsfalles (insbesondere: § 61 VVG) herangezogen, obgleich es sich dabei nicht um eine Obliegenheit, sondern einen Gefahrenausschluß handelt (vgl. BGH 25.XI.1953 BGHZ Bd. 11, S. 120–124 unter Ablehnung der Anwendung des § 278 Satz 1 BGB).

Die Umschreibung des **Begriffes** Repräsentant hat sich mehrfach gewandelt. Die Repräsentantenhaftung läßt sich in freier Rechtsfindung herleiten. Es ist unangängig, daß sich ein Versicherungsnehmer einer notwendigen Risikoverwaltung völlig entschlägt. Entweder liegt hierin ein eigenes Verschulden, oder der Versicherungsnehmer muß sich gefallen lassen, daß das Verhalten und Verschulden seines Ersatzmannes seinem eigenen gleichgestellt wird. Speziell für die Sachversicherung hat die „*Rechtsprechung... die Haftung des Versicherungsnehmers für seinen Reprä-*

sentanten aus Billigkeitsgründen für die Fälle entwickelt, in denen die versicherten Sachen zu ihrer Erhaltung laufender Fürsorge bedürfen ... Hier darf es dem Versicherungsnehmer nicht freistehen, die Lage des Versicherers wesentlich dadurch zu verschlechtern, daß er die versicherten Sachen aus der Hand gibt . . . Eine Haftung des Versicherungsnehmers für den Dritten ist jedoch nur insoweit geboten, als dem Dritten Handlungen und Unterlassungen überlassen werden, die zum eigentlichen Verantwortungsbereich des Versicherungsnehmers gehören. Der Dritte ist nur Repräsentant, wenn er im Hinblick auf das versicherte Risiko an die Stelle des Versicherungsnehmers tritt", (BGH 20.V.1969 VersR 1969, S. 696).

Repräsentant ist demnach in der Sach- und Sachhaftpflichtversicherung derjenige, den der Versicherungsnehmer dazu eingesetzt hat, an seiner Stelle die notwendige laufende Betreuung der versicherten oder schadenstiftenden Sachen vorzunehmen.

Die Entwicklung der Rechtsprechung ist geschildert vom BGH 17.XII.1964 VersR 1965 S. 149–150 unter Betonung des An-die-Stelle-Tretens in dem Geschäftsbereich, zu dem das versicherte Risiko gehört. Die bloße Überlassung der Obhut über die Sache genügt nicht, wenn der Versicherungsnehmer die Risikobetreuung in der Hand behält. Wichtig auch RG 15.X.1935 RGZ Bd. 149, S. 69–73 unter Hervorhebung der Tatsache, daß eine laufende Risikobetreuung nach Sachlage wirklich notwendig sein müsse (Bedürfnis nach Repräsentanz bei Geschäftsbereichen von einiger Bedeutung).

Beispiel:

Der **Ehemann** ist nicht schlechthin der Repräsentant der **Ehefrau** oder umgekehrt, es kommt darauf an, ob sich der Eigentümer der Risikoverwaltung entschlägt.

Selbständige **Gutsinspektoren, Betriebsleiter, Sicherungsgeber** bei einer Sicherungsübereignung sind als Repräsentanten angesehen worden, ebenso der Käufer bei Eigentumsvorbehalt des Verkäufers, wenn nicht Sicherungsgeber und Käufer sogar VN einer Versicherung für fremde Rechnung sind.

Ein angestellter **Kraftfahrer** ist kein Repräsentant, wohl aber ein Handelsvertreter, wenn ihm ein Firmenwagen außerhalb des Firmensitzes – womöglich auch für Privatfahrten – zur Verfügung gestellt worden ist. Das ergibt sich aus einem neueren Urteil des OLG Hamm, VersR 1988, S. 509 zur Kraftfahrzeug-Kaskoversicherung: Fährt der selbständige Handelsvertreter das Kraftfahrzeug seines Unternehmers, so ist er dessen Repräsentant. Überträgt er seine Rechtsstellung mit Wissen des Unternehmers auf einen anderen, so ist letzterer Repräsentant. Für den Repräsentanten hat aber der Unternehmer dann nicht einzustehen, wenn des ersteren Verhaltensweise, hätte der Versicherungsnehmer anstelle des Repräsentanten gestanden, versicherungsunschädlich gewesen wäre (hier: der Repräsentant hatte nach dem Unfall das Erscheinen der Polizei nicht abgewartet, es war nur der von ihm gesteuerte Wagen des Unternehmers beschädigt worden).

Die Herbeiführung des Versicherungsfalles durch den Mitversicherten schadet dem Versicherungsnehmer dann, wenn ersterer sein Repräsentant ist, m. a. W.: Der Mitversicherte ist nicht automatisch Repräsentant des Versicherungsnehmers (OLG Karlsruhe, VersR 1986, S. 985; BGH, VersR 1971, S. 239–241; beide die Haftpflichtversicherung betreffend). Weiteres unten F. II. 1b (bb).

II. Obliegenheiten vor dem Versicherungsfall

Hier sollen im einzelnen zunächst die Obliegenheiten behandelt werden, die vor dem Eintritt des Versicherungsfalles zu erfüllen sind, und zwar die im Gesetz erwähnten, für alle oder mehrere Versicherungszweige in Betracht kommenden Obliegenheiten.

1. Vorvertragliche Anzeigepflicht

a) Überblick über gesetzliche Lage

Die vorvertragliche Anzeigepflicht (vvAnzPfl) ist als erste Obliegenheit vom Versicherungsnehmer zu erfüllen, während dieser noch Antragsteller ist.
Die abschließende **gesetzliche Regelung** findet sich zunächst in den §§ 16–21 VVG. Tatbestand und Verletzungsfolgen sind in § 16 behandelt, die Verletzungsfolgen allerdings nur für den Fall der Nichterfüllung, während § 17 die Schlechterfüllung – überflüssigerweise – gesondert erörtert. Die §§ 18–21 bringen lediglich gewisse Ergänzungen: § 18 betrifft (ebenso wie § 16 Abs. 1 Satz 3) die Bedeutung eines Fragebogens, § 19 die Kenntnis- und Verschuldenszurechnung bei Mitwirkung eines Vertreters des Versicherungsnehmers. Mit der Verletzungsfolge, dem Rücktritt, befassen sich die §§ 20–21. Die genannten Vorschriften finden eine Ergänzung in § 30 Abs. 1, 2 VVG hinsichtlich des Teilrücktritts, in § 34a VVG zur Frage der Abdingbarkeit. Das in § 20 Abs. 2 Satz 2 VVG anklingende Problem des Prämienschicksals bei Rücktritt ist in §§ 40 Abs. 1 Satz 1, 42 VVG abschließend geregelt. Die unverschuldete oder kraft mangelnder Kenntnis erfolgende Verletzung der vvAnzPfl ist in den §§ 41, 42 VVG behandelt. Eine Sonderregelung für die Lebensversicherung bringen die §§ 162–163 VVG.
In der Praxis wird die vvAnzPfl fast immer an Hand eines **Fragebogens** erfüllt, den man auch **Antragsschein** nennt. Rechtlich gesehen hat dieses Papier eine dreifache Bedeutung: es enthält den Antrag des Versicherungsnehmers (Willenserklärung), die vorvertragliche Anzeige (Wissenserklärung) und schließlich die Datenschutzermächtigungsklausel.
Wenn in einem Antrag auf Kraftverkehrsversicherung nach der Verwendung des Fahrzeuges oder in einem Antrag auf eine Personenversicherung nach dem Alter gefragt wird, so hat das erstens Einfluß auf den Vertragsinhalt, z. B. die Prämienhöhe, zweitens bedeutet es aber auch die Anzeige eines gefahrerheblichen Umstandes. Während in manchen Versicherungszweigen die vvAnzPfl in den Hintergrund zu treten scheint (z. B. in der Kraftverkehrsversicherung), muß sie in anderen Versicherungszweigen (z. B. in der Kranken- oder Todesfallversicherung) nach wie vor große Bedeutung besitzen. Zur Veranschaulichung vgl. man den nebenstehenden Antrag auf Industriefeuerversicherung, andererseits das Beispiel eines Antrags auf Krankenversicherung.
Bei der Behandlung der vvAnzPfl muß man zunächst den Tatbestand der Obliegenheit (b) herausstellen, sodann die Verletzung der Obliegenheit (c) und schließlich die Rechtsfolgen der Verletzung (d) schildern.

b) Tatbestand

Anzeigepflichtig

ist der Versicherungsnehmer (Antragsteller), daneben gelten die oben (E.I. 3) geschilderten allgemeinen Grundsätze über die Verantwortlichkeit für Dritte, speziell bei Wissens-

RLV V. *Versicherungsvertragsrecht Seite 111*

Antrag auf
Feuerversicherung von Fabriken und gewerblichen Anlagen

Gst | Vermittler

Antragsteller (Name und Anschrift)

Versicherungsgrundstücke (Nur angeben, wenn abweichend von der o. a. Anschrift)

Betriebsart | Stat. Nr.

Versicherungsdauer		Bei mindestens einjähriger Dauer verlängert sich das Versicherungsverhältnis stillschweigend weiter von Jahr zu Jahr, wenn es nicht spätestens drei Monate vor Ablauf schriftlich gekündigt wird. Die Prämie zuzüglich Kosten und 5% Versicherungssteuer sind jährlich im voraus zu zahlen.	Ersatz für Versicherungsschein-Nr.
Beginn	Ablauf		
mittags 12 Uhr	mittags 12 Uhr		bezahlt bis _____

Vertragsgrundlagen:

Allgemeine Feuerversicherungs-Bedingungen (AFB)
Zusatzbedingungen für Fabriken und gewerbliche Anlagen
Sonderbedingungen für die Neuwertversicherung von Industrie und Gewerbe

Allgemeine Sicherheitsvorschriften der Feuerversicherer für Fabriken und gewerbliche Anlagen (ASF)
Sicherheitsvorschriften für Starkstromanlagen bis 1000 Volt

Die Allgemeinen Versicherungs-Bedingungen werden mit dem Versicherungsschein — auf Wunsch auch schon früher — übersandt.

☐ Antragsdurchschrift erhalten   ☐ Auf Antragsdurchschrift verzichtet

Datenschutzklausel
Ich willige ein, daß der Versicherer im erforderlichen Umfang Daten, die sich aus den Antragsunterlagen oder der Vertragsdurchführung (Beiträge, Versicherungsfälle, Risiko-/Vertragsänderungen) ergeben, an Rückversicherer zur Beurteilung des Risikos und zur Abwicklung der Rückversicherung, sowie an den HUK-Verband, an den Verband der Sachversicherer, an den Deutschen Transportversicherungsverband und andere Versicherer zur Beurteilung des Risikos und der Ansprüche übermittelt.
Ich willige ferner ein, daß die Versicherer der X-Gruppe, soweit dies der ordnungsgemäßen Durchführung meiner Versicherungsangelegenheiten dient, allgemeine Vertrags-, Abrechnungs- und Leistungsdaten in gemeinsamen Datensammlungen führen und an ihre Vertreter weitergeben. Gesundheitsdaten dürfen nur an Personen- und Rückversicherer übermittelt werden; an Vertreter dürfen sie nur weitergegeben werden, soweit es zur Vertragsgestaltung erforderlich ist.
Auf Wunsch werden mir zusätzliche Informationen zur Datenübermittlung zugesandt.

An Kosten werden außer den gesetzlichen Abgaben berechnet für Versicherungsscheine				für Nachträge mit Prämienverrechnung	Hebegebühr für Einziehung der Folgeprämie	Weitere Nebengebühren und Kosten werden nicht erhoben. Insbesondere sind die Versicherungsvermittler und Versicherungsmakler nicht berechtigt, ihrerseits von dem Versicherungsnehmer noch irgendwelche — nicht in der nebenstehenden Gebührenübersicht aufgeführte — besondere Gebühren oder Kosten für die Aufnahme des Antrags oder aus anderen Gründen zu erheben.
bis 50,— DM Jahresprämie	bis 100,— DM Jahresprämie	bis 200,— DM Jahresprämie	über 200,— DM Jahresprämie			
2,— DM	3,— DM	4,— DM	5,— DM	1,— DM + 0,50 DM Zustell-Gebühr	0,50 DM	
		+ 0,50 DM Zustell-Gebühr				

Form 57 (Sachverband) 9/78

Pos.	Nach der ausgehändigten Positionen-Erläuterung für die Feuerversicherung von Fabriken und gewerblichen Anlagen sollen versichert werden, soweit dafür kein Versicherungsmonopol besteht:	Versicherungssumme DM	Prämienvorschlag ‰	DM
	A. Gebäude			
1	Gebäude mit Fundamenten, Grund- und Kellermauern, einschl. Um-, An- und Neubauten			
	a) .... zum Neuwert			
	b) nach der Wertzuschlagsklausel Nr. .... Preisbasis 19 ...... DM ...... zuzüglich .... % Wertzuschlag DM .... zum Neuwert			
	c) gemäß beigefügter Aufstellung zum Zeitwert			
	d) Holzbaracken ☐ zum Neuwert ☐ zum Zeitwert			
	B. Gegenstände in Gebäuden und im Freien			
	Bei der Bemessung der Versicherungssumme der Positionen 2, 4, 5, 6 und 8 beachten, daß fremdes Eigentum mitversichert sein kann (siehe Frage 1.1)			
2	Technische und kaufmännische Betriebseinrichtungen			
	a) .... zum Neuwert			
	b) nach der Wertzuschlagsklausel Nr. .... Preisbasis 19 ...... DM ...... zuzüglich .... % Wertzuschlag DM .... zum Neuwert			
	c) gemäß beigefügter Aufstellung zum Zeitwert			
	d) in Holzbaracken ☐ zum Neuwert ☐ zum Zeitwert			
3	Zulassungspflichtige Kraftfahrzeuge, Kraftfahrzeuganhänger und Zugmaschinen			
	a) auf dem Versicherungsgrundstück zum Zeitwert			
	b) innerhalb des Gebietes .... zum Zeitwert			
4	Muster ☐ zum vollen Wert ☐ auf Erstes Risiko			
5	Vorräte (Höhere Versicherungssumme festlegen, wenn Verkaufspreisklausel nach Frage 1.2 vereinbart ist)			
	a) mit fester Versicherungssumme			
	b) nach der Stichtagsklausel Nr. 5.01 Stichtag: .... eines jeden Monats. Die Meldefrist beträgt .... Tage			
6	Bargeld und Wertpapiere unter Verschluß			
	a) in feuerbeständigen Tresoren oder Geldschränken ☐ zum vollen Wert ☐ auf Erstes Risiko			
	b) in mehrwandigen Stahlschränken ☐ zum vollen Wert ☐ auf Erstes Risiko			
	c) in sonstigen Behältnissen ☐ zum vollen Wert ☐ auf Erstes Risiko			
7	a) Gebrauchsgegenstände von Betriebsangehörigen zum Neuwert			
	b) Kraftfahrzeuge von Betriebsangehörigen und Besuchern zum Zeitwert			
8	a) Akten, Pläne, Geschäftsbücher, Karteien, Zeichnungen, Lochkarten, Magnetbänder, Magnetplatten und sonstige Datenträger			
	aa) bei ausschließlicher Aufbewahrung in feuerbeständigen Tresoren oder Geldschränken auf Erstes Risiko			
	ab) bei ausschließlicher Aufbewahrung in mehrwandigen Stahlschränken auf Erstes Risiko			
	ac) sonst .... auf Erstes Risiko			
	b) Sonstiges (z. B. selbständige Außenversicherung, Versicherung von fremdem Eigentum, soweit nicht unter die übrigen Positionen fallend)			
	C. Ergänzungen			
9	Vorsorgeversicherung (nicht für Stichtagsversicherung)			
	a) für Wertsteigerungen, für Um-, An- und Neubauten sowie Neuanschaffungen zu den Positionen .... zu den Positionen			
	b) für Neubauten und Neuanschaffungen zu Position 1 nach Klausel 6.06			
	c) für Neubauten und Neuanschaffungen zu Position 2 nach Klausel 6.06			
	Summe Pos. 1–9			
10	Aufräumungs-, Abbruch- und Feuerlöschkosten (Empfehlenswert sind mindestens 3% der Summe der Positionen 1–9) auf Erstes Risiko			
11	Bewegungs- und Schutzkosten auf Erstes Risiko			
	Gesamt			

Versicherung auf Erstes Risiko: Bei einer Versicherung auf Erstes Risiko werden Schäden bis zur angegebenen Versicherungssumme voll ersetzt, auch wenn die Versicherungssumme niedriger ist als der Versicherungswert.
Nebenabreden:

1. Erweiterung des Versicherungsschutzes

1.1 Gemäß Klausel 19 ist fremdes Eigentum für Rechnung des Eigentümers insoweit mitversichert, als es seiner Art nach unter die versicherten Positionen fällt und dem Versicherungsnehmer zur Bearbeitung, Benutzung oder Verwahrung oder zu einem sonstigen Zweck in Obhut gegeben wurde, es sei denn, der Versicherungsnehmer hat mit dem Eigentümer nachweislich eine andere Vereinbarung getroffen.

1.1 Folgende Abweichung wird beantragt (§ 2 Abs. 1 AFB bleibt unberührt)

☐ Klausel 4.01 a) Mitversicherung des fremden Eigentums ohne Einschränkung

☐ Klausel 4.01 b) Mitversicherung nur insoweit, als nichts anderes mit dem Eigentümer nachweislich vereinbart ist

☐ Klausel 4.01 c) Mitversicherung des in Obhut genommenen fremden Eigentums, zu dessen Versicherung der Antragsteller nachweislich verpflichtet ist

☐ Klausel 4.01 d) Mitversicherung des in Obhut genommenen fremden Eigentums, soweit nicht bestimmte Sachen ausdrücklich ausgenommen sind

☐ Fremdes Eigentum soll nicht mitversichert sein

1.2 Wird die Versicherung des Verkaufspreises beantragt?

1.2 ☐ ja   ☐ nein

☐ Klausel 14   für die festverkauften lieferungsfertigen eigenen Erzeugnisse

☐ Klausel 2.05 a) für festverkaufte Großhandelsware

☐ Klausel 2.05 c) für sämtliche lieferungsfertigen eigenen Erzeugnisse

1.3 Wird die Mitversicherung von Brandschäden an Räucher-, Trocknungs- und sonstigen ähnlichen Erhitzungsanlagen und deren Inhalt auch für den Fall beantragt, daß der Brand innerhalb dieser Anlagen ausbricht?

1.3 ☐ ja, bis zu DM ....   ☐ nein

Prämienzuschlag .... °/₀₀ .... DM

1.4 Wird eine abhängige Außenversicherung beantragt? Die abhängige Außenversicherung erstreckt sich im Anschluß an die Feuerversicherung von Gebäuden und Inhalt des Betriebsgrundstücks auch auf Sachen außerhalb des Betriebsgrundstücks. Sie gilt nicht für Sachen auf Ausstellungen und Messen und auch nicht für Sachen in Luftfahrzeugen oder im Gewahrsam von Transportunternehmern.

1.4 ☐ ja   ☐ nein

Prämienzuschlag .... °/₀₀ .... DM

Von den Positionen	Versicherungssumme DM	Einzelschadenbegrenzung %	DM

Geltungsbereich		
☐ Bundesrepublik Deutschland und West-Berlin	☐ Europa	☐ Weltgeltung

1.41 Wird die Erweiterung der Außenversicherung beantragt?

1.41 ☐ ja   ☐ nein

☐ auf Sachen in Luftfahrzeugen

☐ auf Sachen im Gewahrsam von Transportunternehmern

1.5 Befinden sich auf dem Versicherungsgrundstück radioaktive Isotope (Strahler)?

1.5 ☐ ja   ☐ nein

1.51 Anzahl der Strahler (ohne Ionisationsfeuermelder)

1.51 ☐ stationär: ....   ☐ ortsveränderlich: ....

1.52 Wird die Mitversicherung von Abbruch-, Aufräumungs-, Abfuhr- und Isolierungskosten nach Klausel 1.05 für radioaktiv verseuchte Sachen auf Erstes Risiko beantragt?

1.52 ☐ ja   ☐ nein

Versicherungssumme DM .... (Auch unter Pos. 8 b angeben)

1.6 Regreßverzicht

Der Versicherer ist dem Abkommen der Feuerversicherer über einen Regreßverzicht bei übergreifenden Feuerschäden beigetreten. Der Verzicht erfaßt Regreßforderungen, soweit diese DM 100.000 übersteigen, bis zum Betrag von DM 400.000. Auf Regreßforderungen unter DM 100.000 verzichtet der Versicherer nicht, weil der Versicherungsnehmer sich gegen Regresse in dieser Höhe durch Abschluß einer Haftpflichtversicherung selbst schützen kann. Ein Regreßverzicht, der über die Grenze von DM 400.000 hinausgeht, kann nur auf Antrag gegen Entrichtung eines besonderen Entgelts gewährt werden.

1.61 Wird ein gegenüber dem Regreßverzichtsabkommen höherer Regreßverzicht beantragt?

1.6 ☐ ja   ☐ nein

bis zu einer Summe von DM ....

2. Risikoverhältnisse (Nur ausfüllen, wenn kein Besichtigungsbericht Form 55 eingereicht wird)

Lageplan und Gebäudebeschreibung Form 56 stets beifügen!
Bei mehreren Grundstücken für jedes Grundstück getrennte Angaben erforderlich!

2.1 Haupt-, Hilfs- und Nebenbetriebe
(Bitte ausfüllen: Form 167 bei Räucherei und Trocknerei
Form 170 bei Holzbearbeitung
Form 172 bei Mühlen
Form 173 bei Intensiv-Tierhaltung
Form 551 bei Kunststoffen)

2.1 ....

2.11 Lackiererei

2.11 ☐ ja   ☐ nein

2.12 Art der Farben, Lacke und Lösungsmittel

2.12 ☐ leicht entflammbar   ☐ ....

2.13 Ist die Lackiererei feuerbeständig abgetrennt?

2.13 ☐ ja   ☐ nein

2.14 Beträgt bei Einzelhandelsgeschäften die Verkaufs- und Lagerfläche mehr als 1.000 qm?

2.14 ☐ ja   ☐ nein

2.2 Eigentumsverhältnisse (Grundstück, Gebäude) und Mehrherrigkeit (Name, Betriebsart und die benutzten Gebäude und Räume angeben)

2.2 ....

2.3 Betriebe in der Nachbarschaft

2.3	Betriebsart	Entfernung

2.4 Feuergefährliche und explosible Stoffe (ohne Brennstoffe)	2.41 ☐ ja ☐ nein
2.41 Befinden sich derartige Stoffe auf dem Grundstück? (Lagerort mit Buchstaben des Lageplans bezeichnen)	Lagerort — Art und Höchstmenge
2.42 Befinden sich nennenswerte Mengen derartiger Stoffe in der Nachbarschaft innerhalb von 30 m Entfernung? (in Spalte „Verwendung" folgende Abkürzungen benutzen: L = Lagerung E = Erzeugung, V = Verarbeitung)	2.42 ☐ ja ☐ nein — Art und Höchstmenge — Verwendung
2.5 Art der Heizung	2.5 ☐ Ofeneinzelheizung ☐ Sägemehlofen ☐ Zentralheizung ☐ ...
2.51 Sind die Heizräume feuerbeständig abgetrennt?	2.51 ☐ ja ☐ nein
2.52 Art der verwendeten Brennstoffe	2.52 ☐ Öl ☐ Gas ☐ Kohle ☐ Strom ☐ ...
2.6 Name und Anschrift der Firma, die die elektrischen Anlagen prüft	2.6 ....
2.61 Zeitabstand der Prüfungen	2.61 ☐ jährlich ☐ ......
2.62 Datum der letzten Prüfung	2.62 ....
2.63 Wurden alle festgestellten Mängel beseitigt?	2.63 ☐ ja ☐ nein (erläutern)
2.7 Art der Bewachung	2.7 ....
2.8 Löscheinrichtungen und Löschwasserverhältnisse	2.8 ....
2.9 Besteht Rauchverbot (Anschlag)?	2.9 ☐ ja ☐ nein
2.91 Häufigkeit der Abfall- und Staubbeseitigung	2.91 ☐ täglich ☐ ......

3. Versicherungs-Verhältnisse

Name des Versicherers	Versicherungsschein-Nr.	Versicherungssumme in DM	Prämiensatz in º/₀₀	Ablauf
Vorversicherungen				
Bestehende F-, FBU-, Maschinen-, Schwachstromanlagen-, Wareneinheits-Versicherungen				

Welchen anderen Versicherern wurde die beantragte Versicherung auch angeboten? ....

4. Vorschäden (Brand-, Blitz- oder Explosionsschäden)

Schadentag	Schadenort und -ursache	Schadenhöhe in DM	Versicherer

1. Der Antragsteller ist allein für die Richtigkeit und Vollständigkeit der Angaben im Antrag verantwortlich, auch wenn eine andere Person deren Niederschrift vornimmt. Striche oder sonstige Zeichen oder Nichtbeantwortung gelten als Verneinung. Unrichtige Beantwortung vorstehender Fragen nach Gefahrenumständen sowie arglistiges Verschweigen von sonstiger Gefahrenumstände können den Versicherer berechtigen, den Versicherungsschutz zu versagen.
2. Nebenabreden und Deckungszusagen sind nur mit Zustimmung des Versicherers wirksam.

An diesen Antrag hält sich der Antragsteller zwei Wochen gebunden.

(Antragsteller)　　　　　(Datum)　　　　　(Vermittler)

X-Krankenversicherung a. G.

Versicherungsantrag

[Formular mit Feldern: Kundennummer, aus Vers.-Nr, Folge, BD, An, Antragseingang BD, AD-Nr, Titel, Zuname + Vorname, Straße/Hausnummer, Zusatzangaben (z.B. bei Meier), PLZ, Wohnort, Geburtsdatum, Vorwahl/Telefon-Nr, BGR, SaR, BSM, Großverb.-Nr, Derzeitige Tätigkeit, Arbeitgeber]

Hiermit ermächtige(n) ich/wir Sie widerruflich, die von mir/uns zu entrichtenden wiederkehrenden Zahlungen jeweils zum 1. des Monats der Fälligkeit zu Lasten meines/unseres Kontos mittels Lastschrift einzuziehen. Wenn mein/unser Konto die erforderliche Deckung nicht aufweist, besteht seitens des kontoführenden Kreditinstituts keine Verpflichtung zur Einlösung.

[Kontoinhaber, Zuname + Vorname; Abruf ab: Monat Jahr; Bankleitzahl, Konto-Nr, Geldinstitut; PLZ, Bankort]

Ich beantrage KRANKENVERSICHERUNG ☐ Neuabschluß ☐ Ergänzung ☐ Umstellung (s. Hinweis Nr. 8)

für folgende Personen:

VORNAME Geburtsdatum	Tarif/Klasse	Bei- trags- gruppe	Tarifbeitrag	Risiko- zuschlag	RZ Nr.	Abschlag Zuschlag x	Besondere Bedingungen	Beginn	dadurch endende Tarife Tarif/Klasse	Beitrag

Monatlicher Beitrag — Abschlag
- Tarifbeitrag + Risikozuschlag + Zuschlag   - DM   +   -   =   Su. letzte Sp. Mehrbeitrag

Wartezeiterlaß: ☐ Ich beantrage die Anrechnung der Vorversicherung in der gesetzl. Krankenversicherung auf die Wartezeiten. Nachweis folgt.

☐ Ich beantrage Wartezeiterlaß aufgrund ärztlicher Untersuchung auf meine Kosten. Geht der Befundbericht auf einem Formblatt des Versicherers nicht innerhalb 14 Tagen ab heute ein, dann gilt der Antrag für den Abschluß einer Versicherung mit bedingungsgemäßen Wartezeiten.

Bemerkungen:

G 149 07 80

Hinweise und Erklärungen:

1. Mir ist bekannt, daß der Vermittler nicht berechtigt ist, über die Bedeutung oder Erheblichkeit der in diesem Antrag gestellten Fragen verbindliche Erklärungen namens des Versicherers abzugeben, und daß die unterzeichnenden Personen für die Richtigkeit der Antworten auch dann haftbar sind, wenn ein Dritter (z.B. der Vermittler) die Niederschrift für sie bewirkt.
2. Falls Antragsteller gewisse Angaben dem Vermittler gegenüber nicht machen möchte, so kann er diese gegenüber dem Vorstand in Hamburg unmittelbar durch eingeschriebenen Brief nachholen. Diese Mitteilung muß innerhalb einer Frist von 3 Tagen erfolgen.
3. Ich verpflichte mich, alle etwaigen Veränderungen im Gesundheitszustand der zu versichernden Personen, die in der Zeit zwischen dem heutigen Tage und dem Abschluß des Vertrages (Annahme des Antrages durch den Vorstand) eintreten, umgehend schriftlich anzuzeigen. Das gilt auch für in dieser Zeit notwendig werdende Behandlungen.
4. Für die beantragte Krankentagegeldversicherung bestätige ich, daß der Tagessatz zusammen mit anderweitigen gleichartigen Ansprüchen mein tägliches Durchschnitts-Bruttoeinkommen nicht übersteigt. Die tarifliche Karenzzeit wurde so gewählt, daß die Zahlung von Krankentagegeld erst nach Ablauf eines ggf. bestehenden Anspruchs auf Gehaltsfortzahlung einsetzt.
5. Der Vertrag kommt erst zustande, wenn der Vorstand schriftlich die Annahme des Antrages erklärt hat oder der Versicherungsschein ausgehändigt oder angeboten wird.
6. Die Krankenversicherung wird für zwei Versicherungsjahre geschlossen. Das Versicherungsverhältnis verlängert sich stillschweigend jeweils um ein weiteres Jahr, wenn es nicht vom Versicherungsnehmer zum Ablauf der Vertragszeit fristgemäß gekündigt wird.
7. Die Aufgabe einer bestehenden Versicherung zum Zwecke des Abschlusses einer Versicherung bei einem anderen Unternehmen der privaten Krankenversicherung ist im allgemeinen unerwünscht und für den Versicherungsnehmer unzweckmäßig.
8. Bei Umstellung des Versicherungsschutzes richtet sich der Beitrag nach dem ursprünglichen Eintrittsalter, jedoch werden zur Auffüllung der dadurch notwendigen Rückstellungen nach dem von der Aufsichtsbehörde genehmigten Geschäftsplan Rückstellungszuschläge erhoben.

Angaben zum Gesundheitszustand

Es sind auch solche Krankheiten, Unfallfolgen und Beschwerden anzugeben, die ausgeheilt sind, die nicht behandelt wurden und auch solche, die für unwesentlich gehalten werden, jedoch nicht kurzfristige, geringfügige, witterungsbedingte Erkältungen wie Husten und Schnupfen, soweit nicht dabei Mandel- oder Nebenhöhlenbeschwerden auftraten.

	Vorname/Geb.-Datum	Vorname/Geb.-Datum	Vorname/Geb.-Datum	Vorname/Geb.-Datum
1. Größe und Gewicht	cm: kg:	cm: kg:	cm: kg:	cm: kg:
2. Sind die zu versichernden Personen zur Zeit völlig gesund?	☐ ja ☐ nein	☐ ja ☐ nein	☐ ja ☐ nein	☐ ja ☐ nein
3.a **Bestanden** in den letzten 5 Jahren **oder bestehen** Krankheiten, Unfallfolgen, körperliche oder geistige Gebrechen, Gesundheitsstörungen oder sonstige Beschwerden?	☐ ja ☐ nein	☐ ja ☐ nein	☐ ja ☐ nein	☐ ja ☐ nein
3b. Bestand oder besteht Arbeitsunfähigkeit?	☐ ja ☐ nein	☐ ja ☐ nein	☐ ja ☐ nein	☐ ja ☐ nein
3c. Werden bzw. wurden regelmäßig oder gewohnheitsmäßig Drogen oder Medikamente eingenommen? Wenn ja: welche und wann	☐ ja ☐ nein	☐ ja ☐ nein	☐ ja ☐ nein	☐ ja ☐ nein
4. Wurden in den letzten 5 Jahren durch Ärzte oder Heilpraktiker Behandlungen, Untersuchungen oder Beobachtungen durchgeführt oder angeraten?	☐ ja ☐ nein	☐ ja ☐ nein	☐ ja ☐ nein	☐ ja ☐ nein
5. Name und Anschrift des Hausarztes oder des letztbehandelnden Arztes. Welcher Arzt ist über Ihre Gesundheitsverhältnisse am besten unterrichtet?				
6. Wurde jemals eine Krankenhaus-, Lazarett-, Heilstätten- oder Sanatoriumsbehandlung bzw. eine Kur durchgeführt?	☐ ja ☐ nein	☐ ja ☐ nein	☐ ja ☐ nein	☐ ja ☐ nein
7a. Wurden Operationen durchgeführt bzw. angeraten?	☐ ja ☐ nein	☐ ja ☐ nein	☐ ja ☐ nein	☐ ja ☐ nein
7b. Wurden Strahlenbehandlungen (Röntgentiefen, Radium, Isotopen) durchgeführt bzw. angeraten?	☐ ja ☐ nein	☐ ja ☐ nein	☐ ja ☐ nein	☐ ja ☐ nein
8. Sind Zähne zu behandeln bzw. welche Zähne fehlen u. sind ggf. zu ersetzen? (wenn ja: auch jeweilige Anzahl angeben!) Ist eine kieferorthopädische Behandlung erforderlich? Wurde ein Heil- und Kostenplan erstellt?	☐ ja ☐ nein	☐ ja ☐ nein	☐ ja ☐ nein	☐ ja ☐ nein
9. Bestehen Kriegs-, Unfall- oder Wehrdienstbeschädigungen?	☐ ja ☐ nein	☐ ja ☐ nein	☐ ja ☐ nein	☐ ja ☐ nein
10. Bezogen, beziehen, beantragten die zu versichernden Personen Rente wegen Unfall, Berufs-, Erwerbs- oder Dienstunfähigkeit?	☐ ja ☐ nein	☐ ja ☐ nein	☐ ja ☐ nein	☐ ja ☐ nein
11. Bei Frauen: Besteht Schwangerschaft? (wenn ja, Monat:)	☐ ja ☐ nein	☐ ja ☐ nein	☐ ja ☐ nein	☐ ja ☐ nein

Ist Frage 2 mit „nein" oder eine der Fragen 3 bis 11 mit „ja" beantwortet, sind Einzelheiten, unter Angabe der betreffenden Person, anzugeben.

Name der zu versichernden Person	Art der Krankheit, des Gebrechens, der Beschwerden, der zahnärztl. Maßnahme usw., Dauer der Arbeitsunfähigkeit	Ärztl. Behandlung von wann/bis wann	Namen und genaue Anschriften der behandelnden Ärzte, Krankenhäuser usw.	Bestehen Folgeerscheinungen? Welche? Grad der Erwerbsminderung? Unfallfolgen?

Bestehen oder bestanden bereits Versicherungen bei der X-Krankenversicherung?
☐ ja ☐ nein ☐ Private Krankenvers. ☐ Lebensversicherung ☐ Unfallversicherung ☐ Sonstiges

Versicherungs-Nummern, wenn abweichend vom Adreßfeld

Besteht, bestand od. wurde Vers.-Schutz beantragt bei einer	Gesellschaft/Vers.-Nr./Tarif	Welche Versicherung wurde davon gekündigt und von wem? Wurde Vers.-Schutz ggf. abgelehnt?	Von wem/weshalb?
a) PKV von wann bis wann?			
b) GKV von wann bis wann?			
c) Besteht ein Unfallkrankenhaustagegeld (UKHT) oder ein Unfallkrankentagegeld (UKT) – wenn ja, bei welchem Unternehmen und in welcher Höhe?			

Bevor Sie diesen Antrag unterschreiben, lesen Sie bitte auf der Rückseite die Schlußerklärung des Antragstellers und der zu versichernden Personen. Diese Erklärung enthält Ermächtigungen zur Entbindung von der Schweigepflicht und zur Datenverarbeitung; sie ist wichtiger Bestandteil des Vertrages. Sie machen mit Ihrer Unterschrift die Schlußerklärung zum Inhalt dieses Antrages.

Ort/Datum   Unterschrift des Antragstellers   Unterschriften der zu versichernden Personen (bei Minderjährigen auch des gesetzlichen Vertreters)

Unterschrift des Vermittlers

Untersuchungspapiere erhalten ☐ ja ☐ nein

erklärungen. § 19 VVG behandelt den Fall, daß der Versicherungsvertrag von einem Bevollmächtigten oder von einem Vertreter ohne Vertretungsmacht geschlossen wird.
RG 28.III.1930 RGZ Bd. 128,S. 116–121: Hier hatte die Ehefrau als Vertreterin ihres Mannes eine Unfallversicherung abgeschlossen und eine Erkrankung ihres Mannes verschwiegen. Die Kenntnis der Ehefrau von der Erkrankung genügte für ein Rücktrittsrecht des Versicherers.
§ 19 VVG unterscheidet sich von § 166 Abs. 1 BGB dadurch, daß es nicht nur auf Kenntnis bzw. Kennenmüssen des Vertreters, sondern auch des Versicherungsnehmers ankommt. Für **gesetzliche** Vertreter bleibt es auch im Versicherungsvertragsrecht bei § 166 Abs. 1 BGB.

Anzeigeempfänger

ist der Versicherer. Empfangsbevollmächtigt ist neben dem Abschlußagenten auch der bloße Vermittlungsagent (in Anwendung des § 43 Ziff. 1, 2 VVG), es sei denn, daß (gemäß § 47 VVG) die Vertretungsmacht eingeschränkt ist, z. B. durch die Klausel: *„Anzeigen haben nur dann rechtliche Wirkung, wenn sie dem Vorstand des Versicherungsunternehmens zugegangen sind."* Anzeigen, die dem Versicherungsmakler zugehen, sind damit noch nicht dem Versicherer erstattet.

Zeitlich

ist die vvAnzPfl *„bei der Schließung des Vertrages"* (§ 16 Abs. 1 Satz 1 VVG), genauer: bis zum formellen Versicherungsbeginn zu erfüllen. Erfährt der Versicherungsnehmer nach Ausfüllung des Fragebogens noch neue gefahrerhebliche Umstände, so muß er seine Anzeigen ergänzen (RG 10.XI.1931 RGZ Bd. 134, S. 152); vgl. § 29a VVG. Einige sehen hierin einen Anwendungsfall der Lehre vom Verschulden beim Vertragsschluß, andere einen Unterfall der Geschäftsgrundlage. Die vvAnzPfl bringt insoweit eine Spezialregelung, welche die Anwendung des allgemeinen Zivilrechts ausschließt.

Formfrei,

also auch mündlich, können die Anzeigen erstattet werden, aber § 34a Satz 2 VVG gestattet die Vereinbarung der schriftlichen Form.

Inhaltlich

bezieht sich die vvAnzPfl gemäß § 16 Abs. 1 VVG auf gewisse gefahrerhebliche Umstände, die dem Versicherungsnehmer bekannt, dem Versicherer unbekannt sind.

Die versicherte Gefahr, in jedem Versicherungsvertrag abstrakt umschrieben – z. B. als Brand, Todesfall, Unfall – setzt sich im konkreten Einzelfall aus zahlreichen **Gefahrumständen** zusammen, welche die Gefahrslage ausmachen und bei welchen man unterscheiden kann (die Untergruppen überschneiden sich):

Kausale und indizierende Umstände,

je nachdem, ob von ihnen eine Kausalreihe hin zum Versicherungsfall führen kann oder ob sie nur einen mehr oder minder sicheren Rückschluß darauf zulassen, wie die Gefahrslage beschaffen ist (so frühere Schadensfälle, z. B. Brände in der Schadens-, bloße Symptome in der Personenversicherung).

Günstige und ungünstige Umstände,

günstig ist z. B. die Nachbarschaft der Feuerwehr, das Vorhandensein einer Sprinkleranlage.

Allgemeine und besondere Umstände,

wobei die allgemeinen Umstände einer Risikogruppe so eigentümlich sind, daß von ihrem Vorhandensein generell auszugehen ist (Älterwerden des Menschen, regional verschiedene Hagel- oder Erdbebengefahr).

Objektive und subjektive Umstände,

von denen die subjektiven Umstände in der Person des Versicherungsnehmers begründet sind (der Versicherungsnehmer ist gewohnheitsmäßiger Brandstifter, ein besonders leichtsinniger Autofahrer). Indes ist der Versicherungsnehmer nicht gehalten, auf seine prekäre finanzielle Lage hinzuweisen, die es ihm vielleicht fraglich erscheinen läßt, ob er seiner Prämienzahlungspflicht stets wird nachkommen können (OLG Hamm, VersR 1988, S. 173).

Vergangene, gegenwärtige, künftige Umstände

unter denen die gegenwärtigen im Mittelpunkt stehen; aber die vergangenen können indizierenden Charakter haben und die künftigen können (z. B. als Absichten) schon Gegenwartsbedeutung besitzen (Absicht des Antragstellers der Unfallversicherung, demnächst Artist zu werden).

Gegenstandsgefahr- und Vertragsgefahrumstände,

denn der Versicherer interessiert sich für alles, wodurch die Gefahr, aus dem Versicherungsvertrag in Anspruch genommen zu werden, erhöht wird, mag auch die Inanspruchnahme eine unrechtmäßige, vielleicht sogar betrügerische sein (man denke an vorsätzliche Herbeiführung oder Fingierung von Versicherungsfällen, arglistige Täuschung bei der Schadensermittlung). § 16 Abs. 1 Satz 2 VVG bezieht heute die Vertragsgefahr zweifelsfrei ein.

Mit der Frage, ob beim Abschluß einer Unfallversicherung eine 17 Jahre zurückliegende Verurteilung wegen Meineids als für die Vertragsgefahr erheblicher Umstand anzuzeigen war, befaßte sich RG 15.V.1931 RGZ Bd. 132, S. 386–392.

Bekannte und unbekannte Umstände,

wobei auf die Kenntnis des Versicherungsnehmers und des Versicherers abgestellt werden kann.

Nach der Aufzählung dieser Gefahrumstände kann man zum **Inhalt der vvAnzPfl** sagen: **Der Versicherungsnehmer hat ihm bekannte, dem Versicherer unbekannte ungünstige, besondere, vergangene und gegenwärtige Umstände anzuzeigen,** gleichgültig, ob es sich um kausale oder indizierende, objektive oder subjektive Umstände handelt, mögen diese zur **Gegenstandsgefahr oder zur Vertragsgefahr** zählen. Denn alle diese Umstände – einzeln oder im Zusammenhalt – können den Entschluß des betreffenden Versicherers, den Vertrag überhaupt oder mit dem vereinbarten Inhalt (Prämie!) abzuschließen, beeinflussen.

Nicht anzuzeigen sind günstige Umstände (auf sie möge der Versicherungsnehmer spontan hinweisen), ferner allgemeine Umstände, denn der Versicherer sollte sie kennen; dem

Versicherer (und seinem Agenten, vgl. § 44 VVG) bekannte Umstände sind nicht anzeigepflichtig (§§ 16 Abs. 3, 17 Abs. 2 VVG). Nicht anzuzeigen sind ferner vergangene und künftige Umstände ohne Gegenwartsbedeutung. Was der Versicherungsnehmer (oder sein Wissensvertreter) nicht weiß, braucht er gleichfalls nicht anzuzeigen, die vvAnzPfl umfaßt keine Erkundigungspflicht. Allerdings darf sich der Versicherungsnehmer der Kenntniserlangung nicht arglistig entziehen (§ 16 Abs. 2 Satz 2 VVG).

Zuweilen ist **zweifelhaft**, ob ein Umstand gefahrerheblich ist oder nicht. Der Versicherer muß die objektive Verletzung der vvAnzPfl beweisen, also auch die Gefahrerheblichkeit. Ihm hilft § 16 Abs. 1 Satz 3 VVG: Ein Umstand, nach welchem der Versicherer ausdrücklich und schriftlich gefragt hat, gilt im Zweifel als erheblich. Die generelle Frage: „Leiden Sie an sonstigen Krankheiten oder Beschwerden?" ist allerdings so farblos, daß man sie nicht mehr als ausdrücklich bezeichnen kann. In der Vermutung liegt eine für den Versicherer **positive Bedeutung des Fragebogens**. Andererseits bringt der Fragebogen dem Versicherer aber auch einen **Nachteil**: Wegen unterbliebener Anzeige eines Umstandes, nach welchem nicht ausdrücklich gefragt worden ist, kann der Versicherer nur im Falle arglistiger Verschweigung zurücktreten (§ 18 VVG).

Die Fragestellung kann dabei nicht nur so erfolgen, daß echte Fragen gestellt werden, sondern auch so, daß ein Formular mit Spalten, Rubriken und Kästen auszufüllen ist. Dagegen handelt es sich nicht um eine Fragestellung, soweit der Versicherungsnehmer lediglich eine vorgedruckte Erklärung zu unterschreiben hat. (RG 18.X.1927 RGZ Bd. 118, S. 217–218: Hier waren von dem Versicherungsnehmer vier Fragen zu beantworten, im übrigen hatte er folgende Erklärung zu unterschreiben: *„Der Wahrheit gemäß erkläre ich, daß ich seit meiner letzten vertrauensärztlichen Untersuchung oder, falls eine solche nicht stattgefunden hat, seit der letzten Antragstellung weder krank gewesen noch körperlich verletzt worden bin, noch meines Wissens sonst eine nachteilige Veränderung in meinem Gesundheitszustande erlitten habe."* In der Vorlegung dieser formularmäßigen Erklärung zur Unterschrift liegt keine ausdrückliche Frage.)

c) Verletzung

Die **objektiven** Verletzungsformen sind **Nicht**anzeige (§ 16 Abs. 2 VVG) und **Falsch**anzeige (§ 17 Abs. 1 VVG). Aber beide Fälle werden im Ergebnis gleich behandelt. Hat ein Versicherer unklare Fragen gestellt, so fehlt es möglicherweise schon an einer objektiven Verletzung der vvAnzPfl, desgleichen falls ein Versicherungsagent im Rahmen seiner Vertrauensstellung eine auslegungsbedürftige Frage in bestimmter Weise erläutert. Nur aus dem Zusammenhang kann beurteilt werden, welche Bedeutung einem Strich zukommt, den der Versicherungsnehmer gemacht hat; in der Regel bedeutet er eine Verneinung, was manchmal der Fragebogen klarstellt. Der Versicherer muß die objektive Verletzung der vvAnzPfl beweisen; allerdings obliegt es wegen der negativen Fassung der §§ 16 Abs. 3, 17 Abs. 2 VVG dem Versicherungsnehmer darzutun, daß der Versicherer den (nicht oder falsch angezeigten) Umstand kannte.

Beim **subjektiven** Verletzungstatbestand ist normalerweise **Verschulden** des Antragstellers vorauszusetzen (§§ 16 Abs. 3, 17 Abs. 2 VVG). Dem Vorsatz (auch dolus eventualis) steht jede Fahrlässigkeit (auch leichte) gleich. Der Versicherer muß großen Wert auf die Erfüllung der vvAnzPfl legen, und so sind an jeden Antragsteller nicht ganz unerhebliche Anforderungen zu stellen.

Versicherungsagenten unterstützen den Versicherungsnehmer oft bei der Erfüllung der vvAnzPfl. Es ist bereits ausgeführt worden, daß solchenfalls ein Verschulden des Versicherungsnehmers entfällt (oben B. V. 2 f (aa)), wenn der Agent seinerseits erheblich schuldhaft gehandelt hat.

d) Rechtsfolgen der Verletzung

aa) Schuldhafte Verletzung

Bei **schuldhafter** Verletzung der vvAnzPfl kann der Versicherer **zurücktreten** (§§ 16 Abs. 2, 17 Abs. 1 VVG).

Der Versicherer kann sich angesichts dieser Spezialregelung **nicht** auf culpa in contrahendo des Versicherungsnehmers berufen, auch nicht wegen Irrtums über die Gefahrslage anfechten (Gegenschluß aus § 22 VVG). Aber eine Verletzung der vvAnzPfl könnte zugleich eine **unerlaubte Handlung** darstellen (Betrug), auch verdient ein arglistiger Versicherungsnehmer keine Schonung, und so steht neben der Rücktrittsmöglichkeit das **Anfechtungsrecht wegen arglistiger Täuschung** (vgl. § 22 VVG) (unten E. II. 1 f.).

Der **Rücktritt** ist eine einseitige, empfangsbedürftige, rechtsgestaltende Willenserklärung des Versicherers (auch seines Abschlußagenten: § 45 VVG), abzugeben innerhalb eines Monats nach Kenntniserlangung (§ 20 Abs. 1, 2 Satz 1 VVG).

Der Rücktritt **wirkt** nach allgemeinem Zivilrecht rechtlich ex nunc (von seiner Ausübung an: wie eine Kündigung), aber wirtschaftlich ex tunc (von „damals" an: wie eine Anfechtung), d. h. die Parteien haben sich empfangene Leistungen zurückzugewähren, so denn auch als Regel: § 20 Abs. 2 Satz 2 VVG. Aber diese Regel führt irre. In Wahrheit ist für den Versicherer der Rücktritt ein „Schwert mit stumpfer Klinge". Zwar ist der Versicherer für Versicherungsfälle, die nach dem Rücktritt eintreten, leistungsfrei. Aber meistens tritt eine Verletzung erst nach einem Versicherungsfall zutage, und dann besagt § 21 VVG: *„Tritt der Versicherer zurück, nachdem der Versicherungsfall eingetreten ist, so bleibt seine Verpflichtung zur Leistung gleichwohl bestehen, wenn der Umstand, in Ansehung dessen die Anzeigepflicht verletzt ist, keinen Einfluß auf den Eintritt des Versicherungsfalls und auf den Umfang der Leistung des Versicherers gehabt hat."* (Vgl. oben E. I. 2b).

Beispiel:

Der Lebensversicherungsnehmer hat bei der Antragstellung ein Asthmaleiden und dessen ärztliche Behandlung verschwiegen. Aber nicht dieses Leiden, sondern vielleicht ein Unfall führt zum Tode. RG 20.IX.1927 RGZ Bd. 118, S. 57—59 stellt klar, es komme nach § 21 VVG nicht darauf an, ob bei richtiger Beantwortung der Fragen der Versicherer den Vertrag nur zu höheren Prämien oder sogar überhaupt nicht abgeschlossen hätte. Der Bezugsberechtigte oder der Erbe kann demnach das Fehlen des Kausalzusammenhangs zwischen Anzeigepflichtverletzung und Eintritt des Versicherungsfalls (sowie Umfang der Versichererleistung) beweisen. So nützt dem Versicherer der Rücktritt nichts. Hätte allerdings der Versicherungsnehmer arglistig gehandelt, so könnte der Versicherer wegen arglistiger Täuschung den Versicherungsvertrag anfechten; sodann kommt es auf den Kausalzusammenhang des § 21 VVG nicht an, sondern auf den Kausalzusammenhang zwischen täuschendem Antrag und Annahme.

Da der Versicherer bis zum Rücktritt und im Rahmen des § 21 VVG sogar trotz des Rücktritts die Gefahrtragungsleistung erbringt, muß er die Gegenleistung, die **Prämie**, mindestens bis zum Rücktritt erhalten, aber § 40 Abs. 1 Satz 1 VVG billigt sie ihm sogar bis zum Schluß der Versicherungsperiode zu, in welcher er von der Verletzung der vvAnzPfl Kenntnis erlangt hat. Diese Vorschrift beruht auf dem Grundsatz der Unteilbarkeit der Prämie, der aber nur in den gesetzlich bestimmten Fällen gilt.

Der Rücktritt ist ausgeschlossen

in der **Lebensversicherung** bei falscher Altersangabe und nach Ablauf von zehn Jahren seit Vertragsabschluß (vgl. §§ 162, 163 VVG). Nach § 8 Nr. 2 d ALB ist diese Frist auf 3 Jahre verkürzt worden.

Nach dem Zeitablauf spricht man in der Praxis von „Unanfechtbarkeit" der Police. Aber das ist falsch: Es geht allein um den Rücktritt. Bei Arglist des Versicherungsnehmers bleibt die Anfechtung wegen spät entdeckter arglistiger Täuschung möglich (vgl. § 124 Abs. 3 BGB), übrigens auch der Rücktritt des Lebensversicherers (vgl. § 163 Satz 2 VVG);

bei einseitigem **Verzicht** des Versicherers, z. B. durch Entgegennahme der Prämie trotz Kenntnis der Verletzung der vvAnzPfl;

nach **Treu und Glauben**, z. B. falls der Versicherer nicht darauf gedrungen hat, daß eine unbeantwortet gelassene Frage beantwortet werde.

bb) Schuldlose Verletzung

Bei schuldloser Verletzung der vvAnzPfl (aber auch wenn der Antragsteller einen gefahrerheblichen Umstand nicht kannte) kann der Versicherer gemäß § 41 VVG eine **höhere Prämie** verlangen; ausnahmsweise das Versicherungsverhältnis mit einmonatiger Frist kündigen.

Im Falle des § 41 VVG wird die höhere Prämie nicht von der Willenserklärung des Versicherungsnehmers gedeckt. Ob er deshalb ein Kündigungsrecht hat und gegebenenfalls ab welchem Prozentsatz der Prämienerhöhung, ist bestritten.

e) **Halbzwingendes Recht**

Sämtliche Vorschriften über die vorvertragliche Anzeigepflicht tragen zugunsten des Versicherungsnehmers zwingenden Charakter (§§ 34a, 42 VVG). So können besonders das Verschuldensprinzip (§§ 16 III, 17 II VVG) und das Kausalitätsprinzip (§ 21 VVG) nicht zu Lasten des Versicherungsnehmers geändert werden; sogar Beweislaständerungen sind unzulässig.

> **Beispiel:**
>
> Wenn AVB besagen: „*Nichtversicherungsfähig sind Personen, welche an andauernder Erkrankung der Atmungsorgane leiden oder gelitten haben*", so ist das eine rein programmatische Erklärung des Versicherers, die solchen Personen nicht schadet, welche um ihre einschlägige Erkrankung nicht wußten.

f) Anfechtung wegen arglistiger Täuschung über Gefahrumstände

Die Voraussetzungen sind qualifiziert gegenüber den Rücktrittsvoraussetzungen (oben E.II.1d (aa)).

Mehrfach wurde herausgestellt, daß die Regeln über die vvAnzPfl die Möglichkeit einer Anfechtung nach §§ 123, 124 BGB unberührt lassen (§ 22 VVG). Kann also der Versicherer Arglist des Versicherungsnehmers nachweisen, so konkurrieren Rücktritts- und Anfechtungsmöglichkeit. Der Arglistnachweis ist oft schwierig für den Versicherer, während bei einfacher Verletzung der vvAnzPfl der *Versicherungsnehmer* den Entschuldigungsbeweis führen muß. **Arglist** setzt voraus, daß der Versicherungsnehmer *„wissentlich falsche Angaben gemacht und dabei das Bewußtsein gehabt hat, daß der durch... Täuschung erregte Irrtum die Willensentschließung"* des Versicherers *„bestimmen werde oder zumindest bestimmen könne"* (BGH 8.X.1964, VersR 1964 S. 1189—1190 für den Fall einer Automatenversicherung). Eine Vermögensbeschädigung braucht nicht geplant zu sein. Dolus eventualis genügt. Vermag der Versicherer die Arglist zu beweisen, so kommt es nur darauf an, ob die Täuschung **für den Abschluß** des Versicherungsvertrages mit dem konkreten Inhalt (Prämienhöhe!) **ursächlich** gewesen ist, dagegen findet § 21 VVG keine Anwendung. Die Anfechtung (binnen Jahresfrist nach Entdeckung der Täuschung) macht den Versicherungsvertrag von Anfang an nichtig, aber — wie beim Rücktritt — gebührt dem Versicherer gleichwohl die **Prämie**, und zwar bis zum Schluß der Versicherungsperiode, in der er von dem Anfechtungsgrunde Kenntnis erlangt hat (§ 40 Abs. 1 Satz 1 VVG).

2. Obliegenheiten bei Gefahrerhöhung

Die Regelung in den §§ 23—30, 34a, 40 I, 42 VVG ist höchst verwickelt. Sie wird ergänzt durch **vertragliche** vorbeugende Obliegenheiten: §§ 6 I, II, 15a, 32 VVG.

Bei der Gefahrerhöhung wie bei der vorvertraglichen Anzeigepflicht sind Tatbestand, Verletzung und Rechtsfolgen zu unterscheiden.

a) Tatbestand

Während die vorvertragliche Anzeigepflicht dafür sorgt, daß der Versicherer das Risiko bei Vertragsschluß möglichst richtig beurteilt und einstuft, haben alle Rechtssätze, welche die Gefahrerhöhung betreffen, den **Zweck**, nachträgliche ungünstige Änderungen der Gefahrslage zu berücksichtigen; sie bedeuten ja eine Veränderung der Geschäftsgrundlage (über Gefahrenminderungen vgl. § 41a VVG).

Eine Gefahrerhöhung liegt **begrifflich** dann vor, wenn — insgesamt gesehen — die Gefahrslage sich in einer für den Versicherer ungünstigen Weise erheblich ändert. Bei der *„Prüfung ist zu beachten, ob die Veränderung allgemein oder nach den den Betrieb des betreffenden Versicherungszweigs beherrschenden Anschauungen dem Versicherer vernünftigerweise hätte Anlaß bieten können, die Versicherung aufzuheben oder nur gegen erhöhte Beitragsleistung fortzusetzen"* (RG 27.VI.1939 RGZ Bd. 161, S. 23—26 in einem Falle des Hinzutritts neuer ungünstiger Umstände, nämlich Einlagerung von Reisigbündeln in einer Baumwollweberei). Eine Gefahrerhöhung ist ebenfalls gegeben beim Wegfall günstiger Umstände (Entfernung eines Blitzableiters). Auch Änderungen der bloßen Vertragsgefahr sind bedeutsam: Der feuerversicherte Eigentümer hat inzwischen ein anderes ihm gehörendes **Haus** vorsätzlich in Brand gesetzt oder einen Dritten zur Brandstiftung aufgefordert. Aber die Gefahrslage muß sich tatsächlich geändert haben. Es reicht z. B. nicht aus, daß sich nachträglich herausstellt, der versicherte Kraftwagen habe schon bei der Antragstellung untaugliche Bremsen gehabt.

Zeitlich setzen alle die Gefahrerhöhung betreffenden Obliegenheiten nicht erst mit dem formellen Versicherungsbeginn, also nach der Antragsannahme, ein, sondern laut § 29a VVG bereits nach der Stellung des Antrags. Dadurch ergibt sich für die Zeit zwischen Antragstellung und formellem Versicherungsbeginn eine merkwürdige Überlagerung: Der Versicherer hat z. B. bei Verschweigen einer Krankheit, die gleich nach der Antragstellung auftritt, die Wahl zwischen den Rechtsbehelfen aus Gefahrerhöhung und dem Rücktritt wegen Verletzung der vorvertraglichen Anzeigepflicht; vielleicht kann er sogar wegen arglistiger Täuschung anfechten.

Der BGH 18.X.1952 BGHZ Bd. 7, S. 318 hat ferner betont, es sei für den Begriff der Gefahrerhöhung wesentlich, *„daß der bisherige Gefahrenzustand in einen neuen Zustand vertauscht wird, derart, daß nunmehr in ihm die Gefahr ‚stehen' zu bleiben oder zu ruhen geeignet ist, daß also die Gefahrenlage auf ein neues, höheres Niveau emporsteigt, auf dem sie sich ebenso wie auf dem bisherigen stabilisieren und die Grundlage eines neuen, natürlichen Gefahrenverlaufs bilden kann".*

Hiernach setzt eine Gefahrerhöhung einen **Zustand von gewisser Dauer** voraus, die Gefahrslage muß auf erhöhtem Niveau gleichsam ausruhen können. Dadurch unterscheidet sich die Vornahme einer Gefahrerhöhung von der Herbeiführung des Versicherungsfalls; bei letzterer führt von der Ausgangslage direkt eine Kausalreihe zum Versicherungsfall.

Beispiele:

Bei **Trunkenheit am Steuer** liegt nach dem zitierten Urteil BGH 18.X.1952 BGHZ Bd. 7, S. 311–326 **keine** Gefahrerhöhung vor, weil man angesichts der Kurzfristigkeit nicht von einem Ausruhen der Gefahrslage auf erhöhtem Niveau reden kann, es kommt ja praktisch auch keine Anzeige der Trunkenheit an den Versicherer (§ 23 Abs. 2 VVG) in Betracht. Anwendbar sind nur die Vorschriften über schuldhafte Herbeiführung des Versicherungsfalls. Praktische Bedeutung: Der Versicherer ist nicht aus § 25 Abs. 1, 2 Satz 1 VVG schon bei leichter Fahrlässigkeit des Versicherungsnehmers leistungsfrei, sondern es ist für die Kfz-Kaskoversicherung § 61 VVG anzuwenden (mindestens grobe Fahrlässigkeit), für die Kfz-Haftpflichtversicherung § 152 VVG (der danach erforderliche Vorsatz des Versicherungsnehmers liegt fast nie vor). Hingegen ist bei ständig wiederholtem Fahren in angetrunkenem Zustand der Tatbestand der Gefahrerhöhung bejaht worden (OLG Hamm, VersR 1954, S. 450; OLG Frankfurt/M., VersR 1962, S. 262). Das gleiche gilt von der Überlassung des Fahrzeugs an einen häufig betrunkenen Fahrer (OLG Düsseldorf, VersR 1964, S. 175).

Bejaht hat der BGH 24.I.1957 BGHZ Bd. 23, S. 142–149 die Gefahrerhöhung in einem Haftpflichtversicherungsfall, in dem ein Lastwagen weiter benutzt wurde, obwohl sich 2–3 Tage vor dem Unfall Mängel an den Bremsen zeigten und der

Wagen deshalb auf dem kürzesten Wege hätte aus dem Verkehr gezogen werden müssen. Der BGH ging davon aus, daß die Weiterbenutzung des Wagens eine erhebliche, vom Versicherer nicht mehr mitübernommene Gefahrensteigerung bedeute, wenn sie auf Abnutzung beruhe. *„Es kann sich nur fragen, unter welchen Voraussetzungen der dadurch geschaffene Zustand erhöhter Gefahr seiner Natur nach als so lange dauernd anzusehen ist, daß er die Grundlage eines neuen natürlichen Gefahrenverlaufs bilden kann und damit den Eintritt des Versicherungsfalles generell zu fördern geeignet ist. Dies ist zweifellos dann nicht anzunehmen, wenn die Fahrt, auf der der Mangel entdeckt wird, zu Ende geführt wird und auch dann nicht, wenn das schadhafte Fahrzeug zu einer Werkstatt zum Zwecke der Reparatur gefahren wird. In beiden Fällen handelt es sich nur um eine einmalige Gefahrensteigerung für die von vornherein absehbare kurze Dauer einer Fahrt, also um eine Gefahrensteigerung, die ihrer Natur nach nicht geeignet ist, eine länger fortdauernde Wirkung und damit einen neuen Gefahrenzustand hervorzurufen . . . Im vorliegenden Fall lagen die Dinge aber wesentlich anders . . .; denn durch den (dann auch verwirklichten) Entschluß der Kläger, das verkehrsunsichere Fahrzeug bis zur Durchführbarkeit der notwendigen Reparatur weiter in dem laufenden Fuhrbetrieb fahren zu lassen, wurde nicht lediglich für die von vornherein absehbare kurze Dauer einer einmaligen Fahrt, sondern für eine Vielzahl von Fahrten die Möglichkeit des Eintritts des Haftpflichtfalles erheblich gesteigert und damit für eine längere Zeit ein neuer Zustand erhöhter Gefahr geschaffen, der den Eintritt des Versicherungsfalles bei dieser Vielzahl von Fahrten generell fördern konnte und damit auch geeignet war, die Grundlage eines neuen natürlichen Gefahrenverlaufs auf einem erhöhten Gefahrenniveau zu bilden."*

Der BGH 25.IX.1968 BGHZ Bd. 50, S. 385—391 hat in einem weiteren Fall schadhaft gewordener Bremsen die Geltung der Gefahrenerhöhungsvorschriften auch für die Kfz-Haftpflichtversicherung betont und im übrigen die Unterscheidung zwischen subjektiven, gewillkürten und objektiven Gefahrerhöhungen herausgearbeitet: Eine Vornahme oder Gestattung der Gefahrerhöhung (§ 23 Abs. 1 VVG) setze ein zielgerichtetes Verhalten des Versicherungsnehmers voraus; deshalb könne jemand, der von der Änderung der Gefahrumstände nichts wisse, die Änderung weder gestatten noch vornehmen. *„Eine ungewollte Gefahrerhöhung ist z. B. anzunehmen, wenn wichtige Teile des Fahrzeugs, wie Bremsen oder Reifen, unterwegs die Mindestanforderungen der Straßenverkehrs-Zulassungsordnung unterschreiten, und damit verkehrsunsicher werden, die eingetretene Gefahrerhöhung vom Versicherungsnehmer aber nicht bemerkt wird. Zu einer vorgenommenen oder gestatteten Gefahrerhöhung im Sinne des § 23 Abs. 1 VVG kommt es erst, wenn der Versicherungsnehmer die Änderung der Gefahrenlage erkennt, den Mangel nicht beseitigt, das Fahrzeug aber gleichwohl entweder selbst weiter benutzt oder die weitere Benutzung einem Dritten gestattet."* *„Der Versicherer hat zu beweisen, daß der Versicherungsnehmer eine Gefahrerhöhung vorgenommen oder gestattet hat. Er muß deshalb auch beweisen, daß der Versicherungsnehmer den mangelhaften Zustand des weiter benutzten Fahrzeugs gekannt hat."*

Am Tage dieser Entscheidung ist in einem anderen Urteil BGH 25.IX.1968 BGHZ Bd. 50, S. 392—397 der Auffassung entgegengetreten, der Kfz-Haftpflichtversicherer dürfe wegen technischer Mängel des Fahrzeugs den Versicherungsschutz niemals versagen. Der BGH hat überzeugend dargelegt, die Verschleißerscheinungen bei einem Kraftfahrzeug seien nicht der altersbedingten Anfälligkeit einer kranken- oder lebensversicherten Person gegen Krankheiten oder der im Lauf der Jahre steigenden Brandgefahr eines feuerversicherten Gebäudes gleichzusetzen: Dem Verschleiß des Autos *„kann und muß (sofern die Teilnahme am öffentlichen Verkehr fortgesetzt werden soll) durch Reparatur und Austausch schadhafter Teile begegnet werden, bis sich die Lebensdauer des Wagens erschöpft hat"*. Besonders wichtig ist, daß der BGH die Vornahme der Gefahrerhöhung in der Weiterbenutzung des in seiner Verkehrssicherheit wesentlich beeinträchtigten Kraftfahrzeugs erblickt, sofern diese Weiterbenutzung in Kenntnis des mangelhaften Zustandes erfolgt (oder durch einen Versicherungsnehmer, der sich der Wahrnehmung arglistig verschlossen hat).

Für die Einbruchdiebstahlversicherung: Keine Gefahrerhöhung: Verbringen eines versicherten Pelzmantels auf eine Loggia zum Lüften; dagegen Gefahrerhöhung: Aufstellung eines Gerüstes an einem Haus, in welchem sich die versicherten Sachen befinden.

Die deutliche Unterschreitung des allgemeinen Sicherheitsstandards wurde von BGH VersR 1989, S. 141 aber unter dem Gesichtspunkt der grobfahrlässigen Herbeiführung (nicht der Gefahrerhöhung) geprüft und diese im konkreten Fall verneint (Wertsachenversicherung).

In Betracht kommen nur **unvoraussehbare** Änderungen der Gefahrslage (nicht das Älterwerden in der Lebensversicherung, deshalb: § 164 Abs. 1 VVG); nicht die normale Abnutzung einer versicherten Sache (anders beim Kraftfahrzeug). Es muß sich ferner nach § 29 Satz 1 VVG um eine nicht nur **unerhebliche** Gefahrerhöhung handeln, auch gibt es **vereinbarungsgemäß** unbeachtliche Gefahrerhöhung (vgl. § 29 Satz 2 VVG).

So nimmt für die Leitungswasserschädenversicherung BGHZ Band 42, S. 297 an, es stelle nach dem Vertragsinhalt keine Gefahrerhöhung dar, wenn der Versicherungsnehmer längere Zeit verreise. Ansonsten habe die besonders auferlegte Obliegenheit keinen Sinn, die Wasserleitungsanlagen abzusperren und zu entleeren.

Grundlegend ist nach dem Gesetz die Unterscheidung in **subjektive** (gewillkürte) Gefahrerhöhung (z. B. Benutzung verkehrsunsicherer Fahrzeuge), d. h. solche, welche der Versicherungsnehmer ohne Einwilligung des Versicherers vornimmt, oder deren Vornahme er durch Dritte gestattet (§§ 23–26 VVG) und **objektive** Gefahrerhöhung, d. h. solche, die unabhängig von dem Willen des Versicherungsnehmers eintreten (§§ 27–28 VVG).

Auf die **subjektive** Gefahrerhöhung reagieren zwei Obliegenheiten, nämlich die **Gefahrstandspflicht** (§ 23 Abs. 1 VVG) als Unterlassungspflicht (keine Vornahme, keine Gestattung einer Gefahrerhöhung); und die **Anzeigepflicht** (§ 23 Abs. 2 VVG).

An die **objektive** Gefahrerhöhung knüpft logischerweise nur **eine** Obliegenheit an, nämlich die **Anzeigepflicht** (§ 27 Abs. 2 VVG).

Die **Gefahrstandspflicht** fordert von dem Versicherungsnehmer unter Umständen reines Unterlassen:

BGH 25.IX.1968 BGHZ Bd. 50, S. 387–389 legt dar, daß im Falle der Verletzung „*der Versicherungsnehmer durch aktives Tun die Umstände ändert, die die Gefahrenlage bestimmen.*" Andererseits heißt es aber in dem Urteil: „*Die Gefahrstandspflicht kann auch durch Unterlassungen verletzt werden*". Der Versicherungsnehmer könne auch „*gehalten sein, gewisse zur Abwendung oder Verminderung der Gefahrerhöhung erforderliche Handlungen vorzunehmen*".

Während das OLG Hamm, VersR 1988, S. 49, die Möglichkeit einer Gefahrerhöhung durch **Unterlassung** verneint, wird sie von *Martin*, VersR 1988, S. 209, bejaht.

Die Anzeigeobliegenheiten beziehen sich auf subjektive und objektive Gefahrerhöhung; sie entfallen — wie alle Anzeigenotwendigkeiten —, **falls** der Versicherer um das Anzuzeigende, hier die Gefahrerhöhung, bereits weiß (§§ 25 Abs. 2 Satz 2, 28 Abs. 2 Satz 2 VVG).

b) **Verletzung**

Wird die subjektive **Gefahrstandspflicht** verletzt, also eine Gefahrerhöhung (durch ein Tun oder Unterlassen) ohne Einwilligung des Versicherers vorgenommen oder gestattet, so kommt es darauf an, ob der Versicherungsnehmer **schuldhaft oder schuldlos** handelt.

Das Verschulden kann fehlen, falls etwa eine Behörde den Versicherungsnehmer zur Gefahrerhöhung zwingt oder falls dem Versicherungsnehmer ein Entschuldigungsgrund zur Seite steht: Das verkehrsunsichere Kraftfahrzeug muß für einen dringlichen Krankenhaustransport eingesetzt werden. Meistens wird aber eine subjektive Gefahrerhöhung auch eine schuldhafte sein.

Werden die **Anzeigepflichten** verletzt, so treten für den Versicherungsnehmer nachteilige Rechtsfolgen nur bei Verschulden ein; dies ergibt sich aus dem Wort „unverzüglich" in §§ 23 Abs. 2, 27 Abs. 2 VVG (vgl. § 121 Abs. 1 Satz 1 BGB). Vielleicht kann ein Versicherungsnehmer entschuldbar annehmen, dem Versicherer sei die Gefahrerhöhung bekannt oder er habe in sie eingewilligt.

c) **Rechtsfolgen**

In Verletzungsfällen kommen drei Sanktionen in Frage: Die schwerwiegende Leistungsfreiheit des Versicherers, in milder zu beurteilenden Fällen ein Kündigungsrecht des Versicherers, sei es ein unbefristetes, sei es sogar nur ein befristetes.

Leistungsfreiheit kann die „Strafe" nur sein für

eine schuldhafte **Vornahme** (oder **Gestattung**) einer **subjektiven** Gefahrerhöhung (§ 25 Abs. 1, 2 Satz 1 VVG);

eine schuldhafte **Nichtanzeige** einer (schuldlos vorgenommenen) subjektiven Gefahrerhöhung (§ 25 Abs. 2 Satz 2 VVG); hier treffen also die schuldlose Verletzung der Gefahrstandspflicht und die schuldhafte Verletzung der Anzeigepflicht zusammen;

eine schuldhafte **Nichtanzeige** einer **objektiven** Gefahrerhöhung (§ 28 Abs. 1 VVG).

Bei den Anzeigepflichtverletzungen muß allerdings zunächst ein Monat vergangen sein. Die Leistungsfreiheit entfällt immer dann, wenn es an der Kausalität (zwischen Gefahrerhöhung und Versicherungsfall) fehlt (**Kausalerfordernis**) oder wenn der Versicherer von seinem (sogleich zu behandelnden) Kündigungsrecht nicht fristgemäß Gebrauch gemacht hat (**Klarstellungserfordernis**) (vgl. §§ 25 Abs. 3, 28 Abs. 2 Satz 2 VVG).

Beispiel:
Der Feuerversicherungsnehmer lagert Benzin im Keller ein.

Der Versicherer bleibt leistungspflichtig bei einem bloßen Dachstuhlbrand, ferner falls er nicht innerhalb eines Monats gekündigt hat, nachdem er von der Einlagerung Kenntnis erlangt hat.

Kündigungsrechte kommen als weitere Rechtsbehelfe des Versicherers — neben der Leistungsfreiheit — in Betracht:

Ein fristloses Kündigungsrecht erlangt der Versicherer nach einer schuldhaften Verletzung der Gefahrstandspflicht (§ 24 Abs. 1 Satz 1 VVG).

Ein befristetes, d. h. erst mit Ablauf eines Monats nach der Ausübung seine Wirkung entfaltendes **Kündigungsrecht** erlangt der Versicherer nach jeder sonstigen Gefahrerhöhung, sei es nach schuldloser Verletzung der Gefahrstandspflicht (§ 24 Abs. 1 Satz 2 VVG), sei es nach einer objektiven Gefahrerhöhung (§ 27 Abs. 1 Satz 1 VVG).

In allen Fällen des Kündigungsrechts muß es innerhalb eines Monats nach Kenntniserlangung vom Versicherer ausgeübt werden (**Ausübungsfrist** zwecks Klarstellung der Rechtslage), und es entfällt, wenn der **Zustand wiederhergestellt** wird, der vor der Gefahrerhöhung bestanden hat.

Während eine Leistungsfreiheit des Versicherers die **Prämienansprüche** nicht berührt, bestimmt für den Fall der Kündigung § 40 Abs. 1 VVG, es gebühre dem Versicherer gleichwohl die Prämie bis zum Schluß der Versicherungsperiode, in der er von der Gefahrerhöhung Kenntnis erlangt hat; wird (bei befristeter Kündigung) die Kündigung erst in der folgenden Versicherungsperiode wirksam, so gebührt ihm die Prämie bis zu Beendigung des Versicherungsverhältnisses.

Auch diese Rechtsfolgen sind in §§ 34a, 42 VVG für halbzwingend erklärt.

3. Teilrücktritt, -kündigung, -leistungsfreiheit

Sind durch einen Vertrag mehrere Gegenstände oder mehrere Personen gedeckt und liegen die Voraussetzungen für Rücktritt oder Kündigung nur für einen Teil der Gegenstände oder Personen vor, so sind die betreffenden Gestaltungsrechte nur auf den betroffenen Teil des Versicherungsvertrages zu beziehen, es sei denn, der Versicherer hätte den Vertrag für diesen Teil allein nicht geschlossen (§ 30 I VVG). Bleibt der Vertrag zum Teil bestehen, so kann leicht Überversicherung eintreten, vgl. § 51 VVG.

Entschließt sich der Versicherer zu Teilrücktritt oder Teilkündigung, so kann der Versicherungsnehmer seinerseits den ganzen Vertrag kündigen (§ 30 II VVG).

Auf die Leistungsfreiheit, die sich nur auf einen Teil des Vertrages bezieht, findet § 30 I VVG laut § 30 III VVG entsprechende Anwendung. Die Prämie für die laufende Versicherungsperiode erhält der Versicherer stets für den ganzen Vertrag: § 40 VVG.

In der laufenden Versicherung findet § 30 VVG nur Anwendung, soweit sie obligatorisch ist **und die Einzelrisiken automatisch in sie integriert werden**.

III. Obliegenheiten nach dem Versicherungsfall

Die im Gesetz erwähnten Obliegenheiten, die nach dem Eintritt des Versicherungsfalles erfüllt werden müssen, sind folgende:

1. Abwendungs- und Minderungspflicht

Gleichsam auf der Grenze zwischen den vor und nach Eintritt des Versicherungsfalles zu erfüllenden Obliegenheiten steht die Abwendungs- und Minderungspflicht (kürzer auch **Rettungspflicht** genannt); denn sie ist gemäß § 62 Abs. 1 Satz 1 VVG „**bei**" Eintritt des Versicherungsfalles zu erfüllen, d. h. nicht erst, wenn ein Brand das versicherte Gebäude ergriffen hat, so daß nur noch eine **Minderung** der Schadensfolgen versucht werden kann, sondern auch schon unmittelbar vorher, also in einem Zeitpunkt, in welchem noch eine völlige **Abwendung** des Schadens denkbar ist.

Der Waldbrand nähert sich dem versicherten Försterhaus; es werden Gräben ausgehoben, Bäume gefällt, und so wird das Feuer vom Haus ferngehalten.

Der BGH 18.I.1965 BGHZ Bd. 43, S. 88—94 hat diese „Vorerstreckungstheorie", welche die Rettungsobliegenheit ausweitet, abgelehnt — jedenfalls für die Haftpflichtversicherung — mit der Begründung: *„Jede Erstreckung der Schadenabwendungspflicht auf einen Zeitpunkt vor Eintritt des Versicherungsfalls würde für den Versicherungsnehmer eine allgemein nicht bestehende Schadenverhütungspflicht begründen, deren auch nur fahrlässige Verletzung die ... Leistungsfreiheit des Versicherers zur Folge hätte. Das verstößt gegen § 152 VVG"* (Nichthaftung des Haftpflichtversicherers nur bei vorsätzlicher Herbeiführung des Versicherungsfalles).

Das Gesetz sieht die Rettungspflicht für die gesamte **Schadensversicherung** vor und damit nicht nur für die Aktiven-, insbesondere die Sachversicherung, sondern auch für die Passiven-, beispielsweise die Haftpflichtversicherung (hierzu vgl. auch § 154 Abs. 2 VVG: Befriedigungs- und Anerkennungsverbot). Für die **Summenversicherung**, und zwar speziell für die Unfallversicherung, gilt § 183 VVG.

Der **Inhalt** der Rettungspflicht bestimmt sich danach, was der Versicherungsnehmer *„verständigerweise gemacht hätte, wenn er nicht versichert gewesen wäre"* (RG 3.II.1926 RGZ Bd. 112, S. 386).

Bei der Rettung hat der Versicherungsnehmer die **Weisungen** des Versicherers zu befolgen und, wenn die Umstände es gestatten, solche Weisungen einzuholen (§ 62 Abs. 1 Satz 2 VVG). Handelt der Versicherungsnehmer weisungsgemäß, so hat der Versicherer die damit verbundenen Aufwendungen auch insoweit zu ersetzen, als sie zusammen mit der übrigen Entschädigung die Versicherungssumme übersteigen (§ 63 Abs. 1 Satz 2 VVG), was besonders bei erfolglosen Rettungsversuchen eine Rolle spielen kann. Bei Unterversicherung sind auch die Rettungsaufwendungen nur pro rata zu ersetzen (§ 63 Abs. 2 VVG).

Die **Sanktion bei Verletzung** der Rettungspflicht ist in § 62 Abs. 2 VVG **dreifach abgestuft**, das frühere harte Alles- oder Nichtsprinzip ist 1939 aufgegeben worden:

Bei **schuldloser oder leichtfahrlässiger** Verletzung erleidet der Versicherungsnehmer keinen Rechtsnachteil.

Eine gewisse Aufregung und Unachtsamkeit wird dem Versicherungsnehmer in der Situation des Versicherungsfalles zugute gehalten.

Bei **grobfahrlässiger** Verletzung *„bleibt der Versicherer zur Leistung insoweit verpflichtet, als der Umfang des Schadens auch bei gehöriger Erfüllung der Obliegenheiten nicht geringer gewesen wäre".*

Hätte der Versicherungsnehmer also ein Stück Vieh noch retten können, so wird für dieses kein Ersatz geleistet, aber das Unrettbare wird bezahlt.

Bei **vorsätzlicher** Verletzung erhält der Versicherungsnehmer nichts, der Versicherer ist von der Verpflichtung zur Leistung frei, auch wenn nur eine Kleinigkeit absichtlich nicht gerettet worden ist.

Vgl. aber über die neuere kritische Einstellung des BGH gegenüber der Strenge des Gesetzgebers oben E. I. 1 d.

2. Anzeige des Versicherungsfalles

Die Obliegenheit ist in § 33 Abs. 1 VVG ganz generell – als lex imperfecta – geregelt. Sie wird in manchen Versicherungszweigen, besonders in der Haftpflichtversicherung stark erweitert (vgl. § 153 VVG) und dort beim „kranken" Pflichtversicherungsverhältnis auch dem geschädigten Dritten aufgebürdet (§ 158d Abs. 1, 2 VVG, § 3 Nr. 7 Satz 1 PflVG).

Nach § 33 Abs. 1 VVG ist die Anzeige unverzüglich zu machen. Sehen aber die AVB eine bestimmte Frist vor, so kann der Versicherungsnehmer sie voll ausnutzen. Für die Feuerversicherung vgl. §§ 92 VVG, 13 Abs. 1a AFB.

Die Verletzungsfolgen müssen vertraglich geregelt werden (Ausnahme: § 158e Abs. 1 Satz 1 VVG), wobei der zwingende § 6 Abs. 3 VVG zu beachten ist.

Die Obliegenheit der Schadenanzeige bezieht sich nicht nur auf das Schadenereignis selbst, sondern auch auf die Umstände, die die **Entwicklung** des Schadensfalles bewirken (LG Amberg, VersR 1988, S. 149).

Die Frage in der Schadenanzeige nach anderweitiger Versicherung kann legitim sein (OLG München, VersR 1988, S. 1122).

3. Auskunfts- und Belegpflicht

Im Wege einer weiteren lex imperfecta ist in § 34 VVG bestimmt, der Versicherer könne nach dem Eintritt des Versicherungsfalles verlangen:

— **erstens**, daß der Versicherungsnehmer jede Auskunft erteile, die zur Feststellung des Versicherungsfalls oder des Umfanges der Leistungspflicht des Versicherers erforderlich sei,

— **zweitens**, daß der Versicherungsnehmer Belege insoweit beibringe, als ihm die Beschaffung billigerweise zugemutet werden könne.

Verwandt hiermit sind die Veränderungsverbote der §§ 93, 111 VVG.

Die Auskunftsobliegenheit ist wie eine Anzeigepflicht zu behandeln, nur ist sie nicht spontan, sondern lediglich auf Verlangen zu erfüllen. Die Belegpflicht gehört zu den sonstigen Obliegenheiten. (Für die Haftpflichtversicherung vgl. § 158d Abs. 3, 158e Abs. 1 VVG, § 3 Nr. 7 Satz 2 PflVG).

Auch bei der Auskunfts- und Belegpflicht können vereinbarte Verletzungsfolgen nur im Rahmen des unabdingbaren § 6 Abs. 3 VVG Platz greifen.

Die in § 7 Abs. I Unterabs. 2 Satz 3 AKB normierte wichtige Obliegenheit, *„alles zu tun, was zur Aufklärung des Tatbestandes ... dienlich sein kann"* (**Aufklärungspflicht**), geht über die Auskunfts- und Belegpflicht des § 34 VVG weit hinaus. Insbesondere ist der Versicherungsnehmer gehalten, zwecks Aufklärung ein vielfältiges Verhalten zu beobachten; dazu gehört das Unterlassen der Unfallflucht und des Genusses von Alkohol nach dem Unfall („Nachtrunk" zur Verhinderung der Feststellung, ob der Versicherungsnehmer vor dem Unfall getrunken hatte).

BGH 30.IV.1969 BGHZ Bd. 52, S. 86–93 hat in einem Fall des **Unfallfluchtverdachts** angenommen, der Kfz-Haftpflichtversicherer brauche nur den objektiven Tatbestand der Fortsetzung der Fahrt nach dem Umfall zu **beweisen**, dagegen obliege es dem Versicherungsnehmer, das Fehlen von Vorsatz und grober Fahrlässigkeit zu beweisen, und hierher gehöre auch der Nachweis, er habe den Zusammenstoß mit dem verletzten Fußgänger nicht wahrgenommen. *„Die Kenntnis des Versicherungsnehmers gehört also als subjektives Element zur Schuldseite."* Dieses Ergebnis wird sodann aber vom BGH für solche Fälle, in denen der Entschuldigungsbeweis nicht gelingt, dadurch entkräftet, daß das Gericht meint, es gehe nicht an, den Versicherungsnehmer „auf Verdacht" *„durch Entzug des Versicherungsschutzes zu bestrafen. Die Berufung des Versicherers auf das zusammenwirkende Eingreifen der Verwirkungsklausel und der Beweislastregel führt in diesen Fällen zu materiellem Unrecht".* Das Endresultat macht das Urteil nicht ganz deutlich: Mindestens muß der Versicherungsnehmer doch wohl so behandelt werden, als habe er grobfahrlässig die Aufklärungspflicht verletzt (vgl. §§ 7 Abs. V AKB, 6 Abs. 3 VVG).

Andere (milde) Urteile zur Aufklärungsobliegenheit sind schon oben angeführt (E. I. 2b).

4. Unspezifische Obliegenheiten

Der Versicherungsnehmer hat ferner die Obliegenheit, die – einfache – Wiederaufbauklausel zu beachten, durch Benennung eines Sachverständigen das Schiedsgutachterverfahren in Gang zu bringen, alles ohne Rücksicht darauf, ob sich diese Obliegenheiten aus dem Gesetz ergeben (vgl. §§ 64, 184 VVG) oder vertraglich vereinbart sind. Diese unspezifischen Obliegenheiten sind nicht an § 6 VVG zu messen, die Verletzungsfolgen sind eigenständig geregelt (Fälligkeitshinausschiebung bei einfacher Wiederaufbauklausel, Abweisung der Klage als zur Zeit unbegründet, wenn Rechtsweg **vor** Sachverständigenverfahren beschritten wird). Auf Verschulden kommt es in diesen Fällen nicht an.

Die Benennung des Sachverständigen halten manche für eine echte Rechtspflicht. Aber welches Interesse sollte der Versicherer haben, den Versicherungsnehmer auf Benennung eines Sachverständigen zu verklagen? Der **Versicherer** hat doch kein Interesse an der Feststellung des Schadens, vgl. § 11 VVG.

Allgemeines Versicherungsvertragsrecht (Teil III)[1]

Von Professor Dr. jur. Karl S i e g

---

[1] Der Beitrag besteht insgesamt aus 3 Teilen.

Inhaltsverzeichnis
(Teil III)

Seite

A. *Grundlegung (Teil I)*

B. *Beteiligte (Teil I)*

C. *Zustandekommen (Teil I)*

D. *Rechtspflichten des Versicherungsnehmers (Teil II)*

E. *Obliegenheiten des Versicherungsnehmers (Teil II)*

F. Rechtspflichten des Versicherers 133
  I. Überblick 133
  II. Das Risiko 133
     1. Versicherte Gefahr 134
     2. Versicherte Beziehung (versichertes Interesse) 144
     3. Versicherter Schaden 147
  III. Versicherungssumme, Versicherungsschaden, Versicherungswert
       (leistungsbegrenzende Faktoren) 149
     1. Versicherungssumme 149
     2. Versicherungsschaden 151
     3. Versicherungswert 152
     4. Unterversicherung 156
     5. Überversicherung 158
  IV. Versicherungsfall 162
     1. Konkretisierung der Gefahrtragung 162
     2. Geld- und Naturalleistung 162
     3. Umfang der Versichererleistung 164
     4. Ermittlung der Versichererleistung 165
     5. Fälligkeit und Zinspflicht 169
     6. Klagefrist und Verjährung 170
     7. Übergang von Ersatzansprüchen 172

G. Obliegenheiten des Versicherers 176
  I. Gesetzlich 176
  II. Aus Treu und Glauben folgend 176

H. Veräußerung der versicherten Sache 176
  I. Gesetzliche Regelung 176
  II. Veräußerungsbegriff 177
  III. Verwandte Fälle 179

Literaturhinweise 180

F. Rechtspflichten des Versicherers

I. Überblick

Der Versicherungsvertrag ist ein gegenseitiger Vertrag, bei dem der Versicherungsnehmer Prämienzahlung, der Versicherer Gefahrtragung schuldet. Die **Gefahrtragung** ist die **Hauptleistung** des Versicherers, welche gegen die Prämie ausgetauscht wird. Sie durchläuft als Dauerleistung zwei Zeiträume, welche durch den Eintritt des Versicherungsfalls, d. h. die Verwirklichung der versicherten Gefahr, voneinander getrennt werden. **Vor** dem Versicherungsfall wird der **Versicherungsschutz** gleichsam im Ruhezustand (**latent**) gewährt, **mit** dem **Versicherungsfall** wird die Gefahrtragung (**akut**) in Bewegung gesetzt. Aber auch wenn der Versicherungsfall während der materiellen Versicherungsdauer niemals eintritt (es brennt nicht), erbringt der Versicherer eine Gefahrtragungsleistung. Tritt der Versicherungsfall ein, so kann das in einigen Versicherungszweigen nur einmal geschehen (Todesfall), in den meisten aber mehrfach (Krankheit).

So wie der Versicherungsnehmer ist auch der Versicherer mit gewissen **Nebenpflichten** belastet, von denen nicht ausführlich die Rede zu sein braucht: Erwähnt sei die Rechtspflicht zur Aushändigung des Versicherungsscheins (§ 3 Abs. 1 Satz 1 VVG) oder von Ersatzurkunden und Abschriften (§ 3 Abs. 2–4 VVG).

Will man die **Hauptleistung** des Versicherers, die **Gefahrtragung**, näher charakterisieren, so geht es primär um die Umreißung des versicherten „Risikos". Für die Höhe der Leistung des Versicherers können Versicherungssumme, Versicherungsschaden und Versicherungswert Bedeutung gewinnen. Daran knüpfen die Begriffe Unter-, Über- und Doppelversicherung an. Das versicherungsrechtliche Bereicherungsverbot muß in seiner Tragweite erkannt werden. Schwierige Kausalitätsprobleme und Beweisfragen spielen eine Rolle.

II. Das Risiko

Das Wort versichertes „Risiko" ist ein unjuristischer Begriff, der viele rechtliche Erscheinungen umgreift. Die Versicherungstechnik fordert, daß das Risiko möglichst klar erfaßt und begrenzt wird, was primär und sekundär geschehen kann. Die Risikoerfassung und -begrenzung knüpft an die versicherte Gefahr (1), die versicherte Beziehung (2) und/oder den versicherten Schaden, den versicherten Bedarf (3), an.

1. Versicherte Gefahr

a) Normalfall

In allen Versicherungszweigen bedarf es einer genauen Umschreibung der versicherten Gefahr, die generell als **Möglichkeit eines Schadens oder eines sonstigen Nachteils** zu definieren ist. Die versicherte Gefahr wird im Versicherungsvertrag abstrakt umschrieben, z. B. als Brand oder Unfall. Im konkreten Einzelfall ergibt sich die Gefahrslage aus einer Fülle von Gefahrumständen, die für die vorvertragliche Anzeigepflicht oder bei Gefahrerhöhungen bedeutsam werden.

Zuweilen ist die Umschreibung der versicherten Gefahr **einfach**, man denke an das **Erleben** eines bestimmten **Zeitpunktes** oder an den **Tod**, welchem jener Zeitpunkt gleichzustellen ist, der (nach Verschollenheit) im Todeserklärungsbeschluß festgestellt wird. Jahrzehntelange **Gedankenarbeit** steckt dagegen in den heutigen Definitionen des Brandes oder des Unfalls.

„*Als Brand gilt ein Feuer, das ohne einen bestimmungsmäßigen Herd entstanden ist oder ihn verlassen hat und sich aus eigener Kraft auszubreiten vermag (Schadenfeuer)*" (§ 1 Abs. 2 Satz 1 AFB).

„*Ein Unfall liegt vor, wenn der Versicherte durch ein plötzlich von außen auf seinen Körper wirkendes Ereignis unfreiwillig eine Gesundheitsschädigung erleidet*" (§ 2 Abs. 1 AUB).

Ergänzend hierzu meint der BGH 18.XII.1954 BGHZ Bd. 16, S. 42–43 „*daß Versicherungsfall bei der Unfallversicherung der Unfall selbst ist, also die Gesundheitsbeschädigung, die unter den im § 2 AUB bezeichneten Umständen eintritt, und daß es für das Vorliegen des Versicherungsfalles nicht erst des Eintrittes der . . . Unfallfolgen (Arbeitsunfähigkeit oder Tod) bedarf*".

Einen außergewöhnlichen Fall behandelt der BGH 15.II.1962 VersR 1962, S. 341–342: Der Unfallversicherte unternahm eine alpine Gipfelbesteigung. Beim Abstieg durch einen Kamin trat ein Wettersturz ein. Die Seile vereisten. Ein Seil konnte nicht mehr durch einen eingeschlagenen Karabinerhaken gezogen werden. Der weitere Abstieg oder ein Wiederaufstieg wurde dadurch unmöglich. Der Versicherte, unverletzt, mußte auf einem Kaminvorsprung ausharren. Als erst vier Tage später eine Rettungsmannschaft zu dem Versicherten vordringen konnte, war der Tod durch allgemeine Erschöpfung und Erfrieren eingetreten. Der BGH hat einen Unfall angenommen: Der Wettersturz, der das Seil vereisen ließ (plötzlich von außen wirkendes Ereignis), habe insofern auf den Körper des Versicherten eingewirkt, als er in eine völlig hilflose Lage versetzt wurde. Ein solcher „*vollständiger Verlust der Bewegungsmöglichkeit ist, auch wenn dabei unmittelbar keine Schädigungen des Körpers eingetreten sind, nach natürlicher Auffassung einer Einwirkung auf den Körper i. S. des § 2 AUB gleichzustellen.*" Die Gesundheitsschädigung braucht nicht plötzlich erlitten zu werden. Der BGH fordert lediglich einen gewissen zeitlichen Zusammenhang. Zur Frage der Plötzlichkeit vgl. noch RG 21.XI.1919 RGZ Bd. 97, S. 189–190: Verbrennung beider Hände infolge einer 40 Minuten währenden Röntgenbestrahlung. Dort wird auch bemerkt, daß die Unfreiwilligkeit der Gesundheitsschädigung (Verbrennung) nicht berührt werde durch die Freiwilligkeit der Röntgenbestrahlung.

Sehr schwierig und noch nicht recht gelungen ist für die Krankenversicherung eine Definition der **Krankheit**. Während man früher meinte:

„Krankheit im Sinne der Versicherungsbedingungen ist ein nach ärztlichem Urteil anomaler körperlicher oder geistiger Zustand",

sieht man heute ein, daß solche rein statische Begriffsbestimmung (nach welcher Langwüchsige und Genies krank sind) nicht ausreicht; es muß vielmehr für die exakte Erfassung des Begriffs Krankheit als dynamisches Moment die **Notwendigkeit** von Aufwendungen für **Heilbehandlung** und/oder Arbeitsunfähigkeit hinzutreten.

Deshalb heben die Musterbedingungen jetzt auf einen gedehnten **Versicherungsfall** ab, der allerdings erst recht spät beginnen soll: *„Versicherungsfall ist die medizinisch notwendige Heilbehandlung einer versicherten Person wegen Krankheit oder Unfallfolgen. Der Versicherungsfall beginnt mit der Heilbehandlung; er endet, wenn nach medizinischem Befund Behandlungsbedürftigkeit nicht mehr besteht"* (§ 1 (2) MB/KK, vgl. unten F.IV.1).

Viel weiter geht der Krankheitsbegriff in der **gesetzlichen** Krankenversicherung. Das zeigt sich vor allem daran, daß diese auch bei rechtmäßiger Sterilisation und bei rechtmäßigem Schwangerschaftsabbruch einzutreten hat. Man hat deshalb formuliert, daß es von jeher Aufgabe der Krankenversicherung gewesen sei, Mittel zur Gesundung eines Kranken bereitzustellen, während jetzt die Aufgabe hinzugetreten sei, Mittel zur Krankmachung von Gesunden beizusteuern.

Bei jeder **Passivenversicherung** bereitet es gewisse Schwierigkeiten, die versicherte Gefahr zu umschreiben. Es handelt sich um die Frage, wodurch ein Passivum entsteht, etwa durch den Gebrauch des im Vertrage bezeichneten Fahrzeugs, durch die Betätigung in einem bestimmten Beruf (etwa als Landwirt, Lehrer, Arzt), etwa als Eigentümer von Sachen, durch deren Innehabung Haftpflichtansprüche Dritter entstehen können (etwa als Tierhalter, als Hausbesitzer). Die Prüfung der Zurückführbarkeit eines bestimmten Schadens auf die versicherte Gefahr ist oft nicht einfach. So hatte sich BGHZ Band 41, S. 327 ff. mit der Frage zu befassen, ob eine die Angestellten mitversichernde Betriebshaftpflichtversicherung auch einen Fahrradunfall deckt, den eine Angestellte verursachte, die nach Geschäftsschluß zu einer Bekannten fuhr, um sie um die Übernahme einer Urlaubsvertretung zu bitten.

Manchmal gelingt es nicht, eine einheitliche Definition zu finden. So ist z. B. der Begriff des **Einbruchdiebstahls** im Sinne der Versicherungsbedingungen vielfältig aufgegliedert, und vom Strafrecht hat sich das Versicherungsrecht gelöst. In dieser Sparte vor allem zeigt sich, daß auch der **Versicherungsort** bedeutungsvoll sein kann. Der Versicherungsort ist also ein Element der versicherten Gefahr. Vgl. z. B. § 10 VHB 84.

In der **Transport**versicherung kommen zwei Arten der Gefahrumschreibung vor: Totalität und Spezialität der Gefahr.

Besonders in der Seeversicherung herrscht das Prinzip der **Totalität** oder **Universalität** der Gefahren: *„Der Versicherer trägt, soweit nicht ein anderes bestimmt ist, alle Gefahren,* *denen das Schiff oder die Güter während der Dauer der Versicherung ausgesetzt sind"* (§ 28 Satz 1 ADS).

Nimmt man allerdings § 1 Abs. 1 ADS hinzu, so erkennt man, daß die Totalität der Gefahren eine relative ist: Der Versicherer trägt zwar alle Gefahren, aber doch nur alle Gefahren der Seeschiffahrt. Entsprechendes ergibt sich hinsichtlich der *„Gefahren der Beförderung"* für gewisse AVB der Binnentransportversicherung: *„Der Versicherer trägt, soweit nicht ein anderes bestimmt ist, alle Gefahren der Beförderung zu Lande, auf Binnengewässern oder mit Luftfahrzeugen, denen die Güter während der Dauer der Versicherung ausgesetzt sind"* (§ 1 Abs. 1 Allgemeine Deutsche Binnen-Transportversicherungs-Bedingungen).

Gewisse andere (allerdings wenig gebräuchliche) Bedingungen der Binnentransportversicherung gehen nicht vom Prinzip der Totalität der Gefahren aus, sondern sie zählen **Einzelgefahren** auf, nämlich

> Schiffahrtsunfall, Feuer und höhere Gewalt in den Allgemeinen Bedingungen für die Versicherung von Gütertransporten auf Flüssen und Binnengewässern,
>
> Betriebsunfall, Feuer, Explosion und höhere Gewalt in den Allgemeinen Versicherungsbedingungen für den Gütertransport mit Kraftfahrzeugen,
>
> Betriebsunfall, Brand, Raub, Diebstahl, Unterschlagung, Abhandenkommen ganzer Frachtstücke und höhere Gewalt in den Allgemeinen Versicherungs-Bedingungen für den Gütertransport zu Lande mittels Eisenbahn, Post oder Fuhre,
>
> Schiffahrtsunfall, Brand, Explosion und höhere Gewalt in den Allgemeinen Bedingungen für die Versicherungs-Police auf Kasko für die Schiffahrt auf Binnengewässern: § 1 Flußkaskopolice.

Man spricht hier (und in der übrigen Binnenversicherung) von **Spezialität der Gefahr**.

b) Ausschlüsse und Klarstellungen

aa) Objektiv

Primäre Gefahrumschreibungen der soeben aufgeführten Art würden nicht selten zu einer Gefahrtragung führen, die sich versicherungstechnisch nicht übernehmen läßt. Eine Korrektur wird durch — gleichsam sekundäre — Gefahrenausschlüsse bewirkt, deren Tragweite zuweilen sehr groß ist, zuweilen aber werden nur wenige einzelne Gefahrumstände durch eine „Gefahrumstandsausschlußklausel" ergriffen.

So haftet in der **Feuer**versicherung der Versicherer nicht für Schäden, die durch Krieg, innere Unruhen, Erdbeben oder Atomenergie verursacht werden. Kriegsbrände sind also ungedeckt, was im Zusammenhang mit dem zweiten Weltkrieg von größter Bedeutung war. Der Begriff der inneren Unruhen (und ähnlicher „politischer Risiken") ist recht schwer zu bestimmen; er spielt auch außerhalb der Feuerversicherung — etwa im Zusammenhang mit Flugzeugentführungen und unfriedlichen Demonstrationen — eine Rolle. Die Erdbebengefahr ist seit dem großen Erdbeben von San Franzisko (1906) ausgeschlossen. Auch die Atomenergie — neuerdings spricht man von Kernenergie — könnte zu unversicherbaren Katastrophenschäden führen. In der **Unfall**versicherung ist die Zahl der Ausschlüsse recht groß (vgl. §§ 2 Abs. 3,3 AUB). In der **Kranken**versicherung werden nicht selten durch besondere Versicherungsbedingungen bestimmte Krankheiten ausgeschlossen. Ein **Einbruchdiebstahl**versicherer haftet nicht für Schäden, die von einer in häuslicher Gemeinschaft mit dem Versicherungsnehmer lebenden oder bei ihm wohnenden Person vorsätzlich herbeigeführt werden; Entsprechendes gilt bei Geschäftsversicherungen für Einbrüche durch einen Angestellten. Für den Bereich der Seeversicherung ist es von großer Bedeutung, daß aus der Totalität der Gefahren durch § 35 ADS die Kriegsgefahr prinzipiell herausgenommen ist. Das ist auch nach den neuen Klauseln von 1973/1984 bzw. 1978/1982 so geblieben.

Die **Kriegsklausel** spielte schon im ersten Weltkrieg als Ausschlußklausel in vielen Versicherungszweigen eine Rolle. Zur Einbruchdiebstahlversicherung vgl. RG 3.VII.1917 RGZ Bd. 90, S. 378–385, wo es um die Frage ging, wann ein „Kriegszustand" vorliegt: Der deutsche Botschafter in Petersburg hatte sein Mobiliar gegen Einbruchdiebstahl versichert. Im August 1914 sind russische Volksmassen in die deutsche Botschaft eingedrungen und haben dort geplündert. Der Versicherer weigerte sich, Schadensersatz zu leisten, weil zwischen Deutschland und Rußland zu dieser Zeit bereits Kriegszustand geherrscht habe. Der Botschafter vertrat die Ansicht, die Volksmassen seien in die Botschaft auch in diebischer Absicht eingedrungen. Das RG wies seine Klage ab: *„Die Erfahrung und zwar nicht erst des jetzigen Krieges, sondern auch schon früherer Kriege, lehrt, daß gerade in der Zeit nach der Kriegserklärung eine starke Erregung völkischer Empfindungen und Leidenschaften einzutreten pflegt; aus der Luft geholte, unwahre, der feindlichen Macht und deren Angehörigen ungünstige Gerüchte und Nachrichten werden aufgebracht, finden Verbreitung und Glauben, bringen eine Steigerung der Gefühle oder Erbitterung und des Hasses mit sich und führen auch zu tätlichen Ausschreitungen, die sich gegen erreichbare Angehörige des feindlichen Staates und gegen deren Eigentum richten. Bei den Einbrüchen und Plünderungen in der Nacht zum 5. August 1914 handelt es sich also keineswegs um dem Kriege fremde, mit ihm nicht zusammengehörige Dinge, sie sind durch den Kriegszustand erst möglich geworden, finden darin ihre Grundlage . . ."*

Im zweiten Weltkrieg und im Anschluß daran ist eine Flut von Urteilen zur Kriegsklausel ergangen. Sie stellten z. B. klar, daß das kriegsbedingte Fehlen einer voll einsatzfähigen Feuerwehr, eines Feuermeldewesens, eines Fernsprechnetzes oder einer Wasserversorgung Kriegsereignisse waren, welche die Anwendung der Kriegsklausel auch unter Berücksichtigung ihres wirtschaftlichen Zweckes rechtfertigten (BGH 2.V.1951 BGHZ Bd. 2 S. 60–61). Es ist darauf zu achten, ob in den AVB **Kriegsereignis** oder **Kriegszustand** als Ausschluß formuliert ist.

bb) Subjektiv: Herbeiführung des Versicherungsfalles

Es ist heute allgemein anerkannt, daß auch die Vorschriften über die schuldhafte Herbeiführung des Versicherungsfalles als Gefahrenausschlüsse anzusehen sind (vgl. nur BGH 25.XI.1953 BGHZ Bd. 11, S. 122–123). Das subjektive Risiko wird weithin bestimmt durch solche Gefahrenumstände, die in der Psyche, also in der Geistigkeit, des Versicherungsnehmers liegen. Sind solche Gefahrumstände obendrein verschuldete, so vermag insoweit der Versicherer die Gefahr zum Teil nicht zu tragen.

Deshalb läßt in der **Schadensversicherung** § 61 VVG den Versicherer nicht haften, „*wenn der Versicherungsnehmer den Versicherungsfall vorsätzlich oder durch grobe Fahrlässigkeit herbeiführt.*" Die Beweislast für Vorsatz bzw. grobe Fahrlässigkeit liegt beim Versicherer. Allerdings können nachgewiesene **Indizien** für die Vortäuschung **eines** Versicherungsfall (z. B. Diebstahl des Kfz) die richterliche Überzeugung begründen, daß der behauptete andere Versicherungsfall (z. B. Brand des Fahrzeugs) vorsätzlich herbeigeführt wurde (BGH, VersR 1985, S. 78); BGH, VersR 1985 S. 330). In beiden Fällen wurde vorsätzliche Brandstiftung verneint. Auch hat der BGH erst jüngst wieder betont, daß ein **Anscheinsbeweis** für die Feststellung vorsätzlicher Herbeiführung nicht ausreiche (NJW 1988, S. 2040). Die Instanzgerichte sind eher geneigt, in solchen Fällen den Anscheinsbeweis genügen zu lassen (OLG Celle, VersR 1988, S. 1286; OLG Karlsruhe, VersR 1988, S. 1287; LG Arnsberg, VersR 1988, S. 794). Vgl. unten F.IV.4c.

Vorsätzliche oder **grobfahrlässige** Herbeiführung muß also der Versicherer beweisen (wie erwähnt, voll oder dem Anschein nach); beruft sich der Versicherungsnehmer demgegenüber auf Fehlen der Schuldfähigkeit (§ 827 S. 1 BGB), so ist er beweispflichtig (OLG Hamm, VersR 1988, S. 394). Vgl. unten F.IV.4c.

Im Bereich der **Haftpflichtversicherung** würde allerdings der Versicherungsschutz allzu sehr entwertet werden, wenn schon bei grober Fahrlässigkeit des Versicherungsnehmers der Versicherungsschutz entfiele. Deshalb bestimmt § 152 VVG: *„Der Versicherer haftet nicht, wenn der Versicherungsnehmer vorsätzlich den Eintritt der Tatsache, für die er dem Dritten verantwortlich ist, widerrechtlich herbeigeführt hat."*

Bei Trunkenheit am Steuer wird im allgemeinen solcher Vorsatz fehlen, es sei denn, daß der Versicherungsnehmer nicht gedacht hat: „Es wird schon gut gehen", sondern gemeint hat: „Na, wenn schon . . .". Nimmt auf solche Weise der Versicherungsnehmer den Haftpflichtfall in Kauf, so spricht man von Eventualvorsatz (*dolus eventualis*) im Gegensatz zum direkten Vorsatz. § 152 VVG umfaßt den Eventualvorsatz.

Bei einer Versicherung für fremde Rechnung befreit den Versicherer nicht nur ein schuldhaftes Verhalten des Versicherungsnehmers, sondern auch ein solches des **Versicherten** (§ 79 Abs. 1 VVG).

Der Haftpflichtversicherungsschutz für den Fahrer versagt bei einer Kraftverkehrsversicherung, falls der Fahrer den Versicherungsfall vorsätzlich herbeiführt. Dagegen bleibt der Haftpflichtversicherungsschutz für den Halter (Versicherungsnehmer) bestehen. Jedoch führt umgekehrt ein Verschulden des Versicherungsnehmers grundsätzlich auch zur Haftungsbefreiung gegenüber anderen Versicherten. Falls also bei einer Gepäckversicherung im Rahmen der Kraftverkehrsversicherung (§ 23 AKB a. F.) der Versicherungsnehmer grobfahrlässig den Kraftwagen nicht abschloß, so haftete der Versicherer auch nicht hinsichtlich des Gepäcks der Fahrgäste oder des Wagenführers (vgl. hierzu die parallelen Probleme bei Verletzung von Obliegenheiten oben E. I. 3b).

In der **See**versicherung führt schon leichte Fahrlässigkeit des Versicherungsnehmers zur Haftungsbefreiung; nur bei nautischem Verschulden muß mindestens grobe Fahrlässigkeit vorliegen (Näheres: § 33 ADS). Ähnliches gilt für die **Binnentransport**versicherung nach § 130 VVG.

RG 13.III.1931 RGZ Bd. 132, S. 208–211 hat entschieden, daß bei der Autokaskoversicherung nicht § 130 VVG, sondern § 61 VVG anzuwenden sei.

Die **Lebens**versicherung muß die Fälle des Mordes und der Selbsttötung klären: Ermordet bei einer Todesfallfremdversicherung der Versicherungsnehmer die Gefahrsperson, so ist der Versicherer von jeder Verpflichtung zur Leistung frei (§ 170 Abs. 1 VVG).

Hat der Versicherungsnehmer bei einer normalen Todesfallversicherung einen Bezugsberechtigten bezeichnet, und ermordet dieser den Versicherungsnehmer, *„so gilt die Bezeichnung als nicht erfolgt"* (§ 170 Abs. 2 VVG). Statt des Bezugsberechtigten sind die Erben anspruchsberechtigt, und der Mörder als Erbe kann für erbunwürdig erklärt werden.

Hinsichtlich des Selbstmordes bestimmt heute § 8 ALB:

„Bei Selbsttötung des Versicherten bleibt die Leistungspflicht des Versicherers in voller Höhe bestehen, wenn beim Ableben seit Zahlung des Einlösungsbeitrags oder Wiederherstellung der Versicherung drei Jahre verstrichen sind oder wenn nachgewiesen wird, daß die Tat in einem die freie Willensbestimmung ausschließenden Zustand krankhafter Störung der Geistestätigkeit begangen worden ist. Anderenfalls ist ein etwa vorhandenes Deckungskapital auszuzahlen."

Was die **Unfall**versicherung anlangt, so fordert bereits die primäre Definition die Unfreiwilligkeit der Gesundheitsschädigung, und § 180a VVG bringt nur eine zwingende Beweisvermutung zugunsten des Anspruchsberechtigten: Die Unfreiwilligkeit wird bis zum Beweis des Gegenteils vermutet.

Über die Rechtsfolgen der vorsätzlich rechtswidrigen Herbeiführung des Versicherungsfalls durch den Versicherungsnehmer bei einer Unfallfremdversicherung für eigene Rechnung oder durch einen Bezugsberechtigten vgl. § 181 VVG.

Der Versicherungsfall kann in allen Versicherungszweigen sowohl durch Tun als auch durch Unterlassen herbeigeführt werden (dahingestellt gelassen von BGH 21.IX.1964 BGHZ Bd. 42, S. 299). Aber das Verhalten des Versicherungsnehmers muß unmittelbar zum Versicherungsfall hinführen, also nicht lediglich zu einer auf erhöhtem Niveau ausruhenden Gefahrslage (über diese Abgrenzung zur Gefahrerhöhung vgl. oben E. II.2a) und auch das Verschulden muß sich auf die Realisierung der versicherten Gefahr beziehen.

Die Rechtsprechung hat in ständiger Praxis die Vorschriften über die schuldhafte Herbeiführung des Versicherungsfalles dadurch verschärft, daß sie dem Versicherungsnehmer (und Versicherten) seinen **Repräsentanten** gleichstellt. Wer sich der notwendigen eigenen Risikoverwaltung völlig entschlägt, muß sich das Verhalten und Verschulden seines Ersatzmannes zurechnen lassen.

Die Repräsentantenhaftung spielt auch bei den **Obliegenheiten** des Versicherungsnehmers, welche keine Anzeigen oder Auskünfte zum Gegenstand haben, eine Rolle. Deshalb kann hier auf die Ausführungen verwiesen werden, die im Zusammenhang mit den Obliegenheiten gemacht worden sind (E. I. 3c(cc)).

Aus der Rechtsprechung zur Nichtanwendbarkeit des § 278 Satz 1 BGB vgl. RG 4.VI.1913 RGZ Bd. 83, S. 43–45, BGH 25.XI.1953 BGHZ Bd. 11, S. 120–124.

Im übrigen zur Repräsentantenfrage nur noch ein **Beispiel**:

> RG 15.III.1932 RGZ Bd. 135, S. 370–372. Ein Bäckermeister hatte sein Haus gegen Feuer versichert. Anfang 1926 überließ er das Haus seiner minderjährigen Tochter gegen ein lebenslängliches Wohnungs-, Nutzungs- und Unterhaltsrecht. Im Mai des Jahres wurde die Tochter als Eigentümerin des Hausgrundstücks im Grundbuch eingetragen, im Juni setzte der Vater das Haus in Brand. Das RG entschied, daß der Versicherer von seiner Verpflichtung zur Leistung frei sei, wenn der Vater als Repräsentant seiner minderjährigen Tochter anzusehen sei. In der Regel sei der Vater

Repräsentant, da er das minderjährige Kind zu vertreten und für dessen Vermögen in jeder Hinsicht zu sorgen habe, „*also auch die Rechte und Pflichten aus dem Versicherungsvertrage für das Kind wahrzunehmen*" habe. „*Der Vater kann sich aber der Eigenschaft eines Repräsentanten entkleiden, indem er den Minderjährigen zum selbständigen, rechtsgeschäftlichen Handeln innerhalb eines bestimmten Geschäftskreises, einschließlich der Wahrnehmung der Rechte und Pflichten aus dem Versicherungsvertrage, ermächtigt, soweit das Gesetz es gestattet. Wenn also der Vater ... seiner Tochter mit Genehmigung des Vormundschaftsgerichts die Ermächtigung erteilt hätte, den in dem versicherten, der Klägerin übereigneten Hause bisher von ihm geführten Bäckereibetrieb selbständig zu führen (§ 112 BGB), so würde er sich insoweit der Repräsentanteneigenschaft begeben haben.*"

Als Repräsentant im Bereich des § 61 VVG wurden die Mitmieter einer gemeinschaftlichen Wohnung angesehen, von denen nur **einer** Versicherungsnehmer war (OLG Celle, VersR 1988, S. 617).

Hingegen hat der BGH entschieden, daß im allgemeinen der Mieter oder Pächter eines gewerblich genutzten Gebäudes in der Feuerversicherung nicht der Repräsentant des Vermieters bzw. des Verpächters sei: BGH VersR 1989, S. 737.

cc) Klarstellungen

Die primäre Gefahrenumschreibung und die sekundären Ausschlüsse reichen oft noch nicht aus, um alle Zweifelsfragen hinsichtlich des Deckungsumfanges — besonders dem einfachen Manne — zu beantworten. Deshalb behandeln die AVB klarstellend nicht selten „Grenzfälle".

Drei **Beispiele:**

§ 1 Abs. 2 Satz 2 AFB stellt klar:

„*Sengschäden, die nicht durch einen Brand entstanden sind, sowie Schäden, die an den versicherten Sachen dadurch entstehen, daß sie einem Nutzfeuer oder der Wärme zur Bearbeitung oder zu sonstigen Zwecken (z. B. zum Räuchern, Rösten, Kochen, Braten, Trocknen, Plätten) ausgesetzt werden, fallen nicht unter den Versicherungsschutz.*"

Diese **Seng- und Betriebsschäden** dürften in Wahrheit schon deshalb nicht als Brandschäden anzusehen sein, weil der Sengschaden sich nicht aus eigener Kraft ausbreitet, und weil beim Betriebsschaden das Feuer in einem bestimmungsmäßigen Herd verbleibt. Nimmt man allerdings an, daß diese Voraussetzungen nicht stets zutreffen, so muß man die zitierte Bestimmung nicht nur als Klarstellung, sondern auch als Ausschluß werten.

Analoges gilt in der **Unfall**versicherung, wenn § 2 Abs. 3 AUB hinsichtlich gewisser Ereignisse („Grenzfälle") vorschreibt, sie fielen nicht unter den Versicherungsschutz (z. B. Berufs- und Gewerbekrankheiten, wohl zwecks Betonung des Unterschiedes zur sozialen Unfallversicherung).

Für die Seeversicherung ist Ziff. 1.4.1.2 ADS Güterversicherung 1973/1984 zu erwähnen, die sich auf die Beschaffenheitsgefahren bezieht, welche nicht zu den Gefahren der Seeschiffahrt zählen dürften.

c) Versicherungsrechtliche Verursachungsprobleme

Die Frage des ursächlichen Zusammenhanges, also der Kausalität, spielt im Versicherungsvertragsrecht vielfältig eine Rolle, z. B. bei manchen **Obliegenheitsverletzungen** (vgl. §§ 6 Abs. 2, Abs. 3 Satz 2, 21, 62 Abs. 2 Satz 2 VVG). Von diesem Kausalitätserfordernis war schon die Rede (E. I. 2b).

Aber am wichtigsten ist das Kausalproblem im Zusammenhang mit der **versicherten Gefahr**: Ist der Schaden infolge Verwirklichung der versicherten Gefahr eingetreten? Ist der Schaden auf einen ausgeschlossenen Gefahrumstand zurückzuführen? Konkreter: Beruht der Sachschaden bei einer Feuerversicherung auf Brand, Explosion, Blitzschlag, bei einer Seeversicherung auf den Gefahren der Seeschiffahrt? Greift etwa eine Kriegsausschlußklausel ein oder hat der Versicherungsnehmer den Versicherungsfall vorsätzlich herbeigeführt?

Manche Gefahrumschreibung ist so verwickelt, daß sie **mehrere Kausalreihen** erfordert. In der Feuerbetriebsunterbrechungsversicherung muß zunächst ein Brand usw. einen Sachschaden verursachen, und infolge des Sachschadens muß eine Unterbrechung des Betriebes eintreten, die ihrerseits einen Unterbrechungsschaden zur Folge hat: *„Wird der Betrieb des Versicherungsnehmers infolge eines Sachschadens... unterbrochen, so ersetzt der Versicherer... den dadurch entstehenden Unterbrechungsschaden"* (§ 1 Allgemeine Feuer-Betriebsunterbrechungs-Versicherungsbedingungen).

Zuweilen kommt es (neben der versicherten Gefahr) auf den Eintritt bestimmter Folgen an. So muß in der Unfallversicherung der Versicherungsnehmer zunächst *„durch ein plötzlich von außen auf seinen Körper wirkendes Ereignis unfreiwillig eine Gesundheitsschädigung"* erleiden. Letztere muß sodann bestimmte Folgen auslösen (vorübergehende Arbeitsunfähigkeit, Invalidität, Tod).

Man muß grundlegend mehrere Verursachungstheorien unterscheiden. Speziell zu behandeln ist die Kausalität bei Ausschlüssen und die überholende Kausalität.

aa) Verursachungstheorien allgemein

(1) Bedingungs- oder Äquivalenztheorie

Jeder Schaden hat eine Fülle von nicht wegdenkbaren Bedingungen.

Hätte der Schneider den Skianzug rechtzeitig geliefert, so wäre der Besteller einen Tag früher in die Berge gereist und er wäre nicht auf der Reise dem Zugunglück zum Opfer gefallen. Muß der Schneider, der sich im Verzuge befand, als Verzugsschaden alle Schadensfolgen tragen? Zwar wäre ohne seine Leistungsverzögerung der Schaden nicht eingetreten (conditio sine qua non = Bedingung, ohne welche nicht), aber für die Zivilrechtswissenschaft ist dieser weite philosophisch-naturwissenschaftliche Ursachenbegriff, ist die Bedingungstheorie nicht brauchbar.

(2) Adäquanztheorie

Das Zivilrecht – und damit auch das Binnenversicherungsrecht – trifft unter der Fülle der nicht wegdenkbaren Bedingungen eine Auswahl und berücksichtigt nur die adäquaten Ursachen (**Theorie von der adäquaten Verursachung**).

Dabei scheidet jede Bedingung aus, die ihrer allgemeinen Natur nach für die Entstehung eines derartigen Schadens ganz gleichgültig (indifferent) war und nur infolge anderer außergewöhnlicher Umstände zur Bedingung des Schadens wurde. Der Schneiderverzug war für die Folgen des Zugunglücks indifferent. Wenn ein sowieso viel herumkommender Handlungsreisender infolge des Brandes seines Hauses in ein Hotel zieht und ihm dort beim Bedienen ein Kellner Sauce über den Anzug schüttet, so hat der Feuerversicherer diesen Schaden nicht zu vergüten, denn hier war der Brand für die Entstehung des Schadens gleichgültig.

Positiv formuliert: **Adäquate Ursache ist jede Bedingung, welche objektiv und generell betrachtet die Gefahr der Entstehung eines derartigen Schadens erhöht** (RG 15.II.1913 RGZ Bd. 81, S. 359–363). Geboten ist eine nachträgliche Vorschau (Prognose) mit den Augen eines einsichtigen Durchschnittsmenschen und in einer generalisierenden Betrachtungsweise. Sind Tiere in der Feuerversicherung mitgedeckt und wird durch eine Explosion im Winter das Dach abgedeckt, so muß der Feuerversicherer auch den Schaden ersetzen, der durch Verlust der infolge Kälteeindringens verendeten Tiere entsteht. Der Ersatz von Folgeschäden an versicherten Sachen folgt aus der adäquaten Kausalität, würde also auch gelten, wenn § 83 VVG und einige AVB keine entsprechenden Vorschriften enthielten.

Der Feuerversicherer muß auch das Lamm ersetzen, wenn es eingeht, weil der Blitz das Mutterschaf erschlagen hat.

Schmilzt das Bleirohr einer Wasserleitung infolge Brandes, so muß der Feuerversicherer auch den Wasserschaden ersetzen.

Die Beispiele zeigen bereits, daß ein Schaden oft **mehrere adäquate Ursachen** hat; dann reicht es aus, wenn eine dieser Ursachen der versicherten Gefahr zuzurechnen ist:

Explosion und Frost, Blitz und Nahrungsmangel, Brand und Leitungswasser in den angeführten drei Fällen. Etwas anderes gilt, falls die AVB zur Ursachenkonkurrenz eine Sonderbestimmung enthalten, wie z. B. § 10 Abs. 1 AUB: *„Haben bei den Unfallfolgen Krankheiten oder Gebrechen mitgewirkt, so ist die Leistung entsprechend dem Anteil der Krankheit oder des Gebrechens zu kürzen, sofern dieser Anteil mindestens 25 Prozent beträgt."*

In Rechtsprechung und Lehre wird neuerdings anerkannt, daß der Raster der **adäquaten** Verursachung noch zu grob sein kann. Ersatzpflichtig sei der Täter nur, soweit die Schadenshaftung innerhalb des Schutzumfangs der sie begründenden Vorschrift bzw. des sie begründenden Vertrags liege (Lehre vom **Schutzzweck der Norm**, Lehre vom **Rechtswidrigkeitszusammenhang**). Für die Beurteilung von Versicherungsschäden hat diese neuere Ansicht noch kaum Bedeutung erlangt.

bb) Causa proxima-Lehre in der Seeversicherung

Im **Seeversicherungsrecht** hat sich unter dem Einfluß des anglo-amerikanischen Rechtes eine besondere Verursachungstheorie durchgesetzt, die **causa proxima-Lehre**, welche unter den adäquaten Ursachen die nächste Ursache auswählt und sie allein entscheidend sein läßt. Die nächste Ursache ist nicht die letzte Ursache (causa ultima), sondern nach herrschender Meinung die wirksamste Ursache (causa *„proximate in efficiency"*).

Während des Krieges erhielt der in Rio de Janeiro liegende deutsche Dampfer „Bahia Blanca" den amtlichen Befehl, eine Blockadebruchreise mit einer Kaffeeladung auf sehr nördlicher Route durchzuführen. Die Ladung war einerseits einschließlich imaginärem Gewinn seeversichert, andererseits ohne Gewinn kriegsversichert. Das Schiff ging unter, weil es in Treibeis geriet, auch soll zuletzt ein nautisches Verschulden des Kapitäns mitgespielt haben. Daneben kommen als adäquate Ursachen die Blockade und die amtliche „Segelanweisung" in Betracht. Welche Ursache ist entscheidend? Treibeis, nautisches Verschulden bedeuten gewöhnliche Seegefahren; Blockade und amtliche Segelanweisung Kriegsgefahren. Der Streit ging um 188 000 RM imaginären Gewinn. Das RG 28.XI.1941 RGZ Bd. 169, S. 1—24 hat zu Gunsten des Versicherungsnehmers entschieden. Causa proxima sei das nautische Verschulden des Kapitäns: *„Der durch Untergang der Güter entstandene Schaden ist unmittelbar verursacht worden durch Verwirklichung einer Seegefahr, die als solche hinsichtlich des in Rede stehenden imaginären Gewinnes durch den Versicherungsvertrag gedeckt ist. Kriegsereignisse, die eine Haftung für imaginären Gewinn nicht begründen würden, haben, allerdings in adäquater Weise ursächlich für den Schaden, nur eine den Eintritt des Unfalls begünstigende Gefahrenlage geschaffen. Die entscheidende, die Verwirklichung der Seegefahr unvermeidlich machende Wendung hat dagegen der Lauf der Dinge erst dadurch erhalten, daß der Kapitän, der nach dem Inhalt der Segelanweisung bei dringender Gefahr insoweit Handlungsfreiheit hatte, in einer irrigen Einschätzung der für das Schiff damit verbundenen Gefahr, der, wie der Erfolg zeigt, das Schiff tatsächlich nicht gewachsen war, das Durchfahren (Forcieren) des Treibeises unternommen hat. Es handelt sich mithin um einen Irrtum des Kapitäns über die Bedeutung einer Seegefahr für das Schiff, der ihn zu einer von seinem Ermessen abhängigen Maßnahme veranlaßte, die den Verlust des Schiffes durch diese Seegefahr zur Folge haben mußte, während Anhaltspunkte dafür, daß es bei der möglichen Vermeidung dieser Gefahr der Kriegsgefahr oder einer sonstigen Seegefahr hätte zum Opfer fallen müssen, nicht gegeben sind."*

cc) Kausalität bei Ausschlüssen

In der Binnenversicherung entfällt der Versicherungsschutz, falls der Schaden adäquat (nur oder auch) durch eine ausgeschlossene Gefahr verursacht ist. Man denke an eine Brandstiftung (§ 61 VVG). Dabei ist es gleichgültig, ob der Versicherungsnehmer das versicherte Haus selbst ansteckt oder ob er einen Dritten anstiftet. Letzterenfalls wirken der Vorsatz des Versicherungsnehmers und das Verhalten des Dritten zusammen. Hat jemand infolge von Trunkenheit einen Unfall erlitten, so ist der Versicherer wegen der Ausschlußklausel des § 3 Ziff. 4 Satz 1 AUB (Unfälle infolge von Bewußtseinsstörungen, auch soweit durch Trunkenheit verursacht) selbst dann leistungsfrei, wenn außerdem andere Umstände, z. B. Übermüdung, den Unfall verursacht haben. **Der Ausschluß gewinnt Übermacht.**

Ebenso BGH 8.VII.1957 VersR 1957, S. 509—510. Ein Polizeihauptwachtmeister, der gegen Unfall versichert war, hatte von 19—7 Uhr Dienst gehabt. Danach begab er sich in eine Gaststätte, wo er sich mit einer kurzen Unterbrechung bis in die späten Mittagsstunden aufhielt und alkoholische Getränke zu sich nahm. Gegen 15 Uhr ging er zu seiner in der Nähe gelegenen Wohnung. Mit seinen neubesohlten Schuhen glitt er auf einer steilen Treppe aus und stürzte über das Treppengeländer in den Kellerschacht. Er starb an seinen Verletzungen. Der Unfallversicherer machte geltend, der Unfall sei nach § 3 Ziff. 4 Satz 1 AUB von der Versicherung ausgeschlossen, weil er die Folge einer Bewußtseinsstörung gewesen sei. Der Verunglückte sei nämlich sinnlos betrunken gewesen und insbesondere deswegen gestürzt. Der BGH gab dem Versicherer recht und wies die Klage der Ehefrau des Verunglückten ab. Haben mannigfache Ursachen zusammengewirkt und liegt nur eine dieser Ursachen in der Bewußtseinsstörung, so greift der Ausschluß ein.

Die dargestellte herrschende Lehre ist angreifbar; sofern die verschiedenen Ursachen (gedeckte und ausgeschlossene) **unabhängig** voneinander wirken, läßt sich nämlich eine Teilentschädigung befürworten.

Zuweilen muß man den **Gesamtschaden** zeitlich nach seinen Ursachen **aufgliedern:** Man denke an den Ausschluß der Kriegsgefahr in der Feuerversicherung. Kann ein Brand, der ohne Zusammenhang mit dem Kriege ausbricht, aus Kriegsgründen nicht gelöscht werden, so haftet der Versicherer nicht für jenen Teil des Schadens, der in Friedenszeiten durch Löschen hätte vermieden werden können.

Manche Risikobeschränkungen lassen nicht klar erkennen, ob es auf die Kausalität ankommen soll. So waren z. B. früher in der Unfallversicherung „*Beschädigungen des Versicherten bei Heilmaßnahmen*" ausgeschlossen, während heute § 3 Ziff. 3 AUB abstellt auf „*Gesundheitsschädigungen durch Heilmaßnahmen*".

dd) Überholende Kausalität

Im **allgemeinen Zivilrecht** sind die Fälle der überholenden (hypothetischen) Kausalität, der „Reserveursache", sehr umstritten. Getreide wird durch Wildschaden beeinträchtigt, der Rest fällt Hagelschlag zum Opfer. Ein Brandstifter zerstört ein Haus, das demnächst durch Bomben vernichtet worden wäre.

Versicherungsrechtlich steht es außer Zweifel, daß Reserveursachen nicht beachtet werden, das sagt bereits § 844 HGB.

Während des Krieges sind wegen Überlastung der Werften manche (durch Seegefahren verursachte, also versicherte) Teilschäden unausgebessert und unentschädigt geblieben. Nach der Kapitulation wurden die beschädigten Schiffe von den Alliierten weggenommen (wogegen Versicherungsschutz nicht bestand). BGHZ Band 2, S. 336 ff. hat den Reedern die Kaskoentschädigung für die Teilschäden zugebilligt, obgleich die Versicherer geltend gemacht haben, daß die Reeder ja die Schiffe auch durch Wegnahme verloren hätten, wenn sie unbeschädigt geblieben wären.

2. Versicherte Beziehung (versichertes Interesse)

a) **Normalfall**

Jede Versicherung schützt eine bestehende Vermögenssituation (Ausgangssituation, status quo) für den Fall einer nachteiligen Veränderung infolge einer Verwirklichung der versicherten Gefahr.

In der **Summenversicherung**, die ja nur im Bereiche der Personenversicherung zulässig ist, bereitet die Umschreibung der Ausgangssituation keine besonderen Schwierigkeiten. Hier muß speziell die Gefahrsperson feststehen, um deren vorzeitigen Tod, um deren Erleben, Unfall oder Krankheit es geht.

In der **Schadensversicherung** ist die Umschreibung der versicherten Beziehung viel wichtiger und schwieriger. Auszugehen ist von der Aktivenversicherung einerseits, bei der die versicherten Interessen festgelegt werden müssen, und von der Passivenversicherung andererseits, bei der klargestellt werden muß, um welche Passiven es sich handelt, gegen deren Entstehung Versicherungsschutz gewährt werden soll.

aa) Interesseumschreibung in der Aktivenversicherung

Wenn das versicherte Interesse die Wertbeziehung einer bestimmten Person zu einem bestimmten Gute ist, so muß in jeder Aktivenversicherung dieses Interesse genau erfaßt werden. Das gilt besonders für die **Sachversicherung**, in der bestimmt werden muß, wer hinsichtlich **welcher Sachen** geschützt ist. Die Umschreibung der versicherten Sachen erfolgt nicht selten durch **Inbegriffe** wie Hausrat, Arbeitsgerät, Maschinen, Vorräte. Sodann umfaßt die Versicherung die jeweils zum Inbegriff gehörigen Sachen (§ 54 VVG). § 2 AFB 87 umschreibt die versicherten Sachen.

§ 2 Abs. 3 b, 3 c AFB 87 behandelt im übrigen die Frage, wer in Fällen des Kaufes unter Eigentumsvorbehalt oder der Sicherungsübereignung versicherte Person sei. Der BGH 28.X.1953 BGHZ Bd. 10, S. 376–385 hatte sich mit dem Fall zu befassen, daß ein Feuerversicherungsnehmer Maschinen usw. der Klägerin sicherungshalber übereignete, was dem Versicherer nicht angezeigt wurde. Der Betrieb des Versicherungsnehmers brannte ab, der Versicherungsnehmer geriet in Konkurs, die Klägerin klagte gegen den Konkursverwalter, indem sie geltend machte, ihr – als für fremde Rechnung Versicherter – stände ein Aussonderungsanspruch hinsichtlich der auf die Maschinen entfallenden Brandentschädigung zu. Es kommt also darauf an, ob das „Eigentumsinteresse" der Klägerin oder das (wirtschaftliche) „Eigentümerinteresse" des Sicherungsgebers (jetzt: der Konkursmasse) geschützt ist. Der BGH hat sich für die erste Alternative entschieden: Der Sicherungsnehmer müsse auch versicherungsmäßig gesichert werden. Hierfür *„genügt aber nicht der Abschluß einer Eigenversicherung des Sicherungsübereigners, sondern hierfür bedarf es einer Versicherung für Rechnung des Erwerbers, bei der dieser selbst einen Anspruch auf die Entschädigung erwirbt". Ist das aber der Fall, so steht nach § 75 VVG der Klägerin als der Versicherten die streitige Entschädigung zu"*, die *„noch unterscheidbar (aussonderungsfähig) in der Konkursmasse vorhanden ist"*.

§ 2 Abs. 3 b, 3 c AFB 87 verdrängt § 80 I VVG, sofern man mit dem BGH auf das **formelle** Eigentum abstellt (Versicherter im Sinne der §§ 74 ff. VVG ist dann der Vorbehaltsverkäufer bzw. der Sicherungsnehmer). Geht man hingegen vom **wirtschaftlichen** = Eigentümerinteresse aus, hat der Vorbehaltskäufer bzw. der Sicherungsgeber eigenes Interesse versichert, richtiger gesagt: sein Anwartschaftsinteresse; vgl. H. II.

Auch bei Aktivenversicherungen, die keine Sachinteressen schützen, muß das versicherte Interesse vertraglich genau umrissen werden. So muß z. B. bei einer **Kreditversicherung** klargestellt werden, wessen gegen wen gerichtete Forderungen versichert sind, wobei die Art der Forderungen näher zu umschreiben ist.

Vgl. auch oben A. VII.2a.

bb) Passivenumschreibung in der Passivenversicherung

Da eine Passivenversicherung gegen die Entstehung von Verpflichtungen genommen wird, ist es versicherungstechnisch erforderlich, im Versicherungsvertrage hinsichtlich dieser Passiven genaue Angaben zu machen.

Deshalb sagt § 1 Abs. 1 AHB für die allgemeine Haftpflichtversicherung:

„Der Versicherer gewährt dem Versicherungsnehmer Versicherungsschutz für den Fall, daß er wegen eines während der Wirksamkeit der Versicherung eingetretenen Ereignisses, das den Tod, die Verletzung oder Gesundheitsschädigung von Menschen (Personenschaden) oder die Beschädigung oder Vernichtung von Sachen (Sachschaden) zur Folge hat, für diese Folgen auf Grund gesetzlicher Haftpflichtbestimmungen privatrechtlichen Inhalts von einem Dritten auf Schadenersatz in Anspruch genommen wird."

Hiernach schützt die Haftpflichtversicherung nur gegen **Schadensersatzansprüche**, nicht z. B. gegen Erfüllungsansprüche (so für einen Anspruch auf erneute Montage einer — eingestürzten — Halle: BGH 21.II.1957 BGHZ Bd. 23, S. 351–352), nicht gegen Bereicherungsansprüche. Die Schadensersatzansprüche müssen sich auf **privatrechtliche** Haftpflichtbestimmungen gründen, so daß öffentlich-rechtliche Ansprüche nicht gedeckt sind (so für einen strafprozessualen Kostenerstattungsanspruch: BGH 23.I.1958 BGHZ Bd. 26 S. 264). Die privatrechtlichen Haftpflichtbestimmungen kommen nur insoweit in Betracht, als sie „gesetzliche" sind. Diese Formulierung darf aber nicht dahin mißverstanden werden, daß nur eine Haftung aus Gesetz, speziell aus Delikt, unter den Haftpflichtversicherungsschutz fällt, sondern auch die Vertragshaftung wird vom Versicherungsschutz prinzipiell erfaßt, soweit sie sich im Rahmen der gesetzlichen Vorschriften hält, also nicht kraft Vereinbarung darüber hinaus geht (so BGH 21.II.1957 BGHZ Bd. 23, S. 351, wonach *„nur die vertragliche Übernahme einer höheren als der sich aus dem Gesetz ergebenden Haftung vom Versicherungsschutz nicht erfaßt wird"*, früher schon RG 7.XI.1914 RGZ Bd. 86, S. 1–6, 7.III.1939 RGZ Bd. 160, S. 48–52).

Hiernach schützt eine Haftpflichtversicherung nur bei Entstehung ganz bestimmter privatrechtlicher Schadensersatzansprüche. Das gilt auch für die Haftpflichtversicherung im Rahmen der **Kraftverkehrsversicherung** (vgl. § 10 Abs. 1, 2 AKB).

Eine **Krankenversicherung** schützt gegen bestimmte notwendige Aufwendungen. Welche Arten von Aufwendungen hier in Betracht kommen, ist jeweils aus dem vereinbarten Tarif zu entnehmen.

Bemerkenswert ist es, daß in der **Seeversicherung** mit einer Aktivenversicherung (Versicherung des Schiffes oder der Güter) eine Passivenversicherung, und zwar eine Haftpflichtversicherung verbunden zu sein pflegt. Das ergibt sich aus Ziff. 34 DTV Kaskoklauseln 1978/1982.

Verursacht also das versicherte Schiff eine Kollision, so hat der Versicherer nicht nur (als Sachversicherer) den Kaskoschaden am (schuldigen) Schiff zu ersetzen, sondern (als Haftpflichtversicherer obendrein) den „mittelbaren Kollisionsschaden", der dem Versicherungsnehmer dadurch erwächst, daß er dem unschuldigen „Gegensegler" ersatzpflichtig wird, speziell für dessen Kaskoschaden. Für diesen mittelbaren Ersatz steht die Versicherungssumme separat, d. h. neben der Versicherungssumme für den eigenen Kaskoschaden zur Verfügung (Ziff. 34.1.6 DTV Kaskoklauseln 1978/1982; anders für die gleich zu besprechenden Havarie-Beiträge).

Solche „angehängte" Versicherung, auch Adhäsionshaftpflichtversicherung genannt, normiert Ziff. 35 DTV Kaskoklauseln 1978/1982 auch für den Fall, daß der Kaskoversicherte **Havariegrosse-Beiträge** schuldet. Das gleiche gilt für den Güterversicherten nach Ziff. 1.5.1.1. ADS Güterversicherung 1973/1984.

b) Ausschlüsse und Klarstellungen

So wie es Gefahrenausschlüsse gibt, kommen auch hinsichtlich der versicherten Beziehung sekundäre, gleichsam negative Risikobeschränkungen vor.

Für die **Sachinteressenversicherung** sei § 2 Abs. 2 AFB angeführt: *„Bargeld, Wertpapiere, Urkunden, Gold- und Silberbarren, ungefaßte Edelsteine sowie ungefaßte echte Perlen sind nur dann versichert, wenn es besonders vereinbart ist".*

Aus dem Bereiche der Passivenversicherung ist § 4 Abs. 2 Ziff. 2 AHB, die „Angehörigenklausel", kennzeichnend. Danach bleiben von einer **Allgemeinen Haftpflichtversicherung** insbesondere *„Haftpflichtansprüche aus Schadenfällen von Angehörigen des Versicherungsnehmers, die mit ihm in häuslicher Gemeinschaft leben oder die zu den im Versicherungsvertrag mitversicherten Personen gehören"* ausgeschlossen.

Es kommt auf die Entstehungsursache solcher Schadensersatzansprüche von Angehörigen nicht an. Dagegen handelt es sich um einen Gefahrenausschluß, wenn in § 4 Abs. 1 Ziff. 4, 5 AHB z. B. ausgeschlossen sind *„Haftpflichtansprüche aus Schäden infolge Teilnahme an ... Kraftfahrzeugrennen, Box- und Ringkämpfen ..."*, Haftpflichtansprüche aus Sachschaden, welcher entsteht durch ... Abwässer, Schwammbildung, Senkungen von Grundstücken ..., durch Erdrutschungen, Erschütterungen, infolge Rammarbeiten ...".

Um eine (überflüssige, aber verdeutlichende) bloße Klarstellung handelt es sich z. B., wenn für die Allgemeine Haftpflichtversicherung § 4 Abs. 1 Ziff. 1 AHB besagt, der Versicherungsschutz beziehe sich nicht auf *„Haftpflichtansprüche, soweit sie auf Grund Vertrags oder besonderer Zusagen über den Umfang der gesetzlichen Haftpflicht des Versicherungsnehmers hinausgehen".* Denn § 1 Abs. 1 AHB hat hinsichtlich der versicherten Passiven bereits gesagt, daß nur Schadenersatzansprüche *„auf Grund gesetzlicher Haftpflichtbestimmungen"* in Betracht kämen.

3. Versicherter Schaden

An und für sich ist vom Versicherer jeder Schaden, jeder Bedarf, zu ersetzen

der infolge Verwirklichung der versicherten (und nicht ausgeschlossenen) **Gefahr**

hinsichtlich der versicherten (und nicht ausgeschlossenen) **Beziehung** dem Versicherungsnehmer erwächst,

sei es durch **Beeinträchtigung des Interesses** an versicherten Gütern, sei es durch **Entstehung von Passiven**, wie sie im Versicherungsvertrage umschrieben sind.

Hiernach hat man für die Schadensversicherung mit Recht den **Grundsatz** aufgestellt:
Der Schaden ist die Negation des Interesses. Vom Schaden ist hier die Rede, soweit er den **Grund** des Versicherungsanspruchs beeinflußt. Soweit er für die **Höhe** der Leistungspflicht des Versicherers maßgeblich ist, vgl. unten F. III. 2.

455

Nun lassen sich die vorkommenden Schäden in verschiedener Weise **einteilen.**

Denkt man etwa an eine Sachinteresseversicherung, so kann ein Schaden erstens dergestalt entstehen, daß die Substanz der Sache zerstört oder beschädigt wird (**Substanzschaden**), zweitens aber ist vorstellbar, daß die Sache als solche unversehrt bleibt, aber die Beziehung des Versicherungsnehmers zu seiner Sache beeinträchtigt wird (**Entziehungsschaden**), man denke an Fälle des Diebstahls, der Beschlagnahme, der prisenrechtlichen Entziehung im Seekriegsrecht. Der Entziehungsschaden gehört zum Substanzschaden im weitesten Sinne.

Was die Substanzschäden anlangt, so ist die Abgrenzung von **Zerstörung** und **Beschädigung** nicht selten schwierig; entscheidend ist, ob die nach dem Schadensfall verbleibenden Reste nach der Verkehrsauffassung noch als eine (beschädigte) Sache der in Betracht kommenden Gattung oder als etwas anderers (lateinisch: aliud) angesehen werden, z. B. nicht mehr als Schiff, sondern als Wrack, nicht mehr als Kraftwagen, sondern als Schrotthaufen. Besondere neuartige Probleme lassen Schäden durch radioaktive **Verseuchung** auftauchen.

In der **Seeversicherung** ist die Differenzierung der Schadensarten besonders verfeinert, und zwar unterscheidet man in der Kaskoversicherung den Totalverlust vom Teilschaden, in der Güterversicherung den Totalverlust vom Teilverlust (Beschädigung).

Es kann zweckmäßig sein, **nicht alle Schadensarten** in den Versicherungsschutz einzubeziehen. Denkt man z. B. an die Binnenschiffe, so ergibt sich, daß die deutschen Binnengewässer relativ flach sind, so daß Totalverluste selten sind. Mancher Schiffseigner wünscht Prämie dadurch zu sparen, daß er sich nur gegen Teilschäden versichert. Denkt man an gewisse Güter, z. B. Eisenträger, so ist bei einer Seebeförderung eine Beschädigung kaum zu befürchten.

Rechtstechnisch bestehen in Fällen der genannten Art mehrere Möglichkeiten:

Es ist angängig, **positiv** zu bestimmen, der Versicherer solle z. B. haften: „Nur für Totalverlust" (§ 123 ADS).

Ein Totalverlust liegt z. B. vor, wenn das Schiff „unrettbar gesunken" ist. *„Durch das Wort ‚unrettbar' ... sollte mit Rücksicht auf den Erfahrungssatz, daß gesunkene Schiffe mitunter ohne unverhältnismäßig große Kosten wiedergehoben werden könnten, ausdrücklich ausgesprochen werden, daß das Schiff oder die Güter, ohne Aussicht auf Wiedererlangung' gesunken sein müßten"* (RG 7.IV.1886 RGZ Bd. 15, S. 163).

Die ADS Güterversicherung 1973/1984 sehen unter Ziff. 1.2. vor:

> 1. *Strandungsfalldeckung (falls vereinbart)*
>
>   *Der Versicherer leistet ohne Franchise Ersatz für Verlust oder Beschädigung der versicherten Güter als Folge der nachstehenden Ereignisse:*
>
>   a) *Strandung; eine Strandung liegt vor, wenn das die Güter befördernde Schiff auf Grund stößt oder auf Grund festgerät, kentert, sinkt, scheitert, mit anderen Fahrzeugen oder Sachen zusammenstößt oder durch Eis beschädigt wird;*
>
>   b) *Unfall eines die Güter befördernden anderen Transportmittels;*
>
>   c) *Einsturz von Lagergebäuden;*
>
>   d) *Brand, Blitzschlag, Explosion; Erdbeben, Seebeben, vulkanische Ausbrüche und sonstige Naturkatastrophen; Anprall oder Absturz eines Flugkörpers, seiner Teile oder seiner Ladung;*
>
>   e) *Überbordwerfen, Überbordspülen oder Überbordgehen durch schweres Wetter;*

f) *Aufopferung der Güter;*

g) *Entladen, Zwischenlagern und Verladen von Gütern in einem Nothafen, der infolge des Eintritts einer versicherten Gefahr angelaufen wurde.*

Der Versicherer leistet ferner ohne Franchise Ersatz für:

Totalverlust ganzer Kolli, ausgenommen Verlust infolge Beschädigung oder durch Abhandenkommen (z. B. Diebstahl, Unterschlagung, Nicht- oder Falschauslieferung)

und

Totalverlust ganzer Kolli infolge Beschädigung durch Unfall beim Be- und Entladen des Transportmittels.

2. *Volle Deckung (falls nichts anderes vereinbart)*

Der Versicherer leistet ohne Franchise Ersatz für Verlust oder Beschädigung der versicherten Güter als Folge einer versicherten Gefahr.

III. Versicherungssumme, Versicherungsschaden, Versicherungswert (leistungsbegrenzende Faktoren)

Bislang war davon die Rede, wie das „Risiko" gleichsam dem **Grunde** nach umrissen wird; dabei dienten die versicherte Gefahr, die versicherte Beziehung und der versicherte Schaden als Ausgangspunkt. Aber das vom Versicherer gelaufene „Risiko" muß auch der **Höhe** nach begrenzt werden; dabei gewinnen die Versicherungssumme (1), der Schadensumfang (2) und der Versicherungswert (3) Bedeutung, aus deren Zusammenspiel sich anschließend das Wesen der Unterversicherung, Überversicherung und Doppelversicherung erschließt.

1. Versicherungssumme

Die Versicherungssumme bezeichnet den **Höchstbetrag** der Leistung des Versicherers: *„Der Versicherer haftet nur bis zur Höhe der Versicherungssumme"* (§ 50 VVG). Diese Versicherungssumme spielt in allen Versicherungszweigen eine Rolle, also gleichermaßen in der **Summen-** und in der **Schadensversicherung,** bei letzterer sowohl in der Aktiven- als auch in der Passivenversicherung.

Bei einer Summenversicherung, die sich als Rentenversicherung darstellt, tritt der **Rentenbetrag** an die Stelle der Kapitalsumme.

Bei einer Passivenversicherung, speziell in der Haftpflichtversicherung, nennt man die Versicherungssumme oft auch **Deckungssumme.**

Theoretisch läßt sich eine Schadensversicherung ohne Versicherungssumme denken, eine solche kommt selten vor. (Beispiel: Kaskoversicherung; illimitierte Deckung der Haftpflichtversicherung). Tarife mit unbegrenzter Deckung in der Kraftfahrzeug-Haftpflichtversicherung sind genehmigungsfähig (BVerwG, VerBAV 1984, S. 305).

Die Versicherungssumme ist keine objektiv feststehende Größe, sondern sie wird — meistens entsprechend dem Antrage des Versicherungsnehmers — frei **vereinbart.** Da sich aber die **Prämie nach der Höhe der Versicherungssumme** errechnet, ergibt sich hieraus, besonders in der Summenversicherung, eine Anpassung an die wirkliche Bedarfslage.

Was die Schadensversicherung anlangt, so sollte die gewählte Versicherungssumme in der Aktivenversicherung dem Versicherungswert entsprechen; sonst ergibt sich eine gefährliche Unterversicherung oder eine unrationelle Überversicherung. Bei einer Passivenversicherung, speziell bei einer Haftpflichtversicherung, ist es empfehlenswert, die Versicherungssumme nicht zu niedrig zu bemessen: Bei jedem Verschulden haftet z. B. der Kraftfahrzeughalter unbeschränkt; eine beachtliche Erhöhung der Haftpflichtversicherungssumme macht aber nur einen geringen Prämienmehraufwand erforderlich, weil Großschäden relativ selten vorkommen.

Man kann verschiedene **Arten von Versicherungssummen** unterscheiden:

Einheitliche und differenzierte Versicherungssummen, erstere z. B. bei der Kapitallebensversicherung, allerdings differenziert, sofern bei Unfalltod die doppelte Versicherungssumme geschuldet wird. Differenziert üblicherweise auch in der Unfallversicherung für Tod, Invalidität, Tagegeld, Heilkosten, in der Haftpflichtversicherung für Personen-, Sach-, Vermögensschäden. In der Sachversicherung vieler Sachen sind summarische Versicherungen möglich, in der Industriefeuerversicherung positionsweise Versicherungen üblich. Letzterenfalls ist für jede Position (Gruppe) getrennt festzustellen, ob Unter- oder Überversicherung vorliegt; aber es läßt sich ein Summenausgleich vereinbaren, so daß die etwaige Überversicherung einer Position einer etwa festgestellten Unterversicherung anderer Positionen zugutekommt. Die **summarische** Versicherung ist gröber: Nur **eine** Versicherungssumme wird für den gesamten versicherten Inbegriff (z. B. Ware, Hausrat, Betriebseinrichtung, Vorräte) ausgeworfen. Maxima für die **einzelnen** Transporte kommen in der laufenden Versicherung vor. Sie bezieht sich auf — der Gattung nach — bezeichnete Interessen. „Gattung" ist enger als „Inbegriff" im Sinne des § 54 VVG. Versicherungssumme und Prämie sind bei der Inbegriffsversicherung einheitlich, bei der laufenden Versicherung abhängig von den jeweils tatsächlich gedeckten Risiken.

Unabhängige und abhängige Versicherungssummen sind vorstellbar, falls in einem Versicherungsvertrag mehrere Versicherungssummen vorkommen. Der erwähnte Summenausgleich schafft eine Abhängigkeit, desgleichen eine Vorsorgeversicherung, die für den Fall genommen wird, daß sich (genau zu bezeichnende) Positionen als unterversichert erweisen. Eine Außenversicherung von Hausrat erstreckt sich meist nur auf höchstens 10 v. H. der Versicherungssumme. Aufräumungskosten sind regelmäßig nur in Höhe bis 1 v. H. der Versicherungssumme in eine Feuerversicherung eingeschlossen. Vgl. § 12 VHB 84.

Mindest- und Höchstversicherungssummen: Erstere werden bei Pflichtversicherungen vorgeschrieben, z. B. eine Mio. DM für Personenschäden, 1,5 Mio. DM für Tötung oder Verletzung mehrerer Personen, 400.000 DM für Sachschäden, 40.000 DM für reine Vermögensschäden in der Kfz-Haftpflichtversicherung (§ 4 Abs. 2 PflichtVersG in Verbindung mit VO vom 22.4.1981 VerBAV 1981, S. 209). Eine Höchstversicherungssumme kennt z. B. § 159 Abs. 4 VVG für die Kindertodesfallversicherung.

2. Versicherungsschaden

Während bei einer Summenversicherung nur die Versicherungssumme leistungsbegrenzend wirkt, tritt **bei jeder Schadensversicherung** (Aktiven- und Passivenversicherung) die Schadenshöhe als zweiter leistungsbegrenzender Faktor hinzu: *„Der Versicherer ist, auch wenn die Versicherungssumme höher ist ..., nicht verpflichtet, dem Versicherungsnehmer mehr als den Betrag des Schadens zu ersetzen"* (§ 55 VVG).

Die Schadensversicherung dient der konkreten Bedarfsdeckung. Es gilt das versicherungsrechtliche **Bereicherungsverbot** (neuerdings angezweifelt).

Der Schaden wird immer nur insoweit ersetzt, als er der versicherten Beziehung, in der Aktivenversicherung dem versicherten Interesse, entspricht. Bei einer bloßen Versicherung des **Sachinteresses** ist nur der **reine Substanzschaden** zu ersetzen (vgl. § 52 VVG). *„Die Versicherung umfaßt den durch den Eintritt des Versicherungsfalls entgehenden Gewinn nur, soweit dies besonders vereinbart ist"* (§ 53 VVG). Es müßte also neben dem Substanzinteresse das **Gewinninteresse** versichert sein, z. B. müßte zu einer Feuerversicherung eine Betriebsunterbrechungsversicherung hinzutreten, oder eine Seegüterversicherung müßte imaginären Gewinn umfassen (vgl. Ziff. 7.9; Ziff. 9.6.1. ADS Güterversicherung 1973/1984).

Mit der **Abgrenzung** von Substanzschaden und entgangenem Gewinn befaßte sich RG 28.X.1919 RGZ Bd. 97, S. 44–49: Bei einer Erdölbohranlage, bei der nicht auch der entgehende Gewinn versichert war, verbrannten erhebliche Mengen Rohöl. Die Parteien stritten darüber, inwieweit trotzdem der Unternehmergewinn bei der Bemessung des Schadens zu berücksichtigen sei. In der Entscheidung heißt es, es sei zwar zuzugeben, daß in dem Wert, *„den das Rohöl zur Zeit des Brandes hatte, schon über die Gestehungskosten hinaus ein Gewinn, das ist eine Vermögensvermehrung gegenüber der Zeit vor dem Beginne der Erzeugung des Rohöls, steckt, der sog. Unternehmergewinn. Gerade zur Erzielung dieses Gewinns wird das Unternehmen betrieben. Dieser Gewinn ist aber nicht der für die Entschädigungsfrage in Betracht kommende, durch den Brand entgangene Gewinn des § 53 VVG. Unter dem letzteren ist vielmehr nur eine, von der Zeit des Brandfalls aus betrachtet, in Zukunft durch geschäftliche Verwertung des Öles oder sonstwie zu erzielende Vermehrung des Vermögens gegenüber dem Vermögensstande zur Zeit der Brandentstehung zu verstehen. Die schon mit der Erzeugung des fertigen Rohöls verbundene Gewinnerzielung gehörte zur Zeit des Brandes bereits der Vergangenheit an; ihr Ergebnis, der Gewinn, war schon ein gegenwärtiger fester Bestandteil des Vermögens der Klägerin geworden. Dieser Erfolg trat nicht ... erst durch die Veräußerung des Öles an Dritte ein, die Vermögensvermehrung war vielmehr schon vorher durch Fertigstellung des Öles erfolgt, wenn, was hier anzunehmen ist, der sofortigen Veräußerung zum Marktpreis nichts entgegenstand."* Der Begriff des Substanzschadens ist hier außerordentlich weit gefaßt, in dem auch der erhoffte Gewinn **noch nicht** verkaufter Ware dem Substanzpreis zugerechnet wird, vorausgesetzt allerdings, daß ein Marktpreis vorhanden ist.

3. Versicherungswert

a) Wertbegriffe

Während als leistungsbegrenzender Faktor die Versicherungssumme überall eine Rolle spielt, die Schadenshöhe in der gesamten Schadensversicherung, kommt der Versicherungswert nur in der **Aktivenversicherung** zum Zuge; denn nur eine (Wert-)Beziehung einer Person zu einem Aktivum, nur ein bestimmtes versichertes Interesse, besitzt einen Versicherungswert.

Wertfragen sind schwierig. Es gibt mancherlei **Wertbegriffe**, die zunächst **geordnet** werden müssen. Der Wertbegriff ist wichtig; wenn Vollwertversicherung gewünscht wird, müssen (im Schadenfall) Versicherungswert und Versicherungssumme übereinstimmen.

aa) Objektiver und subjektiver Wert

Nur überpersönliche, also objektiv feststellbare Werte sind vesicherungsrechtlich beachtlich. Affektions-, Gemüts-, Gefühlswerte bleiben unbeachtet. § 3 Abs. 3 AFB hebt hervor, ein persönlicher Liebhaberwert dürfe nicht berücksichtigt werden. Eine Objektivierung ist bereits möglich, sobald es einen größeren Kreis von Liebhabern oder Sammlern gibt. Deshalb haben Kunstwerke, Briefmarken, Kuriositäten einen objektiven Wert.

bb) Zeit- und Neuwert

Der Zeitwert ist der Versicherungswert im Zeitpunkt der Bewertung, speziell im **Zeitpunkt des Versicherungsfalles**. Der Neuwert dagegen stellt darauf ab, welchen Wert eine Sache hatte, als sie (womöglich lange vor dem Versicherungsbeginn) neu war. In einer zweiten Bedeutung spricht man von Neuwert, wenn man an den Betrag denkt, der im Zeitpunkt des Versicherungsfalles aufgewendet werden muß, um eine gleichartige Sache zu beschaffen. Es gibt auch Neuwertversicherungen, zumal von öffentlich-rechtlichen Anstalten gedeckte, wonach auch der sogenannte Nachschaden zu ersetzen ist, d. h. der Schaden, der sich durch Preiserhöhungen während des Reparatur- oder Wiederaufbaustadiums ergibt. Man hat lange Zeit geglaubt, es könne in der Schadensversicherung nur auf den Zeitwert ankommen; eine Neuwertentschädigung führe zu einer Bereicherung. Es setzt sich mehr und mehr der Gedanke durch, daß eine erlaubte **Wertvereinbarung** zugrunde liegt, ohne daß § 55 betroffen wird. In dem folgenden Leitsatz der Entscheidung BGHZ Bd. 9, S. 203, ist „Aufwand" als solcher für Reparaturkosten zu verstehen, um eine neuwertige Sache (als Substanz) herzustellen. Der Leitsatz lautet:

„*Bei der Neuwertversicherung ist im Fall einer Teilschädigung der versicherten Sache für die Entschädigung der Aufwand maßgebend, der notwendig ist, um die Leistungsfähigkeit, Betriebssicherheit und Lebensdauer der Sache, die vor dem Schadensereignis bestanden, wiederherzustellen, wobei für die Teile, die bei der Reparatur ersetzt werden müssen, der volle Neuwert ohne Abzug zu berechnen ist.*"

Zunehmend wird also die Neuwertversicherung **insgesamt** als Sach-, also Aktivenversicherung angesehen. Anschauliches Beispiel für eine Neuwertversicherung bildet § 13 (10)

AKB, bei dessen Fassung das Bereicherungsverbot noch anklingt. OLG Bremen (VersR 1987, S. 662) wendet den in § 13 (10) enthaltenen Gedanken auch auf die Versicherung einer Yacht an. Dem hat sich der BGH (VersR 1988, S. 463 = NJW 1988, S. 1590) angeschlossen. Allerdings meint der BGH im Unterschied zum OLG Bremen, daß die Differenz zwischen Substanz- und Neuwert erst verlangt werden könne, wenn die Wiederbeschaffung gesichert sei. Das Bereicherungsverbot des § 55 VVG greife bei der taxierten **Neuwert**versicherung erst dann ein, wenn der wirkliche Wert der versicherten Sache unterhalb 1/2 der Taxe liege; vgl. im übrigen zur Taxe unten F.III.3b.

cc) Anfangs- und Ersatzwert

Schon während der Versicherungsdauer treten oft Wertveränderungen ein. Deshalb kann man den Wert des versicherten Interesses bei Vertragsabschluß (**Anfangswert**) vom Werte beim Eintritt eines Versicherungsfalles (**Ersatzwert**) unterscheiden. Dazwischen liegt während des Vertragslaufes der **jeweilige Versicherungswert**. Bei der Anwendung versicherungsrechtlicher Vorschriften, z. B. betreffend die Unter- und Überversicherung, muß überlegt werden, auf welchen Bewertungszeitpunkt es ankommt.

dd) Abgangs- und Ankunftswert

Werte differieren von Ort zu Ort. Deshalb ist besonders für die Transportversicherung bedeutsam, ob man vom Werte am Abgangsort ausgeht (möglicherweise unter Hinzurechnung entstandener Transportkosten: Ziff. 6 ADS Güterversicherung 1973/1984) oder vom Werte am Bestimmungsort (möglicherweise unter Abzug ersparter Transportkosten). Die Transportkosten können hiernach in einer additiven oder in einer subtrahierenden Methode berücksichtigt werden.

ee) Gebrauchs-, Veräußerungs- und Erwerbswert

Will man den objektiven Zeitwert für einen bestimmten Zeitpunkt und Ort ermitteln, so sieht man sich vor große Schwierigkeiten gestellt, weil es einen sehr weiten **Wertrahmen** gibt, innerhalb dessen alle Bewertungen an und für sich „richtig" sind. Damit kein Streit entsteht, ist es zweckmäßig, innerhalb des Wertrahmens noch eine **nähere Begrenzung** vorzunehmen. Das geschieht z. B. in § 3 Abs. 2 AFB:

„Maßgebend für den Ersatzwert sind:

a) bei Hausrat, Gebrauchsgegenständen, Arbeitsgeräten und Maschinen: der Wiederbeschaffungspreis unter billiger Berücksichtigung des aus dem Unterschied zwischen alt und neu sich ergebenden Minderwertes; bei Gebäuden: der ortsübliche Bauwert unter Abzug eines dem Zustand des Gebäudes, insbesondere dem Alter und der Abnutzung, entsprechenden Betrages. Ergibt sich bei Gebäuden und Maschinen ein geringerer Wert aus dem Umstande, daß sie vor Eintritt des Schadenfalls schon dauernd entwertet waren, so gilt der geringere Wert als Ersatzwert (praktisch überwiegt aber die Neuwertversicherung);

b) bei Waren, die der Versicherungsnehmer herstellt (in Arbeit befindlichen und fertigen Fabrikaten): die Kosten der Neuherstellung, soweit sie den Preis nicht übersteigen, der bei dem Verkauf erzielt worden wäre, abzüglich der an dem etwa noch nicht fertigen Erzeugnis ersparten Kosten;

c) *bei Waren, mit denen der Versicherungsnehmer handelt, bei Rohstoffen, die der Versicherungsnehmer für die Erzeugung von Waren beschafft hat, sowie bei Naturerzeugnissen: der Wiederbeschaffungspreis, soweit er den Preis nicht überschreitet, der bei dem Verkauf erzielt worden wäre, abzüglich der an dem etwa noch nicht fertigen Erzeugnis ersparten Kosten.*

Maßgebend sind die Preise (soweit sich Marktpreise gebildet haben, die Marktpreise) zur Zeit des Eintritts des Schadenfalls sowie die Kosten der Neuherstellung zur Zeit des Eintritts des Schadenfalls."

Die neuen AFB (VerBAV 1987, S. 330) regeln den Versicherungswert in § 5.

Hier wird überall von dem **Zeitwert** gesprochen, und zwar vom **Ersatzwert**. Falls man (wie unter a) vom Wiederbeschaffungspreis oder Bauwert ausgeht und davon einen Abzug „neu für alt" macht, so kommt man im Wege solcher allmählichen Abschreibung auf einen **Gebrauchswert**, welcher z. B. bei Hausrat und Gebrauchsgegenständen im allgemeinen höher liegt als der Veräußerungswert. Denn wenn man eine gebrauchte Sache, z. B. einen getragenen Anzug, verkaufen will, erzielt man als Nichthändler regelmäßig nur sehr wenig.

Würde die Spezialregelung in § 3 Abs. 2 AFB fehlen, so wäre jedoch dieser **Veräußerungswert**, der sogenannte **gemeine Wert**, maßgeblich (vgl. § 140 Abs. 1 VVG). Der gemeine Wert wird durch den Preis bestimmt, der im gewöhnlichen Geschäftsverkehr nach der Beschaffenheit des Wirtschaftsguts bei einer Veräußerung zu erzielen wäre. Bei gebrauchtem Hausrat und Gebrauchsgegenständen wäre er mit dem Trödlerwert identisch. Dem Veräußerungswert steht der **Erwerbswert** diametral gegenüber. Er wird in der vorstehenden Bestimmung (unter b und c) prinzipiell zugrunde gelegt, nämlich in Gestalt der Kosten der Neuherstellung von Halb- und Fertigfabrikaten und des Wiederbeschaffungspreises bei Handelsgütern, Rohstoffen und Naturerzeugnissen. Aber der Erwerbswert wird nur berücksichtigt, sofern er bei einem Verkauf wieder erwirtschaftet werden kann. Übersteigt (in den Fällen b und c) der Veräußerungswert den Erwerbswert, so wird dem Fabrikanten und Händler natürlich nur der Erwerbswert vergütet. Denn beim Fabrikanten und Händler umfaßt der Veräußerungswert den erhofften Gewinn, der bei einer Substanzinteressenversicherung nicht mitversichert ist.

Dem Gebrauchswert messen Bedeutung bei die §§ 86, 88 VVG.

Außer den angeführten Begriffen gibt es noch eine Fülle anderer, die dazu dienen, die **Bewertung zu konkretisieren**. Die Parteien können, wenn man nur auf die Sachversicherung sieht, wie schon deutlich wurde, von **Veräußerungsvorgängen** ausgehen, insbesondere Anschaffung und Weiterveräußerung, sie können zweitens im Hinblick auf **Herstellungsvorgänge** bewerten (frühere oder erneute Herstellung), drittens können **Nutzungsvorgänge** für die Bewertung maßgeblich sein („Ertragswert", „Verwertungswert"). Das Bild wird noch bunter, wenn man z. B. an den Materialwert denkt (bei Goldwaren), an den Schätzungswert (bei Pfandleihern), ferner an die Bewertungsschwierigkeiten bei gebundenen Preisen (Listenpreis).

Im Falle eines Totalschadens, bei welchem keine Reste übrig bleiben, entsteht ein Schaden in Höhe des vollen Versicherungswertes (Ersatzwertes).

So wie der **Schaden** die **Negation des Interesses** ist, entspricht die **Schadenshöhe** dem **Umfang der Beeinträchtigung des Versicherungswertes**.

b) Taxierter Versicherungswert

Über die Höhe von Werten, also auch von Versicherungswerten, läßt sich streiten. Streit bringt Ärger, verursacht Kosten. Deshalb kann der Versicherungsnehmer bei jeder Aktivenversicherung mit dem Versicherer eine **Vereinbarung** treffen, wonach der Versicherungswert (**Anfangswert**) auf einen bestimmten Betrag (**Taxe**) festgesetzt wird (§ 57 Satz 1 VVG).

Dann gilt der taxierte Versicherungswert auch als der Wert, den das versicherte Interesse zur Zeit des Eintritts des Versicherungsfalls hat (**Ersatzwert**; § 57 Satz 2 VVG). Tritt also ein Totalschaden ein und ist die Versicherungssumme in Höhe der Taxe vereinbart worden, so hat der Versicherer ohne weiteres die Taxsumme zu zahlen. Ist die versicherte Sache zu einem bestimmten Prozentsatz beschädigt, also entwertet, so erhält der Versicherungsnehmer einen entsprechenden Prozentsatz der Taxe. Alles das gilt auch dann, wenn bei dem Vertragsabschluß der Versicherungswert nicht ganz richtig geschätzt worden ist oder wenn inzwischen der Versicherungswert abgesunken oder gestiegen (Vermeidung von Unterversicherung) sein sollte.

Allerdings darf die Differenz nicht allzu kraß sein: Der Versicherer kann beweisen, daß die Taxe den Ersatzwert „erheblich übersteigt" (§ 57 Satz 2 VVG). Man spricht solchenfalls — rechtlich ungenau — von einer „**Anfechtung**" der Taxe und zieht die Grenze zwischen erheblicher und unerheblicher Überschreitung bei (mehr als) 10 v. H.

Eine Sache mit einem (Anfangs-)Wert von 10 500 DM ist mit einer Taxe von 10 800 DM versichert. Im Zeitpunkt eines Totalschadens ist der (Ersatz-)Wert auf 10 000 DM abgesunken. Dennoch erhält der Versicherungsnehmer 10 800 DM, denn die Übersetzung der Taxe überschreitet noch nicht 10 v. H. (10 000 + 1000 = 11 000 DM). Der Versicherungsnehmer wird also um 800 DM bereichert. Jedoch könnte der Versicherer die Taxe „anfechten", falls der Ersatzwert nur noch 9700 DM betragen hätte. Solchenfalls erhält der Versicherungsnehmer nicht den Taxbetrag (10 800 DM), auch nicht den Ersatzwert zuzüglich 10 v. H. (9700 + 970 = 10 670 DM), sondern nur den Ersatzwert (9700 DM).

Eine ähnliche Bestimmung wie in § 57 VVG für die Binnenversicherung findet sich in § 6 Abs. 2 ADS für die Seeversicherung. Mit dem Problem einer erheblich übersetzten Taxe befaßte sich RG 8.I.1919 RGZ Bd. 94, S. 268—271. Ein Briefmarkenhersteller hatte Pakete versichert, die für die Liberianische Regierung bestimmte Briefmarken enthielten, „*taxiert zu 30 000 RM auf Grund gegenseitiger Vereinbarung ohne weiteren Beweis*". Die Sendung, die von Deutschland nach Liberia befördert wurde, wurde im Kriege von den Engländern beschlagnahmt; der Versicherer leistete nur Schadenersatz in Höhe von 10 000 RM und verlangte Herabsetzung der Taxe auf diesen Betrag wegen wesentlicher Übersetzung: Das RG betonte, daß das Herabsetzungsrecht des Versicherers „*durch Parteivereinbarung nicht ausgeschlossen werden kann, weil sonst den Wettassekuranzen Tür und Tor geöffnet wäre.*" (Solche Parteivereinbarungen kommen trotzdem immer wieder vor, z. B.: „*Die Taxe ist unanfechtbar*".) Allerdings war im erwähnten Falle zu prüfen, ob neben dem Substanzinteresse ein anderes Interesse des Briefmarkenherstellers versichert war: etwa imaginärer Gewinn.

§ 89 Abs. 1 VVG verbietet eine Taxvereinbarung bei der Versicherung **entgehenden Gewinns** in der **Feuer**versicherung.

§ 87 VVG legt einer Taxe bei der **Feuerversicherung beweglicher Sachen** eine sehr beschränkte Bedeutung bei: Der taxierte Versicherungswert fixiert hier nur den Anfangswert, hat aber keine Bedeutung für den Ersatzwert. Dadurch wird hier die Taxe stark entwertet. Denn der Versicherer kann bei Eintritt eines Versicherungsfalls behaupten, die Sachen, z. B. die Maschinen, hätten seit Vertragsschluß an Wert verloren.

c) Gleichbleibender Versicherungswert

In der Binnen- und Seetransportversicherung von Schiffen oder Gütern ist die Versicherungsdauer relativ kurz. Deshalb konnten während der Versicherungsdauer eintretende Wertschwankungen außer Betracht bleiben: Der Anfangswert *„gilt auch bei dem Eintritte des Versicherungsfalls als Versicherungswert"* (Ersatzwert; §§ 140 Abs. 2, 141 Abs. 1 Satz 2 VVG), § 70 ADS.

Hat also ein Reeder ein Schiff mit einem (Anfangs-)Wert von 10 Millionen DM versichert und ist der Versicherungswert bis zum Versicherungsfall auf 7 Millionen DM abgesunken (Ersatzwert nach Maßstäben des übrigen Versicherungsrechtes), so erhält der Reeder im Falle des Totalverlustes dennoch eine Versicherungsentschädigung von 10 Millionen DM, wird also um 3 Millionen DM bereichert. Das ist die Auswirkung der **„Fiktion des gleichbleibenden Versicherungswertes".**

Im umgekehrten Falle, bei Ansteigen des Wertes, wirkt sich die Fiktion zum Nachteil des Versicherungsnehmers aus. Aber er kann nachträglich eine zusätzliche Versicherung für das nachgewachsene Substanzinteresse nehmen. Man spricht hier von einer **Mehrwertversicherung**. Mit ihr hat sich das RG 8.X.1913 RGZ Bd. 83, Seite 171–172 befaßt, in einem Falle, in welchem aber auch *„sonstiges Interesse, gleichviel welcher Art"* durch die Reederei versichert war. Die Mehrwertversicherung ist Substanzversicherung, nicht Gewinnversicherung. Sie entspricht der **Nachversicherung**, die Versicherungswert und Versicherungssumme wieder in Einklang bringt. Im RG-Fall war zusätzlich zur Kaskoversicherung eine Klausel vereinbart, die dem § 120 ADS entspricht.

4. Unterversicherung

a) Nach § 56 VVG

Eine Unterversicherung liegt vor, wenn die Versicherungssumme niedriger ist als der Versicherungswert im Zeitpunkt des Versicherungsfalls. Bei einem Teilschaden gewinnt die Proportionalitätsregel des § 56 VVG Bedeutung.

> **Beispiel:**
>
> Ein Haus mit einem Versicherungswert im Zeitpunkt des Schadens von 200 000,– DM brennt. Es ist mit einer Versicherungssumme von nur 100 000,– DM versichert. Bei einem Teilschaden von 100 000 DM ersetzt der Versicherer nicht den eingetretenen Schaden, obgleich die Versicherungssumme hierfür ausreichen würde, sondern aus § 56 VVG ergibt sich, daß der Versicherer nur haftet nach dem Verhältnis
>
> $$\frac{\text{der Versicherungssumme}}{\text{zum Ersatzwert}} = \frac{100\,000}{200\,000} = \frac{1}{2}$$
>
> d. h. er hat im vorliegenden Falle auf den Teilschaden nur 50 000 DM zu begleichen.

Unterversicherung ist begrifflich also **nur bei** einer **Aktivenversicherung** denkbar. Lediglich in einem übertragenen, unjuristischen Sinn kann man von einer Unterversicherung sprechen, falls ein Haftpflichtversicherungsnehmer eine zu geringe Versicherungssumme, ein Krankenversicherungsnehmer einen Tarif mit zu niedrigen Krankenhaustagegeldsätzen wählt.

Die Unterversicherung kann schon bei Vertragsabschluß gegeben sein, aber auch später entstehen, z. B. durch Werterhöhungen, Geldentwertung oder Neuanschaffungen bei Versicherung eines Inbegriffs von Sachen, etwa Hausrat (dazu § 54 VVG).

Meistens ist die Unterversicherung **unbeabsichtigt**, zuweilen aber ist der Versicherungsnehmer dem Versicherer gegenüber **verpflichtet**, einen Teil des Risikos selbst zu laufen (vereinbarte Selbstversicherung, insbesondere zur Minderung des subjektiven Risikos).

Sind im Rahmen einer Feuerversicherung mehrere Positionen mit gesonderten Versicherungssummen versichert, so ist grundsätzlich für jede Position einzeln zu prüfen, ob Unterversicherung vorliegt. Es kann aber ein (genereller oder beschränkter) Summenausgleich dergestalt vorgesehen sein, daß die Unterversicherung einer Position durch etwa zu hohe Versicherungssummen anderer Positionen ausgeglichen wird. Eine Vorsorgeversicherung kann gleichfalls dem erforderlichen Ausgleich dienen. Zu beiden Fällen vgl. schon oben F. III. 1. Selbstverständlich kann der Versicherungsnehmer auch rechtzeitig eine Nachversicherung abschließen.

Die gefährlichen Folgen einer Unterversicherung treten für den Versicherungsnehmer im Versicherungsfalle in Erscheinung, also falls die Versicherungssumme niedriger ist als der Ersatzwert. Hier greift die **Proportionalitätsregel** des § 56 VVG ein.

Aber nicht nur beim Ersatz des Versicherungsschadens im engeren Sinne, sondern auch beim Ersatz von **Aufwendungen** zur Abwendung und Minderung des Schadens (§ 63 Abs. 2 VVG) oder beim Ersatz von **Ermittlungs- und Feststellungskosten** (§ 66 Abs. 3 VVG) wirkt sich die Unterversicherung aus.

Der Versicherer kann den Einwand der Unterversicherung nicht erheben, falls die Versicherung „auf erstes Risiko" abgeschlossen worden ist. Dann ist jeder Schaden vollen Umfanges, allerdings auch hier nur bis zur Höhe der Versicherungssumme, zu ersetzen. Es entfällt also die Proportionalregel. Eine Passivenversicherung, die keinen Versicherungswert kennt, ist ihrem Wesen nach stets Erstrisikoversicherung, eine besonders für die Haftpflichtversicherer gefährliche Tatsache, denn bei steigenden Sachwerten, Löhnen und Arztkosten wachsen die durchschnittlichen Schäden immer mehr in Richtung auf die Deckungssumme. Deshalb sind hier Prämienanpassungsklauseln unumgänglich.

RGZ Band 127, S. 303 ff. stellt fest, daß der Ausschluß des § 56 VVG niemals bewirken könne, daß nichtversicherte Sachen als versichert zu gelten hätten. Es handelte sich um die Nichtanmeldung neuer Warenbestände.

Die Praxis hat auch außer der Erstrisikoklausel sonstige Gestaltungen entwickelt, Unterversicherung zu vermeiden, z. B. durch Wertzuschlagsklausel oder **gleitende** Neuwertversicherung.

b) Selbstbehalte

Auch der Selbstbehalt wirkt sich wie eine Unterversicherung aus. Er hat den Zweck, Bagatellschäden auszuklammern und die Selbstverantwortung des Versicherungsnehmers zu wecken. Deshalb wird diesem zum Teil vertraglich verboten, den Selbstbehalt anderweitig zu decken.

Wir unterscheiden

Selbstbeteiligungen (Abzüge vom Schaden), z. B. in festem Betrag von etwa 300 DM in der Kraftfahrzeugkaskoversicherung oder von 500 DM pro Jahr in der Krankenversicherung oder von 10 DM je Leistung (z. B. Medikament). Es gibt auch proportionale Selbstbeteiligungen.

Franchisen (anknüpfend an **Versicherungswert**)
Sie kommen vor als Abzugsfranchisen, bei denen der Franchisesatz auch dann einbehalten wird, wenn der Schaden die Franchise übersteigt: Ziff. 21 DTV Kaskoklauseln 1978/1982; — Eine andere Art: Integralfranchisen, bei denen der Versicherer vollen Umfanges haftet, falls der Schaden den Prozentsatz erreicht oder übersteigt. Hier steht sich also der Versicherungsnehmer günstiger als bei der Abzugsfranchise.

Besteht zugleich Unterversicherung, wird der Selbstbehalt erst abgezogen, nachdem der Schadenbetrag nach Unterversicherungsregel gemindert wurde.

5. Überversicherung

a) Durch Deckung bei einem Versicherer

Eine Überversicherung liegt vor, wenn die Versicherungssumme höher ist als der Versicherungswert (§ 51 Abs. 1 VVG). Wie die Unterversicherung ist auch die Überversicherung begrifflich **nur bei** einer **Aktivenversicherung** denkbar. Zu unterscheiden sind die betrügerische und die einfache Überversicherung, ferner die anfängliche und die nachträgliche Überversicherung; letztere entsteht z. B. durch Entwertung von Sachen oder durch Ausscheiden versicherter Sachen aus einem Inbegriff oder durch teilweisen Interessewegfall.

Eine **betrügerische** (anfängliche) Überversicherung ist nichtig (§ 51 Abs. 3 VVG).

Mit der betrügerischen Überversicherung beschäftigte sich BGH 19.XI.1962 VersR 1963 S. 77—79. Hier waren Kunststoffprodukte, die der Fabrikation vor der Währungsreform entstammten und größtenteils Ladenhüter und Ausschußware waren, in Höhe von 400 000 DM versichert, obwohl ihr wirklicher Wert wesentlich niedriger, weit unter der Hälfte der Versicherungssumme lag. Eine betrügerische Absicht konnte dem Versicherungsnehmer jedoch nicht nachgewiesen werden. Insbesondere wurden bloße Verdachtsgründe für eine Brandstiftung nicht als Beweis dafür angesehen, daß wegen eines zu erwartenden Brandes eine Überversicherung in betrügerischer Absicht abgeschlossen war. Den Versicherungsnehmer trifft gleichwohl eine Prämienzahlungspflicht (§ 51 III Nachsatz VVG).

Eine **einfache** Überversicherung kann für jeden Zeitpunkt der Versicherungsdauer festgestellt werden, ergibt sich also aus einem Vergleich der Versicherungssumme mit dem jeweiligen Versicherungswert. Sie kann, falls sie erheblich ist, beseitigt werden. Erheblichkeit der Überversicherung ist wohl anzunehmen bei einer Übersetzung der Versicherungssumme um mehr als 10 % des Versicherungswertes. Die Beseitigung der Überversicherung erfolgt durch eine einseitige, rechtsgestaltende Willenserklärung des Versicherers oder des Versicherungsnehmers. Die rechtsgestaltende Wirkung liegt darin, daß ab sofort die Versicherungssumme und entsprechend auch die Prämie herabgesetzt werden (§ 51 Abs. 1 VVG). Es kommt sogar eine Herabsetzung mit rückwirkender Kraft in Betracht, nämlich dann, wenn der Versicherungsnehmer Herabsetzung verlangt, nachdem die Überversicherung durch ein Kriegsereignis verursacht worden ist (§ 51 Abs. 2 VVG).

Solches Herabsetzungsverlangen ist vom Standpunkte des Versicherungsnehmers aus zweckmäßig; denn er kann aus einer Überversicherung keinen Vorteil erlangen: Auch im Falle des Totalschadens begrenzen Schadenshöhe und Versicherungswert die Leistungspflicht des Versicherers (§ 55 VVG).

b) Durch Deckung bei mehreren Versicherern (Doppelversicherung)

Eine **Doppelversicherung** liegt erst vor, wenn bei mehreren Versicherern Versicherung genommen ist, und dabei *„übersteigen die Versicherungssummen zusammen den Versicherungswert oder übersteigt aus anderen Gründen die Summe der Entschädigungen, die von jedem einzelnen Versicherer ohne Bestehen der anderen Versicherung zu zahlen wären, den Gesamtschaden"* (§ 59 Abs. 1 Satz 1 VVG). Diese Definition ergibt, daß eine Doppelversicherung im Bereiche der **gesamten Schadensversicherung** vorkommen kann, nicht nur in jenem der Aktivenversicherung, sondern auch z. B. als Doppelhaftpflichtversicherung.

Überdies ist erforderlich, daß die Versicherungen hinsichtlich der **gleichen Beziehung** (desselben Interesses) und gegen die **gleiche Gefahr** bestehen.

Mangels **Identität der Beziehung** (des Interesses) liegt z. B. keine Doppelversicherung vor, falls der Hauseigentümer sein Eigentumsinteresse und sein Nutzungsinteresse (Mietausfallversicherung) versichert oder falls der Transporteur das Eigentumsinteresse des Wareneigentümers (Versicherung für fremde Rechnung) und sein eigenes Haftpflichtinteresse wegen etwaiger Beschädigung der Güter deckt. Andererseits liegt Doppelversicherung vor, wenn das Eigentumsinteresse des Kunden sowohl von diesem für eigene Rechnung als auch vom Transporteur für fremde Rechnung versichert wurde.

Haftet der Transporteur, z. B. ein Unternehmer des Güterfernverkehrs, für einen eingetretenen Güterschaden, so hat der Eigentümer die Wahl, ob er seinen Transportversicherer oder den Transporteur in Anspruch nehmen will. Entscheidet er sich für ersteres, so nimmt der Transportversicherer gegen den Transporteur Regreß, und der Transporteur ist von seinem Haftpflichtversicherer freizuhalten. Die Rechtslage ändert sich nicht dadurch, daß nach § 27 Abs. 1 Güterkraftverkehrsgesetz ein Unternehmer des Güterfernverkehrs mit einer Versicherungspflicht (Haftpflichtversicherung) belastet ist, oder dadurch, daß gemäß § 38 Abs. 3 Kraftverkehrsordnung der Unternehmer berechtigt und auf Verlangen des Gütereigentümers verpflichtet ist, die ihm aus der Haftpflichtversicherung zustehenden Rechte an den Gütereigentümer abzutreten. In der Hand des letzteren verwandelt sich der Befreiungsanspruch in einen Zahlungsanspruch, die Transportversicherung braucht nicht bemüht zu werden.

Eine Doppelversicherung wird nicht dadurch ausgeschlossen, daß dasselbe Interesse einerseits auf Grund einer Versicherung für eigene Rechnung, andererseits auf Grund einer Versicherung für fremde Rechnung versichert ist. Oft entsteht eine Doppelversicherung auch dadurch, daß der Erwerber einer versicherten Sache eine neue Versicherung nimmt, obgleich die Versicherung des Veräußerers, von der er möglicherweise nichts weiß, auf ihn gemäß § 69 Abs. 1 VVG übergegangen ist.

Identität der Gefahr liegt nicht nur vor, wenn die Gefahrumschreibungen der beiden Versicherungen völlig übereinstimmen (z. B. bei zwei Feuerversicherungen), sondern auch schon insoweit, als sie sich teilweise überdecken (z. B. bei Zusammentreffen einer Feuerversicherung mit einer Transportversicherung, die nach dem Prinzip der Totalität der Gefahren auch das Feuerrisiko deckt).

Ungewollte Doppelversicherung tritt oft dadurch ein, daß sich die Wagnisse der einzelnen Sparten überschneiden.

Eine **betrügerische** Doppelversicherung ist — ebenso wie eine betrügerische Überversicherung — nichtig (§ 59 Abs. 3 VVG).

Im übrigen ist die Rechtslage vor und nach Eintritt des Versicherungsfalls zu unterscheiden.

aa) Rechtslage vor Eintritt des Versicherungsfalls

Kraft § 60 Abs. 1, 2 VVG kann in gewissen Fällen der Versicherungsnehmer die **Aufhebung** oder **Herabsetzung** der Doppelversicherung (mit Wirkung unbilligerweise erst zum Ende der Versicherungsperiode) verlangen. Das Verlangen — eine rechtsgestaltende, einseitige Willenserklärung des Versicherungsnehmers — muß unverzüglich geltend gemacht werden (vgl. § 60 Abs. 3 VVG). Prinzipiell trifft die Aufhebung oder Herabsetzung nicht den zuerst, sondern den später geschlossenen Versicherungsvertrag (§ 60 Abs. 1, Abs. 2 Satz 1 VVG).

bb) Rechtslage nach Eintritt des Versicherungsfalls

Ist die Doppelversicherung nicht beseitigt und tritt ein Versicherungsfall ein, so sind das Außenverhältnis und das Innenverhältnis zu unterscheiden:

Im **Außenverhältnis** haften die Doppelversicherer *„in der Weise als Gesamtschuldner ... daß dem Versicherungsnehmer jeder Versicherer für den Betrag haftet, dessen Zahlung ihm nach seinem Vertrag obliegt, der Versicherungsnehmer aber im ganzen nicht mehr als den Betrag des Schadens verlangen kann"* (§ 59 Abs. 1 VVG).

Ist ein Gebäude mit einem Ersatzwert von 200 000 DM sowohl beim Versicherer A als auch beim Versicherer B feuerversichert, und zwar bei A mit einer Versicherungssumme von 200 000 DM, bei B mit 100 000 DM, und brennt es total nieder, so kann der Eigentümer wahlweise z. B. verlangen

    von A 200 000 DM, von B nichts,
    von A 150 000 DM, von B 50 000 DM,
    von A 100 000 DM, von B 100 000 DM.

Ausnahme:

Zuweilen enthalten Versicherungsverträge **Subsidiaritätsklauseln**, wonach eine anderweitige Versicherung vorangehen soll. Hätte B solche Klausel vereinbart, so würde nur A haften. Hätte A solche Klausel vereinbart, so würde A nur hinsichtlich der bei B ungedeckten 100 000 DM haften. Hätten sowohl B als auch A solche Klausel vereinbart, so sähe die herrschende Meinung die Klauseln als nicht geschrieben an.

Bei Unfällen leisten die privaten Krankenversicherer oft nur subsidiär, z. B. nach § 5 Abs. 4 Musterbedingungen:

„Besteht Anspruch auf Leistungen aus der gesetzlichen Unfallversicherung oder der gesetzlichen Rentenversicherung, auf eine gesetzliche Heilfürsorge oder Unfallfürsorge, so ist der Versicherer, unbeschadet der Ansprüche des Versicherungsnehmers auf Krankenhaustagegeld, nur für die Aufwendungen leistungspflichtig, welche trotz der gesetzlichen Leistungen notwendig bleiben."

Also sind z. B. *Renten* aus der privaten Rentenversicherung nicht anzurechnen.

Eigenartig sind **Zessionsklauseln**, in denen ein kraft Subsidiaritätsklausel nicht haftender Versicherer sich verpflichtet, seinem Versicherungsnehmer einen Vorschuß (ein Darlehen) in solcher Höhe zu gewähren, wie wenn er versicherungsmäßig haften würde. Diese Vorschußhaftung greift aber nur Platz, wenn der Versicherungsnehmer seine Ansprüche gegen den primär haftenden Versicherer dem nur vorschußweise haftenden Versicherer abtritt.

Hätte im obigen Beispiel B neben der Subsidiaritätsklausel solche Zessionsklausel vereinbart, so könnte der Versicherungsnehmer von B 100 000 DM verlangen, aber nicht kraft Versicherungshaftung, sondern nur vorschußweise: B erholt sich später bei A hinsichtlich der vollen 100 000 DM, und zwar deshalb, weil der Versicherungsnehmer dem B die allein gegen A bestehende Versicherungsforderung abgetreten hat.

Im Innenverhältnis sind im Falle einer Doppelversicherung (ohne Subsidiaritätsklausel) die Versicherer *„zu Anteilen nach Maßgabe der Beträge verpflichtet, deren Zahlung ihnen dem Versicherungsnehmer gegenüber vertragsmäßig obliegt"* (§ 59 Abs. 2 Satz 1 VVG). Intern haftet also nicht etwa – wie zum Teil im ausländischen Recht – der Versicherer des zeitlich zuerst abgeschlossenen Versicherungsvertrages (Prioritätsprinzip; dazu vgl. § 59 Abs. 2 Satz 2 VVG), sondern es erfolgt eine **Ausgleichung**.

Sind die beiden Doppelversicherungen Vollversicherungen, hätte also im obigen Beispiel auch B eine Versicherungssumme von 200 000 DM kontrahiert, so ergibt sich, daß intern jeder Versicherer die Hälfte des Schadens zu tragen hat. Da im obigen Beispiel eines Totalschadens B nur eine Versicherungssumme von 100 000 DM vereinbart hat, dagegen A eine Versicherungssumme von 200 000 DM, so ergibt sich, daß B ein Drittel, A zwei Drittel des Gesamtschadens von 200 000 DM intern zu übernehmen hat.

Hat einer der Versicherer im Außenverhältnis mehr als seinem internen Verhältnis entspricht gezahlt, so kann er vom anderen Versicherer entsprechende Ausgleichung beanspruchen.
spruchen.

IV. Versicherungsfall

1. Konkretisierung der Gefahrtragung

Mit dem Eintritt des Versicherungsfalles verwirklicht sich die Gefahr, die Gefahrtragung des Versicherers tritt aus einem latenten Stadium in ein **akutes** Stadium über. Die dem Versicherungsnehmer bis dahin zu verschaffende **Anwartschaft realisiert** sich.

Zuweilen ist der **Zeitpunkt des Versicherungsfalles** nicht leicht zu fixieren, man kann sodann von **gedehnten Versicherungsfällen** sprechen, bei denen Beginn und Ende des Dehnungszeitraumes oft zeitlich weit auseinanderfallen. Man denke an die Betriebsunterbrechungsversicherung (Brand — Sachschaden — Unterbrechung — Eintritt des Unterbrechungsschadens während der Haftzeit), an einen Unfall mit langwierigen Folgen, besonders aber an die Kranken- oder Haftpflichtversicherung. Was Versicherungsfall ist, bestimmen in erster Linie die AVB (vgl. oben E. II. 1 a). In der Haftpflichtversicherung ist es gewöhnlich das **Schadenereignis**, jedoch in der Vermögensschaden-Haftpflichtversicherung und in der Haftpflichtversicherung der Konstruktionsberufe ein früheres Geschehen, der **Verstoß** gegen Vertrags- oder allgemeine Sorgfaltspflichten. Für die Produkt-Haftpflichtversicherung wird neuerdings die **Anspruchserhebung** durch den Geschädigten als Zeitpunkt des Versicherungsfalles favorisiert. In der Regel kommt es lediglich darauf an, daß der **Eintritt** des Versicherungsfalls in den Deckungszeitraum fällt, vorbehaltlich summenmäßiger oder zeitlicher Begrenzung der Versicherungsleistung (vgl. § 3 (3) Allgemeine Feuer-Betriebsunterbrechungs-Versicherungsbedingungen, § 2 (3) Zusatzbedingungen für die einfache Betriebsunterbrechungsversicherung). Eine Besonderheit stellt § 7 MB/KK dar: Der Versicherungsschutz endet auch für schwebende Versicherungsfälle mit der Beendigung des Versicherungsverhältnisses.

Wo es auf den Beginn ankommt, gehört die Weiterentwicklung zu den **Folgen**, nicht mehr zum **Versicherungsfall**.

Es gibt Versicherungsverträge, bei denen der Versicherungsfall nur **einmal** während der Versicherungsdauer eintreten kann, man denke an eine Kapitaltodesfallversicherung. Andere Versicherungszweige kennen möglicherweise eine **Vielzahl** von Versicherungsfällen, z. B. die Krankenversicherung oder Feuerversicherung. Allerdings schließt eine tödliche Krankheit oder ein Brandtotalschaden weitere Versicherungsfälle aus.

2. Geld- oder Naturalleistung

Bei einer **Summenversicherung** hat der Versicherer nach Eintritt des Versicherungsfalles stets Geld zu leisten (vgl. § 1 Abs. 1 Satz 2 VVG: *„Betrag an Kapital oder Rente"*).

Für die **Schadensversicherung** stellt § 49 VVG den **Grundsatz** auf, daß der Versicherer in **Geld** zu entschädigen habe, während § 249 Satz 1 BGB für den bürgerlich-rechtlichen Schadensersatzanspruch vom Naturalersatzprinzip ausgeht, welches allerdings so stark durchlöchert ist, daß in der Praxis die Regel zur Ausnahme geworden ist (vgl. § 249 S. 2, §§ 250–251 BGB).

Aber der Grundsatz des § 49 VVG ist nicht zwingend, es kommen manche Fälle des **Naturalersatzes** in der Schadensversicherung vor. Besonders bekannt ist der Naturalersatz in der Glas- und Fahrradversicherung. Für die Glasversicherung hat das AG München (VersR 1988, S. 284) die Auffassung vertreten, daß der Versicherer frei sei, wenn der

Versicherungsnehmer selbst den Schaden habe ausbessern lassen. Wird die Lebensversicherung als Schadensversicherung betrieben, z. B. als Bestattungsversicherung, so legen die Versicherungsaufsichtsbehörden grundsätzlich Wert darauf, daß in den Satzungen maximierter Geld-, nicht Naturalersatz vorgesehen werde; die Preisschwankungen bei den Beerdigungskosten seien ein kaum tragbares Wagnis.

Oft verkannt wird die Tatsache, daß der **Haftpflichtversicherer** nicht Geld, sondern Naturalersatz schuldet: Das gilt nicht nur für die Abwehr unberechtigter Ansprüche, sondern auch dann, wenn die Ansprüche des Drittgeschädigten begründet sind; hier schuldet der Versicherer Befreiung, der Versicherungsnehmer hat einen **Befreiungsanspruch**. Zwar wird im allgemeinen der Versicherer letztlich Geld aufwenden müssen, um den Befreiungserfolg beim Versicherungsnehmer herbeizuführen, aber es würde auch genügen, falls der Versicherer das Befreiungsziel auf dem Wege über einen Erlaß oder Vergleich erreicht.

Daß der Haftpflichtversicherungsanspruch auf Befreiung geht, kommt besonders deutlich in BGH 30.X.1954 BGHZ Bd. 15, S. 154–161 zum Ausdruck. 1936 verursachte der Kläger, der bis zu einer Summe von 100 000 RM für Personenschäden haftpflichtversichert war, mit seinem Auto einen Unfall. In einem Rechtsstreit wurde rechtskräftig festgestellt, daß der Kläger den Unfallschaden zu ersetzen habe. Seit 1947 lief ein weiterer Prozeß über die Höhe des Schadens, der bei Erlaß des BGH-Urteils noch nicht abgeschlossen war. Der beklagte Versicherer gewährte zunächst Rechtsschutz und zahlte ca. 30 000 RM an den Geschädigten. 1948 (kurz vor der Währungsreform) teilte er dem Kläger mit, er entnehme dem Verlaufe des Rechtsstreits, daß die Versicherungssumme von 100 000 RM voraussichtlich überschritten werde; deshalb überweise er dem Kläger den Restbetrag und überlasse ihm selbst die Weiterführung des Prozesses. Der BGH entschied, daß diese Zahlung keine Tilgungswirkung habe, weil mit der Zahlung eine ganz andere Leistung erbracht worden sei als die geschuldete. Da der Haftpflichtversicherungsanspruch auf Befreiung des Versicherungsnehmers gehe, sei der Versicherer grundsätzlich nicht berechtigt, zur Erfüllung seiner Verbindlichkeit an den Versicherungsnehmer selbst zu zahlen (vgl. auch § 156 VVG).

Auf der Grenze zwischen Geld- und Naturalersatz stehen Vereinbarungen, wonach eine **Geldzahlung mit Zweckbindung** erfolgt. Das ist nicht stets der Fall, wenn die Schadenshöhe durch die **Kosten der Wiederherstellung** umschrieben wird, diese Kosten lassen sich auch ohne Vornahme der Wiederherstellung abstrakt feststellen. Aber es kann dem Versicherungsnehmer auferlegt werden, faktisch wiederherzustellen, sei es zum Schutze der Realgläubiger, sei es im Interesse des Versicherers zur Ermöglichung einer genauen Schadensberechnung (Ausbesserungspflicht in der Seekaskoversicherung). Rechtlich gesehen kann die Zweckbindung in verschiedener Weise erreicht werden: Wird dem Versicherungsnehmer sein Wiederherstellungs**aufwand** ersetzt, so ist das logischerweise ohne vorangehende Wiederherstellung nicht möglich.

Im übrigen kommen besonders in der Feuerversicherung **Wiederaufbauklauseln** vor: Die **einfache** Wiederaufbauklausel dient lediglich dem Schutze der Realgläubiger, der Versicherer schuldet stets die volle Entschädigung (vgl. §§ 97–100 VVG) aber erst, nachdem wiederhergestellt ist oder nachdem der Realgläubiger auf die Wiederherstellung verzichtet hat. Die einfache Wiederherstellungsklausel erschöpft sich also in einer Fälligkeitsregelung. Eine **strenge** Wiederaufbauklausel dient auch dem Schutze des Versicherers und sieht vor, daß der Anspruch auf die Versicherungsentschädigung ganz oder teilweise erst nach dem Wiederaufbau entstehe. Bei Nichtwiederaufbau innerhalb einer bestimmten Frist soll demnach die Geldleistung des Versicherers mindestens teilweise entfallen. Es fragt sich, ob diese strenge Sanktion in allen Fällen Platz greifen kann, z. B. auch bei behördlichen Wiederaufbaubeschränkungen oder Vorliegen sonstiger unverschuldeter Umstände. Die Rechtsprechung mildert die strenge Sanktion der Klausel im Sinne des Verschuldensprinzips (vgl. BGH 15.VI.1951, BGHZ Bd. 2,S. 341-342 [Ausbesserung in der Seekaskoversicherung], 1.IV.1953 BGHZ Bd. 9, S. 207-208 [Wiederherstellung in der Neuwertversicherung]).

3. Umfang der Versichererleistung

Wenn bislang von der Geld- oder Naturalersatzleistung des Versicherers die Rede war, so bezog sich das Gesagte auf die Versicherungssumme und – in der Schadensversicherung – auf den **Versicherungsschaden** i.e.S.

Die Höhe der Ersatzpflicht ergibt sich aus der Schadenshöhe in Verbindung mit der Versicherungssumme und – in der Aktivenversicherung – mit dem Versicherungswert.

Zum Versicherungsschaden i.e.S. zählt auch jener Schaden, der auf Grund einer (angehängten) **Adhäsionsversicherung** ersetzt wird. Die Haftpflichtversicherungsschäden, die der Seeversicherer zusätzlich ersetzen muß, wurden an anderer Stelle schon erwähnt: F. II.2a.

Von dem Versicherungsschaden i. e. S. muß der **Versicherungsschaden i. w. S.** unterschieden werden. Hier geht es um:

— **Aufwendungen** zur Abwendung und Minderung des Schadens (§ 63 VVG),

— **Ermittlungs- und Feststellungskosten**
  (§ 66 VVG: ersatzfähig zusammen mit Hauptschaden nicht über Versicherungssumme hinaus; Unterversicherungsregelung zu beachten: § 66 III).

Der **Aufwendungsersatz** hängt mit der Abwendungs- und Minderungsobliegenheit (Rettungspflicht) (oben E. III.1) zusammen. Normalerweise begrenzt die Versicherungssumme die Ersatzpflicht des Versicherers für die Summe des Versicherungsschadens im engeren und weiteren Sinne. Das gilt uneingeschränkt für dem Versicherungsnehmer erwachsende Regulierungskosten. Was Rettungsaufwendungen anlangt, so bestimmt § 63 Abs. 1 Satz 2 VVG: *„Der Versicherer hat Aufwendungen, die in Gemäßheit der von ihm gegebenen Weisungen gemacht worden sind, auch insoweit zu ersetzen, als sie zusammen mit der übrigen Entschädigung die Versicherungssumme übersteigen."*

Es ist also dem Versicherungsnehmer anzuraten, Weisungen einzuholen.

Eine für den Versicherungsnehmer günstigere, weitergehende Regelung enthält § 144 Abs. 1 VVG für die Binnentransportversicherung, wo Weisungen des Versicherers nicht erforderlich sind. Ein Beispiel dazu findet sich in RG 3.II.1926 RGZ, Bd. 112 S. 384-388: Eine eiserne Schute, die zwischen Rostock und Warnemünderhafen verkehrte, hatte sich bei einem Sturm losgerissen und wurde auf die offene See getrieben. Dort war sie gesunken. Der Eigentümer der Schute hatte vergeblich Versuche zur Hebung vorgenommen und dafür 7000 M verauslagt. Der Versicherungswert der Schute belief sich auf 6500 M. Der Versicherer wurde zur Zahlung von 13 500 M verurteilt, wobei das RG ausführte: *„Zutreffend geht das Berufungsgericht davon aus, daß der Kläger nach §§ 62, 144 VVG zur Abwendung und Minderung grundsätzlich solche Aufwendungen machen* *durfte, die er verständigerweise gemacht hätte, wenn er nicht versichert gewesen wäre."* Dabei sei allerdings nicht zu verkennen, *„daß dieser Grundsatz nicht überspannt werden darf, vielmehr vor überwiegenden Interessen des Versicherers, deren Beachtung seitens des Versicherten die aus dem Versicherungsvertrag folgende Treuepflicht erfordert, haltmachen muß."* Der Versicherungsfall trat im November 1917 ein, also in der Zeit der beginnenden Inflation. Der Versicherer berief sich u. a. auf Unterversicherung, weil die Schute im Zeitpunkt des Versicherungsfalls 9000 M wert gewesen sei. Das Reichsgericht verwarf diesen Einwand mit Recht: Da die Schute bei Beginn der Versicherung 6500 M wert gewesen sei, also keine Unterversicherung vorgelegen habe, gelte dasselbe nach § 141 VVG auch für den Zeitpunkt des Versicherungsfalles (vgl. oben F. III. 3c). Auch daß die Versuche zur Hebung der Schute gleichzeitig im **öffentlichen** Interesse gelegen hätten (Räumung der Wasserstraße vom Hindernis), schließe die Natur der Kosten als Rettungsaufwand nicht aus.

Auch im Falle des § 63 I Satz 2 VVG gilt für Aufwendungen die Unterversicherungsregelung: § 63 III VVG. Von den Aufwendungen zur Schaden**minderung** sind diejenigen zur Schaden**verhinderung** zu unterscheiden. Letztere sind nicht ersatzpflichtig (LG Hamburg, VersR 1987, S. 374). Gleichwohl ist der Versicherungsnehmer gehalten, sie zu erbringen, weil die Nichthinderung u. U. als Herbeiführung des Versicherungsfalles im Sinne des § 61 gewertet werden kann, oder weil die Hinderung im Rahmen der Gefahrstandspflicht (§§ 23 ff. VVG) liegt oder kraft ausdrücklicher Vereinbarungen zu den Obliegenheiten gehört.

In Versicherungszweigen, in denen **mehrere Versicherungsfälle nacheinander** eintreten können, fragt es sich, ob die erstatteten Versicherungsschäden von der Versicherungssumme abzuziehen sind, ob also die Versicherungssumme allmählich aufgezehrt wird. Das Problem ist nicht einheitlich geregelt: In der Binnentransportversicherung füllt sich die Versicherungssumme für jeden späteren Versicherungsfall neu auf (§ 144 Abs. 2 VVG, vgl. aber auch die Abandonvorschrift des § 145 VVG). Für die Feuerversicherung bestimmt § 95 VVG: *„Der Versicherer haftet nach dem Eintritt eines Versicherungsfalles für den durch einen späteren Versicherungsfall verursachten Schaden nur bis zur Höhe des Restbetrages der Versicherungssumme. Für die künftigen Versicherungsperioden gebührt ihm nur ein verhältnismäßiger Teil der Prämie"* (vgl. auch § 112 VVG für die Hagel-, § 119 VVG für die Tierversicherung). Die VHB 84 kennen nicht mehr den Verbrauch der Versicherungssumme durch einen Schadenfall (§ 27).

4. Ermittlung der Versichererleistung

Die Leistung des Versicherers wird erbracht, nachdem der Versicherungsfall angezeigt worden ist und auf Verlangen Auskünfte erteilt und Belege beigebracht worden sind.

a) Sachverständigenverfahren

Oft schließt sich ein **Sachverständigenverfahren** an, das in den Versicherungsbedingungen geregelt wird. Ergänzende Vorschriften finden sich in § 64 VVG für die Schadensversicherung, in § 184 VVG für die Unfallversicherung. Die Sachverständigen sind Schiedsgutachter (keine Schiedsrichter). Ihre Feststellung ist verbindlich, es sei denn, daß sie ihre Zuständigkeit überschritten haben oder daß vertraglich vereinbarte Verfahrensvorschriften nicht eingehalten worden sind oder daß der Obmann befangen war. Ob auch die Nichtgewährung rechtlichen Gehörs zur Unverbindlichkeit führt, ist bestritten. Sachlich ist die Feststellung nur dann nicht verbindlich, wenn sie offenbar von der wirklichen Sachlage erheblich abweicht. Offenbar ist eine solche Unrichtigkeit, die für einen Sachkundigen offen zutage liegt. Erheblich ist eine Differenz nur, wenn sie im Gesamtergebnis etwa mehr als 15 % vom geforderten Betrag (sofern sich der Versicherungsnehmer auf die Unverbindlichkeit des Gutachtens beruft) bzw. vom bewilligten Betrag (sofern sich der Versicherer auf die Unverbindlichkeit des Gutachtens beruft) abweicht (OLG Hamm, VersR 1988, S. 509).

In der Sache BGH 1.IV.1953 BGHZ Bd. 9, S. 197–207 stritten die Parteien über die Höhe des Schadens an einer Dampfkesselanlage. Der Sachverständige des Versicherers hatte den Schaden auf 4456 DM, der Sachverständige des Versicherungsnehmers auf 62 630 DM geschätzt. Der von beiden Sachverständigen als Obmann gewählte Sachverständige (vgl. jetzt § 15 AFB) schloß sich im wesentlichen den Schätzungen des Sachverständigen des Versicherungsnehmers an. Der BGH hatte darüber zu entscheiden, ob die Feststellungen des Obmanns von der wirklichen Sachlage abwichen. Das ist nach dem BGH der Fall, wenn der Sachverständige seiner Feststellung über die Höhe des Schadens unrichtige Bewertungsmaßstäbe zugrundelegt, es sei denn, daß der Fehler durch andere Fehler, die sich im Ergebnis etwa in gleicher Höhe gegenteilig auswirken, wieder ausgeglichen wird.

In der Personenversicherung dringt die Aufsichtsbehörde darauf, daß das Sachverständigenverfahren nur fakultativ vorgesehen wird, d. h. daß der Versicherungsnehmer nach seiner Wahl auch gleich den Rechtsweg beschreiten kann: BVerwG VersR 1961, S. 146.

Wie erwähnt, ist das Schiedsgutachterverfahren vom **schiedsrichterlichen** Verfahren zu unterscheiden. Der Schiedsgutachter stellt nur einzelne Elemente des Versicherungsanspruchs fest (z. B. die Höhe des Schadens, den Ursachenzusammenhang), während der Schiedsrichter insgesamt unter Ausschluß der staatlichen Gerichtsbarkeit über den Anspruch befindet. Schiedsgerichte bedürfen einer speziellen Vereinbarung der Parteien (hier: Versicherer und Versicherungsnehmer), die in der gewerblichen Versicherung gelegentlich vorkommt. Die Industrie- und Handelskammern erleichtern organisatorisch die Schiedsgerichtsbarkeit.

Der Versicherungsnehmer darf sich bei den Schadensverhandlungen durch einen **Bevollmächtigten** vertreten lassen (§ 65 VVG).

Verwandt mit dem Sachverständigenverfahren ist das durch § 158 n VVG normierte Gutachterverfahren in der Rechtsschutzversicherung. Ein Gutachterverfahren oder ein anderes Verfahren mit vergleichbarer Garantie für die Objektivität muß vorgesehen werden für den Fall, daß Meinungsverschiedenheiten zwischen den Parteien auftauchen. Sieht der Versicherungsvertrag kein derartiges Verfahren vor, gilt das Rechtsschutzbedürfnis des VN als anerkannt. § 158 n ist laut § 158 o VVG halbzwingend.

b) Beweislast

Wer sich auf eine Tatsache beruft, muß sie im allgemeinen auch beweisen.

Wenn z. B. der Versicherer eine **Obliegenheitsverletzung** seitens des Versicherungsnehmers behauptet, so muß er dartun, daß eine solche in allen ihren Voraussetzungen vorliege.

Nun besagt aber § 6 Abs. 1 Satz 1 VVG, es trete „*die vereinbarte Rechtsfolge nicht ein, wenn die Verletzung als eine unverschuldete anzusehen ist*". Oder § 16 Abs. 3 VVG bestimmt bei der vorvertraglichen Anzeigepflicht: „*Der Rücktritt ist ausgeschlossen, wenn der Versicherer den nicht angezeigten Umstand kannte oder wenn die Anzeige ohne Verschulden des Versicherungsnehmers unterblieben ist.*"

Diesen negativen Formulierungen des Gesetzes entnimmt der Jurist, es obliege dem Versicherungsnehmer, sein mangelndes Verschulden zu beweisen (sich zu exkulpieren; culpa = Verschulden) bzw. die anderweitige Kenntnis des Versicherers zu beweisen.

Was die **Gefahrtragungsleistung** des Versicherers anlangt, so muß der **Versicherungsnehmer beweisen**, während der Versicherungsdauer (und gegebenenfalls am Versicherungsorte) habe die versicherte Gefahr sich verwirklicht mit Beeinträchtigung des versicherten Interesses, sei also der **Versicherungsfall eingetreten**, ferner in der Schadensversicherung den Eintritt eines versicherten Schadens nach Grund und Höhe sowie den Ursachenzusammenhang.

Behauptet demgegenüber der Versicherer eine Tatsache, die ihn leistungsfrei macht, so ist der **Versicherer** beweispflichtig. Das gilt besonders für **Gefahrausschlüsse**: Der Versicherer hat zu beweisen, der Versicherungsfall sei grob fahrlässig oder vorsätzlich herbeigeführt (§ 61 VVG) oder der Unfall beruhe auf einer Bewußtseinsstörung (§ 2 I (1) AUB 88).

Vertraglich kann die Beweislast beeinflußt werden: Schon früher traf nach dem Gesetz den Versicherer die Beweislast, wenn er behauptete, der von dem Unfall Betroffene habe den Unfall vorsätzlich herbeigeführt. Es handelte sich um einen Gefahrenausschluß. Heute ergibt sich aus der Unfalldefinition des § 2 Abs. 1 AUB, ein Unfall liege nur vor, wenn der Versicherte unfreiwillig eine Gesundheitsbeschädigung erleidet. Der Verunglückte oder seine Erben oder Bezugsberechtigten hätten hiernach die (manchmal schwere) Aufgabe darzutun, es handle sich nicht um eine Selbstverstümmelung oder einen Selbstmord (z. B. bei Tod durch Ertrinken). Seit 1967 schreibt § 180a VVG zwingend vor, die Beweislast für die Freiwilligkeit solle beim Versicherer liegen; die Unfreiwilligkeit wird bis zum Beweise des Gegenteils vermutet. Anders formuliert: Trotz der (vertraglichen) Einbeziehung der Unfreiwilligkeit in den Unfallbegriff soll die Beweislast wieder (wie bei einer Ausschlußklausel) den Versicherer treffen.

Der BGH 21.II.1957 BGHZ Bd. 23, S. 355—361 hat für die allgemeine Haftpflichtversicherung zu den Beweislastproblemen Stellung genommen. „*Entsprechend dem die Haftpflichtversicherung beherrschenden Grundsatz der Spezialität der versicherten Gefahr wird bei ihr gemäß § 1 Ziff. 2a AHB immer nur ein bestimmtes Haftpflichtverhältnis unter Versicherungsschutz gestellt, nämlich das im Versicherungsvertrag bezeichnete Rechtsverhältnis, aus dem eine Haftpflichtverbindlichkeit erwachsen kann. Diese im Versicherungsvertrag vorgenommene Beschreibung der vom Versicherer übernommenen Gefahr wird als primäre Risikobeschränkung bezeichnet. Bei der Haftpflichtversicherung genügt hiernach der Versicherungsnehmer seiner Beweispflicht mit dem Nachweis, daß er aus dem im Versicherungsvertrag unter Versicherungsschutz gestellten Rechtsverhältnisse haftpflichtig geworden ist ... Neben der primären Risikobeschränkung durch vertragliche Beschreibung der übernommenen Gefahr kann nun allerdings die Gefahrtragung des Versicherers noch weiter eingeschränkt werden, indem aus diesem Gefahrenkreis durch weitere Klauseln einzelne Gefahren oder Gefahrumstände wieder ausgesondert und vom Versicherungsschutz ausgeschlossen werden. Solche Bestimmungen pflegen als Risikoausschluß- oder*

Gefahrumstandsausschlußklauseln bezeichnet zu werden. Dem Berufungsgericht ist zuzustimmen, daß auch solche Klauseln im Ergebnis die Gefahrtragung des Versicherers einschränken. Man bezeichnet sie deshalb auch als sekundäre Risikobeschränkungen. Sie unterscheiden sich aber ... von den primären Risikobeschränkungen dadurch, daß das Vorliegen ihrer Voraussetzungen nicht vom Versicherungsnehmer, sondern vom Versicherer zu beweisen ist; denn da diese Tatbestände an sich in den durch den Versicherungsvertrag festgelegten Schutzbereich fallen und nur mit Hilfe der in den Ausschlußklauseln getroffenen Ausnahmeregelung aus diesem Schutzbereich wieder ausgesondert sind, stellen sie vom Versicherer zu beweisende Ausnahmetatbestände dar." Im entschiedenen Falle hatte der Versicherungsnehmer zu beweisen, daß er als Mieter zweier Hallen wegen eines Brandes aus dem Mietverhältnis haftpflichtig geworden sei. Angesichts einer Ausschlußklausel bezüglich Haftpflichtschäden, die aus dem Besitz eines Kraftfahrzeuges erwachsen, traf den Versicherer der Beweis dafür, daß der in einer Halle abgestellte Personenkraftwagen die Brandursache war. Da sich dies nicht aufklären ließ, hatte der Versicherer Haftpflichtversicherungsschutz zu gewähren.

Wenn in der See- und Binnentransportversicherung der Grundsatz der **Totalität der Gefahren** gilt, so erscheint es unrationell, vom Versicherungsnehmer zu verlangen, er solle beweisen, welche der zahlreichen gedeckten Gefahren sich verwirklicht habe. Deshalb nimmt die herrschende Meinung an, hier obliege es dem Versicherer darzutun, ausnahmsweise habe sich keine der Gefahren der Seeschiffahrt, keine der Gefahren der Beförderung realisiert. (Außerdem kann der Versicherer beweisen, es greife ein Risikoausschluß ein.)

Beweislosigkeit (ein „non liquet") **geht zu Lasten des Beweispflichtigen.** Das will die Kriegsausschlußklausel in der Feuerversicherung im Wege eines Kompromisses zugunsten des Versicherers ändern, § 1 Ziff. 7 AFB: „*Der Versicherer haftet nicht für Schäden, die durch Krieg ... verursacht werden. Ist nicht festzustellen, ob eine dieser Ursachen vorliegt, so entscheidet die überwiegende Wahrscheinlichkeit.*"; etwas abweichend § 1 Ziff. 7 AFB 87. Zur Kriegsausschlußklausel vgl. auch BGH 2.V.1965 BGHZ Bd. 2, S. 55–62.

c) Beweisführung

Derjenige, den die Beweislast trifft, muß in dem Richter die **Überzeugung** begründen, daß die Tatsachen, auf die er sich beruft, wahr seien. Es gilt der Grundsatz der freien Beweiswürdigung (§ 286 Abs. 1 ZPO). Hinsichtlich der Frage, ob und in welcher Höhe ein Schaden entstanden sei, ist dem Richter noch größere Freiheit eingeräumt: Er entscheidet unter Würdigung aller Umstände nach freier Überzeugung (§ 287 Abs. 1 Satz 1 ZPO); d. h. strenger Beweis nicht erforderlich. Als Beweismittel seien Einnahme des Augenscheins, Urkundenbeweis, Zeugenbeweis, Sachverständigenbeweis und Parteivernehmung genannt.

Selten führt eine Beweisaufnahme zu absoluter **Gewißheit**. Deshalb kann der Richter auch bereits dann von der Wahrheit der zu beweisenden Tatsache überzeugt sein, wenn ein so hoher Grad von **Wahrscheinlichkeit** dargetan ist, daß kein vernünftiger, die Lebensverhältnisse klar überschauender Mensch noch zweifelt.

Bei einer Einbruchdiebstahlversicherung ist es dem Versicherungsnehmer fast nie möglich, *den in allen Einzelteilen lückenlosen Nachweis des Tathergangs* zu erbringen. Die Gerichte helfen hier insofern, als die überwiegende Wahrscheinlichkeit eines Einbruchdiebstahls genügt, um den Beweis des Versicherungsfalles als erbracht anzusehen.

BGH 4.IV.1957 VersR 1957, S. 325–326: „*Der Versicherungsnehmer kann sich daher zunächst auf den Nachweis beschränken, daß hinreichende äußere Anzeichen für einen Einbruchdiebstahl vorliegen. Gelingt ihm dieser Nachweis, so ist es nunmehr Sache des Versicherers, Umstände aufzuzeigen und, wenn sie bestritten sind, nachzuweisen, die den Schluß nahelegen, daß diese äußeren Anzeichen trügen und der Tatbestand eines Einbruchdiebstahls in Wirklichkeit nicht erfüllt ist, weil etwa der Versicherungsnehmer die versicherten Sachen selbst beiseite geschafft hat oder mit ihrer Wegnahme durch einen anderen einverstanden war. Das bedeutet aber keineswegs, daß der Versicherer schon durch die bloße Behauptung, der Versicherungsfall sei nur vorgetäuscht, dem Versicherungsnehmer den oftmals sehr schwierigen, wenn nicht sogar unmöglichen negativen Beweis dafür aufbürden könnte, daß die Wegnahme gegen seinen Willen geschehen ist. Könnte sich der Versicherer auf diese Weise seiner Deckungspflicht entziehen, so wäre die Ausnahme – nämlich die betrügerische Vorspiegelung des Versicherungsfalles – praktisch zur Regel erhoben und damit der Zweck einer Einbruchdiebstahlversicherung vereitelt. Der Versicherer muß vielmehr den von ihm ausgesprochenen Verdacht durch konkrete Tatsachen erhärten, aus denen sich die naheliegende Möglichkeit einer vom Versicherungsnehmer begangenen Täuschung ergibt.*"
Vgl. neuerdings BGH, VersR 1986, S. 961; OLG Karlsruhe, VersR 1983, S. 291; BGH VersR 1989, S. 567.

Eine Beweiserleichterung bringt auch der von der Rechtsprechung zugelassene **Beweis des ersten Anscheins (prima facie-Beweis).** Letzterer setzt einen typischen Geschehensablauf, also das Vorhandensein bestimmter menschlicher Erfahrungen voraus. Er ist besonders im Seerecht bei Schiffskollisionen entwickelt worden und besagt, z. B., daß nach der Erfahrung im Falle einer Kollision zwischen einem fahrenden und einem ordnungsgemäß vor Anker liegenden Schiff das fahrende Schiff den Zusammenstoß schuldhaft verursacht habe. Auch im Versicherungsrecht ist für den Beweis des ersten Anscheins zuweilen Raum, er setzt „*nach feststehender Rechtsprechung einen Tatbestand voraus, bei dem aus dem regelmäßigen und üblichen Verlauf der Dinge nach der Erfahrung des täglichen Lebens ohne weiteres auch auf den Hergang im einzelnen Fall geschlossen werden kann, ohne daß es auf die besonderen Umstände gerade dieses Falles ankäme*" (BGH 4.IV.1957 VersR 1957, S. 326). Wenn es aber bei einer Unfallversicherung um die Freiwilligkeit der Gesundheitsschädigung, bei einer Einbruchdiebstahlversicherung um die Vortäuschung der Wegnahme geht, läßt sich angesichts solcher psychologischen Tatsachen mit dem prima facie-Beweis schwer arbeiten.

Mit einem solchen Fall hatte sich RG 11.XII.1936 RGZ Bd. 153, S. 135–139 zu befassen. Der Inhaber einer Berliner Kleiderfabrik, der gegen Einbruchdiebstahl versichert war, besaß außer seinen Geschäftsräumen einen Keller, der zur Einlagerung der Waren und als Arbeitsraum für einen Zuschneider diente. Dieser Kellerraum war durch eine eiserne Tür verschließbar, die Schlüssel dazu befanden sich in den Geschäftsräumen des Versicherungsnehmers. 1931 wurde ein Einbruchdiebstahl angezeigt, der Versicherer verweigerte jedoch die Auszahlung der Versicherungsleistung, da es sich um einen vorgetäuschten Diebstahl handele. Das RG hatte darüber zu entscheiden, ob die Waren wirklich gestohlen waren. Das Berufungsgericht hatte dabei gemäß den Regeln des Beweises nach dem ersten Anschein einen Diebstahl angenommen und den Versicherer zur Zahlung verurteilt. Demgegenüber entschied das RG: „*Nach der ständigen Rechtsprechung des RG ist der Beweis des ersten Anscheins auf einen sogenannten typischen Geschehensablauf beschränkt, d. h.*

auf Tatbestände, die nach der Lebenserfahrung auf eine bestimmte Ursache hinweisen. Dagegen kann die Regel nicht zur Anwendung kommen, wenn streitig ist, ob das als Schadensursache vom Versicherungsnehmer in Anspruch genommene Ereignis gegen oder mit dessen Willen erfolgt ist, weil es sich hierbei nicht um einen typischen Geschehensablauf im vorgenannten Sinne handelt." Diese Entscheidung deckt sich nicht völlig mit der oben zitierten des BGH, VersR 1957, S. 325 f. (vgl. oben F.II.1b(bb)).

Nicht nur wenn der Versicherungsnehmer beweispflichtig ist, sondern auch dann, wenn den **Versicherer** die Beweislast trifft, z. B. bei Eingreifen von Gefahrausschlüssen, kann ein Beweis des ersten Anscheins ausreichen.

5. Fälligkeit und Zinspflicht

Mit der **Fälligkeit** tritt der Zeitpunkt ein, von dem an der Versicherer die Entschädigung oder Versicherungssumme leisten soll, der Versicherungsnehmer sie fordern darf. Nach § 11 Abs. 1 VVG sind Geldleistungen des Versicherers mit Beendigung der zur Feststellung des Versicherungsfalls und des Umfangs der Leistung des Versicherers nötigen Erhebungen fällig. Erhebungen sind Prüfungsmaßnahmen, und zwar nicht nur in bezug auf Tatsachen, sondern auch zu Rechtsfragen. Die Erhebungen sind solche des Versicherers. Sie setzen aber meistens eine Mitwirkung des Versicherungsnehmers, z. B. durch Anzeige des Versicherungsfalles und Erfüllung der Auskunfts- und Belegobliegenheit, voraus. Ein besonderes Verfahren für die Erhebungen ist das Sachverständigenverfahren. Im Falle eines Prozesses tritt die Fälligkeit nicht erst dann ein, wenn die Entschädigungspflicht durch Urteil festgestellt ist. Eine Beweiserhebung kann die Fälligkeit nur hinausschieben, wenn die Beweise nicht bereits außergerichtlich verfügbar waren. Man muß annehmen, daß die Fälligkeit eintritt, sobald die Nichtbeendigung der nötigen Erhebungen auf Verhalten des Versicherers beruht (OLG Hamm, VersR 1987, S. 602).

In der Rechtsschutzversicherung ist streitig geworden, ob die Fälligkeit des Versicherungsanspruchs dadurch hinausgezögert wird, daß der Versicherungsnehmer einen Stichentscheid herbeiführen kann; bejahend: OLG Celle, VersR 1987, S. 1188, kritisch hierzu *Bauer*, VersR 1988, S. 398.

Zwingend ist gemäß § 15a VVG die Norm des § 11 Abs. 2 VVG, wonach der Versicherungsnehmer in Anrechnung auf die Gesamtforderung **Abschlagszahlungen** in Höhe des Betrages verlangen kann, den der Versicherer nach Lage der Sache mindestens zu zahlen hat; diese Zahlungspflicht setzt ein, sofern die Erhebungen bis zum Ablaufe eines Monats seit der Anzeige des Versicherungsfalles seitens des Versicherers nicht beendet sind. Allerdings ist der Lauf der Frist gehemmt, solange die Beendigung der Erhebungen infolge eines Verschuldens des Versicherungsnehmers gehindert ist (§ 11 Abs. 3 VVG), man denke an eine arglistige Täuschung bei der Schadensermittlung, die langwierige Ermittlungen des Versicherers notwendig macht.

Ist die Versicherungsleistung oder eine Abschlagszahlung fällig und ist der Versicherungsvertrag für den Versicherer und für den Versicherungsnehmer ein Handelsgeschäft, so werden von der Fälligkeit an sogenannte Fälligkeits**zinsen** in Höhe von 5 % geschuldet (§§ 353 Satz 1, 352 Abs. 2 HGB). Ferner ist Fälligkeit Voraussetzung für eine Prozeßzinsschuld (§ 291 Satz 1 BGB).

Schließlich aber ist der Eintritt der Fälligkeit die erste Voraussetzung des Schuldnerverzuges des Versicherers; hinzu treten die Erfordernisse der Mahnung (§ 284 Abs. 1 Satz 1 BGB) und des Vertretenmüssens (§ 285 BGB).

Umstritten ist die Frage, ob ein Tatsachen- oder Rechtsirrtum des Versicherers ein Verschulden, also ein Vertretenmüssen ausschließt. Die Rechtsprechung ist zu dem Ergebnis gekommen, daß der Versicherer es auf einen Rechtsstreit ankommen lassen darf, wenn er auch bei Wahrung der im Verkehr erforderlichen Sorgfalt mit seinem Unterliegen nicht zu rechnen brauchte.

Die Rechtsfolgen des Schuldnerverzuges ergeben sich aus §§ 286—289, 326, 327 BGB. Der Versicherungsnehmer kann insbesondere den Verzugsschaden ersetzt verlangen, und zwar Verzugszinsen (in Höhe von 4 %, unter Kaufleuten 5 %) als standardisierten Mindestschaden. Im Gesamtbereich der Binnenversicherung gilt absolut zwingend § 11 Abs. 4 VVG, wonach eine Vereinbarung, die den Versicherer von der Zinszahlungspflicht befreit, unwirksam ist.

6. Klagefrist und Verjährung

Das Wesen des Versicherungsvertrages bringt es mit sich, daß die Leistungspflicht des Versicherers zuweilen zweifelhaft ist. Hier soll die Klagefrist klarstellend wirken, denn durch jede Verzögerung in der Erledigung zweifelhafter Ansprüche wird die zuverlässige Feststellung der maßgebenden Tatsachen erschwert und zugleich die Übersicht über den wahren Stand des Vermögens des Versicherers beeinträchtigt.

Die Klagefrist ist eine **Ausschlußfrist**: *„Der Versicherer ist von der Verpflichtung zur Leistung frei, wenn der Anspruch auf die Leistung nicht innerhalb von sechs Monaten gerichtlich geltend gemacht wird"* (§ 12 Abs. 3 Satz 1 VVG). Es handelt sich rechtskonstruktiv nicht um eine Obliegenheit, vielmehr um eine zeitliche Komponente des in Betracht kommenden Anspruches.

Die Ausschlußfrist ist nach § 12 Abs. 3 VVG heute eine **gesetzliche**, braucht also nicht vertraglich vereinbart zu werden. Aber die Frist beginnt erst, nachdem der Versicherer dem Versicherungsnehmer gegenüber den erhobenen Anspruch unter Angabe der mit dem Ablaufe der Frist verbundenen Rechtsfolge schriftlich abgelehnt hat.

Der Untergang des Anspruches auf die Leistung hat hiernach **drei Voraussetzungen**: Erhebung des Anspruchs durch den Versicherungsnehmer, Ablehnung des Anspruchs durch den Versicherer, Unterlassung der Geltendmachung durch den Versicherungsnehmer.

Die Ablehnung muß schriftlich erfolgen, faksimilierte Unterschrift genügt nach § 126 Abs. 1 BGB nicht (unzeitgemäß). Andererseits ist ein eingeschriebener Brief nicht erforderlich, kann jedoch vertraglich vorgesehen werden. Die Ablehnungserklärung muß eine Rechtsbelehrung enthalten; die Rechtsfolge muß so klar mitgeteilt sein, daß auch der einfache Mann aus dem Volke sie ohne weiteres verstehen kann. Ein bloßer Hinweis auf § 12 Abs. 3 VVG genügt nicht. Immer wieder kommen in der Praxis ungenügende Rechtsbelehrungen vor. So war im Falle BGH 27.V.1957 BGHZ Bd. 24, S. 316—317 dem Berechtigten nur mitgeteilt worden, nach Ablauf der Frist könne nicht mehr geklagt werden; der BGH fordert den Hinweis, der Versicherungsnehmer büße seinen materiellen Versicherungsanspruch von selbst ein, wenn er ihn nicht fristgemäß gerichtlich geltend mache.

An die Genauigkeit der Belehrung über die Folgen der Fristversäumung (§ 12 Abs. 3 VVG) werden hohe Anforderungen gestellt, vgl. OLG Hamm, VersR 1990, S. 1344; BGH VersR 1991, S. 90.

Der Anspruch muß innerhalb der Frist **gerichtlich geltend gemacht** werden. Der letztgenannte Begriff ist weiter als jener der Klage: Es genügt ein Mahnbescheid, und zwar die Einreichung oder Anbringung des Gesuchs beim Amtsgericht, wenn die Zustellung demnächst erfolgt. Nicht ausreichend als gerichtliche Geltendmachung sind ein Antrag auf Prozeßkostenhilfe (bestr.), ein Beweissicherungsverfahren, eine Streitverkündung.

Die Frage, ob jede Versäumung der Frist den Anspruch des Versicherungsnehmers untergehen läßt, war lange umstritten. Heute hat sich die Auffassung durchgesetzt, daß der Versicherer sich nicht auf die Versäumung der Ausschlußfrist berufen kann, wenn die Versäumung **entschuldbar** ist (so BGH 8.II.1965 BGHZ Bd. 43, S. 235—239). Dabei ist zu beachten, daß der Versicherungsnehmer das Verschulden seines Prozeßbevollmächtigten grundsätzlich wie sein eigenes zu vertreten hat.

Soweit der Anspruch auf die Leistung schuldhaft nicht fristgemäß gerichtlich geltend gemacht wird, ist der Versicherer **von der Verpflichtung zur Leistung frei**. Der Anspruch des Versicherungsnehmers geht materiell unter. Neben den vom Versicherer zunächst ins Auge gefaßten Ablehnungsgrund tritt damit ein neuer. Der Ablauf der Ausschlußfrist ist von Amts wegen zu berücksichtigen. (Aber in Ansehung des geschädigten Dritten in der Pflichthaftpflichtversicherung bleibt der Versicherer nach Fristablauf leistungspflichtig, § 158c Abs. 1 VVG, auch gegenüber dem Dritten in der Kfz-Haftpflichtversicherung, § 3 Nr. 4 PflVG).

Der Rechtsverlust infolge Versäumung der Klagefrist ist zu unterscheiden von der **Verjährung**, welche dem Versicherer nur eine Einrede gibt. Ist die Klagefrist ohne gerichtliche Geltendmachung abgelaufen, so ist der Anspruch untergegangen, unterliegt daher nicht mehr der Verjährung. Dagegen bleibt die Verjährung bedeutsam für alle Ansprüche, die nicht gemäß § 12 Abs. 3 Satz 2 VVG abgelehnt worden sind.

Die Verjährungsvorschriften der §§ 194—225 BGB sind durch § 12 Abs. 1, 2 VVG modifiziert: Die Verjährungsfrist ist auf **zwei Jahre**, für die **Lebensversicherung auf fünf Jahre**, verkürzt. Der Verjährungsbeginn ist so geregelt, daß die Verjährung einsetzt mit dem Schluß des Jahres, in welchem die Leistung verlangt werden kann. Das ist in der **Haftpflichtversicherung** der Fall, wenn der Anspruch gegenüber dem Versicherungsnehmer vom Dritten geltend gemacht worden ist: BGH VersR 1971, S. 333. Wichtig ist auch eine zusätzliche Hemmungsvorschrift: Der Lauf der Verjährungsfrist ist gehemmt bis zum Eingang der schriftlichen Entscheidung des Versicherers, § 12 Abs. 2 VVG. Ausnahmsweise kann die Berufung des Versicherungsnehmer auf diese Hemmungsvorschrift rechtsmißbräuchlich sein (LG Köln, VersR 1988, S. 927).

Die Verjährungsfrist von grundsätzlich zwei Jahren gilt für sämtliche „**Ansprüche aus dem Versicherungsvertrage**", also auch für Ansprüche des Versicherers auf Prämie, für Ansprüche des Versicherungsnehmers auf Versichertendividende, Abschlagszahlungen sowie für Ansprüche aus positiver Forderungsverletzung: OLG Hamm, VersR 1990, S. 965.

Der BGH 14.I.1960 BGHZ Bd. 32, S. 13—17 hat aber klargestellt, Ansprüche müßten ihre **rechtliche** Grundlage im Versicherungsvertrage haben. Daher sei ein Anspruch des Versicherers aus ungerechtfertigter Bereicherung dieser kurzen Verjährungsfrist nicht unterworfen. Wenn ein Versicherer eine Leistung zurückfordere, weil er auf Grund des Versicherungsvertrages nicht zur Zahlung verpflichtet gewesen sei, mache er einen selbständigen Anspruch geltend.

Über die Verjährung des Anspruchs des geschädigten Dritten gegen den Kfz-Haftpflichtversicherer (action directe) vgl. § 3 Nr. 3 PflVG (Frist bis zu zehn Jahren vom Schadensereignis an).

7. Übergang von Ersatzansprüchen

a) Privatversicherungsrecht

Im Bereich der **Schadensversicherung** gilt der Grundsatz der **Vorteilsausgleichung,** während bei einer **Summenversicherung** der Versicherungsnehmer neben der Versicherungsleistung Ersatzansprüche gegen Dritte realisieren kann: So kann ein Unfallversicherungsnehmer erstens vom Unfallversicherer die Invaliditätsfallsumme fordern und zweitens gegen den Verursacher des Unfalls vollen Umfangs Schadensersatzansprüche geltend machen. Wird dagegen eine Unfall- oder Krankenversicherung nach dem Prinzip der konkreten Bedarfsdeckung betrieben, so kann sich der Versicherer auf die Vorteilsausgleichung, also auf den Übergang von Ersatzansprüchen gemäß § 67 VVG berufen (vgl. BGH 24.IX.1969 BGHZ Bd. 52, S. 350–355).

Nach § 67 Abs. 1 Satz 1 VVG kommt es darauf an, ob dem Versicherungsnehmer (oder Versicherten) ein **Schadensersatzanspruch** gegen einen Dritten zusteht. Dabei ist es gleichgültig, ob der Ersatzanspruch ein vertraglicher oder ein gesetzlicher ist, ob der Dritte aus Verschulden oder ohne Verschulden haftet. Dritter ist jeder, der nicht Versicherungsnehmer oder Versicherter desselben Versicherungsverhältnisses ist, das die Entschädigung des Versicherers ausgelöst hat.

Soweit der Versicherer dem Versicherungsnehmer den Schaden ersetzt, geht der Ersatzanspruch **kraft Gesetzes** auf den Schadensversicherer über *(cessio legis).* Einer Abtretung bedarf es also nicht.

In der **Sozialversicherung** wird der Versicherungsträger gemäß § 116 SGB X bereits mit dem Versicherungsfall Rechtsnachfolger des Versicherten oder seiner Hinterbliebenen, nicht erst mit der Leistung. Im übrigen ist bemerkenswert, daß die Sozialversicherung den Übergang der Ersatzansprüche kennt, obwohl sie **pauschalierten** Ersatz gewährt.

Der Übergang setzt aber voraus, daß der Dritte den gleichen Schaden zu ersetzen hat wie der Versicherer, man spricht vom **Kongruenzerfordernis.** BGH 30.IX.1957 BGHZ Bd. 25, S. 340–346, BGH 18.I.1966 BGHZ Bd. 44, S. 382–394 behandeln im Blick auf eine Kfz-Kaskoversicherung die zum Sachschaden gehörenden Ersatzansprüche. Das sind z. B. Reparatur- und Abschleppkosten. Nicht übergangsfähig auf den Kaskoversicherer sind z. B. Ansprüche aus Verdienstausfall, Mietwagenkosten, Verlust des Schadensfreiheitsrabatts. Vgl. auch BGH 20.III.1967 BGHZ Bd. 47, S. 196. Kongruente Schadengruppen bei Personenschäden sind Heilkosten, Beerdigungskosten, Unterhalts- und Erwerbsschäden, Schmerzensgeldansprüche scheiden stets für den Übergang aus.

Ersetzt der Versicherer aus irgendeinem Grunde nur einen Teil des Schadens, so kommt der Versicherer erst zum Zuge, nachdem der Versicherungsnehmer für kongruente Ansprüche voll entschädigt worden ist.

Oft hat sich der BGH mit der sich daraus ergebenden Problematik befaßt, speziell mit dem Quotenvorrecht des Versicherungsnehmers, auch Differenzprinzip genannt.

Ausgangsfall: BGH 17.III.1954 BGHZ Bd. 13, S. 28–32: Der Eigentümer (A) eines Lastkraftwagens war in einen Verkehrsunfall verwickelt worden und hatte von seinem Kaskoversicherer 5700 DM erhalten. Der Halter (B) des anderen an dem Unfall beteiligten Wagens haftete nach § 12 StVG — in der damaligen Fassung — nur bis zur Höhe von 5000 DM. Da der von A angegebene Sachschaden 10 700 DM überstieg, entschied der BGH, daß der Ersatzanspruch gegen B nicht auf den Versicherer übergegangen sei, und gab der Klage des A gegen B statt. Der BGH schloß sich damit der sog. **Differenztheorie** an, die besagt, daß der Versicherungsnehmer in Höhe des Unterschiedes zwischen Schaden und der erhaltenen Versicherungssumme Gläubiger der Ersatzforderung bleibt und sich vor **dem Versicherer befriedigen kann**. Zur Begründung stützte sich der BGH dabei mit Recht nicht auf § 67 Abs. 1 Satz 2 VVG, wo bestimmt wird, daß der Forderungsübergang nicht zum Nachteil des Versicherungsnehmers geltend gemacht werden kann. Hiermit ist jedoch nur der Fall gemeint, daß das Vermögen des Dritten nicht ausreicht, um Versicherungsnehmer und Versicherer zu befriedigen, daß also die Forderungen **uneinbringlich** sind. Beim Differenzprinzip liegt zugrunde, daß beide Gläubiger aus **rechtlichen** Gründen nicht voll zum Zuge gelangen. Der BGH stützt sich mit Recht auf Sinn und Zweck des § 67 Abs. 1 Satz 1 VVG und das Wesen der Schadensversicherung. *„Der Zweck eines Versicherungsvertrages besteht bei der Schadensversicherung in der Regel darin, dem Versicherungsnehmer einen etwaigen Schaden auf jeden Fall bis zur Höhe der Versicherungssumme ohne Rücksicht auf andere Ersatzmöglichkeiten zu ersetzen. Der Übergang der Ersatzforderung soll andererseits nur dazu dienen, eine Begünstigung des Ersatzpflichtigen und eine Bereicherung des Versicherungsnehmers zu verhindern. Der Versicherer hingegen hat sein Entgelt für seine Leistung bereits in Gestalt der Versicherungsprämien erhalten. Hieraus rechtfertigt sich der Schluß, daß nach dem Willen des Gesetzgebers die Ersatzforderung erst dann auf den Versicherer übergehen soll, wenn und soweit dies zur Vermeidung einer Bereicherung des Versicherungsnehmers notwendig ist. Eine solche würde aber erst dann eintreten, wenn die Versicherungsleistung und die Ersatzforderung zusammen den Schaden übersteigen ... Es besteht rechtspolitisch gesehen keine Veranlassung, dem Versicherer, der bereits das Entgelt für seine Leistung erhalten hat, einen weiteren Gegenwert zuzuführen, solange der Versicherungsnehmer keine volle Deckung für seinen Schaden erhalten hat. Der Satz 1 des § 67 VVG ist daher einschränkend dahin auszulegen, daß, soweit der Versicherungsvertrag nicht im Einzelfalle andere Bestimmungen enthält, der Ersatzanspruch des Versicherungsnehmers nur insoweit auf den Versicherer übergeht, als er zusammen mit der gezahlten Versicherungsentschädigung den Schaden des Versicherungsnehmers übersteigt."*

Näheres zum **Quotenvorrecht des Versicherungsnehmers** und seine Begrenzung durch das Kongruenzerfordernis: BGH 30.IX.1957 BGHZ Bd. 25, S. 340–346, 18.I.1966 BGHZ Bd. 44, S. 382–394, 20.III.1967 BGHZ Bd. 47, S. 196–202, 27.VI.1968 BGHZ Bd. 50 S. 271–276.

Nach § 67 Abs. 1 Satz 3 VVG wird der Versicherer insoweit von seiner Ersatzpflicht frei, als der Versicherungsnehmer seinen Anspruch gegen den Dritten **aufgibt**. Das gilt nur für den bereits bestehenden Anspruch gegenüber dem Dritten. Wird die Möglichkeit der Entstehung von Ersatzansprüchen von vornherein ausgeschlossen, so ist der Versicherer nicht frei, sofern solcher Haftungsausschluß üblich ist. Das hat der BGH z. B. für den Fall der Vermietung eines Kraftfahrzeugs angenommen, wo Mieter und Vermieter häufig einen Haftungsausschluß vereinbaren.

BGH 29.X.1956 BGHZ Bd. 22, S. 119: *„Soweit auf Grund einer solchen Abrede die Haftung des Dritten in dem verkehrsüblichen Umfang, also in der Regel für Zufall und leichte Fahrlässigkeit, entfällt, kann sich der Versicherer nicht darauf berufen, der Versicherungsnehmer habe zum Schaden des Versicherers ein Recht aufgegeben. Wie schon erwähnt, sind derartige Abreden im Wirtschaftsleben durchaus üblich und sachgemäß und bilden gerade auch bei der gewerblichen Vermietung von Kraftfahrzeugen nahezu die Regel. Der Versicherer muß daher mit ihrem Bestehen rechnen, wenn er sich dazu entschließt, den Versicherungsschutz für einen Mietwagen zu übernehmen. Er weiß schon bei Abschluß des Versicherungsvertrages, daß in diesem Falle die Versicherungsprämie nach der Verkehrssitte auf den Mieter abgewälzt wird, und kann die darin liegende Vereinbarung einer Haftungsbeschränkung nicht zum Anlaß nehmen, sich unter Berufung auf § 67 Abs. 1 Satz 3 VVG seiner Deckungspflicht zu entziehen. Der Ausschluß der Haftung des Mieters bis zur leichten Fahrlässigkeit bewirkt aus denselben Gründen auch keine Gefahrerhöhung ... Er liegt vielmehr bei der Versicherung gewerblich vermieteter Kraftfahrzeuge im Rahmen der normalen Versicherungsgefahr, deren besondere Höhe der Versicherer bereits durch die Einforderung einer erheblich über dem gewöhnlichen Kaskobeitrag liegenden Prämie in Rechnung stellt."*

Vgl. zur Wechselbeziehung von Versicherung und Freizeichnung auch BGH 29.IX.1960 BGHZ Bd. 33, S. 221, 30.III.1965 BGHZ Bd. 43, S. 295–300.

Der Versicherungsschutz würde stark entwertet werden, falls auf den Versicherer auch Ersatzansprüche übergehen, die der Versicherungsnehmer formell **gegen Familienangehörige** erheben könnte. In der Praxis werden im allgemeinen solche Ersatzansprüche vom Versicherungsnehmer nicht realisiert. Deshalb bestimmt das Gesetz (§ 67 Abs. 2 VVG), der Übergang sei ausgeschlossen, wenn sich der Ersatzanspruch gegen einen mit dem Versicherungsnehmer in häuslicher Gemeinschaft lebenden Familienangehörigen richtet. Der Anspruch geht jedoch über, wenn der Angehörige den Schaden vorsätzlich verursacht hat. Der zwanzigjährige Sohn S des Versicherungsnehmers VN, der bei VN wohnt, und sein Freund F verursachen grobfahrlässig einen Brand, der das Gebäude des VN im Werte von 100 000 DM total zerstört. S und F haften dem VN als Gesamtschuldner (§ 840 BGB) aus unerlaubter Handlung (§ 823 Abs. 1 BGB). Sobald der Versicherer V dem VN die geschuldeten 100 000 DM gezahlt hat, müßte der Ersatzanspruch des Versicherungsnehmers gegen F (nicht gegen S) auf V übergehen. Als Rechtsnachfolger des Versicherungsnehmers könnte V den Gesamtschuldner F in Höhe von 100 000,– in Anspruch nehmen und dieser nach § 426 BGB Ausgleich von S in Höhe von 50 000,– DM verlangen. Auf diese Weise würde also doch der aus Versicherungsnehmer und S bestehende Haushalt belastet werden, was § 67 II VVG gerade vermeiden will. Die herrschende Lehre gibt daher in solchem Falle dem V gegen F nur einen Anspruch in Höhe von 50 000,– DM.

Wenn für die Krankheitskostenversicherung in § 11 Satz 1 Musterbedingungen des Verbandes der privaten Krankenversicherung bestimmt wird, Schadensersatzansprüche gegen Dritte seien – unbeschadet des gesetzlichen Forderungsüberganges nach § 67 VVG – an den Versicherer abzutreten, so verstößt diese Vorschrift gegen den nach § 68 a VVG zwingenden § 67 VVG, soweit Ersatzansprüche gegen Familienangehörige in Frage stehen (BGH 24.IX.1969 BGHZ Bd. 52, S. 350–355: Anpruch einer Mutter gegen ihre Tochter, abgetreten an den Krankenversicherer der Mutter).

Der Grundsatz, daß man gegen Familienangehörige keinen Regreß nimmt, ist so überzeugend, daß § 67 VVG jetzt auch außerhalb der Privatversicherung analog angewendet wird BGH 8.1.1965 BGHZ Bd. 43, S. 77–79: Beamtenversorgung; BGHZ 9.1.1968, VersR 1968, S. 249: Arbeitgeber, der Lohn fortgezahlt hat).

Einen Regreßanspruch des Versicherers gegen seinen eigenen VN gibt das Gesetz dann, wenn der Versicherer einem außenstehenden Dritten gegenüber eintreten mußte, obwohl der VN keine Deckung beanspruchen konnte: §§ 104, 158 f. VVG; § 3 Nr. 9 S. 2 PflichtVersG.

b) Sozialrecht

Es wurde schon darauf hingewiesen, daß § 67 VVG im Sozialrecht eine Parallele in § 116 SGB X hat. Gleichwohl bestehen Unterschiede. Nach § 116 Abs. 1 ist der Forderungsübergang auf den Sozialhilfeträger dem Forderungsübergang auf den Sozialversicherungsträger gleichzustellen. Im Unterschied zu § 67 geht der Anspruch bereits über, wenn der betreffende Träger Leistungen zu erbringen hat, also in der Regel mit dem Schadenereignis und mithin früher als nach § 67 VVG.

§ 116 Abs. 2 (Höchsthaftungssummen etwa nach StVG, LVG) und Abs. 4 (unzureichendes Vermögen des Schädigers) entsprechen der oben zu a) dargestellten Differenztheorie, d.h. der Versicherte geht vor, im Falle des Abs. 4 sogar auch hinsichtlich nichtkongruenter Schäden. § 116 Abs. 3 (Mitverschulden des Verletzten) weicht von der Rechtsprechung zu § 67 ab. Es gilt nicht die Differenztheorie, sondern die relative Theorie. Beispiel: Die Krankenkasse hat für Arzneimittel 600 DM ausgegeben (vgl. § 116 Abs. 8 SGB X), der versicherte Geschädigte 400 DM, zusammen also 1000 DM. Wegen 50 % Mitschuld an seinem Unfall (§ 254 BGB) kann der Geschädigte nur 500 DM Ersatz verlangen. Nach der Differenztheorie bliebe der Anspruch von 400 DM bei ihm, in Höhe von 100 DM würde er auf die Krankenkasse übergehen. Nach § 116 Abs. 3 bleiben dem Versicherten nur 200 DM, auf die Krankenkasse gehen 300 DM über. Das Familienprivileg des § 67 Abs. 2 VVG ist in § 116 Abs. 6 festgeschrieben. – Die Zulassung von Teilungsabkommen zwischen Sozialversicherungsträgern und Haftpflichtversicherern wird in § 116 Abs. 9 erwähnt.
Ein Novum bildet § 119 SGB X: Hiernach gehen Ansprüche des Geschädigten, die aus der Aufrechterhaltung seiner Rentenversicherungsanwartschaft mit eigenen Beiträgen herrühren, auf den Sozialversicherungsträger über. Das gilt dann nicht, wenn die Beitragspflicht von anderer Seite aufrecht erhalten wird, etwa vom Arbeitgeber im Wege der Lohnfortzahlung oder vom Rehabilitationsträger. Es ist heftig umstritten, ob § 119 SGB X eine sinnvolle Regelung bietet.

G. Obliegenheiten des Versicherers

I. Gesetzlich

Das VVG kennt nicht nur Obliegenheiten, die der Versicherungsnehmer zu beachten hat, sondern auch solche, die vom Versicherer zu erfüllen sind, mag auch mißverständlich von „Pflichten" gesprochen werden. Hierher gehört die Obliegenheit, den Versicherungsnehmer auf Abweichungen vom Antrag aufmerksam zu machen (§ 5 II VVG), eine klarstellende Kündigung auszusprechen (§ 6 I Satz 3 VVG), den Versicherungsnehmer und den geschädigten Dritten zu belehren (Obliegenheiten nach §§ 12 III, 39 Satz 2, 158 e I Satz 2 VVG).

II. Aus Treu und Glauben folgend

Die Rechtsprechung hat aus Treu und Glauben einige weitere Obliegenheiten des Versicherers entwickelt, von denen oben A. I. 2b im Überblick die Rede war. Hierher gehört vor allem, daß der Versicherer den Versicherungsnehmer nach einem Schadenfalle ausdrücklich darauf hinweisen muß, daß er durch unvollständige oder unrichtige Angaben den Versicherungsanspruch aufs Spiel setzt (zu § 6 III VVG vgl. oben E. I. 1c, 2b).

Die Stundung der Erstprämie soll im Zweifel keine deckende Wirkung haben, (oben D. I. 7a (bb)), d. h. Deckung beginnt auch hier erst, wenn der Versicherungsnehmer die erste Prämie zahlt (§ 38 VVG). Da diese Rechtsfolge dem durchschnittlichen Versicherungsnehmer fremd sein wird, verlangt der BGH mit Recht einen entsprechenden Hinweis: BGHZ Band 47, S. 363; BGH VersR 1968, S. 439 ff.

Eine Hinweispflicht des Versicherers kann sich auch bei Folgeprämien ergeben, nämlich wenn mehrere Raten rückständig sind und der Versicherungsnehmer durch seine Zahlung nicht **alle** Rückstände aufholt: BGH VersR 1963, S. 376 ff.; BGH VersR 1974, S. 121 ff. – Mit dem Hinweis auf die Folgen der Verletzung der Anzeigepflicht gefahrerhöhender Umstände hatte es OLG Hamm VersR 1979, S. 78 zu tun (vgl. auch oben D. I. 6).

Vor der Anerkennung von Versichererobliegenheiten hatte die Rechtsprechung damit operiert, daß der Versicherer **arglistig** handele, wenn er sich in solchen Fällen dem Versicherungsnehmer gegenüber auf Leistungsfreiheit berufe.

Gleichgültig ist, ob der Versicherer die Obliegenheit durch sein Personal oder seinen Vertreter im Außendienst erfüllen läßt. Unter Umständen kann der Versicherer für den letzteren aus dem Gesichtspunkt des **Verschuldens bei Vertragsschluß** auf **Schadenersatz** haften, nämlich dann, wenn der Vertreter im konkreten Fall erkennt, daß der Versicherungsinteressent von unzutreffenden Vorstellungen über den beabsichtigten Versicherungsschutz ausgeht und er ihn nicht entsprechend belehrt.

Die **Obliegenheiten** des Versicherers haben also **generelle** Wissenslücken der Partnerschaft zum Gegenstand, die **Aufklärungspflicht** ergibt sich aus einer Unklarheit beim **speziellen** Versicherungsinteressenten.

H. Veräußerung der versicherten Sache

I. Gesetzliche Regelung

Vorbemerkung: Die folgenden Regeln gelten nur dann, wenn keine Versicherung für Rechnung wen es angeht (§ 80 II VVG) besteht. Für die Seeversicherung gelten §§ 49, 50 ADS.

Während es sich bei der Versicherung für fremde Rechnung von vornherein um eine Schadensversicherung handelt, die zugunsten eines *Dritten*, des Versicherten, geschlossen wird, tritt nach den §§ 69–73 VVG im Falle der **Veräußerung der versicherten Sache** ein **Schuldner- und Gläubiger**wechsel ein (Vorbild: § 571 BGB):

Wird bei einer Versicherung für eigene Rechnung die versicherte Sache, z. B. das versicherte Haus, veräußert, so tritt der Erwerber an die Stelle des Versicherungsnehmers (Veräußerers), sei es hinsichtlich der **Prämienschuld**, sei es hinsichtlich des **Versicherungsschutzes** (§ 69 Abs. 1 VVG); die Versicherung bleibt demnach eine Versicherung für eigene Rechnung.

Dieses Ergebnis kann **unerwünscht** sein für den **Versicherer**, z. B. falls das „subjektive Risiko" beim Erwerber höher ist, oder falls der Erwerber als Prämienschuldner nicht solvent ist. Nur für die laufende Versicherungsperiode haften Veräußerer und Erwerber als Gesamtschuldner für die Prämie (§ 69 Abs. 2 VVG). Der Versicherer wird geschützt durch ein **Kündigungsrecht** (Näheres: § 70 Abs. 1 VVG).

Der Übergang der Versicherung kann auch für den **Erwerber** unerwünscht sein: Er will überhaupt nicht, oder nicht bei dem bisherigen Versicherer, gedeckt sein. So wird auch er durch ein **Kündigungsrecht** geschützt (Näheres: § 70 Abs. 2 VVG), das nicht wegbedungen werden kann (§ 72 VVG). Man beachte die unterschiedlichen Wirkungsfristen der Kündigung!

Nach § 192 Abs. 2 VVG ist eine öffentlich-rechtliche Wettbewerbsanstalt nicht an § 72 VVG gebunden. Wenn sie aber in der Satzung das Kündigungsrecht des Erwerbers aus § 70 Abs. 2 VVG ausschließt, soll dieser Ausschluß im Hinblick auf § 9 AGB-G unwirksam sein: BGH VersR 1990, S. 1115.

Bei Kündigung durch den Versicherer oder Erwerber entfällt übrigens die **Prämienhaftung** des Erwerbers (§ 70 Abs. 3 VVG).

Schon wegen des Kündigungsrechts muß der Versicherer von der Veräußerung unterrichtet werden. Eine entsprechende, unverzüglich zu erfüllende **Anzeigepflicht** belastet nach § 71 VVG Veräußerer und Erwerber. Die Verletzung dieser Obliegenheit durch beide zieht Leistungsfreiheit nach sich, sofern auch nur einer von beiden schuldhaft gehandelt hat. Indes mildert die Rechtsprechung die aus der Verletzung der Anzeigeobliegenheit resultierende Härte (BGH, VersR 1987, S. 477 für die Feuerversicherung; ähnlich LG München I, VersR 1987, S. 94 für die Reisegepäckversicherung). Danach soll Leistungsfreiheit nicht eintreten, wenn sie außer Verhältnis zur Schwere des Verstoßes steht. Auch ist abzuwägen, wieweit die Interessen des Versicherers in ernster Weise durch die Nichtanzeige beeinträchtigt sind und welches Gewicht die Entziehung der

Versicherungsleistung für den Versicherungsnehmer hat. Demselben Rechtsgedanken folgt OLG Frankfurt/M., NJW 1989, S. 463.

Ansprüche aus Versicherungsfall **vor** der Veräußerung stehen dem Veräußerer zu.

§ 115 VVG stellt für die Hagelversicherung die Vereinbarung des Nießbrauchs, des Pachtvertrages oder eines ähnlichen Nutzungsverhältnisses der Veräußerung gleich. Das gilt auch im Falle der Unterpacht, wenn der Nießbraucher bzw. Pächter die Versicherung genommen hat (ebenso § 151 Abs. 2 VVG, s. sogleich).

Die Vorschriften scheinen nur bei **Sachversicherungen** zu passen, müssen aber auf **alle Aktivenversicherungen** analog erstreckt werden, z. B. auf Kreditversicherungen bei Abtretung der Forderung, auf Versicherungen imaginären Gewinnes bei der Seewarenversicherung, auf die Betriebsunterbrechungsversicherung bei Betriebsveräußerung. Auf **Passivenversicherungen** ist dagegen § 69 Abs. 1 VVG **nicht anwendbar**. Nur für zwei besondere Formen der Haftpflichtversicherung ist die entsprechende Anwendbarkeit vorgeschrieben, nämlich in § 151 Abs. 2 VVG für die **Betriebshaftpflichtversicherung** bei Veräußerung des Unternehmens und in § 158h VVG für Pflichthaftpflichtversicherungen, also besonders bei **Pflichtversicherung für Kraftfahrzeughalter** bei Veräußerung des Kraftfahrzeuges.

Wird aus einem **Inbegriff** ein Gegenstand veräußert oder zediert, so erlischt hinsichtlich seiner der Versicherungsschutz nach § 68 Abs. 2, im übrigen bleibt er bestehen.

II. Veräußerungsbegriff

Veräußerung einer Sache ist **noch nicht** der Abschluß eines (zur Übereignung nur verpflichtenden) **Kaufvertrages**, sondern es kommt auf den **Vollzug** an. Dabei stellt die herrschende, vom Reichsgericht begründete, vom Bundesgerichtshof bestätigte Auffassung für die Binnenversicherung auf den **formal-sachenrechtlichen Eigentumsübergang** im Wege rechtsgeschäftlicher Einzelnachfolge ab (z. B. RG 28.IV.1914 RGZ Bd. 84, S. 409–415 [Leitentscheidung], 21.VII.1943 RGZ Bd. 171, S. 182–183, BGH 28.X.1953 BGHZ Bd. 10, S. 376–385).

Danach ist auch die **Sicherungsübereignung** eine Veräußerung; die Versicherung sachversicherter Maschinen geht auf die Bank über, der die Maschinen sicherungsübereignet sind (vgl. BGH 28.X.1953 BGHZ Bd. 10, S. 378–379). Dagegen bewirkt die Übergabe einer Sache auf Grund eines Verkaufes unter **Eigentumsvorbehalt** noch keine Veräußerung; die vom Verkäufer genommene Versicherung geht nicht vor vollständiger Zahlung des Kaufpreises auf den Käufer über (RG 24.IX.1926 RGZ Bd. 114, S. 316).

Beide **Ergebnisse sind bedenklich**, wenn man berücksichtigt, daß Schadens- und Interessebegriff primär wirtschaftlichen Gehalt haben. Bei einer Sicherungsübereignung bleibt der Veräußerer wirtschaftlich Interesseträger; denn er erleidet den vollen Schaden bei Totalverlust der übereigneten Sache, muß er doch den Kredit trotzdem zurückzahlen. Dagegen ist wirtschaftlich bei einem Eigentumsvorbehalt der Erwerber bereits Interessent: Bei einem Totalverlust hat er die beglichenen Raten „umsonst" bezahlt und muß die Restschuld tilgen. Sicherungsnehmer (Bank) und Vorbehaltsverkäufer, denen die Rechtsprechung das „**Eigentumsinteresse**" zuspricht, haben in Wahrheit nur Pfandinteressen in der Höhe des gewährten Kredites bzw. der ausstehenden Raten. Nach der von *Bruck* begründeten Lehre, die auf das wirtschaftliche „**Eigentümerinteresse**" abhebt (wie es normalerweise ein Eigentümer hat), ist Träger eines Sachinteresses derjenige, der im Falle einer Zerstörung der Sache notwendig einen Schaden in Höhe des vollen Sachwertes erleidet, d. h. bei der Sicherungsübereignung der Sicherungsgeber, beim Eigentumsvorbehalt schon von der Übergabe an den Käufer. (Das entspricht der herrschenden Lehr zur Seegüterversicherung, wo an die **Gefahrtragung** angeknüpft wird).

Die höchstrichterliche Rechtsprechung ist über diese Bedenken mit wenig überzeugender Begründung hinweggegangen. So hatte sich das RG 8.VI.1934 RGZ Bd. 144, S. 396–397 mit einem Fall zu befassen, in dem die Sicherungsübereignung mit der ausdrücklichen Abmachung verbunden war, daß der Veräußerer – als Kreditschuldner und Verwahrer – allein die Gefahr des Untergangs der übereigneten Gegenstände zu tragen habe. „*Aus dieser besonderen Vertragslage will die Revision ableiten, daß die ... Auffassung, die Sicherungsübereignung enthalte eine Veräußerung im Sinne des § 69 VVG, hier nicht gelten könne. Genau betrachtet stehe unter den obwaltenden Umständen die Veräußerung nur auf dem Papier. Dem ist jedoch nicht beizutreten ... Um eine klare und einfache Rechtslage zu schaffen, ist der Übergang des Versicherungsverhältnisses von einem leicht zu ermittelnden Vorgang, nämlich dem Eigentumsübergang, nicht aber vom Gefahrübergang und von den mit ihm zusammenhängenden wirtschaftlichen Belangen abhängig*" zu machen.

Zum gleichen Ergebnis wie *Bruck* kommt man, wenn man das Anwartschaftsinteresse des Vorbehaltskäufers bzw. des Sicherungsgebers dem Eigentumsinteresse gleichstellt. Vorbehaltsverkäufer bzw. Sicherungsnehmer haben dann ein Pfandinteresse. In der Feuerversicherung ist das Problem durch § 2 Abs. 3b, 3c AFB 87 gelöst, vgl. F. II. 2a (aa).

Die Rechtsprechung erkannte schon früher aber immerhin an, daß **auch** zugunsten des Sicherungsgebers und Vorbehaltskäufers für deren Interessen (das aber kein Eigentumsinteresse sei) vereinbarungsgemäß eine besondere Versicherung genommen werden könne (RG 14.VI.1910 RGZ Bd. 74, S. 126–130). So jetzt § 2 Absatz 5 AFB 87. – Ein Ausweg bei der höchstrichterlichen Rechtsprechung eröffnet sich auch dann, wenn der Sicherungsnehmer (die Bank) dem Sicherungsgeber die Versicherungsforderung insoweit **abtritt**, als sie zur Deckung der Kreditforderung nicht oder nicht mehr erforderlich erscheint, sowie dann, wenn der Vorbehaltsverkäufer die Versicherungsforderung dem Käufer insoweit zediert, als der Käufer den Kaufpreis schon beglichen hat.

III. Verwandte Fälle

Bei **Enteignung** geht die Versicherung nicht über; Enteignung bewirkt keine rechtsgeschäftliche Nachfolge. Für Fälle der **Zwangsversteigerung**, auch von beweglichen Sachen, schreibt § 73 VVG die entsprechende Anwendbarkeit der §§ 69–72 VVG vor. §§ 115 und 151 II VVG stellen gewisse Nutzungsverhältnisse der Veräußerung gleich.

Literaturhinweise

1. Systematische Darstellungen

Büchner/Winter, Grundriß der Individualversicherung, 9. Aufl. 1986

Deutsch, Versicherungsvertragsrecht, 2. Auflage 1988

Duvinage, Die Vorgeschichte und die Entstehung des Gesetzes über den Versicherungsvertrag, 1987

Ehrenzweig, Deutsches (österreichisches) Versicherungsvertragsrecht, 1952

Eichler, Versicherungsvertragsrecht, 2. Aufl. 1976

Gärtner, Privatversicherungsrecht, 2. Aufl. 1980

Hofmann, Privatversicherungsrecht, 2. Aufl. 1983

Richter, Privatversicherungsrecht, 1980

Sieg, Allgemeines Versicherungsvertragsrecht, 2. Aufl. 1988

Werber/Winter, Grundzüge des Versicherungsvertragsrechts, 1986

Weyers, Versicherungsvertragsrecht, 1986

2. Kommentare

Bruck/Möller, VVG, 8. Auflage Band 1 1961

Bruck/Möller/Sieg, VVG, 8. Auflage Band 2 1980

Prölss/Martin, VVG, 24. Auflage 1988

3. Zeitschriften

Versicherungsrecht, erscheint 4 mal im Monat

Zeitschrift für die gesamte Versicherungswissenschaft, erscheint vierteljährlich

Zeitschrift für Versicherungswesen, erscheint vierzehntäglich

Veröffentlichungen des Bundesaufsichtsamts für das Versicherungswesen, erscheinen monatlich

Die drei letzten angeführten Periodika enthalten nicht nur Versicherungs**recht**, sondern auch andere Disziplinen der Versicherungswissenschaft, insbesondere Versicherungs**wirtschaft**.

Die Zeitschrift Versicherungsrecht enthält einen ausführlichen Rechtsprechungsteil, die Zeitschrift für die gesamte Versicherungswissenschaft enthält ausführliche Rechtsprechungsübersichten.

4. Sonstige Hilfsmittel

Koch, Einführung in das Versicherungsschrifttum, 1965

Schmidt, Reimer, Versicherungsalphabet, 7. Auflage 1987

Da das österreichische VVG weitgehend dem deutschen entspricht, ist auch österreichische einschlägige Fachliteratur für das Studium des deutschen Rechts wertvoll, vgl. aber oben A. IV. 1b.

Versicherungsunternehmensrecht

Von Professor Dr. jur. Dr.-Ing. E.h. Reimer Schmidt

Inhaltsverzeichnis

Seite

A. **Einführung** ... 5
  I. **Mehrheit von Menschen im Recht** ... 5
    1. Schuldverhältnisse von Personenmehrheiten ... 5
    2. Abgrenzung zu „nur" gesellschaftlichen, freundschaftlichen Beziehungen ... 5
    3. Bemerkung zur Soziologie ... 6
    4. Von der Privatrechtsordnung „bereitgestellte" Personenmehrheiten ... 6
    5. Gedanke der Privatautonomie ... 7
    6. Bedeutung des EG-Rechts ... 7
  II. **Juristische Personen des Versicherungsrechts** ... 7
    1. Zugelassene Unternehmensformen ... 7
    2. Keine Versicherung durch GmbH ... 8
    3. Abgrenzung ideeller — wirtschaftlicher Zweck ... 8
    4. AG und VVaG ... 8
    5. Mitbestimmung der Arbeitnehmer ... 9
    6. Öffentlich-rechtliche Versicherungsanstalt und -körperschaft ... 9
    7. Unternehmensformenwettbewerb ... 10
    8. Übersicht zu A. II ... 11
    9. Spartentrennung und Konzernbildung ... 11
    10. Ausländische Versicherungsunternehmen ... 12
  III. **Verhältnis zwischen Versicherungsunternehmensrecht und anderen Rechtsgebieten** ... 13
    1. Versicherungsaufsichtsrecht ... 13
    2. Versicherungsvertragsrecht ... 13
    3. Wettbewerbsordnung ... 14
    4. Arbeitsrecht ... 14
    5. Versicherungsvermittlerrecht ... 14
    6. Steuerrecht ... 14
    7. Übersicht ... 15

B. **Die einzelnen Unternehmensformen** ... 15
  I. **Versicherungsaktiengesellschaft** ... 15
    1. Definition und Bedeutung ... 16
    2. Satzung (Gesellschaftsvertrag, Statut) ... 16
    3. Grundkapital ... 17
    4. Aktie ... 18
    5. Organe (allgemein) ... 19
    6. Insbesondere: Hauptversammlung ... 20
    7. Aufsichtsrat ... 22
    8. Vorstand ... 26

9.	Ergänzende Darstellung	28
II. Versicherungsverein auf Gegenseitigkeit		31
1.	Genossenschaftliche Versicherung	31
2.	Rechtsgrundlagen	31
3.	Struktur	32
4.	Identität von Versicherten und Versicherer	32
5.	Versicherungsverhältnis-Mitgliedschaftsverhältnis	32
6.	Kleinere Vereine	32
7.	Gemischte Vereine, Nichtmitgliederversicherung	33
8.	Große Versicherungsvereine auf Gegenseitigkeit und Versicherungsaktiengesellschaften	33
9.	Gleichbehandlungsgrundsatz	34
10.	Satzung	35
11.	Organe	35
12.	Kapitalverhältnisse und Rechnungslegung	37
13.	Beiträge	37
14.	Änderung von Satzung und AVB	37
15.	Schlußbemerkung	38
III. Öffentlich-rechtliche Versicherungsanstalten und -körperschaften		39
1.	Grundsätzliches	39
2.	Rechtsfähige Anstalten und Körperschaften	39
3.	Gemeinnützigkeit	40
4.	Territorialitätsprinzip	40
5.	Rechtsgrundlagen	41
6.	Organe	41
7.	Versicherungsverhältnis	41
IV. Arbeitsweise und Wettbewerb der drei Unternehmensformen		43
1.	Die Versicherungsaktiengesellschaft	43
2.	Die größeren Versicherungsvereine auf Gegenseitigkeit	44
3.	Die kleineren Versicherungsvereine auf Gegenseitigkeit	44
4.	Die öffentlich-rechtlichen Versicherungsunternehmen	45

C. Verbundene Unternehmen ... 45

I. Grundsätzliches ... 45

II. Einige Hauptfragen ... 46
1. Herrschende und abhängige Unternehmen ... 46
2. Tatbestand der Abhängigkeit ... 47
3. Gegenseitige und wechselseitige Beteiligungen ... 48
4. Konzern ... 48
5. Eingegliederte Gesellschaften ... 49
6. Abgrenzung zu Fusion, Vermögensübertragung, Umwandlung und Bestandsübertragung ... 50
7. Zusammenschlußkontrolle ... 50

Literaturhinweise ... 51

A. Einführung

Diese Einführung spannt einen Rahmen für die folgende Einzeldarstellung.

I. Mehrheit von Menschen im Recht

1. Schuldverhältnisse von Personenmehrheiten

Rechtsbeziehungen können bestehen zwischen Einzelmenschen (natürlichen Personen) und anderen Einzelpersonen sowie zwischen Einzelmenschen und Sachen. Rechtsbeziehungen können aber auch zwischen Personenmehrheiten bestehen (z. B. zwischen einer Mehrheit von Gläubigern auf der einen und Schuldnern auf der anderen Seite) und von Personenmehrheiten zu Sachen (z. B. im Falle des Mitbesitzes und des Miteigentums). Das alles wird deutlich, wenn man sich auf der einen Seite ein einfaches Schuldverhältnis vorstellt (A leiht sich von B ein Motorrad), auf der anderen Seite aber ein Schuldverhältnis, an dem eine Personenmehrheit beteiligt ist (z. B. vier Versicherungsangestellte verabreden sich zu einer gemeinsamen Ferienreise im Auto, das einem von ihnen gehört).

2. Abgrenzung zu „nur" gesellschaftlichen, freundschaftlichen Beziehungen

Wesentlich ist es, daß die Beziehungen zwischen mehreren Personen nicht mit rechtlichem Verpflichtungswillen geschaffen zu sein brauchen, sondern auch durch Abstammung oder „bloß" einen freundschaftlichen oder gesellschaftlichen Charakter haben können. Wenn in dem vorgenannten Beispiel von der Ferienreise eine gemeinsame Abrechnung vorgesehen ist, wird man an eine rechtliche Bindung denken, im anderen Fall vielleicht an ein bloß freundschaftliches Verhältnis. Die Abgrenzung ist besonders im Personenrecht schwierig, wenn man an das Freundschaftsverhältnis, an ein persönlicheres Verhältnis und an das Verlöbnis (rechtlich relevant) denkt. Im folgenden ist lediglich von denjenigen die Rede, die mit rechtlichem Verpflichtungswillen geschaffen werden oder durch Verwandtschaft entstehen.

Personenmehrheiten sind gesetzlich besonders geregelt (z. B. die Ehe, das Verhältnis zwischen Eltern und Kindern, das Verhältnis zwischen Erblasser und aus dem Erbfall Berechtigten, die Vereine, die Gesellschaft des BGB, die Gemeinschaft, die Gesellschaften des Handelsrechts; es treten die Anstalten und Körperschaften des öffentlichen Rechts hinzu). Das gesellschaftliche Leben im weiteren Sinne ist nicht denkbar ohne die Teilnahme der gesetzlich geregelten Personenmehrheit.

3. Bemerkung zur Soziologie

Wenn einerseits von Gesellschaften die Rede ist und andererseits vom gesellschaftlichen Leben, so wird deutlich, daß das Gesellschaftsrecht nicht das rechtliche Gegenstück zur Gesellschaftslehre, der Soziologie, ist. Es handelt sich vielmehr um rein rechtliche Strukturen, bei denen kollektive Elemente im Individualrecht auftreten. Daß allerdings auch in diesem Zusammenhang die soziologische Beurteilung eine wesentliche Rolle spielt, sei an dieser Stelle vermerkt.

4. Von der Privatrechtsordnung „bereitgestellte" Personenmehrheiten

Das Privatrecht (im Gegensatz zum öffentlichen Recht) stellt eine größere Zahl von Rechtsstrukturen zur Verfügung, deren sich Personenmehrheiten zu ihrer Organisation bedienen können. Am bekanntesten sind der eingetragene Verein (Idealverein, §§ 21 ff. BGB), der nicht rechtsfähige Verein, der die Organisationsform u. a. für die politischen Parteien (§ 54 BGB) bildet und die Gesellschaft des bürgerlichen Rechts (§§ 705 ff. BGB), die bürgerlich-rechtliche Gemeinschaft (§ 741 BGB), die die am wenigsten dichte Interessenverbindung aller Regelungen verkörpert und zugleich den Rahmen für das Miteigentum nach Bruchteilen (§ 1008 BGB) zur Verfügung stellt, die Wohnungseigentümergemeinschaft nach dem WohnungseigentumsG, die (ungeteilte) Erbengemeinschaft nach §§ 2032 ff. BGB sowie die Gesellschaften des Handelsrechts.

Bei diesen den Rechtsgenossen zur Verfügung gestellten Organisationsformen handelt es sich um zwei grundverschiedene Typen: Der eingetragene Verein (§ 21 BGB) und der mit behördlicher Genehmigung etwa ins Leben gerufene wirtschaftliche Verein (§ 22 BGB) sind nicht primär Zusammenfassungen „natürlicher Personen" sondern selbst „Personen an sich", sogenannte Juristische Personen. Sie werden im Rechtsverkehr als Personen fingiert, können auch als solche klagen und verklagt werden und stellen zugleich im Regelfall bestimmte Vermögen dar, die den Vereinszwecken zu dienen haben. Auf diese Weise ist es häufig überhaupt nur möglich, große Kapitalien zur Erreichung bedeutender wirtschaftlicher Zwecke zusammenzubringen. Weil die Juristischen Personen als solche nicht handeln können, müssen sie sich insofern ihrer Organe bedienen, z. B. des Vereinsvorstands (§ 26 BGB). „Der Traum" vieler Menschen, ihr Vermögen über ihren eigenen Tod hinaus zusammenzuhalten, sozusagen zu „äternisieren", wäre für Juristische Personen erreicht, wenn nicht auch sie allen Unbilden des wirtschaftlichen Daseins ausgesetzt wären.

Demgegenüber stellen die Personengesellschaften, Prototyp: BGB-Gesellschaft, bloße Personenmehrheiten dar, bei denen das Verhältnis der Personen zueinander und zu dem Gesellschaftsvermögen gesetzlich ausführlich geregelt ist, bei der BGB-Gesellschaft im Sinne einer sogenannten Gemeinschaft zur gesamten Hand.

5. Gedanke der Privatautonomie

Daß der Staat, die Allgemeinheit, die Bildung von rechtlich selbständigen Gebilden, von Juristischen Personen, zuläßt, ist etwas Besonderes. Diesen Gebilden wird nämlich eingeräumt, eine eigene Unternehmensverfassung zu haben und ihre eigenen inneren Rechtsangelegenheiten selbst zu ordnen (sogenannte **Privatautonomie** = „Eigengesetzlichkeit"). Indessen kann die Privatautonomie nur innerhalb von (teilweise sehr ins einzelne gehenden) gesetzlichen Rahmenvorschriften ausgeübt werden. Der Gesetzgeber stellt nur bestimmte „Modelle" von Juristischen Personen zu Verfügung; die rechtsgeschäftliche Gestaltungsfreiheit ist insoweit eingeschränkt. Zudem müssen die Juristischen Personen und ihre wesentlichen Rechtstatsachen grundsätzlich zur Wahrung der Publizität und Transparenz in öffentliche, beim Amtsgericht geführte Bücher eingetragen werden, die Idealvereine des BGB ins Vereinsregister, die Aktiengesellschaft (AG) und der größere Versicherungsverein auf Gegenseitigkeit (VVaG) ins Handelsregister, die eingetragenen Genossenschaften ins Genossenschaftsregister.

6. Bedeutung des EG-Rechts

Bereits in dieser ersten Einführung muß deutlich werden, daß das Versicherungsunternehmensrecht in die Entwicklung des harmonisierten Recht der Europäischen Gemeinschaften (sog. EG-Sekundärrecht) einbezogen ist, und zwar vor allem in zweifacher Hinsicht: das Recht der Aktiengesellschaften strahlt (bis hin zum Bilanzrecht) vielfältig auf die anderen zugelassenen Unternehmensformen aus – und: Die Harmonisierung des Direktversicherungsrechts betrifft unmittelbar die Grundfragen auch der Unternehmensformen und der auf sie abgestellten Aufsicht.

II. Juristische Personen des Versicherungsrechts

1. Zugelassene Unternehmensformen

Während die Versicherungswirtschaft es auf der Seite der Versicherungsnehmer mit natürlichen Personen, Personengesellschaften und Juristischen Personen zu tun hat, können auf der **Versichererseite** bekanntlich nur drei „Gesellschaftsformen" (§ 7 VAG) erscheinen, nämlich die **Aktiengesellschaft (AG)** (AktG von 1965), der **Versicherungsverein auf Gegenseitigkeit (VVaG)** (§§ 15 ff. VAG) und die **öffentlich-rechtlichen Versicherungsanstalten und -körperschaften** (unternehmensrechtlich weitaus überwiegend durch Landesrecht geregelt), diese wiederum entweder in der Gestalt der öffentlich-rechtlichen Wettbewerbs-Versicherungsunternehmungen oder der Pflicht- und/oder Monopolanstalten. In Anbetracht des Umstands, daß die dauernde Erfüllbarkeit der Versicherungsverträge durch den Versicherer gewährleistet sein muß, werden natürliche Personen und ihre Mehrheiten als Versicherer nicht mehr zugelassen (eine Ausnahme gilt für Lloyds of London [eine im englischen Recht besonders organisierte große Gruppe von Einzelversicherern] – § 110 b IV Satz 2 VAG).

2. Keine Versicherung durch GmbH

Nach deutschem Recht kann eine Gesellschaft mit beschränkter Haftung (GmbHG i. d. F. von 1898) nicht Versicherer sein, wohl aber ist sie (nicht selten) Rechtsform für Versicherungsvermittlungsgesellschaften (Versicherungsmakler- und Agenturgesellschaften) sowie „Nebengesellschaften", z. B. Grundstücks-, Service-, Schadenverhütungsgesellschaften, von Versicherungsunternehmen, Schadenabwicklungsunternehmen von Rechtsschutzversicherungsunternehmen.

3. Abgrenzung ideeller — wirtschaftlicher Zweck

Damit ist eine grundsätzliche Unterscheidung im Bereich der Gesellschaften i. w. S. deutlich geworden, die bereits angeklungen ist; nämlich die Einteilung von Gesellschaften i. w. S. nach ihrem Zweck, der ein ideeller oder ein wirtschaftlicher Zweck sein kann. Die Abgrenzung im Bereich der Vereine ist teilweise sehr schwierig. AG und VVaG sind gegenüber § 22 BGB gesetzlich besonders geregelte wirtschaftliche Vereine. Das Interesse der Allgemeinheit hat es erforderlich gemacht, engere Eingrenzungen gewerbepolizeilicher Art für Unternehmen mit bestimmten wirtschaftlichen Zwecken einzuführen, z. B. für Kreditinstitute und Versicherungsunternehmen. Wenn damit eine Unterscheidung zwischen Gesellschaften i. w. S. und Unternehmen gemacht wird, so bedient man sich mit dem Wort „Unternehmen" eines gesetzlich nicht klar definierten Begriffs: Ein **Unternehmen** ist nach überwiegender Meinung *„die planmäßige, einen eigenen Erwerbszweck verfolgende Teilnahme am allgemeinen Geschäftsverkehr, gleichgültig, in welcher Rechtsform diese erfolgt"* (Würdinger). Auf die steuerrechtlichen Definitionen kann an dieser Stelle nur hingewiesen werden. In den Begriffen „Versicherungsgesellschaft" und „Versicherungsunternehmen", die in der Umgangssprache übrigens weitgehend gleichgesetzt werden, wird lediglich der Akzent unterschiedlich gesetzt: der erste meint primär den Verbund von Menschen und Kapital mit der Betonung der inneren Struktur, der zweite setzt den Akzent auf die Wirtschaftseinheit im Verhältnis zu den Versicherten, der Gesamtwirtschaft und dem Staat.

4. AG und VVaG

Im Bereich der privatrechtlichen Versicherung stehen einander als Unternehmensform, wie erwähnt, die AG („Kapitalverein") und der „genossenschaftliche" VVaG („Personalverein") gegenüber. Innerhalb der zweiten Gruppe unterscheidet man zwischen größeren und kleineren (§§ 53–53b VAG) VVaG. Die rechtlichen und betriebswirtschaftlichen Unterschiede zwischen diesen beiden Typen des VVaG sind teilweise wesentlich größer als diejenigen zwischen der Versicherungsaktiengesellschaft und dem größeren VVaG. In der Bundesrepublik arbeiteten im Jahre 1986 knapp 260 Versicherungsaktiengesellschaften mit einem Marktanteil von ca. 59 %, etwa 90 größere mit einem solchen von ca. 27 %. Außerdem sind in der Bundesrepublik rund 2 000 kleinere VVaG sowie ca. 60 öffentlich-rechtliche Versicherungsunternehmen (hierunter rund 30 öffentlich-rechtliche Wettbewerbsunternehmen) tätig, Marktanteil ca. 11 %. Die Anforderungen des Marktes (die größeren VVaG und die öffentlich-rechtlichen Wettbewerbs-Versicherungsunternehmen werden nach modernen betriebswirtschaftlichen Grundsätzen sehr ähnlich wie die AG geführt, die Organisation der Werbung ist ähnlich aufgebaut), die strengen Regeln des Aufsichtsrechts (vgl. z. B. die für alle Unternehmensformen geltenden Vorschriften über eine Gewinnbeteiligung in der Lebens- und Kraftfahrtversicherung) und die Rechtsprechung haben zu einer starken Annäherung der Strukturen und der Arbeitsweise der Versicherungsunternehmen der verschiedenen Rechtsformen (*„Assimilierung der Unternehmensformen", Emil Frey*) geführt.

5. Mitbestimmung der Arbeitnehmer

Im Jahre 1951 wurde für die Unternehmen der Montanindustrie (Kohle, Eisen, Stahl) eine Mitbestimmung der Arbeitnehmer eingeführt (MontanMitbestG vom 21. 5. 1951 und ErgG vom 7. 8. 1956), deren wesentliche Kennzeichen die paritätische Besetzung der Aufsichtsräte mit Vertretern der Anteilseigner und der Arbeitnehmer sowie einem zusätzlichen „neutralen" Mitglied einerseits und der Schaffung eines besonderen Vorstandsressorts für Personal und Soziales (Arbeitsdirektor) waren *(Montanmodell)* Das BetriebsverfassungsG von 1952 brachte für alle Aktiengesellschaften und Versicherungsvereine auf Gegenseitigkeit einerseits eine (inzwischen verfeinerte, BetriebsverfassungsG von 1972) innerbetriebliche Mitbestimmung der Betriebsräte, andererseits für alle Aktiengesellschaften und für Versicherungsvereine auf Gegenseitigkeit mit mehr als 500 Arbeitnehmern (soweit sie einen Aufsichtsrat haben, § 77 II BetriebsverfassungsG) eine gesetzliche Regelung der Mitbestimmung durch Besetzung der Aufsichtsräte im Verhältnis zwei zu eins durch Vertreter der Aktionäre und der Arbeitnehmer (§§ 95, 96 AktG, § 35 VAG). Damit knüpfte die letztgenannte gesellschaftliche Mitbestimmung nicht an den Unternehmens- und nicht an den Betriebsbegriff sondern an die Rechtsform der Gesellschaft an. Das MitbestG 1976 brachte für Aktiengesellschaften mit mehr als 2 000 Arbeitnehmern einen je zur Hälfte aus Vertretern der Anteilseigner und solchen der Arbeitnehmer zusammengesetzten Aufsichtsrat. Bei Pattsituationen hat der von den Aktionärsvertretern zu wählende Vorsitzende doppeltes Stimmrecht. Es sind auch Vertreter der leitenden Angestellten und der Gewerkschaften zu wählen. Zudem muß ein – den anderen Vorstandsmitgliedern gleichberechtigtes Mitglied des Vorstands mit dem Titel Arbeitsdirektor (jedoch nicht zu verwechseln mit dem Arbeitsdirektor nach dem Montanmodell) mit Personalangelegenheiten betraut werden, ohne notwendig auf diesen Arbeitsbereich beschränkt zu sein.

6. Öffentlich-rechtliche Versicherungsanstalt und -körperschaft

Die öffentlich-rechtlichen Versicherungsanstalten und -körperschaften (Versicherungseinrichtungen ohne Gewinnerzielungsabsicht) gehören zu den ältesten Ausprägungsformen der Individualversicherung in Deutschland. Sie unterscheiden sich von den Privatversicherungsunternehmen i. e. S. zunächst einmal dadurch, daß sie **Juristische Personen des öffentlichen Rechts** sind, also rechtlich verselbständigte Teile der Staatsverwaltung, zugleich im theoretischen Modell gekennzeichnet durch das (bei den öffentlich-rechtlichen Wettbewerbs-Versicherungsunternehmen fast völlig aufgegebene) **Prinzip der Über- und Unterordnung**. Während die Versicherungsanstalt stärker die Organisation persönlicher und sachlicher Mittel zur Erreichung des Anstaltszwecks (den

„Apparat") in den Vordergrund stellt, wird die Körperschaft stärker durch den Gedanken der öffentlich-rechtlichen Genossenschaft bestimmt. Doch auch hier gelten die Gedanken der Formenverbindung und -mischung. In großen Teilen der Bundesrepublik besteht bezüglich der Feuerversicherung von Gebäuden eine Versicherungspflicht und/oder ein Monopol. Träger dieser Versicherung sind die öffentlich-rechtlichen Pflicht- und Monopolanstalten mit überwiegend öffentlich-rechtlicher Benutzungsordnung (dazu § 1 III Nr. 4 VAG). Die Spannungsprobleme dieser Einrichtungen in der Wettbewerbsordnung der Europäischen Gemeinschaft, die durch die bevorstehende allgemeine Einführung der Dienstleistungsfreiheit für Versicherungsunternehmen gekennzeichnet ist, können an dieser Stelle lediglich genannt werden. Demgegenüber weisen die öffentlich-rechtlichen Wettbewerbs-Versicherungsunternehmen der Sach-, HUK- und der Lebensversicherung überwiegend privatrechtliche Benutzungs- (Vertrags-)ordnungen auf. Von den ca. 60 öffentlich-rechtlichen Versicherungsunternehmen sind ca. 30 Wettbewerbsunternehmen. Auf die innerbetriebliche Mitbestimmung der öffentlich-rechtlichen Versicherungsanstalten und -körperschaften findet nicht das BetriebsverfassungsG, sondern das für den öffentlichen Dienst geltende PersonalvertretungsG Anwendung. In den für diese Juristischen Personen geltenden besonderen Rechtsvorschriften finden sich teilweise Bestimmungen über die Entsendung bzw. die Wahl von Arbeitnehmervertretern in den Verwaltungsrat (z. B. in Berlin, Hamburg, Niedersachsen).

7. Unternehmensformenwettbewerb

Der Wettbewerb zwischen den durch die drei Unternehmensformen gekennzeichneten Systemen der Individualversicherung hat eine ganz erhebliche Bedeutung. Die Vielfalt der Unternehmensformen (neben der AG der große und der kleinere VVaG sowie öffentlich-rechtliche Wettbewerbs-Versicherungsunternehmen) bringt den Unternehmensformenwettbewerb im Interesse der Versicherten zum Tragen, wobei in der geschichtlichen Entwicklung von allen drei Haupttypen der Versicherungsunternehmen wesentliche Anstöße zu Innovationen (zu neuen oder abgewandelten Versicherungsmodellen, Beitragssystemen und betriebswirtschaftlichen Arbeitsmethoden) ausgegangen sind. In diesem Zusammenhang aber ist auch der Wettbewerb zwischen Kompositunternehmen im allgemeinen Sinne und Spezialunternehmen, also solchen zu nennen, die sich der Pflege von speziellen Versicherungszweigen widmen oder besondere Zielgruppen (z. B. Bauern, Beamte, Gewerkschaftsmitglieder usw.) haben.

8. Übersicht zu A.II

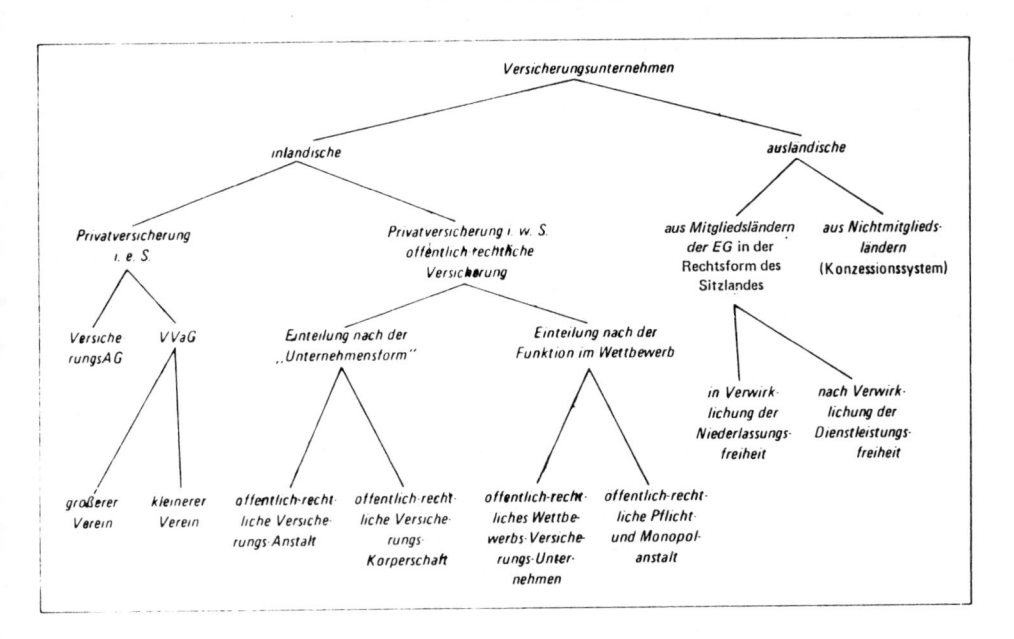

```
                                    Versicherungsunternehmen
                              /                              \
                        inländische                        ausländische
              /              |                \           /              \
     Privatversicherung   Privatversicherung i. w. S.   aus Mitgliedsländern   aus Nichtmitglieds-
         i. e. S.          öffentlich-rechtliche          der EG in der            ländern
                              Versicherung              Rechtsform des         (Konzessionssystem)
                                                          Sitzlandes
      /        \          /               \                    |
  Versiche-   VVaG   Einteilung nach der    Einteilung nach der
  rungsAG              „Unternehmensform"    Funktion im Wettbewerb
                                                                          in Verwirk-    nach Verwirk-
                                                                          lichung der    lichung der
                                                                          Niederlassungs- Dienstleistungs-
                                                                          freiheit       freiheit
   /    \        /      \       /                \            /                   \
größerer  kleinerer  öffentlich-recht-  öffentlich-recht-  öffentlich-recht-  öffentlich-recht-
Verein    Verein    liche Versiche-    liche Versiche-    liches Wettbe-     liche Pflicht-
                   rungs-Anstalt      rungs-             werbs-Versiche-   und Monopol-
                                      Körperschaft       rungs-Unter-      anstalt
                                                         nehmen
```

9. Spartentrennung und Konzernbildung

Unter **Spartentrennung**[1] versteht man versicherungsaufsichtsrechtliche Regelungen, die den Betrieb bestimmter Versicherungszweige durch dasselbe Versicherungsunternehmen ausschließen. Diese Branchen dürfen nur durch eigene (gesonderte) Unternehmen geführt werden. Die von den deutschen Versicherungsaufsichtsbehörden zur Wahrung der Belange der Versicherten eingeführten Spartentrennungsregelungen gelten in der derzeitigen Harmonisierungsstufe der EG nur noch für die Lebens- (§ 8 Ia Satz 1 n. F. VAG) und die private Krankenversicherung (dort Satz 2 mit I Nr.). Für diese Branchen sind sie als Teil des Sozialsystems unentbehrlich. In der Rechtsschutzversicherung kann die bisherige Spartentrennung dadurch ersetzt werden, daß die Leistungsbearbeitung einem getrennt geleiteten Schadenbearbeitungsunternehmen (§ 8 a VAG) übertragen wird. In der Kredit- und Kautionsversicherung ist die Spartentrennung durch Einführung einer besonderen Schwankungsrückstellung abgelöst.

Weil andererseits der Vertrieb von Versicherungen grundsätzlich darauf ausgerichtet sein muß, alle Versicherungszweige (Sparten) durch dieselben Vermittler zu vertreiben (Interesse des Kunden „alle Versicherungen aus einer Hand". Interesse des Vermittlers und Kosteninteresse des Versicherers), hat die zur Spartentrennung früher entwickelte Aufsichtspraxis dazu geführt, daß Versicherungsgruppen entstanden. Es handelt sich dabei rechtlich um **Konzerne** (erstmals im AktG 1965 ausdrücklich gesetzlich geregelt): die Zusammenfassung von rechtlich selbständigen Unternehmen unter einheitlicher Leitung. Wegen der

---

1 Vgl. RLV. VII. B. III. 4

Notwendigkeit des Schutzes der Lebensversicherten sind Lebensversicherungsgesellschaften als Konzernobergesellschaften aufsichtsrechtlich grundsätzlich unerwünscht. Beherrschungsverträge mit Lebensversicherungsgesellschaften dürfen keine negativen Auswirkungen auf das Lebensversicherungsgeschäft haben (vgl. auch § 53 d VAG). Unternehmnenszusammenfassungen gibt es bei allen drei Unternehmensformen. Insgesamt sind etwa 20 größere Gruppen im Markt tätig.

Konzernbildung gibt es indessen nicht nur wegen der Spartentrennung und nicht etwa nur auf der Versichererseite. Interessant sind nicht nur rechtlich selbständige versicherungsnehmereigene Vermittlungsgesellschaften, sondern auch sogenannte **Captive Companies** („gefangene Gesellschaften"), im Eigentum oder überwiegenden Eigentum eines Industrieunternehmens oder -konzerns stehende Versicherungsunternehmen mit (ursprünglich) primärem Zweck der Selbstversicherung und der Vorzeichnung, möglichst zur Einsparung einer Handelsstufe (in Richtung Rückversicherung).

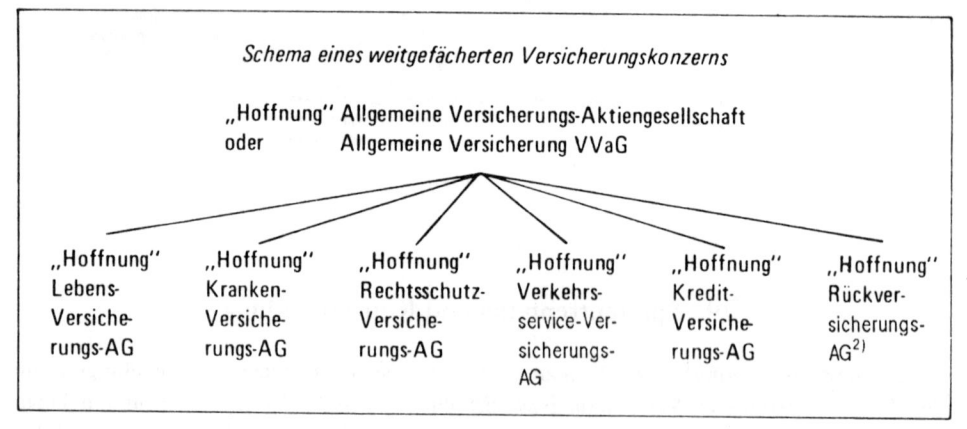

Schema eines weitgefächerten Versicherungskonzerns

„Hoffnung" Allgemeine Versicherungs-Aktiengesellschaft
oder Allgemeine Versicherung VVaG

| „Hoffnung" Lebens-Versicherungs-AG | „Hoffnung" Kranken-Versicherungs-AG | „Hoffnung" Rechtsschutz-Versicherungs-AG | „Hoffnung" Verkehrsservice-Versicherungs-AG | „Hoffnung" Kredit-Versicherungs-AG | „Hoffnung" Rückversicherungs-AG[2] |

---

10. Ausländische Versicherungsunternehmen

Versicherungsunternehmen mit Sitz im Ausland können auch in der Bundesrepublik Deutschland tätig werden, wenn sie zum Geschäftsbetrieb im Inland zugelassen sind. Nach den bereits in die deutsche Rechtsordnung umgesetzten EG-Vorschriften haben Versicherungsunternehmen mit Sitz in einem Mitgliedsland im Rahmen bestimmter Vorschriften einen Rechtsanspruch auf Zulassung. Dies gilt, soweit nicht besondere völkerrechtliche Vereinbarungen bestehen, nicht für Versicherungsunternehmen mit Sitz außerhalb der EG. In den meisten Ländern mit einer entwickelten Versicherungswirtschaft gibt es sowohl „Versicherungsaktiengesellschaften" als auch „Gegenseitigkeitsversicherer" im Sinne der jeweils geltenden nationalen Gesetzgebung. Die bisherigen Staatshandelsländer führen neben der bislang überwiegend einzigen Unternehmensform (öffentlich-rechtliche Versicherungseinrichtungen, rechtlich selbständige oder als staatliche Sonder-

---

[2] Ist nicht spartengetrennt zu führen. Der Umstand, daß die Versicherungsaufsicht über „reine" Rückversicherungsaktiengesellschaften wesentlich „milder" ist (vgl. RLV. VII. C. VI. 4), legt aber getrennte Gesellschaften nahe.

vermögen) Möglichkeiten zur Errichtung privatrechtlicher Versicherer ein (meist beginnend mit Genossenschaften).

Die wesentlichsten „Gegenstücke" zur deutschen **Versicherungsaktiengesellschaft** sind in Belgien die „*société anonyme*", in Dänemark die „*Aktieselskaber*", in Frankreich die „*société anonyme*", in Griechenland die „*anonymos etairia*", in Irland die „*incorporated companies limited by shares or by guarantee or unlimited*", in Italien die „*società per azioni*", in Luxemburg die *société anonyme*", in den Niederlanden die „*naamloze vennootschap*", in Großbritannien die „*incorporated companies limited by shares or by guarantee or unlimited*" und in den USA die „*joint stock company*".

Entsprechendes gilt für die **Gegenseitigkeitsversicherer**: in Belgien die „*association d'assurance mutuelle*", in Dänemark die „*gensidige selskaber*", in Frankreich die „*société a forme mutuelle*", in Italien die „*mutua di assicurazione*", in Luxemburg die „*association d'assurances mutuelles*", in den Niederlanden die „*onderlinge waarborgmaatschappij*", in Großbritannien die „*mutual association*" und in den USA die „*mutual association*".

Die Niederlassung von Versicherungsunternehmen mit Sitz im Ausland ist innerhalb der EG durch die Vorschriften über die sogenannten Niederlassungsfreiheit wesentlich erleichtert.[3] Die Errichtung von Zweigniederlassungen von Aktiengesellschaften mit ausländischem Sitz wird generell gesellschaftrechtlich in § 44 AktG geregelt. Eine Dienstleistungsfreiheit für Versicherungsunternehmen ist im Begriff, allgemein eingeführt zu werden (vgl. §§ 110 d-110 i VAG).

III. Verhältnis zwischen Versicherungsunternehmensrecht und anderen Rechtsgebieten

1. Versicherungsaufsichtsrecht

Das Versicherungsunternehmensrecht ist in enger Wechselbeziehung zum Versicherungsaufsichtsrecht entwickelt worden. Es darf deshalb hier ganz generell auf den Beitrag „*Versicherungsaufsichtsrecht*" (RLV. VII) verwiesen werden. Nur zu besonders wichtigen Einzelpunkten erfolgen weitere Querverweisungen. Die Besonderheiten, die für die Versicherungsaktiengesellschaft gegenüber der in anderen Wirtschaftsbereichen tätigen AG gelten, sind stärker im Aufsichtsrecht als im AktG begründet. Man denke z. B. nur an die Vorschriften über die Vermögensanlage und die Rechnungslegung. Der VVaG ist, wie erwähnt, sogar unternehmensrechtlich im VAG (§§ 15−53 b) geregelt.

2. Versicherungsvertragsrecht

Das Unternehmensrecht ist aber auch eng mit dem Recht des Versicherungsverhältnisses verbunden; das zeigt sich nicht nur bei der eigenartigen Verwebung zwischen Mitgliedschaftsverhältnis und Versicherungsverhältnis bei den Versicherungsvereinen auf Gegen-

---
[3] RLV. VII. B. III. 3 b

seitigkeit, sondern auch an der Frage, ob und gegebenenfalls inwieweit das bei öffentlich-rechtlichen Versicherungsunternehmen bestehende Versicherungsverhältnis dem öffentlichen Recht zuzuordnen ist. Auch auf das Gesetz über Allgemeine Geschäftsbedingungen (AGBG) muß hingewiesen werden.

3. Wettbewerbsordnung

Enge Verzahnungen bestehen zwischen dem Versicherungsunternehmens- und dem Kartellrecht (geregelt im Gesetz gegen Wettbewerbsbeschränkungen), vor allem im Bereich der Fusionskontrolle und der Unternehmensverträge in einem weiten Sinne. Aber auch die „andere Seite des Wettbewerbsrechts", geregelt im Gesetz gegen unlauteren Wettbewerb, ist (in Verbindung mit den Anordnungen der Versicherungsaufsichtsbehörde) nur im Zusammenhang mit dem Versicherungsunternehmensrecht zu sehen und zu verstehen.

4. Arbeitsrecht

Dem Unternehmensrecht kommt Bedeutung für die Rechtsbeziehungen zwischen dem Versicherungsunternehmen einerseits und seinen Mitarbeitern andererseits zu, indem für diejenigen Unternehmen, die Kaufmannseigenschaft besitzen oder wie Kaufleute behandelt werden, die Vorschriften des Handelsgesetzbuches über Handlungsgehilfen (§§ 59 ff. HGB), und die Bestimmungen des BGB über den Dienstvertrag (§§ 611 ff. BGB) und die darauf aufbauenden Regeln des kollektiven Arbeitsrechts zur Anwendung gelangen. Für die öffentlich-rechtlichen Unternehmen gelten teilweise abweichend das Privatrecht und das Arbeitsrecht des öffentlichen Dienstes.

5. Versicherungsvermittlerrecht

Verbindungslinien sind auch zwischen dem Versicherungsunternehmensrecht und dem Versicherungsvermittlerrecht zu ziehen, obwohl die Versicherungsvermittlungsunternehmen als solche keine Versicherungsunternehmen sind, sondern nach ihrem eigenen Unternehmensrecht (Einzelfirma, offene Handelsgesellschaft, Kommanditgesellschaft, Gesellschaft mit beschränkter Haftung, AG) leben. Es ist nach Versicherungsaufsichtsrecht regelmäßig zulässig, daß die Satzungen von Versicherungsunternehmen die Vermittlung von Versicherungen in den Zweigen erlauben, in denen das Versicherungsunternehmen nicht selbst tätig ist. Dabei ist es interessant, daß das Vertreterrecht im Innenverhältnis zwischen Versicherungsunternehmen und Vertreter auch dann gilt, wenn das Versicherungsunternehmen keine Kaufmannseigenschaft hat, wie die öffentlich-rechtlichen Wettbewerbs-Versicherungsunternehmen. Das Versicherungsmaklerrecht beruht zu einem erheblichen Teil auf Gewohnheitsrecht.

6. Steuerrecht

Schließlich sind bemerkenswerte Wechselbeziehungen zwischen dem Versicherungsunternehmensrecht einerseits und dem Steuerrecht andererseits zu nennen. Sie betreffen nicht nur die nach deutschem Recht vom Unternehmenstyp abhängigen Steuern, sondern auch die schwierigen Fragen der bei Verwirklichung der Niederlassungsfreiheit und der Dienstleistungsfreiheit innerhalb der EG notwendigen Steuerharmonisierung, die nicht nur die den Versicherungsnehmer, sondern gerade die auch das Versicherungsunternehmen selbst treffenden Steuern umfassen muß, wenn nicht Wettbewerbsverzerrungen die Folge sein sollen.

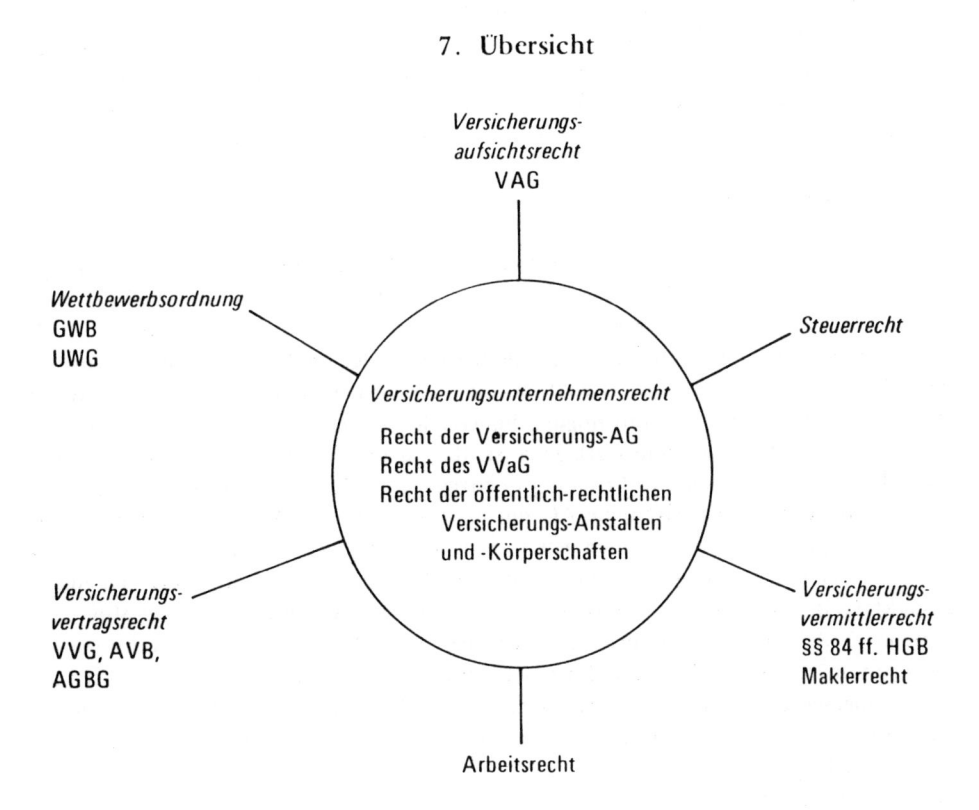

7. Übersicht

Versicherungs-
aufsichtsrecht
VAG

Wettbewerbsordnung
GWB
UWG

Steuerrecht

Versicherungsunternehmensrecht

Recht der Versicherungs-AG
Recht des VVaG
Recht der öffentlich-rechtlichen
Versicherungs-Anstalten
und -Körperschaften

Versicherungs-
vertragsrecht
VVG, AVB,
AGBG

Versicherungs-
vermittlerrecht
§§ 84 ff. HGB
Maklerrecht

Arbeitsrecht

B. Die einzelnen Unternehmensformen

I. Versicherungsaktiengesellschaft

Die folgende Darstellung ist auf dasjenige beschränkt, was für den in der Versicherungswirtschaft Tätigen praktisch wesentlich ist. Überall wird an die praktische Vorstellung angeknüpft. Im Anschluß an die alle Aktiengesellschaften betreffenden Überlegungen werden die speziell Versicherungsaktiengesellschaften angehenden Regelungen und Gesichtspunkte gebracht. Der Abschnitt B macht zudem Vergleiche zwischen den einzelnen Unternehmensformen möglich.

1. Definition und Bedeutung

a) Juristische Person

Die AG ist eine Gesellschaft mit eigener Rechtspersönlichkeit, also eine sogenannte *Juristische Person*. Für ihre Verbindlichkeiten haften den Gläubigern gegenüber nicht der einzelne Aktionär (Anteilseigner) sondern die Gesellschaft mit ihrem Gesellschaftsvermögen. Das Risiko des Aktionärs beschränkt sich auf den etwaigen Verlust oder die etwaige Wertminderung seines in der Aktie verkörperten Anteils am Gesellschaftsvermögen (vgl. § 1 AktG). Aktiengesellschaften haben stets Kaufmannseigenschaft (Formkaufmann), auch wenn sie kein Handelsgewerbe betreiben (vgl. § 3 AktG, § 6 HGB).

b) Wirtschaftliche Bedeutung

Die wirtschaftliche Bedeutung der Aktiengesellschaften (nicht nur der Versicherungsaktiengesellschaften) ist erheblich (nachfolgend „runde" Zahlen): Ende 1982 gab es in der Bundesrepublik etwa 1 800 Aktiengesellschaften mit einem Grundkapital von 90 Mrd. DM, die Aktien von 460 Aktiengesellschaften wurden an der Börse notiert, darunter befanden sich 88 Publikumsgesellschaften. Eine wirtschaftliche Besonderheit der AG besteht darin, daß sie für die Aufbringung höherer Kapitalien zur Erreichung bedeutender wirtschaftlicher Ziele besonders geeignet ist. Ihre Struktur dient zugleich der Heranführung der Staatsbürger an die Erfüllung derartiger wirtschaftlicher Aufgaben. Die sogenannte **Publikumsgesellschaft** (eine AG mit einer Vielzahl von Aktionären) weist im Bereich der kapitalistischen AG einen gewissen personalistischen Einschlag auf. Der Gesetzgeber hat in den vergangenen Jahrzehnten die Rechtsstellung des Aktionärs planmäßig gestärkt (z. B. durch das Auskunftsrecht in der Hauptversammlung und den Minderheitenschutz). Allerdings ist es rechtlich auch möglich, daß nur ein Aktionär oder nur wenige Aktionäre (natürliche oder Juristische Personen) Anteilseigner an einer AG sind (Einmanngesellschaft, besondere Möglichkeit zur Konzernbildung). Dadurch, daß sich der Aktienhandel in geordneten Märkten, nämlich den Effektenbörsen mit amtlicher Kursfeststellung vollzieht, wird der Markttransparenz und der Sicherheit der Bewertung besonders Rücksicht getragen.

2. Satzung (Gesellschaftsvertrag, Statut)

a) Allgemeines

Jede Juristische Person bedarf, wie erwähnt, einer Satzung als ihrer Verfassung. Die gesetzlichen Rahmenordnungen für die verschiedenen Juristischen Personen bestimmen, welchen sachlichen Mindestinhalt die Satzungen haben müssen (für die AG § 23 AktG); die Hauptversammlung der AG muß etwaige Satzungsänderungen mit qualifizierter Mehrheit beschließen (§§ 119 I Nr. 5, 179 ff. AktG). Die Satzung von Versicherungsunternehmen ist Bestandteil des Geschäftsplans und unterliegt daher den aufsichtsrechtlichen Genehmigungserfordernissen. Der Handelsregisterrichter darf die Satzung und ihre Änderungen nur eintragen, wenn ihm die Genehmigung der zuständigen Versicherungsaufsichtsbehörde vorliegt (§ 37 IV Ziff. 5 AktG i. V. m. § 5 III Ziff. 1 VAG).

b) Firma

Zum Mindestinhalt der Satzung gehört die Firma (Name der Gesellschaft, § 4 AktG), die dem Gegenstand des Unternehmens zu entnehmen ist. Bei Versicherungsunternehmen, die in der Rechtsform der AG betrieben werden, muß sie den Bestandteil „Versicherung" aufweisen; sie muß stets die Bezeichnung „Aktiengesellschaft" enthalten. Es sind Firmenzusätze möglich und üblich, weil sie praktisch das wesentliche Unterscheidungsmerkmal darstellen, z. B. den Ort oder die Region der Gründung (häufig, z. B. „Berlinische"), die betriebenen Versicherungszweige oder die Angabe, daß (reine) Rückversicherung betrieben wird, oder spezielle Zielgruppen (vgl. Deutsche Anwalts- und Notarversicherung) oder Phantasieworte (z. B. „Iduna", auch Vogelnamen, wie „Condor", oder schlichte Mädchennamen, wie „Gisela"), auch Leitbegriffe und Zielvorstellungen für die betreffenden Unternehmen (z. B. „Signal", aber auch Worte zur Hervorhebung der Bedeutung, wie „Vereinigte", „Globale" u. ä.). Versicherungsaktiengesellschaften, die spartengetrennt zu führende Versicherungszweige (Sparten) betreiben oder sich aus anderen Gründen spezialisiert haben, müssen dies in ihrer Firma zum Ausdruck bringen.

c) Sitz

Außerdem hat die Satzung den Sitz der Gesellschaft zu bestimmen (§ 5 AktG). Interessant ist, daß die Rechtsprechung Doppelsitze von Aktiengesellschaften zuläßt. So haben einige Versicherungsaktiengesellschaften einen Sitz sowohl in einem Ort der Bundesrepublik als auch in West-Berlin, wobei sich die Hauptverwaltung regelmäßig in der Bundesrepublik befindet. Man kann den Sitz durch Satzungsänderung verlegen.

d) Gegenstand des Unternehmens

Die Satzung hat den Gegenstand des Unternehmens zu bestimmen (§ 23 III Nr. 2 AktG), also genau festzulegen, welche Arten von Geschäften das Unternehmen betreiben will. Für eine Versicherungsaktiengesellschaft bedeutet dies, daß die Sparten der von ihr betriebenen Versicherungszweige zweifelsfrei — auch im Hinblick auf das Gebot der Spartentrennung (vgl. A.II.9, oben) — in der Satzung angegeben werden müssen, z. B. „alle Arten der Schaden- und Unfallversicherung" oder „alle Arten der Lebensversicherung", aber auch, ob neben der Erst- auch die Rückversicherung betrieben wird oder ob die nicht selbst betriebenen Sparten vermittelt werden dürfen. In den Satzungen von Versicherungsaktiengesellschaften und Versicherungsvereinen auf Gegenseitigkeit findet sich zudem eine Bestimmung, durch die der Gesellschaft der Betrieb solcher Geschäfte erlaubt wird, die mit dem Versicherungsgeschäft in unmittelbarem Zusammenhang stehen (z. B. die Vermittlung von Bauspargeschäft), da es den Versicherungsunternehmen gemäß § 7 II VAG untersagt ist, versicherungsfremde Geschäfte zu betreiben.

3. Grundkapital

Das Grundkapital gehört ebenfalls zum Mindestinhalt der Satzung (§§ 6, 23 III Nr. 3 AktG). Ein wichtiger Grundsatz des Aktienrechts besteht darin, ein dem Grundkapital entsprechendes Gesellschaftsvermögen zu erhalten. Ein ganzes Bündel von Vorschriften dient diesem Zweck, darunter auch die Verpflichtung des Vorstands, bei einem Verlust in Höhe der Hälfte des Grundkapitals unverzüglich eine (außerordentliche) Hauptversammlung einzuberufen. Die Vorschrift (§ 7 AktG), daß das Grundkapital mindestens DM 100 000 betragen muß, ist wegen der Vorschriften des VAG über die erforderlichen Eigenmitteln von Versicherungsunternehmen für diese uninteressant. Der Mindestnennbetrag der einzelnen Aktie beträgt DM 50,–, jeder höhere Nennbetrag muß auf volle Hundert DM lauten (§ 8 AktG); die Versicherungsaktiengesellschaften haben ihr Grundkapital überwiegend in 50-DM-Stücke gestückelt. Zu berücksichtigen sind die besonderen Vorschriften über den sogenannten Mindestgarantiefonds und die sogenannte Solvabilitätsspanne (§ 53 c VAG i. V. m. der inzwischen geänderten KapitalausstattungsVO vom 13.12.1983). Der Organisationsfonds, der von Versicherungsgesellschaften bei Gründung zu stellen ist (§ 5 IV VAG), gehört nicht zum Grundkapital.

4. Aktie

Der rechtlich-wirtschaftliche „Mechanismus" des in Aktien eingeteilten Grundkapitals ist durch zwei Gedanken gekennzeichnet: das Grundkapital steht (erstens) auf der rechten Seite der Bilanz, so daß es notwendig ist, auf der linken Seite die entsprechenden Gegenwerte auszuweisen, es sorgt also dafür, daß diese Gegenwerte sichtbar werden. Allerdings kennt das Gesetz sog. teileingezahlte Aktien (§ 10 II AktG), der Aktionär bleibt in diesem Fall also bezüglich des ausstehenden Betrags Schuldner der Gesellschaft. Für den Fall nicht rechtzeitiger Einzahlung sind in den §§ 63 ff. AktG besondere Vorschriften über die Haftung der Aktionäre aufgestellt.

Die Aktie ist (zweitens) ein Wertpapier, das das Aktienrecht verkörpert (§ 10 AktG). Dadurch, daß sie einen rechnerischen Bruchteil der Beteiligung des Aktionärs an der Aktiengesellschaft wiedergibt, erleichtert sie alle Bewertungen.

Beispiel:

Grundkapital 100 000 DM, die Aktie mit DM 50 Nennwert verkörpert eine **rechnerische** Beteiligung von 1/2 000. Wird das gesamte Gesellschaftsvermögen der Gesellschaft mit 1 Mio. DM bewertet, beträgt der entsprechende Wert der Aktie DM 500. Ist die Aktie an der Börse z. B. mit DM 1 000 notiert, beträgt der Börsenwert der Gesellschaft 1 000 x 2 000 = 2 Mio. DM.

Es war davon die Rede, daß man unter Aktie nicht nur das vermögenswerte Mitgliedschaftsrecht, sondern zugleich auch das Wertpapier versteht. Aktienurkunden sind entweder Inhaberpapiere (dann wird das Recht aus dem Papier durch Einigung und Übergabe des Papiers übertragen) oder (trotz der Bezeichnung als Namensaktie) Orderpapiere (sie werden durch Indossament – in der Praxis durch Zessionsurkunde – übertragen, § 68 I AktG). Die meisten Versicherungsaktiengesellschaften haben Namensaktien, bei denen zumeist noch zur rechtswirksamen Übertragung gewisse Formalien zu erfüllen sind (Zustimmung der Gesellschaft und Eintragung in das Aktienbuch der Gesellschaft, sog. vinkulierte Namensaktien, § 68 II, III AktG). Diese Regelung soll eine gewisse Übersichtlichkeit des Aktionärsbestandes sichern und die Gesellschaft bis zu einem gewissen Grade vor Überfremdung schützen. Dadurch, daß nur die in das Aktienbuch eingetragenen Aktionäre in der Hauptversammlung stimmberechtigt sind, findet in bestimmtem Umfang eine Gegenkontrolle statt.

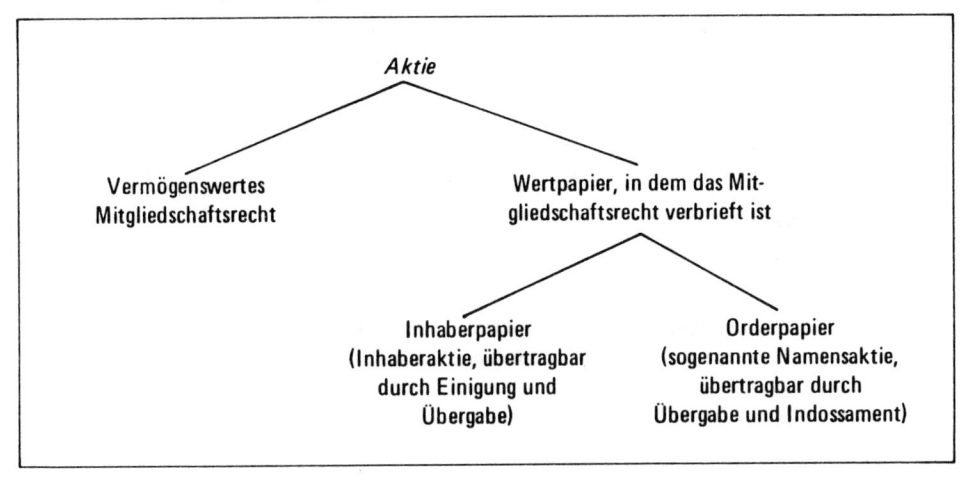

```
                              Aktie
                    ╱                    ╲
        Vermögenswertes         Wertpapier, in dem das Mit-
        Mitgliedschaftsrecht    gliedschaftsrecht verbrieft ist
                                  ╱                    ╲
                        Inhaberpapier              Orderpapier
                   (Inhaberaktie, übertragbar   (sogenannte Namensaktie,
                     durch Einigung und            übertragbar durch
                          Übergabe)             Übergabe und Indossament)
```

5. Organe (allgemein)

Weil die Aktiengesellschaft als Juristische Person eine Schöpfung der Rechtsordnung ist, kann sie im Rechtsverkehr, anders als die natürliche Person, der Mensch, nicht selbst handeln. Sie handelt vielmehr durch Organe. In dem vom AktG zwingend zur Verfügung gestellten Modell sind dies die Hauptversammlung (§§ 118 ff.) als das oberste Organ (u. a. der Verfassungsgeber der AG), der von der Hauptversammlung und gegebenenfalls von den Arbeitnehmern anteilig zu wählende Aufsichtsrat (insbesondere das Kontrollorgan der AG, §§ 95 ff.) und der vom Aufsichtsrat zu bestellende (gesellschaftsrechtlicher Akt) und anzustellende (Dienstvertrag) Vorstand (Geschäftsführungs- und Vertretungsorgan, §§ 76 ff.). Organ der AG sind auch die Abschlußprüfer (Prüfer), deren Hauptaufgabe die Prüfung des Jahresabschlusses (§§ 316 ff. HGB) ist und die bei der Versicherungsaktiengesellschaft anders als bei der „normalen" AG vom Aufsichtsrat bestimmt werden, wobei die Versicherungsaufsichtsbehörde ein Widerspruchsrecht hat (§ 58 VAG).

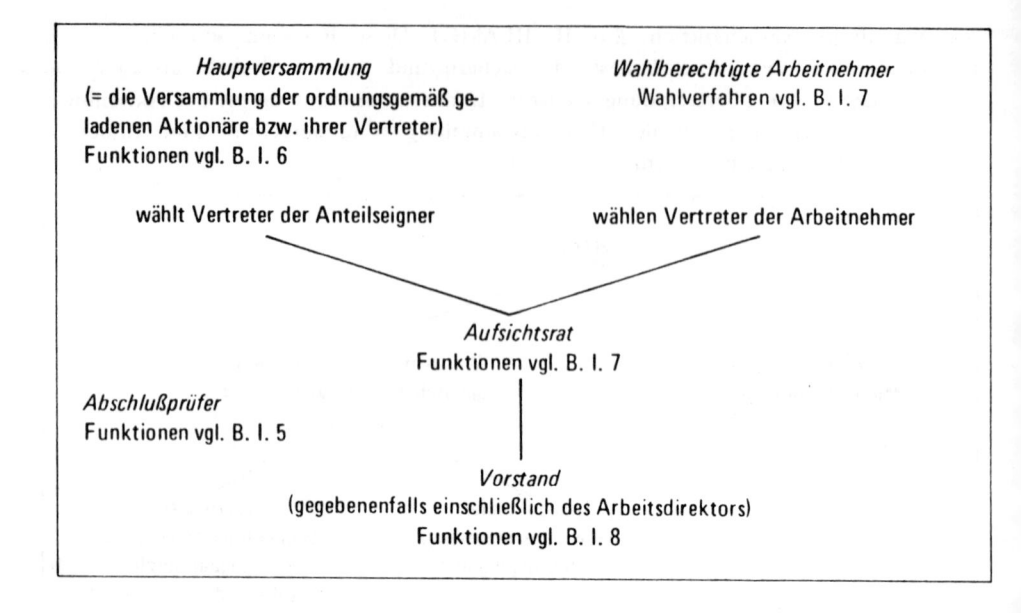

```
┌─────────────────────────────────────────────────────────────────────┐
│         Hauptversammlung                    Wahlberechtigte Arbeitnehmer│
│  (= die Versammlung der ordnungsgemäß ge-   Wahlverfahren vgl. B. I. 7 │
│   ladenen Aktionäre bzw. ihrer Vertreter)                              │
│   Funktionen vgl. B. I. 6                                              │
│                                                                         │
│     wählt Vertreter der Anteilseigner    wählen Vertreter der Arbeitnehmer│
│                    \                     /                              │
│                     _____/                               │
│                                                                         │
│                         Aufsichtsrat                                    │
│                      Funktionen vgl. B. I. 7                            │
│   Abschlußprüfer                │                                       │
│   Funktionen vgl. B. I. 5       │                                       │
│                                 │                                       │
│                         Vorstand                                        │
│           (gegebenenfalls einschließlich des Arbeitsdirektors)         │
│                      Funktionen vgl. B. I. 8                            │
└─────────────────────────────────────────────────────────────────────┘
```

6. Insbesondere: Hauptversammlung

a) Ausübung der Rechte durch die Aktionäre

Die Aktionäre üben den wesentlichsten Teil ihrer Rechte in der Hauptversammlung aus (§ 118 I AktG). Sie wird vom Vorstand in einem formalisierten Verfahren einberufen (§§ 121 II, III ff. AktG). Man unterscheidet zwischen der ordentlichen Hauptversammlung, der z. B. jeweils der Jahresabschluß vorzulegen ist und die über die Gewinnverwendung sowie über die Entlastung von Vorstand und Aufsichtsrat entscheidet, und der außerordentlichen Hauptversammlung, die aus besonderem Anlaß einzuberufen ist, z. B. zur Vornahme einer Kapitalerhöhung oder -herabsetzung oder zur Beschlußfassung über eine Sonderprüfung. Den Vorsitz führt in der Regel der Vorsitzende des Aufsichtsrats. Es ist ein Verzeichnis der erschienenen oder vertretenen Aktionäre aufzustellen und zu der notarisch aufzunehmenden Sitzungsniederschrift zu nehmen.

b) Auskunftsrecht

In der Hauptversammlung haben die Aktionäre zu den Gegenständen der Tagesordnung ein ausgedehntes Auskunftsrecht, das sich auch auf die Beziehungen der Gesellschaft zu verbundenen Unternehmen (§ 131 AktG) und gegebenenfalls auf die Lage des Konzerns und die in den Konzernabschluß einbezogenen Unternehmen (§ 337 IV AktG) erstreckt. Die Auskunft ist vom Vorstand nach den Grundsätzen einer gewissenhaften und genauen Rechenschaft zu erteilen und darf nur aus den in § 131 III AktG aufgezählten Gründen verweigert werden. Die wichtigsten sind: Schädlichkeit der Auskunft für die Gesellschaft (z. B. die Auskunft würde der Konkurrenz einen Vorteil bringen), und es besteht keine Pflicht zur Erteilung der Auskunft über steuerliche Wertansätze und die Höhe einzelner

Steuern. Schuldhafte Verletzung der Auskunftspflicht macht den Vorstand schadenersatzpflichtig und die entsprechenden Hauptversammlungsbeschlüsse anfechtbar (§ 243 IV AktG). Bei Auskunftsverweigerung kann eine gerichtliche Entscheidung herbeigeführt werden (§ 132 AktG).

c) Stimmrecht

In der Hauptversammlung steht den Aktionären das Stimmrecht nicht nach Köpfen sondern nach Aktiennennbeträgen zu. Das Gesetz enthält eingehende Regelungen (§§ 134 ff. AktG), auch über das Stimmrecht von Bevollmächtigten, insbesondere derjenigen der Kreditinstitute aus in ihren Depots befindlichen Aktien (sogenanntes Depotstimmrecht der Banken). Es besteht ein formalisiertes Weisungsverfahren (die Kreditinstitute holen zu angemessener Zeit vor der Hauptversammlung bei dem Aktionär formularmäßig zu den Punkten der Tagesordnung Weisungen zur Ausübung des Stimmrechts ein). Das Depotstimmrecht hat auch für die Versicherungsaktiengesellschaften erhebliche Bedeutung, führt zu höheren Präsenzen in den Hauptversammlungen, damit zu größerer Kontinuität und zur Vermeidung von Zufallsmehrheiten; denn besonders der Kleinaktionär kann in der Regel nur unter Schwierigkeiten zu mehreren Hauptversammlungen reisen. Vereinigungen von Aktionären üben in diesem Zusammenhang teilweise eine den Kreditinstituten ähnliche Tätigkeit aus. Übrigens gibt es eine Reihe von Tatbeständen, in denen das Stimmrecht des Aktionärs ausgeschlossen ist, z. B. wenn über die Entlastung von Vorstands- und Aufsichtsratsmitgliedern Beschluß gefaßt wird, die Aktionäre sind, oder aus Aktien der Gesellschaft, die ihr selbst gehören (eigene Aktien, § 136 AktG).

d) Beschlußfassung

Die Hauptversammlung beschließt mit einfacher Mehrheit der abgegebenen Stimmen, soweit Gesetz oder Satzung keine größere Mehrheit oder noch andere Erfordernisse (z. B. bei Satzungsänderungen die gesetzlich geforderte Mehrheit von drei Vierteln des bei der Beschlußfassung vertretenen Grundkapitals, ebenso bei Kapitalerhöhungen, Verschmelzung und Auflösung) vorschreiben (§ 133 AktG). Weil die Verfügung über ein Viertel des Grundkapitals plus einer Aktie die Änderung der Satzung ohne Mitwirkung dieser Minderheit unmöglich macht, spricht man insofern von einer „Sperrminorität". Weil die Innehabung von mindestens 10 % des Grundkapitals vermögenssteuerliche (früher auch körperschaftsteuerliche) Vorteile bringt, spricht man in diesem Zusammenhang von einer Schachtelbeteiligung (oder abgekürzt von einer „Schachtel").

e) Weitere Rechte der Hauptversammlung

Die Hauptversammlung ist, wie erwähnt, u. a. zuständig für Satzungsänderungen, für die Wahl der Mitglieder des Aufsichtsrats, soweit sie nicht nach dem BetrVerfG 1952 oder nach dem MitbestG zu erfolgen hat, für die Beschlußfassung über die Verwendung des Bilanzgewinns, für die Entlastung des Vorstands und des Aufsichtsrats, für Beschlußfassung über Kapitalerhöhungen und -herabsetzungen und für die Auflösung der Gesellschaft.

f) Anfechtung und Nichtigkeit von Hauptversammlungsbeschlüssen

Hauptversammlungsbeschlüsse unterliegen nicht den allgemeinen Vorschriften des bürgerlichen Rechts über Anfechtbarkeit und Nichtigkeit. Wegen der Auswirkungen der Anfechtung und der Nichtigkeit von Hauptversammlungsbeschlüssen auf eine Vielzahl von Beteiligten und die Allgemeinheit enthält das AktG (§§ 241 ff.) streng formalisierte Verfahren, bei denen durch Klage vor dem zuständigen Gericht innerhalb bestimmter Fristen die Nichtigkeit bzw. die Anfechtung geltend gemacht werden kann. Die Erhebung der Klage ist an ganz bestimmte Tatbestände gebunden. Zu den Nichtigkeitsgründen in diesem Sinne gehören z. B., daß eine Hauptversammlung nicht ordnungsgemäß einberufen oder nicht notariell beurkundet worden ist; zu den Anfechtungsgründen gehören z. B. eine Verletzung des Gesetzes oder der Satzung oder der Umstand, daß ein Aktionär mit der Ausübung des Stimmrechts für sich oder einen Dritten Sondervorteile zum Schaden der Gesellschaft oder der anderen Aktionäre zu erlangen versuchte und der Beschluß auch geeignet ist, diesem Zweck zu dienen. Hierher gehört, daß in bestimmten Fällen nur derjenige Aktionär Anfechtungsklage erheben kann, der gegen den Beschluß Widerspruch (Protest) zur notariellen Niederschrift in der Hauptversammlung erhoben hat.

7. Aufsichtsrat

a) Wahl, Abberufung

Der Aufsichtsrat ist ein gesetzlich zwingend vorgeschriebenes Organ, dessen Zusammensetzung unterschiedlich geregelt ist. Die Aktionärsvertreter (Vertreter der Anteilseigner) werden, wie dargestellt, durch die Hauptversammlung gewählt. Bezüglich der Vertreter der Arbeitnehmer gilt folgendes: Sieht man hier von den Versicherungsaktiengesellschaften ab, die weder selbst noch, wenn sie Konzernobergesellschaft sind, im Konzern Arbeitnehmer beschäftigen und deshalb keine Arbeitnehmer in den Aufsichtsrat wählen lassen können, und läßt man die Ausnahmetatbestände des BetrVerfG außer Betracht (sie könnten in der Versicherungswirtschaft überhaupt nur für Familienaktiengesellschaften mit weniger als 500 Arbeitnehmern eine Rolle spielen), so gelten für die Versicherungsaktiengesellschaften zwei unterschiedliche „Komplexe" von Vorschriften, je nachdem, ob eine Versicherungsaktiengesellschaft regelmäßig mehr als 2 000 Arbeitnehmer beschäftigt (Zusammensetzung des Aufsichtsrats nach dem MitbestG) oder nicht (Zusammensetzung nach dem BetrVerfG 1952):

Arbeitnehmervertreter im Aufsichtsrat

bei Geltung des BetrVerfG 1952

Mindestzahl 3 Mitglieder, Höchstzahl je nach dem Grundkapital bis zu 21 (Zahl stets durch 3 teilbar), 1/3 Arbeitnehmervertreter (§ 95 I AktG)

direkte Wahl nach der 1. RechtsVO zur Durchführung des BetrVerfG (Wahlordnung)

Der gesamte Aufsichtsrat wählt (nach näherer Bestimmung der Satzung) den Vorsitzenden und mindestens einen Stellvertreter (§ 107 I AktG)

bei Geltung des MitbestG

bei nicht mehr als 10 000 Arbeitnehmern 12 Mitglieder, davon 4 Arbeitnehmer und 2 Gewerkschaftsvertreter

bei nicht mehr als 20 000 Arbeitnehmern 16 Mitglieder, davon 6 Arbeitnehmer und 2 Gewerkschaftsvertreter

bei mehr als 20 000 Arbeitnehmern 20 Mitglieder, davon 7 Arbeitnehmer und 3 Gewerkschaftsvertreter (§ 7 MitbestG)

(regelmäßig) direkte Wahl bei nicht mehr als 8 000 Arbeitnehmern

(regelmäßig) Wahl durch Wahlmänner bei mehr als 8 000 Arbeitnehmern, jeweils

nach der 1. Wahlordnung zum MitbestG bei Unternehmen mit nur einem Betrieb,

nach der 2. Wahlordnung zum MitbestG bei Unternehmen mit mehr als einem Betrieb,

nach der 3. Wahlordnung zum MitbestG bei herrschenden Konzernunternehmen.

Der gesamte Aufsichtsrat wählt (nach § 27 I MitbestG) den Vorsitzenden und Stellvertreter mit zwei Drittel Mehrheit. Wird diese Mehrheit nicht erreicht, so wählen die Aktionärsvertreter den Aufsichtsratsvorsitzenden und die Arbeitnehmervertreter einen Stellvertreter, jeweils mit einfacher Mehrheit (§ 27 II MitbestG).

Ergibt eine Abstimmung im Aufsichtsrat Stimmengleichheit, so hat der Aufsichtsratsvorsitzende (nur dieser, nicht der oder die Stellvertreter) bei einer erneuten Abstimmung über denselben Gegenstand, wenn auch sie Stimmengleichheit ergibt, 2 Stimmen (§ 29 II MitbestG).

Die Hauptversammlung kann von ihr gewählte Aufsichtsratsmitglieder jederzeit vor Ablauf der Amtszeit mit qualifizierter Mehrheit abberufen (§ 103 I AktG). Entsprechend können die Arbeitnehmervertreter im Aufsichtsrat durch die sie wählenden Arbeitnehmer abberufen werden (§ 76 V BetrVerfG 1952, § 23 MitbestG). Liegt ein wichtiger Grund in der Person des betreffenden Aufsichtsratmitglieds vor – diese Bestimmung gilt für alle Aufsichtsratsmitglieder –, so hat das Gericht die Abberufung auf Antrag des Aufsichtsrats vorzunehmen (§ 103 III AktG).

b) Persönliche Voraussetzungen

Mitglied des Aufsichtsrats kann nur eine voll geschäftsfähige natürliche Person sein. Niemand kann zugleich dem Aufsichtsrat und dem Vorstand einer Gesellschaft angehören. Es darf auch niemand Mitglied des Aufsichtsrats einer (Ober-)Gesellschaft und zugleich Mitglied des Vorstands einer abhängigen Gesellschaft oder Aufsichtsratsmitglied einer Gesellschaft sein, der zugleich gesetzlicher Vertreter einer anderen Kapitalgesellschaft ist, deren Aufsichtsrat ein Vorstandsmitglied der Gesellschaft angehört. Mitglied eines Aufsichtsrats kann ferner nur sein, wer nicht bereits in 10 Handelsgesellschaften, die gesetzlich einen Aufsichtsrat zu bilden haben, Aufsichtsratsmitglied ist. Vorstandsmitglieder eines herrschenden Unternehmens dürfen jedoch Aufsichtsratsmitglied bei 5 weiteren zum Konzern gehörenden Handelsgesellschaften mit gesetzlich vorgeschriebenem Aufsichtsrat sein. Die Amtszeit beträgt in der Regel (und höchstens) ca. fünf Jahre (§ 102 AktG).

c) Ersatzmitgliedschaft, Ersatzbestellung, Entsendungsrecht

Praktisch interessant ist es, daß die Hauptversammlung und Arbeitnehmer jeweils für die von ihnen zu wählenden Aufsichtsratsmitglieder sogenannte Ersatzmitglieder wählen können. Sie treten dann an die Stelle des Aufsichtsratsmitglieds, für das sie gewählt sind, wenn dieses dauernd (z. B. durch Tod oder Amtsniederlegung) wegfällt. Ist dieser Tatbestand gegeben, tritt das Ersatzmitglied kraft Gesetzes („automatisch") an die Stelle des weggefallenen Mitglieds. Ist der Aufsichtsrat durch Wegfall eines oder mehrerer Mitglieder nicht mehr beschlußfähig oder ist durch den Wegfall das Verhältnis zwischen Vertretern der Aktionäre und der Arbeitnehmer nicht mehr gewahrt (und sind keine entsprechenden Ersatzmitglieder vorhanden), so kann auf Antrag das zuständige Amtsgericht eine Ergänzung des Aufsichtsrats (für die Zeit bis zur nächsten Hauptversammlung bzw. bis zum frühest möglichen Wahltermin) vornehmen (sogenannte Ersatzbestellung). Schließlich muß noch erwähnt werden, daß die Satzung bestimmten Aktionären oder den Inhabern bestimmter Aktien das Recht einräumen kann, Mitglieder in den Aufsichtsrat zu entsenden. Sie werden nicht gewählt, sondern von den Berechtigten benannt.

d) Beschlußfassung

Es ist von praktischem Interesse, daß der Aufsichtsrat nicht nur in der Sitzung Beschlüsse fassen kann, sondern daß, sofern kein Mitglied widerspricht, auch schriftliche, telegrafische oder fernmündliche Beschlußfassung möglich ist. Aufsichtsratsmitglieder können sich nicht, auch nicht durch andere Aufsichtsratsmitglieder vertreten lassen. Sie können durch sie aber schriftliche Stimmabgaben (nur in Sitzungen) überreichen lassen (sogenannte Stimmbotenschaft). Der Aufsichtsrat kann aus seiner Mitte über den in § 27 III MitbestG genannten Ausschuß hinaus weitere Ausschüsse, insbesondere zur Vorbereitung seiner Beschlüsse und Überwachung ihrer Durchführung, bestellen (vgl. § 107 III AktG).

e) Überwachungsfunktion

Der Aufsichtsrat hat die Geschäftsführung des Vorstands zu überwachen (§ 111 I AktG). Sowohl der Aufsichtsrat in seiner Gesamtheit wie auch ein einzelnes Aufsichtsratsmitglied kann vom Vorstand jederzeit einen Bericht über die Angelegenheiten der Gesellschaft einschließlich ihrer Beziehungen zu verbundenen Unternehmen und wichtige Vorgänge in diesen Unternehmen verlangen (vgl. § 90 III AktG).

f) Prüfungsfunktion

Der Aufsichtsrat kann die Bücher und Schriften der Gesellschaft sowie die Vermögensgegenstände einsehen und prüfen. Er kann damit auch einzelne Mitglieder oder für bestimmte Aufgaben besondere Sachverständige beauftragen.

Zu den wichtigsten Aufgaben des Aufsichtsrats gehört die Prüfung des vom Vorstand vorgelegten Jahresabschlusses einschließlich des Geschäftsberichts und des der Hauptversammlung zu unterbreitenden Vorschlags für die Gewinnverteilung. Billigt der Aufsichtsrat den Jahresabschluß, so ist dieser festgestellt.

g) Zustimmungspflichtige Geschäfte

Maßnahmen der Geschäftsführung können dem Aufsichtsrat nicht übertragen werden. Die Satzung oder der Aufsichtsrat können jedoch bestimmen, daß bestimmte Arten von Geschäften nur mit seiner Zustimmung vorgenommen werden dürfen. Gerade auch bei Versicherungsaktiengesellschaften enthalten die Satzungen regelmäßig Kataloge von Geschäften, die der Vorstand nur mit Zustimmung des Aufsichtsrats vornehmen darf, z. B. Gründung von Zweigniederlassungen, Aufnahme und Einstellung des Betriebes von Versicherungszweigen, Erwerb von Grundstücken, bestimmte Wertpapiergeschäfte, Erteilung von Prokura u. ä. Die Kompetenz zur Erteilung der Zustimmung wird häufig Ausschüssen des Aufsichtsrats übertragen.

Einen Eingriff in die Befugnisse des Vorstands besteht auch in der dem Aufsichtsrat nach § 32 MitbestG obliegenden Beteiligung an der Ausübung von Beteiligungsrechten. Besitzt nämlich ein dem MitbestG unterliegendes Unternehmen mehr als ein Viertel des Grundkapitals eines anderen, gleichfalls dem MitbestG unterliegenden Unternehmens, so darf die Ausübung bestimmter im Gesetz aufgezählter Rechte durch den Vorstand nur aufgrund von Beschlüssen des Aufsichtsrats ausgeübt werden.

h) Vertretungsfunktion

Eine wichtige Aufgabe des Aufsichtsrats besteht in der gerichtlichen und außergerichtlichen Vertretung der Gesellschaft gegenüber den Vorstandsmitgliedern einschließlich derjenigen Personen, die für eine Vorstandsbestellung in Frage kommen. Diese Vertretungsfunktion gilt nicht für − aus welchem Grund auch immer − ausgeschiedene Vorstandsmitglieder, es sei denn, es handelt sich um die Frage, ob eine Vorstandsbestellung oder ein Vorstandsdienstvertrag rechtswirksam beendet worden sind.

i) Sorgfaltspflichten und Verantwortlichkeit, Vergütung

Für die Sorgfaltspflicht und die Verantwortlichkeit der Aufsichtsratsmitglieder gelten sinngemäß die gleichen Bestimmungen wie für die Vorstandsmitglieder, d. h. sie haben ihre Aufgaben mit der Sorgfalt eines ordentlichen und gewissenhaften Aufsichtsratsmitglieds zu erfüllen und über vertrauliche Angaben und Geschäftsgeheimnisse des Unternehmens Stillschweigen zu bewahren (§ 116 AktG in Verbindung mit § 93 AktG).

Ähnlich strenge Grundsätze gelten auch nach § 113 AktG für die Vergütung an die Aufsichtsratsmitglieder, bei der die Hauptversammlung entscheidend eingeschaltet ist, sowie für die verschärften Bestimmungen über Verträge mit Aufsichtsratsmitgliedern und für die Kreditgewährung der Gesellschaft an Aufsichtsratsmitglieder, wobei jeweils eine Mitwirkung des gesamten Aufsichtsrats vorgeschrieben ist.

8. Vorstand

a) Bestellung, Anstellung, Abberufung

Der Aufsichtsrat bestellt die Vorstandsmitglieder auf jeweils höchstens fünf Jahre. Ein Verlängerungsbeschluß kann frühestens ein Jahr vor Ablauf der bisherigen Amtszeit gefaßt werden. In dringenden Fällen kann das Gericht ein „notwendiges" Vorstandsmitglied auf Antrag bestellen. Man unterscheidet ordentliche und stellvertretende Vorstandsmitglieder, ohne daß in der Rechtsstellung ein Unterschied besteht. Ein Mitglied des Vorstands kann (vom Aufsichtsrat) zum Vorsitzenden (oder – im Gesetz nicht geregelt – zum Sprecher) ernannt werden. Der Aufsichtsrat schließt mit den Vorstandsmitgliedern die Anstellungsverträge und vertritt die Gesellschaft dem Vorstand gegenüber. Man unterscheidet nämlich die **Bestellung** (körperschaftlicher Akt) von der **Anstellung** (Abschluß des Dienstvertrages). In die Hände des Aufsichtsrats ist auch die etwaige Abberufung des Vorsitzenden bzw. der Mitglieder des Vorstands aus wichtigem Grund gelegt.

b) Persönliche Voraussetzungen

Mitglied des Vorstands kann nur eine voll geschäftsfähige natürliche Person sein. Die Bestellung setzt ferner voraus, daß der Betreffende nicht innerhalb einer bestimmten Zeit wegen Bankrotts oder Verletzung der Buchführungspflicht (§§ 283 bis 283 d Strafgesetzbuch) verurteilt worden ist oder ihm nicht die Ausübung eines Berufs oder eines Gewerbes untersagt worden ist. Für Vorstandsmitglieder von Versicherungsunternehmen treten spezielle Anforderungen an die Qualifikation hinzu[4], die Aufsichtsbehörde verlangt ferner, daß Vorstandsmitglieder nicht in Verwandtschafts- oder Schwägerschaftsverhältnissen ersten oder zweiten Grades zu einem Aufsichtsratsmitglied stehen, weil dadurch ein Mißstand begründet sein könne.

c) Geschäftsführung, Vertretung

Der Vorstand hat unter eigener Verantwortung die Gesellschaft zu leiten, unbeschadet seiner Berichtspflicht über die Lage des Unternehmens an den Aufsichtsrat. Er vertritt die Gesellschaft gerichtlich und außergerichtlich. Maßnahmen der Geschäftsführung können, wie erwähnt, dem Aufsichtsrat nicht übertragen werden. Die sogenannten zustimmungsbedürftigen Geschäfte wurden bereits behandelt.

Der Vorstand kann aus einer oder mehreren Personen bestehen. Der Aufsichtsrat muß jeweils die Zahl der Vorstandsmitglieder beschließen. Versicherungsaktiengesellschaften

---
[4] Vgl. RLV. VII. B. III. 2 c

(und Versicherungsvereine auf Gegenseitigkeit) müssen nach der Aufsichtspraxis mindestens zwei Vorstandsmitglieder haben.

Nach dem Gesetz kann die Satzung Einzelgeschäftsführung und Einzelvertretung der Vorstandsmitglieder vorsehen. Nach der Aufsichtspraxis ist aber Gesamtvertretung durch zwei Vorstandsmitglieder oder durch ein Vorstandsmitglied und einen Prokuristen vorgeschrieben. Zur wirksamen Abgabe einer Willenserklärung gegenüber der Gesellschaft genügt die Erklärung gegenüber einem Vorstandsmitglied. Es kann nicht wirksam vorgeschrieben werden, daß ein oder mehrere Vorstandsmitglieder Meinungsverschiedenheiten im Vorstand gegen die Vorstandsmehrheit entscheiden können.

d) Geschäftsverteilung

Wie erwähnt, sind die Personalangelegenheiten mit Ausnahme der Angelegenheiten der leitenden Angestellten bei Unternehmen, die dem MitbestG unterliegen, einem Vorstandsmitglied (Arbeitsdirektor) zu übertragen. Dem muß die Geschäftsordnung (mit Geschäftsverteilung) Rechnung tragen, die sich der Vorstand durch einstimmigen Beschluß geben kann, wenn die Satzung nicht den Aufsichtsrat zum Erlaß der Geschäftsordnung ermächtigt **oder** dieser eine solche erläßt, was jederzeit möglich ist.

Beispiele von Geschäftsverteilungen des Vorstands einer Kompositgesellschaft:

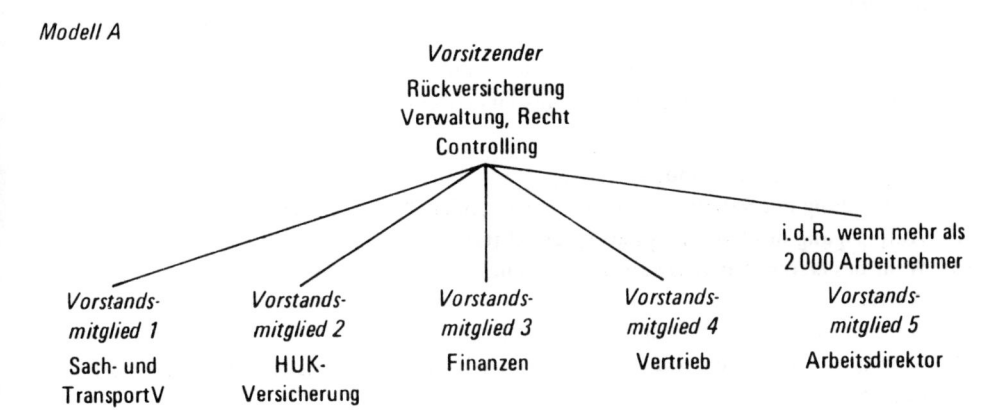

Modell A

Vorsitzender
Rückversicherung
Verwaltung, Recht
Controlling

Vorstands-mitglied 1	*Vorstands-mitglied 2*	*Vorstands-mitglied 3*	*Vorstands-mitglied 4*	*Vorstands-mitglied 5*
Sach- und TransportV	HUK-Versicherung	Finanzen	Vertrieb	Arbeitsdirektor

i.d.R. wenn mehr als 2 000 Arbeitnehmer

Modell B

Vorstandsmitglied 1	*Vorstandsmitglied 2*	
Individualgeschäft	Mengengeschäft	im übrigen unverändert

e) Weitere Pflichten, Vergütung

Der Vorstand hat neben der Führung der Geschäfte der Gesellschaft dem Aufsichtsrat gegenüber und in der Hauptversammlung Berichterstattungs- und Auskunftspflichten, die

517

eine große Bedeutung besitzen. Daneben ist er Adressat für die Versicherungsaufsichtsbehörde. Ihm obliegen zudem besondere Anzeigepflichten bei Verlust von mehr als der Hälfte des Grundkapitals, bei Überschuldung und Zahlungsunfähigkeit der Gesellschaft.

Die Vorstandsmitglieder haben bei ihrer Geschäftsführung die Sorgfalt eines ordentlichen und gewissenhaften Geschäftsleiters anzuwenden und eine Verschwiegenheitspflicht zu beachten. Für Pflichtverletzungen haften sie auf Grund von detaillierten Vorschriften persönlich.

Der Aufsichtsrat setzt die Bezüge der Vorstandsmitglieder (regelmäßig bei Abschluß der Anstellungsverträge bzw. Vertragsverlängerungen) fest (handelt sie mit den Vorstandsmitgliedern aus). Sie setzen sich im allgemeinen aus den festen Jahresbezügen und den beweglichen Bezügen (regelmäßig abhängig von der an die Aktionäre ausgeschütteten Dividende – Tantieme) zusammen. Der Aufsichtsrat hat kraft Gesetzes darauf zu achten, daß die Bezüge in einem angemessenen Verhältnis zu den Aufgaben des Vorstandsmitglieds und zur Lage der Gesellschaft stehen. Bei einer wesentlichen Verschlechterung der Lage der Gesellschaft ist eine Herabsetzung möglich (§ 87 II AktG).

9. Ergänzende Darstellung

a) Gründung

Die Gründung der AG stellt im Interesse des Schutzes des redlichen Rechtsverkehrs einen streng formalisierten Vorgang dar, der aus einer Reihe von Schritten besteht (§§ 23–53 AktG):

(a) Gegebenenfalls Vorgründungsvertrag
(b) Feststellung der Satzung (mindestens 5 Gründer, §§ 2, 23 AktG)
(c) Aufbringung des Grundkapitals (§ 29 AktG)
(d) Wahl des ersten Aufsichtsrats und Bestellung des ersten Vorstands (§ 30 I–III und IV AktG)
(e) Gründungsbericht und Gründungsprüfung (§§ 32 ff. AktG)
(f) Antrag auf Erlaubnis zum Geschäftsbetrieb bei der Versicherungsaufsichtsbehörde (§ 5 VAG)
(g) Eintragung in das Handelsregister (§§ 36 ff. AktG)

Ebenso wie die GmbH entsteht die AG als solche erst mit der Eintragung in das Handelsregister (rechtsbegründende Wirkung). Das ist beim VVaG anders, der als „Kind des VAG" bereits mit der Erteilung der Erlaubnis zum Geschäftsbetrieb durch die Aufsichtsbehörde entsteht, so daß dort die nachfolgende Eintragung nur bestätigende Wirkung hat (§ 15 VAG). Von besonderer Bedeutung im „Lebenslauf" der AG sind die Pflichten (grundsätzlich) des Vorstands zur Anmeldung gesellschaftsrechtlicher Vorgänge beim Handelsregister (vgl. hier z. B. nur Änderungen der Satzung, Veränderungen in der Besetzung des Vorstands, Errichtung und Aufhebung von Zweigniederlassungen, Tatbestände aus dem Bereich der Unternehmensverträge). Es erfolgen Bekanntmachungen sowohl durch das Registergericht als auch seitens der Gesellschaft im Bundesanzeiger und anderen

Blättern (§ 10 HGB, § 25 AktG). Auf diese Weise ist sowohl der Rechtssicherheit als auch der Publizität gedient.

Im Zusammenhang mit der Gründung der AG treten zahlreiche und interessante Rechtsfragen auf, auf die hier nur hingewiesen werden kann. Das gilt in besonderem Maße für die sog. Sachgründung, die es z. B. auch im Bereich der Versicherungswirtschaft dann gibt, wenn Geschäftsanteile an einer anderen Gesellschaft statt der Einzahlung des Nennbetrags (Bareinlage) eingebracht werden.

b) Rechnungslegung

Das AktG enthält im Fünften Teil (§§ 150—176) eingehende Vorschriften über Rechnungslegung und Jahresabschluß. Weitere Vorschriften enthält das 3. Buch HGB. Weil die Rechnungslegung von Versicherungsaktiengesellschaften und VVaG auf dem Versicherungsaufsichtsgesetz beruhenden Sondervorschriften unterliegt, wird an dieser Stelle auf die Behandlung der Rechnungslegung, die unter betriebswirtschaftlichen Gesichtspunkten an anderer Stelle[5] erfolgt, hingewiesen.

c) Kapitalerhöhung und -herabsetzung

Das Grundkapital der Gesellschaft, als solches summenmäßig in der Satzung fixiert, stellt eine primäre Grundlage der finanziellen Existenz der AG dar. Es handelt sich also um eine feste Größe, die grundsätzlich nicht ohne Änderung der Satzung verändert werden kann. Das AktG enthält ausführliche Bestimmungen über **Maßnahmen der Kapitalbeschaffung** (Kapitalerhöhung) und der Kapitalherabsetzung für den Fall, daß die Gegenwerte in qualifizierter Weise nicht mehr zur Bedeckung des Grundkapitals ausreichen. Unter den Maßnahmen zur Kapitalbeschaffung stellt die **Kapitalerhöhung gegen Einlagen** (§§ 182 ff. AktG) den wichtigsten Fall dar. Hier geht es im Prinzip ebenso zu wie bei der Gründung der Gesellschaft: Die Aktien müssen (grundsätzlich) gegen Einzahlung erworben werden. Je nach der wirtschaftlichen Situation wird von den Erwerbern ein bestimmtes Aufgeld (Agio) verlangt. Die Kapitalerhöhung muß mit einer Mehrheit von mindestens drei Vierteln des bei der Beschlußfassung vertretenen Grundkapitals beschlossen werden. Auch das Agio ist in diesem Beschluß festzusetzen. Für die Zeichnung der jungen Aktien, die Einzelheiten der Durchführung der Kapitalerhöhung, insbesondere die Anmeldung zum Handelsregister, enthält das AktG ausführliche Bestimmungen.

Eine Besonderheit besteht für Versicherungsaktiengesellschaften: Nach § 182 IV 2 AktG kann die Satzung bestimmen, daß das Grundkapital auch erhöht werden kann, solange noch Einlagen auf das bisherige Grundkapital ausstehen.

Im Zusammenhang mit der Kapitalerhöhung durch Einlage spielen die sogenannten Bezugsrechte eine wirtschaftlich bedeutende Rolle. Jeder Aktionär hat (grundsätzlich proportional zu seiner Beteiligung) einen Anspruch auf junge Aktien. Das Bezugsrecht als solches ist veräußerlich; es wird im Börsenhandel bewertet. Der Preis der jungen Aktien bestimmt sich also aus dem Bezugsverhältnis, dem Kurs der bisherigen Aktie, der zu leistenden Einlage und dem Aufgeld.

---
5 Vgl. AVL. II. E bzw. VBL. VI

Von den übrigen rechtlichen Gestaltungsformen, unter denen eine AG Kapital beschaffen kann, spielen die sogenannte *bedingte Kapitalerhöhung* (§§ 192 ff. AktG) und das sogenannte genehmigte Kapital (§§ 203 ff. AktG) eine geringere Rolle als die sogenannte Kapitalerhöhung aus Gesellschaftsmitteln (Ausgabe von „Gratisaktien", §§ 207 ff. AktG). Hier wird die Erhöhung des Grundkapitals durch Umwandlung von bisherigen offenen Rücklagen in Grundkapital erhöht. Auch hier gibt es das (grundsätzlich proportionale) Bezugsrecht. Zu allen vier Tatbeständen der Kapitalerhöhung enthält das Gesetz ausführliche Einzelbestimmungen, z. B. auch über die Kapitalerhöhung gegen Sacheinlagen und über die Behandlung unterschiedlicher Aktiengattungen. In einem Beschluß über eine Kapitalerhöhung muß der Zeitpunkt bestimmt werden, von dem ab die jungen Aktien dividendenberechtigt sind. Für die Entscheidung, auf welchem Wege eine AG Kapital beschafft – hierher gehören auch die sogenannten Wandelschuldverschreibungen nach § 221 AktG – sind steuerliche Beurteilungen von erheblicher Bedeutung.

Für den Mechanismus der **Kapitalherabsetzung** gilt das Modell der Kapitalerhöhung entsprechend (§§ 222 ff. AktG). Von besonderer Bedeutung ist die Kombination zwischen Kapitalherabsetzung und gleichzeitiger Kapitalerhöhung durch einen sogenannten kombinierten Sanierungsbeschluß (§ 228 AktG). Es wird also zunächst der Buchverlust ausgeglichen und der Gesellschaft sodann neues Kapital zugeführt. Auch hier finden sich zahlreiche Einzelbestimmungen, insbesondere zum Schutz der Gläubiger einerseits und der Aktionäre andererseits. Einen besonderen Tatbestand stellt die Kapitalherabsetzung durch Einziehung von Aktien dar.

Die mit den Maßnahmen zur Erhöhung oder Herabsetzung des Kapitals verbundenen Satzungsänderungen stellen Geschäftsplanänderungen im Sinne des Versicherungsaufsichtsrechts dar und bedürfen der Genehmigung des Bundesaufsichtsamtes. Darüber hinaus bedürfen die Beschlüsse über die zu treffenden Maßnahmen selbst der Genehmigung.

d) Auflösung

Die **Auflösung** von Versicherungsaktiengesellschaften ist für die Alltagspraxis nicht besonders wichtig, weil die versicherungstechnischen Probleme durch eine vorangehende Bestandsübertragung gelöst werden und weil es zu den Aufgaben der Aufsichtsbehörde gehört, die Solvabilität der Gesellschaft zu überwachen. Hier wird nur festgehalten, daß jede Auflösung (der wichtigste Tatbestand ist derjenige durch Beschluß der Hauptversammlung, § 262 I Nr. 2 AktG) zur Abwicklung der Gesellschaft führt. Die Versicherungsaufsicht setzt sich auch im Liquidationsstadium fort (§ 86 VAG). Der Widerruf der Erlaubnis zum Geschäftsbetrieb, der die Wirkung hat, daß keine neuen Versicherungsverträge mehr abgeschlossen, früher abgeschlossene nicht mehr erhöht oder verlängert werden dürfen, führt bei der Versicherungsaktiengesellschaft zwar nicht rechtlich zwingend zur Auflösung, wohl aber zur Notwendigkeit der Neudisposition über die Gesellschaft. Die Auflösung durch Konkurseröffnung ist für „normale" Aktiengesellschaften praktisch (§ 262 I Nr. 3 AktG), durch das Dazwischenschalten der Aufsichtsbehörde (Konkurseröffnung nur auf Antrag der Aufsichtsbehörde) und deren rechtliche Möglichkeiten zur Sanierung der Gesellschaft für lebende Versicherungsunternehmen nur eine ultima ratio (vgl. §§ 81b, 88 f. VAG).

Von der Auflösung zu unterscheiden ist die **Nichtigkeit** der Gesellschaft (§§ 275 ff. AktG). Hier handelt es sich nicht um die Nichtigkeit einzelner Hauptversammlungsbeschlüsse, sondern z. B. darum, daß die Satzung nicht die nach § 23 III AktG wesentlichen Bestimmungen enthält oder daß eine dieser Bestimmungen nichtig ist. Soweit ein derartiger Mangel nicht geheilt werden kann, kann jeder Aktionär oder jedes Vorstands- und Aufsichtsratsmitglied auf Nichtigkeitserklärung der Gesellschaft klagen. Ein (rechtsgestaltendes) Nichtigkeitsurteil ist einem Auflösungsbeschluß vergleichbar und läßt die Gesellschaft in das Abwicklungsstadium treten. Weil der Erteilung der Erlaubnis zum Geschäftsbetrieb eine genaue Prüfung des Gründungsvorgangs durch die Aufsichtsbehörde vorangeht und weil wegen der Genehmigungsbedürftigkeit von Satzungsänderungen auch hier die Sach- und Rechtslage von seiten der Aufsichtsbehörde geprüft wird, dürften Nichtigkeitsklagen bei Versicherungsaktiengesellschaften wenig wahrscheinlich sein.

II. Versicherungsverein auf Gegenseitigkeit

1. Genossenschaftliche Versicherung

Wenn man im System des Unternehmensrechts die Versicherungsaktiengesellschaft als Unternehmen der kaufmännischen Versicherung und die öffentlich-rechtlichen Versicherungsanstalten und -körperschaften als Unternehmen und Einrichtungen der gemeinnützigen Versicherung betrachtet, so ist der VVaG ein solches der genossenschaftlichen Versicherung. In diesem Zusammenhang ist es interessant, zu erkennen, daß die Gesellschaften des Handelsrechts einen Erwerbszweck „der Gesellschaft" verfolgen, während die Genossenschaft *„den Erwerb oder die Wirtschaft der Mitglieder mittels gemeinschaftlichen Geschäftsbetriebes"* (§ 1 GenG) zu fördern hat. Der VVaG ist in diesem Sinne genossenschaftlich strukturiert, er ist, wie ausgeführt, im Gegensatz zur AG ein sogenannter Personalverein. Obwohl er keinen Erwerbszweck im Sinne der AG und „für den Verein" keine Gewinnerzielungsabsicht hat, vermag er im Interesse seiner Versicherten seinen Zweck nur durch eine betriebswirtschaftlich optimale Geschäftsführung zu erfüllen.

In der geschichtlichen Entwicklung hat das genossenschaftliche Element der Versicherung neben dem kaufmännischen eine besonders wichtige Rolle gespielt, weil es offenbar eine Grundlage sowohl des VVaG als auch der öffentlich-rechtlichen Versicherung gewesen ist.

2. Rechtsgrundlagen

Die gesetzliche Regelung des Rechts des VVaG ist (§§ 15–53 b VAG) als (überwiegend) privatrechtlicher (unternehmensrechtlicher) Teil in das (öffentlich-rechtliche) Versicherungsaufsichtsrecht eingeschoben. Die genannten Bestimmungen enthalten jedoch nicht nur das Unternehmensrecht des VVaG, sondern auch das speziell auf den VVaG bezogene Versicherungsaufsichtsrecht, insofern also eine öffentlich-rechtliche Komponente. Das

Unternehmensrecht des VAG wird durch entsprechende Anwendung zahlreicher Vorschriften des AktG und einiger Bestimmungen des GenG ergänzt (Vgl. *Prölss–Schmidt–Frey, VAG*, 10. Auflage, vor § 15 Rdnr. 45 mit § 53 Rdnr. 7–9).

3. Struktur

Der VVaG ist ein wirtschaftlicher rechtsfähiger Personalverein, wie vorher ausgeführt, eine Juristische Person, so daß die gesetzliche Vorschrift, daß für die Verbindlichkeiten den Vereinsgläubigern nur das Vereinsvermögen, nicht hingegen die Mitglieder persönlich haften (§ 19 VAG) nur der Klarstellung dient. Der „reine" große VVaG wird nach § 16 VAG im Rechtsverkehr wie ein Kaufmann behandelt, der „gemischte" (§ 21 II VAG) ist Kaufmann auch nach § 1 II Nr. 3 HGB, so daß beide in das Handelsregister eingetragen werden (§§ 30–34 VAG). In der Firma oder einem Zusatz muß zum Ausdruck gebracht werden, daß Versicherung auf Gegenseitigkeit betrieben wird.

4. Identität von Versicherten und Versicherer

In dem ökonomischen Modell der Versicherung nach dem Gegenseitigkeitsprinzip ist bei dem VVaG die Gesamtheit der Versicherten mit dem Versicherer identisch, obwohl der Verein selbst als Juristische Person dazwischengeschaltet ist. Im Modell ist die gemeinsame Tragung des Risikos und damit die entsprechende **Beteiligung am Überschuß** (Gewinnbeteiligung) **und Verlust** (Nachschußpflicht) ein entscheidendes Merkmal des VVaG. Es liegt auf der Hand, daß eine solche Unternehmensform (also die „reine" Gefahrengemeinschaft) auch wegen ihres Selbsthilfecharakters psychologisch anziehend ist. In der Praxis weist die Struktur des VVaG indessen auch einige Probleme auf, von denen später gesprochen wird.

5. Versicherungsverhältnis – Mitgliedschaftsverhältnis

Vorher muß erkannt werden, daß der Versicherungsinteressent mit dem VVaG im juristischen Modell keinen Versicherungsvertrag schließt, sondern „*ein Versicherungsverhältnis mit dem Verein begründet*" (§ 20 Satz 2 VAG). Damit wird er zugleich Mitglied des VVaG. Für das Versicherungsverhältnis gelten grundsätzlich die Vorschriften des Versicherungsvertragsrechts (also VVG und AVB). Das versicherungsrechtliche und das körperschafts-(mitgliedschafts-)rechtliche Verhältnis bilden nach heutiger Auffassung eine Einheit.

6. Kleinere Vereine

Das Gesetz geht zunächst von der Unterteilung der Versicherungsvereine auf Gegenseitigkeit in „große" und „kleinere" aus. Es definiert die kleineren Versicherungsvereine auf Gegenseitigkeit als Vereine, die nach ihrer Satzung „*einen sachlich, örtlich oder dem Personenkreis nach engbegrenzten Wirkungskreis*" haben (§ 53 I VAG). Beispiele: Schiffskasko-VVaG von Binnenschiffern, Schweinegilde des Landkreises Harburg aG, Pensionsversicherungsverein der Angestellten eines Unternehmens VVaG. Die Entscheidung darüber, ob ein kleinerer Verein gegeben ist, liegt bei der Aufsichtsbehörde. Bezüglich der rechtlichen Behandlung der kleineren Vereine ist der Gesetzgeber so vorgegangen, daß er „im Prinzip" die Vorschriften der §§ 15 ff. VAG angewendet wissen will, aber einerseits eine ganze Reihe von Vorschriften aufzählt, die keine Anwendung finden, andererseits, soweit nicht Bestimmungen des VAG anzuwenden sind, auf das Vereinsrecht des BGB (§§ 24–53) und für den (fakultativen) Aufsichtsrat auf das GenossenschaftsG zurückgreift (§ 53 VAG). Die Kommentare enthalten Tabellen der jeweils anzuwendenden Vorschriften. In der weiteren Darstellung sind, soweit erforderlich, die Besonderheiten der kleineren Vereine genannt.

Der außerordentlich zahlreiche kleinere VVaG, dessen Bestand als wirtschaftliche Selbsthilfeeinrichtung der Bürger auch aus politischen Gründen erhalten werden sollte, stellt den Versicherungsaufsichtsbehörden des Bundes und der Länder nicht einfache Überwachungsaufgaben. Ihre Erfüllung wird dadurch erleichtert, daß einerseits Mustersatzungen geschaffen werden, andererseits die Einhaltung der körperschaftsrechtlichen Bestimmungen und schließlich das Finanzgebaren streng überwacht wird. Ein besonderes Problem der kleineren Vereine ist ein etwaiges „Aussterben", z. B. wenn eine Generation von Mitgliedern und damit ihr persönliches Interesse fortgefallen ist oder wenn der Zugang von Mitgliedern aus anderen Gründen zu gering ist, so daß in dem betreffenden Bestand der notwendige versicherungstechnische Ausgleich nicht mehr hergestellt werden kann. Deshalb sind die Vorschriften über Bestandsübertragung, Vermögensübertragung und Verschmelzung (§ 53 a VAG) hier besonders wichtig.

7. Gemischte Vereine, Nichtmitgliederversicherung

Die zweite Unterteilung betrifft nur die großen Versicherungsvereine auf Gegenseitigkeit. Hier unterscheidet man nämlich solche Vereine, die nur Mitglieder versichern, von solchen, die neben der genossenschaftlichen Versicherung auch „Versicherung gegen feste Entgelte" betreiben, ohne daß die Versicherungsnehmer Mitglieder werden (gemischte Vereine, § 21 II VAG). Das ist möglich, wenn die Satzung ausdrücklich die Nichtmitgliederversicherung gestattet. Die Nichtmitglieder stehen dem Verein gegenüber wie die Versicherungsnehmer einer Versicherungsaktiengesellschaft ihrem Unternehmen, haben also keine mitgliedschaftlichen (körperschaftlichen, genossenschaftlichen) Rechte, sind also nicht aus dem genossenschaftlichen Rechtsverhältnis an Gewinn und Verlust beteiligt.

8. Große Versicherungsvereine auf Gegenseitigkeit und Versicherungsaktiengesellschaften

Es war bereits von der Annäherung der Unternehmensformen die Rede. Eine Annäherung an die AG wird bezüglich der „großen unter den großen" Versicherungsvereinen auf

Gegenseitigkeit dann besonders deutlich, wenn infolge der hohen Zahl (z. B. Millionen) von Versicherten der Ausübung der Mitgliedschaftsrechte und ihrer Wirksamkeit Grenzen gesetzt sind, auch wenn die Beteiligung am Verlust (Nachschußpflicht) durch die Satzung oder die AVB ausgeschlossen ist. Dem kann in diesen Fällen auch die Einstellung der Versicherten entsprechen, wenn sie sich nicht als „Mitglieder" des VVaG empfinden. Diese Entwicklung und Vorstellung wird auch dadurch gefördert, daß in der Kraftfahrtversicherung für alle Unternehmensformen der Wettbewerbsversicherung dieselben grundsätzlichen Vorschriften über den Schadenfreiheitsrabatt bei schadenfreiem Verlauf, dieselben Bestimmungen über den Gewinn, der den Unternehmen verbleiben kann, und über die Abführung von Erträgen des nichttechnischen Geschäfts an die Rückstellung für Beitragsrückgewähr gelten. Ähnliche Entwicklungen zeigen sich bezüglich der Beitragsrückgewähr in der Lebensversicherung. So gehen von beiden Seiten Assimilierungsgedanken und -anstöße aus. Allerdings gibt es noch einzelne, ihre jahrhundertelange Tradition wahrende große Versicherungsvereine auf Gegenseitigkeit, bei denen die Wesenselemente der Gegenseitigkeit aufrechterhalten und gepflegt werden. Das gilt naturgemäß in besonderem Maße für kleinere Vereine. Andererseits liegt der „innere" Zweck der gemeinwirtschaftlichen Versicherungsaktiengesellschaften nicht weit von dem „Modellzweck" des VVaG entfernt.

9. Gleichbehandlungsgrundsatz

Ein Rechtsgedanke hat für den großen und den „kleineren" VVaG besondere systematische aber auch wirtschaftliche Bedeutung, der sog. Gleichbehandlungsgrundsatz. § 21 I VAG bringt dieses Prinzip folgendermaßen zum Ausdruck: *„Mitgliedsbeiträge und Vereinsleistungen an die Mitglieder dürfen bei gleichen Voraussetzungen nur nach gleichen Grundsätzen bemessen sein".* Dabei wird ein **allgemeiner Rechtsgedanke des Vereinsrechts** des BGB, des Genossenschaftsrechts und auch des Aktienrechts (bezogen auf die Aktionäre) aufgenommen und versicherungsunternehmensrechtlich präzisiert.

Immer wieder ist übrigens in der Vergangenheit die Meinung vertreten worden, daß dieser Gleichbehandlungsgrundsatz für alle Unternehmensformen, also auch die AG (bezogen auf die Versicherungsnehmer) gelte. Während dies für die öffentlich-rechtlichen Versicherungsanstalten und -körperschaften sowohl aus dem verwaltungsrechtlichen Gleichheitssatz als auch aus dem Körperschaftsrecht begründet ist, würde eine Unterwerfung der bei Aktiengesellschaften abgeschlossenen Versicherungsverträge unter den Gleichbehandlungsgrundsatz der Wettbewerbsverfassung widersprechen; denn eine Beschränkung auf den Listenwettbewerb würde eine bedeutende Wettbewerbsbeschränkung bedeuten und den in der modernen Massengesellschaft trotz aller etwa ins Feld zu führenden ethischen und politischen Gesichtspunkte notwendigen „Einzelhandel" mit Versicherungen mit allen seinen die Besonderheiten und die Vergangenheit des Risikos berücksichtigenden Akzenten entgegen den Interessen der Konsumenten verhindern. Das Problem berührt naturgemäß auch alle im Vertrieb haupt- und nebenberuflich tätigen Menschen. Inwieweit Ungleichbehandlung einen Mißstand im Sinne des § 81 VAG darstellen kann, ist eine gesondert zu prüfende aufsichtsrechtliche Frage.

10. Satzung

Ebenso wie die Satzung der Versicherungsaktiengesellschaft hat auch die Satzung eines VVaG einen gesetzlich umrissenen Mindestinhalt zu enthalten. Zwingend vorgeschrieben sind Bestimmungen über die Firma, über Beiträge, Bekanntmachungen, Bildung des Vorstands und Aufsichtsrats, die oberste Vertretung, die Verlustrücklage und die Verteilung der jährlichen Überschüsse. Ferner soll die Satzung Bestimmungen über die betriebenen Versicherungszweige, die Grundsätze der Vermögensanlagen, Sitz des Vereins, Bestimmungen über Beginn und Ende der Mitgliedschaft, Einzelheiten über den Gründungsstock und die Voraussetzungen für Umlagen und Nachschüsse enthalten (§§ 17 ff. VAG). Die Satzung ist der Anmeldung des VVaG beim Handelsregister beizufügen (§ 31 I Nr. 2 VAG). Verstößt eine von der Aufsichtsbehörde genehmigte Satzung gegen zwingende gesetzliche Vorschriften, so führt dies nicht wie bei der AG zur Nichtigkeit des VVaG; die Rechtsfähigkeit bleibt vielmehr unberührt, und nur die gesetzwidrigen Vorschriften sind unwirksam. Für den kleineren VVaG gelten weniger strenge Vorschriften (§ 53 VAG).

11. Organe

a) Oberstes Organ

Die Satzung muß bestimmen, wie das Oberste Organ (Oberste Vertretung) zu bilden ist, als **Mitgliederversammlung** (bei großem VVaG wenig praktisch) oder als **Vertreterversammlung**. Im zweiten Fall muß die Satzung auch die Zahl der Vertreter, Amtsdauer, Ausscheiden und Wahlverfahren und gegebenenfalls weitere Angaben enthalten. Wegen der Kompliziertheit und des Aufwands der Wahl der Vertreter ist auch die Selbstergänzung (Kooptation) rechtlich anerkannt worden. Aufgaben und Funktionen der Obersten Vertretung entsprechen auf Grund von Verweisungen auf das AktG (vgl. § 36 VAG) weitgehend denjenigen der Hauptversammlung der AG, hervorzuheben sind die Feststellungen des Rechnungsabschlusses, die Wahl und (gegebenenfalls) Abberufung von Aufsichtsratsmitgliedern, die Beschlußfassung über Änderungen der Satzung und über die Überschußverwendung.

Weil der VVaG kein Grundkapital hat — der Gründungsfonds, Organisationsfonds und die Verlustrücklagen haben keine grundkapitalvertretende Funktion —, gibt es keine Anteilsrechte der Versicherten, sondern (unverbriefte) vermögenswerte Mitgliedschaftsrechte, die grundsätzlich in der Rechtsstellung als Versicherter zum Ausdruck kommen. Sie können nicht einheitlich bewertet — man denke an die verschiedenen Versicherungszweige — und auch nicht in einem Bruchteil am Vereinsvermögen ausgedrückt werden. Deshalb geht das Gesetz von einem **Stimmrecht nach Köpfen** aus. Weil es bei den großen Versicherungsvereinen auf Gegenseitigkeit nach Lage der Sache nur möglich ist, auf die Mehrheit der **erschienenen Mitglieder** des Obersten Organs abzustellen, wird dadurch der Gedanke der demokratischen Willensbildung nicht gerade gestärkt. Die zwangsläufig gegebene Lösung bringt zudem in Anbetracht des (in vielen Fällen gegebenen) Überwiegens des Versicherungsinteresses gegenüber dem Mitgliedschaftsinteresse eine vergrößerte Möglichkeit wechselnder Mehrheiten mit sich.

b) **Aufsichtsrat**

Ein Aufsichtsrat ist nur beim großen VVaG vorgeschrieben und besteht nach dem Gesetz aus drei Personen. Die Satzung kann eine höhere, durch drei teilbare Zahl festsetzen, höchstens 21. Wenn der Verein mehr als 500 Arbeitnehmer beschäftigt, findet das Mitbestimmungsmodell des BetrVerfG 1952 Anwendung, so daß dann zwei Drittel der Aufsichtsratsmitglieder vom Obersten Organ, ein Drittel von den Arbeitnehmern zu wählen sind. Das gilt auch für solche Versicherungsvereine auf Gegenseitigkeit, die regelmäßig mehr als 2 000 Arbeitnehmer beschäftigen. Der Gesetzgeber hat nämlich von der Anwendung des Mitbestimmungsmodells des MitbestG (je zur Hälfte Vertreter der „Anteilseigner" und der Arbeitnehmer) abgesehen. Offenbar wird der genossenschaftlichen Repräsentanz der Mitglieder ein besonders hoher Rang eingeräumt und dabei auch die Frage der Praktikabilität berücksichtigt. Die Satzung kann bestimmen, daß die vom Obersten Organ zu wählenden Mitglieder des Aufsichtsrats Versicherte des VVaG sind, oder andere persönliche Voraussetzungen aufstellen. Es ist zulässig, zugleich dem Obersten Organ und dem Aufsichtsrat anzugehören.

Funktionen des Aufsichtsrats, Verfahren und Haftung entsprechen dem AG-Modell (§ 35 VAG). Auf die Befugnis des Aufsichtsrats zur vorläufigen Änderung von AVB und Tarifen bei dringendem Bedürfnis wird später eingegangen.

Ein Aufsichtsrat ist für den kleineren VVaG nicht obligatorisch. Durch die Satzung kann er vorgesehen und seine Bildung, sein Verfahren und seine Funktion bestimmt sein. Es gelten dann wesentliche Bestimmungen des GenG für den Aufsichtsrat (vgl. § 53 III VAG). Besteht beim kleineren Verein kein Aufsichtsrat, so ist grundsätzlich davon auszugehen, daß das Oberste Organ die dem Aufsichtsrat bei einem großen Verein zustehenden Aufgaben wahrzunehmen hat.

c) **Vorstand**

Der Vorstand ist auch bei dem VVaG das Geschäftsführungs- und Vertretungsorgan. Bei dem großen Verein besteht der Vorstand kraft Gesetzes mindestens aus zwei Personen. Für den Vorstand gilt das Aktienrecht entsprechend. Seine persönliche Schadensersatzpflicht ist auf die Besonderheiten des Gegenseitigkeitsvereins abgestellt (§ 34 VAG).

Auf den Vorstand des kleineren Vereins finden Bestimmungen des Vereinsrechts des BGB, nämlich §§ 26–31, 40 und 42 II, entsprechende Anwendung. Auch auf diesem Gebiet spielt die Praxis der Versicherungsaufsichtsbehörden eine große Rolle.

d) **Abschlußprüfer**

Der Abschlußprüfer ist bei dem großen VVaG durch den Aufsichtsrat zu bestimmen (§ 58 VAG). Für den kleineren Verein ist gesetzlich keine Pflichtprüfung vorgeschrieben (§ 64 VAG).

12. Kapitalverhältnisse und Rechnungslegung

Wenn auch der Gegenseitigkeitsverein seiner Struktur nach kein Grundkapital kennt, so bedarf er dennoch bei Gründung eines **Gründungsstocks** (Gründungsfonds, § 22 VAG), der eine dreifache Funktion hat: als Organisationsfonds soll er (erstens) den Aufbau von Verwaltung und des Außendienstes decken. Er soll (zweitens) als Gewährstock dienen und (drittens) als Betriebsstock die laufenden Ausgaben ermöglichen. Er wird von den Gründern aufgebracht. Es dürfen an die Gründer Anteilscheine ausgegeben werden. Die Höhe des Gründungsfonds ergibt sich, wie bei der AG, aus den Vorschriften über die Kapitalausstattung. Gesetz und Satzung bestimmen Einzelheiten, z. B. über Verzinsung und Gewinnbeteiligung der Gründer. Der Gründungsfonds ist in jedem Falle zu tilgen. Auch kleinere Vereine (vgl. aber § 53 b VAG) bedürfen eines Gründungsfonds.

Das Gesetz schreibt für den VVaG als Gegenstück der gesetzlichen Reserve der AG (§ 150 AktG) eine **Verlustrücklage** vor, die Eigenkapital darstellt. Sie wird aus dem Jahresüberschuß aufgebaut und ist nicht mit der Schwankungsrückstellung und der Rückstellung für drohende Verluste zu verwechseln.

Die gesetzlichen Bestimmungen über die Bemessung und Sicherstellung von Eigenmitteln (Solvabilitätsspanne, Mindestgarantiefonds) enthalten für die Versicherngsvereine auf Gegenseitigkeit Besonderheiten (§ 53 c III VAG).[6]

13. Beiträge

Während die Versicherungsaktiengesellschaft die Regelung der Prämie notwendig den versicherungsvertraglichen Regelungen überläßt, gehört der Beitrag bei dem VVaG wegen seines Doppelcharakters (Entgelt für Versicherungsleistung + Mitgliedschaft) zu den Strukturelementen des Unternehmens. Die für den VVaG getroffene gesetzliche Regelung ist deshalb interessant, weil sie bezüglich der Beiträge – die Einzelheiten gehören in die Satzung – grundsätzliche systematische Feststellungen trifft. Es sind einmalige oder wiederkehrende Beiträge, feste Beiträge oder „Vorbeiträge" mit Nachschüssen, aber auch reine Umlagen möglich. Zu den Nachschüssen müssen auch unterjährig ausgeschiedene und eingetretene Mitglieder beitragen. Einzelheiten in §§ 24 ff. VAG. Darauf, daß beim großen VVaG durch Satzung oder AVB häufiger die Nachschußpflicht ausgeschlossen ist, und auf die Sonderregelungen für die Kraftfahrversicherung wurde bereits hingewiesen. Der Anspruch der Versicherten auf Überschuß, der dem Mitgliedschaftsrecht entspringt, kann nicht ausgeschlossen werden. Aber insofern hat die Satzung Maßstab und Modalitäten zu bestimmen (§ 38 VAG).

14. Änderung von Satzung und AVB

Nicht selten werden in den Satzungen von VVaG auch Regelungen des Versicherungsverhältnisses gebracht, so daß dann Satzung (Organisationsstatut, Verfassung des Vereins) und der klassische Inhalt der Allgemeinen Versicherungsbedingungen nicht streng ge-

---

6 Zur Kapitalausstattung und -anlage sowie zur Rechnungslegung des VVaG vgl. VBL. VI und VBL. VIII

trennt sind. Diese AVB-Regelungen sollen nach überwiegender Meinung auch als Bestandteil der Satzung trotz der Ausnahme des Gesellschaftsrechts in § 23 I AGBG unter das AGBG fallen. Satzungen (bezogen auf das, was in der Satzung steht oder in sie aufgenommen werden soll) können entsprechend der für die AG getroffenen Regelung nur durch das **Oberste Organ** geändert werden, doch wird eine Dreiviertelmehrheit der abgegebenen Stimmen nur für die Aufnahme oder Aufgabe eines Versicherungszweigs verlangt (§ 39 IV VAG, das gilt nicht für den kleineren Verein). Als Geschäftsplanänderungen bedürfen Satzungsänderungen naturgemäß der aufsichtsbehördlichen Genehmigung. Bei größeren Vereinen sind Satzungsänderungen, ebenso wie bei den Aktiengesellschaften, in das Handelsregister einzutragen.

Auch die **AVB** des VVaG können durch das Oberste Organ nach den genannten Vorschriften geändert werden (§ 41 I VAG). Falls die Satzung dies bestimmt oder das Oberste Organ den Aufsichtsrat ermächtigt, kann *„bei dringendem Bedürfnis"* der Aufsichtsrat die AVB vorläufig ändern; ein nachträglicher Bestätigungsbeschluß des Obersten Organs ist notwendig (§ 41 II VAG). Während es für Satzungsänderungen selbstverständlich ist, daß sie gegebenenfalls in die Rechtsverhältnisse der (vorhandenen) Mitglieder eingreifen, geht das allgemeine Versicherungsvertragsrecht grundsätzlich davon aus, daß der rechtliche Inhalt von Versicherungsverträgen während ihrer Laufzeit (ihres Bestehens) nur einverständlich, d. h. im Wege eines Änderungsvertrages geändert werden können. Diesen Gedanken nimmt § 41 III Satz 1 VAG zwar ausdrücklich auf (*„berührt ein bestehendes Versicherungsverhältnis nur, wenn der Versicherte der Regelung ausdrücklich zustimmt"*), das Gesetz läßt aber in Satz 2 die Ausnahme zu, daß die Satzung solche Bestimmungen (der AVB) vorsehen kann, die auch mit Wirkung für bestehende Versicherungsverhältnisse geändert werden können. Es ist nicht vorgeschrieben, den Versicherten in diesen Fällen ein Austrittsrecht (Kündigungsrecht) einzuräumen. Diese für die Erhaltung des Gleichgewichts zwischen Leistung und Gegenleistung sehr wesentliche Vorschrift ist geeignet, Sanierungstatbestände zu vermeiden und den Schwierigkeiten des aufsichtsbehördlichen Direkteingriffs vorzubeugen. Die Vorschrift gilt auch für kleinere Vereine.

15. Schlußbemerkung

Die **Gründung** eines VVaG ist derjenigen einer AG ähnlich, aber einfacher. Es genügen zwei Gründer, die die Satzung und die AVB feststellen, die Vereinsorgane berufen, den Geschäftsplan aufstellen, den Gründungsstock aufbringen und die zur Erlangung der Rechtsfähigkeit notwendige aufsichtsbehördliche Erlaubnis zum Geschäftsbetrieb erwirken müssen. Am Schluß steht (beim großen Verein) die Eintragung in das Handelsregister. Naturgemäß ergeben sich im einzelnen viele rechtliche und versicherungstechnische Fragen.

Die **Auflösung** eines VVaG (Einzelheiten §§ 42, 43, 45 VAG) bringt die Versicherungsverhältnisse mit Ausnahme der Lebensversicherungsverhältnisse zum Erlöschen. Widerruft die Aufsichtsbehörde die Erlaubnis zum Geschäftsbetrieb, so hat dies die Wirkung eines Auflösungsbeschlusses (§ 87 V VAG). Mit der Auflösung findet die **Abwicklung** statt (Fa. VVaG i. Abw.), mit deren Abschluß der Verein sein rechtliches Ende findet. Am Auflösungs- und Abwicklungsverfahren ist die Aufsichtsbehörde beteiligt.

Im Regelfall findet vor der Auflösung eines VVaG eine Bestandsübertragung (§ 14 VAG) oder eine **Vermögensübertragung** (vgl. §§ 359 ff. AktG, 44 b–c, 53 b VAG) statt. Die **Verschmelzung** (§§ 44 a, 53 b VAG) macht Auflösung und Abwicklung unnötig. Schließlich ist noch (unter Beibehaltung der Rechtspersönlichkeit) die **Umwandlung** eines (großen) VVaG in eine Versicherungsaktiengesellschaft möglich (§§ 385 d ff. AktG).

III. Öffentlich-rechtliche Versicherungsanstalten und -körperschaften

1. Grundsätzliches

Die älteste, ihrer derzeitigen Bedeutung nach an dritter Stelle stehende Unternehmensform der öffentlich-rechtlichen Versicherungsanstalten und -körperschaften (vgl. A.II.6, oben) ist auch deshalb von erheblicher Bedeutung, weil in ihr in besonderer Weise die öffentlichen Interessen verkörpert sind, so daß sich der **Unternehmensformenwettbewerb** (vgl. B.II.7, oben) voll entfalten kann. Ihrer Entstehungsgeschichte nach lebt die weitaus überwiegende Zahl der Anstalten und Körperschaften nach **Landesrecht**, das auch für die Dienstaufsicht maßgebend ist. Man unterscheidet nämlich zwischen der Dienstaufsicht (allgemeiner Körperschaftsaufsicht, im Modellfall ausgeübt durch das Innenministerium) und der Fachaufsicht (regelmäßig ausgeübt durch das Wirtschaftsministerium). Die Zuständigkeiten sind landesrechtlich teilweise anders geregelt. Der frühere verfassungsrechtliche Streit über die Auslegung des Begriffs „privatrechtliches Versicherungswesen" (als Anknüpfung für die konkurrierende Gesetzgebung des Bundes) in Art. 74 Nr. 11 GG ist inzwischen bei Schaffung des Gesetzes über die Errichtung eines Bundesaufsichtsamtes für das Versicherungswesen (von 1951) zwischen Bund und Ländern im Kompromißwege dahin gelöst worden, daß die öffentlich-rechtlichen Pflicht- und Monopolanstalten der ausschließlichen Gesetzgebungszuständigkeit der Länder unterliegen. Sie sind inzwischen auch materiell aus der Anwendung des VAG förmlich ausgenommen (§ 1 III Nr. 4 VAG). Die öffentlich-rechtlichen Wettbewerbs-Versicherungsunternehmen, auf die das VAG anwendbar ist, unterliegen nur dann der Bundesaufsicht, wenn sie über das Gebiet eines Bundeslandes hinaus tätig sind. Es gibt Vorschriften, die es ermöglichen, die Fachaufsicht vom Bund auf ein Land – und umgekehrt – zu übertragen. Die Fragen der Einpassung dieses Systems in den einheitlichen Europäischen Binnenmarkt sind (auch für vergleichbare Einrichtungen anderer Mitgliedsländer) bisher nicht gelöst.

2. Rechtsfähige Anstalten und Körperschaften

Es ist dargestellt worden, daß die öffentlich-rechtlichen Versicherungseinrichtungen der Individualversicherung Juristische Personen des öffentlichen Rechts sind. Als solche haben sie eigene Rechtspersönlichkeit. Der Staat kann nämlich Teile der Staatsverwaltung „abspalten" und juristisch verselbständigen oder Einrichtungen, die bis dahin außerhalb des öffentlich-rechtlichen Bereichs standen, in diesen durch Hoheitsakt einbeziehen (Anstalten des öffentlichen Rechts). So kann er aber auch Personenmehrheiten eigene Rechtspersönlichkeit des öffentlichen Rechts verleihen (Körperschaften des öffentlichen Rechts) oder solche Einrichtungen neu schaffen. Die Körperschaften des öffentlichen Rechts (regelmäßig Gebietskörperschaften), die ihrerseits Juristische Personen des öffentlichen Rechts geschaffen haben oder denen sie zugeordnet sind, nennt man **Muttergemeinwesen.** Weil sie die Versicherungseinrichtungen „in die Welt gesetzt" oder sich zugeordnet haben, hat man im Regelfall von einer Garantenstellung der Muttergemeinwesen (insbesondere den Versicherten gegenüber) für den Fall der Leistungsunfähigkeit der Versicherungsanstalt oder -körperschaft auszugehen (**Gewährträgerschaft**), die teilweise gesetzlich normiert, aber nicht beziffert ist. Beispiele aus dem Bereich der Sozialversicherung: Landesversicherungsanstalten, Bundesanstalt für Angestelltenversicherung (Anstalten), Berufsgenossenschaften (Körperschaften). Weitere Beispiele: Bundesanstalt für Materialprüfung (Anstalt), Zweckverbände der Gemeinden (Körperschaften).

Weil eine möglichst weitgehende Selbstverwaltung (Mitwirkung der Versicherten und Kontrolle durch Mitglieder anderer Selbstverwaltungskörperschaften sowie der Arbeitnehmer) angestrebt wird, ist die alte Unterscheidung zwischen rechtsfähigen Anstalten und Körperschaften kaum mehr streng zu vollziehen. Es gibt einen gleitenden Übergang zwischen beiden. Im Rahmen ihrer gesetzlichen und satzungsmäßigen Grundlagen steht den öffentlich-rechtlichen Anstalten und Körperschaften Autonomie, d. h. eine eigene Rechtsetzungsbefugnis im Rahmen der Gesetze zu. Als Einrichtung des öffentlichen Rechts können sie die Hilfe anderer Behörden (Amtshilfe) bis zu einem gewissen Grade in Anspruch nehmen.

3. Gemeinnützigkeit

Alle öffentlich-rechtlichen Versicherungseinrichtungen der Individualversicherung als wirtschaftende Juristische Personen des öffentlichen Rechts arbeiten nach dem Prinzip der Gemeinnützigkeit. Ihrer Struktur nach fehlt ihnen (für sich und für den hinter ihnen stehenden Staat) eine Gewinnerzielungsabsicht. Sie arbeiten zum gemeinen Nutzen in der Richtung, daß sie einen möglichst günstigen Versicherungsschutz zur Verfügung zu stellen und – in der Sachversicherung – grundsätzlich eine Schadenverhütungstätigkeit zu entfalten haben. Das bedeutet aber nicht, daß sie ihre gesamte Tätigkeit nicht nach modernen betriebswirtschaftlichen und verwaltungstechnischen Grundsätzen zu optimieren hätten.

4. Territorialitätsprinzip

Ihrer Entstehungsgeschichte und Rechtsform nach gilt für die öffentlich-rechtlichen Versicherungsanstalten und -körperschaften das Territorialitätsprinzip, d. h. ihre Tätigkeit beschränkt sich auf das in dem die Rechtsverhältnisse der öffentlich-rechtlichen Versicherungseinrichtung regelnden Landesgesetz oder in der Satzung bezeichneten Tätigkeitsgebiet. Dadurch, daß sich die Grenzen der Tätigkeitsgebiete häufig nicht mit den heutigen Grenzen der Bundesländer decken, ergeben sich gewisse Unübersichtlichkeiten. Die EG-Dienstleistungsfreiheit kann das traditionelle Territorialitätsprinzip in Frage stellen.

5. Rechtsgrundlagen

Die den Satzungen von Versicherungsaktiengesellschaften und Versicherungsvereinen auf Gegenseitigkeit entsprechenden Rechtsgrundlagen von öffentlich-rechtlichen Versicherungseinrichtungen sind ihrer äußeren Form nach, auch historisch bedingt, sehr unterschiedlich; es handelt sich nämlich entweder um Landesgesetze oder um Satzungen. Jedoch kann in einer groben Einteilung gesagt werden, daß die öffentlich-rechtlichen Pflicht- und Monopolanstalten häufiger ihre Rechtsgrundlage in einem Gesetz finden, während die öffentlich-rechtlichen Wettbewerbs-Versicherungsunternehmen aufgrund von Satzungen arbeiten. Unabhängig davon ist der Regelungsinhalt mehr demjenigen von Versicherungsvereinen auf Gegenseitigkeit als von Versicherungsaktiengesellschaften vergleichbar, weil sich in den Rechtsgrundlagen – immer bei Pflicht- und Monopolanstalten, häufig auch bei Wettbewerbs-Versicherungsunternehmen – Bestimmungen über das Versicherungsverhältnis finden. Daneben werden der Name der Einrichtung, das Geschäftsgebiet, die Organe und häufig auch die Kapitalverhältnisse und die Rechnungslegung bestimmt. Zur rechtlichen Einordnung des Versicherungsverhältnisses siehe unten B.III.7.

6. Organe

Der Entstehungsgeschichte der öffentlich-rechtlichen Versicherungseinrichtungen der Individualversicherung entsprechend, unterscheiden sich die Einzelregelungen, die die Organe betreffen, voneinander erheblich (vgl. die Überleitungsvorschrift des § 3 VAG). Was die Leitung der Geschäfte anbetrifft, so steht zunehmend dem (älteren) **Präsidialsystem** das moderne System kollegial entscheidender Vorstände gegenüber. Das erste findet sich vorwiegend bei den Pflicht- und Monopolanstalten, wo häufig der Präsident (Generaldirektor, Direktor) der Leiter der Verwaltung und der gesetzliche Vertreter der Anstalt ist, von dem sich alle übrigen Kompetenzen und Verantwortlichkeiten ableiten. Die großen Wettbewerbsanstalten haben (jedenfalls faktisch) die **Vorstandsverfassung**. Eine dem Aufsichtsrat der AG und des VVaG vergleichbare Funktion haben die **Verwaltungsräte** (Landesausschüsse o. ä.). Ihre Aufgaben erstrecken sich vor allem, weil regelmäßig ein Pendant zur Hauptversammlung bzw. Vertreterversammlung fehlt, über die Beaufsichtigung hinaus in eine Mitwirkung an der Verwaltung. Im Verwaltungsrat ist häufig das Muttergemeinwesen, häufiger in Gestalt der Dienstaufsichtsbehörde, vertreten. In manchen Fällen ist durch jüngere Rechtsetzung die Arbeitnehmervertretung im Verwaltungsrat eingeführt worden, soweit sie nicht bereits auf Personalvertretungsgesetzen der Länder beruhte. In manchen Fällen gibt es auf formaler Regelung beruhende Ausschüsse mit besonderen Aufgaben.

7. Versicherungsverhältnis

a) Bei öffentlich-rechtlichen Pflichtversicherungsanstalten

Das Versicherungsverhältnis bei den öffentlich-rechtlichen Pflichtversicherungsanstalten, die zur Leistungsverwaltung gehören, und weitaus überwiegend die Gebäudefeuerversicherung, teilweise unter Einfluß von Nebenrisiken betreiben, unterliegt dem öffentlichen Recht, so daß den Versicherten und sonstigen Berechtigten gegen die Entscheidungen der Verwaltungsrechtsweg (Anrufung der Verwaltungsgerichte) offensteht, sofern die Rechtsgrundlagen nicht eine ausdrückliche Öffnung des ordentlichen Rechtsweges (Amtsgericht bzw. Landgericht) vorsehen. Man kann in diesem Zusammenhang von einer öffentlich-rechtlichen Benutzungsordnung der betreffenden Anstalt sprechen. Man hat in der Europäischen Gemeinschaft die öffentlich-rechtlichen Pflicht- und Monopolanstalten von der **Niederlassungsfreiheit** und der damit zusammenhängenden Harmonisierung des Versicherungsaufsichtsrechts **ausgenommen** (Aufzählung in Art. 4 der Ersten Harmonisierungsrichtlinie[7]), sofern ihre durch Gesetz oder Satzung festgelegte Zuständig nicht geändert wird. Die Zweite Harmonisierungsrichtlinie für die Schadenversicherung, durch die zugleich die **Dienstleistungsfreiheit** in einem ersten und zweiten Schritt verwirklicht werden soll, sieht vor, diejenigen Risiken von der Dienstleistungsfreiheit auszunehmen, die der Versicherungspflicht bzw. dem Monopol der öffentlich-rechtlichen Pflicht- und Monopolanstalten unterliegen. Bezüglich der „**reinen**" **Monopoleinrichtungen** (ohne Versicherungspflicht) ist eine eindeutige Zuordnung zum öffentlichen bzw. zum privaten Recht schwierig, es dürften gemischte Rechtsverhältnisse vorliegen. § 192 I VVG beschränkt sich darauf zu sagen, daß landesrechtliche Vorschriften über Versicherungsverhältnisse, die bei einer nach Landesrecht errichteten Anstalt kraft Gesetzes oder aufgrund gesetzlichen Zwanges entstehen, unberührt vom VVG bleiben. Das Landesrecht ist aus den Grundgedanken des VVG zu ergänzen. Für den Rechtsweg kommt es auf die positivrechtliche Regelung an.

b) Bei öffentlich-rechtlichen Wettbewerbs-Versicherungsunternehmen

Das Versicherungsverhältnis bei den öffentlich-rechtlichen Wettbewerbs-Versicherungsunternehmen ist (mit geringen öffentlich-rechtlichen „Einschlägen") zum **Privatrecht** zuzuordnen. Diese Anstalten und Körperschaften haben privatrechtliche Benutzungsordnungen. Sie betreiben, soweit sie nicht durch den Spartentrennungsgrundsatz gehindert sind, **alle Versicherungszweige**, die auch von Versicherungsaktiengesellschaften und Versicherungsvereinen auf Gegenseitigkeit betrieben werden. Die beiden historisch gewachsenen Typen von Anstalten (Feuerversicherer einerseits und Lebens-, Unfall- und Haftpflichtversicherer andererseits) sind bis auf einen Ausnahmetatbestand bezüglich der betriebenen Versicherungszweige wegen der Spartentrennung teilweise umgeschichtet worden. Soweit sich Tätigkeitsgebiete je einer Anstalt beider Gruppen decken, werden sie teilweise in Personalunion geleitet.

---

[7] Es handelt sich um die Badische Gebäudeversicherungsanstalt, Karlsruhe, die Bayerische Landesbrandversicherungsanstalt und die Bayerische Landestierversicherungsanstalt, Schlachtviehversicherung, München, die Braunschweigische Landesbrandversicherungsanstalt, Braunschweig, die Hamburger Feuerkasse, Hamburg; die Hessische Brandversicherungsanstalt (Hessische Brandversicherungskammer), Darmstadt, die Hessische Brandversicherungsanstalt, Kassel, die Hohenzollernsche Feuerversicherungsanstalt, Sigmaringen, die Lippische Landesbrandversicherungsanstalt, Detmold, die Nassauische Brandversicherungsanstalt, Wiesbaden, die Oldenburgische Landesbrandkasse, Oldenburg, die Ostfriesische Landschatliche Brandkasse, Aurich, die Feuersozietät Berlin und die Württembergische Gebäudebrandversicherungsanstalt, Stuttgart.

Die öffentlich-rechtlichen (reinen) Monopolanstalten und die Wettbewerbs-Versicherungsunternehmen sind nach § 192 II VVG von den Beschränkungen der Vertragsfreiheit befreit, sie können z. B. das Kündigungsrecht des Erwerbers (§ 70 II 1 VVG) ausschließen (im Gemeinsamen Markt jetzt zweifelhaft). Das (ehemals) preußische Gesetz betreffend die öffentlichen Feuerversicherungsanstalten von 1910 (Preußisches SozietätenG), hat für den Inhalt der Versicherungsverhältnisse bei Feuerversicherungsanstalten ehemals preußischen Rechts auch heute noch (teilweise neu kodifiziert als Landesrecht) Bedeutung. Die öffentlich-rechtlichen Wettbewerbs-Versicherungsunternehmen unterliegen jetzt der Aufsicht nach dem VAG und bedienen sich zu einem sehr großen Teil derselben AVB wie die privatrechtlichen Versicherer. Bei den öffentlich-rechtlichen Lebensversicherungsanstalten gibt es keinen besonderen Deckungsstocktreuhänder.

Alle öffentlich-rechtlichen Wettbewerbs-Versicherungsunternehmen nehmen nach ausdrücklicher Vorschrift des Art. 8 I a) der Ersten Koordinierungsrichtlinie innerhalb der EWG an der aktiven **Niederlassungsfreiheit** teil (soweit ihnen dieses nach den für sie geltenden öffentlich-rechtlichen Vorschriften möglich ist).

c) Bei „gemischten" Anstalten

Das Versicherungsverhältnis in den Wettbewerbszweigen bei solchen **Pflicht- und Monopolanstalten** der Gebäudefeuerversicherung, die **zugleich** andere Versicherungszweige im **Wettbewerb** betreiben, ist grundsätzlich ebenso zu beurteilen wie dasjenige der öffentlichrechtlichen Wettbewerbs-Versicherungsunternehmen. Dieser historisch gewachsene wettbewerbsrelevante Zustand des Nebeneinanderbestehens einer öffentlich-rechtlichen und einer privatrechtlichen Benutzungsordnung (in unterschiedlichen Zweigen, teilweise auch in unterschiedlichen Gebieten) ist bisher für rechtens gehalten worden. Es handelt sich um eine allgemeine Frage des öffentlichen Wirtschaftsrechts (vgl. Tätigkeit des Monopolbetriebes Bundesbahn im Wettbewerb, Werbefernsehen der Rundfunkanstalten usw.). Die Anstalten dieser letzten Gruppe sind kraft ausdrücklicher Vorschrift (vgl. Fußnote 9 unter B.III.7 a) nicht im Genuß der aktiven Niederlassungsfreiheit. Ihnen steht aktive Dienstleistungsfreiheit nicht zu. Zur „passiven" Dienstleistungsfreiheit siehe oben B.III.7 a.

IV. Arbeitsweise und Wettbewerb der drei Unternehmensformen

In der ersten und zweiten Auflage des Versicherungswirtschaftlichen Studienwerks hat *Emil Frey* † in seinem Beitrag über die *Organisationsformen der Versicherungsunternehmen* unter dieser Überschrift Ausführungen gemacht, die wegen ihrer Prägnanz und Bedeutung hier auszugsweise wie folgt wiedergegeben werden, obwohl ihr Inhalt teilweise bereits in anderem Zusammenhang gebracht worden ist und teilweise durch die Entwicklung beeinflußt ist. Gerade heute treten die Probleme umso klarer hervor.

1. Die Versicherungsaktiengesellschaften

„Die Aktiengesellschaften verweisen im Wettbewerb auf ihre kaufmännische Beweglichkeit, die durch die Freiheit von der Bindung an den Gleichbehandlungsgrundsatz möglich ist, sowie auf ihre daraus sich ergebende individuelle Kundenbehandlung. Sie verweisen schließlich auf ihre vertraglich meist langfristig gebundenen Prämien, die auch nicht durch

Beschluß ihrer Organe abänderbar sind. Schließlich können sie auf ihre Auslandsbetätigung hinweisen, die den im Inland arbeitenden Industrie- und Handelsunternehmen auch für ihre ausländischen Beziehungen Versicherungsschutz verschafft.
Jede Aktiengesellschaft hat zwar kraft Rechtsform nach dem Handelsrecht Kaufmannseigenschaft. Das bedeutet aber nicht, daß ihr Zweck notwendig auf Gewinnerzielung gerichtet sein muß. Es gibt in der Form der Aktiengesellschaft auch Unternehmen, die unter Beschränkung der Dividende für Aktionäre genossenschaftliche Züge tragen, indem sie die Versicherten am Gewinn beteiligen. Die Aktiengesellschaft kann auch gemeinnützige Zwecke verfolgen, wenn sie z. B. einen Teil ihres Reingewinns für allgemeine Zwecke abzweigen muß. Zusammenfassend spricht man hier von ‚nicht erwerbswirtschaftlich orientierten Marktunternehmen'."

2. Die größeren Versicherungsvereine auf Gegenseitigkeit

„Die größeren Versicherungsvereine auf Gegenseitigkeit und die öffentlich-rechtlichen Wettbewerbsanstalten können im Wettbewerb auf ihre Spezialisierung verweisen, die einen auf eine berufsständische, die anderen auf eine landschaftliche Spezialisierung. Beide stellen, wie jede Spezialisierung im Wirtschaftsleben, Vorzüge dar. Bei dem berufsständisch organisierten Versicherungsverein spielt sowohl für die Schadenregulierung wie für die Schadenverhütung, aber auch für die spezialisierte Gestaltung der Versicherungsverhältnisse die besondere Erfahrung, die aus der engen Zugehörigkeit zum Berufsstand erwächst, eine oft entscheidende Rolle. Die landschaftliche Spezialisierung führt zu einer außerordentlich großen Bestandsdichte und damit zu einer oft billiger zu führenden Verwaltung und zu einer intimen Kenntnis der besonderen Bedürfnisse in dieser Landschaft. Beide Unternehmensformen können als einen Vorzug die in der Regel satzungsmäßig verbürgte Gewinnbeteiligung vorweisen. Die Begründung des Begriffs der Gemeinnützigkeit ist glücklicherweise aus dem Wettbewerb verschwunden, nachdem dieser Begriff im Steuerrecht auf den allgemeinen Nutzen von Volk und Staat beschränkt worden ist. Früher verwandte man den Begriff Gemeinnützigkeit auch für den gemeinsamen Nutzen aller Mitglieder einer Gesellschaft oder Gemeinschaft, also z. B. auch eines Versicherungsvereins auf Gegenseitigkeit oder einer öffentlichen Versicherungsanstalt."

3. Die kleineren Versicherungsvereine auf Gegenseitigkeit

„Die sogenannten kleineren Versicherungsvereine auf Gegenseitigkeit stellen ihrer Natur nach immer nur einen beschränkten und von vornherein begrenzten Teil des Versicherungsmarktes dar; es handelt sich bei ihnen meist um Gemeinschaften, die auch noch eine andere gemeinsame Grundlage zur Voraussetzung haben, die die Mitglieder zusammenführen und zusammenhalten (z. B. eine Dorfgemeinschaft oder berufsständische Zusammengehörigkeit). Ihnen ist auch die Versicherung von Nichtmitgliedern verboten, also eine marktwirtschaftliche Betätigung versagt. Ihre oft ehrenamtliche Verwaltung, die gegenseitige Überwachung und Mitwirkung bei der Schadenregulierung, die genannten Bindungen und das Interesse an der Sache machen ihre Vorzüge aus, ihre Gefährdung durch kumulativ auftretende Schadenereignisse (Katastrophen) ihren Nachteil. Beides sind Faktoren, die im Wettbewerb der Unternehmensformen untereinander eine Rolle spielen."

4. Die öffentlich-rechtlichen Versicherungsunternehmen

"Öffentlich-rechtliche Zwangs- und Monopolanstalten sind nicht auf dem Versicherungsmarkt tätig. Die von ihnen betreuten Versicherungsobjekte sind vom Marktgeschehen ausgeschlossen. Ihr Versicherungsverhältnis wird vom Gesetz und der Satzung der Anstalten beherrscht. Sie treten nur am Geld- und Kapitalmarkt auf, sind aber auch hier durch engere Anlagevorschriften zum Teil beschränkt. Die Verwaltung dieser Anstalten wird von den Gesichtspunkten der Gerechtigkeit und Sparsamkeit bestimmt. Die territoriale Beschränkung ist dabei die Grundlage für eine sparsame Verwaltung. Bei der Durchführung ihrer Versicherungsaufgabe mischen sich mit den rein versicherungswirtschaftlichen Gesichtspunkten auch solche, die in der staatlichen Daseinsvorsorge für die Bürger begründet sind. So kann bei der Bemessung der Umlagesätze unter Umständen das Prinzip der individuellen Prämie modifiziert sein durch soziale Gesichtspunkte oder durch Gesichtspunkte des Ausgleichs zwischen verschiedenen Wirtschaftszweigen. Es kann aber auch z. B. bei der Elementarschadenversicherung der Gesichtspunkt maßgebend sein, daß nur durch Umlage auch auf nicht bedrohte Objekte der Zweck der Einrichtung erfüllt werden kann. Der Schutz des Realkredits und die Sorge um die Erhaltung des Gebäudebestandes eines Landes bilden eine wichtige Richtschnur für ihre Arbeitsweise.

Die Gesetzgebung für die Zwangs- und Monopolanstalten ist im Laufe der historischen Entwicklung von Zeit zu Zeit den geänderten Wirtschaftsanschauungen angepaßt worden. Über Ausdehnung oder Einschränkung ihrer Betätigung bestehen auch heute noch unterschiedliche Auffassungen, die jedoch zur Zeit keine größere Bedeutung haben, da in den Fachverbänden eine enge berufliche Zusammenarbeit zwischen öffentlich-rechtlichen und privaten Versicherungsunternehmen besteht und von beiden der bisherige Besitzstand respektiert wird. Es besteht auch heute Einigkeit darüber, daß die Amtsbefugnisse öffentlich-rechtlicher Versicherungsanstalten nicht zu Wettbewerbszwecken gegenüber der Privatversicherung gebraucht werden dürfen."

C. Verbundene Unternehmen[8]

I. Grundsätzliches

In der Marktwirtschaft und unter dem Grundsatz der Vertragsfreiheit kann sich ein Unternehmen an einem anderen beteiligen, es können aber auch Unternehmen miteinander Verträge schließen. Die rechtlich selbständigen Einheiten können miteinander Einfluß-, Herrschafts- und Abhängigkeitsverhältnisse schaffen, durch die der Entscheidungsbereich von Organen weitgehend beschränkt werden kann. Es bilden die Unternehmen also „Familien", Gruppen; die Konzentration spielt in der Wirtschaft eine erhebliche Rolle. **Ursachen und Zwecke der Konzentration** sind sehr unterschiedlich: Neben dem Wunsch

---

[8] Diese Rechtsgebiete liegen naturgemäß dem Mitarbeiter eines Versicherungsunternehmen ferner, der nicht der Geschäftsleitung i. e. S. angehört. Deshalb werden hier nur Grundzüge dargestellt. Es wird ein Überblick gegeben, der auch dem mehr Außenstehenden ein Verständnis der wirtschaftlichen und technischen Vorgänge vermittelt.

nach Kombination von Unternehmenseinheiten steht der Gedanke der Ergänzung eines Wirtschaftszweiges durch einen anderen. Das ist z. B. bei der Gruppenbildung von durch den Grundsatz der Spartentrennung getrennten Unternehmen der Fall. Dem Gedanken der Konzentration steht stets das Interesse an Selbständigkeit der Einzelgesellschaft gegenüber, so daß auf diesem Gebiet immer Spannungsverhältnisse gegeben sind. Es gibt neben der horizontalen Unternehmensverbindung auf einer Handelsstufe (z. B. zwischen einem Schadens- und einem Lebensversicherer) die vertikale (z. B. zwischen einem Rück- und einem Erstversicherer), die eine Verbindung zwischen über- und untergeordneten Handelsstufen darstellt. Die Beteiligung an einer anderen Gesellschaft ist das herkömmliche Instrument der Einflußnahme auf eine andere Gesellschaft. Man denke an die rechtliche Bedeutung der Dreiviertel-Mehrheit, der einfachen Mehrheit und der Sperrminorität. Neben der Beteiligung als Konzentrationsinstrument steht aber, wie gesagt, zweitens die Möglichkeit, schuldrechtliche Verträge abzuschließen. Wegen der Bedeutung der Beteiligungen bringt bereits das VAG in § 82 die Möglichkeit, die Beteiligung an einem Unternehmen, das nicht der Versicherungsaufsicht unterliegt, dann zu untersagen, wenn durch die Beteiligung des Versicherungsunternehmen gefährdet werden könnte. In Erweiterung des Rechtsgedankens der Spartentrennung beschäftigt sich das BAV neuerdings kritisch mit Beteiligungen an Nichtlebens-(Schadens-, Kranken-, Kredit-, Rechtsschutz- und Rück-) Versicherungsgesellschaften, die von Lebensversicherern erworben werden sollen oder gehalten werden.

II. Einige Hauptfragen

1. Herrschende und abhängige Unternehmen

Das AktG 1965 hat zum ersten Mal für Unternehmensverbindungen eine gesetzliche Regelung getroffen. Das System dieser als „Konzernrecht" bezeichneten Materie geht (hier ist der legislatorische Anlaß zu beachten) vom Aktienrecht aus. Dieses behandelt die verbundenen Unternehmen und als Sondertatbestand den Konzern (§§ 15 ff., 291 ff. AktG).

Ein Beherrschungstatbestand kann sich aus der „bloßen" Beteiligung ergeben. Nach § 17 II AktG wird von einem in Mehrheitsbesitz stehenden Unternehmen vermutet, daß es von dem an ihm mit Mehrheit beteiligten Unternehmen abhängig ist. Die Abhängigkeit kann aber auch auf zwischen den Gesellschaften geschlossenen Verträgen, z. B. einem sogenannten Beherrschungsvertrag, beruhen. In diesen Zusammenhang gehört auch ein Vertrag, durch den sich ein Unternehmen verpflichtet, an ein anderes Unternehmen den ganzen Gewinn abzuführen (Gewinnabführungsvertrag, weitere Unternehmensverträge in § 292 AktG). Es gibt übrigens auf diesem Gebiet noch besondere Erscheinungen in Gestalt der Abhängigkeit eines Unternehmens von mehr als einem herrschenden Unternehmen einerseits und der mehrstufigen Abhängigkeit (Bild: Großmutter, Mutter und Kind) andererseits. Das AktG geht dabei von einem Unternehmen, nicht notwendig einer

AG, als herrschendem Unternehmen aus. Dieses Grundmodell bedeutet für die Versicherungswirtschaft, daß der VVaG herrschende Gesellschaft und – das wird im Vorgriff auf die weiteren Ausführungen gesagt – auch Konzernobergesellschaft sein kann. Weil an einem VVaG aber keine (außergenossenschaftsrechtlichen) Beteiligungen erworben werden können, kann diese Gesellschaft nicht Gegenstand einer Beteiligung eines anderen Unternehmens, sondern nur aufgrund eines Vertrages abhängig sein.

Ohne daß das AktG insofern anwendbar wäre, gibt es vergleichbare Erscheinungen im Bereich öffentlich-rechtlicher Anstalten und Körperschaften dort, wo eine Juristische Person der mittelbaren Staatsverwaltung mehreren Muttergemeinwesen zugeordnet ist. Es ist aber auch denkbar, daß eine rechtlich selbständige Anstalt oder Körperschaft des öffentlichen Rechts ihrerseits Muttergemeinwesen einer anderen ist. Naturgemäß können natürliche oder Juristische Personen des Privatrechts keine „Mitgliedschaftsrechte" an öffentlich-rechtlichen Anstalten und Körperschaften erwerben. Wohl aber sind Juristische Personen des öffentlichen Rechts ihrerseits in der Lage, Aktionär, auch herrschender Aktionär, einer Versicherungsaktiengesellschaft zu sein. In den Fällen, in denen die „öffentliche Hand" eine Mehrheitsbeteiligung an einer AG hält, spricht man in bezug auf sie von gemischtwirtschaftlichen Unternehmen. Von gemeinwirtschaftlichen Unternehmen spricht man dann, wenn Unternehmen Gewerkschaften und/oder Genossenschaften gehören und ihre Funktionen im Sinne der Gemeinwirtschaftstheorie erfüllen.

2. Tatbestand der Abhängigkeit

a) Faktische Abhängigkeit und Abhängigkeitsbericht

Weil Abhängigkeiten durch bloße Beteiligungen ohne Vertrag gegeben sein können, mußte der Gesetzgeber zur Frage der bloßen „Beteiligungsabhängigkeit" (faktische Abhängigkeit) und der „Vertragsabhängigkeit" Stellung nehmen. Er hat das in der Weise getan, daß er die betreffenden Unternehmen wegen der damit zu schaffenden Transparenz und aus Gründen der Rechtssicherheit in die Vertragsabhängigkeit „hineindrängt". Der Vorstand einer (ohne Beherrschungsvertrag) abhängigen Gesellschaft muß nämlich einen sogenannten Abhängigkeitsbericht erstatten, in dem alle Rechtsgeschäfte aufzuführen sind, welche die Gesellschaft mit dem herrschenden Unternehmen oder einem mit ihm verbundenen Unternehmen oder auf Veranlassung oder im Interesse dieser Gesellschaft vorgenommen hat. Das Gesetz (§§ 312 ff. AktG) stellt hier komplizierte Vorschriften auf, auch darüber, daß der Abhängigkeitsbericht vom Abschlußprüfer zu prüfen ist, und darüber, daß der Aufsichtsrat förmlich zu dem Prüfungsbericht Stellung zu nehmen hat.

b) Beherrschungsvertrag

Das Gesetz stellt darüber hinaus für den Abschluß und die Änderung von Beherrschungsverträgen eingehende Regelungen zur Verfügung, die die Notwendigkeit der Zustimmung der Hauptversammlung mit qualifizierter Kapitalmehrheit und die Eintragung des Vertrags in das Handelsregister einschließen. Außenstehende Aktionäre haben gegebenenfalls einen Ausgleichsanspruch (§ 304 AktG) und einen Abfindungsanspruch (die Gesellschaft ist verpflichtet, die Aktien auf Verlangen der außenstehenden Aktionäre gegen eine im Vertrag bestimmte, angemessene Abfindung zu übernehmen, § 305 AktG); Möglichkeit zur Anrufung des Gerichts (§ 306 AktG). Die herrschende Gesellschaft hat zudem der beherrschten Gesellschaft einen etwaigen Jahresfehlbetrag nach § 302 AktG auszugleichen. Unternehmensverträge gehören gemäß § 5 III Nr. 3 VAG nunmehr zum Geschäftsplan.

3. Gegenseitige und wechselseitige Beteiligungen

Im Bereich der Vertragsfreiheit kann sich eine AG (hier AG Nr. 1 genannt) — das bedarf keiner Begründung — an einer anderen AG (hier AG Nr. 2 genannt) beteiligen. Die AG Nr. 2 ist ihrerseits in der Lage, eine Beteiligung an der AG Nr. 1 zu erwerben (gegenseitige Beteiligung). Im theoretischen Modell kann die gegenseitige Beteiligung bis zu beiderseits 100 % vorangetrieben werden, so daß eine Kontrolle durch die Hauptversammlungen praktisch ausgeschaltet ist. Es ist aber auch die Garantiefunktion des Grundkapitals bei beiden Gesellschaften auf die Hälfte reduziert. Dieser Tatbestand ist rechts- und wirtschaftspolitisch unerwünscht. Der Gesetzgeber des AktG (§§ 19 ff., 328) hat deshalb bei gegenseitigen Beteiligungen von jeweils mehr als 25 % von **wechselseitigen** Beteiligungen gesprochen und in gewissen Fällen eine Abhängigkeitsvermutung mit allen genannten Folgen aufgestellt. Außerdem sind bei Überschreiten der 25 %-Grenze bestimmte Mitteilungspflichten der Gesellschaften vorgeschrieben. Hinzu tritt eine Beschränkung der Geltendmachung der Rechte aus den Anteilen, die 25 % überschreiten (§ 328 AktG).

Diese ursprüngliche Regelung des AktG ist durch die auf **EG-Recht** beruhende Änderung des § 71 und die Einfügung des § 71 d Satz 2 wesentlich verschärft. Der Aktienerwerb an einem herrschenden Unternehmen durch ein abhängiges Unternehmen wird wie der Erwerb eigener Aktien behandelt und grundsätzlich an die 10 %-Grenze des § 71 II 2 AktG sowie an bestimmte Voraussetzungen gebunden. Kehrt man zu dem Ausgangsbeispiel zurück und geht man davon aus, daß die AG Nr. 1 die AG Nr. 2 beherrscht, so darf die AG Nr. 2 jedenfalls nicht mehr als 10 % an der AG Nr. 1 erwerben oder besitzen.

4. Konzern

a) Definition und Typen

Der Konzern ist sozusagen eine „Verdichtungsform" der Abhängigkeit. Es tritt nämlich beim Konzern zur Abhängigkeit noch die einheitliche Leitung des herrschenden Unternehmens, unter der ein oder mehrere abhängige Unternehmen zusammengefaßt sind. Die einzelnen Unternehmen nennt man Konzernunternehmen (§ 18 I AktG). Aus dem bereits Gesagten folgt, daß man zwischen dem faktischen Konzern einerseits und dem Vertragskonzern (beruhend auf Beherrschungsverträgen zwischen der Konzernobergesellschaft und den einzelnen Konzerngesellschaften) andererseits unterscheidet. Der hier dargestellte Unterordnungskonzern stellt den wesentlichen Fall der Versicherungskonzerne dar.

Entsprechend der im Zusammenhang mit der Abhängigkeit dargestellten Überlegung gibt es sowohl „Mehrmütter"-Konzerne als auch mehrstufige Unterordnungskonzerne. Der Gleichordnungskonzern nach § 18 II AktG (rechtlich selbständige Unternehmen sind unter einheitlicher Leitung zusammengefaßt, ohne daß das eine von dem anderen abhängig ist) spielt für die Versicherungswirtschaft praktisch keine Rolle.

b) Rechtliche Behandlung

Die gesellschaftsrechtliche Behandlung des Konzerns ist zunächst einmal dadurch gekennzeichnet, daß die Vorschriften, die für herrschende Gesellschaften gelten, auch die Konzernobergesellschaft betreffen.

Unter der Vielzahl der für den Unterordnungskonzern geltenden Vorschriften ist hier nur auf die Vorschriften über die Konzernrechnungslegung (§§ 290 ff. HGB) hinzuweisen. Hier geht es um die sogenannte Konsolidierung, also die Zusammenfassung der Bilanzen (§ 300 HGB) der Obergesellschaft und der in den Konzernabschluß einbezogenen Unternehmen unter Aufrechnung aller konzerninternen Konten bei ausschließlicher Berücksichtigung der Beziehungen mit Außenstehenden. Entsprechendes gilt für die Konzerngewinn- und -verlustrechnung (§ 305 HGB), bei der Innenumsätze nicht berücksichtigt werden. Auch für den Konzerngeschäftsbericht und die Verabschiedung des Konzernabschlusses gelten besondere Vorschriften. Das EWG-Sekundärrecht wird auf diesem Gebiet weitere Entwicklungen bringen.

c) Mitbestimmung im Konzern

Sowohl das BetrVerfG 1952 (§ 77 a) als auch das MitbestG (§ 5) sehen eine besondere gesellschaftsrechtliche Mitbestimmung (vgl. oben A.II.5) im Konzern vor.

d) Hinweis auf multinationale Konzerne

Eine besonders funktionale Stellung nehmen solche Konzerngesellschaften ein, die ihren Sitz außerhalb der Bundesrepublik haben und daher als solche nach der jeweiligen, für ihren Sitz maßgebenden nationalen Rechtsordnung leben. Derartige „multinationale" Konzerne sind insbesondere im Zeitalter der EG von großer Bedeutung für den internationalen Waren- und Dienstleistungsverkehr. Innerhalb der EG erstrebt man die Harmonisierung der Gesellschaftsrechte und damit eine Beschränkung der gesteigerten Dispositionsfreiheit multinationaler Konzerne.

5. Eingegliederte Gesellschaften

Ein „Kind" des AktG 1965 ist die eingegliederte Gesellschaft (§§ 319 ff. AktG). Es kann nämlich dann, wenn sich mindestens 95 % der Aktien einer Gesellschaft in der Hand der zukünftigen Hauptgesellschaft befinden, durch Beschluß beider Hauptversammlungen eine Gesellschaft in eine andere eingegliedert werden. Die Eingliederung läßt die Rechtspersönlichkeit der eingegliederten Gesellschaft bestehen, behandelt sie aber rechtlich wie eine Betriebsabteilung. Auch hier gibt es zahlreiche Bestimmungen über das Verfahren, über den Gläubigerschutz und die rechtlichen Wirkungen der Eingliederung. Von der Eingliederung ist die sogenannte Betriebsgemeinschaft zu unterscheiden, die, unbeschadet etwaiger Abhängigkeitsverhältnisse, die gemeinschaftliche Nutzung von Betriebseinrichtungen zum Gegenstand hat.

6. Abgrenzung zu Fusion, Vermögensübertragung, Umwandlung und Bestandsübertragung

Die Tatbestände gehören systematisch nicht in das Recht der verbundenen Unternehmen. Vielmehr handelt es sich, wie allerdings auch bei der Eingliederung (vgl. oben C.II.5), um einen Bewegungsvorgang. Ein Unternehmen wird ganz oder bezüglich wesentlicher Bestandteile seines Vermögens auf ein anderes Unternehmen übertragen oder es erhält bei Beibehaltung seiner juristischen Identität eine andere Rechtsform. Auf die Darstellung im Rahmen des Versicherungsaufsichtsrechts[9] wird verwiesen.

7. Zusammenschlußkontrolle

Unter dem Oberbegriff Zusammenschlußkontrolle (Fusionskontrolle) wird die Entwicklung von Tatbeständen der Marktmacht nach den Vorschriften des Kartellgesetzes (GWB) überwacht.[10] Wesentlich ist, daß auch bereits beabsichtigte Zusammenschlußvorhaben unter bestimmten Voraussetzungen dem Bundeskartellamt gemeldet werden müssen. Die Zuständigkeiten nach EG-Recht sind zu beachten.

---

9 RLV. VII C. I.9
10 Zu den einzelnen Tatbeständen vgl. RLV. VII. C. I.8 d

Literaturhinweise

Allgemein: Hueck, Gesellschaftsrecht, 18. Auflage 1983

Kommentare zum Aktiengesetz, z. B. Großkommentar Aktiengesetz, 3. Auflage 1970–1975.; Kölner Kommentar zum Aktiengesetz, 2. Auflage 6 Bde 1986 ff.; Godin-Wilhelmi, 4. Auflage 1971 (Neudruck 1985); Baumbach-Hueck, 13. Auflage 1968, alle teilweise veraltet

Würdinger, Aktienrecht und das Recht der verbundenen Unternehmen, 4. Auflage 1981

Biener, Die gesellschafts- und bilanzrechtlichen Gesetze nach Änderung durch das Bilanzrichtliniengesetz, 1986

Henn, Günter, Handbuch des Aktienrechts, 4. Auflage 1991(zum Nachschlagen)

Kisch, Das Recht des Versicherungsvereins auf Gegenseitigkeit, 1951

Schmidt-Sievers, Das Recht der öffentlich-rechtlichen Sachversicherung, 1. Auflage 1951, 2. Auflage Schmidt und Müller-Stüler, 1968, 3. Auflage Schmidt und Boeck, 1979

Schmidt-Lermann, Die Bayerische Versicherungskammer in Geschichte und Gegenwart, 2. Auflage 1964

Goldberg-Müller, Versicherungsaufsichtsgesetz, 1980

Prölss-Schmidt-Frey, Versicherungsaufsichtsgesetz, 10. Auflage 1988

Kommentare zum Mitbestimmungsgesetz, z. B. Hoffmann-Lehmann-Weinmann, 1978

Versicherungsaufsichtsrecht (Teil I)[1]

Von Professor Dr. jur. Dr.-Ing. E.h. Reimer S c h m i d t

---

[1] Der Beitrag besteht aus insgesamt zwei Teilen

Inhaltsverzeichnis
(Teil I)

Seite

Vorbemerkung 4

A. Grundfragen der Versicherungsaufsicht 5

   I. Einige Einführungsgedanken 5
      1. Grundsatz der sozialgebundenen Gewerbefreiheit............................ 5
      2. Beschränkung der Gewerbefreiheit durch die Versicherungsaufsicht 6
      3. Bedeutung des Europäischen Gemeinschaftsrechts für das Versicherungsaufsichtsrecht 7
      4. Rechtsquellen des Versicherungsaufsichtsrechts 9
      5. Einordnung des Inhalts des VAG in die einzelnen Rechtsgebiete 10

   II. Aufsichtssysteme 11
      1. Einführung 11
      2. Ökonomische Problematik 12
      3. Gewerberechtliche Problematik 13
      4. Unternehmensrechtliche Problematik 15
      5. Versicherungsaufsicht im Vergleich zur sonstigen Gewerbeaufsicht 16
      6. Modell des in der EG koordinierten Versicherungsaufsichtsrechts 17

   III. Aufsichtspflichtige Tatbestände und aufsichtsführende Behörden 21
      1. Beaufsichtigte Versicherungsunternehmen....................................... 21
      2. Versicherungszweige und Versicherungssparten............................. 23
      3. Aufsichtsführende Behörden 26

   IV. Mittel der Aufsichtsführung 29
      1. Rechtsetzungsbefugnisse der Aufsichtsbehörden 29
      2. Regelungen durch Verwaltungsakt 30
      3. Schlicht verwaltende Tätigkeit 31
      4. Rechtsmittel und -behelfe gegen Verwaltungsakte der Aufsichtsbehörden 32

   V. Allgemeine Aufsichtsgrundsätze 33
      1. Grundsatz der Gesetzmäßigkeit der Verwaltung 33
      2. Verwaltungsrechtlicher Gleichbehandlungsgrundsatz 33
      3. Grundsatz der Verhältnismäßigkeit 34

		Seite

    4. Ermessen und unbestimmte Rechtsbegriffe 34
    5. Aus der Natur der Sache entwickelte allgemeine Aufsichts-
       gesichtspunkte 34
    6. Bedeutung einer ständigen Aufsichtspraxis 36
    7. Zusammenfassung 38

B. Zugang zum Betrieb von Versicherungsgeschäften 38

  I. Vorbemerkung: Versicherungsaufsichtsrechtlicher Versicherungsbegriff   38

      1. Erlaubnis zum Geschäftsbetrieb und Zugang zu einem solchen
         ohne Niederlassung 38
      2. Was ist Versicherung? 39
      3. Zu den einzelnen Tatbestandsmerkmalen 40
      4. Schlußbemerkung 41

  II. Vorbemerkung: Geschäftsplan 42

      1. Bedeutung und Einteilung 42
      2. Rechtliche Grundlagen 43
      3. Versicherungstechnische Grundlagen 46
      4. Finanzielle Grundlagen 47
      5. Geschäftsplanänderungen 48
      6. Erschleichen der Erlaubnis zum Geschäftsbetrieb 49
      7. Geschäftsplanmäßige Erklärungen 49

  III. Erteilung und Versagung der Erlaubnis 50

      1. Antrag 50
      2. Materiellrechtliche Voraussetzungen der Erteilung der Erlaubnis
         zum Geschäftsbetrieb 51
      3. Verfahrensrechtliche Fragen zur Erteilung der Erlaubnis zum
         Geschäftsbetrieb 56
      4. Sonderproblem: Spartenkombination oder Spartentrennung 58
      5. Besonderheiten für Versicherungsvereine auf Gegenseitigkeit 59
      6. Besonderheiten für öffentlich-rechtliche Versicherungsanstalten
         und -körperschaften 60

C. Laufende Aufsicht (Teil II)

D. Ergänzende und abschließende Bemerkungen (Teil II)

Vorbemerkung: Das Recht der Versicherungsaufsicht befindet sich in einem Zustand weitgehender Umgestaltung. In Durchführung der Ziele des Vertrages zur Gründung der Europäischen Wirtschaftsgemeinschaft (EWG-Vertrag, Vertrag von Rom) und der Einheitlichen Europäischen Akte ist für die EG-Mitgliedsländer ein einheitliches Aufsichtssystem in der Einführung begriffen, das im Endpunkt für die Bundesrepublik Deutschland die Ersetzung des bisherigen Systems der materiellen Staatsaufsicht durch ein liberales Aufsichtsinstrumentarium vorsieht. Die Aufsicht soll dann primär zentral durch die im Land des Sitzes des Versicherungsunternehmens zuständigen Behörde ausgeübt werden.

Die Rechtsetzung erfolgt in der EG durch sog. Richtlinien (Direktiven), die für die Mitgliedstaaten verbindlich sind und von ihnen in die nationalen Rechte umgesetzt werden müssen. Die Umgestaltung des Rechts erfolgte nicht etwa durch eine oder wenige Richtlinien, sondern schrittweise teils auch „schubweise" während einer längeren, zunächst bis zum 31.12.1992 abzuschließenden Periode. Bisher sind eine Reihe von Direktiven ergangen, von denen jeweils die erste und zweite Richtlinie für die Nichtlebens- und die Lebensversicherung die wichtigsten sind. Durch die für die beiden Bereiche bevorstehende „dritte" Richtlinie soll die Regelung der Materie zunächst zum Abschluß gebracht werden. Diese Art der Rechtsetzung bedeutet, daß das Versicherungsaufsichtsgesetz mehrfach geändert – auch einige frühere Änderungen wurden wiederum umgestaltet – worden sind und daß der Gesetzestext weitere Veränderungen zu erwarten hat.

Eine vordergründige erste Konsequenz ist, daß man sich vergewissern muß, in einem geltenden Text nachzuschlagen. Viel bedeutsamer ist, daß sich der Geist der Materie, das System der rechtlichen Rahmenbedingungen grundlegend ändert. Der Deregulierungsprozeß (Entregelungsvorgang) geht nun aber nicht etwa dahin, daß jetzt „alles frei" ist, sondern daß ein neues System eingeführt wird, das „anders greift". Der Wettbewerb wird stärker für den Marktprozeß wirksam gemacht. Dahinter steht ein strikteres Kartellverbot. Soweit Eingriffsbefugnisse der Aufsichtsbehörden erhalten bleiben, dürften sie eher schärfer wirken als früher.

Die folgende Darstellung geht von der Entwicklung aus und arbeitet die in diesem Übergangszustand bereits eingetretenen Veränderungen (mit dem Stand vom 1.1.1991) heraus.

A. Grundfragen der Versicherungsaufsicht

I. Einige Einführungsgedanken

1. Grundsatz der sozialgebundenen Gewerbefreiheit

Das Versicherungsaufsichtsrecht wendet sich in erster Linie an die Unternehmensleitungen. Die Mitarbeiter der Versicherungsunternehmen sind hingegen durch eine nicht geringe Zahl von Bestimmungen angesprochen. Man denke dabei auch an die Vorschriften über statistische Meldungen und Nachweise sowie die Gesamtheit der Bestimmungen über Rechnungslegung und Kapitalanlagen und endlich die den Wettbewerb betreffenden gesetzlichen Vorschriften und Verwaltungsanordnungen. Erst das Verständnis vom Gesamtzusammenhang des Versicherungsrechts stellt alle diese Einzelvorgänge in einen richtigen Rahmen. Das Privatversicherungsrecht insgesamt kann man deshalb ohne Kenntnisse auch der aufsichtsrechtlichen Zusammenhänge nicht verstehen; hierher gehören übrigens auch die Grundregeln des Versicherungsvertragsrechts, die vom Gesetzgeber oder der Rechtsprechung als zwingend angesehen werden.

Die heutige Wirtschaftsverfassung ist primär durch die sogenannten **Grundrechte** bestimmt, die in Art. 1–19 des Grundgesetzes für die Bundesrepublik Deutschland (GG) verbindlich niedergelegt sind. Die Gedanken der verschiedenen Grundrechte haben eine unterschiedliche geschichtliche Entwicklung durchgemacht. Die Grundrechte finden – jedes für sich – besondere Begründungen. Sie prägen den sozialen Rechtsstaat und sind auch deshalb so bedeutsam, weil der EWG-Vertrag keinen ausgebauten Grundrechtekatalog enthält.

Durch Art. 12 GG ist die **Freiheit des Berufs** als Teil der verfassungsmäßigen Ordnung in den Grundrechtekatalog aufgenommen, der durch Art. 2 in diesem Rahmen die **freie Entfaltung der Persönlichkeit** garantiert. Damit hat der Grundsatz der Gewerbefreiheit eine moderne Ausprägung erfahren. Art. 12 I GG lautet: *„Alle Deutschen haben das Recht, Beruf, Arbeitsplatz und Ausbildungsstätte frei zu wählen. Die Berufsausübung kann durch Gesetz oder auf Grund eines Gesetzes geregelt werden."*

Die grundsätzlich durch die Sozialstaatsklauseln des Grundgesetzes eingeschränkte **Wirtschaftsfreiheit** umfaßt aber nicht nur die Gewerbefreiheit, sondern daneben die wirtschaftliche Freizügigkeit, die wirtschaftliche Vereinigungsfreiheit, die wirtschaftliche Eigentumsfreiheit, die wirtschaftliche Vertragsfreiheit und die Wettbewerbsfreiheit. Sie bilden ein Gesamtgefüge.

Der Grundsatz der **Gewerbefreiheit** ist in der Zeit nach 1815 in den meisten damaligen deutschen Staaten eingeführt worden. Die Revolution von 1848 hat die Entwicklung beschleunigt. Die Gewerbeordnung des Norddeutschen Bundes, die zur Reichsgewerbeodnung (GewO) wurde, hat den Grundsatz aufgestellt, daß jedermann ohne Rücksicht auf fachliche Eignung und persönliche Zuverlässigkeit sowie unabhängig vom allgemeinen und besonderen Bedürfnis ein Gewerbe eröffnen und betreiben kann. Andererseits sind aber gesetzliche Beschränkungen sowohl durch die Gewerbeordnung selbst als auch durch andere Reichsgesetze möglich. Die Weimarer Verfassung hat dann durch Art. 151 II die Gewerbefreiheit zum verfassungsrechtlichen Grundrecht erhoben, auf der anderen Seite aber durch andere Bestimmungen die Möglichkeit zu erheblichen Einschränkungen der Gewerbefreiheit eröffnet. Während der Zeit der staatlichen Kommandowirtschaft in den Jahren 1933 bis 1945 wurde die Gewerbefreiheit durch ein immer enger werdendes System der Staats- und Verbandskontrolle rechtlich sehr weitgehend und praktisch völlig aufgehoben. Durch die Gewerbezulassungsgesetze des Jahres 1948 wurde in den Ländern der amerikanischen Zone auf Befehl der Militärregierung die volle Gewerbefreiheit eingeführt. Die weitere Entwicklung in der Bundesrepublik verlief auf dem Wege zu einer sozialgebundenen Gewerbefreiheit, wie er durch das Grundgesetz bestimmt ist. Die Rechtsprechung, vor allem diejenige des Bundesverfassungsgerichts und der Verwaltungsgerichte, und die Wissenschaft haben in einer Fülle von Äußerungen insbesondere den Inhalt des Art. 12 GG „fächerförmig" aufbereitet und vertieft erfaßt.

2. Beschränkung der Gewerbefreiheit durch die Versicherungsaufsicht

Als erster Schritt zur Schaffung einer Versicherungsaufsicht in Deutschland kann die **preußische** Verordnung vom 13.3.1781 (1833 erneuert) angesehen werden, durch die die Genehmigungspflicht für *„Aussteuer-, Begräbnis- und andere Gesellschaften, zu welchen Geldsammlungen geschehen"*, eingeführt wurde. Ferner bestand in Preußen die Konzessionspflicht durch Gesetz von 1837 für alle nichtpreußischen Mobiliar-Feuerversicherungsgesellschaften und durch Gesetz von 1843 und 1853 auch für alle preußischen Versicherungsgesellschaften. Im Laufe des 19. Jahrhunderts wurden Genehmigungs- und unterschiedliche Kontrollpflichten auch in anderen deutschen Staaten eingeführt.

Den Anstoß zur Schaffung eines einheitlichen deutschen Versicherungsaufsichtsgesetzes gaben die Vorarbeiten für die Gewerbeordnung. Nach dem Vorbilde Österreichs (Versicherungsregulativ von 1880) und der Schweiz (Gesetz über die Aufsicht über die Privaten Versicherungsunternehmen von 1885) wurde in Deutschland durch das Gesetz über die privaten Versicherungsunternehmungen vom 12.5.1901 (Versicherungsaufsichtsgesetz, abgekürzt VAG) die **materielle Staatsaufsicht** für die Privatversicherungsunternehmen eingeführt.

Die verfassungsrechtliche Grundlage bot Art. 4 Ziff. 1 Reichsverfassung von 1871, der bestimmte, daß der *„Beaufsichtigung seitens des Reichs und der Gesetzgebung desselben die Bestimmungen über den Gewerbebetrieb einschließlich des Versicherungswesens"* unterlagen.

Durch das VAG, das nach mannigfachen Änderungen als übergeleitetes Bundesrecht (Art. 123 I, 125 Nr. 1 GG) weitergilt, wurde weder lediglich eine reine Rechtsaufsicht eingeführt, wie sie etwa auf Grund der allgemeinen staatlichen Körperschaftsaufsicht zusätzlich in Gestalt der Dienstaufsicht über die öffentlich-rechtlichen Versicherungseinrichtungen der Individualversicherung besteht, noch nur ein Konzessionszwang begründet. Vielmehr hatte die im Jahre 1901 geschaffene sogenannte materielle Staatsaufsicht eine staatliche Aufsichtstätigkeit zum Gegenstand, die von der Gründung bis zum Ende des Unternehmens reichte und sowohl unter wirtschaftlichen als auch unter rechtlichen Gesichtspunkten ausgeübt würde. Der Versicherungsaufsichtsbehörde sind bestimmte Funktionen bei der Aufnahme des Geschäftsbetriebs zugewiesen, ihr sind andererseits Kompetenzen der laufenden Aufsicht eingeräumt und besondere Eingriffsbefugnisse gegeben. Die gesamte Aufsichtstätigkeit steht aber unter der Zweckbestimmung einer Wahrung der Belange der Versicherten.

Das Prinzip der Gewerbefreiheit ist demnach für die Individualversicherung in gewisser Hinsicht wegen der besonderen Schutzwürdigkeit der Interessen der Versicherten durch Bundesrecht in verfassungsrechtlich grundsätzlich zulässiger Weise eingeschränkt. Die Gesetzgebungskompetenz des Bundes folgt heute für das „privatrechtliche Versicherungswesen" aus Art. 74 Nr. 11 GG, der insoweit die sogenannte konkurrierende Gesetzgebung vorsieht. Das durch das Recht der Bundesrepublik umgeformte alte VAG befindet sich nunmehr – auf die Vorbemerkung wird verwiesen – in einem Umgestaltungsprozeß, dessen Ausgangspunkte im folgenden behandelt werden.

3. Bedeutung des Europäischen Gemeinschaftsrechts für das Versicherungsaufsichtsrecht

Die durch einen Völkerrechtlichen Vertrag, den sog. **EWG-Vertrag** (EWGV, Vertrag von Rom vom 25.3.1957 mit wesentlichen Änderungen) zwischen den sechs Staaten Belgien, Frankreich, Italien, Luxemburg, Niederlande und der Bundesrepublik Deutschland geschaffene völkerrechtliche Gemeinschaft, der später Dänemark, Griechenland, Großbritannien, Irland, Portugal und Spanien beitraten, hat das inzwischen in erheblichem Ausmaß erreichte Hauptziel der Schaffung eines **Gemeinsamen Marktes**. Dazu gehören u. a. ein freier Warenverkehr und eine weitgehende Beseitigung der Binnen- und eine Harmonisierung der Außenzölle, die freie Beweglichkeit der Arbeitskräfte, verbunden mit der notwendigen Harmonisierung des Sozialrechts, die Beseitigung der Beschränkungen der **Niederlassungsfreiheit** und der **Dienstleistungsfreiheit** der Unternehmen sowie des Kaptialverkehrs, gemeinschaftliche Regeln für Verkehr und Landwirtschaft, für eine gemeinsame Handels- und Wirtschaftspolitik sowie ein gemeinsames Wettbewerbs-(Kartell-)recht. Der Grundgedanke geht dahin, auf der Grundlage einer modernen wirtschaftswissenschaftlichen Wettbewerbstheorie die staatliche Regulierung der Wirtschaft weitgehend zurückzunehmen und dadurch in einem erheblich erweiterten Markt die Kräfte der Wirtschaft, die bisher auf nationale Teilmärkte beschränkt waren, im Interesse der Marktbürger, vor allem der Konsumenten anzuregen, zu entwickeln und zu stärken. Es wird sich herausstellen, inwieweit diese Marktbürger auf das nunmehr viel höher differenzierte und intransparenter gewordene Angebot auf den Versicherungsmärkten in dem von der Wettbewerbstheorie unterstellten und von der Wettbewerbspolitik beabsichtigten Sinne reagieren.

Die Europäische Gemeinschaft, der die Mitgliedsländer im Rahmen der Ziele des EWGV **Hoheitsrechte** übertragen haben, weist gewisse Züge der Annäherung an einen Bundesstaat auf, die durch die sog. Gemeinsame Europäische Akte von 1987 verstärkt worden sind. Danach ist ein umfassender, von allen inneren Schranken freier Europäischer Binnenmarkt bis 1992 herzustellen. Zu diesem Zweck ist die Gemeinschaft gestrafft worden.

Die Europäische Gemeinschaft kann **eigenes Recht** (in Abgrenzung zum EWG-Vertrag: EG-Sekundärrecht) setzen, um die Vertragsziele zu verwirklichen. Die Kommission, die man in gewissem Umfang mit einer „Régierung" vergleichen kann, hat das Vorschlagsrecht für EG-Verordnungen (=EG-Gesetze) und für sog. Richtlinien, die sich bindend an die Mitgliedstaaten richten, welche ihrerseits das Gemeinschaftsrecht in ihre nationale Rechtsordnung umzusetzen haben. Für das Umsetzen werden den Mitgliedstaaten Fristen gesetzt. Gesetzgeber ist der Ministerrat (Rat), in welchem die einzelnen Mitgliedstaaten eine bestimmte Anzahl von Stimmen haben (vergleichbar einem „Bundesrat"). An der Gesetzgebung wirken das Europäische Parlament und der Wirtschafts- und Sozialausschuß mit. Unter den verschiedenen Zuständigkeiten des Europäischen Gerichtshofs ist diejenige besonders wichtig, die die Möglichkeit betrifft, im Prozeß der Kommission gegen Mitgliedstaaten über eine etwaige unvollständige oder unzutreffende Umsetzung von Richtlinien (endgültig und mit Wirkung für die jeweiligen nationalen Rechte) zu entscheiden; denn EG-Recht geht dem nationalen Recht vor, zu dem in der Bundesrepublik auch das Landesrecht gehört.

Diese wenigen zum Verständnis der versicherungsaufsichtsrechtlichen Regelungen erforderlichen Bemerkungen machen deutlich, in wie grundstürzender Weise die Europäische Gemeinschaft das Recht und damit mittelbar auch das Wirtschafts- und Sozialgefüge der Mitgliedstaaten **verändert** hat. Diese Veränderungen wurden durch die Gemeinsame Europäische Akte verstärkt, durch die u.a. vorgesehen ist, den Europäischen Binnenmarkt bis Ende 1992 zu verwirklichen. Diese Veränderungen betreffen auch das Versicherungsaufsichtsrecht. Es gehört, wie bereits erwähnt, zur Methode der Schaffung dieses Gemeinsamen Marktes, seine Verwirklichung nicht auf einmal, sondern in einzelnen Schritten vorzunehmen, um damit die rechtliche und wirtschaftliche Gesamtentwicklung koordiniert zu steuern. Wegen der großen Unterschiede in Strukturen der **Versicherungswirtschaft** und **Aufsichtsrechtsordnung** der Mitgliedsländer, die besonders nach dem Beitritt der neuen Mitgliedstaaten in Erscheinung traten, hat der Integrationsprozeß auf diesem Gebiet Schwierigkeiten gemacht. Zwar wurden die Beschränkungen der Niederlassungsfreiheit und des freien Dienstleistungsverkehrs auf dem Gebiet der **Rückversicherung und der Retrozession** bereits 1964 aufgehoben und **Niederlassungsfreiheit** für die Schadenversicherung 1973 und für die **Lebensversicherung** 1979 verwirklicht, doch traten bezüglich der Beseitigung der Beschränkungen der **Dienstleistungsfreiheit** Schwierigkeiten auf, deren Überwindung erst nach einem Urteil des Europäischen Gerichtshofs auf der Grundlage des durch die Gemeinsame Europäische Akte für den Ministerrat eingeführten Mehrheitsprinzips im Jahre 1988 möglich geworden ist. Vorher (1978) hatte man die **Mitversicherung** auf Gemeinschaftsebene zu regeln versucht. Für die Versicherungsagenten und -makler ist 1976 eine Richtlinie ergangen. Die genannten Richtlinien stellen teilweise erst einen ersten, allerdings großen Schritt in Richtung auf die Erreichung der genannten Ziele dar. Dieser Überblick über die bisherige äußere Entwicklung der Materie zeigt, daß damit das gesamte Versicherungsaufsichtsrecht in Bewegung geraten ist, das seinerseits auch durch entsprechende Entwicklungen auf dem Gebiet der Bankaufsicht und des Kapitalverkehrs beeinflußt wird bzw. werden kann.

4. Rechtsquellen des Versicherungsaufsichtsrechts

Unter den Rechtsquellen des Versicherungsaufsichtsrechts (mit Fundstellen zusammengestellt bei *R. Schmidt-P. Frey, Prölss VAG,* 10. Auflage) sind insbesondere zu nennen:

Gesetz über die Beaufsichtigung der Versicherungsunternehmen (Versicherungsaufsichtsgesetz – VAG) vom 6.6.1931 (vielfach geändert, letzte nichtamtliche Neufassung VerBAV 1987, S. 125, ber. S. 267), 1990, S. 388–424,

Gesetz über die Errichtung eines Bundesaufsichtsamtes für das Versicherungswesen vom 31.7.1951 (BAG) (zuletzt geändert durch das 14. ÄnderungsG zum VAG vom 29.3.1983 mit 3. DurchführungsVO dazu vom 25.3.1953 (nichtamtliche redaktionelle Neufassung VerBAV 1986, S.231),

Verordnung über die Kapitalausstattung von Versicherungsunternehmen (Kapitalausstattungs-VO) vom 13.12.1983, nicht amtl. redaktionelle Neufassung unter Berücksichtigung von zwei Änderungsverordnungen in VerBAV 1990, S. 493 ff.,

Verordnung über die Berechnung und Höhe des Rückgewährrichtsatzes, des Normüberschusses und des Normzinsertrages in der Lebensversicherung (Rückgewährquote-BerechnungsVO – RQV) vom 28.3.1984,

Verordnung zur Regelung von Preisangaben vom 14.3.1985,

Verordnung über die Rechnungslegung von Versicherungsunternehmen (Externe VUReV) vom 11.7.1983/23.12.1986,

Verordnung über die Rechnungslegung von Versicherungsunternehmen gegenüber BAV (Interne VUReV) vom 30.1.1987.

Der entscheindende Komplex des materiellen Versicherungsaufsichtsrechts ist in dem VAG geregelt. Es entstammt der gleichen Gesetzgebungsperiode wie das Bürgerliche Gesetzbuch und das Handelsgesetzbuch und ist in Wissenschaft und Praxis als ein vorzügliches Gesetz anerkannt.

Die Versicherungsaufsichtsbehörden hatten unter mindestens vier durchaus verschiedenen Wirtschaftsverfassungen mit dem gleichen nur in wenigen Punkten grundsätzlich geänderten Gesetzestext zu arbeiten, während des Kaiserreichs, in der Weimarer Republik, während der Jahre des Dirigismus zwischen 1933 und 1945 und unter dem Grundgesetz der Bundesrepublik. Da das lebende Versicherungsaufsichtsrecht weitgehend durch die praktische Handhabung des geschriebenen Rechts gekennzeichnet ist, ergeben sich dadurch mehrere „Schichten" der Entwicklung des Versicherungsaufsichtsrechts. Für die Zeit seit 1945 ist von besonderer Bedeutung, daß die Verwaltungsakte der Versicherungsaufsichtsbehörden seit Einführung der sogenannten Generalklausel auf dem Gebiet der Verwaltungsgerichtsbarkeit durch die Verwaltungsgerichte nach den allgemeinen Vorschriften nachgeprüft werden können, die in der Verwaltungsgerichtsordnung vom 21.1.1960 bundesrechtlich kodifiziert worden sind. Die Versicherungsaufsichtsbehörde hat bei ihrer Verwaltungstätigkeit das Verwaltungsverfahrensgesetz vom 25.5.1976 zu beachten. Die (fünfte) Änderungsphase des Aufsichtsrechts ist wie hervorgehoben, durch das Europäische Recht hervorgerufen. Erforderlich gewordenen Änderungen wurde bisher durch das Erste mit dem Zweiten DurchführungsG/EWG zum VAG und – vorher – das Vierzehnte ÄnderungsG zum VAG von 1983 Rechnung getragen. Weitere Änderungen stehen bevor. Die Vermögensanlagevorschriften wurden 1974 und die Rechnungslegung sowie Vorschriften über Jahresabschluß, Lagebericht wurden mehrfach, zuletzt das BilanzrichtlinienG (BiRiLiG) vom 19.12.1985 geändert.

Das materielle Versicherungsaufsichtsrecht wird aber weiterhin mit oder ohne ausdrückliche Bezugnahme durch die Entwicklung anderer Rechtsgebiete beeinflußt. Man denke hier an das Gesellschaftsrecht, insbesondere das Aktienrecht und das auf der Grundlage des EG-Rechts in das Handelsgesetzbuch eingeführte Recht zu Jahresabschluß und Lagebericht (vgl. §§ 34-36b, 44a, 44b, 47, 52, 53, 53a VAG) und an das Kartellrecht (vgl. § 102 GWB) (vgl. C.I.8, unten). Aber auch mit dem Konkurs- und Vergleichsrecht (vgl. §§ 50 ff., 77, 78 ff., 88 VAG) und dem Steuerrecht, um nur zwei weitere Gebiete zu nennen, bestehen enge Verzahnungen. Für das Steuerrecht geht es z. B. darum, ob die aufsichtsrechtlichen Vorschriften über die Bildung der versicherungstechnischen Rückstellungen in der Ebene des Steuerrechts ihre Entsprechung finden.

Daneben hat der nationale Gesetzgeber der Bundesrepublik einige Tätigkeit im sog. (bisher) koordinierungsfreien Raum entfaltet, z. B. durch das Gesetz zur Änderung versicherungsrechtlicher Vorschriften vom 17.12.1990, vor allem aber durch die Notwendigkeit, die Rechtsordnung der ehemaligen Deutschen Demokratischen Republik an diejenige der Bundesrepublik heranzuführen. Dies insbesondere durch das Versicherungsaufsichtsrecht betreffenden Bestimmungen der beiden völkerrechtlichen Verträge vom 25.6.1990 (Staatsvertrag) und vom 31.8.1990 (Einigungsvertrag) mit Gesetz dazu vom 23.9.1990. In diesem Zusammenhang ist von besonderem Interesse, daß das Bundesaufsichtsamt für das Versicherungswesen als die für die Versicherungsaufsicht der Bundesrepublik zuständige Behörde durch völkerrechtlichen Vertrag bereits vor dem Beitritt (3.10.1990) mit der Versicherungsaufsicht in der damaligen DDR betraut wurde und daß das in der Bundesrepublik geltende übergeleitete EG-Recht mit dem Tage des Beitritts in den neuen Ländern in Kraft trat. Die Versicherungsmonopole der ehemaligen DDR wurden, soweit sie zur Zeit des Beitritts noch bestanden, aufgehoben, wobei die Kraftfahrzeug-Haftpflichtversicherung nach dem westdeutschen Modell weitergeführt wird. Die ehemalige Staatliche Versicherungsanstalt der DDR tratt in Liquidation. Die Niederlassung westlicher Versicherungsunternehmen ist ebenso ermöglicht wie die Ausdehnung der Geschäftsgebiete der in der Bundesrepublik zum Geschäftsbetrieb zugelassenen Versicherungsunternehmen auf das Gebiet der neuen Länder.

5. Einordnung des Inhalts des VAG in die einzelnen Rechtsgebiete

Das VAG ist ein Spezialgesetz, das, wie ausgeführt, der Wahrung der besonderen Belange der Versicherten mit Hilfe besonderer Behörden dient. Der Staat tritt hier den Unternehmen und allen Staatsbürgern im Verhältnis der Überordnung gegenüber: der **speziell aufsichtsrechtliche Teil** des VAG (§§ 1, 2, 5–14, 43 II, 44a II, 44b IX, 49 I, 53 IV, 53a I, 53b, 53c–77l, 79, 81–87a,

89–92, 101–103, 105–111e, 133b–133g, 146, 150–157a, 159, 160) gehört daher zum öffentlichen Recht, und zwar zum Verwaltungsrecht. Die Materie nimmt ein Teilgebiet des sogenannten Besonderen Verwaltungsrechts ein, zu dem z. B. auch das allgemeine Gewerberecht, das Polizeirecht, das Recht auf Kreditaufsicht, das öffentliche Verkehrsrecht und als Sondergebiet das Steuerrecht gehören. Spezialregelungen gelten nur insoweit, als sie „spezieller" sind als die allgemeinen Regelungen und Rechtsprinzipien. Auch die Vorschriften des VAG müssen aus den allgemeinen Regeln und Rechtsgrundsätzen des öffentlichen Rechts ergänzt werden. Das gilt z. B. für die Beurteilung der Praxis der Aufsichtsbehörden, nämlich ihrer Gesetzesauslegung, der Anwendung der sogenannten unbestimmten Rechtsbegriffe und der Handhabung des Ermessens.

In das VAG ist eine Regelung des Rechts des **Versicherungsvereins auf Gegenseitigkeit,** einer juristischen Person des Privatrechts, systemwidrig eingebaut (§§ 15–53b mit einigen öffentlichrechtlichen Einschiebseln). Dieser Abschnitt gehört systematisch in das **Gesellschaftsrecht,** ist also ein Teilgebiet des Zivilrechts und wird insoweit in diesem Beitrag nicht behandelt.

In innerem Zusammenhang mit dem Gesetzeswerk als solchem stehen die **konkursrechtlichen** (§§ 50, 51, 52, 77 III und IV, 78–80, 88) und eine **zivilprozeßrechtliche** Bestimmung (§ 77 II) des Gesetzes. Sie sind im Gesamtzusammenhang des Konkurs- und **Zwangsvollstreckungsrechts** zu sehen. Das Vergleichsverfahren nach der Vergleichsordnung wird durch die aufsichtsrechtlichen Sanierungsvorschriften ersetzt.

Weiterhin ist der Bereich **strafrechtlicher und „ordnungsstrafrechtlicher" Bestimmungen** zu nennen (§§ 134–145a). In ihnen kommt das öffentliche Interesse an der Durchsetzung der Versicherungsaufsicht zum Ausdruck. Sie beziehen sich u. a. auf qualifizierte wissentlich falsche Angaben gegenüber der Aufsichtsbehörde (§ 134 VAG), auf bestimmte Straftaten von Prüfern, auf Verletzungen der Geheimhaltungspflicht und falsche Erklärungen über Deckungsrücklagen und Deckungsstock. Besonders wichtig ist § 140 VAG mit der Strafandrohung für unbefugten Geschäftsbetrieb. Neben die „alten" Straftatbestände des Gesetzes sind eine Reihe von Ordnungswidrigkeitstatbeständen getreten (§§ 144, 145a VAG), die z. B. vorschriftswidrige Gewinnverteilung, vorschriftswidrige Behandlung des Deckungsstocks und der Anlage von Geldbeständen sowie den Betrieb von nicht genehmigten Geschäften zum Gegenstand haben. Hierher gehören auch Ordnungswidrigkeiten in der Kraftfahrzeug-Versicherung (§ 11 Pflichtversicherungsgesetz) und nach § 12 des Gesetzes zur Verbesserung der betrieblichen Altersversorgung. Von den Ordnungswidrigkeiten unterscheidet sich das bloße Zwangsgeld nach § 81 III VAG, das keinen Strafcharakter, sondern Erzwingungscharakter hat. Der Tatbestand liegt hier überall zwar in der Ebene der Versicherungsaufsicht, die strafrechtliche Beurteilung kann sich dennoch naturgemäß nur nach den allgemeinen und besonderen Gesichtspunkten des **Strafrechts** vollziehen.

II. Aufsichtssysteme

1. Einführung

Das Recht hat, so meinen Rechtsphilosophen, eine dreifache Funktion. Es soll der Gerechtigkeit dienen, die Rechtssicherheit gewährleisten und jeweils als einzelne Rechtsnorm einen allgemeinen oder spezielleren Zweck erreichen. Durch die Rechtsnormen werden bestimmte Mittel zur Erreichung eines bestimmten Zwecks eingesetzt. Dabei besteht zwischen den drei Aufgaben (der Gerechtigkeitsfunktion, der Rechtssicherheitsfunktion und der Zweckerreichungsfunktion) ein Spannungsverhältnis. Die durch die einzelne Rechtsvorschrift getroffene Regelung kann nämlich häufig nicht allen drei Zielsetzungen der Rechtsordnung in gleicher Weise gerecht werden. Der Gesetzgeber wertet die durch seine Vorschriften zu erfassenden typischen Interessenspannungen und versucht eine ihm optimal erscheinende Lösung zu finden. Betrachtet man die Mittel-Zweck-Relation des Versicherungsaufsichtsrechts, so muß als erstes die Frage nach dem Zweck der Vorschriften gestellt werden. In engem Zusammenhang damit steht dann die zweite Frage nach den vom Gesetzgeber zur Erreichung des Zwecks eingesetzten Mitteln.

Über den **Zweck des Versicherungsaufsichtsgesetzes** sagt der Gesetzestext selbst jedenfalls nichts Allgemeines. Wohl aber werden in der Begründung zum VAG bemerkenswerte Gedanken in folgender Richtung geäußert. Das öffentliche Interesse sei an einer gedeihlichen und soliden Entwicklung des Versicherungswesens in besonders hohem Grade beteiligt, so daß dem Staat die besondere Pflicht der Fürsorge auf diesem Gebiet auferlegt sei. Das wird mit der großen Bedeutung des Versicherungswesens, der Gefahr der Mißbräuche und der Schwierigkeit eigener zuverlässiger Beurteilung seitens der Staatsbürger begründet. Nicht nur die Höhe der für Versicherungszwecke eingesetzten Summen, sondern vor allem die *„eigenartigen, für den Volkswohlstand und das ethische Volksleben bedeutsamen Funktionen"* des Versicherungswesens seien entscheidend. Die Bedeutung der Existenzsicherung der Versicherungsnehmer wird ebenso genannt wie der Gedanke, daß der Versicherungsbetrieb mehr als irgendein anderer Wirtschaftszweig auf das Vertrauen der Bevölkerung angewiesen sei. Sehr wichtig ist weiterhin der Gedanke des Gesetzgebers, daß eine Enttäuschung dieses Vertrauens über den Einzelfall hinausstrahlt und das gesamte Versicherungswesen und damit gut geleitete Unternehmen, aber auch den Versicherungsgedanken als solchen und den Existenzsicherungswillen beeinträchtigt. Diese Zweckbestimmung des Aufsichtsrechts, die eine weitere Rechtfertigung in den Sozialstaatsklauseln des Grundgesetzes findet, ist allerdings durch die jüngere wirtschaftswissenschaftliche Diskussion und durch die Ziele des EWG-Vertrages bis zu einem gewissen Grade abgeschwächt worden.

2. Ökonomische Problematik

Versicherung bedeutet (nach *Farny*) *„Deckung eines im einzelnen ungewissen, insgesamt geschätzten Mittelbedarfs auf der Grundlage des Risikoausgleichs im Kollektiv in der Zeit"*. Der Staat muß Rahmenbedingungen für eine (gewisse) Beaufsichtigung schaffen, um (objektiv und subjektiv wirkende) **Mißstände zu beseitigen**, die **Belange der Versicherten** zu schützen und die **dauernde Erfüllbarkeit von vor allem langfristigen Verträgen** zu sichern. So wie das wirtschaftliche Interesse des Versicherten dahin gehen kann, möglichst geringe Prämien zu bezahlen, geht der Trend zur Geschäftsaufweitung des Versicherers u. U. dahin, die Schwere des Risikos zu unterschätzen und Änderungsrisiken außer acht zu lassen; im Wettbewerb mag er zu durch das Risiko nicht gerechtfertigten Unterbietungen neigen. Der Staat muß auch Schranken gegen persönliche Unzuverlässigkeit und mangelnde sachliche Eignung der Versicherungsunternehmer errichten.

Die verschiedenen Richtungen des wirtschaftwissenschaftlichen Liberalismus schreiben allgemein dem **Wettbewerb** der Anbieter, und speziell derjenigen von Versicherungsschutz eine durchaus größere Bedeutung zu als die Väter des VAG (der verschiedenen früheren Entwicklungsabschnitte). Der Wettbewerb erscheint als Regulator von Produkten und Preisen und als „Findungsmethode" des Konsumenten. Die Versicherungsaufsicht stellt danach eine Wettbewerbsbeschränkung dar, von der auch volkswirtschaftlich weniger wünschenswerte Wirkungen ausgehen. Ähnlich wie aus Kartellen können „Renten" für die Anbieter aus der Schutzfunktion der Aufsicht entstehen, die zwar primär dem Konsumenten, aber auch sekundär ihnen zugutekommen. Aus dieser Sicht wird auch der **Konkursschutz**, den die Aufsicht im Interesse insbesondere der langfristigen Versicherungskunden bietet, bezüglich der Versicherungsunternehmen kritisiert. Nicht nur der Wettbewerb erfährt im Anschluß an Erfahrungen in den USA eine höhere Wertung, sondern es wird allgemein zur Verminderung der sozialen Kosten eine Reduzierung der staatlichen Reglementierung (eine „Deregulierung") gefordert. Im Modell der Gegenargumente spielt der urteils- und entscheidungsfähige Konsument eine entscheidende Rolle, der in den Versicherungsmärkten im Regelfall in seinem Interesse „richtig" handelt.

3. Gewerberechtliche Problematik

a) Gefahrentheorie

Das VAG ist zunächst als ein gewerbepolizeiliches Gesetz anzusehen, das jedenfalls seinem Ausgangspunkt nach die Versicherungsaufsichtsbehörden zu speziellen Gewerbepolizeibehörden macht. Der allgemeine Polizeibegriff ist demnach insoweit zunächst eine der Grundlagen der folgenden Überlegungen. Ausgehend von dem berühmten § 10 II 17 des Preußischen Allgemeinen Landrechts auf dem Wege über § 32 der Thüringischen Landesverwaltungsordnung von 1926 und des Preußischen Polizeiverwaltungsgesetzes von 1931 ist jetzt auch in den Polizeigesetzen der deutschen Länder und als Bundesgewohnheitsrecht der Satz anerkannt, daß Aufgabe der Polizei die Abwehr der konkreten Gefahr ist, die der Allgemeinheit oder dem einzelnen drohen.

Ausgehend von diesen Gedanken ist bereits früh bis heute für das Versicherungsaufsichtsrecht eine Gefahrentheorie vertreten worden, nach der Gegenstand der Versicherungsaufsicht die Abwendung der speziellen Gefahren ist, die durch den Versicherungsbetrieb der Allgemeinheit und dem einzelnen Versicherungsnehmer drohen können. Nun findet aber das Versicherungsaufsichtsrecht seine Grundlage nicht lediglich in der polizeirechtlichen Generalklausel, sondern in einem besonderen Gesetz, eben dem VAG. Entsprechend dem besonderen gewerbe- und wirtschaftspolizeilichen Zweck sind der Versicherungsaufsichtsbehörde auch besondere, von denjenigen der allgemeinen Polizei abweichende Eingriffsmittel in die Hand gegeben.

b) Schutztheorie

So wird auch das Versicherungsaufsichtsrecht schon aus dem Wortlaut seiner Kernbestimmungen z. B. der §§ 5 II, 8 I Ziff. 2, 13, 81 ff. VAG, nicht auf die bloße Gefahrenabwehr i. S. eines engen Polizeibegriffs beschränkt sein können, sondern darüber hinaus **Schutzaufgaben** zur Wahrung der **Belange der Versicherten** („Gläubigerschutz") zu erfüllen haben (Schutztheorie). Damit wird aber der Boden einer speziellen Gewerbe- und Wirtschaftspolizei nicht verlassen. *„Bei Anwendung des VAG dürfen daher nur die Erwägungen angestellt werden, denen das Gesetz seine Entstehung verdankt: Schutz des Publikums, insbesondere dadurch, daß die technischen und finanziellen Grundlagen des Geschäfts überwacht und daß beständig geprüft wird, ob die Erfüllbarkeit der von den Unternehmen übernommenen Verpflichtungen dauernd gesichert ist",* R. Schmidt-P. Frey, Prölss VAG, 10. Auflage, Vorbemerkungen Rdnr 41.

Ebenso wie bezüglich des allgemeinen Polizeibegriffs (siehe oben A.II.3a) macht hier die Frage Schwierigkeiten, ob auch Förderung oder Sicherheit der Daseinsvorsorge zu den Aufgaben der speziellen Gewerbe- und Wirtschaftspolizei gehört. Die Antwort geht zunächst dahin, daß der Schutztheorie insoweit zu folgen ist, als nicht das Gesetz Abweichendes sagt. Bei der Auslegung ist davon auszugehen, daß das Gesetz Daseinsvorsorgeaufgaben nur dort vorsieht, wo dies eindeutig gesagt ist.

Die Gläubigerschutzfunktion des Versicherungsaufsichtsrechts tritt auch bei angemessener Betonung der sozialen Funktion um so stärker in Erscheinung, als durch das Kartellamt (die Wettbewerbsregeln des EWG-Vertrages und das Gesetz gegen Wettbewerbsbeschränkungen, GWB) die Schuldnerposition des Versicherungsnehmers als Prämienzahler besonders geschützt wird (Mißbrauchsaufsicht auf der Basis des § 102 GWB). Gegenüber der Schutztheorie ist die früher stärker vertretene **Strukturtheorie** durch die Entwicklung in den Hintergrund getreten. Sie wurde vor Einführung der Solvabilitätsaufsicht, von der noch die Rede sein wird, damit begründet, daß das Gut „Versicherung" ohne nennenswerten Einsatz materieller Produktionsmittel sozusagen abstrakt hergestellt werden könne, so daß dadurch der Automatismus von Angebot und Nachfrage gestört sei und durch die Aufsicht korrigiert werden müsse.

c) Wirtschaftspolitische Einordnungen

Die Tätigkeit der Versicherungsaufsicht steht immer in Beziehung zur Wirtschaftspolitik; denn auch eine Auffassung, welche die Aufgabe der Versicherungsaufsicht als streng restriktive Gewerbepolizei ansieht, ist wirtschaftspolitisch einzuordnen, nämlich als liberal. Ihr Gegenteil besteht in einer Wirtschaftslenkung i. S. einer staatlichen Kommandowirtschaft. Zwischen diesen Extremen besteht die theoretische Möglichkeit für eine Vielzahl von Gestaltungsformen. Die wirtschaftspolitische Konzeption selbst kann aber nur insoweit interessieren, als sie in der geltenden Rechtsordnung, also dem VAG zum Ausdruck kommt. Allerdings kommt in den Zielsetzungen des EWG-Vertrages und in der „Bemessung" der Aufsichtsintensität eine bestimmte (hier liberale) wirtschaftspolitische Konzeption zum Ausdruck.

d) Soziale Theorie, Gemeinschaftsrechtliche Schutztheorie

Im geschriebenen VAG, das – in verschiedenen Phasen geschaffen – insofern nicht einheitlich ist, überwiegt weitaus die gewerbepolizeiliche Konzeption, vgl. z. B. §§ 8 I Ziff. 1, 2, Ia, 81, 89, während in §§ 81a–81c, § 87 und § 87a die Vorstellung staatlicher Wirtschaftführung stärker betont ist. In diesem Zusammenhang ist von Interesse, daß der Gesetzgeber des VAG jedenfalls gesehen hat, in wie großem Umfang der Versicherungsvertrag ein Massenvertrag ist. Das wird

u. a. an den Bestimmungen über den Geschäftsplan (vgl. §§ 5-13 VAG) deutlich. Insofern hat der Gesetzgeber von 1901 die Rechtswirklichkeit auf diesem Sondergebiet tiefer durchdacht als der Gesetzgeber des BGB (1896), der das gesamte Schuldrecht auf Einzelwillenserklärungenaufgebaut und – ebenso wie der Gesetzgeber des Versicherungsvertragsgesetzes (1908) – an dem Phänomen der Massenverträge und der Allgemeinen Geschäftsbedingungen vorbeigeht.

Das geltende Gesetz geht noch überwiegend von der Schutztheorie aus, der indessen vor allem vom EG-Recht her die Wettbewerbstheorie entgegentritt. Als Materie steht das Versicherungsaufsichtsrecht jedoch nicht allein; es ist der allgemeinen Rechtsfortbildung im Rahmen der Konzeption des Grundgesetzes vom sozialen Rechtsstaat unterworfen. Zwar ist mit einer **sozialen Theorie** die Funktion der Versicherungsaufsicht als einer solchen nicht hinreichend erklärt. In Wirklichkeit gibt es noch eine ganze Reihe weiterer Gesichtspunkte für die Inhaltsbestimmung der Versicherungsaufsicht. Sie lassen sich nicht in ein Einheitsschema einordnen. Vielmehr sind Zwecke und „Reichweiten" im Rahmen der Verfassung und des Gesetzes nach den Anwendungsbereichen des Aufsichtsrechts zu **differenzieren**, wie dies im Gesetz selbst bereits durch die weitgehende Freistellung der Transportversicherung von der Aufsicht und durch die Unterstellung der Rückversicherung und bestimmter öffentlich-rechtlicher Versicherungseinrichtungen unter weniger weit reichende aufsichtsrechtliche Bestimmungen zum Ausdruck kam. Es ist einleuchtend, daß das Schutzbedürfnis der Versicherten in den sog. **Jedermann-Versicherungszweigen**, z. B. der Wohngebäude- und Hausratversicherung von Privatkunden, der Privathaftpflichtversicherung und der Allgemeinen Unfallversicherung, also dem sog. **Mengengeschäft**, aus sozialen Gründen wesentliche schwerer wiegt als dort, wo es sich um kommerzielle Versicherungsnehmer handelt, wie z. B. in der industriellen Feuer- und Betriebsunterbrechungsversicherung, insgesamt also dem Großkundengeschäft. Eine solche Differenzierung ist auf dem Wege über EWG-Recht in das VAG aufgenommen worden. – Die soziale Komponente wird für die Pflichtversicherungen besonders betont. Bei dieser, vom Verfasser seit langer Zeit vertretenen Lösung muß allerdings bedacht werden, daß Belastungen des Versicherers aus dem Großkundengeschäft mittelbar auch die Jedermann-Kunden treffen können.

Allgemein wird hier bemerkt, daß die Versicherungsaufsichtsbehörde indessen den Versicherungsunternehmen gegenüber nicht all das zu veranlassen hat, was für den Versicherungsnehmer als Verbraucher günstig ist, sondern sie hat bei der ausgewogenen Wertung im Mengengeschäft den besonderen Rang der Verbraucherinteressen zu berücksichtigen.

4. Unternehmensrechtliche Problematik

Von der speziellen Staatsaufsicht über Versicherungsunternehmen sind die allgemeinen Fragen zu unterscheiden, die die Beteiligung des Staates bei der **Entstehung** und der Tätigkeit von Gesellschaften (ohne Rücksicht auf ihren Zweck) betreffen. Diese staatliche Mitwirkung richtet sich jeweils nach nationalem Recht und ist nur insoweit koordiniert, als in den Niederlassungsrichtlinien für Versicherungsunternehmen (und für die später hinzugetretenen Mitgliedstaaten in ergänzenden Vereinbarungen) diejenigen **Unternehmensformen** mit ihren nationalen Bezeichnungen aufgeführt sind, für welche die Tätigkeit in anderen Ländern der Gemeinschaft grundsätzlich eröffnet ist. Diese ausländischen Versicherungsunternehmen werden also sozusagen als rechtsfähig in den deutschen Rechtsverkehr übernommen. Für die Bundesrepublik selbst sind die Aktiengesellschaft, der Versicherungsverein auf Gegenseitigkeit und das öffentlich-rechtliche Wettbewerbs-Versicherungsunternehmen genannt.

Für die **Aktiengesellschaft** gilt in der Bundesrepublik Deutschland das sog. **System der Normativbestimmungen mit Eintragungszwang** (ebenso wie für den Idealverein, die GmbH und die eingetragene Genossenschaft). Die Gesellschaft muß einem bestimmten, in der Satzung festgelegten „Profil" entsprechen und erlangt **durch** die **Eintragung** in das Handelsregister **Rechtsfähigkeit**. Zu den Eintragungsvoraussetzungen gehört für die Versicherungsaktiengesellschaft die Erteilung der Erlaubnis zum Geschäftsbetrieb. Der Registerrichter darf nur dann eintragen, wenn das Zulassungserfordernis erfüllt ist (§ 37 IV Ziff. 5 AktG), erst dann erlangt die Aktiengesellschaft Rechtsfähigkeit (§ 41 I AktG).

Für den **Versicherungsverein auf Gegenseitigkeit** gilt dagegen das sog. **Konzessionssystem**, wie es sonst nur für wirtschaftliche Vereine nach § 22 BGB und für vorstehend nicht erwähnte ausländische Vereine gilt: die **Erlaubnis zum Geschäftsbetrieb** begründet die **Rechtsfähigkeit**. Die Eintragung in das Handelsregister – nicht bei kleineren Vereinen, § 53 I, vgl. § 16 VAG – hat nur rechtsbezeugende (deklaratorische) Bedeutung.

Mit diesen Überlegungen ist die Aufmerksamkeit auf den einen großen Aufgabenkreis der Versicherungsaufsicht, die Mitwirkung bei der Gründung von Versicherungsunternehmen und von Niederlassungen, gelenkt; ein zweiter betrifft die sogenannte laufende Aufsicht.

Das in der Bundesrepublik bislang und jedenfalls zunächst weiterhin für das nicht zum Großgeschäft gehörige Geschäft bestehende System der **materiellen Staatsaufsicht** bedeutet nämlich eine laufende, nicht nur formale Überwachung des gesamten Geschäftsbetriebes vom Zeitpunkt der Entstehung (unter vorwegnehmendem Einschluß des Gründungsvorgangs) bis zum Ende der Abwicklung. Insoweit greift die Versicherungsaufsicht in die durch das Unternehmensrecht geformte Rechtsphäre des Unternehmens in der durch das spezielle Recht, das Versicherungsaufsichtsrecht, bestimmten Weise ein. So verbinden sich in dem Versicherungsaufsichtsrecht Elemente des Gewerbe- und des Körperschaftsrechts, die man rechtstheoretisch auch dann voneinander trennen sollte, wenn sie in der Praxis ineinander übergehen. Eine derartige Scheidung ist um so notwendiger, als die Organe der Versicherungsunternehmen die Verantwortlichkeit für den Geschäftsbetrieb i. w. S. tragen und die materielle Staatsaufsicht nur in den im Gesetz vorgesehenen Fällen mit den gesetzlich dafür bereitgehaltenen Mitteln eingreifen kann. Bevor diese „Instrumente" der Versicherungsaufsicht dargestellt werden, soll noch ein Überblick über die allgemeine Gewerbeaufsicht und die Kreditaufsicht sowie über das bisher im Europäischen Gemeinschaftsrecht entwickelte Modell der Versicherungsaufsicht und die weiterführenden Gedanken gegeben werden.

5. Versicherungsaufsicht im Vergleich zur sonstigen Gewerbeaufsicht

Die gewerblichen Unternehmen unterliegen der Gewerbeaufsicht nach § 139b der **Gewerbeordnung**, die sich auf die Beachtung der Bestimmungen über Arbeits- und Betriebsschutz erstreckt. Das Gewerbeaufsichtsrecht, das in langjähriger Praxis ausgebildet ist, dient der speziellen Gefahrenabwehr durch die Gewerbeaufsichtsämter, ohne daß dabei auf die dem einzelnen etwa drohenden wirtschaftlichen Gefahren abgestellt ist.

Auch das **Datenschutzrecht** (Datenaufsicht durch die Datenschutzbeauftragten der Länder) gehört hierher. Es hat gerade für die Versicherungswirtschaft in seiner weiter verfeinerten Struktur erhebliche praktische Bedeutung (Bundesdatenschutzgesetz).

Die besonderen Fragestellungen des Versicherungsaufsichtsrechts finden im allgemeinen Gewerbeaufsichtsrecht keine wichtigen Vorbilder. Mit Ausnahme sehr weniger Vorschriften findet deshalb die GewO auf Versicherungsunternehmen keine Anwendung. Jedoch müssen selbständige haupt- oder nebenberufliche Versicherungsvertreter, die gemäß §§ 92, 84, 1 II Ziff. 7 HGB Kaufleute sind, ihre Tätigkeit gemäß § 14 GewO dem zuständigen Gewerbeamt anzeigen, wenn sie ein Gewerbe ausüben, d. h. wenn sie die Versicherungsvermittlung als eine auf Gewinnerzielung und auf Dauer gerichtete Tätigkeit ausüben.

Demgegenüber ist das **Kreditaufsichtsrecht** (Gesetz über das Kreditwesen i. d. F. der Bekanntmachung vom 11.7.1985 (mit einigen späteren Änderungen, KWG) dem Recht der Versicherungsaufsicht eng verwandt, obwohl auch hier wesentliche Besonderheiten zu finden sind. Nach dem Vorbild der Versicherungsaufsicht und den dort gesammelten Erfahrungen wurde durch Notverordnung des Reichspräsidenten zuerst 1931 eine zentrale Bankenaufsicht eingeführt, die heute als wichtigsten Rechtsgedanken das Konzessionssystem in Verbindung mit materieller Staatsaufsicht enthält. Denn die Kreditinstitute sind ebenso vertrauensempfindlich wie die Versicherungsunternehmen, obwohl dort die Markttransparenz und die Möglichkeit individueller Vertragsgestaltung nach der Natur der Sache größer sind. Die Bankenaufsicht ist keine Kreditaufsicht, d. h. sie beeinflußt nicht das Geschäftsgebaren der Kreditinstitute im Einzelfall, sondern sie wirkt **Mißständen** entgegen, die **erhebliche Nachteile für die Gesamtwirtschaft** zur Folge haben können. Den Kreditaufsichtsbehörden (als Bundesinstanz dem Bundesaufsichtsamt für das Kreditwesen) sind auch Aufgaben wirtschaftspolitischer Art übertragen worden. Die Bausparkassen unterstehen seit dem BausparkassenG vom 16.11.1976 der Aufsicht des Bundesaufsichtsamtes für das Kreditwesen.

Versicherungsunternehmen gelten nicht als Kreditinstitute i. S. des Kreditwesengesetzes (§ 21 Nr. 5 KWG), die Freistellung betrifft aber auch nur die typischen Geschäfte der Versicherungsunternehmen. Die Abgrenzung im einzelnen ist schwierig. Nach § 14 KWG sind auch die Versicherungsunternehmen zur Meldung sog. Millionenkredite an die Deutsche Bundesbank verpflichtet.

6. Modell des in der EG koordinierten Versicherungsaufsichtsrechts

a) Ausgangspunkte

Die Systeme und Ausgestaltungen des Versicherungsaufsichtsrechts der Mitgliedstaaten unterschieden sich bei Eintritt in die Gemeinschaft erheblich. Im Gegensatz zur **materiellen Staatsaufsicht** nach dem deutschen VAG und – ihr in gewissem Umfang ähnlich der französischen und italienischen Aufsicht – bestand in Großbritannien, aber auch in den Niederlanden die bloße **Publizitäts- und Solvenzaufsicht**. Auch im Umfang der Versicherungsaufsicht und dem Instrumentarium der Aufsichtsbehörden waren die nationalen Aufsichtsrechte sehr verschiedenartig. Es ließen sich daher auf dem Wege zu einem Gemeinsamen Versicherungsmarkt Wettbewerbsverzerrungen nur durch Koordinierung der Aufsichtsrechte vermeiden. Um uferlose Regelungswerke zu vermeiden, beschränkte man sich zunächst auf das bezüglich der Auswirkung im Markt wesentlichste (die sog. **essentials**). Im folgenden werden die Kernpunkte des gemeinsamen Aufsichtssystems der Mitgliedsländer dargestellt.

b) Regelung des Marktzutritts durch Niederlassung (Zulassung)

Bereits bei der Regelung des Marktzutritts im Wege der Niederlassung, also der Bedingungen für diesen Eintritt in den Markt, begnügte man sich bezüglich der zugelassenen Unternehmensformen mit der bereits genannten Liste der jeweils in den Mitgliedsländern zugelassenen **Unternehmenstypen**, von dem Lloyds-Syndikat bis zur öffentlich-rechtlichen Wettbewerbsanstalt. Das Äquivalenzprinzip, d. h. der Grundsatz, daß die nationalen Regelungen dann beibehalten werden können, wenn sie etwa gleichgewichtige (gleichwertige) Schutzwirkungen haben, wurde hier nicht verletzt.

Die Beschränkungen der Niederlassungsfreiheit wurden auch insoweit beseitigt, als den Unternehmen mit Sitz in einem Mitgliedstaat der EG ein **Rechtsanspruch auf Errichtung einer Niederlassung** in jedem anderen Mitgliedsland eingeräumt wird, sofern die im EG-Sekundärrecht enthaltenen und im nationalen Recht zulässigerweise auch für nationale Unternehmen bestehenden Voraussetzungen erfüllt sind. Der im deutschen VAG bereits bestehende Grundsatz, daß ein Zulassungsantrag nicht wegen Fehlens des (volkswirtschaftlichen) Bedürfnisses abgelehnt werden kann, ist allgemeines EG-Recht geworden (keine sog. Bedürfnisprüfung).

Um eine für alle Mitgliedstaaten funktionsfähige Koordinierungsregelung zu erhalten, mußte aus sachlichen, nicht nur aus begrifflichen Gründen eine Liste der **Versicherungssparten** aufgestellt werden, für die jeweils EG-ausländischen Versicherungsunternehmen die Erlaubnis zum Geschäftsbetrieb erteilt werden könnte.

An dieser Stelle greift gedanklich ein rechtliches Grundprinzip des EWG-Vertrages ein, das **Diskriminierungsverbot** des Art. 7 EWGV. Es besagt, daß im Bereich der Vertragsziele niemand wegen seiner Staatsangehörigkeit schlechter als die nationalen Versicherungsunternehmen behandelt werden darf. So dürfen an die EG-ausländischen Versicherungsunternehmen, die sich niederlassen wollen, keine höheren Anforderungen gestellt werden, als an die eigenen.

c) Solvenzaufsicht

Zum Betrieb von Versicherungsgeschäften ist ein Grundstock von Eigenkapital als sog. **Garantiefonds** und darüber hinaus bewegliche Marge von Eigenkapital in Abhängigkeit von Art und Umfang der Geschäfte notwendig **(Solvabilitätsmarge)**. Die bis dahin bestehenden Beschränkungen der Niederlassungsfreiheit konnten nur dann beseitigt werden, wenn an alle in dem Gemeinsamen Markt niedergelassenen Versicherungsunternehmen die (in der Europäischen Währungseinheit ECU ausgedrückten) **gleichen Anforderungen** gestellt werden. Es wurden daher bezüglich des notwendigen Eigenkapitals ein fester Grundrahmen und eine bewegliche Mindestmarge festgelegt. Die Solvabilität richtet sich nicht nur nach dem Umfang des Geschäfts **(Prämienindex)**, sondern auch nach dem Schadenverlauf einer Referenzperiode **(Schadenindex)**. Diese in die nationalen Rechte bereits umgesetzte Regelung wird im folgenden noch näher erläutert. Ähnlich wie bei den Kreditinstituten die Ausleihung, wird bei den Versicherungsunternehmen die Versicherungsproduktion von den Eigenmitteln her beschränkt, so daß für den Schutz der Versicherten eine besondere bezüglich aller Versicherungsunternehmen mit Sitz oder Niederlassung in der EG wirksame Sicherung eingebaut wurde.

d) Sitzlandsaufsicht – Tätigkeitslandaufsicht

Wegen der so erheblich verschiedenartigen Strukturen, Intensitäten und Methoden der nationalen Versicherungsaufsichten kommt der Frage ganz große Bedeutung zu, ob ein Versicherungsunternehmen, das in einem anderen Mitgliedsland als dem seines Sitzes arbeitet „von zu Hause" aus beaufsichtigt wird, also seine Aufsichts-Rechtsordnung „mitbringt" (**Sitzlandprinzip**) oder ob es der „fremden" Aufsicht unterworfen wird, die natürlich (im Denkmodell) primär den Schutz der in ihrem Lande ansässigen Versicherten im Auge hat (**Tätigkeitslandprinzip**). Soweit das Aufsichtsrecht weitgehend koordiniert ist, ist die Problematik allerdings entspannt. Sie ist zuerst bei der Regelung der Niederlassungsfreiheit, die, wie erwähnt, schrittweise erfolgt, praktisch geworden. Dabei hat man die Beurteilung der Anfangssolvabilität und ihrer Aufrechthaltung in die Hände der Sitzlandsbehörde gelegt und in der ersten Stufe der Entwicklung der Tätigkeitslandaufsicht (unter Beachtung des Diskriminierungsverbots) einen gewissen Spielraum gelassen. Auf die vielen hier auftretenden Einzelfragen kommt es bei diesem Überblick nicht an.

Es liegt auf der Hand, daß bei der **Versicherungstätigkeit in einem anderen Mitgliedsland ohne Niederlassung,** also im Rahmen der **Dienstleistungsfreiheit**, die Schaffung eines effektiven Binnenmarktes kaum möglich ist, wenn man zwischen Unternehmen und EG-ausländischem Teilmarkt die Tätigkeitslandaufsicht als Schranke einschiebt. Darin, daß nach dem VAG die Allgemeinen Versicherungsbedingungen bei der Zulassung genehmigungsbedürftig waren, sah man teilweise ein unüberwindliches Hindernis für den für erforderlich erachteten Versicherungswettbewerb. Andererseits würde die generelle Einführung des Sitzlandsprinzips eine effektive Tätigkeitsaufsicht in anderen EG-Mitgliedsländern in Frage stellen, so daß die Erfüllung der **sozialen Aufgabe** der Versicherungsaufsicht in bestimmten Bereichen unmöglich würde. Deshalb hat man im Anschluß an ein Urteil des Europäischen Gerichtshofs, wie bereits erwähnt, zwischen dem sog. Großgeschäft einerseits und dem Jedermann- (Mengen-)Geschäft andererseits differenziert und für das letzte, jedenfalls bis auf weiteres, der örtlich für den Schutz der Versicherten zuständigen Tätigkeitslandbehörde eine größere Regelungskompetenz eingeräumt. Nach Umsetzung der Zweiten Koordinierungsrichtlinie sieht das VAG daher für die beiden „Bestandarten" ein unterschiedlich gewichtetes System der Kooperation zwischen Sitzland- und Tätigkeitsaufsichtsbehörde vor, das sich sowohl auf die Zugangs- als auch auf die Ausübungsbedingungen der Versicherungstätigkeit ohne Niederlassung erstreckt. Bereits an dieser Stelle wird deutlich, daß die Dienstleistungsfreiheit zwar als die tatsächliche Herstellung gleicher Wettbewerbs- und sonstiger Marktverhältnisse in der Europäischen Gemeinschaft erscheint, daß dieser Prozeß indessen auch deshalb mehr als drei Jahrzehnte gedauert hat, weil die Aufsichtsrechte nicht die einzigen Handelshemmnisse waren und sind.

e) Definition der Großrisiken

Ein Eckpfeiler des Aufsichtsmodells der EWG, soweit es bisher verabschiedet und auch in das deutsche Recht umgesetzt ist, ist die Einteilung der Risiken in **Großrisiken**, bezüglich welcher der Versicherte grundsätzlich eines besonderen Schutzes durch die Aufsichtsbehörde nicht bedarf, und sonstigen Risiken. Die Unterscheidung ist nicht nur für die Erteilung der Erlaubnis zum Geschäftsbetrieb wesentlich, welche nicht die Vorlage der Allgemeinen Versicherungsbedingungen und Tarife voraussetzen (§ 5 Abs. 6 VAG), sondern auch für die Dienstleistungsfreiheit im Mitversicherungsverkehr nach § 111 Abs. 2 und § 110g VAG). Es werden schlechthin zwei unterschiedliche Typen der Versicherungsaufsicht eingeführt.

Die Großrisiken sind in § 5 Abs. 6 Nr. 1–3 des Vorschlags definiert, und zwar primär nach Versicherungszweigen. Die Risiken der Transportversicherung (Schienenfahrzeug-, Luftfahrzeug-, See-, Binnensee- und Flußschiffahrts-Kasko-, Transportgüter-, Luftfahrzeughaftpflicht- und See-, Binnensee- und Flußschiffahrtshaftpflichtversicherung) sowie diejenigen der Kredit- und Kautionsversicherung (hier nur, wenn der Versicherungsnehmer im industriellen, gewerblichen oder freiberuflichen Sektor tätig ist) sind Großrisiken.

Großrisiken sind aber auch die Sach–, sonstigen Haftpflicht– und die Vermögensschadenversicherungsrisiken, *„sofern der Versicherungsnehmer bei mindestens zwei der drei folgenden Kriterien die Obergrenze überschreitet"* (Gedanke der Größenklassen aus dem EG-Bilanzrecht): **6,2 Mio ECU Gesamtbilanzsumme, 12,8 Mio ECU Nettoumsatzerlöse, durchschnittliche Beschäftigungszahl im Verlauf des Wirtschaftsjahrs: 250 Arbeitnehmer**. Gehört der Versicherungsnehmer zu einem Konzern, der einen Konzernabschluß aufzustellen hat, sind für die Feststellung der Unternehmensgröße die Zahlen aus den in den Konzernabschluß einzubringenden Unternehmen zusammenzurechnen. Auf weitere Einzelheiten der gesetzlichen Regelung wird hingewiesen.

f) Abgrenzung der Dienstleistungsfreiheit

Die weitere Entwicklung geht auf eine Erleichterung des freien Dienstleistungsverkehrs zu. Neben der bereits erwähnten Mitversicherung auf Gemeinschaftsebene nach § 111 Abs. 2 n. F. ist durch Abs. 1 derselben Vorschrift der Dienstleistungsverkehr für Unternehmen, die ausschließlich die Transportversicherung (nach der dort gegebenen Definition) betreiben, von den Vorschriften des VAG ausgenommen. Schließlich – drittens – ist für Unternehmen mit Sitz in der Europäischen Gemeinschaft der Dienstleistungsverkehr (ohne Niederlassung), abhängig von einer vorherigen Erlaubnis der Aufsichtsbehörde, durch §§ 110d–110g n. F. VAG unter den dort niedergelegten Bedingungen eröffnet worden.

Auch die schwierige Abgrenzung, die eine außergewöhnliche praktische Bedeutung besitzt, ist vom Europäischen Gerichtshof vorgedacht worden. Nur ein weiter Niederlassungsbegriff verhindert Umgehungen der für die Anbieter strengeren Niederlassungsbedingungen: ein Versicherungsunternehmen, das im Gebiet eines Mitgliedstaates „**ständig präsent**" ist, bedarf der Erlaubnis zum Geschäftsbetrieb (einer Niederlassung). Das ist im Falle einer **Zweigniederlassung** oder einer **Agentur** aber auch dann der Fall, wenn die Präsenz „**lediglich**" durch **ein Büro** wahrgenommen wird, das von dem eigenen Personal des Unternehmens oder einer Person geführt wird, die zwar unabhängig, aber beauftragt ist, auf Dauer für dieses Unternehmen wie eine Agentur zu handeln (§ 110a Abs. 1 VAG).

In diesem Gesamtzusammenhang tritt aber noch ein zweites Regelungsproblem auf, das des sog. Kumuls. Es ist dahingehend behandelt, daß einem Unternehmen in den Zweigen, in welchem es für ein oder mehrere Mitgliedsländer (als Niederlassung) zugelassen ist, nicht daneben im Dienstleistungsverkehr ohne Niederlassung (vom Hauptsitz oder einer Niederlassung in einem anderen Mitgliedsland) Zugang hat. Das Kumulproblem würde sicherlich in einem „perfekten" Einheitsmarkt obsolet....

g) Schlußbemerkung

Das insoweit ins VAG umgesetzte komplizierte Ergebnis, zu dem der Ministerrat nach rd. zehnjährigen Verhandlungen gekommen ist, nachdem durch die Gemeinsame Europäische Akte das Kompromisse ermöglichende Mehrheitsprinzip eingeführt worden war, muß sich **in der Praxis bewähren**. Die Bewährung wird insbesondere darin bestehen, daß die eingehenden Regelungen über das Zusammenwirken der Sitz- und der Tätigkeitslandsaufsicht funktionieren.

Das neue Recht enthält eine größere Zahl von Regelungen, die in dieser Darstellung nicht behandelt und nur teilweise erwähnt werden können. Dazu gehören insbesondere die Behandlung der Pflichtversicherungen, die Bestandsübertragung, die aufsichtsrechtliche Behandlung von Allgemeinen Versicherungsbedingungen und Tarifen und die Kongruenzregeln (für die Anlage der die technischen Rückstellungen bedeckenden Werte) und schließlich die Bestimmung, die den status quo der auf dem Gebiet der Bundesrepublik tätigen öffentlich-rechtlichen Pflicht- und Monopolanstalten der Gebäudefeuerversicherung aufrechterhalten soll.

III. Aufsichtspflichtige Tatbestände und aufsichtsführende Behörden

1. Beaufsichtigte Versicherungsunternehmen

a) Der Aufsicht unterliegende Versicherungsunternehmen

Der Versicherungsaufsicht nach dem VAG unterliegen **Unternehmen**, die den **Betrieb von Versicherungsgeschäften** zum Gegenstand haben (§ 1 I VAG). Es kann sich sowohl um Privatunternehmen (Versicherungsaktiengesellschaften und Versicherungsvereine auf Gegenseitigkeit) als auch um öffentlich–rechtliche Versicherungsanstalten und –körperschaften handeln (vgl. § 7 I VAG). Soweit nicht nachstehend Ausnahmen aufgeführt werden, betrifft die Aufsicht die Unternehmen ohne Rücksicht auf die betriebenen Versicherungszweige. Betreibt ein Unternehmen tatsächlich Versicherungsgeschäfte, ohne eine der genannten Rechtsformen aufzuweisen, kann es keine Erlaubnis zum Geschäftsbetrieb erhalten. Der Geschäftsbetrieb muß durch die zuständige Aufsichtsbehörde untersagt werden.

b) Gesetzliche Ausnahmen

Daß die Träger der Sozialversicherung nicht unter eine Individualversicherungsaufsicht fallen, versteht sich von selbst. Transportversicherungsunternehmen, die ausschließlich im Dienstleistungsverkehr arbeiten (§ 111 Abs. 1 VAG) und Versicherungsunternehmen, die sich ohne Niederlassung im Bundesgebiet an dem Mitversicherungsgeschäft von Großrisiken (s. o. Nr. 5 e)beteiligen (Ausnahme: gesetzliche Kernenergie- und Arzneimittelhaftpflichtversicherung) unterliegen dem VAG nicht.

Ausnahmen gelten auch für bestimmte öffentlich-rechtliche Versicherungsunternehmen des öffentlichen Dienstes und der Kirchen mit Versorgungsaufgaben (§ 1 II Satz 2 und 3). Die öffentlich-rechtlichen Pflicht- und Monopolanstalten sind gleichfalls von der Versicherungsaufsicht ausgenommen (II Nr. 4)

Interessant ist die Herausnahme von **Unterstützungsrichtungen ohne Rechtsanspruch** sowie der Innungsunterstüzungskassen, also solche auf karitativer oder sozialer Basis errichteten Einrichtungen, bei denen der Kontrollapparat nicht im Verhältnis zum objektiven Schutzbedürfnis der Mitglieder stehen würde (§ 1 III Nr. 1 VAG). Ihnen sind **Innungsunterstützungskassen** (§ 1 III Nr. 1 a VAG) und bestimmte **Zusammenschlüsse von Industrie- und Handelskammern** mit Verbänden der Wirtschaft gleichgestellt, die den Ausgleich von Versorgungslasten zum Zweck haben (§ 1 III Nr. 2 VAG).

Kommunale Schadensausgleiche sind unter den in § 1 III Nr. 3 VAG genannten Voraussetzungen von der Versicherungsaufsicht gleichfalls freigestellt. Auch hier wurde mangelndes Schutzbedürfnis vom Gesetzgeber als Begründung genannt. Die Ausnahme des § 1 III Nr. 4 VAG wurde bereits oben unter a) erwähnt. Schließlich sind nach § 1 III Nr. 5 VAG gewisse Unternehmen mit örtlich eng begrenztem Wirkungsbereich ausgenommen.

Die **Versicherungsmakler und die Versicherungsvertreter(-agenten)** unterliegen als solche nach deutschem Recht selbst nicht der Versicherungsaufsicht. Nur in wenigen Fällen kann die Aufsichtsbehörde kraft gesetzlicher Sondervorschrift unmittelbar gegen sie vorgehen (vgl. §§ 81 II 3, 83 II, vgl. außerdem die Strafvorschrift des § 144 a, § 144b Abs. 1 Nr. 1, 2 und 4, § 11 Abs. 1 PflichtVersG). Die Möglichkeiten zu einer mittelbaren Einwirkung der Aufsichtsbehörden auf die Versicherungsvermittler sind indessen recht zahlreich.

Schließlich unterliegen **Versicherungspools** deshalb nicht selbst der Versicherungsaufsicht, weil sie nur auf das Innenverhältnis der Versicherer bezogene Verteilungsstellen für die Aufteilung von Risiken auf Versicherungsunternehmen darstellen, die ihrerseits gegebenenfalls der Aufsicht unterworfen sind. Für Unternehmen, die lediglich die Rückversicherung betreiben und nicht die Rechtsform eines VVaG haben, gilt eine eingeschränkte Aufsicht.

c) Ausländische Unternehmen

Die gesetzliche Regelung geht davon aus, daß ausländische Versicherungsunternehmen ebenso wie inländische der Erlaubnis zum Geschäftsbetrieb bedürfen, wenn sie im Inland durch eine zwar selbständige, aber ständig damit betraute Person von einer Betriebsstätte in der Bundesrepublik aus das Versicherungsgeschäft betreiben (**Niederlassung**). Ausgenommen sind hier wiederum reine Rückversicherungsaktiengesellschaften. Die der deutschen Aufsicht unterliegenden ausländischen Unternehmen haben einen sogenannten **Hauptbevollmächtigten** zu ernennen, der nach Bestellung durch die deutsche Aufsichtsbehörde gesetzlicher Vertreter des der Souveränität der Bundesrepublik unterliegenden Teils des ausländischen Unternehmens ist. Über die Erteilung der Erlaubnis zum Geschäftsbetrieb wird später etwas gesagt werden. Das Niederlassungsrecht für inländische und für **EG-ausländische** Versicherungsunternehmen ist aneinander angeglichen, und die Zusammenarbeit der (EG-ausländischen) Aufsichtsbehörde (des Sitzlandes des Unternehmens) und der inländischen Tätigkeitslandaufsichtsbehörde sind eingehend geregelt (§§ 110a–110e VAG). Durch §§ 110d–110h VAG ist nunmehr auch die (deutsche) aufsichtsrechtliche Behandlung des EG-internen **freien Dienstleistungsverkehrs** geregelt (Deckung von Direktversicherungsrisiken vom Sitz oder einer Niederlassung in einem anderen Mitgliedsland, ohne Niederlassung in der Bundesrepublik, § 110d). Hier erfolgt keine Bestellung eines Hauptbevollmächtigten, ist jedoch gleichfalls eine Erlaubnis (hier zum Dienstleistungsverkehr) erforderlich. Zulassung und laufende Aufsicht sind auch hier eingehend geregelt, aber der rechtlichen Behandlung nationaler Unternehmen weitgehend angenähert.

Versicherungsunternehmen mit Sitz **außerhalb der Mitgliedstaaten der EWG** bedürfen einer Erlaubnis zum Betrieb des Direktversicherungsgeschäfts in der Bundesrepublik (§ 105). Sie müssen eine Niederlassung errichten und einen Hauptbevollmächtigten bestellen. Eine Eingehende Regelung findet sich in §§ 105–110.

Es gibt nach geltendem Recht einen Tatbestand, bei dem Geschäftsbeziehungen ausländischer Versicherer mit deutschen Versicherungsnehmern der deutschen Versicherungsaufsicht nicht unterliegen, nämlich die sogenannten **Korrespondenzverträge**. Das sind solche Versicherungsverträge, die im Wege der Korrespondenz, lediglich brieflich und ohne Einschaltung von Hilfspersonen des Versicherers oder von Versicherungsmaklern, oder bei persönlichem Aufenthalt des Antragstellers im Ausland abgeschlossen werden.

d) Feststellung der Aufsichtspflicht

Um eine einheitliche und möglichst sachkundige Entscheidung der Frage herbeizuführen, ob ein Unternehmen der Versicherungsaufsicht unterliegt, legt § 2 VAG diese Feststellung in die Hände der Aufsichtsbehörde. Die Entscheidung hat Tatbestandswirkung, d. h. sie bindet insoweit Gerichte und Verwaltungsbehörden. Gegen die Entscheidung des Bundesaufsichtsamtes ist Klage im Verwaltungsstreitverfahren vor dem Bundesverwaltungsgericht gegeben.

2. Versicherungszweige und Versicherungssparten

a) Versicherungszweige

Die Einteilung der Tätigkeitsbereiche der Versicherungsunternehmen nach Risikoarten in Versicherungszweige beruht auf der Erfahrung von Versicherungsaufsicht und -wirtschaft. Die Systematik wurde zwischenzeitlich in den Rechnungslegungsvorschriften präzisiert. Die Versicherten kannten und kennen den Deckungsumfang der einzelnen Zweige. Die Bedürfnisse der Versicherungspraxis haben in größerem Umfang zur „Zusammenfassung" traditionell entwickelter Versicherungszweige geführt. Man spricht dann von **kombinierten Versicherungen**, wenn in sich geschlossene Allgemeine Versicherungsbedingungen geschaffen worden sind, durch welche mehrere Risikoarten erfaßt werden, z. B. bei der Verbundenen Wohngebäude- und der Verbundenen Hausratversicherung und bei der Kraftfahrtversicherung (Haftpflicht-, Kasko-, Unfallversicherung). Von **„gebündelten Versicherungen"** spricht man hingegen, wenn ein Versicherungsvertrag zwar in einer Police dokumentiert ist, ihm jedoch mehrere Sätze von AVB jeweils für die unterschiedlichen Risikoarten zugrundeliegen.

b) Versicherungssparten

Weil aber der Deckungsumfang und die Bezeichnungen der Versicherungszweige in den EG–Mitgliedsländern ganz unterschiedlich waren, ist EG–einheitlich eine eigene neue Systematik nach Risikoarten eingeführt und als Anlage zum VAG in das Gesetz einbezogen worden. Die Risiken sind nach **Versicherungssparten** eingeteilt, häufig „kleinere Einheiten" als sie bei uns in den einzelnen Versicherungszweigen gedeckt werden. Jedenfalls für das Zulassungsverfahren sind die nationalen Aufsichtsbehörden an das Spartensystem gebunden.

Zur Verdeutlichung wird die **Anlage zum VAG** abgedruckt

A. Einteilung der Risiken nach Versicherungssparten

1. Unfall
   a) Summenversicherung
   b) Kostenversicherung
   c) kombinierte Leistungen
   d) Personenbeförderung

2. Krankheit
   a) Tagegeld
   b) Kostenversicherung
   c) kombinierte Leistungen

3. Landfahrzeug-Kasko (ohne Schienenfahrzeuge)
   Sämtliche Schäden an:
   a) Kraftfahrzeugen
   b) Landfahrzeugen ohne eigenen Antrieb

4. Schienenfahrzeug-Kasko
   Sämtliche Schäden an Schienenfahrzeugen

5. Luftfahrzeug-Kasko
   Sämtliche Schäden an Luftfahrzeugen

6. See-, Binnensee- und Flußschiffahrts-Kasko
   Sämtliche Schäden an:
   a) Flußschiffen
   b) Binnenseeschiffen
   c) Seeschiffen

7. Transportgüter
   Sämtliche Schäden an transportierten Gütern, unabhängig von dem jeweils verwendeten Transportmittel

8. Feuer- und Elementarschäden
   Sämtliche Sachschäden (soweit sie nicht unter die Nummern 3 bis 7 fallen), die verursacht werden durch:
   a) Feuer
   b) Explosion
   c) Sturm
   d) andere Elementarschäden außer Sturm
   e) Kernenergie
   f) Bodensenkungen und Erdrutsch

9. Hagel-, Frost- und sonstige Sachschäden Sämtliche Sachschäden (soweit sie nicht unter die Nummern 3 bis 7 fallen), die außer durch Hagel oder Frost durch

Ursachen aller Art (wie beispielsweise Diebstahl) hervorgerufen werden, soweit diese Ursachen nicht unter Nummer 8 erfaßt sind.

10. Haftpflicht für Landfahrzeuge mit eigenem Antrieb
    a) Kraftfahrzeughaftpflicht
    b) Haftpflicht aus Landtransporten
    c) sonstige

11. Luftfahrzeughaftpflicht
    Haftpflicht aller Art (einschließlich derjenigen des Frachtführers), die sich aus der Verwendung von Luftfahrzeugen ergibt

12. See-, Binnensee- und Flußschiffahrtshaftpflicht
    Haftpflicht aller Art (einschließlich derjenigen des Frachtführers, die sich aus der Verwendung von Flußschiffen, Binnenseeschiffen und Seeschiffen ergibt)

13. Allgemeine Haftpflicht
    Alle sonstigen Haftpflichtfälle, die nicht unter die Nummern 10 bis 12 fallen

14. Kredit
    a) allgemeine Zahlungsunfähigkeit
    b) Ausfuhrkredit
    c) Abzahlungsgeschäfte
    d) Hypothekendarlehen
    e) landwirtschaftliche Darlehen

15. Kaution

16. Verschiedene finanzielle Verluste
    a) Berufsrisiken
    b) ungenügende Einkommen (allgemein)
    c) Schlechtwetter
    d) Gewinnausfall
    e) laufende Unkosten allgemeiner Art
    f) unvorhergesehene Geschäftsunkosten
    g) Wettverluste
    h) Miet- oder Einkommensausfall
    i) indirekte kommerzielle Verluste außer den bereits erwähnten
    j) nichtkommerzielle Geldverluste
    k) sonstige finanzielle Verluste

17. Rechtsschutz

18. Beistandleistungen zugunsten von Personen, die sich in Schwierigkeiten befinden
    a) auf Reisen oder während der Abwesenheit von ihrem Wohnsitz oder ständigem Aufenthaltsort,
    b) unter anderen Bedingungen, sofern die Risiken nicht unter andere Versicherungssparten fallen.

19. Leben
    (soweit nicht unter den Nummern 20 und 21 aufgeführt)

20. Heirats- und Geburtenversicherung

21. Fondsgebundene Lebensversicherung

B. Bezeichnung der Zulassung, die gleichzeitig für mehrere Sparten erteilt wird

Umfaßt die Zulassung zugleich

a) die Nummern 1 Buchstabe d, 3, 7 und 10 Buchstabe a, so wird sie unter der Bezeichnung „Kraftfahrtversicherung" erteilt;
b) die Nummern 1 Buchstabe d, 4, 6, 7 und 12, so wird sie unter der Bezeichnung „See- und Transportversicherung" erteilt;
c) die Nummern 1 Buchstabe d, 5, 7 und 11, so wird sie unter der Bezeichnung „Luftfahrtversicherung" erteilt;
d) die Nummern 8 und 9, so wird sie unter der Bezeichnung „Feuer- und andere Sachschäden" erteilt;
e) die Nummern 10 bis 13, so wird sie unter der Bezeichnung „Haftpflicht" erteilt;
f) die Nummern 14 und 15, so wird sie unter der Bezeichnung „Kredit und Kaution" erteilt;
g) die Nummern 1, 3 bis 13 und 16, so wird sie unter der Bezeichnung „Schaden- und Unfallversicherung" erteilt.

Auf die der Anlage zum VAG beigegebenen sog. Kongruenzregeln wird in anderem Zusammenhang eingegangen.

c) Rechnungslegungvorschriften

In Anpassung an die besonderen Notwendigkeiten von Rechnungslegung und Abschluß wird in den Rechnungslegungsvorschriften abweichend von a) und b) eine spezielle Branchensystematik vorgeschrieben.

3. Aufsichtsführende Behörden

a) Verfassungsrechtliche Vorfragen

Das „privatrechtliche Versicherungswesen" gehört nach Art. 74 Nr. 11 GG zur sogenannten *konkurrierenden Gesetzgebung*, d. h. der Bund kann, soweit ein Bedürfnis nach bundesgesetzlicher Regelung besteht, die Materie gesetzlich regeln. Solange das nicht geschehen ist, können die Länder gesetzliche Regelungen treffen. Durch das Gesetz über die Errichtung eines Bundesaufsichtsamtes für das Versicherungswesen vom 31.7.1951 (BAG) hat der Bund ein Bundesaufsichtsamt (BAV) geschaffen und die Zuständigkeit zwischen Bund und Ländern geregelt.

Der frühere Streit um die Frage, ob bei der Auslegung der Worte **„privatrechtliches Versicherungswesen"** auf die Unternehmensform oder die Rechtsnatur des Versicherungsverhältnisses abzustellen sei, ist durch einen Kompromiß beendet. In diesem Zusammenhang war von Bedeutung, daß die Verfassung grundsätzlich keine Mischverwaltung (gleichzeitige Befassung von Bundes- und Länderbehörden) kennt.

b) Schema der Zuständigkeitsregelungen

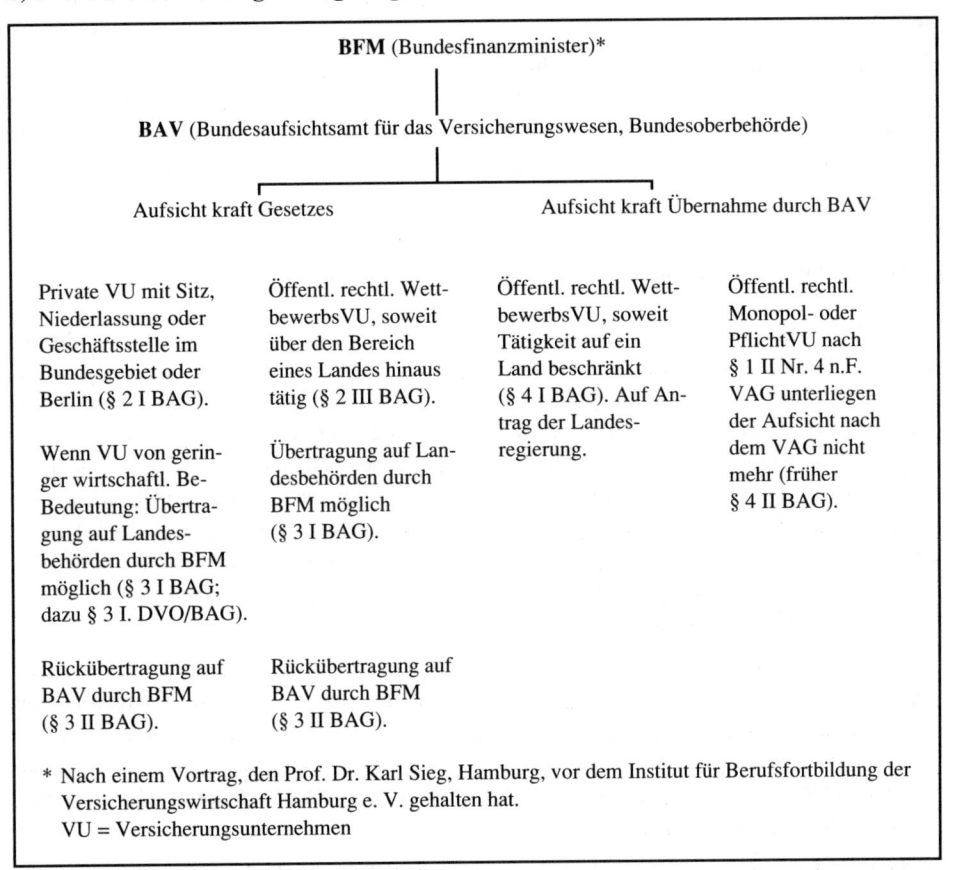

BFM (Bundesfinanzminister)*

BAV (Bundesaufsichtsamt für das Versicherungswesen, Bundesoberbehörde)

Aufsicht kraft Gesetzes			Aufsicht kraft Übernahme durch BAV
Private VU mit Sitz, Niederlassung oder Geschäftsstelle im Bundesgebiet oder Berlin (§ 2 I BAG).	Öffentl. rechtl. WettbewerbsVU, soweit über den Bereich eines Landes hinaus tätig (§ 2 III BAG).	Öffentl. rechtl. WettbewerbsVU, soweit Tätigkeit auf ein Land beschränkt (§ 4 I BAG). Auf Antrag der Landesregierung.	Öffentl. rechtl. Monopol- oder PflichtVU nach § 1 II Nr. 4 n.F. VAG unterliegen der Aufsicht nach dem VAG nicht mehr (früher § 4 II BAG).
Wenn VU von geringer wirtschaftl. Bedeutung: Übertragung auf Landesbehörden durch BFM möglich (§ 3 I BAG; dazu § 3 I. DVO/BAG).	Übertragung auf Landesbehörden durch BFM möglich (§ 3 I BAG).		
Rückübertragung auf BAV durch BFM (§ 3 II BAG).	Rückübertragung auf BAV durch BFM (§ 3 II BAG).		

* Nach einem Vortrag, den Prof. Dr. Karl Sieg, Hamburg, vor dem Institut für Berufsfortbildung der Versicherungswirtschaft Hamburg e. V. gehalten hat.
VU = Versicherungsunternehmen

Das Gesetz unterscheidet zwischen einer **ursprünglichen** und einer **abgeleiteten Zuständigkeit**. Das BAV ist ursprünglich zuständig für die Aufsicht über die privaten Versicherungsunternehmen und die Aufsicht über diejenigen öffentlich-rechtlichen Wettbewerbs-Versicherungsunternehmen, die über den Bereich eines (deutschen) Landes hinaus tätig sind. Die ursprüngliche Zuständigkeit für die Aufsicht über die lediglich im Bereich eines Landes tätigen öffentlich-rechtlichen Wettbewerbs-Versicherungsunternehmen liegt bei dem betreffenden Land.

Von einer abgeleiteten Zuständigkeit spricht man dann, wenn die Aufsicht von der ursprünglichen zuständigen Behörde der Landesebene auf das BAV und umgekehrt übertragen werden kann. Das BAG hat diese Tatbestände in den §§ 3–5 geregelt. Die zahlreichen **Versicherungsunternehmen von geringer wirtschaftlicher Bedeutung** (der Begriff deckt sich nicht mit dem des § 53 VAG) fallen unter die abgeleitete Zuständigkeit der Länder, die ihrerseits die Aufsicht in erheblichem Umfange auf die Mittelinstanz (Regierungspräsidenten) übertragen haben.

Von der Zuständigkeitsregelung ist die materielle Grundlage der Versicherungsaufsicht zu unterscheiden, von der bereits gesprochen worden ist. Für die öffentlich-rechtlichen (Wettbewerbs-) Versicherungsunternehmen gilt nunmehr das VAG voll (auf die Ausnahme des § 1 II 2 wird hier nur hingewiesen), während die Pflicht- und Monopolanstalten ausschließlich dem Landesrecht unterliegen.

Über den Antrag **ausländischer Versicherer** mit Sitz in einem Mitgliedsstaat der Europäischen Gemeinschaft auf Erlaubnis zum Geschäftsbetrieb (Niederlassung) und über die Erlaubnis zum Dienstverkehr entscheidet das BAV, über den Antrag ausländischer Unternehmen mit Sitz außerhalb der EG das BMFin gemäß. Die laufende Aufsicht wird über alle Niederlassungen ausländischer Versicherer durch das BAV geführt.

c) Insbesondere: Das Bundesaufsichtsamt für das Versicherungswesen

Das BAV ist eine dem Bundesfinanzministerium nachgeordnete selbständige **Bundesoberbehörde**, an deren Spitze der Präsident und der Vizepräsident stehen und das in verschiedene Abteilungen gegliedert ist. Grundsätzlich entscheidet der Präsident durch Verfügung, soweit nicht eine aus drei Mitgliedern des BAV und zwei Beiratsmitgliedern besetzte Beschlußkammer zur Entscheidung berufen ist (§ 7 3.DVO zum BAG). Unter den Fällen, in denen die Beschlußkammer als kollegial besetzte Verwaltungsbehörde zu entscheiden hat, sind besonders wichtig die Fragen, ob ein Unternehmen der Aufsicht unterliegt, ob die Erlaubnis zum Geschäftsbetrieb zu erteilen, ob eine Bestandsübertragung zu genehmigen ist und ob bestimmte Eingriffe nach §§ 81 ff. VAG vorgenommen werden sollen. Der Präsident kann der Beschlußkammer aber auch jede Sache zur Entscheidung zuweisen.

Bei dem BAV besteht zur Mitwirkung bei der Aufsicht ein Beirat (§ 92 VAG), der aus 60 ehrenamtlich tätigen und vom Bundesminister der Finanzen dem Bundespräsidenten vorgeschlagenen Sachverständigen des Versicherungswesens besteht. Die Zusammensetzung bestimmt sich nach § 3 II 3.DVO zum BAG. Der Beirat wirkt in den gesetzlich vorgesehenen Fällen, insbesondere bei der Vorbereitung wichtiger Entscheidungen – im ganzen, in Beiratsgruppen oder individuell – und an Beschlußkammersitzungen mit.

Neben der Zulassung neuer Unternehmen zum Geschäftsbetrieb oder bestehender zum Betrieb weiterer Versicherungszweige haben in der Vergangenheit die Schwerpunkte der Tätigkeit des Aufsichtsamtes gelegen bei der Überwachung der Rechnungslegung und des gesamten finanziellen Gebarens der unter Aufsicht stehenden Versicherungsunternehmen bei der Genehmigung Allgemeiner Versicherungsbedingungen und anderer Teile des Geschäftsplans und der Bearbeitung von Beschwerden sowie – nach dem letzten Kriege – bei der Vorbereitung und Durchführung der finanziellen Rekonstruktion der Versicherungswirtschaft. Der Zusammenarbeit der Versicherungsaufsichtsbehörden innerhalb der EG (dazu insbesondere §§ 111a-111e VAG) kommt immer größere Bedeutung vor allem für den Bereich der Dienstleistungsfreiheit zu (siehe oben A. II .6 d). Danach haben Entscheidungen EG-ausländischer Behörden in gewissem Umfang auch Wirksamkeit für die Entscheidung von Fragen, die früher ausschließlich unter die Souveränität der Einzelstaaten fielen. So liegt die Kompetenz der Sitzlandsaufsichtsbehörde bereits bei der Prüfung und Bestätigung der Eigenkapitalausstattung und der im Sitzland zu stellenden technischen Reserven. Das Bundesverfassungsgericht geht übrigens davon aus, daß die Grundrechte (wie sie das Grundgesetz der Bundesrepublik enthält) durch das sog. EG-Sekundärrecht, d. h. das auf dem EG-Vertrag beruhende und diesen weiter ausfüllende Richtlinienrecht gewahrt sind.

IV. Mittel der Aufsichtsführung

1. Rechtsetzungsbefugnisse der Aufsichtsbehörden

In einem demokratischen Rechtsstaat, dessen Struktur durch den Grundsatz der Gewaltenteilung, nämlich der Trennung der gesetzgebenden, der rechtssprechenden und der ausführenden (regierenden, verwaltenden) Gewalt, bestimmt ist, kommen den Verwaltungsbehörden grundsätzlich keine Rechtsetzungsbefugnisse (Gesetzgebungsbefugnisse i. w. S.) zu. Verwaltungsbehörden, zu denen das BAV gehört, werden durch sog. Verwaltungsakte (Verfügungen) tätig oder entfalten eine sog. schlicht verwaltende Tätigkeit. Nach Art. 80 GG kann allerdings die Bundesregierung oder ein Bundesminister in bestimmten Grenzen und auf einem rechtlich genau bestimmten Weg in Gestalt sogenannter Rechtsverordnungen Recht setzen, wenn im Gesetz eine entsprechende Ermächtigung erteilt worden ist. Das ist z. B. bezüglich des Bundesfinanzministers in § 55 IIa letzter Satz VAG (vgl. dazu § 25 II VO über die Rechnungslegung von Versicherungsunternehmen) und durch § 81 c III VAG geschehen, der die Ermächtigung durch Rechtsverordnung auf das BAV übertragen kann (vgl. VO vom 28.2.1984).

Eine derartige Rechtsetzungsbefugnis der Versicherungsaufsichtsbehörden (abstrakte, an die Allgemeinheit gerichtete Regelungen) enthält das VAG nur ausnahmsweise, aber in wichtigen Fällen, z. B. in §§ 55, 55a zum Erlaß von Rechnungslegungsvorschriften, in § 53c II und § 156a II zum Erlaß von Rechtsverordnungen, die die Kapitalausstattung von Versicherungsunternehmen konkret bestimmen und in § 81 II Satz 3 von solchen mit dem Inhalt eines Verbots von Sondervergünstigungen und Begünstigungsverträgen. Soweit der Bundesminister der Finanzen (BMFin) zum Erlaß von Rechtsverordnungen ermächtigt ist und dieser nach dem Wortlaut Ermächtigung diese auf das BAV weiterübertragen kann, ist dieses geschehen, und das Bundesaufsichtsamt hat dann die entsprechenden Verordnungen, z. B. über die interne und die externe Rechnungslegung, erlassen.

In der Vergangenheit hatte die Funktion der Aufsichtsbehörden bei der Rechtsetzung anläßlich der finanziellen Rekonstruktion der Versicherungsunternehmen nach der Währungsreform 1948 eine erhebliche Bedeutung. Die aus Anlaß des Beitritts der ehemaligen DDR zur Bundesrepublik dem BAV für den AVB-Bereich eingeräumte Rechtsetzungsermächtigung wurde nicht ausgenutzt, die generell seit 1940 geltende Verordnung über die Anwendung Allgemeiner Versicherungsbedingungen inzwischen vom Bundesgesetzgeber aufgehoben. Es ist darauf hinzuweisen, daß Versicherungsbedingungen einzelner Versicherungszweige behördlich erlassen sind, weil besondere Gründe dafür vorlagen und besondere rechtliche Voraussetzungen gegeben waren, man denke an die Allgemeinen Bedingungen für die Kraftfahrtversicherung und an den Speditionsversicherungsschein ursprünglicher Fassung. Ohne daß das BAV formal Recht gesetzt hat, hat es auf Inhalt und Fassungen der Allgemeinen Versicherungsbedingungen zunächst in dem später aufgehobenen „Sammelgenehmigungsverfahren", später durch eine für die laufende Aufsicht Präjudizien setzende Genehmigungspraxis einen für ein transparentes Bedingungssystem wesentlichen und die eigene Prüfungsfähigkeit der Versicherten fördernden, aber auch eigene Konzeptionen betonenden Einfluß ausgeübt, zuletzt durch die in das Genehmigunsverfahren eingeführten sog. „Sonderbedingungen" für die neuen Länder. Mit der Frage des rechtlichen und faktischen Zwanges zur Anwendung genehmigter AVB wird sich dieser Beitrag später beschäftigen.

2. Regelungen durch Verwaltungsakt

a) Begriff

Daß sich die spezielle Gewerbepolizei der Versicherungsaufsicht nicht in erster Linie der Rechtsetzung zur Verwirklichung ihrer Aufgaben bedienen kann, bedarf jetzt keiner Begründung mehr. Der Schwerpunkt muß bei der **hoheitlichen Regelung von Einzelfällen** durch die Verwaltungsbehörde, also bei dem sogenannten Verwaltungsakt, liegen. Das bundesrechtlich geregelte Verfahren der Verwaltungsbehörden, zu denen das BAV gehört, richtet sich nach der Verwaltungsverfahrensordnung. Verwaltungsakte treten als Erlaubnis, Genehmigung, Entscheidung, Verfügung, Anordnung, behördliche Aufforderung oder unter ähnlicher Bezeichnung auf und werden vor allem in sogenannte **begünstigende** (wie z. B. die Erteilung der Erlaubnis zum Geschäftsbetrieb oder die Genehmigung einer Geschäftsplanänderung) und **belastende** (wie z. B. die Untersagung des Geschäftsbetriebs oder die Einsetzung eines Sonderbeauftragten) eingeteilt. Einzelheiten bestimmt das Verwaltungsverfahrensgesetz.

b) Einzelverwaltungsakt

Nur zur Regelung von Einzelfällen erlassene behördliche Verfügungen i. w. S. sind Verwaltungsakte. Inhaltlich müssen sie entweder bestimmen, was im Einzelfall Recht ist, oder sie müssen, wie erwähnt, ein bestimmtes Tun, Dulden oder Unterlassen auferlegen. Eine Meinungsäußerung, eine Auskunft, ein unverbindlicher Rat oder Wunsch einer Behörde sind keine Verwaltungsakte. Jede Verfügung bedarf einer allgemeinen oder besonderen gesetzlichen Grundlage, z. B. § 5, § 81 a VAG. Schriftform ist nicht vorgeschrieben; doch wird die Behörde wesentliche Verfügungen regelmäßig schriftlich festlegen, wenn auch die Mitteilung zunächst gegebenenfalls nur mündlich erfolgt. Eine Begründung ist nicht vorgeschrieben. Die Widerspruchsfrist wird nur in Lauf gesetzt, wenn über diesen Rechtsbehelf (richtig) belehrt ist. Gewisse Verwaltungsakte, z. B. die Erteilung der Erlaubnis zum Geschäftsbetrieb, die Untersagung eines solchen oder die Genehmigung einer Bestandsübertragung sind im Bundesanzeiger bekanntzumachen.

c) Sammelverfügung

Jede Verwaltungstätigkeit hat den bereits in der Verfassung zum Ausdruck gebrachten, für die Verwaltung besonders ausgeprägten **Gleichbehandlungsgrundsatz** zu befolgen, der besagt, daß gleichgelagerte Sachverhalte unter gleichen Voraussetzungen gleich zu behandeln sind. Diese auf Art. 3 I GG zurückgehende Grundregel gebietet zugleich eine Differenzierung, eine Ungleichbehandlung des nach der Natur der Sache nicht Gleichen. Art. 7 des EWG-Vertrages verbietet übrigens ausdrücklich die Ungleichbehandlung wegen der Staatsangehörigkeit. Jede Verwaltung muß, um den Gleichbehandlungsgrundsatz zu verwirklichen, bei Regelung eines Einzelfalls eine Vielzahl früher entschiedender und zukünftig möglicher anderer Einzelfälle zum Vergleich heranziehen, um eine sachgerechte Regelung zu treffen. Sie muß also ein Gesamtbild, ein Gesamtschema, des von ihr zu betreuenden sachlichen Bereichs besitzen.

Ein solcher **Trend**, eine Tendenz, **zur allgemeineren Regelung** wohnt gerade dem Versicherungsaufsichtsrecht vor allem nach dem Charakter des zu beaufsichtigenden Gewerbes inne. Dieses ist weitaus überwiegend auf große (oft viele Hunderttausende von Risiken umfassende) Kollektive abgestellt, die mit Hilfe von Großcomputern bearbeitet werden. Sowohl die Schutztheorie, wie sie durch das Leitwort von der Sicherung der dauernden Erfüllbarkeit der Verträge gekennzeichnet ist, als auch die Notwendigkeit, daß sich die beaufsichtigte Wirtschaft in ihrem Gesamtverhalten auf lange Sicht auf die aufsichtsbehördliche Praxis einstellen muß, um nicht anläßlich der Erfüllung des Aufsichtszwecks ungerechtfertigt Schaden zu leiden, zwingen zu einem erkennbaren allgemeinen Regelungssystem. Dieses braucht nicht etwa aus einer geschlossenen und vollständigen Regelung zu bestehen; es kann auch nur einzelne Grundsätze enthalten und im übrigen der Eigeninitiative der Marktteilnehmer Raum geben.

Hier bietet sich die sogenannte Sammelverfügung (ebenso wie die ihrer rechtlich Struktur nach sehr ähnliche Allgemeinverfügung) – sozusagen ein „Mittelding" zwischen Rechtsverordnung und Einzelverwaltungsakt – als rechtliches Instrument an. Von einer Sammelverfügung spricht man nämlich dann, wenn sich ein Verwaltungsakt an einen tatbestandsgemäß nach Gattungsmerkmalen bezeichneten Personenkreis richtet, z. B. an die Versicherungsunternehmen, die einen bestimmten Versicherungszweig betreiben, oder aber auch an alle Versicherungsunternehmen. Solche Sammelverfügungen, die konkrete Verwaltungsangelegenheiten regeln müssen, unterliegen den gleichen Regeln wie der Einzelverwaltungsakt.

3. Schlicht verwaltende Tätigkeit

a) Wesen

Die Aufsichtsbehörde bedient sich nicht in allen Fällen ihrer Rechtsetzungsbefugnis (geringen Umfangs) oder ihrer Gestaltungsmöglichkeit durch Verfügung (Verwaltungsakt). In vielen Fällen – das VAG selbst sieht solche Fälle vor, vgl. z. B. § 83 III Satz 1 – erfüllt sie ihre Aufgaben auf andere Weise, durch Rat, persönliche Einwirkung, Empfehlung, gutachtliche Äußerung, Mitteilung ihrer Rechtsansicht, Anfragen, Materialsammlungen usw. Die Verwaltungsrechtswissenschaft nennt das „schlicht verwaltende Tätigkeit". Da in allen Fällen ein Eingriff im Wege der Verfügung überhaupt nur und mit derjenigen „Höchstschärfe" vorgenommen werden darf, wie dies zur Erreichung des Aufsichtszweckes zwingend geboten ist (**Grundsatz der Verhältnismäßigkeit der Mittel**), stellt die sogenannte schlicht verwaltende Tätigkeit häufig eine erste Stufe (häufig ausschließliche) aufsichtsbehördlicher Wirksamkeit dar.

b) Insbesondere im Bereich der an die Aufsichtsbehörden gerichteten Beschwerden

Beschwerden über Versicherungsunternehmen, die von Dritten (z. B. Vermittlern, Versicherungsnehmern oder geschädigten Dritten) an die Aufsichtsbehörden gerichtet sind, stellen im Regelfalle rechtliche **Anregungen zum Einschreiten der Aufsichtsbehörde dar**. Die aufsichtsbehördliche Beschwerdebehandlung ist gesetzlich nicht geregelt, findet jedoch in dem verfassungsrechtlichen Grundgedanken des Petitionsrechts ihre Grundlage. Zum schlicht verwaltenden Handeln gehört die Aufforderung der Aufsichtsbehörde an ein Versicherungsunternehmen, sich zu einer Beschwerde zu äußern. Auch ein etwaiger Rat an das Unternehmen, im Kulanzwege zu helfen (sofern die Behörde nicht durch Verwaltungsakt eingreifen kann oder will) oder die Zurückweisung der Beschwerde als unbegründet oder schließlich die Verweisung des Beschwerdeführers auf den ordentlichen Rechtsweg gehören zum schlicht verwaltenden Handeln. Das Beschwerdeverfahren hemmt nicht die zivilrechtliche Verjährung.

c) Veröffentlichung von Verwaltungsgrundsätzen

Nach § 103 II VAG hat das BAV fortlaufend seine Rechts- und Verwaltungsgrundsätze zu veröffentlichen, um einerseits die eigene „Planung" zu fixieren, andererseits den Versicherungsunternehmen eine Grundlage dafür zu geben, in ihrem Verhalten Mißstände mit einiger Sicherheit zu vermeiden. Derartige Richtlinien und Grundsätze sind in größerer Zahl ergangen. Sie stellen weder Rechtsnormen noch Verwaltungsakte dar und sind als solche nicht mit Rechtsbehelfen angreifbar. Die Veröffentlichung erfolgt regelmäßig, soweit sie nicht im Bundesanzeiger ausdrücklich vorgeschrieben ist, in deren *"Veröffentlichungen des Bundesaufsichtsamtes für das Versicherungswesen"* (abgekürzt VerBAV) die monatlich erscheinen, und in dem jährlichen Geschäftsbericht des BAV (GB). Die Abgrenzung ist manchmal schwierig.

4. Rechtsmittel und -behelfe gegen Verwaltungsakte der Aufsichtsbehörden

a) Widerspruch

Gegen Verwaltungsakte der Versicherungsaufsichtsbehörden ist, soweit Bundesrecht Anwendung findet, der Widerspruch nach der Verwaltungsgerichtsordnung gegeben. Der Adressat oder ein sonstiger „Beteiligter" muß in seinen Rechten verletzt sein und zwar durch den Erlaß oder die Versagung des anzugreifenden Verwaltungsakts oder dadurch daß überhaupt kein Verwaltungsakt erlassen wurde, obwohl Widerspruchsführer dies verlangen konnten. Zu diesen Fragen liegt eine umfangreiche Rechtsprechung und Literatur vor, die auch berücksichtigt werden muß, soweit sie nicht speziell das Verfahren der Versicherungsaufsichtsbehörden betrifft. Soweit eine sog. Spruchkammer des BAV (bestehend aus drei Beamten des BAV und zwei Beiratsmitgliedern) im ersten Verwaltungszuge entschieden hat, entfällt die Notwendigkeit des Widerspruchs.

b) Klage im Verwaltungsstreitverfahren

Gegen seine abweisende Beschlußkammerentscheidung, sei es, daß sie bereits im Widerspruchsverfahren gegen eine Entscheidung des Präsidenten, sei es, daß sie im ersten Verwaltungszuge ergangen ist, ist Klage bei Bundesverwaltungsgericht (als einziger Instanz) gegeben. Sie kann Anfechtungs-, Vornahme- oder Feststellungsklage sein.

c) Staatshaftung

Nach dem in das VAG eingefügten § 81 I Satz 2 nimmt die Aufsichtsbehörde die ihr nach diesem Gesetz und nach anderen Gesetzen zugewiesenen Aufgaben nur im öffentlichen Interesse wahr. Eine auf dem Gedanken der Amtshaftung beruhende Staatshaftung (§ 839 BGB, Art. 34 GG) gegenüber dem einzelnen Versicherungsnehmer oder Dritten ist daher nicht gegeben. Die Einfügung diente der Klarstellung, nachdem die Materie in die Diskussion geraten war.

V. Allgemeine Aufsichtsgrundsätze

1. Grundsatz der Gesetzmäßigkeit der Verwaltung

Die Versicherungsaufsicht ist wie jede Verwaltung von der normativen Rechtslage abhängig, d. h. vom geschriebenen und ungeschriebenen Recht im objektiven Sinne. Diese **rechtliche Gebundenheit** schließt eine Gestaltung nach Gutdünken aus. In der Auslegung des Rechts ergeben sich andererseits notwendig Möglichkeiten elastischer Handhabung der Normen im Sinne ihrer Zweckerfüllung unter Zugrundelegung der allgemein anerkannten Auslegungsregeln.

2. Verwaltungsrechtlicher Gleichbehandlungsgrundsatz

Der in Art. 3 I GG zum Ausdruck gebrachte bereits erwähnte Grundrechtsgedanke, daß alle Menschen vor dem Gesetz gleich sind, ist in den einzelnen Rechtsgebieten in besonderer Weise ausgeprägt und erweitert. Im Privatrecht sind der arbeitsrechtliche und der gesellschaftsrechtliche Gleichbehandlungsgrundsatz hervorzuheben. Das VAG kennt für den Versicherungsverein auf Gegenseitigkeit gegenüber den Mitgliedern einen besonderen Gleichbehandlungsgrundsatz in § 21 I, der – in der Wettbewerbswirtschaft zu Unrecht – teilweise auf die Rechtsbeziehung zwischen der Versicherungsaktiengesellschaft und den Versicherungsnehmern ausgedehnt wird.

Für das öffentliche Recht ist außer der genannten Grundrechtsbestimmung des Art. 3 I für das Verwaltungsrecht ein besonderer Gleichheitssatz entwickelt, der dahin geht, daß

Lebenssachverhalte unter den gleichen tatbestandlichen Voraussetzungen rechtlich und in der Verwaltungspraxis gleich zu behandeln sind.

Überall wo die Verwaltungsbehörde lediglich Recht ohne Ermessensspielraum anzuwenden hat, muß sie es nach dieser Grundregel tun. Aber auch dort, wo eine Entscheidung Ermessenssache und nicht Rechtsfrage ist, bedeutet eine aus den Gegebenheiten der Sache nicht gerechtfertigte Differenzierung im günstigen oder ungünstigen Sinne eine Verletzung des Rechtsgrundsatzes der Gleichheit, bedeutet sie Willkür, die im Verwaltungsstreitverfahren zur Aufhebung einer derartigen Entscheidung führen muß. Es liegt auf der Hand, daß dieser Rechtsgedanke einen besonders wichtigen allgemeinen Grundsatz auch der Versicherungsaufsicht darstellt. Naturgemäß wird im Streitfall der Frage entscheidende Bedeutung zukommen, ob die tatsächlichen Gegebenheiten in den verglichenen Fällen, gemessen an den Gesetzeszwecken der angewendeten Normen, tatsächlich gleich waren. Das bereits genannte **Diskrimierungsverbot** des Art. 7 EWG-Vertrag stellt sozusagen eine „teilweise" negative Formulierung des Gleichbehandlungsgrundsatzes, bezogen auf die Staatsangehörigkeit der Angehörigen der übrigen Mitgliedstaaten dar. „Wegen" der Staatsangehörigkeit dürfen sie in keinem Falle ungünstiger behandelt werden als die eigenen Staatsangehörigen. Die Frage ist bekanntlich im Zusammenhang mit den Bestrebungen entschieden worden, „Ausländertarife" in der Kraftfahrtversicherung einzuführen.

3. Grundsatz der Verhältnismäßigkeit

Die Versicherungsaufsichtsbehörden müssen ein drittes großes und für die Erfüllung ihrer Aufgaben wichtiges allgemeines Verwaltungsrechtsprinzip beachten, den Grundsatz der Verhältnismäßigkeit. Diese Regel, die auch **Grundsatz der Ökonomie rechtlicher Mittel** genannt wird, bedeutet, daß überall dort, wo eine Entscheidung in das pflichtgemäße Ermessen der Aufsichtsbehörden gestellt ist, unter mehreren geeigneten Regelungsmöglichkeiten jeweils diejenige auszuwählen ist, die den Betroffenen am wenigsten beeinträchtigt (Prinzip des geringstmöglichen Eingriffs).

4. Ermessen und unbestimmte Rechtsbegriffe

Bei ihrer Aufsichtstätigkeit muß die Behörde schließlich – damit ist ein vierter großer verwaltungsrechtlicher Gesichtspunkt jedenfalls erwähnt – beachten, daß ihr kein Ermessensspielraum, also auch keine Möglichkeit zur Entscheidung nach pflichtgemäßem Ermessen, zusteht, wo sich das Gesetz sogenannter **unbestimmter Rechtbegriffe** bedient, wie z. B. Angemessenheit, Belange der Versicherten, Eignung, Interesse, Zuverlässigkeit. In diesen Fällen ist nur eine eindeutige Bejahung oder Verneinung, aber keine Ermessensanwendung möglich.

Die **Auslegung** der unbestimmten Rechtsbegriffe, für die die Rechtsprechung besondere Leitlinien herausgearbeitet hat, kann nur zu einer richtigen Lösung führen. Die Auslegung durch die Behörde ist durch die Verwaltungsgerichte voll nachprüfbar, während Ermessensentscheidungen grundsätzlich nicht nachprüfbar sind, es sei denn, daß ein offensichtlicher Verstoß (Ermessensüberschreitung oder Ermessensmißbrauch) vorliegt.

5. Aus der Natur der Sache entwickelte allgemeine Aufsichtsgesichtspunkte

a) Einführung

Die Auslegung der aufsichtsrechtlichen Normen und die Anwendung des Ermessens unterliegen zwar den allgemeinen Grundsätzen des Verwaltungsrechts, von denen hier vier genannt worden sind, sie sind aber darüber hinaus durch den Gesetzeszweck (vgl. oben A.II), den inneren Zweck der einzelnen Aufsichtsnorm, die vom Gesetzgeber typisiert geregelte Interessenlage und durch solche allgemeinen Gesichtspunkte bestimmt, die sich aus der **Natur der Sache**, die hier geregelt wird, ergeben.

Zu den aufsichtsrechtlichen Gesichtspunkten, die sich aus der **Natur der Sache** ergeben, sind einige Hinweise erforderlich:

b) Grundsätze verständiger Versicherungstechnik

Versicherung bedeutet wechselseitige Bedarfsdeckung innerhalb von Risikokollektiven, bedeutet also die Anwendung gewisser durch das sogenannte Gesetz der großen Zahl bestimmter, der Mathematik im engeren oder weiteren Sinne zuzuordnender Prinzipien. Regelungen, die der inneren Gesetzmäßigkeit des Phänomens Versicherungs zuwiderlaufen, können ihre Zweckerreichungsfunktion nicht erfüllen. Jede Anwendung aufsichtsrechtlicher Bestimmungen muß dieses der Natur der zu regelnden Sache innewohnende Element berücksichtigen. Das ist theoretisch einleuchtend, im Einzelfall bei Widerstreit verschiedener Prinzipien bisweilen schwierig.

c) Berücksichtigung der strukturbedingten Schutzbedürftigkeit

Der Gesetzgeber hat bezüglich der Schutzbedürftigkeit der Versicherungsnehmer bereits dadurch differenziert, daß er die Rückversicherung einer beschränkten Aufsicht unterwarf. Die konkrete Schutzbedürftigkeit der Versicherten, so wird man diesen Gedanken fortsetzen müssen, ist im individuell gestalteten Einzelgeschäft generell geringer als im Mengengeschäft, wo zudem der bereits erwähnte Gedanke des Verbraucherschutzes zum Tragen kommt, in der Pflichtversicherung größer als in der freiwilligen Versicherung (Relativierung der Schutzbedürftigkeit). Nach dem Modell der Versicherungsaufsicht in der EG (siehe oben A. II. 6) wird nach der vom Europäischen Gerichtshof besonders über den Wortlaut des EG-Vertrages hinaus herausgestellten „Gemeinschaftsrechtlichen Schutztheorie" in der Gestaltung der Aufsichtsintensität unterschieden, je nachdem, ob es sich um die sog. (weniger schutzbedürftigen) Industrierisiken oder um das übrige Geschäft handelt, zu dem vor allem das Mengen- (Massengeschäft) gehört.

d) Berücksichtigung der Massengeschäftsstruktur

Im weiteren Sinne unter A.V. 5b fällt der besonders hervorzuhebende Gedanke, daß die Aufsichtsbehörde abzuwägen hat zwischen der Befriedigung des allgemeinen oder speziellen Schutzbedürfnisses des Versicherungsnehmers und der Möglichkeit, den Ablauf des Versicherungsgeschäfts zu stören, das seiner Struktur nach Massengeschäft ist. Die Notwendigkeit hoher **Rationalisierung** – unterschiedlich in den verschiedenen Versicherungszweigen – mit ihrem **kostensenkenden Effekt** gehört zu den Leitgedanken, die aus der Natur der Sache heraus von der Aufsichtsbehörde zu berücksichtigen sind.

e) Problem der Markttransparenz

Es ist umstritten, ob und gegebenenfalls in welchem Umfang die Transparenz der Versicherungsmärkte (Markttransparenz) Aufsichtsziel ist. Wenn der Markt transparent, d. h. durchsichtig, übersichtlich ist, kann der Versicherungsinteressent in optimaler Weise die Preise der zu gleichen Bedingungen angebotenen Leistungen vergleichen. Wenn der Markt derart transparent ist, werden aber andererseits die Anbieter am Bedingungswettbewerb gehindert. Die Frage kann nicht mit einer Einheitsantwort entschieden werden. Man wird sagen müssen, daß alle möglichen Vereinheitlichungen des Bedingungswortlauts, sogar über die einzelnen Versicherungszweige hinaus, zwingend geboten sind, daß aber andererseits *„der echte Fortschritt den Vorrang hat vor dem Ideal einer möglichst übereinstimmenden Ausrichtung nach einem Musterbedingungswerk"* (BAV). Es kann allerdings sehr schwierig zu beurteilen sein, was „echter Fortschritt" ist: es ist nicht etwa jede Erweiterung der Gefahrtragung als solche. Sicherlich wird der Wettbewerb in der Ebene von Zusatzbedingungen, Sonderbedingungen und Klauseln, die in Ergänzung und Abänderung eines einheitlichen Bedingungswerks jeweils für die einzelnen Zweige unternehmensindividuell anwendbar entwickelt werden, in gewissen Grenzen eine Lösung der spannungsreichen Frage der Markttransparenz darstellen können. Ordnung und Fortschritt, Sicherung von Vergleichsgrundlagen und Wettbewerb stehen sich hier gegenüber. Auch für diese Frage spielt die Unterscheidung von Groß- und übrigem Geschäft (siehe oben A. V. 5c) eine Rolle.

6. Bedeutung einer ständigen Aufsichtspraxis

a) Keine Bindungswirkung im Rechtssinne

An dieser Stelle ist es von Interesse, einen Gesichtspunkt der Versicherungsaufsicht kennenzulernen, der mit den Besonderheiten der im Einzelfall zur Entscheidung stehenden Sache nur mittelbar etwas zu tun hat: Welche Bedeutung hat die bisherige Praxis, welche Bedeutung haben die bisherigen Entscheidungen der Aufsichtsbehörden für einen „neuen" Fall.

Dazu ist zunächst festzustellen, daß es keine Bindungswirkung von früheren Verfügungen, die an andere Adressaten ergangen sind, in bezug auf neu zu entscheidende Fälle gibt. Bindende Präjudizien in diesem Sinne kennt die Verwaltung nicht (anders naturgemäß der frühere an den gleichen Adressaten gerichtetete begünstigende Verwaltungsakt). Entsprechend sind die Versicherungsaufsichtsbehörden auch nicht an Gerichtsurteile (mit Ausnahme der die Behörden bindenden Entscheidungen des Bundesverfassungsgerichts und der Verwaltungsakte der Aufsichtsbehörden betreffenden Entscheidungen des Bundesverwaltungsgerichts) gebunden. Die Versicherungsaufsichtsbehörden werden sich jedoch grundsätzlich an die Ergebnisse der höchstrichterlichen Rechtsprechung halten, wenn sie nicht der Gefahr der Anfechtung ihrer Verwaltungsakte ausgesetzt sein wollen. Sonderregelungen gelten für die (zivil-)rechtliche Kontrolle Allgemeiner Versicherungsbedingungen nach dem Gesetz zur Regelung des Rechts der Allgemeinen Geschäftsbedingungen (AGBG).

b) Versicherungsaufsichtsgewohnheitsrecht?

In Ausnahmefällen kann sich dann, wenn Verwaltungsbehörden, Gerichte, Wissenschaft und rechtskundige Öffentlichkeit eine bestimmte ständige Praxis als objektives Recht betrachten, Versicherungsgewohnheitsrecht bilden, was im Einzelfall dargetan werden muß. Es gibt aber allgemein viel weniger Gewohnheitsrecht als der Nichtjurist annimmt.

c) Ermessens- und Auslegungsfehler?

Für die Beurteilung der Frage, ob die Aufsichtsbehörde ihr Ermessen richtig angewandt oder ob sie einen unbestimmten Rechtsbegriff zutreffend ausgelegt hat, ist die bisherige ständige Praxis indessen von erheblicher Bedeutung. Wenn eine Behörde davon ohne sachliche Notwendigkeit abweicht, gefährdet sie die Rechtssicherheit, handhabt sie ihr Ermessen willkürlich, verletzt sie die Grundsätze der Gesetzesauslegung. Was bedeutet aber hier „ohne Notwendigkeit"? Aus dem verwaltungsrechtlichen Gleichbehandlungsgrundsatz, der hier sozusagen zu einem „intertemporalen" wird, wird zunächst ersichtlich, das die bisherige ständige Praxis im Sinne einer Gleichbehandlung zukünftiger Fälle nur Bedeutung besitzen kann, wenn diese im Sachverhalt gleichliegen. Aber auch der Umkehrschluß und die sinngemäße Behandlung sind hier bei entsprechenden Sachverhaltsvarianten denkbar. Es wird demnach zunächst festgestellt, daß aus dem Sachverhalt der neuen Sache heraus Abweichungen von der bisherigen ständigen Praxis notwendig sein können. Das sind aber nicht die interessanten Fälle. Viel schwieriger sind jene Fälle, in denen die Aufsichtsbehörde neues Verfassungsrecht oder sonstiges Gesetzesrecht anzuwenden hat oder in denen sie – ohne willkürlich zu handeln und ohne die Auslegungsregeln zu verletzen – einer neuen besseren Erkenntnis folgt. In einer Zeit beschleunigter Durchsetzung der Ziele des EWG-Vertrages zur befristeten Herbeiführung eines europäischen Binnenmarktes ist generell eine derartige Situation gegeben. Im übrigen ist auch für die Wirtschaftsverwaltungspraxis die Bedeutung des Zeitgeistes groß.

7. Zusammenfassung

An dem Beispiel der Markttransparenz wurde deutlich, daß die einzelnen Aufsichtsgrundsätze und -gesichtspunkte keine absolute Gültigkeit in dem Sinne besitzen, daß die einzelne Regel jeweils alle anderen Gesichtspunkte verdrängt. Sie stehen vielmehr in einem Spannungsfeld, in welchem der **Zweck** der einzelnen gesetzlichen Norm, die **materiell gerechte Lösung** des vorgelegten Falles, aber auch die Möglichkeit der **Vorhersehbarkeit** der Entscheidung, also die **Rechtssicherheit**, die großen Gedanken darstellen, die für die abwägende Beurteilung der Behörde maßgebend sind. Wenn schon das Grundgesetz selbst keine einheitliche Lösung für die Wirtschaftsverfassung anbietet und den Weg eines **Wirtschaftsverfassungskompromisses** geht, ergeben sich daraus mit Notwendigkeit diese Folgerungen auch für das Wirtschaftsverwaltungsrecht. Nach Einführung des Mehrheitsprinzips für die Entscheidungen des (als „Gesetzgeber" des EG-Sekundärrechts wirkenden) Ministerrats hat die Bedeutung von Kompromissen erheblich zugenommen. Wenn sie Teilfragen eines der Sache nach einheitlichen Rechtssetzungskomplexes betreffen und zu den Einzelfragen unterschiedliche Konzeptionen verkörpern, können sie die Schlüssigkeit des Gesamtwerks und damit die Umsetzung in die nationalen Rechte erschweren.

B. Zugang zum Betrieb von Versicherungsgeschäften

I. Vorbemerkung: Versicherungsaufsichtsrechtlicher Versicherungsbegriff

1. Erlaubnis zum Geschäftsbetrieb und Zugang zu einem solchen ohne Niederlassung

Die materielle Staatsaufsicht „begleitet" das Versicherungsunternehmen von der Gründung bis zu seinem Ende. Dabei ist, wie erwähnt, die Aufsichtsintensität verschieden, je nachdem, ob es sich um Großgeschäft oder sonstiges Geschäft insbesondere Mengengeschäft handelt. Am Anfang der Versicherungstätigkeit in einem EG-Mitgliedsland steht ein aufsichtsrechtlich geregelter Vorgang, der verschieden ist, je nachdem, ob es sich um eine Tätigkeit von der Niederlassung oder ohne eine solche vom Sitz des Versicherungsunternehmens aus handelt. Will sich das Unternehmen niederlassen, bedarf es der **Erlaubnis zum Geschäftsbetrieb**, will es ohne eine solche arbeiten, müssen die aufsichtsrechtlichen Bestimmungen beachtet werden, die den **Zugang zum** (reinen) **Dienstleistungsgeschäft** betreffen (vgl. A. II. 6 insbesondere f). Die Erteilung der Erlaubnis zum Geschäftsbetrieb, also die Erteilung der Konzession (Gewerbeerlaubnis), stellt den offiziellen, äußerlich sichtbaren und rechtlich bedeutsamen Beginn der Aufsichtstätigkeit dar. Die aufsichtspflichtigen Tatbestände sind bereits dargestellt worden (vgl. A.III, oben). Dabei ist aber die Frage offengelassen worden, wann eigentlich ein Unternehmen i. S. des § 1 I VAG den Betrieb von Versicherungsgeschäften zum Gegenstand hat.

2. Was ist Versicherung?

a) Fragestellung

Diese Frage nach dem versicherungsaufsichtsrechtlichen Versicherungsbegriff, die der Gesetzgeber nicht beantwortet hat, muß hier jedenfalls aufgeworfen werden, weil sie das primäre Tatbestandsmerkmal jeder Versicherungsaufsicht darstellt. Gesetzestechnisch ist das darin zum Ausdruck gekommen, daß § 5 I VAG von dem Begriff Versicherungsunternehmen des § 1 I VAG ausgeht. Weil jede rechtliche Begriffsbestimmung nach dem Sinn und Zweck derjenigen Rechtsvorschrift zu erfolgen hat, für welche der Begriff bedeutungsvoll ist, kann der Begriff der Versicherung für das Aufsichtsrecht nicht bloß abstrakt und theoretisch geklärt werden. Die Begriffsbestimmung hängt von dem bereits dargestellten Zweck der Versicherungsaufsicht (vgl. A.II, oben) ab. Insofern verlangen die Gefahren- und die Schutztheorie mit Recht einen weiteren Begriff, bei dem die wirtschaftlich-technische Seite betont ist.

b) Definitionen von Möller, Prölß und Farny

Hans Möller versteht (vgl. den *Kommentar von Bruck-Möller zum VVG*) unter Versicherung im Rechtssinne *„eine Gemeinschaft gleichartig Gefährdeter, also eine Gefahrengemeinschaft, mit selbständigen Rechtsansprüchen auf wechselseitige Bedarfsdeckung".*

Der aus dem Versicherungsvertragsrecht entwickelten Definition stellt *Erich R. Prölss* (in dem von ihm begründeten *Kommentar zum VAG*) eine speziell aufsichtsrechtliche gegenüber:

„Versicherungsgeschäfte betreibt, wer, ohne daß ein innerer Zusammenhang mit einem Rechtsgeschäft anderer Art besteht, gegen Entgelt verpflichtet ist, ein wirtschaftliches Risiko ... zu übernehmen, ...

Demgegenüber sieht *Farny*, wie oben erwähnt, nach der wirtschaftswissenschaftlichen Bedarfstheorie (in der kürzesten Fassung) im Versicherungsgeschäft eine *„Deckung eines im einzelnen ungewissen, insgesamt geschätzten Mittelbedarfs auf der Grundlage des Risikoausgleichs im Kollektiv und in der Zeit."*

c) Definition des BVerwG

Demgegenüber sieht das Bundesverwaltungsgericht in seiner gefestigten Rechtsprechung zum Versicherungsaufsichtsrecht ein Versicherungsunternehmen dann als gegeben an, wenn es gegen **Entgelt** für den Fall eines **ungewissen Ereignisses** bestimmte **Leistungen** übernimmt, wobei das übernommene **Risiko** auf eine Vielzahl durch die gleiche Gefahr bedrohter Personen **verteilt** wird und der Risikoübernahme eine auf dem Gesetz der großen Zahl beruhende **Kalkulation** zugrundegelegt wird.

3. Zu einzelnen Tatbestandsmerkmalen

a) Rechtsanspruch auf eine Leistung

Von Versicherung kann nur dort gesprochen werden, wo demjenigen ein Rechtsanspruch auf eine Leistung eingeräumt wird, der als Vereinsmitglied, Vertragskontrahent oder in ähnlicher Stellung dem Versicherer gegenübersteht. Die Versicherungsleistung kann in **Geld** oder in einer **Naturalleistung** (z. B. einem Fahrrad oder einer neuen Glasscheibe) bestehen. Es lag nahe, daß man in der Vergangenheit die Aufsichtspflicht dadurch zu umgehen suchte, daß man in der Satzung oder in den Allgemeinen Geschäftsbedingungen den Rechtsanspruch ausdrücklich ausschloß. In langjähriger Verwaltungspraxis und Rechtsprechung nimmt man jedoch zutreffend eine aufsichtspflichtige Versicherung dann an, wenn der übrige Inhalt der Satzung, insbesondere aber die tatsächliche Handhabung auf einen Versicherungsbetrieb hindeuten.

b) „Selbständigkeit" des Anspruchs

Es geht hier um die Abgrenzung zwischen einer „**minderbedeutenden Nebenabrede**" *(Möller)* einerseits und der **Versicherung** andererseits. Die Probleme werden an Stichworten deutlich: betriebliche Pensionszusage, zusätzliche vertragliche Gewährleistung (beides keine Versicherung), Instandhaltungsverträge (es kommt auf die Sachverhaltsgestaltung an), Unterstützungsleistungen auf Grund der Satzungen durch Gewerkschaften und Arbeitgeberverbänden (keine Versicherung). Es ist jeweils die Rechtsprechung heranzuziehen. Dort, wo nur einzelne Merkmale des Versicherungsbegriffs fehlen, spricht man gegebenenfalls von versicherungsähnlichen Einrichtungen.

c) „Gefahrengemeinschaft"

Es bedeutet – das sei zunächst negativ gesagt – nicht etwa, daß Versicherung nur nach dem Gegenseitigkeitsprinzip betrieben werden könnte. Natürlich fehlt dem Versicherungsbegriff auch eine „romantische" Gefahrengemeinschafts-Komponente. Der Zusammenschluß Gefährdeter, der hier gemeint ist, ist in erster Linie **technisches Organisationsprinzip**, wie es oben (vgl. A.V.5 b und B.I 2) dargestellt worden ist (Risikokollektiv). Die sogenannte reine Selbstversicherung, die Eigendeckung, ist daher ebensowenig Versicherung im Rechtssinne wie der einzelne entgeltliche Leibrentenvertrag, die einzelne entgeltliche Bürgschaft oder Garantieübernahme. Auch diese Stichworte zeigen, daß es zwar Abgrenzungsprobleme gibt, daß aber der Grundgedanke zu einer sinnvollen Umschreibung der aufsichtspflichtigen Tatbestände führt.

d) Sonstige Tatbestandsmerkmale

Während darüber, daß die Gefahrtragung **entgeltlich** erfolgen muß, daß es unentgeltliche Versicherungen grundsätzlich nicht gibt (wohl aber z. B. kostenlose Rohbauversicherung, die der „eigentlichen" Versicherung vorgeschaltet ist, und sogenannte Freijahre), Einigkeit herrscht, gehörte zu den umstrittenen Punkten des Versicherungstatbestandes die nunmehr vom BVerwG bejahte Frage, ob Planmäßigkeit der Gefahrtragung erforderlich ist. Für das Aufsichtsrecht ergibt sich das Erfordernis der **Planmäßigkeit** des Versicherungsbetriebes bereits aus dem Zweck des VAG. Denn der Gesetzgeber hat eine Einschaltung des Staates bei der Überwachung sporadisch vorkommender entgeltlicher Gefahrtragungen nicht gewollt. Zwar muß Versicherung auf einer **Kalkulation** beruhen, doch ist das versicherungstechnische **Äquivalenzprinzip**, der Gedanke, daß die Leistung und Gegenleistung materiell ausgewogen sein müßten, für den versicherungsaufsichtsrechtlichen Versicherungsbegriff ebensowenig von Bedeutung, wie das Merkmal der **Schätzbarkeit des Bedarfs** und der Umstand, daß der Betrieb rationell sein müsse.

e) Abgrenzung von der Sozialversicherung

„Unternehmen" i. S. des § 1 I VAG sind diejenigen des § 7 I (Versicherungs-AG, VVaG und öffentlich-rechtlicher Wettbewerbsversicherer, arg. ex § 1 III Nr. 4). Sie werden auch unter dem Begriff „**Individualversicherer**" (in Abgrenzung von den Trägern der Sozialversicherung) zusammengefaßt. Die **Sozialversicherungsträger** werden von der Aufsicht nach dem VAG ausgeschlossen, weil für sie andere Regelungen im Sozialgesetzbuch und den übrigen Sozialversicherungsgesetzen bestehen. Es gilt hier ein Prinzip der formalen Abgrenzung. Darauf, daß auch innerhalb der Versicherung nach dem VAG soziale Aufgaben erfüllt werden, kommt es für die Abgrenzung nicht an, man denke nur an den Schutz der Verkehrsopfer durch die Kraftfahrthaftpflichtversicherung. Materielle Zuordnungen und Analysen von Zwischenformen sind in diesem Grundriß nicht vorzunehmen.

Soweit der Bereich der Sozialversicherung durch die traditionellen Sozialversicherungsgesetze (z. B. gesetzliche Renten-, Unfall-, Krankenversicherung, vgl. §§ 21 ff. I. Buch Allgemeiner Teil SGB) geregelt ist, soweit sie von den traditionellen Trägern betrieben wird, und solange die verwaltungsgerichtlichen Zuständigkeiten den Sozialgerichten zugewiesen sind, ergeben sich keine Abgrenzungsschwierigkeiten (**Formale Abgrenzung**).

Die Abgrenzung zwischen Privat- und Sozialversicherung nach materiellen Gesichtspunkten (**materielle Abgrenzung**) ist juristisch für gewisse Zwischenerscheinungen von Interesse, auf die hier nur hingewiesen werden kann. Die Sozialversicherung ist durch ihre grundsätzliche Aufgabenstellung gekennzeichnet (soziale allgemeine Daseinsvorsorge), die unter den Gesichtspunkten des sozialrechtlichen Solidaritätsprinzips und des Generationenvertrags zu praktischen Lösungen geführt wird. Im Gegensatz zu der auf die individuellen Risiken abgestellten (stärker individualisierten) überwiegend „freiwilligen" Prämie der Privatversicherung sind die Sozialversicherungsbeiträge (mit Ausnahme der gesetzlichen Unfallversicherung) stärker generalisiert. Auch spielt die Frage der finanziellen Belastbarkeit der Pflichtversicherten der Sozialversicherung eine besondere Rolle.

4. Schlußbemerkung

a) Regelung der Unternehmensausschließlichkeit

Nur **bestimmten Unternehmensformen** kann der Zugang zum Versicherungsmarkt durch Errichtung einer Niederlassung (durch Erteilung der Erlaubnis zum Geschäftsbetrieb) oder ohne

Niederlassung (im reinen Dienstleistungsverkehr) gestattet werden. Das EG-Sekundärrecht bestimmt jeweils die nach nationalen Rechten in Frage kommenden Unternehmensformen. Es sind dort die in den Genuß der Freiheiten des EWG-Vertrages kommenden Unternehmensformen der Rechte der Mitgliedstaaten aufgezählt (in der Bundesrepublik, wie erwähnt Versicherungs-AG, VVaG und öffentlich-rechtliche Wettbewerbsanstalten und -körperschaften).

Umgekehrt dürfen Versicherungsunternehmen neben Versicherungsgeschäften nur solche Geschäfte betreiben, die hiermit in unmittelbarem Zusammenhang stehen (**Verbot versicherungsfremder Geschäfte**), § 7 II. Die nicht einfache Abgrenzung richtet sich nach dem geltenden Recht und der Verkehrsauffassung.

b) Totalität der Versicherungsaufsicht?

Das herkömmliche Versicherungsaufsichtsrecht unterwirft die deutschen Versicherungsunternehmen der deutschen Aufsicht. Eingeschränkt wird die laufende Aufsicht über die Auslandsgeschäfte primär durch das Recht der Tätigkeitsländer (die Hoheitsakte des eigenen Landes sind „territorial beschränkt"). Die EG ist dabei, ein neues System der Aufgliederung der Aufsicht auf das Sitzland und die Tätigkeitsländer zu entwickeln, bei dem die Sitzlandsbehörde über die Finanzaufsicht hinaus weitere Kompetenzen erhalten soll.

II. Vorbemerkung: Geschäftsplan

1. Bedeutung und Einteilung

a) Rechtliche Bedeutung

Bevor von den sachlichen und verfahrensrechtlichen Voraussetzungen der Erteilung der Erlaubnis zum Geschäftsbetrieb die Rede sein kann, muß ein **Zentralbegriff des deutschen Versicherungsaufsichtsrechts** erläutert werden, der Begriff Geschäftsplan. Das Wort hat nämlich eine besondere versicherungsaufsichtsrechtliche Bedeutung, nicht nur im Zusammenhang mit der Erteilung der Erlaubnis zum Geschäftsbetrieb, sondern auch für Geschäftsplanänderungen, für geschäftsplanmäßige Erklärungen und schließlich auch für die Möglichkeiten und Grenzen von Eingriffen der Aufsichtsbehörden in den laufenden Geschäftsbetrieb der Versicherungsunternehmen. Mit der Einführung des Modells eines innerhalb der EG koordinierten Versicherungsaufsichtsrechts (A.II.6) wird allerdings ein derartiger Geschäftsplanbegriff nicht allgemein übernommen. Vielmehr werden die gegenüber den Aufsichtsbehörden begründeten Antrags-, Melde-, Vorlage-, Unterrichtungs- und Auskunftspflichten und Prüfungs usw. Rechte der Behörden differenziert werden, vor allem bezüglich des Großgeschäfts einerseits und des übrigen Geschäfts andererseits. Dabei werden, weil es sich um Ergebnisse einer Hamonisierung des Rechts von 12 Mitgliedstaaten handelt, ganz unterschiedliche Rechtsgedanken und Methoden in einer mit dem bisherigen Recht der Bundesrepublik nicht übereinstimmenden Weise zusammengestellt.

§ 5 II VAG geht davon aus, daß mit dem Antrag auf Erlaubnis zum Geschäftsbetrieb der Geschäftsplan einzureichen ist. Die folgende Darstellung geht notwendig und unter Hinweis auf die kommenden Rechtsänderungen von der bei Abschluß des Manuskripts gegebenen Rechtslage aus. § 5 III VAG nennt als Bestandteile des Geschäftsplans insbesondere die Satzung des Unternehmens, die Allgemeinen Versicherungsbedingungen und die fachlichen Geschäftsgrundlagen, *„soweit solche nach der Art der Versicherung erforderlich sind".* Den Inhalt des technischen Geschäftsplans in der Lebensversicherung und der nach Art der Lebensversicherung betriebenen Kranken- und Unfallversicherung bestimmen §§ 11 und 12 VAG, auf die noch eingegangen wird. Die Rückversicherung kennt den Rechtsbegriff „Geschäftsplan" in dem hier dargestellten Sinne nicht. Vom Geschäftsplan sind insbesondere der Solvabilitätsplan (§ 81b I) und der Finanzierungsplan (§ 81b II) sowie der Rückgewährplan (§ 81c I) zu unterscheiden.

b) Einteilung

Man unterscheidet die unternehmensexterne von der unternehmensinternen Bedeutung des Geschäftsplans:

Extern soll der Geschäftsplan der Aufsichtsbehörde das Material, die Grundlagen, zur Verfügung stellen, die sie zur Ausübung einer wirksamen Aufsicht besitzen muß, angefangen von der Prüfung der Frage, ob das Unternehmen überhaupt der Aufsicht unterliegt. Daß die Hilfs- und Nebengeschäfte (z. B. Kauf eines Betriebsgrundstücks) nicht in den Geschäftsplan aufgenommen zu werden brauchen, entspricht der allgemeinen Meinung.

Unternehmensintern wird durch den Geschäftsplan der *„Rahmen abgesteckt, in welchem das Unternehmen tätig wird".* Dazu muß man noch wissen, daß eine Geschäftsplanüberschreitung nicht etwa bürgerlichrechtliche Unwirksamkeit zur Folge hat; es können sich aufsichtsrechtliche und auch unter Umständen gesellschaftsrechtliche Folgerungen ergeben.

Man unterscheidet innerhalb des Geschäftsplans **rechtliche, versicherungstechnische und finanzielle Grundlagen.** Eine kurze Übersicht vermittelt das lebendige Bild von den Funktionen des Geschäftsplans innerhalb der aufsichtspflichtigen Versicherungsunternehmen.

Die Einzelbetrachtung ist auch deshalb notwendig, weil gezeigt werden muß, daß nicht etwa alle Geschäftsunterlagen (z. B. nicht eine Dienstanweisung für die Fernsprechzentrale oder ein arbeitsrechtlicher Unternehmenstarif) zum Geschäftsplan gehören. Die Abgrenzung ergibt sich aus den gesetzlichen Regelungen in Verbindung mit der aufsichtsrechtlichen Zweckbestimmung des Geschäftsplans. Es gibt eine durchaus weite **„geschäftsplanfreie Sphäre"**, schon weil sonst die Prüfungsverantwortung der Zulassungsbehörde unangemessen ausgedehnt werden müßte.

2. Rechtliche Grundlagen

a) Satzung

Es bedarf keiner Begründung dafür, daß nach bisherigem deutschen Recht die Satzung aller Versicherungsunternehmen zu denjenigen Unterlagen gehören muß, die der Aufsichtsbehörde zur Prüfung anläßlich der Erteilung der Erlaubnis zum Geschäftsbetrieb oder anläßlich von Änderungen vorgelegt werden müssen (vgl. §§ 5 III Nr. 1, 9, 13 VAG). § 5 III Nr. 1 VAG betrifft allgemein die Rechtsquellen über die Unternehmensverfassung. Nach § 9 I VAG soll die Satzung einer Versicherungsaktiengesellschaft Bestimmungen über die zu betreibenden Versicherungszweige (= Versicherungssparten, § 6 II–IV VAG) und über die Vermögensanlagegrundsätze enthalten. Für die Satzung des Versicherungsvereins auf Gegenseitigkeit enthält das VAG weitergehende Bestimmungen (vgl. §§ 18, 20, 22, 24, 27, 28, 29 VAG). Die übrigen Rechtsfragen zur Satzung gehören in das Versicherungsunternehmensrecht[2].

b) Allgemeine Versicherungsbedingungen

aa) Rechtliche Bestandteile des Geschäftsplanes

Neben der Unternehmensverfassung kommt unter dem Gesichtspunkt des Schutzes des Versicherungsnehmers der für die Versicherungsverhältnisse geltenden Rechtsordnung außerordentliche Bedeutung zu. Deshalb sind die Allgemeinen Versicherungsbedingungen (AVB) rechtliche Bestandteile des Geschäftsplans (vgl. § 5 III 2. VAG) und deswegen stellt § 10 VAG eine Liste mit Sollvorschriften über den Inhalt der AVB auf. Bei Versicherungsvereinen auf Gegenseitigkeit und bei öffentlich-rechtlichen Versicheranstalten und -körperschaften können übrigens auch die versicherungsrechtlichen Beziehungen zwischen Unternehmen und Versicherten in der Satzung geregelt werden.

Im Zuge der Harmonisierung des Versicherungsaufsichtsrechts ist die Beibehaltung des Genehmigungserfordernisses bezüglich der AVB Gegenstand schwieriger Verhandlungen gewesen, die zur Herausnahme der Bedingungen aus dem genehmigungsbedürftigen Geschäftsplan (§ 5 VI) für das Großgeschäft geführt haben. Diese Harmonisierungsmaßnahme diente zugleich der Deregulierung, ist doch die Bedingungsgenehmigung eines der am kräftigsten wirkenden Regulierungsinstrumente der Versicherungsaufsicht.

bb) Allgemeine Geschäftsbedingungen

Die AVB gehören zu den Allgemeinen Geschäftsbedingungen, die es in vielen Bereichen des Wirtschaftslebens gibt. Sie haben privatrechtlichen Inhalt und stellen sozusagen den „vor die Klammer gezogenen Normalinhalt" der einzelnen Versicherungsverhältnisse desjenigen Versicherungszweiges dar, für den sie geschaffen worden sind.

„AVB sind Bedingungen, die dazu bestimmt sind, in eine unbegrenzte Zahl gleichliegender Versicherungsverträge als Bestandteil aufgenommen zu werden." Sie *„sind also nicht auf ein einzelnes spezielles Wagnis zugeschnitten, sondern tragen generelle, gesetzesähnliche Züge, sorgen für ‚Typisierung' der Vertragsinhalte"* (Bruck-Möller, VVG, 8. Auflage, Einleitung Anm. 17).

Diese Definition zeigt bereits, daß es für die rechtliche Zuordnung nicht darauf ankommt, wie die Bedingungen bezeichnet sind und wer sie geschaffen oder erlassen hat. Auch solche Teile von Tarifen, die ihrem Inhalt nach Versicherungsbedingungen darstellen, sind rechtlich Allgemeine Versicherungsbedingungen, also rechtlicher Bestandteil des Geschäftsplans. "Zusatzbedingungen", „Sonderbedingungen" und Klauseln sind nach dem Gesagten dann Allgemeinen Versicherungsbedingungen im Rechtssinne, wenn sie nicht nur für den Einzelfall Anwendung finden. Das gleiche gilt für die von den Versicherungsmaklern für das Erstversiche-

---

[2] Vgl. RLV. VI

rungsgeschäft geschaffenen Maklerbedingungen, soweit sie materiell versicherungsrechtlichen Inhalt haben. Nur solche Bedingungen sind Besondere – also keine Allgemeinen – Versicherungsbedingungen im Rechtssinne, die *„gelegentlich, für ein konkretes einzelnes Wagnis benutzt werden, den Besonderheiten gerade dieses Falles angepaßt sind"* (R. Schmidt-P. Frey, Prölss VAG, 10. Auflage, § 10 Rdnr. 3).

Die privatrechtlichen Fragen, wie z. B. diejenige nach der Bedeutung des **Gesetzes zur Regelung des Rechts der allgemeinen Geschäftsbedingungen** (AGBG) vom 9.12.1976 und der Auslegung der AVB, werden in den Ausführungen zum Versicherungsvertragrecht[3] behandelt. Das Gesetz hat nicht nur die zusätzliche institutionalisierte richterliche Kontrolle der AVB eingeführt sondern zugleich das BAV und die Versicherungsunternehmen veranlaßt, die Bedingungswerke auf Übereinstimmung mit den Grundvorschriften des AGBG zu überprüfen. Die laufende Rechtsprechung zu den AVB auf der Grundlage des AGBG bedarf der besonderen Aufmerksamkeit.

Eine Gemengelage von privatem und öffentlichem Recht ergibt sich auch bei der kartellrechtlichen Beurteilung von AVB nach dem **Gesetz gegen Wettbewerbsbeschränkungen** (GWB) bzw. des Art. 85 ff. EWGV. Rechtsfolge ungeheilter Kartellverstöße ist unter anderem die zivilrechtliche Nichtigkeit. Soweit das GWB (§ 102) anzuwenden ist, findet ein „gemischtes" Verfahren unter Führung der Kartellbehörde statt.

cc) Die öffentlich-rechtliche Seite der AVB

Damit ist die öffentlich-rechtliche Seite der AVB angesprochen. Soweit die AVB in den Geschäftsplan einbezogen sind, bedeutet das die Unterwerfung unter die aufsichtsbehördliche Prüfung bei der Erteilung der Erlaubnis zum Geschäftsbetrieb und, wie später darzustellen ist, bei einer Geschäftsplanänderung. Diese Prüfung wird sich zunächst darauf beziehen, ob die zwingenden oder halbzwingenden Vorschriften des VVG beachtet sind, aber darüber hinaus unter dem Gesichtspunkt der Wahrung der Belange der Versicherten und der dauernden Erfüllbarkeit der Verträge (§ 8 I 2. VAG) für die verschiedenen Versicherungszweige unterschiedliche Anforderungen stellen.

Wenn auch über Aufbau und Gestaltung der allgemeinen Normen der AVB ebenso wie über Gliederung und drucktechnische Gestaltung der Bedingungswerke gewisse Grundsätze erarbeitet worden sind, so bleibt doch noch manches notwendig offen. Es sind „große" Fragen, wie das oben erwähnte Problem der Markttransparenz oder die Frage der Kombination oder Bündelung von Versicherungsarten und -zweigen. Es sind aber auch viele Fragen von anscheinend geringer Bedeutung, die aber doch beide Seiten des Versicherungsvertrages erheblich berühren, wie z. B. die Gestaltung der Risikobeschränkungen i. w. S. Diese Hinweise lassen erkennen, daß die durch das Gesetz begründete Notwendigkeit, die AVB jeweils durch den Filter der aufsichtsbehördlichen Prüfung zu geben, von außerordentlicher rechtlicher und wirtschaftlicher Tragweite ist, obwohl die zivilrechtliche Gültigkeit der AVB auch dann gegeben ist, wenn sie nicht genehmigt sind.

Von den genehmigten AVB darf der Versicherer nur unter ganz bestimmten eingeschränkten Voraussetzungen zuungunsten des Versicherten **abweichen**; das wird in § 10 III VAG ausdrücklich gesagt (vgl. § 13 VAG).

3 Vgl. RLV. VI

c) Unternehmensverträge und Funktionsausgliederungsverträge

Unternehmensverträge (Beherrschungs-, Gewinngemeinschafts- und Gewinnabführungsverträge sowie Betriebspacht- und Betriebsüberlassungsverträge, §§ 291, 292 AktG) sind durch § 5 III Nr. 3 VAG wegen ihres möglichen „grundstürzenden" Einflusses auf die Belange der Versicherten in den Geschäftsplantatbestand aufgenommen worden. Dasselbe gilt für Funktionsausgliederungsverträge (Definition § 5 III Nr. 4 VAG). Alle diese Verträge sind daher genehmigungsbedürftig. Zur Änderung von Funktionsausgliederungsverträgen § 13 1a VAG.

3. Versicherungstechnische Grundlagen

Neben den rechtlichen spielen vor allem die technischen oder „fachlichen" Geschäftsunterlagen als Bestandteil des Geschäftsplans eine große Rolle. Dazu gehören diejenigen Unterlagen, die für den ordnungsgemäßen Betrieb der einzelnen Versicherungszweige erforderlich sind. Auch hier bringt das koordinierte europäische Aufsichtsrecht Veränderungen.

Am besten gewinnt man einen Überblick, wenn man **negativ abgrenzt**: Nicht zum technischen Geschäftsplan gehören die Grundsätze für die Bemessung der Schadenreserven, die Rückversicherungsverträge, Agenturverträge, Vordrucke vielfältiger Art. In den Versicherungszweigen, die nicht Lebens-, Kranken- und Unfallversicherung sind, gehören die Tarife, die Prämien und die Grundsätze für die Zuführung zur Rückstellung für die Beitragsrückgewähr nicht zum technischen Geschäftsplan. Allerdings sind die Tarife – mit Ausnahme derjenigen für das Großgeschäft (§ 5 VI) – zusätzlich vorzulegen (§ 5 V Nr. 1 VAG). Für die Kraftfahrt-Haftpflichtversicherung ist noch eine Zuständigkeit des Bundeswirtschaftsministeriums als Preisbehörde, die sich des BAV als ausführender Bundesoberbehörde bedient, und damit ein Genehmigungserfordernis bezüglich der Tarife übriggeblieben (zu beachten die Verordnung über die Tarife der Kraftfahrzeug-Haftpflichtversicherung, TVO).

Für die **Lebensversicherung** und die nach Art der Lebensversicherung betriebene Versicherung (vgl. §§ 11 und 12 VAG) bringt das Gesetz eingehendere Vorschriften über den technischen Geschäftsplan, die durch aufsichtsbehördliche Rahmen- und Mindestgeschäftspläne und Formulare vertieft worden sind. Neben den Tarifen und den damit verbundenen Dividendensystemen gehören vor allem die Rechnungsgrundlagen für die Berechnung der Prämien und Prämienreserven, die Formel für den Rückkaufswert und die möglichen Zusatzversicherungen zum technischen Geschäftsplan. Für die **Krankenversicherung** sind besondere „Richtlinien für die Aufstellung technischer Geschäftspläne" zu nennen. Besonderheiten gelten für die **Unfallversicherung** und für die **Rentenreserven** (nur für diese) der **Haftpflichtversicherung**.

4. Finanzielle Grundlagen

a) Finanzielle Erstausstattung

Der Nachweis darüber, daß dem Unternehmen die finanzielle Erstausstattung (Grundkapital der AG, Gründungsfonds des VVaG, gesetzliche, satzungsgemäße, freie Reserven usw.) zur Verfügung steht, gehört zum finanziellen Geschäftsplan; denn er ist notwendig zur Prüfung der Frage, ob die dauernde **Erfüllbarkeit der zukünftigen Verbindlichkeiten** des Unternehmens als gesichert erscheint. (§ 5 II VAG). Die im Rahmen des Niederlassungsrechts EG-ausländischer Versicherungsunternehmen bereits der nationalen Aufsichtsbehörde übertragene Solvabilitätskontrolle (§ 110b II Nr. 2b), c) und 3) ist auch im Bereich des Dienstleistungsverkehrs ohne Niederlassung der Sitzlandsbehörde übertragen worden (§ 110e II Nr. 1).

Alle deutschen Versicherungsunternehmen haben gemäß § 5 IV Satz 1 VAG im Rahmen des Zulassungsverfahrens nachzuweisen, daß Eigenmittel in Höhe des Mindestbetrages des Garantiefonds zur Verfügung stehen. Die Höhe des Garantiefonds ist für die einzelnen Versicherungssparten je nach ihrer „Gefährlichkeit" unterschiedlich festgesetzt und reicht zur Zeit von ca. 1,8 Mio. DM (gemäß § 5 der KapitalausstattungsVO vom 13.12.1983 mit zwei ÄnderungsVOen von 1987 und 1990: 800.000 ECU, wobei 1 ECU gemäß Bekanntmachung des Bundesministers der Finanzen vom 21. 12.1984 dem Gegenwert von DM 2,06145 entspricht) für die Lebensversicherung, über 1,464 Mio. DM für alle Sparten der Haftpflichtversicherung, die Kredit- und Kautionsversicherung bis zu 732.000,– DM für die Versicherung von Hagel-, Frost- und sonstigen Sachschäden und die Rechtsschutzversicherung; werden in der Nichtlebensversicherung Risiken aus mehreren Sparten gedeckt, so ist jeweils nur der höchste Betrag zu stellen (§ 2 der KapitalausstattungsVO). Zusätzlich zum Garantiefonds hat das Unternehmen für die ersten drei Geschäftsjahre Schätzungen über die Provisionsaufwendungen und die sonstigen laufenden Aufwendungen für den Versicherungsbetrieb, die voraussichtlichen Beiträge, die voraussichtlichen Aufwendungen für Versicherungsfälle und die voraussichtliche Liquiditätslage vorzulegen und darzulegen, welche finanziellen Mittel zur Verfügung stehen werden, um die Verpflichtungen aus den Verträgen und die Anforderungen an die Kapitalausstattung zu erfüllen (§ 5 IV Sätze 3 und 4 VAG). Die Höhe der zu bildenden Solvabilitätsspanne bemißt sich entweder nach den jährlichen Beiträgen oder nach den durchschnittlichen Aufwendungen für Versicherungsfälle der letzten 6 Geschäftsjahre (Schadenindex). Für den Beitragsindex gilt eine Staffel. Es gilt jeweils der höhere Index. Bei den Kapital- und Rentenversicherungen beträgt die Solvabilitätsspanne 4 v.H. der Deckungsrückstellung zuzüglich 0,3 v.H. des Risikokapitals aus dem gesamten Versicherungsgeschäft. Bezüglich der Einzelheiten wird auf die genannte Verordnung verwiesen.

Die finanziellen Anforderungen an inländische Niederlassungen ausländischer Versicherungsunternehmen **mit Sitz außerhalb der EG** richtet sich weiter nach § 8 VAG (vgl. § 106 b II VAG), jedoch sind die Unternehmen verpflichtet, Eigenmittel mindestens in Höhe der Solvabilitätsspanne zu bilden, die sich nach dem Geschäftsumfang der Niederlassung richtet. Darüber hinaus sind feste und bewegliche Kautionen zu stellen, wobei die Aufsichtsbehörde die Sätze für die festen Kautionen für die Niederlassungen der Schaden- und Unfallversicherungsunternehmen summenmäßig durch Rundschreiben festgelegt hat. Eine entsprechende Festsetzung der Kautionen für inländische Niederlassungen ausländischer Lebensversicherungsunternehmen mit Sitz außerhalb der EWG ist erfolgt.

Die EWG-einheitlich geregelten finanziellen Mindestanforderungen sind in Anbetracht der sehr unterschiedlichen Größen und Kapazitäten der Versicherungsunternehmen in den verschiedenen Mitgliedsländern niedrig.. Deshalb spielt die Bereitstellung von sog. Organisationsfonds eine größere Rolle: „*für den Aufbau der Verwaltung und des Vertreternetzes*" (i.w.S.) erforderliche Mittel (§ 5 V Nr. 3 VAG). Bei dem Organisationsfonds handelt es sich um zweckgebundene Eigenmittel. Für ihre Höhe ist der Aufsichtsbehörde ein angemessener Wertungsspielraum gegeben.

b) Vermögensanlagegrundsätze[4]

Zu den finanziellen Grundlagen des Geschäftsplans gehören auch die Grundsätze für die Vermögensanlage, die nach § 9 I VAG in der Satzung festgelegt werden sollen. Dadurch daß die im Jahre 1975 in das VAG eingefügten und inzwischen teilweise geänderten §§ 54–54 d eine zwingende ausführliche gesetzliche Regelung bringen, bleibt für die Satzung insofern kein oder nur noch ein sehr geringer Raum. Das „Vermögen", für das diese gesetzliche Regelung gilt, besteht aus dem gebundenen Vermögen und dem freien (restlichen) Vermögen (§ 54 I VAG), für deren Anlage grundsätzlich unterschiedliche Bestimmungen bestehen. Der Entscheidungsspielraum der Unternehmen ist größer geworden. Wichtig sind die Möglichkeiten der Aufsichtsbehörden, nach § 54 a V VAG auch für die Anlage des gebundenen Vermögens Ausnahmegenehmigungen zu erteilen, und die Meldepflicht der Versicherungsunternehmen nach § 54 d VAG.

5. Geschäftsplanänderung

a) Tatbestände

Neben den vielen rechtlich bedingten Änderungen des Geschäftsplans (z. B. Änderung der Satzung, Änderung von AVB, Neuaufnahme von Versicherungszweigen, örtliche Erweiterung des genehmigten Tätigkeitsbereichs) stehen zahlreiche Tatbestände, in denen Änderungen der technischen oder finanziellen Bestandteile des Geschäftsplans vollzogen werden. Der Fortschritt von Versicherungsrecht und -technik und die Entwicklung der einzelnen Versicherungsunternehmen bringen immer neue Geschäftsplanänderungen mit sich.

b) Rechtliche Würdigung

Der zur Erteilung der Erlaubnis zum Geschäftsbetrieb vorgelegte Geschäftsplan wird schlüssig mit der Erteilung genehmigt. Alle späteren **Änderungen** bedürfen der ausdrücklichen Genehmigung, für die § 8 VAG entsprechend gilt, § 13 I VAG, soweit nicht in § 13, vgl. z. B. 1a, Abweichendes bestimmt wird. Das bedeutet eine die gesamte Versicherungstätigkeit begleitende Verwaltungstätigkeit der Aufsichtsbehörden, die, besonders bei die AVB betreffenden Geschäftsplanänderungen wesentlichen Einfluß auf den Wettbewerb hat. Unter einer Änderung des Geschäftsplans ist nicht nur die formale Abänderung von Teilen des Geschäftsplans, sondern auch die tatsächliche, planmäßige, nicht nur auf einen Einzelfall bezogene **Abweichung** zu verstehen.

[4] Vgl. VBL. VII

So sichert § 13, der seinem Zweck nach bereits zu den die laufende Aufsicht regelnden Bestimmungen gehört, auch gegen die Umgehung der Grundvorschriften, die den Geschäftsplan betreffen. Auch hier zeigt sich der Geschäftsplanbegriff als ein besonders wichtiges Regulativ des Versicherungsaufsichtsrechts.

c) Kann die Aufsichtsbehörde Geschäftsplanänderungen verlangen?

Die Frage nun, ob und unter welchen Voraussetzungen die Aufsichtsbehörden eine Geschäftsplanänderung verlangen kann, wird später geprüft werden. An dieser Stelle ist aber hervorzuheben, daß § 13 eine ausschließlich öffentlich-rechtliche (aufsichtsrechtliche) Norm darstellt. Sie läßt die Frage unberührt, wann Änderungen des rechtlichen Geschäftsplans den einzelnen Versicherungsnehmern gegenüber wirksam werden. Diese letzte Frage richtet sich ausschließlich nach bürgerlichem Recht.

6. Erschleichen der Erlaubnis zum Geschäftsbetrieb

Durch den § 134 VAG ist das Erschleichen der Erlaubnis zum Geschäftsbetrieb, der Verlängerung einer Erlaubnis, der Genehmigung einer Geschäftsplanänderung oder einer Bestandsübertragung durch falsche Angaben, ihrer Verlängerung oder der Genehmigung von Geschäftsplanänderungen unter Kriminalstrafe gestellt.

7. Geschäftsplanmäßige Erklärungen

a) Öffentlich-rechtliche Seite

Der Gedanke des früheren Reichsaufsichtsamtes, durch sogenannte geschäftsplanmäßige Erklärungen, die der einzelne Versicherer abgibt, eine Einbeziehung einer bestimmten Angelegenheit in den Geschäftsplan und zugleich eine Selbstbindung des Versicherers herbeizuführen, war zunächst auf Nebenfragen zu den AVB beschränkt, dehnte sich sodann aber auf Tatbestände aus, die überhaupt Berührung mit dem rechtlichen, technischen und finanziellen Geschäftsplan hatten.

„Geschäftsplanmäßige Erklärungen sind schriftliche Erklärungen des Unternehmens, die der Aufsichtsbehörde, sei es spontan . . . , sei es auf deren Anregung . . . oder auf Grund einer Bedingung oder Auflage abgegeben werden und in denen
a) es sich in Ergänzung der übrigen von ihm mit dem Antrag auf Zulassung eingereichten Unterlagen zu einem bestimmten Verhalten im Rahmen seines Geschäftsbetriebes. . . verpflichtet oder

b) Fragen geregelt werden, die an sich in die AVB gehören, aber zweckmäßigerweise – unter Verweisung in den AVB darauf – gesondert behandelt werden, weil es sich um verwickelte technische Einzelheiten handelt, deren Aufnahme die AVB zu sehr belasten würde" (R. Schmidt-P. Frey, Prölss VAG, 10. Auflage, § 5 Rdnr. 22).

Ohne daß eine ausdrückliche gesetzliche Ermächtigung im Zusammenhang mit der Erteilung der Erlaubnis zum Geschäftsbetrieb vorhanden ist, bietet sicherlich für einen Teil der geschäftsplanmäßigen Erklärungen § 8 II VAG eine Rechtsgrundlage, der bestimmt, daß die Erlaubnis unter Auflagen erteilt werden kann. Auch aus §§ 81 ff. VAG kann für einen weiteren Teil der geschäftsplanmäßigen Erklärungen eine gesetzliche Rechtfertigung abgeleitet werden. Allerdings ist die Frage, ob das Unternehmen zur Abgabe einer geschäftsplanmäßigen Erklärung verpflichtet ist, jeweils im Einzelfall zu prüfen. Die abgegebenen geschäftsplanmäßigen Erklärungen gehören nach überwiegender Ansicht auch dann zum Geschäftsplan des betreffenden Unternehmens mit allen rechtlichen Folgen für etwaige Abweichungen, wenn ihr Gegenstand in die „geschäftsplanfreie Sphäre" fällt. Seit längerer Zeit ist das BAV dazu übergegangen, „kodifizierte" Systeme der zu den einzelnen Versicherungszweigen und -arten abzugebenden Geschäftsplanmäßigen Erklärungen als Muster- oder Standardfassungen zu veröffentlichen.

b) Privatrechtliche Seite

Die mit der Abgabe einer geschäftsplanmäßigen Erklärung eingegangene Verpflichtung besteht grundsätzlich nur der Aufsichtsbehörde gegenüber. Ein Vertrag zugungsten der Versicherten wird zwischen der Aufsichtsbehörde und dem Versicherungsunternehmen regelmäßig nicht abgeschlossen. Einen vertragsrechtlichen Anspruch auf „Erfüllung" der geschäftsplanmäßigen Erklärung hat aber der Versicherungsnehmer nur, wenn sie Vertragsinhalt geworden ist, z. B. wenn in den AVB auf bestimmte geschäftsplanmäßige Erklärungen Bezug genommen ist oder wenn eine solche Erklärung mit Willen des Vesicherungsunternehmens in einer Weise veröffentlicht wird, die einen Verpflichtungswillen des Unternehmens erkennen läßt. Im übrigen kann sich der Versicherungsnehmer bei Nichteinhaltung von geschäftsplanmäßigen Erklärungen an die Aufsichtsbehörde wenden, die nach § 81 VAG einschreiten kann. Die geschäftsplanmäßigen Erklärungen sind – mit Zurückhaltung angewendet – ein rationelles, dem Verhältnismäßigkeitsgrundsatz entsprechendes Instrument der Aufsichtsführung, im Übermaß angewendet führen sie jedoch zur Intransparenz der Rechtsbeziehungen.

III. Erteilung und Versagung der Erlaubnis

1. Antrag

Nachdem unter B. I der Bezirk der unter die Versicherungsaufsicht fallenden Tatbestände abgesteckt und unter B. II der Zentralbegriff des Geschäftsplans untersucht worden ist, ist der Weg zu einer Erörterung der wesentlichsten sachlich-rechtlichen und verfahrensrechtlichen Fragen frei, die mit der Erteilung und der Versagung der Erlaubnis zum Geschäftsbetrieb zusammenhängen.

Das Antragsprinzip

Es gilt im Erteilungsverfahren grundsätzlich das Antragsprinzip. Das Unternehmen muß durch sein vertretungsberechtigtes Organ bei der zuständigen Aufsichtsbehörde um die Erteilung der Erlaubnis zum Geschäftsbetrieb bitten, dabei die Versicherungszweige (Versicherungsparten) angeben, in welchen das Unternehmen tätig werden will und die erforderlichen Unterlagen, insbesondere den Geschäftsplan beifügen.

Nur dann, wenn ein Unternehmen bereits ohne Erlaubnis Versicherungsgeschäfte betreibt, kann die Aufsichtsbehörde zur Stellung des Antrags auffordern, bei Meldung der Rechtsfolgen der §§ 81, 89, 140 VAG.

Auch muß in dem Antrag berücksichtigt werden, daß bestimmte etwa beabsichtigte Kombinationen von Versicherungszweigen (-sparten) kraft Gesetzes nicht zu einer Genehmigung führen können, so sind die diesbezüglichen Beschränkungen für die Lebens- und die Krankenversicherung (§ 8 Ia) und die Rechtsschutzversicherung § 8a zu beachten.

2. Materiellrechtliche Voraussetzungen der Erteilung der Erlaubnis zum Geschäftsbetrieb

a) Allgemeines

Unter dem Blickpunkt der Tatbestandsmerkmale stehen die Erteilung der Erlaubnis zum Geschäftsbetrieb und die Genehmigung einer Geschäftsplanänderung gleich (vgl. §§ 8 und 13 VAG). Das Gesetz zieht den Rahmen für die Tätigkeit der Aufsichtsbehörden dadurch, daß eine **geschlossene Liste (numerus clausus) von Versagungsgründen** aufgeführt ist. Die Erteilung der Erlaubnis stellt einen Verwaltungsakt in dem oben (vgl. A.IV.2) erörterten Sinne dar. Bei der Erteilung der Erlaubnis, die grundsätzlich unwiderruflich ist, sind die allgemeinen Aufsichtsgrundsätze zugrunde zu legen (vgl. A.V, oben); maßgebend ist aber primär die Würdigung des Sachverhalts nach § 8 I VAG, der die Versagungsgründe aufführt. Sie können entweder in der Person der *„Inhaber und Geschäftsleiter"*, d.h. der Vorstandsmitglieder (oder der ihnen nach § 3 bei öffentlich-rechtlichen Versicherungsunternehmen gleichstehenden) oder im Geschäftsplan und den sonstigen gemäß § 5 IV Satz 3 und 4, V VAG vorzulegenden Unterlagen begründet sein.

b) Keine Bedürfnisprüfung

Wie erwähnt (vgl. A.I.1, oben) beherrscht das Grundrecht der Gewerbefreiheit (Art. 12 GG, ausgeprägt auch durch die Bestimmungen des EG-Vertrages über die Niederlassungs- und Dienstleistungsfreiheit, vor allem Art. 57 II) auch das Versicherungsaufsichtsrecht. Deshalb kann nach § 8 I VAG die Erlaubnis zum Geschäftsbetrieb nicht mit der Begründung versagt werden, es bestehe **kein Bedürfnis** für die Zulassung des antragstellenden Unternehmens.

Eine Bedürfnisprüfung würde zudem ein Wettbewerbsprivileg für die vorhandenen Unternehmen bedeuten und es würde mit den Grundprinzipien der Wettbewerbswirtschaft grundsätzlich nicht vereinbar sein, den Neuzugang von Wettbewerbern zu verhindern.

Während **ausländische Versicherungsunternehmen** mit Sitz innerhalb der EG bei Erfüllung der Zulassungsbestimmungen ebenso wie inländische Versicherungsunternehmen einen Anspruch auf Zulassung zum Geschäftsbetrieb haben und zum Dienstleistungsverkehr ohne Niederlassung besteht ein solcher Anspruch für Unternehmen aus Drittländern nicht(§ 106b IV VAG *„die Erlaubnis kann erteilt werden"*), so daß der für die Erteilung der Zulassung zuständige Bundesminister der Finanzen die Erlaubnis auch von einer Bedürfnisprüfung, der Stellung einer Kaution und von der Erfüllung sonstiger Voraussetzungen abhängig machen kann, soweit nicht völkerrechtliche Verträge dies ausschließen. Einzelheiten über Zulassung und laufende Aufsicht über ausländische Unternehmen §§ 105–110 VAG.

c) Persönliche Eigenschaften der "Inhaber und Geschäftsleiter"

Nach geltendem Recht kann die Erlaubnis zum Geschäftsbetrieb versagt werden, wenn sich Hinderungsgründe hinsichtlich der persönlichen Eigenschaften der (ordentlichen und stellvertretenden) **Vorstandsmitglieder**, der ihnen gleichstehenden Leiter im öffentlich-rechtlichen Versicherungsunternehmen (§ 3 VAG) und der **Hauptbevollmächtigten** der ausländischen Unternehmen ergeben.

Die Erlaubnis kann erstens versagt werden, wenn die genannten Geschäftsleiter **nicht ehrbar** sind. Diffamierende Kriminalstrafen, moralisch grob anstößiges Verhalten, insbesondere Geschäftsgebaren, z. B. im Zusammenhang mit einem Konkurs, sind hier gemeint. Der Tatbestand mag im Hinblick auf die Gesetzesauslegung gewisse Schwierigkeiten machen, als soziales Bild ist er einleuchtend.

Zweitens ermöglicht das Gesetz in § 8 I Nr. 1 VAG die Versagung der Erlaubnis, wenn die Geschäftsleiter *„fachlich nicht genügend vorgebildet sind oder die für den Betrieb der Unternehmung sonst noch erforderlichen Eigenschaften und Erfahrungen nicht besitzen"*. Man wird die logische Reihenfolge so wählen müssen: **Eigenschaften, Vorbildung, Erfahrungen**. Im ersten Falle geht es um die geistige und charakterliche Substanz dieser Persönlichkeiten, die sie als geeignet erscheinen läßt, daß sie eine qualifizierte Vertrauensstellung als Unternehmensleiter eines Versicherungsunternehmens bekleiden. Im zweiten Fall, demjenigen der Vorbildung, geht es weniger um Zeugnisse über Lehre oder akademische Ausbildung als den Nachweis der planmäßig erworbenen Sach- und Fachkenntnis. Hier liegt der Schwerpunkt mehr im Theoretischen als bezüglich des dritten Tatbestandes, desjenigen der Erfahrungen. Ganz wichtig ist, das die Prüfung nach § 8 I Nr. 1 nur bei der Zulassung anzustellen ist, nicht aber beim Wechsel von Vorstandmitgliedern. Allerdings verlangt die Aufsichtsbehörde, von jedem Wechsel von Vorstandsmitgliedern bereits vor ihrer Bestellung unterrrichtet zu werden (*R. Schmidt-P. Frey, Prölss VAG*, 10. Auflage, § 8 Rdnr 18). Grundsätzlich wird die Ehrbarkeit und die hinreichende Eignung durch das Handelsregistergericht festgestellt, das gegebenfalls ein Gutachten des Organs des Handelsstandes, der zuständigen Industrie- und Handelskammer, einholt (vgl. § 126 Gesetz über die Freiwillige Gerichtsbarkeit, § 23 der Handelsregisterverfügung). Bei der Anmeldung zur Eintragung in das Handelsregister haben Vorstandsmitglieder zudem zu versichern, daß sie nicht aufgrund bestimmter Straftaten innerhalb der letzten fünf Jahre rechtskräftig verurteilt oder mit einem Berufsverbot belegt worden sind (§§ 81 III, 76 III AktG).

Für die Beurteilung des § 8 I Nr. 1 sind immer die Umstände des Einzelfalls maßgebend. Schematische Verfahren sind bei der Anwendung dieser Bestimmung zu vermeiden.

d) Wahrung der Belange der Versicherten

Neben dem aus den Personen der *„Inhaber und Geschäftsleiter"* begründeten Versagungstatbestand des § 8 I Nr. 1 steht der Tatbestand des § 8 I Nr. 2 VAG.

Auf den ersten Blick scheint dieser Tatbestand einen **doppelten Inhalt** zu haben:

1. die Erlaubnis kann versagt werden, wenn *„nach dem Geschäftsplan die Belange der Versicherten nicht ausreichend gewahrt"* sind, und

2. wenn die *„Verpflichtungen aus den Versicherungen nicht genügend als dauernd erfüllbar dargetan"* sind.

Der erste Tatbestand ist der weitere, der zweite ein Unterfall des ersten. Dennoch folgen wir in der Analyse dem Aufbau des Gesetzes und behandeln beide Tatbestände getrennt. Vorher muß jedoch festgestellt werden, daß in den Fällen, in welchen ein antragstellendes Unternehmen lediglich die Erlaubnis zur Deckung von Großrisiken i. S. des § 5 IV beantragt, in denen also die Versicherungsbedingungen und Tarife sowie die Unterlagen nach § 5 V Nr. 1a der Aufsichtsbehörde nicht vorzulegen sind, die Beurteilungsgrundlage entsprechend schmaler ist.

Versicherte im Sinne dieser Bestimmung sind nicht nur die Versicherungsnehmer (bzw. die Versicherten beim Versicherungsverein auf Gegenseitigkeit), sondern alle Personen, denen Ansprüche oder Rechte auf Grund von Versicherungsverträgen zustehen, also z. B. Versicherungsnehmer, Versicherte bei der Versicherung für fremde Rechnung, Bezugsberechtigte, Hypothekengläubiger, geschädigte Dritte in der Kraftfahrthaftpflichtversicherung[5].

Der Begriff und die Bedeutung des Geschäftsplans wurden oben (vgl. B.II.) sozusagen vor die Klammer gezogen und gesondert erörtert. Die Erlaubnis zum Geschäftsbetrieb kann dann versagt werden, wenn nach diesem Geschäftsplan die Belange der Versicherten nicht ausreichend gewahrt sind. Mit dieser generalklauselhaften Formulierung will das Versicherungsaufsichtsgesetz nach Ansicht des Verfassers zunächst einmal alle diejenigen Fälle erfassen, in denen im Geschäftsplan nicht nach den **Grundsätzen vernünftiger Versicherungstechnik** und -erfahrung vorgegangen wird.

Gemeint sind z. B. Fälle, in denen es an einem ausgleichsfähigen Risikokollektiv fehlt oder in denen von grundsätzlichen Erfahrungen der Versicherungstechnik abgewichen wird, z. B. nach der Natur der Sache unsinnige Kombinationen oder Bündelungen von Versicherungszweigen vorgenommen werden, so daß die statistischen Grundfeststellungen in Frage gestellt werden. An dieser Stelle kommen wiederum die bereits dargestellten allgemeinen Aufsichtsgrundsätze zur Anwendung (vgl. A.V, oben).

Der Begriff „Wahrung der Belange der Versicherten" stellt aber nicht nur auf die versicherungstechnische, sondern ebenso auf die **rechtliche Seite des Geschäftsplans** ab. Angefangen von der Gestaltung der Antragsformulare in der Lebensversicherung über die Satzungen und Allgemeinen Versicherungsbedingungen (auf die hier gegebenen Beschränkungen der Aufsicht wurde hingewiesen) bis zu dem rechtlichen Teil des Tarifs prüft die Versicherungsaufsichtsbehörde unter diesem Gesichtspunkt den Geschäftsplan.

---

5 Vgl. RLV. V

Man kann den wichtigen Tatbestand von der Wahrung der Belange der Versicherten nur voll verstehen, wenn man noch Überlegungen zu wenigen weiteren Punkten anstellt:

Nicht nur in § 8 I Nr. 2, sondern auch in § 81 II 1 VAG ist von den **Belangen der Versicherten** die Rede: im ersten Falle kann die Zulassung versagt werden, wenn die Belange der Versicherten „nicht ausreichend gewahrt" sind, im zweiten Falle kann die Aufsichtsbehörde in den laufenden Geschäftsbetrieb eingreifen, um **„Mißstände"** zu beseitigen, **„welche die Belange der Versicherten gefährden"**. Die Verletzung der Interessen der Versicherten braucht im ersten Falle also weniger schwer zu sein. Im zweiten Fall braucht sie nicht aus der Ebene des Geschäftsplanes zu kommen. Die Tatbestände decken sich also nicht. In einer dritten Bestimmung, dem im Jahre 1937 in das VAG eingefügten § 81 a, ist wiederum von den Belangen der Versicherten die Rede: *„Wenn es zur Wahrung der Belange der Versicherten notwendig erscheint, kann die Aufsichtsbehörde einen Geschäftsplan. . . ändern oder aufheben"*. Die Gegenüberstellung mit den beiden anderen gedanklich verwandten Vorschriften zeigt, daß auch hier – vom veränderten Gesetzeszweck und der abweichenden Interessenlage her bestimmt – das **gleiche Wort einen jedenfalls in gewissen Grenzen abgewandelten Inhalt** hat.

Belange der Versicherten – das kann aber allgemein festgestellt werden – sind nicht dann schon gefährdet oder verletzt, wenn es sich um einen einzelnen Versicherungsnehmer handelt. Es muß jedenfalls eine vorstellbare Gruppe sein. Die Streitfrage, ob die Belange der Versicherten u. U. sogar höhere Prämien oder Beiträge erfordern können, muß vom Standpunkt vernünftiger Versicherungstechnik allgemein bejaht werden, wenn sich auch im Einzelfall Zweifel ergeben können.

e) Dauernde Erfüllbarkeit der Verpflichtungen

Es wurde bereits dargetan, daß die dauernde Erfüllbarkeit von Verpflichtungen des Versicherers, die in § 8 I Nr. 2 VAG gesondert genannt ist, in Wirklichkeit einen Unterfall des Tatbestandes „Wahrung der Belange der Versicherten" darstellt. Hier ist der finanzielle Teil des Geschäftsplans zum Gegenstand der besonderen Prüfung gemacht. Sie betrifft speziell die Kapitalausstattung des Unternehmen, seine Reserven, die Vermögensanlagen, in der Lebensversicherung und den nach Art der Lebensversicherung betriebenen Versicherungszweigen aber auch den Tarif, die Gestaltung der Rückversicherung und einige weitere Fragen.

Die Aufsichtsbehörde prüft unter diesem Gesichtspunkt vor allem die **Kapitalausstattung** (vgl. § 53c) des antragstellenden Unternehmens. (Bei ausländischen Unternehmen mit Sitz in einem Mitgliedsland der EWG begnügt sie sich mit entsprechenden Bescheinigungen der Behörde des Sitzlandes, § 110b II Nr. 2, § 110e II. Nr. 1.) Dadurch daß § 8 I Nr. 2 VAG auf § 5 IV Satz 3 und 4 Bezug nimmt, ist die Prüfung nicht nur des Mindestgarantiefonds sondern auch die Vorkalkulation mit Deckungsrechnung, der Liquiditätsprognose und der finanziellen Leistungsfähigkeit vorgeschrieben. Auch die Frage des Vorhandenseins und der Angemessenheit der Höhe von Organisationsfonds gehört hierher, ebenso wie die Gestaltung der Rückversicherung, die im Zusammenhang mit der dauernden Erfüllbarkeit der Verträge der Prüfung im Stadium der Erteilung der Erlaubnis zum Geschäftsbetrieb unterliegt.

In der Lebensversicherung und der auf Grund bestimmter Wahrscheinlichkeitstafeln betriebenen Unfall- und Krankenversicherung (§§ 11, 12 VAG) sowie bezüglich der Rentenreserven in der Haftpflichtversicherung (Aufsichtspraxis) gehören die Tarife, die Grundsätze für die Bemessung der Prämien- und Deckungsrücklagen zum **(technischen) Geschäftsplan** (vgl. B.II.3, oben), so daß der hier erörterte Prüfungstatbestand (*„ob die Verpflichtungen aus den Versicherungen... genügend als dauernd erfüllbar dargetan sind"*) eine wesentlich größere Eindringtiefe aufweist.

Die Versicherungsaufsichtsbehörde hat die dauernde Erfüllbarkeit der Versicherungsverträge nicht nur bei der Zulassung (und der Genehmigung von Geschäftsplanänderungen) zu prüfen, die Überwachung unter gerade diesem Gesichtspunkt steht auch bei der laufenden Staatsaufsicht, die noch behandelt werden wird, im Vordergrund. Nach allen über den Zweck der Versiche-rungsaufsicht aufgestellten Theorien (vgl. A.II, oben) ist diese finanzielle Seite der Überwachungsaufgabe, zu der auch im Rahmen der internationalen Zusammenarbeit der Versicherungsaufsichtsbehörden Untersuchungen angestellt wurden, Hauptzweck der Fachaufsicht. In einem weiteren Zusammenhang mit dem in § 8 I Nr. 2, 2. Tatbestand VAG zum Ausdruck gebrachten aufsichtsrechtlichen Grundsatz gehört u. a. die Mitwirkung der Aufsichtsbehörden bei der Bestellung des Abschlußprüfers (§ 58 II VAG) und der Auswertung des Prüfungsberichts (§59, vgl. § 65 VAG), die Überwachung der Vermögensanlagen (sowie Erteilung etwa erforderlicher Genehmigungen) und die gesamte Tätigkeit, die im Zusammenhang mit der Rechnungslegung der Unternehmen steht. Hierher gehört auch die Bestellung von Sonderbeauftragten zur Wahrung der Belange der Versicherten (§ 81 IIa VAG). Versicherungsunternehmen sind Wirtschaftsunternehmen, die fremdes Geld „hereinnehmen", auch Eigentümer des Geldes werden, deren Verfügungen aber nach Treu und Glauben aus dem Zweck der Versicherungsverträge gewissen Beschränkungen unterliegen. Wenn den Versicherten Schaden erwächst, wird es in erster Linie ein Vermögensschaden sein. Gerade deshalb kommt der Schutzfunktion der Versicherungsaufsichtsbehörden auf diesem finanziellen Gebiet große Bedeutung zu.

f) Verstoß gegen Gesetz oder gute Sitten

Verstößt ein Rechtsgeschäft gegen das Gesetz oder die guten Sitten, so ist es nach § 134 bzw. § 138 BGB nichtig. Die Verwaltungsbehörde hat sich nach dem Prinzip der Gesetzmäßigkeit der Verwaltung nicht nur selbst nach dem Gesetz und den guten Sitten zu richten. Sie hat darüber hinaus solchen Geschäftsplänen die Genehmigung zu versagen, die in ihrem rechtlichen, versicherungstechnischen oder finanziellen Teil gegen zwingende (oder zugunsten des Versicherungsnehmers halbzwingende) Vorschriften des Gesetzes oder gegen die guten Sitten verstoßen. Wenn die Aufsichtsbehörde nach § 81 II 1 VAG sogar zur Beseitigung von Gesetzes- und Sittenverstößen in den laufenden Geschäftsbetrieb eingreifen kann, so muß sie solche Verstöße erst recht bereits bei der Zulassung verhindern.

Als **Beispiel** für Gesetzesverstöße sind wiederholt Teile des rechtlichen Geschäftsplans genannt worden, die solchen Normen des VVG widerstreiten, welche nicht frei abdingbar, also zwingend oder (zugunsten des Versicherungsnehmers) halbzwingend sind. Ein Verstoß gegen die guten Sitten wäre z. B. bei einer Versicherung von Schmuggelgut gegen Beschlagnahme durch inländische oder ausländische Behörden gegeben. Auch die Lösegeldversicherung gehört hierher.

g) Geschäftsplanänderungen

Geschäftsplanänderungen (vgl. B.II.5, oben) bedürfen der Genehmigung der Aufsichtsbehörden, für welche die Vorschriften über die Erteilung der Erlaubnis zum Geschäftsbetrieb nach § 13 I 2 VAG entsprechend gelten. **Also**: Gleiche Versagungstatbestände, entsprechende aufsichtsbehördliche Überlegungen. Naturgemäß sind die Änderungstatbestände im Regelfall (sozusagen „qualitativ") das Minus gegenüber der Zulassung. Sie sind aber („quantitativ") viel zahlreicher. Zudem zeigen sich hier auch interessante Fragen, z. B. im Zusammenhang mit Bündelungen und Kombinationen von Versicherungen.

3. Verfahrensrechtliche Fragen zur Erteilung der Erlaubnis zum Geschäftsbetrieb

a) Tatbestandswirkung von Entscheidungen nach § 2 VAG

Wie bereits zum Ausdruck gebracht wurde (vgl. A.III.1 und B.I, oben), steht die Entscheidung der Frage, ob ein Unternehmen Versicherung im Sinne des § 1 VAG betreibt, der Versicherungsaufsichtsbehörde allein zu. Die Entscheidung bindet die Verwaltungsbehörden (Tatbestandswirkung, § 2 Satz 1 VAG). Die besondere Entscheidung nach § 2 VAG ist u. U. vor eine solche nach §§ 5 ff. VAG vorgeschaltet; denn in echten Zweifelsfällen wird erst dann, wenn feststeht, daß es sich um aufsichtspflichtige Versicherung handelt, ein Antrag auf Erteilung der Erlaubnis zum Geschäftsbetrieb gestellt werden. Andererseits bedarf ein Untersagungseingriff in einen bereits laufenden ungenehmigten Versicherungsbetrieb nicht erst der vorgängigen förmlichen Entscheidung nach § 2, daß es sich um Versicherung handelt.

b) Rechtsanspruch auf Zulassung

Inländische und EG-ausländische Unternehmen haben, wie erwähnt, einen **Rechtsanspruch auf Erteilung der Erlaubnis zum Geschäftsbetrieb** durch Niederlassung und zum Dienstleistungsgeschäft ohne Niederlassung sowie auf Genehmigung einer Geschäftsplanänderung, sofern die gesetzlichen Voraussetzungen erfüllt sind.

Es ist ein subjektives öffentliches Recht auf Erlaß des Verwaltungsaktes gegeben, durch welchen die Erlaubnis erteilt wird. Das Recht kann durch Klage vor dem Verwaltungsgericht (die besondere Zuständigkeitsregelung für das Bundesaufsichtsamt ist zu beachten) verfolgt werden. In diesem Verfahren kann z. B. ein Ermessensfehler oder Ermessensmißbrauch, aber auch unzutreffende Gesetzesanwendung festgestellt werden (vgl. A.IV.4 und A.V.4, oben). Trotz dieser verwaltungsgerichtlichen Überprüfungsmöglichkeit liegt der Schwerpunkt der Entscheidung und Verantwortung deshalb bei der Versicherungsaufsichtsbehörde, weil sie allein die notwendige Fachkenntnis besitzt, und weil das Verwaltungsgericht die Nachprüfung notwendig auf das Grundsätzliche und auf die Einhaltung allgemeiner Regeln und die Beachtung des Gesetzeswortlauts und Gesetzeszwecks beschränken muß.

Es wurde bereits dargestellt, daß den ausländischen Versicherungsunternehmen mit Sitz außerhalb der EG die in diesem Absatz genannten Ansprüche nicht zustehen und daß der Bundesminister der Finanzen die Erlaubnis zum Geschäftsbetrieb erteilen „kann" (freie Ermessensentscheidung, soweit keine völkerrechtlichen Verpflichtungen vorliegen; Einzelheiten über Zulassung und laufende Aufsicht §§ 106–110 VAG).

c) Struktur des Versagungstatbestandes

Die materiellrechtlichen Versagungsgründe (vgl. B.III.2, oben) sind bereits erörtert worden. Die Tatbestände weisen dadurch eine eigenartige Struktur auf, daß nicht die Erteilungsvoraussetzungen – sie wären zu vielfältig –, sondern die Versagungsgründe aufgezählt sind. Das Gesetz schreibt aber auch nicht vor, die Erlaubnis zu versagen, wenn einer der Tatbestände des § 8 I VAG gegeben ist, vielmehr **„darf" die Erlaubnis nur in diesen Fällen versagt werden**. Hier ist Raum für das **„gebundene Ermessen"** der Versicherungsaufsichtsbehörde.

d) Allgemeine Rahmenüberlegungen der Versicherungsaufsichtsbehörde

Eine für den Einzelfall getroffene Entscheidung kann extrem billig, zugleich aber mit den Grundsätzen einer ordnungsgemäßen Verwaltung unvereinbar sein. Insbesondere der verwaltungsrechtliche Gleichbehandlungsgrundsatz zwingt die Versicherungsaufsichtsbehörden dazu, allgemeine Rahmenüberlegungen anzustellen.

Hier treten spezielle Anlässe für ein derartiges Vorausdenken hinzu: sich lediglich am Einzelfall orientierende Entscheidungen würden zur Wirrnis auf dem Markt führen (vgl. die Bemerkungen über die Markttransparenz unter A.V.5 e, oben). Sie würden den sich aus der Natur der Sache ergebenden allgemeinen Aufsichtsgesichtspunkten nicht gerecht werden.

Deshalb geht das Bestreben der Aufsichtsbehörden dahin, gerade bei der Genehmigung von Geschäftsplänen und Geschäftsplanänderungen jede Frage möglichst nur einmal und dann sehr gründlich zu prüfen und sodann geprüfte und genehmigte Geschäftsplanbestandteile anderen Antragstellern, bei denen die Verhältnisse nicht grundsätzlich anders liegen, ohne weiteres zu genehmigen. Das gilt z. B. auch für die Vermögensanlagen, soweit diese noch der Genehmigung bedürfen, und für die Grundprinzipien des technischen Geschäftsplans.

e) Teilweise Erteilung, Erteilung unter Bedingungen und Auflagen

Es ist eine Grundregel des Verwaltungsrechts, daß einem Antrag nur insoweit stattgegeben zu werden braucht, als er begründet ist, hier: als ihm Versagungstatbestände nicht entgegenstehen. Es braucht hier keine weitere Begründung dafür gegeben zu werden, daß z. B. bei unzulängcher Kapitalausstattung einem Unternehmen zunächst nicht die beantragte Erlaubnis zum Betrieb mehrerer Versicherungszweige (-sparten) erteilt werden kann, sondern vielleicht nur eines Zweigs oder einzelner Zweige. Es ist grundsätzlich möglich, daß die Aufsichtsbehörde dem **Antrag nur teilweise** stattgibt.

Die Erlaubnis kann aber auch unter **Auflagen** erteilt werden. Allerdings dürfen von Unternehmen mit Sitz in der Bundesrepublik und der EG keine Kautionen mehr verlangt werden.

Juristisch muß dabei zwischen **Bedingungen** (z. B. wird dem Antrag unter der Bedingung stattgegeben, daß die Satzung in einem bestimmten Sinne geändert werde) und **Auflagen im engeren Sinne** (z. B. wird dem Antrag mit der Auflage stattgegeben, die Rückversicherung in bestimmter Weise zu gestalten) unterschieden werden. Wenn die Rechtswirksamkeit der Zulassung von einem zukünftigen ungewissen Ereignis abhängig gemacht wird, spricht man von einer Bedingung, während bei einer Auflage zur Gewerbeerlaubnis eine selbständig vollziehbare hoheitliche Anordnung hinzutritt.

Soweit im Einzelfall dem Antrag stattgegeben ist, gibt es keinen Rechtsbehelf. Soweit der Antragsteller durch Einschränkungen, Bedingungen oder Auflagen „beschwert" ist, steht ihm (ggf. der Widerspruch und) der Verwaltungsgerichtsweg offen.

f) Zulassungsverfahren im engeren Sinne

Wenn der Präsident einem Antrag nicht stattgeben will (§ 7 III Nr. 1 der 3. DVO zum BAG) ist die Entscheidung durch die Beschlußkammer vorgeschrieben (§ 7 II Nr. 2 und 3), so daß jeweils auch zwei Beiratsmitglieder mitwirken. Es gelten die Vorschriften der Verwaltungsverfahrensordnung über das sog. besondere Verwaltungsverfahren.

g) Rechtswirkungen der Zulassung

Das Grundrecht der Freiheit der Berufsausübung (Art. 12 GG) ist in verfassungsrechtlich zulässiger Weise für Versicherungsunternehmen eingeschränkt. Wer das Versicherungsgeschäft ohne die vorgeschriebene Erlaubnis betreibt, wird nach § 140 VAG bestraft. Die Zulassung hat also die **öffentlich-rechtliche Wirkung** einer Gewerbeerlaubnis.

Daneben hat aber die Zulassung auch **zivilrechtliche Wirkungen**. Während nämlich bei der Versicherungsaktiengesellschaft die Erlaubnis nur Voraussetzung für die Eintragung in das Handelsregister und damit die Rechtsfähigkeit (§ 41 I 1 in Verbindung mit § 37 II Nr. 5 AktG) ist, hat die Zulassung bei einem Versicherungsverein auf Gegenseitigkeit die Wirkung, daß der Verein **rechtsfähig** wird. Die (bei größeren Vereinen) nachfolgende Eintragung in das Handelsregister hat dort nur rechtsbezeugende, keine rechtsbegründende Wirkung (§ 15 VAG).

4. Sonderproblem: Spartenkomination oder Spartentrennung

Für die Lebensversicherung und die nach Art der Lebensversicherung betriebenen Versicherungszweige enthält das VAG einige Sondervorschriften, von denen (für die Lebensversicherung) die §§ 65 ff. und § 81 c VAG die größte Bedeutung besitzen. Dort ist (in § 77 IV VAG) sogar ein dem Absonderungsrecht gleichstehendes Konkursvorrecht der Lebensversicherten begründet. Die (mit Ausnahme der sogenannten reinen Risikoversicherung) durch den Sparvorgang gekennzeichnete Lebensversicherung, die zudem auf mathematischen Grundlagen aufgebaut ist, nimmt auch rechtlich, wie die gleichfalls auf versicherungsmathematischer Grundlage arbeitende **Krankenversicherung**, eine Sonderstellung ein. Bei der Krankenversicherung tritt der Umstand hinzu, daß sie als auf freiwilligen Abschlüssen und Leistungen beruhendes Glied in das Gesamtsystem der sozialen Sicherung zusammen mit der Sozialversicherung einbezogen ist, das durch den Versicherer nicht herausgekündigt werden kann. Auch die Gewinnbeteiligungssysteme kennzeichnen diese Sonderstellung.

Auf einer derartigen gedanklichen Grundlage haben die Aufsichtsbehörden seit langem die Erlaubnis zum Betrieb der Lebensversicherung nicht zusammen mit derjenigen zum Betrieb der Schadenversicherung erteilt (Grundsatz der Spartentrennung). Die Spartentrennung beruhte zunächst nicht auf einer ausdrücklichen gesetzlichen Regelung wurde aber auf der Grundlage des EG-Sekundärrechts durch § 8 Ia n.F. ausdrücklich sanktioniert.

Der Gedanke, mit dem die Spartentrennung der Lebensversicherung begründet wurde, beruhte auf der Gefahr, in welche die Lebensversicherung durch Verbindung mit anderen „aleatorischeren" Versicherungszweigen gebracht werden könnte. Die Entwicklung ging aber dann mit unterschiedlicher Begründung dahin, auch andere Versicherungszweige besonderen Unternehmen zuzuweisen und den Betrieb durch Kompositversicherer nicht zuzulassen. Die Spartentrennung für die **Kredit- und Kautionsversicherung**, deren Risiko für die in anderen Zweigen bei demselben Unternehmenn Versicherten als besonders hoch eingestuft worden war, wurde nach Jahrzehnten auf Grund des EWG-Sekundärrechts aufgehoben, die Spartentrennung, die bei der **Rechtsschutzversicherung** den bei gleichzeitigem Betrieb der Haftpflicht- und Kraftfahrzeughaftpflicht etwa gegebenen Kollusionsgefahren entgegenwirken sollte, wurde durch eine Alternative (Schaffung von getrennten Schadenabwicklungsunternehmen) ergänzt (§ 8a VAG).

5. Besonderheiten für Versicherungsvereine auf Gegenseitigkeit

Die Besonderheiten der versicherungsaufsichtsrechtlichen Behandlung des Versicherungsvereins auf Gegenseitigkeit sind größtenteils bereits genannt: der VVaG ist ein **„Kind des VAG"**. Er unterliegt stets der Aufsicht, auch wenn er an sich aufsichtsfreie Versicherungszweige und -geschäfte betreibt.

Zu erwähnen ist noch, daß die Zulassung die Mängel der Gründung heilt, sofern diese nicht dem VAG widersprechen. Während die Erteilung der Erlaubnis zum Geschäftsbetrieb grundsätzlich ohne Bedeutung für die zivilrechtliche Gültigkeit von **bereits im Gründungsstadtium abgeschlossenen Versicherungsverträge** ist, nimmt man beim VVaG an, daß ihre Wirksamkeit zumindest stillschweigend durch die Erteilung der Erlaubnis zum Geschäftsbetrieb bedingt sei.

Nach § 29 hat die Satzung zu bestimmen, wie das oberste Organ (obere Vertretung) zu bilden ist. Es kann eine Vertreter- oder eine Mitgliederversammlung sein. Die Genehmigung der die oberste Vertretung betreffenden Satzungsvorschrift, die u. a. das Wahlverfahren enthält, obliegt der Aufsichtsbehörde im Rahmen der §§ 5 III, 9 II, 8 VAG. Dabei wird nach überwiegender Auffassung auch das sogenannte **Kooptationssystem** grundsätzlich für zulässig gehalten.

Unter dem Kooptationssystem versteht man die Selbstergänzung des obersten Organs. Bei Ausscheiden eines oder mehrerer Mitglieder nehmen die verbliebenen Mitglieder eine Ersatzwahl vor. Dabei kann die Satzung Gesichtspunkte für die Auswahl enthalten. Maßgebend für die Beurteilung dieser Rechtsfragen sind in erster Linie praktische Erwägungen.

Der **technische Geschäftsplan** des Versicherungsvereins auf Gegenseitigkeit ist dadurch bestimmt, daß die Grundvorstellung der Gegenseitigkeitsversicherung auf das Umlageverfahren oder das modifizierte Umlageverfahren (Vorausbeiträge + Umlage) gerichtet ist (vgl. § 24 VAG). Die Weiterentwicklung geht dann in Richtung des Ausschlusses der Umlage (§ 24 II VAG) und der Versicherung gegen feste Prämie (§ 21 II VAG, nicht: kleinere Vereine, § 53 I VAG). Die Problematik der sogenannten Assimilation der Unternehmensformen, und in diesem Zusammenhang der versicherungsrechtliche Gleichbehandlungsgrundsatz des § 21 I VAG, werden später behandelt.

Der *„schauerliche Verweisungsparagraph"* *(Julius v. Gierke)*, § 53 VAG, ändert an dem Konzessionserfordernis für kleinere Vereine nichts. Auf die Gegenüberstellung von Vorschriften des Aktiengesetzes, VAG, Genossenschaftsgesetzes und BGB (die beiden letzten für die kleineren-Vereine) bei *R. Schmidt-P. Frey, Prölss VAG* 10. Auflage, Vorbemerkung vor § 15 Rdnr. 37, §§ 53–53b Rdnr 5 ff. wird hingewiesen[6].

6. Besonderheiten für öffentlich-rechtliche Versicherungsanstalten und -körperschaften

Die öffentlich-rechtliche (Feuer-, Lebens-, Unfall-, Haftpflicht- usw.) Versicherung stellt die heutige Ausprägung der ersten Gestalt dar, unter der – dem Gedanken der Gegenseitigkeitsversicherung folgend – auf deutschem Boden neben der Transportversicherung in moderner Form Versicherung betrieben wurde (Hamburger Feuerkontrakte als erste Form der 1676 gegründeten Hamburger Feuerkasse). Diese Gegenseitigkeitsversicherung, die nach dem Prinzip der Gemeinnützigkeit betrieben wird, liegt in der Hand von **juristischen Personen des öffentlichen Rechts**, nämlich Anstalten und Körperschaften. Die überkommene Auffassung über die Gründung solcher Einrichtungen geht dahin, daß der staatliche Organisationsakt, durch den eine rechtsfähige öffentliche Anstalt geschaffen wird, ein Gesetzgebungs- oder – unter bestimmten Voraussetzungen – ein Verwaltungsakt sein könne (Näheres: *Schmidt-Sievers, Das Recht der öffentlich-rechtlichen Sachversicherung*, 1. Auflage 1951).

Weil es sich bei den Körperschaften und Anstalten um juristisch verselbständigte Teile des„Staatsapparats" handelt, hat sie der Staat nicht vollständig aus seiner Überwachung entlassen: sie unterliegen (neben der Versicherungsaufsicht als sog. **Fachaufsicht**) der **Dienstaufsicht**. Das ist die sogenannte allgemeine Körperschaftsaufsicht, die – sofern keine andere Regelung getroffen ist – beim Innenministerium liegt. Sie betrifft alle diejenigen Fragen, die auch bei anderen – nicht Versicherung betreibenden Juristischen Personen des öffentlichen Rechts – der Dienstaufsicht unterliegen. Sie ist Rechtsaufsicht, die auf die Einhaltung von Gesetz und Satzung gerichtet ist. Im einzelnen können sich Überschneidungen von Dienstaufsicht und Fachaufsicht ergeben (vgl. A.I.2, oben).

Während die **Wettbewerbsunternehmen** der öffentlich-rechtlichen Versicherung in die Fachaufsicht nach dem VAG (mit den unbedeutenden Einschränkungen des § 1 II Satz 2) einbezogen sind, unterliegen die Pflicht- und Monopolanstalten und -körperschaften nach § 1 III Nr. 4 dieser Versicherungsaufsicht wie ausgeführt nicht. Die Verfassungsmäßigkeit ihrer Tätigkeit ist durch das Bundesverfassungsgericht bejaht worden. Der Richtlinienvorschlag mit dem Modell einer

---

[6] Vgl. auch RLV. VI

koordinierten Versicherungsaufsicht in der EG hält auch bei Verwirklichung der Dienstleistungsfreiheit den Sonderstatus bezüglich der von den Versicherungspflichten und Monopolen erfaßten Risiken aufrecht.

Die **öffentlich-rechtlichen Pflicht- und Monopolanstalten** unterliegen nach § 1 III Nr. 4 VAG nicht der Aufsicht nach dem VAG. Auch soweit solche Versicherungseinrichtungen zugleich im Wettbewerb Versicherungen übernehmen, sind sie nach der Begründung zum Regierungsentwurf zum 14. ÄnderungsG zum VAG voll ausgenommen. Allerdings sieht der noch nicht vom Rat beschlossene Vorschlag einer Dritten Richtlinie zur Koordinierung der Rechts- und Verwaltungsvorschriften für die Direktversicherung (mit Ausnahme der Lebensversicherung) in Art. 3 bis zu einem noch in Art. 44 festzulegenden Termin vor, die Versicherungsmonopole aufzuheben.

Versicherungsaufsichtsrecht (Teil II)[1]

Von Professor Dr. jur. Dr.-Ing. E.h. Reimer S c h m i d t

[1] Der Beitrag besteht aus insgesamt zwei Teilen

Inhaltsverzeichnis
(Teil II)

Seite

A. *Grundfragen der Versicherungsaufsicht (Teil I)*

B. *Erlaubnis zum Geschäftsbetrieb (Teil I)*

C. **Laufende Aufsicht** ... 67

  I. **Grundlagen und Gegenstände** ... 67
  1. Übersicht ... 67
  2. Geschäftsplanänderungen ... 67
  3. Rechnungslegung ... 68
  4. Rechnungslegung im Rahmen der finanziellen Rekonstruktion aus Anlaß der Währungsreform ... 73
  5. Kapitalausstattung und Vermögensanlagen ... 73
  6. Statistik ... 75
  7. Aufsichts-Wettbewerbsrecht ... 76
  8. Versicherungskartellrecht ... 78
  9. Fusion, Vermögensübertragung, Umwandlung und Bestandsübertragung ... 84
  10. Besonderheiten für Versicherungsvereine auf Gegenseitigkeit ... 86
  11. Besonderheiten für öffentlich-rechtliche Versicherungsanstalten und -körperschaften ... 87
  12. Abschließende Bemerkungen ... 87

  II. **Tatsachenfeststellung im Rahmen der laufenden Aufsicht** ... 88
  1. Tatsachenfeststellung im System des VAG ... 88
  2. Mittel der Tatsachenfeststellung ... 89
  3. Verwendung der festgestellten Tatsachen ... 90

  III. **Beschwerden** ... 91
  1. Abgrenzung der Rechtsinstitute ... 91
  2. Insbesondere: Anregung zum Einschreiten ... 91

		Seite
IV.	Örtliche Prüfung durch die Aufsichtsbehörde	92
	1. Zweck und Wesen der Prüfung	92
	2. Einzelheiten	93
V.	Eingriffe der Versicherungsaufsichtsbehörden	94
	1. Übersicht	94
	2. Tatbestände des § 81 VAG	95
	3. Änderungen des Geschäftsplans nach § 81 a VAG	99
	4. Maßnahmen zur Aufrechterhaltung der Solvabilitätsspanne und von ausreichenden versicherungstechnischen Rückstellungen, § 81 b VAG	100
	5. Bestellung von Sonderbeauftragten	101
	6. Zahlungsverbot, Herabsetzung von Leistungen	102
	7. Konkursrechtliche Regelungen	103
	8. Widerruf und Erlöschen der Erlaubnis zum Geschäftsbetrieb	104
	9. Sonstige Eingriffstatbestände	105
VI.	Besonderheiten für bestimmte Bereiche	106
	1. Besonderheiten für Versicherungsvereine auf Gegenseitigkeit	106
	2. Besonderheiten für öffentlich-rechtliche Versicherungsanstalten und -körperschaften	106
	3. Besonderheiten für die Lebensversicherung	107
	4. Besonderheiten für Rückversicherungsunternehmen	107
	5. Besonderheiten für ausländische Unternehmen	108

D. Ergänzende und abschließende Bemerkungen		108
I.	Nicht behandelter Inhalt des VAG	108
	1. Straf- und Bußgeldvorschriften	108
	2. Die Kosten der Bundesaufsicht	109
	3. Veröffentlichungen	109
II.	Beurteilung des VAG, Reformfragen	110

Literaturhinweise	111

C. Laufende Aufsicht

I. Grundlagen und Gegenstände

1. Übersicht

Die laufende materielle Staatsaufsicht über Versicherungsunternehmen beginnt mit der Erteilung der Erlaubnis zum Geschäftsbetrieb und endet mit dem Ende der Abwicklung (Liquidation). Sie erstreckt sich nach herkömmlicher deutscher Rechtsauffassung auf das gesamte Geschäftsgebaren des beaufsichtigten Unternehmens, auch auf das sogenannte nichtversicherungstechnische Geschäft.

Der Gesetzgeber hat die laufende Aufsicht

einerseits durch **allgemeine Vorschriften** von generalklauselhafter Gestaltung,

andererseits durch die ziemlich beträchtliche Zahl von Einzelbestimmungen geregelt.

Es gibt gesetzlich ungeregelte, von der **Verwaltungspraxis** ausgefüllte Bereiche.

Man muß sich vorstellen, daß das VAG von § 14 (Bestandsübertragung) unmittelbar mit §§ 53 c ff. fortfährt. Man muß gedanklich die Bestimmungen über den VVaG als Versicherungsunternehmens- und spezielles Aufsichtsrecht „herausschneiden", um den Überblick über den Aufbau des Gesetzes zu behalten. Während nach den einleitenden Vorschriften der §§ 1–4 die §§ 5–12 die Erteilung der Erlaubnis zum Geschäftsbetrieb betreffen, haben die §§ 13 und 14 sowie die §§ 53 c-89 die laufende Aufsicht zum Gegenstand. Unter den Vorschriften über den VVaG (§§ 15–53b) befinden sich gleichfalls die laufende Aufsicht betreffende Bestimmungen. Das Recht der Aufsicht über ausländische Versicherungsunternehmen (§§ 105–111e) schließt, gründlich reformiert, die laufende Aufsicht und die Zusammenarbeit der Aufsichtsbehörde mit Behörden der übrigen Mitgliedsländer ein.

2. Geschäftsplanänderungen

Von der rechtssystematischen Einordnung der Geschäftsplanänderung und ihrer rechtlichen Beurteilung ist die Rede gewesen (vgl. B. II. 5). An dieser Stelle geht es darum, zum Ausdruck zu bringen, daß die Aufsichtsbehörden dort, wo sie Geschäftsplanänderungen zu genehmigen haben, im Rahmen der laufenden Aufsicht sozusagen die „**Hand am Hebel des versicherungstechnischen Fortschritts**" haben. Allerdings geht diese Befugnis nicht so weit, daß die Aufsichtsbehörde z.B. die Genehmigung von AVB oder ihren Änderungen mit der Begründung verweigern darf, daß sie nicht die für Versicherungsnehmer optimale Regelung enthalten. Wie das

Bundesverwaltungsgericht (VerBAV 1981, S. 80 ff.) festgestellt hat, hat die Aufsichtsbehörde bei der Entscheidung über die Genehmigung nicht kraft ihrer Sachkunde „stellvertretend" die Interessen der Versicherungsnehmer wahrzunehmen, sondern zu prüfen, ob die Belange der Versicherten ausreichend gewahrt und nicht unangemessen beeinträchtigt werden. Es gibt kaum Verwaltungsakte der Versicherungsaufsichtsbehörden von der gleichen wirtschaftlichen Bedeutung. Stillstand, Fortschritt, Rechtmäßigkeit des Wettbewerbs bei Wettbewerbsfreiheit, subtile Beurteilungen der Belange der Versicherten – rechtliche, versicherungsmathematische, versicherungstechnische und versicherungswirtschaftliche Gesichtspunkte sind auf diesem Gebiet zu beachten. Die Probleme können an dieser Stelle nur zum kleinen Teil aufgezeigt werden. Sie treten im genehmigungsfreien Bedingungsbereich der Großgeschäfte für das Genehmigungsverfahren (§ 5 VI) nicht mehr auf.

3. Rechnungslegung

a) Allgemeines

Die Bestimmungen über Rechnungslegung und Jahresabschluß sind in große Bewegung dadurch geraten, daß drei gesellschaftsrechtliche Richtlinien der EWG in das nationale Recht umgesetzt werden mußten. Das daraufhin erlassene **Bilanzrichtliniengesetz** (BiRiLiG) brachte in einer recht weitgehend neuen Systematik eingehende allgemeine Regelungen über Einzel- und Konzernabschluß, Prüfung und Vorlagepflichten, Offenlegung der Abschlüsse. Die noch in das deutsche Recht umzusetzende **Versicherungsbilanzrichtlinie** (BiRiLiVU) regelt speziell für diese Unternehmen die wesentlichen Fragen des Einzel- (vgl. § 55 VAG) und des Konzernabschlusses (vgl. § 56b VAG), darunter so wesentliche Punkte wie Gliederungsschemata für Bilanz und GuV-Rechnungen und die Frage von Brutto- bzw. Nettoausweis der passiven Rückversicherung. Eine Spartenerfolgsrechnung ist nicht vorgeschrieben.

b) Gesetzliche Grundlagen

„Grundstein" der Rechnungslegung ist § 330 HGB in Verbindung mit § 55 VAG, durch den das für große Kapitalgesellschaften bestimmte Recht des HGB auf die Unternehmensformen der Versicherung erstreckt und an ihre Besonderheiten angepaßt wird (*P. Frey*). Dadurch wird die Rechnungslegung der Versicherungsunternehmen Teilstück der allgemeinen Rechnungslegung, die damit aus den gewerbepolizeilichen Zielsetzungen der Versicherungsaufsicht (geregelt durch die 3. VO des BMJ zur Änderung der VO über die Rechnungslegung der Versicherungsunternehmen (Externe VURevV vom 23.12.1986) herausgelöst ist. Das gilt allerdings nicht für die interne Rechnungslegung der Versicherungsunternehmen gegenüber den Aufsichtsbehörden, die das BAV auf der Ermächtigungsgrundlage des § 55a VAG und einer Delegation durch den BMF durch VO vom 30.1.1987 (Interne VURevV) geregelt hat, dazu die Erste Änderungsverordnung vom 27.2.1991. Über die Rechnungslegung bestimmter kleinerer VVaG ist die VO des BAV vom 27.1.1988 (bkVReV) ergangen. Insgesamt kann die Materie erst dann nach Verabschiedung und Umsetzung der BiRiLiVU in das deutsche Recht beurteilt werden. Um neueste Literatur über die Materie muß verwiesen werden.

c) Rechtliche Regelung

Die bereits genannten Vorschriften für die „externe" sind auf Grund der Ermächtigung des § 55a IIa Satz 1 als Rechtsverordnung des Bundesministers für Finanzen (BMFin) ergangen, während diejenigen für die Rechnungslegung gegenüber dem BAV („interne" Rechnungslegung) auf Verordnung des BAV beruhen (§ 55a, mit UnterermächtigungsVO des BMFin). Die Rechnungslegungsvorschriften enthalten u. a. Muster von Formblättern für die Gliederung der Rechnungsabschlüsse, nähere Bestimmungen über Buchführung und Form des Jahresabschlusses, die Festsetzung abweichender Fristen für die Aufstellung des Rechnungsabschlusses und des Jahresberichts und die Einberufung der Hauptversammlung, Festlegung von Fristen für die Einreichung des Rechnungsabschlusses und des Jahresberichts bei der Aufsichtsbehörde sowie Vorschriften über die Veröffentlichung von Rechnungsabschluß und Jahresbericht. Bei der Schaffung der Rechnungslegungsvorschriften stand dem Interesse der Öffentlichkeit an größtmöglicher **Transparenz** das Interesse der Unternehmen entgegen, den Auswertungsinteressen der Konkurrenz gewisse Grenzen zu setzen, was besonders im Rahmen des Gemeinsamen Marktes von Bedeutung ist. Der Unbequemlichkeit der Formalisierung stand der Nutzen einer Rationalisierung gegenüber, obwohl es rechtliche Abwägungskritiken für die an die Gestaltung von Zahlennachweisen zu stellenden Anforderungen noch nicht recht gibt.

Systemrichtigkeit, Praktikabilität für die Unternehmen, Übersichtlichkeit unter Gesichtspunkten der laufenden Aufsicht, statistische Auswertbarkeit unter Wahrung des Grundsatzes der Verhältnismäßigkeit (mindestmögliche Eingriffe) und des Zusammenhangs mit den Vorschriften des Aktiengesetzes und des Handelsgesetzbuchs sowie Wahrung der Umsetzungsgenauigkeit des EG-Sekundärrechts in das eigene Recht bei Erhaltung von Logik und Genauigkeit im Gesamtsystem – das sind einige der Anforderungen, die bei der Schaffung dieser Verordnungswerke erfüllt werden mußten. Sauberkeit der Verwaltung der Unternehmen ebenso wie richtig verstandene Publizität gehörten zu den Zwecken dieser Bestimmungen.

Die Prüfung des Jahresabschlusses steht in engstem Zusammenhang mit der Rechnungslegung. Das Gesetz bringt in §§ 57–59 VAG in Verbindung mit den neu in das HGB eingefügten §§ 316–324 die Bestimmungen, nach denen die Rechnungslegung der aufsichtspflichtigen Versicherungsunternehmen zu erfolgen hat. Gemäß § 60 VAG gelten jedoch §§ 57–59 nicht für diejenigen nach Landesrecht errichteten und der Landesaufsicht unterliegenden öffentlich-rechtlichen Versicherungsunternehmen, für die landesrechtliche Vorschriften zur Prüfung der Rechnungsabschlüsse bestehen. Wichtig ist, daß trotz des § 57 II VAG in Verbindung mit §§ 316 I, 317 HGB die Abschlußprüfung den grundsätzlichen Rahmen einer **formalen Ordnungsmäßigkeitsprüfung** beibehält und nicht zur materiellen Rentabilitätsprüfung wird. Nach § 57 II 2 VAG kann die Aufsichtsbehörde bestimmen, wie die Prüfung durchzuführen ist.

d) Insbesondere Schwankungsrückstellung

Weil die Ausgleichsfähigkeit von Versicherungskollektiven ganz unterschiedlich ist und nicht allein durch Rückversicherung und durch (versteuerte) Bildung von Eigenkapital sowie durch Zuführung von Fremdkapital (Kapitalerhöhung) kompensiert werden kann, sind auf der Rechtsgrundlage des § 81 II i.V.m. § 56 III VAG Anordnungen über die Bildung einer sogenannten Schwankungsrückstellung getroffen worden. Auf diese Weise wurde die „Bandbreite" vergrößert, innerhalb derer ein Versicherungsunternehmen versicherungstechnische Verluste auffangen kann. Die z. Zt. nur für die Schaden- und Unfallversicherung zu bildende „*Rückstellung zum Ausgleich der Schwankungen im jährlichen Schadenbedarf*" (BAV-Rundschreiben R 4/78) richtet sich nach einem Sollbetrag, der sich nach den Abweichungen der Schadenquoten von einem bestimmten Durchschnitt bemißt. Im Gegensatz zur früheren Regelung ist die Schwankungsrückstellung auch dann zu bilden, wenn das Geschäftsjahr in einer Versicherungssparte keinen Gewinn gebracht hat. Bis zur Erreichung des vorgeschriebenen Sollbetrags ist aus den Erträgen des Unternehmens ein Zins in Höhe von 3 $^1/_2$ % der Schwankungsrückstellung zuzuführen. Dabei war die Koordinierung dieser Vorschriften zwischen den Versicherungsaufsichtsressorts und den Steuerressorts von besonderer Bedeutung. Die Schwankungsrückstellung ist im Rahmen der dazu ergangenen Bestimmung (VerBAV 1979, S. 118) körperschaftssteuerfrei.

e) Stationen des Jahresabschlusses und des Jahresberichts

Für den Versicherungskaufmann kommt es auf eine plastische Vorstellung von den wirtschaftlichen und rechtlichen Vorgängen an. Verhältnismäßig schwer zu übersehen sind alle jene Vorschriften, die das Tätigwerden der Organe der Gesellschaft i.w.S. im Zusammenhang mit dem Jahresabschluß betreffen. Mit liebenswürdiger Erlaubnis des Verfassers und der C.H. Beck'schen Verlagsbuchhandlung bringen wir aus *R. Schmidt-P. Frey, Prölss* VAG, 10. Auflage 1989, S. 633–636, im Wortlaut eine Übersicht über die

---

Stationen der Einzelrechnungslegung

Aufgrund der Vorschriften des 2. Abschnitts/3. Buch HGB, der §§ 170–172, 175 und 176 AktG, der §§ 36, 53 c, 55, 55 a, 57–59 VAG sowie der Externen und Internen VUReV ergeben sich für die Einzelrechnungslegung der VersAktiengesellschaften, der VVaG (ausgenommen kleinere VVaG – § 55 III 2 und 64) sowie der aufsichtspflichtigen öffentlichrechtlichen VersUnternehmen folgende Stationen:

	Was	Wann
1)	Bestimmung des Abschlußprüfers durch den Aufsichtsrat –AR– (§ 58 I)	Während des zu prüfenden Geschäftsjahres (Sollvorschrift)
2)	Anzeige des vom AR bestimmten Prüfers an das BAV durch den Vorstand –VO– (§ 58 II)	Unverzüglich, so daß die Aufstellungsfrist (4 bzw. 10 Monate ab Bilanzstichtag) eingehalten werden kann.
3)	Erteilung des Prüfungsauftrags an den Abschlußprüfer durch VO (§ 58 III)	Unverzüglich
4)	Aufstellung des Jahresabschlusses und des Lageberichts und deren Vorlage beim Prüfer (§ 55 I)	Innerhalb der ersten 4 Monate (§ 55 I S. 1, I. Halbsatz) bzw. 10 Monate (II S. 1, 1. Halbsatz bzw. S. 3) des folgenden Geschäftsjahres

5)	Prüfung des Jahresabschlusses, der Buchführung und des Lageberichts durch den Abschlußprüfer (§ 57 I)	Ab Aufstellung durch den VO bis spätestens 7 bzw. 13 Monate nach Stichtag
6)	Vorlage des Prüfungsberichts mit Bestätigungsvermerk oder Vermerk über dessen Versagung durch den Abschlußprüfer beim VO (§ 57 II S. 1 i.V.m. §§ 321 III, 322 HGB)	wie Ziffer 5
7)	Vorlage des Jahresabschlusses, Lageberichts, Gewinnverwendungsvorschlags und Prüfungsberichts durch VO beim AR (§ 170 I, II AktG, § 55 VI)	Unverzüglich nach Eingang des Prüfungsberichts (§ 170 I und II AktG i. V. m. § 55 VI)
8)	Prüfung des Jahresabschlusses, Lageberichts und Gewinnverwendungsvorschlags durch den AR; Bericht des AR an die Hauptversammlung/oberste Vertretung über die laufende Prüfung der Geschäftsführung, Stellungnahme zum Prüferbericht, Erklärung über Einwendungen oder Billigung des Jahresabschlusses. Zuleitung des AR-Berichts an den VO (§ 171 AktG i.V.m. § 55 VI)	Innerhalb eines, längstens eines weiteren Monats nach Vorlage (§ 171 III AktG § 55 VI)
9)	Feststellung des Jahresabschlusses durch Billigung des AR, es sei denn, VO und AR überlassen die Feststellung der Hauptversammlung/obersten Vertretung (§ 172 AktG i.V.m. § 55 VI)	wie Ziffer 5
10)	Einreichung des Druckberichts-Entwurfs (externer Jahresabschluß und Lagebericht, Abhängigkeitsbericht bei VersAktiengesellschaften, Gewinnverwendungsvorschlag, AR-Bericht einschließlich Feststellungsbeschlüsse des VO und AR gemäß § 172 AktG, Prüfungsergebnisse zum Abhängigkeitsbericht bei VersAktiengesellschaften, in jeweils doppelter Ausfertigung beim BAV (§ 21 I Nr. 1 Interne VUReV)	Einen Monat vor der Hauptversammlung/Versammlung der obersten Vertretung, spätestens 7 bzw. 13 Monate nach Bilanzstichtag (§ 21 I Nr. 1 und III Interne VUReV)
11)	Einreichung des externen Jahresabschlusses und Lageberichts, der Berechnung der Solvabilitätsspanne und des Nachweises der Eigenmittel bei der Aufsichtsbehörde (§ 55 I 2 i.V.m. § 53 c)	Spätestens 1 Monat vor der Hauptversammlung/Versammlung der obersten Vertretung (§ 55 I 2)
12)	Einberufung der Hauptversammlung/obersten Vertretung	Unverzüglich nach Eingang des AR-Berichts (§ 175 I 1 AktG, § 55 VI), spätestens so, daß

		die Hauptversammlung/Versammlung der obersten Vertretung unter Wahrung der Einberufungsfristen (bei VersAktiengesellschaften und VVaG = 1 Monat – § 123 I AktG i. V. m. § 36 1 VAG) binnen 8 bzw. 14 Monaten ab Bilanzstichtag stattfinden kann (§ 175 I 2 AktG i.V.m. § 55 II 1, VI)
13)	Auslegung des Jahresabschlusses, Lageberichts, AR-Berichts und des Gewinnverwendungsvorschlags in den Geschäftsräumen des VersUnternehmens (§ 175 II AktG, § 55 VI)	Ab Einberufung der Hauptversammlung/ obersten Vertretung
14)	Vorlage an die Hauptversammlung/ Versammlung der obersten Vertretung der gem. Ziff. 13 ausgelegten Unterlagen durch den VO (§ 176 I AktG, § 55 VI). Feststellung des Jahresabschlusses durch die Hauptversammlung/oberste Vertretung i.F. des § 173 AktG und/ oder Beschlußfassung über die Verwendung des Bilanzgewinns (§ 174 AktG, § 55 VI)	In den ersten 8 bzw. 14 Monaten ab Bilanzstichtag (§ 175 I S. 2 AktG i.V.m. § 55 II 1, VI)
15)	Einreichung bei der Aufsichtsbehörde in doppelter Ausfertigung – des Prüfungsberichts mit den unwiderruflich unterzeichneten Bemerkungen des AR und VO, – des Abhängigkeitsberichts mit Bericht des Abschlußprüfers (bei Vers Aktiengesellschaften), – der Erklärung und Aufstellung zur Pensionsrückstellung und in 7–facher Ausfertigung – der endgültige externe Druckbericht (in 1 Ausfertigung handschriftlich unterzeichnet durch den VO, den Sachverständigen für die Deckungsrücklage, den Treuhänder für den Deckungsstock und den AR) (§ 59 S. 1, § 21 I Nr. 2 und II Interne VUReV)	Unverzüglich bzw. unmittelbar nach der Hauptversammlung/Versammlung der obersten Vertretung (§ 59 S. 1, § 21 I Nr. 2 Interne VUReV)
16)	Bekanntmachung der Bilanz und GVR, (fakultativ) des Anhangs und Lageberichts sowie der Aufstellung des Anteilsbesitzes (obligatorisch), des AR-Berichts sowie des Gewinnverwendungsvorschlags und –beschlusses unter Angabe des Jahresüberschusses/Jahres-	Einreichung zur Bekanntmachung beim Bundesanzeiger unverzüglich nach Vorlage an die Hauptversammlung/Versammlung der obersten Vertretung, spätestens 9 bzw. 15 Monate nach dem Bilanzstichtag (§ 325 IV i.V.m. II HGB, § 55 III, II S. 2)

	fehlbetrags im Bundesanzeiger durch den VO (§ 325 II HGB, § 55 III, VII, 2 VAG). Zur Form der Bekanntmachung: § 328 HGB i.V.m. § 55 III	
17)	Einreichung der im Bundesanzeiger bekanntgemachten Unterlagen und deren Bekanntmachung sowie bei Verzicht auf Bekanntmachung des Anhangs, des Lageberichts und der Aufstellung des Anteilsbesitzes zum Handelsregister durch den VO (§ 325 II i.V.m. I HGB und § 55 III). Zur Form der einzureichenden Unterlagen: § 328 HGB, § 55 III.	Unverzüglich nach der Bekanntmachung (§ 325 II i. V. m. I HGB und § 55 III)

4. Rechnungslegung im Rahmen der finanziellen Rekonstruktion aus Anlaß der Währungsreform

Nur wenige Konsequenzen ergeben sich für die Rechnungslegung von Versicherungsunternehmen heute noch aus der sehr komplizierten Regelung, die aus Anlaß der Währungsreform 1948 geschaffen wurde. Der heutige Betrachter hat zweierlei festzustellen:

Erstens bleibt der Vorgang der finanziellen Rekonstruktion von Interesse, der auf dem Grundgedanken beruhte, das durch die 100 : 6,5-Umstellung der Konten der Unternehmen hervorgerufene Bilanzdefizit durch Buchforderungen gegen die deutschen Länder (sogenannte **Ausgleichsforderungen**) aufzufüllen. In einem Pauschalverfahren wurden die Ausgleichsforderungen der Erstversicherer „verendgültigt".

Zweitens bleibt der rein bilanztechnische Vorgang der finanziellen Rekonstruktion, die Ableitung der sogenannten **DM-Eröffnungsbilanz** aus der sogenannten **Umstellungsrechnung**, die ihrerseits auf die **RM-Schlußbilanz** zurückgeht, in Verbindung mit dem äußerst komplizierten Vorschriftenwerk der Währungsformgesetzgebung für die Versicherung eine juristische und betriebswirtschaftliche Leistung von hohem Rang.

Die Abwicklung bzw. finanzielle Erhaltung von Unternehmen in den neuen Ländern, im Einigungsvertrag vorgegeben, nimmt in beschränktem Ausmaß Erfahrungen und Rechtsgedanken der Rekonstruktion nach der Währungsreform 1948 auf.

5. Kapitalausstattung und Vermögensanlagen

a) Allgemeines

Welche Bedeutung der Kapitalausstattung für die Zulassung von Versicherungen zukommt, wurde bereits dargestellt; daß Unterkapitalisierung zur Notwendigkeit von Eingriffen der Aufsichtsbehörden führen kann, wird noch zu erwähnen sein. Hier geht es um die Regelung der Kapitalausstattung und Vermögensanlagen der Versicherungsunternehmen.

b) Kapitalausstattung

Das VAG schreibt in § 53c detailliert vor, wie die Kapitalausstattung für Versicherungsunternehmen auszusehen hat, damit die dauernde Erfüllbarkeit der Versicherungsverträge gewährleistet ist. Gemäß § 53c I VAG hat das Unternehmen Eigenmittel in Höhe der **Solvabilitätsspanne** zu bilden, die vom Umfang des Geschäfts abhängig ist, dabei gilt ein Drittel der Solvabilitätsspanne als **Garantiefonds**. Auf der Grundlage der Ermächtigung in § 53c II VAG ist die KapitalausstattungsVO vom 13.12.1983 (geändert durch die VOen vom 7.10.1987 und 24.7.1990) ergangen, die nunmehr sowohl für die Schaden- und Unfallversicherung als auch für die Lebensversicherung die entsprechende Mindestausstattung festlegt. Zu den Eigenmitteln zählt § 53c III VAG u. a. insbesondere das Grundkapital von Versicherungsaktiengesellschaften, abzüglich der Hälfte des nicht eingezahlten Teils, bzw. den Gründungsstock beim VVaG, gleichfalls unter Abzug von nichteingezahlten Teilen, aber auch die Kapitalrücklagen und Gewinnrücklagen, auf Antrag auch stille Reserven, wobei von diesen Summen wiederum der Verlustvortrag und die in der Bilanz ausgewiesenen immateriellen Werte abzusetzen sind. Die Versicherungsgesellschaften haben der Aufsichtsbehörde die Berechnung der Solvabilitätsspanne jährlich im Zusammenhang mit der Vorlage des Jahresabschlusses und Lageberichts (§ 55 VAG) vorzulegen und gleichzeitig die Eigenmittel nachzuweisen (§ 53 c IV VAG). Die Versicherungsaufsichtsbehörden der Mitgliedstaaten der EWG erbitten bei Tätigkeit von Versicherungsunternehmen in einem anderen Mitgliedsland **Solvabilitätsbescheinigungen** (§ 110b II Nr. 2b, c, 3; § 110e II Nr. 2).

c) Vermögensanlagevorschriften

Das VAG selbst geht zunächst davon aus (§ 9 I), daß die **Satzung** Grundsätze für die Vermögensanlage festsetzen solle, wofür indessen in Anbetracht der eingehenden gesetzlichen Regelung kein großer Raum bleibt. Da diesem für die Versicherungsunternehmen so außerordentlich wichtigem und detailliert geregeltem Gebiet ein eigener Beitrag[2] gewidmet ist, genügt es hier, einen kurzen Überblick über die Bestimmungen der §§ 54–54d, 65–79a VAG zu geben. Die gesetzgeberische Linie geht zur Zeit in die Richtung, die Zahl der Tatbestände notwendiger Einzelgenehmigungen für Kapitalanlagen nach Möglichkeit gering zu halten. Die unternehmerische Verantwortung und zugleich das weniger gehinderte Verhalten im Wettbewerb werden stärker betont.

Grundanforderung für die Vermögensanlage von Versicherungsunternehmen ist die Anlage des Vermögens unter Berücksichtigung der Art der betriebenen Versicherungsgeschäfte und der Unternehmensstruktur unter Gesichtspunkten der möglichst großen Sicherheit und Rentabilität bei jederzeitiger Liquidität und unter Wahrung einer angemessenen Mischung und Streuung (§ 54 I VAG). Zu unterscheiden sind das sogenannte **gebundene Vermögen**, zu dem auch der Dekkungsstock bei der Lebensversicherung (§ 66 VAG) gehört, sowie das sogenannte **freie Vermögen**. Für das gebundene Vermögen schreibt § 54a VAG sehr genau vor, in welchen Vermögenswerten, die zudem in der Bundesrepublik belegen sein müssen, es angelegt werden darf; die

---

2 Vgl. VBL. VII

Anlage des freien Vermögens ist frei auch bezüglich der Belegenheit. Hinzu treten die Vorschriften über die Deckungsrücklage bei der Lebensversicherung (§§ 65–67, 77–79 VAG), wobei zur Überwachung des Deckungsstocks (vgl. zur Aufstellung und Führung des Deckungsstocks R 4/77 des BAV, VerBAV 1977, S. 315) ein Treuhänder und ein Stellvertreter zu bestellen sind, deren Qualifikationsvoraussetzungen, Aufgaben und Bestellung in §§ 70–76 VAG geregelt sind. Die Aufgaben des Treuhänders, dessen psychologische Bedeutung größer ist als seine praktische, sind in R 2/81 des BAV (VerBAV 1981, S. 247) zusammengestellt. Gemäß § 79a VAG gelten die Vorschriften über den Treuhänder jedoch nicht für öffentlich-rechtliche Versicherungsunternehmen.

Bei ausländischen Versicherungsunternehmen mit Sitz außerhalb der EWG ist kein Deckungsstocktreuhänder zu bestellen; der Deckungsstock ist vielmehr so sicherzustellen, daß nur mit Genehmigung des BAV verfügt werden kann (§ 110 II).

d) Interventionen der Aufsichtsbehörden im Rahmen der Finanzaufsicht

Der Umstand, daß die Finanzaufsicht in den letzten Jahren gegenüber der breiten allgemeinen materiellen Staatsaufsicht betont worden ist, kommt auch in den Eingriffstatbeständen der Versicherungsaufsicht zum Ausdruck. Besonders wesentlich:

Sind die Eigenmittel geringer als die Solvabilitätsspanne, ist der Aufsichtsbehörde ein sog. **Solvabilitätsplan** zur Genehmigung vorzulegen. Erweist sich ein solcher Plan als ungeeignet, stehen der Aufsichtsbehörde die Eingriffsmöglichkeiten nach §§ 81 II 1, 83, 84, 87–89 zur Verfügung. Sind die Eigenmittel aber bereits geringer als der Garantiefonds, so muß das Unternehmen der Aufsichtsbehörde auf ihr Verlangen einen „Plan über die kurzfristige Beschaffung der erforderlichen Eigenmittel" (**Finanzierungsplan**) vorlegen. Außerdem ergeben sich für die Aufsichtsbehörde die vorstehend erwähnten weiteren Interventionsmöglichkeiten.

Voraussetzung für eine verläßliche Kontrolle der Eigenmittel ist, daß die **versicherungstechnischen Rückstellungen** ausreichende Höhe haben und zureichend im Sinne der Kapitalanlagevorschriften und der Satzung bedeckt sind. Hier ist auch die Regel von der kongruenten Bedeckung der Rückstellungen zu nennen.

In den Bereich der Finanzaufsicht i.w.S. gehört weiterhin die Kontrolle der Bildung der Rückgewährquote (**Rückgewährplan**) in der Lebensversicherung, sowie die rechtliche Möglichkeit der Aufsichtsbehörde, eine Beteiligung zu untersagen.

6. Statistik

Nach § 150 VAG haben alle der Versicherungsaufsicht unterliegenden Unternehmen (einschließlich der beschränkt aufsichtspflichtigen Rückversicherer, vgl. § 1 II VAG) dem Bundesaufsichtsamt „*die von ihm erforderten Zählnachweise über ihren Geschäftsbetrieb einzureichen*". Dasselbe gilt gemäß § 151 VAG auch für die nicht der Aufsicht nach dem VAG unterliegenden öffentlich-rechtlichen Versicherungsunternehmen (vgl. z. B. § 1 III Nr. 4 VAG). Der Beirat des BAV ist über die „Art" der Nachweise, d.h. über die angewandten statistischen Methoden, zu hören. Der § 150 VAG und die auf dieser Regelung beruhenden Vorschriften ergänzen die Bestimmungen über Rechnungslegung und Vermögensanlagen, so daß dem BAV (auch für die unter Landesaufsicht stehenden Versicherungsunternehmen, da § 150 I nur bestimmt, daß ein Versicherungsunternehmen der Aufsicht nach dem VAG unterliegt, nicht notwendig also der Aufsicht durch das BAV) ermöglicht wird, die Verhältnisse des Einzelunternehmens mit denjenigen einzelner Gruppen und denjenigen der Gesamtheit der Unternehmen zu vergleichen. Eine derartige statistische Erfassung ist in einem Rechtsstaat nur auf Grund eines Gesetzes möglich. Sie ist für die Wirtschaft nicht selbstverständlich und stellt eine Besonderheit einzelner Wirtschaftszweige, z. B. der Kredit- und der Versicherungswirtschaft, dar.

Die Statistik des Bundesaufsichtsamts gehört einerseits zu den Instrumenten der laufenden Aufsicht: Abweichungen vom Entwicklungsdurchschnitt regen zur Überlegung an, sie sind aber nicht etwa in der Regel als Indizien für Mißstände anzusehen. Andererseits ist sie ein Mittel der Publizität weit über die Statistiken des Statistischen Bundesamts hinaus. Die jährlichen Geschäftsberichte und die monatlichen Veröffentlichungen des BAV enthalten einen besonderen Teil auf jahrzehntelanger Erfahrung beruhender differenzierter Statistik. Durch den Einsatz der **elektronischen Datenverarbeitung** sind der Analyse der aufsichtsamtlichen Statistiken, die sowohl aus den Statistiken nach § 150 als auch aus der externen und internen Rechnungslegung gewonnen werden, weitreichende Möglichkeiten erschlossen, andererseits aber sind den Auswertungsmöglichkeiten vor allem infolge der Verschiedenheit der Unternehmenstypen und -größen sowie der unterschiedlichen Betriebsorte und Geschäftsgebiete und aus vielen anderen Gründen Grenzen gesetzt. Die versicherungstechnischen Statistiken stehen und fallen mit der zutreffenden Abgrenzung der Risikogruppen z. B. nach Versicherungszweigen und -arten. Wird ihre Kombination im Bereich der Dienstleistungsfreiheit pluralisiert, ist die Analyse mindestens insoweit in Frage gestellt. Diese Konsequenz wirkt sich auch auf die Transparenz der Rückversicherungsmärkte aus. Zu erwähnen sind in diesem Zusammenhang auch z. B. die Enquêten des BAV zur Lage in der industriellen und großgewerblichen Feuer-(und Betriebsunterbrechungs-)Versicherung.

7. Aufsichts-Wettbewerbsrecht

a) Gesetz gegen unlauteren Wettbewerb (UWG)

Rechtsgrundlage des lebenden Versicherungs-Wettbewerbsrechts ist das Gesetz gegen unlauteren Wettbewerb vom Jahre 1909 (UWG), das – insbesondere hinsichtlich seiner Generalklauseln der §§ 1 und 16 – durch Rechtsprechung und Wissenschaft in erheblichem Umfang fortgebildet worden ist (zum folgenden vor allem Beitrag von *Doerry-Stech, Wettbewerbsrecht*[3] und *R. Schmidt-P. Frey, Prölss VAG,* 10. Auflage, Anhang I zu § 81). Das Gesetz schützt den Mitbewerber vor einem „qualifizierten Zuviel" an Wettbewerb und trägt gleichzeitig dem Interesse der Allgemeinheit an einem geordneten Wettbewerb Rechnung.

b) Aufsichts–Wettbewerbsrecht

Von Anbeginn ihrer Tätigkeit haben die Versicherungsaufsichtsbehörden unter dem Gesichtspunkt der **Beseitigung von Mißständen** nach § 81 II Satz 1 VAG Wettbewerbsverstößen entge-

---

[3] Vgl. RLV. X

gengewirkt; denn bereits die amtliche Begründung zum VAG von 1901 hatte erkannt, daß die wirtschaftende Tätigkeit des Versicherers für ein qualitatives und quantitatives Zuviel an Wettbewerb besonders anfällig ist[4]. Historisch gesehen wurde ein spezielles aufsichtsbehördliches Versicherungs-Wettbewerbsrecht bereits entwickelt, bevor es ein Gesetz gegen unlauteren Wettbewerb gab.

Die Regelungen der Aufsichtsbehörden haben überwiegend die Gestalt sogenannter **Sammelverfügungen** (vgl. A. IV. 2c), in den Fällen des § 81 II Satz 3 VAG können **Rechtsverordnungen** erlassen werden, die hier (anders als nach § 81 II Satz 1 VAG) auch auf die Vermittler erstreckt werden können. Der Sache nach ist von den Aufsichtsbehörden regelmäßig kein neues Recht gesetzt, sondern auf Grund des UWG bereits bestehendes verfeinert, auf die speziellen Tatbestände der Versicherungswirtschaft abgestellt und klargestellt worden. Das Aufsichts-Wettbewerbsrecht unterliegt allerdings teilweise der Kritik als nicht in allen Fällen gebotene Beschränkung des Wettbewerbs.

Eine **primäre „Schicht"** des Rechts der Versicherungsmarktordnung ist demnach in dem UWG einschließlich seiner von Wissenschaft und Rechtsprechung fortentwickelten Tatbestände gegeben. Die **zweite „Schicht"** besteht in den Rechtsetzungen und Verwaltungsakten der Versicherungsaufsichtsbehörden.

Die rechtspolitische Konzeption von Gesetzgebung, Rechtsprechung und Verwaltung geht dahin, es zu vermeiden, durch sehr enge Umgrenzung des rechtmäßigen Handels den Wettbewerb als solchen unangemessen zu beschränken.

c) Verbands-Wettbewerbsrecht

Das Gesagte wird vor allem bezüglich einer **dritten „Schicht"** deutlich, nämlich die von den Wirtschaftsverbänden beschlossenen, recht umfangreichen 1967 neugefaßten und 1977 teilweise überarbeiteten sogenannten **Wettbewerbsrichtlinien der Versicherungswirtschaft** (R. Schmidt-P. Frey, Prölss VAG, 10. Auflage, Anhang I zu § 81, Rdnr 8). Der Sache nach handelt es sich hier regelmäßig um autonomes Vereinsrecht von Satzungscharakter. Sie gelten für die Versicherungsunternehmen und ihre Vertreter (selbständige Vertreter i. S. der §§ 84, 92 HGB und Angestellte im Außendienst), ihr Ziel ist die Förderung des Leistungswettbewerbs sowie des lauteren Geschäftsgebarens und die Vermeidung von Mißständen. Die Wettbewerbsrichtlinien sind wettbewerbsrechtlich relevant, soweit sie im Einzelfall auf vertraglicher Anerkennung beruhen oder die Verkehrsauffassung wiedergeben (so auch der BGH). Sie können auf kartellrechtliche Bedenken stoßen (siehe unter C. I. 7).

Unter den **historischen Wurzeln** dieser Seite der Tätigkeit von Versichererverbänden ist insbesondere das, auch „ständischem" Denken entstammende Bestreben zu nennen, die Sauberkeit im kaufmännischen Verkehr auch auf den Wettbewerb zu erstrecken. Die wettbewerbsordnende Aktivität der Versichererverbände erklärt sich nach Lage der Sache aber zusätzlich aus den besonderen Gegebenheiten des Marktes mit seinem vermehrbaren Angebot und der schwierigen Vergleichbarkeit von Gefahrtragungsleistung und Entgelt. Auch zieht ein Kaufmann häufig die verbandsinterne Austragung von Wettbewerbsstreitigkeiten dem Weg zu den Gerichten vor.

---

[4] Vgl. RLV. X

Der Sache nach sind in den Wettbewerbsrichtlinien **drei Komponenten** zu unterscheiden:

1. Einerseits sind die allgemeinen Regeln des privaten Wettbewerbsrechts im Prinzip unverändert auf die besonderen Gegebenheiten des Versicherungsmarktes angewandt formuliert worden (vgl. oben C. I. 6 a).

2. Daneben – diese beiden Kreise decken sich teilweise – hat man die von den Versicherungsaufsichtsbehörden auf dem Gebiet des Versicherungswettbewerbsrechts erlassenen Rechtsakte (vgl. oben C. I. 6 b) inhaltlich unverändert als Regeln in die Richtlinien aufgenommen.

3. Ferner ist man über das geltende Wettbewerbsrecht in einigen Einzelpunkten hinausgegangen, indem auch Tatbestände, die als solche keinen unerlaubten Wettbewerb darstellen, unter dem Gesichtspunkt des Verbandsrechts als unerlaubt bezeichnet werden können (zum Vorstehenden *Reimer Schmidt, Zur rechtlichen Lage der Versicherungswirtschaft nach dem Gesetz gegen Wettbewerbsbeschränkungen*, 1960, S. 12 ff.). Die Materie befindet sich in Bewegung.

8. Versicherungskartellrecht[5]

Das Aufsichts-Wettbewerbsrecht steht in engem inneren Zusammenhang mit dem Versicherungskartellrecht, und zwar sowohl wegen der einander berührenden Gegenstände (Wettbewerbsrecht, Kartellrecht) als auch wegen der nach § 102 II–VI des Gesetzes gegen Wettbewerbsbeschränkungen (GWB) gegebenen Zuständigkeit auch der Versicherungsaufsichtsbehörden.

a) Allgemeines

Das Kartellrecht dient der Erhaltung des **marktwirtschaftlichen Wettbewerbs**, d. h. dem unabhängigen Streben von sich gegenseitig im Wirtschaftserfolg beeinflussenden Anbietern und Nachfragern nach Geschäftsverbindung mit Dritten durch In-Aussicht-Stellen möglichst günstiger Geschäftsbedingungen.

Der Wettbewerb erfüllt mehrere Funktionen: die Steuerungs- und Verteilungsfunktion, die Anreizfunktion, gesehen aus der Perspektive des Anbieters und die Findungsfunktion aus der Sicht des Abnehmers und die Gewährleistung der freiheitlichen Ordnung.

Der Wettbewerb enthält somit Tendenzen zur Leistungssteigerung und bestmöglichen Versorgung der Verbraucher. Er ist aber nicht nur Steuerungsfaktor des Wirtschaftsablaufes, sondern auch ein Mittel, um die Freiheit der Beteiligten vor Beeinträchtigungen zu bewahren. Wettbewerb ist also nur denkbar, soweit die Unternehmer frei entscheiden können, ob und in welcher Weise sie im Rahmen der Gesetze und guten Sitten tätig werden. Darüber hinaus sollen aber auch die passiv Betroffenen geschützt werden. Für den Nachfrager ist der Wettbewerb ein nicht zu missendes „Findungssystem". Wenn Marktteilnehmer die rechtsgeschäftliche Gestaltungsfreiheit dann ausnutzen, diese bezüglich anderer Marktteilnehmer zu beschränken, setzen sich Private an die Stelle vorstellbarer staatlicher Regulierung.

---

5 Ohne EG–Kartellrecht

Der Staat muß Wettbewerbsbeschränkungen aufklären und sie gegebenenfalls mit Sanktionen belegen. Das gilt sowohl für die Bundesrepublik (KartellG) als für die EWG (Art. 85 ff. EWGV). Wichtigste Behörde, der die Überwachung der Einhaltung des GWB obliegt, ist das Bundeskartellamt mit dem Sitz in Berlin; es ist eine selbständige Bundesbehörde, die zum Geschäftsbereich des Bundesministers für Wirtschaft gehört.

Wettbewerbsbeschränkungen können ganz allgemein auf **horizontaler** – also auf einer Wirtschaftsebene – oder **vertikaler** – d. h. bei verschiedenen aufeinanderfolgenden Wirtschaftsstufen – vorliegen.

In der Reihenfolge ihrer rechtlichen Bedeutsamkeit sind Kartellverträge und -beschlüsse, aufeinander abgestimmte Verhalten und Empfehlungen zu unterscheiden.

Ein **Kartell** ist eine Wettbewerbsbeschränkung. Sie ist möglich durch Kartellvertrag oder Kartellbeschluß (vgl. § 1 GWB). Es handelt sich dabei um Verträge bzw. Beschlüsse, die Unternehmen oder Vereinigungen von Unternehmen zu einem gemeinsamen Zweck schließen, soweit sie geeignet sind, die Erzeugung oder die Marktverhältnisse für den Verkehr mit Waren oder gewerblichen Leistungen durch Beschränkung des Wettbewerbs zu beeinflussen. Die geschäftspolitische, rechtliche und organisatorische Selbständigkeit des Unternehmens bleibt dabei gewahrt, wird aber zur Erreichung eines gemeinsamen Zweckes begrenzt. Die Beschränkung ist also in erster Linie auf den Markt, nicht aber auf die Produktionsverhältnisse gerichtet.

Solche **Kartellverträge bzw. -beschlüsse** sind gemäß § 1 GWB (**Verbotsprinzip**) grundsätzlich **verboten** (Ausnahmen in §§ 2–8 GWB).

Man kann Kartelle **unterscheiden** nach der Art der Mitglieder (z. B. Einkaufs- und Verkaufskartelle, horizontale und vertikale Kartelle) oder nach der Art der Wettbewerbsbeschränkung (z. B. Konditions-, Preisbindungs-, Kundenschutzkartelle) oder nach der Art des Zustandekommens (freie Vereinbarung oder Zwangskartelle). Ein Kartell kann **organisiert** sein in der Rechtsform einer Gesellschaft des bürgerlichen Rechts (§ 705 BGB, das ist die Regel), eines rechtsfähigen oder nichtrechtsfähigen Vereins (§§ 21, 54 BGB) oder auch einer GmbH, eGmbH oder AG. Nur solche Kartelle sind zulässig oder legalisierbar, die in dieser Weise organisiert sind. Zulässige Kartelle und Kartellbeschlüsse unterliegen also einem **Organisationszwang**, denn sie begründen Rechte und Pflichten, deren Erfüllung sowohl von der Organisation als auch von anderen Kartellmitgliedern im ordentlichen Rechtsweg eingeklagt werden kann (vgl. §§ 87 ff. GWB).

Im Gegensatz zum Kartellvertrag bzw. -beschluß setzen **aufeinander abgestimmtes Verhalten und Empfehlungen** keine vertragliche Bindung voraus.

Der in Anlehnung an die Regelungen im EWG-Vertrag formulierte § 25 Abs. 1 GWB, der ein Verbot des **aufeinander abgestimmten Verhaltens** ausspricht, ist vom Beschluß oder Vertrag dadurch abzugrenzen, daß zwei oder mehrere Unternehmen ihr wettbewerbliches Verhalten bewußt und gewollt voneinander abhängig machen, ohne damit eine vertragliche Bindung einzugehen. Eine von den beteiligten Unternehmen auf bewußtem tatsächlichen Zusammenwirken, d. h. auf gegenseitiger Abstimmung beruhende Beschränkung des Wettbewerbs soll damit unterbunden werden.

Vom Kartellvertrag bzw. -beschluß ist weiterhin abzugrenzen die **Empfehlung** (vgl. § 38 GWB). Während Verträge und Beschlüsse mehrseitige Verträge sind, die durch übereinstimmende Willenserklärungen zustande kommen, sind Empfehlungen einseitige Äußerungen gegenüber Empfängern, denen die Befolgung der Empfehlung freisteht. Demgemäß begeht laut § 38 Abs. 1 Nr. 10 GWB eine Ordnungswidrigkeit, wer durch Empfehlungen daran mitwirkt, daß eine der in Abs. 1 Nr. 1–9 genannten Ordnungswidrigkeiten begangen wird.

Ebenso begeht eine Ordnungswidrigkeit, wer Empfehlungen ausspricht, die eine Umgehung der im GWB ausgesprochenen Verbote oder der von der Kartellbehörde aufgrund des GWB erlassenen Verfügungen durch gleichförmiges Verhalten bewirken (§ 38 Abs. 1 Nr. 11 GWB).

§ 38 a GWB enthält die Mißbrauchsaufsicht über Preisempfehlungen für Markenwaren. Allerdings sind unverbindliche Preisempfehlungen, die als solche gekennzeichnet sind, zulässig. § 38 a III GWB enthält einen Katalog derjenigen Tatbestände, die insbesondere mißbräuchlich sind.

Gemäß § 28 GWB können Wirtschafts- und Berufsvereinigungen für ihren Bereich Wettbewerbsregeln aufstellen, um das Verhalten der angeschlossenen Unternehmen mit dem Zweck zu regeln, einem den Grundsätzen des lauteren oder der Wirksamkeit eines leistungsgerechten Wettbewerbs zuwiderlaufenden Verhalten im Wettbewerb entgegenzuwirken, und ein diesen Grundsätzen entsprechendes Verhalten im Wettbewerb anzuregen (vgl. C. I. 6 c, oben). Die Wettbewerbsregeln dienen also auch dem Schutz des lauteren Wettbewerbs und stellen damit eine enge Verzahnung zwischen dem Gesetz gegen unlauteren Wettbewerb (UWG) und dem GWB dar. Die Wettbewerbsregeln können auf Antrag von der Kartellbehörde anerkannt werden.

Der Begriff Wettbewerbsregeln wird in Art. 85 ff. EWGV in einem anderen, weiteren Sinne verwendet als in GWB.

b) Bedeutung des Kartellrechts für die Versicherungswirtschaft

Da die Versicherungsunternehmen der Versicherungsaufsicht unterliegen, unterwirft § 102 GWB (im Jahre 1989 erneut geändert) in einer verhältnismäßig komplizierten Regelung die Versicherungsunternehmen und deren Verbände bezüglich der Kartellverträge und -beschlüsse (§ 1 GWB), vertikaler Preis- und Geschäftsbedingungsbindungen (§ 15 GWB) und Empfehlungen (§ 38 GWB) nicht dem allgemeinen Verbotsprinzip, sondern einer **Mißbrauchsaufsicht**. Voraussetzung hierfür ist, daß die Wettbewerbsbeschränkung *„im Zusammenhang mit Tatbeständen steht"*, **die durch das BAV oder Versicherungsaufsichtsbehörden der Länder überwacht werden.** Die Legalisierung erfolgt nach gesetzlichen Kriterien in einem gesetzlich festgelegten Verfahren (§ 102 I–VI GWB), das die Anmeldung bei der Kartellbehörde, die Anhörung der Marktgegenseite und die Bekanntmachung sowie eine dreimonatige Wartefrist umfaßt. Sind diese Voraussetzungen erfüllt, wird die Wettbewerbsbeschränkung wirksam, es sei denn, daß durch die Wettbewerbsbeschränkung ein Mißbrauch der durch die Freistellung vom Verbot erlangten Stellung im Markt hervorgerufen wird. Im Falle eines solchen Mißbrauchs kann das Bundeskartellamt im Benehmen mit der Versicherungsaufsichtsbehörde die Wettbewerbsbeschränkung für unwirksam erklären. Gibt die Versicherungsaufsichtsbehörde in Ausübung ihrer gesetzlichen Befugnisse eine förmliche Erklärung ab, so sind die damit verbundenen Festlegungen einer wettbewerblichen Überprüfung entzogen. Die kartellrechtlichen Beurteilungsgrundlagen sind in § 102 I Nr. 2 präzisiert.

§ 102 GWB gilt für alle **Versicherungsunternehmen**, unabhängig von ihrer Rechtsform und den von ihnen betriebenen Versicherungszweigen – also auch für Rückversicherungsunternehmen –, jedoch mit Ausnahme der regional tätigen öffentlich-rechtlichen Pflicht- und Monopolanstalten, da sie nicht als „Unternehmen" i. S. des § 102 GWB anzusehen sind. Werden die genannten Kartellverträge und -beschlüsse und Empfehlungen jedoch nicht gemäß § 102 GWB gemeldet und damit legalisiert, so unterliegen sie voll den Verbotsnormen des GWB.

Ohne Meldung wirksam sind Vereinbarungen über die Übernahme von Einzelrisiken im Mit- und Rückversicherungsgeschäft und Bagatellkartelle, für die das Bundeskartellamt (BKartA) Spürbarkeitsgrenzen festgelegt hat. Auch Empfehlungen fallen unter die Regelung des § 102, nicht hingegen abgestimmte Verhaltensweisen. Erstattet werden Meldungen von jedem Teilnehmer eines Kartellvertrages oder -beschlusses oder einer Empfehlung, wenn nicht ein Teilnehmer hier bevollmächtigt ist.

Die Legalisierungsmöglichkeit des § 102 (die Bestimmung gehört zu den sog. Bereichsausnahmen) war Gegenstand einer wirtschaftspolitischen Auseinandersetzung. Die Diskussion war dadurch erschwert, daß das **EG-Kartellrecht** ein allgemeines Verbot enthält (Art. 85 I EWGV), aber Gruppen- und Einzelfreistellungen durch Ministerratsbeschluß ermöglicht. Der Ministerrat bereitet eine Ermächtigungsverordnung vor, um der EG-Kommission den Erlaß einer sogenannten Gruppenfreistellungsverordnung zu ermöglichen. Die Abgrenzung der Kreise der Rechtsgeltung des § 102 einerseits und der Art. 85 ff. ist schwierig. Zu beachten ist, daß unter Art. 85 ff. fallende und damit per se verbotene Kartelltatbestände „geeignet" sein müssen, **den „Handel zwischen Mitgliedstaaten zu beeinträchtigen"**. Der EuGH und die Praxis der EG-Kommission gehen hier aber von einem weiten Tatbestand aus.

Durch Meldung nach § 102 GWB grundsätzlich legalisierungsfähig sind gemäß § 1 GWB Verträge, die Unternehmen **zu einem gemeinsamen Zweck** schließen, z. B. ein Poolvertrag, durch den sich die Beteiligten verpflichten, alle oder bestimmte Gruppen von Versicherungsverträgen in den Poolvertrag einzubringen, andererseits je nach Sachlage Beschlüsse von Vereinigungen von Unternehmen, durch die das Angebot oder die Marktverhältnisse für gewerbliche Leistungen durch Beschränkungen des Wettbewerbs beeinflußt werden.

Durch Meldung nach § 102 GWB grundsätzlich legalisierungsfähig sind zudem **Empfehlungen** von Unternehmen oder Vereinigungen von Unternehmen. Eine Empfehlung liegt vor, wenn das Versicherungsunternehmen zu einem bstimmten Tun oder Unterlassen veranlaßt werden soll, ohne daß dieses auch zur Befolgung der Empfehlung gezwungen werden kann. Die Empfehlung bezweckt also lediglich die Beeinflussung des Empfehlungsempfängers in einem bestimmten Sinne, wie dies z. B. durch die Prämienrichtlinien des Verbandes der Sachversicherer geschehen ist. Keine Empfehlungen sind danach die Erarbeitung von Statistiken durch die Verbände und Schlußfolgerungen aus diesen Statistiken. Auch reine Verbandsinformationen stellen keine Empfehlungen dar.

Zu beachten ist, daß abgestimmte **Verhaltensweisen** (§ 25 GWB) nach § 102 GWB nicht meldefähig und damit auch nicht legalisierungsfähig sind; es verbleibt damit das in § 25 GWB aufgestellte Verbot.

Erstattet werden die Meldungen von **jedem Teilnehmer** eines Kartellvertrages oder -beschlusses oder einer Empfehlung, wenn nicht einer der Teilnehmer hierzu bevollmächtigt worden ist. Adressat dieser Meldungen ist die Kartellbehörde (Landeskartellbehörde oder Bundeskartellamt). Die erforderlichen Unterlagen sind beizufügen.

c) Allgemeine Versicherungsbedingungen im Verhältnis zum GWB

Weil die AVB in den aufsichtspflichtigen Zweigen zum genehmigungsbedürftigen Geschäftsplan gehören, hat die Aufsichtspraxis auf die Abgrenzung der Versicherungszweige und Sparten zueinander und auf die Gestaltung der Bedingungen, die neben dem generellen Rechtsinhalt Allgemeiner Geschäftsbedingungen **Produktbeschreibungen** des jeweiligen Produkts Versicherung enthalten, maßgebenden Einfluß ausgeübt. Dabei hat sie jeweils die Sachkunde der Versicherungsverbände herangezogen. In Anbetracht des Modells der kommenden durch die Dienstleistungsfreiheit mitbestimmten koordinierten Europäischen Versicherungsaufsicht kann z..Zt. der Bereich der künftig aufsichtsbehördlich mehr oder weniger weitgehend (gegebenenfalls auch nur als Musterbedingungen) bestimmten AVB nicht von dem seitens der Unternehmen, etwa für **Großrisiken**, frei bestimmbaren Komplexes von AVB abgegrenzt werden. Vor allem für den zweiten Bereich, auf den das Kartellrecht voll anwendbar ist, sind die vorstehenden Überlegungen von Bedeutung.

Das früher geübte Sammelgenehmigungsverfahren für AVB findet nicht mehr statt. Verwendet ein Unternehmen früher genehmigte AVB, ohne neu kartellrechtlich relevante Tatbestände zu verwirklichen, ist dies unbedenklich. Das gleiche gilt, wenn es als genehmigungsfähig vom BAV veröffentlichte Bedingungen oder Klauseln zur Anwendung bringt.

d) Marktbeherrschende Unternehmen

Besondere Regelungen bestehen für **marktbeherrschende Unternehmen** (vgl. §§ 22 ff. GWB). Da sie eine besondere Gefahr für die Freiheit des Wettbewerbs darstellen können, sind sie der Mißbrauchsaufsicht durch die Kartellbehörde unterstellt. §§ 22 ff. GWB sind direkt **anwendbar auch auf Versicherungsunternehmen** und somit von diesen zu beachten.

Unter den kartellrechtlich entschiedenen Sachverhalten hat vor allem die Frage der Zulässigkeit sog. Bruttoprämientarife (Prämien werden unter Einschluß der Verwaltungskosten- und Gewinnanteile ausgewiesen) eine Rolle gespielt. Nur Nettotarife werden von den Kartellbehörden akzeptiert. Im einzelnen müssen Verwaltungspraxis und Kartellrechtsprechung zu Rate gezogen werden.

Von steigender Bedeutung it das **EWG-Kartellrecht** der bereits genannten Art. 85 ff., das vom **Verbotsprinzip** ausgeht. Während § 102 GWB als eine der sog. **Bereichsausnahmen** in das Gesetz aufgenommen und dieser Rechtsgedanke seit Jahrzehnten zur Anwendung gebracht worden ist, bereitet die EG auf der Grundlage des Art. 85 III EWGV eine **Gruppenfreistellungs**verordnung des Rates vor, die von dem Gedanken ausgeht, daß für ein ordnungsgemäßes Funktionieren der Versicherungswirtschaft bis zu einem gewissen Grade die Zusammenarbeit zwischen Unternehmen dieses Wirtschaftszweiges wünschenswert ist. Die kartellrechtlichen Konzeptionen des Europäischen Gerichtshofs sind zu berücksichtigen. Die Materie ist noch im Fluß.

Marktbeherrschend ist ein Unternehmen, soweit es für eine bestimmte Art von Waren oder gewerblichen Leistungen allgemein oder auf bestimmten Märkten ohne Wettbewerb ist oder keinem wesentlichen Wettbewerb ausgesetzt ist (Monopole und Teilmonopole).

Marktbeherrschend sind auch solche Unternehmen, die mit Rücksicht auf ihre Finanzkraft, mit Rücksicht auf ihren Zugang zu Beschaffungs- oder Absatzmärkten, hinsichtlich ihrer Verflechtung mit anderen Unternehmen oder mit Rücksicht auf die Höhe der „Zutrittsschranke" zu dem betreffenden Markt (im wesentlichen die Kapitalintensität) eine im Verhältnis zu ihren Wettbewerbern überragende Marktstellung haben.

Die Marktbeherrschung wird dabei vermutet, wenn das Unternehmen für eine bestimmte Art von Waren oder gewerblichen Leistungen einen Marktanteil von mindestens einem Drittel hat, es sei denn, daß es weniger als DM 250 Mio. Umsatzerlöse hat.

Marktbeherrschend sind weiterhin Unternehmen, sofern zwischen ihnen für eine bestimmte Art von Waren oder gewerblichen Leistungen allgemein oder auf bestimmten Märkten aus tatsächlichen Gründen ein wesentlicher Wettbewerb nicht besteht und sie insoweit gemeinsam ohne Wettbewerber oder keinem wesentlichen Wettbewerb ausgesetzt sind (Oligopole).

Die Marktbeherrschung wird vermutet, wenn bis zu 3 Unternehmen zusammen einen Marktanteil von mindestens 50 % oder bis zu 5 Unternehmen zusammen einen Marktanteil von mindestens zwei Dritteln haben, es sei denn, daß die Unternehmen jeweils weniger als DM 100 Mio. Umsatzerlöse hatten.

Für die Frage der Marktbeherrschung kommt es nicht auf das einzelne Unternehmen, sondern auf den gesamten Konzern an, denn sind zwei oder mehr Unternehmen vertraglich oder faktisch zu einem Konzern verbunden (§ 18 AktG) und haben sie im Konzern ein Voll- oder Teilmonopol, so erstreckt sich die Mißbrauchsaufsicht der Kartellbehörde auf jedes einzelne Konzernunternehmen auch dann, wenn es allein nicht marktbeherrschend ist.

Mißbrauch einer marktbeherrschenden Stellung, der vom Bundeskartellamt untersagt werden kann, liegt vor, wenn diese auf dem Markt ausgenutzt wird, insbesondere wenn die Wettbewerbsmöglichkeiten anderer Unternehmen in einer für den Wettbewerb auf dem Markt erheblichen Weise ohne sachlich gerechtfertigten Grund beeinträchtigt, Entgelte oder sonstige Geschäftsbedingungen gefordert werden, die von denjenigen abweichen, die sich bei wirksamem Wettbewerb mit hoher Wahrscheinlichkeit ergeben würden, ungünstigere Entgelte oder sonstige Geschäftsbedingungen gefordert werden, als sie das marktbeherrschende Unternehmen selbst auf vergleichbaren Märkten von gleichartigen Abnehmern fordert und ohne daß der Unterschied sachlich gerechtfertigt ist.

Auch nach EG-Recht (Art. 86 EWGV) ist der Mißbrauch einer marktbeherrschenden Stellung verboten, auch hier gibt es das Kollisionsproblem zwischen Europäischer und bundesdeutscher Rechtsordnung. Eine Fusionskontrolle nach Europäischem Recht befindet sich in Vorbereitung.

Die Schaffung immer größerer Wirtschaftsräume führt für Unternehmen zu Größenordnungen, zu denen durch die gestellten Aufgaben herausgefordert wird, die aber unter dem Gesichtspunkt der Interessen sowohl der Verbraucher als der schwächeren Marktteilnehmer marktpolitische Bedenken auslösen. Aus dem Bedenken gegen Marktbeherrschung entsprechenden gesetzgeberischen Überlegungen üben die Kartellbehörden eine **Zusammenschlußkontrolle** (Fusionskontrolle) aus. Diese erfolgt durch die Anmeldung von Zusammenschluß-Vorhaben (§ 24 a GWB), von erfolgten Zusammenschlüssen (§ 23 GWB) und durch die Kontrolle von Zusammenschlüssen (§ 24 GWB). Zusammenschlußtatbestände: § 23 II und III, § 23a, § 24 GWB.

Ist zu erwarten, daß durch den Zusammenschluß eine marktbeherrschende Stellung entsteht oder verstärkt wird, ohne daß zugleich Verbesserungen der Wettbewerbsbedingungen eintreten, die die Nachteile der Marktbeherrschung überwiegen, so muß das Bundeskartellamt den Zusammenschluß untersagen. Hiervon kann nur der Bundeswirtschaftsminister unter ganz bestimmten Voraussetzungen Ausnahmen erlauben.

Auf der Rechtsgrundlage des EWG-Vertrages ist eine **Fusionskontrolle** auch durch die **Organe der Gemeinschaft** begründet, die sowohl materiellrechtlich als auch bezüglich der Abgrenzung zur nationalen Fusionskontrolle schwierige Aufgaben stellt.

9. Fusion, Vermögensübertragung, Umwandlung und Bestandsübertragung

a) Verschmelzung (Fusion)

Unsere Rechtsordnung geht davon aus, daß man grundsätzlich nur einzelne Rechte und/oder Verbindlichkeiten übertragen bzw. übernehmen kann: Grundsatz der **Einzelrechtsnachfolge**.

Es gibt **Ausnahmen**, in denen eine sogenannte **Gesamtrechtsnachfolge** vorgesehen ist. Unter ihnen ist der Erbfall (§ 1922 BGB) die wichtigste. Grundsätzlich werden solche Ausnahmen nur anerkannt, wenn sie auf Gesetz beruhen. Das ist bezüglich der Fusion (Verschmelzung) von Aktiengesellschaften der Fall (§ 339 AktG), bei der die **Verschmelzung durch Aufnahme** (§§ 340 ff.) von der **Verschmelzung durch Neubildung** (§ 353 ff.) unterschieden wird. Die Verschmelzung ist ein gesellschaftsrechtlicher Vorgang, der nur möglich ist auf Grund entsprechender, mit qualifizierter Mehrheit gefaßter Beschlüsse der Hauptversammlungen der Aktiengesellschaften. Grundlage ist ein von den Vorständen geschlossener Verschmelzungsvertrag. Nach §§ 44 a und 53 a I Nr. 1 VAG ist die Verschmelzung auch von größeren bzw. kleineren VVaG, gleichfalls entweder durch Aufnahme oder durch Neubildung möglich.

b) Vermögensübertragung

Als der Verschmelzung nahestehend ist die von der Aufsichtsbehörde zu genehmigende Vermögensübertragung zu betrachten. Es bestehen folgende Möglichkeiten: Vermögensübertragung eines großen VVaG auf eine Versicherungsaktiengesellschaft (§ 44 b VAG), einer Versicherungsaktiengesellschaft auf einen großen VVaG (§ 360 AktG), eines kleineren VVaG auf eine Versicherungsaktiengesellschaft (§ 53 a I Nr. 2 VAG), eines großen VVaG auf ein öffentlich-rechtliches Versicherungsunternehmen (§ 44 c VAG) sowie schließlich eines kleineren VVaG auf ein öffentlich-rechtliches Versicherungsunternehmen (§ 53 a I Nr. 2 VAG). Auch die Vermögensübertragung erfolgt wie die Verschmelzung ohne Abwicklung, unterscheidet sich jedoch durch die Behandlung der Mitgliedschaften. Mit dem Erlöschen des VVaG gehen hier nämlich die Mitgliedschaften unter, dafür erhalten die Mitglieder grundsätzlich einen Anspruch auf Abfindung.

c) Umwandlung

Zu erwähnen ist in diesem Zusammenhang der Vollständigkeit halber die Umwandlung. Im Gegensatz zu dem unter C. I. 8 a, b Gesagten, handelt es sich hier stets nur um eine einzelne Versicherungsgesellschaft, die ihre Rechtsform ändern will. Hier sind folgende Möglichkeiten eröffnet: Umwandlung eines großen VVaG in eine Versicherungsaktiengesellschaft (§§ 385 d–l AktG) sowie eines öffentlich-rechtlichen Versicherungsunternehmens in eine Versicherungsaktiengesellschaft (§§ 385 a–c AktG).

d) Bestandsübertragung

Durch Vertrag zwischen zwei Versicherungsunternehmen kann ein „Versicherungsbestand", die Forderungen und Verbindlichkeiten gegenüber Versicherten im weiteren Sinne mit den dazugehörigen technischen Rückstellungen und Prämienüberträgen, von einem Unternehmen auf das andere wirksam übertragen werden, wenn die für beide Versicherungsunternehmen zuständigen Aufsichtsbehörden den Vertrag genehmigen (§ 14 VAG). Es tritt bezüglich des Bestandes die übernehmende Gesellschaft an die Stelle der übertragenden. Aus diesem Grunde muß auch die übernehmende Gesellschaft nachweisen, daß sie nach Übertragung des Bestandes über Eigenmittel in Höhe der Solvabilitätsspanne verfügt (§ 14 I Satz 2, 3 VAG). Die Übertragung ist möglich hinsichtlich des gesamten Bestandes eines Unternehmens, hinsichtlich des Bestandes in einem oder mehreren Versicherungszweigen und hinsichtlich eines hinreichend sicher bestimmbaren Teils davon. Übergang uno actu „en bloc" zum gleichen Zeitpunkt. Das ist wiederum ein Fall der Gesamtrechtsnachfolge auf Grund Gesetzes (§ 14 I Satz 5 VAG). Gegenüber der Fusion ist die Bestandsübertragung das „minus", das geringere. Das übertragene Unternehmen bleibt rechtlich bestehen. Wenn es seinen gesamten Bestand übertragen hat, wird es, falls kein neuer erworben werden soll, liquidieren oder seinen Zweck ändern müssen.

Dritten, also auch den Versicherungsnehmern gegenüber, wird die Bestandsübertragung im Zeitpunkt der **Genehmigung** durch die zuständigen **Aufsichtsbehörden** wirksam, ohne daß die Versicherten im Versicherungsrecht begründete Mitwirkungsrechte haben. Intern können die beteiligten Versicherungsgesellschaften einen abweichenden, z. B. auf den Jahresanfang zurückgehenden Zeitpunkt, vereinbaren. Grundsätzlich besteht für inländische Unternehmen und inländische Niederlassungen ausländischer Gesellschaften mit Sitz innerhalb der EG ein Rechtsanspruch auf Genehmigung des Bestandsübertragungsvertrages. Zur Übertragung von im Rahmen des „Dienstleistungsverkehrs ohne Niederlassung" gebildeten Beständen: § 110h. Die Genehmigung kann nur versagt werden, wenn die übernehmende Gesellschaft nicht über die ausreichenden Eigenmittel verfügt oder die Belange der Versicherten nicht ausreichend gewahrt sind (§ 8 I Nr. 2), wenn die sozialen Belange der Beschäftigten der übertragenden Gesellschaft nicht gewahrt sind (§ 14 I Satz 2, 4 VAG).

Zur Fusion ist das Problem der **Haftung** des aufnehmenden Unternehmens für die Schulden des aufgenommenen kein Problem, weil jenes Rechtsnachfolger des aufgenommenen ist. Die Bestandsübertragung als solche führt nur zur Haftung für Verbindlichkeiten des Bestandes, welcher gemäß § 14 I Satz 5 VAG übertragen worden ist. Der juristische Betrachter möge indessen an § 419 BGB denken, jene Vorschrift, die zur Schuldenhaftung bei Vermögensübernahme führt. In dem übertragenen Bestand mit den Deckungswerten kann u. U. das gesamte Vermögen des übertragenden Unternehmens bestehen, so daß der Übernehmer nach § 419 BGB haftet.

In diesem Grundriß des Versicherungsaufsichtsrechts sei ferner darauf aufmerksam gemacht, daß § 14 VAG keine Rechtsgrundlage dafür bietet, daß die Aufsichtsbehörde eine Bestandsübertragung anordnet. Wenn das erforderlich ist, z. B., weil der Bestand eines kleineren Krankenversicherungsvereins auf Gegenseitigkeit „ausstirbt", ist der Eingriff nur unter den Voraussetzungen der §§ 81 ff. VAG möglich, auf die noch eingegangen wird.

10. Besonderheiten für Versicherungsvereine auf Gegenseitigkeit

a) Änderung von Satzung und AVB mit Wirkung für bestehende Versicherungsverhältnisse

Auch für die laufende Aufsicht gibt es gewisse Besonderheiten bei Versicherungsvereinen auf Gegenseitigkeit. Die wichtigste betrifft die Möglichkeit, die Satzung und die AVB auch mit Wirkung für bestehende Versicherungsverhältnisse zu ändern (§§ 41, 39 VAG). Um diese Durchbrechung des Satzes „pacta sunt servanda" (Grundsatz der Vertragstreue) zu verstehen, muß man sich die besondere Struktur der Versicherungsgenossenschaft vor Augen halten, wie sie dem Gesetzgeber vorgeschwebt hat. Indessen kann der VVaG nicht beliebig einseitig die Satzung und die AVB mit Wirkung für bestehende Versicherungsverhältnisse ändern. Möglich ist das nur, soweit die Satzung derartige Änderungen als zulässig vorsieht. Außerdem ist die **Genehmigung der Aufsichtsbehörde** in jedem Falle bei einer solchen Änderung erforderlich. Es schließen sich übrigens zwei interessante Rechtsfragen dahin an, ob §§ 41, 39 VAG im Bereich der genossenschaftlichen öffentlich-rechtlichen Versicherung entsprechend anwendbar sind, und dahin, ob die Aufsichtsbehörde allgemein bei Genehmigung einer Satzung eines VVaG, die einen Änderungsvorbehalt für den Bestand enthält, dafür Sorge tragen muß, daß den Versicherten ein **Kündigungsrecht** für den Fall eingeräumt wird, daß Bedingungen und/oder Tarife mit Wirkung für bestehende Versicherungsverhältnisse geändert werden.

b) Gleichbehandlungsgrundsatz

Für die Handhabung der laufenden Aufsicht über den **VVaG** ist der versicherungsrechtliche Gleichbehandlungsgrundsatz des § 21 I VAG insofern von Bedeutung, als an ihm gegebenenfalls „gemessen" werden muß, ob die Belange der Versicherten im Einzelfall verletzt sind. Die Vorschrift ist wegen der essentiellen Unterschiede der Unternehmensformen auf Versicherungsaktiengesellschaften nicht uneingeschränkt entsprechend anwendbar, vor allem weil der Wettbewerb im Markt zu elastischem Verhalten zwingt. Allerdings kann in extremen Fällen u. U. ein grober Verstoß gegen die Grundsätze vernünftiger Versicherungstechnik bei der Bildung von Gefahrengemeinschaften (Risikokollektiven) auch dort unter den zu erörternden Generalklauseln, insbesondere nach § 81 I VAG, ein Eingreifen der Versicherungsaufsicht begründen.

c) Besonderheiten für kleinere Vereine

Die Aufsicht über die kleineren Vereine kann gemildert werden. § 157 VAG legt es in die Hand der Aufsichtsbehörde, Abweichungen von einer Reihe wichtiger Aufsichtsvorschriften zu gestatten. Gemäß § 157 a VAG können sogar „kleinste" VVaG nach Richtlinien der Aufsichtsbehörden von der laufenden Aufsicht freigestellt werden, wenn diese zur Wahrung der Belange der Versicherten nach der Art der betriebenen Geschäfte und den sonstigen Umständen nicht erforderlich erscheint.

11. Besonderheiten für öffentlich-rechtliche Versicherungsanstalten und -körperschaften

Der Inhalt der Fachaufsicht über öffentlich-rechtliche Versicherungseinrichtungen wird in erheblichem Maße sowohl durch die unternehmensrechtlichen Besonderheiten der beaufsichtigten Anstalten und Körperschaften als auch durch die strukturellen Eigenarten des Versicherungsverhältnisses beeinflußt. Auch im Zusammenhang mit der laufenden Aufsicht spielt die Unterscheidung zwischen Fachaufsicht und Dienstaufsicht, die oben (vgl. B. III. 6) dargestellt wurde, eine erhebliche Rolle.

12. Abschließende Bemerkungen

Die Erteilung der Erlaubnis zum Geschäftsbetrieb eröffnet dem aufsichtspflichtigen Versicherungsunternehmen die Möglichkeit zum wirtschaftlichen und rechtlichen Leben.

Die laufende materielle Staatsaufsicht begleitet dieses Leben, indem die Versicherungstätigkeit zur Wahrung der Belange der Versicherten überwacht wird. Die Änderung des Geschäftsplans (vgl. B. II. 5 und C. I. 2, oben), die auch die örtliche Erweiterung des Tätigkeitsgebiets (z. B. Auslandstätigkeit) und die Aufnahme neuer Versicherungszweige einschließt, die Überwachung von Rechnungslegung (vgl. C. I. 3) und Vermögensanlagen (vgl. C. I. 5) – hierher gehört übrigens auch die Bestätigung von Abschlußprüfern und Deckungsstocktreuhändern – und die statistische Auswertung von Einzel-, Gruppen- und Gesamtergebnissen (vgl. C. I. 6) – das alles gehört in diesen Bereich. Aber auch die Genehmigung von Vermögens-, Bestandsübertragungen, Umwandlungen und Fusionen (vgl. C. I. 9) sind hier zu nennen. Einen eigenen Aufgabenbereich besitzen die Versicherungsaufsichtsbehörden auf dem Gebiet des Wettbewerbsrechts (vgl. C. I. 7). Besondere zusätzliche Aufgaben haben die Aufsichtsbehörden bezüglich der Versicherungsvereine auf Gegenseitigkeit zu erfüllen (vgl. C. I. 10). Die Aufgaben stehen in enger Wechselbezüglichkeit zueinander. Die grundlegende EG-weite Reform des Versicherungsaufsichtsrechts hat bisher nur einzelne Bereiche des Rechts der laufenden Aufsicht erfaßt, vor allem diejenigen der Finanzaufsicht. Es sind aber auch hier Gesetzesänderungen auf der Grundlage des EWG-Sekundärrechts zu erwarten.

Drei Fragen eigener Prägung und Bedeutung, die der Systematik nach zur laufenden Aufsicht gehören, werden im folgenden behandelt. Die ersten beiden sind dahin gerichtet, wie die Versicherungsaufsichtsbehörde Kenntnis von einem Sachverhalt erhält, der sie zu einem Eingreifen veranlassen sollte. Hier sind die Möglichkeiten und Grenzen der Beschwerden zu untersuchen. Es folgt eine Umreißung der bei der Prüfung von Versicherungsunternehmen durch die Aufsichtsbehörde zu beachtenden Bestimmungen und rechtlichen Überlegungen. Damit wird bereits übergeleitet zur Behandlung der Tatbestände, nach welchen die Aufsichtsbehörden eingreifen können, bis hin zur Untersagung des Geschäftsbetriebes.

II. Tatsachenfeststellung im Rahmen der laufenden Aufsicht

1. Tatsachenfeststellung im System des VAG

Zur Zeit der Schaffung des VAG war bekanntlich das Verwaltungsrecht in Deutschland bei weitem nicht so weit entwickelt und stark differenziert wie heute. Daraus erklärt sich, daß das VAG hinsichtlich seiner Systematik gewisse Wünsche offenläßt. So sind die Bestimmungen, auf welche die Versicherungsaufsichtsbehörden ihre Informationsmöglichkeiten gründen, im Gesetz nicht systematisch zusammengefaßt worden.

Aufbauend auf den Gedanken der Gesetzmäßigkeit der Verwaltung (vgl. A. V. 1) und ausgehend von der Vorstellung, daß das Versicherungsaufsichtsgesetz nicht die polizeirechtliche Generalklausel, sondern das polizeirechtliche Spezialklauselprinzip verwirklicht (vgl. A. I. 4), ist festzustellen, daß sowohl bezüglich der Tatsachenfeststellung als auch hinsichtlich der Eingriffe der Versicherungsaufsichtsbehörden in den laufenden Geschäftsverkehr der Versicherungsunternehmen **jeweils einzelne gesetzliche Tatbestände** gegeben sein müssen.

Es gibt einen „numerus clausus" der Eingriffstatbestände im weitesten Sinne, zu denen in diesem Zusammenhang auch der größere Teil der Informationstatbestände zu rechnen ist. Bereits an dieser Stelle muß weiterhin festgestellt werden, daß die Eingriffstatbestände selbst, die alle aus dem Zweck der Versicherungsaufsicht heraus auszulegen sind (vgl. A. V und B. I), in eine Gruppe sehr weit gefaßter Bestimmungen, sogenannter Generalklauseln (hier nicht zu verwechseln mit der polizeirechtlichen Generalklausel) und eine solche spezieller Einzeltatbestände einzuteilen sind.

Zur ersten Gruppe gehören z. B. § 81 II Satz 1 VAG (Anordnungen, die geeignet sind, den Geschäftsbetrieb mit den gesetzlichen Vorschriften und dem Geschäftsplan im Einklang zu erhalten oder Mißstände zu beseitigen), § 81 a VAG (Änderung von Geschäftsplänen auch mit Wirkung für bestehende Versicherungsverhältnisse) und § 87 VAG (Untersagung des Geschäftsbetriebes). **Zur zweiten Gruppe** der Einzeltatbestände sind andererseits z. B. § 81b VAG (Verlangen der Aufsichtsbehörde nach Vorlage eines Solvabilitätsplans bzw. eines Finanzierungsplans, Verfügungsbeschränkung), § 81c VAG (Verlangen nach Vorlage eines Rückgewährplans), § 82 VAG (Untersagung einer Beteiligung), § 84 VAG (örtliche Prüfung durch die Aufsichtsbehörde), und § 89 VAG (Zahlungsverbot und Leistungskürzung) zu zählen.

Anders als im Zivilprozeßrecht gibt es im Verwaltungsrecht keine Beweislast im rechtstechnischen Sinne. Wohl aber ist jede Behörde, die auf Grund eines gesetzlichen Tatbestands in die persönliche Rechtsphäre eines Bürgers oder Unternehmens eingreift, mit der Beweisführungslast dafür belastet, daß der Eingriff im Rahmen des vom Gesetz etwa eingeräumten Spielraums rechtmäßig ist, und daß vor allem die Tatsachen, auf welche die Verwaltungsbehörde die im speziellen Fall regelmäßig durch einen Verwaltungsakt realisierten Rechtsfolgen stützt, wirklich zutreffen. Am Anfang jeder Rechtsanwendung, auch derjenigen im Bereich des Versicherungsaufsichtsrechts, steht die Verpflichtung zur Ermittlung des Sachverhalts von amtswegen, wobei alle für den Einzelfall bedeutsamen, auch die für die Beteiligten günstigen Umstände zu berücksichtigen sind (§ 24 VerwaltungsverfahrensG).

2. Mittel der Tatsachenfeststellung

Wie bereits bei der Erörterung der Grundlagen und Gegenstände der laufenden Aufsicht (vgl. C.I) dargetan worden ist, bildet die laufende Aufsicht als solche sozusagen die latente Grundlage etwaiger vom Gesetz vorgesehener Eingriffe der Aufsichtsbehörden. So verkörpert § 81 I VAG die Grundregel der laufenden Aufsicht. Die Aufsichtsbehörde hat nämlich „*den ganzen Geschäftsbetrieb der Versicherungsunternehmungen, besonders die Befolgung der gesetzlichen Vorschriften und die Einhaltung des Geschäftsplans zu überwachen*". Damit ist der Rechtsgedanke des § 8 I Ziff. 1 und 2 VAG folgerichtig weitergeführt. Veränderungen des Geschäftsplanbegriffs werden den Überwachungsrahmen wesentlich beeinflussen, sofern der Gesetzgeber nicht eine von diesem Begriff losgelöste Generalklausel wählt.

Alle legalen Erkenntnisquellen können und müssen für die Aufsichtsbehörden die Grundlage etwaiger Eingriffe sein. Der Grundsatz der Gesetzmäßigkeit der Verwaltung bedeutet aber nicht, daß sie jedem auch noch so entfernten Hinweis auf einen angeblichen Mißstand nachgehen müßte. Hier greift nämlich der Gedanke der Offizialmaxime ein, wie er in dem bereits genannten § 24 VerwaltungsverfahrensG gesetzgeberischen Ausdruck gefunden hat.

Unter den **Erkenntnisquellen** stehen diejenigen Mittel im **Vordergrund**, die den Aufsichtsbehörden durch ihre eigene Aufsichtstätigkeit in die Hand gegeben sind. Dazu gehören die Ergebnisse der Prüfung durch die Pflichtprüfer (§ 59 VAG i. V. m. §§ 316, 321 HGB), die Feststellungen, die durch Auswertung der Jahresabschlüsse und Lageberichte getroffen werden können (§ 55 VAG) und die Prüfung der Solvabilität des Unternehmens anhand der jährlich vorzulegenden Berechnung der Solvabilitätsspanne einschließlich Nachweis der Eigenmittel (§ 53 c IV VAG). Daneben treten die Ergebnisse der internen Rechnungslegung, aber auch die Statistiken nach § 150 VAG. Naturgemäß stehen in diesem Zusammenhang diejenigen Statistiken an erster Stelle, aus denen sich eine Relation zwischen Beitragseinnahme und Eigenkapital einerseits und die Entwicklung des Schadenverlaufs der einzelnen Versicherungszweige andererseits ermitteln läßt. Im Dienste der Tatsachenermittlung steht insbesondere die Befragung sachverständiger Personen, vor allem der Mitglieder des Versicherungsbeirats (vgl. A. III. 3c), mit deren Hilfe das BAV – ähnlich wie der Vorsitzende der Kammer für Handelssachen durch seine Handelsrichter – rechtserhebliche allgemeinere Vorgänge wirtschaftlichen Charakters ermitteln kann. Schließlich können in gewissem Rahmen nach den Vorschriften des Verwaltungsverfahrensgesetzes Zeugen und Sachverständige im förmlichen Verfahren vernommen werden. Im Dienste der Tatsachenermittlung steht den Versicherungsaufsichtsbehörden auch die Amtshilfe zur Verfügung, z. B. der Landesaufsichts- und Kartellbehörden. Parlamentarische Anfragen und Untersuchungen, Berichte der Presse sowie Beschwerden (vgl. A. IV. 3b und C. III unten) runden das Bild der legalen Erkenntnisquellen der Versicherungsaufsichtsbehörden.

Erst nach Kenntnis dieser Einzelheiten lassen sich **zwei Sätze** ableiten:

Erstens hat die Versicherungsaufsichtsbehörde im Rahmen ihres Gefahrenabwehrzwecks durchaus nicht die Funktion einer speziellen „Wirtschafts-Staatsanwaltschaft". Die Erhaltung sinnvoller wirtschaftlicher Verhältnisse bei besonderem Schutz der Belange der Versicherten ist wohl zu unterscheiden von einem durch das Versicherungsaufsichtsrecht als Ganzes nicht gerechtfertigten und in der Praxis im allgemeinen auch nicht anzutreffenden Eingriffsstreben.

Zweitens reicht die Rechtsgrundlage für die Befriedigung von **Informationsbedürfnissen** der Aufsichtsbehörde nicht weiter, als durch den **konkreten Aufsichtszweck** gerechtfertigt (bestritten). Der generelle Aufsichtszweck rechtfertigt es nicht, über die der Behörde kraft Gesetzes zur Verfügung stehenden Statistiken und Ergebnisse der Rechnungslegung, über die Prüfung der Geschäftsführung und der Vermögenslage der Unternehmen (§ 83 I, II) und über die Sitzungsteilnahme nach § 83 III hinaus allgemeine Erhebungen zu machen. Mit Recht ist bezüglich der ausgegliederten Funktionen in § 83 IIa eine besondere gesetzliche Grundlage geschaffen worden. Inwieweit die im Rahmen der Dienstleistungsfreiheit erweiterten Informationsrechte anderer EG-Behörden praktisch wettbewerbsrelevant werden, läßt sich zur Zeit nicht beurteilen.

3. Verwendung der festgestellten Tatsachen

Die Sicherung der dauernden Erfüllbarkeit der Verträge, der allgemeine und der jeweilige konkrete Aufsichtszweck stellen den Maßstab dafür dar, was mit dem ermittelten Sachverhalt zu beginnen ist. Dabei ist jeweils die schwierige Frage zu prüfen, ob und gegebenenfalls in welchem Umfang die Öffentlichkeit unterrichtet werden muß oder darf.

Eine Unterrichtung oder Warnung kann geboten sein, z. B. deswegen, weil bereits dadurch dem gleichen, auch bei anderen Versicherungsunternehmen vorhandenen Mißstand entgegenwirkt und zugleich die Versicherungsnehmerschaft gewarnt wird, aber auch deshalb, weil über eine konkrete Angelegenheit bereits unrichtige Tatsachen in die Öffentlichkeit gelangt sind, die richtig zu stellen im wohlverstandenen Interesse derjenigen liegt, gegen welche sich die Sachverhaltsermittlung richtete. Andererseits kann aber gerade durch eine solche Unterrichtung der Öffentlichkeit, z. B. durch spontanes Abwandern der Versicherungsnehmer, einem Unternehmen und den bei ihm versichert bleibenden Personen schwerer Schaden entstehen. Auch hier geben die oben dargestellten allgemeinen Aufsichtsgrundsätze (vgl. A. V), vor allem der Grundsatz der Verhältnismäßigkeit, einen Anhalt für die Behandlung des Einzelfalls.

Zweck der Sachverhaltsermittlung ist es naturgemäß zu prüfen, ob einer der Eingriffstatbestände der §§ 81 ff. VAG begründet ist.

III. Beschwerden

1. Abgrenzung der Rechtsinstitute

Grundsätzlich wird die Versicherungsaufsichtsbehörde von Amts wegen tätig.

In **Einzelfällen**, die im Gesetz besonders genannt sind, werden Verwaltungsakte hingegen nur auf Antrag erlassen, so vor allem die Erlaubnis zum Geschäftsbetrieb und die Genehmigung einer Geschäftsplanänderung (vgl. §§ 5 ff., 13, 14, 15, 36a II, 43 II Satz 1, 44a II Satz 4, 44b IX Satz 1, 44c III Satz 1, 49 I Satz 3, 53 IV, 53a I Satz 3, 53b, 53c III Nr. 4, 54a IV Satz 2, V, 66 IIIa, VII, 71 II, 75, 105, 106b, 110 II, 110a I, 110b, 110d I, 110e, 110i, 111b I, 133b II, 133c, 133d, 133f III, 133g VAG).

Unter der Bezeichnung „Beschwerde" (vgl. A. IV. 3 b und C. II. 2) kann sich verschiedenartiges verbergen. Wird sie von einer Person erhoben, die im konkreten Fall durch einen Verwaltungsakt der Aufsichtsbehörde in ihren Rechten beeinträchtigt zu sein behauptet, in erster Linie also durch einen Versicherer, so handelt es sich der Sache nach um den bereits oben behandelten und hier auszuscheidenden **Widerspruch**. Daneben gibt es die hier gleichfalls auszuklammernde **Dienstaufsichtsbeschwerde** über das Verhalten von Bediensteten der Aufsichtsbehörden.

Geht die Beschwerde hingegen von einem Versicherungsnehmer, Versicherten, Realberechtigten, geschädigten Dritten, Sachverständigen oder Vermittler aus und richtet sie sich gegen ein bestimmtes Verhalten eines Versicherungsunternehmens, so handelt es sich der Sache nach um eine der Aufsichtsbehörde übermittelte Anregung zum Einschreiten.

2. Insbesondere: Anregung zum Einschreiten

Diese Beschwerde ist weder an Form- noch an Fristvorschriften gebunden. Sie besteht in einer Sachverhaltsdarstellung, aus der sich schlüssig ergeben muß, daß für die Aufsichtsbehörde ein Eingriffstatbestand begründet ist, verbunden mit der bereits erwähnten Anregung zum Einschreiten. Weil auch im Verwaltungsverfahren dem „Beschuldigten" rechtliches Gehör zu gewähren ist, gibt die Aufsichtsbehörde dem bzw. den Versicherungsunternehmen, die berührt werden, Gelegenheit zur Stellungnahme. Für die Beantwortung hat das BAV durch Rundschreiben Grundsätze aufgestellt. Das Verfahren ist grundsätzlich kostenlos (zu beachten aber: § 102 VAG).

Im Rahmen ihrer Beschwerdeentscheidung kann die Versicherungsaufsichtsbehörde keine privatrechtlichen Streitfragen entscheiden; sei es, daß der Streit Tatsachen-, sei es, daß er Rechtsfragen betrifft. So kann die Aufsichtsbehörde beispielsweise keine den Beschwerdeführer und das Versicherungsunternehmen bindende Entscheidung darüber treffen, ob im Einzelfall ein Versicherungsvertrag zustande gekommen ist, ob die Gefahrtragung im Zeitpunkt des Gefahrereignisses schon begonnen hatte, ob eine Prämie rechtzeitig gezahlt, ob eine Obliegenheit verletzt, ob ein Regulierungsbetrug begangen oder ein Spruch von Sachverständigen verbindlich ist. In solchen Fällen muß sie den Beschwerdeführer auf den ordentlichen Rechtsweg verweisen.

Es kommt nach allem für die Entscheidung über die Beschwerde darauf an, ob ein **Eingriffstatbestand** begründet, z. B. ein Mißstand im Sinne des § 81 II Satz 1 VAG gegeben ist. Das ist allerdings auch in Fällen vorstellbar, in welchen zugleich ein versicherungsvertragsrechtlicher Streit besteht, beispielsweise dann, wenn sich ein Versicherungsunternehmen einer ständigen Rechtsprechung des Bundesgerichtshofs nicht fügen will und sich in jedem Einzelfall vor den Instanzgerichten verklagen läßt.

Obwohl die Aufsichtsbehörde keine judizielle (fallentscheidende) Funktion hat, kann sie nach herrschender Auffassung dann dem Versicherungsunternehmen ein bestimmtes Verhalten auferlegen, wenn sich zu der betreffenden Streitfrage eine sichere höchstrichterliche Meinung gebildet hat und das Versicherungsunternehmen zu Lasten des Beschwerdeführers abweicht oder wenn seine Rechtsanschauung ganz offensichtlich unrichtig ist. Ein Eingreifen der Aufsichtsbehörde ist aber auch nur dann möglich, wenn der an die Aufsichtsbehörde herangetragene Einzelfall in der Geschäftspraxis nicht allein steht oder als solcher ungewöhnliche Bedeutung besitzt.

Die Aufsichtsbehörde soll in erster Linie eine vergleichsweise Regelung anstreben, sofern sie der Rechtsansicht des Beschwerdeführers zu folgen geneigt ist. Im übrigen kann eine Entscheidung dahin gehen, daß der Beschwerde stattgegeben und dem Versicherungsunternehmen ein bestimmtes Verhalten, z. B. die Aufnahme einer Klarstellung in das Antragsformular, auferlegt wird, gegebenenfalls unter Androhung eines Zwangsgeldes nach § 81 III VAG. In Fällen, in denen durch die Beschwerde dargetan ist, daß eine Ordnungswidrigkeit seitens des Vorstands oder eines Vermittlers begangen worden ist, kann das BAV ein Bußgeld verhängen. Gegen eine vollständige oder teilweise Abweisung der Beschwerde steht dem Beschwerdeführer kein Rechtsmittel zu.

Das Bundesaufsichtsamt für das Versicherungswesen pflegt in seinen Geschäftsberichten nähere Angaben über die Zahl und Sachverhaltsgruppen von Beschwerden sowie darüber zu machen, ob der Beschwerde abgeholfen wurde. Die Bewerdebearbeitung durch das BAV hat sich bewährt. Die Versicherungsverbände haben davon abgesehen, eine eigene Beschwerdestelle (Ombudsmann) zu errichten.

IV. Örtliche Prüfung durch die Aufsichtsbehörde

1. Zweck und Wesen der Prüfung

Nach § 81 I VAG hat die Aufsichtsbehörde den ganzen Geschäftsbetrieb der Versicherungsunternehmen zu überwachen, d. h. zu beobachten und zu kontrollieren. Neben den in den Abschnitten C. II. und III. dargestellten Erkenntnisquellen steht der Aufsichtsbehörde das Recht zur örtlichen Prüfung nach § 83 I und II und § 84 VAG zur Verfügung, von dem sie nach § 84 *„in regelmäßigen Zeitabständen"* Gebrauch machen soll. Der Gesetzgeber hat die örtliche Prüfung, die aus dem juristischen „Obergedanken" des § 81 I VAG folgt, speziell und insoweit erschöpfend geregelt, so daß der Aufsichtsbehörde ein wirksames Instrument zur möglichst vollständigen und richtigen Erlangung der erforderlichen Kenntnis (neben dem erst jeweils zeitlich später und nur im tatbestandlich passenden Fall zum Zuge kommenden Instrument der Durchsetzung der Eingriffe mit Hilfe von Ordnungsstrafen) in die Hand gegeben ist. Die örtlichen Prüfungen vermitteln zugleich den Angehörigen der Aufsichtsbehörden vertiefte persönliche Anschauung von Organisation, Arbeitsablauf und Entscheidungsmethoden der Versicherungsunternehmen. Dem Zweck und Wesen der Versicherungsaufsicht entsprechend unterscheidet man zwischen der ordentlichen Prüfung (Regelprüfung; da § 84 I Satz 1 gemäß § 1 II VAG nicht für ausschließlich die Rückversicherung betreibende Versicherungsaktiengesellschaften gilt, kann die Aufsichtsbehörde bei ihnen von örtlichen Prüfungen ganz absehen) und der außerordentlichen Prüfung (aus besonderem Anlaß). § 83 I VAG umschreibt den Umfang der Prüfung, II die in diesem Zusammenhang begründeten besonderen Auskunfts- und Vorlegungspflichten. Es handelt sich bei § 84 I um eine Sollvorschrift, die bezüglich der Prüfung in regelmäßigen Abständen für reine Rückversicherungsunternehmen (die nicht VVaG sind) nicht gilt.

2. Einzelheiten

Die Aufsichtsbehörde kann selbst durch eigene Beamte oder Angestellte prüfen, sie kann als Pflichtprüfer geeignete Personen (§ 57 II VAG mit § 164 AktG) „heranziehen" (§ 84 I Satz 2 VAG), sie kann sich auch an eine Pflichtprüfung in der Weise „anhängen", daß sie daran teilnimmt und selbst die für notwendig gehaltenen weiteren Feststellungen trifft (§ 84 I Satz 3 VAG).

Die Prüfung bezieht sich nach § 83 I VAG ganz allgemein auf die Geschäftsführung und Vermögensanlage, nicht nur auf die mit dem Geschäftsplan zusammenhängenden Fragen. Die Erfüllung der Auskunfts- und Vorlegungspflicht, die nur dort von den in § 83 II 1 VAG genannten Personen höchstpersönlich zu erfüllen ist, wo dies nach der Natur der Sache zwingend geboten ist, kann durch die Androhung und Verhängung von Zwangsgeldern durchgesetzt werden (§ 83 II Satz 3 VAG).

Interessant ist die Erstreckung der Auskunfts- und Belegpflicht auf die Versicherungsagenten und Makler, die für die geprüfte Unternehmung tätig sind (sonst nur „mittelbare" Beaufsichtigung von Vermittlern).

Ferner bedarf der Erwähnung, daß §§ 83–85 VAG als solche keine eigene Rechtsgrundlage für Anordnungen und Eingriffe der Prüfer geben, soweit eine solche nicht in anderen Bestimmungen zur Verfügung steht. Für die im Zusammenhang mit der örtlichen Prüfung vorgenommenen Eingriffe gelten die allgemeinen, sogleich zu erörternden Regeln.

Schließlich gilt auch bezüglich der rechtlichen Folgerungen, die sich auf bei einer örtlichen Prüfung ermittelte Tatsachen stützen, der Grundsatz des rechtlichen Gehörs. Die in Parallelität zur Schlußbesprechung des Steuerrechts durch die Verwaltungspraxis entwickelte Abschlußbesprechung nach einer örtlichen Prüfung dient insoweit der Rechtssicherheit.

Die Entsendung von Vertretern der Aufsichtsbehörde in Sitzungen des Aufsichtsrats, Hauptversammlungen, und (bei Versicherungsvereinen auf Gegenseitigkeit) Vertreterversammlungen und Mitgliederversammlungen nach § 83 III Satz 1 erster Teilsatz VAG dient nicht nur der Erkenntnis der Tatsachen, ist also nicht nur sozusagen eine "Ersatzvornahme" gegenüber dem Auskunftsrecht, sondern gehört bereits in den Bereich der Eingriffsverwaltung. Wie sich aus § 83 III

Satz 1, zweiter Teilsatz, Satz 2 und 3 VAG ergibt, dient die Bestimmung dazu, auf die Willensbildung der Organe im Sinne des Aufsichtszwecks Einfluß zu nehmen. Das Verhalten der Vertreter der Aufsichtsbehörde stellt auch hier sogenannte „*schlicht verwaltende Tätigkeit*" dar (A. IV. 3).

Man wird für die Zukunft eine gewisse **Rationalisierung der örtlichen Prüfungen** erwägen müssen. Denn hier stehen die Buch- und Betriebsprüfungen der Steuerbehörden, die Prüfungen der Kartellaufsichtsbehörden nach § 46 II und III GWB, die Prüfungen durch die Rechnungshöfe bei einer Reihe öffentlich-rechtlicher Versicherungsanstalten, die Pflichtprüfungen nach den Vorschriften des Aktiengesetzes und nach §§ 57 ff. VAG und die möglichen Prüfungen durch das Bundesaufsichtsamt für das Kreditwesen nach § 44 I Ziff. 1 und III KWG neben den örtlichen Prüfungen nach §§ 83 ff. VAG.

V. Eingriffe der Versicherungsaufsichtsbehörden

1. Übersicht

Im Rahmen ihre Gefahrverhütungsaufgabe obliegt es den Versicherungsaufsichtsbehörden: **einerseits**, **Vorsorge gegen die Entstehung von Gefahren** für die Versicherten, insbesondere bezüglich der dauernden Erfüllbarkeit der Verträge, zu treiben (vgl. C. I), **andererseits** stehen ihnen aber auch **Eingriffsbefugnisse** zu, die vom Gesetzgeber tatbestandlich festgelegt sind. Von ihnen ist hier die Rede.

Zunächst aber muß festgestellt werden, daß bezüglich der unter Fachaufsicht stehenden Versicherungsunternehmen **wichtige Besonderheiten für den Insolvenzfall** gelten: Die §§ 81 ff. VAG ersetzen für die nach dem VAG beaufsichtigten Versicherungsunternehmen die Bestimmungen über das **Vergleichsverfahren** zur Abwendung des Konkurses nach der Vergleichsordnung von 1935 (vgl. § 112 VerglO). Ein **Konkursverfahren** nach der Konkursordnung kann nur auf **Antrag der Versicherungsaufsichtsbehörde** von dem Konkursgericht (zuständiges Amtsgericht) eröffnet werden (§ 88 VAG).

Es ist also allein in die Hände der Aufsichtsbehörde gelegt, ein Versicherungsunternehmen (das unter Aufsicht steht) zu sanieren (Ausnahmen, vgl. unten). Sanierungsmaßnahmen sollen weder durch ein nach anderen Maßstäben orientiertes Vergleichsverfahren noch durch Anträge auf Konkurseröffnung gestört werden. Dabei ist die Verantwortung des Vorstands des Unternehmens durch § 88 II VAG aufrechterhalten: er ist verpflichtet, den Konkursfall (Zahlungsunfähigkeit oder Überschuldung) der Aufsichtsbehörde anzuzeigen.

Am Anfang der Bestimmungen, welche die Grundlagen für Eingriffe der Aufsichtsbehörden bieten, steht in § 81 I 1 VAG eine Vorschrift, die ganz generell die Aufsicht als solche betrifft und keine konkreten Eingriffe zum Gegenstand hat (vgl. C. V. 2). Die folgende (zweite) Generalklausel des § 81 II Satz 1 VAG bietet demgegenüber die Ermächtigung zum Erlaß von Verwaltungsakten – eine Vorschrift von ungewöhnlicher Tragweite, von der bereits mehrfach die Rede war (vgl. A. IV. 2 b, c und C. V. 2 a). Nach Behandlung dieser Tatbestände, denen eine

Gruppe von Einzeltatbeständen angefügt ist (vgl. C. V. 2 b, c, d), wendet sich die Untersuchung den Änderungen des Geschäftsplans zu, die von der Aufsichtsbehörde für neue Versicherungsverträge und unter bestimmten Voraussetzungen mit Wirkung für bestehende Versicherungsverträge (vgl. C. V. 3) verlangt werden können (§ 81a VAG) sowie den Maßnahmen, die zur Aufrechterhaltung der Solvabilitätsspanne und des Garantiefonds zu treffen sind (§ 81b VAG). Bevor Zahlungsverbot und Herabsetzung der Leistungen behandelt werden (§ 89 VAG, vgl. C. V. 6), ist die eigenartige und wichtige Rechtsfigur des sogenannten *Sonderbeauftragten* Gegenstand der Untersuchung. Am Schluß dieses Abschnitts steht die Prüfung der Voraussetzungen für einen Widerruf der Erlaubnis zum Geschäftsbetrieb nach § 87 VAG (vgl. C. V. 8) und ein Überblick über die Hilfs- und Nebenvorschriften (vgl. C. V. 9).

2. Tatbestände des § 81 VAG

a) Generalklausel des Absatzes 1 Satz 1

Bei § 81 VAG handelt es sich um diejenige Vorschrift des VAG, die am stärksten in Kommentaren und Aufsätzen wissenschaftlich aufbereitet ist, so daß hier nur eine systematische Übersicht gegeben werden soll. Sie ist nur aus den Überlegungen über den Aufsichtszweck zu verstehen (vgl. A. II). Durch die Einschränkung des Geschäftsplanbegriffs – zunächst jedenfalls für das Großgeschäft – ergibt sich eine gewisse Abschwächung der Aufsichtsintensität.

§ 81 I 1 VAG enthält nun **zwei Elemente**: (Der später eingefügte zweite Satz betrifft ganz generell den Zweck der Aufsicht und soll die Beamten- und Staatshaftung nach § 829, Art. 34 GG ausschließen.) Weitaus im **Vordergrund** steht die Pflicht der Aufsichtsbehörden, den ganzen Geschäftsbetrieb der Versicherungsunternehmen zu beobachten und dabei insbesondere die Befolgung der gesetzlichen Vorschriften und die Einhaltung des Geschäftsplans im Auge zu behalten. Hier handelt es sich um jenen Bereich der Tatsachenermittlung, der in den Abschnitten C. I–IV dargestellt worden ist. **Daneben** steht auch schon in § 81 I 1 VAG ein Element des möglichen Eingriffs. Zwar findet der Eingriff durch Verwaltungsakt im Sinne des II hier noch keine Rechtsgrundlage, wohl aber die schlicht verwaltende Tätigkeit, wie Mitteilungen über die eigene Verwaltungsübung oder Rechtsauffassung, Hinweise, Empfehlungen, Belehrungen, Ermahnungen, Warnungen.

b) Generalklauseln des Absatzes 2 Satz 1

Diese Bestimmung enthält zwei Tatbestände, die ihrerseits jeweils in zwei Untertatbestände aufgespalten sind:

Tatbestand (1)		Tatbestand (2)	
Geschäftsbetrieb wird im Einklang erhalten mit		Es werden Mißstände beseitigt	
a) den gesetzlichen Vorschriften	b) dem Geschäftsplan	a) die die Belange der Versicherten gefährden	b) die den Geschäftsbetrieb mit den guten Sitten in Widerspruch bringen

Tatbestand (1) arbeitet, das wird bei dieser Gegenüberstellung deutlich, mit Rechtsbegriffen, die sicherer erfaßbar sind als diejenigen des Tatbestandes (2). Geschäftsbetrieb, gesetzliche Vorschriften (a) (dazu vor allem *R. Schmidt-P. Frey, Prölss VAG*, 10. Auflage, § 81 Rdnr 12 ff.) und Geschäftsplan (b) (vgl. B. II) sind die drei Begriffe, mit denen man es hier zu tun hat.

Bei den drei Kernbegriffen des Tatbestandes (2) handelt es sich demgegenüber um wertausfüllungsbedürftige Begriffe. Neben die Maßstäbe des Tatbestandes (1) (Gesetz und Geschäftsplan) treten nun die „Belange" der Versicherten (2 a) und die guten Sitten (2 b) als Maßstäbe, vorausgesetzt, daß ein „Mißstand" vorliegt. Es liegt in der Natur der Sache, daß mit Zurücktreten des mehr formalen Tatbestandes (1) b) der Tatbestand (2) a) erhöhte Bedeutung hat.

Alle drei Begriffe sind durch die ständige Praxis der Versicherungsbehörden und die Rechtsprechung institutionell gefestigt; es handelt sich um sogenannte unbestimmte Rechtsbegriffe, die der vollen verwaltungsgerichtlichen Nachprüfung unterliegen und deren fehlerhafte Anwendung auch in der Revision gerügt werden kann. Tatbestand (2 b) stellt übrigens den einzigen Fall dar, in welchem der Versicherungsaufsichtsbehörde über die Interessen der Versicherten hinaus Interessen der breiten Allgemeinheit zur Wahrung ausdrücklich übertragen sind. Tatbestand (2 a) enthält den gleichen Begriff wie § 8 I Nr. 2 VAG „Belange der Versicherten", nur muß dann hier ein Mißstand gegeben sein (vgl. B. III. 2 d).

Diese zunächst notwendig theoretische Gegenüberstellung wird durch **Beispiele** verdeutlicht:

Tatbestand (1 a):

Bestimmungen des VAG und solcher anderen Gesetze, auf die dieses ausdrücklich verweist oder die ihrerseits auf das VAG Bezug nehmen, aber auch das AGBG; vgl. hier nur die Vorschriften des VAG über den Jahresabschluß und über Kapitalanlagen.

Tatbestand (1 b):

Verwendung nicht genehmigter AVB in Geschäftsbereichen, in denen die Genehmigung vorgeschrieben ist. Tätigkeit in Versicherungszweigen, für welche nicht die vorgeschriebene Erlaubnis zum Geschäftsbetrieb erteilt worden ist.

Tatbestand (2 a):

Prämiengestaltung in der Sachversicherung (gehört nicht zum Geschäftsplan), die die dauernde Erfüllbarkeit der Verträge mit Wahrscheinlichkeit in Frage stellt (vgl. dazu *R. Schmidt-P. Frey, Prölss VAG*, 10. Auflage, § 81 Rdnr 16).

Tatbestand (2 b):

Der Begriff „gute Sitten" ist hier schärfer zu fassen als zu § 138 BGB. Maßstab ist aber auch hier das Anstandsgefühl aller recht und billig Denkenden (Reichsgericht). Der Sittenverstoß, z. B. ein Wettbewerbsverstoß, braucht die Belange der Versicherten nicht zu gefährden. (Vgl. zum Vorstehenden die Kommentare zum VAG).

Diese Gegenüberstellung möge deutlich machen, daß im Einzelfall jedes Tatbestandsmerkmal der in Frage kommenden Eingriffstatbestände geprüft werden muß. Es kann durch ein bestimmtes Verhalten eines Versicherungsunternehmens mehr als ein Eingriffstatbestand gegeben sein.

Bezüglich der Abgrenzung gegenüber § 102 GWB ist hier anzumerken, daß sich der Mißbrauchsbegriff des Kartellrechts nicht notwendig mit dem hier untersuchten Mißstandsbegriff des Tatbestandes (2) deckt; der Charakter der Störung wird unter unterschiedlichen Gesetzeszwecken gewertet.

Zu § 81 II Satz 1 VAG bleibt noch eine wichtige allgemeine Bemerkung übrig. Sie betrifft die nicht einfache Frage, ob und gegebenenfalls in welchem Rahmen die Aufsichtsbehörde auf Grund der vier in der Übersicht dargestellten Tatbestände auch **vorbeugend** eingreifen kann. Sie ist zunächst abgrenzend dahin zu beantworten, daß, wie schon der Wortlaut des Tatbestandes (1) zeigt, die Eingriffsbefugnis nicht auf die Fälle beschränkt ist, in denen bereits Gesetz oder Geschäftsplan verletzt oder ein Mißstand nach Tatbestand (2) eingetreten ist. Andererseits gibt § 81 I Satz 1 VAG aber auch keine Rechtsgrundlage dafür, zu einem Zeitpunkt reglementierend einzugreifen, zu welchem sich die Verwirklichung eines der vier Tatbestände überhaupt noch nicht abzeichnet, sondern nur allgemein befürchtet wird. Notwendig ist vielmehr, daß eine solche Tatbestandsverwirklichung nicht nur wahrscheinlich ist, sondern unmittelbar bevorsteht. Allerdings kann die Aufsichtsbehörde dadurch, daß sie Verwaltungsgrundsätze bekanntmacht und in ihnen beispielsweise die Mißbrauchstatbestände konkreter umreißt, Prophylaxe betreiben, ohne vorsorglich konkret einzugreifen.

c) Einzeltatbestand des Absatzes 2 Satz 2

Insbesondere, so wird klarstellend in § 81 II Satz 2 zum Audruck gebracht, kann die Aufsichtsbehörde die Kopplung von Darlehensgeschäften mit Versicherungsabschlüssen untersagen (hier Tatbestand (3) genannt). Es liegt nach Auffassung des Gesetzgebers immer ein Mißstand im Sinne des Tatbestandes (2b) vor, wenn die Versicherungssumme das Darlehen übersteigt (Einzelheiten bei *R. Schmidt-P. Frey, Prölss VAG*, 10. Auflage, § 81 Rdnr 104 f.). Nach Ansicht des Verfassers bedeutet hier „verbunden" „wechselseitig voneinander abhängig gemacht", nicht „von dem gleichen Vermittler" oder „gleichzeitig" abgeschlossen.

d) Anordnungen über das Verbot von Sondervergütungen und Begünstigungsverträgen, Absatz 2 Satz 3 und 4

Während § 81 II Satz 1 und 2 Rechtsgrundlage für Einzelverwaltungsakte und auch Sammelverfügungen ist, stellen II Satz 3 und 4 den Versicherungsaufsichtsbehörden eine Ermächtigung zum Erlaß von Rechtsverordnungen zur Verfügung, die durch VO vom 8.12.1978 ausgenutzt worden ist (vgl. A. IV. 1a).

Sondervergütungen und Begünstigungsverträge sind vom VAG nicht grundsätzlich verboten, aber andererseits für so schädlich gehalten worden, daß den Versicherungsaufsichtsbehörden die Ermächtigung erteilt wurde, sie generell oder für einzelne Versicherungszweige zu verbieten. Für den gesamten Bereich der Schaden- und Unfallversicherung hat das BAV z. B. die Verordnung über das Verbot von Sondervergütungen und Begünstigungsverträgen in der Schadensversicherung vom 17.8.1982 erlassen. Wesentlich ist das Rundschreiben R. 1/73 betreffend Sondervergütungen und Begünstigungsverträge in der Lebensversicherung (*R.Schmidt-P. Frey, Prölss VAG*, 10. Auflage, § 81 Rdnr 106a und 118).

Es ist hier nur die folgende Übersicht zu geben:

Tatbestand (4)	Tatbestand (5)
Adressat: Versicherungsunternehmen und Vermittler	Nur Versicherungsunternehmen
Bereich: Allgemein oder für einzelne Versicherungszweige	ebenso
Gegenstand: Untersagung der Gewährung von **Sondervergütungen**	Abschluß und Verlängerung von **Begünstigungsverträgen**
Sanktion: § 81 III, § 144 a I Nr. 2 VAG	§ 81 III VAG

Sondervergütungen

stellen die unmittelbare oder mittelbare Gewährung geldwerter Vorteile gegenüber anderen Versicherungsnehmern (des gleichen Versicherungsunternehmens und der gleichen Tarifgruppe pp.) dar. Eine Hauptgruppe bilden diejenigen Fälle, in denen der Versicherer oder Vermittler einen Teil der Provision (Courtage) an den Versicherungsnehmer fließen läßt, um diesem die Versicherung zu verbilligen (Provisionsabgabe), so daß rechtliche Zweifel, hergeleitet aus einem Übermaß an Regulierung und einer etwaigen Verletzung der durch das EWG-Wettbewerbsrecht abgesicherten Zielsetzungen des Vertrages von Rom zu einer Nachprüfung der verschiedenen unter die Vorschrift fallenden Tatbestände führen.

Begünstigungsverträge

bilden eine besonders gestaltete Untergruppe aus dem Bereich der Sondervergütungen im weiteren Sinne. Hierher gehören Versicherungsverträge, bei denen Versicherungsnehmer oder versicherte Personen im Verhältnis zu gleichen Risiken desselben Versicherungsunternehmens ohne sachlich gerechtfertigten Grund Sondervorteile eingeräumt erhalten, z. B. hinsichtlich der Versicherungsbedingungen oder der Tarife im weiteren Sinne, aber auch (außerhalb der Lebensversicherung) Mantel-, Listen- und Empfehlungsverträge, bei denen Verträge mit Vereinigungen von Personen, Unternehmen oder Körperschaften geschlossen werden, auf Grund derer den Mitgliedern dieser Vereinigungen, mit denen dann der eigentliche Versicherungsvertrag direkt abgeschlossen wird, Sondervorteile gewährt werden. Die betreffende Vereinigung ist dabei also nicht Versicherungsnehmer (vgl. auch *R. Schmidt-P. Frey, Prölss VAG* 10. Auflage, § 81 Rdnr 110 ff.). Auch gegen diese Bestimmung werden rechtliche Bedenken geäußert, die aber geringeres Gewicht als im Falle des Tatbestandes (4) haben.

Während im Fall der Sondervergütungen gegen die Grundsätze eines gesunden Versicherungswettbewerbs dadurch verstoßen sein dürfte, daß der Versicherungsnehmer weniger als die von den anderen Versicherungsnehmern erhobene Tarifprämie zu bezahlen braucht, geht es bei den Begünstigungsverträgen stärker um die Ausnutzung von nach der Natur der Sache zu rechtfertigenden Vorteilen, die aus der Versicherung von Gruppen bei einem Versicherer erwachsen. Unter **Gruppenversicherungsverträgen** versteht man solche Privatversicherungsverträge, bei denen eine Mehrheit von Gefahrspersonen oder Versicherten durch einen Versicherungsnehmer mit Hilfe eines Versicherungsvertrages versichert werden.

Diese Übersicht macht deutlich, in wie erheblichem Maße man nach den unterschiedlich gelagerten Sachverhalten hier zu differenzieren hat. Versicherungstechnisch zu rechtfertigende Gruppenversicherungsverträge im weiteren Sinne werden grundsätzlich von der Aufsichtsbehörde im Rahmen ihrer wohlverstandenen Aufgaben nicht verboten. Sie können aber von einer besonderen Einzelgenehmigung abhängig gemacht werden. Sie fallen dann auch aus dem Verbot der Sondervergütungen heraus. Die Ermächtigung des § 81 II Satz 3 VAG bezüglich des Verbots von Sondervergütungen ist auch unter kartellrechtlichen Gesichtspunkten diskutiert worden.

Die Materie bleibt weiter in Bewegung.

e) Schlußbemerkung zu § 81 VAG

§ 81 III VAG

sieht die Festsetzung von Zwangsgeld zur **Durchsetzung der Anordnungen der Aufsichtsbehörden** vor.

Das Zwangsgeld (bis zu DM 50 000) muß grundsätzlich vorher angedroht werden. Rechtsverordnungen als solche (z. B. nach § 81 II Satz 4 VAG) können nicht selbst durchgesetzt werden, sondern nur die auf Grund von Rechtsverordnungen erlassenen Verwaltungsakte. Soweit sie gegenüber Vermittlern wirken, ist ihnen gegenüber nach dem Verwaltungsverfahrensgesetz (VwVfG) jetzt auch eine verwaltungsvollstreckungsrechtliche Durchsetzungsmöglichkeit gegeben. Daneben steht der Ordnungswidrigkeitstatbestand des § 144 a I Nr. 2 VAG.

§ 81 IV Satz 1 VAG

gibt der Aufsichtsbehörde die Möglichkeit, Anordnungen gemäß § 81 II Satz 1 VAG auch gegenüber Nicht-Versicherungsunternehmen zu treffen, soweit diese für ein Versicherungsunternehmen Tätigkeiten wahrnehmen, die eine **Funktionsausgliederung** darstellen (B. II. 2c) oder Leistungen aufgrund von **Dienstleistungsverträgen** zwischen verbundenen Unternehmen (§ 53d VAG) erbringen.

§ 81 IV Satz 2 VAG

stellt bei der **Abonnentenversicherung** den Verlag unter dem Gesichtspunkt des § 81 II Satz 1 VAG dem Versicherer gleich. Das wurde deshalb als notwendig betrachtet, weil die Verlage rechtlich selbst Versicherungsnehmer (die Abonnenten Versicherte oder Bezugsberechtigte) sind. Diese Versicherungsart spielt zur Zeit im Markt keine Rolle.

3. Änderungen des Geschäftsplans nach § 81 a VAG

a) Verbot der Weiterverwendung des genehmigten Geschäftsplans

Nach § 81 II Satz 1 VAG könnte die Aufsichtsbehörde die Weiterverwendung eines genehmigten Geschäftsplans nur dann verbieten, wenn einer der speziellen Eingriffstatbestände gegeben ist, wenn z. B. ein Mißstand vorliegt, der die Belange der Versicherten gefährdet. Fingiertes Beispiel: Kleinlebensversicherer verwendet noch die Sterbetafel 1897.

Darüber hinaus räumt § 81 a Satz 1 VAG der Aufsichtsbehörde die Möglichkeit ein, Geschäftspläne, *„dem neuesten Stand der Dinge und der Erkenntnis anzupassen"* *(R. Schmidt-P. Frey, Prölss VAG,* 10. Auflage, § 81 a Rdnr 2).

Hier wird der gleiche Begriff Geschäftsplan verwendet wie in § 8 mit § 5 VI VAG (vgl. B. II). Die Aufsichtsbehörde kann nur dann nach § 81 a Satz 1 VAG vorgehen, wenn sie einen genehmigungsbedürftigen Geschäftsplan des bei dem betreffenden Unternehmen verwendeten Inhalts nicht mehr nach § 8 oder § 13 genehmigen würde und müßte. Die Bedeutung des § 81 a Satz 1 wird zutreffend als recht gering bezeichnet, weil in der Wettbewerbswirtschaft der Trend nach einer ständigen Modernisierung der Geschäftspläne stark ist.

b) Änderung des Geschäftsplans mit Wirkung für bestehende Versicherungsverhältnisse

Nach § 81 a Satz 1 VAG kann die Aufsichtsbehörde das Versicherungsunternehmen anweisen, Veränderungen an dem Geschäftsplan vorzunehmen, die erst dann Versicherungsnehmern gegenüber wirken, wenn sie nach allgemeinen Regeln Inhalt eines Versicherungsvertrages geworden sind, im Regelfall also nur bezüglich des Neugeschäfts.

Demgegenüber sieht § 81 a Satz 2 VAG das Recht der Aufsichtsbehörde vor, *„wenn es zur Wahrung der Belange der Versicherten notwendig erscheint"*, einen genehmigungsbedürftigen *„Geschäftsplan mit Wirkung für bestehende oder noch nicht abgewickelte Versicherungsverhältnisse"* unmittelbar und mit Wirkung für und gegen die beiden Vertragsparteien zu ändern oder aufzuheben.

Die generalklauselhaften Tatbestände des § 81 II Satz 1 werden also für den speziellen Fall der Geschäftsplanänderung für den Bestand durch eine Vorschrift ergänzt, die sachlich an die Ersatzvornahme erinnert, die es im Verwaltungsvollstreckungsrecht gibt. Rechtssystematisch handelt es sich hier um eine Durchbrechung des allgemeinen Rechtssatzes, daß Verträge einzuhalten sind (lat.: pacta sunt servanda).

Zivilrechtliche Verträge werden auf Grund des § 81 a Satz 2 VAG durch Verwaltungsakt der Aufsichtsbehörde inhaltlich umgestaltet. Bedenken gegen die Gültigkeit dieser im Jahre 1937 geschaffenen Bestimmungen wurden u. a. vom Bundesgerichtshof (BGHZ Bd. 2, S. 55) verneint. Es ist zuzugeben, daß es Situationen gibt, in denen Geschäftspläne, z. B. AVB, in gewissen Bestimmungen auch mit Wirkung für die Bestände geändert werden müssen, um schwere Nachteile für die Belange der Versicherten abzuwenden. Es wird notwendig werden, bei Veränderung des Geschäftsplanbegriffs die Bestimmung zu überprüfen.

4. Maßnahmen zur Aufrechterhaltung der Solvabilitätsspanne und von ausreichenden versicherungstechnischen Rückstellungen, § 81 b VAG

Die stärkere Betonung der **Finanzaufsicht** gegenüber der herkömmlichen allgemeinen materiellen Versicherungsaufsicht kommt u. a. in folgenden Regeln zum Ausdruck.

a) Solvabilitätsplan gemäß § 81 b I VAG

Gemäß § 53 c I VAG sind die Versicherungsunternehmen verpflichtet, Eigenmittel mindestens in Höhe der Solvabilitätsspanne, die vom Umfang des Geschäftsberichts abhängig ist und durch die KapitalsausstattungsVO vom 13.12.1983 konkretisiert ist, zu bilden. Stellt sich heraus, daß die Eigenmittel geringer sind als die erforderliche Solvabilitätsspanne, so kann die Aufsichtsbehörde von dem Versicherungsunternehmen **„einen Plan zur Wiederherstellung gesunder Finanzverhältnisse (Solvabilitätsplan)"** verlangen; sie kann jedoch nicht den Inhalt bestimmen, so daß das Unternehmen selbst entscheiden kann, auf welche Weise es die notwendige Solvabilitätsspanne wieder herstellt. Wird der Aufsichtsbehörde ein Solvabilitätsplan vorgelegt, der sich sofort oder nachträglich als ungeeignet erweist, so stehen ihr die Rechtsbehelfe aus §§ 81 II Satz 1, 83, 84, 87–89 VAG zur Verfügung, insbesondere kann sie auch das in § 81 b III VAG ausdrücklich genannte Zwangsgeld gemäß § 81 III VAG festsetzen.

b) Finanzierungsplan gemäß § 81 b II VAG

Verfügt das Unternehmen über Eigenmittel, die geringer sind als der gemäß §§ 2,5 Kapitalausstattungs-VO erforderliche Garantiefonds, so kann die Aufsichtsbehörde **„einen Plan über die kurzfristige Beschaffung von Eigenmitteln in Höhe des Garantiefonds (Finanzierungsplan)"** verlangen. Zusätzlich kann sie die freie Verfügung über die Vermögensgegenstände des Unternehmens einschränken oder sogar untersagen sowie alle Anordnungen nach § 81 II VAG treffen, die geeignet sind, die Versicherten zu schützen. Es treten zudem die weiteren unter C. V. 4 a genannten Rechtsmittel hinzu.

c) Maßnahmen bei unzureichenden versicherungstechnischen Rückstellungen gemäß § 81 b IV VAG

Bildet ein Versicherungsunternehmen keine ausreichenden versicherungstechnischen Rückstellungen oder sind sie unzureichend bedeckt oder ist das Unternehmen ohne Ausnahmegenehmigung durch die Aufsichtsbehörde von der Vorschrift des § 54 a I VAG über die Belegenheit abgewichen, so kann die Aufsichtsbehörde unter entsprechender Anwendung des § 81 b II Satz 2 VAG auch hier die freie Verfügung über die Vermögensgegenstände einschränken oder untersagen. Ferner stehen ihr zweckdienliche Maßnahmen nach § 81 II VAG zur Verfügung. Die Behandlung von technischen Rückstellungen in Fällen, in denen „die Deckung des Versicherungsvertrages" in einer anderen Währung als der Deutschen Mark ausgedrückt ist, richtet sich nach den sog. **Kongrenzregeln**, die auf EWG-Sekundärrecht beruhen und der Anlage zum VAG als Abschnitt C beigefügt sind.

5. Bestellung von Sonderbeauftragten

Gemäß § 81 IIa VAG kann die Aufsichtsbehörde (Fachaufsichtsbehörde) zur Wahrung der Belange der Versicherten sogenannte Sonderbeauftragte bestellen. Der Sonderbeauftragte **repräsentiert** das oder die **Gesellschaftsorgane** (z. B. den Vorstand und/oder den Aufsichtsrat, ja sogar die Hauptversammlung oder die Vertreterversammlung), deren Befugnisse ihm in der Bestellung übertragen werden.

Es handelt sich hier um einen Vorgang, der gewisse Ähnlichkeiten mit der Ersatzbestellung nach § 29 BGB oder § 104 AktG aufweist. Nur wird hier im Regelfall nicht ein „Ersatz" für fehlende Organmitglieder, sondern ein „Ersatz", der zudem zeitlich beschränkt ist, für solche ganzen Organe bestellt, deren Wirken (im positiven und negativen Sinne) die Belange der Versicherten gefährdet. Die Bestellung erfolgt auch nicht wie bei den genannten Vorschriften durch ein Gericht, sondern durch die Aufsichtsbehörde. Ist ein Sonderbeauftragter für ein Organ bestellt, so hat er die Rechtsstellung dieses Organs, dessen eigene Funktionen während der Bestellungszeit ruhen.

Es geht hier also um einen schweren Eingriff in das Eigenleben (die Autonomie) einer juristischen Person, des Versicherers. Ein solcher ist nur gerechtfertigt, wenn andere mildere Mittel nicht zum Schutze der Belange der Versicherten ausreichen (Grundsatz der Verhältnismäßigkeit (vgl. A. V)).

Das Rechtsinstitut des Sonderbeauftragten ist zunächst gewohnheitsrechtlich über das Gesetz (vgl. § 81 II Satz 1, § 87 I und II, § 89 VAG) hinaus entwickelt, gerade um schwerere Eingriffe (Zahlungsverbote oder Herabsetzungen der Leistungen nach § 89 VAG oder die Untersagung des Geschäftsbetriebs nach § 87 VAG) möglichst zu vermeiden, sodann aber in die Gesetze eingefügt worden (§ 81 IIa und § 7 II Nr. 7 der 3. DVO zum BAG). Die Schaffung des Sonderbeauftragten lag um so näher, als das Versicherungsaufsichtsrecht bereits bei dem Hauptbevollmächtigten ausländischer Versicherungsunternehmen (§ 106 III VAG) und dem Deckungsstocktreuhänder (§§ 70 ff. VAG) die Übertragung von besonderen Aufgaben an natürliche Personen kannte.

Das Rechtsinstitut des Sonderbeauftragten wirft viele interessante rechtliche Einzelfragen auf, z.B. nach der Weisungsgebundenheit, der Haftung, der Dauer der Bestellung. Auf sie kann hier nur hingewiesen werden.

6. Zahlungsverbot, Herabsetzung von Leistungen

a) Tatbestände

Es ist dargetan worden, daß für Versicherungsunternehmen, die der Staatsaufsicht unterliegen, **kein Vergleichsverfahren** zur Abwendung des Konkurses nach der Vergleichsordnung stattfindet (§ 112 VerglO).

§ 89 VAG gehört zu den Vorschriften, durch welche der Aufsichtsbehörde rechtliche Möglichkeiten in die Hand gegeben werden, ein Konkursverfahren abzuwenden und das Unternehmen zu sanieren. Denn tatbestandlich sind die Eingriffsbefugnisse der Aufsichtsbehörde an zwei **Voraussetzungen** geknüpft: das Unternehmen muß konkursreif und die Vermeidung des Konkurses, wie in solchen Fällen wohl regelmäßig, zum Besten der Versicherten geboten sein (§ 89 I Satz 1 VAG).

b) Rechtsfolgen

In allen Versicherungszweigen kann die Aufsichtsbehörde unter den genannten tatbestandlichen Voraussetzungen ein **Zahlungsverbot auf Zeit** erlassen. Der Sache nach handelt es sich hier um ein Moratorium, das durch Verwaltungsakt geschaffen wird (§ 89 I Satz 3 VAG). Es besitzt die zivilrechtlichen Wirkungen der Stundung und kann alle Zahlungen betreffen, aber auch auf bestimmte Zahlungen oder Gruppen von ihnen (z. B. auf solche in einem Versicherungszweig oder bezüglich eines Teilbestandes) beschränkt werden. Neben dem Zahlungsverbot kann die Aufsichtsbehörde das zur Vermeidung des Konkurses *„Erforderliche anordnen, auch die Vertreter der Unternehmung auffordern, binnen bestimmter Frist eine Änderung der Geschäftsgrundlagen oder die Beseitigung der Mängel herbeiführen"* (§ 89 I Satz 1 VAG). Das Zahlungsverbot gibt den Versicherungsnehmern nach herrschender Ansicht ein Recht zur fristlosen Kündigung der Versicherungsverträge wegen Unsicherwerdens des Versicherers.

Gegenüber dem Zahlungsverbot stellt die **Herabsetzung der Leistungen** den schwereren Eingriff in schwebende Verträge dar. Sie ist nur möglich bezüglich der Lebensversicherungsverträge (§ 89 II VAG). Der Tatbestand ist der gleiche wie in I. Interessant ist, daß die Aufsichtsbehörde die Versicherten dabei nicht schematisch gleichzubehandeln braucht (§ 89 II Satz 2 VAG).

Während das Zahlungsverbot mit seiner Stundungswirkung nur auf Zeit angeordnet werden kann, wirkt die Herabsetzung der Leistungen nach § 89 II VAG endgültig. Die Prämienzahlungspflicht der Versicherungsnehmer wird durch die Herabsetzung der Leistungen nicht berührt (§ 89 II Satz 4 VAG).

Die Regelung des § 89 II VAG dürfte im wirtschaftlichen Bilde mit der (allerdings von der Hauptversammlung mit qualifizierter Mehrheit zu beschließenden) Kapitalherabsetzung bei einer Aktiengesellschaft vergleichbar sein, dort erleidet die Gesamtheit der Aktionäre Verluste.

7. Konkursrechtliche Regelungen

Die Aufsichtsbehörde kann durch Maßnahmen nach §§ 81, 81 a, 81 b, 81 c, 87, 89 VAG eingreifen, um eine Konkurslage eines Versicherungsunternehmens zu vermeiden bzw. zu beseitigen. Die (in der Vergangenheit erfolgreiche) Verhinderung von Versicherungskonkursen liegt im Interesse der Versicherten, insbesondere der Partner von langfristigen Versicherungsverträgen, vor allem der Lebensversicherung und der Berechtigten aus Versicherungs- und Schadensersatzrenten (hier besonders aus der Kraftfahrthaftpflicht-Versicherung). Aus wettbewerbstheoretischer Sicht ist die Rechtfertigung der Versicherungsaufsicht kritisiert worden. Jedoch spräche gegen Insolvenzfonds der Versicherungswirtschaft, daß die Konkurrenten die Mittel für die Kompensation aus leichtfertigen Unterbietungen aufzubringen hätten.

Im Falle des § 89 braucht die Aufsichtsbehörde jedoch nicht selbst Maßnahmen zu treffen, sie kann aber auch die Konkurseröffnung beantragen (§ 88 I Satz 2 VAG). Dieser Antrag ist ausschließlich in die Hand der Aufsichtsbehörde gelegt, der seitens des Vorstands des Versicherungsunternehmens der Konkursfall (Zahlungsunfähigkeit oder Überschuldung) anzuzeigen ist (§ 88 II VAG). Versicherungsvereine auf Gegenseitigkeit werden durch Konkurseröffnung aufgelöst (§ 42 Nr. 3 VAG) und treten in Abwicklung (§§ 46 ff. VAG).

Allgemeine Ausführungen über den Konkurs des VVaG finden sich z. B. bei *R. Schmidt-P. Frey, Prölss VAG*, 10. Auflage, Vorbem. vor § 50, vgl. auch § 88 Rdnr 1 ff. Zur Bedeutung der Konkurseröffnung für das Versicherungsverhältnis informieren die Lehrbücher und Kommentare zum Versicherungsvertragsrecht.

8. Widerruf und Erlöschen der Erlaubnis zum Geschäftsbetrieb

a) Widerruf

Die Erlaubnis zum Geschäftsbetrieb ist ein begünstigender Verwaltungsakt. Er kann nur unter besonderen Umständen widerrufen werden. Das ist nach **allgemeinen Regeln** des Verwaltungsrechts möglich, wenn besondere Irrtums- und Täuschungstatbestände gegeben sind. So kann eine erschlichene Erlaubnis seitens der Aufsichtsbehörde widerrufen werden. Schwerwiegende Tatsachen, die bereits im Zeitpunkt der Entscheidung über die Erteilung der Erlaubnis gegeben waren und die Versagung gerechtfertigt hätten, irrtümlich seitens der Aufsichtsbehörde aber nicht berücksichtigt wurden, können gleichfalls zum Widerruf führen. Bei Nichterfüllung einer wesentlichen Auflage ist der Widerruf gleichfalls zulässig. Werden nachträglich Tatsachen bekannt, die nach Erteilung der Erlaubnis entstanden sind und bei Vorliegen im Zeitpunkt der Erteilung zur Versagung geführt hätten, ist der Widerruf hingegen nicht gerechtfertigt (teilweise anders für die Kreditinstitute ausdrücklich § 35 II Nr. 4 KWG).

Über die allgemeinen Widerrufstatbestände hinaus stellt § 87 VAG besondere – **versicherungsspezifische** – **Widerrufstatbestände** auf, die an die Stelle der früheren Untersagung des Geschäftsbetriebs getreten sind, praktisch aber zum gleichen Ergebnis führen. Die Erlaubnis EG-ausländischer, in Deutschland niedergelassener Versicherungsunternehmen wird widerrufen, wenn das Unternehmen im Sitzland die Erlaubnis zum Geschäftsbetrieb verliert. Für die inländische Niederlassung gilt § 87.

b) Wirkungen des Widerrufs

Der Widerruf der Erlaubnis wirkt unmittelbar nur für die Zukunft, d. h. neue Versicherungsverträge dürfen nicht mehr abgeschlossen und bestehende Verträge nicht erhöht oder verlängert werden (§ 87 III VAG), nicht jedoch auf den vorhandenen Bestand im übrigen. Er berührt aber auch das Unternehmensschicksal selbst, und zwar beim Versicherungsverein auf Gegenseitigkeit, bei dem der Widerruf wie ein Auflösungsbeschluß wirkt (§ 87 V VAG), bei der Versicherungsaktiengesellschaft jedenfalls mittelbar dann, wenn der gesamte Geschäftsbetrieb untersagt wird, wegen der Unmöglichkeit der Zweckerreichung. Nach § 87 IV VAG trifft die Aufsichtsbehörde alle Maßnahmen, insbesondere die zur einstweiligen Sicherung des Vermögens des Unternehmens notwendig sind, so auch die Einsetzung eines Vermögensverwalters, wenn sie nicht den Weg der Bestellung eines Sonderbeauftragen wählt.

c) Erlöschen

Die Erlaubnis zum Geschäftsbetrieb erlischt, wenn das Versicherungsunternehmen auf sie verzichtet, sie erlischt ferner durch Übertragung des gesamten Versicherungsbestandes (Verzicht durch schlüssiges Handeln). Daneben ist der Fall von Interesse, in welchem von der Erlaubnis zum Geschäftsbetrieb insgesamt oder bezüglich einer Sparte während einer längeren Zeit kein Gebrauch gemacht wird. Hier ist neben dem stillschweigenden Verzicht auch an eine Verwirkung seitens des Unternehmens zu denken, jedoch sind die Anforderungen sehr streng. Im Gegensatz zu § 35 II Nr. 2 KWG behandelt das VAG die längere Nichtausübung der Erlaubnis nicht als Tatbestand, in welchem die Erlaubnis zurückgenommen werden kann.

9. Sonstige Eingriffstatbestände

Hier sind zwei Hinweise zu geben:

a) Untersagung einer Beteiligung

Die erste, § 82 VAG, betrifft die Untersagung einer Beteiligung eines der Aufsicht unterliegenden Erstversicherungsunternehmens an einem nicht der Aufsicht unterliegenden Unternehmen, wobei nach II als „Beteiligung" auch die Möglichkeit von Vorstands- oder Aufsichtsratsmitgliedern gilt, auf ein anderes (nicht unter Aufsicht stehendes) Unternehmen maßgebenden Einfluß auszuüben.

Als **Beispiel** können Vermögensverwaltungsgesellschaften genannt werden. Nur, wenn die Beteiligung das Versicherungsunternehmen **gefährden** kann, ergibt sich eine Eingriffsmöglichkeit, die zunächst in der Erteilung einer Erlaubnis unter der Auflage der Prüfung des anderen nicht unter Aufsicht stehenden Unternehmens nach den Vorschriften des VAG bestehen kann.

b) Aufsicht über Liquidationsunternehmen

Juristische Personen leben auch nach der Auflösung (z. B. dem Auflösungsbeschluß des zuständigen Gesellschaftsorgans) als sogenanntes Liquidations(Abwicklungs-)unternehmen weiter, bis die Liquidation beendet ist. Sie hat bei Versicherungsunternehmen besondere Bedeutung für Versicherte, deren Schäden noch nicht abgewickelt sind. Deshalb schreibt § 86 VAG vor, daß die Aufsicht sich dann auch auf die Liquidation erstreckt, wenn der Geschäftsbetrieb untersagt, freiwillig eingestellt oder die Erlaubnis zum Geschäftsbetrieb widerrufen wird.

VI. Besonderheiten für bestimmte Bereiche

1. Besonderheiten für Versicherungsvereine auf Gegenseitigkeit

Die Versicherungsaufsichtbehörde übt bezüglich der Versicherungsvereine auf Gegenseitigkeit eine doppelte Funktion aus, eine allgemein-aufsichtsrechtliche, wie auch bezüglich der Versicherungsaktiengesellschaften, und eine besonders auf den Gegenseitigkeitsverein zugeschnittene (vgl. B. III. 5). Zusätzlich zu den bereits behandelten Besonderheiten werden an dieser Stelle einige Hinweise gegeben.

Dadurch, daß die Satzung zum Geschäftsplan gehört (§ 5 III Nr. 1 VAG), unterliegt der gesamte Satzungsinhalt dem Genehmigungserfordernis der §§ 5 ff., 13. Hierher gehören alle Vorschriften über die Mitgliedschaft (§§ 20, 17 VAG), vor allem die Frage des Betriebs der Versicherung gegen feste Prämie (§ 21 II VAG), alle Angelegenheiten des Gründungsfonds (§ 22 VAG) und des Beitragsverfahrens (§§ 24 ff. VAG), vor allem aber die Regelung der Überschußverwendung (§ 38 VAG) und die Änderung von Satzung und AVB auch für bestehende Versicherungsverhältnisse (§§ 39 ff. VAG).

Zusätzlich zu den allgemeinen Funktionen der Aufsichtsbehörde ergeben sich für den VVaG also besondere, die auf dem in §§ 15–53 b VAG geregelten Versicherungsunternehmensrecht des Gegenseitigkeitsvereins beruhen.

2. Besonderheiten für öffentlich-rechtliche Versicherungsanstalten und -körperschaften

Die Grundlage wurde bereits oben im Zusammenhang mit der Erörterung der Erlaubnis zum Geschäftsbetrieb gelegt (vgl. B. III. 6). Für den sachlich-rechtlichen Inhalt der Versicherungsaufsicht (Fachaufsicht) auch über öffentlich-rechtliche Versicherungsanstalten und -körperschaften (mit Ausnahme der Pflicht- und Monopolanstalten und -körperschaften, § 1 III Nr. 4 VAG) gilt nach dem 14. ÄnderungsG zum VAG nunmehr das VAG. In das Gesetz sind einige Besonderheiten eingearbeitet: § 3 VAG (Bezeichnung der Organe), § 60 VAG (Abschlußprüfer), § 79a VAG (Deckungsstocktreuhänder), § 88 I 4 VAG (Konkurs). Für öffentlich-rechtliche Versicherungsunternehmen des öffentlichen Dienstes oder der Kirchen, die ausschließlich die Alters-, Invaliditäts- oder Hinterbliebenenversorgung zum Gegenstand haben, enthält § 1 II 2 VAG Sonderregelungen. Im übrigen gilt Landesrecht, z. B. das Bayerische Gesetz über das öffentliche Versicherungswesen und das Preußische Gesetz betreffend die öffentlichen Feuerversicherungsanstalten (Preußisches Sozietätengesetz; vgl. zum Landesrecht *R. Schmidt-W. Boeck, Das Recht der öffentlich-rechtlichen Sachversicherung*, 3. Auflage 1979). Die Aufsichtszuständigkeiten ergeben sich bezüglich der Fachaufsicht aus dem Gesetz über die Errichtung eines Bundesaufsichtsamtes für das Versicherungswesen (BAG; vgl. A. III. 3).

3. Besonderheiten für die Lebensversicherung

Kernpunkt der seit jeher für die Lebensversicherung geltenden Besonderheiten ist § 11 VAG, nach welchem die Prämien und Tarife, sowie der zur Darstellung erforderliche versicherungsmathematische Unterbau zum Geschäftsplan gehören. Auf die übrigen wesentlichen herkömmlichen Besonderheiten, z. B. die Spartentrennung, wurde in dieser Darstellung bereits hingewiesen. Durch Einfügung eines § 81 c in das VAG hat der Gesetzgeber das System der Besonderheiten durch Einführung einer sogenannten **Rückgewährquote** erweitert und, ohne seinerseits eine Pflicht der Versicherungsunternehmen zur „Rückgewähr" von Überschüssen aus Risikoverlauf und Kapitalerträgen zu begründen, den Aufsichtsbehörden einen Maßstab, eine Formel, zur Feststellung einer „unzureichenden" Beteiligung der Versicherten am Überschuß zur Verfügung gestellt. Grundlage ist § 81 c III VAG (Festlegung des **„Rückgewährrichtsatzes"**) durch Rechtsverordnung (Zuständigkeit beim BAV gemäß VO vom 28.2.1984) und § 81 c I VAG (Möglichkeit der Aufsichtsbehörde, von den Lebensversicherern einen **„Rückgewährplan"** zu verlangen).

4. Besonderheiten für Rückversicherungsunternehmen

Es wird zunächst in Erinnerung gebracht, daß die **Transportversicherung**[6], soweit sie nicht durch Versicherungsvereine auf Gegenseitigkeit oder öffentlich-rechtliche Versicherungsunternehmen betrieben wird, zwar nicht mehr wie früher aufsichtsfrei, wohl aber von der Vorlage der AVB und Tarife befreit ist (§ 5 VI VAG). Der Dienstleistungsverkehr (ohne Niederlassung) EG-ausländischer ausschließlich die Transportversicherung betreibenden Unternehmen unterliegen nicht dem VAG.

Der zweite Einleitungsgedanke geht dahin, daß der gleichzeitige Betrieb einer Branche, die beschränkt oder voll beaufsichtigt wird, immer „schadet", d. h. der Grad der Beaufsichtigung richtet sich nach demjenigen betriebenen Versicherungszweig, der unter der strengsten Aufsicht steht. Wenn z. B. ein Rückversicherer zugleich die Erstversicherung betreibt, so wird er voll beaufsichtigt.

Die von Spezialunternehmen (professionellen Rückversicherern) – nicht von VVaG – betriebene Rückversicherung unterliegt einer nur beschränkten Aufsicht. § 1 II 1 VAG verweist auf einige Bestimmungen des VAG, die Bestimmungen über Buchführung, Rechnungslegung und Abschlußprüfung sowie über die statistischen Nachweise (§§ 55–59 und 150 VAG) und die Vorschriften über das Prüfungs- und Auskunftsrecht der Aufsichtsbehörden (ohne die Bestimmung über die Regelprüfung, § 83 und § 84 I Satz 2, 3, III VAG). Ferner gelten §§ 101–103, 137, 138 und 146 VAG entsprechend. Von Bedeutung sind die auch für die Rückversicherung geltenden Rechnungslegungsvorschriften. Ausländische Rückversicherer, die in Deutschland nur auf diesem Gebiet tätig sind, sind aufsichtsfrei (§ 105 I „Direktversicherungsgeschäft", vgl. EWG-Rückversicherungsdirektive vom 4.4.1964).

---

6 Vgl. BVL. X

5. Besonderheiten für ausländische Unternehmen

Auf die Besonderheiten wurde, soweit zur Zeit erforderlich, im bisherigen Text hingewiesen.

D. Ergänzende und abschließende Bemerkungen

I. Nicht behandelter Inhalt des VAG

1. Straf- und Bußgeldvorschriften

Der vorliegende **Leitfaden** des Versicherungsaufsichtsrechts ist auf das Wesentlichste beschränkt. Auf die Straf- und Bußgeldvorschriften (§§ 134–145a) muß aus praktischen Gründen jedenfalls stichwortartig hingewiesen werden:

a) Strafvorschriften

§ 134: Falsche Angaben gegenüber der Aufsichtsbehörde zur Erlangung bestimmter Genehmigungen,

§ 137: Straftaten von Prüfern und Prüfergehilfen,

§ 138: Verletzung der Geheimhaltungspflicht durch Vorstands-, Aufsichtsratsmitglieder, Liquidatoren, Prüfer oder Prüfungsgehilfen, dazu §§ 202a–205 StGB, § 333 HGB und § 404 AktG,

§ 139: Falsche Angaben des Sachverständigen über Deckungsrücklage und Deckungsstock,

§ 140: Unbefugter Geschäftsbetrieb,

§ 141: Unterlassene Anzeige nach § 88 II (Zahlungsunfähigkeit oder Überschuldung)

§ 143: Unrichtige Darstellungen durch Vorstands- oder Aufsichtsratsmitglieder, Hauptbevollmächtigte oder Liquidatoren von VVaG.

Dazu § 331 HGB.

b) Ordnungswidrigkeiten

§ 144: Bestimmte, einzeln aufgezählte Verletzungen von Ordnungsvorschriften des laufenden Geschäftsbetriebes,

§ 144a: Unbefugte Abschluß- und Vermittlungstätigkeit, Zuwiderhandlungen bei Sondervergütungen und Begünstigungsverträgen,

§ 144b: Ordnungswidrigkeiten durch Verletzung von den getrennten Betrieb der Rechtsschutzversicherung absichernden Vorschriften.

§ 11: **PflichtversicherungsG** Ordnungswidrigkeiten in der Kraftfahrzeug-Haftpflichtversicherung,

§ 12: **G zur Verbesserung der betrieblichen Altersversorgung,**

§ 23: **Externe VUReV**

2. Die Kosten der Bundesaufsicht

Sie werden nur zu einem Zehntel aus Steuermitteln gedeckt. Im übrigen erhebt das BAV auf der Grundlage des § 101 VAG Gebühren, die im Regelfall nicht etwa von demjenigen erhoben werden, der den Schutz der Aufsicht speziell in Anspruch nimmt (Ausnahme: § 102 VAG), sondern **von den beaufsichtigten Versicherungsunternehmen** (unter Einschluß der nach § 1 II 1 VAG beschränkt beaufsichtigten Rückversicherer) ohne Rücksicht darauf, ob sie der Aufsicht einen besonderen Anlaß zum Einschreiten gegeben haben, ja unbeschadet dessen, ob sich die Aufsichtsbehörde überhaupt im Rechnungsjahr besonders mit einem Unternehmen beschäftigt hat. Die Gebühren werden in Tausendteilen der „*gebührenpflichtigen Einnahme an Versicherungsentgelten*" (§ 101 II Satz 2, III Satz 1 VAG; Bruttoprämien) vom Präsidenten des BAV festgesetzt und erhoben.

3. Veröffentlichungen

Nach § 103 VAG **veröffentlicht das BAV** jährlich

(1) Mitteilungen über den Stand der seiner Aufsicht unterstellten Versicherungsunternehmen,

(2) seine Wahrnehmungen auf dem Gebiet des Versicherungswesens,

(3) seine Rechts- und Verwaltungsgrundsätze.

Diese Mitteilungen (laufende Veröffentlichungen, abgekürzt VerBAV, und jährliche Geschäftsberichte) erfüllen demnach einerseits eine allgemeine, dem Schutzzweck der Versicherungsaufsicht entsprechende Publizitätsaufgabe, andererseits dienen sie der Rechtssicherheit der beaufsichtigten Unternehmen. Bei der Beantwortung der Frage, welche Tatsachen in die Mitteilungen aufgenommen werden sollen, wird das BAV jeweils die etwa geschützten oder potentiell gefährdeten Rechtsgüter gegeneinander abwägen müssen. Soweit die Mitteilungen der Rechts- und Verwaltungsgrundsätze ihrem materiellen Inhalt nach Allgemeinverfügungen oder Sammelverfügungen darstellen, bedürfen sie der für Verwaltungsakte erforderlichen Rechtsgrundlage und sind andererseits nach den für Verwaltungsakte geltenden Vorschriften rechtlich angreifbar. Dadurch, daß das BAV in seine Veröffentlichungen neue, die Versicherungswirtschaft betreffende Rechtsvorschriften, wichtige Gerichts- und Beschlußkammerentscheidungen sowie nichtamtliche Beiträge seiner Mitglieder und Mitarbeiter und Buchbesprechungen aufnimmt, dient es dem gesetzlichen Ziel.

II. Beurteilung des VAG, Reformfragen

Über die Beurteilung des Gesetzes unter juristischen und unter wirtschaftlichen Gesichtspunkten wird man erst sprechen können, wenn die grundlegende Reform dieser Materie, veranlaßt durch EWG-Sekundärrecht, einen gewissen Abschluß erfahren hat. Zur früheren Beurteilung und zu den Reformfragen aus früherer Sicht vgl. Vorauflage.

Literaturhinweise

Abgesehen vom allgemeinen versicherungsrechtlichen Schriftum und von Zeitschriftenaufsätzen und Gerichtsentscheidungen sind hier als besonders bedeutsam zu nennen:

R. Schmidt-P. Frey, Prölss: Versicherungsaufsichtsgesetz und Nebengesetze, 10. Auflage 1989:

Farny, Dieter: Versicherungsbetriebslehre, 1989, insbesondere S. 90 ff.

Goldberg-Müller: Versicherungsaufsichtsgesetz und Bundesaufsichtsgesetz, 1980.

Kaulbach: Gesetz über die Beaufsichtigung der Versicherungsunternehmen (Versicherungsaufsichtsgesetz – VAG), 1988.

Rohrbeck: 50 Jahre materielle Versicherungsaufsicht nach dem Gesetz vom 12. Mai 1901, Bände 1–3, 1952–1955 (Sammelwerk).

Boss: Systeme der Staatsaufsicht über Versicherungsunternehmen, 1966.

Die Beiträge über Gegenstände des Versicherungsaufsichtsrechts in: Farny, D., Helten, E., Koch, P., Schmidt, R. (Hrsg.): Handwörterbuch der Versicherung (HdV), 1988.

Veröffentlichungen des Bundesaufsichtsamtes für das Versicherungswesen (VerBAV, erscheinen monatlich), sowie die Geschäftsberichte des BAV (GB, erscheinen jährlich).

Das Recht der Versicherungsvermittlung

Dr. Georg V o ß und Dr. Dr. Erich H ö f t

fortgeführt von Dr. Jörg M ü l l e r - S t e i n

Inhaltsverzeichnis

A.	Arten der Versicherungsvermittler – Rechtliche Abgrenzung	8
	I. Allgemeine Übersicht	8
	II. Der selbständige Versicherungsvertreter (§§ 92 I, 84 I HGB)	11
	1. Einfirmen- und Mehrfirmenvertreter	12
	2. Versicherungsvertreter im Haupt- und im Nebenberuf	18
	3. Generalvertreter – Untervertreter und Bezirksvertreter	20
	4. Vermittlungsvertreter und Abschlußvertreter	23
	III. Der angestellte Versicherungsvertreter (§§ 92 I, 84 II HGB)	24
	IV. Der Versicherungsmakler	26
	V. „Industrie-" oder „firmenverbundene" Versicherungsvermittler	29
B.	Zur Rechtsstellung des selbständigen Versicherungsvertreters	31
	I. Rechtsnatur, Abschluß und Inhalt des Versicherungsvertretervertrages	31
	1. Rechtsnatur	31
	2. Persönliche Voraussetzungen	31
	3. Vertragsgestaltung	32
	4. Beurkundung	34
	5. Teilnichtigkeit, Anfechtung	34
	II. Der Versicherungsvertreter als Gewerbetreibender und Unternehmer	35
	III. Kaufmannseigenschaft des Versicherungsvertreters	36
	IV. Selbständigkeit des Versicherungsvertreters und Vertreteraufgabe	37
	V. Vertretertätigkeit und Versicherungsaufsicht – Keine gesetzliche Berufsregelung	39
	VI. Alleinverantwortlichkeit des Versicherungsvertreters für die Erfüllung seiner öffentlich-rechtlichen Pflichten	40
C.	Die Pflichten des selbständigen Versicherungsvertreters gegenüber dem Versicherungsunternehmen	41
	I. Die Grundpflicht zur Wahrung der Interessen des Versicherungsunternehmens	41
	II. Die Pflicht zur persönlichen Dienstleistung	42
	III. Die Hauptpflicht zur Versicherungsvermittlung	43
	IV. Zusätzliche Pflichten zur Verwaltung von Versicherungsverträgen und zur laufenden Kundenbetreuung	46
	1. Allgemeine Verwaltungsaufgaben einschließlich Schadenbearbeitung	48
	2. Inkasso der Versicherungsprämien	49
	V. Spezielle Interessenwahrungspflichten und Pflicht zur Befolgung von Weisungen des Versicherungsunternehmens	51
	1. Interessenwahrung bei der Versicherungsvermittlung	51
	2. Weisungsfolgepflicht	53
	VI. Wettbewerbsverbot	54

	Seite
VII. Nebenpflichten	57
1. Die Mitteilungs-, Auskunfts- und Rechenschaftspflichten	57
2. Die Pflicht zur Duldung der Einsichtnahme in die Geschäftsbücher und andere Aufzeichnungen	59
3. Die Geheimhaltungspflicht	60
4. Die Herausgabepflicht	61
5. Sicherheitsleistung	63
6. Übernahme des Delkredere	64
VIII. Nachvertragliche Pflichten	65
1. Verbot der Ausspannung vermittelter Verträge	65
2. Wettbewerbsabrede nach § 90a HGB	66
IX. Rechtsfolgen bei Verletzung der Vertreterpflichten	67
1. Haftung bei Vertragsverletzungen	67
2. Fristlose Kündigung nach § 89a HGB (Schadenersatz)	68
3. Geltendmachung wichtiger Kündigungsgründe nach § 89b I Ziff. 3 HGB	69
4. Vertragsstrafe	70
D. Die Rechte des selbständigen Versicherungsvertreters gegenüber dem Versicherungsunternehmen	70
I. Der Vergütungsanspruch	71
1. Provisionsrechtliche Sonderregelungen für Versicherungsvertreter	72
2. Provisionsarten	75
3. Provisionssysteme	82
4. Der Anspruch auf Abrechnung über die Provisionen, auf Buchauszug und auf Bucheinsicht	85
5. Ersatz von Aufwendungen – Feste Zuschüsse – Provisionsgarantie – Gewinnbeteiligung – Leistungsprämien	86
6. Vertragsbeendigung und nachvertragliche Vergütungsansprüche	86
II. Freiwillige Leistungen des Versicherungsunternehmens zur Alters- und Hinterbliebenenversorgung	94
III. Sonstige Rechte	96
1. Der Anspruch auf Unterstützung, insbesondere auf Überlassung von Unterlagen und auf Unterrichtung	96
2. Zurückbehaltungsrechte, Aufrechnung	98
IV. Abtretung und Pfändung der Ansprüche	100
V. Verjährung und Verwirkung der Ansprüche	100
VI. Verantwortlichkeit für die Urlaubsregelung	102
VII. Kein Anspruch auf Erteilung eines Dienstzeugnisses – Tätigkeitsbescheinigung	102
VIII. Keine Rechte am Versicherungsbestand und an der Kundschaft	103
1. Keine Rechte „am" oder „aus" dem Versicherungsbestand	103
2. Versicherungsbestand als „sonstiges" Recht nach § 823 BGB?	103
3. Recht an der Kundschaft?	103
4. Sonstige Regelungen	103

	Seite

E. **Die Rechtsstellung des Versicherungsvertreters gegenüber dem Versicherungsnehmer** ... 106
 I. Zur gesetzlichen Regelung ... 106
 II. Die Rechtsstellung des Vermittlungsagenten nach §§ 43, 44 VVG ... 110
  1. Anscheinsvollmachten (§ 43 VVG) ... 110
  2. Kenntnis des Vermittlungsagenten (§ 44 VVG) ... 111
 III. Der Abschlußagent (§ 45 VVG) ... 112
 IV. Örtliche Grenzen der Vollmacht (§ 46 VVG) ... 113
 V. Änderungen der Vertretungsmacht ... 114
  1. Erweiterung der Vertretungsmacht ... 114
  2. Beschränkung der Vertretungsmacht ... 114
 VI. Die Haftung des Versicherungsunternehmens für das Verhalten des Versicherungsagenten ... 115
  1. Die Haftung aus der „Vertrauensstellung" des Agenten ... 116
  2. Haftung aus der Rechtsscheinstellung des Agenten ... 118
  3. Haftung für den Agenten nach §§ 278, 831 BGB ... 118
 VII. Arglistiges Verhalten des Agenten ... 118
 VIII. Persönliche Haftung des Agenten – Haftungsfreistellung durch das Versicherungsunternehmen? ... 119
  1. Haftungsgründe ... 119
  2. Rückgriff des Versicherungsunternehmens ... 119
  3. Haftungsfreistellung? ... 119
 IX. Gerichtsstand der Agentur (§ 48 VVG) ... 120

F. **Der Versicherungsmakler** ... 121
 I. Rechtsstellung und Aufgaben ... 121
 II. Rechtsverhältnis Versicherungsmakler – Versicherungsnehmer ... 122
  1. Maklervertrag ... 122
  2. „Punktekatalog zur Vermeidung einer mißbräuchlichen Ausgestaltung von Maklerverträgen" ... 122
  3. Vertretungsmacht des Versicherungsmaklers ... 124
  4. Pflichten des Versicherungsmaklers ... 125
 III. Rechtsverhältnis Versicherungsmakler – Versicherungsunternehmen ... 126
  1. Vertragliche Absprachen ... 126
  2. Pflichten gegenüber dem Versicherer ... 127
  3. Vollmachten des Versicherers ... 127
 IV. Haftung des Versicherungsmaklers ... 128
 V. Maklertätigkeit und Rechtsberatungsgesetz ... 128
 VI. Keine Verpflichtung des Versicherers zur Zusammenarbeit mit einem Versicherungsmakler/Korrespondenzpflicht? ... 130
 VII. Die Vergütung des Versicherungsmaklers ... 130
  1. Voraussetzungen des Courtageanspruchs ... 131
  2. Bestandteile und Höhe der Courtage ... 131
  3. Dauer des Courtageanspruchs/Courtageansprüche bei Vermittlerwechsel ... 132

G. Das Recht der Versicherungsvermittlung in der Europäischen Wirtschaftgemeinschaft 134
    I. EG-Richtlinie zur Niederlassungs- und Dienstleistungsfreiheit der Versicherungsvermittler 134
    II. Koordinierung der nationalen Vertreterrechte 135
    III. Rechtsprechung des Europäischen Gerichtshofes 136
    IV. Allgemeines EG-Recht und Versicherungsvermittlung 137

Literaturhinweise 139

In der Versicherungswirtschaft ist es im Regelfall notwendig, den Abschluß der Versicherungsverträge durch eine vorbereitende Tätigkeit von Mittelspersonen anzuregen und zu fördern. Die damit schon angesprochene außergewöhnliche Bedeutung dieser Versicherungsvermittlung macht auch hinreichende Rechtsgrundlagen hierfür unverzichtbar. Als demgemäß abgrenzbares Recht der Versicherungsvermittlung lassen sich jene zahlreichen Rechtsnormen unterschiedlicher Rechtsgebiete zusammenfassen und auch in einem einheitlichen Rahmen abhandeln, die die Rechtsverhältnisse der Versicherungsvermittler, insbesondere zu den Parteien des Versicherungsvertrages, regeln.

Die nachfolgende Darstellung des Rechtes der Versicherungsvermittlung kann schon aus Raumgründen nur eine erste Einführung in diese vielschichtige Rechtsmaterie bieten und will, dem didaktischen Zweck des versicherungswirtschaftlichen Studienwerkes entsprechend, in Form einer Gesamtübersicht vornehmlich Grundzüge deutlich machen. Sie muß deshalb ebenso auf Vollständigkeit wie auf eine Beschäftigung mit wissenschaftlichen Problemstellungen und mit Zweifelsfragen weitgehend verzichten. Im gleichen Sinne wurden Rechtsprechung und Schrifttum bewußt nur ganz sporadisch zitiert und stattdessen auf eine systematische Vermittlung von Elementarkenntnissen besonderer Wert gelegt. Bei dieser Konzeption waren auch gelegentliche Wiederholungen kaum vermeidbar und wurden in Kauf genommen. Zur Vertiefung und zur kritischen Beurteilung der Ausführungen kann die abschließend verzeichnete, weiterführende Spezialliteratur zu Rate gezogen werden. Angesichts der engen Verzahnung des Rechts der Versicherungsvermittlung mit Rechtsgebieten, die in anderen Teilen des Studienwerkes behandelt werden, empfiehlt es sich, ergänzend vor allem die Beiträge „Handelsrecht"[1], „Arbeitsrecht"[2], „Wettbewerbsrecht"[3], „Allgemeines Versicherungsvertragsrecht"[4], „Versicherungsaufsichtsrecht"[5], „Steuer und Versicherung"[6], und außerdem die Beiträge „Allgemeine Versicherungslehre"[7], „Der Aufbau des Versicherungsbetriebes"[8] und „Die Werbung in der Versicherungswirtschaft"[9] nachzulesen.

Nach einer allgemeinen Übersicht über die Arten der Versicherungsvermittler wird das Recht der selbständigen Versicherungsvertreter sowie das der Versicherungsmakler schwerpunktmäßig behandelt. Bemerkungen über die Rechtsverhältnisse anderer Versicherungsvermittler müssen auf einige klärende Hinweise beschränkt bleiben; insbesondere wurde von einer eingehenderen Behandlung des Rechts der angestellten Versicherungsvertreter, das ohnehin überwiegend dem Arbeits- und Tarifvertragsrecht zuzuordnen ist, abgesehen.

Der Aufbau der Darstellung ist gegenüber der Vorauflage im wesentlichen unverändert geblieben. Der Text wurde aktualisiert und hinsichtlich des Abschnitts „Versicherungsmakler" völlig neu gefaßt.

1 RLV. III
2 RLV. XII
3 RLV. X
4 RLV. V
5 RLV. VII
6 RLV. XI
7 AVL. III
8 VBL. II
9 VBL. IV

Schließlich sei noch besonders hervorgehoben, daß ein volles Verständnis des Rechtes der Versicherungsvermittlung ein Mindestmaß an Wissen um die tatsächliche Praxis im Vertriebssektor der Versicherungsunternehmen und Grundkenntnisse des organisatorischen Aufbaus und der spezifischen Arbeitsweise ihrer Außenorganisationen erfordert. Auch wird sich dieses Rechtsgebiet nur dem ganz erschließen, der sich darüber hinaus des allgemeinen volkswirtschaftlichen Stellenwertes der Versicherungsvermittlung in ihrer Funktion als Multiplikatorin des Vorsorge- und Versicherungsgedankens hinreichend bewußt geworden ist und der gleichzeitig die besonders schwierigen Bedingungen erkannt hat und zu würdigen weiß, unter denen die Versicherungsvermittler die unsichtbare „Ware" Versicherungsschutz verkaufen müssen. Die tatsächlichen Verhältnisse verlangen es, bei der Schaffung, Auslegung und Anwendung des Rechtes der Versicherungsvermittlung stets in besonderer Weise bedacht und berücksichtigt zu werden.

A. Arten der Versicherungsvermittler - Rechtliche Abgrenzung

I. Allgemeine Übersicht

Versicherungsverträge vermittelt im weitesten Sinne jeder, der an der Vorbereitung des Vertragsabschlusses durch ein Zusammenführen der Parteien und eine Förderung ihrer Verständigung in eigener Person oder durch die Tätigkeit von Hilfspersonen aktiv mitwirkt. Demgegenüber ist der bloße Nachweis der Möglichkeit, einen Versicherungsvertrag abzuschließen, für sich allein noch keine Vermittlungstätigkeit.

Versicherungsvermittler sind nach Vertragsabschluß vielfach auch an der laufenden Durchführung der von ihnen vermittelten Versicherungsverträge beteiligt, ohne daß eine solche Tätigkeit begrifflich noch unmittelbar zur Vermittlungstätigkeit gerechnet werden könnte.

Der Begriff des „Versicherungsvermittlers" wird in der Rechtslehre allerdings ebensowenig wie im Sprachgebrauch des täglichen Lebens immer in einem vollständig gleichen Sinne gebraucht. Er geht aber in jedem Falle weiter als der Begriff des „Versicherungsaußendienstes", der auf eine ständige vertragliche Bindung zu einem Versicherungsunternehmen hinweist, und ist mit diesem Begriff überdies auch deshalb nicht deckungsgleich, weil im „Versicherungsaußendienst" auch Personen tätig sind, die anstelle oder neben der Versicherungsvermittlung überwiegend organisatorische und/oder anleitende und betreuende oder aber nur versicherungstechnische Aufgaben (z. B. Risikobesichtigung, Schadenregulierung) haben. Andererseits gehören zu den Versicherungsvermittlern, nicht aber zum „Versicherungsaußendienst" insonderheit auch die Versicherungsmakler. Zu eng wäre also eine Beschränkung der Bezeichnung Versicherungsvermittler auf die „Versicherungsvertreter", gleichgültig, ob diese als selbständige Handelsvertreter oder im Angestelltenverhältnis ständig für das Versicherungsunternehmen tätig sind. Versicherungsvermittler ist vielmehr der Oberbegriff für alle Arten von Versicherungsvermittlern.

Damit im wesentlichen übereinstimmend definieren *Bruck-Möller (Kommentar zum VVG*, 8. Auflage, Anm. 10 vor §§ 43—48) **Versicherungsvermittler** als *„Personen, die — ohne dabei selbst Versicherungsnehmer oder Versicherer zu sein — kraft rechtsgeschäftlich entstandener Geschäftsbesorgermacht für einen anderen einen Versicherungsvertrag anbahnen, vermitteln oder abschließen, möglicherweise auch bei der Abwicklung des Versicherungsvertrages mitwirken".* Dabei können „andere" neben dem Versicherungsnehmer und dem Versicherungsunternehmen auch ein Generalagent oder ein Makler sein (vgl. § 84 III HGB).

Der Gesetzgeber gibt keine Legaldefinition des Versicherungsvermittlers oder der Versicherungsvermittlung, verwendet den allgemeinen Begriff „(Versicherungs)-Vermittler" und „vermitteln" aber in verschiedenen Rechtsvorschriften, z. B. in den §§ 81 III, 144a VAG, 43 ff. VVG, 11 PflVersG, 30 ff. TarifVO, 3 II der 3. DVO zum Bundesaufsichtsgesetz (BAG) und öfters.

Der allgemeine Begriff „Versicherungsvermittler" umfaßt folgende **Haupttypen:**

 I. der selbständige Versicherungsvertreter (§§ 84 I, 92 I HGB),
 II. der angestellte Versicherungsvertreter (§§ 59, 84 II, 92 I HGB),
 III. der Versicherungsmakler.

Beim selbständigen Versicherungsvertreter können wiederum unterschieden werden
1. nach dem Verpflichtungsgrad
    a) Einfirmen- und Konzernvertreter (einschließlich „unechter" Mehrfirmenvertreter)
        aa) mit Ausschließlichkeitsbindung
        bb) ohne Ausschließlichkeitsbindung
    b) (echte) Mehrfirmenvertreter
2. nach dem Tätigkeitsumfang
    a) Versicherungsvertreter im Hauptberuf
    b) Versicherungsvertreter im Nebenberuf (§ 92b HGB)
3. nach der organisatorischen Stellung
    a) Generalvertreter — Untervertreter
    b) „echte" Bezirksvertreter (vgl. §§ 87 II, 92 III HGB)
4. nach den übertragenen Vollmachten
    a) Abschlußvertreter
    b) Vermittlungsvertreter

Einige Vermittlerbegriffe sind ergänzend wie folgt zu erläutern:

(1) „Makleragenten". Mit dieser — wegen der grundsätzlichen Unvereinbarkeit der Makler- und Vertreterposition von vornherein in mehrfacher Hinsicht problematischen und schon deshalb nicht empfehlenswerten — Bezeichnung sind früher und werden gelegentlich auch noch heute angesprochen entweder

(a) Versicherungsvermittler, die im Geschäftsverkehr als Versicherungsmakler auftreten, obwohl sie agenturvertraglich an Versicherungsunternehmen gebunden sind; hierbei handelt es sich um ein insbesondere wettbewerbsrechtlich unzulässiges Verhalten; oder

(b) Versicherungsvermittler, die in bestimmten Versicherungszweigen als Versicherungsmakler, in anderen als Versicherungsvertreter arbeiten; hiergegen bestehen keine Bedenken, falls die unterschiedlichen Rechtspositionen im Geschäftsverkehr jeweils eindeutig erkennbar bleiben, eine Bedingung, die in der Praxis allerdings oft nur schwer erfüllbar sein wird.

(2) „Industrieverbundene" oder „firmenverbundene" Versicherungsvermittler. Als „industrieverbundene" oder „unternehmensverbundene" Versicherungsvermittler werden — meist in Form einer GmbH betriebene — Vermittlungsfirmen bezeichnet, für die eine durch Kapitalbeteiligung begründete wirtschaftliche Abhängigkeit von Wirtschaftsunternehmen mit einem erheblichen Versicherungsbedarf kennzeichnend ist. Seit der Gründung der Wiesbadener Vereinigung durch die Versicherungsunternehmen und entsprechend der Terminologie in dem von dieser Vereinigung praktizierten Abkommen werden diese Vermittler neuerdings auch „firmenverbundene" Versicherungsvermittler genannt. (Näheres unten unter A. V.)

(3) „Stille Vermittler". Als „stille Vermittler" („Gelegenheitsvermittler", „Vertrauensleute") werden, begrifflich unscharf, Kontaktpersonen bezeichnet, die von Fall zu Fall Gelegenheiten zur Vermittlung bzw. zum Abschluß von Versicherungsverträgen nachweisen, ohne hierzu durch einen Vertretervertrag verpflichtet zu sein. Ihre eigenen Aktivitäten sind nach ihrer Dauer und Intensität recht unterschiedlich, jedoch in jedem Falle begrenzt und haben für die eigentliche Versicherungsvermittlung nur vorbereitende oder einleitende Bedeutung (z. B. durch Adressenaufgabe; durch Einsatz persönlicher Beziehungen etc.). Rechtlich können stille Vermittler als Zivilagenten oder als Zivilmakler eingestuft werden, auf die allerdings in beiden Fällen das Recht der Zivilmakler (§§ 652—654 BGB) anzuwenden geboten erscheint; bei Provisionsfragen wird demgegenüber in der Regel eine entsprechende Anwendung des Handelsvertreterrechts, nicht des § 652 Abs. 1 Satz 1 BGB für sachgerecht gehalten.

II. Der selbständige Versicherungsvertreter
   (§§ 92 I, 84 I HGB)

Das „Gesetz zur Änderung des Handelsgesetzbuches" (Recht der Handelsvertreter) vom 6.8.1953 (BGBl I S. 771) führte zu einer grundlegenden Reform des seit 1897 insoweit unverändert geltenden Rechts der selbständigen „Handlungsagenten". Bei der Neuregelung wurden erstmals auch gesetzliche Sondervorschriften für den selbständigen Versicherungsvertreter geschaffen (§§ 92, 89 b V, 92a II HGB). Diese Sondervorschriften wurden auf das allgemeine, für alle Handelsvertreter einschließlich der Versicherungsvertreter geltende Vertreterrecht als bloße Änderungen einzelner Grundvorschriften gewissermaßen „aufgepropft", ein gesetzestechnisches Verfahren, das schon im Ansatz wenig befriedigen konnte und das den abweichenden Verhältnissen bei Versicherungsvertretern nur sehr bedingt gerecht wird.

Der Begriff des Versicherungsvertreters ist allerdings auch auf diesem Wege gesetzlich festgeschrieben worden und hat inzwischen den allgemeinen Sprachgebrauch weitgehend geprägt. Der früher gebräuchliche Begriff „Versicherungsagent" wird allerdings immer noch in den §§ 43 ff. VVG verwendet; die dortigen Vorschriften betreffen – im Unterschied zum Handelsvertreterrecht in den §§ 84 ff. HGB – nicht das Innenverhältnis zum Versicherungsunternehmen, sondern das Außenverhältnis zum Versicherungsnehmer und sind – zumindest entsprechend – auch auf die angestellten Versicherungsvertreter anwendbar.

Die in der Praxis vielfach gängige Bezeichnung der selbständigen Versicherungsvertreter als „freie" oder „freiberufliche" Mitarbeiter (so auch § 16 des Tarifvertrags für das private Versicherungsgewerbe) ist in mehrfacher Hinsicht mißverständlich und sollte vermieden werden. Weder sind die Versicherungsvertreter Angehörige eines freien Berufes noch sind sie frei im Sinne wirtschaftlicher Unabhängigkeit oder geschäftlicher Weisungsfreiheit.

Nach § 92 I HGB ist **Versicherungsvertreter**, wer als Handelsvertreter im Sinne des § 84 I HGB ständig damit betraut ist, Versicherungsverträge zu vermitteln oder abzuschließen.

Dies setzt voraus, daß er

(a) selbständiger Gewerbetreibender ist und

(b) vertraglich in einem ständigen Dienstverhältnis zu einem Versicherungsunternehmen (oder zu einem Generalagenten eines Versicherungsunternehmens oder zu einem Versicherungsmakler) steht und

(c) aufgrund dieses Dauerschuldverhältnisses an erster Stelle verpflichtet ist, für den Vertragspartner laufend und interessewahrend Versicherungsverträge zu vermitteln oder abzuschließen.

Vom selbständigen Versicherungsvertreter ist im Innenverhältnis zum Versicherungsunternehmen der Versicherungsvertreter im Angestelltenverhältnis zu unterscheiden. Auch für diesen gelten allerdings einzelne Provisionsvorschriften des Handelsvertreterrechts gemäß der Verweisungsvorschrift in § 65 HGB, und zwar gegebenenfalls in ihrer durch § 92 III und IV HGB modifizierten Fassung.

Demgegenüber haben im Außenverhältnis zum Versicherungsnehmer selbständige und angestellte Versicherungsvertreter grundsätzlich und oft auch tatsächlich die gleichen wirtschaftlichen Aufgaben für das Versicherungsunternehmen zu erfüllen.

Versicherungsvertreter sollten in der Regel natürliche Personen sein. Dafür spricht schon die gesetzliche Grundregel, daß ein zur Dienstleistung Verpflichteter seine Dienste im Zweifel persönlich zu erbringen hat (§ 613 Satz 1 BGB). Versicherungsvertreter können allerdings auch im eigenen Namen handelnde Personengemeinschaften (OHG, KG) und selbst juristische Personen (AG, GmbH) sein; gegebenenfalls gelten für sie grundsätzlich die gleichen Rechtsvorschriften wie für natürliche Personen. Dagegen können nicht im eigenen Namen handelnde Personengemeinschaften (Gesellschaft bürgerlichen Rechts, nicht rechtsfähiger Verein, Erbengemeinschaft) als solche nicht Versicherungsvertreter sein; betreibt eine Personenvereinigung dieser Art die Versicherungsvermittlung, so sind die einzelnen Personen selbst Versicherungsvertreter und Vertragspartner des Versicherungsunternehmens.

Versicherungsunternehmen betätigen sich vielfach gleichfalls als Versicherungsvermittler für andere Versicherungsunternehmen auf der Grundlage von *„Generalagenturverträgen"*. Ein echtes Vertretungsverhältnis im Sinne der §§ 84, 92 HGB liegt hier allerdings oft nur bedingt oder in Ausnahmefällen vor, so daß beispielsweise regelmäßig auch eine Anwendung der zwingenden sozialen Schutzvorschriften des Handelsvertreterrechts zugunsten des vermittelnden Versicherungsunternehmens nicht in Betracht kommt. Tatsächlich üben die Versicherungsunternehmen die Versicherungsvermittlung zumindest bei einer „Gleichrangigkeit" der Vertragspartner oder gar bei wechselseitiger Vermittlungstätigkeit auf der Grundlage und im Rahmen spezifischer Unternehmensverträge über eine geschäftliche Zusammenarbeit aus; dies macht der Einsatz der eigenen Außenorganisation auch für das andere Versicherungsunternehmen oft besonders deutlich.

1. Einfirmen- und Mehrfirmenvertreter

Nach ihrem unterschiedlichen Verpflichtungsgrad sind die selbständigen Versicherungsvertreter entweder als Einfirmen- bzw. Konzernvertreter oder als Mehrfirmenvertreter tätig.

a) Einfirmen- bzw. Konzernvertreter

Der Begriff „Einfirmenvertreter" und ebenso der weitergehende Begriff „Konzernvertreter" werden in unterschiedlicher Bedeutung gebraucht.

aa) *Einfirmen- bzw. Konzernvertreter kraft Wettbewerbsverbotes (§ 86 HGB)*

Nach dem üblichen Sprachgebrauch in der Versicherungswirtschaft gilt als Einfirmen- oder Konzernvertreter jeder Versicherungsvertreter, der einem **Wettbewerbsverbot (Konkurrenzverbot)** unterliegt, dem es also untersagt ist, in jenen Versicherungszweigen, die von dem vertretenen Versicherungsunternehmen bzw. den mit diesem organisatorisch verbundenen Versicherungsunternehmen betrieben werden, gleichzeitig auch noch für andere, konkurrierende Versicherungsunternehmen tätig zu werden.

Dieses Wettbewerbsverbot gilt — falls es vertraglich nicht ausnahmsweise ausdrücklich abbedungen worden ist — in Auswirkung der zentralen Verpflichtung jedes Handels- und Versicherungsvertreters, die Interessen des vertretenen Unternehmens wahrzunehmen (§ 86 HGB), nach der höchstrichterlichen Rechtsprechung im Ergebnis bereits kraft Gesetzes (vgl. dazu mehr unten unter C. VI). Trotzdem ist es in der Versicherungswirtschaft üblich und auch zweckmäßig, das Verbot im Vertretervertrag nochmals ausdrücklich klarzustellen, festzuschreiben und hinsichtlich seiner Reichweite zu präzisieren (z. B. durch eine ausdrückliche Erstreckung des Verbotes auf Fälle eines sogenannten *Substitutionswettbewerbes*). Obwohl eine entsprechende Regelung demnach grundsätzlich nur von deklaratorischer Bedeutung ist, wird das Wettbewerbsverbot auf diesem Wege regelmäßig erst in einer wünschenswerten oder sogar notwendigen Weise konkretisiert.

Das Wettbewerbsverbot bleibt im Zweifel auch dann wirksam, wenn ein Versicherungsunternehmen einzelne der ihm vom Vertreter vermittelten Versicherungsanträge nicht annimmt. Der Auffassung, ein Einfirmenvertreter müsse regelmäßig berechtigt sein, von seinem eigenen Versicherungsunternehmen abgelehntes Geschäft auf eigene Faust einem anderen Versicherungsunternehmen anzubieten, kann nicht gefolgt werden. Es steht einem Versicherungsunternehmen zwar frei, das Wettbewerbsverbot seiner Einfirmenvertreter im Einzelfall durch Ausnahmegenehmigungen in diesem Sinne aufzulockern; erfahrungsgemäß bestehen hiergegen jedoch regelmäßig erhebliche Bedenken (tatsächliche vertragswidrige Begründung von Mehrfirmenagenturen).

Das Wettbewerbsverbot läßt die handelsrechtliche Selbständigkeit der Vertreter unberührt; seine uneingeschränkte Verbindlichkeit muß angesichts der spezifischen beruflichen Aufgabe eines Vertreters sogar als allgemeine Norm gelten, von der nur ausnahmsweise abgewichen werden darf.

Einfirmen- bzw. Konzernvertreter der vorbeschriebenen Art sind der für den deutschen Versicherungsmarkt kennzeichnende Vertretertyp; fast 90 % der insgesamt ca. 40 000 selbständigen Versicherungsvertreter im Hauptberuf sind dieser Vertreterkategorie zuzurechnen.

bb) Einfirmen- bzw. Konzernvertreter kraft Ausschließlichkeitsbindung (§ 92a HGB)

In § 92a I HGB findet sich für alle selbständigen Handelsvertreter einschließlich der Versicherungsvertreter eine weitergehende Definition des Einfirmenvertreters, die im Ergebnis allerdings zu einer erheblich stärkeren Eingrenzung des betreffenden Personenkreises führt. Hiernach ist Einfirmenvertreter nur derjenige, der vertraglich überhaupt nicht für andere Unternehmen (also z. B. auch nicht für solche außerhalb der Versicherungswirtschaft) tätig werden darf (sogenannter *Einfirmenvertreter kraft Vertrages*) oder dem dies nach Art und Umfang der von ihm verlangten Tätigkeit tatsächlich nicht möglich ist (sogenannter *Einfirmenvertreter kraft ausfüllender Tätigkeit*). In der Versicherungswirtschaft sind diesem Personenkreis gemäß § 92a II HGB unter den dort genannten Voraussetzungen auch sogenannte *Konzernvertreter* zuzurechnen.

Eine vertragliche **Ausschließlichkeitsbindung** im Sinne des § 92a HGB liegt also nur im Fall eines über das Wettbewerbsverbot hinausgehenden rechtlichen oder tatsächlichen Ausschlusses jeder sonstigen Tätigkeit vor. Zwischen dem Wettbewerbsverbot und einer derartigen Ausschließlichkeitsbindung des Vertreters sollte zur Vermeidung von Mißverständnissen auch terminologisch stets deutlich unterschieden werden.

Eine über das Wettbewerbsverbot hinausgehende Ausschließlichkeitsbindung des Vertreters, die diesen also strikt daran hindert, sich auch in dem von seinem Versicherungsunternehmen **nicht** betriebenen Versicherungszweigen oder darüber hinaus selbst außerhalb der Versicherungswirtschaft anderweitig zu betätigen, bedarf jeweils einer besonderen Vereinbarung. Sie sollte nur nach sorgfältiger Prüfung der damit verbundenen Probleme getroffen werden.

Soweit eine derartige Ausschließlichkeitsbindung allein für den Bereich der Versicherungswirtschaft gilt, dem Vertreter also nur jede Versicherungsvermittlung außerhalb des bestehenden Vertretungsverhältnisses verbietet, kann sie von Fall zu Fall allerdings durch triftige Gründe gerechtfertigt sein (z. B. durch die geschäftspolitische Absicht des Versicherungsunternehmens, die eigene Angebotspalette in absehbarer Zeit selbst oder durch Kooperation mit anderen Versicherungsunternehmen entsprechend zu erweitern). Das gleiche gilt für Ausschließlichkeitsbindungen, die sich auf Geschäftsbereiche von Unternehmen (z. B. von Bausparkassen, Kreditinstituten) beschränken, mit denen vertragliche Vereinbarungen über eine geschäftliche Zusammenarbeit bestehen. Demgegenüber kann eine umfassende, allgemein über den Bereich der Versicherungswirtschaft hinaus geltende Ausschließlichkeitsbindung die handelsrechtliche Selbständigkeit des Vertreters fraglich werden lassen; sie sollte deshalb dem Vertreter nicht ohne triftige Gründe auferlegt werden.

Obgleich es also im allgemeinen ratsam erscheint, die Möglichkeit zur anderweitigen Betätigung des Vertreters außerhalb der Versicherungswirtschaft vertraglich nicht völlig auszuschließen, wird andererseits doch regelmäßig Anlaß bestehen, die entsprechenden vertraglichen Regelungen ausdrücklich unter den Vorbehalt zu stellen, daß die Ausübung derartiger anderweitiger Tätigkeiten die Erfüllung der dem Versicherungsunternehmen gegenüber eingegangenen und geschuldeten Vertreterpflichten in keiner Weise beeinträchtigen darf. Um Zweifelsfälle tunlichst von vornherein zu vermeiden, wird es meist für beide Vertragsparteien zweckmäßig sein, vertraglich außerdem eine Anzeigepflicht des Vertreters für seine anderweitigen Tätigkeiten vorzusehen.

Im gegebenen Zusammenhang sei schließlich auch auf § 18 GWB hingewiesen. Die Anwendbarkeit dieser Bestimmung im Handelsvertreterrecht ist allerdings grundsätzlich umstritten; sie kann, falls überhaupt, dann von vornherein nur bei echten Ausschließlichkeitsbindungen, keinesfalls schon bei — vertraglich bestätigten — Wettbewerbsverboten in Betracht gezogen werden.

Bei der Auslegung und Anwendung des § 92a HGB dürfte die Abgrenzung des Kreises der Einfirmenvertreter **kraft Vertrages** in der Praxis keine allzugroßen Schwierigkeiten bieten. In der Rechtsprechung und im Schrifttum besteht Übereinstimmung, daß hier ein Wettbewerbsverbot (Konkurrenzverbot) für die Annahme des Einfirmenvertreterverhältnisses allein nicht ausreicht. Es muß vielmehr eine darüber hinausgehende Ausschließlichkeitsbindung der erörterten Art vorliegen, die dem Vertreter beispielsweise jede entgeltliche Nebenbeschäftigung oder anderweitige Tätigkeit ohne Rücksicht auf die Höhe der Einkünfte verbietet. Nach dem Willen des Gesetzes fallen unter § 92a HGB also nur solche Vertreter, die ihre ganze Arbeitskraft dem vertretenen Unternehmen zur Verfügung stellen müssen.

Schwieriger ist die tatsächliche Erfassung der Einfirmenvertreter kraft ausfüllender Tätigkeit. Es dürfte dabei richtig sein, von der dem Vertreter vertraglich auferlegten Bemühungs- und Interessenwahrnehmungspflicht auszugehen. Wenn er unter normalen Verhältnissen von seiner Vertretertätigkeit so in Anspruch genommen ist, daß ihm eine weitere Tätigkeit für ein anderes Unternehmen objektiv nicht mehr möglich ist, wird die Einfirmenvertretereigenschaft kraft ausfüllender Tätigkeit zu bejahen sein. Allerdings kann sich z. B. ein besonders langsam arbeitender Handelsvertreter angesichts der Maßgeblichkeit der objektiven Umstände nicht auf den sozialrechtlichen Schutz des § 92a HGB berufen, wenn seine subjektive Leistungsfähigkeit durch Alter, Krankheit usw. gemindert ist.

Die Anwendung des § 92a HGB auch auf juristische Personen und Personengesamtheiten (OHG, KG) erscheint nicht gerechtfertigt. Mit der sozialpolitischen Zielsetzung des Gesetzgebers dürfte sie jedenfalls kaum in Einklang zu bringen sein.

Die Regelungen in § 92a HGB werden im wesentlichen für den gleichen Kreis der hierdurch begünstigten Handels- und Versicherungsvertreter noch ergänzt durch

(a) § 5 III des Arbeitsgerichtsgesetztes (ArbGG) i.d.F. vom 2.7.1979 (BGBl I. S. 853) — Zuständigkeit der Arbeitsgerichte, falls sie während der letzten 6 Monate des Vertragsverhältnisses, bei kürzerer Vertragsdauer während dieser im Durchschnitt monatlich nicht mehr als 2 000 DM aufgrund des Vertragsverhältnisses an Vergütung einschließlich Provision und Ersatz für im regelmäßigen Geschäftsverkehr entstandene Aufwendungen bezogen haben —;

(b) § 61 Nr. 1c) der Konkursordnung (KO) — Konkursvorrecht für Ansprüche auf Vergütung einschließlich Provision gegen den Gemeinschuldner, falls ihnen während der letzten 6 Monate des Vertragsverhältnisses, bei kürzerer Dauer während dieser, im Durchschnitt monatlich nicht mehr als 1 000 DM an Vergütung einschließlich Provision und Ersatz für im regelmäßigen Geschäftsverkehr entstandene Aufwendungen zugestanden haben oder noch zustehen —.

Soweit Handels- und Versicherungsvertreter zu dem in § 92a HGB angesprochenen Personenkreis gehören und außerdem unter Berücksichtigung der vorerwähnten Vorschriften des Arbeitsgerichtsgesetzes und der Konkursordnung und der dortigen Vergütungsgrenzen als wirtschaftlich bedürftig anzusehen sind, kommen sie als sogenannte **arbeitnehmerähnliche Personen** teils auf Grund gesetzlicher Sondervorschriften, teils in entsprechender Anwendung von Grundsätzen des Arbeitsrechts durch die Rechtsprechung in den Genuß weiterer sozialer Schutzrechte (z. B. Anspruch auf Fortzahlung der Vergütungen infolge unverschuldeten Unglücks oder sonstiger persönlicher Umstände gemäß §§ 63 HGB, 616 BGB; Anspruch auf Erholungsurlaub gemäß § 2 des Bundesurlaubsgesetzes; Anspruch auf Erteilung eines Zeugnisses bei Beendigung des Vertreterverhältnisses).

b) Mehrfirmenvertreter

In der Versicherungspraxis wird zwischen „echten" und „unechten" Mehrfirmenvertretern unterschieden.

aa) „Unechte" Mehrfirmenvertreter

Als „unechte" Mehrfirmenvertreter werden jene Versicherungsvertreter bezeichnet, die — letztlich oft in Auswirkung des aufsichtsrechtlichen Gebotes der Spartentrennung — zwar für mehrere Versicherungsunternehmen verschiedener Branchen tätig sind, die also beispielsweise einen Lebens- und einen Kompositversicherer vertreten und außerdem vielleicht auch noch für einen Kranken-, Rechtsschutz- und Kreditversicherer arbeiten, die bei ihrer jeweiligen Tätigkeit jedoch einem Wettbewerbsverbot (Konkurrenzverbot) unterworfen bleiben, also in einem bestimmten Versicherungszweig jeweils auch nur ein bestimmtes Versicherungsunternehmen vertreten dürfen. Es handelt sich bei solchen Mehrfirmenvertretern vielfach um „Konzernvertreter" in dem oben unter A. I.1a(aa) beschriebenen Sinne, obwohl die Mehrfirmenvertretereigenschaft gegebenenfalls unabhängig davon besteht, ob die vertretenen Versicherungsunternehmen kapitalmäßig oder organisatorisch untereinander verbunden sind. Schon seit geraumer Zeit sind die meisten Einfirmenvertreter im Einverständnis oder sogar mit Willen der vertretenen Versicherungsunternehmen als „unechte" Mehrfirmenvertreter tätig, weil die Markt- und Wettbewerbsverhältnisse sowohl die Versicherungsunternehmen als auch die Vertreter dazu veranlassen müssen, möglichst die gesamte Palette von Versicherungsverträgen anzubieten.

bb) „Echte" Mehrfirmenvertreter

„Echte" Mehrfirmenvertreter sind demgegenüber Versicherungsvertreter, die gleichzeitig nicht nur mehrere, sondern mehrere **untereinander konkurrierende** Versicherungsunternehmen vertreten. Eine solche „echte" Mehrfachvertretung stellt eine Besonderheit der Versicherungswirtschaft dar.

In anderen Wirtschaftszweigen gilt es in aller Regel als selbstverständlich, daß ein Handelsvertreter dem — nach der höchstrichterlichen Rechtsprechung schon aus dem Gesetz (§ 86 HGB) ableitbaren — Wettbewerbsverbot (Konkurrenzverbot) unterworfen bleibt; auch wenn beispielsweise Warenvertreter weithin gleichzeitig mehrere Firmen mit unterschiedlichen Angeboten vertreten und eine derartige Mehrfirmenvertretung im Sinne einer Sortimentserweiterung von den vertretenen Firmen auch regelmäßig hingenommen und zuweilen sogar begrüßt wird. Tatsächlich erscheint ein Wegfall des Wettbewerbsverbots mit der Stellung des Handelsvertreters, seinen spezifischen Aufgaben und Pflichten gegenüber den vertretenen Unternehmen, grundsätzlich auch nur schwer vereinbar.

Die Entstehung und Anerkennung der „echten" Mehrfirmenvertretung in der Versicherungswirtschaft ist deshalb nur aus einer eigentümlichen historischen Entwicklung erklärbar und verständlich. Indem die früher an den Seeplätzen oft nicht selbst präsenten Versicherungsunternehmen dort die Zeichnung der Risiken speziell in der Transportversicherung und die dabei meist gleichzeitig notwendige Regelung der Mitversicherung am Ort ansässigen und entsprechend bevollmächtigten „Assekuradeuren" überließen, entstand ein Kreis von Versicherungsvertretern, die ihre Dienste zweckentsprechend gleichzeitig mehreren oder gar zahlreichen Versicherungsunternehmen zur Verfügung stellten und die deshalb üblicherweise vom Wettbewerbsverbot befreit wurden. Die vertretenen Versicherungsunternehmen blieben zwar auch in diesem Falle Konkurrenten, traten jedoch in notwendigen Mitversicherungsgemeinschaften auch immer wieder in Geschäftsverbindung miteinander, so daß die Vermittler sich hier durchaus noch im Interesse aller Beteiligten betätigen konnten. Nach diesem Vorbild haben später dann auch im Binnenland große Generalagenturen, die sich um die Versicherung von Risiken im Industrie- und großgewerblichen Bereich im Wege der Mitversicherung bemühten, den Status „echter" Mehrfirmenagenturen gegenüber ihren Vertragspartnern durchzusetzen verstanden oder zugestanden erhalten.

Eine „echte" Mehrfirmenvertretung im letzteren Sinne, also selbst im Breitengeschäft und bei der Versicherung von Normalrisiken durch ein einzelnes Versicherungsunternehmen, bleibt trotzdem auch in der Versicherungswirtschaft eine Anomalie, die insbesondere wegen ihrer Widersprüchlichkeit zur Interessenwahrungspflicht des Versicherungsvertreters weiterhin nur von Fall zu Fall aus besonderen Gründen hinnehmbar erscheint. Dies gilt umso mehr, weil auch die historischen Umstände, denen die „echte" Mehrfirmenvertretung einst ihren Ursprung verdankte, sich schon längst entscheidend gewandelt haben und heute nur noch schwer zu ihrer Rechtfertigung angeführt werden können. Dennoch wird niemand an der Struktur von langjährig gewachsenen echten Mehrfirmenvertretungen und ihrer speziellen Arbeitsweise ohne Notwendigkeit etwas ändern wollen, so lange die echten Mehrfirmenvertreter unverändert wirtschaftlich notwendige, spezielle Aufgaben erfüllen und im übrigen der grundsätzliche Ausnahmecharakter ihrer Befreiung vom Wettbewerbsverbot allseits unbestritten bleibt. Bei der Masse der selbständigen Versicherungsvertreter sollte demgegenüber ein vertraglicher Verzicht des vertretenen Versicherungsunternehmens auf das strikte Verbot einer Konkurrenztätigkeit im Regelfall auch künftig nicht in Betracht gezogen und von Vertreterseite auch nicht gefordert werden, zumal damit unverzichtbare Grundlagen einer sinnvollen Zusammenarbeit der Versicherungsunternehmen mit selbständigen Versicherungsvertretern in Frage gestellt würden.

Der „echte" Mehrfirmenvertreter befindet sich wegen seiner gleichartigen Bindung an mehrere, untereinander konkurrierende Versicherungsunternehmen diesen gegenüber tatsächlich in einer unabhängigeren Stellung als ein Einfirmen- oder Konzernvertreter. Seine Arbeitsweise mag zuweilen sogar maklerähnlich erscheinen. Trotzdem dürfen die wesentlichen Unterschiede zwischen den Rechten und Pflichten eines echten Mehrfirmenvertreters und eines Maklers nicht übersehen werden. Auch der echte Mehrfirmenvertreter kann zwar — wie ein Makler — im Einzelfall wählen, welchem Versicherungsunternehmen er den Versicherungsvertrag zuführen bzw. inwieweit er dieses Unternehmen an einem Versicherungsvertrag beteiligen will. Er bleibt jedoch, anders als ein Makler, auch dann an seine alleinigen Vertragspartner, nämlich an die von ihm vertretenen Versicherungsunternehmen, gebunden und hat diesen Unternehmen gegenüber grundsätzlich auch die üblichen Vertreterpflichten zu erfüllen, die ihm beispielsweise eine ständige angemessene Interessenwahrung und laufende, im Zweifel ausgewogene Vermittlungsbemühungen zugunsten aller vertretenen Unternehmen und die Beachtung geschäftlicher Weisungen auferlegen (vgl. dazu BGH-Urteil vom 27.2.1981, VersR 1981, S. 832 ff.).

Der Kreis der „echten" Mehrfirmenvertreter ist in der Bundesrepublik Deutschland aus den angedeuteten Gründen bisher mit Recht begrenzt geblieben; nur etwa 10 % aller selbständigen Versicherungsvertreter im Hauptberuf sind vertraglich vom gesetzlichen Wettbewerbsverbot befreit und vertreten gleichzeitig mehrere, untereinander konkurrierende Versicherungsunternehmen, wobei sich die zahlreichen Mehrfirmenvertretungen an den Seeplätzen — wie etwa auch die dortigen Versicherungsbörsen zeigen — nach wie vor in einer gewissen Sonderstellung befinden.

2. Versicherungsvertreter im Haupt- und im Nebenberuf

Beim Abschluß und bei der Durchführung von Vertreterverträgen bedarf es aus der Sicht beider Parteien jeweils schon aus wirtschaftlichen Gründen einer eindeutigen Klärung, ob der Vertreter im Verhältnis zu dem vertretenen Unternehmen haupt- oder nebenberuflich tätig sein soll. Diese Unterscheidung ist aber nicht zuletzt auch wegen der damit verbundenen Rechtsfolgen wichtig (§ 92b HGB).

Nach § 92b III HGB bestimmt es sich nach der Verkehrsauffassung, ob ein Handelsvertreter nur als Handelsvertreter im Nebenberuf tätig ist. Da das Gesetz keine näheren Anhaltspunkte für die Abgrenzung gibt, hat sich in der Rechtspraxis für die handelsrechtliche Beurteilung dieser Frage schon seit langem die sogenannte *Übergewichtstheorie* als herrschende Meinung durchgesetzt. Hiernach ist ein Handelsvertreter nur dann als solcher im Hauptberuf tätig, wenn er dem Vertreterberuf sowohl seine überwiegende berufliche Tätigkeit widmet als auch aus dieser Tätigkeit sein überwiegendes Arbeitseinkommen bezieht. Beim Versicherungsvertreter ist dabei eine Tätigkeit für mehrere Versicherungsunternehmen — als „echter" oder „unechter" Mehrfirmenvertreter — als Einheit zu betrachten; ist seine Hauptberuflichkeit im Hinblick auf einzelne vertretene Unternehmen oder auf Grund einer Gesamtbewertung zu bejahen, dann gilt sie also allen vertretenen Versicherungsunternehmen gegenüber ohne Rücksicht auf den jeweiligen Umfang der Geschäftstätigkeit und die jeweilige Höhe des Einkommens. Darüber hinaus sind nach herrschender Meinung — anders als bei der gebotenen begrifflichen und rechtlichen Trennung zwischen Waren- und Versicherungsvertreter — die Versicherungsvermittlung und die Vermittlung von Bausparverträgen wegen des gegebenen wirtschaftlichen Zusammenhangs beider Tätigkeiten im Zweifel als einheitliches Vermittlungsgewerbe anzusehen, das auch hinsichtlich der Frage der Haupt- oder Nebenberuflichkeit jeweils nur einheitlich beurteilt werden kann. Dies gilt zumindest dann, wenn die zusätzliche Vermittlung von Bausparverträgen durch den Versicherungsvertreter mit Billigung des Versicherungsunternehmens geschieht oder sogar zu den vertraglichen Pflichten des Vertreters gegenüber dem Versicherungsunternehmen gehört.

Von der handelsrechtlichen Abgrenzung muß in der Versicherungswirtschaft die ursprünglich preisrechtliche Abgrenzung der Haupt- und Nebenberuflichkeit im Bereich der Kraftfahrtversicherung, soweit diese den Bestimmungen der Verordnung über die Tarife in der Kraftfahrzeug-Haftpflichtversicherung (Tarif VO) vom 20.11.1967 i.d.F. vom 5.12.1984 unterliegt, streng unterschieden werden. Nach § 31 I Satz 2 der TarifVO liegt eine hauptberufliche Tätigkeit nur dann vor, wenn der Vertreter gewerbsmäßig als Vermittler in der Kraftfahrtversicherung tätig ist und den überwiegenden Teil seiner Einnahmen aus der Vermittlung von Versicherungsverträgen zieht, wobei Einnahmen aus Haus- und aus Grundbesitz und aus Kapitalvermögen sowie Pensionsbezüge außer Betracht bleiben. Auf das Kriterium der überwiegenden beruflichen Tätigkeit ist hier zur Gewinnung möglichst zweifelsfreier Tatbestände also verzichtet worden. Aus dieser abweichenden Abgrenzung von Haupt- und Nebenberuflichkeit in der TarifVO dürfen für die handelsrechtliche Abgrenzung keine Folgerungen gezogen werden; sie ist vielmehr allein für die Feststellung der zulässigen Höchstprovisionen in den staatlich reglementierten Bereichen der Kraftfahrtversicherung maßgebend.

Auch ein Versicherungsvertreter im Nebenberuf ist echter selbständiger Handelsvertreter mit gleichen Tätigkeitsmerkmalen. Nach der Entscheidung des Gesetzgebers von 1953 bedarf er allerdings nicht des gleichen Schutzes wie der Vertreter im Hauptberuf.

Daher gelten für einen Versicherungsvertreter im Nebenberuf die zwingenden Mindestkündigungsfristen gemäß § 89 I und II HGB nicht. Ist der Vertrag mit einem Vertreter im Nebenberuf auf unbestimmte Zeit geschlossen worden, kann er nach § 92b I Satz 2 HGB mit einer Frist von einem Monat für den Schluß eines Kalendermonats gekündigt werden. Wird eine andere Kündigungsfrist vereinbart, so muß diese – übereinstimmend mit der Regelung in § 89 III Satz 1 HGB – für beide Teile gleich sein.

Außerdem kann bei einem Versicherungsvertreter im Nebenberuf auch der Anspruch der einen angemessenen Vorschuß entgegen der Regelung in § 87a I Satz 2 HGB ausgeschlossen werden.

Insbesondere steht einem Versicherungsvertreter im Nebenberuf gemäß § 92b I Satz 1 HGB auch kein Ausgleichsanspruch nach § 89b HGB zu.

Auf eine Nebenberuflichkeit des Versicherungsvertreters kann sich das vertretene Unternehmen gemäß § 92b II HGB nur berufen, wenn es den Versicherungsvertreter ausdrücklich als Versicherungsvertreter im Nebenberuf verpflichtet hat. Diese zwingende Vorschrift gilt gemäß Artikel 6 III des Handelsvertretergesetzes vom 6.8.1953 nicht für Vertragsverhältnisse, die bei Inkrafttreten dieses Gesetzes (1.12.1953) bereits bestanden haben. Richtig verstanden, hat die Schutzvorschrift allerdings nur prozessuale Bedeutung; eine Berufung auf sie setzt also einen sachlich begründeten Meinungsstreit über das Vorliegen einer Nebenberuflichkeit voraus.

Eine Änderung der tatsächlichen Verhältnisse während des Vertragsverhältnisses kann zu einem Wechsel von Haupt- in Nebenberuflichkeit oder umgekehrt führen. Das vertretene Unternehmen braucht einen solchen — regelmäßig vertragswidrigen — Wechsel allerdings nur gegen sich gelten lassen, wenn es ihm ausdrücklich oder stillschweigend zugestimmt oder nach zumutbarer Kenntnisnahme wenigstens ohne Einwände zu erheben hingenommen hat.

Der Versicherungsvertreter muß andererseits nach Treu und Glauben für verpflichtet gehalten werden, das Unternehmen von einer entsprechenden Änderung der Verhältnisse, falls diese mit den vertraglichen Vereinbarungen überhaupt vereinbar sind, unverzüglich in Kenntnis zu setzen, damit das Unternehmen dann seinerseits entscheiden kann, welche vertragsrechtlichen Folgerungen es aus der neuen Situation ziehen möchte.

Die Versicherungsvermittlung unter Beteiligung von Vermittlern im Nebenberuf hat in der Versicherungswirtschaft seit je eine bedeutsame Rolle gespielt. Gegenwärtig dürften ca. 250 000 Personen nebenberuflich als Versicherungsvermittler für Versicherungsunternehmen tätig sein.

3. Generalvertreter — Untervertreter und Bezirksvertreter

Selbständige Versicherungsvertreter können unbeschadet ihrer handelsrechtlichen Selbständigkeit ihre Tätigkeit regelmäßig nur im Rahmen und als Glieder der gesamten Außenorganisation des vertretenen Versicherungsunternehmens erfüllen. Diese Tatsache erfordert entsprechende organisatorische Regelungen auf vertraglicher Grundlage. Sie führt zur Unterscheidung von unterschiedlichen Vertretertypen auch unter diesem Gesichtspunkt. Insbesondere bedürfen hier folgende Grundtypen einer kurzen Erläuterung:

a) Generalvertreter — Untervertreter

Der Begriff „Generalvertreter" (oder auch Generalagent, Hauptvertreter) wird in der Versicherungswirtschaft vieldeutig gebraucht und läßt sich nicht allgemeingültig in eine bestimmte rechtliche Kategorie einordnen. Er kann beispielsweise besagen, daß der Versicherungsvertreter — anders als ein „Spezialvertreter" — Versicherungen jeder Art vermittelt oder auch Kunden jeder Art bedient. Daneben ist früher insbesondere steuerrechtlich der Generalvertreter mit verwaltender dem Spezialvertreter mit vermittelnder Tätigkeit gegenübergestellt worden; doch ist die steuerliche Rechtsfigur des *„Generalagenten mit gemischter Tätigkeit"* durch die BFH-Urteile vom 3.10.1961 (BStBl. 1961 III S. 467) und vom 12.4.1962 (BStBl 1962 III S. 259) praktisch beseitigt worden. Heutzutage verbindet man mit dem Begriff Generalvertreter meistens die Vorstellung, daß es sich um einen Vertreter mit einem größeren Agenturbetrieb handelt, der insbesondere auch mit Untervertretern arbeitet (vgl. BGH-Urteil vom 18.3.1970, BB 1970, S. 593).

Der Ausdruck „**Untervertreter**" weist als solcher bereits auf ein organisatorisches Unterstellungsverhältnis dieser Vertreter im Rahmen der Außenorganisation des Versicherungsunternehmens oder sogar auf ihre rechtliche Abhängigkeit von anderen Vertretern, eben „Generalvertretern", hin. Trotzdem sind auch „Untervertreter" unter den gesetzlichen Voraussetzungen selbständige Handelsvertreter nach § 84 HGB mit allen Rechten und Pflichten solcher Handelsvertreter. Unabhängig davon ist sowohl aus der Sicht des Versicherungsunternehmens als auch des Generalagenten zwischen „echten" und „unechten" Untervertretern zu unterscheiden.

Ein „echtes" Untervertreterverhältnis liegt nur dort vor, wo Vertragspartner des Untervertreters nicht das Versicherungsunternehmen, sondern ausschließlich der Generalvertreter des Versicherungsunternehmens ist, also wo ein Generalvertreter über eine „eigene" Unterorganisation verfügt. Der Generalvertreter ist in diesem Fall Unternehmer im Sinne des § 84 III HGB; vertreterrechtliche Rechte und Pflichten bestehen ausschließlich zwischen ihm und dem Untervertreter. Wirtschaftlich handelt es sich um ein mehrstufiges Handelsvertreterverhältnis, in dem der Generalvertreter des vertretenen Versicherungsunternehmens gleichzeitig Unternehmer im Verhältnis zu seinen Untervertretern ist.

Ein „unechtes" Vertreterverhältnis liegt demgegenüber dort vor, wo Vertragspartner auch des Untervertreters ausschließlich das Versicherungsunternehmen ist, obwohl dieser Vertreter einem Generalvertreter organisatorisch unterstellt ist. In der Praxis spricht man in diesem Falle davon, daß die Untervertreter auf das Versicherungsunternehmen „reversiert" seien. Vertreterrechtliche Rechte und Pflichten bestehen bei dieser Vertragsgestaltung allein zwischen dem Versicherungsunternehmen einerseits und dem Generalagenten bzw. allen einzelnen Untervertretern andererseits.

Die organisatorische Zusammenarbeit von Generalvertreter und Untervertreter führt in der Regel dazu, daß der Generalvertreter für seine mittelbare Beteiligung am Tätigkeitserfolg der Untervertreter (durch Steuerung, Anleitung, Unterstützung etc.) auf der Grundlage der Provisionen der Untervertreter berechnete sogenannte *Superprovisionen* erhält bzw. befugt ist, von den bei ihm durchlaufenden Provisionen der Untervertreter bestimmte „Provisionsspitzen" als eigene Vergütung einzubehalten.

Eine Betätigung von „echten" Untervertretern im Rahmen der Außenorganisation eines Versicherungsunternehmens bringt im Zweifel allenfalls dem Generalagenten mehr Vor- als Nachteile. Aus der Sicht des Versicherungsunternehmens spricht gegen das Zugeständnis an den Generalvertreter, „eigene" Untervertreter verpflichten zu dürfen, die dann weitgehend fehlende oder zumindest geschmälerte Möglichkeit der unmittelbaren Einflußnahme auf solche Untervertreter, obwohl auch sie den Versicherungskunden gegenüber als Vertreter des Versicherungsunternehmens auftreten und das Unternehmen für ihr Verhalten im Außenverhältnis zu diesen Kunden einzustehen hat. Auch führt eine Beendigung des Vertragsverhältnisses mit dem Generalvertreter in einer oft unerwünschten Weise zur gleichzeitigen Beendigung der Tätigkeit der Untervertreter für das Unternehmen.

Aus der Sicht der „echten" Untervertreter selbst kann es leicht von spürbarem Nachteil sein, als Vertragspartner nicht das Versicherungsunternehmen, sondern den seinerseits an das Unternehmen gebundenen Generalveteter zu haben und damit alle Risiken aus diesem Vertragsverhältnis mittelbar mittragen zu müssen.

Aus solchen Gründen ist die Zahl „echter" Untervertreter in der Versicherungswirtschaft auch erheblich geringer als jene „unechter" Untervertreter.

Berücksichtigt man die fast ausnahmslos gegebene, wie auch immer geartete Einordnung jedenfalls aller Einfirmen- bzw. Konzernvertreter in die funktional meist stark gegliederte Außenorganisation des vertretenen Versicherungsunternehmens, befinden sich auch die meisten „Generalvertreter" gleichzeitig in der Position von „Untervertretern", wenn man die regelmäßige Notwendigkeit ihrer eigenen organisatorischen und/oder verwaltungsmäßigen Unterstellung unter eine Geschäfts- oder sonstige Außenstelle (die übrigens ebenfalls von einem selbständigen Versicherungsvertreter geleitet werden kann) bedenkt.

b) Bezirksvertreter

Unter einem „**Bezirksvertreter**" versteht man nach dem allgemeinen Sprachgebrauch außerhalb der Versicherungswirtschaft regelmäßig einen Handelsvertreter, der in einem bestimmten Bezirk — oder auch in einem bestimmten Kundenkreis — die gesetzlichen Rechte aus § 87 II HGB besitzt, also Provisionen auch für solche Geschäfte beanspruchen kann, die ohne seine Mitwirkung mit Personen seines Bezirkes oder aus dem für ihn geschützten Kundenkreis während des Vertragsverhältnisses abgeschlossen werden. Durch eine noch weitergehende Vereinbarung kann einem Handelsvertreter sogar die Alleinvertretung in seinem Bezirk im Sinne eines Ausschließlichkeitsrechts übertragen werden.

In der Versicherungswirtschaft sind Bezirksvertretungen im Sinne des § 87 II HGB nicht üblich und sachlich auch kaum vertretbar. Dies hängt vornehmlich mit der tatsächlichen Unbegrenztheit der Versicherungsmöglichkeiten und des Versicherungsangebotes zusammen, die es regelmäßig ausschließen, daß ein Versicherungsvertreter dem vertretenen Versicherungsunternehmen gegenüber die Gewähr für eine vollständige und umfassende Wahrnehmung der in einem bestimmten Bezirk oder Bereich gegebenen Geschäftsmöglichkeiten und einer umfassenden Bedienung aller berechtigten Kundenwünsche geben könnte. In dieser Erkenntnis hat der Gesetzgeber in § 92 III HGB, wenn auch abdingbar, bestimmt, daß ein Versicherungsvertreter in Abweichung von § 87 I Satz 1 HGB Anspruch auf Provisionen nur für Geschäfte hat, die auf seine Tätigkeit zurückzuführen sind, und daß § 87 II HGB für Versicherungsvertreter nicht gilt.

Trotzdem ist es auch in der Versicherungswirtschaft üblich und zweckmäßig, dem Versicherungsvertreter vertraglich einen bestimmten räumlichen oder manchmal auch sachlichen Arbeitsbereich oder „Bezirk" zuzuweisen. Dies bedeutet jedoch regelmäßig nicht mehr, als daß der Vertreter seine Tätigkeit auf diesen Bereich zu konzentrieren hat und schwerpunktmäßig dort neue Versicherungsverträge vermitteln soll. Klarstellend wird einer solchen Bestimmung ebenso regelmäßig hinzugefügt, daß das Versicherungsunternehmen nicht daran gehindert ist, in dem Bezirk oder Arbeitsbereich des Vertreters noch weitere Vertreter oder auch Angestellte zur Versicherungsvermittlung einzusetzen oder Versicherungsverträge ohne Mitwirkung des Vertreters direkt abzuschließen, und daß in allen diesen Fällen kein Provisionsanspruch des Vertreters entsteht. Andererseits wird die Abgrenzung des vereinbarten Arbeitsbereiches oder Bezirks fast immer durch die Zusatzbestimmung aufgelockert, daß es dem Vertreter unbenommen bleibt, in Einzelfällen persönliche Beziehungen außerhalb seines Arbeitsbereiches oder Bezirks zur gelegentlichen Versicherungsvermittlung für sich zu nutzen.

Soweit der Versicherungsvertreter auch zur Betreuung und teilweise zur Verwaltung der vermittelten Verträge (z. B. zur Durchführung des Inkasso, zur Beteiligung an der Schadenregulierung etc.) berechtigt bzw. verpflichtet ist, bleibt die Bereichs- bzw. Bezirksgrenze regelmäßig ebenfalls maßgebend. Dies führt oft zu Sonderregelungen für den Fall, daß der Versicherungsnehmer aus dem Arbeitsbereich oder Bezirk des Vertreters verzieht; das Versicherungsunternehmen behält sich für solche Fälle meist das Recht vor, die Versicherungsverträge des Versicherungsnehmers dann einem anderen Versicherungsvertreter am neuen Wohnsitz des Versicherungsnehmers zuzuweisen, um eine hinreichende Betreuung sicherzustellen.

Die Frage der Zulässigkeit einer einseitigen Änderung der Grenzen des Arbeitsbereiches oder Bezirks durch das Versicherungsunternehmen ist vorrangig auf der Grundlage der vertraglichen Vereinbarungen zu entscheiden. Der Vertreter muß solche Änderungen unter Umständen allerdings auch ohne seine Zustimmung hinnehmen, falls er zur Erfüllung der ihm übertragenen Aufgaben in dem ihm ursprünglich zugewiesenen Bereich nicht mehr hinreichend in der Lage ist und insoweit selbst auch keine Abhilfe schaffen kann.

4. Vermittlungsvertreter und Abschlußvertreter

Nach § 86 HGB ist die Hauptpflicht des Handelsvertreters, sich um die Vermittlung oder den Abschluß von Geschäften zu bemühen. Diese Grundregel gilt uneingeschränkt auch für den Versicherungsvertreter.

Mangels einer ausdrücklichen anderen Vereinbarung ist der Versicherungsvertreter allerdings nur zur **Vermittlung** von Versicherungsverträgen berechtigt und verpflichtet. Die Entscheidung über die Annahme eines Versicherungsantrages bleibt also dem Versicherungsunternehmen vorbehalten. Dieser Grundsatz gilt in der Lebens- und in der Krankenversicherung praktisch ausnahmslos, weil der Versicherungsvertreter in diesen Bereichen die Risikoverhältnisse seinerseits regelmäßig nicht, jedenfalls nicht abschließend beurteilen kann.

In den Versicherungszweigen der Schadenversicherung ist teilweise eine andere Ausgangssituation gegeben. Dort werden vielen Versicherungsvertretern von ihren Versicherungsunternehmen wenigstens in Teilbereichen — meist begrenzte — **Abschlußvollmachten** erteilt; auf ihrer Grundlage können die Vertreter also selbst und mit Wirkung gegenüber dem vertretenen Unternehmen über die Annahme eines Versicherungsantrages entscheiden. In diesem Zusammenhang müssen außerdem der in bestimmten Bereichen des standardisierten Massengeschäfts weit verbreitete Verkauf von sogenannten *Blockpolicen* sowie die Erteilung vorläufiger Deckungszusagen bzw. die Aushändigung von Versicherungsbestätigungskarten zum Beispiel in der Kraftfahrtversicherung ausdrücklich erwähnt werden.

Die Tatsache, daß die Versicherungsvertreter im Bereich der Schadenversicherung auch heutzutage zwar im allgemeinen nur mit der Vermittlung von Versicherungsverträgen betraut sind, in oft nicht wenigen Sonderfällen jedoch auch mehr oder weniger eingegrenzte Abschlußvollmachten bzw. im wirtschaftlichen Ergebnis gleichartige Befugnisse besitzen, kann im Einzelfall die Anwendung der §§ 43–48 VVG erschweren. Die dortigen

Vorschriften legen im Interesse der Versicherungskunden, also im Außenverhältnis zu diesen, Vollmachten fest, auf dessen Vorhandensein ein Dritter beim Vermittlungsvertreter einerseits (§ 43), beim Abschlußvertreter andererseits (§ 45) vertrauen darf. Wegen der Einschränkung dieser Regelung bei einem „Bezirksvertreter" ist auf § 46 VVG zu verweisen. Im übrigen braucht ein Dritter eine im Innenverhältnis zum Versicherungsunternehmen etwa gegebene Beschränkung dieser Vertretungsmacht (gesetzlichen Anscheinsvollmacht) nur dann gegen sich gelten lassen, wenn er die Beschränkung bei der Vornahme des Geschäfts oder der Rechtshandlung kannte oder infolge grober Fahrlässigkeit nicht kannte; auf eine abweichende Vereinbarung kann sich das Versicherungsunternehmen nicht berufen (§ 47 VVG). In § 44 VVG wird außerdem bestätigt, daß bei einem Vermittlungsvertreter dessen Kenntnis der Kenntnis des Versicherungsunternehmens, soweit diese nach den Vorschriften des VVG erheblich ist, nicht gleichsteht (vgl. zu allem unten Abschnitt E).

III. Der angestellte Versicherungsvertreter (§§ 92 I, 84 II HGB)

Im Versicherungsaußendienst sind als Versicherungsvermittler nicht nur selbständige Versicherungsvertreter tätig. Mit der Versicherungsvermittlung werden in zahlreichen Unternehmensbereichen auch und manchmal sogar überwiegend oder fast ausschließlich Angestellte speziell oder neben den ihnen (z. B. als „Organisationsleiter" oder „Außendienstinspektor") übertragenen Organisations- und/oder Betreuungsaufgaben beauftragt. Der Tarifvertrag für das private Versicherungsgewerbe bezeichnet die vornehmlich als Vermittler tätigen Angestellten als „Mitarbeiter des Werbeaußendienstes" und enthält für diesen Personenkreis in den §§ 17 ff. Sondervorschriften, soweit nicht ausnahmsweise auch auf solche Angestellte des Außendienstes die Bestimmungen in Abschnitt II des Tarifvertrages Anwendung finden. Nicht zum Werbeaußendienst zählen die mit mehr technischen Einzelaufgaben betrauten „Spezialbeamten", wie z. B. Inkassanten, Schadenregulierer und „beamtete" Spezialisten für Schadenverhütung und -bekämpfung sowie für Bestandserhaltung und zur Stornobekämpfung. Alle Angestellten im Versicherungsaußendienst sind unselbständige Glieder der Außenorganisation des Versicherungsunternehmens.

Im Außenverhältnis zum Versicherungskunden ist für diesen oft nicht erkennbar, ob der ihm gegenübertretende Versicherungsvermittler Angestellter oder selbständiger Vertreter des Versicherungsunternehmens ist. Diese Unterscheidung ist für den Kunden in der Regel jedoch auch weitgehend belanglos, da beide Vermittlerkategorien das Versicherungsunternehmen in grundsätzlich gleicher Weise vertreten und Vertragspartner der vermittelten Versicherungsverträge ausschließlich der Kunde und das Versicherungsunternehmen werden. Bei dieser Sach- und Rechtslage ist es sachlich begründet und zweckmäßig, den Begriff „Versicherungsvertreter" nicht nur den selbständigen Vertretern vorzubehalten, sondern auch von angestellten Versicherungsvertretern zu sprechen.

Nach § 84 II HGB gilt als **Angestellter**, wer ohne selbständig im Sinne des § 84 I HGB zu sein, ständig damit betraut ist, für einen Unternehmer Geschäfte zu vermitteln oder in dessen Namen abzuschließen. Für das Handelsrecht sind also Personen, die ständig mit der

Vermittlung von Geschäften betraut sind, alternativ entweder selbständige Handelsvertreter oder Angestellte; Zwischenformen werden rechtlich nicht anerkannt (unbeschadet des oben unter A. I. 1a(bb) am Ende angesprochenen Kreises sogenannter *arbeitnehmerähnlicher Handelsvertreter*).

Die Legaldefinition in § 84 II HGB mit zwingender Rechtsfolge macht gleichzeitig deutlich, daß angestellte Versicherungsvertreter dieselben Aufgaben wie selbständige Versicherungsvertreter haben und sich von diesen rechtlich nicht nach der Art der geschuldeten Dienste, sondern allein nach dem Maß an persönlicher Freiheit unterscheiden, das dem Dienstpflichtigen bei seiner Tätigkeit eingeräumt ist. Kann er seine Vermittlungstätigkeit im wesentlichen frei gestalten, ist er selbständiger Vertreter, andernfalls Angestellter.

Als Entgelt für ihre Tätigkeit wird den angestellten Versicherungsvertretern in der Regel ein Mindesteinkommen garantiert. Hierauf werden die von ihnen außerdem verdienten, erfolgsabhängigen Provisionen angerechnet. Die Provisionszahlung für die Vermittlung einzelner Versicherungsverträge auch bei Angestellten soll einen Anreiz für eine intensive Tätigkeit und entsprechende Einkommenssteigerung geben; sie ist aber auch wegen der hier fehlenden Möglichkeit, die Arbeitszeit und den Arbeitseinsatz der Angestellten punktuell zu regeln und zu überwachen, üblich und geboten.

Für die handelsrechtliche Unterscheidung zwischen selbständigen und angestellten Versicherungsvertretern ist nach der Rechtsprechung die materielle Ausgestaltung des Vertragsverhältnisses und dessen tatsächliche Durchführung maßgeblich. Die Rechtsprechung hat sich mit Abgrenzungsfragen wiederholt befassen müssen und dazu eine Fülle von Kriterien entwickelt. Es kommt hiernach letztlich auf die Umstände des Einzelfalles und das sich *„schwerpunktmäßig ergebende Gesamtbild"* an. Dabei steht die persönliche Abhängigkeit ausschlaggebend im Vordergrund, weil eine nur wirtschaftliche Abhängigkeit die Angestellteneigenschaft niemals begründen kann, diese vielmehr auch bei einem selbständigen Vertreter stets mehr oder weniger gegeben ist. Unabhängig davon sollten in Zweifelsfällen zunächst einmal die vertraglich getroffenen Vereinbarungen als Ausgangspunkt der Beurteilung dienen und möglichst richtungsweisend bleiben.

Der als Versicherungsvertreter tätige Angestellte eines Versicherungsunternehmens ist in der Regel unabhängig vom Vorliegen eines entsprechenden Anstellungsvertrages Handlungsgehilfe im Sinne der §§ 59 ff. HGB, weil er zur Leistung kaufmännischer Dienste gegen Entgelt verpflichtet ist. Das gilt wegen § 16 VAG auch für die bei größeren Versicherungsvereinen auf Gegenseitigkeit angestellten Versicherungsvertreter trotz fehlender Gewinnabsicht des Versicherungsunternehmens, wegen § 53 VAG jedoch nicht für die bei kleineren Versicherungsvereinen auf Gegenseitigkeit und wegen § 151 VAG nicht für die bei öffentlich-rechtlichen Versicherungsunternehmen angestellten Außendienstmitarbeiter, weil diese Unternehmen kein Handelsgewerbe betreiben.

Gemäß § 65 HGB sind bei einer Vergütung der angestellten Handelsvertreter durch Abschluß- oder Vermittlungsprovision auch hier die an erster Stelle für die selbständigen Versicherungsvertreter geltenden Vorschriften der §§ 87 I und III sowie der §§ 87a bis 87c HGB anzuwenden.

Bei angestellten Versicherungsvertretern sind demgemäß auch die entsprechenden Sondervorschriften in § 92 III und IV HGB zu berücksichtigen, obwohl dies im Gesetz nicht ausdrücklich gesagt wird. Außerdem wird man die provisionsrechtlichen Regelungen des Handelsvertreterrechts auch auf Provisionsansprüche solcher angestellten Versicherungsvertreter anwenden müssen, die, ohne Handlungsgehilfen im Sinne der §§ 59 ff. HGB zu sein, mit der Vermittlung von Versicherungsverträgen betraut sind.

Ein Ausgleichsanspruch nach § 89b HGB steht dem angestellten Vertreter in keinem Falle, also auch insoweit nicht zu, wie er Vergütungen in Form von Provisionen erhält.

Im übrigen gelten für den angestellten Versicherungsvertreter die Vorschriften des BGB über den Dienstvertrag (§§ 611 bis 630) sowie die einschlägigen Tarifbestimmungen bzw. Betriebsvereinbarungen. Hinzu kommt eine Reihe arbeitsrechtlicher Sondervorschriften (z. B. über Kündigungsschutz). Der angestellte Versicherungsvertreter unterliegt der Lohnsteuer und Sozialversicherungspflicht. Für Rechtsstreitigkeiten aus dem Angestelltenverhältnis ist das Arbeitsgericht zuständig.

Die Versicherungsvermittlung durch Angestellte der Versicherungsunternehmen ist insbesondere im Bereich der Personenversicherung von Bedeutung. Die Gesamtzahl der angestellten Versicherungsvertreter dürfte ca. 30 000 betragen.

IV. Der Versicherungsmakler

Während der Versicherungsvertreter von einem Versicherungsunternehmen ständig damit betraut ist, Versicherungsverträge zu vermitteln, wird der Versicherungsmakler von Fall zu Fall für den Versicherungsnehmer und/oder für ein Versicherungsunternehmen tätig. Das Handelsgesetzbuch kennt den Begriff „Versicherungsmakler" nicht; er hat sich jedoch schon seit langem für den Versicherungsverträge vermittelnden Handelsmakler eingebürgert.

Die gesetzlichen Vorschriften über Handelsmakler (§§ 93 ff. HGB) sind auf den Versicherungsmakler allerdings nicht mehr ohne weiteres oder nur noch bedingt anwendbar, weil sich im Laufe einer langen, auch durch den internationalen Geschäftsverkehr beeinflußten Entwicklung ein spezielles Versicherungsmaklerrecht vorwiegend auf der Grundlage von Handelsbräuchen und Usancen herausgebildet hat. Trotzdem ist auch beim Versicherungsmakler von der gesetzlichen Definition des Handelsmaklers auszugehen.

Hiernach ist **Versicherungsmakler** mit den Rechten und Pflichten eines Handelsmaklers nach § 93 I HGB, wer gewerbsmäßig für andere Personen, ohne von ihnen aufgrund eines Vertragsverhältnisses ständig damit betraut zu sein, die Vermittlung von Verträgen über Versicherungen übernimmt.

Voraussetzung für die Rechtstellung als Versicherungsmakler ist danach, daß der Makler seine Vermittlertätigkeit gewerbsmäßig ausübt, d. h. mit dem Willen handelt, durch fortgesetzte Tätigkeit dauernde Einnahmen zu erzielen. Beschränkt sich ein Vermittler stattdessen darauf, nur gelegentlich tätig zu werden, so ist er sogenannter *Zivilmakler,* auf den die §§ 93 ff. HGB keine Anwendung finden können; für ihn gelten ausschließlich die Vorschriften der §§ 652 bis 655 BGB. Auf den Versicherungsmakler sind diese Vorschriften des BGB allenfalls ergänzend anwendbar, soweit im HGB keine auch für Versicherungsmakler verbindlichen Regelungen getroffen sind.

Selbständige Mitarbeiter des Versicherungsmaklers, die ständig damit betraut sind, den Makler bei der Erfüllung seiner Vermittleraufgaben zu unterstützen, sind als Versicherungsvertreter anzusehen (vgl. dazu BGH-Urteil vom 4.12.1981, Der Betrieb 1982, S. 590).

Im Gegensatz zum Versicherungsvertreter, der als Vermittler ausschließlich und auf Dauer die Interessen des oder der von ihm vertretenen Unternehmen wahrzunehmen hat, ist der Versicherungsmakler – in Abweichung zum Handelsmakler – in erster Linie Interessenvertreter des Versicherungsnehmers. Dies schließt nicht aus, daß der Versicherungsmakler auch Rechtspflichten gegenüber dem Versicherer zu beachten hat.

Vertragliche Vereinbarungen zwischen einem Makler und einem Versicherungsunternehmen über eine ständige Vermittlungstätigkeit des Maklers für das Versicherungsunternehmen sind mit der Stellung und den Aufgaben eines Maklers grundsätzlich unvereinbar; hinnehmbar sind allein sogenannte *Courtageabkommen,* sofern sie sich im Kern darauf beschränken, dem Makler widerruflich bestimmte Courtagen in Aussicht zu stellen, falls er dem Versicherungsunternehmen Versicherungsverträge vermittelt, und technische Fragen der Geschäftsabwicklung zu regeln.

Wegen der längeren Laufzeit der Versicherungsverträge ist auch die sich über einen längeren Zeitraum erstreckende Betreuung der von einem Versicherungsmakler vermittelten Versicherungsverträge durch diesen üblich geworden; eine entsprechende Betreuungsaufgabe wird dem Makler regelmäßig in gleichem Umfang auch von den Versicherungsunternehmen eingeräumt, soweit und solange der Versicherungsnehmer mit seiner Betreuung durch den Makler einverstanden ist und bleibt, ohne daß allerdings eine Rechtspflicht des Versicherungsunternehmens hierzu bestünde.

Der Versicherungsmakler wird bei der Vermittlung und der Durchführung eines Versicherungsvertrages also in erster Linie für den Versicherungsnehmer, aber auch für den Versicherer tätig. Diese Einbindung in ein **Doppelrechtsverhältnis** bedingt wechselseitige Rechte und Pflichten nach beiden Seiten. Eine abschließende oder auch nur hinreichende gesetzliche Regelung der Maklerpflichten liegt nicht vor; eine besondere Rolle spielen auch insoweit das Handelsgewohnheitsrecht und ergänzende Leistungspflichten, die aus dem Grundsatz von Treu und Glauben abgeleitet werden.

Der Versicherungsmakler erhält für jeden Vermittlungserfolg einen **Maklerlohn**, meist Courtage oder auch Provision genannt, und zwar nach internationalem Gewohnheitsrecht unabhängig von der Frage, wer den Maklerauftrag erteilt hat, von dem Versicherungsunternehmen des betreffenden Versicherungsvertrages. Anders als die übrigen Handelsmakler, die ihren Maklerlohn in der Regel schon mit dem Zustandekommen des vermittelten Vertrages verdienen, gilt im Versicherungswesen der Grundsatz, daß die Courtage – ebenso wie die Provision des Vertreters – erst verdient ist, wenn der Versicherer die Prämie erhalten hat, aus denen sie sich vereinbarungsgemäß berechnet. Darüber hinaus bleibt auch für die Vergütungsansprüche des Maklers die provisionsrechtliche Grundregel verbindlich, daß der Courtageanspruch des Maklers das Schicksal der Versicherungsprämie, aus der die Courtage zahlbar ist, im Guten wie im Bösen teilt.

Im deutschen Versicherungsmarkt gewinnt die Geschäftstätigkeit der Versicherungsmakler zunehmend an Bedeutung; sie konzentriert sich nicht mehr nur auf die Bereiche der Industrieversicherung und der Transportversicherung. Neuerdings sind zahlreiche Makler, auch im Breitengeschäft tätig. Teils reagieren sie damit auf Verluste von Geschäftsmöglichkeiten bei der Versicherung von Großrisiken infolge des Vordringens der firmenverbundenen Vermittler, teils wollen sie sich gezielt neue Märkte im traditionellen Tätigkeitsbereich der Versicherungsvertreter erschließen.

Die Zahl der in der Bundesrepublik Deutschland tätigen Versicherungsmakler ist in den letzten Jahren – nicht zuletzt im Vorgriff auf den künftigen EG-Binnenmarkt – stark angestiegen; schätzungsweise sind ca. 3 000 Versicherungsmakler hier tätig. Davon haben allerdings nur ca. 15 %, also ca. 400 Maklerbetriebe, wirtschaftliches Gewicht und genügen den Anforderungen, die man herkömmlicherweise an Versicherungsmakler stellen zu dürfen glaubt. (Vgl. zu allem weitere Einzelheiten unten im Abschnitt F.).

Der Vollständigkeit halber sei abschließend auch noch der Rückversicherungsmakler eigens erwähnt, der Versicherungsunternehmen Rückversicherungsschutz verschafft. Dieser Aufgabe widmen sich in der Bundesrepublik Deutschland allerdings nur eine relativ kleine Zahl von meist auf dieses Geschäft spezialisierten Unternehmen.

V. „Industrie-" oder „firmenverbundene" Versicherungsvermittler

Versicherungsvermittlerfirmen, die von potenten Versicherungsnehmern speziell und ständig mit der Besorgung von Versicherungsschutz beauftragt sind und laufend die Versicherungsangelegenheiten ihrer Auftraggeber zu bearbeiten haben, sind vereinzelt schon seit Jahrzehnten tätig. Zu einer größeren Gründungswelle solcher Firmen kam es allerdings erst in den letzten 20 Jahren.

Diese sogenannten *industrieverbundenen, unternehmensverbundenen oder firmenverbundenen Versicherungsvermittler* sind in der Regel formal Versicherungsmakler oder „echte" Mehrfirmenvertreter. Wirtschaftlich betrachtet, sind sie im Grundtyp jedoch als eine eigenständige Vermittlergruppe anzusehen; es handelt sich hier gewissermaßen um „Versicherungsvertreter mit umgekehrter Blickrichtung", d. h. um Versicherungsvermittler, die von Versicherungsnehmern oder -gruppen mit einem größeren und spezifischen Versicherungsbedarf ständig, wenn auch keineswegs immer ausschließlich, mit der Besorgung von Versicherungsschutz und mit der Verwaltung der vermittelten Versicherungsverträge betraut sind und zu ihren Auftraggebern infolge kapitalmäßiger Beteiligungen in einem wirtschaftlichen Abhängigkeitsverhältnis stehen, ihre Vermittlertätigkeit allerdings maklerähnlich ausüben, d. h. auf dem Versicherungsmarkt die für ihre Auftraggeber jeweils günstigsten Versicherungsmöglichkeiten suchen. Dies schließt nicht aus, daß der Auftrag, als industrie- oder firmenverbundener Versicherungsvermittler tätig zu werden, nach Übernahme von Geschäftsanteilen, die einen maßgeblichen Einfluß sichern, auch einer bereits bestehenden Makler- oder Agenturfirma übertragen wird. Von industrie- bzw. firmenverbundenen Vermittlungsfirmen wird ohnehin oft eine Geschäftsausweitung durch „*Fremdgeschäfte*" angestrebt; die Versicherungsvermittlung für die Angestellten der Firmen, mit denen sie verbunden sind, wird dann für eine besonders naheliegende Art solchen „Fremdgeschäfts" gehalten.

Durch das Vordringen der firmenverbundenen Versicherungsvermittlung erhielt auch die Rechtsfrage größeres Gewicht, ob die in diesem Bereich tätigen Vermittler trotz ihrer rechtsformalen Eigenschaft als Versicherungsmakler oder „echte" Mehrfirmenvertreter nicht gegen das auf der Grundlage des § 81 Abs. 2 Satz 3 VAG bestehende Verbot der Provisionsabgabe an den Versicherungsnehmer in seiner weiten Fassung verstoßen. Eine zumindest tatsächliche Klärung hat diese Problematik durch die von der ganz überwiegenden Mehrheit der Versicherungsunternehmen im Jahre 1971 gegründete Wiesbadener Vereinigung gefunden, die nach Abstimmung und in einem gewissen Zusammenwirken mit der Versicherungsaufsichtsbehörde ein gleichzeitig geschlossenes „*Abkommen zur Durchführung rechtlich begründeter Provisionsregelungen*" praktiziert. Im Rahmen dieses Abkommens ist die Prüfung der Zulässigkeit einer geschäftlichen Verbindung der Versicherungsunternehmen mit „firmenverbundenen" Versicherungsvermittlern von zentraler Bedeutung. Grundgedanke der darüber getroffenen Regelung ist, daß firmenverbundene Versicherungsvermittler nur dann als Versicherungsvermittler mit legitimen Vergütungsansprüchen anerkannt werden können, wenn sie echte und damit auch vergütungswürdige Vermittlerleistungen erbringen, also nicht nur als reine Provisionsabschöpfstellen der maßgeblich hinter ihnen stehenden Versicherungsnehmer angesehen werden und deshalb wegen Umgehung des Provisionsabgabeverbotes als unzulässige Einrichtungen gelten müssen. In diesem Sinne haben sich die Mitgliedsunternehmen der Wiesbadener Vereinigung verpflichtet, Vermittlervergütungen unmittelbar oder mittelbar an Versicherungsvermittler, an denen Versicherungsnehmer wirtschaftlich beteiligt sind, für deren Versicherungsverträge nur zu zahlen, wenn es sich bei dem Empfänger um ein gegenüber dem Versicherungsnehmer rechtlich selbständiges Unternehmen handelt, das nach seinem gesamten Gepräge dem üblichen Erscheinungs- und Tätigkeitsbild eines Versicherungsvermittlers für das Firmengeschäft entspricht, und deshalb nicht anzunehmen ist, daß es nur zu dem Zweck gegründet worden ist, dem Versicherungsnehmer die Vermittlervergütungen ohne eine eigene Vermittlerleistung über die Gewinnausschüttung zuzuführen.

Das Vorliegen dieser Voraussetzung wird dabei nur angenommen, wenn mindestens

(a) der Versicherungsvermittler im Handelsregister eingetragen ist und zugleich

(b) seine Tätigkeit als Versicherungsvermittler aus seiner Firma zu erkennen ist und zugleich

(c) der Versicherungsvermittler seine Tätigkeit hauptberuflich und im wesentlichen mit den dafür notwendigen, überwiegend für sein Unternehmen beschäftigten Versicherungsfachkräften gewerbsmäßig ausübt.

Diese drei Kriterien haben allerdings nur beispielhafte Bedeutung und dürfen nicht als abschließende Aufzählung der bei der Prüfung der firmenverbundenen Versicherungsvermittler beachtlichen Gesichtspunkte angesehen werden.

Liegen die erforderlichen Voraussetzungen nicht vor, müssen die Versicherungsunternehmen bestehende Vermittlungsverträge zum nächsten zulässigen Termin kündigen bzw. dürfen keine neuen Vermittlungsverträge abschließen.

Entsprechende Stellungnahmen werden von den zuständigen Prüfungsausschüssen der Wiesbadener Vereinigung getroffen und dem Bundesaufsichtsamt für das Versicherungswesen (BAV) zur Kenntnis gebracht.

Der Kreis der anerkannten firmenverbundenen Versicherungsvermittler ist auf diesem Wege gewollt auf jene qualifizierten Firmen beschränkt worden, die eine Gewähr dafür bieten, daß den ihnen gezahlten Vermittlervergütungen auch entsprechende vergütungswürdige Vermittlerleistungen gegenüberstehen, so daß kein Anlaß mehr besteht, eine Verletzung des Provisionsabgabeverbotes geltend zu machen. Die Gesamtzahl der in diesem Sinne legitimierten firmenverbundenen Versicherungsvermittler beträgt gegenwärtig über 200.

Im übrigen wird die Sonderstellung der firmenverbundenen Versicherungsvermittler auch aus der Tatsache deutlich, daß sie sich zur Wahrung ihrer speziellen Belange eine eigene Verbandsorganisation geschaffen haben.

Die im Ergebnis befriedigende Klärung der hinsichtlich der Tätigkeit der firmenverbundenen Versicherungsvermittler ehedem diskutierten Zweifelsfragen durch die Gründung der Wiesbadener Vereinigung und den Abschluß ihres Abkommens und die auf diesem Wege erreichte Anerkennung dieser Vermittlergruppe als echte Versicherungsvermittler in einer besonderen Position und mit einer besonderen Aufgabenstellung dürfte mit dazu beigetragen haben, daß in der Bundesrepublik Deutschland das Auftreten sogenannter

Captive-Brokers im Unterschied zu einigen anderen Staaten bisher nur ganz vereinzelt schließlich sogar zur Gründung von Versicherungsunternehmen (sogenannten *Captive Insurance Companies*) durch potente Versicherungsnehmerfirmen geführt hat.

B. Zur Rechtsstellung des selbständigen Versicherungsvertreters

I. Rechtsnatur, Abschluß und Inhalt des Versicherungsvertretervertrages

1. Rechtsnatur

Der Versicherungsvertretervertrag wird zwischen dem Versicherungsunternehmen und dem Versicherungsvertreter oder zwischen einem Generalagenten und „echten" Untervertreter geschlossen und begründet für jede der vertragsschließenden Parteien Rechte und Pflichten. Insoweit handelt es sich um einen zweiseitig verpflichtenden Vertrag, jedoch nicht auch um einen gegenseitigen Vertrag im Sinne der §§ 320 ff. BGB, da Leistung und Gegenleistung nicht in wechselseitiger Abhängigkeit voneinander stehen. Denn der Versicherungsvertreter erhält seine Provision nicht für die ihm vertraglich auferlegten Vermittlerbemühungen, sondern für die Vermittlungserfolge, die er als solche nicht unmittelbar schuldet. Auch die dem Vertreter für etwaige zusätzliche Aufgaben verwaltender oder betreuender Art zahlbaren Provisionen sind meistens, wenn auch nicht immer ohne weiteres erkennbar, grundsätzlich erfolgsbezogen. Während der Vertreter also eine für den Dienstvertrag typische Dienstleistung erbringt, wird ihm im allgemeinen wie im Werkvertragsrecht nur der herbeigeführte Erfolg vergütet.

Für das Vertretungsverhältnis sind demnach Merkmale sowohl des Dienst- als auch des Werkvertrages kennzeichnend. Wenn der Tätigkeitserfolg auch regelmäßig Voraussetzung für den Provisionsanspruch ist, so bleibt doch Inhalt der vertraglich übernommenen Verpflichtung zunächst einmal die auf Herbeiführung des Erfolges gerichtete Dienstleistung. Dementsprechend qualifiziert die herrschende Meinung den Versicherungsvertretervertrag als einen Dienstvertrag über eine Geschäftsbesorgung (§§ 611, 675 BGB); für ihn wesentlich ist, daß eine Leistung wirtschaftlicher Art für einen anderen und in dessen Interesse vereinbart wird. Dem steht nicht entgegen, daß der Versicherungsvertreter seine Tätigkeit im wesentlichen frei gestalten und seine Arbeitszeit bestimmen kann.

2. Persönliche Voraussetzungen

Versicherungsvertreterverträge können von natürlichen Personen, von juristischen Personen und von im eigenen Namen handelnden Personengemeinschaften abgeschlossen werden. Im Hinblick auf die nach dienstvertraglichen Grundsätzen (§ 613 BGB) im Zweifel persönlich geschuldete und nicht übertragbare Dienstleistung des Vertreters wird allerdings nur ein Vertragsabschluß mit natürlichen Personen dem Wesen des Vertretungsverhältnisses voll gerecht und muß als richtungsweisender Normalfall gelten (siehe schon oben unter A. I).

Auch Minderjährige können unter folgenden formalen Voraussetzungen Vertreterverträge abschließen: Ermächtigt der gesetzliche Vertreter den Minderjährigen zum Abschluß eines Handelsvertretervertrages, ist der Minderjährige an sich für solche Rechtsgeschäfte unbeschränkt geschäftsfähig, die den Abschluß und die Aufhebung des Vertretervertrages und die Erfüllung der sich aus dem Vertretervertrag ergebenden Verpflichtungen betreffen (§ 113 BGB); für diese Ermächtigung bedarf der gesetzliche Vertreter noch nicht der Genehmigung des Vormundschaftsgerichts (§§ 1643 Abs. 1 in Verbindung mit § 1822 Nr. 7 BGB). Da der Minderjährige regelmäßig über den sich aus § 113 BGB ergebenden Rahmen hinaus auch zum selbständigen Betrieb eines Erwerbsgeschäfts ermächtigt werden muß, reicht die vom gesetzlichen Vertreter allein erteilte Ermächtigung im Ergebnis allerdings trotzdem meist nicht aus, muß vielmehr nach § 112 BGB durch die vormundschaftsgerichtliche Genehmigung ergänzt werden. Normalerweise wird ein Minderjähriger den persönlichen und fachlichen Anforderungen, die bei der Aufnahme einer Vertretertätigkeit gestellt werden müssen, kaum schon hinreichend gerecht werden; der Abschluß von Vertreterverträgen mit Minderjährigen ist deshalb in der Praxis mit Recht auch nicht üblich und wird im Zweifel Bedenken begegnen.

Mit bestimmten Personen, bei denen wegen ihrer beruflichen Stellung der Übernahme einer Versicherungsvermittlertätigkeit ein rechtliches Hindernis entgegensteht (z. B. Rechtsanwälte, Notare, Wirtschaftsprüfer, Steuerberater und -bevollmächtigte, vereidigte Buchprüfer), dürfen keine Vertretungsverträge abgeschlossen werden. Ein gleiches Verbot gilt auf aufsichtsrechtlicher Grundlage gegenüber den Vorständen der Versicherungsunternehmen, um Interessenkollisionen zu vermeiden. Außerdem ist es aus wettbewerbsrechtlichen Gründen unzulässig, mit Versicherungsmaklern oder mit juristischen Personen oder Personenvereinigungen, an denen Versicherungsmakler unmittelbar oder mittelbar beteiligt oder in denen Versicherungsmakler tätig sind, Vertreterverträge abzuschließen (vgl. zu allem die *„Wettbewerbsrichtlinien der Versicherungswirtschaft"* Ziffern 10–12).

Der Abschluß von Vertreterverträgen mit Ausländern ist zulässig; aufsichtsrechtlich wird allerdings verlangt zu prüfen, ob dem von Fall zu Fall nicht besondere Gründe, z. B. mangelhafte Sprachkenntnisse oder unzureichende Kenntnisse der deutschen Rechtsverhältnisse oder des deutschen Versicherungswesens, entgegenstehen.

3. Vertragsgestaltung

Die inhaltliche Gestaltung des Vertretervertrages im einzelnen steht den Parteien grundsätzlich frei, soweit dabei keine zwingenden Rechtsvorschriften, insbesondere in den §§ 84 ff. HGB, unbeachtet bleiben; selbstverständlich dürfen die getroffenen Vereinbarungen auch nicht gegen die guten Sitten verstoßen (§ 138 BGB). Außerdem sind die Anforderungen des Gesetzes zur Regelung des Rechts der Allgemeinen Geschäftsbedingungen (AGB-Gesetz) vom 9.12.1976 (BGBl I S. 3317) zu beachten, falls die Vertragsbedingungen zwischen den Vertragsparteien nicht im einzelnen ausgehandelt werden

(§ 1); soweit Vertreterverträge hiernach als „*Allgemeine Geschäftsbedingungen*" im Sinne des AGB-Gesetzes anzusehen sind, jedoch mit Kaufleuten — und seien es nur Minderkaufleute — abgeschlossen werden, unterliegen sie gemäß § 24 einer Inhaltskontrolle allerdings nur nach der Generalklausel in § 9 des AGB-Gesetzes.

Einen „Gleichbehandlungsgrundsatz" gibt es im Handelsvertreterrecht nicht. Deshalb ist ein Versicherungsunternehmen auch nicht gehindert, mit seinen Versicherungsvertretern inhaltlich abweichende Verträge zu schließen und unterschiedliche Vertragsbedingungen zu vereinbaren, ohne daß andere Vertragspartner hieraus Rechte ableiten könnten (vgl. BGH-Urteil vom 28.1.1971, VersR 1971, S. 462).

Unbeschadet des Grundsatzes der Vertragsfreiheit muß ein Vertretervertrag allerdings in jedem Falle die wesentlichen Merkmale eines solchen aufweisen, also z. B. die Verpflichtung des Vertreters zur ständigen Vermittlung von Versicherungsverträgen unter Wahrung der Interessen des vertretenen Versicherungsunternehmens enthalten.

Kein Vertretungsverhältnis liegt vor, wenn es im Belieben des Beauftragten steht, tätig zu werden oder nicht. Es genügt auch nicht, daß die Vertragsparteien nur tatsächlich längere Zeit Geschäftsbeziehungen miteinander unterhalten (BGH-Urteil vom 18.11.1971, NJW 1972, S. 251).

Über wesentliche und übliche Regelungen in Verträgen unterrichten die „*Hauptpunkte eines Vertrages für hauptberufliche Versicherungsvertreter*", die von den Verbänden der Versicherungsunternehmen und der selbständigen Versicherungsvertreter nach Inkrafttreten des neuen Handelsvertreterrechts gemeinsam erarbeitet und 1955 veröffentlicht worden sind (Textabdruck in VW 1955, S. 214 ff.).

In Ergänzung der vertraglichen Vereinbarungen gelten im Zweifel die gesetzlichen Vorschriften des Handelsvertreterrechts. Soweit es dort an entsprechenden Regelungen fehlt, ist subsidiär auf die allgemeinen und schuldrechtlichen Vorschriften des bürgerlichen Rechts, insbesondere auf das Dienstvertragsrecht des BGB (§§ 611 ff.) und die in § 675 BGB zitierten Vorschriften des Auftragsrechts zurückzugreifen; wegen der Selbständigkeit des Versicherungsvertreters sind allerdings alle eine persönliche Abhängigkeit voraussetzenden Vorschriften des Dienstvertragsrechts, z. B. §§ 613a, 614, 617, 629 BGB, aber auch § 630 BGB, unanwendbar. Außerdem können Handelsbräuche des Versicherungsgewerbes den Vertragsinhalt beeinflussen (§ 346 HGB).

Beim Vertretungsvertrag ist für die Rechtsbeziehungen der Vertragsparteien das wechselseitige Vertrauensverhältnis der Partner von besonderer Wichtigkeit. Die Maßgeblichkeit des Grundsatzes von Treu und Glauben (§ 242 BGB) bleibt für den Vertretungsvertrag schon deshalb unverzichtbar, weil die Parteien eine auf Dauer gerichtete Bindung eingehen und der Vertreter mit seiner Aufgabe ständig „betraut" (§ 84 I HGB) ist. Auf Dauer gedeihlich zusammenarbeiten können sie aber nur, wenn sie sich vertrauensvoll begegnen und wenn sie einander laufend über alle Umstände unterrichten, die für ihre geschäftlichen Willensentscheidungen erheblich sind. Nach Treu und Glauben treffen die Parteien schon bei den Verhandlungen über den Abschluß des Vertretungsvertrages besondere Pflichten, deren schuldhafte Verletzung nach den Regeln der culpa in contrahendo ersatzpflichtig macht. Mit zunehmender Vertragsdauer gewinnen die Bindungen der Partner verstärktes Gewicht und verpflichten zu erhöhter Rücksichtnahme (vgl. Grundsatz-Urteil des BGH vom 12.12.1957, VersR 1958, S. 43).

4. Beurkundung

Nach der zwingenden Vorschrift in § 85 HGB kann jeder Vertragsteil verlangen, daß der Inhalt des Vertrages sowie spätere Vereinbarungen zu dem Vertrag in eine vom anderen Teil zu unterzeichnende Urkunde aufgenommen werden. Dieser Rechtsanspruch kann eingeklagt und vollstreckt (§ 888 ZPO) werden. Die Ablehnung der Beurkundung kann ein Grund zur fristlosen Kündigung sein, wenn dadurch das Vertrauensverhältnis der Parteien schwerwiegend gestört und die Fortsetzung des Vertragsverhältnisses unzumutbar wird.

Ausgehend von dem Gedanken, daß ein Dauerschuldverhältnis sich nach dem Willen der Parteien auf einen längeren Zeitraum erstreckt, erscheint es regelmäßig schon aus Gründen der Rechtssicherheit geboten, die getroffenen Vereinbarungen dementsprechend möglichst umfassend und abschließend schriftlich niederzulegen.

Die gesetzliche Bestimmung will in erster Linie die Beweisbarkeit des Vertragsinhalts gewährleisten. Nachträgliche mündliche Änderungen des Vertragsinhalts sind mangels anderslautender Abreden allerdings auch dann, wenn sie nicht in die Urkunde aufgenommen worden sind, voll wirksam. Die Vorschrift des § 85 HGB wirkt sich dann nur dahin aus, daß derjenige, der eine nachträgliche Änderung behauptet, diese auch beweisen muß.

Ein Vertretervertrag kann andererseits auch stillschweigend dadurch zustande kommen, daß ein Unternehmer die Dienste eines Vertreters, mit dem er ursprünglich nicht in Vertragsbeziehungen gestanden hat, annimmt und dabei durch sein Verhalten zu erkennen gibt, er werde dies auch künftig bei einer unbestimmten Zahl von Geschäften ständig tun, und der Vertreter seinerseits zu erkennen gibt, daß er mit seiner Tätigkeit eine ihm obliegende Verpflichtung übernimmt (vgl. BGH-Urteil vom 21.12.1973, NJW 1974, S. 852).

5. Teilnichtigkeit, Anfechtung

Entgegen der Vermutung des § 139 BGB bewirkt die Nichtigkeit einzelner Bestimmungen des Vertretervertrages nicht die Nichtigkeit des ganzen Vertrages, weil sonst der Schutzzweck der zwingenden Vorschriften des Handelsvertreterrechts vereitelt würde (vgl. BGH-Urteil vom 25.11.1963, VersR 1964, S. 61). Etwas anderes kann nur ausnahmsweise dann gelten, wenn angenommen werden muß, daß der Vertrag ohne die nichtige Einzelbestimmung nicht abgeschlossen worden wäre.

Nach den allgemeinen Grundsätzen des bürgerlichen Rechts kann auch der Vertretervertrag im Wege der Anfechtung (§§ 119 ff. BGB) aufgelöst werden. Die Voraussetzungen dafür liegen z. B. dann vor, wenn ein Versicherungsvertreter bei Vertragsabschluß trotz Befragung wahrheitswidrig und ohne Rechtfertigungsgrund verneint hatte, daß er wegen Unterschlagung vorbestraft ist; gegebenenfalls kann eine Anfechtung sogar wegen arglistiger Täuschung im Sinne des § 123 BGB erfolgen. Aber auch dann, wenn keine diesbezügliche Frage an den Versicherungsvertreter gerichtet wurde, ist der Vertrag nach § 119 BGB anfechtbar, falls ein Irrtum über eine wesentliche Eigenschaft vorliegt und das

Versicherungsunternehmen bei Kenntnis der Sachlage und verständiger Würdigung der gegebenen Umstände den Vertretervertrag nicht abgeschlossen hätte; die Haftung des Versicherungsvertreters bleibt in diesem Falle auf den sogenannten *Vertrauensschaden* (negatives Interesse) beschränkt (§ 122 BGB).

II. Der Versicherungsvertreter als Gewerbetreibender und Unternehmer

Nach § 84 I Satz 1 HGB kann Handels- und damit auch Versicherungsvertreter (§ 92 I HGB) nur ein selbständiger Gewerbetreibender sein. Die in der Praxis recht vielgestaltigen Vereinbarungen können die Grenzziehung zwischen dem selbständigen Versicherungsvertreter und dem angestellten Versicherungsvertreter zuweilen allerdings sehr erschweren.

Die **Selbständigkeit** im Sinne des Handelsvertreterrechts wird in § 84 I Satz 2 HGB als die Möglichkeit beschrieben, im wesentlichen frei seine Tätigkeit zu gestalten und seine Arbeitszeit zu bestimmen. Damit gibt das Gesetz einen wichtigen Leitgedanken für die Prüfung der Frage, welchem Rechtskreis der Versicherungsvertreter im Einzelfalle zuzurechnen ist, und macht zugleich deutlich, daß das entscheidende Merkmal der Selbständigkeit die persönliche Freiheit ist. Der angestellte Versicherungsvertreter ist demgegenüber ein unselbständiges Glied der Außenorganisation des Unternehmens; für sein Vertragsverhältnis ist persönliche Abhängigkeit kennzeichnend. Die persönliche Freiheit zeigt sich vorrangig in den schon im Gesetz genannten Kriterien; diese sind jedoch nicht die einzigen, die bei der rechtlichen Würdigung zu berücksichtigen sind. Es gibt weitere Merkmale, die für oder gegen die Selbständigkeit des Handelsvertreters sprechen können und nicht unberücksichtigt bleiben dürfen. Die herrschende Meinung in der Literatur und die Rechtsprechung stellen deshalb auf das Gesamtbild des Einzelfalles aufgrund der vertraglichen Ausgestaltung und der tatsächlichen Handhabung ab und entscheiden nach den sich schwerpunktmäßig oder überwiegend ergebenden Merkmalen (vgl. BGH-Urteile vom 20.1.1964, VersR 1964, S. 331, vom 29.10.1976, VW 1978, S. 503 und vom 4.12.1981, Der Betrieb 1982, S. 590 sowie BSG-Urteil vom 29.1.1981, BB1981, S. 2074).

Von den einzelnen **Abgrenzungskriterien**, mit denen sich die Rechtsprechung beschäftigt hat, seien beispielshalber einige besonders angesprochen:

So gilt die erfolgsbezogene Vergütung durch Provisionen als für selbständige Versicherungsvertreter besonders kennzeichnend, da sie deren unternehmerische Position verdeutlicht. Daran ändert auch die Tatsache nichts, daß angestellte Versicherungsvertreter regelmäßig ebenfalls wenigstens teilweise durch Provisionszahlungen entlohnt werden; in ihrem Fall soll die erfolgsabhängige Vergütung einerseits einen zusätzlichen Leistungsanreiz schaffen, andererseits die fehlende Möglichkeit des Versicherungsunternehmens kompensieren, seinerseits die vornehmlich durch die Kundenwünsche bestimmte Arbeitszeit vorzuschreiben und die Intensität der Arbeitsleistungen zu überwachen. Eine Zahlung von festen Zuschüssen und Kostenerstattungen an selbständige Vertreter erscheinen mit deren Selbständigkeit vereinbar, falls sie nur bedingt gewährt werden und zeitlich begrenzt bleiben und beispielsweise nur der Überwindung von Schwierigkeiten in der Anlaufphase der Vertretertätigkeit oder bei späteren gewichtigen Änderungen der wirtschaftlichen Verhältnisse des Agenturbetriebes dienen. Andere Selbständigkeitsmerkmale sind z. B. keine vorgeschriebene Arbeitszeit, freie Entscheidung über die Besuchs- und Reisetätigkeit, Einstellung von Angestellten in eigener Verantwortung.

Demgegenüber sprechen gegen die Selbständigkeit etwa die dauernde Garantie eines Mindesteinkommens, die Abführung von Sozialversicherungsbeiträgen und von Lohnsteuer, oder die ständige Übernahme sämtlicher Reise- und Bürokosten durch das Versicherungsunternehmen, eine Pflicht des Vertreters zur laufenden detaillierten Berichterstattung über Ort und Zeit seiner Tätigkeit, das Zugeständnis bezahlten Urlaubs oder einer Entschädigung in krankheitsbedingten Ausfallzeiten oder gar die Maßgeblichkeit der Arbeitszeitordnung des vertretenen Unternehmens.

Weder für noch gegen die Selbständigkeit des Vertreters sprechen beispielsweise das Bestehen eines Konkurrenzverbotes, das Vorliegen oder Fehlen einer Inkassotätigkeit oder die Verpflichtung zur Duldung von Revisionen, soweit sich diese nur auf die Prämienabrechnung und sonstige Geschäftsvorfälle aus dem Betrieb des Versicherungsgeschäfts namens, im Auftrag und für Rechnung des vertretenen Unternehmens beziehen.

Zusammenfassend läßt sich sagen, daß für die Annahme der rechtlichen Selbständigkeit des Vertreters mit eigenem Unternehmerwagnis keine abschließende Zahl allgemeingültiger Kriterien genannt werden kann, die Entscheidung über das Vorliegen der maßgeblichen persönlichen (nicht wirtschaftlichen) Unabhängigkeit vielmehr von Fall zu Fall unter Würdigung aller Umstände des Einzelfalles zu treffen ist.

Als Gewerbetreibender trägt der selbständige Versicherungsvertreter ein eigenes Unternehmerrisiko, ist Kaufmann und führt eine Firma. Aus der Unternehmereigenschaft sind ebenfalls wesentliche, für eine vorliegende Selbständigkeit sprechende Gesichtspunkte ableitbar.

Auch ein Vertreter mit Unternehmerrisiko hat allerdings schon aufgrund seiner berufsspezifischen Aufgabe geschäftlich gebotene Weisungen des vertretenen Unternehmens zu beachten, ohne daß dadurch eine persönliche Abhängigkeit begründet würde. Doch ist bei ihm die Weisungsfolgepflicht insofern nicht so stark wie bei einem angestellten Vertreter ausgeprägt, als sie beispielsweise für Weisungen über die Ausgestaltung der Tätigkeit im einzelnen, d. h. die Art und Weise ihrer Durchführung und die Einteilung der Arbeitszeit, nicht gilt.

III. Kaufmannseigenschaft des Versicherungsvertreters

Der selbständige Versicherungsvertreter ist wie jeder Handelsvertreter gemäß § 1 II Nr. 7 HGB Kaufmann kraft seines Gewerbebetriebes.

Selbständige Versicherungsvertreter im Hauptberuf werden regelmäßig auch Vollkaufleute sein. **Vollkaufmann** ist ein Versicherungsvertreter dann, wenn sein Gewerbebetrieb kumulativ sowohl nach seiner Art als auch nach seinem Umfang einen in kaufmännischer Weise eingerichteten Gewerbebetrieb erfordert. Als Vollkaufmann ist der Versicherungsvertreter nach § 29 HGB verpflichtet, seine Firma und den Ort seiner Handelsniederlassung zur Eintragung in das Handelsregister anzumelden. Im Hinblick auf die Vollkaufmannseigenschaft kommt allerdings der Handelsregistereintragung keine konstitutive Wirkung zu, weil der Handelsvertreter Kaufmann kraft Gewerbebetriebs ist.

Erfordert der Gewerbebetrieb des Versicherungsvertreters nach seiner Art oder nach seinem Umfang keinen in kaufmännischer Weise eingerichteten Geschäftsbetrieb, was bei hauptberuflichen Vertretern ein relativ seltener Ausnahmefall sein wird, ist der Versicherungsvertreter gemäß § 4 HGB **Minderkaufmann**. Auf ihn finden die Vorschriften des Handelsgesetzbuches über die Firmen, die Handelsbücher und die Prokura keine Anwendung. Seine Eintragung ins Handelsregister ist ausgeschlossen. Auch gelten die allgemeinen Vorschriften über Handelsgeschäfte in den §§ 348–350 HGB für ihn nicht (§ 351 HGB).

Juristische Personen (z. B. GmbH) sind in jedem Fall schon wegen ihrer Rechtsform Vollkaufleute, sogenannte *Formkaufleute* (vgl. § 6 HGB). Im übrigen kann bei einer Vertreterfirma, die im Handelsregister eingetragen ist und so lange diese Eintragung besteht, gegenüber demjenigen, der sich hierauf beruft, nicht die fehlende Eigenschaft als Vollkaufmann geltend gemacht werden (§ 5 HGB).

Die Unterscheidung zwischen Vollkaufmann und Minderkaufmann kann auch bei Versicherungsvertretern manchmal Bedeutung gewinnen, z. B., wenn es um die Wirksamkeit eines formlos vereinbarten Schiedsvertrages oder um die Frage geht, ob eine getroffene Gerichtsstandvereinbarung zulässig ist oder nicht. Schiedsvereinbarungen können nämlich unter anderem nur dann formlos getroffen werden, wenn beide Vertragspartner Vollkaufleute sind (§ 1027 II ZPO); entsprechendes gilt für die Zulässigkeit vom Gesetz abweichender Gerichtsstandvereinbarungen (§ 38 I ZPO).

IV. Selbständigkeit des Versicherungsvertreters und Vertreteraufgabe

Die Selbständigkeit des Versicherungsvertreters ist durch politische Bestrebungen und gesetzgeberische Maßnahmen wiederholt gefährdet worden. Dies hat zu entsprechenden Abwehrreaktionen der selbständigen Versicherungsvertreter und auch der Versicherungsunternehmen geführt. In den Diskussionen um die rechte Wahrung der Selbständigkeit der Versicherungsvertreter ist es gelegentlich jedoch auch zu einer einseitigen Überbetonung dieser Selbständigkeit oder zu undifferenzierten Auslegungen der damit angesprochenen beruflichen Freiheiten gekommen.

Im Interesse einer ausgewogenen Positionsbestimmung der selbständigen Versicherungsvertreter darf nicht verkannt werden, daß neben der Selbständigkeit der Vertreter deren Vertreterstellung stets der gleichen konsequenten Beachtung bedarf. Das Spannungsfeld, das sich aus dieser Gegenüberstellung auf den ersten Blick zu ergeben scheint, verliert dabei wesentlich an Problematik, wenn zwischen den Beteiligten volles Einvernehmen darüber erhalten bleibt, daß die Selbständigkeit von Versicherungsvertretern, die mit ihren Unternehmen nicht zuletzt in dem weitverbreiteten Fall einer zusätzlichen Übernahme von Verwaltungs- und Betreuungsaufgaben viel enger und dauerhafter als die meisten

Handelsvertreter in anderen Wirtschaftszweigen verbunden sind, grundsätzlich nur im Innenverhältnis Vertreter/Versicherungsunternehmen voll zur Wirkung kommen kann und den Vertretern auch nur dort viele Möglichkeiten einer eigenverantwortlichen Gestaltung der Art und Weise der Durchführung ihrer Aufgaben eröffnet.

Im Außenverhältnis Versicherungsunternehmen/Versicherungsnehmer muß demgegenüber der Vertreterstellung des Vertreters stets die vorrangige Bedeutung beigemessen werden. Damit wird die selbständige Betätigung des Vertreters im Rahmen der von ihm geschaffenen und unterhaltenen Kundenbeziehungen keineswegs ungebührlich in Frage gestellt; sie erhält jedoch durch die Tatsache der gesetzlich und vertraglich begriffsnotwendig unabdingbaren Vertreterpflicht, das vertretene Unternehmen ständig interessewahrend zu vertreten, eine berufsspezifische Qualität, von der die voll in die gesamte Außenorganisation des vertretenen Unternehmens integrierte Arbeit der selbständigen Vertreter zwangsläufig sehr weitgehend geprägt wird. Daran kann auch die Möglichkeit individueller Vereinbarungen zwischen den Vertragspartnern nichts ändern, da der vertraglichen Gestaltungsfreiheit zwangsläufig dort eine Grenze gesetzt ist, wo wesentliche, dem Begriff des selbständigen Versicherungsvertreters unveränderlich innewohnende und deshalb auch nicht zur Disposition der Parteien stehende Vertreterfunktionen und -verpflichtungen berührt werden.

Daraus ergibt sich etwa die unverzichtbare Folge, daß auch der selbständige Versicherungsvertreter, der bei der Vermittlung und Verwaltung von Versicherungsverträgen das Geschäft des vertretenen Versicherungsunternehmens betreibt, dessen geschäftlichen Weisungen selbstverständlich nachzukommen hat, zumal er weder Mitunternehmer des Versicherungsunternehmens unter Übernahme unternehmerischer Versicherungsrisiken ist noch an den Gewinn- oder Verlustchancen des Versicherungsunternehmens teilhat. Umgekehrt kann z. B. die Verantwortung des vertretenen Unternehmens für das Wettbewerbsverhalten des selbständigen Vertreters nicht etwa unter Hinweis auf vorliegende Selbständigkeit verneint werden. Die Beachtung der berufseigentümlichen Doppelpoligkeit des Begriffs „**selbständiger** Versicherungsvertreter" und auf die bei jeder Prüfung von Stellung und Aufgaben dieser Vertreter notwendige Unterscheidung, ob es konkret um das Innenverhältnis zwischen dem vertretenen Versicherungsunternehmen oder aber um das Außenverhältnis zum Versicherungsnehmer geht, ist deshalb bei der Behandlung vertreterrechtlicher Fragen stets geboten.

Der selbständige Versicherungsvertreter und das vertretenen Versicherungsunternehmen haben wirtschaftlich die gleichen Kunden. Davon bleibt unberührt, daß vertragliche Beziehungen ausschließlich zwischen den Kunden und dem vertretenen Versicherungsunternehmen bestehen und der Versicherungsvertreter dem Kunden als Repräsentant des Versicherungsunternehmens gegenübertritt.

Die Selbständigkeit des Versicherungsvertreters kommt deshalb vor allem dort zur Entfaltung, wo er gegenüber dem vertretenen Versicherungsunternehmen in der Entscheidung frei bleibt, in welcher Art und Weise er im Rahmen und als Glied der Außenorganisation des Unternehmens die übernommenen Aufgaben im einzelnen durchführen und wie er seinen Agenturbetrieb organisieren will.

V. Vertretertätigkeit und Versicherungsaufsicht — Keine gesetzliche Berufsregelung

Selbständige Versicherungsvertreter unterliegen, da sie selbst keine Versicherungsgeschäfte im Sinne einer Risikoübernahme betreiben und außerdem auch keine Rechte an dem von ihnen betreuten Bestand an Versicherungsverträgen besitzen (siehe dazu Näheres unten in Abschnitt D), weder einer versicherungsaufsichtsrechtlichen Zulassungspflicht noch unmittelbar der laufenden Versicherungsaufsicht. Im Ergebnis gilt das gleiche für die Versicherungsmakler.

Demgegenüber werden die angestellten Versicherungsvertreter als unselbständige Glieder des Versicherungsunternehmens zusammen mit diesen beaufsichtigt.

Die Versicherungsaufsichtsbehörde kann in einigen Fällen allerdings ausnahmsweise auch unmittelbar gegen die selbständigen Versicherungsvermittler vorgehen. Nach § 81 Abs. 2 Satz 3 VAG kann sie allgemein oder für einzelne Versicherungszweige neben den Versicherungsunternehmen auch den Vermittlern von Versicherungsverträgen untersagen, dem Versicherungsnehmer in irgendeiner Form Sondervergütungen zu gewähren, und hat von dieser Möglichkeit auch Gebrauch gemacht (sogenanntes *Provisionsabgabeverbot*). Nach § 83 Abs. 2 VAG sind auch die Bevollmächtigten und Agenten eines Versicherungsunternehmens sowie die Makler, die für das Unternehmen tätig sind oder waren, verpflichtet, in ihren Geschäftsräumen der Aufsichtsbehörde auf Verlangen alle Bücher, Belege und die Schriften vorzulegen, die für die Beurteilung des Geschäftsbetriebes und der Vermögenslage bedeutsam sind, sowie jede von ihnen geforderte Auskunft über den Geschäftsbetrieb und die Vermögenslage zu geben. Die Versicherungsaufsichtsbehörde kann zur Durchsetzung ihrer Rechte auch Zwangsgelder festsetzen (§ 81 Abs. 3 VAG); wegen ihres Rechts zur Einleitung von Ordnungswidrigkeitsverfahren ist auf § 145 a, § 144 a VAG zu verweisen.

Mittelbar kann die Versicherungsaufsichtsbehörde gegen Mißstände in der Versicherungsvermittlung in der Weise einschreiten, daß sie entweder andere, zum unmittelbaren Vorgehen befugte Behörden darauf aufmerksam macht (z. B. bei rechtswidriger Versicherungsvermittlung) oder wegen einschlägiger Straftaten Anzeige erstattet oder Versicherungsvermittler, deren Verhalten Anlaß zu Beanstandungen gibt, den zur Bekämpfung unzuverlässiger Vermittler eingerichteten Stellen der Verbände meldet oder den Versicherungsunternehmen allgemeine Anordnungen für ihr und ihrer Vertreter Verhalten im Wettbewerb, für die Auswahl, Einstellung und Überwachung der Vertreter, für die Ausgestaltung der Vertreterverträge und für das Geschäftsgebaren der Vertreter gibt. Die Versicherungsaufsichtsbehörde kann schließlich bei gegebener Veranlassung den Unternehmen auch aufgeben, bestimmte Versicherungsvertreter zu maßregeln oder die Geschäftsverbindung mit ihnen zu beenden. Beschwerden gegen Versicherungsvermittler kann das BAV nur unter der Voraussetzung abhelfen, daß das Verhalten einem bestimmten Versicherungsunternehmen zuzurechnen ist; dies wird bei Versicherungsmaklern regelmäßig nicht für möglich gehalten.

Eine ausführliche Übersicht über entsprechende Einzelfälle aufsichtsbehördlichen Einschreitens findet sich bei *Schmidt-Frey, VAG*, 10. Auflage § 1 Rdnr. 68; die Fortgeltung früherer Stellungnahmen und Maßnahmen der Versicherungsaufsicht in diesem Bereich bedarf inzwischen wegen der veränderten Rechtslage allerdings jeweils einer kritischen Überprüfung.

Gesetzliche Vorschriften, die den Zugang zum oder die Ausübung des Versicherungsvertreterberufs regeln, bestehen in der Bundesrepublik Deutschland – anders als in anderen Ländern der Europäischen Wirtschaftsgemeinschaft (EG) – nicht. Hier gelten vielmehr die Grundsätze der Berufsfreiheit (Artikel 12 GG) und der Gewerbefreiheit (§ 1 GewO) grundsätzlich unbeschränkt. Bestrebungen, im Rahmen der EG über den Erlaß entsprechender EG-Richtlinien zu einer einheitlichen, europäischen Berufsregelung für Versicherungsvermittler zu gelangen, hatten bisher keinen Erfolg. Die EG-Richtlinie zur Niederlassungs- und Dienstleistungsfreiheit der Versicherungsvermittler vom 13.12.1976 (Amtsblatt der EG vom 31.1.1977 Nr. L 26/14) hat einige Regelungen getroffen, die für das Funktionieren des Gemeinsamen Marktes in dieser Hinsicht erforderlich sind (vgl. Näheres darüber unten unter G. I).

Die Verbände der deutschen Versicherungsunternehmen lehnen eine gesetzliche Regelung des Versicherungsvermittlerberufes als weder zweckmäßig noch erforderlich und zudem mit der deutschen Wirtschaftsverfassung kaum vereinbar ab. Gleichzeitig haben sie allerdings stets die eigene Verantwortung des Wirtschaftszweiges unterstrichen, dafür zu sorgen, daß als Versicherungsvermittler nur persönlich einwandfreie und fachlich für ihre jeweiligen Aufgaben hinreichend geschulte Personen tätig werden. Die Versicherungsaufsicht hat die Versicherungsunternehmen auch ihrerseits wiederholt in allgemeiner Form und bei gegebener Veranlassung auch gezielt in Einzelfällen auf ihre entsprechenden Verpflichtungen hingewiesen.

VI. Alleinverantwortlichkeit des Versicherungsvertreters für die Erfüllung seiner öffentlich-rechtlichen Pflichten

Der selbständige Versicherungsvertreter hat seine öffentlich-rechtlichen Pflichten in eigener Verantwortung zu erfüllen.

Zu diesen Pflichten zählen beispielsweise die Verpflichtungen aus der Gewerbeordnung. So hat der Versicherungsvertreter die Aufnahme der Versicherungsvertretertätigkeit im stehenden Gewerbe gemäß § 14 GewO der örtlich zuständigen Behörde anzuzeigen. Das gleiche gilt für eine Verlegung des Betriebes, einen Wechsel oder eine Erweiterung des Gegenstandes seines Gewerbes und für die Betriebsaufgabe. Sollte der Versicherungsvertreter sich ausnahmsweise nur im Reisegewerbe betätigen wollen, d. h. will er seine Leistungen nur außerhalb der Räume seiner gewerblichen Niederlassung oder, ohne eine solche zu haben, ohne vorherige Bestellung anbieten oder in gleicher Weise Versicherungsanträge einholen (§ 55 GewO), hat er dieses Gewerbe nach § 55c GewO anzuzeigen, soweit er es nicht schon nach § 14 GewO angemeldet hat. Einer Reisegewerbekarte bedarf ein Versicherungsvertreter gemäß § 55a I Nr. 6 GewO allerdings in keinem Falle.

Als Vollkaufmann hat der Versicherungsvertreter die öffentlich-rechtliche Pflicht, Bücher zu führen (§ 38 HGB) und seine Firma in das Handelsregister eintragen zu lassen (§ 29 HGB).

Andere öffentlich-rechtliche Verpflichtungen des selbständigen Versicherungsvertreters sind beispielsweise die Pflicht zur Entrichtung von Einkommen- und von Gewerbesteuer, aber auch alle Pflichten, die den Vertreter gegebenenfalls als Arbeitgeber von Angestellten (z. B. Abführung von deren Lohnsteuer, Sozialversicherungsbeiträgen etc.) treffen. Andererseits ist der selbständige Versicherungsvertreter seinerseits weder lohnsteuer- noch sozialversicherungspflichtig, wobei allerdings zu beachten bleibt, daß die handelsrechtliche Abgrenzung von selbständig und unselbständig mit der entsprechenden steuer- und sozialversicherungsrechtlichen Abgrenzung nicht immer voll übereinzustimmen braucht.

Eine abschließende Aufzählung des angesprochenen Pflichtenkreises ist an dieser Stelle nicht möglich. Der allgemeine Hinweis darauf soll nur verdeutlichen, daß das Versicherungsunternehmen von diesem Pflichtenkreis seinerseits nicht berührt wird; es wäre deshalb auch nicht zweckmäßig, in den Vertreterverträgen mehr als allenfalls einen allgemeinen Hinweis auf die entsprechenden, allein beim Vertreter als selbständigem Gewerbetreibenden verbleibenden Verantwortlichkeiten zu geben.

C. Die Pflichten des selbständigen Versicherungsvertreters gegenüber dem Versicherungsunternehmen

I. Die Grundpflicht zur Wahrung der Interessen des Versicherungsunternehmens

Während beim Handelsvertreter (Warenvertreter) die Pflicht zur Wahrnehmung der Interessen des Unternehmers keine selbständige Bedeutung hat, sondern nur im Zusammenhang mit der Vermittlung oder dem Abschluß von einzelnen Geschäften besteht, trifft den Versicherungsvertreter gewohnheitsrechtlich die allgemeine Grundverpflichtung, bei der Erfüllung seiner Vertreteraufgaben die geschäftlichen Interessen des Versicherungsunternehmens laufend umfassend zu wahren. Diese abweichende Rechtslage ist in der Tatsache begründet, daß der Versicherungsvertreter — ganz überwiegend als Einfirmenvertreter — neben der Versicherungsvermittlung vielfach auch an der Verwaltung abgeschlossener Versicherungsverträge in einem gewissen Umfang beteiligt bleibt und ihm auf diesem Wege außerdem Aufgaben der allgemeinen Kundenbetreuung in Versicherungsangelegenheiten zugewachsen sind. Bei einer solch vielfältigen, permanenten und intensiven Tätigkeit des Versicherungsvertreters für das Versicherungsunternehmen läßt sich seine Interessenwahrnehmungspflicht nicht mehr auf die einzelnen Geschäftsvorgänge beschränken, sie wird vielmehr für die Durchführung des gesamten Vertretungsverhältnisses richtungsweisend.

Sachliche Hauptaufgabe des Versicherungsvertreters bleibt dabei stets und unabdingbar die Vermittlung von Versicherungsverträgen. Der Schwerpunkt dieser Aufgabe kann allerdings auch in der Vorbereitung, Organisation und Steuerung der Versicherungsvermittlung durch Gewinnung und Ausbildung neuer sowie der Anleitung und Betreuung anderer Versicherungsvermittler liegen (Mittelbare Versicherungsvermittlung).

Außerdem werden dem Versicherungsvertreter vertraglich oft zusätzliche Aufgaben verwaltender Art zwecks Durchführung von Versicherungsverträgen sowie der laufenden Betreuung der Versicherungsnehmer in Versicherungsangelegenheiten übertragen, ohne daß diese Zusatzaufgaben jedoch überhaupt oder in einem bestimmten Umfang als unverzichtbare Bestandteile eines Vertretungsverhältnisses angesehen werden könnten.

Es erscheint in jedem Fall ratsam, die Regelung der Vertreterpflichten in den Vertreterverträgen so aufzubauen und auszugestalten, daß die jeweilige Bedeutung und der jeweilige Rang der vorgenannten Sachaufgaben des Versicherungsvertreters eindeutig erkennbar bleiben.

Die sonstigen Rechtspflichten des Vertreters sind teils Folgepflichten zur Gewährleistung einer zweckentsprechenden Erfüllung der Sachaufgaben, teils ergeben sie sich als Nebenpflichten aus dem spezifischen Rechtsverhältnis, das den Versicherungsvertreter mit dem Versicherungsunternehmen verbindet.

Der zwischen dem Versicherungsunternehmen und dem Versicherungsvertreter abgeschlossene Vertretungsvertrag begründet für den Vertreter unmittelbare Rechtspflichten nur gegenüber dem vertretenen Unternehmen. Der Versicherungsvertreter bleibt folglich stets Interessenwahrer des Unternehmens, steht also nicht etwa als unparteiischer Vermittler zwischen dem Unternehmen und dem Kunden und ist rechtlich schon gar nicht imstande, für den Kunden etwa gleichzeitig eine Maklerleistung zu erbringen. Davon bleibt die Tatsache unberührt, daß eine gute Kundenbetreuung durch den Versicherungsvertreter regelmäßig gerade auch im wohlverstandenen geschäftlichen Interesse des Unternehmens liegt. Im Falle widerstreitender Interessen zwischen dem Unternehmen und dem Kunden muß der Vertreter sich jedoch für das Unternehmen einsetzen. Bei einem Gegensatz zwischen seinen eigenen Interessen und denen des Versicherungsunternehmens muß er grundsätzlich den Unternehmensinteressen den Vorrang geben (vgl. BGH-Urteile vom 23.11.1973, VersR 1974, S. 192 und vom 7.7.1978, BB 1979, S. 242; VW 1978, S. 1317; OLG Koblenz vom 27.4.1973, BB 1973, S. 866; VW 1973, S. 1014).

Die folgenden Ausführungen über einzelne Vertreterpflichten gehen von einer Vertretertätigkeit im Hauptberuf aus. Bei nebenberuflichen Vertretern kann eine Beachtung an sich gleicher Pflichten aufgrund der praktischen Gegebenheiten teilweise nur in abgeschwächter Form verlangt werden.

II. Die Pflicht zur persönlichen Dienstleistung

Nach § 613 Satz 1 BGB hat der zur Dienstleistung Verpflichtete die Dienste im Zweifel persönlich zu leisten. Aus der Eigenart des Vertretervertrages ergibt sich, daß der Versicherungsvertreter, wie jeder andere Vertreter auch, die übernommenen Pflichten persönlich erfüllen muß, soweit ihm dies nach den vertragsgemäßen Gesamtumständen möglich und zumutbar ist oder nicht ausdrücklich etwas anderes vereinbart wird (vgl. dazu schon oben unter A. I und B. I. 2).

Eine Verpflichtung zu persönlicher Dienstleistung kann bei juristischen Personen allerdings offenkundig nicht bestehen. Dies bestätigt, daß der Abschluß von Vertreterverträgen mit juristischen Personen zumindest als atypisch gelten muß und dem Wesen eines Vertretungsverhältnisses nur bedingt gerecht wird.

Als Unternehmer eines selbständigen Handelsgewerbes bleibt der Versicherungsvertreter unbeschadet seiner Pflicht zur persönlichen Dienstleistung im Rahmen der vertraglichen Vereinbarungen allerdings berechtigt, Hilfspersonen zu beschäftigen, die unter seiner Aufsicht tätig sind und für deren Handeln er verantwortlich bleibt (vgl. BGH-Urteile vom 22.12.1960, VersR 1961, S. 222 und vom 29.10.1964, HVR Nr. 336). In einem solchen Falle liegt noch keine Übertragung von Vertreterpflichten auf einen Dritten vor, weil die Hilfspersonen nicht eigene Pflichten erfüllen, sondern nur den Versicherungsvertreter bei der Wahrnehmung der ihm selbst obliegenden Pflichten unterstützen.

Ob der Versicherungsvertreter als „Generalvertreter" seinerseits auch wieder selbständige Versicherungsvertreter in der Weise verpflichten kann, daß er selbst und nicht das vertretene Versicherungsunternehmen Vertragspartner wird — eine Möglichkeit, die in § 84 III HGB angesprochen ist —, bestimmt sich nach den insoweit getroffenen vertraglichen Vereinbarungen, die in keinem Vertretervertrag fehlen sollten. Gegebenenfalls haftet der Vertreter im Verhältnis zum Versicherungsunternehmen für diese Hilfspersonen nach § 278 BGB.

III. Die Hauptpflicht zur Versicherungsvermittlung

Nach § 86 I in Verbindung mit § 92 I HGB ist der Versicherungsvertreter verpflichtet, sich um die **Vermittlung oder den Abschluß von Geschäften**, d. h. von neuen Versicherungsverträgen zu bemühen. Diese Bemühungspflicht ist die Kernverpflichtung des Vertretervertrages und für ein Vertretungsverhältnis von so zentraler Bedeutung, daß sie grundsätzlich durch keine andere Vertreterleistung ersetzbar ist und für die Erfüllung jedes Vertretervertrages während der gesamten Vertragsdauer von entscheidender Wichtigkeit bleibt.

Die Vermittlungsbemühungen müssen sich auf das Zustandekommen von Versicherungsverträgen richten. Wenn das Gesetz insoweit zwischen „Abschluß" und „Vermittlung" unterscheidet, so ist damit kein unterschiedlicher Grad der Bemühungspflicht des Vertreters in dem einen oder anderen Falle angesprochen, sondern nur die Tatsache berücksichtigt, daß die Vertreter teils nur Vermittlungsvertreter sind, teils Abschlußvollmacht besitzen (siehe dazu oben unter A. I. 4). Auch Vermittlungsvertreter müssen sich jedoch uneingeschränkt darum bemühen, Versicherungsverträge abschlußreif zu machen, d. h. nach ihren jeweiligen Möglichkeiten diese Verträge so weitgehend vorzubereiten, daß das Versicherungsunternehmen nur noch den gestellten Versicherungsantrag zu prüfen und die Entscheidung über dessen Annahme oder Ablehnung zu treffen braucht. Andererseits geht auch bei einem Abschlußvertreter dem Vertragsabschluß regelmäßig eine notwendige Vermittlungstätigkeit voraus.

Der Vertreter schuldet allerdings nicht einen bestimmten Erfolg seiner Vermittlungsbemühungen. Deshalb kann ihm z. B. auch nicht vorgeschrieben werden, wieviele Versicherungsverträge aufgrund seiner Tätigkeit zustandekommen müssen. Dies schließt nicht aus, daß ihm bestimmte Ziele seiner Vermittlungstätigkeit vorgegeben werden, um ihn anzuspornen oder ihm bestimmte geschäftspolitische Absichten des Unternehmens aufzuzeigen.

Der Vertreter muß insbesondere bei seiner Vermittlungstätigkeit ständig darauf achten, die **geschäftlichen Interessen des vertretenen Versicherungsunternehmens wahrzunehmen** (§ 86 I 2. Halbsatz HGB) — wobei zu diesen Interessen regelmäßig gerade auch eine sachgerechte Bedienung berechtigter Kundenwünsche gehört, wenn über deren angemessene Berücksichtigung im Zweifelsfall auch dem Unternehmen und nicht dem Vertreter die letzte Entscheidung zusteht. Zu diesem Zweck muß der Vertreter Versicherungsmöglichkeiten aufspüren, seinen Gesprächspartnern die Notwendigkeit oder Zweckmäßigkeit einer Versicherung deutlich machen und auf diese oder andere geeignete Weise alle Gelegenheiten zur Vermittlung oder zum Abschluß von Versicherungsverträgen auszuschöpfen suchen. Er darf also keinesfalls untätig bleiben und nur abwarten, bis ein Versicherungsinteressent wegen des Abschlusses eines Versicherungsvertrages mit dem vertretenen Unternehmen an ihn herantritt. Er hat vielmehr — auch wenn er im wesentlichen seine Tätigkeit frei gestalten und die Arbeitszeit bestimmen kann — die Versicherungsvermittlung mit der jeweils gebotenen Aktivität zu betreiben, andererseits aber gleichzeitig auch immer sorgfältig zu prüfen, ob aus der Interessenlage des Versicherungsunternehmens im Einzelfall nicht ernstliche Bedenken gegen einen Vertragsabschluß bestehen (vgl. dazu auch unten unter C. V. 1).

Soweit Versicherungsvertreter Bestände von Versicherungsverträgen teilweise zu verwalten und zu betreuen haben, gehört es auch hier zu ihren Bemühungspflichten, die **Verträge** laufend daraufhin zu **überwachen**, ob der Versicherungsschutz noch den gegebenen Risikoverhältnissen entspricht und gegebenenfalls auf notwendige oder zweckmäßige Anpassungen hinzuwirken. Sie haben außerdem darauf zu achten, daß jedenfalls die dem Versicherungsunternehmen erwünschten Versicherungsverträge rechtzeitig vor ihrer Beendigung durch Zeitablauf verlängert oder erneuert werden, bzw. Kündigungsabsichten des Versicherungsnehmers in geeigneter Weise entgegenzuwirken. Gelegentlich ihrer Kundenkontakte sollen die Vertreter das Interesse des Versicherungsnehmers an weiteren Versicherungen wecken, die trotz bestehenden Bedarfs noch nicht oder die anderweitig abgeschlossen worden sind, falls ein Versichererwechsel auch für den Versicherungsnehmer vorteilhaft ist. Umgekehrt darf der Versicherungsvertreter seine Tätigkeit auch bei Verwaltung eines größeren Versicherungsbestandes zu keiner Zeit allein auf die Pflege der bereits bestehenden Versicherungsverträge und die sich auf dieser Grundlage ergebenden Versicherungsmöglichkeiten beschränken, da er hiermit seiner vornehmsten Aufgabe, für das Versicherungsunternehmen neue Versicherungsverträge unter Ausweitung des Kundenkreises zu vermitteln, nicht gerecht würde.

Obwohl selbständiger Unternehmer, bietet der Versicherungsvertreter im Außenverhältnis die Leistungen des vertretenen Versicherungsunternehmens an. Deshalb darf seine Bemühungspflicht in der Regel nicht dahin überspannt werden, als ob er für das vertretene Unternehmen auch allgemeine Werbemaßnahmen durchzuführen und die hiermit verbundenen Kosten zu übernehmen hätte. Die Aufgaben der allgemeinen Markt- und Kundenpflege obliegen im Zweifel vielmehr dem Versicherungsunternehmen selbst, zumal Art und Umfang einer derartigen Werbung meist maßgeblich durch die Geschäftspolitik des Unternehmens bestimmt wird bzw. diese Geschäftspolitik unmittelbar verwirklichen soll. Andererseits ist die individuelle Werbung, also das persönliche Bemühen um den einzelnen Kunden, die spezifische Aufgabe des Versicherungsvertreters.

In welcher Weise der Vertreter um den einzelnen Kunden wirbt, bleibt dabei, soweit keine ausdrücklichen Vereinbarungen darüber getroffen sind oder der Vertreter keine vom Unternehmen auch insoweit mit Recht erlassenen Geschäftsanweisungen zu beachten hat, seinem pflichtgemäßen Ermessen in dem durch die allgemeine Werbung des Unternehmens gezogenen Rahmen und unter Beachtung der allgemeinen Gesetze und des speziellen Wettbewerbsrechts der Versicherungswirtschaft, insbesondere auch der *„Wettbewerbsrichtlinien der Versicherungswirtschaft"*, überlassen.

Wegen der Einzelheiten des damit verbundenen Wettbewerbsrechts wird auf den Beitrag *„Wettbewerbsrecht"*[10] verwiesen. Festzuhalten bleibt allerdings auch an dieser Stelle, daß in Ziffer 4 der *„Wettbewerbsrichtlinien"* der nicht zuletzt versicherungsaufsichtsrechtlich gebotene Grundsatz nochmals ausdrücklich festgeschrieben worden ist, daß die Vorstände der Versicherungsunternehmen für die Führung des Wettbewerbs insgesamt verantwortlich sind und ihnen dabei auch die Aufsicht über die Werbung der selbständigen Vertreter, insbesondere über den Inhalt und die Gestaltung aller Werbemittel dieser Vertreter obliegt. Solche Werbemittel dürfen daher nur mit vorheriger Zustimmung des Vorstandes des vertretenen Unternehmens verwendet werden.

Der Versicherungsvertreter darf auch nicht eigenwillig, jedenfalls nicht ohne Einverständnis des Versicherungsunternehmens die eine oder andere Versicherungssparte trotz gleicher Vermittlungsmöglichkeiten einseitig bevorzugen oder vernachlässigen. Er hat seine Kräfte im Zweifel vielmehr gleichmäßig oder im Falle einer entsprechenden erklärten Geschäftspolitik des vertretenen Versicherungsunternehmens auch mit unterschiedlicher Intensität in den einzelnen Bereichen einzusetzen.

In seinen Bemühungen, Neuabschlüsse vorzubereiten oder zu tätigen oder den vorhandenen Bestand an Versicherungen zu vergrößern, kann sich der Versicherungsvertreter durch ihm angelastete laufende Verwaltungsarbeit behindert sehen; es fällt ihm dann schwer, noch größere Aktivitäten zur Werbung neuer Kunden zu entfalten. Diese negative Folge ist zu bedenken, wenn dem Versicherungsvertreter zusätzliche Verwaltungsaufgaben übertragen werden. Der zunehmende Einsatz von Datenverarbeitungsanlagen und anderen technischen Hilfsmitteln in den Versicherungsunternehmen wird künftig wahrscheinlich immer mehr zur Entlastung der Versicherungsvertreter von solchen Aufgaben beitragen und sie damit in die Lage versetzen, ihre Akquisitionstätigkeit in der gebotenen Weise zu intensivieren. Dies zeigt, daß auch der technische Wandel auf den Inhalt und das Ausmaß der Pflicht des Vertreters zu laufenden Vermittlungsbemühungen einen gewissen Einfluß ausüben kann.

Die erörterte Pflicht zu Bemühungen um die laufende Vermittlung bzw. den laufenden Abschluß neuer Versicherungsverträge obliegt grundsätzlich unbeschränkt auch dem „echten" Mehrfirmenvertreter, obwohl sie hier im Verhältnis zu den einzelnen vertretenen Unternehmen tatsächlich dadurch gemindert wird, daß der Vertreter für mehrere, untereinander konkurrierende Unternehmen arbeitet. Deshalb wird der Mehrfirmenvertreter in der Regel seiner Bemühungspflicht schon gerecht, wenn er sich für jedes vertretene Unternehmen in einem jeweils angemessenen Umfang bemüht und ihm anteilmäßig in angemessener Weise Möglichkeiten zu Vertragsabschlüssen verschafft bzw. selbst entsprechende Abschlüsse tätigt. Eine Durchsetzung dieser Pflicht kann sich für die beteiligten Unternehmen in der Praxis als mitunter recht schwierig erweisen; auch unter diesem Aspekt erscheint eine „echte" Mehrfirmenvertretung nicht unproblematisch (siehe dazu auch oben unter A. I. 1b(bb)).

Gleichrangig neben der unmittelbaren Versicherungsvermittlung steht bei einer entsprechenden Gestaltung des Vertretervertrages die organisatorische Aufgabe der personellen Erweiterung der Außenorganisation des Versicherungsunternehmens. Sie wird vielfach gerade auch selbständigen „Generalvertretern" übertragen, sofern das Unternehmen hierfür nicht Angestellte ausschließlich oder doch vorwiegend einsetzt („Organisationsleiter", „Inspektoren" etc.). Je mehr „Untervertreter" der „Generalvertreter" anwerben und nach ihrer Ausbildung erfolgreich zur unmittelbaren Versicherungsvermittlung führen kann, je mehr wird er sich gezwungen sehen, sich seinerseits teilweise mit einer nur mittelbaren Beteiligung an dieser Vermittlungstätigkeit zu begnügen. Dies führt auch zu einer entsprechenden Vergütung des "Generalvertreters" durch sog. *Superprovisionen*, d. h. er erhält für die mittelbare Beteiligung an der Versicherungsvermittlung Anteilprovisionen, die jeweils einem bestimmten Prozentsatz der Vermittlungsprovision des unmittelbaren Vermittlers („Untervertreters") entsprechend (siehe dazu auch oben unter A. I. 3a). Im übrigen muß der Vertreter bei der Anwerbung neuer Vertreter und — soweit er hierzu befugt ist — beim Abschluß von Vertreterverträgen für das Versicherungsunternehmen oder auch im eigenen Namen die gleichen Vorschriften und Grundsätze beachten, die auch für die Versicherungsunternehmen verbindlich sind (siehe die Zusammenstellung in den Ziffern 5 ff. der *„Wettbewerbslinien der Versicherungswirtschaft");* die Versicherungsunternehmen haben die „Generalvertreter" in diesem Sinne zu verpflichten.

IV. Zusätzliche Pflichten zur Verwaltung von Versicherungsverträgen und zur laufenden Kundenbetreuung

Die sachliche Aufgabe des Versicherungsvertreters kann sich nach den vertraglichen Vereinbarungen in der Vermittlung von Versicherungsverträgen bereits erschöpfen. Eine solche Beschränkung der Vertretertätigkeit ist in der Praxis allerdings nicht mehr üblich und kommt heute nur noch bei Vertretern, die speziell in bestimmten Versicherungszweigen arbeiten, oder bei Vertretern im Nebenberuf häufiger vor.

Ansonsten muß es als Regelfall gelten, daß der Versicherungsvertreter als wirtschaftliches Bindeglied zwischen dem Versicherungsnehmer und dem Versicherungsunternehmen mit der dauernden **Betreuung der Versicherungsnehmer** in Versicherungsangelegenheiten beauftragt wird, ohne daß allerdings eine Rechtspflicht des Versicherungsunternehmens zu einer entsprechenden Ausweitung und Ausgestaltung des Vertretervertrages bestünde. Eine solche Betreuung der Versicherungsnehmer durch den Versicherungsvertreter soll die bestehenden Geschäftsbeziehungen weiter vertiefen, der Pflege und Erhaltung des Versicherungsbestandes dienen und zugleich die Grundlage für einen Ausbau der bestehenden Kundenverbindungen durch eine weitere Vermittlungstätigkeit schaffen.

In diese allgemeine Verpflichtung zur Kundenbetreuung sind meist Einzelpflichten zur teilweisen Verwaltung der vom Versicherungsvertreter vermittelten oder ihm zugewiesenen Versicherungsverträge eingebettet. Die Erfüllung auch dieser Pflichten ist nicht zuletzt dazu geeignet, die Erfüllung der Hauptpflicht zur Versicherungsvermittlung zu fördern; sie führt in einem gewissen Umfang allerdings gleichzeitig zur internen Entlastung des Versicherungsunternehmens von Verwaltungsaufgaben durch deren Übertragung auf den Außendienst.

Zusätzliche Aufgaben des Versicherungsvertreters der vorgenannten Art sollten im Vertretervertrag jeweils gesondert und möglichst konkret geregelt werden. Eine Konkretisierung der Vertreterpflichten zur laufenden Kundenbetreuung und zur Bestandspflege erscheint schon deshalb geboten, um in der Praxis erfahrungsgemäß immer wieder auftretende Unklarheiten oder Meinungsverschiedenheiten darüber zu vermeiden, was vom Vertreter insoweit an einzelnen Dienstleistungen erwartet wird. Andererseits ist der Vertreter auch beim Fehlen ausdrücklicher vertraglicher Regelungen und auch ohne besondere Weisungen des Unternehmens verpflichet, die Kundschaft so oft zu besuchen, wie dies zur ordnungsgemäßen Bearbeitung des Kundenkreises unter Berücksichtigung der Branchenüblichkeit erforderlich ist. Soweit der Vertreter für das Versicherungsunternehmen auch verwaltend tätig werden, also z. B. das Prämieninkasso durchführen oder sich an der Schadenregulierung beteiligen oder diese Schadenregulierung in bestimmten Grenzen sogar eigenverantwortlich durchführen soll, ist ohnehin eine möglichst genaue Umschreibung der einzelnen Aufgaben im Vertretervertrag ratsam und in der Praxis auch durchaus üblich. Versäumt wird in dieser Hinsicht eher die gebotene Qualifizierung der Verwaltungsaufgaben als der Hauptpflicht der Versicherungsvermittlung nach- oder untergeordnete Zusatz- oder Nebenaufgaben. Außerdem erscheint es bei der Übertragung solcher Aufgaben schon mit Rücksicht auf den ständigen technischen Wandel und die dadurch erforderlich werdenden Änderungen der Gesamtorganisation des Versicherungsunternehmens – einschließlich einer neuen Aufgabenverteilung zwischen den Zentralen, Geschäftsstellen und Mitarbeitern im Außendienst – wünschenswert oder sogar notwendig, die entsprechenden Vereinbarungen flexibel zu gestalten, d. h. sie als Sonderaufgaben unter Änderungsvorbehalte oder sogar besonders kündbar zu stellen, um dem Unternehmen jederzeit eine etwa gebotene Neuorganisation der Erledigung von Verwaltungsaufgaben zu ermöglichen. (Die Zulässigkeit von Teilkündigungen des Vertretervertrages bei entsprechenden vertraglichen Vorbehalten ist durch das BGH-Urteil vom 18.2.1977, VersR 1977, S. 816, bestätigt worden; vgl. auch OLG Karlsruhe, Urteil vom 14.10.1977, Der Betrieb 1978, S. 298 und schon früher BAG-Urteil vom 8.11.1957, Der Betrieb 1958, S. 200). Auf diesem Wege wird ebenso die Zentralisierung bisheriger Vertreteraufgaben beim Versicherungsunternehmen wie die Umwandlung bisheriger unternehmensinterner Aufgaben in Vertreteraufgaben vorsorglich offengehalten und erleichtert. Daß das Versicherungsunternehmen beim Gebrauch entsprechender vertraglicher Gestaltungsrechte in diesem speziellen Sektor des Vertretungsverhältnisses nicht ohne jede Berücksichtigung berechtigter Belange seiner Vertreterschaft handeln darf, versteht sich dabei von selbst.

Während die allgemeine Vertreterpflicht zur Kundenbetreuung und Bestandserhaltung über die schon getroffene Feststellung hinaus, daß auch hier eine mehr verwaltende Vertretertätigkeit ungeachtet ihrer oft gegebenen Bedeutung als Vorbereitungshandlung für die Versicherungsvermittlung vorliegt, sich einer allgemeingültigen rechtlichen Beschreibung weitgehend entzieht, ist es hinsichtlich der eigentlichen Verwaltungstätigkeiten, die der Versicherungsvertreter für das Versicherungsunternehmen vertraglich übernehmen kann, eher möglich, typische Vertreterpflichten durch Einzelhinweise noch etwas mehr zu verdeutlichen.

1. Allgemeine Verwaltungsaufgaben einschließlich Schadenbearbeitung

Art und Umfang der Beteiligung des Versicherungsvertreters an der Verwaltung von einzelnen Versicherungsverträgen werden von Fall zu Fall vertraglich recht unterschiedlich geregelt. Trotzdem lassen sich einige allgemeine Feststellungen dazu treffen.

Die Verwaltungstätigkeit beginnt in der Regel mit der Aushändigung des Versicherungsscheins, oft verbunden mit der gleichzeitigen Einziehung der ersten Versicherungsprämie; sie kann jedoch unter Umständen auch schon mit der Ausstellung oder Übergabe einer vorläufigen Deckungszusage oder einer Versicherungsbestätigungskarte einsetzen.

Falls der Vertreter zum Verkauf von Blockpolicen ermächtigt ist, ist seine Verantwortung schon wegen der Notwendigkeit einer sofortigen sachgemäßen Beurteilung des Risikos und einer sorgfältigen Prämienberechnung besonders groß. Die Ausfertigung der Police muß mit der nötigen Sorgfalt vorgenommen werden, damit sich im Schadenfall keine Differenzen wegen des Umfanges des Versicherungsschutzes ergeben. Die Blockpolice ist ebenso wie jeder andere Versicherungsschein Beweisurkunde (§ 3 I VVG). Überschreitet der Vertreter bei Ausstellung der Blockpolice die ihm erteilte Vollmacht, so ändert sich dadurch in der Regel nichts an der Rechtswirksamkeit des Versicherungsvertrages, da der Versicherungsnehmer das Fehlen einer ausreichenden Vollmacht im Zweifel nicht erkennen konnte und das Versicherungsunternehmen wegen des bestehenden Rechtsscheins für das Verhalten des vollmachtlosen Vertreters einzustehen hat.

Versicherungsvertreter sind regelmäßig auch zur Unterstützung des Versicherungsunternehmens bei der Schadenregulierung – von der Entgegennahme oder Aufnahme der Schadenmeldung bis hin zur Auszahlung der Versicherungsleistung – verpflichtet. Vertreter im Hauptberuf sind in der Schadenversicherung darüber hinaus in einzelnen Bereichen oft auch selbst zur Feststellung von Schäden und zur Versicherungsleistung begrenzt ermächtigt. Überschreitet der Vertreter seine entsprechende Regulierungsvollmacht, so ist das Versicherungsunternehmen aus dem Gedanken der Rechtsscheinhaftung heraus an die Schadenregulierung durch den Vertreter gebunden, es sei denn, sie wäre vorbehaltlich der Genehmigung durch das Versicherungsunternehmen erfolgt oder der Versicherungsnehmer hätte z. B. erkennen müssen, daß der Vertreter durch die eigenmächtige Regulierung eines recht hohen Schadens seine Befugnis offensichtlich überschritten hatte.

Bei der Schadenbearbeitung kann sich für den Vertreter eine **vermeintliche** Interessenkollision ergeben. Seine „Kundennähe" kann den Versicherungsvertreter dazu verleiten, dem Versicherungsnehmer über Gebühr „zu helfen". Stattdessen muß er sich stets bewußt bleiben, daß die Wahrung der Interessen des vertretenen Unternehmens für ihn stets Vorrang haben muß, auch wenn eine korrekte Schadenregulierung regelmäßig gerade im Interesse des Unternehmens liegen wird. Die letzte Entscheidung, in welcher Weise dem

Kundeninteresse zu entsprechen ist, steht jedenfalls auch bei der Schadenregulierung dem Unternehmen zu. Falls der Vertreter bei der Schadenregulierung einseitig nur das Kundeninteresse, wie er es sieht, wahren würde, müßte er mit einer Kündigung seines Vertretervertrages durch das Versicherungsunternehmen aus wichtigem Grund wegen schuldhaften Verhaltens rechnen.

Aus allem ergibt sich, daß der Vertreter bei eigener Schadenregulierung die Frage der Verpflichtung des Versicherungsunternehmens dem Grunde und auch der Höhe nach stets mit großer Sorgfalt — gegebenenfalls unter Anstellung von Ermittlungen — zu prüfen hat (z. B. durch Einsichtnahme in die Rechnungsbelege). Sofern es zu einer rechtlichen Auseinandersetzung auf Grund eines Haftpflichtschadens oder in der Sachversicherung über den Umfang des Versicherungsschutzes oder die Höhe des Anspruchs kommt, wird der Vertreter die Bearbeitung meist dem Versicherungsunternehmen überlassen müssen, falls seine Vollmacht für die Regulierung von Schäden sich ausnahmsweise nicht auch hierauf erstreckt. Das gleiche gilt, wenn Zweifel hinsichtlich des Bestehens von Versicherungsschutz auftreten.

Die Schadenregulierung, die der Vertreter aufgrund der ihm erteilten Vollmacht vornimmt, verstößt nicht gegen das Rechtsberatungsgesetz. Der Vertreter nimmt zwar mit der Regulierung fremde Rechtsangelegenheiten wahr, nämlich die des Versicherers. Dies ist aber durch Art. 1 § 5 Nr. 1 RBerG gerechtfertigt. Die Schadenregulierung durch Versicherungsvertreter im Auftrage des Versicherers ist eine Nebentätigkeit, die sich im Rahmen der eigentlichen Berufsaufgaben des Versicherungsvertreters vollzieht und deren Zwecken dient. Diese Rechtsbesorgung tritt auch nicht selbständig neben die Berufsaufgaben, noch steht sie im Vordergrund (Urteil des OLG Stuttgart vom 19.11.1984, VW 1986, S. 198).

2. Inkasso der Versicherungsprämien

Die Pflicht zum Prämieninkasso trifft den Versicherungsvertreter nur, wenn und solange ihm ein dahingehender Auftrag erteilt ist.

Im Falle der Barzahlung der Versicherungsprämien wird das Vertreterinkasso weithin als geeignetes Mittel zur laufenden Kontaktpflege mit dem Versicherungsnehmer angesehen und nicht zuletzt auch aus diesem Grund gern praktiziert. Seitdem die bargeldlose Überweisung der Versicherungsprämien vom Versicherungsnehmer vielfach vorgezogen oder vom Versicherungsunternehmen aus Gründen der Verwaltungsvereinfachung angestrebt und möglichst allgemein eingeführt wird, entfällt dieser Vorteil des Vertreterinkassos. Hiernach sprechen oft überwiegende Gründe für die Zweckmäßigkeit des Zentralinkassos durch das Versicherungsunternehmen. Das Zentralinkasso entlastet die Vertreter zudem von einem Teil ihrer Verwaltungsaufgaben und kann damit entsprechende Kräfte für eine verstärkte Versicherungsvermittlung freisetzen. Angesichts dieser Entwicklungstendenzen wird neuerdings den Vertretern die Inkassobefugnis oft nicht mehr erteilt oder ihre Mitwirkung auf das Inkasso der Erstprämie oder aber auf Sonderfälle beschränkt, in denen später Schwierigkeiten bei der Prämienzahlung auftreten und beim Versicherungsnehmer deshalb „nachgearbeitet" werden muß.

Ob eine früher dem Vertreter ohne Vorbehalt und Einschränkung erteilte Inkassobefugnis vom Versicherungsunternehmen bei allgemeiner Einführung des Zentralinkassos widerrufen werden kann, gilt als zweifelhaft. Man wird den Vertreter jedoch schon aufgrund seiner allgemeinen Interessenwahrungspflicht dem Unternehmen gegenüber für verpflichtet halten müssen, die Einführung des Zentralinkassos nicht seinerseits durch eine starre Berufung auf vermeintliche vertragliche Rechte zu behindern. Sein Verhalten darf im Ergebnis jedenfalls eine entsprechende Rationalisierung des Geschäftsablaufes nicht überhaupt verhindern. Dies gilt umso mehr, wenn das Unternehmen Übergangsmaßnahmen vorsieht, die eine allmähliche Anpassung des Agenturbetriebes an das Zentralinkasso gestatten, und wenn dem Vertreter überdies in irgendeiner Form ein wirtschaftlicher Ausgleich für den ihn treffenden Verlust des Gewinnanteils in den bisher von ihm verdienten Inkassoprovisionen geboten wird. Falls der Inkassoauftrag schon vertraglich nur unter einem entsprechenden Vorbehalt oder ausdrücklich als Zusatzauftrag auf Widerruf erteilt oder gesondert kündbar gestellt worden ist, kann das Versicherungsunternehmen das Zentralinkasso ohne rechtliche Schwierigkeiten einführen. Aber auch beim Fehlen einer derartigen Vertragsgestaltung wird der Vertreter den Entzug seiner Inkassobefugnis wegen allgemeiner Einführung des Zentralinkassos regelmäßig hinnehmen müssen. In diesem Sinne hat auch das LG Hamburg durch Urteil vom 27.3.1974, VersR 1976, S. 59, festgestellt, daß die Annahme des Inkassoauftrages kein Recht des Beauftragten begründe, das Versicherungsunternehmen an der dem Vertragsschluß zugrundegelegten und später längere Zeit geübten Methode des Einzelinkassos festzuhalten und es somit daran zu hindern, zu einer wirtschaftlicheren Form des Prämieneinzuges überzugehen. Auch gibt die Einführung des Zentralinkassos dem Versicherungsvertreter keinen begründeten Anlaß zur Kündigung des Vertretungsverhältnisses; kündigt er trotzdem aus diesem Grund, verliert er seinen Ausgleichsanspruch. Dies gilt jedenfalls dann, wenn eine Übergangsregelung getroffen worden ist (LG Düsseldorf, Urteil vom 14.4.1980, VersR 1980, S. 1143).

Der Vertreter hat auch seine Inkassotätigkeit mit der Sorgfalt eines ordentlichen Kaufmanns auszuüben. Er haftet zwar nicht für den Eingang der Prämien (falls er nicht in völlig ungewöhnlicher Weise das Delkredere gemäß § 86b HGB übernommen haben sollte – siehe dazu unten unter C. VII. 6–), übt jedoch trotzdem auch beim Prämieneinzug eine auf den Erfolg bezogene Tätigkeit aus, da er die Inkassoprovision (§ 87 IV HGB) nur verdient hat, wenn die Prämie vom Versicherungsnehmer aufgrund dieser Inkassotätigkeit gezahlt worden ist.

Verletzt der Vertreter seine Sorgfaltspflicht, kann er sich gegenüber dem Versicherungsunternehmen nach § 276 BGB schadenersatzpflichtig machen; z. B. haftet er bei schuldhafter Verzögerung des Prämieninkassos für den Zinsausfall.

Die Durchführung des Mahnverfahrens behalten sich die Versicherungsunternehmen regelmäßig vor. Falls ausnahmsweise nicht etwas anderes vereinbart sein sollte, ist der Vertreter insbesondere nicht berechtigt, im Namen des Versicherungsunternehmens das gerichtliche Mahnverfahren einzuleiten oder die Mahnung nach § 39 VVG an den Versicherungsnehmer herauszugeben.

Entsprechend der Beschränkung des gesetzlichen Umfangs der Vertretungsmacht (§ 43 VVG) hat der Vermittlungsvertreter regelmäßig auch nicht das Recht, Versicherungsbeiträge zu stunden. Den Abschlußvertreter wird man demgegenüber im Zweifel zur Stundung von Prämien für berechtigt halten müssen, da es dem Willen des Unternehmens regelmäßig entsprechen wird, dem Abschlußvertreter auch Entscheidungen dieser Art zu überlassen.

Der Vertreter mit Inkassobefugnis ist im Zweifel auch zur Annahme eines Schecks erfüllungshalber befugt. Unter der Voraussetzung, daß der Scheck gedeckt ist, bedeutet die

Annahme — auch die eines vordatierten Schecks — nach herrschender Meinung eine Stundung der Prämienforderung bis zu dem Zeitpunkt, in dem sich übersehen läßt, ob der Scheck eingelöst wird oder nicht. Da die Zahlung durch Schecks inzwischen verkehrsüblich geworden ist, müßte der Vertreter, der einen ihm übersandten Scheck nicht annehmen will, diesen dem Versicherungsnehmer unverzüglich zurückgeben, um Nachteile aus der nicht rechtzeitigen Prämienzahlung zu vermeiden.

Die Entgegennahme von Wechseln wird dem Vertreter regelmäßig mit gutem Grund untersagt. In der Annahme eines Wechsels liegt eine Stundung, denn der Wechsel wird ebenso wie der Scheck nur erfüllungshalber entgegengenommen. Bis zur Einlösung des Wechsels besteht ein Schwebezustand. Mit Rücksicht auf die nicht übersehbare finanzielle Abwicklung ist die Entgegennahme eines Wechsels in Zweifel selbst dem Abschlußvertreter nicht gestattet. Sofern der Wechsel vom Vertreter dennoch diskontiert wird, bleibt er persönlich im Obligo. Eine Gutschrift wird ihm erst erteilt, wenn der Aussteller den Wechsel einlöst. Gegebenenfalls hat der Vertreter zwar seine Vollmacht überschritten, ohne daß dem Unternehmen allerdings ein Schaden entstanden wäre.

Die Inkassobefugnis kann dem Vertreter bei ungenügender oder nachlässiger Ausführung des Inkassoauftrages trotz wiederholter Abmahnung oder wegen erheblicher persönlicher Pflichtverletzungen entzogen werden, z. B. wenn durch sein Verschulden Abrechnungsdifferenzen auftreten oder wenn er eine Unterschlagung begangen hat, sofern der Vertretervertrag in solchen Fällen nicht sogar aus wichtigem Grund kündbar ist.

V. Spezielle Interessenwahrungspflichten und Pflicht zur Befolgung von Weisungen des Versicherungsunternehmens

Diese Pflichten stehen in einem inneren Zusammenhang mit den unter C. III und C. IV behandelten Sachaufgaben des Vertreters; ihre Beachtung ist eine wesentliche Voraussetzung für eine vertragsgemäße Erfüllung des Vertretervertrages.

1. Interessenwahrung bei der Versicherungsvermittlung

Nach § 86 I 2. Halbsatz HGB hat der Vertreter die Interessen des Versicherungsunternehmens vor allem bei seinen Bemühungen um die Vermittlung und den Abschluß von Versicherungsverträgen mit der Sorgfalt eines ordentlichen Kaufmanns wahrzunehmen (siehe dazu schon oben unter C. III).

Eine besonders sorgfältige Interessenabwägung ist dann erforderlich, wenn ein Versicherungsnehmer neben der von ihm jetzt begehrten Versicherung eines offenkundig ungünstigen Risikos schon andere, günstige Risiken bei dem Versicherungsunternehmen versichert hat oder nach der Deckung des ungünstigen Risikos günstigere Versicherungsabschlüsse erwartet werden können. In einem solchen Fall kann die Interessenabwägung unter Umständen auch für die Vermittlung des Vertrages über das ungünstige Risiko sprechen. In Zweifelsfällen muß der Vertreter das Unternehmen unterrichten und ihm die Entscheidung über die weitere Sachbehandlung überlassen. Ausnahmslos ist der Versicherungsvertreter gehalten, keine Verträge mit Kunden zu vermitteln oder abzuschließen, deren Zahlungsfähigkeit fraglich ist. Er hat sich deshalb im Rahmen seiner Möglichkeiten und in geeigneter und angemessener Weise jeweils einen hinreichenden Eindruck von der

Kreditwürdigkeit des Versicherungsinteressenten zu verschaffen. Für die Richtigkeit dieser seiner Bonitätsprüfung braucht er allerdings nicht einzustehen.

Der Pflicht zur Interessenabwägung ist der Versicherungsvertreter auch dann nicht enthoben, wenn das Versicherungsunternehmen ein gesetzlicher Annahmezwang für Versicherungsanträge, wie z. B. in der Kraftfahrt-Haftpflichtversicherung, trifft. Er würde vielmehr gerade in einem solchen Falle seine Interessenwahrungspflicht gegenüber dem Versicherungsunternehmen in fundamentaler Weise verletzen, wenn er sich z. B. trotz Kenntnis der besonderen Schwere eines Risikos und vielleicht sogar entgegen einer ausdrücklichen geschäftlichen Anweisung des Versicherungsunternehmens aktiv um einen entsprechenden Versicherungsantrag bemühen und das Versicherungsunternehmen auf diese Weise wider Willen zur Übernahme des Risikos zwingen würde. Etwas anderes kann wiederum nur gelten, falls der Vertragsabschluß auch aus der Sicht des Unternehmens im Interesse der Begründung, der Pflege oder des Ausbaus einer insgesamt wünschenswerten Kundenverbindung liegen sollte.

Der Vertreter ist bei der Versicherungsvermittlung grundsätzlich an die von seinem Unternehmen kalkulierte und für das spezielle Risiko vorgesehene Prämie gebunden; ausnahmsweise kann ihm in einzelnen Bereichen der Schadenversicherung allerdings ein gewisser Spielraum zugestanden werden, damit er im Einzelfall eine marktgerechte Bedarfsprämie anbieten kann, soweit das aufsichtsbehördliche Begünstigungsverbot dem nicht entgegensteht. Bei Tarifen, die der staatlichen Genehmigung bedürfen (z. B. Kraftfahrt-Haftpflichtversicherung, Lebens- und Krankenversicherung) ist ein Abweichen von der Tarifprämie allerdings von vornherein ausgeschlossen. Im übrigen muß der Vertreter stets bemüht bleiben, den Versicherungsvertrag zu Bedingungen abzuschließen, die alle berechtigten Belange des Versicherungsunternehmens hinreichend berücksichtigen.

Die Pflicht zur Wahrung der Interessen besteht für Vertreter, die sich ausnahmsweise nicht allein der Versicherungsvermittlung zu widmen haben, über die Vermittlung des Versicherungsvertrages hinaus während der gesamten Versicherungsdauer. Sie ist von besonderer Bedeutung im Rahmen der Betreuung und Erhaltung des Versicherungsbestandes. Die Versicherungsunternehmen legen verständlicherweise großen Wert auf das ungestörte Weiterlaufen der abgeschlossenen Verträge. Diese sogenannte *Bestandsfestigkeit* ist nicht zuletzt ein Vertrauensbeweis der Versicherungsnehmer und damit für das Versicherungsunternehmen auch ein bedeutender Werbefaktor. Eine gute Bestandspflege durch die Vertreter dient dem Versicherungsunternehmen in besonders nachhaltiger Weise und vertieft die Vertrauensbasis der geschaffenen Kundenbeziehungen. Sie verlangt von den Vertretern viel Fingerspitzengefühl, Sachkunde und Umsicht. Zu den konkreten Aufgaben, die dabei zu erfüllen sind, gehören z. B. Kundenbesuche in regelmäßigen Abständen, die zur sachgemäßen Beratung über neue Versicherungsbedürfnisse, zur Ermittlung der richtigen Versicherungssummen oder zutreffenden Versicherungswerte, bei Vertragsablauf zur rechtzeitigen Verlängerung des Vertrages führen.

Einer besonderen Beurteilung bedarf die Interessenwahrungspflicht bei echten Mehrfirmenvertretern. Diese Pflicht ist grundsätzlich zwar auch bei diesen Vertretern gegeben. Doch können hier wegen des fehlenden Wettbewerbsverbotes bei der Versicherungsvermittlung nicht die gleichen strengen Maßstäbe wie bei Einfirmenvertretern gelten. Allerdings muß der Mehrfirmenvertreter die Versicherungsangebote aller vertretenen Unternehmen vorteilhaft präsentieren, ohne daß er deshalb sein Urteil über Vorzüge und Nachteile zu unterdrücken bräuchte. Bei verwaltenden Tätigkeiten für das Versicherungsunternehmen hat demgegenüber auch der echte Mehrfirmenvertreter die Belange des Versicherungsunternehmens stets uneingeschränkt und mit der gebotenen Sorgfalt zu wahren (vgl. zu allem auch schon oben unter A. I. 1b(bb) und C. III).

2. Weisungsfolgepflicht

Der Versicherungsvertreter, der unbeschadet seiner Selbständigkeit seine gesamten Vertreterleistungen für das jeweils vertretene Unternehmen erbringt und im Rahmen des Versicherungsgeschäftes dieses Unternehmens wichtige Hilfsfunktionen übernimmt, hat – gleich anderen Vertretern – schon aus diesem Grund sachliche Weisungen des Unternehmens, die im Rahmen der Durchführung des Vertretungsverhältnisses liegen, strikt zu befolgen. Diese Weisungsfolgepflicht findet erst dort ihre Grenzen, wo sie die Selbständigkeit des Vertreters in ihrem Kerngehalt beeinträchtigt, insbesondere in die Art und Weise der Durchführung des Vertreterauftrages übermäßig regulierend oder in die Führung des Agenturbetriebes ohne zwingende Notwendigkeit eingreift (vgl. BGH-Urteil vom 13.1.1966, NJW 1966, S. 882).

Soweit die entsprechende Weisungsfolgepflicht nicht ohnehin vertraglich ausdrücklich klargestellt und festgeschrieben worden ist, ergibt sie sich gesetzlich als Ausfluß der allgemeinen Vertreterpflicht, ständig für einen anderen in dessen Interesse tätig zu werden. Als Geschäftsbesorgung im Sinne des § 675 BGB unterliegt die Vertretertätigkeit bestimmten Vorschriften des Auftragsrechts, u. a. dem § 665 BGB. Dieser regelt das Recht der Beauftragten, von den Weisungen des Auftraggebers abzuweichen, setzt damit grundsätzlich eine Bindung an dessen Weisungen voraus. Dementsprechend ist der Vertreter allenfalls dann berechtigt, von den Weisungen des Versicherungsunternehmens abzuweichen, wenn er den Umständen nach annehmen darf, daß das Unternehmen bei Kenntnis der Sachlage die Abweichung billigen würde. Vor der Abweichung hat er dem Unternehmen seine Absicht mitzuteilen und muß dessen Entschließung abwarten, falls mit dem Aufschub nicht Gefahr verbunden ist.

Daß der Vertreter an Weisungen des Unternehmens gebunden ist, hebt seine rechtliche Selbständigkeit nicht auf, zumal er bei der Gestaltung seiner Tätigkeit nur „im wesentlichen" frei zu sein braucht. Erst wenn das Weisungsrecht des Unternehmens vertraglich so stark verankert oder tatsächlich ausgeübt wird, daß der Beauftragte seine Tätigkeit und seine Arbeitszeit wie ein Angestellter einrichten muß, kann er nicht mehr als selbständiger Vertreter angesehen werden. Im übrigen dürfen dem Vertreter durch Weisungen des Unternehmens nicht neue, über den Vertrag hinausgehende Pflichten auferlegt werden.

Zulässige Weisungen des Unternehmens sind demnach einseitige Willenserklärungen, die keine neuen Verpflichtungen für den Vertreter begründen, sondern seine gesetzlich oder vertraglich geschuldeten Leistungen konkretisieren. Sie sind als solche allerdings keine Bestandteile des Vertretervertrages und werden deshalb auch nicht vom Beurkundungsanspruch des § 85 HGB erfaßt. Im Vordergrund stehen einerseits geschäftliche Weisungen, andererseits Weisungen, die zur Verwirklichung der vom Unternehmen betriebenen Geschäftspolitik führen sollen. So kann der Vertreter angewiesen werden, um welche Wagnisse er sich besonders und um welche er sich nicht bemühen soll, für welche Sparten er vornehmlich werbend tätig sein soll, zu welchen Bedingungen er vermitteln oder abschließen soll und in welcher Weise er die Abwicklung des Geschäftsverkehrs mit dem Versicherungsunternehmen durchführen soll (z. B. welche Geschäftsstelle des Unternehmens für ihn zuständig ist, welche Formulare er zu verwenden, in welchen zeitlichen Abständen er über Geschäftserfolge zu berichten hat und ähnliches).

Mögen die Weisungen im Einzelfall auch noch so detailliert sein, der Versicherungsvertreter muß sie befolgen, solange sie seine Selbständigkeit nicht im Kern antasten und sich im Rahmen der vertraglichen Verpflichtungen halten.

Weigert sich der Vertreter, rechtmäßig erteilte Weisungen zu befolgen, verletzt er seine Vertragspflichten und kann von dem Unternehmen deshalb gegebenenfalls auf Schadenersatz in Anspruch genommen werden. Auch kann er damit für das Unternehmen einen wichtigen Kündigungsgrund wegen schuldhaften Verhaltens setzen.

Zu Weisungen, die im Widerspruch zu dem abgeschlossenen Vertretervertrag stehen, ist das Unternehmen nicht berechtigt. Es darf insbesondere auch nicht über Geschäftsanweisungen die Vereinbarungen des Vertretervertrages einseitig abzuändern oder sich im Vertretervertrag gar ein solches einseitiges Änderungsrecht in allgemeiner Form oder unter dem Vorbehalt des Erlasses allgemeiner – vertragsändernder – Geschäftsanweisungen vorzubehalten versuchen. Änderungen dieser Art kann das Unternehmen nur im Wege einer Änderungskündigung durchsetzen, soweit ihm nicht ausnahmsweise auch die Möglichkeit einer Teilkündigung offensteht.

Unzulässige Weisungen des Unternehmens können in schwerwiegenden Fällen eine Vertragskündigung des Vertreters aus wichtigem Grund nach § 89a HGB rechtfertigen, da in der unzulässigen Weisung eine Verletzung der Vertragspflicht, Weisungen nur in den vertraglich vereinbarten Grenzen zu erteilen, liegt. Darüber hinaus kann sich das Unternehmen unter Umständen schadenersatzpflichtig machen.

Im übrigen bleibt zu beachten, daß Weisungen grundsätzlich nur für das Innenverhältnis zwischen Versicherungsunternehmen und Versicherungsvertreter gelten und keinen Einfluß auf das Außenverhältnis zum Kunden haben.

VI. Wettbewerbsverbot

Das Wettbewerbsverbot wird im Gesetz zwar nicht ausdrücklich ausgesprochen und formal liegt deshalb auch kein gesetzliches Wettbewerbsverbot vor. Nach der ständigen höchstrichterlichen Rechtsprechung schließt jedoch das zwischen dem Unternehmen und dem Vertreter bestehende Treueverhältnis und insbesondere die Verpflichtung des Vertreters, die Interessen des Unternehmens wahrzunehmen, auch ohne eine ausdrückliche vertragliche Regelung in diesem Sinne aus, daß der Vertreter im Geschäftszweig des Unternehmens gleichzeitig für konkurrierende Unternehmen tätig wird. Dabei läßt sich eine Entwicklung feststellen, die durch ein Anlegen immer strengerer Maßstäbe an das Vertreterverhalten gekennzeichnet ist (vgl. BGH-Urteile vom 25.4.1966 – VII ZR 89/64, vom 15.12.1967, BB 1968, S. 60, vom 24.1.1974, BB 1974, S. 353). Der Vertreter muß schon in Zweifelsfällen, in denen auch nur die Möglichkeit besteht, daß seine anderweitige Tätigkeit die Interessen des Unternehmens nicht ganz unerheblich beeinträchtigen kann, das Unternehmen in Kenntnis setzen und dessen Zustimmung einholen (BGH-Urteile vom 28.10.1957, HVR Nr. 164 und vom 25.3.1958, BB 1958, S. 425).

Eine strikte Handhabung des Wettbewerbsverbots kann auch nicht etwa mit der Erwägung abgelehnt werden, daß das Unternehmen seinerseits in der Entscheidung über die Annahme oder Ablehnung der ihm angetragenen Geschäfte frei sei, zumal in diesem Zusammenhang meist mit der praxisfremden Überlegung operiert wird, als bestehe allgemein die reale Gefahr einer Unternehmerentscheidung bewußt zu Lasten des Handelsvertreters, während tatsächlich beide Partner an der Durchführung der vom Vertreter vermittelten Geschäfte regelmäßig in gleicher Weise interessiert sind und schon deshalb bei trotzdem ablehnenden Unternehmerentscheidungen zunächst einmal hierfür sprechende triftige Sachgründe unterstellt werden dürfen. Zwar muß das Unternehmen auch bei einer solchen ablehnenden Entscheidung auf die Belange des Vertreters Rücksicht nehmen, darf sich jedoch als Geschäftsherr, der allein das geschäftliche Risiko trägt, letztlich maßgeblich – und im Ergebnis auch im beiderseitigen Interesse der „in einem Boot sitzenden" Vertragspartner – an seinen geschäftlichen Zwängen orientieren.

Obwohl das Wettbewerbsverbot auch ohne vertragliche Wiederholung schon aus den gesetzlichen Regelungen unmittelbar ableitbar ist, empfiehlt sich seine vertragliche Festschreibung schon aus Gründen der Rechtsklarheit, aber auch wegen der in der Praxis oft bestehenden Notwendigkeit seiner genauen Umschreibung, Konkretisierung und Abgrenzung.

In den *„Hauptpunkten eines Vertrages für hauptberufliche Versicherungsvertreter"* (Ziffer 6) werden folgende Vorschläge für die Formulierung des Wettbewerbsverbots gemacht.

Vorschlag 1:

„Der Vertreter verpflichtet sich, während der Dauer des Vertragsverhältnisses nur für das Versicherungsunternehmen – und die mit ihm in einer Gruppe oder einer Arbeitsgemeinschaft verbundenen Unternehmen – tätig zu sein. Will er während der Dauer des Vertragsverhältnisses für ein anderes Versicherungsunternehmen tätig werden, so bedarf er hierzu der schriftlichen Zustimmung des Versicherungsunternehmens."

Alternativfassung:

„Der Vertreter verpflichtet sich, während der Dauer des Vertragsverhältnisses nicht ohne schriftliche Zustimmung des Versicherungsunternehmens unmittelbar oder mittelbar für ein anderes Versicherungsunternehmen tätig zu werden."

Vorschlag 2:

„Der Vertreter verpflichtet sich, während der Dauer des Vertragsverhältnisses in den von dem Versicherungsunternehmen betriebenen Versicherungszweigen nur für das Versicherungsunternehmen – und die mit ihm in einer Gruppe oder einer Arbeitsgemeinschaft

verbundenen Unternehmen – tätig zu sein. Will er während der Dauer des Vertragsverhältnisses in diesen Versicherungszweigen für ein anderes Versicherungsunternehmen tätig werden, so bedarf er hierzu der schriftlichen Zustimmung des Versicherungsunternehmens."

Alternativfassung:

„Der Vertreter verpflichtet sich, während der Dauer des Vertragsverhältnisses nicht ohne schriftliche Zustimmung des Versicherungsunternehmens in den von diesem betriebenen Versicherungszweigen für ein anderes Versicherungsunternehmen unmittelbar oder mittelbar tätig zu werden.

Von dem Versicherungsunternehmen abgelehnte Versicherungsanträge sowie Wagnisse, die von ihm nicht gezeichnet werden, darf er nur mit Zustimmung des Versicherungsunternehmens anderen Versicherungsunternehmen zuführen."

Gelegentlich wird das Wettbewerbsverbot auf Drängen des Vertreters vertraglich auch allgemein oder insbesondere für bestimmte Einzelfälle aufgelockert. Das allgemeine Zugeständnis, daß der Vertreter berechtigt sein soll, vom Unternehmen abgelehntes Geschäft Konkurrenzunternehmen anzubieten und ähnliche Vereinbarungen sind allerdings nicht ratsam, weil sie erfahrungsgemäß zur allmählichen vertragswidrigen Entstehung von „echten" Mehrfirmenvertretungen führen.

Soweit der Vertreter auch für dem Versicherungsunternehmen organisatorisch verbundene Unternehmen wie Versicherungsunternehmen anderer Sparten, Bausparkassen, Kreditinstitute etc. tätig werden soll, ist dies bei der Formulierung des Wettbewerbsverbots zu berücksichtigen. Umgekehrt kann Anlaß zu der dortigen Klarstellung bestehen, daß das Wettbewerbsverbot auch den Substitutionswettbewerb erfaßt, also z. B. einem Vertreter, der Lebensversicherungsverträge vermitteln soll, untersagt, gleichzeitig auf eigene Faust z. B. Bausparverträge oder Investmentzertifikate anzubieten, weil die Kunden damit aus finanziellen Gründen oft zwangsläufig vor die Alternative gestellt werden, entweder einen Lebensversicherungsvertrag abzuschließen oder aber auf Angebote dieser Art einzugehen.

Die Verletzung des Wettbewerbsverbots durch den Versicherungsvertreter gibt dem Unternehmen in aller Regel einen wichtigen Kündigungsgrund wegen schuldhaften Verhaltens gemäß § 89a HGB mit allen sich daraus ergebenden Rechtsfolgen (z. B. Verlust des Ausgleichsanspruchs). Unabhängig davon schuldet der Vertreter Schadenersatz; zur Herausgabe des durch den Verstoß erzielten Verdienstes ist er allerdings nicht verpflichtet, eine entsprechende Anwendung von § 61 I HGB also nicht möglich. Der Vertreter ist deshalb dem Unternehmen gegenüber zwar grundsätzlich auskunftspflichtig über die für ein Konkurrenzunternehmen vermittelten Geschäfte, nicht jedoch über die dadurch verdienten Provisionen. Soweit das Wettbewerbsverbot durch eine Vertragsstrafe abgesichert worden ist, wird diese im Zweifel bereits durch das Anerbieten des Vertreters an ein Konkurrenzunternehmen, für es tätig zu werden, verwirkt.

Die gleichzeitige Vertretung eines Konkurrenzunternehmens berechtigt ein Unternehmen allerdings dann nicht zur fristlosen Kündigung, wenn es beim Abschluß des Vertretervertrages bereits wußte, daß der Vertreter auch für Konkurrenzunternehmen tätig ist oder dies während des Vertragsverhältnisses erfahren und längere Zeit stillschweigend hingenommen hat.

VII. Nebenpflichten

Der Versicherungsvertreter hat im Rahmen des Vertretungsverhältnisses und bei Erfüllung seiner sachlichen Vertreteraufgaben ergänzend auch eine ganze Reihe von Nebenpflichten, die im folgenden zumindest angesprochen und in ihrer Bedeutung kurz aufgezeigt werden sollen.

1. Die Mitteilungs-, Auskunfts- und Rechenschaftspflichten

Nach § 86 II HGB hat der Versicherungsvertreter dem Versicherungsunternehmen die erforderlichen Nachrichten zu geben, namentlich ihm von jeder Geschäftsvermittlung und von jedem Geschäftsabschluß unverzüglich Mitteilung zu machen. Auch diese Pflichten hat er mit der Sorgfalt eines ordentlichen Kaufmanns zu erfüllen.

a) Mitteilungspflichten

Welche Nachrichten erforderlich sind, richtet sich im Einzelfall nach objektiven Maßstäben. Dabei ist entscheidend auf das Interesse des Unternehmens an einer möglichst eingehenden und umfassenden Unterrichtung über alle für seinen Geschäftsbetrieb und seine geschäftlichen Entscheidungen und Maßnahmen erheblichen Tatsachen und Vorkommnisse abzustellen. Deshalb hat der Vertreter das Unternehmen auch über seine eigene Tätigkeit insoweit zu unterrichten, wie dies mit seiner Stellung als selbständiger Kaufmann vereinbar ist, von einem ordentlichen Kaufmann, der seine Sorgfaltspflicht ernst nimmt, aber auch erwartet werden muß. Dabei darf der persönlichen Unabhängigkeit des Vertreters nicht schlechthin der Vorrang vor dem Interesse des Unternehmens eingeräumt werden. Andererseits kann bei einer Überspannung der Anforderungen an die Berichtspflicht des Vertreters, etwa durch das Verlangen laufender Tätigkeitsnachweise ohne besondere Veranlassung, dessen Selbständigkeit – unter Umständen mit der Rechtsfolge des § 84 II HGB – fragwürdig werden.

Da das Gesetz entsprechende Mitteilungen „unverzüglich" verlangt, hat der Vertreter die geschuldeten Nachrichten ohne schuldhaftes Zögern zu geben (vgl. § 121 Abs. 1 BGB). Vertraglich können bestimmte Anzeige- und Mitteilungspflichten auch abweichend geregelt werden. Soweit keine derartigen Vereinbarungen vorliegen, sind im Einzelfall auch etwaige Handelsbräuche und die Verkehrsauffassung beachtlich.

Versicherungsanträge und Anzeigen von Versicherungsnehmern muß der Vertreter stets auf schnellstem Wege an das Versicherungsunternehmen weiterleiten, weil Erklärungen, die bei ihm eingehen, nach § 43 Ziff. 1 und 2 VVG auch als dem Versicherer zugegangen gelten, es sei denn, mit dem Kunden wäre etwas anderes vereinbart worden. Mit dem Zugang des Antrags beim Vertreter werden in der Regel auch die Bindungsfrist für den Antragsteller und die Annahmefrist für den Versicherer in Lauf gesetzt, allerdings wiederum nur dann, falls keine abweichenden Vereinbarungen getroffen werden. Sorgt der Vertreter nicht unverzüglich für die Weiterleitung von Versicherungsanträgen, so läuft das Versicherungsunternehmen unter Umständen Gefahr, unter dem Gesichtspunkt des Verschuldens bei Vertragsabschluß (culpa in contrahendo) dem Antragsteller Versicherungsschutz gewähren zu müssen, weil es für das Verhalten des Vertreters als seines Erfüllungsgehilfen nach § 278 BGB einzustehen hat.

Eine umgehende Benachrichtigung des Versicherungsunternehmens durch den Vertreter ist nicht zuletzt bei der Vermittlung von Verträgen über große Industrie-Risiken geboten, zumal das Versicherungsunternehmen hier rechtzeitig auch Fragen der Mitversicherung oder der Rückversicherung klären muß. Ebenso hat der Vertreter baldmöglichst alle für die Beurteilung des Risikos bedeutsamen Feststellungen zu treffen und dem Versicherungsunternehmen hierüber Mitteilung zu machen.

Die Benachrichtigungspflicht des Vertreters beschränkt sich nicht auf die Phase der Vermittlung oder des Abschlusses des Versicherungsvertrages, sondern gilt für die gesamte Vertragsdauer, soweit dem Vertreter auch Verwaltungsaufgaben und die Kundenbetreuung übertragen sind. So muß der Vertreter z. B. Mitteilung machen, wenn ein Versicherungsfall eingetreten oder das versicherte Risiko weggefallen ist oder wenn der Versicherungsnehmer in Zahlungsschwierigkeiten gerät oder wegen vorsätzlicher Brandstiftung als Täter oder Beteiligter (Anstiftung oder Beihilfe) verurteilt worden ist. Den Vertreter trifft auch eine Benachrichtigungspflicht, wenn er ein wettbewerbswidriges Verhalten in seinem Arbeitsbereich feststellt und dadurch ein Abwandern der Versicherungsnehmer zu einem anderen Unternehmen zu besorgen ist.

Eine abschließende Aufzählung der einzelnen Anzeige- und Benachrichtigungspflichten des Vertreters ist nicht möglich, da sie sich jeweils aus den Gesamtverpflichtungen des Vertreters und den Umständen des Einzelfalles ergeben. Deshalb darf die gesetzliche Regelung dieses Fragenkreises in § 86 II HGB auch keinesfalls eng ausgelegt werden.

b) Auskunftspflichten

Außerdem ist der Vertreter, wie jeder Geschäftsbesorger, nach §§ 675, 666 BGB dem Versicherungsunternehmen als seinem Auftraggeber zur Auskunft verpflichtet. Soweit nichts Gegenteiliges vereinbart wird, trifft ihn die Auskunftspflicht nur, wenn das Unternehmen die Auskunft besonders verlangt. Gegebenenfalls besteht die Auskunftspflicht nicht nur hinsichtlich einzelner Geschäftsvorfälle, sondern erstreckt sich auf die gesamte Geschäftsbesorgung. So kann das Unternehmen z. B. aus gegebenem Anlaß bei Vertragsanbahnungen Auskunft über den Stand der Verhandlungen verlangen, sich über den Erfolg eingeleiteter Werbemaßnahmen unterrichten lassen oder Stellungnahmen des Vertreters zu auffälligen Entwicklungen (z. B. große Bestandsverluste, außergewöhnlich geringes Neugeschäft, Zunahme kundenseitiger Beanstandungen) einholen.

c) Rechenschaftspflichten

Mit der Auskunftspflicht in engem Zusammenhang steht die Rechenschaftspflicht, die vom Beauftragten nach Ausführung des Auftrages auf Verlangen zu erfüllen ist (§ 666 BGB). Im Rahmen eines Versicherungsvertretervertrages als eines Dauerschuldverhältnisses muß das Versicherungsunternehmen selbstverständlich nicht erst das Ende der gesamten Geschäftsbesorgung abwarten, sondern kann Rechenschaft schon laufend nach Abwicklung einzelner Geschäftsvorfälle fordern. In der Praxis werden die Vertreter vertraglich meist verpflichtet, in bestimmten Zeitabschnitten über bestimmte Vorgänge Rechenschaft abzulegen.

2. Die Pflicht zur Duldung der Einsichtnahme in die Geschäftsbücher und andere Aufzeichnungen

Die Durchführung des Vertretungsverhältnisses bringt es mit sich, daß der Vertreter laufend Aufzeichnungen über Geschäftsvorfälle macht. Auf diese Weise entstehen im Agenturbetrieb Unterlagen, an deren Inhalt auch das Versicherungsunternehmen ein berechtigtes Interesse haben kann. Dies gilt in besonderem Maße für Unterlagen über den Abrechnungsverkehr, z. B. über den Einzug und die ordnungsgemäße Verbuchung der Prämien. Während das Versicherungsunternehmen nach § 87c HGB unter den dort genannten Voraussetzungen verpflichtet ist, dem Vertreter Einsicht in seine eigenen Geschäftsbücher und sonstigen Urkunden zu gewähren, findet sich eine gleiche ausdrückliche Verpflichtung des Vertreters im gesetzlichen Handelsvertreterrecht nicht. Daraus kann aber nicht geschlossen werden, daß ein entsprechendes Einsichtsrecht des Unternehmens nicht besteht. Dieses Recht muß vielmehr grundsätzlich aus dem Wesen des Vertretervertrages abgeleitet werden. Da sein Umfang und die Voraussetzungen seiner Ausübung wegen der Selbständigkeit des Vertreters von Fall zu Fall zweifelhaft sein können, enthalten in der Praxis die Vertreterverträge üblicherweise eine Bestimmung, die den Vertreter verpflichtet, den Beauftragten des Unternehmens jederzeit Einsicht in die Geschäftsbücher sowie in die Abrechnungs- und Schadenunterlagen zu gewähren. Solange diese Kontrollrechte zwecks Sicherung eines ordnungsgemäßen Betriebes des Versicherungsgeschäfts gerechtfertigt und von der Gesamtverantwortung des Versicherungsunternehmens hierfür geboten sind und nur unter Wahrung des Grundsatzes der Verhältnismäßigkeit in Anspruch genommen werden, hat sie der Versicherungsvertreter unbeschadet seiner Selbständigkeit und ohne Einfluß auf diese Selbständigkeit zu dulden.

Daß das Unternehmen ein Kontrollrecht über Akten und sonstiges Geschäftsmaterial behält, das es dem Vertreter für seinen Geschäftsbetrieb unter Eigentumsvorbehalt und mit Rückgabeverpflichtung spätestens bei Beendigung des Vertretungsverhältnisses zur Verfügung gestellt hat, kann im übrigen ohnehin nicht in Frage gestellt werden.

3. Die Geheimhaltungspflicht

Die Pflicht zur Verschwiegenheit über Geschäfts- und Betriebsgeheimnisse folgt schon aus dem zwischen dem Versicherungsunternehmen und dem Vertreter bestehenden besonderen Vertrauensverhältnis und aus der Grundpflicht des Vertreters, die Interessen des Versicherungsunternehmens bei seiner Tätigkeit in jeder Hinsicht zu wahren (§ 86 I HGB). Eine Verletzung dieser Pflicht während des Vertretungsverhältnisses zugunsten eines Dritten zum Zwecke des Wettbewerbs oder aus Eigennutz oder in der Absicht, das vertretene Unternehmen zu schädigen, wird verschiedentlich auch nach § 17 UWG für strafbar gehalten, obwohl der Vertreter nicht in einem dort besonders genannten Dienstverhältnis steht. Daneben kann das Unternehmen während und nach Beendigung des Vertretervertrages nach § 1 UWG Unterlassung und Schadenersatz verlangen, wenn die Verletzung der Geheimhaltungspflicht zum Zwecke des Wettbewerbs erfolgt und gegen die guten Sitten verstößt. Außerdem kann sich der Vertreter nach § 18 UWG strafbar machen, wenn er die ihm anvertrauten Vorlagen oder Vorschriften zu Zwecken des Wettbewerbs oder aus Eigennutz unbefugt verwertet oder an jemand mitteilt. Wenn der Gesetzgeber die Geheimhaltungspflicht des Vertreters im § 90 HGB nochmals ausdrücklich geregelt hat, so ist dies, wie die Fassung der Vorschrift zeigt, nur geschehen, um klarzustellen, daß diese Verpflichtung grundsätzlich auch noch nach Beendigung des Vertretungsverhältnisses fortbesteht.

§ 90 HGB lautet: *„Der Handelsvertreter darf Geschäfts- und Betriebsgeheimnisse, die ihm anvertraut oder als solche durch seine Tätigkeit für den Unternehmer bekanntgeworden sind, auch nach Beendigung des Vertragsverhältnisses nicht verwerten oder anderen mitteilen, soweit dies nach den gesamten Umständen der Berufsauffassung eines ordentlichen Kaufmanns widersprechen würde."*

Geschäfts- und Betriebsgeheimnisse, die der Versicherungsvertreter demgemäß zu wahren hat, sind alle Tatsachen, die mit dem Geschäftsbetrieb des Versicherungsunternehmens zusammenhängen, die nur einem eng begrenzten Personenkreis bekannt und für das Unternehmen von Bedeutung sind und nach dem bekundeten oder erkennbaren Willen des Unternehmens geheimgehalten werden sollen. In der Versicherungswirtschaft spielen hier z. B. die Bestandslisten der Versicherungsvertreter, schwebende Vertragsanbahnungen, Kundenlisten, Statistiken über Kosten und Erfolge und ähnliches eine Rolle. Auch vom Vertreter selbst erstellte Unterlagen unterliegen der Geheimhaltungspflicht, soweit ihre Bekanntgabe an Dritte geschäftliche Interessen des Versicherungsunternehmens verletzen würde.

Verstößt der Vertreter gegen Geheimhaltungspflichten, so handelt er vertragswidrig und kann damit dem Versicherungsunternehmen einen wichtigen Kündigungsgrund liefern. Darüber hinaus haftet er dem Unternehmen aus dem Vertretervertrag auf Schadenersatz. Auf die im gegebenen Zusammenhang beachtlichen Vorschriften des UWG ist schon hingewiesen worden.

Ergänzend ist § 203 StGB zu erwähnen, der jede unbefugte Offenbarung eines fremden Geheimnisses, namentlich eines zum persönlichen Lebensbereich gehörenden Geheimnisses oder eines Betriebs- oder Geschäftsgeheimnisses, u. a. auch dann mit Strafe bedroht, wenn das Geheimnis jemand in seiner Eigenschaft als Angehöriger eines Unternehmens der privaten Kranken-, Unfall- oder Lebensversicherung anvertraut worden oder sonst bekanntgeworden ist. Wer ein fremdes Geheimnis dieser Art unbefugt verwertet, macht sich nach § 204 StGB strafbar.

Schließlich seien auch die datenschutzrechtlichen Geheimhaltungspflichten besonders angesprochen, die den Versicherungsvertreter im Ergebnis gleichfalls treffen. Die Streitfrage, ob der Vertreter Dritter im Sinne des Bundesdatenschutzgesetzes (BDSG) oder Teil des Versicherungsunternehmens ist, sollte grundsätzlich im letzteren Sinne entschieden werden. Sie hat durch die in der Versicherungswirtschaft nach Abstimmung mit den Datenschutzbehörden eingeführte Datenschutzklausel allerdings an Aktualität verloren. Denn hiernach erklärt sich der Versicherungsnehmer mit der Weitergabe seiner allgemeinen Vertrags-, Abrechnungs- und Leistungsdaten schlechthin an die „Vertreter" des Versicherungsunternehmens einverstanden. Damit ist sichergestellt, daß die Versicherungsunternehmen die für die Versicherungsvermittlung und für die Betreuung des Versicherungsnehmers notwendige Informationen unterschiedslos sowohl an ihre angestellten als auch selbständigen Mitarbeiter im Außendienst weitergeben können. Eben deshalb scheint es jedoch geboten, daß die Versicherungsunternehmen auch ihre selbständigen Vertreter auf die Einhaltung des Datengeheimnisses gemäß § 5 BDSG ausdrücklich verpflichten. Es dürfte sich empfehlen, diese Verpflichtung künftig schon in den Vertreterverträgen zu verankern, wobei es naheliegt, dann alle vorstehend angesprochenen Geheimhaltungs- und Verschwiegenheitspflichten im Zusammenhang aufzuführen und aufeinander abzustimmen.

4. Die Herausgabepflicht

Der Versicherungsvertreter ist als Geschäftsbesorger nach § 675 BGB verpflichtet, dem Versicherungsunternehmen *„alles, was er zur Ausführung des Auftrags erhält und was er aus der Geschäftsbesorgung erlangt, herauszugeben"* (§ 667 BGB). Es sind mithin zu unterscheiden:

(a) die Herausgabe dessen, was der Vertreter von einem Dritten erlangt;

(b) die Herausgabe dessen, was er vom Versicherungsunternehmen erhalten hat;

(c) die Herausgabe von Daten.

Zu (a) Sachen Dritter

Diese Herausgabepflicht läßt sich besonders am Fall des Einzuges von Versicherungsprämien durch den Vertreter verdeutlichen, die selbstverständlich an das Versicherungsunternehmen herausgegeben werden müssen. Das rechtliche Schicksal der eingezogenen Versicherungsprämien ist dabei je nach der Ausgestaltung des Inkassos unterschiedlich. Zieht der Vertreter die Prämien bar ein, so erwirbt das Versicherungsunternehmen beim Einzug unmittelbar Eigentum an dem Geld (§§ 929, 930 BGB), weil das erforderliche Besitzmittlungsverhältnis sich aus der Vereinbarung über die Verwahrung des Geldes durch den Vertreter im Vertretervertrag ergibt und der Vertreter die Zahlung im Namen und im Auftrag des Unternehmens entgegennimmt. Das Versicherungsunternehmen wird Eigentümer des Geldes auch dann, wenn der Vertreter beim Einzug des Geldes die Absicht hat, es entgegen dem Vertretervertrag nicht abzuführen. Sobald er seinen unredlichen Willen jedoch nach außen erkennen läßt, ist das Besitzmittlungsverhältnis zerstört, mit der Folge, daß das Versicherungsunternehmen nicht Eigentümer des Geldes wird. Unmittelbar kann das Versicherungsunternehmen Eigentümer nur werden, wenn der Versicherungsvertreter das Geld gesondert aufbewahrt, weil andernfalls das Eigentum des Unternehmens durch Vermischung (§ 948 BGB) untergeht. Um diese Rechtsfolge der Vermischung zu vermeiden, wird in den Vertreterverträgen im allgemeinen vereinbart, daß bar eingehende Prämienzahlungen vom Vertreter gesondert aufbewahrt bzw. auf ein Sonderkonto eingezahlt werden müssen. Meist dürfen auch Überweisungen im bargeldlosen Zahlungsverkehr nur auf ein Sonderkonto erfolgen. Über dieses Sonderkonto ist das Versicherungsunternehmen in der Regel mitverfügungsberechtigt. Gegebenenfalls braucht das Versicherungsunternehmen seine Ansprüche nicht erst nach § 985 BGB oder den schuldrechtlichen Anspruch aus § 667 BGB gegenüber der Bank geltend zu machen, weil es unmittelbaren Zugang zum Konto hat. Auf seine Herausgabeansprüche muß es sich aber dann stützen, wenn der Vertreter die Prämiengelder auf einem eigenen Konto hält oder auf diesem verbuchen läßt. Für das Versicherungsunternehmen vereinnahmte Gelder darf der Vertreter in keinem Fall für sich verbrauchen. Über die Verletzung seiner vertraglichen Pflichten hinaus kann er sich dadurch auch nach §§ 246, 266 StGB strafbar machen.

Wann die Herausgabepflicht zu erfüllen ist, ist gesetzlich nicht geregelt. Beim Fehlen einer entsprechenden Vereinbarung bleibt maßgebend, was Treu und Glauben mit Rücksicht auf die Verkehrssitte gebieten.

Zu (b) Sachen des Versicherungsunternehmens

Nach Ausführung des Auftrags muß der Vertreter herausgeben, was er vom Unternehmen zur Ausführung erhalten hat. Das gilt grundsätzlich ebenso für ein einzelnes Geschäft wie für eine Vielzahl von Geschäften, und zwar sowohl während als auch bei Beendigung des Vertretungsverhältnisses. Ihre eigentliche Bedeutung gewinnt diese Pflicht im letzteren Falle. Dann muß der Vertreter z. B. ein ihm überlassenes Fahrzeug, Mobiliar, Büroeinrichtung, Werbedrucksachen, Bestandslisten und anderes mehr an das Versicherungsunternehmen zurückgeben. Sein Besitzrecht ist mit Vertragsablauf weggefallen. Der Herausgabeanspruch des Unternehmens besteht daher sowohl dinglich aus dem Eigentum (§ 985 BGB) als auch schuldrechtlich aus dem Geschäftsbesorgungsverhältnis (§§ 675, 667 BGB).

Akten, Schriftwechsel mit Versicherungsnehmern, Policen, Durchschriften und alle sonstigen Unterlagen, die der Vertreter als Beauftragter des Versicherungsunternehmens erhalten und Kopien von Erklärungen, die er als Bevollmächtigter des Versicherungsunternehmens abgegeben hat, sowie Unterlagen, die er im Rahmen des von ihm in Vertretung des Versicherungsunternehmens geführten Geschäftsverkehrs angefertigt hat, muß der Vertreter auf Verlangen, insbesondere auch bei Beendigung des Vertretungsverhältnisses herausgeben. Besonders erwähnt sei in diesem Zusammenhang die Kartei der Versicherungsnehmer, weil ihr Verbleiben beim Vertreter nach Beendigung des Vertretungsverhältnisses ihn allzuleicht zu einem geschäftsschädigenden und wettbewerbswidrigen Verhalten unter Verletzung vertraglicher und nachvertraglicher Pflichten verleiten kann. Um ihre Herausgabe in jedem Fall sicherzustellen, wird in den Vertreterverträgen deshalb oft ausdrücklich klargestellt, daß die Herausgabepflicht gerade auch für diese und ähnliche Unterlagen gilt.

In den „*Hauptpunkten eines Vertrages für hauptberufliche Versicherungsvertreter*" (Ziffer 13) werden zu diesem Fragenkreis nach der Feststellung, daß Akten und sonstiges Material gleich welcher Art, das dem Vertreter vom Versicherungsunternehmen für seinen Geschäftsbetrieb zur Verfügung gestellt worden ist, Eigentum des Unternehmens bleibt, folgende Regelungen vorgeschlagen:

„*Bei Beendigung des Vertragsverhältnisses ist der Vertreter verpflichtet, die wichtigen Geschäftsunterlagen, insbesondere die Akten und den sonstigen Schriftwechsel über die Erfüllung von Versicherungsverträgen, die Unterlagen für den Prämieneinzug sowie die zur Durchführung dieser Aufgaben angelegten Karteien und Auszüge, unverzüglich dem Versicherungsunternehmen oder dessen Beauftragten zu übergeben. Er ist ferner verpflichtet, das ihm für seine Tätigkeit ausgehändigte Material, wie z. B. Antragsvordrucke, Tarife, Bedingungen, Werbedrucksachen, Rundschreiben und dergleichen an das Versicherungsunternehmen zurückzugeben. Der Vertreter darf auch keine Abschriften und sonstigen Vervielfältigungen sowie Auszüge von Geschäftsunterlagen, die zu Wettbewerbszwecken verwendet werden können, behalten. Ausgenommen hiervon sind lediglich Unterlagen und Schriftwechsel über das Vertretungsverhältnis sowie Kontenblätter und Buchungsnoten, soweit sich diese nicht auf den Verkehr mit den dem Versicherungsunternehmen vertraglich verpflichteten Untervertretern beziehen.*"

Mit dem Schlußsatz dieses Regelungsvorschlags ist der Tatsache Rechnung getragen, daß der Vertreter selbständiger Kaufmann ist und als solcher nach den §§ 38 bis 44 HGB seinerseits die Verpflichtung hat, Geschäftsbücher zu führen und 10 bzw. 6 Jahre aufzubewahren, und auch nach steuerrechtlichen Vorschriften entsprechende Aufbewahrungspflichten erfüllen muß.

Zu (c) Daten

Der Vertreter wird nicht nur eine Kartei mit den Namen und Adressen der Versicherungsnehmer führen, sondern dort noch weitere Informationen über persönliche Lebensumstände dieser Personen notieren, die er entweder von den Kunden selbst erhalten oder sich aufgrund eigener Beobachtungen verschafft hat. Streitig war lange, wer bei Vertragsbeendigung diese sog. Akquisitionsdaten erhält. Nachdem zunehmend die Agenturen mit elektronischen Datenverarbeitungsanlagen ausgestattet und die Kundenkarteien elektronisch gespeichert sind, haben die Verbände der Versicherer und der Versicherungsvertreter nach Erörterungen mit dem zuständigen Datenschutzbeauftragten eine pragmatische Lösung erarbeitet.

Danach verbleiben die Daten, die zur Bearbeitung der bestehenden Versicherungsverträge notwendig sind, bei dem Versicherer. Zusätzliche Daten, die für das Angebot weiterer Versicherungsverträge von Bedeutung sein können und über die während des Agenturverhältnisses Versicherer und Vertreter informiert sind, brauchen von dem Vertreter nicht herausgegeben zu werden, der Versicherer kennt diese Daten und kann auch weiterhin über sie verfügen. Bei diesen „*erweiterten Vertragsdaten*" handelt es sich um Angaben über den Kunden betr. Familienstand, Familienangehörige, Art und Zahl der PKW, Motorräder, Einkommenskategorie, Berufsstand und Immobilienbesitz.

Alle anderen Kundendaten, die sog. reinen Akquisitionsdaten, braucht der Vertreter nicht herauszugeben.

5. Sicherheitsleistung

Da die Vertreter in der Versicherungswirtschaft gegenüber den Versicherungsunternehmen oft nicht unerhebliche finanzielle Verpflichtungen haben (z. B. zur Abführung eingezogener Prämien oder wegen erhaltener Provisionsvorschüsse), suchen sich die Unternehmen im allgemeinen vertraglich im voraus gegen Vermögensverluste dadurch zu sichern, daß sie mit dem Vertreter die Stellung einer **Kaution** vereinbaren. Ihre Höhe steht meistens in einem gewissen Verhältnis zum Jahresinkasso. Die Art der Sicherheit ist sehr unterschiedlich und hängt auch von den jeweiligen Möglichkeiten des Versicherungsvertreters ab. Die wichtigsten Formen in der Praxis sind: Hinterlegung von Geld oder Wertpapieren, der Abschluß von Personen-Garantieversicherungen oder die Eintragung einer Hypothek oder Grundschuld auf dem Grundeigentum des Vertreters.

Das Bedürfnis nach Sicherheitsleistung besteht auch im Verhältnis Generalagent – „echter" Untervertreter, nur muß hier der Vertreter bei nicht hinreichender Kenntnis der Solvenz des Generalagenten besonders darauf achten, daß er auch seinerseits wegen seines Rückforderungsanspruchs Sicherheit erhält.

Nach Beendigung des Vertretungsverhältnisses werden die gestellten Sicherheiten in der Regel stufenweise abgebaut und dabei außerdem auf den Zeitpunkt der endgültigen Abrechnung über die vereinnahmten Gelder und auf den Ausgleich aller Schuldsalden abgestellt. Eine Einbehaltung der Sicherheiten durch das Versicherungsunternehmen über das erforderliche Maß oder über den gebotenen Zeitraum hinaus erscheint bedenklich.

Zur sogenannten *Stornoreserve* vgl. unten unter D. I. 2a am Ende.

6. Übernahme des Delkredere

Ein Handelsvertreter kann sich dem Unternehmer gegenüber vertraglich verpflichten, für die Erfüllung der Verbindlichkeiten aus einem Geschäft durch den Geschäftspartner einzustehen. Nach § 86b I HGB darf eine solche Verpflichtung allerdings nur für ein bestimmtes Geschäft oder für bestimmte Geschäfte mit bestimmten Dritten übernommen werden, die der Vertreter vermittelt oder abgeschlossen hat. Eine derartige Übernahme des Delkredere bedarf der Schriftform. Der Vertreter erwirbt dabei einen besonderen Vergütungsanspruch (*Delkredereprovision*), der nicht ausgeschlossen werden kann. Diese Regelungen gelten nach § 86b III HGB allerdings nicht für Geschäfte, zu deren Abschluß und Ausführung der Vertreter unbeschränkt bevollmächtigt ist.

Die Übernahme des Delkredere kann als Bürgschaft, als Garantievertrag oder als Schuldbeitritt konstruiert sein. Entsprechend unterschiedlich ist der Umfang der Haftung. § 86b HGB gilt jedoch in jedem Falle.

In der Versicherungswirtschaft kommen theoretisch zwei Formen der Delkredereübernahme durch den Vertreter in Betracht. Entweder verpflichtet der Vertreter sich, für die Erfüllung der Prämienzahlung aus einem bestimmten Versicherungsvertrag oder aus den Versicherungsverträgen einzustehen, die er mit einem bestimmten Versicherungsnehmer vermittelt oder abgeschlossen hat. Oder er verpflichtet sich als „Generalvertreter" zur Übernahme einer – beschränkten – Haftung für seine Untervertreter.

Während der erste Fall in der Praxis kaum eine Rolle spielt, hat die Haftungsübernahme für den Untervertreter eine gewisse Bedeutung. Soweit es sich allerdings um „echte"

Untervertreter handelt, die ausschließlich zum Vertreter selbst in einem Vertragsverhältnis stehen, haftet der Vertreter im Rahmen des Vertretungsverhältnisses mit dem Versicherungsunternehmen schon nach Maßgabe des § 278 BGB, weil die Untervertreter seine Erfüllungsgehilfen sind; für eine zusätzliche Delkredereübernahme besteht in diesem Fall kein Bedarf. Anders verhält es sich, wenn der Generalvertreter das Delkredere für „unechte" Untervertreter oder andere ihm nur oganisatorisch unterstellte Personen übernimmt. Hier steht der Generalvertreter über seine allgemeinen Vertreterpflichten hinaus meist für das korrekte Verhalten dieses Personenkreises insoweit ein, als es um den Eingang der einkassierten Prämien beim Versicherungsunternehmen geht, allerdings in der Regel nur bei Verletzung seiner Überwachungspflicht. Die Rechtsnatur einer solchen Verpflichtung wird unterschiedlich beurteilt. Die einen sehen darin einen Schuldbeitritt oder ein Garantieversprechen, während andere – die überwiegende Meinung – das Vorliegen einer Ausfallbürgschaft annehmen. Folgt man der überwiegenden Meinung, so muß das Versicherungsunternehmen zunächst bei dem Untervertreter als seinem Hauptschuldner Befriedigung suchen, bevor es sich bei dem Generalvertreter schadlos halten kann (siehe zu allem auch unten unter D. I. 2c).

VIII. Nachvertragliche Pflichten

Schon im Rahmen der bisherigen Darstellung der Vertreterpflichten ist verschiedentlich auch auf Pflichten aufmerksam gemacht worden, die vom Vertreter erst bei oder sogar gerade erst nach Vertragsbeendigung als nachvertragliche Pflichten zu erfüllen sind. Es sei insoweit nur nochmals an bestimmte Rechenschafts-, Herausgabe- und Geheimhaltungspflichten oder eine beschränkt fortbestehende Pflicht zur Sicherheitsleistung erinnert.

An dieser Stelle soll nur noch kurz auf die spezielle Frage eingegangen werden, unter welchen Voraussetzungen und inwieweit der Versicherungsvertreter einem nachvertraglichen Wettbewerbsverbot unterliegt bzw. verpflichtet ist, weiterhin auf eine künftig für das Unternehmen nachteilige geschäftliche Betätigung zu verzichten. Dabei sind die Fälle mit und ohne „Wettbewerbsabrede" gemäß § 90a HGB getrennt zu erörtern.

In der Versicherungswirtschaft darf es als Regelfall gelten, daß mit Versicherungsvertretern während des Vertretungsverhältnisses keine Wettbewerbsabreden gemäß § 90a HGB getroffen werden. Die Versicherungsvertreter unterliegen dementsprechend bei einer künftigen Versicherungsvertretertätigkeit an sich keiner Beschränkung, doch ist grundsätzlich folgendes zu beachten:

1. Verbot der Ausspannung vermittelter Verträge

Der Vertreter darf nach Beendigung des Vertretungsverhältnisses das Ergebnis der von ihm vertraglich geschuldeten und erbrachten Vertreterleistungen, für das er die vertragsgemäßen Vergütungen erhalten hat, grundsätzlich nicht durch Abwerbemaßnahmen oder ein sonst für das bisher vertretene Unternehmen negatives Verhalten nachträglich bewußt wieder schmälern oder gar zunichte machen. Vielmehr hat er die von ihm vermittelten oder abgeschlossenen Versicherungsverträge während ihrer vorgesehenen regulären Laufzeit zu respektieren, falls er sich keinen Bereicherungs- oder Schadenersatzansprüchen des Unternehmens aussetzen will.

Falls er bei seinem Ausscheiden einen Ausgleichsanspruch nach § 89b HGB erhalten hat, muß er darüber hinaus für verpflichtet gehalten werden, die Versicherungsverträge, die diesem Anspruch und seiner Berechnung zugrunde gelegt worden sind, grundsätzlich solange unangetastet zu lassen, wie der bei der Ausgleichsberechnung unterstellten weiteren Laufzeit dieser Verträge und der Höhe des ausgeglichenen Unternehmervorteils entspricht. Er darf deshalb z. B. einjährige Verträge mit Verlängerungsklauseln, bei denen ein durchschnittlicher tatsächlicher Fortbestand von 3—5 Jahren angenommen worden ist, auch nicht vor Ablauf dieser Fristen abwerben, falls er sich nicht dem Vorwurf einer nachträglichen, willkürlichen und treuwidrigen Änderung der Berechnungsgrundlagen seines Ausgleichsanspruchs zum Nachteil des Unternehmens aussetzen will. In den drei „*Grundsätzen zur Errechnung der Höhe des Ausgleichsanspruchs (§ 89b HGB)*" wird dazu in Ziffer VII jeweils festgestellt: „*Da bei der Befriedigung des Ausgleichsanspruchs davon ausgegangen wird, daß der wirtschaftliche Vorteil des ausgeglichenen Bestandes dem Versicherungsunternehmen verbleibt, wird vorausgesetzt, daß der Vertreter keine Bemühungen anstellt oder unterstützt, die zu einer Schmälerung des Bestandes führen, für den er einen Ausgleich erhalten hat*". Diese Regelung ist vom OLG Köln durch Urteil vom 3.4.1981, VW 1981, S. 1067, bestätigt worden. Sie gilt, wie gesagt, auch beim Fehlen einer Wettbewerbsabrede nach § 90a HGB.

Andererseits bleibt von vorstehenden Pflichten des Vertreters — beim Fehlen einer Wettbewerbsabrede nach § 90a HGB — sein Recht unberührt, nach seinem Ausscheiden bei dem Unternehmen trotz Erhalt eines Ausgleichsanspruchs mit seinen bisherigen Versicherungskunden die Geschäftsverbindung fortzusetzen oder wieder aufzunehmen und bei ihnen neue Versicherungsverträge für das jetzt vertretene Unternehmen zu vermitteln oder abzuschließen, falls der Versicherungsbestand des bisher vertretenen Unternehmens in dem erörterten Umfang und angegebenen Zeitraum dadurch nicht beeinträchtigt wird.

2. Wettbewerbsabrede nach § 90a HGB

Soweit mit dem Versicherungsvertreter unabhängig davon ausnahmsweise auch noch eine besondere Wettbewerbsabrede gemäß § 90a HGB getroffen wird, um ihn in seiner künftigen gewerblichen Tätigkeit in einer weitergehenden Weise zu beschränken, so darf dies nur unter den gesetzlich zwingend vorgeschriebenen Voraussetzungen geschehen. So ist für eine derartige Wettbewerbsabrede die Schriftform sowie die Aushändigung einer vom Unternehmer unterzeichneten, die vereinbarten Bestimmungen enthaltenden Urkunde an den Vertreter erforderlich. Die Abrede kann zudem nur für längstens zwei Jahre von der Beendigung des Vertragsverhältnisses an getroffen werden. Auch ist das Unternehmen verpflichtet, dem Vertreter für die Dauer der Wettbewerbsbeschränkung eine angemessene Entschädigung zu zahlen; diese ist kein Schadenersatz, sondern Entgelt für die Wettbewerbsenthaltung (zur Ermittlung der Entschädigung BHG-Urteil vom 7.3.1966 — VII ZR 143/64 –).

Diese Bestimmungen bezwecken den Schutz des Vertreters wegen seiner über das Vertragsende hinaus fortdauernden wirtschaftlichen Abhängigkeit vom Unternehmen.

Nach § 90a II HGB kann der Unternehmer bis zum Ende des Vertragsverhältnisses auf die Wettbewerbsbeschränkung schriftlich mit der Wirkung verzichten, daß er mit dem Ablauf von sechs Monaten seit der Erklärung von der Verpflichtung zur Zahlung der Entschädigung frei wird. Kündigt der Unternehmer das Vertragsverhältnis aus wichtigem Grund wegen schuldhaften Verhaltens des Vertreters, so hat dieser keinen Anspruch auf Entschädigung.

Umgekehrt gilt nach § 90a III HGB, daß bei einer Kündigung des Vertreters aus wichtigem Grund wegen schuldhaften Verhaltens des Unternehmers der Vertreter sich durch schriftliche Erklärung binnen eines Monats nach der Kündigung von der Wettbewerbsabrede lossagen kann.

Von allen Vorschriften des § 90a HGB kann nicht durch für den Vertreter nachteilige Vereinbarungen abgewichen werden. Versuche, die Unabdingbarkeit der gesetzlich vorgeschriebenen Wettbewerbsabrede zu unterlaufen, führen zur Unwirksamkeit der umgehenden Vereinbarung (BGH-Urteil vom 16.11.1972, VersR 1973, S. 125). Die zwingenden Vorschriften gelten allerdings nur für während der Abhängigkeit des Vertreters vom Unternehmer – selbst erst kurz vor Vertragsende – geschlossene Vereinbarungen (BGH-Urteil vom 24.11.1969, NJW 1970, S. 240), finden aber keine Anwendung, wenn die Wettbewerbsabrede erst bei Beendigung des Vertragsverhältnisses oder danach getroffen wird (BGH-Urteil vom 5.12.1968, NJW 1969, S. 504).

IX. Rechtsfolgen bei Verletzung der Vertreterpflichten

Die in § 86 III HGB getroffene Feststellung, daß der Vertreter seine Pflichten mit der Sorgfalt eines ordentlichen Kaufmanns wahrzunehmen hat, entspricht der Regelung in § 347 HGB und dient lediglich der Klarstellung. Die Haftung des Vertreters einschließlich seiner Erfüllungsgehilfen für Vorsatz und Fahrlässigkeit richtet sich demzufolge nach objektiven Grundsätzen; auf die persönlichen Kenntnisse und Fähigkeiten des gerade betroffenen Vertreters kommt es nicht an.

Der Vertreter hat seine Sorgfaltspflichten bei seinen sämtlichen vertraglich geschuldeten Leistungen grundsätzlich in gleicher Weise zu erfüllen.

1. Haftung bei Vertragsverletzungen

Falls der Vertreter durch seine Handlungsweise einen Schaden verursacht hat, so kann er sich nach der allgemeinen Beweislastregel von der Haftung nur befreien, wenn er beweist, daß er mit der Sorgfalt eines ordentlichen Kaufmanns gehandelt hat, oder daß der Schaden auch bei Anwendung dieser Sorgfalt entstanden wäre.

Das gleiche gilt für seine Haftung nach § 278 BGB für das Verschulden seiner Angestellten und Untervertreter, sofern diese nicht in einem direkten Vertragsverhältnis zu dem Versicherungsunternehmen stehen. Im letzteren Falle hat er nur für die Beachtung der eigenen Sorgfaltspflicht bei der Auswahl und Überwachung einzustehen.

Der Umfang der Ersatzpflicht richtet sich nach § 249 BGB. Danach ist das geschädigte Versicherungsunternehmen so zu stellen, wie es stehen würde, wenn der Vertreter seine Pflichten ordnungsgemäß erfüllt hätte. Auch entgangener Gewinn ist zu entschädigen (§ 252 BGB).

Eine abweichende Meinung will die Haftung auf das negative Interesse, den sogenannten *Vertrauensschaden* beschränken (§ 122 Abs. 1 BGB), d. h. auf die Nachteile, die durch das Vertrauen auf die Gültigkeit des Vertrages entstanden sind, nicht aber über das Erfüllungsinteresse hinaus. Eine Haftung für das negative Interesse wäre z. B. dann gegeben, wenn der Vertreter in seiner Eigenschaft als Abschlußvertreter eine falsche Tarifierung des Wagnisses vornimmt, und würde die Differenz zu der marktgerechten Bedarfsprämie ausmachen.

Bejaht man mit der herrschenden Meinung die volle Haftung des Vertreters bei Vertragsverletzung, so kann dies unter Umständen zu sehr weitreichenden Schadenersatzverpflichtungen führen. Man denke etwa an den Fall, daß ein Vertreter unter Verletzung seiner Pflichten einen Versicherungsvertrag mit einem insolventen Versicherungsnehmer oder über ein erkennbar besonders schadenträchtiges Risiko abschließt und der Versicherungsfall eintritt. Da das Versicherungsunternehmen nur wegen des fehlsamen Vertreterverhaltens zur Versicherungsleistung verpflichtet ist, kann es von dem Vertreter den Ersatz seiner Aufwendungen verlangen.

Über die Haftung des Vertreters werden in den Vertreterverträgen oft besondere Vereinbarungen getroffen. So wird z. B. in den *„Hauptpunkten eines Vertrages für hauptberufliche Versicherungsvertreter"* (Ziffer 8) folgende vertragliche Regelung vorgeschlagen:

„Im Rahmen seines Vertrages haftet der Vertreter dem Versicherungsunternehmen für die Erfüllung der ihm obliegenden Pflichten nach den gesetzlichen Vorschriften und den zwischen ihm und dem Versicherungsunternehmen getroffenen Vereinbarungen. Er haftet insbesondere für die ihm zum Einzug übergebenen Versicherungsurkunden und für die vereinnahmten Prämien und Nebenleistungen einschließlich deren ordnungsmäßiger Ablieferung. Er haftet ferner, wenn geschäftliche Anordnungen des Versicherungsunternehmens nicht beachtet worden sind oder solchen Anweisungen zuwidergehandelt worden ist. Für Rückzahlungen von Vorschüssen, gleich welcher Art, die von dem Versicherungsunternehmen nicht genehmigt sind, haftet der Vertreter in jedem Falle. – Nicht eingelöste Versicherungsscheine, Nachträge, Prämienrechnungen und dergleichen sind von dem Vertreter innerhalb der von dem Versicherungsunternehmen hierfür festgesetzten Frist an dieses zurückzugeben. Bei nicht rechtzeitiger Rückgabe haftet der Vertreter dem Versicherungsunternehmen für alle ihm daraus entstehenden Nachteile."

2. Fristlose Kündigung nach § 89a HGB (Schadenersatz)

Unabhängig von der Schadenersatzpflicht gegenüber dem Versicherungsunternehmen, die den Vertreter wegen Verletzung seiner Vertreterpflichten trifft, kann das Unternehmen deswegen gemäß § 89a HGB auch zur fristlosen Kündigung des Vertretervertrages aus wichtigem Grund berechtigt sein. Dieses gesetzliche Recht kann weder ausgeschlossen noch beschränkt werden. In § 89a II HGB wird dazu – materiell in Übereinstimmung mit § 628 Abs. 2 BGB, da nach der Rechtsprechung auch das dort angesprochene „vertragswidrige" Verhalten schuldhaft sein muß – überdies festgestellt, daß dann, wenn eine derartige Kündigung durch ein Verhalten veranlaßt ist, das der Vertreter zu vertreten hat, dieser auch zum Ersatz des durch die Aufhebung des Vertragsverhältnisses entstehenden Schadens verpflichtet ist.

Die Kündigung eines Vertretungsverhältnisses aus wichtigem Grund muß deutlich erkennen lassen, daß mit ihr nicht oder nicht nur das ordentliche Kündigungsrecht, sondern das Recht zur außerordentlichen Kündigung ausgeübt wird.

Ein Kündigungsgrund berechtigt zur außerordentlichen Kündigung, wenn das Abwarten des Vertragsablaufs oder der Frist zur ordentlichen Kündigung nach § 89 HGB für den Kündigungsberechtigten unzumutbar ist. Die entsprechende allgemeine Wertung, nicht die Wertung der Besonderheiten des Einzelfalls, ist eine revisible Rechtsfrage. Das Risiko einer fristlosen Kündigung hat deshalb grundsätzlich auch der Kündigende zu tragen; eine Berufung auf Fehleinschätzung eines zunächst klaren Sachverhalts oder auf Rechtsirrtum ist in der Rechtsprechung nur unter strengen Voraussetzungen zugelassen worden.

Damit ist allerdings eine übereinstimmende Vorausbewertung bestimmter Tatbestände als Gründe zur außerordentlichen Kündigung oder umgekehrt auch dahin, daß sie eine solche Kündigung nicht rechtfertigen, nicht ausgeschlossen. In der Versicherungswirtschaft ist es sogar durchaus üblich, bestimmte Vertragsverletzungen, die für besonders schwerwiegend gehalten werden (z. B. eine ständige Vernachlässigung der Hauptpflicht der Versicherungsvermittlung, die Verletzung des Wettbewerbsverbots, Unregelmäßigkeiten im Abrechnungsverkehr, erhebliche oder wiederholte Verletzungen des Wettbewerbsrechts, vorsätzliche Nichtbeachtung von geschäftlichen Anweisungen und dergleichen) schon in den Vertreterverträgen ausdrücklich als wichtige Kündigungsgründe aufzuführen. In diesem Fall ist an den Einwand, eine fristlose Kündigung sei trotz einer Vertragsverletzung dieser Art nicht gerechtfertigt, ein besonders strenger Maßstab anzulegen, da die vertragliche Regelung klar erkennen läßt, daß der Vertragspartner auf eine korrekte Vertragserfüllung gerade hinsichtlich der besonders hervorgehobenen Punkte größten Wert legt, und der andere Teil hiervon zustimmend Kenntnis genommen hatte und wußte, daß er widrigenfalls mit härtesten Konsequenzen zu rechnen hat. Davon bleibt unberührt, daß auch ein für bestimmte Fälle vereinbartes außerordentliches Kündigungsrecht den Geboten von Treu und Glauben unterliegt und deshalb auch trotz entsprechender Sachverhalte ausnahmsweise einmal nicht anerkannt werden kann.

Die außerordentliche Kündigung des Vertretervertrags aus wichtigem Grund wegen schuldhaften Verhaltens des Vertreters führt gemäß § 89b III Ziff. 2 HGB zum Verlust des Ausgleichsanspruchs.

3. Geltendmachung wichtiger Kündigungsgründe nach § 89b I Ziff. 3 HGB

Verzichtet das Unternehmen auf die Ausübung seines Rechts zur fristlosen Kündigung wegen schuldhaften Verhaltens des Vertreters und begnügt sich stattdessen mit einer ordentlichen Kündigung, so ist es dadurch grundsätzlich nicht gehindert, die wichtigen Kündigungsgründe wenigstens bei der Feststellung und Errechnung des Ausgleichsanspruchs gemäß § 89b I Ziff. 3 HGB aus Billigkeitsgründen doch noch mit anspruchmindernder Wirkung geltend zu machen.

4. Vertragsstrafe

Falls im Vertretervertrag die Beachtung bestimmter Vertreterpflichten zusätzlich durch die Vereinbarung einer Vertragsstrafe abgesichert worden ist, so kann das Unternehmen bei entsprechenden Vertragsverletzungen neben Schadenersatz und unbeschadet seiner etwaigen Kündigungsrechte auch die Vertragsstrafe fordern.

D. Die Rechte des selbständigen Versicherungsvertreters gegenüber dem Versicherungsunternehmen

Den Pflichten des Versicherungsvertreters stehen seine Rechte zu Lasten des Versicherungsunternehmens gegenüber; beide sollen sich unter Berücksichtigung der unterschiedlichen geschäftlichen Funktionen der Vertragspartner in einem ausgewogenen Verhältnis zueinander befinden, ohne sich allerdings wechselseitig immer entsprechen zu müssen.

Die Pflichten des Unternehmens sind in den handelsrechtlichen Vorschriften der §§ 85 ff. HGB, in den auf Vertretungsverhältnisse anwendbaren Vorschriften des Dienstvertragsrechts im BGB und in den jeweiligen vertraglichen Vereinbarungen begründet. Im einzelnen sind besonders zu beachten § 86a HGB, der die Pflicht des Unternehmers zur Unterstützung und zur Benachrichtigung des Vertreters regelt, § 87 HGB, der ihn zur Provisionszahlung verpflichtet, § 87c HGB hinsichtlich seiner Pflichten im Zusammenhang mit der Provisionsabrechnung sowie § 89b HGB mit der Verpflichtung zu einer Ausgleichszahlung bei Vertragsbeendigung, falls die gesetzlichen Voraussetzungen hierfür vorliegen. Ergänzend sind in Literatur und Rechtsprechung auf der Grundlage des § 86a HGB und unter Berufung auf die das Vertretungsverhältnis maßgeblich prägenden Grundsätze von Treu und Glauben sowie mit Rücksicht auf die wechselseitige enge Verbundenheit der Partner und daraus abgeleitete Treuevorstellungen weitere Unternehmerpflichten festgestellt worden. Dabei wurde allerdings gelegentlich nicht hinreichend beachtet, daß der Vertreter auf die kaufmännische Entschließungsfreiheit des vertretenen Unternehmers grundsätzlich keinen Einfluß nehmen kann. Da er nicht die Stellung eines Mitunternehmers besitzt, sondern als „Vertreter" die Geschäfte des Unternehmers zu besorgen hat, können ihm keine irgendwie gearteten geschäftlichen Mitentscheidungsrechte eingeräumt werden. Der Unternehmer ist vielmehr berechtigt, stets so zu handeln, wie es ihm im Hinblick auf seine Unternehmensziele geschäftlich vernünftig und sinnvoll erscheint. Folglich darf er Maßnahmen, die ihm in seinem Geschäftsinteresse geboten erscheinen, im allgemeinen auch den Vorrang vor den Interessen seines Vertreters geben (grundlegend: BGH-Urteil vom 12.12.1957, VersR 1958, S. 43). Es ist deshalb z. B. unrichtig, wenn aus der Interessenwahrungspflicht des Vertreters gelegentlich eine gleichartige Pflicht des Unternehmers gegenüber dem Vertreter gefolgert worden ist, weil dabei wiederum die wirtschaftlich unterschiedlichen Funktionen der Vertragspartner und die spezielle „Vertreter"-aufgabe nicht genügend beachtet wurden. Andererseits darf sich der Unternehmer bei der Führung seiner Geschäfte über die Interessen seiner Vertreter auch nicht einfach hinwegsetzen, muß ihnen sogar Rechnung zu tragen versuchen, soweit dies im Rahmen seiner unternehmerischen Gesamtverpflichtungen vertretbar und ihm im Einzelfall zumutbar ist. Auch die Bereitschaft des Unternehmers, bei der Vorbereitung seiner geschäftlichen Maßnahmen und Entscheidungen, insbesondere im Vertriebsbereich, seine Vertreter anzuhören, ihre beruflichen Kenntnisse und Erfahrungen zu nutzen und in den eigenen Meinungsbildungsprozeß einzubeziehen, darf heute als allgemein anerkanntes Gebot einer vertrauensvollen Zusammenarbeit gelten.

Gegenüber den Versicherungsnehmern ist der Versicherungsvertreter nicht eigenständig und unmittelbar verpflichtet und berechtigt. Die Versicherungsnehmer sind vielmehr – ebenso wie die Vertreter – vertraglich ausschließlich mit dem Versicherungsunternehmen verbunden. Die Versicherungsvertreter haben deshalb als solche auch grundsätzlich keine eigenen Ansprüche, insbesondere keine Vergütungsansprüche gegenüber den Versicherungsnehmern. In den Vertreterverträgen wird demgemäß oft nochmals ausdrücklich klargestellt, daß die Vertreter nicht berechtigt sind, gegenüber dem Versicherungsnehmer von sich aus Forderungen, z. B. in Form von ,,Gebühren" für irgendwelche Leistungen, zu erheben und zu verfolgen. Davon bleibt die Tatsache unberührt, daß die Kunden des Versicherungsunternehmens wirtschaftlich zugleich auch die Kunden des Vertreters sind und der Vertreter wirtschaftlich eine Vermittleraufgabe zwischen den Kunden und dem Unternehmen zu erfüllen hat.

I. Der Vergütungsanspruch

Wer in Ausübung seines Handelsgewerbes einem anderen Geschäfte besorgt oder Dienste leistet, kann dafür auch ohne Verabredung **Provision** verlangen. Dieser in § 354 HGB festgeschriebene Grundsatz verdeutlicht, daß die Vergütung in Form von Provisionen auch die für den selbständigen Versicherungsvertreter angemessene und typische Vergütungsform ist. Dies gilt umso mehr, wenn die Erfolgsabhängigkeit des Provisionsanspruchs jenes Unternehmerrisiko bestätigt und unterstreicht, durch das sich der selbständige Versicherungsvertreter wesentlich vom Angestellten unterscheidet. Die Erfolgsabhängigkeit der Vertreterprovision ist dabei nicht nur bei den Vermittlungs- und Abschlußprovisionen gegeben; sie liegt vielmehr – wenn mitunter auch weniger offenkundig – ebenso bei jenen Provisionen vor, die regelmäßig nur durch eine vorausgehende Tätigkeit verdient werden können. So setzt die Inkassoprovision zwar einerseits eine Inkassotätigkeit voraus, wird jedoch nur verdient, wenn diese Tätigkeit auch zum Prämieneingang beim Versicherungsunternehmen geführt hat. Bei der Betreuungsprovision verflüchtigt sich die Erfolgsabhängigkeit der Provisionszahlung noch mehr und wird allein noch in der Tatsache sichtbar, daß eine schlechte Betreuung im Ergebnis zum Wegfall der Provisionsgrundlage führen wird. Echte Tätigkeitsvergütungen sind demgegenüber Provisionen, bei denen die Abgeltung des tatsächlich erbrachten Zeit- und Arbeitsaufwandes ganz im Vordergrund steht und die regelmäßig nur mit einer geringen Verdienstspanne kalkuliert werden, wie z. B. Schadenregulierungsprovisionen, Provisionen für die Ausfertigung von Versicherungsscheinen und ähnliche Vergütungen.

Ebenso, wie die erfolgsbezogene Vergütung durch Provisionen für den selbständigen Versicherungsvertreter typisch ist, obwohl auf sie teilweise – aus anderen Gründen – auch bei angestellten Versicherungsvertretern nicht verzichtet werden kann, erscheint die Zahlung von Festbezügen bei selbständigen Versicherungsvertretern mit deren Selbständigkeit nur schwer vereinbar. Festbezüge, insbesondere in Form von Provisionsgarantien, aber auch pauschale Unkostenerstattungen und andere feste Zuschüsse, sollten deshalb allenfalls zur Überbrückung momentaner Schwierigkeiten, z. B. in der Anlaufphase der Vertretertätigkeit, bei einer personellen Erweiterung des Agenturbetriebes und in ähnlichen Situationen mit besonderen Umstellungs- oder Anpassungsschwierigkeiten, also zeitlich befristet und nur für bestimmte Sonderfälle ausnahmsweise vereinbart werden (vgl. dazu auch oben unter A. II und B. II).

Im übrigen kennt die Versicherungspraxis entsprechend der Vielfalt der Vertreteraufgaben recht unterschiedliche Provisionsarten, für die zudem häufig auch noch verschiedenartige und zuweilen mißverständliche Bezeichnungen verwendet werden, so daß im Einzelfall die durch die jeweilige Provision vergütete Gegenleistung des Vertreters materiell oft unabhängig von der gewählten Terminologie erst ermittelt werden muß. Ebenso sind die Berechnungsgrundlagen für die Provisionen recht verschieden: Meistens wird die Provision jedoch in einem bestimmten Prozentsatz der Jahresprämie festgesetzt, wobei im Zweifel die Bruttoprämie gemeint ist. Stattdessen können als Provision auch eine bestimmte Zahl von Monatsprämien vereinbart werden. In der Großlebensversicherung dient als Bemessungsgrundlage der Provision regelmäßig ein Promillesatz der Versicherungssumme, was trotz der Formulierung des § 92 IV HGB gleichfalls möglich ist.

Schließlich ist auch die Zahlweise der Provisionen keineswegs einheitlich, vielmehr sind in einzelnen Versicherungszweigen und -branchen insoweit recht unterschiedliche Provisionssysteme gebräuchlich. In ihren typischen Grundformen können sie schlagwortartig mit *„Einmalprovision"*, *„laufende Provision"* und *„laufende Provision mit erhöhter Abschlußprovision im ersten Versicherungsjahr"* umschrieben werden (siehe dazu Einzelheiten unten unter D. I. 3).

Einige Einzelheiten des Provisionswesens in der Versicherungswirtschaft sollen im folgenden näher erläutert werden; dabei wird insbesondere auf die Eigenheiten des speziellen, vom allgemeinen Provisionsrecht für Warenvertreter unterschiedlichen Provisionsrechts für Versicherungsvertreter abgehoben.

1. Provisionsrechtliche Sonderregelungen für Versicherungsvertreter

Das gesetzliche Provisionsrecht für selbständige Handelsvertreter, normiert in den §§ 87 ff. HGB, gilt ebenso wie die sonstigen Vorschriften des allgemeinen Handelsvertreterrechts grundsätzlich auch für Versicherungsvertreter, soweit in Sondervorschriften nicht abweichende Regelungen getroffen werden (§ 92 II HGB).

Diese Sonderregelungen betreffen in gleicher Weise wie das allgemeine Provisionsrecht zunächst nur die Vermittlungs- und Abschlußprovisionen. Auf sonstige Provisionen – im Gesetz werden allein die Inkassoprovision in § 87 IV HGB und die Delkredereprovision in § 86 b HGB ausdrücklich berücksichtigt – sind die gesetzlichen Provisionsvorschriften nicht ohne weiteres, jedenfalls nicht ohne Beachtung der jeweiligen Eigenheiten dieser Provisionen anwendbar.

a) Die Regelung in § 92 III Satz 1 HGB

Während der Handelsvertreter (Warenvertreter) gemäß § 87 I Satz 1 HGB nicht nur für alle während des Vertretungsverhältnisses abgeschlossenen Geschäfte Provision beanspruchen kann, die auf seine Tätigkeit zurückzuführen sind, sondern auch für solche Geschäfte, die mit Dritten abgeschlossen werden, die er als Kunden für Geschäfte der gleichen Art geworben hat, bleibt der Provisionsanspruch des Versicherungsvertreters auf Versicherungsabschlüsse beschränkt, die auf seiner Tätigkeit beruhen (§ 92 III Satz 1 HGB). Es reicht beim Versicherungsvertreter für einen Provisionsanspruch also nicht aus, daß er einen Versicherungsnehmer ursprünglich als Kunden geworben hat, und zwar selbst dann nicht, wenn eine Identität oder Gleichartigkeit des Versicherungsverhältnisses vorliegen sollte. Andererseits hat der Versicherungsvertreter mangels abweichender Vereinbarungen einen Provisionsanspruch für alle auf seine Tätigkeit zurückzuführenden Abschlüsse; es ist nach der gesetzlichen Regelung also z. B. nicht unbedingt erforderlich, daß er den Versicherungsantrag mitunterzeichnet oder seinerseits an das Versicherungsunternehmen weitergeleitet hat.

b) Die Regelung in § 92 III Satz 2 HGB

Außerdem gelten die gesetzlichen Vorschriften in § 87 II HGB über den weitergehenden Provisionsanspruch jener Handelsvertreter, denen ein bestimmter Bezirk oder ein bestimmter Kundenkreis zugewiesen worden ist, für den Versicherungsvertreter nicht (§ 92 III Satz 2 HGB). Vgl. dazu oben die Ausführungen unter A. I. 3b.

c) Die Regelung in § 92 IV HGB

Ebenso ist die Frage, wann und in welchem Umfang ein nicht mehr aufschiebend bedingter Provisionsanspruch besteht, beim Handelsvertreter einerseits und Versicherungsvertreter andererseits unterschiedlich geregelt. Der Anspruch des Handelsvertreters entsteht nach § 87 I Satz 1 HGB bei Abschluß des Geschäfts, ist jedoch gemäß § 87a I Satz 1 HGB aufschiebend bedingt durch die Ausführung des Geschäftes durch den Unternehmer. – Das Gesetz stellt diese Entwicklung allerdings nicht ausdrücklich klar und braucht dies auch nicht zu tun, weil sich aus der aufschiebend bedingten Entstehung des Provisionsanspruchs noch keine Rechtsfolgen speziell handelsrechtlicher Art ergeben. Spätestens besteht der Anspruch, sobald und soweit der Dritte das Geschäft ausgeführt hat (§ 87 a I Satz 3 HGB). Leistet der Unternehmer vor, so ist der Provisionsanspruch allerdings noch auflösend bedingt durch das endgültige Ausbleiben der Leistung des Dritten (§ 87a II HGB).

Der Versicherungsvertreter hat demgegenüber Anspruch auf Provision in jedem Fall erst dann, wenn der Versicherungsnehmer die Prämie gezahlt hat, aus der sich die Provision nach dem Vertragsverhältnis berechnet (§ 92 IV HGB). Deshalb ist beim Versicherungsvertreter auch für einen gesetzlichen Vorschußanspruch gemäß § 87a I Satz 2 HGB an sich kein Raum.

Beide Regelungen basieren dabei auf demselben Grundgedanken, daß die Provision eine Erfolgs- und keine Leistungsvergütung ist.

d) Sachgerechte Anwendung von § 87a II–IV HGB

Die Vorschriften in § 87a II–IV HGB gelten — ohne daß dies im Gesetz ausdrücklich klargestellt würde — zwar grundsätzlich auch für Versicherungsvertreter, jedoch aus der Natur der Sache mit der Maßgabe, daß bei ihrer Anwendung den Besonderheiten der vom Versicherungsvertreter vermittelten „Geschäfte", insbesondere im Hinblick auf die Problematik der „Ausführung" dieser Geschäfte, Rechnung getragen werden muß.

e) Die Regelung in § 89b V HGB

Schließlich sind unter Berücksichtigung des spezifischen Charakters des Ausgleichsanspruchs des Versicherungsvertreters, der — abweichend von jenem des Warenvertreters — grundsätzlich nichts anderes und nicht mehr ist als ein Surrogat von während des Vertretungsverhältnisses dem Grunde nach verdienten, dem Vertreter vereinbarungsgemäß jedoch erst später zustehenden (Teilen von) Vermittlungs- oder Abschlußprovisionen, die bei Beendigung des Vertretungsverhältnisses aufgrund von in der Versicherungswirtschaft aus guten Gründen seit je üblichen Vertragsabreden (sogenannte *Provisionsverzichtsklauseln*) in Wegfall kommen, schon hier auch noch die Sondervorschriften für Versicherungsvertreter in § 89 b V HGB zu nennen. Danach kann in Konsequenz der erwähnten provisionsrechtlichen Spezialregelungen gemäß § 92 III HGB auch beim Ausgleichsanspruch des Versicherungsvertreters nicht — wie beim Warenvertreter — auf angeknüpfte Geschäftsverbindungen mit neuen Kunden, sondern nur auf die neu vermittelten einzelnen Versicherungsverträge abgestellt werden. Andererseits soll dem Versicherungsvertreter der infolge der Beendigung des Vertretungsverhältnisses eintretende Provisionsverlust eben deshalb, weil er nur dem Grunde nach bereits verdiente Provisionen umfaßt, weitergehend als dem Warenvertreter ausgeglichen werden können; die gesetzliche Höchstgrenze des Ausgleichs wird deshalb von einer auf drei Jahresprovisionen oder Jahresvergütungen erhöht.

f) Anwendbarkeit der Sonderregelungen bei Nicht-Vermittlungsprovisionen

Die provisionsrechtlichen Sonderregelungen des § 92 III und IV HGB für Versicherungsvertreter gelten unmittelbar nur für Vermittlungs- bzw. Abschlußprovisionen, also nicht ohne weiteres auch für jene Provisionen, die dem Versicherungsvertreter als Erfolgsvergütungen aufgrund verwaltender oder betreuender Tätigkeiten, insbesondere für das Prämieninkasso, gezahlt werden. Allerdings wird eine entsprechende Anwendung des § 92 IV HGB vielfach schon durch die Tatsache erzwungen, daß die Vergütungen für die Vermittlung, Verwaltung und Betreuung von Versicherungsverträgen nach den üblichen vertraglichen Vereinbarungen weithin in Form einheitlicher, nachträglich kaum mehr einvernehmlich aufspaltbarer Gesamtprovisionen gezahlt werden. Auch deshalb ist die Abhängigkeit des Provisionsanspruchs vom Eingang der Prämie, aus der die Provision vertragsgemäß zu berechnen ist, und darüber hinaus die allgemeine Geltung des Satzes von der Schicksalsteilung von Prämie und Provision auch bei den sonstigen Provisionen regelmäßig nicht nur wirtschaftlich geboten, sondern rechtlich unvermeidbar und entspricht dem allgemein üblichen Verfahren. Demgegenüber kann eine Anwendung des § 87 I und

II HGB auf Verwaltungs- und Betreuungsprovisionen schon deshalb nicht in Betracht kommen, weil diese Provisionen neben dem Erfolg einer bestimmten Tätigkeit auch deren tatsächliche Ausübung voraussetzen; allgemein richtungsweisend bleibt deshalb hier die Spezialnorm des § 87 IV in Verbindung mit § 354 I HGB über den Fall der Inkassoprovision hinaus, die für eine vertragliche Regelung von Einzelheiten einen sehr weiten Spielraum läßt.

Die Gründe für die Unverzichtbarkeit aller vorerwähnten provisionsrechtlichen Sonderregelungen bei Versicherungsvertretern sind im Schrifttum ausführlich erläutert worden; auf die dortigen Ausführungen muß hier wegen Einzelheiten verwiesen werden.

2. Provisionsarten

a) Vermittlungs- und Abschlußprovisionen

Entsprechend der Hauptaufgabe des Versicherungsvertreters, neue Versicherungsverträge zu vermitteln oder — bei erteilter Abschlußvollmacht — abzuschließen, sollte der Schwerpunkt seiner Vertretereinkünfte stets bei den Vermittlungs- und Abschlußprovisionen liegen. Deren Anteil wird sich im Laufe des Vertretungsverhältnisses infolge des Anwachsens des Agenturbestandes an Versicherungsverträgen zugunsten der für die Ausübung verwaltender und betreuender Aufgaben gezahlten Provisionen allerdings oft verschieben.

Die begriffliche Abgrenzung beider Provisionsarten wird im Sprachgebrauch der Praxis nicht immer eingehalten, vielmehr oft auch dann unscharf von ,,Abschlußprovisionen" gesprochen, wenn es sich tatsächlich um Vermittlungsprovisionen handelt.

Da dem Versicherungsvertreter nach § 92 III Satz 1 HGB ein Anspruch auf Provisionen nur für solche Geschäfte zusteht, die auf seine Tätigkeit zurückzuführen sind, muß ein ursächlicher Zusammenhang zwischen der Tätigkeit des Vertreters und dem Abschluß bzw. der Vermittlung des Versicherungsvertrages bestehen. Wann ein Vermittlungserfolg auf der Tätigkeit des Vertreters beruht, läßt sich angesichts der Vielfalt der Vermittlungsvorgänge nicht in einer kurzen Formel umschreiben. Die Tätigkeit muß jedoch für den Willensentschluß des Kunden zum Abschluß des Versicherungsvertrages in einem nicht völlig unerheblichen Maße mitursächlich gewesen sein.

Falls mehrere Vermittler den Vermittlungserfolg herbeigeführt haben, steht im Zweifel zwar jedem von ihnen eine Vermittlungsprovision zu. Das Versicherungsunternehmen kann in einem solchen Fall aber nicht verpflichtet sein, für den Vertragsabschluß insgesamt mehr als die von ihm nur einmal kalkulierte und jedem Vermittler auch nur für den Fall seiner alleinigen Vermittlungstätigkeit uneingeschränkt zugesagte Vermittlungsprovision zu zahlen. Deshalb müssen sich mehrere Vermittler mit einer anteiligen Provision begnügen, deren Höhe nach dem Maß ihrer Beteiligung an der Herbeiführung des Vermittlungserfolges zu bemessen ist. Im Zweifel wird jedem dieser Vermittler der gleiche Provisionsanteil zuzubilligen sein. Um naheliegende Schwierigkeiten bei einer derartigen Provisionsaufteilung von vornherein zu vermeiden, wird in den Vertreterverträgen mitunter bestimmt, daß eine Vermittlungsprovision stets nur jener Vermittler erhält, der dem Versicherungsunternehmen den unterschriebenen Versicherungsantrag einreicht. Es wird dabei für den Regelfall unterstellt, daß dieser Vermittler auch den entscheidenden und allein vergütungswürdigen Beitrag zum Vermittlungserfolg geleistet hat. Für eine derartige, praxisnahe Regelung kann man sich zudem auf das gesetzliche Vorbild der Vorschriften in § 87 I Satz 2 und II Satz 2 in Verbindung mit § 87 III HGB berufen und außerdem mit dem allgemeinen Hinweis argumentieren, daß grundsätzlich auch noch so intensive Vermittlerbemühungen unvergütet bleiben, falls sie letztlich doch nicht zu dem angestrebten Erfolg führen. Trotzdem dürfte es besser sein, eine vertragliche Regelung der vorgenannten Art nur als widerlegbare Vermutung für die Feststellung des Anspruchsberechtigten zu gestalten.

Vermitteln „unechte" Untervertreter Versicherungsverträge, so erhalten regelmäßig neben diesen auch die Generalvertreter, denen sie organisatorisch unterstellt sind, eine Vermittlungsprovision, um auch deren mittelbare Beteiligung am Vermittlungserfolg durch vorbereitende, anleitende und unterstützende Handlungen und Maßnahmen zu vergüten. Für diese Provision ist die Bezeichnung *„Superprovision"* weit verbreitet; ihre Höhe entspricht oft dem Unterschiedsbetrag der üblicherweise für Generalvertreter und für Vertreter ohne Unterorganisation vorgesehenen Vermittlungsprovisionen. Vermitteln „echte" Untervertreter eines Generalvertreters Versicherungsverträge, so steht ihnen ein Provisionsanspruch allein gegenüber ihrem Generalvertreter zu, den dieser aus der höheren Provision, die er mit dem Versicherungsunternehmen vereinbart hat, befriedigen muß.

Der **Anspruch** auf Vermittlungs- und Abschlußprovisionen besteht für die vom Vertreter vermittelten „Geschäfte". Dazu gehört in erster Linie das sogenannte *Neugeschäft*, also die Vermittlung neuer Versicherungsverträge für bisher unversicherte oder bei anderen Unternehmen versicherte Risiken. Aber auch durch neue Vermittlungsbemühungen erreichte Erhöhungen der Versicherungssummen bei schon bestehenden Verträgen sind provisionspflichtige Geschäfte. Ebenso kann eine Umwandlung bestehender Versicherungsverträge, die zu einer wesentlichen Erweiterung des bisherigen Vertragsinhalts führen, einen Anspruch auf Vermittlungsprovision begründen. Das gleiche gilt für die Verlängerung eines ablaufenden Versicherungsvertrages, sofern dieser Vertrag nicht bereits eine Verlängerungsklausel enthalten hat.

Die Zurückgewinnung eines Versicherungsnehmers, der seinen Versicherungsvertrag gekündigt hat, wird in der Regel dann als Neugeschäft behandelt werden können, wenn die Kündigung das Vertragsverhältnis bereits zum Erlöschen gebracht hatte und deshalb ein neuer Vertragsabschluß erforderlich war. Demgegenüber liegt im Zweifel kein provisionspflichtiger Neuabschluß vor, wenn der Versicherungsnehmer seine Kündigung so rechtzeitig zurückgenommen hatte, daß das Vertragsverhältnis unverändert fortgesetzt werden konnte. Deshalb ist es z. B. auch nicht üblich, für die Wiederbelebung ruhender Lebensversicherungsverträge eine Vermittlungsprovision zu zahlen. Dies braucht eine besondere Vergütung für entsprechende Bemühungen des Vertreters nicht auszuschließen, wenn das Versicherungsunternehmen an den betreffenden Versicherungsverträgen besonders interessiert ist.

Die **Höhe** der Vermittlungs- und Abschlußprovision ist im Gesetz nicht geregelt. In § 87 I

HGB wird dazu lediglich gesagt, daß für den Fall, daß über die Höhe der Provision keine Vereinbarungen getroffen wurden — was in der Praxis nicht oft vorkommen dürfte —, der übliche Provisionssatz als vereinbart anzusehen ist. Für die Partner des Vertretervertrages besteht insoweit also grundsätzlich Vertragsfreiheit. Sie müssen allerdings die verbindlichen Provisionsbegrenzungsvorschriften für einzelne Versicherungszweige beachten. Insbesondere für die Kraftfahrt-Haftpflichtversicherung sind in der Tarifverordnung Höchstgrenzen für alle in diesem Bereich gezahlten Provisionen vorgeschrieben (§§ 30 ff.). Für den Bereich der Lebensversicherung hat das Bundesaufsichtsamt für das Versicherungswesen Maximierungsrichtlinien erlassen und die Versicherungsunternehmen auf ihre Beachtung verpflichtet (VerBAV 1974, S. 206; 1985, S. 344; 1986, S. 267).

Da der Versicherungsvertreter seine Vermittlungsprovision nur verdient, wenn das Versicherungsunternehmen den ihm vorgelegten Versicherungsantrag auch annimmt, ist an dieser Stelle erneut auf die grundsätzlich gegebene geschäftliche Entscheidungsfreiheit des Unternehmens hinzuweisen. Das Unternehmen kann aus objektiven oder subjektiven Gründen nicht daran interessiert sein, das ihm angebotene Risiko in Deckung zu nehmen. Seine diesbezügliche Entscheidung darf allerdings nicht den Grundsätzen von Treu und Glauben widersprechen, insbesondere nicht völlig willkürlich sein. Rechtlich nicht zu beanstanden sind demnach z. B. ablehnende Entscheidungen, wenn das angebotene Risiko nicht zu marktgerechten Bedingungen versichert werden kann oder aber wegen einer hohen Schadenanfälligkeit nach der versicherungstechnischen Erfahrung unerwünscht ist. In solchen Fällen besteht kein Anspruch des Vertreters auf Provision oder eine sonstige Vergütung für seine vergeblichen Bemühungen, unbeschadet der Verpflichtung des Unternehmens, dem Vertreter die Ablehnung des Versicherungsantrages unverzüglich mitzuteilen. Vereitelt das Unternehmen allerdings wider Treu und Glauben das Entstehen eines Provisionsanspruchs, so gilt der Anspruch nach allgemeinen Rechtsgrundsätzen als dennoch entstanden (§ 162 BGB).

Der Vertreter behält seinen Provisionsanspruch ausnahmsweise auch dann, wenn der vermittelte Versicherungsvertrag vom Unternehmen ohne zureichende Gründe nicht ausgeführt wird. Nach der zwingenden gesetzlichen Regelung in § 87a III HGB verbleibt dem Handelsvertreter sein Provisionsanspruch, wenn feststeht, daß der Unternehmer das Geschäft ganz oder teilweise nicht oder nicht so ausführt, wie es abgeschlossen worden ist. Dies gilt allerdings nicht, wenn und soweit die Nichtausführung auf Umständen beruht, die vom Unternehmer nicht zu vertreten sind.

In diesem Zusammenhang spielt in der Praxis die Frage eine besondere Rolle, inwieweit das Versicherungsunternehmen versuchen muß, zur Sicherung des Provisionsanspruchs seines Vertreters seinen vertraglichen Erfüllungsanspruch gegen den Versicherungsnehmer durchzusetzen. Soweit im Vertretervertrag darüber keine besonderen Vereinbarungen getroffen worden sind, ist das Unternehmen zwar verpflichtet, in zumutbarer Weise auf den Versicherungsnehmer einzuwirken und ihn zur Prämienzahlung anzuhalten. Dieser Verpflichtung wird es jedoch regelmäßig allein schon mit der Durchführung des ordentlichen Mahnverfahrens gerecht. Dies gilt insbesondere dann, wenn der Vertreter über die Einleitung des Mahnverfahrens unterrichtet („Stornogefahrmitteilung") oder an seiner Abwicklung beteiligt wird und damit Gelegenheit erhält, auch seinerseits auf den Versicherungsnehmer Einfluß zu nehmen, soweit er zu entsprechenden Bemühungen nicht sogar verpflichtet ist („Nacharbeit"). Ein gerichtliches Vorgehen gegen den zahlungsunwilligen

Versicherungsnehmer allein im Provisionsinteresse des Vertreters dürfte für das Unternehmen demgegenüber regelmäßig nicht zumutbar sein. Im übrigen muß hier ohnehin zwischen Erst- und Folgeprämien und nach den Sonderverhältnissen in den einzelnen Versicherungszweigen unterschieden werden. In der Schadenversicherung kann es für das Unternehmen dabei eher unbedenklich sein, die Erst- und Folgeprämien – auch zugunsten des Vertreters – einzuklagen und die Zwangsvollstreckung durchzuführen, sofern keine besonderen Umstände einem solchen Vorgehen entgegenstehen. Anders ist die Situation in der Lebensversicherung. Zwar ist das Unternehmen auch dort verpflichtet, den Versicherungsnehmer zur Erfüllung seiner vertraglich eingegangenen Verpflichtungen nachdrücklich aufzufordern, darf jedoch von einer gerichtlichen Geltendmachung jedenfalls der Erstprämie regelmäßig absehen, um eine Schädigung des Versicherungsgedankens zu vermeiden. In diesem Sinne ist nicht nur in einschlägigen Stellungnahmen der Versicherungsaufsichtsbehörde, sondern auch in zahlreichen Gerichtsentscheidungen darauf hingewiesen worden, daß durch die Zahlungsunwilligkeit eines Versicherungsnehmers schon unmittelbar nach Vertragsabschluß die Bestandsfestigkeit des auf längere Dauer geschlossenen Lebensversicherungsvertrages offenkundig in Frage gestellt wird. Das gegenseitige Vertrauen sei bei einem solchen Vertrag aber ein so wesentliches Element, daß ihm bei einer sofortigen Zahlungsverweigerung seine tragende Grundlage entzogen werde. Eine Pflicht des Lebensversicherungsunternehmens zur gerichtlichen Durchsetzung seines ersten Prämienanspruchs wurde deshalb immer wieder als unzumutbar verneint; bei späteren Folgeprämien besteht in der Lebensversicherung regelmäßig aus anderen Gründen weder Anlaß noch eine Möglichkeit, den vertragsunwilligen Versicherungsnehmer zur Zahlung der Versicherungsprämien zu zwingen.

Der Anspruch des Vertreters auf Vermittlungsprovision fällt wieder weg, wenn der Versicherungsnehmer den Versicherungsvertrag erfolgreich anficht, weil dann auch das Unternehmen die gezahlten Versicherungsprämien nicht behalten darf. Dazu kann es kommen, wenn der Vertreter den Versicherungsnehmer bei der Vermittlung arglistig getäuscht hat (z. B. durch falsche Aufklärung über den Umfang des Versicherungsschutzes). Das gleiche gilt, wenn der Versicherungsvertrag wegen bestehender älterer Rechte eines anderen Unternehmens freigegeben werden muß. Der Vertreter kann sich in solchen Fällen gegen den Wegfall des Provisionsanspruchs auch nicht mit der Begründung wehren, daß er die Provision bereits an einen Untervertreter oder einen anderen Vermittler weitergegeben habe. Falls sein Verhalten für den Verlust des Versicherungsvertrages ursächlich war, gilt auch hier der für das gesamte Provisionsrecht der Versicherungswirtschaft maßgebende Grundsatz, daß die Provision das rechtliche Schicksal der Prämie teilt, soweit nichts Abweichendes vereinbart worden ist.

Ficht dagegen das Versicherungsunternehmen das Vertragsverhältnis wegen arglistiger Täuschung durch den Versicherungsnehmer an (z. B. wegen Verschweigens von Gefahrumständen, § 22 VVG) oder erklärt es den Rücktritt vom Vertrag (z. B. wegen Verletzung vorvertraglicher Anzeigepflichten), so gilt im allgemeinen die hierfür in den Versicherungsbedingungen meist in Anlehnung an § 40 VVG getroffene Regelung. Danach gebührt dem Versicherungsunternehmen die Prämie für die laufende Versicherungsperiode, so daß insoweit auch der Anspruch des Vertreters auf laufende Provision nicht beeinträchtigt wird.

Anders als Warenvertreter haben Versicherungsvertreter weder kraft Gesetzes noch kraft Handelsbrauchs einen Rechtsanspruch auf Provisionsvorschuß. § 92 IV HGB ersetzt nämlich auch § 87a I Satz 2 HGB. Gleichwohl ist es in der Praxis weithin üblich, auch Versicherungsvertretern Vorschüsse auf ihre Provisionsforderungen zu zahlen. Sobald feststeht, daß dem Vertreter ein Provisionsanspruch nicht zusteht, ist er verpflichtet, den Provisionsvorschuß zurückzuzahlen. Diese Rückgewährpflicht besteht nach den Grundsätzen der ungerechtfertigten Bereicherung (§ 812 ff. BGB) oder in Anwendung des in § 87a II HGB ausgesprochenen allgemeinen Rechtsgedankens. Zur Sicherung entsprechender Rückgewähransprüche des Versicherungsunternehmens wird vielfach die Bildung einer sogenannten *Stornoreserve aus Provisionsgutschriften* vereinbart. Die Bedingungen einer solchen Stornoreserve müssen den Interessen beider Teile in angemessener Weise Rechnung tragen (zur Sicherheitsleistung des Vertreters siehe allgemein oben unter C. VII. 5).

b) Tätigkeitsbedingte Provisionen

aa) Inkassoprovision

Der Begriff „Inkassoprovision" wird in der Versicherungswirtschaft oft nicht wortgetreu gebraucht; vielfach werden die laufenden Provisionen ab dem 2. Versicherungsjahr undifferenziert als „Inkassoprovisionen" bezeichnet, obwohl sie keineswegs nur die reine Inkassotätigkeit des Vertreters vergüten sollen. Diese unsorgfältige Terminologie macht es provisionsrechtlich manchmal schwierig, unter Umständen aber notwendig, festzustellen, wofür solche „Inkassoprovisionen" im einzelnen tatsächlich gezahlt werden.

Es ist deshalb ratsam, den Begriff „Inkassoprovision" bei vertraglichen Vereinbarungen eindeutig auf jene Provisionen oder Provosionsteile zu beschränken, die der Vertreter tatsächlich allein für das Einziehen der Prämien erhält (§ 87 IV HGB). Allerdings werden entsprechende Klarstellungen inzwischen durch ständige Rechtsprechung erschwert, in der immer wieder verallgemeinernd auf die unzuverlässigen Provisionsbezeichnungen in der Versicherungswirtschaft hingewiesen worden ist, so daß man jetzt auch nach einer sachlichen Präzisierung der Provisionsbezeichnungen unverändert Gefahr läuft, mit einer Berufung auf den eindeutigen Wortlaut der gewählten Provisionsbezeichnungen nicht mehr gehört zu werden.

Auch die Inkassoprovision ist eine Erfolgsvergütung. Sie wird unabhängig von dem geleisteten Zeit- und Arbeitsaufwand des Vertreters nur verdient, wenn der Versicherungsnehmer die Versicherungsprämie aufgrund der Vertretertätigkeit auch entrichtet. Dabei bleibt es dem Vertreter, sofern keine gegenteiligen Vereinbarungen vorliegen, überlassen, wie er seine Inkassotätigkeit durchführt. Er kann die Prämien persönlich oder durch Beauftragte einziehen oder die Versicherungsnehmer auch zur bargeldlosen Zahlung veranlassen. Der Anspruch auf Inkassoprovision ist entstanden, sobald das Versicherungsunternehmen über die eingezogenen Prämien verfügen kann.

Das Prämieninkasso gehört gegebenenfalls zu den dem Vertreter vertraglich übertragenen Nebenpflichten. Bei Einführung des Direktinkassos durch das Versicherungsunternehmen wird man den Vertreter im Ergebnis für verpflichtet halten müssen, seinen Agenturbetrieb dieser Umstellung des gesamten Geschäftsbetriebes des Versicherungsunternehmens entsprechend anzupassen, zumal der Wegfall seiner Inkassotätigkeit ihm meist auch Vorteile, nicht zuletzt bessere Möglichkeiten zum Neuabschluß von Versicherungsverträgen verschaffen wird (vgl. dazu ausführlicher oben unter C. IV. 2). Im übrigen versteht es sich von selbst, daß bei Beendigung des Vertretungsverhältnisses auch der Inkassoauftrag des Vertreters und seine damit verbundenen Inkassoansprüche hinfällig werden.

Der gesetzliche Anspruch auf Inkassoprovision ist abdingbar. Dieser Rechtslage entsprechen nicht selten getroffene, trotz § 354 I HGB zulässige Regelungen, nach denen der Vertreter im ersten Versicherungsjahr keine Inkassoprovision erhält. Ihnen liegt die durchaus vertretbare Auffassung zugrunde, daß im ersten Versicherungsjahr die Durchführung des ersten Inkassos wegen § 92 IV HGB noch integrierender Bestandteil des Vermittlungsvorgangs ist und diesen Vorgang überhaupt erst abschließt. Auf das Inkasso späterer Prämien erscheint diese Beurteilung allerdings nicht übertragbar, zumal hier auch praktische Schwierigkeiten aus der Tatsache entstünden, daß die Folgeprovisionen ungeachtet ihrer jeweiligen Bezeichnung in aller Regel nicht ausschließlich, oft sogar nicht einmal überwiegend für das Prämieninkasso gezahlt werden, ohne daß sie vertraglich nach den vergüteten Vertretertätigkeiten aufgeteilt würden.

Versicherungsvertreter, die auch mit dem Prämieninkasso betraut sind, müssen dem Versicherungsunternehmen in der Regel Sicherheit leisten, z. B. durch Hinterlegung eines angemessenen Betrages verdienter Provisionen (vgl. dazu oben unter C. VII. 5).

bb) *Verwaltungsprovision und Betreuungsprovision*

Eine allgemeingültige Abgrenzung der damit vergüteten Vertretertätigkeit ist kaum möglich. Doch bringen die Begriffe „Verwaltungsprovision" und „Betreuungsprovision" (auch „*Bestandspflegegeld*" oder ähnlich genannt) zum Ausdruck, daß der Vertreter an der Durchführung der seiner Agentur zugewiesenen Versicherungsverträge über Einzelaufgaben wie z. B. das Prämieninkasso hinaus in einer allgemeinen und umfassenden Weise beteiligt ist. Er muß deshalb dem Versicherungsnehmer z. B. ebenso stets zur allgemeinen Beratung, zu Informationen und Rückfragen zur Verfügung stehen wie die Bearbeitung und Abwicklung von Versicherungsfällen in jeder Weise unterstützen.

Da der Anspruch auf Verwaltungs- und Betreuungsprovision gesetzlich nicht geregelt ist und auch nicht allgemein aus einem entsprechenden Handelsbrauch hergeleitet werden kann, dürfte es sich stets empfehlen, die Tätigkeiten, die vom Vertreter als Gegenleistung für die ihm zugesagten Verwaltungs- und/oder Betreuungsprovisionen erwartet werden, im Vertretervertrag möglichst konkret und zumindest beispielhaft auch im einzelnen zu beschreiben. Im Zweifel werden mit solchen Provisionen alle vom Vertreter vertraglich geschuldeten Dienstleistungen — mit Ausnahme seiner Vermittlungs- bzw. Abschlußerfolge — umfassend abgegolten, und zwar unabhängig davon, ob der Vertreter dabei von Fall zu Fall vorrangig im Interesse des Versicherungsunternehmens oder nach dem Willen des Unternehmens mehr für den Versicherungsnehmer tätig wird. Zu Vertreteraufgaben der angesprochenen Art gehören in der Lebensversicherung beispielsweise auch die Beratung des Versicherungsnehmers in einschlägigen steuerlichen Fragen, in Fragen der Gewinnbeteiligung, der Gewährung von Policendarlehen, einer Änderung der Zahlungsbedingungen, einer Vorverlegung des Vertragsablaufs oder Informationen über Stundungs- und Kündigungsmöglichkeiten, in der Schadenversicherung beispielsweise auch die Beteiligung an der Aufnahme von Schadenfällen sowie die laufende Überwachung der Risiken des Versicherungsnehmers und der Angemessenheit der vereinbarten Versicherungssummen.

cc) Provisionen für Schadenregulierung und für die Ausfertigung von Versicherungsscheinen

Im Rahmen seiner allgemeinen Verpflichtung zur Verwaltung und Betreuung der ihm zugewiesenen Versicherungsverträge ist der Vertreter regelmäßig auch gehalten, bei der Bearbeitung von Schadenfällen dem Versicherungsunternehmen behilflich zu sein und in dessen Vertretung auch dem Versicherungsnehmer zur Verfügung stehen. In den „Hauptpunkten einer Vertrages für hauptberufliche Versicherungsvertreter" (Ziffer 3) wird vorgeschlagen, diese Vertreteraufgabe dahin umzuschreiben, daß es dem Vertreter obliegt, auch bei der Ermittlung und Feststellung von Schäden soweit tätig zu werden, wie dies von ihm im Sinne der Bestandspflege und Kundenbetreuung den Umständen nach erwartet werden kann. Eine derartige Beteiligung an der Schadenregulierung wird dem Vertreter regelmäßig nicht besonders vergütet, sondern gilt als durch die ihm zustehende Verwaltungs- und/oder Betreuungsprovisionen mit abgegolten.

Die Zahlung einer besonderen Schadenregulierungsprovision ist demgegenüber gerechtfertigt und auch üblich, soweit der Vertreter bevollmächtigt ist, die Schadenregulierung in eigener Verantwortung vollständig und abschließend für das Versicherungsunternehmen durchzuführen. Demgemäß läßt auch die Tarifverordnung für die Kraftfahrt-Haftpflichtversicherung in § 31 II die Zahlung einer zusätzlichen Schadenregulierungsprovision durch folgende Bestimmung ausdrücklich zu:

„*Hat ein Versicherungsunternehmen die regelmäßige Bearbeitung und Erledigung von Schäden auf einen hauptberuflichen Versicherungsvermittler übertragen, so kann die Genehmigungsbehörde (§ 5) auf Antrag des Versicherungsunternehmens zulassen, daß dem Versicherungsvermittler eine zusätzliche Provision von höchstens 2,5 v. H. des vom Versicherungsnehmer zu zahlenden Beitrages gewährt wird, wenn und solange er für die Kraftfahrzeug-Haftpflichtversicherung eine schriftliche Regulierungsvollmacht über mindestens 2 000 DM je Schadenfall hat und diese Schäden tatsächlich anschließend reguliert.*

Gleiches gilt grundsätzlich für den heute allerdings nur noch seltenen Fall, daß der Versicherungsvertreter ermächtigt ist, anstelle des Versicherungsunternehmens und für dieses Versicherungsscheine und Nachträge zu Versicherungsscheinen auszufertigen. In der Tarifverordnung wird dazu in § 31 IV folgendes bestimmt:

„*Hat ein Versicherungsunternehmen die regelmäßige Ausfertigung von Versicherungsscheinen und -nachträgen auf einen hauptberuflichen Versicherungsvermittler übertragen, so kann die Genehmigungsbehörde auf Antrag des Versicherungsunternehmens zulassen, daß dem Versicherungsvermittler eine zusätzliche Provision von höchstens 2,5 v. H. des* vom Versicherungsnehmer zu zahlenden Beitrages gewährt wird, wenn und solange dies wegen der betrieblichen Organisationsform oder der technischen Ausrüstung des Versicherungsunternehmens wirtschaftlich gerechtfertigt ist."

dd) Führungsprovision bei Mitversicherung

Größere Risiken werden in der Schadenversicherung oft im Wege der Mitversicherung durch mehrere Versicherungsunternehmen gedeckt. In diesem Fall übernimmt eines der beteiligten Unternehmen gegenüber dem Versicherungsnehmer die Führung der Mitversicherungsgemeinschaft und erbringt damit zugleich für die beteiligten Unternehmen die entsprechenden Dienstleistungen verwaltender und betreuender Art. Dafür gewähren die mitbeteiligten Unternehmen dem führenden ein Entgelt in Form einer sogenannten *Führungs- oder Arbeitsprovision*.

Falls das führende Unternehmen die ihm übertragenen Aufgaben ganz oder teilweise an einen seiner Vertreter weiterüberträgt, erhält dieser regelmäßig auch die Führungsprovision oder jedenfalls einen Teil davon. Dies geschieht nach besonderer Vereinbarung oder auch nach Handelsbrauch.

c) Delkredereprovision

In der Versicherungswirtschaft ist es nicht üblich, daß der Versicherungsvertreter die Verpflichtung übernimmt, für die Verbindlichkeiten des Versicherungsnehmers einzustehen (Delkredere). Deshalb gewinnt in ihrem Bereich auch die Vorschrift des § 86b HGB über die Zahlung einer besondere Delkredere-Provision kaum praktische Bedeutung (vgl. dazu schon oben unter C. VII. 6). Im übrigen ist die Höhe der Delkredereprovision weder gesetzlich noch durch Handelsbrauch geregelt, muß also stets vertraglich vereinbart werden. Ist eine entsprechende Festlegung unterblieben, kann sie vom Vertreter in diesem Ausnahmefall gemäß §§ 316, 315 Abs. 1 BGB nach billigem Ermessen selbst bestimmt werden, während der Unternehmer, falls er seinerseits den Provisionssatz für unbillig hält, sie nach § 315 Abs. 3 BGB durch richterliche Entscheidung definitiv festsetzen lassen kann.

Auf den Fall, daß Generalvertreter für ihre „echten" oder „unechten" Untervertreter einzustehen haben, ist § 86b HGB nicht anwendbar. Diese Untervertreter sind entweder Erfüllungsgehilfen des Generalvertreters oder werden vertragsgemäß unter dessen Verantwortung gegen Zahlung von Superprovisionen tätig.

3. Provisionssysteme

Die Zahlweise der vom Versicherungsvertreter verdienten Vermittlungs- oder Abschlußprovisionen ist gesetzlich nicht geregelt. Es besteht deshalb, wie auch § 92 IV HGB bestätigt, insoweit grundsätzlich Vertragsfreiheit, d. h. die Parteien des Vertretervertrages können sich insbesondere auch darüber verständigen, ob solche Provisionen in einem Betrag oder gegebenenfalls ratierlich aus bestimmten unterjährigen Prämienzahlungen oder bei Verträgen mit mehrjähriger Laufzeit nur aus der Versicherungsprämie des ersten Versicherungsjahres gezahlt oder auf die Prämien mehrerer Jahre oder die gesamte Vertragslaufzeit verteilt werden. Allerdings ist einzuräumen, daß der Vertreter seine vertragliche Vergütung für den erzielten Vermittlungserfolg baldmöglichst, also optimal schon sofort nach Vertragsabschluß mit Eingang der Erstprämie in voller Höhe erhalten sollte. Einer entsprechenden Regelung können jedoch auch gewichtige Gründe, insbesondere vorrangige Interessen des Versicherungsnehmers (sofortige weitgehende Prämienverwendung für den Versicherungsschutz) oder des Versicherungsunternehmens (z. B. bei erhöhter Bestandsanfälligkeit oder Schadenhäufigkeit der Verträge) entgegenstehen, die eine Verteilung der Provisionszahlung auf einen längeren Zeitraum geboten erscheinen lassen. Es wäre jedoch unzulässig, die Zahlung der gesamten Vermittlungs- oder Abschlußprovision etwa überhaupt erst für den Eingang der letzten Prämienzahlung vorzusehen oder auch nur übergewichtig in die spätere Vertragslaufzeit zu verschieben, weil der Vertreter hierdurch unangemessen benachteiligt würde.

In den einzelnen Versicherungszweigen haben sich angesichts verschiedenartiger, jedoch typischer Verhältnisse schon seit langem auch typische Provisionssysteme herausgebildet, an denen sich die individuelle Vertragsgestaltung in aller Regel orientiert.

Als Grundformen solcher Provisionssysteme dürfen die sogenannten *Einmalprovisionen*, die laufenden Provisionen in gleichbleibender Höhe und schließlich als Variante zu dem letztgenannten System die Zahlung einer erhöhten Provision im ersten Versicherungsjahr und künftiger laufender Provisionen zu einem gleichbleibenden Provisionssatz in den folgenden Jahren gelten.

Unter **Einmalprovisionen** versteht man Vermittlungs- oder Abschlußprovisionen, die bei Abschluß des Versicherungsvertrages oder im ersten Versicherungsjahr in Form einer einmaligen Leistung und sofort in voller Höhe zahlbar sind. Dieses System wird vor allem in der Lebensversicherung weithin praktiziert. Die Höhe der Einmalprovisionen bemißt sich dabei entweder — in der Großlebensversicherung — nach Promillesätzen der Versicherungssumme oder — in der Kleinlebensversicherung — nach Prozentsätzen des Versicherungsbeitrages. Ein abweichendes Provisionssystem — Verteilung der Vermittlungsprovisionen auf sechs Jahre — findet sich allein bei der sogenannten *Vermögensbildenden Lebensversicherung*. Soweit der Vertreter in der Lebensversicherung in den folgenden Versicherungsjahren noch Provisionen — etwa unter der Bezeichnung „Betreuungsprovision", „Bestandspflegegeld" o. ä. — erhält, handelt es sich also nicht mehr um eine Vermittlungsvergütung, sondern ausschließlich um ein Entgelt für verwaltende oder betreuende Tätigkeiten.

Das System der Einmalprovision wird außerdem auch in der Krankenversicherung praktiziert, und zwar dort meist in der Weise, daß dem Vermittler mehrere Monatsbeiträge der Versicherungsprämie des ersten Versicherungsjahres als Vermittlungsentgelt zustehen. Soweit der Vertreter in der Krankenversicherung auch in den folgenden Vertragsjahren noch Provisionen bezieht, gilt hierfür in der Regel das gleiche wie in der Lebensversicherung.

Das System der laufenden, in gleichbleibender Höhe gezahlten Provisionen ist für die gesamte Schadenversicherung kennzeichnend. Es wird uneingeschränkt in jenen Versicherungszweigen angewandt, für die erfahrungsgemäß eine geringere Bestandsfestigkeit und hohe Schadenhäufigkeit kennzeichnend sind, was dort meist auch nur zum Abschluß von Einjahresverträgen mit oder ohne Verlängerungsklauseln führt, soweit es nicht gar nur um die Versicherung kurzfristiger Risiken geht. In erster Linie sind hier die industrielle Feuer- und Feuer-Betriebsunterbrechungsversicherung, die technischen Versicherungen und die Transportversicherung, überhaupt die Versicherungen im Bereich der gewerblichen Wirtschaft zu nennen; darüber hinaus ist dieses Provisionssystem nach der Tarifverordnung aber insbesondere auch das gesetzliche Modell für die Kraftfahrt-Haftpflichtversicherung.

In anderen Bereichen der Schadenversicherung, in denen es seit je weithin zum Abschluß von Versicherungsverträgen mit fünf- oder zehnjähriger Dauer kommt — es handelt sich hier insbesondere um die traditionsgemäß als sogenanntes *einfaches Geschäft* bezeichneten, teilweise kombinierten Verträge der Hausrat-, Gebäude-Haftpflicht-, Unfall- und Rechtsschutzversicherung mit Privatpersonen —, wird dem Vermittler neben den laufenden Provisionen in gleichbleibender Höhe ab dem zweiten Versicherungsjahr im ersten Versicherungsjahr eine erhöhte Vermittlungs- oder Abschlußprovision gezahlt, mit der Folge, daß ihm im ersten Versicherungsjahr schon ein größerer Teil des insgesamt höheren Vermittlungsentgeltes zufließt.

Der Vergleich der vorgenannten Grundformen der Zahlweise der Vermittlungsprovisionen gibt nochmals zu folgenden, für das gesamte Provisionsrecht der Versicherungswirtschaft besonders wichtige Feststellungen Anlaß: Wo das System der Einmalprovision Anwendung findet, wird der Vertreter für seinen Vermittlungs- oder Abschlußerfolg bereits im ersten Versicherungsjahr abschließend vergütet; die dem Vertreter hier in den Folgejahren etwa noch gezahlten Provisionen sind deshalb insgesamt echtes Entgelt für verwaltende oder betreuende Tätigkeiten. Wo stattdessen das System der **laufenden Provisionen** in der einen oder anderen Form praktiziert wird, kommt es zu einer ratierlichen Verteilung des Vermittlungsentgeltes auf einen längeren Zeitraum; da der Vertreter gerade in diesen Bereichen jedoch meist auch in größerem Umfang verwaltende und betreuende Aufgaben in den folgenden Jahren zu erfüllen hat und dafür gleichfalls Provisionen beanspruchen kann, enthalten die nach dem ersten Versicherungsjahr gezahlten sogenannten *Folgeprovisionen* regelmäßig teils Vermittlungs-, teils Verwaltungs- bzw. Betreuungsentgelt, ohne daß das Verhältnis dieser beiden Provisionsarten zueinander allgemeinverbindlich bestimmbar wäre oder in den Vertreterverträgen ausdrücklich klargestellt würde. Daraus ergeben sich bei der Behandlung von zahlreichen Provisionsfragen, insbesondere aber auch im Bereich des Ausgleichsanspruchs des Versicherungsvertreters kaum behebbare Schwierigkeiten. Deshalb sind in der Praxis immer wieder Wege gesucht und auch gefunden worden, um diese Schwierigkeiten im Ergebnis durch praktikable Kompromißlösungen zu überwinden.

Im übrigen bleibt im Hinblick auf neuere Entwicklungen noch besonders darauf hinzuweisen, daß der Versicherungsvertreter unter bestimmten Voraussetzungen Vermittlungsprovisionen auch infolge des Abschlusses von Versicherungsverträgen mit Anpassungsklauseln erwarten kann, falls es bei diesen Verträgen künftig allein oder doch überwiegend aufgrund der Anpassungsklauseln zu entsprechenden Vertragserweiterungen oder Summenerhöhungen kommt und die insoweit fortwirkende Vermittlerleistung noch nicht oder nicht voll vergütet worden ist und eine zusätzliche Vergütung begründet erscheint, weil die Anpassungsklausel zu echtem Neugeschäft führt oder in der Aufnahme der Anpassungsklausel in den Versicherungsvertrag eine besondere Vermittlerleistung zu sehen ist. Derartige Fälle können unabhängig davon auftreten, welches Provisionssystem bei der Vergütung der Vermittlung des Grundvertrages jeweils angewandt wird (vgl. dazu auch unten unter D. I. 6b(bb)).

4. Der Anspruch auf Abrechnung über die Provisionen, auf Buchauszug und auf Bucheinsicht

Das Gesetz legt dem Unternehmer in § 87c HGB folgende Rechtspflichten auf:

(1) Eine Pflicht zur **unverzüglichen Provisionsabrechnung** nach Ablauf des monatlichen, höchstens auf drei Monate verlängerbaren Abrechnungszeitraums (§ 87c I HGB),

(2) auf Verlangen des Vertreters die Pflicht, einen **Buchauszug** über alle provisionspflichtigen Geschäfte vorzulegen (§ 87c II HGB),

(3) eine **Auskunftspflicht** über alle für den Provisionsanspruch, seine Fälligkeit und Berechnung wesentlichen Umstände (§ 87c III HGB),

(4) unter Umständen die Pflicht, **Bucheinsicht** zu gewähren (§ 87c IV HGB).

Diese Pflichten gelten für alle Provisionen und sind unter Berücksichtigung von etwaigen Provisionsvorschüssen zu erfüllen. Der Vertreter muß dem Unternehmen die Provisionsabrechnung durch die Mitteilungen ermöglichen, die ihm nach § 86 II HGB obliegen. Die Rechte des Vertreters aus § 87c HGB können nicht ausgeschlossen oder beschränkt werden (§ 87c V HGB) und sind einklagbar. Der Vertreter kann während des bestehenden Vertretungsverhältnisses auf künftige gesetzmäßige Provisionsabrechnungen auch nicht wirksam verzichten.

Die Ansprüche auf Rechnungslegung und Auskunft sind ohne den Provisionsanspruch nicht abtretbar, da es sich um Nebenansprüche handelt.

Welche Abrechnungsmethode anzuwenden ist, läßt das Gesetz offen. Es kann deshalb nach den Gepflogenheiten bei dem einzelnen Unternehmen verfahren werden.

Durch das Abrechnungsverfahren wird nach der herrschenden Rechtsauffassung ein Kontokorrent nach § 355 HGB nicht begründet, d. h. die einzelnen Forderungen behalten ihre rechtliche Selbständigkeit. Die Feststellung des Saldos führt nicht zur Schuldtilgung der einzelnen Forderungen und Schaffung einer neuen Schuldverpflichtung in Höhe des festgestellten Saldos. Dies würde rechtlich eine Novation (Schuldumwandlung) bedeuten. Die Anerkennung des Saldos hat lediglich den Charakter eines Schuldanerkenntnisses nach § 781 BGB, das nicht der Schriftform bedarf (§ 782 BGB). Bei Falschbuchungen kann dieses Anerkenntnis angefochten werden (§ 119 ff. BGB).

5. Ersatz von Aufwendungen — Feste Zuschüsse — Provisionsgarantie — Gewinnbeteiligung — Leistungsprämien

Nach den §§ 670, 675 BGB können Geschäftsbesorger, zu denen an sich auch die Handelsvertreter zu zählen sind, Ersatz aller Aufwendungen verlangen, die sie zur Ausführung ihres Auftrages nach den Umständen für erforderlich halten durften. Die davon abweichende vertreterrechtliche Vorschrift in § 87d HGB geht demgegenüber von dem Grundgedanken aus, daß im Rahmen eines Handelsvertreterverhältnisses der Unternehmer von derartigen Kosten gerade entlastet und seine Verpflichtung auf die erfolgsbedingte Provisionszahlung beschränkt werden soll. Sie bestimmt deshalb, daß der Handelsvertreter seine im regelmäßigen Geschäftsbetrieb entstehenden Aufwendungen selbst zu tragen hat und Ersatz hierfür nur verlangen kann, wenn dies handelsüblich ist. Diese Regelung ist allerdings nicht zwingend, weshalb in Vertreterverträgen auch immer wieder abweichende Vereinbarungen getroffen werden. In der Versicherungswirtschaft ist die Gewährung von Zuschüssen oder die Übernahme bestimmter konkreter Kosten des Agenturbetriebes durch das Versicherungsunternehmen — z. B. von Telefon- und Portokosten, von Kosten der Anschaffung oder Unterhaltung eines Kraftfahrzeuges, von Mietzuschüssen und dergleichen mehr — schon wegen der großen Zahl von Einfirmenvertreterverhältnissen nicht selten. Zur Vermeidung von Zweifelsfragen oder Meinungsverschiedenheiten empfehlen sich in solchen Fällen möglichst präzise Regelungen.

Im allgemeinen sollte es allerdings dabei bleiben, daß der selbständige Versicherungsvertreter die regelmäßigen Aufwendungen im Rahmen seines Geschäftsbetriebes in vollem Umfang selbst zu tragen, d. h. aus seinen Provisionseinnahmen zu bestreiten hat, um seine kaufmännische Selbständigkeit nicht fragwürdig werden zu lassen. Unter diesem Aspekt erscheint eine Übernahme von Aufwendungen des Vertreters sowohl unmittelbar als auch durch eine laufende Zahlung pauschaler Unkostenzuschüsse allenfalls als vorübergehende, bedingte und befristete Maßnahme zur Überwindung schwieriger Entwicklungsperioden des Agenturbetriebes — z. B. in der Aufbauzeit, bei Einstellung von Angestellten, bei unverschuldeten Geschäftseinbußen größeren Ausmaßes — vertretbar (siehe in diesem Sinne auch schon oben unter A. II, B. II und D. I).

6. Vertragsbeendigung und nachvertragliche Vergütungsansprüche

Der Behandlung der Vergütungsansprüche, die dem Vertreter noch nach Beendigung des Vertragsverhältnisses zustehen können, sei eine kurze Übersicht über die einzelnen Fälle der Vertragsbeendigung vorangestellt.

a) Vertragsbeendigung

Der Hauptfall der Beendigung des Vertretervertrages ist die **Kündigung**; sie ist in den § 89 und 89a HGB geregelt. Beide Vorschriften sind teils zwingend, teils abdingbar.

§ 89 HGB gilt nur für Vertreterverträge, die auf unbestimmte Zeit geschlossen sind. Solche Verträge liegen auch dann vor, wenn das Vertragsverhältnis „spätestens" zu einem bestimmten Zeitpunkt, insbesondere bei Erreichen eines bestimmten Lebensalters, enden soll, ohne daß es einer Kündigung bedarf. Ebenso unterliegen Vertreterverträge, die zunächst auf bestimmte Zeit mit automatischer Verlängerung geschlossen sind und tatsächlich verlängert werden, den Bestimmungen des § 89 HGB.

Bei einer ordentlichen Kündigung sind – auch bei Probeverträgen – die nach der Vertragsdauer gestaffelten, gesetzlichen Mindestfristen zu beachten. Auf unbestimmte Zeit abgeschlossene Vertreterverträge können im 1. Vertragsjahr mit einer Frist von 1 Monat, im 2. Jahr mit einer Frist von 2 Monaten, vom 3. – 5. Jahr mit einer Frist von 3 und vom 6. Vertragsjahr nur noch mit einer Frist von 6 Monaten gekündigt werden, und zwar jeweils zum Monatsende.

Kürzere Fristen können nicht, wohl aber längere Kündigungsfristen vereinbart werden. Werden unterschiedlich lange Kündigungsfristen vereinbart, kann die Frist für den Unternehmer nicht kürzer sein als für den Vertreter. In diesem Fall gilt für beide Vertragspartner die längere Frist (§ 89 II AGB). Für nebenberufliche Vertreter wird hinsichtlich der Kündigungsfristen in § 92 b I Satz 2 AGB eine abweichende Regelung getroffen.

Das nach § 89a HGB jedem Vertragspartner zustehende Recht der **außerordentlichen Kündigung**, d. h. der Kündigung des Vertragsverhältnisses aus wichtigem Grund ohne Einhaltung einer Kündigungsfrist, kann vertraglich weder ausgeschlossen noch beschränkt werden.

Allgemein sind wichtige Kündigungsgründe solche, die es für einen Vertragspartner unzumutbar erscheinen lassen, das Vertragsverhältnis noch bis zum Ablauf der ordentlichen Kündigungsfrist fortzusetzen. Eine vertragliche Bestimmung wichtiger Kündigungsgründe – z. B. Verstoß gegen das Wettbewerbsverbot – darf bei der Rechtsanwendung nicht unbeachtet bleiben (vgl. dazu BGH-Urteil vom 24.1.1974, VersR 1974, S. 570).

Fehlt einer fristlosen Kündigung ein zureichender wichtiger Grund, so ist sie als solche unwirksam, kann aber als ordentliche Kündigung zum nächsten Termin anzusehen sein (vgl. BGH-Urteil vom 20.2.1969, BB 1969, S. 380).

Die kündigungsrechtlichen Vorschriften des Handelsvertreterrechts stellen eine abschließende Regelung dar, die den Kündigungsvorschriften in den §§ 620 ff. BGB vorgeht. Eine ergänzende Anwendung dieser und arbeitsrechtlicher Kündigungsbestimmungen kommt auch bei sogenannten arbeitnehmerähnlichen Handelsvertretern nicht in Betracht. Das Gleiche dürfte regelmäßig speziell für § 624 BGB (einseitiges Kündigungsrecht des Verpflichteten bei langfristigen Verträgen nach fünf Jahren) gelten; vgl. dazu BGH-Urteil vom 9.6.1969, NJW 1969, S. 1662; VW 1970, S. 889.

Zu beachten bleibt, daß der Vertretervertrag grundsätzlich auch bei der Kündigung als einheitliches Ganzes zu sehen ist. Deshalb können einzelne Vertragsbestandteile auch nur dann Gegenstand einer Teilkündigung werden, wenn dies vertraglich ausdrücklich vorgesehen ist oder wenn sich aus den getroffenen Vereinbarungen in anderer Weise eindeutig ergibt, daß es sich nur um Nebenabreden oder Zusatzvereinbarungen von selbständiger Bedeutung handelt, deren Wegfall den wesentlichen Kern des gesamten Vertragsverhältnisses unberührt läßt (vgl. dazu BGH-Urteil vom 18.2.1977, BB 1977, S. 964). In allen anderen Fällen können die Vertragspartner den mit einer Teilkündigung beabsichtigten Erfolg nur durch eine sogenannte *Änderungskündigung* erreichen, d. h. sie müssen das ganze Vertragsverhältnis unter Wahrung der Fristen kündigen mit dem vor Ablauf der Frist anzunehmenden Angebot, das Vertragsverhältnis zu den geänderten Bedingungen fortzusetzen (vgl. dazu auch oben unter C. I, IV).

Im übrigen steht es den Parteien des Handelsvertretervertrages frei, den Vertrag ungeachtet der gesetzlichen oder vertraglichen Kündigungsregelungen ohne Einhaltung von Kündigungsfristen oder nach erfolgter Kündigung während der laufenden Kündigungsfrist zu jedem beliebigen Zeitpunkt einvernehmlich ganz oder teilweise zu beenden (**Aufhebungsvertrag**) oder inhaltlich abzuändern.

Die nur für eine bestimmte Dauer unter einer auflösenden Bedingung abgeschlossenen Vertreterverträge enden durch **Zeitablauf** bzw. durch **Eintreten der Bedingung**. Befristete Vertragsverhältnisse, die nach Ablauf mit Wissen des Unternehmers tatsächlich fortgesetzt werden, gelten als auf unbestimmte Zeit verlängert, sofern der Unternehmer nicht unverzüglich widerspricht (§ 625 BGB).

Der Vertretervertrag endet außerdem gemäß §§ 673, 675 BGB mit dem Tod des Vertreters, falls dieser selbst Vertragspartner war. Ist der Vertretervertrag hingegen mit einer rechtsfähigen Vertretungsgesellschaft abgeschlossen worden, wirkt sich der Tod eines Gesellschafters auf den Fortbestand des Vertretungsverhältnisses im Zweifel nicht aus. Ebensowenig führt der Tod des Unternehmers zur Beendigung des Vertretungsvertrages (§§ 672, 675 BGB).

Der Vollständigkeit halber seien schließlich als denkbare Beendigungsfälle auch noch der **Konkurs** des Unternehmers (§ 23 II KO) genannt, während der Konkurs des Vertreters dem Unternehmer einen wichtigen Kündigungsgrund nach § 89a HGB liefert; im Vergleichsverfahren ist der Unternehmer gemäß §§ 50, 51 II VerglO kündigungsberechtigt, während ein Vergleichsverfahren des Vertreters unter Umständen nicht ihm, jedoch dem Unternehmer ein Recht zur außerordentlichen Kündigung nach § 89a HGB gibt.

b) Nachvertragliche Provisionsansprüche – Provisionsverzichtsklausel

Bei der Prüfung, ob dem Vertreter auch nach Beendigung des Vertretervertrages noch Ansprüche auf Provisionen zustehen, scheiden Provisionen, die auch eine entsprechende Tätigkeit voraussetzen, von vornherein aus, da die Vertragsbeendigung solche Tätigkeiten für die Zukunft gerade unmöglich macht und auch unmöglich machen soll. Hinsichtlich der Vermittlungsprovisionen sind folgende Fälle zu unterscheiden:

aa) Fall des 87 III HGB

Bei Versicherungsverträgen die erst nach Beendigung des Vertretungsverhältnisses abgeschlossen werden, die der Vertreter jedoch noch während des Vertretungsverhältnisses vermittelt oder so eingeleitet und vorbereitet hat, daß der Abschluß überwiegend auf seine Tätigkeit zurückzuführen ist, billigt das Gesetz dem Vertreter einen **nachvertraglichen Provisionsanspruch** zu, falls der Vertrag innerhalb einer angemessenen Frist nach Beendigung des Vertretungsverhältnisses abgeschlossen wird (§§ 92 II, 87 III Ziff. 1 HGB)

Praktisch handelt es sich um jene Fälle, in denen der Vertreter noch während des Vertretungsverhältnisses den Versicherungsantrag eingereicht hatte (in der seinerzeitigen Gesetzesbegründung wurde klargestellt, daß „vermittelt" hier bedeuten soll, der Handelsvertreter habe dem Unternehmer das Angebot des Kunden schon zugehen lassen), das Versicherungsunternehmen jedoch bei Beendigung des Vertretungsverhältnisses die Entscheidung über die Annahme des Antrags noch nicht getroffen hatte und deshalb auch die

Ausfertigung und die Vorlage des Versicherungsscheins beim Versicherungsnehmer zur Prämienzahlung noch ausstand. Dabei bleibt der Provisionsanspruch des ausgeschiedenen Vertreters davon abhängig, daß einmal nicht auch noch andere Vermittler oder der Unternehmer selbst weiter tätig werden mußten und hiernach der Vertragsabschluß überwiegend erst auf ihrer Tätigkeit beruht, zum anderen, daß es zu dem Vertragsabschluß nicht erst zu einem Zeitpunkt kommt, zu dem ab Beendigung des Vertretungsverhältnisses schon eine unangemessen lange Frist verstrichen ist. Wenn insoweit eine feste zeitliche Grenze auch nicht gezogen werden kann, so wird man in der Regel doch davon ausgehen dürfen, daß der Vertragsabschluß innerhalb von drei Monaten erfolgt sein muß. Da die gesetzliche Regelung abdingbar ist, bleibt auch eine vertragliche Klärung in diesem Sinne möglich.

bb) Versicherungsvertragliche Anpassungsklauseln

Werden Versicherungsverträge nach Beendigung des Vertretungsverhältnisses aufgrund derartiger Klauseln erweitert, können auch hier neue Ansprüche des ausgeschiedenen Vertreters auf Vermittlungsprovision begründet sein, falls und soweit der ursprüngliche Vermittlungserfolg — Abschluß eines Vertrages mit **Anpassungsklausel** — selbsttätig fortwirkt und ohne neue Vermittlerleistungen zu echtem Neugeschäft führt. Allerdings ist dabei zu prüfen, ob entsprechende künftige Vertragserweiterungen durch die erste Vermittlungsprovision nicht schon mit abgegolten worden sind, falls in der Vermittlung eines Vertrages mit Anpassungsklausel überhaupt eine besonders vergütungswürdige Vermittlerleistung liegt. Letzteres kann z. B. zu verneinen sein, wenn im Markt oder von dem vertretenen Unternehmen überhaupt nur noch Verträge dieser Art angeboten werden. Nicht zuletzt setzen neue Provisionsansprüche des Vertreters bei künftigen Vertragserweiterungen aufgrund einer Anpassungsklausel aber voraus, daß es aufgrund dieser Klauseln nicht nur zur Wiederherstellung des ursprünglichen Verhältnisses von Leistung und Gegenleistung im Rahmen des Versicherungsverhältnisses (wie meist in der Schadenversicherung), sondern für das Versicherungsunternehmen zu echtem Neugeschäft (z. B. zur Erhöhung der Versicherungssumme in der Lebensversicherung) kommt.

In allen anderen Fällen steht dem ausgeschiedenen Vertreter für eine Erweiterung von Versicherungsverträgen nach Beendigung des Vertreterverhältnisses keine neue Vermittlungsprovision zu. Bei solchen Erweiterungen (z. B. aufgrund eines späteren Antrags auf Erhöhung der Versicherungssumme) handelt es sich nämlich um „Nachbestellungen", die nach § 92 III HGB entgegen § 87 I Satz 1 2. Alternative HGB schon während des Vertretungsverhältnisses keinen Provisionsanspruch des Versicherungsvertreters begründen, soweit er keine hierauf gerichtete neue, für die Vertragserweiterung ursächliche Vertretertätigkeit entfaltet hat.

cc) Verteilung der Vermittlungsprovision auf mehrere Jahre

Falls die Vermittlungsprovision für einen abgeschlossenen Versicherungsvertrag vertraglich auf mehrere Jahre oder gar auf die ganze Laufzeit des Vertrages verteilt worden ist, bleiben dem Vertreter Provisionsansprüche auch nach Beendigung des Vertretungsverhältnisses erhalten, falls er im Zeitpunkt seines Ausscheidens die Vermittlungsprovision erst teilweise erhalten hat, weil der Versicherungsvertrag noch weiterläuft und die Versicherungsprämien, aus denen sich die entsprechenden Provisionsraten vereinbarungsgemäß berechnen, erst später zahlbar sind (sog. *Nachprovisionen*). Es ergibt sich in diesen Fällen allerdings stets die schwierige Frage, in welcher Weise die Folgeprovisionen entsprechender Versicherungsverträge in Vermittlungs- und Verwaltungs- bzw. Betreuungsentgelt aufzuteilen sind.

dd) Provisionsverzichtsklausel

Nicht zuletzt wegen derartiger Feststellungs- und Abgrenzungsschwierigkeiten, die in allen vorgenannten Fällen in unterschiedlicher Weise aufzutreten pflegen, und auch wegen der Tatsache, daß nachvertragliche Provisionsansprüche gegebenenfalls unabhängig von der Art des Grundes entstehen, der zur Beendigung des Vertretungsverhältnisses geführt hat (also z. B. auch bei Tod oder fristloser Kündigung), werden in der Praxis nachvertragliche Ansprüche des Versicherungsvertreters auf Vermittlungsprovision regelmäßig durch eine sogenannte *Provisionsverzichtsklausel* in zulässiger Weise vertraglich ausgeschlossen. Der dadurch im Zeitpunkt der Beendigung des Vertretungsverhältnisses eintretende Provisionsverlust ist beim Versicherungsvertreter die Grundlage seines gesetzlichen Ausgleichsanspruchs nach § 89b HGB.

Eine solche Provisionsverzichtsklausel legt in ihrer weitgehendsten Fassung fest, daß mit Beendigung des Vertretervertrages jeder Anspruch des Vertreters gegen das Versicherungsunternehmen auf irgendwelche Provisionen oder sonstige Vergütungen erlischt. Eine solche umfassende Regelung erscheint auch zweckmäßig, da sie klare Verhältnisse ohne Zweifelsfälle und Abgrenzungsprobleme schafft und zu einer eindeutigen Beendigung des Vertretungsverhältnisses in jeder Hinsicht führt.

In den Provisionsverzichtsklauseln wird allerdings regelmäßig gleichzeitig auf den eben wegen des Provisionsverzichts unter den sonstigen gesetzlichen Voraussetzungen nach § 89b HGB gegebenen Ausgleichsanspruch des Vertreters hingewiesen und dazu oft überdies gemeinsam festgestellt, daß dieser etwaige Anspruch unter Anwendung der „Grundsätze zur Errechnung der Höhe des Ausgleichsanspruchs (§ 89b HGB)" festgestellt und befriedigt werden soll.

c) Ausgleichsanspruch (§ 89b HGB)

aa) Gesetzliche Regelung

Nach § 89b HGB kann der Handelsvertreter von dem Unternehmer einen angemessenen Ausgleich verlangen, wenn und soweit

„*1. der Unternehmer aus der Geschäftsverbindung mit neuen Kunden, die der Handelsvertreter erworben hat, auch nach Beendigung des Vertragsverhältnisses erhebliche Vorteile hat,*

2. der Handelsvertreter infolge der Beendigung des Vertragsverhältnisses Ansprüche auf Provision verliert, die er bei Fortsetzung desselben aus bereits abgeschlossenen oder künftig zustande kommenden Geschäften mit den von ihm geworbenen Kunden hätte, und

3. die Zahlung eines Ausgleichs unter Berücksichtigung aller Umstände der Billigkeit entspricht."

Diese Regelung wird für den Versicherungsvertreter in § 89b V HGB dahin modifiziert, daß an die Stelle der Geschäftsverbindung mit neuen Kunden, die der Handelsvertreter geworben hat, die Vermittlung neuer Versicherungsverträge durch den Versicherungsvertreter tritt. Damit werden die gebotenen Folgerungen aus den provisionsrechtlichen Sondervorschriften für Versicherungsvertreter in § 92 III HGB gezogen, die insbesondere Provisionsansprüche aus „Nachbestellungen" und damit Rechte aus geschaffenen Kundenbeziehungen ausschließen.

Die gesetzliche Regelung hatte wegen ihrer Unvollkommenheiten in der Praxis zunächst zu zahlreichen Zweifelsfragen und auch Mißverständnissen geführt. Inzwischen liegen zum Ausgleichsanspruch eine umfangreiche Rechtsprechung und eine reiche Spezialliteratur vor, auf die wegen Einzelheiten verwiesen werden muß. Im folgenden können nur einige wenige Hinweise auf die **Grundzüge** und einige **Sonderprobleme der Ausgleichsregelung** für Versicherungsvertreter gegeben werden.

Der Ausgleichsanspruch, von der Rechtsprechung als Vergütungsanspruch qualifiziert, der in seiner Entstehung und Bemessung allerdings weitgehend durch Gesichtspunkte der Billigkeit bestimmt werde, steht selbständigen Versicherungsvertretern im Hauptberuf zu; er kann im voraus nicht ausgeschlossen werden (§ 89b IV Satz 1 HGB). Versicherungsvertreter im Nebenberuf haben gemäß § 92b I Satz 1 HGB keinen Ausgleichsanspruch. Das gleiche gilt für angestellte Versicherungsvertreter, auch wenn und soweit sie auf Provisionsbasis tätig wären.

Der Ausgleichsanspruch setzt formal die Beendigung des Vertretungsverhältnisses voraus (§ 89b I Satz 1 HGB). Auf die Art der Beendigung kommt es — unbeschadet bestimmter Ausschlußtatbestände (siehe weiter unten) — grundsätzlich nicht an. Beim Tod des Vertreters ist allerdings umstritten, ob der anspruchsberechtigte Erbenkreis nicht aus Billigkeitsgründen einzuschränken ist. Der Anspruch muß vom Vertreter oder seinen Erben innerhalb einer Ausschlußfrist von einem Jahr nach Beendigung des Vertragsverhältnisses geltend gemacht werden (§ 89b IV Satz 2 HGB).

Der Ausgleichsanspruch setzt beim Versicherungsvertreter materiell voraus, daß

(1) das Versicherungsunternehmen aus der Vermittlung neuer Versicherungsverträge durch den Versicherungsvertreter auch nach Beendigung des Vertragsverhältnisses noch erhebliche Vorteile hat, und

(2) der Versicherungsvertreter infolge der Beendigung des Vertragsverhältnisses Ansprüche auf Abschluß- oder Vermittlungsprovisionen verliert, die er bei Fortsetzung dieses Verhältnisses noch aus bereits abgeschlossenen oder künftig zustandekommenden Versicherungsverträgen, die auf seine Tätigkeit zurückzuführen sind, gehabt hätte, und

(3) die Zahlung des Ausgleichs unter Berücksichtigung aller Umstände der Billigkeit entspricht (§ 89b I Satz 1 HGB).

Der Vermittlung neuer Versicherungsverträge durch den Versicherungsvertreter steht es dabei gleich, wenn er einen bestehenden Versicherungsvertrag so wesentlich erweitert hat, daß dies wirtschaftlich der Vermittlung eines neuen Versicherungsvertrages entspricht (§ 89b V HGB).

Die vorgenannten drei Voraussetzungen müssen kumulativ gegeben sein; fehlt auch nur eine von ihnen, ist das Bestehen eines Ausgleichsanspruchs zu verneinen.

Der Ausgleichsanspruch des Versicherungsvertreters beträgt im übrigen höchstens drei nach dem Durchschnitt der letzten 5 Jahre der Vertretertätigkeit berechnete Jahresprovisionen oder sonstige Jahresvergütungen; bei kürzerer Dauer des Vertragsverhältnisses ist der Durchschnitt während der Dauer der Tätigkeit maßgebend (§ 89b V HGB). Diese gesetzliche Höchstgrenze gibt allerdings keinen Hinweis auf die im Einzelfall richtige Höhe des Ausgleichsanspruchs: sie darf insbesondere nicht als Ausgangspunkt oder Hilfsmittel für die Berechnung des Anspruchs mißverstanden werden, setzt vielmehr erst nachträglich dem ausschließlich nach den Kriterien in § 89b I HGB errechneten Ausgleichsbetrag eine äußerste Grenze.

Der Ausgleichsanspruch ist ausgeschlossen, falls der Vertreter das Vertragsverhältnis gekündigt hat, es sei denn, daß ein Verhalten des Unternehmers ihm hierzu begründeten Anlaß gegeben hat oder ihm eine Fortsetzung seiner Tätigkeit wegen seines Alters oder wegen Krankheit nicht zugemutet werden konnte. Der Anspruch besteht ferner nicht, wenn der Unternehmer das Vertragsverhältnis gekündigt hat und für die Kündigung ein wichtiger Grund wegen schuldhaften Verhaltens des Vertreters vorlag. Der Anspruch besteht auch dann nicht, wenn aufgrund einer Vereinbarung zwischen dem Unternehmer und dem Vertreter ein Dritter anstelle des Vertreters in den Agenturvertrag eintritt. Diese Vereinbarung kann nicht vor Beendigung des Vertragsverhältnisses getroffen werden (§ 89b III HGB).

bb) „Grundsätz zur Errechnung der Höhe des Ausgleichsanspruchs
Während die gesetzliche Regelung demnach die wesentlichen Fragen um die Entstehung des Ausgleichsanspruchs hinreichend beantwortet, bleibt sie der Praxis konkret verwertbare Hinweise auf die richtige Errechnung der Höhe des Anspruchs weitgehend schuldig. Für die Versicherungswirtschaft ergab sich daraus folgende besondere Problemlage: Während man für den Normalfall zwar ohne weiteres davon ausgehen kann, daß bei einem Versicherungsvertreter, der seine Vertreteraufgaben vertragsgemäß erfüllt hat, dem Versicherungsunternehmen auch nach Beendigung des Vertragsverhältnisses noch erhebliche Vorteile aus der Vertretertätigkeit verbleiben, und daß die Zahlung eines Ausgleichs an den Vertreter auch der Billigkeit entspricht, ist die Höhe des ausgleichspflichtigen Provisionsverlustes des Vertreters nur mit großen Schwierigkeiten zu ermitteln. Zunächst bleibt insoweit zu wiederholen, daß beim Versicherungsvertreter ein solcher Provisionsverlust nur aufgrund einer vertraglichen Provisionsverzichtsklausel entstehen kann, weil ihm andernfalls einerseits noch unbefriedigte Ansprüche auf Vermittlungsprovision aus abgeschlossenen Versicherungsverträgen auch nach Vertragsbeendigung erhalten bleiben und er andererseits Ansprüche auf Vermittlungsprovision aus künftigen Geschäften im Sinne von „Nachbestellungen" weder während des Vertragsverhältnisses noch nach Vertragsende, sondern allenfalls wegen Fortwirkung eines früheren Vermittlungserfolges im Rahmen einzelner Versicherungsverträge erwerben kann. Außerdem ist für den Ausgleichsanspruch des Versicherungsvertreters die in der Rechtsprechung schon alsbald nach Inkrafttreten des neuen Handelsvertreterrechts erfolgte Klärung wichtig, daß ausgleichspflichtig allein ein Verlust von Vermittlungs- und Abschlußprovisionen ist, andere Provisionen bei Anwendung des § 89b I 2. HGB also unberücksichtigt zu bleiben haben.

Hiernach ist zwar zweifelsfrei, daß ein Ausgleichsanspruch aus „abgeschlossenen" Versicherungsverträgen dann nicht mehr besteht, wenn der Vertreter die Vermittlungsprovision bereits bei Vertragsabschluß in voller Höhe erhalten hatte. Soweit dies jedoch nicht der Fall gewesen, die Vermittlungsprovision vielmehr auf mehrere Jahre verteilt worden ist, muß bei der Ausgleichsberechnung festgestellt werden, inwieweit jene Folgeprovisionen, die dem Vertreter bei einer Fortdauer des Vertragsverhältnisses aus den von ihm vermittelten Versicherungsverträgen künftig zugeflossen wären, noch — allein ausgleichspflichtiges — Vermittlungsentgelt enthalten hätten. Dies ist eine deshalb kaum erfüllbare Forderung, weil eine entsprechende vertragliche Trennung der Provisionsanteile beim Abschluß von Vertreterverträgen in der Praxis kaum einmal erfolgt und in dieser Hinsicht auch ein verborgener Parteiwille kaum zu ergründen ist. Dem Versuch, wenigstens für die Zukunft eine solche — etwas wirklichkeitsfremde — Aufteilung vertraglich vorzunehmen, steht mittlerweile zudem die ständige Rechtsprechung entgegen, daß die gewählten Provisionsbezeichnungen in der Versicherungswirtschaft regelmäßig unpräzise und deshalb auch ausgleichsrechtlich unmaßgeblich seien. Hinzu kommt die Schwierigkeit, die tatsächliche Laufzeit der vom Vertreter vermittelten Versicherungsverträge, also den zweiten Berechnungsfaktor für die Ermittlung der Höhe des ausgleichspflichtigen Provisionsverlustes, in einer allseits überzeugenden Weise abzuschätzen. Da Anspruchsteller und Anspruchsgegner, vor die angesprochenen Schwierigkeiten gestellt, verständlicherweise unterschiedliche Interessen verfolgen, ist eine einvernehmliche Klärung bei Beendigung eines Vertretervertrages regelmäßig kaum mehr möglich. Gleichartige Probleme haben sich ergeben, als nach der Einführung bestimmter Anpassungsklauseln in Versicherungsverträge auch beim Versicherungsvertreter die Frage eines Ausgleichsanspruchs auf der Grundlage „künftiger" Vertragsabschlüsse vornehmlich in den Bereichen der Lebens- und der Krankenversicherung einige Bedeutung gewann und zu praktischen Lösungen drängte.

Die Verbände der Versicherungsunternehmen haben deshalb gemeinsam mit den Verbänden des Versicherungsaußendienstes für die Schadenversicherung schon 1959 „*Grundsätze zur Errechnung der Höhe des Ausgleichsanspruchs (§ 89b HGB)*" — kurz „*Grundsätze-Sach*" (Textabdruck in ZVersWiss 1976, S. 468 ff.) — aufgestellt, die unter Vermeidung der angesprochenen Berechnungsschwierigkeiten auf einem anderen Wege zu einer einvernehmlichen Feststellung der gesetzlich gewollten Höhe des Ausgleichsanspruchs führen.

Nach diesen „Grundsätzen" wird bei der Berechnung der Höhe des Ausgleichsanspruchs zunächst ein sogenannter *Ausgleichswert* ermittelt und dieser Wert dann anhand einer bestimmten Staffel, die an die Dauer des Vertretervertrages anknüpft und die unterschiedliche Bestandsfestigkeit der Versicherungsverträge berücksichtigt, multipliziert. Im übrigen stellen die „Grundsätze" klar, daß der wirtschaftliche Vorteil des ausgeglichenen Versicherungsbestandes dem Versicherungsunternehmen verbleiben muß und der Vertreter deshalb nach seinem Ausscheiden keine Bemühungen anstellen oder unterstützen darf, die auf eine Schmälerung dieses Bestandes abzielen.

Die Anwendung der „Grundsätze-Sach" hat sich inzwischen in langjähriger Praxis außerordentlich gut bewährt, was schon aus der Tatsache ersichtlich ist, daß seit ihrem Bestehen Ausgleichsansprüche von Versicherungsvertretern fast ausnahmslos nur noch nach dieser Berechnungsmethode ermittelt und einvernehmlich befriedigt werden. Die darin liegende ständige Bestätigung des sachlich richtigen Ergebnisses und der Praktikabilität der „Grundsätze" schon in tausenden von Fällen (1989: über 30 000) hat neuerdings auch zu zahlreichen Gerichtsurteilen geführt, in denen die „Grundsätze" entweder als Handelsbrauch oder aber — inzwischen überwiegend — jedenfalls als Berechnungsmethode anerkannt werden, die, weil auf Erfahrungswerten der beteiligten Wirtschaftskreise beruhend,

747

auch bei einer Schätzung der Höhe des Ausgleichsanspruchs nach § 287 ZPO durch die Gerichte zu berücksichtigen seien.

Die „Grundsätze-Sach" sind 1976 durch die „*Grundsätze zur Errechnung der Höhe des Ausgleichsanspruchs (§ 89b HGB) für dynamische Lebensversicherungen*" — kurz „*Grundsätze-Leben*" genannt (Textabdruck in VW 1976, S. 514 ff.) — und durch die „*Grundsätze zur Errechnung der Höhe des Ausgleichsanspruchs (§ 89b HGB) in der privaten Krankenversicherung*" — kurz „*Grundsätze-Kranken*" genannt (Textabdruck in VW 1976, S. 1491 ff.) — ergänzt worden. Auch die Berechnungsmethoden werden inzwischen in gleicher Weise wie die „Grundsätze-Sach" allgemein beachtet und anerkannt.

Mit diesen drei „Grundsätzen" stehen der Versicherungswirtschaft Instrumente zur Verfügung, mit deren Hilfe die ursprünglichen Probleme um den § 89b HGB bei Ausgleichsansprüchen von Versicherungsvertretern praktisch weitgehend überwunden werden konnten und fast immer eine reibungslose Verwirklichung des vom Gesetzgeber gewollten Ergebnisses erreicht wird. Dazu trägt nicht zuletzt auch bei, daß die „Grundsätze" andererseits den Vorteil bieten, eine Behandlung der Ausgleichsansprüche vorausschaubar nach allgemeingültigen Regeln und damit ein hohes Maß von Gerechtigkeit zu gewährleisten, ohne andererseits die gesetzlich gebotene individuelle Ermittlung der einzelnen Ansprüche unter Berücksichtigung der Gesamtumstände des Einzelfalls zu vernachlässigen, zumal für die Möglichkeit einer abweichenden Ausgleichsberechnung beim Vorliegen außergewöhnlicher Umstände Sorge getragen ist.

cc) Ausgleichsanspruch — Altersversorgung

Zur gesetzlichen Billigkeitsvoraussetzung des Ausgleichsanspruchs (§ 89b I Ziff. 3 HGB) ist angesichts der großen Bedeutung, die in der Versicherungswirtschaft seit je die Gewährung von Versorgungszusagen der Unternehmen zugunsten ihrer selbständigen Einfirmenvertreter besitzt, auf das Rechtsverhältnis Ausgleichsanspruch — Altersversorgung besonders hinzuweisen. Wie durch die Rechtsprechung für den Regelfall wiederholt bestätigt worden ist, entsteht ein Ausgleichsanspruch aus Billigkeitsgründen insoweit nicht, wie der Vertreter Leistungen aus einer durch Beiträge des Versicherungsunternehmens aufgebauten Alters- und Hinterbliebenenversorgung erhalten oder zu erwarten hat. Diese Rechtsfolge wird vielfach in den Vertreterverträgen und in den Versorgungszusagen ausdrücklich festgeschrieben und hat auch in entsprechenden allgemeinen Bestimmungen der „Grundsätze" und Feststellungen, auf denen die verbandsseitigen „*Vorschläge für die Altersversorgung des selbständigen Versicherungsaußendienstes*" basieren, ihren Niederschlag gefunden.

II. Freiwillige Leistungen des Versicherungsunternehmens zur Alters- und Hinterbliebenenversorgung

Infolge des hohen Anteils von Einfirmen- bzw. Konzernvertretern in den Außenorganisationen ist es bei vielen Versicherungsunternehmen üblich geworden, auch ihrerseits auf freiwilliger Basis zur Alters- und Hinterbliebenenversorgung dieses Personenkreises beizutragen. Davon bleibt die Geltung des Grundsatzes allerdings unberührt, daß der selbständige Versicherungsvertreter für seine und seiner Angehörigen Alters- und Hinterbliebenenversicherung in erster Linie selbst verantwortlich ist. Im Falle einer langjährigen hauptberuflichen Bindung des Vertreters an ein Versicherungsunternehmen bzw. an eine Versicherungsgruppe können eine zusätzliche Versorgungsleistung durch das Unternehmen oder gemeinsame Vorsorgemaßnahmen der Vertragspartner jedoch naheliegen und ebenso geboten erscheinen wie zweckmäßig sein; gegebenenfalls bringen sie die starke wechselseitige Verbundenheit der Vertragspartner in besonderer Weise zum Ausdruck.

Die Versicherungsunternehmen sind allerdings erklärtermaßen nicht bereit, ihre entsprechenden Versorgungsleistungen zusätzlich zu etwaigen Ausgleichszahlungen nach § 89b HGB zu erbringen. Deshalb bestehen sie bei Versorgungsvereinbarungen regelmäßig auf einer ausdrücklichen Bestätigung, daß ein Ausgleichsanspruch aus Billigkeitsgründen (§ 89b I 3 HGB) regelmäßig insoweit nicht entsteht, wie der Vertreter bzw. dessen Angehörige im Zeitpunkt der Beendigung des Vertretungsverhältnisses von dem Unternehmen bzw. der Versicherungsgruppe finanzierte Versorgungsleistungen erhalten oder zu erwarten haben, und machen diese Rechtsfolge damit auch zur Geschäftsgrundlage ihrer vertraglichen Versorgungszusage. Diese Auffassung ist von der Rechtsprechung inzwischen ausdrücklich bestätigt worden (Urteile des BGH vom 23.5.1966, VersR 1966, S. 754; vom 17.11.1983, VersR 1984, S. 184; OLG Saarbrücken vom 18.5.1988, VW 1988, S. 1375).

Die Verbände der Versicherungsunternehmen und der Versicherungsvertreter haben mit Rücksicht auf die allgemeine Bedeutung von Versorgungszusagen an Versicherungsvertreter gemeinsam *„Vorschläge für die Altersversorgung des selbständigen Versicherungsaußendienstes"* veröffentlicht (vgl. Neufassung in VW 1978, S. 80 ff.). Dort werden als Möglichkeiten der Altersversorgung beispielhaft der Abschluß einer Lebensversicherung nach einem auf die Sonderverhältnisse von Versicherungsvertretern zugeschnittenen Geschäftsplan sowie eine Gewährung von sogenannten *Provisionsrenten* (früher mißverständlich als Nachinkassoprovisionen bezeichnet) mit detaillierten Regelungsvorschlägen aufgezeigt. Aber auch sonstige Einrichtungen, die von den Versicherungsunternehmen für die Altersversorgung ihres selbständigen Außendienstes geschaffen worden sind (z. B. Pensionskassen) haben sich gut bewährt und werden in den „Vorschlägen" ausdrücklich anerkannt.

Versorgungsleistungen der Unternehmen sind für die Versicherungsvertreter im Gesamtergebnis meist vorteilhafter als die Inanspruchnahme von Ausgleichszahlungen nach § 89b HGB. Die Vertreter müssen allerdings in der Grundentscheidung frei bleiben, ob sie entsprechende Vereinbarungen unter Anerkennung der Folgen, die sich dadurch für die Frage ihres künftigen Ausgleichsanspruchs ergeben, treffen wollen. Haben sie sich dazu jedoch positiv entschieden, bleiben sie hieran gebunden, können also bei Beendigung des Vertragsverhältnisses nicht wieder einseitig zwischen den Versorgungsleistungen oder einer Ausgleichszahlung nach § 89b HGB wählen. Bei Versorgungsleistungen, die den ohne Berücksichtigung dieser Versorgungsleistungen rechnerisch ermittelten Ausgleichsbetrag nicht voll abdecken, bleibt der Anspruch des Vertreters nach § 89b HGB auf den Unterschiedsbetrag selbstverständlich erhalten.

In den drei *„Grundsätzen zur Errechnung der Höhe des Ausgleichsanspruchs (§ 89b HGB)"* ist die Berücksichtigung einer vom Versicherungsunternehmen finanzierten Alters- und Hinterbliebenenversorgung des Vertreters bei der Feststellung seines Ausgleichsanspruchs gleichlautend wie folgt geregelt worden (Ziffer V):

„1. Da nach Auffassung der Beteiligten ein Ausgleichsanspruch aus Billigkeitsgründen (§ 89 Abs. 1 Ziffer 3. HGB) insoweit nicht entsteht, wie der Vertreter Leistungen aus einer durch Beiträge des Versicherungsunternehmens aufgebauten Alters- und Hinterbliebenenversorgung erhalten oder zu erwarten hat, ist von der nach I und II errechneten Höhe des Ausgleichsanspruchs bei einer Rentenversicherung der kapitalisierte Barwert der Rente der Anspruchsberechtigten, bei einer Kapitalversorgung deren Kapitalwert und bei fixierten Provisionsrenten (früher auch als Nachinkassoprovisionen oder Nachprovisionen bezeichnet) der kapitalisierte Barwert der zugesagten Provisionsrenten abzuziehen.

2. Ist die Dauer der Provisionsrente von dem Fortbestehen der vom Vertreter bei Beendigung des Vertretervertrages verwalteten Versicherungsverträge abhängig, so wird aus dem in Ziffer 1. genannten Grund bei Beendigung des Vertretervertrages der Ausgleichsanspruch vorläufig so errechnet, als ob dem Vertreter keine Provisionsrente zugesagt worden wäre. Der Vertreter stundet den derart errechneten fiktiven Ausgleichsanspruch bis zum völligen Auslaufen der Provisionsrente oder bis zu dem Zeitpunkt, in dem er auf die Weiterzahlung der Provisionsrente in rechtsgültiger Weise endgültig verzichtet. Alsdann wird die Gesamthöhe der bis zu diesem Zeitpunkt gezahlten Provisionsrenten von dem errechneten fiktiven Ausgleichsanspruch abgezogen und auf diese Weise festgestellt, ob und inwieweit im Zeitpunkt der Beendigung des Vertretervertrages ein Ausgleichsanspruch trotz des Anspruchs auf Provisionsrente tatsächlich entstanden ist. Gegebenenfalls ist dieser Ausgleichsanspruch sofort fällig."

Entsprechende Feststellungen finden sich in den obengenannten „Vorschlägen für die Altersversorgung des selbständigen Versicherungsaußendienstes" und in den „Hauptpunkten eines Vertrages für hauptberufliche Versicherungsvertreter". Sie werden inhaltlich oft auch in die individuellen vertraglichen Vereinbarungen übernommen.

III. Sonstige Rechte

1. Der Anspruch auf Unterstützung, insbesondere auf Überlassung von Unterlagen und auf Unterrichtung

Nach § 86a I HGB hat der Unternehmer dem Handelsvertreter „die zur Ausübung seiner Tätigkeit erforderlichen Unterlagen" zur Verfügung zu stellen. Als Beispiel führt das Gesetz ausdrücklich Muster, Zeichnungen, Preislisten, Werbedrucksachen und Geschäftsbedingungen auf. Beim Versicherungsvertreter sind hier insbesondere auch Antragsformulare, Tarifbücher und Versicherungsbedingungen in ihrer jeweils geltenden Fassung – samt etwaiger Erläuterungen dazu für den Vertreter selbst oder zur Weitergabe an die Versicherungsnehmer – zu nennen. Unterlagen dieser Art bleiben allerdings Eigentum des Versicherungsunternehmens; den Vertreter trifft die Pflicht zu ihrer sorgfältigen Aufbewahrung. Auch darf der Vertreter die Unterlagen nur bestimmungsgemäß verwenden und hat sie zur Verfügung und Kontrolle des Unternehmens bereitzuhalten. Soweit der Vertreter die Unterlagen nicht mehr benötigt, muß er sie im Zweifel dem Unternehmen zurückgeben; dies gilt insbesondere bei Beendigung des Vertragsverhältnisses (§ 667 BGB).

Entsprechende Regelungen werden oft auch in den Vertreterverträgen getroffen.

Die Pflicht zur Überlassung der erforderlichen Unterlagen ist Teil der umfassenden Pflicht des Unternehmers, den Vertreter bei der Erfüllung seiner Aufgaben in jeder geeigneten Weise zu unterstützen. Damit ist auch schon gesagt, daß der Unternehmer den Vertreter in seiner Tätigkeit weder willkürlich beeinträchtigen (z. B. durch Anschwärzen bei der Kundschaft) noch in anderer Weise behindern darf. Eine solche Behinderung des Vertreters könnte z. B. vorliegen, wenn ein Versicherungsunternehmen vom Vertreter vorgelegte Versicherungsanträge systematisch ablehnen oder wenn es den Vertreter durch eine Intensivierung von Direktgeschäften oder den Einsatz konkurrierender Vertriebsorgane oder den Aufbau konkurrierender Vertriebswege gezielt auszuschalten oder einem Behinderungswettbewerb auszusetzen oder wenn es dem Vertreter dessen eigene Untervertreter abzuwerben versuchen würde. Gleiches gilt für eine Herausnahme von Versicherungsverträgen aus dem Agenturbestand des Vertreters und deren Behandlung als Direktgeschäft allein aus Gründen der Provisionsersparnis. Dabei ist ein entsprechend negatives Unternehmerverhalten umso schwerwiegender, wenn der Vertreter seinerseits verpflichtet ist, strikt das Wettbewerbsverbot zu beachten, oder sich gar einer weitergehenden Ausschließlichkeitsbindung unterworfen hat. Mit allem ist die allgemeine Treuepflicht des Unternehmers gegenüber dem Vertreter angesprochen, die ihm grundsätzlich gebietet, alles zu unterlassen, was den Vertreter ohne zwingenden Grund benachteiligt oder die Ausübung der Vertretertätigkeit unbillig erschwert.

Das Versicherungsunternehmen ist regelmäßig allerdings nicht verpflichtet, dem Vertreter Gelegenheiten zum Abschluß oder zur Vermittlung von Versicherungsverträgen nachzuweisen; damit ist vielmehr eine Aufgabe angesprochen, die gerade zu den vorrangigen eigenen Bemühungspflichten des Vertreters gehört. Auch ist im gegebenen Zusammenhang erneut klarzustellen, daß das Versicherungsunternehmen über die Annahme oder Ablehnung der ihm vom Vertreter vermittelten einzelnen Versicherungsverträge, soweit kein gesetzlicher Annahmezwang besteht, im Rahmen seiner unternehmerischen Verantwortung grundsätzlich frei entscheiden kann. Lediglich ein rein willkürliches Verhalten oder Entscheidungen in der Absicht, den Vertreter zu schädigen, sind ihm verwehrt und können Schadenersatzansprüche des Vertreters begründen; diese Einschränkung ist allerdings mehr von theoretischer Bedeutung, da das Versicherungsunternehmen am Abschluß und an der Durchführung der vom Vertreter ordnungsgemäß vermittelten Versicherungsverträge in aller Regel geschäftlich nicht weniger interessiert ist als der Vertreter selbst.

Nach § 86a II HGB hat der Unternehmer dem Vertreter *„die erforderlichen Nachrichten zu geben"*. Er hat ihm insbesondere unverzüglich die Annahme, Ablehnung oder Nichtausführung eines vermittelten Geschäfts mitzuteilen. Außerdem gibt das Gesetz dem Vertreter einen unabdingbaren Anspruch auf Unterrichtung, falls der Unternehmer bestimmte Geschäfte voraussichtlich nicht oder nur mehr in erheblich geringerem Umfang abschließen kann oder will, als der Vertreter nach den Umständen erwarten darf. Darüber hinaus hat der Unternehmer dem Vertreter alle Informationen zu geben, die zur Vermeidung unnötigen Arbeits- und Zeitaufwandes geboten erscheinen. Zu den erforderlichen Nachrichten gehören außerdem allgemeine Informationen über beabsichtigte unternehmerische Maßnahmen und Entscheidungen, soweit diese für die weitere Tätigkeit des Vertreters wichtig sind und der Unternehmer sie nicht aus triftigen Gründen vorläufig noch geheimzuhalten berechtigt ist. Demgegenüber braucht der Unternehmer den Vertreter über seine schwierige wirtschaftliche Lage und eine dadurch drohende Gefährdung des Vertretungsverhältnisses nicht ohne weiteres, jedenfalls nicht spontan und bevor entsprechende Maßnahmen unabwendbar erscheinen, zu unterrichten.

2. Zurückbehaltungsrechte, Aufrechnung

a) Zurückbehaltungsrechte (§§ 369 ff. HGB, 273 BGB)

In § 88 a I HGB wird zum Schutz des Vertreters bestimmt, daß er nicht im voraus auf seine gesetzlichen Zurückbehaltungsrechte als die rechtlichen Zwangsmittel, die ihm zur Sicherung seiner Ansprüche gegenüber dem Unternehmer zur Verfügung stehen, verzichten kann. Aus dem Schutzzweck der Regelung folgt, daß Vereinbarungen über den Ausschluß von Zurückbehaltungsrechten zu Lasten des Vertreters nichtig sind und daß § 88a HGB auch dann anwendbar ist, wenn dem Vertreter vertraglich das Recht auf Aufrechnung zusteht. Dagegen kann der Vertreter auf Zurückbehaltungsrechte nachträglich, d. h. sobald sie entstanden sind, verzichten.

Das **kaufmännische Zurückbehaltungsrecht** (§§ 369 ff. HGB) setzt voraus, daß beide Teile Kaufleute (Voll- oder Minderkaufleute) sind, doch wird es ganz überwiegend auch gegenüber Versicherungsunternehmen anerkannt, die nicht Kaufleute sind. Das kaufmännische Zurückbehaltungsrecht gibt dem Vertreter — anders als das bürgerlich-rechtliche Zurückbehaltungsrecht nach § 273 BGB — eine unmittelbare Verwertungsbefugnis nach den für das Pfandrecht geltenden Vorschriften des bürgerlichen Rechts (§ 371 HGB). Weiterhin ist zu beachten, daß § 273 BGB allgemein von der Zurückbehaltung hinsichtlich der geschuldeten Leistung spricht, während das kaufmännische Zurückbehaltungsrecht sich nur auf bewegliche Sachen und Wertpapiere des Schuldners erstreckt, die mit dessen Willen und aufgrund des Handelsgeschäfts in den Besitz des Gläubigers gelangt sind.

Erste Voraussetzung für die Ausübung beider gesetzlicher Zurückbehaltungsrechte ist, daß ein Anspruch des Vertreters vorhanden ist. Vornehmlich kommen Provisionsansprüche und Ansprüche auf Schadenersatz in Betracht.

Das kaufmännische Zurückbehaltungsrecht erstreckt sich allerdings auch auf nicht fällige Forderungen während der Dauer des Vertragsverhältnisses, wenn über das Vermögen des Unternehmers der Konkurs eröffnet ist oder dieser seine Zahlungen eingestellt hat, oder wenn eine Zwangsvollstreckung in das Vermögen des Unternehmers ohne Erfolg versucht worden ist (§ 370 HGB; Notzurückbehaltungsrecht).

Für das bürgerlich-rechtliche Zurückbehaltungsrecht ist die sogenannte *Konnexität* notwendig, d. h., der Gegenanspruch muß aus demselben rechtlichen Verhältnis stammen, eine Voraussetzung, die im Rahmen des Vertretungsverhältnisses regelmäßig erfüllt sein wird. So liegt Konnexität z. B. vor, wenn der Vertreter Ansprüche auf Rückerstattung bei der Schadenregulierung verauslagter Beträge hat und diese von der abzuführenden Prämie einbehält. Das kaufmännische Zurückbehaltungsrecht besteht dagegen auch bei nicht konnexen Ansprüchen. Hier genügt es deshalb, daß der Vertreter im Zeitpunkt der Geltendmachung des Zurückbehaltungsrechts im Besitz der Gegenstände ist. § 369 III HGB enthält allerdings eine auch für den Versicherungsvertreter bedeutsame, erhebliche Einschränkung des kaufmännischen Zurückbehaltungsrechts; es besteht nämlich nicht an solchen Gegenständen, mit denen der Vertreter nach Anweisung des Unternehmers oder gemäß einer besonders übernommenen Verpflichtung zu verfahren hat. Der Vertreter hat demgemäß z. B. kein Zurückbehaltungsrecht an Werbedrucksachen, Versicherungsscheinen, Prämienquittungen, Antragsvordrucken oder ihm nach Maßgabe des § 43 Ziff. 1 und 2 VVG zugegangenen Anzeigen; derartige Unterlagen muß er also unabhängig von der Frage des Bestehens eines Zurückbehaltungsrechts in jedem Falle bestimmungsgemäß behandeln und unverzüglich an den Versicherungsnehmer bzw. an das Versicherungsunternehmen weiterleiten.

Beschränkungen des Zurückbehaltungsrechts können sich auch aus Treu und Glauben ergeben, falls durch seine Ausübung dem anderen ein unverhältnismäßig großer Schaden zugefügt würde. Anspruch und zurückbehaltener Gegenstand müssen in einem angemessenen Verhältnis zueinander stehen.

Mit Beendigung des Vertretungsverhältnisses werden die nach allgemeinen Vorschriften bestehenden Zurückbehaltungsrechte durch § 88a II HGB im Interesse des Unternehmers weiter eingeschränkt. Der Vertreter hat dann an den ihm zur Verfügung gestellten Unterlagen ein Zurückbehaltungsrecht nur noch wegen seiner fälligen Ansprüche auf Provision und Ersatz von Aufwendungen, nicht aber wegen sonstiger Ansprüche, z. B. solcher auf Schadenersatz wegen Vertragsverletzung oder auf Ausgleich nach § 89b HGB. Dadurch soll verhindert werden, daß die Ausübung des Zurückbehaltungsrechts durch den ausgeschiedenen Vertreter wegen jeder vermeintlichen Forderung für den Unternehmer unverhältnismäßige Nachteile bringt, z. B. dann, wenn Grund und Höhe eines Anspruchs erst durch langwierige Auseinandersetzungen geklärt werden können.

Der Unternehmer kann die Ausübung der Zurückbehaltungsrechte durch Sicherheitsleistung abwenden (§ 369 IV HGB, § 273 Abs. 3 BGB).

b) Aufrechnung (§§ 387 ff. BGB)

Die Aufrechnungserklärung ist eine einseitige empfangsbedürftige Willenserklärung, die, wenn die rechtlichen Voraussetzungen vorliegen, die gegenseitigen Forderungen zum Erlöschen bringt, in ihrer Wirkung also über das Zurückbehaltungsrecht wesentlich hinausgeht. Deshalb bleibt eine wirksame Aufrechnung auch von folgenden Voraussetzungen abhängig:

(1) Gegenseitigkeit der Ansprüche — der Schuldner der einen muß Gläubiger der anderen Forderung sein —,

(2) Gleichartigkeit des Gegenstandes — die Forderung muß beiderseits auf Geld oder gleiche vertretbare Sachen (Gattungsschuld) gerichtet sein —,

(3) die Forderung, mit der aufgerechnet wird, muß fällig und die Forderung, gegen die aufgerechnet wird muß bestehen und erfüllbar sein (§ 387 BGB).

Das Aufrechnungsrecht wird vertraglich oft ausgeschlossen oder eingeschränkt (vgl. Ziffer 9 der „*Hauptpunkte eines Vertrages für hauptberufliche Versicherungsvertreter*"); § 88a I

HGB steht dem nicht entgegen. Derartige Klauseln sind in der Praxis sogar üblich; allerdings kann ein solcher Ausschluß nicht als Handelsbrauch oder als stillschweigend vereinbart angenommen werden.

IV. Abtretung und Pfändung der Ansprüche

Genügend bestimmbare Ansprüche des Vertreters können abgetreten und verpfändet werden, soweit sie pfändbar sind (§§ 398, 400 BGB). Sie können allerdings dann nicht abgetreten oder verpfändet werden, wenn eine Leistung an einen anderen als den Vertreter nicht ohne Veränderung des Inhalts der Leistung erfolgen kann oder wenn die Parteien die Nichtabtretung vereinbart haben (§§ 399, 1247 Abs. 2 BGB). Die Ansprüche auf Provisionsabrechnung, Erteilung eines Buchauszuges und auf Bucheinsicht können ebenso wie sonstige Nebenansprüche nicht für sich allein abgetreten werden, sondern nur zusammen mit den zugehörigen Hauptansprüchen auf Provision.

Die Gläubiger des Vertreters können dessen Provisionsforderungen und sonstige Vergütungsansprüche nach den für die Forderungspfändung maßgeblichen Grundsätzen (§§ 828 ff. ZPO) pfänden. Als nicht pfändbar gilt demgegenüber ein etwaiger Auslagenersatz des Vertreters.

Die **Pfändungsschutzvorschrift** der §§ 850 ff. ZPO (i.d.F. des Gesetzes zur Änderung der Pfändungsfreigrenzen vom 8.3.1984, BGBl I S. 364) sind nach der heute in der Rechtsprechung und im Schrifttum überwiegend vertretenen Meinung auch auf die Pfändung der Provisionsansprüche von selbständigen Handelsvertretern anwendbar. Nach § 850 II ZPO gelten als Arbeitseinkommen, das den Pfändungsschutzvorschriften unterliegt, auch *„sonstige Vergütungen für Dienstleistungen aller Art, die die Erwerbstätigkeit des Schuldners vollständig oder zu einem wesentlichen Teil in Anspruch nehmen"*. Dies trifft zunächst einmal bei Einfirmenvertretern zu. Aber auch bei Mehrfirmenvertretern sind die Einnahmen aus der Vertretertätigkeit im gegebenen Zusammenhang als Einnahmen aus einer einheitlichen Erwerbstätigkeit anzusehen, so daß es bei der Frage der Anwendbarkeit des § 850 II ZPO nur darauf ankommen kann, ob die Vergütungen für diese einheitliche Tätigkeit die Erwerbstätigkeit des Vertreters vollständig oder zu einem wesentlichen Teil in Anspruch nehmen.

Soweit die Provisionsansprüche eines Vertreters nicht der Pfändung unterworfen sind, kann hiergegen auch nicht aufgerechnet werden (§ 394 BGB).

V. Verjährung und Verwirkung der Ansprüche

Nach § 88 HGB, einer Sondervorschrift gegenüber den allgemeinen Verjährungsvorschriften in den §§ 195 ff. BGB, verjähren sämtliche Ansprüche aus einem Vertretungsverhältnis in vier Jahren, beginnend mit dem Schluß des Jahres, in dem sie fällig geworden sind. Dies gilt für die Ansprüche des Vertreters und jene des Unternehmers in gleicher Weise. Zu vertraglichen Ansprüchen dieser Art gehören z. B. die Provisionsansprüche, Ansprüche auf Rückzahlung von Vorschüssen, auf Aufwendungsersatz, auf Schadenersatz, auf Vertragsstrafe, Saldoansprüche aus einer laufenden Abrechnung sowie der Anspruch auf Ausgleichszahlung nach § 89b HGB, ebenso aber auch alle Hilfsansprüche wie z. B. auf Gewährung von Bucheinsicht nach § 87c IV HGB.

Vereinbarungen, mit denen die Verjährung ausgeschlossen oder erschwert werden soll, sind unwirksam. Dagegen sind Vereinbarungen über eine Abkürzung der Verjährungsfrist zulässig (§ 225 Satz 2 BGB), falls der in § 88 HGB festgelegte Grundsatz der Gleichbehandlung der beiderseitigen Ansprüche gewahrt bleibt (vgl. BGH-Urteil vom 12.10.1979, NJW 1980, S. 286).

Außervertragliche Ansprüche aus unerlaubter Handlung verjähren nach § 852 Abs. 1 BGB in drei Jahren nach Kenntnis des Schadens und des Ersatzpflichtigen, sonst dreißig Jahre von der Begehung der Handlung an.

Für die Unterbrechung der Verjährung gelten die Vorschriften der §§ 208 ff. BGB.

Die Wirkung der Verjährung besteht darin, daß der Verpflichtete berechtigt ist, die Leistung zu verweigern; eine erbrachte Leistung kann allerdings nicht zurückgefordert werden. Es handelt sich um ein Leistungsverweigerungsrecht, das nur auf Einrede des Berechtigten hin (§ 220 Abs. 1 BGB) zu berücksichtigen ist.

Der Verjährungseinrede kann nach allgemeinen Rechtsgrundsätzen (§ 242 BGB) der Einwand der unzulässigen Rechtsausübung entgegenstehen. Wird z. B. der Vertreter vom Unternehmer über die Entstehung von Provisionsansprüchen arglistig getäuscht und führt dies zur Verjährung der Ansprüche, so kann der Unternehmer aus dem Gesichtspunkt des Schadensersatzes verpflichtet sein, die Provisionsansprüche des Vertreters als unverjährt gegen sich gelten zu lassen (§§ 826, 249 BGB). Falls dies zutrifft, kann der Vertreter mit den an sich verjährten Provisionsansprüchen auch noch wirksam gegen Ansprüche des Unternehmers aufrechnen; dies folgt aus Sinn und Zweck des § 390 Satz 1 BGB.

Daneben kann Ansprüchen unter Umständen schon vor Ablauf der Verjährungsfrist der Einwand der Verwirkung entgegengehalten werden. Dies gilt in Auswirkung des die gesamte Rechtsordnung beherrschenden Grundsatzes von Treu und Glauben (§ 242 BGB) auch für Ansprüche aus einem Vertretungsverhältnis. Ein Anspruch gilt im allgemeinen dann als verwirkt, d. h. kann nicht mehr geltend gemacht werden, wenn seit der Möglichkeit der Geltendmachung ein längerer Zeitraum verstrichen ist und besondere Umstände hinzutreten, auf Grund deren die verspätete Geltendmachung als Verstoß gegen Treu und Glauben empfunden wird. Es kommt dabei stets auf alle Umstände des Einzelfalles an. Zeitablauf allein ist niemals ausreichend, um sich mit Erfolg auf die Verwirkung berufen zu können. Neben der Untätigkeit muß der Gläubiger durch aktives Tun einen Vertrauenstatbestand geschaffen haben, auf Grund dessen der Schuldner annehmen durfte, daß der Gläubiger auf seinem Anspruch nicht mehr bestehe, und der Schuldner muß sich in diesem Glauben darauf eingerichtet haben. So wird man eine Verwirkung z. B. dann bejahen müssen, wenn ein Versicherungsunternehmen zu erkennen gegeben hat, daß es einen Schadenersatzanspruch gegen seinen Vertreter mit Rücksicht auf die geschäftliche Beziehung nicht mehr weiterverfolgen will, dann aber den Anspruch wider jedes Erwarten doch noch innerhalb der Verjährungsfrist gegen den Vertreter geltend macht, obwohl dieser sich bereits auf die Nichtgeltendmachung eingerichtet hatte und auch einrichten durfte.

VI. Verantwortlichkeit für die Urlaubsregelung

Als selbständiger Unternehmer steht dem Vertreter gegenüber dem vertretenen Unternehmen **kein arbeitsrechtlicher Urlaubsanspruch** zu. Der Vertreter ist in der Gestaltung seiner Tätigkeit und der Bestimmung seiner Arbeitszeit vielmehr auch insoweit im wesentlichen frei (§ 84 I Satz 2 HGB), als er seine Urlaubszeit selbst festsetzen kann. Allerdings bleiben von entsprechenden Entscheidungen seine dem Unternehmen gegenüber fortbestehenden Vertreterpflichten unberührt. Daraus ergibt sich, daß er für seine Urlaubszeit alle Maßnahmen zu treffen hat, die ein uneingeschränktes und ungestörtes Weiterlaufen seines Agenturbetriebes und eine hinreichende Bedienung und Betreuung von Versicherungsinteressenten und Versicherungskunden gewährleisten. Er hat also insbesondere für seine persönliche Vertretung zu sorgen und muß sich insoweit – wegen seiner grundsätzlich bestehenden Pflicht zur persönlichen Dienstleistung – auch mit dem vertretenen Unternehmen abstimmen. Der Vertreter hat das Unternehmen auch rechtzeitig zu unterrichten, falls er die volle Erfüllung seiner Vertreterpflichten während seiner Urlaubsabwesenheit selbst nicht hinreichend sicherstellen kann, damit gemeinsam entsprechende Vorkehrungen getroffen werden können. Darüber hinaus muß vom Vertreter erwartet werden, daß er bei seinen Urlaubsdispositionen berechtigte Belange des Unternehmens nicht unvertretbar außer Acht läßt, indem er z. B. gerade in Zeiten eines notorisch erhöhten Geschäftsanfalls oder ohne Rücksicht auf aktuelle organisatorische Maßnahmen oder Veranstaltungen des Unternehmens, also z. B. während der Durchführung von – zeitlich begrenzten – Sonderaktionen oder von wichtigen Außendiensttagungen etc. in Urlaub geht. In jedem Fall wird man den Vertreter für verpflichtet halten müssen, dem Unternehmen seine Urlaubsabwesenheit – in gleicher Weise wie eine längere Krankheit mit der Folge einer wesentlichen Einschränkung seiner Betätigungsmöglichkeiten – rechtzeitig anzuzeigen. Eine übermäßige zeitliche Ausdehnung der Urlaubsabwesenheiten kann im übrigen mit den Gesamtverpflichtungen aus dem Vertretervertrag unvereinbar sein und dem Unternehmen in gravierenden oder in Wiederholungsfällen sogar einen wichtigen Kündigungsgrund liefern.

Sogenannte arbeitnehmerähnliche Vertreter können gemäß § 2 des Bundesurlaubsgesetzes Erholungsurlaub beanspruchen.

VII. Kein Anspruch auf Erteilung eines Dienstzeugnisses - Tätigkeitsbescheinigung

Das gesetzliche Handelsvertreterrecht schweigt sich über einen Zeugnisanspruch des Vertreters bei Beendigung des Vertragsverhältnisses aus. Hiernach ist zu prüfen, ob ein solcher Anspruch etwa deshalb besteht, weil auf das Vertretungsverhältnis ergänzend auch das Dienstvertragsrecht des BGB Anwendung findet, soweit es mit der Selbständigkeit des Vertreters vereinbar ist. Eine entsprechende Anwendung des § 630 BGB, der bei der Beendigung eines dauernden Dienstverhältnisses dem Verpflichteten einen gesetzlichen Anspruch auf ein schriftliches Zeugnis über das Dienstverhältnis und dessen Dauer, auf Verlangen auch über die Leistung und die Führung im Dienst gibt, wird bei selbständigen Handelsvertretern im Schrifttum und in der Rechtsprechung jedoch fast einhellig verneint, weil sie mit der Unternehmer- und Kaufmannseigenschaft dieser Vertreter nicht vereinbar erscheint. Tatsächlich setzt ein Zeugnisanspruch ein persönliches Über- bzw. Unterordnungsverhältnis voraus, das hier nicht vorliegt. Eine zeugnismäßige Beurteilung des selbständigen Vertreters wäre darüber hinaus nur möglich, wenn der Vertreter sich Weisungen des vertretenen Unternehmens über die Art und Weise seiner Tätigkeit zu fügen und sich vollständig in den Geschäftsbetrieb des Unternehmens einzuordnen hätte und daher auch der Arbeitswille, die Arbeitsleistung und die Arbeitsweise des Vertreters ebenso wie im Rahmen einer abhängigen Beschäftigung dem Direktionsrecht und der ständigen Kontrolle des Unternehmens unterlägen.

Aus den vorgenannten Erwägungen ist der Zeugnisanspruch auch bei selbständigen Einfirmenvertretern zu verneinen, wird jedoch arbeitnehmerähnlichen Handelsvertretern zugebilligt werden müssen.

Unabhängig von der Verneinung eines gesetzlichen Zeugnisanspruchs verdient ein etwaiges Interesse des selbständigen Versicherungsvertreters an der Ausstellung einer Tätigkeitsbescheinigung regelmäßig Anerkennung. Deshalb schlagen auch die *„Hauptpunkte eines Vertrages für hauptberufliche Versicherungsvertreter"* in Ziffer 14 folgende Vereinbarung vor: „*Das Versicherungsunternehmen erklärt sich bereit, dem Vertreter auf sein Verlangen im Falle der Lösung des Vertragsverhältnisses eine Bescheinigung über die Art und Dauer der für das Unternehmen ausgeübten Tätigkeit zu erteilen".*

VIII. Keine Rechte am Versicherungsbestand und an der Kundschaft

Die Frage, ob dem Versicherungsvertreter Rechte oder sogar ein „Eigentum" an „seinem" Versicherungsbestand zustünden oder wenigstens vertraglich eingeräumt werden könnten, ist wiederholt sehr eingehend geprüft und im Ergebnis stets verneint worden.

1. Keine Rechte „am" oder „aus" dem Versicherungsbestand

Die rechtliche Beurteilung der Frage, ob ein Versicherungsbestand Eigentum des Vertreters sein kann, setzt zunächst eine Klärung des Begriffes „Versicherungsbestand" voraus. Dieser Begriff ist in der Versicherungswirtschaft allgemein gebräuchlich; er ist jedoch weder im Handels- noch im Versicherungsvertragsrecht, sondern allein im Versicherungsaufsichtsrecht gesetzlich verankert und auch nur dort von rechtserheblicher Bedeutung. Nach § 14 VAG kann mit Genehmigung der Aufsichtsbehörde ein Übereinkommen getroffen werden, wodurch der Versicherungsbestand eines Versicherungsunternehmens ganz oder teilweise übertragen werden soll. Aus dieser Regelung ergibt sich die Definition des Begriffes „**Versicherungsbestand**": Es handelt sich hierbei um eine **Summe von Vertragsverhältnissen, die zwischen einem Versicherungsunternehmen und seinen Versicherungsnehmern bestehen.** Ein „Versicherungsbestand" kann als Rechtsinbegriff an sich also immer nur dem Versicherungsunternehmen, nicht aber dem Versicherungsvertreter zugeordnet werden, da die vom Vertreter vermittelten einzelnen Versicherungsverträge jeweils nur Rechte und Pflichten zwischen dem Versicherungsunternehmen und den Versicherungsnehmern als den alleinigen Vertragspartnern begründen. Was gelegentlich untechnisch als „*Versicherungsbestand des Vertreters*" bezeichnet wird, beinhaltet keine Eigentumsrechte des Vertreters an seinem Agenturbestand von Versicherungsverträgen, sondern ist nicht mehr als eine Kurzformel zur Umschreibung jenes speziellen Aufgabenkreises des Vertreters, der durch seine vertragliche Verpflichtung entsteht und abgegrenzt wird, die von ihm vermittelten oder ihm zugewiesenen Versicherungsverträge in bestimmter Hinsicht, z. B. zwecks Bestandspflege, zur Durchführung des Inkassos, bei der Schadenermittlung und -abwicklung, laufend mitzuverwalten, und der ihm entsprechende Verdienstmöglichkeiten bietet.

Demgegenüber findet die Auffassung, ein Versicherungsbestand könne auch Eigentum des Vertreters sein, weil die einzelnen Verträge dieses Bestandes vom Vertreter vermittelt oder abgeschlossen seien oder von ihm verwaltet werden und ihm also auch „gehörten", im deutschen Rechtssystem keine Grundlage.

Gegenstand des Eigentums können nach bürgerlichem Recht nur Sachen sein (§ 90 BGB). Ein Vertrag, gleichgültig zwischen welchen Personen er abgeschlossen wurde, ist keine Sache; folglich können hieran auch keine Eigentumsrechte bestehen. Das Gleiche gilt für einen Versicherungsbestand als einer Summe von Verträgen.

Wenn der Versicherungsbestand eine Summe von Versicherungsverträgen ist, so folgt aus dieser Feststellung weiter, daß es nach deutschem Recht auch keine Rechte des Vertreters „aus" dem Versicherungsbestand gibt. „Aus" den einzelnen Versicherungsverträgen können lediglich die Vertragspartner, nämlich Versicherungsnehmer und Versicherungsunternehmen, Rechte herleiten. Die vom Vertreter vermittelten oder verwalteten Versicherungsverträge sind zudem offenkundig auch keine Verträge zu seinen Gunsten, etwa in der Rechtsform des Vertrages zu Gunsten Dritter.

Rechte, die der Vertreter durch Vermittlung oder Verwaltung eines Versicherungsvertrages erwirbt, insonderheit das Recht auf Provision, beruhen ausschließlich auf dem zwischen ihm und dem Versicherungsunternehmen abgeschlossenen Vertretervertrag. Da der Vertretervertrag nicht zur Summe der Verträge gehört, die den Versicherungsbestand ausmachen, gibt es auch kein Recht des Vertreters „aus" dem Versicherungsbestand.

Aus ähnlichen Erwägungen hat auch die Versicherungsaufsichtsbehörde wiederholt auf die rechtliche Unmöglichkeit und zugleich Unzulässigkeit einer Einräumung von Rechten des Vertreters „am" oder „aus" dem Versicherungsbestand hingewiesen (vgl. z. B. Geschäftsbericht BAV 1961, S. 27; 1977, S. 35) und neuerdings speziell die Vereinbarung von sogenannten *Betreuungsklauseln* zwischen dem Versicherungsvertreter und Versicherungsnehmer verboten (vgl. Geschäftsbericht BAV 1977, S. 35; VerBAV 1978, S. 131; Geschäftsbericht BAV 1978, S. 31; Geschäftsbericht BAV 1980, S. 42).

2. Versicherungsbestand als „sonstiges" Recht nach § 823 BGB?

Zu der weiteren Frage, ob der vom Vertreter verwaltete Versicherungsbestand für ihn als sonstiges Recht nach § 823 BGB geschützt ist, ist darauf hinzuweisen, daß die Rechtsprechung zwar ein Recht am eingerichteten und ausgeübten Gewerbebetrieb als sonstiges Recht im Sinne des § 823 Abs. 1 BGB anerkannt hat. Folglich wird auch jede Beeinträchtigung des Gewerbebetriebes eines Versicherungsvertreters, auch wenn sie den Versicherungsbestand nicht berührt, als Verletzung eines absoluten Rechts angesehen. Daraus kann man aber nicht auf ein Recht des Vertreters am Versicherungsbestand schließen. Das gelänge allenfalls mit Hilfe eines unzulässigen Zirkelschlusses. Man müßte nämlich gerade das voraussetzen, was fraglich ist, nämlich die Zugehörigkeit des Bestandes zum eingerichteten und ausgeübten Gewerbebetrieb des Vertreters.

3. Recht an der Kundschaft?

Schließlich muß auch ein Recht des Vertreters an seiner Kundschaft verneint werden. Die Kunden des Vertreters sind zugleich auch die Kunden des Versicherungsunternehmens und sind sogar dessen alleinige Vertragspartner. Es gibt deshalb auch keinen Rechtssatz, daß das Unternehmen mit diesen Kunden nicht unmittelbar, sondern nur über den Vertreter verkehren dürfe. Daß das Unternehmen in der Praxis die Kundenbetreuung dem Vertreter tatsächlich weitgehend zu überlassen pflegt und auf Eingriffe in die Beziehungen zwischen dem Kunden und dem Vertreter tunlichst verzichtet, geschieht aus Gründen der Rücksichtnahme auf Vertreterinteressen, ungeachtet der Möglichkeit entsprechender — wenn auch nur bedingter — vertraglicher Zugeständnisse. Ebenso ist es von allein faktischer Bedeutung, wenn die Kunden des Vertreters nach Beendigung seines Vertretungsverhältnisses dem Vertreter „treu" bleiben, d. h. sich unter Umständen bereitfinden, nach dem Auslaufen bestehender Versicherungsverträge mit dem Versicherungsunternehmen, das der Versicherungsvertreter nunmehr vertritt, neue Versicherungsverträge abzuschließen. Denn der ausgeschiedene Vertreter hat gegenüber dem bisher vertretenen Unternehmen unter keinem Gesichtspunkt einen Anspruch auf eine vorzeitige Entlassung seiner Kunden aus bestehenden Versicherungsverhältnissen, zumal es ohnehin zunächst einmal auf deren eigene Willensentscheidung ankäme.

Das Zugeständnis eines solchen Rechtes hätte auch das abwegige Ergebnis, daß es dem Vertreter nach seinem Ausscheiden gestattet wäre, das wirtschaftliche Ergebnis der von ihm geschuldeten und ihm vergüteten Vertreterleistungen nachträglich wieder zunichte zu machen, und dies, obwohl ihm in aller Regel auch noch ein Ausgleich nach § 89b HGB gezahlt worden ist.

4. Sonstige Regelungen

Außerdem werden gelegentlich noch anderweitige vertragliche Regelungen erörtert, die zur Begründung von Rechtsansprüchen des Vertreters auf wirtschaftliche Beteiligung an „seinem" Versicherungsbestand führen sollen:

a) Provisionsfortzahlung trotz Beendigung des Vertretervertrages?

Zur etwaigen Vereinbarung eines Anspruchs des Vertreters auf Zahlung der Provision auch nach Beendigung des Vertretervertrages ist zu bemerken:

Hinsichtlich der Vermittlungs- und Abschlußprovisionen steht dieser Anspruch dem Vertreter schon nach der gesetzlichen Regelung der §§ 92, 87 HGB zu. Wird diese — dispositive — Regelung jedoch im Vertretervertrag in der üblichen Weise abbedungen und entfallen hiernach mit Vertragsbeendigung alle Provisionsansprüche, so hat der Vertreter unter den sonstigen gesetzlichen Voraussetzungen eben gerade deswegen, allerdings auch nur insoweit einen Ausgleichsanspruch (§ 89b HGB).

Was die Verwaltungs- und Betreuungsprovisionen anbetrifft, so muß richtigerweise davon ausgegangen werden, daß eine Weiterzahlung solcher Provisionen auch nach Beendigung des Vertretervertrages die Fortdauer der vertraglich vereinbarten Gegenleistungen des Vertreters voraussetzt. So besehen, würde die Vereinbarung eines entsprechenden nachvertraglichen Provisionsanspruchs tatsächlich eine zumindest teilweise Unkündbarkeit des Vertretervertrages zur Folge haben. Das Zugeständnis einer Fortzahlung der Verwaltungs- und Betreuungsprovisionen ohne entsprechende Gegenleistungen des ausgeschiedenen Vertreters wäre ebenso unbegründet wie unverantwortlich.

b) Veräußerliches Verwaltungsrecht am vermittelten Versicherungsbestand?

Auch gegen diese Möglichkeit — eine Variante des oben schon angesprochenen Falles der Übertragung der Rechte und Pflichten aus dem Vertretervertrag auf einen Nachfolger — ist einzuwenden, daß das Versicherungsunternehmen seiner ihm stets verbleibenden eigenen Verantwortung gegenüber den Versicherungsnehmern nicht gerecht würde, wenn es dem Vertreter gestattete, seine Aufgaben und Befugnisse verwaltender und betreuender Art gegen Entgelt an Dritte weiterzuübertragen, von der allgemeinen Unvereinbarkeit eines derartigen Verfahrens mit einem Vertretungsverhältnis ganz abgesehen.

Im übrigen scheint gelegentlich verkannt zu werden, daß auch die folgenden Möglichkeiten nicht zuletzt unter Berücksichtigung der darin liegenden Tendenzen zur Begründung unvertretbarer Rechte des Vertreters am Versicherungsbestand beurteilt und aus dieser Perspektive als bedenklich abgelehnt werden müssen:

c) Unmittelbare Abwälzung der Ausgleichsverpflichtung des Versicherungsunternehmens nach § 89b HGB auf den Vertreternachfolger?

Diese Möglichkeit hat man unternehmerseitig vereinzelt schon deshalb aufgreifen zu sollen geglaubt, weil während des Bestehens des Vertretungsverhältnisses steuerrechtlich keine gewinnmindernden Rückstellungen für etwaige künftige Ausgleichsverpflichtungen gebildet werden dürfen. Dabei blieb allerdings oft unklar, welche wirtschaftlichen und rechtlichen Gestaltungsmöglichkeiten für eine Übertragung der Ausgleichsverpflichtung überhaupt gegeben sind und welche handels- und steuerrechtlichen Folgen hieraus fallweise gezogen werden müssen.

Wenn man die Ausgleichsverpflichtung dem nachfolgenden Vertreter unmittelbar aufbürden wollte, so böten sich hierfür an sich zwei Wege an: Entweder übernimmt dieser Vertreter die Ausgleichszahlungen als solche und leistet sie aus seinen Gesamteinkünften oder er findet sich mit einer — eventuell nur zeitweiligen — Kürzung seiner Provisionen oder sonstigen Vergütungen ab, damit die Differenzbeträge zur Befriedigung des Ausgleichsanspruchs seines Vorgängers zur Verfügung stehen.

Rechtlich müßte dabei in beiden Fällen — auch mit Rücksicht auf die unterschiedlichen steuerlichen Konsequenzen — jeweils klargestellt werden, ob der nachfolgende Vertreter die Verpflichtung des Versicherungsunternehmens aus § 89b HGB — unter der Voraussetzung der Zustimmung des ausgleichsberechtigten Vertreters — mit befreiender Wirkung übernimmt (*privative Schuldübernahme*) oder ihr nur beitritt (*kumulative Schuldübernahme*) oder ob er lediglich im Verhältnis zum Versicherungsunternehmen zur Erfüllung von dessen Schuld verpflichtet wird (*bloße Erfüllungsübernahme*).

Jede derartige vertragliche Übernahme der — grundsätzlich und gesetzlich allein das Versicherungsunternehmen als verfügungsberechtigten Inhaber des Versicherungsbestandes treffenden — Ausgleichsverpflichtung durch den nachfolgenden Vertreter erscheint schon deshalb problematisch, weil sie der Annahme Vorschub leistet, als habe der Vertreter auf diese Weise seinem Vorgänger oder dem Versicherungsunternehmen „den Bestand abgekauft" und hierdurch auch irgendwelche Rechte an diesem Bestand erworben.

Unbedenklich ist es dagegen, wenn das Versicherungsunternehmen seine Ausgleichsverpflichtung wirtschaftlich dadurch berücksichtigt, daß es im Rahmen der Vertragsfreiheit mit dem nachfolgenden Vertreter — u. U. nur für eine Übergangszeit — geringere Provisionssätze oder sonstige Vergütungen vereinbart. Dabei dürfte es regelmäßig weder notwendig noch zweckmäßig sein, eine derartige Kürzung vertraglich mit der eigenen Ausgleichsverpflichtung zu begründen und zu verknüpfen.

d) „Verkauf" des Versicherungsbestandes durch den Vertreter unter Verzicht auf den Ausgleichsanspruch (§ 89b HGB)?

Auch diese Möglichkeit ist abzulehnen, weil sie den Anschein erweckt oder verstärkt, als könne der Versicherungsbestand des Versicherungsunternehmens auch nach dessen eigener Meinung zum Handelsobjekt zwischen Vertretern werden.

Wenn es auch immer wieder vorkommen mag, daß ein ausscheidender Vertreter mit seinem Nachfolger für dessen erfolgreiche Präsentation beim Versicherungsunternehmen oder für den materiellen Wert oder den allgemeinen „good will" seines Agenturbetriebes eine Vergütung aushandelt, wäre es bedenklich, wenn das Versicherungsunternehmen solche Vorgänge seinerseits in irgendeiner Weise als auch für sich verbindlich anerkennen oder sich gar an einer solchen Vereinbarung beteiligen würde. Vielmehr sollte es in diesen wie in allen anderen angesprochenen Fällen unbedingt dabei bleiben, daß die Vertragsverhältnisse zwischen dem Versicherungsunternehmen und dem „alten" Vertreter einerseits und zwischen dem Versicherungsunternehmen und dem „neuen" Vertreter andererseits rechtlich in keiner Weise miteinander verknüpft werden, um jeden Zweifel über das alleinige Verfügungsrecht des Versicherungsunternehmens über seinen Versicherungsbestand auszuschließen.

E. Die Rechtsstellung des Versicherungsvertreters gegenüber dem Versicherungsnehmer

I. Zur gesetzlichen Regelung

Mit Teilaspekten des Außenverhältnisses zwischen dem Versicherungsvertreter und dem Versicherungsnehmer hat der Gesetzgeber sich in den §§ 43 ff. VVG befaßt. Die dortigen Bestimmungen sollen in erster Linie dem Schutz des Versicherungsnehmers dienen. Da es hierbei nicht auf die Gestaltung des Innenverhältnisses zwischen dem Versicherungsvertreter und dem Versicherungsunternehmen ankommen kann, sind die §§ 43 ff. VVG nach herrschender Rechtsauffassung auch auf Gelegenheitsvermittler und die §§ 43, 45–47 VVG, zumindest analog, auch auf angestellte Versicherungsvertreter anzuwenden, falls diese mit Zustimmung oder Duldung des Versicherungsunternehmens im Geschäftsverkehr unter einer üblicherweise für Versicherungsvertreter gebräuchlichen Bezeichnung auftreten. Hinsichtlich der Wissenszurechnung gelten für die selbständigen und angestellten Versicherungsvertreter einheitlich § 44 VVG und die dazu entwickelten Auslegungsregeln. Die grundsätzliche Gleichbehandlung von selbständigen und angestellten Versicherungsvertretern im Außenverhältnis ist gerechtfertigt, weil dem Versicherungsnehmer die Rechtsnatur des Innenverhältnisses im allgemeinen nicht bekannt ist und ihm auch nicht zugemutet werden kann, sich mit dieser Frage zu beschäftigen.

Die Vorschriften der §§ 43 ff. VVG finden nach § 192 II VVG auf die Vertreter der öffentlich-rechtlichen Versicherungsunternehmen, die sich in manchen Unternehmensbereichen unter besonderen Bezeichnungen wie „Kommissar" oder „Geschäftsführer" betätigen, keine Anwendung; doch erklären die Satzungen dieser Unternehmen die Vorschriften der §§ 43 ff. VVG häufig ganz oder teilweise für entsprechend anwendbar.

Das VVG spricht — wie früher auch das HGB — unverändert von „*Agenten*", hat also die moderne Terminologie „Versicherungsvertreter" noch nicht übernommen und unterscheidet zwischen dem *Abschlußagenten* und dem *Vermittlungsagenten* (Abschlußvertreter und Vermittlungsvertreter). Dementsprechend wird auch in diesem Abschnitt gesetzesgemäß ausnahmsweise noch der Agentenbegriff verwendet.

Ob ein Versicherungsagent allgemein oder in einem bestimmten Versicherungszweig die Rechtsstellung eines Abschluß- oder Vermittlungsagenten hat, ergibt sich aus dem Innenverhältnis zum Versicherungsunternehmen und der ihm vom Versicherungsunternehmen erteilten Vollmacht. Die übergroße Mehrzahl der Versicherungsagenten hat im allgemeinen nur die Befugnis, Versicherungsverträge zu vermitteln. Abschlußvollmachten werden von den Versicherungsunternehmen ohnehin nur in der Schadenversicherung, nicht in der Lebens- und in der Krankenversicherung, und zwar nur in Ausnahmefällen und meist mit einem recht begrenzten Umfang erteilt. Aber auch der Vermittlungsagent gilt im Außenverhältnis zum Versicherungsnehmer kraft Gesetzes zu bestimmten Handlungen bevollmächtigt (§ 43 Ziffern 1.–4. VVG) und erhält deshalb regelmäßig auch im Vertretervertrag entsprechende Aufgaben und Befugnisse übertragen. Darüber hinaus kann das Versicherungsunternehmen den Vermittlungsagenten zu weiteren Handlungen ausdrücklich bevollmächtigen (z. B. zur Erteilung von vorläufigen Deckungszusagen, zur Versicherungsbestätigung in der Kraftfahrt-Haftpflichtversicherung, zur Regulierung von kleineren Schäden) oder die erteilten Vollmachten durch schlüssige Handlungen (z. B. durch jahrelanges Dulden der Prämieneinziehung ohne Prämienquittung) erweitern. Auch die weite Verbreitung von Blockpolicen im Standardgeschäft der Schaden- und Unfallversicherung hat in der Praxis dazu geführt, daß die Unterscheidung zwischen Vermittlungs- und Abschlußagent begrifflich nicht mehr so scharf bzw. im Einzelfall nicht mehr einheitlich vorgenommen werden kann, zumal gerade auch Vermittlungsagenten oft zur Ausfertigung und zum Verkauf von Blockpolicen ermächtigt werden und damit gleichfalls sofortigen Versicherungsschutz anbieten können, der mit Aushändigung einer solchen Police und Zahlung der Prämie für das Versicherungsunternehmen verbindlich in Kraft tritt.

Überschreitet ein Vermittlungsagent seine Vollmacht, so bestimmen sich die Rechtsfolgen nach §§ 92 II, 91 a I HGB bzw. bei angestellten Vermittlungsagenten nach § 75 h I HGB. Das Gleiche gilt, wenn ein Abschlußagent, z. B. einer, der Abschlußvollmacht nur für die verbundene Hausratversicherung hat, Versicherungsverträge über landwirtschaftliche Risiken abschließt (§§ 92 II, 91 a II bzw. 75 h II HGB). Für die Beurteilung dieser Rechtsfolgen ist es dabei ohne Belang, ob der Agent seine Vollmacht wissentlich oder gutgläubig überschritten hat. Nach § 177 BGB würde ein Schwebezustand über die Rechtswirksamkeit des Vertrages bestehen, bis die Genehmigung des Geschäfts vorliegt; ein derartiger Zustand der Ungewißheit erschien dem Gesetzgeber bei Handels- und Versicherungsvertretergeschäften mit den Geboten der Rechtsklarheit und Rechtssicherheit unvereinbar und dem Schutzbedürfnis des durch den Agenten gebundenen Vertragspartners nicht angemessen. Ohne ausreichende Bevollmächtigung geschlossene Agentengeschäfte gelten daher als vom Versicherungsunternehmen genehmigt, wenn es das Geschäft dem Dritten gegenüber nicht unverzüglich ablehnt, nachdem es von seinem Agenten oder dem Dritten über den Abschluß und seinen wesentlichen Inhalt benachrichtigt worden ist. Ein Schweigen des Versicherungsunternehmens auf die Mitteilung vom Abschluß hat die Wirkung einer Genehmigung; Voraussetzung hierfür ist aber in beiden Fällen, daß der Dritte den Mangel der Vollmacht oder die Vollmachtsüberschreitung nicht gekannt hat. Anderenfalls ist er nicht schutzbedürftig, so daß auch eine Haftung des Versicherungsunternehmens nach § 91 a HGB dann nicht in Betracht kommt.

II. Die Rechtsstellung des Vermittlungsagenten nach §§ 43, 44 VVG

1. Anscheinsvollmacht (§ 43 VVG)

Die gesetzliche Regelung der Anscheinsvollmachten des § 43 VVG gilt für den Vermittlungsagenten und den Abschlußagenten in gleicher Weise, wenn auch jeweils nur für die Versicherungszweige, für die der Agent „bestellt ist". Diese sachliche Einschränkung spielt allerdings praktisch kaum mehr eine Rolle, weil die Versicherungsagenten heutzutage regelmäßig in allem oder wenigstens in allen gängigen Versicherungszweigen mit der Vermittlung von Versicherungsverträgen beauftragt sind.

Der Versicherungsagent gilt danach als bevollmächtigt:

(a) nach § 43 Ziffer 1. VVG

„Anträge auf Schließung, Verlängerung oder Änderung eines Versicherungsvertrages sowie den Widerruf solcher Anträge entgegenzunehmen."

Diese Vorschrift ist von weitragender rechtlicher Bedeutung. Mit dem Eingang einer formgerechten Erklärung des Versicherungsnehmers bei dem Agenten wird z. B. die Frist zur Annahme des Versicherungsantrages durch das Versicherungsunternehmen in Lauf gesetzt.

Wenn in § 43 Ziff. 1. VVG auch nur von ganz bestimmten Rechtshandlungen die Rede ist, so wird im Interesse der Rechts- und Verkehrssicherheit doch ganz überwiegend die Auffassung vertreten, daß hierunter z. B. auch die vorvertragliche Anzeigepflicht fällt, obwohl sie nicht ausdrücklich erwähnt wird.

(b) nach § 43 Ziffer 2. VVG

„die Anzeigen, welche während der Versicherung zu machen sind, sowie Kündigungs- und Rücktrittserklärungen oder sonstige das Versicherungsverhältnis betreffende Erklärungen von dem Versicherungsnehmer entgegenzunehmen."

Hierunter fallen z. B. folgende Erklärungen: Die Anzeige bei Gefahrerhöhung (§ 23 II VVG) oder bei Veräußerung der versicherten Sache (§ 71 VVG), weiter die Kündigung, die Anfechtung wegen arglistiger Täuschung oder Irrtumsanfechtung, die Abtretungs- oder Verpfändungserklärung, die Benennung eines Bezugsberechtigten in der Lebensversicherung etc. Alle derartigen Erklärungen gelten nach Abgabe gegenüber dem Versicherungsagenten als dem Versicherungsunternehmen zugegangen. Aus der Befugnis, diese Erklärungen entgegenzunehmen, ist weiter zu folgern, daß der Agent eine mangelhafte Anzeige oder Erklärung auch zurückweisen kann, z. B. wenn der Kündigungstermin bereits überschritten ist, selbst wenn seine gesetzliche Empfangsvollmacht eingeschränkt sein sollte.

Über den Wortlaut der Gesetzesbestimmung hinaus gilt der Agent auch zur Entgegennahme von Erklärungen Dritter ermächtigt, wenn diese durch den vermittelten Vertrag eine Rechtsstellung erlangt haben (z. B. kann der Erwerber eines Grundstücks gegenüber dem Versicherungsagenten kündigen).

(c) nach § 43 Ziffer 3. VVG

„*die von dem Versicherer ausgefertigten Versicherungsscheine oder Verlängerungsscheine auszuhändigen.*"

Falls dies geschieht, treten die gleichen Rechtsfolgen ein, wie wenn diese Urkunden dem Versicherungsnehmer unmittelbar vom Versicherungsunternehmen zugestellt werden. Da nach § 35 Satz 2 VVG der Versicherungsnehmer zur Zahlung der Prämie nur gegen Aushändigung des Versicherungsscheines verpflichtet ist, ist der Agent gegebenenfalls auch als zum Empfang der Erstprämie ohne die Einschränkung der Ziffer 4. berechtigt anzusehen. Mit der Aushändigung des Versicherungsscheins durch den Versicherungsagenten läuft auch die Widerspruchsfrist nach § 5 VVG, falls eine vom gestellten Versicherungsantrag abweichende Beurkundung erfolgt ist.

(d) nach § 43 Ziffer 4. VVG

„*Prämien nebst Zinsen und Kosten anzunehmen, sofern er sich im Besitz einer vom Versicherer unterzeichneten Prämienrechnung befindet; zur Unterzeichnung genügt eine Nachbildung der eigenhändigen Unterschrift.*"

Die Zahlung der Prämie an den Agenten in bar oder auf dessen Konto hat für den Versicherungsnehmer gegenüber dem Versicherungsunternehmen rechtsbefreiende Wirkung. Dies ist auch dann der Fall, wenn der Agent sich unrechtmäßig in den Besitz der echten Prämienrechnung versetzt hat und diese alsdann dem Versicherungsnehmer vorlegt.

Die gesetzlichen Vollmachten des Vermittlungsagenten sind in § 43 VVG – unbeschadet der Möglichkeit ihrer rechtsgeschäftlichen Erweiterung – abschließend geregelt.

Der Vermittlungsagent ist in ihrem Rahmen deshalb z. B. nicht berechtigt, Erklärungen im Namen des Versicherungsunternehmens abzugeben. Er kann also ohne besondere Vollmacht nicht aktiv in die Gestaltung des Vertragsverhältnisses mit dem Versicherungsnehmer, etwa durch Abgabe einer Kündigungs- oder Rücktrittserklärung, eingreifen. Ebenso handelt er auch nicht mehr im Rahmen seiner gesetzlichen Befugnisse, wenn er für das Versicherungsunternehmen die Gewährung von Versicherungsschutz zusagt oder ablehnt oder einen Schaden reguliert. Ebensowenig kann der Vermittlungsagent ohne besondere Vollmacht z. B. Regreßansprüche für das Versicherungsunternehmen geltend machen, die Frist nach § 39 VVG setzen oder namens des Versicherungsunternehmens Prämien stunden bzw. Deckungszusagen abgeben.

2. Kenntnis des Vermittlungsagenten (§ 44 VVG)

Die genaue Kenntnis der risikobestimmenden Faktoren ist für das Versicherungsunternehmen bei seiner Entscheidung über Annahme oder Ablehnung eines Versicherungsantrages von wesentlicher Bedeutung. Deshalb stellt das VVG auch in zahlreichen Vorschriften auf die Kenntnis des Versicherers ab (z. B. §§ 2 II, 16 II, 24, 70 I VVG) und bestimmt in § 44, daß, soweit die Kenntnis des Versicherers von Tatsachen nach diesem Gesetz rechtserheblich ist, die Kenntnis eines nur mit der Vermittlung betrauten Versicherungsagenten — also nicht die des Abschlußagenten — der Kenntnis des Versicherers nicht gleich steht.

Die Rechtsprechung hat § 44 VVG allerdings sehr eingeschränkt. Das Versicherungsunternehmen muß sich danach das Wissen des Vertreters, das dieser im Rahmen seiner Akquisitionsbemühungen mündlich vom Antragsteller erfährt, jedoch nicht an das Unternehmen weitergibt, zurechnen lassen. Der Versicherer muß sich auch das Wissen zurechnen lassen, das der Vertreter von einem sich einschaltenden Dritten bei den Vorgesprächen hinsichtlich der Antragstellung erfährt, sofern der Dritte im eigenen wirtschaftlichen Interesse an dem Zustandekommen des Versicherungsvertrages mitgewirkt hat (vgl. Urteile des BGH vom 11.11.1987, VersR 1988, S. 234; vom 25.1.1989, VersR 1989, S. 398; vom 23.5.1989, NJW 1989, S. 2060).

III. Der Abschlußagent (§ 45 VVG)

Ob beziehungsweise inwieweit ein Vertreter Abschlußvollmacht hat, ist nicht nach seiner Stellung oder seinem Handeln nach außen, sondern allein nach den insoweit geltenden Regelungen im Innenverhältnis zum Versicherungsunternehmen zu entscheiden. Soweit überhaupt erteilt, bestehen Abschlußvollmachten fast immer nur für Teilbereiche. Im übrigen ist hier ergänzend auf § 55 HGB hinzuweisen; diese Vorschrift gilt gemäß § 91 I HGB auch für einen Handelsvertreter, der zum Abschluß von Geschäften von einem Unternehmer bevollmächtigt ist, der nicht Kaufmann ist.

Bei bestehenden Abschlußvollmachten gilt für deren Umfang im Außenverhältnis § 45 VVG. Danach ist der Abschlußagent auch befugt, Änderungen und Verlängerungen entsprechender Versicherungsverträge zu vereinbaren sowie Kündigungs- und Rücktrittserklärungen abzugeben. Neben dem Recht zum Abschluß des Vertrages steht außerdem regelmäßig das Recht zur Erteilung von Deckungszusagen, eine Frage, die für die sofortige Gewährung des Versicherungsschutzes von Bedeutung ist. Jedoch ist auch der Abschlußagent nicht befugt, rückdatierte Deckungszusagen zu geben.

Der Abschlußagent kann auf den Abschluß und die Durchführung des Versicherungsvertrages für das Versicherungsunternehmen verbindlich einwirken. Nach herrschender Meinung steht dem Abschlußagenten im Zweifel auch das Recht der Stundung der Prämien sowie zur Fristsetzung nach § 39 VVG zu. Weiterhin kann er den Vertrag nach Eintritt des Schadenfalles oder bei Veräußerung der versicherten Sache (§ 70 I VVG) oder bei Gefahrerhöhung (§ 24 VVG) kündigen; bei Verletzung der vorvertraglichen Anzeigepflicht kann er von dem Rücktrittsrecht im Namen des Versicherungsunternehmens Gebrauch machen. Ist der Vertrag durch eine arglistige Täuschung des Versicherungsnehmers zustande gekommen, so kann er den Vertrag anfechten. Er kann im Zweifel auch die Abkürzung der Vertragsdauer und die Aufhebung des Vertrages in beiderseitigem Einverständnis vereinbaren.

Auf die Vorschrift des § 44 VVG kann sich das Versicherungsunternehmen bei einem Abschlußagenten nicht berufen. Die Rechtsfolgen ergeben sich in diesem Falle vielmehr aus § 166 BGB; die Kenntnis des Abschlußagenten von erheblichen Gefahrumständen steht der Kenntnis des Versicherers also gleich. Deshalb kann das Versicherungsunternehmen bei Kenntnis des Abschlußagenten z. B. keine Leistungsfreiheit nach § 2 II VVG geltend machen.

Andererseits ist der Abschlußagent ohne ausdrückliche oder stillschweigende besondere Vollmacht des Versicherungsunternehmens z. B. nicht befugt, im eigenen Namen Prämien einzuklagen, Versicherungsschutz anzuerkennen oder abzulehnen, die Regulierung von Schäden vorzunehmen und Regreßansprüche zu erheben. Auch das Recht zum Erlaß von Prämien steht dem Abschlußagenten nicht zu, da eine solche Befugnis unmittelbar das Unternehmerrisiko des Versicherers berührt.

IV. Örtliche Grenzen der Vollmacht (§ 46 VVG)

Die Vertretungsmacht des ausdrücklich nur für einen bestimmten Bezirk bestellten Versicherungsagenten ist nach § 46 VVG beschränkt auf Geschäfte und Rechtshandlungen, die sich auf Versicherungsverträge über die in dem Bezirk befindlichen Sachen oder mit den im Bezirk gewöhnlich sich aufhaltenden Personen beziehen. Eine ausdrückliche Bestellung dieser Art liegt vor, wenn sie nach außen in geschäftsüblicher Weise bekanntgemacht worden ist, z. B. in Rundschreiben an die Versicherungsnehmer oder auch durch entsprechend formulierte Agenturschilder, Zeitungsanzeigen oder Briefbogen.

§ 46 VVG führt zu einer objektiven Beschränkung der Vollmacht des Agenten; sie gilt also unabhängig vom Wissen des Versicherungsnehmers, anders als im Falle des § 47 VVG (vgl. weiter unten).

Nach § 46 VVG ist der Bezirksagent im Sinne dieser Vorschrift z. B. befugt, Verträge in der Sachversicherung auch dann abzuschließen, wenn zwar das zu versichernde Objekt sich nicht in seinem Bezirk befindet, der Versicherungsnehmer sich aber in seinem Bezirk gewöhnlich aufhält. Einen Wohnsitz braucht der Versicherungsnehmer im Bezirk des Vertreters nicht begründet zu haben.

Außerhalb seines Bezirks kann der Bezirksagent seine gewerbliche Tätigkeit an sich nur mit Zustimmung des Versicherers entfalten. Liegt die Zustimmung nicht vor, so handelt er insoweit als Vertreter ohne Vertretungsmacht.

Nach § 46 Satz 2 VVG bleibt der Bezirksagent hinsichtlich der von ihm vermittelten oder abgeschlossenen Versicherungsverträge allerdings zur Vornahme von Geschäften und Rechtshandlungen auch dann ermächtigt, wenn der Versicherungsnehmer z. B. in einen anderen Bezirk verzieht oder das versicherte Risiko, z. B. durch Verlegung eines Betriebes, in einen anderen Bezirk verbracht wird.

V. Änderungen der Vertretungsmacht

1. Erweiterung der Vertretungsmacht

Die Vertretungsmacht kann vom Versicherungsunternehmen entweder ausdrücklich oder stillschweigend über den gesetzlichen Rahmen hinaus erweitert werden. Eine eindeutige Erweiterung liegt z. B. vor, wenn ein Vermittlungsagent zur Ausstellung von Blockpolicen ermächtigt wird und das Versicherungsunternehmen ihm die notwendigen Formulare überläßt. Das Gleiche trifft zu, wenn das Versicherungsunternehmen den Agenten in einem gewissen Umfang zur Schadenregulierung ermächtigt. Die in diesem Rahmen von dem Agenten abgegebenen Erklärungen sind für das Versicherungsunternehmen rechtsverbindlich, sofern es sich nicht ausdrücklich die Genehmigung vorbehalten hat.

Zu einer Erweiterung der Vertretungsmacht führt es auch, wenn das Versicherungsunternehmen konkludent, d. h. in schlüssiger Weise dem Agenten eine Stellung einräumt, die den gutgläubigen Vertragspartner bei Beachtung pflichtgemäßer Sorgfalt nach Treu und Glauben zu der Annahme berechtigt, daß der Agent zur rechtswirksamen Abgabe bestimmter Erklärungen befugt ist. Zur Bejahung einer solchen sogenannten *Anscheins- oder Duldungsvollmacht* genügt allein ein entsprechendes Auftreten des Agenten im Geschäftsverkehr allerdings nicht; vielmehr müssen zusätzliche, objektiv in Erscheinung tretende Umstände vorliegen, die dem Versicherungsnehmer zur Annahme weitergehender Befugnisse des Agenten begründeten Anlaß geben (z. B. ein Titel, der auf eine gehobene Position hindeutet, wie Bezirksdirektor, Subdirektor, unter Umständen schon Generalagent, oder die Überlassung von blanko unterzeichneten Formularen). Gegebenenfalls kann der Rechtsschein einen Vermittlungsagenten selbst zum Abschlußagenten machen, da der gutgläubige Dritte im Rechtsverkehr als schutzwürdig anzusehen ist und auch Gründe der allgemeinen Rechtssicherheit für diese Rechtsfolge sprechen.

Entzieht das Versicherungsunternehmen einem Vermittlungsagenten eine Befugnis wie z. B. die zur Ausstellung von Blockpolicen, zur Durchführung des Inkassos oder zur Abgabe von Deckungszusagen, so muß es dafür sorgen, daß unverzüglich die hierzu überlassenen Formulare eingezogen und alle sonst notwendigen Überleitungsmaßnahmen getroffen werden. Anderenfalls läuft es Gefahr, haftbar gemacht zu werden. Bei Entziehung einer Inkassobefugnis kann eine sofortige Unterrichtung der Versicherungsnehmer auch deshalb notwendig sein, um ein weiteres Tätigwerden des Agenten wirksam zu unterbinden. Unterbleibt eine derartige Benachrichtigung und führt der Agent das Inkasso unter Vorlage der Prämienquittung durch, so hat der Versicherungsnehmer mit befreiender Wirkung geleistet.

2. Beschränkung der Vertretungsmacht

Eine Beschränkung der gesetzlichen Vertretungsmacht (§§ 43—46 VVG) ist zulässig. Ein Dritter braucht sie aber nur dann gegen sich gelten zu lassen, wenn er diese Beschränkung bei Vornahme des Geschäftes oder der Rechtshandlung kannte oder infolge grober Fahrlässigkeit — einfache Fahrlässigkeit genügt nicht — nicht kannte. Auf eine abweichende Vereinbarung kann sich das Versicherungsunternehmen nicht berufen (§ 47 VVG).

Die Beweislast trifft das Versicherungsunternehmen, etwaige Unklarheiten über den Umfang der Vertretungsmacht gehen zu seinen Lasten. Die Beschränkung der Vertretungsmacht muß daher für den Versicherungsnehmer mit ausreichender Deutlichkeit erfolgen. Z. B. schränkt der Aufdruck „*die Anzeige ist dem Versicherer zu erstatten*" nach der Rechtsprechung die Empfangsvollmacht des Agenten noch nicht hinreichend ein.

Beschränkungen der Vollmacht, die sich aus den Versicherungsbedingungen ergeben, muß der Versicherungsnehmer in der Regel allerdings auch dann, wenn er sie nicht gelesen oder trotz des klaren Wortlautes mißverstanden hat, gegen sich gelten lassen. So sind z. B. nach § 11 AHB alle für den Versicherer bestimmten Anzeigen und Erklärungen schriftlich abzugeben und sollen an die Hauptverwaltung des Versicherers oder an die im Versicherungsschein oder dessen Nachträgen als zuständig bezeichnete Geschäftsstelle gerichtet werden, während die Vertreter zur Entgegennahme ausdrücklich nicht bevollmächtigt sind (vgl. auch § 9 AKB und § 18 AUB); nach § 15 Abs. 2 AUB und § 7 Abs. IV Ziff. 3 AKB ist ein Todesfall dem Vorstand des Versicherers innerhalb 24 Stunden telegraphisch anzuzeigen, auch wenn der Unfall selbst bereits gemeldet wurde. Wendet sich der Versicherungsnehmer trotz dieser klaren Bestimmungen an den Agenten, so ist in diesem Fall die Anzeige dem Versicherungsunternehmen erst zugegangen, wenn sie der bedingungsgemäßen Empfangsstelle vorliegt. Der Agent ist aber verpflichtet, die Anzeige unverzüglich an diese Stelle weiterzuleiten oder sie unter Hinweis auf seine fehlende Empfangsvollmacht zurückzuweisen, da anderenfalls der Versicherungsnehmer als entschuldigt gilt, soweit die Nicht- oder nicht rechtzeitige Anzeige nach Gesetz oder Vertrag zur Verwirkung seiner Rechte führen würde.

VI. Die Haftung des Versicherungsunternehmens für das Verhalten des Versicherungsagenten

Die Versicherungsagenten können bei ihrer Tätigkeit Fehler begehen oder sich in sonstiger Weise für den Versicherungsnehmer nachteilig verhalten. Die Rechtsprechung mußte sich daher auch immer wieder mit der Frage befassen, inwieweit das Versicherungsunternehmen für fehlerhafte Handlungen und Erklärungen seiner Agenten einzustehen hat.

Haftungstatbestände

Die Haftung des Versicherungsunternehmen für seine Agenten beruht im wesentlichen auf drei Rechtsgrundsätzen:

1. Auf Grund des Rechtsverhältnisses des Agenten zum Versicherungsunternehmen und der spezifischen Vertreteraufgaben muß das Versicherungsunternehmen für Erklärungen oder Auskünfte seines Agenten, die sich auf Inhalt oder Umfang des Versicherungsschutzes oder anderer für den Vertragsschluß wesentlicher Umstände beziehen, unabhängig von der Frage eines Verschuldens des Agenten einstehen, sofern den Versicherungsnehmer kein oder kein erhebliches Verschulden trifft (sogenannte **Haftung des Versicherers aus der „Vertrauensstellung"** des Agenten, gelegentlich auch „*Erfüllungshaftung*" genannt).

2. Das Versicherungsunternehmen, das für seinen Agenten den Rechtsschein einer Vollmacht setzt, muß einen gutgläubig auf die Vollmacht Vertrauenden so behandeln, als sei das Geschäft mit dem Inhalt der vollmachtslosen Erklärungen rechtswirksam zustande gekommen (**Rechtsscheinhaftung**).

3. Das Versicherungsunternehmen haftet schließlich nach **allgemeinen Grundsätzen** (**§§ 278, 831 BGB**) für schuldhaftes Verhalten einschließlich Unterlassungen seines Vertreters vor, bei und nach Vertragsabschluß (sog. *culpa in contrahendo* einerseits und sog. *positive Vertragsverletzung* andererseits) sowie für unerlaubte Handlungen.

Die deliktische Haftung für den Agenten als Verrichtungsgehilfen spielt neben der vertraglichen und vorvertraglichen Haftung für den Agenten als Erfüllungshilfen allerdings praktisch eine weniger bedeutsame Rolle (vgl. aber BGH-Urteil vom 5.10.1979, VersR 1980, S. 66).

1. Die Haftung aus der „Vertrauensstellung" des Agenten

Die Haftung des Versicherungsunternehmens aus der „Vertrauensstellung" des Agenten ist durch die höchstrichterliche Rechtsprechung vor allem nach Inkrafttreten des VVG herausgearbeitet und fortentwickelt worden (vgl. z. B. RG-Urteile vom 26.4.1910, RGZ 73, S. 302, und vom 2.4.1935, RGZ 147, S. 186). Der BGH hat sich der Rechtsprechung des Reichsgerichts seit dem Urteil vom 9.5.1951, VersR 1951, S. 166, angeschlossen; vgl. außerdem z. B. die neueren BGH-Urteile vom 20.6.1963, VersR 1963, S. 768 und vom 15.3.1978, VersR 1978, S. 457. Damit wurde im Ergebnis über die Regelung in § 43 VVG weit hinausgegangen. Für den BGH und den überwiegenden Teil des Schrifttums liegt der Geltungsgrund der Haftung aus der „Vertrauensstellung" des Agenten dabei im Gewohnheitsrecht, das auf der Grundlage der ständigen Rechtsprechung einen *„besonderen Zurechnungsgrund"* geschaffen habe, der zur rechtsgeschäftlichen Verpflichtung des Versicherungsunternehmens durch den Agenten und damit zu einer ganz regulären vertraglichen Haftung führe.

Die Haftung besteht im wesentlichen darin, daß der Antragsteller oder Versicherungsnehmer auf die ihm vom Versicherungsagenten gegebene Aufklärung über die Bedeutung der Allgemeinen Versicherungsbedingungen und über die Reichweite des abzuschließenden oder abgeschlossenen Vertrages oder über sonstige vertragswesentliche Umstände grundsätzlich vertrauen darf und das Versicherungsunternehmen die entsprechenden Erklärungen gegen sich gelten lassen muß. Sie besteht also nur für Erklärungen, die sich auf das Vertragsverhältnis unmittelbar beziehen, wozu z. B. gehören:

(a) eine Erteilung falscher Auskünfte über den Umfang oder Beginn des Versicherungsschutzes, die Höhe der Prämie, den Rückkaufswert, die Kündigungsmöglichkeit bei Besitzwechsel und dergleichen;

(b) die Entgegennahme eines offensichtlich verfehlten Versicherungsantrages; die unterlassene Zurückweisung einer Anzeige, die der Agent nicht entgegennehmen durfte; das Nichterwähnen einer bereits bestehenden Versicherung für das angetragene Risiko; das Unterlassen eines Hinweises, daß der Deckungsschutz nicht in dem Umfang gewährt werden kann, wie er begehrt wird, oder — bei der Schadenmeldung — eines nach den Umständen gebotenen Hinweises auf die Folgen unwahrer oder unvollständiger Angaben;

(c) eine falsche Belehrung, z. B. über Inhalt und Bedeutung von Antragsformularen und damit im Zusammenhang stehende Fragen.

Die Agenten trifft allerdings ebensowenig wie die Versicherungsunternehmen eine allgemeine und spontane Belehrungs- und Aufklärungspflicht. Diese läßt sich auch nicht aus § 242 BGB herleiten. Wer eine Versicherung abschließt, muß z. B. mit dem Bestehen von Risikoausschlüssen als einer allgemein bekannten Erfahrungstatsache rechnen und sich daher hierüber durch Einsichtnahme in die Versicherungsbedingungen Klarheit verschaffen. Die Aufklärungspflicht des Agenten setzt erst dann ein, wenn er erkennt, daß der Versicherungsnehmer sich falsche Vorstellungen über wesentliche Punkte des Vertragsinhalts macht. Den Agenten trifft auch nach Abschluß des Vertrages keine Rechtspflicht, von sich aus den Versicherungsnehmer jederzeit zu belehren, zu beraten oder sonstwie zu betreuen. Daher kann er auch nicht für die bei einem Kunden entstandene Unterversicherung im Schadenfall ohne weiteres verantwortlich gemacht werden. Der Agent ist zwar im Rahmen einer ihm obliegenden Bestandspflege gehalten, auf die Beseitigung einer Unterversicherung hinzuwirken; eine entsprechende Rechtsverpflichtung gegenüber dem Versicherungsnehmer hat er aber nicht. Auch nach Abschluß des Vertrages gilt der Grundsatz, daß nur ein Verhalten des Versicherungsnehmers, das ein Bedürfnis nach näherer Aufklärung erkennen läßt, den Agenten verpflichtet, belehrend oder aufklärend tätig zu werden.

Aufgrund der Vertrauenshaftung muß der Versicherer Erklärungen des Agenten der weiter oben beschriebenen Art gegen sich gelten lassen, mit der Folge, daß der Versicherungsvertrag im Sinne der dem Versicherungsnehmer günstigsten Aufklärung für die Zukunft umgestaltet wird, ohne daß er deswegen nach § 119 BGB angefochten werden könnte.

Der Versicherer haftet jedoch nur dann, wenn den Versicherungsnehmer kein erhebliches Eigenverschulden trifft. Jedenfalls darf der Versicherungsnehmer den Erklärungen des Agenten nicht schrankenlos vertrauen. So handelt er schuldhaft, wenn er bei klaren Fragen und Hinweisen im Antragsformular den dazu in Widerspruch stehenden Erklärungen des Agenten Glauben schenkt. Im übrigen wird ein eigenes Verschulden des Antragstellers bei einer falschen Belehrung durch den Agenten über Antragsfragen allerdings oft zu verneinen sein. Als Verschulden des Versicherungsnehmers ist es hingegen zu werten, wenn er den Antrag entweder blanco im voraus unterschreibt oder die Ausfüllung des Versicherungsantrages ganz dem Agenten überläßt und sich vor Unterschriftsleistung nicht von der Richtigkeit der in seinem Namen gemachten Angaben überzeugt. Die Rechtsprechung ist jedoch mitunter geneigt, das Verschulden des Versicherungsnehmers selbst in solchen Fällen unterzubewerten. Deshalb wird in die Antragsvordrucke vielfach ein besonderer Hinweis aufgenommen, daß der Versicherungsnehmer für die Ausfüllung des Antragsformulars allein verantwortlich bleibt, auch wenn sie von einem Dritten übernommen worden ist.

Die Haftung des Versicherungsunternehmens aus der „Vertrauensstellung" des Agenten gilt nur innerhalb eines angebahnten oder bestehenden Versicherungsverhältnisses gegenüber dem Versicherungsnehmer. Der Versicherer haftet daher z. B. nicht für eine unrichtige Auskunft des Agenten, die dieser gegenüber einem außerhalb des Vertragsverhältnisses stehenden Dritten über ein Vertragsverhältnis gegeben hat.

Die Haftung aus der „Vertrauensstellung" des Agenten gilt nicht nur für selbständige, sondern auch für angestellte Versicherungsvertreter. Die Haftung gilt auch für Vermittlungs- und für Abschlußagenten grundsätzlich in gleicher Weise. Sie gilt bei selbständigen Agenten auch unabhängig davon, ob diese als „General-" oder „echte" oder „unechte" Untervertreter oder ob sie haupt- oder nebenberuflich tätig sind. Demgegenüber hat das Versicherungsunternehmen für Versicherungsmakler einschließlich ihrer Angestellten nicht einzustehen, da die Makler zwischen den Parteien des Versicherungsvertrages stehen.

2. Haftung aus der Rechtsscheinstellung des Agenten

Die sich aus der Rechtsscheinstellung des Versicherungsagenten ergebende Haftung wurde bereits oben unter E. I, II, III mitbehandelt. Sie folgt nicht aus besonderen Vorschriften des Vertreterrechts, sondern beruht auf einem allgemeinen, von der Rechtsprechung für das bürgerliche Recht entwickelten Rechtsgrundsatz. Danach muß auch das Versicherungsunternehmen Handlungen und Erklärungen des Agenten gegen sich gelten lassen, falls dieser trotz fehlender Vollmacht bei dem Versicherungsnehmer den begründeten Eindruck erweckt hat, daß er zu der Handlung oder Erklärung bevollmächtigt sei, und wenn der Dritte auf den Rechtsschein vertraut hat und vertrauen durfte, weil er das Fehlen der Vollmacht weder kannte noch grobfahrlässig nicht kannte. Bei einem durch Rechtsschein zustande gekommenen Geschäft kann das Versicherungsunternehmen die zu seinen Lasten wirkende Erklärung des Agenten auch nicht nach § 119 BGB anfechten; seine Haftung bleibt allerdings auf das Erfüllungsinteresse beschränkt.

3. Haftung für den Agenten nach §§ 278, 831 BGB

Neben die Haftung aus der Vertrauensstellung und die Haftung kraft Rechtsscheins tritt die allgemeine Schadenersatzpflicht des Versicherungsunternehmens gemäß §§ 278 oder 831 BGB für schuldhafte Handlungen und Unterlassungen bzw. unerlaubte Handlungen seiner Agenten. Diese Ersatzpflicht trifft das Versicherungsunternehmen in gleicher Weise wie wegen eines entsprechenden fehlerhaften Verhaltens seiner eigenen Angestellten im Innen- und Außendienst auch wegen des Verhaltens der Angestellten seiner Agenten. Hauptfälle sind Fälle der culpa in contrahendo vor und Fälle der positiven Vertragsverletzung nach Abschluß des Versicherungsvertrages. Wegen Beispielsfällen wird auf die Kommentare zu § 43 VVG verwiesen.

VII. Arglistiges Verhalten des Agenten

Wird der Versicherungsnehmer durch eine Täuschungshandlung des Agenten, z. B. eine bewußt falsche Aufklärung über den Umfang des Versicherungsschutzes bzw. den Umfang einer Ausschlußklausel, zur Abgabe einer Willenserklärung bestimmt, so kann er den Vertrag gegenüber dem Versicherungsunternehmen anfechten. Der Agent ist nach einhelliger Auffassung in Schrifttum und Rechtsprechung nicht Dritter im Sinne von § 123 Abs. 2 BGB, da er in einer Vertrauensstellung zu dem Versicherungsunternehmen steht. Dies gilt jedoch nur für Handlungen des Agenten, die sich im Rahmen der ihm obliegenden Aufgaben und Vollmachten halten. Es gilt also z. B. nicht für Zusagen von Darlehen an den Versicherungsnehmer, wenn das Versicherungsunternehmen solche überhaupt nicht gewährt.

VIII. Persönliche Haftung des Agenten - Haftungsfreistellung durch das Versicherungsunternehmen?

1. Haftungsgründe

Unabhängig von der Haftung des Versicherungsunternehmens für den Agenten können einem Dritten auch gegen diesen selbst Ansprüche erwachsen, obwohl der Agent Dritten gegenüber, denen er Versicherungsverträge vermittelt hat, vertraglich grundsätzlich nicht verpflichtet ist. In Betracht kommt vor allem eine Haftung aus Verschulden bei Vertragsschluß (culpa in contrahendo) nach § 276 BGB oder eine Schadenersatzpflicht aus unerlaubter Handlung nach §§ 823, 826 BGB.

Eine eigene Haftung des Agenten kann sich auch aus entsprechender Anwendung des § 179 BGB ergeben. Sie ist aus dieser Vorschrift unmittelbar ableitbar, wenn der Agent z. B. vertragliche Auskunftspflichten gegenüber dem Versicherungsnehmer oder auch gegenüber einem Dritten übernimmt, ohne vom Versicherungsunternehmen hierzu bevollmächtigt zu sein.

Bei echten Mehrfachagenten sind im Stadium von vertraglichen Vorverhandlungen regelmäßig besonders häufig Sachverhalte feststellbar, die eine eigene Haftung des Vertreters begründen können, sofern in dem maßgebenden Zeitpunkt noch nicht absehbar ist, für welches Versicherungsunternehmen der Agent schließlich tätig wird.

2. Rückgriff des Versicherungsunternehmens

Haftet das Versicherungsunternehmen neben dem Agenten als Gesamtschuldner mit diesem, und wird in einem solchen Fall nicht der Agent, sondern das Unternehmen in Anspruch genommen, so kann es bei dem Agenten Rückgriff nehmen. Das gleiche gilt, wenn das Versicherungsunternehmen gegenüber einem Dritten nur deshalb schadenersatzpflichtig ist, weil der Agent Verpflichtungen aus dem Vertretervertrag verletzt hat.

3. Haftungsfreistellung?

Diese Sach- und Rechtslage hat die selbständigen Agenten in neuerer Zeit verschiedentlich veranlaßt, die vertretenen Versicherungsunternehmen um Freistellung von ihrer Haftung im Außenverhältnis zum Versicherungskunden und/oder im Innenverhältnis zum Versicherungsunternehmen (Regreß) zu bitten. Einzelne Versicherungsunternehmen haben gelegentlich auch entsprechende Zugeständnisse — unter Einschränkungen und mit Begrenzungen — gemacht. Eine Haftungsfreistellung wird allerdings stets nur gegenüber Einfirmen- bzw. „unechten" Mehrfachagenten im Betracht kommen können; ihre Erstreckung auf „echte" Mehrfachagenten oder gar auf Versicherungsmakler erscheint allgemein fehl am Platze. Eine zu weitgehende Haftungsfreistellung kann sich zudem nachteilig auf das sorgfältige Verhalten der Agenten bei der Berufsausübung auswirken. Davon abgesehen, dürfte es auch der Selbständigkeit und kaufmännischen Verantwortung der Agenten mehr entsprechen, sie anstelle einer Haftungsfreistellung auf die Möglichkeiten einer versicherungsmäßigen Abdeckung ihres Berufsrisikos aufgrund der Inanspruchnahme wegen eines Fehlverhaltens durch eine Vermögensschadenhaftpflichtversicherung zu verweisen.

IX. Gerichtsstand der Agentur (§ 48 VVG)

Hat ein Versicherungsagent einen Versicherungsvertrag vermittelt oder abgeschlossen, so ist für Klagen, die aus dem Versicherungsverhältnis gegen das Versicherungsunternehmen erhoben werden, auch das Gericht des Ortes zuständig, an dem der Agent zur Zeit der Vermittlung oder des Abschlusses des Versicherungsvertrages seine gewerbliche Niederlassung oder beim Fehlen einer solchen seinen Wohnsitz hatte.

Diese im Interesse des Versicherungsnehmers liegende Regelung in § 48 I VVG ist einerseits zwingend und gilt dabei nicht nur, wenn es sich um einen selbständigen Agenten oder um dessen Angestellte handelt, sondern auch dann, wenn der Agent Angestellter des Versicherungsunternehmens ist (nicht jedoch bei einer Vertragsvermittlung durch einen Versicherungsmakler). Sie begründet andererseits keinen ausschließlichen Gerichtsstand; Klagen gegen das Versicherungsunternehmen sind also auch in den gesetzlichen Gerichtsständen der ZPO möglich.

Der Gerichtsstand des § 48 VVG gilt allerdings nicht für Versicherungszweige gemäß § 187 I VVG und wegen § 192 II VVG auch nicht bei Vermittlung oder Abschluß des Versicherungsvertrages durch den Agenten eines öffentlich-rechtlichen Versicherungsunternehmens.

Aus der Formulierung in § 48 I VVG *„für Klagen, die aus dem Versicherungsverhältnis gegen den Versicherer erhoben werden"*, darf im übrigen nicht gefolgert werden, daß hierunter nur die Geltendmachung der Versicherungsansprüche, von Aufwendungsersatz, von Zinsen oder Klagen auf Gewährung von Deckungsschutz fallen. Die Bestimmung ist vielmehr im weitesten Sinne zu verstehen und betrifft alle Ansprüche, bei denen das Bestehen, Nichtbestehen oder Nichtmehrbestehen eines Versicherungsverhältnisses auch nur die Rolle einer klagebegründenden Behauptung spielt. Auf den Gerichtsstand nach § 48 VVG können sich zudem auch alle versicherungsrechtlichen und bürgerrechtlichen Nachfolger des Versicherungsnehmers berufen.

F. Der Versicherungsmakler

Die Tätigkeit der Versicherungsmakler in Deutschland hat eine lange Tradition, die aufgrund der ungenügenden gesetzlichen Regelung des Versicherungsmakler-Rechts zur Ausprägung von bestimmten Usancen und Handelsbräuchen geführt hat. Diese Usancen können bei der Bestimmung der rechtlichen Position und der Aufgaben des Versicherungsmaklers nicht unberücksichtigt bleiben.

I. Rechtsstellung und Aufgaben

Wie bereits unter A. IV festgestellt wurde, ist Versicherungsmakler mit den Rechten und Pflichten eines Handelsmaklers nach § 93 I HGB, wer gewerbsmäßig für andere Personen, **ohne** von ihnen aufgrund eines Vertragsverhältnisses ständig damit betraut zu sein, die Vermittlung von Verträgen über Versicherungen übernimmt. Absprachen zwischen Versicherern und Versicherungsmaklern, die eine ständige Vermittlungstätigkeit der Makler für die Versicherer vorsehen, sind mit der Rechtsstellung des Versicherungsmaklers unvereinbar. In dem Verhältnis zwischen Versicherungsmakler und Kunden hat sich aber in langjähriger Praxis entwickelt, daß der Versicherungsmakler – insbesondere nachdem er seine Leistungsfähigkeit bewiesen hat – von dem Kunden mit der Wahrnehmung seiner Interessen in Versicherungsangelegenheiten beauftragt wird. Aufgrund der Laufzeit der Versicherungsverträge, die üblicherweise von dem Versicherungsmakler auch verwaltet werden, liegt den Absprachen zwischen Versicherungsmakler und Kunden ein gewisses Dauerelement zugrunde. Diese versicherungsspezifische Besonderheit hat dazu geführt, daß der Versicherungsmakler sich von dem gesetzlichen Leitbild des „ehrlichen Maklers" zwischen den Parteien entfernt hat und in erster Linie als **Interessenvertreter des Versicherungsnehmers** anzusehen ist. In der Praxis wird der Versicherungsmakler als „Bundesgenosse des Versicherungsnehmers", in der Rechtsprechung sogar als „treuhänderähnlicher Sachwalter des Versicherungsnehmers" (BGH vom 22.5.1985, VersR 1985, S. 930 f.) bezeichnet.

Dies schließt allerdings nicht aus, daß der Versicherungsmakler nicht nur gegenüber dem Versicherungsnehmer, sondern auch gegenüber dem Versicherer Rechte und Pflichten hat. Dies folgt aus § 98 HGB, nach dem der Makler jeder der Parteien für den durch sein Verschulden entstandenen Schaden haftet. Der Versicherungsmakler steht also zu den Parteien des Versicherungsvertrages in einem **„Doppelrechtsverhältnis"**. Kraft gesetzlicher Definition ist der Versicherungsmakler Versicherungsvermittler, seine Hauptaufgabe ist die Versicherungsvermittlung.

Da der Versicherungsnehmer während der Laufzeit der Versicherungsverträge eine Verwaltung wünscht, übernimmt der Versicherungsmakler häufig diese Verwaltung und nicht selten die generelle Betreuung des Versicherungsnehmers in Versicherungsangelegenheiten. Diese Tätigkeiten stellen **zusätzliche** Aufgaben dar, die nicht automatisch mit der Vermittlungstätigkeit verknüpft sind. Sie müssen vielmehr gesondert vereinbart werden, wobei der Auftrag zur Verwaltung der Versicherungsverträge vom Versicherungsnehmer oder vom Versicherer oder von beiden erteilt werden kann. Es ist in der Praxis weitgehend üblich, daß der Makler auf Wunsch des Versicherungsnehmers für diesen die Verwaltung der vermittelten Verträge übernimmt und der Versicherer stillschweigend sein Einverständnis dadurch erklärt, daß er für die Erfüllung der auch für ihn bestimmten Verwaltungsaufgaben eine Vergütung an den Makler zahlt. Da das gesetzliche Berufsbild des Versicherungsmaklers durch die Vermittlungstätigkeit dominiert wird, ergibt sich zwangsläufig, daß die Zusatzaufgaben infolge ihrer Akzessorietät nicht gesondert und unabhängig von der Vermittlungstätigkeit angeboten und ausgeführt werden dürfen.

Der Versicherungsmakler ist Kaufmann nach § 1 II Ziffer 7 HGB und hat seine gesamte Tätigkeit mit der Sorgfalt eines ordentlichen Kaufmanns zu verrichten (§ 347 HGB).

II. Rechtsverhältnis Versicherungsmakler – Versicherungsnehmer

1. Maklervertrag

Der Kunde bzw. der Versicherungsinteressent beauftragt den Versicherungsmakler mit der Beschaffung des gewünschten Versicherungsschutzes. Rechtlich gesehen ist der Maklervertrag ein Geschäftsbesorgungsvertrag, in dem Werkvertragselemente überwiegen (§§ 675, 611, 631 BGB), da der Makler für seine Bemühungen eine Erfolgsvergütung in Form einer Courtage erhält.

Durch die Beauftragung wird der Versicherungsmakler in erster Linie zum Interessen- oder sogar zum Abschlußvertreter des Versicherungsnehmers (BGH vom 22.5.1985, VersR 1985, S. 930; *Prölss/Martin*, VVG, 24. Auflage, Anhang zu §§ 43–48, Anm. 1).

Üblicherweise ist der Versicherungsmakler – anders als der Handels- oder Zivilmakler – gegenüber dem Versicherungsnehmer zur Tätigkeit oder zum Abschluß des gewünschten Versicherungsvertrages verpflichtet.

Der Maklervertrag wird häufig als ein umfassender Rahmenvertrag ausgestaltet, nachdem der Versicherungsmakler sich verpflichtet, für den Versicherungsnehmer bedarfsgerechten Versicherungsschutz zu vermitteln und generell die Versicherungsinteressen des Kunden wahrzunehmen. Ein derart weitgespannter Vertrag ändert nichts daran, daß alle in diesem Rahmen getätigten Vermittlungsvorgänge juristisch gesondert zu betrachten und als Vermittlung **„von Fall zu Fall"** einzustufen sind. Der insoweit eindeutige Wortlaut des § 93 HGB widerlegt die Auffassung (vgl. z. B. *Spielberger*, VersR 1984, S. 1013 ff.; wohl auch *Werber*, VW 1988, S. 1159 ff.), das Abgrenzungsmerkmal der „ständigen Beauftragung" zur Vermittlung beziehe sich nur auf das Verhältnis Versicherungsmakler – Versicherer, nicht dagegen auf das Verhältnis Versicherungsmakler – Versicherungsnehmer.

2. „Punktekatalog zur Vermeidung einer mißbräuchlichen Ausgestaltung von Maklerverträgen"

Der Abschluß von Maklerverträgen mit Personen, die aufgrund ihrer Rechtserfahrung nicht in der Lage sind, die Tragweite eines Maklervertrages voll zu übersehen, führte zur Aufstellung des *„Punktekataloges"* (abgedruckt in VW 1981, S. 195) durch die Verbände der

Versicherungswirtschaft. Der Katalog stellt eine Maßnahme zur Behebung von Auswüchsen des Wettbewerbs (schlagartiges Ausspannen von Versicherungsbeständen aufgrund mißverständlicher Maklerauftrage) dar und basiert nicht zuletzt auf Verlautbarungen des BAV (vgl. VerBAV 1979, S. 166). Die Versicherungsunternehmen haben beschlossen, bei der Zusammenarbeit mit Versicherungsmaklern in dem vom *„Punktekatalog"* vorgesehenen Anwendungsbereich diesen Katalog zu beachten und den Maklerauftrag zu überprüfen, ob dieser mißverständliche Klauseln enthält. Ist letzteres der Fall, wird der Versicherer die Zusammenarbeit mit dem Makler ablehnen.

Die Prüfungskriterien im einzelnen:

- Maklerverträge dürfen ausschließlich von Versicherungsmaklern abgeschlossen werden, also nicht von Versicherungsvermittlern, die agenturvertragliche Bindungen zu Versicherern unterhalten. Diese Regelung soll daran erinnern, daß sich eine Tätigkeit als Versicherungsvertreter und als -makler wegen deren unterschiedlicher Rechtsstellung ausschließt. Der Vermittler kann nicht einerseits in seiner Rolle als Vertreter „Interessenvertreter des Versicherers" sein und gleichzeitig als Versicherungsmakler „Bundesgenosse des Versicherungsnehmers". Auf diese Interessenkollision haben das BAV in seinem Rundschreiben R 3/61 vom 24.2.1961 (VerBAV 1961, S. 38) und der BGH in einem Urteil vom 23.11.1973 (VersR 1974, S. 192) hingewiesen. Entsprechende Verbote sehen die Wettbewerbsrichtlinien der Versicherungswirtschaft vor (vgl. Ziffer 11 und 23 Abs. 5).

- Es muß eingangs des Vertrages auf dessen Zweck, die Beauftragung mit der Vermittlung von Versicherungsverträgen, hingewiesen werden. Dies ist insbesondere dann erforderlich, wenn die Vermittlungstätigkeit sich auf bereits bestehende Versicherungsverträge erstrecken soll. Die Verwaltung bzw. Betreuung von Versicherungsverträgen darf allein nicht angeboten werden.

Vor allem diese Regelung soll eine Täuschung des Versicherungsnehmers über die Funktion und Aufgabe des Versicherungsmaklers ausschließen und dessen Stellung als **Versicherungsvermittler** verdeutlichen. Die Haupttätigkeit des Maklers kann sich auch auf bestehende Versicherungsverträge dergestalt erstrecken, als eine Verwaltung und Betreuung im Hinblick auf eine Überprüfung und eine sich daraus eventuell anschließende Änderung angeboten wird. Eine reine Verwaltung und Betreuung von Versicherungsverträgen stellt eine unerlaubte Rechtsberatung i. S. von Art. 1 § 1 RBerG dar. Nur im Zusammenhang mit der Hauptleistung, der Versicherungsvermittlung, sind dem Versicherungsmakler diese Nebentätigkeiten gemäß Art. 1 § 5 Nr. 1 RBerG erlaubt.

- Aus dem Maklervertrag muß eindeutig hervorgehen, daß eine etwa ausdrücklich angebotene Beratung eine Nebenleistung im Rahmen der Versicherungsvermittlung darstellt, also keine selbständige Hauptleistung ist. Der Versicherungsmakler kann also – ebenso wie andere Versicherungsvermittler – eine Beratung stets nur im unmittelbaren Zusammenhang mit der Versicherungsvermittlung erbringen und nicht etwa als eigenständige Tätigkeit (Art. 1 § 5 Nr. 1 RBerG).

- Hilfe bei der Schadenbearbeitung darf der Makler in dem Maklervertrag nur zu von ihm vermittelten bzw. betreuten Versicherungsverträgen und nur in einer Weise anbieten, die seiner Stellung zwischen den Parteien gerecht wird.

Diese Regelung soll daran erinnern, daß der Makler nicht völlig einseitig – und eventuell illegitim – Interessen des Versicherungsnehmers gegenüber dem Versicherer vertreten könne, sondern sich seiner Verpflichtungen auch gegenüber letzterem bewußt sein sollte. In diesem Zusammenhang ist noch klarzustellen, daß die Unterstützung des Versicherungsnehmers durch den Versicherungsmakler bei einer Schadenabwicklung sich auf die Geltendmachung von Ansprüchen gegenüber dem Versicherer beschränkt. Die Geltendmachung von Ersatzansprüchen der Versicherungsnehmer gegenüber Dritten oder eine entsprechende Rechtsberatung ist dem Versicherungsmakler nicht gestattet. Dies fällt nicht mehr in die eigentliche Berufsaufgabe des Versicherungsmaklers und stellt daher für ihn eine unerlaubte Rechtsberatung dar (BGH vom 5.4.1967, VersR 1967, S. 686 ff.; teilweise a. A. *Spielberger*, VersR 1984, S. 1013 ff.).

- Der Makler darf nicht behaupten, seine Tätigkeit sei „kostenlos" oder in sonstiger Weise die Tatsache zu verschleiern suchen, daß in der Versicherungsprämie auch die Maklerkosten enthalten sind. Dem Kunden darf also nicht vorenthalten werden bei seiner Entscheidung, daß auch der Versicherungsmakler – ebenso wie der Versicherungsvertreter – eine Vergütung erhält, die in der Versicherungsprämie enthalten und damit vom Versicherungsnehmer zu zahlen ist.

- Der Maklervertrag sollte keinen Alleinauftrag oder eine Ausschließlichkeitsvereinbarung vorsehen, da hierin – vor allem bei Beginn der Zusammenarbeit – eine übermäßige Bindung des Kunden liegt.

- Aus diesem Grunde sollte auch keine längere Laufzeit des Vertrages – unbeschadet ihrer Verlängerungsmöglichkeit – als 1 Jahr vorgesehen werden. Zahlreiche Versicherungsmakler verzichten auf die Vereinbarung einer Laufzeit, so daß beide Parteien des Maklervertrages kurzfristig diese Vertragsbeziehung beenden können.

- Sind in dem Maklervertrag Vollmachten, vor allem Vollmachten zur Kündigung bereits bestehender Versicherungsverträge für den Versicherungsmakler enthalten, so müssen diese unter ausdrücklicher Verwendung der Worte „Vollmacht" oder „bevollmächtigten" sowie „Kündigung" oder „kündigen" festgelegt werden. Diese Regelung soll sicherstellen, daß der Versicherungsnehmer sich der Tragweite seiner Vollmachtserteilung stets eindeutig bewußt ist.

3. Vertretungsmacht des Versicherungsmaklers

Wie bereits oben unter F. I dargestellt wurde, hat sich der Versicherungsmakler von dem in den §§ 93 ff. HGB vorgesehenen Leitbild als „ehrlicher Makler" zwischen den Parteien des Versicherungsvertrages entfernt. Er steht in erster Linie in einem Vertrauensverhältnis zum Kunden. Diese Rechtstatsache rechtfertigt die Einordnung des Versicherungsmaklers als „Bundesgenosse des Versicherungsnehmers". Mit dieser Zuordnung vereinbar ist eine Vollmachtserteilung des Versicherungsnehmers an den Makler.

Die Vollmachten werden zunehmend in den Maklerverträgen schriftlich erteilt, häufig allerdings nicht vollständig aufgeführt, so daß im Zweifelsfall allgemeine Auslegungsgrundsätze über Willenserklärungen (§§ 164, 170 ff. BGB) heranzuziehen sind. Die Vertretungsmacht des Versicherungsmaklers kann z. B. umfassen

- Abschluß von Versicherungsverträgen
- Kündigung von Versicherungsverträgen
- Führung von Verhandlungen bei der Schadenregulierung mit dem Versicherer
- Annahme der für den Versicherungsnehmer bestimmten Erklärungen zu den durch den Versicherungsmakler verwalteten Versicherungsverträgen.

Aber auch die einzelne Vollmacht bedarf häufig noch der Auslegung. So stellt sich z. B. im Zusammenhang mit der Abschlußvollmacht die Frage, ob diese auch abdeckt die Erfüllung der vorvertraglichen Anzeigepflicht (§ 16 VVG), die Entgegennahme der Police mit der Folge des Fristenlaufs gem. § 5 Abs. 1 VVG sowie die Erklärung des Widerspruchs wegen Abweichungen zwischen Antrag und Police. Dies wird im Regelfall zu bejahen sein, vgl. z. B. BGH vom 25.3.1987, VersR 1987, S. 663 ff.

Die Vollmachten können auch stillschweigend von dem Versicherungsnehmer erteilt werden. Voraussetzung ist aber stets eine Willenserklärung des Versicherungsnehmers. Ob die Beauftragung des Maklers als solche bereits eine stillschweigende Vollmachtserteilung beinhaltet, bedarf anhand der oben dargelegten Kriterien einer kritischen Prüfung.

Die Vollmachten können im Regelfall jederzeit widerrufen werden (§ 168 BGB), grundsätzlich erlöschen sie mit der Beendigung des Maklervertrages. Der Maklervertrag selbst ist, soweit keine Kündigungsfrist ausdrücklich festgelegt wurde, ebenfalls jederzeit kündbar (OLG Köln vom 24.2.1988, VW 1989, S. 636 f.).

4. Pflichten des Versicherungsmaklers

Die Pflichten des Versicherungsmaklers gegenüber dem Versicherungsnehmer gehen weit (vgl. Grundsatzurteil des BGH vom 22.5.1985, VersR 1985, S. 930 ff.), sie sind im Gesetz aber nicht im einzelnen geregelt. Im Gegensatz zum Handelsmakler besteht für den Versicherungsmakler gewohnheitsrechtlich eine Betätigungspflicht gegenüber dem Versicherungsnehmer. Er ist – sofern ein entsprechender Auftrag vorliegt – verpflichtet, für den Kunden von Fall zu Fall bedarfsgerechten Versicherungsschutz zu vermitteln. Sobald ihm ein Deckungsbedürfnis bekannt wird, muß er den Kunden informieren bzw. bei Dringlichkeit sich selbst um einen Abschluß bemühen. Dabei treffen den Versicherungsmakler umfangreiche Beratungs- und Informationspflichten, deren Umfang sich auch nach dem zu versichernden Risiko richtet. Seine Informationen sollen den Versicherungsnehmer in die Lage versetzen, auf der Basis umfassender und richtiger Informationen den Versicherungsvertrag abzuschließen. Soweit der Versicherungsmakler Abschlußvollmacht hat, muß er sämtliche Gegebenheiten des zu versichernden Risikos berücksichtigen. Hinsichtlich der versicherten Gegenstände und des sonstigen Deckungsumfanges dürfen keine Lücken bestehen. Bei den Verhandlungen mit dem Versicherer über die Konditionen des Versicherungsvertrages hat der Versicherungsmakler die Interessen des Versicherungsnehmers wahrzunehmen. Eigene Courtageinteressen müssen dagegen nachrangig sein.

Da der Versicherungsmakler in der Regel auch mit der Verwaltung der Versicherungsverträge beauftragt wird, hat er nach Vermittlung oder Abschluß weitere Pflichten wahrzunehmen. Diese sind u. a. Hinweise zur Beachtung von Obliegenheiten aus dem Versicherungsvertrag, Information des Kunden über eine Anpassung des Versicherungsschutzes an veränderte Risikoverhältnisse, Beratung des Versicherungsnehmers über Sicherheits- und Schadenverhütungsmaßnahmen. Wird der Zahlungsverkehr über den Makler abgewickelt, treffen ihn entsprechende Transferierungspflichten. Er hat dem Versicherungsnehmer ferner im Schadenfall Unterstützung zu leisten, ihm also bei der Erstellung der Schadenanzeige sowie bei den Verhandlungen mit dem Versicherer behilflich zu sein (vgl. zu dem Pflichtenkreis des Versicherungsmaklers im einzelnen: *Bruck-Möller*, Kommentar zum VVG, 8. Auflage, vor §§ 43–48 VVG, Anm. 40, 53, 55; *Prölss-Martin*, VVG, 24. Auflage, Anhang zu §§ 43–48 VVG, Anm. 1; *Spielberger*, VersR 1984, S. 113).

Bei seiner Tätigkeit hat der Versicherungsmakler die Weisungen des Versicherungsnehmers zu beachten. Sie können sich z. B. auf die Auswahl des Versicherers oder auf die Ausgestaltung der Deckung eines speziellen Risikos erstrecken. Sachwidrige Weisungen sind für den Versicherungsmakler allerdings nicht verbindlich.

Bei Beendigung des Maklervertrages hat der Versicherungsmakler Rechenschaft abzulegen und die dem Versicherungsnehmer zustehenden Unterlagen herauszugeben.

III. Rechtsverhältnis Versicherungsmakler – Versicherungsunternehmen

1. Vertragliche Absprachen

Wie bereits ausgeführt, sind mit Rechtsstellung und Aufgaben des Versicherungsmaklers unvereinbar vertragliche Absprachen zwischen Versicherer und Makler, die eine ständige Vermittlungstätigkeit des Maklers für den Versicherer vorsehen. Bei der – im Auftrage des Versicherungsnehmers – erfolgenden Vermittlungstätigkeit bzw. dem Versicherungsabschluß entsteht fallweise auch ein vertragliches Rechtsverhältnis zu dem Versicherer. Der Versicherungsmakler wird als solcher regelmäßig im Rahmen eines **Doppelrechtsverhältnisses** zum Versicherungsnehmer einerseits, zum Versicherer andererseits tätig und ist auf der Grundlage dieses Verhältnisses auch beiden Seiten gegenüber verpflichtet (§ 92 HGB).

Vereinbarungen zwischen Versicherer und Versicherungsmakler sind unbedenklich, wenn sie jederzeit widerruflich oder kurzfristig kündbar sind und sich darauf beschränken, dem Makler eine bestimmte Vergütung für angetragenes Geschäft in Aussicht zu stellen (Courtage-Abkommen). Falls der Versicherer den Makler auch mit der Verwaltung der Versicherungsverträge beauftragt, werden in den Courtagevereinbarungen auch technische Fragen der Zusammenarbeit geregelt (z. B. Vollmacht zum Prämieninkasso; Vereinbarung der sog. Makler-Klausel zur Entgegennahme von Anzeigen und Erklärungen des Versicherungsnehmers für den Versicherer). Ferner sollte in der Vereinbarung das Einverständnis des Maklers festgehalten werden, daß der Versicherer ihn in den Auskunftsverkehr der AVAD (Auskunftsstelle für den Versicherungsaußendienst) einbezieht.

2. Pflichten gegenüber dem Versicherer

Die Pflichten des Versicherungsmaklers gegenüber dem Versicherer sind nicht so eindeutig zu definieren wie die des Maklers gegenüber dem Versicherungsnehmer. Aufgrund des „Doppelrechtsverhältnisses" zu dem Versicherungsnehmer und dem Versicherer wird man allgemein und als Umkehrschluß aus § 98 HGB definieren können, daß der Versicherungsmakler die berechtigten Interessen des Versicherers zu berücksichtigen hat. So besteht z. B. die Pflicht des Maklers, dem Versicherer bei den Vertragsverhandlungen alle notwendigen Angaben über das zu versichernde Objekt zu machen, also alle Gefahrumstände wahrheitsgemäß mitzuteilen. Keine Pflichtverletzung gegenüber dem Versicherer und damit auch keine Ersatzansprüche auslösende Maßnahme des Versicherungsmaklers ist sein sachlich berechtigter Ratschlag an den Versicherungsnehmer, den Risikoträger zu wechseln bzw. die Kündigung des Versicherungsvertrages im Auftrage des Kunden.

3. Vollmachten des Versicherers

Eine Abweichung von dem Grundsatz, daß der Versicherungsmakler als Handelsmakler unparteiisch als „ehrlicher Makler" zwischen den Parteien des Versicherungsvertrages stehen solle, ergibt sich aus den Besonderheiten des Versicherungsrechts, die zu einer Stellung des Versicherungsmaklers als „Bundesgenossen des Versicherungsnehmers" bzw. auch als Interessenvertreter des Versicherungsnehmers geführt haben. Mit dieser Rechtsstellung eigentlich nur schwer vereinbar ist die Vertretung des Versicherers durch den Versicherungsmakler. Dennoch hat sich aufgrund eines Bedürfnisses und langjähriger Übung die Praxis herausgebildet, daß Versicherer dem Makler in Teilbereichen Vollmachten erteilen.

So haben Versicherungsmakler vereinzelt sogar Vollmachten des Versicherers zur Deckungszusage. Im Rahmen der Verwaltung der Versicherungsverträge wird dem Makler häufig Vollmacht erteilt, Anzeigen und Willenserklärungen des Versicherungsnehmers entgegenzunehmen (sog. Maklerklausel). Viele Makler sind in den Zahlungsverkehr eingeschaltet und bevollmächtigt, Zahlungen des Versicherungsnehmers für den Versicherer mit befreiender Wirkung entgegenzunehmen. Versicherungsmakler haben, vor allem im Bereich der Kraftfahrt-Kasko-Versicherung, eine Vollmacht zur Regulierung von Schäden in einer bestimmten Größenordnung. Die Erteilung von Vollmachten durch Versicherer an Makler dürfte marktüblich sein. Zumindest wird die „einfache" Maklerklausel vereinbart, die den Makler zum Empfang von Erklärungen und Anzeigen ermächtigt. Vielfach wird Maklern, mit denen die Versicherer häufiger zusammenarbeiten, die „erweiterte" Klausel und damit das Prämieninkasso (mit befreiender Wirkung) zugestanden.

IV. Haftung des Versicherungsmaklers

Anders als der Vertreter haftet der Versicherungsmakler grundsätzlich selbst für eine schuldhafte Verletzung seiner Pflichten gegenüber beiden Parteien des Versicherungsvertrages, § 98 HGB. Hat der Makler sich der Hilfe von Mitarbeitern oder sonstigen Beauftragten bedient, haftet er für diese nach den §§ 276, 278 BGB.

Der Haftungsmaßstab allerdings ist unterschiedlich. Dem Versicherer gegenüber wird der Versicherungmakler, sofern vom Sachverhalt möglich, z. B. den Einwand mitwirkenden Verschuldens nach § 254 BGB erheben können. Dem Versicherungsnehmer gegenüber ist dieser Einwand kaum möglich, da der Versicherungsmakler diesem gegenüber umfangreiche Pflichten zu erfüllen hat, die spiegelbildlich eine strenge Haftung des Maklers auslösen. Die Rechtsprechung (BGH vom 22.5.1985, VersR 1985, S. 930 f.) hat diese Haftung noch verschärft durch eine Umkehr der Beweislast zu Ungunsten des Maklers sowie durch erhöhte Anforderungen an dessen Beratungspflicht. Steht ein schuldhafter Beratungsfehler des Maklers und ein hieraus resultierender Schaden fest, kann sich der Makler seiner Ersatzverpflichtung nur entziehen bei dem Nachweis, daß der Versicherungsnehmer trotz korrekter Beratung seinem Rat nicht gefolgt wäre, wobei von der Vermutung einer letztlich vernünftigen Reaktion des Versicherungsnehmers (also objektiver Maßstab) auszugehen sei und daß auch bei korrekter und rechtzeitiger Beratung des Versicherungsnehmers der Schaden nicht eingetreten wäre. Dabei ist die Beratungstätigkeit so zu definieren, daß nicht eine bloße Beratung genügt, sondern der Makler dem Kunden eingehend die Notwendigkeit zur Befolgung seines Rates aufzeigt und bei erkennbaren Zweifeln den Versicherungsnehmer überzeugen muß. Der Versicherungsnehmer soll sich also auf die Beratung durch den Fachmann unbedingt verlassen können (vgl. im einzelnen *Werber*, VW 1988, S. 1159 ff.).

Die Umkehr der Beweislast führt im Ergebnis häufig zu einer **Garantiehaftung** des Maklers, da der Beweis, wie die Sache bei pflichtgemäßer Beratung verlaufen wäre, häufig nicht geführt werden kann (vgl. BGH a. a. O., S. 931, re. Sp. unten).

Der Umfang des Schadenersatzes richtet sich nach den allgemeinen Regeln (§§ 280 ff. BGB).

Vereinbarungen in Maklerverträgen, durch die die Haftung gegenüber dem Versicherungsnehmer ausgeschlossen oder begrenzt wird, dürften unwirksam sein gemäß den §§ 9, 11 Nr. 7 AGB-Gesetz. Im übrigen erscheint prüfenswert, ob ein Makler, der auf diese Weise selbst Zweifel an seinen Fähigkeiten zu erkennen gibt, überhaupt noch als „echter" Versicherungsmakler einzustufen ist. Letzteres gilt auch bei Versuchen von Versicherungsmaklern, ihre Haftung gegenüber Versicherern vertraglich zu begrenzen. Die wirtschaftliche Absicherung des Maklers gegenüber diesem Haftungsrisiko sollte durch eine ausreichend bemessene Berufshaftpflicht-Versicherung erfolgen, wobei die Mindestversicherungssumme 1 Mio. DM nach Empfehlung des Maklerverbandes betragen sollte.

V. Maklertätigkeit und Rechtsberatungsgesetz

Der Versicherungsmakler ist in erster Linie Versicherungsvermittler, zusätzlich übt er in der Regel eine Verwaltungs- und Betreuungstätigkeit hinsichtlich der Versicherungsverträge aus. Schon im Zusammenhang mit der Vermittlung bzw. dem Abschluß von Versicherungsverträgen wird der Makler – ebenso wie der Vertreter – rechtliche Tatbestände zu klären, unter versicherungsrechtlichen Aspekten zu würdigen und anschließend dem Kunden einen Vorschlag zu unterbreiten haben. Diese Klärung der versicherungsbedürftigen Risiken und die versicherungsrechtliche Beratung des Kunden ist Rechtsberatung (vgl. z. B. Beschluß des BVerfG vom 5.5.1987, NJW 1988, S. 543), die einem Gewerbetreibenden nach Art. 1 § 1 Rechtsberatungsgesetz (RBerG) grundsätzlich verboten ist. Es ist aber generell anerkannt, daß Versicherungsvermittler – also sowohl Vertreter als auch Makler – diese rechtsberatenden Tätigkeiten wegen der Ausnahmebestimmung des Art. 1 § 5 Nr. 1 RBerG vornehmen dürfen, wenn sie in unmittelbarem Zusammenhang mit einem konkreten Geschäft ihres Gewerbes – hier also der Versicherungsvermittlung – stehen.

Gleiches gilt, wenn der Makler **zusätzlich** die Verwaltung der vermittelten Verträge übernimmt und in diesem Rahmen als Vertreter des Versicherungsnehmers mit dem Versicherer z. B. Regulierungsverhandlungen führt. Dagegen gehört es nicht zu den Verwaltungsaufgaben des Maklers, außerhalb eines von ihm verwalteten Versicherungsvertrages Schadenersatzansprüche seiner Kunden gegen Dritte geltend zu machen oder sie bei der Abwehr von Schadensersatzansprüchen Dritter zu vertreten (vgl. BGH vom 5.4.1967, VersR 1967, S. 686 ff.). Diese Tätigkeiten sind durch Art. 1 § 5 Nr 1 RBerG nicht mehr gedeckt und stellen eine unerlaubte Rechtsberatung dar.

Beauftragt ein Kunde den Makler im Rahmen eines Maklervertrages nicht nur mit der Vermittlung neuer, sondern auch mit der Verwaltung bereits bestehender, von einem anderen Vermittler vermittelter Versicherungsverträge, liegt die Voraussetzung der Ausnahmebestimmung des Art. 1 § 5 Nr. 1 RBerG in der Regel vor. Denn der Versicherungsmakler übernimmt in seiner Funktion als Versicherungsvermittler die Verwaltung der bestehenden Versicherungsverträge. Er wird in bezug auf die Verträge vor allem zu prüfen haben, ob er seine Haupttätigkeit, die Vermittlung, ausüben kann z. B. durch Verbesserungen oder Erweiterungen des bestehenden Versicherungsschutzes.

Läßt sich dagegen ein Vermittler, ohne unmißverständlich auf seine Hauptaufgabe, die Vermittlungstätigkeit, hinzuweisen, mit einer umfassenden Betreuung – einschließlich der Kündigung bestehender Versicherungsverträge und der Durchsetzung von Ansprüchen im Versicherungsfall – in allen Versicherungsangelegenheiten bevollmächtigen noch dazu unter Verwendung unklarer Bezeichnungen wie „Geschäftsbesorgungs-" bzw. „Betreuungsvertrag", so dürfte ein Verstoß gegen das RBerG vorliegen (vgl. BAV GB 1980, S. 42; 1982, S. 43, VW 1984, S. 1.336).

Auf die Bedeutung des unmittelbaren Zusammenhangs zwischen der Haupttätigkeit des Versicherungsvermittlers und der Rechtsberatung ist auch hinzuweisen bei Beurteilung der Frage, ob Versicherungsvermittler auf Honorarbasis Versicherungsberatung anbieten und durchführen können. Die Beratung in Versicherungsangelegenheiten ist als Nebenleistung zur Versicherungsvermittlung erlaubt und gehört zum herkömmlichen Berufsbild sowohl der Versicherungsvertreter als der Versicherungsmakler. Wird für die Beratung in Versicherungsfragen ein Entgelt verlangt, wird die Berufstätigkeit zu einer selbständigen Hauptleistung. Sie ist unzulässig, wenn sie von einem Versicherungsvermittler angeboten oder durchgeführt wird (BAV GB 1987, S. 44).

VI. Keine Verpflichtung des Versicherers zur Zusammenarbeit mit einem Versicherungsmakler/Korrespondenzpflicht?

Einigkeit besteht darüber, daß ein Versicherer nicht verpflichtet ist, Angebote eines Maklers auf Abschluß von Versicherungsverträgen anzunehmen (Ausnahme: Kraftfahrt-Haftpflicht-Versicherung) und ihm die Verwaltung der Verträge zu übertragen, also mit ihm zusammenzuarbeiten. Kein Gewerbetreibender (Ausnahme: Inhaber eines Monopols) ist genötigt, einen anderen Gewerbetreibenden als Geschäftspartner zu akzeptieren. Der Versicherer kann also ohne Angabe von Gründen die Annahme des angebotenen Versicherungsgeschäfts und damit eine Zusammenarbeit mit dem Makler ablehnen.

Nicht so eindeutig ist die Frage zu beantworten, ob der Versicherer in den Fällen, in denen der Versicherungsnehmer einen Makler beauftragt, künftig die bereits bestehenden, von einem anderen Vermittler vermittelten Verträge zu betreuen, den Makler in dieser Funktion zu akzeptieren hat. Diese Frage ist im Endergebnis ebenfalls zu verneinen. Lehnt der Versicherer eine Zusammenarbeit ab, ist weiter zu prüfen, ob er den Makler, der eine wirksame Vollmacht des Versicherungsnehmers vorgelegt hat, als sog. Erklärungs- und Empfangsboten zu akzeptieren hat, er also die Korrespondenz zu den Versicherungsverträgen mit dem Makler führen muß.

Eine Verpflichtung zur Führung der Korrespondenz kann aus dem Recht der Stellvertretung nicht hergeleitet werden. Keine Bestimmung der §§ 164 ff. BGB sieht vor, daß über Rechtsgeschäfte des Vollmachtgebers nur noch mit dem Bevollmächtigten verhandelt werden kann. Aus dem Versicherungsvertrag als Dauerschuldverhältnis wird teilweise für den Versicherer als Nebenpflicht abgeleitet, den Wünschen des Versicherungsnehmers hinsichtlich der Abwicklung der Korrespondenz zu entsprechen (so *Prölss-Martin*, VVG, 24. A., Anhang zu §§ 43–48 VVG, 1 C; BAV in GB 1985, S. 45). Hiergegen ist einzuwenden, daß im Rahmen eines Dauerschuldverhältnisses die Belange beider Parteien berücksichtigt werden müssen. So ist für die jedem Schuldverhältnis immanente Treuepflicht anerkannt, daß diese zwar eine Pflicht zur gegenseitigen Unterstützung in sich schließe, den Vertragspartner aber nicht verpflichte, gleichrangige eigene Interessen gegenüber den Belangen des anderen Vertragspartners zurückzustellen. Kann der Versicherr also eigene Interessen dafür angeben, daß er auf eine Korrespondenz mit dem Makler verzichten will, so hat der Versicherungsnehmer dies zu akzeptieren. Die Verpflichtung zur Korrespondenz mit Versicherungsmaklern auch bei Vorlage einer wirksamen Empfangsvollmacht ist also dann zu verneinen, wenn z. B. der Makler ein ehemaliger Außendienstmitarbeiter des Versicherers ist, der Abwerbung betreibt oder wenn der Makler sich wettbewerbswidrig oder entgegen den üblichen Usancen verhält. Hieraus folgt, daß die Führung der Korrespondenz mit einem Makler nicht willkürlich abgelehnt, sondern für die Ablehnung stets eine überzeugende Begründung gegeben werden sollte (vgl. VW 1987, S. 658).

VII. Die Vergütung des Versicherungsmaklers

Der Versicherungsmakler erhält für die erfolgreiche Vermittlung bzw. den Abschluß von Versicherungsverträgen und – sofern ihm diese Aufgabe übertragen wurde – für die Verwaltungstätigkeit eine Courtage. Entgegen § 99 HGB, nach dem i. Zw. jede Partei die

Hälfte des Maklerlohns zu tragen hat, ist der Versicherer aufgrund langjährigen Handelsbrauchs bzw. Gewohnheitsrechts ausschließlich Schuldner der Courtage. Diese Tatsache rechtfertigt nicht Behauptungen der Versicherungsmakler im Wettbewerb, sie würden „kostenlos" für den Versicherungsnehmer tätig, denn die Vermittlerkosten sind in der Prämie einkalkuliert und daher im wirtschaftlichen Ergebnis vom Versicherungsnehmer zu tragen.

1. Voraussetzungen des Courtageanspruchs

Voraussetzung des Courtageanspruchs ist, daß der Versicherungsvertrag in Folge der Maklertätigkeit abgeschlossen bzw. eine Maklertätigkeit verwaltender Art vertragsgemäß geleistet wird. Die Courtage des Versicherungsmaklers ist also reine **Erfolgsvergütung**. Bloße Bemühungen des Maklers, einen Vermittlungs- bzw. Abschlußerfolg herbeizuführen oder eine vertragsgemäße Verwaltungstätigkeit zu leisten, lösen keine Courtageansprüche aus. Das Entstehen des Courtageanspruchs setzt ferner voraus, daß die Parteien die Tätigkeit des Maklers akzeptieren. Dies wird von seiten des Versicherungsnehmers bei der Vermittlungstätigkeit in der Regel gegeben sein, da der Anstoß zur Tätigkeit des Maklers vom Kunden ausgeht. Der Versicherer dokumentiert sein Einverständnis durch die Annahme des Versicherungsantrages. Hinsichtlich der Verwaltungs- und Betreuungstätigkeit muß ein Auftrag beider Parteien vorliegen, wobei hier in der Zahlung der Courtage für die Verwaltungstätigkeit eine stillschweigende Beauftragung des Versicherers zu sehen ist. Liegt die Zustimmung einer der Parteien nicht vor, entsteht bzw. entfällt der Courtageanspruch des Versicherungsmaklers.

Da das Courtagerecht weitgehend Provisionsrecht entspricht, ist weitere Voraussetzung für das Entstehen des Courtageanspruchs die Zahlung der Versicherungsprämie, aus der sich die Courtage errechnet. Der Grundsatz „die Provision teilt das Schicksal der Prämie im Guten wie im Bösen" gilt gleichermaßen für Versicherungsvertreter und -makler (vgl. *Höft*, Die provisionsrechtlichen Sonderregelungen für die Versicherungswirtschaft, VersR 1976, S. 205 ff., 210).

2. Bestandteile und Höhe der Courtage

Durch die Courtage wird die gesamte Tätigkeit des Versicherungsmaklers abgegolten. Ebenso wie der Vertreter erhält der Makler seine Vergütung sowohl für die erfolgreiche Vermittlung von Versicherungsverträgen als auch für die Betreuung des Versicherungsnehmers. In der Courtage ist daher, ebenso wie in der Provision, grundsätzlich ein Anteil Vermittlungs- und Betreuungsentgelt enthalten. In der Lebens- und Krankenversicherung stellen die Folgevergütungen in der Regel sogar ausschließlich Verwaltungsentgelt dar, da in diesen beiden Bereichen das System der einmaligen Abschlußprovision gilt.

Auch das Verwaltungsentgelt wird für einen Erfolg gezahlt, nämlich die ordnungsgemäße Betreuungs- und Verwaltungstätigkeit. Aus dieser Tatsache kann nicht der Rückschluß gezogen werden, diese Folgevergütung sei identisch mit dem Vermittlungsentgelt, das dem Makler für den Vermittlungserfolg zusteht. Das Verwaltungsentgelt ist vielmehr eine rein tätigkeitsbezogene Vergütung, die nur solange zu zahlen ist, wie der Makler die ordnungsgemäße Verwaltung und Betreuung im Einvernehmen mit den Parteien auch tatsächlich ausübt. Entfällt diese Tätigkeit, kann der Makler nur noch den in den Folgecourtagen eventuell enthaltenen Anteil am Vermittlungsentgelt beanspruchen.

Die Höhe der Courtage kann zwischen den Parteien frei vereinbart werden, soweit keine gesetzlichen Bestimmungen – z. B. in der Kraftfahrtversicherung – oder Richtlinien der Versicherungsaufsichtsbehörde – z. B. Maximierung der Abschlußkosten in der Lebensversicherung – zu beachten sind. Beim Fehlen entsprechender Vereinbarungen bestimmt sich die Höhe der Courtage nach §§ 653 BGB, d. h. es gilt der „übliche" Lohn als vereinbart.

3. Dauer des Courtageanspruchs/Courtageansprüche bei Vermittlerwechsel

Der Courtageanspruch unterliegt prinzipiell den gleichen Grundsätzen wie der Provisionsanspruch des Vertreters. Für den Versicherungsmakler gilt also der Grundsatz, daß die Courtage das Schicksal der Prämie teilt. Die Courtage wird daher, soweit mit ihr der Vermittlungserfolg honoriert wird, nur für den jeweils konkret erzielten Erfolg gezahlt. Die Courtage, mit der die Verwaltungstätigkeit vergütet wird, erhält der Makler dann nicht mehr, wenn diese Tätigkeit wegfällt. Die Courtageansprüche bestehen also solange, als die Kausalität für den Erfolg der Vermittlungs- bzw. Verwaltungstätigkeit des Maklers zu bejahen ist. Dabei reicht nicht jede irgendwie geartete Kausalität aus. Der Versicherungsvermittler muß z. B. auch beim Abschluß des neuen oder der Abänderung eines alten Vertrages fördernd mitwirken, wenn er eine Vergütung erhalten will (vgl. BGH vom 24.4.1986, VersR 1986, S. 988 f.). Schließt der Versicherungsnehmer also nach Ablauf des vom Makler vermittelten Vertrages selbst oder unter Einschaltung eines anderen Vermittlers einen Folgevertrag (also über das gleiche Risiko und zu gleichen bzw. nur geringfügig anderen Bedingungen) bei dem bisherigen Versicherer ab, so stehen dem „alten" Makler grundsätzlich keine Courtageansprüche mehr zu (vgl. OLG Köln vom 24.2.1988, VW 1989, S. 636 f.), es sei denn, Versicherungsnehmer und Versicherer würden arglistig zum Nachteil des Maklers zusammenwirken (§ 162 BGB).

Verlängern sich die von dem Makler vermittelten Verträge aufgrund einer Verlängerungsklausel, so stehen ihm auch in der Folgezeit Courtageansprüche zu, sofern er die Verträge verwaltet. Übernimmt ein anderer Vermittler diese Verwaltungstätigkeit, so wird – wie nachfolgend wiedergegebenen – verfahren.

Neben diesen rein rechtlichen Überlegungen sind bei Courtagefragen auch stets die Usancen für bestimmte Tatbestände im Versicherungsmaklerbereich zu beachten. Zu dem in der Praxis wichtigen Thema **„Courtagefragen bei Vermittlerwechsel"** sind folgende Usancen festgestellt worden.

a) Wechsel vom Vertreter zu einem Versicherungsmakler

Erfolgt während der Laufzeit **einjähriger Versicherungsverträge** ein Wechsel, so behält der Ursprungsvermittler, der Vertreter, die gesamte Provision bis zum Ablauf des Versicherungsvertrages. Ab neuem Versicherungsjahr erhält der Makler die Courtage. Dies gilt auch, wenn der Versicherungsvertrag aufgrund einer Verlängerungsklausel weiterbesteht.

Wird der Maklerauftrag zu einem einjährigen Versicherungsvertrag erst nach Ablauf der Kündigungsfrist vorgelegt, so steht dem Ursprungsvermittler auch noch für das folgende Versicherungsjahr die volle Vergütung zu. Es kommt in diesen Fällen also nicht entscheidend auf das Datum der Erteilung des Maklervertrages durch den Versicherungsnehmer an, sondern allein auf den Zeitpunkt der Unterrichtung des Versicherers über den Maklervertrag.

Bei Vermittlerwechsel während der Laufzeit **mehrjähriger Versicherungsverträge** ist die Praxis nicht ganz einheitlich. Überwiegend verbleibt bis zum regulären Kündigungstermin der Versicherungsverträge die gesamte Provision dem Vertreter. Dies geschieht entweder in der Weise, daß die Versicherungsunternehmen bis zu diesem Termin die Provision an den Vertreter zahlen oder daß die Versicherungsunternehmen den Makler verpflichten, aus seiner Courtage die Restansprüche des Vertreters in vollem Umfang zu befriedigen. Nach dem regulären Kündigungstermin erhält allein der Makler die Courtage.

Nicht selten werden die restlichen Provisionsansprüche des Vertreters ab Vermittlerwechsel aufgeteilt. Dies geschieht häufig durch eine Pauschalzahlung des Maklers, mit der die Restansprüche des Vertreters abgegolten werden. Die prozentuale Verteilung zwischen Vermittlungs- und Verwaltungsentgelt ist wegen des Zinseffektes und des Stornorisikos schwierig. Aus Vereinfachungsgründen wird häufig von einer Aufteilung der Restprovisionsansprüche des Vertreters im Verhältnis von 50 : 50 ausgegangen.

b) Wechsel vom Makler zu einem anderen Makler

Bei einem Vermittlerwechsel während der Laufzeit **einjähriger Verträge** wird ebenso verfahren wie bei dem Wechsel vom Vertreter zu einem Versicherungsmakler.

Bei Wechsel während der Laufzeit **mehrjähriger Versicherungsverträge** erfolgt überwiegend eine Aufteilung der Restcourtage-Ansprüche des ersten Maklers ab dem nächsten Versicherungsjahr bis zum regulären Kündigungstermin. Auch hier wird im Regelfall aus Vereinfachungsgründen die Aufteilung im Verhältnis 50 : 50 erfolgen.

Für die Versicherungsunternehmen maßgeblicher Zeitpunkt des Vermittlerwechsels ist die Vorlage der Vollmacht des neuen Vermittlers. Es wird davon ausgegangen, daß der Versicherungsnehmer nicht gleichzeitig mehrere Versicherungsvermittler mit der Vermittlung und Verwaltung seiner Versicherungsverträge beauftragen möchte.

Diese Usancen gelten nicht für die Lebens- und Krankenversicherung. Der Ursprungsvermittler hat aufgrund des dort herrschenden Provisionssystems die Abschlußvergütung bereits in vollem Umfang erhalten. Der Makler erhält ab dem Zeitpunkt der Übernahme der Verwaltung das weitere Entgelt. Hinsichtlich der Vermittlungsvergütung aus Vertragserhöhungen aufgrund einer Dynamikklausel gelten unterschiedliche Regelungen.

Diese Usancen hat der GDV unter Berücksichtigung der Erfahrungen des BDVM festgestellt (GDV-Rundschreiben vom 22.2.1988; GDV-Quartalsbericht 4/88, S. 154/155).

G. Das Recht der Versicherungsvermittlung in der Europäischen Wirtschaftsgemeinschaft

Die Rechtsentwicklung in der Europäischen Wirtschaftsgemeinschaft läßt im Ergebnis auch den Bereich des Rechts der Versicherungsvermittlung nicht unberührt. Mehrere Rechtsakte dieser Art sind bereits vollzogen, andere stehen noch bevor. Mehr beispielhaft und im Sinne eines Merkpostens wird im folgenden auf einige einschlägige Vorgänge aufmerksam gemacht, ohne daß hiernach übersehen werden darf, daß auch Rechtsakte zur Verwirklichung des Gemeinsamen Marktes mit allgemeiner Zielsetzung — z. B. die Verwirklichung der Niederlassungs- und der Dienstleistungsfreiheit der Versicherungsunternehmen oder die Rechtsangleichung auf den Gebieten des Versicherungsaufsichts- und Versicherungsvertragsrechts — auf vielfältige Weise mittelbar das Recht der Versicherungsvermittlung beeinflussen:

I. EG-Richtlinie zur Niederlassungs- und Dienstleistungsfreiheit der Versicherungsvermittler

Die „*Richtlinie des Rates vom 13.12.1976 über Maßnahmen zur Erleichterung der tatsächlichen Ausübung der Niederlassungsfreiheit und des freien Dienstleistungsverkehrs für die Tätigkeit des Versicherungsagenten und des Versicherungsmaklers (aus ISIC-Gruppe 630), insbesondere Übergangsmaßnahmen für solche Tätigkeiten*" (Amtsblatt der Europäischen Gemeinschaften vom 31.1.1977 Nr. L 26/14) brachte — nach der grundsätzlichen Bestätigung des Bestehens der Niederlassungs- und der Dienstleistungsfreiheit durch den Europäischen Gerichtshof im Jahre 1974 — im wesentlichen nur noch Übergangsregelungen. Solche Regelungen wurden für notwendig gehalten, weil die Rechtslage hinsichtlich der Aufnahme und Ausübung der Versicherungsvermittlung in den einzelnen Mitgliedsstaaten der Gemeinschaft recht unterschiedlich ist. Teils besteht Gewerbefreiheit (wie z. B. in der Bundesrepublik), teils sind mehr oder weniger strenge Berufszulassungs- und -Ausübungsvorschriften in Kraft, die — wiederum unterschiedlich — entweder für alle Arten von Versicherungsvermittlern (wie z. B. in den Niederlanden, Frankreich und Italien) oder nur für Versicherungsmakler (wie z. B. in Großbritannien und in Belgien) gelten. Die Richtlinie bestimmt deshalb im einzelnen, welche Voraussetzungen eine Person, die aus einem Staat ohne oder mit einer andersartigen Berufsregelung kommt und sich in einem Staat mit einer bestimmten Berufsregelung als selbständiger Versicherungsvermittler betätigen will, zu erfüllen hat, um sich den Anspruch auf Gleichbehandlung mit den Inländern zu sichern. Die Richtlinie differenziert dabei zwischen den Tätigkeiten als Versicherungsmakler, als Versicherungsvertreter und als Gelegenheitsvermittler oder Inkassant.

Zu beachten bleibt, daß die Versicherungsvermittler von ihrer Niederlassungs- und ihrer Dienstleistungsfreiheit allerdings stets nur auf der Grundlage und im Rahmen der im jeweiligen Mitgliedsstaat geltenden Rechtsvorschriften für das Versicherungsgeschäft einschließlich der Versicherungsvermittlung Gebrauch machen können.

Will ein deutscher Versicherungsvermittler in einem anderen EG-Staat als Versicherungsvermittler tätig werden, so hat er eine Bescheinigung der deutschen Behörde vorzulegen, daß er hier als Versicherungsvermittler bereits tätig ist. Diese Bescheinigung basiert auf der „Bekanntmachung der Kommission betr. Nachweise, Erklärungen und Bescheinigungen", die in den bis zum 1.6.1973 vom Rat erlassenen Richtlinien auf dem Gebiet der Niederlassungsfreiheit und des freien Dienstleistungsverkehrs vorgesehen sind und sich beziehen auf die Zuverlässigkeit, die Konkursfreiheit, die Art und Dauer der in den Herkunftsländern ausgeübten Berufstätigkeiten (Amtsblatt der EG Nr. L 26 vom 31.1.1977, S. 14 ff.). In der Bundesrepublik Deutschland sind für die Ausstellung von Bescheinigungen über den Nachweis der Zuverlässigkeit und der Konkursfreiheit und außerdem darüber, daß keine berufs- oder standesrechtlichen Maßnahmen anhängig sind, das Bundeszentralregister in Berlin, für die Ausstellung von Bescheinigungen über die Art und Dauer der im Heimat- oder Herkunftsland ausgeübten Tätigkeiten bei industriellen und Handelstätigkeiten, die Industrie- und Handelskammern zuständig.

II. Koordinierung der nationalen Vertreterrechte

Die EG-Kommission hatte 1976 den „*Vorschlag einer Richtlinie des Rates zur Koordinierung der Rechte der Migliedsstaaten die (selbständigen) Handelsvertreter betreffend*" vorgelegt. Die Beratungen über diesen mehrfach geänderten Vorschlag dauerten 10 Jahre, vor allem wegen grundsätzlicher Bedenken Großbritanniens und Irlands, da das dortige Handelsvertreterrecht in wesentlichen Grundzügen von den Regelungen des Entwurfs abweicht. Die EG-Richtlinie wurde dann doch am 18.12.1986 verabschiedet (Amtsblatt der Europäischen Gemeinschaften vom 31.12.1986, Nr. L 382/17 ff.). Sie sollte von den EG-Mitgliedsstaaten bis zum 1.1.1990 in nationales Recht umgesetzt werden; längere Fristen sind Großbritannien und Irland generell sowie Italien bezüglich der Regelung des Ausgleichsanspruchs eingeräumt worden. Für laufende Agenturverträge ist eine Übergangsfrist bis 1.1.1994 vorgesehen.

Die Richtlinie enthält Bestimmungen zur Harmonisierung der wesentlichsten Fragen der Rechtsbeziehungen zwischen den Handelsvertretern und ihren Unternehmen; geregelt werden die wichtigsten Rechte und Pflichten der Vertragspartner, der Provisionsanspruch, die Kündigung des Vertragsverhältnisses, der Ausgleichsanspruch sowie die Wettbewerbsabrede. Zum Schutze des Handelsvertreters als des in der Regel schwächeren Vertragspartners schreibt die Richtlinie entsprechend dem geltenden deutschen Recht für einige Bestimmungen vor, daß sie von den Vertragspartnern nicht abbedungen werden können. Die Bestimmungen der Richtlinie lehnen sich in ihren Grundzügen sehr weitgehend an die Regelungen des Vertreterrechts im deutschen Handelsgesetzbuch an.

Obwohl sich die EG-Richtlinie nur auf Handelsvertreter bezieht, hat der deutsche Gesetzgeber die Vorschriften des Handelsgesetzbuchs, die traditionell sowohl auf Handels- als auch Versicherungsvertreter Anwendung finden, für beide Vertreterarten durch das Gesetz zur Durchführung der EG-Richtlinie zur Koordinierung des Rechts der Handelsvertreter (BGBl 1989, I, S. 1910 ff.) angepaßt. Das deutsche Transformierungsgesetz gilt also auch für Versicherungsvertreter.

Durch die EG-Richtlinie vom 18.12.1986 ist damit auch „europaweit" der selbständige Handelsvertreter als eigener Berufsstand anerkannt und bestätigt worden. Diese Feststellung erscheint wichtig angesichts stets immer wieder periodisch aufkommender Forderungen, den Handelsvertreter als „arbeitnehmerähnliche Person" einzustufen und damit den Arbeitnehmern – mit allen Konsequenzen – gleichzustellen. Gegen derartige Forderungen ist darauf zu verweisen, daß nicht nur der deutsche, sondern auch der supranationale Gesetzgeber den Handelsvertreter als selbständigen Gewerbetreibenden einstuft, obwohl dieser wirtschaftlich abhängig ist und geschäftspolitische Weisungen zu beachten hat.

III. Rechtsprechung des Europäischen Gerichtshofes

Auch der Europäische Gerichtshof hat sich schon wiederholt mit vertreterrechtlichen Fragen befaßt und auf EG-rechtlicher Grundlage Entscheidungen getroffen, die im Bereich des Rechts der Versicherungsvermittlung zu beachten sind.

So hat – um nur wenige Beispiele zu nennen – der Gerichtshof durch Urteil vom 16.12.1975 (NJW 1976, S. 470; VW 1976, S. 358) das den Handelsvertreter grundsätzlich treffende Wettbewerbsverbot für den gesamten Bereich der Europäischen Gemeinschaft bestätigt.

In einem Urteil vom 26.11.1975 (VersR 1976, S. 353), das zugunsten eines niederländischen, in Belgien tätigen Versicherungsvermittlers ergangen ist, hat der Gerichtshof festgestellt, daß die Bestimmungen des EWG-Vertrages, vor allem die Art. 59, 60 und 65, dahin auszulegen sind, daß innerstaatliche Rechtsvorschriften die Erbringung von Dienstleistungen durch in einem anderen Mitgliedstaat ansässige Personen nicht durch das Erfordernis eines Wohnsitzes im Inland unmöglich machen dürfen, wenn auch mit Hilfe weniger einschränkender Maßnahmen die Einhaltung der innerstaatlichen Berufsvorschriften gewährleistet werden kann.

In einem Urteil vom 18.3.1981 (RIW 1981, S. 341; VW 1981, S. 1202) hat sich der Gerichtshof zur EG-rechtlichen Bedeutung der Begriffe "Zweigniederlassung" und „Agentur" geäußert. Diese Begriffe wurden noch präzisiert durch die Entscheidung vom 9.12.1987 (NJW 1988, S. 625).

In einem Urteil vom 1.10.1987 (VersR 1988, S. 941) befaßte sich der EuGH mit Fragen des Provisionsabgabeverbots. Das Gericht kam zu dem Ergebnis, daß ein Provisionsabgabeverbot bei Mehrfirmenvertretern die Einschränkung des Wettbewerbs bedeutet. Das Verbot, das im konkreten Fall auf Art. 22 der belgischen königlichen Verordnung über die Berufspflichten für Reisevermittler basiert, hindert die Vermittler daran, aus eigener Initiative zugunsten ihrer Kunden auf einen mehr oder weniger großen Teil der Provision zu verzichten und dadurch in einen Preiswettbewerb einzutreten. Das Verbot stellt nach Auffassung des Gerichts eine Wettbewerbsbeschränkung dar, die nach Art. 85 EG-Vertrag unzulässig ist. Diese Entscheidung kann – entgegen dem Urteil des LG Heidelberg vom 31.5.1989 (VersR 1989, S. 941 ff.) – nicht auf das generell in der Versicherungsvermittlung herrschende, von den Aufsichtsbehörden angeordnete Provisionsabgabeverbot übertragen werden (so auch BAV in VerBAV 1989, S. 187).

IV. Allgemeines EG-Recht und Versicherungsvermittlung

Durch die Entstehung eines einheitlichen EG-Binnenmarktes, dessen Vollendung bis zum 1.1.1993 abgeschlossen sein soll, werden sich die tatsächlichen und rechtlichen Rahmenbedingungen auch für die Versicherungsvermittlung nicht unerheblich ändern. Erste Entscheidungen wurden bereits getroffen, ohne daß deren tatsächliche Auswirkungen auf die Versicherungsvermittlung schon im einzelnen abschätzbar sind.

So hat der EuGH in seinem Urteil vom 4.12.1986 (VersR 1986, S. 1225 ff.) zur Abgrenzung zwischen der Dienstleistungsfreiheit/Niederlassungsverpflichtung eines EG-Versicherers im EG-Bereich zwar festgestellt, daß streng juristisch die Dienstleistungsfreiheit von EG-Versicherern im gesamten EG-Bereich gelte, aus übergeordneten Verbraucherschutz-Aspekten die Dienstleistungsfreiheit aber eingeschränkt werden könnte. Dabei wurde im Rahmen dieser Abgrenzung festgestellt, daß ein ausländischer Versicherer auch dann zur Niederlassung im Tätigkeitsland verpflichtet wäre, wenn er dort zwar nicht eine Zweigniederlassung oder Agentur unterhalte, aber mit einem Büro zusammenarbeite, das entweder von dem eigenen Personal des Versicherers oder von einer Person geführt werde, die zwar unabhängig, aber beauftragt sei, auf Dauer für diesen Versicherer wie eine Agentur zu handeln (Ziffer 21 des Urteils).

Diese Auffassungen des EuGH hat die EG-Kommission in der 2. Richtlinie des Rates zur Koordinierung der Rechts- und Verwaltungsvorschriften für die Direktversicherung (mit Ausnahme der Lebensversicherung) und zur Erleichterung der tatsächlichen Ausübung des freien Dienstleistungsverkehrs vom 22.6.1988 (Amtsblatt der Europäischen Gemeinschaften L 172/1 ff. vom 4.7.1988) berücksichtigt. In Art. 3 der Richtlinie wurde Ziffer 21 des Urteils im Wortlaut übernommen. Dem Verbraucherschutz wurde durch eine Differenzierung zwischen Groß- und Massenrisiken Rechnung getragen, für deren Ausgestaltung und Absatz unterschiedliche Regelungen gelten sollen.

Welche Konsequenzen diese Regelungen vor allem für die Rolle des Versicherungsmaklers haben werden, bleibt abzuwarten. Nach diesseitiger Auffassung fallen aber auch Versicherungsmakler unter die Definition des Art. 3 der Richtlinie, wenn sie rechtlich oder faktisch für das ausländische Versicherungsunternehmen Kundenakquisition zum Zwecke des Vertragsabschlusses betreiben, Versicherungsverträge vermitteln und diese verwalten oder die Schadenregulierung übernehmen. Befaßt sich ein Versicherungsmakler dagegen nur mit der reinen Vermittlung von Versicherungsverträgen (ohne die Verwaltung dieser Verträge zu übernehmen), fällt diese Tätigkeit nicht unter Art. 3 der Richtlinie. Denn ein Tätigwerden im Rahmen der Dienstleistungsfreiheit kann nur dann angenommen werden, wenn der Makler lediglich vorübergehend, also nicht ständig, für das ausländische Versicherungsunternehmen tätig wird. Eine ständige Präsenz wird aber in der Regel vorliegen, wenn der Versicherungsmakler die Verwaltung der Versicherungsverträge übernimmt. In diesem Fall müßte der ausländische Versicherer sich im Tätigkeitsland niederlassen. Das BAV grenzt nach den dem Makler erteilten Vollmachten ab. Hat z. B. der Makler eine Vollmacht zum Abschluß von Versicherungsverträgen, zum Prämieninkasso, zur Entgegennahme von Anzeigen und Willenserklärungen, zur Schadenregulierung, so wird der Makler ständig für den ausländischen Versicherer tätig mit der Folge der Niederlassungsverpflichtung des ausländischen Versicherers (*Angerer*, VW 1987, S. 418 ff.; a. A. *Lahno*, VW 1987, S. 428 ff.).

Weitere Konsequenzen für die Versicherungsvermittlung kann die 2. Richtlinie des Rates zur Koordinierung der Rechts- und Verwaltungsvorschriften für die Direktversicherung (Lebensversicherung) und zur Erleichterung der tatsächlichen Ausübung des freien Dienstleistungsverkehrs bringen. Nach Art. 13 des Entwurfs, der keine Unterscheidung zwischen Groß- und Massenrisiken vorsieht, soll inländischen Maklern ermöglicht werden, im Wege des Dienstleistungsverkehrs Lebensversicherungsverträge an ausländische Versicherer, die in der Bundesrepublik weder zugelassen sind noch eine Erlaubnis zum Geschäftsbetrieb haben, auch im Breitengeschäft zu vermitteln. Der Kunde muß nur eine Erklärung unterschreiben, daß er von sich aus den Makler eingeschaltet hat („passive Dienstleistungsfreiheit").

Literaturhinweise

1. Allgemeines

Alff, Handelsvertreterrecht, 2. Auflage, Köln 1983
Baumbach-Duden-Hopt, Handelsgesetzbuch, 24. Auflage, München 1980
Bruck-Möller, Kommentar zum Versicherungsvertragsgesetz und zu den Allgemeinen Versicherungsbedingungen unter Einschluß des Versicherungsvermittlerrechtes, Band 1, 8. Auflage, Berlin 1961
Brüggemann, Handelsgesetzbuch, Großkommentar Band 1, (§§ 84–104), 4. Auflage, Berlin 1983
Handelsvertreterrecht (HVR). Entscheidungen und Gutachten, hrsg. vom Forschungsverband für den Handelsvertreter- und Handelsmaklerberuf (Loseblattsammlung)
Heymann-Kötter, Handelsgesetzbuch, 4. (21.) Auflage, Berlin 1971
Jannott, Recht der Versicherungsvermittlung, in Handwörterbuch der Versicherung, S. 1159 ff., Karlsruhe 1988
Josten-Lohmüller-Beuster, Handels- und Versicherungsvertreterrecht, Taschenkommentar (Loseblattausgabe), 2. Auflage, Düsseldorf 1971
Knapp-Ankele, Handelsvertreterrecht (Loseblattkommentar), Frankfurt 1979/81
Küstner, Handbuch des gesamten Außendienstrechts, Band I: Das Recht des Handelsvertreters (ohne Ausgleichsrecht), Heidelberg 1979
Möller, Recht und Wirklichkeit der Versicherungsvermittlung, Hamburg 1944
Prölss-Martin, Versicherungsvertragsgesetz, 24. Auflage, München 1988
Schreiber, Vertrieb und Vermittlung von Versicherungen aus der Sicht der Praxis, ZVersWiss 1988, S. 253–262
Schröder, Recht der Handelsvertreter, Kommentar, 5. Auflage, München 1973
Sieg, Vertrieb und Vermittlung von Versicherungen aus rechtlicher Sicht, ZVersWiss 1988, S. 263–286
Trinkhaus, Handbuch der Versicherungsvermittlung I, Berlin 1955

2. Einzelthemen

a) Selbständigkeit des Handelsvertreters

Bangert, Der selbständige und der unselbständige Versicherungsvertreter – Arten, wirtschaftliche Bedeutung und Abgrenzung, Karlsruhe 1983
Brüggemann, Das Handelsvertreterrecht im Schnittpunkt personenbezogener und unternehmensbezogener Strukturelemente, ZHR 131, 1968, S. 1
Herschel, Die arbeitnehmerähnliche Person, DB 1977, S. 1185 ff.
Pfennigstorff, Umfang und Grenzen des sozialen Schutzes für arbeitnehmerähnliche Handelsvertreter, Dissertation Hamburg 1959
Stolterfoht, Die Selbständigkeit des Handelsvertreters, Düsseldorf 1973
Tiefenbacher, Rechtsprobleme der Handelsvertreter-Firma, BB 1981, S. 85 ff.

b) Angestellte Versicherungsvertreter

Mussil, Tarifvertrag für das private Versicherungsgewerbe, Kommentar (Loseblattausgabe), 5. Auflage, Karlsruhe 1987
Seifert, Der Angestellte mit Provisionsbezahlung, DB 1979, S. 2034 ff.

c) **Versicherungsvermittler und Versicherungsaufsicht**

Bronisch, Versicherungsvermittlung und Versicherungsaufsicht, in: 50 Jahre materielle Versicherungsaufsicht, Band I, 1952, S. 209 ff.
Gerlach, Versicherungsaufsicht und Außendienst, VW 1973, S. 544 ff.
Unger, Die Versicherungsvermittlung im Wirkungsfeld des Aufsichts- und Wettbewerbsrechts, Karlsruhe 1987

d) **Vertreterverträge**

Garde, Hauptpunkte eines Vertrages für hauptberufliche Versicherungsvertreter, VW 1959, S. 171 ff.
Martin, Offene Handelsgesellschaft und Kommanditgesellschaft als Versicherungsvertreter, VersR 1967, S. 824 ff.
v. Puskás, Datenschutz und Außendienst, VW 1980, S. 537 ff.

e) **Wettbewerbsverbot des Handelsvertreters**

v. Brunn, Das Wettbewerbsverbot im Handelsvertreterrecht beim Fehlen einer Vereinbarung, AcP 163, 1964, S. 784 ff.
Cramer, Die Wettbewerbsverbote von Handelsvertretern und ihre kartellrechtliche Beurteilung, Köln 1972
Gallus, Wettbewerbsbeschränkungen im Recht des Handelsvertreters, München 1971
Höft, Das Wettbewerbsverbot der Versicherungsvertreter und der Verkauf von Investmentzertifikaten, VersR 1967, S. 97 ff.
Höft, Das Wettbewerbsverbot des Handelsvertreters und geschäftliche Dispositionsfreiheit des vertretenen Unternehmers, VersR 1969, S. 875 ff.
Maier, Das gesetzliche Wettbewerbsverbot für Handelsvertreter, BB 1979, S. 500 ff.
Röhsler-Borrmann, Wettbewerbsbeschränkungen für Arbeitnehmer und Handelsvertreter, Berlin 1981
Steindorff, Vereitelte Ansprüche und Wettbewerbsverbot des Handelsvertreters, ZHR 130, 1967, S. 82 ff.

f) **Provisionsrecht**

Fleischmann, Zur Frage der Provisionspflicht des Lebensversicherers bei nicht eingeklagter Erstprämie, VersR 1957, S. 9 ff.
Höft, Die provisionsrechtlichen Sonderregelungen für die Versicherungswirtschaft. Gründe und Unverzichtbarkeit, VersR 1976, S. 205 ff.
Roemer, Die Realisierung des Handelsvertreterprovisionsanspruchs, München 1981
Stötter-Lindner-Karrer, Die Provision und ihre Abrechnung, 2. Auflage, München 1980

g) **Vertragsbeendigung und Ausgleichsanspruch**

Höft, Ausgleichspflichtiger Provisionsverlust der Versicherungs- (Bausparkassen-)Vertreter (§ 89 I 2 HGB), VersR 1966, S. 104 ff.
Höft, Ausgleichsanspruch (§ 89b HGB) der Versicherungs- und Bausparkassenvertreter für künftig zustandekommende Verträge?, VersR 1967, S. 524 ff.
Höft, Bemerkungen zu aktuellen Fragen um den Ausgleichsanspruch (§ 89b HGB) des Versicherungsvertreters, ZVersWiss 1976, S. 439 ff.

Küstner, Handbuch des gesamten Außendienstrechts Band II: Der Ausgleichsanspruch des Handelsvertreters, 5. Auflage, Heidelberg 1988

Leiß, Der Anspruch des Agenten auf Entschädigung für die Kundschaft in rechtsvergleichender Darstellung, Zürich 1965

Schlessmann, Kündigung von Handelsvertreterverträgen, 2. Auflage, München 1967

h) Rechtsverhältnis Versicherungsagent/Versicherungsnehmer

Hohloch, Versicherungsrechtliche Vertrauenshaftung, VersR 1980, S. 107 ff.

Rabich, Vertrauens- und Verschuldenshaftung bei der Vermittlung von Versicherungsverträgen, Dissertation Köln 1966

Reichert-Facilides, Die Erfüllungshaftung des Versicherers für seine Agenten, VersR 1977, S. 208 ff.

Theda, Zur Haftung des Versicherers für Handeln seiner Agenten, „Die Versicherungspraxis" 1982, S. 56 ff.

i) Versicherungsmakler

Gauer, Der Versicherungsmakler und seine Stellung in der Versicherungswirtschaft, Weissenburg 1951

Guszeweski, Die Vertretungsmacht des Versicherungsmaklers beim Abschluß des Versicherungsvertrages und im Zahlungsverkehr der Vertragsparteien. Dissertation Berlin 1974

Lahno, Die Funktion des Versicherungsmaklers im liberalisierten Industrieversicherungsmarkt, VW 1987, S. 428ff.

Schmidt, Zur Rechtsstellung des Versicherungsmaklers in Deutschland, Die Versicherungsrundschau 1957, S. 69 ff.

Spielberger, Versicherungsmakler und Rechtsberatungsgesetz, VersR 1984, S. 1013 ff.

Waldstein, Der Versicherungsmakler, Mannheim 1928

Werber, Zur Rechtsstellung des Versicherungsmaklers in heutiger Zeit, VW 1988, S. 1159 ff.

j) Rückversicherungsmakler

Gerathewohl, Rückversicherung, Grundlagen und Praxis I 1976, S. 667 ff.

Gumbel, Die Rolle des internationalen Rückversicherungsmaklers, VW 1981, S. 528 ff.

k) Firmenverbundene Versicherungsvermittler

Reichert-Facilides, Rechtsbetrachtungen zur unternehmensverbundenen Versicherungsvermittlung, VW 1980, S. 695 ff.

Prozeßrecht, Zwangsvollstreckung, Konkurs und Vergleich

Von Professor Dr. Karl S i e g

Inhaltsverzeichnis

		Seite
A. Einleitung		5
I. Bedeutung für den Versicherungskaufmann		5
II. Stellung der ordentlichen Gerichtsbarkeit im Rechtsschutzsystem		5
1. Die Rechtswege		5
2. Verfassungsrecht		7
III. Beratungshilfe		8
1. Gegenstand		8
2. Verhältnis zum Anwalt		8
3. Sonderregelungen		9
B. Prozeßrecht		10
I. Klagevoraussetzungen		10
1. Zuständigkeit		10
2. Parteien und ihre Vertreter		12
3. Klageerhebung		14
II. Gang des Verfahrens		16
1. Gericht		16
2. Säumnisverfahren		17
3. Beweiserhebung		19
III. Abschluß des Verfahrens		22
1. Urteil		22
2. Sonstige Beendigung		23
IV. Rechtsmittel		23
1. Allgemeines		23
2. Berufung		24
3. Revision		24
4. Beschwerde		25
V. Besondere Verfahren		26
1. Mahnverfahren		26
2. Prozeßkostenhilfe		26

			Seite
C.	Zwangsvollstreckung		29
	I.	Voraussetzungen der Zwangsvollstreckung	29
	II.	Vollstreckung wegen Geldforderungen	29
		1. Allgemeines	29
		2. Zwangsvollstreckung in bewegliche Sachen	30
		3. Zwangsvollstreckung in Geldforderungen	33
	III.	Rechtsbehelfe in der Zwangsvollstreckung	34
		1. Vollstreckungserinnerung	34
		2. Sofortige Beschwerde	35
		3. Interventionsklage	35
		4. Vollstreckungsgegenklage	35
		5. Schutzanträge	36
D.	Konkurs		36
	I.	Wesen des Konkursrechts	36
	II.	Konkurs des Versicherungsnehmers (materielles Konkursrecht)	36
		1. Konkursunterworfene Versicherungsverträge	36
		2. Konkursfreie Versicherungsverträge	38
	III.	Konkurs des Versicherers (materielles Konkursrecht)	39
		1. Personenversicherung	39
		2. Sonstige Sparten	40
	IV.	Konkursverfahrensrecht	40
		1. Eröffnung des Verfahrens	40
		2. Beendigung des Verfahrens, insbesondere Zwangsvergleich	41
E.	Vergleichsverfahren		42
	I.	Wesen	42
	II.	Verfahren	42
		1. Eröffnung	42
		2. Gang des Verfahrens	43
	III.	Besonderheiten für Versicherungsunternehmungen	43
Literaturhinweise			44

A. Einleitung

I. Bedeutung für den Versicherungskaufmann

Grundkenntnisse im Prozeß- und Zwangsvollstreckungsrecht im weiteren Sinne sind für den Versicherungskaufmann unerläßlich. Er muß wissen, welches Verfahren einzuschlagen ist, wenn der Versicherungsnehmer die Prämie oder der Darlehensschuldner Kapital oder Zinsen nicht zahlt, welche Formalitäten bei Inanspruchnahme des Gerichts eingehalten werden müssen, welches die einzelnen Etappen eines Prozesses sind und welche Rechtsbehelfe gegen Entscheidungen der Gerichte in Betracht kommen. Wenn der Versicherungsnehmer gegen das Versicherungsunternehmen etwa auf Zahlung einer Entschädigung oder (in der Haftpflichtversicherung) auf Befreiung von der Inanspruchnahme durch den geschädigten Dritten Klage erhebt, oder wenn der Haftpflichtversicherer einen Prozeß des Dritten gegen den Versicherungsnehmer für den letzteren führt, muß der Sachbearbeiter des Versicherers in der Lage sein, die passende Verteidigung zu wählen. Auf alle diese Fragen gibt das Prozeßrecht Auskunft.

Hat der Versicherer einen Vollstreckungsbescheid oder ein Urteil gegen seinen Versicherungsnehmer auf Zahlung von Prämien in Händen, kommt dieser aber dem gerichtlichen Gebot nicht nach, so wird die **Zwangsvollstreckung** in das Vermögen des Versicherungsnehmers akut. Hier sind Kenntnisse über deren Voraussetzungen, das pfändbare Vermögen, die Rechtsbehelfe innerhalb des Vollstreckungsverfahrens notwendig.

Fällt der Versicherungsnehmer in **Konkurs**, so ergeben sich daraus verschiedene Folgerungen für das Schicksal des Versicherungsvertrages, aber auch für die noch rückständige Prämie. Der Sachbearbeiter des Versicherers muß in der Lage sein, die notwendigen Schritte einzuleiten.

Ganz ähnliche Fragen tauchen auf, wenn der Versicherungsnehmer zwar in Zahlungsschwierigkeiten ist, aber hofft, daß diese nur vorübergehender Natur sind und daher die Eröffnung des **Vergleichsverfahrens** zur Abwendung des Konkurses beantragt.

II. Stellung der ordentlichen Gerichtsbarkeit im Rechsschutzsystem

1. Die Rechtswege

Der Prozeß, die Zwangsvollstreckung, das Konkurs- und das Vergleichsverfahren gehören zur **ordentlichen Gerichtsbarkeit,** und zwar innerhalb dieser zur streitigen. Den ordentlichen Gerichten sind ferner zugewiesen die Straf- und die freiwillige Gerichtsbarkeit (vor allem Register-, Vormundschafts-, Nachlaßsachen). Die ordentliche Gerichtsbarkeit wird ausgeübt von den Amts-, Land-, Oberlandesgerichten und dem Bundesgerichtshof (§ 12 Gerichtsverfassungsgesetz, GVG).

Nach Art. 95 GG gibt es außer der ordentlichen Gerichtsbarkeit noch die Verwaltungs-, Finanz-, Arbeits- und Sozialgerichtsbarkeit. Von diesen hat die größte Verwandtschaft mit der ordentlichen die **Arbeitsgerichtsbarkeit**. In beiden Fällen sind am Verfahren Gleichgeordnete beteiligt, keine Partei übt gegenüber der anderen öffentliche Gewalt aus. Deshalb können auch §§ 46 Abs. 2, 64 Abs. 6, 72 Abs. 5, 78 Abs. 1, 79 AGG weitgehend auf Vorschriften der ZPO verweisen. Von der ordentlichen Gerichtsbarkeit hat man diejenigen Streitigkeiten, die mit dem Arbeitsverhältnis zusammenhängen, abgespalten und sie an die Arbeitsgerichte verwiesen. Die Arbeitsgerichtsbarkeit spielt für Versicherungsunternehmen eine große Rolle (z. B. bei Klagen von Angestellten um Lohn oder Urlaub, um die Wirksamkeit einer Arbeitgeberkündigung, in Streitigkeiten, die mit der betrieblichen Mitbestimmung zusammenhängen). Ausgeübt wird sie durch Arbeits-, Landesarbeitsgerichte und das Bundesarbeitsgericht.

Ganz anders liegt es bei den übrigen drei Zweigen der Gerichtsbarkeit. Hier ist überall auf einer Seite der **Staat** oder eine vom Staat anerkannte **öffentliche Körperschaft** beteiligt, gegen deren **hoheitliche** Betätigung der Staatsbürger vor unabhängigen Gerichten sein Recht sucht. Entspringen also die Streitigkeiten in der ordentlichen und in der Arbeitsgerichtsbarkeit der Gleichordnung der Parteien, so ist das Grundverhältnis, aus dem die Streitigkeiten in der Verwaltungs-, Finanz- und Sozialgerichtsbarkeit entspringen, das der Über- und Unterordnung.

Von diesen hat die **Verwaltungsgerichtsbarkeit** für die Versicherungswirtschaft erhebliche Bedeutung: Die Verfügung der Aufsichtsbehörde kann auf diesem Weg angefochten werden; Streitigkeiten zwischen Versicherungsnehmer und öffentlich-rechtlicher Zwangs- oder Monopolanstalt nach § 192 Abs. 1 VVG werden meist vor den Verwaltungsgerichten ausgetragen. Darüber hinaus spielen sie auch sonst eine Rolle, wenn das Versicherungsunternehmen mit einer behördlichen Maßnahme nicht einverstanden ist, etwa der Verweigerung einer Baugenehmigung. Vor die Verwaltungsgerichte gehören auch Streitigkeiten über diejenigen Steuern, die nicht durch die Finanzämter verwaltet werden, also vor allem Gemeindesteuern. Der Rechtszug geht hier von den Verwaltungsgerichten über die Oberverwaltungsgerichte (in manchen Ländern Verwaltungsgerichtshof genannt) zum Bundesverwaltungsgericht. Anfechtungsklagen gegen Entscheidungen des Bundesaufsichtsamtes für das Versicherungswesen können nur vor dem Bundesverwaltungsgericht erhoben werden (§ 10a Gesetz über die Errichtung eines Bundesaufsichtsamts für das Versicherungs- und Bausparwesens vom 31.7.1951)[1].

Mit der **Finanzgerichtsbarkeit** kommen Versicherungsunternehmen dann in Berührung, wenn sie sich gegen Verfügungen der Finanzämter zur Wehr setzen wollen. Der Rechtszug ist hier nur zweistufig: Finanzgerichte und Bundesfinanzhof.

Die **Sozialgerichtsbarkeit**, die vor allem Streitigkeiten zwischen Sozialversicherten und den Trägern der Sozialversicherung behandelt, wird ausgeübt durch Sozial-, Landessozialgerichte und das Bundessozialgericht. Das kann auch für Versicherungsunternehmen Be-

---

[1] Vgl. RLV. VII

deutung gewinnen, wenn etwa streitig ist, ob ein Mitarbeiter im Außendienst selbständig oder angestellt ist, denn nur im letzteren Fall unterliegt er der Sozialversicherungspflicht.

Bewußt ist hier abgesehen worden von der **Verfassungsgerichtsbarkeit**, deren Zuständigkeit sich im Bund aus dem GG und dem BundesverfassungsgerichtsG, in den Ländern aus den Landesverfassungen ergibt.

2. Verfassungsrecht

Art. 95 GG, auf den schon hingewiesen wurde, ist nicht die einzige Rechtsnorm des GG, die für die Gerichtsbarkeit wesentlich ist. So hat Art. 3 Abs. 1 insofern Bedeutung gewonnen, als bei **willkürlichen** Entscheidungen eines Gerichts, selbst wenn der Rechtsweg erschöpft ist, ein höheres Gericht sich gleichwohl mit der Sache befassen kann, denn durch die Willkür wird der Gleichheitsgrundsatz verletzt (BVerfG, NJW 1986, S. 2101; BGH, Betr. Ber. 1986, S. 96; BSG, Betr. Ber. 1988, S. 704). Willkür darf aber nur in extremen Fällen angenommen werden: BGH, NJW 1988, S. 49, 51; Bayr. Verf. Gh., NJW 1988, S. 1372.

Art. 13 (Unverletzlichkeit der Wohnung) spielt für das Vollstreckungsrecht eine Rolle. Nach Abs. 2 dürfen Durchsuchungen grundsätzlich nur durch einen Richter angeordnet und nur in der in den einschlägigen Gesetzen vorgesehenen Form durchgeführt werden, vgl. § 758 ZPO. Eine vorherige Erlaubnis des Richters ist also notwendig, der Vollstreckungstitel reicht allein nicht aus.

Nach Art. 103 GG hat jedermann Anspruch auf rechtliches Gehör vor Gericht. Wo das Gesetz mündliche Verhandlung vorschreibt, ist auch das Gehör mündlich zu gewähren, sonst genügt Gewährung schriftlichen Gehörs. Stets genügt es, wenn der Partei **Gelegenheit** gegeben wurde, sich zu äußern. Ein Verstoß gegen Art. 103 liegt auch dann vor, wenn das Gericht einen rechtzeitig eingegangenen Schriftsatz nicht beachtet. Die Verletzung rechtlichen Gehörs soll die Berufung unabhängig davon zulässig machen, ob die Berufungssumme erreicht ist: OLG Schleswig, NJW 1988, S. 67 (bestr., anders BGH, NJW 1990, S. 838).

Art. 20 Abs. 3 GG ordnet an, daß die Rechtsprechung an Gesetz und Recht, d. h. an Gesetz und Gewohnheitsrecht gebunden ist. Neuerdings gewinnt mehr und mehr die **richterliche** Rechtsfortbildung an Boden. Wo Gesetz und Gewohnheitsrecht den Richter im Stich lassen, auch eine Analogie nicht weiterhilft, ist sogar die gesetzesüberschreitende Rechtsfortbildung legitim, vgl. §§ 136, 137 GVG. Sie spielt insbesondere in der Arbeitsgerichtsbarkeit eine Rolle, hat aber auch vor den ordentlichen Gerichten nicht Halt gemacht. Man denke an die Zuerkennung eines Schmerzensgeldes bei Persönlichkeitsrechtsverletzungen, an die Zubilligung einer Nutzungsausfallentschädigung im Kraftfahrbereich, selbst wenn insoweit kein konkreter Schaden entstanden ist.

Eine Überschreitung der Grenzen richterlicher Rechtsfortbildung kann mittels der Verfassungsbeschwerde gerügt werden.

Art. 101 I S. 2 GG garantiert, daß niemand seinem gesetzlichen Richter entzogen wird. Der Verstoß gegen einen Geschäftsverteilungsplan soll daher die Beschwerde selbst dort zulässig machen, wo sie nach der Prozeßordnung nicht vorgesehen ist: OLG Frankfurt, NJW 1988, S. 79.

Während bei uns also eine Hinwendung zum Richterrecht zu bemerken ist, gehen die anglo-amerikanischen Rechte, die klassischen Rechte des Richterrechts, den umgekehrten Weg, sie neigen zu mehr **Gesetzesrecht** (Statute Law).

III. Beratungshilfe

1. Gegenstand

Am 1.1.1981 ist das BeratungshilfeG vom 18.6.1980 in Kraft getreten. Sein Ziel ist es, Minderbemittelten die Einholung von Rechtsrat und anwaltlicher Vertretung im **vorprozessualen** Stadium zu ermöglichen. Beratungshilfe bildet also das Gegenstück zur Prozeßkostenhilfe, die sich **während** eines Prozesses auswirkt (vgl. unten B V. 2).

Beratungshilfe setzt voraus, daß der Rechtsuchende die erforderlichen Mittel nicht aufbringen kann, daß er keine anderen Möglichkeiten zur Hilfe zur Verfügung hat und daß die Wahrnehmung der Rechte nicht mutwillig ist (§ 1). Da die Beratungshilfe also nur **subsidiär** gewährt wird, kommt sie dann nicht in Frage, wenn der Rechtsuchende eine einschlägige Rechtsschutzversicherung abgeschlossen hat oder wenn er sich z. B. bei einer Gewerkschaft, einem Mieterverband, einer Verbraucherzentrale Rat holen kann. Wann Mittellosigkeit anzunehmen ist, richtet sich nach den Vorschriften der Prozeßkostenhilfe (§ 1 Abs. 2, unten B V. 2b).

Beratungshilfe wird nicht in allen Zweigen der Gerichtsbarkeit gewährt, nämlich nicht in der Arbeits-, Sozial-, Finanzgerichtsbarkeit (§ 2). Die **Länder** können die Lücke für die ersteren beiden Rechtsgebiete schließen. – Über die Beratungshilfe entscheidet das Amtsgericht (§ 4), und zwar durch den Rechtspfleger (vgl. unten B II. 1a). Wird der Antrag abgelehnt, steht dem Rechtsuchenden die Erinnerung zu (§ 6 Abs. 2), über die ein Richter entscheidet. Praktisch stehen Familienstreitigkeiten im Vordergrund, gefolgt von Mietstreitigkeiten und Ratenzahlungsfällen.

2. Verhältnis zum Anwalt

Beratungshilfe wird grundsätzlich durch einen Anwalt nach Wahl des Rechtsuchenden gewährt (§ 6 Abs. 1), der verpflichtet ist, die Hilfe zu übernehmen (§ 49a BundesrechtsanwaltsO). Dem Rechtsuchenden wird, wenn die in § 1 genannten Voraussetzungen gegeben sind, ein Berechtigungsschein für Beratungshilfe erteilt (§ 6). Stets steht dem Rechtsanwalt gegen den Rechtsuchenden der Anspruch auf eine Schutzgebühr von 20,– DM zu (§ 8). Im übrigen erhält der Anwalt aus der Landeskasse je nach Umfang der Beratung bzw. Vertretung 35,– DM, 90,– DM oder 110,– DM (§ 132 BundesgebührenO für Rechtsanwälte i. d. Fassung des Gesetzes vom 9.12.1986).

Der Rechtsuchende kann auch unmittelbar einen Anwalt aufsuchen und den Antrag auf Beratungshilfe nachträglich stellen (§§ 4 Abs. 2, 7).

3. Sonderregelungen

Die Stadtstaaten (Berlin, Hamburg, Bremen) hatten bereits vor Inkrafttreten des BeratungshilfeG öffentliche Rechtsberatungsstellen eingerichtet. Deren Rechtsberatung tritt in Hamburg und Bremen an die Stelle der Beratungshilfe nach dem neuen Gesetz. In Berlin hat der Rechtsuchende die Wahl, ob er Rechtsrat durch die Beratungsstelle oder durch einen Anwalt erstrebt (§ 14).

B. Prozeßrecht

I. Klagevoraussetzungen

1. Zuständigkeit

a) Sachliche Zuständigkeit

Sachlich zuständig für die vermögensrechtliche Klage, mit der wir es hier allein zu tun haben, kann in erster Instanz das Amts- oder das Landgericht sein. Beträgt der Streitwert bis zu 6 000 DM, so ist die Klage vor dem Amtsgericht zu erheben, überschreitet er 6 000 DM, so ist das Landgericht zuständig (§ 23 Ziff. 1 GVG). Dabei spielt es keine Rolle, ob der Antrag berechtigt ist oder nicht, denn das gerade soll erst geprüft werden. Ferner ist es ohne Bedeutung, ob die Parteien sich darauf geeinigt haben, daß nur ein Teil eingeklagt werden und das Urteil auch für den Rest verbindlich sein soll.

> **Beispiel:**
>
> Der Versicherungsnehmer macht einen Entschädigungsanspruch in Höhe von 7 000 DM geltend, den der Versicherer bestreitet, weil Obliegenheiten verletzt worden sind. Aus Kostenersparnisgründen einigen sich beide Teile, daß lediglich 1 000 DM eingeklagt werden sollen.

Da es für die sachliche Zuständigkeit allein auf den **eingeklagten** Betrag ankommt, ist das Amtsgericht zuständig.

Beträgt der Streitwert über 6 000 DM, ist also das Landgericht zuständig, so kommt hier für die Entscheidung eine **Zivilkammer** oder eine **Kammer für Handelssachen** in Betracht. Die letztere ist nur dann zuständig, wenn der Beklagte Kaufmann im Sinne des HGB[2] ist, und wenn ferner der Anspruch aus einem beiderseitigen Handelsgeschäft stammt (§ 95 Abs. 1 Ziff. 1 GVG). Das Versicherungsunternehmen ist als AG oder größerer VVaG in der Regel Kaufmann. Ist auch der Versicherungsnehmer Kaufmann und gehört der Vertrag zu seinem geschäftlichen Bereich (z. B. bei Versicherung der Warenvorräte, Transportversicherung über Handelsgüter, Betriebshaftpflichtversicherung), so ist die Kammer für Handelssachen zuständig, sowohl für die Prämienklage als auch für die Entschädigungsklage. Allerdings muß der Kläger dies in der Klageschrift beantragen (§ 96 GVG), andernfalls würde auch hier die Klage an die Zivilkammer gelangen. Ist zunächst Klage vor dieser erhoben, obwohl die Kammer für Handelssachen zuständig wäre, so kann der Beklagte beantragen, daß sie an letztere verwiesen wird (§ 98 Abs. 1 GVG). Von Amts wegen erfolgt eine solche Verweisung nicht (§ 98 Abs. 3 GVG).

2 RLV. III. B

b) Örtliche Zuständigkeit

aa) Gerichtsstände

Die örtliche Zuständigkeit nennt die ZPO Gerichtsstand. Sie unterscheidet zwischen dem **allgemeinen Gerichtsstand,** der für **alle Klagen** gegen eine Person gegeben ist, sofern nicht für eine Klage ein ausschließlicher Gerichtsstand begründet ist, und den **besonderen Gerichtsständen,** die nur für **bestimmte Klagen** in Betracht kommen.

Der allgemeine Gerichtsstand für natürliche Personen ist der Wohnsitz des Beklagten (§ 13 ZPO) und in Ermangelung eines Wohnsitzes sein Aufenthalt im Inland oder der letzte Wohnsitz (§ 16 ZPO). Für juristische Personen und Gesellschaften, die als solche verklagt werden können (OHG, KG), ist der Sitz maßgebend (§ 17 ZPO). Das hat Bedeutung sowohl für die Prämienklage des Versicherungsunternehmens als auch für die Entschädigungsklage des Versicherungsnehmers. Für die erstere vgl. §§ 36 VVG, 29 ZPO.

Von den vielen **besonderen Gerichtsständen,** die die Rechtsordnung kennt, seien hier nur die für die Versicherungswirtschaft wichtigsten behandelt.

Nach § 22 ZPO kann ein Verein an seinem Sitz gegen seine Mitglieder klagen, etwa auf Beitragszahlung. Ob diese Bestimmung auch zugunsten des VVaG gilt, ist umstritten; das Bundesaufsichtsamt wendet sich dagegen, daß der VVaG von diesem Gerichtsstand Gebrauch macht, weil der Versicherungsnehmer dabei schlechter steht, als wenn er an seinem Wohnsitz verklagt wird.

Für **Klagen gegen den Versicherer** kennen § 48 VVG den Gerichtsstand der Agentur (sofern ein Agent den Vertrag vermittelt hat) und § 109 VAG den Gerichtsstand der inländischen Niederlassung, wenn aus einem inländischen Versicherungsgeschäft gegen eine ausländische, im Inland zugelassene Unternehmung geklagt werden soll. Ist die Versicherung durch einen Makler abgeschlossen, so gilt § 48 VVG nicht, auch nicht entsprechend. Er findet ferner auf die See- und Rückversicherung wegen § 186 VVG keine Anwendung. Für die großgewerbliche Versicherung kann § 48 VVG abbedungen werden, im übrigen ist er zwingend.

Für Haftpflichtklagen, also solche, die der geschädigte Dritte gegen den Schädiger erhebt, kommt nach § 32 ZPO neben dem allgemeinen der besondere Gerichtsstand der unerlaubten Handlung in Betracht. Es kann also dort geklagt werden, wo sich der haftpflichtige Vorfall ereignet hat. Dabei ist *„unerlaubte Handlung"* nicht in dem engen Sinn der §§ 823 ff. BGB zu verstehen, sondern dieser Gerichtsstand ist auch dann gegeben, wenn die Gefährdungshaftung (z. B. nach dem StVG) die Grundlage der Klage bildet. Entsprechendes gilt auch für die Direktklage des Geschädigten gegen den Kraftfahrthaftpflichtversicherer auf Grund § 3 Ziff. 1 PflichtversG, d. h. der Geschädigte kann am Sitz des Haftpflichtversicherers (§ 17 ZPO) oder bei dem für den Unfallort zuständigen Gericht (§ 32 ZPO) klagen.

Man kann auch Gerichtsstände durch Vereinbarung schaffen (§ 38 ZPO). Das ist in vielen AVB geschehen, die vorsehen, daß der Versicherer auch am Wohnsitz des Versicherungsnehmers (also des **Klägers**), verklagt werden kann. Gegen solche Regelung bestehen keine Bedenken, weil sie sich zu Gunsten des Versicherungsnehmers auswirken.

Durch das Zusammentreffen eines allgemeinen mit einem oder mehreren besonderen Gerichtsständen können mehrere Gerichte örtlich zuständig sein. Dann hat der **Kläger** die **Wahl**, wo er den Rechtsstreit austragen will (§ 35 ZPO), sofern nicht einer der Gerichtsstände als ausschließlicher bezeichnet ist, was aber in Versicherungssachen kaum Bedeutung hat.

bb) Folgen der Unzuständigkeit

Ist die Klage vor einem unzuständigen Gericht erhoben worden, so hat das nicht ohne weiteres die Abweisung zur Folge. Rügt der Beklagte bis zum Beginn der mündlichen Verhandlung die fehlende Zuständigkeit trotz Belehrung nicht, so gilt das als stillschweigende Vereinbarung des Gerichts, bei dem die Klage erhoben worden ist (§ 39 ZPO). Hat der Beklagte die Unzuständigkeit geltend gemacht und ist seine Rüge begründet, so ist die Klage aus **diesem** Grund abzuweisen. Damit ist noch nichts über den Anspruch selbst gesagt. Dieser Abweisung steht also eine neue Klage bei einem zuständigen Gericht nicht entgegen. Der Kläger kann aber der Abweisung entgehen, indem er beantragt, daß die Klage an das zuständige Gericht verwiesen wird (§ 281 ZPO). Diese Verweisung geschieht durch unanfechtbaren Beschluß mit Bindung des Gerichts, an das verwiesen worden ist. Dieses kann also nicht nochmals die Zuständigkeit prüfen und wieder zurückverweisen. Allerdings hat der Kläger, der zunächst das falsche Gericht angerufen hatte, die für **diese** Anrufung entstandenen Mehrkosten auf jeden Fall zu tragen, mag er auch später vor dem zuständigen Gericht in der Sache selbst siegen (§ 281 Abs. 3 Satz 2 ZPO). Deshalb ist also eine sorgfältige **Prüfung der Zuständigkeit** vor Erhebung der Klage dringend anzuraten.

cc) Europa-Recht

Das Übereinkommen über die gerichtliche Zuständigkeit und die Vollstreckung gerichtlicher Entscheidungen in Zivil- und Handelssachen vom 27.9.1968, abgeschlossen zwischen den ursprünglichen sechs Partnerstaaten der EWG, dem später Großbritannien, Irland und Dänemark beigetreten sind, ist auch für Versicherungssachen von Bedeutung. So ist der 3. Abschnitt (Art. 7–12) überschrieben: Zuständigkeit für Versicherungssachen.

2. Parteien und ihre Vertreter

a) **Partei- und Prozeßfähigkeit**

aa) Parteifähigkeit

Parteifähigkeit ist die Fähigkeit, als Kläger oder Beklagter im Prozeß zu fungieren. Sie deckt sich nach § 50 Abs. 1 ZPO mit der Rechtsfähigkeit. Parteifähig sind also alle natürlichen Personen (Alter, Geschlecht, Staatsangehörigkeit spielen keine Rolle), alle juristischen Personen (vor allem AG und VVaG) und die Gesellschaften, denen die Parteifähigkeit besonders zuerkannt ist (wie nach §§ 124, 161 HGB der OHG und der KG). § 50 Abs. 2 ZPO enthält insofern eine Erweiterung, als auch der nichtrechtsfähige Verein, der keine juristische Person ist, verklagt werden kann (er kann im allgemeinen nicht klagen!). Das ist wichtig für Prämienprozesse.

Will man gegen eine bürgerlich-rechtliche Gesellschaft vorgehen, so muß man gegen sämtliche Gesellschafter klagen.

In Prozessen, die eine Konkursmasse betreffen, ist der Konkursverwalter aktiv und passiv Partei (Partei kraft Amtes). Dasselbe gilt für den Testamentsvollstrecker und den Nachlaßverwalter in Prozessen, die den verwalteten Nachlaß betreffen.

Beispiel:

Der Versicherungsnehmer hatte eine Betriebshaftpflichtversicherung abgeschlossen. Er hat zu Erben seine Ehefrau und seine Kinder bestimmt und seinen Freund T zum Testamentsvollstrecker eingesetzt. Nach dem Tode des Versicherungsnehmers ist die Prämienklage gegen T zu richten, wenn in den Nachlaß vollstreckt werden soll (§ 748 ZPO).

bb) Prozeßfähigkeit

Von der Parteifähigkeit ist die Prozeßfähigkeit zu unterscheiden. Kinder, Minderjährige bis zum vollendeten 18. Lebensjahr und Entmündigte können Partei eines Prozesses sein, sie können ihn aber im allgemeinen (Ausnahmen nach §§ 112, 113 BGB) **nicht selbständig führen** (vgl. § 52 ZPO). (Das BetreuungsG vom 12.9.1990, das am 1.1.1992 in Kraft tritt, hat die Entmündigung Volljähriger abgeschafft. Anstelle der Vormundschaft bzw. der Pflegschaft tritt insoweit die Betreuung). Sie müssen vertreten werden durch ihre Eltern oder ihren Vormund. Die Klageschrift muß in solchen Fällen also lauten: *„Klage der X-Versicherungs-AG gegen Fritz Schulz, vertreten durch seinen Vormund Willi Lehmann"*. Die juristischen Personen und die nicht rechtsfähigen Vereine werden durch ihren Vorstand oder ihre Geschäftsführer, die OHG durch ihre Gesellschafter, die KG durch ihre persönlich haftenden Gesellschafter (Komplementäre) vertreten.

Die Prozeßfähigkeit entspricht also der Geschäftsfähigkeit im Zivilrecht. Eine wichtige Abweichung besteht: Wer **beschränkt** geschäftsfähig ist, ist prozeß**unfähig**.

cc) Zu aa) und bb)

Partei- und Prozeßfähigkeit sind von Amts wegen in jeder Lage des Verfahrens zu prüfen (§ 56 ZPO). Fehlt sie in der mündlichen Verhandlung, so wird die Klage wegen dieses Mangels abgewiesen. Über den Anspruch selbst ist damit nicht befunden, er kann also nach Behebung des Mangels erneut geltend gemacht werden.

b) Vertretung der Partei im Prozeß

aa) Zulässige Vertretung

Die Partei oder ihr gesetzlicher Vertreter (vgl. B. I. 2a (bb) über Prozeßfähigkeit) braucht nicht den Prozeß selbst zu führen, d. h. die Schriftsätze anzufertigen und in der mündlichen Verhandlung zu erscheinen, sie kann sich vertreten lassen. Diese Vertretung ist im amtsgerichtlichen Prozeß nach § 79 ZPO stets möglich. Der Vertreter braucht hier nicht Rechtsanwalt zu sein. Häufig bestellen die Versicherer, mögen sie Kläger oder Beklagter sein, einen ihrer Angestellten zum Prozeßvertreter. Diese Angestellten fallen nicht unter das Verbot des § 157 ZPO. Nach dieser Vorschrift sind Vertreter, die nicht Anwälte sind, in der mündlichen Verhandlung des Amtsgerichts ausgeschlossen, wenn sie geschäftsmäßig fremde Rechtsangelegenheiten besorgen. Der Angestellte des Versicherungsunternehmens, der seine Arbeitgeberin vertritt, tut das nicht geschäftsmäßig (um hieran zu verdienen), sondern im Rahmen seines allgemeinen Dienstvertrages. Das ist jedenfalls sicher, wenn das Versicherungsunternehmen selbst Partei ist. Umstritten war die Frage, ob der Angestellte des Haftpflichtversicherers in einem Haftpflichtprozeß auftreten kann, denn hier soll der Angestellte nicht den Versicherer, sondern den Versicherungsnehmer vertreten. Sie wird jetzt vom Bundesgerichtshof bejaht.

bb) Notwendige Vertretung

Wir haben unter B. I. 2b(aa) nur vom Amtsgerichtsprozeß gesprochen. Ist der Prozeß beim Landgericht, beim Familiengericht oder einem höheren Gericht (OLG, BGH) anhängig, so ist eine Vertretung **geboten,** und zwar durch einen bei dem betreffenden Gericht zugelassenen Rechtsanwalt (§ 78 Abs. 1 ZPO). Daher wird der Prozeß vor diesen Gerichten „*Anwaltsprozeß*" genannt (im Unterschied zum amtsgerichtlichen „*Parteiprozeß*"). Hiervon gibt es nur wenig Ausnahmen, deren wichtigste das Gesuch um Prozeßkostenhilfe und das Gesuch um Arrest und einstweilige Verfügung sind (§ 78 Abs. 3 ZPO). In den letzteren Fällen braucht sich die Partei selbst dann keines Anwalts zu bedienen, wenn sie die betreffenden Anträge beim **Landgericht** stellt. Natürlich **kann** sie sich auch hier **durch einen Anwalt** vertreten lassen.

cc) Zu aa) und bb)

Die Vertretung wird dem Anwalt durch Erteilung einer Prozeßvollmacht übertragen. Sie ermächtigt kraft Gesetzes (§ 81 ZPO) zu allen Prozeßhandlungen, die im Prozeß vorkommen können (z. B. Antragstellung, Anerkenntnis, Verzicht, Vergleich, Aufrechnung). Der Mandant kann die Vollmacht jederzeit widerrufen. Davon abgesehen überdauert sie den Tod des Mandanten (§ 86 ZPO). Die Vollmacht eines Rechtsanwalts wird vom Gericht nur auf Rüge des Gegners geprüft (§ 88 ZPO).

Wenn auch die Anwaltsvollmacht einen festumrissenen Inhalt hat, so kann doch die Partei ihrem Anwalt intern Anweisungen erteilen. Sie kann ihm z. B. untersagen, einen Vergleich zu schließen oder ein Anerkenntnis abzugeben. Verstößt der Anwalt hiergegen, so ist seine Erklärung prozessual voll wirksam, er macht sich aber eventuell seiner Partei gegenüber ersatzpflichtig.

3. Klageerhebung

Die Klage ist der Anstoß der Partei für den Beginn des Prozesses. Sie ist deshalb in erster Linie für das Gericht bestimmt: **Einreichung.** Natürlich muß auch der Gegner wissen, daß eine Klage erhoben ist, was von ihm verlangt wird und mit welcher Begründung. So erklärt es sich, daß das Gericht die Klage dem Beklagten **zustellt**.

Die Einreichung geschieht beim Landgericht stets schriftlich, und zwar durch einen bei diesem Gericht zugelassenen Anwalt. Beim Amtsgericht hat der Kläger die Wahl, ob er die Klage schriftlich einreichen oder zu Protokoll der Geschäftsstelle erklären will (§ 496 ZPO). Die letztere Möglichkeit trägt der Ungewandtheit vieler, sich schriftlich auszudrücken, Rechnung.

Der notwendige Inhalt der Klage ergibt sich aus § 253 Abs. 2 ZPO. Diese Formalien müssen auch von einem Versicherungskaufmann beherrscht werden, der als Prozeß-Sachbearbeiter einen Amtsgerichtsprozeß einleiten will. Zunächst ist es unumgänglich, daß die Parteien genannt werden sowie das Gericht, an das sich der Kläger wendet. Damit ist zugleich gesagt, daß auch die Anschriften der Parteien genau angegeben werden müssen. Beim Beklagten ist das schon deshalb notwendig, weil die Klage sonst nicht zugestellt werden kann. Ferner ist nach § 253 Abs. 2 ZPO erforderlich, daß der **Gegenstand der Klage** und der **Grund des erhobenen Anspruchs** angegeben werden. Zwischen beiden besteht kaum ein Unterschied. Gemeint ist nicht etwa, daß der Kläger die gesetzlichen Bestimmungen anführen müßte, die seinen Anspruch stützen. Er muß vielmehr die **Tatsachen** angeben, aus denen das Gericht den Schluß ziehen kann, daß der Anspruch auf Grund der bestehenden Gesetze gegeben ist (natürlich schadet es nichts, wenn der Kläger die Paragraphen, die nach seiner Ansicht den Anspruch stützen, anführt).

Beispiel:

Bei der Prämienklage hat der Versicherer vorzutragen, er habe mit dem Beklagten am ... einen Hausratversicherungsvertrag abgeschlossen. Danach trete die Prämienfälligkeit am 1. eines jeden Quartals ein. Der Beklagte habe eine oder mehrere fällige Folgeprämien nicht bezahlt.

Bei Schadenersatzansprüchen aus Verkehrsunfällen muß der Vorfall genau geschildert und angegeben werden, weshalb der Kläger glaubt, daß ihm ein Anspruch zusteht (z. B. wegen Verschuldens des Beklagten, wenn nicht Gefährdungshaftung eingreift).

Schließlich muß die Klage einen bestimmten **Antrag** enthalten.

Beispiel:

Es wird beantragt, den Beklagten zu verurteilen, an die Klägerin x DM zuzüglich 4 % Zinsen (ist der Versicherungsnehmer Kaufmann und stellt der Versicherungsvertrag für ihn ein Handelsgeschäft dar: 5 %) ab ... zu zahlen.

II. Gang des Verfahrens

1. Gericht

a) Zusammensetzung

Beim Amtsgericht führt die Verhandlung und entscheidet ein Richter. Bei allen höheren Gerichten gilt das Kollegialprinzip. Das Kollegium besteht bei den Zivilkammern der Landgerichte aus drei Berufsrichtern, bei den Kammern für Handelssachen des Landgerichts aus einem vorsitzenden Berufsrichter und zwei Handelsrichtern aus den Kreisen der Kaufleute (also Laienrichtern). Das OLG entscheidet in Senaten, denen drei Berufsrichter, der BGH in Senaten, denen fünf Berufsrichter angehören. Die Handelsrichter sind die einzigen Laienrichter, die der Zivilprozeß kennt. Im Strafprozeß und in den Gerichtsbarkeiten außerhalb der ordentlichen (vgl. A. II, oben) spielen sie eine weit größere Rolle. Die Zusammensetzung der Kammern für Handelssachen hat sich gut bewährt. Die Fachkenntnis der beisitzenden Handelsrichter macht oft die Einholung eines Sachverständigengutachtens überflüssig.

Bei den Landgerichten und bei den Oberlandesgerichten ist es häufig zu umständlich, die gesamte Prozeßführung dem Kollegium zu überlassen. Deshalb sieht § 348 Abs. 1 ZPO vor, daß unter den dort genannten Voraussetzungen ein Einzelrichter zur **Entscheidung** des Rechtsstreits, in der Berufungsinstanz zur **Vorbereitung** des Rechtsstreits (§ 524 ZPO) bestellt wird. In letzterem Falle hat der Einzelrichter den Rechtsstreit so weit zu fördern, daß er in **einer** Verhandlung vor dem Kollegium durch Urteil erledigt werden kann. Zu diesem Zweck kann er insbesondere Beweise erheben. Bei der Kammer für Handelssachen hat der Vorsitzende eine dem Einzelrichter vergleichbare Stellung (§ 349 ZPO).

Zur Entlastung der Richter ist in zunehmendem Maße der **Rechtspfleger** berufen. Seine Zuständigkeit ergibt sich auf Grund des RechtspflegerG vom 5. 11. 1969 mit nachträglichen Änderungen, zuletzt durch Gesetz vom 17. 12. 1990. Er ist z. B. zuständig auf dem Gebiet der Beratungshilfe (oben A. III) und in Teilen der Prozeßkostenhilfe (unten B. V. 2), des Mahnverfahrens (unten B. V. 1), der Kostenfestsetzung (unten B. IV. 1), der Zwangsvollstreckung (unten C).

b) Aufgabe

Nach der am 1.7.1977 in Kraft getretenen Vereinfachungsnovelle soll der Rechtsstreit **möglichst schnell** zur Entscheidung gebracht werden. Zu diesem Zweck sind die Aufgaben des Gerichts zwischen Klageeingang und Verhandlungstermin verstärkt worden. Der Vorsitzende bestimmt entweder einen frühen Ersttermin oder veranlaßt schriftliches Vorverfahren (§§ 272 Abs. 2, 276 ZPO), je nach seinem Ermessen, welcher Weg am schnellsten zum Haupttermin führt, der im Mittelpunkt des Prozesses steht (§ 278 ZPO) und zur Entscheidung führen soll. Zur sachkundigen Vorbereitung des Termins stehen dem Gericht weitgehende Anordnungsbefugnisse zu (§§ 273, 275 ZPO), auch die Parteien trifft eine Förderungspflicht (§ 277 ZPO). Es ist auch nicht ausgeschlossen, daß bereits der Ersttermin zum Urteil führt, ein Haupttermin also gar nicht stattfindet. Die Möglichkeiten der **gerichtlichen** Einflußnahme auf den Prozeß erscheinen manchen überzogen; deren Devise lautet: Stärkung der Anwaltsstellung.

Das Gericht hat nach § 139 ZPO dahin zu wirken, daß sich die Parteien vollständig erklären und sachdienliche Anträge stellen. Die Aufklärungspflicht in diesem Sinne besteht nach herrschender Meinung auch dann, wenn eine Partei anwaltlich vertreten ist: OLG Schleswig, NJW 1987, S. 1182.

c) Bagatellsachen

Bei Streitigkeiten bis zu 1 000 DM Streitwert bestimmt das Amtsgericht das Verfahren nach billigem Ermessen: § 495a ZPO. Das in diesem Verfahren ergehende Urteil braucht keinen Tatbestand zu enthalten; einer Begründung bedarf es dann nicht, wenn deren wesentlicher Inhalt in das Protokoll aufgenommen worden ist. Das billige Ermessen ist allerdings begrenzt dadurch, daß die Prozeßvoraussetzungen vorliegen müssen, die Kostenentscheidung dem § 91 ZPO entspricht und das Gericht an die Parteianträge gebunden ist (§ 308 ZPO).

2. Säumnisverfahren

a) Voraussetzungen des Versäumnisurteils

Das Gericht hat keine Mittel, eine Partei zu **zwingen**, im Termin zu verhandeln. Ein derartiger Zwang ist auch nicht notwendig, weil anderweit dafür gesorgt wird, daß die ausbleibende Partei Nachteile hat.

Wir gehen zunächst von dem häufigeren Fall aus, daß der **Beklagte** in der mündlichen Verhandlung ausbleibt. Ist der Kläger erschienen und stellt Antrag auf Versäumnisurteil, so ist solches zu erlassen (§ 331 ZPO), wenn aus den Akten durch die zurückgelangte Zustellungsurkunde festgestellt werden kann, daß dem Beklagten die Klage mit der Ladung **rechtzeitig zugestellt** worden ist, wenn weiter die **Prozeßvoraussetzungen gegeben** sind (z. B. Partei- und Prozeßfähigkeit beider Parteien, Vertretung des Klägers durch zugelassenen Anwalt beim Landgericht, Zuständigkeit des angerufenen Gerichts), und wenn schließlich die **Klage schlüssig** ist. Unter Schlüssigkeit der Klage versteht man, daß sie nach dem eigenen Vorbringen des Klägers Erfolg hat. Das ist z. B. dann nicht der Fall, wenn der Kläger selbst aus Versehen eine Urkunde beigefügt hat, aus der ersichtlich ist, daß die eingeklagte Darlehensrückzahlung noch nicht fällig ist, oder wenn er Verzugsschaden einklagt, aber nicht vorgetragen hat, daß er den Beklagten gemahnt habe. Mahnung ist nach § 284 Abs. 2 BGB erforderlich, wenn die Leistung nicht nach dem Kalendertag bestimmt ist und wenn es sich nicht um eine Forderung aus beiderseitigem Handelsgeschäft handelt (§ 353 HGB). Ein Versäumnisurteil gegen den Beklagten ist auf Antrag auch dann zu erlassen, wenn er nicht rechtzeitig angekündigt hat, daß er sich gegen die Klage verteidigen wolle: § 331 Abs. 3 ZPO.

Wenn die Klage nicht schlüssig ist oder Prozeßvoraussetzungen fehlen, muß trotz des Antrages des Klägers auf Erlaß eines Versäumnisurteils die Klage abgewiesen werden (§ 331 Abs. 2 ZPO): unechtes Versäumnisurteil.

Bleibt der **Kläger** im Termin aus, so kann der erschienene Beklagte beantragen, daß die Klage abgewiesen wird (§ 330 ZPO).

Diese Regeln kommen nicht nur zur Anwendung, wenn der **erste** Termin in der Sache versäumt wird, sondern auch bei späteren. Auf den Grund der Säumnis kommt es nicht an, es braucht nicht etwa auf Verschulden abgestellt zu werden. Nur wenn das Gericht der Meinung ist, daß eine Partei durch Naturkatastrophen oder andere unabwendbare Zufälle am Erscheinen verhindert war (z. B. schwere Krankheit, Eisenbahnunglück), ist von Amts wegen zu vertagen (§ 337 ZPO).

b) Rechtsbehelfe gegen Versäumnisurteil

Gegen das Versäumnisurteil gibt die ZPO den **Einspruch,** aber nur gegen das sogenannte echte (§ 338 ZPO); das sind Versäumnisurteile gegen den ausgebliebenen Kläger oder gegen den ausgebliebenen Beklagten. Wird der Kläger trotz Erscheinens abgewiesen, weil seine Klage nicht schlüssig ist, so gibt es hiergegen die **Berufung** (Fall des § 331 Abs. 2 ZPO, unechtes Versäumnisurteil). Der Einspruch beläßt den Prozeß in der Instanz, in der er bisher war. Er ist innerhalb zwei Wochen **ab Zustellung** des Versäumnisurteils (also nicht ab Verkündung!) einzulegen. Das muß schriftlich geschehen, und zwar mit Begründung: § 340 Abs. 3 ZPO. Das Gericht beraumt nunmehr erneut mündliche Verhandlung an, sofern der Einspruch nicht als unzulässig zu verwerfen ist: § 341a ZPO.

c) Weiteres Verfahren

Erst wenn der Einspruch als zulässig befunden wurde, wird zur Hauptsache verhandelt. Das Verfahren geht nunmehr so weiter, als wenn kein Versäumnisurteil erlassen worden wäre. Die Kosten des Säumnisverfahrens treffen immer den Säumigen, mag er auch nachher siegen (§ 344 ZPO). Erscheint im neuen Termin die Partei, die Einspruch eingelegt hat, wieder nicht, obwohl sie ordnungsgemäß geladen worden ist, dann ergeht ein zweites Versäumnisurteil, das den Einspruch verwirft. Hiergegen gibt es nicht noch einmal einen Einspruch (§ 345 ZPO). Auch eine andere Anfechtungsmöglichkeit des zweiten Versäumnisurteils ist in der Regel nicht vorgesehen.

d) Zu a)–c)

Für den Prozeßbearbeiter einer Versicherungsunternehmung ist aus dem Vorangegangenen ersichtlich, daß das Säumnisverfahren nicht, wie oft irrig angenommen wird, ein *„Selbstgänger"* ist, sondern daß auch hier viele Vorschriften beachtet werden müssen. Wichtig ist vor allem: Es ergeht kein Versäumnisurteil von Amts wegen, nur auf Antrag. Auch wenn man annimmt, der Beklagte werde sich um nichts kümmern, muß man die Klage sorgfältig abfassen, denn der Anspruch muß schlüssig sein, andernfalls wirkt der Antrag auf Erlaß eines Versäumnisurteils wie ein Bumerang, die Klage wird abgewiesen! War der Versicherer als Partei säumig, so ist vom Sachbearbeiter **die Einspruchsfrist** sorgfältig zu beachten. Auf jeden Fall muß eine Versäumung des **Einspruchstermins** vermieden werden.

3. Beweiserhebung

a) Gegenstand des Beweises

Der Gang des Verfahrens hängt im wesentlichen davon ab, wie sich der Beklagte gegen die Klage verteidigt. Häufig bestreitet er den vom Kläger behaupteten Vorgang, aus dem dieser den Anspruch ableitet.

Beispiel:

In einem Verkehrsunfallprozeß bestreitet der Beklagte, daß er den Kläger angefahren habe oder daß der Schaden des Klägers aus **diesem** Unfall herrühre.

Dann muß über die streitige Behauptung des **Klägers** Beweis erhoben werden.

Eine Beweiserhebung kommt aber auch über Behauptungen des **Beklagten** in Betracht.

Beispiel:

Kläger klagt aus Darlehen 1 000 DM ein. Beklagter bestreitet den Empfang des Darlehens nicht, behauptet aber, es schon zurückgezahlt zu haben; der Versicherer klagt Prämien aus einem bestimmten Versicherungsvertrag ein, der Versicherungsnehmer wehrt sich mit der Behauptung, er habe wegen arglistiger Täuschung angefochten.

In diesen Fällen muß über Einlassungen des Beklagten (Rückzahlung, arglistige Täuschung) Beweis erhoben werden.

Eine Beweiserhebung kommt nur über **Tatsachen**, nicht über Rechtssätze in Betracht (Ausnahme: Ausländisches Recht spielt eine Rolle, § 293 ZPO), und auch das nur, wenn die Tatsachen **bestritten** sind.

b) Indizienbeweis

Manchmal ist ein **direkter** Beweis nicht möglich, an seine Stelle tritt der **indirekte** oder Indizienbeweis. Er spielt auch in Versicherungsstreitigkeiten eine Rolle.

Beispiel:

Ein Versicherungsnehmer klagt die Feuerversicherungssumme ein; der Versicherer lehnt ab, weil er der Auffassung ist, es habe Brandstiftung durch den Versicherungsnehmer vorgelegen (§ 61 VVG). Da niemand den Versicherungsnehmer bei der Brandlegung gesehen hat, scheidet ein Direktbeweis aus. Hier können Indizien helfen: Schlechte Vermögenslage des Versicherungsnehmers, der durch die Versicherungssumme Barmittel in die Hand bekommen wollte, auffälliges Benehmen des Versicherungsnehmers vor der Brandentstehung, Verwischung von Spuren, Unterlassung der Alarmierung der Feuerwehr, frühere Brandlegung. Werden diese Indiztatsachen bewiesen, so kann sich daraus ein Schluß auf die vorsätzliche Brandstiftung ergeben. Bewiesen werden müssen die Indiztatsachen in diesem Fall vom Versicherer.

c) Beweislast

aa) Allgemeines

Die Beweislast ist oft für den Ausgang eines Prozesses entscheidend. Deshalb ist es notwendig, daß sich jeder Prozeß-Sachbearbeiter, ehe er eine Klage erhebt oder ehe er sich auf eine gegen seine Firma gerichtete Klage einläßt, über die Beweislast Klarheit verschafft. Ihre Bedeutung liegt darin, daß dann, wenn sich eine Tatsache im Prozeß nicht erweisen läßt, diejenige Partei unterliegt, die die Beweislast trifft.

Beispiel 1:

A klagt aus §§ 823 Abs. 1, 847 BGB auf Zahlung von Schmerzensgeld gegen B, weil er von dessen Kraftwagen, der von B selbst gesteuert wurde, angefahren worden ist. A hat die Zeugen 1, 2, 3 dafür benannt, daß B schuldhaft gehandelt hat. B hat die Gegenzeugen 4, 5, 6 zu seiner Entlastung benannt. Alle sechs Zeugen sind vernommen worden. Sie haben sich widersprüchlich geäußert, das Gericht ist nicht überzeugt vom Verschulden des B, **Folge: Klageabweisung.**

Dasselbe müßte geschehen, wenn A etwa keinen Beweis für das behauptete Verschulden von B angetreten hat. In solchem Falle brauchen die Zeugen des B nicht gehört zu werden, denn B hat nicht die Beweislast für sein fehlendes Verschulden.

Beispiel 2:

A klagt aus § 7 StVG gegen B auf Zahlung von Verdienstausfall. Dann muß B, um seine Halterhaftung auszuschließen, ein unabwendbares Ereignis nachweisen (vgl. § 7 Abs. 2 StVG). Bleibt nach der Vernehmung der von jeder Partei genannten Zeugen offen, ob unabwendbares Ereignis bei B gegeben ist, so wird er verurteilt.

Dasselbe ist der Fall, wenn B keine Entlastungszeugen angegeben hat. In letzterem Falle kommt es (umgekehrt wie im Beispiel 1) auf die Zeugen des A nicht an.

Führt also der Haftpflichtversicherer für seinen Versicherungsnehmer, der als Halter eines Kraftfahrzeugs verklagt wird, einen Prozeß, so muß er sein Augenmerk darauf richten, daß er Beweismittel für das unabwendbare Ereignis beibringt. Dasselbe gilt, wenn der Haftpflichtversicherer vom Geschädigten mit der Direktklage belangt wird.

bb) Beweislastregeln und prima-facie-Beweis

Die Frage, welche Partei die Beweislast hat, ist nicht immer so einfach aus der Gesetzesfassung zu ersehen, wie in den obigen Beispielen. Gesetzlich ist die Beweislast nirgends zusammenhängend geregelt. Folgende Sätze sind aber **allgemein anerkannt**: Der Kläger hat die Tatsachen zu beweisen, aus denen sich ergibt, daß das Recht, auf das er sich stützt, **entstanden** ist.

Beispiel:

Der Versicherer klagt Prämien ein. Der Beklagte bestreitet, daß ein Versicherungsvertrag abgeschlossen ist. Beweispflichtig für den Vertragsschluß ist der Versicherer.

Bei einem Anspruch aus § 823 Abs. 1 BGB muß der Kläger die schädigende Handlung des Beklagten, den adäquaten Kausalzusammenhang zwischen dieser Handlung und der Körperverletzung des Klägers, das Verschulden des Beklagten, den adäquaten Kausalzusammenhang zwischen Körperverletzung und Arbeitsunfähigkeit und die Höhe des Schadens beweisen. Alle diese Elemente zusammen ergeben erst den Ersatzanspruch. Allerdings bedeutet gerade für Haftpflicht- und Versicherungsprozesse § 287 ZPO eine erhebliche Erleichterung für den Kläger: Das Gericht entscheidet über die beiden letzteren Punkte unter Würdigung aller Umstände aus **freier Überzeugung**.

Den Beklagten trifft die Beweislast, wenn er behauptet, daß das Recht **untergegangen** ist, z. B. durch Erfüllung, Erlaß, Anfechtung, Aufrechnung.

Die Beweislast wird gemildert durch den prima-facie- oder Anscheinbeweis.

Wir gehen am besten von einem **Beispiel** aus:

A hat das ordnungsmäßig am Rande der Fahrbahn abgestellte Fahrzeug des B angefahren. Hier spricht der typische Geschehensablauf dafür, daß A das Verschulden trifft. B braucht hier also nicht Beweis dafür anzutreten, daß A schuldhaft gehandelt hat. Ebenso spricht der typische Geschehensablauf für ein Verschulden des Kraftfahrzeuglenkers, der von der Fahrbahn abkommt und auf der von ihm linken Seite mit einem entgegenkommenden Fahrzeug kollidiert, klare Sicht und gute Fahrbahn vorausgesetzt.

In all diesen Fällen läßt die Lebenserfahrung einen Schluß von feststehenden auf andere Tatsachen (Kausalität, Verschulden) zu, ohne daß sie erst bewiesen zu werden brauchen. Hier muß derjenige, der eine Abweichung vom typischen Geschehensablauf behauptet, dartun, daß ausnahmsweise der aus der Lebenserfahrung gezogene Schluß nicht zutrifft. Also müßte im zweiten Fall der Fahrer z. B. darlegen, daß die Steuerung versagt hat. Der prima-facie-Beweis läuft also fast auf eine Umkehrung der Beweislast hinaus.

III. Abschluß des Verfahrens

1. Urteil

a) Erlaß

Am häufigsten findet der Zivilprozeß seine Erledigung durch Urteil. Für die Außenwelt wird es wirksam mit der Verkündung (§ 310 ZPO). Damit ist es auch für das erkennende Gericht bindend, es darf seine eigene Entscheidung nicht mehr abändern (§ 318 ZPO). Hiervon gibt es nur zwei **Ausnahmen**: Schreib-, Rechenfehler und andere offenbare Unrichtigkeiten können noch danach berichtigt werden (§ 319 ZPO). Enthält der **Tatbestand** des Urteils Unrichtigkeiten, so können die Parteien innerhalb zweier Wochen Tatbestandsberichtigung beantragen (§ 320 ZPO). Hierüber wird nach mündlicher Verhandlung durch in der Regel unanfechtbaren Beschluß entschieden. Dieser Rechtsbehelf ist namentlich gegenüber Berufungsurteilen bedeutsam, wenn die Partei, die den Berichtigungsantrag stellt, in die Revision gehen will. Die Revisionsinstanz legt nämlich den vom Berufungsgericht festgestellten Tatbestand seiner (auf die Rechtsfragen beschränkten) Nachprüfung zugrunde, geht also nicht mehr auf Tatfragen ein. Ohne die Tatbestandsberichtigung nützt also manchmal der Partei die Revision nichts, weil das Revisionsgericht gar nicht in der Lage wäre, von dem **wirklichen Tatbestand** auszugehen. Es muß deshalb jedem Prozeß-Sachbearbeiter empfohlen werden, den Tatbestand des Berufungsurteils aufmerksam zu lesen, damit gegebenenfalls rechtzeitig ein Berichtigungsantrag gestellt werden kann.

b) Inhalt

Der Urteilsinhalt ergibt sich aus § 313 ZPO. Die drei wichtigsten Teile sind Urteilsformel (auch Tenor genannt), Tatbestand und Entscheidungsgründe.

Die **Formel** ist der wesentliche Teil. Aus ihr ergibt sich, ob die Klage abgewiesen oder ob ihr ganz oder zum Teil stattgegeben worden ist. Der Tenor muß ferner einen Ausspruch über die Kosten und über die Vollstreckbarkeit enthalten.

Im **Tatbestand** wird zunächst das Unstreitige mitgeteilt, danach die streitigen Behauptungen der Parteien, ihre Anträge, das Ergebnis einer etwaigen Beweisaufnahme.

Die **Entscheidungsgründe** rechtfertigen das aus dem Tenor abzulesende Ergebnis. Hier finden sich vor allem die Beweiswürdigung und die rechtlichen Darlegungen des Gerichts.

Versäumnis-, Verzichts- und Anerkenntnisurteile bedürfen keines Tatbestandes und keiner Entscheidungsgründe (§ 313b ZPO). Auch andere Urteile können in abgekürzter Form ergehen, wenn die Parteien auf Tatbestand und Entscheidungsgründe verzichten und ein Rechtsmittel gegen das Urteil nicht gegeben ist (§ 313a ZPO). Das bringt einen Gebührenvorteil

Über das Urteil in Bagatellsachen vergleiche oben B. II. 1c.

2. Sonstige Beendigung

Häufig kommt ein Verfahren durch **Prozeßvergleich** zur Erledigung. Das Gericht soll, auch in einer höheren Instanz, auf den Abschluß eines solchen hinwirken (§ 279 ZPO). Prozeßvergleich ist nur derjenige, der **vor dem Gericht** oder einer öffentlichen **Gütestelle** abgeschlossen und dort protokolliert wird. Aus ihm findet unmittelbar die Zwangsvollstreckung statt (§ 794 Abs. 1 Ziff. 1 ZPO).

Es steht natürlich nichts im Wege, daß sich die Parteien während eines Prozesses **außerhalb des Gerichts** vergleichen. Dieser privatrechtliche Vergleich bildet aber keinen Vollstreckungstitel. Wenn der Beklagte einer in solchem Vergleich übernommenen Verpflichtung nicht nachkommt, muß die Klage betrieben werden, und zwar mit dem neuen Klagegrund des Vergleichs. Daraus ergibt sich, daß der Prozeßvergleich wesentliche Vorzüge vor dem außergerichtlichen bietet.

Eine Sonderstellung nimmt der von den Parteien und deren Rechtsanwälten unterschriebene Vergleich ein, sofern sich der Schuldner in ihm der sofortigen Zwangsvollstreckung unterworfen hat: hier genügt eine gerichtliche oder notarielle Vollstreckbarerklärung für die Zwangsvollstreckung, es bedarf keiner neuen Klage (§ 1044b ZPO).

Auch durch **Klagerücknahme** kann der Prozeß enden. Sie ist gegenüber dem Gericht zu erklären. Sie enthält **nicht den Verzicht auf den Anspruch**, sondern besagt nur, daß der Kläger keinen Wert mehr auf gerichtliche Entscheidung legt. Der Kläger kann daher später denselben Anspruch nochmals einklagen. Die einseitige Rücknahme ist nur bis zum Beginn der mündlichen Verhandlung möglich. Danach ist die Rücknahme von der Zustimmung des Beklagten abhängig (§ 269 ZPO). Die Rücknahme hat die Verpflichtung des Klägers zur Folge, die Kosten zu tragen. Der Beklagte kann beantragen, daß diese Kostentragungspflicht durch Beschluß ausgesprochen wird (§ 269 Abs. 3 ZPO). Auf solchen Beschluß hinzuwirken, sollte ein Prozeß-Sachbearbeiter auf Beklagtenseite nicht übersehen, da seine Firma auf diese Weise am schnellsten zum Ersatz ihrer entstandenen Kosten kommt.

IV. Rechtsmittel

1. Allgemeines

Die Rechtsmittel haben die Eigenart, daß sie die gerichtliche Entscheidung zur Nachprüfung durch eine **höhere Instanz** stellen. Die ZPO kennt nur drei echte Rechtsmittel: Berufung, Revision, Beschwerde. Die ersteren beiden sind gegen Urteile möglich, die Beschwerde gegen Beschlüsse. Zur Einlegung der Berufung und der Revision bestehen Fristen (ein Monat gerechnet **ab Zustellung** des Urteils, §§ 516, 552 ZPO). Ist diese Frist verstrichen, so ist das Urteil **formell rechtskräftig**.

Von den Rechtsmitteln sind die **Rechtsbehelfe im engeren Sinne** zu unterscheiden, die die Sache in derselben Instanz belassen. Das ist z. B. der Fall beim Einspruch gegen ein Versäumnisurteil, beim Widerspruch gegen einen Mahnbescheid oder gegen einen Arrestbeschluß oder gegen eine einstweilige Verfügung, bei der Erinnerung gegen Kostenansätze des Rechtspflegers, beim Antrag auf Wiedereinsetzung in den vorigen Stand.

Rechtsbehelf im weiteren Sinne ist der Oberbegriff für alle Möglichkeiten des prozessualen Vorgehens.

2. Berufung

Sie findet statt gegen Urteile des Amtsgerichts und erstinstanzliche Urteile des Landgerichts. Im ersteren Fall geht sie an das Landgericht, im zweiten Fall an das Oberlandesgericht (§ 511 ZPO). Ihr Wert muß 1 200 DM übersteigen (§ 511a Abs. 1 ZPO). Sie braucht nicht das ganze Urteil der Vorinstanz anzugreifen. Es ist z. B. möglich, daß der Beklagte, der zu 2 000 DM verurteilt worden ist, nur Berufung einlegt, soweit er mehr als 500 DM zahlen soll. Bei der Einlegung der Berufung sind Fristen zu wahren, wie oben unter 1. angeführt. Die Einlegung erfolgt beim Berufungsgericht. Von der Einlegung an läuft eine neue Frist von einem Monat zur Begründung der Berufung (§ 519 Abs. 2 ZPO). Der Mindestinhalt der Berufung ergibt sich aus § 518 Abs. 2 ZPO, der Mindestinhalt der Begründung aus § 519 Abs. 2 ZPO.

Sind die Voraussetzungen der Berufung nicht gewahrt (z. B. die Zulässigkeit der Berufung ist nicht gegeben, Einlegungs- oder Begründungsfrist ist nicht gewahrt), so wird sie durch Beschluß als unzulässig verworfen (§ 519b ZPO).

Für den Prozeß-Sachbearbeiter ist wichtig, daß der Gegner des Berufungsführers sich der **Berufung anschließen** kann, soweit er unterlegen war in erster Instanz. Für die Anschlußberufung sind die Erfordernisse erleichtert gegenüber der Hauptberufung, insbesondere was die Fristen angeht (§§ 521–522a ZPO).

Die Berufung ist dadurch charakterisiert, daß das höhere Gericht die Tatfragen und die Rechtsfragen nachprüfen kann. Deshalb kommt es häufig vor, daß das Berufungsgericht eine Beweisaufnahme wiederholt oder neue Beweise erhebt, um zu prüfen, ob das erstinstanzliche Gericht seiner Entscheidung einen zutreffenden Sachverhalt zugrundegelegt hat.

3. Revision

Sie findet nur statt gegen Berufungsurteile der **Oberlandesgerichte** (§ 545 ZPO). Sie geht stets zum Bundesgerichtshof. Ein Prozeß, der beim Amtsgericht begonnen hat, kann daher nicht in die Revisionsinstanz gehen, weil in diesem Fall das **Landgericht** über die Berufung entscheidet. In vermögensrechtlichen Streitigkeiten bis zu 60 000 DM Beschwerdewert hängt die Zulässigkeit der Revision von einer Zulassung durch das OLG ab. Das OLG hat sie zuzulassen, wenn die Sache grundsätzliche Bedeutung hat oder das Urteil von einer Entscheidung des BGH oder des Gemeinsamen Senats der Obersten Gerichtshöfe abweicht (§ 546 ZPO); Ausnahme: § 547 ZPO.

Übersteigt der Wert der Beschwerde 60 000 DM, so kann das Revisionsgericht die Annahme der Revision mit 2/3-Stimmenmehrheit ablehnen, wenn die Sache keine grundsätzliche Bedeutung hat: § 554b ZPO. Das BVerfG hat diese Bestimmung mit der Maßgabe für verfassungsmäßig erklärt, daß die Ablehnung nur ausgesprochen werden darf, wenn die Revision keinen Erfolg haben könnte. Für die Fristen der Einlegung und der Begründung sowie für die Verwerfung als unzulässig gilt das Entsprechende wie im Berufungsverfahren (§§ 552–554a ZPO). Auch eine **Anschlußrevision** ist möglich (§ 556 ZPO).

Der entscheidende Unterschied zur Berufung besteht darin, daß in der Revisionsinstanz nur nachgeprüft wird, ob das **Recht** richtig angewendet worden ist (§§ 549, 550 ZPO); Tatfragen scheiden hier aus.

Für den Versicherungswirtschaftler ist von großer Bedeutung, daß unter Rechtsvorschriften im Sinne des § 549 ZPO nach ständiger Rechtsprechung auch die AVB fallen, sofern sie in einem Bezirk gelten, der über den Bereich eines Oberlandesgerichts hinausgeht, was fast immer der Fall ist. Deshalb kann also die Revision auch darauf gestützt werden, daß die Berufungsinstanz die AVB falsch ausgelegt oder gewisse Bestimmungen der AVB übersehen hat (**Revisibilität der AVB**).

4. Beschwerde

Die Beschwerde findet statt gegen Beschlüsse eines Gerichts, jedoch grundsätzlich nicht gegen Beschlüsse des Oberlandesgerichts (§ 567 Abs. 4 ZPO).

Beispiele:

Beschwerde gegen Erinnerungsentscheidung zu Kostenfestsetzungsbeschluß (vgl. hierzu § 567 Abs. 2), gegen Versagen der Prozeßkostenhilfe und vor allem in der Zwangsvollstreckung (§ 793 ZPO).

Die Formvorschriften sind hier nicht so streng wie bei Berufung und Revision (vgl. § 569 Abs. 2 ZPO). Eine Frist von zwei Wochen ist nur einzuhalten, wenn die Beschwerde als **sofortige** vom Gesetz bezeichnet ist (§ 577 Abs. 2 ZPO).

Wichtige Beispiele: §§ 91a Abs. 2, 104 Abs. 3, 793 ZPO.

Die Beschwerde hat Ähnlichkeit mit der Berufung insofern, als Tatfragen und Rechtsfragen der Nachprüfung durch das Beschwerdegericht unterliegen. Im Unterschied zu Berufung und Revision ist hier eine mündliche Verhandlung vor dem Beschwerdegericht nicht notwendig (§ 573 ZPO). Die Entscheidung des Beschwerdegerichts ist nach Maßgabe von § 568 mit der weiteren Beschwerde angreifbar.

Auch Beschlüsse müssen begründet werden, selbst wenn das Gesetz es nicht verlangt.

V. Besondere Verfahren

1. Mahnverfahren

Das Mahnverfahren ist für den Versicherer namentlich dann wichtig, wenn er einen Prämienanspruch gegen seinen Versicherungsnehmer gerichtlich durchsetzen will. Es ist ein zügiges Verfahren, das billiger und schneller als der normale Prozeß zu einem Titel führt, weil vor allem die mündliche Verhandlung entfällt. Der Gläubiger hat die Wahl, ob er diesen Weg beschreiten oder die ordentliche Klage erheben will. Wenn er damit rechnet, daß der Gegner Einwendungen erhebt, ist zu raten, die ordentliche Klage zu erheben. In einem solchen Fall bedeutet nämlich das vorgeschaltete Mahnverfahren nur einen Zeitverlust.

Das Mahnverfahren gehört stets zur Zuständigkeit des Amtsgerichts (§ 689 ZPO), auch wenn der geltend gemachte Betrag 6 000 DM übersteigt. Das Verfahren beginnt mit dem Antrag auf Erlaß eines Mahnbescheids (§ 688 ZPO). In dem vom Gericht erlassenen Mahnbescheid wird dem Schuldner eine Zweiwochenfrist bestimmt, binnen deren er Widerspruch erheben kann (§ 692 ZPO). Erhebt der Schuldner keinen Widerspruch, ergeht auf Antrag des Gläubigers der Vollstreckungsbescheid. Aus ihm kann nach § 794 Abs. 1 Ziff. 4 ZPO vollstreckt werden. Gegen den Vollstreckungsbescheid kann der Schuldner Einspruch einlegen (§ 700 ZPO).

Mehrfach hat sich neuerdings die Rechtsprechung mit der Frage zu beschäftigen gehabt, ob der Schuldner, gegen den ein rechtskräftiger Vollstreckungsbescheid vorliegt, gleichwohl Unterlassung der Zwangsvollstreckung und Herausgabe des Titels verlangen kann. Eine solche, auf § 826 BGB gestützte Klage hat Erfolg, wenn der Titel unrichtig ist, der Gläubiger die Unrichtigkeit erkennt und dem letzteren zugemutet werden kann, seine Rechte aus dem Titel aufzugeben. Das wird vor allem bejaht bei Titeln aus Ratenkreditverträgen, die wegen ihrer Bedingungen sittenwidrig sind (§ 138 BGB), weil hier dem erfahrenen Gläubiger in der Regel ein ungewandter, wirtschaftlich schwacher Schuldner gegenübersteht, dem es nicht anzulasten ist, daß er Widerspruch gegen Mahnbescheid und Einspruch gegen Vollstreckungsbescheid unterlassen hat. Der innere Grund für diesen Einbruch in die Rechtskraft liegt darin, daß der Mahnbescheid ergeht, ohne daß eine Schlüssigkeitsprüfung stattfindet (vgl. oben B. II. 2a). Richtungweisend ist das Urteil BGH, NJW 1988, S. 971, wo außerdem ausgeführt wird, daß der Schuldner den Schutz des § 826 BGB nicht verdient, wenn er anwaltlich vertreten war. Die Klage aus § 826 BGB kann sich auf einen Teil des Vollstreckungsbescheids beschränken, Hauptfall: lediglich die Zinsen sind wegen ihrer Höhe sittenwidrig.

Wird Widerspruch erhoben oder Einspruch eingelegt, so gibt das Gericht, das den Mahnbescheid bzw. den Vollstreckungsbescheid erlassen hat, die Sache an das Gericht ab, das im Mahnbescheid bezeichnet worden ist (§§ 696, 700 ZPO).

2. Prozeßkostenhilfe

a) Bedeutung

Seit dem 1.1.1981 gelten die §§ 114—127 ZPO in neuer Fassung, das Armenrecht alter Fassung ist abgelöst worden durch die Prozeßkostenhilfe. Sie kann in jedem **Deckungsstreit** eine Rolle spielen, aber auch in einer **Prämienklage**. Die Prozeßkostenhilfe schützt nämlich nicht nur den mittellosen **Kläger**, sondern auch den mittellosen **Beklagten**, der sich gegen eine Klage verteidigen will. Schließlich hat die Prozeßkostenhilfe in Haftpflichtprozessen erhebliche Bedeutung, sei es, daß der Versicherer diesen Prozeß für seinen Versicherungsnehmer führt, sei es, daß der Kraftfahrzeughaftpflichtversicherer direkt vom Dritten verklagt wird. Es hat sich die Ansicht durchgesetzt, daß Prozeßkostenhilfe für das Prozeßkostenhilfeverfahren nicht zu bewilligen ist.

Zum Teil wird die Prozeßkostenhilfe nicht als ausreichende Justizgewährung angesehen: *Müller, Klaus,* Jur. Rdsch. 1987, S. 1 ff.

b) Voraussetzungen

Voraussetzungen sind nach § 114 ZPO Mittellosigkeit, Erfolgsaussicht und Fehlen von Mutwilligkeit. Aus einer Tabelle, die dem Gesetz als Anlage beigefügt ist, läßt sich ablesen, bis zu welchem Grenzbetrag des Nettoeinkommens der Antragsteller überhaupt von Kosten befreit ist (Beispiel: Wer keine Unterhaltspflicht zu erfüllen hat, ist völlig frei, wenn er bis zu 850,— DM monatlich verdient; hat der Antragsteller für 5 Personen Unterhalt zu leisten, erhöht sich der Grenzbetrag auf 2 400,— DM monatlich). Wer über die Grenzwerte hinaus verdient, hat, gestaffelt nach seinem Einkommen und seinen Unterhaltspflichten, Monatsraten von 40,— DM bis 520,— DM aufzubringen. Ab ebenfalls aus der Tabelle abzulesenden Höchstbeträgen des Einkommens wird **grundsätzlich** keine Prozeßkostenhilfe bewilligt, aber für höhere Einkommen enthält § 115 Abs. 5 ZPO eine als **Ausnahme** gedachte Härteregelung. Die Tabelle macht das frühere Armutszeugnis, das von der Sozialbehörde auszustellen war, überflüssig. Höchstens sind 48 Monatsraten zu erbringen, wie viele Rechtszüge auch der Prozeß durchläuft (1. Instanz, Berufung, Revision), vorausgesetzt, daß überhaupt Prozeßkostenhilfe gewährt wird.

Nach Maßgabe von § 115 Abs. 2 ZPO ist u. U. auch das **Vermögen** des Antragstellers einzusetzen. Für die Feststellung von Einkommen und Vermögen verweisen § 115 Abs. 1 Satz 3 und § 115 Abs. 2 ZPO auf das BundessozialhilfeG. — Wenn die Kosten voraussichtlich 4 Monatsraten und die aus dem Vermögen aufzubringenden Teilbeträge nicht übersteigen, wird Prozeßkostenhilfe nicht bewilligt (§ 115 Abs. 6 ZPO). Es handelt sich hierbei um Prozesse, deren Kostentragung auch einer minderbemittelten Partei zuzumuten ist.

Prozeßkostenhilfe kann auch **inländischen** Gesellschaften (etwa GmbH., Kommanditgesellschaft, offene Handelsgesellschaft) gewährt werden. Hier kommt es nicht nur auf die Einkommens- und Vermögensverhältnisse der Gesellschaft an, sondern auch der wirtschaftlich Beteiligten. Hier spielt die Tabelle keine Rolle. Voraussetzung für die Bewilligung ist ferner, daß die Unterlassung der Rechtsverfolgung oder der Rechtsverteidigung allgemeinen Interessen zuwiderlaufen würde. **Ausländischen** juristischen Personen kann Prozeßkostenhilfe, vorbehaltlich etwaiger Staatsverträge, nicht bewilligt werden. — Bei **natürlichen** Personen kommt es auf die Staatsangehörigkeit **nicht** an.

c) Verfahren

Über die Prozeßkostenhilfe entscheidet das Gericht, bei dem der Rechtsstreit schwebt oder anhängig gemacht werden soll. Stets ist ein Antrag nötig, der auf amtlichem Vordruck zu stellen ist (§ 117 ZPO). Es herrscht kein Anwaltszwang in diesem Verfahren. Die

Bewilligung der Prozeßkostenhilfe gilt stets nur für eine Instanz (§ 119 ZPO), das Gesuch muß also in der 2. und 3. Instanz wiederholt werden. Grundsätzlich ist der Gegner vor der Bewilligung zu hören (§ 118 ZPO). Es ist jedem Prozeß-Sachbearbeiter zu empfehlen, die Erwiderung auf den Antrag mit großer Sorgfalt vorzunehmen, denn häufig kommt es nicht zur Klage, wenn die Prozeßkostenhilfe abgelehnt wird.

Wenn eine Einigung in diesem Stadium des Verfahrens zu erwarten ist, beraumt das Gericht eine mündliche Verhandlung an (im übrigen ist das Verfahren schriftlich) und protokolliert gegebenenfalls einen Vergleich. Dieser bildet einen Vollstreckungstitel nach § 794 Abs. 1 Ziff. 1 (vgl. oben B. III. 2, unten C. I).

Der Beschluß über die Bewilligung ist seitens der Staatskasse anfechtbar, der Beschluß über die Ablehnung kann mittels der Beschwerde vom Antragsteller angegriffen werden: § 127 ZPO (vgl. oben B. IV. 4).

d) Wirkung

Die Bewilligung der Prozeßkostenhilfe bewirkt nicht nur Befreiung von den Gerichts- und Gerichtsvollzieherkosten, sondern hat auch Wirkung auf den beigeordneten Anwalt: Dieser kann Vergütungsansprüche gegen seine Partei nicht geltend machen: § 122 ZPO (er wird von der Staatskasse entschädigt, sofern er seine Kosten nicht von der unterlegenen Gegenpartei beitreiben kann: § 126 ZPO). Da der „Armenanwalt" von der Staatskasse nicht voll entschädigt wird, wird hier auf seine Kosten Staatshilfe geleistet. Wer Prozeßkostenhilfe in Anspruch genommen hat und unterliegt, muß aber dem Gegner die Kosten erstatten (§§ 91, 123 ZPO), insofern bleibt ein Risiko bei ersterem. Ob der Antrag auf Prozeßkostenhilfe die Frist des § 12 III VVG wahrt, ist bestr.

Die Vorschriften über die Prozeßkostenhilfe gelten entsprechend in Verfahren der freiwilligen sowie in der Arbeits-, Sozial-, Verwaltungs- und Finanzgerichtsbarkeit.

e) Abänderung

Wenn sich die Einkommens- und Vermögensverhältnisse des durch die Prozeßkostenhilfe Begünstigten im Laufe des Verfahrens **verbessern**, sieht das Gesetz eine Abänderungsentscheidung vor: § 120 Abs. 4.

Umgekehrt kann derjenige, dessen Gesuch abgelehnt worden ist, bei **Verschlechterung** seiner Verhältnisse bis zur Entscheidung in der Hauptsache einen neuen Antrag stellen, sei es auf Bewilligung, sei es auf Herabsetzung oder Streichung der restlichen Monatsraten.

Das Gericht kann die Bewilligung unter den Voraussetzungen des § 124 ZPO aufheben, z. B. bei Vortäuschung der Voraussetzungen durch die begünstigte Partei oder bei längerem als dreimonatigem Rückstand mit Monatsraten.

f) Verhältnis zur Rechtsschutzversicherung

Wer Deckung durch eine Rechtsschutzversicherung genießt, ist letztlich durch Kosten nicht beschwert, kann deshalb Prozeßkostenhilfe nicht beanspruchen (BGH, VersR 1981, S. 1070). Die hinreichende Erfolgsaussicht ist Voraussetzung sowohl für das Eintreten des Rechtsschutzversicherers als auch für die Gewährung von Prozeßkostenhilfe (BGH, Betr. Ber. 1988, S. 658). Sowohl der Rechtsschutzversicherung als auch der Prozeßkostenhilfe hat man nachgesagt, daß sie die Prozeßsucht förderten. Das hat sich für die

Rechtsschutzversicherung (bis auf das Gebiet der Verkehrsordnungswidrigkeiten) nicht bestätigt.

Was die Prozeßkostenhilfe angeht, so beugt die Rechtsprechung einer Ausuferung vor. So sind derartige Gesuche abgelehnt worden bei grobfahrlässig herbeigeführter Armut, bei Nichtanrufung einer Schlichtungsstelle (LG Aurich, VersR 1986, S. 558; anders aber OLG Düsseldorf, VersR 1989, S. 645 = NJW 1989, S. 2950), für die Scheidung einer Scheinehe (laut BVerfG, NJW 1985, S. 425 verstößt die Ablehnung nicht gegen das GG). Vgl. aber auch BFH, BB 1986, S. 2402.

Wer aus abgetretenem Recht klagt, muß nicht nur seine, sondern auch seines Rechtsvorgängers Mittellosigkeit dartun, um Prozeßkostenhilfe zu erhalten: OLG Stuttgart, VersR 1987, S. 1048.

C. Zwangsvollstreckung

I. Voraussetzungen der Zwangsvollstreckung

Zweck der Zwangsvollstreckung ist die Befriedigung des Gläubigers, nachdem gerichtlich bescheinigt worden ist, daß die Forderung zu Recht besteht. Diesen gerichtlichen Ausspruch bezeichnet man als den Titel (§§ 704, 794 ZPO). Er ist die wesentlichste, aber nicht die einzige Voraussetzung der Vollstreckung. Es müssen normalerweise noch die Vollstreckungsklausel und die Zustellung des Titels an den Schuldner hinzukommen (§§ 725, 750 ZPO).

Übernational ist das Europäische Übereinkommen über die gerichtliche Zuständigkeit und die Vollstreckung gerichtlicher Entscheidungen in Zivil- und Handelssachen vom 27.9.1968, in der Bundesrepublik am 1.12.1973 in Kraft getreten, von Bedeutung. Zu den Handelssachen gehören auch Versicherungsstreitigkeiten. Dadurch wird die Zwangsvollstreckung aus einer Entscheidung des Partnerstaates A im Partnerstaat B erheblich erleichtert. Das zeigt sich darin, daß es nicht des sonst notwendigen Urteilsverfahrens nach §§ 723, 724 ZPO bedarf, sondern die einfache Anerkennung des ausländischen Urteils durch ein Gericht, in dessen Hoheitsgebiet vollstreckt werden soll, genügt (Art. 26–30).

II. Vollstreckung wegen Geldforderungen

1. Allgemeines

Das 8. Buch der ZPO, das die Zwangsvollstreckung behandelt, unterscheidet im 2. und 3. Abschnitt danach, **wegen welcher Forderung** vollstreckt wird.

Im Mittelpunkt stehen, namentlich für die Versicherungswirtschaft, Vollstreckungen wegen Geldforderungen. Vollstreckungen wegen Herausgabe von Sachen oder zur Erwirkung von Handlungen oder Unterlassungen müssen wegen ihrer geringeren praktischen Bedeutung für die Leser dieses Werks außer Betracht bleiben. Die kommenden Darlegungen befassen sich daher nur mit dem 2. und 4. Abschnitt des 8. Buches der ZPO.

Innerhalb dieses Abschnitts wird weiter unterschieden, in welche **Vermögensgegenstände des Schuldners** die Vollstreckung betrieben werden soll. Diese Einteilung liegt der folgenden Gliederung zugrunde.

2. Zwangsvollstreckung in bewegliche Sachen

a) Pfändung

aa) Rechte des Gläubigers

Die Zwangsvollstreckung in bewegliche Sachen wird durch den Gerichtsvollzieher vorgenommen. Zu den häufigsten Pfändungsobjekten gehören Geld, Möbel, Büroinventar, Waren, Rohstoffe und Kraftfahrzeuge.

Die Vollstreckung beginnt mit der **Pfändung** (§ 803 ZPO). Sie geschieht entweder dadurch, daß der Gerichtsvollzieher die Sachen in seinen Besitz nimmt (§ 808 Abs. 1 ZPO) oder daß er sie beim Schuldner beläßt und die Pfändung durch ein Siegel kenntlich macht (§ 808 Abs. 2 ZPO).

Durch die Pfändung bleibt zunächst der Schuldner Eigentümer, er darf aber nicht mehr über die gepfändete Sache verfügen. Der Gläubiger hat, weil er durch die Pfändung ein **Pfandrecht** erwirbt, die Befugnis, sie durch Verwertung im Wege der öffentlichen Versteigerung versilbern zu lassen (vgl. unten C. II. 2b). Wird dieselbe Sache für verschiedene Gläubiger mehrfach gepfändet (**Anschlußpfändung**, § 826 ZPO), so entscheidet der Zeitpunkt der Pfändung für den Rang (§ 804 Abs. 3 ZPO): Es findet also keine anteilige Befriedigung der Gläubiger statt (wesentlichster Unterschied zum Konkurs). Das zeigt, wie wichtig ein schneller Zugriff häufig ist.

bb) Prüfung des Gerichtsvollziehers

Der Gerichtsvollzieher kann alle pfändbaren Sachen im Gewahrsam des Schuldners pfänden (§ 808 Abs. 1 ZPO). Er darf nicht prüfen, ob sie dem Schuldner zu Eigentum gehören. Er hat also, auch wenn der Schuldner etwa behauptet, der Photoapparat stehe noch unter Eigentumsvorbehalt des Lieferanten, gleichwohl zu pfänden.

Bei **Eheleuten** ist es oft schwierig zu unterscheiden, ob der Ehemann oder die Ehefrau oder beide Gewahrsam haben. Wenn hier nur ein Titel gegen einen Ehegatten vorliegt, kann gleichwohl nach § 739 ZPO gepfändet werden. Nach dieser Vorschrift gilt der Schuldner, gegen den sich der Titel richtet, als alleiniger Gewahrsamsinhaber, auch wenn die betreffenden Sachen sich in einer Wohnung befinden, die beide Ehegatten innehaben. § 739 ZPO wirkt sich also zu Gunsten des Vollstreckungsgläubigers aus. Die nichteheliche Lebensgemeinschaft steht der Ehe im Rahmen des § 739 ZPO nicht gleich, da deren Abgrenzung durchaus unsicher ist und aus Gründen der Rechtssicherheit der Gerichtsvollzieher nicht mit der Feststellung belastet sein darf, ob eine nichteheliche Lebensgemeinschaft vorliegt (bestritten).

cc) Unpfändbare Sachen

§ 811 ZPO enthält einen langen Katalog von Sachen, die aus sozialen Erwägungen nicht pfändbar sind. Der Katalog wird ergänzt durch § 812 ZPO.

Wichtig für die Praxis ist die in den §§ 811a und b ZPO vorgesehene **Austauschpfändung**.

Die Pfändung einer unpfändbaren Sache ist nämlich dann zulässig, wenn der Gläubiger dem Schuldner ein Ersatzstück zur Verfügung stellt.

Beispiel:

Der Schuldner besitzt nur eine sehr wertvolle Uhr. Hier kann der Gläubiger dem Schuldner eine einfache Uhr überlassen und darf das bessere Stück pfänden.

Die Austauschpfändung ist demnach für den Gläubiger dann nützlich, wenn der Wert des Ersatzstückes erheblich hinter dem der zu pfändenden Sache zurückbleibt.

b) Verwertung

An die Pfändung schließt sich die Verwertung an. Gepfändetes Geld wird einfach dem Gläubiger überlassen, soweit dessen Anspruch reicht (§ 815 Abs. 1 ZPO). In allen anderen Fällen müssen die gepfändeten Sachen der Verwertung zugeführt werden. Sie geschieht durch den Gerichtsvollzieher in öffentlicher **Versteigerung** (§ 814 ZPO). Hierbei kann der Gläubiger mitbieten (§ 816 Abs. 4 ZPO in Verbindung mit § 1239 Abs. 1 BGB). Das kann für den Versicherer als Gläubiger wichtig werden, wenn er an den gepfändeten Sachen (etwa Büroinventar, Kraftfahrzeuge) ein Interesse hat.

Auf das **Meistgebot** erteilt der Gerichtsvollzieher den **Zuschlag**. Der Ersteher erhält dann die gepfändete Sache gegen Barzahlung entsprechend seinem Gebot (§ 817 Abs. 2 ZPO). Damit wird er Eigentümer, und die Forderung des Vollstreckungsgläubigers gegen den Schuldner gilt als getilgt, soweit der Erlös reicht (§ 819 ZPO).

Es wird kein Zuschlag erteilt, wenn das Gebot nicht wenigstens der Hälfte des gewöhnlichen Verkaufswerts der Pfandsache entspricht (§ 817a Abs. 1 ZPO). In solchem Falle ist es für den Gläubiger, also auch für den Versicherer, wichtig zu wissen, welche Anträge nunmehr gestellt werden können. Sie ergeben sich aus § 817a Abs. 2 ZPO: Er kann die Anberaumung eines neuen Versteigerungstermins oder eine anderweitige Verwertung beantragen. Die anderweitige Verwertung (vgl. § 825 ZPO) ist dann am Platze, wenn man sich durch Veräußerung im freien Verkauf oder durch einen Fachmann (Kunsthändler, Antiquar) einen höheren Erlös verspricht. Über den Antrag nach § 825 ZPO entscheidet das Gericht.

Den Versteigerungserlös hat der Gerichtsvollzieher abzüglich der Kosten der Zwangsvollstreckung an den Gläubiger abzuliefern. War die Sache für mehrere Gläubiger gepfändet (vgl. oben C. II. 2a), so erfolgt die Auskehrung des Erlöses nach der Reihenfolge der Pfändungen. Wird bei der Versteigerung ein Überschuß über die Forderung des betreibenden Gläubigers zusätzlich Kosten erzielt, so ist dieser dem Schuldner zu übergeben.

c) Eidesstattliche Versicherung und Haft

Wenn die Mobiliarvollstreckung fruchtlos verlaufen ist, weil der Schuldner keine pfändbaren Sachen besitzt, hat der Gerichtsvollzieher ein sogenanntes Unpfändbarkeitsattest auszustellen. Dieses ermöglicht es dem Gläubiger, zu beantragen, daß der Schuldner ein Vermögensverzeichnis vorlegt und dessen Richtigkeit und Vollständigkeit eidesstattlich versichert (§ 807 ZPO). Zweck der Offenbarung ist, daß der Gläubiger auf diese Weise von weiteren Vermögensgegenständen erfährt (z. B. Forderungen des Schuldners; Sachen, die er bei Dritten untergestellt hat), in die er die Vollstreckung richten kann.

Für den Versicherer ist wichtig zu wissen, daß oft schon der **Antrag** nach § 807 ZPO bewirkt, daß der Schuldner seiner Verbindlichkeit nachkommt, denn die eidesstattliche Versicherung oder deren Verweigerung nimmt einem Kaufmann praktisch die Kreditfähigkeit durch Eintragung in das Schuldnerverzeichnis nach § 915 ZPO, die sogenannte schwarze Liste. Die Einrichtung der schwarzen Liste ist nicht verfassungswidrig: OLG Frankfurt, NJW 1988, S. 423.

Ist Schuldner eine juristische Person, so haben alle Vorstandsmitglieder die eidesstattliche Versicherung zu leisten; zuständig ist das Amtsgericht, in dessen Bezirk der Schuldner seinen Sitz hat (§ 899 ZPO). Bleibt dieser im Termin grundlos aus, oder leistet er die Versicherung im Termin nicht, wird auf Antrag des Gläubigers Haftbefehl erlassen (§§ 901, 908, 911 ZPO). Die Haft kann höchstens 6 Monate dauern (§ 913 ZPO). Gegen einen hartgesottenen Schuldner hilft also auch dieses Zwangsmittel nicht.

Der Schuldner kann jederzeit das Ende der Haft durch Leistung der eidesstattlichen Versicherung (§ 902 ZPO) oder durch Tilgung seiner Schuld herbeiführen. Hat der Schuldner bereits eine eidesstattliche Versicherung geleistet, so ist er innerhalb von drei Jahren nicht verpflichtet, sie erneut zu leisten. Etwas anderes gilt, wenn der Gläubiger glaubhaft macht, daß der Schuldner später Vermögen erworben hat oder sein bisheriges Arbeitsverhältnis aufgelöst ist (§ 903 ZPO). Bei letzterer Bestimmung geht das Gesetz davon aus, daß der Schuldner wahrscheinlich ein neues Arbeitsverhältnis eingegangen ist, bei dem seine Bezüge höher sind als bisher.

Abschließend sei auf das für den Versicherer als Gläubiger wichtige Rechtsmittel der sofortigen Beschwerde (§ 793 ZPO) im Verfahren der eidesstattlichen Versicherung hingewiesen. Sie steht ihm zu, wenn das Amtsgericht es ablehnt, einen Termin zur Versicherung anzuberaumen oder einem Antrag auf Erlaß des Haftbefehls zu entsprechen. Die sofortige Beschwerde ist ferner gegeben, wenn das Gericht einem Vertagungsantrag des Schuldners stattgibt (§ 900 Abs. 4 ZPO) oder wenn es den Widerspruch des Schuldners gegen die Verpflichtung zur eidesstattlichen Versicherung für begründet erklärt.

Beispiele:

Der Schuldner behauptet, die Zwangsvollstreckung sei eingestellt worden; er habe bereits die eidesstattliche Versicherung geleistet; ihm fehle die Prozeßfähigkeit; sein Gesundheitszustand erlaube nicht das Erscheinen im Termin.

Die Anwesenheit des Gläubigers in den Terminen innerhalb des (eidesstattlichen) Versicherungsverfahrens (§§ 899 ff. ZPO) ist im allgemeinen nicht nötig; es empfiehlt sich aber gleichwohl, daß der Gläubiger erscheint, damit er dem Vorbringen des Schuldners entgegentreten oder auf Vervollständigung des Verzeichnisses hinwirken kann.

§ 806a ZPO in der vom 1.4.1991 geltenden Fassung hat den Zweck, Verfahren nach §§ 807, 899–915 ZPO möglichst zurückzudrängen.

3. Zwangsvollstreckung in Geldforderungen

a) Beteiligte und Verfahren

Für die Vollstreckung in Geldforderungen ist nicht der Gerichtsvollzieher, sondern das Vollstreckungsgericht zuständig, d. h. das Amtsgericht, bei dem der Schuldner seinen Gerichtsstand hat (§ 828 ZPO).

An dieser Vollstreckung sind **drei Personen beteiligt:**

der betreibende Gläubiger,

der Vollstreckungsschuldner (die ZPO nennt ihn einfach „Schuldner") und dessen Schuldner, den die ZPO als „Drittschuldner" bezeichnet.

Das **Verfahren** beginnt mit dem Antrag des Gläubigers, eine genau zu bezeichnende Forderung des Schuldners zu pfänden.

Beispiel:

Kaufpreisforderung des Schuldners gegen X aus dem Kaufvertrag vom 2.1.1990; Gehaltsforderungen des Schuldners aus dem Arbeitsverhältnis bei der Firma X.

Das Gericht entscheidet über diesen Antrag ohne mündliche Verhandlung, wobei nicht zu prüfen ist, ob die Forderung des Schuldners gegen den Drittschuldner wirklich besteht. Wird dem Gesuch stattgegeben, so erläßt das Gericht den **Pfändungsbeschluß** (§ 829 Abs. 2 ZPO). Sein Inhalt ergibt sich aus § 829 Abs. 1 ZPO: Der Drittschuldner darf nicht mehr an den Schuldner zahlen, der Schuldner darf nicht mehr die Forderung einziehen. Der Pfändungsbeschluß wird mit Zustellung an den Drittschuldner wirksam (§ 829 Abs. 3 ZPO), also nicht mit der Zustellung an den Schuldner!

Für die Praxis ist der Hinweis wichtig, daß auch **künftige Forderungen** gepfändet werden können (etwa Provisionen).

Die Verwertung geschieht durch den **Überweisungsbeschluß**, der meist zugleich mit dem Pfändungsbeschluß beantragt und erlassen wird: „*Pfändungs- und Überweisungsbeschluß*" (§ 835 ZPO).

In der Praxis überwiegt die Überweisung zur Einziehung. Erst auf Grund des Überweisungsbeschlusses ist der Gläubiger in der Lage, die Forderung beim Drittschuldner einzuziehen. Er gilt nur insoweit als befriedigt, als der Drittschuldner zahlt. Zahlt der Drittschuldner nicht freiwillig, kann der Vollstreckungsgläubiger gegen ihn klagen. Man ersieht hieraus, daß die Forderungspfändung mit Umständlichkeiten und weiteren Kosten verbunden sein kann, was sich jeder Sachbearbeiter eines Versicherers, der etwa wegen Prämienforderungen in Ansprüche seines Versicherungsnehmers gegen Dritte vollstrecken will, rechtzeitig − ehe es zur Pfändung der Forderung kommt − vor Augen halten mag.

b) Unpfändbare Forderungen

Wird die Vollstreckung in Forderungen des Schuldners betrieben, die sich aus einem Arbeits- oder Beamtenverhältnis ergeben, so sind die Pfändungsbeschränkungen der §§ 850 ff. ZPO zu beachten.

Diese Pfändungsbeschränkungen sind für den Versicherer nicht nur von Bedeutung, wenn er der betreibende Gläubiger ist, sondern auch wenn gegen einen seiner Angestellten eine Lohn- oder Gehaltspfändung ausgebracht wird.

Hier muß der Versicherer die Pfändungsgrenzen beachten und darf nur das an den pfändenden Gläubiger auskehren, was die Unpfändbarkeitsgrenze übersteigt. Für die Versicherungswirtschaft ist weiter wichtig, daß dem Arbeitseinkommen Renten aus Versicherungsverträgen, die dem Versicherungsnehmer oder seinem Unterhaltsberechtigten als Versorgung dienen (§ 850 Abs. 3 ZPO), gleichgestellt sind und daß nach § 850b Abs. 1 Ziff. 1 unpfändbar Renten sind, die aus Anlaß einer Körperverletzung oder Gesundheitsbeschädigung geschuldet werden (z. B. nach herrschender Lehre aus Unfallversicherung!) sowie Bezüge aus Witwen-, Waisen-, Hilfs- und **Krankenkassen** und Ansprüche aus **Lebensversicherung** bis zur Kapitalsumme von 3 600 DM (§ 850b Abs. 1 Ziff. 4 ZPO). Zu beachten ist aber § 850b Abs. 2, der die Unpfändbarkeit einschränkt.

Im übrigen kann die verwickelte gesetzliche Regelung, die nach dem Ausgeführten für den Versicherer in mehrfacher Richtung von Interesse ist, hier nicht im einzelnen dargestellt werden.

III. Rechtsbehelfe in der Zwangsvollstreckung

Das Gesetz kennt im Vollstreckungsrecht **fünf typische Rechtsbehelfe**, mit deren Grundzügen der Sachbearbeiter einer Versicherungsunternehmung vertraut sein muß.

1. Vollstreckungserinnerung

Wer Einwendungen vorzubringen hat, die die Art und Weise der Zwangsvollstreckung (also nicht den zugrunde liegenden Anspruch) betreffen, hat die Vollstreckungserinnerung nach § 766 ZPO, über die das Amtsgericht entscheidet. Sie kommt hauptsächlich für den Schuldner in Betracht, der etwa bemängelt, daß unpfändbare Sachen oder unpfändbare Forderungen gepfändet worden sind, oder daß die Voraussetzungen der Zwangsvollstreckung (vgl. oben C. I) nicht gegeben seien. Aber auch der Gläubiger (und damit der die Prämie beitreibende Versicherer) kann Erinnerung einlegen, z. B. dann, wenn der Gerichtsvollzieher es ablehnt weiterzupfänden, weil er der Auffassung ist, daß die noch im Gewahrsam befindlichen Sachen des Schuldners unpfändbar sind oder daß der Erlös der bereits gepfändeten Sachen die Forderung des Gläubigers einschließlich Kosten decken wird.

Die Erinnerung ist nicht fristgebunden. Das Gericht kann über sie ohne mündliche Verhandlung entscheiden.

2. Sofortige Beschwerde

Was unter sofortiger Beschwerde zu verstehen ist, wurde bereits dargelegt (vgl. oben B. IV. 4). Sie ist nach § 793 ZPO in allen Fällen gegeben, wo im Zwangsvollstreckungsverfahren ohne mündliche Verhandlung vom Gericht entschieden worden ist. So kann die Entscheidung über die Erinnerung nach § 766 ZPO vom Schuldner oder vom Gläubiger mit der sofortigen Beschwerde angegriffen werden.

Über die sofortige Beschwerde entscheidet das Landgericht durch Beschluß, gegen dessen Entscheidung die **sofortige weitere Beschwerde** möglich ist, über die das Oberlandesgericht entscheidet.

Es gibt also innerhalb der Vollstreckung — je nach den Umständen des einzelnen Falles — drei Instanzen!

3. Interventionsklage

Wir haben oben gesehen, daß der Gerichtsvollzieher die Eigentumsverhältnisse bei der Pfändung nicht prüfen darf (vgl. oben C. II.2a). Deshalb kann es leicht dazu kommen, daß Sachen gepfändet werden, die dem Schuldner nicht gehören. Hiergegen kann sich der wahre Berechtigte zur Wehr setzen. Der Rechtsbehelf hierzu ist die Interventions- oder Drittwiderspruchsklage nach § 771 ZPO. Sie wird erhoben vom Berechtigten gegen den pfändenden Gläubiger und geht darauf, die Zwangsvollstreckung in die bestimmt zu bezeichnenden Sachen, die der Kläger als sein Eigentum reklamiert, für unzulässig zu erklären. Der Vollstreckungsschuldner hat mit diesem Streit nichts zu tun. Die Klage wird außerhalb der Zwangsvollstreckung abgewickelt. Wird eine Sache vom Gläubiger des Leasingnehmers gepfändet, so steht die Interventionsklage dem Leasinggeber zu.

Kommt der Versicherer in die Lage, ein solches Verfahren anzustrengen (er hat sich z. B. für ein Darlehen Sachen des Schuldners zur Sicherung übereignen lassen, die nunmehr ein anderer pfändet), so muß er darauf achten, einen Antrag auf **vorläufige Einstellung** der Zwangsvollstreckung zu stellen (§ 771 Abs. 3 ZPO). Wenn nämlich die Vollstreckung weiterläuft, würde der Ersteher in der Versteigerung, obwohl die Sache nicht dem Vollstreckungsschuldner gehört, Eigentümer werden. Dann wäre sie für den Intervenienten endgültig verloren.

4. Vollstreckungsgegenklage

Die Vollstreckungsgegenklage hat ein anderes Ziel als die Interventionsklage. Sie kommt nur für den **Schuldner** in Betracht, etwa wenn er geltend macht, daß nach Ergehen des Urteils die Forderung, wegen deren vollstreckt werden soll, weggefallen oder zur Zeit unbeitreibbar geworden ist (der Schuldner hat z. B. bereits gezahlt; ihm ist Stundung oder Erlaß gewährt worden; er hat sich nachträglich mit dem Gläubiger verglichen: § 767 ZPO).

Solche Einwendungen werden ebenfalls außerhalb des Vollstreckungsverfahrens erledigt, und zwar durch Klage des Schuldners gegen den Gläubiger mit dem Antrag, die Zwangsvollstreckung für unzulässig zu erklären (nicht nur in bestimmte Gegenstände wie im Falle oben zu 3., sondern generell). Auch hier haben **vorläufige Einstellungsanträge** nach § 769 ZPO große Bedeutung.

5. Schutzanträge

Innerhalb der Vollstreckung kann der Schuldner erreichen, daß Vollstreckungsmaßnahmen unterbleiben. Hiervon machen viele Schuldner Gebrauch. Die einzelnen Voraussetzungen ergeben sich aus den §§ 765a, 813a ZPO. Die Maßnahme nach § 765a ZPO ist erheblich einschneidender, kann doch der Vollstreckungsgläubiger dadurch seinen Rang verlieren. Im Falle des § 813a ZPO handelt es sich dagegen nur um eine Hinausschiebung der **Verwertung**, das Pfandrecht des Gläubigers bleibt erhalten. Verwertungsaufschub kann mehrmals gewährt werden, insgesamt aber höchstens auf ein Jahr nach der Pfändung.

D. Konkurs

I. Wesen des Konkursrechts

Diese Materie ist nicht einheitlicher Natur. Sie greift einerseits in das Privatrecht, auch in das Versicherungsrecht, mit Sondersätzen ein (**materielles Konkursrecht**), andererseits besteht sie aus Verfahrensvorschriften, die den Weg aufzeigen, auf dem die Gläubiger zur Befriedigung ihrer Forderungen gegen den notleidend gewordenen Schuldner gelangen (**Konkursverfahrensrecht**), soweit die Masse reicht.

In dieser zweiten Beziehung ist das Konkursrecht mit dem Zwangsvollstreckungsrecht verwandt: Die Zwangsvollstreckung ist **Einzelexekution**, der Konkurs **Generalexekution**.

Für das Versicherungsrecht ergibt sich noch die Besonderheit, daß die Vorschriften der Konkursordnung (KO) und des VVG durch Bestimmungen des VAG überlagert werden. Es gilt im folgenden, diese verschiedenen Rechtsgrundlagen miteinander in Einklang zu bringen. Das materielle Konkursrecht wird, dem Zweck dieses Unterrichtswerks entsprechend, einmal am Konkurs des Versicherungsnehmers und zum anderen am Konkurs des Versicherers dargestellt.

Nach § 238 KO ist ein beschränkter Konkurs über das inländische Vermögen einer ausländischen Unternehmung möglich, was bei der internationalen Verflechtung der Versicherungsmärkte gerade auch für unser Gebiet von Wichtigkeit werden kann und auch schon geworden ist. Umgekehrt ergreift ein **ausländischer** Konkurs nach einer neueren Entscheidung des BGH (NJW 1985, S. 289 = Recht der Internationalen Wirtschaft 1985, S. 729) auch das Inlandsvermögen des Gemeinschuldners. Der ausländische Konkursverwalter ist daher berechtigt, inländisches Vermögen zur Masse zu ziehen.

II. Konkurs des Versicherungsnehmers

1. Konkursunterworfene Versicherungsverträge

a) Schicksal des Vertrages

Der Konkurs ergreift nach § 1 KO das gesamte der Zwangsvollstreckung unterliegende Vermögen des Gemeinschuldners, wozu im allgemeinen auch seine Versicherungsverhältnisse gehören. Nur ausnahmsweise sind Versicherungsverträge konkursfrei (vgl. unten D. III).

Mit der Eröffnung des Konkursverfahrens verliert der Versicherungsnehmer das Verfügungsrecht über den Versicherungsvertrag, es geht auf den Konkursverwalter über (§ 6 KO). Nur dieser kann also den Vertrag kündigen, von ihm zurücktreten oder ihn anfechten. Entsprechende Handlungen des Gemeinschuldners sind unwirksam (§ 7 KO). Umgekehrt ist allein der Konkursverwalter ermächtigt, solche Gestaltungserklärungen des Versicherers in Empfang zu nehmen.

Nach § 14 VVG kann sich der Versicherer ein **besonderes Kündigungsrecht** für jeden Fall des Konkurses ausbedingen, das aber an eine Ein-Monatsfrist gebunden ist. Diese Bestimmung ist nach § 15a VVG halbzwingend, d. h. die Vereinbarung einer kürzeren Frist oder gar des automatischen Endes des Versicherungsvertrages im Konkursfall wäre unwirksam. Nur wenige AVB machen übrigens von der in § 14 VVG vorgesehenen Möglichkeit Gebrauch.

Ist der Versicherungsvertrag zur Zeit der Eröffnung des Konkursverfahrens von beiden Seiten noch nicht voll erfüllt, wie es die Regel ist (der Versicherungsnehmer schuldet künftig entstehende Prämien, der Versicherer schuldet Gefahrtragung), so hat der Konkursverwalter nach § 17 KO ein **Wahlrecht**: Er kann Erfüllung verlangen (und muß dann seinerseits mit Mitteln der Masse den Versicherungsvertrag erfüllen) oder die Erfüllung ablehnen. Wählt er Erfüllung, bleibt der Versicherungsvertrag bestehen, andernfalls findet er sein Ende. Nach herrschender Lehre endet der Vertrag jedoch nicht rückwirkend auf den Beginn der Konkurseröffnung, sondern erst vom Zugang der Ablehnungserklärung beim Versicherer an. Für die Rechtsfolgen von Obliegenheitsverletzung und grob fahrlässiger Herbeiführung des Versicherungsfalls (§ 61 VVG) kommt es nach Konkurseröffnung sowohl auf das Verhalten des Versicherungsnehmers als auch auf das des Konkursverwalters an. Verstöße auch nur eines von ihnen gefährden also den Versicherungsanspruch. In der Lebensversicherung steht den namentlich bezeichneten Bezugsberechtigten, evtl. den nächsten Angehörigen, das Recht zu, in den Versicherungsvertrag einzutreten (§ 177 VVG)[3].

Der Versicherer kann von seinem Kündigungsrecht nach § 14 VVG auch dann Gebrauch machen, wenn der Konkursverwalter nach § 17 KO Erfüllung wählen will. – Auch durch § 177 VVG wird die Entscheidungsmacht des Konkursverwalters eingeschränkt, d. h. er kann nicht Umwandlung der Lebensversicherung in eine prämienfreie verlangen (§ 174 VVG) oder diese nach § 165 VVG kündigen, sofern einer der Berechtigten in den Lebensversicherungsvertrag eintritt.

b) Schicksal der Einzelansprüche

aa) Prämienforderung

Die bis zur Eröffnung des Verfahrens entstandenen Prämienansprüche sind Konkursforderungen. Der Versicherer hat sie innerhalb der mit dem Eröffnungsbeschluß bekanntgemachten Frist beim Konkursgericht (nicht beim Konkursverwalter!) anzumelden. Die Prämienforderung ist in aller Regel nicht privilegiert, sie gehört zu den „*übrigen Konkursforderungen*" im Sinne des § 61 Abs. 1 Ziff. 6 KO. Nur Beitragsforderungen öffentlich-

---

3 Vgl. RLV. V

rechtlicher Feuerversicherungsanstalten, soweit ihnen ein Annahmezwang auferlegt ist, haben nach § 61 Abs. 1 Ziff. 3 KO einen besseren Rang.

Prämienforderungen, die **nach Eröffnung** des Konkursverfahrens entstehen und die darauf zurückzuführen sind, daß der Konkursverwalter Erfüllung gewählt hat (vgl. oben a)), sind begünstigt. Sie gelten nach § 59 Abs. 1 Ziff. 2 KO als Masseforderung, d. h. sie werden vor allen Forderungen des § 61 KO befriedigt (vgl. § 57 KO).

bb) Entschädigungsforderung

Die Entschädigungsforderung fällt in die Konkursmasse ohne Rücksicht darauf, ob der Versicherungsfall vor oder nach der Eröffnung des Konkursverfahrens eingetreten ist. Sie ist daher vom Konkursverwalter einzuziehen. Der Versicherer wird durch Zahlung an seinen Versicherungsnehmer (Gemeinschuldner) befreit, wenn seine Leistung in die Masse gekommen ist (§ 8 Abs. 1 KO). Ist das nicht der Fall, hat der Versicherungsnehmer also die Entschädigung für sich vertan, so braucht der Versicherer nur dann nicht noch einmal an den Konkursverwalter zu zahlen, wenn er gutgläubig war (Einzelheiten § 8 Abs. 2, 3 KO).

In einigen Fällen kann der Konkursverwalter entgegen der Regel die Versicherungsentschädigung nicht zur Masse einziehen, nämlich dann nicht, wenn bestimmte Personen außerhalb des Versicherungsverhältnisses besondere Rechte an ihr haben.

Das ist in § 157 VVG für den geschädigten Dritten in der Haftpflichtversicherung, in §§ 1127 ff. BGB für den Hypothekengläubiger in der Sachversicherung bestimmt (für andere dinglich Berechtigte bestehen entsprechende Vorschriften). Diese Berechtigten können abgesonderte Befriedigung nach § 48 KO verlangen.

In der Lebensversicherung können sich Zweifel ergeben, wem die Ansprüche hieraus zustehen, ob dem Versicherungsnehmer oder dem Bezugsberechtigten. Hier gilt folgendes: War eine unwiderrufliche Bezugsberechtigung vereinbart, so gehört die Forderung zum Vermögen des Bezugsberechtigten, fällt also bei dessen Konkurs in die Masse; im Konkurs des Versicherungsnehmers ist diese Forderung der Masse entzogen. War hingegen die Bezugsberechtigung widerruflich, so bleibt der Versicherungsnehmer Anspruchsträger. Der Konkursverwalter über **sein Vermögen** kann sie zur Masse ziehen. Er ist befugt, die Bezugsberechtigung zu widerrufen. Im Konkurs des Bezugsberechtigten ist in diesem Fall die Versicherungsforderung ohne Bedeutung.

2. Konkursfreie Versicherungsverträge

a) Gründe der Konkursfreiheit

Ausnahmsweise sind Versicherungsverhältnisse konkursfrei; Rechtsgrundlage hierfür ist § 1 KO: Der Konkurs umfaßt das der **Zwangsvollstreckung unterliegende** Vermögen des Gemeinschuldners. Was der Zwangsvollstreckung unterliegt, ergibt sich nicht aus der KO, sondern aus anderen Gesetzen. Hier sind die Pfändungsbeschränkungen von Bedeutung, die oben zu §§ 850 Abs. 3b, 850b, Abs. 1 Ziff. 1 und Ziff. 4 ZPO dargestellt sind (vgl. C. II. 3). Soweit diese Ansprüche pfändungsfrei sind, fallen sie nicht in die Konkursmasse.

Außerdem kann der Konkursverwalter aber auch Versicherungsverträge oder Versicherungsansprüche zu Gunsten des Gemeinschuldners aus der Masse freigeben. Das kann stillschweigend geschehen, z. B. dadurch, daß er trotz Kenntnis von der Versicherung die Police längere Zeit nicht vom Versicherungsnehmer herausverlangt, sich um die Prämienzahlung nicht kümmert, sondern es geschehen läßt, daß der Gemeinschuldner (Versicherungsnehmer) die Prämie aus konkursfreien Mitteln begleicht. Die Konkursfreiheit kann sich auch daraus ergeben, daß der Konkursverwalter auf Grund von § 17 KO Nichterfüllung wählt (vgl. oben D. II.1a) und der Versicherungsnehmer seinerseits den Versicherungsvertrag fortsetzt.

Nicht zur Masse gehören ferner Verträge, die der Versicherungsnehmer **nach Konkurseröffnung** eingeht, denn die Konkursbeschlagnahme erfaßt nach § 1 KO nur das Vermögen, das dem Gemeinschuldner **zur Zeit der Konkurseröffnung** gehört.

b) Rechtliche Behandlung

Das Verfügungsrecht über den Versicherungsvertrag und über die einzelnen Ansprüche daraus (vor allem Entschädigungsansprüche) bleibt bei konkursfreien Verträgen dem Versicherungsnehmer. Prämienforderungen aus der Zeit **vor** Konkurseröffnung sind Konkursforderungen und müssen daher angemeldet werden. Prämienforderungen, die **während** des Konkursverfahrens fällig werden, schuldet allein der Versicherungsnehmer. Der Konkursverwalter kann die Befriedigung aus der Masse ablehnen. Gerade darin wird oft der Anreiz für ihn liegen, den Vertrag freizugeben (wenn nicht schon von Gesetzes wegen Konkursfreiheit nach dem oben zu a) Gesagten eintritt).

III. Konkurs des Versicherers (materielles Konkursrecht)

1. Personenversicherung

In der Lebensversicherung und in der Unfall- und Krankenversicherung, soweit letztere auf Grund von Wahrscheinlichkeitstafeln nach Art der Lebensversicherung betrieben werden, erlöschen die Versicherungsverhältnisse durch den Konkurs des Versicherers (§§ 77 Abs. 3, 79 VAG). Der Versicherungsnehmer kann den Betrag fordern, der als rechnungsmäßige Deckungsrücklage auf seinen Vertrag entfällt, abgestellt auf den Zeitpunkt der Konkurseröffnung. Dieser Anspruch wird aus dem Deckungsstock vorrangig befriedigt nach Art eines Absonderungsrechts (§§ 77 Abs. 4, Satz 1, 2, 79 VAG). Zur Wahrung dieser Rechte wird den Versicherungsnehmern nach § 78 VAG ein Pfleger bestellt. Soweit der Deckungsstock nicht ausreicht, verbleibt dem Versicherungsnehmer eine gewöhnliche Konkursforderung (§§ 77 Abs. 4 Satz 3, 79 VAG).

Alle Forderungen, denen keine Prämienreserve entspricht (z. B. Dividenden, Prämienrückzahlungen), sind stets nur gewöhnliche Konkursforderungen.

Umstritten ist, ob die §§ 77 Abs. 4, 78 VAG auch im Konkurs des **Haftpflichtversicherers** gelten, dergestalt, daß die geschädigten Dritten an den gebildeten Renten- und Schadenreserven ein Vorzugsrecht nach Art der Absonderung genießen. Die Verwaltungsübung geht davon aus.

2. Sonstige Sparten

Nach § 13 VVG erlöschen die Versicherungsverhältnisse der Nichtpersonenversicherung einen Monat nach Konkurseröffnung. Die Prämie für diesen Monat gebührt der Konkursmasse.

Gewissen Personen gegenüber **gilt** der Versicherungsvertrag noch über die Beendigung hinaus **als fortbestehend,** so bei der Feuerversicherung zu Gunsten der Realgläubiger (§§ 103 Abs. 1, 107b VVG), bei der Haftpflichtversicherung in Ansehung des geschädigten Dritten (§ 158c Abs. 2 VVG, § 3 Ziff. 5 PflichtVersG).

Die Bestimmungen des VVG gelten **nicht** für die See- und Rückversicherung (§ 186 VVG). In der Seeversicherung gibt § 47 ADS dem Versicherungsnehmer bei Zahlungsunfähigkeit des Versicherers ein Rücktrittsrecht oder das Recht auf anderweitige Versicherungnahme auf Kosten des Versicherers.

Ansprüche aus einem vor Konkurseröffnung eingetretenen Versicherungsfall sind nach § 80 VAG bevorzugt, wenn auch nicht so stark, wie Forderungen aus der Personenversicherung nach § 77 Abs. 4 VAG (vgl. oben D. III. 1). Das Vorrecht besteht hier darin, daß die Ansprüche **vor** den *„sonstigen Konkursforderungen"* des § 61 Abs. 1 Ziff. 6 KO befriedigt werden, aber **nach** den Forderungen der Gruppen 1–5 des § 61 Abs. 1 KO. Das bedeutet: Die Versicherungsansprüche kommen also erst zur Hebung, nachdem aus der Konkursmasse die Berechtigten der Rangklassen 1–5 des § 61 Abs. 1 KO voll befriedigt worden sind.

Beim VVaG gehen nach § 51 Abs. 1 Satz 2 VAG die Ansprüche von Mitgliedern den Ansprüchen von Nichtmitgliedern nach.

IV. Konkursverfahrensrecht

1. Eröffnung des Verfahrens

Das Konkursverfahren wird niemals von Amts wegen eröffnet, sondern nur auf Antrag. Den Antrag kann jeder Gläubiger (z. B. der Verkäufer wegen seiner Kaufpreisforderung), aber auch der Schuldner selbst stellen (§ 103 KO). Ist eine Versicherungsunternehmung notleidend geworden, so gilt die Besonderheit, daß hier nur die **Aufsichtsbehörde** die Verfahrenseröffnung beantragen kann[4], also nicht der Vorstand der Unternehmung, nicht

---

4 Vgl. RLV. VII

ein Gläubiger (§ 88 Abs. 1 VAG). Der Vorstand einer Versicherungsunternehmung hat der Aufsichtsbehörde finanzielle Schwierigkeiten anzuzeigen nach § 88 Abs. 2 VAG, damit diese ihre Entscheidung treffen kann. Der Grund hierfür liegt darin, daß die Aufsichtsbehörden in der Lage sein sollen, zunächst Sanierungsmaßnahmen nach §§ 14, 81, 81a, 81b, 89 VAG durchzuführen, ehe der Konkurs, der fast immer Werte zerschlägt und die Auflösung des Unternehmens zur Folge hat (§ 262 Abs. 1 Ziff. 3, 4 AktG; § 42 Ziff. 3, 4 VAG), eröffnet wird.

Der Versicherungssachbearbeiter, der mit der Durchsetzung von Prämienforderungen betraut ist, muß wissen, unter welchen Voraussetzungen der Konkursantrag Erfolg hat. Nach § 105 KO sind Forderung und **Zahlungsunfähigkeit** glaubhaft zu machen. Das letztere kann z. B. dadurch geschehen, daß ein Unpfändbarkeitsattest des Gerichtsvollziehers eingereicht wird. Bei juristischen Personen ist ferner die **Überschuldung** Konkursgrund, d. h. das Überwiegen der Passiven über die Aktiven. Überschuldung und Zahlungsunfähigkeit sind also nicht dasselbe. Der Schuldner, der mit Kredit arbeitet, kann überschuldet sein, aber er ist zahlungsfähig. Umgekehrt: Die Aktiven des Schuldners können höher sein als die Passiven, aber er kann, wenn seine Werte „eingefroren" sind, zahlungsunfähig sein.

Zuständig ist immer, ohne Rücksicht auf die Höhe der Forderung, das Amtsgericht, und zwar dasjenige, in dessen Bezirk der Schuldner seine gewerbliche Niederlassung hat, in Ermangelung einer solchen das Amtsgericht seines Wohnsitzes (§ 71 KO). Das Konkursgericht entscheidet durch Beschluß. Es kann den Antrag ablehnen oder ihm stattgeben, im letzteren Falle spricht man vom Eröffnungsbeschluß (§ 108 KO). Im ersteren Fall hat der Antragsteller, im letzteren der Gemeinschuldner, wenn er nicht selbst Antragsteller war, die sofortige Beschwerde (§ 109 KO). Sie ist binnen zwei Wochen zu erheben und geht an das Landgericht.

2. Beendigung des Verfahrens, insbesondere Zwangsvergleich

a) Zweck

Die Durchführung des Konkursverfahrens ist in aller Regel mit wirtschaftlichen Nachteilen verbunden, nicht nur für den Gemeinschuldner, sondern auch für die Gläubiger und die Belegschaft. Deshalb ist es für die Gläubiger oft wertvoller, das Unternehmen dadurch zu erhalten, daß sie auf einen Teil ihrer Forderungen verzichten und/oder dem Gemeinschuldner Stundung gewähren. Da es aber erfahrungsgemäß schwierig ist, alle Gläubiger unter einen Hut zu bringen, genügen schon bestimmte Mehrheitsverhältnisse für das Zustandekommen des konkursbeendenden Vergleichs. Die überstimmten Gläubiger müssen sich dann fügen (daher „Zwangsvergleich").

b) Durchführung

Der vom Gemeinschuldner ausgehende Vergleichsvorschlag gilt dann als angenommen, wenn **zwei Mehrheitsverhältnisse** erreicht sind:

Die einfache Kopfmehrheit der **erschienenen Gläubiger** muß sich für ihn aussprechen, ferner müssen die Zustimmenden drei Viertel des Betrages **sämtlicher** Konkursforderungen (auch nicht erschienener Gläubiger) repräsentieren (§ 182 KO).

Den zustande gekommenen Vergleich bestätigt das Konkursgericht (§ 184 KO).

Nach § 193 KO ist dieser **bestätigte Zwangsvergleich** für alle nicht bevorrechtigten Gläubiger, ob sie zugestimmt haben oder nicht, wirksam. Nach der Bestätigung des Vergleichs wird der Konkurs aufgehoben (§ 190 KO).

Dem Sachbearbeiter einer Versicherungsunternehmung, die zum Vergleichstermin geladen ist, kann empfohlen werden, einem Vergleichsvorschlag des Schuldners zuzustimmen, wenn sich der Konkursverwalter und der Gläubigerausschuß dafür einsetzen. Diese Instanzen können die wirtschaftlichen Verhältnisse des Gemeinschuldners am besten übersehen. Die Erfahrung lehrt, daß oft, wenn der Zwangsvergleich nicht zustande kommt, die Gläubiger nach weiter durchgeführtem Konkursverfahren eine geringere Quote erhalten, als ihnen der Zwangsvergleich gebracht hätte.

E. Vergleichsverfahren

I. Wesen

Das Vergleichsverfahren verfolgt ähnliche Zwecke wie der Zwangsvergleich (vgl. oben D. IV. 2). Die Zerschlagung des Unternehmens soll vermieden werden. Der Unterschied zum Zwangsvergleich liegt im zeitlichen Ansatzpunkt: Der Zwangsvergleich **beendet** ein bereits laufendes **Konkursverfahren**, das Vergleichsverfahren will **verhindern**, daß es überhaupt zum **Konkurs** kommt (§ 1 VglO). Maßgebende Rechtsgrundlage für den konkursabwendenden Vergleich ist die Vergleichsordnung vom 26.2.1935. Auch dieses Verfahren liegt in den Händen des Amtsgerichts.

II. Verfahren

1. Eröffnung

Die Verwandtschaft der Zwecke bringt es mit sich, daß die gesetzliche Regelung manche Ähnlichkeit mit dem Zwangsvergleich hat.

Für den Versicherer ist das Vergleichsverfahren seines Versicherungsnehmers deshalb von Bedeutung, weil es alle nicht bevorrechtigten Forderungen ergreift (§§ 25, 26 VglO), wozu, von dem Sonderfall des § 61 Abs. 1 Ziff. 3 KO abgesehen, auch die Prämienforderungen gehören.

Das Verfahren wird nur auf Antrag des Schuldners eröffnet. Die sachlichen Voraussetzungen sind dieselben wie die des Konkursverfahrens: Zahlungsunfähigkeit oder (bei juristischen Personen) Überschuldung (§ 2 Abs. 1 VglO) (vgl. oben D. IV,1). Der Vorschlag muß den Gläubigern mindestens 35 %, bei Zahlungsfristen von mehr als einem Jahr mindestens 40 % ihrer Forderungen bieten (§ 7 Abs. 1, 2 VglO). Kein Gläubiger darf bevorzugt werden (§ 8 Abs. 1 VglO); Ausnahmen: § 8 Abs. 2 VglO.

Über den Antrag befindet das Gericht durch Beschluß (§ 16 VglO). Wird die Eröffnung des Vergleichsverfahrens abgelehnt, ist gleichzeitig über die Eröffnung des Konkursverfahrens zu befinden (§ 19 VglO). Über den Anschlußkonkurs vgl. § 102 VglO.

2. Gang des Verfahrens

Im Unterschied zum Konkurs behält der Schuldner hier Verfügung und Verwaltung seines Vermögens. Zwar wird ein **Vergleichsverwalter** eingesetzt (§§ 20, 38 VglO), aber dieser hat nur Überwachungsfunktionen (§ 39 VglO).

Die Gesamtheit der nicht bevorrechtigten Gläubiger wird zum **Vergleichstermin** geladen. Der Vergleichsvorschlag gilt auch hier als angenommen, wenn die uns schon bekannten doppelten Mehrheiten erreicht sind (§ 74 VglO) (vgl. oben D. IV. 2b). Auch hier ist die Bestätigung des Vergleichs durch das Gericht nötig (§ 78 VglO).

Der bestätigte Vergleich ist für alle Gläubiger verbindlich (§ 82 VglO), so daß auch hier dem Wesen nach ein Zwangsvergleich vorliegt.

III. Besonderheiten für Versicherungsunternehmungen

Gerät ein beaufsichtigtes Versicherungsunternehmen in Schwierigkeiten, so findet nach § 112 VglO ein Vergleichsverfahren nicht statt. Man will den Sanierungsversuchen der Aufsichtsbehörden, die nach §§ 14, 81, 81a, 81b, 89 VAG möglich sind, nicht vorgreifen.

Während § 89 Abs. 1 Satz 1 VAG allgemein sagt, daß die Aufsichtsbehörden im Krisenfall „das Erforderliche" anordnen können, nennt das Gesetz auch einige Spezialmaßnahmen:

Ein **vorläufiges Zahlungsverbot** kann nach § 89 Abs. 1 Satz 2 VAG verfügt werden.

In der Lebensversicherung können die **Verpflichtungen** des Versicherers **herabgesetzt** werden, notfalls sogar ungleichmäßig (§ 89 Abs. 2 Satz 1, 2 VAG).

Diese Sanierungsmaßnahmen ändern nichts daran, daß die **Versicherungsnehmer** ihren Verpflichtungen wie bisher nachkommen müssen (§ 89 Abs. 2 Satz 4 VAG).

Während schon von jeher die Bestandsübertragung nach § 14 VAG als Mittel der Sanierung eingesetzt worden ist, gibt der durch die sogenannte Transformierungsnovelle eingefügte § 81b VAG der Aufsichtsbehörde spezielle Befugnisse, einer Krise vorzubeugen: Sind die Eigenmittel unter die Solvabilitätsspanne oder sogar unter den Garantiefonds gesunken, so fordert die Aufsichtsbehörde einen Solvabilitäts- bzw. einen Finanzierungsplan vom betroffenen Unternehmen an.

Weitere Sanierungsmittel sind die Bestellung eines Sonderbeauftragten (§ 81 Abs. 2a) und die Änderung eines Geschäftsplans durch die Aufsichtsbehörde (§ 81a S. 2 VAG).

Literaturhinweise

1. Prozeßrecht

Baumbach/Lauterbach/Albers/Hartmann, ZPO (Kommentar), 49. Auflage 1991
Baumgärtel/Mes, Einführung in das Zivilprozeßrecht mit Examinatorium, 7. Auflage 1986
Baur, Zivilprozeßrecht, 5. Auflage 1985
Fricke/Wiefels, Zivilprozeß I, Neuauflage 1977
Jauernig, Zivilprozeßrecht, 22. Auflage 1988
Thomas/Putzo, ZPO (Kommentar), 16. Auflage 1990/91

2. Zwangsvollsteckungs, Konkurs-, und Vergleichsrecht

Baur/Stürner, Zwangsvollstreckungs-, Konkurs- und Vergleichsrecht 12. Auflage 1989
Grunsky, Grundzüge des Zwangsvollstreckungs- und Konkursrechts, 4. Auflage 1987
Jauernig, Zwangsvollstreckungs- und Konkursrecht, 19. Auflage, 1990
Renkl, Zwangsvollsteckungs-, Konkurs- und Vergleichsrecht, 1983
Wiefels/von Rosen/von Hoewel, Zivilprozeß III, Neuauflage 1978

3. Zusammenfassende Darstellungen zu 1. und 2.

Fricke/Wiefels, Zivilprozeß II (u. a. Rechtsmittel, Mahnverfahren, Zwangsvollstreckung), Neuauflage 1977
Peters, Zivilprozeß (einschließlich Zwangsvollstreckung und Konkurs), 4. Auflage 1986

Wettbewerbsrecht

Von Dr. Astrid Doerry und
Dr. Hermann Stech

Inhaltsverzeichnis

			Seite
A.	**Allgemeiner Teil**		5
	I.	**Die Wettbewerbsordnung**	5
	II.	**Der Gegenstand des Wettbewerbsrechts**	6
	III.	**Das Regelungssystem des Wettbewerbsrechts**	6
		1. Bürgerlich-rechtliche Grundlagen	6
		2. Insbesondere: Das Gesetz gegen den unlauteren Wettbewerb	7
		3. Zugabe- und Rabattrecht	7
		4. Sonstige zivilrechtliche Rahmenbedingungen des Wettbewerbs	8
		5. Die öffentlich-rechtlichen Rahmenbedingungen des Wettbewerbs	9
	IV.	**Das besondere Regelungssystem des Versicherungswettbewerbs**	9
		1. Vorbemerkung: Die Eigenart der Versicherungsmärkte	9
		2. Aufsichts-Wettbewerbsrecht	11
		3. Verbands-Wettbewerbsrecht	11
		4. Versicherungs-Kartellrecht	13
	V.	**Der Anwendungsbereich des Wettbewerbsrechts**	14
	VI.	**Verbotene Wettbewerbshandlungen**	16
		1. Die unerlaubte Wettbewerbshandlung	16
		2. Der unlautere Wettbewerb	16
B.	**Das Wettbewerbsrecht im einzelnen**		18
	I.	**Kundenfang**	18
		1. Irreführung	18
		2. Anreißen	21
		3. Physischer oder psychischer Zwang	21
		4. Vergleichende Werbung	24

			Seite
II.	Behinderung		25
	1.	Boykott	26
	2.	Marktbehinderung	26
	3.	Geschäftsehrverletzung	26
	4.	Preisunterbietung	28
III.	Ausbeutung.		30
	1.	Sklavische Nachahmung	30
	2.	Ausspannen	31
IV.	Rechtsbruch		33
	1.	Vorsprung durch Gesetzesverletzung	34
	2.	Vorsprung durch Vertragsbruch	34
V.	Marktstörung		34

C.	Wettbewerbsschutz	35
	I. Der Abwehranspruch	35
	II. Der Widerrufsanspruch	36
	III. Der Schadenersatzanspruch	36
	IV. Auskunfterteilung und Rechnungslegung	38
	V. Verjährung	38
	VI. Haftung für Dritte	38
	VII. Der Wettbewerbsprozeß	39
	VIII. Strafrechtsschutz	40

Literaturhinweise	41

A. Allgemeiner Teil

I. Die Wettbewerbsordnung

Das Grundgesetz schreibt nach heutiger Meinung keine bestimmte Wettbewerbsverfassung vor; wohl aber steht die in der Bundesrepublik verfolgte soziale Marktwirtschaft im Einklang mit der Verfassung. Dadurch, daß eine Vielzahl von Wettbewerbern Waren und Dienstleistungen anbietet, soll die Versorgung der Bevölkerung gewährleistet sein. Dadurch, daß die Anbieter miteinander im Wettbewerb stehen, soll die Versorgung zu möglichst günstigen Bedingungen und Preisen erfolgen. Der Wettbewerb, in dem sich auch die Persönlichkeit der Anbietenden entfaltet, führt zu Auswüchsen. Der Gesetzgeber erfaßt solche Auswüchse, die er wegen ihrer Unlauterkeit nicht toleriert oder die eine besondere Gefahr für den lauteren Wettbewerb darstellen. Regelungsgrundlage hierfür ist das Gesetz gegen den unlauteren Wettbewerb (UWG) vom 07.06.1909 und Änderungen. Das Recht gegen den unlauteren Wettbewerb kann man auch als „Wettbewerbsrecht" im engeren Sinne bezeichnen; es bekämpft ein „qualifiziertes Zuviel" an Wettbewerb.

Neben den Gefahren des „qualifizierten Zuviel" steht das Problem eines „qualifizierten Zuwenig" an Wettbewerb: die grundsätzlich herrschende Vertragsfreiheit ermöglicht es den Wettbewerbern, sich zu Lasten der Abnehmer auch darüber zu einigen, daß sie nur zu bestimmten Bedingungen und/oder Mindestpreisen (Festpreisen) verkaufen bzw. leisten wollen. Die Vertragsfreiheit läßt also an sich die Bildung von Konditionen- und Preiskartellen zu. Dem wirkt das Gesetz gegen Wettbewerbsbeschränkungen aus dem Jahre 1957 (Kartellgesetz, GWB, in der Fassung der Bekanntmachung vom 24. 09. 1980 und Änderungen)[1] entgegen, indem bestimmte Kartellverträge und -beschlüsse, Empfehlungen, abgestimmte Verhaltensweisen und sonstige Beschränkungen wirtschaftlicher Machtbildung für unwirksam erklärt bzw. als Ordnungswidrigkeiten geahndet werden. Im Rahmen der Europäischen Wirtschaftsgemeinschaft enthalten die Artikel 85 ff. des EWG-Vertrages ein besonderes Kartellrecht des Gemeinsamen Marktes, das dem nationalen Recht, also dem GWB vorgeht.

Der Anbieter hat also im Wettbewerb den (teilweise) schmalen Pfad den Vorschriften des UWG und des GWB zu beschreiten. Die Regelungsbereiche des UWG und des GWB bilden wesentliche Rahmenbedingungen des Wettbewerbs, d. h. der Wettbewerb wird eingegrenzt (durch das UWG) und stimuliert (durch das GWB), so daß „zwischen" beiden ein Freiraum bleibt.

---

1 Vgl. RLV. VII C.I.8

II. Der Gegenstand des Wettbewerbsrechts

Der vorliegende Beitrag betrifft das Wettbewerbsrecht im engeren Sinn, wie er durch das Stichwort „UWG" gekennzeichnet ist. Gegenstand des Wettbewerbsrechts ist der wirtschaftliche Wettbewerb. Seine Eigenart besteht ebenso wie diejenige des sportlichen Wettkampfes in der Rivalität mehrerer um ein gemeinsames Ziel, hier zumindest die Erhaltung und nach Möglichkeit den Ausbau der Marktstellung. Wie der sportliche Wettkampf soll auch der wirtschaftliche Wettbewerb der besten Leistung zum Sieg verhelfen, im Gegensatz zu ihm jedoch nicht mit dem Sieg eines oder einer kleinen Gruppe über die Konkurrenten enden, denn mit der Bildung marktbeherrschender Unternehmen, die Güte und Preis ihrer Leistung ausschließlich nach eigenem Gutdünken bestimmen können, ohne dabei Rücksicht auf Mitwettbewerber nehmen zu müssen, würde sich der Wettbewerb im Ergebnis selbst auflösen. Der Wettbewerb kann jedoch auch dadurch beschränkt sein, daß auf der Angebots- bzw. Nachfrageseite nur wenige (relativ große) Verkäufer bzw. Käufer auftreten (Oligopol). Von einem Monopol spricht man hingegen, wenn auf der Angebots- bzw. Nachfrageseite nur ein Verkäufer bzw. Käufer vorhanden ist.

Die für die juristische Betrachtung interessante Frage, worin der Wettbewerb besteht, ist damit freilich nicht beantwortet. Auch der Gesetzgeber hat an keiner Stelle definiert, was unter wirtschaftlichem Wettbewerb zu verstehen ist. Rechtswissenschaft und Rechtsprechung beantworten die Frage unterschiedlich, worauf im Rahmen dieser Darstellung nur hingewiesen werden kann (vgl. *Baumbach – Hefermehr, Wettbewerbsrecht,* 16. Auflage 1990, 1. Teil Allgemeine Grundlagen Rdn 6 ff.). Im **allgemeinen Sprachgebrauch** fassen wir unter **„Wettbewerb"** alle auf den Abschluß von Geschäften gerichtete Handlungen **konkurrierender Anbieter** zusammen, lassen dabei jedoch einen gerade für die juristische Erfassung des Phänomens Wettbewerb bedeutsamen Gesichtspunkt außer Betracht, nämlich die Freiheit der wirtschaftlichen Betätigung.

III. Das Regelungssystem des Wettbewerbsrechts

1. Bürgerlich-rechtliche Grundlagen

Auch der Wettbewerber steht unter den allgemeinen Vorschriften des Rechts der unerlaubten Handlungen des BGB.[2] Hier greifen gegebenenfalls § 826 BGB (sittenwidrige vorsätzliche Schädigung) und/oder § 823 Abs. 1 BGB (Schutz absoluter Rechte und Rechtsgüter) oder § 823 Abs. 2 BGB (Verstoß gegen ein Schutzgesetz) ein. Die einzelnen Verstöße werden im Abschnitt B behandelt.

---

2 Vgl. RLV.II.B.III.1

2. Insbesondere: Das Gesetz gegen den unlauteren Wettbewerb

Das Gesetz gegen den unlauteren Wettbewerb (UWG) stellt gegenüber den genannten Vorschriften des BGB die speziellere Regelung dar. Ein Verstoß gegen das UWG kann aber zugleich einen solchen gegen §§ 823, 826 BGB bedeuten. Dieses Spezialgesetz, das den lauteren Wettbewerb seit vielen Jahrzehnten gesichert hat, arbeitet zunächst mit der Generalklausel des § 1: *„Wer im geschäftlichen Verkehre zu Zwecken des Wettbewerbes Handlungen vornimmt, die gegen die guten Sitten verstoßen, kann auf Unterlassung und Schadenersatz in Anspruch genommen werden."* Rechtsprechung und Wissenschaft haben im Rahmen dieser Generalklausel eine Menge von Einzeltatbeständen entwickelt, sozusagen die allgemeine Regel näher an die typischen Verstöße des täglichen Wirtschaftslebens herangebracht. Außerdem enthält das UWG selbst eine ganze Reihe spezieller Einzeltatbestände des unlauteren Wettbewerbs. Von beidem wird noch die Rede sein.

3. Zugabe- und Rabattrecht

Stellt, wie ausgeführt, das UWG gegenüber den genannten BGB-Bestimmungen die speziellere Regelung dar, so sind wiederum die Vorschriften der Zugabeverordnung vom 9.3.1932 mit späteren Änderungen und das Gesetz über Preisnachlässe (Rabattgesetz) vom 25.11.1933 mit späteren Änderungen speziellere Regelungen gegenüber dem UWG. Nach § 1 der Zugabeverordnung (ZugabeVO), die auch von Versicherungsunternehmen zu beachten ist, ist es grundsätzlich verboten, *„im geschäftlichen Verkehr neben einer Ware oder einer Leistung eine Zugabe (Ware oder Leistung) anzubieten, anzukündigen oder zu gewähren".* Nicht als verbotene Zugabe gelten z. B. als solche gekennzeichnete Reklamegegenstände von geringem Wert oder die Erteilung von Auskünften oder Ratschlägen. Als verbotene Zugabe gilt aber auch nicht, *„wenn zugunsten der Bezieher einer Zeitung oder Zeitschrift Versicherungen bei beaufsichtigten Versicherungsunternehmungen oder Versicherungsanstalten abgeschlossen werden."* Mit dieser letztgenannten Vorschrift korrespondiert übrigens die Vorschrift des § 81 Abs. 4 VAG mit Aufsichtsbefugnissen der Aufsichtsbehörde auch gegenüber Verlagen, die *„Bezieher von ihnen verlegter Zeitungen oder Zeitschriften bei einem Versicherungsunternehmen versichert haben"* (sogenannte *Abonnentenversicherung*).

Werden gemäß § 1 Rabattgesetz (RabattG) *„im geschäftlichen Verkehr Waren des täglichen Bedarfs im Einzelverkauf an den letzten Verbraucher veräußert oder gewerbliche Leistungen des täglichen Bedarfs für den letzten Verbraucher ausgeführt, so dürfen zu Zwecken des Wettbewerbs Preisnachlässe (Rabatte) nur"* unter bestimmten, gesetzlich fixierten Voraussetzungen *„angekündigt oder gewährt werden."* Die Dienstleistungen der Versicherungsunternehmen fallen jedoch nicht unter dieses Gesetz (so die amtliche Begründung; a. A. *Baumbach—Hefermehl,* a. a. O., § 1 RabattG, Rdnr 7).

4. Sonstige zivilrechtliche Rahmenbedingungen des Wettbewerbs

Praktische Bedeutung für den Wettbewerb haben ferner eine Reihe weiterer zivilrechtlicher Vorschriften. Hier ist zunächst der durch § 12 BGB begründete Schutz des absoluten Rechts am eigenen Namen zu nennen, ergänzt durch die §§ 17 ff. HGB über die Handelsfirma, also über den Namen, unter dem ein Kaufmann im Handel sein Geschäft betreibt und seine Unterschrift leistet (§ 17 Abs. 1 HGB), einschließlich des in § 37 HGB geregelten Firmenschutzes. In diesem Zusammenhang ist auch auf die durch das Gesetz über die Eintragung von Dienstleistungsmarken vom 29.01.1979 (Erweiterung des Warenzeichengesetzes) geschaffene Möglichkeit der Eintragung und damit verbunden des Schutzes von Dienstleistungsmarken und Ausstattungen für Dienstleistungen hinzuweisen. Hierdurch ist nunmehr auch den Versicherungsunternehmen gestattet, ihre Dienstleistungsmarken, das sind sehr häufig eine Firmenkurzbezeichnung oder ein Firmensymbol bzw. Bildzeichen, in die Klasse 36 der Klasseneinteilung von Waren und Dienstleistungen in die Zeichenrolle beim Deutschen Patentamt eintragen zu lassen. Die Eintragung gewährt dem Anmelder einen Unterlassungsanspruch gegen jeden, der die eingetragene Dienstleistungsmarke oder Ausstattung von Dienstleistungen widerrechtlich im Geschäftsverkehr benützt, bei schuldhafter Handlung besteht zudem ein Schadenersatzanspruch (§§ 24 f. WarenzeichenG).

Hierher gehören auch der in § 138 BGB niedergelegte Grundsatz der Nichtigkeit sittenwidriger Geschäfte sowie von Wuchergeschäften, das Schikaneverbot des § 226 BGB, das aus dem Grundsatz von Treu und Glauben (§ 242 BGB) hergeleitete Verbot der unzulässigen Rechtsausübung, das Wettbewerbsverbot für Handlungsgehilfen des § 60 HGB während der Laufzeit des Anstellungsvertrages sowie die nachvertraglichen Wettbewerbsverbote für Handlungsgehilfen, Vertreter und technische Angestellte in den §§ 74, 90 a HGB bzw. § 133 f Gewerbeordnung (GewO), ferner die Kreditgefährdungsvorschrift des § 824 BGB und schließlich § 1004 BGB, der als Grundlage des negatorischen und quasinegatorischen bürgerlich-rechtlichen Abwehranspruchs zusammen mit den vorstehenden und unter A.III.1 genannten Bestimmungen über den Schadenersatz den durch das UWG gewährleisteten Rechtsschutz ergänzt und abrundet.

Der guten Ordnung halber sei aber auch erwähnt, daß es für Allgemeine Versicherungsbedingungen praktisch keinen Schutz gegen Nachahmung gibt; §§ 823 ff. BGB, das Geschmacksmuster-, Patent- oder Gebrauchsmusterrecht bieten nämlich dem „Erfinder", einem Versicherungsunternehmen, eines neuen Versicherungsangebots keinen Schutz davor, daß andere Versicherungsunternehmen dieselben Bedingungen verwenden bzw. gegebenenfalls die Genehmigung bei der Versicherungsaufsichtsbehörde beantragen (vgl. hierzu *Priester, Nachahmungsschutz für Dienstleistungsmodelle*, 1965).

Die Regelungsgrundlage für die unter A.III.1—4 genannten Normen ist das Zivilrecht, d. h. der Geschädigte hat einen zivilrechtlichen Anspruch auf Unterlassung und teilweise auch auf Schadenersatz gegen den Schädiger, den er vor den ordentlichen Gerichten durchsetzen muß.[3]

---

3 Vgl. RLV.IX.B. I—IV.

5. Die öffentlich-rechtlichen Rahmenbedingungen des Wettbewerbs

(a) Ebenso wie das Zivilrecht zieht auch das öffentliche Recht[4] Rahmenbedingungen für den Wettbewerb. Hierzu ist insbesondere die Verordnung über Preisangaben vom 14.03.1985 (BGBl I S. 580) zu zählen, durch die derjenige, der Letztverbrauchern Waren oder Leistungen anbietet, verpflichtet wird, Preise einschließlich Umsatzsteuer und sonstiger Preisbestandteile bzw. bei Waren und Leistungen, deren Preise aufgrund von Tarifen oder Gebührenregelungen bemessen werden, in der durch Gesetz oder aufgrund eines Gesetzes festgesetzten oder behördlich genehmigten Form anzugeben. Die PreisangabenVO gilt auch für die Versicherungsunternehmen. In einer Verlautbarung hat das Bundesaufsichtsamt für das Versicherungswesen (BAV) (VerBAV 1974, S. 34, 1985, S. 300) Hinweise für die Anwendung der Verordnung durch die Versicherungsunternehmen gegeben, so ist z. B. an Stelle der Umsatzsteuer gegebenenfalls die Versicherungsteuer zu nennen, und es können die DM-Preise pro Leistungseinheit, z.B. die Beiträge pro 1 000 DM Versicherungssumme, zuzüglich eventueller Ratenzuschläge angegeben werden, die Preisverzeichnisse müssen bei den Versicherungsunternehmen zur Einsicht bereitliegen, wobei die Versicherungssuchenden durch einen deutlichen Hinweis auf die Einsichtsbefugnisse aufmerksam zu machen sind.

(b) Zu erwähnen sind in diesem Zusammenhang auch Vorschriften des Gewerberechts, z. B. über Maße und Gewichte, des Gesundheitsrechts, z. B. das Lebensmittel- und BedarfsgegenständeG, und des Arbeitsschutzrechtes,[5] z. B. das Ladenschlußgesetz, die jedoch für Versicherungsunternehmen praktisch ohne Bedeutung sind, während die Arbeitszeitordnung für Versicherungsunternehmen wie für jedes andere Unternehmen gilt. Die Arbeitszeitordnung legt die Höchstdauer der Arbeitszeit, z. B. 8-Stunden-Tag, 48-Stunden-Woche, fest und darf nicht mit der tarifvertraglichen Regelung der Arbeitszeit, z. B. durch Tarifvertrag für das private Versicherungsgewerbe[6] verwechselt werden.

Zuwiderhandlungen gegen öffentlich-rechtliche Normen werden mit Strafe oder mit Bußgeld geahndet.

IV. Das besondere Regelungssystem des Versicherungswettbewerbs

1. Vorbemerkung: Die Eigenart der Versicherungsmärkte

Es gibt keinen einheitlichen Versicherungsmarkt, sondern für jeden Versicherungszweig, gegebenenfalls auch für die einzelnen Versicherungsarten, einen Markt. Jeder Versicherungsmarkt ist, ökonomisch betrachtet, ein „Markt" wie viele andere auch. Auch auf ihm

---

4 Vgl. RLV.I.E
5 Vgl. RLV.XII.C
6 Vgl. RLV.XII.C.II.

begegnen sich Anbieter — Versicherungsunternehmen — und Nachfrager — Versicherungsinteressenten —, zwischen denen Leistungen, Bedingungen und Preise ausgehandelt werden; auch auf ihm konkurrieren Anbieter und Nachfrager jeweils untereinander, so daß sich der Wettbewerb ebenso wie auf anderen Märkten entwickeln könnte.

Die **Versicherungsmärkte** zeigen jedoch **einige typische Besonderheiten**[7], die der Eigenart des Versicherungsverhältnisses und der damit in enger Verbindung stehenden staatlichen Beaufsichtigung der Versicherungsunternehmen entspringen. Anders nämlich als auf Märkten, auf denen Waren oder Dienstleistungen sichtbar und sofort oder innerhalb überschaubarer, bestimmter Lieferfristen umgesetzt werden, erbringt der Anbieter auf den Versicherungsmärkten (zunächst nur) ein Versprechen auf Gefahrtragung, das sich erst dann zu einer Geld- (in einigen wenigen Versicherungszweigen auch in einer Sach-)leistung konkretisiert, wenn sich die im Versicherungsvertrag bestimmte Gefahr zu einem entschädigungspflichtigen Versicherungsfall konkretisiert hat.[8] Damit bleibt die Leistung des anbietenden Versicherers auf dem Einzelmarkt zunächst unsichtbar, während der Versicherungsnehmer seinerseits dem anbietenden Versicherer ein Entgelt (Prämie, Beitrag) verspricht, das regelmäßig im voraus zu bewirken ist, sei es als Einmalprämie oder sei es als wiederkehrende Leistung für aufeinanderfolgende Versicherungsperioden.

Anders als die gütererzeugende und güterverteilende Wirtschaft hat die Versicherungswirtschaft weder Rohstoffe und deren Fertigung noch Lagerhaltung zu finanzieren; ihr Kapitaleinsatz betrifft überwiegend Sicherheitsmittel (Rückstellungen und Rücklagen), Aufwendungen für im Geschäftsjahr bezahlte Versicherungsfälle und Personalkosten, einschließlich Arbeitsmittel, wie z. B. die Einrichtungen der elektronischen Datenverarbeitung. Dies setzt den Versicherer in den Stand, sein Angebot in den allgemeinen Grenzen seiner eigenen und der ihm von den Rückversicherern zur Verfügung gestellten Zeichnungskraft nahezu unbegrenzt zu vermehren (vgl. hierzu *Farny, Die Versicherungsmärkte*, 1961).

Beide Faktoren, nämlich die „Unsichtbarkeit" und die nahezu unbegrenzte „Vermehrbarkeit" des Versicherungsangebots haben dazu geführt, die Versicherungsunternehmen nicht der im Jahre 1869 geschaffenen Gewerbeordnung (Ausnahmeregelung in § 6 GewO), sondern einer speziellen Aufsicht durch das 1901 erlassene Gesetz über die Beaufsichtigung der Versicherungsunternehmen (VAG) zu unterwerfen. Das unter dem 13. 10. 1983 neu bekanntgemachte Gesetz hat inzwischen durch die Entwicklung in der Europäischen Wirtschaftsgemeinschaft weitreichende Änderungen erfahren, die ihren Niederschlag insbesondere in dem Zweiten Durchführungsgesetz/EWG zum VAG vom 28. 06. 1990 erfahren haben. Unter dem Gesichtspunkt der Wahrung der Belange der Versicherten unterscheidet das Gesetz nunmehr nach der Schutzbedürftigkeit des Versicherungsnehmers und richtet danach den Umfang der Aufsicht aus[9].

---

7 Vgl. AVL.III.A.IV
8 Vgl. RLV.V.A.III.3
9 Vgl. RLV.VII

2. Aufsichts-Wettbewerbsrecht

Daraus, daß die Erstversicherungsunternehmen unter einer besonderen Staatsaufsicht stehen, ergibt sich zugleich eine besondere Verantwortlichkeit der Versicherungsaufsichtsbehörden für den Versicherungsmarkt und damit auch für den Wettbewerb. Das ist frühzeitig für den Bereich von Wettbewerbsverstößen im Sinne des „qualifizierten Zuviel", also des unlauteren Wettbewerbs im engeren Sinne erkannt worden, so daß die Versicherungsaufsichtsbehörde nicht nur Grundgedanken des UWG und des Deliktrechts des BGB für die Versicherungsmärkte spezialisiert aufgenommen, sondern darüber hinaus weitere und weitergehende Vorschriften über Wettbewerbsverstöße geschaffen hat. Leitgesichtspunkt war und ist auch hier die Wahrung der Belange der Versicherten, daneben steht das Erfordernis, den Geschäftsbetrieb des Versicherungsunternehmens mit den guten Sitten in Einklang zu halten. Gemäß § 81 Abs. 2 VAG kann die Versicherungsaufsichtsbehörde deshalb alle Anforderungen treffen, die geeignet sind, derartige Mißstände zu beseitigen.[10] Die Vielfalt dieser Anordnungen ist groß (vgl. hierzu die Übersicht bei *R. Schmidt – P. Frey, Prölss Versicherungsaufsichtsgesetz*, 10. Auflage 1989, § 81 Rdnr 60 ff.), sie reicht von allgemeinen Anordnungen, z. B. zur Ausspannung und Kündigungshilfe (siehe dazu auch unten B.III.2) über das Verbot der Werbung mit Danksagungen bis hin zu speziellen Anordnungen für einzelne Versicherungszweige, z. B. über die Werbung mittels Darstellung und Erläuterung der Überschußbeteiligung in der Lebensversicherung oder zum Erlaß von Wartezeiten in der Krankenversicherung. Hierzu zählen aber insbesondere auch die Anordnungen bzw. Verordnung über die sogenannten *Begünstigungsverträge* und das Verbot von Sondervergütungen.[11] Diese Vorschriften enthalten indessen eine wesentliche Komponente der materiellen Gerechtigkeit.

3. Verbands-Wettbewerbsrecht

Die Verbände der Wirtschaft sind in der Regel eingetragene Vereine im Sinne der §§ 21 ff. BGB.[12] Als solche haben sie die rechtliche Möglichkeit, ihre inneren Rechtsbeziehungen zwischen den Mitgliedern und dem Verband sowie zwischen Mitgliedern untereinander im Rahmen der Gesetze zu regeln (sogenannte Vereinsautonomie). Das ist seitens der Verbände der Versicherungswirtschaft[13] bezüglich des Wettbewerbs auf den Versicherungsmärkten geschehen. Zu nennen sind hier die Grundsätze für die Werbung von Unternehmen der Privaten Krankenversicherung (abgedruckt bei *R. Schmidt – P. Frey, Prölss Versicherungsaufsichtsgesetz*, 10. Auflage 1989, Anhang I zu § 81, Rdnr 9). Das „*Jenaer Abkommen*" der Hagelversicherer (abgedruckt bei *R. Schmidt–P. Frey, Prölss Versicherungsaufsichtsgesetz*, 10. Auflage 1989, Anhang I zu § 81, Rdnr 10) und die Wiesbadener Vereinigung, das Abkommen zur Durchsetzung aller geltenden Rechtsvorschriften über die Zahlung von Provisionen, Courtagen und sonstigen Vergütungen an Versicherungsvermittler. Einen besonderen Platz nehmen die sogenannten Wettbewerbsrichtlinien

---

10 Vgl. RLV. VII., C.I.7b
11 Vgl. RLV.VII. C.V.2d
12 Vgl. RLV.VI. A.I.4
13 Vgl. AVL.IV.

der Versicherungswirtschaft (aus dem Jahre 1967 mit Änderungen aus dem Jahre 1977; abgedruckt bei *R. Schmidt – P. Frey, Prölss Versicherungsaufsichtsgesetz*, 10. Auflage 1989, Anhang I zu §81, Rdnr 8) ein, auch, weil sie nicht nur von dem Gesamtverband der Deutschen Versicherungswirtschaft e. V. und den Fachverbänden,[14] sondern gemeinsam mit Verbänden des Versicherungsaußendienstes, nämlich dem Bundesverband der Geschäftsstellenleiter der Assekuranz e. V. (VGA) und dem Bundesverband Deutscher Versicherungskaufleute e. V. (BVK)[15] erarbeitet worden sind (vgl. dazu im einzelnen unten B). Diese Vereinbarungen nehmen teilweise Rechtsgedanken des zivilrechtlichen Wettbewerbsrechts (vgl. oben A. III. 1–4) sowie teilweise solche des Aufsichts-Wettbewerbsrechts (oben A.IV.3) auf, teilweise wandeln sie diese Rechtsgedanken auch ab oder gehen gar über sie hinaus.

Diese Vereinbarungen sind nicht allgemein verbindlich, sondern gelten ausschließlich zwischen den an der Absprache beteiligten Verbänden und deren Mitgliedern; natürlich können und werden sie auch einzelvertraglich vereinbart, z. B. zwischen einem Versicherungsunternehmen und seinen Vertretern. Sie stellen also entweder autonomes Vereinsrecht mit Satzungscharakter dar, zu deren Durchsetzung im Streitfall bei fehlenden Sanktionsandrohungen Schlichtungsabkommen getroffen worden sind (vgl. *Reimer Schmidt, Zur rechtlichen Lage der Versicherungswirtschaft nach dem Gesetz gegen Wettbewerbsbeschränkungen*, 1960, S. 16 ff.), oder Vertragsrecht, dessen Verletzung durch einen Beteiligten die sich aus dem bürgerlichen Recht ergebenden Rechtsfolgen der Vertragsverletzung auslöst. Ob die Mißachtung des Verbandsrechts darüber hinaus als unlauterer Wettbewerb zu qualifizieren ist, etwa weil sich der Verletzer durch Ausnutzung der Vertragstreue der anderen Beteiligten einen Vorsprung im Wettbewerb verschaffen will, richtet sich allein danach, ob zugleich ein Verstoß z. B. gegen das UWG oder gegen aufsichtsrechtliche Anordnungen vorliegt. Dabei sind die Wettbewerbsrichtlinien allerdings insofern von nicht zu unterschätzender Bedeutung, als sie die Verkehrsauffassung umreißen und einen Rückschluß auf das Anstandsgefühl der an den Wettbewerbsabkommen beteiligten Verkehrskreise zulassen.

Die Wettbewerbsrichtlinien der Versicherungswirtschaft sind ebenso wie andere den Wettbewerb betreffende Vereinbarungen vom Gesamtverband der Deutschen Versicherungswirtschaft bzw. den zuständigen Fachverbänden gemäß § 102 GWB[16] gemeldet worden. Nachdem das Bundeskartellamt (BKA) gegen einzelne Bestimmungen der Richtlinien Bedenken geäußert hatte, sind diese im Jahre 1977 durch Änderungen zu den Ziffern 7, 8, 29, 30, 53, 68 und 69 ausgeräumt worden. Aus dem Umstand, daß das BKA die Wettbewerbsrichtlinien nicht als mißbräuchlich im Sinne des § 102 GWB betrachtet, ist zugleich der Schluß zu ziehen, daß sie auch dann, wenn sie im Einzelfall, z. B. bei der Zulässigkeit der vergleichenden Werbung (Ziffer 30) über die Anforderungen nach dem UWG hinausgehen, dennoch kein „qualifiziertes Zuwenig" an Wettbewerb (vgl. oben A.I) darstellen.

---

14 Vgl. AVL IV. B.I
15 Vgl. AVL IV. B.V
16 Vgl. RLV. VII. C.I.8b

4. Versicherungs-Kartellrecht

Wie unter A. I ausgeführt, gehört auch das Kartellrecht zum Wettbewerbsrecht im weiteren Sinne. Den Besonderheiten des Versicherungsmarktes (vgl. oben A.IV. 1) trägt das GWB dadurch Rechnung, daß es mit § 102 GWB eine Sonderregelung für Tatbestände trifft, *„die auf Grund eines Gesetzes der Genehmigung oder Überwachung ..., durch das Bundesaufsichtsamt für das Versicherungswesen oder durch die Versicherungsaufsichtsbehörden der Länder unterliegen".* Verträge und Empfehlungen von Versicherungsunternehmen sowie Beschlüsse und Empfehlungen von Versicherungsverbänden, die die genannten Tatbestände betreffen, unterliegen nämlich dann nicht dem sonstigen Verbot nach dem GWB, wenn sie der Kartellbehörde gemeldet und mit einer Begründung versehen sind. Aus der Begründung muß sich ergeben, daß die genannten Kartelle, Beschlüsse oder Empfehlungen *„geeignet und erforderlich sind, die Leistungsfähigkeit der beteiligten Unternehmen in technischer, betriebswirtschaftlicher oder organisatorischer Beziehung, insbesondere durch zwischenbetriebliche Zusammenarbeit oder durch Vereinheitlichung von Vertragsbedingungen zu heben oder zu erhalten und dadurch die Befriedigung des Bedarfs zu verbessern; der zu erwartende Erfolg muß in einem angemessenen Verhältnis zu der damit verbundenen Wettbewerbsbeschränkung stehen."* Sie werden wirksam, wenn die Kartellbehörde der Anmeldung nicht innerhalb von 3 Monaten widerspricht oder zuvor mitteilt, daß sie nicht widerspricht. Im übrigen unterliegen die Versicherungsunternehmen voll dem GWB.[17]

Anders als das nationale Kartellrecht, also das GWB, sieht das Kartellrecht nach dem EWG-Vertrag (Art. 85 ff.) keine Sonderregelung für Versicherungsunternehmen vor. Gemäß Art. 85 Abs. 1 EWG-Vertrag sind mit *„dem Gemeinsamen Markt unvereinbar und damit verboten"* ... *„alle Vereinbarungen zwischen Unternehmen, Beschlüsse von Unternehmensvereinigungen und aufeinander abgestimmte Verhaltensweisen, welche den Handel zwischen Mitgliedstaaten zu beeinträchtigen geeignet sind und eine Verhinderung, Einschränkung oder Verfälschung des Wettbewerbs innerhalb des Gemeinsamen Marktes bezwecken oder bewirken".* Da das EWG-Kartellrecht gegenüber dem nationalen Recht Vorrang genießt, sind Kartelle, Beschlüsse oder Empfehlungen, die gemäß § 102 GWB vom Verbot freigestellt werden können, dennoch nach Art. 85 Abs. 1 EWG-Vertrag verboten, wenn es sich um Tatbestände handelt, die einerseits grenzüberschreitend wirken und andererseits den Handel spürbar zu beeinträchtigen in der Lage sind (*R. Schmidt – P. Frey, Prölss Versicherungsaufsichtsgesetz,* 10. Auflage 1989, Anhang II zu § 81, Rdnr 46 ff.). Die Frage, wann eine Grenzüberschreitung vorliegt, ist vom EuGH (RS 45/85 vom 27. 01. 1987, Ziff. 48, VersR 1987, S. 169 ff.) dahingehend beantwortet worden, daß diese nicht dadurch ausgeschlossen ist, daß die wettbewerbsbeschränkende Maßnahme sich an die inländische Niederlassung eines ausländischen Versicherers richtet, da *»dadurch doch die finanziellen Beziehungen zwischen der Zweigniederlassung und der Muttergesellschaft berührt werden"* könnten; *„dies gilt ungeachtet des Grades der rechtlichen Unabhängigkeit der Zweigniederlassung."* Damit hat das EWG-Kartellrecht unmittelbare Bedeutung für die Versicherungswirtschaft erhalten. Da aber auch hier inzwischen die Notwendigkeit erkannt worden ist, gewisse Tatbestände vom Kartellverbot auszunehmen, weil die Zusammenarbeit zwischen Versicherungsunternehmen für das ordnungsgemäße Funktionieren der Versicherungswirtschaft bis zu einem gewissen Grad wünschenswert ist und dies gleichzeitig zur

---

17 Vgl. hierzu im einzelnen RLV.VII.C. I. 8

Wahrung der Interessen der Verbrauchern beitragen kann, hat der Rat der Europäischen Gemeinschaften die Verordnung (EWG) Nr. 1534/91 vom 31. 05. 1991 »über die Anwendung von Artikel 85 Absatz 3 des Vertrages auf bestimmte Gruppen von Vereinbarungen, Beschlüssen und aufeinander abgestimmte Verhaltensweisen im Bereich der Versicherungswirtschaft" (AmtsBl. der Europ. Gem. Nr. L 143/1 vom 7. 6. 91) erlassen. Mit dieser VO wird die EG-Kommission ermächtigt, Vereinbarungen, Beschlüsse und aufeinander abgestimmte Verhaltensweisen vom Verbot auszunehmen. »Dies gilt insbesondere für Vereinbarungen, Beschlüsse und abgestimmte Verhaltensweisen, welche die Erstellung gemeinsamer, auf gegenseitig abgestimmten Statistiken oder dem Schadenverlauf beruhender Risikoprämientarife, die Erstellung von Mustern für allgemeine Versicherungsbedingungen, die gemeinsame Deckung bestimmter Arten von Risiken, die Abwicklung von Schadensfällen, die Prüfung und Anerkennung von Sicherheitsvorkehrungen, die Erstellung von Verzeichnissen und den Austausch von Informationen über erhöhte Risiken zum Gegenstand haben" (so die Präambel der VO).

V. Der Anwendungsbereich des Wettbewerbsrechts

Der **räumliche Geltungsbereich** des Wettbewerbsrechts beschränkt sich auf das Gebiet der Bundesrepublik und West-Berlin. Ob es auch für Wettbewerbsverstöße gilt, die Ausländer innerhalb dieser Grenzen oder Inländer im Ausland begehen, ist nach den Kollisionsvorschriften des internationalen Privatrechts zu beurteilen. Danach ist ebenso wie bei unerlaubten Handlungen das Recht des Begehungsortes maßgebend. Anders als dort ist der Begehungsort jedoch nicht der Ort der Handlung oder des Erfolgseintritts, sondern dort anzunehmen, wo es zum Interessenkonflikt mit den Mitbewerbern kommt (BGHZ 35, S. 329 (334)). Tritt dieser, wie z. B. bei einer sich über mehrere Länder erstreckenden Werbung, an mehreren, teils im Inland, teils im Ausland liegenden Stellen auf, ist dieselbe Wettbewerbshandlung jeweils nach dem Recht der einzelnen Begehungsorte, möglicherweise also mit unterschiedlichen Ergebnissen zu beurteilen.

Der **personelle Geltungsbereich** des Wettbewerbsrechts ist weit gespannt. Er gilt ohne Beschränkung auf Berufsgruppen oder Gewerbezweige für alle rechtsfähigen und, soweit es strafrechtliche Sanktionen begründet, deliktsfähigen, natürlichen oder juristischen Personen des privaten oder öffentlichen Rechts sowie die diesen weitgehend gleichgestellten Gesellschaften des Handelsgesetzbuches.

Der **sachliche Geltungsbereich** des Wettbewerbsrechts wird durch die Generalklausel des § 1 UWG maßgebend bestimmt. Danach haftet nur, *„wer im geschäftlichen Verkehr zu Zwecken des Wettbewerbes Handlungen vornimmt, die gegen die guten Sitten verstoßen,..."*.

Das Wettbewerbsrecht schützt also nicht gegen unlauteres Geschäftsgebaren schlechthin, sondern nur gegen verbotene Handlungen im wirtschaftlichen Wettbewerb. Hierunter verstehen wir jedes Verhalten, das auf den Abschluß von Geschäften gerichtet und nach der Verkehrsauffassung geeignet ist, den eigenen Absatz oder den eines anderen zum Nachteil der Mitbewerber zu fördern (BGHZ 3, S. 277). Die Wettbewerbshandlung kann also nur von einem Wettbewerber oder von einem Dritten für einen Wettbewerber gleichsam als Wettbewerber in fremdem Interesse begangen werden.

Zum **objektiven Tatbestand der Wettbewerbshandlung** gehört ferner, daß sie sich unmittelbar oder mittelbar gegen Mitbewerber, aber auch gegen die sonstigen Beteiligten am Markt und die Allgemeinheit richtet. Damit hat sich das UWG über den Individualschutz von einzelnen Mitbewerbern hinaus zu einer sozialen Schutzfunktion entwickelt (*Baumbach – Hefermehl,* a.a.O., UWG Einleitung Rdnr 40 ff.). Dieser Gedanke kommt insbesondere in § 13 UWG zum Ausdruck, der jedem Gewerbetreibenden, der Waren oder Leistungen gleicher oder verwandter Art vertreibt, aber auch rechtsfähigen Verbänden zur Förderung gewerblicher Interessen, rechtsfähigen Verbänden, zu deren satzungsgemäßen Aufgaben es gehört, die Interessen der Verbraucher durch Aufklärung und Beratung wahrzunehmen, jedoch nur, soweit der Anspruch eine Handlung betrifft, durch die wesentliche Belange der Verbraucher berührt werden, sowie den Industrie- und Handelskammern bzw. den Handwerkskammern einen Unterlassungsanspruch zubilligt. Dieser Anspruch kann jedoch nicht geltend gemacht werden, wenn er sich als mißbräuchlich erweist, insbesondere, wenn er überwiegend dazu dienen soll, einen Anspruch auf Ersatz von Aufwendungen oder Kosten der Rechtsverfolgung gegen den Zuwiderhandelnden entstehen zu lassen. Damit soll den sogenannten Gebühren- und Abmahnvereinen Einhalt geboten werden.

In **subjektiver Hinsicht** verlangt der Tatbestand der Wettbewerbshandlung die Absicht, den eigenen oder fremden Wettbewerb zu fördern. Daß sich der Wettbewerbtreibende der Förderung nur bewußt ist, genügt nicht. Andererseits muß die Absicht nicht die beherrschende Triebkraft des Handelns sein; sie darf nur nicht hinter anderen Beweggründen als völlig nebensächlich zurücktreten. Liegt der objektive Tatbestand einer Wettbewerbshandlung vor, ist nach der Lebenserfahrung regelmäßig zu vermuten, daß die Handlung von einer entsprechenden Absicht getragen ist. Die Schwierigkeiten, die der Nachweis subjektiver Umstände sonst bereitet, sind dadurch weitgehend ausgeräumt. Hat ein Gewerbetreibender etwas getan, was objektiv geeignet ist, den eigenen Wettbewerb zum Nachteil seiner Konkurrenten zu fördern, muß er die Vermutung seiner Absicht widerlegen. Je augenfälliger die Wettbewerbseignung seiner Handlung ist, desto weniger wird ihm dies gelingen.

VI. Verbotene Wettbewerbshandlungen

Die verbotenen Wettbewerbshandlungen lassen sich in zwei Fallgruppen gliedern, den unlauteren Wettbewerb und den unerlaubten. Zur ersten Fallgruppe gehören die Wettbewerbshandlungen, die das Anstandsgefühl verletzen, zur zweiten diejenigen, die ohne deshalb unlauter zu sein, gegen reine Ordnungsvorschriften zur Aufrechterhaltung eines geordneten Geschäftsverkehrs verstoßen.

1. Die unerlaubte Wettbewerbshandlung

Dabei handelt es sich insbesondere um die für die Versicherungswirtschaft weniger interessanten Bestimmungen der §§ 6—8 UWG über Sonderveranstaltungen, wie z. B. Ausverkäufe, Räumungs-, Saison-, Schluß- oder Konkursverkäufe, sowie um die Bestimmungen zum Schutz der Firma und besonderer Geschäftsbezeichnungen gegen Nachahmung (§§ 12 BGB, 37 HGB, 16 UWG), die Zugabeverordnung und das Rabattgesetz. Diese Ornungsvorschriften erfassen bestimmte, klar umrissene Tatbestände, so daß die Feststellung der unerlaubten Wettbewerbshandlung in der Regel keine Schwierigkeiten bereitet.

2. Der unlautere Wettbewerb

Anders verhält es sich mit der ersten Fallgruppe. Welche Wettbewerbshandlungen lauter, welche unlauter sind und wo die Grenze zwischen lauterem und unlauterem Wettbewerb gezogen werden muß, ist das Kernproblem des klassischen Wettbewerbsrechts; denn die Vielfalt der Wettbewerbshandlungen und die Zeitbedingtheit der Anschauungen schließen einen bestimmten, eindeutigen Maßstab als Beurteilungsgrundlage aus. Der Gesetzgeber versucht, das Problem mit der Generalklausel des § 1 UWG zu lösen, die an den unbestimmten Rechtsbegriff der guten Sitten aus den §§ 138, 826 BGB anknüpft.

Was den guten Sitten entspricht, ist nach der in Literatur und Rechtsprechung immer wiederkehrenden Formel *„dem Anstandsgefühl aller billig und gerecht Denkenden zu entnehmen".* Der Gegenstand des Wettbewerbsrechts fordert allerdings eine Einschränkung dieses für das allgemeine bürgerliche Recht geltenden Maßstabes. Ob eine Wettbewerbshandlung eines Versicherungskaufmannes als unlautere Behinderung seines Mitbewerbers zu werten ist, kann nicht vom sittlich-rechtlichen Bewußtsein der Allgemeinheit abhängen, also auch derjenigen, die keinen Einblick in die Zusammenhänge besitzen und die praktische Bedeutung der Fragestellung infolgedessen nicht übersehen. Um zu einem dem Wesen des Wettbewerbs gerecht werdenden Urteil zu kommen, muß deshalb auf das sittlich-rechtliche Empfinden der beteiligten Verkehrskreise abgestellt werden. Dabei hat das Ehrgefühl besonders feinfühliger Personen ebenso außer Betracht zu bleiben wie grobschlächtige Denkungsart. Auf Mehrheiten oder Minderheiten kommt es nicht an. Maßgebend ist allein das durchschnittliche sittlich-rechtliche Empfinden der verständigen und anständigen Kaufleute oder Verbraucher. Unlauter ist demzufolge nur diejenige Wettbewerbshandlung, die nach Inhalt, Zweck und Äußerung diesem Empfinden zuwiderläuft.

Trotz dieser Beschränkung bleibt der **Begriff der Sittenwidrigkeit unbestimmt.**

In der **Praxis** ist, von krassen, ins Auge springenden Verstößen gegen das Anstandsgefühl abgesehen, für gewöhnlich nur schwer festzustellen, wo die Grenze zwischen lauterem und unlauterem Wettbewerb verläuft, zumal die Auffassungen hierüber dem Wandel unterworfen sind. Was vor Jahren noch als anstößig empfunden wurde, kann heute lauterer Wettbewerb sein und umgekehrt.

Mehr noch als der **zeitbedingte Wandel des sittlich-rechtlichen Bewußtseins** erschweren jedoch die gegensätzlichen **Interessen der Beteiligten** die Feststellung der maßgebenden Durchschnittsauffassung. Der Produzent, der Zwischenhändler und der Verbraucher sehen ein und dieselbe Wettbewerbshandlung von ihrer Warte aus naturgemäß mit anderen Augen, ohne daß ein über oder zwischen ihnen stehender Beobachter deshalb schon von unbilliger oder ungerechter Denkungsart des einen oder anderen Teils sprechen könnte. Letztlich muß daher die Feststellung der zur Aufrechterhaltung eines geordneten Wettbewerbs erforderlichen Verhaltensnormen oft dem Richter überlassen bleiben. Das bedeutet freilich nicht, daß die Unterscheidung zwischen lauterem und unlauterem Wettbewerb von dessen persönlicher Auffassung abhängt. In Schrifttum und Rechtsprechung – in der Versicherungswirtschaft insbesondere in den veröffentlichten Rundschreiben und Sammelverfügungen der Aufsichtsämter – sind vielmehr Tatbestandsgruppen herausgebildet worden, in denen regelmäßig ein Verstoß gegen die guten Sitten zu erblicken ist, und daraus hat sich ein Schema von Verhaltensnormen und Richtlinien entwickelt, das der Generalklausel das erforderliche Maß an Rationalität verleiht und die Überprüfbarkeit der Rechtsfindung gewährleistet.

Dieses Schema kann allerdings nicht starr und unabänderlich sein, da dies der vom Gesetzgeber gewollten Elastizität der Generalklausel widersprechen würde. Seine Anwendung steht vielmehr – was wir bei der Erörterung der wichtigsten Tatbestandsgruppen erkennen werden –, von wenigen Ausnahmen abgesehen, unter dem Vorbehalt der besonderen Umstände des Einzelfalles. Wo solche Umstände die Anwendung der von Theorie und Praxis entwickelten Grundsätze ausschließen, bleibt vielfach nur die Möglichkeit, die Entscheidung über Lauterkeit oder Unlauterkeit einer Wettbewerbshandlung auf Grund einer Abwägung der schutzwürdigen Interessen der beteiligten Verkehrskreise zu treffen, wobei jeweils das Interesse den Ausschlag geben muß, dem nach allgemeinem sittlichen Empfinden der Vorrang gebührt.

Daß der Wettbewerber die Unlauterkeit seines Vorgehens kennt, ist nicht erforderlich. Andernfalls würde gerade der Skrupellose, der sich der Unlauterkeit seines Handelns nicht einmal bewußt ist, den Sanktionen entzogen, die das Wettbewerbsrecht an sein Verhalten knüpft. Der Verletzer muß aber die äußeren Tatumstände kennen, die bei objektiver Würdigung den Vorwurf der Unlauterkeit rechtfertigen; bedingter Vorsatz genügt dafür. Unkenntnis der äußeren Tatumstände, selbst wenn sie auf Fahrlässigkeit beruht, schließt dagegen die Feststellung unlauteren Wettbewerbs aus, es sei denn, der Wettbewerber habe sich der Kenntnis erheblicher Tatumstände bewußt verschlossen.

B. Das Wettbewerbsrecht im einzelnen

Das Nebeneinander von Generalklausel und Spezialnormen im Wettbewerbsrecht und die Vielgestaltigkeit der Wettbewerbsverstöße erschwert es, das Wettbewerbsrecht systematisch zu ordnen, erhöht aber auch die Notwendigkeit einer solchen Ordnung. Bei der Tragweite der Generalklausel und der Unbestimmtheit einzelner Tatbestandsmerkmale und maßgebender Rechtsbegriffe kann nur eine systematische Ordnung Zufallsentscheidungen und die damit verbundene Rechtsunsicherheit verhindern.

Wir folgen in dieser Darstellung dem System *Hefermehls*, der die Wettbewerbsverstöße nach der Art der Kampfmittel und ihrer Zielrichtung in die Tatbestandsgruppen gliedert: Kundenfang, Behinderung des Mitbewerbers, Ausbeutung, Rechtsbruch und Marktstörung (vgl. Baumbach – Hefermehl, a. a. O., Einleitung UWG Rdnr 160 ff.).

I. Kundenfang

Die Beeinflussung des Kunden mit dem Ziel, ihn zum Vertragsschluß zu veranlassen, gehört zum Wesen des Wettbewerbs und ist nicht zu beanstanden, solange sie „sachlich mit ehrlichen und anständigen Mitteln" erfolgt (Ziffer 1 der Wettbewerbsrichtlinien der Versicherungswirtschaft). Greift der Wettbewerber jedoch zu Mitteln, die die freie Willensentschließung des Kunden einschränken oder ausschließen, wird die Werbung um den Kunden zum anstößigen Kundenfang. Welche Methoden hierzu gehören, läßt sich nicht allgemeingültig beschreiben. Kennzeichnend für alle ist, daß der Kunde weniger durch die Mittel des Leistungswettbewerbes, die Güte oder Preiswürdigkeit der Leistung als auf unehrliche und unsachliche Weise zum Abschluß veranlaßt wird; die Entscheidung wird also „erschlichen, verfälscht oder erkauft". Zu den geläufigsten Methoden des Kundenfangs gehören die Irreführung, das Anreißen und die übersteigerte psychische oder physische Beeinflussung des Kunden.

1. Irreführung

a) Allgemeines

Äußerungen im Wettbewerb sollen wahr sein. Wer dieses Gebot verletzt, handelt rechtswidrig, selbst wenn er die Verletzung nicht erkannte oder erkennen konnte. War er sich ihrer bewußt oder hätte er sie erkennen können, trifft ihn darüber hinaus der Schuldvorwurf, der außer der Verpflichtung zum Schadenersatz strafrechtliche Sanktionen auslösen kann. Das gebieten neben den schutzwürdigen Interessen der Mitbewerber vor allem die Belange der Allgemeinheit; denn ihr würde durch Verfälschung des Wettbewerbs die Möglichkeit genommen, sich ein zuverlässiges Urteil über das Waren- und Leistungsangebot der Wettbewerber zu bilden, und infolgedessen unmittelbarer Schaden drohen.

Für die Versicherungswirtschaft gilt das Wahrheitsgebot in erhöhtem Maße. Da sie auf das Vertrauen der Versicherungsnehmer angewiesen ist, muß im Wettbewerb alles vermieden werden, was dieses Vertrauen stören, insbesondere einen unzutreffenden Eindruck über Leistung und Gegenleistung oder über die Person des Anbieters hervorrufen könnte (Ziffern 2, 23, 24 der Wettbewerbsrichtlinien, ferner *Baumbach – Hefermehl*, a.a.O., § 1 UWG Rdnr 5 ff.).

b) Unrichtige Angaben in öffentlichen Bekanntmachungen oder Mitteilungen

Im UWG kommt der Wahrheitsgrundsatz, von den Sondervorschriften der §§ 6 ff. z. B. über Konkursmassenverkäufe, Ausverkäufe, Räumungsverkäufe abgesehen, vor allem in den die Werbung betreffenden §§ 3 und 4 zum Ausdruck. Wer in öffentlichen Bekanntmachungen oder Mitteilungen, die für einen größeren Personenkreis bestimmt sind, über geschäftliche Verhältnisse unrichtige Angaben macht, die geeignet sind, den Anschein eines besonders günstigen Angebotes hervorzurufen, kann nach § 3 UWG auf Unterlassung und bei schuldhaftem Handeln auf Schadenersatz in Anspruch genommen sowie nach § 4 UWG mit Freiheits- und Geldstrafen bestraft werden. Ist der Abnehmer durch die unwahre oder irreführende Werbeangabe nach § 4 UWG zum Vertragsschluß bestimmt worden, so kann er vom Vertrag zurücktreten (§ 13a UWG). Angaben im Sinne dieser Bestimmungen sind Äußerungen, die sachlich nachprüfbar sind und deshalb Gegenstand einer Beweisaufnahme sein können. Auch Werturteile fallen hierunter, soweit sie von tatsächlichen, dem Beweis zugänglichen Umständen ausgehen oder nach der Auffassung des Verkehrs eine bestimmte Tatsachenbehauptung enthalten, wie z. B. die Bezeichnung „Keine ... ist besser als ..." (BGH, Der Betrieb 1981, S. 2283).

Ob eine Angabe zutrifft oder nicht, entscheidet die **Verkehrsauffassung**. Da die Werbung sich an bestimmte Verkehrskreise richtet, muß deren Auffassung maßgebend sein. Selbst objektiv richtige Angaben können daher im Sinne des § 3 UWG unrichtig sein, wenn sie bei einem nicht unerheblichen Teil der angesprochenen Verkehrskreise irrige Vorstellungen erwecken. Das kann insbesondere bei der Werbung mit Selbstverständlichkeiten der Fall sein. So ist es z. B. unzulässig, wenn ein bestimmtes Versicherungsunternehmen damit wirbt, daß es der Versicherungsaufsicht unterliegt (Ziffer 36 der Wettbewerbsrichtlinien), oder Versicherungsvertreter sollen nicht mit besonderen Hinweisen auf die mit der Ausübung ihres Berufes naturgemäß verbundene Beratung oder deren Unentgeltlichkeit werben, da sie dadurch die irrige Vorstellung erwecken können, sie leisteten etwas, was von anderen Vertretern nicht ohne weiteres zu erwarten sei (Ziff. 38 der Wettbewerbsrichtlinien). Aus diesem Grunde und im Hinblick auf das Rechtsberatungsgesetz darf sich ein Versicherungsvermittler nicht als Versicherungsberater bezeichnen (OLG Stuttgart vom 11.08.1987, VW 1987, S. 1396; zur Verwendung der Bezeichnung Vermögensberater vgl. BGH, VersR 1989, S. 591). Ebenso kann eine objektiv unrichtige Angabe im Sinne des § 3 UWG richtig sein, wenn der Verkehr nicht vom eigentlichen Wortsinn ausgeht. Ursprüngliche Herkunftsbezeichnungen wie Lübecker Marzipan oder Magdeburger Feuerversicherungs-Gesellschaft können sich deshalb zu reinen Beschaffenheitsangaben oder Eigennamen wandeln. Das BAV sieht übrigens in jedem Verstoß gegen § 3 UWG regelmäßig zugleich einen die Belange der Versicherten gefährdenden Mißstand im Sinne von § 81 VAG (VerBAV 1977, S. 66).

Marktschreierische Übertreibungen fallen nicht unter § 3 UWG, wenn der Verkehr sie als solche erkennt und nicht ernst nimmt. Ob das der Fall ist, läßt sich nur schwer ermitteln. Die Praxis differenziert deshalb: Je seriöser und bedeutender ein Unternehmen ist, desto mehr muß es davon ausgehen, daß seine Werbung ernst genommen wird und daß Übertreibungen irreführen. Nach den Wettbewerbsrichtlinien der Versicherungswirtschaft sollen Übertreibungen ausnahmslos unterbleiben. Sie sind mit dem Ansehen und der Bedeutung dieses Wirtschaftszweiges unvereinbar.

§ 3 UWG verbietet allerdings nur **Irreführungen, die geeignet sind, den Anschein eines besonders günstigen Angebotes hervorzurufen.** Dieser Anschein ist erweckt, wenn die angesprochenen Verkehrskreise auf Grund der Irreführung meinen, beim Anpreisenden vorteilhafter als sonst erwerben zu können, wobei es auf die Art des Vorteils nicht ankommt, so daß auch die Annahme eines nur immateriellen Vorteils genügt. Die Irreführung muß sich deshalb auf den Umstand beziehen, in dem die Getäuschten den wirklichen oder vermeintlichen Vorteil sehen, der ihr Interesse an der Ware oder Leistung erweckt.

Ferner fallen unter § 3 UWG nur **Irreführungen in öffentlichen Bekanntmachungen oder Mitteilungen an einen größeren Personenkreis.** Die Angesprochenen dürfen also weder zahlenmäßig begrenzt noch sonst bestimmt sein. Mitteilungen an einzelne oder an einen begrenzten Kreis rechnen allerdings hierzu, wenn sie nach Inhalt und Aufmachung allgemein aufgestellt sind und vom Empfänger verbreitet werden sollen.

c) Irreführung bei der Einzelwerbung

Gegen Irreführung einzelner kann auf Grund der Generalklausel des § 1 UWG vorgegangen werden. Diese reicht insofern weiter als § 3 UWG, als sie nicht verlangt, daß der Anschein eines besonders günstigen Angebotes hervorgerufen wird, erfordert andererseits aber die Sittenwidrigkeit des Handelns. Diese ist bei vorsätzlicher Täuschung stets und im übrigen dann gegeben, wenn der Handelnde die den Irrtum begründenden Tatsachen gekannt oder sich ihrer Kenntnisnahme bewußt entzogen hat. Dies hat das BAV für den Fall angenommen, daß ein Lebensversicherungsunternehmen mit seiner Werbung für ein reines Versicherungsangebot den Eindruck erweckt, als handele es sich um einen Ratensparvertrag (VerBAV 1977, S. 66). Darüber hinaus erfaßt die Generalklausel Irreführungen, die den Angesprochenen zunächst nur zur Anbahnung von Vertragsverhandlungen verleiten sollen, wie beispielsweise getarnte Werbeveranstaltungen, oder die sich auf andere als die im § 3 UWG erwähnten Umstände beziehen. Unter diesem Gesichtspunkt hat das Bundesaufsichtsamt die mit dem Hinweis auf individuelle Kundenberatung verbundene Bezeichnung „Fachberater" in einer Stellenanzeige beanstandet, mit der ein Versicherungsunternehmen Versicherungsvertreter suchte, weil hierdurch der Anschein hervorgerufen werden könne, als werde in erster Linie eine objektive Beratung in der Art eines Versicherungsberaters erwartet (BAV in Versicherungsvermittlung 1969, S. 76, einschränkend OLG Stuttgart VersR 1981, S. 1074, ferner BAV Geschäftsbericht 1966, S. 42 zur Verwendung des Ausdrucks „dynamisch" in der Lebensversicherungswerbung). Das LG Nürnberg-Fürth (VersR 1989, S. 746) hat es als Verstoß gegen § 1 UWG und das Rechtsberatungsgesetz angesehen, wenn ein Versicherungsvertreter in seiner Werbung die Rentenberechnung derart in den Vordergrund stellt, daß nicht mehr von einer untergeordneten Tätigkeit anläßlich der Vermittlung eines Lebensversicherungsvertrages gesprochen werden kann. Das OLG Stuttgart (VW 1986, S. 198) hat die Werbung eines Versicherungsvermittlers mit Schadensregulierungsvollmacht mit der Angabe „Reibungslose und schnelle Schadenregulierung" als nicht irreführend bezeichnet.

Die Wettbewerbsrichtlinien der Versicherungswirtschaft widmen der Bekämpfung von Irreführungen breiten Raum. Außer den bereits erwähnten Klauseln dienen diesem Zweck das detailliert aufgeführte Täuschungsverbot (Ziffer 23), das Gebot der Firmenwahrheit (Ziffer 24), die Untersagung anonymen Wettbewerbs (Ziffer 25), das Verbot, Titel oder Berufsbezeichnungen zu verleihen oder zu führen, die nicht vorhandene Kompetenzen oder Vollmachten vortäuschen können (Ziffer 26), das Verbot, mit dem Namen bekannter, bei einem Versicherungsunternehmen versicherten Persönlichkeiten zu werben (Ziffer 32), sowie das Gebot, fachliche Veröffentlichungen, die zu Werbezwecken verwendet werden, sachlich zu halten (Ziffer 27). Ferner gehören hierher die von den Richtlinien in anderem Zusammenhang dargestellten Grundsätze über die Veröffentlichung von Gutachten (Ziffer 34). Wer ein wissenschaftliches Gutachten zu Werbezwecken verwendet, muß die Angaben des Gutachters wie seine eigenen verantworten. Treffen sie nicht zu, greift § 3 UWG ein. Sind sie richtig, kann die Verwendung des Gutachtens dennoch nach § 1 UWG unlauter sein, z. B. wenn der Werbende den Hinweis auf ein zwischen ihm und dem Gutachter bestehendes Auftrags- oder Abhängigkeitsverhältnis unterläßt und dadurch den Eindruck erweckt, als handele es sich um das Gutachten eines unabhängigen Sachverständigen.

2. Anreißen

Bei dieser Methode des Kundenfangs wird die jeder Werbung eigene Aufdringlichkeit so gesteigert, daß der Umworbene in nicht mehr zumutbarer Weise belästigt wird. Wo die Grenze zu ziehen ist, läßt sich nur von Fall zu Fall unter Abwägung der schutzwürdigen Interessen des Werbenden, des Umworbenen und der Allgemeinheit entscheiden. Einen Anhalt bietet die Frage, wie sich die betreffende Werbung auswirken würde, wenn alle Mitbewerber sich ihrer bedienten. Ferner sind in der Kasuistik sowie in den Verfügungen und Stellungnahmen der Aufsichtsämter Leitgedanken entwickelt, die im Einzelfall weiterhelfen können. In Übereinstimmung mit diesen erklären die Wettbewerbsrichtlinien der Versicherungswirtschaft die Verwendung von Werbekolonnen für unerwünscht und, falls fachlich nicht genügend vorgebildete oder auf ihre Zuverlässigkeit nicht ausreichend überprüfte Werber eingesetzt werden, für unzulässig (Ziffer 15). Sie verbieten, wahllos Schreiben zu verwenden mit der Bitte, die Anschriften von Vertretern mitzuteilen, die angeworben werden könnten (Ziffer 7), zu Werbezwecken Passanten anzusprechen oder Flugblätter auf Straßen oder Plätzen zu verteilen (Ziffer 28; vgl. hierzu auch LG Stuttgart VW 1979, S. 623). Versicherungsunternehmen dürfen auch nicht mit Kunden, zu denen bisher keine geschäftlichen Beziehungen bestanden haben, unaufgefordert telefonisch Vertreterbesuche vereinbaren (BGH VersR 1990, S. 634 für Privatpersonen; BGH BB 1991, S. 1140 für den geschäftlichen Bereich). Entsprechendes gilt für die Telefaxwerbung (OLG Hamm BB 1990, S. 1855).

Außer durch Übersteigerung kann Werbung auch durch Mißachtung des sittlichen Empfindens die Grenze des Zumutbaren überschreiten. So handelt in grobem Maße taktlos und deshalb unlauter, wer unaufgefordert für eine Sterbegeldversicherung wirbt, wenn der Angesprochene oder einer seiner Angehörigen schwer erkrankt ist (Baumbach-Hefermehl, a.a.O. § 1 UWG, Rdnr 78).

3. Physischer oder psychischer Zwang

a) Allgemeines

Während, wie keiner näheren Begründung bedarf, physischer Zwang (Gewalt) stets unlauter und damit verboten ist, ist die psychische Beeinflussung des Kunden nicht schlechthin wettbewerbswidrig. Der Kaufmann, der seine Kundschaft so zu bedienen weiß, daß sie ihm in guten wie in schlechten Zeiten die Treue hält, ist eine ebenso erwünschte Erscheinung des fairen Leistungswettbewerbs wie der Versicherungsvertreter, der es versteht, seine Kunden durch tatkräftigen Einsatz und korrektes Geschäftsgebaren für sich einzunehmen. Zum wettbewerbswidrigen Kundenfang wird die psychische Beeinflussung erst, wenn sie so übersteigert wird oder derart außerhalb des Leistungswettbewerbs liegende Mittel eingesetzt werden, daß der Kunde infolge Einengung seiner Entscheidungsfreiheit nicht umhin kann, das angebotene Geschäft einzugehen. Ein solcher Fall kann z. B. bei den sogenannten Werbe-(„Kaffee"-)Fahrten dann der Fall sein, wenn bei der Einladung hierzu nicht unmißverständlich und unübersehbar darauf hingewiesen wird, daß es sich um eine Werbefahr handelt (*Baumbach – Hefermehl*, a. a. O., § 1 UWG Rdnr 112 ff.)

Die Wertbewerbsrichtlinien der Versicherungswirtschaft verbieten, bei der Werbung das Standesbewußtsein der Versicherungsinteressenten betont anzusprechen (Ziffer 31 Abs. 2) oder fremde Autoritäten für die eigene Werbung einzuspannen (Ziffer 31 Abs. 1). Ferner gehört hierher das Einräumen zusätzlicher, insbesondere vermögenswerter Vorteile, wobei zu unterscheiden ist, ob der Vorteil im Zusammenhang mit einem Geschäftsabschluß oder unabhängig davon gewährt wird.

b) Zugaben

Werden einem Interessenten im geschäftlichen Verkehr zusätzlich zur vertraglichen Leistung unentgeltliche vermögenswerte Vorteile für den Fall in Aussicht gestellt oder eingeräumt, daß er das angebotene Geschäft eingeht, liegt eine Zugabe im Sinne der Zugabe-VO vor (vgl. oben A.III.3). Derartige Zuwendungen sind nach § 1 Abs. 1, Satz 1 der Verordnung unzulässig, es sei denn, es handelt sich um Reklamegegenstände von geringem Wert, die als solche durch eine dauerhafte und deutlich sichtbare Bezeichnung der reklametreibenden Firma gekennzeichnet sind, um geringwertige Kleinigkeiten, um die Erteilung von Auskünften oder Ratschlägen oder – von weiteren für die Versicherungswirtschaft weniger bedeutsamen Ausnahmen abgesehen – um den Abschluß einer Zeitschriftenversicherung (§ 1 Abs. 2a–g ZugabeVO). Um naheliegende Umgehungen dieses Verbotes auszuschließen, untersagt § 1 Abs. 1, Satz 2 der Verordnung ferner, Zuwendungen gegen ein geringfügiges, offenbar nur zum Schein verlangtes Entgelt zu gewähren oder zur Verschleierung der Zugabe eine Ware oder Leistung mit einer anderen Ware oder Leistung zu einem Gesamtpreis anzubieten.

Die Verletzung des Zugabeverbotes berührt die Wirksamkeit des Hauptgeschäftes und der Zugabevereinbarung nicht, verpflichtet allerdings bei schuldhaftem Handeln zum Schadenersatz, bei schuldlosem, aber rechtswidrigem Handeln zur Unterlassung (§ 2 Zugabe-VO). Die vorsätzliche Verletzung ist in § 3 der ZugabeVO als Ordnungswidrigkeit mit Geldstrafe bedroht.

Die Zugabeverordnung und das UWG schließen sich nicht gegenseitig aus, sondern ergänzen sich nach der ausdrücklichen Bestimmung des § 2 Abs. 3 der Verordnung. Was die Verordnung erlaubt, kann also bei vorliegender Sittenwidrigkeit nach § 1 UWG unlauter sein.

Für die Versicherungswirtschaft wird die Geltung des Zugabeverbotes in den Ziffern 43 und 44 der Wettbewerbsrichtlinien ausdrücklich bestätigt. Außerdem befaßt sich mit ihm die noch in Kraft befindliche Anordnung des Reichsaufsichtsamtes vom 23.11.1934 (VerAfP 1935, S. 96) über die Verwendung von Spardosen, Sparuhren und ähnlichen Einrichtungen in der Werbung. Zu beachten ist die Zugabeverordnung darüber hinaus bei der Kopplung von Versicherungsverträgen mit anderen Rechtsgeschäften. Der Abschluß einer Einbruch-Diebstahl-Versicherung durch den Verkäufer eines Geldschrankes zugunsten des Käufers unterliegt z. B. dem Zugabeverbot, wenn der Käufer den Versicherungsschutz unentgeltlich erhält. Das Bundesaufsichtsamt (BAV) hat derartige Verbindungen von Versicherungsverträgen mit Warenverkäufen allerdings unabhängig davon, ob ein Verstoß gegen die Zugabeverordnung vorliegt, für unzulässig erklärt, weil es dem Versicherungsgedanken und dem Ansehen des Versicherungswesens zuwiderlaufe, mit Versicherungsschutz Reklame für ein Warenangebot zu treiben (BAV Geschäftsbericht 1961, S. 42; VerBAV 1961, S. 70; vgl. auch *R. Schmidt — P. Frey, Prölss Versicherungsaufsichtsgesetz*, 10. Auflage 1989, § 1 Rdnr 15).

c) Rabatte, Begünstigungsverträge, Sondervergütungen

Preis- oder Mengennachlässe (Rabatte) dürfen bei Waren und gewerblichen Leistungen des täglichen Bedarfs nur nach Maßgabe des Rabattgesetzes (vgl. oben A.III.3) gewährt werden. Auf Leistungen der Versicherer findet dieses Gesetz nach der amtlichen, in der Literatur nicht unbestrittenen Begründung keine Anwendung. Ob das zutrifft, ist eine theoretische Frage, die auf sich beruhen kann: denn den Rechtsgedanken des Gesetzes haben die Aufsichtsämter auf Grund der Ermächtigung des § 81 Abs. 2 Satz 3 VAG auch in der Versicherungswirtschaft weitgehend zu geltendem Recht erhoben.

Auf der Grundlage der VO zur Übertragung der Zuständigkeit zum Erlaß von Rechtsverordnungen nach § 81 Abs. 2 Satz 3 VAG vom 08.12.1978 hat das BAV die VO über das Verbot von Sondervergütungen und Begünstigungsverträgen in der Schadenversicherung vom 17.08.1982 erlassen. Gemäß § 1 dieser VO ist den Versicherungsunternehmen und den Vermittlern untersagt, Versicherungsnehmern bei Versicherungsverträgen über Risiken der Schaden- und Unfallversicherung, der Kredit- und Kautions- sowie der Rechtsschutzversicherung Sondervergütungen zu gewähren. Als Sondervergütung wird jede unmittelbare oder mittelbare Zuwendung, auch die Provisionsabgabe (Ausnahme: Gewährung von Provisionen an Versicherungsnehmer, die zugleich Vermittler sind) gesehen; dabei gilt z. B. das Provisionsabgabeverbot auch für Lebensversicherungsmakler (VerBAV 1985, S. 279, 1989, S. 187). Dasselbe gilt gemäß § 2 der VO für Begünstigungen, die dann vorliegen, wenn Versicherungsnehmer oder versicherte Personen ohne sachlich gerechtfertigten Grund bezüglich des Leistungsumfangs aus dem Vertrag oder des Versicherungsentgelts besser bestellt werden als andere Versicherungsnehmer oder versicherte Personen. Das Verbot von Sondervergütungen und Begünstigungen gilt auch in der Lebens- und Krankenversicherung. Nicht verboten sind Gruppenversicherungsverträge oder Sammelversicherungsverträge, die jedoch in der Lebens- und Krankenversicherung genehmigungsbedürftig sind (vgl. *R. Schmidt — P. Frey, Prölss Versicherungsaufsichtsgesetz*, 10. Auflage 1989, § 81 Rdnr 106 ff.).

Unzulässig ist es, Sondervergütungen jeglicher Art, insbesondere einem Versicherungsnehmer, seinen Angestellten oder Angehörigen oder einer Firma, an der der Versicherungsnehmer beteiligt ist, Provisionen oder Vorteile irgendwelcher Art zu gewähren, es sei denn, der Empfänger ist, sei es als Angestellter, sei es als Provisionsvertreter, ständig damit betraut oder beschäftigt, für den Versicherer Verträge zu vermitteln oder abzuschließen. Entsprechendes gilt für Zuwendungen an Dritte, die das Empfangene einem der vorgenannten zukommen lassen. Die Verletzung dieser Grundsätze berührt allerdings die Wirksamkeit des Hauptvertrages oder der Begünstigungsabrede nicht (vgl. *R. Schmidt — P. Frey, Prölss Versicherungsaufsichtsgesetz*, 10. Auflage 1989, § 81 Rdnr 107 ff.).

d) Werbegeschenke, Veranstaltungen und Gelegenheitspräsente

Im Gegensatz zu den Vorgenannten sind Zuwendungen, die unabhängig vom Bezug einer Ware oder Leistung gewährt werden, nicht grundsätzlich unzulässig. Zu diesen rechnen insbesondere die — von den Wettbewerbsrichtlinien (Ziffer 43) zu Unrecht den Zugaben gleichgestellten — Werbegeschenke, ferner Werbeveranstaltungen und Gelegenheitspräsente. Ihre Hingabe ist, von dem ausnahmslos nicht nur unzulässigen, sondern auch strafbaren Fall der Bestechung Angestellter abgesehen (§ 12 UWG), nur unlauter, wenn sie den Empfänger derart verpflichtet, daß er sich nicht mehr frei und sachlich entscheiden kann. Ob das der Fall ist, hängt von den Umständen des Einzelfalles ab, u. a. dem Wert und dem Zweck der Zuwendung, der Person des Gebers oder Empfängers, dem Verhältnis beider zueinander oder dem Ort und der Art der Zuwendung. Feste Normen bestehen nicht. Die Übergabe eines Werbegeschenkes im Geschäftslokal des Werbenden wirkt intensiver als die Übersendung desselben Gegenstandes auf dem Postwege. Eine Zuwendung an einen Angestellten, der starken Einfluß auf die Vorgabe künftiger Aufträge an den Schenker besitzt, ist nach strengeren Maßstäben zu beurteilen als das Präsent an den Firmeninhaber anläßlich eines seltenen Geschäftsjubiläums. Handels- und Branchenüblichkeit können im Einzelfall einen Anhalt bieten.

4. Vergleichende Werbung

Jeder Werbende preist die eigene Ware oder Leistung, um deren Absatz zu fördern. Dabei ist er leicht versucht, die eigenen Vorzüge durch eine Bezugnahme auf weniger günstige personelle Eigenschaften oder geschäftliche Verhältnisse seiner Konkurrenten oder auf deren Leistung herauszustellen (vergleichende Werbung).

Ein Hinweis auf ungünstige Eigenschaften oder Verhältnisse eines Mitbewerbers wird vielmehr, mag er wahr sein oder nicht, ausnahmslos als anstößig empfunden. Das ist niemals streitig gewesen und auch in den Wettbewerbsabkommen der Versicherungswirtschaft wiederholt zum Ausdruck gebracht.

Ebenso betrachtet die Rechtsprechung die vergleichende Werbung als unlauter und läßt nur engbegrenzte Ausnahmen für den System-, Abwehr-, Auskunfts-, und Fortschrittsvergleich zu. Niemand soll durch einen Vergleich seiner Leistung mit derjenigen seiner Mitbewerber seine Auffassung als maßgeblich hinstellen und als Vorspann für seine eigene Werbung benutzen und dadurch dem Urteil vorgreifen, das sich die Allgemeinheit auf Grund eigener Prüfung und Erfahrung bilden soll. Diese Rechtsprechung ist allgemein anerkannt, soweit es sich um unrichtige oder irreführende Vergleiche handelt, zumal sich deren Unlauterkeit schon aus dem Täuschungsverbot ergibt. Umstritten ist dagegen die Beurteilung des zutreffenden und sachlich gehaltenen Vergleichs. Ihn hält ein Teil des Schrifttums im Gegensatz zur Rechtsprechung unter Berufung auf das Grundrecht der freien Meinungsäußerung für zulässig.

Für die Versicherungswirtschaft hat diese Streitfrage allerdings geringere Bedeutung; denn einmal führt die Genehmigungspraxis des Aufsichtsamtes bisher zu einer starken Markttransparenz der Versicherungsbedingungen und damit zu einer Vereinheitlichung des Angebotes, und zum anderen entscheiden die Wettbewerbsrichtlinien das Problem grundsätzlich im Sinne der Rechtsprechung (insgesamt hierzu *Büchner, Zulässigkeit und Grenzen vergleichender Werbung in der Versicherungswirtschaft*, in: *Staat, Wirtschaft, Assekuranz und Wissenschaft, Festschrift für Robert Schwebler,* herausgegeben von *Rudolf Henn* und *Walter F. Schickinger,* 1986, S. 145 ff.). Gemäß Ziffer 29 soll sich deshalb die Werbung (vor allem) auf das Hervorkehren der eigenen Leistung in sachlicher und positiver Form beschränken. Die vergleichende Werbung ist gemäß Ziffer 30 Abs. 1 der Wettbewerbsrichtlinien „*nur in den vom allgemeinen Wettbewerbsrecht gezogenen Grenzen zulässig. Sie muß wahr, sachlich und vollständig sein, darf für den Vergleich wesentliche Tatsachen nicht unterdrücken und hat Leistungsunterschiede in sachlicher Form und Aufmachung anhand nachprüfbarer Tatsachen darzustellen*". In Ziffer 30 Abs. 2 der Wettbewerbsrichtlinien werden sodann die Anforderungen an eine zulässige vergleichende Werbung konkretisiert. Dadurch wird einerseits den von der Rechtsprechung aufgestellten Kriterien zur vergleichenden Werbung und andererseits den vom BAV erhobenen Forderungen, daß die vergleichende Werbung in der Versicherungswirtschaft wegen der Eigenart des Versicherungsmarktes (vgl. oben A.IV.1) enger sein muß als in der übrigen Wirtschaft, entsprochen. Danach darf nämlich die vergleichende Wirkung „*außerdem keinesfalls zur Irreführung des versicherungssuchenden Publikums geeignet sein*". In ihr darf deshalb auf Tarife, Bedingungen oder Kosten anderer Versicherungsunternehmen, aber auch auf Durchschnittsdaten der Versicherungswirtschaft oder fremde Leistungsvergleiche nur dann Bezug genommen werden, „*wenn die Voraussetzungen für einen echten Leistungsvergleich objektiv gegeben sind*" (vgl. dazu z.B. LG Köln VersR 1985, S. 1133). Dasselbe gilt bei Hinweisen auf die Rechtsform oder die Organisation anderer Versicherungsunternehmen. Das „*Jenaer Abkommen*" der Hagelversicherer (vgl. oben A.IV.4) läßt in III.3. eine vergleichende Gegenüberstellung nur im Einzelfall und für den Durchschnitt der letzten 10 Jahre zu.

Anders verhält es sich mit der sogenannten **Alleinstellungswerbung**. Wer eine Spitzenstellung auf dem Markt einnimmt, handelt nicht unlauter, wenn er das in seiner Werbung herausstellt, auch wenn der Verkehr hierin einen Hinweis auf die Mitbewerber sehen sollte. Diese Nebenwirkung muß hingenommen werden, da es jedem Unternehmer gestattet ist, mit den tatsächlich vorhandenen Vorzügen seines Unternehmens oder seiner Leistung zu werben. In der Versicherungswirtschaft ist diese Form der Werbung nur selten anzutreffen, meist nur unmittelbar nach Einführung einer neuen Versicherungsart.

II. Behinderung

Jede Wettbewerbshandlung ist naturgemäß geeignet, die Mitbewerber in ihrem Streben nach Umsatz- und Gewinnsteigerung zu beeinträchtigen. Nicht jede Beeinträchtigung ist deshalb unlauter. Anstößig handelt jedoch, wer nicht durch eigene Leistung sondern durch Behinderung des Mitbewerbers Vorteile für sein eigenes Fortkommen zu ziehen sucht. Typische Mittel des Behinderungswettbewerbes sind der Boykott, die Marktbehinderung und die Geschäftsehrverletzung. Sie bezwecken ausnahmslos die Behinderung des Mitbewerbers und sind deshalb stets wettbewerbswidrig. Die Behinderung kann jedoch auch durch Mittel des Leistungswettbewerbes, z. B. durch Preisunterbietung, erreicht werden. Da derartige Wettbewerbsmaßnahmen grundsätzlich erlaubt sind, kann sich bei ihnen eine sittenwidrige Behinderung nur aus besonderen Begleitumständen ergeben.

1. Boykott

Unter (wirtschaftlichem) Boykott verstehen wir die organisierte Absperrung eines Konkurrenten vom Geschäftsverkehr, insbesondere vom Absatz, von der Belieferung, Beförderung oder Kreditgewährung. Im Unterschied zum allgemeinen Sprachgebrauch setzt der Boykott im Rechtssinn zumindest drei Beteiligte voraus: den Boykottierer, denjenigen, der den Aufruf zur Absperrung ausführt, und den Boykottierten. Er verlangt also ein gemeinschaftliches Zusammengehen gegen den Gesperrten. Dadurch gewinnt der Boykott einen kollektiven Charakter, der ihn in erster Linie als Mittel der Wettbewerbsbeschränkung erscheinen läßt, dessen Zulässigkeit nach § 26 Abs. 1 GWB zu beurteilen ist. Als wettbewerbliches Kampfmittel ist der Boykott eines Konkurrenten regelmäßig sittenwidrig, weil er zu einer mit den Grundsätzen des Leistungswettbewerbes unvereinbaren Behinderung des Mitbewerbers führt. Lediglich als Abwehrmaßnahme gegen wettbewerbswidriges Verhalten kann er nach den aus § 193 StGB entwickelten Grundsätzen für die Wahrnehmung berechtigter Interessen ausnahmsweise zulässig sein, wenn er nach Art, Inhalt und Begleitumständen das gebotene und notwendige Mittel zur Erreichung eines rechtlich gebilligten Zwecks bildet und weder die Anrufung der Gerichte noch andere, weniger einschneidende Maßnahmen zum selben Ziel führen.

2. Marktbehinderung

Unter diesem **Sammelbegriff** wird die angesichts der Entwicklung immer neuer Werbemethoden unübersehbare Vielzahl der Behinderungsmittel zusammengefaßt, denen das kollektive Merkmal des Boykotts fehlt, die aber ebenso wie dieser den Konkurrenten daran hindern sollen, seine Ware oder Leistung auf dem Markt frei zur Geltung zu bringen und abzusetzen. Hierher gehört beispielsweise die Absatzbehinderung durch Werbung oder Abfangen der Kunden vor dem Geschäftslokal des Konkurrenten, durch Aufkauf der Konkurrenzerzeugnisse im Zwischenhandel, um ihnen den Weg zum Endverbraucher abzuschneiden, ferner die Werbebehinderung durch Entfernen oder Unkenntlichmachen der Konkurrenzwerbung oder geschäftlicher Kennzeichen sowie die Bezugsbehinderung, bei der der Wettbewerber z. B. Rohstoffe über den eigenen Bedarf hinaus aufkauft, um den Mitbewerber zu behindern.

3. Geschäftsehrverletzung

a) Allgemeines

Wer zu Zwecken des Wettbewerbs über das Erwerbsgeschäft eines anderen, über die Person des Inhabers oder Leiters des Geschäftes oder über die Waren oder gewerblichen Leistungen eines anderen Tatsachen behauptet oder verbreitet, die geeignet sind, den Betrieb des Geschäfts oder den Kredit des Inhabers zu schädigen, ist, sofern die Tatsache nicht erweislich wahr ist, dem Verletzten zum Schadenersatz verpflichtet (§ 14 UWG). Daß die Ehrverletzung eines Unternehmers durch einen Konkurrenten Wettbewerbszwecken dient, ist regelmäßig zu vermuten. Sollte das ausnahmsweise nicht der Fall sein, greift § 824 BGB ein, demzufolge die Behauptung unwahrer Tatsachen, die geeignet sind, den Kredit eines anderen zu gefährden oder sonstige Nachteile für dessen Erwerb oder Fortkommen herbeizuführen, zum Schadenersatz verpflichtet; ein Abwehranspruch kann nach § 1004 BGB begründet sein. Noch weiter reicht der Schutz der Geschäftsehre oder des allgemeinen Persönlichkeitsrechts durch § 823 Abs. 1 BGB oder der Schutz vor übler Nachrede und Verleumdung durch § 823 Abs. 2 BGB in Verbindung mit den §§ 186, 187 StGB. Im Prozeß steht sich der Verletzte allerdings schlechter, wenn er sich auf die Vorschriften des BGB berufen muß, da er die ihre Anwendung begründenden Tatsachen beweisen muß, während nach § 14 UWG der Verletzer den Wahrheitsbeweis zu führen hat.

Alle vorgenannten Vorschriften erfassen mit Ausnahme des Persönlichkeitsschutzes des § 823 Abs. 1 BGB nur Ehrverletzungen durch Behauptung unwahrer und nicht erweislich wahrer Tatsachen. Ehrverletzungen durch Werturteile können, soweit sie Wettbewerbshandlungen darstellen, als persönliche Werbung nach § 1 UWG sittenwidrig sein; es bedarf hier einer Interessenabwägung. Darüber hinaus können sie eine Verletzung des allgemeinen Persönlichkeitsrechts oder einen Eingriff in das Recht am eingerichteten und ausgeübten Gewerbebetrieb (§ 823 Abs. 1 BGB), eine nach § 823 Abs. 2 BGB in Verbindung mit § 185 StGB verbotene Beleidigung oder eine vorsätzliche, sittenwidrige Schädigung im Sinne des § 826 BGB darstellen.

Ferner richten sich § 14 UWG und § 824 BGB sowie § 823 Abs. 2 BGB in Verbindung mit den §§ 186, 187 StGB nur gegen die Äußerung unwahrer Tatsachen, wobei der Wahrheitsbegriff des § 14 UWG allerdings weiter reicht, da er ebenso wie § 3 UWG alle nach Auffassung der beteiligten Verkehrskreise unwahren oder irreführenden Erklärungen erfaßt. Die Äußerung einer privaten Versicherungsgesellschaft, öffentliche Versicherungsanstalten unterständen im Gegensatz zu ihr nicht der Bundesaufsicht, ist deshalb vom Reichsgericht als irreführend im Sinne dieser Vorschrift erachtet worden, weil sie verschweige, daß die öffentlichen Anstalten der keine geringere Gewähr bietenden Aufsicht der Länder unterliegen und dadurch unzutreffende Vorstellungen erwecke (Reichsgericht, Markenschutz und Wettbewerb XXVII/XXVIII, 263). Einen lückenlosen Schutz gegen Diffamierungen kann § 14 UWG dennoch nicht bieten. Um ihn zu erreichen, müssen wir auf das Verbot der Herabsetzung des Mitbewerbers (§ 1 UWG) sowie auf das allgemeine Persönlichkeitsrecht und das Recht am eingerichteten und ausgeübten Gewerbebetrieb zurückgreifen.

b) Wahrnehmung berechtigter Interessen

Handelt es sich um vertrauliche Mitteilungen und hat der Mitteilende oder der Empfänger der Mitteilung an ihr ein berechtigtes Interesse, kann der Betroffene nach § 14 Abs. 2 UWG bei Wahrheitswidrigkeit der Mitteilung zwar Unterlassung, Schadenersatz jedoch nur fordern, wenn der Mitteilende die Wahrheitswidrigkeit kannte (Vorsatz) oder kennen mußte (Fahrlässigkeit). § 824 Abs. 2 BGB schließt die Schadenersatzpflicht bei Wahrnehmung berechtigter Interessen sogar dann aus, wenn es sich nicht um vertrauliche Mitteilungen handelt; das gleiche gilt für § 823 BGB.

Zu den berechtigten Interessen kann jede bei verständiger Beurteilung vertretbare Erwägung des Mitteilenden oder Mitteilungsempfängers gehören, Belange Dritter nur, wenn der Mitteilende oder der Mitteilungsempfänger zu ihrer Wahrung berufen ist. Die Berechtigung der Interessenwahrung hängt jedoch, wie bei allen Fällen des Interessenwiderstreits, von einer Rechtsgüter- und Pflichtenabwägung ab. Sie ist nur gegeben, wenn die Mitteilung objektiv nach Inhalt, Form und Begleitumständen das gebotene und notwendige Mittel zur Erreichung eines rechtlich gebilligten Zwecks ist. Unwahre Äußerungen können diese Voraussetzungen niemals erfüllen. Sie werden deshalb weder durch § 14 Abs. 2 UWG noch durch § 824 Abs. 2 BGB geschützt.

4. Preisunterbietung

a) Allgemeines

Soweit ihn staatliches Preisrecht oder nach den §§ 16, 17 GWB zugelassene privatrechtliche Preisbindungen nicht daran hindern, kann jeder Gewerbetreibende den Preis seiner Ware oder Leistung frei bestimmen. Nach den Preisen der Konkurrenten braucht er sich nicht zu richten. Da der Wettbewerb der besseren Leistung zum Sieg verhelfen soll und der Wert einer Ware oder Leistung von deren Qualität und Preis abhängt, ist es das gute Recht jedes Gewerbetreibenden, seine Ware oder Leistung so billig anzubieten wie er will. Er darf die Preise seiner Konkurrenten unterbieten, zu Selbstkosten- oder Verlustpreisen verkaufen oder regional unterschiedliche Preise bilden, ohne daß ihm allein deshalb eine unlautere Behinderung seiner Mitbewerber vorgeworfen werden könnte. Diese kann sich vielmehr nur aus zusätzlichen Elementen, insbesondere Anlaß, Zweck und Auswirkungen des Preisverhaltens ergeben.

In der **Versicherungswirtschaft** ist dieser **Grundsatz** allerdings **erheblich eingeschränkt**. Schon seit Jahrzehnten hat die Aufsichtsbehörde aus dem im VAG wiederholt zum Ausdruck gebrachten Auftrag, die Belange der Versicherten zu wahren und die dauernde Erfüllbarkeit der Verträge zu sichern (§§ 8 Abs. 1 Nr. 2, 13, 81 Abs. 2, 81a, 87 Abs. 1 Nr. 3 VAG) die Befugnis abgeleitet, die Bemessung des Vesicherungsentgeltes (Prämie, Beitrag) daraufhin zu überwachen, ob der Versicherer *„mehr an Beiträgen erhebt, als er zur Erfüllung seiner und der Gemeinschaft Aufgaben unter Berücksichtigung aller in Frage kommenden Gesichtspunkte verlangen darf"*, oder ob er das Entgelt so gering bemißt, daß *„die Gewährung des Versicherungsschutzes in dem versprochenen Umfang in Frage gestellt ist"* (VerAfP 1938, S. 43 ff.; *Goldberg – Müller, Versicherungsaufsichtsgesetz*, 1980, § 81 Rdnr 13).

Das betrifft zunächst die Lebens-, Kranken- und Unfallversicherung, bei denen der Tarif gem. §§ 11, 12 VAG Teil des durch die Aufsichtsbehörde zu genehmigenden Geschäftsplanes ist, sodann die Kraftfahrtversicherung, deren Tarife für die Kraftfahrzeug-Haftpflichtversicherung nach § 8 Abs. 1 PflichtversicherungsG in Verbindung mit der VO über die Tarife in der Kraftfahrtversicherung von der Aufsichtsbehörde zu genehmigen sind. In allen anderen Versicherungszweigen kann die Aufsichtsbehörde auf die Beitragsbemessung einwirken, wenn die erhobenen oder geforderten Beiträge einen Mißstand herbeigeführt haben oder herbeizuführen drohen, der die Belange der Versicherten gefährdet oder den Geschäftsbetrieb mit den guten Sitten in Widerspruch bringt (vgl. BAV Geschäftsbericht 1964, S. 33; vgl. auch oben A.IV.3). Die praktische Bedeutung dieser Befugnis sollte allerdings nicht überschätzt werden. Da der Schadenaufwand im voraus nicht exakt ermittelt werden kann, wird die Aufsichtsbehörde nur in Ausnahmefällen in der Lage sein, ein Mißverhältnis zwischen Versicherungsleistung und Prämie festzustellen, das einen Eingriff nach § 81 Abs. 2 VAG rechtfertigen könnte. Darüber hinaus bieten Prämienanpassungsklauseln in Allgemeinen Versicherungsbedingungen die Möglichkeit zur Anpassung tariflich bestimmter Prämiensätze an veränderte Aufwandsituationen während der Laufzeit eines Versicherungsvertrags.

Innerhalb der dargelegten Grenzen gilt mithin auch für die Versicherungswirtschaft, daß Preisunterbietungen grundsätzlich erlaubt sind und nur infolge zusätzlicher Begleitumstände wettbewerbswidrig sein oder werden können.

b) Vernichtungsunterbietung

Die Preisunterbietung kann je nach Umfang und Dauer zur Verdrängung der Mitbewerber aus dem Markt oder gar zu deren Vernichtung führen. Da die Preisunterbietung grundsätzlich erlaubt ist, muß diese Konsequenz hingenommen werden. Ist sie jedoch der eigentliche Zweck der Preisunterbietung, dient sie also nicht in erster Linie der Förderung des eigenen Unternehmens, sondern der Ausschaltung der Konkurrenz, so ist sie wettbewerbswidrig. Wer seine Mitbewerber durch ruinösen Preiskampf aus dem Wege räumen will, um die Preise künftig allein bestimmen zu können, mißachtet die guten Sitten.

Der Nachweis dieser Zielrichtung ist freilich schwierig und nur möglich, wenn äußere Begleitumstände, wie zum Beispiel die Planmäßigkeit des Vorgehens oder anhaltender Verkauf zu Verlustpreisen, Rückschlüsse gestatten.

c) Preisunterbietung auf Grund Rechtsbruchs

Wettbewerbswidrig ist ferner die durch Rechtsbruch finanzierte Preisunterbietung. Wer Zölle oder Steuern hinterzieht, Tariflöhne nicht einhält, genehmigte Tarife (vgl. oben B.II.4a) unterschreitet, verbilligte Kredite oder Subventionen der öffentlichen Hand erschleicht und den auf diese Weise gewonnenen Vorsprung vor den rechtstreuen Mitbewerbern davon benutzt, deren Preise zu unterbieten, handelt nicht nur rechts-, sondern auch sittenwidrig.

d) Preisunterbietung durch Irreführung

Unlauter handelt ferner, wer eine Preisunterbietung nur vortäuscht, indem er seine Preise kurz vor der Senkung anhebt, die Qualität der Ware vermindert oder den Verkehr auf andere Weise täuscht, z. B. indem er durch einige besonders billige Angebote den Eindruck hervorzurufen sucht, als seien die Preise aller seiner Erzeugnisse niedrig kalkuliert.

III. Ausbeutung

Wer auf der Leistung seiner Mitbewerber aufbaut oder deren Erzeugnisse, Organisationsformen, Geschäftspläne, Ausstattungen oder Werbemethoden verwertet oder nachahmt, verhält sich noch nicht wettbewerbswidrig. Diesem Vorwurf setzt er sich erst aus, wenn er das Ergebnis der Tätigkeit oder Aufwendungen seiner Mitbewerber in unlauterer Weise ausnutzt, um sich einen Vorsprung vor den Mitbewerbern zu verschaffen. Wann das der Fall ist, hängt von den Umständen des Einzelfalles ab. Der Bundesgerichtshof hat dazu in mehreren Entscheidungen den Gedanken des „muß das denn sein" entwickelt. Danach ist ein wettbewerblicher Einbruch in die Interessensphäre eines Mitbewerbers unlauter, wenn er keine hinreichende Rechtfertigung aus der eigenen Interessensphäre des Einbrechenden findet (u. a. BGH GRUR 61, S. 581).

1. Sklavische Nachahmung

Ob ein Erzeugnis technischer oder nichttechnischer Art, eine Ausstattung, ein geschäftliches Kennzeichen oder Werbemittel nachgeahmt werden darf, ist zunächst keine Frage des Wettbewerbsrechts. Der Schutz geistiger Schöpfungen oder gewerblicher Arbeitsergebnisse wird durch besondere Gesetze, wie das Patentgesetz, das Gebrauchsmustergesetz, das Geschmacksmustergesetz, das Warenzeichengesetz (vgl. oben A.III.4) und die verschiedenen Urheberrechtsgesetze sowie durch das Namens- und Firmenrecht ausschließlich geregelt. Ein Produkt, das durch diese Gesetze oder Rechte nicht geschützt ist, darf von jedermann nachgeahmt werden. Selbst die in allen Einzelheiten übereinstimmende Nachbildung ist erlaubt. Das Wettbewerbsrecht steht dem nicht entgegen. Entsprechend seiner Zweckbestimmung, die Mitbewerber und die Allgemeinheit vor Beeinträchtigungen durch unlauteres Verhalten im Wettbewerb zu schützen, greift es erst ein, wenn ein Unternehmer von der Freiheit, fremde Produkte nachzuahmen, in unlauterer Weise Gebrauch macht, z. B. indem er sich die zur Nachbildung erforderlichen Kenntnisse durch Geheimnisverrat, Spionage oder Vertrauensbruch verschafft oder in der Absicht, den guten Ruf des Mitbewerbers für sich auszunutzen, durch die Nachbildung die Gefahr heraufbeschwört, daß der Verkehr die Nachbildung mit dem Original verwechselt, was allerdings voraussetzt, daß der nachgeahmte Gegenstand sich durch eine besondere Eigenart auszeichnet, die ihn vom Durchschnittsangebot unterscheidet; denn wer ein Allerweltserzeugnis oder Dutzendware neu auf den Markt bringt, kann nicht erwarten, daß ihm der Vorsprung vor der Konkurrenz lange erhalten bleibt.

Auf eine nähere Darstellung dieses in rechtlicher wie in tatsächlicher Hinsicht komplizierten Tatbestandes verzichten wir; denn seine praktische Bedeutung in der Versicherungswirtschaft ist gering, für Allgemeine Versicherungsbedingungen gibt es praktisch keinen Nachahmungsschutz (vgl. oben A.III.4). Die Einführung neuer Versicherungszweige oder neuer Bestandteile (Klauseln) zu bestehenden Versicherungszweigen stellt regelmäßig eine Veränderung des Geschäftsplanes dar, die der Versicherer der Aufsichtsbehörde zur Genehmigung vorzulegen hat und die er vor Erteilung der Genehmigung nicht verwenden darf. Das führt nach der von der Aufsichtsbehörde bisher geübten Praxis zu einer starken Markttransparenz der Versicherungsbedingungen und auch zu einer Vereinheitlichung des Leistungsangebotes der Versicherer, so daß Wettbewerbsverstöße durch unlautere Nachahmung praktisch nur auf dem Gebiet der Werbung vorkommen können. Hier sind sie jedoch ohnehin selten, denn die Gefahr einer Verwechslung kann nur bei einer Werbung eintreten, die sich infolge einer hervorragenden Eigenart den beteiligten Verkehrskreisen eingeprägt hat. Das aber ist bei der Fülle und Vielfalt der Werbung sowie der Flüchtigkeit, mit der sie in der Regel wahrgenommen wird, nur selten der Fall.

2. Ausspannen

a) Allgemeines

Das Abwerben von Arbeitnehmern oder Kunden ist grundsätzlich nicht sittenwidrig. Die Gewinnung tüchtiger Mitarbeiter aus Konkurrenzunternehmen gehört ebenso zum Leistungswettbewerb wie das Einbrechen in einen fremden Kundenkreis. Die Unlauterkeit kann sich jedoch aus den Begleitumständen, insbesondere aus dem Einsatz verwerflicher Mittel oder der Verfolgung wettbewerbswidriger Ziele ergeben.

b) Ausspannen fremder Arbeitskräfte

Unlauter handelt danach, wer fremde Arbeitskräfte ausspannt, indem er sie zum Bruch des Arbeitsvertrages verleitet. Dafür genügt jedes Hinwirken auf den Vertragsbruch, ohne daß es auf den Erfolg ankommt. Auch wer einen schon zum Vertragsbruch neigenden Arbeitnehmer in diesem Entschluß nur bestärkt, muß sich den Vorwurf unlauterer Ausspannung entgegenhalten lassen. Allerdings muß der Ausspannende die Tatumstände kennen, die sein Vorgehen unlauter erscheinen lassen, und zumindest mit bedingtem Vorsatz handeln.

Die Einstellung eines von sich aus vertragsbrüchig gewordenen Arbeitnehmers ist dagegen grundsätzlich nicht sittenwidrig, auch dann nicht, wenn der Arbeitnehmer, wie z. B. im Falle unberechtigter Kündigung, seinem bisherigen Arbeitgeber vertraglich noch verpflichtet bleibt, es sei denn, der Einstellende wirkt bewußt daraufhin, daß der Arbeitnehmer seinen Pflichten gegenüber dem bisherigen Arbeitgeber nicht mehr nachkommt.

Unlauterer Ausspannungsmittel bedient sich insbesondere, wer verwerfliche Mittel oder Ziele dabei verfolgt, z. B. wer fremde Arbeitnehmer durch irreführende oder herabsetzende Äußerungen über ihren Arbeitgeber zur Kündigung des Arbeitsvertrages veranlaßt, wer seine Werber in fremde Betriebe schickt, frühere Betriebsangehörige eines Konkurrenten zu Schlepperdiensten benutzt oder Werbeprämien für die Abwerbung fremder Arbeitnehmer aussetzt; ebenso verfolgt unlautere Zwecke, wer planmäßig alle eingearbeiteten Kräfte eines Konkurrenten abwirbt, um dessen Betrieb lahmzulegen, oder wer durch Abwerbung qualifizierter Mitarbeiter eines Konkurrenten hinter dessen Geschäftsgeheimnisse kommen will.

Die **Rechtsfolgen des wettbewerbswidrigen Ausspannens** fremder Arbeitskräfte sind unterschiedlich. Beim Verleiten zum Vertragsbruch erstreckt sich die Sittenwidrigkeit gegebenenfalls auch auf die Einstellung des Vertragsbrüchigen, so daß der Arbeitsvertrag nach § 138 BGB nichtig ist; diese Rechtsfolge tritt jedoch nur dann ein, wenn der Abgeworbene sich an dem Wettbewerbsverstoß beteiligt hat. In allen anderen Fällen ist die Einstellung der ausgespannten Arbeitskraft dagegen wirksam. Der frühere Arbeitgeber kann jedoch vom Ausspannenden verlangen, daß er die ausgespannte Arbeitskraft nicht oder nicht weiter beschäftigt.

c) Ausspannen von Kunden

Für das Ausspannen von Kunden gelten diese Grundsätze entsprechend. Die Verleitung eines fremden Kunden zum Vertragsbruch ist daher regelmäßig sittenwidrig. Wer dagegen einen ohne sein Zutun vertragsbrüchigen Kunden abwirbt oder einen fremden Kunden zur ordnungsgemäßen Lösung des Vertrages veranlaßt, handelt nur wettbewerbswidrig, wenn er sich dabei unlauterer Mittel bedient oder verwerfliche Zwecke verfolgt.

In der Versicherungswirtschaft sind infolge der Besonderheiten des Versicherungmarktes und der Versicherungszweige strengere Anforderungen an eine zulässige Ausspannung bzw. eine weitgehende Einschränkung entwickelt worden. Diese Grundsätze, wie sie in den Wettbewerbrichtlinien der Versicherungwirtschaft formuliert worden sind, gehen teilweise auf Anordnungen der Aufsichtsbehörde zurück, wie z. B. die grundsätzliche Mißbilligung von Ausspannungen in der Lebensversicherung oder die Festsetzung der Voraussetzungen, unter denen Kündigungshilfe geleistet oder Vorverlängerungsverträge abgeschlossen werden dürfen (vgl. *R. Schmidt – P. Frey, Prölss Versicherungsaufsichtsgesetz*, 10. Auflage 1989, § 81 Rdnr 65, 73, 81). Allerdings verlangt die Rechtsprechung (OLG Köln, VerBAV 1985, S. 426; OLG Hamm, BB 1989, S. 1221) inzwischen, daß zur Ausspannung gemäß Ziffer 48 der Wettbewerbsrichtlinien auch in der Lebensversicherung ein Verstoß gegen § 1 UWG durch Einsatz unlauterer Werbemittel hinzukommen muß. Dies gilt auch für die Kündigungshilfe (OLG Hamm a. a. O.).

In der **Sach-, HUK- und Rechtsschutzversicherung** ist es gemäß Ziffer 56 der Wettbewerbsrichtlinien *„unzulässig, in fremde Versicherungsbestände planmäßig oder mit unlauteren Mitteln einzudringen. Es ist insbesondere unzulässig:*

a) *vorgedruckte oder sonst auf mechanischem Wege vervielfältigte Kündigungsschreiben zu verwenden und Versicherungsinteressenten zur Unterzeichnung vorzulegen;*

b) *von Versicherungsinteressenten vor- oder nachdatierte Kündigungsschreiben oder Kündigungsschreiben mit offenem Datum zu verwenden oder das Datum nachträglich auszufüllen;*

c) *Kündigungsschreiben, deren Weiterleitung der Vertreter oder sein Versicherungsunternehmen übernommen hat, später als einen Monat nach der Unterzeichnung an den Empfänger weiterzugeben;*

d) *Ablaufdaten fremder Versicherungen durch Verwendung von Werbeprospekten mit vorgedruckter Antwort oder durch ähnliche Maßnahmen zu versammeln;*

e) Schadenfälle, die bei fremden Versicherungsunternehmen angemeldet oder von diesen abgewickelt sind, zum Anlaß zu nehmen, in die Bestände dieser Versicherungsunternehmen einzudringen" (Ziffer 56 der Wettbewerbsrichtlinien).

Vorversicherungsverträge dürfen nicht abgeschlossen werden, wenn dasselbe Risiko noch länger als ein Jahr bei einem anderen Versicherer versichert ist (Ziffer 57). Die Werbung von Nachversicherungen zu anderweitig bestehenden Stammverträgen in der Feuer-, Einbruchdiebstahl-, Leitungswasser- und Sturmversicherung soll unterbleiben, wenn die Nachversicherungssumme unter 10 000 DM liegt, die Erhöhung der Deckungssumme zu Haftpflichtversicherungen, die bei anderen Versicherern bereits bestehen, sogar ausnahmslos (Ziffer 59). Unzulässig ist ferner, sich einseitige Erklärungen aushändigen zu lassen, durch die sich die Versicherungsnehmer, die noch länger als ein Jahr anderweitig versichert sind, verpflichten, die Versicherung nach Vertragsschluß ganz oder teilweise auf ein neues Versicherungsunternehmen zu übertragen oder Kündigungen sowie die Ermächtigung zur Kündigung anderweitig bestehender Versicherungsverträge zu verwerten, wenn diese Erklärungen dem Versicherer oder seinem Vertreter früher als ein Jahr vor Ablauf des bestehenden Vertrages zugehen (Ziffer 57 Abs. 2 und 3), oder einen Wechsel des Versicherungsortes sowie Zwangsverwaltungen zur Ausspannung bestehender Sachversicherungen zu benutzen (Ziffer 62).

Nach I, 1 des Jenaer Abkommens der Hagelversicherer dürfen *„Versicherungen, die bisher bei einem Vertragsunternehmen liefen", „von einem anderen Vertragsunternehmen erst nach erfolgter Kündigung und erst nach dem 30. September des letzten Versicherungsjahres an- und aufgenommen werden."* Bei Verletzung dieser Vereinbarung ist der Versicherungsvertrag auf Verlangen des altbesitzenden Versicherers rückgängig zu machen.

In der **Lebensversicherung** sind sowohl die Ausspannung als auch ihr Versuch unzulässig (Ziffer 48 Wettbewerbsrichtlinien). In der **Krankenversicherung** sollen Ausspannung wegen der Nachteile für die versicherte Person grundsätzlich unterbleiben. Sie ist unzulässig, wenn sie mit unlauteren Mitteln oder auf unlautere Weise erfolgt (Ziffer 65 Wettbewerbsrichtlinien). Dieser Fall liegt vor, wenn nicht über die mit dem Wechsel des Versicherungsunternehmens verbundenen Nachteile aufgeklärt wird, wenn der Vertreter bei der Ausfüllung des Antrags ihm mitgeteilte Vorerkrankungen und Vorversicherungen nicht angibt, Kündigungshilfe geleistet wird, gegen die aufsichtsbehördlichen Bestimmungen über Wartezeiten verstoßen wird oder die Werbung mit Beitragsrückerstattung nicht in zulässiger Weise erfolgt (Ziffer 67 Wettbewerbsrichtlinien). Das Verfahren ist für die Lebensversicherung in den Ziffern 51 und 52 und für die Krankenversicherung in den Ziffern 68—70 der Wettbewerbsrichtlinien im einzelnen geregelt.

Der Vollständigkeit halber ist darauf hinzuweisen, daß Ausspannungen auch nach den „Grundsätzen zur Errechnung der Höhe des Ausgleichsanspruchs (§ 89b HGB)" untersagt sind (vgl. jeweils Ziffer VII der „Grundsätze ... Sach, Leben und Kranken", bestätigt durch OLG Köln, VW 1981, S. 1067; ebenso Ziffer VIII der „Grundsätze ..." im Bausparbereich).

IV. Rechtsbruch

Unlauterer Wettbewerb durch rechtswidriges Verhalten ist uns unter anderem Blickwinkel bereits bei der Ausspannung und der Preisunterbietung begegnet. Beides waren Einzelfälle einer typischen Wettbewerbswidrigkeit, deren Tatbestand allerdings differenzierter ist, als es dort erschien.

1. Vorsprung durch Gesetzesverletzung

Nicht jede gesetzeswidrige Wettbewerbshandlung ist zugleich wettbewerbswidrig. Diese Rechtsfolge tritt vielmehr, soweit nicht die Vorschriften des UWG selbst verletzt werden, nur bei Verletzung solcher Normen ein, die unmittelbar den Wettbewerb betreffen, wie z. B. die gesetzlichen Wettbewerbsverbote für Handlungsgehilfen, Vertreter und technische Angestellte, für Gesellschafter einer offenen Handelsgesellschaft oder Kommanditgesellschaft und für Vorstandsmitglieder einer Aktiengesellschaft. Das gleiche gilt bei Verletzung solcher Vorschriften, die eine gerade für den Wettbewerb erhebliche sittliche Wertung zur Geltung bringen, wie z. B. das Wucherverbot des § 138 Abs. 2 BGB, oder die den Schutz bestimmter Personengruppen vor dem Wettbewerb anderer bezwecken, wie z. B. Artikel I, 1 des Gesetzes zur Verhütung von Mißbräuchen auf dem Gebiet der Rechtsberatung (vgl. dazu BGH vom 05.02.1987, BB 1987, S. 1909) und das Gesetz über den Widerruf von Haustürgeschäften, das jedoch auf den Abschluß von Versicherungsverträgen nicht anwendbar ist. Bei allen anderen Vorschriften — und dazu gehören ungeachtet ihrer Bedeutung für den Wettbewerb alle gewerbepolizeilichen Vorschriften, wie z. B. das Ladenschlußgesetz, die Heilmittelwerbeverordnung, die Preisauszeichnungsverordnung oder das Gesetz für den Verkehr mit Lebensmitteln — ist der Gesetzesverstoß wettbewerbsrechtlich irrelevant, es sei denn, es treten besondere Umstände hinzu, die den Rechtsbruch zugleich auch als unlautere Wettbewerbshandlung erscheinen lassen. Das ist insbesondere dann der Fall, wenn ein Wettbewerber bewußt darauf ausgeht, sich durch Rechtsbruch einen Vorsprung vor den gesetzestreuen Mitbewerbern zu verschaffen, wofür jeder wie auch immer geartete Versuch zur Verbesserung der eigenen Lage genügt.

2. Vorsprung durch Vertragsbruch

Die Nichterfüllung eines Vertrages ist regelmäßig nicht sittenwidrig. Diese in den Vorschriften des Bürgerlichen Gesetzbuches über die Folgen der Nichterfüllung zum Ausdruck gekommene Rechtsauffassung gilt auch für das Wettbewerbsrecht. Ein Vertragsbruch kann deshalb nur auf Grund der besonderen Umstände des Einzelfalles unlauterer Wettbewerb sein. Insbesondere setzt sich dem Vorwurf der Unlauterkeit aus, wer sich über die Vertragstreue seiner Mitbewerber hinwegsetzt, um sich einen unverdienten Vorsprung vor ihnen zu verschaffen. Ferner gehören in diesen Zusammenhang die Verletzungen vertraglicher Wettbewerbsverbote, wie sie mit Handlungsgehilfen, Vertretern oder Geschäftsführern einer offenen Handelsgesellschaft oder Kommanditgesellschaft für die Zeit nach Beendigung des Vertragsverhältnisses vereinbart werden können.

V. Marktstörung

Wie bereits ausgeführt (vgl. oben A.V), hat sich das UWG über den Schutz einzelner Mitbewerber hinaus zu einer sozialen Schutzfunktion hinaus entwickelt, es schützt also das Interesse der Allgemeinheit an einem funktionsfähigen Wettbewerb. Damit ist Wettbewerbsverhalten zugleich Marktverhalten (*Baumbach - Hefermehl,* a.a.O., § 1 UWG Rdnr 832). Nicht jede Beeinflussung des Marktes ist jedoch wettbewerbswidrige Störung des Marktes. Eine solche liegt vielmehr nur dann vor, wenn „*ein Unternehmen nicht leistungsgerechte Mittel einsetzt, die geeignet sind, den Wettbewerb auf einem bestimmten Markt durch Beeinträchtigung der Freiheit von Angebot und Nachfrage zu verfälschen, so daß sich die bessere Leistung auf dem Markt nicht mehr durchsetzen kann und der Bestand des Wettbewerbs gefährdet wird"* (*Baumbach - Hefermehl,* a. a. O., Einleitung UWG Rdnr 165). Eine Gefährdung des Wettbewerbs soll z. B. durch das Verbot von § 26 Abs. 2 GWB verhindert werden, wonach marktbeherrschende Unternehmen[18] „*ein anderes Unternehmen in einem Geschäftsverkehr, der gleichartigen Unternehmen üblicherweise zugänglich ist, weder unmittelbar noch mittelbar unbillig behindern oder ohne sachlich gerechtfertigten Grund unmittelbar oder mittelbar unterschiedlich behandeln"* dürfen. Eine solche unbillige Behinderung kann zugleich einen Verstoß gegen § 1 UWG darstellen, wenn nämlich die eingesetzten Mittel und Methoden geeignet sind, den Leistungswettbewerb erheblich zu stören. Unzulässig ist auch die massenweise kostenlose Zurverfügungstellung von Originalwaren (nicht Warenproben). Die Marktstörung kann aber auch durch den Mißbrauch wirtschaftlicher Macht erfolgen oder in Preiskampfmethoden liegen, wenn etwa bestimmten Waren dauernd unter dem Selbstkostenpreis verkauft werden und dadurch der Wettbewerb auf dem Markt aufgehoben wird.

C. Wettbewerbsschutz

Der Umfang des wettbewerblichen Rechtsschutzes wird durch die bei unlauterem Wettbewerb bestehenden Ansprüche bestimmt.

I. Der Abwehranspruch

Wer gegen die §§ 1–12 UWG verstößt, kann von jedem Mitbewerber auf Unterlassung in Anspruch genommen werden (§§ 1, 13 Abs. 1 UWG oder § 1004 BGB). Außerdem können die Mitbewerber Beseitigung der Störung verlangen. Das UWG erwähnt den Beseitigungsanspruch zwar nicht; er ergibt sich jedoch aus dem Zweck des Unterlassungsanspruchs, künftige Wiederholungen des Wettbewerbsverstoßes zu verhindern, wenn hierfür ein schutzwürdiges Interesse besteht; denn die bloße Verpflichtung des Wettbewerbers, die beanstandete Wettbewerbshandlung zu unterlassen, bietet keinen ausreichenden Schutz, solange die ursprüngliche Störungsquelle, z. B. eine irreführende Werbung, nicht aus der Welt geschafft ist.

---

18 Vgl. RLV. VII. C.I.8d

Voraussetzung des Unterlassungsanspruchs ist einmal die Rechtswidrigkeit der Wettbewerbshandlung und zum anderen die Wiederholungsgefahr. Wann eine Wettbewerbshandlung rechtswidrig ist, ergeben die einzelnen Tatbestände, von denen wir die wichtigsten vorstehend erörtert haben. Wiederholungsgefahr besteht, wenn die Wettbewerbshandlung eine fortdauernde Störung verursacht.

Der Unterlassungsanspruch steht jedem Mitbewerber zu, der durch den Wettbewerbsverstoß unmittelbar betroffen ist. Da Wettbewerbsverstöße in der Regel über den Kreis der unmittelbar betroffenen Mitbewerber hinauswirken, hat der Gesetzgeber den Anspruch darüber hinaus

— allen Gewerbetreibenden gegeben, die Waren oder Leistungen gleicher oder verwandter Art herstellen oder in den Verkehr bringen,
— den rechtsfähigen Verbänden eingeräumt, die nach ihrer Satzung und Tätigkeit der Förderung gewerblicher Interessen dienen, wie z. B. der Gesamtverband der Deutschen Versicherungswirtschaft oder der Bundesverband Deutscher Versicherungskaufleute.

  Allerdings muß der Verband durch den Wettbewerbsverstoß verletzt sein, was der Fall ist, wenn der Verstoß in den satzungsmäßigen Interessenbereich des Verbandes eingreift (vgl. hierzu oben A.V.),
— ferner den rechtsfähigen Verbänden, zu deren satzungsgemäßen Aufgaben es gehört, die Interessen der Verbraucher durch Aufklärung und Beratung wahrzunehmen, soweit wesentliche Belange der Verbraucher berührt werden, sowie
— den Industrie- und Handelskammern oder den Handwerkskammern.

II. Der Widerrufsanspruch

Ein Sonderfall des Abwehranspruchs ist der Anspruch auf Widerruf ehrkränkender oder kreditschädigender Äußerungen analog § 1004 BGB. Er setzt lediglich eine objektiv unwahre oder nicht erweislich wahre Behauptung voraus, die den Ruf des Verletzten fortwirkend beeinträchtigt. Der Widerruf ist jedoch nur zulässig, wenn er zur Beseitigung des Störungszustandes notwendig und geeignet ist. Er darf nicht zur Demütigung des Verletzers führen. Bei Ehrkränkungen unter vier Augen, Formalbeleidigungen oder persönlichen Werturteilen scheidet er deshalb aus. In diesen Fällen ist der Verletzte auf den strafrechtlichen Schutz der §§ 185 ff. StGB beschränkt.

III. Der Schadenersatzanspruch

Wer schuldhaft gegen die §§ 1–12 UWG verstößt, hat dem Verletzten den durch den Verstoß entstandenen Schaden zu ersetzen (§§ 1, 13, 14, 16, 19 UWG). Der Ersatzanspruch setzt also außer der Rechtswidrigkeit (Sittenwidrigkeit) des Verstoßes vorsätzliches oder fahrlässiges Handeln des Verletzers voraus.

Ebenso wie der Unterlassungsanspruch auf die nicht auf das Wettbewerbsverhältnis beschränkte und deshalb umfassendere Vorschrift des § 1004 BGB gestützt werden kann, können auch hier neben den Vorschriften des UWG die allgemeinen Bestimmungen der §§ 823, 824, 826 BGB aus dem Recht der unerlaubten Handlung als weitere Anspruchsgrundlage herangezogen werden. Da Wettbewerbsverstöße oft zugleich einen unmittelbaren Eingriff in das Recht am eingerichteten und ausgeübten Gewerbebetrieb darstellen, das den durch § 823 Abs. 1 BGB geschützten absoluten Rechten gleicherachtet wird, bietet sich vielfach vor allem diese Vorschrift als weitere Grundlage eines wettbewerblichen Schadenersatzanspruchs an.

Art und Umfang der Ersatzpflicht bestimmen die §§ 249 ff. BGB. Danach hat der Ersatzpflichtige den Zustand herzustellen, der bestehen würde, wenn der zum Ersatz verpflichtende Umstand nicht eingetreten wäre (Naturalrestitution). Ist die Wiederherstellung in Natur nicht möglich oder unzureichend, hat der Ersatzpflichtige Entschädigung in Geld zu leisten. Zu ersetzen ist der gesamte Schaden, und dazu gehört jede unfreiwillig erlittene Beeinträchtigung der Vermögenslage. Diese kann in der Minderung des vorhandenen Vermögens (positiver Schaden) bestehen oder in der Vereitelung einer Vermögensvermehrung (entgangener Gewinn). Außerdem kann der Geschädigte – das ist eine wettbewerbsrechtliche Besonderheit – Herausgabe des durch den Wettbewerbsverstoß erzielten Reingewinns verlangen, selbst wenn er ihn nicht hätte erzielen können. Diesen Anspruch hat die Rechtsprechung unter dem Gesichtspunkt des Schadenersatzes durch entsprechende Anwendung der §§ 687 Abs. 2 und 667 BGB entwickelt, wonach derjenige, der ein Geschäft eines anderen als sein eigenes besorgt, obwohl er weiß, daß er dazu nicht berechtigt ist, alles herausgeben muß, was er durch die Geschäftsbesorgung erlangt hat. Der Anspruch wird, obgleich § 687 Abs. 2 BGB Kenntnis und damit vorsätzliches Handeln voraussetzt, schon bei fahrlässigem Wettbewerbsverstoß gewährt.

Ein mitwirkendes Verschulden des Geschädigten kann hier wie auch sonst zu einer Minderung, in krassen Fällen sogar zu einem Ausschluß der Haftung des Schädigers führen (§ 254 BGB).

Das Vorliegen des haftungsbegründenden Tatbestandes und die Höhe des Schadens muß im Streitfall der Geschädigte nachweisen. Das stellt ihn gerade in Wettbewerbsstreitigkeiten vor erhebliche Schwierigkeiten. Wie soll der Geschädigte nachweisen, welche Geschäfte ihm z. B durch irreführende, vergleichende Werbung eines Konkurrenten entgangen sind? Die Beweislage wird jedoch dadurch erleichtert, daß das Gericht bei typischen Geschehensabläufen bestimmte Schlußfolgerungen nach der Lebenserfahrung ziehen darf, wenn der Schädiger keine Umstände nachweist, die den Erfahrungsschluß entkräften (Beweis des ersten Anscheins). Außerdem kann das Gericht nach § 287 ZPO sowohl die Entstehung als auch die Höhe des Schadens unter Würdigung aller Umstände nach freier Überzeugung schätzen, ohne dabei an Beweisregeln gebunden zu sein, eine Möglichkeit, von der gerade in Wettbewerbsstreitigkeiten häufig Gebrauch gemacht wird.

IV. Auskunfterteilung und Rechnungslegung

Schließlich kommt dem Geschädigten bei der Verfolgung seines Ersatzanspruchs der vom Reichsgericht aus dem Grundsatz von Treu und Glauben (§ 242 BGB) abgeleitete Anspruch auf Auskunfterteilung und Rechnungslegung zugute. Wird die Rechtsverfolgung erst durch eine Auskunft des Verpflichteten ermöglicht oder zumindest wesentlich erleichtert, so kann der Berechtigte die zur Rechtsverfolgung erforderlichen Auskünfte jedenfalls bei solchen Rechtsverhältnissen vom Verpflichteten verlangen, die ihrem Wesen nach den Berechtigten über das Bestehen und den Umgang seines Rechts entschuldbar im ungewissen lassen, während der Verpflichtete unschwer Auskunft erteilen kann. Hat der Schädiger eine mit Einnahmen und Ausgaben verbundene Verwaltung geführt, kann der Geschädigte darüber hinaus Rechnungslegung gemäß §§ 259, 260 BGB fordern und damit den Schädiger im Ergebnis zwingen, alle mit dem Wettbewerbsverstoß verbundenen Vorgänge zu offenbaren.

V. Verjährung

Der Unterlassungs- und Schadenersatzanspruch verjährt in sechs Monaten seit dem Tage, an dem der Anspruchsberechtigte Kenntnis von der Handlung und der Person des Verpflichteten erlangt hat, spätestens jedoch in drei Jahren seit Begehung der Handlung (§ 21 UWG). Dasselbe gilt, wenn es auch nicht ausdrücklich geregelt ist, für den Anspruch auf Auskunfterteilung und Rechnungslegung.

VI. Haftung für Dritte

Insoweit gelten die allgemeinen Vorschriften. Nach § 31 BGB haften juristische Personen für wettbewerbswidriges Verhalten ihrer Organe. Ferner hat jeder Unternehmer nach § 831 BGB für widerrechtliche Schädigungen durch seine Verrichtungsgehilfen einzustehen, wenn er nicht beweisen kann, daß er seine Verrichtungsgehilfen mit der im Verkehr erforderlichen Sorgfalt ausgewählt und überwacht hat. Lediglich für den Unterlassungsanspruch begründet § 13 Abs. 4 UWG eine weitergehende Haftung des Betriebsinhabers, indem er bestimmt, daß der Betriebsinhaber ohne Möglichkeit eines Entlastungsbeweises persönlich verantwortlich ist, wenn seine Angestellten oder Beauftragten im geschäftlichen Betrieb Handlungen vornehmen, die nach den §§ 1, 3, 4, 6 bis 6e, 7, 8 und 12 UWG unzulässig sind.

VII. Der Wettbewerbsprozeß

Der wettbewerbliche Abwehr- und Schadenersatzanspruch ist, falls der Verletzer einer außergerichtlichen Abmahnung nicht folgt, durch Klage vor den ordentlichen Gerichten geltend zu machen. Für das Verfahren gelten die Vorschriften der Zivilprozeßordnung mit Ausnahme folgender **Sonderbestimmungen**:

Für Klagen auf Grund des UWG ist örtlich ausschließlich das Gericht zuständig, in dessen Bezirk der Beklagte seine gewerbliche Niederlassung oder in Ermangelung einer solchen seinen Wohnsitz hat. Für Personen, die im Inland weder das eine noch das andere haben, ist der inländische Aufenthalt maßgebend, außerdem der Begehungsort (§ 24 UWG). Sachlich zuständig sind, sofern der Rechtsstreit in erster Instanz vor dem Landgericht zu führen ist, die Kammern für Handelssachen (§ 27 UWG, § 95 GVG). Zur Beilegung von Wettbewerbsstreitigkeiten in der gewerblichen Wirtschaft sind bei den Industrie- und Handelskammern Einigungsstellen errichtet, die, soweit sie den geschäftlichen Verkehr mit dem letzten Verbraucher betreffen, von jeder Partei, ansonsten dann angerufen werden können, wenn der Gegner zustimmt. Die Einigungsstelle hat einen gütlichen Ausgleich anzustreben (§ 27a UWG).

Kommt es jedoch zu einer Klage in einer Wettbewerbsstreitsache, so bieten §§ 23a und 23b UWG einer wirtschaftlich schwachen Partei die Möglichkeit, einen Antrag auf Herabsetzung des Streitwertes zu stellen. Voraussetzung ist, daß diese Partei glaubhaft macht, *„daß die Belastung mit den Prozeßkosten nach dem vollen Streitwert angesichts ihrer Vermögens- und Einkommenverhältnisse nicht tragbar erscheint"* bzw. *„ihre wirtschaftliche Lage erheblich gefährden würde"* und daß auf Verlangen des Gerichts gegebenenfalls nachgewiesen wird, daß die zu tragenden Gerichtskosten weder unmittelbar noch mittelbar von einem Dritten übernommen werden (§ 23b Abs. 1 S. 2 UWG). Das Gericht entscheidet über diesen Antrag nach Anhörung des Gegners durch Beschluß und richtet sich dabei nach der Wirtschaftslage des Antragstellers. Mit einer solchen Streitwertherabsetzung wird damit auch wirtschaftlich Schwächeren die Rechtsverfolgung bzw. Rechtsverteidigung in Wettbewerbsprozessen erleichtert.

Bei Urteilen auf Unterlassung kann das Gericht der obsiegenden Partei die Befugnis zusprechen, den verfügenden Teil des Urteils innerhalb einer bestimmten Frist auf Kosten der unterlegenen Partei öffentlich bekanntzumachen (§ 23 Abs. 2 UWG).

Schließlich erleichtert § 25 UWG die einstweilige Verfügung zur Sicherung von Unterlassungsansprüchen, der gerade im Wettbewerbsrecht große praktische Bedeutung zukommt, indem er den Antragsteller von der sich aus den §§ 935, 940 ZPO ergebenden Verpflichtung befreit, den Verfügungsgrund darlegen und glaubhaft machen zu müssen.

Für das Vollstreckungsverfahren gelten keine Besonderheiten. Urteile, die einer Abwehr-, insbesondere einer Unterlassungsklage stattgeben, werden nach § 890 ZPO vollstreckt, indem das Prozeßgericht des ersten Rechtszuges den Beklagten auf Antrag des Klägers für jeden Fall der Zuwiderhandlung zu einem Ordnungsgeld oder Ordnungshaft verurteilt. Urteile auf Widerruf einer Erklärung, auf Auskunfterteilung oder Rechnungslegung werden, da sie auf Vornahme einer sogenannten unvertretbaren Handlung gerichtet sind, die nur vom Verpflichteten persönlich vorgenommen werden kann, nach § 888 ZPO ebenfalls durch Festsetzung von Zwangsgeld oder Zwangshaft erzwungen. Das auf eine Schadenersatzleistung erkennende Urteil ist durch Zwangsvollstreckung in das bewegliche und unbewegliche Vermögen des Verurteilten zu vollziehen.

VIII. Strafrechtsschutz

Soweit das Wettbewerbsrecht an Wettbewerbsverstöße strafrechtliche Sanktionen knüpft, regelt sich das Verfahren nach den Vorschriften der Strafprozeßordnung. Es gilt lediglich folgende Besonderheit:

Das Gericht kann anordnen, daß die Verurteilung oder der Freispruch auf Kosten des Verurteilten bzw. der Landeskasse öffentlich bekanntzumachen sind (§ 23 UWG).

Literaturhinweise

Baumbach – Hefermehl, Wettbewerbsrecht, 16. Auflage 1990

Goldberg – Müller, Versicherungsaufsichtsgesetz, 1980

Immenga – Mestmäcker, Gesetz gegen Wettbewerbsbeschränkungen, 1981

R. Schmidt – P. Frey, Prölss Versicherungsaufsichtsgesetz, 10. Auflage 1989

Rittner, Fritz, Wirtschaftsrecht, 2. Auflage 1987

Rittner, Fritz, Wettbewerbs- und Kartellrecht, 3. Auflage 1989

Schmidt, Reimer, Zur rechtlichen Lage der Versicherungswirtschaft nach dem Gesetz gegen Wettbewerbsbeschränkungen, 1960

Steuer und Versicherung (Teil I)[1]

Von Dipl.-Kfm. Heinz Rössler

---

[1] Der Beitrag besteht insgesamt aus 4 Teilen.

Inhaltsverzeichnis
(Teil I)

   Seite

A. Der systematische Aufbau unserer Steuerrechtsordnung 3
   I. Die Stellung des Steuerrechtes in unserer Rechtsordnung 3
   III. Einteilung der speziellen Steuergesetze 6
      1. Steuerpflichtiger, Steuerschuldner, Besteuerungsgegenstand und Steuerbemessungsgrundlage 6
      2. Einteilungssysteme 7
   III. Der Begriff „Steuer" 10
   IV. Steuergesetze und ihre Auslegung 10
      1. Der Begriff des Gesetzes im Steuerrecht 10
      2. Auslegung von Steuergesetzen 11
   V. Steuerpflicht und Steuerschuld 12
   VI. Festsetzung und Erhebung der Steuer 13

B. Besteuerung des Versicherungsvertrages 14
   I. Der Versicherungsvertrag im Einkommensteuerrecht 14
      1. Grundbegriffe des Einkommensteuerrechts 14
      2. Der Versicherungsbeitrag im Einkommensteuerrecht 18

B. Besteuerung des Versicherungsvertrages
   I. Der Versicherungsvertrag im Einkommensteuerrecht
      3. Versicherungsansprüche und Versicherungsleistungen im Einkommensteuerrecht (Teil II)
      4. Die einkommensteuerrechtliche Behandlung der Beitragsrückerstattung (Beitragsrückgewähr, Bonus, Überschußbeteiligung oder Versicherungsdividende)
      5. Sonderfragen (Teil II)
   II. Der Versicherungsvertrag im Vermögensteuerrecht (Teil II)
   III. Der Versicherungsvertrag im Gewerbesteuerrecht (Teil III)
   IV. Der Versicherungsvertrag im Erbschaftsteuerrecht (Teil III)
   V. Der Versicherungsvertrag im Verkehrsteuerrecht (Teil III)

C. Steuerfragen des Versicherungsaußendienstes (Teil III)

D. Die Besteuerung des Versicherungsunternehmens (Teil IV)

Die überarbeitete Neuauflage des Beitrages „Steuer und Versicherung" berücksichtigt die bis zum Jahre 1989 erfolgten grundsätzlichen Änderungen der Steuergesetze, insbesondere das Steuerreformgesetz 1990 vom 25.7.1988 (BGBl I 1988, S. 1093), das Gesetz zur Änderung des Steuerreformgesetzes 1990, sowie zur Förderung des Mietwohnungsbaues und von Arbeitsplätzen in Privathaushalten vom 30.6.89 (BGBl I 1989 S. 1267) und das Gesetz zur Förderung des Wohnungsbaues und zur Ergänzung des Steuerreformgesetzes 1990 vom 22.12.89 (BGBl I 1989, S. 2408).

Der Gesamtbeitrag Steuer und Versicherung gibt zunächst einen Überblick über die Systematik der in der Bundesrepublik Deutschland geltenden Steuerrechtsordnung. Er behandelt dann die Besteuerung des Versicherungsvertrages, d. h. diejenigen Steuern, die eventuell vom Versicherungsnehmer im Zusammenhang mit dem Abschluß und mit der Durchführung des Versicherungsvertrages aufzubringen sind. Ein weiteres Kapitel ist der Besteuerung des Versicherungsaußendienstes gewidmet und schließlich und nicht zuletzt wird die Besteuerung des Versicherungsunternehmens selbst behandelt.

Es entspricht der Natur dieser Abhandlung, daß nur grundsätzliche Fragen erörtert werden können. Der Gesamtbeitrag soll dem Leser Aufklärung geben über

— die steuerliche Behandlung von Versicherungsprämien —

— die steuerliche Behandlung von Versicherungsleistungen —

— die Besteuerung von Versicherungsvertretern und Versicherungsmaklern —

— die Besteuerung des Versicherers.

Auf die vielfältigen Spezialfragen konnte nicht eingegangen werden. Der interessierte Leser findet hier in der reichhaltigen Fachliteratur Möglichkeiten, sein Wissen weiter zu vertiefen.

A. Der systematische Aufbau unserer Steuerrechtsordnung

I. Die Stellung des Steuerrechtes in unserer Rechtsordnung

Das Steuerrecht ist **Teil des öffentlichen Rechts** (*Bühler-Strickrodt, Steuerrecht* 1. Halbband, *Allgemeines Steuerrecht,* S. 26). Die steuerrechtlichen Normen regeln die abgabenrechtlichen Beziehungen zwischen den Steuergläubigern (Bund, Länder und Gemeinden) und den Steuerschuldnern. Der Steuerschuldner ist im Steuerrecht grundsätzlich Gewaltunterworfener (*Bühler, Finanzgewalt im Wandel der Verfassung, Festgabe für R. Thoma*, S. 5 ff.; *Blumenstein, Handwörterbuch der Finanzwissenschaft*, Bd. 1, S. 108 ff.). Dies kommt deutlich im Finanzrechtsweg (§§ 33 bis 34 FGO) zum Ausdruck, in dem immer eine vermeintliche oder tatsächliche Beschwerde für den Gewaltunterworfenen, also eine öffentlich-rechtliche Streitigkeit Gegenstand des Verfahrens ist. Meinungsverschiedenheiten über Steueransprüche zwischen den Steuergläubigern oder Meinungsverschiedenheiten über Verfahrensfragen zwischen Steuergläubigern und Verwaltung können nicht Gegenstand des Finanzrechtsweges sein (BFH vom 10.11.1961 III 279/58 BStBl 1962 III S. 145). Gleiches gilt für bürgerlich-rechtliche Streitigkeiten und Strafsachen (auch Steuerstrafsachen) nach § 13 Gerichtsverfassungsgesetz (GVG).

Das Steuerrecht ist **positives Recht** (Hinweis auf § 3 AO). Naturrechtliche Elemente sind dem Steuerrecht weitgehend fremd. Die Entstehung von Gewohnheitsrecht bei der Besteuerung z. B. durch Verwaltungsübung oder durch Treu und Glauben ist umstritten (*Bühler-Strickrodt*, a.a.O.; BFH vom 3.12.1953 II 31/53 U, BStBl 1954 III S. 28; *Blumenstein, System des Steuerrechts*, 2. Auflage 1951, S. 13; *Hensel, Steuerrecht*, 3. Auflage S. 45; *Van der Velde, Steuerberaterjahrbuch* 1954/55, S. 58 ff.). Deutlich wird dies am Aufbau der Steuerrechtsordnung und am Inhalt der einzelnen Steuergesetze. **Innerhalb sehr flüssiger Grenzen zeichnen sich drei Formen steuerrechtlicher Gesetze** ab:

a) allgemeine Steuergesetze,

b) spezielle Steuergesetze,

c) verfahrenstechnische Steuergesetze.

(a) Die **allgemeinen Steuergesetze** enthalten vor allem Vorschriften, die

(aa) Begriffe und allgemeine Grundsätze für das gesamte Steuerrecht klären, wie z. B. die Abgabenordnung (AO).

(bb) für die Bewertung allgemeine Regeln aufstellen, wie z. B. das Bewertungsgesetz (BewG).

(cc) das Besteuerungsverfahren (Steuerermittlung und Steuerüberwachung) regeln, wie z. B. die Abgabenordnung.

b) Die **speziellen Steuergesetze** befassen sich mit den einzelnen Steuern. Innerhalb der Grenzen, die von den allgemeinen Steuergesetzen gezogen werden, regeln sie die Ermittlung und Erhebung der einzelnen Steuer. Soweit sie keine besonderen Vorschriften enthalten, sind die entsprechenden Vorschriften der allgemeinen Steuergesetze anzuwenden, wie z. B. beim Einkommensteuergesetz (EStG).

c) Die **verfahrensrechtlichen Gesetze** haben vornehmlich Ordnungsfunktion. Sie regeln die Beziehungen zwischen den einzelnen Behörden der Finanzverwaltung, sie befassen sich mit der Verwaltung der Steuern und dem Aufbau und Aufgabenbereich der Finanzgerichtsbarkeit, so z. B. das Gesetz über die Finanzverwaltung (FGV), das Verwaltungszustellungsgesetz (VwZG) und die Finanzgerichtsordnung (FGO).

Wie erwähnt, sind die Grenzen flüssig. Die Zuordnung eines einzelnen Steuergesetzes zu einer der drei Gruppen ist nicht selten schwierig. Oft enthalten Steuergesetze Elemente, die außerhalb dieser drei Grundgruppen stehen. Dies ist vor allem dann der Fall, wenn das Steuergestz neben der Deckung des Finanzbedarfs des Steuergläubigers eine wirtschafts- oder sozialpolitische Ordnungsfunktion hat. Es würde zu weit gehen, hier auf die Problematik der Ordnungsteuern einzugehen. Sie spielen in unserer Steuerrechtsordnung eine bedeutsame Rolle (*Neumark, Theorie der Besteuerung, Handwörterbuch der Sozialwissenschaften*, Bd. 10; *Schmölders, Finanzpolitik*).

Die **Grundsystematik unserer Steuerrechtsordnung** beeinflußt auch den **Aufbau der einzelnen Steuergesetze**. Fast alle speziellen Steuergesetze enthalten allgemeine Vorschriften, die sich insbesondere mit der Begriffserklärung befassen, spezielle Vorschriften, die ausschließlich die jeweilige Steuer betreffen und Vorschriften über das Besteuerungsverfahren. Die Einkommensteuer soll uns hierfür als Beispiel dienen.

Die §§ 1—12 EStG befassen sich ausschließlich mit der Klärung und Abgrenzung von Begriffen, die für die Ermittlung des Besteuerungsgegenstandes (Einkommen) von wesentlicher Bedeutung sind. Die §§ 13—24 regeln Umfang und Inhalt der einzelnen Einkunftsarten und sind weitgehend nur für die Einkommensteuer bedeutsam. Die §§ 25 ff. — ausgenommen die §§ 51 bis 56 (Ermächtigungs- und Schlußvorschriften) — befassen sich mit der Besteuerung selbst. Sie enthalten die Vorschriften über die Veranlagung, Ermittlung und Entrichtung der Steuer.

Da der Staatsbürger als Steuerpflichtiger grundsätzlich gewaltunterworfen ist, ist es besonders wichtig, daß **auch im Steuerrecht Rechtsnormen höherer Ordnung** gelten, die allerdings im Steuerrecht einen anderen Inhalt haben können als ähnliche Rechtsnormen in der übrigen Rechtsordnung, wie z. B. der Grundsatz von „Treu und Glauben". Die wichtigsten sind die folgenden:

Gesetzmäßigkeit der Besteuerung,

Treu und Glauben im Sinne des Steuerrechtes,

Gleichmäßigkeit der Besteuerung.

Diese Reihenfolge entspricht in etwa auch ihrer praktischen Bedeutung für die Rechtsbeziehungen zwischen Finanzverwaltung, Steuergläubigern und Steuerschuldnern (Steuerpflichtigen). Im allgemeinen wird sich der Steuerpflichtige auf „Treu und Glauben" nicht berufen können, wenn der Grundsatz der Gesetzmäßigkeit der Besteuerung verletzt ist. Ebenso wird sich die Finanzverwaltung nicht auf die Gleichmäßigkeit der Besteuerung berufen können, wenn Treu und Glauben dem entgegenstehen, d. h. wenn sie das streitige Verhalten des Steuerpflichtigen zu einem früheren Zeitpunkt ausdrücklich gebilligt hat, es sei denn, die ursprüngliche Zusicherung der Finanzverwaltung habe zugleich gegen die „Gesetzmäßigkeit der Besteuerung" verstoßen (*Hübschmann—Hepp—Spitaler, Kommentar zur Abgabenordnung*, Anm. 207 ff. zu § 4). Gerade der Anwendungsbereich von „Treu und Glauben" im Steuerrecht ist in letzter Zeit durch die Rechtsprechung des Bundesfinanzhofes klarer geworden. Insbesondere hat der Bundesfinanzhof die Frage des Vorrangs der einzelnen Rechtsnormen untereinander weitgehend im obigen Sinne geklärt (vgl. *Hübschmann–Hepp–Spitaler*, a. a. O., Anm. 226–227 zu § 4 und Anm. zu § 176 AO).

Der Grundsatz von Treu und Glauben kann jedoch nicht über den Einzelfall hinauswirken.

II. Einteilung der speziellen Steuergesetze

Die Einteilung in:

Bundessteuern,

Ländersteuern,

Gemeindesteuern;

interessiert hier nicht. Sie hat lediglich Bedeutung für den Steuergläubiger. Die Grenzen sind flüssig (vgl. *Hübschmann–Hepp–Spitaler*, a.a.O., Anm. 128 zu § 3 AO).

Uns interessiert die **Einteilung der speziellen Steuergesetze** in:

(a) Direkte Steuern und indirekte Steuern,

(b) Personensteuern, Objekt- oder Realsteuern, Verkehrsteuern, Verbrauchsteuern und Zölle.

Zum Verständnis dieser Einteilung ist es notwendig, zunächst einige Begriffe zu klären.

1. Steuerpflichtiger, Steuerschuldner, Besteuerungsgegenstand und Steuerbemessungsgrundlage

Steuerpflichtige sind die natürlichen oder juristischen Personen, bei denen die gesetzlichen Merkmale für die Anwendung des jeweiligen Steuergesetzes erfüllt sind. Liegt weder eine unbeschränkte noch eine beschränkte Steuerpflicht vor, so kann eine Besteuerung auch dann nicht erfolgen, wenn alle übrigen Merkmale für eine solche Besteuerung gegeben sind.

Steuerschuldner sind diejenigen natürlichen oder juristischen Personen, die nach dem Gesetz mit der Steuer belastet werden sollen und sie daher auch zu entrichten haben.

Der aus § 33 AO 1977 sich ergebende Begriff des Steuerpflichtigen umfaßt sowohl den allgemeinen Begriff des Steuerpflichtigen als auch den des Steuerschuldners, weiter bezieht er auch den Haftungsschuldner mit ein. Dies ist verfahrensrechtlich zweckmäßig gewesen. Für die wissenschaftliche Einteilung der Steuergesetze ist dieser Begriff untauglich. Ihr dienen die klassischen aus den Einzelsteuergesetzen sich ergebenden Begriffe.

Besteuerungsgegenstand ist der Tatbestand, an den das Gesetz die Entstehung der Steuerschuld knüpft.

Steuerbemessungsgrundlage ist die Rechnungsgröße, die bei der Festsetzung der Höhe der Steuer zugrunde gelegt wird.

2. Einteilungssysteme

a) Direkte und indirekte Steuern

Die Einteilung in direkte Steuern und indirekte Steuern knüpft an die Möglichkeit der **Abwälzung der Steuer** auf einen Dritten an, der dadurch im Ergebnis wirtschaftlich zum Träger der Steuerlast wird.

Direkte Steuern sind solche, die den nach dem Willen des Gesetzgebers zu Belastenden (Steuerschuldner) direkt und sichtbar selbst belasten und von ihm auch an die Steuerverwaltung gezahlt werden.

Indirekte Steuern sind solche, bei denen der zu Belastende die Steuer nur mittelbar trägt, da er sie auf einen Dritten abwälzen kann. Die Abwälzung geschieht in der Weise, daß die Steuer mit Billigung durch das Gesetz dem Dritten offen oder verdeckt, z. B. im Preis, in Rechnung gestellt wird. Das maßgebliche Unterscheidungsmerkmal zwischen direkten und indirekten Steuern ist demnach darin zu sehen, daß der Steuerschuldner bei indirekten Steuern nach dem im Gesetz zum Ausdruck kommenden Willen des Gesetzgebers berechtigt ist, die Steuer auf einen Dritten abzuwälzen. Insbesondere bei der offenen Abwälzung der Steuer, z. B. der Umsatzsteuer oder der Versicherungsteuer, wird dies deutlich. Irgendwelche rechtliche Beziehungen zwischen dem wirtschaftlichen Träger der Steuerbelastung und der Steuerverwaltung werden bei indirekten Steuern im Gegensatz zu den direkten Steuern im allgemeinen nicht hergestellt (vgl. *Bühler–Strickroth*, 3. Auflage S. 75 ff.).

Bei den direkten Steuern kann das Steuererhebungsverfahren die Direktheit dieser Rechtsbeziehungen verdecken, aber nicht beeinträchtigen. So werden z. B. die Lohnsteuer und die Kapitalertragsteuer — beides Erhebungsformen der Einkommensteuer — im Abzugsverfahren erhoben. Der Schuldner des Arbeitslohnes oder der Kapitalerträge führt die Steuer für Rechnung des Gläubigers ab. Steuerschuldner bleibt uneingeschränkt der Gläubiger des Arbeitslohnes bzw. der Gläubiger der Kapitalerträge. Dies wird deutlich, einmal am Umfang der Haftung des Schuldners des Arbeitslohnes oder der Kapitalerträge, zum anderen, wenn der Gläubiger des Arbeitslohnes oder der Kapitalerträge zur Einkommensteuer veranlagt wird. Die einbehaltene und abgeführte Lohnsteuer bzw. Kapitalertragsteuer wird ihm auf seine Einkommensteuerschuld angerechnet. Den Schuldner des Arbeitslohnes (Arbeitgeber) oder der Kapitalerträge trifft lediglich eine Haftung für ordnungsgemäße Einbehaltung und Abführung der Steuer. So z. B. bei der Lohnsteuer durch § 42d EStG oder bei der Kapitalertragsteuer durch § 44 Abs. 5 EStG (vgl. auch *Bühler–Strickrodt*, a.a.O., S. 79/80, sowie *Hübschmann–Hepp–Spitaler*, a.a.O., Anm. 121 zu § 3 AO).

b) Personensteuern, Realsteuern, Verkehrsteuern, Verbrauchsteuern und Zölle

Unterscheidungsmerkmal bei den Personensteuern, Realsteuern, Verkehrsteuern sowie Verbrauchsteuern und Zöllen ist der **Besteuerungsgegenstand**. Für die Erhebung der Personen- und Verkehrsteuern sind die Finanzämter zuständig. Die Verbrauchsteuern und Zölle werden von den Zollämtern, die Realsteuern von den Gemeinden erhoben.

Zu den Personensteuern gehören die Einkommensteuer, die Körperschaftsteuer, die Vermögensteuer sowie die Erbschaftsteuer, Besteuerungsgegenstand ist das **Einkommen** einer Person, das **Vermögen** einer Person oder der **Vermögenserwerb** durch eine Person. Es handelt sich also grundsätzlich um Vorgänge, die mit einer natürlichen oder juristischen Person auf engste verknüpft sind. Hieraus erklärt sich auch, daß bei der Feststellung der Steuerbemessungsgrundlage auf die persönlichen Verhältnisse des Steuerpflichtigen (einerseits durch Freibeträge und Ermäßigungsmöglichkeiten, andererseits durch die Progression) Rücksicht genommen wird.

Besteuerungsgegenstand bei den Realsteuern (auch Objektsteuern genannt) ist eine Sache. Zu den Realsteuern gehören vor allem die Grundsteuer und die Gewerbesteuer. Besteuerungsgegenstand bei der Grundsteuer ist das **Grundstück**. Besteuerungsgegenstand bei der Gewerbesteuer ist der gewerbliche **Betrieb**. Die persönlichen Verhältnisse des Grundstückseigentümers oder Betriebsinhabers spielen bei der Bemessung der Steuer keine Rolle.

Bei den Verkehrsteuern ist Besteuerungsgegenstand der **Übergang von Sachen, Rechten** und **Leistungen** (vgl. *Schmölders, Steuerarten und Steuersysteme* in *Handwörterbuch der Betriebswirtschaft*, Bd. 3, 3. Sp. 5108 ff. sowie *Hübschmann–Hepp–Spitaler*, a.a.O., Anm. 110–128 zu § 3 AO). Die Verbrauchsteuern und Zölle können bei unserer Untersuchung unberücksichtigt bleiben.

c) Anderer Einteilungssysteme

Es gibt eine Reihe weiterer betriebswirtschaftlich und rechtlich interessanter Einteilungssysteme, die für ganz spezielle Untersuchungszwecke entwickelt worden sind. Der interessierte Leser sei auf die ausführliche Darstellung von *Bühler–Strickrodt (Steuerrecht,* 1. Halbband) hingewiesen.

Einteilung der Steuern

Einteilungskriterium	Steuergläubiger		
	Bund	Länder	Gemeinden
Besitzsteuern			
1. Subjektsteuern	Einkommensteuer (anteilig) Körperschaftsteuer (anteilig)	Einkommensteuer (anteilig) Körperschaftsteuer (anteilig) Vermögensteuer Erbschaftsteuer	Einkommensteuer (anteilig)
2. Objektsteuern	Gewerbesteuer (anteilig)	Gewerbesteuer (anteilig)	Gewerbesteuer (anteilig) Grundsteuer
Verkehrsteuer			
	Mehrwertsteuer (anteilig) Versicherungsteuer Wechselsteuer	Mehrwertsteuer (anteilig) Kraftfahrzeugsteuer Feuerschutzsteuer Spielbankabgabe	Hundesteuer Schankerlaubnissteuer Vergnügungsteuer
Verbrauchsteuern u. Zölle			
	Tabaksteuer Mineralölsteuer Spielkartensteuer Branntweinsteuer Kaffeesteuer Zölle	Biersteuer	Speiseeissteuer Getränkesteuer

Andere Einteilungskriterien:

1. Direkte Steuern - Indirekte Steuern
Beispiel: Einkommensteuer - Mehrwertsteuer

2. Laufende Steuern - Einmalige Steuern
Beispiel: Vermögensteuer - Erbschaftsteuer

III. Der Begriff „Steuer"

Der Begriff „Steuer" ist bisher Gegenstand zahlreicher Abhandlungen der Finanzwissenschaft, der Betriebswirtschaftslehre, des internationalen und nationalen Rechts gewesen und wird auch in Zukunft die Wissenschaft lebhaft beschäftigen. Während sich eine Gruppe lediglich um die Abgrenzung bemüht, ging es einer anderen Gruppe auch darum, die Steuer und ihre Erhebung zu rechtfertigen (vgl. *Gerloff* in *Handwörterbuch der Finanzwissenschaft*, Band 2, S. 246 ff.). Uns soll hier lediglich der Begriff der Steuer im Anwendungsbereich der Abgabenordnung interessieren (*Bühler—Strickrodt*, a.a.O., S. 53 ff.).

Nach § 3 Abs. 1 der **Abgabenordnung** sind Steuern Geldleistungen, die nicht eine Gegenleistung für einen besondere Leistung darstellen und von einem öffentlich-rechtlichen Gemeinwesen zur Erzielung von Einnahmen allen auferlegt werden, bei denen der Tatbestand zutrifft, an den das Gesetz die Leistungspflicht knüpft.

Den Steuern ist also eigen, daß sie von dem nach den Gesetzen zu Belastenden **ohne besondere Gegenleistung** erhoben werden. Diese Feststellung ist bedeutsam sowohl für die Abgrenzung der Steuern von den übrigen öffentlich-rechtlichen Abgaben als auch für die Verwendung des Steueraufkommens. Erwirbt der Staatsbürger durch eine Geldzahlung an die öffentliche Hand einen Anspruch auf eine bestimmte Gegenleistung, dann handelt es sich nicht um eine Steuer (*H. J. Wolff, Verwaltungsrecht* I, § 42/II). Die Erzielung von Einnahmen kann Nebenzweck sein (§ 3 Abs. 1 vorletzter Halbsatz AO). Dies trifft bei reinen Ordnungssteuern zu. Auch hier hat der einzelne Steuerpflichtige keinen Anspruch auf eine Gegenleistung.

An dieser Stelle soll auf die Problematik der übrigen öffentlich-rechtlichen Abgaben, wie z. B. steuerliche Nebenleistungen (§ 3 Abs. 3 AO), Beiträge, Gebühren, Zweckabgaben und öffentlich-rechtliche Leistungsentgelte nicht eingegangen werden. Wir wollen festhalten, daß der Steuerzahler mit der Zahlung der Steuern keinen Anspruch auf eine bestimmte Gegenleistung des Steuergläubigers erwirbt. Allen übrigen öffentlich-rechtlichen Abgaben ist eigen, daß ihnen eine mehr oder weniger bestimmbare spezifische Gegenleistung der öffentlichen Hand gegenübersteht. Für sie gilt das Kostendeckungsprinzip.

Steuern müssen daher auch nicht zweckbestimmt verwendet werden. Sie dienen vielmehr in ihrer Gesamtheit der Finanzierung allgemeiner hoheitlicher Aufgaben.

IV. Steuergesetze und ihre Auslegung

1. Der Begriff des Gesetzes im Steuerrecht

Der Begriff des Gesetzes wird nach § 4 AO auch für das Gebiet des Steuerrechts gemäß allgemeiner Rechtslehre dahingehend abgegrenzt, daß darunter jede Rechtsform zu verstehen ist, die die Beziehungen zwischen Steuerschuldner und Steuergläubiger regelt. Er ist daher nicht auf formelle Gesetze beschränkt. Dazu gehören neben formellen Gesetzen auch Rechtsverordnungen, gemeindliche Steuerordnungen u.a.m.

Das **formelle Steuergesetz** setzt wie jedes andere formelle Gesetz das Tätigwerden des Gesetzgebers voraus. Damit ist die Abgrenzung zu den Rechtsverordnungen einerseits und zu den Steuerrichtlinien und Erlassen der Verwaltung andererseits gewonnen. **Rechtsverordnungen** werden von der Bundesregierung in der nach Art. 80 Grundgesetz (GG) bestimmten Form oder der Steuerordnungen nach Gemeinderecht erlassen. Art. 80 GG setzt eine im Gesetz enthaltene Ermächtigung voraus, in der Umfang, Inhalt und materielles Ausmaß der Rechtsverordnung festgelegt ist.

Gesetz im formellen Sinn und Rechtsverordnung (Gesetz im materiellen Sinn) binden die Rechtsprechung (*Hübschmann–Hepp-Spitaler*, a. a. O., Anm. 129 ff. zu § 4). Die Rechtsprechung der Finanzgerichte kann sich daher nur innerhalb der von Gesetz und Rechtsverordnung gezogenen Grenzen bewegen. Steuerrichtlinien und Erlasse sind lediglich Anweisungen an die Verwaltung mit dem Ziel, eine gleichmäßige Anwendung der Steuergesetze und Rechtsverordnungen sicherzustellen. Sie sind für die Rechtsprechung nur insoweit verbindlich, als sie Billigkeitsregelung zugunsten des Steuerpflichtigen enthalten (BFH vom 14.8.1958 I/39/57 U, BStBl 1958 III S. 409 und vom 1.4.1960 VI 134/58 U, BStBl 1960 III S. 231 u. a. m.).

2. Auslegung von Steuergesetzen

Bei der Auslegung von Steuergesetzen können neben dem Gesetzeswortlaut nur der Zweck und die wirtschaftliche Bedeutung der Steuergesetze sowie die Entwicklung der Verhältnisse herangezogen werden. Auf bürgerlich-rechtliche Auslegungsgrundsätze wie z. B. § 123 BGB (Auslegung einer Willenserklärung) kann dabei nicht zurückgegriffen werden, da es um die Auslegung von Gesetzen und nicht um die Auslegung von Willenserklärungen einander gleichgeordneter Privatpersonen geht[2].

Bei der Auslegung von Steuergesetzen ist daher zunächst der in der Gesetzesbestimmung zum Ausdruck kommende **objektivierte Wille des Gesetzgebers** maßgebend, so wie er sich aus dem Wortlaut der Gesetzesbestimmung und dem Sinnzusammenhang ergibt, in den diese hineingestellt ist. Nicht entscheidend ist die wirtschaftliche Bedeutung des Gesetzes für den Steuerpflichtigen selbst. Unmaßgeblich ist auch die subjektive Vorstellung der am Gesetzgebungsverfahren beteiligten Organe oder einzelner ihrer Mitglieder über die Bedeutung der Bestimmung. Zu berücksichtigen ist die wirtschaftliche Bedeutung des Gesetzes (wirtschaftliche Betrachtungsweise), d. h. Sinn und Zweck des Gesetzes, so wie ihn der Gesetzgeber in der Gesetzesbestimmung objektiv erkennbar zum Ausdruck gebracht hat (BVerfG 21.5.1952 – BvH 2/52; Slg. Bd. 11 S. 126 und 129 ff. *Hübschmann-Hepp-Spitaler*, a. a. O., Anm. 138 zu § 4 AO).

Für die Gesetzesauslegung ist daher immer in erster Linie der **Wortlaut des Gesetzes** entscheidend. Nur dann, wenn die wortgetreue Auslegung des Gesetzes zu einem wirtschaftlichen Ergebnis führt, das im Widerspruch zu dem Zweck des Gesetzes und dem objektivierten Willen des Gesetzgebers steht, ist eine Auslegung gegen den Wortlaut des Gesetzes geboten (so BFH vom 12.12.1957 IV 10/57 U, BStBl 1958 III S. 154 u.a.m.).

2 Vgl. RLV. I

Die **wirtschaftliche Betrachtungsweise** bedarf einer Klärung. Die wirtschaftliche Betrachtungsweise geht nicht von der wirtschaftlichen Bedeutung des Steuergesetzes für den Steuerpflichtigen aus. Sie knüpft auch nicht an die wirtschaftlichen Ziele an, die der Steuerpflichtige mit einer bestimmten Rechtsgestaltung verfolgt. Sie berücksichtigt weiterhin weder die besonderen wirtschaftlichen Verhältnisse des Steuerpflichtigen noch die gesamtwirtschaftliche Situation, in die der Steuerpflichtige hineingestellt worden ist. Die wirtschaftliche Betrachtungsweise geht vielmehr von den wirtschaftlichen Tatbeständen aus, die der Gesetzgeber der Gesetzesbestimmung zugrunde gelegt hat. Wollte der Gesetzgeber einen bestimmten wirtschaftlichen Tatbestand mit einer Steuer belegen, dann kann der Steuerpflichtige dieser Steuer nicht dadurch ausweichen, daß er bei gleichem wirtschaftlichen Tatbestand eine andere formelle Gestaltung wählt (vgl. auch § 42 AO, BFH vom 17.5.1952 I 4/529, BStBl 1952 III S. 208). Andererseits kann die Verwaltung bei gleichem wirtschaftlichen Sachverhalt die Anwendung einer Steuerermäßigungsvorschrift nicht deshalb bestreiten, weil der Steuerpflichtige ohne Änderung der wirtschaftlichen Tatbestände eine besondere, möglicherweise auch ungewöhnliche Gestaltungsform gewählt hat (BFH vom 8.12.1965, BStBl 1966 III S. 148; vgl. auch *Hübschmann—Hepp—Spitaler*, a. a. O.,Anm. 188–201 zu § 4 AO und Anm. 19 zu § 42 AO und die dort zitierte Rechtsprechung). Der wirtschaftlichen Betrachtungsweise in diesem Sinne kann auch keine rechtliche Betrachtungsweise entgegengestellt werden. Die wirtschaftliche Betrachtungsweise ist steuerrechtliche Betrachtungsweise.

Gerade für das Gebiet der **Versicherung** ist die wirtschaftliche Betrachtungsweise in diesem Sinne bei der Vielfalt bürgerlich-rechtlicher Gestaltungsformen von besonderer Bedeutung.

V. Steuerpflicht und Steuerschuld

Auf den Begriff der Steuerpflicht sind wir bereits eingegangen. Zwischen dem Begriff der Steuerpflicht und dem Begriff der Steuerschuld bestehen wechselseitige Beziehungen. Die **Steuerpflicht** ist ein **formeller Begriff**.

Die Steuerpflicht entscheidet lediglich darüber, ob auf eine bestimmte Person oder einen bestimmten Sachverhalt ein bestimmtes Steuergesetz anzuwenden ist. Steuerpflicht kann gegeben sein, ohne daß materiell eine Steuerschuld entsteht. Sie hat dann lediglich einen verfahrensrechtlichen Inhalt, sie ermöglicht es der Verwaltung, den Steuerpflichtige in die Steuerüberwachung mit einzubeziehen und kann ihn zwingen, die für die Steuerüberwachung und Steuermittlung notwendigen formellen Pflichten zu erfüllen. Steuerpflichtiger ist demnach nicht nur, wer primär oder als Haftender eine Steuer schuldet, sondern bereits der, auf den ein Steuergesetz formell anwendbar ist und der deshalb eine Reihe von formellen Pflichten zur Feststellung des Bestehens oder Nichtbestehens einer Steuerschuld zu erfüllen hat (*Bühler—Strickrodt*, a.a.O., S. 63 ff.).

Die **Steuerschuld** (§ 37 AO) ist ein **materieller Begriff**.

Sie entsteht, wenn bei Vorliegen der Steuerpflicht der Tatbestand verwirklicht wird, an den der Gesetzgeber die Leistungspflicht knüpft und der Steueranspruch des Steuergläubigers verwirklicht wird (§ 38 AO). Steuerschuldner ist demnach ein Steuerpflichtiger, der eine entstandene Steuer primär schuldet. Während die Steuerpflicht das Vorliegen der Steuerschuld nicht voraussetzt, setzt die Steuerschuld im eigentlichen Sinn grundsätzlich das Vorliegen der Steuerpflicht voraus. Eine Ausnahme bildet der Haftungsschuldner, z. B. Erbe, aber auch derjenige, der eine Steuer im Abzugsverfahren einbehält (vgl. *Bühler—Strickrodt*, a.a.O., S. 67/68).

VI. Festsetzung und Erhebung der Steuer

Die Festsetzung und Erhebung der Steuer erfolgt entweder durch förmliche Veranlagung (Erklärung und Bescheid), wie dies bei den meisten direkten Steuern und auch bei einer Reihe von Verkehrsteuern üblich ist (vgl. auch § 155 AO), oder durch Selbstberechnung, Mitteilung und Entrichtung der Steuer, wie dies bei den meisten Verkehrsteuern und den Verbrauchsteuern der Fall ist. Eine weitere Form der Festsetzung und Entrichtung der Steuer ist die selbsttätige Entrichtung durch Steuerzeichen (z. B. bei der Tabaksteuer durch Banderolen, bei der Wechselsteuer durch Verwendung von Steuermarken).

Das **Steuerabzugsverfahren** bei der Lohnsteuer und der Kapitalertragsteuer ist keine besondere Form der Festsetzung und Entrichtung der Steuer. Es stellt vielmehr eine Verwaltungsvereinfachungsmaßnahme dar. Es tritt an die Stelle des förmlichen Veranlagungsverfahren in solchen Fällen, in denen ohne Gefährdung des Steueranspruches auf das förmliche Veranlagungsverfahren verzichtet werden kann. Üblich beim Abzugsverfahren ist es, daß die Steuer von einem Dritten, der nicht selbst Steuerpflichtiger und Steuerschuldner ist, ermittelt und abgeführt wird. Mangels Eigeninteresse ergibt sich dadurch eine gewisse Gewähr für die Richtigkeit der Steuerermittlung und Abführung. Dieser Dritte haftet daher lediglich für die ordnungsgemäße Ermittlung und Abführung der Steuer. Der Steuerpflichtige und Steuerschuldner wird dann herangezogen, wenn die Steuer nicht ordnungsgemäß ermittelt und abgeführt worden ist und dies dem Steuerpflichtigen bekannt war. Wird der Dritte auf Grund eines sogenannten *Haftungsbescheides* zur Nachzahlung einer Steuer herangezogen, dann kann er bei dem eigentlichen Steuerpflichtigen und Steuerschuldner Regreß nehmen.

Mit diesen Hinweisen zur Steuerfestsetzung und Steuerermittlung wollen wir die allgemeinen Ausführungen zum systematischen Aufbau unserer Steuerrechtsordnung schließen. Begreiflicherweise war es hier nur möglich, einen gedrängten Überblick über diese sehr umfangreiche Materie zu geben. Wir dürfen deshalb unsere Leser auf die im Anschluß an diesen Beitrag aufgeführte, wichtigste einschlägige Literatur verweisen, die ihrerseits wieder zahlreiche Literaturhinweise enthält.

B. Besteuerung des Versicherungsvertrages

Der Besteuerung unterliegen stets nur vermögenswerte Gegenstände, Rechte sowie wirtschaftliche Werte aller Art. Bei Verträgen ist deshalb Steuerobjekt nie der forderungsentkleidete reine Vertragskern selbst, besteuert werden vielmehr die auf Grund des Vertrages bewirkten oder noch zu bewirkenden gegenseitigen Leistungen.

Für Versicherungsverträge gilt nichts anderes. Die gegenseitigen Leistungen ergeben sich aus § 1 des Versicherungsvertragsgesetzes (VVG). **Gegenstand der Besteuerung** beim Versicherungsvertrag sind demnach, soweit nicht Befreiungsvorschriften bestehen, die auf Grund des Vertrages vom Versicherer zu erbringenden Versicherungsleistungen sowie die Beitragsleistungen des Versicherungsnehmers.

I. Der Versicherungsvertrag im Einkommensteuerrecht

1. Grundbegriffe des Einkommensteuerrechts

a) Umfang des Einkommensteuerrechtes

In den Bereich des Einkommensteuerrechtes gehören:

1. die veranlagte Einkommensteuer der natürlichen Personen nach dem Einkommensteuergesetz;

2. die veranlagte Einkommensteuer (Körperschaftsteuer) der Körperschaften im Sinne des Körperschaftsteuergesetzes;

3. die Lohnsteuer für Einkünfte aus nichtselbständiger Arbeit nach §§ 19, 19a und 38 bis 42 f. EStG und nach der Lohnsteuerdurchführungsverordnung;

4. die Kapitalertragsteuer auf Kapitalerträge im Sinne der §§ 43 bis 45c EStG

5. die Aufsichtsratsteuer bei beschränkt steuerpflichtigen Personen nach § 50 a Abs. 1 bis 5 EStG.

Die Erhebung der Steuer erfolgt in den Fällen 3 bis 5 im Abzugsverfahren. Bei der Veranlagung zur Einkommen- oder Körperschaftsteuer sind die Lohnsteuern und die einbehaltenen Kapitalertragsteuern auf die Steuerschuld anzurechnen.

(1) Unbeschränkte Steuerpflicht

Unbeschränkt steuerpflichtig sind alle natürlichen Personen, die ihren Wohnsitz oder ihren gewöhnlichen Aufenthalt (vgl. §§ 8 und 9 AO) im Inland haben. Die unbeschränkte Steuerpflicht erstreckt sich, vorbehaltlich bestehender Doppelbesteuerungsabkommen, auf sämtliche Einkünfte (§ 1 Abs. 1 EStG). Inland im Sinne dieser Vorschriften ist das Gebiet der Bundesrepublik Deutschland und West-Berlin (*Gérard—Söffing* FR 1974 S. 362, *Herrmann—Heuer, Kommentar zur Einkommensteuer*, Anm. 24 zu § 1 EStG u.a.m.). Inland ist auch der Anteil am Festlandsockel. § 1 Abs. 2 regelt insbesondere die unbeschränkte Steuerpflicht deutscher Diplomaten im Ausland. Die gleichen Grundsätze gelten nach § 1 KStG auch für die dort bezeichneten Körperschaften.

(2) Beschränkte Steuerpflicht

Beschränkt steuerpflichtig sind nach § 1 Abs. 4 EStG natürliche Personen, die weder ihren Wohnsitz noch ihren gewöhnlichen Aufenthalt im Inland haben. Die beschränkte Steuerpflicht erstreckt sich auf die in § 49 EStG genannten Einkünfte. Personen, die ihren Wohnsitz und gewöhnlichen Aufenthalt in der DDR haben, gelten als beschränkt steuerpflichtig, (*Herrmann—Heuer*, a.a.O., Anm. 24 zu § 1 EStG).

Die beschränkte Steuerpflicht bei Körperschaften regelt sich nach § 2 des Körperschaftsteuergesetzes. Die Grundsätze sind die gleichen.

(3) Einkünfte aus der DDR

Beziehen unbeschränkt steuerpflichtige Inländer im Sinne von § 1 Abs. 1 EStG Einkünfte aus der DDR oder Berlin-Ost im Sinne von § 49 EStG, so sind diese nach § 3 Ziff. 63 EStG einkommensteuerfrei, wenn sie dort zu einer der inländischen Einkommensteuer entsprechenden Steuer tatsächlich herangezogen werden.

bb) Steuerschuldner

Steuerschuldner ist im Einkommensteuerrecht die jeweils steuerpflichtige natürliche oder juristische Person.

cc) Besteuerungsgegenstand und Steuerbemessungsgrundlage

Gegenstand der Besteuerung im Einkommensteuerrecht ist das Einkommen, das der Steuerpflichtige innerhalb eines Kalenderjahres bezogen hat (§ 2 Abs. 4 EStG). Bemessungsgrundlage für die Einkommensteuer ist das zu versteuernde Einkommen (§ 2 Abs. 5 EStG). Das zu versteuernde Einkommen ist das Einkommen, vermindert um die Kinderfreibeträge und die Haushaltsfreibeträge nach § 32 EStG und die sonstigen vom Einkommen abzuziehenden Beträge.

c) Einkunftsarten, Einkünfte und Einkommen

Die Begriffe Einkunftsarten, Einkünfte und Einkommen, die für die Ermittlung des Besteuerungsgegenstandes (Einkommen) und letztlich für die Ermittlung der Steuer selbst von maßgeblicher Bedeutung sind, sind in § 2 des Einkommensteuergesetzes für das gesamte Einkommensteuerrecht verbindlich definiert. Hieraus ergibt sich folgendes:

aa) Einkommen

Einkommen ist der Gesamtbetrag der Einkünfte aus den nachfolgend genannten Einkunftsarten, vermindert um die Sonderausgaben im Sinne der §§ 10 bis 10e EStG und um die außergewöhnlichen Belastungen im Sinne von §§ 33 bis 33 c EStG.

bb) Einkunftsarten (§ 2 Abs. 1 EStG)

Einkunftsarten im Sinne des Einkommensteuerrechts sind:

Einkünfte aus Land- und Forstwirtschaft,

Einkünfte aus Gewerbebetrieb,

Einkünfte aus selbständiger Arbeit,

Einkünfte aus nichtselbständiger Arbeit (Arbeitslohn),

Einkünfte aus Kapitalvermögen,

Einkünfte aus Vermietung und Verpachtung,

Sonstige Einkünfte im Sinne von § 22 EStG.

Einnahmen, die unter eine dieser sieben Einkunftsarten eingeordnet werden können, d. h. Betriebseinnahmen (§ 4 Abs. 3 EStG) und Einnahmen im Sinne von § 8 Abs. 1 EStG, unterliegen der Einkommensteuer. Einnahmen, die unter keine dieser sieben Einkunftsarten eingeordnet werden können, bleiben grundsätzlich außer Ansatz. Einnahmen bzw. Betriebseinnahmen im Sinne des Einkommensteuerrechtes sind daher nur solche Güter in Geld oder Geldeswert, die dem Steuerpflichtigen im Rahmen einer der sieben Einkunftsarten zufließen (vgl. Littmann u. A., Das Einkommensteuerrecht, 15. Auflage, Anmerkung 1600 ff. zu den §§ 4 und 5 EStG).

cc) Einkünfte (§ 2 Abs. 4 EStG)

Die Einkünfte stellen das wirtschaftliche Ergebnis des auf Einnahmeerzielung gerichteten Handelns des Steuerpflichtigen im Rahmen der jeweiligen Einkunftsart dar.

Einkünfte sind bei Land- und Forstwirtschaft, Gewerbebetrieb und selbständiger Arbeit der **Gewinn** (§ 2 Abs. 2 Ziffer 1 EStG); bei nichtselbständiger Arbeit, Kapitalvermögen, Vermietung und Verpachtung und bei den sonstigen Einkünften im Sinne von § 22 EStG der **Überschuß Einnahmen über die Werbungskosten** (§ 2 Abs. 2 Ziffer 2 EStG).

Der Gewinn bei Land- und Forstwirtschaft, Gewerbebetrieb und selbständiger Arbeit ist entweder als Unterschiedsbetrag zwischen dem Betriebsvermögen am Schluß des laufenden Wirtschaftsjahres und dem Betriebsvermögen am Schluß des vorangegangenen Wirtschaftsjahres, vermindert um die Einlagen und vermehrt um die Einnahmen, zu ermitteln (Betriebsvermögensvergleich nach § 4 Abs. 1 und § 5 EStG); oder als Überschuß der Betriebseinnahmen über die Betriebsausgaben (§ 4 Abs. 3 EStG). In beiden Fällen der Gewinnermittlung spielen, wie wir sehen werden, die Betriebsausgaben eine maßgebliche Rolle.

Die Summe der Einkünfte, vermindert um den Altersentlastungsbetrag und anderer Abzüge nach Ausgleich der Verluste, ist der Gesamtbetrag der Einkünfte (§ 2 Abs. 3 EStG).

d) **Persönliche und sachliche Steuerbefreiungen**

aa) Persönliche Steuerbefreiungen

Im Einkommensteuerrecht bestehen persönliche Steuerbefreiungen nur bei der Körperschaftsteuer. Durch § 5 KStG sind eine Reihe öffentlich-rechtlicher und gemeinnütziger Körperschaften von der Körperschaftsteuer befreit. Anlaß für die Befreiung sind regelmäßig staats-, wirtschafts- oder sozialpolitische Erwägungen.

bb) Sachliche Steuerbefreiungen

Sachliche Steuerbefreiungen enthält das Einkommensteuerrecht vor allem in:

(a) den §§ 3 bis 3 c EStG — steuerfreie Einnahmen;

(b) dem § 8 KStG — Mitgliedsbeiträge;

(c) den §§ 10 bis 10e EStG – Sonderausgaben;

(d) dem § 9 KStG – abzugsfähige Ausgaben.

In den Fällen der Buchstaben (a) und (b) handelt es sich um die Steuerbefreiung von Einnahmen, die dem Steuerpflichtigen zwar im Rahmen einer Einkunftsart zufließen und die daher dem Grunde nach Einnahmen im Sinne des Einkommensteuerrechtes sind, die aber aus staats-, wirtschafts- oder sozialpolitischen Erwägungen durch eine besondere Gesetzesbestimmung von der Besteuerung ausgenommen werden.

In den Fällen der Buchstaben (c) und (d) handelt es sich um Ausgaben, die nach der Systematik des Einkommensteuerrechtes zu den nichtabzugsfähigen Ausgaben gehören, da sie weder Werbungskosten noch Betriebsausgaben sind. Der Gesetzgeber hat sie aber ausdrücklich, ebenfalls aus staats-, wirtschafts- oder sozialpolitischen Überlegungen bei der Ermittlung des Einkommens zum Abzug zugelassen.

Eine besondere Rolle für uns spielen die Sonderausgaben (§§ 10 EStG). Diese Ausgaben sind an sich Ausgaben der privaten Lebenshaltung des Steuerpflichtigen. Aus den genannten Gründen sind die jedoch bei der Ermittlung des Einkommens abzugsfähig. Sie haben nur Bedeutung bei der Einkommensermittlung natürlicher Personen.

Die 7 Einkunftsarten

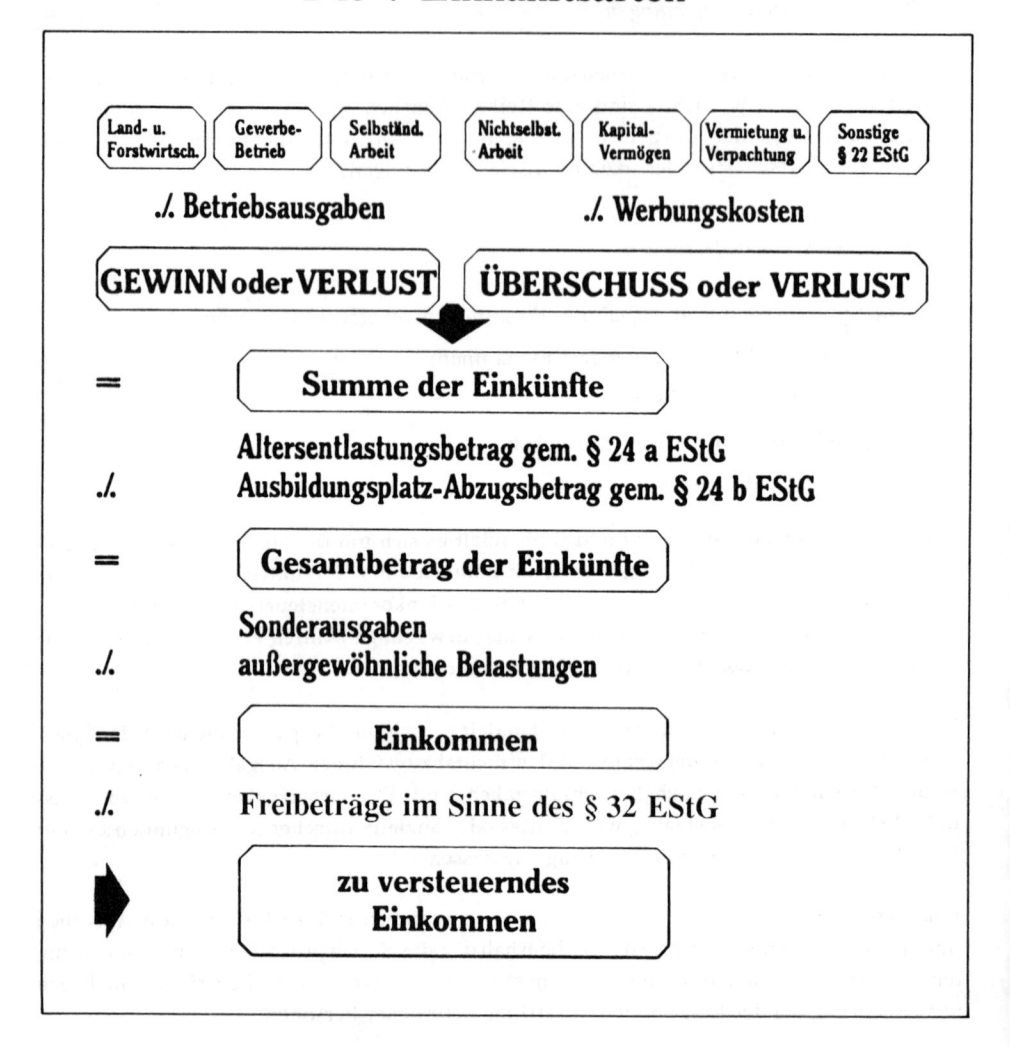

| Land- u. Forstwirtsch. | Gewerbe- Betrieb | Selbständ. Arbeit | Nichtselbst. Arbeit | Kapital- Vermögen | Vermietung u. Verpachtung | Sonstige § 22 EStG |

./. Betriebsausgaben   ./. Werbungskosten

GEWINN oder VERLUST   **ÜBERSCHUSS oder VERLUST**

= **Summe der Einkünfte**

./. Altersentlastungsbetrag gem. § 24 a EStG
Ausbildungsplatz-Abzugsbetrag gem. § 24 b EStG

= **Gesamtbetrag der Einkünfte**

./. Sonderausgaben
außergewöhnliche Belastungen

= **Einkommen**

./. Freibeträge im Sinne des § 32 EStG

➡ **zu versteuerndes Einkommen**

2. Der Versicherungsbeitrag im Einkommensteuerrecht

a) Versicherungsbeiträge als Betriebsausgaben und Werbungskosten

aa) Der Begriff der Betriebsausgaben

Betriebsausgaben sind nach § 4 Abs. 4 EStG „*die Aufwendungen, die durch den Betrieb veranlaßt sind*". Der steuerrechtliche Begriff „Aufwendungen" entspricht nicht in allen

Fällen dem betriebswirtschaftlichen Aufwandsbegriff. Im folgenden wird darum statt des Begriffes Aufwendungen die Bezeichnung Ausgaben benutzt.

Wie sich aus § 7 Gewerbesteuergesetz (GewStG) und § 6 Körperschaftsteuergesetz (KStG) ergibt, gilt dieser Begriff der Betriebsausgaben auch im Gewerbeertrags- und Körperschaftsteuerrecht. Betriebsausgaben sind bei der Gewinnermittlung aus den Einkunftsarten im Sinne von § 2 Abs. 1 Ziff. 1 bis 3 EStG abzugsfähig.

Der Gesetzgeber hat in § 4 EStG bewußt nicht verlangt, daß die Betriebsausgaben objektiv durch den Betrieb **verursacht** sein müssen, er hat sich vielmehr mit dem sehr viel weiteren Begriff des **Veranlassens** begnügt. Es ist deshalb ohne Bedeutung, ob die Ausgaben für den Betrieb erforderlich oder geeignet sind, wenn sie nur ernstlich zur Förderung des Betriebes gemacht worden sind und mit ihm in einem sachlichen Zusammenhang stehen (*Blümich, Kommentar zum EStG*, 13. Auflage, § 4 Anm. 252). Betriebsausgaben müssen daher auch nicht typisch oder üblich im Wirtschaftszweig sein.

Ausgaben, die durch die private Lebenshaltung des Steuerpflichtigen veranlaßt sind, fallen nicht unter den Begriff der Betriebsausgaben im Sinne des § 4 Abs. 4 EStG. Zur privaten Lebenshaltung gehören insbesondere die in § 12 Ziff. 1 EStG genannten Ausgaben.

Häufig ist eine **Abgrenzung von Betriebs- und Privatausgaben** schwierig. Ob Ausgaben Betriebs- oder Privatausgaben sind, bestimmt sich im allgemeinen danach, ob sie betrieblich oder privat veranlaßt wurden. Meist läßt sich diese Frage damit entscheiden, ob die Ausgabe das Betriebs- oder Privatvermögen des Steuerpflichtigen betrifft. Die genaue Bestimmung des Begriffes Betriebsausgaben ist daher auch davon abhängig, was unter den Begriffen Betriebs- und Privatvermögen zu verstehen ist.

Die **Abgrenzung zwischen Betriebs- und Privatvermögen** wurde von Rechtsprechung und Lehre wie folgt vorgenommen:

(1) Notwendiges Privatvermögen

Notwendiges Privatvermögen sind betriebsfremde Wirtschaftsgüter, die ihrer Natur nach nur zum privaten Vermögen gehören können und die der Unternehmer deshalb, auch wenn er es wollte, nicht zum Betriebsvermögen ziehen kann (BFH-Urteil vom 15.7.1960, BStBl 1960 III S. 484 *Littmann u. A.*, a. a. O., Anm. 179 ff. zu § 4, 5 EStG). Dazu zählen z. B. Hausrat, Schmucksachen und eigengenutzte Einfamilienhäuser.

(2) Notwendiges Betriebsvermögen

Notwendiges Betriebsvermögen sind Wirtschaftsgüter, die ihrer Natur nach mit dem Betrieb des Steuerpflichtigen eng zusammenhängen und für die Führung des Betriebes wesentlich oder gar unentbehrlich sind (BFH a.a.O.). *„Für die Frage, ob ein Gegenstand notwendiges Betriebsvermögen ist, kommt es nicht auf die Art des Gegenstandes an sich, sondern auf seine Beziehung zum einzelnen Betrieb an. Gleichartige Gegenstände können daher beim einen Betrieb notwendiges Betriebsvermögen, beim anderen gewillkürtes oder Privatvermögen bilden."* (Herrmann–Heuer, a.a.O., § 4 Anm. 7 ff. EStG). Notwendiges

Betriebsvermögen sind unter anderem die meisten Maschinen, reine Fabrikgebäude, Werkzeuge, Lastkraftwagen, Betriebs- und Geschäftsausstattung, Patente, Waren, Vorräte usw.

(3) Gewillkürtes Betriebsvermögen

Gewillkürtes Betriebsvermögen sind Wirtschaftsgüter, die ihrer Natur nach betrieblichen wie privaten Zwecken dienen können, aber nach dem Willen des Steuerpflichtigen nur zum Betriebsvermögen gehören sollen. Nach Ansicht des BFH (Urteil vom 15.7.1960, a.a.O.) ergibt sich aus dem Begriff Betriebsvermögen, daß nur Gegenstände als gewillkürtes Betriebsvermögen in Betracht kommen, *„die in einem gewissen objektiven Zusammenhang mit dem Betrieb stehen und ihn zu fördern bestimmt und geeignet sind".*

(4) Gemischt genutzte Wirtschaftsgüter

Werden Wirtschaftsgüter teils betrieblich teils privat genutzt, dann bezeichnet man sie als gemischt genutzte Wirtschaftsgüter. Ob und in welchem Umfang sie dem Betriebs- oder Privatvermögen zuzurechnen sind und ob je nachdem Ausgaben für diese gemischt genutzten Wirtschaftsgüter als Betriebsausgaben anerkannt werden oder nicht, bestimmt sich nach folgenden Gesichtspunkten:

(a) Wenn die Zerlegung eines gemischt genutzten Wirtschaftsgutes in einen betrieblich und einen privat genutzten Teil unmöglich oder unzulässig ist, dann genügt eine nicht gänzlich unwesentliche betriebliche Nutzung zur Einbeziehung des gesamten Gegenstandes in das gewillkürte Betriebsvermögen (*Hartmann—Böttcher u. A., Kommentar zum EStG*, Anm. 104d zu §§ 4 und 5 EStG).

(b) Auch gemischt genutzte Wirtschaftsgüter, die eindeutig in einen betrieblich und einen privat genutzten Teil zerlegt werden können (z. B. Gebäude) sind unter folgenden Voraussetzungen ausschließlich dem gewillkürten Betriebsvermögen zuzurechnen:

1. Das Wirtschaftsgut muß zu einem wesentlichen Teil eigenbetrieblich genutzt werden.

2. Es muß ein ausreichender wirtschaftlicher Grund für die einheitliche Zuordnung des gemischt genutzten Wirtschaftsgutes zum Betriebsvermögen bestehen. Dafür soll aber bereits ein Interesse an einer Vereinfachung der Besteuerung und an einer einheitlichen Behandlung des gesamten Wirtschaftsgutes genügen (Urteil des BFH vom 22.11.1960, BStBl 1961 III S. 97).

3. Die ausschließliche Zuordnung des Wirtschafsgutes zum Betriebsvermögen muß dem klar und ausdrücklich geäußerten Willen des Steuerpflichtigen entsprechen.

Wird aber ein gemischt genutztes Wirtschaftsgut voll dem Betriebsvermögen zugerechnet, dann ist der in der privaten Nutzung liegende Wert voll als Entnahme dem Gewinn hinzuzurechnen (§ 4 Abs. 1 EStG).

(c) Liegen die Voraussetzungen für eine völlige Zurechnung des gemischt genutzten Wirtschaftsgutes zum Betriebsvermögen nicht vor oder wünscht der Steuerpflichtige dies nicht, dann ist der betrieblich genutzte Teil des Wirtschaftsgutes dem Betriebsvermögen und der privat genutzte Teil dem Privatvermögen zuzurechnen, sofern eine leichte und einwandfreie Trennung möglich ist.

(d) Ist eine solche klare und leichte Trennung nicht möglich, dann ist der betriebliche und der private Teil unter Berücksichtigung aller Umstände zu schätzen (so u. a. BFH vom 13.4.1961, BStBl 1961 III S. 308).

(e) Ist bei gemischt genutzten Wirtschaftsgütern eine Trennung in einen privat und einen betrieblich genutzten Teil zwar theoretisch möglich, läßt sich aber diese Trennung in der Praxis selbst im Schätzungswege nicht einwandfrei durchführen, so gehört das **gesamte Wirtschaftsgut zum Privatvernmögen** (vgl. **Abschnitt 117 Abs. 4 EStR und die dort genannten BFH-Entscheidungen**).

Als **Ergebnis** dieser einleitenden Untersuchungen bleibt also festzuhalten, daß Aufwendungen für notwendiges Betriebsvermögen stets und Aufwendungen für notwendiges Privatvermögen nie Betriebsausgaben sein können. Aufwendungen für gewillkürtes Betriebsvermögen sind dagegen in dem Umfang Betriebsausgaben, in dem ein Wirtschaftsgut tatsächlich zum Betriebsvermögen gehört oder doch wenigstens zulässigerweise vom Unternehmen dazu gerechnet wird.

bb) Der Begriff der Werbungskosten

Nach § 9 EStG sind Werbungskosten *„Aufwendungen zur Erwerbung, Sicherung und Erhaltung der Einnahmen"*. Auch hier entspricht der Begriff Aufwendungen nicht in allen Fällen dem betriebswirtschaftlichen Aufwandsbegriff. Im folgenden wird darum stets nur von Ausgaben gesprochen. Der Begriff Werbungskosten kommt nur im Rahmen der Einkunftskarten des § 2 Abs. 1 Ziffern 4—7 EStG zur Anwendung; also bei Einkünften aus nichtselbständiger Arbeit, aus Kapitalvermögen, aus Vermietung und Verpachtung sowie bei sonstigen Einkünften im Sinne des § 22 EStG (§ 2 Abs. 2 Ziff. 2 EStG). So wie die Betriebsausgaben der Erzielung von Einkünften im Sinne des § 2 Abs. 1 Ziff. 1 bis 3 EStG dienen, werden die Werbungskosten zur Erwerbung, Sicherung und Erhaltung der Einnahmen in den Einkunftsarten des § 2 Abs. 1 Ziff. 3 bis 7 aufgewendet. Beide Begriffe sind also verwandt. Ein wesentlicher Unterschied zwischen ihnen bestand bisher darin, daß es bei den Betriebsausgaben völlig ausreichend ist, wenn sie durch den Betrieb veranlaßt sind. Sie müssen nicht zur Erzielung eines bestimmten Betriebserfolges dienen. Es muß nur eine objektive Eignung für die Erzielung eines solchen Betriebserfolges bestehen. Werbungskosten sollten dagegen nur Ausgaben sein, die im Hinblick auf die Erwerbung, Sicherung und Erhaltung von Einnahmen gemacht werden. Sie mußten dazu bestimmt **und** geeignet sein, der Erwerbung, Sicherung und Erhaltung von Einnahmen zu dienen. Es war also auch hier nicht erforderlich, daß der mit den Werbungskosten erstrebte Einnahmenerfolg tatsächlich eintrat. Entscheidend war, daß die Werbungskosten an sich **fähig** sind, den erstrebten Erfolg zu erzielen, und sie subjektiv auch hierfür aufgewendet wurden. Diese Einschränkung hat der BFH inzwischen aufgegeben und ist auch bei den Werbungskosten zum *„Veranlassungsprinzip"* übergegangen (Urteil vom 21.7.1981, BStBl 1981 II S. 36 und 41 ff.).

Nicht als Werbungskosten abzugsfähig sind nach § 12 EStG Ausgaben für die private Lebenshaltung. Ausgaben, die ihren Grund sowohl in der privaten Lebensführung als auch im Beruf des Steuerpflichtigen haben, können als Werbungskosten nur abgezogen werden, wenn sie sich von den Kosten der Lebensführung leicht und einwandfrei trennen lassen (BFH vom 10.5.1957, BStBl 1957 III S. 230). Ist eine solche Trennung nicht leicht und einwandfrei möglich, dann kann auch eine Aufteilung im Schätzungswege erfolgen (BFH-Urteil vom 13.4.1961, BStBl 1961 III S. 308). Läßt sich eine Trennung der Ausgaben auch im Schätzungswege nicht ohne weiteres durchführen, oder ist nur schwer erkennbar, ob die Ausgaben mehr dem Beruf oder mehr der privaten Lebensführung gedient haben, so gehört der gesamte Betrag nach § 12 Ziff. 1 EStG zu den nichtabzugsfähigen Ausgaben (Abschnitt 117 EStR; BFH vom 19.10.1970, BStBl 1971 II S. 17 und 21).

Aus Gründen der Arbeitsvereinfachung und Kostenersparnis bei der Finanzverwaltung sind im Rahmen des § 9 a EStG bestimmte Pauschbeträge als Werbungskosten festgesetzt. Diese Pauschbeträge sind dann abzuziehen, wenn keine höheren Werbungskosten nachgewiesen werden. Bei Steuerpflichtigen, die Einkünfte aus nichtselbständiger Arbeit erzielen, ist dieser Pauschbetrag in Höhe von 2000,–DM (Arbeitnehmerpauschale) jährlich schon in die Lohnsteuertabelle miteinberechnet. Werbungskosten können nur noch insoweit zusätzlich abgesetzt werden, als sie diesen Pauschbetrag übersteigen.

cc) Versicherungsbeiträge als Werbungskosten und Betriebsausgaben

Aus den vorangegeangenen Begriffsbestimmungen ergibt sich nun, welche Versicherungsbeiträge als Betriebsausgaben und Werbungskosten berücksichtigt werden können. Der Systematik des Gesetzes folgend unterscheiden wir zwischen Schaden- und Personenversicherungen (§ 1 VVG, vgl. dazu *Rudolf Lex, Grundzüge des deutschen Versicherungswesens*, S. 43 ff.)[3]

Es ist im Rahmen dieser Arbeit alledings nur möglich, einige besonders interessante und **typische Fälle** näher zu erörtern.

(1) Schadenversicherung

(Feuer- Einbruchdiebstahl-, Kraftfahrt-, Transport- und Haftpflichtversicherung u. a. m.)

(11) Werbungskosten

Versicherungsbeiträge sind **Werbungskosten**, wenn sie sich auf Gegenstände (Sachen und Rechte) beziehen, die zur Einnahmeerzielung dienen.

Bei den Einkünften aus Vermietung und Verpachtung (§ 2 Abs. 1 Ziff. 6 EStG) kann ein Hauseigentümer Versicherungsbeiträge zu einer verbundenen Gebäude-, Feuer- oder Haftpflichtversicherung, die er für sein Haus — seine Einnahmequelle — aufwendet, als Werbungskosten abziehen (§ 9 Abs. 1 Ziff. 2 EStG). Das gilt auch für die Bauwesenversicherung (BFH vom 25.2.1976 BStBl 1980 II S. 294; vgl. VK Nr. 6/1978 S. 266).

---

3 Vgl. vor allem RLV. V. A. VII

Werden von einem Arbeitnehmer, der Einkünfte aus nichtselbständiger Arbeit (§ 2 Abs. 1 Ziff. 4 EStG) bezieht, Dienstreisen mit eigenem Kraftfahrzeug ausgeführt und will der Arbeitnehmer keine Pauschsätze in Anspruch nehmen, so sind sämtliche Aufwendungen für das dienstlichen Zwecken dienende Kraftfahrzeug im einzelnen nachzuweisen. Sie sind in der Nachweishöhe als Werbungskosten abzugsfähig (Hinweis auf Abschnitt 38 LStR). Insoweit können also auch Beiträge zur Kraftfahrtversicherung als Werbungskosten abgezogen werden.

Bei Einkünften aus Kapitalvermögen (§ 2 Abs. 1 Ziff. 5 EStG) und bei sonstigen Einkünften im Sinne von § 22 EStG (§ 2 Abs. 1 Ziff. 7 EStG) sind Versicherungsbeiträge als Werbungskosten selten.

(12) Betriebsausgaben

Es gibt Beiträge zu Versicherungen, die schon ihrer Art nach typische **Betriebsausgaben** sind. Dazu gehören unter anderem die Feuerversicherung für ausgesprochene Fabrik- und Geschäftsgebäude, die Betriebsunterbrechungsversicherung, die Transportversicherung bei Betriebstransporten sowie sämtliche übrigen Schadenversicherungen rein betrieblicher Natur.

Etwas schwieriger gestaltet sich die Lage bei den gemischt genutzten Wirtschaftsgütern, so z. B., wenn ein Unternehmer Teile seines Betriebes in seinem Wohnhaus untergebracht hat oder wenn er ein betrieblich genutztes Kraftfahrzeug auch für private Zwecke benutzt. In solchen Fällen werden — soweit dies möglich ist — auch die für diese Güter aufgewendeten Versicherungsbeiträge in Privat- und Betriebsausgaben zerlegt. Die Voraussetzungen und die praktische Durchführung einer solchen Zerlegung wurden bereits oben im einzelnen erläutert.

(13) Privatausgaben

Versicherungsbeiträge, die sich auf Gegenstände des Privatvermögens beziehen, sind notwendige **Privatausgaben** und weder Werbungskosten noch Betriebsausgaben (typisches Beispiel: Beiträge zu Hausratsversicherungen).

(2) Personenversicherungen

(Lebensversicherung, Unfallversicherung und Krankenversicherung.)

Werbungskosten spielen in der **Personenversicherung** nur eine untergeordnete Rolle. Risikolebensversicherungsbeiträge sind auch dann, wenn sie der Kreditverschaffung und Sicherung dienen, keine Werbungskosten bei den Einkünften aus Vermietung und Verpachtung sondern Privatausgaben (BFH v. 29.10.1985, Der Betrieb 1986 S. 152; vgl. VK 1986 Nr. 4 S. 194). Dagegen sind die Betriebsausgaben bei der Personenversicherung von größerer Bedeutung.

Versicherungsbeiträge für Personenversicherungen, die eine Firma im betrieblichen Interesse abgeschlossen hat, und aus der die Firma ausschließlich selbst berechtigt ist, sind im allgemeinen Betriebsausgaben.

Solche Versicherungen sind insbesondere:

(21) Die Rückdeckungsversicherung

Eine **Rückdeckungsversicherung** soll einem Betrieb die Mittel oder wenigstens Teile der

Mittel verschaffen, mit denen er eine seinen Arbeitnehmern gegebene Versorgungszusage erfüllen kann (§ 2 Abs. 2 Ziff. 3 letzter Satz LStDV). Die Rückdeckungsversicherung kann sowohl als Einzel- als auch als Kollektivversicherung abgeschlossen werden.

Nach herrschender Rechtsauffassung (RFH vom 27.2.1942, RStBl S. 561; BFH-Urteil vom 12.7.1957, BStBl 1957 III S. 289) hat eine Rückdeckungsversicherung im Sinne von § 2 Abs. 3 Ziff. 2 LStDV folgende **Voraussetzungen:**

„1. Es muß dem Arbeitnehmer ausreichend bestimmt eine Versorgung aus den Mitteln des Arbeitgebers zugesagt sein (BFH vom 5.6.1962, BStBl S. 416).

2. Zur Gewährleistung der Mittel für die Ausführung dieser Versorgung muß eine Sicherung geschaffen sein (BFH vom 15.10.1964, BStBl 1965 S. 42).

3. Die Sicherung darf nicht zusätzlich den Belangen des Arbeitnehmers dienen, sondern muß allein oder überwiegend den Belangen des Arbeitgebers zu dienen bestimmt sein" (BFH, a.a.O.).

Soweit bei der Versicherung ein Deckungskapital entsteht, muß dieser Wert aktiviert werden (Abschnitt 41 Abs. 26 EStR).

Laufende Versicherungsbeiträge oder Einmalbeiträge zu einer solchen Rückdeckungsversicherung sind Betriebsausgaben (RFH vom 30.4.1941, StW 1941 Nr. 339).

(22) Die Teilhaberversicherung

Die **Teilhaberversicherung** soll einer Personengesellschaft (OHG, KG, stille Gesellschaft) die liquiden Mittel verschaffen, die diese benötigt, um die beim Tode oder beim Ausscheiden eines Gesellschafters durch eine notwendige Auseinandersetzung entstehende erhebliche finanzielle Belastung ohne Gefahr für die Firma zu überstehen. Die Teilhaberversicherung stellt eine Ausnahme von dem Grundsatz dar, daß Prämien für Versicherungen auf das Leben des Betriebsinhabers bei Personengesellschaften nicht als Betriebsausgaben anerkannt werden.

Die Teilhaberversicherung ist durch die steuerliche Rechtsprechung anerkannt, sofern folgende **Voraussetzungen** gegeben sind (RFH vom 8.2.1939 in RStBl 1939/508):

1. Versicherungsnehmer ist die Gesellschaft.

2. Bezugsberechtigt ist ausschließlich die Gesellschaft.

3. Die Beiträge müssen von der Gesellschaft gezahlt werden.

4. Die Versicherung wird auf das Leben eines Teilhabers oder mehrerer Teilhaber in Form von Einzelversicherungen abgeschlossen.

Der RFH hat in mehreren Entscheidungen die Abzugsfähigkeit der Beiträge einer solchen Versicherung als Betriebsausgaben anerkannt (vgl. u. a. RFH, a.a.O.). Die Gesellschaft muß das Deckungskapital der Teilhaberversicherung aktivieren.

Einkommensteuerrechtlich gelten für die Teilhaberversicherung die gleichen Grundsätze wie für die Rückdeckungsversicherung (BdF-Erlaß vom 3.8.1963 DB 1963 S. 1101).

Der Abschluß von Teilhaberversicherungen bei vereinfachter Gewinnermittlung (Überschußrechnung § 4 Abs. 3 EStG) ist möglich (RFH vom 21.5.1942, RStBl 1942 S. 826).

Es muß aber eindeutig erkennbar sein, daß die Erträge aus der Versicherung der Gesellschaft zugute kommen und daß den Teilhabern nicht im Ergebnis eine eigene Versicherung abgenommen wird.

Da bei der vereinfachten Gewinnermittlung die Anschaffungskosten eines nicht abnutzbaren Wirtschaftsgutes des Anlagevermögens sich erst bei dessen Entnahme oder Veräußerung auswirken, können nur die Kosten- und Risikoanteile sofort als Betriebsausgaben abgesetzt werden. Sie können aus Vereinfachungsgründen mit einem Drittel des Gesamtbeitrages geschätzt werden (Verfügung OFD Hannover vom 1.1.1981 S. 2144-23-StO/StH 221; nicht veröffentlicht). Wird die Versicherung fällig, so ist der restliche Beitragsaufwand (Sparanteile = zwei Drittel) abzugsfähig. Dadurch ergibt sich das gleiche steuerrechtliche Ergebnis wie bei der Bilanzierung (§ 4 Abs. 1 und 2 EStG).

(23) Sicherstellung des Kapitalbedarfs bei Ausscheiden leitender Angestellter (Keymann-Versicherung)

Für viele Unternehmen bringt das Ausscheiden, der plötzliche Tod oder der altersmäßig bedingte Ausfall eines leitenden Angestellten wirtschaftliche Verluste mit sich. Die Einarbeitung eines Nachfolgers erfordert zumeist ein beträchtliches Kapital. Zur **Sicherstellung** dieses Kapitals können solche Unternehmen auf das Leben ihrer leitenden Angestellten eine Lebensversicherung abschließen. Die Prämien werden von der Firma bezahlt. Die Versicherungsleistungen stehen ausschließlich dem Unternehmen zu.

Die Versicherungsbeiträge zu einer solchen Versicherung sind als Betriebsausgaben abzugsfähig (Ländererlasse; vgl. z. B. Erlaß des Hessischen Finanzministeriums Nr. S 2118/81/11/21 vom 16.6.1961). Auch hier ist die Aktivierung des Deckungskapitals erforderlich.

(24) Die Versicherung für den Ausgleichsanspruch des Vertreters

Bei Beendigung eines Vertreterverhältnisses steht dem Vertreter nach Maßgabe und im Rahmen des § 89 b HGB ein **Ausgleichsanspruch** zu. Eine Firma kann in Höhe des zu erwartenden Ausgleichsanspruches mit Zustimmung des Handelsvertreters eine gemischte Versicherung auf dessen Leben abschließen. Sämtliche Ansprüche aus dieser Versicherung stehen ausschließlich der Firma zu. Sie verschafft sich damit die finanziellen Mittel, um bei Beendigung des Vertretervertrages durch Tod oder Erreichen der Altersgrenze den Ausgleichsanspruch bezahlen zu können. Bei Abschluß dieses Versicherungsvertrages handelt es sich um einen betrieblichen Vorgang. Die Versicherungsbeiträge sind als Betriebsausgaben abzugsfähig. Der Wert der Versicherung (Deckungskapital) muß aktiviert werden.

(25) Die Unfallversicherung

Hat ein Betrieb seinen Arbeitnehmern Versorgungszusagen für den Fall von Betriebsunfällen gegeben und zur Sicherung dieser Versorgungszusagen eine **Unfallversicherung** abgeschlossen, die der Betrieb bezahlt und aus der er allein berechtigt ist, dann finden darauf die allgemeinen Regeln über die Rückdeckungsversicherung Anwendung. Die Versicherungsbeiträge zu einer solchen Unfallversicherung sind als Betriebsausgaben abzugsfähig. Handelt es sich um eine Unfallversicherung mit Prämienrückgewähr, so ist das Deckungskapital zu aktivieren (BFH vom 28.11.1961, BStBl 1962 III S. 101). Schließt ein Betrieb für Geschäftsfahrzeuge Insassen-Unfallversicherungen ab, so sind die Beiträge immer Betriebsausgaben.

Ob Versicherungsbeiträge, die ein Betrieb für eine Unfallversicherung des Betriebsinhabers aufwendet, Betriebsausgaben sind, ist umstritten. Unter folgenden **Voraussetzungen** müßten solche Versicherungsbeiträge als Betriebsausgaben anerkannt werden:

1. Wenn in einem Betrieb in erheblichem Umfang mit Betriebsunfällen zu rechnen ist und diese Möglichkeit der Anlaß zum Abschluß einer solchen Versicherung war (RFH in RStBl 1939 S. 910). Die allgemeine Gefährdung durch den Straßenverkehr auch auf Berufsfahrten betrachtet der BFH jedoch als privaten Anlaß (Urteil vom 16.5.1963, StRK EStG § 4 R 573). Benutzt der Betriebsinhaber jedoch häufig und überhöht aus betrieblichen Gründen ein Kraftfahrzeug, so wird man darin bei den heutigen Verkehrsverhältnissen schon eine erhebliche durch den Betrieb veranlaßte Unfallgefahr erblicken können (BFH vom 8.4.1964, BStBl 1964 S. 271).

2. Wenn der Betrieb durch einen Unfall des Betriebsinhabers stärkeren finanziellen Belastungen ausgesetzt ist. Dies trifft insbesondere zu, wenn der Betrieb dem Inhaber gegenüber eine umfangreiche Fürsorgeverpflichtung eingegangen ist oder für die Abwesenheit des Betriebsinhabers eine hochbezahlte Arbeitskraft vorübergehend einzustellen ist.

3. Wenn die Vorteile aus einer solchen Versicherung ausschließlich dem Betrieb zufließen.

Sämtliche Leistungen aus einer solchen Unfallversicherung sind Betriebseinnahmen.

(26) Die Direktversicherung

Die **Direktversicherung** gehört nicht in den hier besprochenen Zusammenhang hinein. Die Beiträge zur Direktversicherung sind nicht, wie z. B. die Beiträge zur Rückdeckungsversicherung, notwendige Betriebsausgaben. Nach § 12 Ziff. 2 EStG können freiwillige Leistungen auch in Form von Lebensversicherungsbeiträgen an sich keine Betriebsausgaben sein. Lediglich dadurch, daß diese Beiträge zu Direktversicherungen in § 2 Abs. 3 Ziffer 2 LStDV dem Arbeitslohn zugerechnet werden, verlieren sie den Charakter einer freiwilligen Zuwendung und können steuerrechtlich als Betriebsausgaben (Arbeitslohn) abgesetzt werden.

Im Kapitel „Sonderausgaben" (vgl. unten B.I.2 b) wird zur Direktversicherung noch ausführlich Stellung genommen.

b) Versicherungsbeiträge als Sonderausgaben

aa) Der Sonderausgabenbegriff

Nach § 10 Abs. 1 Satz 1 EStG sind Sonderausgaben die in den §§ 10—10b und 10d—10e EStG aufgezählten Ausgaben, wenn sie **weder Betriebsausgaben noch Werbungskosten** sind. Sie gehören daher zu den privaten bei Ermittlung der Einkünfte nicht abzugsfähigen Ausgaben des Steuerpflichtigen im Sinne von § 12 EStG, da sie im Gegensatz zu den Betriebsausgaben und Werbungskosten in keinem wirtschaftlichen Zusammenhang mit den in § 2 Abs. 1 EStG genannten Einkunftsarten (vgl. oben B.I.1 c (bb)) stehen. Sonderausgaben fallen vielmehr in den Bereich der privaten Einnahmeverwendung. Ihre Abzugsfähigkeit ergibt sich daher ausschließlich aus den §§ 10—10b und 10d—10e EStG.

Die Feststellung in § 12 Satz 1 EStG „*unbeschadet der Vorschrift des § 10*", macht deutlich, daß es nach der Systematik des Einkommensteuergesetzes bei den in den §§ 10–10b und 10d–10e EStG genannten Ausgaben besonderer gesetzlicher Bestimmungen bedurfte, um ihre Abzugsfähigkeit bei der Einkommensermittlung zu gewährleisten. Bei den Sonderausgabenbestimmungen handelt es sich folglich um **sachliche Steuerbefreiungsvorschriften**.

Sind die entsprechenden Aufwendungen Betriebsausgaben oder Werbungskosten (vgl. oben B.I.2 a), dann sind sie bereits bei der Ermittlung der Einkunft aus der jeweiligen Einkunftsart in den dafür geltenden gesetzlichen Grenzen zu berücksichtigen. Sie können dann nicht zusätzlich als Sonderausgaben vom Gesamtbetrag der Einkünfte bei Ermittlung des Einkommens abgesetzt werden. Das gilt auch dann, wenn ihre Abzugsfähigkeit als Werbungskosten oder Betriebsausgaben gesetzlich eingeschränkt ist. Die Zuordnung zu den Werbungskosten oder Betriebsausgaben hängt nicht vom Umgang der Abzugsfähigkeit ab (BFH vom 25.3.1977 VI R 96/74 VK 1977 S. 419).

Die als Sonderausgaben abzugsfähigen Aufwendungen sind in den §§ 10–10c und 10d–10e EStG erschöpfend aufgezählt (vgl. BFH vom 12.12.1973 BStBl 1974 S. 300). Aufwendungen, die dort nicht genannt sind, können zwar Betriebsausgaben oder Werbungskosten, nicht aber Sonderausgaben sein. Sind sie weder Betriebsausgaben noch Werbungskosten noch Sonderausgaben, dann gehören sie zu den nichtabzugsfähigen Ausgaben im Sinne von § 12 EStG. § 10 EStG ist demnach im Verhältnis zu § 12 EStG lex specialis. Im Verhältnis zu den Betriebsausgaben (§ 4 Abs. 4 EStG) und den Werbungskosten (§ 9 EStG) ist § 10 EStG subsidiärer Natur.

bb) Arten der Sonderausgaben

Die in den §§ 10–10c und 10d–10e genannten Sonderausgaben sind zu unterscheiden in:

unbeschränkt abzugsfähige Sonderausgaben

und

beschränkt abzugsfähige Sonderausgaben.

(1) Unbeschränkt abzugsfähige Sonderausgaben

sind in der tatsächlich aufgewendeten Höhe abzugsfähig. Sie sind im § 10 Abs. 1 Ziff. 1a und Ziff. 4–6 EStG erschöpfend aufgezählt.

Typisch für die **unbeschränkt abzugsfähigen Sonderausgaben** ist es, daß ihre Höhe regelmäßig vom Steuerpflichtigen nicht beeinflußt werden kann (so z. B. bei der Kirchensteuer), und daß sie zumindest Aufwendungen ohne Gegenleistungen sind (so z. B. die abzugsfähigen Teile von Renten und dauernden Lasten, die auf besonderen Verpflichtungsgründen beruhen), so daß keine gesetzgeberische Notwendigkeit bestand, den Abzug zu begrenzen.

(2) Beschränkt abzugsfähige Sonderausgaben

Bei den beschränkt abzugsfähigen Sonderausgaben ist zu unterscheiden zwischen **beschränkt abzugsfähigen allgemeinen Sonderausgaben**, wie z. B. Berufsausbildungskosten (§ 10 Abs. 1 Ziff. 7 EStG), Spenden (§ 10b EStG), dem Verlustabzug (§ 10d EStG) einerseits und den **Vorsorgeaufwendungen**.

Vorsorgeaufwendungen sind nur **Versicherungsbeiträge** (§ 10 Abs. 1 Ziff. 2 EStG) und Bausparkassenbeiträge (§ 10 Abs. 1 Ziff. 3 EStG).

Die beschränkt abzugsfähigen allgemeinen Sonderausgaben wurden nur der Vollständigkeit halber erwähnt, sie spielen für unsere Untersuchung keine Rolle.

cc) *Höchstbeträge für die beschränkt abzugsfähigen Sonderausgaben im Sinne von § 10 Abs. 1 Ziff. 2 und 3 EStG*

Die Abzugsfähigkeit von Sonderausgaben im Sinne von § 10 Abs. 1 Ziff. 2 EStG (Versicherungsbeiträge) und von Sonderausgaben im Sinne von § 10 Abs. 1 Ziff. 3 EStG (Bausparkassenbeiträge) ist in § 10 Abs. 3 EStG durch gesetzlich festgelegte Höchstbeträge begrenzt. Es sind systematisch **drei Höchstbetragsgruppen** zu unterscheiden:

(1) Die allgemeinen (vollabzugsfähigen) Höchstbeträge

(§ 10 Abs. 3 Ziff. 1 EStG)

betragen

2340,– Deutsche Mark im Kalenderjahr für den Steuerpflichtigen.

Der dem Steuerpflichtigen zustehende Betrag von 2340,– DM jährlich erhöht sich auf 4680,– DM jährlich, wenn er mit seinem **Ehegatten zusammen** zur Einkommensteuer **veranlagt** wird. Haben beide Ehegatten Einkünfte, dann können sie gemäß § 26 Abs. 1 EStG zwischen der getrennten Veranlagung (§ 26 a EStG) und der Zusammenveranlagung

(§ 26 b EStG) wählen. Bei der getrennten Veranlagung werden die Einkünfte jedes Ehegatten gesondert zur Einkommensteuer herangezogen. Bei der Zusammenveranlagung (§ 26 b EStG) werden die Einkünfte der Ehegatten zusammengerechnet. Die Einkommensteuer wird dann vom Einkommen beider Ehegatten unter Anwendung des Splittingverfahrens (§ 32 a Abs. 5 EStG) erhoben. Hat nur einer der beiden Ehegatten Einkünfte, dann finden grundsätzlich die Zusammenveranlagung und das **Splittingverfahren** Anwendung. In diesem Falle beträgt der allgemeine Höchstbetrag beim Steuerpflichtigen immer 4680,- DM jährlich.

Bei der getrennten Veranlagung werden die Sonderausgaben bei der Veranlagung jedes Ehegatten berücksichtigt.

(2) Die allgemeinen (zur Hälfte abzugsfähigen) Höchstbeträge
   (§ 10 Abs. 3 Ziff. 3 EStG)

entsprechen in ihrer Höhe den allgemeinen (vollabzugsfähigen) Höchstbeträgen. Sie sind jedoch im Gegensatz zu diesen Höchstbeträgen nur zur Hälfte abzugsfähig. Übersteigen bei einem Steuerpflichtigen die tatsächlich vorhandenen Sonderausgaben die vollabzugsfähigen Höchstbeträge, dann sind die über diese Höchstbeträge hinausgehenden Aufwendungen nur zur Hälfte abzugsfähig. Es können jedoch höchstens die voll abzugsfähigen Höchstbeträge noch einmal zur Hälfte abgesetzt werden.

Beispiel:

Ein Ehepaar hat einen allgemeinen Sonderausgabenhöchstbetrag von 4680 DM. Seine tatsächlichen Aufwendungen an Sonderausgaben betragen 6000 DM. Abzugsfähig sind 4680 DM und 50 % von 1320 DM, insgesamt also 5340 DM.

(3) Ein zusätzlicher Höchstbetrag
   (§ 10 Abs. 3 Ziff. 2 EStG)

Der zusätzliche Höchstbetrag (auch *Sonderfreibetrag* oder *Vorwegabzug* genannt), wird ausschließlich für **Versicherungsbeiträge** im Sinne von § 10 Abs. 1 Ziff. 2 EStG gewährt. Er beträgt 4000,- DM jährlich. Im Falle der Zusammenveranlagung von Ehegatten erhöht er sich auf 8000,- DM jährlich. Dieser zweckbestimmte Höchstbetrag, der ausschließlich für die private Vorsorge bestimmt ist, vermindert sich bei Steuerpflichtigen, wenn im Gesamtbetrag der Einkünfte solche aus nichtselbständiger Arbeit enthalten sind und weiter bei Steuerpflichtigen, die während des ganzen Kalenderjahrs

(aa) in der gesetzlichen Rentenversicherung versicherungsfrei oder auf Antrag des Arbeitgebers von der Versicherungspflicht befreit waren und denen für den Fall ihres Ausscheidens aus der Beschäftigung auf Grund des Beschäftigungsverhältnisses eine lebenslängliche Versorgung oder an deren Stelle eine Abfindung zusteht oder die in der gesetzlichen Rentenversicherung nachzuversichern sind,

(bb) nicht der gesetzlichen Rentenversicherungspflicht unterlegen, eine Berufstätigkeit ausgeübt und im Zusammenhang damit auf Grund vertraglicher Vereinbarungen Anwartschaftsrechte auf eine Altersversorgung ganz oder teilweise ohne eigene Beitragsleistung erworben haben,

(cc) Einkünfte im Sinne des § 22 Ziff. 4 in Ausübung eines Mandats bezogen haben,

um 9 vom Hundert des Arbeitslohnes bzw. der Einnahmen aus der Beschäftigung oder Tätigkeit, höchstens des Jahresbetrags der Beitragsbemessungsgrenze in der gesetzlichen Rentenversicherung der Angestellten.

Diese Vorschrift trifft in Doppelbuchstabe (aa) Beamte, in Doppelbuchstabe (cc) Abgeordnete und in Doppelbuchstabe (bb) vornehmlich Vorstandsmitglieder von Kapitalgesellschaften.

Erhalten diese Steuerpflichtigen auch steuerfreie Leistungen zur Krankenversorgung von ihrem Arbeitgeber (ges. Beiträge zur Krankenversicherung, Beihilfen u. ä. m.), so erhöht sich der Prozentsatz von 9 % auf 12 %.

Tabelle zur Ermittlung der Vorsorgeaufwendungen nach § 10 EStG

		ledig	verh.
voll abzugsfähig	Sonderfreibetrag	4 000	8 000
	Höchstbetrag	2 340	4 680
zur Hälfte abzugsfähig		2 340	4 680
Aufwand		8 680	17 360
Abzug		7 510	15 020

dd) Persönliche und sachliche Voraussetzungen für die Inanspruchnahme von § 10 Abs. 1 Ziff. 2 b EStG durch Versicherungsbeiträge

(1) Persönliche Voraussetzungen

(11) beim Versicherungsnehmer und Steuerpflichtigen

Sonderausgaben im Sinne von § 10 EStG können nur von **unbeschränkt Steuerpflichtigen** geltend gemacht werden. Bei beschränkter Steuerpflicht ist ein Abzug von Versicherungsbeiträgen als Sonderausgaben nicht möglich (§ 50 Abs. 1 letzter Satz EStG). Unbeschränkt Steuerpflichtige können Versicherungsbeiträge im Sinne von § 10 Abs. 1 Ziff. 2 b EStG jedoch nur als Sonderausgaben absetzen, wenn sie sie selbst oder Personen, die mit ihnen zusammen zur Einkommensteuer veranlagt werden, als **Versicherungsnehmer** aufgewendet haben (Abschnitt 88 Abs. 4 EStR). Darauf, wessen Leben versichert oder wer nach dem Versicherungsvertrag bezugsberechtigt ist, kommt es nicht an (BFH vom 20.11.1952, BStBl 1953 III S. 36). Eine Ausnahmeregelung gilt bei Direktversicherungsverträgen.

(12) beim Versicherer

Beiträge und Versicherungsprämien im Sinne von § 10 Abs. 1 Ziff. 2 b EStG, die an ein **inländisches** Versicherungsunternehmen gezahlt werden, sind im Rahmen der Höchstbeträge des § 10 Abs. 3 EStG grundsätzlich abzugsfähig. Beiträge und Versicherungsprämien an **ausländische** Versicherungsunternehmen sind nur abzugsfähig, wenn diese zum Geschäftsbetrieb im Inland zugelassen sind und die Beiträge oder Prämien an die inländische Niederlassung gezahlt werden (§ 10 Abs. 2 Ziff. 3 EStG). Die ausländischen Versicherungsunternehmen, die die Erlaubnis zum Geschäftsbetrieb im Inland haben, sind in der Anlage 5 zu den Einkommensteuerrichtlinien aufgeführt. Beiträge oder Prämien zu sogenannten *Korrespondenzversicherungen* mit nicht zugelassenen ausländischen Versicherungsunternehmen sind daher nicht abzugsfähig.

(2) Sachliche Voraussetzungen

(21) Begünstigte Versicherungszweige

Nach § 10 Abs. 1 Ziff. 2 b EStG sind Beiträge oder Prämien zu den nachstehend genannten privaten Versicherungsarten als Sonderausgaben abzugsfähig, wenn sie weder Betriebsausgaben noch Werbungskosten sind. (Die Reihenfolge ihrer Aufzählung ist redaktionell bedingt und sagt nichts über die wirtschaftliche Bedeutung dieser Zweige aus.)

Krankenversicherung

Unfallversicherung

Haftpflichtversicherung

Lebens-(Kapital- und Renten-)versicherungen

Für **Prämien zu Kranken-, Unfall- und Haftpflichtversicherungen** bestehen mit Ausnahme der Höhe des Abzuges (§ 10 Abs. 3 Ziff. 2 EStG) keine besonderen einschränkenden Bestimmungen. Bei der Kfz-Haftpflicht- und Insassenunfallversicherung ist lediglich zu beachten, daß Beiträge insoweit nicht als Sonderausgaben abgesetzt werden können, als sie Betriebsausgaben oder Werbungkosten sind. Abzugsfähig als Sonderausgabe ist nur der auf die private Nutzung entfallende Teil. Bei Haftpflichtversicherungen von Kraftfahrzeugen, für die der Arbeitnehmer Werbungskostenpauschalbeträge für Fahrten zwischen Wohnung und Arbeitsstätte in Anspruch nimmt (§ 9 Abs. 1 Ziff. 4 EStG), sind die Prämien voll als Sonderausgaben abzugsfägig (Abschnitt 40 Abs. 4 LStR). Auch Prämien zu einer Insassenunfallversicherung sind in voller Höhe Sonderausgaben, da sie keine typischen Kraftfahrzeugkosten sind und im Pauschbetrag nicht enthalten sein können.

Zur **Lebensversicherung** gehören, soweit es ihre steuerrechtliche Behandlung angeht, neben der normalen privaten Lebensversicherung auch Witwen-, Waisen-, Versorgungs-, Sterbe- und Pensionskassen; nicht jedoch betriebliche Unterstützungskassen, deren Leistungen ohne Rechtsanspruch gewährt und ausschließlich vom Arbeitgeber finanziert werden müssen. Vorsorgeaufwendungen sind jedoch nicht alle Beiträge zu Versicherungen auf den Erlebens- oder Todesfall, sondern nur zu den in § 10 Abs. 1 Ziff. 2 b EStG genannten Arten. Es handelt sich um:

(1) Risikoversicherungen, die nur für den Todesfall eine Leistung vorsehen,

(2) Rentenversicherungen ohne Kapitalwahlrecht,

(3) Rentenversicherungen mit Kapitalwahlrecht gegen laufende Beitragsleistung, wenn das Kapitalwahlrecht nicht vor Ablauf von 12 Jahren seit Vertragsabschluß ausgeübt werden kann,

(4) Kapitalversicherungen gegen laufende Beitragsleistung mit Sparanteil, wenn der Vertrag für die Dauer von mindestens zwölf Jahren abgeschlossen worden ist. Fondsgebundene Lebensversicherungen sind zwar genannt, aber ausdrücklich ausgeschlossen.

Zu den Versicherungen auf den Erlebens- und Todesfall gehören auch Berufsunfähigkeits-, Aussteuer- und Erbschaftsteuerversicherungen (Abschnitt 88 Abs. 1 EStG).

Keine Sonderausgaben (Vorsorgeaufwendungen) sind insbesondere die Beiträge zu folgenden Versicherungen:

Kapitalversicherungen gegen Einmalbeitrag,

Kapitalversicherungen gegen laufende Beitragsleistung, die Sparanteile enthalten, mit einer Vertragdauer von weniger als zwölf Jahren,

Rentenversicherungen mit Kapitalwahlrecht gegen Einmalbeitrag,

Rentenversicherungen mit Kapitalwahlrecht gegen laufende Beitragsleistung, bei denen die Auszahlung des Kapitals zu einem Zeitpunkt vor Ablauf von zwölf Jahren seit Vertragsabschluß verlangt werden kann,

fondsgebundene Lebensversicherungen.

§ 10 Abs. 1 Ziff. 2 b EStG spricht von **Beiträgen zu Versicherungen auf den Erlebens- oder Todesfall.** Daraus geht hervor, daß nicht nur Beiträge zu reinen (Risiko-) Todesfallversicherungen und reinen Erlebensfallversicherungen, sondern auch zu sogenannten *gemischten Versicherungen* als Sonderausgaben abgesetzt werden können. In welcher Form die Beiträge entrichtet werden, ist gleichgültig, soweit es sich um Versicherungen im Sinne von § 10 Abs. 1 Ziff. 2b EStG handelt. Abzugsfähige Sonderausgaben sind auch Beiträge, die im Umlageverfahren erhoben werden (*Blümich* a. a. O., Anm. V zu § 10 EStG). Die Entrichtung eines Einmalbeitrages steht seiner Abzugsfähigkeit als Sonderausgabe grundsätzlich nicht im Wege (BFH vom 1.2.1957, BStBl 1957 III S. 102). Auch freiwillige Zuzahlungen (Deckungskapitalzuzahlungen) zur Abkürzung der Versicherungsdauer oder Erhöhung der Versicherungsleistungen sind grundsätzlich abzugsfähige Sonderausgaben (BFH vom 30.10.1959, BStBl 1960 III S. 49). Gleiches gilt für Deckungskapitaleinzahlungen bei Rückdatierung des Versicherungsbeginns (rechtskräftiges Urteil des FG Münster vom 29.3.1957, VersR 1960 S. 190). Steht dem Versicherungsnehmer bedingungsgemäß das Recht zu, freiwillige Zuzahlungen (Deckungskapitaleinzahlungen) zur Abkürzung der Versicherungsdauer oder Erhöhung der Versicherungsleistung zu erbringen, dann sind diese Zahlungen den laufenden Beiträgen zuzuordnen (BFH vom 8.2.1974, BStBl II 1974, S. 354/35, FinMin Erlaß vom 23.9.1974, EStKart § 10 K 38).

(22) Mindestlaufzeiten

Versicherungen auf den Erlebens- oder Todesfall mit Sparanteil müssen nach § 10 Abs. 1 Ziff. 2 b/dd EStG mit einer Dauer von mindestens zwölf Jahren abgeschlossen werden. Werden die Verträge von vornherein mit einer geringeren Laufzeit abgeschlossen, dann sind die Beiträge keine Sonderausgaben.

Bei Risikolebensversicherungen, die nur für den Todesfall eine Leistung vorsehen, ist eine gesetzliche Mindestvertragsdauer nicht vorgeschrieben (§ 10 Abs. 1 Ziff. 2 b/aa EStG).

Bei Rentenversicherungen ohne Kapitalwahlrecht (§ 10 Abs. 1 Ziff. 2 b/bb EStG) spielt die Mindestvertragsdauer keine Rolle, da sie von vornherein mit einer unbestimmten Dauer abgeschlossen werden. Bei Rentenversicherungen mit wahlweiser Kapitalzahlung gegen laufende Beitragszahlung darf das Kapital bedingungsgemäß nicht vor Ablauf von 12 Jahren seit Vertragsabschluß ausgezahlt werden.

Von den vorgenannten Fristen kann abgewichen werden, wenn die Beiträge keine Sonderausgaben sind, weil sie z. B. Betriebsausgaben oder Werbungskosten sind oder wenn der Versicherungsnehmer keine Sonderausgaben in Anspruch nimmt. Hieraus ergeben sich aber Auswirkungen für die steuerliche Behandlung der Versicherungsleistungen.

ee) Mißbrauchsbestimmungen

(1) Verbot des Zusammenhangs mit steuerfreien Einnahmen

(§ 10 Abs. 2 Ziff. 2 EStG)

AllgemeineVoraussetzung für den Abzug von Vorsorgeaufwendungen ist, daß diese nicht in unmittelbarem wirtschaftlichen Zusammenhang mit steuerfreien Einnahmen stehen, die nach ihrer Zweckbestimmung zur Leistung der Vorsorgeaufwendungen dienen, z. B. steuerfreie Zuschüsse des Arbeitgebers im Sinne von § 3 Ziff. 62 EStG oder Sonderleistungen, die Wehrdienstpflichtige, Zivildienstleistende oder Grenzschutzdienstleistende unter bestimmten Voraussetzungen erhalten (BFH vom 18.7.1980, BStBl 1981 I S. 16). Solche Sonderleistungen werden u. a. gewährt

1. für Beiträge zur privaten Krankenversicherung,

2. für Beiträge zur freiwilligen Weiterversicherung in der gesetzlichen Rentenversicherung,

3. für Beiträge zu einer freiwilligen Höherversicherung in der gesetzlichen Rentenversicherung,

4. für Beiträge zu einer betrieblichen, überbetrieblichen Alters- oder Hinterbliebenenversorgung oder zu einer Zusatzversorgung des öffentlichen Dienstes,

5. für Aufwendungen zur Erfüllung von Verträgen, die im Versicherungsfall den Versicherungsnehmer vor Vermögensnachteilen schützen,

6. für Aufwendungen zur Erfüllung von Lebensversicherungs- und Bausparverträgen.

Die Sonderleistungen zu Ziffer 1 können auch den anspruchsberechtigten Familienangehörigen im engeren Sinne gewährt werden. Den gleichen Personen können auch Beiträge für die freiwillige Versicherung in einer gesetzlichen Kranken- oder Ersatzkasse ersetzt werden.

Nicht weiter berührt werden steuerfreie Einnahmen, die nicht zur Leistung von Vorsorgeaufwendungen bestimmt sind (BFH vom 18.7.1980, BStBl 1981 I S. 16; FG Münster vom 26.1.1977, EFG 1977, S. 261).

(2) Spezielle Mißbrauchsbestimmungen für Versicherungen gegen Einmalbeitrag

(§ 10 Abs. 2 Ziff. 1 EStG).

Nach § 10 Abs. 6 Ziff. 1 EStG ist bei Rentenversicherungen gegen Einmalbeitrag eine Nachversteuerung durchzuführen, wenn vor Ablauf von 12 Jahren seit Vertragsabschluß, außer im Schadenfalle oder bei Erbringung der vertragsmäßigen Rentenleistung, Einmalbeiträge ganz oder zum Teil zurückgezahlt oder Ansprüche aus dem Versicherungsvertrag ganz oder zum Teil abgetreten oder beliehen werden.

Auch diese Vorschrift soll eine mißbräuchliche Inanspruchnahme von § 10 EStG durch kurzfristig rückzahlbare Einmalbeiträge verhindern und eine langfristige Festlegung des eingezahlten Beitrags bewirken. Ausgenommen von der Nachversteuerung ist die Todesfall-Leistung und bei der Rentenversicherung die Auszahlung der vertragsgemäß vorgesehenen Rentenleistung.

Im Rahmen der Steuerüberwachung sind die Versicherungsunternehmen nach § 29 Abs. 1 EStDV verpflichtet, ihrem für die Veranlagung zuständigen Finanzamt unverzüglich die

Fälle anzuzeigen, in denen vor Ablauf von zwölf Jahren seit Vertragsabschluß, ohne daß die vertragsmäßige Rentenleistung erbracht wird, der Einmalbeitrag ganz oder zum Teil zurückgezahlt wird oder Ansprüche aus dem Versicherungsvertrag ganz oder zum Teil abgetreten oder beliehen werden. Die gleiche Rechtspflicht trifft nach § 29 Abs. 3 EStDV den Steuerpflichtigen im Falle der Abtretung oder der Beleihung. Nach § 29 Abs. 4 EStDV wird ein Anspruch aus einem Versicherungsvertrag beliehen, wenn der Anspruch zur Sicherung einer Schuld abgetreten oder verpfändet wird. Hierbei ist es unerheblich, ob die Schuld vor oder nach Abschluß des Vertrages entstanden ist. Damit unterliegt auch die Verpfändung von Versicherungsansprüchen aus Versicherungsverträgen gegen Einmalbeitrag der Nachversteuerung. Als Beleihung gilt auch die Gewährung von Policedarlehen (BFH vom 19.12.1973, BStBl 1974 II S. 237, Abschnitt 26 EStR).

Die Nachversteuerung hat nach § 30 EStDV zu erfolgen. Nachversteuert wird der Teil des Einmalbeitrages, der zurückgezahlt worden ist, oder der Teil des Einmalbeitrages, der abgetreten, verpfändet oder beliehen worden ist. Zu diesem Zweck ist die Steuer zu berechnen, die festzusetzen gewesen wäre, wenn der Steuerpflichtige diesen Teil des Einmalbeitrages nicht geleistet hätte. Voraussetzung ist selbstverständlich, daß der Steuerpflichtige diesen Teil des Einmalbeitrages als Sonderausgabe geltend gemacht hat. Die so zu berechnende noch zu zahlende Steuer wird ohne Berichtigung der früheren Veranlagungen durch Sonderbescheid erhoben (Abschnitt 88 Abs. 9 EStR).

Die Anzeigepflicht gemäß § 29 Abs. 1 und Abs. 3 EStDV ist jedoch unabhängig davon zu erfüllen, ob der Steuerpflichtige für den Einmalbeitrag Sonderausgaben geltend gemacht hat oder nicht.

Es obliegt dem Finanzamt nachzuprüfen, ob ein Nachversteuerungstatbestand im Sinne von § 30 EStDV vorliegt.

(3) Allgemeine Mißbrauchsbestimmungen

(§§ 41 und 42 Abgabenordnung)

Nach § 42 AO kann die Steuerpflicht durch Mißbrauch von Formen und Gestaltungsmöglichkeiten des Rechtes nicht umgangen werden.

Wird durch ein **Scheingeschäft** ein anderes Rechtsgeschäft verdeckt, so ist nach § 41 Abs. 2 AO für die Besteuerung das verdeckte Rechtsgeschäft maßgebend. Liegt ein **Mißbrauch von Formen und Gestaltungsmöglichkeiten** des Rechts vor, so sind die Steuern zu erheben, wie sie bei einer den wirtschaftlichen Vorgängen, Tatsachen und Verhältnissen angemessenen rechtlichen Gestaltung zu erheben wären.

In beiden Fällen trifft die Finanzverwaltung die Beweislast, d. h. die Finanzverwaltung muß nachweisen, daß ein Scheingeschäft oder ein Mißbrauch von Formen und Gestaltungsmöglichkeiten des Rechtes vorliegt. Die Anwendung der §§ 41 und 42 AO ist daher außerordentlich selten. Bei Versicherungsverträgen wird man von einem Scheingeschäft bzw.

von einem Mißbrauch von Formen und Gestaltungsmöglichkeiten des Rechtes sprechen können, wenn nach der gesamten Ausgestaltung des Versicherungsvertrages der Versicherungsvertrag nicht mehr in der Lage ist, seine eigentliche Aufgabe zu erfüllen, sondern lediglich dazu dient, Steuern zu ersparen.

ff) Die Sonderformen der Beitragszahlung für Lebensversicherungsverträge

(1) Freiwillige Zuzahlungen zur Abkürzung der Versicherungsdauer oder zur Erhöhung der Versicherungsleistung

Freiwillige Zuzahlungen zur Abkürzung der Versicherungsdauer oder Deckungskapitaleinzahlungen zur Erhöhung der Versicherungsleistung sind laufende Versicherungsbeiträge im Sinne von § 10 Abs. 1 Ziff. 2 b EStG. Soweit die gesetzlichen und geschäftsplanmäßigen Voraussetzungen, insbesondere bezüglich der Laufzeiten, erfüllt sind, können sie weder als Einmalbeiträge angesehen werden, noch kann ihre Zahlung als Mißbrauch im Sinne von § 42 AO bezeichnet werden (*Burkhardt*, a.a.O., FG Münster vom 10.9.1970, a.a.O.; BFH vom 8.2.1974, BStBl II S. 354 und 356).

(2) Beitragszahlung durch Vorauszahlung

Die Vorauszahlung, auch **Policendarlehen** genannt, ist nach Ansicht des BFH (Urteil vom 29.4.1966, BStBl 1966 III S. 421 und vom 19.12.1973, BStBl 1974 II S. 237) ihrer Rechtsnatur nach Kreditgewährung, also ein Darlehen. Da das Kreditaufnahmeverbot aufgehoben wurde, können abziehbare Beiträge durch Policendarlehen finanziert werden.

gg) Die Berücksichtigung der Sonderausgaben bei der Besteuerung

Sonderausgaben sind nach § 10 Abs. 1 Satz 1 EStG vom Gesamtbetrag der Einkünfte abzugsfähig (§ 2 Abs. 4 EStG). Der Sonderausgabenabzug ist nach dem Wortlaut des § 10 Abs. 1 EStG vom Finanzamt von Amts wegen vorzunehmen, wenn der Steuerpflichtige die Sonderausgaben angibt oder das Finanzamt aus deren Gründen von den Sonderausgaben Kenntnis erlangt (*Herrmann-Heuer*, a.a.O., Anm. 13 zu § 10 EStG; *Littmann*, u. A., a. a. O., Anm. 3 zu § 10 EStG; *Blümich*, a. a. O., Anm. II/5 zu § 10 EStG; FG München vom 10.11.1966, EFG 1967 S. 226 rkr.). Steuerpflichtige, die zur Einkommensteuer veranlagt werden, setzen daher ihre Sonderausgaben in der Einkommensteuererklärung an. Lohnsteuerpflichtige, die nicht zur Einkommensteuer veranlagt werden, können unbeschränkt abzugsfähige oder beschränkt abzugsfähige allgemeine Sonderausgaben entweder im Freibetragsverfahren zu Beginn des Kalenderjahres geltend machen, wenn sie zusammen mit den Werbungskosten und den außergewöhnlichen Belastungen 1200,– DM überschreiten (§ 39a Abs. 2 EStG) oder im Jahreslohnsteuerausgleich nach Ablauf des Veranlagungszeitraumes.

Vorsorgeaufwendungen, soweit sie die in der Lohnsteuertabelle enthaltene Vorsorgepauschale (siehe unten) überschreiten, können nur im Lohnsteuerjahresausgleich berücksichtigt werden.

(1) Die Berücksichtigung der Sonderausgaben bei der Einkommensteuerveranlagung

(11) Allgemeines

Bei der Veranlagung zur Einkommensteuer müssen die im Laufe des Veranlagungszeitraumes aufgewendeten und in der Einkommensteuererklärung angegebenen Sonderausgaben belegt werden. Berücksichtigungsfähig sind nur Sonderausgaben, die im Laufe des Veranlagungszeitraumes tatsächlich geleistet worden sind (§ 11 Abs. 2 EStG). Dies gilt auch für Steuerpflichtige, die für die Gewinnermittlung ein vom Kalenderjahr abweichendes Wirtschaftsjahr haben, wie z. B. Land- und Forstwirte (BFH vom 24.2.1961, BStBl 1961 II S. 190).

Auf den Zeitpunkt der bürgerlich-rechtlichen Fälligkeit kommt es dabei ebensowenig an, wie auf den Zeitraum, für den die Sonderausgaben gezahlt worden sind (Littmann u. A., a. a. O., Anm. 103–111 zu § 11 EStG; *Blümich*, a. a. O., Anm. III/1 zu § 11 EStG). Entscheidend allein ist, ob sie wirtschaftlich aus dem Vermögen des Steuerpflichtigen herausgeflossen sind (*Littmann* u. A., a. a. O., Anm. 103–111 zu § 11 EStG; *Blümich*, a. a. O., Anm. III/1 zu § 11 EStG), der Steuerpflichtige also die wirtschaftliche Verfügungsmacht aufgegeben hat. Die gleichzeitige Aufgabe der rechtlichen Verfügungsmacht erleichtert zwar die Prüfung, ist aber nicht unbedingte Voraussetzung. So gilt im allgemeinen auch die Hingabe eines Schecks als Zahlung (vgl. auch BFH vom 1.12.1961, Der Betrieb 1962 S. 589). Gleiches gilt bei Erteilung eines Abbuchungsauftrages. Vorausgezahlte Beiträge sind im Jahre der Zahlung und nicht im Jahre der Beitragsfälligkeit als Sonderausgaben abzugsfähig. Dies gilt jedoch nicht für sogenannte *Prämiendepots* (vgl. OFD Köln vom 5.5.1971, BB 1971, S. 689). Gleiches gilt für Beiträge, die vom Steuerpflichtigen kurz vor formellem bzw. materiellem Vertragsabschluß geleistet werden (vgl. hierzu auch *Rössler* in Versicherungswirtschaft 1962, S. 710 ff.). Die davon abweichende Ansicht des Finanzgerichtes Schleswig-Holstein (Urteil vom 10.7.1961; EFG 1961, S. 490) ist meines Erachtens rechtlich nicht haltbar. Sonderausgaben, die für den Veranlagungszeitraum, in dem sie geleistet wurden nicht berücksichtigt worden sind, können auf einen späteren Veranlagungszeitraum nicht übertragen werden (RFH vom 19.11.1936, RStBl 1937 S. 426).

Eine **Ausnahme** bilden nach § 11 Abs. 2 Satz 2 EStG regelmäßig wiederkehrende Sonderausgaben, z. B. laufende Beiträge, die kurz vor Beginn oder kurz nach Beginn des Kalenderjahres gezahlt werden, zu dem sie wirtschaftlich gehören, d. h. in dem sie rechtlich fällig werden bzw. fällig geworden sind. Sie sind dem Kalenderjahr zuzurechnen, zu dem sie wirtschaftlich gehören, in dem sie also rechtlich fällig geworden sind bzw. fällig werden. Zu den laufenden regelmäßig wiederkehrenden Beiträgen in diesem Sinne ist bei Versicherungen gegen laufende Beitragszahlung auch die Einlösungsprämie zu rechnen.

Regelmäßig wiederkehrende Ausgaben im Sinne von § 11 Abs. 2 Satz 2 EStG sind nach Ansicht des BFH (Urteil vom 9.5.1974, BStBl 1974 II S. 47) allerdings nur solche, die nach dem zugrundeliegenden Rechtsverhältnis am Beginn oder Ende des Kalenderjahres zahlbar sind, zu dem sie wirtschaftlich gehören. Werden solche Ausgaben kurz vor oder kurz nach Beginn des Kalenderjahres geleistet zu dem sie wirtschaftlich gehören, so sind sie diesem Kalenderjahr zuzurechnen. Als kurzer Zeitraum gelten 8 bis 10 Tage (*Blümich*, a. a. O., Anm. IV zu § 11 EStG; *Hartmann-Böttcher*, a. a. O., Anm. 19 zu § 11 EStG, BFH vom 13.3.1964, Neue Wirtschaftsbriefe 1964 F 1, 148).

Beispiel 1:

Bei einem Versicherungsvertrag gegen laufende Beitragszahlung sind jeweils die laufenden Jahresprämien am 1.1. eines Kalenderjahres fällig. Der am 1.1.1971 fällig gewordene Jahresbeitrag wurde bereits am 27.12.1970 gezahlt. Der Beitrag ist nicht für das Kalenderjahr 1970, sondern für das Kalenderjahr 1971 als Sonderausgabe abzugsfähig, da er kurz vor Beginn des Kalenderjahres geleistet wurde, zu dem er wirtschaftlich gehörte. Wäre der gleiche Betrag statt am 27.12. am 15.12. gezahlt worden, dann wäre er ohne Rücksicht auf seine rechtliche Fälligkeit im Jahre 1971 bereits im Kalenderjahr 1970 als Sonderausgabe abzugsfähig gewesen.

Beispiel 2:

Ein Versicherungsvertrag gegen laufende Beitragszahlung wird neu abgeschlossen. Der technische Beginn der Versicherung und der Zeitpunkt der Fälligkeit der Einlösungsprämie ist der 1.12.1970. Die Einlösungsprämie wird am 6.1.1971 gezahlt. Die Einlösungsprämie ist im Kalenderjahr 1971 und nicht im Kalenderjahr 1970 als Sonderausgabe abzugsfähig, da sie zwar kurz nach Beginn des Kalenderjahres geleistet wurde, zu dem sie wirtschaftlich gehört, aber nicht kurz vor Ende dieses Kalenderjahres zu zahlen war.

(12) Sonderausgabenabzug bei der Veranlagung von Ehegatten

Ehegatten können zwischen der getrennten Veranlagung (§ 26 a EStG) und der Zusammenveranlagung (§ 26 b EStG) wählen (§ 26 Abs. 1 und 2 EStG). Bei der getrennten Veranlagung werden die Einkünfte der Ehegatten unabhängig voneinander zur Einkommensteuer herangezogen.

Wählen die Ehegatten die Zusammenveranlagung (§ 26 EStG), dann werden die Einkünfte beider Ehegatten zusammengerechnet und insgesamt der Einkommensteuer unterworfen. Freibeträge werden in voller Höhe vom Gesamtbetrag der Einkünfte der Ehegatten abgezogen. Die Ermittlung der Einkommensteuer erfolgt nach dem Splitting; d. h. der nach Abzug von Freibeträgen verbleibende zu versteuernde Einkommensbetrag der Ehegatten wird halbiert, von dem halben zu versteuernden Einkommensbetrag wird die Steuer laut Tabelle abgelesen und dann verdoppelt. Da das Splittingverfahren in der Mehrzahl der Fälle auch dann zu einem günstigeren Ergebnis führt, wenn beide Ehegatten Einkünfte haben, wählen die Ehegatten im allgemeinen die Zusammenveranlagung.

Bei der getrennten Veranlagung werden Sonderausgaben bei jedem Ehegatten in der bei ihm angefallenen Höhe berücksichtigt (§ 26a Abs. 1 EStG).

(2) Berücksichtigung der Sonderausgaben beim Lohnsteuerabzug

(21) Allgemeines

Die Lohnsteuer ist, wie bereits erwähnt (vgl. B.I.1) keine besondere Steuer, sondern lediglich eine Erhebungsform der Einkommensteuer auf Einkünfte aus nichtselbständiger Arbeit (Arbeitslohn). Für den Sonderausgabenabzug bei der Lohnsteuer gelten daher grundsätzlich die gleichen Vorschriften wie bei der veranlagten Einkommensteuer.

Wegen der besonderen Erhebungsform der Lohnsteuer (Steuerabzugsverfahren) ergeben sich jedoch einige **Besonderheiten** bei der Berücksichtigung der Sonderausgaben.

(22) Freibetragsverfahren (§ 39 a EStG)

Beim Freibetragsverfahren werden die unbeschränkt abzugsfähigen und beschränkt abzugsfähigen allgemeinen Sonderausgaben auf Antrag des Steuerpflichtigen in die Lohnsteuerkarte als Freibetrag eingetragen, sofern sie zusammen mit den Werbungskosten und den außergewöhnlichen Belastungen den Beitrag von 1200,– DM übersteigen (§ 39a Abs. 2 EStG). Vorsorgeaufwendungen können nur im Lohnsteuerjahresausgleich berücksichtigt werden, wenn sie die Vorsorgepauschale (§ 10c Abs. 3 EStG) überschreiten. Die Eintragung kann zu Beginn aber auch noch im Laufe des Kalenderjahres erfolgen. Der in Betracht kommende Jahreshöchstbetrag wird dann zeitanteilig, beginnend mit dem Antragszeitraum, auf die jeweils beim Lohnsteuerabzug zugrunde gelegten Lohnzahlungszeiträume aufgeteilt.

Im Freibetragsverfahren besteht für den Lohnsteuerpflichtigen keine unbedingte Nachweispflicht für die geltend gemachten Sonderausgaben. Es genügt, wenn der Lohnsteuerpflichtige glaubhaft macht, daß ihm die angegebenen Sonderausgaben im Laufe des Kalenderjahres voraussichtlich erwachsen werden (BFH vom 13.8.1953, BStBl 1953 III S. 296 und vom 17.12.1953, BStBl 1954 III S. 76).

Ergibt sich im Laufe des Kalenderjahres, daß die Sonderausgaben höher sind als von ihm angegeben, so kann er entweder einen neuen Antrag auf Änderung des Freibetrages stellen oder die erhöhten Sonderausgaben im Lohnsteuerjahresausgleich (siehe unten) geltend machen.

Stellt sich nach Ablauf des Kalenderjahres heraus, daß die vom Lohnsteuerpflichtigen geltend gemachten und eingetragenen Sonderausgaben zu hoch gewesen sind, dann hat das Finanzamt die zu wenig einbehaltene Lohnsteuer nachzufordern, wenn der Fehlbetrag 20 Deutsche Mark übersteigt (§ 39a Abs. 5 EStG). Die allgemeine Meldepflicht von Änderungen der Besteuerungsgrundlagen nach § 153 AO bleibt hiervon unberührt. Für Vorsorgeaufwendungen sind diese Bestimmungen ohne Bedeutung.

Außerhalb des § 39 a EStG ist auch der Arbeitnehmer für die zu wenig einbehaltene Lohnsteuer nicht haftbar, es sei denn, der Arbeitnehmer wußte, daß die Lohnsteuer unvorschriftsmäßig gekürzt wird, weil er vorsätzlich zu hohe Sonderausgaben geltend gemacht hat. Dann dürfte aber auch regelmäßig der Tatbestand der Steuerhinterziehung (§ 370 AO) erfüllt sein.

Die Eintragung des Freibetrages auf der Lohnsteuerkarte ist eine gesonderte Feststellung einer Besteuerungsgrundlage im Sinne des § 179 Abs. 1 der Abgabenordnung. Sie ist wie ein Steuerbescheid rechtsbehelfsfähig. Weicht die Eintragung vom Antrag des Arbeitnehmers ab, so muß die Abweichung erläutert werden und ein schriftlicher Bescheid mit Rechtsbehelfsbelehrung ergehen (§ 39 a Abs. 4 EStG).

(23) Lohnsteuerjahresausgleich (§§ 42, 42 a und 42 b EStG)

Der Lohnsteuerjahresausgleich stellt faktisch eine Veranlagung der Einkünfte aus nichtselbständiger Arbeit zur Einkommensteuer dar. Er dient dazu, die beim Lohnsteuerabzugsverfahren entstehenden Unrichtigkeiten in der Steuererhebung bei unständiger Beschäftigung, bei wechselnden und schwankenden Bezügen und bei zusätzlichen erhöhten Freibeträgen auszugleichen. Er soll die Erstattung zuviel einbehaltener Lohnsteuer an den Arbeitnehmer ermöglichen. Eine Nacherhebung von Lohnsteuer im Rahmen des Lohnsteuerjahresausgleichs ist nur im Rahmen der Haftungsbestimmungen des § 42 d EStG zulässig. Der Lohnsteuerjahresausgleich kann in bestimmten Fällen unmittelbar vom Arbeitgeber durchgeführt werden (§ 42 b EStG). In den meisten Fällen muß er jedoch beim Finanzamt beantragt werden. Er wird nur auf Antrag des Lohnsteuerpflichtigen durchgeführt. Der Antrag ist bis spätestens bis zum Ablauf des auf das Ausgleichsjahr folgenden 2. Kalenderjahres einzureichen. Diese Frist ist eine Ausschlußfrist. Sie kann nicht verlängert werden. Bei Fristversäumnis ist Wiedereinsetzung nur sehr selten möglich.

Ist der Lohnsteuerpflichtige gemäß § 46 EStG zur Einkommensteuer zu veranlagen, dann kann ein Lohnsteuerjahresausgleich nicht durchgeführt werden. In diesen Fällen können zusätzliche oder erhöhte Sonderausgaben bei der Veranlagung Berücksichtigung finden.

Im Lohnsteuerjahresausgleich müssen die im abgelaufenen Kalenderjahr aufgewendeten Sonderausgaben aller Art, auch Vorsorgeaufwendungen, nachgewiesen werden oder doch zumindest so glaubhaft gemacht werden, daß das Finanzamt die Gewißheit gewinnt, daß sie beim Steuerpflichtigen tatsächlich entstanden sind.

(24) Berücksichtigung von Sonderausgaben, wenn beide Ehegatten Einkünfte aus nichtselbständiger Arbeit haben

Haben beide Ehegatten Einkünfte aus nichtselbständiger Arbeit, dann sind im Freibetragsverfahren die Sonderausgaben der Ehegatten gemeinsam zu ermitteln. Den abzugsfähigen Höchstbetrag können die Ehegatten nach Belieben auf die beiden Lohnsteuerkarten aufteilen, machen sie hiervon keinen Gebrauch, dann ist er auf der Lohnsteuerkarte jedes Ehegatten je zur Hälfte als Freibetrag einzutragen (§ 39 a Abs. 3 EStG).

Den Lohnsteuerjahresausgleich können die Ehegatten nur gemeinsam durchführen lassen, und er kann deshalb auch nicht von den Arbeitgebern der Ehegatten unmittelbar durchgeführt werden (§ 42 a EStG). Im Lohnsteuerjahresausgleich werden die Einkünfte der Ehegatten aus nichtselbständiger Arbeit wie bei der Zusammenveranlagung zusammengerechnet. Freibeträge, Sonderausgaben u. ä. m. der Ehegatten werden vom Gesamtbetrag der Einkünfte aus nichtselbständiger Arbeit in Abzug gebracht und die Lohnsteuer wird dann für den zu versteuernden Einkommensbetrag der Ehegatten nach der Einkommensteuer-Splittingtabelle erhoben.

(3) Sonderausgaben-Pauschbetrag, Vorsorge-Pauschbetrag, Vorsorgepauschale

Da Sonderausgaben, insbesondere Vorsorgeaufwendungen, in gewissem Umfange grundsätzlich bei allen Steuerpflichtigen anfallen, so z. B. Kirchensteuern, aber auch Krankenversicherungsbeiträge und Haftpflichtbeiträge, enthält § 10c EStG Pauschbeträge bzw. Pauschalen für Sonderausgaben und Vorsorgeaufwendungen, die bei der Ermittelung des Einkommens abzuziehen sind, wenn der Steuerpflichtige nicht höhere Sonderausgaben nachweist.

Diese **Pauschbeträge** und Pauschalen dienen der Verwaltungsvereinfachung und stellen keine Freibeträge dar; d. h. sie sind nicht neben den tatsächlich vorhandenen Sonderausgaben zusätzlich abzugsfähig, sondern nur dann anzusetzen, wenn der Steuerpflichtige keine höheren Sonderausgaben nachweist. In diesen Fällen sind sie aber zwingend zu berücksichtigen.

Weist der Steuerpflichtige höhere Sonderausgaben nach, dann sind diese abzugsfähig.

(31) Sonderausgaben-Pauschbetrag (§ 10 c Abs. 1 EStG)

Für allgemeine, beschränkt und unbeschränkt abzugsfähige Sonderausgaben im Sinne von § 10 Abs. 1 Ziff. 1, 4 und 7 EStG und § 10b EStG (Spenden) ist ein Pauschbetrag von mindestens 108,- DM jährlich abzuziehen. Dieser Pauschbetrag ist beim Lohnabzugsverfahren bereits in die Lohnsteuertabelle eingearbeitet (§ 38c Abs. 1 Ziff. 3 EStG). Allgemeine Sonderausgaben können im Freibetragsverfahren (§ 39a EStG) nur berücksichtigt werden, wenn sie diesen Pauschbetrag überschreiten.

Bei Ehegatten erhöht sich dieser Pauschbetrag auf 216,- DM jährlich (§ 10c Abs. 4 Ziff. 1 EStG).

(32) Vorsorgepauschale (§ 10c Abs. 2 EStG)

Zweck der Vorsorgepauschale

Durch diese Vorsorgepauschale sollen die von den Arbeitnehmern zwangsweise zu entrichtenden Sozialversicherungsbeiträge von vornherein steuerlich berücksichtigt werden.

Bemessungsgrundlage der Vorsorgepauschale und Höhe der Vorsorgepauschale

Die Vorsorgepauschale beträgt 18 v. H. des Bruttoarbeitslohnes, höchstens jedoch 18 v. H. der Beitragsbemessungsgrenze in der gesetzlichen Rentenversicherung.

Sind im Arbeitslohn Ruhegehaltsbezüge enthalten, so sind diese um den Versorgungsfreibetrag – 40 v. H. der Ruhegehaltsbezüge, höchstens 4800 DM – zu kürzen. Beziehen Steuerpflichtige, die das 64. Lebensjahr vollendet haben, noch Arbeitslohn für eine aktive Tätigkeit, so ist die Bemessungsgrundlage um den Altersentlastungsbetrag im Sinne von § 24a EStG auf diese Löhne – 40 v. H. des Arbeitslohnes, höchstens 3720 DM – zu kürzen.

Die Vorsorgepauschale darf jedoch die nachstehenden Beträge insgesamt nicht übersteigen.

1. höchstens 4000 Deutsche Mark abzüglich 12 vom Hundert des Arbeitslohnes zuzüglich
2. höchstens 2340 Deutsche Mark, soweit der Teilbetrag nach Nummer 1 überschritten wird, zuzüglich
3. höchstens die Hälfte bis zu 1170 Deutsche Mark, soweit die Teilbeträge nach den Nummern 1 und 2 überschritten werden.
4. die Vorsorgepauschale ist auf den nächsten durch 54 ohne Rest teilbaren vollen Deutsche-Mark-Betrag abzurunden, wenn sie nicht bereits durch 54 ohne Rest teilbar ist.

Beispiel 1:

Steuerpflichtiger Arbeitnehmer, ledig, keine 64 Jahre alt, Bruttoarbeitslohn 30.000 DM

Höchstbetrag 18 v. H.		5.400 DM	
Teilbetrag 1	4.000 DM		
./. 12 % von 30.000 DM	3.600 DM	400 DM	400 DM
		5.000 DM	
Teilbetrag 2		2.340 DM	2.340 DM
		2.660 DM	
Teilbetrag 3		1.170 DM	1.170 DM
Vorläufige Vorsorgepauschale			3.910 DM
Durch 54 teilbare endgültige Vorsorgepauschale			3.888 DM

Im Falle der Zusammenveranlagung verdoppeln sich die Deutsche Mark-Beträge der Ziffern 1 bis 3. Haben beide Ehegatten Arbeitslohn bezogen, ergibt sich die Bemessungsgrundlage für die Vorsorgepauschale aus der Summe der Arbeitslöhne beider Ehegatten unter Beachtung der oben dargestellten Ermittlungsgrundsätze (§ 10c Abs. 4 EStG).

Beispiel 2

Beide Ehegatten beziehen Arbeitslohn aus einer aktiven Tätigkeit und sind jünger als 64 Jahre.

Arbeitslohn Ehefrau:			28.000 DM
Arbeitslohn Ehemann:			36.000 DM
Bemessungsgrundlage für die Vorsorgepauschale			64.000 DM

Vorsorgepauschale

18 % aus 64.000 DM		11.520 DM	
Teilbetrag 1	8.000 DM		
./. 12 v. H aus 64.000 DM	7.680 DM	320 DM	320 DM
		11.200 DM	
Teilbetrag 2		4.680 DM	4.680 DM
		6.520 DM	
Teilbetrag 3		2.340 DM	2.340 DM
Vorläufige Vorsorgepauschale			6.340 DM
Durch 54 teilbare Vorsorgepauschale			6.318 DM

Besondere Formen der Vorsorgepauschale

Für Arbeitnehmer, die während des ganzen oder eines Teils des Kalenderjahrs

1. in der gesetzlichen Rentenversicherung versicherungsfrei oder auf Antrag des Arbeitgebers von der Versicherungspflicht befreit waren und denen für den Fall ihres Ausscheidens aus der Beschäftigung auf Grund des Beschäftigungsverhältnisses eine lebenslängliche Versorgung oder an deren Stelle eine Abfindung zusteht oder die in der gesetzlichen Rentenversicherung nachzuversichern sind oder

2. nicht der gesetzlichen Rentenversicherungspflicht unterliegen, eine Berufstätigkeit ausgeübt und im Zusammenhang damit aufgrund vertraglicher Vereinbarungen Anwartschaftsrechte auf eine Altersversorgung ganz oder teilweise ohne eigene Beitragsleistung erworben haben oder

3. Versorgungsbezüge im Sinne des § 19 Abs. 2 Nr. 1 EStG erhalten haben oder

4. Altersruhegeld aus der gesetzlichen Rentenversicherung erhalten haben,

beträgt die Vorsorgepauschale 18 vom Hundert des Arbeitslohns, jedoch höchstens 2000 Deutsche Mark.

Wenn beide Ehegatten Arbeitslohn bezogen haben und ein Ehegatte zu dem vorgenannten Personenkreis gehört, ist die höhere Vorsorgepauschale abzuziehen, die sich ergibt, wenn entweder die Deutsche Mark-Beträge nach Nr. 1 bis 3 (siehe S. 42) verdoppelt und der sich für diesen Ehegatten ergebende Betrag auf 2000 Deutsche Mark begrenzt wird oder der Arbeitslohn des anderen Ehegatten außer Betracht bleibt.

Die Vorsorgepauschalen sind in die amtlichen Lohnsteuertabellen bereits eingearbeitet.

ü) Auswirkungen des Sonderausgabenabzuges bei der Besteuerung

Da Sonderausgaben (Vorsorgeaufwendungen) im Sinne der §§ 10—10e EStG bei der Ermittlung des Einkommens vom Gesamtbetrag der Einkünfte abzugsfähig sind, vermindern sie den der Einkommensteuer zu unterwerfenden zu versteuernden Einkommensbetrag. Der zu versteuernde Einkommensbetrag des Einkommensteuerpflichtigen wird demgemäß kleiner. Der Sonderausgabenabzug führt dadurch zu einer endgültigen Ersparnis an Einkommensteuer. Da die Kirchensteuer in einem Prozentsatz der Einkommensteuer erhoben wird, tritt zu der Einkommensteuerersparnis eine entsprechende Kirchensteuerersparnis hinzu.

Wegen des progressiven Einkommensteuertarifs ist die Steuerersparnis in Prozenten des abzugsfähigen Sonderausgabenbetrages um so höher, je höher der zu versteuernde Einkommensbetrag vor Abzug der Sonderausgaben gewesen ist. Die Anwendung des progressiven Einkommensteuertarifes führt dazu, daß bei einem Vergleich des Einkommens mit der darauf entfallenden Einkommensteuer **zwei Steuersätze** bedeutsam werden:

der durchschnittliche Steuersatz,

der Spitzensteuersatz.

Der **durchschnittliche Steuersatz** ergibt sich, wenn bei einem bestimmten Einkommen die darauf entfallende Einkommensteuer zu dem Einkommen ins Verhältnis gesetzt wird.

Beispiel:

Bei einem zu versteuernden Einkommensbetrag von 50 000 DM beträgt die Einkommensteuer nach der Einkommensteuergrundtabelle 11 084 DM. Der durchschnittliche Steuersatz ist demnach 22,2 %.

Der **Spitzensteuersatz** ist der Teil der Einkommensteuer, der nach dem progressiven Einkommensteuertarif auf die Einkommensspitze entfällt.

Beispiel:

Bei einem zu versteuernden Einkommensbetrag von 50 000 DM beträgt die Einkommensteuer nach der Einkommensteuergrundtabelle 11 084 DM, bei 51 000 DM 11 411 DM. Auf die letzten 1 000 DM entfällt daher ein Einkommensteueranteil von 327 DM, d. h. der Spitzensteuersatz beträgt in diesem Falle 32,7 %.

Für die Einkommensteuerersparnis durch den Sonderausgabenabzug in Prozenten des abzugsfähigen Betrages ist nicht der durchschnittliche Steuersatz maßgebend, sondern der Spitzensteuersatz. Der Sonderausgabenabzug führt, wie wir bereits gesehen haben, zu einer Verminderung des zu versteuernden Einkommensbetrages in der Weise, daß die Einkommensspitze weggenommen, d. h. abgezogen wird.

Wenn, um in unserem Beispielsfall zu bleiben, bei einem Einkommen von 51 000 DM ein Lebensversicherungsbeitrag in Höhe von 1 000 DM abgezogen wird, dann vermindert sich der zu versteuernde Einkommensbetrag auf 50 000 DM d. h. die Einkommensteuer von 11 411 DM vermindert sich auf 11.084 DM, es werden also 327 DM an Einkommensteuer gespart oder 32,7 % des abzugsfähigen Sonderausgabenbetrages.

Die **Auswirkungen des Sonderausgabenabzuges** bei der Besteuerung lassen sich deshalb am einfachsten dadurch darstellen, daß man den Spitzensteuersatz des jeweiligen Steuerpflichtigen auf Grund des vorhandenen zu versteuernden Einkommensbetrages ermittelt. Dieser Spitzensteuersatz stimmt in etwa überein mit der Steuerersparnis in Prozenten des abzugsfähigen Sonderausgabenbetrages, wenn der Steuerpflichtige durch Sonderausgabenabzug den zu versteuernden Einkommensbetrag vermindert.

Beispiel:

a) Bei einem zu versteuernden Einkommensbetrag in Höhe von 40 000 DM beträgt der Spitzensteuersatz nach der Einkommensteuergrundtabelle, bezogen auf die letzten 1 000 DM des zu versteuernden Einkommensbetrages, rund 27,7 %. Vermindert der Steuerpflichtige den zu versteuernden Einkommensbetrag durch Sonderausgaben, so erspart er für jede DM abzugsfähige Sonderausgaben 0,277 DM, d. h. sein eigener Aufwand beträgt pro DM nur 0,723 DM.

b) Bei einem zu versteuernden Einkommensbetrag von 100 000 DM beträgt der Spitzensteuersatz, bezogen auf die letzten 1 000 DM des zu versteuernden Einkommensbetrages laut Einkommensteuergrundtabelle etwa 45 %. Vermindert der Steuerpflichtige den zu versteuernden Einkommensbetrag durch Sonderausgaben, so braucht er selbst für eine DM nur 0,55 DM aufzuwenden. 0,45 DM werden durch die Steuerersparnis wieder ausgeglichen.

Der Spitzensteuersatz beträgt nach der Einkommensteuergrundtabelle 18 % bis 53 % des zu versteuernden Einkommensbetrages. Die Einkommensteuerersparnis durch den Sonderausgabenabzug beträgt daher ebenfalls 18 % bis 53 % des abzugsfähigen Sonderausgabenbetrages. Wird die Kirchensteuer in Höhe von 9 % der Einkommensteuer erhoben, so erhöht sie sich auf 19,3 % bis 55,2 %.

Spitzensteuersatztabelle 1990

Die Ersparnisse an Einkommen- oder Lohnsteuer durch Abzug von Versicherungsbeiträgen als Sonderausgaben

bei **Verheirateten** zu versteuernder Einkommensbetrag*			beträgt in % des abziehbaren Beitrags	bei **Unverheirateten** zu versteuernder Einkommensbetrag*		
von	11 340	bis 16 306	19	von 5 670	bis	8 153
	16 307	40 000	19–22	8 154		20 000
	40 001	50 000	22–24	20 001		25 000
	50 001	60 000	24–26	25 001		30 000
	60 001	80 000	26–30	30 001		40 000
	80 001	100 000	30–32	40 001		50 000
	100 001	130 000	32–37	50 001		65 000
	130 001	180 000	37–44	65 001		90 000
	180 001	230 000	44–52	90 001		115 000
	ab 240 000		53	ab 120 000		

*) Zu versteuernder Einkommensbetrag ist das um die Sonderausgaben, Werbungskosten, Sonderfreibeträge und die sonstigen vom Einkommen abzuziehenden Beträge verminderte Einkommen.

Die Ermittlung des zu versteuernden Einkommensbetrages ergibt sich aus § 2 Abs. 5 EStG (vgl. oben B.I.1 c).

Steuer und Versicherung (Teil II)[1]

Von Dipl.-Kfm. Heinz Rössler

---

[1] Der Beitrag besteht insgesamt aus 4 Teilen.

Inhaltsverzeichnis
(Teil II)

Seite

A. *Der systematische Aufbau unserer Steuerrechtsordnung (Teil I)*

B. *Besteuerung des Versicherungsvertrages*
   I. *Der Versicherungsvertrag im Einkommensteuerrecht (Teil I)*
      1. *Grundbegriffe des Einkommensteuerrechts (Teil I)*
      2. *Der Versicherungsbeitrag im Einkommensteuerrecht (Teil I)*

B. Besteuerung des Versicherungsvertrages 49
   I. Der Versicherungsvertrag im Einkommensteuerrecht 49
      3. Versicherungsansprüche und Versicherungsleistungen im Einkommensteuerrecht 49
      4. Die einkommensteuerrechtliche Behandlung der Beitragsrückerstattung (Beitragsrückgewähr, Bonus, Überschußbeteiligung oder Versicherungsdividende) aus Versicherungsverträgen 56
      5. Sonderfragen 60
   II. Der Versicherungsvertrag im Vermögensteuerrecht 72
      1. Grundbegriffe des Vermögensteuerrechtes 72
      2. Versicherungsansprüche und Versicherungsleistungen im Vermögensteuergesetz 78

B. *Besteuerung des Versicherungsvertrages*

   III. *Der Versicherungsvertrag im Gewerbesteuerrecht (Teil III)*
   IV. *Der Versicherungsvertrag im Erbschaftsteuerrecht (Teil III)*
   V. *Der Versicherungsvertrag im Verkehrsteuerrecht (Teil III)*

C. *Steuerfragen des Versicherungsaußendienstes (Teil III)*

D. *Die Besteuerung des Versicherungsunternehmens (Teil IV)*

B. Besteuerung des Versicherungsvertrages

I. Der Versicherungsvertrag im Einkommensteuerrecht

3. Versicherungsansprüche und Versicherungsleistungen im Einkommensteuerrecht

Auch hier ist zu unterscheiden zwischen Schadenversicherungen und Personenversicherungen. Wie bereits erwähnt, ist die Aufteilung in Schadenversicherungen und Personenversicherungen für die steuerrechtliche Behandlung von Versicherungsverträgen nur unvollkommen. Gelegentliche Überschneidungen lassen sich nicht vermeiden. Bei den Versicherungsleistungen und Versicherungsansprüchen gilt dies vor allem für Renten aus Schadenversicherungen, wie sie z. B. in der Haftpflichtversicherung mitversichert sind.

a) Die einkommensteuerrechtliche Behandlung von Ansprüchen aus Versicherungsverträgen

Versicherungsansprüche sind einkommensteuerrechtlich **nur bei betrieblichen Versicherungen** von Bedeutung. Unter betrieblichen Versicherungen sind solche zu verstehen, bei denen die Beiträge im Rahmen der Gewinnermittlung (§§ 4 und 5 EStG) als Betriebsausgaben (§ 4 Abs. 4 EStG) abzugsfähig sind. Ansprüche aus privaten Versicherungsverträgen, dabei ist es gleichgültig, ob es sich um fällige oder noch nicht fällige Ansprüche handelt, sind einkommensteuerrechtlich unerheblich. Sie werden, wenn überhaupt, zur Einkommensteuer erst dann herangezogen, wenn sie dem Steuerpflichtigen zugeflossen sind, d. h. wenn er über den Gegenwert des Anspruchs entweder in Form von Geld oder in Form von geldwerten Gütern die wirtschaftliche und rechtliche Verfügungsgewalt erlangt hat (§ 11 Abs. 1 EStG).

Aber auch dann, wenn es sich um betriebliche Versicherungen handelt, sind Ansprüche aus Versicherungsverträgen **nur in Fällen** einkommensteuerrechtlich interessant, in denen der Steuerpflichtige seine Einkünfte als Gewinn, z. B. Gewinn aus Land- und Forstwirtschaft, aus Gewerbebetrieb oder selbständiger Arbeit durch Betriebsvermögensvergleich (§ 4 Abs. 1 EStG) oder nach handelsrechtlichen Vorschriften (§ 5 EStG) ermittelt. Eine unterschiedliche Behandlung von fälligen und noch nicht fälligen Ansprüchen wie zum Beispiel im Vermögensteuerrecht (vgl. B. II, unten) gibt es dabei nicht.

aa) Ansprüche aus betrieblichen Schadenversicherungen

Unter Ansprüchen aus Schadenversicherung sind hier nur Ansprüche auf Schadenersatzleistungen zu verstehen. Ansprüche auf Renten oder Sterbegelder sind ebenso zu behandeln wie die entsprechenden Ansprüche aus Personenversicherungen.

Zu den **noch nicht fälligen Ansprüchen** auf Schadenersatzleistungen würden dann solche Ansprüche gehören, die deshalb noch nicht fällig sind, weil die Ermittlungen durch die Versicherungsgesellschaft über die Höhe des Schadens noch nicht abgeschlossen sind.

Zu den **fälligen Ansprüchen** auf Schadenersatzleistungen würden diejenigen gehören, bei denen diese Ermittlungen abgeschlossen sind, die also ausgezahlt werden können, bei denen aber die Auszahlung aus zeitlichen oder technischen Gründen noch nicht erfolgt ist.

Der Schadenersatzanspruch kann in Geld (Wertersatz) und in Wirtschaftsgütern (Naturalersatz) bestehen. Schadenersatzansprüche der genannten Art erhöhen das Betriebsvermögen und stellen daher Betriebseinnahmen dar, soweit sie erhöhte Unkosten oder entgangene Betriebseinnahmen ausgleichen sollen (vgl. *Blümich* a. a. O., Rdz 245 zu § 4 EStG; *Littmann u. A.*, a. a. O., Anm. 1615 zu §§ 4, 5 EStG; RFH vom 10.2.1939, RStBl 1939 S. 907; BFH vom 21.2.1957, BStBl 1957 III, S. 164). Schadenersatzansprüche für Krankheits- und Heilkosten sowie für die Vermehrung der persönlichen Bedürfnisse des Geschädigten, z. B. wegen einer Körperbeschädigung des Betriebsinhabers oder eines Mitarbeiters des Betriebs, stellen keine Betriebseinnahmen dar und sind daher bei der Gewinnermittlung des Betriebes außer Ansatz zu lassen (*Littmann u. A.*, a. a. O., Anm. 1615 zu §§ 4, 5 EStG).

Fällige betriebliche Schadenersatzansprüche sind gemäß §§ 5 und 6 EStG mit ihrem Teilwert zu aktivieren (§ 6 EStG). Bei fälligen Ansprüchen in Geld wird der Teilwert regelmäßig gleich dem Nennwert des Anspruches sein. Bei fälligen Ansprüchen auf Wirtschaftsgüter (Naturalersatz) wird der Teilwert regelmäßig gleich dem Marktpreis des Wirtschaftsgutes sein unter Berücksichtigung des Zweckes, den das Wirtschaftsgut im Rahmen des Betriebes zu erfüllen hat.

Bei entstandenen aber noch nicht fälligen Ansprüchen ergibt sich die Aktivierungspflicht im Falle des Betriebsvermögensvergleiches aus den Urteilen des RFH vom 13.7.1933 (RStBl 1933 S. 1085) und des BFH vom 10.4.1956 (BStBl 1956 III S. 173) und vom 21.2.1957 (BStBl 1957 III S. 164). Der Teilwert des Anspruches kann in solchen Fällen unter dem Nennwert des geltend gemachten Schadens liegen; das gilt insbesondere, wenn über die Höhe des Anspruches noch Ungewißheit besteht, weil die Ermittlungen der Versicherungsgesellschaft noch laufen (vgl. auch *Littmann u. A.*, a. a. O., Anm. 837 zu den §§ 4 und 5 EStG). Aus den genannten Urteilen des BFH ergibt sich aber auch, daß Schadenersatzansprüche, bei denen nicht nur die Höhe, sondern auch der Rechtsgrund noch umstritten ist, nicht aktivierungsfähig sind, die Anspruchsgrundlage noch ungewiß ist (vgl. auch BFH vom 27.5.1964, BStBl 1964 III S. 478 und vom 11.10.1976 VIII R 1/69). Lehnt das Versicherungsunternehmen zunächst die Leistungspflicht ab und macht dann ein Vergleichsangebot, ist ein Ansatz frühestens mit dem Vergleichsangebot erforderlich (BFH vom 11.10.1973, BStBl 1974 II S. 90).

bb) Ansprüche aus betrieblichen Personenversicherungen

Bei den Personenversicherungen ist zwischen reinen Risikoversicherungen, bei denen eine

Leistung nur und erst dann fällig wird, wenn der Risikofall eingetreten ist und Versicherungen mit Sparanteil zu unterscheiden.

Zu den reinen Risikoversicherungen gehören vor allem die Krankenversicherung, die reine Unfallversicherung und die Todes- oder Erlebensfallrisiko-Kapitalversicherung. Zu den Risikoversicherungen wird man weiterhin Rentenversicherungen zählen müssen, bei denen Rentenzahlungen nur dann fällig werden, wenn die versicherte Person im Zeitpunkt der Fälligkeit der jeweiligen Rentenzahlungen noch lebt und ein Rückkauf der Versicherung nicht möglich ist.

Zu den Versicherungen mit Sparanteil gehören vor allen Dingen die gemischte Erlebens- und Todesfallversicherung, die Erlebensfall- Kapitalversicherung, wenn sie rückkauffähig ist, Rentenversicherung mit Rückkaufrecht und Unfallversicherungen mit Prämienrückgewähr.

Aus dieser Gegenüberstellung wird deutlich, daß ein wesentliches Indiz für die Frage, ob eine Risikoversicherung oder eine Versicherung mit Sparanteil vorliegt, das Vorhandensein eines **Rückkaufrechtes** ist. Fehlt einem Versicherungsvertrag die Rückkaufmöglichkeit und damit auch die Möglichkeit der Beleihung (Vorauszahlung), dann handelt es sich regelmäßig um eine reine Risikoversicherung, da die Beiträge verfallen, wenn bis zum Ablauf der vereinbarten Versicherungsdauer der Versicherungsfall nicht eingetreten ist. Dies gilt auch dann, wenn das Versicherungsunternehmen innerbetrieblich ein technisches Deckungskapital bildet, der Versicherungsnehmer aber keinen vertragsrechtlichen Anspruch auf dieses Deckungskapital hat, sondern lediglich Leistungen erhält, wenn der Versicherungsfall eintritt, bzw. in der Rentenversicherung solange die versicherte Person lebt und Renten gezahlt werden. Ein weiteres Kennzeichen für Risikoversicherungen ist, daß sie insbesondere bei Kapitalrisikoversicherungen, nur für einen begrenzten Zeitraum abgeschlossen werden und die Beiträge bei gleicher Versicherungsleistung erheblich niedriger sind als bei Versicherungen mit Sparanteil.

(1) Ansprüche aus Risikoversicherungen

Noch nicht fällige Ansprüche aus Risikoversicherungen sind, da es sich um nicht realisierte Gewinne handelt, deren Ausweis in der Handels- und Steuerbilanz unzulässig ist (*Adler – Düring – Schmaltz, Rechnungslegung und Prüfung der Aktiengesellschaften*, Band I Tz 67 ff. zu § 145 Aktiengesetz; *Littmann u. A.*, a. a. O., Anm. 837 zu §§ 4/5 EStG; BFH vom 25.11.1973, BStBl 1974 II S. 202).

Selbst wenn man nicht davon ausgeht, daß ihr Ausweis in der Handels- oder Steuerbilanz der Ausweis eines nicht realisierten Gewinnes ist, müßte die Ungewißheit des Leistungsanfalles dazu führen, daß dem aktivierten Anspruch ein gleichhoher passiver Wertberichtigungsposten gegenübergestellt wird.

Fällige Ansprüche aus Risikoversicherungen, bei denen lediglich die Zahlung noch aussteht, sind wie Schadenersatzleistungen aus einer betrieblichen Schadenversicherung zu behandeln, also mit ihrem Teilwert anzusetzen.

Die oben unter B.I.3a(aa) bereits erwähnten Ansprüche auf Renten oder Sterbegelder aus betrieblichen Schadenversicherungen sind ebenso zu behandeln.

(2) Ansprüche aus Versicherungen mit Sparanteil

Bei Versicherungen mit Sparanteil wird aus dem in der Prämie enthaltenen Sparanteil ein **Deckungskapital** gebildet, auf das der Versicherungsnehmer einen unmittelbaren und stets realisierbaren Anspruch hat. Dieses Deckungskapital ist Bestandteil des Vermögens des Versicherungsnehmers, soweit er nicht durch ein Bezugsrecht oder durch Abtretung darüber verfügt hat. Bei vorzeitigem Rückkauf wird dieses Deckungskapital um einen geringfügigen Kostenabzug gekürzt an den Versicherungsnehmer zurückgezahlt (Rückkaufswert). Der Versicherungsnehmer hat weiterhin die Möglichkeit, auf dieses Deckungskapital im Wege der Vorauszahlung zurückzugreifen. Dieses Deckungskapital ist in der Bilanz des Versicherungsnehmers als Teilwert des Versicherungsanspruches auszuweisen. Die bei Abschluß des Versicherungsvertrages entstehenden und vom Versicherungsnehmer im Kostenanteil der Prämie zu erstattenden Abschlußkosten sind auf die Laufzeit des Versicherungsvertrages zu verteilen (vgl. BFH-Urteile vom 5.6.1962, BStBl 1962 III S. 460 und vom 28.11.1961, BStBl 1962 III S. 101 sowie vom 1.2.1966, BStBl 1966 III S. 251). Aus Vereinfachungsgründen können diese Abschlußkosten in den ersten fünf Vertragsjahren abgeschrieben werden (vgl. auch Ländererlaß vom 22.2. 1963, BStBl 1962 II S. 47; Abschnitt 41 Abs. 26 EStR).

Der Rückkaufswert ist für die Bilanzierung unbeachtlich, da es sich um den Liquidationswert und nicht um den Teilwert handelt. Wird die Versicherung zurückgekauft, ist der Rückkaufswert die Betriebseinnahme. Gegebenenfalls ist eine Teilwertabschreibung vorzunehmen.

Zu den in Betracht kommenden Versicherungsverträgen gehören z. B. sogenannte Rückdeckungsversicherungen, Teilhaberversicherungen, Versicherungen zur Sicherstellung des Kapitalbedarfes bei Ausscheiden eines Mitarbeiters.

Bei einer Unfallversicherung mit Prämienrückgewähr auf das Leben des Betriebsinhabers wegen erhöhter betrieblicher Unfallgefahr ist die Frage, ob es sich hier um eine betriebliche Versicherung handelt, auch heute noch umstritten. So hat der Bundesfinanzhof bei einer Ärztin die Unfallversicherung mit Prämienrückgewähr nicht als Betriebsvorgang angesehen.

Aus der einschlägigen höchstrichterlichen Rechtsprechung (RFH vom 23.10.1941, RStBl 1941, S. 971; BFH vom 25.11.1955, Betriebsberater 1955, S. 349, und vom 3.3.1961, BStBl 1961 III, S. 191) ergibt sich, daß der Abschluß eines Versicherungsvertrages nur dann als Betriebsvorgang anzusehen ist, wenn die Versicherung ausschließlich den Interessen des Betriebes dient, dem Betrieb sämtliche Ansprüche aus dem Versicherungsvertrag zustehen und die Versicherung nicht eine private Versorgung des versicherten Betriebsinhabers oder des versicherten Betriebsangehörigen ersetzt, weil eine erhöhte betriebsbedingte Unfallgefahr gegeben ist (BFH vom 22.6.1965 StRK EStG 4 R 452 und vom 5.8.1965 BStBl 1965 III, S. 650).

b) Die Behandlung von Versicherungsleistungen im Einkommensteuerrecht

Bei der einkommensteuerrechtlichen Behandlung von Versicherungsleistungen muß nicht nur zwischen Schaden- und Personenversicherungen, sondern auch noch zwischen privaten und betrieblichen Versicherungsverträgen unterschieden werden. Im Gegensatz zu Ansprüchen hat der Anfall von Versicherungsleistungen auch bei privaten Versicherungsverträgen teilweise einkommensteuerrechtliche Auswirkungen.

aa) Leistungen aus Schadenversicherungen

(1) Betriebliche Versicherungen

Soweit die Gewinnermittlung durch Betriebsvermögensvergleich (§ 4 Abs. 1 EStG) oder nach handelsrechtlichen Vorschriften (§ 5 EStG) erfolgt, sind Ansprüche auf Schadenersatzleistungen aus Schadenversicherungen regelmäßig bereits aktiviert. Der Zufluß der Versicherungsleistung hat daher im allgemeinen keine einkommensteuerrechtlichen Auswirkungen mehr. Dem Betrieb fließt zwar die Versicherungsleistung zu, gleichzeitig ist aber der aktivierte Anspruch auf die Versicherungsleistung aufzulösen. Im Regelfall gleichen sich die beiden Beträge daher erfolgsneutral aus. Nur in den Fällen, in denen der aktivierte Teilwert des Versicherungsanspruches von der Höhe der Versicherungsleistung abweicht, weil z. B. die Höhe des Versicherungsanspruches noch ungewiß war, ergeben sich Auswirkungen auf den laufenden Gewinn des Unternehmens.

Wird der **Gewinn als Überschuß der Betriebseinnahmen über die Betriebsausgaben** (§ 4 Abs. 3 EStG) ermittelt, so konnte der Versicherungsanspruch nicht aktiviert werden. Die Versicherungsleistung erhöht deshalb in voller Höhe den laufenden Gewinn. Dies trifft bei allen nichtbuchführungspflichtigen Gewerbetreibenden, bei den nichtbuchführungspflichtigen Land- und Forstwirten und bei nichtbuchführungspflichtigen Selbständigen im Sinne von § 18 EStG zu. Die gleichen Grundsätze finden aber auch bei allen übrigen Einkunftsarten, z. B. bei Einkünften aus Vermietung und Verpachtung, bei Einkünften aus Kapitalvermögen und bei Einkünften aus nichtselbständiger Arbeit Anwendung. Wenn die Versicherungsleistungen Einnahmeausfälle ausgleichen, gehören die Versicherungsleistungen zu den Entschädigungen im Sinne von § 24 Ziff. 1 Buchst. a EStG. Die Versicherungsbeiträge konnten vom Versicherungsnehmer und Leistungsempfänger als Werbungskosten abgesetzt werden. Zu den Entschädigungen im Sinne von § 24 Ziff. 1 Buchst. a EStG gehören weiter Versicherungsleistungen aus einer Haftpflichtversicherung eines Dritten, wenn sie Einnahmeausfälle des Geschädigten ersetzen (RFH vom 11.8.1937, RStBl 1973 S. 1094; BFH vom 21.2.1957, BStBl 1957 III S. 164 und vom 22.6.1965 StRK EStG § 5 R 542; BdF vom 26.10.1959 Finanzrundschau 1960, S. 191; *Blümich*, a. a. O., Anm. II zu § 24 EStG; *Herrmann-Heuer*, a. a. O., Anm. 4 zu § 24 EStG). Sie alle stellen Einkünfte der jeweiligen Einkunftsart dar und unterliegen voll der Einkommensteuer. Nicht zu den Einkünften gehören Entschädigungen bei Körperschäden, z. B. Arzt- und Heilkosten, Schmerzensgelder oder Kapitalleistungen beim Tod an Dritte (Angehörige), auch dann, wenn die Beiträge als Betriebsausgaben oder Werbungskosten abgesetzt wurden (*Blümich*, a. a. O., Anm. II zu § 24 EStG; BFH vom 22.4.1982, Betriebs-Berater 1982, Heft 21).

(2) Private Versicherungen

Schadenersatzleistungen aus privaten Schadenversicherungen, z. B. aus Hausratversicherungen, Feuerversicherungen, Kraftfahrzeugvollversicherungen usw., sind nicht einkommensteuerpflichtig, wenn sie dem Versicherungsnehmer selbst zufließen, da sie zu keiner der in § 2 EStG genannten Einkunftsarten des Einkommensteuergesetzes gehören (*Herrmann-Heuer*, a. a. O., Anm. 4 zu § 24 EStG und Anm. 293—300 zu § 19 EStG; RFH vom 14.6.1939, RStBl 1939 S. 910; BFH vom 22.4.1982, a. a. O.).

Eine Besteuerung von Schadenersatzleistungen aus privaten Schadenversicherungsverträgen kann nur dann gegeben sein, wenn sie nicht dem Versicherungsnehmer selbst, sondern einem dritten Geschädigten zufließen und bei diesem Einnahmeausfälle ersetzen. Dies gilt insbesondere für Renten aus Haftpflichtversicherungen, die auf Grund gesetzlicher Haftpflicht des Versicherungsnehmers an einen geschädigten Dritten gezahlt werden (vgl. hierzu auch *Blümich*, a. a. O., Anm. II zu § 24 EStG).

Wird Rente als Ersatz für entgangene oder entgehende Einnahmen gewährt, so ist sie in voller Höhe unter Berücksichtigung von Werbungskosten und Sonderausgaben nach § 24 EStG steuerpflichtig (RFH vom 10.2.1939, RStBl 1939 S. 907).

Reine Schadensrenten, die für Personenschäden auf Grund gerichtlicher Urteile oder außergerichtlicher Vergleiche zu zahlen sind, z. B. nach Unfällen, Körperverletzungen oder Tötungen, unterliegen der Einkommensteuer als sonstige Bezüge im Sinne von § 22 EStG (vgl. auch *Herrmann-Heuer*, a.a.O., Anm. 36 zu § 22 EStG und die dort aufgeführte Literatur).

Die einkommensteuerrechtliche Behandlung von Renten, die als Schmerzensgeld (§ 847 BGB) oder Kostenersatz für vermehrte Bedürfnisse des Geschädigten (§ 843 BGB) gezahlt werden, ist nicht zweifelsfrei. *Littmann* a. a. O., (Anm. 77 ff. zu § 22 EStG) sieht solche Zahlungen als Ersatz für bestimmte private Aufwendungen an und hält sie daher als durchlaufende Posten für steuerfrei. *Von Claer* (Neue Wirtschaftsbriefe F 2 S. 813) ist demgegenüber der Ansicht, daß solche Verrentungen von Schadenersatzleistungen in der Regel die Merkmale wiederkehrender Bezüge aufweisen und aus diesem Grunde nach § 22 EStG steuerpflichtig sind. Auch *Herrmann-Heuer* (a. a. O., Anm. 36 zu § 22 EStG) neigen zu der Annahme einer Steuerpflicht nach § 22 EStG. Der Bundesfinanzhof hat die Besteuerung solcher Renten nach § 22 EStG stets bejaht (BFH vom 5.4.1965, BStBl 1965 III S. 359), das entgegenstehende Urteil des FG Schleswig-Holstein vom 14.10.1976 (EFG 1976 S. 116) hat er aufgehoben (BFH vom 19.10.1978, BStBl 1979 II S. 133). Zweifelsfrei ist allerdings, daß das Schmerzensgeld, wenn es in einem Betrag gezahlt wird, nicht der Einkommensteuer unterliegt (vgl. *Herrmann-Heuer*, a. a. O., 36 zu § 22 EStG; BFH vom 23.4.1958, BStBl 1958 III S. 277).

bb) Leistungen aus Personenversicherungen

(1) Bei betrieblichen Versicherungen

Für betriebliche Personenversicherungen gelten die gleichen Grundsätze wie für betriebliche Schadenversicherungen. Soweit der Versicherungsanspruch mit dem Deckungskapital in der Bilanz des Unternehmens ausgewiesen ist, können sich Auswirkungen auf den laufenden Gewinn des Unternehmens nur in Höhe des Unterschiedsbetrages zwischen der fälligen Versicherungsleistung und dem aktivierten Deckungskapital ergeben. Ist die Versicherungsleistung höher als das aktivierte Deckungskapital, so erhöht sich der laufende Gewinn des Unternehmens. Ist das Deckungskapital höher, was, außer im Fall des Rückkaufs, kaum vorkommt, dann vermindert sich der laufende Gewinn des Unternehmens. Wird die Versicherungsleistung bei Ablauf der vereinbarten Versicherungsdauer fällig, so ist der Unterschied zwischen dem aktivierten Deckungskapital und der fällig werdenden Versicherungsleistung meist sehr gering, so daß sich durch den Zufluß der Versicherungsleistung bei dem versicherungsnehmenden Unternehmen kaum steuerrechtliche Auswirkungen ergeben.

Konnte der Versicherungsanspruch selbst nicht aktiviert werden, z. B. bei reinen Risikoversicherungen, bei denen kein Deckungskapital vorhanden ist oder bei Steuerpflichtigen, die ihren Gewinn bzw. die Einkunft aus der jeweiligen Einkunftsart als Überschuß der Einnahmen über die Ausgaben ermitteln, dann erhöht die fällig werdende Versicherungsleistung in voller Höhe den laufenden Gewinn bzw. die Einkunft aus der jeweiligen Einkunftsart. Soweit die Beträge nur teilweise (Risiko- und Kostenanteile) als Betriebsausgaben abzugsfähig waren, können sie jetzt abgezogen werden und mindern den Gewinn (siehe auch oben). Dies gilt insbesondere für die Sparanteile.

Diese Grundsätze gelten sowohl für Kapitalleistungen, als auch für Renten, da in einem solchen Fall eine Besteuerung der Rente nach § 22 EStG nicht in Betracht kommt. Bei buchführenden Steuerpflichtigen ist im Falle der Rentenversicherung mit Rückkaufsrecht der Barwert des gesamten Rentenanspruches aktiviert. Die fällig werdende und dem Steuerpflichtigen zufließende Rentenzahlung wirkt sich daher nur teilweise gewinnerhöhend aus, da ein Teil des Rentenbetrages Kapitalrückzahlung ist und gegen das aktivierte Rentendeckungskapital verrechnet werden muß.

(2) Private Personenversicherungen

Kapitalleistungen aus privaten Personenversicherungsverträgen unterliegen nicht der Einkommensteuer, da sie zu keiner der im Einkommensteuergesetz genannten Einkunftsarten gehören (RFH vom 20.12.1933, RStBl 1934 S. 429; BFH vom 20.2.1970 BStBl 1970 II S. 314). Dies gilt auch für die Zinsen bei einer privaten Kapitallebensversicherung. Ausnahmen enthält § 20 Abs. 1 Ziff. 6 EStG (siehe unten).

Renten aus einer privaten Lebensversicherung unterliegen als wiederkehrende Bezüge (Leibrenten) der Einkommensteuer nach § 22 EStG. Als Einkunft im Sinne von § 22 EStG ist jedoch nicht die gesamte Jahresrente anzusehen, sondern lediglich der im Jahresbetrag der Rente enthaltene Zinsanteil abzüglich einer Werbungskostenpauschale in Höhe von 200 DM jährlich (§ 9 a EStG). Die Höhe des Zinsanteiles richtet sich nach dem Alter des Rentenberechtigten bei Rentenbeginn, d. h. nach seiner Lebenserwartung.

Aus Vereinfachungsgründen ist in § 22 EStG eine Tabelle enthalten, aus der der Zinsanteil in Prozenten der Jahresrente abgelesen werden kann. Je älter der Rentenberechtigte bei Beginn der Rentenzahlung ist um so geringer ist der Zinsanteil in Prozenten der Jahresrente. Bei einem Alter von 60 Jahren bei Beginn der Rentenzahlung beträgt der Zinsanteil z. B. 29 % der Jahresrente, bei einem Alter von 65 Jahren 24 % der Jahresrente und bei einem Alter von 70 Jahren nur noch 19 % der Jahresrente. Bei **Renten auf verbundene Leben** ist das Alter des jüngsten Rentenberechtigten bei Beginn der Rentenzahlung maßgebend, wenn das Rentenrecht mit dem zuletzt Versterbenden erlischt und das Alter des ältesten Rentenberechtigten bei Beginn der Rentenzahlung, wenn die Rente mit dem Tode des zuerst Versterbenden erlischt. Bei Leibrenten, die auf eine bestimmte Zeit beschränkt sind, abgekürzte Leibrenten, muß der Zinsanteil nach einer besonderen in § 55 EStDV enthaltenen Tabelle ermittelt werden. Bei sogenannten *„Übergangsrenten"* liegen zwei Renten vor, eine fällige Rente und eine aufgeschobene Rente. Stirbt die zunächst rentenberechtigte Person und wird die zweite Rente fällig, so gilt das Alter der zweiten Person bei Beginn der zweiten Rente.

Da diese Art der Besteuerung von Leibrenten erstmals auf Rentenzahlungen Anwendung fand, die nach dem 31.12.1954 fällig wurden, ist bei Renten, bei denen der Rentenbeginn vor dem 1.1.1955 liegt, nicht das bei Beginn der Rentenzahlung, sondern das am 1.1.1955 vollendete Lebensjahr des Rentenberechtigten maßgebend (§ 55 Abs. 1 Ziff. 1 EStDV).

Die Rentenbesteuerung nach § 22 EStG führt dazu, daß selbst bei einem ledigen Steuerpflichtigen noch eine Jahresrente von 25 000 DM praktisch nicht der Einkommensteuer unterliegt, wenn sie die einzige Einkunft des Rentenberechtigten ist und der Rentenberechtigte bei Beginn der Rentenzahlung das 65. Lebensjahr vollendet hat.

Beispiel:

Jahresrente 25 000,– DM			
Zinsanteil in % der Jahresrente 24 %	=	6 000,– DM	
./. Werbungskosten (§ 9a Ziff. 3 EStG)	=	200,– DM	
Renteneinkunft			5 800,– DM
./. Sonderausgabenpauschbetrag			
(§ 10c Abs. 1 EStG)	=	108,– DM	108,– DM
Renteneinkommen			5.692,– DM
zu versteuernder Einkommensbetrag			5.692,– DM
Steuer laut Grundtabelle (Tarif 1990)			10,– DM

4. Die einkommensteuerrechtliche Behandlung der Beitragsrückerstattung (Beitragsrückgewähr, Bonus, Überschußbeteiligung oder Versicherungsdividende) aus Versicherungsverträgen

a) Schadenversicherungen

In der Schadenversicherung kennen wir vor allen Dingen die Beitragsrückerstattung in der Kraftfahrtversicherung. Hier ist zu unterscheiden zwischen der gesetzlich oder vertraglich festgelegten erfolgsunabhängigen Beitragsrückgewähr (*Bonus*) und der erfolgsabhängigen

Beitragsrückgewähr. Der Schadenfreiheitrabatt stellt keine Beitragsrückgewähr dar. Er ist eine Prämiensenkung. War der Abschluß der Versicherung betriebs- oder berufsbedingt und sind die Beiträge als Betriebsausgaben oder Werbungskosten behandelt worden, dann ist die Beitragsrückgewähr in voller Höhe einkommensteuerpflichtig. Sie ist bei der Ermittlung des Gewinnes bzw. bei der Ermittlung des Überschusses der Einnahmen über die Werbungskosten als Betriebseinnahme bzw. Einnahme im Sinne von § 8 EStG anzusetzen.

Handelt es sich bei der Schadenversicherung um eine private Versicherung, dann ist die **Beitragsrückgewähr einkommensteuerfrei,** da sie zu keiner der in § 2 des Einkommensteuergesetzes genannten Einkunftsarten gehört (RFH vom 20.12.1933, a.a.O.; BFH vom 20.2.1970, BStBl 1970 III S. 422). Auswirkungen können sich nur dann ergeben, wenn die Beiträge als Sonderausgaben abzugsfähig sind, wie z. B. bei der Haftpflichtversicherung. Dann sind die Beitragsrückerstattungen im Jahr der Auszahlung oder Gutschrift als zurückgezahlte Sonderausgaben von den im gleichen Kalenderjahr geleisteten Beiträgen beim Sonderausgabenabzug zu kürzen (BFH vom 27.2.1970, a.a.O.). Dabei gilt der Grundsatz, daß Beitragsrückerstattungen z. B. aus der Haftpflichtversicherung lediglich bei den im gleichen Jahr zu zahlenden Haftpflichtbeiträgen zu kürzen sind, nicht aber von Beiträgen zu Krankenversicherungen, Unfallversicherungen oder Lebensversicherungen (Abschnitt 88 Abs. 6 Satz 1 EStR).

b) Beitragsrückerstattung (Überschußanteile) bei Personenversicherungen

In der Personenversicherung ergeben sich für die Beitragsrückerstattung Abweichungen von den Verhältnissen in der Schadenversicherung nur bei der Lebensversicherung. Während die Beitragsrückerstattungen in der Krankenversicherung und in der Unfallversicherung entweder bar ausgezahlt oder mit dem Folgebeitrag verrechnet werden und daher ebenso zu behandeln sind wie die Beitragsrückerstattungen in der Schadenversicherung, gibt es in der Lebensversicherung eine Reihe weiterer Verwendungsformen von Beitragsrückerstattungen, die einkommensteuerrechtlich unterschiedlich zu behandeln sind.

Beitragsrückerstattungen bei Lebensversicherungsverträgen

Die Versicherer bieten zur Zeit die nachfolgenden **Verwendungsmöglichkeiten** der Beitragsrückerstattung (Überschußbeteiligung) an:

(1) die bare Auszahlung,

(2) die Verrechnung mit Folgebeiträgen,

(3) die Verwendung zur Erhöhung der Versicherungsleistung durch:
    (a) Abkürzung der Versicherungsdauer
    (b) Summenzuwachs
    (c) Bonus
    (d) Neuabschluß
    (e) verzinsliche Ansammlung,

(4) den Schlußgewinnanteil.

Auch hier müssen wir unterscheiden zwischen betrieblichen Versicherungen und privaten Versicherungen.

aa) Betriebliche Versicherungen

Werden die Beitragsrückerstattungen in bar ausgezahlt oder mit den Folgebeiträgen verrechnet, so stellen sie bei betrieblichen Versicherungen entweder **Betriebseinnahmen** dar oder sie vermindern bei der Verrechnung mit Folgebeiträgen die als Betriebsausgaben abzugsfähigen Beiträge. Das gilt gleichermaßen für Beitragsrückerstattungen, wenn die Versicherungsbeiträge als Werbungskosten abgesetzt werden. Die Beitragsrückerstattungen sind in barer Auszahlung Einnahmen, die bei der Überschußrechnung angesetzt werden müssen oder sie vermindern bei der Verrechnung die als Werbungskosten abzugsfähigen Beiträge.

Werden die Beitragsrückerstattungen zur Erhöhung der Versicherungsleistung verwendet, dann ist zu unterscheiden zwischen buchführungspflichtigen Steuerpflichtigen und nichtbuchführungspflichtigen Steuerpflichtigen. Die Verwendung der Beitragsrückerstattungen zur Abkürzung der Versicherungsdauer als Summenzuwachs, als Bonus oder zum Neuabschluß führt zu einer Erhöhung des Deckungskapitals. Der buchführungspflichtige Steuerpflichtige muß daher seine Forderung gegen das Versicherungsunternehmen, die sich im Deckungskapital repräsentiert, mit dem entsprechend höheren Betrag aktivieren. Der Versicherungsbeitrag ist demgegenüber auch weiterhin in voller Höhe als Betriebsausgabe abzugsfähig.

Werden die Beitragsrückerstattungsbeträge verzinslich angesammelt, dann entsteht neben dem Versicherungsanspruch eine Forderung auf eine Geldleistung gegen das Versicherungsunternehmen, die mit ihrem Nennwert in der Bilanz des Steuerpflichtigen auszuweisen ist. Die Beitragsrückerstattung führt also bereits bei Entstehung des Anspruches zu einer Gewinnerhöhung. Die spätere Auszahlung der entweder im Deckungskapital enthaltenen oder angesammelten Beträge ist steuerlich ohne Auswirkung.

Bei nichtbuchführungspflichtigen Steuerpflichtigen ergeben sich durch die Verwendung der Beitragsrückerstattung zur Erhöhung der Versicherungsleistung zunächst keine einkommensteuerrechtlichen Auswirkungen. Erst wenn sie bei Fälligkeit dem Steuerpflichtigen zufließen, sind sie entweder als Betriebseinnahmen oder als Einnahmen im Sinne von § 8 des Einkommensteuergesetzes anzusetzen und erhöhen dadurch die Einkunft aus der entsprechenden Einkunftsart. Diese Grundsätze gelten sowohl für den Fall, daß die Beitragsrückerstattungen bei Fälligkeit in einem Betrag oder in Raten zur Auszahlung kommen. In beiden Fällen erhöhen sie in Höhe des zugeflossenen Betrages die der Einkommensteuer zu unterwerfenden Einkünfte aus der jeweils in Betracht kommenden Einkunftsart.

Eine Besonderheit besteht bei Versicherungen auf den Erlebens- und Todesfall, deren Beiträge wegen der gewählten Form nicht unter § 10 Abs. 1 Ziff. 2 EStG fallen. Es handelt sich um

(1) Kapitalversicherungen gegen Einmalbetrag mit Sparanteil
(2) Kapitalversicherungen gegen laufende Beitragszahlung mit Sparanteil und einer Vertragsdauer von weniger als 12 Jahren
(3) Rentenversicherungen gegen Einmalbetrag mit Kapitalwahlrecht
(4) Rentenversicherung gegen laufende Beitragszahlung mit Kapitalwahlrecht, wenn die Auszahlung des Kapitals vor Ablauf von 12 Jahren seit Vertragsabschluß verlangt werden kann.

Bei diesen Versicherungen sind die außerrechnungsmäßigen und rechnungsmäßigen Zinsen Einkünfte aus Kapitalvermögen (§ 20 Abs. 1 Ziff. 6 EStG). Gleiches gilt auch in allen anderen Fällen, in denen die Beiträge als Sonderausgaben abzugsfähig wären, weil sie die Voraussetzungen des § 10 Abs. 1 Ziff. 2 EStG erfüllen und bei fondsgebundenen Lebensversicherungen gegen laufende Beitragszahlung mit einer Vertragsdauer von mindestens 12 Jahren, wenn die Zinen außer im Versicherungsfall in bar ausgezahlt werden oder im Falle des Rückkaufs vor Ablauf von 12 Jahren mit ausgezahlt werden (vgl. auch Abschnitt 154 Abs. 6 EStR).

Nach § 43 Abs. 1 Ziff. 4 EStG sind die Versicherungsunternehmen als Schuldner der Zinsen verpflichtet, eine Kapitalertragsteuer einzubehalten und an ihr Finanzamt abzuführen. Beim Gläubiger der Zinsen (Versicherungsnehmer oder Bezugsberechtigten) wird die Kapitalertragsteuer auf die Steuerschuld angerechnet. Das Versicherungsunternehmen stellt hierüber eine Bescheinigung aus (§ 45a Abs. 2 EStG). Nach § 44 Abs. 5 EStG haftet das Versicherungsunternehmen für die Kapitalertragsteuer. Die Kapitalertragsteuer beträgt nach § 43a Abs. 1 Ziff. 1 EStG 25 % der steuerpflichtigen Zinsen.

Die dargestellten Zinsbesteuerungsvorschriften gelten sowohl für private Lebensversicherungen (siehe unten) als auch für betriebliche Lebensversicherungen. Der Steuerabzug vom Kapitalertrag ist vom Versicherungsunternehmen nach § 43 Abs. 4 EStG auch dann vorzunehmen, wenn die Zinsen beim Gläubiger zu den Einkünften aus Land- und Forstwirtschaft, aus Gewerbebetrieb, aus selbständiger Arbeit oder aus Vermietung oder Verpachtung gehören, weil die Beiträge Betriebsausgaben oder Werbungskosten waren.

bb) Private Versicherungen

Bei privaten Versicherungen sind **Beitragsrückerstattungen aus der Nicht-Lebensversicherung**, wenn sie in bar ausgezahlt, mit den Folgebeiträgen verrechnet oder gutgeschrieben werden, so daß der Versicherungsnehmer jederzeit verfügen kann, im Jahre der Auszahlung, Verrechnung oder Gutschrift beim Sonderausgabenabzug von den im gleichen Jahr zu zahlenden Beiträgen gleicher Art zu kürzen (Abschnitt 88 Abs. 6 EStR). Dabei sind die gesamten im Kalenderjahr gezahlten Beiträge als Einheit anzusehen und hiervon sind die gesamten im Kalenderjahr ausgezahlten, verrechneten oder gutgeschriebenen Beitragsrückerstattungen zu kürzen. Es ist unerheblich, ob die zu berücksichtigenden Beitragsrückerstattungen aus dem gleichen Vertrag oder von der gleichen Versicherungsgesellschaft stammen, zu dem bzw. an die die zu kürzenden Beiträge gezahlt werden.

Die einkommensteuerrechtliche Behandlung von **Beitragsrückerstattungen aus Lebensversicherungsverträgen** ergibt sich aus dem Urteil des Bundesfinanzhofes vom 20.12.1970 (BStBl 1970 II S. 314). Darüber hinaus sind die Vorschriften des § 20 Abs. 1 Ziff. 6 EStG (Zinsbesteuerung) zu beachten.

Beitragsrückerstattungen, die mit Folgebeiträgen verrechnet oder bar ausgezahlt werden, mindern die im gleichen Jahr gezahlten Versicherungsbeiträge beim Sonderausgabenabzug. Es kommt nicht darauf an, ob sich die früheren Beiträge voll beim Sonderausgabenabzug ausgewirkt haben. Dies gilt nicht, soweit die Beitragsrückerstattungen zu den Einkünften aus Kapitalvermögen im Sinne von § 20 Abs. 1 Ziff. 6 EStG gehören (Abschnitt 88 Abs. 6 EStR) und zu versteuern sind. In diesem Falle sind die vollen Beiträge als Sonderausgaben abzugsfähig.

Werden die Beitragsrückerstattungen zur Erhöhung der Versicherungsleistung verwendet, dann vermindern sie die als Sonderausgaben abzugsfähigen Beiträge nicht. In diesen Fällen bleiben sie auch endgültig einkommensteuerfrei, da sie bei der Fälligkeit als Versicherungsleistungen aus einem Lebensversicherungsvertrag nicht der Einkommensteuer unterliegen (RFH vom 20.12.1933, a.a.O.,und BFH vom 20.2.1970, a.a.O.).

Bei der verzinslichen Ansammlung gilt dies jedoch nur dann, wenn nach den vertraglichen Vereinbarungen die verzinslich angesammelten Beitragsrückerstattungsbeträge erst zusammen mit der Versicherungsleistung ausgezahlt werden. In diesem Falle sind auch die bei der verzinslichen Ansammlung gutgeschriebenen Zinsen nicht einkommensteuerpflichtig (vgl. auch Abschnitt 88 Abs. 6 EStR).

5. Sonderfragen

a) Die Direktversicherung

aa) Allgemeines

Die Direktversicherung ist eines der Instrumente betrieblicher Sozialpolitik. Sie hat insbesondere nach Inkrafttreten des Gesetzes zur Verbesserung der betrieblichen Altersversorgung (BetrAVG) am 19.12.1974 (BGBl 1974 I S. 3610) zunehmend an Bedeutung gewonnen. Nach § 1 Abs. 2 BetrAVG ist die Direktversicherung eine Lebensversicherung, die der Arbeitgeber auf das Leben des Arbeitnehmers abgeschlossen hat, wenn der Arbeitnehmer oder seine Hinterbliebenen für die Leistungen des Versicherers ganz oder teilweise bezugsberechtigt sind. Sie kann in Form der Einzelversicherung und in Form der Gruppen-(Kollektiv-)versicherung abgeschlossen werden. Da der Direktversicherungsvertrag der Sicherstellung des Arbeitnehmers oder dessen Angehörigen für den Fall des Alters, der Invalidität, des Unfalls, oder des Todes durch Leistungen des Arbeitgebers dient, gehören die Aufwendungen des Arbeitgebers für eine Direktversicherung in den Bereich der Aufwendungen für die Zukunftssicherung von Arbeitnehmern (§ 2 Abs. 3 Ziff. 2 LStDV).

Grundlage des Direktvertrages ist das Dienstverhältnis (Arbeitsverhältnis) zwischen Arbeitgeber und Arbeitnehmer. Das Dienstverhältnis kann auf schriftlichem oder mündlichem Einzelvertrag, auf einer Arbeitsordnung oder ganz allgemein auf tarifvertraglichen Vereinbarungen beruhen. Die beiderseitigen Rechte und Pflichten, die sich aus dem Abschluß eines Direktversicherungsvertrages für den Arbeitgeber und den Arbeitnehmer ergeben, können in diesen allgemeinen arbeitsrechtlichen Grundlagen geregelt sein, sie können aber auch Gegenstand einer besonderen Vereinbarung zwischen dem Arbeitgeber und dem Arbeitnehmer sein.

Einkommen- und lohnsteuerrechtlich muß der Direktversicherungsvertrag folgende Voraussetzungen erfüllen:

1. Der Begriff „Direktversicherung" im Steuerrecht stimmt mit § 1 Abs. 2 BetrAVG überein (Abschnitt 26 Abs. 1 EStR; Abschnitt 129 Abs. 3 LStR). Die Versicherung muß auf das Leben des Arbeitnehmers abgeschlossen werden. Eine Versicherung, die auf das Leben des Arbeitgebers oder auf das Leben einer anderen dritten Person abgeschlossen wird, wird

auch dann nicht als Direktversicherungsvertrag anerkannt, wenn dem Arbeitnehmer oder seinen Angehörigen Ansprüche auf die Leistungen aus dem Versicherungsvertrag zustehen (Verfügung der OFD Düsseldorf vom 2.10.1962, DB 1962, S. 1392; Erlaß Finanzbehörde Hamburg vom 27.5.1970, DStZ B 1970, S. 228; *Rau in Kommentar zum Betriebsrentengesetz* Band II S. 53; *Höfer, Gesetz zur Verbesserung der betrieblichen Altersversorgung,* 2. Auflage, Bd. I S. 72).

2. Der Arbeitnehmer muß von der Zukunftsicherung Kenntnis haben und ihr ausdrücklich oder stillschweigend zustimmen (*Forkel-Kommentar,* a. a. O., Anm. 62 zu § 19 EStG; *Herrmann-Heuer,* a. a. O., Anm. 275 ff. zu § 19 EStG; *Littmann* u. A, a. a. O., Anm. 182 zu § 19 EStG; *Blümich,* Anm. 100 zu § 10 EStG).

3. Dem Arbeitnehmer oder seinen Hinterbliebenen müssen die Ansprüche aus den Versicherungsverträgen zumindest widerruflich zugewendet werden (§ 129 Abs. 3 LStR). Ein unabdingbarer Rechtsanspruch auf die Versicherungsleistungen ist für das Vorliegen eines Direktversicherungsvertrages nicht Voraussetzung (RFH vom 2.9.1931, RStBl 1931, S. 916 und vom 27.4.1932, RStBl 1932, S. 664, Abschnitt 129 Abs. 3 LStR). Man wird aber verlangen müssen, daß der Arbeitnehmer mit einem hohen Maße von Wahrscheinlichkeit damit rechnen kann, daß er oder seine Angehörigen in den Genuß der Versicherungsleistung kommen. Ist dies gegeben, dann ist die Sache wirtschaftlich so anzusehen, *„wie wenn der Arbeitgeber dem Arbeitnehmer einen entsprechenden Geldbetrag zur Verschaffung einer eigenen Versorgung durch Versicherung oder sonst einhändigt und der Arbeitnehmer entsprechend verfährt"* (RFH vom 8.7.1931, a. a. O., BdF vom 24.5.1978, BB 1978 S. 843). Es spielt dann keine Rolle, ob die Ansprüche später unter gewissen Voraussetzungen, zum Beispiel bei vorzeitigem Ausscheiden aus dem Dienstverhältnis, wenn die Ansprüche noch nicht unverfallbar sind (§ 1 Abs. 2 BetrAVG), wieder wegfallen oder ob die spätere Leistung unsicher ist (RFH vom 10.2.1939, RStBl S. 741; BFH vom 31.10.1957, BStBl 1958 III S. 4). Im Zeitpunkt der Zuwendung sind die vom Arbeitgeber gezahlten Prämien Einkommensverwendung durch den Arbeitnehmer (vgl. auch *Littmann* u. A., a. a. O., Anm. 182 zu § 19 EStG, und die dort zitierte Rechtsprechung). Die Versicherung darf nicht überwiegend oder ausschließlich den Interessen des Arbeitgebers dienen, da sie sonst als Rückdeckungsversicherung anzusehen ist (RFH vom 27.2.1942, RStBl 1942 S. 561; BFH vom 25.11.1954, BB 1955 S. 431). Eine Abtretung oder Beleihung der Versicherung durch den Arbeitgeber ist jedoch unschädlich, wenn sich der Arbeitgeber verpflichtet, die Berechtigten im Versicherungsfall so zu stellen, als sei die Abtretung der Beleihung nicht erfolgt (§ 4b Satz 2 EStG). Vorauszahlungen auf die Versicherungsleistung (Policendarlehen) stehen der Beleihung gleich (BFH vom 29.4.1966, a. a. O.). Die Ansprüche aus dem unwiderruflichen Bezugsrecht dürfen dagegen durch den begünstigten Arbeitnehmer nicht abgetreten oder beliehen werden (BdF-Erlaß vom 6.6.1980, BStBl 1980 II S. 728, LStR Abschnitt 129 Abs. 6).

4. Die Beiträge müssen vom Arbeitgeber aufgewendet werden. Der Arbeitgeber muß sie **unmittelbar** an das Versicherungsunternehmen leisten (anderer Ansicht Finanzgericht Nürnberg vom 29.4.1957, EFG 1985 S. 22). Der Arbeitgeber braucht sich dabei nicht für die gesamte Dauer des Versicherungsverhältnisses zur Beitragszahlung zu verpflichten. Aus arbeitsrechtlichen Gründen empfiehlt es sich aber, in der Vereinbarung mit dem Arbeitnehmer festzulegen, daß der Arbeitgeber jederzeit berechtigt ist, seine Beitragszahlungen

einzustellen. Als Ausgaben des Arbeitgebers gelten auch Direktversicherungsbeiträge, die durch arbeitsvertragliche Barlohnersetzung (Ersetzung von Teilen des bisherigen Barlohns durch Direktversicherungsbeiträge) finanziert werden (FinMin Niederschsen, Erlaß vom 1.6.1976, FR 1976 S. 432, Abschnitt 129 Abs. 2 LStR).

Der Abschluß eines Direktversicherungsvertrages ist nach dem materiellen Inhalt des § 1 Abs. 2 BetrAVG nur in der Lebensversicherung möglich. Die Unfallversicherung mit Prämienrückgewähr gilt als Lebensversicherung (*Öftering-Görbing, Das gesamte Lohnsteuerrecht*, Anm. 9 zu § 40b EStG; *Rau*, a. a. O., S. 49–52, *Höfer*, a. a. O., Bd. II, S. 222).

bb) Einkommen- und lohnsteuerrechtliche Behandlung des Direktversicherungsvertrages

Wie bereits oben erwähnt, gehören die Ausgaben des Arbeitgebers für einen Direktversicherungsvertrag zu den Aufwendungen für die Zukunftsicherung von Arbeitnehmern im Sinne von § 2 Abs. 3 Ziff. 2 LStDV. Er stellt neben den Beiträgen an Pensions- und Versorgungskassen, soweit diese Kassen den Arbeitnehmern Rechtsansprüche auf die Leistungen gewähren, das Hauptanwendungsgebiet der Zukunftsicherung im Sinne des Lohnsteuerrechts dar. Zu den Aufwendungen für die Zukunftsicherung von Arbeitnehmern gehören weiter Beiträge zur Höherversicherung oder Weiterversicherung in der Sozialversicherung, zu Krankenversicherungen, zu Unfallversicherungen ohne Prämienrückgewähr und Beiträge des Arbeitgebers zu einer privaten vom Arbeitnehmer selbst als Versicherungsnehmer abgeschlossenen Lebensversicherung. Alle diese Aufwendungen sind beim Arbeitgeber gegenwärtig zufließender Arbeitslohn im Sinne von § 2 LStDV (§ 2 Abs. 2 Ziff. 3 LStDV).

Nicht zu den Aufwendungen für die Zukunftssicherung gehören Beiträge, die der Arbeitgeber auf Grund einer gesetzlichen Verpflichtung leistet, z. B. Beiträge des Arbeitgebers zur gesetzlichen Sozialversicherung und Ausgaben, die nur dazu dienen, dem Arbeitgeber die Mittel zur Leistung einer dem Arbeitnehmer zugesagten Versorgung zu verschaffen, z. B. Rückdeckung des Arbeitgebers (§ 2 Abs. 2 Ziff. 3 LStDV). Diese Ausgaben sind zwar beim Arbeitgeber als Betriebsausgaben oder als Werbungskosten zu behandeln, soweit sie nicht zu den Aufwendungen für die private Lebenshaltung gehören, z. B. beim Hausangestellten, sie gehören aber nicht zum Arbeitslohn des Arbeitnehmers.

(1) Beim Arbeitgeber

Aufwendungen für die Zukunftsicherung des Arbeitnehmers, auch Beiträge zu Direktversicherungsverträgen, sind bei der Gewinnermittlung als Betriebsausgaben und bei der Ermittlung des Überschusses der Einnahmen über die Ausgaben als Ausgaben (Werbungskosten) abzugsfähig. Bei buchführungspflichtigen Steuerpflichtigen sind sie in die passive Rechnungsabgrenzung als bereits fällige aber noch nicht ausgezahlte Arbeitslöhne aufzunehmen, wenn sie im abgelaufenen Wirtschaftsjahr bereits fällig aber noch nicht gezahlt waren. Die Abzugsfähigkeit dieser Aufwendungen ergibt sich aus ihrer Rechtsnatur als Arbeitslohn und nicht deshalb, weil sie Beiträge zu einem Versicherungsvertrag sind. Die

Auffassung, daß die Beiträge der Lohnsteuer unterliegen, beruht ja gerade auf der Annahme, daß es sich bei diesen Aufwendungen um Einkommensverwendung des Arbeitnehmers für seine eigene Zukunftsicherung handelt (BFH vom 31.10.1957, BStBl 1958 III S. 4; BdF-Erlaß vom 24.5.1978, Betriebsberater 1978 S. 843).

Die Ansprüche aus dem Direktversicherungsvertrag gehören nach § 4 b EStG nicht zum Betriebsvermögen des Arbeitgebers soweit für den Arbeitnehmer oder seine Hinterbliebenen Ansprüche auf die Leistungen des Versicherers bestehen. Der Arbeitgeber ist nur formell Versicherungsnehmer. Steuerrechtlich wird der Arbeitnehmer als Versicherungsnehmer angesehen (Abschnitt 52 Abs. 3 LStR). Der Arbeitgeber muß Ansprüche aus einem Direktversicherungsvertrag nur dann und erst zu dem Zeitpunkt aktivieren, an dem ihm die Ansprüche zufallen, z. B. weil der versicherte Arbeitnehmer vorzeitig aus dem Dienstverhältnis ausgeschieden ist oder vor Fälligkeit einer Leistung der letzte Anspruchsberechtigte weggefallen ist oder wenn er die Bezugsrechte widerruft. Die Ansprüche sind dann mit dem versicherungstechnischen Deckungskapital in der Bilanz des Arbeitgebers zu aktivieren (Abschnitt 26 Abs. 3 EStR). Eine Aktivierungspflicht entsteht nach § 4 b letzter Satz EStG allerdings dann, wenn er die Ansprüche aus der Direktversicherung abgetreten oder beliehen hat und er sich gegenüber den bezugsberechtigten Personen nicht verpflichtet, sie bei Eintritt des Versicherungsfalles so zu stellen, als sei die Abtretung oder Beleihung nicht erfolgt. Vorauszahlungen auf die Versicherungsleistungen stehen der Beleihung gleich (Abschnitt 26 Abs. 4 EStR).

Die fälligen Leistungen aus dem Direktversicherungsvertrag fließen auf Grund des Bezugsrechtes dem Arbeitnehmer oder seinen Hinterbliebenen unmittelbar zu. Der Arbeitgeber bleibt von der Fälligkeit der Versicherungsleistungen unberührt und muß sie daher auch nicht als Betriebseinnahmen behandeln. Lediglich in den Fällen, in denen die Ansprüche an ihn zurückgefallen sind, muß er die fällig werdenden Versicherungsleistungen als Betriebseinnahmen bei der Gewinnermittlung bzw. als Einnahmen bei der Ermittlung des Überschusses der Einnahmen über die Ausgaben ansetzen. Soweit er in solchen Fällen bereits früher das Deckungskapital der Direktversicherung aktiviert hatte, ergibt sich eine Gewinnerhöhung nur in Höhe des Differenzbetrages zwischen dem bereits aktivierten Deckungskapital und der Versicherungsleistung.

(2) Beim Arbeitnehmer

Beim Arbeitnehmer sind Beiträge zu Direktversicherungen **als Aufwendungen für die Zukunftsicherung Arbeitslohn**. Soweit die Beiträge in Raten und in Übereinstimmung mit den Lohnzahlungszeiträumen gezahlt werden, gehören sie zum laufenden Arbeitslohn (§ 39b Abs. 2 EStG). Jahresbeiträge gehören zu den sonstigen Bezügen im Sinne von § 39b Abs. 3 EStG.

Für die Direktversicherungsbeiträge kann der Arbeitnehmer Sonderausgaben in Anspruch nehmen (Abschnitt 40 Abs. 3 LStR). Im Rahmen der Höchstbeträge des § 10 Abs. 3 EStG bleibt dann der gesamte Aufwand lohnsteuerfrei.

Geht der Arbeitnehmer seiner Ansprüche verlustig, z. B. weil er vorzeitig aus dem Dienstverhältnis ausscheidet, dann kann er die für die Beiträge gegebenenfalls gezahlte Lohnsteuer nicht zurückverlangen. Der Arbeitnehmer kann aber die vergeblich versteuerten Beiträge im Jahr des Anspruchsverlustes wie Werbungskosten als negative Einkünfte ohne Anrechnung auf den Arbeitnehmerpauschbetrag von 2 000,- DM jährlich absetzen (vgl. *Harz-Meeßen, ABC-Führer zu Lohnsteuer,* Stichwort *„Werbungskosten"* Anm. I/6 und Stichwort *„Zukunftsicherung des Arbeitnehmers"* Anm. I; RFH vom 3.3.1933, RStBl 1933 S. 762; FG Rheinland-Pfalz vom 14.8.1962, DStZB 1962 S. 375; *Blümich* a. a. O., Anm. XIII zu § 19 EStG; *Oswald,* VersR 1971 S. 205; *Schropp-Nies,* a. a. O., I/6; BdF-Erlaß vom 24.5.1978, a. a. O.).

Die später fällig werdenden und dem Arbeitnehmer zufließenden Leistungen aus einer Direktversicherung unterliegen, soweit es sich um Kapitalleistungen handelt, nicht der Lohnsteuer, soweit es sich um Renten handelt, sind sie als sonstige wiederkehrende Bezüge (Leibrenten etc.) im Sinne von § 22 EStG einkommensteuerpflichtig, da es sich um Renten aus privaten Lebensversicherungsverträgen des Arbeitnehmers handelt. Wird der Vertrag vor Ablauf von 12 Jahren seit Vertragsabschluß gekündigt, so erfolgt die Zinsbesteuerung nach § 20 Abs. 1 Ziff. 6 EStG (vgl. B. I. 4b(aa), oben).

(3) Pauschalbesteuerung von Beiträgen zu Direktversicherungen

(31) Allgemeines

Für den Arbeitgeber besteht die Möglichkeit, die Lohnsteuer zu übernehmen und pauschal zu entrichten. § 40b Abs. 1 und Abs. 2 Satz 1 EStG sieht vor, daß die Beiträge unabhängig von der Anzahl der Versicherten bis zu einem Betrage von jährlich 3.000,– DM (Pauschalierungshöchstbetrag) pro Versicherten pauschal mit 15 % versteuert werden können, sofern die Versicherung im Erlebensfall nicht auf ein früheres als das 60. Lebensjahr abgeschlossen wurde und eine vorzeitige Kündigung des Versicherungsvertrages durch den Arbeitnehmer ausgeschlossen ist. Der Ausschluß einer vorzeitigen Kündigung des Versicherungsvertrages ist anzunehmen, wenn in dem Versicherungsvertrag zwischen dem Arbeitgeber als Versicherungsnehmer und dem Versicherer folgende **Vereinbarung** getroffen worden ist:

„*Es wird unwiderruflich vereinbart, daß während der Dauer des Dienstverhältnisses eine Übertragung der Versicherungsnehmer-Eigenschaft und eine Abtretung von Rechten aus diesem Vertrag auf den versicherten Arbeitnehmer bis zu dem Zeitpunkt, in dem der versicherte Arbeitnehmer sein 59. Lebensjahr vollendet, insoweit ausgeschlossen ist, als die Beiträge vom Versicherungsnehmer (Arbeitgeber) entrichtet worden sind.*" (Abschnitt 129 Abs. 6 LStR; BFM-Schreiben vom 5.6.1975 Ziff. 3 Abs. 2; BStBl 1975 I S. 677). Weitere Voraussetzungen für die Anwendung von § 40b EStG ist nach Auffassung der Finanzverwaltung bei der Kapitaldirektversicherung eine Mindestvertragsdauer von 5 Jahren (BFM-Schreiben vom 16.3.1977, BB 1977 S. 477; Abschnitt 129 Abs. 3 LStR). Diese Auffassung findet im Gesetz keine Stütze (vgl. auch *Höfer, Gesetz zur Verbesserung der betrieblichen Altersversorgung*, Bd. II, Anm. 26 zu § 40b EStG).

Die pauschale Lohnsteuer bemißt sich bei Einzeldirektversicherungen grundsätzlich nach den tatsächlichen Leistungen, die der Arbeitgeber für den einzelnen Arbeitnehmer erbringt. Bestehen für einen Arbeitnehmer mehrere Versicherungsverträge bei einer oder verschiedenen Gesellschaften, so sind diese bei der Lohnsteuerpauschalierung als Einheit zu behandeln (*Höfer*, a.a.O., Anm. 43 u. 49 zu § 40b Abs. 2 Satz 2 EStG; vgl. *Werner, Betriebliche Altersversorgung*, S. 57).

Wenn mehrere Arbeitnehmer gemeinsam in einem Direktversicherungsvertrag z. B. bei einer **Gruppenversicherung** versichert sind, so ist für die Feststellung der Pauschalierungsgrenze eine Durchschnittsberechnung anzustellen (§ 40 b Abs. 2 Satz 2 EStG). Dabei ist wie folgt zu verfahren:

1. Sind in der Direktversicherung Arbeitnehmer versichert, für die pauschalbesteuerungsfähige Leistungen – nach etwaigem Abzug des Zukunftsicherungsfreibetrages – von jeweils insgesamt mehr als 4 200,– DM jährlich erbracht werden, so scheiden diese Arbeitnehmer aus der Durchschnittsberechnung aus. Das gilt auch dann, wenn mehrere Direktversicherungsverträge bestehen und die Beitragsanteile für den einzelnen Arbeitnehmer insgesamt 4 200,– DM übersteigen.

2. Die Leistungen für die übrigen Arbeitnehmer sind – nach etwaigem Abzug des Zukunftsicherungsfreibetrags – zusammenzurechnen und durch die Zahl der Arbeitnehmer zu teilen, für die sie erbracht worden sind. Übersteigt der so ermittelte Durchschnittsbetrag nicht 3 000,– DM, so ist dieser für jeden Arbeitnehmer der Pauschalbesteuerung zugrunde zu legen.

Der gemeinsame Direktversicherungsvertrag braucht kein Gruppenversicherungsvertrag zu sein. Es genügt ein Rahmenvertrag, in dem die Grunddaten der einzelnen Versicherungsverhältnisse, wie Name des Arbeitnehmers, Versicherungsform, Versicherungsleistung, geregelt sind. Der Rest kann in Einzelurkunden vereinbart werden (*Höfer*, a. a. O., Anm. 51 ff. zu § 40b EStG; *Klöckner, Pauschalbesteuerung von Zukunftsicherungsleistungen,* NWB Fach 6 S. 1892, Abschnitt 129 Abs. 10 LStR; FG Niedersachen vom 22.4.1980, EFG 1980 S. 453/454). Ein gemeinsamer Direktversicherungsvertrag kann auch mit mehreren Versicherern abgeschlossen werden (Abschnitt 129 Abs. 10 LStR). Die Durchschnittsberechnung ist bei der Pauschalbesteuerung gemäß § 40b EStG nach § 40b Abs. 2 Satz 2 EStG, d. h. nach dem Wortlaut des Gesetzes zwingend, wenn mehrere Arbeitnehmer in einem gemeinsamen Direktversicherungsvertrag versichert sind. Werden die Direktversicherungsbeiträge nicht in einem Jahresbetrag erbracht, so kann die Pauschalbesteuerung solange durchgeführt werden, bis der Pauschalierungshöchstbetrag von 3 000,- DM jährlich aufgebraucht ist. Die restlichen Teile des Jahresbeitrages (Beitragsraten) sind nach Tabelle zu versteuern.

Bei Anwendung der Durchschnittsberechnung können, wie ausgeführt, Arbeitnehmer nicht mehr mit einbezogen werden, sobald sich ergibt, daß der auf sie entfallende Beitrag voraussichtlich im Kalenderjahr 4 200,- DM übersteigt. Die Durchschnittsberechnung entfällt, wenn sich ergibt, daß der Durchschnittsbetrag voraussichtlich 3 000,- DM im Kalenderjahr übersteigen wird.

Einzeldirektversicherungsbeiträge können neben einem Durchschnittsbetrag nach § 40b Abs. 2 Satz 2 EStG nur bis zur Höhe der Differenz zwischen Durchschnittsbeitrag und Pauschalierungshöchstbetrag von 3 000,- DM jährlich pauschal versteuert werden.

Sind mehrere gemeinsame Verträge bei verschiedenen Gesellschaften vorhanden oder besteht neben einem gemeinsamen Direktversicherungsvertrag eine Pensionskasse, so sind alle Versorgungseinrichtungen für die Durchschnittsbildung als Einheit anzusehen (Abschnitt 129 Abs. 10 Ziff. 3 LStR). Es ist, wie erwähnt, möglich, daß mehrere Versicherer mit einem Arbeitgeber einen gemeinsamen Direktversicherungsvertrag abschließen.

Leistet der Arbeitgeber für den Arbeitnehmer Direktversicherungsbeiträge aus Anlaß der Beendigung des Dienstverhältnisses, so vervielfältigt sich der Betrag von 3 000,- DM mit der Anzahl der Kalenderjahre, in denen das Dienstverhältnis des Arbeitnehmers zu dem Arbeitgeber bestanden hat (§ 40b Abs. 2 Satz 3 EStG). Der vervielfältigte Betrag vermindert sich um die nach § 40b Abs. 1 EStG pauschalbesteuerten Beiträge, die der Arbeitgeber in dem Kalenderjahr, in dem das Dienstverhältnis beendet wird, und in den sechs vorangegangenen Kalenderjahren erbracht hat (§ 40b Abs. 2 letzter Satz EStG). Etwa nach altem Recht (§ 35 LStDV 1974 und Abschnitt 55 LStR 1974) versteuerte Beiträge bleiben außer Ansatz (Abschnitt 129 Abs. 12 LStR). Die Beitragszahlung muß aus Anlaß der Beendigung des Dienstverhältnisses erfolgen. Dies ist grundsätzlich der Fall, wenn die Leistungen des Arbeitgebers nach dem Ausscheiden des Arbeitnehmers erbracht werden. Für die Dauer nach dem Ausscheiden gibt es keine zeitliche Begrenzung (so auch Verfügung der OFD Köln vom 4.6.1980, unveröffentlicht, FG Niedersachsen vom 16.9.1980, EFG 1981 S. 48). Steht die Auflösung des Dienstverhältnisses sicher bevor, kann die Vervielfältigung nach § 40b Abs. 2 Satz 3 schon 3 Monate vor diesem Zeitpunkt angewendet werden (Abschnitt 129 Abs. 12 LStR).

Warum das Dienstverhältnis beendet wird, ist gleichgültig. § 40 b Abs. 2 Satz 3 EStG ist auch anwendbar, wenn ein Arbeitnehmer wegen Erreichens der Altersgrenze aus dem Dienstverhältnis ausscheidet (Abschnitt 129 Abs. 12 LStR).

Es muß sich um Direktversicherungsbeiträge handeln. Einzahlungen auf eine Lebensversicherung, die der Arbeitnehmer als Versicherungsnehmer abgeschlossen hat, genügen nicht.

Im Falle der Vervielfältigung des Beitrages von 3 000,– DM ist die Durchschnittsbildung nicht zugelassen.

Die Vorschriften des § 40 b EStG sind nach § 40 b Abs. 1 EStG nur im ersten Dienstverhältnis anzuwenden. Hat ein Arbeitnehmer mehrere Dienstverhältnisse, so ist das erste Dienstverhältnis dort, wo er die Lohnsteuerkarte der Steuerklasse I, II, III, IV oder V abgibt oder abgeben würde. Daher ist § 40 b EStG auch anwendbar, wenn im einzigen Dienstverhältnis und damit ersten Dienstverhältnis der Barlohn nach § 40 a EStG pauschal versteuert wird (BFH vom 13.1.1989, Deutsches Steuerrecht 1989 S. 458). Das erste Dienstverhältnis muß nicht das mit dem höchsten Arbeitslohn sein (vgl. auch *Herrmann-Heuer*, a. a. O., Anm. IV/3 zu § 40a EStG; *Höfer*, a. a. O., Anm. 2 Ziff. 9 zu § 40b EStG).

Wechselt der Arbeitnehmer während des Kalenderjahres im ersten Dienstverhältnis den Arbeitgeber, so kann der neue Arbeitgeber den Pauschalierungshöchstbetrag auch dann voll ausschöpfen, wenn feststeht, daß im vorangegangenen Dienstverhältnis pauschalbesteuerte Direktversicherungsbeiträge bereits zugeflossen sind (Abschnitt 129 Abs. 9 LStR).

Für die Anwendung von § 40b EStG ist es nicht erforderlich, daß die Direktversicherungsbeiträge die Voraussetzungen des § 10 Abs. 1 Ziff. 2 EStG erfüllen (Abschnitt 129 Abs. 3 LStR). Daher können auch Kapitalversicherungen gegen Einmalbeitrag in Betracht kommen. Die Mindestvertragsdauer von 5 Jahren braucht nicht beachtet werden, wenn ihre Einhaltung nach dem arbeitsrechtlichen Grundsatz der Gleichbehandlung ausgeschlossen ist (Abschnitt 129 Abs. 3 LStR). Weiter ist es nicht erforderlich, daß eine größere Zahl von Fällen vorliegt. § 40b EStG ist im Einzelfall anwendbar (Abschnitt 129 Abs. 6 LStR).

Nach § 40b Abs. 4 EStG in Verbindung mit § 40 Abs. 3 EStG ist Schuldner der pauschalen Lohnsteuer der Arbeitgeber. Die pauschalbesteuerten Beiträge und die darauf entfallenden Pauschalsteuern bleiben beim Jahreslohnsteuerausgleich oder bei einer Veranlagung des Arbeitnehmers zur Einkommensteuer außer Ansatz. Die allgemeine Pauschalierungsvorschrift des § 40 EStG ist auf Direktversicherungsbeiträge nicht anwendbar (§ 40b Abs. 4 letzter Satz EStG).

(32) Barlohnersetzung durch Direktversicherungsbeiträge

Die Ersetzung von Barlohn durch Versorgungsmaßnahmen wird bereits seit langem durch die Rechtsprechung bejaht. Bereits der Reichsfinanzhof hat in seiner Entscheidung vom 20.1.1944 (Reichssteuerblatt 1944 S. 435) festgestellt, daß es dem Steuerpflichtigen grundsätzlich freisteht, sein Verhalten so einzurichten, daß es zu einer möglichst geringen steuerlichen Belastung führt, sofern er die Grenzen des § 42 der Abgabenordnung (Gestaltungsmißbrauch) beachtet und sich im Rahmen der gesetzlichen Bestimmungen hält.

Die Absicht, im Rahmen der gesetzlichen Vorschriften Steuerersparnisse zu erzielen, sei nicht unüblich und verstoße auch nicht gegen die guten Sitten.

Dieser Auffassung ist der Oberste Finanzhof in seiner Entscheidung vom 9.3.1948 (Finanzrundschau 1949 S. 10) gefolgt. Der Bundesfinanzhof hat in seiner Entscheidung vom 25.11.1954 (Betriebsberater 1955 S. 341) und vom 17.11.1978 (DStZB 1979 S. 70) die Grundsätze des Reichsfinanzhofes und des Obersten Finanzhofes aufgegriffen. Er hat es in der Entscheidung vom 25.11. 1954 (a.a.O.) auch für steuerrechtlich zulässig angesehen, daß ein Arbeitnehmer – im Streitfall der Chefarzt einer Klinik – keine laufende Vergütung, sondern an Stelle einer laufenden Vergütung eine Versorgungszusage erhält.

In einer Entscheidung des Finanzgerichts Münster vom 29.6.1955 (EFG 1955 Nr. 389) ging es darum, daß die gesamte laufende Vergütung des Geschäftsführers einer GmbH durch die Zusage eines Ruhegehalts ersetzt wurde. Das Finanzgericht Münster spricht in diesem Zusammenhang nicht von einem „Gehaltsverzicht". Der Leitsatz des Urteils lautet vielmehr wie folgt:

„Die Zusage eines Ruhegehalts an einen Gesellschafter-Geschäftsführer an Stelle eines Gehaltes stellt keine außergewöhnliche Rechtsgestaltung dar, der nach § 6 StAnpG die Anerkennung versagt werden könnte."

Selbst bei einem beherrschenden Gesellschafter einer GmbH hat der Bundesfinanzhof in seinem Urteil vom 21.2.1974 (BStBl II S. 363) anerkannt, daß es möglich ist, diesem Gesellschafter für seine Tätigkeit an Stelle laufender Bezüge eine Pensionszusage mit steuerlicher Wirkung zu erteilen. Er führt hierzu aus:

„Die in Form einer Pensionszusage vereinbarte Vergütung muß außerdem der Mitarbeit des Gesellschafters im Unternehmen der Gesellschaft angemessen sein. Dagegen ergibt sich kein sachlicher Grund, weshalb die Wahl einer bestimmten Art von Vergütung (angemessene Barbezüge oder angemessenes Versorgungsversprechen) Anlaß geben konnte, den Vereinbarungen die steuerliche Anerkennung zu versagen."

Diese Feststellungen des Bundesfinanzhofes sind in doppelter Hinsicht bedeutsam. Sie enthalten zunächst einmal die Klarstellung, daß die Vereinbarung einer Pensionszusage an Stelle einer laufenden Vergütung kein Gehaltsverzicht ist. Sie enthalten darüber hinaus auch die Klarstellung, daß es für die Frage der Angemessenheit der Vergütung nicht auf die Form der Vergütung ankommt, auch nicht darauf, ob die Vergütung aus verschiedenen Vergütungsformen besteht, sondern, daß allein entscheidend ist, ob die Vergütung insgesamt angemessen ist.

Der Erlaß des Finanzministeriums Niedersachsen vom 1.6.1976 (FR 1976 S. 432), der als koordinierter Ländererlaß gilt bzw. Abschnitt 129 Abs. 2 LStR stellt daher keine Billigkeitsregelung der Verwaltung dar, sondern gibt nur das geltende Recht wieder. Danach ist auch bei der Pauschalierung der Lohnsteuer nach § 40b EStG unbeachtlich, ob die Beiträge anstelle des Barlohns erbracht werden. Dies gilt auch – unabhängig von der arbeitsrechtlichen Beurteilung – wenn tarifvertraglicher Arbeitslohn in Direktversicherungsbeiträge umgewandelt wird und wenn auch die pauschale Lohnsteuer auf den Barlohn angerechnet wird (so auch BAG vom 22.6.1978, VK 12/1978). Die Abwälzung der pauschalen Lohnsteuer und Kirchensteuer auf den Arbeitnehmer wurde vom Landesarbeitsgericht Düsseldorf als zulässig angesehen (Urteil vom 2.12.1976, DB 1976 S. 732) und vom Bundesarbeitsgericht bestätigt, (a. a. O.).

Diese Ansicht findet in den gesetzlichen Bestimmungen keine Stütze. Der Zukunftsicherungsfreibetrag setzt lediglich Ausgaben des Arbeitgebers für die Zukunftsicherung voraus. Diese Voraussetzung ist nach entsprechender Änderung des Dienstvertrages erfüllt.

(33) Pauschalbesteuerung und Beitragsrückerstattung

Arbeitslohn und pauschalbesteuerungsfähig sind nur zugeflossene Beiträge. Der Zufluß setzt voraus, daß der Arbeitnehmer die Leistungsansprüche gegen den Versicherer in vollem Umfange erlangt, also auch den Anspruch auf Gewinnbeteiligung. Werden die Gewinnanteile mit Folgebeiträgen verrechnet oder stehen sie dem Arbeitgeber zu, so ist nur der um die Gewinnanteile geminderte Beitrag Arbeitslohn und zu versteuern (BFH vom 11.10.1974, BStBl 1975 II S. 275; BdF-Erlaß vom 24.5.1978, a.a.O.).

Ohne Rücksicht auf die Pauschalbesteuerung nach § 40 b EStG tritt beim Arbeitnehmer eine Steuerpflicht der Zinsen aus Direktversicherungsverträgen ein, wenn die Voraussetzungen von § 20 Abs. 1 Ziff. 6 EStG vorliegen (vgl. B. I. 4b (aa), oben)).

b) Pauschalierung von Beiträgen zur Gruppenunfallversicherung

Beiträge des Arbeitgebers für eine Unfallversicherung der Arbeitnehmer, sind als Zukunftsicherungsaufwendungen Arbeitslohn. Sie können im Rahmen der Höchstbeträge des § 10 EStG als Vorsorgeaufwendungen abgesetzt werden. Sind mehrere Arbeitnehmer in einem gemeinsamen Unfallversicherungsvertrag versichert, dann können die Beiträge nach § 40 b Abs. 3 EStG in der Fassung des Gesetzes zur Förderung des Wohnungsbaues und zur Ergänzung des Steuerreformgesetzes 1990 vom 22.12.1989 (BGBl I 1989 S. 2408) mit 15 % pauschal versteuert werden. § 40b Abs. 3 EStG lautet wie folgt:

„Von den Beiträgen für eine Unfallversicherung des Arbeitnehmers kann der Arbeitgeber die Lohnsteuer mit einem Pauschsteuersatz von 15 v. H. der Beiträge erheben, wenn mehrere Arbeitnehmer gemeinsam in einem Unfallversicherungsvertrag versichert sind und der Teilbetrag, der sich bei einer Aufteilung der gesamten Beiträge durch die Zahl der begünstigten Arbeitnehmer ergibt, 120 Deutsche Mark im Kalenderjahr nicht übersteigt."

Die Neuregelung stellt einen **zusätzlichen** Höchstbetrag im Rahmen des § 40b EStG neben dem Höchstbetrag für Direktversicherungsbeiträge in der Lebensversicherung (§ 40b Abs. 1 und 2) dar.

Voraussetzung für die Pauschalierung ist, daß der auf den einzelnen Versicherten entfallende **Durchschnittsbeitrag** den Betrag von 120 DM im Kalenderjahr nicht übersteigt.

Im Gegensatz zu § 40b Abs. 2 (Durchschnittsbildung bei Direktversicherungen) enthält Abs. 3 **keinen individuellen Höchstbetrag**, d. h., der auf den einzelnen Versicherten entfallende Beitragsanteil ist der Höhe nach nicht begrenzt; das pauschalbesteuerungsfähige Gesamtvolumen kann beliebig auf die versicherten Personen aufgeteilt werden.

Der Durchschnittshöchstbetrag von 120 DM umfaßt die Versicherungsteuer. Einzel-Unfallversicherungsverträge sind durch § 40b Abs. 3 EStG nicht begünstigt.

Die Pauschalierungsregelung gilt nur für Arbeitnehmer im lohnsteuerlichen Sinne, also auch für den GmbH-Geschäftsführer und die Vorstandsmitglieder von Kapitalgesellschaften. Die Einbeziehung des Firmeninhabers sowie der tätigen Gesellschafter von Personengesellschaften ist nicht steuerschädlich; die auf diese Personen entfallenden Beitragsteile sind jedoch bei der Ermittlung des pauschalbesteuerungsfähigen Durchschnittsbeitrags auszusondern.

Im Gegensatz zur Regelung im § 40b Abs. 1 und 2 EStG ist die Pauschalierungsmöglichkeit für Firmengruppen-Unfallversicherungen nicht i. S. eines Pauschalierungs**betrags**, sondern als Pauschalierungs**grenze** ausgestaltet. Das bedeutet, daß bei Überschreiten des Durchschnittsbeitrags von 120 DM jährlich nicht nur der übersteigende Teil, sondern der gesamte Beitragsaufwand der regulären Lohnversteuerung zu unterwerfen ist.

Die Grundsätze für den gemeinsamen Vertrag entsprechen den bei Direktversicherungen.

c) **Versorgungsleistungen an Gesellschafter-Geschäftsführer und tätige Ehegatten von Gesellschaftern oder Inhabern**

Eine besondere Rolle in der betrieblichen Altersversorgung spielt die Versorgung von Gesellschafter-Angestellten bei Personen- und Kapitalgesellschaften und die Versorgung von tätigen Ehegatten oder anderen tätigen Angehörigen der Gesellschafter von Personen- und Kapitalgesellschaften sowie der Inhaber von land- und forstwirtschaftlichen, gewerblichen und freiberuflichen Unternehmen. Es ist nicht möglich, an dieser Stelle auf die gesamte Problematik dieses sehr schwierigen Rechtsgebietes einzugehen, zumal diese nach Inkrafttreten des Gesetzes zur Verbesserung der betrieblichen Altersversorgung eher größer als kleiner geworden ist.

Uns soll daher an dieser Stelle nur die Frage interessieren, wie Rückdeckungsversicherungsverträge und Direktversicherungsverträge oder andere Zukunftssicherungsleistungen einkommen- bzw. lohnsteuerrechtlich zu behandeln sind.

Dabei ist zur Abgrenzung des Fragenbereiches zunächst festzuhalten, daß die Versorgung nichttätiger Gesellschafter von Personen- und Kapitalgesellschaften sowie von nichttätigen Inhabern land- und forstwirtschaftlicher, gewerblicher und freiberuflicher Unternehmen mit steuerlicher Wirkung durch das Unternehmen grundsätzlich nicht möglich ist. Insoweit können auch Rückdeckungsversicherungen nicht als Betriebsvorgang anerkannt werden.

aa) Rückdeckungsversicherungen

Rückdeckungsversicherungsverträge, die abgeschlossen werden, um dem Betrieb die Mittel für eine gesellschaftsrechtlich verbindliche Versorgungszusage an Gesellschafter-Geschäftsführer oder tätige Gesellschafter von Personengesellschaften zu verschaffen, sind auch dann steuerrechtlich anzuerkennen, wenn die zugrundeliegende Versorgungszusage selbst steuerrechtlich nicht berücksichtigungsfähig ist (BFH vom 4.4.1963, DB 1963 S. 884). Die Beiträge sind Betriebsausgaben. Das Deckungskapital der Versicherung ist bei buchführungspflichtigen Steuerpflichtigen nach den oben dargestellten Grundsätzen zu aktivieren. Die später fällig werdenden Leistungen sind Betriebseinnahmen. Soweit sie nicht auf das bereits aktivierte Deckungskapital entfallen, erhöhen sie den Gewinn der laufenden Rechnungsperiode. Bei tätigen Gesellschaftern und Gesellschafter-Geschäftsführern von Kapitalgesellschaften und bei tätigen Ehegatten sind Versorgungszusagen und Rückdeckungsversicherungen steuerlich anzuerkennen, wenn ein ernsthaftes Arbeitsverhältnis im Sinne der Rechtsprechung des Bundesverfassungsgerichtes (Urteil vom 24.1.1962, BStBl 1962 I S. 492, und vom 22.7.1970, BStBl 1970 II S. 652, vorliegt und die vorgesehenen Versorgungsmaßnahmen gemeinsam mit den sonstigen Tätigkeitsvergütungen angemessen sind (BFH vom 21.2.1974, a.a.O.).

Die oben dargestellten Grundsätze gelten auch, soweit ein lohnsteuerrechtlich anerkanntes Dienstverhältnis vorliegt für tätige Arbeitnehmer-Ehegatten, wenn der Arbeitgeber-Ehegatte seine Einkünfte aus Vermietung und Verpachtung oder aus Kapitalvermögen bezieht und der Ehegatte im Rahmen dieser Einkunftserzielung als Arbeitnehmer seines Ehegatten tätig ist. Die Beiträge zu einem Rückdeckungsversicherungsvertrag sind dann Werbungskosten, die später fällig werdenden Leistungen Einnahmen im Sinne von § 8 EStG.

bb) Direktversicherungsverträge

Der Abschluß von Direktversicherungsverträgen ist bei Gesellschafter-Geschäftsführern von Kapitalgesellschaften und bei als Arbeitnehmer tätigen Gesellschaftern von Kapitalgesellschaften möglich (BFH vom 12.7.1957, BStBl 1957 III S. 289). Direktversicherungsverträge zugunsten von Gesellschafter-Geschäftsführern von Personengesellschaften und zugunsten nicht tätiger Gesellschafter von Kapitalgesellschaften werden als private Versicherungen und die Beiträge als Privateinnahmen bzw. verdeckte Gewinnausschüttungen angesehen. Dies gilt auch bei der GmbH & Co. KG., wenn der Geschäftsführer der GmbH zugleich Gesellschafter der KG ist.

Bei tätigen Ehegatten oder tätigen nahen Angehörigen ist der Abschluß von Direktversicherungsverträgen mit steuerrechtlicher Wirkung möglich, wenn ein ernstgemeintes Dienstverhältnis im Sinne des Lohnsteuer- und Sozialversicherungsrechtes vorliegt. Die versicherten Leistungen müssen sich aber in einem angemessenen Rahmen bewegen und dürfen nicht zu einer Überversorgung führen, d. h., dürfen nicht höher sein als die Leistungen, die für einen fremden Arbeitnehmer versichert worden wären. Die einkommensteuer- bzw. lohnsteuerrechtliche Behandlung entspricht dann den allgemeinen Grundsätzen (vgl. auch Schreiben des BFM vom 4.9.1984, BStBl. I 1984 S. 495 und vom 9.1.1986 Finanzrundschau 1986 S. 92).

d) Lohnsteuerrechtliche bzw. einkommensteuerrechtliche Behandlung von Arbeitgeberzuschüssen zu Lebensversicherungen und Krankenversicherungen des Arbeitnehmers

Im allgemeinen sind Zuschüsse des Arbeitgebers zu Lebens-, Kranken- und Unfallversicherungen als **Aufwendungen für die Zukunftsicherung** Arbeitslohn und steuerpflichtig, soweit sie den Zukunftsicherungs-Freibetrag übersteigen (vgl. B. I. 5 a (bb) (2), oben). Das gilt nach § 3 Ziff. 62 EStG nicht für Zuschüsse des Arbeitgebers für eine Lebensversicherung des Arbeitnehmers, wenn dieser von der Versicherungspflicht in der gesetzlichen Rentenversicherung befreit worden ist. Danach sind solche Zuschüsse zwar Arbeitslohn und damit Betriebsausgaben; sie **unterliegen aber nicht der Lohnsteuer, soweit sie**

1. bei der Befreiung von der Versicherungspflicht in der gesetzlichen Rentenversicherung der Angestellten die Hälfte,

2. bei der Befreiung von der Versicherungspflicht in der Knappschaftsrentenversicherung zwei Drittel

der Gesamtaufwendungen des Arbeitnehmers nicht übersteigen und nicht höher sind als der wegfallende Pflichtbeitrag des Arbeitgebers zur gesetzlichen Versicherung.

Nach § 405 Abs. 1 RVO (Reichsversicherungsordnung) muß der Arbeitgeber einem in der gesetzliche Krankenversicherung nicht versicherungspflichtigen Arbeitnehmer den Beitragsteil zuwenden, den er als Höchstbeitrag in die gesetzliche Krankenversicherung zu leisten hätte. Diese Zuschüsse sind nach § 3 Ziff. 62 Satz 1 EStG steuerfrei, weil sie auf Grund gesetzlicher Verpflichtung geleistet werden.

Die genannten Zuschüsse des Arbeitgebers müssen im Gegensatz zu Beiträgen zu Direktversicherungsverträgen nicht unmittelbar an die Versicherungsgesellschaft abgeführt werden. Der Arbeitgeber kann seinen Beitragsanteil auch dem Arbeitnehmer zwecks Weiterleitung an die Versicherungsgesellschaft aushändigen. Die Lohnsteuerfreiheit tritt aber nur ein, wenn der Arbeitnehmer dem Arbeitgeber durch Vorlage einer Bescheinigung der Versicherungsgesellschaft nachweist, daß er den Beitragszuschuß für die Befreiungsversicherung (Lebensversicherung oder Krankenversicherung) verwendet hat.

II. Der Versicherungsvertrag im Vermögensteuerrecht

1. Grundbegriffe des Vermögensteuerrechtes

a) Wesen der Vermögensteuer

Die historische Entwicklung der Vermögensbesteuerung läßt zwei Arten von Vermögensteuern erkennen, die je nach dem Zweck, den die Besteuerung zu erfüllen hat, zu unterscheiden sind.

Die eine Art der Vermögensbesteuerung bezweckt einen Eingriff in die Vermögensubstanz selbst. Die Steuersätze sind so hoch, daß der Steuerpflichtige die Steuer nicht aus dem Ertrag des Vermögens bestreiten kann. Diese Art der Vermögenbesteuerung ist eine echte Vermögensteuer. Sie wird auch als Vermögensabgabe bezeichnet und meist einmalig erhoben (vgl. *Gürsching-Stenger, Kommentar zum Bewertungsgesetz und Vermögensteuergesetz, Einführung zum Vermögensteuergesetz* Anm. 17).

Derartige Abgaben wurden früher auch in Deutschland erhoben, um einen außerordentlichen Haushaltsbedarf zu decken. Vermögensabgaben dieser Art sind auch die Lastenausgleichsabgaben. Dies wird deutlich, wenn man an die Ablösung der Lastenausgleichsabgaben denkt. Die Ablösung läßt erkennen, daß es sich um einmalige Abgaben handelt, die in die Substanz des Vermögens eingreifen und eingreifen sollen. Auch die Erbschaftsteuer (vgl. Abschnitt B. IV. *Der Versicherungsvertrag im Erbschaftsteuerrecht*, unten) ist in ihrem Wesen nach eine solche Vermögensabgabe.

Bei der anderen Art der Vermögensbesteuerung dient das Vermögen lediglich als Bemessungsgrundlage. Die Steuersätze sind so niedrig, daß der Steuerpflichtige die Steuer regelmäßig aus dem Ertrag des vorhandenen Vermögens bestreiten kann. Diese Vermögensteuer wird laufend erhoben. Dadurch wird die Vermögensteuer zu einer Ergänzung der Einkommensteuer. Man bezeichnet sie daher auch als die **Einkommensteuer auf das fundierte Einkommen.**

Der Ertrag, der auf Vermögen beruht, soll höher besteuert werden als der Ertrag der persönlichen Arbeitsleistung, da man davon ausgeht, daß der Vermögensbesitzer über eine größere steuerliche Leistungsfähigkeit verfügt (vgl. *Gürsching-Stenger*, a.a.O., Anm. 18 zur *Einführung in das Vermögensteuergesetz*; Bundesratsdrucksache 140/72 vom **10.3.1972 S. 31 und spätere**).

Die Ertragsfähigkeit des Vermögens ist jedoch nicht Voraussetzung für seine Heranziehung zur Vermögensteuer. Auch ertragloses Vermögen (z. B. Bauland, Luxusgegenstände u.ä.m.) werden von der Vermögensteuer erfaßt.

Die Vermögensteuer nach deutschem Recht (Vermögensteuergesetz, VStG) ist eine solche **Ergänzung zur Einkommensteuer** und gehört wie diese zu den Personensteuern. Sie strebt eine gerechte Erfassung der steuerlichen Leistungsfähigkeit der Personen an, die außer Einkommen auch Vermögen besitzen (Bundesratsdrucksache 140/72, a.a.O.). Bei natürlichen Personen findet daher auch der Familienstand und die soziale Stellung durch Freibeträge und Befreiungen gebührende Berücksichtigung. Der Vermögensteuer unterliegt nicht wie bei den Sachsteuern (z. B. Grundsteuer) ein bestimmtes Objekt, sondern das Gesamtvermögen, d. h. das Rohvermögen nach Abzug der Schulden (§ 114 BewG). Andererseits werden nicht alle Wirtschaftsgüter, die in der Hand einer Person vereinigt sind, zur Vermögensteuer herangezogen, sondern nur bestimmte Vermögensgegenstände, die im einzelnen im Bewertungsgesetz (BewG) näher bezeichnet sind.

b) Steuerpflicht, Steuerschuldner und Besteuerungsgegenstand

aa) Steuerpflicht

Die Steuerpflicht ist in den §§ 1 und 2 VStG geregelt. Auch das Vermögensteuergesetz unterscheidet zwischen der unbeschränkten und der beschränkten Steuerpflicht.

(1) Unbeschränkte Steuerpflicht

Unbeschränkt steuerpflichtig sind nach § 1 Abs. 1 Ziff. 1 VStG alle natürlichen Personen, die im Inland einen Wohnsitz oder ihren gewöhnlichen Aufenthalt haben. Zur Frage des Wohnsitzes oder gewöhnlichen Aufenthaltes vergleiche die Ausführungen zum Einkommensteuerrecht (vgl. Abschnitt B. I, oben).

Unbeschränkt steuerpflichtig sind weiter nach § 1 Abs. 1 Ziff. 2 VStG die dort genannten Körperschaften, Personenvereinigungen und Vermögensmassen, wenn sie im Inland ihre Geschäftsleitung oder ihren Sitz haben. Ob sie ihre Geschäftsleitung oder ihren Sitz im Bundesgebiet oder in West-Berlin haben, ist nach § 10 und § 11 AO zu entscheiden. Danach ist Geschäftsleitung im Sinne der Steuergesetze der Mittelpunkt der geschäftlichen Oberleitung (§ 10 AO). Sitz im Sinne der Steuergesetze ist der Ort, der durch

Gesetz, Gesellschaftsvertrag, Vereinssatzung, Stiftungsgeschäft oder dergleichen als Sitz bestimmt ist (§ 11 AO). Fehlt es an einer solchen Bestimmung, so gilt als Sitz der Ort, an dem sich die Geschäftsleitung befindet oder die Verwaltung geführt wird. Die unbeschränkte Vermögensteuerpflicht erstreckt sich nach § 1 Abs. 3 VStG auf das Gesamtvermögen. Außer Ansatz bleiben Vermögensgegenstände, die auf das Währungsgebiet der Mark der Deutschen Demokratischen Republik entfallen; das gleiche gilt für Nutzungsrechte an solchen Gegenständen.

(2) Beschränkte Steuerpflicht

Beschränkt steuerpflichtig sind nach § 2 Abs. 1 VStG natürliche Personen, die im Inland weder einen Wohnsitz noch ihren gewöhnlichen Aufenthalt haben sowie Körperschaften, Personenvereinigungen und Vermögensmassen, die weder ihre Geschäftsleitung noch ihren Sitz im Inland haben.

Die beschränkte Steuerpflicht erstreckt sich nach § 2 Abs. 2 VStG nur auf die Vermögensgegenstände, die in § 121 BewG (Inlandsvermögen) aufgezählt werden, soweit sie sich im Inland befinden.

bb) Steuerschuldner

Steuerschuldner ist die jeweils steuerpflichtige natürliche Person, Körperschaft, Personenvereinigung oder Vermögensmasse. Die Vermögensteuer ist daher den direkten Steuern zuzurechnen.

cc) Besteuerungsgegenstand

Besteuerungsgegenstand und Bemessungsgrundlage für die Vermögensteuer ist nach § 4 Abs. 1 VStG das Gesamtvermögen (§§ 114 bis 120 BewG) der unbeschränkt Steuerpflichtigen und das Inlandsvermögen der beschränkt Steuerpflichtigen, das sich nach § 121 BewG ergibt. Die Bewertung des Vermögens hat nach den Vorschriften des Bewertungsgesetzes zu erfolgen.

c) Bewertung des Vermögens

aa) Allgemeine Bewertungsgrundsätze

Die Bewertung des Vermögens für die Vermögensteuer erfolgt nach den Vorschriften des Bewertungsgesetzes. Das Bewertungsgesetz enthält allgemeine Bewertungsvorschriften (§§ 1–16), in denen allgemeine Bewertungsgrundsätze aufgestellt werden, die für den gesamten Bereich des Bewertungsrechtes maßgebend sind, besondere Bewertungsvorschriften (§§ 17–121), die nur für einzelne Vermögensgruppen anzuwenden sind, sowie Übergangs- und Schlußbestimmungen, die das Inkrafttreten des Bewertungsgesetzes und Verfahrensfragen regeln (§§ 121 a–124). Wir finden also hier die in der Einleitung bereits erwähnte Dreiteilung des deutschen Steuerrechtes wieder.

Allgemeiner Bewertungsgrundsatz ist der **gemeine Wert** im Sinne von § 9 BewG. Der gemeine Wert wird durch den Preis bestimmt, der im gewöhnlichen Geschäftsverkehr nach der Beschaffenheit des Wirtschaftsgutes bei einer Veräußerung zu erzielen wäre (§ 9

956

Abs. 2). Der gemeine Wert ist ein Veräußerungspreis und zugleich ein objektiver Wert. Ungewöhnliche oder persönliche Verhältnisse, die den Preis beeinflussen können, sind nicht zu berücksichtigen. Alle übrigen allgemeinen Umstände, die auf den Preis einen Einfluß ausüben, müssen beachtet werden (§ 9 Abs. 2 Satz 2). Der gemeine Wert ist für das gesamte Bewertungsrecht maßgebend. (*Gürsching-Stenger, Kommentar zum Bewertungsgesetz und zur Vermögensteuer*, Anm. V zu § 9 *Rössler-Troll-Langner, Bewertungsgesetz*, Anm. 3 zu § 9).

Eine **Ausnahme im Bewertungsgesetz** bilden lediglich die Einheitswerte, die für das land- und forstwirtschaftliche Vermögen und das Grundvermögen zu ermitteln sind. Sie sind im wesentlichen nicht Veräußerungspreise, sondern Ertragswerte. Die nach § 11 Abs. 1 und 4 sowie nach § 113 BewG für Wertpapiere festzusetzenden bzw. festgesetzten Steuerkurswerte müssen als besondere Erscheinungsform des gemeinen Wertes angesehen werden (*Rössler-Troll*, a. a. O., Anm. 7 und 8 zu § 9 BewG). Der für Wirtschaftsgüter, die zu einem Betriebsvermögen gehören, nach § 10 des Bewertungsgesetzes anzusetzende Teilwert ist ebenfalls nur eine besondere Spielart des gemeinen Wertes (*Gürsching-Stenger*, a. a. O., Anm. 4 zu § 10; *Rössler-Troll*, a. a. O., Anm. 3 zu § 10 BewG).

Der für die Bewertung im Einkommensteuerrecht maßgebende § 6 EStG ist für die Bewertung bei der Vermögenbesteuerung **nicht** anzuwenden. Das erklärt sich aus dem verschiedenen Zweck der beiden Steuern. Die Vermögensteuer will das an einem bestimmten Zeitpunkt (Stichtag) vorhandene Vermögen erfassen, d. h. den tatsächlichen Wert feststellen, den die Wirtschaftsgüter an diesem Stichtag haben ohne Rücksicht darauf, welchen Anschaffungs- oder Herstellungsaufwand sie erfordert haben. Der Einkommensteuer soll demgegenüber das in einem bestimmten Zeitabschnitt (Kalenderjahr) erzielte Einkommen unterworfen werden. Der Vermögensteuer liegt also eine statische Konzeption, der Einkommensteuer eine dynamische Konzeption zugrunde. Der statischen Konzeption der Vermögenbesteuerung entspricht es auch, daß aufschiebend bedingte Erwerbe oder Lasten unberücksichtigt bleiben (§ 4 und 6 BewG) während auflösend bedingte Erwerbe und Lasten (§§ 5 und 7 BewG) wie unbedingte Erwerbe und Lasten zu behandeln also anzusetzen sind. Darüber hinaus sind bei der Bewertung nach dem Bewertungsgesetz die Grundsätze des Realisations- und Imparitätsprinzips stärker ausgeprägt als bei der Ertragsbesteuerung.

bb) Vermögensgruppen

Nach den besonderen Bewertungsvorschriften (§§ 17—121 BewG) sind für die Bewertung **vier Vermögensgruppen** zu unterscheiden:

1. Land- und forstwirtschaftliches Vermögen
2. Grundvermögen
3. Betriebsvermögen
4. Sonstiges Vermögen

Lediglich das land- und forstwirtschaftliche Vermögen gilt insgesamt als eine wirtschaftliche Einheit (§§ 33—67 BewG). Für das land- und forstwirtschaftliche Vermögen wird daher ein Gesamteinheitswert auf der Grundlage des Ertragswertes (§§ 36 ff. BewG) ermittelt. In allen übrigen Vermögensgruppen sind die Wirtschaftsgüter einzeln zu bewerten

(§ 2 Abs. 1 BewG). Was als Wirtschaftsgut und damit als Bewertungseinheit gilt, bestimmt sich nach der Verkehrsauffassung (§ 2 Abs. 1 Satz 3 BewG). Beim Grundvermögen (§§ 68–94 BewG) ist der Wert für jede einzelne Grundstückseinheit zu ermitteln. Grundstückswert ist der Einheitswert (§ 19 Abs. 1 BewG). Der Einheitswert von Grundstücken wird im allgemeinen nach dem Ertragswertverfahren ermittelt (§§ 76 Abs. 1 und 78 bis 82 BewG). In besonderen Einzelfällen (§ 76 Abs. 2 BewG) gilt das Sachwertverfahren (§§ 83–90 BewG). Unbebaute Grundstücke sind mit dem gemeinen Wert zu bewerten (§ 72 BewG). Wirtschaftsgüter, die zu einem Betriebsvermögen (§§ 95–109a BewG) gehören, sind mit dem Teilwert zu bewerten (§§ 10 und 109 Abs. 1 BewG). Grundstücke, die zu einem Betriebsvermögen gehören, sind wie Grundvermögen zu bewerten (§§ 99 Abs. 3 BewG). Wertpapiere sind mit dem Steuerkurs anzusetzen. Liegt ein solcher nicht vor, ist der Börsenkurs maßgebend. Fehlt auch ein Börsenkurs, dann ist der gemeine Wert zu ermitteln (§§ 1, 11 und 113 BewG).

Zum sonstigen Vermögen (§§ 110 und 111 BewG) gehören alle Wirtschaftsgüter, die nicht zum land- und forstwirtschaftlichen Vermögen, zum Grundvermögen oder Betriebsvermögen gehören. Wirtschaftsgüter, die zum sonstigen Vermögen gehören, sind regelmäßig mit dem gemeinen Wert zu bewerten. Bei Wertpapieren, die zum sonstigen Vermögen gehören, ist wie beim Betriebsvermögen zu verfahren. Grundstücke des sonstigen Vermögens sind mit dem Einheitswert anzusetzen. Das sonstige Vermögen im Sinne des Vermögensteuergesetzes ist mit dem Privatvermögen identisch. Anteile an einem Betriebsvermögen — hierzu gehören nicht Anteile an Kapitalgesellschaften und Genossenschaften, sie gelten als Wertpapiere — sind im Rahmen des sonstigen Vermögens mit dem anteiligen sogenannten *Einheitswert* des Betriebsvermögens zu berücksichtigen, der dem vermögensteuerrechtlichen Reinvermögen des Unternehmens entspricht.

d) Persönliche und sachliche Steuerbefreiungen

aa) Persönliche Steuerbefreiung

Das Vermögensteuergesetz kennt wie viele Personensteuern auch persönliche Steuerbefreiungen. Die persönlichen Steuerbefreiungen sind in § 3 VStG enthalten. Persönliche Steuerbefreiungen für natürliche Personen gibt es nicht. Ihnen stehen nach § 6 VStG **Freibeträge** zu. Sie betragen 70 000 DM für den Steuerpflichtigen bzw. 140 000 DM für Ehegatten, wenn sie zusammen zur Vermögensteuer veranlagt werden (§ 14 Abs. 1 Ziff. 1 VStG).

Weiterhin erhält der Steuerpflichtige einen Freibetrag von 70 000 DM für jedes Kind, das mit dem Steuerpflichtigen oder mit den Ehegatten zusammenveranlagt wird (§ 14 Abs. 1 Ziff. 2 VStG). Kinder im Sinne dieser Vorschrift sind eheliche Kinder, eheliche Stiefkinder, für ehelich erklärte Kinder, Adoptivkinder, uneheliche Kinder.

Daneben enthält § 6 Abs. 3 und 4 VStG eine Reihe weiterer Freibeträge, die aus sozialpolitischen Gründen gewährt werden, z. B. wegen Alters, oder wenn das Vermögen in erster Linie der Altersversorgung des Steuerpflichtigen dient und er keine oder nur unzureichende Ansprüche auf Altersversorgung auf Grund gesetzlicher Bestimmungen oder auf Grund eines Privatversicherungsvertrages hat.

Persönlich von der Vermögensteuer befreit sind nach § 3 VStG vornehmlich **Unternehmen der öffentlichen Hand**, wie Bundespost und Bundesbahn, die Bundesbank und andere öffentlich-rechtliche Kreditinstitute, Pensionskassen sowie **Körperschaften und Personenvereinigungen mit gemeinnützigen Zwecken**. Kleine Versicherungsvereine sind unter besonderen Bedingungen ebenfalls persönlich von der Vermögensteuer befreit.

bb) Sachliche Steuerbefreiungen

Sachliche Steuerbefreiungen enthält das Vermögensteuergesetz selbst nicht. Die sachlichen Steuerbefreiungen sind im Bewertungsgesetz (§§ 101, 102, 110 und 111 BewG) enthalten. Für die sachlichen Steuerbefreiungen der §§ 101, 110 und 111 BewG sind vornehmlich staatspolitische und sozialpolitische Gründe maßgebend. Die Vorschrift des § 102 BewG (Vergünstigung für Schachtelgesellschaften) dient der Vermeidung von Doppelbesteuerungen, sie findet nur beim Betriebsvermögen Anwendung. Die Befreiungen der §§ 110 und 111 BewG gelten nur für das sonstige Vermögen. Eine Ausnahme bilden § 110 Abs. 1 Nr. 5 BewG und 111 Nr. 5 BewG, die nach § 101 BewG, der nur für das Betriebsvermögen gilt, auch beim Betriebsvermögen anzuwenden sind.

Soweit die sachlichen Steuerbefreiungen der §§ 110 und 111 BewG für die Besteuerung des Versicherungsvertrages wesentlich sind, werden wir sie bei der Behandlung des Versicherungsvertrages im Vermögensteuerrecht erörtern.

e) Veranlagung und Steuersatz

aa) Veranlagung

Die Vermögensteuer ist eine **laufende Steuer**. Sie ist Jahr für Jahr vom vermögensteuerpflichtigen Vermögen zu entrichten. Die allgemeine Veranlagung zur Vermögensteuer wird jeweils für **drei Kalenderjahre** vorgenommen (Hauptveranlagungszeitraum, § 15 Abs. 1 Satz 1 VStG). Durch Rechtsverordnung kann der Hauptveranlagungszeitraum um ein Jahr verkürzt oder verlängert werden (§ 15 Abs. 2 VStG). Der Hauptveranlagung wird der Wert des steuerpflichtigen Vermögens (§ 9 VStG) zugrunde gelegt, der auf den Beginn des Hauptveranlagungszeitraumes (Stichtag) ermittelt worden ist (§§ 4 und 15 Abs. 1 Satz 2 VStG). Innerhalb des Hauptveranlagungszeitraumes werden Neuveranlagungen nur dann vorgenommen, wenn sich der Wert des Gesamtvermögens um mehr als ein Fünftel oder um mehr als 150 000 DM erhöht hat (§ 16 Abs. 1 Ziff. 1 VStG). Eine Neuveranlagung ist auch möglich, wenn sich die Verhältnisse für die Gewährung von Freibeträgen oder die Zusammenveranlagung ändern (§ 16 Abs. 1 Ziff. 2 VStG). Die Vermögensteuer wird nachträglich veranlagt (Nachveranlagung), wenn nach dem Hauptveranlagungszeitpunkt die persönliche Steuerpflicht neu begründet wird, ein persönlicher Befreiungsgrund wegfällt oder ein beschränkt Steuerpflichtiger unbeschränkt steuerpflichtig bzw. ein unbeschränkt Steuerpflichtiger beschränkt steuerpflichtig wird (§ 17 VStG). Die Veranlagung erfolgt durch förmliche Erklärung und Bescheid, wie bei allen direkten Steuern.

bb) Steuersatz

Die Vermögensteuer beträgt bei natürlichen Personen 0,5 % des steuerpflichtigen Vermögens. Für die in § 1 Abs. 1 Ziff. 2 und § 2 Abs. 1 Ziff. 2 VStG genannten Körperschaften, Personenvereinigungen und Vermögensmassen beträgt die Vermögensteuer 0,6 % des steuerpflichtigen Vermögens (§ 10 VStG).

Auf die jährliche Vermögensteuer sind Vorauszahlungen zu entrichten. Die Höhe der Vorauszahlungen ist nach der in dem letzten Vermögensteuerbescheid festgesetzten Jahressteuerschuld zu bemessen. Die Vorauszahlungen werden bei der Veranlagung mit der Jahressteuerschuld verrechnet (§§ 21 und 22 VStG).

2. Versicherungsansprüche und Versicherungsleistungen im Vermögensteuergesetz

a) Allgemeine Vorbemerkungen

Da die Vermögensteuer das Vermögen selbst und nicht den Ertrag bzw. das Einkommen vom Vermögen erfaßt, spielen die Versicherungsbeiträge für die Vermögensteuer keine Rolle. Zwar führen Beitragszahlungen insbesondere dann, wenn sie als Betriebsausgaben abzugsfähig sind und ihnen keine bewertungsfähigen Ansprüche gegenüberstehen, aber auch dann, wenn sie Kosten der privaten Lebenshaltung und reine Risikobeiträge sind, oder für eine Rentenversicherung aufgewendet werden, zu einer entsprechenden Verminderung des steuerpflichtigen Vermögens und damit zu einer Einsparung an Vermögensteuer. Dies ist eine mittelbare Auswirkung, die allerdings für die Lebensversicherung in allen Formen, wie wir später sehen werden, von beachtlicher Bedeutung ist. Von der Vermögensteuer unmittelbar werden nur Ansprüche und Leistungen aus einem Versicherungsvertrag erfaßt. Auch hier müssen wir wieder zwischen der Schadenversicherung und der Personenversicherung und innerhalb dieser Gruppen wieder zwischen solchen Versicherungsverträgen, die zu einem Betriebsvermögen gehören und solchen Versicherungsverträgen, die zum sonstigen Vermögen gehören, unterscheiden.

b) Vermögensteuerrechtliche Behandlung von Ansprüchen aus Versicherungsverträgen

aa) Noch nicht fällige Ansprüche

(1) Aus Schadenversicherungsverträgen

Ansprüche aus Schadenversicherungsverträgen können nur fällige Schadenersatzleistungen sein, die vom Versicherer noch nicht ausgezahlt sind. Echte noch nicht fällig Ansprüche aus Schadenversicherungsverträgen wären den aufschiebend bedingten Erwerben zuzurechnen und daher nicht anzusetzen (§ 4 BewG).

(2) Unfall- und Krankenversicherung

Soweit es sich um noch nicht fällig Ansprüche auf Entschädigungsleistungen aus einem

Unfall- oder Krankenversicherungsvertrag handelt, ist die Beurteilung die gleiche wie bei einem Schadenversicherungsvertrag. Insoweit sind die Unfall- und die Krankenversicherung als Schadenversicherung anzusehen (vgl. *Prölss-Martin*, Versicherungsvertragsgesetz, Anm. 1 zu § 1 der Allgemeinen Krankenversicherungsbedingungen).

Noch nicht fällige Ansprüche auf Unfall- und Krankenversicherungsrenten sowie noch nicht fällige Ansprüche auf Sterbegelder sind ebenfalls vor ihrer Fälligkeit nicht zu bewerten, da es sich um reine Risikoansprüche handelt, die als aufschiebend bedingte Erwerbe nach § 4 des Bewertungsgesetzes außer Ansatz bleiben. Das gilt sowohl für den Fall, daß der Versicherungsvertrag zu einem Betriebsvermögen oder land- und forstwirtschaftlichen Vermögen gehört, als auch für den Fall, daß der Versicherungsvertrag zum sonstigen Vermögen gehört.

(3) Lebensversicherung

Für die Bewertung noch nicht fälliger Ansprüche aus Lebens-(Kapital- oder Renten-)versicherungen in der Vermögensaufstellung gilt § 12 Abs. 4 BewG. Danach sind noch nicht fällige Ansprüche aus Lebens-(Kapital- oder Renten-)versicherungen mit zwei Dritteln der in DM oder in einer anderen Währung eingezahlten Prämien oder Kapitalbeiträge zu bewerten. Weist der Steuerpflichtige den Rückkaufswert nach, so ist dieser maßgebend. Rückkaufswert ist der Betrag, den das Versicherungsunternehmen dem Versicherungsnehmer im Falle der vorzeitigen Aufhebung des Versicherungsverhältnisses zu erstatten hat. Der Steuerpflichtige kann bei jeder Bewertung neu zwischen dem Ansatz mit zwei Dritteln der eingezahlten Prämien oder Kapitalbeiträge oder dem Ansatz mit dem Rückkaufswert wählen (*Gürsching-Stenger*, a.a.O., Anm. 119 zu § 12 BewG; *Rössler-Troll*, a.a.O., Anm. 42 zu § 12 BewG). Aus der Formulierung „nachweist" ergibt sich, daß das Finanzamt von Amts wegen nicht verpflichtet ist, den Rückkaufswert festzustellen.

Naturgemäß wird er sich jeweils für den niedrigeren der beiden möglichen Werte entscheiden. Ist im Zeitpunkt der Bewertung noch kein Rückkaufswert vorhanden, dann sind die Ansprüche mit Null anzusetzen, der Versicherungsanspruch bleibt daher außer Ansatz (Abschnitt 65 Abs. 2 VStR). Die frühere Rechtsprechung des Reichsfinanzhofes (vgl. RFH vom 5.2.1929, RStBl 1929 S. 209 und vom 28.9.1939, RStBl 1940 S. 414) ist nicht mehr anzuwenden.

Bei Versicherungen, die vor dem 21.6.1948 abgeschlossen wurden, sind zwei Drittel der nach dem 21.6.1948 eingezahlten Beiträge oder Prämien anzusetzen. Der Rückkaufswert kann angesetzt werden, wenn er niedriger ist. Das wird aber in der Regel nicht der Fall sein.

Diese Vorschriften gelten allgemein, d. h., sowohl für die Bewertung im Betriebsvermögen als auch für die Bewertung im sonstigen Vermögen (BFM-Schreiben vom 28.6.1977, DB 1977 S. 1388). Gehören die Versicherungsansprüche zu einem Betriebsvermögen, dann sind sie in der nach § 12 Abs. 4 BewG ermittelten Höhe ungekürzt in der Vermögensaufstellung anzusetzen. Gehören die noch nicht fälligen Ansprüche aus Lebens-(Kapital- und Renten-)versicherungen zum **sonstigen Vermögen**, dann sind die Befreiungsvorschriften des § 110 Abs. 1 Ziff. 6 BewG zu beachten.

Danach bleiben noch nicht fällige Ansprüche aus Rentenversicherungen, soweit sie zum sonstigen Vermögen gehören, nach § 110 Abs. 1 Ziff. 6 b BewG bei der Feststellung des steuerpflichtigen Vermögens außer Ansatz, sofern die Ansprüche erst fällig werden, wenn der Berechtigte (Versicherungsnehmer oder unwiderruflich Bezugsberechtigte) das 60. Lebensjahr vollendet hat oder erwerbsunfähig ist. Eine Rentenversicherung im Sinne dieser Vorschrift liegt auch dann vor, wenn statt der Rente eine einmalige Kapitalzahlung gewählt werden kann, solange das Wahlrecht nicht ausgeübt ist (Ländererlaß vom 13.11.1961, DStZ B 1961 S. 467; Abschnitt 65 Abs. 5 VStR). In allen übrigen Fällen sind die noch nicht fälligen Ansprüche aus Lebens-(Kapital- und Renten-)versicherungen beim sonstigen Vermögen anzusetzen. Der nach § 12 Abs. 4 BewG zu ermittelnde Wert für alle Ansprüche ist um einen Freibetrag von 10 000 DM zu kürzen (§ 110 Abs. 6 BewG). Werden mehrere Personen gemeinsam zur Vermögensteuer veranlagt, vervielfältigt sich dieser Betrag nach § 110 Abs. 6 letzter Satz BewG mit der Anzahl dieser Personen. Diese sachliche Steuerbefreiung führt dazu, daß beim Ansatz mit zwei Drittel der eingezahlten Prämien oder Kapitalbeiträge die ersten 15 000 DM an Prämien bzw. Beitragszahlungen vermögensteuerfrei bleiben. Bei Ehegatten, die zusammenveranlagt werden, erhöht sich dieser Betrag auf 30 000 DM. Werden Ehegatten und Kinder zusammenveranlagt, so bleiben für jedes Kind weitere 15 000 DM an Beiträgen unberücksichtigt.

(4) Die Behandlung von Beitragsrückerstattungen bei der Vermögensteuer

Beitragsrückerstattungen aus dem Nicht-Lebensversicherungsgeschäft sind vermögensteuerrechtlich erst mit Fälligkeit zu beachten. Gleiches gilt auch für Erlebensfallrisiko- oder Todesfallrisikoversicherungen.

Für Beitragsrückerstattungen (Gewinnanteile, Überschußanteile) aus der Lebensversicherung (Kapital- oder Rentenversicherung) gilt nach Abschnitt 65 Abs. 3 und 4 VStR folgendes:

Wird der Wert der noch nicht fälligen Ansprüche aus Lebens-, Kapital- oder Rentenversicherungen nach § 12 Abs. 4 Satz 1 BewG mit zwei Dritteln der eingezahlten Prämien ermittelt, so sind ausgezahlte oder mit den Prämien verrechnete Gewinnanteile, z. B. Überschußanteile, Versichertendividenden, Beitragsrückerstattungen, von den Prämien zu kürzen. Dagegen sind gutgeschriebene Gewinnanteile und dergleichen von den eingezahlten Prämien nicht abzuziehen. In diesen Fällen sind die vollen Prämien zugrunde zu legen; die gutgeschriebenen Gewinnanteile sind nicht besonders anzusetzen. Zinsen für Policendarlehen gehören nicht zu den Prämien im Sinne von § 12 Abs. 4 BewG.

Werden die noch nicht fälligen Ansprüche aus Lebens-, Kapital- oder Rentenversicherungen nach § 12 Abs. 4 Satz 2 BewG mit dem Rückkaufswert bewertet, so sind gutgeschriebene Gewinnanteile und dergleichen, falls sie im Rückkaufswert enthalten sind, nicht besonders anzusetzen. Sind sie dagegen nicht im Rückkaufswert berücksichtigt, so sind sie als Kapitalforderungen im Sinne von § 110 Abs. 1 Nr. 1 BewG, die bis zum Eintritt des Versicherungsfalles befristet sind, besonders anzusetzen.

Bei Anwendung von § 110 Abs. 1 Ziff. 6 b BewG auf Rentenversicherungen entfällt jeder Ansatz von noch nicht fälligen Gewinnanteilen, da auch sie zu den nicht fälligen Ansprüchen im Sinne dieser Vorschrift gehören.

(5) Beleihungen

Policendarlehen, Vorauszahlungen und ähnliches sind in voller Höhe als Schuldposten abzugsfähig. Dies gilt auch dann, wenn die Ansprüche aus der Lebensversicherung ganz oder teilweise außer Ansatz bleiben. Gleiches gilt für rückständige Zinsen.

bb) Fällige Ansprüche

(1) Schadenversicherungen

Fällige Ansprüche aus Schadenversicherungen können nur fällige aber noch nicht ausgezahlte Schadenersatzleistungen sein. Gehören solche Ansprüche zum Betriebsvermögen, dann sind sie nach § 10 BewG in der Vermögenaufstellung des Unternehmens mit ihrem Teilwert anzusetzen. Der Teilwert dürfte insbesondere bei Geldansprüchen dem Nennwert des Anspruches gleich sein. Bei Ansprüchen auf Naturalersatz kommt der Marktpreis in Frage. Sind die Ansprüche allerdings zweifelhaft, dann kann ein niedrigerer Teilwert angesetzt werden. Im Grenzfall kann der Teilwert auch Null sein.

Gehören die Ansprüche zum sonstigen Vermögen, dann sind Geldansprüche als Kapitalforderungen im Sinne von § 12 Abs. 1 BewG mit dem Nennwert anzusetzen. Für Naturalansprüche kommt der gemeine Wert (§ 9 BewG) in Betracht. Nur dann, wenn solche Ansprüche mit Sicherheit uneinbringlich sind, kann der Ansatz entfallen (§ 12 Abs. 2 BewG).

(2) Unfall- und Krankenversicherungen

Für fällige aber noch nicht ausgezahlte Schadenersatzleistungen aus Unfall- und Krankenversicherungen gelten die gleichen Grundsätze wie bei Schadenversicherungen (siehe oben).

Fällige Ansprüche auf Versicherungssummen (Sterbegelder, Invaliditäts- oder Todesfallsummen) und fällige Ansprüche auf Renten (Unfallrenten, aber auch Renten aus der Haftpflichtversicherung) erfahren die gleiche Behandlung wie bei der Lebensversicherung (siehe unten).

(3) Lebensversicherung

Fällige Ansprüche auf Kapitalleistungen sind grundsätzlich als Kapitalforderungen nach § 12 Abs. 1 BewG zu bewerten. Gehören sie zu einem Betriebsvermögen, dann kommt zwar der Teilwert (§ 10 BewG) in Betracht, dieser entspricht aber im allgemeinen dem Wert nach § 12 Abs. 1 BewG. Freibeträge kommen nicht in Frage, gleichgültig, ob der Anspruch zu einem Betriebsvermögen oder zum sonstigen Vermögen gehört. Im übrigen gelten die Ausführungen zur Schadenversicherung sinngemäß (vgl. B. II. 2 b (bb) (1), oben).

Bei fälligen Rentenansprüchen müssen wir zwischen zeitlich begrenzten Renten (Zeitrenten) und lebenslänglichen Renten (Leibrenten) unterscheiden.

Zeitrenten sind in Raten zu zahlende verzinsliche Kapitalleistungen, die nicht mit dem Leben einer natürlichen Person oder einem anderen Ereignis von ungewisser Dauer verknüpft sind. Sie erfüllen daher nicht den versicherungswissenschaftlichen Begriff der Rente; sie sind deshalb als wiederkehrende Leistungen nach § 13 Abs. 1 BewG zu bewerten. Zur Ermittlung des Wertes ist die *„Hilfstafel über den gegenwärtigen Kapitalwert einer Rente, Nutzung oder Leistung auf eine bestimmte Zahl von Jahren"* (Anlage 6 zu den VStR) heranzuziehen. Der Kapitalwert ist dann gleich dem Produkt aus dem Jahreswert der Leistung und dem Vervielfältiger laut Hilfstafel.

Beispiel:

Jahreswert der Leistung 2000 DM
Dauer der Zahlung 10 Jahre
Kapitalwert = 2000 DM x 7,952 = 15 904 DM

Der Hilfstafel liegt gemäß § 13 Abs. 1 BewG ein Rechnungszinsfuß von 5½ % zugrunde. Nach diesen Bestimmungen sind zum Beispiel sogenannte *Studiengeldrenten* zu bewerten. Sie gelten auch für die sogenannten *garantierten Rentenzahlungen* bei verschiedenen privaten Rententarifen. Es handelt sich auch hier nicht um eine Rente, sondern um eine nach Rentenbeginn anfallende Todesfall-Kapitalleistung, die in Raten ausgezahlt wird. Sie tritt an die Stelle der steigenden Todesfall-Kapitalleistung vor Rentenbeginn in Form der Beitragsrückgewähr.

Leibrenten sind nach § 14 BewG zu bewerten. Bewertungsfaktoren sind die Vervielfältiger nach Anlage 9 zum Bewertungsgesetz, die nach dem Alter der Rentenberechtigten am Bewertungsstichtag gestaffelt sind. Auch ihnen liegt ein Rechnungszinsfuß von 5½ % zugrunde. Hängt die Dauer der Rentenzahlung nur vom Leben einer Person ab, dann ist deren Alter maßgebend (§ 14 Abs. 1 BewG). Hängt die Dauer der Rentenzahlung vom Leben mehrer Personen ab, so ist das Alter des Jüngsten maßgebend, wenn die Rentenzahlung mit dem Tode des zuletzt Sterbenden endet, und das Alter des Ältesten, wenn die Rentenzahlung mit dem Tode des zuerst Sterbenden endet (§ 14 Abs. 4 BewG).

Beispiele:

1. Rentenberechtigter 65 Jahre, männlich
Jahresrente   2000 DM
Kapitalwert   2000 DM x 8,332 = 16 664 DM

2. Rentenberechtigte 70 Jahre, männlich, und 60 Jahre, weiblich
Jahresrente   2000 DM
Die Rentenzahlung endet beim Tod des zuletzt Sterbenden
Kapitalwert   2000 DM x 11,026 = 22 052 DM
oder
Die Rentenzahlung endet mit dem Tod des zuerst Sterbenden
Kapitalwert   2000 DM x 6,942 = 3 884 DM

Wie die Beispiele zeigen, wird der Kapitalwert mit zunehmendem Alter des Rentenberechtigten immer kleiner. Bei Renten, die vom Lebensalter mehrerer Personen abhängen, muß es sich um einen einheitlichen Rentenanspruch handeln. Die meisten Hinterbliebenenrenten sind selbständige Rentenansprüche, die erst zu bewerten sind, wenn der Versicherungsfall eingetreten ist (BFH vom 31.1.1964, BStBl III S. 179, Abschnitt 61 Abs. 5 VStR). Es gilt dann das Alter des neuen Berechtigten.

Um Steuerüberzahlungen bei sehr frühem Tode des Rentenberechtigten und daher einen zu hohen Ansatz zu bereinigen, enthält § 14 Abs. 2 BewG Berichtigungsvorschriften. Danach kann der Kapitalwert der Rente bei Tod des Berechtigten auf Antrag nach der wirklichen Dauer der Rentenzahlung, d. h., nach § 13 Abs. 1 BewG ermittelt werden (siehe oben unter Zeitrenten). Der Antrag ist bis zum Ablauf des Jahres zu stellen, das auf das Todesjahr folgt (§ 5 Abs. 2 BewG). Die zuviel gezahlte Steuer ist nach § 37 Abs. 2 AO zu erstatten.

Beispiel:

Jahresrente 3000 DM
Alter des Rentenberechtigten bei Bewertung 70 Jahre (männlich)
Kapitalwert nach § 14 BewG 3000 DM x 6,942 = 20 826 DM
jährliche Vermögensteuer 104 DM
Tod des Rentenberechtigten mit 72 Jahren
Kapitalwert nach § 13 Abs. 1 BewG 3000 DM x 1,948 = 5844 DM
jährliche Vermögensteuer 29 DM
erstattungsfähige jährliche Vermögensteuer 75 DM

Abgekürzte Leibrenten sind wie Zeitrenten nach § 13 Abs. 1 BewG zu bewerten. Ist dieser Wert höher als der vergleichbare Wert für Leibrenten, dann ist letzterer anzusetzen. Von abgekürzten Leibrenten spricht man, wenn die Dauer der Rentenzahlung nicht nur zeitlich begrenzt ist, sondern auch vom Leben des Rentenberechtigten abhängt.

Beispiel:

Jahresrente 3000 DM, Berechtigter weiblich
Höchstdauer der Rentenzahlung 15 Jahre
Alter des Rentenberechtigten bei erstmaliger Bewertung 64 Jahre
Kapitalwert nach § 13 Abs. 1 BewG 3000 DM x 10,590 = 31 770 DM
Kapitalwert nach § 14 BewG 3000 DM x 9,790 = 29 370 DM
Anzusetzen ist der Wert nach § 14 BewG

Bei Pensionsrentenversicherungen werden nicht nur Altersrenten, sondern auch Witwen- und Waisenrenten (Hinterbliebenenrenten) gewährt. Diese Renten werden erst fällig, wenn der Altersrentner stirbt. Es handelt sich bei diesen Ansprüchen um aufschiebend bedingte Erwerbe im Sinne von § 4 BewG (BFH-Urteil vom 31.1.1964, a.a.O., Abschnitt 61 Abs. 5 VStR). Der BFH hat die frühere Rechtsprechung des Reichsfinanzhofes (Urteil vom 27.4.1933, RStBl 1933 S. 857) aufgegeben. Der BdF-Erlaß vom 13.11.1962 (DB 1962 S. 1522 und BB 1962 S. 1276) ist nicht mehr anzuwenden. Auch diese Vorschriften gelten uneingeschränkt.

Gehören die fälligen Ansprüche zu einem Betriebsvermögen, dann sind sie mit den oben dargestellten Werten in der Vermögensaufstellung des Unternehmens anzusetzen. Eine

Kürzung darf nicht erfolgen. Sachliche Befreiungen gibt es nicht.

Gehören die fälligen Ansprüche zum sonstigen Vermögen, dann sind die sachlichen Befreiungen des § 111 BewG zu beachten.

Nach § 111 Ziff. 3 Satz 1 BewG gehören fällige Ansprüche auf Renten aus Rentenversicherungen nicht zum sonstigen Vermögen, wenn der Versicherungsnehmer das 60. Lebensjahr vollendet hat oder voraussichtlich für mindestens drei Jahre erwerbsunfähig ist, d. h., sie sind vermögensteuerfrei. Die **Vermögensteuerfreiheit hat drei Voraussetzungen:**

1. Es muß sich um fällige Ansprüche auf Renten aus Rentenversicherungsverträgen handeln;

2. Rentenberechtigter muß der Versicherungsnehmer sein;

3. Der Versicherungsnehmer muß entweder 60 Jahre alt oder voraussichtlich für mindestens drei Jahre erwerbsunfähig sein.

Diese Vermögensteuerfreiheit ist nach § 111 Ziff. 3 Satz 1 BewG auch dann gegeben, wenn der Versicherungsvertrag Hinterbliebenenrenten vorsieht, wenn es sich bei den bezugsberechtigten Rentenempfängern um den Ehegatten oder die minderjährigen Kinder des Versicherungsnehmers handelt (siehe auch unten).

Die Vorschrift des § 111 Ziff. 3 Satz 1 BewG ist auf andere Rentenansprüche, z. B. aus der Haftpflicht-, Unfall- und Krankenversicherung nicht anzuwenden. Für solche Ansprüche gelten die Vorschriften des § 111 Ziff. 9 BewG. Gleiches gilt auch für Rentenansprüche, die laut Vertrag nicht dem Versicherungsnehmer, sondern einer dritten Person zustehen. Danach bleiben solche Renten bis zu einem Jahreswert von 4800 DM vermögensteuerfrei, wenn der Berechtigte über 60 Jahre alt oder für mindestens drei Jahre erwerbsunfähig ist.

Beispiel:

Jahresrente 9 000 DM aus Haftpflichtversicherung
Berechtigter 58 Jahre alt, männlich, dauernd erwerbsunfähig
Bewertung:
Jahresrente 9 000 DM
Freibetrag 4 800 DM
zu bewerten 4 200 DM
Vervielfältiger nach Anlage 9 zum BewG 10,225
Kapitalwert: 4 200 DM x 10,225 = 42 945 DM

Nach § 111 Ziff. 3 Sätze 2 und 3 BewG bleiben für den Fall, daß die Renten beim Tod des Versicherungsnehmers an seine Ehefrau oder seine Kinder gezahlt bzw. weitergezahlt werden, auch diese noch nicht fälligen und fälligen Ansprüche bei der Ehefrau und den Kindern vermögensteuerfrei. Das Alter der Ehefrau ist dabei unbeachtlich. Bei den Kindern besteht Steuerfreiheit nur solange, solange sie das 18. Lebensjahr noch nicht vollendet haben, oder falls sie sich in der Berufsausbildung befinden, das 27. Lebensjahr noch nicht vollendet haben. Steuerfrei sind auch fällige Rentenansprüche, die nach dem Vertrag in einem Kapitalbetrag abgefunden werden können, solange die Abfindung nicht beantragt ist.

Eine besondere **Begünstigung der Hinterbliebenenversorgung** enthält § 111 Ziff. 3 Satz 4 des Bewertungsgesetzes. Wird eine durch Tod des Versicherungsnehmers fällige Kapitalversicherungssumme als Einmalbeitrag zu einer sofort beginnenden Rentenversicherung für die Ehefrau und/oder die obengenannten Kinder verwendet, so gehören auch die Ansprüche aus dieser Rentenversicherung bei der Ehefrau und den Kindern nicht zum sonstigen Vermögen. Sie sind daher vermögensteuerfrei. Werden mehrere Kapitalversicherungssummen durch Tod des Versicherungsnehmers beim gleichen Versicherungsunternehmen fällig, so kann es für die Steuerfreiheit der Rentenansprüche als unschädlich angesehen werden, wenn sie im Todesfall zu einer einheitlichen Rentenversicherung zusammengefaßt werden.

Dementsprechend sollte es auch unschädlich sein, wenn mehrere Kapitalversicherungssummen aus Lebensversicherungsverträgen, die bei verschiedenen Gesellschaften abgeschlossen worden sind, durch Tod des Versicherungsnehmers fällig werden, an die Ehefrau ausgezahlt werden und von dieser zu einem einheitlichen Einmalbetrag für eine einheitliche sofort beginnende Rentenversicherung bei einer Versicherungsgesellschaft verwendet werden (vgl. *Gürsching-Stenger*, a. a. O., Anm. 15 zu § 111 BewG; *Rössler-Troll*, Anm. 13 zu § 111 BewG). Die Anerkennung als steuerfreie Rentenversicherung hat lediglich zur Voraussetzung, daß die fälligen Kapitalversicherungssummen und der Einmalbetrag zur Begründung der Rentenversicherung identisch sind. Beabsichtigen die Hinterbliebenen eine höhere Rentenversicherung abzuschließen als dies mit den zur Verfügung stehenden fälligen Kapitalversicherungssummen möglich ist, so müssen sie, um die Steuerfreiheit der mit den Kapitalversicherungssummen begründeten Rentenversicherung nicht zu gefährden, mit den zusätzlichen Mitteln eine selbständige Rentenversicherung abschließen. Lassen sich die Hinterbliebenen dagegen nur einen Teil der Kapitalversicherungssummen auszahlen, so kann für die mit dem restlichen Betrag begründete Rentenversicherung die Steuerfreiheit anerkannt werden, weil insoweit die Identität zwischen den Kapitalversicherungssummen einerseits und dem Einmalbeitrag andererseits noch gewahrt bleibt (vgl. auch Abschnitt 70 a Abs. 2 VStR sowie *Gürsching-Stenger*, a.a.O., Anm. 15 zu § 111 BewG).

Die Rente soll nach dem Wortlaut des § 111 Ziff. 3 BewG zwar sofort mit dem Tode des Versicherungsnehmers zu laufen beginnen. Dies wird in der Praxis regelmäßig nicht möglich sein. Die Abwicklung der fälligen Versicherung und ihre Umwandlung in eine Rentenversicherung benötigt immer eine gewisse Zeit. Vollzieht sich diese Abwicklung und Umwandlung innerhalb eines angemessenen Zeitraumes, so ist dies unschädlich. Diese Voraussetzung ist nach Abschnitt 70 a Abs. 2 VStR erfüllt, wenn innerhalb eines halben Jahres nach dem Tode des Versicherungsnehmers die Versicherung abgeschlossen wird. Dabei ist die fällige Kapitalversicherungssumme unmittelbar als Einmalbetrag für eine sofort beginnende Rentenversicherung zu verwenden. Handelt es sich um Kapitalversicherungssummen aus Verträgen, die bei mehreren Gesellschaften abgeschlossen worden sind, dann ist Voraussetzung, daß der Einmalbetrag unmittelbar durch Überweisung der fällig gewordenen Kapitalversicherungssummen gezahlt wird.

Der Anspruch auf Auszahlung der fälligen Kapitalversicherungssummen ist unter den genannten Voraussetzungen, d. h., daß die Umwandlung in eine Rentenversicherung innerhalb des genannten Zeitraumes erfolgt, nicht zum sonstigen Vermögen zu rechnen, also vermögensteuerfrei, obgleich er bis zum Zeitpunkt der Umwandlung streng genommen eine Kapitalforderung im Sinne des § 110 Abs. 1 Ziff. 1 BewG ist. Die sogenannten *garantierten Renten* bei verschiedenen Rententarifen sind, wie erwähnt, keine Renten, sondern aufschiebend bedingte Todesfalleistungen und nach § 4 BewG nicht anzusetzen.

c) Die vermögensteuerrechtliche Behandlung des Direktversicherungsvertrages

Auf das Wesen des Direktversicherungsvertrages sind wir bereits eingegangen (vgl. B.I. 5 a, oben). Der Direktversicherungsvertrag ist eine der möglichen Formen der betrieblichen Altersversorgung. Versicherungsnehmer ist der Arbeitgeber. In diesem Falle muß er seinem Arbeitnehmer die Ansprüche auf die Versicherungsleistungen durch ein Bezugsrecht zuwenden, dieses Bezugsrecht kann widerruflich und unwiderruflich sein. Ist der Arbeitnehmer selbst Versicherungsnehmer und der Arbeitgeber nur Beitragszahler, gelten bei der Vermögensteuer die allgemeinen Vorschriften der §§ 12—14 und 110—111 BewG, die vorstehend erörtert wurden.

aa) Behandlung der noch nicht fälligen Ansprüche aus Direktversicherungen

Ist der Arbeitgeber Versicherungsnehmer, der versicherte Arbeitnehmer bzw. seine Hinterbliebenen bezugsberechtigt für die Versicherungsleistungen, dann gehören die noch nicht fälligen Ansprüche vermögensteuerrechtlich zum Vermögen des Arbeitnehmers.

Für Kapitalversicherungen gelten die allgemeinen Bestimmungen der §§ 14 und 110 BewG. Noch nicht fällige Ansprüche aus Rentenversicherungen sind nach § 110 Abs. 1 Ziff. 6 Buchstabe a generell vermögensteuerfrei. Der Arbeitgeber braucht noch nicht fällige Ansprüche aus Direktversicherungen nur dann und insoweit anzusetzen, als ihm selbst und nicht dem Arbeitnehmer oder seinen Hinterbliebenen die Ansprüche auf die Versicherungsleistungen zustehen. Dies gilt auch, soweit er diese Ansprüche abgetreten oder beliehen hat, wenn er sich nicht schriftlich verpflichtet, den Arbeitnehmer oder seine Hinterbliebenen im Versicherungsfall so zu stellen, als sei die Abtretung oder Beleihung nicht erfolgt (Erlaß vom 10.3.1976, BStBl I S. 135, Abschnitt 65 Abs. 7 VStR).

bb) Behandlung der fälligen Ansprüche aus Direktversicherungen

Fällige, aber noch nicht ausgezahlte Kapitalversicherungsleistungen sind beim Berechtigten als Kapitalforderungen nach § 14 Abs. 1 BewG mit dem Nennwert anzusetzen. Von allen Kapitalforderungen bleiben nach § 110 Abs. 2 BewG 10 000 DM vermögensteuerfrei. Werden mehrere Personen zusammen zur Vermögensteuer veranlagt (§ 14 VStG), so vervielfältigt sich der Freibetrag entsprechend (§ 110 Abs. 3 BewG).

Fällige Ansprüche aus Rentendirektversicherungen sind nach § 111 Ziff. 1 BewG vermögensteuerfrei.

Für den Arbeitgeber gelten die gleichen Bedingungen wie für nicht fällige Ansprüche aus Direktversicherungen.

d) Die vermögensteuerrechtliche Behandlung der Versicherungsleistung

Unter Versicherungsleistungen sollen in diesem Zusammenhang nur fällige Versicherungsleistungen verstanden werden, die vom Versicherungsunternehmen bereits ausgezahlt worden sind, die dem Steuerpflichtigen bereits zugeflossen sind. Fällige, aber noch nicht ausgezahlte Leistungen sind wie fällige Ansprüche zu bewerten (vgl. B.II. 2 b, oben).

Da weder das Bewertungsgesetz noch das Vermögensteuergesetz besondere Vorschriften über die bewertungsrechtliche bzw. vermögensteuerrechtliche Behandlung von fälligen und ausgezahlten Versicherungsleistungen enthält, ist davon auszugehen, daß für ihre Bewertung die allgemeinen Vorschriften des Bewertungsgesetzes gelten. Ausgangspunkt für die Bewertung ist die Natur der Leistung selbst. Ihr früherer Zusammenhang mit einem Versicherungsverhältnis, d. h. ihre Herkunft ist für die Bewertung unbeachtlich. Das ist verständlich, da ausgezahlte Versicherungsleistungen ihre Verbindung mit dem Versicherungsvertrag verlieren. Nicht selten erlischt sogar mit Auszahlung der Versicherungsleistung das gesamte Versicherungsverhältnis. So z. B. wenn in der Schadenversicherung das versicherte Risiko wegfällt, weil es durch den Schadenfall vernichtet worden ist oder bei Lebensversicherungen, wenn es sich um eine Kapitalversicherung handelt und die Kapitalsumme, sei es durch Ablauf der vereinbarten Versicherungsdauer oder durch Eintritt des Versicherungsfalles, fällig und ausgezahlt wird.

Eine Unterscheidung zwischen Schadenversicherungen, Unfallversicherungen, Krankenversicherungen und Lebensversicherungen ist daher nicht mehr erforderlich. Die Versicherungsleistung kann eine Geldleistung sein oder eine Sachleistung. Sie kann aber auch in beidem bestehen. Sie bewirkt beim Versicherungsnehmer einen Geldzugang, wenn es sich um eine Geldleistung handelt oder einen Eigentumserwerb an einem Wirtschaftsgut, wenn es sich um eine Sachleistung handelt.

Bedeutsam ist nur noch die Frage, ob die Versicherungsleistung einem Betriebsvermögen zuzurechnen ist oder zum sonstigen Vermögen gehört. Sie ist dem Betriebsvermögen zuzurechnen, wenn es sich um eine betriebliche Versicherung handelt bzw. gehandelt hat und sie ist dem sonstigen Vermögen zuzurechnen, wenn es sich um eine private Versicherung handelt bzw. gehandelt hat.

aa) Betriebsvermögen

Handelt es sich um eine Geldleistung und ist der Geldbetrag am Bewertungsstichtag vom Steuerpflichtigen noch nicht verwendet worden, dann ist der Geldbetrag mit seinem Nennwert anzusetzen. Dieser Geldbetrag ist zwar gemäß § 10 des Bewertungsgesetzes mit dem Teilwert anzusetzen, der Teilwert ist aber bei Geldbeträgen immer gleich dem Nennwert des Geldbetrages. Hat der Steuerpflichtige den Geldbetrag verwendet (investiert), dann muß er das mit dem Geld erworbene Wirtschaftsgut mit seinen Teilwert (§ 10 des Bewertungsgesetzes) ansetzen. Tatsächlich erfolgt hier nicht mehr die Bewertung der Versicherungsleistung, sondern die Bewertung eines Wirtschaftsgutes, das dem Versicherungsvertrag völlig fremd ist. Handelt es sich bei der Versicherungsleistung um eine Sachleistung, dann ist das als Versicherungsleistung in das Betriebsvermögen überführte Wirtschaftsgut mit seinem Teilwert (§ 10 BewG) anzusetzen.

bb) Sonstige Vermögen

Geldbeträge sind nach § 110 Abs. 1 Ziff. 2 BewG, wenn sie auf Deutsche Mark lauten, mit dem Betrag als sonstiges Vermögen anzusetzen, mit dem sie den Freibetrag von 1000 DM übersteigen. Diese Grundsätze gelten auch für fällige und ausgezahlte Geldleistungen aus einem Versicherungsvertrag. Im übrigen kommen die Freibeträge des § 110 Abs. 2 und 3 BewG zur Anwendung.

Handelt es sich bei der Versicherungsleistung um eine Sachleistung, dann ist das als Versicherungsleistung dem sonstigen Vermögen zugeführte Wirtschaftsgut mit seinem gemeinen Wert (§ 9 BewG) anzusetzen.

Steuer und Versicherung (Teil III)[1]

Von Dipl.-Kfm. Heinz Rössler

---

[1] Der Beitrag besteht insgesamt aus 4 Teilen.

Inhaltsverzeichnis
(Teil III)

Seite

A. *Der systematische Aufbau unserer Steuerrechtsordnung (Teil I)*

B. *Besteuerung des Versicherungsvertrages*
   I. *Der Versicherungsvertrag im Einkommensteuerrecht (Teil I)*
      1. *Grundbegriffe des Einkommensteuerrechts (Teil I)*
      2. *Der Versicherungsbeitrag im Einkommensteuerrecht (Teil I)*
      3. *Versicherungsansprüche und Versicherungsleistungen im Einkommensteuerrecht (Teil II)*
      4. *Die einkommensteuerrechtliche Behandlung der Beitragsrückerstattung (Beitragsrückgewähr, Bonus, Überschußbeteiligung oder Versicherungsdividende) aus Versicherungsverträgen (Teil II)*
      5. *Sonderfragen (Teil II)*
   II. *Der Versicherungsvertrag im Vermögensteuerrecht (Teil II)*

B. Besteuerung des Versicherungsvertrages 93
   III. Der Versicherungsvertrag im Gewerbesteuerrecht 93
      1. Überblick über das Gewerbesteuergesetz 93
      2. Versicherungsbeiträge im Gewerbesteuerrecht 94
      3. Versicherungsansprüche und Versicherungsleistungen im Gewerbesteuerrecht 94
      4. Vorauszahlungen (Policendarlehen) im Gewerbesteuerrecht 94
      5. Direktversicherungsbeiträge bei der Lohnsummensteuer (bis 31.12.1979) 95
   IV. Der Versicherungsvertrag im Erbschaftsteuerrecht 95
      1. Allgemeiner Überblick über das Erbschaftsteuerrecht 95
      2. Der Versicherungsvertrag im Erbschaftsteuerrecht 98
      3. Die Erbschaftsteuerversicherung 103

	Seite

    V. Der Versicherungsvertrag im Verkehrsteuerrecht 105
        1. Der Versicherungsvertrag im Umsatzsteuergesetz 105
        2. Die Versicherungsteuer 111
        3. Die Feuerschutzsteuer 117

C. Steuerfragen des Versicherungsaußendienstes 118
    I. Abgrenzung zwischen selbständigem und unselbständigem Versicherungsaußendienst 119
    II. Steuerfragen beim unselbständigen Versicherungsaußendienst 120
        1. Allgemeine Grundsätze für die Besteuerung 120
        2. Auslagenersatz und Reisekosten 121
        3. Veranlagung 121
    III. Steuerfragen des selbständigen Versicherungsaußendienstes 122
        1. Die Rechtsstellung des selbständigen Versicherungsvertreters 122
        2. Allgemeine Besteuerungsgrundsätze 123
        3. Der Versicherungsvertreter im Einkommen-, Gewerbe- und Umsatzsteuerrecht 123
    IV. Die steuerrechtliche Behandlung des Ausgleichsanspruchs beim Versicherungsvertreter 127
        1. Vor Entstehung und Fälligkeit 127
        2. Mit Entstehung und Fälligkeit 127
    V. Gelegentliche Vermittlung 128

D. *Die Besteuerung des Versicherungsunternehmens (Teil IV)*

B. Besteuerung des Versicherungsvertrages

III. Der Versicherungsvertrag im Gewerbesteuerrecht

1. Überblick über das Gewerbesteuergesetz

Auf die Gewerbesteuer soll noch im Rahmen der Darstellung der Besteuerung des Versicherungsunternehmens umfassend eingegangen werden. An dieser Stelle genügt ein kurzer Überblick über das Gewerbesteuergesetz (GewStG).

Die Gewerbesteuer ist eine **Sach- oder Realsteuer**. Gegenstand der Besteuerung ist der Gewerbebetrieb (§ 2 Abs. 1 GewStG), also eine Sache. Die Gewerbesteuer gehört zu den Betriebsteuern oder Kostensteuern. Gewerbesteuerzahlungen sind bei der Gewinnermittlung als Betriebsausgaben abzugsfähig.

Besteuerungsgrundlage und Steuerbemessungsgrundlage (§ 6 GewStG) bei der Gewerbesteuer sind:
1. der Gewerbeertrag (§ 7 GewStG)
2. das Gewerbekapital (§ 12 GewStG).

Die Gewerbesteuer nimmt als Sachsteuer auf die persönliche Leistungsfähigkeit des Betriebsinhabers selbst keine Rücksicht. Dagegen ist die Form der langfristigen Kapitalisierung des Unternehmens, d. h., das Verhältnis zwischen Eigenkapital und langfristigem

Fremdkapital für die Gewerbesteuer von Einfluß. Langfristiges Fremdkapital gehört zu den sogenannten *Dauerschulden* (§ 12 Abs. 2 Ziff. 1 GewStG) und wird gewerbesteuerrechtlich teilweise wie Eigenkapital behandelt. Dauerschulden und die auf sie entfallenden Schuldzinsen sind bei der Ermittlung des Gewerbeertrages dem Gewinn aus Gewerbebetrieb und bei Ermittlung des Gewerbekapitals dem Einheitswert des Betriebsvermögens zum Teil wieder hinzuzurechnen, wenn sie bei der Ermittlung des Gewinns bzw. bei der Feststellung des Einheitswertes abgesetzt worden sind.

Versicherungsbeiträge, Versicherungsansprüche, Versicherungsleistungen und Vorauszahlungen auf Versicherungsscheine (Policendarlehen) sind gewerbesteuerrechtlich überhaupt nur bedeutsam, soweit sie sich auf die Gewinnermittlung und die Feststellung des Einheitswertes des Betriebsvermögens ausgewirkt haben. Es interessieren daher hier nur betriebliche Schaden- und Personenversicherungen sowie die Direktversicherung.

2. Versicherungsbeiträge im Gewerbesteuerrecht

Soweit Beiträge zu betrieblichen Personen- und Schadenversicherungen und zu Direktversicherungsverträgen bei der Ermittlung des Gewinnes als Betriebsausgaben abgesetzt worden sind, letztere weil sie Arbeitslohn darstellen, gilt dies auch für die Ermittlung des Gewerbeertrages (§ 7 GewStG). Dabei spielt es keine Rolle, ob es sich bei den anspruchsberechtigen bzw. versicherten Personen um fremde Arbeitnehmer oder um Gesellschafter-Geschäftsführer von Kapitalgesellschaften oder um tätige Ehegatten von Gesellschafter-Geschäftsführern bzw. Inhabern der Unternehmen handelt. Die dem entgegenstehenden Vorschriften des § 8 Ziff. 5 und 6 GewStG (alte Fassung) sind durch das Urteil des Bundesverfassungsgerichtes vom 24.1.1962 (BStBl I S. 148 und BStBl I S. 492) für nichtig erklärt worden. Eine Hinzurechnung solcher Ausgaben kommt daher nicht mehr in Betracht.

3. Versicherungsansprüche und Versicherungsleistungen im Gewerbesteuerrecht

Versicherungsansprüche und Versicherungsleistungen erhöhen den Gewerbeertrag, soweit sie bei der Gewinnermittlung nach dem Einkommensteuergesetz den gewerblichen Gewinn z. B. durch Zufluß oder Aktivierung erhöht haben, da nach § 7 GewStG bei der Ermittlung des Gewerbeertrages von dem nach den Vorschriften des Einkommensteuergesetzes oder des Körperschaftsteuergesetzes festgestellten Gewinnes aus Gewerbebetrieb auszugehen ist, der bei der Ermittlung des Einkommens für den Erhebungszeitraum zu berücksichtigen ist. Auswirkungen auf den Gewerbeertrag ergeben sich also dann, wenn die Versicherungsansprüche bzw. die Versicherungsleistungen nach den allgemeinen Vorschriften des Einkommensteuerrechtes als Betriebseinnahmen anzusehen sind.

Die in der Bilanz aktivierten Versicherungsansprüche erhöhen den Einheitswert des Betriebes und damit das Gewerbekapital.

4. Vorauszahlungen (Policendarlehen) im Gewerbesteuerrecht

Vorauszahlungen (Policendarlehen) sind bei der Ermittlung des Einheitswertes des Betriebsvermögens bei betrieblichen Versicherungen als Schuldposten abzugsfähig und mindern dadurch das Gewerbekapital, da nach § 12 Abs. 1 GewStG bei der Ermittlung des Gewerbekapitals vom Einheitswert des gewerblichen Betriebes im Sinne des Bewertungsgesetzes auszugehen ist. Dies gilt jedoch nur dann, wenn die Vorauszahlung kurzfristig zurückgezahlt wird. Vorauszahlungen (Policendarlehen) sind selbständige, vom Versicherungsvertrag unabhängige Darlehen des Versicherers (BFH vom 29.4.1966, BStBl 1966 II S. 421). Da sie im allgemeinen nicht rückzahlbar sind, gehören sie zu den geborenen Dauerschulden und sind zur Ermittlung des Gewerbekapitals dem Einheitswert des Betriebsvermögens nach § 12 Abs. 2 Ziff. 1 GewStG wieder hinzuzurechnen. Die für sie zu entrichtenden Zinsen sind Dauerschuldzinsen im Sinne von § 8 Ziff. 1 GewStG.

IV. Der Versicherungsvertrag im Erbschaftsteuerrecht

1. Allgemeiner Überblick über das Erbschaftsteuerrecht

a) Steuerpflichtige Vorgänge

Nach § 1 des Erbschaftsteuergesetzes (ErbStG) sind steuerpflichtige Vorgänge:
(a) der Erwerb von Todes wegen
(b) die Schenkungen unter Lebenden
(c) die Zweckzuwendungen
(d) das Vermögen einer Stiftung unter bestimmten Voraussetzungen

Was als Erwerb von Todes wegen, als Schenkung und als Zweckzuwendung gilt, ist in den §§ 3, 7 und 8 Erbschaftsteuergesetz (ErbStG) näher geregelt. Diesen steuerpflichtigen Vorgängen ist in der Regel gemeinsam, daß sie einen unentgeltlichen Vermögenszuwachs beim Erwerber bewirken.

Die Besteuerung des Stiftungsvermögens ist eine Erbschaftersatzbesteuerung. Sie wird alle 30 Jahre durchgeführt. Erstmals erfolgte dies zum 1. Januar 1984.

Während die Erbschaftsteuer im allgemeinen eine Personensteuer ist, da sie an der steuerlichen Leistungsfähigkeit einer Person anknüpft, die sich aus einem unentgeltlichen, also bereichernden Vermögensübergang auf diese Person ergibt, ist die Erbschaftersatzbesteuerung des Stiftungsvermögens praktisch eine Realsteuer. Besteuert wird eine Sache; ein Vermögensübergang findet nicht statt.

Die Erbschaftersatzbesteuerung des Stiftungsvermögens ist daher ein Fremdkörper im Erbschaftsteuergesetz. Ihre rein fiskalische Zielsetzung wird daran deutlich, daß sie auf Familienstiftungen beschränkt ist.

In allen anderen Fällen setzt die Steuerentstehung nach dem Erbschaftsteuergesetz „Bereicherung" voraus.

Nach einer Entscheidung des RFH vom 18.5.1928 (RStBl 1928 S. 270) fehlt es dann an einer Vermögensvermehrung und damit an einer Bereicherung, wenn der Bedachte durch die Zuwendung nur das erhält, worauf er bereits einen gesetzlichen oder vertraglichen Rechtsanspruch hat (z. B. Ansprüche aus der gesetzlichen Rentenversicherung). Unter Rechtsanspruch versteht man hier aber nur einen originären, gesetzlichen, die Forderung tatsächlich begründenden Anspruch oder einen Anspruch, der dem Bedachten als Vertragspartner des Leistungsverpflichteten zusteht.

Entscheidend für die Frage der Unentgeltlichkeit einer Zuwendung ist daher z. B. bei einer Lebensversicherung nicht, ob der Bezugsberechtigte einen Rechtsanspruch gegen die Versicherungsgesellschaft hat, sondern ob ihm ein Rechtsanspruch gegen den Versicherungsnehmer selbst zusteht, auf Grund dessen dieser verpflichtet war, ihm den Versicherungsanspruch abzutreten oder ihn als Begünstigten zu benennen. Lediglich in diesen Fällen würde es an einer Unentgeltlichkeit fehlen. War der Versicherungsnehmer aber dem Dritten gegenüber nicht zum Abschluß einer solchen Versicherung oder zur Abtretung seines Versicherungsanspruchs verpflichtet, dann hat er ihm durch den Abschluß der Versicherung bzw. durch die Abtretung etwas unentgeltlich zugewandt. Gerade dieser dem Dritten zustehende Rechtsanspruch wurde ihm also unentgeltlich vom Versicherungsnehmer zugewendet. Wollte man auch beim Bestehen eines solchen Rechtsanspruchs gegen den Versicherer das Vorliegen eines steuerpflichtigen Vorganges verneinen, dann wäre es überhaupt nie möglich, Lebensversicherungsverträge unter das Erbschaftsteuergesetz zu subsumieren.

b) Steuerpflicht

Das Erbschaftsteuergesetz kennt keine Unterscheidung zwischen beschränkter und unbeschränkter Steuerpflicht. Nach § 2 Abs. 1 ErbStG tritt die persönliche Steuerpflicht dann ein, wenn der Erblasser zur Zeit seines Todes oder der Erwerber zur Zeit der Entstehung der Steuerschuld ein Inländer ist. Die Inländereigenschaft des Erblassers oder des Erwerbers wird unabhängig von seiner Staatsangehörigkeit bestimmt. Welche natürlichen und juristischen Personen als Inländer gelten, ist in § 2 Abs. 1 Ziff. 1 a—d, Ziffern 2 und 3 ErbStG im einzelnen festgelegt. Als Inländer gelten auch Körperschaften, deren Geschäftsleitung oder Sitz sich im Inland befindet sowie natürliche Personen, die im Inland einen Wohnsitz oder ihren gewöhnlichen Aufenthalt haben.

Was unter Wohnsitz, gewöhnlichem Aufenthalt und Geschäftsleitung im Sinne der Steuergesetze zu verstehen ist, wird in den §§ 8—12 der Abgabenordnung bestimmt. Nach § 9 der Abgabenordnung tritt eine Steuerpflicht stets dann ein, wenn der Aufenthalt im Inland länger als sechs Monate dauert.

c) Enstehung der Steuerschuld

Nach § 9 ErbStG entsteht die Steuerschuld

(a) bei Erwerben von Todes wegen mit dem Tode des Erblassers

(b) bei Schenkungen unter Lebenden mit dem Zeitpunkt der Ausführung der Zuwendung

(c) bei Zweckzuwendungen mit dem Zeitpunkt des Eintritts der Verpflichtung des Beschwerten

(d) bei Stiftungen alle 30 Jahre, erstmals am 1. Januar 1984, wenn der erste Vermögensübergang vor dem 2. Januar 1954 lag.

d) Steuerschuldner

Nach § 20 ErbStG ist Steuerschuldner der Erwerber, bei einer Schenkung auch der Schenker und bei einer Zweckzuwendung der mit der Ausführung der Zuwendung Beschwerte; in den Fällen der Erbersatzsteuer die Stiftung oder der Familienverein.

e) Steuerklassen—Steuerbefreiung

(1) § 15 ErbStG unterscheidet je nach dem persönlichen Verhältnis des Erwerbers zum Erblasser **vier verschiedene Steuerklassen**.

(2) Auch die **Steuerfreibeträge** und **Versorgungsfreibeträge** in den §§ 16 und 17 ErbStG sind je nach Zugehörigkeit des Erwerbers zu einer der Steuerklassen gestaffelt. Der höchste Freibetrag beträgt hier in Steuerklasse I 90 000 DM, der niedrigste in Steuerklasse IV 3 000 DM.

Für Ehegatten wird nach § 16 Abs. 1 Ziff. 1 ein Freibetrag von 250 000 DM gewährt.

§ 17 ErbStG regelt die **Versorgungsfreibeträge**. Für Ehegatten ist ein Versorgungsfreibetrag von 250 000 DM vorgesehen. Für Kinder beträgt er bis zum vollendeten 5. Lebensjahr 50 000 DM. Er vermindert sich jeweils bei Vollendung weiterer 5 Lebensjahre um 10 000 DM und beträgt bei einem Alter von mehr als 20 Lebensjahren bis zum 27. Lebensjahr 10 000 DM.

Die Versorgungsfreibeträge werden um den nach § 14 BewG zu ermittelnden Kapitalwert von Versorgungsbezügen gekürzt, die nicht der Erbschaftsteuer unterliegen (z. B. Witwen- und Waisenrenten aus der gesetzlichen Rentenversicherung, Witwen- und Waisenpensionen nach beamtenrechtlichen Bestimmungen oder Witwen- und Waisenrenten auf Grund von betrieblichen Zusagen).

Übersteigt bei Kindern der steuerpflichtige Erwerb nach Abzug der Freibeträge der §§ 16 und 17 ErbStG einen Betrag von 150 000 DM, so wird der Versorgungsfreibetrag um den übersteigenden Betrag gekürzt.

(3) Leben Ehegatten im Güterstand der Zugewinngemeinschaft (§ 1363 BGB), dann gilt nach § 5 Abs. 1 ErbStG bei Beendigung dieses Güterstandes durch Tod der Betrag, der als Forderung auf Ausgleichung des Zugewinns (§ 1371 Abs. 2 BGB) geltend gemacht wird oder geltend gemacht werden könnte nicht als steuerpflichtiger Erwerb im Sinne des § 3 ErbStG.

Wird der Güterstand der Zugewinngemeinschaft auf andere Weise beendet, und der Zugewinn nach § 1371 Abs. 2 BGB ausgeglichen, so gehört die Ausgleichsforderung nicht zum Erwerb im Sinne von § 7 ErbStG (§ 5 Abs. 2 ErbStG).

Diese Bestimmung ist im Grunde nur eine sachliche Steuerbefreiung, die bis zu einem gewissen Grade auch nur deklaratorischen Charakter hat, da es sich bei der Ausgleichsforderung im Rahmen der Zugewinngemeinschaft um keine unentgeltliche Zuwendung im Sinne des ErbStG handelt.

(4) Weitere sachliche Steuerbefreiungen enthält der § 13 ErbStG. Dazu gehören die Befreiung von Hausrat bis 40 000,— DM, von Sammlungen und Kunstgegenständen, Unterhaltszuwendungen u.a.m.

2. Der Versicherungsvertrag im Erbschaftsteuerrecht

a) Der Lebensversicherungsvertrag

aa) Allgemeine Grundsätze

Wird in einem Lebensversicherungsvertrag[2] der Bezug der Versicherungssumme durch einen Dritten ausbedungen, dann handelt es sich um einen Vertrag zugunsten Dritter. Die Versicherungssumme fällt in diesem Falle dem Dritten unmittelbar, und nicht auf dem Wege über den Versicherungsnehmer zu. Demgemäß fällt die Versicherungssumme, wenn sie mit dem Tode des Versicherungsnehmers auszuzahlen ist, auch nicht in den Nachlaß des Versicherungsnehmers (vgl. § 331 BGB).

---

2 Vgl. BVL.VIII

Im Gegensatz zu dieser Regelung des bürgerlichen Rechts sieht das Erbschaftsteuergesetz den Bezug einer Versicherungssumme in § 3 Abs. 1 Ziff. 4 ErbStG als Erwerb von Todes wegen und deshalb als erbschaftsteuerpflichtig an. „*Die Versicherungssumme wird, wenn sie einem Erben, Vermächtnisnehmer oder Pflichtteilsberechtigten anfällt, bei der Feststellung der Erbschaftsteuer seinem Erwerb von Todes wegen zugerechnet. Da der Erwerb einer Lebensversicherungssumme durch einen Dritten auf einem Vertrag unter Lebenden beruht, muß bei solchen Erwerben – anders als bei sonstigen Fällen des Erwerbs von Todes wegen – wie bei der Schenkung eine freigebige Zuwendung vorliegen*" (Model, Erbschaftsteuerrecht, 2. Auflage, § 2 Anm. 22, jetzt § 3 vgl. hierzu auch *Troll*, Erbschaftsteuergesetz und Schenkungsteuergesetz, Anm. 71–73 zu § 3 sowie *Kapp*, Kommentar zum Erbschaftsteuer- und Schenkungsteuergesetz, Anm. 265–279 zu § 3 ErbStG). Schließt also jemand eine Lebensversicherung ab, um auf diese Weise seine Schulden bei einem Gläubiger zu begleichen, dann ist der Erwerb der Versicherungssumme durch den Gläubiger erbschaftsteuerfrei, da es sich hier nicht um eine freigebige Zuwendung, sondern um die Bezahlung einer Schuld handelt.

Auch im Abschluß einer Lebensversicherung auf den Todesfall mit einer unwiderruflichen Bezugsberechtigung liegt nicht bereits ein Erwerb unter Lebenden vor, der allenfalls eine steuerpflichtige Schenkung im Sinne von § 7 ErbStG sein könnte, sondern ein Erwerb von Todes wegen, da der volle Wert der Versicherung erst mit dem Tode des Versicherten an den Begünstigten fällt. „*§ 2 Abs. 1 Ziff. 3 ErbStG stellt sich für die Todesfallversicherung als Sondervorschrift dar, die keinen Raum für die Anwendung des § 3 Abs. 1 Ziff. 1, 2 ErbStG auf die unwiderrufliche Begünstigung beim Dritten zuläßt ... Bei einer alternativ oder ausschließlich auf den Erlebensfall gestellten Lebensversicherung zugunsten eines Dritten wird die dem unwiderruflich Begünstigten vom Versicherungsnehmer zugedachte freigebige Zuwendung nicht schon mit dem Zeitpunkt der unwiderruflichen Begünstigung vollzogen, sondern der Erwerb des unwiderruflichen Begünstigten tritt in Gestalt des vollen Werts der Versicherungssumme erst mit dem Zeitpunkt des Versicherungsfalles ein.*" (Siehe BFH vom 11.7.1952 – III 112/51 S, BStBl 1952 III S. 240; so auch *Troll*, a.a.O., Anm. 71 zu § 3). Im Erlebensfall besteht keine Möglichkeit, auch nicht bei der gemischten Versicherung, § 3 Abs. 1 Ziff. 4 ErbStG anzuwenden, vielmehr greift hier § 7 Abs. 1 Ziff. 1 2. ErbStG Platz, da es sich um eine unentgeltliche Zuwendung unter Lebenden handelt.

Während man früher bereits in der Abtretung der Rechte aus einem Versicherungsvertrag eine Schenkung unter Lebenden sah (RFH vom 17.12.1942, RStBl 1943 S. 251), stellt man heute auch bei der Abtretung auf den tatsächlichen Anfall des vollen Wertes der Versicherungssumme an den begünstigten Dritten ab (BFH vom 12.6.1953, BStBl 1953 III S. 247; *Troll*, a.a.O., Anm. 72). Zu dem dargestellten Problem vgl. auch *Knapp*, a.a.O., Anm. 260–278 zu § 3 ErbStG.

bb) Der Versicherungsbeitrag

Aus dem Urteil des BFH vom 11.7.1952 (a.a.O.) geht hervor, daß bei einem Lebensversicherungsvertrag allenfalls der endgültige Erwerb der Versicherungssumme, nicht aber bereits die Bezahlung der Versicherungsprämie durch den Versicherungsnehmer ein erbschaftsteuerpflichtiger Vorgang sein kann.

cc) Versicherungsanspruch und Versicherungsleistung

Der Lebensversicherungsvertrag hat auch schon vor Fälligkeit des Anspruchs einen oft erheblichen wirtschaftlichen Wert. Dieser Tatsache tragen z. B. die §§ 12 Abs. 4 und 110 Abs. 1 Ziff. 6 Bewertungsgesetz Rechnung. Dieser Wert stellt aber nur einen Zwischenwert dar. Der Lebensversicherungsvertrag erreicht regelmäßig erst mit dem Tode des Erblassers seine objektiv endgültige wirtschaftliche Bedeutung für den Begünstigten (vgl. BFH vom 11.7.1952, a.a.O.). Der Versicherungsanspruch selbst ist also nicht erbschaftsteuer- bzw. schenkungsteuerpflichtig. Erst die Auszahlung der endgültigen Versicherungsleistung ist, sofern die sonstigen Voraussetzungen des Erbschaftsteuergesetzes erfüllt sind, ein steuerpflichtiger Vorgang. *„Die Ansprüche aus einem Lebensversicherungsvertrag werden damit jedenfalls für die Erbschaftsteuer wie aufschiebend bedingte Wirtschaftsgüter nach § 4 Bewertungsgesetz behandelt"*, die erst berücksichtigt werden, wenn die Bedingung, d. h. der Versicherungsfall, eingetreten ist (*Troll*, a.a.O., § 3 Anm. 72 ErbStG).

dd) Betriebliche Altersversorgung und Direktversicherung

Wird die betriebliche Altersfürsorge für die Hinterbliebenen der Angestellten und Beschäftigten eines Unternehmens durch eine Direktversicherung übernommen, dann fallen Leistungen auf Grund einer solchen Versicherung zwar grundsätzlich unter § 3 Abs. 1 Ziff. 4 ErbStG. In diesem Fall sieht man den Vertrag zugunsten Dritter als stillschweigend oder ausdrücklich bereits im Rahmen des Angestelltenvertrages abgeschlossen an. Das gleiche gilt, wenn ein Unternehmen seinen Angestellten und Beschäftigten für den Todesfall Leistungen zugunsten ihrer Hinterbliebenen zusagt. Seit der Entscheidung des BFH vom 31.10.1981 (BStBl 1981 II S. 715) bleiben Leistungen der Hinterbliebenenversorgung aus betrieblichen Versorgungszusagen in angemessener Höhe mit Rücksicht auf den Gleichbehandlungsgrundsatz ebenso erbschaftsteuerfrei wie Hinterbliebenenversorgungsleistungen aufgrund beamtenrechtlicher Vorschriften oder aus den gesetzlichen Versicherungen. Sie mindern allerdings mit ihrem Kapitalwert gemäß § 14 BewG den Versorgungsfreibetrag im Sinne von § 17 ErbStG. Die Entscheidung des RFH vom 12.6.1928 (RStBl 1928, S. 294) ist nicht mehr anwendbar.

Für Direktversicherungsleistungen im Todesfall gilt Entsprechendes (Ländererlaß vom 15.1.1982, BB 1982, S. 352).

Dagegen fallen die Altersversorgungsleistungen an den Arbeitnehmer selbst nicht unter das Schenkungsteuergesetz.

Wie bereits ausgeführt wurde, liegt ein steuerpflichtiger Vorgang nur dann vor, wenn der Erwerb von Vermögensvorteilen auf einer freigebigen Zusendung beruht. Bei **Zuwendungen im Rahmen oder auf Grund eines Arbeitsverhältnisses** fehlt es meist an der Freigebigkeit. Diese Zuwendungen sind immer Gegenleistung für geleistete oder noch zu leistende Dienste. Sie sind also gerade nicht unentgeltlich. *„Das Merkmal der Freigebigkeit fehlt infolgedessen beim Arbeitgeber regelmäßig so lange, als die Zahlungen in einem angemessenen Verhältnis zu den vom Arbeitnehmer geleisteten Diensten stehen. Zu diesen Zahlungen gehören auch Ruhegelder und ähnliche Versorgungsbezüge — RFH vom 26.11.1943 in BStBl 1944 S. 205 —"* (*Troll*, a.a.O., Tz. 40 zu § 7 ErbStG).

Alle diese Vorgänge unterliegen also **nicht der Schenkungs- bzw. Erbschaftsteuer**, sondern sind allenfalls lohnsteuerpflichtig (so auch *Kapp*, a.a.O., Tz. 473—475 zu § 7 ErbStG).

b) Schadenversicherung

aa) Sind Versicherer und Versicherungsnehmer identisch,

so können keine erbschaftsteuer- oder schenkungssteuerlichen Vorgänge auftreten, da Prämienzahlung und Versicherungsleistung stets im Verhältnis von Leistung und Gegenleistung zueinander stehen.

bb) Bei der Versicherung für fremde Rechnung

stehen die Rechte aus dem Versicherungsvertrag nach § 75 VVG dem Versicherten zu. Er kann diese Rechte aber nur unter den in §§ 75 ff. VVG genannten Voraussetzungen selbständig ausüben. Sind diese Voraussetzungen erfüllt, dann ist der Versicherte praktisch Begünstigter. *„Die Versicherung für fremde Rechnung ist eine eigenartige Abart des Vertrages zugunsten Dritter" (Prölss/Martin, Kommentar zum VVG, § 75 VVG Anm. 1).*

Durch die Bezahlung der Versicherungsprämien wendet der Versicherungsnehmer dem Versicherten etwas zu. Ob diese Zuwendung schon in der Versicherungsprämie oder erst in einer unter Umständen anfallenden Versicherungssumme besteht, soll zunächst dahingestellt bleiben. Erfolgt diese Zuwendung unentgeltlich, d. h. nicht als Gegenleistung des Versicherungsnehmers an den Versicherten, dann liegt ein schenkungssteuerpflichtiger Vorgang im Sinne des § 7 Abs. 1 Ziff. 2 ErbStG vor. Die Tatsache, daß der Versicherte auf Grund und als Folge des vom Versicherungsnehmer abgeschlossenen Versicherungsvertrages nach § 75 VVG einen gesetzlichen Anspruch auf die Versicherungsleistung hat, ändert daran nichts (vgl. B.II.2 c, oben). Dieser Anspruch des Versicherten ist kein originärer, die Forderung überhaupt erst begründender gesetzlicher Anspruch. Das Gesetz regelt nur die Frage, wem ein auf Grund eines Vertrages bereits entstandener Anspruch zustehen soll. Entscheidend ist aber, daß gerade dieser auf Grund eines Vertrages entstandene Anspruch dem Dritten unentgeltlich zugewendet wurde.

Zu untersuchen ist nun noch, ob bei der Schadenversicherung die unentgeltliche Zuwendung in der Bezahlung der Versicherungsprämie durch den Versicherungsnehmer oder in der Versicherungsleistung durch den Versicherer zu sehen ist.

In einer Entscheidung vom 11.7.1952 (BStBl 1952 III S. 240) hat der BFH für die Lebensversicherung erst in der Versicherungsleistung die endgültige schenkungssteuerpflichtige Zuwendung gesehen. Im Gegensatz zur Lebensversicherung hat aber die Schadenversicherung als reine Risikoversicherung keinen ständig steigenden, für den Versicherungsnehmer realisierbaren und feststellbaren Vermögenswert. Auch tritt im Gegensatz zur Lebensversicherung der Versicherungsfall nicht unter allen Umständen ein. Die Grundsätze des BFH-Urteils vom 11.7.1952 können deshalb auf die Schadenversicherung keine Anwendung finden. Die Versicherungsprämien sind also die einzige tatsächlich für die Schenkungsteuer zu erfassende Vermögenszuwendung.

Stehen bei der Schadenversicherung die Rechte aus der Versicherung dem Versicherten zu und sind die Voraussetzungen erfüllt (§§ 75 ff. VVG), unter denen er diese Rechte tatsächlich ausüben kann, dann ist die schenkungsteuerpflichtige, unentgeltliche Zuwendung in der Bezahlung der Versicherungsprämien durch den Versicherungsnehmer zu erblicken.

Kann der Versicherte aber die Rechte aus der Versicherung nicht selbständig ausüben, dann liegt es beim Versicherungsnehmer, ob er dem Versicherten die Versicherungsleistung zuwendet oder nicht. Wendet er die Versicherungsleistung, ohne hierzu verpflichtet zu sein, dem Versicherten zu, so liegt darin eine unentgeltliche schenkungsteuerpflichtige Zuwendung.

cc) Bei der Fremd- wie bei der Selbstversicherung

werden die Prämien vielfach durch einen Dritten bezahlt, der weder Versicherungsnehmer noch Versicherter ist. Besteht keine Verpflichtung des Dritten zur Bezahlung dieser Prämien, dann liegt in der Bezahlung der Prämien ein schenkungsteuerpflichtiger Vorgang.

c) Krankenversicherung

Soweit es sich im Rahmen der Krankenversicherung[3] um Krankheit und Wochenhilfe handelt, liegt eine Schadenversicherung vor. Ist aber Versicherungsfall der Tod (Sterbegeld), dann handelt es sich um eine Personenversicherung (*Prölss/Martin*, a. a. O., § 1 Anm. 1 der MBKK nach § 178 VVG). Entsprechend diesem Grundsatz finden auf die Krankenversicherung auch in erbschaftsteuerlicher Hinsicht teils die für die Schadenversicherung (Wochenhilfe und Krankheit), teils die für die Lebensversicherung (Sterbegeld) entwickelten erbschaftsteuerrechtlichen Grundsätze Anwendung.

d) Unfallversicherung

Bei der Unfallversicherung[4] ist zu unterscheiden, ob das Invaliditäts- oder das Todesfallrisiko versichert ist.

aa) Das Invaliditätsrisiko

(a) Wird eine Unfallversicherung gegen Unfälle, die **dem Versicherungsnehmer selbst** zustoßen, genommen und dabei lediglich das Invaliditätsrisiko versichert, dann findet das Erbschaftsteuergesetz keine Anwendung. Es fehlt hier stets an der Unentgeltlichkeit, da in der Versicherungsleistung die Gegenleistung für die Prämienzahlung zu sehen ist.

(b) Wird eine Versicherung gegen Unfälle, die **einem anderen** zustoßen, von dem Versicherungsnehmer für eigene Rechnung genommen und dabei lediglich das Invaliditätsrisiko versichert, dann finden folgende **Grundsätze** Anwendung:

Es besteht hier auf Grund von § 15 AVB allein ein Anspruch des Versicherungsnehmers. Dabei sind allerdings **folgende Fälle** zu unterscheiden:

Hat sich der Versicherungsnehmer von vornherein verpflichtet, die Versicherungssumme ohne Gegenleistung, also unentgeltlich an den Dritten zu bezahlen, dann sind bereits die Prämien eine unentgeltliche Zuwendung.

Hat der Versicherungsnehmer aber eine solche Verpflichtung nicht eingegangen, dann ist erst die Zuwendung der Versicherungssumme, die er von der Versicherungsgesell-

3 Vgl. BVL.IX
4 Vgl. BVL.VI

schaft beim Versicherungsfall erhält, an den Versicherten eine solche unentgeltliche Zuwendung, da es ja in seinem Belieben steht, ob und in welcher Höhe er etwas zuwenden will.

bb) Das Todesfallrisiko

(a) Ist der **Versicherungsnehmer der Versicherte**, dann liegt in der Unfallversicherung auf den Todesfall zwangsläufig ein Vertrag zugunsten Dritter vor. Da erst der Tod des Versicherungsnehmers den Versicherungsanspruch auslöst, kann nur ein Dritter die versprochene Leistung erhalten. Der Erwerb dieser Versicherungssumme durch einen Dritten ist also ein erbschaftsteuerrechtlicher Vorgang im Sinne von § 3 Ziff. 4 ErbStG.

(b) Sind Versicherter und Versicherungsnehmer **nicht identisch**, dann ist nach § 15 AVB allein der Versicherungsnehmer aus der Versicherung berechtigt.

Hat sich nun der Versicherungsnehmer von Anfang an dem Versicherten gegenüber unentgeltlich verpflichtet, die Versicherungssumme beim Todesfall an Dritte (Hinterbliebene) zu bezahlen, dann liegt bereits in der Prämienzahlung eine unentgeltliche Zuwendung.

(c) Erhält der Versicherungsnehmer die Versicherungssumme ausbezahlt und leitet er sie dann unentgeltlich, ohne dazu verpflichtet zu sein, an Dritte weiter, dann liegt erst in der Bezahlung der Versicherungssumme an die Dritten (Hinterbliebene) eine unentgeltliche Zuwendung.

3. Die Erbschaftsteuerversicherung

Die Erbschaftsteuerversicherung war in § 19 ErbStG a. F. geregelt. Durch das Erbschaftsteuerreformgesetz vom 17. April 1974 (BGBl 1974 I S. 903) wurde § 19 ErbStG a. F. gestrichen. Er gilt nach Artikel 6 dieses Gesetzes jedoch in der Fassung vom 1. April 1959 (BGBl I S. 187) für die Verträge weiter, bei denen die Voraussetzungen des § 19 ErbStG a. F. vor dem 3.10.1973 bereits erfüllt waren. Dabei vermindert sich die nach § 19 ErbStG begünstigte Versicherungsleistung für jedes Kalenderjahr nach dem Kalenderjahr 1973 bis zum Eintritt des Versicherungsfalles um jeweils 5 v. H. Versicherungsfall ist nicht nur der Todesfall, sondern auch der Ablauf der Versicherungsdauer. Die davon abweichende Auffassung im Erlaß vom 19.8.1977 (DB 1977 S. 1535) ist nicht haltbar. Da § 19 ErbStG a. F. in diesen Grenzen für bestehende Verträge noch Gültigkeit behält, soll die Erbschaftsteuerversicherung nachstehend dargestellt werden. Die Übergangsregelung endet am 31.12.1993.

Die **Voraussetzungen der Erbschaftsteuerversicherung**[5] sind:

(1) **Abschluß einer Lebensversicherung** durch den Erblasser.

Begünstigt sind ausschließlich Lebensversicherungen, nicht dagegen Unfallversicherungen. § 19 ErbStG a. F. will lediglich die besondere Form des Sparens in der Lebens-

---

5 Vgl. BVL.VIII

versicherung begünstigen. Eine reine Risikoversicherung wie die Unfallversicherung soll dagegen nicht begünstigt sein. Etwas anderes gilt für die Lebensversicherung mit Unfallzusatzversicherung, weil hier durch die Zusatzversicherung der Sparcharakter der Lebensversicherung nicht verlorengeht.

(2) In dem Versicherungsvertrag **muß bestimmt sein**, daß die Versicherungssumme zur Bezahlung der Erbschaftsteuer und zur Ablösung von Lastenausgleichsabgaben oder zu beiden Zwecken zu verwenden und nach dem Tode des Versicherungsnehmers an das Finanzamt abzuführen ist. Ohne diese Bestimmung treten die Wirkungen der Versicherung selbst dann nicht ein, wenn die Versicherungssumme in der vorgesehenen Frist an das Fianzamt abgeführt wird.

(3) Die **Versicherungssumme** ist binnen zwei Monaten nach dem Tode des Versicherungsnehmers an das Finanzamt abzuführen.

(4) Wird die Versicherungssumme schon **vor dem Tode des Versicherungsnehmers fällig** (Erlebensfallversicherung), dann muß die Versicherungssumme bis zum Tode des Versicherungsnehmer bei dem Versicherungsunternehmen stehenbleiben und von dort innerhalb der Frist von zwei Monaten an das Finanzamt abgeführt werden.

(5) **Versicherungsnehmer und Versicherter** müssen identisch sein. Es geht also nicht, daß der Versicherungsnehmer für seine Ehefrau oder Kinder eine Erbschaftsteuerversicherung auf den Tod einer dritten Person abschließt. Die Versicherungsleistung aus einer solchen Versicherung wäre nicht steuerbegünstigt.

Die Erbschaftsteuerversicherung hat folgende **steuerliche Auswirkungen**:

„Die Versicherungssumme ist bei Feststellung des steuerpflichtigen Erwerbs von Todes wegen der Angehörigen der Steuerklasse I oder II insoweit unberücksichtigt zu lassen, als sie zur Tilgung ihrer Erbschaftsteuerschuld oder zur Ablösung der auf sie entfallenden Lastenausgleichsabgaben des Versicherungsnehmers dient" (§ 19 Abs. 1 Satz 2 ErbStG a. F.).

Für die Steuerklassen III bis IV besteht keine entsprechende Vergünstigung. Der Vermögensfall der Erben der Steuerklasse I und II erhöht sich im Grunde um die Versicherungssumme. Dennoch wird nur der ursprüngliche Vermögensfall ohne Hinzurechnung der Versicherungssumme der Erbschaftsteuer unterworfen. Darin liegt eine erhebliche Steuerersparnis. Sie kann je nach der Höhe in der Steuerklasse I 3 % bis 35 % und in der Steuerklasse II 6 % bis 50 % der Versicherungssumme betragen.

Eine weitere Steuerersparnis kann auch bei der Erbschaftsteuerversicherung dadurch erzielt werden, daß

(1) die Beiträge zu einer Erbschaftsteuerversicherung wie alle übrigen Beiträge zu Lebensversicherungsverträgen als Sonderausgaben nach § 10 EStG abzugsfähig sind,

(2) nach § 12 Abs. 4 und 110 Ziff. 6 a des BewG noch nicht fällige Ansprüche aus Lebensversicherungsverträgen nur mit 2/3 der eingezahlten Beiträge zu bewerten sind und bis zu einem Wert (nicht die Versicherungssumme) von 10 000 DM (bei der Zusammenveranlagung bis zu einem entsprechenden Vierfachen von 10 000 DM) vermögensteuerfrei sind.

Die in § 19 Abs. 1 ErbStG a. F. gewährte Steuervergünstigung wird nicht dadurch ausgeschlossen, daß ein Begünstigter benannt wird, an den das Finanzamt den Teil der Versicherungssumme, der die Erbschaftsteuer übersteigt, abführen soll (§ 19 Abs. 3 ErbStG). Der die Erbschaftsteuer übersteigende Teil der Versicherungssumme ist dann allerdings seinerseits der Erbschaftsteuer unterworfen. (Zur Berechnung einer solchen Erbschaftsteuer vgl. BFH-Urteil vom 12.4.1961 im BStBl 1961 III S. 255).

§ 19 ErbStG a. F. gilt nur für Zuwendungen von Todes wegen. Diese Vorschrift ist also insbesondere für Schenkungen nicht anwendbar.

V. Der Versicherungsvertrag im Verkehrsteuerrecht

Besondere, den Versicherungsvertrag unmittelbar berührende verkehrsteuerrechtliche Vorschriften gibt es nur im Umsatzsteuergesetz, Versicherungsteuergesetz und im Feuerschutzsteuergesetz. Alle übrigen verkehrsteuerrechtlichen Gesetze betreffen den Versicherungsvertrag nicht. Die Feuerschutzsteuer ist in ihrem Aufbau der Versicherungsteuer sehr ähnlich, aber nicht als besondere Art der Versicherungsteuer anzusehen, da sie sich nach Steuergegenstand, Steuerschuldner und Verwendungszweck von dieser unterscheidet (vgl. amtliche Begründung im Reichssteuerblatt 1939 S. 245).

1. Der Versicherungsvertrag im Umsatzsteuergesetz

Das Umsatzsteuergesetz (UStG) enthält Bestimmungen zum Versicherungsvertrag in den Befreiungsvorschriften des § 4 UStG.

Nach § 4 Ziff. 10 Buchstabe a UStG sind Leistungen aufgrund eines Versicherungsverhältnisses im Sinne des Versicherungsteuergesetzes von der Umsatzsteuer befreit. Dies gilt auch, wenn die Zahlung des Versicherungsentgeltes nicht der Versicherungsteuer unterliegt. Damit sind nicht nur die inländischen Versicherungsumsätze erfaßt, bei denen entweder der Versicherungsnehmer bei der jeweiligen Zahlung des Versicherungsentgeltes seinen Wohnsitz (Sitz) oder seinen gewöhnlichen Aufenthalt im Inland hat oder ein Gegenstand versichert ist, der zur Zeit der Begründung des Versicherungsverhältnisses im Inland war, sondern auch die entsprechenden ausländischen Versicherungsumsätze inländischer Versicherer.

Damit werden auch Umsätze aus solchen Versicherungsverträgen von der Umsatzsteuer befreit, bei denen:

(a) der Versicherungsnehmer bei der jeweiligen Zahlung des Versicherungsentgeltes weder seinen Wohnsitz noch seinen gewöhnlichen Aufenthalt im Inland hat und

(b) falls ein Gegenstand versichert ist, dieser zur Zeit der Begründung des Versicherungsverhältnisses nicht im Inland war;

sofern die Versicherung mit einem inländischen Versicherungsunternehmen abgeschlossen worden ist. Hat auch der Versicherer seinen Sitz im Ausland und ist er im Inland nicht zum Geschäftsbetrieb zugelassen, dann berührt dieser Versicherungsvorgang nach § 1 UStG nicht die deutsche Steuerhoheit.

Schließt daher eine im Ausland wohnende Person bei einer inländischen Versicherungsgesellschaft eine Unfallversicherung ab, so ist Umsatzsteuerfreiheit nach § 4 Ziff. 10a UStG gegeben. Ebenso ist Umsatzsteuerfreiheit nach § 4 Ziff. 10a UStG gegeben, wenn eine im Ausland wohnende Person ein Kraftfahrzeug bei einer deutschen Versicherungsgesellschaft versichert, das sich bei Begründung des Versicherungsverhältnisses im Ausland befindet.

Die Befreiungsvorschrift des § 4 Ziff. 10a UStG ist insbesondere für das aktive Auslands-Rückversicherungsgeschäft bedeutsam. In diesen Fällen, in denen ein ausländischer Versicherer bei einem deutschen Rückversicherer Rückversicherung nimmt, befindet sich regelmäßig der versicherte Gegenstand bzw. die versicherte Person im Zeitpunkte der Begründung des Rückversicherungsverhältnisses nicht im Inland. Diese Umsätze fallen daher nicht unter das Versicherungsteuergesetz; d. h. die Zahlung des Versicherungsentgeltes unterliegt der Umsatzsteuer und wäre ohne § 4 Ziff. 10a UStG auch umsatzsteuerpflichtig.

a) Umfang der Steuerbefreiung

Von der Umsatzsteuer sind die Leistungen aufgrund eines Versicherungsverhältnisses im Sinne von § 2 Versicherungssteuergesetz (VersStG) befreit. Befreit sind danach **Umsätze, die sich im Rahmen eines versicherungsteuerrechtlichen Versicherungsvertrages vollziehen.** Handelt es sich um einen Vertrag, der die Voraussetzungen des § 2 VersStG nicht erfüllt, so greift die Befreiung nicht ein. Entfällt bei Umsätzen mit ausländischen Versicherungsunternehmen die Versicherungssteuer nicht, wegen § 1 VersStG, z. B. weil kein Versicherungsverhältnis vorliegt, so kommt nach dieser Vorschrift eine Umsatzsteuer nicht in Betracht.

Zu den Umsätzen im Rahmen eines Versicherungsverhältnisses gehören auch die Leistungen des Versicherers (Erbringung der Versicherungsleistung). Zwar sind materiell nur die Leistungen des Versicherungsnehmers Gegenstand des Versicherungsteuergesetzes; da sie aber fast stets in Geld bestehen, wären sie schon nach § 4 Ziff. 8b UStG umsatzsteuerfrei. Bei einer solchen Beschränkung wäre § 4 Ziff. 10a UStG bedeutungslos. Die Befreiungsvorschrift des § 4 Ziff. 10a UStG wirkt sich umsatzsteuerrechtlich in erster Linie auf die Leistungen des Versicherers aus. Die Leistungen des Versicherers bestehen in Übernahme und Tragen des Versicherungswagnisses und in der Versicherungsleistung im engeren Sinne bei Eintritt des Versicherungsfalles. Unter der Versicherungsleistung im engeren Sinne ist in der Regel die Versicherungs- bzw. Schadenleistung zu verstehen (RFH vom 5.4.1932, RStBl 1932 S. 476).

Die Versicherungsleistung kann in einer **Geldleistung** (Auszahlung der Schadensumme) oder in einer **Sachleistung** bestehen. Für die Anwendung der Befreiungsvorschrift ist es gleichgültig, ob der Versicherer Geldleistungen oder Sachleistungen zu bewirken hat (RFH vom 28.12.1929 Rechtsprechungskartei *Versicherungsteuergesetz*, § 1 Rechtsspruch 14). So sind z. B. auch die Leistungen in der Transportversicherung bei Zwischenlagerungen, die Hilfsgeschäfte des Transportes sind, von der Umsatzsteuer befreit (RFH vom 22.1.1937 Rechtsprechungskartei *Versicherungsteuergesetz 1937*, § 6 Abs. 1 Ziff. 7 Rechtspruch 1). Ebenso ist bei Versicherungsvereinen auf Gegenseitigkeit, deren Versicherungsleistung in der Ausführung der Feuerbestattung ihrer Mitglieder besteht, die Versicherungsleistung umsatzsteuerfrei (RFH vom 7.12.1933, RStBl 1934 S. 589).

Die Befreiung von der Umsatzsteuer ist weiterhin nicht davon abhängig, daß die betreffende Versicherung selbst versicherungsteuerpflichtig ist. Der Umstand, daß z. B. bei der Versicherung die Versicherungsleistung unter der steuerpflichtigen Mindestgrenze (§ 4 Ziff. 9 VersStG) bleibt, ändert nichts daran, daß es sich um eine Versicherungsleistung aus einem Versicherungsvertragsverhältnis im Sinne des Versicherungsteuergesetzes handelt. Gleiches gilt auch für die Ausnahmen von der Versicherungsteuer, die in § 4 des Versicherungsteuergesetzes aufgezählt sind. In allen Fällen liegen Versicherungsverträge im Sinne von § 2 VersStG vor. Die Leistungen bleiben darum auch umsatzsteuerfrei.

Zusammenfassend ist festzustellen:

Unter die Befreiungsvorschrift des § 4 Ziff. 10a UStG fallen alle Umsätze aus Versicherungsverhältnissen im Sinne des Versicherungsteuergesetzes, wobei es nicht darauf ankommt, ob materiell auch eine Versicherungsteuerschuld entsteht. Ebenso gilt die Befreiung auch für Tatbestände, die zwar nicht im Versicherungsteuergesetz genannt sind, aber in ihrer vertraglichen Ausgestaltung als Versicherungsverhältnis im Sinne des Versicherungsgetzes anzusehen sind.

Versicherungsteuerbare Umsätze

liegen vor, wenn die folgenden **Voraussetzungen** erfüllt sind:

1. Es muß sich um eine **Leistung** auf Grund eines Versicherungsverhältnisses handeln.

2. Für die Versicherungsleistung muß ein **Versicherungsentgelt** im Sinne des Versicherungsteuergesetzes zu zahlen sein.

3. Es muß sich um ein Versicherungsverhältnis mit einem **inländischen Versicherer** handeln.

Versicherungsähnliche Geschäfte, wie z. B. die entgeltliche Übernahme von Sicherheiten, Bürgschaften, Ausfallbürgschaften (sogenannte *Kautions- und Bürgschaftsversicherungen*) fallen nach § 2 Abs. 2 VersStG **nicht** unter das Versicherungsteuergesetz. Die entsprechenden Umsätze sind aber nach § 4 Ziff. 8 Buchstabe g UStG (vgl. *Sölen–Ringleb–List, Umsatzsteuer*, Anm. 57 zu § 4 Nr. 8 UStG) umsatzsteuerfrei. Umsatzsteuerpflichtig sind entgeltliche Leistungen des Versicherers an den Versicherungsnehmer, wenn sie nicht unter das Versicherungsteuergesetz fallen. Ihre Feststellung erfordert eine exakte Abgrenzung der Umsatzsteuer von der Versicherungsteuer.

b) Abgrenzung der Umsatzsteuer von der Versicherungsteuer

Um brauchbare Abgrenzungsmerkmale zwischen Umsatzsteuer und Versicherungsteuer gewinnen zu können, müssen wir uns zunächst einen Überblick über das Wesen und die Systematik der Umsatzsteuer verschaffen.

aa) Wesen und Systematik des Umsatzsteuergesetzes

(1) Wesen der Umsatzsteuer

Die Umsatzsteuer ist eine Verkehrsteuer. Sie besteuert den Austausch von Lieferungen oder sonstigen Leistungen gegen Geld oder gegen entsprechende Gegenlieferungen bzw. Gegenleistungen (Tauschumsatz). Der Begriff des Leistungsaustausches spielt daher im Umsatzsteuerrecht eine tragende Rolle. Als Besteuerung des Leistungsaustausches nimmt die Umsatzsteuer weder auf persönliche noch auf sachliche Besonderheiten Rücksicht (RFH vom 24.8.1938, RStBl 1938 S. 903).

Persönliche Befreiungen kennt das Umsatzsteuergesetz nicht. Die Organschaft im Sinne von § 2 Abs. 2 des Umsatzsteuergesetzes ist keine persönliche Steuerbefreiung; sie dient vielmehr der Abgrenzung des Unternehmerbegriffes. Familienstand und sonstige persönliche Verhältnisse werden umsatzsteuerlich grundsätzlich nicht berücksichtigt (BFH vom 25.9.1953, BStBl 1954 III S. 238). Das gilt auch für die Verhältnisse zwischen Ehepartnern (RFH vom 28.2.1928, RStBl 1928 S. 127 und vom 8.11.1940, RStBl 1941 S. 15). Auch die individuelle Leistungsfähigkeit des Steuerpflichtigen ist für die Umsatzsteuer bedeutungslos. Es ist gleichgültig, ob die am Leistungsaustausch Beteiligten aus diesem Vorgang einen Gewinn oder einen Verlust erzielen, da das Umsatzsteuergesetz davon ausgeht, daß die Umsatzsteuer nicht von dem Unternehmer selbst getragen, sondern auf den Abnehmer abgewälzt wird (BFH vom 25.9.1953, BStBl 1953 III S. 332). Auch auf die Gründe und Grundlagen, auf denen der Leistungsaustausch beruht, kommt es für die Frage der Umsatzsteuerpflicht nicht an (RFH vom 9.6.1923, Amtliche Sammlung Band 12 S. 210 und vom 17.12.1934, RStBl 1935 S. 732). Ebenso wird die Besteuerung nicht dadurch ausgeschlossen, daß ein Verhalten, das den steuerpflichtigen Tatbestand erfüllt oder einen Teil des steuerpflichtigen Tatbestandes bildet, gegen ein gesetzliches Gebot oder Verbot oder gegen die guten Sitten verstößt. Die Strafbarkeit einer Leistung steht ihrer Besteuerung nicht entgegen (RFH vom 7.2.1930, RStBl 1930, S. 386; Verwaltungsgericht Berlin vom 2.9.1954 EFG 1955 S. 89 und vom 12.2.1958 EFG 1958 S. 392).

Sachliche Steuerbefreiungen enthält das Umsatzsteuergesetz im § 4. Die Befreiungstatbestände sind dort erschöpfend aufgezählt. Sie dienen zum erheblichen Teil der Vermeidung von Doppelbesteuerungen, wie z. B. bei der Versicherungsteuer.

(2) Systematik des Umsatzsteuergesetzes

(21) Besteuerungsgegenstand

Gegenstand der Besteuerung ist der **Leistungsaustausch**, soweit er von einem Unternehmen im Inland im Rahmen seines Unternehmens ausgeführt wird. Dabei ist es gleichgültig, ob der Leistungsaustausch freiwillig oder auf Grund gesetzlicher oder behördlicher Anordnung bewirkt wird oder kraft gesetzlicher Vorschrift als bewirkt gilt (§ 1 Ziff. 1 Satz 2 UStG). Unternehmer ist, wer eine gewerbliche oder berufliche Tätigkeit selbständig ausübt. Das Unternehmen umfaßt die gesamte gewerbliche oder berufliche Tätigkeit des Unternehmers. Gewerblich oder beruflich ist jede nachhaltige Tätigkeit zur Erzielung von Einnahmen, auch wenn die Absicht, Gewinn zu erzielen fehlt, oder eine Personenvereinigung nur gegenüber ihren Mitgliedern tätig wird (§ 2 Abs. 1 UStG).

Der Leistungsaustausch kann in einer Lieferung oder Leistung gegen Geld oder in einer Lieferung oder Leistung gegen entsprechende Gegenlieferung oder Gegenleistung bestehen.

Bei einer Lieferung oder Leistung gegen Geld ist zwar die Lieferung oder Leistung, nicht aber der Geldumsatz umsatzsteuerpflichtig, da insoweit eine sachliche Steuerbefreiung besteht (§ 4 Ziff. 8b UStG). Bei Lieferungen oder Leistungen gegen entsprechende Gegenlieferung oder Gegenleistung sind beide Umsätze umsatzsteuerbar, wenn beide Vertragspartner Unternehmer sind. Ist nur einer von ihnen Unternehmer, so ist bei dem Austausch der beiderseitigen Leistungen bei ihm ein steuerbarer Umsatz gegeben, bei dem anderen liegt dagegen ein umsatzsteuerrechtlich unbeachtlicher Vorgang vor (BFH vom 17.12.1959, BStB. 1960 III S. 97).

Ein Hilfstatbestand ist der Eigenverbrauch (§ 1 Abs. 1 Ziff. 2 UStG); ein solcher liegt u. a. vor, wenn ein Unternehmer im Inland Gegenstände aus seinem Unternehmen für Zwecke entnimmt, die außerhalb des Unternehmens liegen, und die Einfuhr von Gegenständen in das Inland.

(22) Steuerbemessungsgrundlage

Steuerbemessungsgrundlage ist das vereinbarte Entgelt für die Lieferung oder Leistung (§ 10 Abs. 1 UStG). Ausländische Werte sind nach näherer Bestimmung der Bundesregierung umzurechnen (§ 16 Abs. 6 UStG). Zum Entgelt gehört alles, was der Empfänger einer Lieferung oder Leistung aufwendet, um sie zu erhalten (§ 10 Abs. 1 UStG). Darüber hinaus gehört aber auch das zum Entgelt, was ein Dritter dem Unternehmer für dessen Leistung an den Leistungsempfänger gewährt (§ 10 Abs. 1 UStG), was der Dritte also zusätzlich aufwendet, damit der andere die Lieferung oder Leistung erhalten kann. Zum Entgelt gehören auch Zuschläge, die der Empfänger der Lieferung oder Leistung zahlen muß, um in den Genuß der Lieferung oder Leistung zu kommen. Die häufigsten Arten von Zuschlägen, die zum umsatzsteuerlichen Entgelt gehören, sind Stundungs- und Verzugszinsen, Teilzahlungszuschläge bei Kreditkäufen und Mahnkosten. Sie bilden umsatzsteuerrechtlich mit dem Entgelt eine Einheit (RFH vom 23.6.1939, RStBl 1939 S. 1011; BFH vom 8.11.1955, BStBl 1956 III S. 53).

Beim Eigenverbrauch tritt an die Stelle des vereinnahmten Entgeltes der Teilwert oder der Preis, der am Ort zur Zeit der Entnahme für Gegenstände der gleichen oder ähnlichen Art von Wiederverkäufern gezahlt zu werden pflegt (gemeiner Wert; vgl. § 10 Abs. 4 Ziff. 1 UStG). Beim Tausch oder bei tauschähnlichen Umsätzen gilt der Wert jedes Umsatzes als Entgelt für den anderen Umsatz. Maßgebender Wert ist der gemeine Wert im Sinne von § 10 des Bewertungsgesetzes. Ist die Ermittlung des Wertes der Gegenleistung nicht möglich, dann muß der Wert gemäß § 162 AO geschätzt werden. Dabei kann unterstellt werden, daß im allgemeinen der Wert der eigenen Leistung dem der Gegenleistung entspricht (BFH vom 17.12.1959, BStBl 1960 III S. 97).

(23) Steuersätze

Der **allgemeine Steuersatz** beträgt nach § 12 Abs. 1 UStG 14 vom Hundert des Entgelts im Sinne von § 10 UStG. Die Steuer ermäßigt sich auf 7 vom Hundert für bestimmte in § 12 Abs. 2 UStG aufgezählte Umsätze.

(24) Steuerschuldner

Steuerschuldner ist nach § 13 Abs. 2 UStG im allgemeinen der Unternehmer im Sinne von § 2 Abs. 1 UStG. Die Umsatzsteuer ist nach § 14 Abs. 1 UStG im allgemeinen neben dem Entgelt gesondert auszuweisen und beim Empfänger der Lieferung oder Leistung zu erheben. Der gesonderte Ausweis kann nur beim Endverbraucher entfallen. Die Umsatzsteuer gehört daher eindeutig zu den indirekten Steuern (vgl. A.I.2 a, oben).

bb) Abgrenzungsmerkmale zwischen Versicherungsteuer und Umsatzsteuer

Wie bereits dargestellt, ist Gegenstand der Umsatzsteuer der Austausch von Lieferungen und Leistungen im Rahmen eines Unternehmens gegen Entgelt. Versicherungsleistungen stellen zweifelsfrei umsatzsteuerbare Leistungen im Sinne von § 1 UStG dar. Die Versicherer sind Unternehmer und erbringen diese Versicherungsleistungen im Rahmen ihres Unternehmens. Ohne § 4 Ziff. 10 a UStG wären daher die Versicherungsleistungen umsatzsteuerpflichtig. Steuerbemessungsgrundlage wäre das Versicherungsentgelt.

§ 4 Ziff. 10 a UStG befreit die Versicherungsleistungen von der Umsatzsteuer. Soweit es sich demnach um einen Umsatz handelt, der im Rahmen eines Versicherungsverhältnisses ausgeführt wird, unterliegt er nicht der Umsatzsteuer. Ob Versicherungsteuer auf das Versicherungsentgelt zu erheben ist regelt das Versicherungssteuergesetz. Für die Umsatzsteuerbefreiung kommt es daher in erster Linie auf die Behandlung des Entgeltes nach dem Versicherungsteuergesetz an.

Versicherungsentgelt

Die Abgrenzung der Versicherungsteuer von der Umsatzsteuer fällt daher im wesentlichen mit der **Abgrenzung des Begriffes Versicherungsentgelt** zusammen. Was der Versicherer nicht als Versicherungsentgelt, sondern als sonstiges Entgelt vereinnahmt, fällt daher unter die Umsatzsteuer, wenn dadurch eine besondere Leistung des Versicherers abgegolten wird, also ein Leistungsaustausch vorliegt und es sich nicht um einen durchlaufenden Posten handelt und auch keine andere Befreiungsvorschrift des Umsatzsteuergesetzes Platz greift.

Für den Versicherer selbst handelt es sich dabei überwiegend um Entgelte für Hilfsgeschäfte. Im Rahmen des Versicherungsvertrages kommen solche Entgelte in Betracht, die zur Abgeltung einer Sonderleistung des Versicherers oder aus einem sonstigen in der Person des einzelnen Versicherungsnehmers liegenden Grund gezahlt werden, z. B. Entgelte für die Ausstellung einer Ersatzurkunde, Mahnkosten usw., da sie nach § 3 Abs. 1 Satz 2 VersStG nicht zum Versicherungsentgelt gehören.

Diese versicherungsteuerfreien Leistungen sind jedoch **nicht ohne Ausnahme umsatzsteuerpflichtig**. Sie sind umsatzsteuerfrei, wenn sie im Rahmen des Versicherungsverhältnisses bewirkt werden.

Mahngebühren z. B. sind mangels zugrunde liegenden Leistungsaustausches umsatzsteuerfrei (RFH vom 7.9.1934, RStBl 1934 S. 1211, BFH vom 15.6.1965, BStBl 1965 III S. 543).

Vorauszahlungszinsen sind zwar Entgelte für eine Sonderleistung (Kreditgewährung) aber durch § 4 Ziff. 8 UStG umsatzsteuerbefreit. Verzugs- und Stundungszinsen sind Entgelte im Rahmen des Versicherungsverhältnisses und daher nach § 4 Ziff. 10 a UStG umsatzsteuerfrei (BFH vom 15.6.1965, a.a.O.). Gleiches gilt auch für Hebegebühren (OFD Kiel vom 21.10.1965, S. 4154 A-St 51/511).

Zu den umsatzsteuerbaren Entgelten gehören dagegen
der Ersatz von Auslagen, die dem Versicherer für besondere Leistungen im Interesse des Versicherungsnehmers entstehen, z. B. die Gebühr für eine Ersatzurkunde.

c) Umsatzsteuerfragen bei Abschluß von Versicherungen durch den Unternehmer für Mitarbeiter oder dritte Personen

aa) Arbeitnehmer

Zu den steuerbaren Umsätzen gehören auch Sachzuwendungen des Arbeitgebers an seine Arbeitnehmer. Die Arbeitsleistung ist insoweit als Entgelt anzusehen. Die bare Lohnzahlung ist dagegen nach § 4 Ziff. 8 b UStG als Geldumsatz steuerfrei. Die Zurverfügungstellung der Arbeitsleistung durch den Arbeitnehmer ist nicht umsatzsteuerbar, da der Arbeitnehmer kein Unternehmer im Sinne von § 2 Abs. 1 UStG ist.

Der Abschluß eines Versicherungsvertrages durch den Arbeitgeber für seinen Arbeitnehmer wird von der Verwaltung als Sachzuwendung (Verschaffung von Versicherungsschutz) angesehen.

Nach § 4 Ziff. 10b UStG sind aber die Leistungen, die darin bestehen, daß Unternehmer ihren Arbeitnehmern als Vergütung für geleistete Dienste einen Versicherungsschutz verschaffen, sachlich von der Umsatzsteuer befreit. Das gilt nach Abs. 3 des koordinierten Ländererlasses vom 27.1.1977 (IV A 3 — S. 7186—76) auch dann, wenn der Anspruch eines Arbeitnehmers auf Zahlung von Barlohn ganz oder zum Teil vertraglich in einen Anspruch auf Verschaffung von Versicherungsschutz umgewandelt wird.

bb) Sonstige Mitarbeiter

Die Verschaffung von Versicherungsschutz für sonstige Mitarbeiter oder dritte Personen ist ebenfalls nach § 4 Ziff. 10 b UStG von der Umsatzsteuer befreit.

2. Die Versicherungsteuer

a) Wesen der Versicherungsteuer, Besteuerungsgegenstand und Steuerbemessungsgrundlage

aa) Wesen der Versicherungsteuer

Die Versicherungsteuer ist eine Verkehrsteuer. Der Reichsfinanzhof (Urteil vom 15.3.1927, RStBl 1927 S. 114) hat sie als eine Verkehrsteuer auf den **Geldumsatz** bei Versicherungsverhältnissen bezeichnet. Das Versicherungsteuergesetz (VersStG) ist erstmals auch in seiner Fassung vom 9.7.1937 (RGBl I S. 793) dieser Auffassung gefolgt und hat sie bis zum Versicherungsteuergesetz 1959 (BGBl I S. 540) beibehalten.

Während das Umsatzsteuergesetz Geldumsätze nach § 4 Ziff. 8 b UStG von der Umsatzsteuer befreit, unterliegen der Versicherungsteuer speziell die Geldumsätze bei Versicherungsverhältnissen. Geldumsatz bei Versicherungsverhältnissen ist einmal die jeweilige Zahlung des Versicherungsentgeltes durch den Versicherungsnehmer und zum andern die Zahlung der Versicherungsleistung durch den Versicherer. Die Übernahme des Versicherungswagnisses ist kein Geldumsatz und daher auch kein versicherungsteuerrechtlich erheblicher Vorgang.

Die Versicherungsteuer wird wie jede andere Verkehrsteuer **einmalig** erhoben, da sie an einen einmaligen – wenn sich auch möglicherweise öfter wiederholenden – Vorgang anknüpft (*Wunschel-Kostboth, Versicherungsteuergesetz,* S. 33; *Gambke-Flick, Versicherungsteuergesetz,* 4. Auflage Anm. 2 zu § 1 VersStG).

Obwohl eine Verkehrsteuer gehört die Versicherungsteuer, wie wir später sehen werden, zu den **direkten Steuern.**

bb) Besteuerungsgegenstand

Gegenstand der Versicherungsteuer ist die **Zahlung des Versicherungsentgeltes** auf Grund eines durch Vertrag oder auf sonstige Weise entstandenen Versicherungsverhältnisses, wenn der Versicherungsnehmer bei der jeweiligen Zahlung des Versicherungsentgeltes seinen Wohnsitz (Sitz) oder seinen gewöhnlichen Aufenthalt im Inland hat oder wenn ein Gegenstand versichert ist, der zur Zeit der Begründung des Versicherungsverhältnisses im Inland war (§ 1 VersStG).

Gegenstand der Versicherungsteuer ist immer die Zahlung des Versicherungsentgeltes. Auch im Falle des § 5 Abs. 1 Nr. 2 VerStG, wo bei der Hagelversicherung und bei der im Betrieb der Landwirtschaft oder Gärtnerei genommenen Versicherung von Glasdeckungen über Bodenerzeugnissen gegen Hagelschäden die Versicherungsteuer von der Versicherungssumme für jedes Versicherungsjahr berechnet wird, ist Gegenstand der Besteuerung die Zahlung des Versicherungsentgeltes, sie löst die Steuerschuld aus. Die Versicherungssumme ist in diesen Fällen lediglich Steuerbemessungsgrundlage (*Wunschel-Kostboth,* a.a.O., S. 37; *Gambke-Flick,* a.a.O., Anm. 4 zu § 1 VersStG).

Die **Steuerschuld entsteht** folglich entsprechend § 38 Abgabenordnung, ohne daß dies ausdrücklich im Versicherungsteuergesetz gesagt ist, im Zeitpunkt der Zahlung des Versicherungsentgeltes. Vorausgesetzt, daß § 1 VersStG erfüllt ist, der Versicherungsnehmer bei der jeweiligen Zahlung seinen Wohnsitz (Sitz) im Inland hat oder ein Gegenstand versichert ist, der zur Zeit der Begründung des Versicherungsverhältnisses im Inland war und es sich um ein auf Grund eines Vertrages oder auf sonstige Weise entstandenes Versicherungsverhältnis handelt (*Gambke-Flick,* a.a.O., Anm. 5 zu § 1 VerStG; *Wunschel-Kostboth,* a.a.O., S. 37).

Als **Zahlung** in diesem Sinne ist grundsätzlich die tatsächliche Zahlung anzusehen. Der Zeitpunkt der bürgerlich-rechtlichen Fälligkeit des Versicherungsentgeltes ist gleichgültig, er gilt nicht als Zahlungspflicht für die Steuer (*Gambke-Flick,* a.a.O., Anm. 4 a zu § 1 VersStG; *Wunschel-Kostboth,* a.a.O., S. 37). Eine Ausnahme ist § 10 b Abs. 2 VersStG. Wird ein Steuersatz geändert, so ist der neue Steuersatz nach § 10 b, Abs. 2, Satz 1 VersStG auf Versicherungsentgelte anzuwenden, die ab dem Inkrafttreten der Änderung fällig werden. Änderungen der Fälligkeit innerhalb von drei Monaten vor bzw. nach Inkrafttreten des neuen Steuersatzes gelten nach § 10 b, Abs. 2, Satz 2 VersStG nicht. Als Zahlung ist jede Leistung anzusehen, durch die die Schuld an den Versicherer erlischt; z. B. Barzahlung, Zahlung durch Postscheck oder im Giroverkehr, Zahlung durch Aufrechnung und Zahlungen an Zahlungs Statt (Scheckzahlungen), soweit auch der Versicherer die Leistung als Zahlung an Zahlungs Statt ansieht (*Gambke-Flick*, a.a.O., Anm. 4 a zu § 1 VersStG).

Nicht als Zahlungen im Sinne von § 1 VersStG sind Zahlungen unter Vorbehalt anzusehen, da sie die Betragsschuld nicht zum Erlöschen bringen. Ebenso gilt nicht als Zahlung, was zahlungshalber geleistet wird, so ist z. B. die Verpfändung von beweglichen Sachen und Rechten keine Zahlung, da sie nicht Tilgung der Beitragschuld, sondern lediglich Stundung bis zur Realisierung der zahlungshalber hingegebenen Werte ist (*Wunschel-Kostboth*, a.a.O., S. 38; *Gambke-Flick*, a.a.O., Anm. 4 a zu § 1 VersStG).

cc) Steuerbemessungsgrundlage

Steuerbemessungsgrundlage ist regelmäßig das Versicherungsentgelt (§ 5 Abs. 1 Ziff. 1 VersStG). Bei der Hagelversicherung und bei der im Betrieb der Landwirtschaft oder Gärtnerei genommenen Versicherung von Glasdeckungen über Bodenerzeugnisse gegen Hagelschäden, ist Steuerbemessungsgrundlage die Versicherungssumme für jedes Versicherungsjahr (§ 5 Abs. 1 Ziff. 2 VersStG).

Bei Versicherungen, für die die Steuer vom Versicherungsentgelt zu berechnen ist, darf der Versicherer die Steuer vom Gesamtbetrag der an ihn gezahlten Versicherungsentgelte berechnen, wenn er die Steuer in das Versicherungsentgelt eingerechnet hat (§ 5 Abs. 2 Satz 1 VersStG). Hat der Versicherer die Steuer in das Versicherungsentgelt nicht eingerechnet aber in seinen Geschäftsbüchern das Versicherungsentgelt und die Steuer in einer Summe gebucht, so darf er ebenfalls die Steuer vom Gesamtbetrag dieser Summe berechnen (§ 5 Abs. 2 Satz 2 VersStG). In den Fällen, in denen der Versicherer die Steuer gesondert vom Versicherungsentgelt erhebt und gesondert in seinen Geschäftsbüchern aufzeichnet, ist die Steuer in effektiver Höhe abzuführen.

Bei der Steuerberechnung sind auch Beitragsvorauszahlungen, die der Versicherungsnehmer in Anrechnung auf die Folgebeiträge vorweg zahlt, mit zu berücksichtigen, da im Regelfall die Versicherungsteuerpflicht bereits im Zeitpunkt der Vorauszahlung eintritt (BFH vom 25.5.1956, BStBl III S. 191).

In den Fällen des § 5 Abs. 1 Ziff. 2 VersStG, in denen die Steuer von der Versicherungssumme zu berechnen ist, darf das Finanzamt dem Versicherer gestatten, die Steuer von der Gesamtversicherungssumme aller von ihm übernommenen Versicherungen zu berechnen (§ 5 Abs. 3 VersStG; Erlaß FinMin Niedersachsen vom 16.9.1966, Betriebsberater 1966 S. 1339).

Pfennigbeträge von 5 Pf oder mehr sind auf 10 Pf nach oben, von weniger als 5 Pf auf 10 Pf nach unten abzurunden (§ 5 Abs. 4 VersStG). In ausländischer Währung ausgedrückte Beträge werden nach den für die Umsatzsteuer geltenden Vorschriften umgerechnet (§ 5 Abs. 5 VersStG).

b) **Versicherungsverhältnis und Versicherungsentgelt**

aa) Versicherungsverhältnis

Als Versicherungsverhältnis im Sinne des Versicherungssteuergesetzes gilt jeder Versicherungsvertrag, der mit einer privaten oder öffentlich-rechtlichen Versicherungsgesellschaft abgeschlossen worden ist und die Übernahme eines Versicherungswagnisses zum Inhalt hat (RFH vom 13.8.1929, RStBl 1929 S. 532). Das Versicherungsverhältnis kann aber auch kraft Gesetzes entstehen. Das Versicherungsteuergesetz erfaßt nicht nur Versicherungen, die auf einem Versicherungsvertrag beruhen, sondern grundsätzlich Versicherungsverhältnisse jeder Art, also z. B. auch solche, die bei einer nach Landesrecht errichteten öffentlichen Anstalt unmittelbar kraft Gesetz entstehen und Versicherungen, die bei solchen Anstalten infolge gesetzlichen Zwanges genommen werden müssen (*Gambke-Flick*, a.a.O., Anm. 12 zu § 1 VersStG).

Als Versicherungsverhältnis gilt auch eine Vereinbarung zwischen mehreren Personen oder Personenvereinigungen, solche Verluste oder Schäden gemeinsam zu tragen, die Gegenstand einer Versicherung bilden können ((§ 2 Abs. 1 VersStG; vgl. auch FG Münster vom 19.10.1967 EFG 1968 S. 48). Hierfür kommen insbesondere berufsständische Witwen-, Waisen-, Versorgungs- und Sterbeunterstützungskassen sowie Pensionsausgleichskassen in Frage (vgl. auch Urteil des Reichsfinanzhofes vom 26.10.1923 in Steuer und Wirtschaft 1923 Nr. 968). Der Reichsfinanzhof hat zwar wiederholt festgestellt, so z. B. im Urteil vom 16.12.1930 (RStBl 1931 S. 142), daß für die Versicherungsteuer *„grundsätzlich das allgemeine Versicherungsrecht maßgebend ist, soweit das Versicherungsteuergesetz nicht anderes erkennen läßt"*. Festzustellen ist jedoch, daß der Begriff der steuerpflichtigen Versicherung weit über den aufsichtsrechtlichen Begriff Versicherung hinausgeht.

Aufsichtspflicht und Steuerpflicht bedingen sich nicht gegenseitig (*Gambke-Flick*, a.a.O., Anm. 12 zu § 1 VersStG). Für das Vorliegen eines Versicherungsverhältnisses im Sinne des Versicherungsteuergesetzes ist weiter nicht Voraussetzung, daß die jeweilige Einrichtung Rechtsansprüche gewährt (BFH vom 5.6.1957 in Der Betrieb 1957 S. 706). Das Vorhandensein eines Versicherungsverhältnisses hängt auch nicht davon ab, daß die Regeln der Versicherungstechnik und Versicherungsmathematik, so z. B. das Anwartschaftdeckungsverfahren beachtet werden (RFH vom 20.8.1929, RStBl 1929 S. 533).

Als Versicherungsverhältnis im Sinne des Versicherungsteuergesetzes gilt jedoch nicht ein Vertrag, durch den der Versicherer sich verpflichtet, für den Versicherungsnehmer Bürgschaft oder sonstige Sicherheit zu leisten, wie z. B. die Kautions- oder Bürgschaftsversicherung (§ 2 Abs. 2 VerStG). Dies bedeutet nicht, daß es sich dabei nicht um Versicherungen im Rechtssinne handelt (*Ammon* in ZVersWiss. 1966 S. 401 ff.).

bb) Versicherungsentgelt

Versicherungsentgelt ist nach § 3 Abs. 1 Satz 1 VersStG jede Leistung, die für die Begründung und zur Durchführung des Versicherungsverhältnisses an den Versicherer zu bewirken ist (BFH vom 20.4.1977 Betriebsberater 1977 S. 1137).

Im Gegensatz zum allgemeinen Versicherungsrecht (§§ 11 VAG, 35 VVG) gehören daher zum Versicherungsentgelt im Sinne des Versicherungsteuergesetzes nicht nur die Prämien bzw. Beiträge (§ 1 Abs. 2 VVG), sondern auch alle übrigen zur Begründung und Durchführung des Versicherungsverhältnisses an den Versicherer zu bewirkenden Leistungen, wie z. B. Eintrittsgelder, Gebühren für Ausfertigung des Versicherungsscheines und etwaiger Nachträge, Gebühren für die Dokumentierung von Anschriftsänderungen, Nachzahlungen zur Auffüllung des Deckungskapitals, Prämienzuschläge für unterjährige Zahlung, Regulierungskosten, die bei Eintritt des Versicherungsfalles entstehen und Umlagen, wie sie z. B. von Sterbekassen oder anderen Unterstützungskassen erhoben werden (vgl. auch *Gambke-Flick*, a.a.O., Anm. 2 zu § 3 VersStG). Zum Versicherungsentgelt gehören auch Leistungen Dritter an den Versicherer, wenn sie der Begründung oder Durchführung des Versicherungsverhältnisses dienen (*Wunschel-Kostboth*, a.a.O., S. 49/40; RFH vom 14.1.1931, RStBl 1931 S. 143).

Zum Versicherungsentgelt gehört nicht, was zur Abgeltung einer Sonderleistung des Versicherers oder aus einem sonstigen in der Person des einzelnen Versicherungsunternehmers liegenden Grund gezahlt wird (§ 3 Abs. 1 Satz 2 VersStG). Hierzu gehören in erster Linie Mahnkosten, Verzugszinsen, Stundungszinsen, Vorauszahlungsprämien und Hebegebühren, auf die wir bereits bei der Umsatzsteuer eingegangen sind (vgl. auch *Gambke-Flick*, a.a.O., Anm. 7 zu § 3 VersStG; FG Hamburg vom 29.7.1966, EFG 1966 S. 543 und OFD Koblenz vom 7.3.1967, DStZ/B 1967 S. 157).

Auch die Versicherungsteuer ist kein Versicherungsentgelt im Sinne des Versicherungsteuergesetzes (RFH vom 9.10.1929, RStBl 1929 S. 676). Sie ist auch nicht, wie wir später sehen werden, vom Versicherungsnehmer zur Begründung und Durchführung des Versicherungsverhältnisses an den Versicherer zu bewirken, sondern vom Versicherungsnehmer als Steuerschuldner an den Fiskus zu zahlen.

Wird auf die Prämie ein **Gewinnanteil** (Überschußanteil, Beitragsrückerstattung usw.), verrechnet, so ist nur der Unterschied zwischen Prämie und Gewinnanteil an den Versicherer gezahlt und nur dieser Unterschiedsbetrag Versicherungsentgelt. Das gilt auch, wenn eine Verrechnung zwischen Prämie und Gewinnanteil nicht möglich ist und die Gutschriftsanzeige über den Gewinnanteil dem Versicherungsnehmer mit der Prämienrechnung vorgelegt wird (§ 3 Abs. 2 VersStG). Die letztgenannte Vorschrift berücksichtigt die modernen Buchungs- und Beitragseinzugsmethoden bei den Versicherungsgesellschaften, die es regelmäßig unmöglich machen, den Gewinnanteil unmittelbar mit der Folgeprämie zu verrechnen (so z. B. beim Beitragseinzug durch Abbuchung oder Dauerauftrag). Sie ist durch das Gesetz zur Änderung verkehrssteuerrechtlicher Vorschriften vom 25.5.1959 (BGBl I S. 261) in § 3 VersStG eingefügt worden (vgl. hierzu auch FinMin Niedersachsen vom 12.4.1976, Der Betrieb S. 991).

c) Steuerschuldner

Steuerschuldner ist nach § 7 Abs. 1 VersStG der **Versicherungsnehmer** (BFH vom 12.12.1973, Betriebsberater 1974 S. 777). Die Versicherungsteuer ist demnach eine **direkte Steuer,** da sie von dem nach dem Versicherungsteuergesetz mit der Steuer zu Belastenden unmittelbar gezahlt wird. Der Versicherer hat die Steuer für Rechnung des Versicherungsnehmers bei diesem zu erheben und an sein zuständiges Betriebsfinanzamt zu entrichten. Insoweit haftet der Versicherer für die Steuer (§ 7 Abs. 1 VersStG).

Der Versicherer darf daher dem Versicherungsnehmer die Versicherungsteuer gesondert neben der Prämie in Rechnung stellen. Im Verhältnis zwischen dem Versicherer und dem Versicherungsnehmer gilt die Versicherungsteuer als Teil des Versicherungsentgeltes (§ 7 Abs. 4 VersStG). Dies gilt insbesondere, soweit es sich um die Einziehung der Versicherungsteuer bzw. ihre Geltendmachung im Rechtsweg durch den Versicherer handelt.

d) Fälligkeit und Erstattung der Versicherungsteuer

aa) Fälligkeit

Die Versicherungsteuer ist nach § 8 VersStG innerhalb 15 Tagen nach Ablauf des Anmeldungszeitraumes anzumelden und zu entrichten. Anmeldungszeitraum ist der Kalendermonat (§ 8 Abs. 2 VersStG). Hat die Steuer für das vorangegangene Kalenderjahr nicht mehr als 6000 DM betragen, so ist Anmeldungszeitraum das Kalendervierteljahr.

Die Bestimmungen des § 8 VersStG gelten jedoch nur für das Verhältnis zwischen Versicherer und Finanzamt. Im Verhältnis zwischen Versicherer und Versicherungsnehmer wird die Versicherungsteuer zusammen mit dem Versicherungsentgelt fällig, da sie nach § 7 Abs. 4 VersStG Teil des Versicherungsentgeltes ist.

Mit der Zahlung des Versicherungsteuerbetrages an den Versicherer ist jedoch die Steuerschuld des Versicherungsnehmers nicht erloschen. Das ist erst mit der Abführung des Steuerbetrages durch den Versicherer an das Finanzamt der Fall (vgl. *Gambke-Flick*, a.a.O., Anm. 5 zu § 7 VersStG). Solange haften Versicherer und Versicherungsnehmer für die Versicherungsteuer als Gesamtschuldner nach § 44 AO.

bb) Erstattung

Wird das Versicherungsentgelt ganz oder zum Teil zurückgezahlt, weil die Versicherung vorzeitig aufhört oder das Versicherungsentgelt oder die Versicherungssumme herabgesetzt worden ist, so wird die Steuer auf Antrag insoweit erstattet, als sie bei Berücksichtigung dieser Umstände nicht zu erheben gewesen wäre (§ 9 Abs. 1 VersStG; vgl. auch Erlaß FinMin Schleswig-Holstein vom 7.2.1973, Finanzrundschau 1973 S. 14).

Nach dieser Vorschrift kann die Versicherungsteuer nur dann erstattet werden, wenn das Versicherungsentgelt deshalb zurückgezahlt werden muß, weil das Versicherungsverhältnis in dem Zeitraum, für daß das Versicherungsentgelt gezahlt worden ist, nicht mehr bestanden hat, es sich also um eine sogenannte *unverdiente Prämie* gehandelt hat (BFH vom 11.1.1956, BStBl 1956 III S. 59). Wird eine verdiente Prämie zurückerstattet, z. B. als Überschußanteil, als Beitragsrückerstattung, Beitragsrückgewähr oder Bonus, dann kommt eine Erstattung der Versicherungsteuer nicht in Betracht, da die Prämie verdient und in dem Zeitraum, für den sie gezahlt worden ist ein Versicherungswagnis getragen wurde (BFH, a.a.O.; RFH vom 16.7.1920, Amtliche Sammlung Band 3 S. 203).

Eine Erstattung nach § 9 VersStG kann daher in Betracht kommen, wenn bei Abschluß des Versicherungsvertrages der Umfang des Wagnisses noch nicht feststand und die Prämie zunächst vorläufig erhoben wurde. Wird dann nachträglich das tatsächliche Wagnis festgestellt und die Prämie entsprechend herabgesetzt, dann ist der zu erstattende Prämienanteil nicht verdient und die Versicherungsteuer gemäß § 9 Abs. 1 VersStG zu erstatten (BFH vom 7.10.1959, BStBl 1959 III S. 478).

e) Steuersatz

Der Steuersatz beträgt nach § 6 Abs. 1 VerStG regelmäßig 7 v. H.[6] des Versicherungsentgeltes. Bei der Hagelversicherung und bei der im Betrieb der Landwirtschaft oder Gärtnerei genommenen Versicherung von Glasdeckungen über Bodenerzeugnissen gegen Hagelschäden beträgt die Steuer für jedes Versicherungsjahr 20 Pf für je 1000 Deutsche Mark der Versicherungssumme oder einen Teil davon (§ 6 Abs. 2 VerStG); bei der Seeschiffskaskoversicherung 2 v. H. des Versicherungsentgelts (§ 6 Abs. 3 VerStG). Bei der Unfallversicherung mit Prämienrückgewähr 1,4 v. H. des Versicherungsentgeltes (§ 6 Abs. 4 VerStG)

f) Befreiungen

Nach § 4 VerStG ist die Zahlung des Versicherungsentgeltes bei einer Reihe von Versicherungsverhältnisses **von der Besteuerung ausgenommen.** Für unsere Untersuchung ist bedeutsam die Befreiung der Rückversicherung von der Versicherungsteuer (§ 4 Ziff. 1 VerStG) und die Befreiung der Lebens- und Krankenversicherung von der Versicherungsteuer (§ 4 Ziff. 5 VerStG). Daneben enthält § 4 Ziff. 9 eine Freigrenze von 7 500 DM für die Viehversicherung.

Neben diesen sachlichen Steuerbefreiungen enthält § 4 VerStG in der Ziff. 8 **persönliche Steuerbefreiungen** für Angehörige ausländischer diplomatischer und konsularischer Vertretungen in der Bundesrepublik Deutschland. Diese Steuerbefreiungen treten jedoch nur ein, wenn Gegenseitigkeit gewährt wird.

3. Die Feuerschutzsteuer

a) Allgemeines

Die Feuerschutzsteuer ist in ihrem Aufbau der Versicherungsteuer sehr ähnlich. Die Begriffe Feuerversicherung bzw. Feuerversicherungsverhältnis und Versicherungsentgelt sind ebenso auszulegen wie im Versicherungsteuergesetz (vgl. §§ 1 und 2 des Feuerschutzsteuergesetzes vom 21.12.1979, BGBl 1979 I S. 2353). Für die Steuerberechnung, Steuerentrichtung, Fälligkeit der Steuer und Erstattung der Steuer gelten Grundsätze, die denen des Versicherungsteuergesetzes ähnlich sind (vgl. §§ 3, 7 und 8 des Feuerschutzsteuergesetzes).

b) Verhältnis zur Versicherungsteuer

Die Feuerschutzsteuer wird **neben der Versicherungsteuer** erhoben. Feuerversicherungen unterliegen daher nicht nur der Versicherungsteuer, sondern auch der Feuerschutzsteuer.

c) Steuerschuldner, Steuersatz und Verwendungszweck

Steuerschuldner bei der Feuerschutzsteuer ist der Versicherer (§ 5 Abs. 1 des Gesetzes). Die Steuer kann nicht überwälzt werden und ist daher eine direkte Steuer.

---

6 Der Versicherungssteuersatz ist ab. 1. 7. 1991 auf 10. v. H. erhöht.

Besteuerungsgegenstand bei der Feuerschutzsteuer ist daher auch nicht die Zahlung des Versicherungsentgeltes aus Feuerversicherungen, wenn die versicherten Gegenstände bei Zahlung des Versicherungsentgeltes im Inland sind, sondern die Entgegennahme von Versicherungsentgelten aus Feuerversicherungen, wenn die versicherten Gegenstände bei der Entgegennahme des Versicherungsentgeltes im Inland sind.

Bei verbundenen Gebäudeversicherungen mit Feueranteil werden 25 v.H. des Versicherungsentgeltes als Anteil für die Feuerversicherung angesetzt (§ 3 Abs. 1 Ziff. 2 des Gesetzes).

Bei der verbundenen Hausratversicherung beträgt der Anteil 20 v.H. (§ 3 Abs. 1 Ziff. 3 des Gesetzes).

Der **Steuersatz** beträgt bei privaten Versicherungsunternehmen 5 v.H. des Versicherungsentgeltes, bei öffentlich-rechtlichen Versicherungsunternehmen 12 v.H. des Versicherungsentgeltes. Die Steuer ist vom Gesamtbetrag der in jedem Kalendervierteljahr vereinnahmten Versicherungsentgelte zu berechnen. Der Gesamtbetrag darf um die für Rückversicherungen gezahlten Versicherungsentgelte nicht gekürzt werden. Der Versicherer ist aber berechtigt, das an den Rückversicherer zu entrichtende Versicherungsentgelt um den der Steuer entsprechenden Hundertsatz zu kürzen. Pfennigbeträge und deren Teile sind auf volle 5 Pf nach oben abzurunden. Die Art der Umrechnung ausländischer Werte bestimmt der Bundesminister der Finanzen. Auch hier gelten die für die Umsatzsteuer festgesetzten Umrechnungskurse.

Die Feuerschutzsteuer dient nach der Präambel des alten Feuerschutzsteuergesetzes vor § 1 der Förderung des Feuerlöschwesens und des vorbeugenden Brandschutzes. So gesehen ist sie eine zweckbestimmte Steuer und daher eher den öffentlich-rechtlichen Zweckabgaben als den Steuern zuzurechnen.

C. Steuerfragen des Versicherungsaußendienstes

Beim Versicherungsaußendienst müssen wir zwischen dem selbständigen und dem unselbständigen Versicherungsaußendienst unterscheiden.[7] Die steuerrechtlichen Auswirkungen der Zugehörigkeit zu einer der beiden Gruppen sind erheblich. Die Abgrenzung zwischen selbständigem Versicherungsaußendienst und unselbständigem Versicherungsaußendienst bereitet in der Praxis oft erhebliche Schwierigkeiten. Die Vielfältigkeit der Aufgaben und der Organisationsformen des Versicherungsaußendienstes hat es selbst der Rechtsprechung bis heute unmöglich gemacht, allgemein verbindliche und für alle Fälle typische Abgrenzungsmerkmale zu finden. Auch die Entscheidung des BFH vom 3.10.1961 (BStBl 1961 III S. 567) konnte sich nur auf die typischen Fälle beschränken und mußte die vielen Überschneidungen im Grenzbereich zwischen selbständigem und unselbständigem Versicherungsaußendienst unberücksichtigt lassen.

7 Vgl. RLV.VIII

I. Abgrenzung zwischen selbständigem und unselbständigem Versicherungsaußendienst

Zur Abgrenzung des selbständigen Versicherungsaußendienstes vom unselbständigen Versicherungsaußendienst wollen wir die **Methode der negativen Abgrenzung** wählen. Danach gehören alle diejenigen Mitarbeiter des Versicherungsaußendienstes zum selbständigen Versicherungsaußendienst, auf die die Merkmale des unselbständigen Versicherungsaußendienstes nicht zutreffen.

Unselbständig sind nach § 1 Abs. 2 LStDV Personen, die einem Arbeitnehmer ihre Arbeitskraft schulden. Dies ist der Fall, wenn die tätige Person in der Betätigung ihres geschäftlichen Willens unter der Leitung des Arbeitgebers steht oder im geschäftlichen Organismus des Arbeitgebers dessen Weisungen zu folgen verpflichtet ist. Wesentlich für die Unselbständigkeit ist demgemäß die aus dem Innenverhältnis sich ergebende Weisungsgebundenheit (RFH vom 10.4.1929, RStBl 1929 S. 375; BFH vom 19.2.1959, BStBl 1959 III S. 425, vom 10.9.1959, BStBl III S. 437 u. v. a. m.). Im Gegensatz zum Reichsfinanzhof, der dem nach außen in Erscheinung tretenden Gesamtbild der Tätigkeit wesentliche Bedeutung beimaß (RFH vom 15.12.1933, RStBl 1934 S. 1208; vom 24.5.1939, RStBl 1939 S. 940 und vom 1.12.1944, RStBl 1945 S. 60), geht der Bundesfinanzhof vom Innenverhältnis aus, d. h. von der Eingliederung in den geschäftlichen Organismus des Versicherungsunternehmens und der Weisungsgebundenheit des im Außendienst Tätigen (BFH vom 12.4.1962, BStBl 1962 III S. 259; vom 1.6.1962, DB 1962 S. 1163; vom 6.11.1963, HFR 1964 S. 294; vom 10.3.1966 HFR 1966, S. 404; vom 13.4.1967, HFR 1967 S. 389; vom 30.10.1969, HFR 1970 S. 297).

Danach kommt es auf die Art der Tätigkeit, die der Mitarbeiter im Außendienst entfaltet nicht ausschlaggebend an, sondern darauf, ob er in den Organismus des Versicherungsunternehmens, das er vertritt, derart eingegliedert ist, daß er dessen Weisungen nach Ort, Zeit und Art und Weise der Tätigkeit zu folgen verpflichtet ist (*Oswald*, in: Die steuerliche Betriebsprüfung 1962 S. 328/329). Die Weisungsgebundenheit hinsichtlich der Zeit setzt nicht voraus, daß der im Außendienst Tätige an bestimmten festgelegten Tages- oder Wochenstunden für das Versicherungsunternehmen tätig sein muß. Es genügt, wenn er für eine festgelegte Anzahl von Arbeitsstunden im Monat dem Versicherungsunternehmen allein seine Arbeitskraft schuldet (RFH vom 10.4.1929, RStBl 1929 S. 375; BFH vom 14.12.1961, HFR 1962 S. 286; (*Littmann u. A.*, a.a.O., Anm. 23 ff. zu § 15 EStG). Von größerer Bedeutung ist die Weisungsgebundenheit hinsichtlich Ort, Art und Weise der Tätigkeit. Kann der Mitarbeiter den Ort und die Art und Weise seiner Tätigkeit weitgehend selbst bestimmen und ist er insoweit dem Versicherungsunternehmen keine Rechenschaft schuldig, so wird man regelmäßig Selbständigkeit annehmen können (RFH vom 30.1.1942, RStBl 1942 S. 399 und vom 3.12.1943, RStBl 1944 S. 381; *Herrmann-Heuer*, a.a.O., Anm. 200 zu § 18 und 40 zu § 19).

Die Tatsache, daß ein solcher Vertreter möglicherweise dem Versicherungsunternehmen berichten muß und dieses die Geschäftsreise in großen Umrissen bestimmen kann, führt nicht zur Unselbständigkeit (RFH vom 4.2.1944, StW 1944 Nr. 171; BFH vom 6.11.1963, a.a.O.).

Die Art der Vergütung wiederum ist allein nicht entscheidend, ob ein Mitarbeiter im Außendienst als selbständiger Vertreter oder Arbeitnehmer des Versicherungsunternehmens anzusehen ist. Selbst wenn die Bezüge überwiegend in Provisionen bestehen, kann unselbständige Tätigkeit vorliegen (Finanzgericht Karlsruhe vom 11.6.1954, EFG 1954 S. 307; *Littmann u. A.*, a. a. O., Anm. 23 ff. zu § 15 EStG). Maßgebend ist, ob die Versicherungsgesellschaft das Risiko der geschäftlichen Betätigung des Mitarbeiters trägt, oder ob dieses geschäftliche Risiko ihn selbst belastet (BFH vom 3.10.1961, BStBl 1961 III S. 567 und vom 14.12.1961, HFR 1962 S. 286). Der Provisionsvertreter wird daher eher selbständig als Arbeitnehmer sein, da bei ihm im allgemeinen davon ausgegangen werden kann, daß er das Unternehmerrisiko selbst trägt (*Littmann u. A.*, a. a. O., Anm. 23 ff. zu § 15 EStG).

Zusammenfassend können wir sagen, daß **Unselbständigkeit** vorliegt, wenn der Mitarbeiter des Außendienstes:

1. nach vertraglicher Vereinbarung und den tatsächlichen Verhältnissen in den Organismus des Versicherungsunternehmens, das er vertritt, derart eingegliedert ist, daß er dessen Weisungen nach Ort, Zeit und Art und Weise der Tätigkeit zu folgen verpflichtet ist, und

2. das Versicherungsunternehmen das geschäftliche Risiko seiner Tätigkeit trägt.

Selbständigkeit liegt demgegenüber vor, wenn eine solche Eingliederung und Weisungsgebundenheit nicht vorliegt und das Unternehmerrisiko vom Vertreter selbst getragen wird.

II. Steuerfragen beim unselbständigen Versicherungsaußendienst

1. Allgemeine Grundsätze für die Besteuerung

Mitarbeiter des unselbständigen (beamteten) Versicherungsaußendienstes sind Angestellte, d. h. Arbeitnehmer im Sinne von § 1 Abs. 1 der Lohnsteuer-Durchführungsverordnung. Sämtliche Vergütungen, die sie für die Erfüllung ihrer vertraglich festgelegten Dienstpflichten erhalten, gehören daher zum Arbeitslohn im Sinne von § 2 der Lohnsteuer-Durchführungsverordnung. Die Art der Vergütung (feste Bezüge oder Provisionen) spielt dabei keine Rolle. Typische Mitarbeiter des unselbständigen Versicherungsaußendienstes sind die Bezirksdirektoren und Bezirksinspektoren von Versicherungsgesellschaften. Sie werden im Rahmen eines Dienstverhältnisses im Sinne von § 1 Abs. 2 der Lohnsteuer-Durchführungsverordnung auf der Grundlage eines Dienstvertrages für ihre Versicherungsgesellschaft tätig.

Zum Arbeitslohn gehören nur die Vergütungen, die sie für ihre nach dem Dienstvertrag geschuldeten Dienstleistungen erhalten (BFH vom 7.10.1954, BStBl 1955 III S. 17). Haben sie nach ihrem Dienstvertrag nicht nur verwaltende oder organisatorische Aufgaben zu erfüllen, sondern auch Versicherungen zu vermitteln, so gehören auch die für die Versicherungsvermittlung gezahlten Vermittlungsprovisionen zum Arbeitslohn. Als Arbeitslöhne unterliegen diese Vergütungen nur der Lohnsteuer.

Sind die Mitarbeiter des unselbständigen Versicherungsaußendienstes zur Vermittlung von Versicherungsabschlüssen nicht verpflichtet, so gehören Provisionen, die sie für die Vermittlung von Versicherungsabschlüssen erhalten, unter Umständen zu den Einkünften aus gelegentlicher Vermittlung im Sinne von § 22 Ziff. 3 EStG, im allgemeinen zu den Einkünften aus einer nebenberuflichen Vertretertätigkeit. Diese Provisionen unterliegen, wie wir später sehen werden, zur Zeit nicht nur der Einkommensteuer, sondern auch der Gewerbesteuer. Für die Einkommensteuer gelten insoweit die Veranlagungsgrenzen des § 46 EStG (Veranlagung bei Bezug von Einkünften aus nichtselbständiger Arbeit).

2. Auslagenersatz und Reisekosten

Auslagenersatz und Reisekostenersatz gehören beim unselbständigen Versicherungsaußendienst nicht zu den Einkünften, sie unterliegen daher nicht der Lohnsteuer. Reisekosten, Umzugskosten und Auslösungen, die der Arbeitgeber dem Arbeitnehmer erstattet, bleiben im Rahmen festgelegter Höchstbeträge lohnsteuerfrei. Voraussetzung für die Lohnsteuerfreiheit ist Einzelabrechnung (BFH vom 18.10.1961, BStBl III S. 252 und vom 5.11.1971, BStBl 1971 II S. 137).

Erstattet der Arbeitgeber höhere Beträge, als die in den Lohnsteuerrichtlinien vorgesehenen Höchstbeträge, dann ist der über die Höchstbeträge hinausgehende Teil steuerpflichtiger Arbeitslohn. Der Arbeitnehmer kann aber durch Einzelnachweis die höheren Beträge als Werbungskosten geltend machen. Vergütet der Arbeitgeber feste Beträge (Pauschalersatz), dann ist der gesamte Pauschbetrag Teil des steuerpflichtigen Arbeitslohnes. Dies gilt auch für den Auslagenersatz im Sinne von Abschnitt 22 LStR. Pauschaler Auslagenersatz ist nur dann steuerfrei, wenn die pauschal gezahlten Beträge auf Umständen beruhen, die nicht vom Ermessen des Arbeitnehmers abhängen, die zweckentsprechende Verwendung sichergestellt ist und es sich um kleinere Beträge handelt, die erfahrungsgemäß den Aufwand nicht übersteigen (BFH vom 18.10.1957, BStBl 1958 III S. 16, vom 10.6.1966 BStBl 1966 VI S. 607 und vom 2.10.1968 BStBl 1969 I S. 45). Der Arbeitnehmer muß dann seine tatsächlichen Kosten entweder im Freibetragsverfahren zu Beginn des Kalenderjahres oder im Lohnsteuerjahresausgleich als Werbungskosten geltend machen. Aufwendungen, deren Ersatz der Arbeitgeber nach Prüfung im Einzelfall ablehnt, weil er ihre Notwendigkeit oder Angemessenheit nicht anerkennt, sind in der Regel keine Werbungskosten und können daher auch nicht geltend gemacht werden (BFH vom 10.3.1957, BStBl III S. 230).

3. Veranlagung

Bei Mitarbeitern des unselbständigen Versicherungsaußendienstes ist die Einkommensteuer, die auf die Einkünfte aus nichtselbständiger Arbeit (Arbeitslohn) entfällt, durch den Lohnsteuerabzug für den Arbeitnehmer abgegolten, wenn keine Veranlagung durchzuführen ist (§ 46 Abs. 4 EStG).

Die Haftung für die Lohnsteuer erstreckt sich nur auf die in § 42 d Abs. 3 EStG genannten Fälle.

Eine Veranlagung zur Einkommensteuer erfolgt nur, wenn die Voraussetzungen des § 46 Absätze 1 und 2 EStG vorliegen.

Nach § 46 Abs. 1 EStG wird eine Veranlagung stets durchgeführt, wenn das Einkommen mehr als 24 000 DM bzw. bei der Zusammenveranlagung von Ehegatten mehr als 48 000 DM beträgt. Dabei spielt es keine Rolle, ob das Einkommen ausschließlich aus Einkünften aus nichtselbständiger Arbeit besteht. Bei Einkommen bis zu den genannten Beträgen wird eine Veranlagung insbesondere dann durchgeführt, wenn in dem Einkommen Einkünfte enthalten sind, von denen ein Steuerabzug vom Arbeitslohn nicht vorgenommen worden ist und wenn diese Einkünfte mehr als 800 DM im Kalenderjahr betragen (§ 46 Abs. 2 Ziff. 1 EStG).

Diese Vorschrift ist insbesondere für Mitarbeiter des unselbständigen Versicherungsaußendienstes bedeutsam, die nach ihrem Dienstvertrag zur Vermittlung von Versicherungsabschlüssen nicht verpflichtet sind, gleichwohl aber gelegentlich solche Abschlüsse vermitteln.

III. Steuerfragen des selbständigen Versicherungsaußendienstes

1. Die Rechtsstellung des selbständigen Versicherungsvertreters

Nach § 1 Satz 1 HGB ist Kaufmann, wer ein Handelsgewerbe betreibt[8]. Nach § 1 Abs. 2 Ziff. 7 gelten die Geschäfte der Handelsvertreter oder der Handelsmakler grundsätzlich als Handelsgewerbe im Sinne des Handelsrechts. Handelsvertreter ist nach § 84 HGB, wer selbständig ständig damit betraut ist, für einen anderen Unternehmer Geschäfte zu vermitteln oder in gleichem Namen abzuschließen. Selbständig ist, wer im wesentlichen frei seine Tätigkeit gestalten und seine Arbeitszeit bestimmen kann. Selbständige Versicherungsvertreter sind daher grundsätzlich Handelsvertreter im Sinne des Handelsgesetzbuches (§ 92 HGB) und Voll- bzw. Minderkaufleute im Sinne der §§ 1 oder 4 Abs. 1 HGB, je nachdem, ob ihr Betrieb nach Art und Umfang eine kaufmännische Einrichtung braucht oder nicht (*Baumbach-Duden, Handelsgesetzbuch,* Anm. 5 zu § 84 HGB; *Würdinger, Handelsgesetzbuch,* Anm. 33 zu § 84 HGB).

Als Kaufleute im Sinne von § 1 HGB sind sie zur Führung von Büchern verpflichtet (§§ 238 ff. HGB; *Baumbach-Duden,* a. a. O. und *Würdinger,* a. a. O.; *Rohrbeck-Durst-Bronisch, Das Recht des Versicherungsagenten,* S. 18). Als Minderkaufleute im Sinne von § 4 Abs. 1 HGB sind sie hierzu nicht verpflichtet (*Baumbach-Duden,* a. a. O., Anm. 2c zu § 4 HGB; *Würdinger,* a. a. O., Anm. 23 zu § 4 HGB).

8 Vgl. RLV. III. B.

2. Allgemeine Besteuerungsgrundsätze

Versicherungsvertreter sind als Handelsvertreter im Sinne des Handelsgesetzbuches selbständige Unternehmer im Sinne von § 2 UStG und Gewerbetreibende im Sinne von § 2 GewStG (BVerfG vom 25.10.1977, Versicherungskaufmann 1978 S. 76; BFH vom 26.10.1977, Versicherungskaufmann 1978 S. 174/175). Sie sind sowohl nach der Gewerbeordnung als auch nach der Abgabenordnung verpflichtet, ihr Unternehmen anzumelden. Ihre Buchführungspflicht ergibt sich für den Bereich des Steuerrechtes neben den handelsrechtlichen Bestimmungen aus §§ 140 ff. der Abgabenordnung. Diese Grundsätze gelten sowohl für den hauptberuflichen Versicherungsvertreter als auch für den nebenberuflichen Versicherungsvertreter.

Soweit Buchführungspflicht (§§ 1, 4 und 238 ff. HGB, 140 ff. AO) besteht, hat der Versicherungsvertreter regelmäßig Abschlüsse (Bilanzen) aufzustellen und seinen Gewinn durch Betriebsvermögensvergleich im Sinne von § 4 Abs. 1 EStG zu ermitteln.

Die „einfache" Buchführung und Ermittlung des Gewinnes als Überschuß der Betriebseinnahmen über die Betriebsausgaben kommt im allgemeinen nur bei nebenberuflichen Versicherungsvertretern in Betracht, wenn ihre Tätigkeit einen so geringfügigen Umfang hat, daß weder nach Handelsrecht noch nach Steuerrecht Buchführungspflicht besteht.

3. Der Versicherungsvertreter im Einkommen-, Gewerbe- und Umsatzsteuerrecht

a) Einkommensteuerrecht

aa) Gewinnermittlung als Überschuß der Betriebseinnahmen über Betriebsausgaben

In den Fällen, in denen nach den geltenden gesetzlichen Bestimmungen keine Buchführungspflicht besteht und der Gewinn als Überschuß der Betriebseinnahmen über die Betriebsausgaben ermittelt werden kann, hat der Vertreter die tatsächlichen Einnahmen und die tatsächlichen Ausgaben anzusetzen (§ 4 Abs. 3 EStG). Die Grundsätze des § 11 EStG sind zu beachten. Provisionsansprüche, die bereits verdient sind, über die der Vertreter aber am Schluß des laufenden Kalenderjahres die tatsächliche, d. h. wirtschaftliche und rechtliche Verfügungsgewalt noch nicht erlangt hat, bleiben außer Ansatz. Anzusetzen sind nur Einnahmen, die dem Vertreter bis zum Schluß des laufenden Kalenderjahres tatsächlich zugeflossen sind, z. B. nur die Provisionen, die an ihn ausgezahlt oder die ihm gutgeschrieben worden sind, sofern er über die gutgeschriebenen Beträge jederzeit verfügen kann (Abschnitt 116 EStR). Zu den Betriebseinnahmen gehören nicht nur Provisionen, sondern alle übrigen Vergütungen, die der Vertreter von seiner Versicherungsgesellschaft oder von den von ihm vertretenen Versicherungsgesellschaften erhält, so z. B. Bürokostenzuschüsse, Reisekostenzuschüsse, Provisionsgarantien, Sach- oder Geldpreise im Rahmen von Wettbewerben u. ä. m (vgl. *Littmann* u. A, a. a. O., Anm. 1560 ff. zu §§ 4/5 EStG).

Als Betriebsausgaben können alle die Ausgaben abgesetzt werden, die im Laufe des Kalenderjahres durch die berufliche Tätigkeit des Vertreters veranlaßt wurden und tatsächlich entstanden sind (§ 4 Abs. 4 bis 6 EStG). Ausgaben, die ihre Ursache zwar im abgelaufenen Kalenderjahr haben, die aber erst im nachfolgenden Kalenderjahr entstehen, können nach § 11 Abs. 2 EStG erst im nachfolgenden Kalenderjahr abgesetzt werden (Abschnitt 116 EStR).

bb) Gewinnermittlung durch Betriebsvermögensvergleich

Für die Gewinnermittlung durch Betriebsvermögensvergleich (§ 4 Abs. 1 EStG und § 5 EStG) gelten auch bei Versicherungsvertretern die allgemeinen Bilanzierungsgrundsätze des Handels- und Steuerrechtes. Bei der Ermittlung des Gewinns sind die Vorschriften über die Betriebsausgaben (§ 4 Abs. 4–6 EStG) über die Bewertung (§§ 6 und 6a EStG) und über die Absetzung für Abnutzung oder Substanzverringerung (§ 7 EStG) zu befolgen.

Verbindlichkeiten sind im Jahre ihrer Entstehung zu passivieren bzw., soweit es sich um Verbindlichkeiten handelt, deren Höhe noch nicht feststeht oder deren Entstehung noch ungewiß ist, durch Rückstellungen zu berücksichtigen. Provisionsansprüche sind im allgemeinen in dem Kalenderjahr zu aktivieren, in dem das Geschäft durch den Geschäftsherrn ausgeführt ist (BFH vom 3.5.1967, BStBl 1967 III S. 464). Dies gilt auch dann, wenn auf Grund besonderer Vereinbarung der Provisionsanspruch mit den Zahlungen des Kunden verknüpft wird, d. h. wenn der Versicherungsvertreter erst mit Zahlung des Versicherungsbeitrages durch den Versicherungsnehmer seine Provision verdient hat (BFH vom 29.11.1956, BStBl 1957 III S. 234, vom 15.1.1963, BStBl 1963 III S. 256 und vom 21.10.1971, BStBl 1972 II S. 274 u. andere Urteile). Voraussetzung ist allerdings, daß der Anspruch am Bilanzstichtag zumindest wirtschaftlich entstanden ist (FG Niedersachsen vom 1.12.1976 EFG 1977 S. 304). Die bürgerlich-rechtliche Frage, von welchem Zeitpunkt ab der Versicherungsvertreter seinen Provisionsanspruch gegenüber der Versicherungsgesellschaft gegebenenfalls im Klageweg durchsetzen kann, hat keinen entscheidenden Einfluß auf die Aktivierungspflicht des Anspruchs in der Bilanz (vgl. auch Urteil des BFH vom 17.1.1963 BStBl 1963 III S. 257).

Nicht aktivierungspflichtig ist der **Ausgleichsanspruch** nach § 89b HGB, da er erst mit Beendigung des Vertreterverhältnisses entsteht und aus diesem Grunde auch beim Geschäftsherrn nicht passiviert werden kann (vgl. auch BFH vom 4.2.1958, BStBl 1958 III S. 110 und vom 1.3.1960 BStBl 1960 III S. 208 und vom 26.3.1959, HFR 1969 S. 419; anderer Ansicht BFH vom 11.7.1966 BB 1966 S. 1267).

Betriebseinnahmen sind sämtliche Einnahmen in Geld oder Geldeswert, die mit der beruflichen Tätigkeit des Versicherungsvertreters im unmittelbaren oder mittelbaren Zusammenhang stehen. Soweit es sich um Ansprüche handelt, die bereits entstanden aber noch nicht fällig sind, sind sie im Jahre der Anspruchsentstehung und nicht erst im Jahre der Fälligkeit oder Zahlung zu berücksichtigen. Dies gilt auch für Unkostenerstattungen, selbst wenn sie im Wege des Einzelnachweises mit der Versicherungsgesellschaft verrechnet werden. Die Vorschriften des Abschnittes 22 LStR über den Auslagenersatz gelten nur für das Lohnsteuerrecht.

Reisekosten sind als Betriebsausgaben in nachgewiesener Höhe abzugsfähig. Lediglich für die Mehraufwendungen für Verpflegung aus Anlaß einer Geschäftsreise können Pauschbeträge in Anspruch genommen werden (Abschnitt 119 Abs. 3 Ziff. 3 und Abs. 4 EStR). Eine Geschäftsreise liegt vor, wenn der Vertreter aus betrieblichen oder beruflichen

Gründen in einer Entfernung von mehr als 20 Kilometern von seiner regelmäßigen Betriebsstätte oder seiner Wohnung tätig wird. Regelmäßige Betriebsstätte ist der Mittelpunkt, der auf Dauer abgestellten Tätigkeit des Vertreters, d. h. der Schwerpunkt seiner beruflichen Existenz (BFH vom 15.11.1956, BStBl 1957 III S. 99). Für die Entfernungsberechnung ist bei Benutzung öffentlicher Verkehrsmittel die Fahrstrecke, z. B. Tarifentfernung, in anderen Fällen die kürzeste, verkehrsgünstigste Wegstrecke zugrunde zu legen. Die Grenzen der politischen Gemeinde brauchen nicht überschritten werden.

Wird der Vertreter außerhalb der regelmäßigen Betriebsstätte in einer Entfernung von weniger als 20 Kilometern mindestens 5 Stunden tätig, so liegt ein Geschäftsgang vor. Die nachgewiesenen Mehraufwendungen für Verpflegung können dann bis 19,- DM als Betriebsausgaben abgesetzt werden (§ 8 Abs. 6 EStDV). Nachgewiesen Verpflegungsmehraufwendungen können bis zu den in den §§ 8 und 8a EStDV genannten Höchstbeträgen als Betriebsausgaben abgesetzt werden. Mehraufwendungen für Verpflegung sind die tatsächlichen Aufwendungen nach Abzug der Haushaltsersparnis in Höhe von 1/5 dieser Aufwendungen, höchstens 6,- DM täglich (§ 8 Abs. 7 EStDV).

Auf die **Anwendung der Pauschbeträge für Mehraufwendungen für Verpflegung bei Dienstreisen** hat der Vertreter keinen Anspruch. Es handelt sich bei der Anwendung pauschalierter Verpflegungsmehraufwendungen um eine Vereinfachungsmaßnahme und nicht um einen auch von den Steuergerichten zu beachtenden Milderungserlaß (BFH vom 19.7.1955, BStBl 1955 III S. 304 und vom 15.11.1956, BStBl 1957 III S. 99). Die mögliche Inanspruchnahme von Pauschbeträgen für Reisekosten entbindet den Vertreter nicht davon, seine Aufwendungen auf Geschäftsreisen ordnungsgemäß zu verbuchen (BFH vom 9.10.1952, BStBl 1953 III S. 71). Führen die Pauschbeträge zu einem falschen Ergebnis, so muß der betrieblich veranlaßte Mehraufwand nachgewiesen oder geschätzt werden (BFH vom 8.4.1954, BStBl 1954 III S. 188 und vom 25.4.1962, BStBl 1962 III S. 396).

Regelmäßig wiederkehrende kleinere Ausgaben wie z. B. Trinkgelder, Parkgebühren, Telefongebühren auf Reisen usw. braucht der Vertreter nicht nachzuweisen. Er muß aber in regelmäßigen Abständen (wöchentlich oder monatlich) einen Sammelbeleg ausstellen, den Betrag verbuchen und den Beleg zu den Buchungsunterlagen nehmen, damit seine Buchhaltung ordnungsgemäß bleibt (FG Hannover vom 11.8.1961, EFG 1962 S. 149).

cc) Heranziehung des Versicherungsvertreters zur Einkommensteuer

Der Versicherungsvertreter wird grundsätzlich im Wege der Veranlagung (Erklärung und Bescheid) zur Einkommensteuer harangezogen. Der Gewinn aus seiner Tätigkeit als Vertreter wird als Einkunft aus Gewerbebetrieb behandelt.

b) Umsatzsteuerrecht

Angehörige des selbständigen Versicherungsaußendienstes sind Unternehmer im Sinne von § 2 UStG. Dies gilt für die hauptberuflichen Vertreter und für die nebenberuflichen Vertreter.

Als Unternehmen gilt ihre gesamte berufliche Tätigkeit als Versicherungsvertreter (§ 2 Abs. 1 Satz 2 UStG). Sämtliche Entgelte, die sie daher im Rahmen ihrer Tätigkeit als Versicherungsvertreter erhalten, fallen als Leistungsentgelte unter das Umsatzsteuergesetz

(§ 1 Ziff. 1 UStG). Sie sind aber nach § 4 Ziff. 11 UStG sachlich von der Umsatzsteuer befreit. Die Befreiung betrifft die Umsätze aus der Tätigkeit als Versicherungsvertreter oder Versicherungsmakler. Umsätze aus einer anderen Tätigkeit sind steuerpflichtig, soweit sie nicht nach anderen Vorschriften, wie z. B. Umsätze aus Kreditvermittlung (§ 4 Ziff. 8a UStG) befreit sind. Umsätze aus der Vermittlung von Bausparverträgen sind nach § 4 Ziff. 11 UStG ebenfalls befreit.

c) Gewerbesteuerrecht

Hauptberufliche und nebenberufliche Versicherungsvertreter werden nach der Rechtsprechung (BFH vom 26.10.1977, BB 1977 S. 184 ff.; BVerfG vom 25.10.1977, DB 1978 S. 190) als Gewerbetreibende im Sinne des Gewerbesteuergesetzes angesehen. Ihre Tätigkeit wird als stehender Gewerbebetrieb im Sinne von § 2 Abs. 1 GewStG angesehen (*Blümich-Boyens-Klein-Steinbring*, a. a. O., Anm. 17 Abs. 7 zu § 2 GewStG) und unterliegt daher der Gewerbesteuer. Trotzdem bleibt die Gewerbesteuerpflicht der Vertreter zweifelhaft (vgl. VK 3/1977 S. 121/58 035, VK 4/1977 S. 155/58 039, VK 2/1978 S. 76/77 396 und VK 4/1978 S. 176/77 408).

Die Gewerbesteuer wird auch bei Versicherungsvertretern nach dem Gewerbeertrag und dem Gewerbekapital berechnet. Die Grundsätze für die Ermittlung des Gewerbeertrages und des Gewerbekapitals sind die gleichen wie bei allen übrigen Gewerbebetrieben.

Bei der **Ermittlung des Gewerbeertrages** ist der nach den Vorschriften des Einkommensteuergesetzes zu ermittelnde Gewinn aus Gewerbebetrieb, der bei der Ermittlung des Einkommens für den dem Erhebungszeitraum entsprechenden Veranlagungszeitraum zu berücksichtigen ist, zugrunde zu legen (§ 7 GewStG). Da Hinzurechnungen im Sinne von § 8 GewStG und Kürzungen im Sinne von § 9 GewStG bei Versicherungsvertretern im allgemeinen nicht in Frage kommen, entspricht der Gewerbeertrag in den meisten Fällen dem Gewinn aus Gewerbebetrieb. Der Gewerbeertrag ist für die Berechnung der Gewerbesteuer auf volle 100,– DM abzurunden und bei natürlichen Personen und Personengesellschaften um 36 000 DM zu kürzen (§ 11 Abs. 1 GewStG = zu versteuernder Gewerbeertrag).

Beim Gewerbekapital ist von dem Einheitswert des Betriebsvermögens auszugehen (§ 12 Abs. 1 GewStG). Das Gewerbekapital ist auf volle 1 000 DM abzurunden und um einen Freibetrag von 120 000 DM zu kürzen (§ 13 Abs. 1 GewStG – zu versteuerndes Gewerbekapital). Nur in wenigen Ausnahmefällen, insbesondere bei Versicherungsvermittlungsgesellschaften, dürfte der Einheitswert des Betriebsvermögens im Versicherungsaußendienst eine Rolle spielen. Die Gewerbekapitalsteuer ist daher im Versicherungsaußendienst nur von untergeordneter Bedeutung. Das Schwergewicht liegt bei der Gewerbeertragsteuer.

Die Höhe der Gewerbeertragsteuer ergibt sich aus der Steuermeßzahl (§ 11 des Gewerbesteuergesetzes) und dem von der Gemeinde festgesetzten Hebesatz. Die Steuermeßzahl beträgt 5 v.H. des zu versteuernden Gewerbeertrages. Die geschuldete Steuer ist als Produkt aus Meßzahl und Hebesatz der Gemeinde (§ 16 GewStG) zu ermitteln.

Beispiel:

Beträgt z. B. der zu versteuernde Gewerbeertrag eines Versicherungsvertreters (Gewinn aus Gewerbebetrieb abzüglich Freibetrag von 36 000 DM) 46 000 DM, so ergibt sich eine Meßzahl von 2 300,– DM. Bei einem Hebesatz von 300 % beträgt dann die Gewerbesteuer 2 300,– DM x 300 % = 6 900,– DM.

Der Steuermeßbetrag wird vom Finanzamt festgestellt. Auf Grund des Steuermeßbetrages wird die Steuer nach dem Hebesatz von der hebeberechtigten Gemeinde festgesetzt und vom Steuerpflichtigen erhoben.

IV. Die steuerrechtliche Behandlung des Ausgleichsanspruchs beim Versicherungsvertreter

Auf die Problematik des Ausgleichsanspruchs nach § 89 b HGB im allgemeinen, insbesondere auf seine Rückstellungsfähigkeit beim Geschäftsherrn und auf die spezielle Problematik des Ausgleichsanspruchs nach § 89 b HGB bei Versicherungsvertretern möchten wir an dieser Stelle nicht eingehen. Unter der Annahme, daß ein Ausgleichsanspruch unter bestimmten Voraussetzungen auch bei einem Versicherungsvertreter entstehen kann, wollen wir seine steuerrechtliche Behandlung vor und bei Fälligkeit untersuchen.[9]

1. Vor Entstehung und Fälligkeit

Der Ausgleichsanspruch nach § 89 b HGB entsteht erst mit der Beendigung des Vertreterverhältnisses, wenn die in § 89 b HGB genannten Voraussetzungen vorliegen. Vor seiner Entstehung und Fälligkeit ist daher der Ausgleichsanspruch, wie bereits erwähnt, weder für den Versicherungsvertreter noch für die Versicherungsgesellschaft steuerrechtlich bedeutsam.

2. Mit Entstehung und Fälligkeit

Mit Entstehung und Fälligkeit gehört der Ausgleichsanspruch beim Versicherungsvertreter zu den Einkünften aus gewerblicher Tätigkeit, da er seinen Grund in der Vertretertätigkeit hat. Er unterliegt daher der Einkommensteuer und der Gewerbesteuer.

Die Einkommensteuer auf den Ausgleichsanspruch wird nach § 24 Ziff. 1 Buchstabe c EStG in Verbindung mit § 34 Abs. 1 und 2 EStG mit einem ermäßigten Steuersatz (halber Durchschnittsatz) erhoben. Soweit der Ausgleichsanspruch bereits entstanden und fällig aber noch nicht ausgezahlt ist, ist er in der Bilanz des Versicherungsvertreters zu aktivieren (BFH vom 29.10.1969 DStZ (B) 1970 S. 132).

9 Vgl. RLV. VIII

Für die **Gewerbesteuer**

kommt es darauf an, ob im Zeitpunkt der Entstehung und Fälligkeit des Ausgleichsanspruches noch ein Gewerbebetrieb besteht. Besteht der Gewerbebetrieb noch, dies ist vor allem dann der Fall, wenn der Vertreter bei Auflösung des Vertretungsverhältnisses noch lebt, so gehört der Ausgleichsanspruch zu den gewerblichen Einnahmen. Besteht der Gewerbebetrieb nicht mehr, z. B., wenn das Vertretungsverhältnis dadurch beendet wird, daß der Versicherungsvertreter verstirbt und der Ausgleichsanspruch dadurch fällig und gezahlt wird, entfällt die Gewerbesteuer. Dies gilt insbesondere, wenn der Gewinn in der vereinfachten Form nach § 4 Abs. 3 EStG ermittelt wird (BFH vom 10.7.1973, BStBl II S. 786). Der Ausgleichsanspruch gehört dann ebenso wie Ansprüche auf rückständige Provisionszahlungen auch zu den erbschaftsteuerpflichtigen Erwerben von Todes wegen (BFH vom 27.2.1960, DStZ (A) 1962 S. 354).

Besteht im Jahre der Enstehung und Fälligkeit des Ausgleichsanspruches noch ein Gewerbebetrieb, dann ist der Ausgleichsanspruch mit seinem vollen Betrag dem Gewerbeertrag hinzuzurechnen und der Gewerbesteuer zu unterwerfen. Dies gilt auch dann, wenn der Vertreter seinen Gewerbebetrieb aufgibt (BFH vom 10.7.1970, BStBl II S. 775).

Als Entgelt für Umsätze aus der Tätigkeit als Versicherungsvertreter oder Versicherungsmakler ist der Ausgleichsanspruch nicht steuerpflichtig nach dem Umsatzsteuergesetz (§ 4 Ziff. 11 UStG).

V. Gelegentliche Vermittlung

Die gelegentliche Vermittlung begründet noch keinen Gewerbebetrieb. Die Vermittlung von Versicherungsabschlüssen wird erst dann zu einer gewerblichen Tätigkeit, wenn sie selbständig, nachhaltig und mit Gewinnerzielungsabsicht unternommen wird und wenn sie sich als eine Teilnahme am allgemeinen Wirtschaftsverkehr darstellt (§ 15 Abs. 2 EStG). Provisionen für eine rein zufällig ohne feste Absicht erfolgte Vermittlung eines Versicherungsabschlusses unterliegen daher lediglich der Einkommensteuer als Einkünfte aus gelegentlicher Vermittlung im Sinne von § 22 Ziff. 3 EStG. Soweit diese Provisionen insgesamt im Kalenderjahr den Betrag von 500 DM nicht übersteigen, bleiben sie einkommensteuerfrei. Wird dieser Betrag überschritten, so ist die gesamte Provision einkommensteuerpflichtig.

Dies hat insbesondere auch Bedeutung für die Vermittlung von Versicherungsabschlüssen durch Angestellte des Versicherungsinnendienstes oder durch Angestellte des Versicherungsaußendienstes, die auf Grund ihres Dienstvertrages zur Vermittlung von Versicherungsabschlüssen nicht verpflichtet sind. Bei diesen Personen gehören solche Provisionen nicht zu den Einkünften aus nichtselbständiger Arbeit, sondern zu den Einkünften aus gelegentlicher Vermittlung im Sinne von § 22 Ziff. 3 EStG. Zur Einkommensteuer werden sie im Wege der Veranlagung nur dann herangezogen, wenn die Veranlagungsgrenze des § 46 Abs. 1 EStG von 54.000,- DM bzw. 27.000,- DM oder des § 46 Abs. 2 Ziff. 1 EStG von 800 DM überschritten wird (Urteil des BFH vom 7.10.1954, BStBl 1955 III S. 17).

Steuer und Versicherung (Teil IV)[1]

Von Dipl.-Kfm. Heinz R ö s s l e r

---

1 Der Beitrag besteht insgesamt aus 4 Teilen.

Inhaltsverzeichnis
(Teil IV)

Seite

A. *Der systematische Aufbau unserer Steuerrechtsordnung (Teil I)*

B. *Besteuerung des Versicherungsvertrages*
   I. *Der Versicherungsvertrag im Einkommensteuerrecht (Teil I)*
      1. *Grundbegriffe des Einkommensteuerrechts (Teil I)*
      2. *Der Versicherungsbeitrag im Einkommensteuerrecht (Teil I)*
      3. *Versicherungsansprüche und Versicherungsleistungen im Einkommensteuerrecht (Teil II)*
      4. *Die einkommensteuerrechtliche Behandlung der Beitragsrückerstattung (Beitragsrückgewähr, Bonus, Überschußbeteiligung oder Versicherungsdividende) aus Versicherungsverträgen (Teil II)*
      5. *Sonderfragen (Teil II)*
  II. *Der Versicherungsvertrag im Vermögensteuerrecht (Teil II)*
  III. *Der Versicherungsvertrag im Gewerbesteuerrecht (Teil III)*
  IV. *Der Versicherungsvertrag im Erbschaftsteuerrecht (Teil III)*
  V. *Der Versicherungsvertrag im Verkehrsteuerrecht (Teil III)*

C. *Steuerfragen des Versicherungsaußendienstes (Teil III)*

D. **Die Besteuerung des Versicherungsunternehmens** 131
   I. **Die Stellung der Versicherungsunternehmen im Steuerrecht** 132
      1. Der Begriff „Versicherungsunternehmen" 132
      2. Geschichtliche Entwicklung 133
  II. **Die Steuern der Versicherungsaktiengesellschaften und Versicherungsvereine auf Gegenseitigkeit** 134
      1. Die Körperschaftsteuer und Gewerbeertragsteuer im Versicherungsbetrieb 135
      2. Die Vermögensteuer und Gewerbekapitalsteuer im Versicherungsbetrieb 167
      3. Die Umsatzsteuer im Versicherungsbetrieb 172
      4. Lastenausgleich der Versicherungsunternehmen 172
      5. Besteuerung der kleinen Versicherungsunternehmen 173
  III. **Die Besteuerung der öffentlich-rechtlichen Versicherungsanstalten und der Pensionskassen** 174
      1. Öffentlich-rechtliche Versicherungsanstalten 174
      2. Pensionskassen 174
      3. Umsatzsteuer bei öffentlich-rechtlichen Versicherungsanstalten und Pensionskassen 175

Literaturhinweise

1. Zu Abschnitt A 176
2. Zu Abschnitt B 176
3. Zu Abschnitt C 178
4. Zu Abschnitt D 179

Anhang

D. Die Besteuerung des Versicherungsunternehmens

Versicherungsunternehmen sind nach den zur Zeit geltenden Steuergesetzen steuerrechtlich Gewerbebetriebe. Sie genießen daher im Steuerrecht keine Sonderstellung gegenüber anderen Wirtschaftsunternehmen. Die besonderen steuerrechtlichen Vorschriften für Versicherungsunternehmen (§§ 20 und 21 KStG; § 103 Abs. 2 BewG) entwickeln nur die allgemeinen steuerlichen Rechtsvorschriften unter Berücksichtigung der Besonderheiten der Versicherungsunternehmen und der Grundsätze ordnungsmäßiger Buchführung fort. Der RFH hat dies mit folgenden Worten bestätigt: *„Die besonderen Vorschriften für Versicherungsunternehmen sollen offenbar kein Sonderrecht der Versicherungsunternehmen in steuerlicher Richtung begründen. Sie sind nur Ausfluß der allgemeinen Grundsätze über die Gewinnermittlung bei diesen Unternehmen, deren Aufgaben, Zweck, volkswirtschaftlicher Bedeutung und Sonderart Gerechtigkeit widerfahren sollte (Hinweis auf den RdF-Erlaß vom 25.7.1936 — RStBl 1936, S. 825). Es war weder eine Bevorzugung noch eine Benachteiligung gegenüber den übrigen Steuerpflichtigen beabsichtigt"* (Urteil vom 14.7.1942, RStBl 1942 S. 1022). Auch der BFH hat sich im gleichen Sinne geäußert (Urteil vom 2.5.1961, BStBl 1961 III S. 424; vom 28.11.1969, BStBl 1970 II S. 236 und vom 19.1.1972, BStBl 1972 II S. 392).

Zwischen den einzelnen Zweigen (Lebensversicherung, Krankenversicherung, Sachversicherung, Schadenversicherung, Transportversicherung und Rückversicherung) bestehen in der Besteuerung Unterschiede, die auf der Eigenart der einzelnen Zweige beruhen. Eine Darstellung der Steuern des Versicherungsbetriebes muß daher bei den einzelnen Steuerarten die Besonderheiten der verschiedenen Zweige in der Versicherungswirtschaft berücksichtigen. Die Darstellung über die Steuern im Versicherungsbetrieb wird sich weiterhin nur mit den Steuerarten befassen, bei denen sich für Versicherungsunternehmen Besonderheiten ergeben. Eine Reihe von Steuerarten, so z. B. Grundsteuer, Grunderwerbsteuer und andere Verkehrsteuern, weisen bei Versicherungsunternehmen gegenüber anderen Unternehmen keine Besonderheiten auf. Sie bleiben daher in der nachfolgenden Darstellung außer Betracht. Ebenso war es im Rahmen dieser Darstellung nicht möglich, auf eine Reihe wichtiger, die Besteuerung beeinflussender Bewertungsfragen einzugehen, da sie den Umfang der Arbeit übersteigen. Es wird hierzu auf das beigefügte **Literaturverzeichnis** verwiesen.

I. Die Stellung der Versicherungsunternehmen im Steuerrecht

1. Der Begriff „Versicherungsunternehmen"

Weder die Steuergesetze noch die dazu ergangenen Durchführungsverordnungen und Richtlinien enthalten eine nähere Bestimmung des Begriffes „Versicherungsunternehmen". Die höchstrichterliche Rechtsprechung, insbesondere die Rechtsprechung des Reichsfinanzhofes hat sich jedoch mit dem Begriff „Versicherungsunternehmen" öfter befaßt. Danach entscheidet zunächst die Aufsichtsbehörde darüber, ob ein Unternehmen ihrer Aufsicht untersteht; *„hiermit ist aber in keiner Weise eine Entscheidung über die materielle Seite getroffen, insbesondere keine Entscheidung darüber, ob eine Versicherungsunternehmung im steuerrechtlichen Sinne vorliegt"*[2] (RFH vom 24.3.1925, RStBl 1925 S. 92). Eine „**Versicherungsunternehmung**" ist vielmehr nach Ansicht des Reichsfinanzhofes erst dann gegeben, *„wenn eine große Anzahl gleichartiger Geschäfte, die mit einem Versicherungswagnis verbunden sind, beim Versicherungsunternehmer zusammentreffen, und wenn diese Geschäfte nach einem festen Geschäftsplan und unter Anwendung einer auf dem Gesetz der großen Zahl beruhenden Kalkulation gewerblich oder auf der Grundlage der Gegenseitigkeit übernommen und behandelt werden"* (RFH vom 17.5.1933, RStBl 1933 S. 781). Den Versicherungsnehmern muß ein Rechtsanspruch auf die Versicherungsleistungen zustehen. *„Eine Versicherungsunternehmung liegt nicht vor, wenn die Versicherten keinen Rechtsanspruch auf die Versicherungsleistungen haben"* (vgl. RFH vom 16.5.1935, RStBl 1935 S. 103).

Die Einräumung eines Rechtsanspruchs auf die Versicherungsleistungen unterscheidet die Versicherungsunternehmen vor allem von den Unterstützungskassen und anderen Hilfskassen für Fälle der Not. Der unmittelbare Rechtsanspruch versetzt die Vertragspartner des Versicherungsunternehmens in die Lage, jederzeit durch Rückkauf, Abtretung, Verpfändung usw. den Versicherungsanspruch zu verwerten. *„Bei Sterbe-, Unterstützungs- und anderen Hilfskassen werden jedoch nur Beiträge erhoben, die satzungsmäßig nach oben begrenzt und der Höhe nach gering sind und Leistungen gewähren, die zur Abwehr bestimmter Notfälle bestimmt und nur bei Eintritt des Ereignisses zahlbar sind"* (RFH vom 21.6.1933, RStBl 1933 S. 1347 und vom 8.6.1937, RStBl 1937 S. 989).

Die Einräumung des Rechtsanspruches bedingte gleichzeitig, daß die „Versicherungsunternehmung" *„für die Übernahme des Wagnisses, das kein allgemeines Geschäftswagnis, sondern das eigenartige Versicherungswagnis ist"* (RFH vom 17.5.1933, RStBl 1933 S. 783), eine ausreichend bemessene Tarifprämie erhob. Bei der Einschätzung des Wagnisses und der darauf beruhenden Kalkulation der Tarifprämie kommt dem Grundsatz der Vorsicht besondere Bedeutung zu. Die Prämie muß nicht nur bei normalem Schadenverlauf, sondern auch bei extrem hohem Schadenverlauf ausreichend sein. Es können sich daher in den einzelnen Jahren Überschüsse ergeben, die nicht als Gewinne im steuerrechtlichen

---

[2] Die höchstrichterliche Rechtsprechung spricht von „Versicherungsunternehmung". Wir gebrauchen diesen Begriff im folgenden überall dort, wo die Rechtsprechung zitiert wird, obwohl wir im Studienwerk im allgemeinen vom „Versicherungsunternehmen" sprechen (vgl. RLV. V).

Sinne (Leistungserfolge) bezeichnet werden können. Ihre Heranziehung zur Steuer würde die Versicherungsunternehmen gegenüber anderen Unternehmen benachteiligen. Daraus ergab sich die Möglichkeit, durch besondere steuerrechtliche Vorschriften die Gleichbehandlung der „Versicherungsunternehmung" mit den übrigen Wirtschaftsunternehmen sicherzustellen.

2. Geschichtliche Entwicklung

Versicherungsunternehmen im steuerrechtlichen Sinne werden als Aktiengesellschaften, Versicherungsvereine auf Gegenseitigkeit oder öffentlich-rechtliche Versicherungsanstalten betrieben. Pensionskassen sind meist Versicherungsvereine auf Gegenseitigkeit. Bis zur Steuerreform des Jahres 1934 wurden die Versicherungsunternehmen entsrechend der Unternehmensform[3] verschieden besteuert. Öffentlich-rechtliche Versicherungsanstalten, die auf Gegenseititgkeit begründet waren und nur Mitglieder versicherten, waren persönlich weitgehend von der Steuerpflicht befreit (vgl. § 9 Abs. 1 Ziff. 5 KStG 1925). Versicherungsvereine auf Gegenseitigkeit galten nicht als Erwerbsgesellschaften(vgl. § 4 Abs. 2 KStG 1925) und erfuhren deshalb eine besondere steuerliche Behandlung (vgl. § 15 Abs. 7 KStG 1925).

Die sogenannte „Reinhardtsche Steuerreform" des Jahres 1934 stellte die Versicherungsaktiengesellschaften und Versicherungsvereine auf Gegenseitigkeit (ausgenommen die Pensionskassen) steuerrechtlich gleich. Dasselbe geschah für die öffentlich-rechtlichen Versicherungsanstalten bei der Körperschaftsteuer.

Bei der Gewerbesteuer bestanden bis zum Steueränderungsgesetz 1977 (vom 16.8.1977, BGBl I S. 1586) Unterschiede.

Nach § 2 Abs. 1 der Gewerbesteuer-Durchführungsverordnung alte Fassung waren zwar *„Unternehmen von Körperschaften des öffentlichen Rechts gewerbesteuerpflichtig, wenn sie als stehende Gewerbebetriebe anzusehen sind. Das gilt für Versorgungsbetriebe von Körperschaften des öffentlichen Rechts und öffentlich-rechtliche Versicherungsanstalten auch dann, wenn sie mit Zwangs- oder Monopolrechten für ein Gebiet im Geltungsbereich des Gesetzes ausgestattet sind."* Diese Vorschrift konnte aber nach der Rechtsprechung „nur als eine widerlegbare Vermutung dahin gewertet werden, daß bei den bezeichneten Unternehmen alle Voraussetzungen eines stehenden Gewerbebetriebes erfüllt sind" (vgl. OFH vom 21.1.1950 StuW 1950 S. 381). Die öffentlich-rechtlichen Versicherungsanstalten hatten die Möglichkeit, diese Vermutung dadurch zu widerlegen, daß sie „geltend machen, daß ihnen die Absicht der Gewinnerzielung ermangelte und sie daher keinen stehenden Gewerbebetrieb hätten" (vgl. OFH, a.a.O.). Ein die Gewerbesteuerpflicht begründender Gewerbebetrieb ist aber im allgemeinen nur dann gegeben, wenn *„eine selbständige nachhaltige Betätigung, die mit Gewinnabsicht unternommen wird und sich als Beteiligung am allgemeinen wirtschaftlichen Verkehr darstellt"*, vorliegt (§ 15 Abs. 2 EStG). Fehlt es an der Gewinnerzielungsabsicht, dann entfällt die Steuerpflicht. Bei Versicherungsvereinen auf

---

[3] Vgl. RLV. VI

Gegenseitigkeit, die auf Grund des Gegenseitigkeitsprinzips ebenfalls keine Gewinnerzielungsabsicht haben, spielt dies jedoch keine Rolle. Sie sind in § 2 Abs. 2 Satz 1 des Gewerbesteuergesetzes ausdrücklich genannt und daher in allen Fällen gewerbesteuerpflichtig kraft Rechtsform.

Durch Art. 5 des Steueränderungsgesetzes 1977 (a.a.O.) wurde das Gewerbesteuergesetz weitgehend geändert. Die dazu erfolgte Änderung von § 2 Abs. 1 der Gewerbesteuer-Durchführungsverordnung (Fassung vom 22.4.1977 in der Fassung der Änderungsverordnung vom 20.12.1978, BGBl I S. 2071) stellt nunmehr klar, daß auch öffentlich-rechtliche Versicherungsanstalten Gewerbebetriebe sind. Persönliche Befreiungen gibt es nur noch für öffentlich-rechtliche Versicherungs- und Versorgungseinrichtungen von Berufsgruppen (§ 3 Nr. 11 GewStG).

Der Vermögensteuer unterlagen die öffentlich-rechtlichen Versicherungsanstalten bzw. Versicherungsgesellschaften im Gegensatz zur Körperschaftsteuer und Gewerbesteuer bis zur Verkündung des Steueränderungsgesetzes 1961 (BGBl I S. 981) nicht, da sie nicht zu den in § 1 Abs. 1 Ziff. 2 des Vermögensteuergesetzes genannten vermögensteuerpflichtigen Körperschaften gehörten. Nach dem geltenden Vermögensteuergesetz sind nur noch öffentlich-rechtliche Versicherungs- und Versorgungseinrichtungen von Berufsgruppen (§ 3 Abs. 1 Nr. 11 VStG) vermögensteuerbefreit.

Pensionskassen genießen weitgehend Steuerfreiheit. Gleiches gilt für den Pensions-Sicherungs-Verein VVaG. Sie sollen daher besonders behandelt werden. Zunächst sollen die Steuern in solchen Versicherungsbetrieben erörtert werden, die in der Rechtsform der Aktiengesellschaft oder des Versicherungsvereins auf Gegenseitigkeit (ausgenommen den Pensions-Sicherungs-Verein) betrieben werden.

II. Die Steuern der Versicherungsaktiengesellschaften und Versicherungsvereine auf Gegenseitigkeit

Versicherungsaktiengesellschaften und Versicherungsvereine auf Gegenseitigkeit sind:

(a) **Gewerbebetriebe** im Sinne des Gewerbesteuergesetzes und des Körperschaftsteuergesetzes,

(b) **Unternehmer** im Sinne des Umsatzsteuergesetzes.

Ihr Vermögen gilt als Betriebsvermögen und unterliegt daher in vollem Umfange der Vermögensteuer und der Gewerbekapitalsteuer. Versicherungsaktiengesellschaften und Versicherungsvereine auf Gegenseitigkeit haben daher:

(a) auf ihre **Gewinne** Körperschaftsteuer- und auf ihren **Gewerbeertrag** Gewerbeertragsteuer zu entrichten,

(b) auf ihr **Vermögen** Vermögensteuer und auf ihr **Gewerbekapital** Gewerbekapitalsteuer zu entrichten und

(c) ihre **Umsätze** der Umsatzsteuer zu unterwerfen, soweit diese nicht sachlich von der Umsatzsteuer befreit sind, insbesondere soweit sie nicht unter das Versicherungsteuergesetz fallen (§ 4 UStG).

Damit sind die wesentlichsten Steuern im Versicherungsbetrieb genannt. Die überragende Rolle spielen dabei die **Ertragsteuern** (Körperschaftsteuer und Gewerbeertragsteuer).

„Die Besteuerung der Versicherungsgesellschaften läßt infolge der Eigenheiten des Versicherungsgeschäfts besondere Probleme entstehen. Das gilt weniger von der Versicherungsteuer, die eine Art Umsatzsteuer darstellt, als von den allgemeinen Ertragsteuern" (vgl. *Gürtler*, Betriebswirtschaftliche Probleme des Versicherungswesens S. 168/169). Die Ertragsteuern bilden daher den Schwerpunkt der Darstellung.

1. Die Körperschaftsteuer und Gewerbeertragsteuer im Versicherungsbetrieb

a) Gewinnermittlung

aa) Allgemeines

Besteuerungsgegenstand der Körperschaftsteuer ist der steuerpflichtige Gewinn bzw. das Einkommen (§ 7 Abs. 1 KStG). Gegenstand der Besteuerung bei der Gewerbeertragsteuer ist der Gewerbeertrag (§ 7 GewStG). Da der Gewerbeertrag durch Hinzurechnungen und Kürzungen aus dem Gewinn bzw. dem Einkommen abgeleitet wird, sind der Gewinn und das Einkommen die wichtigsten Grundlagen für die gesamte Ertragsbesteuerung.

Versicherungsaktiengesellschaften und Versicherungsvereine auf Gegenseitigkeit sind juristische Personen im Sinne der § 21 ff. des Bürgerlichen Gesetzbuches und Kaufleute (Formkaufleute) im Sinne der §§ 1 und 6 des Handelsgesetzbuches. Für sie gelten deshalb die allgemeinen Bilanzierungsvorschriften des Handelsgesetzbuches (§§ 238 ff. HGB) und des Aktiengesetzes (§§ 150 ff. AktG) sowie die §§ 36a, 55 bis 59 des Versicherungsaufsichtsgesetzes (VAG). Der ertragsteuerrechtlichen Gewinnermittlung sind daher auch bei diesen Unternehmen die nach den handelsrechtlichen Vorschriften aufgestellten Abschlüsse zugrunde zu legen (§ 5 EStG).

bb) Bedeutung und Inhalt der Rechnungslegungsvorschriften

Die Eigenart des Versicherungsbetriebes bringt es mit sich, daß die Rechnungsabschlüsse besondere Probleme in sich einschließen.[4] Es ist daher immer wieder gerade bei der Rechnungslegung der Versicherungsunternehmen eine besondere Aufgabe, *„gegenüber der grundsätzlichen Einstellung auf Vorsorge auf Jahrzehnte hinaus, wie sie namentlich der Lebensversicherung eigen ist, und dem Gebot der Vorsicht bei der Einkalkulierung unübersehbarer Risiken, die Prinzipien des Einkommensteuerrechts zur Geltung zu bringen"* (vgl. *Bühler*, Bilanz u. Steuer, S. 190). Die Grundsätze der *„dynamischen Bilanztheorie"* (*Schmalenbach*, Dynamische Bilanz) mögen deshalb für die Abschlüsse der Versicherungsgesellschaften nicht überall die gleiche Bedeutung besitzen, wie dies für den Bereich der

---

4 Vgl. VBL. VI. D

übrigen Wirtschaftsunternehmen der Fall ist. Zutreffend bemerkt *Gürtler:* *"Die Jahresabschlüsse und Gewinne der Versicherungsgesellschaften werden nach Grundsätzen aufgestellt bzw. ermittelt, die in erheblichem Maße von den Regeln der dynamischen Bilanztheorie abweichen"* (a.a.O., S. 169).

Alle kaufmännischen Unternehmen sind unter Beachtung der Grundsätze des Gläubigerschutzes und der Bilanzwahrheit nach den handelsrechtlichen Vorschriften gehalten, bei der Aufstellung ihrer Abschlüsse besondere Vorsicht walten zu lassen. *"Durch die handelsrechtlichen Bilanzierungsbestimmungen soll verhindert werden, daß der Kaufmann sich zu günstig ausweist, damit nicht die Geschäftsgläubiger zu ihrem Nachteil ein zu günstiges Urteil über die Vermögenslage des Kaufmanns erhalten; zudem soll bei Kapitalgesellschaften verhütet werden, daß durch einen zu hohen Gewinnausweis an die Gesellschafter ein in Wirklichkeit gar nicht vorhandener Gewinn aus dem Stammvermögen zum Nachteil der Gläubiger der Körperschaft ausgeschüttet wird"* (*Gröner,* Grundzüge der steuerlichen Gewinnermittlung, S. 1).

Was für kaufmännische Unternehmen im allgemeinen gilt, gilt für Versicherungsunternehmen im besonderen Maße. Versicherungsunternehmen versprechen Leistungen, die bei Eintritt ungewisser Ereignisse in der Zukunft fällig werden. Zu diesem Zwecke erheben sie Entgelte, aus denen diese Leistungen erbracht werden sollen. Bei ihnen kumulieren nicht nur die Gläubiger, sondern sie übernehmen auch Aufgaben, die eine besondere Vertrauenswürdigkeit des Unternehmens voraussetzen und bei denen der Leistungsfall von unübersehbaren Risiken abhängt. In dem Maße, in dem die Ungewißheit über Erfolg oder Verlust der geschäftlichen Betätigung wächst, müssen die Grundsätze der dynamischen Erfolgsrechnung zugunsten eines zutreffenden Vermögensausweises zurücktreten. Für Versicherungsunternehmen trifft diese Ungewißheit in hohem Maße zu. Die Abschlüsse der Versicherungsunternehmen dienen daher auch besonders dem Vermögensausweis.

Der Gesetzgeber hat dem in den §§ 55 bis 64 VAG Rechnung getragen. § 55 a VAG ermächtigt weiterhin den Bundesminister für Finanzen im Einvernehmen mit dem Bundesminister der Justiz durch Rechtsverordnung, die nicht der Zustimmung des Bundesrates bedarf, für Versicherungsunternehmen Rechnungslegungsvorschriften zu erlassen. Diese Ermächtigung kann nach § 55a Abs. 1 VAG ganz oder teilweise durch eine entsprechende Rechtsverordnung auf die Aufsichtsbehörde (Bundesaufsichtsamt für das Versicherungswesen) übertragen werden.

Die mit Rücksicht auf die Eigenart des Versicherungsgeschäfts erlassenen **Rechnungslegungsvorschriften für Versicherungsunternehmen** stellen jedoch keine völlige Abkehr von den Grundsätzen der dynamischen Bilanztheorie dar. Sie grenzen die Anwendung dieser Grundsätze auf Versicherungsunternehmen lediglich ab. *"Es ist nicht zu verkennen, daß für die Ausgestaltung der Versicherungsbilanz auf Grund der amtlichen Rechnungslegungsvorschriften auch dynamische Grundsätze maßgebend waren"* (*Hax*, in: 50 Jahre materielle Versicherungsaufsicht, Band 1 S. 275). In den Rechnungslegungsvorschriften sind dynamische Bilanzierungsgrundsätze in einem für die Versicherungswirtschaft vertretbaren Ausmaße berücksichtigt; eine darüber hinausgehende Anwendung dynamischer Grundsätze würde die Eigenart des Versicherungsbetriebes nicht ausreichend berücksichtigen.

"Vieles liegt, dem Wesen der Versicherung entsprechend, im Ungewissen, so daß dem

Grundsatz der vorsichtigen und ausreichenden Bilanzierung besondere Bedeutung zukommt" (*Gürtler*, a.a.O., S. 154). Der weitaus größte Teil der Posten im Abschluß eines Versicherungsunternehmens beruht auf einer vorsichtigen Schätzung zukünftiger Aufwendungen und Erträge. Das gilt insbesondere für die Rückstellungen, die in der Versicherungsbilanz eine beherrschende Rolle spielen.

Der Aufsichtsbehörde obliegt es, über die ständige Erfüllbarkeit der von den Versicherungsunternehmen eingegangenen Versicherungsverpflichtungen zu wachen (Hinweis auf *Prölss-R. Schmidt-Frey*, a.a.O., Anm. 14 zu § 8 VAG; vgl. auch *Gebrhardt* VW 1958 S. 692). „*Bei langfristigen Versicherungen vertraut der Versicherungsnehmer für Jahrzehnte seine oft nur unter den empfindlichsten Entbehrungen erzielten Ersparnisse der Anstalt in der Zuversicht an, daß redlich dem Versicherungszweck entsprechend geschaltet wird. Der Staat hat ein lebhaftes Interesse daran, dieses Vertrauen zu schützen, und das gleiche Interesse haben die Versicherungsunternehmen selbst"* (*Prölss-R. Schmidt-Frey*, § 8 VAG).

Gerade der Jahresabschluß und die in ihm angewandten Grundsätze der Gewinnermittlung und Gewinnausschüttung des Versicherungsunternehmens sollen eine besondere Gewähr für die ständige Erfüllbarkeit der Versicherungsverpflichtungen bieten. Die Rechnungslegungsvorschriften dienen dieser Aufgabe. Sie werden ergänzt durch ebenso zwingende Vorschriften über die Anlage der Mittel, die die Versicherungsunternehmen zur Erfüllung der Verpflichtungen bereitzustellen haben. In Erfüllung ihrer gesetzlichen Verpflichtung schenkt daher die Aufsichtsbehörde der Vermögensanlage und der Gewinnermittlung ihre besondere Aufmerksamkeit.

cc) Gewinnermittlung unter Berücksichtigung der Rechnungslegungsvorschriften

Gewinn im steuerrechtlichen Sinne ist allgemein bei Gewerbebetrieben gemäß § 4 Abs. 1 EStG der Unterschiedsbetrag zwischen dem Betriebsvermögen am Schluß des Wirtschaftsjahres und dem Betriebsvermögen am Schluß des vorangegangenen Wirtschaftsjahres. Auch bei Versicherungsunternehmen ist für die steuerliche Gewinn- und Einkommensermittlung entsprechend § 5 EStG, der nach § 8 KStG auch für die Körperschaftsteuer gilt, für den Schluß des Wirtschaftsjahres das **Betriebsvermögen anzusetzen, das nach den handelsrechtlichen Grundsätzen ordnungsmäßiger Buchführung** auszuweisen ist[5].

Für die steuerliche Gewinnermittlung ist daher die Anwendung der oben dargestellten Grundsätze bei der Bewertung des Aktivvermögens und der Verpflichtungen von entscheidender Bedeutung. Sie bestimmen die Höhe des Betriebsvermögens am Schluß eines jeden Wirtschaftsjahres. Von ihnen hängt deshalb auch die Höhe des steuerlichen Gewinnes und Einkommens ab. Das für Versicherungsunternehmen in hohem Maße geltende Prinzip der Vorsicht muß deshalb auch die Bewertung des Aktivvermögens des Versicherungsunternehmens und den Ansatz der Verpflichtungen bestimmen. Die nach den Rechnungslegungsvorschriften der Aufsichtsbehörde für den Ansatz der Aktivwerte in der Versicherungsbilanz zulässigen Werte sind Höchstwerte. Die Rechnungslegungsvorschriften bestimmen erschöpfend, welche Vermögensgegenstände in der Versicherungsbilanz auszuweisen

---

5 Vgl. VBL. VI. B

sind und mit welchen Werten sie höchstens ausgewiesen werden dürfen. Für den Ansatz der Verpflichtungen werden Mindestwerte vorgeschrieben. *„Die Rechnungslegungsvorschriften sind folglich, soweit sie die Verpflichtungen betreffen, Mindestvorschriften"* (*Gerhardt*, VW 1959, S. 761). Sie haben auf Grund des § 55a VAG Gesetzeskraft und sind für die Versicherungsunternehmen zwingend (*Gürtler*, a. a. O., S. 169). Sie verbieten bei den Aktiven eine Überschreitung der Höchstwerte und fordern bei den Passiven einen Mindestansatz. Nur so wird sichergestellt, daß nur der Überschuß von dem Versicherungsunternehmen versteuert und ausgeschüttet wird, der tatsächlich entstanden ist. Soweit die Versicherungsunternehmen ihre Aktiven mit den Werten ansetzen, die nach den Rechnungslegungsvorschriften als Höchstwerte vorgesehen sind und Passiven mit keinem höheren Wert ansetzen als dem nach den Rechnungslegungsvorschriften vorgesehenen Mindestbetrag, sind die Ansätze in der Handelsbilanz nach dem Maßgeblichkeitsgrundsatz des § 5 EStG auch für die Steuerbilanz bindend, da hiervon abweichende steuerrechtliche Bestimmungen nicht existieren (*von der Thüsen*, in: *Die versicherungstechnischen Rückstellungen im Steuerrecht*, 3. Auflage, Seiten 8 ff.).

dd) Die Bedeutung der Rückstellungen in der Versicherungsbilanz

Gegenstand der Versicherung ist die Abdeckung in der Zukunft liegender ungewisser Schadenfälle, also die Abdeckung von Risiken und damit verbunden die Bereitstellung der hierfür erforderlichen Mittel. Die Ungewißheit, die sich bei der Übernahme eines Risikos insbesondere hinsichtlich der hierfür erforderlichen Mittel für das Versicherungsunternehmen ergibt, hat verschiedene Ursachen. Es ist fraglich:

(1) ob der Schadenfall überhaupt eintreten wird,

(2) ob er sehr früh oder erst nach einer längeren Versicherungsdauer eintreten wird,

(3) welchen Umfang er hinsichtlich seiner materiellen Ausdehnung haben und

(4) welche allgemeine Kostensituation bei Eintritt des Schadenfalles gegeben sein wird.

Alle diese Umstände beeinflussen die Höhe des für die Abdeckung des Versicherungswagnisses erforderlichen Mittelbedarfes. Die Versicherungsunternehmen, die ebenso wie andere Wirtschaftsunternehmen keine Vorhersagen für die Zukunft treffen können, besitzen, wenn man von den aus der Vergangenheit stammenden Unterlagen absieht, keine Unterlagen, um mit Sicherheit den Schadenverlauf in der Zukunft errechnen zu können. Bei der Bereitstellung des in Zukunft erforderlichen Mittelbedarfes sind sie daher auf Schätzungen angewiesen. Die Bereitstellung der Mittel zur Abdeckung der in Zukunft eintretenden Schäden muß deshalb in der Versicherungsbilanz durch die Bildung von Rückstellungen erfolgen. Die Versicherungsbilanz weist deshalb eine **Vielzahl von Rückstellungen** auf. Das Verhältnis zwischen Rückstellungen einerseits und Eigenkapital zuzüglich feststehender Verpflichtungen andererseits ist ein völlig anderes als bei den übrigen Wirtschaftsunternehmen.

„Lassen sich die Leistungen des Versicherers nicht nach allgemein anerkannten Regeln der Versicherungsmathematik berechnen, so sind sie entsprechend dem subsidiären Wertermittlungsverfahren nach versicherungstechnischen Grundsätzen – insbesondere unter Zuhilfenahme von Schadenstatistiken – zu schätzen. In Höhe des geschätzten Betrages handelt es sich um wahrscheinlich zu erbringende und – parallel den Rückstellungen im

Sinne des allgemeinen Bilanzrechts — zu bilanzierende Versichererleistungen. Dies rechtfertigt sich auch deshalb, weil die versicherungsmathematische Berechnung gegenüber der Wahrscheinlichkeitsrechnung und Schätzung kein aliud darstellt, sondern lediglich deren zu größerer Genauigkeit und Annäherung führende verfeinerte Form ist." (Sasse in: Versicherungstechnische Rückstellungen im Steuerrecht, 3. Auflage S. 22). Die Rückstellungen in der Versicherungsbilanz betragen regelmäßig 80 bis 90 % der gesamten Bilanzsumme.

Die wichtigsten Rückstellungen

Die in der Versicherungsbilanz enthaltenen Rückstellungen sind auch überwiegend anderer Natur als in der übrigen Wirtschaft[6]. Die wichtigsten, sich unmittelbar aus dem Geschäftszweck ergebenden Rückstellungen sind:

in der **Lebensversicherung**

die Deckungsrückstellung,
die Schadenrückstellung,
der Prämienübertrag;

in der **Krankenversicherung**

die Schadenrückstellung,
die Deckungsrückstellung für Sterbegelder,
der Prämienübertrag;

in der **Sach- und Schadenversicherung**

die Schadenrückstellung,
der Prämienübertrag,
die Deckungsrückstellung für Renten und Sterbegelder aus der Unfallversicherung;

in der **Transportversicherung**

die Schadenrückstellung,
der Prämienübertrag.

Diese Hinweise sollen genügen, um die Bedeutung der Rückstellung für die Versicherungsbilanz und damit für die Gewinn- und Einkommensermittlung der Versicherungsunternehmen herauszustellen (vgl. auch *Prölss-von der Thüsen-Ziegler, Die versicherungstechnischen Rückstellungen im Steuerrecht,* 3. Auflage, Karlsruhe 1973).

ee) Die Prämie als Überschußgrundlage

Eine weitere Besonderheit bei den Versicherungsunternehmen, die eng mit der Rückstellungsbildung verknüpft ist, liegt in der Kalkulation der Prämie[7], d. h. in der Festsetzung des Entgeltes für die Übernahme und Gewährung des Versicherungsschutzes. Die Prämie, die der Versicherungsnehmer auf Grund des meist langfristigen Versicherungsvertrages dem Versicherer in Form einer Einmalprämie oder einer laufenden Jahresprämie zu zahlen hat, soll:

---

6 Vgl. VBL. VI. D
7 Vgl. VBL. V.

(1) dem Versicherer die Mittel zur Erfüllung der Versicherungsverpflichtungen verschaffen,

(2) die Kosten des Versicherers decken, die durch die Begründung, Durchführung und Abwicklung des Versicherungsverhältnisses entstehen.

Alle Ungewißheiten, die für die Mittelbereitstellung aufgezeigt worden sind, spielen daher schon für die Kalkulation der Prämien eine wesentliche Rolle. Die Versicherungsbetriebe können dieser Ungewißheit dadurch Rechnung tragen, daß sie Vorschüsse und nach Ablauf des Versicherungsjahres retrospektiv von ihren Versicherungsnehmern Nachschüsse im Umlageverfahren erheben, um die Verwaltungskosten sowie die Mittel für die Schadenfälle des abgelaufenen Jahres zu decken. Das Umlageverfahren führt für den Versicherungsnehmer jedoch zu jährlich schwankenden und nicht voraussehbaren Aufwendungen (so auch *Dolezel-Nöbel, Gewinnanalyse in der Lebensversicherung*). Außerdem fehlt die für die Lebensversicherung wichtige Zinswirkung. In der modernen Versicherungswirtschaft ging man daher zur Tarifprämie über, die die Zahlungsverpflichtungen des Versicherungsnehmers begrenzt. Diese Methode erfordert bei Unsicherheit hinsichtlich der Schadenhäufigkeit und des Schadenverlaufes einerseits und dem Prinzip der unbedingten Erfüllbarkeit der entstehenden Verpflichtungen andererseits eine vorsichtige Prämienkalkulation. Es darf auch auf lange Sicht unter Annahme ungünstiger Verhältnisse eine der künftigen Betriebssicherheit abträgliche Diskrepanz zwischen Beitragseinnahmen und Schadenleistungen nicht auftreten. In der Sach- und Schadenversicherung müssen die Versicherungsunternehmen die Prämien im übrigen so kalkulieren, daß sie auf lange Dauer gesehen ausreichend sind; denn die Schäden fallen nicht Jahr für Jahr in gleicher Häufigkeit an. Die feste Tarifprämie ist hier ein Mittel aller der Umlagebeiträge, die zur Deckung der Schäden von den Versicherungsnehmern im Laufe der Zeit hätten erhoben werden müssen. „*Dies verlangt daher, daß in denjenigen Versicherungsbranchen, die solchen erheblichen Schwankungen im Schadenfall ausgesetzt sind, steuerlich, handelsrechtlich und betriebswirtschaftlich eine Kompensation von Gewinnen und Verlusten der einzelnen Geschäftsjahre vorgenommen werden muß*" (*Riebesell*, Neumanns Zeitschrift für Versicherungswesen 1932 S. 266, vgl. hierzu auch RFH vom 13.3.1930, RStBl 1930, S. 396).

Wenn alle Grundlagen, die zur Berechnung der Prämie dienen, vorsichtig gewählt werden, so ist es selbstverständlich, daß in manchen Abrechnungsperioden Überschüsse entstehen.

Bei diesen Überschüssen handelt es sich also nicht um unternehmerische Gewinne. Es sind vielmehr überhobene Beiträge, die an die Versicherungsnehmer zurückzuerstatten sind (vgl. auch *Baer* in: *Versicherungstechnische Rückstellungen im Steuerrecht*, S. 162 ff.).

Die nicht verbrauchten Beitragsteile werden daher in der Lebensversicherung, zum Teil auch in der Krankenversicherung und in der Sach- und Schadenversicherung, der Rückstellung für Beitragsrückerstattung zugeführt und an die Versicherungsnehmer zurückerstattet. Der Ausgleich zwischen Jahren mit Überschäden und Jahren mit Unterschäden erfolgt vor allem in der Sach- und Schadenversicherung durch die sogenannte „*Schwankungsrückstellung*", die in guten Schadenjahren gespeist und in schlechten Jahren zur Deckung der Verluste herangezogen wird.

Schwankungsrückstellung und Rückstellung für Beitragsrückerstattung haben wie der Prämienübertrag (Beitragsübertrag) Abgrenzungsfunktion. Sie dienen der zeitlichen Abgrenzung und der Bedarfsabgrenzung der Prämien. Demgegenüber dienen Deckungsrückstellung und Schadenrückstellung unmittelbar der Mittelbereitstellung. Die Begriffe Deckungsreserve (Prämienreserve) und Schadenreserve sind daher gerechtfertigt. Diese Funktionsunterschiede sind steuerrechtlich von besonderer Bedeutung.

ff) Zusammenfassung der Grundsätze für Gewinnermittlung

Zusammenfassend ist für die steuerliche Gewinnermittlung der Versicherungsunternehmen festzustellen:

1. Gewinn ist auch bei Versicherungsunternehmen der Unterschiedsbetrag zwischen dem Betriebsvermögen am Schluß des Wirtschaftsjahres und dem Betriebsvermögen am Schluß des vorangegangenen Wirtschaftsjahres (§ 4 Abs. 1 EStG).

2. Anzusetzen ist bei Versicherungsunternehmen das **Betriebsvermögen**, das nach den handelsrechtlichen Grundsätzen ordnungsmäßiger Buchführung in der Handelsbilanz auszuweisen ist (§ 5 EStG).

3. Die Sonderlage der Versicherungsunternehmen bedingt es, daß bei der Bewertung des Betriebsvermögens die handelsrechtlichen Grundsätze der Vorsicht und des Gläubigerschutzes besonders zu beachten sind. Die Aufsichtsbehörde hatte auf Grund ihrer früheren, inzwischen auf das Bundesfinanzministerium übergegangenen gesetzlichen Delegation (§ 55a VAG) besondere **Rechnungslegungsvorschriften** erlassen (Verordnung vom 11.7.1978 i.d.F. vom 16.8.1976, BGBl 1976 I S. 2388 und vom 17.10.1974 i.d.F. vom 18.7.1977, BGBl 1977 I S. 1322 sowie vom 23.12.1986 BGBl 1987 I S. 2 und vom 30.1.1987, BGBl I 1987 S. 530), die für die Versicherungsunternehmen zwingend und daher auch für die Steuerbilanz maßgebend sind (vgl. *von der Thüsen*, a. a. O.).

4. Die Unsicherheit hinsichtlich des Mittelbedarfes zur Erfüllung der in der Zukunft liegenden Verpflichtungen räumt den **Rückstellungen** in der Versicherungsbilanz eine besondere Bedeutung ein. Sie werfen daher besondere handelsrechtliche, betriebswirtschaftliche und steuerrechtliche Fragen auf, denen der Gesetzgeber durch besondere Bestimmungen für versicherungstechnische Rückstellungen Rechnung getragen hat. Die durch die Langfristigkeit der Verträge bedingte vorsichtige Prämienkalkulation führt, vor allem in der Lebensversicherung, zu Überschüssen. Diese Überschüsse sind keine unternehmerischen Gewinne, sondern überhobene Prämienteile. Sie müssen deshalb an die Versicherungsnehmer zurückerstattet werden.

b) Die steuerrechtliche Regelung der Ermittlung des Einkommens und Gewerbeertrages bei Versicherungsunternehmen

aa) Geschichtliche Entwicklung

Im Steuerrecht der deutschen Einzelstaaten, im späteren Reichssteuerrecht und im heutigen Steuerrecht wird seit etwa 70 Jahren die Eigenart des Versicherungsbetriebes berücksichtigt. Versicherungsvereine auf Gegenseitigkeit und öffentlich-rechtliche Versicherungsanstalten waren bis 1934 praktisch von der Besteuerung des Einkommens und des Vermögens befreit. Bei den anderen Unternehmensformen (Versicherungsaktiengesellschaften) wurde den Besonderheiten des Versicherungsgeschäftes durch Spezialvorschriften für die versicherungstechnischen Rückstellungen Rechnung getragen. Nach § 26 des

Preußischen Einkommensteuergesetzes vom 24.6.1891 waren z. B. die sogenannten *Prämien-, Gewinn-, Dividenden- und Reservefonds* und die Rücklagen für die Versicherungssummen vom steuerpflichtigen Einkommen abzugsfähig, ohne daß ihre Höhe auf Erforderlichkeit oder Angemessenheit eindeutig begrenzt wurde. Die Steuergesetze der anderen Einzelstaaten enthielten ähnliche Bestimmungen. Die Vorschriften des Preußischen Einkommensteuergesetzes bildeten die Grundlage für die Regelung in den späteren ersten Reichssteuergesetzen; so z. B. im Körperschaftsteuergesetz vom 30.3.1920, RGBl S. 393; sowie vom 10.8.1925, RGBl 1925 S. 208.

Neben der Gesetzgebung befaßte sich insbesondere nach Einführung des Reichseinkommensteuergesetzes auch die Rechtsprechung mit den Fragen der Besteuerung der Versicherungsunternehmen. Die vom Gesetzgeber eingeführte Begrenzung der Höhe der Rückstellungen nach Angemessenheit und Erforderlichkeit wurde von der Rechtsprechung präzisiert. Bedeutsam war hier das Gutachten des Reichsfinanzhofes vom 24.3.1925 (Slg Bd. 16 S. 31).

Die **erste umfassende Neuordnung der Besteuerung der Versicherungsunternehmen**, insbesondere der Ertragsbesteuerung der Versicherungsunternehmen, erfolgte durch das Körperschaftsteuergesetz vom 16.10.1934 (RGBl I. S. 1031). Für versicherungstechnische Rückstellungen wurde in § 11 des Gesetzes und § 24 der Durchführungsverordnung eine gesetzliche Grundlage geschaffen, die die Höhe der versicherungstechnischen Rückstellungen begrenzte. Danach gehörten zu den abzugsfähigen Ausgaben *„Zuführungen zu versicherungstechnischen Rücklagen, soweit sie für die Leistungen aus den am Bilanzstichtag laufenden Versicherungsverträgen erforderlich sind"* (§ 11 Ziff. 2 KStG a. F.). Diese Bestimmung ist bis heute im Grundsatz unverändert geblieben. Besondere Vorschriften über die Beitragsrückerstattung in der Lebens- und Nichtlebensversicherung und über die steuerliche Behandlung der Versicherungsunternehmen, die das Lebensversicherungsgeschäft allein oder neben anderen Zweigen betreiben, enthielten zunächst die §§ 25 und 26 KStDV, später § 6 Abs. 2—4 KStG a. F.

Die von der Gesetzgebung und Rechtsprechung entwickelten Grundsätze über die Art der zum Abzug zugelassenen versicherungstechnischen Rückstellungen sind durch den umfassenden Runderlaß des Reichsministers der Finanzen vom 25.7.1936 (RStBl 1936 S. 825) eingehend dargestellt und erläutert worden. Dieser Erlaß ist insbesondere in jüngster Geschichte durch eine Reihe von Anordnungen und Erlassen der obersten Finanzbehörde des Bundes und der Länder, so z. B. durch die Anordnung über die Rückstellung zum Ausgleich des schwankenden Jahresbedarfs in der Sach- und Schadenversicherung (Schwankungsrückstellung) der Versicherungsaufsichtsbehörde und des Bundesministers der Finanzen ersetzt worden (siehe im Anhang dieses Beitrags).

Durch das Steueränderungsgesetz 1977 vom 16.8.1974 (BGBl I S. 1586) wurden die Sondervorschriften für Versicherungsunternehmen zum zweiten Mal neu gefaßt. Sie sind jetzt in den §§ 20 und 21 KStG n. F. enthalten. Erläuternd dazu haben die obersten Finanzbehörden zahlreiche Erlasse herausgegeben. Einfacher sind die Neuregelungen nicht geworden.

bb) Allgemeine Grundsätze für die Einkommensermittlung nach dem Körperschaftsteuergesetz

Das Körperschaftsteuergesetz unterscheidet, wie das Einkommensteuergesetz, zwischen unbeschränkter und beschränkter Steuerpflicht.

Unbeschränkt steuerpflichtig

sind alle in § 1 Abs. 1 KStG genannten Körperschaften, Personenvereinigungen und Vermögensmassen mit Sitz oder Geschäftsleitung im Inland. Beschränkt steuerpflichtig sind Körperschaften, Personenvereinigungen und Vermögensmassen, die weder ihren Sitz noch ihre Geschäftsleitung im Inland haben mit inländischen Einkünften.

Unbeschränkt körperschaftsteuerpflichtig

sind danach alle Versicherungsaktiengesellschaften (§ 1 Abs. 1 Ziff. 1 KStG), alle Versicherungsvereine auf Gegenseitigkeit (§ 1 Abs. 1 Ziff. 3 KStG) und alle öffentlich-rechtlichen Versicherungsanstalten, gleichgültig, ob es sich um Wettbewerbs-, Zwangs- oder Monopolanstalten handelt (§ 1 Abs. 1 Ziff. 6 KStG).

Beschränkt körperschaftsteuerpflichtig

sind mit ihren inländischen Einkünften ausländische Versicherungsunternehmen und die Niederlassungen ausländischer Versicherungsunternehmungen (§ 2 Abs. 1 KStG), soweit sie nicht selbständige Zweigniederlassungen sind. Als selbständige Zweigniederlassungen mit eigener Rechtspersönlichkeit sind sie unbeschränkt steuerpflichtig.

Steuerbemessungsgrundlage

Die Körperschaftsteuer der Versicherungsunternehmen bemißt sich nach dem zu versteuernden Einkommen, das die Versicherungsgesellschaft innerhalb eines Kalenderjahres bezogen hat (§ 7 Abs. 1 KStG). Veranlagungszeitraum ist auch bei Versicherungsunternehmungen das Kalenderjahr (§ 25 Abs. 1 EStG in Verbindung mit § 49 Abs. 1 KStG).

Was als Einkommen gilt und wie das Einkommen zu ermitteln ist, ergibt sich aus den Vorschriften des Einkommensteuergesetzes (§ 8 KStG). Die Ermittlung des Einkommens erfolgt daher allgemein bei Versicherungsunternehmen in der gleichen Weise wie bei den übrigen Wirtschaftsunternehmen. Der Besonderheit des Versicherungsgeschäftes tragen die §§ 20 und 21 des Körperschaftsteuergesetzes (Sondervorschriften für Versicherungsunternehmen) Rechnung.

Allgemeine Gewinnermittlung

Auszugehen ist nach § 5 EStG von dem nach den handelsrechtlichen Vorschriften ermittelten Gewinn (Handelsbilanzgewinn). Ihm sind die handelsrechtlich abzugsfähigen, aber steuerrechtlich nicht abzugsfähigen Ausgaben wieder hinzuzurechnen (§ 10 KStG); hinzuzurechnen sind auch die steuerrechtlich unzulässigen oder zu hoch ausgewiesenen Rückstellungen bzw. Abschreibungen.

Die handelsrechtlichen Bewertungsvorschriften enthalten für das Aktivvermögen lediglich Höchstwerte und für die Verpflichtungen lediglich Mindestwerte. Die handelsrechtlich zulässigen Höchstwerte beim Aktivvermögen sind für die Steuerbilanz Mindestwerte, bei den Passiven Höchstwerte. Soweit das Handelsrecht bei den Aktiven Wahlmöglichkeiten vorsieht, ist der handelsrechtlich zulässige Höchstbetrag steuerrechtlich der Mindestwert. Bei den

Passiven ist es umgekehrt, von mehreren möglichen Ansätzen ist der niedrigste steuerrechtlich vorgeschrieben. Bei Bilanzierungswahlrechten, sie sind handelsrechtlich nur bei den Passiven denkbar, bei denen ein Ansatz ganz entfallen kann, entfällt in der Steuerbilanz jeder Ansatz. Besteht ausnahmsweise ein Bilanzierungswahlrecht bei Aktivvermögen in der Handelsbilanz, so besteht in der Steuerbilanz Aktivierungspflicht. Handelsrechtlich unzulässige Wertansätze sind auch in der Steuerbilanz unzulässig. So dürfen auch in der Steuerbilanz nicht realisierbare Gewinne nicht ausgewiesen werden (**Realisationsprinzip**) und müssen nicht realisierte Verluste ausgewiesen werden (**Imparitätsprinzip**). Ausnahmen von diesem Grundsatz bedürfen einer besonderen Rechtsgrundlage (so BFH vom 27.5.1964, BStBl 1964 III S. 478 und vom 16.9.1970, BStBl 1971 II S. 585). Eine handelsrechtlich zulässigerweise zu hoch ausgewiesene Rückstellung oder zu hohe Abschreibung muß daher durch Hinzurechnung des Differenzbetrages in der Steuerbilanz korrigiert werden. Wird in der Handelsbilanz der Höchstansatz für Aktivwerte handelsrechtlich zulässig unterschritten, dann muß ebenfalls eine Korrektur in der Steuerbilanz erfolgen (vgl. auch *Groener*, a.a.O., S. 1).

Wenn keine besondere Steuerbilanz aufgestellt wird, erfolgt die Berichtigung des Handelsbilanzgewinnes in der Körperschaftsteuererklärung. Der berichtigte Handelsbilanzgewinn (**Steuerbilanzgewinn**) ist um die Einnahmen zu kürzen, die durch eine sachliche Steuerbefreiungsvorschrift von der Körperschaftsteuer befreit sind. Es handelt sich hierbei um die in den §§ 3 und 3a EStG genannten steuerfreien Einnahmen, soweit sie bei juristischen Personen vorkommen können, sowie Einnahmen im Sinne von § 8 Abs. 5 und 6 KStG. Abzugsfähig sind weiterhin die in § 9 KStG genannten abzugsfähigen Ausgaben, soweit sie nicht bereits bei der Gewinnermittlung Berücksichtigung gefunden haben. Von dem auf diese Weise ermittelten Einkommen wird die Körperschaftsteuer ermittelt. Der allgemeine Körperschaftsteuersatz beträgt zur Zeit 50 v. H. des Einkommens (§ 23 Abs. 1 KStG).

Beispiel:

Rechtsform: Aktiengesellschaft
Handelsbilanzgewinn: 475 000 DM

im Veranlagungszeitraum gezahlte, nicht abzugsfähige Steuern:

Körperschaftsteuer:	350 000 DM
Vermögensteuer:	30 000 DM

für den Veranlagungszeitraum in der Handelsbilanz zurückgestellte, nicht abzugsfähige Steuern:

Körperschaftsteuer:	200 000 DM
Vermögensteuer:	30 000 DM
Aufsichtsratsvergütungen:	30 000 DM
Spenden gemäß § 9 Abs. 3 KStG:	25 000 DM
steuerfreie Zinsen gemäß § 3 a EStG:	150 000 DM

Einkommensermittlung und Körperschaftsteuerberechnung

Dem Handelsbilanzgewinn von	475 000 DM
sind hinzuzurechnen:	
gezahlte Körperschaftsteuer	350 000 DM
gezahlte Vermögensteuer	30 000 DM
zurückgestellte Körperschaftsteuer	200 000 DM
zurückgestellte Vermögensteuer	30 000 DM
Spenden	25 000 DM
Aufsichtsratsvergütungen	30 000 DM
Handelsbilanz zuzüglich Hinzurechnungen	1 140 000 DM
davon sind abzusetzen:	
Spenden	25 000 DM
steuerfreie Zinsen gemäß § 3a EStG	150 000 DM
Einkommen	1 065 000 DM

Die für den Veranlagungszeitraum zu zahlende Körperschaftsteuer beträgt, vorausgesetzt, daß der Handelsbilanzgewinn nicht ausgeschüttet wird:
50 % von 1 065 000 DM = 532 500 DM

Hierauf sind die für den Veranlagungszeitraum gezahlten Vorauszahlungen anzurechnen. Der Rest ist innerhalb eines Monats nach Zugang des Steuerbescheides an das Finanzamt zu zahlen (§ 36 Abs. 4 EStG).

(1) Die Behandlung der ausgeschütteten Gewinne (Anrechnungsverfahren)

Eine besondere Lage für die Berechnung der Körperschaftsteuer ergibt sich seit dem Inkrafttreten des Körperschaftsteuergesetzes 1977 vom 31.8.1976 (BGBl. I S. 2597; Fassung vom 10.2.1984, BGBl 1984 I S. 217) bei den Kapitalgesellschaften (§ 1 Abs. 1 Ziff. 1 KStG) durch das Anrechnungsverfahren.

Mit dem **Anrechnungsverfahren** wurde die sehr umstrittene Doppelbesteuerung für Gewinne aus Aktien (Dividenden) und anderen Anteilen an Kapitalgesellschaften beseitigt. Der allgemeine Steuersatz von 50 % findet nur noch Anwendung auf die nicht ausgeschütteten Gewinne. Für die ausgeschütteten Gewinne ermäßigt sich der Steuersatz im Ergebnis um 14 % auf 36 % (Ausschüttungsbelastung). Diese Ausschüttungsbelastung ist bei allen Gewinnausschüttungen herzustellen. Schüttet die Kapitalgesellschaft z. B. steuerfreie Einnahmen aus (steuerfreie Zinsen; Gewinne aus Auslandsbeteiligungen, die im Inland nicht zu versteuern sind u.ä.m.), die nicht mit Körperschaftsteuer belastet sind, so ist die Steuer von 0 % auf 36 % zu erhöhen.

Beruht die Ausschüttung auf einem den gesellschaftsrechtlichen Vorschriften entsprechenden Beschluß, so tritt die Minderung oder Erhöhung der Körperschaftsteuer für den Veranlagungszeitraum ein, in dem das Wirtschaftsjahr endet, für das die Ausschüttung erfolgt (§ 27 Abs. 3 Satz 1 KStG). Beschließt demzufolge eine Kapitalgesellschaft unter Beachtung der gesellschaftsrechtlichen Vorschriften noch vor Aufstellung ihrer eigenen Bilanz eine Gewinnausschüttung, so ist für diese Gewinne lediglich die Ausschüttungsbelastung von 36 v. H. der Gewinne herzustellen. Der allgemeine Körperschaftsteuersatz von 50 % des Gewinns findet keine Anwendung. In den übrigen Fällen ändert sich die Körperschaftssteuer für den Veranlagungszeitraum, in dem das Wirtschaftsjahr endet, in das die Ausschüttung fällt (§ 27 Abs. 3 Satz 3 KStG). Werden in einem solchen Falle z. B. Gewinne im Veranlagungszeitraum 1991 ausgeschüttet, die im Veranlagungszeitraum 1990 erwirtschaftet wurden, so sind diese Gewinne zunächst im Veranlagungszeitraum 1990 dem allgemeinen Körperschaftssteuersatz von 50 % zu unterwerfen. Im Veranlagungszeitraum 1991 kann dann der Unterschiedsbetrag zwischen dem allgemeinen Körperschaftssteuersatz (Tarifbelastung) und der Ausschüttungsbelastung in Höhe von 14 % der Gewinne zurückgerechnet werden. Ein Beispiel soll dies veranschaulichen.

Beispiel:

Im Veranlagungszeitraum 1991 schüttet eine Kapitalgesellschaft Gewinne an ihre Gesellschafter in Höhe von 500 000 DM aus, die im Veranlagungszeitraum 1990 mit 50 % der Körperschaftssteuer unterworfen wurden. Von den im Veranlagungszeitraum 1991 erwirtschafteten Gewinnen von 1 Mio. DM werden im Veranlagungszeitraum 1992 600 000 DM ausgeschüttet. Gleichzeitig erwirtschaftet die Kapitalgesellschaft im Veranlagungszeitraum 1992 erneut 1 Mio. DM an Gewinn. Für die Veranlagungszeiträume 1991 und 1992 ergibt sich folgende Körperschaftssteuerberechnung:

Veranlagungszeitraum 1991

Allgemeine Körperschaftssteuer
50 % von 1 Mio DM   = 500 000 DM

davon ab

Körperschaftssteuerermäßigung für die ausgeschütteten Gewinne
des Veranlagungszeitraumes 1990
14 % von 500 000 DM
(Unterschiedsbetrag zwischen Tarifbelastung und Ausschüttungsbelastung)   = 70 000 DM

zu zahlende Körperschaftssteuer   = 430 000 DM

Veranlagungszeitraum 1992

Allgemeine Körperschaftssteuer
50 % von 1 Mio. DM   = 500 000 DM

davon ab

Körperschaftssteuerermäßigung 14 % von 600 000 DM
(Unterschiedsbetrag zwischen Tarifbelastung und Ausschüttungsbelastung)   = 84 000 DM

zu zahlende Körperschaftssteuer   = 416 000 DM

Die vorübergehende erhöhte Körperschaftsteuer durch die Tarifbelastung läßt sich nur vermeiden, wenn für die Ausschüttung ein auf gesellschaftsrechtlichen Vorschriften beruhender Beschluß gefaßt wird. Im Beispielsfalle wäre dann jeweils für die vorgesehenen

Gewinnausschüttung in den Veranlagungszeiträumen 1991 und 1992 lediglich die Ausschüttungsbelastung in Höhe von 36 % der auszuschüttenden Gewinne herbeizuführen gewesen.

Die Herstellung der Ausschüttungsbelastung für die auszuschüttenden Gewinne gemäß § 27 KStG 1977 ist die wesentliche Grundlage des neuen Körperschaftsteuersystems. Soweit die Gewinne nicht ausgeschüttet werden, ist die Anwendung des allgemeinen Körperschaftsteuersatzes unproblematisch. Sobald Gewinne der laufenden Rechnungsperiode oder einer früheren Rechnungsperiode ausgeschüttet werden sollen, ergibt sich die Notwendigkeit, die Körperschaftsteuer auf die Ausschüttungsbelastung von 36 % dieser Gewinne herabzusetzen oder falls es sich um Gewinne handelt, die der allgemeinen Tarifbelastung nicht unterlagen, auf diesen Betrag heraufzusetzen. Die Herstellung der Ausschüttungsbelastung ist die erste Stufe des neuen Systems, das im Ergebnis die ausgeschütteten Gewinne völlig von der Körperschaftsteuer entlastet. In der zweiten Stufe wird dann die Ausschüttungsbelastung bei der Veranlagung des Gesellschafters oder des Aktionärs usw. auf dessen Einkommensteuer angerechnet (§ 36 Abs. 2 Nr. 3 EStG). Mit diesem zweiten Schritt verwirklichte der Gesetzgeber die Zielsetzung des neuen Körperschaftssteuergesetzes, nach der ausgeschüttete Gewinne von Kapitalgesellschaften nicht mehr der Körperschaftsteuer unterworfen werden sollen.

Die zur Herstellung der Ausschüttungsbelastung nach § 27 KStG erforderliche Belastungsänderung hängt nicht davon ab, wie der ausgeschüttete Gewinn tatsächlich belastet ist. Maßgebend ist vielmehr die Belastung des Eigenkapitals, das von der ausschüttenden Kapitalgesellschaft nach § 28 KStG als für die Ausschüttung verwendet gilt. Zu diesem Zweck unterscheidet das Gesetz zwischen nichtverwendbarem und verwendbarem Eigenkapital. Nichtverwendbar für Ausschüttungen ist vor allem das Nennkapital oder Stammkapital der Kapitalgesellschaft. Verwendbares Eigenkapital sind in erster Linie die Rücklagen, Gewinnvorträge und der Gewinn der laufenden Rechnungsperiode. Soweit Verlustvorträge zu berücksichtigen sind, mindern sie das verwendbare Eigenkapital. Dieses verwendbare Eigenkapital ist nach § 30 KStG entsprechend der Tarifbelastung zu gliedern.

Die Reihenfolge der Eigenkapitalgliederung ist in § 30 KStG genau vorgeschrieben. Danach ergibt sich im allgemeinen folgende Eigenkapitalgliederung:

- mit Körperschaftsteuer voll, d. h. regelmäßig mit 56 % belastetes Eigenkapital (EK 56),
- mit Körperschaftsteuer voll, d. h. regelmäßig mit 50 % belastetes Eigenkapital (EK 50),
- mit Körperschaftsteuer ermäßigt, d. h. regelmäßig mit 36 % belastetes Eigenkapital (EK 36),
- mit 56 % belastetes Eigenkapital, das aus Einkommensteilen entstanden ist, die nach dem 31.12.1976, aber vor dem 1. Januar 1990 der Körperschaftsteuer mit 56 % unterlegen haben (EK 56),
- mit Körperschaftsteuer nichtbelastetes Eigenkapital (EK 0).

Das zuletzt genannte EK 0 wird nach § 30 Abs. 2 KStG noch einmal wie folgt gegliedert:

- EK 01 aus steuerfreien ausländischen Einkünften,
- EK 02 aus sonstigen nichtsteuerpflichtigen Vermögensmehrungen, soweit sie nicht zum EK 04 gehören,
- EK 03 verwendbares Eigenkapital, das in vor dem 1.1.1977 abgelaufenen Wirtschaftsjahren entstanden ist (sogenannte *Altrücklagen*),

– EK 04 aus Einlagen der Anteilseigner, die das Eigenkapital in nach dem 31. Dezember 1976 abgelaufenen Wirtschaftsjahren erhöht haben (sogenannte *Neueinlagen*).

Diese Eigenkapitalgliederung für das verwendbare Eigenkapital ist in der Steuerbilanz zu jedem Bilanzstichtag vorzunehmen. Entsprechende Vordrucke werden mit den Steuererklärungsvordrucken den Steuerpflichtigen zur Verfügung gestellt. Für die Herstellung der Ausschüttungsbelastung kommt es nun darauf an, wie entsprechend der Eigenkapitalgliederung das zur Ausschüttung verwendete Eigenkapital belastet ist. Hierzu stellt § 28 Abs. 2 KStG eine Ausschüttungsfiktion auf. Danach gelten die mit Körperschaftsteuer belasteten Teilbeträge des verwendbaren Eigenkapitals in der Reihenfolge als für eine Ausschüttung verwendet, in der die Belastung abnimmt. Für den nichtbelasteten Teilbetrag (EK 0) ist die in § 30 Abs. 2 KStG bezeichnete und oben dargestellte Reihenfolge seiner Unterteilung maßgebend. Auch hierfür ein Beispiel:

Beispiel:

Das verwendbare Eigenkapital sei wie folgt gegliedert:

EK 56	200 000 DM
EK 50	500 000 DM
EK 36	500 000 DM
EK 03	100 000 DM
Summe des verwendbaren Eigenkapitals	1.300 000 DM

Die Kapitalgesellschaft beschließt eine Gewinnausschüttung von 1.250 000 DM. Das verwendbare Eigenkapital gilt in folgender Reihenfolge als ausgeschüttet:

EK 56	200 000 DM
EK 50	500 000 DM
EK 36	500 000 DM
EK 03	50 000 DM
Summe der Ausschüttung	1.250 000 DM

Zur **Herstellung der Ausschüttungsbelastung** ist beim EK 56 in Höhe von 200 000 DM die Tarifbelastung um 20 % auf 36 % zu ermäßigen. Die Körperschaftssteuer ermäßigt sich um 40 000 DM. Beim EK 50 ist die Tarifbelastung um 14 % zu ermäßigen. Die Körperschaftsteuer ermäßigt sich um 70 000 DM. Beim EK 03 ist eine Tarifbelastung nicht vorhanden. Hier muß die Ausschüttungsbelastung mit 36 % hergestellt werden. Es fallen also zusätzlich 18 000 DM Körperschaftsteuer an. Der Differenzbetrag zwischen der Ermäßigung der Körperschaftsteuer einerseits und der Heraufsetzung der Körperschaftsteuer andererseits zur Herstellung der Ausschüttungsbelastung gilt nach § 28 Abs. 3 KStG ebenfalls als für die Ausschüttung verwendet. Diese einfache Darstellung des Anrechnungsverfahrens bei den ausgeschütteten Gewinnen soll in diesem Zusammenhang genügen. In der Praxis enthält das Anrechnungsverfahren auch heute noch eine ganze Reihe ungeklärter Probleme, da sich auch die Rechtsprechung bisher noch nicht mit allen Zweifeln befassen konnte, die sich aus dem neuen Körperschaftsteuergesetz ergeben haben.

Eine **Darstellung des Verlustabzuges** (Verlustvortrag oder Verlustrücktrag) im Sinne von § 10d EStG im Zusammenhang mit dem Anrechnungsverfahren ist aber unerläßlich.

Nach der Systematik des neuen Körperschaftsteuergesetzes sollen Verluste das unbelastete Eigenkapital des körperschaftsteuerpflichtigen Unternehmens im Jahr der Verlustentstehung belasten. Würden sie das mit Körperschaftsteuer belastete verwendbare Eigenkapital mindern, so stünde die auf diesem Eigenkapitalteil lastende Körperschaftsteuer zur Anrechnung nicht mehr zur Verfügung. Tatsächlich tritt aber eine Minderung der Körperschaftsteuer nicht im Verlustentstehungsjahr ein, sondern erst in dem Kalenderjahr, in dem der Verlust vom Einkommen abgezogen wird. Dadurch wird in Höhe des Verlustabzuges Einkommen körperschaftsteuerfrei, das gliederungsmäßig das im Verlustentstehungsjahr geminderte nichtbelastete Eigenkapital wieder erhöht. Um eine Verminderung der anrechenbaren Körperschaftsteuer in diesem Veranlagungszeitraum zu vermeiden, wird im Verlustentstehungsjahr der **Verlustvortrag** durch Hinzurechnung zum unbelasteten verwendbaren Eigenkapital ausgeglichen. Es wird sozusagen ein negatives verwendbares nichtbelastetes Eigenkapital gebildet, so daß die auf dem sonstigen vorhandenen verwendbaren Eigenkapital lastende Körperschaftsteuer im Jahre des Verlustausgleiches zur Anrechnung erhalten bleibt.

Durch den **Verlustrücktrag** ändert sich das Einkommen des Abzugsjahres. Dadurch ist eine Neugliederung des verwendbaren Eigenkapitals erforderlich. Nach § 33 Abs. 3 KStG gelten in einem solchen Falle die Beträge des Eigenkapitals in der Höhe als für die Ausschüttung verwendet, in der sie ohne den Rücktrag als verwendet gegolten hätten. In Höhe des Verlustrücktrags entsteht ein steuerfrei gestellter Gewinn. Dieser steuerfrei gestellte Gewinn ist dem unbelasteten Eigenkapital zuzuordnen. Er entspricht dem durch den Rücktrag verbrauchten Verlust und saldiert sich mit dem auf Grund des Verlustes entstandenen negativen Teilbetrag des unbelasteten verwendbaren Eigenkapitals. Der dann noch verbleibende negative Teilbetrag entspricht dem vortragsfähigen Verlust.

(2) Organschaft und Schachtelbeteiligung

Mit der Einführung des Anrechnungsverfahrens haben sich auch für die Organschaft und vor allem für die sogenannte Schachtelbeteiligung wesentliche Änderungen ergeben.

Organschaft

Die körperschaftsteuerrechtlichen Vorschriften über die Organschaft sind im neuen Körperschaftsteuergesetz in den §§ 14—19 enthalten. Für die Anerkennung einer körperschaftsteuerrechtlichen Organschaft sind unverändert die finanzielle, wirtschaftliche und organisatorische Eingliederung sowie der Abschluß eines Gewinnabführungsvertrages Voraussetzung. Materielle Auswirkungen für die Organschaft ergeben sich durch das Anrechnungsverfahren.

So kann nach § 15 Ziff. 1 KStG bei der Ermittlung des Einkommens der Organgesellschaft ein Verlustabzug im Sinne des § 10d EStG nicht vorgenommen werden. Nach der Neuregelung kann auch ein vorvertraglicher Verlustvortrag selbst dann nicht verrechnet werden, wenn die Organgesellschaft auf Grund einer Ausgleichszahlung ihr Einkommen selbst zu besteuern hat (§ 16 KStG). Soweit die Organgesellschaft nach dieser Vorschrift ihr Einkommen selbst zu versteuern hat, gehört zu diesem Einkommen auch die Ausschüttungsbelastung. Nach dem Körperschaftsteuergesetz 1975 wurde die auf der Ausschüttung lastende Körperschaftsteuer vom Organträger als Bestandteil des ihm zugerechneten Einkommens versteuert.

Steuerfreie Einnahmen sind dem Organträger zuzurechnen. Dadurch kann die erforderliche Ausschüttungsbelastung auf Ausgleichszahlungen einfacher hergestellt werden und die steuerfreien Einnahmen können sich beim Organträger als unbelastetes verwendbares Eigenkapital voll auswirken.

Sind in dem Einkommen der Organgesellschaft Betriebseinnahmen enthalten, die einem Steuerabzug unterlegen haben, so ist die einbehaltene Steuer auf die Körperschaftsteuer oder die Einkommensteuer des Organträgers oder, wenn der Organträger eine Personengesellschaft ist, anteilig auf die Körperschaftsteuer oder die Einkommensteuer der Gesellschafter anzurechnen. Diese Vorschrift des § 19 Abs. 5 KStG berührt bereits die unten noch abzuhandelnden Fragen der Berücksichtigung der Kapitalertragsteuer bei der Körperschaftsteuer.

Damit sind die wesentlichsten Vorschriften für die Organschaft des neuen Körperschaftsteuergesetzes dargestellt. Die restlichen Vorschriften der §§ 17—19 KStG betreffen vor allen Dingen ausländische Organträger und die Anwendung besonderer Tarifvorschriften bei der Organgesellschaft. Soweit bei Organgesellschaften besondere Tarifvorschriften anzuwenden sind, schlägt dies auf den Organträger durch. § 17 KStG dehnt den Anwendungsbereich der Sondervorschriften für die Organschaft auf andere Kapitalgesellschaften als die in § 14 genannten Aktiengesellschaften oder Kommanditgesellschaften auf Aktien aus. Diese Vorschrift erfaßt vor allen Dingen Gesellschaften mit beschränkter Haftung.

Schachtelbeteiligung

Mit Einführung des Anrechnungsverfahrens waren die Vorschrift des § 9 Abs. 1 KStG 1975, die allgemein als Schachtelprivileg bezeichnet wurde, und die korrespondierende Vorschrift des § 9 Abs. 3 KStG 1975 in Verbindung mit § 19 Abs. 5 KStG 1975 für inländische Schachtelbeteiligungen gegenstandslos geworden. Diese Vorschriften sollten sicherstellen, daß bei Schachtelbeteiligungen die Gewinnausschüttungen, soweit sie nicht auf den Kapitalmarkt vorstoßen, sondern in einer Schachtelbeteiligung bei einer anderen Kapitalgesellschaft hängen bleiben, mindestens einmal der Körperschaftsteuer unterworfen werden. Da berücksichtigungsfähige Gewinnausschüttungen nach dem alten Körperschaftsteuergesetz der Körperschaftsteuer bei der ausschüttenden Gesellschaft nur mit 15 % unterlagen, wurden die fehlenden 36 % zum allgemeinen Körperschaftsteuersatz von 51 % bei der empfangenden Kapitalgesellschaft als Nachsteuer erhoben. Mit dem Anrechnungsverfahren werden alle Beteiligungsgewinne, soweit sie nicht weiter ausgeschüttet werden, von der vollen Körperschaftsteuer erfaßt. Das Körperschaftsteuergesetz 1977 enthält daher keine Sondervorschriften für inländische Schachtelbeteiligungen mehr.

Für Beteiligungen an einer ausländischen Organgesellschaft enthält § 15 Ziff. 2 des Körperschaftsteuergesetzes 1977 neue gesetzliche Regelungen. Soweit ein Abkommen zur Vermeidung der Doppelbesteuerung Vorschriften enthält, nach denen die Gewinnanteile aus einer Beteiligung an einer ausländischen Gesellschaft außer Ansatz bleiben, sind diese im Inland nur anzuwenden, wenn der Organträger zu den durch diese Vorschriften begünstigten Steuerpflichtigen gehört. Ist der Organträger eine Personengesellschaft, so sind diese Vorschriften nur insoweit anzuwenden, als das zuzurechnende Einkommen auf einen Gesellschafter entfällt, der zu den begünstigten Steuerpflichtigen im Sinne dieses Doppelbesteuerungsabkommens gehört. Entscheidend für die Nichtberücksichtigung von Gewinnanteilen aus der Beteiligung an einer ausländischen Gesellschaft ist daher die Regelung in dem jeweiligen Doppelbesteuerungsabkommen. Ergibt sich danach Steuerfreiheit, so gehören die Gewinne aus der Beteiligung bei der inländischen Gesellschaft oder beim Organträger, wenn es sich um eine Organgesellschaft handelt, zum nichtbelasteten verwendbaren Eigenkapital im Sinne von § 30 Abs. 2 Ziff. 1 KStG (EK 01).

Diese Vorschrift ergänzt die allgemeine Vorschrift des § 26 KStG über die Anrechnung ausländischer Steuern, die der inländischen Körperschaftsteuer entsprechen. Nach § 26 Abs. 1 KStG ist eine der inländischen Körperschaftsteuer entsprechende Steuer bei ausländischen Einkunftsteilen auf die auf diese Einkunftsteile entfallende Körperschaftsteuer anzurechnen. Bei einer Schachtelbeteiligung an einer ausländischen Kapitalgesellschaft gilt dies auch für die von der Tochtergesellschaft gezahlte Steuer, soweit sie auf die Gewinnanteile entfällt, die die Tochtergesellschaft an die inländische Kapitalgesellschaft ausschüttet. Auf die Besonderheiten des Außensteuergesetzes vom 20.8.1980 (BGBl 1980 I S. 1545) und für Beteiligungen in Entwicklungsländern (§ 26 Abs. 3 KStG) sei hingewiesen. Diese Anrechnungsregelung entspricht der allgemeinen Anrechnungsregelung im Einkommensteuergesetz. Sie darf nicht verwechselt werden mit dem oben dargestellten Anrechnungsverfahren.

(3) Die Berücksichtigung der Kapitalertragsteuer bei der Körperschaftsteuer

Nach § 43 EStG unterliegen bestimmte Kapitalerträge, so z. B. Dividenden, Kuxe, Gewinne auf Grund von Anteilen an Gesellschaften mit beschränkter Haftung, Erwerbs- und Wirtschaftsgenossenschaften und Zinsen auf festverzinsliche Wertpapiere der Kapitalertragsteuer.

Da es sich bei der **Kapitalertragsteuer** ebenso wie bei der Körperschaftsteuer um eine Einkommensteuer handelt, die statt im Veranlagungsverfahren im Abzugsverfahren erhoben wird, sind die im Abzugsverfahren einbehaltenen Steuerbeträge bei der Veranlagung zur Körperschaftsteuer zu berücksichtigen.

Die Kapitalertragsteuer beträgt

bei **Gewinnanteilen** (§ 43 Abs. 1 Ziff. 1–3 EStG) 25 % der Gewinnanteile;

bei **Zinsen** (§ 43 Abs. 1 Ziff. 5 EStG) 30 % des Nennbetrages der Zinsen.

Bei der Körperschaftsteuerveranlagung sind die einbehaltenen Kapitalertragsteuern ebenso wie die Kapitalerträge selbst und die anrechenbare Körperschaftsteuer dem Handelsbilanzgewinn wieder hinzuzurechnen. Die von Gewinnanteilen im Sinne von § 43 Abs. 1 Ziff. 1–3 EStG einbehaltene Kapitalertragsteuer in Höhe von 25 % wird als Vorauszahlung mit der endgültigen Steuerschuld verrechnet. Für Zinsen im Sinne von § 43 Abs. 1 Ziff. 5 EStG ist die Einkommensteuer bzw. Körperschaftsteuer mit dem Steuerabzug vom Kapitalertrag in Höhe von 30 % des Nennbetrages der Zinsen abgegolten (§ 50 Abs. 1 N° 3 KStG). Diese Zinsen sind daher einschließlich der Kapitalertragsteuer als bereits versteuertes Einkommen von dem nach § 8 KStG ermittelten Einkommen abzusetzen. Dies gilt nach § 50 Abs. 2 Ziff. 2 KStG nicht, wenn die Ausschüttungsbelastung im Sinne von § 27 KStG herzustellen ist.

Die Ausschüttungsbelastung nach § 27 KStG gehört nach § 20 Abs. 1 Ziff. 1 und 2 EStG in Verbindung mit § 43 Abs. 1 Ziff. 1 EStG nicht zur Bemessungsgrundlage für die Kapitalertragsteuer. Sie gehört aber nach § 20 Abs. 1 Ziff. 3 EStG zu den Einkünften aus Kapitalvermögen und gilt zusammen mit den Gewinnanteilen, als bezogen. Sie ist mit 9/16 dieser Gewinnanteile anzusetzen.

Für den Aktionär oder Gesellschafter ergibt sich daher folgende Rechnung:

Angenommene Dividende je 50 DM eingezahltes Kapital 18 %	= 9,— DM
davon ab 25 % Kapitalertragsteuer	= 2,25 DM
Ausgezahlter Betrag	= 6,75 DM
Anrechenbare Körperschaftsteuer 9/16 von 9 DM	= 5,06 DM

Als Einkunft aus Kapitalvermögen bzw. als Ertrag bei der Gewinnermittlung sind anzusetzen 14,06 DM. Auf die Einkommen- bzw. Körperschaftsteuer werden angerechnet die anrechenbare Körperschaftsteuer von 5,06 DM und die Kapitalertragsteuer von 2,25 DM. Zum gleichen Ergebnis führt auch folgende Rechnung:

Gesamt-Kapitalertrag	14,06 DM
davon ab 36 % Ausschüttungsbelastung	5,06 DM
Gewinnanteil	9,— DM
davon ab 25 % Kapitalertragsteuer	2,25 DM
Barauszahlung	6,75 DM

Damit sind die wichtigsten allgemeinen Grundsätze für die Einkommensermittlung nach dem Körperschaftsteuergesetz erörtert. Die Vorschriften über die Berücksichtigung der steuerfreien Zinsen (§ 3a EStG) und anderer steuerfreier Einnahmen (§ 3 EStG), der Spenden und anderer abziehbarer Ausgaben (§ 9 KStG) sowie der nichtabziehbaren Ausgaben (§ 10 KStG) bei der Einkommensermittlung bezeichnet man zusammenfassend als Einkommensermittlungsvorschriften. Dies bedeutet, daß sie nicht erst vom Einkommen abzugsfähig sind, sondern bereits zum Zwecke der Ermittlung des Einkommens vom Handelsbilanzgewinn zuzüglich der Hinzurechnungen abzusetzen sind. Demgegenüber handelt es sich bei den Vorschriften über die Berücksichtigung der kapitalertragsteuerpflichtigen Zinsen im Sinne von § 43 Abs. 1 Ziff. 5 EStG um eine Besteuerungsvorschrift. Diese Zinsen gelten als bereits versteuertes Einkommen und sind daher einschließlich Kapitalertragsteuer erst vom Einkommen selbst abzuziehen.

(4) Die allgemeinen Grundsätze für die Einkommensermittlung an einem Beispiel

Bevor wir uns nun mit den für Versicherungsunternehmen geltenden besonderen Einkommensermittlungsvorschriften befassen, soll die für alle Wirtschaftsunternehmen geltende Einkommensermittlung und Besteuerung in allen Einzelheiten noch einmal an einem Beispiel dargestellt werden. Der Beispielsrechnung wurde der systematische Aufbau zugrunde gelegt, der von der Finanzverwaltung in den Körperschaftsteuer-Erklärungsvordrucken entwickelt worden ist.

Beispiel:

Die Steuerpflichtige ist eine Aktiengesellschaft mit einem Stammkapital von 3 000 000 DM. Sie ist mit 30 % an einer anderen Aktiengesellschaft beteiligt.

Daten:

Handelsbilanzgewinn:	800 000 DM,

darin sind enthalten:

a) Gewinne aus Beteiligungen in Höhe von 288 000 DM,

b) steuerfreie Zinsen im Sinne von § 3a EStG in Höhe von 50 000 DM,

c) Zinsen im Sinne von § 43 Abs. 1 Ziff. 5 EStG 60 000 DM;

hinzuzurechnende Ausgaben:

a) gezahlte nicht abzugsfähige Steuern und Steuerabzüge:

Vermögensteuer:	40 000 DM
36 % Ausschüttungsbelastung von 600 000 DM =	216 000 DM
25 % Kapitalertragsteuer aus 384 000 DM =	96 000 DM
30 % Kapitalertragsteuer aus 60 000 DM =	18 000 DM

b) zurückgestellte, nicht abzugsfähige Steuern:

Körperschaftsteuer:	100 000 DM
Vermögensteuer:	10 000 DM
c) Aufsichtsratsvergütungen:	40 000 DM
d) Spenden laut Spendenkonto:	30 000 DM

abzusetzende Ausgaben:

Spenden im Sinne von § 11 Abs. 5 KStG:	20 000 DM
aufgelöste Rückstellungen für nicht abzugsfähige Steuern aus früheren Veranlagungszeiträumen, die in diesen Veranlagungszeiträumen bereits versteuert wurden:	30 000 DM
überzahlte, nicht abzugsfähige Steuern aus früheren Veranlagungszeiträumen, die in diesen Veranlagungszeiträumen bereits versteuert worden sind:	40 000 DM

Gewinnverteilungsbeschluß:

Die Gesellschaft beschließt, den Handelsbilanzgewinn wie folgt zu verteilen:

Auf das Stammkapital wird eine Dividende von 15 % oder insgesamt 450 000 DM ausgeschüttet. Die Ausschüttungsbelastung betrug 9/16 von 450 000 DM oder 253 125 DM. Der restliche Handelsbilanzgewinn von 196 875 DM wird der freien Rücklage zugewiesen.

Einkommensermittlung:

Handelsbilanzgewinn			800 000 DM
dem Handelsbilanzgewinn sind hinzuzurechnen:			
gezahlte, nicht abzugsfähige Steuern:			
Körperschaftsteuer (Ausschüttungsbelastung)	216 000 DM		
Vermögensteuer	40 000 DM		
Kapitalertragsteuer	114 000 DM	370 000 DM	
Rückstellungen für nicht abzugsfähige Steuern:			
Körperschaftsteuer	100 000 DM		
Vermögensteuer	10 000 DM	110 000 DM	
Spenden laut Spendenkonto:		30 000 DM	510 000 DM
Handelsbilanzgewinn + Hinzurechnungen			1 310 000 DM
davon sind abzusetzen:			
Spenden	20 000 DM		
aufgelöste Rückstellungen für nicht abziehbare Steuern	30 000 DM		
überzahlte, nicht abzugsfähige Steuern	40 000 DM		
steuerfreie Zinsen	50 000 DM		140 000 DM
Einkommen			1 170 000 DM

Von dem Einkommen sind die als bereits versteuert geltenden Zinsen im Sinne von § 43 Abs. 1 Ziff. 3–5 EStG einschließlich Kapitalertragsteuer in Höhe von abzusetzen.   60 000 DM

Es verbleiben zu versteuern   1 110 000 DM

Steuerermittlung:

Aus dem zu versteuernden Einkommen in Höhe von   1 110 000 DM
werden für Ausschüttungen auf Grund eines Beschlusses im Sinne von § 27 Abs. 3 KStG (450 000 DM + 253 125 DM) verwendet   ./. 703 125 DM

Das verbleibende Einkommen von   406 875 DM
unterliegt der Körperschaftsteuer mit 50 %, das sind   203 435 DM

Darauf sind die Ausschüttungsbelastung von 216 000 DM und die Kapitalertragsteuer von 96 000 DM auf die Beteiligungsgewinne anzurechnen   ./. 312 000 DM

Die Körperschaftsteuer ist mit   ./. 108 565 DM
überzahlt.

Die gebildete Körperschaftsrückstellung von 100 000 DM kann in der Folgebilanz aufgelöst werden. Sie stellt zusammen mit dem Erstattungsbetrag von 108 565 DM für das Folgejahr bereits versteuerten Gewinn dar und kann bei der Einkommensermittlung abgesetzt werden.

cc) Die besondere Einkommensermittlungsvorschriften für Versicherungsunternehmen (§§ 20 und 21 KStG)

Auch die Versicherungsunternehmen haben ihr Einkommen nach den allgemeinen Vorschriften des Körperschaftsteuergesetzes und Einkommensteuergesetzes in der oben dargestellten Weise zu ermitteln. Zu den **abzugsfähigen Ausgaben** gehören bei Versicherungsunternehmen auch die Zuführungen zu versicherungstechnischen Rückstellungen (§ 20 Abs. 1 KStG).

Versicherungstechnische Rückstellungen im Sinne von § 20 Abs. 1 KStG sind, soweit sie nicht schon nach den Vorschriften des Einkommensteuergesetzes anzusetzen sind, in der Steuerbilanz zu bilden, soweit sie für die Leistungen aus den am Bilanzstichtag laufenden Versicherungsverträgen erforderlich sind. Der in der Handelsbilanz ausgewiesene Wertansatz einer versicherungstechnischen Rückstellung darf in der Steuerbilanz nicht überschritten werden. Insoweit ist der Handelsbilanzansatz ein Höchstwert. Korrekturen in der Steuerbilanz sind nur nach unten und nur dann möglich, wenn der Handelsbilanzansatz objektiv falsch ist. In der Praxis werden versicherungstechnische Rückstellungen bereits bei der Ermittlung des Handelsbilanzgewinns in Ansatz gebracht.

Eine besondere Bestimmung in § 20 Abs. 2 KStG klärt die **Voraussetzungen für die Schwankungsrückstellung**. Danach müssen folgende Voraussetzungen erfüllt sein:

(1) Es muß nach den Erfahrungen in dem betreffenden Versicherungszweig mit erheblichen Schwankungen des Jahresbedarfs zu rechnen sein.

(2) Die Schwankungen des Jahresbedarfs dürfen nicht durch die Prämien ausgeglichen werden. Sie müssen aus den am Bilanzstichtag bestehenden Versicherungsverträgen herrühren und dürfen nicht durch Rückversicherungen gedeckt sein.

Detaillierte Regelungen enthalten die Anordnung des Bundesaufsichtsamtes für das Versicherungswesen vom 21.9.1978 (BStBl 1979 I, S. 61 ff. — siehe Anhang) und der koordinierte Finanzministererlaß vom 2.1.1979 (BStBl 1979 I S. 58 ff. — siehe Anhang) sowie das BdF-Schreiben vom 1.10.1982 (IV 37–S 2775– 11/82 — siehe Anhang) über die Behandlung der Zinszuführung zur Schwankungsrückstellung bei der Berechnung der Beitragsrückerstattung und bei der Frage der verdeckten Gewinnausschüttung von Versicherungsvereinen auf Gegenseitigkeit.

(1) Feststellung und Höhe der Rückstellungen für Beitragsrückerstattung

Das steuerpflichtige Einkommen des Versicherungsunternehmens wird durch Rückstellungen für Beitragsrückerstattungen stark beeinflußt. Die für die Einkommensermittlung nach dem Körperschaftsteuergesetz hierfür maßgeblichen Vorschriften des § 21 KStG enthalten daher Vorschriften über die Berücksichtigung der Beitragsrückerstattungen bzw. der Zuführungen zu Rückstellungen für Beitragsrückerstattungen bei der Einkommensermittlung des Versicherungsunternehmens.

Da für die Ermittlung der abzugsfähigen Beitragsrückerstattungen bei den einzelnen Versicherungszweigen unterschiedliche Vorschriften gelten, ist notwendig, ihre Auswirkungen auf die **Einkommensermittlung der Versicherungsunternehmen** gesondert nach den einzelnen Versicherungszweigen zu untersuchen.

Lebensversicherung und Krankenversicherung

Beitragsrückerstattungen für das selbstabgeschlossene Geschäft auf Grund des Jahresergebnisses oder des versicherungstechnischen Überschusses sind gemäß § 21 Abs. 1 Ziff. 1 KStG in der Lebens- und Krankenversicherung bis zu dem nach handelsrechtlichen Vorschriften ermittelten Jahresergebnis für das selbstabgeschlossene Geschäft, erhöht um die für Beitragsrückerstattungen aufgewendeten Beträge, die das Jahresergebnis gemindert haben, und gekürzt um den Betrag, der sich aus der Auflösung einer Rückstellung nach § 21 Abs. 2 Satz 2 KStG ergibt, sowie um den Nettoertrag des nach den steuerlichen Vorschriften über die Gewinnermittlung anzusetzenden Betriebsvermögens am Beginn des Wirtschaftsjahres abziehbar.

Diese sehr kompliziert klingende Vorschrift des Körperschaftsteuergesetzes 1977 bedarf einiger Erläuterungen.

Die Beitragsrückerstattungen müssen aus dem Jahresergebnis für das selbstabgeschlossene Geschäft gewährt werden. Beitragsrückerstattungen aus anderen Quellen fallen nicht unter die Vorschrift des § 21 KStG. Dies gilt insbesondere für die auch heute in der Krankenversicherung gelegentlich noch übliche erfolgsunabhängige Beitragsrückgewähr (siehe unten). Da das Jahresergebnis für das selbstabgeschlossene Geschäft nach den handelsrechtlichen Vorschriften über die Gewinnermittlung festzustellen ist, ist es praktisch identisch mit dem nach handelsrechtlichen Vorschriften ermittelten Gewinn für das selbstabgeschlossene Geschäft. Dieses Jahresergebnis entspricht dem Jahresüberschuß bzw. dem Jahresfehlbetrag nach § 266 Abs. 3 HGB n. F., wenn sich die Tätigkeit des Versicherungsunternehmens auf das selbstabgeschlossene Versicherungsgeschäft beschränkt. Sofern die Tätigkeit des Versicherungsunternehmens nicht auf das selbstabgeschlossene Versicherungsgeschäft beschränkt ist, ergibt sich das Jahresergebnis des selbstabgeschlossenen Geschäfts aus den §§ 2 bis 7 der Verordnung über die Rechnungslegung von Versicherungsunternehmen gegenüber dem Bundesaufsichtsamt für das Versicherungswesen vom 30.1.1987 (BGBl. I 1987 S. 530).

Für die Abziehbarkeit von Beitragsrückerstattungen aus diesem Jahresergebnis setzt § 21 Abs. 1 Ziff. 1 KStG Grenzen. Zur Ermittlung dieser Grenzen sind dem Jahresergebnis für das selbstabgeschlossene Geschäft zunächst die Beitragsrückerstattungen und die Zuführungen zu einer Rückstellung für Beitragsrückerstattungen wieder hinzuzurechnen, soweit sie, was regelmäßig der Fall sein dürfte, das Jahresergebnis gemindert haben. Diese Beträge sind in der Gewinn- und Verlustrechnung nach der Verordnung über die Rechnungslegung von Versicherungsunternehmen vom 11.7.1973 (BGBl 1973 I, Seite 1209 i. F. vom 19.12.1985, BGBl I 1985, S. 2355) bei Lebensversicherungsunternehmen im Formblatt L II unter der Position 10 und bei Krankenversicherungsunternehmen im Formblatt K II unter der Position 9 b ausgewiesen.

Das um diese Beträge erhöhte Jahresergebnis für das selbstabgeschlossene Geschäft, das man als Rohüberschuß des selbstabgeschlossenen Geschäftes bezeichnen könnte, ist nach § 21 Abs. 1 Ziff. 1 KStG 1977 zu kürzen um den Betrag, der sich aus der Auflösung einer

Rückstellung für Beitragsrückerstattung nach § 21 Abs. 2 Satz 2 KStG 1977 ergibt, sowie um den Nettoertrag des nach den steuerlichen Vorschriften über die Gewinnermittlung anzusetzenden Betriebsvermögens am Beginn des Wirtschaftsjahres. Der verbleibende Betrag ist der Höchstbetrag für Beitragsrückerstattungen. Soweit Beitragsrückerstattungen und Zuführungen zu einer Rückstellung für Beitragsrückerstattungen diesen Betrag nicht überschreiten, ist die Abzugsfähigkeit bei der Gewinnermittlung gewährleistet.

Das nachstehende Schema soll diesen Vorgang noch einmal erläutern:

Ausgangsgrundlage:	Jahresergebnis für das selbstabgeschlossene Geschäft
Zurechnungen:	Beitragsrückerstattungen und Zuführungen zu einer Rückstellung für Beitragsrückerstattungen, soweit sie das Jahresergebnis gemindert haben
Zwischensumme:	Rohüberschuß des selbstabgeschlossenen Geschäfts
Kürzungsbeiträge:	Auflösungsbeträge gemäß § 21 Abs. 2 Satz 2 KStG
	Nettoertrag des Betriebsvermögens am Beginn des Wirtschaftsjahrs
	Höchstbetrag für Beitragsrückerstattungen

Der Höchstbetrag für Beitragsrückerstattungen aus dem Jahresergebnis für das selbstabgeschlossene Geschäft wird daher von zwei Größen zusätzlich beeinflußt:
— den Auflösungsbeträgen nach § 21 Abs. 2 Satz 2 KStG und
— dem Nettoertrag des Betriebsvermögens am Beginn des Wirtschaftsjahres.

Nach § 21 Abs. 2 KStG sind die Rückstellungen für Beitragsrückerstattung in der Lebensversicherung insoweit aufzulösen, als sie höher sind als die Summe:
— der Zuführungen innerhalb des am Bilanzstichtag endenden Wirtschaftsjahres und der zwei vorangegangenen Wirtschaftsjahre,
— des Betrags, dessen Ausschüttung als Beitragsrückerstattung vom Versicherungsunternehmen vor dem Bilanzstichtag verbindlich festgestellt worden ist,
— des Betrags, der für die Finanzierung der auf die abgelaufenen Versicherungsjahre entfallenden Schlußgewinnanteile erforderlich ist.

In der **Krankenversicherung** tritt an die Stelle des Betrags für die Finanzierung der Schlußgewinnanteile der Betrag, dessen Verwendung zur Ermäßigung von Beitragserhöhungen im folgenden Geschäftsjahr vom Versicherungsunternehmen vor dem Bilanzstichtag verbindlich festgelegt worden ist.

Eine Auflösung braucht nach § 21 Abs. 2 letzter Satz KStG nicht zu erfolgen, soweit an die Versicherten Kleinbeträge auszuzahlen wären und die Auszahlung dieser Beträge mit einem unverhältnismäßig hohen Verwaltungsaufwand verbunden wäre.

Als Nettoertrag des Betriebsvermögens am Beginn des Wirtschaftsjahres gilt nach § 21 Abs. 1 Ziff. 1 letzter Satz KStG der Ertrag aus langfristiger Kapitalanlage, der anteilig auf das Betriebsvermögen entfällt, nach Abzug der entsprechenden abziehbaren und nichtabziehbaren Betriebsausgaben. Langfristige Kapitalanlage ist die Summe derjenigen Wirtschaftsgüter, die in der Bilanz von Lebensversicherungsunternehmen unter II und III des

Formblattes L I ausgewiesen werden. Bei Krankenversicherungsunternehmen ist es die Summe derjenigen Wirtschaftsgüter, die unter II des Formblattes K I ausgewiesen werden. Als Bezugsgröße für die Ertragsberechnung kann der Mittelwert der Kapitalanlagen zum Ende und zu Anfang des Wirtschaftsjahres zugrunde gelegt werden. Als Bruttoertrag aus dieser langfristigen Kapitalanlage kann die Summe der in den Formblättern L II und K II unter den Positionen 5a bis 5e der Gewinn- und Verlustrechnung ausgewiesenen Beträge angesetzt werden.

Insoweit enthält der Erlaß des Bundesministers der Finanzen vom 7.3.1978 (BStBl 1978 I Seiten 160 ff. siehe Anhang) entsprechende Hinweise, die allerdings nicht verbindlich vorgeschrieben sind. Die Lebens- und Krankenversicherungsunternehmen werden sich aber im allgemeinen an diese Hinweise halten, da sie zugleich Diskussionen bei der Betriebsprüfung ausschließen.

Die Ermittlung des Bruttoertrages des Betriebsvermögens läßt sich auch in einer Formel darstellen. Bezeichnen wir das Betriebsvermögen mit E = Eigenkapital, die langfristige Kapitalanlage mit Kl und den Bruttoertrag aus langfristiger Kapitalanlage mit BKl, so ergibt sich für den Bruttoertrag des Betriebsvermögens (BE) folgende Formel:

$$BE = \frac{E \times BKl}{Kl}$$

Dieser **Bruttoertrag des Betriebsvermögens** ist dann noch um die steuerrechtlich nichtabziehbaren und abziehbaren Betriebsausgaben zu kürzen. Bei den steuerrechtlich nichtabziehbaren und abziehbaren Betriebsausgaben, die anteilig auf den Bruttoertrag des Betriebsvermögens entfallen, handelt es sich in erster Linie um die Körperschaftsteuer, die Gewerbesteuer und die Vermögensteuer.

Der Erlaß vom 7.3.1978 (a.a.O.) enthält ein sehr umfangreiches, aber nicht in allen Teilen leicht verständliches Beispiel für die Ermittlung des Nettoertrags des Betriebsvermögens bei Lebens- und Krankenversicherungsunternehmen. Eine genaue Berechnung des Nettoertrags des Betriebsvermögens dürfte jedoch ebenso wie eine genaue Ermittlung des Höchstbetrages für Beitragsrückerstattungen nicht in allen Fällen erforderlich sein. Die nach § 21 Abs. 1 Ziff. 1 KStG vorgesehene Zweckrechnung zur Feststellung des Höchstbetrages für Beitragsrückerstattungen in der Lebens- und Krankenversicherung hat nur eine Kontrollfunktion. Durch sie soll festgestellt werden, ob die aus dem Jahresergebnis für das selbstabgeschlossene Geschäft vorgenommenen Beitragsrückerstattungen und Zuführungen zu Rückstellungen für Beitragsrückerstattungen nach steuerrechtlichen Vorschriften abzugsfähig sind. Sie ist nicht Bestandteil des Abschlusses im Sinne von § 5 des Einkommensteuergesetzes und der handelsrechtlichen Grundsätze ordnungsmäßiger Buchführung. Sie braucht deshalb von den Versicherungsunternehmen nicht vorgenommen zu werden. In vielen Fällen werden die Versicherungsunternehmen durch eine einfache Überschlagsrechnung feststellen können, ob die für Beitragsrückerstattungen vorgesehenen Beträge die Grenzen des § 21 Abs. 1 Ziff. 1 KStG nicht überschreiten. Meist dürften die Zuführungen zu Rücklagen und die bei Aktiengesellschaften für die Aktionärsdividenden vorgesehenen Beträge den Nettoertrag des Betriebsvermögens bereits überschreiten. In allen diesen Fällen sind die der Rückstellung für Beitragsrückerstattung zugeführten Beträge zuzüglich bereits vorgenommener Beitragsrückerstattungen aus dem Jahresergebnis für das selbstabgeschlossene Geschäft abzugsfähig.

Die neue Regelung enthält gegenüber dem alten Körperschaftsteuergesetz zwei wesentliche Änderungen.

(1) Die uneingeschränkte Abzugsfähigkeit von Beitragsrückerstattungen aus dem Lebensversicherungsgeschäft (§ 6 Abs. 2 Ziff. 1 KStG a. F.) und die uneingeschränkte Abzugsfähigkeit von Beitragsrückerstattungen aus dem Krankenversicherungsgeschäft (§ 17 KStDV a. F.) wurden aufgegeben.

(2) Die Mindestbesteuerung für das Lebensversicherungsgeschäft (§ 6 Abs. 4 KStG a. F.) und für das Krankenversicherungsgeschäft (§ 17 Abs. 2 KStDV a. F.) fällt weg.

Wie erwähnt, wird die **erfolgsunabhängige Beitragsrückerstattung** von § 21 Abs. 1 Ziff. 1 KStG nicht erfaßt. Die erfolgsunabhängige Beitragsrückerstattung wird nicht aus dem Jahresergebnis gewährt, sie ist vom Jahresergebnis unabhängig. Sie stellt eine unmittelbare Prämienkorrektur ohne Rücksicht auf das Geschäftsergebnis dar. Bei der erfolgsunabhängigen Beitragsrückgewähr ist der Tarifbeitrag im Ergebnis ein Beitragsvorschuß, der durch eine Nachkalkulation korrigiert wird. Der zu Unrecht erhobene Beitragsanteil wird als erfolgsunabhängige Beitragsrückerstattung zurückgegeben. Die erfolgsunabhängige Beitragsrückerstattung ist daher im vollen Umfang Betriebsausgabe. Die für eine solche Beitragsrückerstattung vorgesehenen, aber noch nicht ausgezahlten Beträge sind als Verbindlichkeiten zu passivieren.

Die erfolgsunabhängige Beitragsrückerstattung ist in der Lebensversicherung unbekannt. In der Krankenversicherung kommt sie noch gelegentlich bei schadenfreiem Verlauf vor.

Zuführungen zu einer Rückstellung für Beitragsrückerstattungen sind im Rahmen der dargestellten Grenzen abzugsfähig, wenn die ausschließliche Verwendung der Rückstellung für diesen Zweck durch die Satzung oder durch geschäftsplanmäßige Erklärung gesichert ist (§ 21 Abs. 2 Satz 1 KStG).

Die Deckung außerordentlicher Verluste aus der Rückstellung für Beitragsrückerstattung berührt die Abzugsfähigkeit nach der Rechtsprechung des Reichsfinanzhofes nicht (Urteil vom 23.4.1931, RStBl 1932. S. 109 und vom 4.4.1939, RStBl 1939. S. 892).

Übrige Versicherungszweige

Bei den übrigen Versicherungszweigen ist zunächst ebenfalls zu unterscheiden zwischen der erfolgsunabhängigen Beitragsrückgewähr und der vom Jahresergebnis abhängigen Beitragsrückgewähr.

Die erfolgsunabhängige Beitragsrückgewähr gab es vornehmlich in der Kraftfahrtversicherung. Sie beruhte auf gesetzlichen Vorschriften. In der Kraftfahrthaftpflichtversicherung besteht seit 14.2.1938 Versicherungszwang. Die Verordnung führte eine feste Beitragsrückerstattung (*Bonus*) bei schadenfreiem Verlauf der Versicherung ein (*erfolgsunabhängige Beitragsrückerstattung*). Diese erfolgsunabhängige Beitragsrückerstattung war in voller Höhe als Betriebsausgabe abzugsfähig. Rückstellungen für diese Beitragsrückerstattung waren als echte Schulden ebenfalls in voller Höhe abzugsfähig und bereits bei Feststellung des Handelsbilanzgewinnes zu berücksichtigen.

Der Bonus in der Kfz-Versicherung ist seit Einführung der Unternehmenstarife durch den **Schadenfreiheitsrabatt** abgelöst worden (SFR). Der Schadenfreiheitsrabatt ist eine Minderung der zukünftigen Prämie, er bewirkt also eine Herabsetzung der Beitragseinnahme.

Der Eintritt eines Schadens führt nicht zu einer rückwirkenden Aufhebung des Schadenfreiheitsrabattes, sondern zur Minderung oder zum Wegfall des Rabattes im nächsten Versicherungsjahr, d. h. zur Beitragserhöhung im nächsten Versicherungsjahr. Der Schadenfreiheitsrabatt berührt daher die Gewinnermittlung nicht.

Die auf Grund des Jahresergebnisses für das selbstabgeschlossene Geschäft gewährte, also **erfolgsabhängige Beitragsrückerstattung** ist bis zur Höhe des Überschusses abzugsfähig, der sich aus der Beitragseinnahme nach Abzug aller anteiligen abziehbaren und nichtabziehbaren Betriebsausgaben einschließlich der Versicherungsleistungen, Rückstellungen und Rechnungsabgrenzungsposten ergibt. Der Berechnung des Überschusses sind die auf das Wirtschaftsjahr entfallenden Betriebseinnahmen und Betriebsausgaben des einzelnen Versicherungszweigs aus dem selbstabgeschlossenen Geschäft für eigene Rechnung zugrunde zu legen (§ 21 Abs. 1 Ziff. 2 KStG).

Zur Ermittlung des abzugsfähigen Teiles der erfolgsabhängigen Beitragsrückerstattung ist also für jeden Versicherungszweig eine technische Gewinn- und Verlustrechnung über das selbstabgeschlossene Geschäft aufzustellen. Die Einnahmeseite erfaßt dabei im allgemeinen nur die reinen Beitragseinnahmen für eigene Rechnung des laufenden Versicherungsjahres. Abgesetzt werden die abziehbaren und nichtabziehbaren Betriebsausgaben einschließlich der Versicherungsleistungen, der Zuführungen zu Rückstellungen und Rechnungsabgrenzungsposten des jeweiligen Versicherungszweiges für die laufende Rechnungsperiode. Bezüglich der Abziehbarkeit von Zinszuführungen bei der Schwankungsrückstellung vgl. BdF-Schreiben vom 1.10.1982 (a.a.O.). Soweit sich ein Überschuß ergibt, kann dieser mit steuerlicher Wirkung als erfolgsabhängige Beitragsrückgewähr ausgeschüttet oder einer Rückstellung für Beitragsrückerstattungen zugeführt werden.

Umstritten ist der Ansatz der Erträge aus der Bewirtschaftung (Anlage) der Beiträge. Diese Erträge können auch dann nicht in die technische Überschußrechnung mit einbezogen werden, wenn die aus den Beiträgen finanzierten Vermögensanlagen der Bedeckung versicherungstechnischer Rückstellungen dienen (BFH vom 6.12.1960, BStBl 1961 S. 81; vgl. hierzu auch *Prölss-von der Thüsen-Zieler, Die versicherungstechnischen Rückstellungen im Steuerrecht*, a.a.O., S. 137 ff.).

Eine **Ausnahme** besteht lediglich bei der Kraftfahrtversicherung. Die 12. Verordnung zur Änderung der Verordnung über die Tarife in der Kraftfahrtversicherung vom 8. Dezember 1978 (Bundesanzeiger Nr. 237 vom 19. Dezember 1978) sieht in Artikel 1 Nr. 5 für die Kraftfahrzeughaftpflichtversicherung auch eine Beitragsrückerstattung aus Zinserträgen des nichttechnischen Geschäfts vor. Danach sind sogenannte *„Reinzinserträge"* verschiedener Zinsträger, u. a. Hypotheken, Schuldscheinforderungen, Schuldbuchforderungen u. ä. Vermögensanlagen, wie Beitragseinnahmen in der technischen Gewinn- und Verlustrechnung zu verwenden und für die Beitragsrückerstattung an die Versicherten heranzuziehen.

Die technische Überschußrechnung hat nicht nur Bedeutung als Kontrolleinrichtung zur Feststellung, ob Beitragsrückerstattungen oder Zuführungen zu Beitragsrückerstattungen als Betriebsausgaben abgesetzt werden können, sie hat auch Bedeutung für die Schwankungsrückstellung und muß daher von den betroffenen Versicherungsunternehmen in jedem Falle erstellt werden.

Zuführungen zu Rückstellungen für Beitragsrückerstattungen sind im Rahmen der oben dargestellten Grenzen dann als Betriebsausgaben abzugsfähig, wenn ebenso wie in der Lebens- und Krankenversicherung die ausschließliche Verwendung der Rückstellung für diese Zwecke satzungsmäßig oder durch geschäftsplanmäßige Erklärung gesichert ist. Bereits gebildete Rückstellungen für Beitragsrückerstattungen sind gewinnerhöhend aufzulösen, wenn sie höher sind als:

die Zuführungen innerhalb des am Bilanzstichtag endenden Wirtschaftsjahrs und der zwei vorangegangenen Wirtschaftsjahre zuzüglich

des Betrages, dessen Ausschüttung als Beitragsrückerstattung vom Versicherungsunternehmen vor dem Bilanzstichtag verbindlich festgelegt worden ist.

Eine Auflösung braucht nach § 21 Abs. 2 KStG nicht zu erfolgen, soweit an die Versicherten Kleinbeträge auszuzahlen wären und die Auszahlung dieser Beträge mit einem unverhältnismäßig hohen Verwaltungsaufwand verbunden wäre. Insoweit gilt die gleiche Kleinbetragsregelung wie für Beitragsrückerstattungen in der Lebens- und Krankenversicherung.

Eine weitgehende Erläuterung hat § 21 KStG durch den Erlaß des Bundesministers der Finanzen vom 7. März 1978 (a.a.O.) gefunden. Der Erlaß ist im Anhang abgedruckt.

(2) Steuersätze

Der allgemeine Körperschaftsteuersatz für Gewinne, bei denen ein nach gesellschaftsrechtlichen Vorschriften zu fassender Ausschüttungsbeschluß noch nicht vorliegt, beträgt 50 % des zu versteuernden Einkommens. Dieser Steuersatz gilt auch für Versicherungs-Aktiengesellschaften. Bei Versicherungsvereinen auf Gegenseitigkeit ermäßigt sich der Steuersatz auf 46 % des zu versteuernden Einkommens. Diese Steuersätze ergeben sich aus § 23 Abs. 1 und 2 KStG. Werden bei Versicherungsaktiengesellschaften solche Gewinne in einem späteren Veranlagungszeitraum ausgeschüttet, so tritt eine Tarifentlastung von 14 % der ausgeschütteten Gewinne ein (§§ 27 ff. KStG). Bei Versicherungsvereinen auf Gegenseitigkeit besteht nur die Möglichkeit, solche nichtausgeschütteten und in einer freien Rücklage angesammelten Gewinne in einem späteren Wirtschaftsjahr an die Versicherungsnehmer auszuschütten, die zugleich Vereinsmitglieder sind. Die Auflösung der Rücklage ist auch beim Versicherungsverein auf Gegenseitigkeit ein Vorgang, der die Höhe des Jahresergebnisses im Auflösungsjahr nicht berührt. Weder bei der Ermittlung des Handelsbilanzgewinnes, noch bei der Ermittlung des technischen Überschusses, kann der Auflösungsbetrag als Einnahme behandelt werden. Wurde der Auflösungsbetrag aus buchtechnischen Gründen bei der Ermittlung des Handelsbilanzgewinnes wie eine laufende Betriebseinnahme behandelt, so ist er bei der Ermittlung des Steuerbilanzgewinnes wieder abzuziehen. Insoweit ist die Ausgangssituation die gleiche wie bei der Aktiengesellschaft. In keinem Falle kann die Auflösung einer Rücklage zu einer Erhöhung des laufenden Steuerbilanzgewinnes führen.

Unabhängig von der steuerrechtlichen Beurteilung der Rücklagenauflösung ist die steuerrechtliche Beurteilung der Ausschüttung an die Versicherungsnehmer und Vereinsmitglieder. Ob die Ausschüttung als Betriebsausgabe und damit gewinnmindernd anzusehen ist oder als Gewinnausschüttung, die den Gewinn selbst nicht mindert, hängt von den Gründen für die Ausschüttung ab. Soweit die Ausschüttung nicht durch das Mitgliedsverhältnis, sondern durch das Versicherungsverhältnis veranlaßt wird, gehören die Ausschüttungsbeträge zu den Betriebsausgaben und vermindern den Gewinn des laufenden Wirtschaftsjahres. Ein solcher Fall ist immer dann gegeben, wenn Rücklagen aufgelöst werden, um eine der Höhe nach kontinuierliche Gewährung von sogenannten *Versicherungsdividenden* zu gewährleisten. Hier steht die Kundenbeziehung und nicht die Mitgliedschaft im Vordergrund. In einem solchen Falle wird praktisch die Besteuerung für die in der Vergangenheit thesaurierten und voll versteuerten Gewinne rückgängig gemacht.

Nur der Vollständigkeit halber sei darauf hingewiesen, daß sich in einem solchen Falle die Abzugsfähigkeit nicht aus § 21 KStG ergibt. Bei den aus aufgelösten Rücklagen finanzierten Ausschüttungen handelt es sich zwangsläufig nicht um Beitragsrückerstattungen aus dem Jahresergebnis.

dd) Die Ermittlung des Gewerbeertrages

(1) Wesen und Besteuerungsgrundlagen der Gewerbesteuer

Die Gewerbesteuer ist eine **Realsteuer**. Gegenstand der Besteuerung ist bei Realsteuern im Gegensatz zur Einkommensteuer und Körperschaftsteuer, bei denen das Einkommen einer Person der Besteuerung unterliegt, eine Sache.

Bei der Gewerbesteuer ist der der Besteuerung unterliegende Gegenstand der Gewerbebetrieb. Gewerbebetrieb ist jede selbständige, nachhaltige, mit Gewinnerzielungsabsicht durchgeführte Tätigkeit, die sich als Beteiligung am allgemeinen Wirtschaftsverkehr darstellt (vgl. A. II. 1, oben). Der Gewerbesteuer unterliegt jeder stehende Gewerbebetrieb, soweit er im Inland betrieben wird (§ 2 Abs. 1 GewStG).

Als Gewerbebetrieb gilt

stets und in vollem Umfange unter anderem die Tätigkeit von Versicherungs-Aktiengesellschaften und Versicherungsvereinen auf Gegenseitigkeit (§ 2 Abs. 2 Ziff. 2 GewStG). Bei öffentlich-rechtlichen Versicherungsanstalten besteht die Vermutung, daß ein Gewerbebetrieb vorliegt. Öffentlich-rechtliche Versicherungsanstalten sind gewerbesteuerpflichtig, wenn sie als stehende Gewerbebetriebe anzusehen sind (§ 2 Abs. 1 GewStDV); dies ist nach § 2 Abs. 1 und 2 GewStDV unwiderlegbar zu vermuten (*Blümich-Boyens-Steinbring-Klein-Hübl, Gewerbesteuergesetz*, 8. Auflage Anm. 24 zu § 2 GewStG; *Lensk-Steinberg, Gewerbesteuergesetz* Anm. 138 ff. zu § 2 GewStG (vgl. A. II. 1, oben)). Pensionskassen sind ihrem Wesen nach Gewerbebetriebe, aber gemäß § 3 Ziff. 9 des Gewerbesteuergesetzes von der Gewerbesteuer persönlich befreit.

Besteuerungsgrundlage für die Gewerbesteuer

sind der Gewerbeertrag und das Gewerbekapital. *„Wäre der Gewerbeertrag allein Besteuerungsgrundlage, so würde das Aufkommen an Gewerbesteuer von den Ertragsschwankungen stark abhängen. Zum Ausgleich wird das Gewerbekapital als Besteuerungsgrundlage herangezogen, wobei zu beachten ist, daß die Gewerbesteuer vom Gewerbekapital die kapitalintensiven Betriebe treffen will.* (vgl. *Lauch-Brönner, Besteuerung der Gesellschaften*, S. 96 ff.). Die subjektiven Vermögensverhältnisse der Inhaber des Gewerbebetriebes sind ebensowenig ausschlaggebend wie das Einkommen der Inhaber des Gewerbebetriebes. Anders als bei den Personensteuern richtet sich die Steuerschuld hier nicht nach der wirtschaftlichen Leistungsfähigkeit einer Person, sondern nach der Leistungsfähigkeit des Steuergegenstandes, das ist bei der Gewerbesteuer der Gewerbebetrieb.

Die Gewerbesteuer ist eine **Gemeindesteuer**. Die Gemeinden sind nach § 1 des Gewerbesteuergesetzes zwar berechtigt, aber nicht verpflichtet, die Gewerbesteuer zu erheben. In der Praxis sind alle Gemeinden der Bundesrepublik zur Erhebung der Gewerbesteuer übergegangen. Dies ist nach der Finanzverfassung der Bundesrepublik Deutschland auch unerläßlich, da die Gewerbesteuer in den vertikalen Steuerverbund mit einbezogen wurde. Mit der Einbeziehung in den Steuerverbund hat die Gewerbesteuer viel von ihrer Verwandtschaft mit den Zweckabgaben verloren.

(2) Die Gewerbeertragsteuer

Der Begriff Gewerbeertrag

Der Realsteuercharakter der Gewerbesteuer ist die Ursache für die Abweichungen bei der Ermittlung des Gewerbeertrages von der Ermittlung des Einkommens nach dem Einkommensteuergesetz bzw. Körperschaftsteuergesetz. *„Das Gesetz gibt keine einheitliche Umschreibung, des Begriffs des Gewerbeertrages, sondern begnügt sich mit der Vorschrift, daß die Höhe des Gewerbeertrages sich nach drei Faktoren bemißt"* (Blümich-Boyens-Steinbring u. a. a.a.O.). Nach dem Gesetz ist der Gewerbeertrag, „der für die Einkommensbesteuerung ermittelte Gewinn aus Gewerbebetrieb, verändert durch gewisse Hinzurechnungen und Kürzungen, die dem Objektsteuercharakter der Gewerbesteuer entsprechen" (vgl. *Bühler, Steuerrecht*, Band 2). Am ehesten kann der Gewerbeertrag unter gewissen Vorbehalten dem betriebswirtschaftlichen Begriff *„Betriebserfolg"* gleichgesetzt werden. Zum Gewerbeertrag gehören daher neben dem einkommensteuerrechtlichen Gewinn auch solche Betriebserträge, die durch den Einsatz fremder Mittel erzielt worden sind, soweit durch diese fremden Mittel dem Betrieb Gegenwerte zugeführt wurden, die in der Lage sind, dem Geschäftszweck nachhaltig und mit Erfolg zu dienen. Der Betriebserfolg kann deshalb für Zwecke der Gewerbesteuer nicht um Aufwendungen gemindert werden, die als Entgelt für die Überlassung solcher fremden Mittel gezahlt werden.

Andererseits gehören nicht zum Gewerbeertrag solche Betriebserträge, die bereits einer anderen Realsteuer unterworfen wurden. Dies gilt insbesondere für die Grundstückserträge. Grundstücke unterliegen einer anderen Real- und Gemeindesteuer, der Grundsteuer. Grundstückserträge sind deshalb bei Ermittlung des Gewerbeertrages auszusondern, soweit die Grundstücke zu einem Betriebsvermögen gehören. Im allgemeinen geschieht dies durch Abzug eines Pauschalbetrages in Höhe von 1,2 % des Einheitswertes der Betriebsgrundstücke.

Ermittlung des Gewerbeertrages

Ausgangsgröße für die Ermittlung des Gewerbeertrages ist der nach den Vorschriften des Einkommensteuergesetzes bzw. des Körperschaftsteuergesetzes ermittelte Gewinn. Für die Ermittlung des Gewerbeertrages sind daher ebenfalls die allgemeinen handelsrechtlichen und ertragsteuerrechtlichen Vorschriften maßgebend. *„Der Gewerbeertrag ist nach § 7 allerdings grundsätzlich selbständig zu ermitteln."* Ausgangsgröße ist zwar der Gewinn aus Gewerbebetrieb, eine rechtliche Bindung besteht aber nicht (vgl. Abschnitt 39 Abs. 1 GewStR, sowie BFH vom 25.11.1955, BStBl 1956 III S. 4 und vom 27.4.1961, BStBl III

S. 281). Soweit Vorschriften des EStG oder KStG mit dem Charakter der GewSt als Realsteuer nicht im Einklang stehen, bleiben sie unberücksichtigt (vgl. RFH vom 21.5. 1940, RStBl 1940 S. 667). Dies gilt z. B. für außerordentliche Einkünfte, Veräußerungsgewinne u.ä.m. Bei Kapitalgesellschaften ist dies unbeachtlich, da bei diesen alle Einkünfte gewerbliche Einkünfte sind (vgl. RFH vom 5.3.1940, RStBl 1940 S. 476 und vom 13.1.1942 RStBl 1942 S. 274 sowie § 8 Abs. 2 KStG). Das gilt auch für Vorschriften, deren Anwendung ausdrücklich auf die Einkommensteuer (Körperschaftsteuer) beschränkt ist (BFH vom 11.12.1956, RStBl 1957 III S. 105, vom 19.12.1957, BStBl 1958 III S. 210, und vom 20.11.1960, BStBl 1961 III S. 51).

Zur Feststellung des maßgeblichen Gewinns aus Gewerbebetrieb enthält Abschnitt 39 GewStR umfangreiche Abgrenzungshinweise. Dem maßgeblichen Gewinn aus Gewerbebetrieb, der dem Gewerbeertrag zugrunde zulegen ist, sind die in § 8 des Gewerbesteuergesetzes genannten Ausgaben wieder hinzuzurechnen, soweit sie bei der Ermittlung des Gewinns abgesetzt worden sind.

Nach der Systematik des § 8 des Gewerbesteuergesetzes sind hierbei zwei **Gruppen** zu unterscheiden:

1. einkommensteuerrechtlich abzugsfähige Ausgaben für Eigenkapital ersetzendes Fremdkapital (Zinsen für Dauerschulden),

2. Aufhebung von sachlichen Steuerbefreiungen nach dem Einkommen- und Körperschaftsteuergesetz (insbesondere Spenden).

Die Summe des Gewinnes und der Hinzurechnungen ist um die in § 9 des Gewerbesteuergesetzes genannten Erträge zu kürzen.

Hier sind **drei Gruppen** zu unterscheiden:

1. Erträge, die bereits bei einer anderen Real- oder Objektsteuer berücksichtigt wurden, insbesondere die Grundstückserträge,

2. Erträge, die bereits bei einem anderen Gewerbebetrieb von der Gewerbesteuer erfaßt worden sind und daher erneut und damit doppelt der Gewerbesteuer unterworfen würden,

3. sachlich von der Gewerbesteuer befreite Einnahmen.

Die Vorschriften der §§ 8 und 9 des Gewerbesteuergesetzes verfolgen den Zweck, den tatsächlichen Ertrag des Gewerbebetriebes zu erfassen und Doppelbesteuerungen zu vermeiden. Dieser Ertrag ist mit dem Gewinn aus Gewerbebetrieb selten identisch. *„Der Gewinn ist ein subjektiver Begriff; er umfaßt alle Einkünfte einer Person aus dem Gewerbebetrieb. Der Gewerbeertrag ist dagegen im objektiven Sinne zu verstehen. Gewerbeertrag ist nicht der auf ein bestimmtes Steuersubjekt bezogene einkommensteuerrechtliche Gewinn, sondern was der Betrieb an sich abwirft, wenn man ihn losgelöst von den Beziehungen zu einem bestimmten Rechtsträger betrachtet"* (vgl. Blümich-Boyens-Steinbring u. a., a.a.O. Anm. 2 zu § 7 GewStG). Ertrag des Gewerbebetriebes in diesem Sinne ist die Rendite, die das im Gewerbebetrieb eingesetzte Kapital erwirtschaftet, *„d. h. der Ertrag des im Betrieb arbeitenden Kapitals, gleichviel, ob es sich um Eigenkapital des Unternehmens oder Fremdkapital handelt"* (vgl. Blümich-Boyens-Steinbring u. a., a.a.O. Anm. 1 zu § 8 GewStG).

Der Begriff Betriebskapital

Von besonderer Bedeutung für den Gewerbeertrag ist der Begriff des Betriebskapitals. Das Betriebskapital ist nicht identisch mit dem Kapitalausweis auf der Passivseite der Bilanz. Das Betriebskapital ist vielmehr eine Position der Aktivseite der Bilanz, also ein Teil des Betriebsvermögens. Es umfaßt alle die Wirtschaftsgüter des Betriebsvermögens, die das Unternehmen unbedingt braucht, um seinen Geschäftszweck erfüllen zu können. Es beschränkt sich daher nicht notwendigerweise auf das sogenannte *Anlagevermögen*, zu dem alle die Wirtschaftsgüter gehören, die am Bilanzstichtag dazu bestimmt sind, dauernd dem Geschäftszweck zu dienen. Der Begriff *„Betriebskapital"* ist umfassender. Zum Betriebskapital gehören auch Wirtschaftsgüter des Umlaufvermögens, soweit sie unbedingt zur Durchführung des Geschäftszweckes erforderlich sind, so z. B. Rohstoffvorräte, Warenvorräte und ein gewisses Barkapital bzw. Bankvermögen.

Der Begriff des Betriebskapitals als Mindestvermögen des Betriebes ist leider bis heute nicht exakt definiert. Es wäre eine Aufgabe der modernen Betriebswirtschaftslehre, sich mit diesem Begriff einmal auseinanderzusetzen. Nach der Rechtsprechung des Reichsfinanzhofes (vgl. RFH vom 28.6.1939, StuW Nr. 442) ist unter Betriebskapital der Teil des Betriebsvermögens zu verstehen, *„den normalerweise der Unternehmer ständig braucht, um seinen Betrieb fortzuführen"*. Folgerichtig soll daher zur Gewerbesteuer als Objektsteuer das gewerbliche Betriebskapital herangezogen werden, gleichviel, ob es Eigenkapital des Betriebsinhabers oder Fremdkapital ist. Es soll aber nur das ständige Betriebskapital erfaßt werden. *„Ein Mindestbetrag von ständigem Betriebskapital ist für jeden Betrieb notwendig, sonst würde der Betrieb bald zum Erliegen kommen"*.

Die Unsicherheit hinsichtlich des Begriffes „Betriebskapital" führt seit Jahrzehnten zu ständigen Auseinandersetzungen mit der Finanzverwaltung und in der Rechtsprechung. Mit der Abgrenzung des Betriebskapitals wird zugleich auch der Teil des Fremdkapitals als Finanzierungsquelle abgegrenzt, der eigenkapitalähnliche Funktionen hat und von der Gewerbesteuer erfaßt werden soll. Das Gewerbesteuergesetz bezeichnet diesen Teil des Fremdkapitals als Dauerschulden. Der Begriff der Dauerschulden ist daher eng mit dem Begriff des Betriebskapitals verknüpft. Dauerschulden liegen dann vor, wenn fremde Mittel der dauernden Verstärkung des Betriebskapitals dienen. Er ist von maßgeblicher Bedeutung für Höhe und Umfang des Gewerbeertrages und des Gewerbekapitals. Auf den Begriff der Dauerschulden soll im Zusammenhang mit der Erörterung des Gewerbekapitals eingegangen werden.

(3) Besonderheiten bei der Ermittlung des Gewerbeertrages von Versicherungsunternehmen

Versicherungsunternehmen allgemein

Die Ermittlung des Gewerbeertrages erfolgt auch bei Versicherungsunternehmen nach den allgemeinen Grundsätzen. Auszugehen ist von dem nach den Vorschriften des Einkommensteuergesetzes und Körperschaftsteuergesetzes ermittelten *„Gewinn der Unternehmung"*. Die nach den Vorschriften des § 20 KStG als Betriebsausgaben abgesetzten Zuführungen zu versicherungstechnischen Rückstellungen und zu Rückstellungen für Beitragsrückerstattungen bleiben daher auch bei der Ermittlung des Gewerbeertrages außer Ansatz. Ausgaben im Sinne des § 8 GewStG, die dem Gewinn hinzuzurechnen wären, liegen im allgemeinen bei Versicherungsunternehmen nicht vor. Die Frage der Hinzurechnung von Zinsen für Dauerschulden spielt, soweit es sich um aufgenommene Schulden handelt, bei Versicherungsunternehmen eine untergeordnete Rolle, da sie kapitalintensive Unternehmen sind und nur in den seltensten Fällen fremde Mittel zur Verstärkung des Betriebskapitals aufnehmen. Auf die Frage, wann versicherungstechnische Rückstellungen als Dauerschulden anzusehen sind, soll erst bei der Erörterung des Gewerbekapitals eingegangen werden. Der Gewinn ist auch bei Versicherungsunternehmen gemäß § 9 Ziff. 1 des Gesetzes um 1,2 % des Einheitswertes der zum Betriebsvermögen gehörenden Grundstücke zu kürzen. Weitere Kürzungen kommen bei Versicherungsunternehmen im allgemeinen nicht in Betracht.

Lebensversicherungsunternehmen

Bei Lebensversicherungsunternehmen spielt die Vorschrift des § 9 Ziff. 6 des Gesetzes eine besondere Rolle. Danach sind kapitalertragsteuerpflichtige *„Zinsen aus den in § 43 Abs. 1 Nr. 5 EStG bezeichneten festverzinslichen Wertpapieren"* vom Gewinn zu kürzen. Da Lebensversicherungsunternehmen auch heute noch über einen Bestand an solchen Wertpapieren verfügen, ergibt sich dadurch bei ihnen eine Herabsetzung des Gewerbeertrages.

Die Hinzurechnung von Zinsen für sogenannte *Dauerschulden* hat für die Lebensversicherung vor allem Bedeutung im Hinblick auf die Deckungsrückstellung und die verzinslich angesammelten Gewinnanteile. Der RFH (vgl. RFH vom 11.6.1940, RStBl 1940 S. 876 und vom 26.11.1943 RStBl 1943 S. 171) hat beide Passivposten zwar als Dauerschulden angesehen, zugleich aber festgestellt, daß der die Deckungsrückstellung bedeckende Deckungsstock ein Sondervermögen sei, das aus dem Betriebsvermögen ausscheide, so daß eine Verstärkung des Betriebsvermögens nicht eintreten könne. Aus diesem Grunde entfällt auch die Hinzurechnung von Zinsen. Für die gutgeschriebenen Gewinnanteile ließ der RFH die Möglichkeit offen, einen entsprechenden Deckungsstock zu bilden. (Der BFH hat diese Rechtsprechung bestätigt − Urteile vom 26.4.1960, BStBl III S. 311 und vom 4.4.1963, BStBl III S. 264 sowie vom 16.6.1971, DStZ (A) S. 403.) Die Lebensversicherungsunternehmen haben dies auch überwiegend getan und meist auch einen solchen Deckungsstock für ihre Rückstellungen für Beitragsrückerstattungen gebildet.

Auch Versicherungsunternehmen anderer Zweige sind in jüngster Zeit dazu übergegangen, für bestimmte Rückstellungen deckungsstockähnliche Sondervermögen zu bilden, so z. B. die Krankenversicherung für die Alterungsrückstellung.

Die Auswirkungen des Deckungsstocks auf die Kürzung von Grundstückserträgen

Aus dem Urteil des RFH vom 26.11.1943 (a.a.O.) zog die Finanzverwaltung den Schluß, daß die Erträge von Grundstücken, die zum Sondervermögen *„Deckungsstock"* gehören, den Gewinn aus dem Gewerbebetrieb nicht erhöht haben und daher auch nicht gemäß § 9 GewStG wieder gekürzt werden können (vgl. RFH vom 26.11.1943, a.a.O.). Aus diesem Grund seien bei der Ermittlung des Gewerbeertrages von Lebensversicherungsunternehmen Erträge aus Betriebsgrundstücken nur insoweit zu kürzen, als die Betriebsgrundstücke nicht zum Deckungsstock des Lebensversicherungsunternehmens gehören. Dieser Auffassung ist der BFH nicht gefolgt. Im Urteil vom 19.1.1972 (HFR 1972 S. 299) stellt er fest, daß die Kürzung um 1,2 % des Einheitswertes des Grundbesitzes auch dann vorzunehmen ist, wenn dieser zum Deckungsstock eines Versicherungsunternehmens gehört.

Diese Grundsätze gelten auch für Krankenversicherungsunternehmen, soweit diese für ihre Alterungsrückstellung einen Deckungsstock gebildet haben.

Sie gelten weiterhin auch bei allen übrigen Versicherungsunternehmen, soweit diese für besondere Rückstellungen einen Deckungsstock analog dem Deckungsstock für die Deckungsrückstellung bei der Lebensversicherung besitzen.

2. Die Vermögensteuer und Gewerbekapitalsteuer im Versicherungsbetrieb

a) Wesen der Vermögensteuer

Die Vermögensteuer ist neben der Einkommensteuer die bedeutendste **Personensteuer**. Im Gegensatz zur Einkommensteuer bzw. Körperschaftsteuer unterliegt der Besteuerung jedoch nicht der Ertrag des Vermögens; sie bezweckt vielmehr einen Eingriff in die Vermögenssubstanz selbst.

Bei den heutigen Vermögensteuersätzen dient das Vermögen allerdings nur als **Bemessungsgrundlage**. *„Die Steuersätze sind so niedrig gehalten, daß die Steuer in der Regel aus dem Ertrag, der auf einem vorhandenen Vermögen (fundiertes Einkommen) beruht, bestritten werden kann"* (vgl. *Gürsching-Stenger, Vermögensteuergesetz, Einführung,* Anm. 17). Die Vermögensteuer wird dadurch zu einer Ergänzung der Einkommensteuer. Der auf einem Vermögen beruhende Ertrag wird somit stärker belastet als das lediglich auf der persönlichen Arbeitskraft beruhende Einkommen. Aber auch ertragloses Vermögen (so z. B. Bauland, Luxusgegenstände) werden von der Vermögensteuer erfaßt. Insoweit liegt eine echte Substanzbesteuerung vor.

Der Vermögensteuer unterliegt nicht wie bei einer Realsteuer ein bestimmtes Objekt, eine Sache (wir werden diesen Unterschied später bei der Erörterung der Gewerbekapitalsteuer sehen), sondern das einer Person gehörende Reinvermögen (Rohvermögen abzüglich Schulden). Die Vermögensteuer gehört daher zu den Personensteuern. *„Sie wird ohne Rücksicht auf die Belastung des Vermögens mit anderen Steuern, z. B. Grundsteuer und Gewerbesteuer, erhoben. Die dem Gesetzgeber notwendig erscheinenden Erleichterungen sind nur die Freibeträge (§ 5 Vermögensteuergesetz; §§ 110 und 111 Bewertungsgesetz)"* (vgl. *Gürsching-Stenger,* Anm. 17 ff. a. a. O.).

Der Substanzcharakter macht es notwendig, daß für die Bewertung des Vermögens besondere **Wertermittlungsvorschriften** gelten müssen. Eine möglichst genaue Feststellung des Wertes des steuerpflichtigen Vermögens zu einem bestimmten, allgemein gültigen Besteuerungszeitpunkt ist daher schon eine aus den Grundsätzen der steuerlichen Gerechtigkeit und der Gleichmäßigkeit der Besteuerung notwendige Voraussetzung. Der Ermessensspielraum des Steuerpflichtigen bei der Bewertung seines Vermögens ist zwangläufig klein.

Während die ertragsteuerrechtliche Bewertung weitgehend handelsrechtlichen Vorschriften folgt, die dem Kaufmann einen weiten Bewertungsspielraum einräumen, und Abweichungen in der Ertragsteuerbilanz nur insoweit gefordert werden können, als sie auf

Grund zwingender steuerrechtlicher Vorschriften notwendig sind, erfolgt die Bewertung im Vermögensteuerrecht nach besonderen nahezu erschöpfenden Bewertungsvorschriften (**Bewertungsgesetz**), in denen für die Ermessensfreiheit des Kaufmanns kaum Raum ist.

Die der Bewertung im Vermögensteuerrecht eigene Substanzermittlung zu einem feststehenden Zeitpunkt schließt weiterhin die Anwendung dynamischer Bewertungsgrundsätze aus. In der Handelsbilanz wird in den von den Grundsätzen ordnungsmäßiger Buchführung, Bilanzwahrheit und Gläubigerschutz gezogenen Grenzen der Dynamik des Wirtschaftslebens Rechnung getragen. Die Handels- und Ertragsteuerbilanz ist demnach eine durch die Grundsätze ordnungsmäßiger Buchführung, Bilanzwahrheit und Gläubigerschutz eingeschränkte dynamische Bilanz. Die nach den Vorschriften des Bewertungsgesetzes erstellte Vermögensaufstellung ist demgegenüber weitgehend eine statische Bilanz, wenn auch gewisse dynamische Elemente, so bei der Abzugsfähigkeit von Rückstellungen, beim Ansatz von Rechnungsabgrenzungsposten und bei der Anwendung des Teilwertes sichtbar werden. Das **Überwiegen statischer Grundsätze** zeigt sich jedoch z. B. an dem nur für die Handels- und Ertragsteuerbilanz gültigen Grundsatz der Bilanzkontinuität. Der Kaufmann hat öfter ein Wahlrecht zwischen mehreren zulässigen Wertansätzen in der Handels- und Ertragsteuerbilanz. Hat er sich für einen dieser Wertansätze entschieden, dann muß er dem Grundsatz der Bilanzkontinuität folgend den gewählten Bilanzansatz auch in den Folgebilanzen beibehalten. Bei der Bewertung nach dem Bewertungsgesetz kann der Kaufmann jedoch bei der Vermögensaufstellung neu entscheiden, welchen von mehreren zulässigen Wertansätzen er wählen will. In der Handels- und Steuerbilanz sind nach dem Bilanzstichtag, aber vor der Bilanzaufstellung bekanntwerdende Ereignisse und Erkenntnisse, die auf den Bilanzstichtag zurückwirken, bei der Bilanzaufstellung zu berücksichtigen. In der Vermögensaufstellung können demgegenüber solche nach dem Stichtag bekanntwerdende Ereignisse auch dann nicht berücksichtigt werden, wenn sie auf den Stichtag zurückwirken.

Die Handels- und Ertragsteuerbilanz hat eine Doppelfunktion: Sie soll den Betriebserfolg ermitteln und zugleich zwei Wirtschaftsjahre miteinander verbinden, also den dynamischen Wirtschaftsablauf des Unternehmens nicht unterbrechen. Die Vermögensaufstellung dient lediglich dem Zweck, den Vermögensstatus des Unternehmens zu einem bestimmten Stichtag darzustellen (vgl. *Bühler, Bilanz u. Steuer*, S. 306 ff.).

b) Steuerpflicht und Veranlagung

Die subjektive Steuerpflicht für Kapitalgesellschaften und sonstige Körperschaften ist analog den Vorschriften des Körperschaftsteuergesetzes geregelt.

Versicherungsaktiengesellschaften sind gemäß § 1 Abs. 1 Ziff. 2a VStG, Versicherungsvereine auf Gegenseitigkeit gemäß § 1 Abs. 1 Ziff. 2c VStG unbeschränkt vermögensteuerpflichtig, soweit sie ihren Sitz oder ihre Geschäftsleitung im Geltungsbereich des Grundgesetzes oder in West-Berlin haben. Ausländische Gesellschaften sind nur mit ihrem in diesem Bereich gelegenen Vermögen steuerpflichtig (beschränkte Steuerpflicht; § 2 VStG). Bei unbeschränkt steuerpflichtigen Gesellschaften unterliegt das gesamte Vermögen der Vermögensteuer.

Die für das sonstige (Privat-)Vermögen geltenden sachlichen **Befreiungen** (§ 110 und

§ 111 BewG) finden **keine** Anwendung, da Kapitalgesellschaften und Körperschaften nur Betriebsvermögen haben. Der Wert einer Schachtelbeteiligung bleibt jedoch bei der Obergesellschaft außer Ansatz (§ 102 BewG), wenn die Untergesellschaft unbeschränkt vermögensteuerpflichtig ist. Ist die Untergesellschaft nicht vermögensteuerpflichtig, dann ist die Schachtelbeteiligung anzusetzen. Eine Doppelbesteuerung kann dann nicht eintreten (vgl. RFH vom 21.11.1940, RStBl 1941 S. 119).

Das Vermögen ist gemäß § 15 VStG alle drei Jahre zum 1.1. des jeweiligen Jahres festzustellen (**Hauptveranlagungszeitraum** und **Hauptveranlagungszeitpunkt**).

Innerhalb des Hauptveranlagungszeitraumes erfolgt eine Wertfeststellung nur dann, wenn erstmals die Steuerpflicht begründet wird (Nachveranlagung, § 17 VStG) oder der Wert des Vermögens um mehr als 20 % oder um mehr als 150 000 DM von dem Wert des Hauptveranlagungszeitpunktes abweicht (Neuveranlagung, § 16 VStG).

Die Vermögensteuer beträgt bei Körperschaften im Sinne von § 1 Abs. 1 Ziff. 2 VStG und § 2 Abs. 1 Nr. 2 VStG 0,6 % des steuerpflichtigen Vermögens (§ 10 VStG).

c) Bewertung des Vermögens

aa) Allgemeine Bewertungsgrundsätze

Zum Zwecke der Bewertung des Vermögens ist eine **Vermögensaufstellung** zu errichten. Der oft gebrauchte Ausdruck „*Vermögensbilanz*" ist irreführend.

Die Vermögensaufstellung ist eine nur für Zwecke der Vermögensbesteuerung durchgeführte Zweckrechnung. Besitz und Schulden werden in ihr gegenübergestellt. Sie werden in der Vermögensaufstellung „*Besitzposten*" und „*Schuldposten*" genannt. Der Saldo aus der Summe der Besitzposten und der Summe der Schuldposten ist das Reinvermögen der Person zu einem bestimmten Stichtag. Auch hierin zeigt sich der statische Charakter der Bewertung im Vermögensteuerrecht. Die Wertansätze für die Besitz- und Schuldposten sind im Bewertungsgesetz fast erschöpfend vorgeschrieben.

Die Werte in der Vermögensbewertung nach dem Bewertungsgesetz sind:

(1) Der Ertragswert

Er gilt insbesondere für das land- und forstwirtschaftliche Vermögen und für das Grundvermögen (damit auch für Betriebsgrundstücke). Der Ertragswert wird durch die Einheitsbewertung festgestellt.

(2) Der gemeine Wert

Für alle übrigen Besitzposten und Schulden ist der gemeine Wert maßgebend. „*Der gemeine Wert wird durch den Preis bestimmt, der im gewöhnlichen Geschäftsverkehr nach der Beschaffenheit des Wirtschaftsgutes bei einer Veräußerung zu erzielen wäre*" (§ 9 BewG).

Da dieser Preis heute weitgehend von Ertragsvorstellungen der Marktpartner bestimmt wird, ist auch der gemeine Wert im gewissen Sinne ein Ertragswert. Ein besonders festgestellter gemeiner Wert ist der vom BdF festgelegte Steuerkurs für Wertpapiere, der spekulative Schwankungen des Börsenkurses ausschalten soll.

(3) Der Teilwert

Nach § 10 BewG ist beim Betriebsvermögen auch der Ansatz des Teilwertes zulässig. Teilwert ist der Betrag, den ein Erwerber des genannten Unternehmens im Rahmen des Gesamtkaufpreises für das einzelne Wirtschaftsgut ansetzen würde. Dabei ist davon auszugehen, daß der Erwerber das Unternehmen fortführt.

Die Handels- und Ertragsteuerbilanz hat für die Bewertung im Vermögensteuerrecht keine maßgebende Bedeutung; sie kann „nur wertvolles Hilfsmittel für die Vermögensaufstellung und auch für die Bewertung sein" (vgl. RFH vom 26.5.1933, RStBl 1933 S. 868).

Dies besagt jedoch nicht, daß die Ansätze in der Handels- und Ertragsteuerbilanz für die Vermögensaufstellung völlig unbedeutend sind. Bei vielen Besitz- und Schuldposten ist der gemeine Wert gleich den Anschaffungskosten und insoweit identisch mit dem Wertansatz in der Handels- bzw. Ertragsteuerbilanz. Insbesondere für Kapitalforderungen und Schulden trifft dies zu. Diese Wertansätze können daher aus der Handels- bzw. Ertragsteuerbilanz übernommen werden. Die Wertermittlung des Betriebsvermögens erfolgt durch Ermittlung des Einheitswertes des Betriebsvermögens (§§ 95—109 BewG).

bb) Besondere Bewertungsvorschriften für Versicherungsunternehmen

Die Bewertung des Betriebsvermögens bei Versicherungsunternehmen folgt zunächst den allgemeinen Vorschriften. Eine **Sonderstellung** nehmen auch hier die versicherungstechnischen Rückstellungen ein.

Nicht alle versicherungstechnischen Rückstellungen sind bei der Bewertung des Betriebsvermögens des Versicherungsunternehmens nach dem Bewertungsgesetz abzugsfähig. Insbesondere sind sie nicht alle in voller Höhe abzugsfähig. Nach § 103 Abs. 2 BewG und § 53 Abs. 1 der Bewertungs-Durchführungsverordnung (BewDV) sind zunächst diejenigen versicherungstechnischen Rückstellungen in voller Höhe als Schuldposten anzusetzen, die nach den allgemeinen steuerrechtlichen Grundsätzen als echte Schulden oder als Posten der Rechnungsabgrenzung anzusehen sind. Im wesentlichen handelt es sich dabei um die **versicherungstechnischen Rückstellungen**, die auch von § 20 Abs. 1 des Körperschaftsteuergesetzes erfaßt werden, bei denen also die Zuführung bei der Ermittlung des Gewinnes voll abzugsfähig sind.

Besonders hervorzuheben sind hierbei die **Deckungsrückstellung** in der Lebensversicherung, die **Alterungsrückstellung** in der Krankenversicherung, die **Schwankungsrückstellung** und die **Schadenrückstellung** in der Sachversicherung und Schadenversicherung und die in den einzelnen Zweigen üblichen Prämienüberträge.

Nicht abzugsfähig sind beispielsweise Sicherheitsrücklagen im Sinne des § 37 des Versicherungsaufsichtsgesetzes, Organisationsrücklagen und Rücklagen für künftige möglicherweise eintretende Verluste; das gilt insbesondere für die sogenannten *Katastrophenrücklagen*.

Nicht abzugsfähig sind weiterhin die Rückstellung nach § 6b EStG für Veräußerungsgewinne sowie die steuerfreie Rücklage aus der Umstellung des Rechnungszinsfußes nach § 6a EStG von 5,5 % auf 6 %.

Besondere Vorschriften gelten auch für die **Rückstellungen für Beitragsrückerstattung**. Auch in der Bewertung nach dem Bewertungsgesetz ist zu unterscheiden zwischen der erfolgsunabhängigen Beitragsrückgewähr und der erfolgsabhängigen Beitragsrückgewähr. Die Rückstellungen für die erfolgsunabhängige Beitragsrückgewähr sind nach der Rechtsprechung des Bundesfinanzhofes (vgl. BFH vom 21.3.1958, BStBl 1958 III S. 234) als echte Schulden in voller Höhe abzugsfähig. Rückstellungen für die erfolgsabhängige Beitragsrückgewähr sind zur Zeit nach § 53 Abs. 4 BewDV nur mit 90 % ihres Wertes abzugsfähig. Dies gilt auch für die Überschußrücklagen im Lebensversicherungsgeschäft.

Ausgenommen hiervon sind die Gewinnreserven der mit Gewinnanteil Versicherten, soweit sie am Bewertungsstichtag durch einen entsprechenden Beschluß des Versicherungsunternehmens bereits den einzelnen Versicherten zugewiesen sind. Insoweit besteht eine unmittelbare Verpflichtung gegenüber den einzelnen Versicherten, die von dem Versicherungsunternehmen zu erfüllen ist (vgl. RFH vom 29.11.1933, RStBl 1934 S. 360). Bei einer Änderung des Bewertungsgesetzes sollen die Vorschriften der §§ 20 und 21 KStG über die versicherungstechnischen Rückstellungen und die Beitragsrückerstattungen in Zukunft auch für die Einheitsbewertung des Betriebsvermögens der Versicherungsunternehmen gelten. Dies entspricht auch einer Anregung des Bundesfinanzhofes (Urteil vom 29.11.1969, BStBl 1969 II S. 596) zur Harmonisierung der Bewertungsvorschriften bei der Körperschaftsteuer und Vermögensteuer.

d) Feststellung des Gewerbekapitals

Ausgangsgröße für die Ermittlung des Gewerbekapitals ist das Reinvermögen des Unternehmens, das als Einheitswert des Betriebsvermögens bezeichnet wird. Dem Einheitswert des Betriebsvermögens sind die in § 12 Abs. 2 GewStG genannten, bei der Ermittlung des Einheitswertes abzugsfähigen Schuldposten wieder hinzuzurechnen. Hier handelt es sich in erster Linie um sogenannte *Dauerschulden*, also um Schulden, die zur Verstärkung des Betriebskapitals (vgl. D. II. 1b (dd) (2), oben) aufgenommen worden sind. Wie bereits ausgeführt, ist der Begriff der Dauerschulden umstritten. Insbesondere hatte in jüngster Zeit der BFH auch Rückstellungen als Dauerschulden angesehen. Dadurch gewann die Dauerschuldfrage vor allem bei Versicherungsunternehmen besonderes Gewicht. Es geht um die Frage, ob versicherungstechnische Rückstellungen Dauerschulden sein können. Der BFH hat den Begriff der Dauerschuld erfreulicherweise inzwischen wesentlich eingeschränkt, insbesondere hinsichtlich des von der Verwaltung überbewerteten Zeitmomentes der früheren Rechtsprechung des RFH (vgl. Urteil vom 26.9.1939, StuW 1939 Nr. 442). Im Urteil vom 12.6.1968 (BStBl 1968 II S. 715) hat der BFH entschieden, daß die Schadenrückstellung nicht zu den Dauerschulden gehört. Die Schwankungsrückstellung ist nach der gleichen Entscheidung Dauerschuld. Besonders bedeutsam ist das Urteil vom 21.7.1967 (BStBl 1967 III S. 631) zu den Bardepots in der Lebens-Rückversicherung, die nach diesem Urteil ebenfalls nicht zu den Dauerschulden gehören. In diesem Urteil grenzt der BFH die Dauerschulden allgemein als Schulden mit eigenkapitalähnlichen Funktionen ab. Er kehrt damit zur ursprünglichen Definition zurück, wonach Dauerschulden im wesentlichen Eigenkapitalersatzfunktion haben sollen (so auch Entscheidung vom 18.1. 1979, Betriebsberater 1979 S. 460).

Die Summe des Einheitswertes des Betriebsvermögens und der Hinzurechnungen ist um die in § 12 Abs. 3 GewStG genannten Besitzposten zu kürzen. Die weitaus wichtigste Gruppe sind die zum Betriebsvermögen gehörenden Grundstücke. Sie sind auch bei Versicherungsunternehmen mit ihrem Einheitswert abzugsfähig. Dies gilt auch, wenn die Grundstücke zum Deckungsstock gehören (BFH vom 19.1.1972, BStBl 1972 II S. 390) (vgl. D. II. 1b (dd) (3)).

3. Die Umsatzsteuer im Versicherungsbetrieb

Die Umsatzsteuer ist zwar eine Verkehrsteuer, da die Entstehung der Umsatzsteuerschuld an Vorgänge des Rechtsverkehrs, Lieferungen und Leistungen (Leistungsaustausch) anknüpft. In der Form der Umsatzsteuer mit Vorsteuerabzug wirkt sie sich wirtschaftlich aber wie eine Endverbrauchsteuer aus.

Gegenstand der Besteuerung ist der Waren- oder Dienstleistungsumsatz. Bemessungsgrundlage für die Umsatzsteuer ist das für die Ware oder Dienstleistung gewährte Entgelt. Steuerschuldner ist der Unternehmer.

Unternehmer ist, wer eine gewerbliche oder selbständige Tätigkeit nachhaltig ausübt. Die Umsatzsteuer ist überwälzbar, sie wird daher im Ergebnis vom Konsumenten der Ware oder Dienstleistung getragen. Die Umsatzsteuer kennt als Verkehr- und Sachsteuer nur sachliche, aber keine persönlichen Steuerbefreiungen. Versicherungsunternehmen, gleichviel, in welcher Rechtsform sie betrieben werden, sind grundsätzlich Unternehmer.

Die Umsatzsteuer spielt jedoch bei Versicherungsunternehmen nur eine untergeordnete Rolle. Der überwiegende Teil der Entgelte, die ein Versicherungsunternehmen bezieht, ist sachlich von der Umsatzsteuer befreit. Beitragseinnahmen sind gemäß § 4 Ziff. 10a UStG umsatzsteuerfrei. Umsätze im Rahmen von Kreditgewährungen unterliegen gemäß § 4 Ziff. 8a UStG nicht der Umsatzsteuer und Einnahmen aus Vermietung und Verpachtung sind gemäß § 4 Ziff. 12a UStG umsatzsteuerfrei. Bei Versicherungsunternehmen sind daher meist nur die sogenannten **Hilfsumsätze** umsatzsteuerpflichtig, also die Umsätze, die nicht Gegenstand des Geschäftszweckes des Unternehmens sind; es sei denn, das Unternehmen optiere in einzelnen Bereichen, z. B. beim gewerblichen Grundbesitz für die Umsatzsteuer (§ 9 UStG). Dieser Sonderfall soll hier aber nicht behandelt werden.

4. Lastenausgleich der Versicherungsunternehmen

Der Lastenausgleich hat nur noch historische Bedeutung, er soll nur der Vollständigkeit wegen erwähnt werden.

Versicherungsunternehmen waren gemäß § 16 Abs. 1 Ziff. 2a LAG unbeschränkt lastenausgleichsabgabepflichtig, wenn sie in der Rechtsform der Aktiengesellschaft betrieben wurden. Sie waren gemäß § 16 Abs. 1 Ziff. 2c LAG unbeschränkt abgabepflichtig, wenn sie in der Rechtsform des Versicherungsvereins auf Gegenseitigkeit betrieben wurden.

Die Abgabepflicht erstreckte sich auf das gesamte im Geltungsbereich des Grundgesetzes und in West-Berlin gelegene Betriebsvermögen. Zugrunde zu legen war dabei das am

1.1.1949 nach den Vorschriften des Bewertungsgesetzes für die Vermögensteuer veranlagte „*Reinvermögen der Versicherungsunternehmung*" (Einheitswert des Betriebsvermögens zum 21.6.1948) nach § 21 LAG, soweit nicht die Vorschriften des Lastenausgleichsgesetzes Abweichungen vorsahen, was bei Versicherungsunternehmen nicht der Fall war.

Versicherungsunternehmen, die ihren Sitz oder ihre Geschäftsleitung nicht im Geltungsbereich des Grundgesetzes oder in West-Berlin haben, waren gemäß § 17 Abs. 1 Ziff. 2 und Abs. 2 LAG nur mit dem Vermögen abgabepflichtig, das auf den Geltungsbereich des Grundgesetzes einschließlich West-Berlin entfiel (beschränkte Abgabepflicht).

Bei Versicherungsunternehmen war jedoch eine Besonderheit zu berücksichtigen:

Die Versicherungsunternehmen sind insbesondere während des zweiten Weltkrieges gezwungen worden, ihre Beitragseinnahmen in Reichs- und Kriegsanleihen anzulegen. Durch die Währungsgesetzgebung wurden diese Anleihen wertlos. Andererseits mußten aber die Versicherungsunternehmen ihre Versicherungsverpflichtungen mindestens im Verhältnis 10 RM : 1 DM umstellen. Dadurch ergab sich bei den meisten Versicherungsunternehmen eine Unterdeckung. Das nach der Währungsumstellung noch verbliebene Vermögen der Versicherungsunternehmen reichte nicht mehr aus, um ihre Verpflichtungen zu decken. Zum Ausgleich dieser Unterdeckung wurden den Versicherungsunternehmen **Ausgleichsforderungen** gegen den Bund bzw. die Länder zugebilligt. Hätte man solche Versicherungsunternehmen der Vermögensabgabe unterworfen, so hätte sich eine zusätzliche Unterdeckung ergeben, die durch weitere Ausgleichsforderungen hätte beseitigt werden müssen. § 19 Abs. 1 LAG bestimmte daher, daß Versicherungsunternehmen, denen nach dem Ergebnis ihrer Umstellungsrechnung ein Anspruch auf Zuteilung von Ausgleichsforderungen gegen die öffentliche Hand zustand, von der Vermögensabgabe befreit waren. Dies traf für die meisten Versicherungsunternehmen, insbesondere für Lebensversicherungen zu.

5. Besteuerung der kleinen Versicherungsunternehmen

Eine **Sonderstellung** in steuerlicher Hinsicht genießen die sogenannten kleinen Versicherungsunternehmen.

Hierunter sind gemäß § 53 Abs. 1 VAG Versicherungsunternehmen von nur örtlicher Bedeutung mit geringfügiger Beitragseinnahme zu verstehen. Solche kleinen Versicherungsunternehmen sind entsprechend § 5 Abs. 1 Ziff. 4 KStG von der Körperschaftsteuer befreit, wenn bei Versicherungsvereinen, die das Lebensversicherungsgeschäft oder die Krankenversicherung betreiben, die Beitragseinnahmen im Durchschnitt der letzten drei Wirtschaftsjahre 1 300 000 DM und bei allen übrigen Versicherungszweigen 500 000 DM nicht übersteigen (§ 4 KStDV). Sie sind weiterhin gemäß § 12a GewStDV von der Gewerbesteuer befreit. Entsprechende Vorschriften gelten nach § 3 Abs. 1 Ziff. 6 VStG auch für die Vermögensteuer.

III. Die Besteuerung der öffentlich-rechtlichen Versicherungsanstalten und der Pensionskassen

1. Öffentlich-rechtliche Versicherungsanstalten

a) Körperschaftsteuer

Öffentlich-rechtliche Versicherungsanstalten sind gemäß § 1 Abs. 1 Ziff. 6 KStG unbeschränkt körperschaftsteuerpflichtig. Die in Abschnitt D. II dargestellten Grundsätze treffen daher auch in vollem Umfang für öffentlich-rechtliche Versicherungsanstalten zu.

b) Gewerbesteuer

Die Gewerbesteuerpflicht ergibt sich aus § 2 Abs. 1 GewStDV (vgl. D. II. 16(dd)). Das Fehlen der Gewinnerzielungsabsicht ist nach heutiger Sicht bei öffentlich-rechtlichen Versicherungsanstalten kaum mehr relevant. Die Ermittlung des Gewerbeertrages und des Gewerbekapitals erfolgt dann nach den allgemeinen Vorschriften.

c) Vermögensteuer und Lastenausgleich

Soweit öffentlich-rechtliche Versicherungsanstalten durch entsprechendes Bundes- oder Landesrecht (vgl. BFH vom 1.3.1951, BStBl III S. 120) als Betriebe gewerblicher Art des öffentlichen Rechts anzusehen sind, unterlagen sie früher nicht der Vermögensteuer, da sie nicht zu den in § 1 Abs. 1 Ziff. 2 VStG genannten Körperschaften gehörten. Nach dem geltenden Vermögensteuergesetz 1974 werden sie von § 1 Abs. 1 Buchstabe g erfaßt. Damit sind sie nach geltendem Recht in allen Steuergesetzen der privaten Versicherungsunternehmen gleichgestellt. Sie waren auch entsprechend § 16 Abs. 1 Buchstabe f und Buchstabe g LAG unbeschränkt lastenausgleichsabgabepflichtig. Wegen § 19 LAG wurde diese Abgabepflicht aber in der Regel nicht wirksam (vgl. D. II. 4, oben).

Als öffentlich-rechtliche Versicherungsanstalten sind nicht öffentlich-rechtliche Versicherungs- und Versorgungseinrichtungen von Berufsgruppen anzusehen, die lediglich kraft gesetzlicher Bestimmung im Rahmen gesetzlicher Grenzen Berufsangehörige versichern oder versorgen. Sie tendieren wirtschaftlich zu den Pensionskassen und sind nach § 5 Abs. 1 Ziff. 8 KStG von der Körperschaftsteuer, nach § 3 Ziff. 11 GewStG von der Gewerbesteuer und nach § 3 Abs. 1 Ziff. 11 VStG von der Vermögensteuer befreit.

2. Pensionskassen

Pensionskassen sind aufsichtsrechtlich Versicherungsunternehmen. Sie unterliegen gemäß § 1 VAG der Versicherungsaufsicht und können nur in der Rechtsform der Aktiengesellschaft oder des Versicherungsvereins auf Gegenseitigkeit — überwiegend des „kleinen Vereins" — betrieben werden.

Pensionskassen sind daher objektiv gesehen unbeschränkt steuerpflichtige Versicherungsunternehmen. Sie genießen aber eine umfassende **subjektive Steuerbefreiung**, wenn sie die Voraussetzungen der §§ 5 Abs. 1 Ziffer 3 KStG sowie 1 und 2 erfüllen.

Danach ist **Vorbedingung** für steuerbefreite Pensionskassen:

(a) Die Kasse muß rechtsfähig sein, also eine juristische Person sein (§ 5 Abs. 1 Ziff. 3 KStG in Verbindung mit § 1 Satz 1 KStDV).

(b) Die Kasse muß der Versicherungsaufsicht unterliegen (§ 5 Abs. 1 Ziff. 3 Buchstabe d KStG).

(c) Kassenmitgliedern muß ein Rechtsanspruch auf die Kassenleistungen zustehen (§ 5 Abs. 1 Ziff. 3 KStG).

(d) Die Mitglieder der Kasse müssen Zugehörige eines besonderen Wirtschaftsunternehmens, eines Konzerns oder einer Branche sein (§ 5 Abs. 1 Ziff. 3 Buchst. a KStG).

(e) Die Kasse muß eine soziale Kasse sein, d. h. die satzungsgemäß vorgesehenen Leistungen dürfen überwiegend bestimmte Höchstgrenzen nicht überschreiten. Das Einkommen des berechtigten Personenkreises darf ebenfalls überwiegend einen bestimmten Höchstbetrag nicht überschreiten (§ 5 Abs. 1 Ziff. 3 Buchstabe b KStG in Verbindung mit § 2 KStDV).

Sind diese Voraussetzungen am Ende des Veranlagungszeitraumes erfüllt, dann ist die Kasse:

1. nach § 5 Abs. 1 Ziff. 3 KStG von der Körperschaftsteuer,
2. nach § 3 Ziff. 9 GewStG von der Gewerbesteuer,
3. nach § 3 Abs. 1 Ziff. 5 VStG von der Vermögensteuer, und
4. nach § 19 Abs. 1 Ziff. 15 LAG vom Lastenausgleich

befreit.

Liegen die Voraussetzungen nicht vor, dann ist die Kasse nach den allgemeinen Vorschriften steuerpflichtig.

3. Umsatzsteuer bei öffentlich-rechtlichen Versicherungsanstalten und Pensionskassen

Die Umsatzsteuer kennt als Sach- und Verkehrsteuer keine persönlichen (subjektiven)Befreiungen.

Da öffentlich-rechtliche Versicherungsanstalten und Pensionskassen ihre Tätigkeit selbständig und nachhaltig ausüben, sind sie Unternehmer im umsatzsteuerrechtlichen Sinne. Lieferungen und Leistungen, die die Voraussetzungen des § 1 UStG erfüllen, sind daher umsatzsteuerpflichtig. Eine sachliche Befreiung für solche Umsätze ist in § 4 UStG nicht vorgesehen.

Literaturhinweise

1. Literaturhinweise zu Abschnitt A

Blumenstein, System des Steuerrechts, 2. Auflage

Blumenstein, in: Handwörterbuch der Finanzwissenschaft, Band 1, 2. Auflage

Bühler, O., „Stichwort Steuerrecht", in Handwörterbuch der Sozialwissenschaften

Bühler, O. und Strickrodt, G., Steuerrecht, 1. Halbband, „Allgemeines Steuerrecht", 3. Auflage

Gerloff, W., in Handwörterbuch der Finanzwissenschaft, Band 2, 2. Auflage

Hessel, Steuerrecht, 3. Auflage

Hübschmann-Hepp-Spitaler, Kommentar zur Abgabenordnung, 9. Auflage

Neumark, F., Handwörterbuch der Finanzwissenschaft, Band 1

Schmölders, G., Allgemeine Steuerlehre

Schmölders, G., Steuerarten und Steuersystem in Handwörterbuch der Betriebswirtschaft

Tipke-Kruse, Abgabenordnung

Tipke, Steuerrecht – ein systematischer Grundriß, 2. Auflage

2. Literaturhinweise zu Abschnitt B

a) Kommentare

Bernbeck, Versicherungsteuergesetz, Frankfurt a. M.

Blümich, Einkommensteuergesetz, Körperschaftsteuergesetz, Gewerbesteuer, Berlin und Frankfurt a. M. (L)

Blümich-Boyens-Steinbring-Klein, Gewerbesteuergesetz, Berlin.

Brockhoff, Einkommensteuergesetz, München (L)

Charlier-Horowski, Kommentar zum Lohnsteuerrecht, Stuttgart (L)

Eckhardt, Umsatzsteuergesetz (L)

Forkel, Kommentar zum Einkommensteuergesetz (L), Stuttgart

Gambke-Flick, Versicherungsteuergesetz, Köln

Gürsching-Stenger, Kommentar zum Bewertungsgesetz und Vermögensteuergesetz, Köln (L)

Herrmann-Heuer, Kommentar zur Einkommensteuer und Körperschaftsteuer, Köln (L)

Heubeck-Höhne-Paulsdorff- Rau-Werner, Betriebsrentengesetz, Heidelberg

Höfer, Gesetz zur Verbesserung der betrieblichen Altersversorgung, München

Hübschmann-Grabower-Beck-von Wallis, Umsatzsteuergesetz, Köln (L)

Hübschmann-Hepp-Spitaler, AO-Kommentar, Köln (L)

Kapp, Das Erbschaftsteuergesetz, Bremen (L)

Kapp, Erbschaft- und Schenkungsteuer-Kommentare, Herne (L)

Krekeler, Bewertungsgesetz, Berlin und Frankfurt a. M.

Krollmann, Körperschaftsteuer-Kommentar, Stuttgart

Lenski-Steinberg, Gewerbesteuergesetz, Köln (L)

Littmann u. A., Das Einkommensteuerrecht, Stuttgart (L)

Model, Handbuch zum Testaments- und Erbschaftsteuerrecht, Köln

Müthling, Gewerbesteuerrecht, München und Berlin

Öftering-Görbing, Das gesamte Lohnsteuerrecht (L)

Rau-Dürwächter, Umsatzsteuergesetz (L)

Rössler-Troll, Vermögensteuergesetz und Bewertungsgesetz, Berlin und Frankfurt a. M.

Sölch-Ringleb u. a., Umsatzsteuergesetz, München und Berlin (L)

Troll, Erbschaftsteuergesetz, München und Berlin

Wunschel-Kostboth, Versicherungsteuergesetz, Berlin und Leipzig

b) Gesamtdarstellungen und Einzelschriften

Antony, Die Sonderausgaben, Stuttgart

Bergmann, Sparen, Vorsorgen, Versichern, Hamburg

Brönner, Die Besteuerung des leitenden Angestellten, Stuttgart

Brönner, Die Bilanz in Handels- und Steuerrecht, Stuttgart

Bühler, Steuerrecht Band 2, Einzelsteuerrecht, Wiesbaden

Ditz, Pensionsrückstellungen im Einkommensteuerrecht

Gehrhardt, Steuerfragen betrieblicher Gefolgschaftsversorgung, Leipzig

Gehrhardt, Rückstellungen für Versorgungsverpflichtungen, Karlsruhe

Gierschmann, Die Grundlagen des deutschen Steuerrechts, Berlin

van Grieken, Betriebsausgaben und Werbungskosten, Wiesbaden

Haas-Martin, Steuerermäßigung durch Sonderausgaben, Heidelberg

Hellinger, Die Gewinnbeteiligung der Arbeitnehmer im Steuerrecht, Köln

Heissmann, Steuerfragen der betrieblichen Altersversorgung, Köln

Heissmann, Die betrieblichen Ruhegeldverpflichtungen, Köln

Henze, So sichert der Kaufmann seine Familie, Berlin

Herold, Die Erbschaftsteuerversicherung, Heilbronn

Heubeck, Daseinsvorsorge des leitenden Angestellten, Heidelberg

Hilger, Das betriebliche Ruhegeld, Heidelberg

Hoeres, Familienmitglieder als Angestellte und Teilhaber, Wiesbaden

Hoeres, Testament und Erbschaft, Wiesbaden

Hockermann-Natz, Bevorzugte Erfüllung der Hauptentschädigung, Göttingen

Kottke, Steuerersparnis, Steuerumgehung, Steuerhinterziehung, Freiburg

Laux, Einkommensteuer und Sparförderung ab 1975, Heidelberg

Reuter, Die Lebensversicherung im Steuerrecht, Herne und Berlin

Schropp-Nies, Betriebliche Altersfürsorge in steuerrechtlicher Sicht, Stuttgart (L)

von der Thysen, Steuerinstruktion für Kapitalbildung, Versicherung und Versorgung, Stuttgart

Weiss, Handbuch der betrieblichen Altersversorgung, München (L)

(L) = Loseblattsammlung

3. Literaturhinweise zu Abschnitt C

Baumbach-Duden, Handelsgesetzbuch, München und Berlin

von Godin-Weipert-Würdinger, Handelsgesetzbuch – Reichsgerichtsrätekommentar

Herschel-Beine-Buchwald, Handbuch zum Recht des Handelsvertreters unter besonderer Berücksichtigung des Steuerrechts

Josten-Lohmüller, Handels- und Versicherungsvertreterrecht, Düsseldorf (L)

Kapp-Brockhoff, Die Besteuerung außerordentlicher Einkünfte, München und Berlin

Knapp, Handelsvertretergesetz, Frankfurt a. M.

Küstner, Der Ausgleichsanspruch des Handelsvertreters, Heidelberg

Leuze, Das Recht des Versicherungsvertreters, Bonn

Neugebauer, Die steuerrechtliche Behandlung der Versicherungsvertreter

Rohrbeck-Durst-Bronisch, Das Recht des Versicherungsagenten, Weißenburg/Bayern

Schlegelberger, Handelsgesetzbuch, Berlin und Frankfurt a. M.

Schröder, Recht der Handelsvertreter, Berlin und Frankfurt a. M.

Spresny, Praktischer Steuerratgeber für Handelsvertreter und Handelsmakler, Braunschweig

Trinkhaus, Handbuch der Versicherungsvermittlung, Berlin

(L) = Loseblattsammlung

4. Literaturhinweise zu Abschnitt D

Versicherungsunternehmen

a) **Kommentare und Lehrbücher**

Bundesaufsichtsamt, Vorschriften über die Rechnungslegung der größeren Lebens-, Kranken- sowie Schaden- und Unfallversicherungsunternehmen

Baier-Fähnrich, Die steuerliche Betriebsprüfung

Blümich-Boyens-Steinbring- Klein-Hübl, Gewerbesteuergesetz

Blümich-Klein-Steinbring, Körperschaftsteuergesetz (L)

Brönner, Die Besteuerung der Gesellschaften

Bühler, O., Steuerrecht, 2 Bände

Bühler, O., Bilanz und Steuer

Bühler, O., Steuerrecht der Gesellschaften und Konzerne

Eckhardt-Weiß, Umsatzsteuer-Kommentar (L)

Escher, Der Umfang der Aktivierungspflicht bei den Ausgaben für das Sachanlagevermögen in Handels- und Steuerbilanz

Gehrhardt, H., Die Passivposten der Versicherungsbilanzen, Neues Steuerrecht von A−Z, Lieferung 37 (1)

Groener, Grundzüge der steuerlichen Gewinnermittlung

Gürsching-Stenger, Kommentar zum Bewertungsgesetz und Vermögensteuergesetz

Gürtler, M., Betriebswirtschaftliche Probleme des Versicherungswesens

Gürtler, M., Die Erfolgsrechnung der Versicherungsbetriebe, 2. Auflage

Gürtler, M., Die Kalkulation der Versicherungsbetriebe, 2. Auflage

Harmening, Lastenausgleich, 2. Auflage (L)

Herrmann-Heuer, Kommentar zur Körperschaftsteuer (L)

Lenski-Steinberg, Gewerbesteuergesetz-Kommentar (L)

Jenson, Kommentar zu den Rechnungslegungsvorschriften

Müthling, Gewerbesteuergesetz

Plückebaum-Malitzky, Umsatzsteuergesetz

Prölss-von der Thüsen-Ziegler, Die versicherungstechnischen Rückstellungen im Steuerrecht

Rau-Dürrwächter u. a., Umsatzsteuergesetz-Kommentar (L)

Rohrbeck, 50 Jahre materielle Versicherungsaufsicht, 3 Bände

Rössler-Troll-Langner, Bewertungsgesetz und Vermögensteuergesetz-Kommentar

Sölch-Ringleb, Umsatzsteuergesetz

Schug-Ehlers, Vermögensteuer und Einheitsbewertung

Wolff-Cuntz, Beitragsrückvergütung in der Kraftfahrthaftpflicht- und Fahrzeugvollversicherung

b) Nachschlagewerke

Finke, E., Handwörterbuch des Versicherungswesens, 2 Bände

Klingmüller-Dürr, Neumanns Jahrbuch der deutschen Versicherungswirtschaft

Mannes, Versicherungslexikon

Spitaler, Steuerberater-Jahrbuch ab 1949

ohne, Geschäftsberichte des Bundesaufsichtsamtes für das Versicherungs- und Bausparwesen, Berlin, ab 1952

ohne, Geschäftsberichte des Gesamtverbandes der Versicherungswirtschaft e. V., Köln, ab 1948/49; Herausgeber: Pressestelle des Gesamtverbandes der Versicherungswirtschaft e. V., Köln

ohne, Hoppenstedt Versicherungs-Jahrbuch, 2 Bände

Pensionskassen

Lehrbücher

Heissmann, E., Die betrieblichen Unterstützungskassen, Köln

Schropp-Nies, Betriebliche Altersfürsorge in steuerlicher Sicht, Stuttgart (L)

Weiss, Handbuch der betrieblichen Altersversorgung

(L) = Loseblattsammlungen

Anhang

Zur Besteuerung des Versicherungsunternehmens (Abschnitt D)

A. Auszug aus dem Körperschaftsteuergesetz

Drittes Kapitel, Sondervorschriften für Versicherungsunternehmen

§ 20 Versicherungstechnische Rückstellungen

(1) Versicherungstechnische Rückstellungen sind, soweit sie nicht bereits nach den Vorschriften des Einkommensteuergesetzes anzusetzen sind, in der Steuerbilanz zu bilden, soweit sie für die Leistungen aus den am Bilanzstichtag laufenden Versicherungsverträgen erforderlich sind. Der in der Handelsbilanz ausgewiesene Wertansatz einer versicherungstechnischen Rückstellung darf in der Steuerbilanz nicht überschritten werden.

(2) Für die Bildung der Rückstellungen zum Ausgleich des schwankenden Jahresbedarfs sind insbesondere folgende Voraussetzungen erforderlich:

Es muß nach den Erfahrungen in dem betreffenden Versicherungszweig mit erheblichen Schwankungen des Jahresbedarfs zu rechnen sein.

Die Schwankungen des Jahresbedarfs dürfen nicht durch die Prämien ausgeglichen werden. Sie müssen aus den am Bilanzstichtag bestehenden Versicherungsverträgen herrühren und dürfen nicht durch Rückversicherungen gedeckt sein.

§ 21 Beitragsrückerstattungen

(1) Beitragsrückerstattungen, die für das selbstabgeschlossene Geschäft auf Grund des Jahresergebnisses oder des versicherungstechnischen Überschusses gewährt werden, sind abziehbar:

1. in der Lebens- und Krankenversicherung bis zu dem nach handelsrechtlichen Vorschriften ermittelten Jahresergebnis für das selbstabgeschlossene Geschäft, erhöht um die für Beitragsrückerstattungen aufgewendeten Beträge, die das Jahresergebnis gemindert haben, und gekürzt um den Betrag, der sich aus der Auflösung einer Rückstellung nach Absatz 2 Satz 2 ergibt, sowie um den Nettoertrag des nach den steuerlichen Vorschriften über die Gewinnermittlung anzusetzenden Betriebsvermögens am Beginn des Wirtschaftsjahrs. Als Nettoertrag gilt der Ertrag aus langfristiger Kapitalanlage, der anteilig auf das Betriebsvermögen entfällt, nach Abzug der entsprechenden abziehbaren und nichtabziehbaren Betriebsausgaben;

2. in der Schaden- und Unfallversicherung bis zur Höhe des Überschusses, der sich aus der Beitragseinnahme nach Abzug aller anteiligen abziehbaren und nichtabziehbaren Betriebsausgaben einschließlich der Versicherungsleistungen, Rückstellungen und Rechnungsabgrenzungsposten ergibt. Der Berechnung des Überschusses sind die auf das Wirtschaftsjahr entfallenden Beitragseinnahmen und Betriebsausgaben des einzelnen Versicherungszweigs aus dem selbstabgeschlossenen Geschäft für eigene Rechnung zugrunde zu legen.

(2) Zuführungen zu einer Rückstellung für Beitragsrückerstattung sind insoweit abziehbar, als die ausschließliche Verwendung der Rückstellung für diesen Zweck durch die Satzung oder durch geschäftsplanmäßige Erklärung gesichert ist. Die Rückstellung ist vorbehaltlich des Satzes 3 aufzulösen, soweit sie höher ist als die Summe der in den folgenden Nummern 3 bis 4 bezeichneten Beträge:

1. die Zuführungen innerhalb des am Bilanzstichtag endenden Wirtschaftsjahrs und der zwei vorangegangenen Wirtschaftsjahre,

2. der Betrag, dessen Ausschüttung als Beitragsrückerstattung von Versicherungsunternehmen vor dem Bilanzstichtag verbindlich festgelegt worden ist,

3. in der Krankenversicherung der Betrag, dessen Verwendung zur Ermäßigung von Beitragserhöhungen im folgenden Geschäftsjahr vom Versicherungsunternehmen vor dem Bilanzstichtag verbindlich festgelegt worden ist,

4. in der Lebensversicherung der Betrag, der für die Finanzierung der auf die abgelaufenen Versicherungsjahre entfallenden Schlußgewinnanteile erforderlich ist.

Eine Auflösung braucht nicht zu erfolgen, soweit an die Versicherten Kleinbeträge auszuzahlen wären und die Auszahlung dieser Beträge mit einem unverhältnismäßig hohen Verwaltungsaufwand verbunden wäre. § 20 Abs. 1 Satz 1 ist entsprechend anzuwenden.

B. Der Runderlaß des Reichsministers der Finanzen vom 25. Juli 1936

(S 2511 – 45 III/S 3202 – 15 III, RStBl I S. 825)

I. Rechtsgrundlage

Die besonderen Vorschriften über die Besteuerung der Versicherungsunternehmen befinden sich für die *Körperschaftsteuer* im § 11 Ziffer 2 KStG 1934 und in den § 23 bis 28 der Ersten KStDVO[1], für die *Vermögensteuer* (Einheitsbewertung) im § 62 Abs. 2 RBewG 1934 und § 53 RBewDB 1935.

1. Körperschaftsteuer[2]

Die Vorschrift des § 11 Ziffer 2 KStG 1934 über die abzugsfähigen Zuführungen zu versicherungstechnischen Rücklagen bei Versicherungsunternehmen ist an die Stelle der Vorschriften des § 15 Ziffern 6 und 7 KStG 1925 getreten.

Die Vorschrift des § 11 Ziffer 2 KStG 1934 hat den Zweck, die allgemeinen steuerlichen Ermittlungsvorschriften für das Sondergebiet der Versicherungsunternehmen fortzuentwickeln und die Berechtigung zu Abzügen schärfer zu umgrenzen.

Diese Vorschrift gilt für *sämtliche* Versicherungsunternehmen, ohne Rücksicht auf die *Rechtsform* (Versicherungsunternehmen des öffentlichen Rechts und des privaten Rechts, Aktiengesellschaften und Versicherungsvereine auf Gegenseitigkeit). Sie gibt die Grundlage für die steuerrechtliche Beurteilung der versicherungstechnischen Rücklagen. Dadurch werden die abzugsfähigen versicherungstechnischen *Rücklagen an sich* festgelegt, außerdem wird die *Höhe* der abzugsfähigen Zuführungen zu diesen Rücklagen begrenzt. Abzugsfähig sind nicht sämtliche versicherungstechnische Rücklagen, sondern nur diejenigen, die nach den allgemeinen steuerlichen Grundsätzen als *echte Schuldposten* oder als *Posten, die der Rechnungsabgrenzung dienen*, anzusehen sind. Auch dürfen die Rücklagen und die Zuführungen hierzu nicht höher bemessen werden, als zur Erfüllung derjenigen Versicherungsverpflichtungen notwendig ist, die aus den am Bilanzstichtag laufenden Versicherungsverträgen herrühren.

Bereits nach den Vorschriften zum Körperschaftsteuergesetz 1925 ergaben sich infolge der Eigenart des Versicherungsgeschäfts, nämlich bei der Art der Buchführung und der Bilanzierung und durch die Überschußverteilung Schwierigkeiten für die steuerliche Beurteilung gewisser versicherungstechnischer Vorgänge. Hinzu kommt, daß die Versicherungsvereine auf Gegenseitigkeit und die öffentlich-rechtlichen Versicherungsanstalten nunmehr steuerlich ebenso behandelt werden sollen wie die übrigen Versicherungsunternehmen, die in Form einer Kapitalgesellschaft betrieben werden. Es war daher eine Regelung für die folgenden Gebiete notwendig:

a) steuerliche Behandlung der Beitragsrückerstattungen (§ 25 Erste KStDVO);

b) steuerliche Behandlung der Versicherungsunternehmen, die das Lebensversicherungsgeschäft betreiben (§ 26 Erste KStDVO);

---

1 An die Stelle der Paragraphennummern 23–28 sind die Nummern 29–25 getreten (siehe unten), was jeweils im Text des Runderlasses zu beachten ist.
2 Nach KStR 1951 Abschnitt 58 Abs. (1) i.d.F. der KStER 1952 (Abschnitt 12a) „entsprechend anzuwenden".

c) steuerliche Behandlung der versicherungstechnischen Rücklagen (§ 27 Absatz 1 Erste KStDVO);

d) Voraussetzungen für die Abzugsfähigkeit der Rücklagen zum Ausgleich des schwankenden Jahresbedarfs (§ 27 Absatz 2 Erste KStDVO);

e) Ermittlung des steuerpflichtigen Einkommens bei beschränkt steuerpflichtigen Versicherungsunternehmen (§ 28 Erste KStDVO).

2. Vermögensteuer (Einheitsbewertung)

Nach § 47 Absatz 2 Satz 1 RBewG 1931 waren bei Versicherungsunternehmen abzugsfähig: „die nach dem Geschäftsplan erforderlichen Rücklagen für die Versicherungsverpflichtungen und für die den Versicherungsnehmer oder Versicherten als Gewinnbeteiligung zu gewährenden Überschüsse". Diese Vorschrift hat zu Zweifeln und Schwierigkeiten, insbesondere aber zu einer weitgehenden Ausdehnung der Abzüge geführt. Im Hinblick hierauf sind die Vorschriften über die Rücklagen, die bei Versicherungsunternehmen abzugsfähig sein sollen, jetzt genauer gefaßt.

Gemäß § 62 Absatz 2 RBewG 1934 sind bei Versicherungsunternehmen versicherungstechnische Rücklagen nur insoweit abzugsfähig, als sie für die Leistungen aus den am Bewertungsstichtag laufenden Versicherungsverträgen erforderlich sind. Diese Vorschrift ist durch § 53 RBewDB 1935 ergänzt worden. Die Neuregelung erstreckt sich auf die folgenden Gebiete:

a) steuerliche Behandlung der versicherungstechnischen Rücklagen (§ 53 Absatz 1 RBewDB 1935);

b) Voraussetzungen für die Abzugsfähigkeit der Rücklagen zum Ausgleich des schwankenden Jahresbedarfs (§ 53 Absatz 2 RBewDB 1935);

c) steuerliche Behandlung der Rücklagen für Beitragsrückerstattungen einschließlich der Gewinnreserven der mit Gewinnanteil Versicherten (Überschußrücklagen) in der Lebensversicherung (§ 53 Absatz 4 RBewDB 1935).

II. Behandlung der Beitragsrückerstattungen bei der Ermittlung des Gewinns[3]
Zu § 25, 26 der Ersten KStDVO

1. Allgemeines

Die *Versicherungsvereine auf Gegenseitigkeit* und die *öffentlich-rechtlichen Versicherungsanstalten* weisen im Gegensatz zu den Versicherungsaktiengesellschaften in ihrer Bilanz keinen Gewinn aus, der unmittelbar der Ermittlung des zu versteuernden Einkommens zugrunde gelegt werden kann. Soweit daher nicht ein Vorbeitrag oder nach Schluß des Geschäftsjahres ein Nachschuß erhoben wird, fließt ein etwaiger Überschuß der Einnahmen über die Ausgaben den Versicherungsnehmern, gewöhnlich in Form von Beitragsrückerstattungen, zu. Es ergibt sich also bei dieser Art von Versicherungsunternehmen (abgesehen von Zuführungen zu Kapitalansammlungen oder steuerlichen Berichtigungen einzelner Bilanzposten) nach den allgemeinen Vorschriften kein steuerpflichtiges Einkommen. Damit dem Gedanken der steuerlichen Gleichmäßigkeit auf diesem Gebiet entsprochen wird, sind die folgenden Bestimmungen ergangen:

a) § 25 der Ersten KStDVO über Beitragsrückerstattungen,

b) § 26 der Ersten KStDVO über die Gewinnermittlung bei Versicherungsunternehmen, das das Lebensversicherungsgeschäft betreiben.

---

[3] Nach KStR 1951 Abschnitt 58 Absatz (1) i.d.F. der KStER 1952 (Abschnitt 12a) „entsprechend anzuwenden".

2. Beitragsrückerstattungen bei der Lebensversicherung

Beitragsrückerstattungen, die aus dem Lebensversicherungsgeschäft stammen, sind abzugsfähig (§ 25 Absatz 1 Ziffer 1 Erste KStDVO). Über Sondervorschriften für Lebensversicherungen Hinweis auf Ziffer 5.

3. Beitragsrückerstattungen, die nicht aus dem Lebensversicherungsgeschäft stammen

(1) Beitragsrückerstattungen, die nicht aus dem Lebensversicherungsgeschäft stammen, sind nur insoweit abzugsfähig, als die unmittelbar aus den Beiträgen des Wirtschaftsjahres herrühren, das für die Besteuerung in Betracht kommt (z. B. Beitragsrückerstattungen aus der Krankenversicherung, Unfallversicherung, Haftpflichtversicherung, Sachversicherung). Durch diese Vorschrift sollen die Beitragsrückerstattungen aus Kapitalerträgen und sonstigen Einnahmen außerhalb des versicherungstechnischen Geschäfts oder aus Kapitalansammlungen der Besteuerung unterworfen werden. Entsprechend der Vorschrift des § 25 Absatz 1 Ziffer 2 der Ersten KStDVO ist daher das steuerpflichtige Einkommen der Versicherungsvereine auf Gegenseitigkeit und öffentlich-rechtlichen Versicherungsanstalten, die die Krankenversicherung, Unfallversicherung, Haftpflichtversicherung, Sachversicherung betreiben, wie folgt festzustellen:

Zunächst ist der *Überschuß* des betreffenden Wirtschaftsjahrs an Hand von Steuerbilanzen oder auch von steuerlichen Verlust- und Gewinnübersichten zu ermitteln. Hierbei sind die Vorschriften über die Abzugsfähigkeit der Rücklagen für Beitragsrückerstattungen und über die steuerliche Behandlung der versicherungstechnischen Rücklagen zu beachten. Sind von dem so ermittelten Überschuß Beitragsrückerstattungen vorgenommen, so ist der Teil festzustellen, der § 25 Absatz 1 Ziffer 2 der Ersten KStDVO gemäß abzugsfähig ist. Dieser Teil der Beitragsrückerstattungen wird in der Weise ermittelt, daß den auf das Wirtschaftsjahr entfallenden Beitragseinnahmen sämtliche Ausgaben des technischen Geschäfts sowie sämtliche sonstigen persönlichen und sachlichen Betriebsausgaben gegenübergestellt werden. Nur bis zur Höhe des Überschusses der Beitragseinnahmen sind die Beitragsrückerstattungen abzugsfähig. Der abzugsfähige Teil der Beitragsrückerstattungen wird um so größer sein, je höher der Überschuß der Beitragseinnahmen über die das Wirtschaftsjahr betreffenden Ausgaben ist. Die Rückgewährung der Beiträge muß spätestens bei Genehmigung des Abschlusses des Wirtschaftsjahrs beschlossen sein. In dem Beschluß muß auch zum Ausdruck gebracht sein, daß die Beitragsrückerstattungen auf die binnen Jahresfrist nach der Beschlußfassung fällig werdenden Beiträge anzurechnen oder binnen Jahresfrist nach der Beschlußfassung bar auszuzahlen sind. Werden die zurückzuerstattenden Beiträge in der Weise gutgeschrieben, daß der Versicherungsnehmer einen Rechtsanspruch auf diese Beiträge erwirbt, so ist die Gutschrift der Anrechnung auf fällig werdende Beiträge oder der Barauszahlung gleichzusetzen.

(2) Bei Versicherungsunternehmen, die in die Form von Versicherungsaktiengesellschaften oder Versicherungsgesellschaften mbH gekleidet sind und die Beitragsrückerstattungen vorgenommen haben, ist der abzugsfähige Teil der Beitragsrückerstattungen in der gleichen Weise festzustellen.

Beispiel für die Ermittlung des *abzugsfähigen Teils der Beitragsrückerstattungen*:

a) Überschuß laut *Handelsbilanz*   100 000 RM
davon Beitragsrückerstattungen an die Versicherungsnehmer im
Sinn des § 25 Absatz 1 Ziffer 2 Satz 2 der Ersten KStDVO   80 000 RM

b) Festgestellter *steuerlicher Überschuß*   120 000 RM

c) Der nach § 25 Absatz 1 Ziffer 2 Satz 1 der Ersten KStDVO zu ermittelnde *Betriebsüberschuß* wird in der Regel auf Grund der Verlust- und Gewinnübersicht in folgender Weise berechnet (hierbei sind die Beträge auf den Selbstbehalt abgestellt, d. h. von diesen Beträgen ist der Anteil der Rückversicherer bereits abgezogen):

Einnahmen:

Schadenreserve aus dem Vorjahr	110 000 RM
Prämienübertrag aus dem Vorjahr	240 000 RM
Sonstige abzugsfähige versicherungstechnische Rücklagen aus dem Vorjahr	150 000 RM
Beitragseinnahmen	840 000 RM
	1 340 000 RM

Ausgaben:

Prämienübertrag	280 000 RM
Schadenreserve	120 000 RM
Sonstige abzugsfähige versicherungstechnische Rücklagen	210 000 RM
Schadenzahlungen	340 000 RM
Betriebsausgaben jeder Art	360 000 RM
Betriebsüberschuß	30 000 RM
	1 340 000 RM

Der als letzter Posten unter den Ausgaben ausgewiesene Betriebsüberschuß von   30 000 RM

ist der steuerlich abzugsfähige Teil der Beitragsrückerstattungen. Da die geleisteten Beitragsrückerstattungen, wie unter a) angeführt, 80 000 RM betragen, der abzugsfähige Teil der Beitragsrückerstattungen jedoch nur 30 000 RM beträgt, stammen die restlichen 50 000 RM nicht aus dem Betriebsüberschuß, sondern aus aufgelösten Reserven (Kapitalansammlungen) oder aus Einnahmen außerhalb des Betriebsüberschusses (z. B. Zins- oder Dividendeneinkünften). Diese 50 000 RM sind daher *nicht abzugsfähig.*

d) Berechnung des steuerpflichtigen Einkommens:

Steuerlicher Überschuß (zu vgl. b)	120 000 RM
Davon ab: steuerlich abzugsfähiger Teil der Beitragsrückerstattung (zu vgl. Betriebsüberschuß unter c)	30 000 RM
somit steuerpflichtiges Einkommen	90 000 RM

4. *Rücklagen für Beitragsrückerstattungen*

(1) § 25 Absatz 2 der Ersten KStDVO gemäß sind die Zuführungen zu Rücklagen für Beitragsrückerstattungen nur insoweit abzugsfähig, als die ausschließliche Verwendung der Rücklagen für diesen Zweck durch Satzung oder durch geschäftsplanmäßige Erklärung gesichert ist. Die Vorschrift bezieht sich nicht auf die Zuführungen zu anderen Rücklagen, auch wenn diese Rücklagen satzungsmäßig oder durch geschäftsplanmäßige Erklärung für bestimmte Zwecke verwendet werden.

(2) Die ausschließliche Verwendung der Rücklagen im Sinn des § 25 Absatz 2 der Ersten KStDVO gilt bei dem Lebensversicherungsgeschäft auch dann noch als gesichert, wenn nach der Satzung oder der geschäftsplanmäßigen Erklärung mit Genehmigung der zuständigen Aufsichtsbehörde im Interesse der Versicherten in Ausnahmefällen aus der Rücklage für Beitragsrückerstattungen Beträge zur Abwendung eines Notstandes (z. B. Verlustabdeckung) entnommen werden dürfen.

5. *Lebensversicherung*

(1) Im § 26 der Ersten KStDVO ist für Versicherungsunternehmen, die das Lebensversicherungsgeschäft betreiben, eine besondere Art der Besteuerung eingeführt worden. Sie wirkt sich stets dann aus,

wenn nach den allgemeinen Vorschriften über die Ermittlung des Einkommens (§ 6 KStG 1934) oder nach § 17 KStG 1934 (Mindestbesteuerung des Gesamtunternehmens) sich nicht eine höhere Körperschaftsteuer ergibt. Diese besondere Besteuerungsart besteht darin, daß von dem *Gesamtüberschuß* aus dem Lebensversicherungsgeschäft bis auf weiteres 5 v. H. als Einkommen angesehen werden, das der Besteuerung zugrunde zu legen ist. Gesamtüberschuß aus dem Lebensversicherungsgeschäft ist der Betrag, der auf Grund der Steuerbilanz ermittelt worden ist und in dem noch die Zuführungen zu den Gewinnreserven der mit Gewinnanteil Versicherten (Überschußrücklage) enthalten sind.

Beispiel:

a) Überschuß auf Grund der *Steuer*bilanz (einschließlich Bilanzberichtigungen von 30 000 RM)   40 000 RM

b) Überschuß laut *Handels*bilanz (davon 990 000 RM der Überschußrücklage zugeführt, echte Reserve 10 000 RM)   1 000 000 RM

c) Berechnung des steuerlichen Gesamtüberschusses
Überschuß laut *Steuer*bilanz (a)   40 000 RM
Dazu aus dem Überschuß der Handelsbilanz
(b) der Überschußrücklage zugeführt   990 000 RM
Steuerlicher Gesamtüberschuß   1 030 000 RM

d) Davon 5 v. H. als steuerpflichtiges Einkommen nach § 26 der Ersten KStDVO   51 500 RM

e) Da im vorliegenden Fall die *Steuer*bilanz nur ein steuerpflichtiges Einkommen von 40 000 RM (a) ergibt, das Einkommen nach § 26 der Ersten KStDVO sich auf 51 500 RM (d) berechnet, ist dieses der Besteuerung zugrunde zu legen.

In dem Beispiel ist davon ausgegangen, daß auch die Mindestbesteuerung nach § 17 KStG 1934 einen geringeren Steuerbetrag ergeben würde als die Besteuerung nach § 26 der Ersten KStDVO.

(2) Ebenso wie die Lebensversicherung ist auch eine mit der Lebensversicherung verbundene Unfallzusatzversicherung zu behandeln.

(3) Betreibt das Versicherungsunternehmen neben der Lebensversicherung noch andere Versicherungszweige, z. B. die Krankenversicherung oder die Unfall- und Haftpflichtversicherung, so ist die Vorschrift des § 26 der Ersten KStDVO nur für das Ergebnis aus dem Lebensversicherungsgeschäft anzuwenden. Bei der Ermittlung des Einkommens für das gesamte Unternehmen ist das nach § 26 der Ersten KStDVO errechnete Einkommen mit dem Einkommen aus den anderen Versicherungszweigen zusammenzurechnen oder auszugleichen.

III. Behandlung der Rücklagen für Beitragsrückerstattungen bei der Einheitsbewertung

Zu § 53 Absatz 4 RBewDB 1935

(1) Rücklagen für Beitragsrückerstattungen sind § 53 Absatz 4 RBewDB 1935 gemäß nur mit 90 v. H. ihres Werts abzugsfrei. Hierzu gehören auch die Gewinnreserven der mit Gewinnanteil Versicherten (Überschußrücklagen) in der Lebensversicherung. Durch diese Bestimmung sollte einmal für die Fälle, in denen sich etwa auf Grund der Absätze 1 und 2 des § 53 RBewDB 1935 nicht schon ein steuerpflichtiges Vermögen ergibt, die Versteuerung wenigstens eines gewissen Vermögens bezweckt werden. Daneben war für die Einführung der Bestimmung die Erwägung maßgebend, daß derartige Rücklagen im allgemeinen weder bei den Versicherungsunternehmen noch bei den Versicherungsnehmern zur Vermögensteuer (Aufbringungsumlage) herangezogen werden.

(2) Die Rücklagen für Beitragsrückerstattungen sind entsprechend der Vorschrift des § 25 Absatz 2 der Ersten KStDVO nur insoweit mit 90 v. H. abzugsfähig, als die ausschließliche Verwendung der Rücklagen für diesen Zweck durch Satzung oder durch geschäftsplanmäßige Erklärung gesichert ist. Die Ausführungen unter Abschnitt II Ziffer 4 Absatz 2 gelten für die Einheitsbewertung sinngemäß. Soweit bei Rücklagen für Beitragsrückerstattungen die genannten Voraussetzungen nicht erfüllt sind, sind sie überhaupt nicht abzugsfähig.

(3) Die Bestimmung über die Kürzung der Rücklagen für Beitragsrückerstattungen gilt ohne Rücksicht darauf, aus welcher Versicherungsart die Rücklagen stammen: es ist also einerlei, ob sie aus der Lebensversicherung, der Krankenversicherung, Unfallversicherung, Haftpflichtversicherung oder der Sachversicherung herrühren. Dabei ist noch darauf hinzuweisen, daß beim Lebensversicherungsgeschäft zwischen den Gewinnanteilen, die den Versicherten bereits *gutgeschrieben* sind, und den *Gewinnreserven* für die mit Gewinnanteil Versicherten (*Überschußrücklagen*) zu unterscheiden ist. Gutgeschriebene Gewinnanteile sind voll abzugsfähig, während die Überschußrücklagen nur mit 90 v. H. zum Abzug zugelassen sind.

IV. Behandlung der mitversicherten Rücklagen[4]

Zu § 27 Absätze 1 u. 2 der Ersten KStDVO − § 53 Absätze 1 u. 2 RBewDB 1935

1. Begriff

Der Fachausdruck „Versicherungstechnische Rücklagen" umfaßt sowohl echte Rücklagen (Reserven), das sind Passivposten, die am Stichtag weder dem Grund noch der Höhe nach eine Versicherungsverpflichtung bedeuten, als auch Rückstellungen, welche wirtschaftlich in dem abzuschließenden Bilanzzeitraum als Belastung anzuerkennen sind. Diese versicherungstechnischen Rücklagen werden von den Versicherungsunternehmen nach Gesetz, Satzung, Geschäftsplan oder nach anerkannten Grundsätzen der Versicherungswirtschaft gestellt oder sie sind durch Weisung der Aufsichtsbehörden vorgeschrieben, um die gegenüber den Versicherten bestehenden Verpflichtungen erfüllen zu können.

2. Grenze der Abzugsfähigkeit nach der Art der Rücklagen

Bei der Ermittlung des steuerpflichtigen Einkommens und des Vermögens dürfen nicht sämtliche Zuführungen zu versicherungstechnischen Rücklagen oder sämtliche versicherungstechnischen Rücklagen abgezogen werden. Abzugsfähig sind nur diejenigen, die nach den allgemeinen steuerrechtlichen Grundsätzen *als echte Schuldposten* oder als *Posten, die der Rechnungsabgrenzung dienen,* anzusehen sind. Unter den versicherungstechnischen Rücklagen ist hiernach zwischen den *abzugsfähigen* Rücklagen und den *nichtabzugsfähigen* Rücklagen zu unterscheiden. Die steuerliche Abzugsfähigkeit der Rücklagen kann nicht allein damit begründet werden, daß die Rücklagen durch Gesetz, Satzung, Geschäftsplan oder Weisung der Aufsichtsbehörde vorgeschrieben sind.

a) Zu den *abzugsfähigen* Rücklagen gehören insbesondere:

Prämienreserven,
Prämienüberträge,
Schadenreserven,
Gewinnreserven der mit Gewinnanteil Versicherten (Überschußrücklagen),
Rücklagen zum Ausgleich des schwankenden Jahresbedarfs,
Verwaltungskostenrücklagen in der Lebensversicherung (als Gegenposten zu den gestundeten Prämien oder als Ergänzungsposten zu den Prämienüberträgen),
Stornorücklagen,
Wiederinkraftsetzungsrücklagen.
Wegen der Höhe des Abzugs, Hinweis auf Ziffer 3.

---

[4] Nach KStR 1951 Abschnitt 58 Absatz (1) i.d.F. der KStER 1952 (Abschnitt 12a) „entsprechend anzuwenden". Wegen Ziffer 4 siehe Fußnote [1] auf Seite IX.

b) Zu den *nichtabzugsfähigen* Rücklagen gehören insbesondere:

Sicherheitsrücklagen im Sinn des § 37 des Gesetzes über die Beaufsichtigung der privaten Versicherungsunternehmen und Bausparkassen vom 6. Juni 1931 (RGBl I S. 315), vgl. dazu auch das Urteil des RFH im RStBl 1933 S. 1203 Nr. 984, insbesondere S. 1204 rechte Spalte Absatz 2,
Organisationsrücklagen,
versicherungstechnische Sicherheitsrücklagen der einzelnen Versicherungszweige,
Rücklagen für künftige *möglicherweise* eintretende Verluste aus dem technischen Geschäft.

3. Grenze der Abzugsfähigkeit nach der Höhe der Rücklagen

Für die versicherungstechnischen Rücklagen, die hiernach abzugsfähig sind, ist die *Höhe* des Abzugs durch § 27 Absatz 1 Satz 2 der Ersten KStDVO und § 53 Absatz 1 Satz 2 RBewDB 1935 näher umgrenzt. Der Abzug darf hiernach „den Betrag nicht übersteigen, der zur Sicherstellung der *Verpflichtungen aus den am Bilanzstichtag (Bewertungsstichtag) bestehenden Versicherungsverträgen* erforderlich ist". Wegen der Sonderbehandlung der Rücklagen für Beitragsrückerstattungen bei der Einheitsbewertung Hinweis auf Abschnitt III.

4. Rücklagen zum Ausgleich des schwankenden Jahresbedarfs[5]

Eine Besonderheit bildet die Rücklage zum Ausgleich des schwankenden Jahresbedarfs. Es handelt sich dabei um Rückstellungen, die gemacht werden, um die auf Grund der Wahrscheinlichkeitsgesetze eintretenden Schwankungen im Schadenverlauf zu decken. Um entscheiden zu können, ob eine Rücklage für den schwankenden Jahresbedarf überhaupt in Frage kommt, müssen nach § 27 Absatz 2 der Ersten KStDVO und § 53 Absatz 2 RBewDB 1935 insbesondere folgende Voraussetzungen erfüllt sein:

a) Nach den Erfahrungen in dem betreffenden Versicherungszweig muß mit *erheblichen* Schwankungen des Jahresbedarfs zu rechnen sein. Das kann insbesondere für die Hagelversicherung zutreffen. Ob erhebliche Schwankungen im Schadenverlauf vorliegen, kann an Hand des bei dem betreffenden Versicherungsunternehmen vorhandenen statistischen Materials festgestellt werden. Es ist unter Zugrundelegung einer angemessenen großen Zeitspanne für jedes Jahr das Verhältnis der jeweiligen Gesamtschadensumme zur Gesamtversicherungssumme festzustellen. Ist das nicht möglich, so ist das Verhältnis der jeweiligen Gesamtschadensumme zur Gesamtprämieneinnahme zugrunde zu legen. Aus den Verhältniszahlen der einzelnen Jahre ist der Durchschnittschadensatz zu errechnen und sodann festzustellen welche Abweichungen nach oben sich in den der Berechnung zugrunde liegenden Jahren von diesem Durchschnittschadensatz ergeben haben. Diese Abweichungen bieten einen Anhaltspunkt für die Beurteilung der Frage, ob in dem betreffenden Versicherungszweig bei dem betreffenden Versicherungsunternehmen überhaupt Schwankungen vorliegen und ob diese Schwankungen *erheblich* sind.

Für sämtliche in Betracht kommenden Versicherungszweige ist zu beachten, daß das statistische Material nur dann sichere Schlüsse auf die Schwankungen des Jahresbedarfs zuläßt, wenn es einen längeren Zeitraum umfaßt.

b) Die Schwankungen im Jahresbedarf dürfen durch die Prämien nicht ausgeglichen werden. Die Rücklage zum Ausgleich des schwankenden Jahresbedarfs darf z. B. nicht steuerfrei gebildet werden, wenn der Jahresbedarf auch in den ungünstigen Jahren mit hohem Schadenverlauf durch die erhobene Prämie gedeckt wird. Unter Prämien sind bei den Versicherungsvereinen auf Gegenseitigkeit und öffentlich-rechtlichen Versicherungsanstalten nur die Vorbeiträge (ohne die Nachschüsse) zu verstehen.

---

[5] Nach Abschnitt 58 Absatz (1) KStR 1951 i.d.F. der KStER 1952 vom 2.6.53 ist diese Ziffer wegen der Sonderregelung in der Verwaltungsanordnung vom 19.9.52 (BStBl S. 780) „insoweit nicht anzuwenden".

c) Die Schwankungen des Jahresbedarfs müssen *aus den am Bilanzstichtag oder Bewertungsstichtag bestehenden Versicherungsverträgen herrühren*. Für die Beurteilung, ob diese Voraussetzungen vorliegen, kann im allgemeinen der jeweilige Versicherungsbestand als eine einzige, einheitliche Versicherung mit unbegrenzter Laufzeit angesehen werden. Dies wird besonders für diejenigen Versicherungszweige zutreffen, bei denen der größte Teil der Versicherungen regelmäßig bei Ablauf verlängert wird (z. B. in der Hagel- und Feuerversicherung). Nicht darunter fallen Versicherungszweige, bei denen hauptsächlich kurzfristige, einmalige Versicherungen abgeschlossen werden. Für diese Versicherungen ist keine Rücklage zum Ausgleich des schwankenden Jahresbedarfs zu bilden.

d) Die Schwankungen im Jahresbedarf dürfen nicht durch die Rückversicherung gedeckt sein. Ob und in welchem Maße die Schwankungen des Jahresbedarfs durch Rückversicherung gedeckt sind, kann an Hand des betreffenden statistischen Materials festgestellt werden. Stellt man die Schwankungen aus dem Gesamtgeschäft den Schwankungen des Eigenbehalts gegenüber, so gewinnt man einen Überblick, ob durch die Rückversicherung die Schwankungen im Schadenverlauf zu einem Teil oder sogar in vollem Umfange aufgefangen worden sind. Werden die Schwankungen in vollem Umfang aufgefangen, so ist die Voraussetzung für die Bildung der Rücklage zum Ausgleich des schwankenden Jahresbedarfs *nicht* gegeben.

Sind die Voraussetzungen für die Bildung der Rücklage gegeben, so ist für die Bemessung der Rücklagen zum Ausgleich des schwankenden Jahresbedarfs der Umfang der Rückversicherung nach dem Verhältnis des Rückversicherungsbeitrags zum Gesamtbeitrag oder nach dem Verhältnis der in Rückversicherung gegebenen Versicherungssumme zur Gesamtversicherungssumme zu berücksichtigen. Im übrigen sind für die endgültige Höhe der Rücklage zum Ausgleich des schwankenden Jahresbedarfs auch die gesamten Rückversicherungsverhältnisse zu beachten.

V. Beschränkt steuerpflichtige Versicherungsunternehmen[6]
Zu § 28 der Ersten KStDVO

(1) Bei beschränkt steuerpflichtigen Versicherungsunternehmen wird für das inländische Geschäft das technische Ergebnis, das auch als Betriebsergebnis oder industrielles Ergebnis bezeichnet wird, an Hand von besonderen Verlust- und Gewinnübersichten ermittelt. In der Regel werden diese Verlust- und Gewinnübersichten in der *Sachversicherung* folgende Einnahmeposten und Ausgabeposten enthalten:

Einnahmen:

1. Prämienüberträge für eigene Rechnung aus dem Vorjahr,
2. Schadenreserven für eigene Rechnung aus dem Vorjahr,
3. sonstige technische Reserven aus dem Vorjahr,
4. Prämieneinnahmen,
5. Nebenleistungen,
6. Rückversicherungsprovisionen.

Ausgaben:

1. Rückversicherungsprämien,
2. bezahlte Schäden für eigene Rechnung,
3. Provisionen und Verwaltungskosten des inländischen Geschäfts,
4. Schadenreserven für eigene Rechnung,
5. Prämienüberträge für eigene Rechnung,
6. sonstige technische Reserven.

---

6 Nach KStR 1951 Abschnitt 58 Absatz (1) i.d.F. der KStER 1952 (Abschnitt 12a) „entsprechend anzuwenden".

In der *Lebensversicherung* sind außerdem noch die diesem Versicherungszweig eigenen Einnahmeposten und Ausgabeposten, wie Prämienreserven, Gewinnreserven der mit Gewinnanteil Versicherten, gestundete Beiträge, Verwaltungskostenrücklagen, Kapitalerträge aus dem technischen Geschäft zu berücksichtigen.

(2) Von den unter Einnahmen und Ausgaben aufgeführten Posten können einzelne Posten geschätzt werden. Diese geschätzten Posten dürfen aber nicht zu zahlreich und so groß sein, daß sie das ganze Bild bestimmen. Die geschätzten Posten müssen im Verhältnis zu den Rechnungsposten von untergeordneter Bedeutung sein.

(3) Die gesonderte Verlust- und Gewinnübersicht für das inländische Geschäft wird in der Regel auf den Selbstbehalt abgestellt. Hierbei ist jedoch das Ergebnis aus der Rückversicherung mitzuerfassen. Es müssen also unter den Einnahmen die Vergütungen der Rückversicherer (z. B. Rückversicherungsprovisionen) mitenthalten sein.

(4) Die abzugsfähigen versicherungstechnischen Rücklagen und die Zuführungen hierzu sind nach den Grundsätzen des inländischen Steuerrechts anzusetzen.

(5) Dem so ermittelten technischen Ergebnis ist dann der dem Inlandsgeschäft entsprechende Anteil an den Vermögenserträgen des Gesamtunternehmens hinzuzurechnen. Abzuziehen ist hiervon der dem inländischen Versicherungsgeschäft entsprechende Anteil an den Generalunkosten des gesamten Unternehmens, soweit sie nicht im technischen Ergebnis bereits enthalten sind. Die aufzuteilenden Beträge sind im Verhältnis der inländischen Prämieneinnahme zur Gesamtprämieneinnahme festzustellen.

(6) Wird das steuerpflichtige Einkommen eines beschränkt steuerpflichtigen Versicherungsunternehmens von dem Gesamtgewinn im Verhältnis der inländischen Prämieneinnahme zur Gesamtprämieneinnahme ermittelt (§ 28 Absatz 2, Erste KStDVO), so sind dem Bilanzgewinn die Zuführungen zu echten Reserven, die auch aus dem Geschäftsbericht ersichtlich sind, hinzuzurechnen.

VI. Einzelfragen

1. Ausgaben zur Feuerverhütung bei der Ermittlung des Einkommens

Es sind Zweifel entstanden, ob Ausgaben zur Feuerverhütung (z. B. Umbau von Strohdächern oder Beihilfe zur Anschaffung von Motorspritzen) als abzugsfähige Betriebsausgaben angesehen werden können. Ich erkläre mich bis auf weiteres damit einverstanden, daß Ausgaben dieser Art bei der Ermittlung des Einkommens abgezogen werden, soweit sie unmittelbar den eigenen Versicherungsnehmern zugute kommen.

2. Schwebende Rechtsmittel bei der Körperschaftsteuer und Einheitsbewertung

(1) Aus den Kreisen der Versicherungsunternehmen ist der Wunsch geäußert worden, die Veranlagungen und Rechtsmittel, die für frühere Steuerabschnitte oder Feststellungszeiträume schweben, in einem vereinfachten Verfahren zu erledigen. Ich erkläre mich damit einverstanden, daß schwebende Fälle, die nach dem alten Recht zu entscheiden sind, durch Festsetzung eines angemessenen Pauschbetrags abgeschlossen werden. Voraussetzung ist, daß hierdurch eine Verwaltungsvereinfachung erzielt wird und angemessene Beträge in kurzer Zeit entrichtet werden. Sind dagegen die Vorarbeiten so weit gefördert, daß der Fall zur endgültigen Entscheidung reif ist, dann ist dem Verfahren Fortgang zu geben.

(2) Die Grundsätze dieses Erlasses sind auch auf noch nicht rechtskräftig abgeschlossene Veranlagungen zur Körperschaftsteuer anzuwenden, soweit diese Veranlagungen nach dem Körperschaftsteuergesetz vom 16. Oktober 1934 vorzunehmen sind. Das gilt auch für noch nicht rechtskräftig abgeschlossene Einheitswertfeststellungen, soweit diese Feststellungen nach dem Reichsbewertungsgesetz vom 16. Oktober 1934 durchzuführen sind.

3. Richtsätze

Durch § 27 Absatz 3 der Ersten KStDVO und § 53 Absatz 3 RBewDB 1935 ist der Reichsminister der Finanzen ermächtigt, im Benehmen mit dem Reichswirtschaftsminister Richtsätze über die steuerlich anzuerkennenden versicherungstechnischen Rücklagen und die Zuführungen hierzu aufzustellen. Das vorliegende Material reicht zur Zeit für die Aufstellung dieser Richtsätze nicht aus. Erhebungen sind im Gange. Die Veranlagungen zur Körperschaftsteuer und die Feststellung des Einheitswerts des Betriebsvermögens sind daher bis auf weiteres ohne solche Richtsätze durchzuführen.

C. Körperschaftsteuerliche Behandlung der Schwankungsrückstellung der Versicherungsunternehmen

(BStBl 1979 I S. 58)

Bezug: BFM-Schreiben vom 23. Oktober 1978 — IV B 7 — S. 2775 — 32/78 —
Anlage: — 2 —

Unter Bezugnahme auf das Ergebnis der Erörterungen mit den obersten Finanzbehörden der Länder gilt zur Frage der körperschaftsteuerlichen Behandlung der Schwankungsrückstellung der Versicherungsunternehmen folgendes:

Das Bundesaufsichtsamt für das Versicherungswesen (BAV) hat die Anordnung über die Schwankungsrückstellung der Schaden- und Unfallversicherungsunternehmen vom 21. September 1978 — Anlage 1 — erlassen. Die Anordnung gilt erstmals für Wirtschaftsjahre, die nach dem 31. Dezember 1977 beginnen (Abschnitt VII der Anordnung).

Die nach der Anordnung des BAV gebildeten Schwankungsrückstellungen erfüllen die Voraussetzungen des § 20 Absatz 2 KStG und sind bei der Ermittlung des Einkommens (§ 8 KStG) anzuerkennen.

Der koordinierte Ländererlaß aus 1966 (BStBl 1966 II S. 135) und die ihn ergänzenden Erlasse sind für Wirtschaftsjahre, die nach dem 31. Dezember 1977 beginnen, nicht mehr anzuwenden.

Ergänzend dazu gilt folgendes:

1. **Zinszuführung zur Schwankungsrückstellung bei Versicherungsvereinen auf Gegenseitigkeit**

    Die Buchung der Zinszuführung zur Schwankungsrückstellung zu Lasten des finanztechnischen Geschäfts führt bei Versicherungsvereinen auf Gegenseitigkeit nicht zur Annahme einer verdeckten Gewinnausschüttung.

2. **Schwankungsrückstellung bei Vorliegen von Doppelbesteuerungsabkommen**

    Bei Ermittlung der Schwankungsrückstellung bei Vorliegen von Doppelbesteuerungsabkommen ist entsprechend der Anordnung des BAV von dem Gesamtergebnis des betreffenden Versicherungszweigs auszugehen. Die Tatsache, daß steuerlich auf Grund eines Doppelbesteuerungsabkommens das Ergebnis der ausländischen Betriebsstätte ausgesondert und nur das inländische Ergebnis zur Besteuerung herangezogen wird, verbietet nicht, bei der Frage, ob und in welcher Höhe eine Schwankungsrückstellung gebildet werden darf, vom Gesamtergebnis auszugehen. Der auf das Inland entfallende und bei der inländischen Besteuerung zu berücksichtigende Teil der Schwankungsrückstellung ist nach dem Verhältnis der verdienten Beiträge für eigene Rechnung für das der inländischen Besteuerung unterliegende Geschäft zu den verdienten Beiträgen für eigene Rechnung für das gesamte Geschäft zu ermitteln.

3. **Delkredererückstellung für die „Kautionsversicherung"**

    Kreditversicherungsunternehmen sind bisher, soweit sie die Kautionsversicherung betrieben haben, wie Kreditinstitute behandelt worden. Sie konnten deshalb an Stelle der Schwankungsrückstellung eine Delkredererückstellung bilden. Diese Regelung ist für Wirtschaftsjahre, die nach dem 31. Dezember 1977 beginnen, nicht mehr anzuwenden. Die Delkredererückstellung ist deshalb im ersten nach dem 31. Dezember 1977 beginnenden Wirtschaftsjahr aufzulösen bzw. nach Abschnitt VI Absatz 4 der Anordnung des BAV in die Schwankungsrückstellung zu überführen.

4. **Schwankungsrückstellung bei Versicherungsunternehmen von geringerer wirtschaftlicher Bedeutung**

4.1 Wegen der Schwankungsrückstellung bei Versicherungsunternehmen von geringerer wirtschaftlicher Bedeutung wird auf Abschnitt IV der Anordnung des BAV hingewiesen. Entscheidet sich ein Versicherungsunternehmen von geringerer wirtschaftlicher Bedeutung unter den Voraussetzungen des Abschnitts IV Nr. 3 der Anordnung für die Bildung der Schwankungsrückstellung nach der Anordnung, so ist es an diese Entscheidung auch für die künftigen Jahre gebunden.

4.2 Bei Versicherungsunternehmen von geringerer wirtschaftlicher Bedeutung, die keine Schwankungsrückstellung nach der Anordnung des BAV bilden, ist steuerlich davon auszugehen, daß die nach der Satzung zu bildende gesetzliche Rücklage im Sinne des § 37 VAG (Verlustrücklage) auch die Aufgaben einer Schwankungsrückstellung erfüllt. Steuerlich kann aus Vereinfachungsgründen auf einen besonderen Ausweis der Schwankungsrückstellung verzichtet werden. Bei der Ermittlung des steuerlichen Gewinns ist wie folgt zu verfahren:

4.2.1 Zuführungen zu der Verlustrücklage sind steuerlich als Zuführungen zur Schwankungsrückstellung abziehbar, solange die Summe der Zuführungen einschließlich des Bestandes der Verlustrücklage am 21./25. Juni 1948 die folgenden Beträge (Grenzbeträge) nicht überschreitet:

— in der Hagelversicherung
200 % des durchschnittlichen jährlichen Selbstbehaltbeitrags,

— in der Sturmversicherung
200 % des durchschnittlichen jährlichen Selbstbehaltsbeitrags,

— in der Schiffskaskoversicherung
200 % des durchschnittlichen jährlichen Selbstbehaltsbeitrags,

— in der landwirtschaftlichen und ländlichen Feuerversicherung
200 % des durchschnittlichen jährlichen Selbstbehaltsbeitrags,

— in der Tierversicherung
100 % des durchschnittlichen jährlichen Selbstbehaltsbeitrags,

— in der Haftpflichtversicherung
(mit Ausnahme der Kraftfahrt-Haftpflichtversicherung)
20 % des durchschnittlichen jährlichen Selbstbehaltsbeitrags,

— in der Glas- und Rechtsschutzversicherung
50 % des durchschnittlichen jährlichen Selbstbehaltsbeitrags,

Die abziehbaren jährlichen Zuführungen dürfen jedoch 80 % des steuerlichen Gewinns, der sich ohne die Zuführungen ergeben würde, nicht überschreiten.

Der durchschnittliche jährliche Selbstbehaltsbeitrag ist im Fall der Hagelversicherung nach den Selbstbehaltsbeiträgen der jeweils letzten zwölf vollen Wirtschaftsjahre, in den übrigen Fällen nach den Selbstbehaltsbeiträgen der jeweils letzten drei vollen Wirtschaftsjahre zu berechnen. Betreibt ein Unternehmen eine der vorbezeichneten Versicherungszweige noch keine zwölf bzw. drei volle Wirtschaftsjahre, so sind bei der Ermittlung des durchschnittlichen jährlichen Selbstbehaltsbeitrags die jeweils vorhandenen Wirtschaftsjahre zugrunde zu legen.

Jeweils letztes Wirtschaftsjahr ist das im Veranlagungszeitraum endende Wirtschaftsjahr.

Selbstbehaltsbeitrag eines Wirtschaftsjahres ist der Unterschied zwischen der in der Gewinn- und Verlustrechnung ausgewiesenen Beitragseinnahme und dem ausgewiesenen Rückversicherungsbeitrag.

4.2.2 Die satzungsgemäßen Entnahmen aus der Verlustrücklage, die der Deckung von Verlusten dienen, sind steuerlich als Entnahmen aus der Schwankungsrückstellung zu behandeln, solange die Entnahmen die bisherigen abziehbaren Zuführungen (4.2.1) nicht überschreiten.

Beispiel:

Aus der Verlustrücklage von	40 000 DM
wird satzungsgemäß zur Deckung eines Verlustes ein Betrag von	10 000 DM
entnommen	
Es verbleiben	30 000 DM
Der Grenzbetrag (4.2.1 Satz 1) beträgt	33 000 DM
Die Summe der bisherigen abziehbaren Zuführungen (4.2.1) beträgt	25 000 DM
Die Entnahme von ist in voller Höhe als Entnahme aus der Schwankungsrückstellung zu behandeln und von der Summe der bisherigen abziehbaren Zuführungen abzuziehen.	10 000 DM
Es verbleiben	15 000 DM

4.2.3 Verringert sich der Grenzbetrag im Sinne der Nummer 4.2.1 Satz 1 und übersteigt die um die Entnahmen gemäß Nummer 4.2.2 gekürzte Summe der bisherigen abziehbaren Zuführungen den neuen Grenzbetrag, so ist der den neuen Grenzbetrag übersteigende Teil dieser Zuführungen bei der Ermittlung des steuerlichen Gewinns hinzuzurechnen.

Beispiel:

Die Verlustrücklage beträgt	40 000 DM
Die nach Abzug der bisherigen Entnahme verbleibende Summe der bisherigen abziehbaren Zuführungen beträgt	36 000 DM
Der Grenzbetrag (4.2.1 Satz 1) hat sich von 38 000 DM auf verringert.	35 000 DM
Bei der Ermittlung des steuerlichen Gewinns sind hinzuzurechnen.	1 000 DM

4.2.4 Zu den bisherigen abziehbaren Zuführungen im Sinne der vorstehenden Ausführungen gehören auch die Zuführungen zur Verlustrücklage, die nach den bisherigen Anweisungen steuerlich als Zuführungen zur Schwankungsrückstellung zum Abzug zugelassen worden sind.

4.3 Übersteigen bei einem Versicherungsunternehmen von geringerer wirtschaftlicher Bedeutung die Brutto-Beitragseinnahmen im Durchschnitt der letzten drei Geschäftsjahre die Grenze von 1 Million DM, so ist die Schwankungsrückstellung nach Maßgabe der Anordnung des BAV zu bilden. Der Übergang von dem vereinfachten Verfahren gemäß der Nummer 4.2 zur genaueren Berechnung der Schwankungsrückstellung nach der Anordnung des BAV kann im Einzelfall durch die Auflösung der Verlustrücklage zu nicht unerheblichen Gewinnrealisierungen führen. Aus Liquiditätsgründen ist es den Versicherungsnehmern nicht immer möglich, diese Beträge der Rückstellung für Beitragsrückerstattung zuzuführen. In diesen Fällen kann sich durch die Auflösung der Rücklage für die betreffenden Versicherungsunternehmen eine unzumutbare steuerliche Belastung ergeben.

Es bestehen daher keine Bedenken, wenn im Einzelfall aus Billigkeitsgründen zur Vermeidung von Härten wie folgt verfahren wird:

Übersteigt die für einen Versicherungszweig bisher mit steuerlicher Wirkung anerkannte Verlustrücklage die nach der Anordnung des BAV zu bildende Schwankungsrückstellung, so kann der übersteigende Betrag in fünf gleichen Jahresraten aufgelöst werden. Eine frühere Auflösung ist zulässig.

4.4 Diese Regelung tritt für Wirtschaftsjahre, die nach dem 31. Dezember 1977 beginnen, an die Stelle der bisherigen Anweisungen.

5. **Schwankungsrückstellungen bei Versicherungszweigen mit geringen Beitragseinnahmen**

5.1 Sofern eine Schwankungsrückstellung in einem Versicherungszweig nach Abschnitt I Nr. 1 der Anordnung des BAV deshalb nicht zu bilden ist, weil die verdienten Beiträge für eigene Rechnung im Durchschnitt der letzten drei Geschäftsjahre einschließlich des Bilanzjahres 250 000 DM nicht übersteigen, ist es nicht zu beanstanden, wenn in diesem Versicherungszweig eine Schwankungsrückstellung in sinngemäßer Anwendung der Regelung für Versicherungsunternehmen von geringerer wirtschaftlicher Bedeutung gebildet wird.

5.2 Diese Regelung gilt erstmals für Wirtschaftsjahre, die nach dem 31. Dezember 1977 beginnen.

6. **Änderungs- und Widerrufsklausel**

Trifft das BAV auf Grund der Änderungs- und Widerrufsklausel in Abschnitt V der Anordnung eine von den Abschnitten I bis IV der Anordnung abweichende Regelung, so ist diese steuerlich nur mit Zustimmung der zuständigen obersten Landesfinanzbehörde zu beachten.

7. **Versicherungszweige und Versicherungsunternehmen, die nicht der Versicherungsaufsicht unterliegen**

Für Versicherungszweige, die nicht der Versicherungsaufsicht unterliegen (z. B. die einzelnen Zweige der Rückversicherung, wenn sie nicht in Verbindung mit aufsichtspflichtigen Versicherungsarten betrieben werden), ist dieses Schreiben entsprechend anzuwenden, wenn die Schwankungsrückstellung auch in der Handelsbilanz unter Beachtung der Anordnung des BAV gebildet wird. Das gleiche gilt für die nicht der Versicherungsaufsicht unterliegenden Versicherungsunternehmen (professionelle Rückversicherer, die nicht die Rechtsform eines Versicherungsvereins auf Gegenseitigkeit haben). Das gilt nicht für die Rückversicherung in der Lebens- und Krankenversicherung.

8. **Anordnung über die Auflösung der Schwankungsrückstellung der Krankenversicherungsunternehmen**

Die Anordnung des BAV über die Auflösung der Schwankungsrückstellung der Krankenversicherungsunternehmen vom 21. September 1978 — Anlage 2 — ist auch steuerlich zu beachten.

Im Auftrag

Dr. Uelner

R 4/78
An alle vom Bundesaufsichtsamt für das Versicherungswesen beaufsichtigten Versicherungsunternehmen, die die Schaden- und Unfallversicherung betreiben, mit Ausnahme der Unternehmen von geringerer wirtschaftlicher Bedeutung

Betr.: Schwankungsrückstellung

Um die dauernde Erfüllbarkeit der Verpflichtungen aus den Schaden- und Unfallversicherungen sicherzustellen, wird auf Grund von § 81 Absatz 2 in Verbindung mit § 56 Absatz 3 des Gesetzes über die Beaufsichtigung der privaten Versicherungsunternehmen angeordnet:

Abschnitt I

Bildung, Höhe, Zuführungen, Entnahmen, Auflösung

1. In jedem Versicherungszweig der Schaden- und Unfallversicherung ist eine Rückstellung zum Ausgleich der Schwankungen im jährlichen Schadenbedarf (Schwankungsrückstellung) nach dieser Anordnung zu bilden, wenn die verdienten Beiträge im Durchschnitt der letzten drei Geschäftsjahre einschließlich des Bilanzjahres 250 000 DM übersteigen, die Standardabweichung der Schadenquoten des Beobachtungszeitraums von der durchschnittlichen Schadenquote mindestens 5 % beträgt und die Summe aus Schaden- und Kostenquote mindestens einmal im Beobachtungszeitraum 100 % der verdienten Beiträge eines Geschäftsjahres überschritten hat.

2. (1) Der Sollbetrag der Schwankungsrückstellung beträgt das Viereinhalbfache, in der Hagel- und Kreditversicherung das Sechsfache der Standardabweichung der Schadenquoten des Beobachtungszeitraumes von der durchschnittlichen Schadenquote, multipliziert mit den verdienten Beiträgen des Bilanzjahres.

   (2) Unterschreitet die durchschnittliche Schadenquote die Grenzschadenquote, ist die dreifache Differenz zwischen Grenzschadenquote und durchschnittlicher Schadenquote multipliziert mit den verdienten Beiträgen des Bilanzjahres von dem nach Absatz 1 ermittelten Betrag abzuziehen. Satz 1 gilt nicht in der Hagelversicherung.

3. (1) Der Schwankungsrückstellung sind in jedem Bilanzjahr unabhängig vom Eintritt eines Über- oder Unterschadens zunächst 3,5 % ihres jeweiligen Sollbetrages zuzuführen, bis dieser erreicht oder wieder erreicht ist.

   (2) Ist in einem Bilanzjahr ein Unterschaden eingetreten, so ist der nach Abschnitt II Nr. 7 Satz 2 zu berechnende Betrag zusätzlich der Schwankungsrückstellung zuzuführen, bis ihr Sollbetrag erreicht oder wieder erreicht ist.

4. Ist in einem Bilanzjahr ein Überschaden eingetreten, so ist der nach Abschnitt II Nr. 8 Satz 2 zu berechnende Betrag der Schwankungsrückstellung zu entnehmen. Unterschreitet die durchschnittliche Schadenquote die Grenzschadenquote, vermindert sich der zu entnehmende Betrag um 60 % der mit den verdienten Beiträgen des Bilanzjahres multiplizierten Differenz aus Grenzschadenquote und durchschnittlicher Schadenquote.

5. (1) Sind die Voraussetzungen für die Bildung einer Schwankungsrückstellung gemäß Nr. 1 nicht mehr erfüllt, so ist die Schwankungsrückstellung aufzulösen. Die Auflösung kann auf das Bilanzjahr und die folgenden vier Geschäftsjahre gleichmäßig verteilt werden. Unterschreitet der Sollbetrag die vorhandene Schwankungsrückstellung, so ist sie um den den Sollbetrag übersteigenden Betrag aufzulösen.

   (2) Absatz 1 und 2 gilt nicht, wenn das Versicherungsunternehmen nach dem Rechnungsabschluß des Bilanzjahres verpflichtet ist, im folgenden Geschäftsjahr wieder eine Schwankungsrückstellung zu bilden. Die Schwankungsrückstellung ist in der Höhe fortzuführen, in der sie unter Berücksichtigung des Ergebnisses des Bilanzjahres und eines gegenüber dem Bilanzjahr unveränderten verdienten Beitrages im folgenden Geschäftsjahr zu stellen wäre.

Abschnitt II

Begriffsbestimmungen

1. (1) Ein Versicherungszweig im Sinne dieser Anordnung liegt vor, wenn entsprechend der Verordnung über die Rechnungslegung der Versicherungsunternehmen gegenüber dem Bundesaufsichtsamt für das Versicherungswesen vom 17. Oktober 1974 – Interne RechVUVO – eine gesonderte Gewinn- und Verlustrechnung aufgestellt wird.

   (2) In jedem Fall gelten als Versicherungszweig im Sinne dieser Anordnung unbeschadet einer weitergehenden Untergliederung

   1. die Feuer-Industrieversicherung einschließlich der Feuer-Betriebsunterbrechungsversicherung,

2. die Landwirtschaftliche Feuerversicherung,

3. die Gebäudeversicherung der Zwangs- und Monopolanstalten,

und bei Versicherungsunternehmen, die ausschließlich die Kreditversicherung betreiben,

4. die Delkredere-Versicherung,

5. die Vertrauensschaden-Versicherung und

6. die Kautionsversicherung.

(3) Als Versicherungszweig im Sinne dieser Anordnung gelten nicht

1. die zusammengefaßte Gewinn- und Verlustrechnung der sonstigen und nicht aufgegliederten Schaden- und Unfallversicherung,

2. die zusammengefaßten Gewinn- und Verlustrechnungen gemäß § 3 Absatz 1 Nr. 1 und 4 Interne RechVUVO,

3. die Gewinn- und Verlustrechnungen gemäß § 3 Absatz 1 Nr. 2 und 5 Interne RechVUVO, sofern hierdurch mehrere Versicherungszweige im Sinne dieser Anordnung zusammengefaßt werden.

2. Die Standardabweichung der Schadenquoten des Beobachtungszeitraumes im Sinne dieser Anordnung ist die Quadratwurzel aus dem Summenwert der quadrierten Abweichungen im Beobachtungszeitraum, der durch die um 1 verminderte Zahl der Geschäftsjahre des Beobachtungszeitraumes dividiert wurde. Abweichung ist die Differenz zwischen der Schadenquote eines Geschäftsjahres des Beobachtungszeitraumes und der durchschnittlichen Schadenquote des Beobachtungszeitraumes.

3. (1) Beobachtungszeitraum im Sinne dieser Anordnung sind jeweils die fünfzehn, in der Hagel- und der Kreditversicherung die dreißig dem Bilanzjahr vorausgehenden Geschäftsjahre. In der Kreditversicherung bleiben Geschäftsjahre, die vor dem 1. Januar 1966 begonnen haben, für den Beobachtungszeitraum unberücksichtigt.

(2) Betreibt ein Versicherungsunternehmen einen Versicherungszweig noch nicht während des gesamten Beobachtungszeitraumes im Sinne des Absatz 1, mindestens aber zehn Geschäftsjahre vor dem Bilanzjahr, so gelten jeweils sämtliche Geschäftsjahre als Beobachtungszeitraum.

4. (1) Die Schadenquote eines Geschäfts- bzw. Bilanzjahres im Sinne dieser Anordnung ist das Verhältnis der Aufwendungen für Versicherungsfälle einschließlich der Schadenregulierungsaufwendungen, der Aufwendungen für die gesetzliche und erfolgsunabhängige Beitragsrückerstattung, der Aufwendungen für Rückkäufe und Rückgewährbeträge und der Veränderungen der Beitragsdeckungsrückstellung, abzüglich des technischen Zinsertrages, jeweils für eigene Rechnung, zu den verdienten Beiträgen des Geschäfts- bzw. Bilanzjahres.

(2) Die durchschnittliche Schadenquote ist das arithmetische Mittel der Schadenquoten des Beobachtungszeitraumes.

5. Die Grenzschadenquote im Sinne dieser Anordnung ergibt sich für das selbstabgeschlossene Geschäft aus der Differenz zwischen 95 %, für das selbstabgeschlossene Rechtsschutzgeschäft 98 % und für das in Rückdeckung übernommene Geschäft 99 % und der mittleren Kostenquote.

6. (1) Kostenquote im Sinne dieser Anordnung ist das Verhältnis der Aufwendungen für den Versicherungsbetrieb zuzüglich der Aufwendungen für Schadenverhütung und -bekämpfung sowie für Feuerschutzsteuer zu den verdienten Beiträgen jeweils ohne Abzug des Anteils der Rückversicherer.

(2) Die mittlere Kostenquote ist das arithmetische Mittel der Kostenquoten des Bilanzjahres und der zwei vorausgehenden Geschäftsjahre.

7. Ein Unterschaden liegt vor, wenn die Schadenquote des Bilanzjahres die durchschnittliche Schadenquote übersteigt. Der Beitrag des Überschadens ergibt sich aus der Differenz dieser beiden Quoten multipliziert mit den verdienten Beiträgen des Bilanzjahres.

8. Ein Überschaden liegt vor, wenn die Schadenquote des Bilanzjahres die durchschnittliche Schaden-

quote übersteigt. Der Betrag des Überschadens ergibt sich aus der Differenz dieser beiden Quoten multipliziert mit den verdienten Beiträgen des Bilanzjahres.

9. (1) Verdiente Beiträge eines Geschäfts- bzw. Bilanzjahres im Sinne dieser Anordnung sind die jeweiligen Beiträge einschließlich der Nebenleistungen und der Veränderungen der Beitragsüberträge, im in Rückdeckung übernommenen Geschäft zusätzlich einschließlich der Portefeuille-Beiträge aus diesem Geschäft jeweils für eigene Rechnung.

(2) Bei Versicherungsvereinen auf Gegenseitigkeit, bei denen die Erhebung von Nachschüssen geschäftsplanmäßig nicht ausgeschlossen ist, gelten als verdiente Beiträge des Bilanzjahres die im Bilanzjahre im voraus erhobenen Beiträge zuzüglich 10 % der Summe der in den zehn dem Bilanzjahr vorausgehenden Geschäftsjahren sich ergebenden Nachschußquoten multipliziert mit den im voraus erhobenen Beiträgen des Bilanzjahres.

(3) Die Nachschußquote eines Geschäftsjahres ist das Verhältnis des im Geschäftsjahr erhobenen Nachschusses zu den im voraus erhobenen Beiträgen des Geschäftsjahres.

Abschnitt III

Neuaufnahme und Untergliederung von Versicherungszweigen

(1) Sind in einem Versicherungszweig im Sinne dieser Anordnung, für den nach den Vorschriften der Internen RechVUVO oder des Abschnitts II Nr. 1 Absatz 2 erstmals eine gesonderte versicherungstechnische Gewinn- und Verlustrechnung aufzustellen ist, die für einen mindestens zehnjährigen Beobachtungszeitraum erforderlichen Schadenquoten aus den eigenen Geschäftsunterlagen ganz oder teilweise nicht zu ermitteln, so sind für die fehlenden Geschäftsjahre die Schadenquoten aus den in den Geschäftsberichten des BAV veröffentlichten Tabellen zu verwenden. Sobald ein mindestens zehnjähriger eigener Beobachtungszeitraum vorliegt, ist nach Abschnitt II Nr. 4 zu verfahren.

(2) Sind bei Anwendung des Absatzes 1 die zur Berechnung der mittleren Kostenquote erforderlichen Kostenquoten früherer Geschäftsjahre aus den eigenen Geschäftsunterlagen nicht zu ermitteln, so gilt als mittlere Kostenquote die Kostenquote des jeweiligen Bilanzjahres. Sobald mindestens drei Geschäftsjahre einschließlich des Bilanzjahres vorliegen, ist nach Abschnitt II Nr. 6 Absatz 2 zu verfahren.

2. (1) Wird für einzelne Versicherungszweige eine gesonderte versicherungstechnische Gewinn- und Verlustrechnung aufgestellt, obwohl dies nach den Vorschriften der Internen RechVUVO und des Abschnitts II Nr. 1 Absatz 2 nicht zwingend vorgeschrieben ist, so darf für diese Versicherungszweige eine Schwankungsrückstellung nur gebildet werden, wenn die nach dieser Anordnung zur Bildung der Schwankungsrückstellung erforderlichen Berechnungen für einen mindestens zehnjährigen Beobachtungszeitraum aus den vorhandenen Geschäftsunterlagen vorgenommen werden können. Eine für den bisherigen Versicherungszweig gebildete Schwankungsrückstellung ist im Verhältnis der sich für die neuen Versicherungszweige ergebenden Sollbeträge aufzuteilen.

(2) Bei Anwendung des Absatz 1 ist die Untergliederung der Versicherungszweige für Zwecke der Schwankungsrückstellung beizubehalten. Eine weitere Untergliederung der neuen Versicherungszweige ist zulässig.

Abschnitt IV

Versicherungsunternehmen von geringerer wirtschaftlicher Bedeutung

1. Diese Anordnung findet auf Versicherungsunternehmen von geringerer wirtschaftlicher Bedeutung keine Anwendung.

2. Versicherungsunternehmen von geringerer wirtschaftlicher Bedeutung im Sinne dieser Anordnung sind Versicherungsvereine auf Gegenseitigkeit, deren Brutto-Beitragseinnahmen im Durchschnitt der letzten drei Geschäftsjahre nicht mehr als 1 Million DM betragen haben.

3. Versicherungsunternehmen von geringerer wirtschaftlicher Bedeutung im Sinne dieser Anordnung, die bisher nach der Anordnung über die Schwankungsrückstellung der Versicherungsunternehmen vom 21. Dezember 1965 (VerBAV 1965, S. 254) und den sie ergänzenden Anordnungen eine Schwankungsrückstellung gebildet haben, können nach der vorliegenden Anordnung verfahren.

Abschnitt V
Änderungs- und Widerrufsklausel

Die Aufsichtsbehörde behält sich vor, die Anordnung für einzelne Versicherungsunternehmen zu ändern oder zu widerrufen, sofern die tatsächlichen Verhältnisse eine Änderung der Berechnungsgrundlagen erfordern oder die Regelung den Ausgleich der Schwankungen im jährlichen Schadenbedarf nicht oder nicht ausreichend gewährleistet.

Abschnitt VI
Übergangsregelungen

(1) Liegen in dem Geschäftsjahr, in dem die Anordnung erstmals Anwendung findet, die Voraussetzungen für die Bildung einer Schwankungsrückstellung nicht vor, so ist eine nach den bisher geltenden Anordnungen gebildete Schwankungsrückstellung aufzulösen. Abschnitt I Nr. 5 Absatz 1 Satz 2 gilt entsprechend.

(2) Übersteigt die nach den bisher geltenden Anordnungen gebildete Schwankungsrückstellung den Sollbetrag nach dieser Anordnung, so ist der überschießende Betrag aufzulösen. Abschnitt I Nr. 5 Absatz 1 Satz 2 gilt entsprechend.

(3) Aus dem jeweils noch aufzulösenden Betrag sind die im Auflösungszeitraum auftretenden Überschäden des Versicherungszweiges zu decken oder die nach dieser Anordnung erforderlichen Zuführungen vorzunehmen.

(4) Wird in den Zweigen der Kreditversicherung, in denen bisher an Stelle der Schwankungsrückstellung eine Delkredererückstellung gestellt worden ist, eine Schwankungsrückstellung nach dieser Anordnung gebildet, so ist der in der Delkredererückstellung angesammelte Betrag bis zur Höhe des Sollbetrages in die Schwankungsrückstellung zu überführen.

Abschnitt VII
Inkrafttreten

Diese Anordnung gilt erstmals für Geschäftsjahre, die nach dem 31. Dezember 1977 beginnen. Mit Wirkung vom gleichen Zeitpunkt an werden die Anordnung über die Schwankungsrückstellung der Versicherungsunternehmen vom 21. Dezember 1965 (VerBAV 1965, S. 254) und die sie ergänzenden Anordnungen aufgehoben.

Rechtsmittelbelehrung

Gegen diese Verfügung kann *innerhalb von zwei Wochen* nach Zustellung schriftlich oder zur Niederschrift bei dem Bundesaufsichtsamt für das Versicherungswesen, Berlin, Ludwigkirchplatz 3–4, *Einspruch* erhoben werden. Der Einspruch soll einen bestimmten Antrag enthalten sowie die Beschwerdepunkte und die zur Begründung dienenden Tatsachen und Beweismittel angeben.

Über den Einspruch entscheidet eine Beschlußkammer des Bundesaufsichtsamtes.

Hat die Beschlußkammer ohne zureichenden Grund nicht binnen von drei Monaten nach Einlegung des Einspruchs über diesen entschieden, so gilt der Einspruch als abgelehnt. In diesem Falle ist die Erhebung der Anfechtungsklage zulässig.

Die Anfechtungsklage ist — möglichst in vierfacher Ausfertigung — durch einen Rechtslehrer an einer deutschen Hochschule als Bevollmächtigten bei dem Bundesverwaltungsgericht, 1 Berlin 12, Hardenbergstraße 31, zu erheben.

Die Anfechtungsklage muß den Kläger, den Beklagten und den Streitgegenstand bezeichnen. Sie soll einen bestimmten Antrag enthalten und die zur Begründung dienenden Tatsachen und Beweismittel angeben.

Berlin, den 21. September 1978

Der Präsident
des Bundesaufsichtsamtes für das Versicherungswesen

Dr. R i e g e r

D. Schreiben betr. Beitragsrückerstattungen
(§ 21 KStG)

Vom 7. März 1978 (BStBl. I S. 160)
(BMF IV B 7 – S 2775 – 10/78)
Geändert durch BMF-Schreiben vom 14.12.1984 (BStBl. 1985 I S. 11)

Unter Bezugnahme auf das Ergebnis der Erörterungen mit den obersten Finanzbehörden der Länder gilt zur Frage der steuerlichen Behandlung der Beitragsrückerstattungen bei Versicherungsunternehmen nach § 21 KStG folgendes:

1. **Anwendungsbereich**

    § 21 KStG regelt die Abziehbarkeit von Beitragsrückerstattungen, die für das selbst abgeschlossene Geschäft

    in der Lebens- und Krankenversicherung

    in Abhängigkeit von dem erzielten Jahresergebnis für das selbst abgeschlossene Geschäft und

    in der Schaden- und Unfallversicherung

    in Abhängigkeit von dem versicherungstechnischen Überschuß des betreffenden Versicherungszweiges aus dem selbst abgeschlossenen Geschäft für eigene Rechnung gewährt werden.

    Das selbst abgeschlossene Geschäft setzt unmittelbare versicherungsvertragliche Rechtsbeziehungen zwischen Versicherungsgesellschaft und Versicherungsnehmer voraus. Dazu gehören z. B. nicht das in Rückdeckung übernommene Versicherungsgeschäft und die Vermittlungstätigkeit.

    Beitragsrückerstattungen, auf die in der Lebens- und Krankenversicherung ohne Rücksicht auf das Jahresergebnis und in der Schaden- und Unfallversicherung ohne Rücksicht auf einen versichertungstechnischen Überschuß ein Rechtsanspruch besteht, fallen nicht unter § 21 KStG. Sie sind wie Versicherungsleistungen zu behandeln (RFH-Urteil vom 21.5.1940, RStBl. S. 747).

2. **Lebens- und Krankenversicherung**

2.1 **Jahresergebnis**

    Ausgangsgrundlage für die Ermittlung der abziehbaren Beitragsrückerstattung im Wirtschaftsjahr ist das nach handelsrechtlichen Grundsätzen zu ermittelnde Jahresergebnis für das selbst abgeschlossene Geschäft. Dieses Jahresergebnis entspricht dem Jahresüberschuß/Jahresfehlbetrag nach § 157 Abs. 1 Nr. 28 AktG, wenn sich die Tätigkeit des Versicherungsunternehmens auf das selbst abgeschlossene Versicherungsgeschäft beschränkt.

    Ist das Versicherungsunternehmen noch in anderer Weise tätig (z. B. Vermittlungstätigkeit), so ergibt sich das Jahresergebnis des selbst abgeschlossenen Geschäfts nach § 2 der Verordnung über die Rechnungslegung von Versicherungsunternehmen gegenüber dem Bundesaufsichtsamt für das Versicherungswesen (Interne RechVUVO) vom 17.10.1974, BGBl. I S. 2453, aus der gesondert zu erstellenden GuV-Rechnung, bei Lebensversicherungsunternehmen lt. Formblatt 150/1 und bei Krankenversicherungsunternehmen lt. Formblatt 350/1, unter Berücksichtigung der anteiligen Erträge und Aufwendungen des nicht versicherungstechnischen Teils der GuV-Rechnung.

2.2 **Zurechnungsbetrag**

Dem Jahresergebnis aus dem selbst abgeschlossenen Geschäft ist der Betrag für erfolgsabhängige Beitragsrückerstattung hinzuzurechnen, der das Jahresergebnis gemindert hat. Dieser Betrag ist in der GuV-Rechnung nach der Verordnung über die Rechnungslegung von Versicherungsunternehmen vom 11.7.1973 (BGBl. I S. 1209) — im folgenden Externe RechVUVO — bei Lebensversicherungsunternehmen im Formblatt L II unter der Position 10 und bei Krankenversicherungsunternehmen im Formblatt K II unter der Position 9b ausgewiesen.

2.3 **Kürzungsbetrag**

Das Jahresergebnis enthält auch den Nettoertrag, der aus der Bewirtschaftung des Eigenkapitals erzielt wird. Dieser Ertrag kann nicht mit überhobenen Beitragseinnahmen und damit nicht mit einer Beitragsrückerstattung in Zusammenhang gebracht werden. Das Jahresergebnis für die Ermittlung der abziehbaren Beitragsrückerstattung ist daher um diesen Ertrag zu vermindern. Bei der hierfür durchzuführenden Berechnung ist es nicht zu beanstanden, wenn wie folgt verfahren wird:

2.3.1 Betreibt das Versicherungsunternehmen außer dem selbst abgeschlossenen Lebens- oder Krankenversicherungsgeschäft noch andere Geschäfte, so kann das steuerliche Betriebsvermögen nach Maßgabe der Einnahmen (z. B. Beitragseinnahmen, Privisionseinnahmen) auf die verschiedenen Tätigkeitsbereiche aufgeteilt werden.

2.3.2 Als langfristige Kapitalanlage im Sinne des § 21 Abs. 1 Nr. 1 Satz 2 KStG kann unter Berücksichtigung korrespondierender Wertberichtigungen und nach Anpassung an die Wertermittlung in der Steuerbilanz die Summe derjenigen Wirtschaftsgüter angesetzt werden, die in der Bilanz von den Lebensversicherungsunternehmen (Formblatt L I) unter II und III und von den Krankenversichungsunternehmen (Formblatt K I) unter II ausgewiesen werden.

2.3.3 Als Bezugsgröße für die Ertragsberechnung kann der Mittelwert der Kapitalanlagen zum Ende und zu Anfang des Wirtschaftsjahres zugrunde gelegt werden.

2.3.4 Als Bruttoertrag aus langfristiger Kapitalanlage kann die Summe der in den Formblättern L II und K II unter den Positionen 5a bis 5e der GuV-Rechnung ausgewiesenen Beträge angesetzt werden.

2.3.5 Für die Berechnung des Nettoertrages vor Abzug von Steuern ist es ausreichend, wenn als Aufwendungen für Kapitalanlagen aus der GuV-Rechnung in der Lebensversicherung die Beträge der Positionen 14a bis 14d des Formblatts L II und in der Krankenversicherung die Beträge der Positionen 12a bis 12d des Formblatts K II und in beiden Versicherungszweigen die nach dem Lohn- und Gehaltsschlüssel zugeordneten Aufwendungen für Altersversorgung und Unterstützung, für Abschreibungen auf die Betriebs- und Geschäftsausstattung und für die Lohnsummensteuer berücksichtigt werden. Dieser Schlüssel ergibt sich aus Muster 9 zu § 13 Ziff. 3 der Externen RechVUVO.

2.3.6 Der so berechnete Nettoertrag vor Abzug von Steuern kann in das Verhältnis zu dem Mittelwert der Kapitalanlagen (Tz. 2.3.3) gesetzt werden. Mit dem so ermittelten Vomhundertsatz, angewendet auf das zu Beginn des Wirtschaftsjahres maßgebliche steuerliche Betriebsvermögen, läßt sich der anteilig auf das Betriebsvermögen entfallende Nettoertag (§ 21 Abs. 1 Nr. 1 Satz 2, erster Halbsatz KStG), jedoch vor Abzug der Steuern, bestimmen.

2.3.7 Bei der Berücksichtigung der Steuern können die Gewerbekapitalsteuer und die Vermögensteuer dem Ertrag aus dem steuerlichen Betriebsvermögen direkt zugeordnet werden. Bei der Vermögensteuer gilt dies wegen der Nichtabziehbarkeit der Vermögensteuer zuzüglich der darauf entfallenden Körperschaftsteuer und Gewerbeertragsteuer (RFH-Urteil vom 9.1.1940,

RStBl. S. 436). Die restlichen Aufwendungen für Körperschaftsteuer und Gewerbeertragsteuer können entsprechend ihrer Verursachung im Verhältnis des Nettoertrags aus dem steuerlichen Betriebsvermögen und der Überschüsse aus dem übrigen Geschäft, jeweils vor Abzug der Steuern, zugeordnet werden. Der Überschuß aus dem versicherungstechnischen Geschäft muß um die abziehbaren Beitragsrückerstattungen gemindert sein.

2.4 Jahresergebnis (Tz. 2.1) zuzüglich Zurechnungsbetrag (Tz. 2.2) und abzüglich Kürzungsbetrag (Tz. 2.3) ergibt den Höchstbetrag des abziehbaren Aufwandes für Beitragsrückerstattungen im Wirtschaftsjahr. Eine Verpflichtung zur Auflösung der Rückstellung für Beitragsrückerstattung nach § 21 Abs. 2 Satz 2 KStG bleibt unberührt.

Beispiel:

a) Sachverhalt

Ein Lebensversicherungsunternehmen (AG), dessen Wirtschaftsjahr mit dem Kalenderjahr übereinstimmt, hat 1977 neben dem direkten Lebensversicherungsgeschäft das aktive Rückversicherungsgeschäft (RV) sowie die Vermittlung von Sachversicherungen betrieben.

Der Abschluß zum 31.12.1977 weist u. a. folgende Zahlen aus:
- der Jahresüberschuß beträgt 900 000 DM;
- das (voll eingezahlte) Grundkapital zum 31.12.1976 und 31.12.1977 beträgt 8 Mio. DM;
- die offenen Rücklagen zum 31.12.1976 betrugen 7 Mio. DM;
- auf Grund des Jahresüberschusses wurden 82 400 000 DM der Rückstellung für Beitragsrückerstellung für Beitragsrückerstattung zugewiesen.

b) Höchstbetrag der abziehbaren Beitragsrückerstattung nach § 21 Abs. 1 Nr. 1 KStG für das WJ 1977

			DM
Jahresergebnis für das selbstabgeschlossene Lebensversicherungsgeschäft			
Jahresüberschuß		900 000 DM	
Jahresüberschuß vor Abzug der Steuer aus aktivem RV und aus der Vermittlung von Sachversicherungen	400 000		
./. anteilige Steuern	− 130 383	− 269 617 DM	630 383
Aufwand für Beitragsrückerstattung (lt. Nr. 10 der GuV)			82 400 000
Nettoertrag des Betriebsvermögens			− 700 243
Höchstabzugsbetrag nach § 21 Abs. 1 Nr. 1 KStG			82 330 140

Von dem Aufwand des WJ 1977 für Beitragsrückerstattung (Zuführung zur RfBR) sind 69 860 DM nichtabziehbare Betriebsausgaben (82 400 000 DM ./. 82 330 140 DM).

c) Nettoertrag vor Abzug von Steuern (Tz. 2.3)

aa) Langfristige Kapitalanlagen (Tz. 2.3.2)

Die Kapitalanlagen nach Abschnitt II und III der Steuerbilanz des Lebensversicherungsunternehmens betragen

	31.12.1976	1 470 000 TDM
	31.12.1977	1 650 000 TDM
		3 120 000 TDM
	Mittelwert	1 560 000 TDM

bb) Ertrag der langfristigen Kapitalanlagen (Tz. 2.3.4–2.3.6) in 1977

Erträge lt. Nr. 5a)–e) der GuV	141 800 TDM
Aufwendungen lt. Nr. 14a)–d) der GuV	– 17 500 TDM

anteiliger sonstiger Aufwand
für Kapitalanlagen, z. B.

Lohnsummensteuer	150 TDM
Aufw. für Altersversorgung u. Unterstützung	1 580 TDM
AfA / Betriebsausstattung	1 270 TDM
	3 000 TDM

$$3\,000\text{ TDM} \times \frac{2\,050}{19\,520} = \frac{-315\text{ TDM}}{123\,985\text{ TDM}}$$

Der anteilige sonstige Aufwand, der für die Kapitalanlagen entstand, wird mit Hilfe der anteiligen Löhne und Gehälter den Kapitalanlagen zugeordnet.

Nach den gem. Muster 9 des Externen RechVUVO veröffentlichten persönlichen Aufwendungen ergibt sich der Aufteilungsmaßstab wie folgt:

Aufwendungen für die Verwaltung von Kapitalanlagen (Nr. 6 im Muster 9)		2 050 TDM
Gesamtsumme der Löhne und Gehälter		
Gesamtbetrag der persönl. Aufwendungen	38 740 TDM	
davon Provisionen und sonstige Bezüge der Versicherungsvertreter i. S. v. § 92 HGB	– 19 220 TDM	19 520 TDM

cc) Betriebsvermögen 1.1.1977

Das steuerliche Betriebsvermögen am Beginn des Wirtschaftsjahres errechnet sich aus der Steuerbilanz zum 31.12.1976 wie folgt:

Grundkapital	8 000 000 DM
Offene Rücklagen	7 000 000 DM
(StB-) Gewinn	986 000 DM
(StB-) Gewinnvortrag	5 030 000 DM
Betriebsvermögen 1.1.77	21 016 000 DM

Das gesamte Betriebsvermögen am 1.1.1977 wird für das selbstabgeschlossene Lebensversicherungsgeschäft (Einnahmen 1977: 247 600 TDM) wie für die übrigen Betätigungen verwendet (Einnahmen 1977: 12 400 TDM).

Auf das selbstabgeschlossene Lebensversicherungsgeschäft entfällt daher am 1.1.1977 ein Betriebsvermögen von

$$21\,016\,000\text{ DM} \times \frac{247\,600\text{ TDM}}{247\,600\text{ TDM} + 12\,400\text{ TDM}} = 20\,000\,000\text{ DM}.$$

dd) Nettoertrag vor Steuern

Der Nettoertrag des Betriebsvermögens vor Berücksichtigung von Steuern errechnet sich wie folgt:

$$123\,985\text{ TDM} \times \frac{20\,000\,000\text{ DM}}{1\,560\,000\,000\text{ DM}} = 1\,589\,551\text{ DM}$$

d) Nettoertrag nach Abzug der Steuern (Tz. 2.3.7)

aa) Steueraufwand

Für das Wirtschaftsjahr 1977 ist folgender Steueraufwand entstanden:

Körperschaftsteuer 1977	600 000 DM
Vermögensteuer 1977 für das dem selbst abgeschlossenen Lebensversicherungsgeschäft dienende Vermögen	180 000 DM
Gewerbeertragsteuer 1977	320 000 DM
Gewerbekapitalsteuer 1977 für das dem selbst abgeschlossenen Lebensversicherungsgeschäft dienende Vermögen	70 000 DM

Die Vermögensteuer für 1977 wurde gem. § 31 Abs. 1 Nr. 4 KStG von dem EK 56 abgezogen.

bb) Nettoertrag nach Steuerabzug

Nettoertrag vor Steuern	1 589 551 DM
Gewerbekapitalsteuer 1977	− 70 000 DM
	1 519 551 DM
Vermögensteuer 1977	− 180 000 DM
Körperschaftsteuer (127, 27 %)	− 229 090 DM
Gewerbeertragsteuer (350 % × 5 % × 409 090 =)	− 71 591 DM
Zwischensumme	1 038 870 DM
anteilige Körperschaftsteuer	− 202 804 DM
anteilige Gewerbeertragsteuer	− 135 823 DM
Nettoertrag des Betriebsvermögens	700 243 DM

cc) Aufteilung des Steueraufwandes

Während die Vermögensteuer und Gewerbekapitalsteuer für das Wirtschaftsjahr in vollem Umfang dem Nettoertrag zuzuordnen sind, werden die übrigen Steuern wie folgt aufgegliedert:

	KSt DM	Gewerbe-ertragsteuer DM	Ertragsteuern insgesamt DM
Gesamtaufwand	600 000	320 000	920 000
abzgl. als Annex zur VSt	− 229 090	− 71 591	− 300 681
	370 910	248 409	619 319
Vom Restbetrag entfallen auf			
Nettoertrag			
$\frac{1\,038\,870}{1\,900\,000}$	− 202 804	− 135 823	− 338 627
aktives RV und Sachvermittlungs-geschäft vor Abzug der Steuer			
$\frac{400\,000}{1\,900\,000}$	− 78 086	− 52 297	− 130 383
Sonstige Einkommensbestandteile Überschüsse vor Abzug der Steuer			
$\frac{461\,130}{1\,900\,000}$	− 90 020	− 60 289	− 150 309
	0	0	0

Die Aufgliederung des restlichen Steueraufwandes erfolgte nach folgendem Schlüssel:

	DM
Nettoertrag lt. Zwischensumme	1 038 870
Jahresüberschuß vor Abzug der Steuer aus aktivem RV und aus dem Sachvermittlungsgeschäft	400 000
Sonstige Einkommensbestandteile vor Abzug der Steuer	461 130
Einkommen	1 900 000

3.* Schaden- und Unfallversicherung

Die Zuordnung der auf das Wirtschaftsjahr entfallenden Betriebsausgaben zu den einzelnen Versicherungszweigen ist nach dem Verursachungsprinzip vorzunehmen. Es ist nicht zu beanstanden, wenn dabei die für die Lebens- und Krankenversicherungsunternehmen zugelassenen Regelungen in der Schaden- und Unfallversicherung entsprechend angewandt werden.

Die rechnungsmäßige Verzinsung deckungsstockpflichtiger Deckungsrückstellungen, die Verzinsung der Überschußrückstellung nach § 24 Abs. 3 und die Zuführung von Rein-Zinserträgen zur gesetzlichen Überschußregelung nach § 24a der Verordnung über die Tarife in der Kraftfahrversicherung in der Fassung der 12. Änderungs-Verordnung vom 8. Dezember 1978 (BAnz. Nr. 237 vom 19. Dezember 1978) sind bei der Berechnung des versicherungstechnischen Überschusses nicht als Betriebsausgaben zu berücksichtigen.

4. Rückstellung für Beitragsrückerstattung

4.1 Verwendungssicherung

Zuführungen zu einer Rückstellung für Beitragsrückerstattung sind nach § 21 Abs. 2 Satz 1 KStG insoweit abziehbar, als die ausschließliche Verwendung der Rückstellung für diesen Zweck durch die Satzung oder durch geschäftsplanmäßige Erklärung gesichert ist. Diese Verwendungssicherung ist auch dann noch erfüllt, wenn Beträge der Rückstellung für Beitragsrückerstattung in Ausnahmefällen mit Zustimmung der Aufsichtsbehörde im Interesse der Versicherten zur Abwendung eines Notstandes verwendet werden dürfen (RFH-Urteil vom 4.4.1939, RStBl. S. 892).

4.2 Verbindliche Festlegung

Bei der Prüfung, ob die Rückstellung für Beitragsrückerstattung nach § 21 Abs. 2 Satz 2 KStG ganz oder teilweise aufzulösen ist, sind außer den in Nr. 1 genannten Zuführungsbeträgen nach Nr. 2 generell solche Beträge auszuscheiden, deren Verwendung zur Beitragsrückerstattung vor dem Bilanzstichtag verbindlich festgelegt worden ist. Die Festlegung muß dem Grunde und der Höhe nach erfolgen.

Eine verbindliche Festlegung dem Grunde nach ist beispielsweise anzunehmen, wenn sie durch geschäftsplanmäßige Erklärung oder in der Weise erfolgt, daß die zuständigen Organe des Unternehmens einen diesbezüglichen Beschluß fassen und bekanntgeben, z. B. im Geschäftsbericht oder im Bundesanzeiger. Die Bedingung der Festlegung der Höhe nach ist erfüllt, wenn ein der Höhe, der Zahlungsfrist oder dem Zahlungszeitpunkt und dem Personenkreis nach bestimmbarer Betrag zu erstatten ist. Als festgelegt gilt der Betrag, der zur Finanzierung der beschlossenen Maßnahme erforderlich ist.

Bei Berechnung des erforderlichen Betrages ist nur dann abzuzinsen, wenn die Durchführung der Beitragsrückerstattung, vom Zeitpunkt der rechtswirksamen Beschlußfassung ausgehend, einen Zeitraum von mehr als zwei Jahren erfordert.

---

* Tz. 3 Abs. 2 neu gefaßt durch BMF-Schreiben vom 14.12.1984 (BStBl. 1985 I S. 11); diese Fassung gilt für alle noch nicht bestandskräftigen Fälle.

4.3 Krankenversicherung

Für das Krankenversicherungsgeschäft wird in § 21 Abs. 2 Satz 2 Nr. 3 KStG zugelassen, einen Betrag zur Ermäßigung von Beitragserhöhungen im folgenden Geschäftsjahr verbindlich festzulegen. Da in diesem Fall die Verwendung insgesamt im folgenden Geschäftsjahr erfolgen muß, genügt die Angabe des Betrages in einer Summe und die verbindliche Festlegung dem Grunde nach (Tz. 4.2).

4.4 Lebensversicherung

Die auf die abgelaufenen Versicherungsjahre entfallenden Schlußgewinnanteile im Sinne von § 21 Abs. 2 Satz 2 Nr. 4 KStG ergeben sich in der Weise, daß der erforderliche Finanzierungsbedarf nach versicherungsmathematischen Grundsätzen gleichmäßig angesammelt wird. Dafür sind die geschäftsplanmäßig genehmigten Rechnungsgrundlagen zugrunde zu legen.

5. Kleinbetragsregelung

5.1 Die Auflösung der Rückstellung für Beitragsrückerstattung nach § 21 Abs. 2 Satz 2 KStG braucht nicht zu erfolgen, soweit an die Versicherten Kleinbeträge auszuzahlen wären. Der Sachverhalt der Erstattung von Kleinbeträgen ist dann anzunehmen, wenn bei Durchführung der maßgebenden Regelung für die Beitragsrückerstattung im Durchschnitt weniger als 20,– DM auf den einzelnen begünstigten Versicherungsvertrag bzw. begünstigten Versicherten entfallen würden oder wenn in dem überschußberechtigten Versicherungszweig weniger als 1 v. H. der Bruttojahresbeiträge des Versicherungszweigs für eine Beitragsrückerstattung zur Verfügung steht.

Überschreitet die noch nicht verbindlich festgelegte Rückstellung für Beitragsrückerstattung den höchsten Gesamtbetrag der Kleinbetragsregelung, so wird der in § 21 Abs. 2 Satz 2 KStG genannte Vorbehalt nicht wirksam.

5.2 Eine unter die Kleinbetragsregelung fallende Rückstellung für Beitragsrückerstattung ist für die Prüfung, ob eine Auflösung der Rückstellung vorzunehmen ist, als Zuführung (§ 21 Abs. 2 Satz 2 Nr. 1 KStG) erneut in dem Wirtschaftsjahr zu berücksichtigen, in dem die Kleinbetragsregelung nicht mehr wirksam wird.

5.3 Ergeben sich bei der Durchführung der Beitragsrückerstattung Beträge, die ihrer Verwendung nicht zugeführt werden können, so sind diese Beträge als Zuführung (§ 21 Abs. 2 Satz 2 Nr. 1 KStG) dem Wirtschaftsjahr zuzuordnen, in dem die nicht durchführbare Verwendung erkennbar wird.

5.4 Die nach Tz. 5.2 und Tz. 5.3 als Zuführungen des maßgeblichen Wirtschaftsjahres geltenden Beträge berühren nicht den Höchstbetrag des in diesem Wirtschaftsjahr abziehbaren Aufwands für Beitragsrückerstattungen nach Tz. 2.4.

6. Der Erlaß ist erstmals für Wirtschaftsjahre anzuwenden, die im Kalenderjahr 1977 enden.

7. Die bisher zu dieser Frage herausgegebenen Erlasse sind nicht mehr anzuwenden.

E. BdF-Schreiben vom 1. Oktober 1980
(IV B7 – S 2775 – 11/82)

Betr.: Körperschaftsteuer;
hier: Behandlung der Zinszuführung zur Schwankungsrückstellung bei der Berechnung der Beitragsrückerstattung und bei der Frage der verdeckten Gewinnausschüttung von Versicherungsvereinen auf Gegenseitigkeit

Nach Abstimmung mit den obersten Finanzbehörden der Länder teile ich Ihnen zur steuerlichen Behandlung der Zinszuführung zur Schwankungsrückstellung bei der Berechnung der Beitragsrückerstattung und bei der Frage der verdeckten Gewinnausschüttung von Versicherungsvereinen auf Gegenseitigkeit folgendes mit:

1. Die Zinszuführung zur Schwankungsrückstellung nach Abschnitt I Nr. 3 Absatz 1 der Anordnung des Bundesaufsichtsamtes für das Versicherungswesen über die Schwankungsrückstellung der Schaden- und Unfallversicherungsunternehmen vom 21. September 1978 (BStBl 1979 I S. 61) ist bei der Berechnung des Überschusses für die Ermittlung der abziehbaren Beitragsrückerstattung nach § 21 Absatz 1 Nr. 2 KStG als Betriebsausgabe zu berücksichtigen.

   Erträge aus Kapitalanlagen dürfen grundsätzlich nicht auf der Einnahmeseite der versicherungstechnischen Erfolgsrechnung angesetzt werden. Vgl. BFH-Urteil vom 6. Dezember 1960 (BStBl 1961 III S. 81).

   Eine Ausnahme gilt zwar für solche Versicherungssparten, bei denen ein Deckungskapital nach versicherungsmathematischen Grundsätzen zu bilden und anzulegen ist (z. B. Unfallversicherungen, Haftpflichtversicherungen). Vgl. BFH-Urteil vom 26. Juni 1968 (BStBl 1969 II S. 12). In diesen Fällen können die in den jährlichen Zuführungen zum Deckungskapital enthaltenen rechnungsmäßigen Zinsen neben den Beitragseinnahmen auf der Einnahmeseite der Überschußrechnung berücksichtigt werden.

   Es ist jedoch nicht gerechtfertigt, die Zinszuführung bei der Schwankungsrückstellung mit den Zinszuführungen bei der Deckungsrückstellung gleich zu behandeln. Die Schwankungsrückstellung wird zwar wie die Deckungsrückstellung nach der Barwertmethode ermittelt. Es fehlt aber eine besondere Verpflichtung zur Vermögensanlage des Rückstellungsbetrags. Die Zuführung der rechnungsmäßigen Zinsen zur Schwankungsrückstellung wird deshalb nicht aus Vermögenserträgen gespeist, die wirtschaftlich der Rückstellung zuzuordnen sind.

2. Führt die Zinszuführung zur Schwankungsrückstellung zu einem versicherungstechnischen Verlust, so haben Versicherungsunternehmen in der Rechtsform der Kapitalgesellschaft die Möglichkeit, diesen Verlust mit Erträgen aus dem finanztechnischen Geschäft auszugleichen, ohne daß bei ihnen deshalb eine verdeckte Gewinnausschüttung angenommen wird. Wie ich Ihnen mit Schreiben vom 24. November 1981 – IV B 7 – S 2775 – 30/81 – mitgeteilt habe, werden Versicherungsvereine auf Gegenseitigkeit (VVaG) insoweit Kapitalgesellschaften gleichgestellt.

   An dem mit o. a. Schreiben mitgeteilten Verfahren für die Feststellung von verdeckten Gewinnausschüttungen bei VVaG ändert sich daher nichts.

Arbeitsrecht

Von Ass. Karin Nipperdey und Dr. Reinhardt Seifert

Inhaltsverzeichnis

	Seite
A. Grundlagen und System des Arbeitsrechts	5
I. Begriff und Wesen	5
II. Entstehung und Entwicklung	6
III. Rechtsquellen	8
1. Gesetze	8
2. Rechtsverordnungen	10
3. Autonome Satzungen und Gesamtvereinbarungen	10
4. Gewohnheitsrecht	10
5. Richterrecht	11
IV. Grundbegriffe des Arbeitsrechts	11
1. Begriff des Arbeitnehmers	11
2. Begriff des Arbeitgebers	13
3. Begriff des Betriebes	13
4. Begriff des Unternehmens	14
5. Begriff des Konzerns	14
B. Individualarbeitsrecht	15
I. Zustandekommen des Arbeitsvertrages	15
1. Vorvertragliche Phase	15
2. Arbeitsvertrag	16
3. Gestaltungsformen des Arbeitsvertrages	17
4. Sonderformen von Arbeitsverhältnissen	18
II. Durchführung des Arbeitsverhältnisses	20
Rechte und Pflichten der Arbeitsvertragsparteien	20
III. Beendigung des Arbeitsverhältnisses	30
1. Beendigungsgründe	30
2. Kündigung	31
3. Kündigungsbeschränkungen	33
4. Kündigungsschutzgesetz — Regelungsinhalt	33
5. Nachwirkungen des Arbeitsverhältnisses	35

		Seite

- C. Arbeitnehmerschutzrecht ... 36
  - I. Gesundheits- und Gefahrenschutz ... 37
  - II. Arbeitszeitrecht ... 38
  - III. Jugendarbeitsschutzrecht ... 39
  - IV. Frauenarbeitsschutz und Mutterschutz ... 41
  - V. Schwerbehindertenschutz ... 42
  - VI. Schutz des Wehrdienstleistenden ... 43

- D. Kollektives Arbeitsrecht ... 44
  - I. Tarif- und Arbeitskampfrecht ... 44
    1. Tarifvertragsparteien ... 45
    2. Abschluß und Inhalt von Tarifverträgen ... 45
    3. Wirkung der tariflichen Bestimmungen ... 46
    4. Arbeitskampf ... 47
  - II. Betriebsverfassung ... 49
    1. Allgemeine Vorschriften ... 49
    2. Wahl des Betriebsrats ... 51
    3. Organisation und Geschäftsführung des Betriebsrats ... 52
    4. Weitere Organe der Betriebsverfassung ... 53
    5. Allgemeine Aufgaben des Betriebsrats ... 55
    6. Zusammenarbeit zwischen Arbeitgeber und Betriebsrat ... 56
    7. Mitwirkung in sozialen Angelegenheiten ... 58
    8. Mitbestimmung in personellen Angelegenheiten ... 59
    9. Mitbestimmung in wirtschaftlichen Angelegenheiten ... 61
    10. Rechte des einzelnen Arbeitnehmers ... 62
    11. Mitbestimmung bei der Gestaltung von Arbeitsplatz, Arbeitsablauf und Arbeitsumgebung ... 63
    12. Besondere Vorschriften für einzelne Betriebsarten ... 63
    13. Sprecherausschüsse der leitenden Angestellten ... 63
    14. Personalvertretungsrecht ... 64
  - III. Unternehmensverfassung ... 64

- E. Verfahrensrecht ... 66

Literaturhinweise ... 68

A. Grundlagen und System des Arbeitsrechts

I. Begriff und Wesen

Hinter dem Begriff des Arbeitsrechts verbirgt sich ein sehr komplexes und umfassendes Gebilde, das zudem laufender Veränderung unterliegt. Sinn dieses Beitrags kann und soll es nur sein, das Arbeitsrecht, so wie wir es in der Bundesrepublik Deutschland heute haben, in seinen Grundzügen darzustellen, um dem Benutzer dieses Werkes einen Begriff von der Vielgestaltigkeit der Regeln zu geben, die für unser Arbeitsrecht und damit für einen wichtigen Bestandteil unserer Wirtschaftsordnung maßgeblich sind. Zu berücksichtigen ist dabei auch, daß mit dem Vollzug des Beitritts der ehemaligen DDR zum Geltungsbereich des Grundgesetzes nunmehr in der gesamten erweiterten Bundesrepublik grundsätzlich einheitliches Arbeitsrecht gilt, und zwar Bundesrecht. Allerdings sind auch nach dem 3. Oktober 1990 einige Gesetze der bisherigen DDR in Kraft geblieben, weil man dies aus Gründen der Sozialverträglichkeit für erforderlich hielt oder weil in den neuen Bundesländern zunächst die erforderlichen Strukturen für die Anwendung von Bundesrecht geschaffen werden müssen.

Arbeitsrecht ist die Summe der Rechtsregeln, die sich mit der in persönlicher Abhängigkeit geleisteten Tätigkeit beschäftigen. Auf einen kurzen Nenner gebracht, kann man es als **Sonderrecht der Arbeitnehmer** bezeichnen. Es ist aber keineswegs darauf beschränkt, nur die Beziehungen zu regeln, wie sie zwischen Arbeitgeber und Arbeitnehmer bestehen und die normalerweise im Arbeitsvertrag ihre Grundlage haben; sondern es bezieht sich auch auf das Verhältnis der in einem Betrieb tätigen Arbeitnehmer zueinander, auf die Rechtsbeziehungen von Arbeitgeberverbänden und Gewerkschaften zueinander und zu ihren jeweiligen Mitgliedern sowie schließlich auf die Rechtsbeziehungen der Arbeitsvertragsparteien zum Staat (Arbeitnehmerschutzrecht). Das Arbeitsrecht bildet damit weder ausschließlich einen Bestandteil des Privatrechts noch des öffentlichen Rechts. Vielmehr vereinigt es in sich öffentlich-rechtliche und privatrechtliche Komponenten.

Die beiden großen Säulen des Arbeitsrechts sind das Individualarbeitsrecht einerseits und das Kollektivarbeitsrecht andererseits. Zum Individualarbeitsrecht gehören das gesamte Recht des durch einen Arbeitsvertrag begründeten Arbeitsverhältnisses sowie das öffentlich-rechtliche Arbeitnehmerschutzrecht. Im Mittelpunkt dieser Materie steht der Arbeitnehmer als Einzelner; für ihn und gegen ihn werden privatrechtliche und öffentlich-rechtliche Rechte und Pflichten begründet (im einzelnen siehe B. I, II, III). — Kennzeichen des kollektiven Arbeitsrechts ist dagegen seine Gruppenbezogenheit. Verbindendes Merkmal ist hier, daß Interessen im Hinblick auf die Wahrung und Förderung der Arbeits- und Wirtschaftsbedingungen betrieblich und überbetrieblich durch organisierte Gruppen (insbesondere Tarifvertragsparteien, Betriebsräte) wahrgenommen werden (im einzelnen siehe D. I, II, III).

II. Entstehung und Entwicklung

Im Gegensatz zu anderen Bereichen des Rechts hat das Arbeitsrecht bis heute nur eine verhältnismäßig kurze Entwicklungsgeschichte durchgemacht. Seine Entstehung verdankt es vor allem der Liberalisierung der Wirtschaftsordnung und der Industrialisierung, beginnend etwa mit der zweiten Hälfte des vorigen Jahrhunderts. Im Laufe der letzten gut hundert Jahre hat sich das Arbeitsrecht immer stärker von einem schwerpunktmäßig durchaus individualrechtlich geprägten Schutzrecht zu einer Materie entwickelt, in der das Kollektivrecht — insbesondere das von Arbeitgeberverbänden und Gewerkschaften in eigener Verantwortung gesetzte Recht (Tarifverträge) — die beherrschende Rolle spielt.

Während man anfänglich das Arbeitsverhältnis rein individualistisch als einen Austausch von Arbeit gegen Geld gesehen hatte, was zu untragbaren sozialen Verhältnissen führte, entwickelte sich etwa ab Ende des 19. Jahrhunderts eine Arbeitsschutzgesetzgebung, die die Arbeitgeber zur Einhaltung bestimmter Pflichten gegenüber ihren Arbeitnehmern zwang (zum Beispiel Einschränkung der Frauen- und Kinderarbeit, Ausprägung eines besonderen Fürsorgegedankens), die aber auch zur Schaffung der Sozialversicherung führte. — Daneben spielte der Gedanke der Selbsthilfe der Arbeitnehmer eine bedeutsame Rolle: sie schlossen sich zu Gewerkschaften zusammen. Damit wurde es möglich, die Arbeitsbedingungen nicht mehr nur in individuellen Arbeitsverträgen festzusetzen, sondern kollektiv durch Vertrag zwischen Gewerkschaft und Arbeitgeber bzw. Arbeitgeberverband, also durch Tarifvertrag.

Bereits 1873 wurde als erster bedeutsamer Tarifvertrag in Deutschland der Buchdruckertarif abgeschlossen. 1913 gab es schon über 12.000 Tarifverträge für ca. 1,8 Millionen Beschäftigte. Für den Bereich der privaten Versicherungswirtschaft gab es den ersten Tarifvertrag im Jahre 1919.

Aber noch auf einer weiteren Ebene fand eine außerordentlich wichtige Entwicklung statt: auf der Ebene des einzelnen Betriebes. Mit dem Betriebsrätegesetz von 1920 wurde die erste reichseinheitliche gesetzliche Grundlage für die Betriebsverfassung geschaffen. Gewählte Betriebsräte hatten die Aufgabe der Interessenvertretung der Arbeitnehmer vor allem auf personellem und sozialem Gebiet; dies allerdings mehr im Sinne einer Mitwirkung als im Sinne echter Mitbestimmung, das heißt einer Bindung des Arbeitgebers in seinen Beschlüssen an die Zustimmung des Betriebsrats.

Der Gedanke der kollektiven Wahrung von Arbeitnehmerinteressen entwickelte sich in den Jahren nach dem 1. Weltkrieg in immer stärkerem Maße, wobei sich Arbeitgeberverbände und Gewerkschaften weniger als Sozialpartner gegenüberstanden, sondern sich selbst zunehmend als soziale Gegenspieler betrachteten. Der Klassenkampfgedanke spielte eine wichtige Rolle und schlug sich gerade in der Zeit der Weltwirtschaftskrise vor der nationalsozialistischen Machtergreifung in heftigen Arbeitskämpfen (Streiks und Aussperrungen) nieder.

Die Grundlagen unseres heutigen arbeitsrechtlichen Systems — Schutz des Einzelnen durch entsprechende Gesetze, Vertretung der Arbeitnehmerschaft auf betrieblicher Ebene durch Betriebsräte, auf überbetrieblicher Ebene durch Gewerkschaften — wurden in den Jahren bis 1933 geschaffen; mit ihren Vorteilen, einer optimalen Ausgestaltung des Schutzgedankens, aber auch ihren Nachteilen, einer außerordentlichen Zersplitterung des Rechtsgebiets, das nicht in einem einheitlichen Gesetzeswerk zusammengefaßt ist wie etwa das Bürgerliche Gesetzbuch oder das Strafgesetzbuch, sondern das verstreut ist in einer kaum übersehbaren Fülle von Einzelgesetzen. Das Arbeitsrecht der Gegenwart besteht aber nicht nur aus Gesetzen; hinzu kommen Rechtsverordnungen, Gesamtvereinbarungen, betriebliche Übungen und schließlich das sehr wichtige Richterrecht (im einzelnen siehe dazu unten A. III).

Während der nationalsozialistischen Zeit wurde das Arbeitsrechtssystem grundlegend verändert. Das kollektive Arbeitsrecht wurde vernichtet und dementsprechend Gewerkschaften und Arbeitgeberverbände beseitigt. An ihre Stelle trat die deutsche Arbeitsfront, die Arbeitgeber und Arbeitnehmer in sich vereinigte. An die Stelle der Tarifverträge traten Tarifordnungen, die nicht von den Tarifvertragsparteien selbst in eigener Verantwortung geschaffen, sondern als Rechtsverordnungen erlassen wurden. Auch das kollektive Arbeitsrecht innerhalb des Betriebes wurde abgeschafft. Die Mitbestimmungsrechte der Arbeitnehmer wurden durch das Führerprinzip ersetzt. Der Unternehmer als Führer des Betriebes hatte in allen betrieblichen Angelegenheiten allein zu entscheiden. – Das Individualarbeitsrecht dagegen konnte sich relativ ungestört weiterentwickeln. In zunehmendem Maße entwickelte sich das Arbeitsverhältnis vom reinen Austauschverhältnis von Arbeit gegen Lohn zu einem personenrechtlichen Gemeinschaftsverhältnis, das von dem Grundsatz der Treue (Arbeitnehmer) und Fürsorge (Arbeitgeber) geprägt wurde.

Nach dem Zusammenbruch **1945** war ein **völliger Neuanfang** notwendig. Dabei konnte in den alten Bundesländer zwar in vielem an das in den Jahrzehnten vor 1933 Gewachsene angeknüpft werden. Aber der Nationalsozialismus hatte ja nicht ein breites vollkommen entwickeltes Rechtssystem beseitigt, das man nur wiederherzustellen brauchte, um über ein funktionierendes Arbeitsrechtssystem zu verfügen. Vielmehr war auch das Arbeitsrecht der Weimarer Zeit noch eine sehr lückenhaft geregelte Materie gewesen, die nur Grundlage sein konnte für eine Weiterentwicklung und Reform des alten Rechts und dessen Anpassung an die neuen Gegebenheiten, vor allem die Wirtschaftsordnung der Bundesrepublik Deutschland und damit an die Grundsätze der sozialen Marktwirtschaft.

Diametral entgegengesetzt verlief die Entwicklung in der ehemaligen DDR mit seiner zentralen Planwirtschaft, die sich inzwischen als nicht nur zutiefst inhuman sondern vor allem als nicht überlebensfähig erwiesen hat. Mit dem Wirksamwerden der Vereinigung am 3. Oktober 1990 wurde deshalb im Grundsatz der Geltungsbereich des bisherigen bundesdeutschen Arbeitsrechts auf die neuen Bundesländer erweitert. Ausnahmsweise wurden jedoch im Einigungsvertrag einige Regelungen aufgenommen, die die befristete Fortgeltung von ehemaligem DDR-Recht wie z. B. die Vorschrift über den Hausarbeitstag für weibliche Arbeitnehmer (bis 31. 12. 1991) oder über die Haftung des Arbeitnehmers (bis 31. 12. 1991). Einige wenige Vorschriften gelten unbefristet fort, wie etwa die einheitlichen Kündigungsfristen für Arbeiter und Angestellte und das einheitliche Lohnfortzahlungsrecht für Arbeiter und Angestellte.

Mehr als 45 Jahre nach Ende des 2. Weltkrieges und dem vollzogenen Beitritt der neuen **Bundesländer** kann festgestellt werden, daß in der erweiterten Bundesrepublik die **rechtliche Ausgestaltung des Arbeitsschutzes** einen gewissen Höhepunkt erreicht hat. Der Schutz gegen Arbeitsunfälle, der Arbeitszeitschutz, Mutter-, Schwerbehinderten- und Jugendarbeitsschutz ebenso wie der Schutz gegen sozial ungerechtfertigte Kündigungen – um nur die wichtigsten Materien zu nennen – sind optimal ausgestaltet (im einzelnen siehe B. III und C.I–VI). Daneben existiert ein funktionierendes kollektives Arbeitsrecht, beherrscht trotz aller sicherlich vorhandenen Interessengegensätze vom Prinzip der Sozialpartnerschaft und nicht von den heute überholten Gedanken des Klassenkampfes (im einzelnen siehe D. I). Schließlich wurde im Jahre 1972 das Betriebsverfassungsgesetz von 1952 grundlegend novelliert und damit den Arbeitnehmervertretungen in den Betrieben noch weitergehende Mitwirkungs- und vor allem Mitbestimmungsrechte in allen betrieblichen Angelegenheiten gegeben. Eine weitere Änderung des Betriebsverfassungsrechts trat zum 1.1.1989 in Kraft. Sie brachte vor allem einen ausgeprägten Minderheitenschutz sowie verstärkte Unterrichtungs- und Beratungsrechte des Betriebsrats bei Einführung neuer Techniken. Völliges Neuland hat der Gesetzgeber mit der Verabschiedung des Gesetzes über Sprecherausschüsse der leitenden Angestellen betreten. Mit ihm wird erstmals den Führungskräften in den Unternehmen die Möglichkeit eröffnet, ihre eigene Interessenvertretung zu wählen (im einzelnen siehe D. II). – Auch auf Unternehmensebene wurden die Rechte der Arbeitnehmer gestärkt; während in den Aufsichtsräten von Unternehmen mit weniger als 2 000 Arbeitnehmern zu einem Drittel Arbeitnehmervertreter sitzen, bestehen seit 1978 die Aufsichtsräte von Gesellschaften mit mindestens 2 000 Arbeitnehmern je zur Hälfte aus Arbeitnehmer- und Anteilseignervertretern. Für den Bereich der Montan-Industrie dagegen gilt bereits seit 1951 die Regelung der paritätischen Besetzung des Aufsichtsrats, ergänzt um einen sogenannten *„Unparteiischen"* (im einzelnen siehe D. III).

III. Rechtsquellen

Rechtsquelle ist der Oberbegriff für die Normen, die für die Rechtsordnung maßgeblich sind. Sie haben unterschiedliche Qualität und damit auch unterschiedlich starke Wirkung. Nur zum Teil handelt es sich dabei um geschriebenes Recht und auch innerhalb des geschriebenen Rechts nur zum Teil um Gesetzesrecht.

Beginnen wir unsere Aufzählung mit der stärksten Rechtsquelle, um sie mit der schwächsten zu beenden:

1. Gesetze

Bedeutendste Rechtsquelle ist das **Grundgesetz der Bundesrepublik Deutschland**; seine Vorschriften gehen allen anderen Normen vor. Es enthält Bestimmungen und Grundsätze, die die rechtliche Qualität von Grundrechten haben und daher für das Arbeitsrecht von elementarer Bedeutung sind. So gewährleistet Art. 3 GG das Prinzip der Gleichbehandlung, insbesondere die Gleichberechtigung von Mann und Frau; Art. 9 Abs. 3 GG regelt die Koalitionsfreiheit, d. h. das verbriefte Recht für jedermann, zur Wahrung und Förderung der Arbeits- und Wirtschaftsbedingungen Vereinigungen zu bilden; Art. 12 Abs. 1 GG gewährt das Recht, Beruf, Arbeitsplatz und Ausbildungsstätte frei zu wählen. Die Grundrechte gehen – da sie die stärksten sind – allen anderen Rechtsquellen im Range vor.

Unterhalb der in der Verfassung genannten Rechtsätze stehen die **einfachen Gesetze**. Das Arbeitsrecht gehört zur sogenannten *konkurrierenden Gesetzgebung* des Bundes; d. h. daß dem Bund das Gesetzgebungsrecht zusteht, soweit er davon Gebrauch machen will. Die restlichen Materien können die Länder in eigener Verantwortung regeln. Der Bund hat von seiner Gesetzgebungskompetenz weitestgehend Gebrauch gemacht, so daß die meisten arbeitsrechtlichen Gesetze Bundesgesetze sind und damit in der gesamten Bundesrepublik Deutschland einheitlich gelten; z. B. Betriebsverfassungsgesetz, Kündigungsschutzgesetz, Mutterschutzgesetz, Jugendarbeitsschutzgesetz, Bundesurlaubsgesetz. Als Beispiel für eine durch Ländergesetze geregelte Materie seien die in 6 Bundesländern (Berlin, Bremen, Hamburg, Hessen, Niedersachsen, Nordrhein-Westfalen) geltenden Bildungsurlaubsgesetze genannt. Soweit einzelne Vorschriften des Arbeitsgesetzbuchs der DDR in den neuen Bundesländern noch gelten, soll darauf an dieser Stelle nicht besonders eingegangen werden (im einzelnen vgl. oben A.II).

Im folgenden wird ein Überblick über die arbeitsrechtlichen Gesetze gegeben, der wegen der außerordentlichen Zersplitterung allerdings auf die wichtigeren beschränkt bleiben muß. Der Überblick ist nach den einzelnen Rechtsgebieten geordnet.

a) Recht des Arbeitsvertrages und des Arbeitsverhältnisses

Bürgerliches Gesetzbuch
§§ 611 ff.

Handelsgesetzbuch
§§ 59 ff.

Gewerbeordnung
§§ 105 ff.

Handwerksordnung

Heimarbeitsgesetz

Gesetz zur Verbesserung der betrieblichen Alterversorgung

Gesetz über Arbeitnehmererfindungen

Kündigungsschutzgesetz

Bundesurlaubsgesetz

Bundeserziehungsgeldgesetz (§§ 15 ff.)

Berufsbildungsgesetz

Bildungsurlaubgesetze der Länder

Beschäftigungsförderungsgesetz

b) Arbeitsschutzrecht

Gewerbeordnung (§§ 105a ff.; siehe auch A. III. 1a)

Arbeitszeitordnung

Arbeitsplatzschutzgesetz

Mutterschutzgesetz

Jugendarbeitsschutzgesetz

Schwerbehindertengesetz

c) Kollektives Arbeitsrecht

Art. 9 Abs. 3 GG

Tarifvertragsgesetz

Betriebsverfassungsgesetz 1952 (§§ 76 ff.)

Betriebsverfassungsgesetz 1972

Personalvertretungsgesetz des Bundes

Personalvertretungsgesetze der Länder

Sprecherausschußgesetz

Mitbestimmungsgesetz 1976

Montanmitbestimmungsgesetz

d) Prozeßrecht

Zivilprozeßordnung

Arbeitsgerichtsgesetz

2. Rechtsverordnungen

Durch Bundesgesetz können die Bundesregierung, ein Bundesminister oder die Landesregierungen ermächtigt werden, Rechtsverordnungen zu erlassen. Nach dem Grundsatz *„Bundesrecht bricht Landesrecht"* gehen Bundesgesetze und auch Bundesrechtsverordnungen sämtlichem Landesrecht im Range vor.

Als **Beispiele** für Bundesrechtsverordnungen seien genannt:

Wahlordnung zum Betriebsverfassungsgesetz,

Wahlordnung zum Sprecherausschußgesetz,

Drei Wahlordnungen zum Mitbestimmungsgesetz 1976,

Wahlordnung und Ausgleichsabgabeverordnung zum Schwerbehindertengesetz.

3. Autonome Satzungen und Gesamtvereinbarungen

Im Arbeitsrecht ist die Autonomie von besonderer Bedeutung. Den Trägern des Arbeitslebens (insbesondere Arbeitgeberverbänden und Gewerkschaften, Arbeitgebern und Betriebsräten) hat deshalb der Staat die Befugnis eingeräumt, selbst arbeitsrechtliche Normen zu schaffen. So werden von Arbeitgeberverbänden oder einzelnen Arbeitgebern zusammen mit den Gewerkschaften in eigener Verantwortung (autonom) Tarifverträge ausgehandelt. Für die betriebliche Ebene wichtig sind Betriebsvereinbarungen, die zwischen **Arbeitgeber und Betriebsrat** autonom abgeschlossen werden.

Sowohl Tarifverträge als auch Betriebsvereinbarungen haben sogenannte **normative Wirkung**; d. h. ihre Bestimmungen gelten unmittelbar und zwingend. Der einzelne Arbeitnehmer, der Mitglied einer Gewerkschaft ist, die den Tarifvertrag mit abgeschlossen hat, kann aus dem Tarifvertrag Rechte herleiten. Die Wirkung einer Betriebsvereinbarung erstreckt sich auf alle Arbeitnehmer im Betrieb, soweit sie vom Betriebsrat vertreten werden, unabhängig davon, ob sie in einer Gewerkschaft organisiert sind oder etwa erst nach deren Abschluß in den Betrieb eingetreten sind.

4. Gewohnheitsrecht

Es ist im Gegensatz zu den bisher genannten Quellen **ungeschriebenes Recht**. Gewohnheitsrecht kommt dadurch zustande, daß innerhalb einer Gemeinschaft eine nicht nur vorübergehende gleichmäßige Übung besteht, die auf der Überzeugung ihrer Verbindlichkeit beruht. So heißt es z. B. im § 346 HGB: *„Unter Kaufleuten ist... auf die im Handelsverkehr geltenden Gewohnheiten und Gebräuche Rücksicht zu nehmen."*

Gewohnheitsrechtliche Grundsätze sind im Arbeitsrecht selten, wohl weil dies noch ein verhältnismäßig junges Rechtsgebiet ist. — Weit häufiger ist hier der Tatbestand der **betrieblichen Übung** anzutreffen. Sie ist keine eigentliche Rechtsquelle, vielmehr eine Art betrieblicher Verkehrssitte, die Bestandteil der Arbeitsverträge wird. So kann z. B. die dreimalige Zahlung einer Weihnachtsgratifikation ohne den ausdrücklichen Vorbehalt, daß es sich dabei um eine widerrufliche Leistung handelt, bereits eine betriebliche Übung bewirken, die den Arbeitgeber verpflichtet, die Gratifikation auch in den Folgejahren zu zahlen, jedenfalls bei im wesentlichen gleichbleibenden Umständen.

5. Richterrecht

Auch hier handelt es sich um ungeschriebenes Recht, das gerade im Arbeitsrecht besondere Bedeutung hat. Es liegt in der Natur des Arbeitsrechts, daß es sehr eng mit der technischen und gesellschaftlichen Entwicklung verknüpft ist. Die Entwicklung zwingt manchmal die Gerichte, rechtsschöpferisch tätig zu werden, weil es für den zu beurteilenden Sachverhalt eine gesetzliche Regelung (noch) nicht gibt. Hier kommt in der Praxis den Entscheidungen des Bundesarbeitsgerichts als dem obersten Gericht in Arbeitssachen (im einzelnen siehe E) besondere Bedeutung zu. Wenn auch grundsätzlich die Entscheidungen der Gerichte nur zwischen den jeweils streitenden Parteien wirken, ist es doch in der Praxis so, daß sich die Gerichte der unteren Instanzen (Arbeits- und Landesarbeitsgerichte) an der höchstrichterlichen Rechtsprechung sehr weitgehend orientieren. Das gleiche gilt für die direkt am Arbeitsleben Beteiligten, Arbeitgeber und Arbeitnehmer sowie deren Repräsentanten, die Arbeitgeberverbände und Gewerkschaften. Damit kommt der Rechtsprechung des BAG tatsächlich eine viel größere Bedeutung zu als theoretisch.

Als Beispiel für die Tragweite von Richterrecht sei die Rechtsprechung des BAG zur betrieblichen Altersversorgung genannt. Sie hatte bereits Anfang der siebziger Jahre festgestellt, daß unter bestimmten Voraussetzungen Anwartschaften auf Gewährung betrieblicher Versorgungsleistungen auch dann erhalten bleiben sollten, wenn das Arbeitsverhältnis vorzeitig (d. h. vor Erreichen der Altersgrenze) beendet wurde und daß Versorgungsleistungen anzupassen seien, wenn sie im Laufe der Jahre durch Inflationseinwirkungen nur noch einen Bruchteil ihres ursprünglichen Wertes verkörperten. Erst nachdem diese höchst bedeutsame Rechtsprechung ergangen war, wurde der Gesetzgeber aktiv und erließ Ende 1974 das Gesetz zur Verbesserung der betrieblichen Altersversorgung (im einzelnen siehe B. II. 1e).

IV. Grundbegriffe des Arbeitsrechts

1. Begriff des Arbeitnehmers

Die Definition des Arbeitnehmers steht in engstem Zusammenhang mit dem Begriff des Arbeitsrechts, wie er oben unter A. I im einzelnen erläutert wurde. Arbeitnehmer ist derjenige, der **aufgrund privatrechtlichen Vertrages im Dienste eines anderen zur Arbeit verpflichtet ist.** Diese Definition enthält drei essentielle Bestandteile: Der Arbeitnehmer muß zur Leistung von Arbeit verpflichtet sein. Diese Verpflichtung muß auf einem privatrechtlichen Vertrag beruhen. Mit dem Merkmal des privatrechtlichen Vertrages wird klargestellt, daß Arbeitnehmer z. B. nicht solche Personen sind, die in einem öffentlich-rechtlichen Dienst- und Treueverhältnis zum Staat stehen wie etwa die Beamten; auch sie leisten abhängige Arbeit, unterliegen aber nicht den Regeln des Arbeitsrechts. Auch diejenigen, die aufgrund eines öffentlich-rechtlichen Gewaltverhältnisses zur Arbeit verpflichtet sind, wie z. B. die Strafgefangenen, sind keine Arbeitnehmer. Dritte Voraussetzung des Arbeitnehmerbegriffs ist schließlich, daß die Arbeit im Dienste eines anderen geleistet werden muß. Dies ist gleichbedeutend mit persönlicher Abhängigkeit, d. h. Weisungsgebundenheit gegenüber dem Arbeitgeber hinsichtlich der Art und Weise der Arbeitsleistung: also vor allem Arbeitsort, Einteilung der Arbeit, Arbeitszeit, Intensität der Inanspruchnahme. Vielfach wird mit der persönlichen Abhängigkeit die wirtschaftliche Abhängigkeit Hand in Hand gehen; sie muß es aber nicht. Die wirtschaftliche Abhängigkeit ist daher für den Arbeitnehmerbegriff nicht wesensnotwendig. So kann z. B. jemand, der ein größeres Vermögen ererbt hat, Arbeitnehmer sein und zugleich wirtschaftlich vollkommen unabhängig. Umgekehrt kann ein junger Rechtsanwalt, ein typisch freiberuflich Tätiger, dessen Mandantschaft vielleicht im wesentlichen aus zwei größeren Firmen besteht, von diesen zwar wirtschaftlich abhängig sein; persönlich — d. h. im Hinblick auf die nähere Ausgestaltung der Arbeit — ist er es jedoch nicht. Er bleibt Freiberufler.

Eine **Mischform** zwischen Arbeitnehmer und Selbständigem stellen die sogenannten **arbeitnehmerähnlichen Personen** dar. Sie sind wegen fehlender persönlicher Abhängigkeit keine Arbeitnehmer. Anders als ein echter Selbständiger sind sie aber wirtschaftlich abhängig und deshalb wie ein Arbeitnehmer sozial schutzbedürftig. Wegen gleitender Übergänge kann die Abgrenzung im einzelnen schwierig sein. Das Thema braucht auch hier nicht vertieft zu werden. Nur auf zwei typische arbeitnehmerähnliche Personenkreise sei hingewiesen: die **Heimarbeiter** und die **Einfirmenvertreter** mit geringen Einkommen (1991: 2 000,— DM monatlich).

Auf die arbeitnehmerähnlichen Personen ist das Arbeitsrecht grundsätzlich nicht anwendbar. Ihre besondere Schutzbedürftigkeit rechtfertigt es aber, einzelne arbeitsrechtliche Vorschriften entsprechend anzuwenden. So sind für ihre Rechtsstreitigkeiten mit dem Auftraggeber die Arbeitsgerichte zuständig; sie erhalten ferner einen Urlaubsanspruch nach dem Bundesurlaubsgesetz. Schließlich wird auch ihnen gegenüber in bestimmtem Umfang eine Fürsorgepflicht bestehen.

Innerhalb der Arbeitnehmerschaft wird traditionell zwischen den Gruppen der Arbeiter und der Angestellten unterschieden. Infolge zunehmender Technisierung und damit einhergehender besserer Ausbildung und beruflicher Qualifizierung steigt die Zahl der Angestellten, während die der gewerblichen Arbeitnehmer sinkt. Die arbeitsrechtliche Entwicklung der letzten Jahrzehnte hat in gewissem Umfang eine Angleichung beider Gruppen gebracht, wie etwa auf dem Gebiet der Lohnfortzahlung im Krankheitsfall. Es gibt aber auch heute noch Unterschiede; so erhalten Angestellte eine monatliche Vergütung, Arbeiter einen Stunden- oder Akkordlohn; die Kündigungsfristen der Angestellten waren bisher regelmäßig länger als die der Arbeiter (im einzelnen vgl. unten B. III). Die Abgrenzung zwischen Arbeitern und Angestellten wird wegen fließender Grenzen im Einzelfall nicht immer einfach sein. Als zweckmäßiges Unterscheidungsmerkmal hat sich herausgestellt, auf die Art der ausgeübten Tätigkeit abzustellen. Bei kaufmännischer oder büromäßiger Tätigkeit wird man im allgemeinen von Angestellten sprechen, auch wenn es sich um einfache Arbeit handelt. Dagegen wird im technischen Teil eines Betriebes die ausführende (körperliche) Tätigkeit der gewerblichen Arbeit zugerechnet. Der Unterscheidung zwischen geistiger und körperlicher Arbeit vermag im allgemeinen sehr brauchbare Anhaltspunkte für die Abgrenzung zu geben.

In der Versicherungswirtschaft spielt die Unterscheidung keine besondere Rolle, da es Produktionsbetriebe mit einer großen Anzahl von Arbeitern und wenigen Angestellten im Bürobereich hier nicht gibt. Im Gegenteil besteht die große Masse der hier tätigen Arbeitnehmer aus Angestellten und einigen wenigen Arbeitern, wie z. B. den Hausmeistern oder dem Reinigungspersonal.

2. Begriff des Arbeitgebers

Arbeitgeber ist jeder, der einen Arbeitnehmer beschäftigt. Dabei kommt es nicht darauf an, ob es sich um eine natürliche Person handelt oder um eine juristische, gleich welcher Rechtsform. Die Arbeitgeber in der privaten Versicherungswirtschaft — soweit es sich um Versicherungsunternehmen und nicht um Makler- oder Vermittlerfirmen handelt — sind stets juristische Personen, und zwar entweder in der Form der Aktiengesellschaft oder des Versicherungsvereins auf Gegenseitigkeit. Hier handelt es sich also stets um juristische Personen des privaten Rechts. Bei den öffentlich-rechtlichen Versicherungen dagegen ist Arbeitgeber eine juristische Person des öffentlichen Rechts. — Die Arbeitgebereigenschaft wird im Einzelfall durch die dahinterstehende Rechtsform (natürliche oder juristische Person des privaten oder öffentlichen Rechts) nicht beeinflußt.

Es war oben unter A. IV. 1 erläutert worden, daß ein wesentliches Merkmal für den Begriff des Arbeitnehmers dessen Weisungsgebundenheit ist. Weisungsbefugnis und Arbeitgebereigenschaft werden immer dort zusammenfallen, wo der Arbeitgeber eine natürliche Person ist. Bei juristischen Personen dagegen sind Arbeitgeber und Weisungsbefugter zwei verschiedene Personen. Arbeitgeber ist die Gesellschaft als solche, bei Versicherungsunternehmen also die Aktiengesellschaft oder der Versicherungsverein auf Gegenseitigkeit. Die oberste Weisungsbefugnis dagegen wird durch natürliche Personen, also die Mitglieder des Vorstands ausgeübt.

Von dem juristischen Begriff des Arbeitgebers (Vertragspartner des Arbeitnehmers im Arbeitsverhältnis) ist der wirtschaftliche Begriff des Unternehmers zu unterscheiden. Als Unternehmer wird derjenige bezeichnet, der an der Spitze eines Unternehmens steht. Meistens wird der Begriff des Arbeitgebers mit dem des Unternehmers zusammenfallen; notwendig ist dies jedoch nicht. So ist z. B. der Arzt oder Rechtsanwalt, der Arbeitnehmer beschäftigt, zwar Arbeitgeber; er ist aber nicht Unternehmer, weil er kein Gewerbe betreibt.

3. Begriff des Betriebes

Obwohl der Betrieb im Arbeitsleben eine außerordentlich wichtige Rolle spielt, gibt es nirgends eine gesetzliche Begriffsbestimmung. Die Arbeitsrechtslehre hat folgende, heute schon klassische Definition gegeben, die auch für das Arbeitsrecht der Gegenwart noch maßgeblich ist. Danach ist Betrieb *„die organisatorische Einheit, innerhalb derer ein Unternehmer allein oder in Gemeinschaft mit seinen Mitarbeitern mit Hilfe von sächlichen und immateriellen Mitteln bestimmte arbeitstechnische Zwecke fortgesetzt verfolgt"*. Wesentlich ist also, daß es sich um eine einheitliche Organisation handelt, die unter einheitlicher Leitung steht und einen bestimmten arbeitstechnischen Zweck verfolgt. Dabei ist es unerheblich, was der arbeitstechnische Zweck im einzelnen ist. Er ist durchaus nicht auf die Herstellung von Waren im Sinne eines Produktionsbetriebes beschränkt, sondern kann ebensogut ein Dienstleistungsbetrieb sein, wie dies in der Versicherungswirtschaft der Fall ist. Jede Niederlassung eines Versicherungsunternehmens, sei es, daß sie als Landes- oder Bezirksdirektion, Filialdirektion oder Geschäftsstelle bezeichnet wird, ist ein Betrieb oder Betriebsteil (siehe unten D. II. 1) in diesem Sinne. Im Betrieb spielt sich das Arbeitsleben ab; hier werden nicht nur die beiderseitigen Verpflichtungen aus den Arbeitsverträgen erfüllt; hier entsteht auch eine Gemeinschaft sowohl zwischen Arbeitgeber oder Betriebsleiter und Arbeitnehmern als auch der Arbeitnehmer untereinander. Durch das Betriebsverfassungsgesetz (siehe im einzelnen unten D. II) wird dieses Zusammenleben im Betrieb auf eine gesetzliche Grundlage gestellt und bestimmten Regeln unterworfen. **Die Arbeitnehmer erhalten die Möglichkeit, ihre eigenen Vertreter (Betriebsräte, Sprecherausschüsse) zu wählen, die ihre Interessen gegenüber dem Arbeitgeber oder Betriebsleiter wahrzunehmen haben.**

4. Begriff des Unternehmens

Im Vergleich zum Betrieb ist das Unternehmen der weitere Begriff. Ein Unternehmen kann aus einem einzigen Betrieb bestehen; dann sind beide identisch. Sehr häufig und in der Versicherungswirtschaft wohl fast immer besteht ein Unternehmen aus einer Vielzahl von Betrieben oder Betriebsteilen, der Hauptverwaltung an der Spitze und den nachgeordneten Direktionen oder Geschäftsstellen. Während der Betrieb die tatsächliche Einheit ist, ist das Unternehmen die rechtliche Einheit, die auf einen bestimmten wirtschaftlichen Zweck hin ausgerichtet ist, z. B. die Gewährung von Versicherungsschutz. Diesem Zweck dienen sämtliche Betriebe des Unternehmens.

Wenn auch das Arbeitsrecht schwerpunktmäßig sicherlich an den Betrieb anknüpft, ist doch insofern das Unternehmen keineswegs bedeutungslos. Es gibt — ebenso wie es eine Vertretung der Arbeitnehmerschaft im Betrieb gibt — auch eine Vertretung der Arbeitnehmer auf Unternehmensebene: den Gesamtbetriebsrat. Darüber hinaus sind die Arbeitnehmer im Aufsichtsorgan des Unternehmens, dem Aufsichtsrat, entweder drittelparitätisch oder sogar paritätisch im Verhältnis zu den Vertretern der Anteilseigner vertreten (im einzelnen siehe unten D. III).

5. Begriff des Konzerns

Mehrere rechtlich selbständige Unternehmen, die unter einheitlicher Leitung zusammengefaßt sind, bilden einen Konzern. Innerhalb des Konzerns können durch jedes Einzelunternehmen ganz unterschiedliche wirtschaftliche Zwecke verfolgt werden; z. B. durch ein Unternehmen das Brauen von Bier, durch ein anderes die Herstellung von Zigaretten. Wenn hier eine einheitliche Leitung existiert — gleichgültig in welcher Rechtsform dies geschieht — spricht man von einem Konzern.

In der Versicherungswirtschaft gibt es zahlreiche Konzerne. Dies ist meistens schon deshalb erforderlich, weil wegen der sogenannten **Spartentrennung** die Geschäfte der Personen- und Sachversicherung nicht von ein und demselben Unternehmen betrieben werden dürfen. Anstelle eines einzelnen Unternehmens bedarf es dann der Gründung von mindestens zwei Unternehmen, die jedoch unter einheitlicher Leitung stehen und damit einen Konzern bilden.

B. Individualarbeitsrecht

Das Individualarbeitsrecht ist neben dem Kollektivarbeitsrecht eine der beiden großen Säulen des Arbeitsrechts (siehe auch oben A. I). Es beinhaltet die Rechtsgebiete, die die Beziehungen zwischen dem Arbeitgeber und den einzelnen Arbeitnehmern regeln. Dabei handelt es sich einmal um das Recht des Arbeitsverhältnisses und zum anderen um das Arbeitsschutzrecht. Zu ersterem, dem Arbeitsverhältnisrecht, gehören Fragen des Zustandekommens des Arbeitsvertrages, der Durchführung des Arbeitsverhältnisses selbst und schließlich der Beendigung einer arbeitsvertraglichen Beziehung. — Das Arbeitsschutzrecht dagegen ist öffentlich-rechtlicher Natur. Es umfaßt alle Rechtsvorschriften, die der Arbeitgeber zum Schutz der bei ihm beschäftigten Arbeitnehmer zu beachten hat (im einzelnen siehe unten C). Die Nichtbeachtung dieser Schutzvorschriften ist häufig mit Sanktionen bedroht. Der Arbeitgeber verhält sich also — wenn er schuldhaft gegen derartige Bestimmungen verstößt — ordnungswidrig oder macht sich strafbar.

I. Zustandekommen des Arbeitsvertrages

1. Vorvertragliche Phase

Bevor es zum Abschluß eines Arbeitsvertrages kommt, haben normalerweise zwischen dem künftigen Arbeitgeber und dem Bewerber mindestens ein Gespräch, oft auch mehrere Unterredungen stattgefunden. Diese sogenannten **Vorverhandlungen** sind rechtlich nicht ganz bedeutungslos; sie verpflichten vielmehr zu gegenseitiger Rücksichtnahme und zur Einhaltung bestimmter Sorgfaltspflichten. Begründet wird dies mit dem Grundsatz von Treu und Glauben, der ganz allgemein im Arbeitsrecht, das einen stark personenbezogenen Charakter hat, eine bedeutende Rolle spielt. Damit entstehen für beide Vertragspartner vor allem Aufklärungs-, Mitteilungs- und Obhutspflichten. So ist z. B. der Arbeitgeber verpflichtet, auf etwa überdurchschnittliche Anforderungen hinzuweisen, die er an den Bewerber zu stellen gedenkt. Umgekehrt muß dieser darauf hinweisen, wenn er z. B. wegen einer bestehenden Krankheit den Dienst zu dem vorgesehenen Zeitpunkt nicht antreten kann. Eine wichtige Obhutspflicht des Arbeitgebers ist die sorgfältige Aufbewahrung der vom Bewerber eingereichten Unterlagen.

Wenn der Arbeitgeber einen Bewerber zur Vorstellung aufgefordert hat, so hat dieser in aller Regel Anspruch auf Ersatz der ihm dadurch entstandenen Kosten, vor allem also etwa angefallener Fahrtkosten. Will der Arbeitgeber einen solchen Anspruch ausschließen, muß er dies vorher dem Bewerber mitteilen. Ein Ersatzanspruch entsteht selbstverständlich nicht, wenn sich der Bewerber unaufgefordert vorstellt, etwa auch aufgrund einer Zuweisung durch das Arbeitsamt.

Vor dem eigentlichen Einstellungsgespräch wird häufig dem Bewerber ein sogenannter **Personalfragebogen** vorgelegt; denn der Arbeitgeber hat ein Interesse, sich nach den persönlichen Verhältnissen des Bewerbers zu erkundigen. Allerdings darf dies nicht zu einem Eindringen in dessen Intimsphäre führen. Es dürfen nur solche Fragen gestellt werden, die für den zu besetzenden Arbeitsplatz von Bedeutung sind. Hierzu rechnen vor allem Fragen nach dem beruflichen Werdegang, dem bisherigen Gehalt, einer eventuell bestehenden Schwerbehinderteneigenschaft, unter bestimmten Voraussetzungen auch nach einer Schwangerschaft. Nach der Religions- oder Parteizugehörigkeit darf grundsätzlich nicht gefragt werden, ebensowenig nach der Gewerkschaftszugehörigkeit. – Die Frage nach Vorstrafen darf nur insoweit gestellt werden, als dies für den zu besetzenden Arbeitsplatz relevant ist; so dürfte z. B. bei einem Kassierer nach Vermögensdelikten, nicht jedoch nach Verkehrsstraftaten gefragt werden.

Bevor es zum Abschluß des Arbeitsvertrages kommt, muß jedenfalls in größeren Betrieben die Zustimmung des Betriebsrats eingeholt werden (siehe dazu unten D. II. 8c).

2. Arbeitsvertrag

Er wird allgemein definiert als privatrechtlicher, personenrechtlicher **gegenseitiger Austauschvertrag**, durch den sich der Arbeitnehmer zur Leistung von Arbeit, der Arbeitgeber zur Zahlung von Lohn oder Gehalt verpflichtet. Auch für ihn gilt grundsätzlich das Prinzip der Vertragsfreiheit. Dies ist allerdings in den letzten Jahrzehnten im Interesse der Arbeitnehmer durch gesetzliche und tarifliche Vorschriften zunehmend eingeschränkt worden. Dies erklärt sich vor allem daraus, daß normalerweise der Arbeitnehmer darauf angewiesen ist, durch Einsatz seiner Arbeitskraft seinen Lebensunterhalt und den seiner Angehörigen zu verdienen. Es soll damit der Gefahr begegnet werden, daß die Arbeitgeber als die wirtschaftlich Stärkeren die insofern bestehende Unterlegenheit sich zunutze machen, um den Arbeitnehmern Arbeitsbedingungen aufzuzwingen, die diese sonst nicht akzeptieren würden. Hinzu kommt die Eigenart des Arbeitsverhältnisses, das nicht wie etwa Kauf- oder Mietvertrag den Austausch einer Sache gegen Geld, sondern die menschliche Arbeitskraft zum Gegenstand hat. Dies führt nicht nur zu dem Zwang der Einhaltung bestimmter Mindestvorschriften (entgegenstehende Vereinbarungen wären unwirksam), sondern auch zu bestimmten Pflichten beider Arbeitsvertragspartner, die üblicherweise als Treue- und Fürsorgepflicht bezeichnet werden (im einzelnen siehe dazu unten B. II. 1).

Der Arbeitsvertrag kommt dadurch zustande, daß Arbeitgeber und Arbeitnehmer **übereinstimmende Willenserklärungen** abgeben. Dabei ist es gleichgültig, ob dies **mündlich** oder schriftlich geschieht; es sei denn, ein Tarifvertrag sehe ausnahmsweise **Schriftform** als zwingendes Erfordernis vor. Das ist jedoch im Tarifvertrag für das private Versicherungsgewerbe nicht der Fall. Er bestimmt lediglich, daß jeder Neueingestellte vor Dienstantritt eine schriftliche Anstellungsbestätigung bekommen muß, in der bestimmte Einzelheiten des Arbeitsverhältnisses niedergelegt sind. Für das Zustandekommen des Arbeitsvertrages ist diese Urkunde jedoch ohne Belang; er kommt auch ohne sie wirksam zustande. Während früher Arbeitsverträge fast nur mündlich abgeschlossen wurde, ist dies heute zumindest im Angestelltenbereich kaum noch der Fall. Schon aus Gründen der Beweiserleichterung werden heute in der Praxis fast immer schriftliche Arbeitsverträge ausgefertigt und von beiden Parteien unterschrieben.

Arbeitsverträge können wie andere Verträge auch angefochten werden. In Frage kommen hier vor allem Anfechtungen durch den Arbeitgeber wegen Irrtums oder wegen arglistiger Täuschung. Von Täuschung kann allerdings nur dann gesprochen werden, wenn der Bewerber (z. B. im Personalfragebogen) in zulässiger Weise befragt worden ist und bewußt eine falsche Antwort gegeben hat, obwohl er hätte wissen müssen, daß die Beantwortung der Frage für die Entscheidung des Arbeitgebers eine wesentliche Rolle spielte. In Frage kommt hier z. B. die zulässige Frage nach einschlägigen Vorstrafen oder nach einer bestehenden Schwerbehinderteneigenschaft.

Erfährt der Arbeitgeber von Umständen, die ihn zur Anfechtung berechtigten, so muß er von dieser Möglichkeit innerhalb bestimmter Fristen Gebrauch machen. Tut er dies, so wird für die Zeit bis zur Anfechtung das Arbeitsverhältnis als faktisch bestehend angesehen, so daß der Arbeitnehmer bis dahin erhaltenes Entgelt nicht zurückzahlen muß.

3. Gestaltungsformen des Arbeitsvertrages

Im Regelfall werden **Arbeitsverträge auf unbestimmte Zeit** abgeschlossen; d. h., daß es normalerweise zu ihrer Beendigung einer Kündigung von seiten eines der beiden Vertragspartner bedarf (im einzelnen siehe dazu unten B. III).

Möglich sind aber auch **Arbeitsverhältnisse von bestimmter Dauer**; sie enden automatisch ohne Kündigung, wenn die vertraglich vorgesehene Zeit abgelaufen ist. Häufig werden **Probearbeitsverhältnisse** befristet abgeschlossen. Zweck der Vereinbarung einer Probezeit ist es allgemein, beiden Partnern des Arbeitsvertrages die Möglichkeit zu geben, über einen längeren Zeitraum hinweg (meistens 3 oder 6 Monate) zu prüfen, ob der Arbeitnehmer für die Stellung geeignet ist bzw. ob der neue Arbeitsplatz den Vorstellungen des Arbeitnehmers entspricht. Sollte sich innerhalb einer befristeten Probezeit herausstellen, daß zumindest auf einer Seite die Erwartungen nicht erfüllt worden sind, so kann das Arbeitsverhältnis beendet werden, ohne daß es noch einer Kündigung bedarf.

Anders ist es bei Eingehung eines Arbeitsverhältnisses von unbestimmter Dauer mit vorgeschalteter Probezeit, was ebenfalls teilweise gebräuchlich ist. Hier ist von Anfang an ein zeitlich unbefristetes Arbeitsverhältnis zustandegekommen, das nur noch durch Ausspruch einer Kündigung beendet werden kann.

Auch **Aushilfsarbeitsverhältnisse** werden **häufig befristet** abgeschlossen. Das ergibt sich aus der Natur der Sache. Hier handelt es sich regelmäßig um einen vorübergehenden zusätzlichen Arbeitskräftebedarf, z. B. während der Urlaubszeit, während des Jahresabschlusses oder bei längerem krankheitsbedingten Ausfall eines Arbeitnehmers. Inhaltlich kann ein derartiges Aushilfsarbeitsverhältnis so gestaltet werden, daß das Ende nach dem Kalender festgelegt wird oder auch – falls z. B. bei Krankheit das Ende noch nicht feststeht – indem bestimmt wird, das Arbeitsverhältnis solle sein Ende finden, wenn der vertretene Arbeitnehmer den Dienst wieder aufnehmen kann. In jedem Fall endet nach Ablauf der vorgesehenen Zeit bzw. nach Zweckerreichung das befristete Arbeitsverhältnis, ohne daß vorher eine Kündigung ausgesprochen werden müßte.

Gegen den Abschluß befristeter Arbeitsverhältnisse bestehen grundsätzlich keine Bedenken, sofern für die Befristung ein sachlicher Grund vorhanden ist. **Unzulässig** ist jedoch die Vereinbarung sogenannter **Kettenarbeitsverträge**, d. h. mehrfach hintereinander vereinbarter Befristungen, ohne daß dafür ein sachlicher Grund besteht. Ein solcher Grund kann z. B. darin liegen, daß ein Arbeitnehmer sich während eines befristeten Probearbeitsverhältnisses nicht voll bewährt hat, man ihm aber noch eine Chance zur Bewährung einräumen will. Dann wäre die Vereinbarung eines weiteren Probearbeitsverhältnisses möglich. – Werden dagegen mehrere Befristungen hintereinander vereinbart, ohne daß es dafür einen sachlichen Grund gibt, braucht der Arbeitnehmer die Befristung nicht gegen sich gelten zu lassen; d. h. es ist ein unbefristetes Arbeitsverhältnis zustandegekommen, das nur noch durch Kündigung beendet werden kann.

Befristungen von Arbeitsverhältnissen, ohne daß dafür ein sachlicher Grund vorliegt, sind ausnahmsweise nach dem **Beschäftigungsförderungsgesetz** möglich. Es gilt allerdings nur in der Zeit vom 1. 5. 1985 bis 31. 12. 1995. Das Gesetz läßt einmalige Befristungen von Arbeitsverhältnissen bis zur Dauer von 18 Monaten zu, wenn entweder der Arbeitnehmer neu eingestellt wird oder er nach der Berufsausbildung nur vorübergehend weiterbeschäftigt werden kann, weil ein Arbeitsplatz für einen unbefristet eingestellten Mitarbeiter nicht zur Verfügung steht. Mit diesen Vorschriften wird erreicht, daß Arbeitslose oder potentiell Arbeitslose wenigstens für einen bestimmten Zeitraum einen Arbeitsvertrag bekommen, den sie in unbefristeter Form nicht bekommen würden, weil dem Arbeitgeber die künftige Geschäftsentwicklung zu unsicher erscheint und er sich deshalb nicht langfristig festlegen will.

Ein typisches befristetes Arbeitsverhältnis wird schließlich durch den Berufsausbildungsvertrag begründet. Das Ausbildungsverhältnis endet nach den Vorschriften des Berufsbildungsgesetzes mit Ablauf der Ausbildungszeit oder mit Bestehen der Abschlußprüfung (im einzelnen siehe unten B. I. 4).

4. Sonderformen von Arbeitsverhältnissen

a) Berufsausbildung

Auch der Berufsausbildungsvertrag ist ein Arbeitsvertrag, allerdings mit ganz bestimmtem Inhalt, nämlich der beruflichen Grundausbildung des Auszubildenden und der Vermittlung fachlicher Kenntnisse und Fertigkeiten für eine qualifizierte berufliche Tätigkeit in einem anerkannten Ausbildungsberuf. Wie grundsätzlich andere Arbeitsverhältnisse auch, kann der Berufsausbildungsvertrag mündlich oder schriftlich abgeschlossen werden. Allerdings muß ein nur mündlich abgeschlossener Vertrag spätestens vor Beginn der betrieblichen Ausbildung schriftlich niedergelegt werden. — Häufig ist der Auszubildende bei Vertragsschluß noch minderjährig; er wird dann durch seinen gesetzlichen Vertreter vertreten. Die Vertragsniederschrift muß zu bestimmten Punkten Angaben enthalten, unter anderem zur Dauer der Ausbildung. Die Ausbildung soll nicht mehr als 3 und nicht weniger als 2 Jahre betragen. Der Ausbildungsvertrag ist ein **Zeitvertrag**. Er findet sein Ende mit dem Ablauf der Ausbildungszeit oder — falls der Auszubildende vorher die Abschlußprüfung besteht — mit deren Bestehen. Wird die Prüfung nicht bestanden, verlängert sich das Ausbildungsverhältnis auf Wunsch des Auszubildenden bis zur nächsten Wiederholungsprüfung, höchstens um 1 Jahr.

Da Zweck des Ausbildungsvertrages nicht die Erbringung einer Arbeitsleistung durch den Auszubildenden ist, sondern die Vermittlung einer qualifizierten Berufsausbildung, können Berufsausbildungsverhältnisse auch nicht ohne weiteres gekündigt werden. Eine Kündigung ist normalerweise nur während der Probezeit — und hier sogar ohne Einhaltung bestimmter Fristen — möglich. Eine Probezeit muß vereinbart werden; sie muß mindestens einen Monat und darf höchstens drei Monate betragen. Nach Ablauf dieser Zeit kann das Ausbildungsverhältnis nur noch unter bestimmten engen Voraussetzungen gekündigt werden, nämlich fristlos aus wichtigem Grunde und vom Auszubildenden selbst mit einer Frist von 4 Wochen, wenn er die Berufsausbildung aufgeben oder sich für einen anderen Beruf ausbilden lassen will.

Grundsätzlich dürfen die Parteien eines Ausbildungsvertrages für die Zeit nach der Ausbildung keine Vereinbarungen treffen, die den Auszubildenden in seiner beruflichen Tätigkeit einschränken. Eine solche Einschränkung läge z. B. auch in der Verpflichtung des Auszubildenden, nach der Abschlußprüfung ein Arbeitsverhältnis auf unbestimmte Zeit mit dem Ausbildungsbetrieb einzugehen. Dies ist nur möglich während der letzten 3 Monate des Ausbildungsverhältnisses. Eine schon vor dieser Zeitspanne zustandegekommene Vereinbarung wäre wegen Gesetzesverstoßes nichtig.

Wie jedes Arbeitsverhältnis bringt auch das Ausbildungsverhältnis Rechte und Pflichten für beide Vertragsparteien mit sich. Hauptpflicht des Ausbildenden ist es, dafür zu sorgen, daß dem Auszubildenden alle zur Erreichung des Ausbildungszieles erforderlichen Kenntnisse und Fertigkeiten vermittelt werden. Er kann dies selbst tun oder damit einen persönlich und fachlich geeigneten Ausbilder beauftragen. Zur Ausbildung gehört auch die Pflicht, den Auszubildenden zum Besuch der Berufsschule sowie zum Führen eventueller Berichtshefte anzuhalten.

Den Pflichten des Ausbildenden entsprechen bestimmte Pflichten des Auszubildenden, vor allem die Lernpflicht und die Beachtung der im Ausbildungsbetrieb geltenden Ordnung. Nachhaltige und schwerwiegende Verstöße dagegen können sogar die fristlose Kündigung eines Auszubildenden nach sich ziehen.

b) **Heimarbeit**

Heimarbeiter sind keine echten Arbeitnehmer, werden aber wegen ihrer wirtschaftlichen Abhängigkeit auch nicht wie Selbständige behandelt, sondern gehören zum Kreis der sogenannten **arbeitnehmerähnlichen Personen** (siehe auch A. IV. 1). Die Heimarbeiter spielen in der Versicherungswirtschaft zahlenmäßig nur eine geringe Rolle, weshalb auf sie im Rahmen dieser Abhandlung auch nur kurz eingegangen werden soll. Wenn überhaupt in der Versicherungswirtschaft einmal an Heimarbeiter Arbeit vergeben wird, so handelt es sich dabei meistens um Routineschreibarbeiten, unter Umständen auch einmal um einfache Schadensregulierungen. Nach der Definition des Heimarbeitsgesetzes ist Heimarbeiter derjenige, der *„in selbst gewählter Arbeitsstätte (eigene Wohnung ...) im Auftrag von Gewerbetreibenden erwerbsmäßig arbeitet, jedoch die Verwertung der Arbeitsergebnisse dem ... auftraggebenden Gewerbetreibenden überläßt".* Auch diese Definition zeigt deutlich, daß es sich hier um einen Personenkreis handelt, der zwischen selbständigem Unternehmer und Arbeitnehmer steht.

Das **Entgelt** der Heimarbeiter kann zwar ebenfalls durch Tarifvertrag geregelt werden; für die in der Versicherungswirtschaft tätigen Heimarbeiter ist ein derartiger Tarifvertrag jedoch nicht abgeschlossen worden. Vielmehr besteht eine sogenannte „**bindende Festsetzung**", die die Entgelte, aber auch die sonstigen Vertragsbedingungen für Adressenschreiben, Abschreibearbeiten und ähnliche Arbeiten regelt. Diese bindende Festsetzung wird durch den beim Bundesarbeitsministerium bestehenden Heimarbeitsausschuß erlassen, nachdem dieser die Auftraggeber und die Beschäftigten bzw. deren jeweilige Repräsentanten gehört hat. Sie ist verbindlich für alle unter den persönlichen Geltungsbereich einer solchen bindenden Festsetzung Fallenden. Wie auch Tarifverträge enthalten bindende Festsetzungen Mindestnormen, die durch einzelvertragliche Vereinbarungen nicht unterschritten werden dürfen. So wäre z. B. die Absprache einer niedrigeren Bezahlung als in der bindenden Festsetzung vorgesehen unwirksam und damit unverbindlich. Ebenso wie Gehaltstarifverträge werden auch bindende Festsetzungen in Abständen von rund einem Jahr überprüft und mindestens die Entgeltregelungen verbessert.

Abgesehen von den Bestimmungen in der bindenden Festsetzung enthalten unter anderem das Heimarbeitsgesetz und das Bundesurlaubsgesetz Vorschriften zum Schutz der Heimarbeiter, z. B. auch einen besonderen Kündigungsschutz, der an den der Arbeitnehmer angelehnt ist. Während der Kündigungsfrist besteht eine besondere Entgeltsicherung in der Form, daß der Heimarbeiter auch bei Abgabe einer geringeren Arbeitsmenge Anspruch auf eine Art Entgeltfortzahlung hat. Die Einhaltung der zahlreichen Schutzvorschriften zugunsten der Heimarbeiter wird von den Arbeitsministerien der Länder und in deren Auftrag von der Gewerbeaufsicht überwacht. So muß z. B. ein Auftraggeber, der erstmals Heimarbeit vergibt, dies der aufsichtsführenden Stelle melden; es müssen Listen über die beschäftigten Heimarbeiter geführt und ausgehängt sowie der Aufsichtsbehörde übersandt werden; außerdem müssen Entgeltverzeichnisse offen ausgelegt oder sonst zur Kenntnis der Heimarbeiter gebracht werden. — Die Einhaltung der gesetzlichen Schutzvorschriften zugunsten der Heimarbeiter wird durch Strafen und Bußgelder gesichert.

II. Durchführung des Arbeitsverhältnisses

Rechte und Pflichten der Arbeitsvertragsparteien

a) Die Treue- und Fürsorgepflicht

Da ganz allgemein das **Arbeitsverhältnis** als **personenrechtliches Gemeinschaftsverhältnis** verstanden wird, erschöpfen sich die Pflichten der Arbeitsvertragsparteien nicht in den beiderseitigen Hauptpflichten (Arbeit gegen Vergütung); vielmehr bestehen wechselseitig umfangreiche Nebenpflichten, die unter dem Oberbegriff der Treuepflicht zusammengefaßt werden. Die Treuepflicht des Arbeitgebers wird auch als Fürsorgepflicht bezeichnet; ihre Begründung liegt darin, daß durch den Arbeitsvertrag der Arbeitnehmer dem

Arbeitgeber seine Arbeitskraft zur Verfügung stellt, um auf diese Weise den eigenen Lebensunterhalt und den seiner Familie zu sichern.

Die **Treuepflicht** ist ein zu komplexer Begriff, als daß sie sich durch eine griffige Definition scharf abgrenzen ließe. Sie läßt sich vielmehr nur allgemein bestimmen als Verpflichtung des Arbeitnehmers, sich nach besten Kräften für die Interessen des Arbeitgebers und das Gedeihen des Betriebes einzusetzen und alles zu unterlassen, was dem Arbeitgeber oder dem Betrieb abträglich sein könnte. Es kann sich hier sowohl um Handlungs- wie auch um Unterlassungspflichten handeln. Inhalt und Umfang der Treuepflicht können im Einzelfall durchaus unterschiedlich sein; dabei spielt auch die Art des Arbeitsverhältnisses eine Rolle. So wird etwa bei einem Prokuristen in einer Vertrauensposition die Treuepflicht stärker ausgeprägt sein als bei einem gewerblichen Arbeitnehmer. Auch die Dauer eines Arbeitsverhältnisses ist in diesem Zusammenhang von Bedeutung; je länger es besteht, desto höhere Anforderungen können an die Treuepflicht des Arbeitnehmers gestellt werden. Die Treuepflicht gibt oft näheren Aufschluß über die sonstigen Pflichten aus dem Arbeitsverhältnis. So kann z. B. die Arbeitspflicht dahin konkretisiert werden, daß bei Bedarf Überstunden erbracht werden müssen oder daß vorübergehend einmal eine andere als die vertraglich vereinbarte Arbeit geleistet werden muß. Die Treuepflicht kann auch bewirken, daß der Arbeitnehmer ein bestimmtes Verhalten unterläßt. So darf er z. B. keine den Ruf oder den Kredit seines Arbeitgebers schädigenden Nachrichten verbreiten; er darf keine Schmiergelder annehmen, abgesehen von gebräuchlichen kleinen Gelegenheitsgeschenken, wobei allerdings die Abgrenzung nicht immer ganz einfach ist.

Die **Fürsorgepflicht** ergibt sich aus dem Schutzgedanken des Arbeitsverhältnisses. Ebenso wie die Treuepflicht auf seiten des Arbeitnehmers konkretisiert sie Inhalt und Umfang der anderen arbeitsvertraglichen Pflichten. Auch hier läßt sich eine allgemein gültige Definition nicht geben; vielmehr hängt die Intensität der Fürsorgepflicht vom Einzelfall ab. Allgemein wird man sagen können, daß die Fürsorgepflicht umso ausgeprägter ist, je stärker der Arbeitnehmer an die Weisungen des Arbeitgebers gebunden ist. Ganz allgemein bedeutet die Fürsorgepflicht, daß der Arbeitgeber gehalten ist, vom Arbeitnehmer vermeidbare Schäden abzuwenden. Selbstverständlich hindert die Fürsorgepflicht den Arbeitgeber nicht, mit den gesetzlich zulässigen Mitteln seine Interessen wahrzunehmen, so z. B. Rationalisierungsmaßnahmen im Betrieb durchzuführen, selbst wenn dabei Arbeitnehmern gekündigt werden muß. Allerdings darf er hier nicht willkürlich vorgehen, sondern muß bei gleicher fachlicher Eignung den weniger schutzbedürftigen Arbeitnehmern zuerst kündigen.

Ihre wichtigste Ausprägung findet die Fürsorgepflicht selbstverständlich in der Sorge für Leben und Gesundheit des Arbeitnehmers, die auch in zahlreichen Schutzgesetzen ihren Niederschlag gefunden hat (vgl. im einzelnen unten C. I—VI). Darüber hinaus hat aber der Arbeitgeber auch für die in den Betrieb eingebrachten Sachen des Arbeitnehmers Sorge zu tragen; dies allerdings nicht unbegrenzt. Vielmehr muß es sich um persönlich nicht entbehrliche Sachen des Arbeitnehmers oder doch zumindest um solche handeln, die mit dem Arbeitsverhältnis in einem wenn auch losen Zusammenhang stehen. Nicht haftbar gemacht werden kann der Arbeitgeber z. B., wenn im Betrieb ein sehr wertvoller Pelzmantel verlorengeht oder ein wertvolles Schmuckstück. Anders ist aber z. B. das Mitbringen einer normalen Uhr oder eines angemessenen Geldbetrages zu beurteilen. Insofern muß der Arbeitgeber geeignete Verwahrungsmöglichkeiten zur Verfügung stellen, da er damit rechnen muß, daß derartige Sachen mit in den Betrieb gebracht werden.

Verletzt der Arbeitgeber seine Fürsorgepflicht schuldhaft, so ist er zum Ersatz des Schadens verpflichtet, der dem Arbeitnehmer dadurch entstanden ist. Trifft allerdings den Arbeitnehmer ein Mitverschulden, z. B. indem er bestehende Schutzvorschriften unbeachtet gelassen oder von einer Verwahrungsmöglichkeit nicht Gebrauch gemacht hat, so kann die Ersatzpflicht des Arbeitgebers reduziert oder überhaupt ausgeschlossen sein.

b) Arbeitspflicht

Sie ist die **Hauptpflicht des Arbeitnehmers** aus dem Arbeitsverhältnis. Die Arbeitspflicht ist an die Person des Arbeitnehmers gebunden; d. h. im Normalfall muß er die vereinbarte Arbeitsleistung selbst erbringen und kann damit nicht Dritte beauftragen. Zumindest in groben Zügen ist im Arbeitsvertrag festgelegt, welche Arbeitspflicht der Arbeitnehmer hat; z. B. Einstellung als Sachbearbeiter, als Sekretärin. Ihre **Konkretisierung** im einzelnen erfährt die Arbeitspflicht dann **durch das Direktions- oder Weisungsrecht des Arbeitgebers**. Diesem entspricht auf seiten des Arbeitnehmers die **Gehorsamspflicht**. Beides besteht selbstverständlich nicht schrankenlos. Maßgeblich ist einmal der Arbeitsvertrag selbst. Ist dort z. B. eine Beschäftigung als Vorstandsekretärin vereinbart, so kann nicht der Arbeitgeber einseitig in Ausübung seines Direktionsrechts eine Versetzung auf den Posten der Sekretärin z. B. eines Abteilungsleiters anordnen. Bei Vereinbarung einer Sachbearbeitertätigkeit dagegen ist der mögliche Tätigkeitsrahmen sehr weit. Seine Grenze findet er allerdings an der Zumutbarkeit für den Arbeitnehmer. Sind die Grenzen des Direktionsrechts — das ja immer einseitig ausgeübt wird — überschritten und will der Arbeitgeber trotzdem eine Änderung der Arbeitspflicht herbeiführen, muß er eine sogenannte *Änderungskündigung* aussprechen (im einzelnen siehe dazu unten B. III. 2 c).

Der **Umfang der Arbeitspflicht** läßt sich nicht fest umreißen; er bestimmt sich nach den Grundsätzen von Treu und Glauben. Danach muß während der vorgesehenen Arbeitszeit der Arbeitnehmer mit den ihm zur Verfügung stehenden geistigen und körperlichen Kräften arbeiten. Allerdings braucht er mit seinen Kräften nicht Raubbau zu treiben. So braucht er z. B. nicht zur Arbeit zu erscheinen, wenn er krank ist. Allerdings ist er verpflichtet, seine Arbeitsunfähigkeit unverzüglich dem Arbeitgeber oder dessen Vertreter zu melden und, wenn die Krankheit länger dauert, eine ärztliche Arbeitsunfähigkeitsbescheinigung in den Betrieb zu senden.

Zur **Leistung von Überstunden** ist der Arbeitnehmer nicht ohne weiteres verpflichtet. Vielfach enthält aber der Arbeitsvertrag einen entsprechenden Passus; aber auch aufgrund der Treuepflicht kann der Arbeitnehmer gehalten sein, Überstunden zu erbringen, soweit ihm dies im Einzelfall zumutbar ist.

c) Vergütungspflicht

Der Arbeitspflicht auf seiten des Arbeitnehmers entspricht auf der Seite des Arbeitgebers die Pflicht zur Zahlung von Lohn oder Gehalt. Gewerbliche Arbeitnehmer erhalten als Vergütung für ihre Tätigkeit Lohn, während kaufmännische oder technische Angestellte ein Gehalt beziehen. Der Lohn wird heute noch regelmäßig nach Stunden bezahlt, während der Gehaltsberechnung eine monatliche Tätigkeit zugrundeliegt. Da in der privaten Versicherungswirtschaft die wenigen dort beschäftigten gewerblichen Arbeitnehmer in den persönlichen Geltungsbereich des Tarifvertrages einbezogen sind, erhalten auch sie Monatsgehälter. Einzige Ausnahmen sind hier die Arbeitnehmer im Reinigungs- und Küchenhilfsdienst, für die ausdrücklich vorgesehen ist, daß Stundenlohnvereinbarungen getroffen werden können. Weil die Zahlung von Gehältern in der Versicherungswirtschaft die absolute Regel ist, soll im folgenden nur von Gehältern, nicht mehr von Löhnen gesprochen werden.

Die **Höhe des Gehaltes** richtet sich nach den Bestimmungen des Tarifvertrages für das private Versicherungsgewerbe; dabei handelt es sich um Mindestbedingungen, die auch durch einzelvertragliche Vereinbarung nicht unterschritten werden dürfen. Würde eine derartige Vereinbarung dennoch getroffen, wäre sie nichtig und damit wirkungslos. Soweit der Arbeitnehmer nicht unter den persönlichen Geltungsbereich des Tarifvertrages fällt (z. B. Prokuristen) oder er Empfänger eines sogenannten *außertariflichen Gehalts* ist, d. h. eines Gehalts oberhalb der höchsten Tarifgruppe VIII, wird das Gehalt durch Individualvereinbarung festgelegt. Für die weitaus größte Zahl der Arbeitnehmer in der Versicherungswirtschaft bemißt sich das Gehalt nach den Vorschriften des Gehaltstarifvertrages, sei es, weil der betreffende Arbeitnehmer bei einer der vertragsschließenden Gewerkschaften Mitglied ist, sei es, weil die Anwendung des Tarifvertrages einzelvertraglich vereinbart wurde. Dabei muß man unterscheiden zwischen Grundgehalt und eventuellen Zulagen, die entweder sozialen Charakter haben oder leistungsbezogen sind. Die **Höhe des Grundgehalts** ist **abhängig von der Einstufung** in eine der acht Gehaltsgruppen, die je nach Schwierigkeitsgrad der zu verrichteten Tätigkeit von Gruppe I bis Gruppe VIII reichen. Um die manchmal schwierige Einstufung in die richtige Gehaltsgruppe zu erleichtern, wurden für jede Gruppe allgemeine Merkmale formuliert, die um konkrete Tätigkeitsbeispiele ergänzt wurden. Dabei richtet sich die Eingruppierung grundsätzlich nicht nach der Qualifikation des Arbeitnehmers oder etwa von ihm abgelegter Prüfungen wie im öffentlichen Dienst, sondern nach der tatsächlichen Beschäftigung. Einzige Ausnahme von diesem Prinzip bilden die Versicherungskaufleute. Sie sind nach bestandener Prüfung mindestens in die Gehaltsgruppe III einzuordnen. — Innerhalb der einzelnen Gehaltsgruppen besteht eine **zusätzliche Staffelung nach Berufsjahren**; d. h. das Einkommen wächst bei gleichbleibender Tätigkeit mit den Berufsjahren. Dies widerspricht eigentlich dem sonst im Tarifvertrag verankerten Prinzip, wonach für die Entlohnung die Art der Tätigkeit maßgeblich ist. Da aber mit der Zahl der zurückgelegten Berufsjahre in aller Regel auch die Erfahrung wächst und damit die Qualität der Arbeit, ist die vorgenommene Staffelung durchaus sachlich gerechtfertigt.

Zum Arbeitsentgelt zählt nicht nur das Gehalt selbst, sondern auch etwa zu zahlende Zulagen, die entweder durch Tarifvertrag festgelegt sind oder durch einzelvertragliche Vereinbarung. So sieht der Tarifvertrag z. B. eine sogenannte *Verantwortungszulage* für Arbeitnehmer vor, die Verantwortung für eine Abteilung oder Arbeitsgruppe haben, sowie eine *Sozialzulage* für Arbeitnehmer mit einem oder mehreren Kindern. Daneben gibt es Zuschläge zum Gehalt, z. B. für die Ableistung von Überstunden oder von Nacht- oder Schichtarbeit.

Das gesamte Arbeitsentgelt wird nachträglich, spätestens am letzten Arbeitstag eines Monats ausgezahlt. Der Arbeitnehmer erhält jedoch nur den Nettobetrag, da der Arbeitgeber zur Einbehaltung von Lohn- und Kirchensteuer sowie Sozialversicherungsbeiträgen verpflichtet ist.

Eine **besondere Form der Vergütung** ist **für den Werbeaußendienst,** der ja in der Versicherungswirtschaft eine bedeutende Rolle spielt, üblich. Zum Werbeaußendienst rechnen Arbeitnehmer, die entweder selbst Neugeschäft vermitteln oder mit der Anwerbung, Unterstützung und Betreuung von angestellten oder selbständigen Vermittlern betraut sind. Als Vergütung erhalten diese Arbeitnehmer meistens neben einem sogenannten *Fixum* (Gehalt oder Provisionsgarantie) Provision für das von ihnen selbst oder von den ihnen unterstellten Vermittlern vermittelte Geschäft. Da aber das Provisionseinkommen je nach Verkaufserfolg des Außendienstangestellten oder seiner Organisation sehr unterschiedlich ausfallen kann, setzt der Tarifvertrag ein sogenanntes **Mindesteinkommen** fest, das dem Arbeitnehmer unabhängig vom jeweils erzielten Verkaufserfolg monatlich zu zahlen ist. Verdiente Provisionen sind, wenn nichts anderes vereinbart ist, auf das Mindesteinkommen anzurechnen. Dabei ist mindestens einmal jährlich eine Gesamtabrechnung vorzunehmen, bei der ein verbleibender Schuldsaldo abgeschrieben werden muß, wenn sonst das Mindesteinkommen nicht erreicht würde.

Auch **für Auszubildende** sieht der Tarifvertrag eine **besondere Vergütung** vor, die aber nicht Vergütung für geleistete Arbeit oder für einen bestimmten erreichten Erfolg ist, sondern eine Art Unterhaltszuschuß. Die Ausbildungsvergütung steigt mit den Ausbildungsjahren. Bei Verkürzung der Ausbildungszeit z. B. um ein Jahr ist von Anfang an die Vergütung für das zweite Ausbildungsjahr zu zahlen.

d) Vergütung ohne Arbeitsleistung

Wenn auch im Grundsatz die Vergütung für eine bestimmte Arbeitsleistung gezahlt wird, so bestehen doch hier gewichtige Ausnahmen. Sie haben ihren Grund in dem allgemein dem Arbeitsrecht immanenten Schutzgedanken und damit auch der Fürsorgepflicht des Arbeitgebers gegenüber den bei ihm beschäftigten Arbeitnehmern. So besteht innerhalb bestimmter zeitlicher Grenzen und unter bestimmten Voraussetzungen die **Pflicht zur Gehaltsfortzahlung,** obwohl der Arbeitnehmer keine Arbeitsleistung erbringt. Die **Hauptfälle** derartiger einseitiger Leistungspflichten des Arbeitgebers sind **Krankheit** und **Urlaub** des Arbeitnehmers sowie die **Schutzfristen nach dem Mutterschutzgesetz.**

aa) Krankheit

Arbeitnehmer, die infolge von Krankheit oder Unfall arbeitsunfähig sind, erhalten ihre Bezüge sechs Wochen lang fortgezahlt. Voraussetzung ist allerdings, daß sie an der Arbeitsunfähigkeit kein Verschulden trifft. Dabei führt nicht jede Krankheit automatisch auch zu einer Arbeitsunfähigkeit des Arbeitnehmers; vielmehr kommt es auf den Einzelfall und damit auf die Art der Tätigkeit des betreffenden Arbeitnehmers an. So wird z. B. ein Beinbruch einen Außendienstmitarbeiter in aller Regel arbeitsunfähig machen, während dies bei einem Innendienstangestellten durchaus nicht der Fall zu sein braucht. **Kein Gehaltsfortzahlungsanspruch** besteht, **wenn der Arbeitnehmer die Arbeitsunfähigkeit verschuldet** hat. Dabei muß es sich allerdings schon um einen groben Verstoß gegen das von einem vernünftigen Menschen zu erwartende Verhalten handeln. Ob ein Verschulden in diesem Sinne z. B. schon dann vorliegt, wenn ein Arbeitnehmer entgegen den Bestimmungen der Straßenverkehrsordnung nicht angeschnallt im Auto sitzt und bei einem Verkehrsunfall verletzt wird, war zunächst sehr umstritten, ist aber vom Bundesarbeitsgericht bejaht worden. Sportunfälle können verschuldet sein, wenn es sich um eine besonders gefährliche Sportart handelt, die die Leistungsfähigkeit des Arbeitnehmers deutlich übersteigt, z. B. Boxen, Moto-Cross-Rennen. Auch Verletzungen aufgrund von Schlägereien können verschuldet sein, wenn der Arbeitnehmer sie provoziert hat. – Der Arbeitgeber, der sich darauf berufen will, daß eine Arbeitsunfähigkeit schuldhaft herbeigeführt wurde, muß dies beweisen.

Der Tarifvertrag für das private Versicherungsgewerbe sieht für die **Berechnung der Krankenvergütung des Innendienstes** das sogenannte **Lohnausfallprinzip** vor; d. h. der Arbeitnehmer hat Anspruch auf die Vergütung, die er erhalten hätte, wenn er nicht krank geworden wäre, also das Grundgehalt zuzüglich etwaiger normalerweise gezahlter Zuschläge, aber auch einmaliger Leistungen, die gerade in die Zeit der Krankheit fallen, wie etwa eine Gratifikation zum Jahresabschluß. Dagegen gilt für den **Werbeaußendienst** das **Referenzprinzip**. Hier erhält der Arbeitnehmer sein monatliches Durchschnittseinkommen der letzten 12 Monate vor Beginn der Arbeitsunfähigkeit.

Der Arbeitnehmer, der seiner Arbeitspflicht nicht nachkommen kann, muß dies dem Arbeitgeber unverzüglich mitteilen oder mitteilen lassen. Er ist außerdem verpflichtet, die Arbeitsunfähigkeit durch ärztliche Bescheinigung nachzuweisen, und zwar normalerweise nach Ablauf von drei Tagen. Dies ist meistens betrieblich vereinbart.

Der Anspruch auf Vergütungsfortzahlung bei Krankheit ist unabdingbar; d. h. daß der Arbeitnehmer darauf wirksam nicht verzichten kann.

bb) Schutzfristen nach dem Mutterschutzgesetz

Werdende Mütter und Wöchnerinnen, die in einem Arbeitsverhältnis stehen, genießen besonderen Schutz (im einzelnen dazu siehe unten C. IV). So dürfen sie in den letzten sechs Wochen vor und acht Wochen nach der Entbindung nicht beschäftigt werden (Mutterschutzfrist). Während dieser Zeit erhält die Arbeitnehmerin jedoch ihr durchschnittlich in den vorangegangenen drei Kalendermonaten verdientes Nettoentgelt fortgezahlt, und zwar von der Kasse bzw. vom Bund Mutterschaftsgeld bis DM 25,– pro Kalendertag, das gegebenenfalls vom Arbeitgeber durch einen Zuschuß in Höhe des Differenzbetrages zu dem Nettoarbeitsentgelt der Arbeitnehmerin aufgestockt wird.

cc) Urlaub

Der Anspruch auf Erholungsurlaub gehört notwendig zum Bestand eines Arbeitsverhältnisses. Für einen gewissen Zeitraum innerhalb des Jahres soll der Arbeitnehmer die Möglichkeit haben, sich von den Anstrengungen der geleisteten Arbeit zu erholen, aber auch Kräfte für die Zukunft zu sammeln. Die Gewährung von Urlaub **beruht** letztlich **auf dem Fürsorgegedanken**. Der Arbeitgeber ist nicht nur verpflichtet, den Arbeitnehmer für die Urlaubszeit von jeglicher Arbeitspflicht zu befreien, sondern er muß ihm auch das Gehalt fortzahlen. Damit hat jeder Arbeitnehmer die Möglichkeit, ohne finanzielle Einbußen mehrere Wochen im Jahr der Arbeit fernzubleiben und diese Zeit zur Erholung zu nutzen.

Gesetzliche Grundlage des Urlaubsanspruchs ist das Bundesurlaubsgesetz, das allerdings wie die meisten arbeitsrechtlichen Gesetze nur Mindestregelungen enthält. Sie sind durch den Manteltarifvertrag für das private Versicherungsgewerbe zum Teil erweitert worden, vor allem, was die Urlaubsdauer betrifft.

Wenn von Urlaub gesprochen wird, so ist damit meistens der Erholungsurlaub gemeint. Tatsächlich wird aber dieser Begriff auch in anderem Sinne gebraucht und umfaßt damit verschiedene Arten der Freistellung. So gibt es **neben dem Erholungsurlaub den Sonderurlaub** oder außerordentlichen Urlaub. Unter diesen Begriff fallen solche Freistellungen von der Arbeit, die einem anderen Zweck als dem der Erholung dienen. Hier wird nicht immer eine Gehaltsfortzahlung stattfinden; vielmehr kommt es auf den Anlaß der Freistellung an. Nach der allgemeinen Regelung des § 63 HGB behält ein Angestellter dann seinen Entgeltanspruch, wenn er *„durch unverschuldetes Unglück an der Leistung der Dienste verhindert"* ist. Der Hauptfall dieses *„unverschuldeten Unglücks"* ist der einer Krankheit des Arbeitnehmers (im einzelnen siehe oben B. II. 1d(aa)). Dazu kann aber auch zum Beispiel zählen die Krankheit eines nahen Angehörigen, der der Pflege des Arbeitnehmers bedarf. Ergänzt wird die gesetzliche Regelung durch § 14 MTV, der dem Arbeitnehmer für bestimmte im einzelnen genannte Anlässe (zum Beispiel Erkrankung oder Todesfall in der Familie, eigene Hochzeit, Umzug) einen Freistellungsanspruch bei gleichzeitiger Entgeltfortzahlung gibt. Dieser kann jedoch drei Tage nicht überschreiten, während die allerdings von ihren Voraussetzungen her viel engere gesetzliche Bestimmung eine Freistellung bis zu sechs Wochen zuläßt.

Möglich ist auch, daß die Arbeitsvertragsparteien für einen bestimmten Zeitraum das **Ruhen des Arbeitsverhältnisses** vereinbaren, zum Beispiel weil der Arbeitnehmer eine längere Studienreise machen möchte. Während dieser Zeit ist der Arbeitnehmer nicht zur Arbeitsleistung, der Arbeitgeber nicht zur Gehaltszahlung verpflichtet.

Der **Erziehungsurlaub** wurde erst im Jahre 1986 neu eingeführt; er ersetzt die vorher geltende Regelung des Mutterschaftsurlaubs, kann aber im Gegensatz dazu nicht nur von Müttern, sondern auch von Vätern in Anspruch genommen werden. Er gibt der Mutter oder dem Vater des neugeborenen Kindes die Möglichkeit, nach Ablauf der achtwöchigen **Schutzfrist** (im einzelnen siehe unten C. IV) sich für 16 Monate von der Arbeit vollkommen freistellen zu lassen, d. h. bis zu dem **Tage**, an dem das Kind 18 Monate alt wird. Der Erziehungsurlaub ist kein Erholungsurlaub. Vielmehr soll durch ihn der Mutter oder dem Vater die Möglichkeit gegeben werden, während der ersten Zeit nach der Geburt das Kind selbst zu betreuen. Während des Erziehungsurlaubs ruht das Arbeitsverhältnis, so daß das Gehalt nicht fortzuzahlen ist. Statt dessen erhält die Mutter oder der Vater bis zur Vollendung des 6. Lebensmonats des Kindes ein Erziehungsgeld von 600,- DM monatlich. Nach diesem Zeitpunkt wird an Arbeitnehmer, deren Einkommen bestimmte Grenzen übersteigt, ein geringeres oder gar kein Erziehungsgeld mehr gezahlt.

Einem besonderen Zweck dient schließlich der sogenannte **Bildungsurlaub**. Entsprechende Gesetze bestehen in sechs Bundesländern, nämlich Bremen, Hamburg, Berlin, Niedersachsen, Nordrhein-Westfalen und Hessen. Nur hier kann daher ein Anspruch auf Bildungsurlaub geltend gemacht werden. Die von den Arbeitnehmern nach diesen Gesetzen besuchten Veranstaltungen müssen von der zuständigen Behörde des jeweiligen Landes anerkannt sein. Sie dienen im wesentlichen der politischen Bildung und der beruflichen Weiterbildung. Nach den meisten dieser Gesetze hat der Arbeitnehmer Anspruch auf bezahlte Freistellung bis zu fünf Arbeitstagen im Kalenderjahr, wobei das Gehalt vom Arbeitgeber fortzuzahlen ist. Eine Anrechnung auf den Erholungsurlaub ist nicht möglich.

Der **Anspruch auf Erholungsurlaub** entsteht **jeweils für ein Kalenderjahr**, und zwar auch, wenn der Arbeitnehmer während dieses Jahres nacheinander bei mehreren Arbeitgebern beschäftigt ist. Hat er also bei einem früheren Arbeitgeber zu Anfang des Jahres bereits seinen vollen Urlaub genommen, so besteht gegenüber dem neuen Arbeitgeber kein Urlaubsanspruch mehr. Überhaupt entsteht ein Urlaubsanspruch erst, wenn der Arbeitnehmer sechs Monate dem Betrieb angehört hat, dann aber rückwirkend ab Beginn des Arbeitsverhältnisses. Bei Jugendlichen beträgt die Wartezeit nur 3 Monate.

Ein Arbeitnehmer, der nur während eines Teils des Jahres in einem Arbeitsverhältnis steht, erhält auch nur anteiligen Urlaub. Tritt er also zum Beispiel am 1. Oktober eine neue Stelle an (und hat nicht bereits bei einem früheren Arbeitgeber seinen vollen Urlaubsanspruch ausgeschöpft), so erhält er für die Zeit vom 1. Oktober bis 31. Dezember Anspruch auf ¼ des normalen Jahresurlaubs. Allerdings entsteht dieser Anspruch erst mit Ablauf des 31. März des Folgejahres, da ja zunächst sechs Monate Wartezeit zurückgelegt werden müssen. Scheidet nun aber ein solcher Arbeitnehmer bereits am 31. Dezember wieder aus dem Arbeitsverhältnis aus, so ist nicht etwa gar kein Urlaubsanspruch entstanden, sondern in derartigen Fällen kommt die Wartezeitregelung in Wegfall, und er erhält ¼ des vollen Urlaubsanspruchs.

Der Urlaubsanspruch ist an das Urlaubs- (Kalender-)jahr gebunden. Das bedeutet, daß er grundsätzlich mit Ablauf des Jahres erlischt, wenn er nicht genommen wurde. Nur **ausnahmsweise** ist eine völlige oder teilweise **Übertragung auf das nächste Jahr** möglich, wenn dies durch dringende betriebliche oder in der Person des Arbeitnehmers liegende Gründe gerechtfertigt ist. Ein solcher Fall kann zum Beispiel eintreten, wenn ein Arbeitnehmer sehr lange arbeitsunfähig krank ist und damit keine Möglichkeit hat, seinen Urlaub zu nehmen. Wird ein Urlaubsanspruch ausnahmsweise auf das nächste Jahr übertragen, so muß er bis spätestens 31. März des Folgejahres genommen werden. Danach erlischt grundsätzlich der Anspruch.

Das Bundesurlaubsgesetz enthält den Grundsatz, daß der Urlaub zusammenhängend genommen werden muß. Diese Bestimmung ist heute, wo je nach Tarifvertrag der Urlaubsanspruch fünf Wochen und mehr beträgt, kaum noch zu realisieren. Er wird daher in den allermeisten Fällen in zwei Teilen gegeben, wobei aber darauf geachtet werden muß, daß ein Urlaubsteil mindestens zwölf aufeinanderfolgende Werktage umfassen muß. Diese Vorschrift soll verhindern, daß der Urlaub in zu kurzen Zeitabschnitten genommen und dadurch der Urlaubszweck vereitelt wird.

Hat der Arbeitnehmer einen Urlaubsanspruch erworben, so kann er dennoch **nicht eigenmächtig Urlaub nehmen**; vielmehr bedarf es der konkreten Festsetzung durch den Arbeitgeber. Dieser muß allerdings, soweit es die betrieblichen Belange zulassen, auch persönliche Wünsche des Arbeitnehmers berücksichtigen. Daneben müssen aber die Urlaubswünsche anderer Arbeitnehmer ebenfalls beachtet werden. Der Arbeitgeber muß versuchen, zwischen den verschiedenen Interessen einen Ausgleich herbeizuführen.

Die **Dauer des Urlaubsanspruchs** nach Bundesurlaubsgesetz einerseits und Tarifvertrag andererseits klafft heute weit auseinander. Während das Bundesurlaubsgesetz eine Mindestdauer von 18 Werktagen vorschreibt, beträgt die Dauer nach dem Tarifvertrag 30 Arbeitstage. Im Gegensatz zur gesetzlichen Regelung wird hier auf Arbeitstage abgestellt und damit die Samstage und Sonntage nicht als Urlaubstage gezählt.

Erkrankt der Arbeitnehmer während des Urlaubs, so dürfen diese Tage nicht auf den Urlaub angerechnet werden, soweit sie durch ärztliches Zeugnis nachgewiesen sind. Der

Arbeitnehmer darf allerdings den Urlaub nicht um so viele Tage von sich aus verlängern, wie er krank war, sondern muß zum ursprünglich vorgesehenen Termin seinen Dienst wieder antreten. Für die verlorengegangenen Urlaubstage bedarf es sodann einer neuen Festsetzung.

Ein „Abkaufen" des Urlaubs ist grundsätzlich **verboten**. Das heißt, der Urlaubsanspruch muß in natura genommen werden. Einzige Ausnahme von diesem Grundsatz ist, daß das Arbeitsverhältnis beendet wird und es nicht mehr möglich ist, den Urlaub tatsächlich zu nehmen. Hauptanwendungsfall einer derartigen Urlaubsabgeltung sind fristlose Kündigungen. Bei einer ordentlichen, das heißt fristgerechten Kündigung wird in aller Regel der Urlaub zumindest teilweise noch in die Kündigungsfrist gelegt werden können. Während eines bestehenden Arbeitsverhältnisses dagegen ist es gänzlich ausgeschlossen, statt des Urlaubs dem Arbeitnehmer Geld zu zahlen, da sonst der Zweck des Urlaubs — nämlich Erholung von der Arbeit und für die Zukunft — vereitelt würde um eines kurzfristigen finanziellen Vorteils willen.

e) Betriebliche Altersversorgung

Unter betrieblicher Altersversorgung versteht man Leistungen der **Alters-, Invaliditäts-** oder **Hinterbliebenenversorgung** aus Anlaß eines Arbeitsverhältnisses. Die betriebliche Altersversorgung bildet neben der gesetzlichen Rentenversicherung und der privaten Vorsorge eine der drei Säulen der Altersversorgung der Arbeitnehmer. Ihr kommt nach der Rechtsprechung des Bundesarbeitsgerichts Arbeitsentgeltcharakter zu, weil sie dem Arbeitnehmer aus Anlaß des Arbeitsverhältnisses vom Arbeitgeber gewährt wird. Deshalb besteht bei ihrer Ausgestaltung ein inhaltlich begrenztes **Mitbestimmungsrecht** des Betriebsrates gemäß § 87 Abs. 1 Nr. 10 BetrVG (vgl. unten D. II). Daneben steht der Versorgungscharakter im Vordergrund. Die betriebliche Altersversorgung ist in der Bundesrepublik sehr verbreitet. Etwa 2/3 aller Arbeitnehmer können mit einer betrieblichen Altersversorgung rechnen. In der Versicherungswirtschaft ist dieser Anteil noch erheblich höher. Hier gibt es eine betriebliche Altersversorgung in irgendeiner Form praktisch bei jedem Unternehmen.

aa) Formen der betrieblichen Altersversorgung

Die betriebliche Altersversorgung gibt es in verschiedenen Formen. Am weitesten verbreitet ist das betriebliche Ruhegeld aufgrund einer **Zusage des Arbeitgebers.** In diesem Fall zahlt der Arbeitgeber ab Eintritt des Versorgungsfalls dem Arbeitnehmer aus seinen eigenen Mitteln, für die vom Unternehmen im allgemeinen Rückstellungen gemacht werden, eine Rente.

Bei der betrieblichen Altersversorgung in Form der **Direktversicherung** schließt der Arbeitgeber zugunsten des Arbeitnehmers einen Lebensversicherungsvertrag mit einem Unternehmen der privaten Lebensversicherung ab, wobei die Versicherungsprämien entweder vom Arbeitgeber allein oder unter Beteiligung des Arbeitnehmers gezahlt werden. Aus der Direktversicherung erhält der Arbeitnehmer im Versicherungsfall entweder eine Kapitalleistung oder eine laufende Rente.

Ein anderer Weg ist die betriebliche Altersversorgung über **Pensionskassen.** Diese sind rechtlich selbständige Einrichtungen, die für die Arbeitnehmer, die bei ihnen Mitglied sind, die betriebliche Altersversorgung durchführen. Die Leistungen der Pensionskassen werden vom Arbeitgeber, entweder allein oder mit Beteiligung der Arbeitnehmer, finanziert.

Von geringerer Bedeutung sind die betrieblichen **Unterstützungskassen**, ebenfalls rechtlich selbständige Einrichtungen, die jedoch im Gegensatz zu den Pensionskassen ihre Versorgungsleistungen den Arbeitnehmern ohne Rechtsanspruch gewähren. Eine Beteiligung der Arbeitnehmer durch eigene Beiträge gibt es bei Unterstützungskassen nicht.

In der Versicherungswirtschaft kommen alle oben angeführten Formen der betrieblichen Altersversorgung vor. Nicht selten werden von einem Unternehmen mehrere Versorgungsformen miteinander kombiniert.

bb) Gesetzliche Vorschriften für die Gestaltung der betrieblichen Altersversorgung

Der Arbeitgeber ist rechtlich nicht verpflichtet, eine betriebliche Altersversorgung einzuführen. Wenn er es aber tut, müssen dabei eine Reihe von gesetzlichen Vorschriften für die Ausgestaltung beachtet werden. Insoweit ist die Vertragsfreiheit, die im Grundsatz auch hinsichtlich der betrieblichen Altersversorgung gilt, durch das Gesetz eingeschränkt.

Aus dem Grundgesetz ergibt sich der **Gleichbehandlungsgrundsatz**, der, wie auch anderswo im Arbeitsrecht, bei der Ausgestaltung der betrieblichen Versorgungsregelung einzuhalten ist. Er schreibt vor, daß gleichgelagerte Fälle gleich zu behandeln sind. Insbesondere dürfen bei einer betrieblichen Versorgungsregelung Männer und Frauen nicht ohne **sachlichen Grund** unterschiedlich behandelt werden.

Darüber hinaus ist das **Gesetz zur Verbesserung der betrieblichen Altersversorgung (BetrAVG)** vom 19.12.1974 zu beachten, das u. a. folgende Regelungen enthält:

Unter bestimmten Voraussetzungen in Bezug auf Lebensalter, Betriebszugehörigkeit und zeitlichen Bestand der Versorgungszusage schreibt das Gesetz die **Unverfallbarkeit** der Anwartschaft auf betriebliche Altersversorgung bei Ausscheiden des Arbeitnehmers aus seinem Unternehmen vor. Die Höhe dieser unverfallbaren Anwartschaft richtet sich nach dem Verhältnis der im Unternehmen verbrachten Zeitspanne zu dem Gesamtzeitraum vom Beginn des Arbeitsverhältnisses bis zum Erreichen der Altersgrenze. Die Unverfallbarkeit kann vertraglich nicht abbedungen werden.

Durch das **Auszehrungsverbot** nach § 5 BetrAVG ist gewährleistet, daß die ursprünglich zugesagte Versorgung nicht durch Anrechnung anderer Versorgungsbezüge, die sich nachträglich erhöhen, gemindert wird oder ganz wegfällt. Außerdem dürfen andere Versorgungsbezüge auf die Leistungen aus der betrieblichen Alterversorgung nur angerechnet werden, wenn sie mindestens zur Hälfte vom Arbeitgeber finanziert sind.

Das Gesetz verpflichtet den Arbeitgeber, einem Arbeitnehmer, der von der Möglichkeit der flexiblen Altersrente in der gesetzlichen Rentenversicherung Gebrauch macht, auch die betrieblichen Versorgungsleistungen bereits **vorzeitig zu gewähren**. Der Arbeitnehmer hat jedoch nicht Anspruch auf gleich hohe Versorgungsleistungen, wie sie ihm bei Erreichen der normalen Altersgrenze zustehen würden. Vielmehr sind Abschläge gegenüber der vollen Rente zulässig und im Interesse einer gerechten Behandlung geboten. Am sachgerechtesten sind sogenannte *versicherungsmathematische Abschläge*. Solange der Arbeitgeber seine Regelung nicht entsprechend ergänzt hat, darf er nach der Rechtsprechung des BAG die vorgezogene Rente nur zeitanteilig gegenüber der Vollrente kürzen.

Um die Arbeitnehmer vor dem Verlust ihrer betrieblichen Altersversorgung im Falle der Zahlungsunfähigkeit ihres Unternehmens zu schützen, hat das Gesetz die **Insolvenzsiche-**

rungspflicht eingeführt. Sie sieht vor, daß die Arbeitgeber Beiträge an den **Pensionssicherungsverein**, einen Versicherungsverein auf Gegenseitigkeit mit Sitz in Köln, abführen. Dieser tritt bei Zahlungsunfähigkeit des Arbeitgebers für die Ansprüche der Arbeitnehmer auf Leistungen der betrieblichen Altersversorgung ein.

Der Arbeitgeber ist verpflichtet, laufende Leistungen aus der betrieblichen Altersversorgung alle drei Jahre nach billigem Ermessen an die laufende Entwicklung anzupassen. Seit Inkrafttreten des BetrAVG hat das Bundesarbeitsgericht in verschiedenen Grundsatzentscheidungen diese **Anpassungspflicht** näher konkretisiert. Maßstab für die Anpassung soll danach die Entwicklung der Lebenshaltungskosten sein, wobei das BAG für die erste Anpassung im Jahre 1975 eine Anpassung um die Hälfte der Lebenshaltungskostensteigerung genügen ließ, dies jedoch ab der zweiten Anpassung nicht mehr als ausreichend ansah. Auch hat das BAG entschieden, daß die betrieblichen Versorgungsleistungen für sich allein zu betrachten sind und nicht zusammen mit den Leistungen der gesetzlichen Rentenversicherung. Die Anpassung durch den Arbeitgeber findet aber ihre Grenze in der durchschnittlichen Steigerung der Nettoentgelte der aktiven Arbeitnehmer.

Nicht der Anpassungspflicht unterliegen Kapitalleistungen aus einer Direktversicherung, da es sich bei ihnen nicht um laufende Leistungen im Sinne des Gesetzes handelt.

Durch die Regelungen des BetrAVG hat sich die betriebliche Altersversorgung für die Arbeitgeber **erheblich verteuert**. Aus diesem Grunde werden schon seit Jahren Versorgungsregelungen nicht mehr ausgebaut oder gar neu eingeführt. Im Gegenteil hat die durch das Gesetz bedingte Verteuerung dazu geführt, daß die finanzielle Ausstattung bestehender Versorgungsordnungen reduziert wurde, um die Belastung für die Unternehmen in Grenzen zu halten.

III. Beendigung des Arbeitsverhältnisses

1. Beendigungsgründe

Das Arbeitsverhältnis ist im Normalfall ein Dauerschuldverhältnis mit der Besonderheit eines stark personenrechtlichen Einschlags. Es findet also in aller Regel sein Ende nicht wie zum Beispiel beim Kaufvertrag durch einmaligen Austausch der Leistungen; sondern wegen seiner Bedeutung für die Existenz des Arbeitnehmers bestehen im Hinblick auf die Beendigung des Arbeitsverhältnisses im Vergleich zu anderen Dauerschuldverhältnissen einige Besonderheiten, die hier in ihren Grundzügen dargestellt werden sollen.

a) Kündigung

Sie ist eine einseitige Willenserklärung, die auf die künftige Aufhebung des Arbeitsverhältnisses gerichtet ist. Die Kündigung ist der wichtigste Tatbestand, der zur Beendigung eines Arbeitsverhältnisses führen kann; im einzelnen soll sie unten unter B. III. 2 erörtert werden.

b) Einvernehmliche Aufhebung

Im Wege vertraglicher Vereinbarung kann das Arbeitsverhältnis jederzeit und zu jedem Zeitpunkt beendet werden, ohne daß die sonst einzuhaltenden Kündigungsfristen beachtet werden müßten. Dies ergibt sich aus dem Grundsatz der Vertragsfreiheit, der auch – wenn auch mit Einschränkungen – im Arbeitsrecht herrscht.

Eine besondere Form der einvernehmlichen Beendigung des Arbeitsverhältnisses war bis vor einigen Jahren der Eintritt älterer Arbeitnehmer in den **Vorruhestand**. Grundlage dafür war das Vorruhestandsgesetz, das vom 1. 5. 1984 bis 31. 12. 1988 galt. Es wurde in der Versicherungswirtschaft durch zwei tarifliche Vereinbarungen ergänzt (Innendienst und sogenannter organisierender Außendienst), deren Geltungsdauer allerdings ebenfalls bis 31. 12. 1988 begrenzt waren. Seit 1. 1. 1989 können also Mitarbeiter wegen Ablaufs sowohl der gesetzlichen wie auch der tarifvertraglichen Vorschriften den Vorruhestand nicht mehr in Anspruch nehmen.

Statt dessen besteht aber ab 1.1.1989 die Möglichkeit eines gleitenden Übergangs älterer Arbeitnehmer in den Ruhestand nach dem **Altersteilzeitgesetz**. Danach können Arbeitnehmer, die mindestens 58 Jahre alt sind, mit dem Arbeitgeber eine Vereinbarung treffen, wonach sie nur noch eine Teilzeittätigkeit ausüben. Voraussetzung ist, daß der Mitarbeiter mindestens die Hälfte der tariflichen Arbeitszeit arbeitet. Das der Teilzeitarbeit entsprechende Gehalt wird sodann um 20 % aufgestockt. Das Altersteilzeitgesetz gilt nur befristet, und zwar bis 31.12.1992.

c) Befristung

Teilweise werden Arbeitsverhältnisse für eine bestimmte Zeit eingegangen oder zur Erreichung eines bestimmten Zwecks abgeschlossen. Sie enden dann mit Ablauf der Zeit, die von vornherein festgelegt wurde, oder mit dem von den Arbeitsvertragsparteien angestrebten Zweck, zum Beispiel Beschäftigung einer Aushilfskraft für die gesamte Urlaubszeit oder zur Vertretung eines auf längere Zeit erkrankten Mitarbeiters (im einzelnen siehe oben B. I. 3). Derartige Arbeitsverhältnisse enden automatisch, ohne daß es noch einer Erklärung einer der Vertragsparteien bedürfte.

d) Tod des Arbeitnehmers

Wegen des stark personenrechtlichen Charakters des Arbeitsverhältnisses und der normalerweise bestehenden Verpflichtung des Arbeitnehmers, seine Dienste persönlich zu erbringen, endet das Arbeitsverhältnis mit seinem Tode. — Der Tod des Arbeitgebers führt dagegen normalerweise nicht bereits zur Beendigung des Arbeitsverhältnisses, es sei denn, daß es sehr eng auf dessen Person ausgerichtet war, zum Beispiel bei Beschäftigung einer Krankenpflegerin.

2. Kündigung

Sie wird von einer Partei des Arbeitsverhältnisses gegenüber der anderen erklärt, in aller Regel mit dem Zweck, innerhalb einer bestimmten Frist das Arbeitsverhältnis zu beenden. Die **Kündigungserklärung muß eindeutig sein**; wenn auch der Ausdruck „Kündigung" nicht unbedingt gebraucht werden muß, so muß doch der Wille, das Arbeitsverhältnis zu beenden, zweifelsfrei erkennbar sein. Besondere Formvorschriften gelten für die Kündigung normalerweise nicht, so daß sie ohne weiteres auch mündlich ausgesprochen werden kann (Ausnahme: Kündigung eines Berufsausbildungsverhältnisses). Sehr häufig werden aber Kündigungen schriftlich ausgesprochen; dies geschieht vor allem aus Beweissicherungsgründen, denn der Kündigende ist dafür beweispflichtig, daß die Kündigung rechtzeitig ausgesprochen und dem Kündigungsgegner innerhalb der Frist auch zugegangen ist (im einzelnen siehe unten B. III. 2a). Es kann aber auch im Arbeitsvertrag vereinbart sein, daß eine etwaige Kündigung schriftlich ausgesprochen werden muß. Nichteinhaltung der Schriftform führt dann im Zweifel zur Unwirksamkeit der Kündigung. — Die Angabe des

Kündigungsgrundes ist nicht erforderlich. Ausnahme auch hier: die fristlose Kündigung eines Berufsausbildungsverhältnisses. Bei der außerordentlichen Kündigung eines regulären Arbeitsverhältnisses sind auf Verlangen des Kündigungsgegners diesem die Gründe unverzüglich mitzuteilen. – Vor dem Ausspruch jeder Kündigung muß der Betriebsrat gehört werden, sonst ist die Kündigung nichtig (im einzelnen siehe D. II. 8d).

Hauptformen der Kündigung sind die ordentliche, die außerordentliche, normalerweise fristlose, und die Änderungskündigung.

a) Ordentliche Kündigung

Sie bedeutet **Beendigung des Arbeitsverhältnisses unter Einhaltung einer bestimmten Auslauffrist**, die dem Kündigungsgegner Gelegenheit geben soll, einen neuen Arbeitsplatz bzw. einen anderen Arbeitnehmer zu suchen.

Die **Kündigungsfrist von Angestellten** beträgt normalerweise **sechs Wochen zum Quartalsende**. Während der Probezeit kann aber durch entsprechende Vereinbarung die Frist auch auf einen Monat zum Monatsende verkürzt werden. Bei Aushilfsarbeitsverhältnissen bis zu drei Monaten kann diese Frist im Wege einzelvertraglicher Vereinbarung sogar noch unterschritten werden. Die gesetzlichen Kündigungsfristen für gewerbliche Arbeitnehmer sind kürzer. Jedoch hat in einer Entscheidung vom 30. 5. 1990 das Bundesverfassungsgericht die Verfassungswidrigkeit der unterschiedlichen Kündigungsfristen für Arbeiter und Angestellte festgestellt und hat den Gesetzgeber aufgefordert, bis 1993 das Recht der gesetzlichen Kündigungsfristen neu zu regeln. In der früheren DDR galten schon bisher einheitliche Kündigungsfristen. Die entsprechende gesetzliche Vorschrift ist auch zunächst in Kraft geblieben. – Speziell für die in der privaten Versicherungswirtschaft Beschäftigten, auch soweit sie gewerbliche Arbeitnehmer sind, stellt sich das Problem unterschiedlicher Behandlung nicht. Hier gelten seit jeher für Arbeiter und Angestellte die gleichen Kündigungsfristen – vorausgesetzt die Mitarbeiter fallen unter den persönlichen Geltungsbereich des Tarifvertrages.

Hat ein Arbeitsverhältnis mindestens fünf Jahre bestanden (die Beschäftigung vor Vollendung des 25. Lebensjahres wird hierbei nicht berücksichtigt), kann der Arbeitgeber nur mehr mit längeren Fristen kündigen, und zwar mit mindestens drei Monaten zum Quartalsende, wobei die Kündigungsfristen mit zunehmender Betriebszugehörigkeit immer länger werden. Die längste Kündigungsfrist gilt bei einer Betriebszugehörigkeit von mindestens zwölf Jahren mit sechs Monaten, gleichfalls zum Quartalsende.

b) Außerordentliche Kündigung

Sie ist normalerweise eine fristlos ausgesprochene Kündigung, das heißt, sie wird bereits in dem Moment wirksam, wo sie dem Gekündigten zugeht. Ausnahmsweise kann aber auch hier unter Einhaltung einer Frist gekündigt werden; nur muß deutlich zum Ausdruck gebracht werden, daß es sich um eine außerordentliche Kündigung handelt.

Da die fristlose Kündigung für den Arbeitnehmer eine sehr einschneidende Maßnahme darstellt, ist sie nur zulässig, wenn dafür ein **wichtiger Grund vorliegt**. Dem Arbeitgeber muß die Fortsetzung des Arbeitsverhältnisses bis zum Ende der ordentlichen Kündigungsfrist unzumutbar sein. Dafür, was unzumutbar ist, sind die Umstände des Einzelfalles maßgeblich. Selbstverständlich hat auch der Arbeitnehmer die Möglichkeit, eine fristlose Kündigung auszusprechen. Für die Praxis bedeutsam ist aber nur die arbeitgeberseitige Kündigung. – Die Gründe für den Ausspruch einer fristlosen Kündigung sind nicht sehr

1094

zahlreich; es muß sich schon um eine gravierende Verfehlung handeln, die das Arbeitsverhältnis nachhaltig beeinflußt, wie zum Beispiel strafbare Handlungen gegenüber Arbeitgeber oder Arbeitskollegen, eigenmächtiger Urlaubsantritt.

Die Kündigung muß innerhalb von zwei Wochen ausgesprochen werden, nachdem der zur Kündigung Berechtigte von dem Kündigungsgrund erfahren hat. Diese kurze Frist besteht im Interesse der Rechtssicherheit. Es sollen möglichst bald nach einer schweren arbeitsvertraglichen Verfehlung klare Verhältnisse geschaffen werden.

c) Änderungskündigung

Zwar kann im Rahmen seiner Weisungsbefugnis der Arbeitgeber in gewissem Umfang die vom Arbeitnehmer zu verrichtende Tätigkeit modifizieren, zum Beispiel ihm bestimmte Sachgebiete neu zuteilen oder entziehen. Er kann aber nicht einseitig die **arbeitsvertraglichen Beziehungen grundlegend umgestalten**, zum Beispiel eine Mitarbeiterin von einem Sachbearbeiterposten auf einen reinen Schreibarbeitsplatz versetzen. Hier bedarf es einer Vereinbarung der Arbeitsvertragsparteien, die entweder auf freiwilliger Basis zustande kommen kann oder die der Arbeitgeber durch eine von ihm ausgesprochene Änderungskündigung herbeiführen kann. Dabei wird das Angebot zum Abschluß eines neuen Arbeitsvertrages mit der Kündigung des alten verbunden. Technisch wird so verfahren, daß entweder eine Kündigung ausgesprochen wird, die mit einem Angebot zum Abschluß eines neuen Arbeitsvertrages gekoppelt ist, oder es wird eine Kündigung unter der Bedingung ausgesprochen, daß der Arbeitnehmer eine gleichzeitig vorgeschlagene Vertragsänderung nicht akzeptiert. – In jedem Fall ist die Änderungskündigung eine **echte Kündigung** und **unterliegt dem Kündigungsschutzgesetz**.

3. Kündigungsbeschränkungen

Nicht jedes Arbeitsverhältnis kann ohne weiteres gekündigt werden. Zahlreiche Gruppen von Arbeitnehmern genießen einen besonderen Kündigungsschutz, von denen hier nur die wichtigsten genannt seien. So bedarf die **Kündigung eines Schwerbehinderten** der Zustimmung der Hauptfürsorgestelle (im einzelnen siehe unten C. V.). **Werdenden Müttern** darf nicht gekündigt werden, ebensowenig wie **jungen Müttern** bis zum Ablauf von vier Monaten nach der Entbindung. Auch während des Erziehungsurlaubs darf nicht gekündigt werden (im einzelnen siehe unten C. IV). Auch das Arbeitsverhältnis von **Wehrdienstleistenden** darf ab der Zustellung des Einberufungsbescheids nicht mehr gekündigt werden (im einzelnen siehe unten C. VI). Schließlich genießen auch **Mitglieder des Betriebsrats**, der Jugendvertretung, des Wahlvorstands sowie Wahlbewerber einen besonderen Kündigungsschutz. Ihr Arbeitsverhältnis kann nur aus wichtigem Grunde gekündigt werden (im einzelnen siehe unten D. II. 8d).

4. Kündigungsschutzgesetz – Regelungsinhalt

In diesem Gesetz sind die Voraussetzungen geregelt, unter denen die Kündigung eines Arbeitnehmers durch den Arbeitgeber möglich ist. Nicht unter das Kündigungsschutzgesetz fallen Kleinbetriebe mit regelmäßig fünf oder weniger Arbeitnehmern ausschließlich der Auszubildenden. Ferner werden nach diesem Gesetz nicht solche Arbeitnehmer geschützt, deren Arbeitsverhältnis noch nicht länger als sechs Monate ununterbrochen in demselben Betrieb oder Unternehmen besteht. Dieser Zeitraum soll dem Arbeitgeber zur

Verfügung stehen, um sich darüber schlüssig zu werden, ob der Arbeitnehmer für die vorgesehene Tätigkeit geeignet ist oder nicht. Das Kündigungsschutzgesetz findet mithin keine Anwendung, wenn der Arbeitgeber vor Ablauf der sechs Monate das Arbeitsverhältnis kündigt, auch wenn dies am letzten Tag geschieht. Das Kündigungsschutzgesetz erklärt solche **Kündigungen für unwirksam, die sozial ungerechtfertigt sind** und definiert als sozial ungerechtfertigt Kündigungen, die nicht durch Gründe in der Person oder im Verhalten des Arbeitnehmers oder durch dringende betriebliche Erfordernisse bedingt sind.

a) Personenbedingte Kündigung

Personenbedingte Kündigungsgründe sind solche, die auf den persönlichen Eigenschaften des Arbeitnehmers beruhen. Hierzu zählt vor allem körperliche oder geistige Ungeeignetheit für den Arbeitsplatz, den der Betreffende innehat. Stets ist eine **sorgfältige Abwägung der beiderseitigen Interessen** vorzunehmen. Eine personenbedingte Kündigung ist also nur möglich, wenn die betrieblichen Bedürfnisse tatsächlich so intensiv sind, daß sie die Kündigung rechtfertigen. Die Kündigung des Arbeitsverhältnisses darf immer nur ultima ratio sein. Ist also ein Arbeitnehmer zum Beispiel infolge höheren Alters nicht mehr so leistungsfähig, muß zunächst versucht werden, ihn auf einen Arbeitsplatz mit leichteren Arbeiten umzusetzen, falls ein solcher vorhanden ist.

b) Verhaltensbedingte Kündigung

Eine Kündigung kann auch dann sozial gerechtfertigt sein, wenn sie ihren Grund im **Verhalten des Arbeitnehmers** hat. Hierzu zählen Vertragsverletzungen der verschiedensten Art, zum Beispiel schlechte Leistungen, Störungen des Betriebsfriedens, Fehlverhalten gegenüber Arbeitgeber und Arbeitskollegen. Um dem Arbeitnehmer sein vertragswidriges Verhalten bewußt zu machen, wird jedenfalls bei Schlechtleistungen im allgemeinen **vor Ausspruch der Kündigung** eine sogenannte **Abmahnung** erfolgen müssen; das heißt, der Arbeitnehmer muß darauf aufmerksam gemacht werden, daß es arbeitsrechtliche Konsequenzen haben wird, wenn er das mißbilligte Verhalten fortsetzt. Auch hier müssen die beiderseitigen Interessen sorgfältig gegeneinander abgewogen werden. Es darf also zum Beispiel ein einmaliges Fehlverhalten, wenn es nicht wirklich gravierend ist, nicht gleich zum Anlaß für eine Kündigung genommen werden.

c) Dringende betriebliche Erfordernisse

Auch **dringende betriebliche Erfordernisse** können die Kündigung eines Arbeitnehmers rechtfertigen. Diese können verschiedene Ursachen haben, zum Beispiel Arbeitsmangel, Zentralisierungsmaßnahmen innerhalb des Unternehmens, die zur Schließung oder Verkleinerung einzelner Betriebe oder Abteilungen führen, Rationalisierungsmaßnahmen im Betrieb. Ob und wie derartige Maßnahmen durchgeführt werden, ist allein eine unternehmerische Entscheidung, die vom Gericht in einem etwaigen Kündigungsprozeß nicht auf ihre Zweckmäßigkeit hin überprüft werden kann. Die in diesem Zusammenhang vom Arbeitgeber ausgesprochenen Kündigungen sind allerdings vom Gericht nachprüfbar, nämlich ob sie dringend erforderlich waren. Das heißt, daß der Arbeitgeber genau prüfen muß, ob wirklich Kündigungen notwendig sind, um den wirtschaftlichen Schwierigkeiten zu begegnen oder vorzubeugen. — Aber selbst, wenn dringende betriebliche Gründe vorliegen, die eine oder mehrere Kündigungen erforderlich machen, können diese im Einzelfall sozial ungerechtfertigt sein, wenn der Arbeitgeber die Auswahl der zu kündigenden Arbeitnehmer nicht nach sozialen Gesichtspunkten getroffen hat. Das bedeutet die Verpflichtung des Arbeitgebers, von mehreren für eine Kündigung in Frage kommenden Arbeitnehmern denjenigen auszuwählen, den die Kündigung am wenigsten hart treffen würde. Hier können die verschiedensten Umstände eine Rolle spielen, zum Beispiel Lebensalter, Betriebszugehörigkeit, Familienstand, Unterhaltsverpflichtungen. Es wird also eher einem unverheirateten jungen Arbeitnehmer, der erst einige Jahre im Betrieb ist, gekündigt werden müssen als einem älteren Arbeitnehmer, der Unterhaltspflichten gegenüber Frau und Kindern hat. Allerdings brauchen bei dieser Auswahl die betrieblichen Belange nicht völlig außer acht zu bleiben. Vielmehr sind soziale und betriebliche Interessen gegeneinander abzuwägen, was im Einzelfall dazu führen kann, daß einem an sich sozial weniger schutzbedürftigen Arbeitnehmer deshalb nicht gekündigt wird, weil er für den Betrieb wichtige Spezialkenntnisse hat, über die die anderen in die Auswahl einbezogenen Arbeitnehmer nicht verfügen.

Für den Bereich der privaten Versicherungswirtschaft ist in diesem Zusammenhang außerdem das Rationalisierungsschutzabkommen vom 16.4.1983 zu beachten. Es erlegt dem Arbeitgeber ganz bestimmte Pflichten auf, die dieser im Zusammenhang mit der Durchführung von Rationalisierungsmaßnahmen beachten muß. So wird z. B. hier eine bestimmte Reihenfolge festgelegt, in der der Arbeitgeber einem Arbeitnehmer, dessen Arbeitsplatz aus Rationalisierungsgründen weggefallen ist, einen neuen Arbeitsplatz — soweit vorhanden — im bisherigen Betrieb aber auch im Unternehmen anzubieten hat. Geschieht dies und ist auf dem neuen Arbeitsplatz eine Einarbeitung oder Umschulung notwendig, so wird hierauf ein Anspruch des Arbeitnehmers tariflich festgelegt.

d) Kündigungsschutzverfahren

Ist ein gekündigter Arbeitnehmer der Meinung, die Kündigung sei sozial ungerechtfertigt, so muß er dies innerhalb von **drei Wochen nach Zugang der Kündigung** durch Erhebung einer **Kündigungsschutzklage** beim Arbeitsgericht geltend machen. Die kurze Klagefrist dient der Rechtssicherheit. Der Arbeitgeber soll wissen, ob die Kündigung Bestand hat oder nicht. Ist nämlich innerhalb der 3-Wochen-Frist keine Klage eingereicht worden, so kann dies jedenfalls in aller Regel nicht mehr nachgeholt werden; die Kündigung gilt dann als sozial gerechtfertigt und ist rechtswirksam.

Im Kündigungsschutzprozeß muß der Arbeitgeber die Gründe vortragen und beweisen, die die Kündigung tragen. Der Arbeitnehmer dagegen ist beweispflichtig für seine Behauptung, der Arbeitgeber habe bei seiner Auswahl soziale Gesichtspunkte nicht oder nicht genügend beachtet. — Beendet wird das Verfahren durch Urteil, das entweder der Kündigungsschutzklage stattgibt oder sie abweist. Gibt das Gericht ihr statt, weil es die Kündigung für sozialwidrig hält, so wird im Urteil festgestellt, daß das Arbeitsverhältnis durch die Kündigung nicht aufgelöst ist; es ist dann fortzusetzen. — Weist dagegen das Gericht die Klage ab, weil es die Kündigung für sozial gerechtfertigt hält, so wird damit festgestellt, daß die Kündigung das Arbeitsverhältnis aufgelöst hat.

5. Nachwirkungen des Arbeitsverhältnisses

Mit Beendigung des Arbeitsverhältnisses erlöschen die Hauptpflichten der Arbeitsvertragsparteien; es gibt aber noch gewisse nachwirkende Pflichten, die ihren Grund in der besonderen personenrechtlichen Beziehung der Parteien haben. So ist der Arbeitgeber verpflichtet, dem Arbeitnehmer seine **Arbeitspapiere auszuhändigen**, während der Arbeitnehmer ihm etwa zur Verfügung gestellte Arbeitsmittel zurückgeben muß.

Eine weitere wichtige Pflicht des Arbeitgebers ist es, dem Arbeitnehmer ein **Zeugnis** auszustellen, wenn dieser es wünscht. Dabei hat der Arbeitnehmer die **Wahl zwischen einem einfachen und einem qualifizierten Zeugnis**. Während das einfache Zeugnis alle Angaben über die Art der Beschäftigung und die Dauer des Arbeitsverhältnisses enthalten muß, erstreckt sich das qualifizierte Zeugnis außerdem auch auf Leistung und Führung des Arbeitnehmers. Über den Wortlaut des Zeugnisses entscheidet der Arbeitgeber. Dabei hat er zu beachten, daß das Zeugnis dem Arbeitnehmer als Unterlage für spätere Bewerbungen dient; es soll daher wohlwollend sein. Andererseits soll es einen Dritten, der die Einstellung des Arbeitnehmers erwägt, wahrheitsgemäß unterrichten. Bescheinigt zum Beispiel der Arbeitgeber einem ausscheidenden Arbeitnehmer Ehrlichkeit, obwohl dieser bei ihm Betrügereien begangen hat, und wird er später aufgrund dieses Zeugnisses bei einem anderen Arbeitgeber eingestellt, wo er wiederum Betrügereien begeht, so kann der zweite Arbeitgeber von demjenigen, der das unrichtige Zeugnis ausgestellt hat, Schadensersatz verlangen. Deshalb muß bei allem verständlichen Wohlwollen für den Arbeitnehmer das Zeugnis auch nachteilige Angaben enthalten, wenn diese auf Tatsachen beruhen und für das Arbeitsverhältnis relevant sind.

Über die Erteilung eines Zeugnisses hinaus ist aufgrund seiner Fürsorgepflicht der Arbeitgeber verpflichtet, auch über einen bei ihm schon ausgeschiedenen Arbeitnehmer Auskünfte zu erteilen. Für deren Inhalt gilt das gleiche wie für den Inhalt eines Zeugnisses. Erfährt der Arbeitnehmer von einer über ihn erteilten Auskunft und wünscht von seinem früheren Arbeitgeber deren Inhalt zu erfahren, so ist in aller Regel der Arbeitgeber verpflichtet, ihm diesen bekanntzugeben.

C. Arbeitnehmerschutzrecht

Das Arbeitnehmerschutzrecht umfaßt die Gesamtheit der Normen, durch die dem Arbeitgeber öffentlich-rechtliche Pflichten auferlegt werden, um von der Arbeit ausgehende **Gefahren** für den Arbeitnehmer zu **beseitigen** oder zu **vermindern**. Man unterscheidet dem Inhalt nach zwischen Betriebs- oder Gefahrenschutz, Arbeitszeitschutz und Arbeitsvertragsschutz, und dem persönlichen Geltungsbereich nach zwischen dem allgemeinen, also für alle Arbeitnehmer schlechthin geltenden Arbeitsschutz, und dem besonderen Arbeitsschutz, der nur für bestimmte Gruppen von Arbeitnehmern, z. B. nur für Frauen oder nur für Jugendliche gilt. Das Arbeitnehmerschutzrecht ist grundsätzlich **öffentliches Recht**. Der Arbeitgeber ist also dem Staat gegenüber zur Einhaltung der Arbeitsschutzbestimmungen verpflichtet. Durch staatliche Aufsichtsorgane, insbesondere die Gewerbeaufsicht, wird ihre Einhaltung überwacht. Neben der staatlichen Aufsicht steht die der Berufsgenossenschaften als Träger der gesetzlichen Unfallversicherung. Der Arbeitsvertragsschutz ist teilweise dem Privatrecht zuzurechnen.

Das Arbeitnehmerschutzrecht ist in einer Vielzahl unterschiedlicher Gesetze geregelt, die nach und nach entsprechend den Bedürfnissen des Arbeitslebens geschaffen wurden. Bestrebungen, das Arbeitsschutzrecht zusammenzufassen, führten bisher nicht zum Erfolg. In der Regierungserklärung vom November 1980 wurde ein Gesetzesentwurf der damaligen Bundesregierung für ein **Arbeitsschutzgesetz** angekündigt. Die Vorbereitungen dazu sind aber über erste Vorstellungen des Bundesarbeitsministeriums, die 1981 bekannt wurden, nicht hinausgekommen. Die derzeitige Bundesregierung verfolgt das Projekt nicht weiter.

I. Gesundheits- und Gefahrenschutz

Wegen der Verschiedenheit der Arbeit und der von ihr ausgehenden Gefahren in den einzelnen Betrieben und Gewerbezweigen hat der Gesetzgeber selbst nur Rahmenvorschriften für den Gesundheits- und Gefahrenschutz erlassen. Diese werden im Einzelfall durch Rechtsverordnungen oder durch Anordnungen der Verwaltungsbehörden ausgefüllt und konkretisiert.

Für bestimmte **technische Anlagen,** von denen besondere Gefahren ausgehen, ist in der Gewerbeordnung (§ 24) die Überwachung durch staatliche Überwachungsämter bzw. technische Überwachungsvereine (TÜV) vorgeschrieben.

Der Arbeitgeber, der für Arbeitsschutz und Unfallverhütung verantwortlich ist, hat aufgrund des Gesetzes über Betriebsärzte, Sicherheitsingenieure und andere Fachkräfte für Arbeitssicherheit (**Arbeitssicherheitsgesetz**) Betriebsärzte und Fachkräfte für Arbeitssicherheit zu bestellen. Diese sollen ihn sachverständig beim Arbeitsschutz und der Unfallverhütung unterstützen. In Versicherungsbetrieben müssen wegen der verhältnismäßig geringen Gefährdung der Arbeitnehmer **Betriebsärzte** und **Sicherheitsfachkräfte** nur in Betrieben ab 300 Beschäftigten bestellt werden.

Etwas anders geartete Aufgaben hat der **Sicherheitsbeauftragte,** den der Arbeitgeber grundsätzlich in allen Unternehmen mit mehr als 20 Beschäftigten zu bestellen hat. Er unterstützt den Unternehmer bei der Durchführung des Unfallschutzes und hat sich insbesondere von dem Vorhandensein und der Benutzung der vorgeschriebenen Sicherheitsvorkehrungen zu überzeugen.

Besondere Bestimmungen über Gefahren- und Gesundheitsschutz für gewerbliche Arbeitnehmer finden sich in den Bestimmungen der **Gewerbeordnung.** Die aufgrund der Gewerbeordnung erlassene **Arbeitsstättenverordnung** vom 20.3.1975 enthält eine ausführliche Regelung über die Beschaffenheit der Arbeitsplätze in Gewerbebetrieben, ihre Lüftung, Beleuchtung und Raumtemperatur, sowie der Verkehrswege.

Die Arbeitnehmer haben die Arbeitnehmerschutzvorschriften, insbesondere die Unfallverhütungsvorschriften, zu beachten. Verstößt ein Arbeitnehmer nachhaltig gegen den Arbeitsschutz, so kann seine ordentliche Kündigung, unter Umständen sogar seine außerordentliche Kündigung berechtigt sein. Auch kann er sich schadensersatzpflichtig gegenüber dem Arbeitgeber machen. In einigen Fällen drohen dem Arbeitnehmer bei Verletzung der Arbeitsschutzbestimmungen sogar Bußgeld oder Bestrafung.

Die **Personalvertretungen** (Betriebs- und Personalräte) haben die Einhaltung der arbeitsschutzrechtlichen Vorschriften zu überwachen und die für den Arbeitsschutz zuständigen Stellen zu unterstützen (vgl. unten D. II. 7).

II. Arbeitszeitrecht

Arbeitszeit ist die Zeit, während der der Arbeitnehmer sich zur Erfüllung der vertraglichen Verpflichtungen dem Arbeitgeber zur Verfügung halten muß. Es ist die Zeit vom Beginn bis zum Ende der Arbeit ohne die Ruhepausen.

In der **Arbeitszeitordnung** (AZO) ist gesetzlich geregelt, für welche Zeiträume die Beschäftigung von Arbeitnehmern im Höchstfall zulässig ist. Überschreitungen dieser Höchstgrenzen sind mit Ordnungsgeld und Strafe bedroht (§ 25 AZO).

Die Grundvorschrift der AZO ist § 3, wonach die regelmäßige werktägliche Arbeitszeit die Dauer von acht Stunden nicht überschreiten darf. Allerdings ist es zulässig, in einem bestimmten Rahmen die Arbeitszeit anders zu verteilen, so daß sie an einzelnen Tagen weniger, an anderen dafür mehr als acht Stunden beträgt. Dabei darf aber die Grenze von durchschnittlich 48 Stunden pro Woche (acht Stunden an sechs Werktagen einschließlich samstags) innerhalb bestimmter Zeiträume nicht überschritten werden. Auch darf die Arbeitszeit pro Tag nicht mehr als zehn Stunden betragen.

Über die Grenze von 48 Wochenstunden hinaus ist eine Verlängerung der Arbeitszeit nur an 30 Tagen im Jahr auf maximal zehn Stunden zulässig. Darüber hinaus sind Verlängerungen der Arbeitszeit nur in einigen besonders geregelten Ausnahmefällen möglich.

Die AZO bestimmt darüber hinaus – für Männer und Frauen unterschiedlich – Mindestzeiten für Ruhepausen und für die Ruhezeiten (Zeiträume zwischen dem Ende der Arbeitszeit und ihrem Wiederbeginn am nächsten Tag). Weitere Sonderregelungen hierzu enthalten das Mutterschutzgesetz und das Jugendarbeitsschutzgesetz (vgl. unten C. III, IV).

Die Grenze der AZO von 48 Wochenstunden für die zulässige Arbeitszeit gilt auch heute noch. Daher ist eine Verlängerung der Arbeitszeit von Arbeitnehmern bis zu 48 Wochenstunden ohne Verstoß gegen gesetzliche Bestimmungen jederzeit zulässig (BAG vom 28.7.1981). In der betrieblichen Praxis spielt die 48-Stunden-Grenze der AZO allerdings **nur noch eine geringe Rolle**, da heute in den meisten Tarifverträgen eine Arbeitszeit von **weniger als 40 Stunden** wöchentlich vereinbart ist. Der **Tarifvertrag** für das private Versicherungsgewebe legt für den Innendienst als regelmäßige Arbeitszeit 38 Stunden wöchentlich fest. In den neuen Bundesländern beträgt die tarifliche Wochenarbeitszeit seit 1. 7. 1991 41 Stunden und ab. 1. 1. 1992 40 Stunden. Leistet ein Arbeitnehmer auf Anordnung des Arbeitgebers über diese regelmäßige Arbeitszeit hinaus **Mehrarbeit**, so erhält er dafür pro Stunde eine anteilige Vergütung (1/162 bzw. in den neuen Bundesländern 1/175 und ab 1. 1. 1992 1/170 eines Monatsbezugs) und einen Zuschlag von 25 %. Wird die Mehrheit an einem Samstag geleistet, so beträgt der Zuschlag 50%.

Arbeit an **Sonn- und Feiertagen** ist grundsätzlich verboten (§ 105 GewO). Jedoch gibt es von diesem Verbot eine Reihe von Ausnahmen, zum Beispiel zur Durchführung von Not- und sonstigen unaufschiebbaren Arbeiten (§ 105c GewO). Für Sonn- und Feiertagsarbeit wird, soweit sie Mehrarbeit ist, nach dem Tarifvertrag für das private Versicherungsgewerbe ein Zuschlag von 100 % zur zeitanteiligen Vergütung bezahlt.

Ein Zuschlag von 25 % ist auch für die **Nachtarbeit** (zwischen 20 Uhr abends und 6 Uhr morgens) vorgesehen, und zwar unabhängig davon, ob es sich dabei um Mehrarbeit handelt oder nicht. Besondere Vergünstigungen in Form von monatlichen Zulagen und von Freischichten erhalten die in **Wechselschicht** eingesetzten Arbeitnehmer (§ 11 Ziff. 4 und 5 MTV).

Vom Tarifvertrag abweichende Regelungen der regelmäßigen betrieblichen Arbeitszeit können durch freiwillige Betriebsvereinbarungen getroffen werden, wobei aber die durchschnittliche tarifliche Wochenarbeitszeit nicht überschritten werden darf. Besondere Bedeutung haben Vereinbarungen der „**gleitenden Arbeitszeit**", die heute in den meisten Versicherungsunternehmen eingeführt ist. Bei ihr können die Arbeitnehmer Beginn und Ende ihrer täglichen Arbeitszeit jeweils innerhalb eines bestimmten zeitlichen Rahmens (Gleitzeit) selbst bestimmen. Die tarifliche Wochenarbeitszeit muß aber im Durchschnitt eingehalten werden. Außerdem darf die tägliche Arbeitszeit auch im Rahmen der gleitenden Arbeitszeit nicht über zehn Stunden täglich ausgedehnt werden. Über- oder Unterschreitungen der tariflichen Arbeitszeit können im Rahmen der gleitenden Arbeitszeit auf das folgende Kalenderjahr übertragen werden. Jedoch muß diese Möglichkeit auf eine angemessene Stundenzahl begrenzt werden (§ 11 Ziff. 1 MTV).

Für den **Werbeaußendienst** gilt die tarifliche Arbeitszeitregelung nicht. Für diesen Personenkreis ist im Tarifvertrag keine bestimmte Arbeitszeit festgelegt (§ 18 MTV). Auch in den Einzelarbeitsverträgen der Außendienstangestellten ist meist keine feste tägliche Arbeitszeit vereinbart, sondern lediglich bestimmt, daß der Angestellte seine volle Arbeitskraft in den Dienst des Unternehmens stellt. Die Einteilung seiner Arbeitszeit bleibt dem Außendienstangestellten im allgemeinen selbst überlassen. Ob für die Außendienstangestellten die Bestimmungen der AZO gelten, ist umstritten (vgl. *Lieb*, Zeitschrift für die gesamte Versicherungswissenschaft 1976, S. 207 ff.), wird aber überwiegend angenommen.

Die Bundesregierung beabsichtigt seit längerer Zeit, das Arbeitszeitrecht gesetzlich neu zu regeln. Ihre Initiativen sind aber bisher über einen Entwurf, der zweimal, zuletzt 1987, im Bundestag eingebracht wurde, nicht hinausgegangen.

III. Jugendarbeitsschutzrecht

Der Jugendarbeitsschutz ist im wesentlichen im **Jugendarbeitsschutzgesetz** geregelt. Es gilt für Personen, die noch nicht 18 Jahre alt sind.

Verboten ist nach dem Jugendarbeitsschutzgesetz die Beschäftigung von **Kindern**, das sind nach der gesetzlichen Definition Personen, die das 14. Lebensjahr noch nicht vollendet haben oder noch der Vollzeitschulpflicht unterliegen. Die vom Gesetz vorgesehenen Ausnahmen von diesem Beschäftigungsverbot sind für den Bereich der Versicherungswirtschaft ohne Bedeutung. Jugendliche, die das 15. Lebensjahr noch nicht vollendet haben, dürfen im Rahmen eines Berufsausbildungsverhältnisses beschäftigt werden. Im übrigen unterliegt ihre Beschäftigung zusätzlichen Einschränkungen (§ 7).

Darüber hinaus gelten für alle Jugendlichen eine Reihe von **Beschäftigungsverboten** (§§ 22 bis 26 JArbSchG). So dürfen Jugendliche nicht mit gefährlichen Arbeiten und nicht in Akkordarbeit beschäftigt werden. Auch im Bergbau ist die Beschäftigung von Jugendlichen unzulässig.

Dem Arbeitgeber, der Jugendliche beschäftigt, werden vom Gesetz eine Reihe besonderer **Fürsorgepflichten** auferlegt (§§ 28 bis 31 JArbSchG), wie Belehrung über Unfall- und Gesundheitsgefahren, Vorkehrungen und Maßnahmen zum Schutz von Leben, Gesundheit und Sittlichkeit. Besonderen Nachdruck legt das Jugendarbeitsschutzgesetz auf die **gesundheitliche Betreuung** der Jugendlichen (§§ 32 bis 46). Sie soll sicherstellen, daß Jugendliche nicht mit gesundheitsschädigenden oder nicht ihrem Entwicklungsstand entsprechenden Arbeiten beschäftigt werden. Mit der Beschäftigung eines Jugendlichen darf deshalb grundsätzlich nur begonnen werden, wenn er zuvor ärztlich untersucht worden ist. Für die Untersuchung und die Vorlage der entsprechenden ärztlichen Bescheinigung hat der Jugendliche selbst zu sorgen. Vor Ablauf des ersten Beschäftigungsjahres ist eine Nachuntersuchung durchzuführen. Legt der Jugendliche trotz Mahnung durch den Arbeitgeber die Bescheinigung über die Durchführung dieser Nachuntersuchung nicht spätestens nach 14 Monaten vor, so darf er nicht weiter beschäftigt werden. Weitere Nachuntersuchungen kann der Jugendliche von sich aus durchführen lassen. Sie können auch vom Arzt oder der Aufsichtsbehörde angeordnet werden.

Hinsichtlich der **Arbeitszeit** bestimmt das Gesetz, daß Jugendliche täglich nicht länger als acht Stunden beschäftigt werden dürfen. Diese Bestimmung hat ebenso wie andere Regelungen über die Arbeitszeit Jugendlicher (40-Stunden-Woche, 5-Tage-Woche, zusätzlicher Urlaub) nur noch geringe praktische Bedeutung, da die Regelungen im Tarifvertrag für das private Versicherungsgewerbe inzwischen entsprechend oder sogar günstiger für den Arbeitnehmer ausgestaltet sind. Allerdings führt das gesetzliche Gebot des 8-Stunden-Tages für Jugendliche dazu, daß auf sie die gleitende Arbeitszeit nicht oder nur mit Einschränkung angewendet werden kann. Besondere Bestimmungen gelten auch für Ruhepausen und Ruhezeiten der Jugendlichen. Auch ist die Beschäftigung Jugendlicher zur Nachtzeit (von 20 Uhr abends bis 6 Uhr morgens) grundsätzlich verboten.

Um die Teilnahme der Jugendlichen und auch der über 18 Jahre alten Arbeitnehmer, die noch berufsschulpflichtig sind (§ 9 Abs. 4 JArbSchG), am **Berufsschulunterricht** zu gewährleisten, sind sie vom Arbeitgeber für die Dauer des Unterrichts einschließlich der Wegezeiten freizustellen. Das gleiche gilt für die Teilnahme an Prüfungen. An Tagen mit mindestens fünf Stunden Berufsschulunterricht darf der Jugendliche bzw. der Auszubildende einmal in der Woche vom Arbeitgeber nicht beschäftigt werden. Entsprechende Regelungen gelten für den sogenannten *Blockunterricht*.

Um den Jugendlichen über seine Rechte zu informieren, hat der Arbeitgeber einen Abdruck des Jugendarbeitsschutzgesetzes an geeigneter Stelle **im Betrieb auszulegen.** Darüber hinaus gehört es zu den vom Gesetz besonders erwähnten Aufgaben des Betriebsrats, für die Belange jugendlicher Arbeitnehmer einzutreten. Zusätzlich kann unter gewissen Voraussetzungen in den Betrieben eine Jugendvertretung gewählt werden (vgl. unten D. II. 4 und 5).

IV. Frauenarbeitsschutz und Mutterschutz

Arbeitnehmerinnen sind im Berufsleben ihren männlichen Kollegen gleichgestellt. Dies ist ein allgemeiner Grundsatz unserer Sozialordnung, der in Artikel 3 GG und zusätzlich in konkreterer Form in §§ 611 a und b BGB zum Ausdruck kommt. Danach dürfen Arbeitnehmer insbesondere nicht wegen ihres Geschlechts bei der Einstellung, Entlohnung und Beförderung benachteiligt werden. Obwohl dieses **Benachteiligungsverbot** an sich für Mann und Frau gleichermaßen gilt, wirkt es sich in der Praxis hauptsächlich als Schutz der arbeitenden Frau aus. Es hat zum Beispiel dazu geführt, daß die früher vielfach übliche geringere Bezahlung von Frauen gegenüber Männern bei gleicher Arbeit inzwischen verschwunden ist.

Darüber hinaus dienen eine Reihe öffentlich-rechtlicher Schutzvorschriften dem **Gesundheitsschutz** der Arbeitnehmerinnen. So unterliegt die Beschäftigung von Frauen mit bestimmten schweren Arbeiten, zum Beispiel im Bergbau, in der Schwerindustrie, im Baugewerbe oder auch auf Fahrzeugen gesetzlichen Einschränkungen (§ 16 AZO, § 120 e GewO). Die AZO enthält für Frauen günstigere Bestimmungen bezüglich **Ruhepausen und Höchstarbeitszeit** in bestimmten Fällen. Auch ist die Beschäftigung gewerblicher Arbeitnehmerinnen zur Nachtzeit grundsätzlich unzulässig.

Wichtigster Bestandteil des Frauenarbeitsschutzes ist das **Mutterschutzrecht**. Kernstück des Mutterschutzrechts ist das Mutterschutzgesetz. Es bietet den Frauen während der Schwangerschaft und für eine gewisse Zeit nach der Entbindung einen Gefahren-, Arbeitsplatz- und Entgeltschutz.

Dem **Gefahrenschutz** dienen Vorkehrungen und Maßnahmen des Arbeitgebers am Arbeitsplatz, um Leben und Gesundheit der werdenden oder stillenden Mutter zu schützen, zum Beispiel die Einrichtung einer Sitzgelegenheit bei stehender Beschäftigung oder die Bereitstellung einer Liege zum Ausruhen während der Pausen. Auch dürfen werdende oder stillende Mütter nicht mit schweren körperlichen oder mit gefährlichen Arbeiten oder im Akkord beschäftigt werden. Schließlich ist die Beschäftigung einer Frau vor der Entbindung allgemein dann untersagt, wenn durch die Weiterbeschäftigung nach ärztlichem Zeugnis Leben oder Gesundheit von Mutter oder Kind gefährdet würde.

Besondere Bedeutung haben die Beschäftigungsverbote während der **Schutzfristen** unmittelbar vor und nach der Entbindung: Sechs Wochen vor und acht Wochen (bei Früh- und Mehrlingsgeburten zwölf Wochen) nach der Entbindung ist die Beschäftigung verboten.

Durch den **Arbeitsplatzschutz** soll der Mutter während der Schutzfrist der Arbeitsplatz erhalten und sie gegen die mit einer Kündigung verbundene Belastung geschützt werden. Deshalb bestimmt das Mutterschutzgesetz, daß einer Frau während der Schwangerschaft und bis zum Ablauf von vier Monaten nach der Entbindung nicht gekündigt werden darf.

Nimmt die Arbeitnehmerin nach der Schutzfrist Erziehungsurlaub in Anspruch (siehe oben B. II. d (cc), so genießt sie auch für dessen Dauer noch Kündigungsschutz. Das Kündigungsverbot gilt für ordentliche und außerordentliche Kündigungen, nicht jedoch für eine Beendigung des Arbeitsverhältnisses durch Zeitablauf, zum Beispiel beim Auslaufen eines befristeten Probearbeitsverhältnisses. Voraussetzung für den Kündigungsschutz ist, daß die Arbeitnehmerin den Arbeitgeber über das Bestehen der Schwangerschaft unterrichtet hat oder innerhalb von zwei Wochen nach Ausspruch einer in Unkenntnis der

Schwangerschaft ausgesprochenen Arbeitgeberkündigung unterrichtet. In besonderen Fällen kann die Behörde eine Kündigung des Arbeitgebers für zulässig erklären.

Ist eine Kündigung durch den Arbeitgeber grundsätzlich ausgeschlossen, so kann umgekehrt die Arbeitnehmerin selbst während der Schwangerschaft und der achtwöchigen Schutzfrist nach der Entbindung jederzeit fristlos kündigen. Beansprucht sie Erziehungsurlaub, so kann sie auch noch zu dessen Ende das Arbeitsverhältnis durch Kündigung auflösen.

Zusätzlich zu diesem gesetzlichen Arbeitsplatzschutz gibt seit 1. 1. 1991 § 9 des Manteltarifvertrages Arbeitnehmerinnen oder Arbeitnehmern in der Versicherungswirtschaft, die nach der Inanspruchnahme des gesetzlichen Erziehungsurlaubs aus dem Arbeitsverhältnis ausgeschieden sind, unter bestimmten Voraussetzungen einen Wiedereinstellungsanspruch.

Durch den **Entgeltschutz** soll die Arbeitnehmerin während der Mutterschutzzeit so gestellt werden, daß sie wegen der Unterbrechung ihrer Beschäftigung aus Gründen der Mutterschaft keine Einkommenseinbußen erleidet. Deshalb erhält die Arbeitnehmerin während der mutterschutzbedingten Beschäftigungsverbote entweder ihr Arbeitsentgelt weiter gezahlt (§ 11 MuSchG) oder Mutterschaftsgeld von der Krankenkasse bzw. vom Bund, das durch einen Arbeitgeberzuschuß auf das volle Netto-Arbeitsentgelt aufgestockt wird (§§ 12–19 MuSchG). Seit 1.1.1984 ist die bis dahin geltende Regelung des Mutterschutzgesetzes über den Mutterschaftsurlaub durch das Bundeserziehungsgeldgesetz (BErzGG) ersetzt worden. Erziehungsurlaub und Erziehungsgeld nach diesem Gesetz stehen nicht wie der frühere Mutterschaftsurlaub, nur jungen Müttern zu sondern können auch von Vätern und unter bestimmten Voraussetzungen auch von anderen Personen beansprucht werden (siehe dazu oben B. II. d (cc)).

V. Schwerbehindertenschutz

Das **Schwerbehindertengesetz**, das die wesentlichen gesetzlichen Bestimmungen zum Schutz der Schwerbehinderten enthält, verfolgt drei Hauptziele: die Eingliederung des Schwerbehinderten in das Arbeitsleben; seinen Schutz gegen einen ungerechtfertigten Verlust des Arbeitsplatzes und eine gesteigerte Fürsorge des Arbeitgebers für den Schwerbehinderten im Arbeitsverhältnis. **Schwerbehinderte** sind Personen, die körperlich, geistig oder seelisch behindert und infolge ihrer Behinderung in ihrer Erwerbsfähigkeit um wenigstens 50 v. H. gemindert sind. Die Art und die Ursachen der Behinderung spielen dabei keine Rolle. Personen, die um weniger als 50 v. H., aber um mehr als 30 v. H. infolge einer Behinderung erwerbsgemindert sind, können, wenn sie sonst einen geeigneten Arbeitsplatz nicht erlangen oder behalten können, auf Antrag den Schwerbehinderten gleichgestellt werden.

Alle Arbeitgeber haben auf mindestens 6 v. H. der Arbeitsplätze Schwerbehinderte zu beschäftigen. Genügen sie dieser **Beschäftigungspflicht** nicht, so haben sie eine Ausgleichsabgabe zu zahlen. In Betrieben mit weniger als 16 Arbeitsplätzen entfällt diese Beschäftigungspflicht von Schwerbehinderten. Die Ausgleichsabgabe darf nur für die Zwecke der Arbeits- und Berufsförderung Behinderter sowie für Leistungen zur nachgehenden Hilfe im Arbeitsleben verwendet werden.

Schwerbehinderte Arbeitnehmer und ihnen gleichgestellte genießen einen besonderen **Kündigungsschutz**. Dieser besteht darin, daß ihre ordentliche oder außerordentliche Kündigung durch den Arbeitgeber grundsätzlich nur mit behördlicher Zustimmung möglich ist. Eine Ausnahme gilt insbesondere während der ersten sechs Monate der Beschäftigung. Auch das Auslaufen eines befristeten Arbeitsverhältnisses wird durch den Kündigungsschutz nicht betroffen.

Zuständig für die Erteilung der behördlichen Zustimmung ist die **Hauptfürsorgestelle**, die außerdem noch weitere öffentlich-rechtliche Aufgaben im Rahmen des Schwerbehindertenschutzes wahrnimmt, wie zum Beispiel die Erhebung und Verwendung der Ausgleichsabgabe.

Die Arbeit des Schwerbehinderten ist ebenso zu entlohnen wie die eines gesunden Arbeitnehmers. Ist der Schwerbehinderte jedoch gegenüber einem gesunden Arbeitnehmer weniger leistungsfähig, so kann eine geringere Entlohnung vereinbart werden.

Zum Ausgleich ihrer stärkeren Belastung haben Schwerbehinderte Anspruch auf einen **Zusatzurlaub** von fünf Arbeitstagen zu dem Urlaub, den ein nicht schwerbehinderter Arbeitnehmer unter sonst gleichen Bedingungen und Voraussetzungen erhält.

Darüber hinaus ist der Arbeitgeber den von ihm beschäftigten Schwerbehinderten zu **besonderer Fürsorge** im Rahmen des ihm Zumutbaren verpflichtet, zum Beispiel durch besondere Ausstattungen, Arbeitshilfen und Arbeitsabläufe, die die Tätigkeit der Schwerbehinderten ermöglichen oder erleichtern. Der Arbeitgeber kann dafür Zuschüsse durch die Hauptfürsorgestelle erhalten.

In Betrieben mit mindestens fünf ständig beschäftigten schwerbehinderten Arbeitnehmern wählen diese als Schwerbehindertenvertretung einen **Vertrauensmann** oder eine **Vertrauensfrau**. Die Schwerbehindertenvertretung, deren persönliche Rechtsstellung (Entgeltschutz, Freistellung, Kündigungsschutz etc.) der eines Betriebsratsmitglieds angenähert ist, hat die Gruppen- und Einzelinteressen der Schwerbehinderten zu vertreten. So hat sie darüber zu wachen, daß die Schutzvorschriften zugunsten der Schwerbehinderten eingehalten werden, Beschwerden der Behinderten entgegenzunehmen und Maßnahmen zu ihren Gunsten anzuregen. Der Vertrauensmann oder die Vertrauensfrau kann an allen Sitzungen der Arbeitnehmervertretung teilnehmen und mindestens einmal im Jahr eine Versammlung der Schwerbehinderten im Betrieb durchführen.

Auch die **Betriebs- und Personalräte** haben die Eingliederung von Schwerbehinderten zu fördern und für eine ihren Kenntnissen und Fähigkeiten entsprechende Beschäftigung einzutreten.

VI. Schutz des Wehrdienstleistenden

Arbeitnehmer, die zur Ableistung ihrer Wehrpflicht oder zu einer Wehrübung einberufen werden, sind vom Arbeitgeber **freizustellen**. In Ausnahmefällen, insbesondere bei Arbeitnehmern, die sich in der Berufsausbildung befinden, kann der Arbeitnehmer vom Wehrdienst zurückgestellt oder unabkömmlich gestellt werden (§§ 12, 13 Wehrpflichtgesetz).

Das **Arbeitsplatzschutzgesetz** will mit seinen Schutzbestimmungen verhindern, daß dem Wehrdienst leistenden Arbeitnehmer über die Unterbrechung des Arbeitsverhältnisses hinaus weitere Nachteile entstehen. So legt das Gesetz fest, daß der Wehrdienst das **Arbeitsverhältnis nicht beendet.** Vielmehr ruht das Arbeitsverhältnis lediglich für die Dauer des Wehrdienstes (§§ 1, 11 ArbPlSchG). Dies hat zur Folge, daß die Hauptpflichten aus dem Arbeitsvertrag (Arbeitsleistung, Vergütung) während dieser Zeit entfallen. Nach Beendigung des Wehrdienstes wird das Arbeitsverhältnis fortgesetzt, wobei der Wehrdienst auf die Berufs- und Betriebszugehörigkeit des Arbeitnehmers **angerechnet** wird. Ausdrücklich legt das Arbeitsplatzschutzgesetz fest, daß dem Arbeitnehmer aus Anlaß seiner Wehrdienstabwesenheit in beruflicher und betrieblicher Hinsicht kein Nachteil erwachsen darf.

Kernstück des Arbeitsplatzschutzgesetzes ist der **Kündigungsschutz:** Von der Zustellung des Einberufungsbescheides bis zur Beendigung des Grundwehrdienstes sowie während einer Wehrübung darf der Arbeitgeber das Arbeitsverhältnis nicht ordentlich kündigen. Darüber hinaus ist die Kündigung aus Anlaß des Wehrdienstes auch vor oder nach dem Wehrdienst unzulässig. Auch darf ein Arbeitgeber, wenn er aus dringenden betrieblichen Erfordernissen Arbeitnehmer entlassen muß, bei der Auswahl der zu kündigenden Arbeitnehmer die Einberufung zum Wehrdienst nicht berücksichtigen.

Das Recht zur außerordentlichen Kündigung aus wichtigem Grund wird durch diese Bestimmungen nicht berührt, ebensowenig das Auslaufen eines zeitlich befristeten Arbeitsverhältnisses.

Die Bestimmungen des Arbeitsplatzschutzgesetzes gelten für Zivildienstleistende entsprechend.

Bei Einberufung zu einer Wehrübung von nicht mehr als drei Tagen Dauer erhält der Arbeitnehmer unter Freistellung von der Arbeitsleistung sein Arbeitsentgelt weitergezahlt. Dauert die Wehrübung länger als drei Tage, so ruht das Arbeitsverhältnis während dieser Zeit, und es besteht ein ähnlich gearteter Kündigungsschutz wie nach dem Arbeitsplatzschutzgesetz (§ 2 Eignungsübungsgesetz).

D. Kollektives Arbeitsrecht

I. Tarif- und Arbeitskampfrecht

Das Grundgesetz gewährt in Artikel 9 Abs. 3 den „Koalitionen" des Arbeitslebens (Gewerkschaften und Arbeitgeberverbänden) einen besonderen verfassungsrechtlichen Schutz. Zum Kernbereich dieses Schutzes gehören die sogenannte **Tarifautonomie** und die Möglichkeit, Arbeitskämpfe zu führen. Unter Tarifautonomie versteht man das Recht der Gewerkschaften und Arbeitgeberverbände, unabhängig von staatlicher Einflußnahme Arbeitsbedingungen zu regeln. Gesetzliche Vorschriften über diese durch die Verfassung garantierte Rechtsetzungsbefugnis der Koalitionen enthält das Tarifvertragsgesetz.

1. Tarifvertragsparteien

Nach dem Tarifvertragsgesetz können Tarifvertragsparteien sein:

Gewerkschaften,
einzelne Arbeitgeber,
Arbeitgeberverbände.

Wird ein Tarifvertrag zwischen einem Arbeitgeberverband und einer Gewerkschaft geschlossen, so spricht man von einem **Verbandstarifvertrag**. Ist ein einzelner Arbeitgeber Vertragspartner der Gewerkschaft, so liegt ein **Firmen- oder Haustarifvertrag** vor.

Im Bereich der Versicherungswirtschaft gibt es folgende Tarifvertragsparteien:

Arbeitgeberverband der Versicherungsunternehmen in Deutschland e. V., München,

sowie die folgenden Gewerkschaften

DAG — Deutsche Angestellten-Gewerkschaft, Hamburg
HBV — Gewerkschaft Handel, Banken und Versicherungen, Düsseldorf; Mitglied des Deutschen Gewerkschaftsbundes (DGB)
DHV — Deutscher Handels- und Industrieangestellten-Verband, Hamburg; Mitglied des Christlichen Gewerkschaftsbundes (CGB)

Zwischen diesen Tarifvertragsparteien besteht als Verbandstarifvertrag der „**Tarifvertrag für das private Versicherungsgewerbe**". Da fast alle Versicherungsunternehmen der Bundesrepublik Mitglied des Arbeitgeberverbandes der Versicherungsunternehmen sind, gilt dieser Verbandstarifvertrag nahezu im gesamten Bereich der deutschen Versicherungswirtschaft. Daneben gibt es einige Haustarifverträge für Unternehmen, die nicht dem Arbeitgeberverband angehören, wie die Volksfürsorge-Versicherungsgruppe, Hamburg, und die Deutsche Beamten-Versicherungsgruppe, Wiesbaden.

2. Abschluß und Inhalt von Tarifverträgen

Tarifverträge kommen regelmäßig aufgrund vorangegangener **Tarifverhandlungen** zwischen zwei oder mehreren Tarifvertragsparteien zustande. Sie sind nur rechtswirksam, wenn sie schriftlich abgeschlossen werden. Über alle Tarifverträge wird beim Bundesministerium für Arbeit und Sozialordnung ein **Tarifregister** geführt. Die Tarifvertragsparteien sind verpflichtet, die von ihnen abgeschlossenen Tarifverträge dort zur Registrierung anzumelden.

Die Arbeitgeber sind verpflichtet, die für ihren Betrieb maßgebenden Tarifverträge im Betrieb an geeigneter Stelle auszulegen, damit sich die Arbeitnehmer jederzeit über die geltenden Bestimmungen informieren können.

Tarifverträge sind meist in einen **Manteltarifvertrag** und einen **Lohn- und Gehaltstarifvertrag** unterteilt. Diese Zweiteilung hat sich als zweckmäßig erwiesen, weil die Neufestlegung der Löhne und Gehälter infolge der raschen Entwicklung in kurzen, meist jährlichen Abständen erforderlich wird, während die Regelungen in den Manteltarifverträgen längerfristigen Charakter haben und nicht so oft geändert werden.

Der Tarifvertrag für das private Versicherungsgewerbe ist gegliedert in die Teile A Manteltarifvertrag und B Gehaltstarifvertrag. Der **Manteltarifvertrag** enthält als wichtigste Regelungen die Bestimmungen über die Gehaltsgruppen der Innendienstangestellten und die Eingruppierung, über verschiedene Zulagen, über die (tariflichen) Sonderzahlungen, über die Bezüge im Krankheitsfall, über Arbeitszeit, Urlaub, Kündigungsfristen und Kündigungsschutz. Ein besonderer Abschnitt enthält die Regelungen für die Angestellten des Werbeaußendienstes. Der **Gehaltstarifvertrag** regelt die Gehälter der Innendienstangestellten, die Auszubildendenvergütungen, das Mindesteinkommen der Außendienstangestellten, die Verantwortungs- und Sozialzulagen der Höhe nach und die Spesen für den nicht werbenden Außendienst.

Daneben gibt es das Rationalisierungsschutzabkommen, das Schutzbestimmungen für durch Rationalisierungsmaßnahmen betroffene Arbeitnehmer des Innendienstes enthält, die Tarifvereinbarung über vermögenswirksame Leistungen, die Tarifvereinbarung über ärztliche Augenuntersuchungen der an Datensichtgeräten beschäftigten Arbeitnehmer sowie das Vorruhestandsabkommen für die Versicherungswirtschaft und die Vorruhestandsvereinbarung für den Werbeaußendienst.

3. Wirkung der tariflichen Bestimmungen

Die Bestimmungen der Tarifverträge gelten **unmittelbar und zwingend**, das heißt unabdingbar für die einzelnen Arbeitsverhältnisse. Die Tarifverträge haben damit eine normative Wirkung wie ein Gesetz. Da aber in einzelvertraglichen Vereinbarungen zugunsten der Arbeitnehmer von den Bestimmungen des Tarifvertrages abgewichen werden kann (Günstigkeitsprinzip), haben die Tarifverträge praktisch die Bedeutung von **Mindestarbeitsbedingungen**. Wird in einem Arbeitsvertrag eine ungünstigere Regelung, zum Beispiel ein niedrigeres Gehalt vereinbart als tarifvertraglich vorgesehen, so ist der Arbeitsvertrag insoweit ungültig. Es gilt dann die Tarifregelung, in diesem Fall also das Tarifgehalt, als vereinbart. Die Arbeitnehmer können auch nicht auf ihre tarifvertraglichen Rechte verzichten. Allerdings kann der Tarifvertrag selbst in einzelnen Punkten abweichende Abmachungen auch zu Ungunsten der Arbeitnehmer gestatten.

Nach dem Gesetz gilt der Tarifvertrag nur bei beiderseitiger **Tarifgebundenheit**, also nur dann, wenn der Arbeitnehmer Mitglied einer der tarifschließenden Gewerkschaften ist und der Arbeitgeber entweder selbst den Tarifvertrag abgeschlossen hat (Firmentarifvertrag) oder dem abschließenden Arbeitgeberverband (Verbandstarifvertrag) angehört. In der Praxis wird der Tarifvertrag jedoch von den tarifgebundenen Arbeitgebern regelmäßig auf alle Arbeitnehmer ohne Rücksicht auf deren Gewerkschaftszugehörigkeit angewendet.

Ein Tarifvertrag kann auch vom Bundesarbeitsministerium für **allgemeinverbindlich** erklärt werden. Dann gelten seine Normen auch für die Arbeitsverhältnisse der sonst nicht tarifgebundenen Arbeitnehmer und Arbeitgeber eines bestimmten Wirtschaftszweiges. Diese Maßnahme ist für Branchen gedacht, in denen es viele kleinere Betriebe gibt, deren Inhaber keinem Verband angehören (zum Beispiel Bau, Handel). Der Tarifvertrag für das private Versicherungsgewerbe ist nicht allgemeinverbindlich.

Der Tarifvertrag gilt nur für diejenigen Arbeitsverhältnisse, die er seinem Wortlaut nach erfaßt (persönlicher Geltungsbereich).

Der Tarifvertrag für das private Versicherungsgewerbe nimmt zum Beispiel Arbeitnehmer in bestimmten leitenden Positionen (Prokuristen, Syndizi, Chefmathematiker, Gesellschaftsärzte und Generalagenten) und bestimmte Arbeitnehmer, die nicht voll in das Unternehmen eingegliedert sind (zum Beispiel Aushilfskräfte bis 3 Monate Beschäftigung und nebenberufliche Arbeitnehmer), von seinem Geltungsbereich aus. Für diese Arbeitnehmer gelten also die Bestimmungen des Tarifvertrages selbst dann nicht, wenn sie Mitglieder einer der am Tarifvertrag beteiligten Gewerkschaften sind.

Der bloße Ablauf des Tarifvertrages (zum Beispiel aufgrund einer Kündigung), läßt noch keinen ungeregelten Zustand eintreten. Die Normen des Tarifvertrages gelten vielmehr weiter (**Nachwirkung**, § 4 Abs. 5 TVG). Sie sind jetzt aber nicht mehr zwingend, sondern können durch jede andere Abmachung, also auch einzelvertraglich, ganz oder teilweise abbedungen werden.

4. Arbeitskampf

Wenn sich die Tarifvertragsparteien in Verhandlungen nicht über einen Tarifabschluß einigen können, kann es zu einem Arbeitskampf kommen, durch den eine oder beide Parteien versuchen, die jeweils andere Seite durch **Ausübung von Druck** zum Abschluß eines Tarifvertrages zu bewegen. Solange ein Tarifvertrag nicht abgelaufen ist, darf ein Arbeitskampf zur Durchsetzung von Änderungen dieses Tarifvertrages nicht geführt oder vorbereitet werden (Friedenspflicht). Arbeitskämpfe sind also immer erst nach Ablauf der tariflichen **Friedenspflicht** zulässig. Häufig ist zwischen Gewerkschaften und Arbeitgebern vereinbart, nach dem Scheitern der Tarifverhandlungen ein **Schlichtungsverfahren** durchzuführen. Solche Schlichtungsabkommen sehen meist eine Verlängerung der tariflichen Friedenspflicht über den zeitlichen Ablauf des Tarifvertrages hinaus vor.

Das Schlichtungsabkommen im privaten Versicherungsgewerbe vom 27.9.1955 ist von den Gewerkschaften DAG und HBV zum 30.6.1980 gekündigt worden. Ein neues Abkommen wurde bisher nicht abgeschlossen.

Durch ein Schlichtungsverfahren, das auch zur Beilegung eines Arbeitskampfes und auch unabhängig von der Existenz eines tariflichen Abkommens durchgeführt werden kann, wird der Versuch unternommen, in einer gemeinsamen Schlichtungskommission, meist unter einem neutralen Vorsitzenden, eine Einigung der Tarifvertragsparteien herbeizuführen.

Im Arbeitskampfrecht gilt der Grundsatz der Kampfparität. Jeder Seite steht ein Kampfmittel zu, den Gewerkschaften der **Streik**, der Arbeitgeberseite die **Aussperrung**. Im Arbeitsleben ist der Streik das typische Angriffsmittel, die Aussperrung das typische Verteidigungsmittel.

a) Streik

Unter Streik versteht man die planmäßige und gemeinschaftliche **Arbeitseinstellung** einer größeren Zahl von Arbeitnehmern zur Durchsetzung eines gemeinsamen Zieles. Ein Streik ist nur zulässig, wenn er von einer Gewerkschaft geführt wird. Anderenfalls handelt es sich um einen rechtswidrigen „wilden" Streik. Mit dem Streik muß auch ein tariflich regelbares Ziel verfolgt werden. Das bedeutet, daß etwa politische Streiks, durch die Regierung oder Parlament veranlaßt werden sollen, eine bestimmte politische Forderung zu erfüllen, nicht zulässig sind.

Die Gewerkschaftssatzungen sehen z. T. vor, über die Frage, ob gestreikt werden soll, zunächst die Gewerkschaftsmitglieder in einer **Urabstimmung** entscheiden zu lassen. In diesem Fall darf der Streik nicht ohne vorherige Urabstimmung durchgeführt werden.

Der Streik muß immer das **äußerste und letzte Mittel** sein, um das gesteckte Ziel zu erreichen (ultima-ratio-Doktrin). Das bedeutet insbesondere, daß die Verhandlungsmöglichkeiten zuvor ausgeschöpft sein müssen. Sobald die Gewerkschaft einen Streik beginnt, sei es auch nur ein kurzer Warnstreik, gibt sie nach der Rechtsprechung des Bundesarbeitsgerichts damit gleichzeitig zu erkennen, daß sie die Verhandlungen als ausgeschöpft ansieht.

Die Gewerkschaft muß für eine **faire Kampfführung** sorgen. Rechtswidrige Akte (zum Beispiel Gewaltanwendung gegenüber arbeitswilligen Arbeitnehmern oder Fabrikbesetzungen) darf sie nicht dulden und erst recht nicht dazu aufrufen. Sie muß auch mithelfen, notwendige Erhaltungsarbeiten durchzuführen, zum Beispiel durch Organisation eines Notdienstes.

b) Aussperrung

Eine Aussperrung liegt vor, wenn ein oder mehrere Arbeitgeber planmäßig Gruppen von Arbeitnehmern nicht zur Arbeit zulassen und die Lohnzahlung verweigern, um ein arbeitspolitisches Ziel zu erreichen. Die Zulässigkeit der Aussperrung in Form der sogenannten **Abwehraussperrung**, mit der die Arbeitgeberseite auf einen Streik antwortet, ist vom Bundesarbeitsgericht wiederholt, zuletzt durch die Grundsatzentscheidung vom 10.6.1980, bejaht worden. Insoweit ist auch das Verbot der Aussperrung in der Verfassung des Landes Hessen unwirksam. Ohne Aussperrung wäre die Kampfparität für die Arbeitgeberseite nicht gewährleistet, insbesondere bei Schwerpunktstreiks der Gewerkschaften. Durch einen solchen Schwerpunktstreik kann die Gewerkschaft mit geringem Aufwand einen ganzen Wirtschaftszweig lahmlegen, z. B. die gesamte Automobilindustrie durch Bestreikung einiger wichtiger Zuliefererbetriebe. Dagegen müssen sich die Arbeitgeber mit der Abwehraussperrung wehren können. Diese soll jedoch nach Meinung des BAG nur insoweit zulässig sein, als die notwendige Kampfparität dies erfordert.

Ob und unter welchen Voraussetzungen die Arbeitgeber auch zur Angriffsaussperrung berechtigt sind, um von den Gewerkschaften bestimmte Tarifregelungen zu erzwingen, ist vom BAG bisher offen gelassen worden. In der Literatur ist diese Frage umstritten.

c) Rechtsfolgen bei zulässigen Arbeitskampfmaßnahmen

Streik und Aussperrung führen zu einer **Suspendierung** der Arbeitsverhältnisse. Das bedeutet, daß die Hauptpflichten der Parteien während des Arbeitskampfes ruhen. Mit seiner Beendigung leben sie von selbst wieder auf, ohne daß es einer besonderen Wiedereinstellung bedürfte. Dies gilt auch für den Fall der Aussperrung, die grundsätzlich nur suspendierende Wirkung hat, das Arbeitsverhältnis also nicht auflöst. Ob es daneben eine sogenannte *lösende Aussperrung* gibt, die das Arbeitsverhältnis beendet, ist umstritten. Das BAG will sie unter bestimmten Voraussetzungen zulassen. Jedoch soll auch in diesem Fall der Arbeitgeber nach Beendigung des Arbeitskampfes zur Wiedereinstellung grundsätzlich verpflichtet sein.

Während des Arbeitskampfes **entfallen die Lohn- und Gehaltsansprüche**, und zwar nicht nur derjenigen Arbeitnehmer, die selbst streiken oder ausgesperrt sind, sondern auch der Arbeitnehmer, die, ohne selbst zu streiken, infolge des Arbeitskampfes vom Arbeitgeber nicht weiterbeschäftigt werden können. Der Lohnanspruch entfällt auch in den nur mittelbar betroffenen Betrieben, zum Beispiel beim Streik in der Automobilindustrie in den Unternehmen der Zubehörindustrie, wenn diese infolge des Streiks nicht mehr arbeiten können (**Sphärentheorie**).

Soweit die streikenden oder ausgesperrten Arbeitnehmer gewerkschaftlich organisiert sind, erhalten sie von ihrer Gewerkschaft im Rahmen der Satzung Streikunterstützung.

II. Betriebsverfassung

Das **Betriebsverfassungsgesetz** vom 15.1.1972 regelt die Mitwirkung und Mitbestimmung der Arbeitnehmer in den Betrieben durch gewählte Betriebsräte. Es unterscheidet sich von seinen Vorläufern, dem Betriebsrätegesetz von 1920 und dem Betriebsverfassungsgesetz von 1952, vor allem durch weitergehende Mitbestimmungsrechte des Betriebsrats, besonders im sozialen und personellen Bereich, beruht aber wie diese auf dem Grundsatz der vertrauensvollen Zusammenarbeit zwischen Arbeitgeber und Betriebsrat und dem Gebot der betrieblichen Friedenspflicht, insbesondere auch dem Verbot der parteipolitischen Betätigung im Betrieb.

1. Allgemeine Vorschriften

Die Bestimmungen des Betriebsverfassungsgesetzes finden auf alle **Arbeitnehmer**, das sind Arbeiter und Angestellte (siehe dazu oben A. IV. 1) einschließlich der *„zu ihrer Berufsausbildung Beschäftigten"* (Auszubildende), Anwendung. Ausgenommen von der Geltung des Gesetzes sind jedoch die **leitenden Angestellten** (§ 5 Abs. 3). Für sie ist eine besondere Interessenvertretung in Form von Sprecherausschüssen vorgesehen (siehe unten 13.). Ihre Abgrenzung von den übrigen Angestellten bereitet in der Praxis große Schwierigkeiten, da das Gesetz für die Beschreibung der leitenden Angestellten unscharfe und schwer faßbare Begriffe verwendet. Durch die am 1.1.1989 in Kraft getretene Novelle zum Betriebsverfassungsgesetz wurde die Definition des leitenden Angestellten neu gefaßt und insbesondere durch vier Hilfskriterien ergänzt, die in Zweifelsfällen die Entscheidung erleichtern sollen, ob ein Mitarbeiter als leitender Angestellter anzusehen ist oder nicht. Nach wie vor dürfte die zusammenfassende Beschreibung des Bundesarbeitsgerichts in seiner Entscheidung vom 29.1.1980 zutreffen:

„Arbeitnehmer, die Generalvollmacht oder Prokura haben oder die zur selbständigen Einstellung oder Entlassung von Arbeitnehmern berechtigt sind, gehören grundsätzlich zu den leitenden Angestellten, sonstige Angestellte dann, wenn die Gesamtwürdigung ergibt,

daß ein Angestellter ausreichend bedeutsame unternehmerische Aufgaben wahrnimmt und dabei einen erheblichen Entscheidungsspielraum zu verantworten hat, und wenn dies auch seiner Dienststellung und seinem Dienstvertrag entspricht."

Ist nach diesen Grundsätzen eine zweifelsfreie Entscheidung nicht möglich, kommt es darauf an, ob der Arbeitnehmer bei der letzten betrieblichen Wahl den leitenden Angestellten zugerechnet wurde, ob er einer Leitungsebene angehört, die überwiegend durch leitende Angestellte besetzt ist oder ob er ein für leitende Angestellte übliches Jahresarbeitsentgelt bezieht.

Die Abgrenzung der leitenden Angestellten hat erhöhte Bedeutung dadurch gewonnen, daß diese nach dem Mitbestimmungsgesetz 1976 einen eigenen Vertreter in den Aufsichtsrat wählen. Für das Mitbestimmungsgesetz sind die Abgrenzungskriterien des Betriebsverfassungsgesetzes entsprechend anzuwenden (vgl. unten D. III).

Für die Betriebsratswahl und die Wahl des Sprecherausschusses der leitenden Angestellten erfolgt die Abgrenzung der Leitenden von den übrigen Angestellten durch eine Einigung zwischen den Wahlausschüssen für die Betriebsratswahl und die Sprecherausschußwahl. Kommt diese nicht zustande, entscheidet über die streitigen Fälle ein Vermittler, auf den sich beide Seiten einigen oder der durch das Los bestimmt wird.

Heimarbeiter gelten ebenfalls als Arbeitnehmer des Betriebes, wenn sie „in der Hauptsache" für den Betrieb tätig sind. Das ist nach der Rechtsprechung der Fall, wenn ihre Tätigkeit für den Betrieb im Verhältnis zur Tätigkeit für andere Betriebe überwiegt.

Auch auf **Teilzeitbeschäftigte** findet das Betriebsverfassungsgesetz Anwendung, zumindest wenn ihr Verdienst oberhalb der Sozialversicherungsgrenze liegt.

Betriebsräte sind nur in Betrieben ab einer **Mindestgröße** von mindestens fünf ständig beschäftigten, wahlberechtigten Arbeitnehmern zu wählen, von denen drei das passive Wahlrecht haben müssen. Der Begriff des Betriebes wird vom Betriebsverfassungsgesetz nicht definiert. Hier gilt die im Arbeitsrecht allgemein übliche Definition (siehe oben A. IV. 3).

Betriebsteile wählen einen eigenen Betriebsrat, wenn sie vom Hauptbetrieb weit entfernt sind oder durch Aufgabenbereich und Organisation eigenständig sind (§ 4). Das letztere trifft zum Beispiel auf Geschäftsstellen der Versicherungsunternehmen häufig zu. Voraussetzung für einen eigenen Betriebsrat ist allerdings die Mindestbetriebsgröße (siehe oben). Kleinere Betriebsteile werden zum Hauptbetrieb gerechnet.

Den **Gewerkschaften und Arbeitgeberverbänden** werden durch das Betriebsverfassungsgesetz eigene Aufgaben und Rechte zugewiesen. In den Grundsatz der vertrauensvollen Zusammenarbeit bezieht das Gesetz ausdrücklich auch die im Betrieb vertretenen Gewerkschaften und Arbeitgeberverbände ein (§ 2 Abs. 1).

Den Beauftragten der im Betrieb vertretenen Gewerkschaften ist ein **Zugangsrecht** zum Betrieb eingeräumt, das regelmäßig ein Ersuchen des Betriebsrats voraussetzt. Der Arbeitgeber ist rechtzeitig davon zu unterrichten; er kann den Zutritt aus bestimmten betrieblichen Gründen verweigern.

Daneben haben die Gewerkschaften ein **Teilnahmerecht** an bestimmten Veranstaltungen wie Betriebsversammlung und Betriebsräteversammlung und besondere Rechte im Zusammenhang mit der Betriebsratswahl in bislang betriebsratslosen Betrieben. Sie können auch eine fehlerhafte Betriebsratswahl selbständig anfechten.

Schließlich steht ihnen ein eigenes Antragsrecht auf Strafverfolgung zu sowie das Recht, wegen grober Pflichtverletzungen die Auflösung des Betriebsrats oder den Ausschluß einzelner Mitglieder bzw. die Festsetzung von Buß- oder Zwangsgeld gegen den Arbeitgeber zu verlangen (§ 23).

Besonders wichtig ist in diesem Zusammenhang, daß den Mitgliedern der Betriebsverfassungsorgane eine Betätigung für ihre Gewerkschaft auch im Betrieb ausdrücklich erlaubt ist. Allerdings dürfen sie diese Tätigkeit nicht mit ihrem Amt verbinden, sondern sind grundsätzlich zur Neutralität verpflichtet.

Auch den Arbeitgeberverbänden ist durch das Gesetz eine Unterstützungsfunktion zuerkannt worden. Selbständige Rechte sind ihnen allerdings nur in begrenztem Umfang eingeräumt, so das Teilnahmerecht an Betriebsversammlungen und an bestimmten Betriebsratssitzungen.

2. Wahl des Betriebsrats

Der Betriebsrat wird von den Arbeitnehmern des Betriebes gewählt.

Wahlberechtigt sind alle Arbeitnehmer, die das 18. Lebensjahr vollendet haben. Um in den Betriebsrat gewählt werden zu können, ist zusätzlich eine sechsmonatige Betriebszugehörigkeit erforderlich (§§ 7, 8). Die Anzahl der zu wählenden **Betriebsratsmitglieder** richtet sich nach der Zahl der Arbeitnehmer des Betriebes. Sie ist im Gesetz im einzelnen festgelegt (§ 9). In Betrieben mit nicht mehr als 20 wahlberechtigten Arbeitnehmern besteht der Betriebsrat nur aus einer Person. Arbeiter und Angestellte müssen entsprechend ihrem zahlenmäßigen Verhältnis im Betriebsrat vertreten sein.

Die Betriebsratswahl findet alle vier Jahre in der Zeit vom 1. 3. bis 31. 5. statt. Gewählt wird in geheimer und unmittelbarer Wahl aufgrund von Wahlvorschlägen der Arbeitnehmer und der im Betrieb vertretenen Gewerkschaften. Vorbereitung und Durchführung der Wahl sind Aufgaben des Wahlvorstandes, der vom alten Betriebsrat bestellt bzw., wenn noch kein Betriebsrat vorhanden ist, von den Arbeitnehmern gewählt wird. Die Einzelheiten des Wahlverfahrens sind in der **Wahlordnung** 1972 geregelt.

Die Wahl des Betriebsrats darf nicht behindert werden. Verstöße gegen dieses Verbot sind strafbar (§ 119). Die Kosten der Wahl trägt der Arbeitgeber.

Wird gegen wesentliche Vorschriften über das Wahlrecht, die Wählbarkeit oder das Wahlverfahren verstoßen, z. B. Fehler bei der Aufstellung der Wählerliste, fehlerhafte Zusammensetzung des Wahlvorstandes, und konnte dadurch das Wahlergebnis beeinflußt werden, so kann die Wahl binnen zweier Wochen nach Bekanntgabe des Wahlergebnisses beim Arbeitsgericht angefochten werden. Hat die **Anfechtung** Erfolg, so muß das Wahlergebnis korrigiert bzw. die Betriebsratswahl wiederholt werden.

Die Betriebsratswahl kann auch nichtig sein, wenn die gesetzlichen Vorschriften in einem Maße verletzt wurden, daß man nicht ernsthaft von einer Wahl sprechen kann, z. B. wenn auf einer Versammlung der Belegschaft durch Handzeichen gewählt wurde. Die Nichtigkeit der Wahl kann ohne Frist geltend gemacht werden.

3. Organisation und Geschäftsführung des Betriebsrats

Die Amtszeit des Betriebsrats beträgt vier Jahre. Der Betriebsrat wählt einen **Vorsitzenden** und einen stellvertretenden Vorsitzenden. Der Vorsitzende vertritt den Betriebsrat im Rahmen der von ihm gefaßten Beschlüsse und nimmt die Erklärungen, die dem Betriebsrat gegenüber abzugeben sind (z. B. Erklärungen des Arbeitgebers), entgegen. Er ist aber nicht zu selbständigen Entscheidungen für den Betriebsrat befugt.

Größere Betriebsräte ab neun Mitgliedern bilden einen **Betriebsausschuß**, dessen Zusammensetzung im Gesetz vorgeschrieben ist (§ 27). Der Betriebsausschuß führt die laufenden Geschäfte des Betriebsrats. Es können ihm auch bestimmte Aufgaben zur selbständigen Erledigung übertragen werden. Der Betriebsrat kann auch weitere Ausschüsse bilden und ihnen bestimmte Aufgaben übertragen. Von dieser Möglichkeit machen viele Betriebsräte Gebrauch, weil dadurch die Erfüllung der Betriebsratsaufgaben erheblich verbessert, beschleunigt und auch verbilligt werden kann.

Der Betriebsrat trifft seine Entscheidungen auf **Betriebsratssitzungen** durch Mehrheitsbeschlüsse.

Die Sitzungen werden vom Betriebsratsvorsitzenden nach eigenem Ermessen einberufen. Er ist zur Einberufung einer Sitzung verpflichtet, wenn ein Viertel der Betriebsratsmitglieder oder der Arbeitgeber dies verlangen. Die Betriebsratssitzungen sind nicht öffentlich. Sie finden grundsätzlich während der Arbeitszeit statt. Unter bestimmten Voraussetzungen können der Arbeitgeber und Vertreter der Gewerkschaften daran teilnehmen. Die Schwerbehindertenvertretung (vgl. oben C. V) und ein Vertreter der Jugend- und Auszubildendenvertretung (vgl. unten D. II. 4) haben Teilnahmerecht an allen Betriebsratssitzungen. Über jede Betriebsratssitzung ist eine Niederschrift anzufertigen.

Das Betriebsratsamt ist **unentgeltliches Ehrenamt**. Soweit die Betriebsratsmitglieder durch ihre Amtstätigkeit Arbeitszeit versäumen, dürfen sie aber keinen Einkommensverlust erleiden. Ihr Einkommen darf nicht geringer bemessen sein als das vergleichbarer Arbeitnehmer mit betriebsüblicher Entwicklung.

Die Betriebsratsmitglieder sind vom Arbeitgeber von ihrer Arbeitspflicht **freizustellen**, soweit dies für ihre Tätigkeit erforderlich ist (§ 37 Abs. 2). In Betrieben ab 300 Beschäftigten sind ein oder mehrere Mitglieder des Betriebsrats von ihrer beruflichen Tätigkeit ganz freizustellen. Die Anzahl der Freizustellenden ist im Gesetz festgelegt (§ 38). Die Freistellung erfolgt durch Beschluß des Betriebsrats nach Beratung mit dem Arbeitgeber.

Die Mitglieder des Betriebsrats sind auch für die Teilnahme an **Schulungs- und Bildungsveranstaltungen** freizustellen, soweit die dort vermittelten Kenntnisse für ihre Arbeit im Betriebsrat erforderlich sind (§ 37 Abs. 6). Darüber hinaus hat jedes Mitglied des Betriebsrats während der vierjährigen Amtszeit Anspruch auf bezahlte Freistellung von insgesamt drei Wochen zur Teilnahme an Schulungs- und Bildungsveranstaltungen, die von den Behörden als geeignet anerkannt sind (§ 37 Abs. 7). Hierher gehören z. B. die Betriebsräteseminare der Deutschen Versicherungsakademie.

Die Kosten der Betriebsratstätigkeit hat der Arbeitgeber zu tragen. Dazu gehören auch die Kosten für die Teilnahme von Betriebsratsmitgliedern an erforderlichen Schulungsveranstaltungen (§ 37 Abs. 6).

Mitglieder des Betriebsrats und der übrigen Betriebsverfassungsorgane dürfen in ihrer Tätigkeit **nicht gestört oder behindert** und wegen ihrer Tätigkeit nicht **benachteiligt oder begünstigt** werden (§ 78). Verstöße hiergegen sind unter Strafe gestellt (§ 119).

Eine besonders wirksame Sicherung erhalten die Mitglieder des Betriebsrats und sonstiger Betriebsverfassungsorgane durch den verstärkten **Kündigungsschutz**. Ihre ordentliche Kündigung ist ausgeschlossen, und zwar auch noch für ein Jahr nach Ablauf ihrer Amtszeit.

Die außerordentliche Kündigung bedarf während der Amtszeit der Betriebsratsmitglieder der Zustimmung des Betriebsrats. Wird diese zu Unrecht verweigert, so kann sie durch das Arbeitsgericht ersetzt werden.

Eine besondere Ausgestaltung des Benachteiligungsverbots sieht das Gesetz für noch in Ausbildung befindliche Mitglieder des Betriebsrats oder der Jugendvertretung vor. Sie müssen, wenn sie dies in der vorgesehenen Form und Frist verlangen, vom Arbeitgeber nach Beendigung des Ausbildungsverhältnisses in einem Arbeitsverhältnis weiterbeschäftigt werden. Der Arbeitgeber kann allerdings von dieser Verpflichtung durch das Arbeitsgericht befreit werden, wenn ihm die Weiterbeschäftigung unzumutbar ist (§ 78a).

Die Mitglieder und Ersatzmitglieder der Betriebsverfassungsorgane sind zur **Geheimhaltung** von Betriebs- und Geschäftsgeheimnissen und von vertraulichen personellen Informationen (auch nach Beendigung ihrer Amtszeit) verpflichtet, von denen sie im Rahmen ihrer Tätigkeit Kenntnis erhalten haben. Auch eine Verletzung der Geheimhaltungspflicht ist strafbar (§ 120).

4. Weitere Organe der Betriebsverfassung

Besteht ein Unternehmen aus mehreren Betrieben, so wird ein **Gesamtbetriebsrat** gebildet (§ 47 Abs. 1).

In ihn entsendet jeder Betriebsrat, wenn ihm Arbeiter und Angestellte angehören, zwei Mitglieder, sonst nur ein Mitglied. Würde der Gesamtbetriebsrat danach mehr als 40 Mitglieder haben, so muß eine Betriebsvereinbarung über die Verkleinerung des Gesamtbetriebsrats abgeschlossen werden (§ 47 Abs. 5). In der Versicherungswirtschaft gibt es bei vielen Unternehmen Gesamtbetriebsräte. Wegen der zahlreichen Geschäftsstellen mit eigenen Betriebsräten muß nicht selten von der vorgeschriebenen Reduzierung zu großer Gesamtbetriebsräte durch Betriebsvereinbarung Gebrauch gemacht werden.

Die Stimmenzahl der einzelnen Gesamtbetriebsratsmitglieder entspricht der Zahl der von ihnen vertretenen Arbeitnehmer.

Der Gesamtbetriebsrat ist für die Behandlung von Angelegenheiten zuständig, die das gesamte Unternehmen oder mehrere Betriebe betreffen und durch die einzelnen Betriebsräte nicht geregelt werden können. Außerdem kann ein Betriebsrat durch Mehrheitsbeschluß den Gesamtbetriebsrat beauftragen, eine bestimmte Angelegenheit für ihn zu behandeln.

Für Organisation und Geschäftsführung des Gesamtbetriebsrats gelten die gleichen Bestimmungen wie beim Betriebsrat.

Die **Betriebsräteversammlung**, in der Mitglieder aller Betriebsräte des Unternehmens vertreten sind, wird vom Gesamtbetriebsrat mindestens einmal jährlich einberufen. Der Gesamtbetriebsrat hat der Betriebsräteversammlung einen Tätigkeitsbericht zu erstatten, der Unternehmer einen Bericht über das Personal- und Sozialwesen und über die wirtschaftliche Lage und Entwicklung des Unternehmens abzugeben.

Entsprechend dem Gesamtbetriebsrat für Unternehmen kann für Konzerne ein **Konzernbetriebsrat** gebildet werden.

Diesem gehören Vertreter der Gesamtbetriebsräte der einzelnen Unternehmen des Konzerns an. Der Konzernbetriebsrat ist zuständig für Angelegenheiten, die den Konzern betreffen und nicht durch die Gesamtbetriebsräte innerhalb ihrer Unternehmen geregelt werden können. Obwohl es in der Versicherungswirtschaft zahlreiche Konzerne gibt, wurde bisher von der Möglichkeit, Konzernbetriebsräte zu bilden, nur vereinzelt Gebrauch gemacht.

Betriebsversammlungen sind vom Gesetz einmal im Kalendervierteljahr vorgesehen. Sie werden vom Betriebsrat einberufen und vom Betriebsratsvorsitzenden geleitet. Anstelle von Betriebsversammlungen können auch Abteilungsversammlungen durchgeführt werden.

Betriebs- und Abteilungsversammlungen sind nicht öffentlich. Ein Teilnahmerecht haben nur die Arbeitnehmer des Betriebes bzw. der Abteilung, der Arbeitgeber sowie Beauftragte der zuständigen Gewerkschaften und Arbeitgeberverbände. Der Betriebsrat kann aber auch externe Personen als Referenten einladen, ebenso wie der Arbeitgeber zu seiner Unterstützung leitende Angestellte hinzuziehen darf.

Die Betriebsversammlungen finden grundsätzlich während der Arbeitszeit statt. Das Arbeitsentgelt ist für die Zeit der Teilnahme weiterzuzahlen. Auf den Betriebs- und Abteilungsversammlungen können nur Angelegenheiten, die den Betrieb oder seine Arbeitnehmer unmittelbar betreffen, erörtert werden. Häufig gibt der Betriebsrat einen Bericht über seine Tätigkeit. Der Arbeitgeber hat mindestens einmal im Jahr in einer Betriebsversammlung über das Personal- und Sozialwesen und über die Wirtschaftslage und Entwicklung des Betriebes zu berichten.

In Betrieben, in denen regelmäßig fünf Arbeitnehmer unter 18 Jahren oder Auszubildende unter 25 Jahren beschäftigt sind, werden **Jugend- und Auszubildendenvertretungen** gewählt.

Die Wahl findet alle zwei Jahre in der Zeit vom 1. Oktober bis zum 30. November statt. Sie wird, ähnlich wie die Betriebsratswahl, von einem vom Betriebsrat eingesetzten Wahlvorstand durchgeführt. Wahlberechtigt sind alle jugendlichen Arbeitnehmer des Betriebes unter 18 Jahren und Auszubildende unter 25 Jahren. Gewählt werden können Arbeitnehmer bis zur Vollendung des 25. Lebensjahres.

Organisation und Geschäftsführung der Jugend- und Auszubildendenvertretung richten sich im wesentlichen nach den gleichen Vorschriften wie beim Betriebsrat.

Die Jugend- und Auszubildendenvertretung ist **kein selbständiges Mitbestimmungsorgan** neben dem Betriebsrat. Sie hat keine durchsetzbaren eigenen Mitbestimmungsrechte wie der Betriebsrat. Sie hat lediglich die Möglichkeit, Maßnahmen, die den Jugendlichen und Auszubildenden dienen, beim Betriebsrat zu beantragen. Dieser hat darauf hinzuwirken, daß deren berechtigte Anliegen verwirklicht werden.

Die Jugend- und Auszubildendenvertretung kann vom Betriebsrat verlangen, daß er ihr die zur Durchführung ihrer Aufgaben erforderlichen Unterlagen zur Verfügung stellt. Sie kann zu jeder Betriebsratssitzung einen Vertreter entsenden. Werden in einer Betriebsratssitzung Angelegenheiten behandelt, die besonders jugendliche Arbeitnehmer oder Auszubildende betreffen, so hat die gesamte Jugend- und Auszubildendenvertretung ein Teilnahmerecht. Die Mitglieder der Jugend- und Auszubildendenvertretung können bei Beschlüssen des Betriebsrats sogar mitstimmen, soweit diese überwiegend jugendliche Arbeitnehmer oder Auszubildende betreffen. Beschlüsse des Betriebsrats sind auf Antrag der Jugend- und Auszubildendenvertretung für eine Woche auszusetzen. Der Betriebsrat hat zu Gesprächen mit dem Arbeitgeber, die besonders jugendliche Arbeitnehmer oder Auszubildende betreffen, die Jugend- und Auszubildendenvertretung hinzuzuziehen.

Als **Aufgaben der Jugend- und Auszubildendenvertretung** sind im Gesetz besonders erwähnt die Überwachung der Durchführung zugunsten jugendlicher Arbeitnehmer und Auszubildender geltender Bestimmungen und die Entgegennahme von Anregungen jugendlicher Arbeitnehmer und Auszubildender, besonders in Fragen der Berufsbildung, und ihre Weitergabe an den Betriebsrat.

Die Jugend- und Auszubildendenvertretung kann vor oder nach jeder Betriebsversammlung im Einvernehmen mit dem Betriebsrat eine betriebliche **Jugend- und Auszubildendenversammlung** einberufen. Für sie gilt entsprechendes wie für die Betriebsversammlung.

Für Unternehmen mit mehreren Jugend- und Auszubildendenvertretungen sieht das Gesetz die Bildung einer **Gesamtjugend- und Auszubildendenvertretung** vor.

5. Allgemeine Aufgaben des Betriebsrats

Das Betriebsverfassungsgesetz formuliert in § 80 einen Katalog allgemeiner Aufgaben des Betriebsrats. An erster Stelle steht die Überwachung der Durchführung der zugunsten der Arbeitnehmer geltenden Bestimmungen über das Arbeitsverhältnis. Weiter hat der Betriebsrat Maßnahmen, die dem Betrieb und der Belegschaft dienen, beim Arbeitgeber zu beantragen und Anregungen aus der Belegschaft und von seiten der Jugendvertretung, falls sie ihm berechtigt erscheinen, an den Arbeitgeber heranzutragen.

Besonders erwähnt sind unter den allgemeinen Aufgaben des Betriebsrats die Förderung schwerbehinderter und sonst besonders schutzbedürftiger Personen, die Förderung jugendlicher Arbeitnehmer und Auszubildender in Zusammenarbeit mit der Jugend- und Auszubildendenvertretung sowie die Förderung der Beschäftigung älterer Arbeitnehmer und der Eingliederung ausländischer Arbeitnehmer im Betrieb.

Damit der Betriebsrat diese Aufgaben durchführen kann, muß er vom Arbeitgeber rechtzeitig und umfassend unterrichtet werden. Der Arbeitgeber hat ihm auf Verlangen auch die Unterlagen zur Verfügung zu stellen, die er zur Durchführung seiner Aufgaben benötigt. Besonders geregelt ist in diesem Zusammenhang das Einblicksrecht in die Bruttolohn- und Gehaltslisten, das dem Betriebsausschuß (siehe oben D. II. 3) bzw. in kleineren Betrieben dem Betriebsrat selbst zusteht. Mit dem Umfang dieses Einblicksrechts hat sich das Bundesarbeitsgericht in einer Reihe von Entscheidungen befaßt.

Soweit zur ordnungsgemäßen Erfüllung seiner Aufgaben erforderlich, kann der Betriebsrat auch Sachverständige heranziehen. Es bedarf dazu jedoch einer vorherigen Vereinbarung mit dem Arbeitgeber.

6. Zusammenarbeit zwischen Arbeitgeber und Betriebsrat

Einer der wesentlichen Grundsätze des Betriebsverfassungsgesetzes ist das **Gebot der vertrauensvollen Zusammenarbeit** zwischen Arbeitgeber und Betriebsrat zum Wohle der Arbeitnehmer und des Betriebes (§ 2 Abs. 1). Im gleichen Sinne legt das Gesetz in § 74 Abs. 1 fest, daß Arbeitgeber und Betriebsrat über strittige Fragen mit dem ernsten Willen zur Einigung zu verhandeln und Vorschläge für die Beilegung von Meinungsverschiedenheiten zu machen haben.

Der Erhaltung des Betriebsfriedens dient das **Verbot von Arbeitskämpfen zwischen Arbeitgeber und Betriebsrat** und die Verpflichtung, alles zu unterlassen, was den Arbeitsablauf oder den Frieden des Betriebes beeinträchtigt. Auch das **Verbot der parteipolitischen Betätigung** im Betrieb gehört in diesen Zusammenhang. Es soll verhindern, daß der Betrieb zum Schauplatz politischer Auseinandersetzungen wird.

Die darin liegende Einschränkung des Grundrechts der Meinungsfreiheit ist nach einem Urteil des Bundesverfassungsgerichts zulässig. Dabei ist zu berücksichtigen, daß den Beteiligten ja nicht politische Betätigung schlechthin, sondern nur im Bereich des Betriebes untersagt wird. Das Verbot der parteipolitischen Betätigung gilt ebenso wie die betriebliche Friedenspflicht nicht nur für Arbeitgeber und Betriebsrat, sondern für alle Arbeitnehmer des Betriebes. Es gilt nicht nur für Parteipolitik im engeren Sinne, sondern auch für allgemeine politische Fragen. Erlaubt ist jedoch die Behandlung sozialpolitischer, tarifpolitischer und wirtschaftlicher Fragen, die den Betrieb oder seine Arbeitnehmer unmittelbar betreffen.

Die Rechte des Betriebsrats zur Mitwirkung bei Entscheidungen des Arbeitgebers sind unterschiedlich ausgestaltet. Die mildeste Form sind **Informationsrechte**, die zum Teil auch die Vorstufe für weitergehende Mitwirkungsrechte bilden. Als Beispiel sei das Recht des Betriebsrats auf Unterrichtung über die Personalplanung (§ 92) genannt. Die nächsthöheren Stufen sind die **Anhörungspflicht**, zum Beispiel bei Kündigungen (§ 102), die den Arbeitgeber verpflichtet, sich mit Einwendungen des Betriebsrats auseinanderzusetzen, und die **Beratungspflicht**, zum Beispiel bei der Planung von Neubauten (§ 90), bei der der Arbeitgeber den Betriebsrat um seine Meinung fragen und die beiderseitigen Argumente abwägen muß.

Echte Mitbestimmungsrechte, die dem Betriebsrat das Recht zur Mitentscheidung geben, gibt es in zwei Formen. Einmal als **Zustimmungspflicht**, zum Beispiel bei personellen Einzelmaßnahmen (§ 99). Hier darf der Arbeitgeber eine bestimmte Maßnahme, zum Beispiel eine Einstellung, nur mit Zustimmung des Betriebsrats durchführen. Er kann aber umgekehrt nicht dazu gezwungen werden. Die stärkste Form der Mitbestimmung ist das sogenannte **Initiativrecht**, bei dem der Betriebsrat eine bestimmte Gestaltung unter Umständen über die betriebliche Einigungsstelle erzwingen kann, zum Beispiel bei der Aufstellung eines Sozialplans (siehe unten D. II. 9) und bei sozialen Angelegenheiten (siehe unten D. II. 7).

Das klassische Mittel der gleichberechtigten Beteiligung des Betriebsrats an der Gestaltung der betrieblichen Ordnung ist die **Betriebsvereinbarung**. Sie ist zugleich das Gestaltungsmittel für die innerbetriebliche Rechtsetzung, denn ihre Bestimmungen gelten unmittelbar und zwingend zugunsten der Arbeitsverhältnisse der Arbeitnehmer des Betriebes. Sie sind wie tarifliche Normen unabdingbar, das heißt, es darf nicht zu Ungunsten der Arbeitnehmer durch einzelvertragliche Abmachung von ihnen abgewichen werden. Auch können die Arbeitnehmer nur mit Zustimmung des Betriebsrats auf Rechte aus einer Betriebsvereinbarung wirksam verzichten.

Betriebsvereinbarungen sind vom Betriebsrat und Arbeitgeber gemeinsam zu beschließen, schriftlich niederzulegen und von beiden Seiten zu unterzeichnen. Sie können, soweit nichts anderes vereinbart ist, mit einer Frist von drei Monaten von dem Betriebsrat oder dem Arbeitgeber gekündigt werden. Ihre Bestimmungen gelten jedoch in bestimmten Fällen, ähnlich wie tarifliche Regelungen, auch nach Ablauf der Betriebsvereinbarung weiter, bis sie durch eine andere Abmachung ersetzt werden.

Um sicherzustellen, daß sich die Arbeitnehmer ungehindert mit dem Inhalt der Betriebsvereinbarung vertraut machen können, ist der Arbeitgeber verpflichtet, den Text an geeigneter Stelle im Betrieb auszulegen.

Der **Vorrang von Tarifverträgen** gegenüber Betriebsvereinbarungen wird dadurch sichergestellt, daß nach dem Gesetz Arbeitsentgelte und sonstige Arbeitsbedingungen, die durch Tarifvertrag geregelt sind oder üblicherweise geregelt werden, nicht Gegenstand einer Betriebsvereinbarung sein können, es sei denn, der Tarifvertrag läßt den Abschluß ergänzender Betriebsvereinbarungen ausdrücklich zu.

Zur Beilegung von Meinungsverschiedenheiten ist zwischen Arbeitgeber und Betriebsrat — in Ausnahmefällen auch zwischen Arbeitgeber und Gesamtbetriebsrat oder Konzernbetriebsrat — die Bildung einer **betrieblichen Einigungsstelle** vorgesehen. Es sind grundsätzlich zwei Arten des Einigungsstellenverfahrens zu unterscheiden:

Im sogenannten *freiwilligen* Einigungsstellenverfahren wird die Einigungsstelle auf Antrag beider Seiten tätig. Ihr Spruch ist nur dann verbindlich, wenn sich beide Seiten ihm im voraus unterworfen haben oder ihn nachträglich annehmen.

Die weitaus größere Bedeutung der Einigungsstelle liegt in dem Bereich, in dem ihre Anrufung gesetzlich vorgeschrieben ist (zum Beispiel in sozialen Angelegenheiten gemäß § 87, siehe unten D. II. 7). Die Einigungsstelle wird in diesen Fällen schon auf Antrag einer Seite tätig.

Die Einigungsstelle besteht aus einer gleichen Anzahl von **Beisitzern**, die vom Arbeitgeber und Betriebsrat benannt werden, und einem **unparteiischen Vorsitzenden**. Können sich Arbeitgeber und Betriebsrat über die Person des Vorsitzenden nicht einigen, so wird er durch das Arbeitsgericht bestellt. Um die Funktionsfähigkeit der Einigungsstelle zu gewährleisten, ist im Gesetz festgelegt, daß der Vorsitzende und die erschienenen Mitglieder allein entscheiden, wenn eine Seite keine Mitglieder benennt oder ihre Mitglieder trotz rechtzeitiger Einladung der Sitzung fernbleiben.

Die Einigungsstelle faßt ihre Beschlüsse nach mündlicher Beratung mit Stimmenmehrheit. Sie hat dabei sowohl die Belange des Betriebes als auch der betroffenen Arbeitnehmer nach billigem Ermessen zu berücksichtigen. Verletzt sie diese Verpflichtung, kann ihr Spruch auf Antrag einer Seite durch das Arbeitsgericht aufgehoben werden.

Die Beschlüsse der Einigungsstelle sind schriftlich niederzulegen, vom Vorsitzenden zu unterschreiben und dem Arbeitgeber und dem Betriebsrat zuzuleiten. Sie ersetzen, soweit dies im Gesetz vorgesehen ist, die Einigung zwischen Arbeitgeber und Betriebsrat. Das bedeutet, daß sie, soweit es sich um normative Bestimmungen handelt, die Rechtswirkungen einer Betriebsvereinbarung besitzen. Die so ersetzte Betriebsvereinbarung kann wie jede andere Betriebsvereinbarung durch gegenseitige Übereinkunft von Betriebsrat und Arbeitgeber, aber auch durch Kündigung aufgehoben werden.

7. Mitwirkung in sozialen Angelegenheiten

Im Rahmen der sogenannten sozialen Angelegenheiten stehen dem Betriebsrat **die stärksten Mitbestimmungsrechte** zu. In den in § 87 aufgezählten Einzelfragen hat der Betriebsrat eine echte Mitbestimmung. Das bedeutet, daß der Arbeitgeber diese Maßnahmen nur mit Zustimmung des Betriebsrats durchführen kann. Der Betriebsrat hat sogar grundsätzlich ein **Initiativrecht**, das heißt das Recht, Regelungen zu den in § 87 aufgeführten Fragenbereichen vom Arbeitgeber zu verlangen.

Für die Mitbestimmungsrechte des Betriebsrats in sozialen Angelegenheiten gilt der **Vorrang des Gesetzes oder Tarifvertrages**. Ein Mitbestimmungsrecht des Betriebsrats besteht also nur insoweit, als eine gesetzliche oder tarifvertragliche Regelung nicht vorhanden ist.

Die einzelnen sozialen „Angelegenheiten", in denen der Betriebsrat mitzubestimmen hat, betreffen in erster Linie betriebs- und personalorganisatorische Fragen wie zum Beispiel Ordnung des Betriebes, Lage der Arbeitszeit, Auszahlung des Arbeitsentgelts, Verwaltung von Sozialeinrichtungen, Aufstellung von Urlaubsgrundsätzen, Einführung und Anwendung von Kontrollgeräten.

Neben diesen sogenannten *formellen Arbeitsbedingungen* betreffen aber einige der Tatbestände des § 87 auch Fragen des Arbeitsentgelts und der Arbeitsleistung, sogenannte *materielle Arbeitsbedingungen,* zum Beispiel die vorübergehende Verkürzung oder Verlängerung der Arbeitszeit oder die Festsetzung der Akkord- und Prämiensätze.

Besondere Bedeutung kommt auch dem Mitbestimmungsrecht bei Fragen der betrieblichen Lohngestaltung zu. Das BAG hat aus dieser Bestimmung auch ein Mitbestimmungsrecht bei der Ausgestaltung betrieblicher Versorgungsregelungen und bei Richtlinien für die Vergabe von Arbeitgeberdarlehen hergeleitet.

Das Mitbestimmungsrecht in den Angelegenheiten des § 87 erstreckt sich grundsätzlich nur auf **allgemeine Maßnahmen**, die sich auf den ganzen Betrieb oder zumindest eine Gruppe von Arbeitnehmern beziehen, nicht jedoch auf Einzelmaßnahmen wie zum Beispiel die Anweisung an einen Arbeitnehmer, Mehrarbeit zu leisten.

Können Betriebsrat und Arbeitgeber sich in einer Angelegenheit des § 87 nicht einigen, so entscheidet die betriebliche Einigungsstelle. Ihr Spruch ersetzt die Einigung der Betriebspartner, ist also für beide Seiten verbindlich.

Außer den Tatbeständen des § 87 sieht das Gesetz in sozialen Angelegenheiten auch freiwillige Betriebsvereinbarungen (§ 88) und eine Mitwirkung des Betriebsrats beim Arbeitsschutz (§ 89) vor.

8. Mitbestimmung in personellen Angelegenheiten

a) Allgemeine personelle Angelegenheiten

In diesem Abschnitt sind Mitbestimmungsrechte des Betriebsrats im Rahmen der Personalplanung, bei der Ausgestaltung von Personalfragebogen und Beurteilungsgrundsätzen und bei der Einführung von Richtlinien über die personelle Auswahl bei Einstellungen, Versetzungen, Umgruppierungen und Kündigungen (Auswahlrichtlinien) geregelt. Die Mitbestimmungsrechte bei den allgemeinen personellen Angelegenheiten reichen von bloßen Beratungs- und Vorschlagsrechten (Personalplanung) über ein Zustimmungsrecht (Personalfragebogen, Beurteilungsgrundsätze) bis zu einem Initiativrecht bei Auswahlrichtlinien in größeren Betrieben. Außerdem kann der Betriebsrat verlangen, daß neu zu besetzende Arbeitsplätze im Betrieb ausgeschrieben werden.

b) Berufsbildung

Besondere Mitwirkungsrechte und -pflichten hat der Betriebsrat in Fragen der Berufsbildung. Arbeitgeber und Betriebsrat sind verpflichtet, die Berufsbildung der Arbeitnehmer zu fördern (§ 96 Abs. 1). In diesem Zusammenhang ist der Betriebsrat mit umfassenden Informations- und Beratungsrechten ausgestattet (§ 97).

Der Betriebsrat hat darüber hinaus ein Mitbestimmungsrecht bei der Durchführung von Maßnahmen der betrieblichen Berufsbildung und sonstiger Bildungsmaßnahmen im Betrieb. In diesem Rahmen kann er auch darüber mitbestimmen, welche Arbeitnehmer an betrieblichen oder auf Kosten des Betriebes an außerbetrieblichen Bildungsmaßnahmen teilnehmen. Können Arbeitgeber und Betriebsrat sich darüber nicht einigen, entscheidet die betriebliche Einigungsstelle verbindlich.

Mitzubestimmen hat der Betriebsrat auch bei der Bestellung betrieblicher Ausbilder. Besitzt ein Ausbilder nicht die erforderliche Eignung oder vernachlässigt er seine Aufgaben, so kann der Betriebsrat seiner Bestellung widersprechen bzw. seine Abberufung verlangen. Einigen sich Arbeitgeber und Betriebsrat nicht über die Bestellung oder Abberufung des Ausbilders, so kann der Betriebsrat das Arbeitsgericht anrufen.

c) Personelle Einzelmaßnahmen

Die Mitbestimmung bei **personellen Einzelmaßnahmen** bezieht sich auf Einstellungen, Eingruppierungen, Umgruppierungen und Versetzungen. Dabei sind auch Einstellungen von Leiharbeitnehmern, die an sich nicht als Arbeitnehmer des entleihenden Betriebs anzusehen sind, einzubeziehen. Der Begriff der Versetzung ist im Gesetz definiert mit Zuweisung eines anderen Arbeitsbereichs (§ 95 Abs. 2).

Bei den personellen Einzelmaßnahmen ist die Mitbestimmung des Betriebsrats ganz anders ausgestaltet als bei sozialen Angelegenheiten. Der Betriebsrat hat hier kein Mitbestimmungsrecht im engeren Sinne, sondern ein Widerspruchsrecht, das aber an bestimmte im Gesetz im einzelnen festgelegte Gründe gebunden ist (§ 99 Abs. 2). So kann z. B. einer Versetzung mit der Begründung widersprochen werden, daß sie den Arbeitnehmer benachteiligen würde, ohne daß dies aus betrieblichen oder persönlichen Gründen gerechtfertigt sei. Das Mitbestimmungsrecht bei personellen Einzelmaßnahmen gibt es nur in Betrieben mit mehr als 20 wahlberechtigten Arbeitnehmern.

Der Arbeitgeber hat die beabsichtigte Maßnahme dem Betriebsrat mitzuteilen, verbunden mit genauen Auskünften über die Person der Bewerber bzw. Arbeitnehmer und unter Vorlage der erforderlichen Unterlagen. Bei Einstellungen muß der Betriebsrat auch über die beabsichtigte tarifliche Eingruppierung unterrichtet werden. Der Betriebsrat kann innerhalb einer Woche widersprechen. Der Widerspruch muß schriftlich und mit Begründung erfolgen. Geschieht dies nicht, so gilt die Zustimmung des Betriebsrats als erteilt.

Verweigert der Betriebsrat seine Zustimmung, so kann der Arbeitgeber beim Arbeitsgericht beantragen, die Zustimmung zu ersetzen (§ 99 Abs. 4).

In dringenden Fällen kann die personelle Maßnahme vorläufig durchgeführt werden. Erhebt der Betriebsrat auch hiergegen Widerspruch, muß der Arbeitgeber innerhalb von drei Tagen das Arbeitsgericht anrufen.

Führt der Arbeitgeber personelle Einzelmaßnahmen unter Verletzung des Mitbestimmungsrechts des Betriebsrats durch, so kann ihm das Arbeitsgericht auf Antrag des Betriebsrats aufgeben, die betreffende Maßnahmen aufzuheben, und dies durch Zwangsgeld durchsetzen.

d) Kündigungen

Bei Kündigungen besteht das Mitbestimmungsrecht des Betriebsrats unabhängig von der Zahl der im Betrieb beschäftigten Arbeitnehmer. Der Betriebsrat ist vor jeder Kündigung anzuhören. Verletzt der Arbeitgeber die Anhörungspflicht, so ist die Kündigung **unwirksam** (§ 102 Abs. 1).

Auch bei der Kündigung hat der Betriebsrat, wie bei den personellen Einzelmaßnahmen nach § 99, ein **Widerspruchsrecht,** wenn bestimmte im Gesetz aufgeführte Gründe, z. B. die nicht genügende Berücksichtigung sozialer Gesichtspunkte bei der Auswahl des zu kündigenden Arbeitnehmers, gegen die Kündigung sprechen (§ 102 Abs. 3). Die Überlegungsfrist beträgt eine Woche. Der Widerspruch muß dem Arbeitgeber schriftlich und mit Begründung mitgeteilt werden. Bei außerordentlichen Kündigungen beträgt die Überlegungsfrist für den Betriebsrat nur drei Tage. Bei Versäumung der Fristen gilt die Zustimmung als erteilt.

Widerspricht der Betriebsrat der Kündigung, so kann der Arbeitgeber diese trotzdem aussprechen. Eine gerichtliche Nachprüfung hängt allein von der Initiative des betroffenen Arbeitnehmers ab. Erhebt dieser Kündigungsschutzklage beim Arbeitsgericht, so bewirkt der Widerspruch des Betriebsrats, daß das Arbeitsgericht zusätzliche Gründe für die eventuelle Unwirksamkeit der Kündigung prüft (§ 1 Abs. 2 Satz 2 KSchG).

Der Widerspruch des Betriebsrats gegen eine ordentliche Kündigung löst auch die Verpflichtung des Arbeitgebers aus, den betreffenden Arbeitnehmer im Falle der Erhebung der Kündigungsschutzklage auf Verlangen bis zum rechtskräftigen Abschluß des Kündigungsschutzprozesses **weiterzubeschäftigen** (§ 102 Abs. 5).

Der Arbeitgeber hat unter bestimmten Voraussetzungen die Möglichkeit, sich von dieser Weiterbeschäftigungspflicht durch einstweilige Verfügung des Arbeitsgerichts entbinden zu lassen, z. B. wenn die Kündigungsschutzklage des Arbeitnehmers keine hinreichende Erfolgsaussicht hat (§ 102 Abs. 5).

Auch ohne Widerspruch des Betriebsrats kann der Arbeitnehmer einen Anspruch auf vorläufige Weiterbeschäftigung bis zur rechtskräftigen Entscheidung über die Kündigung haben. Das BAG nimmt einen solchen allgemeinen Weiterbeschäftigungsanspruch an, wenn die Kündigung offensichtlich unbegründet ist oder ein Arbeitsgericht sie (noch nicht rechtskräftig) für unwirksam erklärt hat.

Die außerordentliche Kündigung von **Mitgliedern des Betriebsrats**, der Jugendvertretung, des Wahlvorstandes und von Wahlbewerbern (ihre ordentliche Kündigung ist ausgeschlossen) bedarf der Zustimmung des Betriebsrats. Wird diese zu Unrecht verweigert, so kann sie das Arbeitsgericht auf Antrag des Arbeitgebers ersetzen (§ 103).

9. Mitbestimmung in wirtschaftlichen Angelegenheiten

In allgemeinen wirtschaftlichen Angelegenheiten sind die Mitwirkungsrechte des Betriebsrats schwächer als in sozialen und personellen Angelegenheiten. Sie beschränken sich auf Informations- und Beratungsrechte, die vor allem durch den Wirtschaftsausschuß wahrgenommen werden. Lediglich im Sonderfall der Betriebsänderung bestehen echte Mitbestimmungsrechte.

a) Wirtschaftsausschuß

Der Wirtschaftsausschuß ist ein **Informations- und Beratungsgremium** auf der Ebene des Unternehmens (also nicht des Betriebes), das in Unternehmen mit regelmäßig mehr als 100 ständig beschäftigten Arbeitnehmern vom Betriebsrat bzw. Gesamtbetriebsrat gebildet wird. Der Ausschuß hat die Aufgabe, wirtschaftliche Angelegenheiten mit dem Arbeitgeber zu beraten und den Betriebsrat darüber zu unterrichten. Die Mitgliederzahl des Ausschusses beträgt mindestens drei und höchstens sieben.

Der Unternehmer oder sein Vertreter hat an jeder Sitzung des Wirtschaftsausschusses teilzunehmen und diesen über die wirtschaftlichen Angelegenheiten des Unternehmens unter Vorlage der erforderlichen Unterlagen rechtzeitig und umfassend zu unterrichten.

Neben der Information an den Wirtschaftsausschuß hat der Unternehmer die Belegschaft über die wirtschaftliche Lage und Entwicklung des Unternehmens zu unterrichten. Dies gilt jedoch nur für Unternehmen mit in der Regel mehr als 20 wahlberechtigten Arbeitnehmern. Ab 1000 Arbeitnehmern muß die Unterrichtung schriftlich erfolgen.

b) Betriebsänderungen

Bei Betriebsänderungen, die wesentliche Nachteile für die Belegschaft mit sich bringen können, zum Beispiel Stillegung, Verlegung oder Einschränkung des Betriebes, hat der Betriebsrat ein Mitbestimmungsrecht. Voraussetzung dafür ist, daß der Betrieb regelmäßig mehr als 20 Arbeitnehmer beschäftigt (§ 111).

Über die geplante Betriebsänderung hat der Arbeitgeber den Betriebsrat rechtzeitig und umfassend zu unterrichten. Rechtzeitig bedeutet dabei: bevor die endgültige Entscheidung über die Durchführung der Maßnahme gefallen ist.

Betriebsrat und Arbeitgeber haben dann über die Herbeiführung eines Interessenausgleichs und eines Sozialplanes zu beraten und zu verhandeln.

Der **Interessenausgleich** ist die Einigung über die Frage, ob, zu welchem Zeitpunkt und in welcher Form die Betriebsänderung durchgeführt wird. Können sich die Parteien nicht einigen, so müssen sie versuchen, mit Hilfe der betrieblichen Einigungsstelle einen Interessenausgleich zu finden. Scheitert auch dies, ist der Unternehmer frei, die beabsichtigte Betriebsänderung durchzuführen.

Der **Sozialplan** betrifft den Ausgleich oder die Milderung der wirtschaftlichen Nachteile, die sich für die Arbeitnehmer aus der geplanten Betriebsänderung ergeben. Über den Sozialplan entscheidet, falls sich Betriebsrat und Arbeitgeber nicht einig werden, die betriebliche Einigungsstelle verbindlich. Der Sozialplan hat die Wirkung einer Betriebsvereinbarung. Da für ihn der Tarifvorrang (siehe oben D. II. 7) nicht gilt, können in ihm auch materielle Arbeitsbedingungen wie Abfindungen, Fahrtkostenzuschüsse, Umzugskosten und Gehaltszuschüsse ohne Rücksicht auf dazu bestehende tarifliche Regelungen vereinbart werden.

Der Betriebsrat kann somit im Rahmen von Betriebsänderungen den Arbeitgeber zwar nicht daran hindern, seinen unternehmerischen Entschluß auszuführen. Er kann aber durchsetzen, daß damit verbundene Nachteile für die Belegschaft über den Sozialplan ausgeglichen oder abgemildert werden.

10. Rechte des einzelnen Arbeitnehmers

Neben der Mitbestimmung durch den Betriebsrat regelt das Betriebsverfassungsgesetz auch die individuelle Mitwirkung des einzelnen Arbeitnehmers (§§ 81–86). Jeder Arbeitnehmer besitzt unabhängig vom Bestehen eines Betriebsrats einen umfassenden Unterrichtungsanspruch über seine Tätigkeit und deren Einordnung in den Betrieb. Auch hat der Arbeitnehmer Anspruch darauf, in betrieblichen Angelegenheiten angehört zu werden und dazu Stellung zu nehmen sowie Vorschläge für die Gestaltung seines Arbeitsplatzes und des Arbeitsablaufs zu machen. Er kann auch verlangen, daß die Beurteilung seiner Leistungen und die Möglichkeiten seiner beruflichen Entwicklung im Betrieb mit ihm erörtert werden. Dazu kann auf seinen Wunsch auch ein Mitglied des Betriebsrats hinzugezogen werden. Besonders erwähnt ist im Gesetz auch das eigentlich selbstverständliche Recht des Arbeitnehmers, nähere Auskunft über Berechnung und Zusammensetzung seines Arbeitsentgelts zu erhalten.

Um sich zu vergewissern, daß in seiner Personalakte keine für ihn nachteiligen Schriftstücke oder Vermerke ohne sein Wissen aufbewahrt werden, kann der Arbeitnehmer in seine Personalakte Einsicht nehmen. Damit soll er insbesondere auch die Möglichkeit erhalten, sich über die schriftlichen Beurteilungen durch Vorgesetzte zu informieren, soweit ihm diese nicht ohnehin vorgelegt werden.

Besonders geregelt ist das **Beschwerderecht** des Arbeitnehmers, wenn er sich vom Arbeitgeber oder von Arbeitnehmern des Betriebs benachteiligt oder ungerecht behandelt oder in sonstiger Weise beeinträchtigt fühlt. Der Arbeitnehmer kann sich sowohl bei der zuständigen Stelle des Betriebs als auch beim Betriebsrat beschweren. Im letzteren Fall kann, wenn eine Einigung zwischen Betriebsrat und Arbeitgeber über die Beschwerde nicht erzielt wird, die betriebliche Einigungsstelle angerufen werden, die verbindlich über die Beschwerde entscheidet.

11. Mitbestimmung bei der Gestaltung von Arbeitsplatz, Arbeitsablauf und Arbeitsumgebung

Der Betriebsrat kann auch bei der Planung von Neu- und Umbauten von Betriebsgebäuden, von technischen Anlagen, von Arbeitsverfahren und Arbeitsabläufen und von Arbeitsplätzen mitbestimmen. Sein Mitwirkungsrecht beschränkt sich insoweit im wesentlichen auf Information und Beratung. Nur in Sonderfällen, wenn Maßnahmen des Arbeitgebers der menschengerechten Gestaltung der Arbeit widersprechen und die Arbeitnehmer dadurch besonders belastet werden, hat der Betriebsrat ein echtes Mitbestimmungsrecht. In diesem Fall entscheidet, wenn sich Arbeitgeber und Betriebsrat nicht einigen können, die betriebliche Einigungsstelle verbindlich.

12. Besondere Vorschriften für einzelne Betriebsarten

Das Betriebsverfassungsrecht enthält Sonderregelungen für Betriebe der Seeschiffahrt und der Luftfahrt. Von allgemeinem Interesse ist die Bestimmung über **Tendenzbetriebe** (zum Beispiel politische Parteien, Gewerkschaften, Zeitungsverlage, Wirtschaftsverbände). Für sie gilt das Betriebsverfassungsgesetz nur insoweit, als die Eigenart des Unternehmens oder des Betriebs dem nicht entgegensteht. Dadurch soll verhindert werden, daß die besondere Aufgabe dieser Betriebe, die politische Tätigkeit, die Berichterstattung etc. durch die Mitbestimmungsrechte des Betriebsrats beeinträchtigt wird.

13. Sprecherausschüsse der leitenden Angestellen

Für leitende Angestellte, die vom Geltungsbereich des Betriebsverfassungsgesetzes ausgenommen sind (vgl. oben D. II.1), sieht das Sprecherausschußgesetz vom 20.12.1988 eine eigene Interessenvertretung vor. In Betrieben mit mindestens 10 leitenden Angestellten kann ein Sprecherausschuß der leitenden Angestellten gewählt werden. Gibt es in mehreren Betrieben eines Unternehmens Sprecherausschüsse, können diese einen Gesamtsprecherausschuß bilden. Es kann aber auch von vornherein nur ein einheitlicher Sprecherausschuß für alle Betriebe des Unternehmens (Unternehmenssprecherausschuß) gewählt werden. Die Sprecherausschußwahl erfolgt nach ähnlichen Grundsätzen und Regeln wie die Betriebsratswahl. Der Sprecherausschuß vertritt die Belange der leitenden Angestellten. Er hat nicht so weitgehende Rechte wie der Betriebsrat. Es handelt sich im wesentlichen um Informations- und Beratungsrechte. Am wichtigsten dürften das Anhörungsrecht vor jeder Kündigung eines leitenden Angestellten und die Befugnis zum Abschluß von Gesamtvereinbarungen mit dem Arbeitgeber sein: Wird einem leitenden Angestellten durch das Unternehmen ohne vorherige Anhörung des Sprecherausschusses gekündigt, so ist die Kündigung rechtsunwirksam. Durch Vereinbarung zwischen Sprecherausschuß und Arbeitgeber können Arbeitsbedingungen der leitenden Angestellten, wie z. B. eine betriebliche Versorgungsregelung, einheitlich für das ganze Unternehmen und mit bindender Wirkung für alle leitenden Angestellten geregelt werden.

Die Amtszeit des Sprecherausschusses beträgt wie die des Betriebsrats 4 Jahre. Die erste Wahl nach dem Sprecherausschußgesetz erfolgt in der Zeit vom 1.3. – 31.5.1990. Bis dahin gab es lediglich Sprecherausschüsse der leitenden Angestellten auf freiwilliger Basis.

14. Personalvertretungsrecht

Auf öffentliche Verwaltungen und Betriebe sowie auf Anstalten und Stiftungen des öffentlichen Rechts findet das Betriebsverfassungsgesetz keine Anwendung. Für diesen Bereich besteht eine Sonderregelung durch die Personalvertretungsgesetze der Länder und des Bundes. Auch die **öffentlich-rechtlichen Versicherungsunternehmen** unterliegen, soweit sie Anstalten des öffentlichen Rechts sind, dem jeweiligen Landespersonalvertretungsgesetz. Die Personalvertretungsgesetze der Länder, deren Grundzüge durch Rahmenvorschriften des Bundespersonalvertretungsgesetzes festgelegt sind, sind in weiten Teilen an das Betriebsverfassungsgesetz angenähert. Sie gewähren den Personalräten, die von der Belegschaft gewählt werden, ähnliche Mitbestimmungsrechte, wie sie das Betriebsverfassungsgesetz den Betriebsräten zugesteht. Es bestehen jedoch eine Reihe von Abweichungen, die den besonderen Verhältnissen des öffentlichen Dienstes Rechnung tragen sollen. Sprecherausschüsse der leitenden Angestellten sind im Geltungsbereich der Personalvertretungsgesetze nicht vorgesehen.

III. Unternehmensverfassung

Neben der Mitbestimmung der Arbeitnehmer in den Betrieben durch gewählte Betriebsräte kommt der Mitbestimmung durch **Arbeitnehmervertreter in den Aufsichtsräten** große Bedeutung zu. Diese ist am weitestgehenden in der **Montan-Industrie** (Bergbau sowie Eisen- und Stahlerzeugung) geregelt.

Für diese Unternehmen bestimmt das Montan-Mitbestimmungsgesetz von 1951, daß der Aufsichtsrat zu gleichen Teilen aus Vertretern der Eigentümer (Anteilseigner) und der Arbeitnehmer zuzüglich eines weiteren neutralen Mitglieds, das von den übrigen Aufsichtsratsmitgliedern vorgeschlagen wird, besteht. Außerdem bedarf in diesen Unternehmen die Bestellung des Arbeitsdirektors (für Personal- und Sozialwesen zuständiges Vorstandsmitglied) der Zustimmung der Arbeitnehmervertreter im Aufsichtsrat.

Für die Versicherungswirtschaft bestimmt sich die Beteiligung der Arbeitnehmer im Aufsichtsrat je nach Größe und Rechtsform des Unternehmens entweder nach dem Mitbestimmungsgesetz vom 4.5.1976 (Aktiengesellschaften mit mehr als 2000 Arbeitnehmern) oder nach den §§ 76 ff. des insoweit weitergeltenden früheren Betriebsverfassungsgesetzes von 1952 (Aktiengesellschaften mit 2000 und weniger Beschäftigten, Versicherungsvereine auf Gegenseitigkeit ab 500 Beschäftigten).

Das Mitbestimmungsgesetz war Gegenstand heftiger politischer Auseinandersetzungen während seiner Entstehung und einer Verfassungsklage nach seinem Inkrafttreten. Das Bundesverfassungsgericht hat mit seinem Urteil vom 1.3.1979 entschieden, daß das Gesetz noch verfassungsmäßig ist, weil es der Eigentümerseite das Letztentscheidungsrecht im Aufsichtsrat gewährleistet.

Das Gesetz sieht vor, daß sich die Aufsichtsräte der von ihm erfaßten Unternehmen je zur Hälfte aus Vertretern der Aktionäre und der Arbeitnehmer zusammensetzen, wobei unter den letzteren die Arbeiter, Angestellten und leitenden Angestellten entsprechend ihrem Anteil an der Gesamtbelegschaft, jede Gruppe jedoch mindestens mit einem Sitz, und die Gewerkschaften je nach Größe des Aufsichtsrats mit zwei oder drei Sitzen vertreten sind. Die Arbeitnehmervertreter werden von den Arbeitnehmern des Unternehmens entweder durch direkte Wahl oder mittelbar durch Wahlmänner gewählt.

Nach §§ 76 ff. des BetrVG 1952 besteht der Aufsichtsrat zu 1/3 aus Vertretern der Arbeitnehmer. Diese werden von allen wahlberechtigten Arbeitnehmern in den Betrieben des Unternehmens gewählt; mindestens zwei von ihnen müssen Arbeitnehmer des Unternehmens sein. An der Wahl für die Vertreter im herrschenden Unternehmen eines Konzerns nehmen, ebenso wie nach dem Mitbestimmungsgesetz, auch die Arbeitnehmer der übrigen Konzernunternehmen teil.

E. Verfahrensrecht

Der Durchsetzung des Arbeitsrechts dienen die Gerichte der **Arbeitsgerichtsbarkeit**. Diese besondere Gerichtsbarkeit ist gerechtfertigt, weil das Arbeitsrecht infolge der wirtschaftlichen Entwicklung zu einem eigenständigen Rechtsgebiet geworden ist. Hinzu kommt, daß das Verfahren besonderer Einfachheit und Schnelligkeit bedarf und daß das kollektive Arbeitsrecht den Rahmen des Zivilrechts weit überschreitet.

Die Gerichte für Arbeitssachen sind dreistufig aufgebaut: in erster Instanz die Arbeitsgerichte, in zweiter Instanz die Landesarbeitsgerichte, von denen es in Nordrhein-Westfalen drei (Düsseldorf, Hamm und Köln), in Bayern zwei (München und Nürnberg), in den übrigen Bundesländern je eines gibt, und in dritter und letzter Instanz das Bundesarbeitsgericht in Kassel. In allen drei Instanzen ist die Beteiligung ehrenamtlicher Richter aus Kreisen der Arbeitnehmer und der Arbeitgeber vorgesehen. Dadurch sollen die Erfahrungen des Arbeitslebens in die arbeitsrechtliche Rechtsprechung einbezogen werden.

Im Gebiet der neuen Bundesländer werden die Aufgaben der Arbeitsgerichte und Landesarbeitsgerichte zunächst noch von besonderen Kammern und Senaten bei den Kreis- und Bezirksgerichten wahrgenommen. Die neuen Länder werden aber durch den Einigungsvertrag verpflichtet, baldmöglichst Arbeits- und Landesarbeitsgerichte einzurichten.

Die Zuständigkeit der Arbeitsgerichte ist in §§ 2 bis 4 Arbeitsgerichtsgesetz (ArbGG) geregelt. Sie beschränkt sich im wesentlichen auf Rechtsstreitigkeiten — in erster Linie zwischen Arbeitnehmern und Arbeitgebern —, die mit dem Arbeitsverhältnis zusammenhängen, auf das Arbeitskampfrecht und das Betriebsverfassungsrecht. Die Zuständigkeit der Arbeitsgerichte ist eine ausschließliche, das heißt Rechtsstreitigkeiten, die vor das Arbeitsgericht gehören, können nicht durch Vereinbarung vor andere Gerichte gebracht werden, und umgekehrt.

In erster Instanz können die Parteien den Rechtsstreit selbst führen. Von den Landesarbeitsgerichten ist Prozeßvertretung durch Rechtsanwälte oder Vertreter der Gewerkschaften bzw. Arbeitgeberverbände vorgeschrieben, vor dem Bundesarbeitsgericht müssen sich die Parteien durch Rechtsanwälte vertreten lassen.

Vor den Arbeitsgerichten gibt es zwei verschiedene Verfahren: über bürgerliche Rechtsstreitigkeiten aus oder im Zusammenhang mit dem Arbeitsverhältnis, über Arbeitskampffragen und über tarifvertragliche Streitigkeiten wird im **Urteilsverfahren** entschieden. Für Angelegenheiten des Betriebsverfassungsgesetzes, der Mitbestimmung im Aufsichtsrat und der Tariffähigkeit und -zuständigkeit von Vereinigungen gibt es das **Beschlußverfahren**.

Das Urteilsverfahren ähnelt sehr stark dem zivilrechtlichen Verfahren vor den ordentlichen Gerichten, weist jedoch einige Besonderheiten auf. So findet zu Beginn des Verfahrens jeweils eine Güteverhandlung statt, in der versucht werden soll, den Rechtsstreit gütlich zu bereinigen. Auch im weiteren Verlauf des Verfahrens kommt dem Versuch einer gütlichen Beilegung besondere Bedeutung zu. Deshalb werden auch in der Arbeitsgerichtsbarkeit verhältnismäßig viele Rechtsstreite durch gerichtlichen Vergleich beendet. Dies gilt besonders für Kündigungsschutzprozesse.

Weitere Sondervorschriften des arbeitsgerichtlichen Verfahrens zielen auf eine Straffung und Beschleunigung des Prozesses ab. Hier ist besonders § 61a ArbGG zu nennen, der die besondere Prozeßförderung im Kündigungsverfahren regelt.

Hinsichtlich der Kostentragung gilt im arbeitsrechtlichen Urteilsverfahren die Besonderheit, daß in der 1. Instanz jede Seite die Kosten ihres Prozeßvertreters selbst bezahlen muß, ohne Rücksicht darauf, wer den Prozeß gewinnt. Vor diesem Kostenrisiko schützen sich die Parteien häufig durch Abschluß einer Rechtsschutzversicherung.

Im Beschlußverfahren gilt nicht wie im Urteilsverfahren der Verhandlungsgrundsatz, wonach das Gericht an die Anträge und das Vorbringen der Parteien gebunden ist, sondern der Untersuchungsgrundsatz. Das Gericht kann also im Beschlußverfahren selbst Untersuchungen anordnen, um den Sachverhalt weiter aufzuklären. Allerdings kann ein Beschlußverfahren nicht von Amts wegen eingeleitet werden, sondern ist vom Antrag eines Beteiligten (Antragsteller) abhängig. Es gibt im Beschlußverfahren keinen Kläger und Beklagten, sondern nur Beteiligte.

Gegen die Entscheidungen des Arbeitsgerichts kann Berufung (im Urteilsverfahren) bzw. Beschwerde (im Beschlußverfahren) zum Landesarbeitsgericht eingelegt werden, Berufung jedoch nur, wenn sie vom Arbeitsgericht zugelassen wird oder der Beschwerdewert 800 DM übersteigt. Die Anrufung des Bundesarbeitsgerichts gegen Entscheidungen der Landesarbeitsgerichte ist nur möglich, wenn dies in der anzufechtenden Entscheidung ausdrücklich zugelassen ist. Die Nichtzulassung kann in besonderen Fällen durch die sogenannte Nichtzulassungsbeschwerde beim Bundesarbeitsgericht angegriffen werden.

Literaturhinweise

1. Allgemeines Arbeitsrecht

Bobrowski/Gaul, Das Arbeitsrecht im Betrieb, 2 Bände, 8. Auflage 1986

Hanau/Adomeit, Arbeitsrecht, Lehrbuch, 8. Auflage 1986

Meisel, Arbeitsrecht für die betriebliche Praxis, 6. Auflage 1991

Schaub, Arbeitsrechtshandbuch, 6. Auflage 1987

2. Arbeitsschutz/Sonstige Bereiche

Bulla/Buchner, Mutterschutzgesetz, 5. Auflage 1981

Denecke/Neumann, Arbeitszeitordnung, 10. Auflage 1987

Meisel/Hiersemann, Arbeitszeitordnung, 2. Auflage 1978

Dersch/Neumann, Bundesurlaubsgesetz, 7. Auflage 1990

Hueck, Kündigungsschutzgesetz, 10. Auflage 1981

Willrodt/Neumann, Schwerbehindertengesetz, 7. Auflage 1988

Mussil/Seifert, Kommentar zum Tarifvertrag für das private Versicherungsgewerbe, 5. Auflage 1986

3. Betriebsverfassung

Etzel, Betriebsverfassungsrecht, 4. Auflage 1990

Fitting/Auffarth/Kaiser/Heither, Betriebsverfassungsgesetz, 16. Auflage 1989

Stege/Weinspach, Betriebsverfassungsgesetz, 6. Auflage 1990

4. Prozeßrecht

Grunsky, Arbeitsgerichtsgesetz, 6. Auflage 1990

5. Textsammlung

Arbeitsgesetze mit Nebengesetzen, Textsammlung, Beck-Texte im dtv, 41. Auflage 1991

Stichwortverzeichnis

A

Abfindungsvergleich 103
Abgabenordnung (AO) 886
Abgangswert 461
Abhängigkeitsbericht 537
Abonnentenversicherung 641, 847
Abschlußagent 352, 762, 766 f.
Abschlußfreiheit 61
Abschlußkosten 379
Abschlußprovisionen 729 ff.
Abschlußvertreter 677 f.
Abschlußvollmacht 225, 677
Abtretung 81 f.
Abwehraussperrung 1110
Abwendungspflicht 436 f.
Abzugsfranchisen 466
Adäquanztheorie 449
Adhäsionsversicherung 472
Änderungskündigung 741, 1084, 1095
Äquivalenzprinzip 583
Äquivalenztheorie 449
AGB 200
AGB-Gesetz 330 ff.
Agenten 762
Agio 519
Aktie 298 f., 508 f.
 –, teileingezahlte 508
 –, vinkulierte 300
Aktienbuch 300
Aktiengattungen 299
Aktiengesellschaft 30, 497 f., 505 ff.
Aktienversicherung 335 ff., 453 f., 460, 465 f.
Akzeptant 272
Alles-oder-Nichts-Prinzip 130, 403
Allgemeine Geschäftsbedingungen 17 f., 47 f., 95, 200, 326 ff., 330 ff., 586 f.
Allgemeine Versicherungsbedingungen (AVB) 48, 326 ff., 586 ff., 624
Allonge 278
Altersteilzeitgesetz 1093
Altersversorgung, betriebliche 1090 ff.
AMG 123
Amtsgericht 806, 812
Amtshaftung 123 ff.
Anfangswert 461, 463
Anfechtbarkeit 54 ff.
Angestellter 678, 1074
 –, leitender 1111
Ankunftsvertrag 241
Ankunftswert 461

Anlagenhaftung 122
Annahme 46 f., 359
Annahmezwang 47
Anrechnungsverfahren 1027
Anscheinsvollmacht 50, 764 f., 768
Anschlußklausel 344
Anschlußpfändung 826
Anstalt 343, 529
Antrag 45 f., 359
 – unter Abwesenden 46
 – unter Anwesenden 46
Antragsschein 418 ff.
Anwaltsprozeß 810
Anzeige des Versicherungsfalles 437
Anzeigenklausel 344
Anzeigepflicht 433 f.
 – vorvertragliche 65, 408, 418 ff.
AO 886
Arbeiter 1074
Arbeitgeber 1075
Arbeitnehmer 1073 ff.
Arbeitnehmerschutzgesetz 1098 ff.
Arbeitsgerichtsbarkeit 802, 1128
Arbeitsgerichtsgesetz (ArbGG) 1128
Arbeitskampf 1109 ff.
Arbeitslosenversicherung 318
Arbeitspflicht 1084
Arbeitsplatzschutzgesetz (ArbPlSchG) 1106
Arbeitsprovision 736
Arbeitsrecht 1063 ff.
 – Begriff 1067
 –, kollektives 1071, 1106 ff.
 – Rechtsquellen 1070 ff.
Arbeitssicherheitsgesetz 1099
Arbeitsstättenverordnung 1099
Arbeitsverhältnisse 1079 ff.
Arbeitsvertrag 1077 ff.
Arbeitszeit 1100 f.
Arbeitszeitordnung (AZO) 1100
ArbGG 1128
ArbPlSchG 1106
Arglist 430
Arglistige Täuschung 55
argumentum e contrario 13
Arzneimittelgesetz (AMG) 123
AtG 121 f.
Arthandlungsvollmacht 224
Atomgesetz (AtG) 121 f.
Aufgebot 164
Aufhebungsvertrag 742
Aufklärungspflicht 438

1131

Auflassung 149 f.
Aufrechnung 86 ff.
Aufsicht, laufende 609 ff.
– Beschwerden 633 ff.
– Eingriffe 636 ff.
– Gegenstände 609 ff.
– örtliche Prüfung 634 f.
– Tatsachenfeststellung 630 ff.
Aufsichtsbehörden 568, 571 ff., 574 f.
– Eingriffe 636 ff.
– örtliche Prüfung 634 f.
Aufsichtsgrundsätze 575 ff.
Aufsichtsrat 31, 512 ff.
Aufsichtssysteme 553 ff.
Aufsichts-Wettbewerbsrecht 618, 851 f.
Auftrag 100
Ausbeutung, Wettbewerb 870 ff.
Ausfuhrbürgschaft 102
Ausfuhrgarantie 102
Ausgleichsanspruch
– gemäß § 89b HGB 744 ff.
–, steuerliche Behandlung 1009 f.
Ausgleichsforderungen 615
Ausgleichsnachentrichtung 172
Ausgleichswert 747
Aushilfsarbeitsverhältnis 1080
Auskunftspflicht 437 f.
Ausschließlichkeitsbindung 668
Ausspannen, Wettbewerb 871 ff.
Aussperrung 1110 f.
Ausstattungsschutz 218
Austauschpfändung 826
Ausweispapier 370
Auszubildendenvertretung 1116
Aval 278
AVB 48, 326 ff., 586 ff., 624
AZO 1100

B

BAG 551
Bagatellsachen 813
Bankgeschäfte 251 ff.
BAV 570, 849
Beamtenhaftung 123 f.
Bedarfsdeckung
–, abstrakte 333
–, konkrete 333
Bedingungstheorie 449
Befreiungsanspruch 471
Begebungsvertrag 275 f.
Beglaubigung, öffentliche 43
Begünstigungsverträge 363 f., 640 f., 851, 863
Beherrschungsvertrag 536 ff.
Behinderung, Wettbewerb 865 ff.
Beitrag 380, 527
Beitragserhöhung 89

Beitragsrückerstattung 938 ff., 962
–, erfolgsabhängige 1042
Beitragsrückgewähr 939
–, erfolgsunabhängige 1041
Belegpflicht 437 f.
Beratungshilfe 804 f.
Bereicherungsverbot 459
Bereicherung, ungerechtfertigte 106 f.
Berufsausbildungsversicherung 175
Berufung 814, 820
Beschäftigungsförderungsgesetz 1080
Beschwerde 821
Besitz 138 ff.,
–, mittelbarer 139
–, unmittelbarer 139
Besitzdiener 138
Besitzkonstitut 145
Besitzsteuer 891
Besitzwechsel, Haftpflichtversicherung 138 f.
Besondere Versicherungsbedingungen 328
Bestandsfestigkeit 706
Bestandsübertragung 627 f.
Bestandsverzeichnis 152
Besteuerungsgegenstand 889
Beteiligungsabhängigkeit 537
BetrAVG 1091
Betreuungsgesetz 809
Betreuungsklauseln 758
Betreuungsprovision 734 f.
Betrieb 1075 f.
Betriebliche Altersversorgung 1090 ff.
Betriebsärzte 1099
Betriebsausgaben 900 ff.
Betriebsausschuß 1114
Betriebsgemeinschaft 539
Betriebskapital, Gewerbeertragsteuer 1047
Betriebsrätversammlung 1115
Betriebsrat 1111 ff.
– Aufgaben 1117 ff.
– Mitbestimmung in personellen Angelegenheiten 1121 ff.
– Mitbestimmung in wirtschaftlichen Angelegenheiten 1123 f.
– Mitwirkung in sozialen Angelegenheiten 1120 f.
– Organisation 1114
– Wahl 1113
Betriebsvereinbarung 1119
Betriebsverfassung 1111 ff.
Betriebsverfassungsgesetz 1111
Betriebsversammlung 1116
Beurkundung, notarielle 43
Beweis
– des ersten Anscheins 131, 477
–, direkter 815
–, indirekter 815
Beweiserhebung 815 ff.
Beweisführung 476 f.
Beweislast 474 f., 816 f.

Beweisurkunde 369
Bewertungsgesetz (BewG) 886, 1050
Bewertungsgrundsätze 956 f.
Bewertungsstetigkeit 235
BewG 886, 1050
Bezirksvertreter 676 f.
Bezogener 272
Bezugsberechtigung 349
 –, unwiderrufliche 349
 –, widerrufliche 349
Bezugsrechte 519
BGB 21
Bilanzierungswahlrechte 235
Bilanzrichtliniengesetz (BiRiLiG) 198, 236, 610
Bildungsurlaub 1088
Billigkeitshaftung 114
Binnenversicherung 340
Binnentransportversicherung, Ausschlüsse 446
BiRiLiG 198, 236, 610
BiRiLiVU 610
BKA 852
Blanko-Indossament 277
Blankowechsel 275
Blockpolicen 367
Börsengesetz 267 f.
Bonus 938, 1041
Bote 49, 415 f.
Boykott, wirtschaftlicher 866
Brand 442
Briefhypothek 160
Bringschuld 85
Bruttoprämie 383
Buchhypothek 160
Bündelung 365
Bürgerliches Gesetzbuch (BGB) 21
Bürgerliches Recht 19 ff.
Bürgschaftsvertrag 102
Bundesaufsichtsamt für das Versicherungswesen
 (BAV) 570, 849
Bundeskartellamt (BKA) 621, 852
Bundesurlaubsgesetz 1087

C

Captive-Brokers 685
Captive Companies 502, 685
causa proxima-Lehre 450
cessio legis 481
cif 93
cif-Vertrag 241
cost, insurance, freight (cif) 93
Courtage 682, 776, 784 ff.
Courtageabkommen 681, 780
culpa in contrahendo 64 f., 361, 770

D

Darlehensvertrag 101
Daten 717
Datenschutz, Schadenersatz 126
Datenschutzklausel 419
Dauerobliegenheiten 401
Dauerschuldverhältnis 62
Deckungskapital 383, 934
Deckungsrücklage 383
Deckungsrückstellung 383
Deckungssumme 457
Deckungsstock 616
Deckungszusage, vorläufige 362 f., 382
Deklaration 363, 399
Delikte 107
Deliktsfähigkeit 24
 –, beschränkte 25
Deliktstatbestände 109 ff.
Delkredereprovision 718, 736
Depotstimmrecht 511
Deregulierung 546
Dienstaufsicht 343, 602
Dienstbarkeiten 155
 –, beschränkt persönliche 155
Dienstleistungsfreiheit 101, 532, 549 f., 561,
 562 f., 788 f.
Dienstleistungsverträge 97 ff.
Dienstvertrag 97 f.
Differenzschadenprinzip 335
Differenzprinzip 482
Differenztheorie 482
Direktversicherung 908, 942 ff., 953 f., 968,
 982, 1090
dolus eventualis 404, 446
Doppelrechtsverhältnis 775, 780
Doppelversicherung 467 ff.
Drittbeteiligte am Versicherungsvertrag 348 f.
Drohung 56
Duldungsvollmacht 50, 352 f., 768
Durchfrachtkonnossement 291

E

Effektengeschäft 252
EG-Recht 497, 549 ff., 552
Ehe 163 ff.
Eheverbote 164
Ehevertrag 169
Eidesstattliche Versicherung 827 f.
Eigenbesitzer 139
Eigenmacht, verbotene 140
Eigentum 136 f., 140 ff.
 –, Ansprüche aus 153 f.
 – Arten 143
 – Begriff 141
Eigentumsbeschränkung 143
Eigentumsentziehung 144

1133

Eigentumserwerb 144
– Grundstücke 148 ff.
–, gutgläubiger 146
–, originärer 147 f.
–, rechtsgeschäftlicher 145 f.
Eigentumsfreiheitsklage 153 f.
Eigentumsgarantie 143
Eigentumsinteresse 337, 488
Eigentumsverlust 144
Eigentumsvorbehalt 145, 487
Eigentumswechsel, Versicherungsvertrag 144
Einbruchdiebstahlversicherung
– Ausschlüsse 445
– Beweisführung 476
Einfaches Geschäft 738
Einfirmenvertreter 667 ff.
Einheitstheorie 362
Einheitswert 957 f.
Einigung 145, 149
Einigungsvertrag 552
Einkommensteuer 889 ff., 896 ff.
Einkunftsarten 897 f., 900
Einlösungsprinzip 381, 391
Einmalprämie 380
Einmalprovision 737
Einspruch 814
Einwilligungserklärung 46
Einzelpolice 363, 367
Einzelrechnungslegung, Aufsichtsrecht 612 ff.
Einzelrechtsnachfolge 626
Einzelschadensprinzip 335
Einzelverwaltungsakt 572 f.
Energieanlagen, Haftung für 121 f.
Enteignung 144
Entlastungsbeweis 117, 119
Entziehungsschaden 128, 456
Erbbaurecht 155
Erbbauzins 155
Erbengemeinschaft 186
Erbersatzanspruch 184
Erbfähigkeit 184
Erbfall 179
Erbfolge 181 ff.
–, gesetzliche 182 ff.
–, gewillkürte 181 f.
Erblasser 179
Erbrecht 8, 179 ff.
Erbschaftsteuer 180, 890 f., 977 ff.
Erbschaftsteuergesetz (ErbStG) 977 ff.
Erbschaftsteuerversicherung 985 ff.
Erbschein 185
ErbStG 977 ff.
Erbvertrag 182
Erfüllung 84
Erfüllungsgehilfen 79, 118
Erfüllungshaftung 769
Erfüllungsort 85
Ergänzungspflegschaft 178
Erholungsurlaub 1088

Erklärungen, geschäftsplanmäßige 332 f., 591 f.
Erlaubnis zum Geschäftsbetrieb 580 ff., 593 ff.
– Antrag 593 f.
– Erlöschen 646
– materiellrechtliche Voraussetzungen 593 ff.
– Verfahrensfragen 598 ff.
– Widerruf 646
Erneuerungsscheine 296
Ersatzbestellung, Aufsichtsrat 514
Ersatzmitglieder, Aufsichtsrat 514
Ersatzwert 461
Ersitzung 147
Erstprämie 381 f., 390 ff.
Erwerbswert 461 f.
Erziehungsurlaub 1088
Euroscheck 286
Eventualvorsatz 446
EWG-Kartellrecht 624, 853 f.
EWG-Vertrag 549 ff.
Exkulpationsbeweis 117

F

Fachaufsicht 602
Fälligkeitszinsen 391
Fahrlässigkeit 114 ff., 404
–, bewußte 115
–, grobe 115, 405, 407
–, leichte 404
Fahrzeugversicherung 146
Familie 173
Familienrecht 8, 162 ff.
Festhypothek 158
Feuer-Betriebsunterbrechungsversicherung 337
– entgangener Gewinn 111 f.
– Unterbrechungsschaden 129
Feuerschutzsteuer 999 f.
Feuerversicherung 135, 326, 448
– Antragsschein 419 ff.
– Ausschlüsse 444
– Drittbeteiligte 348
– Eigentumsvorbehalt 145
– Lagergeschäft 247 f.
– Obliegenheiten der Grundpfandgläubiger 412
– Sachschaden 129
– Taxe 464 f.
– Wiederaufbauklauseln 471
– Wohnungseigentum 156
FGO 886
FGV 886
Finanzgerichtsbarkeit 802
Finanzgerichtsordnung (FGO) 886
Finanzierungsplan 643
Finderlohn 148
Firma 29, 212 ff.
Firmenschutz 214
Firmenwahrheit 212
Fixgeschäft 240

1134

Fixum 1086
fob 93
fob-Vertrag 241
Folgeprämie 381 f., 393 ff.
Folgeprovisionen 738
Forderungsübergang 82
Forderungsversicherung 337
Formkaufmann 205 f., 691
Frachtführer 248
Frachtgeschäft 248 ff.
Frachtvertrag 248
Franchisen 466
Frauenarbeitsschutz 1103 f.
free on board (fob) 93
Freibetragsverfahren 921
Fremdbesitzer 139
Fremdversicherung, Nießbrauch 154
Fristen 43 ff.
Führungsklausel 344
Führungsprovison 736
Fürsorgepflicht 1083
Funktionsausgliederungsverträge 588
Fusion 626
Fusionskontrolle 625

G

Garantiefonds 560, 589, 616, 643
Garantiegeschäft 252 f.
Gastwirtshaftung 105 f.
Gattungsschuld 67 f.
Gebäude, Haftung für 120
Gebäudeversicherung 136
Gebrauchsüberlassungsverträge 96 f.
Gebrauchswert 461 f.
Gebündelte Versicherung 92, 365, 566
Gefährdungshaftung 119
Gefahr 315
 –, versicherte 442 ff.
Gefahrengemeinschaft 582
Gefahrerhöhung 430
 –, objektive 433
 –, subjektive 433
Gefahrstandspflicht 411, 433 f.
Gefahrtragung 441
Gefahrtragungstheorie 320
Gefahrumstandsausschlußklausel 444
Gehalt 1084 ff.
Gehaltstarifvertrag 1108
Geheimhaltungspflicht des Versicherungsvertreters 714
Geldersatz 126 f.
Geldleistungstheorie 320
Geldschuld 68
Gemeindesteuer 1045
Gemeiner Wert 462, 956
Gemeinnützigkeit 530
Gemeinschaft zur gesamten Hand 496
Generalhandlungsvollmacht 224

Generalvertreter 674 ff.
Gericht 812 f.
Gerichtsbarkeit, ordentliche 801 f.
Gerichtsstand 807 f.
 – der Agentur 774
Gerichtsurteil 818 f.
Gerichtsverfassungsgesetz (GVG) 802
Gerichtszuständigkeit 9
Gesamtbetriebsrat 1115
Gesamtprokura 223
Gesamtrechtsnachfolge 179 f.
Gesamtschuld 69
Geschäftsbesorgungsvertrag 100, 776
Geschäftsehrverletzung 866
Geschäftsfähigkeit 23 ff., 38 ff.
 –, beschränkte 23 f.
 –, volle 24
Geschäftsführung ohne Auftrag 64
Geschäftsirrtum 55
Geschäftsplan 584 ff.
 –, technischer 588, 597, 602
Geschäftsplanänderungen 590 f., 609 f., 641 f.
Geschäftsplanmäßige Erklärungen 332 f., 591 f.
Gesellschaft, eingegliederte 539
Gesellschaftsrecht 8
Gesellschaftsvertrag 506 f.
Gesetz der großen Zahl 315
Gesetz gegen den unlauteren Wettbewerb
 (UWG) 618 f., 845, 847
Gesetz gegen Wettbewerbsbeschränkungen
 (GWB) 620, 845
Gesetz über den Versicherungsvertrag (VVG)
 321, 325 f.
Gesetz über die Beaufsichtigung der privaten
 Versicherungsunternehmen (VAG) 551
Gesetz über die Errichtung eines Bundesaufsichtsamtes für das Versicherungswesen
 (BAG) 551
Gesetz über die Finanzverwaltung (FGV) 886
Gesetz zum Schutz der Warenbezeichnungen 217
Gesetz zur Verbesserung der betrieblichen
 Altersversorgung (BetrAVG) 1091
Gesetzgebung, konkurrierende 568, 1070
Gestaltungsfreiheit 61
Gestaltungsrechte 34
Gewährträgerschaft 530
Gewerbe 202
Gewerbeertrag 975, 1045
Gewerbeertragsteuer 1045 ff.
Gewebefreiheit 547 f.
Gewerbekapital 975, 1053
Gewerbekapitalsteuer 1049 ff.
Gewerbeordnung 558, 1099
Gewerbesteuer 890 f., 1044 f., 1056
Gewerbesteuergesetz (GewStG) 975
Gewerbesteuerrecht 975 ff.
Gewinn
 –, entgangener 111, 129
 –, imaginärer 337

Gewinnermittlung, steuerliche 1023
Gewinnversicherung 337
Gewohnheitsrecht 7, 198, 323
GewStG 975
Giro 270
Gläubiger 69
Gläubigerverzug 77
Gleichbehandlungsgrundsatz 524, 572, 575, 628 f.
Gleichberechtigung 165
Gratisaktie 299
Großrisiko 562, 595
Gründungsstock 527, 616
Grundbuch 43, 137, 150 ff.
Grundbuchblatt 152
Grunddienstbarkeiten 155
Grundhandelsgewerbe 203
Grundkapital 507, 616
Grundpfandrechte 156
Grundrechte 547
Grundsätze-Kranken 748
Grundsätze-Leben 748
Grundsätze-Sach 747
Grundsätze für die Werbung von Unternehmen der Privaten Krankenversicherung 851
Grundsatz der Einzelrechtsnachfolge 626
Grundsatz der Gesetzmäßigkeit der Verwaltung 575 f.
Grundsatz der Gleichberechtigung 165
Grundsatz der Ökonomie rechtlicher Mittel 576
Grundsatz der Spartentrennung 601
Grundsatz der Verhältnismäßigkeit 576
Grundsatz von Treu und Glauben 66
Grundschuld 161
Grundschuldbriefe 267 f.
Grundsteuer 150, 890 f.
Grundstücke 136
Gruppenfreistellung 624
Gruppenversicherung 347, 364
Gruppenversicherungsverträge 640
Güter, immaterielle 33
Gütergemeinschaft 169
Güterrecht 167 ff.
Güterstand
 –, gesetzlicher 168 f.
 –, vertragsmäßiger 169
Gütertrennung 169
Gutachterverfahren 474
GVG 802
GWB 620, 845

H

Haager Protokoll 121, 250
Haager Regeln 291
Haftpflicht 107
Haftpflichtrecht 107 ff.
Haftpflichtversicherung 108, 338 f., 454 f.

– Abfindungsvergleich 103 f.
– Angehörigenausschlußklausel 163, 165
– Ausschlüsse 446 f., 455
– Befreiungsanspruch 471 f.
– bei Dienstleistungsverträgen 101
– bei Gebrauchsüberlassungsverträgen 97
– Besitztatbestand 138
– Besitzwechsel 138 f.
– Beweislast 475 f.
– Billigkeitshaftung 114
– Drittbeteiligte 72, 348
– Einkommensteuer 914
– Fahrlässigkeit 446
– Gefährdungshaftung 119 ff.
– Gefahr 119
– Geschäftsplan 588, 597
– Gewährleistungsansprüche 95
– Handlungen im Notstand 142
– Mietsachschäden 97
– Naturalersatz 126 f., 470 f.
– objektive Unmöglichkeit 73 f.
– Obliegenheiten der Drittgeschädigten 413 f.
– Pflichtversicherung 361
– Produkte-Haftung 123
– Rückwärtsversicherung 73 f.
– Schaden 111 f.
– Schuldbeitritt 84
– Schuldformen und Haftung 115
– Umfang des Schadenersatzes 127
– Vermögensschaden 111 f.
– Vorsatz 446
– Wechsel der Vertragspartner 81
– Wohnungseigentum 156
Haftungsbescheid 895
Haftungshöchstsummen 131
Hagelversicherung 339
Handel 196
Handelsbräuche 199 f.
Handelsbücher 233 ff.
Handelsgeschäfte 237 ff.
Handelsgesetzbuch (HGB) 198
Handelsgewerbe 203 f.
Handelskauf 240 f.
Handelsmakler 100, 231 f.
Handelsrecht 8, 191 ff.
– Rechtsquellen 198 ff.
Handelsregister 43, 215 f.
Handelsvertreter 230 f., 341, 665
Handelsvertreternovelle 230
Handlung 109
–, unerlaubte 107
Handlungsagenten 231
Handlungsfähigkeit 23
Handlungsgehilfen 226 ff.
Handlungslehrlinge 229 f.
Handlungsvollmacht 223 ff.
Hauptbevollmächtigter 341, 565, 594,
Hauptversammlung 31, 510 ff.
Heimarbeit 1081 f.

Heiratsurkunde 164
Heiratsversicherung 164, 175
Herabsetzungen der Leistungen, Eingriff der Aufsichtsbehörde 644
Herausgabeanspruch, Abtretung des 146
Herausgabeanspruch, Eigentum 153
Herausgabepflicht des Versicherungsvertreters 715 ff.
HGB 198
Hinterlegung 86
Höchstversicherungssumme 458
Holschuld 85, 387
Hypothek 158 ff.
 –, Akzessorität der 158
 – Arten 159 f.
 – Geltendmachung 161
 – Löschung 160
 – Übertragung 160
Hypothekenbrief 160
Hypothekengläubiger 158
Hypothekenschuldbriefe 267 f.

I

Identitätsprinzip 235
Immobilien 32
Immobilienmakler 100
Imparitätsprinzip 1026
Individualarbeitsrecht 1077 ff.
Individualversicherer 583
Individualversicherung 317
Indizienbeweis 815
Indossament 270, 276
Indossant 276
Indossatar 276
Inhaberaktien 299 f.
Inhaberpapier 270, 371
 –, hinkendes 303
Inhaberscheck 282
Inhaberschuldverschreibung 267, 293 ff.
Inhaberzeichen 297
Inkassobefugnis des Versicherungsvertreters 703 ff.
Inkassoprovision 704, 733 f.
Insassenunfallversicherung 346
Integralfranchisen 466
Interesse, versichertes 335 ff., 452 ff.
Interessemangel 74
Interesseversicherung 335 ff.
Interessewegfall 376 f.
Interventionsklage 831 f.
Investmentzertifikate 301
Irrtum 54 f.

J

Jagdschaden 120
Jenaer Abkommen 851, 865, 873

Jugendarbeitsschutz 1101 f.
Jugendarbeitsschutzgesetz 1101
Jugendvertretung 1116 f.
Juristische Personen 15, 29 ff., 496, 506
 – des öffentlichen Rechts 499
 – des Versicherungsrechts 497 ff.

K

Kannkaufmann 205
Kapitalausstattung 589 f., 596, 615 f.
Kapitalerhöhung 519 f.
Kapitalertragsteuer 889, 1033
Kapitalherabsetzung 520
Kapitalverein 498
Kartell 621
Kartellgesetz 845
Kartellrecht 620 ff., 853 f.
Kaskoversicherung, siehe Fahrzeugversicherung
Kaufmann 202 ff.
Kaufvertrag 93
Kausalität 112, 405 ff.
 – bei Ausschlüssen 451
 –, haftungsausfüllende 112
 –, haftungsbegründende 112
 –, überholende 452
Kautionsversicherung, Spartentrennung 601
Kettenarbeitsverträge 1080
Keymann-Versicherung 907
Kinder 175 ff.
 –, eheliche 175
 –, nichteheliche 176 f.
Kindschaftsrecht 174 ff.
Kirchenrecht 9
Klage 810 f.
Klagefrist 479
Klagevoraussetzungen 806 ff.
KO 832
Körperschaft 343, 497, 500
Körperschaftsteuer 890 f., 1017 ff., 1056
Kollektives Arbeitsrecht 1106 f.
Kombinierte Versicherung 92, 364, 566
Kommissionär 243
Kommunaler Schadenausgleich 318, 564
Konkurs 376, 645, 832 ff.
Konkursfreiheit 834 f.
Konkursordnung (KO) 832
Konkursrecht, materielles 835 ff.
Konkursverfahren 636
Konkursverfahrensrecht 832, 836 ff.
Konnossement 267, 290 f.
Kontrahierungszwang 361
Konzern 501, 538 f., 1076 f.
Konzernbetriebsrat 1116
Konzernvertreter 667 ff.
Konzessionssystem 558
Kooptationssystem 601
Korrespondenzversicherung 851, 913

1137

Korrespondenzverträge 565
Kraftfahrtversicherung
- Abfindungsvergleich 103 f.
- Ausschlüsse 446
- Beitragsrückgewähr 938 f., 1041 ff.
Kraftfahrzeug-Haftpflichtversicherung 108, 345, 454 f.
- Provisionen 731
- Verkehrsmittelhaftung 121
Kraftverkehrsversicherung, siehe Kraftfahrtversicherung
Krankenversicherung 347, 374, 443, 454
- Antragsschein 419 f.
- Ausschlüsse 444 f.
- Beitragsrückerstattung 1038 ff.
- Einkommensteuer 914, 960
- Erbschaftsteuer 984
- Geschäftsplan 588, 597
- Gewerbeertragssteuer 1049
- Spartentrennung 600
- Vermögensteuer 960 f., 963
Krankheit 443
Krankheitskostenversicherung 347
Kreditaufsichtsrecht 559
Kreditgeschäft 252
Kreditsicherung 101 f.
Kreditversicherung, Spartentrennung 601
Kriegsklausel 445
Kündigung 88 f., 375, 396, 403, 1092 ff.
-, außerordentliche 89, 741, 1094
-, isolierte 397
-, ordentliche 88, 741, 1094
-, personenbedingte 1096
-, verbundene 397
-, verhaltensbedingte 1096
Kündigungsbeschränkungen 1095
Kündigungsschutzgesetz, Inhalt 1095 ff.
Kündigungsschutzverfahren 1097 f.
Kundenfang 858 ff.
Kupons 296
Kuponpolicen 367
KVO-Versicherung 250

L

Ladeschein 291 f.
Lagergeschäft 246 ff.
Lagerhalter 246, 292 f.
Lagerschein 247
Lagervertrag 246
Landgericht 806
Lastenausgleich 1054 f., 1056
Laufende Aufsicht 609 ff.
- Beschwerden 633 ff.
- Eingriffe 636 ff.
- Gegenstände 609 ff.
- örtliche Prüfung 634 f.
- Tatsachenfeststellung 630 ff.

Laufende Prämie 380
Laufende Versicherung 363
Lebensversicherung 347, 374
- aufsichtsrechtliche Besonderheiten 647
- Ausschlüsse 446
- Begünstigungsverträge 364
- Beitragsrückerstattung 939 ff., 1038 ff.
- Bezugsberechtigung 349, 412
- Deckungsstock 616
- Drittbeteiligte 71 f., 349
- Einkommensteuer 914 f., 918 ff., 939 ff.
- Erbschaftsteuer 980 ff.
- Geschäftsplan 588, 597
- Gewerbeertragsteuer 1048
- Kredit 102
- Provisionen 731, 737
- Spartentrennung 600 f.
- Vermögensteuer 961 f., 963 ff.
- Versorgungsausgleich 172
- vorvertragliche Anzeigepflicht 429
- Zwangsvollstreckung 830
Lebensversicherungsprämie 387 f.
Legitimationspapiere 264
Leihe 97
Leistungsfreiheit (des Versicherers) 402, 409, 434, 437
Leistungspflicht
-, primäre 107
-, sekundäre 107
Leistungsstörungen 72 ff.
lex imperfecta 401
lex perfecta 401
Liquidationsunternehmen 647
Lloyds 497
Löschungsbewilligung 160
Lohn 1084
Lohnausfallprinzip 1087
Lohnsteuer 889
Lohnsteuerjahresausgleich 922
LuftVG 121
Luftverkehrsgesetz (LuftVG) 121

M

Mängelrüge 240 f.
Mahnung 76
-, qualifizierte 393, 397
Mahnverfahren 822
Makleragenten 664
Maklerbedingungen 327, 332
Maklerklausel 781
Maklervertrag 100, 776 ff.
Manteltarifvertrag 1108
Mantelverträge 365
Marktbeherrschung 625 f.
Marktbehinderung 866
Marktstörung 874
Mehrfirmenvertreter 670 ff.

–, echte 670 ff.
–, unechte 670 ff.
Mehrwertsteuer 891 f.
Mehrwertversicherung 464
Mietvertrag 96
Minderkaufmann 206, 691
Minderung 94
Minderungspflicht 436 f.
Mindestgarantiefonds 508
Mindestversicherungssumme 458
Mißbrauchsaufsicht 622
Mitbesitz 139
Mitbestimmung 499
Miteigentum 143
Mitgliederversammlung 31
Mitverschulden 116 f.
Mitversicherung 344
Mobiliarversicherung 136
Mobilien 32
Monopolanstalten 497, 500, 531 f., 535
Montan-Mitbestimmungsgesetz 1126
Montanmodell 499
Motivirrtum 55
MuSchG 1087, 1103
Mußkaufmann 202 ff.
Musterbedingungen 327
Muttergemeinwesen 530
Mutterschaftsurlaub 1088
Mutterschutz 1103 f.
Mutterschutzgesetz (MuSchG) 1087, 1103

N

Nachlaß 179
Nachlaßverbindlichkeiten 185 f.
Nachprovisionen 744
Namensaktien 299 f.
 –, vinkulierte 268, 509
Namenspapiere 269
Namensscheck 282
Natürliche Personen 15, 22 ff.
Naturalersatz 470, 932
Naturalleistung 582
Naturalrestitution 126, 877
Nebengebühren 379 f.
Nebenversicherung 343
Nettoprämie 383
Neugeschäft 730
Neuwert 460
Neuwertversicherung 338 f.
 –, gleitende 465
Nichtigkeit 54
Nichtpersonenversicherung 333 ff.
 – Konkurs des Versicherers 836 f.
Niederlassung 598
Niederlassungsfreiheit 532, 533, 549 f., 560, 788 f.
Nießbrauch 154
Normativbedingungen 327

Notarielle Beurkundung 43
Nutzungsentgang 129
Nutzungsrechte 154 ff.

O

Objektsteuer 891
Obliegenheiten
 – bei Gefahrerhöhung 430 ff.
 –, gesetzliche 402
 –, getarnte 410
 –, verhüllte 410
 – Verletzungsfolgen 402 f.
 – Versicherer 485 f.
 – Versicherungsnehmer 399 ff.
 –, vertragliche 402, 404
 –, vorbeugende 406
Öffentliche Beglaubigung 43
Option 271
Orderlagerschein 267, 292 f.
Orderpapiere 239 f., 269 f., 294, 371
 –, geborene 239 f., 270
 –, gekorene 240 f., 270
Organe
 – Aktiengesellschaft 509 f.
 – Juristische Person 31, 50
 – öffentlich-rechtliche Versicherungsunternehmen 531
 – VVaG 525 f.
Organisationsfonds 590

P

Pacht 97
Parteifähigkeit 808 f.
Parteiprozeß 810
Partizipationsschein 300
Passivenversicherung 337 ff., 443, 454 f.
Pensionskassen 61, 1090
 – Besteuerung 1056 ff.
Persönlichkeitsrechte 109, 130
Personalfragebogen 1078
Personalverein 498, 521
Personenschaden 111, 127 f.
Personensteuer 890
Personenversicherung 333 ff.
 – Beitragsrückerstattung 939 ff.
 – Einkommensteuer 905, 932 f., 939 ff.
 – Konkurs des Versicherers 835
Pfändung 826
Pfändungsbeschluß 83, 829
Pfändungspfandrecht 157
Pfandbriefe 159
Pfandgläubiger 157
Pfandrechte 156 ff., 826
 –, gesetzliche 157
 –, rechtsgeschäftliche 156 f.

Pfleger 178
Pflegschaft 177 f.
Pflichtanstalten 497, 500, 531 f.
Pflichtteil 187
Pflichtversicherung 361
Pharma-Pool 123
Police 367
Policendarlehen 102
Pool 344
Positive Vertragsverletzung 78 f.
Postbankgeschäfte 254
Postgesetz 249, 287
Poststrukturgesetz 254
Prämie 379 ff.
   – Fälligkeit 385
   – Folgen der Nichtzahlung 390 ff.
   – Höhe 384
   –, laufende 380
Prämienanpassungsklausel 89, 465
Prämiengläubiger 385
Prämienreserve 383
Prämienschuldner 385
Prämienstundung 386
Prämienverzug 77, 390 f., 393
Prämienzahlungspflicht 68, 379 ff.
Prämienzahlungsverzug 77
Präsidialsystem 531
Preisunterbietung 868 ff.
prima-facie-Beweis 477, 816 f.
Privatautonomie 61, 497
Privathaftpflichtversicherung 176
Privatrecht 8
Probandenversicherung 123
Probearbeitsverhältnis 1079
ProdHaftG 123
Produkte-Haftung 122 f.
Produkthaftungsgesetz (ProdHaftG) 123
Prokura 220 ff.
Proportionalitätsregel 464 f.
Protection and Indemnity Clubs 340
Provision 682, 725 ff.
   – Arten 729 ff.
   –, laufende 738
   –, Systeme 736 ff.
Provisionsabgabeverbot 693
Provisionsrenten 749
Provisionsverzichtsklauseln 728, 744
Prozeßfähigkeit 809
Prozeßkostenhilfe 822 ff.
Prozeßrecht 806 ff.
Prozeßzinsen 391
Publikumsgesellschaft 506
Publizitätsaufsicht 559
Publizitätsprinzip 137

Q

Quasisplitting 172
Quotenvorrecht des Versicherungsnehmers 482 f.

R

Rabatte 863
Rabattgesetz 847
Rahmenverträge 365
Ratenkauf 96
Rationalisierungsschutzabkommen 1097
RBerG 703, 782 f.
Realgläubiger 348
Realisationsprinzip 1026
Reallast 162
Realsteuer 890, 1044
Rechnungslegung 236
Rechnungslegung, Aufsichtsrecht 610 ff.
Recht
   –, abdingbares 10
   –, absolutes 33
   –, beschränkt dingliches 136, 154 ff.
   –, dingliches 135 f.
   – Erzwingbarkeit 14 f.
   – Funktionen 5
   –, objektives 7
   –, öffentliches 8
   –, relatives 33
   –, subjektives 7, 33
   –, zwingendes 10
Rechtsanalogie 13
Rechtsbehelf 814, 819, 830
Rechtsberatungsgesetz (RBerG) 703, 782 f.
Rechtsfähigkeit 22
Rechtsgeschäfte 34 ff.
   –, bedingte 53 f.
   –, dingliche 37
   –, einseitige 36
   –, obligatorische 37
   –, unter Lebenden 37
   – von Todes wegen 37
   – Wirksamkeitsvoraussetzungen 38 ff.
   –, zweiseitige 36
Rechtsmangel 93
Rechtsmittel 819
Rechtsnormen 7 ff.
   – Auslegung 12 f.
   – Einteilung 8 ff.
Rechtsobjekte 31
Rechtspfleger 812
Rechtsprechungsrecht 323
Rechtsscheinhaftung 770, 772
Rechtsscheinvollmacht 352 f.
Rechtsschutzversicherung
   – Familienrechtsschutz 167
   – Spartentrennung 601
Rechtssubjekte 15 f.

Rechtsverordnungen 8, 571, 619
Rechtswidrigkeit 113 f.
Referenzprinzip 1087
Registerpfandrecht an Luftfahrzeugen 158
Regreßverzicht 421
Reinhardtsche Steuerreform 1015
Reinzinserträge 1042
Reise-Rücktrittskosten-Versicherung 99
Reisevertrag 99 f.
Reiseversicherung 372 f.
Rektalagerschein 292
Rektapapiere 269 f., 295, 306
Remittent 272
Rentenbetrag 457
Rentenschuld 162
Rentensplitting 172
Rentenversicherung, gesetzliche
 – Versorgungsausgleich 172
Repräsentant 417
Repräsentantenhaftung 79, 416, 447
Retrozession 82, 338
Rettungspflicht 436 f.
Revision 820 f.
Risiko 441
Risikoprämie 383
Rückdeckungsversicherung 905 f., 952
Rückgewährplan 647
Rückgewährquote 647
Rückgewährrichtsatz 647
Rückkaufswert 383
Rückstellungen 1020
 – versicherungstechnische 642, 1052 f.
Rücktritt 89 f., 392, 402 f., 428
 –, echter 392
 –, fingierter 392
Rückvergütung 383
Rückversicherung 82, 338, 363
Rückversicherungsunternehmen, aufsichtsrechtliche Besonderheiten 649
Rückwärtsversicherung 73 f., 374 f.

S

Sachen
 – Begriff 31 ff.
 –, bewegliche 32, 136
 –, Haftung für 119 ff.
 –, unbewegliche 32, 136
 – wesentliche Bestandteile 32
 – Zubehör 32
Sachenrecht 8, 135 ff.
 – Publizitätsprinzip 137
 – Spezialitätsprinzip 137
 – Typenzwang 137 f.
Sachgesamtheit 32
Sachinbegriff 32
Sachmängel 94 ff.
Sachschaden 111, 128 f.
Sachversicherung 135 ff., 337

 – Ausschlüsse 444, 455 f.
 – Drittbeteiligte 348
 – Mehrheit von Versicherten 413
 – versichertes Interesse 453 f.
Sachverständigenverfahren 473 f.
Säumnisverfahren 813 f.
Sammelgenehmigungsverfahren 624
Sammelverfügung 572, 619
Satzung 506 f., 585 f., 616
 – VVaG 525
Schachtelprivileg 1032
Schaden 111 f.
 –, immaterieller 111, 129
 –, materieller 111
 –, versicherter 455 ff.
Schadenbearbeitung 702 f.
Schadenersatz 94, 107 ff.
Schadenersatzanspruch 108, 125 ff.
Schadenfreiheitsrabatt 1041
Schadenregulierung 703
Schadenregulierungsprovision 735
Schadenversicherung 333 ff., 453, 481
 – Ausschlüsse 445 f.
 – Doppelversicherung 467 ff.
 – Drittbeteiligte 72
 – Einkommensteuer 904, 932, 935 f., 938 f.
 – Erbschaftsteuer 983 f.
 – Forderungsübergang 82 f.
 – Geldersatz 127
 – Handlungen im Notstand 142
 – Obliegenheiten 402
 – Provisionen 737 f.
 – Rettungspflicht 436
 – Schuldform und Haftung 115 f.
 – Umfang des Schadenersatzes 127
 – Vermögensteuer 960, 963
Schädigung, sittenwidrige 110 f.
Scheck 266, 282 ff.
 – Arten 282 f.
 – Ausstellungserfordernisse 284 f.
 –, gefälschter 284
 –, Rechte aus dem 284 f.
Scheckkarte 286 f.
Scheckprozeß 304 f.
Scheckrecht 8
Scheidung 169 ff.
Scheinkaufmann 206 f.
Schenkung 96
Schickschuld 85, 387
Schiedsgerichtsvertrag 15
Schiffshypothek 158
Schlechterfüllung 99
Schlicht verwaltende Tätigkeit 571, 573
Schlichtungsabkommen 1109
Schlüsselgewalt 166
Schmerzensgeld 129 f., 132
Schriftform 42 f.
Schuldanerkenntnis 104
Schuldbeitritt 83 f.

1141

Schuldformen 114 ff.
Schuldner 69
Schuldnerverzug 75 ff.
Schuldrecht 8, 59 ff.
Schuldschein 369
Schuldscheindarlehen 102
Schuldübernahme 83
Schuldverhältnisse 59 ff.
  – Arten 61 ff.
  – Aufhebung 88
  – Beendigung 84 ff.
  – Begriff 60 ff.
  – beteiligte Personen 69 ff.
  – Drittbeteiligte 70 ff.
  –, gesetzliche 64 f., 105 ff.
  – Inhalt 65
  –, rechtsgeschäftliche 60 f., 91 ff.
  – Veränderungen 80 ff.
Schuldversprechen 104
Schutzbedürftigkeit 850
Schutzgesetze 110
Schwankungsrückstellung 611
Schweigepflichtentbindungserklärung 46
Schwerbehindertengesetz 1104
Schwerbehindertenschutz 1104 ff.
Seegüterversicherung 339
Seerechtsschutzversicherung 340
Seeversicherung 326, 340, 454
  – Ausschlüsse 446
  – causa-proxima-Lehre 450
  – Schadensarten 456
Selbständigkeit 689, 691 f.
Selbstbehalte 466
Selbstbeteiligungen 466
Selbstkontrahieren 52
Senat 812
Sicherheitsbeauftragte 1089
Sicherheitsfachkräfte 1099
Sicherungsgrundschuld 161
Sicherungshypothek 160
Sicherungsrechte 83
Sicherungsübereignung 145, 487
Sittenwidrigkeit 856 f.
Sitzlandprinzip 561
Sollkaufmann 204 f.
Solvabilitätsmarge 560
Solvabilitätsplan 643
Solvabilitätsspanne 508, 616 f., 627, 642
Solvenzaufsicht 559, 560 f.
Sonderausgaben 908 ff.
Sonderausgaben-Pauschbetrag 923 ff.
Sonderbeauftragte 643 f.
Sondervergütungen 640 f., 851 f, 863 f.
Sozialgerichtsbarkeit 802
Sozialplan 1124
Sozialrecht 9
Sozialversicherung 317, 583
Sozialversicherungsrecht 9
Sparprämie 383

Spartenkombination 600 f.
Spartentrennung 501, 536, 600 f.
Spediteur 242
Spedition 242 ff.
Speditionsversicherung 244 f.
Speditionsversicherungsschein (SVS) 244
Sperrminorität 511
Spezialhandlungsvollmacht 224
Spezialität der Gefahr 443 f.
Sphärentheorie 1111
Spitzensteuersatz 926
Splittingverfahren 911, 920
Sprecherausschuß der leitenden Angestellten 1125 f.
Staatsaufsicht, materielle 559
Staatshaftung 124 f.
Staatsrecht 8
Staatsvertrag 552
Stammaktien 299
Statut 506 f.
Steuer, Begriff 892
Steuerabzugsverfahren 895
Steuerbemessungsgrundlage 889
Steuerbilanz 1025 ff.
Steuergesetze
  –, allgemeine 886
  – Auslegung 892 ff.
  –, spezielle 886, 888 ff.
  –, verfahrensrechtliche 886
Steuern
  –, direkte 889
  –, indirekte 889
Steuerpflicht 894
Steuerpflichtiger 888
Steuerrecht 9
Steuerrechtsordnung 885 ff.
Steuersatz, durchschnittlicher 926
Steuerschuld 895
Steuerschuldner 888
Steuerzeichen 895
Stiftung 30
Stille Mitversicherung 344
Stiller Vermittler 664
Stimmbotenschaft 514
Stornoreserve 718, 733
Strafprozeßrecht 9
Strafrecht 9
Strandungsfalldeckung (ADS Güterversicherung 1973) 456
Streik 1109
Stundung 44, 386
  –, verzugsheilende 386
  –, verzugshindernde 386
Subjektsteuer 891
Subsidiaritätsklauseln 469
Substanzschaden 128, 456
Summenausgleich 465
Summenversicherung 333 ff., 452, 481

Superprovision 675, 700, 730
SVS 244

T

Tätigkeitslandprinzip 561
Täuschung, arglistige 55
Talons 296
Tarifautonomie 1106
Tarifverträge 1107 f.
Tarifvertragsparteien 1107
Taschengeldparagraph 360
Tatbestände, aufsichtspflichtige 563 ff.
Tauschvertrag 96
Taxe 463
Technischer Überwachungsverein (TÜV) 1099
Teilhaberversicherung 906
Teilkündigung 435
Teilleistungsfreiheit 435
Teilrücktritt 435
Territoritalitätsprinzip 530
Testament 181 f.
Testamentsvollstreckung 186 f.
Testierfreiheit 180, 182, 187
Theorie von der adäquaten Verursachung 449
Ticketpolice 367
Tiere, Haftung für 119 f.
Tierhalter 120
Tierversicherung, Gewährleistungsansprüche 95
Tilgung der Prämienschuld 389
Tilgungshypothek 158
Tilgungs-Lebensversicherung 158
Titel 825
Totalität der Gefahr 443 f., 476
Traditionspapiere 288 ff.
Transportversicherung 337, 443
 – aufsichtsrechtliche Besonderheiten 564, 649
 – Ausschlüsse 446
 – beim Kaufvertrag 93
 – Lagergeschäft 248
 – laufende Versicherung 363
 – objektive Unmöglichkeit 73 f.
 – Orderpapiere 239 f., 302
 – Rückwärtsversicherung 73 f.
 – Taxe 464
Tratte 272 f.
Trennungstheorie 362
Treu und Glauben 66, 485
 – im Versicherungsrecht 314 f.
Treuepflicht 1083
Trunkenheit 431
TÜV 1099

U

Übergabe 145
Übergewichtstheorie 672

Überseekauf 241
Überversicherung 466 ff.
Überweisungsbeschluß 83, 829
Umkehrschluß 13
Umlageverfahren 380
Umsatzsteuer 889, 987 ff., 1054, 1057
Umsatzsteuergesetz (UStG) 987
Umwandlung 627
Umwelthaftungsgesetz (UmweltHG) 122
UmweltHG 122
Unerlaubte Handlung 107
Unfall 442
Unfallversicherung 346 f., 373, 448
 – Ausschlüsse 444, 447 f.
 – Bezugsberechtigung 349, 412
 – Drittbeteiligte 71 f., 349
 – Einkommensteuer 907, 914, 960
 – Erbschaftsteuer 984 f.
 – Geschäftsplan 588 f., 597
 – Rettungspflicht 436
 – Vermögensteuer 960 f., 963
 – Zwangsvollstreckung 830
Ungerechtfertigte Bereicherung 106 f.
Unmöglichkeit 73
 –, nachträgliche 74 f.
 –, objektive 73
 –, subjektive 73
 –, ursprüngliche 73 f.
Unpfändbarkeitsattest 827
Unterhaltspflicht 167, 174
Unternehmen 498, 1076
 –, abhängige 536 ff.
 –, herrschende 536 ff.
 –, kaufmännische 207 ff.
 –, marktbeherrschende 624 f.
 –, verbundene 535 f.
Unternehmen, ausländische
 – aufsichtsrechtliche Besonderheiten 650
Unternehmensverträge 588
Unterstützungskassen 1091
Unterversicherung 464 ff.
Untervertreter 674 ff.
Unwirksamkeit, schwebende 56
Urkundenprozeß 304 f.
Urlaub 1087
UStG 987
UWG 618 f., 845, 847

V

VAG 551
Veräußerung 144
 – der versicherten Sache 486 ff.
 – des kaufmännischen Unternehmens 209 ff.
Veräußerungsverträge 93
Veräußerungswert 461 f.
Veranlagung, steuerliche 895
Verbands-Wettbewerbsrecht 619 f., 851 f.

Verbandsbedingungen 327
Verbotene Eigenmacht 140
Verbotsprinzip 624
Verbraucherkreditgesetz 102, 195, 206
Verbrauchsteuer 890
Vereine 30
Vereinsautonomie 851
Verfassungsgerichtsbarkeit 803
Verfassungsrecht 8
Verfrachter 290 f.
Verfügungen 37
Verfügungsgeschäft 37
Verfügungsmacht 37
Vergleich 103, 838 f.
Vergleichsordnung (VglO) 838
Vergleichsverwalter 839
Vergütungsanspruch
 – des Versicherungsmaklers 784 ff.
 – des Versicherungsvertreters 725 ff., 740 ff.
Vergütungspflicht 1084 ff.
Verjährung 44, 480
Verkehrsauffassung 859
Verkehrshypothek 160
Verkehrsmittel, Haftung für 120
Verkehrssicherungspflicht, allgemeine 113 f.
Verkehrsteuer 890, 987 ff.
Verlängerungsklausel 373
Verlöbnis 163 f.
Verlustabzug 1030
Verlustrücktrag 1031
Verlustvortrag 1031
Vermächtnis 187
Vermittler, stiller 664
Vermittlungsagent 352, 762, 764 f.
Vermittlungsprovision 729 ff.
Vermittlungsvertreter 353, 677 f.
Vermittlungsvollmacht 225
Vermögen 31
 –, freies 616
 –, gebundenes 616
Vermögensanlagegrundsätze 590
Vermögensanlagevorschriften 616
Vermögensaufstellung 1051
Vermögensschaden 111
Vermögenssteuer 890 f., 1049 ff., 1056
Vermögensteuerrecht 954 ff.
Vermögensübertragung 626 f.
Verpflichtungsgeschäft 37, 149
Verrechnungsscheck 282
Verrichtungsgehilfen 117 f.
Versäumnisurteil 813 f.
Verschulden 114 ff., 404 f.
Verschuldensbeeinflussung 354
 – Versicherungsvertreter 354
Versicherer 341 ff.
Versicherte
 – im engeren Sinne 345 ff.
 – im weiteren Sinne 344 ff.
Versicherte Gefahr 442 ff.

Versicherter Schaden 455 ff.
Versichertes Interesse 335 ff., 452 ff.
Versicherung
 – Begriff 315 ff, 554, 580 ff.
 – für fremde Rechnung 345 f.
 – für Rechnung wen es angeht 347
 –, gebündelte 92, 365, 566
 – gegen gesetzliche Schulden 338
 – gegen notwendige Aufwendungen 338 f.
 – gegen vertragliche Schulden 338
 –, gemischte 915
 –, kombinierte 92, 364, 566
 –, laufende 363
 – sonstiger Rechte (nicht Forderungen) 337
Versicherungsaktiengesellschaft 298 f., 342, 505 ff., 533 f.
 – Aktie 508 ff.
 – Aufsichtsrat 512 ff.
 – Besteuerung 1016 ff.
 – Gesellschaftsvertrag 506 f.
 – Gründung 518 f.
 – Grundkapital 507
 – Hauptversammlung 510 ff.
 – Liquidation 520 f.
 – Organe 509 f.
 – Satzung 506 f.
 – Statut 506 f.
 – Vorstand 516 ff.
Versicherungsansprüche
 – Behandlung im Einkommensteuerrecht 931 ff.
 – Behandlung im Gewerbesteuerrecht 976
 – Behandlung im Vermögensteuerrecht 960 ff.
Versicherungsanstalt, öffentlich-rechtliche 497, 499 f., 529 ff.
Versicherungsaufsichtsgesetz (VAG) 551 f.
Versicherungsaufsichtsrecht 543 ff.
 – Rechtsquellen 551 f.
 – im Rahmen der EG 559 ff.
Versicherungsaußendienst, steuerliche Behandlung 1000 ff.
Versicherungsausweise 367
Versicherungsbilanzrichtlinie (BiRiLiVU) 610
Versicherungsdauer
 –, formelle 371
 –, materielle 371
 –, technische 372
Versicherungsentgelt 992, 996 f.
Versicherungsfall 470 ff.
 –, gedehnter 443
Versicherungskörperschaft 497
Versicherungsleistungen
 – Behandlung im Einkommensteuerrecht 935 ff.
 – Behandlung im Gewerbesteuerrecht 976
 – Behandlung im Vermögensteuerrecht 969 f.
Versicherungsmärkte 849 f.
Versicherungsmakler 231, 351, 358 f., 564, 680 ff., 775 ff.

Versicherungsnehmer 344
Versicherungspflicht 320, 361
Versicherungspool 564
Versicherungsschaden
 – im engeren Sinne 472
 – im weiteren Sinne 472
 – Umfang 459
Versicherungsschein 263, 302 ff., 367 ff.
 – als Ausweispapier 370
 – als Beweisurkunde 302, 369
 – als Orderpapier 304 f.
 – als Schuldschein 369
 – als Wertpapier 371
 – mit Inhaberklausel 302 f.
Versicherungssparten 566 ff.
Versicherungssumme 457 ff.
 –, abhängige 458
 –, differenzierte 458
 –, einheitliche 458
 –, unabhängige 458
Versicherungsteuer 380, 889, 891, 989 ff., 993 ff.
Versicherungsteuergesetz (VersStG) 988 f., 993
Versicherungsunternehmen 1014
 – Arbeitsweise und Wettbewerb 533 ff.
 –, beaufsichtigte 563 ff.
 – Besteuerung 1013 ff.
 – Organisationsformen 497 ff.
Versicherungsunternehmen, ausländische 502, 564 f., 589 f.
 – aufsichtsrechtliche Besonderheiten 650
Versicherungsunternehmen, öffentlich-rechtliche 529 ff., 535
 – Anstalten 529 f.
 – aufsichtsrechtliche Besonderheiten 602, 629, 648 f.
 – Besteuerung 1056 ff.
 – Körperschaften 529 f.
 – Organe 531 f.
 – Territorialitätsprinzip 530
Versicherungsunternehmensrecht 491 ff.
Versicherungsverein auf Gegenseitigkeit 30, 342 f., 497 f., 521 ff.
 – Aufsichtsrat 526
 – aufsichtsrechtliche Besonderheiten 601 f., 628 f., 648
 – Besteuerung 1016 ff.
 –, gemischte 522
 –, große 523 f., 534
 – Gründung 527 f.
 –, kleinere 522 f., 534
 – Liquidation 528
 – Organe 525 f.
 – Satzung 525
 – Vorstand 526
Versicherungsvermittler 351 ff.
 – Arten 662 ff.
 – Begriff 663
 –, firmenverbundene 664, 683 ff.
 –, industrieverbundene 664, 683 ff.

Versicherungsvermittlungsrecht 655 ff.
 – in der Europäischen Gemeinschaft 694, 788 ff., 791 f.
Versicherungsvertrag
 – Änderung 80, 365 f.
 – Beendigung 375 f.
 – Begriff 319 f.
 – Besteuerung 869 ff.
 – Dauer 871 ff.
 – Kündigung 88 f., 375, 396 ff., 435
 – Rücktritt 89 f., 392 f., 435
 – Zustandekommen 359 ff.
Versicherungsvertragsgesetz (VVG) 8, 321, 325 f.
Versicherungsvertragsrecht
 –, allgemeines 309 ff.
 – Rechtsquellen 321 ff.
Versicherungsvertreter 231, 351 ff., 564
 –, angestellter 678 ff.
 – im Hauptberuf 672 ff.
 – im Nebenberuf 672 ff.
 – Rechtsstellung gegenüber dem Versicherungsnehmer 762 ff.
 –, selbständiger 665 ff., 685 ff.
 – Verschuldensbeeinflussung 354 ff.
Versicherungsvertreter, selbständiger 665 ff., 685 ff.
 – Kaufmannseigenschaft 685 f.
 – Pflichten gegenüber dem Versicherungsunternehmen 695 ff.
 – Rechte gegenüber dem Versicherungsunternehmen 724 ff.
 – Rechtsstellung 685 ff.
Versicherungsvertretervertrag 685 ff.
Versicherungswert 336, 338, 460ff.
 –, gleichbleibender 464
 –, taxierter 463 ff.
Versicherungszweige 565
Versorgungsaufwendungen 910
Versorgungsausgleich 170 ff.
VersStG 988 f., 993
Versteigerung 827
Vertrag 359
 –, gegenseitiger 320
 – mit Schutzwirkung zugunsten Dritter 71
 –, schuldrechtlicher 319
 – zugunsten Dritter 70 f.
 – Zustandekommen 45 ff.
Vertragsabhängigkeit 537
Vertragsfreiheit 16, 61
Vertragstreue 16
Vertragsübernahme 80 f.
Vertrauenshaftung 357 f.
Vertrauensschaden 721
Vertreter 49
Vertretung 48 ff.
 – Voraussetzungen 49
 – Wirkung 51 f.

Vertretungsmacht 49 ff., 767 ff., 778
 –, gesetzliche 50, 352
 –, rechtsgeschäftliche 352
Verursachungstheorie 449 f.
Verwahrung 101
Verwaltungsakte 571 ff.
Verwaltungsgerichtsbarkeit 802
Verwaltungsprozeßrecht 9
Verwaltungsprovision 734 f.
Verwaltungsräte 531
Verwaltungsrecht 9
Verwaltungszustellungsgesetz (VwZG) 886
Verwandtenerbrecht 180
Verwandtschaft 173 ff.
Verwertungsrechte 156 ff.
Verwirkung 45
Verzug 75 ff.
 – Rechtsfolgen 76
 – Tatbestand 76 f.
Verzugszinsen 391
VglO 838
Völkerrecht 8
Volle Deckung (ADS Güterversicherung 1973) 457
Vollkaufmann 690
Vollmacht 50, 220
Vollstreckungserinnerung 830
Vollstreckungsgegenklage 831
Vollstreckungsorgane 14
Vollstreckungsverfahren 14
Vorkaufsrecht 156
Vorläufige Deckungszusage 362 f., 382
Vormund 177 f.
Vormundschaft 177 f.
Vorruhestand 1093
Vorsatz 114 ff., 404
 –, bedingter 115, 404
 –, direkter 446
Vorsorgeaufwendungen 912, 916
Vorsorgepauschale 923 ff.
Vorsorge-Pauschbetrag 923 ff.
Vorstand, Aktiengesellschaft 516 ff.
Vorvertragliche Anzeigepflicht 65, 408, 418 ff.
Vorzugsaktien 299
VwZG 886
VVG 8, 321, 325 f.

W

Wandelung 94
Warenkreditversicherung 96
Warenzeichen 217 f.
Warenzeichengesetz (WZG) 217
Warschauer Abkommen 121, 250
Wasserhaushaltsgesetz (WHG) 122
Wechsel 266, 271
 – Ausstellungserfordernisse 274 f.
 –, eigener 271

–, gezogener 272
–, Rechte aus dem 279 ff.
– Rückgriff 280 f.
– Verjährung 281 f.
Wechselbürgschaft 278 f.
Wechselnehmer 272
Wechselprozeß 304 f.
Wechselrecht 8
WEG 155 f.
Weisungsfolgepflicht des Versicherungsvertreters 707 f.
Werbegeschenke 864
Werbung, vergleichende 864 f.
Werbungskosten 900 ff.
Werklieferungsvertrag 99
Werkvertrag 97 ff., 203
Wert
 –, gemeiner 462, 956
 –, objektiver 460
 –, subjektiver 460
Wertersatz 129
Wertpapiere 264 ff.
 – Arten 269 ff.
 –, einfache 265 f.
 –, nicht zugelassene 269
 –, skriptur-rechtliche 265 f.
Wertpapierrecht 257 ff.
Wertsicherungsklauseln 68
Wertzuschlagsklausel 465
Wettbewerb 846
 –, unlauterer 856 f.
Wettbewerbsabrede 780 f.
Wettbewerbshandlung 855
 –, unerlaubte 856
 –, verbotene 856 f.
Wettbewerbsprozeß 879 f.
Wettbewerbsrecht 619 ff., 841 ff.
 – Geltungsbereich 854 f.
Wettbewerbsrichtlinien der Versicherungswirtschaft
 619 f., 699, 851 f., 858, 860 ff., 865, 872 f.
Wettbewerbsschutz 875 ff.
Wettbewerbsverbot des Versicherungsvertreters 667, 708 ff.
Wettbewerbs-Versicherungsunternehmen, öffentlich-rechtliche 497, 500, 532 f.
WHG 122
Widerrufsrecht 41, 46, 359 f.
Wiederaufbauklauseln 471
Wiesbadener Vereinigung 851
Wildschaden 120
Willenserklärung 17, 35, 418
 – Auslegung 41 f.
 – Form 42 f.
 – Zugang 40 f.
Wissenserklärung 34 f., 400, 418
 – Auslegung 42
Wissenserklärungsvertreter 415
Wissensvertreter 414

Wissenzurechnung 414 ff.
Wohnsitz 28 f.
Wohnungseigentum 155 f.
Wohnungseigentumsgesetz (WEG) 155 f.
WZG 217

Z

Zahlungsscheck 282
Zahlungsverbot, Eingriff der Aufsichtsbehörde 644 f.
Zedent 81
Zeitversicherung 372 f.
Zeitwert 460
Zerrüttungsprinzip 169
Zertifikat 363, 367
Zession 81
Zessionar 81
Zessionsklauseln 469
Zinsen 380
Zinsscheine 296

Zinsschuld 68
Zivilmakler 681
Zivilprozeßordnung (ZPO) 806 ff.
Zivilprozeßrecht 9, 806 ff.
Zölle 890
ZPO 806 ff.
Zugewinngemeinschaft 168, 183
Zurückbehaltungsrecht, kaufmännisches 752 f.
Zuständigkeit, Versicherungsaufsicht 569 f.
 –, abgeleitete 569
 –, ursprüngliche 569
Zwangsanstalten 535
Zwangsvergleich 837 f.
Zwangsversteigerung 161
Zwangsverwaltung 161
Zwangsvollstreckung 14 f., 161, 825 ff.
 – in Wertpapiere 305 f.
 – Rechtsbehelfe 830 f.
 – Voraussetzungen 825 f.
 – wegen Geldforderungen 825 ff.